SCHÄFFER

POESCHEL

Ralf Hannemann/Thomas Weigl/
Marina Zaruk

Mindestanforderungen an das Risikomanagement (MaRisk)

Kommentar

6., überarbeitete und erweiterte Auflage

Teilband 1

2022
Schäffer-Poeschel Verlag Stuttgart

Bibliografische Information der Deutschen Nationalbibliothek
Die Deutsche Nationalbibliothek verzeichnet diese Publikation in der Deutschen
Nationalbibliografie; detaillierte bibliografische Daten sind im Internet
über http://dnb.d-nb.de abrufbar.

Print:	ISBN 978-3-7910-5404-9	Bestell-Nr. 20222-0003
ePDF:	ISBN 978-3-7910-5460-5	Bestell-Nr. 20222-0152

Ralf Hannemann/Thomas Weigl/Marina Zaruk
Mindestanforderungen an das Risikomanagement (MaRisk)

6. Auflage, März 2022
© 2022 Schäffer-Poeschel Verlag für Wirtschaft · Steuern · Recht GmbH
www.schaeffer-poeschel.de
service@schaeffer-poeschel.de
Produktmanagement: Alexander Kühn
Lektorat: Bernd Marquard, Stuttgart; Petra Bandl

Schäffer-Poeschel Verlag Stuttgart
Ein Unternehmen der Haufe Group SE

Vorwort zur sechsten Auflage

Bisherige Entwicklung der MaRisk

Die Mindestanforderungen an das Risikomanagement (MaRisk) sind von der Bundesanstalt für Finanzdienstleistungsaufsicht (BaFin) am 15. April 2004 angekündigt[1] und in Abstimmung mit der Deutschen Bundesbank erstmalig am 20. Dezember 2005 als vorzeitiges Weihnachtsgeschenk für die Kreditwirtschaft veröffentlicht worden.[2] Mit Fertigstellung der aktuellen Fassung dieses Rundschreibens am 16. August 2021[3] wurden die MaRisk bereits sechsmal novelliert. Auch mit der »sechsten MaRisk-Novelle« ist – wie mit den Überarbeitungen der vergangenen Jahre – in erster Linie die nationale Umsetzung verschiedener Leitlinien der Europäischen Bankenaufsichtsbehörde (EBA) verbunden.[4] Daraus lässt sich eindrucksvoll ablesen, wie stark die Regulierungsdichte in Europa seit einigen Jahren zugenommen hat.

Der offizielle Start der sechsten MaRisk-Novelle ist ziemlich genau drei Jahre nach Abschluss der »fünften MaRisk-Novelle«[5] mit der Veröffentlichung eines ersten Entwurfes am 26. Oktober 2020 erfolgt.[6] Über die Schwerpunkte dieser Novelle wurde das Fachgremium MaRisk[7] von der BaFin und der Deutschen Bundesbank allerdings bereits im Verlauf des Jahres 2019 informiert.[8] Zudem hatte sich die deutsche Aufsicht Ende August 2020 mit der Kreditwirtschaft im Fachgremium MaRisk auf Basis einer inoffiziellen Arbeitsfassung vom 10. August 2020[9] intensiv über die geplanten neuen Anforderungen ausgetauscht. Die Kreditwirtschaft ist insofern an der Überarbeitung der MaRisk permanent beteiligt worden, wenngleich sie sich mit der Aufsicht in Detailfragen naturgemäß nicht immer einig ist. Auch nach dem Abschluss der sechswöchigen Konsultationsphase, in deren Rahmen die Deutsche Kreditwirtschaft (DK)[10] ausführlich Stellung

---

1 Vgl. Bundesanstalt für Finanzdienstleistungsaufsicht, Entwicklung von Mindestanforderungen an das Risikomanagement (MaRisk), Schreiben vom 15. April 2004, S. 1 f.

2 Bundesanstalt für Finanzdienstleistungsaufsicht, Mindestanforderungen an das Risikomanagement (MaRisk), Rundschreiben 18/2005 (BA) vom 20. Dezember 2005.

3 Bundesanstalt für Finanzdienstleistungsaufsicht, Mindestanforderungen an das Risikomanagement (MaRisk), Rundschreiben 10/2021 (BA) vom 16. August 2021.

4 Häufig gehen die Leitlinien der EBA zu verschiedenen Themen auf entsprechende Mandate zurück, die ihr von der EU-Kommission über die Bankenrichtlinie (»Capital Requirements Directive«, CRD) oder die Bankenverordnung (»Capital Requirements Regulation«, CRR) eingeräumt werden. Diese Leitlinien werden in den Arbeitsgruppen der EBA erarbeitet und vom »Rat der Aufseher« (»Board of Supervisors«, BoS) in Form eines Berichtes an die EU-Kommission beschlossen. Anschließend werden die Leitlinien von der EU-Kommission verabschiedet und in allen Amtssprachen veröffentlicht. Im BoS sind u. a. die nationalen Aufsichtsbehörden, wie z. B. die BaFin und die Deutsche Bundesbank, und die EZB vertreten, die auch in den verschiedenen Arbeitsgruppen der EBA mitwirken und die Leitlinien im Rahmen ihrer Möglichkeiten mitgestalten. Gemäß dem Prinzip »Comply or Explain« müssen die zuständigen Aufsichtsbehörden gegenüber der EBA erklären, ob sie die veröffentlichten Leitlinien umsetzen oder warum sie dies (in Teilen) nicht zu tun gedenken.

5 Bundesanstalt für Finanzdienstleistungsaufsicht, Mindestanforderungen an das Risikomanagement (MaRisk), Rundschreiben 09/2017 (BA) vom 27. Oktober 2017.

6 Bundesanstalt für Finanzdienstleistungsaufsicht, Konsultation 14/2020 zur Neufassung der MaRisk vom 26. Oktober 2020.

7 Dem Fachgremium MaRisk, das gemeinsam von der BaFin und der Deutschen Bundesbank betreut wird, gehören Fachexperten aus den Instituten, Prüfer und Verbandsvertreter an. Im Rahmen der Konsultationen zur Erarbeitung bzw. Weiterentwicklung der MaRisk wird das Fachgremium zur Erörterung der jeweiligen Entwürfe einberufen. Ansonsten dient es in erster Linie als Forum zur Diskussion von Auslegungsfragen.

8 Vgl. Bundesanstalt für Finanzdienstleistungsaufsicht, Protokoll der Sitzung des MaRisk-Fachgremiums am 27. September 2019; Bundesanstalt für Finanzdienstleistungsaufsicht, Protokoll der Sitzung des MaRisk-Fachgremiums am 3. Mai 2019.

9 Bundesanstalt für Finanzdienstleistungsaufsicht, Arbeitsfassung zur sechsten MaRisk-Novelle vom 10. August 2020.

10 Die Deutsche Kreditwirtschaft (DK) ist als Zusammenschluss des Bundesverbandes der Deutschen Volksbanken und Raiffeisenbanken (BVR), des Bundesverbandes deutscher Banken (BdB), des Bundesverbandes Öffentlicher Banken Deutschlands (VÖB), des Deutschen Sparkassen- und Giroverbandes (DSGV) und des Verbandes deutscher Pfandbriefbanken (vdp) die Interessenvertretung der kreditwirtschaftlichen Spitzenverbände. Sie ist im August 2011 aus dem Zentralen Kreditausschuss (ZKA) hervorgegangen und führt dessen Arbeit fort.

genommen hat,[11] wurde das Fachgremium MaRisk im Februar 2021 in die weitere Ausgestaltung der MaRisk einbezogen.[12] Damit bestand für die Kreditwirtschaft nochmals die Gelegenheit, ihre Positionen im Einzelnen zu erläutern.

Zukünftige Bedeutung der MaRisk

Vor dem Hintergrund der europäischen Harmonisierung der Bankenaufsicht, die vor allem von der EBA durch eine Fülle von Ausarbeitungen vorangetrieben wird und mit der Übernahme der Aufsicht der bedeutenden Institute (»Significant Institutions«, SI) in der Eurozone durch die Europäische Zentralbank (EZB) am 4. November 2014 einen weiteren Schub erhalten hat, ist die zukünftige Bedeutung der MaRisk schon mehrfach infrage gestellt worden. Letztlich entwickeln sich die MaRisk jedoch mit jeder Novelle stärker in Richtung einer kompakten Fassung von übergreifenden Grundsätzen im Risikomanagement, die durch die zahlreichen und teilweise sehr detaillierten Leitlinien der EBA bei Bedarf weiter konkretisiert werden. Aufgrund ihrer modularen Struktur und ihres prinzipienorientierten Ansatzes lassen sich die damit verbundenen Anforderungen von den Instituten im heterogenen deutschen Bankenmarkt deutlich einfacher umsetzen. Gleichzeitig kann deren Umsetzung von den Aufsichtsbehörden unter risikoorientierten Gesichtspunkten leichter geprüft werden.

Theoretisch ist es insbesondere für die gemeinsamen Aufsichtsteams (»Joint Supervisory Teams«, JST)[13] möglich, die MaRisk bei der Beaufsichtigung der bedeutenden Institute auszublenden. Schließlich handelt es sich dabei nur um ein Rundschreiben, das von den JST nach geltender Rechtslage bei enger Auslegung nicht zwingend beachtet werden muss. Rein formal betrachtet muss die EZB bei ihrer Aufsichtstätigkeit nur das einschlägige Unionsrecht sowie die nationalen Gesetze und Rechtsverordnungen berücksichtigen. Praktisch benötigen aber auch die JST eine Richtschnur, um die angemessene Umsetzung der zahlreichen und vor allem sehr umfangreichen Leitlinien der EBA durch die Institute prüfen zu können. Aus unserer Sicht ist weniger der Rechtscharakter der MaRisk als vielmehr deren inhaltliche Grundlage für die Aufsichtspraxis von Interesse. Der Blick auf die Entwicklungsgeschichte der MaRisk zeigt, dass dieses Rundschreiben zum ganz überwiegenden Teil auf Vorgaben internationaler und europäischer Standardsetzer beruht.[14] Fakt ist auch, dass die unmittelbar bevorstehende »siebte MaRisk-Novelle« mit der Umsetzung der EBA-Leitlinien für die Kreditvergabe und Überwachung vom 29. Mai 2020[15] diesen Trend fortsetzen wird.

Sämtliche deutschen Institute unterliegen im Übrigen den Anforderungen in § 25a Abs. 1 Satz 3 KWG an ein angemessenes und wirksames Risikomanagement sowie in § 25b KWG an die Auslagerung von Aktivitäten und Prozessen, die jeweils mit den MaRisk interpretiert werden (»norminterpretierende Verwaltungsvorschriften«). In beiden Fällen existiert mittlerweile eine Verordnungsermächtigung für das Bundesministerium der Finanzen, von der bisher kein Gebrauch gemacht wurde. Darüber hinaus hat der deutsche Gesetzgeber im Rahmen des Trennbankengesetzes[16] mit § 25c Abs. 3, 4a und 4b KWG wesentliche, in den MaRisk enthaltene Anforderungen an das Risikomanagement in Gesetzesrang gehoben und die Geschäftsleitung der

---

11 Deutsche Kreditwirtschaft, BaFin-Konsultation 14/2020 – Mindestanforderungen an das Risikomanagement, Stellungnahme vom 4. Dezember 2020.

12 Vgl. Bundesanstalt für Finanzdienstleistungsaufsicht, Protokoll der Sitzungen des MaRisk-Fachgremiums am 12. und 19. Februar 2021.

13 Die laufende Beaufsichtigung der bedeutenden Institute wird von gemeinsamen Aufsichtsteams (»Joint Supervisory Teams«, JST) ausgeübt, wobei sich das jeweilige JST pro Institut aus Mitarbeitern der EZB, darunter der »JST-Koordinator« als Leiter dieses Teams, und der nationalen Aufsichtsbehörden zusammensetzt.

14 Vgl. Hannemann, Ralf, Die MaRisk im Kontext internationaler Vorschriften, Zeitschrift für das gesamte Kreditwesen, Heft 5/2018, S. 21.

15 European Banking Authority, Leitlinien für die Kreditvergabe und Überwachung, EBA/GL/2020/06, 29. Mai 2020.

16 Gesetzesbeschluss des Deutschen Bundestages zur Abschirmung von Risiken und zur Planung der Sanierung und Abwicklung von Kreditinstituten und Finanzgruppen (Trennbankengesetz) vom 17. Mai 2013, Bundesrats-Drucksache 378/13 vom 17. Mai 2013.

Institute ausdrücklich zur Sicherstellung dieser bankaufsichtlichen Regelungen verpflichtet.[17] Ein Verstoß gegen diese Sicherstellungspflichten ist unter bestimmten Bedingungen strafbewehrt.[18] Die Regelungen in § 25c Abs. 4a KWG entsprechen in ihrer Struktur den Anforderungen an das Risikomanagement der Institute gemäß § 25a Abs. 1 Satz 3 Nr. 1 bis 5 KWG.[19] Vor diesem Hintergrund vertritt die deutsche Aufsicht die Auffassung, dass die MaRisk auf alle deutschen Institute, einschließlich der bedeutenden Institute unter der direkten Aufsicht der EZB, an die zum Teil besondere Anforderungen formuliert werden, anzuwenden sind.

Wesentliche Inhalte der sechsten MaRisk-Novelle

Mit der sechsten MaRisk-Novelle wurden die Leitlinien über das Management notleidender und gestundeter Risikopositionen vom 31. Oktober 2018[20], die Leitlinien zu Auslagerungen vom 25. Februar 2019[21] sowie die Leitlinien für das Management von IKT- und Sicherheitsrisiken vom 28. November 2019[22] umgesetzt. Die Leitlinien für das Management von IKT- und Sicherheitsrisiken sind vornehmlich in die Bankaufsichtlichen Anforderungen an die IT (BAIT)[23] eingeflossen, die deshalb im Kommentar vollständig berücksichtigt wurden.

Daneben wurden allerdings auch andere Module überarbeitet, wobei die damit verbundenen Änderungen vorrangig auf Erkenntnisse aus der Prüfungspraxis zurückzuführen sind. In manchen Fällen entfachen vermeintlich kleine Anpassungen durchaus eine große Wirkung. So wurde z.B. der Anwendungsbereich einzelner Vorgaben, die bisher nur die systemrelevanten Institute betroffen haben, auf die bedeutenden Institute gemäß Art. 6 SSM-Verordnung ausgeweitet. Damit ist für die direkt von der EZB beaufsichtigten Institute ggf. ein zusätzlicher Aufwand verbunden, sofern dies unter Verhältnismäßigkeitsgesichtspunkten angemessen erscheint.

Ein weiterer Schwerpunkt der aktuellen Regulierung ist der Umgang mit Nachhaltigkeitsrisiken, mit dem sich die europäischen und nationalen Aufsichtsbehörden gleichermaßen befassen. Mittlerweile liegen zu diesem Thema u.a. ein Merkblatt der BaFin,[24] ein Leitfaden der EZB[25] und ein Bericht der EBA[26] vor, die alle direkte Auswirkungen auf das Risikomanagement der Institute haben. Diese Vorgaben sind mit dem aktuellen Wortlaut der MaRisk im Grunde schon abgedeckt. So müssen die Nachhaltigkeitsrisiken als Treiber der bekannten Risikoarten ohnehin im Rahmen der Risikoinventur berücksichtigt werden. Sofern sie sich auf die Wesentlichkeit der Risiken auswirken, gelten die damit verbundenen Anforderungen für sie also automatisch. Derzeit wird von der Aufsicht geprüft, ob im Rahmen der siebten MaRisk-Novelle über das BaFin-Merkblatt zum Umgang mit Nachhaltigkeitsrisiken hinaus Ergänzungen in den MaRisk vorgenommen

---

17 Beispielsweise verweist § 25c Abs. 4a Nr. 2b KWG auf die gemäß MaRisk durchzuführende Risikoinventur. Weiterhin nimmt § 25c Abs. 4a Nr. 3b KWG auf die in den MaRisk enthaltene Funktionstrennung zwischen Markt und Handel einerseits sowie Marktfolge und Abwicklung und Kontrolle andererseits Bezug. Zudem verweisen § 25c Abs. 4a Nr. 3c KWG auf die besonderen Funktionen, § 25c Abs. 4a Nr. 3d und e KWG auf die Berichtspflichten an die Geschäftsleitung und das Aufsichtsorgan sowie § 25c Abs. 4a Nr. 3f KWG auf die Stresstests.

18 Nach § 54a KWG kann ein Geschäftsleiter einer Bank bei einem Verstoß gegen die Sicherstellungspflichten mit Freiheitsstrafe bis zu fünf Jahren oder mit Geldstrafe belangt werden, wenn er einer vollziehbaren Anordnung der Aufsicht zuwiderhandelt und hierdurch eine Bestandsgefährdung des Institutes herbeigeführt wird.

19 In § 25c Abs. 4a Nr. 6 KWG werden auch Auslagerungen von Aktivitäten und Prozessen erfasst, um Umgehungstatbestände zu vermeiden.

20 European Banking Authority, Leitlinien über das Management notleidender und gestundeter Risikopositionen, EBA/GL/2018/06, 31. Oktober 2018.

21 European Banking Authority, Leitlinien zu Auslagerungen, EBA/GL/2019/02, 25. Februar 2019.

22 European Banking Authority, Leitlinien für das Management von IKT- und Sicherheitsrisiken, EBA/GL/2019/04, 28. November 2019.

23 Bundesanstalt für Finanzdienstleistungsaufsicht, Bankaufsichtliche Anforderungen an die IT (BAIT), Rundschreiben 10/2017 (BA) in der Fassung vom 16. August 2021.

24 Bundesanstalt für Finanzdienstleistungsaufsicht, Merkblatt zum Umgang mit Nachhaltigkeitsrisiken, 20. Dezember 2019.

25 Europäische Zentralbank, Leitfaden zu Klima- und Umweltrisiken – Erwartungen der Aufsicht in Bezug auf Risikomanagement und Offenlegungen, 27. November 2020.

26 European Banking Authority, EBA Report on management and supervision of ESG risks for credit institutions and investment firms, EBA/REP/2021/18, 23. Juni 2021.

werden. Da Nachhaltigkeitsrisiken von den Instituten grundsätzlich in ihrem Risikomanagement zu berücksichtigen sind, wurden die genannten Ausarbeitungen im Kommentar umfassend berücksichtigt.

Berücksichtigung relevanter Veröffentlichungen

Für jeden Themenbereich werden von uns sämtliche relevanten Veröffentlichungen ausgewertet. Das betrifft neben den MaRisk und damit verbundenen Regelwerken der deutschen Aufsicht in erster Linie die zugrunde liegenden Leitlinien der EBA. In vielen Fällen existieren jedoch weitere Ausarbeitungen von Regulierungs- und Aufsichtsbehörden, die für die Interpretation der Anforderungen eine wertvolle Hilfestellung bieten können. Das betrifft mit Blick auf die bedeutenden Institute vor allem die EZB, die in den vergangenen Jahren diverse Leitfäden zu Themenbereichen veröffentlicht hat, die in den MaRisk behandelt werden. Zu nennen sind darüber hinaus vor allem die Empfehlungen vom Finanzstabilitätsrat (»Financial Stability Board«, FSB) und vom Baseler Ausschuss für Bankenaufsicht (»Basel Committee on Banking Supervision«, BCBS). Dabei handelt es sich nicht um eine abschließende Liste, wie dem sehr umfangreichen Literaturverzeichnis zu entnehmen ist. Zudem haben wir die gesetzlichen Grundlagen (Gesetze, Verordnungen, Richtlinien etc.) zumindest ansatzweise einbezogen.

Wenngleich die Einbeziehung von möglichst vielen thematisch passenden Veröffentlichungen für den Leser des Kommentars sehr hilfreich sein kann, verdeutlicht diese umfassende Behandlung der einzelnen Themenbereiche auch unser natürliches Dilemma. Schließlich müssen alle diese Quellen mit jeder Auflage erneut auf Aktualität geprüft und ggf. angepasst werden. Um die Überarbeitung des Kommentars abschließen zu können, mussten wir deshalb ein Datum für den Redaktionsschluss festlegen, ab dem wir grundsätzlich keine neuen Ausarbeitungen mehr berücksichtigt haben. Dieses Datum war der 30. Juni 2021. Danach haben wir im Grunde nur noch die endgültigen Texte der MaRisk und der BAIT abgeglichen und die Kommentierung punktuell angepasst.

Aufbau und Zielsetzung unserer Kommentierung

Unser Kommentar besteht zwar weiterhin aus drei Teilen, lässt sich aufgrund des gewachsenen Umfangs aber nicht mehr in einem Buch unterbringen. In Teil I gehen wir u. a. auf die Beweggründe für die (Weiter-)Entwicklung der MaRisk, die rechtliche Einordnung des Rundschreibens und seinen modularen Aufbau ein. In der eigentlichen Kommentierung in Teil II, die nunmehr zwischen dem allgemeinen und dem besonderen Teil der MaRisk geteilt werden musste, orientieren wir uns streng am Aufbau des Rundschreibens, um für konkrete Fragestellungen, die sich auf den Wortlaut der MaRisk beziehen, relativ schnell eine Hilfestellung zu ermöglichen. Teil III enthält die relevanten Anlagen, also die aktuelle Fassung der MaRisk sowie verschiedene weitere Dokumente, die zum besseren Verständnis des Regelwerkes beitragen sollen. Das umfangreiche Stichwortverzeichnis am Ende des Buches soll ein schnelles Auffinden unserer Ausführungen zu speziellen Fragestellungen ermöglichen.

Der Kommentar soll in erster Linie dazu dienen, den Instituten praktische Hinweise für die Umsetzung der MaRisk zu geben. Wir verfolgen damit hingegen nicht das Ziel, die in den MaRisk enthaltenen Gestaltungsspielräume so weit wie möglich auszureizen. In diesem Fall wären Diskussionen mit der Aufsicht oder den Prüfern unvermeidlich, was den Wert der Kommentierung aus unserer Sicht unnötig mindern würde. Stattdessen ist es nach wie vor unser Bestreben, vor allem die Intention der Anforderungen zu erläutern, die relevanten Begriffe und Zusammenhänge darzustellen[27] und die Erwartungshaltung der Aufsicht zu verdeutlichen. Für diesen Zweck halten wir ein Autorenteam aus Vertretern der Aufsicht und der Kreditwirtschaft für besonders gut

---

27 Aus verschiedenen Gesprächen mit Nutzern haben wir in den vergangenen Jahren mitgenommen, dass die ausführliche Erklärung der Begriffe und Zusammenhänge zwar über eine Kommentierung hinausgeht, allerdings als echter Mehrwert wahrgenommen wird. Deshalb behalten wir diese Vorgehensweise bei. Denjenigen, die mit den relevanten Definitionen etc. vertraut sind, empfehlen wir, ggf. auf die Lektüre der Einleitungteile der einzelnen Module zu verzichten.

geeignet. Wir möchten aber darauf hinweisen, dass es sich bei diesem Kommentar ausschließlich um unsere persönliche Auffassung handelt. Diese muss nicht zwangsläufig mit den offiziellen Auslegungen der zuständigen Aufsichtsbehörden oder den Ansichten der Prüfer übereinstimmen.

Das Autorenteam hat sich wieder etwas geändert. Die an der letzten Auflage beteiligte Ira Steinbrecher von der BaFin widmet sich derzeit aus guten Gründen verstärkt ihrer Familie. Wir konnten allerdings Marina Zaruk von der Deutschen Bundesbank davon überzeugen, unser Autorenteam zu verstärken. Darüber hinaus beziehen wir Fachspezialisten aus verschiedenen Bereichen und Institutionen ein, wenn es um die inhaltliche Qualitätssicherung unserer Ausführungen geht. Diese externen Gutachter aus der Aufsicht, der Kreditwirtschaft, der Beratung und Prüfung sowie der Wissenschaft leisten mit ihrer kritischen Durchsicht einen ganz wesentlichen Beitrag zum Erfolg dieses Kommentars.

Aufteilung der fachlichen Zuständigkeit

Der Kommentar wurde – wie bisher mit jeder neuen Auflage – komplett überarbeitet und ergänzt. Grundsätzlich haben wir die Bearbeitung zwischen uns Autoren nach den einzelnen Modulen aufgeteilt. Eine Besonderheit stellen diesmal die übergreifenden Themen zum Management notleidender und gestundeter Risikopositionen sowie zum Umgang mit Nachhaltigkeitsrisiken dar, die sich in mehreren Modulen der MaRisk niederschlagen. Beide Themenblöcke wurden deshalb von Ralf Hannemann zunächst eigenständig bearbeitet, um die einzelnen Teile anschließend in die jeweiligen Module der MaRisk integrieren zu können. Zudem hat Ralf Hannemann mit dieser Auflage erstmals auch offiziell die Funktion des Herausgebers übernommen, die auf eine koordinierende Tätigkeit hinausläuft und die er bereits seit vielen Jahren inoffiziell ausgeübt hat.

Da der Umfang der MaRisk und damit auch unserer Kommentierung mit jeder Novelle zunimmt, ist es aus zeitlichen und fachlichen Gründen nicht mehr uneingeschränkt möglich, dass alle Autoren jeden Teil der Kommentierung komplett bearbeiten. Aus dem Bearbeiterverzeichnis (siehe Seiten XIII und XIV) wird deutlich, welcher Autor diesmal welches Modul verantwortlich bearbeitet hat. Anschließend ist durch eine(n) andere(n) Autorin/Autoren und/oder durch externe Fachspezialisten eine Durchsicht (Qualitätscheck) erfolgt.

Danksagung

Für die Übernahme der Durchsicht von Teilen des Kommentars und für ihre damit verbundene tatkräftige Unterstützung durch wertvolle Hinweise zu diesen Themengebieten möchten wir uns diesmal ganz herzlich bei Frank Beekmann, Dr. David Bosch, Arne Martin Buscher, Birgit Höpfner, Thomas Hornung, Prof. Andreas Igl, Eva-Maria Kienesberger, Janet Köslin, Olivia Meister, Jürgen Rohrmann, Marcus Scheidl, Bodo Schmidt, Martin Schramm und Patricia Vornhagen (in alphabetischer Reihenfolge) bedanken. Bedanken möchten wir uns ebenfalls bei Ira Steinbrecher, die an der fünften Auflage des Kommentars mitgewirkt hat. Dank gilt schließlich auch unserem Verlag, der uns trotz diverser Personalwechsel tatkräftig unterstützt hat. Insbesondere Bernd Marquard hat mit seiner gründlichen und gewissenhaften Arbeitsweise einen großen Anteil an der Qualitätssicherung unseres Manuskriptes. Für ihre Geduld und ihr Verständnis danken wir vor allem unseren Familien und Freunden, die aufgrund des langen Bearbeitungszeitraumes von ca. einem Jahr wieder besonders zu leiden hatten.

September 2021

Ralf Hannemann
Thomas Weigl
Marina Zaruk

Die Autoren

Dipl.-Mathematiker **Dr. Ralf Hannemann** ist seit Ende 2000 beim Bundesverband Öffentlicher Banken Deutschlands, VÖB, tätig und leitet dort als Direktor den Bereich »Bankenaufsicht und Finanzen«. Zudem betreut er als EZB-Koordinator für den VÖB die »ECB Industry Group«, eine Interessenvertretung von bedeutenden europäischen Instituten. Herr Dr. Hannemann ist Gründungsmitglied im MaRisk-Fachgremium von BaFin und Deutscher Bundesbank. Zuvor war er u.a. als Firmenkundenbetreuer einer großen Genossenschaftsbank und als Produktmanager für Unternehmenssteuerung eines Finanzdienstleistungsunternehmens der Sparkassenorganisation tätig. Herr Dr. Hannemann ist Autor zahlreicher Fachpublikationen, hält Vorträge und gibt Seminare.

Rechtsanwalt **Thomas Weigl** ist in der Abteilung Compliance und Personal bei der KfW IPEX-Bank GmbH für Bankaufsichtsrecht verantwortlich. Zuvor war er als Referent bei der Bundesanstalt für Finanzdienstleistungsaufsicht (BaFin) in verschiedenen Funktionen tätig und hat u.a. an mehreren Novellierungen des Kreditwesengesetzes maßgeblich mitgewirkt. Zu Beginn seiner beruflichen Tätigkeit war Herr Weigl Rechtsanwalt in einer wirtschaftsrechtlich orientierten Sozietät mit den Schwerpunkten Bank- und Gesellschaftsrecht. Er ist Autor eines Kommentars zur Institutsvergütungsverordnung und weiterer Fachpublikationen zu bankaufsichtlichen Themen.

Marina Zaruk, M. Sc. in Wirtschaftswissenschaften, ist seit 2012 in der Abteilung »Bankgeschäftliche Prüfungen und Implementierung Baseler Standards« der Deutschen Bundesbank tätig. Sie ist für die Weiterentwicklung und Auslegung bankaufsichtlicher Anforderungen insbesondere zum ICAAP, zur Risikodatenaggregation und zur Risikoberichterstattung verantwortlich. Zu diesen Themen vertritt Frau Zaruk die Deutsche Bundesbank in diversen nationalen und internationalen Arbeitsgruppen. Ferner hat sie die letzten beiden MaRisk-Novellen in den genannten Themenbereichen federführend begleitet. Als bankgeschäftliche Prüferin hat Frau Zaruk bereits an zahlreichen Prüfungen sowohl auf nationaler Ebene als auch im SSM-Kontext teilgenommen. Außerdem hält sie aufsichtsinterne und externe Vorträge und Schulungen.

Bearbeiterverzeichnis

Teil I	Einführung: Hintergründe, Rahmen und Umsetzung	Thomas Weigl
Teil II	Kommentierung der MaRisk	
AT	Allgemeiner Teil	Ralf Hannemann
AT 1	Vorbemerkung	Thomas Weigl
AT 2	Anwendungsbereich	Ralf Hannemann
AT 3	Gesamtverantwortung der Geschäftsleitung	Thomas Weigl
AT 4	Allgemeine Anforderungen an das Risikomanagement	Ralf Hannemann
AT 4.1	Risikotragfähigkeit	Marina Zaruk
AT 4.2	Strategien	Ralf Hannemann
AT 4.3	Internes Kontrollsystem	Ralf Hannemann
AT 4.3.1	Aufbau- und Ablauforganisation	Ralf Hannemann
AT 4.3.2	Risikosteuerungs- und -controllingprozesse	Ralf Hannemann
AT 4.3.3	Stresstests	Marina Zaruk
AT 4.3.4	Datenmanagement, Datenqualität und Aggregation von Risikodaten	Marina Zaruk
AT 4.4	Besondere Funktionen	Thomas Weigl
AT 4.4.1	Risikocontrolling-Funktion	Ralf Hannemann
AT 4.4.2	Compliance-Funktion	Thomas Weigl
AT 4.4.3	Interne Revision	Thomas Weigl
AT 4.5	Risikomanagement auf Gruppenebene	Thomas Weigl
AT 5	Organisationsrichtlinien	Thomas Weigl
AT 6	Dokumentation	Thomas Weigl
AT 7	Ressourcen	Ralf Hannemann
AT 8	Anpassungsprozesse	Thomas Weigl
AT 9	Auslagerung	Thomas Weigl
BT 1	Besondere Anforderungen an das interne Kontrollsystem	Ralf Hannemann
BTO	Anforderungen an die Aufbau- und Ablauforganisation	Ralf Hannemann
BTO 1	Kreditgeschäft	Ralf Hannemann
BTO 2	Handelsgeschäft	Ralf Hannemann
BTR	Anforderungen an die Risikosteuerungs- und -controllingprozesse	Ralf Hannemann
BTR 1	Adressenausfallrisiken	Ralf Hannemann
BTR 2	Marktpreisrisiken	Ralf Hannemann
BTR 3	Liquiditätsrisiken	Ralf Hannemann

Bearbeiterverzeichnis

BTR 4	Operationelle Risiken	Ralf Hannemann
BT 2	Besondere Anforderungen an die Ausgestaltung der Internen Revision	Thomas Weigl
BT 3	Anforderungen an die Risikoberichterstattung	Marina Zaruk

Inhaltsübersicht

Teilband 1

Vorwort zur sechsten Auflage V

Die Autoren XI

Bearbeiterverzeichnis XIII

Abbildungsverzeichnis XXI

Abkürzungsverzeichnis XXIII

Teil I: Hintergründe, Rahmen und Umsetzung 1

Teil II: Kommentierung der MaRisk 125

AT Allgemeiner Teil 127

AT 1 Vorbemerkung 128

AT 2 Anwendungsbereich 192

AT 2.1 Anwenderkreis 200

AT 2.2 Risiken 235

AT 2.3 Geschäfte 253

AT 3 Gesamtverantwortung der Geschäftsleitung 276

AT 4 Allgemeine Anforderungen an das Risikomanagement ... 310

AT 4.1 Risikotragfähigkeit 325

AT 4.2 Strategien 454

AT 4.3 Internes Kontrollsystem 533

AT 4.3.1 Aufbau- und Ablauforganisation 538

AT 4.3.2 Risikosteuerungs- und -controllingprozesse 555

AT 4.3.3 Stresstests 593

AT 4.3.4 Datenmanagement, Datenqualität und Aggregation von Risikodaten 682

AT 4.4 Besondere Funktionen 727

AT 4.4.1 Risikocontrolling-Funktion 743

AT 4.4.2 Compliance-Funktion 789

AT 4.4.3 Interne Revision 833

AT 4.5 Risikomanagement auf Gruppenebene 868

AT 5 Organisationsrichtlinien 909

AT 6 Dokumentation 927

AT 7 Ressourcen 934

AT 7.1 Personal 940

AT 7.2 Technisch-organisatorische Ausstattung 957

AT 7.3 Notfallmanagement 1016

AT 8 Anpassungsprozesse 1052

AT 8.1 Neu-Produkt-Prozess 1054

AT 8.2 Änderungen betrieblicher Prozesse oder Strukturen 1085

AT 8.3 Übernahmen und Fusionen 1092

AT 9 Auslagerung 1099

Inhaltsübersicht

Teilband 2

BT Besonderer Teil 1255
BT 1 Besondere Anforderungen an das interne Kontrollsystem 1256
BTO Anforderungen an die Aufbau- und Ablauforganisation 1263
BTO 1 Kreditgeschäft 1306
BTO 1.1 Funktionstrennung und Votierung 1315
BTO 1.2 Anforderungen an die Prozesse im Kreditgeschäft 1352
BTO 1.2.1 Kreditgewährung 1411
BTO 1.2.2 Kreditweiterbearbeitung 1430
BTO 1.2.3 Kreditbearbeitungskontrolle 1444
BTO 1.2.4 Intensivbetreuung 1449
BTO 1.2.5 Behandlung von Problemkrediten 1460
BTO 1.2.6 Risikovorsorge 1507
BTO 1.3 Anforderungen an Verfahren zur Früherkennung von Risiken und Behandlung von
        Forbearance 1519
BTO 1.3.1 Verfahren zur Früherkennung von Risiken 1521
BTO 1.3.2 Behandlung von Forbearance 1537
BTO 1.4 Risikoklassifizierungsverfahren 1569
BTO 2 Handelsgeschäft 1585
BTO 2.1 Funktionstrennung 1589
BTO 2.2 Anforderungen an die Prozesse im Handelsgeschäft 1597
BTO 2.2.1 Handel 1598
BTO 2.2.2 Abwicklung und Kontrolle 1627
BTO 2.2.3 Abbildung im Risikocontrolling 1655
BTR Anforderungen an die Risikosteuerungs- und -controllingprozesse 1657
BTR 1 Adressenausfallrisiken 1689
BTR 2 Marktpreisrisiken 1739
BTR 2.1 Allgemeine Anforderungen 1758
BTR 2.2 Marktpreisrisiken des Handelsbuches 1773
BTR 2.3 Marktpreisrisiken des Anlagebuches (einschließlich Zinsänderungsrisiken) 1786
BTR 3 Liquiditätsrisiken 1820
BTR 3.1 Allgemeine Anforderungen 1852
BTR 3.2 Zusätzliche Anforderungen an kapitalmarktorientierte Institute 1956
BTR 4 Operationelle Risiken 1976
BT 2 Besondere Anforderungen an die Ausgestaltung der Internen Revision 2040
BT 2.1 Aufgaben der Internen Revision 2044
BT 2.2 Grundsätze für die Interne Revision 2056
BT 2.3 Prüfungsplanung und -durchführung 2065
BT 2.4 Berichtspflicht 2080
BT 2.5 Reaktion auf festgestellte Mängel 2094
BT 3 Anforderungen an die Risikoberichterstattung 2099
BT 3.1 Allgemeine Anforderungen an die Risikoberichte 2103
BT 3.2 Berichte der Risikocontrolling-Funktion 2125

Teil III: Anlagen 2161

Anlage 1: Bundesanstalt für Finanzdienstleistungsaufsicht (BaFin)
Entwicklung von Mindestanforderungen an das Risikomanagement (MaRisk)
Schreiben vom 15. April 2004 2163

Anlage 2: Bundesanstalt für Finanzdienstleistungsaufsicht (BaFin)
Erster Entwurf der Mindestanforderungen an das Risikomanagement (MaRisk)
Übermittlungsschreiben vom 2. Februar 2005 2166

Anlage 3: Bundesanstalt für Finanzdienstleistungsaufsicht (BaFin)
Zweiter Entwurf der Mindestanforderungen an das Risikomanagement (MaRisk)
Übermittlungsschreiben vom 22. September 2005 2171

Anlage 4: Bundesanstalt für Finanzdienstleistungsaufsicht (BaFin)
Rundschreiben 18/2005 (BA) über Mindestanforderungen an das
Risikomanagement (MaRisk)
Übermittlungsschreiben vom 20. Dezember 2005 2174

Anlage 5: Bundesanstalt für Finanzdienstleistungsaufsicht (BaFin)
»Wegfallende Schreiben«
Erste Liste vom 20. Dezember 2005 2178

Anlage 6: Bundesanstalt für Finanzdienstleistungsaufsicht (BaFin)
Sitzung des MaRisk-Fachgremiums am 4. Mai 2006
Protokoll 2180

Anlage 7: Bundesanstalt für Finanzdienstleistungsaufsicht (BaFin)
Sitzung des MaRisk-Fachgremiums am 17. August 2006
Protokoll 2185

Anlage 8: Bundesanstalt für Finanzdienstleistungsaufsicht (BaFin)
Sitzung des MaRisk-Fachgremiums am 6. März 2007
Protokoll 2191

Anlage 9: Bundesanstalt für Finanzdienstleistungsaufsicht (BaFin)
Erster Entwurf zur Modernisierung der Outsourcing-Regelungen und Integration
in die MaRisk
Übermittlungsschreiben vom 5. April 2007 2195

Anlage 10: Bundesanstalt für Finanzdienstleistungsaufsicht (BaFin)
Zweiter Entwurf zur Modernisierung der Outsourcing-Regelungen und Integration
in die MaRisk
Übermittlungsschreiben vom 10. August 2007 2200

Anlage 11: Bundesanstalt für Finanzdienstleistungsaufsicht (BaFin)
Rundschreiben 5/2007 (BA) zur Modernisierung der Outsourcing-Regelungen und
Integration in die MaRisk
Übermittlungsschreiben vom 30. Oktober 2007 2203

Anlage 12: Bundesanstalt für Finanzdienstleistungsaufsicht (BaFin)
»Wegfallende Schreiben«
Zweite Liste vom 30. Oktober 2007 2205

Anlage 13: Bundesanstalt für Finanzdienstleistungsaufsicht (BaFin)
Erster Entwurf zur Neufassung der MaRisk
Übermittlungsschreiben vom 16. Februar 2009 2207

Anlage 14: Bundesanstalt für Finanzdienstleistungsaufsicht (BaFin)
Zweiter Entwurf zur Neufassung der MaRisk
Übermittlungsschreiben vom 24. Juni 2009 2211

Inhaltsübersicht

Anlage 15: Bundesanstalt für Finanzdienstleistungsaufsicht (BaFin)
Rundschreiben 15/2009 (BA) zur Neufassung der MaRisk
Übermittlungsschreiben vom 14. August 2009 2214

Anlage 16: Bundesanstalt für Finanzdienstleistungsaufsicht (BaFin)
Erster Entwurf zur Überarbeitung der MaRisk
Übermittlungsschreiben vom 9. Juli 2010 2218

Anlage 17: Bundesanstalt für Finanzdienstleistungsaufsicht (BaFin)
Rundschreiben 11/2010 (BA) zur Überarbeitung der MaRisk
Übermittlungsschreiben vom 15. Dezember 2010 2223

Anlage 18: Bundesanstalt für Finanzdienstleistungsaufsicht (BaFin)
Erster Entwurf zur Überarbeitung der MaRisk
Übermittlungsschreiben vom 26. April 2012 2228

Anlage 19: Bundesanstalt für Finanzdienstleistungsaufsicht (BaFin)
Rundschreiben 10/2012 (BA) zur Überarbeitung der MaRisk
Übermittlungsschreiben vom 14. Dezember 2012 2233

Anlage 20: Deutsche Kreditwirtschaft (DK)
Schreiben an die BaFin zur Leitung der Risikocontrolling-Funktion vom
13. März 2013 2238

Anlage 21: Bundesanstalt für Finanzdienstleistungsaufsicht (BaFin)
Sitzung des MaRisk-Fachgremiums am 24. April 2013
Protokoll 2240

Anlage 22: Bundesanstalt für Finanzdienstleistungsaufsicht (BaFin)
Sitzung des MaRisk-Fachgremiums am 18. Juni 2013
Protokoll 2245

Anlage 23: Bundesanstalt für Finanzdienstleistungsaufsicht (BaFin)
Antwortschreiben an die DK zur Leitung der Risikocontrolling-Funktion
vom 18. Juli 2013 2249

Anlage 24: Bundesanstalt für Finanzdienstleistungsaufsicht (BaFin)
Erster Entwurf zur Überarbeitung der MaRisk
Übermittlungsschreiben vom 18. Februar 2016 2251

Anlage 25: Bundesanstalt für Finanzdienstleistungsaufsicht (BaFin)
Öffentliche Konsultation des Rundschreibens »Bankaufsichtliche Anforderungen
an die IT« (BAIT)
Übermittlungsschreiben vom 22. März 2017 2255

Anlage 26: Bundesanstalt für Finanzdienstleistungsaufsicht (BaFin)
Entwurf zur Neuausrichtung des Leitfadens zur aufsichtlichen Beurteilung bank-
interner Risikotragfähigkeitskonzepte
Übermittlungsschreiben vom 5. September 2017 2257

Anlage 27: Bundesanstalt für Finanzdienstleistungsaufsicht (BaFin)
Rundschreiben 09/2017 (BA) zur Überarbeitung der MaRisk
Übermittlungsschreiben vom 27. Oktober 2017 2259

Anlage 28: Bundesanstalt für Finanzdienstleistungsaufsicht (BaFin)
Rundschreiben 10/2017 (BA) zu den BAIT
Übermittlungsschreiben vom 3. November 2017 2264

Anlage 29: Bundesanstalt für Finanzdienstleistungsaufsicht (BaFin)
Sitzung des MaRisk-Fachgremiums am 15. März 2018
Protokoll 2266

Anlage 30: Bundesanstalt für Finanzdienstleistungsaufsicht (BaFin)
Veröffentlichung der Endfassung des Leitfadens zur aufsichtlichen Beurteilung
bankinterner Risikotragfähigkeitskonzepte
Übermittlungsschreiben vom 24. Mai 2018.. 2272
Anlage 31: Bundesanstalt für Finanzdienstleistungsaufsicht/Deutsche Bundesbank
Aufsichtliche Beurteilung bankinterner Risikotragfähigkeitskonzepte und deren
prozessualer Einbindung in die Gesamtbanksteuerung (ICAAP) – Neuausrichtung
Leitfaden vom 24. Mai 2018 2274
Anlage 32: Bundesanstalt für Finanzdienstleistungsaufsicht (BaFin)
Rundschreiben 10/2017 (BA) zu den BAIT
Übermittlungsschreiben vom 14. September 2018 2298
Anlage 33: Bundesanstalt für Finanzdienstleistungsaufsicht (BaFin)
Sitzung des MaRisk-Fachgremiums am 5. November 2018
Protokoll 2299
Anlage 34: Bundesanstalt für Finanzdienstleistungsaufsicht (BaFin)
Sitzung des MaRisk-Fachgremiums am 3. Mai 2019
Protokoll 2307
Anlage 35: Bundesanstalt für Finanzdienstleistungsaufsicht (BaFin)
Sitzung des MaRisk-Fachgremiums am 27. September 2019
Protokoll 2312
Anlage 36: Bundesanstalt für Finanzdienstleistungsaufsicht (BaFin)
Konsultation 13/2020 (BA) zur Neufassung der BAIT
Übermittlungsschreiben vom 26. Oktober 2020 2321
Anlage 37: Bundesanstalt für Finanzdienstleistungsaufsicht (BaFin)
Konsultation 14/2020 (BA) zur Neufassung der MaRisk
Übermittlungsschreiben vom 26. Oktober 2020 2322
Anlage 38: Bundesanstalt für Finanzdienstleistungsaufsicht (BaFin)
Rundschreiben 10/2021 (BA) zur Neufassung der MaRisk
Übermittlungsschreiben vom 16. August 2021.. 2324
Anlage 39: Bundesanstalt für Finanzdienstleistungsaufsicht (BaFin)
Mindestanforderungen an das Risikomanagement
(MaRisk) inkl. Erläuterungen
Rundschreiben 10/2021 (BA) vom 16. August 2021 2331
Anlage 40: Bundesanstalt für Finanzdienstleistungsaufsicht (BaFin)
Rundschreiben 10/2017 (BA) zu den BAIT
Übermittlungsschreiben vom 16. August 2021.. 2409
Anlage 41: Bundesanstalt für Finanzdienstleistungsaufsicht (BaFin)
Bankaufsichtliche Anforderungen an die IT (BAIT) inkl. Erläuterungen
Rundschreiben 10/2017 (BA) in der Fassung vom 16. August 2021 2410
Anlage 42: Bundesanstalt für Finanzdienstleistungsaufsicht (BaFin)
Sitzungen des MaRisk-Fachgremiums am 12. und 19. Februar 2021
Protokoll 2433
Anlage 43: Bundesanstalt für Finanzdienstleistungsaufsicht (BaFin)
Sitzung des MaRisk-Fachgremiums am 4. März 2021
Protokoll 2440

Literaturverzeichnis 2451
Stichwortregister 2511

Abbildungsverzeichnis

Abb. 1: Übersicht Bankenunion 35
Abb. 2: Kernelemente des Risikomanagements nach § 25a Abs. 1 Satz 3 KWG 61
Abb. 3: Die Dimensionen Risiko und Geschäft im internen Kontrollsystem 80
Abb. 4: Die modulare Struktur der MaRisk im Überblick 82
Abb. 5: Allgemeine Anforderungen im Überblick 127
Abb. 6: Terminologie von Gesetzgeber und IDW im Vergleich 138
Abb. 7: Berichtspflichten und Auskunftsrechte aus Sicht des Aufsichtsorgans
         (KWG und MaRisk) 149
Abb. 8: Sechzehn-Felder-Risikomatrix der Bankenaufsicht 162
Abb. 9: Proportionalitätsprinzipien in den MaRisk 167
Abb. 10: Umgang mit den Risiken des Institutes 246
Abb. 11: Haftung der Geschäftsleiter im Risikomanagement 280
Abb. 12: Zusammenspiel von interner Governance, Risikokultur und Risikomanagement 299
Abb. 13: Einfluss der Risikokultur auf die Prozesse im Risikomanagement 307
Abb. 14: Sieben identische Grundsätze der EZB für den ICAAP und den ILAAP 331
Abb. 15: Vergleichbare Systematik zwischen Gone-Concern-Ansatz und ökonomischer
         Perspektive 335
Abb. 16: Sicherstellung der Erfüllung der Vorgaben aus der ersten Säule durch
         die normative Perspektive 336
Abb. 17: Managementüberlegungen im Rahmen der ökonomischen Perspektive 346
Abb. 18: Risikomaße und internes Kapital 356
Abb. 19: Überführung der Haltedauer in den Risikobetrachtungshorizont 359
Abb. 20: Bilanz- bzw. GuV-orientierte Ableitung des Risikodeckungspotenzials 389
Abb. 21: Regelkreislauf der wesentlichen Bestandteile des ICAAP 394
Abb. 22: Regelkreislauf zwischen den Elementen des Risikomanagements 399
Abb. 23: Einbindung des ICAAP in den übergreifenden Steuerungsrahmen 401
Abb. 24: Zuordnung des internen Kapitals 403
Abb. 25: Risikoappetit und Risikotoleranzen 404
Abb. 26: Berücksichtigung von Risiken im Risikotragfähigkeitskonzept 413
Abb. 27: Berücksichtigung von Diversifikationseffekten 419
Abb. 28: Umsetzungsmöglichkeiten der Kapital- und Risikoermittlung in der
         ökonomischen Perspektive 425
Abb. 29: Kapitalplanungsprozess 444
Abb. 30: Kapitalanforderungen und Managementpuffer im Planszenario der normativen
         Perspektive 445
Abb. 31: Kapitalanforderungen und Managementpuffer in den adversen Szenarien der
         normativen Perspektive 451
Abb. 32: Verhältnis von Eigenmitteln zu Kapitalanforderungen im Plan- und adversen
         Szenario im Zeitverlauf 452
Abb. 33: Aufsichtliche Erwartung zu regulatorischen und aufsichtlichen
         Kapitalanforderungen/Zielgrößen 452
Abb. 34: Überprüfung von Berechtigungen und Kompetenzen 552

Abbildungsverzeichnis

Abb. 35: Risikomanagementprozesse im Überblick 577
Abb. 36: Klassische und inverse Stresstests im Vergleich 663
Abb. 37: Stresstests für die wesentlichen Risiken 679
Abb. 38: Strukturierter Prozess des Datenqualitätsmanagements 697
Abb. 39: Interne Kontrollverfahren im Überblick 736
Abb. 40: Drei-Linien-Modell des Institute of Internal Auditors (IIA) 738
Abb. 41: Exklusive Wahrnehmung der Leitung der Risikocontrolling-Funktion 777
Abb. 42: Erleichterungen für Institute mit maximal drei Geschäftsleitern 778
Abb. 43: Zusätzliche Anforderungen an bedeutende Institute 785
Abb. 44: Gemeinsamkeiten von Risikocontrolling und Compliance 798
Abb. 45: Kernaufgaben der Compliance-Funktion 809
Abb. 46: Mögliches Konfliktpotenzial für die Interne Revision 856
Abb. 47: Gemeinsamkeiten von Compliance und Interner Revision 864
Abb. 48: Allgemeine Anforderungen an die besonderen Funktionen 867
Abb. 49: Anforderungen an das Risikomanagement auf Gruppenebene 882
Abb. 50: Zeitliche Abläufe im Notfallmanagement gemäß BSI 1037
Abb. 51: Ablauf des Neu-Produkt-Prozesses 1082
Abb. 52: Umgang mit Veränderungsprozessen 1090
Abb. 53: Beendigung von Auslagerungsvereinbarungen 1195
Abb. 54: Besondere Anforderungen an das interne Kontrollsystem im Überblick 1258
Abb. 55: Unabhängigkeit der Überwachungsfunktion 1287
Abb. 56: Funktionstrennung bei einem Institut mit zwei Geschäftsleitern 1292
Abb. 57: Funktionstrennung bei einem Institut mit drei Geschäftsleitern 1293
Abb. 58: Funktionstrennung bei einem bedeutenden Institut mit vier Geschäftsleitern
         (CFO und COO einzeln) 1294
Abb. 59: Funktionstrennung bei einem bedeutenden Institut mit vier Geschäftsleitern
         (CFO/COO gemeinsam) 1295
Abb. 60: Behandlung von Beteiligungen 1313
Abb. 61: Grundprinzipien der Votierung 1335
Abb. 62: Marktunabhängige Überprüfung von Sicherheiten 1348
Abb. 63: Verwendung externer Bonitätseinschätzungen 1381
Abb. 64: Toleranzbereich für die jährliche Risikobewertung 1391
Abb. 65: Einsatzmöglichkeiten für ein Marktschwankungskonzept 1440
Abb. 66: Prozesse rund um die Problemkreditbearbeitung 1499
Abb. 67: Mindestdeckung notleidender Risikopositionen in der ersten und zweiten Säule 1505
Abb. 68: Abstimmungsprozesse bei Handelsgeschäften 1654
Abb. 69: Limitüberwachung und Behandlung von Limitüberschreitungen 1729
Abb. 70: Behandlung von Risikokonzentrationen bei Adressenausfallrisiken 1735
Abb. 71: Systematik der Marktpreisrisiken von zins- und aktienkursbezogenen Positionen 1745
Abb. 72: Steuerungsperspektiven für das Zinsänderungsrisiko im Anlagebuch 1800
Abb. 73: Mögliche Systematik der Liquiditätsrisiken 1829
Abb. 74: Liquiditätsübersicht für drei Monate 1870
Abb. 75: Mögliches Stufenkonzept für die Liquiditätsrisikosteuerung 1879
Abb. 76: Liquiditätspuffer für kapitalmarktorientierte Institute 1962
Abb. 77: Besondere Anforderungen an die Interne Revision im Überblick 2041
Abb. 78: Ablauf der Ad-hoc-Berichterstattung 2124
Abb. 79: Inhalte der Risikoberichterstattung 2132
Abb. 80: Berichterstattung zu bedeutenden Limitüberschreitungen 2136
Abb. 81: Unterschiedliche Behandlung von Handels- und Anlagebuchpositionen 2144

Abkürzungsverzeichnis

12-month ECL	Erwartete 12-Monats-Kreditverluste (»12-month Expected Credit Losses«)
3LoD-Modell	Modell der drei Verteidigungslinien (»Three-Lines-of-Defence-Model«)
90 dpd	90 Tage überfällig (»90 days past due«)
AAO	Allgemeine Aufbauorganisation
AAR	Adressenausfallrisiken
ABCP	Forderungsbesicherte Geldmarktpapiere (»Asset Backed Commercial Paper«)
ABl.	Amtsblatt der Europäischen Union
ABS	Forderungsbesicherte Wertpapiere (»Asset Backed Securities«)
AbwMechG	Abwicklungsmechanismusgesetz
ACE	Adjustiertes Buchkapital (»Adjusted Common Equity«)
ACPR	Französische Bankenaufsichtsbehörde (»Autorité de contrôle prudentiel et de resolution«)
Add-back	Übergangsweise Erhöhung der Risikovorsorge der Stufen 1 und 2 in einem wirtschaftlichen Abschwung gegenüber dem Niveau bei der Einführung von IFRS 9 im Jahr 2018 gemäß Art. 473a CRR
AEUV	Vertrag über die Arbeitsweise der Europäischen Union
AFBG	Aufstiegsfortbildungsförderungsgesetz
AFS	Ausschuss für Finanzstabilität von BMF, BaFin und Deutscher Bundesbank
AGB	Allgemeine Geschäftsbedingungen
AIF	Alternative Investmentfonds
AIFMD	Richtlinie über die Verwalter alternativer Investmentfonds (»Alternative Investment Fund Managers Directive«)
AktG	Aktiengesetz
ALCO	Verantwortliches Gremium für das Bilanzstruktur-Management (»Asset Liability Committee«)
ALM	Bilanzstruktur-Management bzw. Aktiv-Passiv-Management (»Asset-Liability-Management«)
ALMM	Zusätzliche Kennzahlen zur Liquiditätsüberwachung (»Additional Liquidity Monitoring Metrics«)
AMA	Fortgeschrittene Messansätze (»Advanced Measurement Approaches«) zur Berechnung der regulatorischen Eigenmittelanforderungen für operationelle Risiken
AMAO	Auf internen Modellen beruhender Ansatz (»Advanced Method for Additional Outflows«) für Liquiditätsrisiken
AMC	Vermögensverwaltungsgesellschaften für notleidende Risikopositionen (»Asset Management Companies«)
AnzV	Anzeigenverordnung

Abkürzungsverzeichnis

APT	Professionelle und hochgradig organisierte Cyberangriffe (»Advanced Persistent Threats«)
AQR	Bewertung der Aktiva-Qualität (»Asset Quality Review«)
ASA	Alternativer Standardansatz (»Alternative Standardised Approach«) zur Berechnung der regulatorischen Eigenmittelanforderungen für operationelle Risiken
ASEAN	Verband Südostasiatischer Nationen (»Association of Southeast Asian Nations«)
A-SRI	Anderweitig systemrelevante Institute
A-SRI-Puffer	Kapitalpuffer für anderweitig systemrelevante Institute gemäß § 10g KWG
Asset Encumbrance	Belastung von Vermögensgegenständen
AT	Allgemeiner Teil der MaRisk
AT1	Zusätzliches Kernkapital (»Additional Tier 1«)
AU	Afrikanische Union
AÜG	Arbeitnehmerüberlassungsgesetz
Backtesting	Rückvergleich, bei dem die modellmäßig ermittelten Risikowerte mit den »tatsächlichen« Werten (unter Berücksichtigung der Modellannahmen) verglichen werden
BaFin	Bundesanstalt für Finanzdienstleistungsaufsicht
BAföG	Bundesausbildungsförderungsgesetz
Bail-in	Beteiligung der Gläubiger eines Institutes an den Kosten seiner Sanierung oder Abwicklung
BAIT	Bankaufsichtliche Anforderungen an die IT
BAO	Besondere Aufbauorganisation
Basel I	Baseler Eigenkapitalvereinbarung vom Juli 1988
Basel II	Rahmenvereinbarung zur internationalen Konvergenz der Kapitalmessung und Eigenkapitalanforderungen vom Juni 2004 als Weiterentwicklung von Basel I
Basel III	Internationale Rahmenvereinbarung zur Stärkung der Widerstandfähigkeit der Banken inklusive Vorgaben zum Liquiditätsrisikomanagement vom Dezember 2010 sowie zusätzliche Empfehlungen zur Weiterentwicklung von Basel II
Basel IV	Diverse Folgearbeiten des Baseler Ausschusses für Bankenaufsicht, die von der Bankenaufsicht allerdings noch Basel III zugeordnet werden
BauSpkG	Bausparkassengesetz
b. a. w.	bis auf weiteres
BCBS	Baseler Ausschuss für Bankenaufsicht (»Basel Committee on Banking Supervision«)
BCBS 239	Anforderungen des Baseler Ausschusses für Bankenaufsicht an die Risikodatenaggregation und die Risikoberichterstattung vom Januar 2013
BCM	Notfallmanagement zur Geschäftsfortführung unter schwierigen Bedingungen (»Business Continuity Management«)
BCMB	BCM-Beauftragter
BCP	Geschäftsfortführungspläne (»Business Continuity Plans«)
BdB	Bundesverband deutscher Banken
BDI	Frachtratenindex für die Schifffahrt (»Baltic Dry Index«)
BDSG	Bundesdatenschutzgesetz
BEEG	Bundeselterngeld- und Elternzeitgesetz

BEICF	Geschäftsumfeld und interne Kontrollsysteme (»Business Environment and Internal Control Factors«) für operationelle Risiken
BelWertV	Beleihungswertermittlungsverordnung
BetrAVG	Gesetz zur Verbesserung der betrieblichen Altersversorgung (Betriebsrentengesetz)
BFA	Bankenfachausschuss des Institutes der Wirtschaftsprüfer (IDW)
BGB	Bürgerliches Gesetzbuch
BGBl.	Bundesgesetzblatt
BI	Geschäftsindikator (»Business Indicator«) für operationelle Risiken
BIA	Basisindikatoransatz (»Basis Indicator Approach«) zur Berechnung der regulatorischen Eigenmittelanforderungen für operationelle Risiken
BIA	Analyse zu den Geschäftsauswirkungen (»Business Impact Analysis«)
BIC	Geschäftsindikatorkomponente (»Business Indicator Component«) für operationelle Risiken
Big Data	Synonym für den Einsatz der IT-Technologie beim Umgang mit großen Datenmengen
BigTech	Besonders große Technologieunternehmen, wie insbesondere die »Big Five« aus den USA, d. h. Alphabet (Google), Amazon, Apple, Facebook und Microsoft, aber auch andere Unternehmen, wie z. B. Alibaba aus China
BilMoG	Bilanzrechtsmodernisierungsgesetz
BIP	Bruttoinlandsprodukt
BIS	Bank für Internationalen Zahlungsausgleich (»Bank for International Settlements«)
BMAS	Bundesministerium für Arbeit und Soziales
BMF	Bundesministerium der Finanzen
BMJV	Bundesministerium der Justiz und für Verbraucherschutz
BMU	Bundesministerium für Umwelt, Naturschutz und nukleare Sicherheit
BMWi	Bundesministerium für Wirtschaft und Energie
BMZ	Bundesministerium für wirtschaftliche Zusammenarbeit und Entwicklung
BörsG	Börsengesetz
Bonus Cap	Begrenzung der variablen Vergütung der Mitarbeiter des Institutes auf maximal 100 Prozent der fixen Vergütung laut InstitutsVergV
BoS	Rat der Aufseher der EBA (»Board of Supervisors«)
BOS	Behörden und Organisationen mit Sicherheitsaufgaben
BPO	Auslagerung von Geschäftsprozessen (»Business Process Outsourcing«)
BPV	Kennzahl zur Bestimmung der Barwertänderung eines Finanzproduktes (»Basis-Point-Value« oder »Present-Value-of-a-Basis-Point«)
BRRD	Sanierungs- und Abwicklungsrichtlinie (»Banking Recovery and Resolution Directive«)
BSG	Gremium mit 30 Vertretern relevanter Interessengruppen der EBA (»Banking Stakeholder Group«): Vertreter der Kreditinstitute und Wertpapierhäuser, des Finanzsektors, kleiner und mittlerer Unternehmen, Nutzer von Bankdienstleistungen, Verbraucher und mindestens fünf unabhängige Wissenschaftler
BSI	Bundesamt für Sicherheit in der Informationstechnik

Abkürzungsverzeichnis

BT	Besonderer Teil der MaRisk
BTO	Besondere Anforderungen an die Aufbau- und Ablauforganisation in den MaRisk
BTR	Besondere Anforderungen an die Risikosteuerungs- und -controllingprozesse in den MaRisk
BTS	Verbindliche technische Regulierungs- und Durchführungsstandards (»Binding Technical Standards«) der EBA
BVI	Bundesverband Investment und Asset Management e. V.
BVR	Bundesverband der Deutschen Volksbanken und Raiffeisenbanken
BwA	Betriebswirtschaftliche Auswertung
CA	Zuständige Behörden (»Competent Authorities«)
CAS	Erklärung zur Angemessenheit des Kapitals (»Capital Adequacy Statement«)
CBR	Kombinierte Kapitalpufferanforderung (»Combined Buffer Requirement«) gemäß § 10i KWG
CC	Liquiditätsdeckungspotenzial (»Counterbalancing Capacity«)
CC	Zertifikat nach bestimmten Kriterien (»Common Criteria«)
CCB	Kapitalerhaltungspuffer (»Capital Conservation Buffer«) gemäß § 10c KWG
CCF	Kreditumrechnungsfaktor (»Credit Conversion Factor«)
CCP	Zentraler Kontrahent bzw. zentrale Gegenpartei (»Central Counterparty«)
CCR	Gegenparteiausfallrisiko (»Counterparty Credit Risk«)
CCyB	Institutsspezifische antizyklischer Kapitalpuffer (»Institution-specific Countercyclical Capital Buffer«) gemäß § 10d KWG
CDO	Portfolio aus festverzinslichen Wertpapieren, das in Tranchen mit unterschiedlichem Ausfallrisiko aufgeteilt wird (»Collateralized Debt Obligations«)
CDS	Kreditausfallversicherungen (»Credit Default Swaps«)
CEBS	Ausschuss der Europäischen Bankaufsichtsbehörden (»Committee of European Banking Supervisors«), die Vorgängerinstitution der EBA
CEO	Vorstandsvorsitzender (»Chief Executive Officer«)
CET1	Hartes Kernkapital (»Common Equity Tier 1«)
CFaR	Risikomaß für das Liquiditätsrisiko im engeren Sinne (»Cashflow-at-Risk« bzw. »Liquidity-at-Risk«)
CFO	Finanzvorstand (»Chief Financial Officer«)
CFP	Notfallplan für die Liquiditätsversorgung (»Contingency Funding Plan«)
CFR	Kern-Refinanzierungsquote (»Core Funding Ratio«)
CIO	IT-Vorstand (»Chief Information Officer«)
CISO	Informationssicherheitsbeauftragter (»Chief Information Security Officer«)
Clawback	Vereinbarung einer Rückzahlung von variabler Vergütung des Risikoträgers im Falle schweren Fehlverhaltens
CMDB	Datenbank zur Verwaltung von IT-Systemen (»Configuration Management Database«)
COE	Eigenkapitalkosten (»Cost of Equity«)
Comply or Explain	Stellungnahme der zuständigen Aufsichtsbehörden, ob sie bestimmte Leitlinien oder Empfehlungen der EBA umsetzen (»Comply«) oder warum sie dies (in Teilen) nicht zu tun gedenken (»Explain«)

COO	Vorstand für das operative Geschäft (»Chief Operational Officer«), im Sinne der MaRisk insbesondere zuständig für Organisation und IT
COP 3	UN-Klimakonferenz in Kyoto im Dezember 1997 (»3rd Conference of the Parties«)
COP 15	UN-Klimakonferenz in Kopenhagen im Dezember 2009 (»15th Conference of the Parties«)
COP 17	UN-Klimakonferenz in Durban im Dezember 2011 (»17th Conference of the Parties«)
COP 18	UN-Klimakonferenz in Doha im Dezember 2012 (»18th Conference of the Parties«)
COP 21	UN-Klimakonferenz in Paris im Dezember 2015 (»21st Conference of the Parties«)
COREP	Aufsichtliches Meldewesen (»common reporting framework«)
CORF	Unabhängige zentrale OpRisk-Einheit (»Corporate Operational Risk Management Function«)
COSO	Organisation in den USA, die sich mit der Verbesserung der Finanzbericht-erstattung beschäftigt (»Committee of Sponsoring Organizations of the Treadway Commission«)
COVID-19	Coronavirus-Krankheit (»coronavirus disease«) mit Ursprung im Jahr 2019
CP	Konsultationspapier (»Consultation Paper«)
CpD	Konto für nicht eindeutig zuzuordnende Buchungsvorgänge (»Conto-pro-Diverse«), wie z. B. Zahlungseingänge, deren Empfänger aufgrund fehler-hafter oder unvollständiger Daten nicht zweifelsfrei bestimmt werden kann
CRA	Ratingagenturverordnung (»Credit Rating Agencies Regulation«)
CRD	Bankenrichtlinie (»Capital Requirements Directive«)
CPRS	Methodik der klimapolitisch relevanten Sektoren (»Climate Policy Relevant Sectors«)
CreditMetrics	Kreditrisikomodell (J. P. Morgan, 1997)
CreditPortfolioView	Kreditrisikomodell (McKinsey, 1997)
CreditRisk +	Kreditrisikomodell (Credit Suisse, 1997)
Credit-VaR	Bestimmung des Value-at-Risk im Kreditportfolio
CRO	Risikovorstand (»Chief Risk Officer«)
CRR	Bankenverordnung (»Capital Requirements Regulation«)
CSD	Kommission für Nachhaltige Entwicklung (»Commission on Sustainable Development«)
CSR	Credit-Spread-Risiko (»Credit Spread Risk«)
CSR	Verantwortung der Unternehmen für die nachhaltige Entwicklung der Gesellschaft (»Corporate Social Responsibility«)
CSRD	Richtlinie zur Nachhaltigkeitsberichterstattung (»Corporate Sustainability Reporting Directive«)
CSRBB	Credit-Spread-Risiko im Anlagebuch (»Credit Spread Risk in the Banking Book«)
CTO	Technologie-Vorstand (»Chief Technology Officer«, CTO)
CTP	Korrelationshandelsportfolio (»Correlation Trading Portfolio«)
Cultural Fit	Übereinstimmung zwischen Bewerbern und Arbeitgebern in Bezug auf Handlungsweisen und Wertevorstellungen (»kulturelle Übereinstimmung«)

Abkürzungsverzeichnis

Cum-ex-Geschäfte	Bewusst herbeigeführte mehrfache Erstattung nur einmal abgeführter Kapitalertragsteuer beim »Dividendenstripping«, d. h. bei Kombination aus dem Verkauf einer Aktie kurz vor der Dividendenzahlung und dem Rückkauf derselben Aktie kurz nach dem Dividendentermin
CVA	Anpassungen der Kreditbewertung (»Credit Valuation Adjustments«)
DakOR	Datenkonsortium zu operationellen Risiken
DAX	Deutscher Aktienindex
DCF-Modelle	Bewertungsmodelle für Wertpapiere (»Discounted-Cashflow-Modelle«)
DCGK	Deutscher Corporate Governance Kodex
Debt-Asset-Swap	Umwandlung von Verbindlichkeiten in Vermögenswerte
Debt-Equity-Swap	Umwandlung von Verbindlichkeiten in eine Eigenkapitalbeteiligung
DGS	Amtlich anerkanntes Einlagensicherungssystem (»Deposit Guarantee Scheme«)
DGSD	Einlagensicherungsrichtlinie (»Deposit Guarantee Scheme Directive«)
DGV	Dienstgütevereinbarungen
DIF	Gemeinsamer Einlagensicherungsfonds (»Deposit Insurance Fund«)
DIIR	Deutsches Institut für Interne Revision e. V.
DK	Deutsche Kreditwirtschaft bzw. Die Deutsche Kreditwirtschaft
DNK	Deutscher Nachhaltigkeitskodex
DORA	Verordnung der EU-Kommission über die Betriebsstabilität digitaler Systeme des Finanzsektors (»Digital Operational Resilience Act«)
DPG	Gremium mit Vertretern amerikanischer Banken und Investment-Häuser zur Vorgabe von Verhaltensregeln für den Umgang mit Derivaten (»Derivatives Policy Group«)
DQI	Indikatoren zur Beurteilung der Datenqualität (»Data Quality Indicators«)
DRV	Deutsche Rahmenverträge für Finanztermingeschäfte
DSCR	Schuldendienst- bzw. Kapitaldienstdeckungsgrad (»Debt Service Coverage Ratio«)
DSGV	Deutscher Sparkassen- und Giroverband
DSGVO	Datenschutz-Grundverordnung
D-SIB	National systemrelevante Banken (»Domestic Systemically Important Banks«)
DTA	Latente Steueransprüche (»Deferred Tax Assets«)
DV	Delegierte Verordnungen der EU-Kommission
EAD	Forderungshöhe bei Ausfall (»Exposure at Default«)
EaR	Ertragsrisiko (»Earnings at Risk«)
EaR-Konzept	Methode zur Bewertung von Schwankungen der Gewinn- und Verlustrechnung (»Earnings-at-Risk-Konzept«)
EBA	Europäische Bankenaufsichtsbehörde (»European Banking Authority«)
EBITDA	Ergebnis vor Zinsen, Steuern und Abschreibungen auf Sachanlagen und immaterielle Vermögengegenstände (»Earnings before Interests, Taxes, Depreciation and Amortisation«)
EC	Das ökonomische Kapital (»Economic Capital«) ist das erforderliche Kapital zur Abdeckung der Risiken auf aggregierter Ebene
ECAI	Externe Ratingagentur (»External Credit Assessment Institution«)

ECL	Erwarteter Kreditverlust (»Expected Credit Loss«)
EDIS	Europäisches Einlagensicherungssystem (»European Deposit Insurance Scheme«)
EeMAP	Initiative zur Gestaltung einer standardisierten energieeffizienten Hypothek (»Energy efficient Mortgages Action Plan«)
EFQM-Modell	Bewertungsmodell der »European Foundation for Quality Management«
EFRAG	Europäische Beratungsgruppe zur Rechnungslegung (»European Financial Reporting Advisory Group«)
EFSF	Europäische Finanzstabilisierungsfazilität (»European Financial Stability Facility«)
EFSRP	Europäische Initiative von Zentralbanken und Bankaufsichtsbehörden für die Sicherheit im elektronischen Zahlungsverkehr (»European Forum on the Security of Retail Payments«); wird auch mit »SecuRe Pay« abgekürzt
EFTA	Europäische Freihandelsassoziation (»European Free Trade Association«)
EGHGB	Einführungsgesetz zum Handelsgesetzbuch
EGIM	Leitfaden der EZB zu internen Modellen (»ECB guide to internal models«)
EIOPA	Europäische Aufsichtsbehörde für das Versicherungswesen und die betriebliche Altersvorsorge (»European Insurance and Occupational Pensions Authority«)
EL	Der erwartete Verlust (»Expected Loss«) ist der statistische durchschnittliche Verlust, den ein Institut über einen bestimmten Zeitraum hinweg erwartet
EMA	Einheitlicher Rahmenvertrag für Finanzgeschäfte, der von den europäischen Spitzenverbänden der Kreditwirtschaft entwickelt wurde (»European Master Agreement«)
EMIR	Verordnung über OTC-Derivate, zentrale Gegenparteien und Transaktionsregister (»European Market Infrastructure Regulation«)
EMZK	Eigenmittelzielkennziffer, siehe auch P2G
ENISA	Agentur der Europäischen Union für Cybersicherheit (»European Network and Information Security Agency«)
EOL-System	System im Einsatz, das das Ende seines Lebenszyklus bereits erreicht hat (»End-of-Life-System«)
Eonia	Ehemaliger eintägiger Euribor-Zinssatz (»Euro OverNight Index Average«)
ERM	Ganzheitliches, unternehmensweites Risikomanagement (»Enterprise Risk Management«)
ES	Erwartungswert aller Verluste, die größer sind als der Value-at-Risk (»Expected Shortfall« oder »Conditional Value-at-Risk«)
ESFS	Europäisches System der Finanzaufsicht (»European System of Financial Supervision«)
ESG-Risiken	Risiken aus den Bereichen Umwelt, Soziales und Unternehmensführung (»Environmental, Social and Governance Risks«); werden auch als »Nachhaltigkeitsrisiken« bezeichnet
ESM	Europäischer Stabilitätsmechanismus (»European Stability Mechanism«)
ESMA	Europäische Wertpapier- und Marktaufsichtsbehörde (»European Securities and Markets Authority«)
ESRB	Europäischer Ausschuss für Systemrisiken (»European Systemic Risk Board«)

Abkürzungsverzeichnis

€STR	Nachfolgebenchmark für Eonia, der schrittweise in allen Produkten und Verträgen ersetzt werden soll (»Euro Short-Term Rate«)
ESZB	Europäisches System der Zentralbanken und der EZB
EU-Rat	Rat der Europäischen Union
EU-Taxonomie	Klassifizierungssystem zu den Auswirkungen von Wirtschaftstätigkeiten auf Klima und Umwelt anhand wissenschaftlich fundierter Kriterien
EuGH	Europäischer Gerichtshof
Euribor	Benchmark für die durchschnittlichen Zinssätze verschiedener Laufzeiten (von einer Woche bis zu zwölf Monaten), zu denen sich diverse europäische Banken auf unbesicherter Basis untereinander Anleihen in Euro gewähren (»Euro Interbank Offered Rate«)
EV	Konzept des wirtschaftlichen Wertes (»Economic Value«) zur Steuerung der Zinsänderungsrisiken im Anlagebuch
EVA	Geschäftswertbeitrag (»Economic Value Added«)
EVaR	Maximale Eigenmitteländerung für ein bestimmtes Konfidenzniveau (»Economic Value-at-Risk«)
EVE	Wirtschaftlicher Wert des Eigenkapitals (»Economic Value of Equity«)
EVS	Europäische Bewertungsstandards (»European Valuation Standards«)
EWB	Einzelwertberichtigung
EWR	Europäischer Wirtschaftsraum
EZB	Europäische Zentralbank
EZB-Rat	Oberstes Beschlussorgan der EZB (»Governing Council«) mit sechs Mitgliedern des EZB-Direktoriums sowie den Präsidenten der nationalen Zentralbanken der Staaten der Eurozone
Failing or likely to fail	Einstufung eines Institutes als »ausfallend bzw. ausfallgefährdet« im Sinne von Art. 32 Abs. 2 BRRD; wird auch mit »FOLTF« abgekürzt
FAQ	Beantwortung häufig gestellter Fragen (»frequently asked questions«)
FASB	Rechnungslegungsgremium in den USA (»Financial Accounting Standards Board«)
Fat Tails	Verlustgefahren aus extremen Marktsituationen aufgrund der besonderen Art der Wahrscheinlichkeitsverteilung
FBE	Gestundete Risikopositionen (»forborne exposures«)
FC	Finanzkomponente (»Financial Component«) für operationelle Risiken
FCA	Teil der Finanzaufsichtsbehörde im Vereinigten Königreich (»Financial Conduct Authority«)
FIFO	Prinzip, nach dem die eingehenden Zahlungen stets zunächst die ältesten Zahlungsverpflichtungen des Kunden erfüllen, denen er nicht nachgekommen ist (»First-in-first-out-Prinzip«)
FinaRisikoV	Finanz- und Risikotragfähigkeitsinformationenverordnung
Finanzmarktkrise	Die »Subprimekrise« im Jahr 2007 weitete sich spätestens mit der Insolvenz von Lehman Brothers im Jahr 2008 zur »Finanzmarktkrise« aus und hatte einen erheblichen Anteil an der schwierigen Situation einiger Staaten im Euroraum, siehe auch GFC
FINREP	Finanzielle Berichterstattung bzw. Finanzberichterstattung (»financial reporting«)

FinTech	Finanztechnologie-Unternehmen (»Financial Technology«)
Fire Sales	Notverkäufe unter Zeitdruck
Fit & Proper	Nachweis der Zuverlässigkeit und fachlichen Eignung eines Mitgliedes der Geschäftsleitung oder des Aufsichtsorgans gegenüber den Aufsichtsbehörden
FKAG	Gesetz zur zusätzlichen Aufsicht über beaufsichtigte Unternehmen eines Finanzkonglomerates (»Finanzkonglomerate-Aufsichtsgesetz«)
FMSA	Bundesanstalt für Finanzmarktstabilisierung; wurde zum 1. Januar 2018 als neuer Geschäftsbereich »Abwicklung« in die BaFin eingegliedert
FMVAStärkG	Gesetz zur Stärkung der Finanzmarkt- und Versicherungsaufsicht
Forbearance	Zugeständnisse hinsichtlich der Rückzahlungsmodalitäten zugunsten eines Kreditnehmers aufgrund sich abzeichnender finanzieller Schwierigkeiten
FRA	Zinsausgleichsvereinbarungen (»Forward Rate Agreements«)
FRTB	Grundlegende Überarbeitung der bankaufsichtlichen Vorschriften zu Handelsaktivitäten (»Fundamental Review of the Trading Book«)
FRUG	Finanzmarktrichtlinie-Umsetzungsgesetz
FSA	Ehemalige Finanzaufsichtsbehörde im Vereinigten Königreich (»Financial Services Authority«)
FSAP	Gemeinsames Programm des Internationalen Währungsfonds und der Weltbank zur Bewertung des Finanzsektors (»Financial Sector Assessment Program«)
FSB	Finanzstabilitätsrat (»Financial Stability Board«)
FSF	Vorgängerinstitution vom FSB (»Financial Stability Forum«)
FSI	Institut für Finanzstabilität bei der BIS (»Financial Stability Institute«)
FTP	Liquiditätstransferpreissystem (»Funds Transfer Pricing«)
Fully Loaded	Vollständige Berücksichtigung von regulatorischen Vorgaben, für die eigentlich noch Übergangsfristen bestehen
FVOCI	Beizulegender Zeitwert von Finanzinstrumenten mit Auswirkungen auf das sonstige Ergebnis (»Fair Value Through Other Comprehensive Income«)
FVTPL	Beizulegender Zeitwert von Finanzinstrumenten mit Auswirkungen auf die Gewinn- und Verlustrechnung (»Fair Value Through Profit or Loss«)
FWI	Frühwarnindikator
FX Lending Risk	Fremdwährungskreditrisiko (»Foreign Exchange Lending Risk«)
FX Risk	(Fremd-)Währungsrisiko bzw. Wechselkursrisiko (»Foreign Exchange Risk«)
G7	Ein 1975 gegründetes informelles Forum der Staats- und Regierungschefs aus sieben Industrieländern (»Group of Seven«)
G8	Zwischenzeitliche Erweiterung der G7 von 1998 bis März 2014 durch Einschluss von Russland (»Group of Eight«)
G10	Eine 1962 gegründete Gruppe führender Industrienationen (»Group of Ten«)
G20	Eine 1999 gegründete Gruppe von 19 Staaten und der EU als zentrales informelles Forum für die internationale wirtschaftliche Zusammenarbeit der bedeutendsten Industrie- und Schwellenländer, die ca. 90 Prozent des weltweiten Bruttoinlandsprodukts, ca. 80 Prozent des Welthandels und rund zwei Drittel der Weltbevölkerung repräsentieren (»Group of Twenty«)

Abkürzungsverzeichnis

GAR	Kennzahl für den Anteil grüner Engagements am Gesamtportfolio (»Green Asset Ratio«)
GenG	Genossenschaftsgesetz
Gesamtrisikoprofil	Überblick über die Risiken auf der Ebene des gesamten Institutes
GFC	Spezielle Bezeichnung für die »Finanzmarktkrise« von 2007 bis 2009 in Abgrenzung zu anderen Krisenereignissen als »Große Finanzkrise« (»Great Financial Crisis«)
GL	Leitlinien (»Guidelines«)
GlA	Gremium laufende Aufsicht von BaFin und Deutscher Bundesbank
GRDGF	Rahmenwerk für die Steuerung der Risikodaten auf Gruppenebene (»Group Risk Data Governance Framework«)
GRI	Initiative zur Entwicklung von Standards für die Erstellung von Nachhaltigkeitsberichten (»Global Reporting Initiative«)
GRI-Standards	Standards für die Nachhaltigkeitsberichterstattung (»Global Reporting Initiative Standards«)
GroMiKV	Großkredit- und Millionenkreditverordnung
Gruppe-1-Institute	International tätige Institute mit einem Kernkapital von mindestens 3 Milliarden Euro
Gruppe-2-Institute	Alle übrigen Institute, die nicht der Gruppe 1 angehören
G-SIB	Global systemrelevante Banken (»Global Systemically Important Banks«)
G-SII	Global systemrelevante Institute (»Global Systemically Important Institutions«)
G-SRI	Global systemrelevante Institute
G-SRI-Puffer	Kapitalpuffer für global systemrelevante Institute gemäß § 10f KWG
GSSB	Rat für Globale Nachhaltigkeitsstandards (»Global Sustainability Standards Board«)
GuV	Gewinn- und Verlustrechnung
GvK	Gruppe verbundener Kunden
GwG	Geldwäschegesetz
Haircuts	Bewertungsabschläge bei Wertpapieren
Herstatt-Krise	Bankenpleite der Nachkriegsgeschichte durch hochspekulative Devisengeschäfte und mangelhafte interne Kontrollsysteme, die den Begriff »Herstatt-Risiko« als Synonym für das Erfüllungsrisiko im Rahmen von Devisentransaktionen geprägt hat
HFLI	Kleinere Schadensfälle, die in regelmäßigen Abständen aufgrund derselben Ursache sehr häufig auftreten (»High Frequency, Low Impact«)
HGB	Handelsgesetzbuch
HHI	Kennzahl zur Messung von Konzentrationen (»Herfindahl-Hirschman-Index«)
HILF	Selten eintretende Ereignisse mit gravierenden Folgen (»High Impact, Low Frequency«)
HLBA	Historischer Rückschauansatz (»Historical Look-Back Approach«) vom Baseler Ausschuss für Bankenaufsicht
HLEG	Hochrangige Sachverständigengruppe (»High Level Expert Group«)

HLPF	Hochrangiges Politisches Forum für Nachhaltige Entwicklung (»High-level Political Forum on Sustainable Development«); wird auch als »UNO-Nachhaltigkeitsforum« bezeichnet
HP LSI	Weniger bedeutende Institute (LSI) mit hoher Priorität (»High Priority LSI«)
HR	Vorgegebener Schwellenwert (»Hurdle Rate«)
HQLA	Erstklassige liquide Aktiva (»High-Quality Liquid Assets«)
IaaS	Bereitstellung von Rechenleistungen und Speicherplatz (»Infrastructure as a Service«)
IAM	Integrierte Bewertungsmodelle (»Integrated Assessment Models«)
IASB	Internationales Gremium zur Entwicklung von Rechnungslegungsstandards (»International Accounting Standards Board«)
Ibor	Sammelbegriff für verschiedene Referenzzinssätze, die als Benchmarks für diverse Bankprodukte verwendet werden (»Interbank Offered Rates«)
ICAAP	Bankinterner Prozess zur Sicherstellung einer angemessenen Kapitalausstattung (»Internal Capital Adequacy Assessment Process«)
ICC	Internationale Handelskammer (»International Chamber of Commerce«)
ICT	Informations- und Kommunikationstechnologie (»Information and Communication Technology«)
ID-Nummer	Eindeutige Vorgabe einer Händleridentifikation (Identifikationsnummer)
IDR	Inhärentes Ausfallrisiko (»Incremental Default Risk«) eines Emittenten
IDV	Individuelle Datenverarbeitung
IDW	Institut der Wirtschaftsprüfer
IDW RS BFA 3	IDW-Stellungnahme zur verlustfreien Bewertung von zinsbezogenen Geschäften des Anlagebuches
IEC	International Electrotechnical Commission
IFC	Internationale Finanzierungsgesellschaft (»International Finance Corporation«)
IFD	Richtlinie für Wertpapierfirmen (»Investment Firm Directive«)
IFR	Verordnung für Wertpapierfirmen (»Investment Firm Regulation«)
IFRS	Internationale Rechnungslegungsvorschriften (»International Financial Reporting Standards«) vom IASB
IIA	Internationaler Berufsverband für Interne Revisoren mit Sitz in den USA (»The Institute of Internal Auditors«)
IIF	Internationale Interessenvertretung der Finanzindustrie (»Institute of International Finance«)
IIR	Verkürzte Schreibweise für Deutsches Institut für Interne Revision e.V.
IKS	Internes Kontrollsystem
IKT	Informations- und Kommunikationstechnologie
ILAAP	Bankinterner Prozess zur Sicherstellung einer angemessenen Liquiditätsausstattung (»Internal Liquidity Adequacy Assessment Process«)
ILDC	Zins-, Leasing- und Dividendenkomponente (»Interest, Leases and Dividend Component«) für operationelle Risiken
ILM	Interner Verlustfaktor (»Internal Loss Mulitiplier«) für operationelle Risiken
ILO	Internationale Arbeitsorganisation (»International Labour Organization«)

Abkürzungsverzeichnis

IMA	Internes Modell zur Berechnung der regulatorischen Eigenmittelanforderungen für Marktpreisrisiken (»Internal Models Approach«)
IMF	Internationaler Währungsfonds (»International Monetary Fund«)
IMFC	Internationaler Währungs- und Finanzausschuss (»International Monetary and Finance Committee«)
IMM	Internes Modell zur Berechnung der regulatorischen Eigenmittelanforderungen für Kontrahentenrisiken (»Internal Model Method«)
ImmoKWPLV	Immobiliar-Kreditwürdigkeitsprüfungsleitlinien-Verordnung
InsO	Insolvenzordnung
InstitutsVergV	Institutsvergütungsverordnung
Inverser Stresstest	Bei einem inversen Stresstest (»Reverse Stress Test«) werden auf Basis eines vordefinierten Ergebnisses (z. B. die Gefährdung der Überlebensfähigkeit des Institutes) Szenarien und Umstände untersucht, die dieses Ergebnis verursachen könnten
InvG	Investmentgesetz
InvMaRisk	Mindestanforderungen an das Risikomanagement für Investmentgesellschaften; Vorgänger-Rundschreiben der KAMaRisk
IRBA	Auf internen Ratings basierender Ansatz (»Internal Ratings Based Approach«) zur Berechnung der regulatorischen Eigenmittelanforderungen für Adressenausfallrisiken
IRC	Zusätzliches Ausfall- und Migrationsrisiko (»Incremental Risk Charge«)
IRENA	Internationale Organisation für Erneuerbare Energien (»International Renewable Energy Agency«)
IRR	Zinsänderungsrisiko (»Interest Rate Risk«)
IRRBB	Zinsänderungsrisiko im Anlagebuch (»Interest Rate Risk in the Banking Book«)
IRT	Internes Abwicklungsteam (»Internal Resolution Team«)
IS	Informationssicherheit
ISB	Informationssicherheitsbeauftragter, siehe auch CISO
ISDA	Handelsorganisation am Markt für OTC-Derivate (»International Swaps and Derivatives Assoziation«), die entsprechende Rahmenverträge herausgibt
ISEAL Alliance	Meta-Governance-System mit dem Ziel der Vereinheitlichung von Standards verschiedener Nachhaltigkeitsinitiativen (»International Social and Environmental Accreditation and Labelling Alliance«)
ISM	Informationssicherheitsmanagement
ISMS	Managementsystem zur Informationssicherheit (»Information Security Management System«)
ISO	International Organization for Standardization
IT	Informationstechnologie bzw. Informationstechnik
ITRQ	EZB-Umfrage zu IT-Risiken im Rahmen des SREP (»IT Risk Questionnaire«)
ITS	Verbindlicher technischer Durchführungsstandard (»Implementing Technical Standard«) der EBA

ITSEC	Zertifikat nach den Kriterien für die Bewertung der Sicherheit von Systemen oder Informationstechnik (»Information Technology Security Evaluation Criteria«)
IWF	Internationaler Währungsfonds
Joint Committee	Gemeinsamer Ausschuss der Europäischen Aufsichtsbehörden
JRC	Gemeinsame Forschungsstelle (»Joint Research Centre«) der EU-Kommission
JST	Gemeinsames Aufsichtsteam (»Joint Supervisory Team«)
KAGB	Kapitalanlagegesetzbuch
KAGG	Gesetz über Kapitalanlagegesellschaften
KAMaRisk	Mindestanforderungen an das Risikomanagement von Kapitalverwaltungsgesellschaften
KEV	Verfahren der Deutschen Bundesbank zur Einreichung und Verwaltung von Kreditforderungen
KFH	Inhaber von Schlüsselfunktionen (»Key Function Holders«)
KI	Künstliche Intelligenz
KMU	Kleine und mittlere Unternehmen, siehe SME
KMV	Kreditrisikomodell (Kealhofer/McQuoan/Vasiček, 1999)
KonTraG	Gesetz zur Kontrolle und Transparenz im Unternehmensbereich
KPI	Leistungskennzahlen (»Key Performance Indicators«)
KPO	Auslagerung von Expertenwissen (»Knowledge Process Outsourcing«)
KRI	Risikokennzahlen (»Key Risk Indicators«)
KRITIS	Betreiber kritischer Infrastrukturen
KSA	Kreditrisikostandardansatz zur Berechnung der regulatorischen Eigenmittelanforderungen für Adressenausfallrisiken
KVG	Kapitalverwaltungsgesellschaften
KWG	Kreditwesengesetz
KYB	Kenntnis über die Geschäftsaktivitäten des Institutes (»Know your Business«)
KYC	Kenntnis über die Bedürfnisse der Kunden des Institutes (»Know your Clients«)
KYS	Kenntnis über die rechtliche, organisatorische und operative Struktur des Institutes (»Know your Structure«)
LaR	Risikomaß für das Liquiditätsrisiko im engeren Sinne (»Liquidity-at-Risk« bzw. »Cashflow-at-Risk«)
LAS	Erklärung zur Angemessenheit der Liquidität (»Liquidity Adequacy Statement«)
LC	Verlustkomponente (»Loss Component«) für operationelle Risiken
LCR	Liquiditätsdeckungsquote (»Liquidity Coverage Ratio«)
Least-Privilege-Prinzip	Vergabe von Berechtigungen und Kompetenzen nach dem Sparsamkeitsgrundsatz (Prinzip der geringsten Privilegien)
LGD	Verlustquote bei Ausfall (»Loss Given Default«)
Libor	Referenzzinssätze für wichtige Währungen (»London Interbank Offered Rate«), die aber gestaffelt zwischen dem 31. Dezember 2021 und dem 30. Juni 2023 eingestellt werden
Lifetime ECL	Über die Laufzeit erwartete Kreditverluste
LiqR	Liquiditätsrisiken
LiqV	Liquiditätsverordnung

Abkürzungsverzeichnis

LkSG	Lieferkettensorgfaltspflichtengesetz
LLP	Wertberichtigung für Kreditrisiken (»Loan Loss Provision«)
LR	Verschuldungsquote (»Leverage Ratio«)
LRE	Leverage Ratio Exposure
LSI	Weniger bedeutende Institute (»Less Significant Institutions«)
LSI-ICAAP	ICAAP für die weniger bedeutenden Institute
LTD	Verhältnis von Krediten zu Einlagen (»Loan-to-Deposit Ratio«)
LTV	Beleihungsquote bzw. Verhältnis des Kreditbetrages zum Beleihungswert der Sicherheit (»Loan to Value«)
LVaR	Risikomaß für das Liquiditätsrisiko im weiteren Sinne auf Basis des Value-at-Risk (»Liquidity-Value-at-Risk«)
LVPS	Individualzahlungssystem (»Large Value Payment System«)
M&A	Fusionen und Übernahmen (»Mergers & Acquisitions«)
MaBail-in	Mindestanforderungen zur Umsetzbarkeit eines Bail-in
MaBV	Makler- und Bauträgerverordnung
MaComp	Mindestanforderungen an die Compliance-Funktion und weitere Verhaltens-, Organisations- und Transparenzpflichten
MaComp II	Besondere Organisatorische Anforderungen für den Betrieb eines multilateralen Handelssystems nach §§ 31f und 31g WpHG
MaGo	Mindestanforderungen an die Geschäftsorganisation von Versicherungsunternehmen
MaH	Mindestanforderungen an das Betreiben von Handelsgeschäften; sind in den MaRisk aufgegangen
MAID	Software-Modul zur Überwachung der Einhaltung von gesetzlichen Vorgaben und internen Regeln (»Market Abuse & Insider Dealing Detection«)
MaIR	Mindestanforderungen an die Ausgestaltung der Internen Revision; sind in den MaRisk aufgegangen
MaK	Mindestanforderungen an das Kreditgeschäft; sind in den MaRisk aufgegangen
MaRisk	Mindestanforderungen an das Risikomanagement
MaRisk VA	Mindestanforderungen an das Risikomanagement von Versicherungsunternehmen; Vorgänger-Rundschreiben der MaGo
MaRisk-Fachgremium	Gremium von BaFin und Deutscher Bundesbank mit Fachexperten aus Instituten, Prüfern und Verbandsvertretern zur Erarbeitung bzw. Weiterentwicklung der MaRisk und zur Diskussion von Auslegungsfragen
Markt	Bereich im Institut, der Kreditgeschäfte initiiert und bei den Kreditentscheidungen über ein Votum verfügt
Marktfolge	Bereich im Institut, der bei den Kreditentscheidungen über ein weiteres Votum verfügt
Mark-to-Market	Bewertung durch Marktpreise
Mark-to-Matrix	Bewertung durch abgeleitete Marktpreise
Mark-to-Model	Bewertung durch modellbasierte Preise
MaSan	Mindestanforderungen an die Ausgestaltung von Sanierungsplänen; Vorgänger-Rundschreiben der MaSanV

MaSanV	Verordnung zu den Mindestanforderungen an Sanierungspläne für Institute (Sanierungsplanmindestanforderungsverordnung)
MaSI	Mindestanforderungen an die Sicherheit von Internetzahlungen
MCR	Mindestkapitalanforderung (»Minimum Capital Requirement«) für Versicherungen
MDA	Maximal ausschüttungsfähiger Betrag (»Maximum Distributable Amount«)
Meldewesen-DV	Durchführungsverordnung (EU) Nr. 680/2014 zur Festlegung technischer Durchführungsstandards für die aufsichtlichen Meldungen der Institute gemäß der Verordnung (EU) Nr. 575/2013 des Europäischen Parlaments und des Rates in ihrer jeweils aktuellen Fassung, die am 28. Juni 2021 durch die Durchführungsverordnung (EU) Nr. 2021/451 aufgehoben wurde
MiFID	Richtlinie über Märkte für Finanzinstrumente (»Markets in Financial Instruments Directive«, Finanzmarktrichtlinie)
MiFIR	Verordnung über Märkte für Finanzinstrumente (»Markets in Financial Instruments Regulation«, Finanzmarktverordnung)
MIS	Interne Risikoberichterstattung (»Management Information System«)
MPR	Marktpreisrisiken
MREL	Mindestanforderungen an Eigenmittel und berücksichtigungsfähige Verbindlichkeiten (»Minimum Requirements for Own Funds and Eligible Liabilities«)
MSK	Marktschwankungskonzept
MSK-DB	Marktschwankungskonzept-Datenbank der DK
MTF	Multilaterale Handelssysteme (»Multilateral Trading Facilities«)
MVP	Melde- und Veröffentlichungsplattform der BaFin
NACE	EU-Standardklassifikation der Wirtschaftszweige (»Nomenclature statistique des Activités économiques dans la Communauté Européenne«)
NCA	National zuständige Behörden (»National Competent Authorities«)
NCFA	Initiative zur nachhaltigen Finanzierung (»Natural Capital Finance Alliance«)
Need-to-know-Prinzip	Vergabe von Berechtigungen und Kompetenzen nach dem Sparsamkeitsgrundsatz (Erforderlichkeitsprinzip)
NEPAD	Wirtschaftliches Entwicklungsprogramm der Afrikanischen Union (»New Partnership for Africa's Development«)
NFR	Nicht-finanzielle Risiken (»Non-Financial Risks«)
NFRD	Richtlinie zur nichtfinanziellen Berichterstattung (»Non-Financial Reporting Directive«); wird auch als »CSR-Richtlinie« bezeichnet
NGFS	Netzwerk zur Ökologisierung des Finanzsystems (»Network on Greening the Financial System«)
NII	Nettozinserträge (»Net Interest Income«)
NMD	Unbefristete Einlagen (»Non-Maturity Deposits«)
Normative Perspektive	Beurteilung der Fähigkeit der Institute, auf mittlere Sicht alle regulatorischen und aufsichtlichen Kapital- und Liquiditätsanforderungen zu erfüllen sowie sonstigen externen finanziellen Zwängen Rechnung zu tragen, womit auf die Anforderungen der ersten Säule Bezug genommen wird
NPA	Notleidende Vermögenswerte (»Non-performing Assets«)

Abkürzungsverzeichnis

NPE	Notleidende Risikopositionen (»Non-performing Exposures«)
NPE-WU	NPE-Abwicklungseinheit (»NPE-Workout Unit«)
NPL	Notleidende Kredite (»Non-performing Loans«)
NPL-Backstop	Vorgaben in der CRR zur Mindestdeckung notleidender Risikopositionen
NPL-Quote	Quotient aus dem Bruttobuchwert der notleidenden Darlehen und Kredite sowie dem Bruttobuchwert der gesamten Darlehen und Kredite
NPNM	Andere Bezeichnung für NPP (»Neue Produkte, Neue Märkte«)
NPP	Neu-Produkt-Prozess
NPP-Light	Verkürzter NPP
NPV	Nettobarwert (»Net Present Value«)
NSFR	Strukturelle Liquiditätsquote (»Net Stable Funding Ratio«)
NZU	Niedrigzinsumfeld
NZU-Umfrage	Ehemals alle zwei Jahre durchgeführte Umfrage der deutschen Aufsicht zur Lage deutscher Kreditinstitute im Niedrigzinsumfeld (mittlerweile LSI-Stresstest)
OCR	Gesamtkapitalanforderung gemäß der zweiten Säule (»Overall Capital Requirement«)
OECD	Organisation für Wirtschaftliche Zusammenarbeit und Entwicklung (»Organisation for Economic Co-operation and Development«)
Ökonomische Perspektive	Identifizierung und Quantifizierung aller wesentlichen Risiken, die aus ökonomischer Sicht Verluste verursachen und das interne Kapital substanziell verringern bzw. die Liquiditätsposition beeinträchtigen könnten, womit auf die Anforderungen der zweiten Säule Bezug genommen wird
OFAC	Kontrollbehörde des US-Finanzministeriums (»Office of Foreign Assets Control«)
OGAW	Richtlinie zur Koordinierung der Rechts- und Verwaltungsvorschriften betreffend bestimmte Organismen für gemeinsame Anlagen in Wertpapieren (Investmentfondsrichtlinie)
Opinions	Stellungnahmen der EBA
OpRisk	Operationelle Risiken
Opt-in-Klausel	Möglichkeit der EU-Mitgliedstaaten außerhalb der Euro-Zone, freiwillig am SSM teilzunehmen
Op-VaR	Messung von operationellen Risiken auf Basis des Value-at-Risk (»Operational-Value-at-Risk«)
ORC	Regulatorische Eigenmittelanforderungen für operationelle Risiken (»Operational Risk Capital«)
ORMF	Rahmenwerk zum Management der operationellen Risiken (»operational risk management framework«)
ORX	Datenkonsortium der »Operational Riskdata eXchange Association«
O-SII	Anderweitig systemrelevante Institute (»Other Systemically Important Institutions«)
OTC-Derivate	Außerbörslich (»Over the Counter«) gehandelte Derivate
P2G	Institutsspezifische Säule-2-Kapitalempfehlung (»Pillar 2 Guidance«), auch als Eigenmittelzielkennziffer (EMZK) bezeichnet

P2R	Institutsspezifischer Säule-2-Kapitalzuschlag (»Pillar 2 Requirement«), auch als SREP-Kapitalzuschlag bezeichnet
PAAR	Prüfung der Angemessenheit der aufsichtlichen Risikovorsorge
PaaS	Bereitstellung von Entwicklerplattformen (»Platform as a Service«)
PD	Ausfallwahrscheinlichkeit (»Probability of Default«)
PD-Shift	Verschiebung der Ausfallwahrscheinlichkeit
PEX	Deutscher Pfandbriefindex
PfandBG	Pfandbriefgesetz
PFE	Zukünftig zu erwartende Risikoerhöhung (»Potential Future Exposure«)
Phase-in Period	Übergangszeitraum, in dem neue Vorgaben schrittweise eingeführt werden
PHEIC	Pandemie (»Public Health Emergency of International Concern«)
PIIGS-Staaten	Staaten mit vergleichsweise hoher Verschuldung während der Euro-Krise (Portugal, Irland, Italien, Griechenland und Spanien)
PIK	Potsdamer Institut für Klimafolgenforschung
P&L	Gewinn- und Verlustrechnung (»Profit and Loss«), siehe auch GuV
PoLP	siehe Least-Privilege-Prinzip (»Principle of Least Privilege«)
PPNR	Nettoumsatz vor Risikovorsorge (»Pre-Provision Net Revenue«)
PRA	Teil der Finanzaufsichtsbehörde im Vereinigten Königreich (»Prudential Regulation Authority«)
PRB	UNEP-Initiative zur Berücksichtigung von Nachhaltigkeitskriterien im Bankgeschäft (»Principles for Responsible Banking«)
PRI	UNEP-Initiative zum verantwortlichen Investieren (»Principles for Responsible Investment«)
PRIIPs	Basisinformationsblätter für verpackte Anlageprodukte für Kleinanleger und Versicherungsanlageprodukte (»Packaged Retail and Insurance-based Investment Products«)
PrüfbV	Prüfungsberichtsverordnung
PSA	Persönliche Schutzausrüstung
PSI	Potenziell systemrelevante Institute
PSI	UNEP-Initiative zur Berücksichtigung von Nachhaltigkeitskriterien im Versicherungsgeschäft (»Principles for Sustainable Insurance«)
PVBP	Kennzahl zur Bestimmung der Wertänderung einer Anleihe (»Price-Value-of-a-Basis-Point«)
PWB	Pauschalwertberichtigung
Q&A	Prozess zur Beantwortung eingereichter Fragen (»Questions and Answers«)
QE	Maßnahmen der EZB zur quantitativen Lockerung (»Quantitative Easing«), die darauf hinauslaufen, dass die EZB in großem Umfang Anleihen aufkauft, wodurch insbesondere die langfristigen Zinssätze gesenkt werden und dem Bankensystem in der Folge zusätzliche Liquidität zugeführt wird
QIS	Quantitative Auswirkungsstudie (»Quantitative Impact Study«)
RAF	Rahmen für die Risikobereitschaft (»Risk Appetite Framework«)
RAROC	Risikoadjustierte Rendite auf das Kapital (»Risk Adjusted Return on Capital«)
RAS	Erklärung zum Risikoappetit (»Risk Appetite Statement«)

Abkürzungsverzeichnis

RAS	Risikobewertungssystem (»Risk Assessment System«) der EZB
RC	Wiederbeschaffungskosten (»Replacement Cost«)
RechKredV	Verordnung über die Rechnungslegung der Kreditinstitute und Finanz-dienstleistungsinstitute
Repo	Pensionsgeschäft, d. h. Rückkaufvereinbarung zur Beschaffung von Refinanzierungsmitteln (»Sale and Repurchase Operation/Agreement«)
REX	Deutscher Rentenindex
RGF	Rahmen für die Risikosteuerung (»Risk Governance Framework«)
RIA	Risikobewertungssystem der EZB (»Risk Analysis Network«)
RIA	Analyse zu den potenziellen Gefährdungen (»Risk Impact Analysis«)
RICS	Royal Institute of Chartered Surveyors
RIGA	Thematische Überprüfung der Risiko-Governance und des Risikoappetits durch die EZB (»Risk Governance and Risk Appetite«)
Risikoträger	Mitarbeiter, die einen wesentlichen Einfluss auf das Gesamtrisikoprofil des Institutes haben (»Risk Taker«)
RMF	Rahmen für das Risikomanagement (»Risk Management Framework«)
RNE	Rat für Nachhaltige Entwicklung
ROE	Eigenkapitalrendite (»Return on Equity«)
RORAC	Rendite auf das risikoadjustierte Kapital (»Return on Risk Adjusted Capital«)
RORWA	Ertrag auf die risikogewichteten Aktiva (»Return on Risk-Weighted Assets«)
ROTA	Gesamtkapitalrentabilität (»Return on Total Assets«)
RPO	Wiederherstellungspunkt (»Recovery Point Objective«)
RSA	Selbsteinschätzung, bei der die potenziellen Bedrohungen und Schwach-stellen bewertet werden (»Risk Self Assessment«)
RSCP	Prozesse zur Identifizierung, Beurteilung, Steuerung, Überwachung und Kommunikation der Risiken (Risikosteuerungs- und -controllingprozesse)
RTF	Risikotragfähigkeit
RTF-Leitfaden	Leitfaden der deutschen Aufsicht zur aufsichtlichen Beurteilung bankinter-ner Risikotragfähigkeitskonzepte und deren Einbindung in die Gesamt-banksteuerung (ICAAP) als Abgrenzung zum SSM-Leitfaden der EZB
RTGS	Echtzeit-Bruttozahlungssystem (»Real-Time Gross Settlement«)
RTO	Wiederanlaufzeit (»Recovery Time Objective«)
RTS	Verbindlicher technischer Regulierungsstandard (»Regulatory Technical Standard«) der EBA
Rundschreiben 11/2001	BaFin-Rundschreiben zur Auslagerung von Bereichen auf ein anderes Un-ternehmen vom Dezember 2001
RWA	Risikogewichtete Aktiva (»Risk-weighted Assets«)
SA	Standardansatz (»Standardised Approach«) zur Berechnung der regulatori-schen Eigenmittelanforderungen für operationelle Risiken
SaaS	Bereitstellung von Softwareapplikationen (»Software as a Service«)
Säule 1	Die erste Säule von Basel II/III enthält die Vorgaben zur Berechnung der regulatorischen Eigenmittel (»Minimum Capital Requirements«); diese Vorgaben sind auf europäischer Ebene in der CRR niedergelegt

Säule 2	Die zweite Säule von Basel II/III betrifft den aufsichtlichen Überprüfungsprozess (»Supervisory Review Process«) hinsichtlich der Ausstattung der Institute mit internem Kapital und Liquidität sowie der Qualität ihres Risikomanagements; diese Vorgaben sind auf europäischer Ebene in der CRD enthalten
Säule-1-Plus-Ansatz	Ansatz der EBA, wonach die Kapitalanforderungen der ersten Säule für die dort behandelten Risikoarten jeweils als Untergrenze in die Kapitalfestsetzung der zweiten Säule eingehen (»on a risk-by-risk basis«)
SAG	Gesetz zur Sanierung und Abwicklung von Kreditinstituten
SASB	Sustainability Accounting Standards Board
SC	Dienstleistungskomponente (»Services Component«) für operationelle Risiken
SCRC	Solvabilitätsanforderung (»Solvency Capital Requirement«) für Versicherungen
SD-KPI	Standards für wesentliche Nachhaltigkeitsindikatoren (»Sustainable Development Key Performance Indicators«)
SDG	Ziele für eine sozial, wirtschaftlich und ökologisch nachhaltige Entwicklung (»Sustainable Development Goals«)
SFO	Schriftlich fixierte Ordnung
SGV	Risikobewertungssystem der EBA (»Standing Group on Risks and Vulnerabilities«)
SI	Bedeutende Institute (»Significant Institutions«)
SICR	Signifikante Erhöhung des Ausfallrisikos (»Significant Increase in Credit Risk«)
SIFI	Systemrelevante Finanzinstitute (»Systemically Important Financial Institutions«)
SI-ICAAP	ICAAP für die bedeutenden Institute
SII RRL	Solvency-II-Richtlinie für Versicherungen
SIRA	Systematische Integritätsrisikoanalyse (»Systematic Integrity Risk Analysis«)
SLA	Dienstleistungsvereinbarung (»Service Level Agreement«)
SME	Kleine und mittlere Unternehmen (»Small and Medium-Sized Enterprises«), siehe auch KMU
SNCI	Kleine und nicht komplexe Institute (»Small and Non-Complex Institutions«)
SOC	Zentrale Steuerung und Überwachung der IT-Sicherheit (»Security Operation Center«)
SoFFin	Sondervermögen Finanzmarktstabilisierungsfonds (Sonderfonds Finanzmarktstabilisierung)
SolvV	Solvabilitätsverordnung
SPARK	Transaktionsplattform der DekaBank und einzelner Landesbanken im öffentlichen Sektor
SPV	Zweckgesellschaft (»Special Purpose Vehicle«)
SRA	Strategie- und Risikoausschuss als Allfinanzgremium der BaFin
SRB	Ausschuss für die einheitliche Abwicklung (»Single Resolution Board«)
SRB	Kapitalpuffer für systemische Risiken (»Systemic Risk Buffer«) gemäß § 10e KWG
SREP	Aufsichtlicher Überprüfungs- und Bewertungsprozess (»Supervisory Review and Evaluation Process«)
SRF	Einheitlicher Abwicklungsfonds (»Single Resolution Fund«)
SRM	Einheitlicher Abwicklungsmechanismus (»Single Resolution Mechanism«)
SRM-VO	SRM-Verordnung

Abkürzungsverzeichnis

SRP	Aufsichtlicher Überprüfungsprozess (»Supervisory Review Process«)
SSG	Gruppe von ranghohen Vertretern der Aufsichtsbehörden aus mehreren Ländern (»Senior Supervisors Group«)
SSM	Einheitlicher Aufsichtsmechanismus (»Single Supervisory Mechanism«)
SSM-Leitfaden	Leitfaden der EZB für den bankinternen Prozess zur Sicherstellung einer angemessenen Kapitalausstattung (ICAAP) als Abgrenzung zum RTF-Leitfaden der deutschen Aufsicht
SSM-VO	SSM-Verordnung
SSPE	Verbriefungszweckgesellschaften (»Securitisation Special Purpose Entities«)
Step-in-Risiken	Unterstützungsrisiken
Structural FX Risk	Strukturelles Fremdwährungsrisiko (»Structural Foreign Exchange Risk«)
STS-Verbriefungen	Besonders hochwertige (einfache, transparente und standardisierte) Verbriefungen (»simple, transparent and standardised«)
Supervisory Board	Aufsichtsgremium der EZB mit einem Vorsitzenden, einem stellvertretenden Vorsitzenden, vier Vertretern der EZB und je einem Vertreter der beteiligten nationalen Aufsichtsbehörden zur Planung, Erörterung und Ausführung der Aufgaben in der Bankenaufsicht
SVaR	Methode zur Ermittlung des Risikopotenzials unter Stressbedingungen (»Stressed Value-at-Risk«, »Stressed VaR«)
SWOT-Analyse	Analyse der Stärken, Schwächen, Chancen und Risiken einer Transaktion (»Strengths, Weaknesses, Opportunities and Threats«)
SWIFT	Organisation im Bankenbesitz zur Standardisierung des weltweiten Nachrichten- und Transaktionsverkehrs der Banken über sichere Telekommunikationsnetze (»Society for Worldwide Interbank Financial Telecommunication«)
T2	Ergänzungskapital (»Tier 2«)
TADB	Transaktionsdatenbank vom vdp
TCE	Materielles Eigenkapital (»Tangible Common Equity«), d. h. Eigenkapital ohne immaterielle Vermögenswerte
TCFD	Expertengruppe für die Erarbeitung branchenspezifischer Empfehlungen zur Berücksichtigung und Offenlegung von klimarelevanten Daten (»Task Force on Climate-Related Financial Disclosure«)
TCT	Nationales Kompetenzzentrum für Penetrationstests (»TIBER-Cyber-Team«)
TEG	Technische Expertengruppe für nachhaltige Finanzierungen (»Technical Expert Group on Sustainable Finance«)
Texas-Ratio	Verhältnis zwischen dem Bruttowert der notleidenden Vermögenswerte und der Summe aus dem um immaterielle Vermögenswerte geminderten Eigenkapital (TCE) und den Rücklagen für Kreditverluste
TFCR	Expertenkommission des Baseler Ausschusses für Bankenaufsicht (»Task Force on Climate-related Financial Risks«)
TIBER	Durchführung bedrohungsgeleiteter Penetrationstests zur realitätsnahen Überprüfung der Cyberwiderstandsfähigkeit eines Institutes (»Threat Intelligence-based Ethical Red-Teaming«)
TLAC	Zusätzliche Verlustabsorptionsfähigkeit (»Total Loss-Absorbing Capacity«)
TLTRO	Gezielte längerfristige Refinanzierungsgeschäfte der EZB (»Targeted Long-Term Refinancing Operations«)

TransPubG	Transparenz- und Publizitätsgesetz
TREA	Gesamtrisikobetrag (»Total Risk Exposure Amount«)
TRIM	Gezielte Überprüfung interner Modelle (»Targeted Review of Internal Models«) durch die EZB
TSCR	SREP-Gesamtkapitalanforderung (»Total SREP Capital Requirements«)
UL	Der unerwartete Verlust (»Unexpected Loss«) ist der über den erwarteten Verlust hinausgehende Gesamtverlust, der aus einem nachteiligen Extremereignis resultiert
UmwG	Umwandlungsgesetz
UN	Vereinte Nationen (»United Nations«)
UN Global Compact	Globaler Pakt der Vereinten Nationen (»United Nations Global Compact«)
UNCED	Konferenz der Vereinten Nationen über Umwelt und Entwicklung (»United Nations Conference on Environment and Development«); wird auch als »Erdgipfel« bezeichnet
UNCHE	Konferenz der Vereinten Nationen über die Umwelt des Menschen (»United Nations Conference on the Human Environment«)
UNEP	Umweltprogramm der Vereinten Nationen (»United Nations Environment Programme«)
UNEP-FI	Partnerschaft zwischen den Vereinten Nationen und dem globalen Finanzsektor (»United Nations Environment Programme Finance Initiative«)
UNFCCC	Rahmenübereinkommen der Vereinten Nationen über Klimaänderungen (»United Nations Framework Convention on Climate Change«); wird auch als »Klimarahmenkonvention« bezeichnet
UNGP	Leitprinzipien für Wirtschaft und Menschenrechte der Vereinten Nationen (»UN Guiding Principles on Business and Human Rights«)
URCF	Unabhängige Risikocontrolling-Funktion für Versicherungen
US-GAAP	Rechnungslegungsgrundsätze der USA (»United States Generally Accepted Accounting Principles«)
USP	Alleinstellungsmerkmal (»Unique Selling Proposition«)
UTP	Unwahrscheinlichkeit des Begleichens der Verbindlichkeiten (»unlikeliness to pay«)
VAG	Gesetz über die Beaufsichtigung der Versicherungsunternehmen
VaR	Der »Value at Risk« bezeichnet den geschätzten maximalen Wertverlust einer Einzelposition oder eines Portfolios, der unter den Marktbedingungen der zurückliegenden Jahre (Beobachtungszeitraum) innerhalb eines festgelegten Zeitraumes in der Zukunft (Risikobetrachtungshorizont) mit einer bestimmten Wahrscheinlichkeit (Konfidenzniveau) eintreten kann
VBA	Skriptsprache (»Visual Basic for Appplications«)
vdp	Verband deutscher Pfandbriefbanken
VerkProspG	Wertpapier-Verkaufsprospektgesetz
VÖB	Bundesverband Öffentlicher Banken Deutschlands e. V.
VPN	Virtuelles privates Netz
VR-Circle	Transaktionsplattform der DZ Bank im genossenschaftlichen Sektor
WAN	Weitverkehrsnetz (»Wide Area Network«)

Abkürzungsverzeichnis

WB	Weltbank (»World Bank«)
WBCSD	Organisation von Vorständen verschiedener Unternehmen, die sich mit dem Thema Wirtschaft und Nachhaltigkeit befassen (»World Business Council for Sustainable Development«)
WHO	Weltgesundheitsorganisation (»World Health Organization«)
WpDVerOV	Wertpapierdienstleistungs-Verhaltens- und Organisationsverordnung
WpDPV	Wertpapierdienstleistungs-Prüfungsverordnung
WpHG	Wertpapierhandelsgesetz
WpHGMaAnzV	WpHG-Mitarbeiteranzeigeverordnung
WpPG	Wertpapierprospektgesetz
WpÜG	Wertpapiererwerbs- und Übernahmegesetz
WTO	Welthandelsorganisation (»World Trade Organization«)
XBRL	Eine auf XML basierende maschinenlesbare Sprache, die insbesondere für den Datenaustausch im Finanzbereich verwendet wird (»eXtensible Business Reporting Language«)
XML	Maschinenlesbare Sprache zur Strukturierung von Texten und Datenmengen (»eXtensible Markup Language«)
ZÄR	Zinsänderungsrisiken
ZAG	Zahlungsdiensteaufsichtsgesetz
ZAIT	Zahlungsdiensteaufsichtliche Anforderungen an die IT von Zahlungs- und E-Geld-Instituten
ZIMDB	Zentrale DSGV-Immobiliendatenbank
ZKA	Zentraler Kreditausschuss, Vorgänger der DK

Teil I:
Hintergründe, Rahmen und Umsetzung

Teil I

1	**Bedeutung des Risikomanagements**	1
2	**MaRisk: Beweggründe und Historie**	9
2.1	Erstmalige Veröffentlichung der MaRisk: Fassung vom 20. Dezember 2005	19
2.1.1	Internationale Vorgaben durch Basel II	19
2.1.2	Europäische Umsetzung von Basel II durch die Capital Requirements Directive (CRD)	20
2.1.3	Nationale Umsetzung der CRD	25
2.1.3.1	Mindestanforderungen an das Betreiben von Handelsgeschäften (1995)	27
2.1.3.2	Mindestanforderungen an die Ausgestaltung der Internen Revision (2000)	31
2.1.3.3	Mindestanforderungen an das Kreditgeschäft (2002)	34
2.2	Die »erste MaRisk-Novelle«: Fassung vom 30. Oktober 2007	39
2.2.1	Umsetzung der MiFID	39
2.2.2	Regelungen zur Auslagerung von Bereichen auf ein anderes Unternehmen (2001)	42
2.3	Die »zweite MaRisk-Novelle«: Fassung vom 14. August 2009	44
2.4	Die »dritte MaRisk-Novelle«: Fassung vom 15. Dezember 2010	46
2.5	Die »vierte MaRisk-Novelle«: Fassung vom 14. Dezember 2012	48
2.5.1	Basel III und EU-Richtlinienvorgaben	48
2.5.2	Vorgaben anderer Standardsetzer	50
2.5.3	Endgültige Verabschiedung der CRD IV	53
2.6	Die »fünfte MaRisk-Novelle«: Fassung vom 27. Oktober 2017	55
2.6.1	Risikodatenaggregation und Risikoberichterstattung (BCBS 239)	56
2.6.2	Etablierung einer angemessenen Risikokultur	58
2.6.3	Weitere Erkenntnisse aus Aufsichts- und Prüfungspraxis	60
2.6.4	Umsetzungsfristen	62
2.7	Die »sechste MaRisk-Novelle«: Fassung vom 16. August 2021	64
2.7.1	Institute mit hohem NPL-Bestand	65
2.7.2	Anforderungen an Auslagerungen	66
2.7.3	Notfallmanagement	69
2.7.4	Änderungen aufgrund der Aufsichtspraxis	71
2.7.5	Umsetzungsfristen	75
3	**Verlagerung der Bankenregulierung und der Bankenaufsicht nach Europa**	78
3.1	Einheitliches Regelwerk (»Single Rule Book«)	82
3.2	Europäisches System der Finanzaufsicht (ESFS)	91
3.3	Europäische Bankenaufsichtsbehörde (EBA)	95
3.4	Einheitlicher Aufsichtsmechanismus (»Single Supervisory Mechanism«, SSM)	105
3.5	Zuständigkeit von BaFin und Deutscher Bundesbank im Single Supervisory Mechanism	112

3.6	Einheitlicher Abwicklungsmechanismus (»Single Resolution Mechanism«, SRM)	119
3.7	Europäisches Einlagensicherungssystem	126
4	**Nationaler rechtlicher Rahmen**	128
4.1	Gesetzliche Vorgaben durch das KWG	128
4.1.1	Risikomanagement auf Institutsebene nach § 25 a Abs. 1 KWG	128
4.1.2	Risikomanagement auf Gruppenebene nach § 25 a Abs. 3 KWG	135
4.1.3	Auslagerung von Aktivitäten und Prozessen nach § 25 b KWG	137
4.1.4	Anforderungen an die Geschäftsleiter nach § 25 c KWG	142
4.1.5	Anforderungen an das Aufsichtsorgan nach § 25 d KWG	148
4.2	Norminterpretierende Verwaltungsvorschriften	154
4.3	Bankaufsichtliche Reaktionen	157
5	**Rechtsverbindlichkeit der MaRisk auf europäischer Ebene**	165
5.1	MaRisk als norminterpretierende Verwaltungsvorschrift	165
5.2	MaRisk als Rechtsverordnung	177
6	**Prinzipienorientierte Regulierung**	181
6.1	Berücksichtigung der bestehenden Heterogenität	185
6.2	Anpassungsfähigkeit	190
6.3	Einbindung der Praxis	192
6.4	Herausforderungen	196
6.4.1	Institute	197
6.4.2	Prüfer	198
6.4.3	Bankenaufsicht	200
7	**Aufbau der MaRisk**	202
7.1	Allgemeiner Teil	203
7.2	Besonderer Teil	204
7.2.1	Aufbau- und ablauforganisatorische Regelungen	205
7.2.2	Risikosteuerungs- und -controllingprozesse	206
7.2.3	Interne Revision	207
7.2.4	Risikoberichterstattung	208
8	**Affinitäten zu anderen Regelwerken**	209
8.1	Mindestanforderungen an die Geschäftsorganisation von Versicherungsunternehmen (MaGo)	210
8.2	Mindestanforderungen an das Risikomanagement von Kapitalverwaltungsgesellschaften (KAMaRisk)	215
8.3	Mindestanforderungen an Compliance (MaComp)	218
8.4	Institutsvergütungsverordnung (InstitutsVergV)	225
8.5	Leitfaden zur aufsichtlichen Beurteilung bankinterner Risikotragfähigkeitskonzepte	239
8.6	Anforderungen an Systeme und Kontrollen für den Algorithmushandel von Instituten	244
8.7	Mindestanforderungen an die Sicherheit von Internetzahlungen (MaSI) und Rundschreiben zur Meldung schwerwiegender Zahlungssicherheitsvorfälle	246
8.8	Bankaufsichtliche Anforderungen an die IT (BAIT)	251
8.9	Mindestanforderungen an das Beschwerdemanagement	265
8.10	Mindestanforderungen zur Umsetzbarkeit eines Bail-in (MaBail-in)	274

9	**Nachhaltiges Finanzsystem**	278
9.1	Globaler Umgang mit Nachhaltigkeitsaspekten	278
9.2	Auswirkungen auf die Europäische Union	291
9.3	Aktivitäten auf nationaler Ebene	305
9.4	Betroffenheit der Kreditwirtschaft	312
9.4.1	Initiativen der Kreditwirtschaft	312
9.4.2	Initiativen der Aufsichtsbehörden	320
9.4.3	Auswirkungen auf das Risikomanagement	327
10	**Ausblick**	331

Teil I

1 Bedeutung des Risikomanagements

1 Risiken sind fester Bestandteil der menschlichen Umwelt. Neben gesundheitlichen Risiken, politischen Risiken oder unternehmerischen Risiken existiert eine Vielzahl weiterer Risiken. Ihre Dimensionen rücken dabei häufig erst durch Katastrophen, Unternehmenspleiten, Unfälle oder Krankheiten in das Bewusstsein unserer Gesellschaft. Risiken sind allgegenwärtig. Je offener sie zutage treten, desto größer wird das Bedürfnis nach Sicherheit. Risiken werden daher administriert, akzeptiert, nicht akzeptiert, versichert oder debattiert. Wir leben in einer »Risikogesellschaft«[1] und sind auf dem besten Weg in eine »(Rück-)Versicherungsgesellschaft«.[2] Trotz ihrer Allgegenwärtigkeit ist das Verständnis für das Management der Risiken unterschiedlich ausgeprägt. Daher lohnt sich zunächst ein Blick in die Historie, um verstehen zu können, warum Risikomanagement so bedeutsam ist.

2 Naturkatastrophen, Unfälle, Hungersnöte oder Seuchen galten Jahrhunderte lang als von Gott, Natur oder Schicksal ausgelöste Ereignisse, auf die der Mensch keinen Einfluss hat. Der Mensch war nur sehr beschränkt in der Lage, »vorweg zu denken«, um die Folgen negativer Ereignisse durch gezielte Maßnahmen zu beeinflussen. Im Ergebnis führte dies dazu, dass die meisten Menschen Risiken intuitiv ablehnten bzw. eine fatalistische Einstellung gegenüber Risiken entwickelten. In diesem gesellschaftlichen Kontext war das Management von Risiken eine bedeutungslose Übung. Selbst in der heutigen Alltagssprache ist der Begriff »Risiko« regelmäßig negativ belegt. Die Assoziationen reichen von Verlusten, Schäden oder Gefahren bis hin zu unkalkulierbaren Wagnissen. Eine Befragung der Bevölkerung zur Semantik des Begriffes »Risiko« hätte wahrscheinlich zum Ergebnis, dass die meisten Befragten mit spontaner Ablehnung reagieren würden.

3 Erst in der Seefahrt der Renaissance gewann das Risikomanagement an Bedeutung. Die Unwägbarkeiten des Seehandels, wie z. B. Klippen, Seeräuber und Unwetter, sollten durch die Beurteilung der möglichen Folgen in eine abschätzbare Wägbarkeit gewandelt werden. Dieses individuelle Entscheidungskalkül stand im krassen Widerspruch zum vorherrschenden Dogma, das allein einer höheren, übermenschlichen Instanz das Recht einräumte, in die Zukunft zu blicken. An die Stelle eines statischen, vornehmlich religiösen Weltbildes trat zunehmend der »Anspruch der Vernunft«. Mündige und aufgeklärte Bürger versuchten, die Gefährdungs- und Chancenpotenziale ihrer eigenen Entscheidungen durch bewusste Einflussnahme, Eigeninitiative und Verantwortungsbereitschaft aktiv zu gestalten. Als konkretes Werkzeug zur Optimierung der Risiko-Chancen-Profile setzte der Seehandel in der Renaissance erstmals Versicherungen ein. Die rationale Seeversicherung trat an die Stelle des Schutzpatrons der Meere.

4 Für Banken und Finanzdienstleister ist es heutzutage allerdings erheblich schwieriger geworden, die »Klippen« erfolgreich zu umschiffen. Zu den Risiken der »höheren Gewalt« – wie z. B. Naturkatastrophen – oder der Bedrohung durch Seeräuber gesellen sich im Zeitalter der Globalisierung vollkommen neue Risikodimensionen. Vor allem der technische Fortschritt hat dazu beigetragen, dass sich alle Extreme, die negativen wie die positiven, aufgrund der ausgeprägten Vernetzungen zwischen den Märkten zunehmend stärker auswirken. Die Nutzung und der Ausbau neuer Informations- und Kommunikationstechnologien haben die Schlagzahl der Innovationen auf den Finanzmärkten deutlich erhöht. Damit einher geht ein massiver Wettbewerbsdruck, der schon lange nicht mehr an den Grenzen einzelner Nationalstaaten haltmacht. Umfassende Deregulierungsmaßnahmen taten ihr Übriges, um das Entwicklungstempo weiter zu beschleunigen. Der erzielte Fortschritt auf den Finanzmärkten leistete auf der einen Seite mit Sicherheit einen großen Beitrag dazu, dass der Wohlstand in den westlichen Industriestaaten und

---

1 Vgl. Beck, Ullrich, Risikogesellschaft – Auf dem Weg in eine andere Moderne, Frankfurt a. M., 1986.
2 Vgl. Banse, Gerhard, Herkunft und Anspruch der Risikoforschung, in: Banse, Gerhard (Hrsg.), Risikoforschung zwischen Disziplinarität und Interdisziplinarität, Berlin, 1996, S. 9.

in vielen anderen Regionen der Welt sukzessive vermehrt wurde. Auf der anderen Seite erhöhte sich die Anfälligkeit des Gesamtsystems, da sich Einzelrisiken aufgrund der Vernetzung der Marktteilnehmer zu einer systemischen Destabilisierung aufschaukeln können.[3]

Die ersten Destabilisierungstendenzen zeigten sich bereits in den siebziger Jahren des letzten Jahrhunderts, als das erst nach dem Zweiten Weltkrieg neu geordnete internationale Währungssystem von festen Wechselkursen (»Bretton-Woods-System«) zugunsten eines Systems freier Wechselkurse abgeschafft wurde. Die Marktteilnehmer mussten sich seitdem auf Volatilitäten einstellen, denen einige Institute nicht gewachsen waren. Prominentes Beispiel ist der Konkurs des deutschen Bankhauses Herstatt, das sich mit Devisengeschäften verspekulierte und dadurch sogar kurzfristige Störungen des internationalen Zahlungsverkehrs verursachte. Die Finanzindustrie reagierte auf die zunehmenden Volatilitäten mit der Konstruktion vielfältiger derivativer Absicherungsinstrumente, die die Marktteilnehmer vor den Schwankungen ihrer Marktpreisrisikopositionen schützen sollten. Die zunehmende Globalisierung des Finanzgeschäftes und die daran geknüpfte Vernetzung der Marktteilnehmer machten den Weg frei für den Vorstoß in neue Unsicherheitszonen. Im Zeitablauf entwickelte sich der Markt für derivative Sicherungsinstrumente explosionsartig. Dabei wurden Derivate nicht nur über die Börse, sondern auch außerbörslich (»Over the Counter«) gehandelt.

Die Entwicklung innovativer Finanzinstrumente blieb jedoch nicht bei der Absicherung gegen Marktpreisrisiken stehen. Die Handelbarkeit der Risiken erreichte im nächsten Schritt auch die Welt der Kreditrisiken mit weitreichenden geschäfts- und risikostrategischen Konsequenzen. Viele Institute verabschiedeten sich von der traditionellen »Buy and Hold«-Strategie, bei der die vergebenen Kredite vom Institut selbst bis zur Endfälligkeit gehalten werden, und gingen zu einer »Originate to Distribute«-Strategie über. Mit dem Ziel, Risiken zu diversifizieren, wurde das eigene Kreditportfolio in handgerechte Pakete verpackt und mit Unterstützung von Investmentbanken und Ratingagenturen an Investoren in der ganzen Welt verkauft. Die Kompositionsgabe der Erfinder dieser Produkte kannte im Weiteren jedoch keine Grenzen: Durch »Verbriefungen von Verbriefungen«, so genannte »Collateralized Debt Obligations of Asset-Backed Securities«, wurden Teile einzelner Verbriefungen gebündelt, dann strukturiert und schließlich erneut an Investoren verkauft (»Wiederverbriefungen«). Die exakte Position einer Tranche in der Kapitalstruktur, die im Wesentlichen von den angenommenen Ausfallkorrelationen determiniert wird, entschied nunmehr über die Höhe des Risikos.[4] Das Verhängnis nahm seinen Lauf, als sich herausstellte, dass die Bonität der zugrunde liegenden Underlyings in vielen Fällen schlechter war als angenommen. Laxe Kreditstandards führten im Boom steigender Häuserpreise zu einer beispiellosen Expansion der Kreditvolumina in den USA. Das Wachstum wurde vor allem durch eine große Schar von Kreditvermittlern, die mit ihren abschlussorientierten Vergütungen einen Anreiz hatten, auch bonitätsschwache Kaufinteressenten zu einer Kreditaufnahme und zum Kauf einer Wohnimmobilie zu bewegen, weiter angefeuert.[5] In der Gesamtschau führten diese Entwicklungen dazu, dass der Großteil der Kreditnehmer im amerikanischen »Subprimesegment«, d. h. mit einer vergleichsweise geringen Bonität, zum Zeitpunkt der Kreditvergabe nicht kreditwürdig war. Die hinter dem »Originate to Distribute«-Ansatz stehende Logik sorgte dafür, dass sich der »Toxic Stuff« auf der ganzen Weltkugel verteilte. Die dadurch ab Mitte 2007 einsetzende Vertrauenskrise auf den globalen Finanzmärkten war der Auslöser dafür, dass die gesamte Finanzwelt nach der Insolvenz der US-amerikanischen Investmentbank Lehman Brothers in den tiefen Abgrund der Systemkrise blickte. Diese Krise hatte auch erhebliche Auswirkungen auf die Realwirtschaft.

---

3 Vgl. Willke, Helmut, Dystopia – Studien zur Krisis des Wissens in der modernen Gesellschaft, Frankfurt a. M., 2002, S. 30.
4 Vgl. Gisdakis, Philip, Kreditportfolio-Tranchierung: Einfache Einsichten in ein komplexes Problem, in: Risiko-Manager, Heft 11/2008, S. 6.
5 Vgl. Rudolph, Bernd, Die internationale Finanzkrise: Ursachen, Treiber, Veränderungsbedarf und Reformansätze, Fakultät für Betriebswirtschaft der Ludwig-Maximilians-Universität München, Diskussionspapier, August 2009, S. 9.

7   Die Finanzmarktkrise[6] ist allerdings auf vielfältige Ursachen zurückzuführen. Sie ist das Ergebnis einer Kette von Fehleinschätzungen von Bankmanagern, aber auch Ratingagenturen, Politikern, Zentralbanken und Aufsichtsbehörden. Deutlich wurde zudem, wie wichtig angemessene und wirksame Risikomanagementstrukturen für die Unternehmen der Finanzbranche sind: Banken und Finanzdienstleister können nur dann ihre Risiko-Chancen-Profile optimieren und dadurch ihre Existenz nachhaltig sichern, wenn sie über geeignete Risikomanagementinstrumente verfügen. Andernfalls werden sie über kurz oder lang aus dem Wettbewerb ausscheiden müssen. Auch die internationale Interessenvertretung der Finanzindustrie, das Institute of International Finance (IIF), mahnte vor dem Hintergrund der Finanzmarktkrise eine Verbesserung des Risikomanagements an.[7]

8   Mittlerweile scheint die Finanzmarktkrise weitgehend überwunden zu sein, wenngleich nach wie vor über Regulierungsmaßnahmen diskutiert wird, die sich mit ihren Auswirkungen befassen und weder abschließend ausgestaltet noch umgesetzt sind.[8] Gleichzeitig rücken neue Risiken in den Fokus der Bankenaufsicht, die zum großen Teil auf die rasanten Entwicklungen im Bereich der Informationstechnologie zurückzuführen sind. Begriffe wie »Finanztechnologie (FinTech)«, »Cloud Computing«, »Blockchain«, »IT-Sicherheit«, »IT-Sicherheitsbeauftragter«, »IT-Schutzbedarf«, »Risiken der Informations- und Kommunikationstechnologie« und »Cyberrisiken« spielen seit einiger Zeit auch in der Kreditwirtschaft eine zunehmende Rolle. Gleichzeitig nimmt die Bedeutung so genannter »nicht-finanzieller Risiken« (»Non-Financial Risks«, NFR) kontinuierlich zu. Dazu gehören neben den operationellen Risiken mit ihren Unterkategorien u. a. »Reputationsrisiken«, »Geschäfts- und strategische Risiken«, »Unterstützungsrisiken« und »regulatorische Risiken«. Darüber hinaus hat die Aufsicht inzwischen umfangreiche Vorgaben für den Umgang mit dem immer wichtiger werdenden Thema »Nachhaltigkeitsrisiken« veröffentlicht.[9] Nachhaltigkeitsrisiken bzw. »ESG-Risiken« (»Environmental, Social and Governance Risks«, ESG Risks) umfassen neben Klima- und Umweltrisiken weitere Risiken aus den Bereichen Soziales und Unternehmensführung.[10] Sie wirken sich in erster Linie als Faktoren bzw. Treiber auf andere Risikoarten aus und können somit zu deren Wesentlichkeit beitragen (→ BTR Tz. 1). Zunehmend stellt die Aufsicht daher die Frage, wie Nachhaltigkeitsrisiken grundsätzlich sinnvoll im Risikomanagement der Institute berücksichtigt werden können. Für das Risikomanagement besteht insofern die Herausforderung, sich permanent auf neue Gefahrensituationen einzustellen und darauf die richtigen Antworten zu finden.

---

6 Unter dem Begriff »Finanzmarktkrise« wird im Kommentar auf diese Krise abgestellt. In Abgrenzung zu anderen Krisenereignissen wird die Finanzmarktkrise von 2007 bis 2009 in neueren Veröffentlichungen auch als die »Große Finanzkrise« (»Great Financial Crisis«, GFC) bezeichnet. Vgl. Basel Committee on Banking Supervision, Principles for Operational Resilience, BCBS 516, 31. März 2021, S. 1.

7 »Failures in risk management policies, procedures, and techniques were evident at a number of firms – in particular, the lack of a comprehensive approach to firm-wide risk management often meant that key risks were not identified or effectively managed.« Institute of International Finance, Final Report of the IIF Committee on Market Best Practices: Principles of Conduct and Best Practice Recommendations – Financial Services Industry Response to the Market Turmoil of 2007–2008, 21. Juli 2008, S. 9.

8 So hat der Baseler Ausschuss für Bankenaufsicht (BCBS) inzwischen einen Schlussstrich unter die Post-Finanzmarktkrise-Agenda (»Post-Great-Financial-Crisis-Agenda«) gezogen. Im Fokus des BCBS sollen nunmehr das Monitoring der Implementierung sowie die Evaluierung der beschlossenen Basel-III-Reformen stehen. Vgl. Bundesanstalt für Finanzdienstleistungsaufsicht, Jahresbericht 2020, 18. Mai 2021, S. 48.

9 Vgl. Bundesanstalt für Finanzdienstleistungsaufsicht, Merkblatt zum Umgang mit Nachhaltigkeitsrisiken, 20. Dezember 2019; Europäische Zentralbank, Leitfaden zu Klima- und Umweltrisiken – Erwartungen der Aufsicht in Bezug auf Risikomanagement und Offenlegungen, 27. November 2020.

10 Vgl. European Banking Authority, EBA Report on management and supervision of ESG risks for credit institutions and investment firms, EBA/REP/2021/18, 23. Juni 2021.

2 MaRisk: Beweggründe und Historie

Natürlich muss die Bankenaufsicht ebenfalls ihre Lehren aus den relevanten Ereignissen der **9** Vergangenheit ziehen. Um den grenzüberschreitenden Aktivitäten vieler Institute gerecht zu werden, muss auch die Zusammenarbeit der Aufsichtsbehörden weiter vorangetrieben werden. Ferner werden seit einigen Jahren makroökonomische Entwicklungen bei der Beaufsichtigung der Institute stärker berücksichtigt. Deutlich wurde außerdem, dass den geschäftspolitischen Zielen und den zur Umsetzung dieser Ziele eingerichteten Risikomanagementstrukturen ein noch größerer Stellenwert von Seiten der Aufsicht eingeräumt werden muss.[11] Das setzt zunächst voraus, dass die Bankenaufsicht über genügend personelle und technisch-organisatorische Kapazitäten verfügt, um das vor Ort in den Instituten betriebene Risikomanagement verstehen zu können.

In diesem Zusammenhang stellt sich auch die Frage nach dem Regulierungsansatz: Wie sollte eine **10** am institutsinternen Risikomanagement ausgerichtete Regulierung gestaltet werden? Das klassische – quantitativ geprägte – aufsichtsrechtliche Instrumentarium hat sich in dieser Hinsicht als unvollkommen erwiesen. Die Einhaltung bestimmter Kennziffern – z. B. des Solvabilitätskoeffizienten oder der Großkreditgrenzen – ist zwar nach wie vor ein wichtiger Faktor, sagt aber im Grunde genommen sehr wenig über die Qualität des Risikomanagements in den Instituten aus. Bei vielen Schieflagen waren folglich auch keine nennenswerten Abweichungen hinsichtlich der quantitativen Kennziffern zu verzeichnen.[12] Moderne Regelsetzung darf sich daher nicht nur auf quantitative Kennziffern verlassen. Sie muss ihr Instrumentarium um Anforderungen erweitern, die eine Beurteilung der Qualität des Risikomanagements in den Instituten zulassen.[13] Die Bundesanstalt für Finanzdienstleistungsaufsicht (BaFin)[14] trägt dieser Notwendigkeit bereits seit Längerem Rechnung, indem sie nach und nach eine ganze Reihe qualitativer Regelwerke veröffentlichte, die auf die Verbesserung des Risikomanagements in den Instituten abzielen. Ein besonders prägnantes Beispiel hierfür waren die im Dezember 2002 veröffentlichten »Mindestanforderungen an das Kreditgeschäft« (MaK).

Basel II und korrespondierende EU-Richtlinien gaben schließlich den Anstoß für die Entwick- **11** lung eines umfassenden Regelwerkes, das auf der Basis einer ganzheitlichen Risikobetrachtung einen Rahmen für das Management aller wesentlichen Risiken vorgibt. Ergebnis sind die »Mindestanforderungen an das Risikomanagement« (MaRisk), die von der BaFin im Dezember 2005 nach intensiven Diskussionen mit der Praxis erstmals veröffentlicht wurden. Bereits bestehende qualitative Regelwerke – wie etwa die erwähnten MaK – hat die BaFin in modernisierter Form in die MaRisk überführt. Ergänzend hierzu wurden neue Elemente in die MaRisk eingefügt, die in maßgeblichen Baseler und Brüsseler Dokumenten enthalten sind und für die bis zu diesem Zeitpunkt noch keine oder nur fragmentarische qualitative Regelungen in Deutschland existierten (z. B. Anforderungen an das Management von Zinsänderungsrisiken im Anlagebuch).

Der Konsolidierungsprozess war damit jedoch noch nicht abgeschlossen. Im Rahmen einer **12** ersten, groß angelegten Anpassungsaktion wurden die MaRisk im Oktober 2007 auf der Basis von europäischen Richtlinienvorgaben vor allem um modernisierte Outsourcing-Regelungen ergänzt

---

11 Vgl. Sanio, Jochen, Bankenaufsicht und Systemrisiko, in: Burghof, Hans-Peter/Johanning, Lutz/Schäfer, Klaus/Wagner, Hannes/Rodt, Sabine (Hrsg.), Risikomanagement und kapitalmarktorientierte Finanzierung, Festschrift zum 65. Geburtstag von Bernd Rudolph, Frankfurt a. M., 2009, S. 24 ff.

12 Vgl. Artopoeus, Wolfgang, Kreditrisiko: Erfahrungen und Ansichten eines Aufsehers, in: Herausforderung Kreditrisiko – The Challenge of Credit Risk, Zusammenstellung der Redebeiträge des Symposiums der Deutschen Bundesbank am 24. November 1998, Frankfurt a. M., 1998, S. 9 f.; Groupe de Contact, The Causes of Banking Difficulties in the EEA 1988–1998, August 1999, S. 1 f.

13 Vgl. Sanio, Jochen, Die MaRisk und die neue Aufsicht, in: Die SparkassenZeitung vom 23. Juni 2006, S. 3.

14 Der BaFin ist nach Maßgabe des § 6 Abs. 2 KWG vom Gesetzgeber die Aufgabe übertragen worden, »Missständen im Kredit- und Finanzdienstleistungswesen entgegenzuwirken, welche die Sicherheit der den Instituten anvertrauten Vermögenswerte gefährden, die ordnungsgemäße Durchführung der Bankgeschäfte oder Finanzdienstleistungen beeinträchtigen oder erhebliche Nachteile für die Gesamtwirtschaft herbeiführen können«.

(»erste MaRisk-Novelle«). Vor dem Hintergrund der Finanzmarktkrise in Angriff genommene internationale Regulierungsinitiativen führten schließlich zu einer weiteren umfangreichen Ergänzung (»zweite MaRisk-Novelle«). Die Fassung der MaRisk vom August 2009 sah vor allem Erweiterungen in den Bereichen Risikokonzentrationen, Stresstests, Liquiditätsrisiken und Risikomanagement auf Gruppenebene vor. Außerdem wurden bestehende Pflichten der Geschäftsleitung gegenüber dem Aufsichtsorgan[15] ausgebaut. Die in dieser Fassung zunächst berücksichtigten Anforderungen an Vergütungssysteme wurden aufgrund neuer regulatorischer Vorgaben kurzfristig in ein gesondertes Rundschreiben[16] und anschließend in eine neue Verordnung[17] überführt, die mittlerweile Gegenstand einer separaten Kommentierung ist.[18]

13   Auch die vierte Fassung der MaRisk vom Dezember 2010 war ein Produkt der Finanzmarktkrise (»dritte MaRisk-Novelle«). In den Fokus rückten u. a. die Berücksichtigung von Inter-Risikokonzentrationen, die Durchführung inverser Stresstests und die Qualität vorzuhaltender Liquiditätspuffer. Erstmalig wurden dabei – abweichend vom relativ allgemeinen Charakter des Proportionalitätsprinzips – für kapitalmarktorientierte Institute besondere Anforderungen formuliert. Schwerpunktmäßig auf Erfahrungen aus der Aufsichts- und Prüfungspraxis zurückzuführen waren die Forderung nach Einrichtung eines Strategieprozesses und die Einschränkungen bei der Inanspruchnahme kapitalsparender Diversifikationseffekte im Risikotragfähigkeitskonzept.

14   Das im Dezember 2010 veröffentlichte Regelwerk Basel III bzw. seine Entsprechung auf europäischer Ebene (CRD IV) führten in Kombination mit zahlreichen Leitlinien und Empfehlungen europäischer Standardsetzer zur Fassung vom Dezember 2012 (»vierte MaRisk-Novelle«). Ergänzt wurden insbesondere spezielle Anforderungen an die Risikocontrolling-Funktion und die in den MaRisk erstmals explizit genannte Compliance-Funktion. Daneben wird seither von großen Instituten mit komplexen Geschäftsaktivitäten die Einführung eines Liquiditätstransferpreissystems gefordert, während die übrigen Institute auf einfachere Verfahren zur internen Verrechnung der Liquiditätskosten, -nutzen und -risiken bis hin zu einfachen Kostenverrechnungssystemen zurückgreifen können. Außerdem müssen Institute, die besonders groß sind oder deren Geschäftsaktivitäten durch besondere Komplexität, Internationalität oder eine besondere Risikoexponierung gekennzeichnet sind, seit dieser Novelle dem so genannten »Prinzip der Proportionalität nach oben« zufolge weitergehende Vorkehrungen zur Sicherstellung der Angemessenheit und Wirksamkeit ihres Risikomanagements treffen. Darüber hinaus wurde die konservative Sichtweise aus dem Auslegungspapier der deutschen Aufsicht zur Beurteilung bankinterner Risikotragfähigkeitskonzepte vom Dezember 2011 stärker betont.

15   Die endgültige Fassung der CRD IV wurde am 27. Juni 2013 als Paket, bestehend aus einer Verordnung[19] und einer Richtlinie[20] im Amtsblatt der Europäischen Union veröffentlicht, das deutsche

---

15 Im Kommentar wird in Anlehnung an den Sprachgebrauch der MaRisk durchgängig der Begriff »Aufsichtsorgan« verwendet. Gemeint ist damit ein im dualistischen System übliches Kontrollgremium, das aufgrund gesetzlicher oder anderer Vorgaben zur Überwachung der Geschäftsleitung eingerichtet werden muss oder kann (→ AT 4.4.3 Tz. 2). Nach dem Aktiengesetz und dem Genossenschaftsgesetz handelt es sich dabei um einen »Aufsichtsrat«, nach öffentlichem Recht um einen »Verwaltungsrat«. Deshalb ist in anderen Regelwerken, wie z. B. im KWG oder in der InstitutsVergV, auch vom »Aufsichts- oder Verwaltungsorgan« die Rede.

16 Bundesanstalt für Finanzdienstleistungsaufsicht, Aufsichtsrechtliche Anforderungen an die Vergütungssysteme von Instituten, Rundschreiben 22/2009 (BA) vom 21. Dezember 2009.

17 Verordnung über die aufsichtsrechtlichen Anforderungen an Vergütungssysteme von Instituten (Instituts-Vergütungsverordnung – InstitutsVergV) vom 6. Oktober 2010 (BGBl. I S. 1374), veröffentlicht am 12. Oktober 2010.

18 Buscher, Arne Martin/Link, Vivien/von Harbou, Christopher/Weigl, Thomas, Verordnung über die aufsichtsrechtlichen Anforderungen an Vergütungssysteme von Instituten (Institutsvergütungsverordnung – InstitutsVergV), 2. Auflage, Stuttgart, 2018.

19 Verordnung (EU) Nr. 575/2013 (Bankenverordnung – CRR) des Europäischen Parlaments und des Rates vom 26. Juni 2013 über Aufsichtsanforderungen an Kreditinstitute und Wertpapierfirmen und zur Änderung der Verordnung (EU) Nr. 646/2012, Amtsblatt der Europäischen Union vom 27. Juni 2013, L 176/1–337.

20 Richtlinie 2013/36/EU (Bankenrichtlinie – CRD IV) des Europäischen Parlaments und des Rates vom 26. Juni 2013 über den Zugang zur Tätigkeit von Kreditinstituten und die Beaufsichtigung von Kreditinstituten und Wertpapierfirmen, zur Änderung der Richtlinie 2002/87/EG und zur Aufhebung der Richtlinien 2006/48/EG und 2006/49/EG, Amtsblatt der Europäischen Union vom 27. Juni 2013, L 176/338–436.

CRD IV-Umsetzungsgesetz[21] anschließend am 3. September 2013 im Bundesgesetzblatt. Allein aus diesen beiden Regelwerken hat sich weiterer Anpassungsbedarf ergeben. Die Schwerpunkte bei der Überarbeitung der sechsten Fassung der MaRisk vom Oktober 2017 (»fünfte MaRisk-Novelle«) waren die Prinzipien zur Risikodatenaggregation und zur Risikoberichterstattung vom Baseler Ausschuss für Bankenaufsicht (BCBS)[22], die Vorgaben verschiedener Standardsetzer zur Einrichtung und Förderung einer angemessenen Risikokultur im Institut sowie neue Anforderungen an ausgelagerte Aktivitäten und Prozesse, die auf Erfahrungen aus der Aufsichtspraxis beruhen.

Die Europäische Union hat im Juni 2019 die endgültige Fassung des »Bankenpaketes«[23] vorgelegt, **16** das den als Konsequenz aus der Finanzmarktkrise in den vergangenen Jahren geschaffenen Regulierungsrahmen für die Finanzmärkte weiter vervollständigen soll. Die Umsetzung der im Rahmen des Bankenpaketes geänderten Bankenrichtlinie (Capital Requirements Directive, CRD V)[24] in nationales Recht erfolgte im Wesentlichen durch das Risikoreduzierungsgesetz[25] aus dem Jahr 2020. Bei der CRD V handelt es sich um eine Änderungsrichtlinie, so dass alle maßgeblichen Anforderungen an die Ausgestaltung des Risikomanagements auf europäischer Ebene weiterhin in der (geänderten) CRD IV enthalten sind. Durch die Einführung einer Definition für »kleine, nicht komplexe Institute« durch die geänderte Bankenverordnung (Capital Requirements Regulation, CRR II)[26], die an einer Bilanzsumme von maximal 5 Milliarden Euro sowie einer Reihe qualitativer Kriterien anknüpft, wurde der Grundsatz der Proportionalität im Regelwerk für Banken weiterentwickelt (→ AT 1 Tz. 3).

Die BaFin hat im August 2021 die endgültige Fassung zur »sechsten MaRisk-Novelle« veröffent- **17** licht. Darin wurden insbesondere die EBA-Leitlinien zum Management notleidender und gestundeter Risikopositionen[27] sowie zu Auslagerungen[28] in die deutsche Verwaltungspraxis umgesetzt. Die EBA-Leitlinien zum Management von IKT- und Sicherheitsrisiken[29] wurden zum Teil über die MaRisk und zum Teil über die ebenfalls im August 2021 vorgelegte erste BAIT-Novelle in die nationalen Regelwerke überführt. Darüber hinaus hat die BaFin weitere Anpassungen in den MaRisk vorgenommen, die auf Erfahrungen aus der Aufsichtspraxis zurückgehen, z.B. in den Bereichen Risikotragfähigkeit, Handelsgeschäfte, Liquiditätsrisiken und operationelle Risiken. Die bisher nur von systemrelevanten Instituten anzuwendenden erhöhten Anforderungen an das

---

21 Gesetz zur Umsetzung der Richtlinie 2013/36/EU über den Zugang zur Tätigkeit von Kreditinstituten und die Beaufsichtigung von Kreditinstituten und Wertpapierfirmen und zur Anpassung des Aufsichtsrechts an die Verordnung (EU) Nr. 575/2013 über Aufsichtsanforderungen an Kreditinstitute und Wertpapierfirmen (CRD IV-Umsetzungsgesetz) vom 28. August 2013 (BGBl. I S. 3395), veröffentlicht am 3. September 2013.

22 Der bei der Bank für Internationalen Zahlungsausgleich (Bank for International Settlement, BIS) angesiedelte Baseler Ausschuss für Bankenaufsicht (Basel Committee on Banking Supervision, BCBS) setzt rechtlich nicht verbindliche weltweite Standards für die Bankenregulierung, die jedoch in der Regel über Verordnungen und Richtlinien in europäisches Recht umgesetzt werden. Mitglieder des BCBS sind die Vertreter von Notenbanken und Aufsichtsbehörden wichtiger Industrie- und Schwellenländer.

23 Das »Bankenpaket« beinhaltet Änderungen der Capital Requirements Regulation (CRR II), der Capital Requirements Directive (CRD V), der Bank Recovery and Resolution Directive (BRRD II) und der Single Resolution Mechanism Regulation (SRMR II). Zum Teil wird statt der Formulierung »Bankenpaket« auch der Begriff »Risikoreduzierungspaket« verwendet.

24 Richtlinie (EU) 2019/878 des Europäischen Parlaments und des Rates vom 20. Mai 2019 zur Änderung der Richtlinie 2013/36/EU im Hinblick auf von der Anwendung ausgenommene Unternehmen, Finanzholdinggesellschaften, gemischte Finanzholdinggesellschaften, Vergütung, Aufsichtsmaßnahmen und -befugnisse und Kapitalerhaltungsmaßnahmen, Amtsblatt der Europäischen Union vom 7. Juni 2019, L 150/253–295.

25 Gesetz zur Umsetzung der Richtlinien (EU) 2019/878 und (EU) 2019/879 zur Reduzierung von Risiken und zur Stärkung der Proportionalität im Bankensektor (Risikoreduzierungsgesetz – RiG) vom 9. Dezember 2020 (BGBl. I S. 2773), veröffentlicht am 14. Dezember 2020.

26 Verordnung (EU) 2019/876 (Bankenverordnung – CRR II) des Europäischen Parlaments und des Rates vom 20. Mai 2019 zur Änderung der Verordnung (EU) Nr. 575/2013 in Bezug auf die Verschuldungsquote, die strukturelle Liquiditätsquote, Anforderungen an Eigenmittel und berücksichtigungsfähige Verbindlichkeiten, das Gegenparteiausfallrisiko, das Marktrisiko, Risikopositionen gegenüber zentralen Gegenparteien, Risikopositionen gegenüber Organismen für gemeinsame Anlagen, Großkredite, Melde- und Offenlegungspflichten und der Verordnung (EU) Nr. 648/2012, Amtsblatt der Europäischen Union vom 7. Juni 2019, L 150/1–225.

27 European Banking Authority, Leitlinien über das Management notleidender und gestundeter Risikopositionen, EBA/GL/2018/06, 31. Oktober 2018.

28 European Banking Authority, Leitlinien zu Auslagerungen, EBA/GL/2019/02, 25. Februar 2019.

29 European Banking Authority, Leitlinien für das Management von IKT- und Sicherheitsrisiken, EBA/GL/2019/04, 28. November 2019.

Datenmanagement, die Datenqualität und die Aggregation von Risikodaten, die Exklusivität der Risikocontrolling-Funktion und zur eigenständigen Compliance-Funktion sowie zur monatlichen Berichterstattung über die Liquiditätsrisiken und die Liquiditätssituation sind nunmehr von sämtlichen bedeutenden Instituten gemäß Art. 6 SSM-Verordnung zu erfüllen.

18 Obwohl es sich bei den MaRisk um ein relativ junges Regelwerk handelt, kann es also bereits auf eine bewegte Historie zurückblicken. Im Folgenden werden die Etappen der MaRisk-Entwicklung sowie die maßgeblichen Beweggründe ausführlich dargestellt.

2.1 Erstmalige Veröffentlichung der MaRisk: Fassung vom 20. Dezember 2005

2.1.1 Internationale Vorgaben durch Basel II

19 Anstoß für die Entwicklung der MaRisk gaben zunächst verschiedene Initiativen, die auf Baseler Ebene vorangetrieben wurden. Am 26. Juni 2004 hatten die Notenbankgouverneure der G10-Staaten[30] und die Präsidenten der Aufsichtsbehörden dieser Staaten der vom Baseler Ausschuss für Bankenaufsicht überarbeiteten Rahmenvereinbarung zur internationalen Konvergenz der Kapitalmessung und Eigenkapitalanforderungen (Basel II)[31] zugestimmt.[32] Damit konnten die Verhandlungen nach über fünfjährigen Beratungen zum Abschluss und eine der bedeutendsten regulatorischen Änderungen seit den achtziger Jahren auf den Weg gebracht werden. Durch Basel II sollten Schwächen der damals geltenden Eigenkapitalregelungen (Basel I)[33] beseitigt werden. Darüber hinaus sollten Anreize für den Einsatz risikosensitiver Verfahren in den Banken geschaffen werden. Wie schon bei Basel I stand zudem die Schaffung eines »Level Playing Field« im Fokus

---

30 Die »G10« (Group of Ten, Zehner-Club, Zehner-Gruppe) ist eine 1962 gegründete Gruppe führender westlicher Industrienationen (Belgien, Deutschland, Frankreich, Großbritannien, Italien, Japan, Kanada, Niederlande, Schweden, USA) mit Sitz in Paris. 1984 trat auch die Schweiz der G10 bei, wobei der Name beibehalten wurde. Die Finanzminister und Notenbankchefs der Zehnergruppe treffen sich bei Bedarf im Zusammenhang mit den Sitzungen des Internationalen Währungsfonds (IWF) und der Weltbank (WB), in der Regel halbjährlich. Beteiligt sind daneben die Bank für Internationalen Zahlungsausgleich (BIZ), die Organisation für Wirtschaftliche Zusammenarbeit und Entwicklung (OECD) sowie die EU-Kommission als Beobachter. Das gemeinsame Ziel besteht darin, sich in Wirtschafts-, Währungs- und Finanzfragen zu beraten und zusammenzuarbeiten. Ergebnisse der Zusammenarbeit sind u. a. die Allgemeinen Kreditvereinbarungen (AKV) und die Sonderziehungsrechte (SZR). Die Berichte und Pressemitteilungen der Finanzminister und Notenbankchefs der Zehnergruppe oder die unter der Schirmherrschaft der Zehnergruppe veröffentlichten Berichte sind bei der BIZ, beim IWF und bei der OECD erhältlich. Vgl. Internetseite der Bank für Internationalen Zahlungsausgleich.

31 Basel Committee on Banking Supervision, International Convergence of Capital Measurement and Capital Standards – A Revised Framework (Basel II), BCBS 107, 26. Juni 2004.

32 Die »G10« ist nicht zu verwechseln mit der »G7« (Group of Seven, Gruppe der Sieben). Die »G7« ist keine internationale Organisation, sondern ein informelles Forum der Staats- und Regierungschefs der weltweit führenden Wirtschaftsnationen (Deutschland, Frankreich, Großbritannien, Italien, Japan, Kanada, USA). Das erste Treffen (»Weltwirtschaftsgipfel«) fand vor dem Hintergrund der ersten Ölkrise und des Zusammenbruchs des Systems der festen Wechselkurse (Bretton Woods) im Jahr 1975 auf Initiative von Deutschland und Frankreich im Schloss Rambouillet noch als »G6« statt. Kanada ist 1976 hinzugestoßen. Seit 1981 ist auch die Europäische Union (damals noch als Europäische Gemeinschaft) regelmäßig bei allen Treffen als Beobachter vertreten. Zwischen 1998 und März 2014 existierte eine »G8« unter Einschluss von Russland, das bereits seit 1994 ständiger Gast der Wirtschaftsgipfel war, aufgrund der Annexion der Krim aber ausgeschlossen wurde. Die jeweilige Präsidentschaft kann zudem Gastländer (in 2021 z. B. Australien, Indien, Südkorea und Südafrika) und ggf. weitere Vertreter (z. B. den Internationalen Währungsfonds) einladen. Die jährlichen Gipfeltreffen dienen einer Abstimmung von gemeinsamen Positionen der beteiligten Länder zu globalen Fragestellungen in den Bereichen Weltwirtschaft, Außen- und Sicherheitspolitik, Entwicklung und Klima. In den gleichen Zusammensetzung finden Treffen auf Ministerebene verschiedener Ressorts statt. Dazu gehört auch eine G7-Kooperation auf Ebene der Finanzminister und Notenbankgouverneure sowie ihrer Stellvertreter (»G7-Deputies«). Die von den so genannten »Sherpas«, den Chefunterhändlern der Regierungen, vorbereiteten Treffen bieten insbesondere die Möglichkeit, eine Gipfelerklärung (Kommuniqué) mit den wichtigsten Ergebnissen sowie teilweise begleitende Erklärungen, Berichte und Arbeitspläne herauszugeben. Vgl. Internetseiten der Bundesregierung und des Bundesfinanzministeriums. Detaillierte Informationen, auch zu den jeweiligen Treffen, werden z. B. vom »G7 Information Centre« der University of Toronto bereitgestellt: http://www.g8.utoronto.ca

33 Basel Committee on Banking Supervision, International convergence of capital measurement and capital standards (Basel I), 15. Juli 1988.

der Bemühungen. Basel II setzte auf einer Drei-Säulen-Architektur auf, an der sich auch durch die Weiterentwicklungen der folgenden Jahre grundsätzlich nichts geändert hat[34]:

- Regelungen hinsichtlich der Berechnung der aufsichtsrechtlich erforderlichen Eigenmittel sind Gegenstand der ersten Säule (»Minimum Capital Requirements«). Sie betrafen zum damaligen Zeitpunkt nur die Kreditrisiken, die operationellen Risiken sowie die Marktpreisrisiken des Handelsbuches.
- Im Vordergrund der zweiten Säule, die das eigentlich innovative Element darstellte, steht der so genannte »Supervisory Review Process« (SRP). Im Rahmen des SRP sollen die Institute einen internen Prozess zur Sicherstellung ihrer Risikotragfähigkeit einrichten. Zudem müssen sich die Bankenaufseher verstärkt aus eigener Anschauung einen Eindruck über die Qualität des Risikomanagements in den Instituten verschaffen. Die Anforderungen an die zweite Säule wurden im Laufe der Jahre deutlich ausgeweitet. Insbesondere wird nicht mehr nur auf die ökonomische Kapitalausstattung der Institute abgestellt, sondern ebenso auf ihre Liquiditätssituation.
- Die dritte Säule (»Market Discipline«) enthält diverse Offenlegungsvorschriften, die eine Verbesserung der Transparenz auf den Finanzmärkten bewirken sollen.

2.1.2 Europäische Umsetzung von Basel II durch die Capital Requirements Directive (CRD)

Auf europäischer Ebene war in diesem Zusammenhang die am 28. September 2005 vom Europäischen Parlament verabschiedete »Capital Requirements Directive« (CRD) von entscheidender Bedeutung. Mit deren Hilfe hat die EU-Kommission die Anforderungen von Basel II in europäisches Recht transformiert. Dieser Umsetzungsprozess betraf die Neufassung der Bankenrichtlinie[35] sowie die Änderung der Kapitaladäquanzrichtlinie.[36] Beide Richtlinien wurden unter dem Oberbegriff »CRD« zusammengefasst (→ Kapitel 3.1). Von besonderer Relevanz für die MaRisk waren die Richtlinienvorgaben zum »Supervisory Review Process«. **20**

Der »Supervisory Review Process« (SRP) stellte und stellt als Strategie einer verstärkt qualitativ ausgerichteten Bankenaufsicht insbesondere auf die Qualität des institutsinternen Risikomanagements ab. Die jeweils zuständigen Aufsichtsbehörden sollen sich dabei verstärkt aus eigener Anschauung einen Eindruck von der Qualität des Risikomanagements in den Instituten verschaffen. Nach der Bankenrichtlinie sowie einem ergänzenden Dokument von CEBS[37], der Vorgänger- **21**

---

34 Das Baseler Rahmenwerk wird auf Veranlassung der Gruppe der wichtigsten Industrie- und Schwellenländer (G20) vom Baseler Ausschuss für Bankenaufsicht (BCBS) regelmäßig ergänzt und überarbeitet. Dies gilt in Analogie auch für die Überführung der Baseler Vorgaben in europäisches und – bei Richtlinienvorgaben – anschließend in nationales Recht. Mit Basel III aus dem Jahr 2010 wurden z. B. diverse Überarbeitungen und Erweiterungen vorgenommen, die insbesondere die Definition und Zusammensetzung des Eigenkapitals inkl. verschiedener Puffer, das Management von Liquiditätsrisiken und Kontrahentenrisiken und die Einführung einer »Leverage Ratio« betreffen. Der BCBS hat im Dezember 2017 nach einer mehrjährigen Konsultationsphase ein überarbeitetes Rahmenwerk zu »Basel III« veröffentlicht. Das am Markt aufgrund der weitreichenden Änderungen vielfach als »Basel IV« bezeichnete Reformpaket enthält insbesondere eine Überarbeitung der Standardsätze zur RWA-Unterlegung und schränkt gleichzeitig die Verwendung interner Modelle stark ein. Ferner wird ein sukzessive ansteigender Output-Floor eingeführt, der ursprünglich ab 2022 bei 50 Prozent und schließlich 2027 bei 72,5 Prozent liegen sollte. Das Inkrafttreten des Reformpaketes hat sich jedoch infolge der COVID-19-Pandemie deutlich verzögert. Vgl. Basel Committee on Banking Supervision, Basel III: Finalising post-crisis reforms, BCBS 424, 7. Dezember 2017, S. 2.
35 Richtlinie 2006/48/EG (Bankenrichtlinie – CRD) des Europäischen Parlaments und des Rates vom 14. Juni 2006 über die Aufnahme und Ausübung der Tätigkeit der Kreditinstitute (Neufassung), Amtsblatt der Europäischen Union vom 30. Juni 2006, L 177/1–200.
36 Richtlinie 2006/49/EG (Kapitaladäquanzrichtlinie – CAD) des Europäischen Parlaments und des Rates vom 14. Juni 2006 über die angemessene Eigenkapitalausstattung von Wertpapierfirmen und Kreditinstituten (Neufassung), Amtsblatt der Europäischen Union vom 30. Juni 2006, L 177/201–255.
37 Committee of European Banking Supervisors, Guidelines on the Application of the Supervisory Review Process under Pillar 2 (GL 03), 25. Januar 2006.

behörde der EBA[38], bestand der SRP zunächst im Wesentlichen aus zwei Elementen, deren Anforderungen zum einen an die Institute und zum anderen unmittelbar an die Aufsicht gerichtet sind: dem »Internal Capital Adequacy Assessment Process« (ICAAP) und dem »Supervisory Review and Evaluation Process« (SREP).

22 Die Institute sollten gemäß Art. 123 der Bankenrichtlinie im Rahmen des ICAAP gewährleisten, dass sie entsprechend ihrem individuellen Risikoprofil über genügend »internes Kapital« zur Abdeckung aller wesentlichen Risiken verfügen. Für diese Zwecke waren geeignete Strategien und Verfahren zur Steuerung und Überwachung der Risiken zu implementieren.[39] Ferner wurden die Institute gemäß Art. 22 der Bankenrichtlinie dazu verpflichtet, angemessene interne »Governance«-Strukturen einzurichten (»Robust Governance Arrangements«). Diese Strukturen umfassten klare aufbau- und ablauforganisatorische Vorgaben, Prozesse zur Identifizierung, Beurteilung, Steuerung, Überwachung und Kommunikation der Risiken sowie angemessene interne Kontrollmechanismen (»Internal Control Mechanisms«).[40] Hierzu gehörte auch die Einrichtung einer Internen Revision.

23 Von den nationalen Aufsichtsbehörden wurde gemäß Art. 124 der Bankenrichtlinie im Rahmen des SREP verlangt, u. a. die Qualität des ICAAP und der internen »Governance«-Strukturen in den Instituten zu beurteilen.[41] Die Anforderungen der Bankenrichtlinie waren damit – wie es bei aufsichtsrechtlichen Reglementierungen normalerweise der Fall ist – nicht einseitig an die Institute adressiert. Den nationalen Aufsichtsbehörden wurde mit dem SREP ein klarer Auftrag erteilt, den sie zu erfüllen hatten. Die beschriebenen Prozesse im Rahmen des SRP haben nach wie vor Bestand, werden mittlerweile aber durch weitere Vorgaben ergänzt. Hierauf wird an anderer Stelle ausführlich eingegangen (→ AT 1 Tz. 2).

24 Im Hinblick auf den ICAAP und den SREP wurde das »Prinzip der doppelten Proportionalität« eingeführt. Zum einen musste die konkrete, institutsspezifische Ausgestaltung des Risikomanagements der Größe und der Art der betriebenen Geschäfte sowie dem spezifischen Risikoprofil des Institutes angemessen sein (Proportionalität aus Sicht des Institutes). Zum anderen sollte die Intensität der aufsichtlichen Überwachung den institutsspezifischen Gegebenheiten, insbesondere der systemischen Relevanz des Institutes, entsprechen (Proportionalität aus Sicht der Aufsicht). Dieses Prinzip, das auf Initiative der deutschen Aufsicht in die Bankenrichtlinie aufgenommen

---

38 Der Ausschuss der Europäischen Bankaufsichtsbehörden (»Committee of European Banking Supervisors«, CEBS) war bis Ende 2010 die Vorgängerinstitution der European Banking Authority (EBA).

39 Gemäß Art. 108 CRD IV verpflichten die zuständigen Behörden alle betroffenen Institute, den Pflichten nach Artikel 73 CRD IV auf individueller Basis nachzukommen. Diesem Art. 73 CRD IV zufolge müssen die Institute über solide, wirksame und umfassende Strategien und Verfahren verfügen, mit denen sie die Höhe, die Arten und die Verteilung des internen Kapitals, das sie zur quantitativen und qualitativen Absicherung ihrer aktuellen und etwaigen künftigen Risiken für angemessen halten, kontinuierlich bewerten und auf einem ausreichend hohen Stand halten können. Diese Strategien und Verfahren sollen regelmäßig intern überprüft werden, um zu gewährleisten, dass sie der Art, dem Umfang und der Komplexität der Geschäfte des Instituts stets angemessen sind und Aspekt außer Acht lassen. Es sei darauf hingewiesen, dass an dieser Stelle keine Einschränkung auf die »wesentlichen« Risiken erfolgt.

40 Laut Art. 74 Abs. 1 und 2 CRD IV müssen die Institute über solide Regelungen für die Unternehmensführung und -kontrolle verfügen, wozu eine klare Organisationsstruktur mit genau festgelegten, transparenten und kohärenten Zuständigkeiten, wirksame Verfahren zur Ermittlung, Steuerung, Überwachung und Meldung der tatsächlichen und potenziellen künftigen Risiken, angemessene interne Kontrollmechanismen, einschließlich solider Verwaltungs- und Rechnungslegungsverfahren, sowie eine Vergütungspolitik und -praxis, die mit einem soliden und wirksamen Risikomanagement vereinbar und diesem förderlich sind, zählen. Diese Regelungen, Verfahren und Mechanismen müssen der Art, dem Umfang und der Komplexität der dem Geschäftsmodell innewohnenden Risiken und den Geschäften des Kreditinstitutes angemessen sein und dürfen keinen Aspekt außer Acht lassen. Dabei muss der technischen Kriterien der Art. 76 bis 95 CRD IV Rechnung getragen werden. Die EBA ist laut Art. 74 Abs. 3 CRD IV aufgefordert, entsprechende Leitlinien herauszugeben.

41 Art. 97 Abs. 3 CRD IV zufolge müssen die zuständigen Behörden auf der Grundlage einer aufsichtlichen Überprüfung und Bewertung nach Art. 97 Abs. 1 CRD IV und unter Berücksichtigung der technischen Kriterien gemäß Art. 98 CRD IV feststellen, ob die von den Instituten angewandten Regelungen, Strategien, Verfahren und Mechanismen sowie ihre Eigenmittelausstattung und Liquidität ein solides Risikomanagement und eine solide Risikoabdeckung gewährleisten.

wurde, unterstrich die Notwendigkeit einer differenzierten Betrachtungsweise. Im deutschen Verwaltungsrecht findet es sein Pendant im »Grundsatz der Verhältnismäßigkeit«[42] (→ AT 1 Tz. 3).

2.1.3 Nationale Umsetzung der CRD

Die Art. 22 und 123 der Bankenrichtlinie wurden in Deutschland durch eine Präzisierung des § 25 a Abs. 1 KWG umgesetzt. Auf der »untergesetzlichen Ebene« wurden ferner Anforderungen an ein gesamtbankbezogenes holistisches Risikomanagement entwickelt. Ergebnis waren die MaRisk in der Fassung vom 20. Dezember 2005, die auf der Basis des § 25 a KWG einen qualitativen Rahmen für die Ausgestaltung des Risikomanagements in den Instituten vorgegeben haben.   **25**

Die Bankenaufsicht hatte bereits vor der Bekanntmachung der MaRisk mehrere qualitative Regelwerke veröffentlicht.[43] Diese bezogen sich allerdings nur auf bestimmte Teilbereiche. So gaben die MaK und die MaH vor allem einen Rahmen für die Ausgestaltung des internen Kontrollsystems im Kreditgeschäft bzw. im Handelsgeschäft vor. Die MaIR enthielten Anforderungen an die Ausgestaltung der Internen Revision. Durch die MaRisk wurden die genannten Verlautbarungen der Bankenaufsicht unter Berücksichtigung von zusätzlichen Vorgaben, die sich aus der Richtlinie ergaben, zu einem umfassenden Rahmenwerk konsolidiert. Auf Basis der terminologisch abgestimmten MaRisk konnten sich alle betroffenen Gruppen (Institute, Prüfer, Verbände, aber auch die Aufsicht selbst) einen wesentlich besseren Überblick über die qualitativen Anforderungen der Bankenaufsicht verschaffen. Redundanzen, Schnittstellenprobleme und Wertungswidersprüche, die naturgemäß bei konkurrierenden Einzelregelungen anfallen, konnten durch die Konsolidierung nach und nach beseitigt werden. Neben den genannten Verlautbarungen der Aufsicht wurde gleichzeitig eine ganze Reihe weiterer Auslegungsschreiben aufgehoben (→ Anlage 5).   **26**

2.1.3.1 Mindestanforderungen an das Betreiben von Handelsgeschäften (1995)

Bei der am 23. Oktober 1995 veröffentlichten Verlautbarung über die Mindestanforderungen an das Betreiben von Handelsgeschäften (MaH) handelte es sich um das erste qualitative Rahmenwerk der deutschen Bankenaufsicht, das sich mit dem »Handelsgeschäft« auf einen kompletten Geschäftsbereich bezog. Allerdings hatten auch die MaH ihre Vorläufer. Dazu zählten die »Mindestanforderungen für bankinterne Kontrollmaßnahmen bei Devisengeschäften – Kassa und Termin« aus dem Jahr 1975 und die »Anforderungen an das Wertpapierhandelsgeschäft der Institute« aus dem Jahr 1980. Diese Regelwerke wurden durch die MaH zusammengefasst und   **27**

---

42 Gemäß Art. 97 Abs. 4 Satz 1 CRD IV müssen die zuständigen Behörden unter Berücksichtigung der Größe, der Systemrelevanz, der Art, des Umfangs und der Komplexität der Geschäfte des betreffenden Institutes die Häufigkeit und Intensität der Überprüfung und Bewertung nach Art. 97 Abs. 1 CRD IV festlegen und dabei dem Grundsatz der Verhältnismäßigkeit Rechnung tragen. Die Regelung wurde im Zuge der CRD V dahingehend ergänzt, dass die Aufsichtsbehörden bei der Überprüfung und Bewertung den Grundsatz der Verhältnismäßigkeit nach Maßgabe der gemäß Art. 143 Abs. 1 lit. c CRD IV offengelegten Kriterien anwenden.

43 Bundesaufsichtsamt für das Kreditwesen, Mindestanforderungen an das Betreiben von Handelsgeschäften der Kreditinstitute (MaH), Verlautbarung vom 23. Oktober 1995; Bundesaufsichtsamt für das Kreditwesen, Mindestanforderungen an die Ausgestaltung der Internen Revision der Kreditinstitute (MaIR), Rundschreiben 1/2000 vom 17. Januar 2000; Bundesanstalt für Finanzdienstleistungsaufsicht, Mindestanforderungen an das Kreditgeschäft der Kreditinstitute (MaK), Rundschreiben 34/2002 (BA) vom 20. Dezember 2002.

darüber hinaus auf alle Handelsgeschäfte ausgedehnt (Geldmarktgeschäft, Edelmetallgeschäft und Geschäft in Derivaten). Bedeutung kommt ferner einem Dokument des Baseler Ausschusses für Bankenaufsicht zu[44], an dem sich die Deutsche Bundesbank, von der die MaH federführend ausgearbeitet wurden, orientierte.[45]

28   Anlass für die Entwicklung der MaH und ihre Vorläufer waren vor allem diverse Schieflagen von Instituten, die in erster Linie auf Schwachstellen in den internen Kontrollsystemen beruhten. Beim Kölner Bankhaus Herstatt führten Devisenfehlspekulationen sowie mangelhafte interne Kontrollen im Jahr 1974 zu Verlusten, die ungefähr das Zehnfache seines haftenden Eigenkapitals betrugen. Daraufhin musste Herstatt von der Bankenaufsicht die Lizenz entzogen werden. Die so genannte »Herstatt-Krise« hatte sogar kurzfristige Auswirkungen auf die Abwicklung des internationalen Zahlungsverkehrs, da sich aufgrund der Zahlungsunfähigkeit des Bankhauses offene Positionen bei Kontrahentenbanken im Ausland ergaben. Rund zwanzig Jahre später führten mangelhafte Kontrollen im Handelsbereich bei der Barings Bank zu einem ähnlich spektakulären Fall. Die Aktivitäten von Nick Leeson veranschaulichten drastisch, welche Konsequenzen unkontrollierte Handlungen einzelner Mitarbeiter in verantwortlicher Stellung und die Konzentration zentraler Zuständigkeiten bei wenigen Mitarbeitern oder sogar nur einer Person im Handel haben können. Zum Sprengsatz werden solche Handlungen, wenn – wie im Fall Barings geschehen – gleichzeitig noch erfolgsabhängige Vergütungen an denselben Mitarbeiter ausgezahlt werden.[46] Die Notwendigkeit geeigneter organisatorischer Vorkehrungen im Handelsbereich wird auch durch die Fälle bei Daiwa, Orange County, Metallgesellschaft, Sumitomo, NatWest und Société Générale unterstrichen.

29   Zu den Kernelementen der MaH gehörten:
- aufbauorganisatorische Vorgaben, die zwecks Vermeidung von Interessenkollisionen die Trennung zwischen Handelsbereichen und handelsunabhängigen Bereichen (Abwicklung und Kontrolle, Rechnungswesen, Risikocontrolling) forderten,
- prozessuale Anforderungen, wie z.B. Marktgerechtigkeitskontrolle, Bestätigungsverfahren, Neu-Produkt-Prüfung, sowie
- Anforderungen, die insbesondere auf die Überwachung der Risiken im Handelsgeschäft abzielten, wie z.B. regelmäßige Bewertung und Reporting.

30 Diese Kernelemente finden sich auch in den MaRisk wieder, da sie unverzichtbarer Bestandteil einer ordnungsgemäßen Geschäftsorganisation im Handelsgeschäft der Institute sind. Allerdings sind die Anforderungen durch den Einbau von Öffnungsklauseln wesentlich flexibler ausgestaltet worden, um vor allem den Instituten mit überschaubaren Handelsaktivitäten mehr Gestaltungsspielräume zu belassen. Es ist zwar zutreffend, dass auch die MaH solche Öffnungsklauseln enthielten. So waren die Anforderungen unter Berücksichtigung von Art und Umfang der betriebenen Geschäfte sowie der Größe der Institute umzusetzen.[47] Das darf jedoch nicht darüber hinwegtäuschen, dass sich bei den MaH eine Auslegungs- und Prüfungspraxis herausbildete, die viele dieser Spielräume nach und nach einengte.

---

44 Basel Committee on Banking Supervision, Risk Management Guidelines for Derivatives, 28. Juli 1994.

45 Zur Entstehungsgeschichte und zum Inhalt der MaH vgl. Stützle, Wolfgang, Zehn Jahre MaH, in: Eller, Roland (Hrsg.), Gesamtbanksteuerung und qualitatives Aufsichtsrecht, Stuttgart, 2005, S. 13–32; Stützle, Wolfgang, Prozess der Weiterentwicklung der Mindestanforderungen (MaH, MaIR, MaK) zu den Mindestanforderungen an das Risikomanagement (MaRisk), in: Becker, Axel/Gruber, Walter/Wohlert, Dirk (Hrsg.), Handbuch MaRisk, Frankfurt a.M., 2006, S. 9–28; Hanenberg, Ludger, Zur Verlautbarung über Mindestanforderungen an das Betreiben von Handelsgeschäften, in: Die Wirtschaftsprüfung, Heft 18/1996, S. 637–648; Haake, Manfred/Leitschuh, Gerhard/Gorsulowsky, Hans-Joachim, Mindestanforderungen an die Interne Revision, in: Zeitschrift für das gesamte Kreditwesen, Heft 5/2000, S. 812–818.

46 Vgl. Tschoegl, Adrian E., The Key to Risk Management: Management, Wharton Financial Institutions Center, 1999, S. 12.

47 Vgl. Stützle, Wolfgang, Zehn Jahre MaH, in: Eller, Roland (Hrsg.), Gesamtbanksteuerung und qualitatives Aufsichtsrecht, Stuttgart, 2005, S. 19.

2.1.3.2 Mindestanforderungen an die Ausgestaltung der Internen Revision (2000)

Die am 17. Januar 2000 veröffentlichten Mindestanforderungen an die Ausgestaltung der Internen **31**
Revision (MaIR) legten – im Unterschied zu den MaK und den MaH – ihren Schwerpunkt auf den
prozessunabhängigen Bestandteil der internen Kontrollverfahren, also auf die Interne Revision. Mit
der Entwicklung der MaIR und der Modernisierung der bis dahin geltenden Anforderungen[48] trug die
Aufsicht der wachsenden Bedeutung der Internen Revision in einem immer komplexer werdenden
Umfeld der Institute Rechnung. Daran hat sich bis heute grundsätzlich nichts geändert. So kann die
Interne Revision i.d.R. schneller auf Fehlentwicklungen innerhalb der Institute hinweisen als
externe Prüfer oder die Aufsicht. Da sie frühzeitig zur Beseitigung solcher Fehlentwicklungen
beitragen kann, besteht nicht nur aus Sicht der Institute und der Aufsicht ein erhebliches Interesse
an einer funktionsfähigen Revision. Auch der Gesetzgeber hat durch ihre explizite Verankerung in
§ 25a Abs. 1 KWG im Rahmen der Novellierung des Kreditwesengesetzes vom Dezember 2004 ihre
Bedeutung herausgestellt. Darüber hinaus existieren auf internationaler Ebene mehrere Dokumente,
die sich mittelbar oder unmittelbar mit der Internen Revision befassen (→ AT 4.4.3 Tz. 1).

In den MaIR wurde dem Postulat der Unabhängigkeit der Internen Revision ein besonderer Stellen- **32**
wert eingeräumt. Sie sollte im Auftrag der Geschäftsleitung alle Aktivitäten innerhalb der Organisation
einschließlich der prozessabhängigen Überwachungsmechanismen, also des internen Kontrollsystems, prüfen und beurteilen. Die Interne Revision durfte daher im Rahmen ihrer Aufgaben weder für
die zu prüfenden Bereiche noch für die wirtschaftlichen Ergebnisse dieser Bereiche verantwortlich
sein. Unabhängigkeit ist nach wie vor eine zentrale Voraussetzung für eine funktionsfähige Interne
Revision. Weitere wichtige Aspekte der MaIR betrafen Informationsrechte der Internen Revision, die
Prüfungsplanung sowie die Revisionsberichte. Sie spielen auch in den MaRisk eine wichtige Rolle.

Die MaIR waren aber auch in anderer Hinsicht bemerkenswert. In ihnen wurde erstmals **33**
systematisch zwischen den prozessabhängigen und den prozessunabhängigen Überwachungsmechanismen unterschieden. Diese Begriffssystematik ist später im Rahmen der Novellierung des
§ 25a Abs. 1 KWG berücksichtigt worden. Sie liegt auch den MaRisk zugrunde.

2.1.3.3 Mindestanforderungen an das Kreditgeschäft (2002)

Die Mindestanforderungen an das Kreditgeschäft (MaK) waren ein Meilenstein der qualitativen **34**
Aufsicht in Deutschland. Durch ihre Bezugnahme auf das Kreditgeschäft formulierten sie Anfor-
derungen an das Kerngeschäft der Banken und hatten aufgrund ihrer flexiblen und praxisnahen
Grundausrichtung Vorbildfunktion für die MaRisk.

Ausschlaggebend für die am 20. Dezember 2002 veröffentlichten MaK waren erhebliche Ver- **35**
luste, die diverse Banken wegen organisatorischer Defizite im Kreditgeschäft hinnehmen mussten.
Die Schwachstellen reichten von Fantasiestrategien, mangelhaften Kreditprozessen bis hin zu
unzureichendem Reporting über die Risiken im Kreditgeschäft. In zahlreichen Fällen führten diese
Defizite zu Schieflagen oder sogar zu Bankeninsolvenzen.[49] Die MaK waren daher eine unmittelbare Reaktion der Bankenaufsicht auf konkrete Missstände im Kreditgeschäft der Institute.

Bei der Entwicklung der MaK orientierte sich die Bankenaufsicht u.a. an den »Principles for the **36**
Management of Credit Risk«, die im September 2000 vom Baseler Ausschuss für Bankenaufsicht
veröffentlicht wurden.[50] Eine wesentlich wichtigere Rolle spielten jedoch Erkenntnisse aus der Praxis.
Die Bankenaufsicht kooperierte bei der Entwicklung der MaK in einer bis dahin einmaligen Intensität

---

48 Bundesaufsichtsamt für das Kreditwesen, Anforderungen an die Ausgestaltung der Innenrevision, Schreiben vom
   28. Mai 1976.
49 Vgl. Bundesanstalt für Finanzdienstleistungsaufsicht, Übermittlungsschreiben zum zweiten Entwurf der Mindestanforderungen an das Kreditgeschäft der Kreditinstitute (MaK) vom 2. Oktober 2002, S. 3.
50 Basel Committee on Banking Supervision, Principles for the Management of Credit Risk, BCBS 75, 27. September 2000.

mit der Kreditwirtschaft. Intensive Gespräche wurden mit rund 20 Banken aus allen Institutsgruppen aber auch mit Prüfern und den Verbänden der Kreditwirtschaft geführt. Nach der Veröffentlichung der MaK wurde darüber hinaus ein MaK-Fachgremium[51] eingerichtet, in dem Auslegungsfragen von grundsätzlicher Bedeutung diskutiert und prüfungsrelevante Sachverhalte erörtert wurden.

37   Zu den zentralen Elementen der MaK gehörten:
- die Festlegung einer Strategie für das Kreditgeschäft (Kreditrisikostrategie),
- aufbauorganisatorische Anforderungen, die bei risikorelevanten Engagements im Rahmen der Kreditentscheidung zu beachten waren (Funktionstrennung und Votierung),
- ablauforganisatorische Anforderungen, die sich auf alle Prozesse im Kreditgeschäft bezogen,
- die Implementierung eines Verfahrens zur systematischen Beurteilung von Adressenausfallrisiken (Risikoklassifizierungsverfahren),
- ein Verfahren zur Früherkennung von Risiken im Kreditgeschäft sowie
- Verfahren zur Identifizierung, Steuerung und Überwachung sowie zum Reporting der Risiken im Kreditgeschäft.

38   Kennzeichnend für die MaK war das Vorhandensein einer Vielzahl von Öffnungsklauseln, die den Instituten abhängig von ihrer Größe, ihren Geschäftsschwerpunkten sowie ihrer Risikosituation angemessene Spielräume für individuelle Umsetzungslösungen ließen.[52] Dem Konzept der Öffnungsklauseln wird auch in den MaRisk ein zentraler Stellenwert eingeräumt.

2.2   Die »erste MaRisk-Novelle«: Fassung vom 30. Oktober 2007

2.2.1   Umsetzung der MiFID

39   Als das »Finanzmarktrichtlinie-Umsetzungsgesetz« (FRUG)[53] am 11. Mai 2007 die letzte parlamentarische Hürde nahm, war der Weg frei für die Umsetzung der Richtlinie über Märkte für Finanzinstrumente – kurz »Finanzmarktrichtlinie« – in nationales Recht. Die Finanzmarktrichtlinie, besser bekannt unter der Bezeichnung »MiFID« (Markets in Financial Instruments Directive)[54], sowie deren Durchführungsrichtlinie[55] waren für die Regulierung des Kapitalmarktes von erheblicher Bedeutung. Durch sie wurden insbesondere die Bedingungen für den Wertpapierhandel europaweit weiterentwickelt und harmonisiert. Darüber hinaus wurde der Anlegerschutz durch neue Verhaltens- und Transparenzpflichten verbessert. Schließlich sollten die Richtlinienvorgaben dazu beitragen, dass der Wettbewerb zwischen Handelsplattformen gefördert wird. Durch

---

51 Dem MaK-Fachgremium, das gemeinsam von der BaFin und der Deutschen Bundesbank betreut wurde, gehörten Fachexperten aus den Instituten, Prüfer und Verbandsvertreter an.

52 Vgl. Hannemann, Ralf/Schneider, Andreas/Hanenberg, Ludger, Mindestanforderungen an das Kreditgeschäft (MaK) – Eine einführende Kommentierung, Stuttgart, 2003, S. 17ff.

53 Gesetz zur Umsetzung der Richtlinie über Märkte für Finanzinstrumente und der Durchführungsrichtlinie der Kommission (Finanzmarktrichtlinie-Umsetzungsgesetz) vom 16. Juli 2007 (BGBl. I S. 1330), veröffentlicht am 19. Juli 2007.

54 Richtlinie 2004/39/EG (MiFID) des Europäischen Parlaments und des Rates vom 21. April 2004 über Märkte für Finanzinstrumente, Amtsblatt der Europäischen Union vom 30. April 2004, L 145/1–44. Die MiFID wurde zum 3. Januar 2018 durch die MiFID II ersetzt. Richtlinie 2014/65/EU (MiFID II) des Europäischen Parlaments und des Rates vom 15. Mai 2014 über Märkte für Finanzinstrumente sowie zur Änderung der Richtlinien 2002/92/EG und 2011/61/EU, Amtsblatt der Europäischen Union vom 12. Juni 2014, L 173/349–496.

55 Richtlinie 2006/73/EG (MiFID-Durchführungsrichtlinie) der Europäischen Kommission vom 10. August 2006 zur Durchführung der Richtlinie 2004/39/EG des Europäischen Parlaments und des Rates in Bezug auf die organisatorischen Anforderungen an Wertpapierfirmen und die Bedingungen für die Ausübung ihrer Tätigkeit sowie in Bezug auf die Definition bestimmter Begriffe für die Zwecke der genannten Richtlinie, Amtsblatt der Europäischen Union vom 2. September 2006, L 241/26–58.

das Regelungspaket des FRUG wurden sowohl die MiFID als auch die Vorgaben der teilweise sehr detaillierten MiFID-Durchführungsrichtlinie umgesetzt.[56]

Die nationale Umsetzung durch das FRUG berührte verschiedene Gesetze (z. B. WpHG, BörsG). **40** Darüber hinaus war der Erlass von ergänzenden Rechtsverordnungen bzw. die Anpassung bestehender Verordnungen erforderlich.[57] Betroffen waren aber auch einzelne Normen des KWG. Von besonderer Relevanz waren dabei KWG-Änderungen, die mittelbar die MaRisk betrafen. Richtlinienvorgaben zur allgemeinen Organisation, zum Risikomanagement, zur Internen Revision und zur Geschäftsleiterverantwortung machten Anpassungen des § 25a Abs. 1 KWG erforderlich. Änderungsbedarf ergab sich ferner bei § 25a Abs. 2 KWG (jetzt § 25b KWG) – dem zentralen gesetzlichen Anknüpfungspunkt für die Auslagerungsaktivitäten der Institute.

Der von den Richtlinien geforderte, darüberhinausgehende Grad an Konkretisierung wurde **41** unmittelbar durch die MaRisk[58] nachgezogen. Bei der Entwicklung der Fassung vom 30. Oktober 2007 spielten vor allem die umfangreichen Anforderungen zur Auslagerung betrieblicher Aufgaben nach Art. 13 Abs. 5 der MiFID i. V. m. Art. 13 und 14 der MiFID-Durchführungsrichtlinie eine wichtige Rolle (→ AT 1 Tz. 4). Die Umsetzung dieser Vorgaben wurde zum Anlass genommen, die bestehenden Regelungen der Aufsicht zur Auslagerung von Bereichen auf ein anderes Unternehmen[59] zu modernisieren und in die MaRisk zu überführen.

2.2.2 Regelungen zur Auslagerung von Bereichen auf ein anderes Unternehmen (2001)

Der Gesetzgeber hatte bereits 1998 mit § 25a Abs. 2 KWG (jetzt § 25b KWG) einen gesetzlichen **42** Rahmen für die Auslagerungsaktivitäten der Institute geschaffen. Obwohl sich die Industrie eine Präzisierung der gesetzlichen Anforderungen wünschte, dauerte es eine ganze Weile, bis die Aufsicht Verwaltungsvorschriften zu § 25a Abs. 2 KWG vorlegen konnte. Der endgültigen Fassung des Rundschreibens 11/2001 vom Dezember 2001 ging eine intensive, teils kontroverse Debatte auf der Grundlage mehrerer Entwürfe voraus. Das Rundschreiben konnte deshalb erst nach einer ungewöhnlich langen Konsultationsphase veröffentlicht werden. Zu den Kernelementen gehörten:
- Regelungen zur Zulässigkeit von Auslagerungen,
- Anforderungen an die Auswahl des Auslagerungsunternehmens,
- diverse Anforderungen an den Auslagerungsvertrag (z. B. Vereinbarung von Weisungsrechten und Zustimmungsvorbehalten),
- Anforderungen an die Steuerung und Überwachung der Auslagerungsaktivitäten sowie
- diverse Sonderregelungen (z. B. für Auslagerungen auf so genannte »Mehrmandantendienstleister«).

Obwohl kein Zweifel daran bestand, dass nahezu alle Regelungen des Rundschreibens 11/2001 im **43** Kern sinnvolle Anforderungen statuierten, führte deren Anwendung in der Praxis der Institute und der Aufsicht immer wieder zu Problemen. Dazu hatten sicherlich auch der hohe Detaillierungsgrad des Rundschreibens sowie einige Inkonsistenzen beigetragen. Neben dem Rundschreiben 11/2001 waren noch einige weitere Schreiben der Aufsicht für die Auslagerungsaktivitäten der Institute von

---

56 Vgl. Carny, Hans-Georg/Neusüß, Martin, Das Finanzmarktrichtlinie-Umsetzungsgesetz, in: BaFinJournal, Ausgabe Mai 2007, S. 14 ff.

57 So hat das Bundesministerium für Finanzen die Wertpapierdienstleistungs-Verhaltens- und Organisationsverordnung (WpDVerOV) erlassen. Durch die Finanzmarktrichtlinie waren ferner Anpassungen der Finanzanalyseverordnung (FinAV) sowie der Wertpapierhandel-Meldeverordnung (WpHMV) erforderlich.

58 Bundesanstalt für Finanzdienstleistungsaufsicht, Mindestanforderungen an das Risikomanagement (MaRisk), Rundschreiben 5/2007 (BA) vom 30. Oktober 2007.

59 Bundesaufsichtsamt für das Kreditwesen, Auslagerung von Bereichen auf ein anderes Unternehmen gemäß § 25a Abs. 2 KWG, Rundschreiben 11/2001 vom 6. Dezember 2001.

Relevanz. Die meisten wurden gemeinsam mit dem Rundschreiben 11/2001 zum Zeitpunkt des Inkrafttretens der MaRisk in der Fassung vom 30. Oktober 2007 aufgehoben (→ Anlage 12).

2.3   Die »zweite MaRisk-Novelle«: Fassung vom 14. August 2009

44   Die ab dem Jahr 2007 anhaltende Finanzmarktkrise hatte die internationale Staatengemeinschaft dazu veranlasst, eine Reform der globalen Finanzarchitektur in Angriff zu nehmen. Hierzu hatte die G20[60] anlässlich ihres Gipfels Ende September 2009 in Pittsburgh eine ganze Reihe von Vorgaben formuliert, die weltweit umgesetzt werden sollten. Das Programm reichte von einer Verschärfung der Eigenkapitalvorschriften über eine effektivere Bankenaufsicht bis hin zu Maßnahmen gegen Staaten, die sich der neuen Finanzarchitektur entziehen wollen.[61] Der Finanzstabilitätsrat (»Financial Stability Board«, FSB)[62] unterstützte die G20 bei der Umsetzung ihres Programms. Schon im April 2008 hatte der FSB – damals noch unter der Bezeichnung »Financial Stability Forum« (FSF) – zahlreiche Empfehlungen veröffentlicht, zu deren Umsetzung sich auch Deutschland verpflichtet hatte.[63] Die Vorgaben des FSB sowie diverse Folgearbeiten des Baseler Ausschusses für Bankenaufsicht und der EU befassten sich mit unterschiedlichen Aspekten, wie z. B. der verbesserten Kooperation der Aufsichtsbehörden oder der Kontrolle von Ratingagenturen. Ein hoher Stellenwert wurde auch dem Risikomanagement der Institute eingeräumt, denn dort wurde erheblicher Verbesserungsbedarf konstatiert.[64]

45   Bezüglich der Umsetzung dieser Anforderungen war man zwar in Deutschland schon recht gut aufgestellt, da man mit den MaRisk bereits auf ein umfassendes Regelwerk zum Risikomanagement zurückgreifen konnte. Aufgrund der internationalen Vorgaben bestand dennoch in einigen

---

60   Die »G20« (Group of Twenty, Gruppe der Zwanzig) ist die 1999 als Reaktion auf die Finanzkrise der neunziger Jahre in Asien gegründete Gruppe der wichtigsten Industrie- und Schwellenländer. Das Gründungstreffen fand im Dezember 1999 in Berlin unter deutschem Vorsitz statt. Ursprünglich fanden die G20-Treffen auf Ebene der Finanzminister und Notenbankchefs der beteiligten Länder statt. Unter dem Eindruck der weltweiten Finanz- und Wirtschaftskrise beschlossen die Staats- und Regierungschefs der G20-Länder im Herbst 2008, dieses Format auch für einen Austausch auf ihrer Ebene zu nutzen. Die G20 ist nach dem Beschluss ihrer Staats- und Regierungschefs vom September 2009 daher das zentrale informelle Forum für die internationale wirtschaftliche Zusammenarbeit der bedeutendsten Industrie- und Schwellenländer. Der G20 gehören 19 Staaten (Argentinien, Australien, Brasilien, China, Deutschland, Frankreich, Großbritannien, Indien, Indonesien, Italien, Japan, Kanada, Mexiko, Russland, Saudi-Arabien, Südafrika, Südkorea, Türkei, USA) sowie die EU an. Die G20 wurde während der Finanzmarktkrise zum wichtigsten Forum für die wirtschaftspolitische Koordinierung auf globaler Ebene und ist heute das bedeutendste Forum für internationale Ordnungspolitik und Regulierung. Zunehmend geht es aber auch darum, durch vorausschauende Zusammenarbeit mögliche neue Krisen zu vermeiden, aus Erfahrungen zu lernen und die Volkswirtschaften widerstandsfähiger zu machen. Die G20-Staaten repräsentieren ca. 85 Prozent des weltweiten Bruttoinlandsprodukts, ca. 80 Prozent des globalen CO_2-Ausstoßes, ca. 75 Prozent des Welthandels und rund zwei Drittel der Weltbevölkerung. An den G20-Gipfeln nehmen auf Einladung der jeweiligen Präsidentschaft regelmäßig auch der Internationale Währungsfonds (IWF), die Weltbank (WB), die Europäische Zentralbank (EZB), der Financial Stability Board (FSB), die Organisation für Wirtschaftliche Zusammenarbeit und Entwicklung (OECD), die Welthandelsorganisation (WTO), der Internationale Währungs- und Finanzausschuss (IMFC), die Internationale Arbeitsorganisation (ILO) und die Vereinten Nationen (VN) teil. Darüber hinaus werden regelmäßig weitere Gastländer und Regionalorganisationen eingeladen, wie z. B. die Vorsitzenden der Afrikanischen Union (AU), der New Partnership for Africa's Development (NEPAD) und der Association of Southeast Asian Nations (ASEAN). Die jeweilige G20-Präsidentschaft hält engen Kontakt mit verschiedenen Interessengruppen und Nicht-G20-Ländern (so genanntes »Outreach«). Die Arbeitsweise der G7 und der G20 ist analog organisiert. Vgl. Internetseiten der Bundesregierung und des Bundesfinanzministeriums. Detaillierte Informationen, auch zu den jeweiligen Treffen, werden z. B. vom »G20 Information Centre« der University of Toronto bereitgestellt: http://www.g20.utoronto.ca

61   Vgl. G20, Leaders' Statement: The Pittsburgh Summit, September 2009.

62   Dem FSB, der bis Mitte 2009 unter der Bezeichnung Financial Stability Forum (FSF) firmierte, gehören hochrangige Vertreter von Notenbanken, Aufsichtsbehörden und Finanzministerien der wichtigsten Industrie- und Schwellenländer (G20) sowie des Baseler Ausschusses für Bankenaufsicht, des Internationalen Währungsfonds (IWF), der Weltbank und anderer internationaler Institutionen an.

63   Financial Stability Forum, Report of the Financial Stability Forum on Enhancing Market and Institutional Resilience, 7. April 2008.

64   Im Hinblick auf die Folgearbeiten sind insbesondere zwei Veröffentlichungen des Baseler Ausschuss für Bankenaufsicht von Relevanz: Basel Committee on Banking Supervision, Principles for sound stress testing practices and supervision, BCBS 155, 20. Mai 2009; Basel Committee on Banking Supervision, Principles for Sound Liquidity Risk Management and Supervision, BCBS 144, 25. September 2008.

Bereichen Anpassungsbedarf. In der Fassung der MaRisk vom 14. August 2009[65] wurde dies berücksichtigt. Ausgebaut wurden z.B. die Anforderungen zu Liquiditätsrisiken und Risikokonzentrationen sowie zu Stresstests und zum Risikomanagement auf Gruppenebene. Ferner wurde die Position des Aufsichtsorgans gestärkt, indem die Pflichten der Geschäftsleitung gegenüber dem Aufsichtsorgan erweitert wurden.[66] Bei den Änderungen im Bereich der Handelsgeschäfte spielten zudem Erkenntnisse aus der laufenden Aufsichts- und Prüfungspraxis sowie aus bekannt gewordenen Manipulationsfällen (Société Générale) eine Rolle. Die in der Fassung vom 14. August 2009 eingearbeiteten Anforderungen an Vergütungssysteme wurden kurzfristig aufgrund neuer regulatorischer Vorgaben in ein gesondertes Rundschreiben[67] überführt. Die Halbwertzeit dieses Rundschreibens war jedoch gering, denn die Anforderungen an Vergütungssysteme von Instituten sind seit Oktober 2010 in der Institutsvergütungsverordnung[68] geregelt.

2.4 Die »dritte MaRisk-Novelle«: Fassung vom 15. Dezember 2010

Hauptgrund für die erneute Überarbeitung der MaRisk[69] waren zunächst Regulierungsinitiativen, die **46** auf europäischer Ebene vorangetrieben wurden. CEBS hatte in den Jahren 2009 und 2010 eine ganze Reihe von Leitlinien ausgearbeitet, die sich mit unterschiedlichen Aspekten des Risikomanagements auseinandersetzen. Änderungsbedarf für die MaRisk ergab sich dadurch vor allem bei den Themen Risikokonzentrationen, Stresstests und Liquiditätsrisiken. Dabei konnte die Aufsicht grundsätzlich auf bereits vorhandenen Anforderungen der MaRisk aufbauen und diese weiter konkretisieren:
- Der umfassende Charakter von Risikokonzentrationen wurde stärker herausgestellt, um das während der Finanzmarktkrise zu Tage getretene »Silo-Problem« bei der Unternehmenssteuerung zu überwinden.
- Die Institute mussten ihre Stresstestprogramme um inverse Stresstests ergänzen. Bei diesen Stresstests sollen die Institute analysieren, welche Szenarien ein vorgegebenes Stresstestergebnis, nämlich die Nichtfortführbarkeit des eigenen Geschäftsmodells, zur Folge haben könnten.
- Ausgebaut wurden schließlich die Anforderungen an das Management von Liquiditätsrisiken. Insbesondere an die Qualität vorzuhaltender Liquiditätspuffer werden seitdem detaillierte Anforderungen gestellt. Von diesen Anforderungen sind jedoch grundsätzlich nur solche Institute betroffen, die sich schwerpunktmäßig über die Geld- und Kapitalmärkte refinanzieren (»kapitalmarktorientierte Institute«). Für die breite Masse der deutschen Institute sind die Anforderungen somit nicht von Relevanz.

Weitere Neuerungen waren vorrangig auf Erfahrungen aus der Aufsichts- und Prüfungspraxis **47** zurückzuführen. So hatte die Aufsicht die Anforderungen an die Strategien weiter ausgebaut, um identifizierte Schwachstellen in der Praxis zu beseitigen (z.B. rein formale Umsetzung, Ausblen-

65 Bundesanstalt für Finanzdienstleistungsaufsicht, Mindestanforderungen an das Risikomanagement (MaRisk), Rundschreiben 15/2009 (BA) vom 14. August 2009.
66 Vgl. Hannemann, Ralf/Schneider, Andreas, Wesentliche Neuerungen der MaRisk, in: BankPraktiker, Heft 10/2009, S. 456–461; Schneider, Andreas, Finanzmarktkrise und Risikomanagement: Die neuen Mindestanforderungen an das Risikomanagement der deutschen Bankenaufsicht, in: Die Wirtschaftsprüfung, Heft 6/2010, S. 269–277.
67 Bundesanstalt für Finanzdienstleistungsaufsicht, Aufsichtsrechtliche Anforderungen an die Vergütungssysteme von Instituten, Rundschreiben 22/2009 (BA) vom 21. Dezember 2009.
68 Verordnung über die aufsichtsrechtlichen Anforderungen an Vergütungssysteme von Instituten (Instituts-Vergütungsverordnung – InstitutsVergV) in der Fassung vom 6. Oktober 2010 (BGBl. I S. 1374), veröffentlicht am 12. Oktober 2010.
69 Bundesanstalt für Finanzdienstleistungsaufsicht, Mindestanforderungen an das Risikomanagement (MaRisk), Rundschreiben 11/2010 (BA) vom 15. Dezember 2010.

den wesentlicher Einflussfaktoren, unbestimmte Zielformulierungen). Zwecks Stärkung der Governance[70] haben die Institute seit dieser Novelle insbesondere einen Strategieprozess einzurichten. Durch eine Verschärfung der Anforderungen im Bereich Risikotragfähigkeit wurde vor allem die Inanspruchnahme kapitalsparender Diversifikationseffekte deutlich eingeschränkt.

2.5 Die »vierte MaRisk-Novelle«: Fassung vom 14. Dezember 2012

2.5.1 Basel III und EU-Richtlinienvorgaben

48   Die erneute Anpassung und Ergänzung der MaRisk[71] war u. a. auf die umfassende Überarbeitung der Eigenkapitalvorschriften und die Ausarbeitung der Liquiditätsvorschriften zurückzuführen, die zunächst auf internationaler Ebene erfolgte (Basel III)[72] und anschließend in Europa nachvollzogen wurde – unter Berücksichtigung einiger Besonderheiten des europäischen Finanzmarktes. Auf europäischer Ebene wurde die Weiterentwicklung der Capital Requirements Directive (CRD) als Entsprechung von Basel II etappenweise vollzogen. In einer ersten Etappe wurde am 16. September 2009 die CRD II verabschiedet, bei der die Qualität des Eigenkapitals, die Steuerung von Liquiditätsrisiken und Großkrediten sowie die Verbesserung des Risikomanagements für Verbriefungen im Mittelpunkt standen. Anschließend wurde am 24. November 2010 die CRD III veröffentlicht. Dabei ging es vor allem um die Eigenkapitalanforderungen für das Handelsbuch und für Wiederverbriefungen sowie die Vergütungspolitik. Ein erster Entwurf zur Umsetzung von Basel III wurde am 20. Juli 2011 von der EU-Kommission zur Konsultation gestellt.[73]

49   Mit der zum damaligen Zeitpunkt noch nicht verabschiedeten CRD IV wurden unter dem Stichwort »Corporate Governance« auch die Anforderungen an den »Supervisory Review Process« (SRP) ausgeweitet bzw. konkretisiert. In eine ähnliche Richtung zielten die Vorschläge der Europäischen Bankenaufsichtsbehörde (EBA) in den Leitlinien zur internen Governance vom September 2011.[74] In Deutschland wurden die neuen Vorgaben zu den Unternehmensorganen, zum Zusammenwirken zwischen der Geschäftsleitung und dem Aufsichtsorgan und zur Einrichtung einer Compliance-Funktion als Teil des internen Kontrollsystems (IKS) im Rahmen des CRD IV-Umsetzungsgesetzes[75] zu einem späteren Zeitpunkt im KWG verankert. Hingegen sind die detaillierten Anforderungen mit Bezug zum Risikomanagement im Vorgriff darauf größtenteils

---

70 Unter dem Begriff »Governance« werden im Wesentlichen »Grundsätze einer ordnungsgemäßen Geschäftsführung« verstanden. Jedenfalls hat die deutsche Aufsicht diese Übersetzung im Rahmen der Gesetzesbegründung zum CRD IV-Umsetzungsgesetz (§ 6b Abs. 1 Satz 3 Nr. 14 KWG) erstmalig verwendet.

71 Bundesanstalt für Finanzdienstleistungsaufsicht, Mindestanforderungen an das Risikomanagement (MaRisk), Rundschreiben 10/2012 (BA) vom 14. Dezember 2012.

72 Basel Committee on Banking Supervision, Basel III: A global regulatory framework for more resilient banks and banking systems, BCBS 189, 16. Dezember 2010; Basel Committee on Banking Supervision, Basel III: International framework for liquidity risk measurement, standards and monitoring, BCBS 188, 16. Dezember 2010. Unter dem Oberbegriff »Basel-III-Regelwerk« werden zahlreiche weitere Dokumente des Baseler Ausschusses für Bankenaufsicht verstanden, die seit 2009 im Zusammenhang mit der Weiterentwicklung von Basel II und der Ergänzung bzw. Konkretisierung von Basel III stehen. Dazu gehören auch die unter dem Stichwort »Basel 2.5« oder »Basel II plus« erfolgten Anpassungen.

73 European Commission, Proposal for a Directive of the European Parliament and of the Council on the access to the activity of credit institutions and the prudential supervision of credit institutions and investment firms and amending Directive 2002/87/EC of the European Parliament and of the Council on the supplementary supervision of credit institutions, insurance undertakings and investment firms in a financial conglomerate, 20. Juli 2011; European Commission, Proposal for a Regulation of the European Parliament and of the Council on prudential requirements for credit institutions and investment firms, 20. Juli 2011.

74 European Banking Authority, EBA Guidelines on Internal Governance (GL 44), 27. September 2011.

75 Gesetz zur Umsetzung der Richtlinie 2013/36/EU über den Zugang zur Tätigkeit von Kreditinstituten und die Beaufsichtigung von Kreditinstituten und Wertpapierfirmen und zur Anpassung des Aufsichtsrechts an die Verordnung (EU) Nr. 575/2013 über Aufsichtsanforderungen an Kreditinstitute und Wertpapierfirmen (CRD IV-Umsetzungsgesetz) vom 28. August 2013 (BGBl. I S. 3395), veröffentlicht am 3. September 2013.

direkt in den MaRisk ergänzt worden. Das betraf hauptsächlich die explizite Zuweisung bestimmter Aufgaben zur Compliance- und zur Risikocontrolling-Funktion sowie die deutliche Aufwertung der Position des Leiters der Risikocontrolling-Funktion.

2.5.2 Vorgaben anderer Standardsetzer

Darüber hinaus bezogen sich die neuen Regeln auf verschiedene Leitlinien und Empfehlungen europäischer Standardsetzer, zu deren Umsetzung sich die deutsche Aufsicht verpflichtet hatte. Ergänzungen in anderen Bereichen waren deshalb z. B. auf zwei Papiere von CEBS zurückzuführen, die erst Ende 2010 finalisiert wurden und deshalb nicht mehr (vollständig) im Rahmen der dritten MaRisk-Novelle berücksichtigt werden konnten. Dabei handelte es sich um Anforderungen an das Management operationeller Risiken bei marktbezogenen Aktivitäten[76], die u. a. einmal jährlich eine Unterbrechung der Positionsverantwortung von Händlern für zehn Handelstage fordern, und an die Allokation von Liquiditätskosten, -nutzen und -risiken.[77] Mit letztgenanntem Papier war für einige Institute die Einführung von Liquiditätstransferpreissystemen verbunden. **50**

Zu nennen sind zudem die Leitlinien von CEBS zu Vergütungsregelungen[78] (mit Blick auf die InstitutsVergV) sowie die Empfehlungen des Europäischen Ausschusses für Systemrisiken (ESRB)[79] zur (Re-)Finanzierung der Kreditinstitute in US-Dollar[80] und zu Fremdwährungskrediten[81], die zu einer stärkeren Berücksichtigung der Risiken im Umgang mit Fremdwährungen führten. Aufgegriffen wurden darüber hinaus Aspekte aus dem Auslegungspapier zur aufsichtlichen Beurteilung bankinterner Risikotragfähigkeitskonzepte.[82] Einige dieser Anpassungen dienten laut BaFin auch dazu, »die Erwartungshaltung der Aufsicht hinsichtlich schon existierender Vorgaben stärker zu verdeutlichen«.[83] Dabei ging es insbesondere darum, Frühwarnindikatoren auch für risikoartenübergreifende Effekte abzuleiten und die in das Risikotragfähigkeitskonzept einbezogenen – also grundsätzlich quantifizierbaren – Risiken i. d. R. mit Hilfe eines Limitsystems zu begrenzen und zu überwachen. **51**

Außerdem müssen Institute, die besonders groß sind oder deren Geschäftsaktivitäten durch besondere Komplexität, Internationalität oder eine besondere Risikoexponierung gekennzeichnet sind, seit dieser Novelle dem so genannten »Prinzip der Proportionalität nach oben« zufolge weitergehende Vorkehrungen zur Sicherstellung der Angemessenheit und Wirksamkeit ihres Risikomanagements treffen. **52**

---

76 Committee of European Banking Supervisors, Guidelines on the management of operational risks in market-related activities (GL 35), 12. Oktober 2010.

77 Committee of European Banking Supervisors, Guidelines on Liquidity Cost Benefit Allocation (GL 36), 27. Oktober 2010.

78 Committee of European Banking Supervisors, Guidelines on Remuneration Policies and Practices (GL 42), 10. Dezember 2010.

79 Der Europäische Ausschuss für Systemrisiken (ESRB) ist als unabhängiges Gremium der Europäischen Union für die makroprudenzielle Überwachung des Finanzsystems und die Früherkennung systemischer Risiken verantwortlich. Im ESRB sitzen Vertreter der EZB, der EU-Kommission sowie der nationalen Notenbanken und Aufsichtsbehörden.

80 Empfehlung des Europäischen Ausschusses für Systemrisiken zu der Finanzierung der Kreditinstitute in US-Dollar (ESRB/2011/2) vom 22. Dezember 2011, Amtsblatt der Europäischen Union vom 10. März 2012, C 72/1–21.

81 Empfehlung des Europäischen Ausschusses für Systemrisiken zu Fremdwährungskrediten (ESRB/2011/1) vom 21. September 2011, Amtsblatt der Europäischen Union vom 22. November 2011, C 342/1–47.

82 Bundesanstalt für Finanzdienstleistungsaufsicht/Deutsche Bundesbank, Aufsichtliche Beurteilung bankinterner Risikotragfähigkeitskonzepte, Leitfaden vom 7. Dezember 2011.

83 Bundesanstalt für Finanzdienstleistungsaufsicht, Übermittlungsschreiben zum Rundschreiben 10/2012 (BA) vom 14. Dezember 2012, S. 1.

2.5.3 Endgültige Verabschiedung der CRD IV

53 Die endgültige Umsetzung von Basel III in europäisches Recht durch das so genannte »CRD IV-Paket«[84] erfolgte nach langwierigen Verhandlungen schließlich Ende Juni 2013 und damit zeitlich nach Veröffentlichung der vierten MaRisk-Novelle. Das CRD IV-Paket setzt sich aus der Bankenverordnung (»Capital Requirements Regulation«, CRR)[85] und der Bankenrichtlinie (»Capital Requirements Directive IV«, CRD IV)[86] zusammen (→ Kapitel 3.1). Die Regelungen in der CRR betreffen die Eigenkapitaldefinition, die Liquiditätsstandards, die Großkreditvorschriften, die Verschuldungsquote (»Leverage Ratio«), das Kontrahentenrisiko und die Offenlegung. Die CRD IV enthält diejenigen Vorschriften, die sich an die nationalen Aufsichtsbehörden richten oder aufgrund der unterschiedlichen Struktur der Banken- bzw. der Rechts- und Verwaltungssysteme besser auf nationaler Ebene geregelt werden. Darunter fallen z. B. die Anforderungen an die Zulassung eines Institutes, die Niederlassungs- und Dienstleistungsfreiheit, die Corporate Governance, die Kapitalpuffer sowie die Definition und Behandlung »systemrelevanter« Institute. Auch die zur »zweiten Säule« zählenden und für die MaRisk maßgeblichen Anforderungen sind in der CRD IV geregelt.

54 Das deutsche CRD IV-Umsetzungsgesetz[87] wurde am 3. September 2013 im Bundesgesetzblatt veröffentlicht. Die zur »zweiten Säule« zählenden Anforderungen wurden in das KWG überführt und werden nun durch die MaRisk und die Institutsvergütungsverordnung (InstitutsVergV)[88] weiter konkretisiert. Nach der Institutsvergütungsverordnung müssen die Vergütungssysteme der Institute angemessen, transparent und auf eine nachhaltige Entwicklung ausgerichtet sein. Die Verordnung enthält allgemeine Anforderungen an die Vergütungssysteme, die für alle Institute und sämtliche Mitarbeiter gelten. Danach darf beispielsweise die variable Vergütung der Mitarbeiter des Institutes nicht höher als 100 Prozent der fixen Vergütung sein (»Bonus Cap«). Die deutlich anspruchsvolleren besonderen Anforderungen sind dagegen nur von den bedeutenden Instituten im Sinne des § 17 InstitutsVergV a. F. (jetzt § 1 Abs. 3c KWG) zu erfüllen. Für die variable Vergütung von Mitarbeitern, die wesentlichen Einfluss auf das Gesamtrisikoprofil des Institutes haben (»Risikoträger« bzw. »Risk Taker«), gelten besonders strenge Anforderungen. Da die Höhe des Auszahlungsanspruches letztlich von der Nachhaltigkeit des

---

84 Im Kommentar wird durchgängig der Begriff »CRD IV-Paket« als Oberbegriff für die Bankenverordnung (CRR) und die Bankenrichtlinie (CRD IV) verwendet. In der Praxis dient der Begriff »CRD IV« dagegen uneinheitlich einerseits als Oberbegriff für beide Regelwerke und andererseits nur als Abkürzung für die Bankenrichtlinie. Ähnlich verhält es sich mit der Bezeichnung »CRD«, die sowohl für die damalige Bankenrichtlinie (CRD) als auch für Bankenrichtlinie und Kapitaladäquanzrichtlinie (CAD) gemeinsam genutzt wurde. In einigen Veröffentlichungen werden Bankenrichtlinie und -verordnung auch als Kapitaladäquanzrichtlinie und -verordnung bezeichnet.

85 Verordnung (EU) Nr. 575/2013 (Bankenverordnung – CRR) des Europäischen Parlaments und des Rates vom 26. Juni 2013 über Aufsichtsanforderungen an Kreditinstitute und Wertpapierfirmen und zur Änderung der Verordnung (EU) Nr. 646/2012, Amtsblatt der Europäischen Union vom 27. Juni 2013, L 176/1–337.

86 Richtlinie 2013/36/EU (Bankenrichtlinie – CRD IV) des Europäischen Parlaments und des Rates vom 26. Juni 2013 über den Zugang zur Tätigkeit von Kreditinstituten und die Beaufsichtigung von Kreditinstituten und Wertpapierfirmen, zur Änderung der Richtlinie 2002/87/EG und zur Aufhebung der Richtlinien 2006/48/EG und 2006/49/EG, Amtsblatt der Europäischen Union vom 27. Juni 2013, L 176/338–436.

87 Gesetz zur Umsetzung der Richtlinie 2013/36/EU über den Zugang zur Tätigkeit von Kreditinstituten und die Beaufsichtigung von Kreditinstituten und Wertpapierfirmen und zur Anpassung des Aufsichtsrechts an die Verordnung (EU) Nr. 575/2013 über Aufsichtsanforderungen an Kreditinstitute und Wertpapierfirmen (CRD IV-Umsetzungsgesetz) vom 28. August 2013 (BGBl. I S. 3395), veröffentlicht am 3. September 2013.

88 Verordnung über die aufsichtsrechtlichen Anforderungen an Vergütungssysteme von Instituten (Institutsvergütungsverordnung – InstitutsVergV) in der Fassung vom 16. Dezember 2013 (BGBl. I S. 4270), veröffentlicht am 19. Dezember 2013. Die Vergütungsverordnung ist am 1. Januar 2014 in Kraft getreten. Mit der Änderung der Vergütungsverordnung aus dem Jahr 2017 wurden in erster Linie die Anforderungen der EBA-Leitlinien für eine solide Vergütungspolitik in nationales Recht umgesetzt. Vgl. Verordnung zur Änderung der Institutsvergütungsverordnung vom 25. Juli 2017 (BGBl. I S. 3042), veröffentlicht am 3. August 2017. Im Februar 2018 hat die deutsche Aufsicht eine umfangreiche Auslegungshilfe zur Vergütungsverordnung veröffentlicht. Vgl. Bundesanstalt für Finanzdienstleistungsaufsicht, Auslegungshilfe zur Institutsvergütungsverordnung in der Fassung vom 15. Februar 2018. Die BaFin hat am 18. September 2020 den Entwurf einer überarbeiteten Fassung der Auslegungshilfe zur Konsultation gestellt. Die Vergütungsverordnung wurde bereits mehrfach geändert. Vgl. Verordnung über die aufsichtsrechtlichen Anforderungen an Vergütungssysteme von Instituten (Institutsvergütungsverordnung – InstitutsVergV) vom 16. Dezember 2013 (BGBl. I S. 4270), die zuletzt durch Artikel 1 der Verordnung vom 15. April 2019 (BGBl. I S. 486) geändert worden ist.

Erfolges abhängen soll, muss ein erheblicher Teil der variablen Vergütung über einen mehrjährigen Zurückbehaltungszeitraum gestreckt werden und kann zu einem späteren Zeitpunkt vom Institut ggf. zurückbehalten werden. Bei einem besonders schweren Fehlverhalten des Risk Takers kann sogar eine bereits ausgezahlte variable Vergütung wieder zurückgefordert werden (»Clawback«). Die bedeutenden Institute haben zudem einen Vergütungsbeauftragten zu benennen (→ Kapitel 8.4). Mit dem CRD IV-Umsetzungsgesetz und dem Trennbankengesetz[89] wurden zudem die Anforderungen an die Geschäftsleiter (§ 25c KWG) und das Aufsichtsorgan (§ 25d KWG) in eigenen Paragrafen umfassend neu geregelt. Dabei wurden auch die Vorstellungen der EBA aus den Leitlinien zur internen Governance vom September 2011 berücksichtigt[90] (→ Kapitel 4.1.4 und 4.1.5). Zudem wurden die Anforderungen an Auslagerungen in § 25b KWG verschoben (→ Kapitel 4.1.3).

2.6 Die »fünfte MaRisk-Novelle«: Fassung vom 27. Oktober 2017

Die deutsche Aufsicht hat im Februar 2016 einen ersten Entwurf der fünften MaRisk-Novelle zur **55** Konsultation gestellt.[91] Auslöser der erneuten Überarbeitung waren vor allem die vom Baseler Ausschuss für Bankenaufsicht (BCBS) veröffentlichten Grundsätze zur Risikodatenaggregation und Risikoberichterstattung (BCBS 239) sowie Initiativen des Finanzstabilitätsrates (Financial Stability Board, FSB) und anderer Standardsetzer zur Etablierung einer angemessenen Risikokultur in den Instituten. Die umfangreichen Änderungen zum Umgang mit Auslagerungen (→ AT 9) sowie zahlreiche weitere Anpassungen sind auf Erkenntnisse aus der Aufsichts- und Prüfungspraxis der letzten Jahre zurückzuführen.[92] Nach einer umfassenden Stellungnahme der Deutschen Kreditwirtschaft (DK)[93] vom 27. April 2016[94] und einer Sitzung des Fachgremiums MaRisk am 24./25. Mai 2016 hat die deutsche Aufsicht am 24. Juni 2016 einen inoffiziellen Zwischenentwurf vorgelegt, in dem zahlreiche Anmerkungen der DK berücksichtigt wurden. Die endgültige Fassung der fünften MaRisk-Novelle wurde von der BaFin in Abstimmung mit der Deutschen Bundesbank schließlich am 27. Oktober 2017 veröffentlicht.[95]

---

89 Gesetz zur Abschirmung von Risiken und zur Planung der Sanierung und Abwicklung von Kreditinstituten und Finanzgruppen vom 7. August 2013 (BGBl. I S. 3090), veröffentlicht am 12. August 2013.

90 European Banking Authority, EBA Guidelines on Internal Governance (GL 44), 27. September 2011.

91 Bundesanstalt für Finanzdienstleistungsaufsicht, Erster Entwurf der MaRisk, Konsultation 02/2016 (BA) vom 18. Februar 2016.

92 Vgl. Bundesanstalt für Finanzdienstleistungsaufsicht, Rundschreiben 09/2017 (BA) zur Überarbeitung der MaRisk, Übermittlungsschreiben vom 27. Oktober 2017, S. 1; Bundesanstalt für Finanzdienstleistungsaufsicht, Erster Entwurf zur Überarbeitung der MaRisk, Übermittlungsschreiben vom 18. Februar 2016, S. 1 f.

93 Die Deutsche Kreditwirtschaft (DK) ist als Zusammenschluss des Bundesverbandes der Deutschen Volksbanken und Raiffeisenbanken (BVR), des Bundesverbandes deutscher Banken (BdB), des Bundesverbandes Öffentlicher Banken Deutschlands (VÖB), des Deutschen Sparkassen- und Giroverbandes (DSGV) und des Verbandes deutscher Pfandbriefbanken (vdp) die Interessenvertretung der kreditwirtschaftlichen Spitzenverbände. Sie ist im August 2011 aus dem Zentralen Kreditausschuss (ZKA) hervorgegangen und führt dessen Arbeit fort.

94 Deutsche Kreditwirtschaft, Stellungnahme zum Entwurf der MaRisk in der Fassung vom 18. Februar 2016 (Konsultation 02/2016) vom 27. April 2016.

95 Bundesanstalt für Finanzdienstleistungsaufsicht, Mindestanforderungen an das Risikomanagement (MaRisk), Rundschreiben 09/2017 (BA) vom 27. Oktober 2017. Die Deutsche Kreditwirtschaft (DK) hat auch zu dem Zwischenentwurf der deutschen Aufsicht vom 24. Juni 2016 ausführlich Stellung genommen. Vgl. Deutsche Kreditwirtschaft, Stellungnahme zum Konsultationspapier 02/2016 der Bundesanstalt für Finanzdienstleistungsaufsicht (BaFin) zur Überarbeitung der MaRisk (Zwischenentwurf vom 24. Juni 2016), 22. Juli 2016.

2.6.1 Risikodatenaggregation und Risikoberichterstattung (BCBS 239)

56 Im Januar 2013 hat der Baseler Ausschuss für Bankenaufsicht Grundsätze für die effektive Aggregation von Risikodaten und die Risikoberichterstattung veröffentlicht.[96] Mit diesen Grundsätzen hat er auf einen entsprechenden Beschluss der G20 und damit verbundene Anforderungen des FSB vom 4. November 2011 reagiert. Betroffen sind das Risikomanagement und die Informationstechnologie gleichermaßen. Vom Risikomanagement wird in erster Linie eine Optimierung der Kapazitäten zur Risikodatenaggregation und eine damit einhergehende Verbesserung der Risikoberichterstattung erwartet. Dafür sollen die Möglichkeiten, die sich bei optimaler Ausgestaltung der Informationstechnologie bieten, genutzt werden. Vertreter der Bankenaufsicht hatten bereits frühzeitig in Publikationen auf die Bedeutung kurzer Reaktionszeiten für die Risikosteuerung und hinreichend granularer Informationen im Zusammenhang mit der Datenbereitstellung hingewiesen.[97] Folglich wurden die neuen Anforderungen an die Risikodatenaggregation und die Risikoberichterstattung zum großen Teil in die MaRisk integriert.

57 Das im Zuge der fünften MaRisk-Novelle neu eingefügte Modul »Datenmanagement, Datenqualität und Aggregation von Risikodaten« (→ AT 4.3.4) adressiert jene Teile von BCBS 239, die sich mit der Datenarchitektur und der IT-Infrastruktur auseinandersetzen. Die Anforderungen dieses Moduls galten ausschließlich für systemrelevante Institute sowohl auf Gruppenebene als auch auf Ebene der wesentlichen gruppenangehörigen Institute. Die deutsche Aufsicht hat allerdings mehrfach darauf hingewiesen, dass ein eventueller Optimierungsbedarf hinsichtlich einer angemessenen Risikodatenaggregation auch im wohlverstandenen Eigeninteresse von den anderen Instituten geprüft werden sollte, um damit die Entscheidungsbasis zu verbessern.[98] Die Vorgaben zur Risikoberichterstattung wurden im neuen Modul »Anforderungen an die Risikoberichterstattung« (→ BT 3) aufgegriffen und mit den bisher schon bestehenden Berichtspflichten zusammengeführt. Die Anforderungen an die Risikoberichterstattung gelten für alle Institute. Die inhaltliche Ausgestaltung unterliegt dem Grundsatz der Proportionalität.[99] Die Anforderungen an die Informationstechnologie aus BCBS 239 wurden in den »Bankaufsichtlichen Anforderungen an die IT« (BAIT)[100] umgesetzt (→ Kapitel 8.8).

2.6.2 Etablierung einer angemessenen Risikokultur

58 Defizite in der Unternehmensführung, verbunden mit einer mangelhaften Unternehmens- und Risikokultur in Banken, gelten als Hauptgründe für die Finanzmarktkrise im Jahr 2008. Das Erfordernis einer angemessenen »Risikokultur« in den Instituten ist daher seit einigen Jahren im Fokus der internationalen und europäischen Standardsetzer. Der BCBS definiert in seinen Prinzipien zur Corporate Governance aus dem Jahr 2015 die Risikokultur als die Normen, Einstellungen und Verhaltensweisen eines Institutes im Hinblick auf das Risikobewusstsein, die Risikobereitschaft und das Risikomanagement sowie die Kontrollen, die für Entscheidungen

---

96 Baseler Ausschuss für Bankenaufsicht, Grundsätze für die effektive Aggregation von Risikodaten und die Risikoberichterstattung, BCBS 239, 9. Januar 2013.

97 Vgl. Hanenberg, Ludger, Internationale Konzepte für die Aufsicht über Großbanken – Neue Perspektiven für die Governance und das Risikomanagement der Institute, in: Die Wirtschaftsprüfung, Heft 20/2012, S. 1103.

98 Vgl. Bundesanstalt für Finanzdienstleistungsaufsicht, Rundschreiben 09/2017 (BA) zur Überarbeitung der MaRisk, Übermittlungsschreiben vom 27. Oktober 2017, S. 2f.; Bundesanstalt für Finanzdienstleistungsaufsicht, Erster Entwurf zur Überarbeitung der MaRisk, Übermittlungsschreiben vom 18. Februar 2016, S. 2.

99 Vgl. Bundesanstalt für Finanzdienstleistungsaufsicht, Rundschreiben 09/2017 (BA) zur Überarbeitung der MaRisk, Übermittlungsschreiben vom 27. Oktober 2017, S. 2f.

100 Die BAIT wurden am 3. November 2017 veröffentlicht und am 14. September 2018 um ein weiteres Modul ergänzt. Vgl. Bundesanstalt für Finanzdienstleistungsaufsicht, Bankaufsichtliche Anforderungen an die IT (BAIT), Rundschreiben 10/2017 (BA) in der Fassung vom 14. September 2018.

über Risiken maßgeblich sind.[101] Diese Definition baut auf einem Vorschlag des Finanzstabilitätsrates (Financial Stability Board, FSB) vom April 2014 auf und wird auch von der EBA in ihren überarbeiteten Leitlinien zur internen Governance aus dem Jahr 2018 verwendet.[102] Die EBA erwartet zudem, dass die zuständigen Aufsichtsbehörden im Rahmen des aufsichtlichen Überprüfungs- und Bewertungsprozesses (Supervisory Review and Evaluation Process, SREP) prüfen, inwieweit die Institute über eine solide Risikokultur verfügen.[103]

Mit der fünften MaRisk-Novelle hat die deutsche Aufsicht die Vorgaben der verschiedenen **59** Standardsetzer in nationales Recht umgesetzt und die Verantwortung für die Etablierung einer angemessenen Risikokultur der Geschäftsleitung zugewiesen. Die Geschäftsleiter haben nunmehr als Teil ihrer Gesamtverantwortung für eine ordnungsgemäße Geschäftsorganisation eine angemessene Risikokultur innerhalb des Institutes und der Gruppe zu entwickeln, zu fördern und zu integrieren (→ AT 3 Tz. 1). Mit dem Konzept einer angemessenen Risikokultur wird kein neuer Risikomanagementansatz angestrebt. Die Aufsicht erwartet vielmehr, dass sich die Institute mit der Thematik verstärkt auseinandersetzen und für sich definieren, welche Geschäfte, Verhaltensweisen und Praktiken letztlich als wünschenswert angesehen werden und welche nicht.[104] Das im Institut festgelegte Wertesystem sollte sich in den von der Geschäftsleitung zu verabschiedenden Grundsätzen für eine stabile Unternehmensführung, in den Geschäfts- und Risikostrategien sowie im Risikoappetit des Institutes widerspiegeln. Zur erforderlichen Transparenz kann ein Verhaltenskodex für Mitarbeiter beitragen, den größere Institute seit der fünften MaRisk-Novelle in ihre Organisationsrichtlinien aufnehmen sollen (→ AT 5 Tz. 3).

2.6.3 Weitere Erkenntnisse aus Aufsichts- und Prüfungspraxis

Die MaRisk-Novelle konkretisierte auch die Anforderungen an die Auslagerung von Prozessen **60** und Aktivitäten. Die besonderen Funktionen Risikocontrolling, Compliance und Interne Revision stellen für die Geschäftsleitung wichtige Steuerungsinstrumente dar. Eine vollständige Auslagerung dieser Funktionen ist daher nur in bestimmten Ausnahmefällen möglich.[105] Die Institute haben bei einer Auslagerung der besonderen Funktionen oder von Aktivitäten und Prozessen in Kernbankbereichen weiterhin über Kenntnisse und Erfahrungen zu verfügen, die eine wirksame Überwachung der vom Auslagerungsunternehmen erbrachten Dienstleistung gewährleisten. Zudem wurden die Anforderungen an unbeabsichtigte und unerwartete Beendigungen von Auslagerungen dahingehend ergänzt, dass das Institut über die bisher bereits vorzuhaltenden Handlungsoptionen hinaus – soweit sinnvoll und möglich – auch Ausstiegsprozesse festzulegen hat. Die deutsche Aufsicht hält des Weiteren bei Instituten mit umfangreichen Auslagerungen ein zentrales Auslagerungsmanagement für erforderlich. Weitere Änderungen betrafen die Abgrenzung zwischen Auslagerungen und sonstigem Fremdbezug von Leistungen im Zusammenhang mit Software, die bei wesentlichen Auslagerungen durchzuführende Risikoanalyse sowie den Umgang mit Weiterverlagerungen (→ AT 9).

---

101 Vgl. Basel Committee on Banking Supervision, Guidelines – Corporate governance principles for banks, BCBS 328, 8. Juli 2015, S. 10.

102 Vgl. Financial Stability Board, Guidance on Supervisory Interaction with Financial Institutions on Risk Culture – A Framework for Assessing Risk Culture, 7. April 2014, S. 1; European Banking Authority, Leitlinien zur internen Governance, EBA/GL/2017/11, 21. März 2018, S. 4f.

103 Vgl. European Banking Authority, Guidelines on common procedures and methodologies for the supervisory review and evaluation process (SREP) and supervisory stress testing, EBA/GL/2014/13, Consolidated version, 19. Juli 2018, S. 54f.

104 Vgl. Bundesanstalt für Finanzdienstleistungsaufsicht, Rundschreiben 09/2017 (BA) zur Überarbeitung der MaRisk, Übermittlungsschreiben vom 27. Oktober 2017, S. 3f.

105 Bundesanstalt für Finanzdienstleistungsaufsicht, Rundschreiben 09/2017 (BA) zur Überarbeitung der MaRisk, Übermittlungsschreiben vom 27. Oktober 2017, S. 5.

61 Darüber hinaus wurden mit der fünften MaRisk-Novelle die Anforderungen an das Risikotrag-fähigkeitskonzept (→ AT 4.1), die Vermeidung von Interessenkonflikten bei einem Wechsel von Mitarbeitern der Handels- und Marktbereiche in nachgelagerte Bereiche bzw. Kontrollbereiche (→ AT 4.3.1 Tz. 1), die organisatorische Aufstellung der Risikocontrolling- und der Compliance-Funktion (→ AT 4.4.1 und AT 4.4.2), die technisch-organisatorische Ausstattung der Institute, z. B. in Bezug auf IT-Berechtigungen (→ AT 4.3.1 Tz. 2 und AT 7.2), den Neu-Produkt-Prozess (→ AT 8), die Prozesse im Kreditgeschäft, z. B. im Hinblick auf die Berücksichtigung der Kapital-dienstfähigkeit, der Sicherheiten und eventueller Forbearance-Maßnahmen (→ BTO 1), die Erlösquotensammlung (→ BTR 1), die Steuerungsperspektiven beim Management der Zinsän-derungsrisiken im Anlagebuch (→ BTR 2.3), die Fristigkeiten der Liquiditätsübersichten, die Diversifikation der Liquiditätspuffer und Refinanzierungsquellen, die Berücksichtigung von belasteten Vermögensgegenständen, die Durchführung von Stresstests für Liquiditätsrisiken, die Ermittlung des Überlebenshorizontes und die Aufstellung eines internen Refinanzierungs-planes (→ BTR 3), den Umgang mit nicht eindeutig zuordenbaren Schadensfällen und Beinahe-Verlusten und die Erfassung von Schadensfällen (→ BTR 4) sowie die Übergangsfristen beim Wechsel in die Interne Revision, die Risikobewertungsverfahren und die Berichterstattung der Internen Revision (→ BT 2) und der Konzernrevision (→ AT 4.5 Tz. 6) ergänzt bzw. verschärft. Da das CRD IV-Umsetzungsgesetz erst im September 2013 und damit zeitlich nach der vierten MaRisk-Novelle veröffentlicht wurde, konnten die in Art. 79 bis 87 CRD IV enthaltenen Anfor-derungen an das Management bestimmter Risikoarten im Detail erst im Zuge der fünften MaRisk-Novelle berücksichtigt werden.

2.6.4 Umsetzungsfristen

62 Die Anforderungen der fünften MaRisk-Novelle sind grundsätzlich mit ihrer Veröffentlichung am 27. Oktober 2017 in Kraft getreten. Hintergrund für den weitgehenden Verzicht auf eine Über-gangsfrist war, dass zahlreiche Änderungen nach Ansicht der Aufsicht lediglich Klarstellungen zu bereits vorhandenen Anforderungen darstellten bzw. lediglich die bestehende Verwaltungspraxis widerspiegelten. Für neue Anforderungen wurde den Instituten eine Umsetzungsfrist bis zum 31. Oktober 2018 eingeräumt.[106]

63 Die genannte Umsetzungsfrist galt allerdings nicht für die Anforderungen an die Risikodaten-aggregation und die Risikoberichterstattung, die sich nur an systemrelevante Institute richteten. Für die Umsetzung der Anforderungen des neuen Moduls AT 4.3.4 wurde den Instituten eine Umsetzungsfrist von drei Jahren ab Benennung als systemrelevantes Institut eingeräumt.[107] Wurde ein Institut bereits vor der Veröffentlichung der Novelle am 27. Oktober 2017 als (anderweitig) systemrelevant eingestuft, lief die dreijährige Umsetzungsfrist bereits ab dem Zeitpunkt dieser Einstufung. Die meisten betroffenen deutschen Institute wurden im Frühjahr 2016 als anderweitig systemrelevant eingestuft, so dass deren Übergangsfrist im Frühjahr 2019 auslief. Soweit ein Institut erst nach der Veröffentlichung der fünften MaRisk-Novelle erstmalig

---

106 Die relativ lange Umsetzungsfrist geht auf die Deutsche Kreditwirtschaft (DK) zurück, die in ihren Stellungnahmen auf die mit der Umsetzung der neuen Anforderungen verbundene, zu erwartende hohe Belastung der Institute verwiesen hatte. Vgl. Deutsche Kreditwirtschaft, Stellungnahme zum Konsultationspapier 02/2016 der Bundesanstalt für Finanzdienst-leistungsaufsicht (BaFin) zur Überarbeitung der MaRisk (Zwischenentwurf vom 24. Juni 2016), 22. Juli 2016, S. 3; Deutsche Kreditwirtschaft, Stellungnahme zum Entwurf der MaRisk in der Fassung vom 18. Februar 2016 (Konsultation 02/2016) vom 27. April 2016, S. 2 f.

107 Die Umsetzungsfrist von drei Jahren ab Benennung als systemrelevantes Institut entspricht den Vorgaben des Baseler Ausschusses für Bankenaufsicht gemäß BCBS 239. Die BaFin hat im Übermittlungsschreiben zur Veröffentlichung der Endfassung der fünften MaRisk-Novelle darauf hingewiesen, dass global systemrelevante Institute die Anforderungen gemäß BCBS 239 schon seit Januar 2016 einzuhalten haben. Vgl. Bundesanstalt für Finanzdienstleistungsaufsicht, Rundschreiben 09/2017 (BA) zur Überarbeitung der MaRisk, Übermittlungsschreiben vom 27. Oktober 2017, S. 6.

als systemrelevant eingestuft wurde, begann die dreijährige Frist ab dem Zeitpunkt dieser Einstufung zu laufen.[108]

2.7   Die »sechste MaRisk-Novelle«: Fassung vom 16. August 2021

Im Oktober 2020 hat die BaFin einen ersten offiziellen Entwurf der »sechsten MaRisk-Novelle«   **64** zur Konsultation gestellt.[109] Gemäß dem Übermittlungsschreiben ist die Überarbeitung in erster Linie auf Änderungen der internationalen Regelsetzung zurückzuführen. Mit der sechsten MaRisk-Novelle wurden vor allem die EBA-Leitlinien zum Management von notleidenden und gestundeten Risikopositionen[110], zu Auslagerungen[111] sowie zum Management von IKT- und Sicherheitsrisiken[112] in die deutsche Verwaltungspraxis umgesetzt. Darüber hinaus hat die Aufsicht weitere Anpassungen in den MaRisk vorgenommen, die auf Erfahrungen aus der Aufsichtspraxis zurückgehen, z.B. in den Bereichen Risikotragfähigkeit, Handelsgeschäfte, Liquiditätsrisiken und operationelle Risiken. Die bisher nur von systemrelevanten Instituten anzuwendenden erhöhten Anforderungen sind nunmehr von sämtlichen bedeutenden Instituten gemäß Art. 6 SSM-Verordnung zu erfüllen. Nach der Auswertung der Stellungnahme der Deutschen Kreditwirtschaft[113] durch die Aufsichtsbehörden sowie umfangreicher Diskussionen in drei Sitzungen das Fachgremiums MaRisk erfolgte die Veröffentlichung der endgültigen Fassung der sechsten MaRisk-Novelle am 16. August 2021.[114]

2.7.1   Institute mit hohem NPL-Bestand

Die Anforderungen der EBA-Leitlinien zu notleidenden und gestundeten Risikopositionen   **65** betreffen zum Teil lediglich Institute mit einer Quote notleidender Kredite (»non-performing loans«, NPL) von mindestens 5 Prozent. Diese in den MaRisk als »Institute mit hohem NPL-Bestand« bezeichneten Institute haben erhöhte Anforderungen beim Management von notleidenden Risikopositionen (»non-performing exposures«, NPE) einzuhalten (→ AT 2 Tz. 1, Erläuterung). Wie von den EBA-Leitlinien vorgegeben, wird auch in den MaRisk zwischen notleidenden Krediten (NPL) und notleidenden Risikopositionen (NPE) unterschieden. Die NPL-Quote ist nur für die Einstufung als Institut mit hohem NPL-Bestand maßgeblich. Beim

---

108 Vgl. Bundesanstalt für Finanzdienstleistungsaufsicht, Rundschreiben 09/2017 (BA) zur Überarbeitung der MaRisk, Übermittlungsschreiben vom 27. Oktober 2017, S. 6 f.

109 Vgl. Bundesanstalt für Finanzdienstleistungsaufsicht, Entwurf der Neufassung des Rundschreibens 09/2017 (BA) – Mindestanforderungen an das Risikomanagement – MaRisk, Übermittlungsschreiben vom 26. Oktober 2020. Die BaFin hatte der Kreditwirtschaft bereits im August 2020 eine »Arbeitsfassung« der sechsten MaRisk-Novelle zur Verfügung gestellt, die im Rahmen einer zweitägigen Sitzung des Fachgremiums MaRisk am 26./27. August 2020 besprochen wurde.

110 European Banking Authority, Leitlinien über das Management notleidender und gestundeter Risikopositionen, EBA/GL/2018/06, 31. Oktober 2018.

111 European Banking Authority, Leitlinien zu Auslagerungen, EBA/GL/2019/02, 25. Februar 2019.

112 European Banking Authority, Leitlinien für das Management von IKT- und Sicherheitsrisiken, EBA/GL/2019/04, 28. November 2019. Die EBA-Leitlinien wurden zum Teil über die MaRisk und zum Teil über die ebenfalls im August 2021 vorgelegte erste BAIT-Novelle national umgesetzt.

113 Vgl. Deutsche Kreditwirtschaft, BaFin-Konsultation 14/2020 – Mindestanforderungen an das Risikomanagement, Stellungnahme vom 4. Dezember 2020.

114 Vgl. Bundesanstalt für Finanzdienstleistungsaufsicht, Rundschreiben 10/2021 (BA) zur Neufassung der MaRisk, Übermittlungsschreiben vom 16. August 2021, S. 1. Die Sitzungen des Fachgremiums MaRisk fanden am 12. und 19. Februar 2021 sowie am 3. März 2021 statt. Die BaFin hat die Protokolle der Sitzungstermine der Kreditwirtschaft als Anlage des Übermittlungsschreibens zur sechsten MaRisk-Novelle zur Verfügung gestellt. Nach der Veröffentlichung der endgültigen Fassung zur sechsten MaRisk-Novelle wurden in einer weiteren Sitzung des Fachgremiums MaRisk am 2. September 2021 noch offene Auslegungsfragen erörtert. Das Protokoll der Sitzung lag bei Redaktionsschluss noch nicht vor.

Erreichen oder Überschreiten des Schwellenwertes von 5 Prozent erstreckt sich der Anwendungsbereich der dann zusätzlich einzuhaltenden erhöhten Anforderungen auf das Management der notleidenden Risikopositionen (NPE).[115] Die Institute mit hohem NPL-Bestand haben bereits für das Jahr 2022 eine Strategie für notleidende Risikopositionen zu entwickeln, um einen zeitlich festgelegten Abbau der notleidenden Risikopositionen über einen realistischen, aber hinreichend ambitionierten Zeithorizont anzustreben (→ AT 4.2 Tz. 3). Sie unterliegen höheren Anforderungen an die Ausgestaltung der Risikocontrolling-Funktion (→ AT 4.4.1 Tz. 2, Erläuterung), haben eine spezialisierte Abwicklungseinheit einzurichten (→ BTO 1.2.5 Tz. 1, Erläuterung) und im Risikobericht gesondert über notleidende und gestundete Risikopositionen zu berichten (→ BT 3.2 Tz. 3). Die erhöhten Anforderungen müssen allerdings erst eingehalten werden, wenn ein Institut die NPL-Quote an zwei aufeinanderfolgenden Quartalsstichtagen erreicht oder überschritten hat.[116]

2.7.2 Anforderungen an Auslagerungen

66 Die Anpassungen des Moduls AT 9 aufgrund der EBA-Leitlinien zu Auslagerungen betreffen den gesamten Auslagerungszyklus. Zunächst wird die Definition des Auslagerungstatbestandes durch die Aufnahme weiterer Beispiele für den sonstigen Fremdbezug von Leistungen geschärft (→ AT 9 Tz. 1, Erläuterung). Ein weiterer Schwerpunkt liegt auf der Risikoanalyse, in der zukünftig auch politische Risiken, mögliche Interessenkonflikte, Datenschutzaspekte und die Kosten der Auslagerung zu berücksichtigen sind. Darüber hinaus ist die Risikoanalyse – soweit dies sinnvoll und verhältnismäßig erscheint – durch eine Szenarioanalyse zu ergänzen (→ AT 9 Tz. 2). Die Möglichkeiten im Hinblick auf die vollständige Auslagerung der besonderen Funktionen (Risikocontrolling- und Compliance-Funktion sowie Interne Revision) werden dahingehend erweitert, dass dies unter bestimmten Voraussetzungen zukünftig auch auf Schwesterinstitute innerhalb einer Institutsgruppe möglich ist (→ AT 9 Tz. 5). Die Anforderungen bei wesentlichen Auslagerungen an den Auslagerungsvertrag werden entsprechend den Vorgaben der EBA-Leitlinien deutlich detaillierter vorgegeben. Darüber hinaus haben die Institute im Auslagerungsvertrag neben Informations- und Prüfungsrechten auch die Rechte zu berücksichtigen, die für den Zutritt, Zugang oder Zugriff erforderlich sind (→ AT 9 Tz. 7 inkl. Erläuterung). Bei wesentlichen Auslagerungen soll zudem die laufende Überwachung der Leistung des Auslagerungsunternehmens anhand vorzuhaltender Kriterien (z.B. Key Performance Indicators, Key Risk Indicators) und vertraglich vereinbarter Informationen des Auslagerungsunternehmens erfolgen (→ AT 9 Tz. 9). Darüber hinaus hat zukünftig jedes Institut, das Auslagerungen vornimmt, einen zentralen Auslagerungsbeauftragten zu bestimmen, der ggf. durch ein zentrales Auslagerungsmanagement unterstützt wird (→ AT 9 Tz. 12). Als neue Dokumentationsanforderung ist vorgesehen, dass die Institute ein aktuelles Auslagerungsregister mit Informationen zu allen Auslagerungsvereinbarungen vorzuhalten und laufend zu aktualisieren haben. Im

---

115 Vgl. Bundesanstalt für Finanzdienstleistungsaufsicht, Rundschreiben 10/2021 (BA) zur Neufassung der MaRisk, Übermittlungsschreiben vom 16. August 2021, S. 2. Die Bezeichnungen für die Übermittlungsschreiben der BaFin zu den verschiedenen Fassungen der MaRisk bzw. der Entwürfe unterscheiden sich manchmal zwischen dem Text auf der Website der BaFin und dem Wortlaut in den zugehörigen pdf-Dokumenten. Zudem bestehen die Überschriften zum Teil aus mehreren Zeilen und enthalten anstelle des Datums der Übersendung in einigen Fällen das ursprüngliche Schreibdatum. Im Interesse der besseren Auffindbarkeit und Lesbarkeit haben wir im Kommentar deshalb eine einheitliche Quellenangabe gewählt und das Datum an den jeweiligen Termin der jeweiligen Veröffentlichung angepasst.

116 Vgl. Bundesanstalt für Finanzdienstleistungsaufsicht, Rundschreiben 10/2021 (BA) zur Neufassung der MaRisk, Übermittlungsschreiben vom 16. August 2021, S. 2f. Institute mit hohem NPL-Bestand haben die Anforderungen bereits unmittelbar nach Ablauf der Übergangsfrist am 31. Dezember 2021 einzuhalten, sofern diese Institute an den zwei vorhergehenden Quartalsstichtagen (30. September 2021 und 31. Dezember 2021) eine NPL-Quote von mindestens 5 Prozent aufweisen. Der erste relevante Quartalsstichtag für die Einstufung als Institut mit hohem NPL-Bestand ist daher der 30. September 2021. Vgl. Bundesanstalt für Finanzdienstleistungsaufsicht, Rundschreiben 10/2021 (BA) zur Neufassung der MaRisk, Übermittlungsschreiben vom 16. August 2021, S. 10.

Hinblick auf den Inhalt des Auslagerungsregisters wird auf die entsprechenden Textziffern der EBA-Leitlinien zu Auslagerungen verwiesen (→ AT 9 Tz. 14).

Die Anforderungen an Auslagerungen sind nunmehr ausdrücklich auch auf Gruppenebene **67** anzuwenden. Für die Einhaltung auf Gruppenebene ist das übergeordnete Unternehmen verantwortlich. Gleichzeitig werden im Hinblick auf Gruppen sowie Finanzverbünde mögliche Erleichterungen erweitert und in einer eigenen Textziffer zusammengefasst (→ AT 9 Tz. 15). Im Zuge der endgültigen Fassung der sechsten MaRisk-Novelle wurde von der Aufsicht in den Erläuterungen explizit ergänzt, dass hinsichtlich der Auslagerungsanforderungen auf Gruppenebene »die Anwendung des AT 9 Tz. 15 unbeschadet gilt« (→ AT 4.5 Tz. 1, Erläuterung). Im Ergebnis dürfte es sich um eine »entsprechende« Anwendung der Anforderungen des AT 9 auf Gruppenebene handeln, d. h. im Wesentlichen um Rahmenvorgaben des übergeordneten Unternehmens für die nachgeordneten Institute (→ AT 9, Einführung und Überblick).

Das im Juni 2021 veröffentlichte Finanzmarktintegritätsstärkungsgesetz (FISG)[117] ergänzt die **68** sechste MaRisk-Novelle bei der Überführung der EBA-Leitlinien zu Auslagerungen in nationales Recht. Neben der Einführung einer Definition für »Auslagerungsunternehmen« schafft das FISG eine gesetzliche Grundlage für das von den Instituten für alle Auslagerungen grundsätzlich verpflichtend einzurichtende Auslagerungsregister. Die von den EBA-Leitlinien verlangte Unterrichtung der Aufsicht über wesentliche Auslagerungen wird durch die Aufnahme eines Anzeigetatbestandes in § 24 Abs. 1 Nr. 19 KWG umgesetzt. Zudem werden die Prüfungsrechte der Aufsicht gegenüber dem Auslagerungsunternehmen klarer formuliert und um unmittelbare Auskunftsrechte erweitert. Bei wesentlichen Auslagerungen kann die Aufsicht unter bestimmten Voraussetzungen auch direkt gegenüber dem Auslagerungsunternehmen im Einzelfall Anordnungen treffen (→ AT 9, Einführung und Überblick).

2.7.3 Notfallmanagement

Die Umsetzung der EBA-Leitlinien zum Management von IKT- und Sicherheitsrisiken erfolgt in erster **69** Linie im neu gefassten Modul zum Notfallmanagement (→ AT 7.3). Die Institute haben für alle im Rahmen einer durchzuführenden Auswirkungsanalyse identifizierten zeitkritischen Aktivitäten und Prozesse eine Risikoanalyse durchzuführen, um potenzielle Gefährdungen zu identifizieren und zu bewerten, ob diese eine Beeinträchtigung der zeitkritischen Geschäftsprozesse verursachen könnten. Im Notfallkonzept muss dargestellt sein, welche Ersatzlösungen im Notfall zeitnah zur Verfügung stehen und wie eine Rückkehr zum Normalbetrieb verlaufen soll. Als Basis hierfür dient eine Übersicht über alle Aktivitäten und Prozesse (z. B. in Form einer Prozesslandkarte). Das Notfallkonzept umfasst Geschäftsfortführungs- und Wiederherstellungspläne. Die Wirksamkeit und Angemessenheit des Notfallkonzeptes sind regelmäßig zu überprüfen.

Das überarbeitete Modul AT 7.3 bildet die Grundlage für das im Zuge der ersten BAIT-Novelle **70** aus dem Jahr 2021 neu aufgenommene Modul »IT-Notfallmanagement«.[118] Danach sind die Ziele und Rahmenbedingungen des IT-Notfallmanagements auf Basis der Ziele des Notfallmanagements gemäß MaRisk zu definieren. Das Institut hat für zeitkritische Aktivitäten und Prozesse IT-Notfallpläne einzurichten, wobei zwischen Wiederanlauf-, Notbetriebs- und Wiederherstellungsplänen unterschieden wird. Die Wirksamkeit dieser IT-Notfallpläne ist jährlich auf der Basis eines IT-Testkonzeptes zu überprüfen. Bei der Umsetzung der Anforderungen an das Notfallmanagement sind die Vorgaben der BAIT zu berücksichtigen (→ AT 7.3).

---

117 Gesetz zur Stärkung der Finanzmarktintegrität (Finanzmarktintegritätsstärkungsgesetz – FISG) vom 3. Juni 2021 (BGBl. I S. 1534), veröffentlicht am 10. Juni 2021.
118 Vgl. Bundesanstalt für Finanzdienstleistungsaufsicht, Bankaufsichtliche Anforderungen an die IT (BAIT), Rundschreiben 10/2017 (BA) in der Fassung vom 16. August 2021, Modul 10.

2.7.4 Änderungen aufgrund der Aufsichtspraxis

71 Auch bei der sechsten MaRisk-Novelle hat die BaFin Anpassungen vorgenommen, die aus der laufenden Aufsichtspraxis resultieren. Darüber hinaus handelt es sich teilweise lediglich um Klarstellungen, die keine neuen Regelungsinhalte mit sich bringen, sondern die existierende Verwaltungspraxis widerspiegeln.[119]

72 Im Rahmen der Konsultation wurde zwischen den Aufsichtsbehörden und der Kreditwirtschaft die Änderung des Anwendungsbereiches für die erhöhten Anforderungen des AT 1 Tz. 6 kontrovers diskutiert. Seit der sechsten MaRisk-Novelle haben – statt wie bisher lediglich systemrelevante Institute – grundsätzlich alle bedeutenden Institute gemäß Art. 6 SSM-Verordnung die besonders anspruchsvollen Anforderungen an das Datenmanagement, die Datenqualität und die Aggregation von Risikodaten (→ AT 4.3.4), die Exklusivität der Risikocontrolling-Funktion (→ AT 4.4.1 Tz. 5) und die eigenständige Compliance-Funktion (→ AT 4.4.2 Tz. 5) sowie die monatliche Berichterstattung über die Liquiditätsrisiken und die Liquiditätssituation (→ BT 3.2 Tz. 5) zu erfüllen. Die deutsche Aufsicht begründet die Ausweitung des Anwendungsbereiches u. a. mit der Aufsichtspraxis der EZB, der durch die Anpassung Rechnung getragen wird.[120]

73 Bei der Risikotragfähigkeit werden insbesondere Änderungen vorgenommen, um die Konsistenz zwischen den Regelungen der MaRisk und dem RTF-Leitfaden herzustellen (→ AT 4.1). Darüber hinaus werden in einem neuen Modul umfangreiche Anforderungen an »Forbearance« formuliert (→ BTO 1.3.2). Forbearance umfasst jede Art von Zugeständnissen, die Kreditnehmern aufgrund sich abzeichnender oder bereits eingetretener finanzieller Schwierigkeiten gemacht werden. Die Institute müssen insbesondere über solide Forbearance-Prozesse verfügen sowie eine Forbearance-Richtlinie implementieren. Die Vorgaben zu Handelsgeschäften gelten nunmehr auch für Geschäfte in Kryptowerten (→ AT 2.3 Tz. 3 lit. g). Zudem können die Institute in Bezug auf das Bestätigungsverfahren weitere Erleichterungen in Anspruch nehmen (→ BTO 2.2.2 Tz. 2 und 3, Erläuterung), während die Möglichkeiten zum Verzicht auf die Kontrolle der Marktgerechtigkeit etwas eingeschränkt wurden (→ BTO 2.2.2 Tz. 5, Erläuterung). Die kurzfristige Einräumung von Emittentenlimiten ist grundsätzlich nur noch für Geschäfte des Handelsbuches möglich (→ BTR 1 Tz. 4, Erläuterung).

74 Die kapitalmarktorientierten Institute müssen in einem Stressszenario einen vollständigen Abzug der unbesicherten Refinanzierung innerhalb der ersten Woche nur noch bei den institutionellen Anlegern aus der Finanzbranche unterstellen, wobei operative Einlagen unter bestimmten Voraussetzungen davon ausgenommen werden können (→ BTR 3.2 Tz. 3 inkl. Erläuterung). Die Verfahren zur Beurteilung operationeller Risiken müssen die wesentlichen Ausprägungen operationeller Risiken erfassen. Bei deren Beurteilung sind historische Erkenntnisse (insbesondere Schadensfälle) und potenzielle Ereignisse zu berücksichtigen. Dabei sind auch Erkenntnisse zu aktuellen Schwachstellen, insbesondere aus der Internen Revision, dem Informationssicherheitsmanagement, der Compliance-Funktion, den Anpassungsprozessen sowie dem Notfall- und Auslagerungsmanagement, heranzuziehen (→ BTR 4 Tz. 4 inkl. Erläuterung). Die Interne Revision kann im Rahmen ihrer Revisionshandlungen auch auf Nachweise/ Zertifikate auf Basis gängiger Standards zurückgreifen, wobei sie sich bei wesentlichen Auslagerungen nicht allein hierauf stützen darf (→ BT 2.1 Tz. 3, Erläuterung).

---

119 Vgl. Bundesanstalt für Finanzdienstleistungsaufsicht, Rundschreiben 10/2021 (BA) zur Neufassung der MaRisk, Übermittlungsschreiben vom 16. August 2021, S. 9.

120 Vgl. Bundesanstalt für Finanzdienstleistungsaufsicht, Rundschreiben 10/2021 (BA) zur Neufassung der MaRisk, Übermittlungsschreiben vom 16. August 2021, S. 5.

2.7.5 Umsetzungsfristen

Die Aufsicht unterscheidet im Hinblick auf den Anwendungszeitpunkt der sechsten MaRisk-Novelle zwischen »neuen Anforderungen« für die Institute einerseits und »Präzisierungen« bereits bestehender Anforderungen andererseits. Die Institute haben die neuen Vorgaben grundsätzlich bis zum 1. Januar 2022 umzusetzen. Die Änderungen, die Präzisierungen und damit lediglich klarstellender Natur sind, müssen von den Instituten demgegenüber unmittelbar seit der Veröffentlichung am 16. August 2021 angewendet werden. Um den Instituten die Einordnung einer Anpassung als neue Anforderung oder Präzisierung zu erleichtern, hat die Aufsicht eine entsprechende Übersicht als Anlage zur sechsten MaRisk-Novelle beigefügt.[121] **75**

Für die Anpassung von bereits bestehenden oder in Verhandlung befindlichen Auslagerungs-verträgen wird eine verlängerte Umsetzungsfrist bis zum 31. Dezember 2022 eingeräumt. Eine Anpassung von Vertragsverhältnissen, die auf der Grundlage eines öffentlichen Vergabeverfahrens abgeschlossen wurden, kann wegen der besonderen rechtlichen Probleme hingegen unterbleiben, soweit diese Verträge befristet sind und innerhalb der nächsten fünf Jahre neu vergeben werden müssen. Bei Vergabeverfahren, die ab dem 1. Januar 2022 initiiert werden, sollen die neuen Anforderungen ausreichend berücksichtigt werden.[122] **76**

Infolge der Ausweitung des Anwendungsbereiches haben zukünftig bedeutende Institute gemäß Art. 6 SSM-Verordnung statt wie bisher nur systemrelevante Institute besonders anspruchsvolle Anforderungen zu erfüllen. Die BaFin stellt im Übermittlungsschreiben zur sechsten MaRisk-Novelle klar, dass hier die EZB als die für die bedeutenden Institute zuständige Aufsichtsbehörde – soweit dies nicht bereits erfolgt ist – entscheiden muss, ob im Einzelfall unter Berücksichtigung des Grundsatzes der Proportionalität erhöhte Anforderungen gelten und welche Übergangsfrist hierfür ggf. einzuräumen ist. Im Hinblick auf die Anwendung des AT 4.3.4 verweist die deutsche Aufsicht auf das Schreiben der EZB vom 14. Juni 2019 an die bedeutenden Institute, welches den betroffenen Instituten keine Umsetzungsfristen einräumte.[123] **77**

---

121 Vgl. Bundesanstalt für Finanzdienstleistungsaufsicht, Rundschreiben 10/2021 (BA) zur Neufassung der MaRisk vom 16. August 2021, Anlage zur Einordnung von Neuerungen und Präzisierungen. In einer weiteren Sitzung des Fach-gremiums MaRisk am 2. September 2021 hat die Deutsche Kreditwirtschaft bei einigen Anforderungen die in der Anlage getroffenen Einstufungen als Präzisierung hinterfragt. Im Ergebnis hat die Aufsicht später noch einige Anpassungen vorgenommen und die Übersicht aktualisiert.

122 Vgl. Bundesanstalt für Finanzdienstleistungsaufsicht, Rundschreiben 10/2021 (BA) zur Neufassung der MaRisk, Übermittlungsschreiben vom 16. August 2021, S. 10.

123 Vgl. Bundesanstalt für Finanzdienstleistungsaufsicht, Rundschreiben 10/2021 (BA) zur Neufassung der MaRisk, Übermittlungsschreiben vom 16. August 2021, S. 10.

3 Verlagerung der Bankenregulierung und der Bankenaufsicht nach Europa

78 Unter dem Eindruck der Finanzmarktkrise hatte die EU-Kommission im Jahr 2008 eine Expertengruppe unter dem Vorsitz des früheren französischen Zentralbankchefs Jacques de Larosière beauftragt, Vorschläge zu unterbreiten, wie die europäische Bankenregulierung sowie die bestehenden Aufsichtsstrukturen in der Europäischen Union verbessert werden könnten. Der De-Larosière-Bericht[124] wurde im Februar 2009 veröffentlicht. Die Expertengruppe kam in ihrem Bericht u.a. zu dem Ergebnis, dass Spielräume bei der nationalen Umsetzung bzw. zahlreiche Wahlrechte zu einem Mangel an Kohärenz und Geschlossenheit im europäischen Regulierungsrahmen geführt haben.[125] Darüber hinaus wurde eine stärkere Integration der europäischen Finanzaufsicht empfohlen, die neben der Überwachung der einzelnen Institute (mikroprudenzielle Aufsicht) auch eine makroprudenzielle Aufsicht umfassen soll, die mögliche Systemrisiken für die Finanzstabilität beleuchtet.[126]

79 Auf der Grundlage des De-Larosière-Berichtes hat die EU-Kommission ihre bis dahin verfolgte Strategie der Mindestharmonisierung im Bereich der Bankenregulierung geändert und setzt nunmehr auf ein Einheitliches Regelwerk (»Single Rule Book«). Der Europäische Rat hat darüber hinaus am 19. Juni 2009 die Errichtung des Europäischen Systems der Finanzaufsicht (ESFS) bestätigt, das am 1. Januar 2011 seine Arbeit aufgenommen hat. Dieses dezentrale, mehrstufige Netzwerk aus mikro- und makroprudenziellen Aufsichtsbehörden hat die Entwicklung einer gemeinsamen Aufsichtskultur und die Schaffung eines einheitlichen europäischen Finanzmarktes zum Ziel. Das ESFS umfasst die Aufsicht über Banken und Versicherungen sowie Wertpapierfirmen und Finanzmärkte. Auf europäischer Ebene wurden hierzu drei europäische Aufsichtsbehörden gegründet, u.a. die Europäische Bankenaufsichtsbehörde (»European Banking Authority«, EBA). Die EBA hat seitdem erheblich zur Vereinheitlichung der Bankenregulierung und einer gemeinsamen Aufsichtspraxis in den EU-Mitgliedstaaten beigetragen.

80 Darüber hinaus wurde in der Eurozone mit Wirkung zum 4. November 2014 die Bankenaufsicht auf den Einheitlichen Aufsichtsmechanismus (»Single Supervisory Mechanism«, SSM) übertragen. Der SSM besteht aus der Europäischen Zentralbank (EZB) und den nationalen Aufsichtsbehörden der teilnehmenden Mitgliedstaaten. Mit der Errichtung des SSM hat die EZB die direkte Aufsicht über die bedeutenden Institute gemäß Art. 6 SSM-Verordnung (»Significant Institutions«, SI) in der Eurozone übernommen. Die Aufsicht über die weniger bedeutenden Institute (»Less Significant Institutions«, LSI) verbleibt im Wesentlichen bei den nationalen Aufsichtsbehörden. Die weitgehende Übertragung der Aufsichtskompetenzen auf die EZB in der Eurozone ist eine wesentliche Voraussetzung dafür, dass der Europäische Stabilitätsmechanismus (»European Stability Mechanism«, ESM) mit Sitz in Luxemburg in Not geratene Institute direkt rekapitalisieren kann.

81 Der SSM ist die erste Säule der »Europäischen Bankenunion«, von der sich die EU-Kommission entscheidende Impulse zur Stabilisierung und Vertrauensbildung des Finanzsystems verspricht. Der Einheitliche Abwicklungsmechanismus (»Single Resolution Mechanism«, SRM) bildet die zweite Säule der Bankenunion. Der SRM besteht aus dem Ausschuss für die einheitliche Abwicklung (»Single Resolution Board«, SRB)[127] und den nationalen Abwicklungsbehörden der teilnehmenden

---

124 The High-Level Group on Financial Supervision in the EU, Chaired by Jacques de Larosière, Report (De-Larosière-Bericht), Brüssel, 25. Februar 2009.

125 Vgl. The High-Level Group on Financial Supervision in the EU, Chaired by Jacques de Larosière, Report (De-Larosière-Bericht), Brüssel, 25. Februar 2009, S. 27.

126 Vgl. The High-Level Group on Financial Supervision in the EU, Chaired by Jacques de Larosière, Report (De-Larosière-Bericht), Brüssel, 25. Februar 2009, S. 38.

127 Der SRB wird teilweise auch als »Einheitlicher Abwicklungsausschuss« oder »Einheitliches Abwicklungsgremium« bezeichnet.

Mitgliedstaaten. Der SRB mit Sitz in Brüssel hat im Jahr 2015 seine Arbeit aufgenommen. Damit wurde die grundlegende Philosophie des SSM auf das Krisenmanagement übertragen. Im November 2015 hat die EU-Kommission einen Legislativvorschlag für ein Europäisches Einlagensicherungssystem (»European Deposit Insurance Scheme«, EDIS) als dritte Säule der Bankenunion vorgelegt.[128] Die anschließenden Erörterungen im Europäischen Parlament und im Rat offenbarten allerdings unterschiedliche Standpunkte hinsichtlich der Ausgestaltung des Systems. Wann und in welcher Form die beiden bestehenden Säulen der Bankenunion durch ein Europäisches Einlagensicherungssystem als dritte Säule ergänzt werden, ist derzeit weiterhin Gegenstand politischer Diskussionen.[129]

I	II	III
Einheitlicher Aufsichtsmechanismus (SSM)	Einheitlicher Abwicklungsmechanismus (SRM)	Europäisches Einlagensicherungssystem (EDIS)
– Europäische Zentralbank (EZB) ist zuständige Aufsichtsbehörde für bedeutende Institute (Significant Institutions, SI) – Einbindung von BaFin und Bundesbank über gemeinsame Aufsichtsteams (Joint Supervisory Teams, JST)	– Ausschuss für die einheitliche Abwicklung (Single Resolution Board, SRB) ist zuständige Abwicklungsbehörde für bedeutende Institute (SI) – Einbindung von BaFin über gemeinsame Abwicklungsteams (Internal Resolution Teams, IRT)	– Europäisches Einlagensicherungssystem (European Deposit Insurance System, EDIS) – Nationale Einlagensicherungssysteme bleiben bestehen – Legislativvorschlag der EU-Kommission vom 24.11.2015
– BaFin und Bundesbank sind zuständige Aufsichtsbehörden für weniger bedeutende Institute (Less Significant Institutions, LSI) – EZB hat Aufsicht über das Gesamtsystem (Oversight) zur Wahrung einheitlicher europäischer Standards	– BaFin ist zuständige nationale Abwicklungsbehörde für weniger bedeutende Institute (LSI) – Einrichtung Einheitlicher Abwicklungsfonds (Single Resolution Fund, SRF)	– Einrichtung gemeinsamer Einlagensicherungsfonds (Deposit Insurance Fund, DIF)
wirksam seit 04.11.2014	wirksam seit 01.01.2016	geplant

Abb. 1: Übersicht Bankenunion

3.1   Einheitliches Regelwerk (»Single Rule Book«)

Bis zur Finanzmarktkrise verfolgte die EU-Kommission bei der europäischen Bankenregulierung den 82 Ansatz der Mindestharmonisierung. Sie beschränkte sich grundsätzlich auf die Vorgabe von aufsichtsrechtlichen Mindeststandards, die von den Mitgliedstaaten in nationales Recht umzusetzen waren. Die Einführung von Mindeststandards ermöglichte die gegenseitige Anerkennung der nationalen Aufsichtssysteme und damit eine europaweite Beaufsichtigung der Institute nach dem »Prinzip

---

128 Vgl. Europäische Kommission, Vorschlag für eine Verordnung des Europäischen Parlaments und des Rates zur Änderung der Verordnung (EU) Nr. 806/2014 im Hinblick auf die Schaffung eines europäischen Einlagenversicherungssystems vom 24. November 2015.

129 Vgl. Mausbach, Carmen, Europäische Bankenunion – Die Vollendung wurde erst einmal auf Eis gelegt, in: Die Bank, Heft 4/2020, S. 58 ff.

der Herkunftslandkontrolle«. Vor diesem Hintergrund wurden die maßgeblichen Vorschriften im europäischen Bankaufsichtsrecht (CRD, CRD II und CRD III) stets als Richtlinie erlassen. Europäische Richtlinien sind hinsichtlich des Zieles verbindlich, überlassen den Mitgliedstaaten jedoch die Wahl der Form und der Mittel für die nationale Umsetzung. Auch wenn diese Richtlinien zum großen Teil bereits sehr detaillierte Vorgaben enthielten (z.B. hinsichtlich Eigenkapital, Großkrediten und Risikogewichtung), ließ diese Vorgehensweise den EU-Mitgliedstaaten bzw. den nationalen Aufsichtsbehörden gewisse Handlungsspielräume bzw. Wahlrechte bei der Umsetzung der europäischen Vorgaben in nationales Recht und bei der Ausgestaltung der laufenden Bankenaufsicht.

83   Aufgrund der Erkenntnisse des De-Larosière-Berichtes hat die EU-Kommission ihre Strategie geändert und verfolgt bei der Bankenregulierung nunmehr ein Einheitliches Regelwerk (»Single Rule Book«). Damit hat die EU-Kommission einen Paradigmenwechsel in der Gesetzgebungstechnik der europäischen Bankenregulierung vollzogen. Ein europaweites »Single Rule Book« lässt sich am einfachsten durch den Erlass von EU-Verordnungen schaffen, da diese unmittelbar anzuwendendes europäisches Recht darstellen und – anders als EU-Richtlinien – keiner Umsetzung mehr in nationales Recht bedürfen. Vor diesem Hintergrund unterschied sich das am 26. Juni 2013 verabschiedete »CRD IV-Paket« in zwei wesentlichen Punkten von der zuvor erlassenen CRD bzw. den Änderungsrichtlinien CRD II und III. Zum einen war die CRD IV keine Änderungsrichtlinie, sondern hat die bisherigen Regelungen der Bankenrichtlinie und der Kapitaladäquanzrichtlinie ersetzt. Zum anderen bestand das »CRD IV-Paket«[130] aus zwei verschiedenen Arten von Gesetzestexten, der Bankenverordnung (Capital Requirements Regulation, CRR)[131] und der Bankenrichtlinie (Capital Requirements Directive, CRD IV).[132]

84   Der Großteil der infolge von Basel III verschärften bankaufsichtlichen Regelungen befindet sich nunmehr in der CRR, die als Verordnung in allen Mitgliedstaaten unmittelbar gilt. Eine Umsetzung in nationales Recht ist weder erforderlich noch möglich, so dass – über die in der CRR selbst eingeräumten Wahlrechte und Gestaltungsspielräume hinaus – keine nationalen Abweichungen mehr zulässig sind. In der CRR sind insbesondere die Anforderungen an das Eigenkapital, die Liquiditätsstandards, die Verschuldungsquote (Leverage Ratio), das Kontrahentenrisiko, die Großkredite sowie die Offenlegungsvorschriften geregelt. Die als Richtlinie erlassene CRD IV beinhaltet dagegen diejenigen Vorschriften, die sich an die nationalen Aufsichtsbehörden richten oder aufgrund der unterschiedlichen Struktur der Banken- bzw. der Rechts- und Verwaltungssysteme besser auf nationaler Ebene geregelt werden. Dazu gehören insbesondere die Anforderungen an die Zulassung von Instituten, die Kapitalpuffer, die Corporate Governance, die Vergütungsregelungen, die zur »zweiten Säule« zählenden Anforderungen sowie die bankaufsichtlichen Sanktionen. Durch das Zusammenwirken aus Verordnung (CRR) und Richtlinie (CRD IV) soll in der Bankenregulierung das von der EU-Kommission angestrebte Einheitliche Regelwerk geschaffen werden. Dies gilt umso mehr, als viele Wahlrechte und Ermessensspielräume nach und nach eingeschränkt oder sogar aufgehoben werden.

85   Die Umsetzung der CRD IV in Deutschland, d.h. die Überführung der Regelungen in das Kreditwesengesetz in Verbindung mit den nachgeordneten Verordnungen (SolvV, GroMiKV etc.) sowie in die MaRisk, erfolgte mit Hilfe des CRD IV-Umsetzungsgesetzes. Die Änderungen sind zeitgleich mit der CRR am 1. Januar 2014 in Kraft getreten, wobei für einige Vorgaben

---

130 Im Kommentar wird durchgängig der Begriff »CRD IV-Paket« als Oberbegriff für die Bankenverordnung (CRR) und die Bankenrichtlinie (CRD IV) verwendet. In der Praxis dient der Begriff »CRD IV« dagegen uneinheitlich einerseits als Oberbegriff für beide Regelwerke und andererseits nur als Abkürzung für die Bankenrichtlinie. Ähnlich verhält es sich mit der Bezeichnung »CRD«, die sowohl für die damalige Bankenrichtlinie (CRD) als auch für Bankenrichtlinie und Kapitaladäquanzrichtlinie (CAD) gemeinsam genutzt wurde. In einigen Veröffentlichungen werden Bankenrichtlinie und -verordnung auch als Kapitaladäquanzrichtlinie und -verordnung bezeichnet.

131 Verordnung (EU) Nr. 575/2013 (Bankenverordnung – CRR) des Europäischen Parlaments und des Rates vom 26. Juni 2013 über Aufsichtsanforderungen an Kreditinstitute und Wertpapierfirmen und zur Änderung der Verordnung (EU) Nr. 646/2012, Amtsblatt der Europäischen Union vom 27. Juni 2013, L 176/1–337.

132 Richtlinie 2013/36/EU (Bankenrichtlinie – CRD IV) des Europäischen Parlaments und des Rates vom 26. Juni 2013 über den Zugang zur Tätigkeit von Kreditinstituten und die Beaufsichtigung von Kreditinstituten und Wertpapierfirmen, zur Änderung der Richtlinie 2002/87/EG und zur Aufhebung der Richtlinien 2006/48/EG und 2006/49/EG, Amtsblatt der Europäischen Union vom 27. Juni 2013, L 176/338–436.

Umsetzungsfristen bzw. ein schrittweises Wirksamwerden über mehrere Jahre (»Phase-in-Periode«) vorgesehen waren. Im Rahmen des CRD IV-Umsetzungsgesetzes wurde darüber hinaus das deutsche Bankaufsichtsrecht um jene Regelungen »bereinigt«, die nunmehr in der CRR geregelt sind und damit unmittelbar gelten.

Das von der EU-Kommission im Juni 2019 endgültig vorgelegte »Bankenpaket«[133] soll den **86** Regulierungsrahmen für die Finanzmärkte weiter vervollständigen, der als Konsequenz aus der Finanzmarktkrise in den vergangenen Jahren geschaffen wurde. Mit dem Reformpaket werden zahlreiche vom Baseler Ausschuss für Bankenaufsicht (BCBS) und vom Finanzstabilitätsrat (FSB) zur Stärkung der Widerstandsfähigkeit der europäischen Institute entwickelte Elemente auf europäischer Ebene durch Anpassungen der Bankenverordnung (Capital Requirements Regulation, CRR II)[134] und der Bankenrichtlinie (Capital Requirements Directive, CRD V)[135] umgesetzt.[136]

Die geänderte CRR enthält risikosensitivere Kapitalanforderungen, insbesondere im Hinblick auf **87** das Marktpreisrisiko, die Einführung einer verbindlichen Verschuldungsquote (»Leverage Ratio«, LR) und die verbindliche strukturelle Liquiditätsquote (»Net Stable Funding Ratio«, NSFR). Die NSFR ergänzt die seit dem Jahr 2015 bestehende Liquiditätsdeckungsquote (»Liquidity Coverage Ratio«, LCR), die auf die Sicherstellung der kurzfristigen Zahlungsfähigkeit eines Institutes ausgerichtet ist, um die Anforderung eines auf längere Frist stabilen Verhältnisses der Fristenstrukturen von Aktiv- und Passivgeschäften sicherzustellen. Die Summe der verfügbaren stabilen Refinanzierung (Passiva) muss mindestens der Summe der erforderlichen stabilen Refinanzierung (Aktiva) entsprechen.[137] Die nicht-risikobasierte Leverage Ratio setzt das aufsichtliche Kernkapital eines Institutes (Zähler) in Beziehung zu seiner Gesamtrisikopositionsmessgröße (Nenner), die grundsätzlich alle bilanziellen und außerbilanziellen Positionen erfasst. Die Institute müssen eine Leverage Ratio von mindestens 3 Prozent verbindlich einhalten (»LR-Mindestanforderung«).[138] Im Zuge der Änderung der CRR wurde darüber hinaus der Anwendungsbereich des bereits bestehenden Unterstützungsfaktors für die Vergabe von Krediten an kleine und mittlere Unternehmen (KMU) ausgeweitet und ein neuer Unterstützungsfaktor für bestimmte Infrastrukturfinanzierungen eingeführt. Für Großkredite kann zukünftig als Kapitalbasis nur noch Kernkapital angesetzt werden. Somit liegt ein Großkredit vor, wenn eine Risikoposition gegenüber einem Kunden oder einer Gruppe verbundener Kunden 10 Prozent oder mehr des Kernkapitals beträgt.[139] Wenn bestimmte Voraussetzungen erfüllt sind, führt das Vorliegen eines Ergebnisabführungsvertrages nicht mehr dazu, dass bei dem beherrsch-

---

133 Das »Bankenpaket« aus dem Jahr 2019 beinhaltet Änderungen der Capital Requirements Regulation (CRR II), der Capital Requirements Directive (CRD V), der Bank Recovery and Resolution Directive (BRRD II) und der Single Resolution Mechanism Regulation (SRMR II). Zum Teil wird statt der Formulierung »Bankenpaket« auch der Begriff »Risikoreduzierungspaket« verwendet.

134 Verordnung (EU) 2019/876 (Bankenverordnung – CRR II) des Europäischen Parlaments und des Rates vom 20. Mai 2019 zur Änderung der Verordnung (EU) Nr. 575/2013 in Bezug auf die Verschuldungsquote, die strukturelle Liquiditätsquote, Anforderungen an Eigenmittel und berücksichtigungsfähige Verbindlichkeiten, das Gegenparteiausfallrisiko, das Marktrisiko, Risikopositionen gegenüber zentralen Gegenparteien, Risikopositionen gegenüber Organismen für gemeinsame Anlagen, Großkredite, Melde- und Offenlegungspflichten und der Verordnung (EU) Nr. 648/2012, Amtsblatt der Europäischen Union vom 7. Juni 2019, L 150/1–225.

135 Richtlinie (EU) 2019/878 des Europäischen Parlaments und des Rates vom 20. Mai 2019 zur Änderung der Richtlinie 2013/36/EU im Hinblick auf von der Anwendung ausgenommene Unternehmen, Finanzholdinggesellschaften, gemischte Finanzholdinggesellschaften, Vergütung, Aufsichtsmaßnahmen und -befugnisse und Kapitalerhaltungsmaßnahmen, Amtsblatt der Europäischen Union vom 7. Juni 2019, L 150/253–295.

136 Hinsichtlich der Änderungen der CRR II und CRD im Einzelnen vgl. Deutsche Bundesbank, Das europäische Bankenpaket – Die Überarbeitung der EU-Bankenregulierung, in: Monatsbericht, Juni 2019, S. 31 ff.

137 Der Net Stable Funding Ratio (NSFR) liegt grundsätzlich ein Zeithorizont von einem Jahr zugrunde, d. h. Passiva mit längeren Restlaufzeiten gelten als verfügbare stabile Refinanzierung bzw. Aktiva mit längerer Liquiditätsbindung als erforderliche stabile Refinanzierung. Die Institute müssen die bisher in der CRR als reine Meldeverpflichtung umgesetzte NSFR seit dem 28. Juni 2021 als verbindliche Anforderung einhalten.

138 Bis zum 28. Juni 2021 mussten die Institute die ermittelte Leverage Ratio lediglich an die Aufsichtsbehörden melden und offenlegen.

139 Bisher lag ein Großkredit vor, wenn der Wert einer Risikoposition eines Institutes an einem Kunden oder einer Gruppe verbundener Kunden (GvK) insgesamt 10 Prozent der anrechenbaren Eigenmittel des Institutes erreicht oder überschreitet. Zukünftig ist das Kernkapital auch die maßgebliche Kapitalbasis für die Großkreditobergrenze in Höhe von 25 Prozent. Für Risikopositionen zwischen global systemrelevanten Instituten wird die Großkreditobergrenze zudem auf 15 Prozent abgesenkt.

ten Tochterunternehmen hartes Kernkapital aberkannt wird. Durch die Aufnahme einer Definition für »kleine, nicht komplexe Institute« in die CRR, die an einer Bilanzsumme von maximal 5 Milliarden Euro sowie einer Reihe qualitativer Kriterien anknüpft, wurde der Grundsatz der Proportionalität im Regelwerk für Banken weiterentwickelt (→ AT 1 Tz. 3). Die Anforderungen der geänderten CRR waren von den Instituten im Wesentlichen zwei Jahre nach Inkrafttreten, d.h. ab dem 28. Juni 2021 unmittelbar anzuwenden.

88 Im Zuge der Änderung der CRD V wurden die rechtlich selbständigen deutschen Förderbanken aus dem Anwendungsbereich der CRR und der CRD IV herausgenommen.[140] Sie sind somit keine CRR-Institute mehr und fallen auch nicht mehr in den Anwendungsbereich der SSM-Verordnung und der SRM-Verordnung (→ AT 1 Tz. 6). Die bis zum Inkrafttreten der CRD V von der EZB direkt beaufsichtigten Institute NRW.BANK, Landwirtschaftliche Rentenbank und L-Bank fallen seit dem 27. Juni 2019 somit wieder in den Zuständigkeitsbereich von BaFin und Deutscher Bundesbank. Zudem sind die aus der CRR und der CRD IV ausgenommenen Förderbanken mangels Eigenschaft als CRR-Institut nicht mehr zur Erstellung von Sanierungs- und Abwicklungsplänen verpflichtet und scheiden auch aus dem Anwendungsbereich des Einlagensicherungsgesetzes aus.

89 Die CRD V ergänzt auf der Grundlage der in den EBA-Leitlinien zum SREP entwickelten Grundsätze die bereits in der CRD IV näher spezifizierte Regelung zur Festsetzung der »zusätzlichen Eigenmittelanforderung der Säule 2« (»Pillar 2 Requirement«, P2R) und regelt die Anforderungen an die Qualität der Kapitalunterlegung neu.[141] Darüber hinaus schafft sie eine europäische Rechtsgrundlage für die »Eigenmittelempfehlung der Säule 2« (»Pillar 2 Guidance«, P2G).[142] Ein weiterer Schwerpunkt sind Änderungen in Bezug auf die makroprudenziellen Instrumente, die nunmehr klar von den mikroprudenziellen Instrumenten abgegrenzt werden. Zudem überträgt die CRD V das für die risikobasierten Kapitalanforderungen entwickelte Säule-2-Konzept der P2R und P2G auf den Regelungsbereich der nicht-risikobasierten Leverage Ratio bzw. des damit verbundenen Risikos einer übermäßigen Verschuldung (→ AT 1 Tz. 2). Mit der CRD V rücken schließlich (gemischte) Finanzholding-Gesellschaften deutlich stärker in den aufsichtlichen Fokus. Sie benötigen nunmehr grundsätzlich eine Zulassung und unterliegen direkt der Bankenaufsicht. Zudem sind die (gemischten) Finanzholding-Gesellschaften – und nicht wie bisher das als übergeordnetes Unternehmen fingierte gruppenangehörige Institut – für die Erfüllung der bankaufsichtlichen Anforderungen auf Gruppenebene verantwortlich (→ AT 4.5 Tz. 1). Da es sich bei der CRD V um eine Änderungsrichtlinie handelt, hat die (geänderte) CRD IV weiterhin Bestand.

90 Die CRD V wurde im Zuge des Risikoreduzierungsgesetzes (RiG)[143] in nationales Recht überführt und ist im Wesentlichen am 29. Dezember 2020 in Kraft getreten.[144] Gleichzeitig wurden mit dem RiG die im Bankenpaket enthaltenen Regelungen der Bank Recovery and Resolution Directive (BRRD II) in deutsches Recht überführt, die zu entsprechenden Änderungen des Gesetzes zur

---

140 Für die aus dem Anwendungsbereich der CRR und CRD IV herausgenommenen Förderinstitute gelten jedoch gemäß § 1a KWG weiterhin die Regelungen der CRR.

141 Die deutschen Aufsichtsbehörden verwenden für die »Pillar 2 Requirement« (P2R), die in Art. 104a CRD IV und in § 6c KWG als »zusätzliche Eigenmittelanforderung« (»Additional own funds requirement«) bezeichnet wird, auch den Begriff »SREP-Kapitalzuschlag«.

142 Die deutschen Aufsichtsbehörden verwenden für die »Pillar 2 Guidance« (P2G), die in Art. 104b CRD IV und in § 6d KWG als »Empfehlung für zusätzliche Eigenmittel« (»Guidance on additional own funds«) bzw. »Eigenmittelempfehlung« bezeichnet wird, auch den Begriff »Eigenmittelzielkennziffer« (EMZK).

143 Das Risikoreduzierungsgesetz ist ein Artikelgesetz und sah Änderungen folgender Gesetze vor: Kreditwesengesetz, Sanierungs- und Abwicklungsgesetz, Restrukturierungsfondsgesetz, Wertpapierhandelsgesetz, Kapitalanlagegesetzbuch, Finanzdienstleistungsaufsichtsgesetz, Zahlungsdiensteaufsichtsgesetz, Versicherungsaufsichtsgesetz, Gesetz zur Reorganisation von Kreditinstituten, Stabilisierungsfondsgesetz, Zahlungskontengesetz, Anlegerentschädigungsgesetz und Einlagensicherungsgesetz. Vgl. Gesetz zur Umsetzung der Richtlinien (EU) 2019/878 und (EU) 2019/879 zur Reduzierung von Risiken und zur Stärkung der Proportionalität im Bankensektor (Risikoreduzierungsgesetz – RiG) vom 9. Dezember 2020 (BGBl. I S. 2773), veröffentlicht am 14. Dezember 2020.

144 Einen Überblick über die Anpassungen im Rahmen des RiG gibt die Deutsche Bundesbank, Risikoreduzierungsgesetz – Die nationale Umsetzung des europäischen Bankenpaketes, in: Monatsbericht, Dezember 2020, S. 51–67.

Sanierung und Abwicklung von Instituten und Finanzgruppen (SAG) geführt haben.[145] Weiter waren Anpassungen bei zahlreichen Rechtsverordnungen erforderlich, u. a. der Großkredit- und Millionenkreditverordnung (GroMiKV), der Solvabilitätsverordnung (SolvV) und der Instituts-vergütungsverordnung (InstitutsVergV).

3.2 Europäisches System der Finanzaufsicht (ESFS)

Das Europäische System der Finanzaufsicht (»European System of Financial Supervision«, ESFS) hat zum 1. Januar 2011 seine Arbeit aufgenommen. Beim ESFS handelt es sich um ein Aufsichtsnetz-werk, das aus den nationalen Aufsichtsbehörden der 27 EU-Mitgliedstaaten, den drei europäischen Aufsichtsbehörden (»European Supervisory Authorities«, ESAs), dem gemeinsamen Ausschuss der ESAs (»Joint Committee«) und dem Europäischen Ausschuss für Systemrisiken (»European Systemic Risk Board«, ESRB) besteht. **91**

Die drei europäischen Aufsichtsbehörden sind die Europäische Bankenaufsichtsbehörde (»Eu-ropean Banking Authority«, EBA), die Europäische Aufsichtsbehörde für das Versicherungswesen und die betriebliche Altersvorsorge (»European Insurance and Occupational Pensions Authority«, EIOPA) und die Europäische Wertpapier- und Marktaufsichtsbehörde (»European Securities and Markets Authority«, ESMA). Die EU-Aufsichtsbehörden für Banken, Wertpapierfirmen und Ver-sicherungen sollen gemeinsam mit den nationalen Aufsichtsbehörden die Qualität und Kohärenz der mikroprudenziellen Finanzaufsicht in der EU verbessern. Die Zuständigkeit für die laufende Beaufsichtigung der bedeutenden Institute gemäß Art. 6 SSM-Verordnung (»Significant Instituti-ons«, SI) liegt allerdings seit dem 4. November 2014 bei der Europäischen Zentralbank (EZB) bzw. für die weniger bedeutenden Institute (»Less Significant Institutions«, LSI) mittels Delegation dieser Aufgabe weiterhin bei den nationalen Behörden, in Deutschland bei der BaFin und der Deutschen Bundesbank. Das Joint Committee bietet ein Forum für eine regelmäßige und enge Zusammenarbeit der drei europäischen Behörden. **92**

Der bei der Europäischen Zentralbank (EZB) in Frankfurt angesiedelte ESRB ist als europäisches Kooperationsgremium für die makroprudenzielle Aufsicht zuständig, d. h. die Aufsicht über die Stabilität des gesamten Finanzsystems.[146] Die Hauptaufgabe des ESRB ist es, einen Beitrag zur Abwendung oder Eindämmung von Systemrisiken für die Finanzstabilität in der EU zu leisten, die aus Entwicklungen innerhalb des Finanzsystems erwachsen. Stellt der ESRB signifikante Risiken für die Finanzstabilität fest, kann er Warnungen und Empfehlungen aussprechen. Adressat dieser Warnungen und Empfehlungen können die EU-Kommission, die EU-Mitgliedstaaten, die drei europäischen Aufsichtsbehörden sowie die nationalen Aufsichtsbehörden sein.[147] Die Ratschläge des ESRB sind rechtlich nicht verbindlich. Die Adressaten der Warnungen und Empfehlungen haben dem ESRB jedoch mitzuteilen, welche Maßnahmen sie zur Umsetzung der Ratschläge ergreifen bzw. wie sie ein eventuelles Nichthandeln rechtfertigen (»Comply or Explain«).[148] **93**

---

145 Die sich aus den Vorgaben der Bank Recovery and Resolution Directive (BRRD II) ergebenden Anforderungen des Risikoreduzierungsgesetzes sind von den Instituten seit dem 28. Dezember 2020 anzuwenden.

146 Der ESRB, der keine eigene Rechtspersönlichkeit besitzt, wird durch den jeweils amtierenden EZB-Präsidenten geführt. Das wichtigste Beschlussorgan des ESRB ist der Verwaltungsrat, dem als stimmberechtigte Mitglieder der EZB-Präsident, der EZB-Vizepräsident, die Präsidenten der nationalen Zentralbanken, ein Mitglied der EU-Kommission sowie die Vorsitzenden der drei europäischen Aufsichtsbehörden EBA, ESMA und EIOPA angehören. Die nationalen Aufsichts-behörden sind nicht stimmberechtigte Mitglieder im Verwaltungsrat. Vgl. Osman, Yasmin, Basiswissen Bankenaufsicht, Stuttgart, 2018, S. 47 f.

147 Vgl. Osman, Yasmin, Basiswissen Bankenaufsicht, Stuttgart, 2018, S. 46 f.

148 Vgl. Brixner, Joachim/Schaber, Mathias, Bankenaufsicht, Stuttgart, 2016, S. 6.

94   Als Pendant zum ESRB wurde in Deutschland im Frühjahr 2013 der Ausschuss für Finanzstabilität (AFS) als zentrales Gremium zur makroprudenziellen Überwachung des deutschen Finanzsystems gegründet.[149] Der AFS berät nicht nur über den Umgang mit Warnungen und Empfehlungen des Europäischen Ausschusses für Systemrisiken (ESRB), sondern kann auch selbst Warnungen oder Empfehlungen abgeben, wenn er auf Basis der Analysen der Deutschen Bundesbank ungünstige Entwicklungen bzw. Risiken für die Stabilität des Finanzsystems befürchtet. Daneben tauschen sich die BaFin und die Deutsche Bundesbank im »Gremium laufende Aufsicht« (GlA) über die Risikosituation im Bankensektor aus und legen auf dieser Basis die Aufsichtsstrategie und die operative Aufsichtsplanung fest bzw. passen diese bei Bedarf unterjährig an. Dabei werden die beobachteten Risiken aus der mikroprudenziellen Aufsicht in geeigneter Weise aggregiert. Schließlich hat die BaFin noch einen »Strategie- und Risikoausschuss« (SRA) als Allfinanzgremium eingerichtet, um Themen zu behandeln, die eine übergreifende Relevanz besitzen. Zu den Aufgabengebieten des SRA gehören die Steuerung von Strategie- und Risikothemen sowie die regelmäßige Erstellung von Risikoberichten und Themenlandkarten. Die Deutsche Bundesbank ist in diesem Gremium beratend beteiligt.

3.3   Europäische Bankenaufsichtsbehörde (EBA)

95   Am 1. Januar 2011 hat die Europäische Bankenaufsichtsbehörde (EBA) mit Sitz in London ihre Arbeit aufgenommen. Aufgrund des EU-Austrittes von Großbritannien hat die EBA ihren Standort inzwischen von London nach Paris verlegt.[150] Die EBA hat einen Doppelstatus: Sie ist eine europäische Behörde mit eigener Rechtspersönlichkeit und gleichzeitig ein Kooperationsgremium für die nationalen Aufsichtsbehörden. Die EBA ist im Wege der Rechtsnachfolge aus dem Committee of European Banking Supervisors (CEBS) hervorgegangen und hat dessen Aufgaben übernommen. Die EBA soll gemeinsam mit der Europäischen Zentralbank (EZB) und den nationalen Aufsichtsbehörden die Qualität und Kohärenz der Bankenaufsicht in der Europäischen Union und die Beaufsichtigung grenzüberschreitend tätiger Institute verbessern. Auch wenn es die Bezeichnung nahelegt, handelt es sich bei der EBA somit grundsätzlich nicht um eine »Aufsichtsbehörde« mit direkten Eingriffsbefugnissen gegenüber Instituten.

---

149 Zu den Aufgaben des AFS gehören gemäß § 2 FinStabG insbesondere die Erörterung der für die Finanzstabilität maßgeblichen Sachverhalte, die Stärkung der Zusammenarbeit der im Ausschuss vertretenen Institutionen im Fall einer Finanzkrise, die Beratung über den Umgang mit Warnungen und Empfehlungen des Europäischen Ausschusses für Systemrisiken (ESRB) sowie die Abgabe von Warnungen und Empfehlungen unter Berücksichtigung der Vorgaben in § 3 Abs. 1, 2 und 6 FinStabG. Nach § 2 Abs. 3 FinStabG besteht der AFS aus drei Vertretern des Bundesministeriums der Finanzen (BMF), von denen eine Person als Vorsitzender und eine als stellvertretender Vorsitzender des Ausschusses entsandt wird, drei Vertretern der Deutschen Bundesbank und drei Vertretern der BaFin. Das für den Geschäftsbereich Abwicklung zuständige Mitglied des Direktoriums der BaFin gehört dem Ausschuss als beratendes Mitglied ohne Stimmrecht an. Vgl. Gesetz zur Überwachung der Finanzstabilität (Finanzstabilitätsgesetz – FinStabG) vom 28. November 2012 (BGBl. I S. 2369), das zuletzt durch Artikel 4 Absatz 9 des Gesetzes vom 10. Juli 2020 (BGBl. I S. 1633) geändert worden ist. Der AFS berichtet mindestens jährlich über die Lage und Entwicklung der Finanzstabilität und über seine Tätigkeit an den Deutschen Bundestag. Vgl. z. B. Ausschuss für Finanzstabilität, Achter Bericht an den Deutschen Bundestag zur Finanzstabilität in Deutschland, 1. Juni 2021. Der AFS tagt einmal pro Quartal, wobei bei Bedarf zusätzliche Sitzungen einberufen werden können. Die Überwachung der Stabilität des deutschen Finanzmarktes erfolgt arbeitsteilig durch den AFS und die Deutsche Bundesbank. Die Bundesbank hat nach dem FinStabG insbesondere den Auftrag, laufend die für die Finanzstabilität maßgeblichen Sachverhalte zu analysieren, Gefahren zu identifizieren und ggf. dem AFS Vorschläge für entsprechende Warnungen zu unterbreiten. Zudem soll sie Maßnahmen zur Abwehr dieser Gefahren empfehlen. Der AFS kann mit dem ESRB und jenen Behörden, die in den anderen Mitgliedstaaten der EU für die Wahrung der Finanzstabilität zuständig sind, Informationen austauschen. Er informiert zudem den ESRB über seine Warnungen und Empfehlungen. Sind wesentliche grenzüberschreitende Wirkungen zu erwarten, so muss er dies tun, bevor er eine Warnung oder Empfehlung ausspricht. Vgl. O. V., Ausschuss für Finanzstabilität: Neues Gremium für die makroprudenzielle Überwachung des deutschen Finanzsystems, in: BaFinJournal, Ausgabe April 2013, S. 14 ff. Weitere Informationen zum AFS sind auf der Internetseite des AFS zu finden. Vgl. https://www.afs-bund.de.

150 Die EU-Ratsminister haben am 20. November 2017 entschieden, dass die EBA aufgrund des geplanten EU-Austrittes von Großbritannien ihren Standort von London nach Paris verlegen wird. Vgl. Verordnung (EU) 2018/1717 des Europäischen Parlaments und des Rates vom 14. November 2018 zur Änderung der Verordnung (EU) Nr. 1093/2010 in Bezug auf den Sitz der Europäischen Bankenaufsichtsbehörde, Amtsblatt der Europäischen Union vom 16. November 2018, L 291/1–2. Der bisherige Sitz wurde am 30. Mai 2019 in London geschlossen und der neue Sitz am 3. Juni 2019 in Paris eröffnet.

Die EBA wird von einem Vorsitzenden geführt, der den Rat der Aufseher (»Board of Supervisors«, BoS)   **96**
und den Verwaltungsrat (»Management Board«) leitet und für einen Zeitraum von fünf Jahren ernannt
wird. Der Exekutivdirektor, dessen Amtszeit ebenfalls fünf Jahre beträgt, leitet das Tagesgeschäft der
EBA. Der Rat der Aufseher ist das Leitungsorgan der EBA, das die fachlichen Entscheidungen trifft. Er
setzt sich aus den 27 Aufsichtsbehörden der EU-Mitgliedstaaten zusammen, die jeweils stimmberechtigte Mitglieder sind. Darüber hinaus sind im Rat der Aufseher der EBA-Vorsitzende sowie jeweils ein
Vertreter der EU-Kommission, der EZB, des ESRB, der ESMA und der EIOPA vertreten. Der Rat der
Aufseher ernennt den EBA-Vorsitzenden und den Exekutivdirektor, fasst Beschlüsse, gibt Stellungnahmen und Empfehlungen ab, gibt Leitlinien vor, bestimmt das Arbeitsprogramm und beschließt die
Geschäftsordnung.[151] Der Verwaltungsrat der EBA hat eine eher vorbereitende Funktion. Er erörtert mit
dem Rat der Aufseher das Jahresarbeitsprogramm und hat Haushalts- und Personalbefugnisse.[152]

Die EU-Kommission hat im September 2017 einen Vorschlag zu einer Reform des Regelungs-   **97**
rahmens der Europäischen Aufsichtsbehörden (»ESA-Review«) vorgelegt, der auch die EBA betraf.[153]
Nach diesem Entwurf sollten der EBA zahlreiche zusätzliche Aufgaben und Befugnisse übertragen
sowie ihre Finanzierung geändert werden. Sie sollte zukünftig u. a. EU-weit gültige aufsichtsrechtliche Ziele (»Strategic Supervisory Plans«) festlegen, an denen die EZB und die nationalen Aufsichtsbehörden gemessen werden. Darüber hinaus sollte die EBA durch die Schaffung eines Exekutiv-
gremiums (»Executive Board«), das sich aus Vertretern der EBA zusammensetzt, von den Aufsichtsbehörden unabhängiger werden. Die BaFin hatte sich im Rahmen der Konsultation unter Berufung
auf das Subsidiaritätsprinzip zu diesem Entwurf kritisch geäußert. Sie machte geltend, dass das
Europäische System der Finanzaufsicht (ESFS) bewusst als Netz aus nationalen und europäischen
Aufsichtsbehörden errichtet wurde und sich auch bewährt hat. Vor diesem Hintergrund sprach sie
sich gegen eine »Aufsicht über die Aufsicht« aus.[154] Im September 2018 hat die EU-Kommission ihren
Vorschlag um Maßnahmen gegen Geldwäsche und Terrorismusfinanzierung ergänzt.[155]

Der Gesetzgebungsvorschlag der EU-Kommission zum ESA-Review konnte sich allerdings in weiten   **98**
Teilen nicht durchsetzen. Nach der am 21. März 2019 zwischen dem Europäischen Parlament und
dem Rat erzielten Einigung bleibt die Organisationsstruktur der Entscheidungsgremien der ESAs
grundsätzlich erhalten, insbesondere wird das von der EU-Kommission vorgeschlagene Exekutiv-
gremium nicht eingeführt.[156] Die Vorsitzenden der ESAs werden jedoch insoweit gestärkt, als sie ein
Stimmrecht im Rat der Aufseher erhalten. Dieses Recht haben sie jedoch nicht bei Abstimmungen über
technische Standards und Leitlinien.[157] Auch die im Entwurf enthaltenen strategischen Aufsichtspläne
wird es nicht geben. Stattdessen soll die Aufsichtskonvergenz dadurch gefördert werden, dass die
ESAs und die nationalen Aufsichtsbehörden alle drei Jahre zwei EU-weite Prioritäten veröffentlichen,
die dann in die nationalen Aufsichtsprogramme aufzunehmen sind. Überprüfungen durch nationale

---

151 Vgl. Osman, Yasmin, Basiswissen Bankenaufsicht, Stuttgart, 2018, S. 27 f.

152 Der Verwaltungsrat besteht aus dem Vorsitzenden, den die stimmberechtigten Mitglieder des EBA-Rates aus ihren Reihen
   heraus bestimmen, sowie sechs weiteren Mitgliedern. Zu den Organen der EBA vgl. Osman, Yasmin, Basiswissen
   Bankenaufsicht, Stuttgart, 2018, S. 28; Lehmann, Matthias/Manger-Nestler, Cornelia, Das neue europäische Finanzaufsichtssystem, Zeitschrift für Bankrecht und Bankwirtschaft (ZBB), Heft 1/2011, S. 7 f.

153 Europäische Kommission, Vorschlag für eine Verordnung des Europäischen Parlaments und des Rates zur Änderung der
   Verordnung (EU) Nr. 1093/2010 zur Errichtung einer Europäischen Aufsichtsbehörde (Europäische Bankenaufsichtsbehörde), der Verordnung (EU) Nr. 1094 zur Errichtung einer Europäischen Aufsichtsbehörde (Europäische Aufsichts-
   behörde für das Versicherungswesen und die betriebliche Altersversorgung), der Verordnung (EU) Nr. 1095/2010 zur
   Errichtung einer Europäischen Aufsichtsbehörde (Europäische Wertpapier- und Marktaufsichtsbehörde), der Verord-
   nung (EU) Nr. 345/2013 über Europäische Risikokapitalfonds, der Verordnung (EU) Nr. 346/2013 über europäische
   Fonds für soziales Unternehmertum, der Verordnung (EU) Nr. 600/2014 über Märkte für Finanzinstrumente, der
   Verordnung (EU) 2015/760 über europäische langfristige Investmentfonds, der Verordnung (EU) 2016/1011 über Indizes,
   die bei Finanzinstrumenten und Finanzkontrakten als Referenzwert oder zur Messung der Wertentwicklung eines
   Investmentfonds verwendet werden, und der Verordnung (EU) 2017/1129 über den Prospekt, der beim öffentlichen
   Angebot von Wertpapieren oder bei deren Zulassung zum Handel auf einem geregelten Markt zu veröffentlichen ist, vom
   20. September 2017.

154 Vgl. Bundesanstalt für Finanzdienstleistungsaufsicht, Jahresbericht 2017, 3. Mai 2018, S. 59.

155 Vgl. Dietrich, David/Blunk, Julia, Kompromiss zu ESA-Review, in: BaFinJournal, Ausgabe Mai 2019, S. 39.

156 Vgl. Dietrich, David/Blunk, Julia, Kompromiss zu ESA-Review, in: BaFinJournal, Ausgabe Mai 2019, S. 39.

157 Vgl. Bundesanstalt für Finanzdienstleistungsaufsicht, Jahresbericht 2019, 12. Mai 2020, S. 27.

Aufsichtsbehörden folgen weiterhin dem Kollegialprinzip der Peer-Reviews, wobei das Personal der ESAs hierbei eine wichtige Rolle spielen soll, etwa durch die Leitung der Prüfteams. Die ESAs werden weiterhin nur in begrenztem Umfang direkte Auskunftsbefugnisse gegenüber den Marktteilnehmern haben, die von den nationalen Behörden beaufsichtigt werden.[158] Unverändert bleibt auch das Finanzierungsmodell der ESAs, wonach 40 Prozent der Kosten über den EU-Haushalt und 60 Prozent über die nationalen Aufsichtsbehörden getragen werden.[159] Neue Befugnisse erhalten die ESAs in den Bereichen des Verbraucher- und Anlegerschutzes sowie die EBA insbesondere im Bereich Geldwäscheprävention und Terrorismusfinanzierung.[160]

99 Das von der EU-Kommission angestrebte Einheitliche Regelwerk (»Single Rule Book«) wird nur dann zu gleichen bankaufsichtlichen Anforderungen für die Institute führen, wenn die Regelungen auch europaweit einheitlich implementiert und ausgelegt werden. CRR und CRD IV enthalten daher an zahlreichen Stellen den Auftrag an die EBA, Entwürfe für verbindliche technische Regulierungs- und Durchführungsstandards zu entwickeln (»Binding Technical Standards«, BTS), die anschließend von der EU-Kommission als Verordnungen oder Beschlüsse angenommen werden.[161] Mit Annahme durch die EU-Kommission werden die technischen Standards für alle Institute innerhalb des Europäischen Wirtschaftsraumes zu unmittelbar geltendem Recht, eine Umsetzung in nationales Recht ist weder erforderlich noch möglich.

100 Darüber hinaus kann die EBA – wie vormals CEBS – Leitlinien und Empfehlungen zur Vereinheitlichung der Aufsichtspraxis erlassen. Diese richten sich regelmäßig an die EZB und die nationalen Aufsichtsbehörden und sind rechtlich nicht verbindlich. Nach dem Prinzip »Comply or Explain« müssen die Aufsichtsbehörden die Leitlinien und Empfehlungen der EBA jedoch entweder umsetzen oder erklären, warum sie dies (in Teilen) nicht zu tun beabsichtigen. Dadurch wird der Anwendungsdruck auf die Aufsichtsbehörden deutlich erhöht.[162] In der Praxis erfolgt eine Nicht-Umsetzung von EBA-Leitlinien in nationales Recht nur in Ausnahmefällen.[163] Die EBA-Leitlinien sind neben den

---

158 Vgl. Dietrich, David/Blunk, Julia, Kompromiss zu ESA-Review, in: BaFinJournal, Ausgabe Mai 2019, S. 39f.

159 Vgl. Bundesanstalt für Finanzdienstleistungsaufsicht, Jahresbericht 2019, 12. Mai 2020, S. 27.

160 Zu den Befugnissen der Europäischen Aufsichtsbehörden (ESAs) beim Verbraucherschutz vgl. Kohleick, Dorothee/Weinhold-Koch, Sina, ESA-Review soll Verbraucherschutz stärken, in: BaFinJournal, Ausgabe Juni 2019, S. 12ff.

161 Die Differenzierung zwischen Regulierungs- und Durchführungsstandards erklärt sich aus den verschiedenen Kompetenzgrundlagen, auf die sich die EU-Kommission gemäß Vertrag über die Arbeitsweise der Europäischen Union (AEUV) beim Erlass stützen kann. Regulierungsstandards werden auf der Grundlage von Art. 290 AEUV erlassen, Durchführungsstandards gehen auf Art. 291 AEUV zurück. Im ersten Fall werden der Kommission quasi-legislative Befugnisse von Rat und Parlament übertragen. Im zweiten Fall besitzt die Kommission anstelle der Mitgliedstaaten die Befugnis, Sekundärrecht aus Gründen der unionseinheitlichen Durchsetzung zu vollziehen und dazu notwendigen Durchführungsrechtsakte zu erlassen. Vgl. Lehmann, Matthias/Manger-Nestler, Cornelia, Das neue europäische Finanzaufsichtssystem, Zeitschrift für Bankrecht und Bankwirtschaft (ZBB), Heft 1/2011, S. 10.

162 Die EBA veröffentlicht eine Nichtbefolgung darüber hinaus in ihrem jährlichen Bericht an das EU-Parlament, den Rat und die EU-Kommission. Vgl. Lehmann, Matthias/Manger-Nestler, Cornelia, Das neue europäische Finanzaufsichtssystem, Zeitschrift für Bankrecht und Bankwirtschaft (ZBB), Heft 1/2011, S. 12.

163 Die von der BaFin nicht oder nicht vollständig in die nationale Verwaltungspraxis übernommenen EBA-Leitlinien werden in einer Negativliste geführt und auf der Internetseite der BaFin veröffentlicht. Die Einzelheiten können der jeweiligen Compliance-Erklärung der BaFin auf der Internetseite der EBA entnommen werden. Die BaFin wird z. B. Vorgaben aus den von der EBA am 2. Juli 2021 veröffentlichten überarbeiteten Leitlinien zur internen Governance und den von EBA und ESMA ebenfalls am 2. Juli 2021 gemeinsam veröffentlichten Leitlinien zur Beurteilung der Eignung von Mitgliedern des Leitungsorgans und von Inhabern von Schlüsselfunktionen in Kreditinstituten teilweise nicht umsetzen. Die deutsche Aufsicht erachtet in den Leitlinien die Anforderungen an die formale Unabhängigkeit von Mitgliedern des Aufsichtsorgans als zu weitreichend. Zudem ist ein aufsichtlicher Mehrwert nicht ersichtlich. Die deutsche Aufsicht wird die beiden Leitlinien, die am 31. Dezember 2021 in Kraft treten sollen, daher insoweit nicht in nationales Recht überführen. Vgl. O. V., Unternehmenssteuerung, in: BaFinJournal, Ausgabe Juli 2021, S. 10. Nicht vollständig in die nationale Verwaltungspraxis überführt wurden zudem die Leitlinien für eine solide Vergütungspolitik gemäß Artikel 74 Absatz 3 und Artikel 75 Absatz 2 der Richtlinie 2013/36/EU und Angaben gemäß Artikel 450 der Verordnung (EU) Nr. 575/2013, EBA/GL/2015/22, 27. Juni 2016, die Leitlinien zur Anwendung der Ausfalldefinition gemäß Artikel 178 der Verordnung (EU) Nr. 575/2013, EBA/GL/2016/07, 18. Januar 2017, die Leitlinien für Überwachung und Governance von Bankprodukten im Privatkundengeschäft, EBA/GL/2015/18, 15. Juli 2015, die Leitlinien zur Kreditrisikomanagementpraxis und zur Bilanzierung erwarteter Kreditverluste von Kreditinstituten, EBA/GL/2017/06, 20. September 2017, die Leitlinien zu Zahlungsrückständen und Zwangsvollstreckung, EBA/GL/2015/12, 1. Juni 2015 und die Leitlinien für harmonisierte Definitionen und Vorlagen für Finanzierungspläne von Kreditinstituten gemäß der Empfehlung des Europäischen Ausschusses für Systemrisiken vom 20. Dezember 2012 (ESRB/2012/2), EBA/GL/2019/05, 9. Dezember 2019. Einige dieser Leitlinien wurden zwischenzeitlich überarbeitet, was an deren Relevanz für die nationale Verwaltungspraxis allerdings nichts ändert.

Aufsichtsbehörden ausdrücklich auch an die Institute adressiert, so dass sie nicht ausschließlich Verwaltungsvorschriften darstellen.[164] In der Vergangenheit wurden sie jedoch von der deutschen Aufsicht regelmäßig in nationales Recht oder auf untergesetzlicher Ebene umgesetzt, wie z.B. in den MaRisk, so dass für die Institute letztlich die nationalen Vorgaben maßgeblich waren. Die EBA hat nach pflichtgemäßem Ermessen zu entscheiden, ob vor der endgültigen Veröffentlichung der Leitlinien eine öffentliche Anhörung oder eine Kosten-Nutzen-Analyse durchzuführen sind.

Die EBA hat auf ihrer Internetseite zudem einen Prozess zur Beantwortung eingereichter Fragen (»Questions and Answers«, Q&A) eingerichtet, um eine einheitliche europäische Aufsichtspraxis zu gewährleisten. Der von der EBA intensiv genutzte Q&A-Prozess ist seit dem ESA-Review aus dem Jahr 2019 ausdrücklich in der Gründungsverordnung der EBA verankert.[165] Er beinhaltet Antworten der EBA zu Auslegungsfragen zur CRR, CRD IV, BRRD, den technischen Durchführungs- und Regulierungsstandards sowie den Leitlinien der EBA etc.[166] Die von der EBA veröffentlichten Antworten sind ebenfalls rechtlich nicht verbindlich. In der Praxis entfalten sie jedoch eine Art faktische Bindungswirkung, da sich die EZB und die nationalen Aufsichtsbehörden weitgehend daran orientieren. Anders als bei den Leitlinien besteht kein »Comply or Explain«-Mechanismus für die Aufsichtsbehörden. Die EBA hat schließlich die Möglichkeit, zu ausgewählten Themen Stellungnahmen (»Opinions«) abzugeben. **101**

Die Bedeutung der Leitlinien und der Antworten der EBA aus dem Q&A-Prozess ist für die deutschen Institute schlagartig gestiegen, nachdem die BaFin per Pressemeldung am 15. Februar 2018 erklärt hat, im Interesse der europäischen Harmonisierung des Aufsichtsrechts, d.h. einer gemeinsamen Aufsichtskultur und kohärenten Aufsichtspraktiken, grundsätzlich alle Leitlinien sowie Fragen und Antworten der EBA in ihre Verwaltungspraxis zu übernehmen. Zwar sollen die Besonderheiten des deutschen Aufsichtsrechts auch in Zukunft berücksichtigt werden. Allerdings obliegt es damit den (teilweise sehr kleinen) Instituten, die grundsätzlich in englischer Sprache verfassten Ausführungen der EBA auf Relevanz für die eigenen Geschäftsaktivitäten zu prüfen. Im Gegensatz zur bisherigen Praxis wird die BaFin zukünftig nur noch auf ihrer Internetseite verlautbaren, wenn sie ausnahmsweise eine Leitlinie oder Antwort der EBA (teilweise) nicht in ihre Verwaltungspraxis übernimmt. Lediglich zu ausgewählten Q&As sollen unverbindliche eigene Übersetzungen zur Verfügung gestellt werden.[167] **102**

Die deutschen Aufsichtsbehörden erläuterten im Fachgremium MaRisk am 5. November 2018, dass zur Umsetzung von Leitlinien in nationales Recht zukünftig grundsätzlich drei Varianten denkbar seien: In einigen Fällen wird eine Übernahme der Leitlinien durch eine gesetzliche Regelung erforderlich sein, beispielsweise die Anpassung einer Rechtsverordnung. In anderen Fällen könnten die MaRisk erneut überarbeitet werden. Schließlich bliebe noch als dritte Möglichkeit, dass die deutsche Aufsicht die EBA-Leitlinien selbst als unmittelbar anwendbar erklärt.[168] Die letzte Variante hätte für die Kreditwirtschaft den erheblichen Nachteil, dass sie ihre Interessen nicht mehr über die Verbände bei einer nationalen Umsetzung einbringen könnte. Die deutschen Institute hätten zwar ggf. die Möglichkeit zur Teilnahme an einem Konsultationsverfahren der EBA, die jedoch in der Vergangenheit auf die Besonderheiten der nationalen Bankensektoren (in Deutschland z.B. auf das Drei-Säulen-Modell) wenig Rücksicht genommen hat. **103**

Mit der Errichtung des Single Supervisory Mechanism wurde der EBA zudem die Befugnis zur Durchführung von Stresstests bei Instituten übertragen, um potenzielle Risiken und Schwachstellen im Finanzsystem zu identifizieren. Die EBA koordiniert die EU-weiten Stresstests in **104**

---

164 Vgl. Lehmann, Matthias/Manger-Nestler, Cornelia, Das neue europäische Finanzaufsichtssystem, Zeitschrift für Bankrecht und Bankwirtschaft (ZBB), Heft 1/2011, S. 13.

165 Vgl. Dietrich, David/Blunk, Julia, Kompromiss zu ESA-Review, in: BaFinJournal, Ausgabe Mai 2019, S. 40.

166 Abrufbar unter www.eba.europa.eu/single-rule-book-qa.

167 Vgl. Bundesanstalt für Finanzdienstleistungsaufsicht, Europäische Aufsichtsbehörden: BaFin übernimmt grundsätzlich alle Leitlinien sowie Fragen und Antworten in ihre Verwaltungspraxis, Pressemeldung vom 15. Februar 2018.

168 Vgl. Bundesanstalt für Finanzdienstleistungsaufsicht, Protokoll der Sitzung des MaRisk-Fachgremiums am 5. November 2018, S. 1 ff.

Zusammenarbeit mit der EZB und den nationalen Aufsichtsbehörden. Die Ergebnisse der Stresstests werden auf der Internetseite der EBA veröffentlicht und sollen den relevanten Interessensgruppen und der Öffentlichkeit Informationen zur Widerstandsfähigkeit der Banken liefern. Hierbei geht es vor allem um die Fähigkeit der Institute, in einem ungünstigen makroökonomischen Umfeld Schocks abzufedern und die aufsichtsrechtlichen Eigenkapital- und Liquiditätsanforderungen einzuhalten. Zuletzt hat die EBA im Jahr 2021 einen EU-weiten Stresstest durchgeführt.[169] Bei dem von der EBA koordinierten Stresstest wurden die 50 größten europäischen Banken einem makroökonomischen Krisenszenario unterworfen. Bei 38 der geprüften Institute handelt es sich um bedeutende Institute gemäß Art. 6 SSM-Verordnung.[170] Die EZB führte parallel zum EBA-Stresstest für den aufsichtlichen Überprüfungs- und Bewertungsprozess (Supervisory Review and Evaluation Process, SREP) einen eigenen Stresstest bei 51 zusätzlichen, von ihr beaufsichtigten Instituten durch, die nicht Gegenstand des EBA-Stresstests waren.[171] Beide Stresstests von EBA und EZB umfassten ein von der EZB vorgegebenes Basisszenario (Baseline Scenario), das die angenommene wirtschaftliche Entwicklung der EU-Mitgliedstaaten und der restlichen Länder in den nächsten drei Jahren repräsentierte. Das vom Europäischen Ausschuss für Systemrisiken (ESRB) zur Verfügung gestellte zweite Szenario stellte hingegen ein Krisenszenario (Adverse Scenario) dar.[172] Die Ergebnisse der beiden Stresstests bei den insgesamt 89 von der EZB beaufsichtigten Instituten wurden am 30. Juli 2021 veröffentlicht.[173]

3.4 Einheitlicher Aufsichtsmechanismus (»Single Supervisory Mechanism«, SSM)

105 Die EU-Finanzminister haben sich Mitte Dezember 2012 darauf geeinigt, bestimmte Institute unter eine einheitliche Aufsicht zu stellen, die bei der Europäischen Zentralbank angesiedelt wird. Der durch die SSM-Verordnung[174] umgesetzte Einheitliche Aufsichtsmechanismus (»Single Superviso-

---

169 Zuvor hatte die EBA bereits in den Jahren 2017 und 2014 (als Teil des Comprehensive Assessment im Rahmen der Übertragung der Bankenaufsicht auf die EZB) und 2016 vergleichbare EU-weite Stresstests durchgeführt. Diese Stresstests basierten im Wesentlichen auf zwei makroökonomischen Szenarien, einem so genannten Baseline-Szenario, das als solches keine eigentlichen Stresselemente enthält, und einem vom ESRB erarbeiteten adversen Szenario. Zu den Eckpunkten des adversen Szenarios und den methodischen Vorgaben vgl. Quinten, Daniel/Wehn, Carsten, SSM, SREP und Säule I +, Stuttgart, 2017, S. 65 ff. Die Methodik für den Stresstest im Jahr 2018 baute im Wesentlichen auf den Vorgaben des Stresstests 2016 auf, berücksichtigte jedoch zum ersten Mal die seit dem 1. Januar 2018 zu beachtenden Vorgaben des Rechnungslegungsstandards IFRS 9.

170 Sieben der 38 geprüften Banken waren deutsche Institute. Vgl. O. V., Bankenstresstest – EBA und EZB veröffentlichen Ergebnisse, in: BaFinJournal, Ausgabe August 2021, S. 12.

171 Neun der geprüften 51 Banken waren deutsche Institute. Vgl. O. V., Bankenstresstest – EBA und EZB veröffentlichen Ergebnisse, in: BaFinJournal, Ausgabe August 2021, S. 12.

172 Sowohl im Baseline Scenario als auch im Adverse Scenario wurden unter anderem die Entwicklung des Bruttoinlandsprodukts (BIP), der Inflationsrate, der Arbeitslosigkeit und der Kapitalmarktzinsen je Land vorgegeben. Im Adverse Scenario wurden zudem ein wirtschaftlicher Abschwung aufgrund der Unsicherheit über die Weiterentwicklung der COVID-19-Pandemie und ein weiterhin niedriges Zinsniveau vorgegeben. Vgl. O. V., Bankenstresstest – EBA und EZB veröffentlichen Ergebnisse, in: BaFinJournal, Ausgabe August 2021, S. 12.

173 Ursprünglich war der Stresstest für 2020 vorgesehen gewesen, musste aber aufgrund der COVID-19-Pandemie um ein Jahr verschoben werden. Gemäß der Presseerklärung der EZB zu den Ergebnissen der Stresstests würde die harte Kernkapitalquote der 89 Banken im Stresstest durchschnittlich um 5,2 Prozentpunkte (von 15,1 Prozent auf 9,9 Prozent) sinken, wenn die Banken einer dreijährigen Stressphase mit schwierigen gesamtwirtschaftlichen Bedingungen ausgesetzt wären. Zusammengenommen entfallen auf die 89 Institute gut 75 Prozent der Gesamtaktiva der Banken im Euroraum. Vgl. Europäische Zentralbank, Stresstest bescheinigt dem Bankensystem im Euroraum Widerstandsfähigkeit in schwierigem gesamtwirtschaftlichem Szenario, Presseerklärung vom 30. Juli 2021.

174 Verordnung (EU) Nr. 1024/2013 des Rates vom 15. Oktober 2013 zur Übertragung besonderer Aufgaben im Zusammenhang mit der Aufsicht über Kreditinstitute auf die Europäische Zentralbank (SSM-Verordnung), Amtsblatt der Europäischen Union vom 29. Oktober 2013, L 287/63–89.

ry Mechanism«, SSM) setzt sich aus der EZB und den nationalen Aufsichtsbehörden der Staaten der Eurozone zusammen.[175] In den EU-Mitgliedstaaten, die der Euro-Zone nicht angehören, sind weiterhin ausschließlich die nationalen Aufsichtsbehörden für die Bankenaufsicht zuständig. Die EU-Mitgliedstaaten außerhalb der Euro-Zone haben jedoch die Möglichkeit, freiwillig am SSM teilzunehmen (»Opt-in-Klausel«).

Lange Zeit wurde darüber gestritten, ob die Unabhängigkeit der EZB und eine Trennung der Geldpolitik von der Aufsichtsfunktion sichergestellt werden können. Diese Ziele sollten dadurch erreicht werden, dass bei der EZB ein Aufsichtsgremium (»Supervisory Board«) etabliert wurde, in dem – neben einem Vorsitzenden, einem stellvertretenden Vorsitzenden und vier weiteren Vertretern der EZB – je ein Vertreter der beteiligten nationalen Aufsichtsbehörden sitzt. Der Vorsitzende wird für eine nicht verlängerbare Amtszeit von fünf Jahren ernannt. Der stellvertretende Vorsitzende wird aus dem Kreis der Mitglieder des EZB-Direktoriums ausgewählt. Der Vorsitzende des Aufsichtsgremiums ist seit Januar 2019 Andrea Enria, sein Stellvertreter seit Februar 2021 Frank Elderson.[176] Das Aufsichtsgremium übernimmt die Planung, Erörterung und Ausführung der Aufgaben in der Bankenaufsicht. Entsprechende Beschlussentwürfe legt es dem EZB-Rat (»Governing Council«) vor. Der EZB-Rat ist das oberste Beschlussorgan der EZB und setzt sich aus den sechs Mitgliedern des EZB-Direktoriums sowie den Präsidenten der nationalen Zentralbanken der Staaten der Eurozone zusammen. Außerdem wurde eine Schlichtungsstelle (»Mediation Panel«) eingerichtet, die Streitfälle lösen soll, wenn der EZB-Rat die Vorschläge des Aufsichtsgremiums nicht akzeptiert. Darüber hinaus existiert ein administrativer Überprüfungsausschuss (»Administrative Board of Review«), der aus fünf unabhängigen Mitgliedern besteht, die weder bei der EZB noch bei einer nationalen Aufsichtsbehörde beschäftigt sind, und eine interne Überprüfung der von der EZB im Rahmen ihrer Aufsichtsbefugnisse gefassten Beschlüsse durchführt.[177]

106

Die EZB hat am 4. November 2014 die direkte Aufsicht einschließlich hoheitlicher Befugnisse über die »bedeutenden Institute« der teilnehmenden Mitgliedstaaten erhalten (→ AT 1 Tz. 6).[178] Die maßgeblichen Kriterien hierfür sind die Größe des Institutes, die Relevanz für die Wirtschaft der Europäischen Union oder eines teilnehmenden Mitgliedstaates sowie die Bedeutung der grenzüberschreitenden Tätigkeiten (Vernetztheit). Nach der SSM-Verordnung gelten Kreditinstitute (auf Gruppenebene) mit einer Bilanzsumme von über 30 Milliarden Euro oder mehr als 20 Prozent des Bruttoinlandsproduktes eines Mitgliedstaates (bei einer Bilanzsumme von über 5 Milliarden Euro) grundsätzlich als »bedeutend« (»significant«).[179] Darüber hinaus wird die EZB mindestens die drei größten Kreditinstitute eines jeden teilnehmenden Mitgliedstaates beaufsichtigen sowie diejenigen Kreditinstitute, die von ESM oder EFSF direkte Unterstützung beantragt

107

---

175 Neben der SSM-Verordnung hat die EZB am 23. April 2014 die »SSM-Rahmenverordnung« (»Framework Regulation«) veröffentlicht. Die SSM-Rahmenverordnung enthält insbesondere Regeln und Verfahren im Hinblick auf die »Oversight-Aufsicht« der EZB, die Zusammenarbeit zwischen der EZB und den nationalen Aufsichtsbehörden, allgemeine Grundsätze für die Durchführung bankaufsichtlicher Verfahren durch die EZB sowie für Verwaltungssanktionen bei Verstößen gegen bankaufsichtliche Anforderungen. Vgl. Verordnung (EU) Nr. 468/2014 der Europäischen Zentralbank vom 16. April 2014 zur Errichtung eines Rahmenwerks für die Zusammenarbeit zwischen der Europäischen Zentralbank und den nationalen zuständigen Behörden und den nationalen benannten Behörden innerhalb des einheitlichen Aufsichtsmechanismus (SSM-Rahmenverordnung), Amtsblatt der Europäischen Union vom 14. Mai 2014, L 141/1–50.

176 Deutschland ist im Supervisory Board durch Mark Branson (Präsident der Bundesanstalt für Finanzdienstleistungsaufsicht, BaFin) und Joachim Wuermeling (Mitglied im Vorstand der Deutschen Bundesbank) vertreten.

177 Zu den Beschlussfassungsverfahren innerhalb des SSM vgl. Europäische Zentralbank, Leitfaden zur Bankenaufsicht, 3. November 2014, S. 14 ff.

178 Vor dem Übergang der Aufsichtsverantwortung auf die EZB wurde im Jahr 2014 bei den voraussichtlich unter die EZB-Aufsicht fallenden Instituten ein »Comprehensive Assessment« durchgeführt. Das Comprehensive Assessment setzte sich zusammen aus einem »Risk Assessment«, vergleichbar mit der Erstellung des bankaufsichtlichen Risikoprofils, bei dem die wesentlichen Risiken eines Institutes im Fokus stehen, einem »Asset Quality Review«, d. h. einer Werthaltigkeitsprüfung besonders risikobehafteter Portfolios der Institute durch die nationalen Aufsichtsbehörden und die EZB, sowie einem Stresstest, der in Zusammenarbeit mit der EBA durchgeführt wurde. Die endgültige Entscheidung, welche Institute seit dem 4. November 2014 der direkten Aufsicht der EZB unterfallen, wurde im Anschluss an das Comprehensive Assessment im September 2014 getroffen.

179 Vgl. Verordnung (EU) Nr. 1024/2013 des Rates vom 15. Oktober 2013 zur Übertragung besonderer Aufgaben im Zusammenhang mit der Aufsicht über Kreditinstitute auf die Europäische Zentralbank (SSM-Verordnung), Amtsblatt der Europäischen Union vom 29. Oktober 2013, L 287/76.

oder erhalten haben. Derzeit unterstehen insgesamt 114 Bankengruppen der direkten Aufsicht der EZB, davon 21 deutsche Bankengruppen.[180]

108   Die Aufsicht über die »weniger bedeutenden« (»less significant«) Institute verbleibt weitgehend bei den nationalen Behörden, d.h. in Deutschland bei der Bundesanstalt für Finanzdienstleistungsaufsicht (BaFin) und der Deutschen Bundesbank.[181] Die EZB hat allerdings die Aufsicht (»oversight«) über das Gesamtsystem, um eine qualitativ gleichwertige Aufsichtspraxis in der Eurozone zu gewährleisten. Zur Wahrung einheitlicher Aufsichtsstandards kann die EZB zudem die Aufsicht über weniger bedeutende Institute an sich ziehen sowie für die Aufsicht über diese Institute gemeinsame Standards festlegen.

109   Die laufende Beaufsichtigung der bedeutenden Institute wird von gemeinsamen Aufsichtsteams (»Joint Supervisory Teams«, JST) ausgeübt, wobei sich das jeweilige JST pro Institut aus Mitarbeitern der EZB, darunter der »JST-Koordinator« als Leiter dieses Teams, und der nationalen Aufsichtsbehörden zusammensetzt.[182] Die konkrete Ausgestaltung der Zusammenarbeit bzw. Arbeitsteilung zwischen der EZB und den nationalen Aufsichtsbehörden wird im Leitfaden zur Bankenaufsicht[183] dargestellt.[184] Die Selbstorganisation der JST erfolgt in der Regel durch die Bildung fester Risikoteams, die sich in regelmäßigen Treffen und Telefonkonferenzen austauschen. Neben risikoorientierten Analysen liegt ein besonderer Schwerpunkt auf vergleichenden Betrachtungen der Institute der Eurozone.[185]

110   Auf Basis der Erfahrungen aus den ersten sechs Jahren europäischer Bankenaufsicht hat die Europäische Zentralbank am 29. Juli 2020 eine Änderung ihrer Organisationsstruktur beschlossen und bis Ende 2020 umgesetzt. Die EZB verfügt in der Bankenaufsicht nunmehr über sieben Generaldirektionen (»Directions générales«, DG).[186] Die Umstrukturierung verlagert den Fokus hin zu einer stärker risikoorientierten Aufsicht. Dadurch wird die aufsichtsinterne Strategie- und Risikofunktion – als zweite Verteidigungslinie – gestärkt und eine engere Zusammenarbeit zwischen institutsspezifischen und thematischen Aufsichtsteams erleichtert, um eine größere Konsistenz bei der Behandlung von Banken zu gewährleisten und die Transparenz und Berechenbarkeit aufsichtlicher Maßnahmen zu erhöhen.[187] Die drei Generaldirektionen, die für die institutsspezifische Aufsicht zuständig sind, werden nach den Geschäftsmodellen der beaufsichtigten Institute unterteilt in »Systemische und internationale Banken«, »Universalbanken und diversifizierte Institute« sowie »Spezialinstitute und weniger bedeutende Institute«. Die Generaldirektion »Horizontale Aufsicht« nimmt Querschnittsfunk-

---

180 Vgl. Europäische Zentralbank, Liste bedeutender beaufsichtigter Unternehmen, Stand 1. Mai 2021. Folgende deutsche Institute bzw. Institutsgruppen unterstehen der direkten EZB-Aufsicht: Aareal Bank AG, Bayerische Landesbank, Commerzbank Aktiengesellschaft, Deka Bank Deutsche Girozentrale, Deutsche Apotheker- und Ärztebank eG, Deutsche Bank AG, DZ Bank AG Deutsche Zentral-Genossenschaftsbank, Erwerbsgesellschaft der S-Finanzgruppe mbH & Co KG, Goldman Sachs Bank Europe SE, HASPA Finanzholding, Hamburg Commercial Bank AG, J.P Morgan AG, Deutsche Pfandbriefbank AG, Landesbank Baden-Württemberg, Landesbank Hessen-Thüringen Girozentrale, Münchener Hypothekenbank eG, Morgan Stanley Europe Holding SE, Norddeutsche Landesbank – Girozentrale, State Street Europe Holdings Germany S.a.r.l. & Co. KG, UBS Europe SE, Volkswagen Bank Gesellschaft mit beschränkter Haftung.

181 Gemäß Art. 4 SSM-Verordnung wurden bestimmte aufsichtliche Kompetenzen wie bspw. die Erteilung und der Entzug von Bankzulassungen sowie die Überprüfung des Käufers hinsichtlich Zuverlässigkeit und finanzieller Solidität beim Erwerb eines qualifizierten Anteils an einer Bank (Beteiligung > 10 Prozent) vollständig auf die EZB übertragen. In diesen Bereichen ist die EZB somit auch direkt für die Aufsicht über die weniger bedeutenden Institute zuständig.

182 Vgl. Sporenberg, Angelika, Gemeinsame Aufsichtsteams, in: BaFinJournal, Ausgabe September 2018, S. 30.

183 Europäische Zentralbank, Leitfaden zur Bankenaufsicht, 3. November 2014.

184 Vgl. Deutsche Bundesbank, Gemeinsame europäische Bankenaufsicht – Erster Schritt auf dem Weg zur Bankenunion, in: Monatsbericht, Juli 2013, S. 15ff.; Deutsche Bundesbank, Der Start in die Bankenunion – Der einheitliche Aufsichtsmechanismus in Europa, in: Monatsbericht, Oktober 2014, S. 52f.

185 Vgl. Sporenberg, Angelika, Gemeinsame Aufsichtsteams, in: BaFinJournal, Ausgabe September 2018, S. 30f.

186 Bis zu diesem Zeitpunkt bestand die Organisation der Bankenaufsicht in der EZB lediglich aus vier Generaldirektionen. Die Generaldirektionen I und II waren für die laufende Aufsicht über die von der EZB direkt beaufsichtigten bedeutenden Institute zuständig. Die Generaldirektion III verantwortete die indirekte Aufsicht über die weniger bedeutenden Institute. Die Generaldirektion IV hatte eine Querschnittsfunktion und beschäftigte sich insbesondere mit Zulassungsverfahren, aufsichtlichen Grundsatzfragen, Aufsichtsplanung, internen Modellen, Krisenmanagement, Methodik und Entwicklung von Standards, Risikoanalysen und Vor-Ort-Prüfungen. Vgl. Europäische Zentralbank, Leitfaden zur Bankenaufsicht, 3. November 2014, S. 17.

187 Vgl. Europäische Zentralbank, EZB kündigt organisatorische Änderungen zur Stärkung der Bankenaufsicht an, Pressemitteilung vom 29. Juli 2020.

tionen wahr und soll zur Stärkung der Risikoexpertise in der Bankenaufsicht beitragen, Quervergleiche durchführen, Grundsatzpositionen entwickeln und Aufsichtsmethoden weiterentwickeln. Für strategische Planungen, die Festlegung der Aufsichtsprioritäten und die Sicherstellung einer einheitlichen Behandlung sämtlicher Institute ist die Generaldirektion »Aufsichtsstrategie und -risiken« zuständig. Die Generaldirektion »Vor-Ort-Prüfungen und Prüfungen interner Modelle« verantwortet als strukturell unabhängige Einheit die bankaufsichtlichen Prüfungen. Die Generaldirektion »Governance und Ablauforganisation« ist u. a. für Genehmigungen (Eignungsprüfungen, Erwerb qualifizierter Beteiligungen etc.) sowie für Innovationsthemen zuständig.

Die EZB kann zur Wahrnehmung der ihr durch die SSM-Verordnung übertragenen Aufgaben **111** Leitlinien und Empfehlungen veröffentlichen sowie Beschlüsse fassen. Hiervon macht sie in der Praxis inzwischen in erheblichem Umfang Gebrauch, um einheitliche aufsichtliche Verfahren zu fördern und ihre Aufsichtspraxis für den Bankensektor transparent zu machen. Dabei ist die EZB gemäß Art. 4 Abs. 3 SSM-Verordnung an die von der EBA ausgearbeiteten und von der EU-Kommission angenommenen verbindlichen technischen Durchführungs- und Regulierungsstandards gebunden. Darüber hinaus muss die EZB als Aufsichtsbehörde – wie auch die nationalen Aufsichtsbehörden – die von der EBA veröffentlichten Leitlinien und Empfehlungen entweder umsetzen oder erklären, warum sie dies (in Teilen) nicht zu tun beabsichtigt (»Comply or Explain«).

3.5 Zuständigkeit von BaFin und Deutscher Bundesbank im Single Supervisory Mechanism

Die direkte Aufsicht über bedeutende Institute im SSM wird von gemeinsamen Aufsichtsteams **112** (»Joint Supervisory Teams«, JST) der EZB und der nationalen Aufsichtsbehörden durchgeführt. Die Bundesanstalt für Finanzdienstleistungsaufsicht (BaFin) und die Deutsche Bundesbank (Bundesbank) sind somit unter der Federführung der EZB in die Beaufsichtigung der bedeutenden Institute in Deutschland in erheblichem Umfang eingebunden. Zudem sind die deutschen Aufsichtsbehörden in den Gremien des SSM vertreten (→ Kapitel 3.4).

Auch nach der Errichtung des SSM im November 2014 sind die BaFin und die Bundesbank im **113** Wesentlichen für die Aufsicht über die weniger bedeutenden Institute in Deutschland zuständig. Darunter fallen diejenigen Institute, die nicht die Kriterien für eine direkte Beaufsichtigung durch die EZB gemäß SSM-Verordnung erfüllen.[188] Darüber hinaus sind bei der BaFin die Bereiche der Bankenaufsicht verblieben, die sich auf den Verbraucherschutz sowie die Verhinderung von Geldwäsche und Terrorismusfinanzierung beziehen. Die deutschen Aufsichtsbehörden verantworten außerdem die Wertpapieraufsicht sowie die Überwachung von Spezialgesetzen, z. B. das Gesetz über Bausparkassen oder das Pfandbriefgesetz.

Anders als die EZB ist die BaFin eine Allfinanzaufsicht, die neben der Aufsicht über Kredit- und **114** Finanzdienstleistungsinstitute auch die Überwachung von Versicherungen und Pensionsfonds sowie den Wertpapierhandel umfasst. Mit Wirkung zum 1. Januar 2018 wurde zudem die bis zu diesem Zeitpunkt bei der Bundesanstalt für Finanzmarktstabilisierung (FMSA) angesiedelte nationale Abwicklungsbehörde als neuer Geschäftsbereich in die BaFin eingegliedert (→ Kapitel 3.6).

Die BaFin ist eine rechtsfähige Anstalt des öffentlichen Rechts und unterliegt der Rechts- und **115** Fachaufsicht des Bundesministeriums der Finanzen (BMF). Die BaFin wird von einem Direktorium geführt, das aus dem Präsidenten und fünf Exekutivdirektoren für die Bereiche Bankenaufsicht,

---

188 Die BaFin beaufsichtigte im Jahr 2020 insgesamt 1.477 Institute, die als weniger bedeutend im Sinne des Art. 6 SSM-Verordnung (»Less Significant Institutions«, LSI) einzuordnen waren. Vgl. Bundesanstalt für Finanzdienstleistungsaufsicht, Jahresbericht 2020, 18. Mai 2021, S. 13.

Wertpapieraufsicht, Versicherungs- und Pensionsaufsicht, Abwicklung sowie Innere Verwaltung und Recht besteht. Die Mitglieder des Direktoriums leiten und verwalten die BaFin in gemeinsamer Verantwortung. Als Folge der Insolvenz der Wirecard AG wurde der Präsident seit dem 1. Juli 2021 mit deutlich mehr Kompetenzen bei der Leitung und Organisation der Behörde ausgestattet.[189] Gemäß dem überarbeiteten Organisationsstatus bestimmt zukünftig allein der Präsident die strategische Ausrichtung der BaFin und entscheidet in Fällen von strategischer Bedeutung. Darüber hinaus verantwortet er die Aufstellung des Haushaltes der Behörde. Im Einzelfall kann der Präsident den Exekutivdirektoren Weisungen erteilen und Vorgänge aus deren Geschäftsbereichen an sich ziehen. Seit 1. August 2021 ist Mark Branson Präsident der BaFin. Der von Raimund Röseler als Exekutivdirektor geleitete Geschäftsbereich »Bankenaufsicht« besteht aus fünf »Bankaufsichtlichen Abteilungen« (BA 1 bis 5). Die Abteilung BA 1 ist zuständig für die Koordinierung, Common Procedures und die Aufsicht über bedeutende Auslandsbanken und Leasingunternehmen. Weitere Abteilungen verantworten die Aufsicht über die von der EZB direkt beaufsichtigten bedeutenden Institute gemäß Art. 6 SSM-Verordnung (BA 2), die Aufsicht über Privatbanken, weniger bedeutende Auslandsbanken und Bausparkassen (BA 3) sowie die Aufsicht über Genossenschaftsbanken, Sparkassen und Spezialbanken (BA 4). Die Abteilung BA 5 ist für bankgeschäftliche Risiken und Grundsatzthemen zuständig. Darüber hinaus sind im Geschäftsbereich Bankenaufsicht die Abteilung »Restrukturierung/Systemaufsicht« sowie die Gruppen »IT-Aufsicht/Cybersicherheit« und »Aufsicht über Zahlungsinstitute & Kryptoverwahrgeschäfte« angesiedelt.

116 Der Verwaltungsrat der BaFin, der aus 17 stimmberechtigten Mitgliedern besteht, überwacht ihre Geschäftsführung und unterstützt sie bei der Erfüllung ihrer Aufgaben. Im Verwaltungsrat sind u.a. das BMF, das Bundesministerium für Wirtschaft und Energie (BMWi) und das Bundesministerium der Justiz und für Verbraucherschutz (BMJV) vertreten.[190] Daneben existieren ein Fachbeirat und ein Verbraucherbeirat. Der 24-köpfige Fachbeirat setzt sich aus Vertretern der Finanzwissenschaft, der Kredit- und Versicherungswirtschaft, der Verbraucherschutzvereinigungen und der Deutschen Bundesbank zusammen. Der Verbraucherbeirat besteht aus 12 Mitgliedern, die sich aus Wissenschaftlern, Vertretern von Verbraucher- oder Anlegerschutzorganisationen, Mitarbeitern außergerichtlicher Streitschlichtungssysteme, einem Vertreter des BMJV sowie einem Vertreter der Gewerkschaften zusammensetzen.

117 Die Zusammenarbeit zwischen BaFin und Bundesbank ist im Einzelnen in § 7 KWG geregelt. Danach ist allein die BaFin berechtigt, hoheitliche Maßnahmen, wie Erlaubniserteilung, Prüfungsanordnung nach § 44 KWG, Anordnung aufsichtsrechtlicher Maßnahmen etc., gegenüber den Instituten zu treffen. Die Bundesbank ist für die laufende Überwachung der Institute zuständig. Darunter fallen vor allem die Auswertung der von den Instituten eingereichten Unterlagen, der Prüfungsberichte nach § 26 KWG und der Jahresabschlussunterlagen sowie die Durchführung und Auswertung bestimmter bankgeschäftlicher Prüfungen, wie IRBA-Zulassungsprüfungen, MaRisk-Prüfungen etc.

118 Die in § 7 KWG geregelte Aufgabenteilung zwischen BaFin und Bundesbank gilt gemäß § 7 Abs. 1a KWG auch, wenn die BaFin und die Bundesbank die EZB bei der Aufsicht über bedeutende Institute als Mitglieder der Joint Supervisory Teams unterstützen.

---

189 Als weitere Folge der Insolvenz der Wirecard AG wurden der BaFin im Zuge des Finanzmarktintegritätsstärkungsgesetzes umfangreiche zusätzliche Kompetenzen übertragen, insbesondere in der Bilanzkontrolle. Die privatrechtliche Prüfstelle für Rechnungslegung soll zukünftig nur für Stichprobenprüfungen zuständig sein und enger an die BaFin angebunden werden. Sie soll der BaFin regelmäßig berichten und der Aufsichtsbehörde in einem weit größeren Umfang als bisher auf Verlangen Auskünfte erteilen. Vgl. O. V., Nach Wirecard: Mehr Kompetenzen für die BaFin, in: BaFinJournal, Ausgabe Juni 2021, S. 44 ff.

190 Zu den 17 Mitgliedern des Verwaltungsrates vgl. O. V., BaFin-Verwaltungsrat – Neue Mitglieder bestellt, in: BaFinJournal, Ausgabe Juni 2020, S. 6 f.

3.6 Einheitlicher Abwicklungsmechanismus (»Single Resolution Mechanism«, SRM)

In Analogie zum SSM fallen im Rahmen des Einheitlichen Abwicklungsmechanismus (»Single Resolution Mechanism«, SRM) grundsätzlich alle bedeutenden Institute in der Eurozone in den Zuständigkeitsbereich des Ausschusses für die einheitliche Abwicklung (»Single Resolution Board«, SRB) mit Sitz in Brüssel.[191] Im Jahr 2020 war der SRB für 122 Institute direkt zuständig.[192] Für die Abwicklung der weniger bedeutenden Institute in Deutschland war bis Ende 2017 die Bundesanstalt für Finanzmarktstabilisierung (FMSA) verantwortlich. Mit dem FMSA-Neuordnungsgesetz wurde die Abwicklungsbehörde mit Wirkung zum 1. Januar 2018 als neuer Geschäftsbereich in die BaFin überführt.[193] Die BaFin ist nunmehr auf nationaler Ebene sowohl für die Sanierung als auch für die Abwicklung von Instituten zuständig. Die Verantwortung für die Sanierung von bedeutenden Instituten liegt bei der EZB. BaFin und EZB stellen letztlich fest, ob ein Institut in eine gefährliche Schieflage geraten ist und möglicherweise abgewickelt werden muss.

119

Der SRB besteht aus sechs Mitgliedern, darunter der Vorsitzenden und ihrem Stellvertreter sowie den Vertretern der nationalen Abwicklungsbehörden.[194] Seit Dezember 2014 ist Elke König die Vorsitzende des SRB. Kernaufgaben des SRB sind die Erstellung von Abwicklungsplänen, die Festlegung der Mindestanforderungen an Eigenmittel und berücksichtigungsfähige Verbindlichkeiten (»Minimum Requirements for Own Funds and Eligible Liabilities«, MREL), die Vorbereitung von Abwicklungsmaßnahmen und die Verwaltung des Einheitlichen Abwicklungsfonds (»Single Resolution Fund«, SRF). Ähnlich den JST bei der laufenden Beaufsichtigung gibt es interne Abwicklungsteams (»Internal Resolution Teams«, IRT) von Mitarbeitern des SRB und der nationalen Abwicklungsbehörden, die im Rahmen des SRM ein bedeutendes oder grenzüberschreitend tätiges Institut betreuen. Die zentrale Aufgabe der IRT ist es, die Abwicklungsfähigkeit der Institute zu verbessern. Zu diesem Zweck sind die IRT insbesondere für die Erstellung und Aktualisierung von Abwicklungsplänen für die Institute verantwortlich.

120

Sofern im Abwicklungsfall im Rahmen des SRM die Verlustabsorption eines Kreditinstitutes mittels eines »Bail-in« (Gläubigerbeteiligung) nicht ausreichen sollte, soll der SRF etwaige Abwicklungsverfahren im nächsten Schritt auffangen. Das Zielvolumen des SRF soll mindestens ein Prozent der gedeckten Einlagen aller vom SRM erfassten Institute umfassen und bis Ende 2023 durch vorab erhobene Jahresbeiträge erbracht werden.[195] Der SRF ersetzt die nationale Bankenabgabe. Als Reaktion auf die Eurokrise und den provisorischen Rettungsschirm zur Sicherstellung der Zahlungsfähigkeit der Eurozone hatten die Mitgliedstaaten zunächst die Europäische Finanzstabilisierungsfazilität (»European Financial Stability Facility«, EFSF) gegründet. Die EFSF wurde am 1. Juli 2013 durch den Europäischen Stabilitätsmechanismus (»European Stability Mecha-

121

---

191 Neben bedeutenden Instituten gemäß Art. 6 SSM-Verordnung ist der SRB in bestimmten Fällen auch für weniger bedeutende Institute (Less Significant Institutions, LSI) zuständig. Vgl. Bundesanstalt für Finanzdienstleistungsaufsicht, Jahresbericht 2020, 18. Mai 2021, S. 131.

192 Vgl. Bundesanstalt für Finanzdienstleistungsaufsicht, Jahresbericht 2020, 18. Mai 2021, S. 132.

193 Die FMSA war ab 20. Oktober 2008 zunächst für die Verwaltung des Sondervermögens Finanzmarktstabilisierungsfonds (SoFFin) zuständig und übernahm von 2015 bis 2018 die Funktion der nationalen Abwicklungsbehörde. Mit dem FMSA-Neuordnungsgesetz aus dem Jahr 2016 wurden die Aufgaben der FMSA neu geordnet. Es sah vor, dass die nationale Abwicklungsbehörde zum 1. Januar 2018 als neuer Geschäftsbereich in die BaFin eingegliedert wird. Die Aufgaben im Zusammenhang mit der Verwaltung und Abwicklung des Finanzmarktstabilisierungsfonds wurden zu diesem Zeitpunkt in die Bundesrepublik Deutschland Finanzagentur GmbH überführt. Vgl. Gesetz zur Neuordnung der Aufgaben der Bundesanstalt für Finanzmarktstabilisierung (FMSA-Neuordnungsgesetz – FMSANeuOG) vom 23. Dezember 2016 (BGBl. I S. 3171), veröffentlicht am 28. Dezember 2016.

194 Zum Aufbau des SRB vgl. Osman, Yasmin, Basiswissen Bankenaufsicht, Stuttgart, 2018, S. 52 f.

195 Diese prozentuale Festlegung lief nach der ursprünglichen Planung auf ein Zielvolumen des SRF von ca. 55 Milliarden Euro hinaus. Zwischenzeitlich haben allerdings verschiedene Faktoren, wie z. B. die Verbesserung der Refinanzierungsstruktur der Institute, das allgemeine Einlagenwachstum und die massive Ausweitung der Zentralbankliquidität durch die Aufkaufprogramme der EZB, zu einer drastischen Erhöhung des Volumens der gedeckten Einlagen in der Eurozone und damit auch der Zielausstattung des SRF geführt, weshalb die Beiträge der Institute zur Bankenabgabe deutlich gestiegen sind.

nism«, ESM) abgelöst. Der ESM zielt als europäischer Schutz- und Nothilfemechanismus auf die Sicherstellung der Zahlungsfähigkeit der Eurozone ab. Unter bestimmten Voraussetzungen kann der SRF auch auf Mittel des ESM zurückgreifen, sofern das Volumen des SRF für Abwicklungsverfahren von Instituten nicht ausreichen sollte.

122 Während die CRD IV ein maßgebliches Regelwerk für den SSM darstellt, wurde für die Zwecke des SRM die Sanierungs- und Abwicklungsrichtlinie (»Bank Recovery and Resolution Directive«, BRRD)[196] erarbeitet. Ergänzt wird die BRRD durch die SRM-Verordnung[197] und eine Delegierte Verordnung[198] sowie zahlreiche technische Standards bzw. Regulierungsstandards der EBA für die Sanierungs- und Abwicklungsplanung von Instituten.

123 Zur Umsetzung der BRRD in das nationale Recht sind zum 1. Januar 2015 das Gesetz zur Sanierung und Abwicklung von Instituten und Finanzgruppen (SAG)[199] und mehrere Begleitgesetze in Kraft getreten.[200] Konkretisiert werden die gesetzlichen Vorgaben durch die Mindestanforderungen an Sanierungspläne für Institute (Sanierungsplanmindestanforderungsverordnung – MaSanV).[201] Die zunächst als Rundschreiben der deutschen Aufsicht veröffentlichten Mindestanforderungen an die Ausgestaltung von Sanierungsplänen (MaSan)[202] wurden im Jahr 2020 in die MaSanV überführt und damit auf die Gesetzesebene gehoben. Zudem hat die BaFin ein Merkblatt vorgelegt, welches das Zusammenspiel der Regelungen zur Sanierungsplanung erläutert und Ausführungen zum Verständnis der Regelungen enthält.[203] Die regulatorischen Anforderungen an die Sanierungsplanung setzen sich somit aus der Delegierten Verordnung der EU, dem SAG, der MaSanV und dem BaFin-Merkblatt zusammen.

124 Gemäß der im Rahmen des »Bankenpaketes« geänderten BRRD II[204] aus dem Jahr 2019 wird für global systemrelevante Institute (G-SRI) und große Banken mit einer Bilanzsumme von über 100

---

196 Richtlinie 2014/59/EU (Sanierungs- und Abwicklungsrichtlinie) des Europäischen Parlaments und des Rates vom 15. Mai 2014 zur Festlegung eines Rahmens für die Sanierung und Abwicklung von Kreditinstituten und Wertpapierfirmen und zur Änderung der Richtlinie 82/891/EWG des Rates, der Richtlinien 2001/24/EG, 2002/47/EG, 2004/25/EG, 2005/56/EG, 2007/36/EG, 2011/35/EU, 2012/30/EU und 2013/36/EU sowie der Verordnungen (EU) Nr. 1093/2010 und (EU) Nr. 648/2012 des Europäischen Parlaments und des Rates, Amtsblatt der Europäischen Union vom 12. Juni 2014, L 173/190–348. Die BRRD wird häufig nur als Abwicklungsrichtlinie bezeichnet. Teilweise ist auch von der Krisenmanagementrichtlinie die Rede.

197 Verordnung (EU) Nr. 806/2014 (SRM-Verordnung) des Europäischen Parlaments und des Rates vom 15. Juli 2014 zur Festlegung einheitlicher Vorschriften und eines einheitlichen Verfahrens für die Abwicklung von Kreditinstituten und bestimmten Wertpapierfirmen im Rahmen eines einheitlichen Abwicklungsmechanismus und eines einheitlichen Abwicklungsfonds sowie zur Änderung der Verordnung (EU) Nr. 1093/2010, Amtsblatt der Europäischen Union vom 30. Juli 2014, L 225/1–90.

198 Delegierte Verordnung (EU) 2016/1075 der Kommission vom 23. März 2016 zur Ergänzung der Richtlinie 2014/59/EU des Europäischen Parlaments und des Rates durch technische Regulierungsstandards, in denen der Inhalt von Sanierungsplänen, Abwicklungsplänen und Gruppenabwicklungsplänen, die Mindestkriterien, anhand deren die zuständige Behörde Sanierungs- und Gruppensanierungspläne zu bewerten hat, die Voraussetzungen für gruppeninterne finanzielle Unterstützung, die Anforderungen an die Unabhängigkeit der Bewerter, die vertragliche Anerkennung von Herabschreibungs- und Umwandlungsbefugnissen, die Verfahren und Inhalte von Mitteilungen und Aussetzungsbekanntmachungen und die konkrete Arbeitsweise der Abwicklungskollegien festgelegt wird, Amtsblatt der Europäischen Union vom 8. Juli 2016, L 184/1–71.

199 Gesetz zur Sanierung und Abwicklung von Instituten und Finanzgruppen (Sanierungs- und Abwicklungsgesetz – SAG) vom 10. Dezember 2014 (BGBl. I S. 2091), das zuletzt durch Artikel 16 des Gesetzes vom 3. Juni 2021 (BGBl. I S. 1568) geändert worden ist.

200 Gesetz zur Umsetzung der Richtlinie 2014/59/EU des Europäischen Parlaments und des Rates vom 15. Mai 2014 zur Festlegung eines Rahmens für die Sanierung und Abwicklung von Kreditinstituten und Wertpapierfirmen und zur Änderung der Richtlinie 82/891/EWG des Rates, der Richtlinien 2001/24/EG, 2002/47/EG, 2004/25/EG, 2005/56/EG, 2007/36/EG, 2011/35/EU, 2012/30/EU und 2013/36/EU sowie der Verordnungen (EU) Nr. 1093/2010 und (EU) Nr. 648/2012 des Europäischen Parlaments und des Rates (BRRD-Umsetzungsgesetz) vom 10. Dezember 2014 (BGBl. I S. 2091), veröffentlicht am 18. Dezember 2014.

201 Verordnung zu den Mindestanforderungen an Sanierungspläne für Institute (Sanierungsplanmindestanforderungsverordnung – MaSanV) vom 12. März 2020 (BGBl. I S. 644), die durch Artikel 9 Absatz 3 des Gesetzes vom 9. Dezember 2020 (BGBl. I S. 2773) geändert worden ist.

202 Bundesanstalt für Finanzdienstleistungsaufsicht, Mindestanforderungen an die Ausgestaltung von Sanierungsplänen (MaSan), Rundschreiben 3/2014 (BA) vom 25. April 2014.

203 Bundesanstalt für Finanzdienstleistungsaufsicht, Merkblatt zur Sanierungsplanung, 31. März 2020.

204 Richtlinie (EU) 2019/879 des Europäischen Parlaments und des Rates vom 20. Mai 2019 zur Änderung der Richtlinie 2014/59/EU in Bezug auf die Verlustabsorptions- und Rekapitalisierungskapazität von Kreditinstituten und Wertpapierfirmen und der Richtlinie 98/26/EG, Amtsblatt der Europäischen Union vom 7. Juni 2019, L 150/296–344.

Milliarden Euro (»Top-Tier-Banken«) eine feste MREL-Mindestanforderung in Bezug auf die risikogewichteten Aktiva (RWA) und das Leverage Ratio Exposure (LRE) eingeführt, die nicht unterschritten werden darf.[205] Diese Institute müssen künftig einen Teil ihrer MREL-Anforderung, und zwar in Höhe von acht Prozent der Bilanzsumme, mit Eigenmitteln und nachrangigen berücksichtigungsfähigen Verbindlichkeiten erfüllen. Generell werden die MREL-Anforderungen künftig nicht mehr als einzelne Quote in Bezug auf die Gesamtverbindlichkeiten und Eigenmittel ausgedrückt, sondern durch zwei Quoten. Die erste Quote teilt die MREL durch den Gesamtrisikobetrag, die zweite Quote teilt die MREL durch die Gesamtrisikomessgröße. Damit bezieht sich die MREL zukünftig auf die gleichen Referenzgrößen wie die aufsichtlichen Eigenmittelanforderungen.[206] Bei den anderen Instituten liegt sowohl die Höhe der MREL-Anforderung als auch die Entscheidung über die Erfüllung mit nachrangigen Instrumenten im Ermessen der Abwicklungsbehörde. Die neuen Anforderungen der BRRD II wurden durch das Risikoreduzierungsgesetz aus dem Jahr 2020 in das nationale Recht, insbesondere das SAG, überführt.

Im Rahmen des SREP wird beim Gesamtscore die Kategorie F (»failing or likely to fail« gemäß **125** Art. 32 BRRD) verwendet, um die laufende Beaufsichtigung der Institute mit dem Krisenmanagement (Sanierung und Abwicklung) zu verknüpfen (→ AT 1 Tz. 2). Beim SREP steht die Überlebensfähigkeit der Institute im Fokus. Auf Grundlage der Score-Werte können die zuständigen Behörden u.a. Kapitalzuschläge oder zusätzliche Liquiditätspuffer verlangen. Deshalb dienen die SREP-Score-Werte auch als Trigger für entsprechende Aufsichts- oder Frühinterventionsmaßnahmen. Informationspflichten der Aufsichtsbehörden gegenüber den Abwicklungsbehörden bestehen schon bei einem Gesamtscore von 4, Frühinterventionsmaßnahmen können bereits ab einem Gesamtscore von 3 und einem Teilscore von 4 greifen. Auch über Abwicklungsmaßnahmen kann bereits ab einem Gesamtscore von 4 nachgedacht werden, sofern das Institut die damit verbundenen Aufsichts- oder Frühinterventionsmaßnahmen nicht befolgen sollte. Parallelen bestehen darüber hinaus bei der Durchführung von Stresstests, wobei sich die im Rahmen der Sanierungsplanung zu entwickelnden Szenarien hinsichtlich ihrer Strenge zwischen den in den MaRisk geforderten normalen und inversen Stressszenarien einordnen.

3.7 Europäisches Einlagensicherungssystem

Die EU-Kommission möchte als dritte Säule der Bankenunion ein Europäisches Einlagensicherungssystem (»European Deposit Insurance Scheme«, EDIS) errichten. EDIS soll für alle amtlich **126** anerkannten Einlagensicherungssysteme (»Deposit Guarantee Schemes«, DGS) sowie ihre angeschlossenen Banken gelten. Unter einem DGS werden insbesondere gesetzliche sowie amtlich anerkannte Sicherungssysteme verstanden, die Einlagen bis zu einer Höhe von 100.000 Euro pro Kunde und Institut absichern. Die Einlagensicherungsrichtlinie (»Deposit Guarantee Scheme Directive«, DGSD)[207] regelt die Errichtung und Funktionsweise von (nationalen) Einlagensicherungssystemen und legt die Verfahren dafür fest. Im Rahmen von EDIS ist auch ein gemeinsamer Einlagensicherungsfonds (»Deposit Insurance Fund«, DIF) geplant, an den alle beteiligten Banken Pflichtbeiträge entrichten müssen. Die EU-Kommission hatte den schrittweisen Aufbau von EDIS ursprünglich zwischen Anfang 2017 und Ende 2023 vorgesehen. Das Ziel der EU-Kommission

---

205 Vgl. Deutsche Bundesbank, Risikoreduzierungsgesetz – Die nationale Umsetzung des europäischen Bankenpaketes, in: Monatsbericht, Dezember 2020, S. 61ff.

206 Vgl. Eckardt, Jan/Möller, Andreas/Schreyer, Nathalie, Banken sicherer machen, in: BaFinJournal, Ausgabe Dezember 2020, S. 30ff.

207 Richtlinie 2014/49/EU (Einlagensicherungsrichtlinie – DGSD) des Europäischen Parlaments und des Rates vom 16. April 2014 über Einlagensicherungssysteme, Amtsblatt der Europäischen Union vom 12. Juni 2014, L 173/149–178.

bestand darin, ab dem Jahr 2024 eine gemeinsame Einlagensicherung mit einem Volumen von ca. 43 Milliarden Euro vom Ausschuss für die einheitliche Abwicklung (»Single Resolution Board«, SRB) verwalten zu lassen.

127   Die Errichtung eines Europäischen Einlagensicherungssystems scheitert bisher vor allem daran, dass eine damit verbundene Vergemeinschaftung der Risiken zu Lasten jener Staaten der Eurozone erfolgen würde, deren Institute einen vergleichsweise geringen Bestand an notleidenden Krediten (»Non-performing Loans«, NPL) und nur sehr überschaubare Investitionen in Staatsanleihen mit tendenziell hohem Risiko aufweisen. Institute in anderen Ländern haben dagegen einen vergleichsweise hohen Bestand an NPL und risikobehafteten Staatsanleihen. Sofern in diesen Staaten der Eurozone kein signifikanter Abbau der Risiken erfolgt, wäre dies mit einem nicht zu rechtfertigenden Haftungstransfer verbunden. Vor diesem Hintergrund wurden zwischenzeitlich zahlreiche Initiativen gestartet, die auf einen Risikoabbau in den betroffenen Ländern abzielen. Zur Wirkungsweise dieser Initiativen und den damit verbundenen Nebeneffekten bestehen allerdings verschiedene Ansichten. Die Kritiker von EDIS bemängeln zudem die zum Teil sehr unterschiedliche Kapitalausstattung der in den Staaten der Eurozone bestehenden nationalen Einlagensicherungssysteme.

4 Nationaler rechtlicher Rahmen

4.1 Gesetzliche Vorgaben durch das KWG

4.1.1 Risikomanagement auf Institutsebene[208] nach § 25 a Abs. 1 KWG

Gesetzliche Grundlage der MaRisk und Anknüpfungspunkt für die Umsetzung des SRP ist § 25 a Abs. 1 KWG, der von den Instituten eine »ordnungsgemäße Geschäftsorganisation« fordert. Das KWG zielt diesbezüglich in erster Linie auf ein aus qualitativer Sicht angemessenes Risikoumfeld in den Instituten ab, das zur Stärkung des Risikobewusstseins beitragen soll. In die gleiche Richtung gehende Ziele werden auch von anderen Normen verfolgt. So fordert der im Rahmen des Gesetzes zur Kontrolle und Transparenz im Unternehmensbereich (KonTraG) in das Aktiengesetz eingefügte § 91 Abs. 2 von den Vorständen der Aktiengesellschaften die Einrichtung eines Überwachungssystems. Ein derartiges Überwachungssystem wird als besonders geeignete Maßnahme angesehen, damit den Fortbestand der Gesellschaft gefährdende Entwicklungen früh erkannt werden. Von Bedeutung ist auch ein Verhaltenskodex, der die wichtigsten Corporate-Governance-Grundsätze[209] zusammenfasst bzw. um Empfehlungen ergänzt, die von den Vorständen und Aufsichtsräten aller börsennotierten Unternehmen beachtet werden sollten (Deutscher Corporate Governance Kodex).[210] Diese Grundsätze zielen insbesondere auf eine Verbesserung der Qualität der Abläufe und Entscheidungsprozesse innerhalb der Unternehmen ab und betreffen vor allem das Zusammenspiel zwischen Vorständen und Aufsichtsräten. | **128**

§ 25 a Abs. 1 KWG ist nach seiner erstmaligen Einfügung in das KWG im Jahr 1998 mehrmals novelliert worden. Dabei ging es i. d. R. weniger um materielle Erweiterungen als um begriffliche Präzisierungen und Strukturierungsfragen (→ AT 1 Tz. 1). In seiner aktuellen Fassung wird das unter dem Oberbegriff »ordnungsgemäße Geschäftsorganisation« umrissene Terrain in der Vorschrift selbst in mehreren Unterpunkten abgeschritten. Von besonderer Bedeutung für den SRP und die MaRisk ist dabei die Forderung nach einem angemessenen und wirksamen Risikomanagement (§ 25 a Abs. 1 Satz 3 KWG). In der Literatur und Praxis gibt es keine einheitliche Definition für den Begriff »Risikomanagement«. Zum Teil wird unter Risikomanagement die Steuerung im engeren Sinne verstanden, wozu z. B. die Festlegung und Anpassung von Limiten für bestimmte Risikoarten gehört. In anderen Fällen werden steuernde Funktionen im engeren Sinne und Überwachungsfunktionen (z. B. Risikocontrolling) unter dem Begriff Risikomanagement zusammengefasst. Es existieren jedoch auch Definitionen, die dem Risikomanagement eine wesentlich umfassendere Bedeutung zuweisen, indem z. B. die Interne Revision mit einbezogen wird.[211] | **129**

In enger Anlehnung an die Art. 74 und 97 CRD IV orientiert sich auch der deutsche Gesetzgeber an einem weit gefassten Risikomanagementbegriff. Auf Basis des angemessenen und wirksamen Risikomanagements ist insbesondere die Risikotragfähigkeit laufend sicherzustellen. Dafür sind entsprechende Verfahren zur Ermittlung und Sicherstellung der Risikotragfähigkeit einzurichten, wobei eine vorsichtige Ermittlung der Risiken, der potenziellen Verluste, die sich aufgrund von Stressszenarien ergeben, einschließlich derjenigen, die nach dem aufsichtlichen | **130**

---

208 Im Kommentar wird durchgängig zwischen den Begriffen »Institutsebene« und »Gruppenebene« unterschieden. Auf eine Verwendung des in bankaufsichtlichen Regelwerken häufig genutzten Begriffes »Einzelinstitutsebene« als Synonym für die Institutsebene wurde weitgehend verzichtet.

209 Es gibt eine Vielzahl von Definitionen für den Begriff »Corporate Governance«. Vgl. Helmis, Sven, Corporate Governance in Deutschland – Eigentums- und Kontrollstrukturen und rechtliche Rahmenbedingungen in der »Deutschland AG«, Institute for Mergers & Acquisitions (IMA), September 2002, S. 3 ff.

210 Regierungskommission Deutscher Corporate Governance Kodex, Deutscher Corporate Governance Kodex, Fassung vom 16. Dezember 2019.

211 Vgl. Lück, Wolfgang, Elemente eines Risiko-Managementsystems, in: Der Betrieb, Heft 1 und 2/1998, S. 9 ff.

Stresstest nach § 6b Abs. 3 KWG ermittelt werden, und des zu ihrer Abdeckung verfügbaren Risikodeckungspotenzials zugrunde zu legen ist. Außerdem umfasst das Risikomanagement gemäß § 25a Abs. 1 Satz 3 KWG insbesondere

- die Festlegung von Strategien, insbesondere die Festlegung einer auf die nachhaltige Entwicklung des Institutes gerichteten Geschäftsstrategie und einer damit konsistenten Risikostrategie,
- die Einrichtung von Prozessen zur Planung, Umsetzung, Beurteilung und Anpassung der Strategien sowie
- die Einrichtung interner Kontrollverfahren.

131 Bei den internen Kontrollverfahren wird weiter differenziert. Sie bestehen nach dem Wortlaut des Gesetzes aus

- dem (prozessabhängigen) internen Kontrollsystem, das neben aufbau- und ablauforganisatorischen Regelungen mit klarer Abgrenzung der Verantwortungsbereiche auch Prozesse zur Identifizierung, Beurteilung, Steuerung, Überwachung und Kommunikation der Risiken entsprechend den in Titel VII Kapitel 2 Abschnitt II Unterabschnitt 2 CRD IV niedergelegten Kriterien[212] sowie eine Risikocontrolling-Funktion und eine Compliance-Funktion umfasst und
- der (prozessunabhängigen) Internen Revision.

132 Seit der Novellierung des § 25a KWG durch die Finanzmarktrichtlinie zählen auch eine angemessene personelle und technisch-organisatorische Ausstattung sowie die Festlegung eines angemessenen Notfallkonzeptes, insbesondere für IT-Systeme, zum Risikomanagement im Sinne des KWG. Dabei handelt es sich um Aspekte, die bereits vorher Gegenstand der MaRisk waren und mit der Umsetzung der Finanzmarktrichtlinie auf Gesetzesebene gehoben wurden. Eine weitere Ergänzung betraf angemessene, transparente und auf eine nachhaltige Entwicklung des Institutes ausgerichtete Vergütungssysteme, die allerdings nur zwischenzeitlich Gegenstand der MaRisk waren und mittlerweile in der Institutsvergütungsverordnung (→ Kapitel 8.4) reguliert werden.

133 Das Risikoreduzierungsgesetz aus dem Jahr 2020 ändert § 25a Abs. 1 Satz 3 Nr. 5 KWG dahingehend, dass ein angemessenes Risikomanagement die Festlegung eines Notfallmanagements anstelle eines Notfallkonzeptes umfasst. Die Anpassung ist im Zusammenhang mit dem im Rahmen der sechsten MaRisk-Novelle neu gefassten Modul AT 7.3 »Notfallmanagement« zu sehen, wonach das Institut Ziele zum Notfallmanagement zu definieren und hieraus abgeleitet einen Notfallmanagementprozess festzulegen hat. Das von den Instituten weiterhin zu erstellende Notfallkonzept für Notfälle in zeitkritischen Aktivitäten und Prozessen ist ein wesentlicher Bestandteil dieses Notfallmanagements (→ AT 7.3). Das im Zuge der ersten BAIT-Novelle im Jahr 2021 neu eingefügte Modul 10 zum »IT-Notfallmanagement« konkretisiert die Anforderungen der MaRisk. Die Ziele und Rahmenbedingungen des IT-Notfallmanagements sind auf Basis der Ziele des Notfallmanagements gemäß MaRisk festzulegen (Tz. 10.1 BAIT).[213]

134 Die Ausgestaltung des Risikomanagements hängt dem Proportionalitätsprinzip zufolge von Art, Umfang, Komplexität und Risikogehalt der Geschäftstätigkeit ab (§ 25a Abs. 1 Satz 4 KWG). Seine Angemessenheit und Wirksamkeit ist vom Institut regelmäßig zu überprüfen (§ 25a Abs. 1 Satz 5 KWG). Eine ordnungsgemäße Geschäftsorganisation umfasst nach § 25a Abs. 1 Satz 6 KWG darüber hinaus

---

212 In diesem Unterabschnitt (Art. 76 bis 87 CRD IV) geht es um die technischen Kriterien für die Organisation und Behandlung von Risiken. Neben allgemeinen Anforderungen werden insbesondere die internen Ansätze zur Berechnung der Eigenmittelanforderungen näher beleuchtet. Zudem werden Vorgaben für spezielle Risikoarten gemacht, wie Kredit- und Kontrahentenausfallrisiko, Restrisiko, Konzentrationsrisiko, Verbriefungsrisiko, Marktrisiko, Zinsänderungsrisiko des Anlagebuches, operationelles Risiko, Liquiditätsrisiko und Risiko einer übermäßigen Verschuldung.

213 Bundesanstalt für Finanzdienstleistungsaufsicht, Bankaufsichtliche Anforderungen an die IT (BAIT), Rundschreiben 10/2017 (BA) in der Fassung vom 16. August 2021.

- angemessene Regelungen, anhand derer sich die finanzielle Lage des Institutes jederzeit mit hinreichender Genauigkeit bestimmen lässt,
- eine vollständige Dokumentation der Geschäftstätigkeit, die eine lückenlose Überwachung durch die BaFin für ihren Zuständigkeitsbereich gewährleistet, wobei erforderliche Aufzeichnungen mindestens fünf Jahre aufzubewahren sind[214], sowie
- einen Prozess, der es den Mitarbeitern unter Wahrung der Vertraulichkeit ihrer Identität ermöglicht, Verstöße gegen die Bankenverordnung[215], die Marktmissbrauchsverordnung[216], das KWG oder zugehörige Rechtsverordnungen sowie etwaige strafbare Handlungen innerhalb des Unternehmens an geeignete Stellen zu berichten.

4.1.2 Risikomanagement auf Gruppenebene nach § 25a Abs. 3 KWG

Ein angemessenes und wirksames Risikomanagement ist auch auf Gruppenebene sicherzustellen. Verantwortlich hierfür sind nach § 25a Abs. 3 KWG die Geschäftsleiter des jeweils übergeordneten Unternehmens der Gruppe. Wie auf der Institutsebene erstreckt sich das gruppenbezogene Risikomanagement insbesondere auf die Aspekte Strategien, Risikotragfähigkeit, internes Kontrollsystem und Interne Revision. Allerdings ist die Regelungstiefe der Anforderungen auf Gruppenebene in den MaRisk noch deutlich weniger ausgeprägt als auf Institutsebene. Abhängig von Art, Umfang, Komplexität und Risikogehalt der innerhalb einer Gruppe betriebenen Geschäfte hat z. B. die gruppenweite Strategie eher den Charakter einer Rahmenvorgabe, die von den einzelnen Instituten mit Leben zu füllen ist. Darüber hinaus ist es nicht zweckmäßig und häufig auch nicht möglich, aufbauorganisatorische Vorgaben auf die übergeordnete Ebene zu übertragen, da sie eindeutig mit bestimmten Geschäftsaktivitäten der einzelnen Institute verbunden sind. Das betrifft insbesondere das Prinzip der Funktionstrennung bei risikorelevanten Kreditentscheidungen. Vor diesem Hintergrund wurden die Anforderungen an das Risikomanagement auf Gruppenebene deutlich abstrakter formuliert (→ AT 4.5). 135

Im Rahmen des Trennbankengesetzes[217] wurden allerdings auch die Anforderungen an die Geschäftsleiter des übergeordneten Unternehmens in § 25c Abs. 4b KWG in Form von Sicherstellungspflichten umfassend geregelt. Neben einigen redaktionellen Abweichungen zu den MaRisk werden die Anforderungen an das Risikomanagement auf Gruppenebene in diesem 136

---

214 Im KWG wird klargestellt, dass § 257 Abs. 4 HGB unberührt bleibt und § 257 Abs. 3 und 5 HGB entsprechend gilt. Demzufolge sind Handelsbücher, Inventare, Eröffnungsbilanzen, Jahresabschlüsse, Einzelabschlüsse nach § 325 Abs. 2a HGB, Lageberichte, Konzernabschlüsse, Konzernlageberichte sowie die zu ihrem Verständnis erforderlichen Arbeitsanweisungen und sonstigen Organisationsunterlagen, genauso wie Belege für Buchungen in den nach § 238 Abs. 1 HGB zu führenden Büchern zehn Jahre aufzubewahren. Hingegen genügt für die empfangenen Handelsbriefe und Wiedergaben der abgesandten Handelsbriefe eine Aufbewahrungsfrist von sechs Jahren, wobei Handelsbriefe Schriftstücke sind, die ein Handelsgeschäft betreffen. Mit Ausnahme der Eröffnungsbilanzen und Abschlüsse können die aufgeführten Unterlagen auch als Wiedergabe auf einem Bildträger oder auf anderen Datenträgern aufbewahrt werden, wenn dies den Grundsätzen ordnungsmäßiger Buchführung entspricht und sichergestellt ist, dass die Wiedergabe oder die Daten mit den empfangenen Handelsbriefen und den Buchungsbelegen bildlich und mit den anderen Unterlagen inhaltlich übereinstimmen, während der Dauer der Aufbewahrungsfrist verfügbar sind und jederzeit innerhalb angemessener Frist lesbar gemacht werden können. Sind Unterlagen aufgrund des § 239 Abs. 4 Satz 1 HGB auf Datenträgern hergestellt worden, können statt des Datenträgers die Daten auch ausgedruckt aufbewahrt werden. Die ausgedruckten Unterlagen können entsprechend aufbewahrt werden. Die Aufbewahrungsfrist beginnt mit dem Schluss des Kalenderjahres, in dem die letzte Eintragung in das Handelsbuch gemacht, das Inventar aufgestellt, die Eröffnungsbilanz oder der Jahresabschluss festgestellt, der Einzelabschluss nach § 325 Abs. 2a HGB oder der Konzernabschluss aufgestellt, der Handelsbrief empfangen oder abgesandt worden oder der Buchungsbeleg entstanden ist.

215 Verordnung (EU) Nr. 575/2013 (Bankenverordnung – CRR) des Europäischen Parlaments und des Rates vom 26. Juni 2013 über Aufsichtsanforderungen an Kreditinstitute und Wertpapierfirmen und zur Änderung der Verordnung (EU) Nr. 646/2012, Amtsblatt der Europäischen Union vom 27. Juni 2013, L 176/1–337.

216 Verordnung (EU) Nr. 596/2014 (Marktmissbrauchsverordnung) des Europäischen Parlaments und des Rates vom 16. April 2014 über Marktmissbrauch und zur Aufhebung der Richtlinie 2003/6/EG des Europäischen Parlaments und des Rates und der Richtlinien 2003/124/EG, 2003/125/EG und 2004/72/EG der Kommission, Amtsblatt der Europäischen Union vom 12. Juni 2014, L 173/1–61.

217 Gesetz zur Abschirmung von Risiken und zur Planung der Sanierung und Abwicklung von Kreditinstituten und Finanzgruppen vom 7. August 2013 (BGBl. I S. 3090), veröffentlicht am 12. August 2013.

Zusammenhang detailliert aufgeführt. Dabei wird deutlich, dass sich diese Vorgaben nur marginal von jenen Anforderungen unterscheiden, die auf Institutsebene zu berücksichtigen sind. Es ist insofern nicht verwunderlich, dass die Anforderungen an das Risikomanagement auf Gruppenebene im Rahmen der fünften MaRisk-Novelle etwas detaillierter ausgestaltet wurden. Die auf § 25c Abs. 4b Satz 2 KWG zurückzuführenden Ergänzungen betrafen in erster Linie die Berichterstattung an die Geschäftsleiter des übergeordneten Unternehmens, die Berichterstattung der Konzernrevision an die Geschäftsleitung und das Aufsichtsorgan sowie die Durchführung regelmäßiger (und anlassbezogener) Stresstests für das Gesamtrisikoprofil auf Gruppenebene. Zudem wurden die Anforderungen an die Revisionstätigkeit auf Gruppen- und Institutsebene stärker aufeinander abgestimmt.

4.1.3 Auslagerung von Aktivitäten und Prozessen nach § 25b KWG

137 Durch die Integration der überarbeiteten Outsourcing-Regelungen in die MaRisk wurde die gesetzliche Grundlage, auf die sich die MaRisk beziehen, erweitert. Die MaRisk dienen seither auch der Auslegung von § 25b KWG (§ 25a Abs. 2 KWG a.F.) – der zentralen gesetzlichen Norm im Bereich der Auslagerung von Aktivitäten und Prozessen, die im Zuge der Umsetzung des Finanzmarktrichtlinie-Umsetzungsgesetzes (FRUG) angepasst wurde (→ AT 9, Einführung). Zu § 25b KWG besteht auch insoweit ein enger Zusammenhang, als eine Auslagerung die Ordnungsmäßigkeit der Geschäftsorganisation im Sinne des § 25a Abs. 1 KWG nicht beeinträchtigen darf. Insbesondere muss ein angemessenes und wirksames Risikomanagement durch das Institut gewährleistet bleiben, das die ausgelagerten Aktivitäten und Prozesse einbezieht (§ 25b Abs. 1 KWG).

138 Der Zusammenhang zwischen beiden Paragrafen lässt sich auch heute noch wie folgt charakterisieren: »Die in § 25a Abs. 2 KWG (jetzt § 25b KWG) normierten Spezialregelungen für die Auslagerung von Unternehmensbereichen sind Ausfluss der allgemeinen Grundsätze ordnungsgemäßer Geschäftsführung und ergänzen und konkretisieren die Anforderungen an eine ordnungsgemäße Organisation, die der Gesetzgeber in § 25a Abs. 1 KWG im Kern normiert hat. § 25a Abs. 2 KWG (jetzt § 25b KWG) ist deshalb nicht isoliert zu betrachten. Anforderungen und Grenzen der Auslagerung sind vielmehr an diesen allgemeinen Organisationsregeln und den mit ihnen verfolgten aufsichtsrechtlichen Zielen sowie an den mit der Auslagerung verbundenen speziellen Risiken zu messen.«[218] § 25b KWG stellt bei für die Durchführung von Bankgeschäften, Finanzdienstleistungen und sonstigen institutstypischen Dienstleistungen wesentlichen Auslagerungen im Hinblick auf die Ordnungsmäßigkeit der Geschäftsorganisation, die Verantwortung der Geschäftsleitung sowie ein angemessenes und wirksames Risikomanagement grundsätzlich dieselben Anforderungen wie § 25a Abs. 1 KWG bei einer institutseigenen Leistungserbringung. Seit dem Inkrafttreten des Finanzmarktintegritätsstärkungsgesetzes (FISG) im Jahr 2021 ist § 25b KWG für sämtliche Auslagerungen lex spezialis zu § 25a Abs. 1 KWG und nicht nur für die unter Risikogesichtspunkten »wesentlichen« Auslagerungen im Sinne der MaRisk (→ AT 9, Einführung).

139 Eine Auslagerung darf nicht zu einer Übertragung der Verantwortung der Geschäftsleiter an das Auslagerungsunternehmen führen. Das Institut bleibt bei einer Auslagerung für die Einhaltung der vom Institut zu beachtenden gesetzlichen Bestimmungen verantwortlich (§ 25b Abs. 2 KWG). Weitere gesetzliche Vorgaben betreffen insbesondere die Auskunfts- und Prüfungsrechte sowie Kontrollmöglichkeiten der BaFin (§ 25b Abs. 3 und 4 KWG). Auch wenn das auslagernde Institut in erster Linie der Adressat bankaufsichtlicher Maßnahmen ist, wurden im Zuge des FISG die Befugnisse der BaFin bei wesentlichen Auslagerungen dahingehend erweitert,

---

218 Bundesaufsichtsamt für das Kreditwesen, Auslagerung von Bereichen auf ein anderes Unternehmen gemäß § 25a Abs. 2 KWG, Rundschreiben 11/2001 vom 6. Dezember 2001, Tz. 2.

dass diese nunmehr unter bestimmten Bedingungen auch unmittelbar gegenüber dem Auslagerungsunternehmen Anordnungen treffen kann (§ 25b Abs. 4a KWG).

Im Zuge des Abwicklungsmechanismusgesetzes (AbwMechG)[219] wurde in § 25b Abs. 5 KWG **140** eine Rechtsverordnungsermächtigung geschaffen, um die bisher in den MaRisk enthaltenen Auslagerungsanforderungen ggf. zukünftig in eine Verordnung zu überführen. Bisher hat das Bundesministerium der Finanzen von dieser Ermächtigung allerdings keinen Gebrauch gemacht. Vielmehr hat die deutsche Aufsicht die erheblichen Verschärfungen der Vorgaben zu Auslagerungen von Kernbankbereichen und besonderen Funktionen im Jahr 2017 erneut im Wege einer Novellierung der MaRisk veröffentlicht (→ AT 9).

Der sonstige Fremdbezug von Leistungen ist nicht als Auslagerung im Sinne der MaRisk zu **141** qualifizieren (→ AT 9 Tz. 1, Erläuterung). Da auch der sonstige Fremdbezug von Leistungen nicht vollkommen risikofrei ist, muss auch insoweit auf die allgemeinen Anforderungen an die Ordnungsmäßigkeit der Geschäftsorganisation gemäß § 25a Abs. 1 KWG abgestellt werden. Die Anforderungen des § 25b KWG sind auf den sonstigen Fremdbezug von Leistungen nicht anzuwenden (→ AT 9 Tz. 3).

4.1.4 Anforderungen an die Geschäftsleiter nach § 25c KWG

Zu den Anforderungen an die Geschäftsleiter nach § 25c KWG besteht eine enge Verbindung. **142** Diese Anforderungen beziehen sich in Abs. 3 zunächst auf die Gesamtverantwortung für die ordnungsgemäße Geschäftsorganisation, die in Abs. 4 durch die Forderung nach angemessenen personellen und finanziellen Ressourcen zur Bewältigung dieser Aufgabe sowie in Abs. 4a bzw. Abs. 4b durch entsprechende Sicherstellungspflichten für das jeweilige Institut bzw. die Gruppe konkretisiert werden.

So müssen die Geschäftsleiter nach § 25c Abs. 4a KWG dafür Sorge tragen, dass das Institut über **143** eine auf die nachhaltige Entwicklung des Institutes gerichtete Geschäftsstrategie und eine damit konsistente Risikostrategie sowie Prozesse zur Planung, Umsetzung, Beurteilung und Anpassung der Strategien nach § 25a Abs. 1 Satz 3 Nummer 1 KWG, Verfahren zur Ermittlung und Sicherstellung der Risikotragfähigkeit nach § 25a Abs. 1 Satz 3 Nummer 2 KWG, interne Kontrollverfahren mit einem internen Kontrollsystem und einer Internen Revision nach § 25a Abs. 1 Satz 3 Nummer 3 lit. a bis c KWG, eine angemessene personelle und technisch-organisatorische Ausstattung des Institutes nach § 25a Abs. 1 Satz 3 Nummer 4 KWG sowie für Notfälle in zeitkritischen Aktivitäten und Prozessen angemessene Notfallkonzepte nach § 25a Abs. 1 Satz 3 Nummer 5 KWG verfügt. Im Fall einer Auslagerung von Aktivitäten und Prozessen auf ein anderes Unternehmen nach § 25b Abs. 1 Satz 1 KWG müssen zudem mindestens angemessene Verfahren und Konzepte vorhanden sein, um übermäßige zusätzliche Risiken sowie eine Beeinträchtigung der Ordnungsmäßigkeit der Geschäfte, Dienstleistungen und der Geschäftsorganisation im Sinne des § 25a Abs. 1 KWG zu vermeiden. Dasselbe gilt gemäß § 25c Abs. 4b KWG auf Gruppenebene.

Die Änderung des § 25a Abs. 1 Satz 3 Nr. 5 KWG durch das Risikoreduzierungsgesetz aus dem **144** Jahr 2020, wonach ein angemessenes Risikomanagement die Festlegung eines Notfallmanagements anstelle eines Notfallkonzeptes umfasst, ist in § 25c Abs. 4a Nr. 5 KWG noch nicht berücksichtigt. Die Anpassung ist im Zusammenhang mit dem im Rahmen der sechsten MaRisk-Novelle neu gefassten Modul AT 7.3 zu sehen (→ AT 7.3 Tz. 1). Es ist jedoch davon auszugehen, dass sich die Sicherstellungspflichten der Geschäftsleiter nunmehr auf das im Modul AT 7.3 konkretisierte angemessene Notfallmanagement erstrecken.

---

219 Gesetz zur Anpassung des nationalen Bankenabwicklungsrechts an den Einheitlichen Abwicklungsmechanismus und die europäischen Vorgaben zur Bankenabgabe (Abwicklungsmechanismusgesetz – AbwMechG) in der Fassung vom 2. November 2015 (BGBl. I S. 1864), veröffentlicht am 5. November 2015.

145 Die Sicherstellungspflichten der Geschäftsleiter werden weiter konkretisiert. So müssen die Geschäftsleiter nach § 25 c Abs. 4a bzw. Abs. 4b KWG mindestens dafür Sorge tragen, dass

- jederzeit das Gesamtziel des Institutes/der Gruppe, die Ziele des Institutes/der Gruppe für jede wesentliche Geschäftsaktivität sowie die Maßnahmen zur Erreichung dieser Ziele dokumentiert werden,
- die Risikostrategie des Institutes/der Gruppe jederzeit die Ziele der Risikosteuerung der wesentlichen Geschäftsaktivitäten sowie die Maßnahmen zur Erreichung dieser Ziele umfasst,
- die strategische Ausrichtung der gruppenangehörigen Unternehmen mit den gruppenweiten Geschäfts- und Risikostrategien abgestimmt wird,
- die wesentlichen Risiken des Institutes/der Gruppe, insbesondere Adressenausfall-, Marktpreis-, Liquiditäts- und operationelle Risiken, regelmäßig und anlassbezogen im Rahmen einer Risikoinventur identifiziert und definiert werden (Gesamtrisikoprofil des Institutes/der Gruppe),
- im Rahmen der Risikoinventur Risikokonzentrationen innerhalb des Institutes/der Gruppe berücksichtigt sowie mögliche wesentliche Beeinträchtigungen der Vermögenslage, der Ertragslage oder der Liquiditätslage des Institutes/der Gruppe geprüft werden,
- im Rahmen der Aufbau- und Ablauforganisation des Institutes/der Gruppe Verantwortungsbereiche klar abgegrenzt werden, wobei wesentliche Prozesse und damit verbundene Aufgaben, Kompetenzen, Verantwortlichkeiten, Kontrollen sowie Kommunikationswege innerhalb des Institutes/der Gruppe klar zu definieren sind und sicherzustellen ist, dass Mitarbeiter keine miteinander unvereinbaren Tätigkeiten ausüben,
- beim Institut/bei den gruppenangehörigen Unternehmen eine grundsätzliche Trennung zwischen dem Bereich, der Kreditgeschäfte initiiert und bei den Kreditentscheidungen über ein Votum verfügt (Markt), sowie dem Bereich Handel einerseits und dem Bereich, der bei den Kreditentscheidungen über ein weiteres Votum verfügt (Marktfolge), und den Funktionen, die dem Risikocontrolling und die der Abwicklung und Kontrolle der Handelsgeschäfte dienen, andererseits besteht,
- in angemessenen Abständen, mindestens aber vierteljährlich, gegenüber der Geschäftsleitung über die Risikosituation einschließlich einer Beurteilung der Risiken berichtet wird,
- in angemessenen Abständen, mindestens aber vierteljährlich, auf Instituts-/Gruppenebene seitens der Geschäftsleitung gegenüber dem Aufsichtsorgan über die Risikosituation des Institutes/der Gruppe einschließlich einer Beurteilung der Risiken berichtet wird,
- das interne Kontrollsystem des Institutes/der Gruppe eine Risikocontrolling-Funktion und eine Compliance-Funktion sowie Risikosteuerungs- und -controllingprozesse zur Identifizierung, Beurteilung, Steuerung, Überwachung und Kommunikation der wesentlichen Risiken und damit verbundener Risikokonzentrationen umfasst,
- regelmäßig angemessene Stresstests für die wesentlichen Risiken und das Gesamtrisikoprofil auf Instituts-/Gruppenebene durchgeführt werden und auf Grundlage der Ergebnisse möglicher Handlungsbedarf geprüft wird,
- die Interne Revision/Konzernrevision in angemessenen Abständen, mindestens aber vierteljährlich, an die Geschäftsleitung und an das Aufsichtsorgan berichtet,
- die quantitative und qualitative Personalausstattung und der Umfang und die Qualität der technisch-organisatorischen Ausstattung des Institutes/der gruppenangehörigen Unternehmen die jeweiligen betriebsinternen Erfordernisse, die Geschäftsaktivitäten und die Risikosituation des Institutes/der gruppenangehörigen Unternehmen berücksichtigen, sowie
- regelmäßig Notfalltests zur Überprüfung der Angemessenheit und Wirksamkeit des Notfallkonzeptes auf Instituts-/Gruppenebene durchgeführt werden und über die Ergebnisse den jeweils Verantwortlichen berichtet wird.

Der Jahresabschlussprüfer hat nach § 11 Abs. 4 PrüfbV zu beurteilen, ob die Geschäftsleiter im Rahmen ihrer Pflichten und ihrer Gesamtverantwortung für die ordnungsgemäße Geschäftsorganisation diesen Aufgaben nachgekommen sind. **146**

Von besonderer Brisanz werden diese Vorgaben durch die Strafvorschriften in § 54 a KWG, die bei Verletzung dieser Sicherstellungspflichten unter bestimmten Bedingungen in Freiheitsstrafen von bis zu fünf Jahren oder Geldstrafen münden können. Es handelt sich insofern um einen deutlichen Hinweis des Gesetzgebers an die Geschäftsleiter, die Anforderungen des § 25 c KWG entsprechend zu würdigen. Das hat naturgemäß auch Einfluss auf die Umsetzung der Vorgaben zu § 25 a KWG. **147**

4.1.5 Anforderungen an das Aufsichtsorgan nach § 25 d KWG

Bei den Anforderungen an das Aufsichtsorgan geht es in § 25 d Abs. 2 KWG u. a. darum, dass das Aufsichtsorgan in seiner Gesamtheit über die Kenntnisse, Fähigkeiten und Erfahrungen verfügen muss, die zur Wahrnehmung der Kontrollfunktion sowie zur Beurteilung und Überwachung der Geschäftsleitung des Institutes oder der Gruppe notwendig sind. Nach § 25 d Abs. 4 KWG müssen angemessene personelle und finanzielle Ressourcen eingesetzt werden, um den Mitgliedern des Aufsichtsorgans die Einführung in ihr Amt zu erleichtern und die Fortbildung zu ermöglichen, die zur Aufrechterhaltung der erforderlichen Sachkunde notwendig ist. Insofern besteht eine Parallele zu den Anforderungen an die Geschäftsleiter. **148**

Das Aufsichtsorgan muss die Geschäftsleiter nach § 25 d Abs. 6 KWG auch im Hinblick auf die Einhaltung der einschlägigen bankaufsichtsrechtlichen Regelungen überwachen. Es muss u. a. der Erörterung von Strategien und Risiken ausreichend Zeit widmen. **149**

Das Aufsichtsorgan soll nach § 25 d Abs. 7 KWG abhängig von der Größe, der internen Organisation und der Art, des Umfangs, der Komplexität und dem Risikogehalt der Geschäfte des Unternehmens aus seiner Mitte Ausschüsse bestellen, die es bei seinen Aufgaben beraten und unterstützen.[220] Das Aufsichtsorgan eines bedeutenden Institutes gemäß § 1 Abs. 3c KWG hat zwingend einen Risiko-, einen Prüfungs-, einen Nominierungs- und einen Vergütungskontrollausschuss zu bestellen.[221] Jeder Ausschuss soll eines seiner Mitglieder zum Vorsitzenden ernennen. Die Mitglieder der Ausschüsse müssen die zur Erfüllung der jeweiligen Ausschussaufgaben erforderlichen Kenntnisse, Fähigkeiten und Erfahrungen besitzen. Um die Zusammenarbeit und den fachlichen Austausch zwischen den einzelnen Ausschüssen sicherzustellen, soll mindestens ein Mitglied eines jeden Ausschusses einem weiteren Ausschuss angehören. Die BaFin kann die Bildung eines Ausschusses oder mehrerer Ausschüsse verlangen, wenn dies insbesondere unter Berücksichtigung der relevanten Kriterien oder zur ordnungsgemäßen Wahrnehmung der Kontrollfunktion des Aufsichtsorgans erforderlich erscheint. **150**

Relevant für die MaRisk sind der Risikoausschuss nach § 25 d Abs. 8 KWG und der Prüfungsausschuss nach § 25 d Abs. 9 KWG. Der Risikoausschuss berät das Aufsichtsorgan zur aktuellen und zukünftigen Gesamtrisikobereitschaft und -strategie des Unternehmens und unterstützt es bei der Überwachung der Umsetzung dieser Strategie durch die obere Leitungsebene. Der Risikoausschuss wacht darüber, dass die Konditionen im Kundengeschäft mit dem Geschäftsmodell und der Risikostruktur des Unternehmens im Einklang stehen. Soweit dies nicht der Fall ist, verlangt der Risikoausschuss von der Geschäftsleitung Vorschläge, wie die Konditionen entsprechend ausgestaltet werden können, und überwacht deren Umsetzung. Der Risikoaus- **151**

---

220 Im Fall einer europäischen Gesellschaft (SE) mit monistischem System sollen die Ausschüsse aus dem Kreis der nicht geschäftsführenden Mitglieder des Verwaltungsrates bestellt werden.

221 Das gilt gemäß § 25 d Abs. 7 Satz 2 in Verbindung mit § 25 d Abs. 3 Satz 2 KWG entsprechend für das Aufsichtsorgan einer Finanzholding-Gesellschaft, wenn diese das übergeordnete Unternehmen einer Finanzholding-Gruppe ist und ihr ein CRR-Institut nachgeordnet ist.

schuss kann, soweit erforderlich, den Rat externer Sachverständiger einholen. Der Risikoausschuss oder, falls ein solcher nicht eingerichtet wurde, das Aufsichtsorgan bestimmt Art, Umfang, Format und Häufigkeit der Informationen, die die Geschäftsleitung zum Thema Strategie und Risiko vorlegen muss. Der Prüfungsausschuss unterstützt das Aufsichtsorgan u. a. bei der Überwachung des Rechnungslegungsprozesses, der Wirksamkeit des Risikomanagementsystems, insbesondere des internen Kontrollsystems und der Internen Revision. Der Vorsitzende des Prüfungsausschusses muss über entsprechenden Sachverstand verfügen. Der Vorsitzende des Risikoausschusses und der Vorsitzende des Prüfungsausschusses oder, falls solche Ausschüsse nicht eingerichtet wurden, der Vorsitzende des Aufsichtsorgans, können unmittelbar beim Leiter der Internen Revision und beim Leiter der Risikocontrolling-Funktion Auskünfte einholen. Die Geschäftsleitung muss hierüber unterrichtet werden. Unter bestimmten Voraussetzungen kann ein gemeinsamer Risiko- und Prüfungsausschuss bestellt werden.[222] Die Gründe für eine Zusammenlegung sind von dem Unternehmen zu dokumentieren.

152 Bisher haben lediglich die Vorgaben zur Einholung von Auskünften durch den Vorsitzenden des Prüfungsausschusses oder des Aufsichtsorgans beim Leiter der Internen Revision den Weg in die MaRisk gefunden (→ AT 4.4.3 Tz. 2).

153 Die EBA fordert in ihren Leitlinien zur internen Governance nicht nur ein Auskunftsrecht des Aufsichtsorgans gegenüber der Risikocontrolling-Funktion und der Internen Revision. Nach den Vorstellungen der EBA sollten vielmehr alle Leiter der besonderen Funktionen (→ AT 4.4) gegenüber dem Aufsichtsorgan ihre Bedenken äußern bzw. dieses warnen können, wenn nachteilige Risikoentwicklungen das Institut beeinträchtigen oder beeinträchtigen können.[223] Die EBA formuliert damit explizit ein »Rederecht« der Internen Revision, welches über das im KWG und in den MaRisk enthaltene Auskunftsrecht hinausgeht. Der deutsche Gesetzgeber hat dieses Rederecht der Internen Revision, das die EBA explizit unter den Vorbehalt des anwendbaren nationalen Gesellschaftsrechtes stellt, aufgrund eines möglichen Konfliktes mit dem deutschen Gesellschaftsrecht nicht in das nationale Recht übernommen.[224]

4.2 Norminterpretierende Verwaltungsvorschriften

154 Bei den MaRisk handelt es sich – wie schon bei den »alten« qualitativen Regelwerken – um norminterpretierende Verwaltungsvorschriften der BaFin (→ AT 1 Tz. 1). Sie legen unbestimmte Rechtsbegriffe der §§ 25a und 25b KWG aus und bringen damit auf transparente Weise zum Ausdruck, was die BaFin z.B. unter einem »angemessenen Risikomanagement«, »Strategien« und »internen Kontrollverfahren« oder auch einer »angemessenen Einbindung der ausgelagerten Aktivitäten und Prozesse in das Risikomanagement« versteht. Für die Institute stellen derartige Verwaltungsvorschriften einen nicht zu unterschätzenden Gewinn an Rechts- und Planungs-

222 Gemäß § 11 Abs. 5 PrüfbV hat der Jahresabschlussprüfer zu beurteilen, ob die Strukturen des Institutes dem Aufsichtsorgan ermöglichen, seine Aufgaben ordnungsgemäß wahrzunehmen. Im Rahmen dieser Beurteilung hat er auch auf die Einrichtung oder Nichteinrichtung der gesetzlich vorgegebenen Ausschüsse einzugehen. Der Jahresabschlussprüfer hat zudem zu beurteilen, ob der Vorsitzende des Aufsichtsorgans bzw. der jeweiligen Ausschüsse unmittelbar beim Leiter der Internen Revision, beim Leiter des Risikocontrollings oder bei den Leitern der für die Ausgestaltung der Vergütungssysteme zuständigen Organisationseinheiten Auskünfte einholen kann.

223 Vgl. European Banking Authority, Leitlinien zur internen Governance, EBA/GL/2017/11, 21. März 2018, S. 13 und 41.

224 Nach den EBA-Leitlinien zur internen Governance soll das Aufsichtsorgan das Rederecht der Internen Revision sicherstellen, »unbeschadet der nach dem anwendbaren nationalen Gesellschaftsrecht zugewiesenen Zuständigkeiten«. Vgl. European Banking Authority, Leitlinien zur internen Governance, EBA/GL/2017/11, 21. März 2018, S. 12 f. Die Deutsche Kreditwirtschaft hat in ihrer Stellungnahme zum Entwurf der EBA-Leitlinien auf einen möglichen Konflikt mit dem deutschen Gesellschaftsrecht hingewiesen und klargestellt, dass die Interne Revision nach dem deutschen Corporate-Governance-Verständnis ein Instrument der Geschäftsleitung ist. Vgl. Deutsche Kreditwirtschaft (German Banking Industry Committee), Comments on EBA Draft Guidelines on internal governance, Schreiben vom 27. Januar 2017, S. 4.

sicherheit dar. Das Aufsichtshandeln der BaFin wird transparenter, da sie bei der Auslegung der gesetzlichen Normen ihre eigenen Verwaltungsvorschriften, also die MaRisk, heranzieht.[225] Zudem binden die MaRisk die BaFin bei der Ausübung ihrer Eingriffsbefugnisse im Rahmen ihrer Ermessensausübung. Solche Benchmarks, die der Auslegung übergeordneten Rechtes dienen, werden auch von anderen Aufsichtsbehörden entwickelt.[226]

Wegen ihrer Funktion als Benchmark ist es von erheblicher Bedeutung, dass die Terminologie **155** der MaRisk auf die einschlägigen Begriffe des Gesetzes abgestimmt ist. Erst durch einen terminologischen Gleichklang können die MaRisk ihre Funktion als norminterpretierende Verwaltungsvorschriften sowohl im Interesse der Institute als auch der Aufsicht sachgerecht erfüllen. Abbildung 2 zeigt, dass dieser Notwendigkeit Rechnung getragen wurde.

Neben der deutschen Aufsicht veröffentlichen auch die EBA und die EZB rechtlich nicht **156** verbindliche Leitlinien, Empfehlungen, Leitfäden und Beschlüsse, die ihre Erwartungshaltung zu einem angemessenen und wirksamen Risikomanagement der Institute zum Ausdruck bringen. Die EZB macht hiervon in der Praxis inzwischen in erheblichem Umfang Gebrauch, um einheitliche aufsichtliche Verfahren zu fördern und ihre Aufsichtspraxis für den Bankensektor transparent zu machen.

Abb. 2: Kernelemente des Risikomanagements nach § 25 a Abs. 1 Satz 3 KWG

---

225 Vgl. Bundesanstalt für Finanzdienstleistungsaufsicht, Entwicklung von Mindestanforderungen an das Risikomanagement (MaRisk), Schreiben vom 15. April 2004, S. 3.

226 Aus Sicht der ehemaligen britischen Financial Services Authority (FSA) konnten die beaufsichtigten Institute von einer Gesetzeskonformität ausgehen (»Rules«), wenn die dazu erlassenen »Guidelines« der FSA beachtet wurden. Die britischen »Guidelines«, die gegenüber den Instituten keine unmittelbare Bindungswirkung entfalten, erfüllen somit im Ergebnis den gleichen Zweck wie die norminterpretierenden Verwaltungsvorschriften der BaFin. Vgl. Financial Services Authority, Reader's Guide: an introduction to the Handbook, Juli 2005, S. 22. Die Aufgaben der FSA wurden zum 1. April 2013 auf die Financial Conduct Authority (FCA) und die Prudential Regulation Authority (PRA) übertragen.

4.3 Bankaufsichtliche Reaktionen

157 Reaktionen der BaFin auf festgestellte Mängel bei den Instituten können abhängig vom konkreten Einzelfall unterschiedlich ausfallen. In der Regel lassen sich die Probleme durch »informelle Handlungen« der BaFin ausräumen. Hierzu zählen bspw. Gespräche mit den Instituten oder Schreiben, in denen die Institute um Stellungnahme zu bestimmten Feststellungen in Prüfungsberichten gebeten werden. Soweit erforderlich, ergreift die BaFin jedoch auch »formelle Handlungen«, also bankaufsichtliche Maßnahmen, wie etwa Verwarnungen oder Abberufungen von Geschäftsleitern.

158 Das formelle Maßnahmeninstrumentarium der BaFin wurde vor dem Hintergrund der Finanzmarktkrise deutlich geschärft. Die damalige Bundeskanzlerin Angela Merkel hatte schon im Jahr 2008 angekündigt, die Eingriffsbefugnisse der Bankenaufsicht zu stärken. Der Gesetzgeber hat diesem Anliegen durch das »Gesetz zur Stärkung der Finanzmarkt- und Versicherungsaufsicht« (FMVAStärkG) vom Juli 2009 entsprochen. Die Neuerungen reichen von Ausschüttungsverboten (§ 45 Abs. 2 KWG) bis hin zur Untersagung oder Beschränkung von Zahlungen an konzerngehörige Unternehmen, wenn diese für das Institut nachteilig sind (§ 46 Abs. 1 Satz 3 KWG). Außerdem statuiert § 25 d KWG neue Anforderungen an die Aufsichtsorgane der Institute.

159 § 25 a KWG wurde durch das FMVAStärkG zwar nicht substanziell verändert. Mittelbar besteht allerdings ein enger Zusammenhang, denn zwei der im FMVAStärkG verankerten neuen Eingriffsbefugnisse beziehen sich auf § 25 a KWG und damit auch auf die MaRisk. So kann die BaFin (regulatorische) Kapitalaufschläge verlangen, wenn das Institut nicht über eine ordnungsgemäße Geschäftsorganisation verfügt (§ 10 Abs. 3 Nr. 2 KWG). Die Neufassung des § 45 b KWG ermöglicht es der BaFin zudem, im Falle organisatorischer Mängel deutlich einfacher als bisher gegen Institute vorzugehen. Insbesondere kann die BaFin Maßnahmen zur Risikoreduzierung ergreifen (auch mit Blick auf Auslagerungen), Geschäfte beschränken oder untersagen sowie (regulatorische) Kapitalaufschläge festlegen. Bei organisatorischen Mängeln kann die BaFin ferner anordnen, dass weitere Zweigstellen nur mit ihrer Zustimmung errichtet werden dürfen. Durch diese Regelungen wurde insoweit das Maßnahmeninstrumentarium der BaFin nicht unerheblich ausgeweitet, um auf Verstöße gegen § 25 a KWG angemessen reagieren zu können.

160 Darüber hinaus wurden der Katalog der Ordnungswidrigkeiten in § 56 KWG erweitert und der bei Verstößen gegen bankaufsichtsrechtliche Vorgaben maßgebliche Bußgeldrahmen deutlich erhöht. Die BaFin kann bei Verstößen gegen bestimmte aufsichtsrechtliche Vorgaben gegenüber natürlichen Personen ein Bußgeld von bis zu 5 Millionen Euro verhängen. Gegenüber juristischen Personen besteht die Möglichkeit, ein Bußgeld von bis zu 10 Prozent des im vorausgegangenen Geschäftsjahr erzielten Jahresnettoumsatzes des Institutes zu verhängen.

161 Vertreter der deutschen Aufsicht hatten schon vor einigen Jahren in Fachpublikationen angekündigt, dass die Aufsicht zukünftig verstärkt von Kapitalzuschlägen Gebrauch machen wird.[227] Dieses Instrument soll systematisch eingesetzt werden, wobei der Fokus nach wie vor auf der Prozessqualität und einer funktionierenden institutsinternen Risikosteuerung als wesentlicher Faktor für die Stabilität des Bankensystems liegen soll.[228] Die seit dem Jahr 2016 bestehende Praxis bei der Durchführung des »aufsichtlichen Überprüfungs- und Bewertungsprozesses« (»Supervisory Review and Evaluation Process«, SREP) für weniger bedeutende Institute in Deutschland zeigt, dass die institutsspezifische »zusätzliche Eigenmittelanforderung der Säule 2« (»Pillar 2 Requirement«, P2R) inzwischen den Normalfall darstellt. Diese Säule-2-Eigenmittelanforderung soll dabei jene Risiken abdecken, die nicht oder nicht hinreichend durch die regulatorischen Eigenmittelanforderungen der ersten Säule abgedeckt sind. Die so genannte »Eigenmittelempfehlung der Säule 2« (»Pillar 2 Guidance«, P2G), die das Konzept des Kapitalerhaltungspuffers erweitert, stellt dagegen

---

227 Vgl. Volk, Tobias, Risikotragfähigkeit von Kreditinstituten, in: BankPraktiker, Heft 6/2013, S. 231.

228 Vgl. Deutsche Bundesbank, Bankinterne Methoden zur Ermittlung und Sicherstellung der Risikotragfähigkeit und ihre bankaufsichtliche Bedeutung, in: Monatsbericht, März 2013, S. 44.

keine harte Kapitalanforderung dar. Auch die EZB ordnet bei den bedeutenden Instituten regelmäßig entsprechende Säule-2-Eigenmittelanforderungen und Säule-2-Eigenmittelempfehlungen an.

Das Risikoreduzierungsgesetz[229] (RiG) aus dem Jahr 2020, das die CRD V in nationales Recht überführt hat, regelt die Festsetzung der »zusätzlichen Eigenmittelanforderung der Säule 2« (»Pillar 2 Requirement«, P2R) und deren Anforderungen an die Qualität der Kapitalunterlegung neu. Die Rechtsgrundlage für den »SREP-Kapitalzuschlag«, wie die Säule-2-Eigenmittelanforderung in der Aufsichtspraxis auch bezeichnet wird, wurde von § 10 Abs. 3 KWG in den neu eingefügten § 6c KWG überführt und im Hinblick auf die Qualität der Kapitalunterlegung entsprechend den Vorgaben der CRD V erweitert. § 6c Abs. 1 KWG enthält einen Katalog von Fallgestaltungen, in denen die Aufsichtsbehörde im Rahmen des SREP institutsindividuell einen entsprechenden Kapitalzuschlag anzuordnen hat. Dieser Katalog entspricht weitgehend den bisher aus § 10 Abs. 3 KWG a. F. bekannten Fällen.[230] Allerdings steht die Anordnung der Säule-2-Eigenmittelanforderung gemäß dem Wortlaut (»ordnet an«) nicht mehr im Ermessen der Aufsichtsbehörde. Darüber hinaus hat das RiG mit dem neuen § 6d KWG eine Rechtsgrundlage für die »Eigenmittelempfehlung der Säule 2« (»Pillar 2 Guidance«, P2G) als zusätzlichem Eigenmittelpuffer in Stressphasen geschaffen.[231] Die Risiken, die bereits durch den SREP-Kapitalzuschlag abgedeckt sind, dürfen bei der Säule-2-Eigenmittelempfehlung nicht berücksichtigt werden. Ein Unterschreiten der Säule-2-Eigenmittelempfehlung führt nicht zu einer Ausschüttungsbeschränkung gemäß § 10i Abs. 1a bis 3 KWG, solange das Institut die aufsichtlichen Eigenmittelanforderungen einschließlich SREP-Kapitalzuschlag, die kombinierte Kapitalpufferanforderung gemäß § 10i KWG und die Anforderungen an den Puffer der Verschuldungsquote gemäß § 10j KWG erfüllt. Ausschüttungen sind jedoch nicht mehr (bzw. nur noch eingeschränkt) zulässig, sofern die Pufferanforderungen nicht erfüllt sind. Schließlich hat das RiG das für die risikobasierten Kapitalanforderungen entwickelte Säule-2-Konzept der P2R und P2G auf den Regelungsbereich der nicht-risikobasierten Leverage Ratio bzw. des damit verbundenen Risikos einer übermäßigen Verschuldung übertragen (→ AT 1 Tz. 2). **162**

Mit Inkrafttreten des Finanzmarktintegritätsstärkungsgesetzes (FISG)[232] aus dem Jahr 2021 wurden die bankaufsichtlichen Eingriffsbefugnisse im Fall von Auslagerungen deutlich ausgeweitet. Die Prüfungsrechte der BaFin gegenüber dem Auslagerungsunternehmen wurden klarer formuliert und um unmittelbare Auskunftsrechte erweitert. Bei wesentlichen Auslagerungen kann die Aufsicht unter bestimmten Voraussetzungen auch direkt gegenüber dem Auslagerungsunternehmen im Einzelfall Anordnungen treffen. Die Auskunfts- und Prüfungsrechte sowie die Kontrollmöglichkeiten der Aufsichtsbehörde erstrecken sich dabei nur auf die ausgelagerten Aktivitäten und Prozesse und die damit im Zusammenhang stehenden Kontrollen, nicht hingegen auf den übrigen Geschäftsbetrieb des Auslagerungsunternehmens. Bei wesentlichen Auslagerungen auf Unternehmen mit Sitz in einem Drittstaat ist seit dem Inkrafttreten des FISG zudem vertraglich sicherzustellen, dass das Auslagerungsunternehmen einen inländischen Zustellungsbevollmächtigten benennt, an den die Aufsicht Bekanntgaben oder Zustellungen bewirken kann (→ AT 9, Einführung und Überblick). **163**

---

229 Gesetz zur Umsetzung der Richtlinien (EU) 2019/878 und (EU) 2019/879 zur Reduzierung von Risiken und zur Stärkung der Proportionalität im Bankensektor (Risikoreduzierungsgesetz – RiG) vom 9. Dezember 2020 (BGBl. I S. 2773), veröffentlicht am 14. Dezember 2020.

230 Die Deutsche Kreditwirtschaft (DK) hat sich in ihrer Stellungnahme vor allem zum neuen § 6c Abs. 1 Nr. 6 KWG kritisch geäußert. Danach ordnet die Aufsichtsbehörde eine zusätzliche Eigenmittelanforderung an, wenn sie im Rahmen des aufsichtlichen Überprüfungs- und Beurteilungsverfahrens nach § 6b KWG und der Solvabilitätsverordnung feststellt, dass »andere institutsspezifische Situationen vorliegen, die zu wesentlichen aufsichtlichen Bedenken führen«. Die Regelung ist nach Ansicht der DK zu unbestimmt und gibt den Aufsichtsbehörden die Möglichkeit, zusätzliche Eigenmittelanforderungen mit unterschiedlichsten Begründungen zu rechtfertigen. Vgl. Deutsche Kreditwirtschaft, Stellungnahme zum Regierungsentwurf für ein Risikoreduzierungsgesetz (BT-Drs. 19/22786), 2. Oktober 2020, S. 11.

231 Die deutschen Aufsichtsbehörden verwenden für die »Pillar 2 Guidance« (P2G), die in Art. 104b CRD IV und in § 6d KWG als »Empfehlung für zusätzliche Eigenmittel« (»Guidance on additional own funds«) bzw. »Eigenmittelempfehlung« bezeichnet wird, auch den Begriff »Eigenmittelzielkennziffer« (EMZK).

232 Gesetz zur Stärkung der Finanzmarktintegrität (Finanzmarktintegritätsstärkungsgesetz – FISG) vom 3. Juni 2021 (BGBl. I S. 1534), veröffentlicht am 10. Juni 2021.

164   Verstöße gegen die MaRisk können für sich allein gesehen noch keine bankaufsichtlichen Reaktionen zur Folge haben. Diese können nur auf der Basis der übergeordneten Normen, also § 25 a bzw. § 25 b KWG, erlassen werden. Allerdings wird die BaFin bei der Frage der Abweichung von den Normen sowie ggf. erforderlicher Reaktionen die MaRisk als Benchmark heranziehen. Dabei ist sie – wie jede Behörde – an übergeordnete Verwaltungsgrundsätze (Grundsatz der Verhältnismäßigkeit, milderes Mittel) gebunden, denen auf EU-Ebene durch das Prinzip der doppelten Proportionalität entsprochen wird.

5 Rechtsverbindlichkeit der MaRisk auf europäischer Ebene

5.1 MaRisk als norminterpretierende Verwaltungsvorschrift

In Deutschland haben sich die von BaFin und Bundesbank im Jahr 2005 erstmals veröffentlichten MaRisk zur Konkretisierung der gesetzlichen Anforderungen gemäß § 25a Abs. 1 KWG und § 25b KWG bewährt. Bei dem Rundschreiben handelt es sich um norminterpretierende Verwaltungsvorschriften, die für die Institute rechtlich nicht verbindlich sind. Sie tragen jedoch als »Benchmark« der deutschen Aufsichtsbehörden erheblich zur Rechts- und Planungssicherheit der Institute bei und haben in der Praxis daher eine Art faktische Bindungswirkung entwickelt (→ Kapitel 4.2). Aufgrund der weitgehenden Übertragung der Bankenaufsicht auf die Europäische Zentralbank im Rahmen des Single Supervisory Mechanism (SSM) im Jahr 2014 stellt sich allerdings die Frage, ob die direkt von der EZB beaufsichtigten Institute in Deutschland das Rundschreiben weiterhin zu beachten haben. Dies wird gegenwärtig durchaus kontrovers diskutiert. **165**

Auf diese Frage gibt es zunächst eine formale Antwort: Nach Erwägungsgrund 34 und Art. 4 Abs. 3 SSM-Verordnung wendet die EZB zur Wahrnehmung der ihr übertragenen Aufgaben und mit dem Ziel, hohe Aufsichtsstandards zu gewährleisten, das einschlägige Unionsrecht an. Wenn das Unionsrecht aus Richtlinien besteht, hat die EZB die nationalen Rechtsvorschriften zu berücksichtigen, mit denen diese Richtlinien umgesetzt wurden. Zudem hat die EZB bei den bedeutenden Instituten das autonome nationale Recht ohne Bezug zu Richtlinien anzuwenden.[233] Klar ist somit, dass die EZB bei der Aufsicht über die bedeutenden Institute in Deutschland nationale Rechtsvorschriften wie z.B. das KWG oder die Institutsvergütungsverordnung anzuwenden hat. Der deutsche Gesetzgeber hat daher durch das BRRD-Umsetzungsgesetz[234] an vielen Stellen im KWG den Begriff »Bundesanstalt« durch die neutrale Bezeichnung »Aufsichtsbehörde« ersetzt. Der Begriff »Aufsichtsbehörde« ist in § 1 Abs. 5 KWG legal definiert. Im Einzelfall ist entweder die EZB oder die BaFin als Aufsichtsbehörde adressiert, abhängig davon, ob es um ein bedeutendes oder ein weniger bedeutendes Institut geht. **166**

Da es sich bei den MaRisk um eine nationale Verwaltungsvorschrift handelt und formal nicht um eine nationale Rechtsvorschrift im Sinne von Art. 4 Abs. 3 SSM-Verordnung, wird in der Fachliteratur zum Teil die Ansicht vertreten, dass die MaRisk die EZB in ihrem Zuständigkeitsbereich nicht binden kann.[235] Folgerichtig wäre das Rundschreiben für die von der EZB direkt beaufsichtigten deutschen Institute nicht maßgeblich. Von Vertretern der EZB wird in diesem Zusammenhang auch geltend gemacht, dass die Berücksichtigung von unterschiedlichen nationalen Verwaltungsvorschriften dem angestrebten Ziel eines europäischen »Single Rule Book« mit einer europaweit harmonisierten Aufsichtspraxis entgegensteht. Die EZB geht dabei offenbar vom Willen des europäischen Gesetzgebers aus, die Aufsicht über bedeutende Institute möglichst **167**

---

233 Ein Beispiel für derartiges autonomes nationales Recht ohne Bezug zu Richtlinien ist § 14 KWG, der seit dem Jahr 1934 eine Anzeigepflicht für Millionenkredite enthält. Auf der europäischen Ebene existieren derartige Anzeigepflichten für Millionenkredite nicht.

234 Gesetz zur Umsetzung der Richtlinie 2014/59/EU des Europäischen Parlaments und des Rates vom 15. Mai 2014 zur Festlegung eines Rahmens für die Sanierung und Abwicklung von Kreditinstituten und Wertpapierfirmen und zur Änderung der Richtlinie 82/891/EWG des Rates, der Richtlinien 2001/24/EG, 2002/47/EG, 2004/25/EG, 2005/56/EG, 2007/36/EG, 2011/35/EU, 2012/30/EU und 2013/36/EU sowie der Verordnungen (EU) Nr. 1093/2010 und (EU) Nr. 648/2012 des Europäischen Parlaments und des Rates (BRRD-Umsetzungsgesetz) vom 10. Dezember 2014 (BGBl. I S. 2091), veröffentlicht am 18. Dezember 2014.

235 Vgl. Langen, Markus, in: Schwennicke, Andreas/Auerbach, Dirk (Hrsg.), KWG, 3. Auflage, München, 2016, § 25a KWG, Tz. 6b.

umfassend bei der EZB zu zentralisieren.[236] Die Vertreter dieser Ansicht wollen daher bis zur Herausbildung einer eigenen harmonisierten Verwaltungspraxis der EZB in erster Linie auf die Leitlinien und Empfehlungen der EBA abstellen.[237]

168 Andererseits bringt der europäische Gesetzgeber durch die Verankerung der qualitativen Anforderungen an das Risikomanagement der Institute in der CRD IV als einer europäischen Richtlinie, die in nationales Recht umzusetzen ist, und nicht in der CRR als einer unmittelbar geltenden europäischen Verordnung klar zum Ausdruck, dass nationale Besonderheiten zu berücksichtigen sind. Die MaRisk konkretisieren die §§ 25a und 25b KWG, die insoweit das maßgebliche nationale Richtlinienumsetzungsrecht darstellen. Die deutsche Aufsicht vertritt daher die Auffassung, dass die MaRisk für alle deutschen Institute einschließlich der von der EZB direkt beaufsichtigten Institute maßgeblich sind. Dies zeigt sich nicht zuletzt am Vorgehen in der sechsten MaRisk-Novelle, indem die deutsche Aufsicht an verschiedenen Stellen erhöhte Anforderungen für bedeutende Institute gemäß Art. 6 SSM-Verordnung stellt.[238] Die Formulierung expliziter Anforderungen an bedeutende Institute ist nur dann sinnvoll, wenn diese Institute die MaRisk auch zu beachten haben.[239] Für diese Ansicht spricht, dass der deutsche Gesetzgeber im Rahmen des Trennbankengesetzes mit § 25c Abs. 3, 4a und 4b KWG wesentliche, in den MaRisk enthaltene Anforderungen an das Risikomanagement in Gesetzesrang gehoben und die Geschäftsleitung der Institute ausdrücklich zur Sicherstellung dieser bankaufsichtlichen Regelungen verpflichtet hat.[240] Ein Verstoß gegen diese Sicherstellungspflichten ist unter bestimmten Bedingungen strafbewehrt.[241] Die Regelung in § 25c Abs. 4a KWG entspricht in ihrer Struktur den Anforderungen an das Risikomanagement der Institute gemäß § 25a Abs. 1 Satz 3 Nr. 1 bis 5 KWG.[242] Als nationale Rechtsvorschrift ist § 25c Abs. 3, 4a und 4b KWG von der EZB in Bezug auf die von ihr beaufsichtigten bedeutenden Institute in Deutschland anzuwenden. Zu beachten ist darüber hinaus, dass der Europäische Gerichtshof (EuGH) hinsichtlich der Frage der Umsetzung einer Richtlinie in innerstaatliches Recht klargestellt hat, dass nach seiner ständigen Rechtsprechung nicht notwendigerweise eine förmliche und wörtliche Übernahme ihrer Bestimmungen in eine ausdrückliche und spezifische Rechtsnorm erforderlich ist und sich auf einen allgemeinen rechtlichen Kontext beschränken kann, wenn dieser die vollständige Anwendung der

---

236 Vgl. Glos, Alexander/Benzing, Markus, in: Binder, Jens-Hinrich/Glos, Alexander/Riege, Jan (Hrsg.), Handbuch Bankenaufsichtsrecht, Köln, 2018, § 2 KWG, Tz. 33 ff. Danach beansprucht die EZB bei der Aufsicht über bedeutende Institute nicht nur die Auslegungshoheit bei nationalem Richtlinienumsetzungsrecht (z. B. § 25a Abs. 1 KWG, mit dem Teile der CRD IV umgesetzt werden), sondern auch bei autonomem nationalen Recht, das keinen Bezug zu europäischen Richtlinien hat.

237 Allerdings gibt es auch in den für die laufende Aufsicht zuständigen Generaldirektionen der EZB Vertreter, die ungeachtet der Frage nach der Maßgeblichkeit der MaRisk für bedeutende Institute vor allem auf deren Inhalte und Grundlagen abstellen. Vgl. Hannemann, Ralf, Die MaRisk im Kontext internationaler Vorschriften, Zeitschrift für das gesamte Kreditwesen, Heft 5/2018, S. 20.

238 Darunter fallen insbesondere die Anforderungen an das Datenmanagement, die Datenqualität und die Aggregation von Risikodaten (→ AT 4.3.4) sowie besondere Vorgaben für die Leiter und die organisatorische Aufstellung der Risikocontrolling- und der Compliance-Funktion (→ AT 4.4.1 Tz. 5 und AT 4.4.2 Tz. 4). Darüber hinaus haben nur bedeutende Institute im Sinne der SSM-Verordnung und kapitalmarktorientierte Institute den Risikobericht über die Liquiditätsrisiken und die Liquiditätssituation mindestens monatlich zu erstellen (→ BT 3.2 Tz. 5). Die genannten Anforderungen waren bis zur fünften MaRisk-Novelle nur von systemrelevanten Instituten einzuhalten. Im Zuge der sechsten MaRisk-Novelle wurde der Anwendungsbereich der Vorgaben von systemrelevanten Instituten auf bedeutende Institute gemäß Art. 6 SSM-Verordnung erweitert.

239 Gemäß dem Übermittlungsschreiben zur sechsten MaRisk-Novelle muss die EZB als zuständige Aufsichtsbehörde entscheiden (soweit dies nicht bereits erfolgt ist), ob die erhöhten Anforderungen im Einzelfall unter Proportionalitätsgesichtspunkten gelten und welche Übergangsfrist einzuräumen ist. Vgl. Bundesanstalt für Finanzdienstleistungsaufsicht, Rundschreiben 10/2021 (BA) zur Neufassung der MaRisk, Übermittlungsschreiben vom 16. August 2021, S. 10.

240 Beispielsweise verweist § 25c Abs. 4a Nr. 2b KWG auf die gemäß MaRisk durchzuführende Risikoinventur. Weiterhin nimmt § 25c Abs. 4a Nr. 3b KWG auf die in den MaRisk enthaltene Funktionstrennung zwischen Markt und Handel einerseits sowie Marktfolge und Abwicklung und Kontrolle andererseits Bezug. Zudem verweisen § 25c Abs. 4a Nr. 3c KWG auf die besonderen Funktionen, § 25c Abs. 4a Nr. 3d und e KWG auf die Berichtspflichten an die Geschäftsleitung und das Aufsichtsorgan sowie § 25c Abs. 4a Nr. 3f KWG auf die Stresstests.

241 Nach § 54a KWG kann ein Geschäftsleiter einer Bank bei einem Verstoß gegen die Sicherstellungspflichten mit Freiheitsstrafe bis zu fünf Jahren oder mit Geldstrafe belangt werden, wenn er einer vollziehbaren Anordnung der Aufsicht zuwiderhandelt und hierdurch eine Bestandsgefährdung des Institutes herbeigeführt wird.

242 Zudem werden in § 25c Abs. 4a Nr. 6 KWG auch Auslagerungen von Aktivitäten und Prozessen erfasst, um Umgehungstatbestände zu vermeiden.

Richtlinie tatsächlich hinreichend klar und bestimmt gewährleistet.[243] Je nach Inhalt der Richtlinie kann ein allgemeiner rechtlicher Kontext genügen, wenn dieser tatsächlich die vollständige Anwendung der Richtlinie mit hinreichender Klarheit und Genauigkeit gewährleistet, um die Begünstigten in die Lage zu versetzen, von allen ihren Rechten Kenntnis zu erlangen und diese ggf. vor den nationalen Gerichten geltend zu machen.[244] Der EuGH führt zwar aus, dass eine bloße Verwaltungspraxis, die die Verwaltung naturgemäß beliebig ändern kann, keine korrekte Umsetzung darstellt. Die MaRisk sind jedoch keine bloße (innerbehördlich bekannte) Verwaltungspraxis, sondern werden vielmehr vor Erlass mit der Deutschen Kreditwirtschaft konsultiert und mit dem Bundesministerium der Finanzen abgestimmt. Im Anschluss daran werden sie auf der Internetseite von BaFin und Bundesbank veröffentlicht, so dass die Institute Kenntnis erlangen und aufgrund der Selbstbindung der deutschen Aufsicht Rechte vor den Gerichten geltend machen können. Dies gilt auch für die bedeutenden Institute, deren Aufsicht von gemeinsamen Aufsichtsteams (»Joint Supervisory Teams«) der EZB sowie BaFin und Bundesbank als nationale Aufsichtsbehörden durchgeführt wird. Schließlich wird aufgrund des für alle deutschen Institute geltenden § 29 Abs. 1 KWG auch in der Prüfungspraxis nach wie vor ganz klar auf die MaRisk referenziert.[245] Das Deutsche Institut für Interne Revision (DIIR) stellt bei seinen Prüfungen ebenfalls auf die MaRisk ab.[246]

Unabhängig von der anhaltenden Diskussion halten wir es für sinnvoll, die Maßgeblichkeit **169** der MaRisk für bedeutende Institute in Deutschland eher inhaltlich zu betrachten.[247] Danach ist weniger der Rechtscharakter der MaRisk als vielmehr deren inhaltliche Grundlage für die Aufsichtspraxis von Interesse. Ein Blick auf die Entwicklungsgeschichte der MaRisk (→ Kapitel 2) zeigt, dass das Rundschreiben zum ganz überwiegenden Teil auf Vorgaben internationaler und europäischer Standardsetzer beruht. Bereits die erste Novelle der MaRisk im Jahr 2007 berücksichtigte bspw. die Vorgaben der europäischen Finanzmarktrichtlinie (MiFID) und deren Durchführungsrichtlinie zur Organisation, zum Risikomanagement, zur Internen Revision, zur Geschäftsleiterverantwortung und zu Auslagerungen. Die zweite Novellierung aus dem Jahr 2009 basierte im Wesentlichen auf Vorgaben des Financial Stability Boards (FSB) und darauf aufbauender Folgearbeiten des Baseler Ausschusses für Bankenaufsicht (BCBS) zu Liquiditätsrisiken und Risikokonzentrationen sowie zu Stresstests und zum Risikomanagement auf Gruppenebene. Die dritte MaRisk-Novelle aus dem Jahr 2010 brachte neue Anforderungen an die Strategien und die Risikotragfähigkeit. Die Anpassungen im Zuge der vierten MaRisk-Novelle im Jahr 2012 standen in einem engen Zusammenhang mit der umfassenden Überarbeitung der Eigenkapital- und Liquiditätsvorschriften, die zunächst auf internationaler Ebene erfolgte (Basel III) und anschließend in Europa nachvollzogen wurde (CRD IV-Paket). Einen erheblichen Einfluss hatten damals die EBA-Leitlinien zur internen Governance aus dem Jahr 2011, die insbesondere zu einer Stärkung der Risikocontrolling- und Compliance-Funktion sowie der Internen Revision führten.[248] Mit der vierten MaRisk-Novelle wurde in den MaRisk zudem das »Prinzip der Proportionalität nach oben« eingeführt. Große Institute, deren Geschäftsaktivitäten

---

243 Vgl. EuGH, Urteil vom 15. März 1990, C-339/87, Rn. 6; EuGH, Urteil vom 28. Februar 1991, C-131/88, Rn. 6; EuGH, Urteil vom 15. November 2001, C-49/00, Rn. 21; EuGH, Urteil vom 28. April 2005, C-410/03, Rn. 60.

244 Vgl. EuGH, Urteil vom 28. Februar 1991, C-131/88, 1. Leitsatz.

245 Gemäß § 29 Abs. 1 KWG hat der Abschlussprüfer bei seiner Prüfung der Jahres- und der Zwischenabschlüsse die wirtschaftlichen Verhältnisse der Institute zu beurteilen. Die Einzelheiten sind in der Prüfungsberichtsverordnung geregelt, die explizite Anforderungen an die Angemessenheit und Wirksamkeit des Risikomanagements sowie die Ordnungsmäßigkeit der Geschäftsorganisation enthält (§ 11 PrüfbV). Vgl. Verordnung über die Prüfung der Jahresabschlüsse der Kreditinstitute und Finanzdienstleistungsinstitute sowie über die darüber zu erstellenden Berichte (Prüfungsberichtsverordnung – PrüfbV) vom 11. Juni 2015 (BGBl. I S. 930), die zuletzt durch Artikel 28 des Gesetzes vom 3. Juni 2021 (BGBl. I S. 1568) geändert worden ist.

246 Vgl. Deutsches Institut für Interne Revision e. V., Online-Revisionshandbuch, Stand Dezember 2019.

247 Vgl. Hannemann, Ralf, Die MaRisk im Kontext internationaler Vorschriften, Zeitschrift für das gesamte Kreditwesen, Heft 5/2018, S. 20.

248 Vgl. Hannemann, Ralf, Die MaRisk im Kontext internationaler Vorschriften, Zeitschrift für das gesamte Kreditwesen, Heft 5/2018, S. 20f.

durch besondere Komplexität, Internationalität oder eine besondere Risikoexponierung gekennzeichnet sind, haben seitdem die einschlägigen Veröffentlichungen des BCBS und des FSB in ihre Überlegungen zur angemessenen Ausgestaltung des Risikomanagements einzubeziehen (→ AT 1 Tz. 3).

170   Die BaFin hat im Übermittlungsschreiben zur endgültigen Fassung der fünften MaRisk-Novelle aus dem Jahr 2017 betont, dass bereits in der Vergangenheit in den MaRisk wesentliche Teile der EU-Richtlinienanforderungen zum Risikomanagement, aber auch einschlägige Leitlinien von CEBS bzw. der EBA in die nationale Aufsichtspraxis überführt wurden. Explizit genannt werden die Leitlinien zu Liquiditätspuffern[249], zu Stresstests[250], zu Risikokonzentrationen[251], zu operationellen Risiken in Handelsaktivitäten[252], zur Liquiditätskostenverrechnung[253] sowie wesentliche Teile der Leitlinien zur internen Governance[254], soweit diese nicht durch das KWG oder anderweitiges Recht umgesetzt werden.[255] Im Rahmen der fünften MaRisk-Novelle wurden u. a. die Anforderungen des Baseler Ausschusses für Bankenaufsicht an die Risikodatenaggregation und Risikoberichterstattung (BCBS 239) sowie die Initiativen des FSB und anderer Standardsetzer zur Etablierung einer angemessenen Risikokultur in den Instituten in die MaRisk aufgenommen.

171   Die Haupttreiber der sechsten MaRisk-Novelle aus dem Jahr 2021 waren ebenfalls in erster Linie Änderungen der internationalen Regelsetzung.[256] Die Schwerpunkte der Novelle sind die Überführung der EBA-Leitlinien über das Management notleidender und gestundeter Risikopositionen[257], zu Auslagerungen[258] sowie (zum Teil) für das Management von IKT- und Sicherheitsrisiken[259] in nationales Recht. Auch die bereits angekündigte siebte MaRisk-Novelle wird vorrangig europäische Vorgaben umsetzen, insbesondere die EBA-Leitlinien für die Kreditvergabe und Überwachung.[260]

172   Nach der hier vertreten Sichtweise haben die von der EZB direkt beaufsichtigten deutschen Institute die MaRisk zu beachten, da diese den Anforderungen auf europäischer Ebene entsprechen, die unter Beteiligung von BaFin und Bundesbank formuliert werden. Nach dem Prinzip »Comply or Explain« hat die deutsche Aufsicht zu erklären, wenn sie die Leitlinien und Empfehlungen der EBA (in Teilen) nicht umsetzt. Die Übertragung der europäischen Vorgaben in die MaRisk hat für die Institute den entscheidenden Vorteil, dass die MaRisk die Besonderheiten des deutschen Bankensektors, wie z.B. das Drei-Säulen-Modell oder das dualistische System (»Two-tier-system«) mit Geschäftsleitung und

---

249 Committee of European Banking Supervisors, Guidelines on Liquidity Buffers & Survival Periods (GL 28), 9. Dezember 2009.

250 Committee of European Banking Supervisors, Revised Guidelines on Stress Testing (GL 32), 26. August 2010.

251 Committee of European Banking Supervisors, Revised Guidelines on the management of concentration risk under the supervisory review process (GL 31), 2. September 2010.

252 Committee of European Banking Supervisors, Guidelines on the management of operational risks in market-related activities (GL 35), 12. Oktober 2010.

253 Committee of European Banking Supervisors, Guidelines on Liquidity Cost Benefit Allocation (GL 36), 27. Oktober 2010.

254 European Banking Authority, EBA Guidelines on Internal Governance (GL 44), 27. September 2011.

255 Vgl. Bundesanstalt für Finanzdienstleistungsaufsicht, Rundschreiben 09/2017 (BA) zur Überarbeitung der MaRisk, Übermittlungsschreiben vom 27. Oktober 2017, S. 1 f.

256 Vgl. Bundesanstalt für Finanzdienstleistungsaufsicht, Rundschreiben 10/2021 (BA) zur Neufassung der MaRisk, Übermittlungsschreiben vom 16. August 2021, S. 1 f.; Bundesanstalt für Finanzdienstleistungsaufsicht, Entwurf der Neufassung des Rundschreibens 09/2017 (BA) – Mindestanforderungen an das Risikomanagement – MaRisk, Übermittlungsschreiben vom 26. Oktober 2020, S. 1.

257 European Banking Authority, Leitlinien über das Management notleidender und gestundeter Risikopositionen, EBA/GL/2018/06, 31. Oktober 2018.

258 European Banking Authority, Leitlinien zu Auslagerungen, EBA/GL/2019/02, 25. Februar 2019.

259 European Banking Authority, Leitlinien für das Management von IKT- und Sicherheitsrisiken, EBA/GL/2019/04, 28. November 2019.

260 European Banking Authority, Leitlinien für die Kreditvergabe und Überwachung, EBA/GL/2020/06, 29. Mai 2020.

Aufsichtsorgan, berücksichtigen.[261] Darüber hinaus stellt die Maßgeblichkeit der MaRisk für alle Institute ein »Level Playing Field« der Bankenregulierung und -aufsicht in Deutschland sicher.

Eine Verpflichtung zur Beachtung der MaRisk für die direkt von der EZB beaufsichtigten **173** Institute in Deutschland setzt jedoch voraus, dass die Auslegungspraxis auf europäischer und nationaler Ebene deckungsgleich ist. Ist dies nicht der Fall, wäre das Ziel der europäischen Bankenregulierung zur Schaffung eines »Level Playing Field« nicht mehr erreichbar. Die bedeutenden Institute in Deutschland hätten insbesondere aufgrund zusätzlicher nationaler Vorgaben einen Wettbewerbsnachteil. Um dies auszuschließen, müssen die MaRisk mit den zahlreichen EBA-Leitlinien abgeglichen und mögliche Abweichungen oder Wertungswidersprüche identifiziert und beseitigt werden.[262] Nicht zuletzt vor diesem Hintergrund hat sich die Deutsche Kreditwirtschaft im Rahmen ihrer Stellungnahmen zur fünften MaRisk-Novelle sowie in der Sitzung des Fachgremiums MaRisk am 24./25. Mai 2016 für eine Klarstellung eingesetzt, dass die BaFin mit den MaRisk jene für das Risikomanagement der Institute maßgeblichen EBA-Leitlinien umsetzt, bei denen sich die deutsche Aufsicht zur Umsetzung verpflichtet hat (»comply«). Aus Gründen der Rechtssicherheit für die Institute sollte diese grundsätzliche Aussage im Idealfall durch eine detaillierte Liste der relevanten EBA-Leitlinien ergänzt werden.[263]

Gleichzeitig werden für alle Institute in Deutschland die EBA-Leitlinien und die Antworten der EBA **174** aus dem Prozess zur Beantwortung eingereichter Fragen (»Questions and Answers«, Q&A) immer wichtiger. Die Bedeutung der Leitlinien und Antworten aus dem Q&A-Prozess ist für die Institute schlagartig gestiegen, nachdem die BaFin per Pressemeldung am 15. Februar 2018 erklärt hat, im Interesse der europäischen Harmonisierung des Aufsichtsrechts, d.h. einer gemeinsamen Aufsichtskultur und kohärenten Aufsichtspraktiken, grundsätzlich alle Leitlinien sowie Fragen und Antworten der EBA in ihre Verwaltungspraxis zu übernehmen.[264] Zwar sollen die Besonderheiten des deutschen Aufsichtsrechtes auch in Zukunft berücksichtigt werden. Allerdings obliegt es damit den (teilweise sehr kleinen) Instituten, die grundsätzlich in englischer Sprache verfassten Ausführungen der EBA auf Relevanz für die eigenen Geschäftsaktivitäten zu prüfen. Im Gegensatz zur bisherigen Praxis wird die BaFin zukünftig nur noch auf ihrer Internetseite verlautbaren, wenn sie ausnahmsweise eine Leitlinie oder Antwort der EBA (teilweise) nicht in ihre Verwaltungspraxis übernimmt.[265] Konnten die Institute in der Vergangenheit regelmäßig die Umsetzung der europäischen Vorgaben durch die deutsche Aufsicht in nationales Recht oder auf untergesetzlicher Ebene (z.B. MaRisk) abwarten, müssen sie diese nunmehr ggf. parallel zu den nationalen Vorgaben einhalten.

Darüber hinaus treibt die Europäische Zentralbank (EZB) die Harmonisierung in Europa weiter **175** voran, indem sie bereits eine Reihe von Leitfäden veröffentlicht hat, die ihre Aufsichtspraxis widerspiegeln und von den bedeutenden Instituten zwingend zu berücksichtigen sind. De facto ist

---

261 So können gemäß der im Zuge der sechsten MaRisk-Novelle neu eingefügten AT 9 Tz. 15 im Hinblick auf verbundinterne Auslagerungen Erleichterungen in Anspruch genommen werden, z.B. der Verzicht auf die Erstellung von Ausstiegsprozessen, die Einrichtung eines zentralen Auslagerungsregisters auf Verbundebene oder eine zentrale Vorauswertung bei der Risikoberichterstattung von Auslagerungsunternehmen (→ AT 9 Tz. 15). Zudem ist bei Verbundbeteiligungen nicht zwingend ein gesondertes Risikocontrolling erforderlich (→ BTO 1 Tz. 1, Erläuterung). Die BAIT sehen bei regional tätigen (insbesondere verbundangehörigen) Instituten Erleichterungen vor. Diese Institute haben im Hinblick auf die regelmäßig verbundseitig vorhandenen Kontrollmechanismen die Möglichkeit, einen gemeinsamen Informationssicherheitsbeauftragten zu bestellen (Tz. 4.6 BAIT).

262 Vgl. Hannemann, Ralf, Die MaRisk im Kontext internationaler Vorschriften, Zeitschrift für das gesamte Kreditwesen, Heft 5/2018, S. 21.

263 Vgl. Deutsche Kreditwirtschaft, Stellungnahme zum Konsultationspapier 02/2016 der Bundesanstalt für Finanzdienstleistungsaufsicht (BaFin) zur Überarbeitung der MaRisk (Zwischenentwurf vom 24. Juni 2016), 22. Juli 2016, S. 3; Deutsche Kreditwirtschaft, Stellungnahme zum Entwurf der MaRisk in der Fassung vom 18. Februar 2016 (Konsultation 02/2016) vom 27. April 2016, S. 6f.

264 Im Gegensatz zur bisherigen Praxis wird die BaFin zukünftig nur noch auf ihrer Internetseite verlautbaren, wenn sie ausnahmsweise eine Leitlinie oder Antwort der EBA nicht in ihre Verwaltungspraxis übernimmt. Vgl. Bundesanstalt für Finanzdienstleistungsaufsicht, Europäische Aufsichtsbehörden: BaFin übernimmt grundsätzlich alle Leitlinien sowie Fragen und Antworten in ihre Verwaltungspraxis, Pressemeldung vom 15. Februar 2018.

265 Zudem sollen lediglich zu ausgewählten Q&As unverbindliche eigene Übersetzungen zur Verfügung gestellt werden. Vgl. Bundesanstalt für Finanzdienstleistungsaufsicht, Europäische Aufsichtsbehörden: BaFin übernimmt grundsätzlich alle Leitlinien sowie Fragen und Antworten in ihre Verwaltungspraxis, Pressemeldung vom 15. Februar 2018.

allerdings davon auszugehen, dass sich die Vorgaben der EZB und der deutschen Aufsicht im Laufe der Zeit weiter angleichen werden, weil die deutsche Aufsicht diesen Prozess begleitet – wie am Beispiel des Risikotragfähigkeitskonzeptes deutlich wurde – und die Harmonisierungsbestrebungen der EZB mittelfristig auch auf die weniger bedeutenden Institute ausgeweitet werden.

176   Das Nebeneinander von nationalen und europäischen Regelungen führt für die Institute zu einer bislang nicht bekannten Komplexität bei der Einhaltung der aufsichtsrechtlichen Anforderungen. Vor diesem Hintergrund ist es für die Institute von entscheidender Bedeutung, dass die verschiedenen Standardsetzer auf europäischer und nationaler Ebene bei der Erstellung der jeweiligen regulatorischen Vorgaben darauf achten, dass diese konsistent und widerspruchsfrei sind.

5.2   MaRisk als Rechtsverordnung

177   Angesichts der anhaltenden Diskussion über den Rechtscharakter der MaRisk gibt es durchaus Überlegungen des deutschen Gesetzgebers, das Rundschreiben auf die Ebene einer Rechtsverordnung zu heben. Die MaRisk würden dann unter den in § 4 Abs. 3 SSM-Verordnung genannten Begriff »nationale Rechtsvorschrift« fallen und wären von der EZB in Bezug auf die bedeutenden Institute in Deutschland anzuwenden.

178   So wurde das Bundesministerium der Finanzen (BMF) im Zuge des Abwicklungsmechanismusgesetzes (AbwMechG)[266] gemäß § 25a Abs. 4 KWG ermächtigt, durch Rechtsverordnung, die nicht der Zustimmung des Bundesrates bedarf, im Einvernehmen mit der Deutschen Bundesbank und nach Anhörung der EZB nähere Bestimmungen über die Ausgestaltung eines angemessenen und wirksamen Risikomanagements auf Instituts- und Gruppenebene gemäß § 25a Abs. 1 Satz 3 Nummer 1 bis 5 und Abs. 3 KWG und der jeweils zugehörigen Tätigkeiten und Prozesse zu erlassen. Dasselbe gilt gemäß § 25b Abs. 5 KWG im Benehmen mit der Deutschen Bundesbank für nähere Bestimmungen über das Vorliegen einer Auslagerung, die bei einer Auslagerung zu treffenden Vorkehrungen zur Vermeidung übermäßiger zusätzlicher Risiken, die Grenzen der Auslagerbarkeit, die Einbeziehung der ausgelagerten Aktivitäten und Prozesse in das Risikomanagement sowie die Ausgestaltung der Auslagerungsverträge. Im Rahmen der fünften und der sechsten MaRisk-Novelle ist von diesen Verordnungsermächtigungen kein Gebrauch gemacht worden. Das heißt allerdings nicht, dass die MaRisk auch zukünftig als Rundschreiben bestehen bleiben. So wurden z.B. die zunächst ebenfalls lediglich als Rundschreiben der deutschen Aufsicht veröffentlichten Mindestanforderungen an die Sanierungsplanung (MaSan) im Jahr 2020 in eine Verordnung überführt und damit auf die Gesetzesebene gehoben.[267]

179   Dass die EZB im Falle einer MaRisk-Verordnung angehört werden muss, hat formale Gründe: Nach Art. 127 Abs. 4 des Vertrages über die Arbeitsweise der Europäischen Union wird die EZB zu allen Vorschlägen für Rechtsakte der Union sowie zu allen Entwürfen für Rechtsvorschriften der nationalen Behörden angehört – jeweils in ihrem Zuständigkeitsbereich und innerhalb der Grenzen und unter den Bedingungen, die der Rat nach dem Verfahren des Artikels 129 Abs. 4 festlegt. Zudem kann die EZB gegenüber den zuständigen Organen, Einrichtungen oder sonstigen Stellen der Union und den nationalen Behörden Stellungnahmen zu in ihren Zuständigkeitsbereich fallende Fragen abgeben. Insofern hat die EZB in diesen Fällen eine beratende Funktion. Der Wortlaut dieser

---

266 Gesetz zur Anpassung des nationalen Bankenabwicklungsrechts an den Einheitlichen Abwicklungsmechanismus und die europäischen Vorgaben zur Bankenabgabe (Abwicklungsmechanismusgesetz – AbwMechG) in der Fassung vom 2. November 2015 (BGBl. I S. 1864), veröffentlicht am 5. November 2015.

267 Verordnung zu den Mindestanforderungen an Sanierungspläne für Institute (Sanierungsplanmindestanforderungsverordnung – MaSanV) vom 12. März 2020 (BGBl. I S. 644), die durch Artikel 9 Absatz 3 des Gesetzes vom 9. Dezember 2020 (BGBl. I S. 2773) geändert worden ist.

Befugnisse wird in Art. 4 der Satzung des Europäischen Systems der Zentralbanken und der Europäischen Zentralbank (ESZB-Satzung) wiederholt.[268] Laut Erwägungsgrund 3 der Entscheidung des Rates vom 29. Juni 1998 über die Anhörung der Europäischen Zentralbank durch die nationalen Behörden zu Entwürfen für Rechtsvorschriften (98/415/EG) ist die darin enthaltene Aufzählung bestimmter Zuständigkeitsbereiche nicht abschließend. Insbesondere lässt Art. 2 Abs. 1 (sechster Gedankenstrich) dieser Entscheidung, wonach die EZB auch zu Bestimmungen zu Finanzinstituten anzuhören ist, soweit diese die Stabilität der Finanzinstitute und Finanzmärkte »wesentlich beeinflussen«, die gegenwärtige Zuordnung der Zuständigkeiten für Maßnahmen auf dem Gebiet der Aufsicht über die Kreditinstitute und der Stabilität des Finanzsystems unberührt. Mit der Einrichtung des Einheitlichen Aufsichtsmechanismus (Single Supervisory Mechanism, SSM) fallen nunmehr auch Aufsichtsaufgaben im Rahmen ihrer beratenden Funktion gemäß Art. 127 Abs. 4 des Vertrages über die Arbeitsweise der Europäischen Union in die Zuständigkeit der EZB.[269]

180 Es hat den Anschein, dass die nationalen Behörden nicht gerade auf Konfrontationskurs mit der EZB gehen möchten. Das wurde bei der Einbeziehung der EZB in den Überarbeitungsprozess im Rahmen der fünften MaRisk-Novelle deutlich. Im Grunde ist die deutsche Aufsicht von ihren über die Jahre immer wieder weiterentwickelten Mindestanforderungen an das Risikomanagement schlicht überzeugt und möchte diese Vorgaben auf die europäische Ebene exportieren. Ähnliches gilt im Übrigen für die niederländische Aufsichtsbehörde mit Blick auf den ILAAP. Es bleibt abzuwarten, ob aus diesen Entwicklungen eines Tages eine Art europäische MaRisk resultieren.

---

268 Vgl. Europäische Zentralbank, Leitfaden zur Anhörung der Europäischen Zentralbank durch die nationalen Behörden zu Entwürfen für Rechtsvorschriften, Oktober 2015, S. 4f.

269 Vgl. Europäische Zentralbank, Leitfaden zur Anhörung der Europäischen Zentralbank durch die nationalen Behörden zu Entwürfen für Rechtsvorschriften, Oktober 2015, S. 17.

6 Prinzipienorientierte Regulierung

181 Fast jeder Mensch hat eine mehr oder minder stark ausgeprägte Abneigung gegen Unordnung. Unordnung erhöht die Komplexität, erschwert die Orientierung und schürt darüber hinaus die Angst vor dem unkalkulierbaren Chaos. Es liegt daher in der Natur des Menschen, die Unordnung durch Regeln beherrschbar zu machen. Dementsprechend liegt der Organisation moderner Gesellschaften eine Vielzahl von Gesetzen, Verordnungen und anderen Vorschriften zugrunde, die das Zusammenleben regeln und so zu einem funktionierenden Gemeinwesen beitragen sollen. Ordnung muss sein, aber jede Ordnung hat auch ihre Grenzen. Diese Grenzen sind dann erreicht, wenn überbordende Regelwerke Privatpersonen oder Unternehmen bevormunden und dadurch jegliche private Initiative im Keim erstickt wird. Eine starre, überreglementierte Ordnung kann vor diesem Hintergrund ähnlich gravierende Auswirkungen haben wie die Unberechenbarkeit des Chaos.

182 Auch die Finanzmarktregulierung bewegt sich auf einem schmalen Grat. Auf der einen Seite darf die Innovationskraft der Marktteilnehmer nicht über alle Maßen eingeschränkt werden. Auf der anderen Seite muss Regulierung »Erwartungssicherheit« schaffen. Institute, Prüfer und Aufseher benötigen einen verlässlichen Rahmen, an dem sie sich orientieren können. Wie kann Regulierung diesen gegensätzlichen Ansprüchen gerecht werden? Vor allem wenn es um die Qualität des Risikomanagements geht, scheinen ausbuchstabierte Detailregelungen und Festschreibungen jedenfalls schnell an ihre Grenzen zu stoßen: Die Güte des Risikomanagements lässt sich nicht mit dem Zollstock nachmessen. Die MaRisk folgen daher einem »prinzipienorientierten« Regulierungsansatz. Diesem Ansatz wird nicht nur auf nationaler Ebene ein immer höherer Stellenwert gegenüber »regelbasierten« Ansätzen eingeräumt. Auch andere Aufsichtsbehörden, wie etwa die EBA oder die EZB, sind einer prinzipienorientierten Regulierung grundsätzlich verpflichtet.[270] Sogar die zum Teil äußerst detaillierte MiFID nimmt für sich in Anspruch, ein prinzipienorientiertes Regelwerk zu sein.[271]

183 Unter einem »Prinzip« versteht man im Allgemeinen eine Richtschnur, einen Grundsatz oder auch eine Idee, die einer Sache zugrunde liegt bzw. nach der etwas wirkt. Im Unterschied zu regelbasierten Ansätzen eröffnet ein »Prinzip« Gestaltungsspielräume für alternative Umsetzungslösungen. Komplexe Einzelregelungen oder Festschreibungen, die im Detail beschreiben, wie man den Erwartungen des Regulators entspricht, rücken in den Hintergrund. Für die Institute kommt es bei der prinzipienorientierten Regulierung im Wesentlichen darauf an, dem Sinn und Zweck der Anforderungen Rechnung zu tragen.[272] Auf welche Weise dies geschieht, liegt weitgehend in der Verantwortung der Institute. Das »Prinzip« stärkt daher auch deren Eigenverantwortung.

184 Prinzipienorientierte Regulierung muss allerdings nicht immer die beste Lösung sein. In bestimmten Bereichen, wie etwa den Geschäftsbegrenzungsnormen des KWG (z. B. Eigenmittelanforderungen der Säule 1, Leverage Ratio, Großkreditgrenzen), sind regelbasierte Ansätze grundsätzlich leistungsfähiger. Im Hinblick auf das Risikomanagement der Institute gibt es jedoch keine echte Alternative zum prinzipienorientierten Ansatz, wie die BaFin anlässlich der Veröffentlichung der MaRisk-Fassung vom 14. August 2009 herausstellte.[273]

---

270 Ebenso die damalige britische Financial Services Authority (FSA). Vgl. Financial Services Authority, Principles-based regulation, April 2007. Die Aufgaben der FSA wurden zum 1. April 2013 auf die Financial Conduct Authority (FCA) und die Prudential Regulation Authority (PRA) übertragen.

271 Vgl. European Commission, Background Note, Draft Commission Directive implementing the Markets in Financial Instruments Directive 2004/39/EC (MiFID), 6. Februar 2006, Abschnitt 2.1.

272 Die ehemalige Financial Services Authority fasst es so zusammen: »Our approach to supervision will rely increasingly on principles and outcome-focused rules rather than detailed rules prescribing how outcomes must be achieved.« Financial Services Authority, Principles-based regulation, April 2007, S. 2.

273 Vgl. Bundesanstalt für Finanzdienstleistungsaufsicht, Übermittlungsschreiben zum Rundschreiben 15/2009 (BA) vom 14. August 2009, S. 5.

6.1 Berücksichtigung der bestehenden Heterogenität

Prinzipienorientierte Regulierung sichert für Institute und Aufsicht die gerade im heterogenen **185** deutschen Bankenmarkt notwendigen Handlungs- und Gestaltungsspielräume. Es liegt auf der Hand, dass das Risikomanagement von international tätigen Großbanken ganz andere Herausforderungen bewältigen muss als das einer kleineren Genossenschaftsbank mit regionalem Geschäftsschwerpunkt. Die Wahrung von Gestaltungsspielräumen durch den Einbau von Öffnungsklauseln (→ AT 1 Tz. 5), die dem Prinzip der doppelten Proportionalität in der nationalen Umsetzung des SRP Geltung verschaffen, ist eines der Kernelemente der MaRisk. Die zahlreichen Öffnungsklauseln lassen in Abhängigkeit von der Größe der Institute, deren Geschäftsschwerpunkten und der Risikosituation eine vereinfachte Umsetzung der Anforderungen zu.

Mit der vierten MaRisk-Novelle wurde das so genannte »Prinzip der Proportionalität nach oben« **186** eingeführt und in den MaRisk verankert (→ AT 1 Tz. 3). Diesem Prinzip zufolge sollen Institute, die besonders groß sind oder deren Geschäftsaktivitäten durch besondere Komplexität, Internationalität oder eine besondere Risikoexponierung gekennzeichnet sind, weitergehende Vorkehrungen zur Sicherstellung der Angemessenheit und Wirksamkeit ihres Risikomanagements treffen. Zu diesem Zweck sollen sie die einschlägigen Veröffentlichungen des Baseler Ausschusses für Bankenaufsicht und des Financial Stability Boards in eigenverantwortlicher Weise in ihre Überlegungen einbeziehen. Die Aufsicht behält sich vor, einzelne Themen aus diesen Papieren aufzugreifen und ihre Berücksichtigung im Risikomanagement mit den betroffenen Instituten zu diskutieren.[274]

Eine weitere Ausprägung des Grundsatzes der Proportionalität ist die Beschränkung des Anwen- **187** dungsbereiches der rechtlichen Regelungen und Vorgaben, die besonders anspruchsvolle aufsichtliche Anforderungen formulieren, auf bestimmte Institute, z. B. kapitalmarktorientierte, systemrelevante oder bedeutende Institute gemäß Art. 6 SSM-Verordnung.[275] Im Rahmen der vierten MaRisk-Novelle wurden für kapitalmarktorientierte Institute und große Institute mit komplexen Geschäftsaktivitäten bestimmte Anforderungen an das Management von Liquiditätsrisiken formuliert. Mit Basel III wurden für »global systemrelevante Institute« (G-SRI) und »anderweitig systemrelevante Institute« (A-SRI) aufgrund ihrer Systemrelevanz zusätzliche Kapitalpuffer eingeführt. Zudem müssen G-SRI ab dem Jahr 2023 neben der Mindestanforderung an die nicht-risikobasierte Leverage Ratio einen zusätzlichen Puffer der Verschuldungsquote einhalten (→ AT 1 Tz. 3). Mit der sechsten MaRisk-Novelle wurde der Anwendungsbereich für bestimmte Anforderungen des Rundschreibens, die bisher nur für systemrelevante Institute galten, auf bedeutende Institute ausgeweitet (→ AT 1 Tz. 6). Bedeutende Institute gemäß Art. 6 SSM-Verordnung haben insbesondere zusätzliche Anforderungen an das Datenmanagement, die Datenqualität und die Aggregation von Risikodaten einzuhalten (→ AT 4.3.4). Für sie gelten besondere Anforderungen an den Leiter der Risikocontrolling-Funktion (→ AT 4.4.1 Tz. 5) und an die organisatorische Ansiedlung der Compliance-Funktion (→ AT 4.4.2 Tz. 5). Zudem haben sie den Risikobericht über die Liquiditätsrisiken und die Liquiditätssituation mindestens monatlich zu erstellen (→ BT 3.2 Tz. 5). Diese direkten Vorgaben haben bei den betroffenen Instituten naturgemäß Einschränkungen bei den Gestaltungsspielräumen zur Folge.

Andererseits können kleinen, nicht komplexen Instituten bei der Anwendung von rechtlichen **188** Regelungen und Vorgaben Erleichterungen eingeräumt werden. Im Rahmen der Verhandlung des »Bankenpaketes« aus dem Jahr 2019 bestand auf europäischer Ebene weitgehende Einigkeit, dass die inzwischen äußerst umfangreichen Vorgaben im Bankaufsichtsrecht zugunsten kleiner Institute deutlich stärker proportional ausgestaltet werden sollten. Dieses Ziel wurde durch die Einführung der neuen

---

274 Vgl. Bundesanstalt für Finanzdienstleistungsaufsicht, Übermittlungsschreiben zum Rundschreiben 10/2012 (BA) vom 14. Dezember 2012, S. 2.

275 Die direkt von der EZB beaufsichtigten bedeutenden Institute im Sinne der SSM-Verordnung sind zu unterscheiden von den bedeutenden Instituten gemäß § 1 Abs. 3c KWG. Die bedeutenden Institute im Sinne des KWG haben besondere Anforderungen an die Geschäftsleitung und das Aufsichtsorgan sowie für die Zwecke der Vergütungsregulierung einzuhalten.

Kategorie »kleines und nicht komplexes Institut« im Zuge der Überarbeitung der CRR erreicht. Kleine und nicht komplexe Institute gemäß Art. 1 Abs. 145 CRR können vor allem im Meldewesen, bei den Offenlegungspflichten und Vergütungsregelungen sowie der vereinfachten strukturellen Liquiditätsquote Erleichterungen in Anspruch nehmen.[276] In Deutschland wurden seit dem 2. Juli 2021 rund 1.150 Banken als kleine und nicht komplexe Kreditinstitute eingestuft (→ AT 1 Tz. 3).[277]

189 In den MaRisk werden trotzdem in weiten Teilen keine konkreten Methoden für die Ausgestaltung des Risikomanagements in den Instituten vorgegeben. Insoweit besteht auch bei der Auswahl von Risikomanagementinstrumenten weitgehend Methodenfreiheit, solange dem Sinn und Zweck der Anforderungen entsprochen wird. Die Methodenfreiheit sollte im Eigeninteresse der Institute nicht mit »Beliebigkeit« verwechselt werden.

6.2 Anpassungsfähigkeit

190 Bereits Max Weber machte deutlich, dass die klassischen Mittel der Regelsetzung, also z. B. Gesetze oder Verordnungen, bei einer dynamischen Ökonomie an ihre Grenzen stoßen. Auch bei der Finanzmarktregulierung besteht das grundsätzliche Problem, dass die Regulatoren mit den dynamischen und innovationsfreudigen Entwicklungen Schritt halten müssen. Regulatorische Initiativen sind häufig das Ergebnis eines (zeit-)aufwendigen Prozesses (z. B. Meinungsbildung, parlamentarische Umsetzung), so dass die klassische Regelsetzung mittels Normen regelmäßig den tatsächlichen Entwicklungen hinterherhinkt und somit gleichsam Gefahr läuft, ausgekontert zu werden.[278] In der Literatur spricht man in diesem Zusammenhang auch von »regulatorischer Dialektik«.[279] Ergebnis davon sind neue Regulierungsimpulse, die allerdings zum Zeitpunkt ihrer Verabschiedung auch schon wieder veraltet sein können. Im Extremfall wird eine nicht enden wollende Regulierungsspirale in Gang gesetzt, die außer erheblichen bürokratischen Zusatzkosten keinen erkennbaren Beitrag zur Finanzmarktstabilität leistet.

191 Das »Prinzip« ist in dieser Hinsicht deutlich anpassungsfähiger. Um dem Regelungszweck gerecht zu werden, kommen grundsätzlich verschiedene Umsetzungsalternativen in Betracht. Soweit erforderlich, kann das Prinzip sogar flexibel an neue Situationen angepasst werden. Es lässt damit ausreichend Luft für dynamische Entwicklungen und schränkt gleichzeitig die Innovationsfreudigkeit der Institute nicht unnötig ein. Um dies zu betonen, wurde in den MaRisk der Grundsatz verankert, dass die Anforderungen gegenüber der laufenden Fortentwicklung der Prozesse und Verfahren im Risikomanagement offen sind, soweit diese im Einklang mit den Zielen der MaRisk stehen (→ AT 1 Tz. 5). Damit wird zugleich eine Brücke zwischen betriebswirtschaftlichen Optimierungskalkülen und regulatorischen Notwendigkeiten geschlagen. Dies wird durch Umfrageer-

---

276 Die Definition für »kleine und nicht komplexe Institute« gemäß Art. 1 Abs. 145 CRR ist nicht deckungsgleich mit dem in den MaRisk verwendeten Begriff »kleine, weniger komplexe Institute«.

277 Die Aufsicht hat insgesamt rund 88 Prozent der weniger bedeutenden deutschen Institute als kleine und nicht komplexe Institute gemäß Art. 4 Abs. 1 Nr. 145 CRR eingeordnet. Zusammen repräsentieren sie rund 18 Prozent der Bilanzsumme des deutschen Bankensystems (Stand Ende Dezember 2020). Betroffen sind insbesondere Institute aus dem Genossenschaftssektor (96 Prozent) und Sparkassen (82 Prozent). Vgl. O. V., Kleinere Institute – Aufsicht schafft Erleichterungen, in: BaFinJournal, Ausgabe Juli 2021, S. 5 f.

278 Vgl. Kette, Sven/Kussin, Matthias, Normen an ihren Grenzen – Zur Beherrschbarkeit eines wissensbasierten Finanzsystems, Vortrag im Rahmen der Veranstaltungsreihe »Wandel des Staates – Transformation von Herrschaft?« am 1. April 2006 in Bremen, S. 4 f.

279 Vgl. Strulik, Torsten/Kussin, Matthias, Finanzmarktregulierung und Wissenspolitik, in: Zeitschrift für Rechtssoziologie, Heft 1/2005, S. 108.

gebnisse bestätigt: Nach einer Erhebung des DIW verstehen fast drei Viertel aller Institute die qualitative Aufsicht als »Chance zur marktgerechten Gestaltung ihrer Geschäftsabläufe«.[280]

6.3 Einbindung der Praxis

Da es bei den MaRisk um die nur schwer greifbare bzw. messbare Qualität der institutsinternen Prozesse und Strukturen geht, können die Anforderungen nicht »am grünen Tisch« eines Aufsehers ausgearbeitet werden. Bereits bei der Entwicklung der Mindestanforderungen an das Kreditgeschäft (MaK) setzte die BaFin daher auf die Expertise aus der Praxis. Nach Veröffentlichung der MaK im Dezember 2002 hat die BaFin diesen praxisorientierten Ansatz institutionalisiert, indem sie ein MaK-Fachgremium einrichtete, dem Experten aus kleineren und größeren Instituten, Prüfer und Verbandsvertreter angehörten. Aufgabe des Fachgremiums war die Klärung von Auslegungsfragen sowie die Erörterung von prüfungsrelevanten Sachverhalten. Auch bei den MaRisk und deren Weiterentwicklung wurde konsequent auf den institutionalisierten Austausch mit der Praxis gesetzt.

Die Fachgremienstruktur ist allerdings nicht nur im Bereich der MaRisk fester Bestandteil der regulatorischen Aufsichtsphilosophie der BaFin und der Deutschen Bundesbank. Für die nationale Umsetzung bankaufsichtlicher Regelwerke hat die Aufsicht weitere Fachgremien eingerichtet, die – in den Anfangsjahren koordiniert durch den »Arbeitskreis Bankenaufsicht« – einen wichtigen Beitrag zur Umsetzung neuer Regelungen leisten. Durch die laufende Diskussion können sich die Regulatoren aktuelles Praxiswissen zu eigen machen und auf diese Weise das Problem der »regulatorischen Dialektik« zumindest abschwächen. Die Institute können auf der anderen Seite ihre spezielle Expertise in den Prozess der Regelsetzung einbringen und somit für eine größere Praxisorientierung sorgen. Dadurch werden wechselseitige Austausch- und Anpassungsprozesse generiert, die insgesamt die Leistungsfähigkeit der Regulierung in einem dynamischen Umfeld stärken und darüber hinaus zu deren Akzeptanz in der Kreditwirtschaft beitragen können.

Zukünftig spielen die Vorgaben auf internationaler und europäischer Ebene, nicht zuletzt durch die Einführung eines Einheitlichen Regelwerkes (»Single Rule Book«) und die Änderungen in der europäischen Aufsichtsstruktur, auch für die deutsche Kreditwirtschaft eine immer größere Rolle (→ Kapitel 3). Es ist erklärtes Ziel von BaFin und Deutscher Bundesbank, die Fachgremien wesentlich stärker in die Prozesse zur Ausarbeitung von Leitlinien und Standards der EBA (und des Baseler Ausschusses für Bankenaufsicht) einzubinden. Dabei bleibt abzuwarten, inwiefern nach der weitgehenden Verlagerung der Gesetzgebung auf die EU-Kommission bzw. deren weiterer Konkretisierung auf die EBA zukünftig eine sachgerechte Einbindung der Institute in den Prozess der Regelsetzung stattfinden wird.

Auf der europäischen Ebene wurde zwischenzeitlich die Banking Stakeholder Group (BSG) eingerichtet, um den Dialog der EBA mit den relevanten Interessengruppen zu fördern. Die BSG setzt sich aus 30 Mitgliedern zusammen, darunter Vertreter von Kreditinstituten und Wertpapierhäusern, Vertreter von Beschäftigten aus dem Finanzsektor, Nutzer von Bankdienstleistungen, Verbraucher, Vertreter kleiner und mittlerer Unternehmen sowie mindestens fünf unabhängige Wissenschaftler. Interessierte Personen können sich zu einem bestimmten Zeitpunkt nach einem »Aufruf der Interessenbekundung« durch die EBA bewerben. Die Entscheidung über die Zusammensetzung trifft der Rat der Aufseher (»Board of Supervisors«) der EBA.

192

193

194

195

---

280 Vgl. Deutsches Institut für Wirtschaftsforschung e.V. (DIW Berlin), Evaluierungsuntersuchungen zur Bewertung der Aufsicht der Kreditwirtschaft und Erstellung eines Erfahrungsberichts (Erfahrungsbericht Bankenaufsicht), Reihe »Politikberatung kompakt« Nr. 24, 2. Auflage, Berlin, 2006, S. 57 und Appendix 3, Frage 30.

6.4 Herausforderungen

196 Prinzipienorientierte Regulierung schafft Freiräume. Das bedeutet aber noch lange nicht, dass jeder »nach Lust und Laune« tun und lassen kann, was er will. Auch Prinzipien müssen »Erwartungssicherheit« schaffen. Institute, Prüfer und Aufseher benötigen einen verlässlichen Rahmen, an dem sie sich bei der Umsetzung und Auslegung von § 25a Abs. 1 und 3 KWG sowie § 25b KWG orientieren können. Regulierung ist ferner nur ein, wenn auch wichtiger, Baustein der Aufsichtsphilosophie. Qualitative Aufsicht kann erst dann ihre volle Wirkung entfalten, wenn alle Beteiligten (Institute, Prüfer und Aufsicht) ihrer Rolle gerecht werden.

6.4.1 Institute

197 Die Institute sind verpflichtet, die Gestaltungsspielräume, die ihnen die MaRisk mit dem prinzipienorientierten Regelungsansatz und zahlreichen Öffnungsklauseln einräumen, sachgerecht und unter Berücksichtigung der institutsspezifischen Notwendigkeiten mit Leben zu füllen. Die MaRisk geben lediglich eine »Benchmark« vor, an der sich die Aufsicht bei der Beurteilung der Angemessenheit des Risikomanagements orientiert. Diese Benchmark entbindet die Institute nicht von der Pflicht, selbst zu einer institutsspezifisch angemessenen Umsetzung der Anforderungen zu finden. Es ist deshalb nicht empfehlenswert, nur auf den Wortlaut der Anforderungen abzustellen und die Spielräume bis an die äußerste Grenze auszunutzen. Ebenso wenig kann es um ein »Schaulaufen für die Aufsicht« gehen.[281] Jedes Institut hat vielmehr auf der Basis seines konkreten Gesamtrisikoprofils den Grad der Ausnutzung der Öffnungsklauseln zu bestimmen, um auf diese Weise zu einer passenden Umsetzungslösung zu gelangen. Der offene Regelungsrahmen der MaRisk fordert somit von den Instituten, dass sie ihren Pflichten eigenverantwortlich nachkommen.

6.4.2 Prüfer

198 Die MaRisk räumen den Instituten bewusst Ermessensspielräume bei der Umsetzung der Anforderungen ein. Im Interesse aller Beteiligten wäre es daher wenig zweckmäßig, wenn die offene Grundausrichtung der prinzipienorientierten Regelungen durch eine Prüfungspraxis, die allein auf das »Abhaken« formaler Kriterien abstellt, weitgehend konterkariert würde. Derartige Befürchtungen werden in der Praxis häufig von Verbänden und Instituten geäußert. Die Prüfung, ob prinzipienorientierte Regelwerke eingehalten werden, erfordert daher einen risikoorientierten Prüfungsansatz. Dieser muss an den spezifischen Verhältnissen vor Ort ansetzen (Gesamtrisikoprofil, Institutsgröße, Geschäftsumfang, Komplexität der Geschäfte etc.). Nur so können ausgewogene Ergebnisse erzielt werden. Auf die Notwendigkeit risikoorientierter Prüfungshandlungen wird in den MaRisk explizit hingewiesen (→ AT 1 Tz. 7).

199 Die Bundesbank hat ein MaRisk-Prüfungskonzept entwickelt, in dem der risikoorientierte Prüfungsansatz an zentraler Stelle verankert wurde. Gemäß § 11 Abs. 1 Satz 1 PrüfbV hat der Jahresabschlussprüfer die Angemessenheit und die Wirksamkeit des Risikomanagements unter Berücksichtigung der Komplexität und des Risikogehalts der betriebenen Geschäfte zu beurteilen.

---

281 Vgl. Bundesanstalt für Finanzdienstleistungsaufsicht, Übermittlungsschreiben zum Rundschreiben 15/2009 (BA) vom 14. August 2009, S. 5.

Auch nach einschlägigen Standards des Instituts der Wirtschaftsprüfer (IDW) liegt der Prüfungspraxis der Wirtschafts- und Verbandsprüfer ein risikoorientierter Prüfungsansatz zugrunde.[282]

6.4.3 Bankenaufsicht

Der Aufsichtsansatz der BaFin bleibt nicht bei der Ausarbeitung eines umfassenden Regelwerkes **200** zum Risikomanagement stehen, denn der offene Charakter der MaRisk stellt auch für die Bankenaufseher eine Herausforderung dar. Die Frage, was im Einzelfall angemessen ist oder nicht, wird sich in vielen Fällen nur vor dem Hintergrund der spezifischen Verhältnisse vor Ort im Institut und seiner Stellung im Markt beantworten lassen. Dies setzt zwingend voraus, dass sich die Mitarbeiter der Aufsicht tiefere Kenntnisse über die Funktionsweise des Risikomanagements verschaffen. Nur wenn es gelingt, die Expertise der Aufsicht – z. B. über die Durchführung von Quervergleichen – nachhaltig zu verbessern, ist ein konstruktiver und kritischer Dialog zwischen Instituten und Aufsicht möglich, der für beide Seiten von Vorteil ist. Eine präventiv agierende Aufsicht, die frühzeitig Schwächen im Risikomanagement identifiziert und diese zwecks Beseitigung mit den Instituten diskutiert, verspricht einen hohen gesamtwirtschaftlichen Nutzen, der auch vor dem Hintergrund der Finanzmarktkrise nicht unterschätzt werden sollte. Das Thema »Expertise« und die dafür aufzuwendenden Kosten bleiben ein zentrales Anliegen der Bankenaufsicht. Jedenfalls hat der Blick »in die ungeheure Tiefe des Abgrunds ... gezeigt, dass die Kosten einer funktionsfähigen Bankenaufsicht – gemessen an der augenblicklichen Schadensdimension – vernachlässigbar gering sind«.[283]

Eine besondere Herausforderung besteht seit Ende 2014 darin, dass die EZB sukzessive eine eigene **201** Aufsichtspraxis im Hinblick auf die Beaufsichtigung der Institute entwickelt, diese aber zum großen Teil nur intern kommuniziert. Insbesondere für die direkt von der EZB beaufsichtigten Institute stellt sich die Frage, ob der mehrere hundert Seiten starke Leitfaden der EZB zum SREP mit den MaRisk im Einklang steht (→ Kapitel 5). Es bleibt zu hoffen, dass sich die EZB nach und nach von ihrer sehr restriktiven Haltung zur Transparenz gegenüber den beaufsichtigten Unternehmen verabschiedet.

---

282 Vgl. Institut der Wirtschaftsprüfer, Prüfungsstandard 261 (IDW PS 261), Feststellung und Beurteilung von Fehlerrisiken und Reaktionen des Abschlussprüfers auf die beurteilten Fehlerrisiken, in: Die Wirtschaftsprüfung, Heft 22/2006, S. 1433; Institut der Wirtschaftsprüfer, Prüfungsstandard 525 (IDW PS 525), Die Prüfung des Risikomanagements von Kreditinstituten im Rahmen der Abschlussprüfung, in: Die Wirtschaftsprüfung Supplement, Heft 3/2010, S. 4ff.

283 Sanio, Jochen, Bankenaufsicht und Systemrisiko, in: Burghof, Hans-Peter/Johanning, Lutz/Schäfer, Klaus/Wagner, Hannes/Rodt, Sabine (Hrsg.), Risikomanagement und kapitalmarktorientierte Finanzierung, Festschrift zum 65. Geburtstag von Bernd Rudolph, Frankfurt a. M., 2009, S. 30.

7   Aufbau der MaRisk

202   Die MaRisk sind modular strukturiert. Der allgemeine Teil (Modul AT) enthält grundlegende Anforderungen. Besondere Anforderungen an die Ausgestaltung des internen Kontrollsystems für bestimmte Geschäftsarten und Risikoarten, die Ausgestaltung der Internen Revision und die Risikoberichterstattung sind Gegenstand des besonderen Teils (Moduls BT). Die modulare Struktur hat den Vorteil, dass notwendige Anpassungen in bestimmten Regelungsfeldern auf die zeitnahe Überarbeitung einzelner Module beschränkt werden können. Falls erforderlich, können auch vollkommen neue Regelungsbereiche in die MaRisk einfließen, indem neue Module hinzugefügt werden (→ AT 1 Tz. 8).

7.1   Allgemeiner Teil

203   Modul AT umfasst in erster Linie übergeordnete Anforderungen an die Ausgestaltung des Risikomanagements, bei denen grundsätzlich kein konkreter Bezug zu bestimmten Geschäftsbereichen oder Risikoarten besteht. Viele Regelungen der »alten« Mindestanforderungen sind wegen ihres übergreifenden Charakters in diesem Modul »vor die Klammer« gezogen worden. Das betrifft z. B. die Gesamtverantwortung der Geschäftsleitung und die Qualifikation der Mitarbeiter. Darüber hinaus enthält das Modul Definitionen, die für die Anwendung des Moduls BT von Bedeutung sind. Im Einzelnen besteht das Modul AT aus neun thematisch abgegrenzten Bereichen, die unterschiedlich stark untergliedert sind:

–   In Modul AT 1 (Vorbemerkung) befinden sich vor allem allgemeine Aussagen über die gesetzliche Grundlage der MaRisk, ihr Verhältnis zum SRP und zur MiFID, das Proportionalitätsprinzip, die Öffnungsklauseln der MaRisk, die Definition bedeutender Institute im Sinne der MaRisk, die Notwendigkeit adäquater Prüfungshandlungen sowie den Aufbau der MaRisk (→ AT 1).

–   Modul AT 2 (Anwendungsbereich) hat in erster Linie definitorischen Charakter. In diesem Modul befinden sich neben Aussagen zum Anwenderkreis für alle bzw. für spezifische Anforderungen des Rundschreibens (→ AT 2.1) auch Ausführungen zum risikobezogenen und geschäftsbezogenen Anwendungsbereich der MaRisk (→ AT 2.2 und 2.3).

–   Das bereits im Gesetz verankerte Prinzip der Gesamtverantwortung der Geschäftsleitung wird in Modul AT 3 ausdrücklich betont (→ AT 3).

–   Modul AT 4 (Allgemeine Anforderungen an das Risikomanagement) ist das Herzstück des allgemeinen Teils. In ihm werden die Kernelemente des Risikomanagements (Risikotragfähigkeit, Strategien, internes Kontrollsystem, besondere Funktionen) im Sinne eines umfassenden Regelkreislaufes miteinander verknüpft. Die Vorgaben zum internen Kontrollsystem betreffen die Aufbau- und Ablauforganisation (→ AT 4.3.1), die Risikosteuerungs- und -controllingprozesse (→ AT 4.3.2), die Stresstests (→ AT 4.3.3) und den Umgang mit Risikodaten (→ AT 4.3.4). Unter den besonderen Funktionen sind die Risikocontrolling-Funktion (→ AT 4.4.1), die Compliance-Funktion (→ AT 4.4.2) und die Interne Revision (→ AT 4.4.3) zu verstehen. Außerdem werden Anforderungen an das Risikomanagement auf Gruppenebene statuiert (→ AT 4.5).

–   Bei den Modulen AT 5 (Organisationsrichtlinien) und AT 6 (Dokumentation) geht es um die schriftlich fixierte Ordnung sowie das Erfordernis angemessener Dokumentationen (→ AT 5 und 6).

–   Modul AT 7 (Ressourcen) betont die Notwendigkeit angemessener personeller sowie technisch-organisatorischer Ressourcen (→ AT 7.1 und 7.2). Darüber hinaus wird ein angemessenes Notfallmanagement gefordert (→ AT 7.3).

- Die Auswirkungen verschiedener Arten von Anpassungsprozessen stehen im Mittelpunkt des Moduls AT 8. Die Anforderungen an den Neu-Produkt-Prozess (NPP) beziehen sich dabei im Unterschied zu vergleichbaren Regelungen der MaK und MaH nicht nur auf Kredit- oder Handelsgeschäfte (→ AT 8.1). Berücksichtigt werden in diesem Modul auch die Änderungen von betrieblichen Prozessen oder Strukturen (→ AT 8.2) sowie Übernahmen und Fusionen (→ AT 8.3).
- Gegenstand des Moduls AT 9 sind die Vorschriften für Auslagerungen (→ AT 9).

7.2   Besonderer Teil

Das Modul BT besteht aus drei Hauptteilen, in denen besondere Anforderungen an die internen Kontrollverfahren, d. h. das interne Kontrollsystem (→ BT 1) und die Interne Revision (→ BT 2), sowie die Risikoberichterstattung (→ BT 3) abgehandelt werden. Dieser Unterteilung liegt die vom Gesetzgeber vorgegebene Differenzierung zwischen prozessabhängigen und prozessunabhängigen Überwachungsmechanismen zugrunde. Auch im Hinblick auf die weitere Untergliederung des Moduls BT 1 (Besondere Anforderungen an das interne Kontrollsystem) lehnen sich die MaRisk eng an den Wortlaut des § 25a Abs. 1 KWG an. In diesem Modul wird dementsprechend zwischen aufbau- und ablauforganisatorischen Regelungen (→ BTO) sowie Prozessen zur Identifizierung, Beurteilung, Steuerung, Überwachung und Kommunikation der Risiken (→ BTR) differenziert (siehe Abbildung 3). Durch diese Aufspaltung wird eine immer wieder diskutierte Schnittstellenproblematik systematisch aufgelöst, da sowohl Risikoarten als auch Geschäftsarten Eigenheiten aufweisen, denen jeweils durch adäquate Anforderungen Rechnung zu tragen ist.[284] Die Brücke zu schlagen zwischen den Dimensionen Risiko und Geschäft war die eigentliche konzeptionelle Herausforderung der MaRisk.

204

---

284 Vgl. Eller, Roland/Wenzel, Andreas, MaRisk – Entwicklung und Umsetzung von Mindestanforderungen an das Risikomanagement, in: Eller, Roland (Hrsg.), Gesamtbanksteuerung und qualitatives Aufsichtsrecht, Stuttgart, 2005, S. 178 f.

Abb. 3: Die Dimensionen Risiko und Geschäft im internen Kontrollsystem

7.2.1 Aufbau- und ablauforganisatorische Regelungen

205 Gegenstand des Moduls BTO sind in erster Linie bekannte aufbau- und ablauforganisatorische Regelungen der MaK und der MaH. Regelungen zur Funktionstrennung und zu den Prozessen im Kreditgeschäft sind im Modul BTO 1 niedergelegt, korrespondierende Regelungen für das Handelsgeschäft sind in das Modul BTO 2 überführt worden. Geschäftsartenunabhängige Anforderungen zur Funktionstrennung werden am Beginn des Moduls BTO formuliert. Zu beachten sind dabei allerdings auch die speziellen Regelungen zu den besonderen Funktionen, die teilweise Auswirkungen auf die Aufbauorganisation eines Institutes haben (→ AT 4.4). Die organisatorischen Anforderungen an das Handelsgeschäft sind flexibler und praxisnäher ausgestaltet worden als in den MaH. Die organisatorischen Anforderungen der MaK wurden hingegen weitgehend deckungsgleich in die MaRisk integriert und im Rahmen der zahlreichen Novellen kaum angepasst. Maßgeblich für die Anwendung der Module BTO 1 und BTO 2 sind die Definitionen für das Kreditgeschäft und das Handelsgeschäft (→ AT 2.3).

7.2.2 Risikosteuerungs- und -controllingprozesse

Die Prozesse zur Identifizierung, Beurteilung, Steuerung, Überwachung und Kommunikation der **206** Risiken (Risikosteuerungs- und -controllingprozesse) beziehen sich auf alle für das Institut wesentlichen Risiken. Maßgeblich ist der risikobezogene Anwendungsbereich der MaRisk (→ AT 2.2). Für jedes Institut sind unter Berücksichtigung von Risikokonzentrationen grundsätzlich Adressenausfallrisiken, Marktpreisrisiken, Liquiditätsrisiken und operationelle Risiken als wesentlich anzusehen. Für diese Risikoarten formulieren die MaRisk daher auch spezielle Anforderungen an die zugrunde liegenden Prozesse (→ BTR 1 bis 4). Von wesentlicher Bedeutung für ein wirksames Risikomanagement ist eine zeitnahe und umfassende Risikoberichterstattung, zu der detaillierte Vorgaben gemacht werden (→ BT 3).

7.2.3 Interne Revision

Modul BT 2 umfasst besondere Anforderungen an die prozessunabhängigen Überwachungs- **207** mechanismen, also die Ausgestaltung der Internen Revision, die im Auftrag der Geschäftsleitung grundsätzlich alle Aktivitäten und Prozesse auf ihre Ordnungsmäßigkeit prüft und beurteilt. Die Interne Revision hat u. a. auch die Wirksamkeit und Angemessenheit des Risikomanagements im Allgemeinen und des internen Kontrollsystems im Besonderen, also der prozessabhängigen Kontrollen, zu prüfen und zu beurteilen (→ AT 4.4.3 Tz. 3). Im Modul BT 2 finden sich viele Regelungen der MaIR wieder.

7.2.4 Risikoberichterstattung

Im Rahmen der fünften MaRisk-Novelle wurden die spezifischen Anforderungen an die Bericht- **208** erstattung über die wesentlichen Risiken im Modul BT 3 zusammengeführt und ergänzt. Damit wird die besondere Bedeutung der Risikoberichterstattung für ein angemessenes Risikomanagement betont. Gleichzeitig wird der Risikocontrolling-Funktion der Überblick über die verschiedenen Berichtspflichten erleichtert.

Modul AT (Allgemeiner Teil)

AT 1 Vorbemerkung
AT 2 Anwendungsbereich
   AT 2.1 Anwenderkreis
   AT 2.2 Risiken
   AT 2.3 Geschäfte
AT 3 Gesamtverantwortung der Geschäftsleitung
AT 4 Allgemeine Anforderungen an das Risikomanagement
   AT 4.1 Risikotragfähigkeit
   AT 4.2 Strategien
   AT 4.3 Internes Kontrollsystem
   AT 4.4 Besondere Funktionen
   AT 4.5 Risikomanagement auf Gruppenebene

AT 5 Organisationsrichtlinien
AT 6 Dokumentation
AT 7 Ressourcen
   AT 7.1 Personal
   AT 7.2 Technisch-organisatorische Ausstattung
   AT 7.3 Notfallmanagement
AT 8 Anpassungsprozesse
   AT 8.1 Neu-Produkt-Prozess
   AT 8.2 Änderungen betrieblicher Prozesse oder Strukturen
   AT 8.3 Übernahmen und Fusionen
AT 9 Auslagerung

Modul BT (Besonderer Teil)

BT 1 Besondere Anforderungen an das interne Kontrollsystem

BTO Anforderungen an die Aufbau- und Ablauforganisation
BTO 1 Kreditgeschäft
   BTO 1.1 Funktionstrennung und Votierung
   BTO 1.2 Anforderungen an die Prozesse im Kreditgeschäft
   BTO 1.3 Anforderungen an Verfahren zur Früherkennung von Risiken und Behandlung von Forbearance
   BTO 1.4 Risikoklassifizierungsverfahren
BTO 2 Handelsgeschäft
   BTO 2.1 Funktionstrennung
   BTO 2.2 Anforderungen an die Prozesse im Handelsgeschäft

BTR Anforderungen an die Risikosteuerungs- und -controllingprozesse
BTR 1 Adressenausfallrisiken
BTR 2 Marktpreisrisiken
   BTR 2.1 Allgemeine Anforderungen
   BTR 2.2 Marktpreisrisiken des Handelsbuches
   BTR 2.3 Marktpreisrisiken des Anlagebuches (einschließlich Zinsänderungsrisiken)
BTR 3 Liquiditätsrisiken
   BTR 3.1 Allgemeine Anforderungen
   BTR 3.2 Zusätzliche Anforderungen an kapitalmarktorientierte Institute
BTR 4 Operationelle Risiken

BT 2 Besondere Anforderungen an die Ausgestaltung der Internen Revision

BT 2.1 Aufgaben der Internen Revision
BT 2.2 Grundsätze für die Interne Revision
BT 2.3 Prüfungsplanung und -durchführung

BT 2.4 Berichtspflicht
BT 2.5 Reaktion auf festgestellte Mängel

BT 3 Anforderungen an die Risikoberichterstattung

BT 3.1 Allgemeine Anforderungen an die Risikoberichte

BT 3.2 Berichte der Risikocontrolling-Funktion

Abb. 4: Die modulare Struktur der MaRisk im Überblick

8 Affinitäten zu anderen Regelwerken

Auch die anderen beiden Säulen der Finanzdienstleistungsaufsicht, also die Versicherungs- und **209**
die Wertpapieraufsicht, haben sich im Zuge der Finanzmarktkrise veranlasst gesehen, bestimmte
Bereiche mit mehr oder minder ausgeprägtem Bezug zum Risikomanagement stärker zu regulieren. Daneben wurden und werden von der Bankenaufsicht weitere Dokumente auf den Weg
gebracht, mit deren Hilfe die MaRisk weiter konkretisiert bzw. ergänzt werden oder die in einem
direkten Zusammenhang zum bankinternen Risikomanagement stehen. Diese Regelwerke können
im Rahmen des Kommentars nur begrenzt berücksichtigt werden. Im Folgenden wird kurz auf die
jeweiligen Regelungsinhalte eingegangen.

8.1 Mindestanforderungen an die Geschäftsorganisation von Versicherungsunternehmen (MaGo)

Die prominenteste Schwester der MaRisk für Banken und Finanzdienstleistungsinstitute waren die **210**
im Januar 2009 von der BaFin veröffentlichten »Mindestanforderungen an das Risikomanagement
von Versicherungsunternehmen« (MaRisk VA).[285] Die MaRisk VA gaben auf der Basis des damaligen § 64 a des Gesetzes über die Beaufsichtigung der Versicherungsunternehmen (VAG) einen
Rahmen für die Ausgestaltung des Risikomanagements von Versicherungsunternehmen vor.
Schwerpunktmäßig ging es in den MaRisk VA um einen strategischen Rahmen für das Risikomanagement, angemessene organisatorische Vorkehrungen, das interne Steuerungs- und Kontrollsystem und die Interne Revision. Bei vielen Anforderungen bestand eine enge Verbindung zu den
MaRisk der Bankenaufsicht (z.B. bei den Anforderungen an die Interne Revision). Auch dem
Proportionalitätsprinzip wurde ein hoher Stellenwert eingeräumt. Die Anforderungen waren unter
Berücksichtigung der unternehmensindividuellen Risiken, der Art und des Umfangs des Ge-
schäftsbetriebes sowie der Komplexität des Geschäftsmodells zu erfüllen. Spezielle Regelungen
betrafen das versicherungstypische Geschäft. Hierzu zählten z.B. die ablauforganisatorischen
Anforderungen im Bereich des versicherungstechnischen Geschäftes, der Reservierung, des
Kapitalanlagemanagements und des passiven Rückversicherungsmanagements.

Zum 1. Januar 2016 ist die Solvency-II-Richtlinie (SII RRL)[286] in das nationale Recht umgesetzt **211**
worden. Die Vorgaben der Art. 41-49 SII RRL betreffen die Geschäftsorganisation (Governance-
System) und sind in den §§ 23 bis 32 des Versicherungsaufsichtsgesetzes (VAG)[287] geregelt. Gemäß
§ 23 VAG (Art. 41 SII RRL) müssen Versicherungsunternehmen über eine Geschäftsorganisation
verfügen, die wirksam und ordnungsgemäß sowie der Art, dem Umfang und der Komplexität ihrer
Tätigkeiten angemessen ist. Die Geschäftsorganisation muss neben der Einhaltung der von den
Versicherungsunternehmen zu beachtenden Gesetze, Verordnungen und aufsichtsbehördlichen
Anforderungen eine solide und umsichtige Leitung des Unternehmens gewährleisten. Hierzu
gehören insbesondere eine angemessene, transparente Organisationsstruktur mit einer klaren

---

285 Bundesanstalt für Finanzdienstleistungsaufsicht, Aufsichtsrechtliche Mindestanforderungen an das Risikomanagement
     (MaRisk VA), Rundschreiben 3/2009 (VA) vom 21. Januar 2009.

286 Richtlinie 2009/138/EG (Solvabilität II) des Europäischen Parlaments und des Rates vom 25. November 2009 betreffend
     die Aufnahme und Ausübung der Versicherungs- und der Rückversicherungstätigkeit (Neufassung), Amtsblatt der
     Europäischen Union vom 17. Dezember 2009, L 335/1-155.

287 Gesetz über die Beaufsichtigung der Versicherungsunternehmen (Versicherungsaufsichtsgesetz – VAG) vom 1. April 2015
     (BGBl. I S. 434), das zuletzt durch Artikel 94 des Gesetzes vom 10. August 2021 (BGBl. I S. 3436) geändert worden ist. Das
     VAG und die MaGo verwenden die Begriffe »Geschäftsorganisation« und »Governance-System« als Synonyme.

Zuweisung und einer angemessenen Trennung der Zuständigkeiten sowie ein wirksames Kommunikationssystem. Der Vorstand hat dafür zu sorgen, dass die Geschäftsorganisation regelmäßig intern überprüft wird. Die Unternehmen haben über schriftliche Leitlinien zu verfügen, die mindestens Vorgaben zum Risikomanagement, zum internen Kontrollsystem, zur Internen Revision und ggf. zur Ausgliederung von Funktionen und Tätigkeiten machen. Zudem haben die Unternehmen angemessene Vorkehrungen, einschließlich der Entwicklung von Notfallplänen, zu treffen, um die Kontinuität und Ordnungsmäßigkeit der Tätigkeiten zu gewährleisten. § 26 VAG (Art. 44 SII RRL) regelt Anforderungen an das Risikomanagementsystem und die unabhängige Risikocontrollingfunktion (URCF). Das Risikomanagementsystem beinhaltet u. a. Strategien, Prozesse und interne Meldeverfahren, die erforderlich sind, um die Risiken zu bewerten, zu überwachen und zu steuern sowie aussagefähig über diese Risiken zu berichten. Das Unternehmen muss insbesondere über eine auf seine Steuerung abgestimmte Risikostrategie verfügen. Die URCF muss so strukturiert sein, dass sie die Umsetzung des Risikomanagementsystems maßgeblich befördert, und hat im Rahmen der Verwendung interner Modelle zusätzliche Aufgaben. § 27 VAG (Art. 45 SII RRL) betrifft die unternehmenseigene Risiko- und Solvabilitätsbeurteilung, die fester Bestandteil der Geschäftsstrategie des Unternehmens sein und kontinuierlich in die strategischen Entscheidungen einfließen muss. Diese dient u. a. der Überprüfung des Gesamtsolvabilitätsbedarfes und berücksichtigt das spezifische Risikoprofil, die festgelegten Risikotoleranzlimite und die Geschäftsstrategie des Unternehmens. § 29 VAG (Art. 46 SII RRL) stellt Anforderungen an das interne Kontrollsystem und die Compliance-Funktion. Als Mindestelemente des internen Kontrollsystems sind Verwaltungs- und Rechnungslegungsverfahren, ein interner Kontrollrahmen, eine angemessene unternehmensinterne Berichterstattung auf allen Unternehmensebenen und die Compliance-Funktion vorgeschrieben. Die Compliance-Funktion überwacht die Einhaltung der Gesetze und der Verwaltungsvorschriften, die für den Betrieb des Versicherungsgeschäftes gelten. Sie berät den Vorstand in Bezug auf die Einhaltung der Anforderungen, beurteilt Auswirkungen von Rechtsänderungen auf das Unternehmen und identifiziert und beurteilt die mit der Nichteinhaltung rechtlicher Vorgaben verbundenen Compliance-Risiken. § 30 VAG (Art. 47 SII RRL) betrifft die Funktion der Internen Revision. Sie überprüft die gesamte Geschäftsorganisation und das interne Kontrollsystem auf deren Angemessenheit und Wirksamkeit. Darüber hinaus müssen Versicherungsunternehmen über eine wirksame versicherungsmathematische Funktion gemäß § 31 VAG verfügen, die Aufgaben in Bezug auf die Berechnungen der versicherungstechnischen Rückstellungen wahrnimmt. Gemäß § 32 VAG (Art. 49 SII RRL) bleibt ein Versicherungsunternehmen bei jeder Ausgliederung – auch von nicht wichtigen Funktionen oder Versicherungstätigkeiten – für die Einhaltung aller aufsichtsrechtlichen Vorschriften und Anforderungen verantwortlich. Die Regelung enthält außerdem besondere Anforderungen an die Ausgliederung von wichtigen Funktionen oder Versicherungstätigkeiten.[288]

212   Mit der EU-Solvabilitätsverordnung II[289] aus dem Jahr 2015 werden die Anforderungen der genannten Artikel näher bestimmt. Diese Delegierte Verordnung gilt unmittelbar in allen Mitgliedstaaten. Darüber hinaus werden die Anforderungen der SII RRL und der Delegierten Verordnung durch Leitlinien von EIOPA weiter konkretisiert.

213   Mit dem Inkrafttreten des neuen VAG am 1. Januar 2016 und der damit verbundenen Umsetzung der Solvency-II-Richtlinie (SII RRL) entfiel die bisherige Rechtsgrundlage für die MaRisk VA. Vor diesem Hintergrund hat die BaFin die MaRisk VA zum 31. Dezember 2015 aufgehoben. Mehr als ein Jahr danach hat die BaFin am 25. Januar 2017 die »Mindestanforderungen an die Geschäfts-

---

288 Vgl. Bundesanstalt für Finanzdienstleistungsaufsicht, Artikel auf der Internetseite der Behörde zum Thema »Governance« vom 1. Januar 2016.

289 Delegierte Verordnung (EU) 2015/35 (Solvabilitätsverordnung II) der Kommission vom 10. Oktober 2014 zur Ergänzung der Richtlinie 2009/138/EG des Europäischen Parlaments und des Rates betreffend die Aufnahme und Ausübung der Versicherungs- und der Rückversicherungstätigkeit (Solvabilität II), Amtsblatt der Europäischen Union vom 1. Januar 2015, L 12/1–797.

organisation von Versicherungsunternehmen« (MaGo)[290] veröffentlicht. In der Übergangsphase vom 1. Januar 2016 bis zum Inkrafttreten der MaGo hat die BaFin auf zahlreiche Auslegungsentscheidungen zur Geschäftsorganisation und zur Beurteilung der eigenen Risiken abgestellt, die sie zur Vorbereitung auf Solvency II bereits in den Jahren 2014 und 2015 veröffentlicht hatte.[291] Kleine Versicherungsunternehmen im Sinne des § 211 Versicherungsaufsichtsgesetz (VAG) sind Erstversicherungsunternehmen, die bestimmte Kriterien erfüllen. Für diese Unternehmen hat die BaFin später eigene Anforderungen formuliert.[292]

Die MaGo konkretisieren die Vorschriften über die Geschäftsorganisation im VAG und in der EU-Solvabilitätsverordnung II im Sinne einer norminterpretierenden Verwaltungsvorschrift. Damit steht bei den MaGo – im Unterschied zu den MaRisk VA – neben der versicherungsinternen Beurteilung des Risikos vor allem die Geschäftsorganisation der Versicherungsunternehmen im Vordergrund.[293] Das Rundschreiben betont zunächst die Gesamtverantwortung der Geschäftsleitung für die ordnungsgemäße und wirksame Geschäftsorganisation. Darüber hinaus formulieren die MaGo allgemeine Governance-Anforderungen an die Aufbau- und Ablauforganisation, die interne Überprüfung des Governance-Systems, die schriftlichen Leitlinien sowie das Zusammenwirken von Geschäftsleitung und Aufsichtsorgan. Das Rundschreiben verlangt eine hervorgehobene Stellung der einzurichtenden »Schlüsselfunktionen« Interne Revision, Compliance- und Risikocontrolling-Funktion sowie versicherungsmathematische Funktion. Zudem enthalten die MaGo konkrete Vorgaben für das Risikomanagementsystem, das interne Kontrollsystem, Ausgliederungen und das Notfallmanagement. Die Versicherungsunternehmen haben sicherzustellen, dass sie jederzeit mindestens über ausreichend anrechnungsfähige Eigenmittel verfügen, um die Solvabilitätsanforderung (»Solvency Capital Requirement«, SCRC) und die Mindestkapitalanforderung (»Minimum Capital Requirement«, MCR) einzuhalten. Vor diesem Hintergrund formuliert das Rundschreiben umfangreiche Anforderungen an die Geschäftsorganisation zur Sicherstellung der Eigenmittel. Die Anforderungen an das Governance-System für Unternehmen gelten auf Gruppenebene entsprechend. Zusätzlich enthalten die MaGo gruppenspezifische Anforderungen, bspw. an die konsistente Umsetzung der Risikomanagementsysteme, der internen Kontrollsysteme und des Berichtswesens auf Gruppenebene.

214

8.2 Mindestanforderungen an das Risikomanagement von Kapitalverwaltungsgesellschaften (KAMaRisk)

Ursprünglich galten die MaRisk in abgestufter Form auch für Investmentgesellschaften. Nachdem diese jedoch im Jahr 2007 durch das Investmentänderungsgesetz ihre Institutseigenschaft verloren haben, ergab sich – zumindest formal gesehen – eine Lücke. Vor diesem Hintergrund entwickelte

215

---

290 Bundesanstalt für Finanzdienstleistungsaufsicht, Mindestanforderungen an die Geschäftsorganisation von Versicherungsunternehmen (MaGo), Rundschreiben 2/2017 (VA) vom 25. Januar 2017, geändert am 2. März 2018. Das Rundschreiben ist am 1. Februar 2017 in Kraft getreten.

291 Die Auslegungsentscheidungen zu den Themen allgemeine Governance-Anforderungen an Versicherungsunternehmen vom 1. Januar 2016, Risikomanagement in Versicherungsunternehmen vom 1. Januar 2016, Outsourcing bei Versicherungsunternehmen vom 21. Dezember 2015, versicherungsmathematische Funktion in Versicherungsunternehmen vom 21. Dezember 2015, interne Kontrollen und Interne Revision in Versicherungsunternehmen vom 21. Dezember 2015 sowie Eigenmittelanforderungen und Governance-System vom 21. Dezember 2015 wurden durch die MaGo zum 31. Januar 2017 aufgehoben.

292 Vgl. Bundesanstalt für Finanzdienstleistungsaufsicht, Aufsichtsrechtliche Mindestanforderungen an die Geschäftsorganisation von kleinen Versicherungsunternehmen nach § 211 VAG (MaGo für kleine VU), Rundschreiben 01/2020 (VA) vom 6. März 2020.

293 Vgl. Krimphove, Dieter, Das BaFin-Rundschreiben »Aufsichtsrechtliche Mindestanforderungen an die Geschäftsorganisation von Versicherungsunternehmen« (MaGo), Zeitschrift für Versicherungsrecht, 15. März 2017, S. 327.

die deutsche Aufsicht zunächst separate »Mindestanforderungen an das Risikomanagement für Investmentgesellschaften« (InvMaRisk), die im Juni 2010 veröffentlicht wurden.[294] Die InvMaRisk gaben auf der Grundlage von § 9 a Investmentgesetz (InvG) einen flexiblen und praxisnahen Rahmen für die Ausgestaltung einer ordnungsgemäßen Geschäftsorganisation der Kapitalanlagegesellschaften und selbstverwalteten Investmentaktiengesellschaften vor. Viele Anforderungen orientierten sich an den MaRisk der Bankenaufsicht (z.B. Auslagerung, Interne Revision). Spezifische Anforderungen wurden insbesondere im Zusammenhang mit der Verwaltung von Investmentvermögen formuliert.

216   Seit Veröffentlichung der InvMaRisk gab es zahlreiche Entwicklungen im Bereich des Investmentrechts. Hierzu gehören vor allem die Richtlinie über die Verwalter alternativer Investmentfonds (»Alternative Investment Fund Managers Directive«, AIFMD)[295] aus dem Jahr 2011, die zur Durchführung der AIFM-Richtlinie erlassene Delegierte Verordnung[296] aus dem Jahr 2013 sowie das ebenfalls im Jahr 2013 zur Umsetzung der AIFM-Richtlinie in das nationale Recht neu eingeführte Kapitalanlagegesetzbuch (KAGB).[297] Das KAGB ersetzt das bis dahin geltende Investmentgesetz, dessen Regelungen in das KAGB integriert und um zahlreiche neue Produktregeln und Vorgaben erweitert wurden. Vor diesem Hintergrund hat die deutsche Aufsicht im Jahr 2017 neue »Mindestanforderungen an das Risikomanagement von Kapitalverwaltungsgesellschaften« (KAMaRisk)[298] veröffentlicht, die die InvMaRisk aus dem Jahr 2010 ersetzen. Die KAMaRisk interpretieren das KAGB und die unmittelbar geltende Delegierte Verordnung zur Durchführung der AIFM-Richtlinie im Hinblick auf Anforderungen an die Organisation, das Risikomanagement und Auslagerungen durch Kapitalverwaltungsgesellschaften.

217   Die KAMaRisk sind in zwölf Abschnitte gegliedert und enthalten Vorgaben zum Risikomanagement sowohl auf Ebene der Kapitalverwaltungsgesellschaft als auch auf Ebene der Investmentvermögen. Der erste Abschnitt der KAMaRisk enthält in den Vorbemerkungen u. a. die Bezüge zu den gesetzlichen Regelungen auf nationaler und europäischer Ebene, die durch das Rundschreiben konkretisiert werden, den Grundsatz der Proportionalität sowie den maßgeblichen Umsetzungszeitpunkt. Der zweite und dritte Abschnitt regeln den Anwendungsbereich des Rundschreibens und enthalten Ausführungen zur Gesamtverantwortung der Geschäftsleitung. Die allgemeinen Anforderungen an das Risikomanagement, wie Strategien, das interne Kontrollsystem, die Risk Management Policy sowie die organisatorische Trennung der Bereiche Fondsmanagement, Marktfolge und Risikocontrolling etc., sind im vierten Abschnitt der KAMaRisk enthalten. Hervorzuheben sind die im fünften Abschnitt geregelten besonderen Anforderungen an das Risikomanagement von AIF-Kapitalverwaltungsgesellschaften, die für Rechnung des AIF Gelddarlehen gewähren oder in unverbriefte Darlehensforderungen investieren. Die Vorgaben an die Funktionstrennung und Votierung, die Anforderungen an die Prozesse im Darlehensgeschäft und an die Verfahren zur Früherkennung von Risiken etc. basieren im Wesentlichen auf den Regelungen zum Kreditgeschäft in den MaRisk und wurden an die Besonderheiten der Darlehensvergabe und -investition im Rahmen der kollektiven Portfolioverwaltung angepasst. Die weiteren Abschnitte der KAMaRisk enthalten Anforderungen an die Organisationsrichtlinien und die Dokumentation,

294 Bundesanstalt für Finanzdienstleistungsaufsicht, Mindestanforderungen an das Risikomanagement für Investmentgesellschaften (InvMaRisk), Rundschreiben 5/2010 (WA) vom 30. Juni 2010.

295 Richtlinie 2011/61/EU (AIFM-Richtlinie) des Europäischen Parlaments und des Rates vom 8. Juni 2011 über die Verwalter alternativer Investmentfonds und zur Änderung der Richtlinien 2003/41/EG und 2009/65/EG und der Verordnungen (EG) Nr. 1060/2009 und (EU) Nr. 1095/2010, Amtsblatt der Europäischen Union vom 1. Juli 2011, L 174/1–73.

296 Delegierte Verordnung (EU) Nr. 231/2013 der Kommission vom 19. Dezember 2012 zur Ergänzung der Richtlinie 2011/61/EU des Europäischen Parlaments und des Rates im Hinblick auf Ausnahmen, die Bedingungen für die Ausübung der Tätigkeit, Verwahrstellen, Hebelfinanzierung, Transparenz und Beaufsichtigung, Amtsblatt der Europäischen Union vom 22. März 2013, L 83/1–95.

297 Kapitalanlagegesetzbuch (KAGB) vom 4. Juli 2013 (BGBl. I S. 1981), das zuletzt durch Artikel 5 des Gesetzes vom 10. August 2021 (BGBl. I S. 3483) geändert worden ist. Neben dem KAGB leiten sich die rechtlichen Rahmenbedingungen für das Risikomanagement von Kapitalverwaltungsgesellschaften aus der DerivateV und der KAVerOV ab.

298 Bundesanstalt für Finanzdienstleistungsaufsicht, Mindestanforderungen an das Risikomanagement von Kapitalverwaltungsgesellschaften (KAMaRisk), Rundschreiben 01/2017 (WA) vom 10. Januar 2017.

die vorzuhaltenden Ressourcen für die elektronische Datenverarbeitung und das Notfallkonzept, die Aktivitäten in neuen Produkten oder auf neuen Märkten, Auslagerungen, die Compliance-Funktion und die Interne Revision. Darüber hinaus hat die deutsche Aufsicht ein Merkblatt veröffentlicht, das die Anforderungen an Auslagerungen gemäß § 36 KAGB konkretisiert.[299]

8.3 Mindestanforderungen an Compliance (MaComp)

Im Juni 2010 hat die deutsche Aufsicht das Rundschreiben »Mindestanforderungen an Compliance und die weiteren Verhaltens-, Organisations- und Transparenzpflichten nach §§ 31 ff. WpHG« (MaComp) veröffentlicht.[300] Das Rundschreiben präzisierte einzelne Regelungen des sechsten Abschnittes des Gesetzes über den Wertpapierhandel (WpHG) sowie hierzu erlassene Verordnungen (z.B. die Finanzanalyseverordnung). Anschließend wurden die MaComp von der Aufsicht mehrfach überarbeitet, u. a. aufgrund von entsprechenden Leitlinien der Europäischen Wertpapieraufsichtsbehörde (ESMA)[301] und Erkenntnissen aus der Prüfungspraxis zu Auslagerungen. Zuletzt hat die deutsche Aufsicht das Rundschreiben am 19. April 2018 inhaltlich und redaktionell an aktuelle Rechtsentwicklungen und Verwaltungspraktiken angepasst und als »Mindestanforderungen an die Compliance-Funktion und weitere Verhaltens-, Organisations- und Transparenzpflichten – MaComp«[302] veröffentlicht. Die aktuelle Fassung setzt zahlreiche gesetzliche Änderungen um, die aufgrund der am 3. Januar 2018 in Kraft getretenen europäischen Finanzmarktrichtlinie (»Markets in Financial Instruments Directive II«, MiFID II) notwendig wurden. Dabei handelt es sich insbesondere um das neue Wertpapierhandelsgesetz (WpHG), die neugefasste Wertpapierdienstleistungs-Verhaltens- und Organisationsverordnung (WpDVerOV), die Delegierte Verordnung zu den Organisationsanforderungen der MiFID II[303] sowie weitere Vorgaben der ESMA zur Konkretisierung der MiFID II.

218

Die MaComp präzisieren einzelne Regelungen der nunmehr im 11. Abschnitt des WpHG enthaltenen Verhaltens-, Organisations- und Transparenzpflichten gemäß §§ 63 ff. WpHG sowie der Art. 21 ff. der Delegierten Verordnung zu den Organisationsanforderungen der MiFID II (DV). Das Rundschreiben setzt hierbei einen flexiblen und praxisnahen Rahmen für die Ausgestaltung der Geschäftsorganisation des Wertpapiergeschäftes der unter die Vorschriften fallenden Unternehmen. Es soll insbesondere kleineren Unternehmen Orientierungshilfen geben und enthält an verschiedenen Stellen eine beispielhafte Auflistung möglicher Maßnahmen zur Einhaltung der

219

---

299 Bundesanstalt für Finanzdienstleistungsaufsicht, Häufige Fragen zum Thema Auslagerung gemäß § 36 KAGB, 10. Juli 2013, geändert am 15. November 2017.

300 Bundesanstalt für Finanzdienstleistungsaufsicht, Mindestanforderungen an Compliance und die weiteren Verhaltens-, Organisations- und Transparenzpflichten nach §§ 31 ff. WpHG (MaComp), Rundschreiben 4/2010 (WA) vom 7. Juni 2010.

301 European Securities and Markets Authority, Leitlinien zu Vergütungsgrundsätzen und -verfahren (MiFID), 3. Juni 2013; European Securities and Markets Authority, Leitlinien zu einigen Aspekten der MiFID-Anforderungen an die Compliance-Funktion, 25. Juni 2012; European Securities and Markets Authority, Leitlinien zu einigen Aspekten der MiFID-Anforderungen an die Eignung, 25. Juni 2012.

302 Vgl. Bundesanstalt für Finanzdienstleistungsaufsicht, Mindestanforderungen an die Compliance-Funktion und weitere Verhaltens-, Organisations- und Transparenzpflichten – MaComp, Rundschreiben 05/2018 (WA) vom 19. April 2018, zuletzt geändert am 24. März 2021. Nach Redaktionsschluss des Kommentars (1. Juli 2021) hat die BaFin am 15. Juli 2021 eine weitere Fassung der MaComp veröffentlicht. Hintergrund sind Anpassungen der MaComp an die ESMA-Leitlinien zu den Anforderungen an die Compliance-Funktion, die von der BaFin in BT 1 MaComp umgesetzt wurden. Ergänzt wurden insbesondere die Anforderungen an die Überwachungshandlungen, die Beratungsaufgaben und die Beteiligung der Compliance-Funktion an den Prozessen im BT 1. Zudem wurden die Vorgaben an den Compliance-Bericht umfassend überarbeitet. Vgl. O. V., MaComp – BaFin aktualisiert Rundschreiben, in: BaFinJournal, Ausgabe August 2021, S. 11.

303 Delegierte Verordnung (EU) 2017/565 (MiFID II-Durchführungsverordnung) der Kommission vom 25. April 2016 zur Ergänzung der Richtlinie 2014/65/EU des Europäischen Parlaments und des Rates in Bezug auf die organisatorischen Anforderungen an Wertpapierfirmen und die Bedingungen für die Ausübung ihrer Tätigkeit sowie in Bezug auf die Definition bestimmter Begriffe für die Zwecke der genannten Richtlinie, Amtsblatt der Europäischen Union vom 31. März 2017, L 87/1–83.

Anforderungen. Die MaComp dienen als Kompendium, das die jeweilige Verwaltungspraxis der BaFin zu einzelnen Regelungen gemäß §§ 63 ff. WpHG und der Art. 21 ff. DV zusammenführt.

220   Wie die MaRisk ist das Rundschreiben modular aufgebaut und enthält einen allgemeinen Teil (AT) mit allgemeinen Anforderungen für Wertpapierdienstleistungsunternehmen und einen besonderen Teil (BT) mit besonderen Anforderungen nach §§ 63 ff. WpHG. Im allgemeinen Teil finden sich neben dem Anwendungsbereich vor allem grundsätzliche Prinzipien zur Gesamtverantwortung der Geschäftsleitung, zum Proportionalitätsprinzip, zur Zusammenarbeit mehrerer Wertpapierdienstleistungsunternehmen, allgemeine Anforderungen z. B. an die Aufbau- und Ablauforganisation sowie die erforderlichen Mittel und Verfahren (Vermeidung von Interessenkonflikten, Vorkehrungen für Systemausfälle und -störungen, Bearbeitung von Beschwerden, Chinese Walls, Wall Crossing etc.), Aufzeichnungspflichten und Anforderungen an Auslagerungen. Im besonderen Teil finden sich umfangreiche Anforderungen an die Organisation und Tätigkeit der Compliance-Funktion gemäß § 80 Abs. 1 WpHG und Art. 22 DV. Diese Funktion ist grundsätzlich von einem Compliance-Beauftragten wahrzunehmen, dessen Benennung und Abberufung der BaFin angezeigt werden muss. Dem Compliance-Beauftragten wird eine unabhängige Stellung eingeräumt. Er hat ferner bestimmte Qualifikationsanforderungen zu erfüllen und genießt einen besonderen Kündigungsschutz.[304] Zudem empfehlen die MaComp zur Wahrung der Unabhängigkeit des Compliance-Beauftragten einen Mindestbestellzeitraum von 24 Monaten. Durch die MaComp wird die Stellung des Compliance-Beauftragten in den Instituten erheblich aufgewertet. Darüber hinaus regeln die MaComp die Aufgaben der Compliance-Funktion, die im Einzelnen Überwachungsaufgaben, Berichtpflichten, Beratungsaufgaben und die Beteiligung an Prozessen umfassen. Die Wertpapierdienstleistungsunternehmen müssen durch geeignete Vorkehrungen im Hinblick auf die Organisation der Compliance-Funktion deren Wirksamkeit (Ausstattung und Budget, Befugnisse, Sachkunde etc.), Dauerhaftigkeit (Überwachungsplan etc.) und Unabhängigkeit sicherstellen. Schließlich enthalten die MaComp umfangreiche Anforderungen an eine Auslagerung der Compliance-Funktion oder einzelner Compliance-Tätigkeiten.

221   Die Anforderungen an die Organisation und Tätigkeit der Compliance-Funktion gemäß MaComp sind deutlich detaillierter als die im Zuge der vierten MaRisk-Novelle eingeführten Anforderungen an die Compliance-Funktion, die auf entsprechende Vorgaben der EBA zurückgehen und nicht auf Wertpapierdienstleistungen beschränkt sind (→ AT 4.4.2). Die Compliance-Funktion gemäß MaRisk hat die Aufgabe, jenen Risiken entgegenzuwirken, die sich aus der Nichteinhaltung rechtlicher Regelungen und Vorgaben ergeben können, und diesbezüglich insbesondere auf die Implementierung wirksamer Verfahren und entsprechender Kontrollen hinzuwirken. Die Anforderungen an die Compliance-Funktion nach MaComp bleiben davon unberührt (→ AT 4.4.2 Tz. 1, Erläuterung).

222   Gegenstand der MaComp sind jedoch nicht nur Compliance-Themen. Das Rundschreiben befasst sich u. a. auch mit Anforderungen an die Überwachung von Mitarbeitergeschäften, die bestmögliche Ausführung von Kundenaufträgen (»Best Execution«), das Produktfreigabeverfahren (»Product Governance«), die Inhalte und die Zurverfügungstellung der Geeignetheitserklärung nach § 64 Abs. 4 WpHG und die Prüfung der Geeignetheit nach § 64 Abs. 3 WpHG, Art. 54 und 55 DV, die Vergütungssysteme im Zusammenhang mit Wertpapierdienstleistungen und Wertpapiernebendienstleistungen, die Handhabung von Interessenkonflikten im Zusammenhang mit Staffelprovisionen, die Aufzeichnungspflichten, die Qualifikation der Mitarbeiter von Wertpapierdienstleistungsunternehmen, das Beschwerdemanagement und den Beschwerdebericht, den Umgang mit komplexen Schuldtiteln und strukturierten Einlagen gemäß § 63 Abs. 1 Nr. 1 WpHG, die Querverkäufe sowie die gesetzlichen Anforderungen an die Erstellung von Informationsblättern gemäß § 64 Abs. 2 WpHG bzw. § 4 WpDVerOV.

---

304 Nach BT 1.3.3.4 Tz. 4 MaComp ist ein geeignetes Mittel zur Stärkung des Compliance-Beauftragten die Vereinbarung einer zwölfmonatigen Kündigungsfrist seitens des Arbeitgebers. Vgl. auch Kuthe, Thorsten/Zipperle, Madeleine, MaComp – Compliance-Standards für alle?, in: Corporate Finance Law, Heft 5/2010, S. 339 ff.

Das Modul »Beschwerdemanagement und Beschwerdebericht« (BT 12) enthält vergleichbare An- 223
forderungen wie die im Jahr 2018 erstmals veröffentlichten »Mindestanforderungen an das Beschwerdemanagement«[305], die für CRR-Kreditinstitute, Kapitalverwaltungsgesellschaften, Zahlungsinstitute,
E-Geld-Institute und Nichtkreditinstitute im Sinne des Art. 4 Abs. 10 der Wohnimmobilienkreditrichtlinie gelten (→ Kapitel 8.9). Wertpapierdienstleistungsunternehmen haben jedoch zusätzlich einmal
jährlich einen Beschwerdebericht zu erstellen, der u. a. die Anzahl der aktuellen Beschwerden von
Kunden oder potenziellen Kunden, die Angabe der Bearbeitungsstände, die Anzahl der im Kalenderjahr erfolgreich abgearbeiteten Beschwerden, Kulanzzahlungen im Zusammenhang mit Beschwerden
sowie anhängige Gerichtsverfahren und Schlichtungsverfahren enthält. Der Beschwerdebericht war
erstmals bis zum 1. März 2020 für das Kalenderjahr 2019 aufzustellen und bei der BaFin einzureichen.

Im Dezember 2012 wurde von der BaFin zudem das ergänzende Rundschreiben »Besondere 224
Organisatorische Anforderungen für den Betrieb eines multilateralen Handelssystems nach
§§ 31 f und 31 g WpHG« (MaComp II)[306] veröffentlicht. Den durch dieses Rundschreiben konkretisierten gesetzlichen Vorgaben liegen diverse supranationale Quellen und Abkommen
zugrunde. Da auch Betreiber eines multilateralen Handelssystems Wertpapierdienstleistungsunternehmen sind, müssen sie insbesondere die organisatorischen Anforderungen des 11. Abschnittes des WpHG einhalten, die mit den MaComp konkretisiert wurden. Die Aufsicht hat sich
gegen eine Integration der neuen Vorschriften in die MaComp entschieden, da der Anwenderkreis relativ begrenzt ist. Kredit- und Finanzdienstleistungsinstitute, die ein multilaterales
Handelssystem betreiben, müssen sowohl die MaComp als auch die MaComp II beachten.

8.4   Institutsvergütungsverordnung (InstitutsVergV)

Die Ausgestaltung der institutsinternen Vergütungssysteme steht seit der Finanzmarktkrise im 225
Fokus internationaler und nationaler Regulierungsmaßnahmen, weil unangemessene Vergütungs-
praktiken und -strukturen im Finanzsektor als eine maßgebliche Ursache dieser Krise gelten. Die
verschiedenen regulatorischen Initiativen, insbesondere vom Finanzstabilitätsrat (Financial Stability Board, FSB) und von der Europäischen Union im Rahmen der beiden Änderungsrichtlinien
zur Bankenrichtlinie in den Jahren 2010 (CRD III)[307] und 2013 (CRD IV)[308], waren deshalb darauf
ausgerichtet, die Vergütungsstrukturen stärker am längerfristigen Erfolg des Institutes zu orientieren und die eingegangenen Risiken besser zu berücksichtigen. Vergütungssysteme sollen angemessen, transparent und auf eine nachhaltige Entwicklung ausgerichtet sein.

Ausgehend von diesem risikobasierten Ansatz wurden auf nationaler Ebene die regulatorischen 226
Anforderungen an Vergütungssysteme im Jahr 2009 zunächst in den MaRisk formuliert, aufgrund

---

305 Das Modul BT 12 der MaComp und die Mindestanforderungen an das Beschwerdemanagement gehen auf die Leitlinien
    zur Beschwerdeabwicklung für den Wertpapierhandel (ESMA) und das Bankwesen (EBA) des gemeinsamen Ausschus-
    ses der Europäischen Aufsichtsbehörden (»Joint Committee«) aus dem Jahr 2014 zurück. Vgl. Joint Committee of the
    European Supervisory Authorities, Leitlinien zur Beschwerdeabwicklung für den Wertpapierhandel (ESMA) und das
    Bankwesen (EBA), 27. Mai 2014.

306 Bundesanstalt für Finanzdienstleistungsaufsicht, Besondere Organisatorische Anforderungen für den Betrieb eines
    multilateralen Handelssystems nach §§ 31 f und 31 g WpHG (MaComp II), Rundschreiben 8/2012 (WA) vom 10.
    Dezember 2012. Die Anforderungen an multilaterale Handelssysteme sind seit der Neufassung des WpHG im Jahr 2018
    in §§ 72 ff. WpHG geregelt.

307 Richtlinie 2010/76/EU (Bankenrichtlinie – CRD III) des Europäischen Parlaments und des Rates vom 24. November 2010
    zur Änderung der Richtlinien 2006/48/EG und 2006/49/EG im Hinblick auf die Eigenkapitalanforderungen für Handels-
    buch und Wiederverbriefungen und im Hinblick auf die aufsichtliche Überprüfung der Vergütungspolitik vom 24. No-
    vember 2010, Amtsblatt der Europäischen Union vom 14. Dezember 2010, L 329/3–35.

308 Richtlinie 2013/36/EU (Bankenrichtlinie – CRD IV) des Europäischen Parlaments und des Rates vom 26. Juni 2013 über
    den Zugang zur Tätigkeit von Kreditinstituten und die Beaufsichtigung von Kreditinstituten und Wertpapierfirmen, zur
    Änderung der Richtlinie 2002/87/EG und zur Aufhebung der Richtlinien 2006/48/EG und 2006/49/EG, Amtsblatt der
    Europäischen Union vom 27. Juni 2013, L 176/338–436.

internationaler Entwicklungen allerdings bereits im Dezember 2009 in ein gesondertes Rundschreiben[309] überführt. Seit Oktober 2010 sind die Anforderungen an Vergütungssysteme von Instituten auf der Grundlage von § 25a Abs. 6 KWG in der Verordnung über die aufsichtsrechtlichen Anforderungen an Vergütungssysteme von Instituten (»Institutsvergütungsverordnung«, InstitutsVergV)[310] geregelt. Am 1. Januar 2014 ist eine umfassend überarbeitete und deutlich erweiterte Novellierung der Vergütungsverordnung in Kraft getreten, die auf das CRD IV-Umsetzungsgesetz sowie auf zahlreiche weitere internationale und europäische Vorgaben zurückzuführen ist.[311] Verordnungsgeberin ist nunmehr die BaFin. Mit der letzten Änderung der Vergütungsverordnung aus dem Jahr 2017 wurden in erster Linie die Anforderungen der Leitlinien der EBA für eine solide Vergütungspolitik in deutsches Recht umgesetzt.[312] Im Februar 2018 hat die BaFin eine Auslegungshilfe zur geänderten Vergütungsverordnung veröffentlicht.[313]

227 Im Zuge des Brexit-Steuerbegleitgesetzes[314] aus dem Jahr 2019 wurden ohne inhaltliche Änderung die Systematik zur Einstufung von bedeutenden Instituten von § 17 InstitutsVergV a. F. nach § 25n KWG sowie die Regelungen zur Ermittlung von Risikoträgern auf der Grundlage einer Risikoanalyse von § 18 Abs. 2 InstitutsVergV a. F. nach § 25a Abs. 5b KWG überführt. Mit Inkrafttreten des Risikoreduzierungsgesetzes aus dem Jahr 2020 wurde die für die besonderen Anforderungen der Vergütungsverordnung maßgebliche Definition der »bedeutenden Institute« von § 25n KWG a. F. nach § 1 Abs. 3c KWG verschoben, der nunmehr eine einheitliche Definition für die Zwecke der Vergütungsregelungen und die Anforderungen an die Geschäftsleitung gemäß § 25c KWG und das Aufsichtsorgan gemäß § 25d KWG beinhaltet (→ AT 1 Tz. 3).[315]

228 Gemäß § 25a Abs. 1 Satz 6 KWG haben die Institute als Bestandteil ihres Risikomanagements über angemessene, transparente und auf eine nachhaltige Entwicklung des Institutes ausgerichtete Vergütungssysteme für Geschäftsleiter und Mitarbeiter zu verfügen. Der Gesetzgeber sieht somit einen engen Zusammenhang zwischen der Ausgestaltung der Vergütungssysteme und dem Risikomanagement der Institute. Die Vergütungsverordnung regelt die speziellen bankaufsichtlichen Anforderungen an die Vergütungssysteme der Institute. Die Verordnung ist in fünf Abschnitte gegliedert. Der erste Abschnitt legt den Anwendungsbereich und die Begriffsbestimmungen fest. Die Vergütungsverordnung richtet sich grundsätzlich an alle Kredit- und Finanzdienstleistungsinstitute sowie an alle Mitarbeiter.[316] Allerdings sollen nicht alle Institute und alle Mitarbeiter in gleicher Weise von den Vergütungsregeln betroffen sein. Um eine sachgerechte Differenzierung zu erreichen, wendet die Vergütungsverordnung den »Grundsatz der zweistufigen Proportionalität« an

---

309 Bundesanstalt für Finanzdienstleistungsaufsicht, Aufsichtsrechtliche Anforderungen an die Vergütungssysteme von Instituten, Rundschreiben 22/2009 (BA) vom 21. Dezember 2009.

310 Verordnung über die aufsichtsrechtlichen Anforderungen an Vergütungssysteme von Instituten (Instituts-Vergütungsverordnung – InstitutsVergV) in der Fassung vom 6. Oktober 2010 (BGBl. I S. 1374), veröffentlicht am 12. Oktober 2010.

311 Vgl. Verordnung über die aufsichtsrechtlichen Anforderungen an Vergütungssysteme von Instituten (Institutsvergütungsverordnung – InstitutsVergV) in der Fassung vom 16. Dezember 2013 (BGBl. I S. 4270), veröffentlicht am 19. Dezember 2013. Die derzeit aktuelle Fassung ist zuletzt durch Artikel 1 der Verordnung vom 15. April 2019 (BGBl. I S. 486) geändert worden.

312 Vgl. European Banking Authority, Leitlinien für eine solide Vergütungspolitik gemäß Artikel 74 Absatz 3 und Artikel 75 Absatz 2 der Richtlinie 2013/36/EU und Angaben gemäß Artikel 450 der Verordnung (EU) Nr. 575/2013, EBA/GL/2015/22, 27. Juni 2016. Die EBA hat im Juli 2021 den finalen Bericht zu den überarbeiteten Leitlinien über die Grundsätze einer soliden Vergütung vorgelegt. Vgl. European Banking Authority, Final report on Guidelines on sound remuneration policies under Directive 2013/36/EU, EBA/GL/2021/04, 2. Juli 2021.

313 Bundesanstalt für Finanzdienstleistungsaufsicht, Auslegungshilfe zur Institutsvergütungsverordnung in der Fassung vom 15. Februar 2018. Die Auslegungshilfe ersetzt die Vorversion vom 1. Januar 2014. Die BaFin hat am 18. September 2020 eine überarbeitete Fassung der Auslegungshilfe zur Konsultation gestellt. Es ist davon auszugehen, dass diese zeitnah nach der Vorlage des finalen Berichtes zu den überarbeiteten Leitlinien über die Grundsätze einer soliden Vergütung durch die EBA am 2. Juli 2021 in einer endgültigen Fassung veröffentlicht wird.

314 Gesetz über steuerliche und weitere Begleitregelungen zum Austritt des Vereinigten Königreichs Großbritannien und Nordirland aus der Europäischen Union (Brexit-Steuerbegleitgesetz – Brexit-StBG) vom 25. März 2019 (BGBl. I S. 357), veröffentlicht am 28. März 2019.

315 Durch das Risikoreduzierungsgesetz wurden der durch das Brexit-Steuerbegleitgesetz aus dem Jahr 2019 eingefügte § 25n KWG gestrichen bzw. der § 25a Abs. 5b KWG geändert.

316 Der Mitarbeiterbegriff der Vergütungsverordnung umfasst seit der Änderung der Verordnung im Jahr 2017 auch die Geschäftsleiter eines Institutes (§ 2 Abs. 7 InstitutsVergV).

und differenziert sowohl auf der Ebene der Institute als auch auf der Ebene der Mitarbeiter nach Verhältnismäßigkeitsgesichtspunkten. Die Vergütungsverordnung unterscheidet zwischen allgemeinen Anforderungen an die Vergütungssysteme, die für alle unter den Anwendungsbereich der Verordnung fallenden Institute und für die Vergütungssysteme sämtlicher Mitarbeiter dieser Institute relevant sind (»erste Stufe der Proportionalität«), und den deutlich anspruchsvolleren besonderen Anforderungen an bedeutende Institute, die nur für einen bestimmten Teil der Mitarbeiter (»Risikoträger«) maßgeblich sind (»zweite Stufe der Proportionalität«).[317]

Die allgemeinen Anforderungen im zweiten Abschnitt der Verordnung regeln die Verantwortlichkeiten für eine angemessene Ausgestaltung der Vergütungssysteme, die Ausrichtung der Vergütungssysteme und der Vergütungsstrategie an den Geschäfts- und Risikostrategien des Institutes, die Angemessenheit der Vergütung und der Vergütungssysteme insgesamt, die Angemessenheit des Verhältnisses von variabler zu fixer Vergütung sowie die Festsetzung des Gesamtbetrages der variablen Vergütungen. Darüber hinaus sind zusätzliche Anforderungen an die Vergütung von Mitarbeitern der Kontrolleinheiten und der Geschäftsleiter, die internen Informations- und externen Offenlegungspflichten sowie die Aufgaben eines ggf. einzurichtenden Vergütungskontrollausschusses[318] enthalten. **229**

Die besonderen Anforderungen im dritten Abschnitt der Verordnung gelten nur für die bedeutenden Institute. Gemäß § 1 Abs. 3c KWG ist ein Institut »bedeutend«, wenn seine Bilanzsumme im Durchschnitt zu den jeweiligen Stichtagen der letzten vier abgeschlossenen Geschäftsjahre 15 Milliarden Euro überschritten hat. Darüber hinaus gelten nach § 1 Abs. 3c KWG stets als bedeutend **230**
- die von der EZB direkt beaufsichtigten bedeutenden Institute gemäß Art. 6 SSM-Verordnung,
- die als potenziell systemrelevant im Sinne des § 12 KWG eingestuften Institute und
- Finanzhandelsinstitute gemäß § 25f Abs. 1 KWG.

Die mit dem Risikoreduzierungsgesetz eingefügte einheitliche Definition eines bedeutenden Institutes gemäß § 1 Abs. 3c KWG hat zur Folge, dass sich diese nicht mehr auf Basis einer Risikoanalyse von den besonderen Anforderungen der Vergütungsverordnung befreien lassen können. Der bisher mögliche Nachweis, dass ein Institut mit einer Bilanzsumme oberhalb 15 Milliarden Euro »nicht bedeutend« ist, ist entfallen. **231**

Die bedeutenden Institute gemäß § 1 Abs. 3c KWG sind zu unterscheiden von den bedeutenden Instituten gemäß Art. 6 SSM-Verordnung (»Significant Institution«, SI). Diese werden seit dem Jahr 2014 nicht nur unmittelbar von der EZB beaufsichtigt, sondern unterliegen in der Aufsichtspraxis zum Teil deutlich strengeren Anforderungen als die weiterhin von den nationalen Aufsichtsbehörden beaufsichtigten, weniger bedeutenden Institute (»Less Significant Institution«, LSI). **232**

Die Definition des Begriffes »Risikoträger« ist in § 1 Abs. 21 KWG i.V.m. § 25a Abs. 5b Satz 1 und 2 KWG enthalten. Im Sprachgebrauch hat sich für die Risikoträger auch auf nationaler Ebene der Begriff »Risk Taker« herausgebildet. Seit dem Inkrafttreten des Risikoreduzierungsgesetzes haben alle CRR-Institute, unabhängig von ihrer Größe, Organisation, dem Umfang und der Komplexität ihrer Tätigkeiten, eine Risikoträgeridentifikation durchzuführen.[319] Bei nicht bedeutenden CRR-Instituten wird jedoch lediglich eine Risikoträgeridentifikation »light« gefordert.[320] **233**

---

317 Zur zweistufigen Proportionalität vgl. Buscher, Arne Martin/Link, Vivien/von Harbou, Christopher/Weigl, Thomas, Verordnung über die aufsichtsrechtlichen Anforderungen an Vergütungssysteme von Instituten (Institutsvergütungsverordnung – InstitutsVergV), 2. Auflage, Stuttgart, 2018, § 1 Tz. 15ff.

318 Die Vergütungsverordnung regelt nicht, wann ein Vergütungskontrollausschuss einzurichten ist. Die hierfür maßgeblichen Vorgaben finden sich in § 25d Abs. 7 und 12 KWG. Die Aufgaben des Vergütungskontrollausschusses sind im Einzelnen in § 25d Abs. 12 Satz 2 KWG geregelt. § 15 InstitutsVergV enthält in seinen Absätzen 2 bis 5 eine weitere Aufzählung von Aufgaben, die der Vergütungskontrollausschuss »insbesondere« wahrnehmen muss. Vgl. Buscher, Arne Martin/Link, Vivien/von Harbou, Christopher/Weigl, Thomas, Verordnung über die aufsichtsrechtlichen Anforderungen an Vergütungssysteme von Instituten (Institutsvergütungsverordnung – InstitutsVergV), 2. Auflage, Stuttgart, 2018, § 15 Tz. 31.

319 Für Institute, die keine CRR-Institute sind, ist keine Risikoträgeridentifikation notwendig, es sei denn, sie gelten als bedeutend im Sinne des § 1 Abs. 3c KWG.

320 Vgl. Deutsche Bundesbank, Risikoreduzierungsgesetz – Die nationale Umsetzung des europäischen Bankenpaketes, in: Monatsbericht, Dezember 2020, S. 59.

Nach § 1 Abs. 21 Satz 1 KWG sind Risikoträger solche Mitarbeiter, deren berufliche Tätigkeit sich wesentlich auf das Risikoprofil eines Institutes auswirkt. Die Geschäftsleiter des Institutes und die Mitglieder des Aufsichtsorgans gelten gemäß § 1 Abs. 21 Satz 2 KWG stets als Risikoträger. Nach § 25a Abs. 5b Satz 1 KWG gelten bei CRR-Instituten neben den Geschäftsleitern und den Mitgliedern des Aufsichtsorgans zusätzlich folgende Personengruppen zwingend als Risikoträger:[321]

- Mitarbeiter der unmittelbar der Geschäftsleitung nachgelagerten Führungsebene,
- Mitarbeiter mit Managementverantwortung für die Kontrollfunktionen oder für wesentliche Geschäftsbereiche des Institutes,
- Mitarbeiter, die im oder für das vorhergehende Geschäftsjahr Anspruch auf eine Vergütung in Höhe von mindestens 500.000 Euro hatten, sofern diese Vergütung mindestens der durchschnittlichen Vergütung der Geschäftsleiter, der Mitglieder des Aufsichtsorgans sowie der Mitarbeiter der unmittelbar der Geschäftsleitung nachgelagerten Führungsebene des Institutes entspricht, und die Mitarbeiter die berufliche Tätigkeit in einem wesentlichen Geschäftsbereich ausüben und sich diese Tätigkeit erheblich auf das Risikoprofil des betreffenden Geschäftsbereichs auswirkt.

234 Gemäß § 25a Abs. 5b Satz 2 KWG haben die bedeutenden Institute nach § 1 Abs. 3c KWG zudem auf der Grundlage einer eigenverantwortlich durchzuführenden Risikoanalyse weitere Risikoträger zu ermitteln, wobei immer mindestens die Kriterien der Delegierten Verordnung (EU) Nr. 604/2014 anzuwenden sind.[322] Das Institut hat den betroffenen Mitarbeitern die Einstufung als Risikoträger mitzuteilen. Das Ergebnis der Risikoanalyse ist zu dokumentieren und regelmäßig zu aktualisieren.

235 An die variable Vergütung von Risikoträgern bedeutender Institute werden im dritten Abschnitt der Verordnung sehr hohe Anforderungen gestellt. Die variable Vergütung der Risikoträger ist unter angemessener Berücksichtigung des Gesamterfolges des Institutes oder der Gruppe, des Erfolgsbeitrages der jeweiligen Organisationseinheit und des individuellen Erfolgsbeitrages zu ermitteln. Es sind nachhaltige Vergütungsparameter zu verwenden, die die eingegangenen Risiken, deren Laufzeiten und die Kapital- und Liquiditätskosten berücksichtigen (»Ex-ante-Risikoadjustierung«). Überschreitet die ermittelte variable Vergütung eine Freigrenze von 50.000 Euro, muss ein erheblicher Teil der variablen Vergütung über einen mehrjährigen Zurückbehaltungszeitraum gestreckt werden. Während des Zurückbehaltungszeitraumes erfolgt eine nachträgliche Überprüfung, ob die ursprüngliche Ermittlung der variablen Vergütung auch rückblickend noch zutreffend erscheint (»Ex-post-Risikoadjustierung«). Bei negativer Abweichung des Überprüfungsergebnisses ist die zurückbehaltene variable Vergütung (ggf. bis auf null) zu reduzieren. Zudem darf ein erheblicher Teil der gesamten variablen Vergütung nicht in bar gewährt werden, sondern muss sich aus Instrumenten zusammensetzen, über die erst nach einer bestimmten Sperrfrist verfügt werden darf. Im Zuge der geänderten Vergütungsverordnung im Jahr 2017 neu eingeführt wurde die Verpflichtung der bedeutenden Institute zur Vereinbarung einer Rückzahlung von variabler Vergütung des Risikoträgers im Falle schweren Fehlverhaltens (»Clawback«). Schließlich haben die bedeutenden Institute einen Vergütungsbeauftragten zu bestellen, um eine angemessene, dauerhafte und wirksame Kontrolle der Vergütung der Mitarbeiter sicherzustellen.[323] Die Aufgaben des Vergütungsbeauftragten resultieren aus seiner »Doppelfunktion«. Er ist einerseits

---

321 Die genannten Personengruppen sind auch bei Nicht-CRR-Instituten als Risikoträger einzustufen, wenn diese bedeutend im Sinne des § 1 Abs. 3c KWG sind.

322 Delegierte Verordnung (EU) Nr. 604/2014 der Kommission vom 4. März 2014 zur Ergänzung der Richtlinie 2013/36/EU des Europäischen Parlaments und des Rates im Hinblick auf technische Regulierungsstandards in Bezug auf qualitative und angemessene quantitative Kriterien zur Ermittlung der Mitarbeiterkategorien, deren berufliche Tätigkeit sich wesentlich auf das Risikoprofil eines Instituts auswirkt, Amtsblatt der Europäischen Union vom 6. Juni 2014, L 167/30–35.

323 Zu den Anforderungen an den Vergütungsbeauftragten, seine Aufgaben sowie die Anforderungen an die Personal- und Sachausstattung und die Organisationsrichtlinien vgl. Buscher, Arne Martin/Link, Vivien/von Harbou, Christopher/Weigl, Thomas, Verordnung über die aufsichtsrechtlichen Anforderungen an Vergütungssysteme von Instituten (Institutsvergütungsverordnung – InstitutsVergV), 2. Auflage, Stuttgart, 2018, §§ 23 bis 26.

für die Geschäftsleitung des Institutes und andererseits für das Aufsichtsorgan und dessen Vergütungskontrollausschuss tätig.[324]

Der vierte Abschnitt der Verordnung enthält ergänzende Vorschriften für die Vergütungssysteme auf Gruppenebene, wobei auch hier der Grundsatz der zweistufigen Proportionalität gilt. Dabei wird zwischen allgemeinen Anforderungen an die gruppenweite Vergütungsstrategie, die für alle Institutsgruppen, Finanzholding-Gruppen und gemischten Finanzholding-Gruppen sowie für sämtliche Mitarbeiter gelten, und besonderen Anforderungen an die gruppenweite Vergütungsstrategie, die lediglich für Gruppen mit einem übergeordneten Unternehmen, das bedeutend gemäß § 1 Abs. 3c KWG ist, sowie nur für einen bestimmten Teil der Mitarbeiter der gruppenangehörigen Unternehmen (»Gruppen-Risikoträger«) maßgeblich sind, unterschieden. Gruppenrisikoträger sind diejenigen Mitarbeiter, deren berufliche Tätigkeit sich wesentlich auf das Gesamtrisikoprofil einer Gruppe auswirkt. Das übergeordnete Unternehmen hat die Einhaltung der gruppenweiten Vergütungsstrategie in den nachgeordneten Unternehmen sicherzustellen, d.h. im Rahmen seiner rechtlichen Möglichkeiten darauf hinzuwirken, dass ein nachgeordnetes Unternehmen die maßgeblichen Anforderungen umsetzt.[325] Im fünften Abschnitt der Verordnung sind einige Übergangsregelungen und das Inkrafttreten geregelt. **236**

Im Zusammenhang mit dem Austritt des Vereinigten Königreichs Großbritannien und Nordirlands aus der EU wurde die arbeitsrechtliche Gleichstellung von Risikoträgern bedeutender Institute mit den leitenden Angestellten eingeführt. Gemäß § 25a Abs. 5a KWG sollen Risikoträger bedeutender Institute, deren jährliche regelmäßige Grundvergütung das Dreifache der Beitragsbemessungsgrenze in der Rentenversicherung überschreitet, danach im Kündigungsschutz leitenden Angestellten gleichgestellt werden.[326] Bei diesen Mitarbeitern bedarf der Auflösungsantrag des Arbeitgebers im arbeitsgerichtlichen Kündigungsschutzprozess nach § 9 Abs. 1 Satz 2 Kündigungsschutzgesetz keiner Begründung. Die Regelung setzt eine Vereinbarung aus dem Koalitionsvertrag um, wonach als Folge des Brexits der Kündigungsschutz für Risikoträger im Bankensektor angepasst werden soll.[327] **237**

Am 12. November 2020 hat die BaFin weitere Änderungen der Vergütungsverordnung zur Konsultation gestellt.[328] Der Entwurf der Dritten Verordnung zur Änderung der Vergütungsverordnung dient in erster Linie der näheren Ausgestaltung der im Rahmen des Risikoreduzierungsgesetzes erfolgten Anpassungen im KWG. Die Vierte Verordnung zur Änderung der Vergütungs- **238**

---

324 Nach § 24 InstitutsVergV hat der Vergütungsbeauftragte zunächst die Vergütungssysteme der Mitarbeiter unterhalb der Geschäftsleiterebene ständig zu überwachen und sich dabei eng mit dem Vorsitzenden des Vergütungskontrollausschusses bzw. des Aufsichtsorgans abzustimmen. Darüber hinaus hat er das Aufsichtsorgan und dessen Vergütungskontrollausschuss bei deren Überwachungs- und Ausgestaltungsaufgaben, die sich sowohl auf die Vergütungssysteme der Geschäftsleiter als auch diejenigen der anderen Mitarbeiter beziehen, zu unterstützen und dem Vorsitzenden des Vergütungskontrollausschusses bzw. des Aufsichtsorgans insoweit auch Auskunft zu erteilen. Schließlich muss der Vergütungsbeauftragte regelmäßig einen so genannten Vergütungskontrollbericht über die Angemessenheit der Ausgestaltung der Vergütungssysteme der Mitarbeiter unterhalb der Geschäftsleiterebene erstellen, der gleichzeitig der Geschäftsleitung und dem Aufsichtsorgan und dessen Vergütungskontrollausschuss vorzulegen ist. Erforderlichenfalls muss der Vergütungsbeauftragte auch anlassbezogen Bericht erstatten.

325 Soweit geboten, hat das übergeordnete Unternehmen auf die Einrichtung eines Vergütungskontrollausschusses in den nachgeordneten Unternehmen hinzuwirken. Die Aufgaben des Vergütungsbeauftragten können zentral durch den Vergütungsbeauftragten des übergeordneten Unternehmens erfüllt werden, aber nur für nicht bedeutende gruppenangehörige Institute. Zur Sicherstellung der Einhaltung der gruppenweiten Vergütungsstrategie vgl. Buscher, Arne Martin/Link, Vivien/von Harbou, Christopher/Weigl, Thomas, Verordnung über die aufsichtsrechtlichen Anforderungen an Vergütungssysteme von Instituten (Institutsvergütungsverordnung – InstitutsVergV), 2. Auflage, Stuttgart, 2018, § 27 Tz. 37 ff.

326 Ab dem 1. Januar 2022 gilt für die Beitragsberechnung in der gesetzlichen Rentenversicherung eine neue Einkommensgrenze. Diese liegt bei einem monatlichen Höchstbetrag von 7.050 Euro in den alten Bundesländern und 6.750 Euro in den neuen Bundesländern.

327 Die Risikoträger der bedeutenden Institute dürfen nach § 25a Abs. 5a KWG keine Geschäftsführer, Betriebsleiter und ähnliche leitende Angestellte sein, die zur selbständigen Einstellung oder Entlassung von Arbeitnehmern berechtigt sind. Die Zahl der von der Regelung betroffenen Risikoträger soll nach der Gesetzesbegründung voraussichtlich 5.000 Mitarbeiter nicht überschreiten. Vgl. Bundesministerium der Finanzen, Gesetz zur Ergänzung des Gesetzes über steuerliche Begleitregelungen zum Austritt des Vereinigten Königreichs Großbritannien und Nordirland aus der Europäischen Union (Brexit-Steuerbegleitgesetz – Brexit-StBG), Referentenentwurf vom 20. November 2018.

328 Zu den geplanten weiteren Änderungen der Vergütungsverordnung vgl. von Mellenthin, Henrik, Konsultation zur Institutsvergütungsverordnung – ein Überblick, Zeitschrift für das gesamte Kreditwesen, Heft 4/2021, S. 206 ff.

verordnung soll entsprechend dem Inkrafttreten des Puffers der Verschuldungsquote gemäß dem neuen § 10j KWG nicht vor dem 1. Januar 2023 in Kraft treten.[329]

8.5 Leitfaden zur aufsichtlichen Beurteilung bankinterner Risikotragfähigkeitskonzepte

239 Im Rahmen der vierten MaRisk-Novelle wurden im Modul AT 4.1 einige Aspekte aus dem Leitfaden zur aufsichtlichen Beurteilung bankinterner Risikotragfähigkeitskonzepte (»RTF-Leitfaden«) vom Dezember 2011[330] aufgegriffen. Gleichzeitig wurde in die MaRisk der explizite Hinweis aufgenommen, dass sich Einzelheiten zur weiteren Auslegung der Anforderungen aus diesem Leitfaden ergeben (→ AT 4.1 Tz. 2, Erläuterung).

240 In Reaktion auf die Veröffentlichung der EBA-Leitlinien zum SREP im Dezember 2014[331] haben die deutschen Aufsichtsbehörden im Frühjahr 2016 im Rahmen einer Konferenz ihr neues Konzept zum SREP für die weniger bedeutenden Institute vorgestellt.[332] Damals kristallisierte sich bereits heraus, dass der RTF-Leitfaden grundlegend überarbeitet und an die Vorgaben der EBA angepasst werden muss. Ab diesem Zeitpunkt haben sich die BaFin und die Deutsche Bundesbank mehrfach mit der Deutschen Kreditwirtschaft (DK) über die geplante Weiterentwicklung des Leitfadens ausgetauscht. Zudem fanden diverse Gespräche zu diesem Thema statt, die zunächst auf entsprechenden Vorschlägen der DK beruhten. Im September 2017 hat die deutsche Aufsicht einen ersten Entwurf des neuen Leitfadens zur Konsultation gestellt.[333] Über die Stellungnahmen zu diesem Entwurf wurde in einer Sondersitzung des Fachgremiums MaRisk am 21. November 2017 ausführlich diskutiert. Im Ergebnis wurde den Mitgliedern des Fachgremiums MaRisk im Dezember 2017 ein zweiter Entwurf mit kurzer Kommentierungsfrist von vier Wochen zugeleitet (im Sinne einer »Fatal flaw«-Prüfung), um die Arbeiten möglichst zeitnah abschließen zu können.[334] Der neue RTF-Leitfaden wurde schließlich im Mai 2018 veröffentlicht.[335] Nur wenige Tage später hat die BaFin in Zusammenarbeit mit der Deutschen Bundesbank im Rahmen einer Konferenz »Risikotragfähigkeitsleitfaden – Neuausrichtung 2018«[336] über die konkreten Inhalte und die Hintergründe dieses Leitfadens informiert.

241 Inhaltlich hat sich die deutsche Aufsicht eng an den Vorgaben der EZB für die bedeutenden Institute vom März 2018 orientiert (»SSM-Leitfaden«).[337] Grob zusammengefasst entspricht der

---

329 Sie wurde daher gemeinsam mit dem Entwurf der Vierten Verordnung zur Änderung der SolvV zu einem späteren Zeitpunkt ausgefertigt. Vgl. Bundesanstalt für Finanzdienstleistungsaufsicht, Konsultation 15/2020 von Verordnungen zur Änderung der Großkredit- und Millionenkreditverordnung (GroMiKV), der Solvabilitätsverordnung (SolvV) und der Institutsvergütungsverordnung (InstitutsVergV) vom 12. November 2020, geändert am 8. Dezember 2020.

330 Bundesanstalt für Finanzdienstleistungsaufsicht/Deutsche Bundesbank, Aufsichtliche Beurteilung bankinterner Risikotragfähigkeitskonzepte, Leitfaden vom 7. Dezember 2011.

331 European Banking Authority, Leitlinien zu gemeinsamen Verfahren und Methoden für den aufsichtlichen Überprüfungs- und Bewertungsprozess (SREP), EBA/GL/2014/13, 19. Dezember 2014.

332 Bundesanstalt für Finanzdienstleistungsaufsicht, Neues SREP-Konzept der Aufsicht, Bonn, 4. Mai 2016.

333 Bundesanstalt für Finanzdienstleistungsaufsicht/Deutsche Bundesbank, Entwurf zur Neuausrichtung des Leitfadens zur aufsichtlichen Beurteilung bankinterner Risikotragfähigkeitskonzepte, 5. September 2017.

334 Bundesanstalt für Finanzdienstleistungsaufsicht/Deutsche Bundesbank, Zweiter Entwurf zur Neuausrichtung des Leitfadens zur aufsichtlichen Beurteilung bankinterner Risikotragfähigkeitskonzepte, 21. Dezember 2017.

335 Bundesanstalt für Finanzdienstleistungsaufsicht/Deutsche Bundesbank, Aufsichtliche Beurteilung bankinterner Risikotragfähigkeitskonzepte und deren prozessualer Einbindung in die Gesamtbanksteuerung (»ICAAP«) – Neuausrichtung, Leitfaden vom 24. Mai 2018.

336 Bundesanstalt für Finanzdienstleistungsaufsicht, Risikotragfähigkeitsleitfaden – Neuausrichtung 2018, Bonn, 29. Mai 2018.

337 Europäische Zentralbank, Leitfaden der EZB für den internen Prozess zur Beurteilung der Angemessenheit des Kapitals (Internal Capital Adequacy Assessment Process – ICAAP), Konsultationspapier, 2. März 2018. Die EZB hat die endgültige Fassung dieses Leitfadens am 9. November 2018 veröffentlicht. Vgl. Europäische Zentralbank, Leitfaden der EZB für den bankinternen Prozess zur Sicherstellung einer angemessenen Kapitalausstattung (Internal Capital Adequacy Assessment Process – ICAAP), 9. November 2018.

bankinterne Prozess zur Sicherstellung einer angemessenen Kapitalausstattung (»Internal Capital Adequacy Assessment Process«, ICAAP) nach den Vorstellungen der deutschen Aufsichtsbehörden einem Risikotragfähigkeitskonzept mit einer Risikotragfähigkeitsrechnung und einer Kapitalplanung sowie ergänzenden Stresstests.[338] Die Risikotragfähigkeitsrechnung mit einem einjährigen Risikobetrachtungshorizont basiert auf dem ökonomischen Konzept der zweiten Säule (»ökonomische interne Perspektive«) und erfolgt sowohl unter normalen Geschäftsbedingungen mit konservativen Parametern als auch unter Stressbedingungen (→ AT 4.1 Tz. 1). Die mehrjährige Kapitalplanung bezieht sich hingegen auf die Einhaltung der relevanten Normen der ersten Säule in einem Basisszenario und in adversen Szenarien (»normative interne Perspektive«). Beim Basisszenario handelt es sich im Einklang mit der Geschäfts- und Budgetplanung des Institutes um eine Kombination von erwarteten Entwicklungen interner und externer Faktoren. Untersucht werden dabei die Auswirkungen dieser Entwicklungen auf die Kapitaladäquanz des Institutes. Beim adversen Szenario werden hingegen ungünstige Entwicklungen der internen und externen Faktoren unterstellt, um die Widerstandsfähigkeit der Kapitaladäquanz des Institutes gegenüber potenziellen adversen Entwicklungen zu bewerten (→ AT 4.1 Tz. 11). Bei Betrachtung hinreichend strenger adverser Szenarien sind bei der Kapitalplanung nach den Vorgaben der deutschen Aufsicht keine ergänzenden Stresstests erforderlich. Der ICAAP soll grundsätzlich gewährleisten, dass die Institute aus diesen beiden komplementären Perspektiven über angemessenes Kapital verfügen, um ihren Fortbestand sicherzustellen. Zudem sollten die Ergebnisse aus beiden Perspektiven in die jeweils andere Perspektive einfließen. Die »Going-Concern-Ansätze alter Prägung« wurden als ein bis auf weiteres zulässiger Ansatz in überarbeiteter Form in den Annex des neuen RTF-Leitfadens verschoben.

242 Im Zuge der sechsten MaRisk-Novelle wurden in dem maßgeblichen Modul Änderungen vorgenommen, um die Konsistenz zwischen den Regelungen der MaRisk und dem RTF-Leitfaden herzustellen. Zu diesem Zweck wird nunmehr explizit darauf hingewiesen, dass die Verfahren zur Sicherstellung der Risikotragfähigkeit zum einen aus der normativen Perspektive und zum anderen aus der ökonomischen Perspektive einzurichten sind (→ AT 4.1 Tz. 2). Angepasst wurden auch die Vorgaben zur Planung des Kapitalbedarfes und des zur Deckung dieses Kapitalbedarfes verfügbaren Kapitals (→ AT 4.1 Tz. 11). Außerdem hat die BaFin in ihrem Übermittlungsschreiben angekündigt, dass sie über die Frist, für die eine Ermittlung der Risikotragfähigkeit noch nach den Vorgaben des Annexes erfolgen darf, mit gesondertem Schreiben informieren wird. Innerhalb dieser Frist gelten die geänderten Anforderungen für solche Institute daher noch nicht vollumfänglich.[339] Ergänzend wurde klargestellt, dass mehrere Risiken, die jeweils für sich betrachtet als unwesentlich einzustufen sind, zusammengefasst aber wesentlich sind, im Risikotragfähigkeitskonzept auf zusammengefasster Basis angemessenen berücksichtigt werden müssen (→ AT 4.1 Tz. 1, Erläuterung).

243 Vor dem Hintergrund der Bedeutung der beiden Leitfäden von der EZB und den deutschen Aufsichtsbehörden für die Anforderungen an das Risikotragfähigkeitskonzept wurden ihre wesentlichen Inhalte vollständig in den Kommentar integriert (→ AT 4.1).

---

338 Vgl. Bundesanstalt für Finanzdienstleistungsaufsicht/Deutsche Bundesbank, Aufsichtliche Beurteilung bankinterner Risikotragfähigkeitskonzepte und deren prozessualer Einbindung in die Gesamtbanksteuerung (»ICAAP«) – Neuausrichtung, Leitfaden vom 24. Mai 2018, S. 7.

339 Vgl. Bundesanstalt für Finanzdienstleistungsaufsicht, Rundschreiben 10/2021 (BA) zur Neufassung der MaRisk, Übermittlungsschreiben vom 16. August 2021, S. 9.

8.6 Anforderungen an Systeme und Kontrollen für den Algorithmushandel von Instituten

244 Im Dezember 2013 hat die BaFin ein Rundschreiben mit Anforderungen an Systeme und Kontrollen für den Algorithmushandel von Instituten veröffentlicht.[340] Mit Hilfe dieses Rundschreibens sollen jene Teile der Leitlinien der Europäischen Wertpapieraufsichtsbehörde (ESMA) vom Februar 2012 zu Systemen und Kontrollen für Handelsplattformen, Wertpapierfirmen und zuständige Behörden in einem automatisierten Handelsumfeld umgesetzt werden, die sich speziell an Wertpapierfirmen richten.[341] Die vom Rundschreiben betroffenen organisatorischen Anforderungen sind prinzipienorientiert und betreffen ein angemessenes und wirksames Risikomanagement gemäß § 25a Abs. 1 Satz 3 KWG. Für den Anwenderkreis ist das Rundschreiben als ergänzende Vorschrift zu den MaRisk und den MaComp zu verstehen, wobei einzelne Anforderungen an bestehende Regelungen anknüpfen und diese im Hinblick auf den Algorithmushandel konkretisieren. Betroffen ist laut Einschätzung der BaFin lediglich eine kleinere Anzahl von Instituten, die Eigenhandel oder Eigengeschäft mittels Algorithmushandel betreiben. Eingeschlossen sind Institute, die einen direkten oder geförderten Marktzugang bieten. Nicht betroffen ist hingegen das einfache elektronische Durchleiten von Kundenorders.

245 Mit diesem Rundschreiben sollen die Risiken der Institute eingedämmt und Marktmanipulationen verhindert werden. Bei der Umsetzung der Anforderungen verlangt die Aufsicht ein überdurchschnittlich ausgereiftes Risiko- und Compliance-Management von großen Instituten und solchen, die einen komplexen und schnellen Algorithmushandel betreiben.[342]

8.7 Mindestanforderungen an die Sicherheit von Internetzahlungen (MaSI) und Rundschreiben zur Meldung schwerwiegender Zahlungssicherheitsvorfälle

246 Am 31. Januar 2013 hat die EZB organisatorische Vorgaben zum Zahlungsverkehr gemacht, die Berührungspunkte mit den Anforderungen der MaRisk haben. Die Empfehlungen wurden von einer europäischen Initiative von Zentralbanken und Bankaufsichtsbehörden (»European Forum on the Security of Retail Payments«) erarbeitet und sollten ursprünglich bis zum 1. Februar 2015 umgesetzt sein.[343] Kern der Empfehlungen sind vier grundlegende Prinzipien zu regelmäßigen Risikobewertungen für die Abwicklung von Internet-Zahlungen, zur Kundenauthentifizierung für die Internet-Zahlungsdienste und den Zugang zu sensiblen Zahlungsdaten, zur Etablierung wirksamer Prozesse für die Autorisierung von Transaktionen und für die Entdeckung anormaler Transaktionsabläufe und zur geeigneten Information der Kunden über Sicherheitsthemen.

---

340 Bundesanstalt für Finanzdienstleistungsaufsicht, Anforderungen an Systeme und Kontrollen für den Algorithmushandel von Instituten, Rundschreiben 2/2013 (BA) vom 18. Dezember 2013.

341 European Securities and Markets Authority, Systeme und Kontrollen für Handelsplattformen, Wertpapierfirmen und zuständige Behörden in einem automatisierten Handelsumfeld, Leitlinien vom 24. Februar 2012.

342 Vgl. Kramer, Dirk, Algorithmushandel – BaFin-Rundschreiben stellt hohe Anforderungen an Systeme und Kontrollen in Instituten, in: BaFinJournal, Ausgabe April 2014, S. 12 ff.

343 European Central Bank, Recommendations for the Security of Internet Payments, 31. Januar 2013.

Auf dieser Basis hat die EBA Leitlinien zur Sicherheit von Internetzahlungen vorgelegt[344], die **247** wortgleich von der BaFin in die Mindestanforderungen an die Sicherheit von Internetzahlungen (MaSI)[345] überführt wurden. Die MaSI gelten seit ihrer Veröffentlichung und sollten ursprünglich nur die Zeit bis zum Inkrafttreten der zweiten Zahlungsdiensterichtlinie (»Payment Services Directive 2«, PSD2)[346] Mitte Januar 2016 überbrücken. Da die Richtlinie jedoch erst Ende 2015 veröffentlicht wurde, hatten die Mitgliedstaaten zur Umsetzung der Richtlinie in das nationale Recht bis Ende 2017 Zeit.

Das Zahlungsdiensteaufsichtsgesetz (ZAG), das den aufsichtsrechtlichen Teil der zweiten **248** Zahlungsdiensterichtlinie in nationales Recht umgesetzt hat, ist am 13. Januar 2018 in Kraft getreten.[347] Um die Marktteilnehmer rechtzeitig über das geänderte Regelwerk zu informieren, hat die deutsche Aufsicht Ende 2017 ein neues Merkblatt zum ZAG veröffentlicht.[348] Gemäß § 54 Abs. 1 Satz 1 ZAG hat ein Zahlungsdienstleister die BaFin unverzüglich über einen schwerwiegenden Betriebs- oder Sicherheitsvorfall zu unterrichten. Nach dem Eingang der Meldung hat wiederum die BaFin unverzüglich die EBA und die EZB über den Vorfall zu informieren. Zudem hat die BaFin die Relevanz des Vorfalls für andere in ihrer sachlichen Zuständigkeit betroffene inländische Behörden unverzüglich zu prüfen und diese entsprechend zu unterrichten.[349] Die Regelung soll dazu beitragen, die Sicherheit des (grenzüberschreitenden) Zahlungsverkehrs zu erhöhen und gleichzeitig eine stetige Verbesserung des Risikomanagements der Zahlungsdienstleister zu erreichen.[350] Sie ersetzt die bisherige Meldepflicht gemäß Nummer 3.2 der MaSI. Das von der deutschen Aufsicht im Juni 2018 veröffentlichte Rundschreiben zur Meldung schwerwiegender Zahlungssicherheitsvorfälle[351] enthält Kriterien darüber, wann ein Betriebs- oder Sicherheitsvorfall schwerwiegend und damit meldepflichtig ist, sowie Regelungen über Format und Verfahren der Meldungen. Sie beziehen sich auf alle Vorfälle, die unter die Definition von schwerwiegenden Betriebs- oder Sicherheitsvorfällen fallen, in die sowohl externe als auch interne Ereignisse, in böswilliger Absicht oder versehentlich verursacht, eingeschlossen sind. Das Rundschreiben definiert einen Betriebs- oder Sicherheitsvorfall als ein einzelnes Ereignis (oder eine Reihe zusammenhängender Ereignisse), das vom Zahlungsdienstleister nicht beabsichtigt wurde und sich negativ auf die Integrität, die Verfügbarkeit, die Vertraulichkeit, die Authentizität und/oder die Kontinuität von zahlungsbezogenen Diensten auswirkt oder aller Wahrscheinlichkeit nach eine solche negative Auswirkung haben wird. Die Einstufung als »schwerwiegend« ist anhand folgender Kriterien vorzunehmen, wobei das Vorliegen eines Kriteriums ausreichen soll. Ein Betriebs- oder Sicherheitsvorfall ist als schwerwiegend einzuordnen, wenn:[352]

---

344 European Banking Authority, Final guidelines on the security of internet payments, EBA/GL/2014/12Rev1, 19. Dezember 2014.

345 Bundesanstalt für Finanzdienstleistungsaufsicht, Mindestanforderungen an die Sicherheit von Internetzahlungen (MaSI), Rundschreiben 4/2015 (BA) vom 5. Mai 2015.

346 Richtlinie (EU) 2015/2366 (Zahlungsdiensterichtlinie II – PSD II) des Europäischen Parlaments und des Rates vom 25. November 2015 über Zahlungsdienste im Binnenmarkt, zur Änderung der Richtlinien 2002/65/EG, 2009/110/EG und 2013/36/EU und der Verordnung (EU) Nr. 1093/2010 sowie zur Aufhebung der Richtlinie 2007/64/EG, Amtsblatt der Europäischen Union vom 23. Dezember 2015, L 337/35–127.

347 Gesetz über die Beaufsichtigung von Zahlungsdiensten (Zahlungsdiensteaufsichtsgesetz – ZAG) vom 17. Juli 2017 (BGBl. I S. 2446), das zuletzt durch Artikel 5 des Gesetzes vom 25. Juni 2021 (BGBl. I S. 2083) geändert worden ist.

348 Bundesanstalt für Finanzdienstleistungsaufsicht, Merkblatt – Hinweise zum Zahlungsdiensteaufsichtsgesetz (ZAG), 22. Dezember 2011, geändert am 29. November 2017.

349 § 54 Abs. 3 ZAG regelt den umgekehrten Fall, dass die BaFin von der EBA oder der EZB über einen schwerwiegenden Betriebs- oder Sicherheitsvorfall in einem anderen EU-Mitgliedstaat informiert wird. Die BaFin hat dann die zur unmittelbaren Sicherheit des Finanzsystems notwendigen Schutzvorkehrungen zu treffen.

350 Vgl. Steinhoff, Daniel, in: Casper, Matthias/Terlau, Matthias (Hrsg.), Zahlungsdiensteaufsichtsgesetz (ZAG) – Das Aufsichtsrecht des Zahlungsverkehrs und des E-Geldes, 2. Auflage, München, 2020, § 54 Tz. 1.

351 Das Rundschreiben ist anwendbar auf alle CRR-Kreditinstitute, Zahlungsinstitute und E-Geld-Institute mit Sitz im Inland. Vgl. Bundesanstalt für Finanzdienstleistungsaufsicht, Rundschreiben 08/2018 (BA) zur Meldung schwerwiegender Zahlungssicherheitsvorfälle vom 7. Juni 2018.

352 Vgl. Steinhoff, Daniel, in: Casper, Matthias/Terlau, Matthias (Hrsg.), Zahlungsdiensteaufsichtsgesetz (ZAG) – Das Aufsichtsrecht des Zahlungsverkehrs und des E-Geldes, 2. Auflage, München, 2020, § 54 Tz. 12.

- quantitativ eine hohe Zahl an offenen Transaktionen oder eine hohe Zahl von Kunden betroffen sind,
- die Ausfallzeit besonders lange dauert,
- der wirtschaftliche Schaden besonders hoch ist,
- qualitativ eine hohe interne Eskalationsstufe erreicht ist, die über die Standard-Berichterstattung deutlich hinausgeht,
- Auswirkungen auf weitere Zahlungsdienstleister oder Infrastrukturen vorliegen oder
- ein qualitativ als relevant einzustufender Reputationsschaden droht.

Der Vorfall ist vom Zahlungsdienstleister zu bewerten, indem für jedes der genannten Kriterien ermittelt wird, ob die im Rundschreiben enthaltenen jeweiligen Schwellenwerte zum Betrachtungszeitpunkt bereits erreicht wurden oder aller Wahrscheinlichkeit nach im weiteren Verlauf des Vorfalls erreicht werden.[353] Die Kriterien für eine Klassifizierung eines Vorfalles als »schwerwiegend« und damit meldepflichtig gehen auf die einschlägigen Leitlinien der EBA zurück.[354]

249   Wie die EBA-Leitlinien unterscheidet das Rundschreiben bei den Meldungen zwischen einer Erstmeldung (»Initial Report«), einer Zwischenmeldung (»Intermediate Report«) und der Abschlussmeldung (»Final Report«). Die Zahlungsdienstleister sollen die Erstmeldung grundsätzlich innerhalb von vier Stunden ab dem Zeitpunkt der Entdeckung eines schwerwiegenden Betriebs- oder Sicherheitsvorfalls an die Aufsichtsbehörde vornehmen. Zwischenmeldungen sind einzureichen, wenn sich der Status des Vorfalls wesentlich geändert hat. Die Abschlussmeldung ist abzugeben, nachdem die Ursachenanalyse durchgeführt wurde (unabhängig davon, ob die Maßnahmen zur Begrenzung der Auswirkungen bereits umgesetzt wurden oder die endgültige Ursache ermittelt wurde) und konkrete Zahlen zur Ersetzung der Schätzungen vorliegen. Sie ist der BaFin innerhalb von zwei Wochen nach Wiederherstellung des Regelbetriebes zu übermitteln.[355] Die BaFin hat zur Erfüllung der Meldepflicht ein elektronisches Meldeverfahren zur Verfügung gestellt, das auf der Melde- und Veröffentlichungsplattform der BaFin (MVP) beruht.

250   Das Rundschreiben enthält besondere Anforderungen, wenn Zahlungsdienstleister ihre Meldepflichten auf einen Dritten delegieren (auslagern). Im Auslagerungsvertrag ist insbesondere die Zuordnung der Verantwortlichkeiten eindeutig festzulegen. Der Zahlungsdienstleister bleibt auch im Fall einer Delegierung sowohl für die Erfüllung der Pflichten des § 54 ZAG als auch für den Inhalt der an die BaFin zu übermittelnden Informationen in vollem Umfang verantwortlich und rechenschaftspflichtig. Die Delegierung muss bei Kreditinstituten und Finanzdienstleistungsinstituten den Anforderungen des § 25b KWG (in Verbindung mit dem Modul AT 9) sowie bei Zahlungsinstituten und E-Geld-Instituten den Anforderungen des § 36 ZAG entsprechen. Ferner sind die Vertraulichkeit sensibler Daten sowie die Qualität, die Konsistenz, die Integrität und die Zuverlässigkeit der an die BaFin zu übermittelnden Informationen zu gewährleisten. Die Delegation der Meldepflicht an einen Dritten und der Widerruf der Delegation sind der BaFin vorab anzuzeigen. Zudem ist sicherzustellen, dass alle Verantwortlichkeiten für die Meldung von Vorfällen sowie die umgesetzten Prozesse zur Einhaltung der Anforderungen des Rundschreibens in den Betriebs- und Sicherheitsrichtlinien klar definiert sind.[356]

---

353 Vgl. Bundesanstalt für Finanzdienstleistungsaufsicht, Rundschreiben 08/2018 (BA) zur Meldung schwerwiegender Zahlungssicherheitsvorfälle vom 7. Juni 2018, S. 3.

354 European Banking Authority, Leitlinien für die Meldung schwerwiegender Vorfälle gemäß der Richtlinie (EU) 2015/2366 (PSD 2), EBA/GL/2017/10, 19. Dezember 2017.

355 Vgl. Bundesanstalt für Finanzdienstleistungsaufsicht, Rundschreiben 08/2018 (BA) zur Meldung schwerwiegender Zahlungssicherheitsvorfälle vom 7. Juni 2018, S. 4f.

356 Vgl. Bundesanstalt für Finanzdienstleistungsaufsicht, Rundschreiben 08/2018 (BA) zur Meldung schwerwiegender Zahlungssicherheitsvorfälle vom 7. Juni 2018, S. 5.

8.8 Bankaufsichtliche Anforderungen an die IT (BAIT)

Die Grundsätze des Baseler Ausschusses für Bankenaufsicht für die effektive Aggregation von 251
Risikodaten und die Risikoberichterstattung[357] enthalten nicht nur Vorgaben für das Risikomanagement (→ Kapitel 2.6.1), sondern betreffen in einem hohen Maße auch die Informationstechnologie. Die IT-relevanten Vorgaben wurden erstmals im November 2017 als Konkretisierung der
MaRisk als »Bankaufsichtliche Anforderungen an die IT« (BAIT) veröffentlicht.[358] Dem vorausgegangen waren seit dem Frühjahr 2016 intensive Fachgespräche im Fachgremium IT zu verschiedenen Entwurfsständen der BAIT. Zudem beschäftigt sich ein »IT Round Table«, an dem die
größeren Institute beteiligt sind, mit diesen Fragestellungen. Im September 2018 hat die deutsche
Aufsicht die um ein zusätzliches KRITIS-Modul ergänzten BAIT vorgelegt.[359]

Im Oktober 2020 hat die BaFin den Entwurf der ersten Novelle der BAIT zur Konsultation 252
gestellt.[360] Die endgültige Fassung dieser Novelle wurde von der BaFin im August 2021 parallel zur
sechsten MaRisk-Novelle veröffentlicht.[361] Die BAIT-Novelle ist am selben Tag in Kraft getreten.[362]
Mit der Novelle überführt die Aufsicht in erster Linie die Leitlinien der EBA für das Management
von IKT- und Sicherheitsrisiken[363] in das Rundschreiben. Die Abkürzung »IKT« steht für Informa-
tions- und Kommunikationstechnologie. Die Leitlinien gehen auf den FinTech-Aktionsplan der
EU-Kommission vom März 2018 zurück, in dem entsprechende einheitliche Vorgaben für Kreditinstitute, Wertpapierfirmen und Zahlungsdienstleister formuliert werden. Darüber hinaus hat die
BaFin in der Novelle Erfahrungen der IT-Prüfer aus der Aufsichtspraxis berücksichtigt.[364]

Im Zuge der Novellierung wurden in das Rundschreiben die zwei neuen Module »Operative 253
Informationssicherheit« und »IT-Notfallmanagement« aufgenommen. Die Module enthalten Anforderungen an die Überwachung der Informationssicherheit, die Kontrolle der Wirksamkeit von
Informationssicherheitsmaßnahmen und das Notfallmanagement im Zusammenhang mit zeitkritischen Aktivitäten und Prozessen. Darüber hinaus wurden Verantwortlichkeiten und Kontrollen für

---

357 Baseler Ausschuss für Bankenaufsicht, Grundsätze für die effektive Aggregation von Risikodaten und die Risikoberichterstattung, BCBS 239, 9. Januar 2013.

358 Bundesanstalt für Finanzdienstleistungsaufsicht, Bankaufsichtliche Anforderungen an die IT (BAIT), Rundschreiben
10/2017 (BA) vom 3. November 2017. Zu dem Entwurf der BAIT vom 22. März 2017 hat die Deutsche Kreditwirtschaft
eine umfassende Stellungnahme abgegeben. Vgl. Deutsche Kreditwirtschaft, Stellungnahme zur Konsultation des Rundschreibens »Bankaufsichtliche Anforderungen an die IT« (BAIT) vom 22. März 2017, 4. Mai 2017.

359 Bundesanstalt für Finanzdienstleistungsaufsicht, Bankaufsichtliche Anforderungen an die IT (BAIT), Rundschreiben
10/2017 (BA) in der Fassung vom 14. September 2018.

360 Bundesanstalt für Finanzdienstleistungsaufsicht, Öffentliche Konsultation des Rundschreibens »Bankaufsichtliche Anforderungen an die BAIT« (BAIT), Konsultation 13/2020, Übermittlungsschreiben vom 26. Oktober 2020. Die Deutsche
Kreditwirtschaft hat im November 2020 zu dem Entwurf der ersten BAIT-Novelle eine umfassende Stellungnahme
abgegeben. Die DK kritisierte in ihrer Stellungnahme den teilweise deutlich höheren Detaillierungsgrad der neuen bzw.
erweiterten Anforderungen der BAIT-Novelle, der bei den Instituten zu entsprechend höheren Dokumentationsanforderungen führen wird. Vgl. Deutsche Kreditwirtschaft, Stellungnahme zur öffentlichen Konsultation des Rundschreibens
»Bankaufsichtliche Anforderungen an die BAIT« (BAIT), Konsultation 13/2020 vom 26. Oktober 2020, 23. November
2020, S. 2.

361 Bundesanstalt für Finanzdienstleistungsaufsicht, Bankaufsichtliche Anforderungen an die IT (BAIT), Rundschreiben
10/2017 (BA) in der Fassung vom 16. August 2021.

362 Gleichzeitig treten die bisherigen BAIT in der Fassung vom 14. September 2018 außer Kraft. Übergangsfristen für die
Neuerungen der BAIT sind nach Ansicht der Aufsicht nicht notwendig, da es sich bei den Neuerungen um Konkretisierungen bereits bestehender Anforderungen und nicht um grundlegend neue Anforderungen handelt. Vgl. Bundesanstalt
für Finanzdienstleistungsaufsicht, Übermittlungsschreiben zur BAIT-Novelle 2021 – Veröffentlichung, 16. August 2021,
S. 2. Die Deutsche Kreditwirtschaft hatte in ihrer Stellungnahme für die Umsetzung der neuen Anforderungen eine
angemessene Übergangsfrist von einem Jahr ab der finalen Veröffentlichung der BAIT-Novelle verlangt. Vgl. Deutsche
Kreditwirtschaft, Stellungnahme zur öffentlichen Konsultation des Rundschreibens »Bankaufsichtliche Anforderungen
an die BAIT« (BAIT), Konsultation 13/2020 vom 26. Oktober 2020, 23. November 2020, S. 2.

363 European Banking Authority, Leitlinien für das Management von IKT- und Sicherheitsrisiken, EBA/GL/2019/04,
28. November 2019. Einen Überblick über sämtliche Leitlinien der EBA mit Bezug zu IT-Risiken geben Buchmüller,
Patrick/Hellstern, Gerhard, IT-Risiken in Banken, Stuttgart, 1. Auflage, 2019, S. 23 ff.

364 Vgl. Sämisch, Thorsten, Bankaufsichtliche Anforderungen an die IT (BAIT) – BaFin novelliert ihre BAIT, in: BaFinJournal,
Ausgabe August 2021, S. 36.

das Informationsrisikomanagement und Anforderungen zur physischen Informationssicherheit konkretisiert.[365] Zusätzlich adressieren die BAIT zukünftig in einem weiteren neuen Modul die Kundenbeziehungen mit Zahlungsdiensten im Sinne des § 1 Abs. 1 Satz 2 ZAG.[366] Dieses Modul stammt aus dem zeitgleich mit der ersten BAIT-Novelle vorgelegten neuen Rundschreiben »Zahlungsdiensteaufsichtliche Anforderungen an die IT von Zahlungs- und E-Geld-Instituten« (ZAIT).[367]

254   Die deutsche Aufsicht betont in den Vorbemerkungen der BAIT die zentrale Bedeutung der Informationstechnik (IT) für die Finanzwirtschaft, die in der Zukunft noch zunehmen wird. Die Informationstechnik ist für die Institute nicht mehr nur Nebenbedingung, sondern Basis für sämtliche bankfachlichen und nichtbankfachlichen Prozesse.[368] Das Rundschreiben gibt auf der Grundlage des § 25a Abs. 1 KWG einen flexiblen und praxisnahen Rahmen für die technisch-organisatorische Ausstattung der Institute vor, insbesondere für das Management der IT-Ressourcen, das Informationsrisikomanagement und das Informationssicherheitsmanagement. Es konkretisiert insoweit die Anforderungen der MaRisk an die Strategien, die Aufbau- und Ablauforganisation, die Risikosteuerungs- und -controllingprozesse, die Organisationsrichtlinien, die Personalausstattung sowie technisch-organisatorische Ausstattung, das Notfallmanagement, die Anpassungsprozesse, die Berichtspflichten etc. Da die Institute in erheblichem Umfang IT-Dienstleistungen von Dritten beziehen, enthalten die BAIT auch Regelungen, die die Anforderungen an Auslagerungen gemäß § 25b KWG i. V. m. AT 9 MaRisk konkretisieren.

255   Darüber hinaus sollen die BAIT das unternehmensweite IT-Risikobewusstsein in den Instituten, vor allem in den Führungsebenen, und gegenüber den Auslagerungsunternehmen erhöhen. Unter IT-Risiko versteht die Aufsicht alle Risiken für die Vermögens- und Ertragslage der Institute, die aufgrund von Mängeln entstehen, die das IT-Management bzw. die IT-Steuerung, die Verfügbarkeit, Vertraulichkeit, Integrität und Authentizität der Daten, das interne Kontrollsystem der IT-Organisation, die IT-Strategie, -Leitlinien und -Aspekte der Geschäftsordnung oder den Einsatz von Informationstechnologie betreffen.[369]

256   Das überarbeitete Rundschreiben aus dem Jahr 2021 ist in zwölf Module gegliedert, die nach Regelungstiefe und -umfang nicht abschließender Natur sind. Die Institute haben bei der konkreten Ausgestaltung der IT-Systeme und der dazugehörigen IT-Prozesse – über die BAIT hinaus – grundsätzlich weiter auf die gängigen Standards abzustellen. Dazu gehören z.B. der IT-Grundschutz des Bundesamtes des Bundes für Sicherheit in der Informationstechnik (BSI) und die internationalen Sicherheitsstandards ISO/IEC 270XX der International Organization for Standardization.[370]

257   Das Rundschreiben enthält zunächst Anforderungen an die IT-Strategie und die IT-Governance. Die Geschäftsleitung hat eine nachhaltige IT-Strategie festzulegen, in der die Ziele sowie die Maßnahmen zu deren Erreichung dargestellt werden und die den Anforderungen der MaRisk

---

365 Vgl. Bundesanstalt für Finanzdienstleistungsaufsicht, Öffentliche Konsultation des Rundschreibens »Bankaufsichtliche Anforderungen an die BAIT« (BAIT), Konsultation 13/2020, Übermittlungsschreiben vom 26. Oktober 2020, S. 1.

366 Das Modul »Management der Beziehungen mit Zahlungsdienstnutzern« war in der Konsultationsfassung der BAIT unter anderer Bezeichnung nur als Platzhalter enthalten. Die Inhalte an das Modul wurden im Rahmen der »Zahlungsdiensteaufsichtlichen Anforderungen an die IT« (ZAIT) konsultiert und anschließend in die endgültige Fassung der BAIT integriert.

367 Bundesanstalt für Finanzdienstleistungsaufsicht, Zahlungsdiensteaufsichtliche Anforderungen an die IT von Zahlungs- und E-Geld-Instituten (ZAIT), Rundschreiben 11/2021 (BA) in der Fassung vom 16. August 2021.

368 Vgl. Gampe, Jens, Digitalisierung und Informationssicherheit im Fokus aufsichtlicher Anforderungen, in: BaFinPerspektiven, Ausgabe 1/2018, Digitalisierung – Folgen für Finanzmarkt, Aufsicht und Regulierung – Teil I, 1. August 2018, S. 69.

369 Vgl. Essler, Renate/Gampe, Jens, IT-Sicherheit – Aufsicht konkretisiert Anforderungen an die Kreditwirtschaft, in: BaFinJournal, Ausgabe Januar 2018, S. 18.

370 Zum Inhalt dieser gängigen IT-Standards vgl. Buchmüller, Patrick/Hellstern, Gerhard, IT-Risiken in Banken, Stuttgart, 1. Auflage, 2019, S. 59f. Das Bundesamt für Sicherheit in der Informationstechnik (BSI) ist eine oberste Bundesbehörde im Geschäftsbereich des Bundesministeriums des Innern, für Bau und Heimat. Seine Aufgaben ergeben sich aus dem Gesetz über das Bundesamt für Sicherheit in der Informationstechnik. Vgl. Gesetz über das Bundesamt für Sicherheit in der Informationstechnik (BSI-Gesetz – BSIG) vom 14. August 2009 (BGBl. I S. 2821), das zuletzt durch Artikel 12 des Gesetzes vom 23. Juni 2021 (BGBl. I S. 1982) geändert worden ist. Die Internationale Organisation für Normung (ISO) mit Sitz in Genf wurde 1947 als Verein nach schweizerischem Recht gegründet. Sie ist die internationale Vereinigung von Normungsorganisationen und erarbeitet internationale Normen in allen Bereichen mit Ausnahme der Elektrik und der Elektronik sowie der Telekommunikation.

genügen muss. Für die mit der Geschäftsstrategie konsistente IT-Strategie werden bestimmte Mindestinhalte vorgegeben (→ AT 4.2 Tz. 1). Die IT-Governance ist die Struktur zur Steuerung sowie Überwachung des Betriebes und der Weiterentwicklung der IT-Systeme einschließlich der dazugehörigen IT-Prozesse auf Basis der IT-Strategie. Die Governance-Regelungen der BAIT konkretisieren die entsprechenden Vorgaben der MaRisk, insbesondere die Regelungen zur IT-Aufbau- und IT-Ablauforganisation (→ AT 4.3.1), zum Informationsrisiko- sowie Informationssicherheitsmanagement (→ AT 4.3.2, AT 7.2 Tz. 2 und 4), zur quantitativ und qualitativ angemessenen Personalausstattung der IT (→ AT 7.1) sowie zum Umfang und zur Qualität der technisch-organisatorischen Ausstattung (→ AT 7.2 Tz. 1). Regelungen für die IT-Aufbau- und IT-Ablauforganisation sind bei Veränderungen der Aktivitäten und Prozesse zeitnah anzupassen (→ AT 5 Tz. 1 und 2).

Darüber hinaus formulieren die BAIT detaillierte Anforderungen an das Informationsrisikomanagement und das Informationssicherheitsmanagement der Institute. Die Informationsverarbeitung und -weitergabe in Geschäfts- und Serviceprozessen wird durch datenverarbeitende IT-Systeme und zugehörige IT-Prozesse unterstützt. Deren Umfang und Qualität hat sich insbesondere an betriebsinternen Erfordernissen, den Geschäftsaktivitäten sowie an der Risikosituation zu orientieren (→ AT 7.2 Tz. 1). IT-Systeme, die zugehörigen IT-Prozesse und sonstige Bestandteile des Informationsverbundes müssen die Integrität, die Verfügbarkeit, die Authentizität sowie die Vertraulichkeit der Daten sicherstellen (→ AT 7.2 Tz. 2). Das Institut hat die mit dem Management der Informationsrisiken verbundenen Aufgaben, Kompetenzen, Verantwortlichkeiten, Kontrollen und Kommunikationswege zu definieren und aufeinander abzustimmen (→ AT 4.3.1 Tz. 2). Hierfür hat das Institut angemessene Überwachungs- und Steuerungsprozesse einzurichten (→ AT 7.2 Tz. 4) und diesbezügliche Berichtspflichten zu definieren (→ BT 3.2 Tz. 1). Das Informationssicherheitsmanagement macht Vorgaben zur Informationssicherheit, definiert Prozesse und steuert deren Umsetzung (→ AT 7.2 Tz. 2). Es folgt einem fortlaufenden Prozess, der die Phasen Planung, Umsetzung, Erfolgskontrolle sowie Optimierung und Verbesserung umfasst. Die inhaltlichen Berichtspflichten des Informationssicherheitsbeauftragten an die Geschäftsleitung sowie der Turnus der Berichterstattung orientieren sich an der Risikoberichterstattung (→ BT 3.2 Tz. 1).

258

Die operative Informationssicherheit setzt die Anforderungen des Informationssicherheitsmanagements um und konkretisiert die entsprechenden Vorgaben der MaRisk. IT-Systeme, die zugehörigen IT-Prozesse und sonstige Bestandteile des Informationsverbundes müssen die Integrität, die Verfügbarkeit, die Authentizität sowie die Vertraulichkeit der Daten sicherstellen. Für diese Zwecke ist bei der Ausgestaltung der IT-Systeme und der zugehörigen IT-Prozesse grundsätzlich auf gängige Standards abzustellen (→ AT 7.2 Tz. 2). Für IT-Risiken sind angemessene Überwachungs- und Steuerungsprozesse einzurichten, die insbesondere die Festlegung von IT-Risikokriterien, die Identifikation von IT-Risiken, die Festlegung des Schutzbedarfs, daraus abgeleitete Schutzmaßnahmen für den IT-Betrieb sowie die Festlegung entsprechender Maßnahmen zur Risikobehandlung und -minderung umfassen (→ AT 7.2 Tz. 4).

259

Die BAIT bringen ferner die Erwartungshaltung der Aufsicht im Hinblick auf das Identitäts- und Rechtemanagement zum Ausdruck. Damit soll sichergestellt werden, dass den Benutzern eingeräumte Berechtigungen so ausgestaltet sind und genutzt werden, wie es den organisatorischen und fachlichen Vorgaben des Institutes entspricht. Jegliche Zugriffs-, Zugangs- und Zutrittsrechte auf Bestandteile bzw. zu Bestandteilen des Informationsverbundes sollten standardisierten Prozessen und Kontrollen unterliegen (→ AT 4.3.1 Tz. 2, AT 7.2 Tz. 2 und BTO Tz. 9). Im Rahmen der IT-Projekte und der Anwendungsentwicklung müssen wesentliche Veränderungen in den IT-Systemen, deren Auswirkung auf die IT-Aufbau- und IT-Ablauforganisation sowie die dazugehörigen IT-Prozesse mit Hilfe einer Auswirkungsanalyse bewertet werden (→ AT 8.2 Tz. 1). Im Hinblick auf den erstmaligen Einsatz sowie wesentliche Veränderungen von IT-Systemen sind die Anforderungen der MaRisk zu erfüllen (→ AT 7.2 Tz. 3 und 5, AT 8.2 Tz. 1 sowie AT 8.3 Tz. 1).

260

Der IT-Betrieb muss die Anforderungen erfüllen, die sich aus der Umsetzung der Geschäftsstrategie sowie aus den IT-unterstützten Geschäftsprozessen ergeben (→ AT 7.2 Tz. 1 und 2).

261 Die BAIT stellen weiter klar, dass IT-Dienstleistungen alle Ausprägungen des Bezugs von IT
umfassen, wozu insbesondere die Bereitstellung von IT-Systemen, Projekte/Gewerke oder die
Personalgestellung zählen. Auch Cloud-Dienstleistungen können eine Auslagerung im Sinne des
AT 9 darstellen. Die BAIT definieren Cloud-Dienstleistungen als IT-Dienstleistungen, die dem
Institut durch ein Dienstleistungsunternehmen über ein Netz bereitgestellt werden (z. B. Rechen-
leistung, Speicherplatz, Plattformen oder Software) und deren Angebot, Nutzung und Abrech-
nung dynamisch und an den Bedarf angepasst über definierte technische Schnittstellen sowie
Protokolle erfolgen. Darüber hinaus werden mit den BAIT die Vorgaben des Moduls AT 9 der
MaRisk, nach denen die Durchführung einer Risikoanalyse lediglich bei Auslagerungen erforderlich ist, deutlich verschärft. Nach den BAIT sind demgegenüber auch Risiken aus dem sonstigen
Fremdbezug von IT-Dienstleistungen zu bewerten, damit die vollständige Risikosituation ermittelt
und ggf. Konzentrationsrisiken erkannt werden. Auch beim sonstigen Fremdbezug von IT-Dienstleistungen sind die allgemeinen Anforderungen an die Ordnungsmäßigkeit der Geschäftsorganisation gemäß § 25a Abs. 1 KWG zu beachten (→ AT 9 Tz. 1). Bei jedem Bezug von Software sind
die damit verbundenen Risiken angemessen zu bewerten (→ AT 7.2 Tz. 4).

262 Das im Zuge der ersten BAIT-Novelle neu eingefügte Modul »IT-Notfallmanagement« konkretisiert
das im Rahmen der sechsten MaRisk-Novelle überarbeitete Modul »Notfallmanagement« (→ AT
7.3). Nach den Vorgaben der MaRisk hat das Institut Ziele zum Notfallmanagement zu definieren
und hieraus abgeleitet einen Notfallmanagementprozess festzulegen. Für Notfälle in zeitkritischen
Aktivitäten und Prozessen ist Vorsorge zu treffen (Notfallkonzept). Die im Notfallkonzept festgelegten Maßnahmen müssen dazu geeignet sein, das Ausmaß möglicher Schäden zu reduzieren
(→ AT 7.3 Tz. 1). Das Notfallkonzept muss Geschäftsfortführungs- sowie Wiederherstellungspläne
umfassen. Im Fall der Auslagerung von zeitkritischen Aktivitäten und Prozessen haben das auslagernde Institut und das Auslagerungsunternehmen über aufeinander abgestimmte Notfallkonzepte zu verfügen (→ AT 7.3 Tz. 2). Die Wirksamkeit und Angemessenheit des Notfallkonzeptes sind
regelmäßig zu überprüfen. Für zeitkritische Aktivitäten und Prozesse sind sie für alle relevanten
Szenarien mindestens jährlich und anlassbezogen nachzuweisen (→ AT 7.3 Tz. 3).

263 Bereits im September 2018 hatte die deutsche Aufsicht die BAIT um ein KRITIS-Modul ergänzt.
Darin wird erläutert, welche zusätzlichen Anforderungen notwendig sind, damit der Jahresabschlussprüfer den Nachweis gemäß § 8a Abs. 3 BSI-Gesetz erbringen kann. Der Abschlussprüfer hat gemäß § 13 PrüfbV die Angemessenheit und Wirksamkeit der organisatorischen,
personellen und technischen Vorkehrungen zur Sicherstellung der Integrität, Vertraulichkeit,
Authentizität und Verfügbarkeit der bankaufsichtlich relevanten Daten zu prüfen und zu bestätigen. Er kann dies nunmehr ggf. gleichzeitig auch im Hinblick auf die Erfüllung der Anforderungen
gemäß § 8 Abs. 1 BSI-Gesetz tun.

264 Vor dem Hintergrund der Bedeutung der BAIT für die Anforderungen an die technisch-organisatorische Ausstattung und das Notfallmanagement wurden ihre wesentlichen Inhalte vollständig
in den Kommentar integriert (→ AT 7.2 und AT 7.3).

8.9 Mindestanforderungen an das Beschwerdemanagement

Die BaFin beaufsichtigt Banken, Finanzdienstleister, private Versicherungsunternehmen und den Wertpapierhandel und ist in diesen Bereichen auch für den kollektiven Verbraucherschutz zuständig. Am 4. Mai 2018 hat die BaFin erstmals die Mindestanforderungen an das Beschwerdemanagement veröffentlicht, die im Jahr 2020 überarbeitet wurden.[371] Das Rundschreiben ergänzt die Regelungen für das Beschwerdemanagement von Wertpapierdienstleistungsunternehmen im Modul BT 12 der MaComp.[372] Die Mindestanforderungen an das Beschwerdemanagement und das Modul BT 12 der MaComp setzen zusammen die »Leitlinien zur Beschwerdeabwicklung für den Wertpapierhandel (ESMA) und das Bankwesen (EBA)« des gemeinsamen Ausschusses der Europäischen Aufsichtsbehörden (»Joint Committee«)[373] in das nationale Recht um.   265

Die Mindestanforderungen an das Beschwerdemanagement bilden auf der Grundlage von § 25a Abs. 1 KWG, § 27 Abs. 1 und § 62 ZAG, § 28 Abs. 1 und 2 KAGB i.V.m. § 4 Abs. 3 KAVerOV sowie § 23 VAG einen Rahmen für die Behandlung von Beschwerden durch die beaufsichtigten Unternehmen. Im Hinblick auf die konkrete Ausgestaltung gilt der Grundsatz der Proportionalität.   266

Die beaufsichtigten Unternehmen im Sinne des Rundschreibens sind CRR-Kreditinstitute, Zweigstellen von Unternehmen mit Sitz im Ausland im Sinne des § 53 Abs. 1 KWG, die das Einlagen- und das Kreditgeschäft betreiben, Zahlungsinstitute und E-Geld-Institute im Sinne des Zahlungsdiensteaufsichtsgesetzes (ZAG)[374], Kapitalverwaltungsgesellschaften gemäß KAGB und inländische Nichtkreditinstitute gemäß Art. 4 Abs. 10 der Wohnimmobilienkreditrichtlinie.   267

Das Rundschreiben definiert eine Beschwerde als jede Äußerung der Unzufriedenheit, die eine natürliche oder juristische Person (Beschwerdeführer) an ein beaufsichtigtes Unternehmen im Zusammenhang mit dessen Erbringung einer nach dem KWG, ZAG oder KAGB beaufsichtigten Dienstleistung bzw. eines entsprechenden Geschäftes oder im Zusammenhang mit der Vergabe von Immobiliar-Verbraucherdarlehensverträgen im Sinne von § 491 Abs. 3 Satz 1 BGB richtet.[375] Der Begriff »Beschwerde« muss dabei nicht zwingend verwandt werden. Zudem bedarf die Beschwerde keiner bestimmten Form. Die Deutsche Kreditwirtschaft hat in ihrer Stellungnahme zum überarbeiteten Rundschreiben den Beschwerdebegriff erneut als zu weit gefasst kritisiert.[376]   268

---

371 Bundesanstalt für Finanzdienstleistungsaufsicht, Mindestanforderungen an das Beschwerdemanagement, Rundschreiben 06/2018 (BA, WA und VA) vom 4. Mai 2018, geändert am 23. Januar 2020.

372 Für Wertpapierdienstleistungsunternehmen gemäß § 2 Abs. 10 WpHG wird die Bearbeitung von Beschwerden im Zusammenhang mit der Erbringung von Wertpapierdienstleistungen und Wertpapiernebendienstleistungen durch § 80 Abs. 1 Satz 3 WpHG i.V.m. Art. 26 der Delegierten Verordnung (EU) 2017/565 geregelt. Diese Regelungen werden nicht durch die Mindestanforderungen für das Beschwerdemanagement, sondern durch die MaComp näher konkretisiert. Vgl. Bundesanstalt für Finanzdienstleistungsaufsicht, Mindestanforderungen an die Compliance-Funktion und weitere Verhaltens-, Organisations- und Transparenzpflichten – MaComp, Rundschreiben 05/2018 (WA) vom 19. April 2018, zuletzt geändert am 24. März 2021, BT 12.

373 Die Leitlinien zur Beschwerdeabwicklung für den Wertpapierhandel (ESMA) und das Bankwesen (EBA) wurden erstmals am 27. Mai 2014 vorgelegt und im Jahr 2018 überarbeitet. Die Leitlinien sind seitdem auch von Zahlungsauslösedienstleistern und Kontoinformationsdienstleistern im Sinne der Zweiten Zahlungsdiensterichtlinie (PSD 2) sowie Nichtkreditinstituten im Sinne der Wohnimmobilienkreditrichtlinie anzuwenden. Vgl. Joint Committee of the European Supervisory Authorities, Leitlinien zur Beschwerdeabwicklung für den Wertpapierhandel (ESMA) und das Bankwesen (EBA), 4. Oktober 2018.

374 Die Definition Zahlungsinstitute im Sinne des Zahlungsdiensteaufsichtsgesetzes umfasst »Zahlungsauslösedienstleister« und »Kontoinformationsdienstleister«.

375 Nicht umfasst sind dabei Dienstleistungen nach dem KWG, die zugleich Wertpapierdienstleistungen oder Wertpapiernebendienstleistungen nach dem WpHG darstellen.

376 Vgl. Deutsche Kreditwirtschaft, Stellungnahme zum aktualisierten Rundschreiben 06/2018, 12. Juli 2019, S. 1.

Die deutsche Aufsicht hat an dem Begriff jedoch bisher festgehalten, wohl auch vor dem Hintergrund der weiten Definition in den Leitlinien zur Beschwerdeabwicklung für den Wertpapierhandel und das Bankwesen.[377]

269   Die beaufsichtigten Unternehmen haben zur Einhaltung des Rundschreibens interne Vorkehrungen und interne Verfahren zur Beschwerdebearbeitung vorzuhalten. Zu den internen Vorkehrungen zur Beschwerdebearbeitung gehört, dass Beschwerden zuverlässig aufgenommen und ausgewertet werden, um Erkenntnisse über mögliche Versäumnisse und Unzulänglichkeiten im Geschäftsbetrieb zu gewinnen und diese abstellen zu können. Darüber hinaus sind Erkenntnisse aus den eingegangenen Beschwerden in das Risikomanagement einzubeziehen und von der Internen Revision zu berücksichtigen. Die Deutsche Kreditwirtschaft (DK) hat bei der Konsultation des Rundschreibens darauf hingewiesen, dass keine pauschale Relevanz von Beschwerdetatbeständen für das Risikomanagement und die Interne Revision unterstellt werden kann. Vielmehr sind nach Ansicht der DK mit Blick auf das Risikomanagement insoweit das operationelle Risiko bzw. das Rechtsrisiko sowie das Reputationsrisiko maßgebend.[378] Die Aufsicht hat die Kritik der DK in der endgültigen Fassung des Rundschreibens jedoch nicht berücksichtigt. Weiter haben die beaufsichtigten Unternehmen in diesem Zusammenhang wirksame und transparente Verfahren einer angemessenen Beschwerdebearbeitung als Teil ihrer Organisationsrichtlinien zu entwickeln und umzusetzen, in denen die Beschwerdeeinreichung, die Beschwerdebearbeitung einschließlich der Zuständigkeiten, die Weiterverfolgung von Maßnahmen zur Einhaltung der Grundsätze und Verfahren und das interne Berichtswesen festgelegt werden. Für den Beschluss, die Umsetzung und die Überwachung der Einhaltung dieser Grundsätze und Verfahren der Beschwerdebearbeitung ist die Geschäftsleitung verantwortlich. Das beaufsichtigte Unternehmen hat zudem eine Beschwerdemanagementfunktion einzurichten. Diese Funktion soll dafür sorgen, dass alle Beschwerden objektiv und angemessen im Einklang mit den Grundsätzen und Verfahren der Beschwerdebearbeitung untersucht und mögliche Interessenkonflikte identifiziert werden sowie eine Beeinträchtigung der Beschwerdebearbeitung durch Interessenkonflikte vermieden wird.

270   Die internen Verfahren zur Beschwerdebearbeitung umfassen insbesondere die Einrichtung eines internen Beschwerderegisters, in dem alle Beschwerden, ihre Bearbeitung, die getroffenen Maßnahmen sowie die abschließenden Entscheidungen ohne unnötige Verzögerung systematisch zu dokumentieren sind. Das Beschwerderegister ist elektronisch oder in einer anderen Form so zu führen, dass es eine systematische Auswertung ermöglicht, gegen sachlich nicht gebotene Änderungen geschützt ist, nachträgliche Änderungen erkennen lässt und eine ungehinderte Einsichtnahme für die zuständigen Mitarbeiter des beaufsichtigten Unternehmens, die zuständigen Prüfer und die BaFin gewährleistet. Darüber hinaus hat ein beaufsichtigtes Unternehmen auf leicht zugängliche Weise über seine Verfahren zur Beschwerdebearbeitung zu informieren (z.B. Broschüren, Merkblätter, Vertragsunterlagen oder auf der Internetseite). Dabei ist insbesondere auf Folgendes einzugehen:

–   Wie ist eine Beschwerde einzureichen (z.B. über die vom Beschwerdeführer beizubringenden Informationen, Kontaktdaten des Beschwerdeführers, zuständige Stelle oder Person innerhalb des beaufsichtigten Unternehmens, an die die Beschwerde zu richten ist)?

---

377 In den Leitlinien des Joint Committee ist eine Beschwerde definiert als »eine Äußerung der Unzufriedenheit, die eine natürliche oder juristische Person an eine Firma im Zusammenhang mit der Erbringung (i) einer Wertpapierdienstleistung im Rahmen der MiFID, der OGAW-Richtlinie oder der AIFMD richtet; oder (ii) einer in Anhang I der Eigenkapitalrichtlinie (CRD) genannten Bankdienstleistung; oder (iii) einer Dienstleistung der gemeinsamen Portfolioverwaltung im Rahmen der OGAW-Richtlinie; oder (iv) eines Zahlungsdienstes im Sinne von Artikel 4 Absatz 3 der PSD; oder (v) der Ausstellung von E-Geld im Sinne von Artikel 2 Absatz 2 der EMD; oder (vi) eines Kreditvertrages im Sinne von Artikel 4 Absatz 3 der MCD; oder (vii) Kreditvermittlungstätigkeiten im Sinne von Artikel 4 Absatz 5 der MCD«. Vgl. Joint Committee of the European Supervisory Authorities, Leitlinien zur Beschwerdeabwicklung für den Wertpapierhandel (ESMA) und das Bankwesen (EBA), 4. Oktober 2018, S. 4.

378 Vgl. Deutsche Kreditwirtschaft, Stellungnahme zur Umsetzung der ESMA/EBA-Leitlinien zur Beschwerdeabwicklung – Konsultation der BaFin vom 23. Juni 2017; Entwurf eines Rundschreibens »Mindestanforderungen an das Beschwerdemanagement« (BaFin-Konsultation 06/2017) und Anhörung zu einer Allgemeinverfügung zur Einreichung von Berichten über Kundenbeschwerden durch CRR-Kreditinstitute, 4. August 2017, S. 5.

– Wie ist der Ablauf des Beschwerdeverfahrens (z. B. ungefähre Bearbeitungszeiträume)?
– Gibt es zuständige Behörden oder Möglichkeiten alternativer Streitbeilegungsverfahren?

Die zeitgleich von der deutschen Aufsicht mit der Konsultation des Rundschreibens zu Mindest-anforderungen an das Beschwerdemanagement am 23. Juni 2017 angehörte Allgemeinverfügung, die eine Beschwerdeberichtpflicht von CRR-Kreditinstituten einführen sollte, wurde bisher nicht erlassen.[379] Die Deutsche Kreditwirtschaft hatte insofern kritisiert, dass für die Einführung einer derartigen jährlichen Berichterstattungspflicht für CRR-Kreditinstitute keine ausreichende Rechts-grundlage besteht.[380] Die deutsche Aufsicht vertritt hierzu allerdings eine andere Auffassung, so dass die Erstellung eines Beschwerdeberichtes zukünftig noch gefordert werden könnte.   **271**

Das Modul BT 12 der MaComp enthält für Wertpapierdienstleistungsunternehmen im Zusammen-hang mit der Erbringung von Wertpapierdienstleistungen oder Wertpapiernebendienstleistungen vergleichbare Anforderungen an das Beschwerdemanagement. Diese haben jedoch zusätzlich einmal jährlich einen Beschwerdebericht zu erstellen und bei der BaFin einzureichen (→ Kapitel 8.3).   **272**

Der gemeinsame Ausschuss der drei Europäischen Aufsichtsbehörden EBA, ESMA und EIOPA (»Joint Committee«) hat im Jahr 2021 einen Bericht über die Anwendung der europäischen Leitlinien zum Umgang mit Beschwerden veröffentlicht.[381] Der Bericht, der auf Angaben von 44 nationalen Aufsichtsbehörden aus 29 Ländern beruht, beschreibt die von den Aufsichtsbehörden ergriffenen Maßnahmen zur Erreichung der Ziele der europäischen Leitlinien sowie die Heraus-forderungen bei der Umsetzung in das nationale Recht. Nach Ansicht des gemeinsamen Aus-schusses der ESAs haben die Leitlinien zu einem gemeinsamen Ansatz bei der Bearbeitung von Beschwerden im Banken-, Wertpapier- und Versicherungssektor geführt. Der gemeinsame Aus-schuss ist sich in dem Bericht darüber bewusst, dass der Beschwerdebegriff nicht ausreichend klar und präzise formuliert ist. Darüber hinaus können mögliche Interessenkonflikte bei der Beschwer-demanagementfunktion hinderlich sein, die bei den beaufsichtigten Unternehmen eingereichten Beschwerden fair zu untersuchen.[382] Die ESAs sehen allerdings derzeit keinen unmittelbaren Bedarf für eine Überarbeitung der Leitlinien.   **273**

8.10 Mindestanforderungen zur Umsetzbarkeit eines Bail-in (MaBail-in)

Die deutsche Aufsicht möchte klare Definitionen für sämtliche Begriffe festlegen, die im Zusam-menhang mit den Regularien zur Abwicklungsplanung (BRRD, SRM-VO und SAG) eine Rolle spielen. Damit sollen einerseits die Auslegungsspielräume auf ein aufsichtlich akzeptables Maß eingeschränkt werden und andererseits den Instituten klare Leitlinien zur Datenbereitstellung an die Hand gegeben werden, um bei Bedarf innerhalb kürzester Zeit auf entsprechende Anforderun-gen reagieren zu können. Im Mittelpunkt dieser Überlegungen steht mit dem »Bail-in« ein Instru-   **274**

---

379 Bundesanstalt für Finanzdienstleistungsaufsicht, Anhörung nach § 28 Abs. 1 VwVfG zu einer Allgemeinverfügung zur Einreichung von Berichten über Kundenbeschwerden durch CRR-Kreditinstitute, 23. Juni 2017.

380 Nach Ansicht der DK war die Berichterstattungspflicht unverhältnismäßig und widersprach dem prinzipienorientierten Ansatz. Ferner konnten aus der Begründung auch nicht die Erforderlichkeit bzw. Angemessenheit der Allgemeinver-fügung abgeleitet werden. Vgl. Deutsche Kreditwirtschaft, Stellungnahme zur Umsetzung der ESMA/EBA-Leitlinien zur Beschwerdeabwicklung – Konsultation der BaFin vom 23. Juni 2017; Entwurf eines Rundschreibens »Mindestanforde-rungen an das Beschwerdemanagement« (BaFin-Konsultation 06/2017) und Anhörung zu einer Allgemeinverfügung zur Einreichung von Berichten über Kundenbeschwerden durch CRR-Kreditinstitute, 4. August 2017, S. 15.

381 Joint Committee of the European Supervisory Authorities, Joint Committee Report on the assessment of the application of the Guidelines on complaints-handling, 18. Februar 2021.

382 Vgl. Joint Committee of the European Supervisory Authorities, Joint Committee Report on the assessment of the application of the Guidelines on complaints-handling, 18. Februar 2021, S. 5.

ment der Beteiligung von Gläubigern eines Kreditinstitutes an dessen Verlusten bei der Sanierung oder Abwicklung im Falle drohender Zahlungsunfähigkeit.

275 Die BaFin als nationale Abwicklungsbehörde hat im Juli 2019 erstmals die »Mindestanforderungen zur Umsetzbarkeit eines Bail-in« (MaBail-in) veröffentlicht.[383] Das Rundschreiben richtete sich an alle Institute unter direkter Verantwortung der BaFin, sofern diese von der BaFin im Rahmen der Abwicklungsplanung über die Geltung des Rundschreibens informiert wurden. Die Abwicklung eines Institutes oder einer Gruppe erfordert ein schnelles und zielgerichtetes Handeln der Abwicklungsbehörde. Dazu benötigt die Abwicklungsbehörde eine Vielzahl von Informationen, die das Institut, das im Abwicklungsplan als Abwicklungseinheit vorgesehen ist, innerhalb kürzester Zeit bereitstellen muss. Das Rundschreiben enthält daher Mindestanforderungen im Hinblick auf bereitzustellende Informationen und konkretisiert die Anforderungen an die erforderliche technische und organisatorische Ausstattung der Institute. Hierbei ist der Proportionalitätsgrundsatz zu berücksichtigen. Diese Anforderungen stellen die notwendigen Voraussetzungen für die zügige und präzise Implementierung der Abwicklungsinstrumente der Beteiligung der Inhaber relevanter Kapitalinstrumente sowie der Gläubigerbeteiligung gemäß §§ 89 und 90 SAG bzw. Art. 21 und 27 SRM-VO dar.

276 Im April 2021 hat die BaFin eine überarbeitete Fassung des Rundschreibens vorgelegt, die die Abwicklungsfähigkeit der Institute bei einem Bail-in weiter verbessern soll.[384] Das Rundschreiben richtet sich nunmehr an Institute, für deren Abwicklung die BaFin zuständig ist und die nicht für eine Insolvenz in Betracht kommen. Es enthält Vorgaben für die Management-Informationssysteme der betroffenen Institute, jederzeit die für eine effektive und effiziente Implementierung der Abwicklungsinstrumente der Beteiligung der Inhaber relevanter Kapitalinstrumente und der Gläubigerbeteiligung wesentlichen Informationen bereitzustellen. Darüber hinaus formuliert das Rundschreiben Anforderungen an die technisch-organisatorische Ausstattung, die eine Bereitstellung der Informationen innerhalb von 24 Stunden nach Aufforderung durch die Abwicklungsbehörde ermöglicht. Die wesentlichen Erweiterungen im Vergleich zum Rundschreiben aus dem Jahr 2019 beziehen sich insbesondere auf zusätzliche Datenpunkte zur Fortentwicklung der externen Bail-in-Implementierung und die Ausweitung auf alle Bail-in-fähigen Verbindlichkeiten, wobei der Grundsatz der Proportionalität zu beachten ist.

277 Für Institute, die in den direkten Zuständigkeitsbereich des Ausschusses für die einheitliche Abwicklung (»Single Resolution Board«, SRB) fallen, hat der SRB gemeinsam mit den nationalen Abwicklungsbehörden eine »Operational guidance on Bail-in implementation« erarbeitet.[385]

---

383 Bundesanstalt für Finanzdienstleistungsaufsicht, Rundschreiben 05/2019 (A) – Mindestanforderungen zur Umsetzbarkeit eines Bail-in (MaBail-in), 4. Juli 2019.

384 Bundesanstalt für Finanzdienstleistungsaufsicht, Rundschreiben 04/2021 (A) – Mindestanforderungen zur Umsetzbarkeit eines Bail-in (MaBail-in), 13. April 2021. Die BaFin hat im Juli 2021 eine überarbeitete Fassung des Rundschreibens zur Konsultation gestellt. Der vorgelegte Entwurf erfasst grundsätzlich auch Institute und gruppenangehörige Unternehmen, für die der Abwicklungsplan keine Abwicklungsmaßnahmen vorsieht, sofern sie Teil einer Abwicklungsgruppe oder relevante Drittstaatentochterunternehmen sind. Dieser Schritt ist nach Ansicht der BaFin notwendig, um den Verlusttransfer innerhalb der Abwicklungsgruppe (von Tochterunternehmen hin zur Abwicklungseinheit) bzw. innerhalb der Drittstaatengruppe (von in Deutschland niedergelassenen Drittstaatentochterunternehmen hin zur jeweiligen rechtlichen Einheit im Drittstaat) sicherzustellen. Vgl. Bundesanstalt für Finanzdienstleistungsaufsicht, Konsultation 12/2021: Entwurf des Rundschreibens zu den Mindestanforderungen zur Umsetzbarkeit eines Bail-in (MaBail-in), 21. Juli 2021, S. 1.

385 Die im Jahr 2020 vorgelegte Operational guidance on Bail-in implementation des Single Resolution Board setzt sich aus verschiedenen Dokumenten zusammen, u.a. Operational Guidance on Bail-in Playbooks, Bail-in Data instructions, Bail-in Data Explanatory note und Q&A for publication of Bail-in guidance.

9 Nachhaltiges Finanzsystem

9.1 Globaler Umgang mit Nachhaltigkeitsaspekten

Es ist schon lange kein Geheimnis mehr, dass insbesondere der Klimawandel eine echte Heraus- **278** forderung für die internationale Staatengemeinschaft darstellt. Als Einstieg in die globale Umwelt- politik wird häufig die erste »Konferenz der Vereinten Nationen über die Umwelt des Menschen« (»United Nations Conference on the Human Environment«, UNCHE) bezeichnet, die im Juni 1972 in Stockholm stattfand. An der Erarbeitung der »Erklärung der Konferenz der Vereinten Nationen über die Umwelt des Menschen« mit 26 Prinzipien für Umwelt und Entwicklung und des zugehörigen Aktionsplanes mit 109 Empfehlungen zu Maßnahmen des Umweltmanagements waren damals schon 113 Staaten beteiligt. Am 15. Dezember 1972 wurde das »Umweltprogramm der Vereinten Nationen« (»United Nations Environment Programme«, UNEP) als Sprachrohr der UN für alle Themen rund um die Umweltveränderungen und die nachhaltige Entwicklung gegründet.

Von besonderer Bedeutung war anschließend die »Konferenz der Vereinten Nationen über **279** Umwelt und Entwicklung« (»United Nations Conference on Environment and Development«, UNCED) im Juni 1992 in Rio de Janeiro. Diese Konferenz wird auch als »Erdgipfel« bezeichnet und gilt als Meilenstein für die Integration von globalen Umwelt- und Entwicklungsbestrebungen. Verabschiedet wurde damals von 178 Staaten u. a. die unverbindliche »Rio-Erklärung über Umwelt und Entwicklung« (»Rio Declaration on Environment and Development«) mit 27 Grundsätzen, die bezüglich Politik, Gesetzgebung, Wirtschaft und Wissenschaft beachtet werden sollten, um den Schutz der Umwelt und eine nachhaltige Entwicklung zu gewährleisten. Außerdem wurde die »Agenda 21« als Aktionsprogramm für eine »nachhaltige Entwicklung« (»sustainable develop- ment«) beschlossen, um die Bedürfnisse der Menschheit weiterhin befriedigen zu können, ohne die Chancen künftiger Generationen zu beeinträchtigen. Von den Industrieländern wurde ins- besondere eine Anpassung ihrer Wirtschaftspolitik und ihres Ressourcenverbrauches erwartet, während es in den Schwellen- und Entwicklungsländern vorrangig um die Armutsbekämpfung und die Grundversorgung der Bevölkerung ging.

Nicht zuletzt wurde im Rahmen der Rio-Konferenz das am 9. Mai 1992 in New York verabschie- **280** dete »Rahmenübereinkommen der Vereinten Nationen über Klimaänderungen« (»United Nations Framework Convention on Climate Change«, UNFCCC) von 154 Staaten unterzeichnet. Diese »Klimarahmenkonvention« trat am 21. März 1994 in Kraft. Sie verfolgt vor allem das Ziel, die globale Erwärmung zu verlangsamen und damit eine gefährliche Störung des Klimasystems zu vermeiden. Dazu ist in erster Linie eine deutliche Reduzierung der Treibhausgasemissionen erforderlich. Bis Anfang 2021 wurde die Klimarahmenkonvention bereits von 197 Vertragsparteien ratifiziert.

Die »Initiative zur Entwicklung von Standards für die Erstellung von Nachhaltigkeitsberichten« **281** (»Global Reporting Initiative«, GRI) wurde 1997 in Boston wegen der Umweltschäden der Exxon- Valdez-Ölpest gegründet, um einen Mechanismus zur Rechenschaftspflicht zu schaffen, der sicherstellen sollte, dass Unternehmen die Prinzipien des verantwortungsvollen Umgangs mit der Umwelt einhalten. Dieser Mechanismus wurde später auf soziale, wirtschaftliche und Gover- nance-Fragen ausgeweitet. Der erste GRI-Leitfaden wurde im Jahr 2000 als globaler Rahmen für die Nachhaltigkeitsberichterstattung veröffentlicht. Dieser Leitfaden wurde permanent aktuali- siert und ergänzt. Im Jahr 2016 wurden daraus die ersten »Globalen Standards für die Nachhaltig- keitsberichterstattung« (»Global Reporting Initiative Standards«, GRI-Standards). Der »Rat für Globale Nachhaltigkeitsstandards« (»Global Sustainability Standards Board«, GSSB) beschäftigt sich mit der Festlegung weltweit anerkannter Standards für die Nachhaltigkeitsberichterstattung und überwacht in diesem Zusammenhang die Entwicklung der GRI-Standards. Deshalb werden die Standards auch mit GRI-GSSB abgekürzt.

282   Kurze Zeit nach dem Erdgipfel wurde die »Kommission für Nachhaltige Entwicklung« (»Commission on Sustainable Development«, CSD) gegründet, um den Umsetzungsprozess der Konferenzergebnisse zu überwachen. Als Nachfolger der CSD ist seit dem 24. September 2013 das »Hochrangige Politische Forum für Nachhaltige Entwicklung« (»High-level Political Forum on Sustainable Development«, HLPF) für die Abstimmung der globalen Nachhaltigkeitspolitik verantwortlich. Es wird auch als »UNO-Nachhaltigkeitsforum« bezeichnet.

283   Die Vertragsparteien der Klimarahmenkonvention beraten in den grundsätzlich jährlich stattfindenden UN-Klimakonferenzen über konkrete Maßnahmen zum Klimaschutz. Im Rahmen der UN-Klimakonferenz in Kyoto (»3rd Conference of the Parties«, COP 3) wurde am 11. Dezember 1997 mit dem »Kyoto-Protokoll« ein Zusatzprotokoll zur Ausgestaltung der Klimarahmenkonvention beschlossen, in dem erstmals verbindliche Zielwerte für den Treibhausgas-Ausstoß in den Industrieländern festgelegt wurden. Die teilnehmenden Industrieländer hatten sich danach verpflichtet, ihren jährlichen Treibhausgas-Ausstoß innerhalb der »ersten Verpflichtungsperiode« (2008 bis 2012) um durchschnittlich 5,2 Prozent gegenüber dem Stand von 1990 zu reduzieren, was auch erreicht wurde.

284   Um die Globalisierung sozialer und ökologischer zu gestalten, wurde am 26. Juli 2000 die operative Phase vom »Globalen Pakt der Vereinten Nationen« (»United Nations Global Compact«, UN Global Compact) mit daran interessierten Unternehmen gestartet. Die »Internationale Handelskammer« (»International Chamber of Commerce«, ICC) war der erste Ansprechpartner der Vereinten Nationen aus der Wirtschaft und hat im Laufe der Zeit diverse multinationale Unternehmen dafür gewinnen können.

285   Bei der UN-Klimakonferenz in Kopenhagen (COP 15) am 18. Dezember 2009 wurde im »Copenhagen Accord« das unverbindliche Ziel erwähnt, die Erderwärmung auf weniger als 2 Grad Celsius im Vergleich zum vorindustriellen Niveau zu begrenzen. Auf der UN-Klimakonferenz in Durban (COP 17) einigten sich die Vertragsparteien am 11. Dezember 2011 grundsätzlich darauf, das Kyoto-Protokoll mit einer »zweiten Verpflichtungsperiode« zu verlängern (»Kyoto II«). Über die Dauer (2013 bis 2020) und die weitere Ausgestaltung von Kyoto II wurde im Rahmen der UN-Klimakonferenz in Doha (COP 18) am 8. Dezember 2012 entschieden.

286   Für die Zeit nach 2020 wurde in der UN-Klimakonferenz in Paris (COP 21) am 12. Dezember 2015 mit dem »Pariser Abkommen« eine Begrenzung der globalen Erwärmung auf deutlich unter 2 Grad Celsius (möglichst 1,5 Grad Celsius) im Vergleich zum vorindustriellen Niveau beschlossen. Unmittelbar davor ist von den Mitgliedstaaten der Vereinten Nationen beim »UNO-Nachhaltigkeitsgipfel« (»United Nations Sustainable Development Summit«), der die UN-Klimakonferenz in Paris vorbereitet hatte, am 25. September 2015 in New York einstimmig die »Agenda 2030 für nachhaltige Entwicklung« (»Transforming our world: the 2030 Agenda for Sustainable Development«) verabschiedet worden. Diese Agenda gilt als Nachfolgeagenda für die »Agenda 21« und enthält siebzehn Ziele für eine sozial, wirtschaftlich und ökologisch nachhaltige Entwicklung (»Sustainable Development Goals«, SDG).

287   Im Jahr 2012 wurde von der G20 für Maßnahmen gegen den Klimawandel erstmals der Begriff »Climate Finance« geprägt und eine eigene Studiengruppe mit diesem Namen gegründet. Im Oktober 2015 hat das UNEP in einem Bericht erläutert, in welcher Weise das Finanzsystem mit dem Nachhaltigkeitsbemühen in Einklang gebracht werden sollte.[386] Schließlich ist im Jahr 2016 von der G20 eine weitere Studiengruppe mit der Ausrichtung auf »Green Finance« gegründet worden, die sich insgesamt mit der Umweltbelastung beschäftigt, wobei deren Abgrenzung zur »Climate Finance«-Studiengruppe nicht trennscharf war.[387] In erster Linie sollten Anreize geschaffen werden, um entsprechende nachhaltige Finanzierungen zu fördern und gleichzeitig Investitionen in umweltschädliche Sektoren zu erschweren. Zunächst fehlten allerdings noch einheitlich

---

386 United Nations Environment Programme, The Financial System We Need – Aligning the Financial System with Sustainable Development, The UNEP Inquiry Report, 1. Oktober 2015.
387 Vgl. G20 Green Finance Study Group, G20 Green Finance Synthesis Report, 5. September 2016.

verwendete Kriterien für Climate oder Green Finance, wenngleich dafür bereits Zertifikate entwickelt wurden.[388] Gleichzeitig wurde von verschiedenen Experten darauf hingewiesen, dass es kaum möglich ist, z. B. von heute auf morgen die Finanzierung des Sektors fossiler Brennstoffe einzustellen, zumal diese nach Einschätzung vieler Experten noch eine ganze Weile zur Deckung des Energiebedarfes benötigt werden.

Im Dezember 2015 hat der »Finanzstabilitätsrat« (»Financial Stability Board«, FSB) der G20 eine »Expertengruppe für die Erarbeitung branchenspezifischer Empfehlungen zur Berücksichtigung und Offenlegung von klimarelevanten Daten« (»Task Force on Climate-related Financial Disclosures«, TCFD) gegründet, um die Berichterstattung über klimabezogene Finanzinformationen zu verbessern und auszuweiten. Die TCFD hat am 15. Juni 2017 Empfehlungen zur Offenlegung für die Bereiche Governance, Strategie, Risikomanagement und Kennzahlen/Zielgrößen, allgemeine und branchenspezifische Leitlinien zur Umsetzung dieser Empfehlungen sowie Hinweise zur Verwendung von Szenarioanalysen bei der Offenlegung von klimabezogenen Risiken und Chancen veröffentlicht. Am 29. Oktober 2020 folgten Status-Berichte zur Umsetzung der Empfehlungen und Hinweise, im Zeitraum 29. Oktober 2020 bis 28. Januar 2021 eine Umfrage über den Nutzen verschiedener zukunftsorientierter klimabezogener Kennzahlen für Finanzunternehmen. **288**

Die »Natural Capital Coalition« hat am 13. Juli 2016 das in Zusammenarbeit mit diversen anderen Organisationen erarbeitete »Natural Capital Protocol« veröffentlicht, das einen standardisierten Rahmen für Organisationen vorgibt, um ihre direkten und indirekten Auswirkungen und Abhängigkeiten von Naturkapital[389] zu identifizieren, zu messen und zu bewerten. Der Nachtrag zu diesem Protokoll mit dem Titel »Connecting Finance and Natural Capital: A Supplement to the Natural Capital Protocol« vom 23. April 2018 bietet einen Rahmen für Finanzinstitute, um die Auswirkungen und Abhängigkeiten ihrer Investitionen und Portfolios von Naturkapital zu bewerten. **289**

In einem Schreiben an die G20 hat der FSB am 6. April 2021 berichtet, dass sich drei Arbeitsgruppen mit einer konsistenten und hochwertigen Offenlegung, den noch bestehenden Datenlücken sowie Regulierungs- und Aufsichtspraktiken befassen und die begonnene Arbeit von Standardsetzern und internationalen Organisationen zusammenführen. Der FSB hat am 7. Juli 2021 eine Roadmap zum Umgang mit Klimarisiken[390] und einen Bericht zur TCFD-Offenlegung[391] veröffentlicht. Zu diesem Zweck arbeiten der FSB und das »Network on Greening the Financial System« (NGFS)[392] enger zusammen. **290**

9.2 Auswirkungen auf die Europäische Union

Auch auf europäischer Ebene ist die Verantwortung der Unternehmen für eine nachhaltige Entwicklung der Gesellschaft (»Corporate Social Responsibility«, CSR) immer stärker ins Blickfeld **291**

---

388 So hat sich die »Climate Bonds Initiative«, eine internationale anlegerorientierte Non-Profit-Organisation, die den Anleihemarkt für Lösungen zum Klimawandel mobilisieren möchte, zum Ziel gesetzt, einen großen und liquiden Markt für »Green Bonds« und »Climate Bonds« zu entwickeln, um insbesondere die Kapitalkosten für Klimaprojekte in Industrie- und Schwellenländern zu senken und damit einen schnellen Übergang zu einer kohlenstoffarmen und klimaresistenten Wirtschaft zu ermöglichen. Im Einklang mit einem Ansatz von ISEAL (einer globalen Mitgliedsorganisation für »glaubwürdige Nachhaltigkeitsstandards«) zur Entwicklung von Normen und Leitlinien entwickelt die Technical Working Group der Climate Bonds Initiative einen »Climate Bonds Standard« mit Kriterien für die Zertifizierung bestimmter Assetklassen, bisher für Sonnen-, Wind-, erneuerbare Meeres- und geothermische Energie, Wasserversorgung, Wohn- und Geschäftsgebäude mit niedrigem CO_2-Ausstoß sowie CO_2-armen Schienen- und Straßen-Transport.

389 Als »Naturkapital« kann der gegenwärtige Bestand an Biodiversität und Ökosystemen bezeichnet werden. Vgl. Global Nature Fund, Wie Unternehmen ihr Naturkapital ökonomisch erfassen: Bestandsaufnahme und Handlungsempfehlungen, 15. April 2014, S. 12.

390 Financial Stability Board, FSB Roadmap for Adressing Climate-Related Financial Risks, 7. Juli 2021.

391 Financial Stability Board, Report on Promoting Climate-Related Disclosures, 7. Juli 2021.

392 Dem »Network on Greening the Financial System« (NGFS) gehören verschiedene Zentralbanken und Aufsichtsbehörden an. Die BaFin und die Deutsche Bundesbank sind daran beteiligt (→ Kapitel 9.4.2).

der Öffentlichkeit geraten, wobei es dabei neben der Beachtung der Anforderungen aus dem Umweltrecht auch um das Arbeitsrecht und die Corporate Governance geht. Ein Meilenstein in dieser Hinsicht ist die »Richtlinie zur nichtfinanziellen Berichterstattung« (»Non-Financial Reporting Directive«, NFRD) vom 22. Oktober 2014, die auch als »CSR-Richtlinie« bezeichnet wird.[393]

292   Die Europäische Union ist als Unterzeichnerin der Klimarahmenkonvention an die entsprechenden Beschlüsse gebunden. Sie hat im Dezember 2016 eine »Hochrangige Sachverständigengruppe« (»High Level Expert Group«, HLEG) mit der Ausarbeitung einer übergeordneten und umfassenden Strategie der EU für ein nachhaltiges Finanzwesen beauftragt. Die HLEG hat am 31. Januar 2018 in ihrem Abschlussbericht verschiedene Empfehlungen für ein nachhaltiges Finanzwesen gegeben und dabei insbesondere die Einführung eines Klassifikationssystems zur Bestimmung nachhaltiger Tätigkeiten gefordert. Auf dieser Basis hat die EU-Kommission am 8. März 2018 ihren »Aktionsplan zur Finanzierung nachhaltigen Wachstums« (»Action Plan on Financing Sustainable Growth«) veröffentlicht. Am 24. Mai 2018 folgte dann ein Maßnahmenpaket zur Implementierung des Aktionsplanes. Die Zielsetzungen der EU-Kommission bestehen in einer Neuausrichtung der Kapitalströme auf nachhaltige Investitionen, um ein nachhaltiges und integratives Wachstum zu erreichen, in der Bewältigung finanzieller Risiken, die sich aus Klimawandel, Ressourcenerschöpfung, Umweltzerstörung und sozialen Fragestellungen ergeben, sowie in der Förderung von Transparenz und Langfristigkeit in der Finanz- und Wirtschaftstätigkeit. Dem Finanzsektor wird dabei eine Schlüsselrolle zukommen.

293   Zur Unterstützung bei der Umsetzung des Maßnahmenpaketes hat die EU-Kommission im Juli 2018 eine hochkarätig besetzte »Technische Expertengruppe für nachhaltige Finanzierungen« (»Technical Expert Group on Sustainable Finance«, TEG) eingerichtet. Zunächst ging es um die Schaffung eines einheitlichen Klassifizierungssystems, was als ökologisch nachhaltige Wirtschaftstätigkeit angesehen werden kann, um die Investitionen in nachhaltige Aktivitäten zu lenken (»EU-Taxonomie«). Ein weiterer Schwerpunkt war die Erarbeitung von Offenlegungsanforderungen für Nachhaltigkeitsinformationen, d.h. in Bezug auf die Integration von Nachhaltigkeitsaspekten in Anlageentscheidungen und in die Risikomanagementprozesse. Außerdem sollte ein »EU Green Bond Standard« entwickelt werden, um nachhaltige Investitionen möglichst einfach zu gestalten. Schließlich ging es um die Entwicklung von »Klima-Benchmarks«, um Investoren bessere Informationen über den CO_2-Fußabdruck ihrer Investitionen zu bieten.

294   Am 19. Juni 2019 hat die TEG ihren Abschlussbericht mit Empfehlungen an die EU-Kommission zu den Grundsätzen für einen EU Green Bond Standard sowie einen Modellentwurf vorgelegt. Im März 2020 wurde von der TEG ein Nutzerleitfaden mit Empfehlungen für potenzielle Emittenten, Verifizierer und Investoren veröffentlicht. Auf diesen Empfehlungen basierend, hat die EU-Kommission im Juni 2020 eine Konsultation für einen EU Green Bond Standard gestartet. Dabei handelt es sich um einen freiwilligen EU-Standard, der für börsennotierte und nicht börsennotierte Anleihen gelten soll und auf bewährte Marktpraktiken (Green Bond Framework, Second Party Opinion, Reporting) setzt. Die refinanzierten Basiswerte müssen Taxonomie-konform sein. In Abhängigkeit von den Ergebnissen des Konsultationsverfahrens wird die EU-Kommission entscheiden, ob sie der Empfehlung der TEG für einen freiwilligen Standard folgt oder legislative Regeln einführt.

295   Am 11. Dezember 2019 hat sich die EU-Kommission unter dem Titel »The European Green Deal« näher zu ihren Planungen geäußert. Nach damaliger Schätzung waren zur Erreichung der Klima- und Energieziele bis 2030 jährlich zusätzliche Investitionen i.H.v. 260 Milliarden Euro erforderlich. Zu diesem Zweck wurde ein Investitionsplan für ein nachhaltiges Europa angekündigt, der u.a. den EU-Haushalt, den »Fonds InvestEU« und den »Fonds für einen gerechten Übergang« betrifft. Demzufolge sollen Kapitalströme umgelenkt werden, um den Übergang zu CO_2-armen

---

393 Richtlinie 2014/95/EU (CSR-Richtlinie) des Europäischen Parlaments und des Rates vom 22. Oktober 2014 zur Änderung der Richtlinie 2013/34/EU im Hinblick auf die Angabe nichtfinanzieller und die Diversität betreffender Informationen durch bestimmte große Unternehmen und Gruppen, Amtsblatt der Europäischen Union vom 15. November 2014, L 330/1–9.

und klimaverträglichen Tätigkeiten zu fördern. Gleichzeitig sollen jene Regionen bzw. Sektoren unterstützt werden, die von fossilen Brennstoffen oder CO_2-intensiven Prozessen abhängig sind und insofern den Übergang am stärksten zu spüren bekommen. Genannt werden auch die Kennzeichnung von Anlageprodukten für Kleinanleger und die Entwicklung einer EU-Norm für grüne Anleihen. Schließlich sollten Klima- und Umweltrisiken besser in den EU-Aufsichtsrahmen integriert und die Eignung der bestehenden Eigenkapitalanforderungen für grüne Vermögenswerte bewertet werden. Ferner sollte geprüft werden, wie das Finanzsystem dazu beitragen kann, die Widerstandsfähigkeit gegenüber Klima- und Umweltrisiken zu erhöhen, insbesondere im Hinblick auf physische Risiken und Schäden infolge von Naturkatastrophen. Derzeit arbeitet die EU-Kommission an einer neuen »Sustainable Finance Strategie«.

Die TEG hat im März 2020 ihren finalen Bericht mit Empfehlungen zur übergreifenden **296** Gestaltung der EU-Taxonomie und weiterer Ausführungen, wie Unternehmen und Finanzinstitute die Taxonomie nutzen und entsprechend offenlegen können, veröffentlicht. Dieser Bericht wurde durch einen umfangreichen Anhang mit technischen Bewertungskriterien zu den einzelnen Wirtschaftsaktivitäten mit Bezug auf die klimabezogenen Umweltziele als Empfehlung an die EU-Kommission ergänzt. Am 22. Juni 2020 wurde die »Verordnung für ein einheitliches EU-Klassifizierungssystem« (»Taxonomie-Verordnung«)[394] zur Bestimmung der Nachhaltigkeit einer wirtschaftlichen Tätigkeit anhand von sechs Umweltzielen unter Einhaltung sozialer Mindeststandards veröffentlicht. Vor Inkrafttreten der Verordnung müssen allerdings noch die Detailregeln ausgearbeitet werden.

Die weitere Entwicklung der EU-Taxonomie, insbesondere die Entwicklung der technischen **297** Bewertungskriterien der weiteren Umweltziele, hat die Ende 2020 gegründete »Plattform für nachhaltige Finanzierung« (»Platform on Sustainable Finance«) übernommen. Diese Plattform soll die EU-Kommission bei verschiedenen Themen im Zusammenhang mit der Weiterentwicklung der EU-Taxonomie beraten und bei der technischen Vorbereitung von delegierten Rechtsakten unterstützen, um die EU-Taxonomie umzusetzen. Dabei geht es um technische Screening-Kriterien für die EU-Taxonomie, die Abdeckung anderer Nachhaltigkeitsziele, einschließlich sozialer Ziele und Aktivitäten, die die Umwelt erheblich schädigen, die Überwachung und Berichterstattung über Kapitalflüsse in Richtung nachhaltiger Investitionen und eine nachhaltige Finanzpolitik im weiteren Sinne. Zu diesem Zweck wurden bereits sechs Untergruppen gebildet, die jeweils konkrete Fragestellungen behandeln. Die TEG ist weiterhin in beratender Funktion eingebunden.

Ergänzend hat die EU-Kommission im Juli 2017 unverbindliche Leitlinien zur nichtfinanziellen **298** Berichterstattung[395] erlassen und am 17. Juni 2019 um einen Anhang zur Berichterstattung klimabezogener Informationen ergänzt, mit dem die Empfehlungen der TCFD übernommen wurden.[396] Eine Aktualisierung der CSR-Richtlinie (NFRD) mit verschärften Anforderungen wurde 2021 eingeleitet. Die EU-Kommission hat vorsorglich die »Europäische Beratungsgruppe zur Rechnungslegung« (»European Financial Reporting Advisory Group«, EFRAG) mit einer Vorbereitung für den möglichen europäischen Standardsetzungsprozess auf dem Gebiet der nichtfinanziellen Berichterstattung beauftragt.

Die »Offenlegungs-Verordnung«[397] vom 27. November 2019 verpflichtet Kreditinstitute und **299** Wertpapierfirmen im Sinne der MiFID II, die Portfolioverwaltung anbieten, sowie Finanzberater,

---

394 Verordnung (EU) 2020/852 (Taxonomie-Verordnung) des Europäischen Parlaments und des Rates vom 18. Juni 2020 über die Einrichtung eines Rahmens zur Erleichterung nachhaltiger Investitionen und zur Änderung der Verordnung (EU) 2019/2088, Amtsblatt der Europäischen Union vom 22. Juni 2020, L 198/13–43.

395 Mitteilung der Europäischen Kommission, Leitlinien für die Berichterstattung über nichtfinanzielle Informationen, Amtsblatt der Europäischen Union vom 5. Juli 2017, C 215/1–20.

396 Mitteilung der Europäischen Kommission, Leitlinien für die Berichterstattung über nichtfinanzielle Informationen: Nachtrag zur klimabezogenen Berichterstattung, Amtsblatt der Europäischen Union vom 20. Juni 2019, C 209/1–30.

397 Verordnung (EU) 2019/2088 (Offenlegungs-Verordnung) des Europäischen Parlaments und des Rates vom 27. November 2019 über nachhaltigkeitsbezogene Offenlegungspflichten im Finanzdienstleistungssektor, Amtsblatt der Europäischen Union vom 9. Dezember 2019, L 317/1–16.

die Anlageberatungs- oder Versicherungsberatungstätigkeiten erbringen, in Abhängigkeit von der Mitarbeiterzahl zur Offenlegung von Informationen über die Berücksichtigung von ESG-Risikofaktoren in den Bereichen Umwelt, Soziales und Unternehmensführung (»Environmental, Social and Governance«, ESG) bei (sämtlichen) Investitionsentscheidungen oder Finanzprodukten, die den Fokus auf wirtschaftliche Aktivitäten mit einem positiven Beitrag zur Nachhaltigkeit legen.

300   Zudem wird weiterhin über eine Ausweitung des bestehenden »EU-Ecolabels« auf Finanzprodukte nachgedacht, wobei es laut dem dritten technischen Bericht (Anwendungsbereich/Kriterien) der »Gemeinsamen Forschungsstelle« (»Joint Research Centre«, JRC) der EU-Kommission im Oktober 2020 insbesondere um eine Taxonomie-Konformität geht.

301   Auch die Ratingagenturen prüfen bereits analytische Bewertungsansätze zur Berücksichtigung von ESG-Kriterien im Rahmen von Ratings und Marktanalysen.[398] Die ESMA hat am 18. Juli 2019 ihren endgültigen Bericht zu »Disclosure Requirements Applicable to Credit Ratings« veröffentlicht. In diesen Leitlinien für Kreditratingagenturen wird auch festgelegt, ob und wie »ESG-Faktoren«[399] als Teil einer bestimmten Kreditrating-Erstellung berücksichtigt werden sollen.

302   Da die nichtfinanziellen Informationen, die von den großen Unternehmen auf Basis der CSR-Richtlinie (NFRD) veröffentlicht werden, nach Einschätzung der EU-Kommission nicht den Bedürfnissen der Nutzer entsprechen, ist eine Überarbeitung dieser Richtlinie geplant. Damit soll sichergestellt werden, dass diese Informationen relevant, vergleichbar, verlässlich, leicht zugänglich und nutzbar sind. Der Vorschlag für eine neue »Richtlinie zur Nachhaltigkeitsberichterstattung« (»Corporate Sustainability Reporting Directive«, CSRD) wurde am 21. April 2021 zur Prüfung durch das Europäische Parlament und den Rat veröffentlicht.[400] Eine Besonderheit besteht darin, dass die geforderten Angaben in den Lagebericht verschoben werden sollen.

303   Die Deutsche Bundesbank hat sich zwischenzeitlich für eine verpflichtende Offenlegung von klimabezogenen Informationen mit Unterstützung der Zentralbanken ausgesprochen. So sollten auch die Zentralbanken Wertpapiere nur noch dann erwerben oder als Sicherheiten zulassen, wenn ihre Emittenten bestimmte klimabezogene Berichtspflichten erfüllen. Zudem sollten in den Bonitätsurteilen von Ratingagenturen klimabedingte finanzielle Risiken angemessen berücksichtigt sein, um sie weiterhin nutzen zu können. Ähnlich wie im Portfolio der Geschäftsbanken könnten auch die Zentralbanken die Laufzeiten und die Menge von Unternehmensanleihen aus bestimmten Sektoren oder von bestimmten Emittenten in ihrem geldpolitischen Portfolio begrenzen. In jedem Fall hält die Deutsche Bundesbank eine umfassende Offenlegung konsistenter, vergleichbarer und verlässlicher klimabezogener Informationen für erforderlich. Als Kernelement wird eine verpflichtende Offenlegung von Treibhausgasemissionen anhand eines gemeinsamen (idealerweise globalen) Standards gesehen. Außerdem sollten die Zentralbanken ihre quantitativen Informationen und analytischen Fähigkeiten nutzen, um die politischen Entscheidungsträger zu beraten und die Transformation der Wirtschaft aktiv zu gestalten.[401] Am 8. Juli 2021 hat die EZB einen Maßnahmenplan zur Berücksichtigung von Klimaschutzaspekten in ihrer geldpolitischen Strategie veröffentlicht.

304   Am 17. Mai 2021 hat die EZB einen Fachbeitrag zu den Auswirkungen des Klimawandels auf die Finanzstabilität innerhalb der EU veröffentlicht. Darin wurde deutlich, dass bestimmten Branchen

---

398   Vgl. Standard & Poor's Financial Services LLC, S&P Global Ratings' Proposal For Environmental, Social, And Governance (ESG) Evaluations, 24. September 2018.

399   Unter »ESG-Faktoren« können Umwelt-, Sozial- oder Governance-Angelegenheiten verstanden werden, die sich positiv oder negativ auf die finanzielle Leistung oder Solvenz eines Unternehmens, Staates oder einer Person auswirken können. Vgl. European Banking Authority, EBA Report on management and supervision of ESG risks for credit institutions and investment firms, EBA/REP/2021/18, 23. Juni 2021, S. 31.

400   Europäische Kommission, Vorschlag für eine Richtlinie des Europäischen Parlaments und des Rates zur Änderung der Richtlinien 2013/34/EU, 2004/109/EG und 2006/43/EG und der Verordnung (EU) Nr. 537/2014 hinsichtlich der Nachhaltigkeitsberichterstattung von Unternehmen vom 21. April 2021.

401   Vgl. Deutsche Bundesbank, Klimabezogene Risiken transparenter machen, Themenbeitrag auf der Internetseite der Deutschen Bundesbank, 7. Juni 2021; Weidmann, Jens, Klimarisiken, Finanzmärkte und Risikomanagement der Notenbanken, Rede anlässlich der Green Swan 2021 Global Virtual Conference, 2. Juni 2021.

ein verhältnismäßig großer Anteil an den direkten Emissionen (Energiewirtschaft) oder indirekten Emissionen (verarbeitendes Gewerbe) zugeordnet werden kann, womit hohe transitorische Risiken in den Portfolios einzelner Institute verbunden sind. Zudem sind ca. 80 Prozent der Kreditengagements an Unternehmen mindestens teilweise physischen Risiken ausgesetzt, u. a. auch durch mögliche Wertverluste der hinterlegten Sicherheiten (Immobilienbranche). Außerdem halten nur 25 Institute mehr als 70 Prozent der Kreditengagements gegenüber Unternehmen, die für den Klimawandel besonders anfällig sind, womit ein hohes Risiko für die Finanzstabilität verbunden ist. Insgesamt sind die Institute im Euroraum erheblichen klimabedingten finanziellen Risiken ausgesetzt, da sie einen beträchtlichen Anteil an energieintensiven Unternehmen in ihren Portfolios haben.[402] Am 1. Juli 2021 haben die EZB und der Europäische Ausschuss für Systemrisiken (ESRB) auf Basis der ihnen vorliegenden Daten zu diesem Thema einen umfassenden Bericht veröffentlicht. Die damit verbundenen Erkenntnisse bestätigen im Wesentlichen die Kernaussagen aus dem vorgezogenen Fachbeitrag der EZB. Demnach konzentriert sich die Anfälligkeit für physische Risiken auf bestimmte Regionen, u. a. aufgrund einer starken Anfälligkeit für Hitze, Dürre und Flächenbrände. Das Überschwemmungsrisiko durch Flüsse könnte bis zu 30 Prozent der Kredit-Exposures von Banken des Euroraumes betreffen. Zudem wurden neben den Risikokonzentrationen in bestimmten Branchen auch besondere Risiken gegenüber emissionsintensiven Unternehmen identifiziert, die 14 Prozent der aggregierten Bilanzsummen des Bankensektors im Euroraum ausmachen. Hohe Verluste sind bei einer Herabstufung der Kreditwürdigkeit infolge eines raschen Anstiegs des CO_2-Preises auf das in Paris festgelegte Niveau zu befürchten. Als problematisch werden auch die Investmentfonds angesehen, weil über 55 Prozent der Investitionen auf emissionsintensive Unternehmen abstellen und lediglich ca. 1 Prozent der gehaltenen Vermögenswerte taxonomiekonform sind. Die künftige Entwicklung hängt vor allem von einem effektiven und raschen Übergang zu einer kohlenstoffarmen Wirtschaft ab. Wenn der Übergang zu einer emissionsarmen Wirtschaft ungeordnet verläuft, weil die Gegenmaßnahmen nicht ausreichen oder nicht wirksam sind, könnte das weltweite Bruttoinlandsprodukt bis Ende des Jahrhunderts um bis zu 20 Prozent schrumpfen.[403]

9.3 Aktivitäten auf nationaler Ebene

Im April 2001 wurde der »Rat für Nachhaltige Entwicklung« (RNE) einberufen, der die Bundesregierung zu Nachhaltigkeitsthemen berät, an der Entwicklung der deutschen Nachhaltigkeitsstrategie beteiligt ist und das Thema Nachhaltigkeit zu einem wichtigen öffentlichen Anliegen machen soll. Am 13. Oktober 2011 wurde vom RNE der »Deutsche Nachhaltigkeitskodex« (DNK) als branchenübergreifender Standard für die Berichterstattung unternehmerischer Nachhaltigkeitsleistungen für Unternehmen und Organisationen jeder Größe und Rechtsform veröffentlicht. Er wurde bereits mehrfach überarbeitet, zuletzt im Juli 2017 aufgrund der gesetzlichen Anforderungen des CSR-Richtlinie-Umsetzungsgesetzes. Die Institute können den DNK auch zur Erstellung ihrer nichtfinanziellen Erklärung verwenden. **305**

Vom Bundesministerium für Arbeit und Soziales (BMAS) wurde 2009 das »Nationale CSR-Forum« gegründet, um die Bundesregierung zu Fragen der Unternehmensverantwortung und bei der Weiterentwicklung der nationalen CSR-Strategie zu beraten sowie entsprechende Empfehlungen zu unterbreiten. Ein Ergebnis dieser Tätigkeit ist der »Nationale Aktionsplan CSR« von 2010. Nachdem der Begriff der unternehmerischen Sorgfaltspflicht entlang der Liefer- und Wert- **306**

---

402 Vgl. European Central Bank, Climate-related risk and financial stability, Fachbeitrag auf der Internetseite der EZB, 17. Mai 2021.
403 Vgl. European Central Bank/European Systemic Risk Board, Climate-related risk and financial stability, 1. Juli 2021, S. 3 ff.

schöpfungsketten durch gravierende Unglücksfälle stärker in den Mittelpunkt der internationalen Diskussion gerückt ist, wurde vom Nationalen CSR-Forum am 25. Juni 2018 der »Berliner CSR-Konsens zur Unternehmensverantwortung in Liefer- und Wertschöpfungsketten« verabschiedet. Dieser Standard beschreibt insbesondere die Management- und Führungsprinzipien, die für ein verantwortliches Lieferkettenmanagement im Hinblick auf soziale, ökologische und menschenrechtliche Sorgfalt erforderlich sind. Anschließend wurde das »Lieferkettensorgfaltspflichtengesetz« (LkSG) beschlossen, an dessen Ausarbeitung neben dem BMAS auch das Bundesministerium für wirtschaftliche Zusammenarbeit und Entwicklung (BMZ) beteiligt war.[404]

307 Im Auftrag des Bundesministeriums für Umwelt, Naturschutz und nukleare Sicherheit (BMU) und mit Unterstützung des »Sustainability Accounting Standards Boards« (SASB) hat die SD-M GmbH in Frankfurt als Anbieter für nichtfinanzielle Nachhaltigkeits-Daten seit 2010 globale Standards für wesentliche Nachhaltigkeitsindikatoren (»Sustainable Development Key Performance Indicators«, SD-KPI) erstellt. Der »SD-KPI Standard 2016-2021« definiert jeweils drei wesentliche Nachhaltigkeitsindikatoren für die erwartete Geschäftsentwicklung von Unternehmen in 68 verschiedenen Industriezweigen.

308 Am 3. Dezember 2014 wurde das »Aktionsprogramm Klimaschutz 2020« beschlossen. Damit wollte die Bundesregierung sicherstellen, dass Deutschland seine Treibhausgasemissionen bis 2020 um 40 Prozent gegenüber 1990 reduziert. Als Folge der COVID-19-Pandemie hat Deutschland dieses Ziel – trotz zwischenzeitlicher Zweifel – mit 42,3 Prozent letztlich sogar übertroffen.

309 Im November 2016 hat die Bundesregierung den »Klimaschutzplan 2050« verabschiedet, womit Deutschland als eines der ersten Länder die im Pariser Abkommen geforderte Klimaschutzlangfriststrategie erstellt und bei der UN vorgelegt hat. Deutschlands Langfristziel besteht darin, bis zum Jahr 2050 weitgehend treibhausgasneutral zu werden. Mittelfristziel ist das Senken der Treibhausgasemissionen in Deutschland bis 2030 um mindestens 55 Prozent gegenüber dem Niveau von 1990. Die Bundesregierung konkretisiert im Klimaschutzplan außerdem das Klimaziel für 2030 in den einzelnen Sektoren, beschreibt die notwendigen Entwicklungspfade in den verschiedenen Sektoren, führt erste Maßnahmen zur Umsetzung auf und etabliert einen Prozess zum Monitoring und zur Weiterentwicklung der Politiken und Maßnahmen.

310 Mit dem CSR-Richtlinie-Umsetzungsgesetz[405] sind seit dem Geschäftsjahr 2017 große kapitalmarktorientierte Unternehmen sowie Kreditinstitute und Versicherungen mit mehr als 500 Mitarbeitern zur Abgabe einer so genannten »nichtfinanziellen Erklärung« im Rahmen der Lageberichterstattung verpflichtet worden. So müssen diese Unternehmen gemäß § 289 c HGB im Rahmen dieser nichtfinanziellen Erklärung zumindest auf folgende Aspekte eingehen:
- Umweltbelange, wobei sich die Angaben beispielsweise auf Treibhausgasemissionen, den Wasserverbrauch, die Luftverschmutzung, die Nutzung von erneuerbaren und nicht erneuerbaren Energien oder den Schutz der biologischen Vielfalt beziehen können,
- Arbeitnehmerbelange, wobei sich die Angaben beispielsweise auf die Maßnahmen, die zur Gewährleistung der Geschlechtergleichstellung ergriffen wurden, die Arbeitsbedingungen, die Umsetzung der grundlegenden Übereinkommen der Internationalen Arbeitsorganisation, die Achtung der Rechte der Arbeitnehmerinnen und Arbeitnehmer, informiert und konsultiert zu werden, den sozialen Dialog, die Achtung der Rechte der Gewerkschaften, den Gesundheitsschutz oder die Sicherheit am Arbeitsplatz beziehen können,
- Sozialbelange, wobei sich die Angaben beispielsweise auf den Dialog auf kommunaler oder regionaler Ebene oder auf die zur Sicherstellung des Schutzes und der Entwicklung lokaler Gemeinschaften ergriffenen Maßnahmen beziehen können,

---

404 Gesetz über die unternehmerischen Sorgfaltspflichten zur Vermeidung von Menschenrechtsverletzungen in Lieferketten (Lieferkettensorgfaltspflichtengesetz – LkSG) vom 16. Juli 2021 (BGBl. I S. 2959), veröffentlicht am 22. Juli 2021.

405 Gesetz zur Stärkung der nichtfinanziellen Berichterstattung der Unternehmen in ihren Lage- und Konzernlageberichten (CSR-Richtlinie-Umsetzungsgesetz) vom 11. April 2017 (BGBl. I S. 802), veröffentlicht am 18. April 2017.

– die Achtung der Menschenrechte, wobei sich die Angaben beispielsweise auf die Vermeidung von Menschenrechtsverletzungen beziehen können, und

– die Bekämpfung von Korruption und Bestechung, wobei sich die Angaben beispielsweise auf die bestehenden Instrumente zur Bekämpfung von Korruption und Bestechung beziehen können.

Am 19. Juni 2019 wurde der »Sustainable Finance Beirat« gegründet, um die Bundesregierung bei der Erarbeitung der »Sustainable Finance Strategie« für Deutschland zu beraten und konkrete Handlungsempfehlungen zu entwickeln. Diese Strategie wird in der laufenden Legislaturperiode vom Bundesministerium der Finanzen (BMF) gemeinsam mit dem Bundesministerium für Umwelt, Naturschutz und nukleare Sicherheit (BMU) in enger Abstimmung mit dem Bundesministerium für Wirtschaft und Energie (BMWi) entwickelt. Daneben stehen Überlegungen zum Thema »Grüne Anleihen« des Bundes zur Diskussion. Der Abschlussbericht des Beirates wurde mit 31 Handlungsempfehlungen am 25. Februar 2021 veröffentlicht. **311**

9.4 Betroffenheit der Kreditwirtschaft

9.4.1 Initiativen der Kreditwirtschaft

Seitens der Kreditwirtschaft ist aus globaler Sicht zunächst die »United Nations Environment Programme Finance Initiative« (UNEP FI) als Partnerschaft zwischen den Vereinten Nationen und dem globalen Finanzsektor zu nennen. Dabei handelt es sich um einen Zusammenschluss entsprechender Initiativen von Kreditinstituten und Versicherungsunternehmen. Die Initiative der Kreditwirtschaft wurde bereits 1991 gestartet und im Anschluss an den Erdgipfel von 1992 mit dem Ziel gegründet, eine »nachhaltige Finanzwirtschaft« (»Sustainable Finance«) zu fördern. Mittlerweile haben sich dieser Initiative mehr als 350 Finanzinstitute angeschlossen, um mit den Herausforderungen in den ESG-Bereichen angemessen umzugehen. **312**

Die »Äquator-Prinzipien« (»Equator Principles«) sind ein in der ersten Jahreshälfte 2003 ausgearbeitetes und im Juni 2006 überarbeitetes freiwilliges Regelwerk von Banken zur Einhaltung von Umwelt- und Sozialstandards im Bereich der Projektfinanzierungen in den Schwellenländern ab einem Volumen von zehn Millionen US-Dollar. Das Ziel besteht darin, nur Projekte zu finanzieren, bei denen die Kreditnehmer die in den Prinzipien niedergelegten Umwelt- und Sozialkriterien erfüllen. Die Prinzipien wurden in Zusammenarbeit mit der »Internationalen Finanzierungsgesellschaft« (»International Finance Corporation«, IFC) ausgearbeitet, deren Sozialstandards ebenso eingeflossen sind wie die Umweltstandards der Weltbank. **313**

Bereits seit 2006 beschäftigt sich die »Initiative für verantwortliches Investieren« (»Principles for Responsible Investment«, PRI) damit, wie sich ESG-Risikofaktoren in ökonomische Faktoren überführen lassen und somit u. a. für die Beurteilung der Kreditwürdigkeit von Unternehmen und Staaten im Asset Management verwenden lassen.[406] Diese Initiative gehört zwar nicht zu UNEP FI, ist aber ebenfalls eine Partnerschaft mit den Vereinten Nationen. Die sechs gleichnamigen Prinzipien der PRI zielen darauf ab, ESG-Aspekte in die Investmentanalyse und Entscheidungsfindung einzubeziehen sowie in die Eigentümerpolitik und -praxis zu integrieren, bei den Unter- **314**

---

406 Principles for Responsible Investment, Sovereign bonds: Spotlight on ESG risks, 9. September 2013; Principles for Responsible Investment, Corporate bonds: Spotlight on ESG risks, 12. Dezember 2013; Principles for Responsible Investment, Fixed Income Investor Guide – Putting Responsible Investment into Practice in Fixed Income, 30. September 2014; Principles for Responsible Investment, Shifting Perceptions: ESG, Credit Risk and Ratings – Part 1: The State of Play, 4. Juli 2017; Principles for Responsible Investment, Shifting Perceptions: ESG, Credit Risk and Ratings – Part 2: Exploring the Disconnects, 13. Juni 2018.

nehmen, in die investiert wird, auf eine angemessene Offenlegung von ESG-Aspekten zu achten, die Akzeptanz, Effektivität und Umsetzung der Grundsätze – auch durch aktive Zusammenarbeit – in der Investmentindustrie voranzutreiben sowie über die entsprechenden Aktivitäten und Fortschritte bei der Umsetzung der Grundsätze zu berichten.

315   Von der UNEP FI wurden zunächst 2012 vier »Prinzipien für nachhaltiges Versichern« (»Principles for Sustainable Insurance«, PSI) veröffentlicht. Dabei geht es darum, die für das Versicherungsgeschäft relevanten ESG-Aspekte in die Entscheidungsfindung einzubeziehen, in der Zusammenarbeit mit Kunden und Geschäftspartnern das Bewusstsein für ESG-Aspekte zu schärfen, Risiken zu managen und Lösungen zu entwickeln, in der Zusammenarbeit mit Regierungen, Aufsichtsbehörden und anderen wichtigen Stakeholdern ein breites gesellschaftliches Engagement für ESG-Aspekte zu fördern sowie die Fortschritte bei der Umsetzung der Prinzipien regelmäßig transparent zu machen. Insofern besteht eine große Übereinstimmung mit den Zielen der PRI.

316   Von der UNEP FI stammen auch die 2017 veröffentlichten »Rahmenvorgaben zur Finanzierung der nachhaltigen Entwicklungsziele« (»Principles for Positive Impact Finance«). Grundsätzlich sollen die Prinzipien dabei unterstützen, die Auswirkungen der Geschäftätigkeit zu verstehen, um die negativen Folgen eindämmen zu können und sich auf jene Aktivitäten zu konzentrieren, die einen positiven Beitrag zu einer oder mehreren der drei Säulen der nachhaltigen Entwicklung (Wirtschaft, Umwelt und Soziales) leisten. Auf diese Weise sollen wirkungsbasierte Geschäftsmodelle gefördert werden.

317   Die Aktivitäten der UNEP FI zur Umsetzung der Empfehlungen der TCFD wurden in verschiedene Phasen eingeteilt. In Phase I (2017 bis 2018) wurde mit 16 der weltweit führenden Banken ein Pilotprojekt durchgeführt, um Modelle und Metriken zur Bewertung der transitorischen und physischen Gegebenheiten zu erproben und weiterzuentwickeln, die eine szenariobasierte, vorausschauende Bewertung und Offenlegung von klimabezogenen Risiken und Chancen ermöglichen. In Phase II (2019 bis 2020) haben 39 Banken ihr Instrumentarium zum Umgang mit physischen und transitorischen Risiken und Chancen erweitert und ihre Offenlegungspraktiken verbessert. Dabei wurden Tools, Rahmenwerke und Denkpapiere entwickelt und gute Praktiken für die Offenlegung im gesamten Finanzsektor etabliert. In Phase III seit Januar 2021 werden Klimastresstests, die Integration von physischen und transitorischen Risikobewertungen sowie sektorspezifische Risiken und Chancen umfassender untersucht.

318   Von der UNEP FI sind auch die sechs »Grundsätze für verantwortungsvolles Banking« (»Principles for Responsible Banking«, PRB) vom 22. September 2019 zu nennen, mit denen die unterzeichnenden Institute zur Entwicklung einer nachhaltigen Wirtschaft beitragen möchten. So sollen die Geschäftsstrategien so ausgerichtet werden, dass sie mit den Bedürfnissen des Einzelnen und den Zielen der Gesellschaft, wie sie in den Sustainable Development Goals, dem Pariser Abkommen und den relevanten nationalen und regionalen Rahmenbedingungen zum Ausdruck kommen, übereinstimmen und zu ihnen beitragen. Entsprechend sollen die Auswirkungen auf Mensch und Umwelt, die sich aus den Aktivitäten, Produkten und Dienstleistungen der Institute ergeben, in eine positive Richtung gelenkt werden, verbunden mit einer angemessenen Risikosteuerung und Offenlegung. Im Hinblick auf den Umgang mit Kunden und Auftraggebern geht es um eine verantwortungsvolle Zusammenarbeit, um nachhaltige Praktiken zu fördern und wirtschaftliche Aktivitäten zu ermöglichen, die gemeinsamen Wohlstand für heutige und zukünftige Generationen schaffen. Außerdem sollen sich die Institute proaktiv und verantwortungsbewusst mit den relevanten Stakeholdern beraten, engagieren und mit ihnen zusammenarbeiten, um die Ziele der Gesellschaft zu erreichen. Das Bekenntnis zu diesen Grundsätzen soll durch eine effektive Unternehmensführung und eine Kultur des verantwortungsvollen Bankgeschäftes umgesetzt werden. Schließlich sollen die individuelle und kollektive Umsetzung dieser Grundsätze regelmäßig überprüft und die damit verbundenen Auswirkungen transparent gemacht werden.

Die Initiative »Energy efficient Mortgages Action Plan« (EeMAP) unter der Leitung des Europäi- **319** schen Hypothekenverbandes konzentriert sich auf die Gestaltung und Bereitstellung einer energieeffizienten Hypothek, die Anreize schaffen und privates Kapital in Energieeffizienzinvestitionen lenken soll. Die EeMAP-Initiative zielt darauf ab, eine standardisierte energieeffiziente Hypothek zu schaffen, durch die Gebäudeeigentümer einen Anreiz erhalten, die Energieeffizienz ihrer Gebäude zu verbessern oder eine bereits energieeffiziente Immobilie zu erwerben, und zwar durch bevorzugte Finanzierungsbedingungen, die an die Hypothek gekoppelt sind. Diese Initiative hat auch zum Ziel, relevante Energieeffizienzdaten von den Teilnehmern zu sammeln.[407]

9.4.2 Initiativen der Aufsichtsbehörden

Am 12. Dezember 2017 haben zunächst acht Zentralbanken und Aufsichtsbehörden auf dem **320** Pariser »One Planet Summit« mit dem »Network on Greening the Financial System« (NGFS) ein Netzwerk von Zentralbanken und Aufsichtsbehörden gegründet, um die Rolle des Finanzsystems bei der Bewältigung von Risiken und bei der Mobilisierung von Kapital für grüne und CO_2-arme Investitionen im Kontext einer ökologisch nachhaltigen Entwicklung zu stärken. Die BaFin und die Deutsche Bundesbank sind Gründungsmitglieder dieses »Netzwerkes der Willigen«. Am 17. April 2019 wurde vom NGFS ein erster umfassender Bericht »A call for action« mit sechs Handlungsempfehlungen zur Gestaltung der Rolle des Finanzsektors bei der Erreichung der Ziele des Pariser Abkommens veröffentlicht.[408] Diese Empfehlungen richten sich vornehmlich an Zentralbanken, Aufsichtsbehörden und Gesetzgeber. Weitere Publikationen im Jahr 2020 beschäftigen sich u. a. mit Klimaszenarien und deren Anwendung durch Aufsichtsbehörden, der Integration von Klima- und Umweltrisiken in die Beaufsichtigung, den Praktiken der Institute in Bezug auf die Unterscheidung zwischen grünen, nicht-grünen und braunen Finanzanlagen und ein potenzielles Risiko-Gefälle sowie der Umweltrisikoanalyse von Instituten. Anfang 2021 bestand das NGFS bereits aus 87 Mitgliedern und 13 Beobachtern.

Im Zusammenhang mit der Überarbeitung der CRD und der CRR hat die EBA im Juni 2019 **321** diverse Aufträge erhalten. Laut ihrem »Aktionsplan zur nachhaltigen Finanzierung« (»Action Plan on Sustainable Finance«) vom 6. Dezember 2019 will die EBA bei der Umsetzung ihrer Mandate schrittweise vorgehen. Der aktuelle Stand lässt sich in etwa wie folgt zusammenfassen:
a) Strategie und Risikomanagement (Säule 2): Die EBA hat am 29. Mai 2020 »Leitlinien für die Kreditvergabe und Überwachung« veröffentlicht, die auch auf ESG-Aspekte Bezug nehmen, und am 30. Oktober 2020 ein »Diskussionspapier zum Management und zur Überwachung von ESG-Risiken« zur Konsultation gestellt. Dabei geht es laut Art. 98 Abs. 8 CRD V auch um die Einbeziehung von ESG-Risiken in den SREP. Den zugehörigen Abschlussbericht hat die EBA am 23. Juni 2021 bei der EU-Kommission vorgelegt. Er bildet die Grundlage für die ggf. noch zu erlassenden oder zu überarbeitenden Leitlinien. In diesem Zusammenhang wird die EBA auch eine einheitliche Begriffsbestimmung für ESG-Risiken (»Risikotaxonomie«) entwickeln, wobei diese Ausarbeitung nach aktuellem Stand nur aufsichtsintern verwendet werden soll.
b) Schlüsselkennzahlen und Offenlegung (Säule 3): Ab dem 28. Juni 2022 müssen große kapitalmarktorientierte Institute Informationen zu ESG-Risiken offenlegen, im ersten Jahr jährlich und danach halbjährlich. Die EBA hat dazu am 1. März 2021 ein Konsultationspapier veröffentlicht. Die Anforderungen an die Offenlegung nach Art. 449a CRR II sollen sich auf die Rückmeldungen zu diesem Konsultationspapier, die Ergänzung der unverbindlichen Leitlinien

407 Vgl. European Banking Authority, EBA Action Plan on Sustainable Finance, 6. Dezember 2019, S. 21.
408 Network for Greening the Financial System, A call for action: Climate change as a source of financial risk, First comprehensive report, 17. April 2019.

der EU-Kommission zur Klimaberichterstattung, die EU-Taxonomie und die Empfehlungen der TCFD stützen.

c) Stresstests und Szenarioanalysen (Säule 2): Die EBA hat im Jahr 2020 zunächst Sensitivitäts-analysen für Klimarisiken mit 29 freiwilligen Instituten durchgeführt. Die Ergebnisse dieser Analyse sind im Mai 2021 veröffentlicht worden (→ AT 4.3.3 Tz. 1).[409]

d) Aufsichtsrechtliche Behandlung (Säule 1): Die EBA wird aufbauend auf den bis dahin gewon-nenen Erkenntnissen zunächst in den Jahren 2022 bis 2024 ein Diskussionspapier zu Art. 501c CRR II zur Konsultation stellen. Bis zum 28. Juni 2025 soll sie einen Bericht zur speziellen aufsichtsrechtlichen Behandlung von Risikopositionen im Zusammenhang mit Vermögens-werten oder Tätigkeiten vorlegen, die im Wesentlichen mit ökologischen und/oder sozialen Zielen verbunden sind (»Green Supporting Factor« bzw. »Brown Penalizing Factor«). Mit ersten Erkenntnissen dazu ist offenbar bereits bis Ende 2021 zu rechnen.

322 Die deutsche Aufsicht beschäftigt sich bereits seit 2017 mit dem Thema Nachhaltigkeit, zunächst über die Mitarbeit in internationalen Gremien, später auch im Hinblick auf die Einbeziehung von Nachhaltigkeitsaspekten in ihren risikobasierten Aufsichtsansatz. Die Berücksichtigung von Nach-haltigkeitsaspekten beim Management einzelner Risikoarten erfolgte damals bereits, z. B. bei der Untersuchung möglicher Auswirkungen von »gestrandeten Vermögenswerten« (»Stranded As-sets«), d. h. Vermögenswerten, die aufgrund besonderer Umstände stark an Wert verlieren, abge-schrieben oder sogar in Verbindlichkeiten umgewandelt werden müssen, und »Risk Shifts« (Änderungen der Risikogewichte) sowie beim Management der Reputationsrisiken. Angedacht war von der deutschen Aufsicht zwischenzeitlich auch, eine Checkliste zu erarbeiten, die in den turnusmäßigen Aufsichtsgesprächen mit den Instituten besprochen werden sollte. Die grund-legende Entscheidung, ein säulenübergreifendes Merkblatt zu veröffentlichen, hat die BaFin schließlich auf ihrer Strategieklausur im Februar 2019 getroffen. Die Kreditwirtschaft wurde darüber am 9. Mai 2019 im Rahmen der BaFin-Konferenz »Sustainable Finance« informiert. Das »Merkblatt zum Umgang mit Nachhaltigkeitsrisiken« hat die BaFin am 20. Dezember 2019 ver-öffentlicht. Von den Instituten kann es als Ergänzung der MaRisk verstanden werden. Als Kompendium von »Good Practices« gedacht, werden die Institute aufgefordert, ihre strategische Ausrichtung, ihre Aufbau- und Ablauforganisation, das Risikomanagementsystem und ihre Kom-munikation nach innen und außen im Hinblick auf Nachhaltigkeitsaspekte zu überprüfen. Im Frühjahr 2021 hat die BaFin zu diesem Thema eine Umfrage durchgeführt, an der ca. 100 weniger bedeutende Institute beteiligt waren. Mit den Ergebnissen ist im dritten Quartal 2021 zu rechnen.

323 Der Baseler Ausschuss für Bankenaufsicht (BCBS) hat eine hochrangige Expertenkommission (»Task Force on Climate-related Financial Risks«, TFCR) eingerichtet. Die TFCR soll den BCBS bei der Verbesserung der globalen Finanzstabilität zunächst mit folgenden Initiativen zu klimabe-dingten Finanzrisiken unterstützen: Bestandsaufnahme der regulatorischen und aufsichtlichen Initiativen der Mitglieder, Erstellung von analytischen Berichten über klimabedingte Finanzrisi-ken, einschließlich einer Literaturübersicht und Berichten über die Übertragungskanäle solcher Risiken auf das Bankensystem sowie über Messmethoden, sowie Entwicklung von effektiven Aufsichtspraktiken, um klimabedingte Finanzrisiken zu mindern. Die Bestandsaufnahme, an der sich insgesamt 27 Mitglieder und Beobachter beteiligt haben, einschließlich der Europäischen Zentralbank (EZB) und der Europäischen Bankenaufsichtsbehörde (EBA), wurde bis Anfang 2020 durchgeführt. Zusammengefasst hält es die Mehrheit der Mitglieder des BCBS für angemessen, klimabezogene Finanzrisiken innerhalb ihres bestehenden regulatorischen und aufsichtsrecht-lichen Rahmens zu berücksichtigen. Die meisten Mitglieder haben bereits Untersuchungen zu deren Messung durchgeführt, wobei operative Herausforderungen festgestellt wurden, wie z. B.

---

409 European Banking Authority, Mapping climate risk: Main findings from the EU-wide pilot exercise, EBA/Rep/2021/11, 21. Mai 2021.

eine fehlende Datenverfügbarkeit, methodische Herausforderungen und Schwierigkeiten bei der Abbildung von Übertragungskanälen. Einige Mitglieder haben das Risikobewusstsein bei den Instituten durch prinzipienorientierte Richtlinien bereits geschärft. Viele Institute legen in gewissem Umfang Informationen zu klimabedingten Finanzrisiken offen.[410]

Derzeit beschäftigt sich der BCBS mit der Frage, ob in der aktuellen Baseler Rahmenvereinbarung die klimabedingten finanziellen Risiken ausreichend berücksichtigt werden bzw. welche Maßnahmen ggf. zur Schließung eventueller Lücken erforderlich wären. Der BCBS untersucht vor diesem Hintergrund auf Basis der bisherigen Forschungstätigkeiten ausführlich die (akuten und chronischen) physischen sowie transitorischen Risikotreiber, die Übertragungskanäle, die Quellen der Variabilität und die Auswirkungen auf die finanziellen Risiken.[411] Darüber hinaus widmet sich der BCBS den derzeit vorhandenen methodischen Konzepten, u. a. den grundlegenden Konzepten, die sowohl bei der Abbildung von Exposures als auch bei der Messung klimabezogener finanzieller Risiken eine Rolle spielen, den damit verbundenen besonderen Datenanforderungen, der Rolle und den Eigenschaften von Klimarisikoklassifizierungen als ersten Input für die Abbildung klimabezogener Risikoexposures, den verschiedenen Ansätze zur Schätzung klimabezogener finanzieller Risiken und konzeptionellen Überlegungen für Szenarioanalysen und Stresstests.[412] Auf dieser Basis werden dann Methoden zur Abbildung und Messung von klimabezogenen finanziellen Risiken vorgestellt, die von den Instituten oder den Aufsichtsbehörden verwendet oder entwickelt werden. Anschließend werden die Methoden zur Quantifizierung von klimabezogenen finanziellen Risiken, Szenario- und Sensitivitätsanalysen näher erläutert.[413] Der BCBS kommt zu dem Schluss, dass die Robustheit der Methoden zur Messung klimabezogener finanzieller Risiken noch erheblich verbessert werden kann, und legt für zukünftige analytische Untersuchungen und Entwicklungen ein besonderes Augenmerk auf drei Schlüsselelemente: Herausforderungen im konzeptionellen Bereich, Datenverfügbarkeit und Komplexität der Modellierung.[414]

Die EZB hat ihren »Leitfaden zu Klima- und Umweltrisiken« gemeinsam mit den nationalen zuständigen Behörden (»National Competent Authorities«, NCA) erarbeitet und am 27. November 2020 veröffentlicht, also fast ein Jahr später als die BaFin. Darin erläutert die EZB ihre Erwartungen, wie Institute Klima- und Umweltrisiken in der Geschäftsstrategie, Organisationsstruktur und den Prozessen, vor allem den Kreditgewährungsprozessen, sowie in der internen Berichterstattung und Offenlegung berücksichtigen sollen. Zudem stellt sie dar, wie diese Risiken im Risikomanagement als Bestimmungsfaktoren innerhalb der etablierten Risikokategorien von den Kreditinstituten überwacht und gesteuert werden sollen. In den EZB-Leitfaden sind konkrete Beispiele aus der Institutspraxis eingeflossen. Von den bedeutenden Instituten wird erwartet, dass sie diesen Leitfaden beachten. Zur einheitlichen Anwendung hoher Aufsichtsstandards im Euroraum wird den NCAs empfohlen, die formulierten Erwartungen unter Proportionalitätsgesichtspunkten auch bei der Beaufsichtigung der weniger bedeutenden Institute anzuwenden. Die weniger bedeutenden Institute sollten daneben auch die Orientierungshilfen und anderen einschlägigen Veröffentlichungen ihrer NCA berücksichtigen.[415] Die EBA hat explizit darauf hingewiesen, dass kleinere Institute gegen ESG-Risiken nicht immun sind

324

325

---

410 Vgl. Basel Committee on Banking Supervision, Climate-related financial risks: a survey on current initiatives, BCBS 502, 30. April 2020, S. 1 f.

411 Vgl. Basel Committee on Banking Supervision, Climate-related risk drivers and their transmission channels, BCBS 517, 14. April 2021, S. 5 ff.

412 Vgl. Basel Committee on Banking Supervision, Climate-related financial risks – measurement methodologies, BCBS 518, 14. April 2021, S. 6 ff.

413 Vgl. Basel Committee on Banking Supervision, Climate-related financial risks – measurement methodologies, BCBS 518, 14. April 2021, S. 22 ff.

414 Vgl. Basel Committee on Banking Supervision, Climate-related financial risks – measurement methodologies, BCBS 518, 14. April 2021, S. 35 ff.

415 Die EZB verweist u. a. auf Bundesanstalt für Finanzdienstleistungsaufsicht, Merkblatt zum Umgang mit Nachhaltigkeitsrisiken, 20. Dezember 2019; De Nederlandsche Bank, Integration of climate-related risk considerations into banks' risk management, Good Practice, 1. April 2020; Österreichische Finanzmarktaufsicht (FMA), FMA-Leitfaden zum Umgang mit Nachhaltigkeitsrisiken, 2. Juli 2020. Vgl. Europäische Zentralbank, Leitfaden zu Klima- und Umweltrisiken – Erwartungen der Aufsicht in Bezug auf Risikomanagement und Offenlegungen, 27. November 2020, S. 6 f.

und sogar noch anfälliger dafür sein könnten, wenn sie sich beispielsweise besonders auf anfällige Sektoren oder Regionen konzentrieren, was bei der Integration von ESG-Überlegungen in den SREP, insbesondere im Rahmen der Intensität der Bewertung, berücksichtigt wird.[416]

326   Mitte Januar 2021 sind die bedeutenden Institute von ihrem gemeinsamen Aufsichtsteam (»Joint Supervisory Team«, JST) jeweils schriftlich aufgefordert worden, unter Einbindung ihrer Geschäftsleitung und ggf. ihres Aufsichtsorgans die Abweichungen ihrer internen Verfahren von den im Leitfaden formulierten Erwartungen mit Hilfe einer Selbsteinschätzung zu ermitteln und die EZB ergänzend über ihre Maßnahmen- und Zeitpläne zur Verbesserung der Steuerung von Klima- und Umweltrisiken mit überprüfbaren Meilensteinen zu informieren. Eine Auswertung dieser Rückmeldungen wurde nach der Bewertung durch die EZB für den aufsichtlichen Dialog im Jahr 2021 angekündigt. Die Ergebnisse dieser Bewertung sollten zwar noch nicht durchgängig in die quantitativen SREP-Anforderungen einfließen, könnten aber auf Einzelfallbasis qualitative Aufsichtsmaßnahmen sowie quantitative Maßnahmen zur Folge haben. Im dritten Quartal 2021 soll eine Gap-Analyse zu den offengelegten Klima- und Umweltrisiken durchgeführt werden. Eine vollständige aufsichtliche Beurteilung aller Managementverfahren für Klima- und Umweltrisiken ist in der ersten Jahreshälfte 2022 geplant, ebenso ein aufsichtlicher Stresstest zu den Klimarisiken. Weitere Informationen über den Ablauf dieser Prüfungen und die Implikationen für die SREP-Beschlüsse im Jahr 2022 sollten im Laufe des Jahres 2021 noch folgen.

9.4.3   Auswirkungen auf das Risikomanagement

327   Mit der zunehmenden Bedeutung der »Nachhaltigkeitsrisiken« bzw. »ESG-Risiken« (→ BTR Tz. 1) ist die Beantwortung der Frage dringlicher geworden, auf welche Weise diese Risiken sinnvoll im Investmentgeschäft und im Risikomanagement der Institute berücksichtigt werden können.

328   Im Februar 2018 haben das »Committee of Sponsoring Organizations of the Treadway Commission« (COSO) und der »World Business Council for Sustainable Development« (WBCSD) einen gemeinsamen Leitlinienentwurf für die Berücksichtigung von ESG-Risiken im »Enterprise Risk Management« (ERM) zur Konsultation gestellt, der auf dem Standard COSO ERM 2017[417] aufbaut. Dieser Leitlinienentwurf stellt auf sieben Module eines Würfels (Etablierung der Governance für ein effektives Risikomanagement, Verstehen des Zusammenhangs zum Geschäft und zur Strategie, Identifizierung der ESG-Risiken, Beurteilung und Priorisierung der ESG-Risiken, Reaktion auf ESG-Risiken, Überwachung und Steuerung der ESG-Risiken, Kommunikation und Berichterstattung der ESG-Risiken) bzw. fünf Prozessschritte (Unternehmensführung und Kultur, Strategie und Zielsetzung, Performance, Überwachung und Revision, Information, Kommunikation und Berichterstattung) ab, denen insgesamt zwanzig Prinzipien zugeordnet sind, unterlegt mit einer Checkliste von praktischen Umsetzungsschritten sowie zugehörigen Praxisbeispielen. Aus Sicht der Wissenschaft können diese Leitlinien als sinnvolle Konkretisierung und erste Anwendungshilfe für den übergeordneten Standard COSO ERM 2017 verstanden werden.[418]

329   Als problematisch für die Integration in das interne Risikomanagement der Institute hat sich allerdings schnell erwiesen, dass mit dieser Risikoart ein anderes Wesentlichkeitsverständnis verbunden ist, als hinsichtlich der klassischen Risikoarten. Zudem kann der Betrachtungszeitraum für ESG-Risiken die übliche mittelfristige Perspektive im Risikomanagement, die auch für den bankinternen Prozess zur Sicherstellung einer angemessenen Kapitalausstattung (Internal Capital

---

416 Vgl. European Banking Authority, EBA Report on management and supervision of ESG risks for credit institutions and investment firms, EBA/REP/2021/18, 23. Juni 2021, S. 133.

417 Committee of Sponsoring Organizations of the Treadway Commission, Enterprise Risk Management – Integrating with Strategy and Performance, 11. Juni 2017.

418 Vgl. Wieben, Hans-Jürgen, Integration von ESG-Risiken in das Risikomanagement von Unternehmen, in: Die Wirtschaftsprüfung, Heft 12/2018, S. 788–792.

Adequacy Assessment Process, ICAAP) relevant ist, deutlich übersteigen.[419] Diese Probleme werden auch in den bisherigen Ausarbeitungen der Aufsichtsbehörden erwähnt.

Es ist damit zu rechnen, dass der Umgang mit Nachhaltigkeitsrisiken durch punktuelle Ergän- **330** zungen Gegenstand der siebten MaRisk-Novelle sein wird. Auch unabhängig davon handelt es sich um ein Thema, das für nahezu alle Bereiche der MaRisk von Bedeutung ist. Vor diesem Hintergrund sind im vorliegenden Kommentar wesentliche Eckpunkte des Merkblatts der BaFin zum Umgang mit Nachhaltigkeitsrisiken, des Berichtes der EBA zum Management und zur Über- wachung von ESG-Risiken sowie des Leitfadens der EZB zu Klima- und Umweltrisiken berück- sichtigt worden. Zudem spielen Nachhaltigkeitsrisiken zukünftig auch im SREP eine immer stärkere Rolle, wie aus verschiedenen Ausarbeitungen der Aufsichts- und Regulierungsbehörden abgeleitet werden kann.

---

419 Vgl. Beckmann, Kai M./Selbeck, Frank, Entwurf eines Standards zur Integration von ESG-Risiken in Risikomanagement- systeme, Im Fokus – Integriertes Risk Management, Mazars, August 2018.

10 Ausblick

331 Obwohl es sich bei den MaRisk um ein relativ junges Regelwerk handelt, waren in den letzten sechzehn Jahren schon sechs umfangreiche Novellierungen erforderlich. Bisher war dafür in erster Linie der enorme Regulierungsdruck verantwortlich, der vor dem Hintergrund der Finanzmarktkrise auf den (politischen) Entscheidungsträgern lastete. Die mit den »großen« Regulierungsvorhaben Basel III auf der internationalen und CRD IV-Paket auf der europäischen Ebene verbundenen Vorgaben zur zweiten Säule sind jedoch mittlerweile weitgehend umgesetzt. Das CRD IV-Paket setzt sich aus der Bankenverordnung (Capital Requirements Regulation, CRR) und der Bankenrichtlinie (Capital Requirements Directive, CRD IV) zusammen, die im Zuge des »Bankenpaketes« aus dem Jahr 2019 jeweils überarbeitet wurden. Die geänderte Capital Requirements Regulation (CRR II)[420] ist als europäische Verordnung für die Institute unmittelbar anzuwenden. Die Capital Requirements Directive (CRD V)[421] ist eine Änderungsrichtlinie, so dass die angepasste CRD IV weiterhin Bestand hat. Die CRD V wurde im Wesentlichen durch das Risikoreduzierungsgesetz[422] aus dem Jahr 2020 in nationales Recht übertragen.

332 Die Zeit umfassender Regulierungspakete ist aber keineswegs vorbei. Der Baseler Ausschuss für Bankenaufsicht hat im Dezember 2017 nach einer mehrjährigen Konsultationsphase ein überarbeitetes Rahmenwerk zur »Finalisierung von Basel III« veröffentlicht, das am Markt aufgrund der weitreichenden Änderungen vielfach als »Basel IV« bezeichnet wird.[423] Erst mit der endgültigen Fertigstellung von Basel III bzw. Basel IV wird die grundlegende Reform der globalen Bankenregulierung nach der Finanzmarktkrise vollendet sein.[424] Das Reformpaket beinhaltet insbesondere eine Überarbeitung der Standardansätze für Kredit-, CVA- und operationelle Risiken. Die neuen risikosensitiven Standardverfahren sollen die von den Instituten verwendeten internen Modelle zum Teil ablösen. Zudem werden im Bereich des Kreditrisikos interne Modelle insoweit eingeschränkt, dass für bestimmte Forderungsklassen zukünftig nur noch der Basis-IRBA zulässig ist. Zusätzlich ergeben sich inhaltliche Anpassungen beim IRBA, insbesondere hinsichtlich neuer Untergrenzen für die Parameter PD, LDG und CCF/EAD. Ferner wird ein sukzessive ansteigender Output-Floor eingeführt, der ab 2022 bei 50 Prozent und schließlich 2027 bei 72,5 Prozent liegt. Für global systemrelevante Institute wird ein Kapitalzuschlag (»Add-on«) von der Hälfte des im Rahmen der regulatorischen Mindestquote einzuhaltenden G-SIB-Kapitalpuffers eingeführt. Die genannten Regulierungsvorhaben betreffen nicht vorrangig Themen der zweiten Säule im Sinne der Drei-Säulen-Architektur von Basel II. Inwieweit sich aus der Umsetzung der Finalisierung von Basel III bzw. Basel IV in das europäische Regelwerk (»CRR III/CRD VI-Paket«) ein erneuter Anpassungsbedarf für die MaRisk ergibt, bleibt abzuwarten.

---

420 Verordnung (EU) 2019/876 (Bankenverordnung – CRR II) des Europäischen Parlaments und des Rates vom 20. Mai 2019 zur Änderung der Verordnung (EU) Nr. 575/2013 in Bezug auf die Verschuldungsquote, die strukturelle Liquiditätsquote, Anforderungen an Eigenmittel und berücksichtigungsfähige Verbindlichkeiten, das Gegenparteiausfallrisiko, das Marktrisiko, Risikopositionen gegenüber zentralen Gegenparteien, Risikopositionen gegenüber Organismen für gemeinsame Anlagen, Großkredite, Melde- und Offenlegungspflichten und der Verordnung (EU) Nr. 648/2012, Amtsblatt der Europäischen Union vom 7. Juni 2019, L 150/1–225.

421 Richtlinie (EU) 2019/878 des Europäischen Parlaments und des Rates vom 20. Mai 2019 zur Änderung der Richtlinie 2013/36/EU im Hinblick auf die Anwendung ausgenommene Unternehmen, Finanzholdinggesellschaften, gemischte Finanzholdinggesellschaften, Vergütung, Aufsichtsmaßnahmen und -befugnisse und Kapitalerhaltungsmaßnahmen, Amtsblatt der Europäischen Union vom 7. Juni 2019, L 150/253–295.

422 Gesetz zur Umsetzung der Richtlinien (EU) 2019/878 und (EU) 2019/879 zur Reduzierung von Risiken und zur Stärkung der Proportionalität im Bankensektor (Risikoreduzierungsgesetz – RiG) vom 9. Dezember 2020 (BGBl. I S. 2773), veröffentlicht am 14. Dezember 2020.

423 Vgl. Basel Committee on Banking Supervision, Basel III: Finalising post-crisis reforms, BCBS 424, 7. Dezember 2017. Das Reformpaket sollte ursprünglich zum 1. Januar 2022 in Kraft treten, dessen Umsetzung hat sich jedoch infolge der COVID-19-Pandemie deutlich verzögert.

424 Vgl. Deutsche Bundesbank, Die Fertigstellung von Basel III, in: Monatsbericht, Januar 2018, S. 77.

Vollkommen anders verhält es sich hingegen mit den Harmonisierungsbemühungen auf europäischer Ebene im Rahmen des SSM. Die EBA hat im Mai 2020 die endgültige Fassung ihrer Leitlinien für die Kreditvergabe und Überwachung veröffentlicht.[425] Die Leitlinien sind Teil des Aktionsplanes des Rates der Europäischen Union zur Verhinderung eines erneuten Anstiegs des Volumens an ausfallgefährdeten Krediten (»Non performing loans«). Dies soll durch die europaweite Harmonisierung der Kreditvergabe- und -überwachungsstandards in den Mitgliedstaaten erreicht werden.[426] Die Leitlinien enthalten in fünf Abschnitten detaillierte inhaltliche Anforderungen an den internen Governance- und Kontrollrahmen für die Kreditvergabe und -überwachung (»Internal governance for credit granting and monitoring«), das Verfahren zur Kreditvergabe einschließlich der Prüfung der Kreditwürdigkeit des Kreditnehmers, Vorgaben für die Erhebung von Daten und Informationen sowie für die Kreditentscheidung (»Loan origination process«), die risikoorientierte Preisbildung (»Pricing«), die Bewertung von Sicherheiten für bewegliche und unbewegliche Sachen zum Zeitpunkt der Kreditgewährung und der Überprüfung des Wertes dieser Sicherheiten auf der Grundlage der Ergebnisse der Überwachungsprozesse (»Valuation of immovable and movable property«) sowie den Überwachungsrahmen für die laufende Überwachung von Kreditrisiken und Kreditengagements einschließlich der Verwendung von Frühwarnrisikoindikatoren/Watchlist (»Monitoring Framework«). Darüber hinaus sind in drei Anhängen detaillierte Kriterien für die Kreditvergabe, Informationen und Daten für die Kreditwürdigkeitsprüfung sowie Kenngrößen für die Kreditvergabe und Kreditüberwachung enthalten. Insgesamt umfassen die Leitlinien rund 250 regulatorische Anforderungen, die sich auf den gesamten Lebenszyklus der Kreditvergabe und der Bestandsverwaltung sowie darüber hinaus auch auf den Bereich der Kredite in Intensiv- und Problemkreditbearbeitung auswirken.[427] Direkt von der Europäischen Zentralbank beaufsichtigte bedeutende Institute gemäß Art. 6 SSM-Verordnung müssen die Anforderungen der Leitlinien ab dem 30. Juni 2021 stufenweise umsetzen. Bei bestehenden Krediten, bei denen eine Neuverhandlung erforderlich wird oder bei denen die Vertragsbedingungen angepasst werden müssen, greifen die neuen Vorgaben jedoch erst ab dem 30. Juni 2022. Darüber hinaus haben die Institute bis zum 30. Juni 2024 Zeit, mögliche Datenlücken zu schließen und ihre Überwachungsrahmen und Infrastruktur entsprechend anzupassen.[428]

Die BaFin hat bereits erklärt, die Anforderungen der EBA-Leitlinien für die Kreditvergabe und Überwachung im Zuge der »siebten MaRisk-Novelle« in die deutsche Verwaltungspraxis zu überführen. Die Arbeiten an dieser Novelle werden voraussichtlich im Oktober 2021 beginnen. Die Aufsicht beabsichtigt, im Rahmen der Umsetzung verstärkt mit direkten Verweisen auf die konkreten Textziffern oder Abschnitte der EBA-Leitlinien zu arbeiten. Dies ermöglicht eine zeitnahe Umsetzung der EBA-Leitlinien und schließt inhaltliche Abweichungen zwischen den europäischen und den nationalen Vorgaben aus. Dem Proportionalitätsprinzip könnte ergänzend durch nationale Öffnungsklauseln und Erleichterungen für kleine und mittlere Institute bei der Umsetzung der EBA-Leitlinien Rechnung getragen werden.

Darüber hinaus möchte die BaFin im Austausch mit der Kreditwirtschaft Aspekte und Fragestellungen vertieft erörtern, die bei der sechsten MaRisk-Novelle nicht abschließend entschieden wurden, z.B. verschiedene in der Praxis bestehende organisatorische Anbindungen der Intensivbetreuung und damit verbundene Fragen zur Funktionstrennung bzw. Zweitvotierung. Bei Bedarf

333

334

335

---

425 European Banking Authority, Leitlinien für die Kreditvergabe und Überwachung, EBA/GL/2020/06, 29. Mai 2020.

426 Vgl. O. V., Kreditvergabe und -überwachung – EBA-Leitlinie gibt Instituten strengere Standards vor, in: BaFinJournal, Ausgabe Juni 2020, S. 9.

427 Die Deutsche Kreditwirtschaft hat zum Entwurf der EBA-Leitlinien zur Kreditvergabe und Überwachung eine umfassende Stellungnahme abgegeben. Vgl. Deutsche Kreditwirtschaft, Comments – Draft-Guidelines on loan origination and monitoring, 30. September 2019.

428 Vgl. O. V., Kreditvergabe und -überwachung – EBA-Leitlinie gibt Instituten strengere Standards vor, in: BaFinJournal, Ausgabe Juni 2020, S. 9.

soll eine Anpassung im Zuge der siebten MaRisk-Novelle erfolgen.[429] Zudem sollen die Möglichkeiten zur Nutzung des Homeoffice im Handelsgeschäft, zumindest für spezielle Situationen (Notfallarbeitsplätze, Feierabendtätigkeit etc.) geprüft werden. Ferner ist nicht ausgeschlossen, dass in den MaRisk ein Aufhänger für die SREP-Geschäftsmodellanalyse verankert wird.[430]

336 Weitere mögliche inhaltliche Ergänzungen könnten Direktinvestitionen in Immobilien und Spezialfonds betreffen. Für Spezialfonds wird bereits über kreditprozessuale Anforderungen (Risikoanalyse, Votierung und Limitierung) nachgedacht. Voraussetzung für deren Anwendung soll allerdings das Erreichen bzw. Überschreiten von zwei verschiedenen Schwellenwerten sein. Diese betreffen einerseits die am Volumen gemessene Materialität dieser Investitionen für ein Institut und andererseits die individuellen Schwellenwerte zur Einstufung des risikorelevanten Kreditgeschäftes.[431]

337 Anpassungsbedarf im Rahmen der siebten MaRisk-Novelle könnte sich auch aus den verschiedenen Initiativen für eine nachhaltige Finanzierung im Zusammenhang mit den Maßnahmen gegen den Klimawandel ergeben. Die BaFin hat bereits Ende 2019 ein Merkblatt zum Umgang mit Nachhaltigkeitsrisiken veröffentlicht, das eine Orientierungshilfe für die Institute bei der Berücksichtigung von Nachhaltigkeitsrisiken im Risikomanagement darstellt.[432] Mittlerweile liegen zusätzlich ein EZB-Leitfaden zu dem Thema Klima- und Umweltrisiken[433] sowie ein Bericht der EBA zu »ESG-Risiken« (»Environmental, Social and Governance Risks«, ESG Risks)[434] vor, die alle direkte Auswirkungen auf das Risikomanagement der Institute haben. Diese Vorgaben sind mit dem aktuellen Wortlaut der MaRisk im Grunde schon abgedeckt. Die Aufsicht prüft derzeit noch, ob im Zuge der siebten MaRisk-Novelle über das BaFin-Merkblatt zum Umgang mit Nachhaltigkeitsrisiken hinaus in diesem Bereich Ergänzungen vorgenommen werden.

338 Denkbar – aber derzeit nicht sehr wahrscheinlich – ist in diesem Zusammenhang auch eine Überführung des derzeitigen Rundschreibens in eine Rechtsverordnung. Eine entsprechende Ermächtigung wurde dem Bundesministerium der Finanzen bereits im Zusammenhang mit dem Abwicklungsmechanismusgesetz (AbwMechG)[435] eingeräumt. Die Europäische Zentralbank wäre in diesem Falle anzuhören. Möglicherweise könnten jedoch die ganzheitlich ausgerichteten MaRisk, die sich in Deutschland bewährt haben, auch ein Vorbild für die Entwicklung eines entsprechenden europäischen Regelwerkes sein. Die Zuständigkeit für die Entwicklung derartiger »Mindestanforderungen an das Risikomanagement für europäische Banken« läge federführend bei der EBA unter Einbeziehung der EZB und der nationalen Aufsichtsbehörden. Für die Institute wäre es in jedem Fall ein großer Vorteil, wenn ihnen auch auf der europäischen Ebene ein umfassendes und in sich stimmiges Rahmenwerk zur Konkretisierung der bankaufsichtlichen Anforderungen an ein angemessenes und wirksames Risikomanagement zur Verfügung gestellt wird.

339 Bislang blieb die prinzipienorientierte Ausrichtung der MaRisk von den zahlreichen Überarbeitungen weitgehend unberührt. Es bleibt zu hoffen, dass dies auch in Zukunft so sein wird. Denn solange es um das Risikomanagement der Institute geht, gibt es zum prinzipienorientierten Ansatz keine ernsthafte Alternative.

---

429 Vgl. Bundesanstalt für Finanzdienstleistungsaufsicht, Rundschreiben 10/2021 (BA) zur Neufassung der MaRisk, Übermittlungsschreiben vom 16. August 2021, S. 4.

430 Vgl. Sitzung des MaRisk-Fachgremiums am 2. September 2021 (Protokoll lag bei Redaktionsschluss noch nicht vor).

431 Vgl. Sitzung des MaRisk-Fachgremiums am 2. September 2021 (Protokoll lag bei Redaktionsschluss noch nicht vor).

432 Vgl. Bundesanstalt für Finanzdienstleistungsaufsicht, Merkblatt zum Umgang mit Nachhaltigkeitsrisiken, 20. Dezember 2019, geändert am 13. Januar 2020, S. 10.

433 Europäische Zentralbank, Leitfaden zu Klima- und Umweltrisiken – Erwartungen der Aufsicht in Bezug auf Risikomanagement und Offenlegungen, 27. November 2020.

434 European Banking Authority, EBA Report on management and supervision of ESG risks for credit institutions and investment firms, EBA/REP/2021/18, 23. Juni 2021.

435 Gesetz zur Anpassung des nationalen Bankenabwicklungsrechts an den Einheitlichen Abwicklungsmechanismus und die europäischen Vorgaben zur Bankenabgabe (Abwicklungsmechanismusgesetz – AbwMechG) in der Fassung vom 2. November 2015 (BGBl. I S. 1864), veröffentlicht am 5. November 2015.

Teil II:
Kommentierung der MaRisk

AT Allgemeiner Teil

Der allgemeine Teil der MaRisk enthält Anforderungen, die grundsätzlich für alle Geschäfts- und **1** Risikoarten Gültigkeit besitzen. Er umfasst auch die relevanten Definitionen und Abgrenzungen. Das Modul AT ist aufgrund seines allgemeingültigen Charakters insoweit von den spezifischen Anforderungen des Moduls BT abzugrenzen, das besondere Anforderungen an die Aufbau- und Ablauforganisation im Kredit- und Handelsgeschäft (→ BTO), die Risikosteuerungs- und -controllingprozesse für alle wesentlichen Risikoarten (→ BTR), die Interne Revision (→ BT 2) sowie die Risikoberichterstattung (→ BT 3) umfasst. Die allgemeinen Anforderungen des Moduls AT bestehen aus neun Themenbereichen, die unterschiedlich stark untergliedert sind (siehe Abbildung 5).

AT Allgemeine Anforderungen

AT 1 Vorbemerkung
AT 2 Anwendungsbereich
  AT 2.1 Anwenderkreis
  AT 2.2 Risiken
  AT 2.3 Geschäfte
AT 3 Gesamtverantwortung der Geschäftsleitung
AT 4 Allgemeine Anforderungen an das Risikomanagement
  AT 4.1 Risikotragfähigkeit
  AT 4.2 Strategie
  AT 4.3 Internes Kontrollsystem
    AT 4.3.1 Aufbau- und Ablauforganisation
    AT 4.3.2 Risikosteuerungs- und -controllingprozesse
    AT 4.3.3 Stresstests
    AT 4.3.4 Datenmanagement, Datenqualität und Aggregation von Risikodaten
  AT 4.4 Besondere Funktionen
    AT 4.4.1 Risikocontrolling-Funktion
    AT 4.4.2 Compliance-Funktion
    AT 4.4.3 Interne Revision
  AT 4.5 Risikomanagement auf Gruppenebene
AT 5 Organisationsrichtlinien
AT 6 Dokumentation
AT 7 Ressourcen
  AT 7.1 Personal
  AT 7.2 Technisch-organisatorische Ausstattung
  AT 7.3 Notfallmanagement
AT 8 Anpassungsprozesse
  AT 8.1 Neu-Produkt-Prozess
  AT 8.2 Änderungen betrieblicher Prozesse oder Strukturen
  AT 8.3 Übernahmen und Fusionen
AT 9 Auslagerung

Abb. 5: Allgemeine Anforderungen im Überblick

AT 1 Vorbemerkung

1	Einführung und Überblick	1
2	**Rechtsgrundlage für ein angemessenes und wirksames Risikomanagement (Tz. 1)**	3
2.1	§ 25a Abs. 1 KWG: Von der 6. KWG-Novelle bis zum CRD IV-Umsetzungsgesetz	4
2.2	Ordnungsgemäße Geschäftsorganisation nach § 25a Abs. 1 KWG	7
2.3	Risikomanagementbegriff	10
2.3.1	Prozessabhängige Überwachungsmechanismen – Internes Kontrollsystem	16
2.3.2	Prozessunabhängige Überwachungsmechanismen – Interne Revision	19
2.3.3	Terminologie der Wirtschaftsprüfer	20
2.4	Einbeziehung ausgelagerter Aktivitäten und Prozesse nach § 25b KWG	21
2.5	Risikomanagement auf Gruppenebene nach § 25a Abs. 3 KWG	25
2.6	Rechtsnatur der MaRisk	27
2.7	Transparenz der Aufsichtspraxis	31
2.8	Stärkung der Governance-Strukturen	32
2.9	Überwachungsfunktion des Aufsichtsorgans	33
2.9.1	Anforderungen an die Mitglieder des Aufsichtsorgans nach § 25d KWG	35
2.9.2	Bildung von Ausschüssen (§ 25d Abs. 7 bis 12 KWG)	41
2.9.3	Angemessene Einbindung des Aufsichtsorgans nach MaRisk	48
3	**Zusammenhang zum ICAAP, ILAAP und SREP (Tz. 2)**	52
3.1	Supervisory Review Process in der CRD I bis III	53
3.2	Supervisory Review Process in der CRD IV	55
3.2.1	ICAAP, ILAAP und SREP	57
3.2.2	Pillar 2 Requirement und Pillar 2 Guidance	63
3.2.3	LR-Pillar 2 Requirement und LR-Pillar 2 Guidance	66
3.3	Leitlinien der EBA zum SREP	68
3.4	Der SREP in der Aufsichtspraxis	74
3.5	Der SREP im KWG	78
3.6	Aufsichtsansatz für den SREP in der COVID-19-Pandemie	85
3.7	Bankaufsichtliche Risikoprofile der Institute	89
3.8	MaRisk und die Regelungen aus der ersten Säule von Basel II/III	93
4	**Proportionalitätsprinzip und Proportionalität nach oben (Tz. 3)**	96
4.1	Proportionalitätsprinzip	97
4.2	Prinzip der Proportionalität nach oben	100
4.3	Proportionalität durch Kategorien von Instituten	104
4.3.1	Systemrelevante Institute	107
4.3.1.1	Global systemrelevante Institute (G-SRI)	108
4.3.1.2	Anderweitig systemrelevante Institute (A-SRI)	111

4.3.2	Bedeutende Institute gemäß SSM-Verordnung	113
4.3.3	Bedeutende Institute gemäß KWG	117
4.3.4	Kleine und nicht komplexe Institute gemäß CRR	120
5	**Schutz der Wertpapierdienstleistungskunden (Tz. 4)**	124
5.1	Die gemeinsame Plattform	125
5.2	Richtlinienvorgaben	127
5.3	Konkrete Umsetzung durch die MaRisk (»erste MaRisk-Novelle«)	128
6	**Berücksichtigung der heterogenen Institutsstruktur (Tz. 5)**	129
6.1	Flexibilität durch Öffnungsklauseln	130
6.2	Unbestimmte Rechtsbegriffe	135
6.3	Laufende Entwicklungen im Risikomanagement	137
6.4	Praxisnähe der Anforderungen	139
7	**Bedeutende Institute gemäß Art. 6 SSM-Verordnung (Tz. 6)**	141
7.1	Definition bedeutender Institute gemäß SSM-Verordnung	142
7.2	Anforderungen an bedeutende Institute gemäß SSM-Verordnung	143
8	**Proportionalität in der Prüfungspraxis (Tz. 7)**	148
8.1	Kritik an der Prüfungspraxis	149
8.2	Risikoorientierter Prüfungsansatz	150
8.3	Prüfung des Risikomanagements im Rahmen der Jahresabschlussprüfung	153
8.4	Beurteilung des Risikomanagements im Rahmen von Sonderprüfungen	156
8.5	Auslagerungen und Prüfungen	158
9	**Modulare Struktur der MaRisk (Tz. 8)**	160
9.1	Aufbau der MaRisk	161
9.2	Vorteile der modularen Struktur	165

1 Einführung und Überblick

1 Der Vorbemerkung des Rundschreibens kommt die Funktion einer Präambel zu. In ihr werden zentrale Aspekte der MaRisk hervorgehoben. Hierzu zählen Hinweise auf:
- § 25a KWG, der die gesetzliche Grundlage für die Anforderungen an das Risikomanagement auf Instituts- und Gruppenebene darstellt,
- § 25b KWG, der nach Überführung des § 25a Abs. 2 und 3 KWG a. F. mit dem CRD IV-Umsetzungsgesetz seit dem Jahr 2014 der gesetzliche Regelungsrahmen für die Auslagerungsaktivitäten der Institute ist,
- Vorgaben zum »Supervisory Review Process« (SRP) aus der zweiten Säule von Basel II[1] bzw. der Bankenrichtlinie[2], die als EU-weite Anforderungen im Zusammenhang mit der Ausarbeitung der MaRisk eine wichtige Rolle spielten,
- das Verhältnis der MaRisk zu den Regelungen für die aufsichtsrechtliche Unterlegung von Risiken mit Eigenmitteln aus der ersten Säule von Basel II bzw. der Bankenrichtlinie,
- das Verhältnis der MaRisk zu den Vorgaben der MiFID[3] und ihrer Durchführungsrichtlinie[4],
- die Flexibilität und Praxisnähe der Anforderungen sowie die sich daraus ergebende Notwendigkeit adäquater Prüfungshandlungen (»Prinzip der doppelten Proportionalität«),
- das »Prinzip der Proportionalität nach oben«, womit für größere und komplexere Institute weitergehende Vorkehrungen zur Sicherstellung der Angemessenheit und Wirksamkeit ihres Risikomanagements verbunden sind,
- der Verweis auf die bedeutenden Institute gemäß Art. 6 SSM-Verordnung[5], und schließlich
- die modulare Struktur der MaRisk, die eine zeitnahe Überarbeitung des Regelwerkes ermöglicht und sich bereits im Rahmen von sechs MaRisk-Novellen bewährt hat.

2 Insofern werden die Regelwerke und Themen von genereller Bedeutung für die MaRisk und ihre Weiterentwicklung in der Vorbemerkung adressiert. Insbesondere durch die Betonung des Proportionalitätsprinzips in beide Richtungen gibt die deutsche Aufsicht eine erste Orientierung über die grundsätzliche Konzeption und Ausrichtung der Anforderungen. Damit soll gleichzeitig eine grobe Richtung für konkrete Umsetzungsfragen aufgezeigt werden.

---

1 Basel Committee on Banking Supervision, International Convergence of Capital Measurement and Capital Standards – A Revised Framework (Basel II), BCBS 107, 26. Juni 2004.

2 Richtlinie 2006/48/EG (Bankenrichtlinie – CRD) des Europäischen Parlaments und des Rates vom 14. Juni 2006 über die Aufnahme und Ausübung der Tätigkeit der Kreditinstitute (Neufassung), Amtsblatt der Europäischen Union vom 30. Juni 2006, L 177/1–200. Seit dem 1. Januar 2014 gilt die CRD IV, die durch die CRD V vom 20. Mai 2019 geändert wurde. Die Inhalte der Art. 22, 123 und 124 der Bankenrichtlinie finden sich seitdem in Art. 73, 74 und 97 CRD IV wieder.

3 Richtlinie 2004/39/EG (MiFID) des Europäischen Parlaments und des Rates vom 21. April 2004 über Märkte für Finanzinstrumente, Amtsblatt der Europäischen Union vom 30. April 2004, L 145/1–44. Die MiFID wurde zum 3. Januar 2018 durch die MiFID II ersetzt. Richtlinie 2014/65/EU (MiFID II) des Europäischen Parlaments und des Rates vom 15. Mai 2014 über Märkte für Finanzinstrumente sowie zur Änderung der Richtlinien 2002/92/EG und 2011/61/EU, Amtsblatt der Europäischen Union vom 12. Juni 2014, L 173/349–496.

4 Richtlinie 2006/73/EG (MiFID-Durchführungsrichtlinie) der Europäischen Kommission vom 10. August 2006 zur Durchführung der Richtlinie 2004/39/EG des Europäischen Parlaments und des Rates in Bezug auf die organisatorischen Anforderungen an Wertpapierfirmen und die Bedingungen für die Ausübung ihrer Tätigkeit sowie in Bezug auf die Definition bestimmter Begriffe für die Zwecke der genannten Richtlinie, Amtsblatt der Europäischen Union vom 2. September 2006, L 241/26–58.

5 Verordnung (EU) Nr. 1024/2013 des Rates vom 15. Oktober 2013 zur Übertragung besonderer Aufgaben im Zusammenhang mit der Aufsicht über Kreditinstitute auf die Europäische Zentralbank (SSM-Verordnung), Amtsblatt der Europäischen Union vom 29. Oktober 2013, L 287/63–89.

2 Rechtsgrundlage für ein angemessenes und wirksames Risikomanagement (Tz. 1)

1 Dieses Rundschreiben gibt auf der Grundlage des § 25a Abs. 1 des Kreditwesengesetzes **3** (KWG) einen flexiblen und praxisnahen Rahmen für die Ausgestaltung des Risikomanagements der Institute vor. Es präzisiert ferner die Anforderungen des § 25a Abs. 3 KWG (Risikomanagement auf Gruppenebene) sowie des § 25b KWG (Auslagerung). Ein angemessenes und wirksames Risikomanagement umfasst unter Berücksichtigung der Risikotragfähigkeit insbesondere die Festlegung von Strategien sowie die Einrichtung interner Kontrollverfahren. Die internen Kontrollverfahren bestehen aus dem internen Kontrollsystem und der Internen Revision. Das interne Kontrollsystem umfasst insbesondere
- Regelungen zur Aufbau- und Ablauforganisation,
- Prozesse zur Identifizierung, Beurteilung, Steuerung, Überwachung sowie Kommunikation der Risiken (Risikosteuerungs- und -controllingprozesse) und
- eine Risikocontrolling-Funktion und eine Compliance-Funktion.

Das Risikomanagement schafft eine Grundlage für die sachgerechte Wahrnehmung der Überwachungsfunktionen des Aufsichtsorgans und beinhaltet deshalb auch dessen angemessene Einbindung.

2.1 § 25a Abs. 1 KWG: Von der 6. KWG-Novelle bis zum CRD IV-Umsetzungsgesetz

§ 25a Abs. 1 KWG kann als zentraler gesetzlicher Anknüpfungspunkt der qualitativen Banken- **4** aufsicht auf eine etwas längere Geschichte zurückblicken. Die gesetzliche Regelung wurde seit ihrer Einfügung in das KWG im Rahmen der 6. KWG-Novelle mehrmals angepasst und terminologisch geschärft. In ihrer ursprünglichen Fassung aus dem Jahr 1998 wurden u. a. »geeignete Regelungen zur Steuerung, Kontrolle und Überwachung der Risiken«, eine »ordnungsgemäße Geschäftsorganisation« sowie »angemessene interne Kontrollverfahren« gefordert. Eine klare begriffliche Systematik war zum damaligen Zeitpunkt (noch) nicht erkennbar. Die Begrifflichkeiten waren auch nicht abgestimmt auf die Terminologie der Mindestanforderungen an das Betreiben von Handelsgeschäften (MaH), die schon seit Ende 1995 existierten.

Die Entwicklung der Mindestanforderungen an die Ausgestaltung der Internen Revision **5** (MaIR) wurde zum Anlass genommen, zumindest für die Verwaltungsvorschriften eine Systematisierung der Begriffe auf der Basis des § 25a Abs. 1 KWG herbeizuführen. Ausgangspunkt dieser Systematisierung war der Begriff »interne Kontrollverfahren«, der in enger Anlehnung an die Begriffswelt der Wirtschaftsprüfer in prozessabhängige und prozessunabhängige Überwachungsmechanismen zerlegt wurde. Nach den MaIR bestand das interne Kontrollverfahren dementsprechend aus dem (prozessabhängigen) internen Kontrollsystem und der (prozessunabhängigen) Internen Revision.[6] Der Gesetzgeber sah sich im Rahmen der Umsetzung der

---

6 Vgl. Bundesaufsichtsamt für das Kreditwesen, Mindestanforderungen an die Ausgestaltung der Internen Revision der Kreditinstitute (MaIR), Rundschreiben 1/2000 vom 17. Januar 2000, Abschnitt 2; Hanenberg, Ludger/Schneider, Andreas, Bankaufsichtliche Rahmenbedingungen für interne Überwachungssysteme, in: Die Wirtschaftsprüfung, Heft 19/2001, S. 1058.

Finanzkonglomerate-Richtlinie dazu veranlasst, diese (erste) aufsichtsrechtliche Begriffssystematik in den § 25a Abs. 1 KWG zu überführen. In der Fassung vom 27. Dezember 2004 forderte die gesetzliche Norm unter dem Oberbegriff »ordnungsgemäße Geschäftsorganisation« u. a. die Festlegung von Strategien sowie die Einrichtung interner Kontrollverfahren, die aus einem internen Kontrollsystem und der Internen Revision bestehen. Diese Formulierung war terminologischer Ausgangspunkt für die MaRisk.

6   Die Umsetzung der Art. 22 und 123 der Bankenrichtlinie wurde dazu genutzt, die Begriffswelten von Gesetz und MaRisk vollständig anzugleichen. Diese Angleichung war von erheblicher Bedeutung für Institute und Aufsicht, da die MaRisk als norminterpretierende Verwaltungsvorschrift der Auslegung des § 25a Abs. 1 KWG dienen. Sie sind damit die Benchmark, anhand derer die BaFin die Angemessenheit des Risikomanagements in den Instituten beurteilt. Die Anpassungen durch das »Finanzmarktrichtlinie-Umsetzungsgesetz« (FRUG)[7] haben daran trotz einiger Ergänzungen grundsätzlich nichts geändert (→ Teil I, Kapitel 5 und AT 1 Tz. 4). Auch weitere Überarbeitungen, z. B. veranlasst durch das »Gesetz zur Stärkung der Finanzmarkt- und Versicherungsaufsicht« vom Juli 2009, hatten bezüglich der Begriffssystematik des § 25a KWG keine materiellen Auswirkungen.[8] Die maßgeblichen Terminologien sind also weiterhin aufeinander abgestimmt. Seit dem 1. Januar 2014 finden sich die bisherigen Art. 22 und 123 der Bankenrichtlinie weitgehend inhaltsgleich in Art. 73 und 74 CRD IV wieder. Durch die CRD V[9] aus dem Jahr 2019 wurden die Regelungen geringfügig angepasst.[10] Bei der CRD V handelt es sich um eine Änderungsrichtlinie, so dass alle maßgeblichen Anforderungen an die Ausgestaltung des Risikomanagements auf europäischer Ebene weiterhin in der (geänderten) CRD IV enthalten sind.

2.2   Ordnungsgemäße Geschäftsorganisation nach § 25a Abs. 1 KWG

7   § 25a Abs. 1 KWG fordert von allen Instituten die Einrichtung einer ordnungsgemäßen Geschäftsorganisation. Die ordnungsgemäße Geschäftsorganisation hat allerdings nicht mehr nur die Einhaltung der vom Institut zu beachtenden gesetzlichen Bestimmungen sicherzustellen. Sie muss auch »betriebswirtschaftlichen Notwendigkeiten« Rechnung tragen. Der Zusatz, der auf Initiative des Bundesrates in § 25a Abs. 1 Satz 1 KWG eingefügt wurde, lässt Spielraum für unterschiedliche Interpretationen. Ausweislich der Gesetzesbegründung zum FRUG liegt die Berücksichtigung

---

7 Gesetz zur Umsetzung der Richtlinie über Märkte für Finanzinstrumente und der Durchführungsrichtlinie der Kommission (Finanzmarktrichtlinie-Umsetzungsgesetz) vom 16. Juli 2007 (BGBl. I S. 1330), veröffentlicht am 19. Juli 2007.

8 Bezüglich § 25a KWG haben sich durch das »Gesetz zur Stärkung der Finanzmarkt- und Versicherungsaufsicht« allerdings Änderungen substanzieller Natur auf der Rechtsfolgenseite ergeben. So hat die Aufsichtsbehörde (regulatorische) Kapitalzuschläge festzusetzen, wenn bei einem Institut die Risikotragfähigkeit nicht mehr gegeben ist. Die Rechtsgrundlage hierfür wurde im Zuge des Risikoreduzierungsgesetzes von § 10 Abs. 3 Nr. 2 KWG nach § 6c Abs. 1 Satz 1 Nr. 2 KWG verschoben. Darüber hinaus kann die Aufsichtsbehörde im Rahmen ihres Ermessens individuelle Kapitalzuschläge nach § 10 Abs. 3 KWG anordnen, wenn z. B. keine ordnungsmäße Geschäftsorganisation vorliegt. Der im Zuge des Gesetzes zur Stärkung der Finanzmarkt- und Versicherungsaufsicht neu gefasste § 45b KWG ermöglicht es der Aufsichtsbehörde darüber hinaus, im Falle organisatorischer Mängel deutlich effektiver gegen Institute vorzugehen. Insbesondere kann die Aufsichtsbehörde Maßnahmen zur Risikoreduzierung ergreifen (auch mit Blick auf Auslagerungen), Geschäfte beschränken oder untersagen. Bei organisatorischen Mängeln kann die Aufsichtsbehörde ferner anordnen, dass weitere Zweigstellen nur mit ihrer Zustimmung errichtet werden dürfen. Durch die Neuregelungen wurden die Eingriffsbefugnisse der Aufsichtsbehörde bei Verstößen gegen § 25a KWG insoweit erheblich ausgedehnt.

9 Richtlinie (EU) 2019/878 des Europäischen Parlaments und des Rates vom 20. Mai 2019 zur Änderung der Richtlinie 2013/36/EU im Hinblick auf von der Anwendung ausgenommene Unternehmen, Finanzholdinggesellschaften, gemischte Finanzholdinggesellschaften, Vergütung, Aufsichtsmaßnahmen und -befugnisse und Kapitalerhaltungsmaßnahmen, Amtsblatt der Europäischen Union vom 7. Juni 2019, L 150/253–295.

10 Die CRD V aus dem Jahr 2019 ändert Art. 74 Abs. 1 CRD IV dahingehend, dass die Vergütungspolitik und -praxis der Institute geschlechtsneutral ist. Zudem wurde Art. 74 Abs. 4 CRD IV a. F. gestrichen, wonach Institute Sanierungspläne und Abwicklungspläne zu erstellen haben.

betriebswirtschaftlicher Notwendigkeiten im Eigeninteresse der Institute, so dass § 25a Abs. 1 KWG dadurch keine materielle Änderung erfahren hat.[11]

Nach dem Willen des Gesetzgebers umfasst die »Ordnungsmäßigkeit der Geschäftsorganisation« **8** neben der Einrichtung eines angemessenen und wirksamen Risikomanagements (§ 25a Abs. 1 Satz 3 KWG) noch folgende weitere Elemente:
- angemessene Regelungen zur jederzeitigen und hinreichend genauen Bestimmung der finanziellen Lage eines Institutes (§ 25a Abs. 1 Satz 6 Nr. 1 KWG),
- eine vollständige Dokumentation der Geschäftstätigkeit, die eine lückenlose Überwachung durch die BaFin für ihren Zuständigkeitsbereich gewährleistet und für diesen Zweck vorgegebene Aufbewahrungspflichten berücksichtigt (§ 25a Abs. 1 Satz 6 Nr. 2 KWG), sowie
- einen Prozess, der es den Mitarbeitern unter Wahrung der Vertraulichkeit ihrer Identität ermöglicht, Verstöße gegen die CRR oder das KWG oder gegen die aufgrund des KWG erlassenen Rechtsverordnungen sowie etwaige strafbare Handlungen innerhalb des Unternehmens an geeignete Stellen zu berichten (§ 25a Abs. 1 Satz 6 Nr. 3 KWG).

Durch § 25a Abs. 2 KWG wird der BaFin ferner die Möglichkeit eingeräumt, Vorgaben zur **9** Ausgestaltung einer plötzlichen und unerwarteten Zinsänderung und zur Ermittlungsmethodik der Auswirkungen auf den Barwert bezüglich der Zinsänderungsrisiken aus den nicht unter das Handelsbuch fallenden Geschäften festzulegen. Die BaFin hat zuletzt im August 2019 entsprechende Vorgaben veröffentlicht[12] (→ BTR 2.3 Tz. 6).

2.3   Risikomanagementbegriff

Die dem Risikomanagementbegriff der MaRisk zugrunde liegende Systematik ist durch die **10** verschiedenen Novellierungen des § 25a Abs. 1 KWG ebenfalls weitgehend unberührt geblieben. Grundsätzlich gilt das Proportionalitätsprinzip: Die Ausgestaltung des Risikomanagements hängt von Art, Umfang, Komplexität und Risikogehalt der Geschäftstätigkeit ab (→ AT 1 Tz. 5). Vom Gesetzgeber wird nicht nur die »Angemessenheit« des Risikomanagements, sondern auch seine »Wirksamkeit« eingefordert. Dadurch soll zum Ausdruck gebracht werden, dass die mit dem Management der Risiken verfolgten Ziele auch tatsächlich erreicht werden müssen. Das Risikomanagement soll also im Eigeninteresse des Institutes »gelebt« werden. Die Angemessenheit und die Wirksamkeit des Risikomanagements sind vom Institut regelmäßig zu überprüfen (→ AT 4.4.3 Tz. 3).

Auf Basis des Risikomanagements ist die Risikotragfähigkeit laufend sicherzustellen. Die **11** Notwendigkeit von Verfahren zur Ermittlung und Sicherstellung der Risikotragfähigkeit wird daher vom Gesetzgeber besonders betont. Das Risikomanagement im Sinne des § 25a Abs. 1 Satz 3 KWG umfasst insbesondere
- die Festlegung von Strategien (→ AT 4.2),
- Verfahren zur Ermittlung und Sicherstellung der Risikotragfähigkeit (→ AT 4.1) sowie

---

11 Regierungsbegründung zum Entwurf eines Gesetzes zur Umsetzung der Richtlinie über Märkte für Finanzinstrumente und der Durchführungsrichtlinie der Kommission (Finanzmarktrichtlinie-Umsetzungsgesetz), Bundesrats-Drucksache 833/06, 8. Dezember 2006, S. 221.

12 Vgl. Bundesanstalt für Finanzdienstleistungsaufsicht, Zinsänderungsrisiken im Anlagebuch, Rundschreiben 06/2019 (BA) vom 6. August 2019. Die erneute Änderung der am 31. Dezember 2019 in Kraft getretenen Neufassung des Rundschreibens 06/2019 (BA) war aufgrund der Implementierung der entsprechenden EBA-Leitlinien notwendig geworden. Vgl. European Banking Authority, Leitlinien zur Steuerung des Zinsänderungsrisikos bei Geschäften des Anlagebuchs, EBA/GL/2018/02, 19. Juli 2018.

- die Einrichtung interner Kontrollverfahren, die aus dem (prozessabhängigen) internen Kontrollsystem (→ AT 4.3) und der (prozessunabhängigen) Internen Revision (→ AT 4.4.3) bestehen.

12 Mit dem CRD IV-Umsetzungsgesetz erfolgten im Gesetzestext einige Klarstellungen. So werden laut § 25a Abs. 1 Satz 3 Nr. 1 KWG insbesondere die Festlegung einer auf die nachhaltige Entwicklung des Institutes gerichteten Geschäftsstrategie und einer damit konsistenten Risikostrategie sowie die Einrichtung von Prozessen zur Planung, Umsetzung, Beurteilung und Anpassung der Strategien gefordert (→ AT 4.2). Hinsichtlich der Verfahren zur Ermittlung und Sicherstellung der Risikotragfähigkeit wird in § 25a Abs. 1 Satz 3 Nr. 2 KWG betont, dass eine vorsichtige Ermittlung der Risiken und des zu ihrer Abdeckung verfügbaren Risikodeckungspotenzials zugrunde zu legen ist (→ AT 4.1). Diese Vorgaben wurden bereits mit der vierten MaRisk-Novelle berücksichtigt. Außerdem hat das Institut gemäß § 25a Abs. 1 Satz 3 Nr. 4 KWG eine angemessene personelle und technisch-organisatorische Ausstattung sicherzustellen (→ AT 7.1 und AT 7.2) sowie nach § 25a Abs. 1 Satz 3 Nr. 5 KWG ein Notfallkonzept, insbesondere für IT-Systeme, festzulegen (→ AT 7.3).

13 Das Risikoreduzierungsgesetz (RiG)[13] aus dem Jahr 2020, das u. a. die CRD V in nationales Recht umsetzt, erweitert die Regelung in § 25a Abs. 1 Satz 3 Nr. 2 KWG dahingehend, dass bei der Ermittlung und Sicherstellung der Risikotragfähigkeit zukünftig auch potenzielle Verluste, die sich aufgrund von Stressszenarien ergeben, zu berücksichtigen sind. Dies gilt auch für diejenigen potenziellen Verluste, die nach dem aufsichtlichen Stresstest gemäß § 6b Abs. 3 KWG ermittelt werden. Darüber hinaus verlangt § 25a Abs. 1 Satz 3 Nr. 5 KWG nunmehr die Festlegung eines Notfallmanagements anstelle eines Notfallkonzeptes. Diese Änderung ist im Zusammenhang mit dem im Rahmen der sechsten MaRisk-Novelle neu gefassten Modul AT 7.3 zu sehen. Danach hat das Institut Ziele zum Notfallmanagement zu definieren und hieraus abgeleitet einen Notfallmanagementprozess festzulegen. Das von den Instituten weiterhin zu erstellende Notfallkonzept für Notfälle in zeitkritischen Aktivitäten und Prozessen ist ein wesentlicher Bestandteil dieses Notfallmanagements (→ AT 7.3 Tz. 1). Darüber hinaus sind die »Bankaufsichtlichen Anforderungen an die IT« (BAIT) zu beachten, die diese Anforderungen der MaRisk weiter konkretisieren. Die Ziele und die Rahmenbedingungen des »IT-Notfallmanagements« sind auf Basis der Ziele des Notfallmanagements festzulegen. Das Institut hat auf Basis des Notfallkonzeptes für alle IT-Systeme, welche zeitkritische Aktivitäten und Prozesse unterstützen, IT-Notfallpläne zu erstellen (→ AT 7.3 Tz. 1).[14]

14 Seit der Verabschiedung des »Gesetzes über die aufsichtsrechtlichen Anforderungen an die Vergütungssysteme von Instituten und Versicherungsunternehmen« erstreckt sich der Risikomanagementbegriff des KWG auch auf »angemessene, transparente und auf eine nachhaltige Entwicklung des Institutes ausgerichtete Vergütungssysteme für Geschäftsleiter und Mitarbeiter« (§ 25a Abs. 1 Satz 3 Nr. 6 KWG). Einzelheiten hierzu werden seit Oktober 2010 in der Institutsvergütungsverordnung geregelt.[15] Die aktuelle Fassung der Vergütungsverordnung ist am 1. Janu-

---

13 Gesetz zur Umsetzung der Richtlinien (EU) 2019/878 und (EU) 2019/879 zur Reduzierung von Risiken und zur Stärkung der Proportionalität im Bankensektor (Risikoreduzierungsgesetz – RiG) vom 9. Dezember 2020 (BGBl. I S. 2773), veröffentlicht am 14. Dezember 2020.

14 Vgl. Bundesanstalt für Finanzdienstleistungsaufsicht, Bankaufsichtliche Anforderungen an die IT (BAIT), Rundschreiben 10/2017 (BA) in der Fassung vom 16. August 2021, Tz. 10.2 und Tz. 10.3.

15 Verordnung über die aufsichtsrechtlichen Anforderungen an Vergütungssysteme von Instituten (Instituts-Vergütungsverordnung – InstitutsVergV) in der Fassung vom 6. Oktober 2010 (BGBl. I S. 1374), veröffentlicht am 12. Oktober 2010. Am 1. Januar 2014 ist eine umfassende Novellierung der Vergütungsverordnung in Kraft getreten, die auf das CRD IV-Umsetzungsgesetz sowie auf zahlreiche weitere internationale und europäische Vorgaben zurückzuführen ist. Verordnung über die aufsichtsrechtlichen Anforderungen an Vergütungssysteme von Instituten (Institutsvergütungsverordnung – InstitutsVergV) in der Fassung vom 16. Dezember 2013 (BGBl. I S. 4270), veröffentlicht am 19. Dezember 2013.

ar 2014 in Kraft getreten und wurde anschließend mehrfach geändert.[16] Die Änderung der Vergütungsverordnung aus dem Jahr 2017 setzte in erster Linie die Anforderungen der Leitlinien der EBA für eine solide Vergütungspolitik[17] in deutsches Recht um. Im Zuge des Brexit-Steuerbegleitgesetzes[18] aus dem Jahr 2019 wurden ohne inhaltliche Änderung die Systematik zur Einstufung von bedeutenden Instituten von § 17 InstitutsVergV a. F. nach § 25n KWG sowie die Regelungen zur Ermittlung von Risikoträgern auf der Grundlage einer Risikoanalyse von § 18 Abs. 2 InstitutsVergV a. F. nach § 25a Abs. 5b KWG überführt.

Das Risikoreduzierungsgesetz setzt die Vorgaben der CRD V in Bezug auf die Anwendung des Proportionalitätsgrundsatzes bei den Vergütungsregelungen in nationales Recht um. Die für die besonderen Anforderungen der Vergütungsverordnung maßgebliche Definition der »bedeutenden Institute« wird von § 25n KWG a. F. nach § 1 Abs. 3c KWG verschoben, der nunmehr eine einheitliche Definition für die Zwecke der Vergütungsregelungen und die Anforderungen an die Geschäftsleitung gemäß § 25c KWG und das Aufsichtsorgan gemäß § 25d KWG beinhaltet (→ AT 1 Tz. 3).[19] Die Definition des Begriffes »Risikoträger« ist in § 1 Abs. 21 KWG i. V. m. § 25a Abs. 5b Satz 1 und 2 KWG enthalten.[20] Alle CRR-Institute, unabhängig von ihrer Größe, Organisation, dem Umfang und der Komplexität ihrer Tätigkeiten, haben nunmehr eine Risikoträgeridentifikation durchzuführen.[21] Nicht bedeutende Institute erhalten bei bestimmten Vergütungsanforderungen Erleichterungen, z. B. bei der Befreiung von der Ex-post-Risikoadjustierung. Am 12. November 2020 hat die BaFin weitere Änderungen der Vergütungsverordnung zur Konsultation gestellt[22] (→ Teil I, Kapitel 8.4).

15

---

16 Verordnung über die aufsichtsrechtlichen Anforderungen an Vergütungssysteme von Instituten (Institutsvergütungsverordnung – InstitutsVergV) vom 16. Dezember 2013 (BGBl. I S. 4270), die zuletzt durch Artikel 1 der Verordnung vom 15. April 2019 (BGBl. I S. 486) geändert worden ist.

17 European Banking Authority, Leitlinien für eine solide Vergütungspolitik gemäß Artikel 74 Absatz 3 und Artikel 75 Absatz 2 der Richtlinie 2013/36/EU und Angaben gemäß Artikel 450 der Verordnung (EU) Nr. 575/2013, EBA/GL/2015/22, 27. Juni 2016.

18 Gesetz über steuerliche und weitere Begleitregelungen zum Austritt des Vereinigten Königreichs Großbritannien und Nordirland aus der Europäischen Union (Brexit-Steuerbegleitgesetz – Brexit-StBG) vom 25. März 2019 (BGBl. I S. 357), veröffentlicht am 28. März 2019. Die durch das Brexit-Steuerbegleitgesetz überführten Regelungen wurden im Jahr 2020 durch das Risikoreduzierungsgesetz bereits wieder gestrichen bzw. geändert.

19 Die mit dem Risikoreduzierungsgesetz eingefügte einheitliche Definition eines bedeutenden Institutes gemäß § 1 Abs. 3c KWG hat zur Folge, dass sich diese zukünftig nicht mehr auf Basis einer Risikoanalyse von den besonderen Anforderungen der Vergütungsverordnung befreien lassen können. Der bisher mögliche Nachweis, dass ein Institut mit einer Bilanzsumme oberhalb 15 Milliarden Euro »bedeutend« ist, entfällt.

20 Nach § 1 Abs. 21 Satz 1 KWG sind Risikoträger solche Mitarbeiter, deren berufliche Tätigkeit sich wesentlich auf das Risikoprofil eines Institutes auswirkt. Die Geschäftsleiter des Institutes und die Mitglieder des Aufsichtsorgans gelten gemäß Satz 2 als Risikoträger. Bedeutende Institute haben gemäß dem im Zuge des Risikoreduzierungsgesetzes eingefügten § 25a Abs. 5b Satz 1 KWG bestimmte Personengruppen zwingend als Risikoträger einzuordnen, z. B. Mitarbeiter der unmittelbar der Geschäftsleitung nachgelagerten Führungsebene.

21 Nicht bedeutende CRR-Institute haben lediglich eine Risikoträgeridentifikation »light« durchzuführen, die sich nur auf die Geschäftsleiter, die Mitglieder des Aufsichtsorgans und bestimmte weitere Gruppen von Mitarbeitern in Führungspositionen erstreckt. Bedeutende Institute haben demgegenüber gemäß § 25a Abs. 5b Satz 2 KWG auf der Grundlage einer Risikoanalyse eigenverantwortlich weitere Risikoträger zu ermitteln, wobei sie mindestens die Kriterien zur Risikoidentifikation gemäß der Delegierten Verordnung (EU) Nr. 604/2014 zugrunde zu legen haben. Für Institute, die keine CRR-Institute sind, ist keine Risikoträgeridentifikation notwendig, es sei denn, sie gelten als bedeutend.

22 Der Entwurf der Dritten Verordnung zur Änderung der Vergütungsverordnung dient in erster Linie der näheren Ausgestaltung der im Rahmen des Risikoreduzierungsgesetzes erfolgten Anpassungen im KWG. Die Vierte Verordnung zur Änderung der Vergütungsverordnung soll entsprechend dem Inkrafttreten des Puffers der Verschuldungsquote gemäß dem neuen § 10j KWG nicht vor dem 1. Januar 2023 in Kraft treten. Sie wurde daher gemeinsam mit dem Entwurf der Vierten Verordnung zur Änderung der SolvV zu einem späteren Zeitpunkt ausgefertigt. Vgl. Bundesanstalt für Finanzdienstleistungsaufsicht, Konsultation 15/2020 von Verordnungen zur Änderung der Großkredit- und Millionenkreditverordnung (GroMiKV), der Solvabilitätsverordnung (SolvV) und der Institutsvergütungsverordnung (InstitutsVergV) vom 12. November 2020, geändert am 8. Dezember 2020. Zu den geplanten weiteren Änderungen der Vergütungsverordnung vgl. von Mellenthin, Henrik, Konsultation zur Institutsvergütungsverordnung – ein Überblick, Zeitschrift für das gesamte Kreditwesen, Heft 4/2021, S. 206 ff.

2.3.1 Prozessabhängige Überwachungsmechanismen – Internes Kontrollsystem

16 Das interne Kontrollsystem umfasst alle Formen von Überwachungsmechanismen, die integraler Bestandteil der zu überwachenden Prozesse sind (prozessabhängige Überwachung). Die für derartige Überwachungsaufgaben zuständigen Mitarbeiter oder Stellen sind an den jeweiligen Arbeitsprozessen beteiligt und häufig auch für das Ergebnis der zu überwachenden Prozesse verantwortlich. Zu den prozessabhängigen Kontrollen zählen z. B. Funktionstrennungen, innerbetriebliche Organisationsrichtlinien und das Vier-Augen-Prinzip. Im weiteren Sinne sind auch die Aufgaben des Risikocontrollings dazuzurechnen. Das interne Kontrollsystem wird gemäß § 25a Abs. 1 Satz 3 KWG weiter unterteilt in aufbau- und ablauforganisatorische Regeln mit klarer Abgrenzung der Verantwortungsbereiche (→ AT 4.3.1) sowie Prozesse zur Identifizierung, Beurteilung, Steuerung sowie Überwachung und Kommunikation der Risiken entsprechend den in Titel VII Kapitel 2 Abschnitt 2 Unterabschnitt 2 der CRD IV niedergelegten Kriterien (→ AT 4.3.2).[23]

17 Seit dem 1. Januar 2014 haben die Institute gemäß § 25a Abs. 1 Satz 3 Nr. 3 KWG als Bestandteil des internen Kontrollsystems ausdrücklich auch über eine Risikocontrolling- und eine Compliance-Funktion zu verfügen. Im Rahmen der vierten MaRisk-Novelle wurden für diese Funktionen zahlreiche Anforderungen formuliert (→ AT 4.4.1 und AT 4.4.2). Unabhängig von der konkreten Ausgestaltung der beiden Funktionen wird durch die Zuordnung zum internen Kontrollsystem der prozessabhängige Charakter ihrer Tätigkeiten betont. Diese Erweiterung der Anforderungen an das interne Kontrollsystem geht auf die von der EBA im September 2011 veröffentlichten Leitlinien zur internen Governance zurück. Danach muss ein Institut sowohl eine umfassende und unabhängige Risikocontrolling-Funktion als auch eine Compliance-Funktion einrichten.[24] Die EBA hat ihre Leitlinien im Jahr 2018 überarbeitet, um die bankaufsichtlichen Anforderungen an die interne Governance der Institute einschließlich der Vorgaben für die Risikocontrolling- und die Compliance-Funktion europaweit weiter zu vereinheitlichen.[25] Vor dem Hintergrund der überarbeiteten EBA-Leitlinien sowie entsprechender Erfahrungen aus der Aufsichtspraxis, hat die deutsche Aufsicht im Zuge der fünften MaRisk-Novelle die Anforderungen an die besonderen Funktionen an verschiedenen Stellen ergänzt (→ AT 4.4, Einführung).

18 Auch die sechste MaRisk-Novelle enthält für die Risikocontrolling- und die Compliance-Funktion neue Anforderungen. Bei Instituten mit einem hohen NPL-Bestand hat die Risikocontrolling-Funktion die Aufgabe, die NPE-bezogenen Risiken und den Fortschritt zur Erreichung der NPE-Zielwerte auf granularer und aggregierter Basis anhand NPE-bezogener Leistungsindikatoren (Key Performance Indicators, KPI) zu überwachen und zu messen (→ AT 4.4.1 Tz. 2, Erläuterung). Darüber hinaus haben nunmehr die bedeutenden Institute gemäß Art. 6 SSM-Verordnung – und nicht wie bisher nur die systemrelevanten Institute – die Leitung der Risikocontrolling-Funktion grundsätzlich exklusiv auf der Geschäftsleiterebene anzusiedeln

---

23 Zur Vertiefung dieser Thematik vgl. Helfer, Michael/Ullrich, Walter (Hrsg.), Interne Kontrollsysteme in Banken und Sparkassen, 2. Auflage, Heidelberg, 2010.

24 Vgl. European Banking Authority, EBA Guidelines on Internal Governance (GL 44), 27. September 2011, S. 38 und 43.

25 Der Kommentar stellt auf die deutsche Übersetzung der Leitlinien ab, die am 21. März 2018 als Leitlinien zur internen Governance veröffentlicht wurden. Irrtümlicherweise wurde die deutsche Fassung der Leitlinien – im Gegensatz zu allen anderen Sprachfassungen – auf den 15. März 2018 datiert. Wir haben uns für die aus unserer Sicht korrekte Zitierweise entschieden. Vgl. European Banking Authority, Leitlinien zur internen Governance, EBA/GL/2017/11, 21. März 2018. Die EBA hat die Leitlinien im Juli 2020 einer erneuten Überarbeitung unterzogen und ihren endgültigen Bericht an die EU-Kommission im Juli 2021 veröffentlicht. Der Bericht enthält hinsichtlich der Anforderungen an die Risikocontrolling- und die Compliance-Funktion keine wesentlichen Änderungen. Vgl. European Banking Authority, Final Report on Guidelines on internal governance under Directive 2013/36/EU, EBA/GL/2021/05, 2. Juli 2021, S. 53 ff.

(→ AT 4.4.1 Tz. 5) und für die Compliance-Funktion grundsätzlich eine eigenständige Organisationeinheit einzurichten (→ AT 4.4.2 Tz. 4).

2.3.2 Prozessunabhängige Überwachungsmechanismen – Interne Revision

Zu den prozessunabhängigen Überwachungsmechanismen zählt die Interne Revision, die im Auftrag der Geschäftsleitung grundsätzlich alle Aktivitäten und Prozesse auf ihre Ordnungsmäßigkeit prüft und beurteilt. Die Interne Revision hat u. a. auch die Wirksamkeit und Angemessenheit des Risikomanagements im Allgemeinen und des internen Kontrollsystems im Besonderen, also der prozessabhängigen Kontrollen, zu prüfen und zu beurteilen. Die Mitarbeiter der Internen Revision sind im Rahmen ihrer Aufgaben weder in die zu prüfenden Bereiche und Abläufe eingebunden noch für das Ergebnis des zu überwachenden Prozesses verantwortlich. Nur auf diese Weise ist eine unabhängige Überprüfung durch die Interne Revision gewährleistet.

19

2.3.3 Terminologie der Wirtschaftsprüfer

Die Trennung zwischen »prozessabhängigen« – bzw. im Sprachgebrauch des IDW »prozessintegrierten« – und »prozessunabhängigen« Überwachungsmaßnahmen liegt auch der Systematik des Berufsstandes der Wirtschaftsprüfer zugrunde. Einzelne Begrifflichkeiten weichen jedoch von der Terminologie der Bankenaufsicht ab. So wird z.B. der Begriff »internes Überwachungssystem« anstelle der Formulierung »interne Kontrollverfahren« verwendet, obwohl die Begriffsinhalte weitgehend deckungsgleich sind. Darüber hinaus bezeichnen die Wirtschaftsprüfer mit dem »internen Kontrollsystem« übergreifend sämtliche Regelungen zur Steuerung der Unternehmensaktivitäten und deren Überwachung, während die Bankenaufsicht denselben Begriff lediglich für die prozessabhängigen Überwachungsmechanismen verwendet (siehe Abbildung 6). Zwischen der inhaltlichen Ausrichtung von Wirtschaftsprüfern und Bankenaufsicht besteht, unabhängig davon, ein gedanklicher Gleichklang.[26] Die Veröffentlichung eines Prüfungsstandards zur Prüfung des Risikomanagements bei Kreditinstituten durch das Institut der Wirtschaftsprüfer (IDW) hat daran grundsätzlich nichts geändert.[27] Trotzdem wird es als nicht unproblematisch empfunden, dass der Gesetzgeber auf Begriffe zurückgreifen muss, die in der Betriebswirtschaft nicht eindeutig definiert sind und für die das IDW in der Praxis quasi die Definitionshoheit hat.[28]

20

---

26 Vgl. z.B. Institut der Wirtschaftsprüfer, Prüfungsstandard 261 (IDW PS 261), Feststellung und Beurteilung von Fehlerrisiken und Reaktionen des Abschlussprüfers auf die beurteilten Fehlerrisiken, in: Die Wirtschaftsprüfung, Heft 22/2006, S. 1433ff.; Göttgens, Michael/Wolfgarten, Wilhelm, Die Prüfung des internen Kontrollsystems von Kreditinstituten im Rahmen der Abschlussprüfung (Teil 1), in: Die Wirtschaftsprüfung, Heft 24/2005, 1368f.; Denter, Klaus, Die Bedeutung der MaRisk für die Abschlussprüfung, in: Becker, Axel/Gruber, Walter/Wohlert, Dirk (Hrsg.), Handbuch MaRisk, Frankfurt a. M., 2006, S. 627ff.

27 Institut der Wirtschaftsprüfer, Prüfungsstandard 525 (IDW PS 525), Die Prüfung des Risikomanagements von Kreditinstituten im Rahmen der Abschlussprüfung, in: Die Wirtschaftsprüfung Supplement, Heft 3/2010, S. 4ff.

28 Vgl. Hoffmann-Becking, Michael, Risiko und Risikosteuerung im Aktienrecht, in: Die Wirtschaftsprüfung, Sonderheft 2/2010, S. S104f.

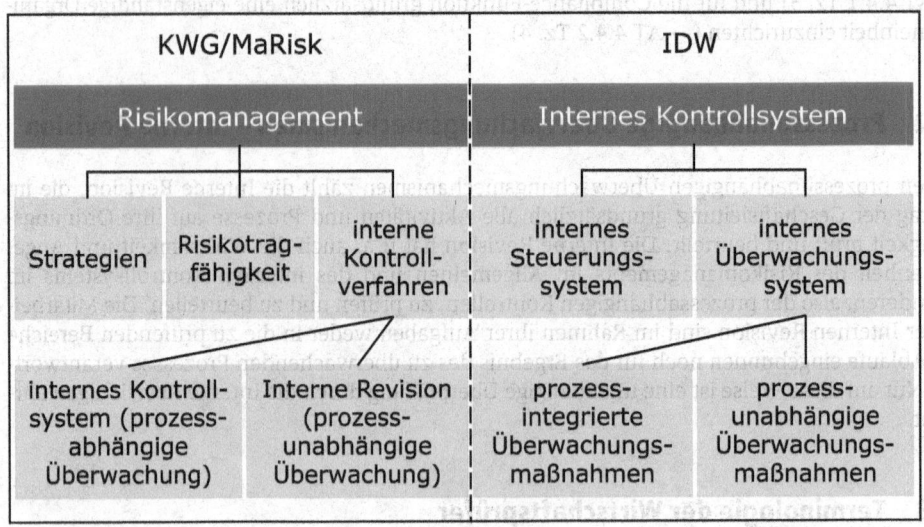

Abb. 6: Terminologie von Gesetzgeber und IDW im Vergleich

2.4 Einbeziehung ausgelagerter Aktivitäten und Prozesse nach § 25b KWG

21 Seit dem 30. Oktober 2007 (»erste MaRisk-Novelle«) konkretisieren die MaRisk auch die Anforderungen an eine ordnungsgemäße Geschäftsorganisation für die ausgelagerten Aktivitäten und Prozesse nach dem damaligen § 25a Abs. 2 KWG. Mit dem CRD IV-Umsetzungsgesetz wurde § 25a Abs. 2 KWG a. F. zum 1. Januar 2014 in § 25b KWG überführt, ohne dass damit eine inhaltliche Änderung verbunden war. Danach muss das Institut »abhängig von Art, Umfang, Komplexität und Risikogehalt einer Auslagerung von Aktivitäten und Prozessen auf ein anderes Unternehmen, die für die Durchführung von Bankgeschäften, Finanzdienstleistungen oder sonstigen institutstypischen Dienstleistungen wesentlich sind, angemessene Vorkehrungen treffen, um übermäßige zusätzliche Risiken zu vermeiden«. Im Einzelnen stellt der Gesetzgeber insbesondere folgende Anforderungen an die Institute, welche durch das Modul AT 9 konkretisiert werden:

- Eine Auslagerung darf die ordnungsgemäße Durchführung der Bankgeschäfte, Finanzdienstleistungen oder sonstigen institutstypischen Dienstleistungen sowie die Ordnungsmäßigkeit der Geschäftsorganisation gemäß § 25a Abs. 1 KWG nicht beeinträchtigen (→ AT 9 Tz. 3 und 4).
- Die ausgelagerten Aktivitäten und Prozesse müssen in das Risikomanagement des auslagernden Institutes einbezogen werden (→ AT 9 Tz. 2 und 7).
- Eine Auslagerung darf nicht zu einer Delegation (Übertragung) der Verantwortung der Geschäftsleiter des Institutes an das Auslagerungsunternehmen führen (→ AT 9 Tz. 4).
- Bei einer Auslagerung von Aktivitäten und Prozessen in Kontrollbereichen und Kernbankbereichen müssen Kenntnisse und Erfahrungen im Institut verbleiben, die eine wirksame Überwachung der vom Auslagerungsunternehmen erbrachten Dienstleistungen gewährleisten; eine vollständige Auslagerung der besonderen Funktionen ist lediglich unter bestimmten Voraussetzungen zulässig (→ AT 9 Tz. 5).

- Das Institut bleibt gemäß § 25b Abs. 2 Satz 2 KWG auch bei einer Auslagerung für die Einhaltung der vom Institut zu beachtenden gesetzlichen Bestimmungen verantwortlich; dies gilt auch im Fall einer Weiterverlagerung (→ AT 9 Tz. 7 lit. m, Tz. 8 und Tz. 11).
- Durch eine Auslagerung darf die BaFin an der Wahrnehmung ihrer Aufgaben nicht gehindert werden. Ihre Auskunfts- und Prüfungsrechte sowie Kontrollmöglichkeiten müssen in Bezug auf die ausgelagerten Aktivitäten und Prozesse auch bei einer Auslagerung auf ein Unternehmen mit Sitz in einem Staat des Europäischen Wirtschaftsraumes oder einem Drittstaat durch geeignete Vorkehrungen gewährleistet werden. Entsprechendes gilt für die Wahrnehmung der Aufgaben der Prüfer des Institutes (→ AT 9 Tz. 7 lit. h und i).
- Eine Auslagerung bedarf einer schriftlichen Vereinbarung, welche die zur Einhaltung der vorstehenden Voraussetzungen erforderlichen Rechte des Institutes, einschließlich Weisungs- und Kündigungsrechten, sowie die korrespondierenden Pflichten des Auslagerungsunternehmens festlegt (→ AT 9 Tz. 7 lit. j und l).
- Das Institut hat bei wesentlichen Auslagerungen für den Fall der Beendigung der Auslagerungsvereinbarung Vorkehrungen zu treffen, um die Kontinuität und Qualität der ausgelagerten Aktivitäten und Prozesse auch nach Beendigung der Auslagerung zu gewährleisten (→ AT 9 Tz. 6).
- Das Institut hat die mit den Auslagerungen verbundenen Risiken angemessen zu steuern und die Ausführung der ausgelagerten Aktivitäten und Prozesse ordnungsgemäß zu überwachen; hierfür hat das Institut klare Verantwortlichkeiten festzulegen (→ AT 9 Tz. 9 und 10).
- Jedes Institut, das Auslagerungen vornimmt, hat einen zentralen Auslagerungsbeauftragten im Institut einzurichten sowie abhängig von der Art, dem Umfang und der Komplexität der Auslagerungsaktivitäten ggf. ein zentrales Auslagerungsmanagement zur Unterstützung des Auslagerungsbeauftragten, denen bestimmte Aufgaben zugewiesen werden (→ AT 9 Tz. 12 und 13).
- Das Institut hat ein aktuelles Auslagerungsregister mit Informationen über sämtliche Auslagerungen vorzuhalten (→ AT 9 Tz. 14).

Das Finanzmarktintegritätsstärkungsgesetz (FISG)[29] aus dem Jahr 2021 setzt gemeinsam mit den umfassenden Anpassungen des Moduls AT 9 im Zuge der sechsten MaRisk-Novelle die Vorgaben der EBA-Leitlinien zu Auslagerungen[30] aus dem Jahr 2019 in nationales Recht um.[31] Die im Zuge des FISG in § 1 Abs. 10 KWG neu eingefügte Definition für »Auslagerungsunternehmen« entspricht weitgehend den Anforderungen, die bisher an ein »anderes Unternehmen« im Sinne der MaRisk gestellt werden. Allerdings sind nunmehr ausdrücklich auch Subunternehmen bei Weiterverlagerungen als Auslagerungsunternehmen definiert (→ AT 9 Tz. 1). Darüber hinaus hat ein Institut gemäß § 24 Abs. 1 Nr. 19 KWG in Zukunft die Absicht und den Vollzug einer wesentlichen Auslagerung sowie wesentliche Änderungen oder Vorfälle im Rahmen bestehender Auslagerungen bei der Aufsichtsbehörde anzuzeigen (→ AT 9, Einführung und Überblick). **22**

Erwähnenswert ist der Hinweis des Gesetzgebers in § 25b Abs. 3 KWG, dass die Auskunfts- und Prüfungsrechte sowie Kontrollmöglichkeiten der BaFin sowie die damit korrespondierenden Aufgaben der Prüfer auch bei einer Auslagerung in das Ausland sicherzustellen sind. Auslagerungen im Inland sollen dadurch regulatorisch grundsätzlich nicht anders behandelt werden als Auslagerungen in das Ausland, was auch unter dem Gesichtspunkt der Vermeidung von »Aufsichtsarbitrage« gerechtfertigt ist. Die Regelungen werden im Rahmen des FISG dahingehend ergänzt, dass bei einer wesentlichen Auslagerung auf ein Unternehmen in einem Drittstaat **23**

---

29 Gesetz zur Stärkung der Finanzmarktintegrität (Finanzmarktintegritätsstärkungsgesetz – FISG) vom 3. Juni 2021 (BGBl. I S. 1534), veröffentlicht am 10. Juni 2021.

30 European Banking Authority, Leitlinien zu Auslagerungen, EBA/GL/2019/02, 25. Februar 2019.

31 Nach Ansicht der Deutschen Kreditwirtschaft (DK) gehen die neuen Anforderungen des FISG hinsichtlich Auslagerungen teilweise deutlich über die EBA-Leitlinien hinaus. Die DK kritisiert vor allem die Definition für »Auslagerungsunternehmen«, die neuen Anzeigepflichten und die erweiterten Befugnisse und direkten Anweisungsrechte der BaFin gegenüber den Auslagerungsunternehmen. Vgl. Deutsche Kreditwirtschaft, Stellungnahme zum Entwurf eines Gesetzes zur Stärkung der Finanzmarktstabilität, 9. November 2020, S. 4ff.

vertraglich sicherzustellen ist, dass das Auslagerungsunternehmen einen inländischen Zustellungsbevollmächtigten benennt (§ 25b Abs. 3 Satz 4 KWG). Die Aufgabe des Zustellungsbevollmächtigten kann delegiert werden (→ AT 9, Einführung und Überblick).

24   Sind bei Auslagerungen die Prüfungsrechte und Kontrollmöglichkeiten der BaFin beeinträchtigt, kann sie gemäß § 25b Abs. 4 KWG im Einzelfall Anordnungen treffen, die geeignet und erforderlich sind, diese Beeinträchtigung zu beseitigen. Die Befugnisse der BaFin nach § 25a Abs. 2 Satz 2 KWG bleiben unberührt. Die Eingriffsbefugnisse der BaFin werden durch das FISG deutlich erweitert. Die Aufsicht kann gemäß § 25b Abs. 4a KWG nicht nur wie bisher gegenüber dem auslagernden Institut, sondern bei wesentlichen Auslagerungen in bestimmten Fällen auch direkt gegenüber dem Auslagerungsunternehmen Anordnungen treffen. Aufgrund der Definition des Auslagerungsunternehmens in § 1 Abs. 10 KWG erstreckt sich diese Anordnungsbefugnis der Aufsicht bei Weiterverlagerungen auch auf die Subunternehmen.

2.5   Risikomanagement auf Gruppenebene nach § 25a Abs. 3 KWG

25   § 25a Abs. 3 KWG wurde im Rahmen der Umsetzung der Finanzkonglomerate-Richtlinie im Dezember 2004 zunächst als § 25a Abs. 1a in das KWG eingefügt. Dadurch hat der Gesetzgeber der zunehmenden »Konzernierung« in der Finanzindustrie Rechnung getragen. Nach seinem Wortlaut sind die Geschäftsleiter des übergeordneten Unternehmens für die Ordnungsmäßigkeit der Geschäftsorganisation in der Gruppe und somit auch für das »Risikomanagement auf Gruppenebene« verantwortlich. Um der Anwendung der gruppenbezogenen Anforderungen an das Risikomanagement noch mehr Gewicht zu verleihen, hat die BaFin bestehende Anforderungen der MaRisk ergänzt und diese im Rahmen der zweiten MaRisk-Novelle in ein eigenständiges Modul integriert, das im Laufe der Zeit mehrfach überarbeitet wurde (→ AT 4.5).

26   Mittlerweile werden vom Anwenderkreis nur noch Institutsgruppen, Finanzholding-Gruppen, gemischte Finanzholding-Gruppen und Unterkonsolidierungsgruppen nach Art. 22 CRR erfasst. Mit dem im Juli 2013 in Kraft getretenen Gesetz zur zusätzlichen Aufsicht über beaufsichtigte Unternehmen eines Finanzkonglomerates (»Finanzkonglomerate-Aufsichtsgesetz«, FKAG) wurden die Regelungen für Finanzkonglomerate einschließlich der Anforderungen an das Risikomanagement auf Gruppenebene in einem eigenen Gesetz zusammengefasst. Folgerichtig wurden die Finanzkonglomerate aus dem Anwenderkreis des § 25a Abs. 3 KWG gestrichen.[32]

2.6   Rechtsnatur der MaRisk

27   Bankaufsichtsrechtliche Regelungen und Vorgaben können auf verschiedenen Grundlagen beruhen, wie z.B. auf Gesetzen, Verordnungen oder Verwaltungsvorschriften. Während Gesetze oder Verordnungen materielles Recht darstellen, das gegenüber den Instituten unmittelbare Bindungswir-

---

32 Gemäß § 25 Abs. 1 Satz 1 FKAG muss ein Finanzkonglomerat über eine ordnungsgemäße Geschäftsorganisation nach Maßgabe von Art. 9 der Finanzkonglomerate-Richtlinie verfügen, wobei nach § 25 Abs. 1 Satz 2 FKAG die gesetzlichen Vorgaben in § 25a Abs. 1 KWG und § 64a Abs. 1 VAG entsprechend gelten und die Geschäftsleiter des übergeordneten Unternehmens für die ordnungsgemäße Geschäftsorganisation des Finanzkonglomerates verantwortlich sind. Vgl. Gesetz zur zusätzlichen Aufsicht über beaufsichtigte Unternehmen eines Finanzkonglomerats (Finanzkonglomerate-Aufsichtsgesetz – FKAG) vom 27. Juni 2013 (BGBl. I S. 1862), das zuletzt durch Artikel 26 Absatz 1 des Gesetzes vom 3. Juni 2021 (BGBl. I S. 1534) geändert worden ist. Das Gesetz dient der Umsetzung der Richtlinie 2011/89/EU des Europäischen Parlaments und des Rates vom 16. November 2011 zur Änderung der Richtlinien 98/78/EG, 2002/87/EG, 2006/48/EG und 2009/138/EG hinsichtlich der zusätzlichen Beaufsichtigung der Finanzunternehmen eines Finanzkonglomerats, Amtsblatt der Europäischen Union vom 8. Dezember 2011, L 326/113–141.

kung entfaltet, handelt es sich bei den MaRisk um norminterpretierende Verwaltungsvorschriften[33] (→ Teil I, Kapitel 5). Unter dem Begriff »Verwaltungsvorschriften« werden sämtliche Regelungen subsumiert, mit deren Hilfe die Organisation und das Handeln einer Behörde näher bestimmt werden. Sie entfalten gegenüber den Instituten keine unmittelbare Bindungswirkung, sondern lediglich gegenüber der erlassenden Behörde, also der BaFin. Es handelt sich dabei um ein so genanntes »Innenrecht« der Behörde. Mit Hilfe der Verwaltungsvorschriften werden unbestimmte Rechtsbegriffe des § 25a KWG durch die BaFin ausgelegt, so dass zum Ausdruck kommt, was die deutsche Aufsicht unter einem angemessenen Risikomanagement und dessen Kernbestandteilen (Strategien, Risikotragfähigkeit, interne Kontrollverfahren, Einbeziehung ausgelagerter Aktivitäten und Prozesse) auf der Ebene des einzelnen Institutes und auf Gruppenebene versteht.

Für die Institute bedeutet die Auslegung der unbestimmten Rechtsbegriffe des Gesetzestextes **28** durch die MaRisk einen Gewinn an Rechts- und Planungssicherheit, da die Handlungsweise der deutschen Aufsicht auf der Grundlage der übergeordneten Norm berechenbar wird. Zudem kann auf diese Weise ein möglichst einheitliches Verwaltungshandeln sichergestellt werden. Ein Verzicht auf norminterpretierende Verwaltungsvorschriften hätte negative Konsequenzen und wäre darüber hinaus ineffizient. Die einzelnen Aufseher der BaFin müssten sich von Grund auf eigene Beurteilungsmaßstäbe erarbeiten, so dass sich im Hinblick auf die Bedeutung der unbestimmten Rechtsbegriffe des § 25a Abs. 1 KWG ein unüberschaubares Geflecht an Interpretationen ergeben würde. Gleiches würde für die Prüfer und die Institute gelten. Unter diesen Bedingungen könnten eine möglichst einheitliche Aufsichtspraxis sowie Rechts- und Planungssicherheit kaum gewährleistet werden.[34]

Verwaltungsvorschriften stellen für eine prinzipienorientierte Regulierung das optimale Vehikel **29** dar: Solange Anpassungen mit der (abstrakten) übergeordneten Norm korrespondieren, können diese zeitnah, d. h. ohne aufwendigen parlamentarischen Gesetzgebungsprozess, von der Aufsicht initiiert und gemeinsam mit der Praxis (MaRisk-Fachgremium[35]) entwickelt werden. Zudem werden Novellierungen der MaRisk vor Veröffentlichung stets mit dem Bundesfinanzministerium abgestimmt. Der Heterogenität der Institute wird dabei durch strikte Beachtung des Proportionalitätsgrundsatzes entsprochen.

Neben der deutschen Aufsicht veröffentlicht die EBA rechtlich nicht verbindliche Leitlinien, **30** Empfehlungen und Beschlüsse, die ihre Erwartungshaltung zu einem angemessenen und wirksamen Risikomanagement der Institute zum Ausdruck bringen. Auch die EZB kann zur Wahrnehmung der ihr durch die SSM-Verordnung übertragenen Aufgaben Leitfäden und Empfehlungen vorlegen sowie Beschlüsse fassen. Hiervon macht die EZB in der Praxis inzwischen in erheblichem Umfang Gebrauch, um einheitliche aufsichtliche Verfahren zu fördern und ihre Aufsichtspraxis für den Bankensektor transparent zu machen (→ Teil I, Kapitel 3).

2.7 Transparenz der Aufsichtspraxis

Verwaltungsvorschriften werden von nahezu jeder Behörde mit ganz unterschiedlichen Be- **31** zeichnungen veröffentlicht (z.B. Richtlinien, Erlasse, technische Anweisungen, Verwaltungs-

---

33 Vgl. auch Langen, Markus, in: Schwennicke, Andreas/Auerbach, Dirk (Hrsg.), KWG, 3. Auflage, München, 2016, § 25a KWG, Tz. 6; Braun, Ulrich, in: Boos, Karl-Heinz/Fischer, Reinfrid/Schulte-Mattler, Hermann (Hrsg.), Kreditwesengesetz und VO (EU) Nr. 575/2013, Band 1, 5. Auflage, München, 2016, § 25a KWG, Tz. 97.

34 Vgl. Bundesanstalt für Finanzdienstleistungsaufsicht, Entwicklung von Mindestanforderungen an das Risikomanagement (MaRisk), Schreiben vom 15. April 2004, S. 3.

35 Dem MaRisk-Fachgremium, das gemeinsam von der BaFin und der Deutschen Bundesbank betreut wird, gehören Fachexperten aus den Instituten, Prüfer und Verbandsvertreter an. Im Rahmen der Konsultationen zur Erarbeitung bzw. Weiterentwicklung der MaRisk wird das Fachgremium zur Erörterung der jeweiligen Entwürfe einberufen. Ansonsten dient es in erster Linie als Forum zur Diskussion von Auslegungsentscheidungen.

verordnungen). In der öffentlichen Diskussion um Bürokratieabbau sind sie vor allem deshalb in die Kritik geraten, weil sie häufig nicht transparent gemacht werden und das Handeln der Behörden damit für Bürger und Unternehmen undurchschaubar wird. Kritisiert wird darüber hinaus, dass sie zu viele Details reglementieren. Angesichts dieser Probleme haben staatliche Stellen Initiativen ergriffen, die auf einen Abbau von Verwaltungsvorschriften abzielen. Die BaFin verfolgt im Umgang mit den Verwaltungsvorschriften zum Risikomanagement einen modernen Ansatz. Die MaRisk sind im Internet veröffentlicht und damit transparent. Durch die Einbindung des MaRisk-Fachgremiums in die Ausarbeitung und Weiterentwicklung des Rundschreibens werden zudem Flexibilität und Praxisnähe der Anforderungen kontinuierlich sichergestellt. Damit steigt nicht nur die Akzeptanz der Regelungen bei den Instituten. Auf diese Weise können gleichzeitig Überreglementierungen vermieden werden.[36] Die frühzeitige Einbeziehung der Kreditwirtschaft bei der Ausgestaltung neuer Regelwerke wird von Vertretern der Institute und Verbände grundsätzlich begrüßt.[37]

2.8 Stärkung der Governance-Strukturen

32 Unter dem Eindruck der Finanzmarktkrise sind angemessene »Corporate Governance«-Strukturen verstärkt in den Fokus der Aufsicht gerückt.[38] Der Begriff »Corporate Governance« bezeichnet kurz gefasst den rechtlichen und faktischen Ordnungsrahmen für die Leitung und Überwachung eines Unternehmens. Er umfasst durch Festlegung von Informations- und Entscheidungsrechten verschiedener Akteure bzw. Interessengruppen primär die Binnenordnung des Unternehmens bzw. die »Unternehmensverfassung« (interne Governance-Perspektive) sowie Fragen der rechtlichen und faktischen Einbindung des Unternehmens in sein Umfeld (externe Governance-Perspektive). Die interne Governance-Perspektive (»Internal Governance«) beschäftigt sich vorrangig mit den jeweiligen Rollen, Kompetenzen und Funktionsweisen sowie dem Zusammenwirken der Unternehmensorgane, wie der Geschäftsleitung und dem Aufsichtsorgan. Die externe Governance-Perspektive betrifft das Verhältnis der (Träger der) Unternehmensführung zu den wesentlichen Bezugsgruppen des Unternehmens (Stakeholder), wobei den Anteilseignern (Shareholder) dabei eine besondere Bedeutung zukommt.[39]

---

36 In Großbritannien geht man bei der Einbindung der Praxis sogar noch einen Schritt weiter. In Einzelfällen hat die damalige FSA über begrenzte Zeiträume von der Industrie erstellte »Guidelines«, bestätigt, wie beispielsweise die »Industry Guidance« zu den Outsourcing-Anforderungen der MiFID. Vgl. Financial Services Authority, FSA confirmation of Industry Guidance, PS 07/16, September 2007; Clifford Chance, MiFID-Connect – Guideline on the Application of the Outsourcing Requirements under the FSA Rules implementing MiFID and the CRD in the UK, 2007.

37 Vgl. Hannemann, Ralf, Geleitwort, in: Becker, Axel/Gruber, Walter/Wohlert, Dirk (Hrsg.), Handbuch Bankaufsichtliche Entwicklungen – MaH, Grundsatz I, MaK, MaIR, Basel II, Stuttgart, 2004, S. V.

38 Vgl. European Banking Authority, Leitlinien zur internen Governance, EBA/GL/2017/11, 21. März 2018; European Banking Authority, EBA Guidelines on Internal Governance (GL 44), 27. September 2011; Committee of European Banking Supervisors, Consultation paper on the Guidebook on Internal Governance (CP 44), 13. Oktober 2010; Basel Committee on Banking Supervision, Principles for enhancing corporate governance, BCBS 176, 4. Oktober 2010.

39 Vgl. von Werder, Axel, Ökonomische Grundfragen der Corporate Governance, in: Hommelhoff, Peter/Hopt, Klaus J./von Werder, Axel (Hrsg.), Handbuch Corporate Governance – Leitung und Überwachung börsennotierter Unternehmen in der Rechts- und Wirtschaftspraxis, 2. Auflage, Stuttgart, 2009, S. 4.

2.9 Überwachungsfunktion des Aufsichtsorgans

Funktionsfähige interne Governance-Strukturen setzen voraus, dass die Aufsichtsorgane der Institute ihre Überwachungsfunktion sachgerecht wahrnehmen.[40] Die Überwachungsfunktion der Aufsichtsorgane ist in unterschiedlichen gesetzlichen Normen fest verankert. Nach § 111 Abs. 1 AktG hat der Aufsichtsrat die Geschäftsführung zu überwachen. Bei Kreditinstituten in der Rechtsform der Genossenschaft hat der Aufsichtsrat gemäß § 38 Abs. 1 GenG den Vorstand bei seiner Geschäftsführung zu überwachen. Bei Sparkassen sind entsprechende Regelungen in den Sparkassengesetzen der Länder festgelegt. Nach dem Wortlaut des § 15 Abs. 1 des Gesetzes über die Sparkassen sowie über die Sparkassen- und Giroverbände (SpkG) des Landes Nordrhein-Westfalen bestimmt der Verwaltungsrat sogar die Richtlinien der Geschäftspolitik. Der Verwaltungsrat hat ferner die Geschäftsführung zu überwachen. Der Überwachungsfunktion des Aufsichtsorgans wird demnach vom Gesetzgeber nicht nur bei Aktiengesellschaften, sondern auch bei Sparkassen und Genossenschaftsbanken ein hoher Stellenwert eingeräumt.[41]   33

Seit der Finanzmarktkrise stehen die Anforderungen an Aufsichtsräte von Banken verstärkt im Fokus neuer gesetzlicher und regulatorischer Vorgaben. So sieht etwa das Bilanzrechtsmodernisierungsgesetz (BilMoG) eine Stärkung der Qualifikation und Unabhängigkeit des Aufsichtsrates vor. Noch weiter gingen die gesetzgeberischen Initiativen bei Banken (und Versicherungsunternehmen). Seit der Verabschiedung des »Gesetzes zur Stärkung der Finanzmarkt- und Versicherungsaufsicht« im Juli 2009 müssen die Mitglieder der Aufsichtsorgane ihre persönliche Zuverlässigkeit und Sachkunde im Rahmen eines »Fit & Proper«-Tests gegenüber den zuständigen Aufsichtsbehörden nachweisen.   34

2.9.1 Anforderungen an die Mitglieder des Aufsichtsorgans nach § 25d KWG

Mit dem CRD IV-Umsetzungsgesetz wurden zum 1. Januar 2014 die Anforderungen an die Aufsichtsorgane der Institute grundlegend neu geregelt (§ 25d KWG) und dabei deutlich erweitert.[42] Die sehr umfangreichen Regelungen dienen der Stärkung der internen Governance-Strukturen und gehen zum großen Teil auf Vorgaben der CRD IV[43] sowie Leitlinien der EBA[44] bzw. ihres Vorgängers CEBS[45] zurück. Den Regelungen auf europäischer Ebene zufolge ändert sich die Rolle der Aufsichtsorgane insofern, als ein Wandel von einer reinen Kontrolltätigkeit hin zu einer aktiven Einbindung in Entscheidungen von grundlegender Bedeutung zu beobachten ist. Unter dem Aufsichtsorgan wird jedes zwingend oder fakultativ eingerichtete Organ verstanden, dem die Überwachung der Geschäftsleitung des Institutes obliegt, ohne dass es dabei auf die Terminologie   35

---

40 Im Kommentar wird in Anlehnung an den Sprachgebrauch der MaRisk durchgängig der Begriff »Aufsichtsorgan« verwendet. Gemeint ist damit ein im dualistischen System übliches Kontrollgremium, das aufgrund gesetzlicher oder anderer Vorgaben zur Überwachung der Geschäftsleitung eingerichtet werden muss oder kann (→ AT 4.4.3 Tz. 2). Nach dem Aktiengesetz und dem Genossenschaftsgesetz handelt es sich dabei um einen »Aufsichtsrat«, nach öffentlichem Recht um einen »Verwaltungsrat«. Deshalb ist in anderen Regelwerken, wie z.B. in der InstitutsVergV, auch vom »Aufsichts- oder Verwaltungsorgan« die Rede. Die Veröffentlichungen von EBA und EZB haben sowohl das monistische als auch das dualistische System zu berücksichtigen. EBA und EZB verwenden daher für Aufsichts- oder Verwaltungsorgane regelmäßig den Begriff »Leitungsorgan in seiner Aufsichtsfunktion«.

41 Zur Vertiefung dieser Thematik vgl. Bellavite-Hövermann, Yvette/Lindner, Grit/Lüthje, Bernd, Leitfaden für den Aufsichtsrat: Betriebswirtschaftliche und rechtliche Grundlagen für die Aufsichtsratsarbeit, Stuttgart, 2005.

42 Die Anforderungen an die Zuverlässigkeit und Sachkunde von Mitgliedern des Aufsichtsorgans ergaben sich bis zum CRD IV-Umsetzungsgesetz nur aus einem Umkehrschluss aus § 36 Abs. 3 KWG.

43 Vgl. Art. 88 ff. CRD IV, wobei in der CRD IV von »Leitungsorganen in ihrer Aufsichtsfunktion« die Rede ist.

44 Vgl. European Banking Authority, EBA Guidelines on Internal Governance (GL 44), 27. September 2011, S. 21 ff. Die Rolle des Aufsichtsorgans wird auch in den Leitlinien der EBA aus dem Jahr 2018 beleuchtet. Vgl. European Banking Authority, Leitlinien zur internen Governance, EBA/GL/2017/11, 21. März 2018, S. 12 ff.

45 Vgl. Committee of European Banking Supervisors, Guidelines on Remuneration Policies and Practices (GL 42), 10. Dezember 2010, S. 28 ff.

in dem einschlägigen, die Rechtsform regelnden Gesetz ankommt.[46] In der Gesetzesbegründung ist klargestellt, dass § 25d KWG bei Instituten ohne gesetzlich notwendiges Aufsichtsorgan nicht die Bildung eines Aufsichts- oder Verwaltungsrates verlangt.

36   Neben Zuverlässigkeit und Sachkunde verlangt § 25d Abs. 1 KWG ausdrücklich, dass ein Mitglied des Aufsichtsorgans der Wahrnehmung seiner Aufgaben ausreichend Zeit widmet. Die Anforderung betont das Gebot der persönlichen und eigenverantwortlichen Amtsausübung. Gleichzeitig werden Mandatsbegrenzungen und eine Höchstzahl von Aufsichtsmandaten gesetzlich festgeschrieben (§ 25d Abs. 3 KWG). Die Regelung schließt darüber hinaus mögliche Interessenkonflikte aus. Die BaFin hat in einem Merkblatt die Anforderungen an die Sachkunde, die Zuverlässigkeit und die zeitliche Verfügbarkeit der Mitglieder der Aufsichtsorgane konkretisiert.[47] Im Hinblick auf die notwendige Sachkunde muss ein Mitglied eines Aufsichtsorgans insbesondere fachlich in der Lage sein, die Geschäftsleiter seines Institutes angemessen zu kontrollieren, zu überwachen und die Entwicklung des Institutes aktiv zu begleiten. Das Mitglied des Aufsichtsorgans muss dazu die vom Institut getätigten Geschäfte verstehen und deren Risiken beurteilen können. Zudem muss es mit den für das Institut wesentlichen gesetzlichen Regelungen vertraut sein.[48] Die Anforderungen an die Sachkunde der Mitglieder des Aufsichtsorgans richten sich nach dem Umfang und der Komplexität der vom Institut betriebenen Geschäfte und sind für jeden Einzelfall zu beurteilen.[49] Im Gegensatz zu der von Geschäftsleitern verlangten fachlichen Eignung erfordert »Sachkunde« bei den Mitgliedern des Aufsichtsorgans finanztechnisches Fachwissen (nur) in einem Ausmaß, das die Person zur Mitwirkung an der Kollektiventscheidung befähigt. Nicht sämtliche Mitglieder müssen über alle notwendigen Spezialkenntnisse verfügen. Es kommt vielmehr darauf an, dass das Aufsichtsorgan in seiner Gesamtheit die zur Wahrnehmung der Kontrollfunktion sowie zur Beurteilung und Überwachung der Geschäftsleitung notwendigen Kenntnisse, Fähigkeiten und Erfahrungen hat (§ 25d Abs. 2 KWG). Die erforderliche Sachkunde ist laufend aufrechtzuerhalten. Die Aufsicht misst der Fort- und Weiterbildung der Aufsichtsorgane hohe Bedeutung bei.[50] Zudem müssen die Institute angemessene personelle und finanzielle Ressourcen einsetzen, um den Mitgliedern des Aufsichtsorgans die Einführung in ihr Amt zu erleichtern und Fortbildungen zu ermöglichen (§ 25d Abs. 4 KWG). Hinsichtlich der zeitlichen Verfügbarkeit muss das Mitglied des Aufsichtsorgans unter Berücksichtigung seiner beruflichen und gesellschaftlichen Verpflichtungen nach allgemeiner Anschauung in der Lage sein, für das einzelne Mandat, auch in Sondersituationen mit erhöhtem Zeitaufwand, Zeit aufzubringen, und die erforderliche Zeit dann auch tatsächlich aufwenden.[51]

---

46 Auch ein Beirat kann den gesetzlichen Anforderungen des KWG unterliegen, wenn seine Aufgaben und Befugnisse denen eines Aufsichtsorgans entsprechen und gesetzlich, per Satzung oder Gesellschaftsvertrag geregelt sind. Vgl. Bundesanstalt für Finanzdienstleistungsaufsicht, Merkblatt zu den Mitgliedern von Verwaltungs- und Aufsichtsorganen gemäß KWG und KAGB vom 4. Januar 2016, zuletzt geändert am 24. Juni 2021, S. 10.

47 Das Merkblatt regelt neben den Anforderungen an die Mitglieder von Aufsichtsorganen (Sachkunde, Zuverlässigkeit, Interessenkonflikte, zeitliche Verfügbarkeit, Mandatsbegrenzungen) die Pflichten der Mitglieder von Aufsichtsorganen, die Anzeigepflichten der Institute, die persönlichen Anzeigepflichten sowie mögliche Maßnahmen der Aufsichtsbehörden gegenüber Mitgliedern von Aufsichtsorganen. Vgl. Bundesanstalt für Finanzdienstleistungsaufsicht, Merkblatt zu den Mitgliedern von Verwaltungs- und Aufsichtsorganen gemäß KWG und KAGB vom 4. Januar 2016, zuletzt geändert am 24. Juni 2021.

48 Das Mitglied des Aufsichtsorgans muss grundsätzlich nicht über Spezialkenntnisse verfügen, jedoch in der Lage sein, ggf. seinen Beratungsbedarf zu erkennen. Vgl. Bundesanstalt für Finanzdienstleistungsaufsicht, Merkblatt zu den Mitgliedern von Verwaltungs- und Aufsichtsorganen gemäß KWG und KAGB vom 4. Januar 2016, zuletzt geändert am 24. Juni 2021, S. 28f.

49 Vgl. Bundesanstalt für Finanzdienstleistungsaufsicht, Merkblatt zu den Mitgliedern von Verwaltungs- und Aufsichtsorganen gemäß KWG und KAGB vom 4. Januar 2016, zuletzt geändert am 24. Juni 2021, S. 29.

50 Vgl. Bundesanstalt für Finanzdienstleistungsaufsicht, Merkblatt zu den Mitgliedern von Verwaltungs- und Aufsichtsorganen gemäß KWG und KAGB vom 4. Januar 2016, zuletzt geändert am 24. Juni 2021, S. 30.

51 Vgl. Bundesanstalt für Finanzdienstleistungsaufsicht, Merkblatt zu den Mitgliedern von Verwaltungs- und Aufsichtsorganen gemäß KWG und KAGB vom 4. Januar 2016, zuletzt geändert am 24. Juni 2021, S. 35. Die EZB hat im August 2019 einen Bericht über den Zeitaufwand von Verwaltungs- und Aufsichtsräten bei bedeutenden Instituten gemäß Art. 6 SSM-Verordnung veröffentlicht. Der Bericht enthält keine aufsichtlichen Anforderungen, sondern soll eine Bestandsaufnahme darstellen. Vgl. European Central Bank, Report on declared time commitment of non-executive directors in the SSM, 14. August 2019.

Die Beurteilung der Sachkunde, Zuverlässigkeit und zeitlichen Verfügbarkeit der Mitglieder von   **37**
Aufsichtsorganen eines bedeutenden Institutes gemäß Art. 6 SSM-Verordnung erfolgt seit Inkrafttreten des Einheitlichen Aufsichtsmechanismus (Singe Supervisory Mechanism, SSM) am 4. November 2014 durch die EZB, die ihre Entscheidung dem Institut unmittelbar mitteilt.[52] Die EZB hat im Mai
2017 einen Leitfaden zur Beurteilung der fachlichen Qualifikation und persönlichen Zuverlässigkeit
von Geschäftsleitern und Mitgliedern von Aufsichtsorganen veröffentlicht, der unter Berücksichtigung
der einschlägigen EBA-Leitlinien im Mai 2018 aktualisiert wurde.[53] Die im Juni 2021 zur Konsultation
gestellte Fassung des EZB-Leitfadens soll die Transparenz, Qualität und Effizienz der Beurteilung der
fachlichen Eignung und Zuverlässigkeit von Geschäftsleitern weiter verbessern.[54] In dem überarbeiteten Leitfaden bringt die EZB zudem ihre Erwartungshaltung an die Diversität in den Leitungsorganen
zum Ausdruck. Zusätzlich zu einer angemessenen Diversität im Hinblick auf Fähigkeiten, Kenntnisse
und Erfahrungen soll auch die Geschlechter-Diversität berücksichtigt werden.[55]

Nach § 25d Abs. 6 Satz 1 KWG hat das Aufsichtsorgan die Geschäftsleiter auch im Hinblick auf die   **38**
Einhaltung der einschlägigen bankaufsichtsrechtlichen Regelungen zu überwachen. Vom Aufsichts-
organ wird explizit gefordert, der Erörterung von Strategien, Risiken und Vergütungssystemen für
Geschäftsleiter und Mitarbeiter ausreichend Zeit zu widmen (§ 25d Abs. 6 Satz 2 KWG). Das Auf-
sichtsorgan hat sich somit verstärkt auch mit den Vergütungssystemen der Mitarbeiter des Institutes
auseinanderzusetzen, insbesondere hinsichtlich der »Risk Taker« und der Leiter von besonderen
Funktionen im Aufsichtsrecht (z.B. Risikocontrolling- und Compliance-Funktion, Interne Revision,
Geldwäschebeauftragter). Zu den Aufgaben des Aufsichtsorgans gehört gemäß § 25d Abs. 8 KWG des
Weiteren die Bewertung der Auswirkungen der Vergütungssysteme auf die Risiko-, Kapital- und
Liquiditätsstruktur des Unternehmens sowie die Wahrscheinlichkeit und Fälligkeit von Einnahmen.

Nach § 25d Abs. 5 Satz 1 KWG darf die Ausgestaltung der Vergütungssysteme für Mitglieder des   **39**
Aufsichtsorgans im Hinblick auf die wirksame Wahrnehmung seiner Überwachungsfunktion keine
Interessenkonflikte erzeugen. Mit dem Risikoreduzierungsgesetz wurde für die Mitglieder des Aufsichts-
organs in § 25d Abs. 5 Satz 2 KWG das Prinzip der geschlechtsneutralen Vergütungssysteme eingefügt.[56]

Gemäß den Vorstellungen der EBA überwacht und berät das Aufsichtsorgan die Geschäfts-   **40**
leitung. Die Aufsichtsfunktion besteht vor allem darin, die Erstellung der Strategie eines Institutes
konstruktiv zu begleiten und zu hinterfragen, die Leistung der Geschäftsleitung und die Verwirklichung der vereinbarten Ziele zu überwachen und die Verlässlichkeit und Vollständigkeit der
Finanzinformationen sowie ein wirksames Risikomanagement und interne Kontrollen zu gewährleisten. Seit der Überarbeitung der EBA-Leitlinien zur internen Governance im Jahr 2018 hat das
Aufsichtsorgan zudem zu überwachen, dass die Risikokultur des Institutes konsequent umgesetzt
wird (→ AT 3). Auch die Beaufsichtigung der Umsetzung und Pflege des Verhaltenskodex des

---

52 Die notwendigen Anzeigen der Mitglieder des Aufsichtsorgans sind regelmäßig bei BaFin und Bundesbank einzureichen,
bei bedeutenden Instituten (significant institutions) zusätzlich bei der EZB. Vgl. Bundesanstalt für Finanzdienstleistungsaufsicht, Merkblatt zu den Mitgliedern von Verwaltungs- und Aufsichtsorganen gemäß KWG und KAGB vom 4. Januar
2016, zuletzt geändert am 24. Juni 2021, S. 12 f.

53 Vgl. Europäische Zentralbank, Leitfaden zur Beurteilung der fachlichen Qualifikation und persönlichen Zuverlässigkeit,
28. Mai 2018. Die EBA hat entsprechende Vorgaben in den Leitlinien zur Beurteilung der Eignung von Geschäftsleitern,
Mitgliedern der Aufsichtsorgane und so genannten »Inhabern von Schlüsselfunktionen« (»Key Function Holders«)
formuliert. Vgl. European Banking Authority/European Securities and Markets Authority, Leitlinien zur Bewertung der
Eignung von Mitgliedern des Leitungsorgans und Inhabern von Schlüsselfunktionen, EBA/GL/2017/12, 21. März 2018.
S. 24 f.

54 European Central Bank, Guide to fit and proper assessments, Consultation paper, 15. Juni 2021.

55 Vgl. European Central Bank, Guide to fit and proper assessments, Consultation paper, 15. Juni 2021, S. 39 f.

56 Die Regelung geht auf den durch die CRD V angepassten Art. 74 Abs. 1 CRD IV zurück. Die EBA hat am 29. Oktober 2020
überarbeitete Leitlinien zur soliden Vergütungspolitik zur Konsultation gestellt, um den Grundsatz der geschlechtsneutralen Vergütungspolitik zu konkretisieren. Am 2. Juli 2021 hat die EBA dazu ihren Abschlussbericht vorgelegt. Sie wird zwei
Jahre nach der Veröffentlichung dieser Leitlinien einen Bericht über die Anwendung einer geschlechtsneutralen Vergütungspolitik durch die Institute erstellen. Vgl. European Banking Authority, Final report on Guidelines on sound
remuneration policies under Directive 2013/36/EU, EBA/GL/2021/04, 2. Juli 2021.

Institutes (→ AT 5 Tz. 3 lit. g) und wirksamer Richtlinien zur Vermeidung von Interessenkonflikten gehört seitdem zu den Aufgaben des Aufsichtsorgans.[57]

2.9.2 Bildung von Ausschüssen (§ 25d Abs. 7 bis 12 KWG)

41 Das Aufsichtsorgan eines Institutes hat grundsätzlich aus seiner Mitte einen Risikoausschuss, einen Prüfungsausschuss, einen Nominierungsausschuss und einen Vergütungskontrollausschuss zu bilden, die es bei seinen Aufgaben beraten und unterstützen sollen (§ 25d Abs. 7 KWG).[58] Bei bedeutenden Instituten gemäß § 1 Abs. 3c KWG ist die Bestellung eines Risiko-, eines Prüfungs-, eines Nominierungs- und eines Vergütungskontrollausschusses zwingend. Für die Ausschüsse ist jeweils ein Vorsitzender zu benennen. Die Mitglieder der Ausschüsse müssen die erforderlichen Kenntnisse, Fähigkeiten und Erfahrungen haben. Zudem soll ihre Tätigkeit durch wechselseitige Mitgliedschaften untereinander abgestimmt werden. Nach der Gesetzesbegründung können die Institute von der Bildung der Ausschüsse absehen, wenn dem Aufsichtsorgan weniger als zehn Mitglieder angehören. Ab einer Mindestanzahl von zehn Mitgliedern im Gesamtorgan erscheint die Bildung der Ausschüsse dem Gesetzgeber hingegen sinnvoll und notwendig. Zu beachten ist, dass die Aufsicht die Bildung der Ausschüsse verlangen kann, wenn dies unter Wahrung des Proportionalitätsgrundsatzes zur ordnungsgemäßen Wahrnehmung der Kontrollfunktion des Aufsichtsorgans erforderlich erscheint. In den MaRisk wird bisher nicht explizit gefordert, entsprechende Ausschüsse zu bilden. Allerdings dienen die MaRisk auch nicht der Konkretisierung von § 25d KWG.

42 Der »Risikoausschuss« soll das Aufsichtsorgan zur aktuellen und künftigen Gesamtrisikobereitschaft und -strategie des Institutes beraten und bei der Beaufsichtigung der Umsetzung dieser Strategie unterstützen. Der Vorsitzende des Risikoausschusses soll weder Vorsitzender des Aufsichtsorgans noch eines anderen Ausschusses sein. Er soll unter Einbeziehung der Geschäftsleitung unmittelbar beim Leiter der Internen Revision und beim Leiter Risikocontrolling Auskünfte einholen können. Die übrigen Mitglieder des Risikoausschusses haben selbst kein unmittelbares Auskunftsrecht, können jedoch bei Bedarf über den Vorsitzenden des Risikoausschusses entsprechende Anfragen stellen. Existiert kein Risikoausschuss, wird das Auskunftsrecht dem Vorsitzenden des Aufsichtsorgans eingeräumt. Es soll auch die Möglichkeit bestehen, den Rat außenstehender Sachverständiger einzuholen. Der Risikoausschuss soll Art, Umfang, Format und Häufigkeit der Informationen bestimmen, die von der Geschäftsleitung zum Thema Strategie und Risiko vorgelegt werden müssen (§ 25d Abs. 8 KWG).

43 Auch der Baseler Ausschuss für Bankenaufsicht schlägt für den Leiter der Risikocontrolling-Funktion einen ungehinderten Zugang zum Aufsichtsorgan und seinem Risikoausschuss vor. Zudem soll er unabhängig von den normalen Berichtslinien auch an diese Organe berichten. Die Mitglieder des Aufsichtsorgans sollten wiederum das Recht haben, sich in Abwesenheit der Geschäftsleitung regelmäßig mit dem Leiter Risikocontrolling zu treffen.[59]

44 Der »Prüfungsausschuss« soll das Aufsichtsorgan bei der Überwachung des Rechnungslegungsprozesses, der Wirksamkeit des Risikomanagementsystems und der Durchführung der Abschlussprüfungen unterstützen. Er soll zudem die zügige Behebung der vom Prüfer festgestellten Mängel durch die Geschäftsleitung mittels geeigneter Maßnahmen überprüfen (§ 25d Abs. 9 KWG). Da CRR-Kreditinstitute im Sinne des § 1 Abs. 3d Satz 1 KWG seit dem Inkrafttreten des Finanzmarktintegritätsstärkungsgesetzes als Unternehmen im öffentlichen Interesse gemäß § 316a Satz 2 Nr. 2 HGB einzuordnen sind, muss mindestens ein Mitglied des Prüfungsausschusses über Sachver-

---

57 Vgl. European Banking Authority, Leitlinien zur internen Governance, EBA/GL/2017/11, 21. März 2018, S. 12 f.
58 Bei einer Europäischen Gesellschaft (SE) mit monistischem System soll das Aufsichtsorgan die Ausschüsse aus dem Kreis der nicht geschäftsführenden Mitglieder des Verwaltungsrates bestellen.
59 Vgl. Basel Committee on Banking Supervision, Principles for enhancing corporate governance, BCBS 176, 4. Oktober 2010, S. 18.

stand auf dem Gebiet Rechnungslegung und mindestens ein weiteres Mitglied über Sachverstand auf dem Gebiet Abschlussprüfung verfügen.[60] In Zukunft muss somit in den bei CRR-Kreditinstituten eingerichteten Prüfungsausschüssen Sachverstand sowohl im Hinblick auf Rechnungslegung als auch Abschlussprüfung vorhanden sein. Darüber hinaus muss der notwendige Sachverstand in den Bereichen Rechnungslegung und Abschlussprüfung auf mindestens zwei Mitglieder des Prüfungsausschusses verteilt sein. Eine kumulative Erfüllung beider Kompetenzen durch ein Mitglied ist nicht möglich (→ AT 4.4.3 Tz. 2). Bedeutende Institute im Sinne des § 1 Abs. 3c KWG können unter bestimmten Voraussetzungen einen gemeinsamen Risiko- und Prüfungsausschuss bilden, sofern sie kein CRR-Institut sind. Die Bildung eines gemeinsamen Ausschusses ist der BaFin mitzuteilen. Zudem sind die Gründe für eine Zusammenlegung von dem Unternehmen zu dokumentieren (§ 25d Abs. 10 KWG).

Der »Nominierungsausschuss« soll das Aufsichtsorgan bei der Stellenbesetzung in der Geschäfts- **45**
leitung und ggf. im Aufsichtsorgan selbst unterstützen, die Struktur, Größe, Zusammensetzung und Leistung der Geschäftsleitung und des Aufsichtsorgans sowie die Kenntnisse, Fähigkeiten und Erfahrung der einzelnen Mitglieder und des jeweiligen Organs in seiner Gesamtheit bewerten sowie die Geschäftsleitung bei der Auswahl und Ernennung der oberen Leitungsebene überprüfen (§ 25d Abs. 11 KWG). Schließlich soll der »Vergütungskontrollausschuss« das Aufsichtsorgan bei der Überwachung der angemessenen Ausgestaltung der Vergütungssysteme unterstützen, die Auswirkungen dieser Systeme auf das Risiko-, Kapital- und Liquiditätsmanagement und die ordnungsgemäße Einbeziehung der internen Kontroll- und aller sonstigen maßgeblichen Bereiche bei der Ausgestaltung der Vergütungssysteme bewerten und die Beschlüsse des Aufsichtsorgans über die Vergütung der Geschäftsleiter unter besonderer Berücksichtigung der Auswirkungen dieser Beschlüsse auf die Risiken und das Risikomanagement des Unternehmens vorbereiten (§ 25d Abs. 12 KWG).

Eine analoge Möglichkeit zur Einholung von Auskünften wie beim Risikoausschuss besteht laut **46**
§ 25d Abs. 9 Satz 4 KWG für den Vorsitzenden des Prüfungsausschusses und – bezogen auf den Leiter der Internen Revision und den Leiter der für die Ausgestaltung der Vergütungssysteme zuständigen Organisationseinheit – nach § 25d Abs. 12 Satz 7 KWG für den Vorsitzenden des Vergütungskontrollausschusses. Die übrigen Mitglieder des Prüfungsausschusses bzw. Vergütungskontrollausschusses haben selbst kein unmittelbares Auskunftsrecht, können jedoch bei Bedarf über den jeweiligen Vorsitzenden entsprechende Anfragen stellen. In den MaRisk wird lediglich das gesetzliche Auskunftsrecht des Vorsitzenden des Aufsichtsorgans bzw. des Prüfungsausschusses gegenüber dem Leiter der Internen Revision gemäß § 25d Abs. 9 Satz 4 KWG wiederholt (→ AT 4.4.3 Tz. 2 inkl. Erläuterung).

Die EBA verlangt in ihren Leitlinien zur internen Governance nicht nur ein Auskunftsrecht des **47**
Aufsichtsorgans gegenüber der Risikocontrolling-Funktion und der Internen Revision. Nach den Vorstellungen der EBA sollten vielmehr alle Leiter der besonderen Funktionen (→ AT 4.4) gegenüber dem Aufsichtsorgan ihre Bedenken äußern bzw. dieses warnen können, wenn nachteilige Risikoentwicklungen das Institut beeinträchtigen oder beeinträchtigen können.[61] Es stellt sich die Frage, ob ein derartiges »Rederecht« der Leiter der Risikocontrolling- und Compliance-Funktion sowie der Internen Revision überhaupt mit dem deutschen Gesellschaftsrecht vereinbar ist. Die EBA hat ihre Anforderung im Hinblick auf das Rederecht der Leiter der besonderen Funktionen explizit unter den Vorbehalt des anwendbaren nationalen Gesellschaftsrechtes gestellt.[62] Die deutsche Aufsicht hat die Anforderung der EBA bisher nicht in die MaRisk übernommen (→ AT 4.4.2 Tz. 7 und AT. 4.4.3 Tz. 2).

---

60 Die Bundesbank und die Kreditanstalt für Wiederaufbau (KfW) sind aufgrund ihrer Sonderstellung gemäß § 2 Abs. 1 Nr. 1 und Nr. 2 KWG keine Unternehmen im öffentlichen Interesse. Zudem sind die selbständigen nationalen Förderbanken aufgrund ihrer Herausnahme aus dem Anwendungsbereich der CRD IV (Art. 2 Abs. 5 Nr. 5 CRD IV) nicht als Unternehmen im öffentlichen Interesse einzustufen.

61 Vgl. European Banking Authority, Leitlinien zur internen Governance, EBA/GL/2017/11, 21. März 2018, S. 13 und 41.

62 Nach den EBA-Leitlinien soll das Aufsichtsorgan das Rederecht der besonderen Funktionen sicherstellen, »unbeschadet der nach dem anwendbaren nationalen Gesellschaftsrecht zugewiesenen Zuständigkeiten«. Vgl. European Banking Authority, Leitlinien zur internen Governance, EBA/GL/2017/11, 21. März 2018, S. 12 f.

2.9.3 Angemessene Einbindung des Aufsichtsorgans nach MaRisk

48 Das Aufsichtsorgan spielt auch in den MaRisk eine wichtige Rolle. Allerdings sind die Anforderungen in erster Linie an die Geschäftsleitung des Institutes und nicht etwa unmittelbar an das Aufsichtsorgan selbst gerichtet. Nach den MaRisk wird die Geschäftsleitung dazu verpflichtet, »eine angemessene Einbindung des Aufsichtsorgans« sicherzustellen, damit dieses seine Überwachungsfunktion sachgerecht wahrnehmen kann. Was darunter im Einzelnen zu verstehen ist, wird an verschiedenen Stellen präzisiert:

- Die Strategien sowie erforderliche Anpassungen der Strategien sind dem Aufsichtsorgan des Institutes zur Kenntnis zu geben und mit diesem zu erörtern (→ AT 4.2 Tz. 6). Die Erörterung erstreckt sich auch auf die Ursachenanalyse im Falle von Zielabweichungen (→ AT 4.2 Tz. 5).
- Die Geschäftsleitung hat das Aufsichtsorgan mindestens vierteljährlich in angemessener Weise über die Risikosituation zu unterrichten. Die Berichterstattung ist in nachvollziehbarer, aussagefähiger Art und Weise zu verfassen und hat neben der Darstellung auch eine Beurteilung der Risikosituation zu enthalten. Auf besondere Risiken für die Geschäftsentwicklung und dafür geplante Maßnahmen der Geschäftsleitung ist ferner gesondert einzugehen. Darüber hinaus besteht eine Ad-hoc-Berichtspflicht der Geschäftsleitung bei unter Risikogesichtspunkten wesentlichen Informationen (→ BT 3.1 Tz. 5).
- Die Geschäftsleitung hat das Aufsichtsorgan über den Wechsel der Leitung der Risikocontrolling-Funktion (→ AT 4.4.1 Tz. 6), der Position des Compliance-Beauftragten (→ AT 4.4.2 Tz. 8) und der Leitung der Internen Revision (→ AT 4.4.3 Tz. 6) rechtzeitig vorab unter Angabe der Gründe für den Wechsel zu informieren.
- Die jährlichen bzw. anlassbezogenen Berichte der Compliance-Funktion an die Geschäftsleitung sind an das Aufsichtsorgan weiterzuleiten.[63] Adressat der Berichterstattung sollte grundsätzlich jedes Mitglied des Aufsichtsorgans sein. Soweit das Aufsichtsorgan Ausschüsse gebildet hat, kann die Weiterleitung der Informationen unter bestimmten Voraussetzungen auch auf einen Ausschuss beschränkt werden. Jedem Mitglied des Aufsichtsorgans ist weiterhin das Recht einzuräumen, die an den Ausschuss geleitete Berichterstattung einsehen zu können (→ AT 4.4.2 Tz. 7 inkl. Erläuterung).
- Die Geschäftsleitung hat sicherzustellen, dass der Vorsitzende des Aufsichtsorgans (ggf. der Vorsitzende des Prüfungsausschusses) direkt beim Leiter der Internen Revision Auskünfte einholen kann (→ AT 4.4.3 Tz. 2).
- Die Interne Revision hat die Quartalsberichte neben der Geschäftsleitung parallel dem Aufsichtsorgan vorzulegen. Zudem hat die Revision über die im Jahresverlauf festgestellten schwerwiegenden sowie über die noch nicht behobenen wesentlichen Mängel an die Geschäftsleitung und das Aufsichtsorgan zu berichten (Jahresbericht). Über besonders schwerwiegende Mängel ist dem Aufsichtsorgan unverzüglich Bericht zu erstatten. Die Berichterstattung an das Aufsichtsorgan kann auch über die Geschäftsleitung erfolgen, sofern damit keine nennenswerte Verzögerung der Information des Aufsichtsorgans verbunden und der Inhalt der Berichterstattung an Geschäftsleitung und Aufsichtsorgan identisch ist (→ BT 2.4 Tz. 4 inkl. Erläuterung).
- Bei schwerwiegenden Feststellungen der Internen Revision gegen einzelne Geschäftsleiter hat die Geschäftsleitung u. a. den Vorsitzenden des Aufsichtsorgans zu unterrichten. Sollte die Geschäftsleitung dieser Berichtspflicht nicht nachkommen, hat die Interne Revision den Vorsitzenden des Aufsichtsorgans zu informieren (→ BT 2.4 Tz. 5).

---

63 Eine entsprechende Regelung besteht für die Compliance-Funktion gemäß MaComp. Vgl. Bundesanstalt für Finanzdienstleistungsaufsicht, Mindestanforderungen an die Compliance-Funktion und weitere Verhaltens-, Organisations- und Transparenzpflichten – MaComp, Rundschreiben 05/2018 (WA) vom 19. April 2018, zuletzt geändert am 24. März 2021, BT 1.2.2 Tz. 3.

Sieht man vom direkten Auskunftsrecht gegenüber der Internen Revision ab, so finden sich 49
vergleichbare Regelungen auch im Aktiengesetz, dem Deutschen Corporate Governance Kodex
sowie verschiedenen Spezialgesetzen. Sie waren in ähnlicher Form auch schon Gegenstand der
MaIR und der MaK.[64] Die Erfüllung der Anforderungen sollte daher für die Institute keine große
Herausforderung darstellen.

In bestimmten Fällen stoßen die Anforderungen jedoch an Grenzen: Für ein in der Rechtsform 50
der GmbH organisiertes Institut ist erst ab einer bestimmten Mitarbeiterzahl die Einrichtung eines
Aufsichtsrates erforderlich.[65] Ferner existiert bei Zweigstellen von Unternehmen mit Sitz im
Ausland, die nach der »Verselbständigungsfiktion« gemäß § 53 Abs. 1 KWG als Institute einzustufen sind, kein Aufsichtsorgan. Diese Zweigstellen sind im Grunde genommen nur Abteilungen der
ausländischen Unternehmenszentralen. In solchen Fällen haben die Zweigstellen ihre Unternehmenszentrale im Ausland in angemessener Form einzubeziehen (→ AT 1 Tz. 1, Erläuterung).

Die wichtigsten Berichtspflichten und Auskunftsrechte aus der Sicht des Aufsichtsorgans sind 51
Abbildung 7 zu entnehmen.

Geschäftsleitung hat Informationspflicht über:		Aufsichtsorgan (Vorsitzender) hat Auskunftsrecht gegenüber:
Strategien/Zielabweichung/Ursachen[1], Ausgestaltung der Vergütungssysteme, Wechsel der Leiter der besonderen Funktionen (unter Angabe der Gründe)	Politik	Leiter der Internen Revision und Leiter der zuständigen Organisationseinheiten (unter Einbeziehung der Geschäftsleitung)[4]
Risikosituation (mind. vierteljährlich)[1], unter Risikogesichtspunkten wesentliche Informationen (unverzüglich), Compliance-Risiko (jährlich und anlassbezogen)[1],	Risiko	Leiter der Internen Revision und Leiter des Risikocontrollings (unter Einbeziehung der Geschäftsleitung)[4]
schwerwiegende Feststellungen gegen Geschäftsleiter (unverzüglich)[2], Verlagerung zur Internen Revision: schwerwiegende und noch nicht behobene wesentliche Mängel (jährlich), besonders schwerwiegende Mängel (unverzüglich)[3]	Revision	Leiter der Internen Revision (unter Einbeziehung der Geschäftsleitung)[4]

[1] Information kann auch an einen dafür eingerichteten Ausschuss des Aufsichtsorgans erfolgen
[2] Information an Vorsitzenden des Aufsichtsorgans (bei Nichtbeachtung durch Interne Revision)
[3] Information kann unter bestimmten Voraussetzungen auch über die Geschäftsleitung erfolgen
[4] Auskunft kann Vorsitzender des Aufsichtsorgans oder des Vergütungskontroll-, Risiko- bzw. Prüfungsausschusses einholen

Abb. 7: Berichtspflichten und Auskunftsrechte aus Sicht des Aufsichtsorgans (KWG und MaRisk)

---

64 Vgl. Bundesanstalt für Finanzdienstleistungsaufsicht, Mindestanforderungen an das Kreditgeschäft der Kreditinstitute (MaK), Rundschreiben 34/2002 (BA) vom 20. Dezember 2002, Tz. 10 und 84; Bundesaufsichtsamt für das Kreditwesen, Mindestanforderungen an die Ausgestaltung der Internen Revision der Kreditinstitute (MaIR), Rundschreiben 1/2000 vom 17. Januar 2000, Tz. 34.

65 Vgl. Bundesanstalt für Finanzdienstleistungsaufsicht, Protokoll der ersten Sitzung des MaRisk-Fachgremiums am 4. Mai 2006, S. 4. Nach § 1 Abs. 1 Satz 1 Nr. 3 DrittelbG hat ein Unternehmen in der Rechtsform der GmbH mit in der Regel mehr als 500 Arbeitnehmern einen Aufsichtsrat zu bestellen, der zu einem Drittel aus Arbeitnehmern bestehen muss. Hinsicht-lich der Rechte und Pflichten dieses Aufsichtsorgans wird im Wesentlichen auf Regelungen des AktG verwiesen. Vgl. Gesetz über die Drittelbeteiligung der Arbeitnehmer im Aufsichtsrat (Drittelbeteiligungsgesetz – DrittelbG) vom 18. Mai 2004 (BGBl. I S. 974), das zuletzt durch Artikel 21 des Gesetzes vom 7. August 2021 (BGBl. I S. 3311) geändert worden ist.

3 Zusammenhang zum ICAAP, ILAAP und SREP (Tz. 2)

52   2 Das Rundschreiben gibt zudem einen qualitativen Rahmen für die Umsetzung maßgeblicher Artikel der Richtlinie 2013/36/EU (Bankenrichtlinie – »CRD IV«) zur Organisation und zum Risikomanagement der Institute vor. Danach sind von den Instituten insbesondere angemessene Leitungs-, Steuerungs- und Kontrollprozesse (»Robust Governance Arrangements«), wirksame Verfahren zur Ermittlung, Steuerung, Überwachung und Kommunikation tatsächlicher oder potenzieller Risiken sowie angemessene interne Kontrollmechanismen einzurichten. Ferner müssen sie über wirksame und umfassende Verfahren und Methoden verfügen, die gewährleisten, dass genügend internes Kapital zur Abdeckung aller wesentlichen Risiken vorhanden ist (Interner Prozess zur Sicherstellung der Risikotragfähigkeit – »Internal Capital Adequacy Assessment Process«). Die Angemessenheit und Wirksamkeit dieser Verfahren, Methoden und Prozesse sind von der Aufsicht gemäß Art. 97 der Bankenrichtlinie im Rahmen des bankaufsichtlichen Überwachungsprozesses regelmäßig zu beurteilen (»Supervisory Review and Evaluation Process«). Das Rundschreiben ist daher unter Berücksichtigung des Prinzips der doppelten Proportionalität der Regelungsrahmen für die qualitative Aufsicht in Deutschland. Im Hinblick auf die Methoden zur Berechnung der aufsichtsrechtlich erforderlichen Eigenmittel der Bankenrichtlinie sind die Anforderungen des Rundschreibens insofern neutral konzipiert, als sie unabhängig von der gewählten Methode eingehalten werden können.

3.1 Supervisory Review Process in der CRD I bis III

53   Der »Supervisory Review Process« (SRP) stellt als Strategie einer verstärkt präventiv agierenden Aufsicht insbesondere auf die Qualität des Risikomanagements in den Instituten ab (→ Teil I, Kapitel 2.1.2). Die nationalen Aufsichtsbehörden sollen sich dabei aus eigener Anschauung ein Bild über die Qualität des Risikomanagements verschaffen. Die Regelungen aus der zweiten Säule von Basel II sind über die im Herbst 2005 verabschiedete CRD in EU-Recht transformiert worden und Mitte 2006 in der Bankenrichtlinie aufgegangen. Seitdem haben sie Bestand.

54   Nach den Artikeln 22, 123 und 124 der Bankenrichtlinie sowie hierzu erlassenen Leitlinien und Standards von CEBS bzw. der EBA formuliert der SRP Anforderungen, die sowohl an die Institute als auch an die zuständigen Aufsichtsbehörden adressiert sind. Die Institute müssen einen so genannten »internen Prozess zur Sicherstellung einer angemessenen Kapitalausstattung« (»Internal Capital Adequacy Assessment Process«, ICAAP) einrichten, der gewährleistet, dass entsprechend dem individuellen Risikoprofil genügend internes Kapital zur Abdeckung aller wesentlichen Risiken vorhanden ist (→ AT 4.1 Tz. 1). Darüber hinaus sind angemessene interne »Governance«-Strukturen (»Robust Governance Arrangements«) von den Instituten zu implementieren. Von den zuständigen Aufsichtsbehörden wird erwartet, dass sie sich im Rahmen des »aufsichtlichen Überprüfungs- und Bewertungsprozesses« (»Supervisory Review and Evaluation Process«, SREP) u. a. einen Eindruck über die Qualität des ICAAP und der internen »Governance«-Strukturen verschaffen.

3.2 Supervisory Review Process in der CRD IV

Seit dem 1. Januar 2014 stellt die CRD IV die maßgebliche Rechtsgrundlage für den Supervisory **55** Review Process dar. An der Funktionsweise des SRP hat sich durch die Überarbeitungen der europäischen Richtlinien grundsätzlich nichts geändert. Die Inhalte der Art. 22, 123 und 124 der Bankenrichtlinie finden sich seitdem in Art. 73, 74 und 97 CRD IV wieder. Durch die CRD V aus dem Jahr 2019 wurden die Regelungen geringfügig angepasst.

Die CRD V ergänzt die bereits in der CRD IV angelegten Regelungen zur Festsetzung der **56** »zusätzlichen Eigenmittelanforderung der Säule 2« (»Pillar 2 Requirement«, P2R) und schafft eine europäische Rechtsgrundlage für die »Eigenmittelempfehlung der Säule 2« (»Pillar 2 Guidance«, P2G). Zudem überträgt sie das für die risikobasierten Kapitalanforderungen entwickelte Säule-2-Konzept auf den Regelungsbereich der nicht-risikobasierten Leverage Ratio.

3.2.1 ICAAP, ILAAP und SREP

Der zweistufige Prozess, bestehend aus dem »Internal Capital Adequacy Assessment Process« **57** (ICAAP) und dem »Supervisory Review and Evaluation Process« (SREP), ist nach wie vor auch Gegenstand der CRD IV. Die Aufsichtsbehörden stellen jedoch mittlerweile nicht mehr nur auf die Kapitalausstattung der Institute ab, sondern mit Einführung des »Internal Liquidity Adequacy Assessment Process« (ILAAP) verstärkt auch auf ihre Liquiditätssituation. Folgerichtig haben die Aufsichtsbehörden beim SREP sowohl den ICAAP als auch den ILAAP zu beurteilen. Die EBA hat Leitlinien zur Ausgestaltung des SREP veröffentlicht, um diesen Prozess auf europäischer Ebene weiter zu harmonisieren. Auf der Grundlage dieser Leitlinien haben die EZB für die bedeutenden Institute (»Significant Institutions«, SI) und die deutschen Aufsichtsbehörden für die weniger bedeutenden Institute (»Less Significant Institutions«, LSI) eine SREP-Methodik entwickelt. Darüber hinaus hat die EZB auf der Grundlage der EBA-Leitlinien eine SSM-LSI-SREP-Methodik veröffentlicht, um auch für die weniger bedeutenden Institute ein einheitliches Vorgehen im SSM sicherzustellen.

Die Institute müssen gemäß Art. 73 CRD IV im Rahmen des ICAAP gewährleisten, dass sie **58** über solide, wirksame und umfassende Strategien und Verfahren verfügen, mit denen sie die Höhe, die Arten und die Verteilung des »internen Kapitals«, das sie zur quantitativen und qualitativen Absicherung ihrer aktuellen und etwaigen künftigen Risiken für angemessen halten, kontinuierlich bewerten und auf einem ausreichend hohen Stand halten können. Diese Strategien und Verfahren müssen regelmäßig intern überprüft werden, um zu gewährleisten, dass sie der Art, dem Umfang und der Komplexität der Geschäftsaktivitäten des Institutes stets angemessen sind und keinen Aspekt außer Acht lassen.[66]

Nach Art. 74 Abs. 1 CRD IV müssen die Institute darüber hinaus über solide Regelungen für die **59** Unternehmensführung und -kontrolle verfügen (»Robust Governance Arrangements«), wozu eine klare Organisationsstruktur mit genau festgelegten, transparenten und kohärenten Zuständigkeiten, wirksame Verfahren zur Ermittlung, Steuerung, Überwachung und Meldung der tatsächlichen und potenziellen künftigen Risiken, angemessene interne Kontrollmechanismen, einschließlich solider Verwaltungs- und Rechnungslegungsverfahren, sowie eine Vergütungspolitik und -praxis, die mit einem soliden und wirksamen Risikomanagement vereinbar und diesem förderlich sind, zählen. Im Rahmen der CRD V wurde ergänzt, dass die genannte Vergütungspolitik und -praxis der Institute geschlechtsneutral ist.

---

66 Es sei darauf hingewiesen, dass an dieser Stelle keine Einschränkung auf die »wesentlichen« Risiken erfolgt.

60 Darüber hinaus erwarten die Aufsichtsbehörden von den Instituten, dass sie gemäß Art. 86 CRD IV über solide Strategien, Grundsätze, Verfahren und Systeme verfügen, mit denen sie das Liquiditätsrisiko über eine angemessene Auswahl von Zeiträumen, die auch nur einen Geschäftstag betragen können, ermitteln, messen, steuern und überwachen können. Diese Strategien, Grundsätze, Verfahren und Systeme müssen der Komplexität, dem Risikoprofil und dem Tätigkeitsbereich der Institute sowie der von der Geschäftsleitung festgelegten Risikotoleranz angemessen sein und die Bedeutung des Institutes in jedem Mitgliedstaat, in dem es tätig ist, widerspiegeln.

61 Die zuständigen Aufsichtsbehörden müssen im Rahmen des SREP die Regelungen, Strategien, Verfahren und Mechanismen, die die Institute zur Einhaltung der CRD IV und der CRR geschaffen haben, nach Art. 97 Abs. 1 CRD IV überprüfen und insbesondere die Risiken, denen die Institute ausgesetzt sind oder ausgesetzt sein könnten, bewerten. Sie müssen auf dieser Grundlage gemäß Art. 97 Abs. 3 CRD IV feststellen, ob die von den Instituten angewandten Regelungen, Strategien, Verfahren und Mechanismen sowie ihre Eigenmittelausstattung und Liquidität ein solides Risikomanagement und eine solide Risikoabdeckung gewährleisten.

62 Grundsätzlich gilt das »Prinzip der doppelten Proportionalität«. Die institutsinternen Regelungen, Verfahren und Mechanismen müssen nach Art. 74 Abs. 2 CRD IV der Art, dem Umfang und der Komplexität der dem Geschäftsmodell innewohnenden Risiken und den Geschäftsaktivitäten des Institutes angemessen sein und dürfen keinen Aspekt außer Acht lassen. Den technischen Kriterien der Art. 76 bis 95 CRD IV ist dabei Rechnung zu tragen. Nach Art. 97 Abs. 4 CRD IV müssen die zuständigen Behörden unter Berücksichtigung der Größe, der Systemrelevanz sowie der Art, des Umfangs und der Komplexität der Geschäftsaktivitäten des betreffenden Institutes die Häufigkeit und Intensität der Überprüfung und Bewertung festlegen und dabei dem Grundsatz der Verhältnismäßigkeit Rechnung tragen. Im Zuge der CRD V wurde Art. 97 Abs. 4 CRD IV dahingehend ergänzt, dass die Aufsichtsbehörden im Hinblick auf den Grundsatz der Verhältnismäßigkeit die Kriterien gemäß Art. 143 Abs. 1 lit. c CRD IV anwenden. Neu aufgenommen wurde in Art. 97 Abs. 4a CRD IV zudem die Regelung, dass und auf welche Weise die Aufsichtsbehörden die Methoden für die Überprüfung und Bewertung anpassen können, um Institute mit einem ähnlichen Risikoprofil Rechnung zu tragen.

3.2.2 Pillar 2 Requirement und Pillar 2 Guidance

63 Auf der Grundlage der in den EBA-Leitlinien zum SREP entwickelten Grundsätze ergänzt die CRD V aus dem Jahr 2019 die bereits in der CRD IV näher spezifizierte Regelung zur Festsetzung der »zusätzlichen Eigenmittelanforderung der Säule 2« (»Pillar 2 Requirement«, P2R) und regelt die Anforderungen an die Qualität der Kapitalunterlegung neu.[67] Die Vorgaben für die Ermittlung der Pillar 2 Requirement sind in Art. 104a CRD IV enthalten. Die Pillar 2 Requirement ist ein institutsindividueller Kapitalzuschlag für jene Risiken, die mit der Mindestkapitalanforderung der ersten Säule des Baseler Rahmenwerkes (8 Prozent Gesamtkapitalquote gemäß Art. 92 Abs. 1 lit. c CRR) nicht bzw. nicht hinreichend abgedeckt sind.[68] Für diesen von den Instituten

---

67 Die deutschen Aufsichtsbehörden verwenden für die »Pillar 2 Requirement« (P2R), die in Art. 104a CRD IV und in § 6c KWG als »zusätzliche Eigenmittelanforderung« (»Additional own funds requirement«) bezeichnet wird, auch den Begriff »SREP-Kapitalzuschlag«.

68 Das bedeutendste Risiko, das die deutsche Aufsicht im SREP-Kapitalzuschlag der weniger bedeutenden Institute berücksichtigt, ist das Zinsänderungsrisiko im Anlagebuch. Weitere wesentliche Risiken können z. B. das Credit-Spread-Risiko im Anlagebuch, d. h. das Risiko, das sich die Bonität eines Kreditnehmers verschlechtert und dadurch ein Abschreibungsbedarf oder stille Lasten entstehen, oder das Refinanzierungskostenrisiko, d. h. das Risiko, das die Refinanzierung der Aktivseite nur zu höheren Kosten möglich werden wird, sein. Vgl. Deutsche Bundesbank, Der aufsichtliche Überprüfungs- und Bewertungsprozess für kleinere Institute und Überlegungen zur Proportionalität, in: Monatsbericht, Oktober 2017, S. 49. Das »Refinanzierungskostenrisiko« wird im Kommentar als »Refinanzierungsrisiko« bezeichnet.

verpflichtend einzuhaltenden Kapitalzuschlag gelten im Hinblick auf die Qualität der vorzuhaltenden Eigenmittel grundsätzlich die Mindestvorgaben zur ersten Säule. Die Institute haben die zusätzliche Eigenmittelanforderung regelmäßig zu 56,25 Prozent mit hartem Kernkapital und zu mindestens 75 Prozent mit Kernkapital zu unterlegen. Die Aufsichtsbehörde kann von einem Institut für die Pillar 2 Requirement eine konservativere Kapitalzusammensetzung (höherer Anteil Kernkapital bzw. hartes Kernkapital) verlangen, sofern dies aufgrund der spezifischen Situation des Institutes erforderlich ist.

Darüber hinaus schafft die CRD V eine europäische Rechtsgrundlage für die »Eigenmittelempfehlung der Säule 2« (»Pillar 2 Guidance«, P2G).[69] Die Pillar 2 Guidance, die sich aus den Ergebnissen der aufsichtlichen Stresstests ableitet, erweitert das Konzept des Kapitalerhaltungspuffers um einen Puffer in Stressphasen.[70] Sie gibt die Höhe des Kapitals an, das ein Institut aus aufsichtlicher Sicht zusätzlich vorhalten sollte, damit es langfristig und unter Berücksichtigung möglicher Verluste in Stressphasen jederzeit die SREP-Gesamtkapitalanforderung (»Total SREP Capital Requirements«, TSCR) einhalten kann. Die SREP-Gesamtkapitalanforderung setzt sich aus der Mindestkapitalanforderung der ersten Säule und der Pillar 2 Requirement zusammen. Die Pillar 2 Guidance soll somit ausdrücken, welche Eigenmittel die Aufsicht von den Instituten über die verpflichtend einzuhaltenden Eigenmittelanforderungen hinaus erwartet.[71] **64**

Ein weiterer Schwerpunkt der CRD V sind Änderungen in Bezug auf die makroprudenziellen Instrumente, die nunmehr klar von den mikroprudenziellen Instrumenten abgegrenzt werden. Es ist z.B. nicht mehr zulässig, dass institutsindividuelle Kapitalzuschläge wie die Pillar 2 Requirement auch Komponenten zur Abdeckung systemischer Risiken berücksichtigen. Diese systemischen Faktoren sollen nur noch über makroprudenzielle Maßnahmen adressiert werden.[72] **65**

3.2.3 LR-Pillar 2 Requirement und LR-Pillar 2 Guidance

Die Europäische Union hat sich Anfang Dezember 2018 auf ein umfassendes Paket von Reformen geeinigt, mit dem die Risiken im europäischen Bankensektor reduziert werden sollen. Im Rahmen dieses »Bankenpaketes«[73] werden auch die Regelungen der CRR zur Verschuldungsquote (»Leverage Ratio«, LR) überarbeitet, die zukünftig eine nicht-risikobasierte Mindestausstattung der Institute mit Eigenkapital gewährleistet. Die Leverage Ratio setzt das aufsichtliche Kernkapital eines Institutes (Zähler) in Beziehung zu seiner Gesamtrisikopositionsmessgröße (Nenner), die grundsätzlich alle bilanziellen und außerbilanziellen Positionen erfasst. Seit dem 28. Juni 2021 müssen die Institute eine Leverage Ratio von **66**

---

69 Die deutschen Aufsichtsbehörden verwenden für die »Pillar 2 Guidance« (P2G), die in Art. 104b CRD IV und in § 6d KWG als »Empfehlung für zusätzliche Eigenmittel« (»Guidance on additional own funds«) bzw. »Eigenmittelempfehlung« bezeichnet wird, auch den Begriff »Eigenmittelzielkennziffer« (EMZK).

70 Die Institute konnten die Eigenmittelempfehlung bis zur Anwendung der CRD V am 28. Juni 2021 mit dem Kapitalerhaltungspuffer gemäß § 10c KWG verrechnen.

71 Vgl. Höpfner, Birgit, Bankenpaket – EU-Finanzminister haben sich auf Reformen geeinigt, in: BaFinJournal, Ausgabe Dezember 2018, S. 31.

72 Vgl. Deutsche Bundesbank, Risikoreduzierungsgesetz – Die nationale Umsetzung des europäischen Bankenpaketes, in: Monatsbericht, Dezember 2020, S. 60.

73 Das »Bankenpaket« beinhaltet die Änderungen der Capital Requirements Regulation (CRR II), der Capital Requirements Directive (CRD V), der Bank Recovery and Resolution Directive (BRRD II) und der Single Resolution Mechanism Regulation (SRMR II). Zum Teil wird statt der Formulierung »Bankenpaket« auch der Begriff »Risikoreduzierungspaket« verwendet.

mindestens 3 Prozent verbindlich einhalten (»LR-Mindestanforderung«).[74] Im engen Zusammenhang mit der Verschuldungsquote steht das »Risiko einer übermäßigen Verschuldung«.[75]

67   Die CRD V überträgt das für die risikobasierten Kapitalanforderungen entwickelte Säule-2-Konzept der Pillar 2 Requirement und Pillar 2 Guidance auf den Regelungsbereich der nicht-risikobasierten Leverage Ratio bzw. des damit verbundenen Risikos einer übermäßigen Verschuldung. Zukünftig können die Aufsichtsbehörden die LR-Mindestausstattung in Höhe von 3 Prozent um eine »zusätzliche Eigenmittelanforderung der Säule 2 für das Risiko einer übermäßigen Verschuldung« (»LR-Pillar 2 Requirement«, LR-P2R) und eine »Eigenmittelempfehlung der Säule 2 für das Risiko einer übermäßigen Verschuldung« (»LR-Pillar 2 Guidance«, LR-P2G) ergänzen. Die LR-Pillar 2 Requirement wird im Rahmen des SREP institutsindividuell für nicht oder nicht ausreichend abgedeckte Risiken einer übermäßigen Verschuldung ermittelt. Die LR-Pillar 2 Guidance wird auf Basis der Ergebnisse der aufsichtlichen Stresstests abgeleitet und soll den Instituten ermöglichen, entsprechende Verluste in Krisensituationen zunächst ohne den Verzehr anderer Eigenmittelbestandteile abzudecken. Die zur Erfüllung der LR-Pillar 2 Requirement bzw. LR-Pillar 2 Guidance verwendeten Eigenmittel können nicht zur Einhaltung anderer Eigenmittelanforderungen genutzt werden.

3.3   Leitlinien der EBA zum SREP

68   Die EBA hat im Jahr 2014 erstmals Leitlinien für den aufsichtlichen Überprüfungs- und Bewertungsprozess (Supervisory Review and Evaluation Process, SREP) herausgegeben. Im Rahmen der Weiterentwicklung des SREP hat sie am 19. Juli 2018 überarbeitete SREP-Leitlinien veröffentlicht, die nunmehr auch die Anforderungen an die aufsichtlichen Stresstests enthalten.[76] Mit diesen Leitlinien wird ein umfassendes SREP-Rahmenwerk eingeführt, das aus verschiedenen Komponenten besteht. Zunächst werden die Institute dem Proportionalitätsgedanken folgend in vier Kategorien eingeteilt, wobei die aufsichtlich bedeutendsten Institute zur ersten Kategorie gehören. Diese Kategorisierung basiert auf Größe, Struktur und interner Organisation sowie Art, Umfang und Komplexität der Geschäftsaktivitäten eines Institutes und soll das vom Institut ausgehende Risiko für das Finanzsystem reflektieren. In Abhängigkeit von ihrer Einstufung unterliegen die Institute einem unterschiedlichen Mindestlevel der Beaufsichtigung. Praktisch wirkt sich dies auf

---

74 Bis zu diesem Zeitpunkt mussten die Institute die ermittelte Leverage Ratio lediglich an die Aufsichtsbehörden melden und offenlegen.

75 Das »Risiko einer übermäßigen Verschuldung« (»risk of excessive leverage«) erwächst gemäß Art. 4 Abs. 1 Nr. 94 CRR aus der Anfälligkeit eines Institutes aufgrund seiner Verschuldung oder Eventualverschuldung und erfordert möglicherweise unvorhergesehene Korrekturen seines Geschäftsplanes (»Business Plan«), also des Geschäftsmodells und/oder der Geschäftsstrategie, einschließlich der Veräußerung von Aktiva in einer Notlage, was zu Verlusten oder Bewertungsanpassungen der verbleibenden Aktiva führen könnte. Deshalb müssen die Institute gemäß Art. 87 CRD IV über Grundsätze und Verfahren zur Ermittlung, Steuerung und Überwachung des Risikos einer übermäßigen Verschuldung verfügen. Indikatoren für dieses Risiko sind u. a. die nach Art. 429 CRR ermittelte Verschuldungsquote und Inkongruenzen zwischen Vermögenswerten und Verbindlichkeiten. Die Institute müssen dieses Risiko präventiv in Angriff nehmen und zu diesem Zweck dessen potenzieller Erhöhung, zu der es durch erwartete oder realisierte Verluste und der dadurch bedingten Verringerung der Eigenmittel je nach geltenden Rechnungslegungsvorschriften kommen kann, gebührend Rechnung tragen. Zu diesem Zweck müssen die Institute im Hinblick auf das Risiko einer übermäßigen Verschuldung einer Reihe unterschiedlicher Krisensituationen standhalten können.

76 European Banking Authority, Guidelines on common procedures and methodologies for the supervisory review and evaluation process (SREP) and supervisory stress testing, EBA/GL/2014/13, Consolidated version, 19. Juli 2018. Die EBA hat am 28. Juni 2021 überarbeite SREP-Leitlinien zur Konsultation gestellt. Die Änderungen gehen insbesondere auf die neuen Anforderungen der CRD V und der CRR II zurück, die von den Instituten zum 1. Januar 2023 anzuwenden sind. Darüber hinaus werden die neue Zuständigkeit der EBA im Bereich Geldwäsche und Terrorismusfinanzierung sowie die Inhalte neuer EBA-Leitlinien (z. B. Leitlinien für die Kreditvergabe und Überwachung, Leitlinien zu Auslagerungen) sowie geänderter EBA-Leitlinien (z. B. Leitlinien zur internen Governance) eingearbeitet. Vgl. European Banking Authority, Draft Guidelines on common procedures and methodologies for the supervisory review and evaluation process (SREP) and supervisory stress testing under Directive 2013/36/EU, Consultation Paper, EBA/CP/2021/26, 28. Juni 2021.

den Turnus zur Überwachung von bestimmten Schlüsselindikatoren, zur Bewertung verschiedener Kernbereiche sowie für den regelmäßigen Aufsichtsdialog aus.

Im besonderen Fokus der Bewertungen stehen die Analyse des Geschäftsmodells, die interne **69** Governance und die institutsweiten Kontrollen, die wesentlichen Risiken und deren Management sowie die Angemessenheit der Eigenkapital- und Liquiditätsausstattung. Jede einzelne Komponente wird mit einem Scoring-System bewertet. Anschließend werden diese Teilergebnisse auf einen SREP-Gesamt-Score verdichtet, der einen zusammenfassenden Überblick über das Risikoprofil eines Institutes gestattet. Die Score-Werte bewegen sich zwischen 1 (kein erkennbares Risiko) und 4 (hohes Risiko). Entsprechende Scoring-Tabellen sind als Orientierungsmaßstab zu jedem genannten Element in den Leitlinien enthalten. Für den SREP-Gesamt-Score existiert zusätzlich die Kategorie F (»failing or likely to fail« gemäß Art. 32 BRRD). Damit beabsichtigt die EBA eine Verknüpfung der laufenden Beaufsichtigung eines Institutes mit dem Krisenmanagement (Sanierung und Abwicklung). Die Score-Werte müssen geeignet sein, um eine Indikation für die Überlebensfähigkeit der Institute und die Notwendigkeit von Aufsichtsmaßnahmen oder Frühinterventionsmaßnahmen zu liefern. Auf Grundlage dieser Score-Werte können die Aufsichtsbehörden Kapitalzuschläge oder zusätzliche Liquiditätspuffer verlangen bzw. sonstige qualitative Aufsichtsmaßnahmen (z. B. Geschäftseinschränkungen, Verringerung der Risiken, zusätzliche Meldepflichten) anordnen.

Nach Abschluss des SREP erhält das Institut von der Aufsichtsbehörde ein Schreiben (»SREP- **70** Bescheid«), mit dem ihm das Ergebnis des SREP mitgeteilt wird. Gemäß den SREP-Leitlinien aus dem Jahr 2018 enthält dieser SREP-Bescheid die institutsindividuelle Pillar 2 Requirement (P2R) sowie die Pillar 2 Guidance (P2G). Die Pillar 2 Requirement stellt eine verpflichtende Kapitalanforderung dar, die von den Instituten jederzeit eingehalten werden muss. Im Falle einer Unterschreitung der Pillar 2 Requirement kann die Aufsichtsbehörde zur Verbesserung der Eigenmittelausstattung des Institutes bankaufsichtliche Maßnahmen anordnen. Im Gegensatz dazu führt eine Unterschreitung der Eigenmittelempfehlung nicht zwingend zu bankaufsichtlichen Maßnahmen. Allerdings wird sich bei einer Unterschreitung die Aufsichtsintensität bei dem betroffenen Institut regelmäßig erhöhen. Wiederholte oder dauerhafte Unterschreitungen können außerdem zur Erhöhung der Pillar 2 Requirement führen.

Im Fokus der EBA-Leitlinien aus dem Jahr 2018 stehen neben der SREP-Gesamtkapitalanforderung **71** (»Total SREP Capital Requirements«, TSCR) auch die Kapitalpufferanforderungen und die makroprudenziellen Anforderungen. Die Summe aus diesen drei Elementen wird in den Leitlinien als »Gesamtkapitalanforderung gemäß Säule 2« (»Overall Capital Requirement«, OCR) bezeichnet. Da nach der CRD V die makroprudenziellen Instrumente stärker von den mikroprudenziellen Befugnissen abzugrenzen sind, wird die Overall Capital Requirement nach den von der EBA im Juni 2021 zur Konsultation gestellten überarbeiten SREP-Leitlinien zukünftig nur noch aus der SREP-Gesamtkapitalanforderung und den kombinierten Kapitalpufferanforderungen bestehen.[77]

Die in den EBA-Leitlinien aus dem Jahr 2018 noch nicht enthaltenen LR-Pillar 2 Requirement **72** (LR-P2R) und LR-Pillar 2 Guidance (LR-P2G) sollen ebenfalls im Zuge der von der EBA im Juni 2021 zur Konsultation gestellten überarbeiten SREP-Leitlinien ergänzt werden.[78] Darüber hinaus werden in der Konsequenz zwei neue Kennziffern eingeführt, nämlich die »SREP-Verschuldungs-

---

[77] Vgl. European Banking Authority, Draft Guidelines on common procedures and methodologies for the supervisory review and evaluation process (SREP) and supervisory stress testing under Directive 2013/36/EU, Consultation Paper, EBA/CP/2021/26, 28. Juni 2021, S. 159.

[78] Vgl. European Banking Authority, Draft Guidelines on common procedures and methodologies for the supervisory review and evaluation process (SREP) and supervisory stress testing under Directive 2013/36/EU, Consultation Paper, EBA/CP/2021/26, 28. Juni 2021, S. 153.

quote« (»Total SREP Leverage Ratio Requirement«, TSLRR) und die »Gesamtanforderung an die Verschuldungsquote« (»Overall Leverage Ratio Requirement«, OLRR).[79]

73 Den Leitlinien der EBA zufolge läuft der SREP viel stärker auf Benchmark-Vergleiche innerhalb von so genannten Peer-Groups hinaus und ist auch deutlich quantitativer ausgerichtet, als dies früher in Deutschland der Fall war. Das mag im Interesse einer besseren Vergleichbarkeit der Institute für die Aufsichtsbehörden sinnvoll erscheinen, führt aber unweigerlich dazu, dass die individuellen Besonderheiten eines Institutes bei der Bewertung zunächst einmal in den Hintergrund rücken. Der SREP stellt den Vorgaben der EBA zufolge zudem einen »Säule-1-Plus-Ansatz« dar, indem die Kapitalanforderungen aus der ersten Säule je Risikoart als Mindestanforderungen für die Zwecke der zweiten Säule anzusehen sind. Letztlich hat der SREP in dieser Ausgestaltung zu steigenden Kapitalanforderungen bei den Instituten geführt. Mit den neuen Vorgaben wird sich dieser Trend fortsetzen.

3.4 Der SREP in der Aufsichtspraxis

74 Die zuständigen Aufsichtsbehörden berücksichtigen die EBA-Leitlinien zum SREP bei ihrer Aufsichtstätigkeit seit Januar 2016. Aufgrund der Unterscheidung zwischen bedeutenden Instituten (SI) und weniger bedeutenden Instituten (LSI) ist die Europäische Zentralbank (EZB) seit dem 4. November 2014 für den »SI-SREP« verantwortlich, während die BaFin in Abstimmung mit der Deutschen Bundesbank für den »LSI-SREP« in Deutschland zuständig ist. Bei der Anwendung des SREP in ihrer Aufsichtspraxis sind die EZB und die deutschen Aufsichtsbehörden dabei zunächst eigene Wege gegangen.

75 Die EZB hat die von ihr gemeinsam mit den nationalen Aufsichtsbehörden der Eurozone auf der Grundlage der EBA-Leitlinien entwickelte SREP-Methodik für die bedeutenden Institute (SI) erstmals im Februar 2016 veröffentlicht.[80] Die Broschüre zur SREP-Methodik wurde zuletzt im Dezember 2017 aktualisiert und ergänzt.[81] Im November 2018 hat die EZB zwei SSM-Leitfäden zum ICAAP und zum ILAAP vorgelegt, in denen sie auf der Grundlage der einschlägigen Richtlinien und Leitlinien der EBA ihre Erwartungshaltung an die Institute formuliert.[82] Seit dem Jahr 2015 veröffentlicht die EZB auf ihrer Internetseite jährlich eine Zusammenfassung der SREP-Ergebnisse der von ihr direkt beaufsichtigten bedeutenden Institute.

76 Die BaFin hat im Jahr 2016 mit der nationalen Umsetzung der SREP-Leitlinien der EBA begonnen.[83] Der von den deutschen Aufsichtsbehörden verwendete »Bucket-Ansatz« zur Festlegung der SREP-Kapitalzuschläge und Eigenmittelempfehlungen ist vergleichsweise transparent. Die deutsche Aufsicht stellt im Hinblick auf den ICAAP und den ILAAP im Wesentlichen auf die MaRisk und ihren Leitfaden zur aufsichtlichen Beurteilung bankinterner Risikotragfähigkeitskonzepte ab[84] (→ Teil I, Kapitel 8.5). Daneben entwickelt sie derzeit eine spezielle Methode zur Analyse der Geschäftsmodelle.

---

79 Vgl. European Banking Authority, Draft Guidelines on common procedures and methodologies for the supervisory review and evaluation process (SREP) and supervisory stress testing under Directive 2013/36/EU, Consultation Paper, EBA/ CP/2021/26, 28. Juni 2021, S. 159.

80 Europäische Zentralbank, Broschüre zur SREP-Methodik des SSM, 19. Februar 2016.

81 Europäische Zentralbank, Broschüre zur SREP-Methodik des SSM, 18. Dezember 2017. Am 8. April 2019 erfolgte noch eine Neuauflage in englischer Sprache. Mit der COVID-19-Pandemie war ein pragmatischer Ansatz für den SREP 2020 verbunden. Anschließend hat die EZB auf eine Online-Ausgabe unter dem Stichwort »Supervisory methodology« umgestellt, die erstmals am 28. Januar 2021 veröffentlicht wurde.

82 Europäische Zentralbank, Leitfaden der EZB für den bankinternen Prozess zur Sicherstellung einer angemessenen Kapitalausstattung (Internal Capital Adequacy Assessment Process – ICAAP), 9. November 2018; Europäische Zentralbank, Leitfaden der EZB für den bankinternen Prozess zur Sicherstellung einer angemessenen Liquiditätsausstattung (Internal Liquidity Adequacy Assessment Process – ILAAP), 9. November 2018.

83 Vgl. Ahlert, Stefanie, SREP: Aufsicht führt Zyklus für Kreditinstitute ein, in: BaFinJournal, Ausgabe Juli 2018, S. 11 ff.

84 Bundesanstalt für Finanzdienstleistungsaufsicht/Deutsche Bundesbank, Aufsichtliche Beurteilung bankinterner Risikotragfähigkeitskonzepte und deren prozessualer Einbindung in die Gesamtbanksteuerung (»ICAAP«) – Neuausrichtung, Leitfaden vom 24. Mai 2018.

Im Juli 2018 hat die EZB erstmals eine in Zusammenarbeit mit den nationalen Aufsichtsbehörden   77
erarbeitete Broschüre zu einer europaweit harmonisierten SREP-Methodik für die weniger bedeutenden Institute (»SSM-LSI-SREP-Methodik«) publik gemacht.[85] Die neue SSM-LSI-SREP-Methodik,
die sich stark an der SREP-Methodik für bedeutende Institute orientiert, sollte nach den Vorstellungen der EZB im Jahr 2018 zumindest auf die LSI mit hoher Priorität (»High Priority LSI«, HP LSI)
angewendet werden.[86] Im Jahr 2020 hat die EZB eine aktualisierte Version der SSM-LSI-SREP-Methodik veröffentlicht, die seitdem für alle weniger bedeutenden Institute gilt.[87] Dabei sollen auch
zukünftig die Besonderheiten auf nationaler Ebene, wie z.B. die spezifischen Rechnungslegungsstandards in den Staaten der Eurozone, berücksichtigt werden. In der überarbeiteten EZB-Broschüre
aus dem Jahr 2020 wurde die SREP-Methodik im Einklang mit den EBA-Leitlinien und den Aufsichtsprioritäten des SSM in den Bereichen Zinsänderungsrisiko im Anlagebuch und IT-Risikobeurteilung
erweitert. Für den SREP der weniger bedeutenden Institute sowie die Festlegung der entsprechenden
Kapitalzuschläge und Eigenmittelempfehlungen sind weiterhin uneingeschränkt die nationalen
Aufsichtsbehörden zuständig.[88]

3.5   Der SREP im KWG

Auf nationaler Ebene sind die für den ICAAP maßgeblichen qualitativen Regelungen der CRD IV   78
durch eine Anpassung des § 25a Abs. 1 KWG umgesetzt worden (→ Teil I, Kapitel 4 und 5 sowie
AT 1 Tz. 1). Die MaRisk dienen als norminterpretierende Verwaltungsvorschriften der Auslegung
der unbestimmten Rechtsbegriffe des § 25a Abs. 1 KWG. Sie sind somit auch die maßgebliche
Benchmark der Aufsicht für die Beurteilungen im Rahmen des SREP. Zugleich sind sie Orientie-
rungspunkt für die Institute, die ihre internen Strukturen entsprechend anpassen können, um
übergeordneten gesetzlichen Regelungen zu genügen. Im Rahmen des CRD IV-Umsetzungsgesetzes wurden einige Verschiebungen und Ergänzungen im KWG vorgenommen, die sich auch auf
die MaRisk ausgewirkt haben. So finden sich z.B. die Anforderungen an das Risikomanagement
auf Gruppenebene nunmehr in § 25a Abs. 3 KWG und die Anforderungen an Auslagerungen in
§ 25b KWG.

Mit dem CRD IV-Umsetzungsgesetz wurden auch die Anforderungen an den aufsichtlichen   79
Überprüfungs- und Bewertungsprozess (Supervisory Review and Evaluation Process, SREP) neu
im KWG verankert. Gemäß § 6b Abs. 1 KWG beurteilt die Aufsichtsbehörde die Regelungen,
Strategien, Verfahren und Prozesse, die ein Institut zur Einhaltung der aufsichtlichen Anforderungen geschaffen hat, die Risiken, denen es ausgesetzt ist oder sein könnte, insbesondere auch die
Risiken, die unter Berücksichtigung der Art, des Umfangs und der Komplexität der Geschäftstätigkeit eines Institutes bei Stresstests festgestellt wurden.

---

85 Europäische Zentralbank, SSM-LSI-SREP-Methodik, Ausgabe 2018, 4. Juli 2018.

86 Zusätzlich zu den LSI mit hoher Priorität, bei denen die SSM-LSI-SREP-Methodik seit 2018 gilt, haben 15 nationale
    zuständige Behörden die LSI-SREP-Methodik bereits im Jahr 2019 bei LSI ohne hohe Priorität umgesetzt. Vgl. Europäische
    Zentralbank, SSM-LSI-SREP-Methodik, Ausgabe 2020, 25. März 2020, S. 2.

87 Europäische Zentralbank, SSM-LSI-SREP-Methodik, Ausgabe 2020, 25. März 2020.

88 Die EZB weist jedoch in der Broschüre darauf hin, dass sie bei Bedarf die direkte Aufsicht auch über die weniger
    bedeutenden Institute an sich ziehen könnte. Vgl. Europäische Zentralbank, SSM-LSI-SREP-Methodik, Ausgabe 2020, 25.
    März 2020, S. 6.

80   Die neuen Vorgaben der CRD V an den SREP wurden mit dem Risikoreduzierungsgesetz aus dem Jahr 2020 in das nationale Recht überführt. Die Komponenten, die allein der Abdeckung systemischer Risiken dienen, werden im SREP nicht mehr berücksichtigt.[89] Systemische Risiken sollen zukünftig ausschließlich über makroprudenzielle Maßnahmen adressiert werden.[90] Zudem wurde durch das Risikoreduzierungsgesetz in § 6b Abs. 4 Satz 3 KWG aufgenommen, dass die Aufsichtsbehörde bei ihrer Überprüfung und Beurteilung den Grundsatz der Verhältnismäßigkeit nach den von ihr veröffentlichten Kriterien anwendet. Die Regelung, die Art. 97 Abs. 4 der CRD V umsetzt, betont das »Proportionalitätsprinzip aus Sicht der Aufsicht«. Es handelt sich lediglich um eine Klarstellung, da die aufsichtliche Seite der so genannten doppelten Proportionalität in der deutschen Aufsichtspraxis seit langem im SREP Anwendung findet.[91] Gemäß § 6b Abs. 5 KWG kann die Aufsichtsbehörde die Methode der Überprüfung und Beurteilung anpassen, um Instituten mit einem ähnlichen Risikoprofil Rechnung zu tragen. Die angepasste Methode kann risikoorientierte Referenzwerte und quantitative Indikatoren einschließen, hat die angemessene Berücksichtigung spezieller Risiken zu ermöglichen, denen ein Institut möglicherweise ausgesetzt ist, und darf den institutsspezifischen Charakter von Anordnungen, die im Zusammenhang mit dem SREP, der laufenden Überprüfung der Erlaubnis zur Verwendung interner Ansätze oder zur Abwehr von Verstößen gegen das KWG oder die CRR erlassen wurden, nicht beeinträchtigen. Die Regelung setzt den mit der CRD V eingefügten Art. 97 Abs. 4a CRD IV um.

81   Die Rechtsgrundlage für die »zusätzliche Eigenmittelanforderung der Säule 2« (»Pillar 2 Requirement«, P2R) wurde mit dem Risikoreduzierungsgesetz von § 10 Abs. 3 KWG nach § 6c KWG überführt und im Hinblick auf die Qualität der Kapitalunterlegung entsprechend den Vorgaben der CRD V erweitert. § 6c Abs. 1 KWG enthält einen Katalog von Fallgestaltungen, in denen die Aufsichtsbehörde im Rahmen des SREP institutsindividuell einen entsprechenden Kapitalzuschlag anzuordnen hat. Dieser Katalog entspricht weitgehend den bisher aus § 10 Abs. 3 KWG a.F. bekannten Fällen.[92] Allerdings steht die Anordnung der zusätzlichen Eigenmittelanforderung gemäß dem Wortlaut (»ordnet an«) nicht mehr im Ermessen der Aufsichtsbehörde. Gemäß § 6c Abs. 5 KWG ist die zusätzliche Eigenmittelanforderung grundsätzlich zu mindestens drei Vierteln mit Kernkapital zu erfüllen. Das Kernkapital muss zu mindestens drei Vierteln aus hartem Kernkapital bestehen. Neu aufgenommen wird ein möglicher Kapitalzuschlag für die nicht-risikobasierte Verschuldungsquote (»LR-Pillar 2 Requirement«, LR-P2R).[93] Die Höhe der zusätzlichen Eigenmittelanforderung der Säule 2 zur Abdeckung des Risikos einer übermäßigen Verschuldung,

89 § 6b Abs. 1 Satz 1 Nr. 2 KWG a.F. und § 6b Abs. 2 Satz 2 Nr. 15 KWG a.F. wurden durch das Risikoreduzierungsgesetz gestrichen. Nach § 6b Abs. 1 Satz 1 Nr. 2 KWG a.F. hatte die Aufsichtsbehörde im Rahmen der Beaufsichtigung auch die Risiken zu beurteilen, die ein Institut nach Maßgabe der Ermittlung und Messung des Systemrisikos gemäß Art. 23 der Verordnung (EU) Nr. 1093/2010 und gegebenenfalls unter Berücksichtigung von Empfehlungen des ESRB für das Finanzsystem darstellt. Nach § 6b Abs. 2 Satz 2 Nr. 15 KWG a.F. hatte die Aufsichtsbehörde diese systemischen Risiken des Institutes bei der Bewertung im SREP neben Kreditrisiken, Marktrisiken und operationellen Risiken zu berücksichtigen.

90 Vgl. § 6c Abs. 1 Satz 2 KWG, wonach die zusätzliche Eigenmittelanforderung gemäß § 6c Abs. 1 Satz 1 KWG nur für die Deckung der Risiken angeordnet werden darf, die sich aus der Geschäftstätigkeit des einzelnen Institutes ergeben. Dies schließt nach § 6c Abs. 1 Satz 3 KWG die Auswirkungen bestimmter Wirtschafts- und Marktentwicklungen nur ein, wenn sie sich im Risikoprofil des Institutes widerspiegeln.

91 Vgl. Deutsche Bundesbank, Der aufsichtliche Überprüfungs- und Bewertungsprozess für kleinere Institute und Überlegungen zur Proportionalität, in: Monatsbericht, Oktober 2017, S. 45 ff.

92 Die Deutsche Kreditwirtschaft (DK) hat sich in ihrer Stellungnahme vor allem zum neuen § 6c Abs. 1 Nr. 6 KWG kritisch geäußert. Danach ordnet die Aufsichtsbehörde eine zusätzliche Eigenmittelanforderung an, wenn sie im Rahmen des aufsichtlichen Überprüfungs- und Beurteilungsverfahrens nach § 6b KWG und der Solvabilitätsverordnung feststellt, dass »andere institutsspezifische Situationen vorliegen, die zu wesentlichen aufsichtlichen Bedenken führen«. Die Regelung ist nach Ansicht der DK zu unbestimmt und gibt den Aufsichtsbehörden die Möglichkeit, zusätzliche Eigenmittelanforderungen mit unterschiedlichsten Begründungen zu rechtfertigen. Vgl. Deutsche Kreditwirtschaft, Stellungnahme zum Regierungsentwurf für ein Risikoreduzierungsgesetz (BT-Drs. 19/22786), 2. Oktober 2020, S. 11.

93 Die BaFin hat in der Sitzung des Fachgremiums MaRisk im März 2021 betont, dass sie derzeit mehrere Optionen zum Umgang mit den neuen Regelungen zur LR-Pillar 2 Requirement (LR-P2R) und LR-Pillar 2 Guidance (LR-P2G) prüft. Eine endgültige Entscheidung hierzu steht noch aus. Die deutsche Aufsicht strebt grundsätzlich ein auf europäischer Ebene abgestimmtes und risikoorientiertes Vorgehen an. Sie wird sich daher auf der europäischen Ebene für die Entwicklung einer entsprechenden Methodik einsetzen. Vgl. Bundesanstalt für Finanzdienstleistungsaufsicht, Protokoll der Sitzung des MaRisk-Fachgremiums am 4. März 2021, S. 2.

das nicht ausreichend durch die Mindestanforderung an die Leverage Ratio abgedeckt ist, bemisst sich nach § 6c Abs. 4 KWG. Die LR-Pillar 2 Requirement ist mit Kernkapital zu erfüllen. Die Aufsichtsbehörde kann anordnen, dass die zusätzlichen Eigenmittelanforderungen (P2R und LR-P2R) mit einem höheren Anteil an Kernkapital oder hartem Kernkapital zu unterlegen sind, soweit dies unter Berücksichtigung der Situation des Institutes erforderlich ist. § 6c KWG setzt den mit der CRD V eingefügten Art. 104a CRD IV in nationales Recht um.

Unabhängig von einer zusätzlichen Eigenmittelanforderung nach § 6c KWG kann die Aufsichts- **82** behörde in bestimmten Fällen weiterhin gemäß § 10 Abs. 3 KWG zusätzliche individuelle Kapitalzuschläge anordnen, z. B. um der besonderen Geschäftssituation eines Institutes etwa bei der Aufnahme der Geschäftstätigkeit Rechnung zu tragen oder wenn ein Institut über keine ordnungsgemäße Geschäftsorganisation im Sinne des § 25a Abs. 1 KWG verfügt. Anders als die Anordnungen gemäß § 6c KWG stehen Kapitalzuschläge nach § 10 Abs. 3 KWG nach dem Wortlaut (»kann«) im Ermessen der Aufsichtsbehörde.

Im Zuge des Risikoreduzierungsgesetzes wurde mit dem neuen § 6d KWG eine Rechtsgrundlage **83** dafür geschaffen, dass die Aufsichtsbehörde als zusätzlichen Eigenmittelpuffer in Stressphasen eine »Eigenmittelempfehlung der Säule 2« (»Pillar 2 Guidance«, P2G) aussprechen kann. Der Begriff Eigenmittelempfehlung ersetzt formal betrachtet die von der deutschen Aufsicht für die Pillar 2 Guidance bisher verwendete Formulierung »Eigenmittelzielkennziffer«. Die Risiken, die bereits durch den SREP-Kapitalzuschlag abgedeckt sind, dürfen bei der Eigenmittelempfehlung nicht berücksichtigt werden. Ein Unterschreiten der Eigenmittelempfehlung führt nicht zu einer Ausschüttungsbeschränkung gemäß § 10i Abs. 1a bis 3 KWG, solange das Institut die aufsichtlichen Eigenmittelanforderungen einschließlich SREP-Kapitalzuschlag, die kombinierte Kapitalpufferanforderung gemäß § 10i KWG und die Anforderungen an den Puffer der Verschuldungsquote gemäß § 10j KWG erfüllt. Ausschüttungen sind jedoch nicht mehr (bzw. nur noch eingeschränkt) zulässig, sofern die Pufferanforderungen nicht erfüllt sind. Die Einzelheiten hierzu sollen in der überarbeiteten Solvabilitätsverordnung geregelt werden. § 6d KWG setzt den mit der CRD V eingefügten Art. 104b CRD IV in nationales Recht um.

Keine Einigkeit besteht zwischen der Deutschen Kreditwirtschaft (DK) und der Aufsicht im **84** Hinblick auf die Qualität der Kapitalinstrumente, die für eine Unterlegung der Eigenmittelempfehlung notwendig ist. Die DK hält unter Verweis auf den Wortlaut des § 6d KWG (»Eigenmittel«) eine Unterlegung sowohl mit Kernkapital als auch mit Ergänzungskapital für möglich.[94] Nach Auffassung der DK besteht ansonsten die Gefahr, dass vor allem kleine und mittlere HGB-Institute (insbesondere Sparkassen und Genossenschaftsbanken) stille Vorsorgereserven gemäß § 340f HGB nicht mehr bei der Eigenmittelempfehlung anrechnen könnten.[95] Die BaFin hat zuletzt mit Schreiben vom 17. Mai 2021 an die DK noch einmal klargestellt, dass nach ihrer Ansicht die Eigenmittelempfehlung zwingend mit hartem Kernkapital zu erfüllen ist.[96] Sie verweist insoweit auf den Wortlaut des Art. 104b Abs. 2 CRD V, wonach die Aufsichtsbehörden für jedes Institut die Gesamthöhe der Eigenmittel festzulegen haben, die sie für angemessen halten. Zudem ist eine

---

94 Der ursprüngliche Entwurf des Risikoreduzierungsgesetzes vom 17. April 2020 sah noch vor, dass die Eigenmittelempfehlung mit hartem Kernkapital zu erfüllen ist. Dies wurde von der Deutschen Kreditwirtschaft (DK) in ihrer Stellungnahme mit Hinweis auf den Wortlaut in Art. 104b der CRD V-Änderungsrichtlinie (»Eigenmittel«) kritisiert. Vgl. Deutsche Kreditwirtschaft, Stellungnahme zum Regierungsentwurf für ein Risikoreduzierungsgesetz (BT-Drs. 19/22786), 2. Oktober 2020, S. 3 und 12 ff. Da der Text aus dem ursprünglichen Gesetzentwurf in der Folge in »Eigenmittel« geändert wurde, hat der Gesetzgeber nach Ansicht der DK bewusst darauf verzichtet, eine Strukturanforderung zur Kapitalqualität vorzugeben und den Aufsichtsbehörden auch keinen Ermessensspielraum eingeräumt. Vgl. Deutsche Kreditwirtschaft, Aufsichtspraxis – Eigenmittelzielkennziffer (§ 6d KWG), Schreiben an die Bundesanstalt für Finanzdienstleistungsaufsicht (BaFin) vom 31. März 2021, S. 1.

95 Vgl. Deutsche Kreditwirtschaft, Stellungnahme zum Regierungsentwurf für ein Risikoreduzierungsgesetz (BT-Drs. 19/22786), 2. Oktober 2020, S. 3 und 12 ff.

96 Vgl. Bundesanstalt für Finanzdienstleistungsaufsicht, Aufsichtspraxis – Eigenmittelzielkennziffer (§ 6d KWG), Schreiben an Die Deutsche Kreditwirtschaft, 17. Mai 2021. Vgl. auch Fischer, Johannes/Bergheim, Ralf/Kelp, Torsten – Gut genährt?, in: BaFinJournal, Ausgabe Januar 2020, S. 22 f.; Deutsche Bundesbank, Risikoreduzierungsgesetz – Die nationale Umsetzung des europäischen Bankenpaketes, in: Monatsbericht, Dezember 2020, S. 54.

Unterlegung mit hartem Kernkapital aufgrund der Funktion der Eigenmittelempfehlung sachgerecht, Verluste aus Stresssituationen abzudecken. Nach Ansicht der Aufsicht kann zur Verlustabsorption während Stressphasen im laufenden Betrieb nur hartes Kernkapital herangezogen werden, da die anderen Kapitalinstrumente erst zu einem Zeitpunkt stark fortgeschrittenen Kapitalverzehrs zur Verfügung stehen. Würden andere Kapitalinstrumente zugelassen, müsste dies bei der Festsetzung der angemessenen Gesamthöhe der Eigenmittel berücksichtigt werden, um die erforderliche Pufferwirkung sicherzustellen.[97] Diese strenge Auslegung des § 6d KWG steht im Einklang mit den EBA-Leitlinien zum SREP und entspricht der Aufsichtspraxis der EZB.[98] Zudem können nach Meinung der Aufsicht nationale Sonderkonstellationen wie die Vorsorge der allgemeinen Bankrisiken gemäß § 340f HGB ausreichend in der aufsichtlichen Praxis berücksichtigt werden. § 340f HGB-Reserven sollen auch zukünftig als vorübergehende Deckung der Eigenmittelempfehlung herangezogen werden können.[99]

3.6 Aufsichtsansatz für den SREP in der COVID-19-Pandemie

85 Vor dem Hintergrund der COVID-19-Pandemie hat die EBA bereits ab März 2020 an Erleichterungen für Kreditinstitute gearbeitet und erste Überlegungen hierzu im April 2020 veröffentlicht.[100] Die EBA hat ihre Empfehlungen im Juli 2020 in Leitlinien überführt und weiter konkretisiert.[101] Nach dem von der EBA vorgeschlagenen pragmatischen Ansatz für den SREP in 2020 hat dieser vorrangig auf die Informationen aus dem ICAAP und dem ILAAP abgestellt. Dabei standen die wesentlichen Anpassungen (»material changes«), Risiken und Schwachstellen (»key risks« and »vulnerabilities«) im Fokus. Die Aufsichtsbehörden sollten das Kreditrisiko, das Liquiditäts- und das Refinanzierungsrisiko, das operationelle Risiko (Informationssicherheit, BCM) sowie die Rentabilität bzw. das Geschäftsmodell sowie die Governance-Prozesse der Institute beurteilen.[102] Die Aufsichtsbehörden konnten die bei den jeweiligen Instituten zuvor festgesetzten zusätzlichen Eigenmittelanforderungen (P2R) und Eigenmittelempfehlungen (P2G) der zweiten Säule beibehalten. Im Hinblick auf die zusätzlichen Eigenmittelanforderungen sollten die Aufsichtsbehörden vornehmlich qualitative Maßnahmen ergreifen, sofern sie dies aus ihrer Sicht als angemessen erachten. Die Institute sollten zudem ihre Eigenmittelempfehlung unterschreiten können.[103]

---

97 Vgl. Bundesanstalt für Finanzdienstleistungsaufsicht, Aufsichtspraxis – Eigenmittelzielkennziffer (§ 6d KWG), Schreiben an Die Deutsche Kreditwirtschaft, 17. Mai 2021.

98 Bundesanstalt für Finanzdienstleistungsaufsicht, Aufsichtspraxis – Eigenmittelzielkennziffer (§ 6d KWG), Schreiben an Die Deutsche Kreditwirtschaft, 17. Mai 2021. Nach Kenntnis der deutschen Aufsicht ist die Eigenmittelempfehlung auch in allen anderen Mitgliedstaaten des SSM in hartem Kernkapital vorzuhalten. Vgl. Bundesanstalt für Finanzdienstleistungsaufsicht, Protokoll der Sitzung des MaRisk-Fachgremiums am 4. März 2021, S. 2.

99 Vgl. Bundesanstalt für Finanzdienstleistungsaufsicht, Protokoll der Sitzung des MaRisk-Fachgremiums am 4. März 2021, S. 2.

100 Vgl. Bundesanstalt für Finanzdienstleistungsaufsicht, Jahresbericht 2020, 18. Mai 2021, S. 46.

101 European Banking Authority, Final report – Guidelines on the pragmatic 2020 supervisory review and evaluation process in light of COVID-19 crisis, EBA/GL/2020/10, 23. Juli 2020.

102 Vgl. European Banking Authority, Final report – Guidelines on the pragmatic 2020 supervisory review and evaluation process in light of COVID-19 crisis, EBA/GL/2020/10, 23. Juli 2020, S. 10f.

103 Vgl. European Banking Authority, Final report – Guidelines on the pragmatic 2020 supervisory review and evaluation process in light of COVID-19 crisis, EBA/GL/2020/10, 23. Juli 2020, S. 11f.

Auf der Grundlage der Empfehlungen der EBA haben sowohl die BaFin als auch die EZB bei den **86** von ihnen jeweils beaufsichtigten Instituten für das Jahr 2020 den Zyklus zur Festsetzung des SREP-Zuschlages ausgesetzt. Die im Jahr 2020 turnusgemäß vorgesehenen Neufestsetzungen wurden verschoben und die bisher festgesetzten Kapitalzuschläge sind für das Jahr 2020 unverändert geblieben.[104] Zudem haben die Aufsichtsbehörden bei Unterschreitungen der Eigenmittelzielkennziffer auf die regelmäßig erforderliche schriftliche Stellungnahme der Institute verzichtet, welche die Gründe für die Unterschreitung und die vorgesehenen Maßnahmen zur Deckung dieser Lücke bzw. Stärkung der Kapitalbasis zu beschreiben hatte.[105]

Zur zeitnahen Berücksichtigung der Auswirkungen der COVID-19-Pandemie auf die Risikolage **87** wird die Aufsicht für alle Institute den SREP-Kapitalzuschlag in den Jahren 2021 und 2022 neu festsetzen. Die Institute, die einem jährlichen SREP-Zyklus unterliegen, werden in beiden Jahren einen SREP-Bescheid erhalten. Die übrigen Institute erhalten den SREP-Kapitalzuschlag entweder in 2021 oder in 2022. In den Folgejahren werden die SREP-Kapitalzuschläge dann unter grundsätzlicher Beachtung des institutsindividuellen Mindestzyklus für den SREP von einem bis drei Jahren bestimmt.[106]

In der Sitzung des Fachgremiums MaRisk im September 2021 hat die Aufsicht erläutert, dass die **88** SREP-Bescheide für alle weniger bedeutenden Institute, die aus Kapazitätsgründen in 2021 nicht berücksichtigt werden konnten, bis Ende 2022 nachgeholt werden. Nunmehr wird auch das IKT-Risiko einbezogen. Ab 2023 soll das Verfahren zur Festlegung der Säule-2-Kapitalzuschläge einer Revision unterzogen werden. Geplant ist u. a. die Einführung einer linearen Funktion, um die mit dem Bucket-Ansatz verbundenen Klippeneffekte zu vermeiden.[107]

3.7 Bankaufsichtliche Risikoprofile der Institute

Die im Rahmen des SREP gewonnenen Erkenntnisse fließen vollständig in die »bankaufsichtlichen **89** Risikoprofile« der von der deutschen Aufsicht weiterhin beaufsichtigten weniger bedeutenden Institute (LSI) ein.[108] Diese Risikoprofile umfassen eine Bewertung aller Risiken des Institutes, seiner Organisation und internen Kontrollverfahren sowie seiner Risikotragfähigkeit.[109] Sie werden von den Hauptverwaltungen der Deutschen Bundesbank erstellt und der BaFin zur abschließen-

---

104 Die BaFin hat dieses Vorgehen auf ihrer Internetseite veröffentlicht. Vgl. Bundesanstalt für Finanzdienstleistungsaufsicht, Regelmäßig aktualisierte »FAQ« zu aufsichtlichen und regulatorischen Maßnahmen als Reaktion auf COVID-19, Internetseite der BaFin, 21. Dezember 2020. Die EZB hat die von ihr beaufsichtigten bedeutenden Institute mit Schreiben vom 12. Mai 2020 darüber informiert, dass sie die bisherigen Festsetzungen aus dem SREP grundsätzlich fortschreibt. Zum Ergebnis des aufsichtlichen Überprüfungs- und Bewertungsprozesses (SREP) für das Jahr 2020 bei den bedeutenden Instituten und den aufsichtlichen Prioritäten für 2021 (Kreditrisiko, Kapitalstärke, Nachhaltigkeit des Geschäftsmodells und Governance) vgl. European Central Bank, 2020 SREP aggregate results, 28. Januar 2021.

105 Die BaFin hat von den Instituten lediglich eine Information über die Unterschreitung der Eigenmittelempfehlung erwartet. Vgl. Bundesanstalt für Finanzdienstleistungsaufsicht, Regelmäßig aktualisierte »FAQ« zu aufsichtlichen und regulatorischen Maßnahmen als Reaktion auf COVID-19, Internetseite der BaFin, 21. Dezember 2020.

106 Vgl. Bundesanstalt für Finanzdienstleistungsaufsicht, Protokoll der Sitzung des MaRisk-Fachgremiums am 4. März 2021, S. 1.

107 Vgl. Sitzung des MaRisk-Fachgremiums am 2. September 2021 (Protokoll lag bei Redaktionsschluss noch nicht vor).

108 Vgl. Bundesanstalt für Finanzdienstleistungsaufsicht, Jahresbericht 2020, 18. Mai 2021, S. 58.

109 Gemäß der zwischen BaFin und Bundesbank vereinbarten Zusammenarbeit nach § 7 KWG bewertet die Bundesbank zukunftsgerichtet und risikoorientiert die erhobenen Sachverhalte unter Abwägung aller Risiken aus der Geschäftstätigkeit des Institutes und seines Risikomanagements im Risikoprofil und macht in Abstimmung mit der BaFin Vorschläge für ein aufsichtliches Handeln. Die Bundesbank berücksichtigt dabei ihre institutsrelevanten Daten und makroprudenziellen Erkenntnisse und die Vorgaben an den aufsichtlichen Überprüfungs- und Evaluierungsprozess. Die von der Bundesbank vorgenommenen Bewertungen und Einstufungen ermöglichen es der BaFin, auf der Grundlage des Risikoprofils des Institutes den bankaufsichtlichen Handlungsbedarf oder weiteren Informationsbedarf angemessen zu beurteilen. Die BaFin ergänzt das Risikoprofil um Erkenntnisse aus weiteren Quellen (z. B. Verbandsgesprächen), eine Einstufung als Probleminstitut oder als aufsichtsintensives Institut, eine abschließende Würdigung, Handlungsvorschläge sowie um die Risikoeinstufung der EZB. Vgl. Deutsche Bundesbank, Richtlinie zur Durchführung und Qualitätssicherung der laufenden Überwachung der Kredit- und Finanzdienstleistungsinstitute durch die Deutsche Bundesbank, 19. Dezember 2016, S. 6.

den Abstimmung und Entscheidung zugeleitet (»Finalisierung«).[110] Die deutsche Aufsicht nutzt seit der Veröffentlichung der SSM-LSI-SREP-Methodik der EZB im Februar 2020, die ein einheitliches Vorgehen im SSM sicherstellt, zwei Dimensionen zur Klassifizierung der Institute:
– die Qualität des Institutes auf Basis der Anwendung des SREP und
– die potenzielle Auswirkung einer Solvenz- oder Liquiditätskrise des Institutes auf die Stabilität des Finanzsektors.[111]

90   Bei der Qualitätseinstufung werden insgesamt vier Abstufungen zwischen einer hohen Qualität (»sehr gut«) und einer niedrigen Qualität (»schlecht«) unterschieden. Die Dimension der Auswirkungen klassifiziert die Institute auf einer Skala von I (»niedrige Auswirkung«) bis IV (»hohe Auswirkung«). Durch Kombination der ermittelten Qualitätsstufe und der unterstellten Relevanz für die Finanzstabilität ergibt sich eine Zuordnung des jeweiligen Institutes in die bankaufsichtliche »Sechzehn-Felder-Risikomatrix«.[112] Die BaFin veröffentlicht die Ergebnisse der Risikoklassifizierung von LSI in ihrem Jahresbericht (siehe Abbildung 8).[113]

		Qualität des Institutes auf Basis der Anwendung des SREP			
		1 »sehr gut«	2 »gut«	3 »befriedigend«	4 »schlecht«
potenzielle Auswirkung einer Solvenz- oder Liquiditätskrise des Institutes auf die Stabilität des Finanzsektors	I »niedrig«				
	II »mittel-niedrig«				
	III »mittel«				
	IV »hoch«				

Abb. 8: Sechzehn-Felder-Risikomatrix der Bankenaufsicht

91   Aus der Gesamteinschätzung leitet die BaFin einen notwendigen aufsichtlichen Handlungsbedarf ab und definiert den Turnus der SREP-Kapitalfestsetzung sowie die Tiefe der jährlichen Risikoanalyse.[114] Es versteht sich von selbst, dass ein Institut mit hoher Relevanz für die Finanzstabilität und niedriger Qualitätseinstufung öfter und wesentlich intensiver von der Aufsicht

---

110 Die Risikoprofile werden von der Bundesbank jährlich bis spätestens zum 30. September erstellt und anschließend an die BaFin übersandt. Bei wesentlichen zusätzlichen Informationen, insbesondere wenn diese zu einer Änderung der Bewertung des Institutes in wesentlichen Teilbereichen oder der Risikoklassifizierung führen, kann die Aufsicht auch eine unterjährige Aktualisierung vornehmen. Vgl. Deutsche Bundesbank, Richtlinie zur Durchführung und Qualitätssicherung der laufenden Überwachung der Kredit- und Finanzdienstleistungsinstitute durch die Deutsche Bundesbank, 19. Dezember 2016, S. 6.
111 Vgl. Bundesanstalt für Finanzdienstleistungsaufsicht, Jahresbericht 2020, 18. Mai 2021, S. 58.
112 Vgl. Bundesanstalt für Finanzdienstleistungsaufsicht, Jahresbericht 2020, 18. Mai 2021, S. 58 f.
113 Vgl. Bundesanstalt für Finanzdienstleistungsaufsicht, Jahresbericht 2020, 18. Mai 2021, S. 59.
114 Vgl. Bundesanstalt für Finanzdienstleistungsaufsicht, Jahresbericht 2020, 18. Mai 2021, S. 58.

geprüft werden muss als ein Institut mit geringer Relevanz für die Finanzstabilität und einem qualitativ hochwertigen Risikoprofil. Eine derartige Praxis berücksichtigt das Prinzip der doppelten Proportionalität.

Den Instituten wird ihre abschließende Einstufung mündlich im Rahmen der routinemäßig stattfindenden Aufsichtsgespräche bekanntgegeben und erläutert.[115] Die Einstufung darf vom Institut nicht gegenüber Dritten kommuniziert werden, wenngleich dies im Fall eines positiven Ergebnisses verlockend erscheint. Die Institute können daraus auf andere Weise ihren Nutzen ziehen, indem sie z.B. die Anregungen der Aufsicht im Sinne einer Stärken-Schwächen-Analyse in ihre weiteren strategischen Überlegungen einfließen lassen. **92**

3.8 MaRisk und die Regelungen aus der ersten Säule von Basel II/III

Die Regelungen aus der ersten Säule von Basel II zur Unterlegung von Adressenausfallrisiken, Marktpreisrisiken und operationellen Risiken mit Eigenmitteln wurden in Deutschland bis zum Inkrafttreten des CRD IV-Paketes am 1. Januar 2014 durch die Solvabilitätsverordnung (SolvV)[116] umgesetzt. Seit diesem Zeitpunkt werden die bankaufsichtlichen Anforderungen zur Abdeckung von Kredit-, Markt- und operationellen Risiken weitgehend in der unmittelbar geltenden CRR geregelt. Die um die entsprechenden Regelungen entkernte SolvV[117] enthält allerdings u.a. weiterhin die Verfahrensbestimmungen, wie z.B. die von den Instituten zu beachtenden Antrags- und Anzeigepflichten. Zur Berechnung der Unterlegung von Adressenausfallrisiken mit Eigenmitteln haben die Institute die Wahl zwischen unterschiedlich anspruchsvollen Verfahren (Standardansatz, auf internen Ratings basierender Basisansatz und fortgeschrittener Ansatz). Dies gilt in Analogie für die operationellen Risiken (Basisindikatoransatz, Standardansatz, ambitionierte Messansätze) und die Marktpreisrisiken, für deren Berechnung mit Zustimmung der BaFin eigene Risikomodelle verwendet werden dürfen. Vor allem an die Verwendung der anspruchsvollen Ansätze sind komplexe und teilweise qualitativ geprägte Zusatzanforderungen geknüpft. Im Ergebnis geht es jedoch bei allen Verfahren immer um die Festlegung einer Kennzahl (Solvabilitätskoeffizient). Die einzelnen Verfahren sind daher der quantitativen Bankenaufsicht zuzuordnen. **93**

Das zur weiteren Reduzierung von Risiken und zur Stärkung der Widerstandsfähigkeit der Institute verabschiedete Basel-III-Rahmenwerk wird durch das Anfang Dezember 2018 veröffentlichte »Bankenpaket« in europäisches Recht umgesetzt, das u.a. Änderungen der CRR und der CRD IV beinhaltet. Um Anreize zu mindern, übermäßige Risiken einzugehen, wird über die CRR eine verbindliche, nicht risikobasierte Verschuldungsquote (»Leverage Ratio«) eingeführt. Darüber hinaus sind neue Eigenmittelanforderungen für die Handels- und Derivategeschäfte der Institute vorgesehen, die auf der grundlegenden Überprüfung des Handelsbuches **94**

---

115 Bei als problematisch oder aufsichtsintensiv eingestuften Instituten kann die Bekanntgabe und die Erläuterung der Beurteilung auch in Anlassgesprächen erfolgen, die grundsätzlich unter der Leitung der BaFin stattfinden. Vgl. Deutsche Bundesbank, Richtlinie zur Durchführung und Qualitätssicherung der laufenden Überwachung der Kredit- und Finanzdienstleistungsinstitute durch die Deutsche Bundesbank, 19. Dezember 2016, S. 7.

116 Verordnung über die angemessene Eigenmittelausstattung von Instituten, Institutsgruppen und Finanzholding-Gruppen (Solvabilitätsverordnung – SolvV) vom 14. Dezember 2006 (BGBl. I S. 2926), aufgehoben durch § 39 der Verordnung vom 6. Dezember 2013 (BGBl. I S. 4168).

117 Verordnung zur angemessenen Eigenmittelausstattung von Instituten, Institutsgruppen, Finanzholding-Gruppen und gemischten Finanzholding-Gruppen (Solvabilitätsverordnung – SolvV) vom 6. Dezember 2013 (BGBl. I S. 4168), die zuletzt durch Artikel 1 der Verordnung vom 19. Februar 2019 (BGBl. I S. 122) geändert worden ist.

durch den Baseler Ausschuss für Bankenaufsicht beruhen.[118] Da die Arbeiten in Basel insoweit noch nicht abgeschlossen sind, beschränken sich die Anforderungen derzeit noch auf Berichtspflichten. Zur Stärkung der langfristigen Liquiditätsausstattung der Institute enthält die CRR nunmehr die strukturierte Liquiditätsquote (»Net Stable Funding Ratio«, NSFR), die bislang nur als Berichtspflicht bestand, als verbindliche Anforderung. Im November 2020 hat die BaFin Änderungen der bestehenden Solvabilitätsverordnung zur Konsultation gestellt. Die Anpassungen sind durch die neuen Vorgaben der CRR und CRD IV sowie die sich hieraus ergebenden Änderungen des KWG im Rahmen des Risikoreduzierungsgesetzes notwendig.[119]

95   Bei den MaRisk steht die Güte des institutsinternen Risikomanagements im Vordergrund, weshalb das Rundschreiben der qualitativen Bankenaufsicht zuzurechnen ist. Die qualitativen Anforderungen der ersten Säule an die Verwendung der fortgeschrittenen Verfahren zur Eigenmittelunterlegung sind zum Teil mathematisch-statistischer Natur (z.B. die Vorgaben für die Schätzung der Ausfallwahrscheinlichkeiten). Derartige Anforderungen sind nicht Gegenstand der MaRisk, da man die Institute ansonsten, quasi durch die Hintertür, in die fortgeschrittenen Verfahren hineingezwungen hätte. Das würde dem Prinzip der doppelten Proportionalität widersprechen. Die MaRisk sind daher so konzipiert, dass sie unabhängig von der gewählten Methode zur Unterlegung der Risiken mit Eigenmitteln umgesetzt werden können.

---

118 Das endgültige Basel-Papier zum so genannten Fundamental Review of the Trading Book (»Minimum capital requirements for market risk«) wurde im Januar 2019 veröffentlicht. Dieser Standard ersetzt den bisherigen Standard aus dem Jahr 2016 und soll analog zu den anderen Basel-III-Reformen zum 1. Januar 2022 in Kraft treten. Vgl. Basel Committee on Banking Supervision, Minimum capital requirements for market risk, BCBS 457, 14. Januar 2019. Eine lediglich redaktionell angepasste Version wurde am 25. Februar 2019 veröffentlicht.

119 Die BaFin hat zwei Änderungsverordnungen der Solvabilitätsverordnung zur Konsultation gestellt. Dies lässt sich mit dem späteren Inkrafttreten des Puffers der Verschuldungsquote zum 1. Januar 2023 erklären. Mit der vierten Änderungsverordnung der SolvV werden die Einzelheiten zur Berechnung des von den global systemrelevanten Instituten (G-SRI) maximal ausschüttungsfähigen Betrages in nationales Recht überführt. Dieser ergibt sich in Abhängigkeit vom Erfüllungsgrad des Puffers der Verschuldungsquote. Vgl. Bundesanstalt für Finanzdienstleistungsaufsicht, Konsultation 15/2020 von Verordnungen zur Änderung der Großkredit- und Millionenkreditverordnung (GroMiKV), der Solvabilitätsverordnung (SolvV) und der Institutsvergütungsverordnung (InstitutsVergV) vom 12. November 2020, geändert am 8. Dezember 2020.

4 Proportionalitätsprinzip und Proportionalität nach oben (Tz. 3)

3 Der sachgerechte Umgang mit dem Proportionalitätsprinzip seitens der Institute beinhaltet in dem prinzipienorientierten Aufbau der MaRisk auch, dass Institute im Einzelfall über bestimmte, in den MaRisk explizit formulierte Anforderungen hinaus weitergehende Vorkehrungen treffen, soweit dies zur Sicherstellung der Angemessenheit und Wirksamkeit des Risikomanagements erforderlich sein sollte. Insofern haben Institute, die besonders groß sind oder deren Geschäftsaktivitäten durch besondere Komplexität, Internationalität oder eine besondere Risikoexponierung gekennzeichnet sind, weitergehende Vorkehrungen im Bereich des Risikomanagements zu treffen als weniger große Institute mit weniger komplex strukturierten Geschäftsaktivitäten, die keine außergewöhnliche Risikoexponierung aufweisen. Erstgenannte Institute haben dabei auch die Inhalte einschlägiger Veröffentlichungen zum Risikomanagement des Baseler Ausschusses für Bankenaufsicht und des Financial Stability Boards in eigenverantwortlicher Weise in ihre Überlegungen zur angemessenen Ausgestaltung des Risikomanagements einzubeziehen. 96

4.1 Proportionalitätsprinzip

Gemäß § 25a Abs. 1 Satz 4 KWG hängt die Ausgestaltung des Risikomanagements von Art, Umfang, Komplexität und Risikogehalt der Geschäftsaktivitäten eines Institutes ab. Das mit dem »Finanzmarktrichtlinie-Umsetzungsgesetz« (FRUG)[120] in das KWG aufgenommene Proportionalitätsprinzip ist die Grundlage für den prinzipienorientierten Ansatz der MaRisk. Der Grundsatz der Proportionalität bzw. Verhältnismäßigkeit bedeutet zum einen, dass die konkrete, institutsspezifische Ausgestaltung des Risikomanagements der Größe und der Art der betriebenen Geschäfte sowie dem spezifischen Risikoprofil des Institutes angemessen sein muss (Proportionalität aus Sicht des Institutes). Zum anderen sollte die Intensität der aufsichtlichen Überwachung die Natur, Größe und den Risikogehalt eines Institutes und seine Bedeutung für das gesamte Bankensystem berücksichtigen (Proportionalität aus Sicht der Aufsicht). Im Zuge des Risikoreduzierungsgesetzes wurde noch einmal ausdrücklich in § 6b Abs. 4 Satz 2 KWG klargestellt, dass die Aufsichtsbehörde den Grundsatz der Verhältnismäßigkeit auch im aufsichtlichen Überprüfungs- und Bewertungsprozess (Supervisory Review and Evaluation Process, SREP) anwendet.[121] Das »Prinzip der doppelten Proportionalität« unterstreicht die Notwendigkeit einer differenzierten Betrachtungsweise.[122] 97

---

120 Gesetz zur Umsetzung der Richtlinie über Märkte für Finanzinstrumente und der Durchführungsrichtlinie der Kommission (Finanzmarktrichtlinie-Umsetzungsgesetz) vom 16. Juli 2007 (BGBl. I S. 1330), veröffentlicht am 19. Juli 2007.

121 Die Regelung setzt den durch die CRR V geänderten Art. 97 Abs. 4 CRD IV in nationales Recht um. Danach müssen die zuständigen Behörden unter Berücksichtigung der Größe, der Systemrelevanz sowie der Art, des Umfangs und der Komplexität der Geschäftsaktivitäten des betreffenden Institutes die Häufigkeit und Intensität der Überprüfung und Bewertung festlegen und dabei dem Grundsatz der Verhältnismäßigkeit Rechnung tragen. Die Aufsichtsbehörden wenden bei der Überprüfung und Bewertung den Grundsatz der Verhältnismäßigkeit nach Maßgabe der gemäß Art. 143 Abs. 1 lit. c CRD IV offengelegten Kriterien an.

122 Das Prinzip der »doppelten« Proportionalität ist zu unterscheiden von der »zweistufigen« Proportionalität, die in der Institutsvergütungsverordnung zur Anwendung kommt. Zur zweistufigen Proportionalität vgl. Buscher, Arne Martin/Link, Vivien/von Harbou, Christopher/Weigl, Thomas, Verordnung über die aufsichtsrechtlichen Anforderungen an Vergütungssysteme von Instituten (Institutsvergütungsverordnung – InstitutsVergV), 2. Auflage, Stuttgart, 2018, § 1, Tz. 15 ff.

98   Das Proportionalitätsprinzip trägt der heterogenen Institutsstruktur und der Vielzahl der Geschäftsaktivitäten in Deutschland Rechnung. Infolge des Grundsatzes der Proportionalität finden sich in den MaRisk zahlreiche Öffnungsklauseln, die den Instituten diverse Gestaltungsspielräume einräumen bzw. eine institutsindividuelle Umsetzung der Anforderungen ermöglichen. Auch die Verwendung von unbestimmten Rechtsbegriffen (»angemessen«, »wesentlich« oder »sachgerecht« etc.) ist Ausdruck des Prinzips der doppelten Proportionalität. In den letzten Jahren wird dem Proportionalitätsgrundsatz zudem verstärkt durch die Einführung von unterschiedlichen Kategorien für die Institute Rechnung getragen.

99   Auf der europäischen Ebene ist das Proportionalitätsprinzip u. a. in Art. 74 CRD IV niedergelegt.[123] Die EBA betont in den Leitlinien zur internen Governance aus dem Jahr 2018, dass der in der CRD IV verankerte Grundsatz der Verhältnismäßigkeit sicherstellt, dass die internen Governanceregelungen mit dem individuellen Risikoprofil und dem Geschäftsmodell des Institutes im Einklang stehen, so dass die aufsichtsrechtlichen Anforderungen wirksam umgesetzt werden.[124] Die Institute sollten ihre Größe und interne Organisation sowie die Art, den Umfang und die Komplexität ihrer Geschäfte bei der Erarbeitung und Umsetzung interner Governanceregelungen berücksichtigen. Auch nach den Vorstellungen der EBA sollten Institute von erheblicher Bedeutung über ausdifferenziertere Governanceregelungen verfügen, während kleine und weniger komplexe Institute einfachere Governanceregelungen einführen können. Die Leitlinien enthalten zudem einen sehr detaillierten Katalog zur Konkretisierung dieser Kriterien.[125] Die EBA hat in ihrem Bericht zu den überarbeiteten Leitlinien zur internen Governance vom Juli 2021 die Unterscheidung zwischen einem kleinen und nicht komplexen Institut (»Small and non complex institution«) und einem großen Institut (»large institution«) als zusätzliches Kriterium für das Proportionalitätsprinzip ergänzt (→ AT 1 Tz. 3).[126] Gleichzeitig betont sie, dass Größe oder Systemrelevanz eines Institutes für sich genommen nicht für das Ausmaß ausschlaggebend sind, in dem ein Institut Risiken ausgesetzt wird.[127]

4.2   Prinzip der Proportionalität nach oben

100   Mit der vierten MaRisk-Novelle wurde das so genannte »Prinzip der Proportionalität nach oben« in den MaRisk verankert. Diesem Prinzip zufolge sollen Institute, die besonders groß sind oder deren Geschäftsaktivitäten durch besondere Komplexität, Internationalität oder eine besondere Risiko-

---

123 Gemäß Art. 74 Abs. 1 CRD IV haben die Institute über solide Regelungen für die Unternehmensführung und -kontrolle zu verfügen, wozu eine klare Organisationsstruktur mit genau festgelegten, transparenten und kohärenten Zuständigkeiten, wirksame Verfahren zur Ermittlung, Steuerung, Überwachung und Meldung der tatsächlichen und potenziellen künftigen Risiken, angemessene interne Kontrollmechanismen, einschließlich solider Verwaltungs- und Rechnungslegungsverfahren, sowie eine Vergütungspolitik und -praxis, die mit einem soliden und wirksamen Risikomanagement vereinbar und diesem förderlich sind, zählen. Gemäß Art. 74 Abs. 2 CRD IV sind die in Absatz 1 genannten Regelungen, Verfahren und Mechanismen der Art, dem Umfang und der Komplexität der dem Geschäftsmodell innewohnenden Risiken angemessen und lassen keinen Aspekt außer Acht.

124 Die EBA verwendet in der deutschen Übersetzung ihrer Leitlinien regelmäßig den Begriff »Verhältnismäßigkeit«. Vgl. z.B. European Banking Authority, Leitlinien zur internen Governance, EBA/GL/2017/11, 21. März 2018, S. 8; European Banking Authority, Leitlinien zu Auslagerungen, EBA/GL/2019/02, 25. Februar 2019, S. 8; European Banking Authority/European Securities and Markets Authority, Leitlinien zur Bewertung der Eignung von Mitgliedern des Leitungsorgans und Inhabern von Schlüsselfunktionen, EBA/GL/2017/12, 21. März 2018, S. 10. Die englischen Originalfassungen mit dem Begriff »Proportionality« (Proportionalität, Angemessenheit bzw. Verhältnismäßigkeit) machen deutlich, dass damit das »Proportionalitätsprinzip« gemäß MaRisk gemeint ist. In den deutschen Fassungen der EBA-Leitlinien wird der Begriff »Proportionality« zudem uneinheitlich mit Proportionalität, Angemessenheit bzw. Verhältnismäßigkeit übersetzt.

125 Vgl. European Banking Authority, Leitlinien zur internen Governance, EBA/GL/2017/11, 21. März 2018, S. 8f.

126 Vgl. European Banking Authority, Final Report on Guidelines on internal governance under Directive 2013/36/EU, EBA/GL/2021/05, 2. Juli 2021, S. 19.

127 Vgl. European Banking Authority, Final Report on Guidelines on internal governance under Directive 2013/36/EU, EBA/GL/2021/05, 2. Juli 2021, S. 18.

exponierung gekennzeichnet sind, weitergehende Vorkehrungen zur Sicherstellung der Angemessenheit und Wirksamkeit ihres Risikomanagements treffen als weniger große Institute mit weniger komplex strukturierten Geschäftsaktivitäten, die keine außergewöhnliche Risikoexponierung aufweisen. Zu diesem Zweck sollen die betroffenen Institute auch die einschlägigen Veröffentlichungen des Baseler Ausschusses für Bankenaufsicht (Basel Committee on Banking Supervision, BCBS) und des Finanzstabilitätsrates (Financial Stability Board, FSB) in eigenverantwortlicher Weise in ihre Überlegungen zur angemessenen Ausgestaltung des Risikomanagements einbeziehen (siehe Abbildung 9). Die Aufsicht stellt damit klar, dass sie es nicht für sachgerecht hält, das Proportionalitätsprinzip lediglich in einer Weise auszulegen, die mit der maximal möglichen Ausnutzung von Öffnungsklauseln einhergeht. Konkret soll das Proportionalitätsprinzip »nicht ausschließlich im Zusammenhang mit einer weniger anspruchsvollen Anwendung bei weniger großen Instituten diskutiert«[128] werden.

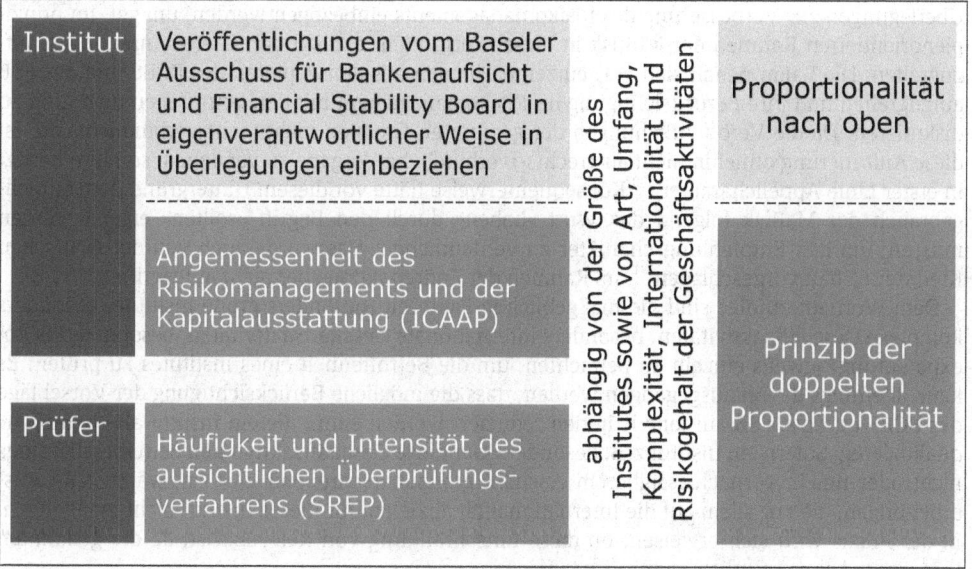

Abb. 9: Proportionalitätsprinzipien in den MaRisk

Grundsätzlich wird diese Sichtweise auch von der Kreditwirtschaft geteilt. Uneinigkeit herrscht allerdings hinsichtlich der Frage, ob die Vorschläge der genannten Standardsetzer – wie von der BaFin ausgeführt –»über bestimmte, in den MaRisk explizit formulierte Anforderungen hinaus« – oder aber – den Vorstellungen der Kreditwirtschaft entsprechend –»im Rahmen der Erfüllung bzw. Umsetzung der bestehenden Anforderungen« zu berücksichtigen sind. Beide Sichtweisen sind nicht unbegründet: Die BaFin verweist auf den nach oben offenen Begriff »Mindestanforderungen« und schließt daraus, dass für größere Institute tendenziell mehr gelten müsse. Die Kreditwirtschaft argumentiert mit dem nach unten offenen Begriff »Öffnungsklauseln« und dem damit verbundenen Umsetzungsspielraum für kleinere Institute. Sie kritisiert, dass die mit Veröffentlichung der MaRisk intendierte Normkonkretisierung des § 25a Abs. 1 KWG wieder infrage gestellt und der in AT 1 Tz. 1 formulierte Zweck, einen verlässlichen Rahmen für die Ausgestaltung des Risikomana-

101

---

128 Bundesanstalt für Finanzdienstleistungsaufsicht, Übermittlungsschreiben zum Rundschreiben 10/2012 (BA) vom 14. Dezember 2012, S. 2.

gements zu formulieren, nicht mehr erreicht werde. Da die Anforderungen an ein angemessenes und wirksames Risikomanagement sanktionsbewehrt sind, hält die Kreditwirtschaft eine Deckelung nach oben zur Gewährleistung eines Mindestmaßes an Rechtssicherheit für erforderlich. Nach ihrem Verständnis ist es gerade die Aufgabe der EBA (auf europäischer Ebene) bzw. der BaFin im Benehmen mit der Deutschen Bundesbank (auf nationaler Ebene), relevante Empfehlungen internationaler Standardsetzer in eigenen Leitlinien oder Ähnlichem aufzugreifen und dabei die Besonderheiten des europäischen bzw. nationalen Finanzsystems zu berücksichtigen. Als ein Beispiel für widersprüchliche Forderungen auf internationaler und nationaler Ebene wurde der Vorschlag des BCBS zur Anbindung der Internen Revision an das Aufsichtsorgan genannt.[129] Es bleibt abzuwarten, ob diese Anforderung in der Prüfungspraxis zu überzogenen Vorgaben führt.

102   Durch die Formulierung »im Einzelfall« wird verdeutlicht, dass von den betroffenen Instituten nicht erwartet wird, sämtliche Vorschläge der beiden Standardsetzer schablonenhaft zu sichten und undifferenziert umzusetzen. Vielmehr sollen diese Ausarbeitungen in die institutsinternen Überlegungen zur Verbesserung des Risikomanagements einbezogen werden, um ggf. im prinzipienorientierten Rahmen der MaRisk in dieser Form nicht explizit adressierte Anregungen aufzugreifen. Die BaFin behält sich vor, einzelne Themen aus den Papieren des BCBS und des FSB aufzugreifen und ihre Berücksichtigung im Risikomanagement mit den betroffenen Instituten zu diskutieren. Da die Veröffentlichungen der genannten Gremien nicht rechtsverbindlich sind, ist diese Anforderung ohnehin nicht als (rechts-)verbindliche Vorgabe zu verstehen, sondern besitzt in erster Linie Appellcharakter.[130] Konsequenterweise hätte vor diesem Hintergrund dem Sprachgebrauch der MaRisk folgend das Wort »haben« durch den Begriff »sollten« ersetzt werden müssen, um den Empfehlungscharakter zu verdeutlichen. Das wurde auch von der Deutschen Kreditwirtschaft vorgeschlagen[131], im Rahmen der Endredaktion aber nicht aufgegriffen.

103   Dem Wortlaut zufolge sind die maßgeblichen Faktoren (besonders große Institute, besonders komplexe Geschäftsaktivitäten, besonders internationale Geschäftsaktivitäten, besondere Risikoexponierung) jeweils einzeln zu betrachten, um die Betroffenheit eines Institutes zu prüfen. Es kann allerdings davon ausgegangen werden, dass die mögliche Berücksichtigung der Vorschläge des BCBS und des FSB auf jene Kriterien reduziert werden kann, die ein Institut als »betroffen« qualifizieren. Sofern ein Institut z. B. besonders komplexe Geschäftsaktivitäten betreibt, allerdings nicht oder nur in vernachlässigbarem Ausmaß grenzüberschreitend tätig ist, wären jene Ausarbeitungen, die vor allem auf die Internationalität abzielen, für dieses Institut nicht maßgeblich. In der Praxis wird sich erweisen, ob diese Einschränkung von Relevanz ist, da die genannten Faktoren i. d. R. vermutlich zusammentreffen.

4.3   Proportionalität durch Kategorien von Instituten

104   Eine weitere Ausprägung des Grundsatzes der Proportionalität ist die Beschränkung des Anwendungsbereiches der rechtlichen Regelungen und Vorgaben, die besonders anspruchsvolle aufsichtliche Anforderungen formulieren, auf systemrelevante bzw. große Institute. Alternativ können aber auch für kleine, nicht komplexe Institute wesentliche Erleichterungen vorgesehen

---

129 Vgl. Deutsche Kreditwirtschaft, Stellungnahme zum Konsultationspapier 01/2012 der Bundesanstalt für Finanzdienstleistungsaufsicht (BaFin) – »Überarbeitung der MaRisk«, 5. Juni 2012, S. 2ff.

130 Vgl. Bundesanstalt für Finanzdienstleistungsaufsicht, Übermittlungsschreiben zum Rundschreiben 10/2012 (BA) vom 14. Dezember 2012, S. 2.

131 Vgl. Deutsche Kreditwirtschaft, Stellungnahme zum Konsultationspapier 01/2012 der Bundesanstalt für Finanzdienstleistungsaufsicht (BaFin) – »Überarbeitung der MaRisk« (Zwischenentwurf vom 2. August 2012), 12. September 2012, S. 3.

werden. Vor diesem Hintergrund wird dem Proportionalitätsprinzip verstärkt durch die Einführung unterschiedlicher Kategorien von Instituten Rechnung getragen.

Seit der Finanzmarktkrise haben global oder national (anderweitig) systemrelevante Institute **105** aufgrund ihrer Systemrelevanz besonders hohe bankaufsichtliche Anforderungen einzuhalten. Die bedeutenden Institute gemäß Art. 6 SSM-Verordnung werden seit dem Jahr 2014 nicht nur unmittelbar von der EZB beaufsichtigt, sondern unterliegen in der Aufsichtspraxis zum Teil deutlich strengeren Anforderungen als die weiterhin von den nationalen Aufsichtsbehörden überwachten, weniger bedeutenden Institute. Die bedeutenden Institute im Sinne der SSM-Verordnung sind zu unterscheiden von den bedeutenden Instituten gemäß § 1 Abs. 3c KWG. Diese bedeutenden Institute im Sinne des KWG haben besondere Anforderungen an die Geschäftsleitung und das Aufsichtsorgan sowie für die Zwecke der Vergütungsregulierung einzuhalten.[132]

Im Rahmen der Verhandlung des »Bankenpaketes« aus dem Jahr 2018 bestand auf europäischer **106** Ebene weitgehende Einigkeit, dass die inzwischen äußerst umfangreichen Vorgaben im Bankaufsichtsrecht zugunsten kleiner Institute deutlich stärker proportional ausgestaltet werden sollten, ohne ihre Solvenz und Solidität zu beeinträchtigen.[133] Dieses Ziel wird durch die Einführung der neuen Kategorie »kleines und nicht komplexes Institut« im Zuge der Überarbeitung der CRR erreicht. Diese Institute können vor allem im Meldewesen und bei den Offenlegungspflichten Erleichterungen in Anspruch nehmen.

4.3.1 Systemrelevante Institute

Mit Basel III wurden für »global systemrelevante Institute« (G-SRI) und »anderweitig systemrele- **107** vante Institute« (A-SRI) aufgrund ihrer Systemrelevanz zusätzliche Kapitalpuffer eingeführt. Zudem müssen G-SRI ab dem Jahr 2023 neben der Mindestanforderung an die nicht-risikobasierte Leverage Ratio einen zusätzlichen Puffer der Verschuldungsquote einhalten. Die Kriterien für die Identifizierung und Bewertung sind für G-SRI in § 10f KWG und für A-SRI in § 10g KWG geregelt.

4.3.1.1 Global systemrelevante Institute (G-SRI)

Bei der Ermittlung der global systemrelevanten Institute (G-SRI) ist der vom Baseler Ausschuss für **108** Bankenaufsicht (BCBS) entwickelte Ansatz zur Identifikation und Behandlung von global system-relevanten Banken (G-SIB) zu beachten.[134] Die Identifizierung von G-SRI erfolgt mit einem einheitlichen indikatorbasierten Messansatz unter Berücksichtigung der Kategorien Größe, Verflechtung, Ersetzbarkeit/Finanzinstitutsinfrastruktur, Komplexität und grenzüberschreitende Aktivitäten.[135] Die Vorgaben des BCBS wurden durch den europäischen Gesetzgeber in Art. 131 CRD IV umgesetzt. Gemäß Art. 131 Abs. 2 CRD IV beruht die Methode zur Ermittlung der G-SRI auf den Kategorien Größe der Gruppe, Verflechtung der Gruppe mit dem Finanzsystem, Ersetzbarkeit der von der Gruppe erbrachten Dienstleistungen oder zur Verfügung gestellten Finanzinfrastrukturen, Komplexität der Gruppe sowie grenzüberschreitende Tätigkeiten der Gruppe, einschließlich der

---

132 Dass trotz gleicher Bezeichnung zwischen diesen beiden Kategorien bedeutender Institute Unterschiede bestehen, ergibt sich bereits aus den für ihre Definition maßgeblichen Bilanzsummen von 15 bzw. 30 Milliarden Euro. Sofern es im Kommentar um die bedeutenden Institute gemäß § 1 Abs. 3c KWG geht, wird explizit darauf hingewiesen. Andernfalls handelt es sich regelmäßig um Anforderungen an die bedeutenden Institute gemäß Art. 6 SSM-Verordnung.

133 Vgl. Deutsche Bundesbank, Das europäische Bankenpaket – Die Überarbeitung der EU-Bankenregulierung, in: Monatsbericht, Juni 2019, S. 42.

134 Basel Committee on Banking Supervision, Global systemically important banks: updated assessment methodology and the higher loss absorbency requirement, BCBS 255, 3. Juli 2013; Basel Committee on Banking Supervision, The G-SIB assessment methodology – score calculation, BCBS 296, 6. November 2014.

135 Vgl. Basel Committee on Banking Supervision, Global systemically important banks: updated assessment methodology and the higher loss absorbency requirement, BCBS 255, 3. Juli 2013, S. 6f.; Basel Committee on Banking Supervision, The G-SIB assessment methodology – score calculation, BCBS 296, 6. November 2014, S. 1f.

AT 1 Vorbemerkung

Tätigkeiten zwischen Mitgliedstaaten sowie zwischen einem Mitgliedstaat und einem Drittland. Die Indikatoren für diese Kategorien werden in einer Delegierten Verordnung der Kommission aus dem Jahr 2014 konkretisiert, in der auch die Methode abschließend vorgegeben wird.[136]

109   Der deutsche Gesetzgeber hat die Vorgaben für die Festlegung des Kapitalpuffers für G-SRI in § 10f KWG geregelt. § 10f KWG beinhaltet insbesondere die Methode, nach der die BaFin (im Einvernehmen mit der Bundesbank) ein G-SRI zu bestimmen hat, die Anforderungen an den Kapitalpuffer sowie die Mitteilungspflichten der Institute und der BaFin. Gemäß § 10f Abs. 1 KWG kann die BaFin von G-SRI auf konsolidierter Basis – abhängig vom Grad der globalen Systemrelevanz der Gruppe – einen individuellen zusätzlichen Kapitalpuffer aus hartem Kernkapital (Common Equity Tier 1, CET1) in Höhe von 1,0 bis 3,5 Prozent des Gesamtforderungsbetrages des Institutes im Sinne des Art. 92 Abs. 3 CRR verlangen.[137] Die als G-SRI identifizierten Institute werden vom Financial Stability Board jährlich unter Angabe des jeweils individuell einzuhaltenden Kapitalpuffers veröffentlicht.[138]

110   Die G-SRI müssen ab dem Jahr 2023 neben der Mindestanforderung an die nicht-risikobasierte Leverage Ratio in Höhe von 3 Prozent zusätzlich einen Puffer der Verschuldungsquote (»LR-Puffer«) einhalten (Art. 92 Abs. 1a CRR). Dieser LR-Puffer beträgt 50 Prozent des risikobasierten Kapitalpuffers für G-SRI gemäß § 10f KWG.[139]

4.3.1.2   Anderweitig systemrelevante Institute (A-SRI)

111   Für die Identifizierung der anderweitig systemrelevanten Institute hat der Baseler Ausschuss für Bankenaufsicht (BCBS) ein auf Grundsätzen basierendes Rahmenwerk für die Behandlung von national systemrelevanten Banken erarbeitet.[140] Dieses Rahmenwerk räumt den nationalen Aufsichtsbehörden einen gewissen Ermessensspielraum ein, um den strukturellen Merkmalen des nationalen Finanzsystems Rechnung zu tragen. Gemäß dem BCBS sind die Institute anhand der Faktoren Größe, Verflechtung, Ersetzbarkeit/Finanzinstitutsinfrastruktur und Komplexität (einschließlich zusätzlicher Komplexität aufgrund grenzüberschreitender Aktivitäten) zu beurteilen. Die Vorgaben des BCBS für A-SRI wurden durch den europäischen Gesetzgeber in Art. 131 CRD IV umgesetzt. Gemäß Art. 131 Abs. 3 CRD IV wird die Systemrelevanz auf der Grundlage mindestens eines der folgenden Kriterien bewertet: Größe, Relevanz für die Wirtschaft der Europäischen Union oder des betreffenden Mitgliedstaates, Bedeutung der grenzüberschreitenden Tätigkeiten, Verflechtungen des Institutes oder der Gruppe mit dem Finanzsystem. Zusätzlich hat die EBA Leitlinien zur Bestimmung der anderweitig systemrelevanten Institute veröffentlicht.[141]

112   Der deutsche Gesetzgeber hat die Vorgaben für die Festlegung des Kapitalpuffers für A-SRI in § 10g KWG umgesetzt. Gemäß § 10g Abs. 2 KWG bestimmt die BaFin (im Einvernehmen mit der

136 Vgl. Delegierte Verordnung (EU) Nr. 1222/2014 der Kommission vom 8. Oktober 2014 zur Ergänzung der Richtlinie 2013/36/EU des Europäischen Parlaments und des Rates durch technische Regulierungsstandards zur Festlegung der Methode zur Bestimmung global systemrelevanter Institute und zur Festlegung der Teilkategorien global systemrelevanter Institute, Amtsblatt der Europäischen Union vom 15. November 2014, L 330/27–36.

137 Der G-SRI-Puffer wird durch Einstufung der Institute in fünf Kategorien (»buckets«) festgelegt. Die Kapitalpuffer können danach 1,0 Prozent, 1,5 Prozent, 2,0 Prozent, 2,5 Prozent oder 3,5 Prozent betragen. Derzeit ist kein Institut der höchsten Kategorie (3,5 Prozent) zugeordnet.

138 Vgl. Financial Stability Board, 2020 list of global systemically important banks (G-SIBs) vom 11. November 2020. Nach dieser Liste sind derzeit 30 Institute auf der konsolidierten Ebene als G-SIB eingestuft, darunter die Deutsche Bank AG.

139 Der Anwendungszeitpunkt des Puffers der Verschuldungsquote für die G-SRI wurde unter dem Eindruck der COVID-19-Pandemie im Jahr 2020 im Zuge der kurzfristig beschlossenen Änderungen der CRR (»CRR Quick Fix«) vom 1. Januar 2022 auf den 1. Januar 2023 verschoben. Vgl. Verordnung (EU) 2020/873 des Europäischen Parlaments und des Rates vom 24. Juni 2020 zur Änderung der Verordnungen (EU) Nr. 575/232 und EU 2019/876 aufgrund bestimmter Anpassungen infolge der Covid-19-Pandemie, Amtsblatt der Europäischen Union vom 26. Juni 2020, L 204/4–17.

140 Vgl. Basel Committee on Banking Supervision, A framework for dealing with domestic systemically important banks, BCBS 233, 11. Oktober 2012, S. 2f.

141 Vgl. European Banking Authority, Leitlinien für die Kriterien zur Festlegung der Anwendungsvoraussetzungen für Artikel 131 Absatz 3 der Richtlinie 2013/36/EU (CRD) in Bezug auf die Bewertung von anderen systemrelevanten Instituten (A-SRI), EBA/GL/2014/10, 16. Dezember 2014.

Bundesbank) im Rahmen ihrer laufenden Aufsichtstätigkeit jährlich, welche Institute auf konsolidierter, unterkonsolidierter oder Einzelinstitutsebene als A-SRI eingestuft werden.[142] Bei der auf der relevanten Ebene durchgeführten quantitativen und qualitativen Analyse werden für die untersuchte Instituteinheit jeweils insbesondere die Faktoren Größe, wirtschaftliche Bedeutung für den Europäischen Wirtschaftsraum und die Bundesrepublik Deutschland, grenzüberschreitende Aktivitäten sowie Vernetztheit mit dem Finanzsystem berücksichtigt. Nach § 10g Abs. 1 KWG haben die als A-SRI eingestuften Institute einen individuellen zusätzlichen Kapitalpuffer aus hartem Kernkapital (CET1) in Höhe von bis zu 3,0 Prozent des nach Art. 92 Abs. 3 CRR ermittelten Gesamtforderungsbetrages vorzuhalten, mit Einwilligung der EU-Kommission auch darüber. BaFin und Bundesbank haben gemeinsam eine Methodik entwickelt, die die Vorgaben des § 10g Abs. 2 KWG unter Berücksichtigung der Anforderungen des BCBS zum Umgang mit national systemrelevanten Banken sowie der EBA-Leitlinien zur Bewertung anderer systemrelevanter Banken berücksichtigt.[143] Die Methodik wurde zuletzt im Jahr 2020 hinsichtlich der Datenbasis und des Rahmenwerkes der Indikatoren sowie hinsichtlich der Ausgestaltung und Kalibrierung der Kapitalpuffer angepasst.[144] Derzeit sind in Deutschland 13 Institute als A-SRI eingestuft.[145]

4.3.2 Bedeutende Institute gemäß SSM-Verordnung

Mit der Errichtung des Einheitlichen Aufsichtsmechanismus (»Single Supervisory Mechanism«, SSM) am 4. November 2014 hat die EZB die direkte Aufsicht über die bedeutenden Institute (»Significant Institutions«, SI) der teilnehmenden Mitgliedstaaten der Eurozone übernommen. Diese bedeutenden Institute unterliegen in der Aufsichtspraxis zum Teil deutlich strengeren Anforderungen als die weiterhin von den nationalen Aufsichtsbehörden überwachten weniger bedeutenden Institute (»Less Significant Institutions«, LSI). Die laufende Beaufsichtigung der bedeutenden Institute wird von gemeinsamen Aufsichtsteams (»Joint Supervisory Teams«, JST) unter Beteiligung der nationalen Aufsichtsbehörden, in Deutschland BaFin und Bundesbank, ausgeübt. Die Aufsicht über die weniger bedeutenden Instituten verbleibt in Deutschland weiterhin bei BaFin und Bundesbank. Bestimmte aufsichtliche Kompetenzen wie die Erteilung oder der Entzug von Zulassungen wurden im Rahmen des SSM allerdings vollständig auf die EZB übertragen (→ Teil I, Kapitel 3). **113**

Die Einstufung als bedeutendes Institut erfolgt gemäß Art. 6 Abs. 4 SSM-Verordnung[146], der insoweit durch die SSM-Rahmen-VO[147] konkretisiert wird, grundsätzlich anhand folgender vier Kriterien: **114**

- Größe des Institutes: Bilanzsumme > 30 Milliarden Euro (auf konsolidierter Ebene); unabhängig davon beaufsichtigt die EZB mindestens die drei größten Kreditinstitute eines teilnehmenden Mitgliedstaates;

---

142 Als A-SRI können dabei nur Institute eingestuft werden, die auf nationaler Ebene Systemrelevanz besitzen und nicht gleichzeitig global systemrelevant im Sinne des § 10f KWG sind.

143 Vgl. Bundesanstalt für Finanzdienstleistungsaufsicht/Deutsche Bundesbank, Grundzüge der Methode zur Bestimmung anderweitig systemrelevanter Institute (A-SRI), Stand 28. August 2020.

144 Vgl. Bundesanstalt für Finanzdienstleistungsaufsicht, Jahresbericht 2020, 18. Mai 2021, S. 53.

145 Vgl. Bundesanstalt für Finanzdienstleistungsaufsicht, Jahresbericht 2020, 18. Mai 2021, S. 53.

146 Verordnung (EU) Nr. 1024/2013 des Rates vom 15. Oktober 2013 zur Übertragung besonderer Aufgaben im Zusammenhang mit der Aufsicht über Kreditinstitute auf die Europäische Zentralbank (SSM-Verordnung), Amtsblatt der Europäischen Union vom 29. Oktober 2013, L 287/63–89.

147 Neben der SSM-Verordnung hat die EZB am 23. April 2014 die »SSM-Rahmenverordnung« (»Framework Regulation«) veröffentlicht. Vgl. Verordnung (EU) Nr. 468/2014 der Europäischen Zentralbank vom 16. April 2014 zur Errichtung eines Rahmenwerks für die Zusammenarbeit zwischen der Europäischen Zentralbank und den nationalen zuständigen Behörden und den nationalen benannten Behörden innerhalb des einheitlichen Aufsichtsmechanismus (SSM-Rahmenverordnung), Amtsblatt der Europäischen Union vom 14. Mai 2014, L 141/1–50.

- Relevanz für die Wirtschaft des teilnehmenden Mitgliedstaates oder der Europäischen Union: Bilanzsumme > 5 Milliarden Euro und Bilanzsumme > 20 Prozent des nationalen Bruttoinlandsproduktes (BIP)[148];
- Bedeutung der grenzüberschreitenden Tätigkeiten: Kreditinstitut (Mutterunternehmen der beaufsichtigten Gruppe) hat in mindestens zwei anderen teilnehmenden Mitgliedstaaten Tochterunternehmen, die als Kreditinstitut einzustufen sind; zudem Bilanzsumme > 5 Milliarden Euro und Anteil der grenzüberschreitenden Aktiva (oder Passiva) an den gesamten Aktiva (oder Passiva) innerhalb des Anwendungsgebietes des SSM > 20 Prozent der Bilanzsumme;
- Inanspruchnahme direkter öffentlicher Unterstützung: Kreditinstitut hat vom Europäischen Stabilitätsmechanismus (»European Stability Mechanism«, ESM) oder von der Europäischen Finanzstabilisierungsfazilität (»European Financial Stability Facility«, EFSF) direkte Unterstützung beantragt oder erhalten.

115 Die rechtlich selbständigen Förderbanken aus Deutschland sind am 28. Juni 2019 aus dem Anwendungsbereich der CRD IV und der CRR ausgenommen worden.[149] Sie sind seitdem keine CRR-Institute mehr und werden ausschließlich von BaFin und Bundesbank beaufsichtigt. Die drei bis zu diesem Zeitpunkt unter der direkten Aufsicht der EZB stehenden deutschen Förderbanken sind nicht mehr als bedeutende Institute gemäß Art. 6 SSM-Verordnung einzuordnen.

116 Mit der sechsten MaRisk-Novelle wird der Anwendungsbereich für bestimmte Anforderungen des Rundschreibens, die bisher nur für systemrelevante Institute galten, auf bedeutende Institute gemäß Art. 6 SSM-Verordnung ausgeweitet (→ AT 1 Tz. 6). Bedeutende Institute im Sinne der SSM-Verordnung haben insbesondere zusätzliche Anforderungen an das Datenmanagement, die Datenqualität und die Aggregation von Risikodaten einzuhalten (→ AT 4.3.4). Für sie gelten besondere Anforderungen an den Leiter der Risikocontrolling-Funktion (→ AT 4.4.1 Tz. 5) und an die organisatorische Ansiedlung der Compliance-Funktion (→ AT 4.4.2 Tz. 4). Zudem haben sie den Risikobericht über die Liquiditätsrisiken und die Liquiditätssituation mindestens monatlich zu erstellen (→ BT 3.2 Tz. 5).

4.3.3 Bedeutende Institute gemäß KWG

117 Mit dem Risikoreduzierungsgesetz aus dem Jahr 2020 wurde im KWG für die Zwecke der Corporate Governance der Institute und der Vergütungsregelungen eine einheitliche Definition für »bedeutende Institute« eingeführt. Gemäß § 1 Abs. 3c KWG ist ein Institut bedeutend, wenn seine Bilanzsumme im Durchschnitt zu den jeweiligen Stichtagen der letzten vier abgeschlossenen Geschäftsjahre 15 Milliarden Euro überschritten hat. Darüber hinaus gelten stets als bedeutend nach § 1 Abs. 3c KWG
- die von der EZB direkt beaufsichtigten bedeutenden Institute gemäß Art. 6 SSM-Verordnung,
- die als potenziell systemrelevant im Sinne des § 12 KWG eingestuften Institute und
- Finanzhandelsinstitute gemäß § 25f Abs. 1 KWG.

---

148 Darüber hinaus kann die EZB im Einzelfall auf Grundlage einer Anzeige der nationalen Aufsichtsbehörde die Relevanz des Institutes für die betreffende Volkswirtschaft des teilnehmenden Mitgliedstaates nach bestimmten Kriterien der SSM-Rahmen-VO feststellen.

149 Vgl. Art. 2 Abs. 5 CRD IV, der durch die CRD V entsprechend erweitert wurde. Bis zu diesem Zeitpunkt war lediglich die Kreditanstalt für Wiederaufbau (KfW) aus dem Anwendungsbereich der CRD IV und der CRR ausgenommen.

Die Definition für ein bedeutendes Institut im Sinne des KWG weicht somit von der entsprechenden Definition in der SSM-Verordnung ab. Die bedeutenden Institute gemäß Art. 6 SSM-Verordnung gelten allerdings stets als bedeutende Institute gemäß § 1 Abs. 3c KWG.

Die bedeutenden Institute gemäß § 1 Abs. 3c KWG haben erhöhte Anforderungen an Mandatsbeschränkungen für Geschäftsleiter (§ 25c Abs. 2 Satz 2 KWG) und Mitglieder des Aufsichtsorgans (§ 25d Abs. 3a KWG) einzuhalten. Darüber hinaus hat das Aufsichtsorgan eines bedeutenden Institutes im Sinne des KWG zwingend einen Risiko-, einen Prüfungs-, einen Nominierungs- und einen Vergütungskontrollausschuss einzurichten (§ 25d Abs. 7 Satz 2 KWG). **118**

Neben den Geschäftsleitern und den Mitgliedern des Aufsichtsorgans gelten bei bedeutenden Instituten gemäß § 1 Abs. 3c KWG bestimmte Personengruppen zwingend als Risikoträger, u. a. die Mitarbeiter der unmittelbar der Geschäftsleitung nachgelagerten Führungsebene sowie die Leiter der Kontrollfunktionen oder der wesentlichen Geschäftsbereiche des Institutes (§ 25a Abs. 5b Satz 1 KWG).[150] Zudem bestehen bei der eigenverantwortlich durchzuführenden Risikoanalyse zur Bestimmung weiterer Risikoträger erhöhte Anforderungen im Hinblick auf die qualitativen und quantitativen Kriterien (§ 25a Abs. 5b Satz 2 KWG). Bedeutende Institute dürfen nicht von der Ex-post-Risikoadjustierung befreit werden, d. h. von den Regelungen zur anteiligen Auszahlung der variablen Vergütung in Instrumenten sowie der anteiligen Streckung über mehrere Jahre.[151] **119**

4.3.4 Kleine und nicht komplexe Institute gemäß CRR

Gerade bei kleinen Instituten mit einer geringen Bilanzsumme und einfachem Geschäftsmodell besteht die Gefahr, dass der Verwaltungsaufwand für die Erfüllung der bankaufsichtlichen Anforderungen in keinem angemessenen Verhältnis zum aufsichtlichen Nutzen steht.[152] Da Deutschland mit fast 1.500 Instituten rund 40 Prozent der kleinen Institute in der Eurozone stellt, verwundert es nicht, dass sich bei den Verhandlungen im Rahmen des Bankenpaketes vor allem BaFin und Bundesbank für Erleichterungen für kleine, nicht komplexe Institute eingesetzt haben.[153] **120**

Kleine und nicht komplexe Institute (»small and non complex institutions«) gemäß Art. 4 Abs. 1 Nr. 145 CRR sind Institute, die kumulativ folgende Kriterien erfüllen: **121**
- das Institut gilt nicht als groß gemäß Art. 4 Abs. 1 Nr. 146 CRR[154],
- die Bilanzsumme ist im Vierjahresdurchschnitt nicht größer als 5 Milliarden Euro,
- das Institut unterliegt keinen oder nur den vereinfachten Anforderungen an die Sanierungs- und Abwicklungsplanung,
- das Institut verfügt nur über ein kleines Handels- oder Derivatebuch,

---

150 Darüber hinaus gelten diejenigen Mitarbeiter zwingend als Risikoträger, die im oder für das vorhergehende Geschäftsjahr Anspruch auf eine Vergütung in Höhe von mindestens 500.000 Euro hatten, sofern diese Vergütung mindestens der durchschnittlichen Vergütung der Geschäftsleiter, der Mitglieder des Aufsichtsorgans sowie der Mitarbeiter der unmittelbar der Geschäftsleitung nachgelagerten Führungsebene des Institutes entspricht, und die Mitarbeiter die berufliche Tätigkeit in einem wesentlichen Geschäftsbereich ausüben und sich diese Tätigkeit erheblich auf das Risikoprofil des betreffenden Geschäftsbereichs auswirkt.

151 Vgl. Deutsche Bundesbank, Das europäische Bankenpaket – Die Überarbeitung der EU-Bankenregulierung, in: Monatsbericht, Juni 2019, S. 42.

152 Vgl. Höpfner, Birgit, Bankenpaket – EU-Finanzminister haben sich auf Reformen geeinigt, in: BaFinJournal, Ausgabe Dezember 2018, S. 30.

153 Vgl. Höpfner, Birgit, Bankenpaket – EU-Finanzminister haben sich auf Reformen geeinigt, in: BaFinJournal, Ausgabe Dezember 2018, S. 30; Deutsche Bundesbank, Das europäische Bankenpaket – Die Überarbeitung der EU-Bankenregulierung, in: Monatsbericht, Juni 2019, S. 42.

154 Ein Institut ist als großes Institut gemäß Art. 4 Abs. 1 Nr. 146 CRR einzustufen, wenn es systemrelevant ist (d. h. ein G-SRI oder A-SRI), zu den drei größten Instituten des EU-Mitgliedstaates gehört (auf Ebene des einzelnen Institutes oder auf konsolidierter Basis) oder eine Bilanzsumme > 30 Milliarden Euro hat.

- das Gesamtgeschäft (»consolidated total assets and liabilities«) des Institutes betrifft sowohl hinsichtlich der Aktiva als auch der Passiva zu mehr als 75 Prozent Tätigkeiten innerhalb des EWR,
- das Institut verwendet keine internen Modelle,
- das Institut oder die zuständige Behörde haben sich nicht gegen eine derartige Einstufung ausgesprochen.

122 Erleichterungen für kleine und nicht komplexe Institute sind derzeit vor allem beim Meldewesen, den Offenlegungsanforderungen und den Vergütungsregelungen vorgesehen. Nach Angaben der Aufsicht können infolge der Einführung der Definition »kleine und nicht komplexe Institute« in der CRR 90 Prozent der deutschen Institute mit regulatorischen Erleichterungen rechnen.[155]

123 Die Definition für »kleine und nicht komplexe Institute« gemäß Art. 1 Abs. 145 CRR ist nicht deckungsgleich mit dem in den MaRisk verwendeten Begriff »kleine, weniger komplexe Institute«. Kleine, weniger komplexe Institute im Sinne der MaRisk haben z. B. die Möglichkeit, die Funktion des Auslagerungsbeauftragten auf ein Mitglied der Geschäftsleitung zu übertragen (→ AT 9 Tz. 12, Erläuterung) und die Berichterstattung über die wesentlichen Auslagerungen im Rahmen einer Sitzung der Geschäftsleitung vorzunehmen (→ AT 9 Tz. 13, Erläuterung). Zudem können sie qualitative Ansätze für die Risikoanalyse heranziehen (→ AT 9 Tz. 2, Erläuterung). Äußerungen der Aufsicht im Fachgremium MaRisk lassen darauf schließen, dass kleine, nicht komplexe Institute im Sinne der MaRisk z. B. hinsichtlich ihrer Bilanzsumme deutlich unterhalb dem Schwellenwert des Art. 1 Abs. 145 CRR in Höhe von 5 Milliarden Euro liegen müssen.

---

155 Vgl. Bundesanstalt für Finanzdienstleistungsaufsicht, Jahresbericht 2019, 12. Mai 2020, S. 35.

5 Schutz der Wertpapierdienstleistungskunden (Tz. 4)

4 Durch das Rundschreiben wird zudem über § 80 Abs. 1 des Gesetzes über den Wert- 124
papierhandel (WpHG) in Verbindung mit § 25a Abs. 1 KWG Art. 13 der Richtlinie
2004/39/EG (Finanzmarktrichtlinie) umgesetzt, soweit diese auf Kreditinstitute und Finanzdienstleistungsinstitute gleichermaßen Anwendung findet. Dies betrifft die allgemeinen organisatorischen Anforderungen gemäß Art. 5, die Anforderungen an das Risikomanagement und die Interne Revision gemäß Art. 7 und 8, die Anforderungen zur Geschäftsleiterverantwortung gemäß Art. 9 sowie an Auslagerungen gemäß Art. 13 und 14 der
Richtlinie 2006/73/EG (Durchführungsrichtlinie zur Finanzmarktrichtlinie). Diese Anforderungen dienen der Verwirklichung des Ziels der Finanzmarktrichtlinie, die Finanzmärkte in der Europäischen Union im Interesse des grenzüberschreitenden Finanzdienstleis-
tungsverkehrs und einheitlicher Grundlagen für den Anlegerschutz zu harmonisieren.

5.1 Die gemeinsame Plattform

Die Umsetzung der MiFID[156] und ihrer begleitenden Durchführungsrichtlinie im Jahr 2007 machte 125
Anpassungen in verschiedenen Regelwerken erforderlich. Eine besondere Herausforderung stellte
dabei die Umsetzung des Art. 13 MiFID i. V. m. den Artikeln 5, 7, 8, 9, 13 und 14 MiFID-Durchführungsrichtlinie dar. Die dort statuierten Vorgaben sind schwerpunktmäßig organisatorischer
Natur und dienen dem Schutz der Interessen der Wertpapierdienstleistungskunden. Unter inhaltlichen Gesichtspunkten werden die Richtlinienvorgaben zwar weitgehend durch Vorgaben der
CRD IV sowie bestehende nationale Regelwerke abgedeckt (§ 25a KWG, MaRisk). Jedoch haben
diese Regelwerke in erster Linie einen solvenzrechtlichen Bezug (→ AT 2 Tz. 1). Die konkrete
Herausforderung bei der Umsetzung der genannten Vorgaben der MiFID und der MiFID-Durchführungsrichtlinie bestand darin, für die auf EU-Ebene verursachten Überlappungen eine tragfähige nationale Lösung zu entwickeln. Insbesondere mussten »Doppelregulierungen« so weit wie
möglich vermieden werden.

Der Gesetzgeber entschied sich vor diesem Hintergrund für die Schaffung einer »gemeinsamen 126
Plattform«, die sowohl dem Anlegerschutzgedanken der MiFID als auch bestehenden solvenzrechtlichen Aspekten des KWG Rechnung trägt. Die Plattform basiert auf einer Verknüpfung
zwischen WpHG und KWG: Nach § 80 WpHG (§ 33 WpHG a. F.)[157] haben Wertpapierdienstleistungsunternehmen[158] die organisatorischen Pflichten nach § 25a Abs. 1 KWG zu beachten.[159]
Durch diesen Verweis wird die Brücke zwischen dem Anlegerschutz und dem Solvenzschutz

---

156 Die MiFID wurde zwischenzeitlich zum 3. Januar 2018 durch die Richtlinie 2014/65/EU (MiFID II) des Europäischen
Parlaments und des Rates vom 15. Mai 2014 über Märkte für Finanzinstrumente sowie zur Änderung der Richtlinien
2002/92/EG und 2011/61/EU, Amtsblatt der Europäischen Union vom 12. Juni 2014, L 173/349–496, ersetzt.

157 Das WpHG wurde durch das am 3. Januar 2018 in Kraft getretene Zweite Finanzmarktnovellierungsgesetz an die neuen
Vorgaben der MiFID II angepasst. Vgl. Zweites Gesetz zur Novellierung von Finanzmarktvorschriften aufgrund europäischer Rechtsakte (Zweites Finanzmarktnovellierungsgesetz – 2. FiMaNoG) vom 23. Juni 2017 (BGBl. I S. 1693), veröffentlicht am 24. Juni 2017.

158 Nach § 2 Abs. 4 WpHG handelt es sich bei Wertpapierdienstleistungsunternehmen um Kreditinstitute, Finanzdienstleistungsinstitute und nach § 53 Abs. 1 Satz 1 KWG tätige Unternehmen, die Wertpapierdienstleistungen allein oder
zusammen mit Wertpapiernebendienstleistungen gewerbsmäßig oder in einem Umfang erbringen, der einen in kaufmännischer Weise eingerichteten Geschäftsbetrieb erfordert.

159 Im Zusammenhang mit dem Themenkomplex »Outsourcing« existiert ebenfalls ein derartiger Verweis. So haben Wertpapierdienstleistungsunternehmen gemäß § 33 Abs. 2 WpHG a. F. (jetzt § 80 Abs. 6 WpHG) bei einer Auslagerung von
Aktivitäten und Prozessen sowie von Finanzdienstleistungen die Anforderungen nach § 25b KWG einzuhalten.

geschlagen. Der über die Anpassungen im WpHG und KWG hinausgehende richtlinienbedingte Konkretisierungsbedarf wird durch die MaRisk nachgezogen. Zur »Plattform-Lösung« gab es keine echte Alternative. Die Statuierung separater Regelwerke hätte dazu geführt, dass weitgehend vergleichbare Anforderungen von nahezu allen deutschen Instituten gleichzeitig zu erfüllen gewesen wären.[160]

5.2 Richtlinienvorgaben

127 Die relevanten Vorgaben der MiFID bzw. MiFID-Durchführungsrichtlinie decken die folgenden Inhalte ab:
- In Art. 5 MiFID-Durchführungsrichtlinie werden allgemeine organisatorische Anforderungen an Wertpapierfirmen gestellt. Dazu gehören z.B. die Einrichtung klarer Entscheidungsprozesse und Organisationsstrukturen, die Implementierung angemessener Kontrollmechanismen und Systeme, mit denen die Sicherheit, Integrität und Vertraulichkeit der Daten gewährleistet werden.
- Das Risikomanagement ist Gegenstand von Art. 7 MiFID-Durchführungsrichtlinie. Danach haben Wertpapierfirmen insbesondere wirksame Vorkehrungen zur Steuerung der mit den Geschäften und Systemen der Firma verbundenen Risiken unter Zugrundelegung der »Risikotoleranzschwelle« zu treffen.
- Art. 8 MiFID-Durchführungsrichtlinie statuiert Anforderungen an die Interne Revision. Die Richtlinie fordert eine unabhängige Innenrevisionsfunktion. Deren Hauptaufgabe besteht darin, ein Revisionsprogramm zu entwickeln und umzusetzen, das eine Prüfung und Bewertung der Angemessenheit und Wirksamkeit der Systeme, internen Kontrollmechanismen und Vorkehrungen der Wertpapierfirmen gewährleisten soll.
- Zuständigkeiten der Geschäftsleitung sind Gegenstand von Art. 9 MiFID-Durchführungsrichtlinie. Zum Beispiel ist die Geschäftsleitung verpflichtet, dem Aufsichtsorgan regelmäßig schriftliche Berichte zuzuleiten (u.a. zum Risikomanagement nach Art. 7 und zur Innenrevisionsfunktion nach Art. 8 MiFID-Durchführungsrichtlinie).
- Art. 13 und 14 MiFID-Durchführungsrichtlinie stellen umfangreiche Anforderungen an die Auslagerung von betrieblichen Aufgaben.

5.3 Konkrete Umsetzung durch die MaRisk (»erste MaRisk-Novelle«)

128 Zahlreiche der an dieser Stelle nur ausschnittweise abgehandelten Richtlinienvorgaben der MiFID waren in Deutschland bereits durch § 25a KWG bzw. die MaRisk umgesetzt. Insgesamt hielt sich dadurch der Änderungsbedarf auf der Ebene des Gesetzes in Grenzen (→ AT 1 Tz. 1). Bei den MaRisk waren im Jahr 2007 richtlinienbedingt vor allem die folgenden Anpassungen von Bedeutung (»erste MaRisk-Novelle«):
- Bei der Erbringung von Wertpapierdienstleistungen und Wertpapiernebendienstleistungen sind die Anforderungen mit der Maßgabe einzuhalten, die Interessen der Wertpapierdienstleistungskunden zu schützen (→ AT 2 Tz. 1).

---

160 Vor diesem Hintergrund entschied man sich auch in anderen europäischen Staaten für eine »gemeinsame Plattform«. Vgl. Financial Services Authority, Organisational Systems and Controls – Common Platform for Firms, CP 06/09, Mai 2006, S. 13 ff.

- Die bis dahin sehr offene und weitgehend unbestimmte Formulierung hinsichtlich der Anwendung der MaRisk auf Finanzdienstleistungsinstitute und Wertpapierhandelsbanken wurde an einigen Stellen präzisiert. Vor allem der Umsetzung der Module AT 3, AT 5, AT 7 und AT 9 wird seither ein höherer Stellenwert eingeräumt (→ AT 2.1 Tz. 2).
- Die Outsourcing-Regelungen, die unter Berücksichtigung der umfangreichen Vorgaben der Art. 13 und 14 MiFID-Durchführungsrichtlinie schwerpunktmäßig in das Modul AT 9 überführt wurden (→ AT 9), gestatten eine stärker risikoorientierte Behandlung von Auslagerungen.

6 Berücksichtigung der heterogenen Institutsstruktur (Tz. 5)

129   **5** Das Rundschreiben trägt der heterogenen Institutsstruktur und der Vielfalt der Geschäftsaktivitäten Rechnung. Es enthält zahlreiche Öffnungsklauseln, die abhängig von der Größe der Institute, den Geschäftsschwerpunkten und der Risikosituation eine vereinfachte Umsetzung ermöglichen. Insoweit kann es vor allem auch von kleineren Instituten flexibel umgesetzt werden. Das Rundschreiben ist gegenüber der laufenden Fortentwicklung der Prozesse und Verfahren im Risikomanagement offen, soweit diese im Einklang mit den Zielen des Rundschreibens stehen. Für diese Zwecke wird die Bundesanstalt für Finanzdienstleistungsaufsicht einen fortlaufenden Dialog mit der Praxis führen.

6.1 Flexibilität durch Öffnungsklauseln

130   Die Anforderungen zum Risikomanagement müssen der Heterogenität des deutschen Bankensektors sowie der Schnelllebigkeit der internen Strukturen, die aufgrund der Entwicklungen auf den Finanzmärkten einem ständigen Anpassungsdruck ausgesetzt sind, gerecht werden. Sie sollten praxisgerecht ausgestaltet und darüber hinaus so konstruiert sein, dass zwischen betriebswirtschaftlichen Effizienzzielen und regulatorischen Notwendigkeiten kein Gegensatz entsteht[161] (→ Teil I, Kapitel 6). In die MaRisk sind daher zahlreiche Öffnungsklauseln eingebaut worden, die den Instituten diverse Gestaltungsspielräume für maßgeschneiderte Umsetzungslösungen belassen. Der Begriff »Öffnungsklauseln« stammt eigentlich aus dem deutschen Tarifrecht. Er hat jedoch seit 2003 auch im Bereich der qualitativen Bankenaufsicht einen festen Platz.[162]

131   Die Öffnungsklauseln umschreiben die Menge an Gestaltungsmöglichkeiten, mittels derer die Institute einzelnen Anforderungen der MaRisk Rechnung tragen können. Sie lassen in Abhängigkeit von der Größe der Institute, deren Geschäftsschwerpunkten sowie der Risikosituation eine vereinfachte Umsetzung der Anforderungen zu. So wird z. B. ein international aktives Institut mit komplexem Portfolio ausdifferenzierte Instrumente verwenden, um die Risiken beherrschbar zu machen. Für ein kleines Institut mit überschaubarem Portfolio wären solche Verfahren hingegen wenig zweckmäßig. Unter Kosten-Nutzen-Gesichtspunkten wären sie vermutlich sogar kontraproduktiv. Dementsprechend können weniger anspruchsvolle Verfahren zur Anwendung kommen, ohne dass dabei das Ziel, nämlich die Beherrschung der Risiken, konterkariert wird. Im Ergebnis kommt es also immer darauf an, dass jedes Institut für sich selbst eine sachgerechte Lösung im Umgang mit den Öffnungsklauseln entwickelt.

132   Das gilt auch für den Umgang mit den unbestimmten Rechtsbegriffen der MaRisk (z. B. Wesentlichkeit oder Angemessenheit), aus denen sich ebenfalls Gestaltungsalternativen ergeben. Bestimmte Institutsgruppen befinden sich darüber hinaus aufgrund ihrer speziellen Geschäftsausrichtung, die sich auch in ihrer KWG-rechtlichen Einordnung widerspiegelt, in einer besonderen Situation. Dies ist bei Finanzdienstleistungsinstituten und großen Wertpapierinstituten[163] trotz

---

161 Vgl. Sanio, Jochen, Die MaRisk und die neue Aufsicht, in: Die SparkassenZeitung vom 23. Juni 2006, S. 3.

162 Vgl. Hannemann, Ralf, Die Mindestanforderungen an das Kreditgeschäft der Kreditinstitute – Überblick und Öffnungsklauseln, in: Eller, Roland/Gruber, Walter/Reif, Markus (Hrsg.), Handbuch MaK, Stuttgart, 2003, S. 3–42.

163 Zur Klassifizierung von Instituten in große, mittlere und kleine Wertpapierinstitute vgl. Deutsche Bundesbank, Ein neuer europäischer Aufsichtsrahmen für Wertpapierfirmen, in: Monatsbericht, März 2021, S. 45 ff.

ihrer Institutseigenschaft der Fall. Für diese Institutsgruppen bestehen daher weitergehende Gestaltungsspielräume (→ AT 2.1 Tz. 2).

Die Öffnungsklauseln sind ein Kernelement der MaRisk. Durch sie wird nicht nur dem Gebot der   **133** Verhältnismäßigkeit sowie dem in der Bankenrichtlinie verankerten Prinzip der doppelten Proportionalität entsprochen. Sie sind darüber hinaus ein Meilenstein, der die Abkehr der Aufsicht von detaillierten und komplexen Regelungen hin zu einer prinzipienorientierten Regulierung markiert. Der Umgang mit den Öffnungsklauseln wird maßgeblich darüber entscheiden, ob das Konzept der qualitativen Aufsicht ein Erfolg wird. Größere Gestaltungsspielräume wahrzunehmen, bedeutet nicht nur für die Institute, sondern auch für die Prüfer und Bankenaufseher ein Mehr an Eigenverantwortung. Die Bereitschaft, diese Verantwortung uneingeschränkt zu übernehmen, ist scheinbar nicht in jedem Fall vorhanden, wie die Diskussion im Anschluss an die Abschaffung der sehr detaillierten Schreiben der Bankenaufsicht zu § 18 KWG gezeigt hat.[164]

In den MaRisk sind mehr als einhundertzwanzig »echte« Öffnungsklauseln enthalten, die über   **134** allgemein gehaltene Formulierungen und die Verwendung unbestimmter Begriffe hinausgehen. Einschränkungen, die auf die »Möglichkeit« der Umsetzung bestimmter Anforderungen abstellen, sind dabei noch nicht berücksichtigt. Was praktisch nicht möglich ist, kann ohnehin nicht beachtet werden. Es ist allerdings weder empfehlenswert noch verantwortungsbewusst, die MaRisk lediglich nach Öffnungsklauseln zu durchforsten und anschließend die größtmöglichen Spielräume in Anspruch zu nehmen. Auf diese Weise würde regelmäßig nicht der Intention der MaRisk entsprochen. Aus diesem Grund wird darauf verzichtet, die »echten« Öffnungsklauseln ohne Beschreibung von deren Zweckbestimmung einzeln aufzulisten. Stattdessen werden sie an den entsprechenden Stellen des Kommentars ausführlich erläutert.

6.2 Unbestimmte Rechtsbegriffe

Gestaltungsmöglichkeiten ergeben sich auch aus unbestimmten Rechtsbegriffen, deren Präzisie-   **135** rung für allgemeingültige Zwecke weder möglich noch zweckmäßig ist. Insgesamt werden derartige Begriffe in den MaRisk und den zugehörigen Erläuterungen aufgrund der heterogenen Bankenlandschaft in Deutschland ungefähr zweihundert Mal verwendet. Die Verwendung von unbestimmten Rechtsbegriffen ist insofern auch Ausdruck des »Prinzips der doppelten Proportionalität«. Mit ihrer Hilfe wird vor allem den Besonderheiten kleinerer Institute entsprochen. Die unbestimmten Rechtsbegriffe der MaRisk können folgendermaßen systematisiert werden:
-   Diverse Anforderungen betonen die »Wesentlichkeit« bestimmter Handlungen oder Orientierungsgrößen. So beziehen sich die Anforderungen der MaRisk auf das Management aller für das Institut wesentlichen Risiken und damit verbundener Risikokonzentrationen (→ AT 2.2 Tz. 1). Diese Einschränkung zieht sich durch die gesamte MaRisk und wird an verschiedenen Stellen nochmals betont, so z. B. im Zusammenhang mit der Sicherstellung der Risikotragfähigkeit, der Einrichtung angemessener Risikosteuerungs- und -controllingprozesse, der Durchführung von Stresstests auf Basis der wesentlichen Risikofaktoren und dem Risikomanagement auf Gruppenebene. Die Verantwortung der Geschäftsleitung erstreckt sich über alle wesentlichen Elemente des Risikomanagements (→ AT 3 Tz. 1). In der Geschäftsstrategie sind die Ziele für jede wesentliche Geschäftsaktivität sowie die Maßnahmen zur Erreichung dieser Ziele zu berücksichtigen (→ AT 4.2 Tz. 1). Die Risikostrategie hat wiederum die Ziele der Risikosteuerung der wesentlichen Geschäftsaktivitäten zu umfassen (→ AT 4.2 Tz. 2). Die

---

164 Bundesanstalt für Finanzdienstleistungsaufsicht, Schreiben an den Zentralen Kreditausschuss zu § 18 KWG vom 9. Mai 2005.

AT 1 Vorbemerkung

Schnittstellen der institutsinternen Prozesse zu wesentlichen Auslagerungen müssen auf angemessene Weise in das Risikomanagement einbezogen werden (→ AT 4.3.1 Tz. 2). Unter Risikogesichtspunkten wesentliche Informationen sind im Rahmen der Ad-hoc-Berichterstattung unverzüglich an die Geschäftsleitung (→ AT 4.3.2 Tz. 4) und das Aufsichtsorgan (→ BT 3.1 Tz. 5) weiterzuleiten. Die Compliance-Funktion hat wesentliche rechtliche Regelungen und Vorgaben zu identifizieren, deren Nichteinhaltung zu einer Gefährdung des Vermögens des Institutes führen kann (→ AT 4.4.2 Tz. 2). Über wesentliche Änderungen im Risikomanagement ist die Interne Revision rechtzeitig zu informieren (→ AT 4.4.3 Tz. 5). Die für die Einhaltung der MaRisk wesentlichen Handlungen und Festlegungen, auch zur Inanspruchnahme wesentlicher Öffnungsklauseln, sind nachvollziehbar zu dokumentieren (→ AT 6 Tz. 2). Die IT-Systeme sind nach wesentlichen Veränderungen zu testen und abzunehmen (→ AT 7.2 Tz. 3). Die Institute müssen auf der Grundlage einer Risikoanalyse eigenverantwortlich ermitteln, welche Risiken mit einer Auslagerung verbunden sind und welche Auslagerungen von Aktivitäten und Prozessen unter Risikogesichtspunkten wesentlich sind (→ AT 9 Tz. 2). Insofern stehen die Institute vor der Aufgabe, sich darüber klar zu werden, welche Aspekte aus ihrer Sicht jeweils als »wesentlich« einzustufen sind. Das Gesamtrisikoprofil des Institutes ist in diesem Zusammenhang ein wichtiges Hilfsmittel (→ AT 2.2 Tz. 1).

– Bezüglich anderer Anforderungen wird herausgestellt, dass die Verfahren, Prozesse oder auch Instrumente »geeignet«, »angemessen« oder »sachgerecht« sein müssen. So ist z. B. eine angemessene Risikokultur von der Geschäftsleitung zu entwickeln, zu fördern und zu integrieren (→ AT 3 Tz. 1). Die Angemessenheit der Methoden zur Ermittlung der Risikotragfähigkeit ist zumindest jährlich von den fachlich zuständigen Mitarbeitern zu überprüfen (→ AT 4.1 Tz. 9). Die Organisationsrichtlinien müssen sachgerecht sein (→ AT 5 Tz. 1, Erläuterung) und sind den Mitarbeitern in geeigneter Weise bekanntzumachen (→ AT 5 Tz. 2). Bei Notfällen ist eine angemessene interne und externe Kommunikation sicherzustellen (→ AT 7.3 Tz. 2). Was im Einzelnen »geeignet«, »angemessen« oder »sachgerecht« ist, kann nur vom Institut selbst in eigener Verantwortung bestimmt werden.

– Mit der sechsten MaRisk-Novelle werden die Begriffe »sinnvoll und verhältnismäßig« in das Rundschreiben eingeführt. Institute haben die Risikoanalyse zur Bewertung der mit einer Auslagerung verbundenen Risiken durch eine Szenarioanalyse zu ergänzen, soweit sinnvoll und verhältnismäßig (→ AT 9 Tz. 2, Erläuterung).

– Spielräume ergeben sich darüber hinaus durch den Begriff »grundsätzlich«, wodurch Ausnahmen von der Regel ermöglicht werden. So ist z. B. die klare aufbauorganisatorische Trennung der Bereiche Markt und Marktfolge bis einschließlich der Ebene der Geschäftsleitung der maßgebliche Grundsatz für die Ausgestaltung der Prozesse im Kreditgeschäft (→ BTO 1.1 Tz. 1). Folglich sind bei Kreditentscheidungen jeweils ein Votum aus dem Bereich Markt und ein weiteres Votum aus dem Bereich Marktfolge einzuholen. Abweichungen vom Zwei-Voten-Prinzip bzw. von der Funktionstrennung sind u. a. bei nicht-risikorelevanten Kreditgeschäften möglich (→ BTO 1.1 Tz. 4). Die Interne Revision hat die Aktivitäten und Prozesse des Institutes grundsätzlich alle drei Jahre zu überprüfen. Wenn besondere Risiken bestehen, ist sogar jährlich zu prüfen. Andererseits kann bei unter Risikogesichtspunkten nicht wesentlichen Aktivitäten und Prozessen auch vom dreijährigen Turnus abgewichen werden (→ BT 2.3 Tz. 1).

136 Zeitliche Dimensionen werden durch die Begriffe »unverzüglich«, »zeitnah« bzw. Umschreibungen wie »innerhalb eines angemessenen Zeitraumes« adressiert, ohne dass dabei konkrete Vorgaben gemacht werden. »Unverzüglich« bedeutet in Anlehnung an § 121 Abs. 1 BGB »ohne schuldhaftes Zögern«. So ist z. B. bei unter Risikogesichtspunkten wesentlichen Informationen eine unverzügliche Weiterleitung an die Geschäftsleitung erforderlich (→ AT 4.3.2 Tz. 4). Der Begriff »zeitnah« lässt hingegen größere Gestaltungsspielräume zu, wenn eine unverzügliche

Reaktion aus guten Gründen nicht ohne Weiteres möglich ist oder die jeweiligen Prozesse zeitaufwendig sind. Beispielsweise sind die Risikosteuerungs- und -controllingprozesse zeitnah an sich ändernde Bedingungen anzupassen (→ AT 4.3.2 Tz. 5). »Zeitnah« bedeutet daher »so schnell wie möglich« oder auch »so schnell wie nötig«.[165] Die gleiche Bedeutung hat die Umschreibung »innerhalb eines angemessenen Zeitraumes«. So müssen z.B. Wiederherstellungspläne im Notfall die Rückkehr zum Normalbetrieb innerhalb eines angemessenen Zeitraumes ermöglichen (→ AT 7.3 Tz. 2).

6.3 Laufende Entwicklungen im Risikomanagement

Die innovativen Entwicklungen auf den Finanzmärkten erfordern eine laufende Anpassung des Risikomanagements in den Instituten. Vor allem der technische Fortschritt im IT-Bereich trägt dazu bei, dass neue Konzepte schnell und erfolgreich von den Instituten umgesetzt werden können. An dieser Stelle sei z.B. auf die Digitalisierung sowie die zunehmende Bedeutung der Informations- und Kommunikationstechnologie (IKT) und der Finanztechnologien (FinTech) hingewiesen, die in einem immer stärkeren Umfang zur Anwendung kommen. Die MaRisk sind gegenüber der laufenden Fortentwicklung jedweder Konzepte offen, solange diese im Einklang mit den intendierten Zielen der Mindestanforderungen stehen. Es sind vor allem die zahlreichen Öffnungsklauseln, die in dieser Hinsicht praktikable und betriebswirtschaftlich sinnvolle Lösungen zulassen. Die MaRisk werden in diesem Bereich zudem durch die »Bankaufsichtlichen Anforderungen an die IT« (BAIT) konkretisiert, die Vorgaben an den Einsatz von Informationstechnik (IT) in den Instituten enthalten, einschließlich der an externe Dienstleister ausgelagerten IT-Services.[166]

137

Die Notwendigkeit, auf sich verändernde Bedingungen zu reagieren, wird an verschiedenen Stellen der MaRisk explizit hervorgehoben. So hat die Geschäftsleitung einen Strategieprozess einzurichten, der sich vor allem auf die Prozessschritte Planung, Umsetzung, Beurteilung und Anpassung der Strategien erstreckt (→ AT 4.2 Tz. 4). Änderungen der strategischen Ausrichtung werden regelmäßig weitergehende Anpassungen erforderlich machen (z.B. Gesamtrisikoprofil, Risikotragfähigkeit, Ausgestaltung der Risikosteuerungs- und -controllingprozesse, Organisationsrichtlinien). Veränderungen der Risikosituation sind insoweit von den Instituten in ihrem eigenen Interesse zu antizipieren. Dabei spielt es keine Rolle, ob die neue Risikosituation auf eine Veränderung der externen Rahmenbedingungen oder auf interne Faktoren, wie z.B. die Festlegung neuer strategischer Vorgaben, zurückzuführen ist.

138

6.4 Praxisnähe der Anforderungen

Regelungen zum Risikomanagement können nicht am grünen Tisch des Aufsehers entwickelt werden. Schon bei der Entwicklung der Mindestanforderungen an das Kreditgeschäft (MaK) und ihrer weiteren Auslegung hat die BaFin auf die Kooperation mit der Praxis gesetzt. An diesem Ansatz wurde bei der Ausarbeitung und Überarbeitung der MaRisk konsequent festgehalten. Das MaRisk-Fachgremium hat nicht nur einen ganz wesentlichen Beitrag zur Entwicklung der MaRisk

139

---

165 Vgl. Deutscher Sparkassen- und Giroverband, Mindestanforderungen an das Risikomanagement – Interpretationsleitfaden, Version 6.1, Berlin, Juli 2019, S. 36.

166 Bundesanstalt für Finanzdienstleistungsaufsicht, Bankaufsichtliche Anforderungen an die IT (BAIT), Rundschreiben 10/2017 (BA) in der Fassung vom 16. August 2021.

AT 1 Vorbemerkung

geleistet. Es wirkt auch an der laufenden Auslegung sowie der Erörterung prüfungsrelevanter Fragestellungen mit. Die BaFin hat die Notwendigkeit eines fortlaufenden Dialogs mit der Praxis explizit in den MaRisk verankert.

140   Das Fachgremium MaRisk setzt sich derzeit wie folgt zusammen:
- zwölf Experten aus den Instituten, die verschiedenen Verbänden zugeordnet sind,
- vier Prüfer, wovon zwei vom Institut der Wirtschaftsprüfer (IDW) entsandt wurden und jeweils einer als Verbandsprüfer im Sparkassensektor bzw. im Genossenschaftssektor tätig ist,
- ein Vertreter vom Deutschen Institut für Interne Revision (DIIR),
- neun Vertreter unterschiedlicher Verbände und
- acht Vertreter der Aufsicht (BaFin und Deutsche Bundesbank).

7 Bedeutende Institute gemäß Art. 6 SSM-Verordnung (Tz. 6)

6 Soweit in den MaRisk auf bedeutende Institute referenziert wird, handelt es sich dabei um Institute, die gemäß Artikel 6 der Verordnung (EU) Nr. 1024/2013 des Rates vom 15. Oktober 2013 (SSM-Verordnung) als bedeutend eingestuft sind.   141

7.1 Definition bedeutender Institute gemäß SSM-Verordnung

Seit der sechsten MaRisk-Novelle wird an verschiedenen Stellen in den MaRisk auf bedeutende Institute gemäß Art. 6 SSM-Verordnung referenziert. Um welche Institute es sich dabei konkret handelt, wird bereits an anderer Stelle ausführlich beschrieben (→ AT 1 Tz. 3).   142

7.2 Anforderungen an bedeutende Institute gemäß SSM-Verordnung

Mit der fünften MaRisk-Novelle wurden in das Rundschreiben besonders anspruchsvolle aufsichtliche Anforderungen aufgenommen, die sich zunächst nur an systemrelevante Institute gerichtet haben. Bei den systemrelevanten Instituten handelt es sich um global systemrelevante Institute im Sinne von § 10f KWG (G-SRI) und um anderweitig systemrelevante Institute im Sinne von § 10g KWG (A-SRI). Die Beschränkung des Anwendungsbereiches von Normen auf G-SRI und A-SRI entspricht dem Grundsatz der Proportionalität (→ AT 1 Tz. 3). Die deutsche Aufsicht hatte in ihrem Übermittlungsschreiben zur fünften MaRisk-Novelle noch darauf hingewiesen, dass sich bestimmte Anforderungen ausschließlich an global und anderweitig systemrelevante Institute richten und dies ausdrücklich dem Adressatenkreis der zugrunde liegenden Vorgaben des Baseler Ausschusses für Bankenaufsicht entspreche.[167]   143

Nach dem ersten offiziellen Entwurf der sechsten MaRisk-Novelle sollten diese besonders anspruchsvollen Vorgaben bereits von »großen und komplexen Instituten« anzuwenden sein. Institute und Institutsgruppen mit einer Bilanzsumme von mehr als 30 Milliarden Euro galten nach dem Entwurf in der Regel als »groß und komplex«.[168] Die Deutsche Kreditwirtschaft (DK) kritisierte die geplante Ausweitung der Anforderungen als »gold plating« gegenüber den Vorgaben der EZB.[169]   144

---

167 Vgl. Bundesanstalt für Finanzdienstleistungsaufsicht, Rundschreiben 09/2017 (BA) zur Überarbeitung der MaRisk, Übermittlungsschreiben vom 27. Oktober 2017, S. 1; Bundesanstalt für Finanzdienstleistungsaufsicht, Erster Entwurf zur Überarbeitung der MaRisk, Übermittlungsschreiben vom 18. Februar 2016, S. 2.

168 Vgl. Bundesanstalt für Finanzdienstleistungsaufsicht, Entwurf der Neufassung des Rundschreibens 09/2017 (BA) – Mindestanforderungen an das Risikomanagement – MaRisk, Übermittlungsschreiben vom 26. Oktober 2020.

169 Vgl. Deutsche Kreditwirtschaft, BaFin-Konsultation 14/2020 – Mindestanforderungen an das Risikomanagement, Stellungnahme vom 4. Dezember 2020, S. 4 ff.

AT 1 Vorbemerkung

Im weiteren Verlauf der Konsultation wurde der Begriff »große und komplexe Institute« von der Aufsicht als zu unbestimmt verworfen.[170]

145   Nach der endgültigen Fassung der sechsten MaRisk-Novelle haben statt großen und komplexen Instituten nunmehr die bedeutenden Institute gemäß Art. 6 SSM-Verordnung die besonders anspruchsvollen Anforderungen einzuhalten (→ AT 1 Tz. 3). Die Aufsicht begründet die Ausweitung des Anwendungsbereiches u. a. mit der einheitlichen Aufsichtspraxis der EZB, die an die von ihr direkt beaufsichtigten bedeutenden Institute europaweit zum Teil höhere Anforderungen stellt als die BaFin für die weniger bedeutenden Institute. Diese Praxis steht nach Ansicht der deutschen Aufsicht mit dem Proportionalitätsprinzip durchaus im Einklang.[171] Im Übermittlungsschreiben zur sechsten MaRisk-Novelle wurde zudem klargestellt, dass die MaRisk im Hinblick auf die Erfüllung der Anforderungen an das Datenmanagement, die Datenqualität und die Aggregation von Risikodaten keine Anforderungen erheben, die über die Erwartungen der EZB an die von ihr beaufsichtigten Institute hinausgehen (→ AT 4.3.4).[172]

146   Seit der sechsten MaRisk-Novelle haben somit – statt wie bisher systemrelevante Institute – grundsätzlich bedeutende Institute gemäß Art. 6 SSM-Verordnung (→ AT 1 Tz. 3) folgende Anforderungen zu erfüllen:

- Aussagen zur Möglichkeit der Verbesserung von Aggregationskapazitäten für Risikodaten in den Strategien (→ AT 4.2 Tz. 1, Erläuterung),
- Anforderungen an das Datenmanagement, die Datenqualität und die Aggregation von Risikodaten (→ AT 4.3.4), verbunden mit der Darstellung der Regelungen zu den Verfahren, Methoden und Prozessen der Aggregation von Risikodaten in den Organisationsrichtlinien (→ AT 5 Tz. 3 lit. c),
- exklusive Wahrnehmung der Leitung der Risikocontrolling-Funktion grundsätzlich durch einen Geschäftsleiter (→ AT 4.4.1 Tz. 5),
- grundsätzlich Einrichtung einer eigenständigen Organisationseinheit für die Compliance-Funktion (→ AT 4.4.2 Tz. 4),
- Erstellen des Risikoberichtes über die Liquiditätsrisiken und die Liquiditätssituation mindestens monatlich, wobei zusätzlich auch über die Höhe, die Qualität und die Zusammensetzung der Liquiditätspuffer zu berichten ist (→ BT 3.2 Tz. 5).

147   Bei bedeutenden Instituten gemäß Art. 6 SSM-Verordnung, die aufgrund der Erweiterung des Anwenderkreises im Zuge der sechsten MaRisk-Novelle erstmals in den Anwendungsbereich der Regelung fallen, hat nach dem Übermittlungsschreiben die für diese Institute direkt zuständige EZB zu entscheiden (soweit dies nicht bereits erfolgt ist), ob die erhöhte Anforderung im Einzelfall unter Proportionalitätsgesichtspunkten gilt und welche Übergangsfrist hierfür einzuräumen ist. Hinsichtlich der Anforderungen an das Datenmanagement, die Datenqualität und die Aggregation von Risikodaten verweist die BaFin auf das Schreiben der EZB vom 14. Juni 2019 an die bedeutenden Institute, welches den betroffenen Instituten keine Umsetzungsfrist einräumte.[173]

---

170 Vgl. Bundesanstalt für Finanzdienstleistungsaufsicht, Rundschreiben 10/2021 (BA) zur Neufassung der MaRisk, Übermittlungsschreiben vom 16. August 2021, S. 5. Die Bezeichnungen für die Übermittlungsschreiben der BaFin zu den verschiedenen Fassungen der MaRisk bzw. der Entwürfe unterscheiden sich manchmal zwischen dem Text auf der Website der BaFin und dem Wortlaut in den zugehörigen pdf-Dokumenten. Zudem bestehen die Überschriften zum Teil aus mehreren Zeilen und enthalten anstelle des Datums der Übersendung in einigen Fällen das ursprüngliche Schreibdatum. Im Interesse der besseren Auffindbarkeit und Lesbarkeit haben wir im Kommentar deshalb eine einheitliche Quellenangabe gewählt und das Datum an den Termin der jeweiligen Veröffentlichung angepasst.

171 Vgl. Bundesanstalt für Finanzdienstleistungsaufsicht, Rundschreiben 10/2021 (BA) zur Neufassung der MaRisk, Übermittlungsschreiben vom 16. August 2021, S. 5.

172 Vgl. Bundesanstalt für Finanzdienstleistungsaufsicht, Rundschreiben 10/2021 (BA) zur Neufassung der MaRisk, Übermittlungsschreiben vom 16. August 2021, S. 6.

173 Vgl. Bundesanstalt für Finanzdienstleistungsaufsicht, Rundschreiben 10/2021 (BA) zur Neufassung der MaRisk, Übermittlungsschreiben vom 16. August 2021, S. 10.

8 Proportionalität in der Prüfungspraxis (Tz. 7)

7 Die Bundesanstalt für Finanzdienstleistungsaufsicht erwartet, dass der flexiblen Grund-   148
ausrichtung des Rundschreibens im Rahmen von Prüfungshandlungen Rechnung getragen wird. Prüfungen sind daher auf der Basis eines risikoorientierten Prüfungsansatzes durchzuführen.

8.1 Kritik an der Prüfungspraxis

Die Öffnungsklauseln der MaRisk gestatten den Instituten erhebliche Freiräume, innerhalb derer   149
sich passende individuelle Umsetzungslösungen realisieren lassen. Der risikoorientierte Charakter der MaRisk könnte jedoch durch eine Prüfungspraxis, die ausschließlich auf das Abhaken formaler Kriterien abstellt, konterkariert werden. Bei der Prüfung der Mindestanforderungen an das Betreiben von Handelsgeschäften (MaH), vereinzelt auch der Mindestanforderungen an das Kreditgeschäft (MaK), wurden von Verbänden und einzelnen Instituten in der Vergangenheit immer wieder Beschwerden über eine überformalisierte Prüfungspraxis geäußert. Die Kritik richtete sich dabei nicht nur gegen Wirtschaftsprüfer. Auch Verbandsprüfer aus dem Sparkassen- und Genossenschaftsbereich sowie Prüfer der Deutschen Bundesbank waren davon betroffen.

8.2 Risikoorientierter Prüfungsansatz

Die deutsche Aufsicht kann den Prüfern nicht konkret vorschreiben, wie sie ihrer Tätigkeit   150
nachkommen sollen. Sie hat dennoch die Kritik an der Prüfungspraxis aufgegriffen und zum wiederholten Male mit bemerkenswerter Deutlichkeit auf die Notwendigkeit risikoorientierter Prüfungshandlungen hingewiesen.[174] Nicht zuletzt deshalb wurde die Notwendigkeit risikoorientierter Prüfungshandlungen fest in den MaRisk verankert. Die BaFin hat darüber hinaus zusätzliche Prüfer um eine Mitarbeit im Fachgremium gebeten, so dass Probleme aus der Prüfungspraxis auf einer breiteren Ebene diskutiert werden können.

Die Prüfung qualitativer Anforderungen erfordert aus Sicht der BaFin einen Prüfungsansatz, der   151
an den institutsspezifischen Gegebenheiten, wie z.B. der Größe des Institutes, dem Geschäftsumfang, der Komplexität der betriebenen Geschäfte sowie dem Risikoprofil, ansetzt und diese angemessen berücksichtigt. Nur so können aussagekräftige Ergebnisse über die Qualität des Risikomanagements in den Instituten abgeleitet werden. Prüfungstechnisch rückt die Systemprüfung in den Mittelpunkt, bei der die Beurteilung der Qualität wesentlicher Prozesse, Verfahren und Kontrollen im Vordergrund steht. Ergänzend sind auf der Grundlage geeigneter Stichproben Einzelfallprüfungen durchzuführen, die sich z.B. auf Kreditengagements beziehen und die Ergebnisse der Systemprüfung im Sinne eines Soll-Ist-Abgleiches validieren.

Im Grunde genommen stellt der von der BaFin bevorzugte Ansatz für die Prüfer keine grund-   152
legende Neuerung dar. So führen die Mitarbeiter der Deutschen Bundesbank ihre Prüfungen schon

---

174 Vgl. Bundesanstalt für Finanzdienstleistungsaufsicht, Übermittlungsschreiben zum Rundschreiben 18/2005 (BA) vom 20. Dezember 2005, S. 4; Bundesanstalt für Finanzdienstleistungsaufsicht, Übermittlungsschreiben zum Rundschreiben 34/2002 (BA) vom 20. Dezember 2002, S. 1 f.

seit längerem auf der Basis eines Prüfungskonzeptes durch, in dem der Risikoorientierung ein zentraler Stellenwert eingeräumt wird. Die Risikoorientierung ist ferner Gegenstand einschlägiger Standards des Berufsstandes der Wirtschaftsprüfer.[175] Nach der Satzung des Instituts der Wirtschaftsprüfer (IDW) haben diese Standards verbindlichen Charakter für seine Mitglieder.[176]

8.3 Prüfung des Risikomanagements im Rahmen der Jahresabschlussprüfung

153 Der Gesetzgeber hat an verschiedenen Stellen (AktG, HGB, KWG) deutlich zum Ausdruck gebracht, dass das Risikomanagement aufgrund seiner Bedeutung für die wirtschaftliche Entwicklung eines Unternehmens elementarer Bestandteil der Jahresabschlussprüfung ist.[177]

154 Diese Notwendigkeit ergibt sich nicht nur aus aufsichtsrechtlichen Normen. Gemäß § 91 Abs. 2 AktG sind alle Aktiengesellschaften dazu verpflichtet, ein Überwachungssystem einzurichten, damit bestandsgefährdende Entwicklungen frühzeitig erkannt werden können. Soweit es sich um börsennotierte Aktiengesellschaften handelt, ist dieses Überwachungssystem gemäß § 317 Abs. 4 HGB im Rahmen der Abschlussprüfung zu prüfen. Das Institut der Wirtschaftsprüfer (IDW) hat für dieses Prüfungsgebiet einen Standard entwickelt.[178]

155 Das Erfordernis der Überprüfung des Risikomanagements durch den Abschlussprüfer kann auch unmittelbar aus aufsichtsrechtlichen Normen abgeleitet werden. So hat der Abschlussprüfer nach § 29 Abs. 1 KWG auch die Einhaltung des § 25a Abs. 1 KWG zu überprüfen, der die gesetzliche Grundlage für die MaRisk darstellt. Die Notwendigkeit der Überprüfung des Risikomanagements auf der Basis des § 25a Abs. 1 KWG ist dementsprechend auch in der Prüfungsberichtsverordnung (PrüfbV) verankert.[179] Die MaRisk sind daher Gegenstand der Abschlussprüfung.[180]

175 Vgl. Institut der Wirtschaftsprüfer, Prüfungsstandard 261 (IDW PS 261), Feststellung und Beurteilung von Fehlerrisiken und Reaktionen des Abschlussprüfers auf die beurteilten Fehlerrisiken, in: Die Wirtschaftsprüfung, Heft 22/2006, S. 1433; Institut der Wirtschaftsprüfer, Prüfungsstandard 525 (IDW PS 525), Die Prüfung des Risikomanagements von Kreditinstituten im Rahmen der Abschlussprüfung, in: Die Wirtschaftsprüfung Supplement, Heft 3/2010, S. 4ff.

176 Nach § 4 Abs. 9 der Satzung des IDW hat jedes Mitglied im Rahmen seiner beruflichen Eigenverantwortlichkeit die von den Fachausschüssen des IDW abgegebenen Fachgutachten, Prüfungsstandards, Stellungnahmen zur Rechnungslegung und Standards, welche die Berufsauffassung der Wirtschaftsprüfer zu fachlichen Fragen der Rechnungslegung und Prüfung sowie zu sonstigen Gegenständen und Inhalten der beruflichen Tätigkeiten darlegen oder zu ihrer Entwicklung beitragen, zu beachten. Jedes Mitglied hat deshalb sorgfältig zu prüfen, ob die in einem Fachgutachten, Prüfungsstandard, einer Stellungnahme zur Rechnungslegung oder einem Standard aufgestellten Grundsätze bei seiner Tätigkeit und in dem von ihm zu beurteilenden Fall anzuwenden sind. Abweichungen von diesen Grundsätzen sind schriftlich und an geeigneter Stelle (z.B. im Prüfungsbericht) hervorzuheben und ausführlich zu begründen. Vgl. Institut der Wirtschaftsprüfer, Satzung des Instituts der Wirtschaftsprüfer in der Fassung der auf dem 27. Wirtschaftsprüfertag am 19. September 2005 in Neuss beschlossenen Satzungsänderung.

177 Vgl. Schmitz-Lippert, Thomas/Schneider, Andreas, Die qualitative Aufsicht der Zukunft: ein weiterer Schritt – Der zweite Entwurf der BaFin zu den Mindestanforderungen an das Risikomanagement vom 22.9.2005, in: Die Wirtschaftsprüfung, Heft 24/2005, S. 1362f.

178 Vgl. Institut der Wirtschaftsprüfer, Prüfungsstandard 340 (IDW PS 340), Die Prüfung des Risikofrüherkennungssystems nach § 317 Abs. 4 HGB, in: Die Wirtschaftsprüfung, Heft 16/1999, S. 658ff.

179 Vgl. Hanenberg, Ludger, Das neue Konzept einer risikoorientierten Prüfungsberichtsverordnung der Kreditinstitute, in: Die Wirtschaftsprüfung, Heft 14/2009, S. 713ff.

180 Vgl. Sanio, Jochen, Die MaRisk und die neue Aufsicht, in: Die SparkassenZeitung vom 23. Juni 2006, S. 3; Sanio, Jochen, »The times, they are a-changing«, in: Genossenschaftsblatt für Rheinland und Westfalen, Heft 3/2006, S. 9; Institut der Wirtschaftsprüfer, Prüfungsstandard 525 (IDW PS 525), Die Prüfung des Risikomanagements von Kreditinstituten im Rahmen der Abschlussprüfung, in: Die Wirtschaftsprüfung Supplement, Heft 3/2010, S. 4ff.

8.4 Beurteilung des Risikomanagements im Rahmen von Sonderprüfungen

Die BaFin kann gemäß § 44 Abs. 1 KWG Prüfungen bei den Instituten anordnen.[181] Sie beauftragt mit diesen Sonderprüfungen regelmäßig Dritte, wie Wirtschaftsprüfungsgesellschaften, Prüfungsverbände oder die Deutsche Bundesbank. Eigene Prüfungen führt die BaFin nur in überschaubarem Umfang durch. Durch die Sonderprüfungen wird die BaFin in die Lage versetzt, umfangreiche Sachverhaltsermittlungen für die Zwecke der Aufsicht anzustellen. Sonderprüfungen gemäß § 44 Abs. 1 KWG können von der BaFin auch »ohne besonderen Anlass« angeordnet werden. Durch diese Formulierung im Gesetz soll vermieden werden, dass die geprüften Institute einen Reputationsverlust erleiden, da eine Sonderprüfung von Dritten ggf. als Indiz für Verstöße gegen aufsichtsrechtliche Normen oder für wirtschaftliche Schwierigkeiten aufgefasst werden könnte.

Sonderprüfungen beziehen sich, im Gegensatz zur umfassenden Jahresabschlussprüfung, immer auf einen abgegrenzten Themenbereich. Viele Sonderprüfungen haben z.B. die Werthaltigkeit von Kreditengagements zum Gegenstand. In der Vergangenheit wurden von Wirtschaftsprüfern, Verbandsprüfern und der Deutschen Bundesbank MaK-, MaH- und MaRisk-Prüfungen durchgeführt, die sich regelmäßig auf bestimmte Module beschränkten. Nach der Aufsichtsrichtlinie, die die Zusammenarbeit zwischen BaFin und Deutscher Bundesbank auf der Basis von § 7 KWG präzisiert, werden MaRisk-Prüfungen jedoch nur von der Deutschen Bundesbank durchgeführt.

156

157

8.5 Auslagerungen und Prüfungen

Die zunehmende Bedeutung von Auslagerungen tangiert natürlich auch die Prüfer. Für den Prüfer des auslagernden Unternehmens stellt sich vor allem die Frage, ob sich aus der Ausgestaltung der (dienstleistungsbezogenen) Kontrollstrukturen beim Auslagerungsunternehmen Risiken ergeben können, die auf das zu prüfende Unternehmen durchschlagen. § 25b KWG kann bei Kredit- und Finanzdienstleistungsinstituten Gegenstand einer Sonderprüfung gemäß § 44 Abs. 1 KWG sein. Bei der Jahresabschlussprüfung muss sich der Prüfer aufgrund gesetzlicher Vorgaben mit dem Thema Auslagerung auseinandersetzen. Der Gesetzgeber hat daran auch nach mehreren richtlinienbedingten Novellierungen des KWG keinen Zweifel gelassen. § 29 Abs. 1 KWG enthält dementsprechend weiterhin eine ganze Liste an konkreten Prüfungspflichten, die der Jahresabschlussprüfer bei der Prüfung von Kredit- und Finanzdienstleistungsinstituten zu berücksichtigen hat. Auch § 25b KWG wird von dieser Liste erfasst, so dass der Abschlussprüfer feststellen muss, ob das Institut die entsprechenden Anforderungen erfüllt hat. Grundlage für diese Prüfungshandlungen sind die Anforderungen der MaRisk an Auslagerungen, die als Verwaltungsvorschriften § 25b KWG auslegen. Damit der Prüfer seinen Verpflichtungen ggf. auch vor Ort im Auslagerungsunternehmen effektiv nachkommen kann, hat das Institut mit dem Auslagerungsunternehmen Prüfungsrechte zu vereinbaren. Diese Anforderung ergibt sich sowohl aus § 25b Abs. 3 Satz 3 KWG als auch aus den MaRisk (→ AT 9 Tz. 7 lit. h).

158

---

181 Zu Prüfungen im Auftrag der BaFin bzw. der EZB vgl. auch Dietz, Thomas, Bankgeschäftliche Prüfungen im Rahmen der Bankenunion – Inhalte, Ablauf, Erkenntnisse, Stuttgart, 2019.

159   Auslagerungen sind daher auch nach der Prüfungsberichtsverordnung (PrüfbV)[182] Gegenstand der Abschlussprüfung. Nach § 8 Abs. 3 PrüfbV hat der Abschlussprüfer über Auslagerungen von wesentlichen Aktivitäten und Prozessen unter Berücksichtigung der in § 25b KWG genannten Anforderungen gesondert zu berichten. Maßgeblich sind also die entsprechenden Anforderungen der MaRisk. Der Abschlussprüfer hat dabei insbesondere die Wirksamkeit der Einbindung der ausgelagerten Aktivitäten und Prozesse in das Risikomanagement des auslagernden Institutes zu beurteilen. Eventuelle Schwachpunkte sind aufzuzeigen. Anhaltspunkte, die auf eine Beeinträchtigung der Auskunfts-, Prüfungs- und Kontrollmöglichkeiten der BaFin sowie der Auskunfts- und Prüfungsrechte der Internen Revision des Institutes oder der externen Prüfer hindeuten, sind zu vermerken.[183]

---

182 Verordnung über die Prüfung der Jahresabschlüsse der Kreditinstitute und Finanzdienstleistungsinstitute sowie über die darüber zu erstellenden Berichte (Prüfungsberichtsverordnung – PrüfbV) vom 11. Juni 2015 (BGBl. I S. 930), die zuletzt durch Artikel 28 des Gesetzes vom 3. Juni 2021 (BGBl. I S. 1568) geändert worden ist.

183 Vgl. Begründung zur Verordnung über die Prüfung der Jahresabschlüsse der Kreditinstitute und Finanzdienstleistungsinstitute sowie die darüber zu erstellenden Berichte (Prüfungsberichtsverordnung – PrüfbV) vom 23. November 2009, S. 8.

9 Modulare Struktur der MaRisk (Tz. 8)

8 Das Rundschreiben ist modular strukturiert, so dass notwendige Anpassungen in bestimmten Regelungsfeldern auf die zeitnahe Überarbeitung einzelner Module beschränkt werden können. In einem allgemeinen Teil (Modul AT) befinden sich grundsätzliche Prinzipien für die Ausgestaltung des Risikomanagements. Spezifische Anforderungen
an die Organisation des Kredit- und Handelsgeschäftes sind in einem besonderen Teil niedergelegt (Modul BT). Unter Berücksichtigung von Risikokonzentrationen werden in diesem
Modul auch Anforderungen an die Identifizierung, Beurteilung, Steuerung sowie die Überwachung und Kommunikation von Adressenausfallrisiken, Marktpreisrisiken, Liquiditätsrisiken sowie operationellen Risiken gestellt. Darüber hinaus wird in Modul BT ein Rahmen
für die Ausgestaltung der Internen Revision in den Instituten sowie für die Ausgestaltung der
Risikoberichterstattung vorgegeben.

160

9.1 Aufbau der MaRisk

Die MaRisk sind im Unterschied zu älteren qualitativen Regelwerken der Bankenaufsicht
modular strukturiert (→ Teil I, Kapitel 7). Allgemeine Anforderungen, die grundsätzlich nicht
zwischen bestimmten Geschäfts- oder Risikoarten unterscheiden, sind in einen allgemeinen Teil
vorgezogen worden. Spezifische Anforderungen an das interne Kontrollsystem sowie die Interne
Revision sind im besonderen Teil niedergelegt. Eine ähnliche Struktur lag zwar bereits den MaK
und MaH zugrunde, da auch bei diesen Regelwerken allgemeine Anforderungen vorangestellt
wurden. Allerdings bezogen sich diese Regelungen nur auf bestimmte Geschäftsbereiche
(Kreditgeschäft bzw. Handelsgeschäft) und die damit zusammenhängenden Risiken. Der allgemeine Teil der MaRisk hat hingegen einen weiten Geltungsbereich, der sich nicht nur auf die
Risiken aus dem Kreditgeschäft und dem Handelsgeschäft bezieht.

161

Im besonderen Teil der MaRisk finden sich viele spezifische Anforderungen aus den MaK, MaH
und den Mindestanforderungen an die Ausgestaltung der Internen Revision (MaIR) wieder.
Aufbau- und ablauforganisatorische Regelungen aus den MaK und MaH sind im Modul BTO der
MaRisk niedergelegt. MaK- und MaH-relevante Anforderungen sind aber auch in das Modul BTR
eingeflossen. Dieses Modul ist darüber hinaus um Regelungsbereiche ergänzt worden, für die es
bis zur erstmaligen Veröffentlichung der MaRisk noch keine oder nur ansatzweise qualitative
Anforderungen der Aufsicht gab. Beispielsweise haben die Regelungen zu den Risikosteuerungs-
und -controllingprozessen für Marktpreisrisiken des Anlagebuches (→ BTR 2.3), Liquiditätsrisiken
(→ BTR 3) sowie grundsätzlich auch operationelle Risiken (→ BTR 4) Neuerungen gegenüber den
alten Mindestanforderungen dargestellt.

162

In das Modul BT 2 wurden die Textziffern der MaIR integriert. Diese Anforderungen sind
zunächst im Wesentlichen deckungsgleich in die MaRisk überführt worden. Allerdings wurden
einige Festlegungen, die für die Tätigkeit der Internen Revision von grundsätzlicher Bedeutung
sind, in den allgemeinen Teil verschoben (→ AT 4.4.3). Erst im Rahmen der zahlreichen MaRisk-
Novellen ergaben sich vereinzelt materielle Änderungen, durch die jedoch die grundsätzliche
Ausrichtung der Anforderungen an die Interne Revision nicht infrage gestellt wird.

163

164   Im Zuge der fünften MaRisk-Novelle wurden im Modul BT 3 die Anforderungen an die Risiko-berichterstattung gebündelt. Zudem wird zwischen den allgemeinen Anforderungen an die Risiko-berichte (→ BT 3.1) und den speziellen Anforderungen an die Berichte der Risikocontrolling-Funktion (→ BT 3.2) unterschieden.

9.2   Vorteile der modularen Struktur

165   Die modulare Struktur der MaRisk hat gegenüber dem Aufbau der alten Mindestanforderungen erhebliche Vorteile für Institute, Prüfer, Verbände, Aufsicht und andere Betroffene. Anpassungen des Regelwerkes führen nicht mehr automatisch zu weiteren Rundschreiben der BaFin. Ein zusätzlicher Vorteil besteht darin, dass im Bedarfsfall vollkommen neue Regelungsbereiche in die MaRisk integriert werden können, ohne die grundlegende Struktur ändern zu müssen. So konnten mit der ersten MaRisk-Novelle die Regelungen der BaFin zur Auslagerung von Bereichen auf andere Unternehmen nach einer grundsätzlichen Überarbeitung problemlos in die MaRisk überführt werden (→ AT 9). Im Rahmen der zweiten MaRisk-Novelle wurden die Anforderungen an das Risikomanagement auf Gruppenebene ergänzt (→ AT 4.5). Mit der dritten MaRisk-Novelle wurde das Regelwerk um eigenständige Module zu den Themenkomplexen Stresstests (→ AT 4.3.3) und Liquiditätsrisikomanagement für kapitalmarktorientierte Institute (→ BTR 3.2) erweitert. Mit der vierten MaRisk-Novelle sind die Module zu den besonderen Funktionen (→ AT 4.4) und zu den Anpassungsprozessen (→ AT 8) umgestaltet worden, indem Anforderungen an die Risikocontrolling-Funktion (→ AT 4.4.1) und die Compliance-Funktion (→ AT 4.4.2) sowie zu Änderungen betrieblicher Prozesse oder Strukturen (→ AT 8.1) hinzugefügt wurden. In diesem Zusammenhang mussten die bereits bestehenden Regelungen zur Internen Revision (→ AT 4.4.3), zum Neu-Produkt-Prozess (→ AT 8.1) sowie zu Übernahmen und Fusionen (→ AT 8.3) lediglich in neue Module verschoben werden.

166   Mit der fünften MaRisk-Novelle wurden die vom Baseler Ausschuss für Bankenaufsicht (BCBS) veröffentlichten Grundsätze zur Risikodatenaggregation und Risikoberichterstattung (BCBS 239) im neuen Modul »Datenmanagement, Datenqualität und Aggregation von Risikodaten« (→ AT 4.3.4) adressiert, soweit sie sich mit der Datenarchitektur und der IT-Infrastruktur auseinandersetzen. Die Vorgaben zur Risikoberichterstattung wurden im neuen Modul »Anforderungen an die Risikoberichterstattung« (→ BT 3) aufgegriffen und mit den bisher schon bestehenden Berichtspflichten zusammengeführt. Die Vorgaben der verschiedenen Standardsetzer zur Etablierung einer angemessenen Risikokultur wurden ebenfalls in den MaRisk verankert (→ AT 3 Tz. 1). Diese Novelle betraf schließlich neue Anforderungen an Auslagerungen sowie umfassende Ergänzungen und Konkretisierungen der bereits bestehenden Vorgaben, die vor allem auf Erfahrungen aus der Aufsichts- und Prüfungspraxis beruhen (→ AT 9).

167   Die Schwerpunkte der sechsten MaRisk-Novelle waren die Umsetzung der EBA-Leitlinien über das Management notleidender und gestundeter Risikopositionen[184] sowie der EBA-Leitlinien zu Auslagerungen.[185] Darüber hinaus sind die Anforderungen aus den Leitlinien der EBA für das Management von IKT- und Sicherheitsrisiken[186] berücksichtigt, soweit diese nicht in der ersten BAIT-Novellierung adressiert sind. Wie üblich enthält die Neufassung zu zahlreichen Themenkomplexen Änderungen, Ergänzungen und Konkretisierungen, die auf die Aufsichtspraxis zurück-

---

184 European Banking Authority, Leitlinien über das Management notleidender und gestundeter Risikopositionen, EBA/GL/2018/06, 31. Oktober 2018.

185 European Banking Authority, Leitlinien zu Auslagerungen, EBA/GL/2019/02, 25. Februar 2019.

186 European Banking Authority, Leitlinien für das Management von IKT- und Sicherheitsrisiken, EBA/GL/2019/04, 28. November 2019.

zuführen sind. Die sechste MaRisk-Novelle hat im allgemeinen Teil vor allem zu umfassenden Änderungen und Ergänzungen in den Modulen Strategien (→ AT 4.2), Risikocontrolling-Funktion (→ AT 4.4.1), Notfallmanagement (→ AT 7.3) und Auslagerung (→ AT 9) geführt. Im besonderen Teil wurden insbesondere die Module für die Anforderungen an die Prozesse im Kreditgeschäft (→ BTO 1.2) angepasst, wobei die Schwerpunkte auf den Verfahren zur Wertermittlung von Sicherheiten, der Problemkreditbearbeitung und der Risikovorsorge liegen. Darüber hinaus wurde bei den Anforderungen an die Früherkennung von Risiken ein neues Modul für die Behandlung von Forbearance (→ BTO 1.3.2) eingefügt. Weitere Änderungen betrafen u.a. die Anforderungen an die Prozesse im Handelsgeschäft (→ BTO 2), an das Management der Liquiditätsrisiken durch kapitalmarktorientierte Institute (→ BTR 3.2), an das Management der operationellen Risiken (→ BTR 4), an die Aufgaben der Internen Revision (→ BT 2.1) sowie an die Risikobericht-erstattung (→ BT 3).

Die modulare Struktur der MaRisk hat sich somit inzwischen in sechs Novellen des Rund- **168** schreibens als sehr flexibel und anpassungsfähig bewährt. Noch nicht berücksichtigt werden in der sechsten MaRisk-Novelle die EBA-Leitlinien für die Kreditvergabe und Überwachung[187] sowie die umfangreichen Entwicklungen im Bereich der Nachhaltigkeitsrisiken.[188] Diese Änderungen sind der siebten MaRisk-Novelle vorbehalten, die nach aktuellem Stand voraussichtlich im zweiten Quartal 2022 konsultiert wird. Die BaFin strebt eine Veröffentlichung der erneuten Novellierung im vierten Quartal 2022 an. Im Vorgriff darauf sind im Kommentar allerdings bereits diverse Ausführungen zu diesen Themen enthalten.

---

187 European Banking Authority, Leitlinien für die Kreditvergabe und Überwachung, EBA/GL/2020/06, 29. Mai 2020.

188 Vgl. Bundesanstalt für Finanzdienstleistungsaufsicht, Merkblatt zum Umgang mit Nachhaltigkeitsrisiken, 20. Dezember 2019; Europäische Zentralbank, Leitfaden zu Klima- und Umweltrisiken – Erwartungen der Aufsicht in Bezug auf Risikomanagement und Offenlegungen, 27. November 2020; European Banking Authority, EBA Report on management and supervision of ESG risks for credit institutions and investment firms, EBA/REP/2021/18, 23. Juni 2021.

AT 2 Anwendungsbereich

1	**Einführung und Überblick**	1
1.1	Eingrenzung des Anwendungsbereiches	1
1.2	Institutsbezogener Anwendungsbereich	4
1.3	Risikobezogener Anwendungsbereich	7
1.4	Geschäftsbezogener Anwendungsbereich	12
2	**Zielsetzung der MaRisk (Tz. 1)**	14
2.1	Verbesserung des Anlegerschutzes	15
2.2	Wertpapieraufsicht	17
2.3	Solvenzaufsicht	20
2.4	Verknüpfung zwischen KWG und WpHG	21

1 Einführung und Überblick

1.1 Eingrenzung des Anwendungsbereiches

Der Anwendungsbereich der MaRisk setzt sich aus den folgenden Ebenen zusammen: **1**
- Das Modul AT 2.1 nimmt auf verschiedene gesetzliche Vorgaben Bezug, aus denen sich der Anwenderkreis ergibt (institutsbezogene Ebene).
- Die verschiedenen Risikoarten stehen im Fokus des Moduls AT 2.2 (risikobezogene Ebene).
- Die relevanten Geschäftsarten werden schließlich im Modul AT 2.3 definiert (geschäftsbezogene Ebene).

Zwischen der geschäftsbezogenen und der risikobezogenen Ebene besteht ein natürlicher Zusam-   **2**
menhang. So ist z. B. das Kreditgeschäft eng mit den Adressenausfallrisiken verbunden, während das Handelsgeschäft maßgeblich auf die Marktpreisrisiken ausstrahlt. Einige Wechselwirkungen zwischen den betriebenen Geschäften und speziellen Risikoarten sind weniger offensichtlich und werden teilweise erst deutlich, wenn z. B. ein geeigneter Stresstest durchgeführt wird. Das Rundschreiben bezieht sich auf das Management aller wesentlichen Risiken. Um diesem Anspruch gerecht zu werden, sind auch jene Risikoarten zu untersuchen, bei denen nicht zwingend ein unmittelbarer Zusammenhang zu einzelnen Geschäften bestehen muss (z. B. operationelle Risiken, Liquiditätsrisiken, Reputationsrisiken). Auf diese Weise werden die MaRisk ihrem holistischen (ganzheitlichen) Anspruch gerecht.

Wechselwirkungen existieren auch zwischen der institutsbezogenen Ebene und den beiden   **3**
anderen Kategorien, wobei verschiedene Gesichtspunkte eine Rolle spielen. Da sich die Geschäftsmodelle der Institute durchaus deutlich voneinander unterscheiden können, verfolgen sie z. B. andere Geschäftsschwerpunkte oder nutzen für ihre Geschäftsaktivitäten eine andere Art der Refinanzierung. In der Konsequenz sind die Institute bestimmten Risiken unterschiedlich stark ausgesetzt. Diese Unterschiede spiegeln sich an verschiedenen Stellen im Rundschreiben wider. Das betrifft nicht nur die Abgrenzung zwischen Kreditinstituten und Finanzdienstleistungsinstituten. So unterscheiden sich z. B. die Vorgaben an das Kreditgeschäft danach, wie risikorelevant die betriebenen Geschäfte sind (risikoorientierte Perspektive). Ebenso kann die jeweilige Rolle eines Institutes im gesamten Kreditprozess von Bedeutung sein (prozessorientierte Perspektive), was sich z. B. beim Hausbankprinzip erleichternd auf die Anforderungen an Förder- und Bürgschaftsbanken auswirkt (→ BTO 1). Ähnlich verhält es sich mit der Intensität des betriebenen Handelsgeschäftes und den Unterschieden zwischen den zahlreichen Arten von Finanzdienstleistungen. Mit Blick auf die gesamte Wertschöpfungskette eines Institutes muss – unabhängig von der Art der Geschäftsaktivitäten – zudem berücksichtigt werden, welche Strategie hinsichtlich seiner Auslagerungsaktivitäten verfolgt wird, um die damit verbundenen Risiken angemessen überwachen und steuern zu können (→ AT 9).

1.2 Institutsbezogener Anwendungsbereich

Durch die Bezugnahme auf Institute nach § 1 Abs. 1b KWG, also auf Kredit- und Finanzdienst-   **4**
leistungsinstitute, wird § 25a Abs. 1 KWG Rechnung getragen, der sich auf beide Institutsarten bezieht, ohne zu differenzieren. Die Regelungen der MaRisk sind jedoch von Finanzdienstleistungsinstituten und großen Wertpapierfirmen (bzw. Wertpapierinstituten) gemäß § 2 Abs. 18 Wertpapier-

institutsgesetz (WpIG)[1], welche aufgrund § 4 WpIG zur Anwendung der §§ 25a und 25b KWG verpflichtet sind, grundsätzlich nur insoweit zu beachten, wie dies vor dem Hintergrund der Institutsgröße sowie von Art, Umfang, Komplexität und Risikogehalt der Geschäftsaktivitäten zur Einhaltung der gesetzlichen Pflichten aus §§ 25a und 25b KWG geboten erscheint (→ AT 2.1 Tz. 2).

5 Bezüglich des Risikomanagements auf Gruppenebene werden von den MaRisk auch die übergeordneten Unternehmen von Gruppen in die Pflicht genommen. So ist das an der Spitze einer Institutsgruppe, Finanzholding-Gruppe oder gemischten Finanzholding-Gruppe stehende Institut als übergeordnetes Unternehmen für ein angemessenes und wirksames Risikomanagement auf Gruppenebene verantwortlich. Durch diese Anforderung wird gesetzlichen Vorgaben entsprochen, die in § 25a Abs. 3 KWG niedergelegt sind.[2] Im Rahmen der zweiten MaRisk-Novelle wurden bereits bestehende Anforderungen ergänzt und in ein neues Modul überführt. Zwischenzeitlich sind diese Vorgaben ausgeweitet worden (→ AT 4.5).

6 Auf der anderen Seite bestehen für Institute, die einer Gruppe oder einem Finanzverbund angehören, auch gewisse Erleichterungen, indem bestimmte Anforderungen nicht auf Institutsebene, sondern auch auf Gruppen- oder Verbundebene umgesetzt werden können (→ AT 9 Tz. 15 und BTR 3.1 Tz. 1).

1.3 Risikobezogener Anwendungsbereich

7 Die MaRisk beziehen sich auf alle für das Institut wesentlichen Risiken, wobei auch für die übrigen Risiken angemessene Vorkehrungen zu treffen sind. Dieser umfassende risikobezogene Anwendungsbereich stützt sich auf EU-Vorgaben (Art. 73 und 108 CRD IV) und entsprechende nationale Regelungen (§ 25a Abs. 1 KWG), die auf eine übergreifende Risikobetrachtung unter Einschluss aller wesentlichen Risiken abstellen.

8 Welche Risiken bzw. Risikoarten als »wesentlich« einzustufen sind, hat jedes Institut in eigener Verantwortung auf Basis des im Rahmen einer Risikoinventur ermittelten Gesamtrisikoprofils festzulegen (→ AT 2.2 Tz. 1). Grundsätzlich sind die klassischen Risikoarten als wesentlich zu betrachten, wie die Adressenausfallrisiken (Art. 79 CRD IV), die Marktpreisrisiken (Art. 83 CRD IV) inkl. der Zinsänderungsrisiken im Anlagebuch (Art. 84 CRD IV), die operationellen Risiken (Art. 85 CRD IV) und die Liquiditätsrisiken (Art. 86 CRD IV). Für diese Risikoarten werden im besonderen Teil der MaRisk spezielle Anforderungen formuliert (→ BTR 1 bis 4).

9 Abhängig vom konkreten Gesamtrisikoprofil eines Institutes sind ggf. auch sonstige Risiken als wesentlich einzustufen. Potenzielle Kandidaten dafür sind neben den Reputationsrisiken (→ AT 2.2 Tz. 2, Erläuterung) zunächst die übrigen in der Bankenrichtlinie aufgeführten Risikoarten, also die Restrisiken[3] (Art. 80 CRD IV), die Konzentrationsrisiken[4] (Art. 81 CRD IV), die Verbriefungsrisiken (Art. 82 CRD IV) und die Risiken einer übermäßigen Verschuldung

---

1 Der Begriff »Wertpapierfirma« wird vorrangig im Zusammenhang mit den europäischen Regelwerken verwendet. Der Begriff Wertpapierfirma bezieht sich hier in erster Linie auf die Vorgaben des neuen europäischen Aufsichtsrahmens für Wertpapierfirmen, der aus der europäischen Verordnung (»Investment Firm Regulation«, IFR) und der europäischen Richtlinie (»Investment Firm Directive«, IFD) besteht. Die auf der Grundlage von IFR und IFD beaufsichtigten »Wertpapierfirmen« werden im Wertpapierinstitutsgesetz (WpIG) als »Wertpapierinstitute« bezeichnet. Vor diesem Hintergrund wäre für die im Zuge der sechsten MaRisk-Novelle neu eingefügte Formulierung »große Wertpapierfirma gemäß § 2 Abs. 18 WpIG« der Begriff »großes Wertpapierinstitut gemäß § 2 Abs. 18 WpIG« ggf. zutreffender gewesen.

2 Die Anforderungen an das Risikomanagement auf Gruppenebene ergeben sich für Finanzkonglomerate seit Inkrafttreten des Finanzkonglomerate-Aufsichtsgesetzes (FKAG) im Juli 2013 aus § 25 Abs. 1 FKAG (→ AT 1 Tz. 1).

3 Die »Restrisiken« betreffen beim Management der Adressenausfallrisiken die Wirksamkeit von Kreditrisikominderungstechniken und werden auch als »Besicherungsrisiken« bezeichnet. Unter den gleichnamigen »Restrisiken« beim Management von IKT-Risiken sind hingegen jene Risiken zu verstehen, die grundsätzlich verbleiben, wenn bereits Sicherheitsmaßnahmen zum Schutz des IT-Einsatzes ergriffen worden sind (→ AT 7.2 Tz. 1 und 4).

4 Die »(Kredit-)Konzentrationsrisiken« werden in den MaRisk nicht als eigenständige Risikokategorie betrachtet, sondern als ein spezieller Aspekt der Risikokonzentrationen behandelt.

(Art. 87 CRD IV). Als direkte Reaktion auf die Finanzmarktkrise[5] erwartet die deutsche Aufsicht zudem, sich mit den Risiken aus außerbilanziellen Gesellschaftskonstruktionen zu beschäftigen, selbst wenn diese nicht konsolidierungspflichtig sein sollten. Damit wird vor allem auf Zweckgesellschaften abgezielt (→ AT 2.2 Tz. 2, Erläuterung).

Zusätzlich kann es erforderlich sein, bestimmte Unterkategorien einzelner Risikoarten aufgrund ihrer besonderen Bedeutung für einzelne Sachverhalte separat zu betrachten. Verschiedene Beispiele dafür finden sich in den Leitlinien der EBA zum SREP.[6] Auch die EZB hat ihre Vorstellungen zur Berücksichtigung bestimmter Risikoarten verdeutlicht und dabei verschiedene Unterkategorien genannt.[7] Einige dieser Risikoarten bzw. Unterkategorien werden unter dem Begriff »nicht-finanzielle Risiken« (»Non-Financial Risks«, NFR) zusammengefasst (→ BTR Tz. 1). **10**

Mit wesentlichen Risiken verbundene Risikokonzentrationen sind jeweils zu berücksichtigen. Dazu gehören neben Adressenkonzentrationen auch Intra- und Inter-Risikokonzentrationen, die durch den Gleichlauf von Risikopositionen innerhalb einer Risikoart bzw. über verschiedene Risikoarten hinweg entstehen (→ AT 2.2 Tz. 1). **11**

1.4 Geschäftsbezogener Anwendungsbereich

Der geschäftsbezogene Anwendungsbereich hat in erster Linie definitorischen Charakter. Die Definitionen sind im Wesentlichen für die Anwendung der besonderen aufbau- und ablauforganisatorischen Regelungen für das Kredit- und Handelsgeschäft von Bedeutung (→ BTO). Zum Teil finden sie auch bei den allgemeinen Anforderungen und bei den besonderen Anforderungen an die Risikosteuerungs- und -controllingprozesse Verwendung, da dort an einzelnen Stellen auf Kredit- und Handelsgeschäfte Bezug genommen wird (→ AT 8, AT 9, BTR 1 und BTR 2). **12**

Wie schon in den MaK wird für die Definition des Kreditgeschäftes auf den weiten Kreditbegriff des § 19 Abs. 1 KWG[8] abgestellt, der praktisch alle Geschäfte mit Adressenausfallrisiken umfasst. Bei den Handelsgeschäften gilt weiterhin die aus den MaH bekannte »Liste der Handelsgeschäfte«, die an einzelnen Stellen präzisiert wurde. Während der Entwicklung der MaRisk wurde darüber diskutiert, ob in diesem Zusammenhang eine durchgängige Orientierung an KWG-Definitionen zweckmäßig wäre. Zunächst hatte sich der hierfür infrage kommende Begriff der Finanzinstrumente gemäß § 1 Abs. 11 KWG als unvollständig erwiesen. Mittlerweile besteht dieses Problem nicht mehr. Dies wurde von der Aufsicht im Rahmen der sechsten MaRisk-Novelle zum Anlass genommen, die Definition der Handelsgeschäfte in den MaRisk anzupassen, indem nunmehr auf § 1 Abs. 11 KWG verwiesen wird. Dabei werden die nach wie vor in Listenform aufgeführten Finanzinstrumente zum Teil zusammengefasst (→ AT 2.3 Tz. 3). **13**

---

5 Die »Subprimekrise« in 2007 beruhte auf einem kontinuierlichen Anstieg der Leitzinsen in den USA ab dem Jahr 2004 und weitete sich spätestens mit der Insolvenz von Lehman Brothers in 2008 zur »Finanzmarktkrise« aus (→ AT 4.3.3 Tz. 3). Unter dem Begriff »Finanzmarktkrise« wird im Kommentar auf diese Krise abgestellt. In Abgrenzung zu anderen Krisenereignissen wird die Finanzmarktkrise von 2007 bis 2009 in neueren Veröffentlichungen auch als die »Große Finanzkrise« (»Great Financial Crisis«, GFC) bezeichnet. Vgl. Basel Committee on Banking Supervision, Principles for Operational Resilience, BCBS 516, 31. März 2021, S. 1.

6 Vgl. European Banking Authority, Guidelines on common procedures and methodologies for the supervisory review and evaluation process (SREP) and supervisory stress testing, EBA/GL/2014/13, Consolidated version, 19. Juli 2018, S. 77 ff.

7 Vgl. Europäische Zentralbank, Aufsichtliche Erwartungen an ICAAP und ILAAP sowie harmonisierte Erhebung von ICAAP- und ILAAP-Informationen, Schreiben von Daniele Nouy an die Geschäftsleitung bedeutender Banken vom 8. Januar 2016, Anhang A, S. 3.

8 Die Vorgaben zum weiten Kreditbegriff in § 19 Abs. 1 KWG gelten seit 1. Januar 2014 nur noch für den Bereich der Millionenkredite, während der Kreditbegriff für Großkredite (»Risikopositionen«) seitdem in Art. 389 CRR geregelt ist.

2 Zielsetzung der MaRisk (Tz. 1)

14 **1** Die Beachtung der Anforderungen des Rundschreibens durch die Institute soll dazu beitragen, Missständen im Kredit- und Finanzdienstleistungswesen entgegenzuwirken, welche die Sicherheit der den Instituten anvertrauten Vermögenswerte gefährden, die ordnungsgemäße Durchführung der Bankgeschäfte oder Finanzdienstleistungen beeinträchtigen oder erhebliche Nachteile für die Gesamtwirtschaft herbeiführen können. Bei der Erbringung von Wertpapierdienstleistungen und Wertpapiernebendienstleistungen müssen die Institute die Anforderungen darüber hinaus mit der Maßgabe einhalten, die Interessen der Wertpapierdienstleistungskunden zu schützen.

2.1 Verbesserung des Anlegerschutzes

15 Bereits mit der europäischen Finanzmarktrichtlinie (Markets in Financial Instruments Directive, MiFID)[9] wurden die Erhöhung der Markttransparenz sowie die Stärkung des Wettbewerbes unter Anbietern von Finanzdienstleistungen und damit die Verbesserung des Anlegerschutzes angestrebt. Die MiFID hat außerdem den Börsenhandel liberalisiert, indem mit den »Multilateralen Handelssystemen« (»Multilateral Trading Facilities«, MTF) alternative Handelsplattformen geschaffen wurden. Nachdem die G20[10] anlässlich ihres Gipfels Ende September 2009 in Pittsburgh beschlossen hatten, die globalen »Over-the-Counter-Derivatemärkte« (»OTC-Derivatemärkte«) zu reformieren, hat die Europäische Kommission 2011 eine Revision der MiFID eingeleitet. Im Ergebnis wurden im Frühjahr 2014 eine zweite Richtlinie (MiFID II)[11] und eine begleitende

---

9 Richtlinie 2004/39/EG (MiFID) des Europäischen Parlaments und des Rates vom 21. April 2004 über Märkte für Finanzinstrumente, Amtsblatt der Europäischen Union vom 30. April 2004, L 145/1–44.

10 Die »G20« (Group of Twenty, Gruppe der Zwanzig) ist die 1999 als Reaktion auf die Finanzkrise der neunziger Jahre in Asien gegründete Gruppe der wichtigsten Industrie- und Schwellenländer. Das Gründungstreffen fand im Dezember 1999 in Berlin unter deutschem Vorsitz statt. Ursprünglich fanden die G20-Treffen auf Ebene der Finanzminister und Notenbankchefs der beteiligten Länder statt. Unter dem Eindruck der weltweiten Finanz- und Wirtschaftskrise beschlossen die Staats- und Regierungschefs der G20-Länder im Herbst 2008, dieses Format auch für einen Austausch auf ihrer Ebene zu nutzen. Die G20 ist nach dem Beschluss ihrer Staats- und Regierungschefs vom September 2009 daher das zentrale informelle Forum für die internationale wirtschaftliche Zusammenarbeit der bedeutendsten Industrie- und Schwellenländer. Der G20 gehören 19 Staaten (Argentinien, Australien, Brasilien, China, Deutschland, Frankreich, Großbritannien, Indien, Indonesien, Italien, Japan, Kanada, Mexiko, Russland, Saudi-Arabien, Südafrika, Südkorea, Türkei, USA) sowie die EU an. Die G20 wurde während der Finanzmarktkrise zum wichtigsten Forum für die wirtschaftspolitische Koordinierung auf globaler Ebene und ist heute das bedeutendste Forum für internationale Ordnungspolitik und Regulierung. Zunehmend geht es aber auch darum, durch vorausschauende Zusammenarbeit mögliche Krisen zu vermeiden, aus Erfahrungen zu lernen und die Volkswirtschaften widerstandsfähiger zu machen. Die G20-Staaten repräsentieren ca. 85 Prozent des weltweiten Bruttoinlandsprodukts, ca. 80 Prozent des globalen CO_2-Ausstoßes, ca. 75 Prozent des Welthandels und rund zwei Drittel der Weltbevölkerung. An den G20-Gipfeln nehmen auf Einladung der jeweiligen Präsidentschaft regelmäßig auch die Internationale Währungsfonds (IWF), die Weltbank (WB), die Europäische Zentralbank (EZB), der Financial Stability Board (FSB), die Organisation für Wirtschaftliche Zusammenarbeit und Entwicklung (OECD), die Welthandelsorganisation (WTO), der Internationale Währungs- und Finanzausschuss (IMFC), die Internationale Arbeitsorganisation (ILO) und die Vereinten Nationen (VN) teil. Darüber hinaus werden regelmäßig weitere Gastländer und Regionalorganisationen eingeladen, wie z. B. die Vorsitzenden der Afrikanischen Union (AU), der New Partnership for Africa's Development (NEPAD) und der Association of Southeast Asian Nations (ASEAN). Die jeweilige G20-Präsidentschaft hält engen Kontakt mit verschiedenen Interessengruppen und Nicht-G20-Ländern (so genanntes »Outreach«). Die Arbeitsweise der G7 und der G20 ist analog organisiert. Vgl. Internetseiten der Bundesregierung und des Bundesfinanzministeriums. Detaillierte Informationen, auch zu den jeweiligen Treffen, werden z. B. vom »G20 Information Centre« der University of Toronto bereitgestellt: http://www.g20.utoronto.ca

11 Richtlinie 2014/65/EU (MiFID II) des Europäischen Parlaments und des Rates vom 15. Mai 2014 über Märkte für Finanzinstrumente sowie zur Änderung der Richtlinien 2002/92/EG und 2011/61/EU, Amtsblatt der Europäischen Union vom 12. Juni 2014, L 173/349–496.

Verordnung (MiFIR)[12] verabschiedet, die mit Hilfe von Durchführungsrechtsakten bzw. delegierten Rechtsakten weiter konkretisiert werden.

Insgesamt ist mit diesen Regelwerken der Anlegerschutz durch strengere Anforderungen in den Bereichen Portfolioverwaltung, unabhängige Anlageberatung, Zuwendungen, Produkt-Governance, Produktintervention sowie Aufzeichnungspflichten weiter verbessert worden. Die MiFIR ist als europäische Verordnung in den EU-Mitgliedstaaten unmittelbar anzuwenden. Die am 3. Januar 2018 in Kraft getretene MiFID II war als europäische Richtlinie demgegenüber in nationales Recht umzusetzen und führte zu erheblichen Anpassungen bei dem Wertpapierhandelsgesetz (WpHG), der Wertpapierdienstleistungs-Verhaltens- und Organisationsverordnung (WpDVerOV) sowie den Mindestanforderungen an die Compliance-Funktion und weitere Verhaltens-, Organisations- und Transparenzpflichten (MaComp)[13] (→ Teil I, Kapitel 8.3). 16

2.2   Wertpapieraufsicht

Ziel der »Wertpapieraufsicht« ist es, die Transparenz und Integrität des Finanzmarktes sowie den Anlegerschutz zu gewährleisten. Die wertpapieraufsichtlichen Anforderungen ergeben sich seit Anfang 2018 zum Teil unmittelbar aus europäischen Regelungen, wie z. B. der MiFIR, die als europäische Verordnung in den EU-Mitgliedstaaten direkt anzuwenden ist. Auf nationaler Ebene bilden insbesondere das Wertpapierhandelsgesetz (WpHG), das Wertpapiererwerbs- und Übernahmegesetz (WpÜG), das Wertpapierprospektgesetz (WpPG) und das Wertpapier-Verkaufsprospektgesetz (VerkProspG) die Grundlage für die Wertpapieraufsicht. Daneben spielen die Wertpapierdienstleistungs-Verhaltens- und -Organisationsverordnung (WpDVerOV), die Wertpapierdienstleistungs-Prüfungsverordnung (WpDPV) sowie die WpHG-Mitarbeiteranzeigeverordnung (WpHGMaAnzV) eine wichtige Rolle. 17

Im Bereich des WpHG soll die BaFin Missständen entgegenwirken, welche die ordnungsgemäße Durchführung des Handels mit Finanzinstrumenten oder von Wertpapierdienstleistungen, Wertpapiernebendienstleistungen oder Datenbereitstellungsdienstleistungen beeinträchtigen oder erhebliche Nachteile für den Finanzmarkt bewirken können (§ 6 Abs. 1 Satz 2 WpHG). Dabei muss die BaFin in erster Linie die Einhaltung der Normen des WpHG, der dazu erlassenen Rechtsverordnungen, der zahlreichen europäischen Verordnungen gemäß § 1 Abs. 1 Nr. 8 WpHG sowie der auf Grund dieser Verordnungen erlassenen delegierten Rechtsakte und Durchführungsrechtsakte der Europäischen Kommission überwachen (§ 6 Abs. 2 Satz 1 WpHG). 18

Im Wesentlichen geht es bei der Wertpapieraufsicht um die Bekämpfung von Insidergeschäften, die Sicherstellung der Ad-hoc-Publizität sowie der Transparenz über Geschäfte mit eigenen Aktien (»Directors' Dealings«) und der Stimmrechtsmeldungen für Anteile einer bestimmten Größenordnung, die Verfolgung von Marktmanipulation, die Kontrolle der Vollständigkeit von Wertpapierprospekten und die Überwachung der Einhaltung von Verhaltensregeln und Organisationspflichten. Die seit der Umsetzung der MiFID II im 11. Abschnitt des WpHG enthaltenen 19

---

12 Verordnung (EU) Nr. 600/2014 (MiFIR) des Europäischen Parlaments und des Rates vom 15. Mai 2014 über Märkte für Finanzinstrumente und zur Änderung der Verordnung (EU) Nr. 648/2012, Amtsblatt der Europäischen Union vom 12. Juni 2014, L 173/84–148.

13 Bundesanstalt für Finanzdienstleistungsaufsicht, Mindestanforderungen an die Compliance-Funktion und weitere Verhaltens-, Organisations- und Transparenzpflichten – MaComp, Rundschreiben 05/2018 (WA) vom 19. April 2018, zuletzt geändert am 24. März 2021. Die MaComp präzisieren neben den Regelungen nach §§ 63 ff. WpHG auch Regelungen der unmittelbar anzuwendenden Art. 21 ff. der Delegierten Verordnung zu den Organisationsanforderungen der MiFID II. Vgl. Delegierte Verordnung (EU) 2017/565 (MiFID II-Durchführungsverordnung) der Kommission vom 25. April 2016 zur Ergänzung der Richtlinie 2014/65/EU des Europäischen Parlaments und des Rates in Bezug auf die organisatorischen Anforderungen an Wertpapierfirmen und die Bedingungen für die Ausübung ihrer Tätigkeit sowie in Bezug auf die Definition bestimmter Begriffe für die Zwecke der genannten Richtlinie, Amtsblatt der Europäischen Union vom 31. März 2017, L 87/1–83.

Verhaltens-, Organisations- und Transparenzpflichten gemäß §§ 63 ff. WpHG werden durch die MaComp konkretisiert (→ Teil I, Kapitel 8.3).

2.3 Solvenzaufsicht

20 Die Beachtung der MaRisk soll dazu beitragen, Missständen im Kredit- und Finanzdienstleistungswesen entgegenzuwirken, welche die Sicherheit der den Instituten anvertrauten Vermögenswerte gefährden, die ordnungsgemäße Durchführung der Bankgeschäfte oder Finanzdienstleistungen beeinträchtigen oder erhebliche Nachteile für die Gesamtwirtschaft herbeiführen können. Durch diese Passage wird die Aufgabenstellung der BaFin im Bereich des KWG betont (§ 6 Abs. 2 KWG), die im Sprachgebrauch auch unter der Bezeichnung »Solvenzaufsicht« zusammengefasst wird. Das KWG gibt den Instituten Regeln vor, die sie bei der Gründung und beim Betreiben ihrer Geschäfte zu beachten haben. Diese Regeln sind darauf ausgerichtet, Fehlentwicklungen vorzubeugen, die das reibungslose Funktionieren des Finanzsystems stören könnten. Wie intensiv die Institute beaufsichtigt werden, hängt von Art und Umfang der Geschäfte ab, die sie betreiben. Die Aufsicht richtet grundsätzlich ihr Hauptaugenmerk darauf, dass die Institute genügend Eigenkapital und Liquidität vorhalten und angemessene »Risikokontrollmechanismen« installiert haben. § 25a KWG und der Konkretisierung durch die MaRisk kommt insoweit bei der Solvenzaufsicht eine wichtige Rolle zu.

2.4 Verknüpfung zwischen KWG und WpHG

21 Die Umsetzung der organisatorischen Anforderungen des Art. 13 MiFID i. V. m. den Artikeln 5, 7, 8, 9, 13 und 14 MiFID-Durchführungsrichtlinie[14] durch das KWG und die MaRisk im Jahr 2007 führte zwangsläufig dazu, dass die angepassten Normen und Verwaltungsvorschriften nicht mehr nur solvenzaufsichtlichen Zielen, sondern auch dem Schutz der Interessen der Wertpapierdienstleistungskunden dienen (→ AT 1 Tz. 4). Auf Gesetzesebene wird dies durch entsprechende Verweise in § 80 Abs. 1 Satz 1 bzw. Abs. 6 Satz 1 WpHG nachgezogen. Danach hat ein Wertpapierdienstleistungsunternehmen u. a. die organisatorischen Pflichten gemäß § 25a Abs. 1 sowie bei einer Auslagerung von Aktivitäten und Prozessen und von Finanzdienstleistungen die Anforderungen nach § 25b KWG einzuhalten, die durch die MaRisk konkretisiert werden. Die Einrichtung eines angemessenen und wirksamen Risikomanagements und seine Gewährleistung im Falle einer Auslagerung dienen insoweit auch dem Anlegerschutz.

22 Es ist allerdings zu bezweifeln, dass ein Anleger daraus Schadensersatzansprüche herleiten kann (z. B. bei mangelhaftem Risikomanagement). Da die Möglichkeit von Schadensersatzansprüchen in § 80 WpHG nicht unmittelbar adressiert wird, kann ein Anleger in solchen Fällen nur dann einen Anspruch gegen ein Institut geltend machen, wenn gegen ein Schutzgesetz im Sinne von § 823 Abs. 2 BGB verstoßen wurde. Bei einem Schutzgesetz handelt es sich um eine individualschützende Norm. Dem Gesetz muss der Charakter einer Gebots- oder Verbotsnorm zukommen, die den Schutz eines anderen bezweckt. Zudem muss der Anspruchsteller in den

---

14 Richtlinie 2006/73/EG (MiFID-Durchführungsrichtlinie) der Europäischen Kommission vom 10. August 2006 zur Durchführung der Richtlinie 2004/39/EG des Europäischen Parlaments und des Rates in Bezug auf die organisatorischen Anforderungen an Wertpapierfirmen und die Bedingungen für die Ausübung ihrer Tätigkeit sowie in Bezug auf die Definition bestimmter Begriffe für die Zwecke der genannten Richtlinie, Amtsblatt der Europäischen Union vom 2. September 2006, L 241/26–58.

persönlichen und sachlichen Schutzbereich des Gesetzes fallen. Nach der Literaturmeinung ist § 80 WpHG »weder als Schutzgesetz im Sinne des § 823 Abs. 2 BGB zu qualifizieren, noch strahlt er unmittelbar auf die schuldrechtlichen Beziehungen zwischen Anlegern und Wertpapierdienstleistungsunternehmen aus«.[15]

---

15 Vgl. Koller, Ingo, in: Assmann, Heinz-Dieter/Schneider, Uwe H., Wertpapierhandelsgesetz, 4. Auflage, Köln, 2006, § 33, Tz. 1. Die Kommentierung bezieht sich auf § 33 WpHG, der im Zuge der Umsetzung der MiFID II in § 80 WpHG überführt wurde.

AT 2.1 Anwenderkreis

1	**Anwendung auf Instituts- und Gruppenebene (Tz. 1)**	1
1.1	Anwenderkreis auf Institutsebene	2
1.2	Kreditinstitute gemäß § 1 Abs. 1 KWG	11
1.2.1	Wohnungsunternehmen mit Spareinrichtung	13
1.2.2	Pfandbriefgeschäft	15
1.2.3	Zentralverwahrer	16
1.2.4	Zentraler Kontrahent	17
1.3	Finanzdienstleistungsinstitute gemäß § 1 Abs. 1a KWG	19
1.3.1	Eigengeschäft	20
1.3.2	Eigenhandel	23
1.3.3	Finanzierungsleasing und Factoring	26
1.3.4	Investmentvermögen und alternative Investmentfonds	32
1.4	Institute gemäß § 53 Abs. 1 KWG	34
1.5	Wertpapierinstitute gemäß § 2 Abs. 1 WpIG	37
1.6	CRR-Kreditinstitute gemäß § 1 Abs. 3d KWG	46
1.7	Risikomanagement auf Gruppenebene gemäß § 25a Abs. 3 KWG	49
1.8	Besondere Anforderungen beim Management notleidender Risikopositionen	52
1.8.1	Institute mit hohem NPL-Bestand	52
1.8.2	Berechnung der NPL-Quote	55
1.8.3	Definition notleidender Risikopositionen	66
1.8.3.1	Wesentlichkeit einer Risikoposition	78
1.8.3.2	Überfälligkeit einer Risikoposition	81
1.8.3.3	Unwahrscheinlichkeit des Begleichens der Verbindlichkeiten	85
1.8.3.4	Transaktions- oder Schuldnerbasis	91
1.8.4	Umgang mit allgemeinen Zahlungsmoratorien in der Krise	93
1.8.5	Anwendung auf weitere Institute	97
1.8.6	Zusätzliche Berechnung der NPE-Quote	103
2	**Finanzdienstleistungsinstitute und große Wertpapierfirmen (Tz. 2)**	104
2.1	Finanzdienstleistungsinstitute	105
2.2	Wertpapierhandelsbanken/-unternehmen und Wertpapierfirmen/-institute	108
2.3	Ausgestaltung der Verwaltungspraxis	113

1 Anwendung auf Instituts- und Gruppenebene (Tz. 1)

1 Die Anforderungen des Rundschreibens sind von allen Instituten im Sinne von § 1 Abs. 1b KWG bzw. im Sinne von § 53 Abs. 1 KWG zu beachten. Sie gelten auch für die Zweigniederlassungen deutscher Institute im Ausland. Auf Zweigniederlassungen von Unternehmen mit Sitz in einem anderen Staat des Europäischen Wirtschaftsraumes nach § 53b KWG finden sie keine Anwendung. Die Anforderungen in Modul AT 4.5 des Rundschreibens sind von übergeordneten Unternehmen bzw. übergeordneten Finanzkonglomeratsunternehmen einer Institutsgruppe, einer Finanzholding-Gruppe oder eines Finanzkonglomerates auf Gruppenebene zu beachten.

1.1 Anwenderkreis auf Institutsebene

Maßgeblich für den Anwenderkreis der MaRisk auf Institutsebene ist der Institutsbegriff nach den §§ 1 Abs. 1b und 53 Abs. 1 KWG.

Gemäß § 1 Abs. 1b KWG zählen zu den Instituten im Sinne des Kreditwesengesetzes sowohl Kreditinstitute (§ 1 Abs. 1 KWG) als auch Finanzdienstleistungsinstitute (§ 1 Abs. 1a KWG). Erfasst werden daher alle deutschen Kredit- und Finanzdienstleistungsinstitute sowie die rechtlich unselbständigen Zweigniederlassungen deutscher Institute im Ausland.

Darüber hinaus gelten die MaRisk grundsätzlich auch für die rechtlich unselbständigen Zweigstellen von Unternehmen mit Sitz im Ausland, die in Deutschland Bankgeschäfte tätigen oder Finanzdienstleistungen erbringen. Für diese Zweigstellen ausländischer Unternehmen fingiert § 53 Abs. 1 KWG eine Instituteigenschaft. Die Zweigniederlassungen von Unternehmen mit Sitz in einem Staat des Europäischen Wirtschaftsraumes (EWR) nach § 53b KWG sind demgegenüber aufgrund einer vergleichbaren Überwachung durch die Aufsichtsbehörde des jeweiligen Heimatlandes (»Prinzip der Herkunftslandkontrolle«) vom Anwendungsbereich ausgenommen.

An verschiedenen Stellen im Rundschreiben wird der institutsbezogene Anwendungsbereich verfeinert. Mit Blick auf die kleineren und weniger komplexen Institute sowie die nicht-risikorelevanten Geschäfte enthält es zahlreiche Öffnungsklauseln, die abhängig von der Größe der Institute, den Geschäftsschwerpunkten und der Risikosituation eine vereinfachte Umsetzung ermöglichen (→ AT 1 Tz. 5). Von Instituten, die besonders groß sind oder deren Geschäftsaktivitäten durch besondere Komplexität, Internationalität oder eine besondere Risikoexponierung gekennzeichnet sind, wird hingegen die Einbeziehung der Inhalte einschlägiger Veröffentlichungen zum Risikomanagement des Baseler Ausschusses für Bankenaufsicht und des Financial Stability Boards in eigenverantwortlicher Weise in ihre Überlegungen zur angemessenen Ausgestaltung des Risikomanagements erwartet (→ AT 1 Tz. 3). Das betrifft vor allem die »systemrelevanten Institute« (→ AT 1 Tz. 3) und die »bedeutenden Institute« gemäß Art. 6 SSM-Verordnung (→ AT 1 Tz. 6), bei denen in erster Linie auf die Institutsgröße abgestellt wird. Aber auch an bestimmte Kategorien von Instituten werden weitergehende Anforderungen gestellt. Zum Beispiel bestehen konkrete Vorgaben zur Ansiedlung des Rechnungswesens für die »handelsintensiven Institute«, also jene Institute, die in großem Umfang Handelsgeschäfte betreiben (→ BTO Tz. 7). Die »kapitalmarktorientierten Institute« müssen spezielle Kriterien beim Management ihrer Liquiditätsrisiken beachten (→ BTR 3.2). Seit der sechsten MaRisk-Novelle werden zudem an Institute mit einem besonders hohen Bestand an notleidenden Krediten (»Institute mit hohem NPL-Bestand«) zusätzliche Anforderungen gestellt, wie mit diesen Risikopositionen umzugehen ist (→ AT 4.2 Tz. 1 und 3, AT 4.4.1 Tz. 2, BTO 1.2.5, BT 3.2 Tz. 3).

6 Die BaFin war Ende 2020 für die Beaufsichtigung von insgesamt 2.750 Instituten zuständig. Dazu zählten 1.378 CRR-Kreditinstitute mit 52 bedeutenden Instituten (»Significant Institutions«, SI), die seit November 2014 unter direkter Aufsicht der EZB stehen, und 1.324 weniger bedeutende Institute (»Less Significant Institutions«, LSI). An der Beaufsichtigung der 52 bedeutenden Institute ist die BaFin in den gemeinsamen Aufsichtsteams (»Joint Supervisory Teams«, JST) des Einheitlichen Aufsichtsmechanismus (»Single Supervisory Mechanism«, SSM) regelmäßig beteiligt. Zu den insgesamt 1.529 Kreditinstituten gehörten zudem 47 Wohnungsunternehmen mit Spareinrichtung, 38 Wertpapierhandelsbanken, 41 weitere Kreditinstitute, 25 Drittstaatenzweigstellen und 15 Förderbanken. Mitgezählt wurden auch 75 Zahlungs- und E-Geld-Institute. Die 1.146 Finanzdienstleistungsinstitute (FDI) unterteilten sich wiederum in 697 Finanzdienstleistungsinstitute der FDI-Gruppe III sowie 427 Finanzierungsleasing- und Factoringinstitute der FDI-Gruppe V. Die Institute der FDI-Gruppen I, II und IV wurden von der BaFin in dieser Aufzählung nicht berücksichtigt.[1]

7 Die grundsätzliche Aufteilung der Institutsaufsicht innerhalb der BaFin zwischen Kredit- und Finanzdienstleistungsinstituten wird immer dann angepasst, wenn das Geschäftsmodell der jeweiligen Gattung besser zum Aufsichtsfokus des anderen Geschäftsbereiches passt. Deshalb ist der Geschäftsbereich »Bankenaufsicht« für die Aufsicht über nahezu alle Kreditinstitute inklusive einiger Wertpapierhandelsbanken (nunmehr große Wertpapierinstitute) als Tochtergesellschaften bedeutender Institute, die Finanzierungsleasing- und Factoringinstitute als Finanzdienstleister der FDI-Gruppe V sowie die Zahlungs- und E-Geld-Institute verantwortlich. Die Finanzdienstleistungsinstitute der FDI-Gruppe III sowie die überwiegende Zahl der Wertpapierhandelsbanken (nunmehr kleine oder mittlere Wertpapierinstitute) werden hingegen vom Geschäftsbereich »Wertpapieraufsicht/Asset-Management« beaufsichtigt.[2] Aufgrund der Eigenart ihrer Geschäftsaktivitäten und ihrer heterogenen Struktur gelten die MaRisk für große Wertpapierfirmen (bzw. Wertpapierinstitute) gemäß § 2 Abs. 18 WpIG und Finanzdienstleistungsinstitute zudem nur in eingeschränktem Umfang (→ AT 2.1 Tz. 2).

8 Die »Zahlungs- und E-Geld-Institute« werden seit dem 13. Januar 2018 auf Basis des Zahlungsdiensteaufsichtsgesetzes (ZAG)[3] reguliert. Die MaRisk finden auf diese Institute grundsätzlich keine Anwendung. Nach § 27 Abs. 1 ZAG müssen Zahlungs- und E-Geld-Institute allerdings auch über eine ordnungsgemäße Geschäftsorganisation verfügen, wofür die Geschäftsleiter des Institutes verantwortlich sind. Eine ordnungsgemäße Geschäftsorganisation umfasst u. a. angemessene Maßnahmen der Unternehmenssteuerung, Kontrollmechanismen und Verfahren, die gewährleisten, dass das Institut seine Verpflichtungen erfüllt, das Führen und Pflegen einer Verlustdatenbank sowie eine vollständige Dokumentation der Geschäftstätigkeit, die eine lückenlose Überwachung durch die BaFin für ihren Zuständigkeitsbereich gewährleistet, ein angemessenes Notfallkonzept für IT-Systeme sowie interne Verfahren und Kontrollsysteme, die die Einhaltung der entsprechenden europäischen Verordnungen gewährleisten. Gemäß § 26 Abs. 1 ZAG müssen diese Institute abhängig von Art, Umfang, Komplexität und Risikogehalt einer Auslagerung von Aktivitäten und Prozessen auf ein anderes Unternehmen, die für die Durchführung von Zahlungsdiensten, E-Geld-Geschäften oder sonstigen nach dem ZAG institutstypischen Dienstleistungen wesentlich sind, einschließlich IT-Systeme, angemessene Vorkehrungen treffen, um übermäßige zusätzliche Risiken zu vermeiden. Eine Auslagerung darf weder die Ordnungsmäßigkeit dieser Geschäfte und Dienstleistungen noch die Geschäftsorganisation beeinträchtigen. Insbesondere muss ein angemessenes und wirksames Risikomanagement durch das Institut gewährleistet bleiben, das die ausgelagerten Aktivitäten und Prozesse einbezieht. Darüber hinaus gelten für Auslagerungen vergleichbare Anforderungen wie nach § 25b KWG. In Ausnahme-

---

1 Vgl. Bundesanstalt für Finanzdienstleistungsaufsicht, Jahresbericht 2020, 18. Mai 2021, S. 59.

2 Vgl. Bundesanstalt für Finanzdienstleistungsaufsicht, Jahresbericht 2020, 18. Mai 2021, S. 59.

3 Gesetz über die Beaufsichtigung von Zahlungsdiensten (Zahlungsdiensteaufsichtsgesetz – ZAG) vom 17. Juli 2017 (BGBl. I S. 2446), das zuletzt durch Artikel 5 des Gesetzes vom 25. Juni 2021 (BGBl. I S. 2083) geändert worden ist.

fällen können § 25b KWG und § 26 ZAG auch nebeneinander zur Anwendung kommen, z.B. für Zahlungsinstitute, die auch der Beaufsichtigung nach dem KWG unterliegen.[4] Da für Zahlungs- und E-Geld-Institute zumindest bisher kein eigenes Rundschreiben mit Mindestanforderungen an deren Risikomanagement veröffentlicht wurde, können sich diese Institute insofern unter Berücksichtigung von Proportionalitätsgesichtspunkten sinngemäß an den Vorgaben der MaRisk orientieren.

Für Kapitalverwaltungsgesellschaften sind die MaRisk nicht mehr einschlägig, da diese Unternehmen mit dem Inkrafttreten des Investmentänderungsgesetzes[5] im Dezember 2007 ihre Institutseigenschaft im Sinne des KWG verloren haben. Dementsprechend wurde das Investmentgeschäft (§ 1 Abs. 1 Satz 2 Nr. 6 KWG a.F.) aus dem Katalog der Bankgeschäfte gestrichen. Durch den Verlust der Instituteigenschaft, der in der Investmentbranche offenbar auf geteilte Zustimmung stieß[6], unterliegen die Kapitalverwaltungsgesellschaften auch nicht mehr den Regelungen der MaRisk. Vor diesem Hintergrund hat die BaFin im Juni 2010 zunächst die Mindestanforderungen an das Risikomanagement für Investmentgesellschaften (InvMaRisk) veröffentlicht.[7]

Seit Veröffentlichung der InvMaRisk gab es zahlreiche Entwicklungen im Bereich des Investmentrechtes. Hierzu gehören vor allem die Richtlinie über die Verwalter alternativer Investmentfonds (»Alternative Investment Fund Managers Directive«, AIFMD)[8] aus dem Jahr 2011, die zur Durchführung der AIFM-Richtlinie erlassene Delegierte Verordnung[9] aus dem Jahr 2013 sowie das ebenfalls im Jahr 2013 zur Umsetzung der AIFM-Richtlinie in das nationale Recht neu eingeführte Kapitalanlagegesetzbuch (KAGB).[10] Das KAGB ersetzt das bis dahin geltende Investmentgesetz, dessen Regelungen in das KAGB integriert und um zahlreiche neue Produktregeln und Vorgaben erweitert wurden. Vor diesem Hintergrund hat die deutsche Aufsicht im Jahr 2017 neue Mindestanforderungen an das Risikomanagement von Kapitalverwaltungsgesellschaften (KAMaRisk)[11] veröffentlicht, die die InvMaRisk aus dem Jahr 2010 ersetzen. Die KAMaRisk interpretieren das KAGB und die unmittelbar geltende Delegierte Verordnung zur Durchführung der AIFM-Richtlinie im Hinblick auf Anforderungen an die Organisation, das Risikomanagement und Auslagerungen durch Kapitalverwaltungsgesellschaften (→ Teil I, Kapitel 8.2) und sind an die MaRisk angelehnt.

1.2 Kreditinstitute gemäß § 1 Abs. 1 KWG

Kreditinstitute gemäß § 1 Abs. 1 KWG sind Unternehmen, die Bankgeschäfte gewerbsmäßig oder in einem Umfang betreiben, der einen in kaufmännischer Weise eingerichteten Geschäftsbetrieb

---

4 Vgl. Terlau, Matthias, in: Casper, Matthias/Terlau, Matthias (Hrsg.), Zahlungsdiensteaufsichtsgesetz (ZAG) – Das Aufsichtsrecht des Zahlungsverkehrs und des E-Geldes, 2. Auflage, München, 2020, § 26, Tz. 29.

5 Gesetz zur Änderung des Investmentgesetzes und zur Anpassung anderer Vorschriften (Investmentänderungsgesetz) vom 21. Dezember 2007 (BGBl. I S. 3089), veröffentlicht am 27. Dezember 2007.

6 Vgl. Seip, Stefan, Neues Investmentgesetz stärkt den Fondsstandort, in: Sonderbeilage der Börsenzeitung vom 10. November 2007, S. B1.

7 Bundesanstalt für Finanzdienstleistungsaufsicht, Mindestanforderungen an das Risikomanagement für Investmentgesellschaften (InvMaRisk), Rundschreiben 5/2010 (WA) vom 30. Juni 2010.

8 Richtlinie 2011/61/EU (AIFM-Richtlinie) des Europäischen Parlaments und des Rates vom 8. Juni 2011 über die Verwalter alternativer Investmentfonds und zur Änderung der Richtlinien 2003/41/EG und 2009/65/EG und der Verordnungen (EG) Nr. 1060/2009 und (EU) Nr. 1095/2010, Amtsblatt der Europäischen Union vom 1. Juli 2011, L 174/1–73.

9 Delegierte Verordnung (EU) Nr. 231/2013 der Kommission vom 19. Dezember 2012 zur Ergänzung der Richtlinie 2011/61/EU des Europäischen Parlaments und des Rates im Hinblick auf Ausnahmen, die Bedingungen für die Ausübung der Tätigkeit, Verwahrstellen, Hebelfinanzierung, Transparenz und Beaufsichtigung, Amtsblatt der Europäischen Union vom 22. März 2013, L 83/1–95.

10 Kapitalanlagegesetzbuch (KAGB) vom 4. Juli 2013 (BGBl. I S. 1981), das zuletzt durch Artikel 5 des Gesetzes vom 10. August 2021 (BGBl. I S. 3483) geändert worden ist. Neben dem KAGB leiten sich die rechtlichen Rahmenbedingungen für das Risikomanagement von Kapitalverwaltungsgesellschaften aus der Derivateverordnung (DerivateV) und der Kapitalanlage-Verhaltens- und -Organisationsverordnung (KAVerOV) ab.

11 Bundesanstalt für Finanzdienstleistungsaufsicht, Mindestanforderungen an das Risikomanagement von Kapitalverwaltungsgesellschaften (KAMaRisk), Rundschreiben 01/2017 (WA) vom 10. Januar 2017.

erfordert. Welche Geschäfte als Bankgeschäfte zu qualifizieren sind, ergibt sich aus der Liste des § 1 Abs. 1 KWG, die derzeit zwölf unterschiedliche Geschäftsarten umfasst:

- das Einlagengeschäft, zu dem die Annahme fremder Gelder als Einlagen oder anderer unbedingt rückzahlbarer Gelder des Publikums zählt, sofern der Rückzahlungsanspruch nicht in Inhaber- oder Orderschuldverschreibungen verbrieft wird, ohne Rücksicht darauf, ob Zinsen vergütet werden (§ 1 Abs. 1 Satz 2 Nr. 1 KWG),
- das Pfandbriefgeschäft gemäß § 1 Abs. 1 Satz 2 des Pfandbriefgesetzes (§ 1 Abs. 1 Satz 2 Nr. 1a KWG),
- zum Kreditgeschäft zählen die Gewährung von Gelddarlehen und Akzeptkrediten (§ 1 Abs. 1 Satz 2 Nr. 2 KWG),
- der Ankauf von Wechseln und Schecks ist Gegenstand des Diskontgeschäftes (§ 1 Abs. 1 Satz 2 Nr. 3 KWG),
- das Finanzkommissionsgeschäft umfasst die Anschaffung und die Veräußerung von Finanzinstrumenten im eigenen Namen für fremde Rechnung (§ 1 Abs. 1 Satz 2 Nr. 4 KWG),
- zum Depotgeschäft gehören die Verwahrung und Verwaltung von Wertpapieren für andere (§ 1 Abs. 1 Satz 2 Nr. 5 KWG),
- die Tätigkeit als Zentralverwahrer im Sinne von § 1 Abs. 6 KWG (§ 1 Abs. 1 Satz 2 Nr. 6 KWG),
- die Eingehung der Verpflichtung, zuvor veräußerte Darlehensforderungen vor Fälligkeit zurück zu erwerben (§ 1 Abs. 1 Satz 2 Nr. 7 KWG),
- zum Garantiegeschäft gehört die Übernahme von Bürgschaften, Garantien und sonstigen Gewährleistungen für andere (§ 1 Abs. 1 Satz 2 Nr. 8 KWG),
- die Durchführung des bargeldlosen Scheckeinzugs (Scheckeinzugsgeschäft), des Wechseleinzugs (Wechseleinzugsgeschäft) und die Ausgabe von Reiseschecks als Reisescheckgeschäft (§ 1 Abs. 1 Satz 2 Nr. 9 KWG),
- zum Emissionsgeschäft zählen die Übernahme von Finanzinstrumenten für eigenes Risiko zur Platzierung oder die Übernahme gleichwertiger Garantien (§ 1 Abs. 1 Satz 2 Nr. 10 KWG),
- die Tätigkeit als zentrale Gegenpartei (zentraler Kontrahent)[12] im Sinne von § 1 Abs. 31 KWG (§ 1 Abs. 1 Satz 2 Nr. 12 KWG).

12 Soweit ein Unternehmen auch nur eines der genannten Bankgeschäfte betreibt, ist es grundsätzlich als Kreditinstitut zu qualifizieren und unterliegt damit den einschlägigen Regelungen des KWG. Es spielt dabei keine Rolle, ob es sich um inländische Tochterunternehmen ausländischer Unternehmen handelt. Auch diese Tochterunternehmen erwerben die Institutseigenschaft, sobald sie eines der in der Liste des § 1 Abs. 1 KWG genannten Bankgeschäfte betreiben.

1.2.1 Wohnungsunternehmen mit Spareinrichtung

13 Die »Wohnungsunternehmen mit Spareinrichtung« (WumS) sind laut § 1 Abs. 29 KWG Unternehmen in der Rechtsform der eingetragenen Genossenschaft, die keine CRR-Institute oder Finanzdienstleistungsinstitute sind und keine Beteiligung an einem Institut oder Finanzunternehmen besitzen, deren Unternehmensgegenstand überwiegend darin besteht, den eigenen Wohnungsbestand zu bewirtschaften, die daneben als Bankgeschäft ausschließlich das Einlagengeschäft in einer gesetzlich eingeschränkten Form betreiben und die kein oder nur ein sehr kleines Handelsbuch führen. Da das Einlagengeschäft zu den Bankgeschäften gehört, zählen die Wohnungsunternehmen mit Spareinrichtung zu den Kreditinstituten.

---

12 Die Begriffe »zentrale Gegenpartei« und »zentraler Kontrahent« (»Central Counterparty«, CCP) werden synonym verwendet. Da die MaRisk auf Kontrahentenlimite abstellen, ist die Formulierung »zentraler Kontrahent« für die Zwecke des Kommentars besser geeignet.

Nicht zuletzt aus den Stellungnahmen des Bundesverbandes deutscher Wohnungs- und Immo- **14**
bilienunternehmen e. V. (GdW) wird allerdings deutlich, dass die Anforderungen des Rundschreibens nicht eins zu eins auf diese Unternehmen übertragen werden können. Das liegt vor allem an
der wohnungswirtschaftlichen Geschäftsstruktur dieser Unternehmen. Mit dem CRD IV-Umsetzungsgesetz wurden zwar einige Besonderheiten der WumS durch Anpassung des KWG aufgegriffen. Bereits mit der fünften MaRisk-Novelle haben sich jedoch gewisse Widersprüche zu den
gesetzlichen Anforderungen ergeben. Im Rahmen dieser Kommentierung ist es nicht möglich, für
alle Arten von Instituten passgenaue Empfehlungen zur Umsetzung abzugeben. Es erscheint
jedoch sinnvoll, die Intention der jeweiligen Regelungen vor dem Hintergrund des Geschäftsmodells eines Institutes zu hinterfragen und insofern in der Prüfungspraxis nicht über das
eigentlich verfolgte Ziel hinauszuschießen.

1.2.2 Pfandbriefgeschäft

Die Aufnahme des Pfandbriefgeschäftes in den Katalog der Bankgeschäfte im Jahr 2005 soll allen **15**
Kreditinstituten die Refinanzierung durch Pfandbriefe ermöglichen, die eine entsprechende Erlaubnis beantragen.[13] Bei der Definition des Pfandbriefgeschäftes wird auf das Pfandbriefgesetz
(PfandBG) abgestellt. Unter dem »Pfandbriefgeschäft« wird gemäß § 1 Abs. 1 Satz 2 PfandBG
1. die Ausgabe gedeckter Schuldverschreibungen auf Grund erworbener Hypotheken unter der
   Bezeichnung Pfandbriefe oder Hypothekenpfandbriefe,
2. die Ausgabe gedeckter Schuldverschreibungen auf Grund erworbener Forderungen gegen
   staatliche Stellen unter der Bezeichnung Kommunalschuldverschreibungen, Kommunalobli-
   gationen oder Öffentliche Pfandbriefe,
3. die Ausgabe gedeckter Schuldverschreibungen auf Grund erworbener Schiffshypotheken
   unter der Bezeichnung Schiffspfandbriefe sowie
4. die Ausgabe gedeckter Schuldverschreibungen auf Grund erworbener Registerpfandrechte
   nach § 1 des Gesetzes über Rechte an Luftfahrzeugen oder ausländischer Flugzeughypotheken
   unter der Bezeichnung Flugzeugpfandbriefe
verstanden.

1.2.3 Zentralverwahrer

Ein »Zentralverwahrer« ist laut § 1 Abs. 6 KWG ein Unternehmen im Sinne des Art. 2 Abs. 1 Nr. 1 **16**
der entsprechenden europäischen Verordnung.[14] Dieser Verordnung zufolge handelt es sich bei
einem Zentralverwahrer zusammengefasst um eine juristische Person, die ein Wertpapierliefer-
und -abrechnungssystem (»Abwicklungsdienstleistung«) betreibt und darüber hinaus entweder
die erstmalige Verbuchung von Wertpapieren im Effektengiro (»notarielle Dienstleistung«) oder
die Bereitstellung und Führung von Depotkonten auf oberster Ebene (»zentrale Kontoführung«)
als eine weitere von diesen drei möglichen Kerndienstleistungen eines Zentralverwahrers erbringt.
Natürlich ist es auch möglich, alle drei Kerndienstleistungen eines Zentralverwahrers anzubieten.

---

13 Bis zu diesem Zeitpunkt war die Ausgabe von Pfandbriefen lediglich Spezialinstituten mit dem so genannten »Pfand-
briefprivileg« vorbehalten, die über eine Erlaubnis nach den inzwischen aufgehobenen Bestimmungen des Hypotheken-
bankgesetzes, des Schiffsbankgesetzes oder des Gesetzes über die Pfandbriefe und verwandten Schuldverschreibungen
öffentlich-rechtlicher Kreditinstitute verfügten. Vgl. Schwennicke, Andreas, in: Schwennicke, Andreas/Auerbach, Dirk
(Hrsg.), KWG, 3. Auflage, München, 2016, § 1 KWG, Tz. 31.

14 Verordnung (EU) Nr. 909/2014 des Europäischen Parlaments und des Rates vom 23. Juli 2014 zur Verbesserung der
Wertpapierlieferungen und -abrechnungen in der Europäischen Union und über Zentralverwahrer sowie zur Änderung
der Richtlinien 98/26/EG und 2014/65/EU und der Verordnung (EU) Nr. 236/2012, Amtsblatt der Europäischen Union
vom 28. August 2014, L 257/1-72.

1.2.4 Zentraler Kontrahent

17 Gemäß § 1 Abs. 31 KWG handelt es sich bei einer »zentralen Gegenpartei« bzw. einem »zentralen Kontrahenten« um ein Unternehmen im Sinne von Art. 2 Nr. 1 der »European Market Infrastructure Regulation« (EMIR)[15] in der jeweils geltenden Fassung. Danach ist eine zentrale Gegenpartei (»Central Counterparty«, CCP) eine juristische Person, die zwischen die Gegenparteien der auf einem oder mehreren Märkten gehandelten Kontrakte tritt und somit als Käufer für jeden Verkäufer bzw. als Verkäufer für jeden Käufer fungiert. Hiermit wird eine in der Bankenrichtlinie mit spezifischen Rechtsfolgen verknüpfte Funktion innerhalb des Finanzmarktes regulatorisch erfasst. Da Institute, die Geschäfte mit einem zentralen Kontrahenten abschließen, aufgrund des von diesem zur Erfüllungsabsicherung zu unterhaltenden Sicherungssystems (»Marginsystem«) eine verminderte bzw. (derzeit) unter bestimmten Umständen sogar auf null reduzierte Eigenkapitalunterlegung für solche Geschäfte vornehmen können, muss die Institution eines zentralen Kontrahenten mit seinem Sicherungssystem einer effektiven Beaufsichtigung unterworfen sein. Ein Ausfall einer solchen Institution hätte gravierende Auswirkungen auf das gesamte über sie verknüpfte Finanzsystem. Durch die Einbeziehung zentraler Kontrahenten hat der Gesetzgeber eine bereits in anderen europäischen Ländern geübte Praxis der Beaufsichtigung nachgezogen.[16]

18 Da zentrale Kontrahenten ein hohes systemisches Risiko für die Finanzbranche darstellen, fordert auch der Baseler Ausschuss für Bankenaufsicht (BCBS) strenge Regeln für deren Risikomanagement. Einem Auftrag der G20 folgend[17], hat der BCBS entsprechende Vorschläge für neue Anforderungen unterbreitet, die auch im Rahmen der CRR bereits weitgehend nachvollzogen werden. Demnach dürfen die Institute ihre Forderungen gegenüber einem zentralen Kontrahenten mit einem Risikogewicht von 2 Prozent anrechnen, sofern er relativ anspruchsvolle Qualitätskriterien erfüllt (»qualifizierter zentraler Kontrahent«), die in der EMIR festgelegt sind.[18] Darüber hinaus sollen Institute, die als »direkte Teilnehmer« bei einem zentralen Kontrahenten registriert sind, finanzielle Mittel in einen Sonderfonds einzahlen. Mit Hilfe dieser Einzahlungen sollen im Falle einer Insolvenz des zentralen Kontrahenten eventuell entstandene Verluste abgefedert werden. Die Höhe der Einzahlungen ist neben der Qualität des zentralen Kontrahenten vom Umfang seiner Kapitalausstattung abhängig (»Waterfall Approach«).[19] Werden die Kriterien als qualifizierter zentraler Kontrahent hingegen nicht erfüllt, so gelten die Eigenmittelanforderungen für bilaterale Geschäfte. Für diese Geschäfte sind Kapitalzuschläge für Marktwertschwankungen (»Credit Valuation Adjustment«) und, sofern die »interne Modellmethode« verwendet wird, im Rahmen einer Maximalbetrachtung ggf. für künftige Krisen (»Stressed Value-at-Risk«) vorzuhalten.[20]

---

15 Verordnung (EU) Nr. 648/2012 (EMIR) des Europäischen Parlaments und des Rates vom 4. Juli 2012 über OTC-Derivate, zentrale Gegenparteien und Transaktionsregister, Amtsblatt der Europäischen Union vom 27. Juli 2012, L 201/1–59.

16 Vgl. Regierungsbegründung zum Entwurf eines Gesetzes zur Umsetzung der neu gefassten Bankenrichtlinie und der neu gefassten Kapitaladäquanzrichtlinie, Bundesrats-Drucksache 153/06, 24. Februar 2006, S. 78.

17 Vgl. G20, Leaders' Statement: The Pittsburgh Summit, September 2009.

18 Gemäß Art. 4 Abs. 1 Nr. 88 CRR ist eine »qualifizierte zentrale Gegenpartei« eine zentrale Gegenpartei, die entweder nach Art. 14 EMIR zugelassen ist – sofern sie in einem Drittstaat ansässig ist – nach Art. 25 EMIR anerkannt wurde.

19 Vgl. Basel Committee on Banking Supervision, Capitalisation of bank exposures to central counterparties, Consultative document, BCBS 190, 20. Dezember 2010, S. 3 ff. Dieses Konsultationspapier wurde bis zum Jahr 2014 zunächst dreimal überarbeitet. Seine wesentlichen Inhalte wurden anschließend in das Baseler Rahmenwerk integriert.

20 Vgl. Basel Committee on Banking Supervision, Basel III: A global regulatory framework for more resilient banks and banking systems, BCBS 189, 16. Dezember 2010, S. 29 ff.

1.3 Finanzdienstleistungsinstitute gemäß § 1 Abs. 1a KWG

Finanzdienstleistungsinstitute sind nach § 1 Abs. 1a Satz 1 KWG Unternehmen, die Finanzdienst- **19**
leistungen für andere gewerbsmäßig oder in einem Umfang erbringen, der einen in kaufmännischer Weise eingerichteten Geschäftsbetrieb erfordert, und die keine Kreditinstitute sind.
Welches Unternehmen insofern als Finanzdienstleistungsinstitut zu qualifizieren ist, bestimmt
sich aus der Liste der Finanzdienstleistungen gemäß § 1 Abs. 1a Satz 2 KWG. Folgende Geschäftsarten zählen im Sinne des KWG zu den Finanzdienstleistungen:
- die Anlagevermittlung ist als die Vermittlung von Geschäften über die Anschaffung und die
  Veräußerung von Finanzinstrumenten definiert (§ 1 Abs. 1a Satz 2 Nr. 1 KWG),
- die Anlageberatung betrifft die Abgabe von persönlichen Empfehlungen an Kunden oder deren
  Vertreter, die sich auf Geschäfte mit bestimmten Finanzinstrumenten beziehen, sofern die
  Empfehlung auf eine Prüfung der persönlichen Umstände des Anlegers gestützt oder als für ihn
  geeignet dargestellt wird und nicht ausschließlich über Informationsverbreitungskanäle oder
  für die Öffentlichkeit bekanntgegeben wird (§ 1 Abs. 1a Satz 2 Nr. 1a KWG),
- der Betrieb eines multilateralen Handelssystems bringt die Interessen einer Vielzahl von
  Personen am Kauf und Verkauf von Finanzinstrumenten innerhalb des Systems und nach
  festgelegten Bestimmungen in einer Weise zusammen, die zu einem Vertrag über den Kauf
  dieser Finanzinstrumente führt (§ 1 Abs. 1a Satz 2 Nr. 1b KWG),
- das Platzierungsgeschäft beschäftigt sich mit dem Platzieren von Finanzinstrumenten (d. h. der
  Veräußerung von Finanzinstrumenten im fremden Namen für fremde Rechnung im Rahmen
  einer Emission mit Platzierungsabrede[21]) ohne feste Übernahmeverpflichtung (§ 1 Abs. 1a Satz 2
  Nr. 1c KWG),
- der Betrieb eines organisierten Handelssystems, bei dem es sich nicht um einen organisierten
  Markt oder ein multilaterales Handelssystem handelt, führt die Interessen einer Vielzahl Dritter
  am Kauf und Verkauf von Schuldverschreibungen, strukturierten Finanzprodukten, Emissionszertifikaten oder Derivaten innerhalb des Systems in einer Weise zusammen, die zu
  einem Vertrag über den Kauf dieser Finanzinstrumente führt (§ 1 Abs. 1a Satz 2 Nr. 1d KWG),
- zur Abschlussvermittlung zählt die Anschaffung und die Veräußerung von Finanzinstrumenten im fremden Namen für fremde Rechnung (§ 1 Abs. 1a Satz 2 Nr. 2 KWG),
- die Finanzportfolioverwaltung umfasst die Verwaltung einzelner in Finanzinstrumenten an-
  gelegter Vermögen für andere mit Entscheidungsspielraum (§ 1 Abs. 1a Satz 2 Nr. 3 KWG),
- der Eigenhandel (§ 1 Abs. 1a Satz 2 Nr. 4 KWG) ist definiert als
  a) das kontinuierliche Anbieten des An- und Verkaufes von Finanzinstrumenten zu selbst
     gestellten Preisen für eigene Rechnung unter Einsatz des eigenen Kapitals,
  b) das häufige organisierte und systematische Betreiben von Handel für eigene Rechnung in
     erheblichem Umfang außerhalb eines organisierten Marktes oder eines multilateralen oder
     organisierten Handelssystems, wenn Kundenaufträge außerhalb eines geregelten Marktes
     oder eines multilateralen oder organisierten Handelssystems ausgeführt werden, ohne dass
     ein multilaterales Handelssystem betrieben wird (systematische Internalisierung),
  c) das Anschaffen oder Veräußern von Finanzinstrumenten für eigene Rechnung als Dienst-
     leistung für andere oder
  d) das Kaufen oder Verkaufen von Finanzinstrumenten für eigene Rechnung als unmittel-
     barer oder mittelbarer Teilnehmer eines inländischen organisierten Marktes oder eines
     multilateralen oder organisierten Handelssystems mittels einer hochfrequenten algorith-
     mischen Handelstechnik (Hochfrequenzhandel), die gekennzeichnet ist durch

---

21 Vgl. Bundesanstalt für Finanzdienstleistungsaufsicht, Merkblatt Platzierungsgeschäft vom 10. Dezember 2009, geändert
    am 25. Juli 2013, S. 1 f.

aa) eine Infrastruktur zur Minimierung von Netzwerklatenzen und anderen Verzögerungen bei der Orderübertragung (Latenzen), die mindestens eine der folgenden Vorrichtungen für die Eingabe algorithmischer Aufträge aufweist: Kollokation, Proximity Hosting oder direkter elektronischer Hochgeschwindigkeitszugang[22],

bb) die Fähigkeit des Systems, einen Auftrag ohne menschliche Intervention im Sinne des Art. 18 zum algorithmischen Handel der Delegierten Verordnung zur MiFID II[23] in der jeweils gültigen Fassung einzuleiten, zu erzeugen, weiterzuleiten oder auszuführen, und

cc) ein hohes untertägiges Mitteilungsaufkommen im Sinne des Art. 19 zur hochfrequenten algorithmischen Handelstechnik der Delegierten Verordnung zur MiFID II in Form von Aufträgen, Kursangaben oder Stornierungen,

auch ohne dass eine Dienstleistung für andere vorliegt,

- zur Drittstaateneinlagenvermittlung gehört die Vermittlung von Einlagengeschäften mit Unternehmen mit Sitz außerhalb des EWR (§ 1 Abs. 1a Satz 2 Nr. 5 KWG),
- das Kryptoverwahrgeschäft, also die Verwahrung, die Verwaltung und die Sicherung von Kryptowerten oder privaten kryptografischen Schlüsseln, die dazu dienen, Kryptowerte für andere zu halten, zu speichern oder darüber zu verfügen, sowie die Sicherung von privaten kryptografischen Schlüsseln, die dazu dienen, Kryptowertpapiere für andere nach § 4 Abs. 3 des Gesetzes über elektronische Wertpapiere zu halten, zu speichern oder darüber zu verfügen (§ 1 Abs. 1a Satz 2 Nr. 6 KWG),
- das Sortengeschäft, also der Handel mit Sorten (§ 1 Abs. 1a Satz 2 Nr. 7 KWG),
- die Kryptowertpapierregisterführung, also die Führung eines Kryptowertpapierregisters nach § 16 des Gesetzes über elektronische Wertpapiere (§ 1 Abs. 1a Satz 2 Nr. 8 KWG),
- das Factoring umfasst den laufenden Ankauf von Forderungen auf der Grundlage von Rahmenverträgen mit oder ohne Rückgriff (§ 1 Abs. 1a Satz 2 Nr. 9 KWG),
- das Finanzierungsleasing, also der Abschluss von Finanzierungsleasingverträgen als Leasinggeber und die Verwaltung von Objektgesellschaften im Sinne des § 2 Abs. 6 Satz 1 Nr. 17 KWG außerhalb der Verwaltung eines Investmentvermögens im Sinne des § 1 Abs. 1 Kapitalanlagegesetzbuch (§ 1 Abs. 1a Satz 2 Nr. 10 KWG),
- zur Anlageverwaltung zählt die Anschaffung und die Veräußerung von Finanzinstrumenten außerhalb der Verwaltung eines Investmentvermögens im Sinne des § 1 Abs. 1 Kapitalanlagegesetzbuch für eine Gemeinschaft von Anlegern, die natürliche Personen sind, mit Entscheidungsspielraum bei der Auswahl der Finanzinstrumente, sofern dies ein Schwerpunkt des angebotenen Produktes ist und zu dem Zweck erfolgt, dass diese Anleger an der Wertentwicklung der erworbenen Finanzinstrumente teilnehmen (§ 1 Abs. 1a Satz 2 Nr. 11 KWG),
- das eingeschränkte Verwahrgeschäft, also die Verwahrung und die Verwaltung von Wertpapieren ausschließlich für alternative Investmentfonds (AIF) im Sinne des § 1 Abs. 3 Kapitalanlagegesetzbuch (§ 1 Abs. 1a Satz 2 Nr. 12 KWG).

---

22 Dabei geht es in erster Linie um die Minimierung von Latenzzeiten. Nach aktuellem Kenntnisstand kommt es dabei vor allem auf die Distanz zwischen dem Computer des Handelsplatzes, der die Aufträge miteinander abgleicht (»Matching-Maschine«), und dem Server, auf dem die Algorithmen ausgeführt werden, sowie auf die Datenmenge, die pro Sekunde durch die Leitung übertragen wird (»Bandbreite«), an. »Kollokation« liegt vor, wenn Marktteilnehmer ihre Computersysteme in unmittelbarer räumlicher Nähe zur Matching-Maschine aufstellen. Unter »Proximity Hosting« ist die Bereitstellung von Computersystemen in unmittelbarer räumlicher Nähe zur Matching-Maschine eines Handelsplatzes durch Dritte zu verstehen. »Direkte elektronische Hochgeschwindigkeitszugänge« sind Verbindungen, die eine Übermittlung von Mitteilungen, inklusive Einleitung, Änderung oder Löschen von Aufträgen, in Sekundenbruchteilen ermöglichen. Die BaFin geht daher vom Vorliegen einer hochfrequenten algorithmischen Handelstechnik nur dann aus, wenn die drei genannten Kriterien kumulativ erfüllt sind und dabei eine Bandbreite von 10 Gigabit pro Sekunde genutzt wird. Vgl. Bundesanstalt für Finanzdienstleistungsaufsicht, Häufige Fragen und Antworten zum algorithmischen Handel und zum Hochfrequenzhandel, Stand per 17. Juli 2019; S. 6.

23 Delegierte Verordnung (EU) 2017/565 (MiFID II-Durchführungsverordnung) der Kommission vom 25. April 2016 zur Ergänzung der Richtlinie 2014/65/EU des Europäischen Parlaments und des Rates in Bezug auf die organisatorischen Anforderungen an Wertpapierfirmen und die Bedingungen für die Ausübung ihrer Tätigkeit sowie in Bezug auf die Definition bestimmter Begriffe für die Zwecke der genannten Richtlinie, Amtsblatt der Europäischen Union vom 31. März 2017, L 87/1–83

1.3.1 Eigengeschäft

Das Eigengeschäft, d. h. die Anschaffung und die Veräußerung von Finanzinstrumenten für eigene   **20**
Rechnung, die nicht Eigenhandel im Sinne des § 1 Abs. 1a Satz 2 Nr. 4 KWG ist, gilt gemäß § 1
Abs. 1a Satz 3 KWG als Finanzdienstleistung, wenn es von einem Unternehmen betrieben wird, das

1. dieses Geschäft, ohne bereits aus anderem Grunde Institut zu sein, gewerbsmäßig oder in einem
   Umfang betreibt, der einen in kaufmännischer Weise eingerichteten Geschäftsbetrieb erfordert, und
2. einer Instituts-, einer Finanzholding- oder gemischten Finanzholding-Gruppe oder einem
   Finanzkonglomerat angehört, der oder dem ein CRR-Kreditinstitut angehört.

Ein Unternehmen, das als Finanzdienstleistung geltendes Eigengeschäft nach § 1 Abs. 1a Satz 3   **21**
KWG betreibt, gilt gemäß § 1 Abs. 1a Satz 4 KWG als Finanzdienstleistungsinstitut.

Nach § 8a Abs. 1 Satz 1 Finanzmarktstabilisierungsfondsgesetz (StFG)[24] kann die Bundesanstalt   **22**
für Finanzmarktstabilisierung (FMSA), die die erweiterte Rechtsaufsicht über die unter ihrem Dach
errichteten Abwicklungsanstalten ausübt, auf Antrag der übertragenden Gesellschaft teilrechts-
fähige Anstalten des öffentlichen Rechts errichten, auf die bis zum 31. Mai 2014 erworbene Risikopositionen sowie auf die nicht-strategienotwendige Geschäftsbereiche der übertragenden Gesellschaft durch Rechtsgeschäft oder Umwandlung zum Zwecke der Abwicklung übertragen werden
können. Diese teilrechtsfähigen Anstalten des öffentlichen Rechts werden als »Abwicklungsanstalten« bezeichnet. Für Abwicklungsanstalten im Sinne von § 8a Abs. 1 Satz 1 StFG gelten die Vorgaben
zur Einstufung des Eigengeschäftes als Finanzdienstleistung nach § 1 Abs. 1a Satz 3 KWG und die
damit verbundene Einstufung als Finanzdienstleistungsinstitut nach § 1 Abs. 1a Satz 4 KWG nicht.

1.3.2 Eigenhandel

Ob ein häufiger systematischer Handel im Sinne des § 1 Abs. 1a Satz 2 Nr. 4 lit. b KWG vorliegt,   **23**
bemisst sich nach der Zahl der Geschäfte außerhalb eines Handelsplatzes im Sinne des § 2 Abs. 22
Wertpapierhandelsgesetz (OTC-Handel) mit einem Finanzinstrument zur Ausführung von Kundenaufträgen, die für eigene Rechnung durchgeführt werden. Ob ein Handel in erheblichem Umfang im
Sinne des § 1 Abs. 1a Satz 2 Nr. 4 lit. b KWG vorliegt, bemisst sich entweder nach dem Anteil des
OTC-Handels an dem Gesamthandelsvolumen des Unternehmens in einem bestimmten Finanzinstrument oder nach dem Verhältnis des OTC-Handels des Unternehmens zum Gesamthandelsvolumen in
einem bestimmten Finanzinstrument in der EU. Die Voraussetzungen der systematischen Internalisierung sind erst dann erfüllt, wenn sowohl die in den Artikeln 12 bis 17 bestimmte Obergrenze für
häufigen systematischen Handel als auch die bestimmte einschlägige Obergrenze für den Handel laut
der Delegierten Verordnung zur MiFID II in erheblichem Umfang überschritten werden oder wenn ein
Unternehmen sich freiwillig den für die systematische Internalisierung geltenden Regelungen unterworfen und einen entsprechenden Erlaubnisantrag bei der BaFin gestellt hat.

Ein »Handelsplatz« im Sinne des § 2 Abs. 22 Wertpapierhandelsgesetz (WpHG) ist ein organisier-   **24**
ter Markt, ein multilaterales Handelssystem oder ein organisiertes Handelssystem. Diese Definition
steht grundsätzlich im Einklang mit der MiFID II[25], in der auch die übrigen der hier verwendeten
Begriffe in Analogie zum KWG näher ausgeführt werden. Allerdings wurde der Begriff »organisierter
Markt« mittlerweile durch die Bezeichnung »geregelter Markt« ersetzt. Ein »geregelter Markt« ist ein

---

24 Gesetz zur Errichtung eines Finanzmarkt- und eines Wirtschaftsstabilisierungsfonds (Stabilisierungsfondsgesetz – StFG)
   vom 17. Oktober 2008 (BGBl. I S. 1982), das zuletzt durch Artikel 7 Absatz 9 des Gesetzes vom 12. Mai 2021 (BGBl. I
   S. 990) geändert worden ist.
25 Vgl. Richtlinie 2014/65/EU (MiFID II) des Europäischen Parlaments und des Rates vom 15. Mai 2014 über Märkte für
   Finanzinstrumente sowie zur Änderung der Richtlinien 2002/92/EG und 2011/61/EU, Amtsblatt der Europäischen Union
   vom 12. Juni 2014, L 173/349–496.

von einem Marktbetreiber betriebenes und/oder verwaltetes »multilaterales System«, das die Interessen einer Vielzahl Dritter am Kauf und Verkauf von Finanzinstrumenten innerhalb des Systems und nach seinen nichtdiskretionären Regeln in einer Weise zusammenführt oder das Zusammenführen fördert, die zu einem Vertrag in Bezug auf Finanzinstrumente führt, die gemäß den Regeln und/oder den Systemen des Marktes zum Handel zugelassen wurden, sowie eine Zulassung erhalten hat und ordnungsgemäß und gemäß Titel III der MiFID II funktioniert.[26]

25 In der MiFID II-Durchführungsverordnung werden verschiedene Obergrenzen für »systematische Internalisierer« für Aktien, Aktienzertifikate, börsengehandelte Fonds, Zertifikate und andere vergleichbare Finanzinstrumente (Art. 12), Schuldverschreibungen (Art. 13), strukturierte Finanzprodukte (Art. 14), Derivate (Art. 15) und Emissionszertifikate (Art. 16) genannt. Den Vorschriften in Art. 17 zufolge müssen die Bedingungen gemäß den Art. 12 bis 16 vierteljährlich auf der Grundlage der Daten der vergangenen sechs Monate beurteilt werden. Der Beurteilungszeitraum beginnt am ersten Arbeitstag der Monate Januar, April, Juli und Oktober. Dabei werden neu ausgegebene Instrumente allerdings nur berücksichtigt, wenn historische Daten bei Aktien, Aktienzertifikaten, börsengehandelten Fonds, Zertifikaten und anderen vergleichbaren Finanzinstrumenten einen Zeitraum von mindestens drei Monaten und bei Schuldverschreibungen, strukturierten Finanzprodukten und Derivaten einen Zeitraum von sechs Wochen abdecken.[27]

1.3.3 Finanzierungsleasing und Factoring

26 Nach dem Jahressteuergesetz 2009 werden Finanzierungsleasing- und Factoringunternehmen zwecks Vermeidung gewerbesteuerlicher Nachteile stärker wie Banken behandelt. Im Gegenzug müssen diese Unternehmen jedoch auch höhere bankaufsichtliche Anforderungen erfüllen. Seit dem 25. Dezember 2008 sind daher Unternehmen, die das Factoring oder das Finanzierungsleasing gemäß § 1 Abs. 1a Satz 2 Nr. 9 oder 10 KWG betreiben, Finanzdienstleistungsinstitute im Sinne des KWG. Zwar sind zentrale bankaufsichtliche Vorschriften, wie etwa die Eigenmittelanforderungen, für diese Unternehmen nicht einschlägig. Jedoch haben sie u.a. § 25a KWG und damit auch die MaRisk zu beachten.

27 Die für die Aufsicht über Finanzierungsleasing- und Factoringinstitute verantwortlichen Referate der Deutschen Bundesbank und der BaFin hatten damals darauf hingewiesen, dabei mit Fingerspitzengefühl vorgehen zu wollen[28]: Auf den Grundsatz der Proportionalität sowie die für Finanzdienstleistungsinstitute geltenden speziellen Vereinfachungen wurde – ähnlich wie generell bei den Finanzdienstleistungsinstituten und den großen Wertpapierfirmen (bzw. Wertpapierinstituten) gemäß § 2 Abs. 18 WpIG – besonders hingewiesen. Die Anforderungen der MaRisk sind demnach von Finanzierungsleasing- und Factoringinstituten nur insoweit zu beachten, wie dies vor dem Hintergrund der Institutsgröße sowie von Art, Umfang, Komplexität und Risikogehalt der Geschäftsaktivitäten zur Einhaltung der gesetzlichen Pflichten aus §§ 25a und 25b KWG geboten erscheint (→ AT 2.1 Tz. 2).

28 Verzichtet werden kann grundsätzlich auf die Anwendung der handelsgeschäftsbezogenen Anforderungen der MaRisk.

---

26 Vgl. Richtlinie 2014/65/EU (MiFID II) des Europäischen Parlaments und des Rates vom 15. Mai 2014 über Märkte für Finanzinstrumente sowie zur Änderung der Richtlinien 2002/92/EG und 2011/61/EU, Amtsblatt der Europäischen Union vom 12. Juni 2014, L 173/349–496.

27 Delegierte Verordnung (EU) 2017/565 (MiFID II-Durchführungsverordnung) der Kommission vom 25. April 2016 zur Ergänzung der Richtlinie 2014/65/EU des Europäischen Parlaments und des Rates in Bezug auf die organisatorischen Anforderungen an Wertpapierfirmen und die Bedingungen für die Ausübung ihrer Tätigkeit sowie in Bezug auf die Definition bestimmter Begriffe für die Zwecke der genannten Richtlinie, Amtsblatt der Europäischen Union vom 31. März 2017, L 87/24–27.

28 Vgl. Bundesanstalt für Finanzdienstleistungsaufsicht/Deutsche Bundesbank, Begleitschreiben für Finanzierungsleasing- und Factoringinstitute zu den Mindestanforderungen an das Risikomanagement (MaRisk) vom 22. September 2009, S. 1 f.

Unternehmen, die als einzige Finanzdienstleistung im Sinne des § 1 Abs. 1a Satz 2 KWG das   29
»Finanzierungsleasing« betreiben, gelten nach § 2 Abs. 6 Satz 1 Nr. 17 KWG im Übrigen nicht als
Finanzdienstleistungsinstitute, falls sie nur als Leasing-Objektgesellschaft für ein oder mehrere
Leasingobjekte eines einzelnen Leasingnehmers tätig werden, keine eigenen geschäftspolitischen
Entscheidungen treffen und von einem Institut mit Sitz im EWR verwaltet werden, das nach dem
Recht des Herkunftsmitgliedstaates zum Betrieb des Finanzierungsleasing zugelassen ist.

Für den Fall, dass Risiken aufgrund von Besonderheiten innerhalb der Finanzierungsleasing- und   30
Factoringbranche nicht von den MaRisk adressiert werden, hat die Aufsicht aufgrund der damals
vergleichsweise geringen Erfahrungen gleichwohl um eine Berücksichtigung im Risikomanagement
gebeten und zu diesem Zweck einen laufenden Dialog mit der Branche angeboten. Mittlerweile wurde
bei der Aufsicht ein Gesprächskreis für Leasing- und Factoringinstitute etabliert, an dem – ähnlich wie
beim Gesprächskreis kleiner Institute – auch Instituts- und Verbandsvertreter beteiligt sind. Im Sinne
einer Fortentwicklung der Anwendung der MaRisk haben die Deutsche Bundesbank und die BaFin
damals appelliert, Spezifika innerhalb der Branche und die daraus abzuleitenden Maßnahmen auf der
Basis von Fakten gegenüber der Aufsicht nachvollziehbar darzulegen. Mittlerweile hat die Aufsicht
eigene Erfahrungen mit der Beaufsichtigung sammeln können. Demnach steht bei Finanzierungs-
leasing- und Factoringinstituten das Management der operationellen Risiken im Mittelpunkt, da für
diese Institute nach Erkenntnissen der BaFin das größte Risiko im Betrug besteht. Konkret betrifft dies
bei Finanzierungsleasinginstituten die Unterschlagung des finanzierten Leasingobjektes. Den Factoringinstituten können hingegen Forderungen verkauft werden, die gar nicht vorhanden sind.[29]

Mit dem so genannten »Schwarmfinanzierung-Begleitgesetz«[30] werden vor dem Hintergrund der   31
Insolvenz eines Factoringinstitutes in Deutschland einige Anforderungen an Finanzierungsleasing-
und Factoringinstitute verschärft. So wird u. a. die erst 2014 mit dem Gesetz zur Anpassung von
Gesetzen auf dem Gebiet des Finanzmarktes eingeführte Freistellungsmöglichkeit von der Einrichtung einer Risikocontrolling- und einer Compliance-Funktion nach § 31 Abs. 2 Satz 2 KWG wieder
gestrichen. Die Aufsicht möchte diese Funktionen eher stärken und darauf auch ein verstärktes
aufsichtliches Augenmerk richten. Zudem wird durch Anpassung von § 33 Abs. 1 Satz 1 Nr. 5 KWG
zukünftig ein zweiter Geschäftsleiter erforderlich sein. Damit soll die Governance dieser Institute
gestärkt werden, um die gegenseitige Kontrolle innerhalb der Geschäftsleitung zu erhöhen und
dolose Handlungen seitens eines Geschäftsleiters zu erschweren. Darüber hinaus soll mit dieser
Maßnahme auch die personengebundene Abhängigkeit eines Institutes von der Geschäftsleitung
verringert werden, die zu nachteiligen Know-how-Verlusten oder Nachfolgeproblemen bei Ge-
schäftsleiterwechseln führen kann. Schließlich werden die Gefahrenabwehrmaßnahmen der Aufsicht durch Änderung von § 2 Abs. 7a KWG für diese Institute auf den Maßnahmenkatalog gemäß
§ 46 KWG erweitert. Die Aufsicht ist der Ansicht, dass diese zusätzlichen Maßnahmen auch bei nicht
unter Solvenzaufsicht befindlichen Instituten in bestimmten Situationen sinnvoll sein und dabei
helfen können, die Gläubiger wirksamer vor schädlichen Mittelabflüssen zu schützen.

1.3.4   Investmentvermögen und alternative Investmentfonds

Beim Finanzierungsleasing und bei der Anlageverwaltung geht es jeweils um Geschäfte außerhalb der   32
Verwaltung eines Investmentvermögens im Sinne des § 1 Abs. 1 Kapitalanlagegesetzbuch (KAGB).
Unter dem »Investmentvermögen« im Sinne des § 1 Abs. 1 KAGB wird jeder Organismus für gemein-
same Anlagen verstanden, der von einer Anzahl von Anlegern Kapital einsammelt, um es gemäß einer

---

29 Vgl. Bundesanstalt für Finanzdienstleistungsaufsicht, Jahresbericht 2019, 12. Mai 2020, S. 74.
30 Gesetz zur begleitenden Ausführung der Verordnung (EU) 2020/1503 und der Umsetzung der Richtlinie EU 2020/1504 zur
    Regelung von Schwarmfinanzierungsdienstleistern (Schwarmfinanzierung-Begleitgesetz) und anderer europarechtlicher
    Finanzmarktvorschriften vom 3. Juni 2021 (BGBl. I S. 1568), veröffentlicht am 10. Juni 2021.

festgelegten Anlagestrategie zum Nutzen dieser Anleger zu investieren, und der kein operativ tätiges Unternehmen außerhalb des Finanzsektors ist. Eine »Anzahl von Anlegern« in diesem Sinne ist gegeben, wenn die Anlagebedingungen, die Satzung oder der Gesellschaftsvertrag des Organismus für gemeinsame Anlagen die Anzahl möglicher Anleger nicht auf einen Anleger begrenzen.

33   Beim eingeschränkten Verwahrgeschäft geht es um die Verwahrung und die Verwaltung von Wertpapieren ausschließlich für alternative Investmentfonds (AIF) im Sinne des § 1 Abs. 3 Kapitalanlagegesetzbuch. Unter »Alternativen Investmentfonds« (AIF) im Sinne des § 1 Abs. 3 KAGB werden alle Investmentvermögen verstanden, die keine »Organismen für gemeinsame Anlagen in Wertpapieren« (OGAW) nach § 1 Abs. 2 KAGB sind, d. h. die nicht die Anforderungen der entsprechenden europäischen Richtlinie[31] erfüllen.

1.4   Institute gemäß § 53 Abs. 1 KWG

34   Die MaRisk sind darüber hinaus grundsätzlich auch von rechtlich unselbständigen Zweigstellen von Unternehmen mit Sitz im Ausland zu beachten, die Bankgeschäfte betreiben oder Finanzdienstleistungen erbringen. In der Regel handelt es sich dabei allerdings um Abteilungen von Unternehmen mit Sitz im Ausland (Unternehmenszentralen). Diese Zweigstellen werden nach der »Verselbständigungsfiktion« des § 53 Abs. 1 KWG wie rechtlich selbständige Institute behandelt.[32] Aufgrund der Institutsfiktion haben diese Zweigstellen gemäß § 53 Abs. 2 KWG modifizierte Anforderungen zu erfüllen im Hinblick auf ein Erlaubnisverfahren, die Geschäftsleitung, die Buchführung und die Rechnungslegung, die Eigenmittel sowie den Jahresabschluss.

35   Bei diesen Instituten ergeben sich aufgrund der engen Verzahnung zwischen Zweigstelle und Unternehmenszentrale bestimmte Eigenarten, die eine vollständige Umsetzung der MaRisk erschweren bzw. unmöglich machen.[33] Die Zweigstellen verfügen z. B. nicht über ein Aufsichtsorgan, das nach den MaRisk in angemessener Weise in das Risikomanagement einzubinden ist. Stattdessen sind bei solchen Zweigstellen die Unternehmenszentralen im Ausland in angemessener Form einzubeziehen (→ AT 1 Tz. 1, Erläuterung).

36   Keine Anwendung finden demgegenüber die MaRisk auf rechtlich unselbständige Zweigniederlassungen von Unternehmen mit Sitz in einem Staat des Europäischen Wirtschaftsraumes (EWR) nach § 53b KWG. Diese Unternehmen, in der Regel CRR-Institute, besitzen den »Europäischen Pass« und werden daher europaweit von der Aufsichtsbehörde ihres jeweiligen Heimatlandes überwacht (»Prinzip der Herkunftslandkontrolle«).[34] Eine zusätzliche Beaufsichtigung der ausländischen Zweigniederlassungen in Deutschland findet nur sehr eingeschränkt statt. Die auf die

---

31 Richtlinie 2009/65/EG des Europäischen Parlaments und des Rates vom 13. Juli 2009 zur Koordinierung der Rechts- und Verwaltungsvorschriften betreffend bestimmte Organismen für gemeinsame Anlagen in Wertpapieren (OGAW), Amtsblatt der Europäischen Union vom 17. November 2009, L 302/32–96.

32 Unterhält ein Unternehmen mit Sitz im Ausland eine Zweigstelle im Inland, die Bankgeschäfte betreibt oder Finanzdienstleistungen erbringt, gilt die Zweigstelle als Kreditinstitut oder Finanzdienstleistungsinstitut. Unterhält das Unternehmen mehrere Zweigstellen im Inland, gelten sie als ein Institut.

33 Vgl. Vahldiek, Wolfgang, in: Boos, Karl-Heinz/Fischer, Reinfrid/Schulte-Mattler, Hermann (Hrsg.), Kreditwesengesetz, 4. Auflage, München, 2012, § 53 KWG, Tz. 95 ff.

34 Das Bundesministerium der Finanzen hatte bereits im November 2018 einen Referentenentwurf vorgelegt, der eine Übergangsregelung für den Fall eines ungeregelten Ausscheidens des Vereinigten Königreiches Großbritannien und Nordirland aus der Europäischen Union ohne Abschluss eines »Brexit-Abkommens« regelt. Danach kann die BaFin gemäß § 53b Abs. 12 KWG zur Vermeidung von Nachteilen für die Funktionsfähigkeit oder die Stabilität der Finanzmärkte bestimmen, dass für die Institute mit Sitz in Großbritannien und Nordirland für einen Zeitraum von bis zu 21 Monaten ganz oder teilweise der »Europäische Pass« weiter gilt, falls diese Institute zum Zeitpunkt des Austritts aus der Europäischen Union über einen entsprechenden Europäischen Pass verfügten. Für diese Institute gilt dann § 53b Abs. 1 bis 9 KWG entsprechend. Vgl. Gesetz über steuerliche und weitere Begleitregelungen zum Austritt des Vereinigten Königreichs Großbritannien und Nordirland aus der Europäischen Union (Brexit-Steuerbegleitgesetz – Brexit-StBG) vom 25. März 2019 (BGBl. I S. 357), veröffentlicht am 28. März 2019.

Zweigniederlassungen weiterhin entsprechend anzuwendenden Vorschriften des KWG und des FinDAG sind in § 53b Abs. 3 KWG geregelt.

1.5 Wertpapierinstitute gemäß § 2 Abs. 1 WpIG

Der Großteil der Finanzdienstleistungsinstitute, die Wertpapierdienstleistungen und ggf. auch Wert- **37** papiernebendienstleistungen erbringen, verfügt über die Erlaubnis zur Verwaltung von Finanzportfolios. Diese Institute können zudem zur Anlage- und Abschlussvermittlung von Finanzinstrumenten oder zum Eigenhandel berechtigt sein. Sehr wenige Unternehmen dürfen sich dabei Eigentum oder Besitz an Kundengeldern verschaffen.[35] Insofern bieten Wertpapierfirmen (bzw. Wertpapierinstitute) zwar eine auf Wertpapiere bezogene Finanzdienstleistung an, nehmen im Gegensatz zu Kreditinstituten grundsätzlich aber keine Einlagen oder – etwa durch die Ausgabe von Inhaberschuldverschreibungen – andere rückzahlbare Gelder des Publikums an. Somit betreiben Wertpapierinstitute ein Geschäftsmodell mit einem anderen Risikoprofil als Kreditinstitute.

Die Zulassung der Wertpapierfirmen und sonstige Anforderungen in den Bereichen Organisati- **38** on und Wohlverhalten werden mittlerweile durch die MiFID II[36] geregelt. Die Beaufsichtigung dieser Institute basierte bis zum Jahr 2021 im Wesentlichen auf Rechtsgrundlagen, die auch für Kreditinstitute gelten und auf das klassische Bankgeschäft ausgerichtet sind. Die besonderen Risiken, die mit den verschiedenen Tätigkeiten der überwiegenden Zahl von Wertpapierfirmen verbunden sind, fanden in diesen Regelungen nicht hinreichend Berücksichtigung. Um den spezifischen Anforderungen an die Geschäftsmodelle und den anders gelagerten Risiken insgesamt besser Rechnung tragen zu können, wurden deshalb auf europäischer Ebene eine Verordnung über die Aufsichtsanforderungen an Wertpapierfirmen (»Investment Firm Regulation«, IFR)[37] und eine Richtlinie über die Beaufsichtigung von Wertpapierfirmen (»Investment Firm Directive«, IFD)[38] entwickelt. Die IFR gilt als europäische Verordnung unmittelbar. Die IFD ist in Deutschland mit Hilfe des Gesetzes zur Umsetzung der Richtlinie (EU) 2019/2034 über die Beaufsichtigung von Wertpapierinstituten[39] umgesetzt worden, indem u. a. ein neues Gesetz (»Wertpapierinstitutsgesetz«, WpIG)[40] verabschiedet wurde. Nach Einschätzung des Gesetzgebers dienen die neuen Vorgaben den Interessen der Kunden der Wertpapierfirmen (nach neuer Bezeichnung »Wertpapierinstitute«) und der allgemeinen Finanzstabilität gleichermaßen. Die darauf beruhende Beaufsichtigung soll der Gefahr einer übermäßigen Übernahme von Risiken

---

35 Vgl. Bundesanstalt für Finanzdienstleistungsaufsicht, Jahresbericht 2019, 12. Mai 2020, S. 73.

36 Richtlinie 2014/65/EU (MiFID II) des Europäischen Parlaments und des Rates vom 15. Mai 2014 über Märkte für Finanzinstrumente sowie zur Änderung der Richtlinien 2002/92/EG und 2011/61/EU, Amtsblatt der Europäischen Union vom 12. Juni 2014, L 173/349–496.

37 Verordnung (EU) 2019/2033 (IFR) des Europäischen Parlaments und des Rates vom 27. November 2019 über Aufsichtsanforderungen an Wertpapierfirmen und zur Änderung der Verordnungen (EU) Nr. 1093/2010, (EU) Nr. 575/2013, (EU) Nr. 600/2014 und (EU) Nr. 806/2014, Amtsblatt der Europäischen Union vom 5. Dezember 2019, L 314/1–63.

38 Richtlinie (EU) 2019/2034 (IFD) des Europäischen Parlaments und des Rates vom 27. November 2019 über die Beaufsichtigung von Wertpapierfirmen und zur Änderung der Richtlinien 2002/87/EG, 2009/65/EG, 2011/61/EU, 2013/36/EU, 2014/59/EU und 2014/65/EU, Amtsblatt der Europäischen Union vom 5. Dezember 2019, L 314/64–114.

39 Gesetz zur Umsetzung der Richtlinie (EU) 2019/2034 über die Beaufsichtigung von Wertpapierinstituten vom 12. Mai 2021 (BGBl. I S. 990), veröffentlicht am 17. Mai 2021. Bei dem Gesetz handelt es sich um ein Artikelgesetz, das neben dem neuen Wertpapierinstitutsgesetz (WpIG) zusätzlich Änderungen des Kreditwesengesetzes (KWG), des Sanierungs- und Abwicklungsgesetzes (SAG), des Kapitalanlagegesetzbuches (KAGB), des Versicherungsaufsichtsgesetzes (VAG) und der Verordnung über die Erhebung von Gebühren und die Umlegung von Kosten nach dem Finanzdienstleistungsaufsichtsgesetz enthält.

40 Gesetz zur Beaufsichtigung von Wertpapierinstituten (Wertpapierinstitutsgesetz – WpIG) vom 12. Mai 2021 (BGBl. I S. 990), das zuletzt durch Artikel 9 des Gesetzes vom 3. Juni 2021 (BGBl. I S. 1568) geändert worden ist.

durch Wertpapierinstitute und ihre Kunden vorbeugen.[41] Der neue europäische Aufsichtsrahmen für Wertpapierfirmen aus IFR und IFD (bzw. WpIG) ist seit dem 26. Juni 2021 anzuwenden.

39 Die auf der Grundlage von IFR und IFD beaufsichtigten »Wertpapierfirmen« werden im Wertpapierinstitutsgesetz grundsätzlich als »Wertpapierinstitute« bezeichnet. Der Grund hierfür ist, dass der Begriff der Firma im deutschen Rechtssystem ausschließlich im Handelsgesetzbuch Anwendung findet. Zudem wird hierdurch eine gewisse Kontinuität zum Institutsbegriff gewährleistet, der bisher im KWG für Wertpapierfirmen im Sinne der EU-Richtlinien verwendet wurde. Der Begriff Wertpapierfirma bezieht sich somit auf die Vorgaben des europäischen Aufsichtsrahmens aus IFR und IFD, die Bezeichnung Wertpapierinstitut demgegenüber auf die nationale Umsetzung der IFD in das WpIG.[42] Soweit im WpIG der Begriff »Wertpapierfirma« verwendet wird, handelt es sich um Bezüge zu den europäischen Vorgaben. Vor diesem Hintergrund wäre für die im Zuge der sechsten MaRisk-Novelle neu eingefügte Formulierung »große Wertpapierfirma gemäß § 2 Abs. 18 WpIG« der Begriff »großes Wertpapierinstitut gemäß § 2 Abs. 18 WpIG« ggf. zutreffender gewesen.

40 Ein »Wertpapierinstitut« ist gemäß § 2 Abs. 1 WpIG ein Unternehmen, das gewerbsmäßig oder in einem Umfang, der einen in kaufmännischer Weise eingerichteten Geschäftsbetrieb erfordert, Wertpapierdienstleistungen alleine oder zusammen mit Wertpapiernebendienstleistungen oder Nebengeschäften erbringt.

41 Unter Berücksichtigung von Proportionalitätsaspekten werden die Wertpapierinstitute grundsätzlich in drei Kategorien (»groß«, »mittel«, »klein«) eingeteilt.[43] Für jede dieser drei Kategorien wird ein unterschiedlich hohes Niveau an aufsichtlichen Anforderungen festgelegt, z.B. im Hinblick auf die einzuhaltenden organisatorischen Anforderungen, die Eigenmittelanforderungen, die Vergütungsregelungen sowie das Meldewesen. Die Zuordnung eines Wertpapierinstitutes zu einer Kategorie erfolgt anhand des Geschäftsmodells und des Geschäftsumfangs.[44]

42 Nicht unter das neue Aufsichtsregime nach IFR und IFD (bzw. WpIG) fallen so genannte »systemisch relevante Wertpapierfirmen«, die gewissermaßen eine vierte Kategorie von Wertpapierfirmen bilden. Diese Wertpapierfirmen werden aufgrund der von ihnen erbrachten bankähnlichen Geschäfte und des sehr hohen Geschäftsvolumens als Kreditinstitute im Sinne der CRR behandelt und unterliegen in vollem Umfang der CRR und der CRD IV (bzw. dem KWG). Systemisch relevante Wertpapierfirmen sind Institute, welche die Wertpapierdienstleistung des Handels für eigene Rechnung oder der Übernahme der Emission von Finanzinstrumenten und/oder die Platzierung von Finanzinstrumenten mit fester Übernahmeverpflichtung erbringen sowie über bilanzielle Aktiva von mindestens 30 Milliarden Euro verfügen. Als Kreditinstitute im Sinne der CRR mit einer Bilanzsumme ab 30 Milliarden Euro werden diese Wertpapierfirmen zukünftig von der EZB im Rahmen des Single Supervisory Mechanism (SSM) beaufsichtigt.[45]

43 Die »großen Wertpapierinstitute« gemäß § 2 Abs. 18 WpIG haben ein vergleichbares Geschäftsmodell, weisen jedoch mit einer Bilanzsumme kleiner 30 Milliarden Euro und größer 15 Milliarden Euro einen geringeren Geschäftsumfang aus. Da auch diese Institute den Eigenhandel und das Emissionsgeschäft betreiben, unterliegen sie grundsätzlich weiterhin den bankaufsichtsrechtlichen Anforderungen an Kreditinstitute gemäß CRR und CRD IV (bzw. KWG). Gemäß § 4 WpIG

---

41 Vgl. Gesetzentwurf der Bundesregierung, Entwurf eines Gesetzes zur Umsetzung der Richtlinie (EU) 2019/2034 über die Beaufsichtigung von Wertpapierinstituten vom 8. Dezember 2020, Bundestags-Drucksache 19/26929 vom 24. Februar 2021, S. 2.

42 Vgl. Deutsche Bundesbank, Ein neuer europäischer Aufsichtsrahmen für Wertpapierfirmen, in: Monatsbericht, März 2021, S. 48.

43 Die Definitionen eines kleinen, mittleren und großen Wertpapierinstitutes in § 2 Abs. 16 bis 18 WpIG verweisen auf entsprechende Regelungen in der Investment Firm Regulation (IFR).

44 Vgl. Deutsche Bundesbank, Ein neuer europäischer Aufsichtsrahmen für Wertpapierfirmen, in: Monatsbericht, März 2021, S. 48 f.

45 Vgl. Deutsche Bundesbank, Ein neuer europäischer Aufsichtsrahmen für Wertpapierfirmen, in: Monatsbericht, März 2021, S. 49.

sind auf große Wertpapierinstitute insbesondere die §§ 25a und 25b KWG anzuwenden, die durch die MaRisk konkretisiert werden. Sie haben die Anforderungen des Rundschreibens insoweit zu beachten, wie dies vor dem Hintergrund der Institutsgröße sowie von Art, Umfang, Komplexität und Risikogehalt der Geschäftsaktivitäten zur Einhaltung der gesetzlichen Pflichten aus §§ 25a und 25b KWG geboten erscheint. Dies gilt insbesondere im Hinblick auf die Gesamtverantwortung der Geschäftsleitung (→ AT 3) sowie das Vorhandensein von Organisationsrichtlinien (→ AT 5), die angemessene personelle und technisch-organisatorische Ausstattung und die Notfallkonzepte (→ AT 7) sowie die risikoadäquate Behandlung von Auslagerungen (→ AT 9).

Die Ende 2020 in Deutschland existierenden 70 »mittleren Wertpapierinstitute« und 665 »kleinen   **44**
Wertpapierinstitute«[46], die nur eine geringe Verflechtung mit anderen Marktteilnehmern aufweisen, werden hingegen künftig ausschließlich nach dem neuen Aufsichtsregime gemäß IFR und IFD (bzw. WpIG) beaufsichtigt.[47] Sie haben daher die Anforderungen der MaRisk nicht zu beachten. Eine Einstufung als kleines Wertpapierinstitut ist laut § 2 Abs. 16 WpIG immer dann möglich, wenn die Bedingungen von Art. 12 Abs. 1 IFD erfüllt werden. Andernfalls handelt es sich nach § 2 Abs. 17 WpIG um ein mittleres Wertpapierinstitut. Für kleine Wertpapierinstitute bestehen nach dem WpIG auch gegenüber mittleren Wertpapierinstituten noch zahlreiche Erleichterungen.

Nach Art. 12 IFD sind für die Erfüllung der Bedingungen zur Einstufung als kleines Wertpapier-   **45**
institut einerseits bestimmte Größenkriterien maßgeblich. So muss die bilanzielle und außerbilanzielle Gesamtsumme weniger als 100 Millionen Euro betragen. Außerdem müssen die jährlichen Bruttogesamteinkünfte aus Wertpapierdienstleistungen und Anlagetätigkeiten unterhalb von 30 Millionen Euro bleiben, berechnet als Durchschnitt auf der Grundlage der jährlichen Zahlen des dem jeweiligen Geschäftsjahr unmittelbar vorangehenden Zweijahreszeitraumes. Andererseits muss die Unterschreitung bestimmter Höchstwerte nachgewiesen werden, die sich auf die verwalteten und in der Anlageberatung betreuten Vermögenswerte der Kunden (»assets under management«, AUM), die bearbeiteten Kundenaufträge (»client orders handled«, COH), die verwahrten und verwalteten Vermögenswerte (»assets safeguarded and administered«, ASA), die gehaltenen Kundengelder (»client money held«, CMH), die operationellen Risiken aus dem täglichen Handelsstrom (»daily trading flow«, DTF), das Nettopositionsrisiko (»net position risk«, NRP) gemäß den Marktrisikobestimmungen der CRR oder, sofern von der zuständigen Behörde für bestimmte Arten von Wertpapierfirmen, die über Clearingmitglieder Handel für eigene Rechnung betreiben, erlaubt, auf der Grundlage der von einem Clearingmitglied der Wertpapierfirma geforderten Gesamtnachschüsse (»clearing member guarantee«, CMG) und die Risikoposition einer Wertpapierfirma bei Ausfall ihrer Handelsgegenparteien (»trading counterparties«, TCD) auf der Grundlage vereinfachter Bestimmungen für das Gegenparteiausfallrisiko nach der CRR beziehen.[48]

1.6   CRR-Kreditinstitute gemäß § 1 Abs. 3d KWG

Mit dem CRD IV-Umsetzungsgesetz wurde in § 1 Abs. 3d Satz 1 KWG der Begriff »CRR-Kredit-   **46**
institut« eingeführt. Der in Art. 4 Abs. 1 Nr. 1 CRR enthaltene europäische Kreditinstitutsbegriff ist

---

46 Vgl. Deutsche Bundesbank, Ein neuer europäischer Aufsichtsrahmen für Wertpapierfirmen, in: Monatsbericht, März 2021, S. 50.

47 Vgl. Gesetzentwurf der Bundesregierung, Entwurf eines Gesetzes zur Umsetzung der Richtlinie (EU) 2019/2034 über die Beaufsichtigung von Wertpapierinstituten vom 8. Dezember 2020, Bundestags-Drucksache 19/26929 vom 24. Februar 2021, S. 2 f.

48 Richtlinie (EU) 2019/2034 (IFD) des Europäischen Parlaments und des Rates vom 27. November 2019 über die Beaufsichtigung von Wertpapierfirmen und zur Änderung der Richtlinien 2002/87/EG, 2009/65/EG, 2011/61/EU, 2013/36/EU, 2014/59/EU und 2014/65/EU, Amtsblatt der Europäischen Union vom 5. Dezember 2019, L 314/64–114.

auf Unternehmen beschränkt, die das Einlagen- und das Kreditgeschäft betreiben[49], und damit deutlich enger gefasst als der Begriff des Kreditinstitutes nach § 1 Abs. 1 KWG. Auch die Definition des Finanzdienstleistungsinstitutes nach § 1 Abs. 1a KWG ist erheblich weiter gefasst als die der »CRR-Wertpapierfirma« nach Art. 4 Abs. 1 Nr. 2 CRR. »CRR-Institut« ist der – zwischenzeitlich in § 1 Abs. 1 Satz 3 KWG enthaltene – Oberbegriff für CRR-Kreditinstitut und CRR-Wertpapierfirma.[50]

47   Aufgrund der abweichenden Definitionen auf nationaler und europäischer Ebene hätten nicht alle Institute nach § 1 Abs. 1b KWG die seit dem 1. Januar 2014 für die CRR-Institute unmittelbar geltende CRR anzuwenden. Der deutsche Gesetzgeber hat jedoch in § 1a KWG ausdrücklich geregelt, dass grundsätzlich alle Unternehmen, die unter den weiten Institutsbegriff nach dem KWG fallen, die Vorgaben der CRR einschließlich der auf der CRR basierenden verbindlichen technischen Standards der EBA einzuhalten haben. Verschiedene Ausnahmen sind in § 2 KWG geregelt.

48   Da jedoch mit der IFR und der IFD für die Wertpapierfirmen auf europäischer Ebene ein eigenes Aufsichtsregime geschaffen wurde, gelten die CRR und die CRD zukünftig nur noch für Kreditinstitute und »große Wertpapierinstitute« gemäß Wertpapierinstitutsgesetz (WpIG). Neu eingeführt wurde dafür in § 3d KWG der Begriff »Wertpapierinstitut« gemäß § 2 Abs. 1 WpIG. Das hat auch zu Änderungen im KWG geführt. So wurden diverse Anforderungen, die bisher auf den Begriff CRR-Institut abgestellt hatten, konsequenterweise durch das Wort CRR-Kreditinstitut ersetzt. Die bisherigen Definitionen von Wertpapierhandelsunternehmen und Wertpapierhandelsbanken sind im KWG entfallen.

1.7   Risikomanagement auf Gruppenebene gemäß § 25a Abs. 3 KWG

49   Die »Ordnungsmäßigkeit der Geschäftsorganisation« ist gemäß § 25a Abs. 3 KWG auch auf Gruppenebene sicherzustellen: Die Geschäftsleiter des übergeordneten Unternehmens sind für die ordnungsgemäße Geschäftsorganisation der Institutsgruppe, der Finanzholding-Gruppe oder der gemischten Finanzholding-Gruppe verantwortlich. Diese Verantwortung bezieht sich grundsätzlich auch auf die Einrichtung eines angemessenen Risikomanagements als wesentlichem Bestandteil der ordnungsgemäßen Geschäftsorganisation (→ AT 1 Tz. 1).

50   Durch § 25a Abs. 3 KWG gewinnt die Gruppenebene automatisch auch für die MaRisk an Bedeutung.[51] Im Zuge der zweiten MaRisk-Novelle wurden die Anforderungen an die einzelnen Elemente des Risikomanagements auf Gruppenebene präzisiert und in ein gesondertes Modul überführt (→ AT 4.5). Danach setzt die Etablierung eines »Risikomanagements auf Gruppenebene« vor allem Folgendes voraus:
- die Festlegung von Strategien für die Gruppe,
- die Sicherstellung der Risikotragfähigkeit in der Gruppe,
- die Einrichtung von aufbau- und ablauforganisatorischen Regelungen für die Gruppe,

---

49 Kreditinstitute sind gemäß Art. 4 Abs. 1 Nr. 1 CRR Unternehmen, deren Tätigkeit darin besteht, Einlagen oder andere rückzahlbare Gelder des Publikums entgegenzunehmen und Kredite für eigene Rechnung zu gewähren.

50 Für die Zwecke der CRR wird bei Instituten (Art. 4 Abs. 1 Nr. 3 CRR) zwischen Kreditinstituten (Art. 4 Abs. 1 Nr. 1 CRR) und Wertpapierfirmen (Art. 4 Abs. 1 Nr. 2 CRR) unterschieden.

51 Die Regelung des § 25a Abs. 3 Satz 1 KWG ist im Hinblick auf die Reichweite eines gruppenweiten Risikomanagements nicht deckungsgleich mit AT 4.5 Tz. 1 MaRisk, die neben Institutsgruppen, Finanzholding-Gruppen und gemischten Finanzholding-Gruppen auch Unterkonsolidierungsgruppen nach Art. 22 CRR umfasst. Dabei geht es um die Anwendung von Anforderungen auf teilkonsolidierter Basis, wenn die betreffenden Institute oder ihr Mutterunternehmen – sofern es sich dabei um eine Finanzholdinggesellschaft oder gemischte Finanzholdinggesellschaft handelt – ein Institut oder ein Finanzinstitut als Tochterunternehmen in einem Drittland haben oder eine Beteiligung an einem solchen Unternehmen halten. Die in § 25a Abs. 3 KWG genannten Unterkonsolidierungsgruppen gemäß Art. 22 CRR werden in AT 4.5 Tz. 1 MaRisk nicht aufgeführt (→ AT 4.5 Tz. 1). Da sich die Anforderungen an das Risikomanagement auf Gruppenebene für Finanzkonglomerate seit Inkrafttreten des Finanzkonglomerate-Aufsichtsgesetzes (FKAG) im Juli 2013 aus § 25 Abs. 1 FKAG ergeben, wurden die zunächst berücksichtigten Finanzkonglomerate folgerichtig in § 25a Abs. 3 KWG gestrichen.

- die Implementierung von gruppenweiten Risikosteuerungs- und -controllingprozessen,
- die Einrichtung einer Risikocontrolling- und einer Compliance-Funktion sowie
- die Einrichtung einer Konzernrevision.

Im Rahmen des Trennbankengesetzes wurden die Anforderungen an die Geschäftsleiter des **51** übergeordneten Unternehmens in § 25c Abs. 4b KWG in Form von Sicherstellungspflichten umfassend geregelt. Abgesehen von einigen redaktionellen Abweichungen zu den MaRisk werden die Anforderungen an das Risikomanagement auf Gruppenebene in diesem Zusammenhang detailliert aufgeführt. Dabei wird deutlich, dass sich diese Vorgaben nur marginal von jenen Anforderungen unterscheiden, die auf Institutsebene zu berücksichtigen sind. Diese weitgehende Interpretation der Anforderungen auf Gruppenebene hat im Rahmen der fünften MaRisk-Novelle zu Anpassungen in diesem Modul geführt, insbesondere im Hinblick auf die Vorgaben zur Konzernrevision (→ AT 4.5 Tz. 6). Seit der sechsten MaRisk-Novelle sind Anforderungen an Auslagerungen ausdrücklich auch auf Gruppenebene anzuwenden. Für die Einhaltung auf Gruppenebene ist das übergeordnete Unternehmen verantwortlich. Gleichzeitig werden im Hinblick auf Gruppen sowie Finanzverbünde mögliche Erleichterungen in einer eigenen Textziffer zusammengefasst (→ AT 9 Tz. 15).

1.8 Besondere Anforderungen beim Management notleidender Risikopositionen

1.8.1 Institute mit hohem NPL-Bestand

Mit der sechsten MaRisk-Novelle sind in Umsetzung der Leitlinien der EBA über das Management **52** notleidender und gestundeter Risikopositionen einige Anforderungen ergänzt worden, die ausdrücklich nur von Instituten mit einer Brutto-Quote notleidender Kredite (»NPL-Quote«) von mindestens 5 Prozent auf Einzelinstitutsebene oder teilkonsolidiert bzw. konsolidiert auf Gruppenebene zu beachten sind (→ AT 2.1 Tz. 1, Erläuterung). Dieser Anwendungsbereich entspricht den Vorgaben der EBA.[52]

Die mit einer bestimmten NPL-Quote verbundenen Anforderungen sind in den einzelnen **53** Modulen entsprechend gekennzeichnet, indem auf »Institute mit hohem NPL-Bestand« verwiesen wird (→ AT 2.1 Tz. 1, Erläuterung). Sie beziehen sich im Wesentlichen auf die Festlegung entsprechender Strategien zum Umgang mit den NPE-Beständen (→ AT 4.2 Tz. 1) und Implementierungspläne zur Umsetzung dieser Strategien (→ AT 4.2 Tz. 3), die Überwachung von deren Umsetzung (→ AT 4.4.1 Tz. 2) und die damit verbundene Risikoberichterstattung (→ BT 3.2 Tz. 3) sowie die Behandlung von Problemkrediten (→ BTO 1.2.5 Tz. 1, 2, 7, 8 und 9). Um die eigene Betroffenheit von den spezifischen Anforderungen an Institute mit hohem NPL-Bestand festzustellen, müssen folglich sämtliche Institute in der Lage sein, ihre NPL-Quote zu ermitteln.

Die Anforderungen an die Institute mit hohem NPL-Bestand gehen auf verschiedene Initiativen **54** des europäischen Gesetzgebers und der europäischen Aufsichtsbehörden zurück, um die negativen Auswirkungen der hohen Bestände an notleidenden Krediten in den Bankbilanzen zu beseitigen. Das gemeinsame Ziel dieser Initiativen besteht darin, die NPE-Bestände deutlich abzubauen und damit deren Kapitalbindung zu reduzieren, um die Fähigkeit der Banken zur Kreditvergabe und vor allem zur Finanzierung der Realwirtschaft zu verbessern (→ AT 4.2 Tz. 1).

---

52 Vgl. European Banking Authority, Leitlinien über das Management notleidender und gestundeter Risikopositionen, EBA/GL/2018/06, 31. Oktober 2018, S. 3.

1.8.2 Berechnung der NPL-Quote

55 Zur Berechnung der NPL-Quote muss der »Bruttobuchwert« der »notleidenden Darlehen und Kredite« (»non-performing loans«, NPL) durch den Bruttobuchwert der gesamten Darlehen und Kredite geteilt werden (→ AT 2.1 Tz. 1, Erläuterung). Zur Klarstellung, was unter dem Status »notleidend« genau zu verstehen ist, soll die Definition für das aufsichtliche Meldewesen herangezogen werden (→ AT 2.1 Tz. 1, Erläuterung). Dabei wird allerdings auf die Definition der »notleidenden Risikopositionen« (»non-performing exposures«, NPE) abgestellt, weil der Status »notleidend« für die Zwecke des aufsichtlichen Meldewesens nicht speziell für Darlehen und Kredite definiert wird, sondern allgemein für Risikopositionen. Deshalb verwenden die EBA und die deutsche Aufsicht die Formulierung »in Übereinstimmung mit der NPE-Definition«.

56 Auch die EBA unterscheidet zwischen notleidenden Krediten und notleidenden Risikopositionen und verweist bereits bei der Begriffsbestimmung und später mit Blick auf die damit verbundenen Anforderungen jeweils auf Anhang V der maßgeblichen europäischen Durchführungsverordnung zum aufsichtlichen Meldewesen (im Folgenden kurz »Meldewesen-DV«).[53] Insofern kann davon ausgegangen werden, dass mit dem Verweis auf das aufsichtliche Meldewesen in erster Linie die Meldewesen-DV gemeint ist, die im Februar 2020 gerade in diesem Bereich deutlich überarbeitet wurde.[54] In Art. 9 Abs. 2 lit. h ii) Satz 1 Meldewesen-DV wird zur Berechnung der NPL-Quote in gleicher Weise auf den Bruttobuchwert der notleidenden Darlehen und Kredite im Verhältnis zum gesamten Bruttobuchwert der Darlehen und Kredite des Institutes abgestellt. Dabei wird auf jene Darlehen und Kredite verwiesen, die unter die in Anhang V Teil 2 Abschnitt 17 Meldewesen-DV aufgeführte Kategorie der notleidenden Risikopositionen fallen.

57 Gemäß Anhang V Teil 2 Abschnitt 17 Abs. 217 Meldewesen-DV umfassen die »Risikopositionen« alle Schuldtitel (Schuldverschreibungen[55], Darlehen und Kredite, die auch Guthaben bei Zentralbanken und Sichtguthaben umfassen) und außerbilanziellen Risikopositionen, mit Ausnahme der zu Handelszwecken gehaltenen. Zu den außerbilanziellen Risikopositionen gehören laut Abs. 219 Meldewesen-DV alle erteilten (widerruflichen und unwiderruflichen) Kreditzusagen, Finanzgarantien oder sonstigen Zusagen. Nach Art. 47a Abs. 1 CRR werden unter »Risikopositionen« in Analogie dazu alle Schuldtitel, insbesondere Schuldverschreibungen, Darlehen, Kredite und Sichteinlagen, sowie alle erteilten (widerruflichen und unwiderruflichen) Kreditzusagen, Finanzgarantien oder sonstigen Zusagen, mit Ausnahme nicht in Anspruch genommener Kreditfazilitäten, die jederzeit uneingeschränkt und fristlos widerrufen werden können, oder bei denen eine Bonitätsverschlechterung beim Kreditnehmer automatisch zum Widerruf führt, verstanden, sofern sie nicht im Handelsbuch des Institutes geführt werden.

58 Nach Art. 9 Abs. 2 lit. h ii) Satz 2 Meldewesen-DV sind bei der Berechnung der NPL-Quote die zur Veräußerung gehaltenen Darlehen und Kredite sowie Guthaben bei Zentralbanken und Sichtguthaben sowohl im Zähler als auch im Nenner auszuschließen. Dass bei der Berechnung der NPL-Quote für die bankaufsichtsrechtlichen Zwecke analog verfahren werden soll, wurde von der

---

53 Vgl. European Banking Authority, Leitlinien über das Management notleidender und gestundeter Risikopositionen, EBA/GL/2018/06, 31. Oktober 2018, S. 6 und 37.

54 Vgl. Durchführungsverordnung (EU) 2020/429 der Kommission vom 14. Februar 2020 zur Änderung der Durchführungsverordnung (EU) Nr. 680/2014 zur Festlegung technischer Durchführungsstandards für die aufsichtlichen Meldungen der Institute gemäß der Verordnung (EU) Nr. 575/2013 des Europäischen Parlaments und des Rates, Amtsblatt der Europäischen Union vom 30. März 2020, L 96/1–1092.

55 Eine »Schuldverschreibung« ist ein Wertpapier, für das der Anleger (Gläubiger) dem Aussteller (Emittenten) für eine vereinbarte (teilweise sehr lange) Laufzeit einen bestimmten Betrag überlässt und dafür i.d.R. Zinsen erhält. Die Rückzahlung erfolgt am Ende der Laufzeit. Insofern ist eine Schuldverschreibung in gewisser Hinsicht mit einem endfälligen Kredit vergleichbar. Beispiele für Schuldverschreibungen sind (öffentliche) Anleihen, Rentenpapiere, Bankschuldverschreibungen, Pfandbriefe und Industrieobligationen. Je nach Ausgestaltung können Schuldverschreibungen beidseitig auch vorzeitig gekündigt werden.

EBA zwar zunächst vorgeschlagen[56], anschließend aber wieder hinterfragt, so dass die endgültige Vorgehensweise in dieser Hinsicht bis Mitte 2021 noch nicht abschließend geklärt war. Die Deutsche Kreditwirtschaft (DK) hatte in ihrer Stellungnahme zur sechsten MaRisk-Novelle auf die o. g. Modifizierung der Vorgaben zur finanziellen Berichterstattung (»financial reporting«, FINREP) mit den erweiterten Meldebögen 23 bis 26 im Datenmodell DPM 2.9 hingewiesen. Insbesondere der Abzug von Guthaben bei Zentralbanken kann nach Einschätzung der DK einen wesentlichen Einfluss auf die Höhe der NPL-Quote haben. Die DK hatte deshalb eine Klarstellung angeregt, dass es im Wesentlichen durch eine unterschiedliche Behandlung der Zentralbankguthaben zu einem Abweichen der NPL-Quote für die Zwecke der FINREP-Meldung und der MaRisk kommen kann.[57] Im Regelfall wirken sich diese Bestände nur auf den Nenner aus, so dass die NPL-Quote bei nennenswerten Volumina entsprechender Guthaben sinkt.[58]

Zur Berechnung der NPL-Quote hat die deutsche Aufsicht zwei wesentliche Festlegungen getroffen:[59]   **59**

1. Die Berechnung der NPL-Quote soll vorerst ohne Berücksichtigung von Zentralbankguthaben (Position 005) erfolgen. Sofern allerdings die noch ausstehende endgültige Entscheidung der EBA zu diesem Sachverhalt anders ausfallen sollte, wäre eine Änderung der Berechnungsmethodik erforderlich. Die BaFin wird in diesem Fall darüber informieren.

2. Die erhöhten Anforderungen für Institute mit hohem NPL-Bestand müssen erst dann eingehalten werden, wenn die NPL-Quote an zwei aufeinanderfolgenden Quartalsstichtagen überschritten wird. Die BaFin erwartet von den Instituten jedoch, dass sie sich mit diesen zusätzlichen Anforderungen bereits auseinandersetzen, sobald eine entsprechende Überschreitung absehbar ist.

Um die erhöhten Anforderungen im Falle der Betroffenheit bereits unmittelbar nach Ablauf der   **60**
Übergangsfrist einhalten zu können, müssen alle Institute ihre NPL-Quote erstmalig am 30. September 2021 und anschließend am 31. Dezember 2021 berechnen.[60]

In einigen Fachartikeln wurde anfangs gemutmaßt, dass zur Berechnung der NPL-Quote   **61**
anstelle der Darlehen und Kredite sämtliche Risikopositionen herangezogen werden sollen. Ein Abstellen auf Risikopositionen muss zwar nicht zwangsläufig zu einer höheren Quote führen, da sich die Berechnungsgrundlage für Zähler und Nenner gleichermaßen ändern würde. Allerdings ist eine derartige Vorgehensweise nicht intendiert. Andernfalls hätte die EBA von vornherein den Begriff »NPE-Quote« verwendet und deren Berechnung direkt auf die notleidenden Risikopositionen bezogen.

Die Begriffe NPL und NPE werden von den Aufsichtsbehörden (EBA, BaFin und EZB) häufig   **62**
synonym verwendet, zumal die NPL grundsätzlich den weit überwiegenden Teil der NPE aus-

---

56 Vgl. European Banking Authority, Draft Implementing Standards amending Commission Implementing Regulation (EU) No 680/2014 with regard to the reporting of financial information (FINREP), Final Report, EBA/ITS/2019/02, 12. Juli 2019, S. 9.

57 Vgl. Deutsche Kreditwirtschaft, BaFin-Konsultation 14/2020 – Mindestanforderungen an das Risikomanagement, Stellungnahme vom 4. Dezember 2020, S. 7.

58 Die EZB kann zur Sicherstellung der Kreditversorgung der Realwirtschaft durch die Banken verschiedene geldpolitische Maßnahmen ergreifen. Dazu gehören z. B. die »gezielten längerfristigen Refinanzierungsgeschäfte« (»Targeted Long-Term Refinancing Operations«, TLTRO), in deren Rahmen die Institute bei der EZB ein bestimmtes Volumen an Refinanzierungsmitteln für einen festen Zeitraum zu besonders günstigen Konditionen aufnehmen können, und die Maßnahmen der »quantitativen Lockerung« (»Quantitative Easing«, QE), die darauf hinauslaufen, dass die EZB in großem Umfang Anleihen aufkauft, wodurch insbesondere die langfristigen Zinssätze gesenkt werden und dem Bankensystem in der Folge zusätzliche Liquidität zugeführt wird. Im Ergebnis kann z. B. das aktuelle Programm TLTRO III (von September 2019 bis Dezember 2021) zu einem zwischenzeitlichen Anstieg des Zentralbankguthabens führen, was sich je nach Berechnungsmethodik auf die NPL-Quote auswirkt. Die EBA berechnet diese Quote zumindest für bestimmte Zwecke inklusive der Zentralbankguthaben. Vgl. European Banking Authority, Risk Dashboard – Data as of Q1 2021, 30. Juni 2021, S. 42.

59 Vgl. Bundesanstalt für Finanzdienstleistungsaufsicht, Rundschreiben 10/2021 (BA) zur Neufassung der MaRisk, Übermittlungsschreiben vom 16. August 2021, S. 2 f. Am 12. Oktober 2021 hat die Aufsicht per E-Mail ergänzend klargestellt, dass zur Position 0005 auch die Sichteinlagen gehören.

60 Vgl. Bundesanstalt für Finanzdienstleistungsaufsicht, Rundschreiben 10/2021 (BA) zur Neufassung der MaRisk, Übermittlungsschreiben vom 16. August 2021, S. 10.

machen. In der Konsequenz beziehen sich auch die Anforderungen der Aufsichtsbehörden – unabhängig von der oben beschriebenen Diskussion über die Berechnung der korrekten Quote – auf NPE, was u.a. damit begründet wird, dass die CRR ebenfalls auf NPE ausgerichtet ist.[61] Die EBA führt dazu aus, dass ihre Leitlinien für alle notleidenden Risikopositionen im Sinne von Anhang V Meldewesen-DV gelten, wobei die Handelsbuch-Positionen i.S.v. Art. 4 Abs. 1 Nr. 86 CRR ausgeklammert werden.[62]

63   Die EZB hat Anfang 2017 darauf verwiesen, dass der gemeinhin verwendete Begriff NPL auf unterschiedlichen Definitionen beruhe und die EBA zur Lösung dieses Problems daher eine einheitliche Definition für NPE festgelegt habe. Diese Definition sei zwar streng genommen nur für das aufsichtliche Meldewesen bindend. Allerdings sollten die bedeutenden Institute die NPE-Definition auch im Rahmen der internen Risikokontrolle und der öffentlichen Finanzbericht-erstattung verwenden. Das empfiehlt sich laut EZB allein deshalb, weil die Aufsichtsinstanzen bei ihren eigenen Aktivitäten, wie z.B. bei der Bewertung der Aktiva-Qualität (»Asset Quality Review«, AQR), den aufsichtlichen Stresstests und den Transparenzübungen (»Transparency Exercises«), ebenfalls darauf abstellen.[63]

64   Die BaFin hat in ihrem Übermittlungsschreiben zur endgültigen Fassung der sechsten MaRisk-Novelle klargestellt, dass das Volumen der »notleidenden Darlehen und Kredite« (»non-performing loans«, NPL) für die Kategorisierung der Institute maßgeblich ist, während sich der Anwendungs-bereich der erhöhten Anforderungen auf die »notleidenden Risikopositionen« (»non-performing exposures«, NPE) erstreckt.[64]

65   Die genauen Berechnungsgrundlagen für den »Bruttobuchwert« bei Schuldtiteln können An-hang V Teil 1 Abschnitt 5.2 Abs. 34 Meldewesen-DV entnommen werden. Grundsätzlich wird danach unterschieden, wie diese Schuldtitel nach den geltenden Rechnungslegungsvorschriften bewertet werden und ob sie als vertragsgemäß bedient oder als notleidend[65] eingestuft werden. Ausfallrisikobedingte Wertberichtigungen (»Loan Loss Provisions«) werden dabei generell außer Acht gelassen. Bei außerbilanziellen Risikopositionen wird anstelle des Bruttobuchwertes im Übrigen der »Nominalbetrag« herangezogen. Dieser entspricht gemäß Anhang V Teil 2 Abschnitt 9 Meldewesen-DV bei erteilten Finanzgarantien, Kreditzusagen und sonstigen Zusagen dem Betrag, der das maximale Ausfallrisiko, dem das Institut ausgesetzt ist, am besten widerspiegelt. Etwaige gehaltene Sicherheiten oder sonstige Kreditsicherheiten sind dabei ebenfalls nicht zu berück-sichtigen. Im Einzelnen entspricht der Nominalbetrag bei erteilten Finanzgarantien dem höchst-möglichen Betrag, den das Unternehmen bei einer Inanspruchnahme der Garantie gegebenenfalls zahlen müsste. Bei Kreditzusagen ist der Nominalbetrag der nicht in Anspruch genommene Betrag, zu dessen Ausleihung sich das Institut verpflichtet hat. Nominalbeträge sind dabei Risiko-positionswerte vor der Anwendung von Umrechnungsfaktoren und Techniken zur Ausfallrisiko-minderung. Einzelheiten zur Berechnung der korrekten Beträge bei notleidenden Risikopositionen sind in Anhang V Teil 2 Abschnitt 17 Meldewesen-DV geregelt.

---

61 Vgl. Europäische Zentralbank, EZB überarbeitet Erwartungen der Aufsicht an die Risikovorsorge für neue notleidende Kredite, um neuer EU-Verordnung Rechnung zu tragen, Pressemitteilung vom 22. August 2019.

62 Vgl. European Banking Authority, Leitlinien über das Management notleidender und gestundeter Risikopositionen, EBA/GL/2018/06, 31. Oktober 2018, S. 3 f.

63 Vgl. Europäische Zentralbank, Leitfaden für Banken zu notleidenden Krediten, 20. März 2017, S. 53.

64 Vgl. Bundesanstalt für Finanzdienstleistungsaufsicht, Rundschreiben 10/2021 (BA) zur Neufassung der MaRisk, Übermitt-lungsschreiben vom 16. August 2021, S. 2.

65 Eigentlich wird in der Meldewesen-DV darauf abgestellt, ob diese Schuldtitel als »vertragsgemäß bedient« oder als »ausfallend« eingestuft werden. Im weiteren Verlauf wird hingegen zwischen »vertragsgemäß bedienten« und »notleiden-den« Schuldtiteln unterschieden. Insofern werden die Begriffe »ausfallend« und »notleidend« in diesem Zusammenhang synonym verwendet.

1.8.3 Definition notleidender Risikopositionen

Eine Berücksichtigung als »notleidende Risikoposition« (»non-performing exposure«, NPE)[66] **66**
erfolgt nach Anhang V Teil 2 Abs. 213 Meldewesen-DV immer dann, wenn eines der folgenden
Kriterien erfüllt ist:

a) Es handelt sich um »wesentliche Risikopositionen«, die mehr als 90 Tage »überfällig« sind.

b) Es handelt sich um Risikopositionen, bei denen es als »unwahrscheinlich« gilt, dass der
Schuldner seine Verbindlichkeiten ohne Verwertung von Sicherheiten in voller Höhe beglei-
chen wird, unabhängig davon, ob bereits Zahlungen überfällig sind, und unabhängig von der
Anzahl der Tage des etwaigen Zahlungsverzuges.

Die EZB verwendet ihrem Leitfaden zufolge bei den bedeutenden Instituten zur Einstufung der **67**
»notleidenden Risikopositionen« ebenfalls das Kriterium der »Überfälligkeit« (»90 days past due«, 90
dpd) und das Kriterium der »Unwahrscheinlichkeit des Begleichens der Verbindlichkeiten« (»unlike-
liness to pay«, UTP).[67] Auch mit Blick auf die nachfolgenden Besonderheiten weichen die Vorgaben
der EBA und der EZB zur Definition notleidender Risikopositionen nicht voneinander ab.

Diese Kriterien entsprechen grundsätzlich auch den Vorgaben für ausgefallene Risikopositionen **68**
in Art. 178 Abs. 1 CRR. Allerdings dürfen die zuständigen Behörden für durch Wohnimmobilien
oder für durch Gewerbeimmobilien von kleinen und mittleren Unternehmen (KMU) besicherte
Risikopositionen im Mengengeschäft und für Risikopositionen gegenüber öffentlichen Stellen den
Zeitraum von 90 Tagen durch 180 Tage ersetzen. Die EBA erwartet von den Instituten, dass sie die
Einstufung von Risikopositionen als »überfällig« in Übereinstimmung mit Abschnitt 4 ihrer Leitlinien zur Anwendung der Ausfalldefinition vornehmen.[68] Danach kann das Kriterium der Überfälligkeit bei Risikopositionen gegenüber Zentralstaaten, lokalen Gebietskörperschaften und öffentlichen Stellen an 180 Tagen orientiert werden.[69]

In Art. 4 der maßgeblichen EZB-Verordnung ist allerdings festgelegt, dass die Institute ungeach- **69**
tet nationaler Vorgehensweisen für die in Art. 178 Abs. 1 lit. b CRR genannten Risikokategorien die
Regel der Überfälligkeit seit mehr als 90 Tagen anwenden sollen.[70] Die EZB weist in ihrem
Leitfaden deshalb darauf hin, dass für die bedeutenden Institute eine einheitliche 90-Tage-Regel
gilt.[71] Die BaFin hat der EBA ebenfalls mitgeteilt, dass sie deren Leitlinien zum 1. Januar 2021 in
ihre Verwaltungspraxis übernimmt und von den Ausnahmeregelungen für Risikopositionen
gegenüber Zentralstaaten, lokalen Gebietskörperschaften und öffentlichen Stellen keinen Gebrauch machen wird.[72]

Wenn Risikopositionen zu Aufsichtszwecken als »ausgefallen« im Sinne von Art. 178 CRR oder **70**
zu Bilanzierungszwecken als »wertgemindert« im Sinne des geltenden Rechnungslegungsrahmens
klassifiziert werden (z. B. Risikopositionen mit beeinträchtigter Bonität nach Stufe 3 gemäß IFRS),
gelten sie nach Anhang V Teil 2 Abschnitt 17 Meldewesen-DV stets als notleidend. Die Klassifizie-

---

66 Die »notleidenden Kredite« (»non-performing loans«, NPL) sind eine Teilmenge der »notleidenden Risikopositionen«
(»non-performing exposures«, NPE). Werden zu den NPE auch noch die in Besitz genommenen Vermögensgegenstände
hinzugerechnet, spricht man von »notleidenden Vermögenswerten« (»non-performing assets«, NPA).

67 Vgl. Europäische Zentralbank, Leitfaden für Banken zu notleidenden Krediten, 20. März 2017, S. 55.

68 Vgl. European Banking Authority, Leitlinien über das Management notleidender und gestundeter Risikopositionen,
EBA/GL/2018/06, 31. Oktober 2018, S. 37.

69 Vgl. European Banking Authority, Leitlinien zur Anwendung der Ausfalldefinition gemäß Artikel 178 der Verordnung (EU)
Nr. 575/2013, EBA/GL/2016/07, 18. Januar 2017, S. 8.

70 Vgl. Verordnung (EU) 2016/445 der Europäischen Zentralbank vom 14. März 2016 über die Nutzung der im Unionsrecht
eröffneten Optionen und Ermessensspielräume (EZB/2016/4), Amtsblatt der Europäischen Union vom 24. März 2016,
L 78/62.

71 Vgl. Europäische Zentralbank, Leitfaden für Banken zu notleidenden Krediten, 20. März 2017, S. 70f.

72 Vgl. Bundesanstalt für Finanzdienstleistungsaufsicht, Anwendung der Ausfalldefinition gemäß Artikel 178 der Verordnung (EU) Nr. 575/2013 (CRR) und zur PD-Schätzung, LGD-Schätzung und Behandlung von ausgefallenen Risikopositionen, Rundschreiben 03/2019 (BA) vom 16. April 2019, S. 1.

rung erfolgt nach den jeweils maßgeblichen Vorgaben. Diese Vorgaben entsprechen Art. 47a Abs. 3 lit. a und b CRR.

71 Umgekehrt greift dieser Automatismus hingegen nicht. In Anhang V Teil 2 Abs. 228 Meldewesen-DV werden die Voraussetzungen genannt, unter denen eine Risikoposition, die nicht Gegenstand einer Stundungsmaßnahme war, nicht mehr als notleidend anzusehen ist. Demnach muss die Risikoposition zunächst jene Kriterien erfüllen, die das Institut für die Aufhebung der Wertminderung im Einklang mit dem geltenden Rechnungslegungsrahmen bzw. für die Aufhebung der Einstufung als ausgefallen gem. Art. 178 CRR anwendet. Darüber hinaus muss sich die Lage des Schuldners so weit verbessert haben, dass eine vollständige Rückzahlung gemäß den ursprünglichen oder geänderten Konditionen wahrscheinlich ist. Schließlich darf sich der Schuldner mit keiner weiteren Zahlung mehr als 90 Tage in Verzug befinden. Solange diese Voraussetzungen nicht alle erfüllt sind, bleibt die Risikoposition gemäß Anhang V Teil 2 Abs. 229 Meldewesen-DV also weiterhin als notleidend eingestuft. Diese Bedingungen sind mittlerweile in Art. 47a Abs. 4 CRR nachgezogen worden.

72 Für »gestundete Risikopositionen«[73] gelten gemäß Abs. 231 Meldewesen-DV besondere Bedingungen, um nicht mehr als notleidend zu gelten. In Übereinstimmung mit den o. g. Vorgaben für notleidende Risikopositionen müssen zunächst jene Kriterien erfüllt sein, die das Institut für die Aufhebung der Wertminderung im Einklang mit dem geltenden Rechnungslegungsrahmen bzw. für die Aufhebung der Einstufung als ausgefallen gem. Art. 178 CRR anwendet. Ergänzend dazu müssen sowohl der Zeitpunkt der Gewährung der Stundungsmaßnahmen als auch der Zeitpunkt der Einstufung der Risikopositionen als notleidend mindestens ein Jahr zurückliegen (»Gesundungszeitraum«). Zudem dürfen seit Anwendung der Stundungsmaßnahmen keine Zahlungen mehr überfällig sein und aufgrund einer Analyse der Finanzlage des Schuldners keinerlei Bedenken hinsichtlich der vollständigen Rückzahlung gemäß den für die Zeit nach der Stundung ausgehandelten Konditionen bestehen. Bedenken können als ausgeräumt betrachtet werden, wenn der Schuldner im Zuge seiner regelmäßigen Zahlungen gemäß den für die Zeit nach der Stundung ausgehandelten Konditionen einen Betrag entrichtet hat, der in der Summe den zuvor überfälligen Zahlungen (wenn Zahlungen überfällig waren) oder (wenn keine Zahlungen überfällig waren) der im Rahmen der Stundungsmaßnahmen vorgenommenen Abschreibung entspricht, oder der Schuldner auf andere Weise seine Fähigkeit zur Erfüllung der für die Zeit nach der Stundung ausgehandelten Konditionen nachgewiesen hat. Diese Bedingungen stimmen mit den Vorgaben in Art. 47a Abs. 6 CRR überein.

73 Zudem ist es unter bestimmten Voraussetzungen zwar möglich, bei einer ehemals »notleidenden gestundeten Risikoposition«, die nach Ablauf eines einjährigen »Gesundungszeitraumes« als »vertragsgemäß bediente, gestundete Risikoposition« eingestuft wurde, auch den Status »gestundet« aufzuheben. Damit ist allerdings ein zweijähriger »Probezeitraum« verbunden. Sofern für eine derartige Risikoposition während dieses Probezeitraumes zusätzliche »Stundungsmaßnahmen« (»Forbearance-Maßnahmen«)[74] angewandt werden oder diese Risikoposition mehr als 30 Tage überfällig ist, wird sie gemäß Anhang V Teil 2 Abs. 260 Meldewesen-DV wieder als »notleidend« eingestuft (→ BTO 1.3.2 Tz. 3). Dieses Kriterium entspricht Art. 47a Abs. 3 lit. c CRR.

74 Ergänzend dazu ist laut Abs. 224 Meldewesen-DV eine Zusage in Höhe ihres Nominalwertes als notleidende Risikoposition zu betrachten, wenn sie bei Inanspruchnahme oder anderweitiger Verwendung zu Risikopositionen führen würde, bei denen die Gefahr besteht, dass sie nicht ohne

---

73 Als »gestundete Risikopositionen« (»forborne exposures«, FBE) werden gemäß Anhang V Teil 2 Abs. 240 Meldewesen-DV Schuldverträge bezeichnet, auf die »Stundungsmaßnahmen« angewandt wurden. »Stundungsmaßnahmen« (»Forbearance-Maßnahmen«) stellen Konzessionen an einen Schuldner dar, der Schwierigkeiten hat, seinen finanziellen Verpflichtungen nachzukommen oder kurz vor solchen Schwierigkeiten steht (»finanzielle Schwierigkeiten«).

74 In den deutschen Fassungen der europäischen Regelwerke wird der ursprüngliche Begriff »forbearance« grundsätzlich mit »Stundung« übersetzt. Streng genommen ist eine »Stundungsmaßnahme« nur eine Option von vielen möglichen »Forbearance-Maßnahmen« (→ BTO 1.3.2 Tz. 1). Dessen ungeachtet werden die Begriffe »Stundungsmaßnahme« und »Forbearance-Maßnahme« in den MaRisk synonym verwendet.

Verwertung von Sicherheiten in voller Höhe zurückgezahlt werden. Dieses Kriterium stimmt mit Art. 47a Abs. 3 lit. d CRR überein.

Schließlich sind erteilte Finanzgarantien gemäß Abs. 225 Meldewesen-DV in Höhe ihres Nominalwertes als notleidende Risikopositionen zu betrachten, wenn die Gefahr besteht, dass sie vom Garantienehmer in Anspruch genommen werden, und zwar insbesondere auch dann, wenn die von der Garantie abgedeckte, zugrunde liegende Risikoposition die Kriterien für eine Einstufung als notleidend erfüllt. Ist der Garantienehmer mit dem im Rahmen des Finanzgarantievertrags fälligen Betrag in Verzug, muss das meldende Institut bewerten, ob die daraus resultierende Forderung die Kriterien für eine notleidende Risikoposition erfüllt. Dieses Kriterium wurde in Art. 47a Abs. 3 lit. e CRR nachgezogen. **75**

Neben den genannten Kriterien sind bei der Einstufung als notleidende Risikopositionen gemäß Anhang V Teil 2 Abs. 227 Meldewesen-DV auch die folgenden Aspekte zu berücksichtigen: **76**

a) Sind bilanzielle Risikopositionen eines Institutes gegenüber einem Schuldner mehr als 90 Tage überfällig und macht der Bruttobuchwert der überfälligen Risikopositionen mehr als 20 Prozent des Bruttobuchwertes aller bilanziellen Risikopositionen gegenüber diesem Schuldner aus, so sind alle bilanziellen und außerbilanziellen Risikopositionen gegenüber diesem Schuldner als notleidend zu betrachten (»Sogwirkung« bzw. »pulling effect«). Dieser Effekt wird auch in Art. 47a Abs. 3 Satz 2 CRR genannt.

b) Gehört ein »Schuldner«[75] einer Gruppe an (»Gruppe verbundener Kunden«, GvK), ist zu bewerten, ob auch Risikopositionen gegenüber anderen Unternehmen dieser Gruppe als notleidend zu betrachten sind (»Ansteckungseffekt«). Davon ausgenommen sind lediglich Risikopositionen im Zusammenhang mit isolierten Streitigkeiten, die nicht mit der Solvenz der Gegenpartei zusammenhängen (→ BTO 1.2.5 Tz. 1).

In der CRR existieren zwei unterschiedliche Definitionen für notleidende Risikopositionen i.S.v. Art. 47a Abs. 3 CRR und für ausgefallene Risikopositionen i.S.v. Art. 178 Abs. 1 CRR. Für die Einstufung einer Risikoposition als notleidend werden mehrere Kriterien vorgegeben, zu denen u.a. die Bedingungen für ausgefallene Risikopositionen gehören. Die darüber hinaus gehenden Kriterien beziehen sich auf eine Behandlung als wertgemindert nach dem jeweils geltenden Rechnungslegungsrahmen, die Gewährung zusätzlicher Stundungsmaßnahmen oder eine Überfälligkeit um mehr als 30 Tage während des Probezeitraumes sowie die spezielle Behandlung von Zusagen und Finanzgarantien im Zusammenhang mit notleidenden Risikopositionen. Die dort genannten Bedingungen für Zusagen und Finanzgarantien fallen vermutlich unter das Kriterium der »Unwahrscheinlichkeit des Begleichens der Verbindlichkeiten« und damit auch unter die Ausfalldefinition. Die EBA führt in ihren Leitlinien zur Anwendung der Ausfalldefinition zudem aus, dass die als wertgemindert behandelten Positionen ebenfalls als ausgefallen betrachtet werden sollten.[76] Das letzte Kriterium für notleidende Risikopositionen betrifft vertragsgemäß bediente, gestundete Risikopositionen, die sich in einem zweijährigen Probezeitraum befinden, bevor sie den Status »gestundet« verlieren. Ist eine derartige Risikoposition mehr als 30 Tage überfällig, wird sie wieder als »notleidend« eingestuft. Alle als gestundet und notleidend eingestuften Risikopositionen sollen den Vorgaben der EBA zufolge aber wiederum als ausgefallen angesehen werden.[77] Insofern stellt sich in der Praxis die Frage, warum in der CRR überhaupt zwischen ausgefallenen und notleidenden Risikopositionen unterschieden wird. **77**

---

75 Der Begriff »Schuldner« umfasst laut Anhang V Teil 2 Abs. 245 Meldewesen-DV alle unter den Konsolidierungskreis für Rechnungslegungszwecke fallenden natürlichen und juristischen Personen in der Gruppe des Schuldners sowie die natürlichen Personen, die die Gruppe kontrollieren.

76 Vgl. European Banking Authority, Leitlinien zur Anwendung der Ausfalldefinition gemäß Artikel 178 der Verordnung (EU) Nr. 575/2013, EBA/GL/2016/07, 18. Januar 2017, S. 12.

77 Vgl. European Banking Authority, Leitlinien zur Anwendung der Ausfalldefinition gemäß Artikel 178 der Verordnung (EU) Nr. 575/2013, EBA/GL/2016/07, 18. Januar 2017, S. 16.

1.8.3.1   Wesentlichkeit einer Risikoposition

78   Die »Wesentlichkeit« von Risikopositionen ist gemäß Art. 178 Abs. 2 lit. d CRR anhand einer »Erheblichkeitsschwelle« zu bewerten, die von der zuständigen Aufsichtsbehörde als vertretbar angesehen wird. Die EBA hat dafür entsprechende Entwürfe technischer Regulierungsstandards vorgelegt, auf deren Basis eine europäische Delegierte Verordnung erlassen wurde.[78] In Deutschland finden sich die relevanten Vorgaben in § 16 SolvV. Demnach unterscheiden sich die absoluten Komponenten der Erheblichkeitsschwelle zwischen dem Mengengeschäft (100 Euro) und den übrigen Geschäftsarten (500 Euro). Die relative Komponente betrifft den maximalen Anteil des überfälligen Betrages an der gesamten Verbindlichkeit, wobei Beteiligungspositionen ausgenommen sind. Dieser Anteil beträgt in Deutschland in beiden Fällen 1 Prozent.[79]

79   Den Vorgaben der EBA zufolge müssen die Berechnungen für die Zwecke des Vergleiches mit der Erheblichkeitsschwelle mit einer Häufigkeit erfolgen, die eine zeitnahe Feststellung eines Ausfalls ermöglicht. Wenn die Institute die Verzugstage mit einer geringeren Häufigkeit als täglich berechnen, sollten sie sicherstellen, dass das Ausfalldatum als das Datum ermittelt wird, an dem das Kriterium der Überfälligkeit tatsächlich erfüllt war.[80] Theoretisch können die Institute auch Ausfälle unterhalb der vorgegebenen Erheblichkeitsschwelle feststellen, was praktisch aber kaum relevant sein dürfte. In diesem Fall müssen die Institute nachweisen, dass die niedrigere Schwelle als maßgeblicher Hinweis auf die Unwahrscheinlichkeit des Begleichens der Verbindlichkeiten anzusehen ist und nicht zu einer übermäßigen Anzahl von Ausfällen führt, die diesen Status kurz danach wieder verlieren.[81]

80   Im Interesse einer einheitlichen Anwendung der Vorgaben zur absoluten und relativen Komponente der Erheblichkeitsschwelle hat die EZB eine Leitlinie erlassen, die von den nationalen Aufsichtsbehörden seit dem 31. Dezember 2020 auch auf die weniger bedeutenden Institute anzuwenden ist. Die dort genannten Werte stimmen mit den in Deutschland verwendeten Kriterien überein. Die relative Komponente darf demnach weder im Institut selbst, noch in seinem Mutterunternehmen oder einem seiner Tochterunternehmen überschritten werden.[82]

1.8.3.2   Überfälligkeit einer Risikoposition

81   Als »überfällig« eingestuft werden können finanzielle Vermögenswerte gemäß Anhang V Teil 2 Abschnitt 7 Meldewesen-DV, wenn eine Tilgungs-, Zins- oder Gebührenzahlung nicht termingerecht geleistet wurde. Die Verzugstage werden gemäß den Vorgaben in Art. 178 Abs. 2 CRR gezählt. Vereinfacht ausgedrückt, beginnt die Überfälligkeit mit dem Tag, an dem der Kreditnehmer ein ihm vom Institut mitgeteiltes Limit überschritten hat, und bei Kreditkarten mit dem frühesten Fälligkeitstag. Für die Zählung von Verzugstagen müssen die Institute laut Art. 178 Abs. 2 lit. e CRR über schriftlich niedergelegte Grundsätze verfügen. Darin müssen insbesondere

---

78 Vgl. Delegierte Verordnung (EU) 2018/171 der Kommission vom 19. Oktober 2017 zur Ergänzung der Verordnung (EU) Nr. 575/2013 des Europäischen Parlaments und des Rates durch technische Regulierungsstandards bezüglich der Erheblichkeitsschwelle für überfällige Verbindlichkeiten, Amtsblatt der Europäischen Union vom 6. Februar 2018, L 32/1–5.

79 Dieser Prozentsatz ist auch für Risikopositionen aus dem Mengengeschäft zu verwenden, wenn ein Institut gemäß Art. 178 Abs. 1 Unterabsatz 2 CRR die Ausfalldefinition auf einzelne Kreditfazilitäten und nicht auf die gesamte Verbindlichkeiten eines Kreditnehmers anwendet.

80 Vgl. European Banking Authority, Leitlinien zur Anwendung der Ausfalldefinition gemäß Artikel 178 der Verordnung (EU) Nr. 575/2013, EBA/GL/2016/07, 18. Januar 2017, S. 6f.

81 Vgl. European Banking Authority, Leitlinien zur Anwendung der Ausfalldefinition gemäß Artikel 178 der Verordnung (EU) Nr. 575/2013, EBA/GL/2016/07, 18. Januar 2017, S. 10f.

82 Vgl. Leitlinie (EU) 2020/978 der Europäischen Zentralbank vom 25. Juni 2020 über die Nutzung des gemäß Artikel 178 Absatz 2 Buchstabe d der Verordnung (EU) Nr. 575/2013 des Europäischen Parlaments und des Rates eröffneten Ermessensspielraums durch die nationalen zuständigen Behörden in Bezug auf die Schwelle für die Beurteilung der Erheblichkeit einer überfälligen Verbindlichkeit bei weniger bedeutenden Instituten (EZB/2020/32), Amtsblatt der Europäischen Union vom 8. Juli 2020, L 217/5–7.

auch die Vorgaben für ein »Zurücksetzen der Kreditfazilitäten« (»re-ageing«) und die Gewährung von Verlängerungen, Änderungen oder Zahlungsaufschüben, Erneuerungen und die Verrechnung bestehender Konten geregelt sein. Diese Grundsätze müssen im Zeitverlauf konsistent angewandt werden und mit dem internen Risikomanagement und dem internen Entscheidungsprozess des Institutes im Einklang stehen.

In Abschnitt 4 der EBA-Leitlinien zur Anwendung der Ausfalldefinition ist die Zählweise der Verzugstage vorgegeben. Folgende Sonderfälle sind für die Identifizierung notleidender Risikopositionen von Bedeutung und werden an dieser Stelle in gekürzter Form wiedergegeben:[83] **82**

- Bei Änderungen am Zeitplan für Verbindlichkeiten im Sinne von Art. 178 Abs. 2 lit. e CRR sollte die Zählung der Verzugstage auf der Grundlage des geänderten Zahlungsplanes erfolgen.
- Wenn in der Kreditvereinbarung dem Schuldner unter bestimmten Umständen explizit die Möglichkeit zur Änderung des Zeitplanes, zur Aussetzung oder Verschiebung der Zahlungen eingeräumt wird und der Schuldner vertragsgemäß handelt, sollten die geänderten, ausgesetzten oder verschobenen Teilzahlungen nicht als überfällig gelten, sondern die Zählung der Verzugstage auf dem neuen Zeitplan beruhen. Allerdings sollten die Institute die Gründe für eine solche Änderung analysieren, um mögliche Hinweise auf eine Unwahrscheinlichkeit des Begleichens der Verbindlichkeiten nicht zu übersehen.
- Wenn die Rückzahlung einer Verpflichtung ausgesetzt wird, weil ein Gesetz diese Option einräumt oder andere rechtliche Einschränkungen vorliegen, sollte die Zählung der Verzugstage während dieses Zeitraumes ausgesetzt werden. Auch in diesem Fall sollten die Gründe analysiert werden.
- Wenn die Rückzahlung der Verpflichtung Gegenstand einer Auseinandersetzung zwischen dem Schuldner und dem Institut ist, kann die Zählung der Verzugstage bis zur Beilegung ausgesetzt werden, wenn mit einer verbindlichen Entscheidung im Einklang mit dem geltenden Recht zu rechnen ist oder im besonderen Fall des Leasings eine nachweislich begründete Beschwerde bezüglich des Vertragsgegenstandes an das Institut gerichtet wurde.
- Wenn sich der Schuldner aufgrund einer Fusion oder Übernahme des Schuldners oder einer anderen vergleichbaren Transaktion ändert, sollte die Zählung der Verzugstage ab dem Zeitpunkt beginnen, ab dem eine andere Person oder juristische Person zur Zahlung verpflichtet ist.
- Risikopositionen gegenüber Zentralstaaten, lokalen Gebietskörperschaften und öffentlichen Stellen können unter bestimmten Bedingungen, die darauf hinauslaufen, dass der Zahlungsverzug nicht auf einen Ausfall zurückgeführt wird, gesondert behandelt werden. In diesem Fall sollten sie nicht als ausgefallen betrachtet werden und auch nicht in die Berechnung der Erheblichkeitsschwelle für andere Risikopositionen gegenüber diesem Schuldner aufgenommen werden.
- Spezielle Vorschriften gelten aufgrund der besonderen Geschäftsabläufe zudem für Factoring-Vereinbarungen und angekaufte Forderungen. Dabei spielt das »Verwässerungsrisiko«[84] eine besondere Rolle.

Fälle einer »technischen Überfälligkeit«, die u. a. auf Daten- oder Systemfehler des Institutes bzw. Fehler des Zahlungssystems zurückzuführen sind, sollten hingegen nicht als Ausfall im Sinne von Art. 178 CRR betrachtet werden. Alle festgestellten Fehler, die zu einer technischen Überfälligkeit führten, sollten von den Instituten außerdem so zügig wie möglich behoben werden.[85] **83**

---

83 Vgl. European Banking Authority, Leitlinien zur Anwendung der Ausfalldefinition gemäß Artikel 178 der Verordnung (EU) Nr. 575/2013, EBA/GL/2016/07, 18. Januar 2017, S. 5 ff.

84 Unter dem »Verwässerungsrisiko« (»Dilution Risk«) nach Art. 4 Abs. 1 Nr. 53 CRR versteht man das Risiko, dass sich der Betrag einer (angekauften) Forderung durch bare oder unbare Ansprüche des Schuldners vermindert.

85 Vgl. European Banking Authority, Leitlinien zur Anwendung der Ausfalldefinition gemäß Artikel 178 der Verordnung (EU) Nr. 575/2013, EBA/GL/2016/07, 18. Januar 2017, S. 7 f.

84 Die EZB verweist ergänzend darauf, dass eine Risikoposition nur dann überfällig sein kann, wenn eine rechtliche Verpflichtung zur Leistung einer Zahlung und ein Zahlungszwang bestand. So ist z. B. ein Verzicht auf die Zahlung ermessensabhängiger Zinsen auf ein Instrument des zusätzlichen Kernkapitals keine Überfälligkeit. In so einem Fall sollten die Institute jedoch sorgfältig prüfen, ob die Nichtzahlung möglicherweise an andere Ereignisse gekoppelt ist, die eine Einstufung als notleidend bewirken. Außerdem müssen bei der Zählung der Verzugstage möglicherweise besondere Regeln für die Zuordnung von Zahlungsströmen berücksichtigt werden. Beispielhaft nennt die EZB das »First-in-first-out-Prinzip« (FIFO), wonach die eingehenden Zahlungen stets zunächst die ältesten Zahlungsverpflichtungen des Kunden erfüllen, denen er nicht nachgekommen ist. Dabei können Gesetze oder andere Vorgaben näher regeln, ob eine eingehende Zahlung zunächst zum Ausgleich unbezahlter Zinsen oder unbezahlter Tilgungsbeträge verwendet werden soll. Wenn hingegen ein bestimmter Kreditvertrag oder andere Gesetze die Anwendung der FIFO-Regel verbieten, dann gelten bei diesem Vertrag die Raten, die zuerst überfällig wurden, erst dann als beglichen, wenn alle anderen unbezahlten Raten ausgeglichen wurden.[86]

1.8.3.3   Unwahrscheinlichkeit des Begleichens der Verbindlichkeiten

85 Hinweise darauf, wann es als »unwahrscheinlich« gilt, dass der Schuldner seine Verbindlichkeiten ohne Verwertung von Sicherheiten in voller Höhe begleichen wird, finden sich in Art. 178 Abs. 3 CRR:

a) Das Institut verzichtet auf die laufende Belastung von Zinsen.

b) Das Institut erfasst eine erhebliche Kreditrisikoanpassung, weil sich die Bonität nach der Vergabe des Kredites durch das Institut deutlich verschlechtert hat.

c) Das Institut veräußert die Verbindlichkeit mit einem bedeutenden bonitätsbedingten wirtschaftlichen Verlust.

d) Das Institut stimmt einer krisenbedingten Restrukturierung der Verbindlichkeit zu, wenn dies voraussichtlich dazu führt, dass sich die finanzielle Verpflichtung durch einen bedeutenden Erlass oder durch Stundung des Nominalbetrages, der Zinsen oder ggf. der Gebühren verringert. Bei Beteiligungen, die nach dem PD-/LGD-Ansatz beurteilt werden, schließt dies die krisenbedingte Restrukturierung der Beteiligung selbst ein.

e) Das Institut hat einen Antrag auf Insolvenz des Schuldners gestellt oder eine vergleichbare Maßnahme in Bezug auf die Verbindlichkeiten des Schuldners gegenüber dem Institut, seinem Mutterunternehmen oder einem seiner Tochterunternehmen ergriffen.

f) Der Schuldner hat Insolvenz beantragt, wurde für insolvent erklärt oder unter einen vergleichbaren Schutz gestellt[87], so dass die Rückzahlung einer Verbindlichkeit gegenüber dem Institut, dem Mutterunternehmen oder einem seiner Tochterunternehmen verhindert oder verzögert würde.

86 Zur Konkretisierung des Kriteriums der »Unwahrscheinlichkeit des Begleichens der Verbindlichkeiten« verweist die EBA auf Abschnitt 5 ihrer Leitlinien zur Anwendung der Ausfalldefinition.[88] Da diese Konkretisierung in sehr granularer Weise erfolgt, wird an dieser Stelle nur zusammenfas-

---

86 Vgl. Europäische Zentralbank, Leitfaden für Banken zu notleidenden Krediten, 20. März 2017, S. 56.

87 Grundsätzlich wird bei einer Insolvenz vom Gericht ein (vorläufiger) »Insolvenzverwalter« bestellt, der damit gewisse Zustimmungsvorbehalte geltend machen kann und spätestens mit Eröffnung des Insolvenzverfahrens die Kontrolle über das Unternehmen übernimmt (»Regelinsolvenz«). Daneben besteht z. B. die Möglichkeit, die Sanierung des Unternehmens durch eine Insolvenz in (vorläufiger) »Eigenverwaltung« zu übernehmen (§ 270a InsO) oder – bei frühzeitiger Antragstellung – im »Schutzschirmverfahren« den Sachwalter weitgehend selbst zu bestimmen (§ 270b InsO). In diesen Fällen besteht i. d. R. eine bessere Möglichkeit, das Unternehmen selbst zu sanieren und im Eigentum zu behalten. Die Geschäftsführung kann dabei ihre Erfahrung einbringen. Der Sachwalter hat nur eine Beratungs-, Kontroll- und Überwachungsfunktion.

88 Vgl. European Banking Authority, Leitlinien über das Management notleidender und gestundeter Risikopositionen, EBA/GL/2018/06, 31. Oktober 2018, S. 37.

send darauf eingegangen. Folgende Hinweise deuten demnach auf die Unwahrscheinlichkeit des Begleichens der Verbindlichkeiten hin:[89]

- Die mit der Verbindlichkeit in Zusammenhang stehenden Zinsen werden aufgrund einer Verringerung der Kreditqualität vom Institut nicht mehr erfolgswirksam gebucht.
- Die spezifischen Kreditrisikoanpassungen führen zu tatsächlichen Verlusten in der Gewinn- und Verlustrechnung.
- Die wirtschaftlichen Verluste aus der Veräußerung von Verbindlichkeiten sind wesentlich und auf eine Verschlechterung der Kreditqualität zurückzuführen. Als Maßstab nennt die EBA einen bonitätsbedingten wirtschaftlichen Verlust von mehr als 5 Prozent. Dazu gehören auch Transaktionen von traditionellen Verbriefungen mit einer signifikanten Risikoübertragung und gruppeninterne Verkäufe von Verbindlichkeiten. Je nach Berechnungsweise des Verlustes müssen beim Verkauf eines Portfolios von Risikopositionen einzelne oder sämtliche Verbindlichkeiten in diesem Portfolio als ausgefallen behandelt werden.
- Bei krisenbedingter Restrukturierung führen die entsprechenden Stundungsmaßnahmen (Forbearance-Maßnahmen) voraussichtlich dazu, dass sich die finanzielle Verpflichtung in bedeutendem Ausmaß verringert. Als Maßstab nennt die EBA einen barwertigen Verlust der finanziellen Verpflichtungen von mehr als 1 Prozent. Alle gemäß Anhang V Meldewesen-DV als gestundet und notleidend eingestuften Risikopositionen sollten als Ausfall und Gegenstand einer krisenbedingten Restrukturierung eingestuft werden.
- Die Verbindlichkeit hängt mit einer Kreditbetrügerei zusammen.

Wenn ein finanzieller Vermögenswert von einem Institut mit einem erheblichen Abschlag gekauft oder aufgelegt wurde, sollte sich die Bewertung der Unwahrscheinlichkeit des Begleichens der Verbindlichkeiten trotzdem auf den geschuldeten Gesamtbetrag beziehen.[90]   **87**

Zur Orientierung, welche Regelungen als ein mit einer Insolvenz vergleichbarer Beschluss bzw.   **88** Schutz angesehen werden können, verweist die EBA auf Anhang A der europäischen Insolvenzverordnung.[91, 92] Dieser Anhang enthält eine Auflistung aller entsprechenden Regelungen in den Mitgliedstaaten der Europäischen Union. Für Deutschland werden dort das Konkursverfahren, das gerichtliche Vergleichsverfahren, das Gesamtvollstreckungsverfahren und natürlich das Insolvenzverfahren selbst aufgelistet.

Hinsichtlich sonstiger Hinweise auf die Unwahrscheinlichkeit des Begleichens der Verbindlich-   **89** keiten, die vor allem auf die finanziellen Verhältnisse abstellen, sollten die Institute nach den Risikopositionsarten[93] gemäß Art. 142 Abs. 1 Nr. 2 CRR unterscheiden, um deren Besonderheiten Rechnung zu tragen. Neben internen Erkenntnissen sollten auch die in externen Datenbanken verfügbaren Informationen berücksichtigt werden. Verwiesen wird z. B. auf Kreditregister (erhebliche Verzögerungen bei Zahlungen an andere Gläubiger), makroökonomische Indikatoren (Kri-

---

89 Vgl. European Banking Authority, Leitlinien zur Anwendung der Ausfalldefinition gemäß Artikel 178 der Verordnung (EU) Nr. 575/2013, EBA/GL/2016/07, 18. Januar 2017, S. 11 ff.

90 Vgl. European Banking Authority, Leitlinien zur Anwendung der Ausfalldefinition gemäß Artikel 178 der Verordnung (EU) Nr. 575/2013, EBA/GL/2016/07, 18. Januar 2017, S. 18 f.

91 Verordnung (EU) 2015/848 des Europäischen Parlaments und des Rates vom 20. Mai 2015 über Insolvenzverfahren, Amtsblatt der Europäischen Union vom 5. Juni 2015, L 141/19–72. Mittlerweile wurden die Anhänge zu dieser Verordnung bereits zweimal ersetzt. Vgl. Verordnung (EU) 2017/353 des Europäischen Parlaments und des Rates vom 15. Februar 2017 zur Ersetzung der Anhänge A und B der Verordnung (EU) 2015/848 über Insolvenzverfahren, Amtsblatt der Europäischen Union vom 3. März 2017, L 57/19–30; Verordnung (EU) 2018/946 des Europäischen Parlaments und des Rates vom 4. Juli 2018 zur Ersetzung der Anhänge A und B der Verordnung (EU) 2015/848 über Insolvenzverfahren, Amtsblatt der Europäischen Union vom 6. Juli 2018, L 171/1–10.

92 Vgl. European Banking Authority, Leitlinien zur Anwendung der Ausfalldefinition gemäß Artikel 178 der Verordnung (EU) Nr. 575/2013, EBA/GL/2016/07, 18. Januar 2017, S. 16.

93 Eine »Risikopositionsart« im Sinne von Art. 142 Abs. 1 Nr. 2 CRR ist eine Gruppe einheitlich gesteuerter Risikopositionen, die von einer bestimmten Art von Fazilitäten gebildet werden und auf ein einziges Unternehmen oder eine einzige Untergruppe von Unternehmen in einer Gruppe beschränkt werden können, sofern dieselbe Risikopositionsart in anderen Unternehmen der Gruppe unterschiedlich gesteuert wird.

AT 2.1 Anwenderkreis

sen oder Marktverwerfungen) und öffentliche Informationsquellen, einschließlich Presseartikeln und Berichten von Finanzanalysten. Insgesamt sollten die Institute die verwendeten Methoden zur Bestimmung der Unwahrscheinlichkeit des Begleichens der Verbindlichkeiten einschließlich der verwendeten Informationsquellen und der Häufigkeit der Überwachung intern festlegen.[94]

90   Die EZB empfiehlt, die nicht immer identischen UTP-Ereignisse nach den verschiedenen Regelwerken, wie z. B. CRR und IFRS, für die internen Verfahren aus operativen Gründen anzugleichen.[95] Sie listet in ihrem Leitfaden unter dem Stichwort »Best Practice« eine ganze Reihe von UTP-Indikatoren auf, die nicht nur von den bedeutenden Instituten im Bedarfsfall als Orientierungshilfe genutzt werden könnten.[96]

1.8.3.4   Transaktions- oder Schuldnerbasis

91   Die Einstufung einer Risikoposition als notleidend kann nach Anhang V Teil 2 Abschnitt 17 Meldewesen-DV entweder individuell (auf »Transaktionsbasis«) oder in Relation zur Gesamtrisikoposition gegenüber einem bestimmten Schuldner[97] (auf »Schuldnerbasis«) erfolgen.

92   Nach Art. 178 Abs. 1 CRR können die zuständigen Behörden die Ausfalldefinition lediglich im Mengengeschäft auf einzelne Kreditfazilitäten anstelle auf die gesamten Verbindlichkeiten eines Kreditnehmers anwenden. Analog dazu kann ein Institut nach den Vorgaben der EBA bei Risikopositionen im Mengengeschäft die Ausfalldefinition auf Ebene einzelner Kreditfazilitäten anwenden. Andernfalls gelten alle Risikopositionen gegenüber einem Schuldner als ausgefallen, sobald der Schuldner das Kriterium der Überfälligkeit erfüllt. Diese Einstufung sollte laut EBA auch nicht durch Experteurteile o. Ä. verwässert werden.[98] Detaillierte Informationen zur Anwendung der Ausfalldefinition für Risikopositionen aus dem Mengengeschäft auf Fazilitäts- und auf Schuldnerebene können Abschnitt 9 der EBA-Leitlinien zur Anwendung der Ausfalldefinition entnommen werden.[99]

1.8.4   Umgang mit allgemeinen Zahlungsmoratorien in der Krise

93   Im Hinblick auf die Identifizierung von ausgefallenen Risikopositionen spielen die jeweiligen Umstände eine wichtige Rolle. Im Zusammenhang mit COVID-19 hat die EBA darauf hingewiesen, dass öffentliche Moratorien den Zeitraum für das Kriterium der Überfälligkeit verlängern können. Aus Sicht der EBA sollten öffentliche und private Moratorien in dem Maße vergleichbar behandelt werden, wie sie einen ähnlichen Zweck verfolgen und ähnliche Merkmale aufweisen. Diese Moratorien dienen dem Zweck, jene Kreditnehmer, die aufgrund von COVID-19 vorübergehend nicht in der Lage sind, ihre Kreditverpflichtungen zu bedienen, durch entsprechende Restrukturierungsmaßnahmen zu entlasten. Sofern sich die Finanzlage des Kreditgebers dadurch nicht verschlechtert, also der Nettobarwert der Zahlungsströme des Kredites nach der Restrukturierung unverändert bleibt, und der Schuldner seine Verpflichtungen aus dem neu verhandelten Vertrag wahrscheinlich erfüllen wird, muss die Forderung nicht als ausgefallen klassifiziert werden. In der Zeit unmittelbar nach dem Moratorium sollten die Institute ein besonderes Augenmerk auf

---

94 Vgl. European Banking Authority, Leitlinien zur Anwendung der Ausfalldefinition gemäß Artikel 178 der Verordnung (EU) Nr. 575/2013, EBA/GL/2016/07, 18. Januar 2017, S. 17 ff.

95 Vgl. Europäische Zentralbank, Leitfaden für Banken zu notleidenden Krediten, 20. März 2017, S. 58.

96 Vgl. Europäische Zentralbank, Leitfaden für Banken zu notleidenden Krediten, 20. März 2017, S. 60 f.

97 Der Begriff »Schuldner« umfasst laut Anhang V Teil 2 Abs. 245 Meldewesen-DV alle unter den Konsolidierungskreis für Rechnungslegungszwecke fallenden natürlichen und juristischen Personen in der Gruppe des Schuldners sowie die natürlichen Personen, die die Gruppe kontrollieren.

98 Vgl. European Banking Authority, Leitlinien zur Anwendung der Ausfalldefinition gemäß Artikel 178 der Verordnung (EU) Nr. 575/2013, EBA/GL/2016/07, 18. Januar 2017, S. 7.

99 Vgl. European Banking Authority, Leitlinien über das Management notleidender und gestundeter Risikopositionen, EBA/GL/2018/06, 31. Oktober 2018, S. 26 ff.

diejenigen Engagements richten, bei denen es zu Zahlungsverzögerungen nach dem geänderten Zeitplan kommt, und die potenzielle Unwahrscheinlichkeit einer fristgerechten Rückzahlung ermitteln.[100]

Ein allgemeines Zahlungsmoratorium sollte im Einklang mit Abs. 16 bis 18 der EBA-Leitlinien zur **94** Anwendung der Ausfalldefinition behandelt werden. Folglich sollten die Institute für die Zwecke von Art. 178 Abs. 1 lit. b CRR und gemäß Art. 178 Abs. 2 lit. e CRR (Schuldnerausfall) die Verzugstage auf der Grundlage der Änderung der vorgesehenen Zahlungen zählen, die sich aus der Anwendung des jeweiligen Moratoriums ergibt. Dasselbe gilt für die Zwecke von Art. 47a Abs. 3 lit. c CRR (notleidende Risikopositionen). Während der gesamten Laufzeit des Moratoriums sollten die Institute bei der Beurteilung, ob es unwahrscheinlich ist, dass dem Moratorium unterliegende Schuldner ihre Verbindlichkeiten begleichen werden, die für solche Beurteilungen üblichen Richtlinien und Praktiken verwenden und sich dabei auf diejenigen Schuldner konzentrieren, bei denen die Auswirkungen der COVID-19-Pandemie mit der größten Wahrscheinlichkeit zu längerfristigen finanziellen Schwierigkeiten oder zur Insolvenz führen könnten. Bei der Bewertung der Unwahrscheinlichkeit des Begleichens der Verbindlichkeiten nach Ablauf der Moratorien sollten die Institute vorrangig diejenigen einzelnen Schuldner beurteilen, die kurz nach Ablauf des Moratoriums Zahlungsschwierigkeiten haben oder Forbearance-Maßnahmen benötigen. Zusätzliche unterstützende Maßnahmen, die die Behörden als Reaktion auf die COVID-19-Pandemie ergreifen und die Einfluss auf die Kreditwürdigkeit haben könnten, sollten berücksichtigt werden. Jede Form der Kreditrisikominderung sollte allerdings unberücksichtigt bleiben.[101]

Allerdings müssen zur Anwendung dieser Erleichterungen die Voraussetzungen an ein allgemeines Zahlungsmoratorium eingehalten werden, die von der EBA festgelegt wurden.[102] Verschiedene Auslegungsfragen, die sich in diesem Zusammenhang stellen, wurden von der EBA in ihrem mehrfach aktualisierten Bericht über die Umsetzung ausgewählter COVID-19-Leitlinien beantwortet. Die EBA hat dabei u. a. klargestellt, dass es auch zu einer Verringerung des Nettobarwertes kommen kann, wenn der Schuldner von dem Moratorium Gebrauch macht und eine oder mehrere Zahlungen verschiebt und für die Zeit des Moratoriums keine Zinsen erhoben werden. Das wird von der EBA nicht beanstandet.[103] Insbesondere führen Zahlungsmoratorien nicht automatisch zu einer Klassifizierung als Forbearance-Maßnahme gemäß Art. 47b CRR oder zu einer Bewertung als krisenbedingte Restrukturierung gemäß der Ausfalldefinition nach Art. 178 CRR, so dass der Schwellenwert von 1 Prozent für den Barwertrückgang auf diese Zahlungsmoratorien nicht angewendet werden muss.[104]

Der Baseler Ausschuss für Bankenaufsicht hat fast zeitgleich bestätigt, dass die öffentlich oder **96** von den Instituten auf freiwilliger Basis gewährten Zahlungsmoratorien, die im Zusammenhang mit dem COVID-19-Ausbruch stehen, von den Instituten bei der Zählung der überfälligen Tage

---

100 Vgl. European Banking Authority, Statement on the application of the prudential framework regarding Default, Forbearance and IFRS 9 in light of COVID-19 measures, 25. März 2020, S. 2 f.

101 Vgl. European Banking Authority, Leitlinien zu gesetzlichen Moratorien und Moratorien ohne Gesetzesform für Darlehenszahlungen vor dem Hintergrund der COVID-19-Krise, EBA/GL/2020/02, 2. April 2020, S. 5 f.

102 Die kumulativ zu erfüllenden Bedingungen lassen sich wie folgt grob zusammenfassen: Das Moratorium basiert auf einem nationalen Gesetz oder einer nicht-legislativen Maßnahme im Zusammenhang mit COVID-19, die möglichst in der gesamten Kreditwirtschaft oder zumindest in einzelnen Sektoren ggf. in Zusammenarbeit mit öffentlichen Stellen koordiniert wurde. Es muss eine breite Gruppe von Kreditnehmern erfassen, ohne dass eine Beurteilung des individuellen Kreditrisikos vorgenommen wird. Änderungen an den Zahlungsmodalitäten ergeben sich nur durch Verschiebung oder Verringerung von Tilgungs- und Zinszahlungen für eine bestimmte Zeitspanne. Mit Ausnahme von einem Refinanzierungsausgleich dürfen an den Kreditverträgen keine weiteren Änderungen, insbesondere hinsichtlich des ursprünglich vereinbarten Zinssatzes, vorgenommen werden. Die Konditionen gelten für alle Kreditnehmer des jeweiligen sektorenspezifischen Moratoriums gleichermaßen, wobei die Kreditnehmer das Moratorium nicht in Anspruch nehmen müssen. Eine Anwendung auf das Neugeschäft ist nicht möglich. Vgl. European Banking Authority, Leitlinien zu gesetzlichen Moratorien und Moratorien ohne Gesetzesform für Darlehenszahlungen vor dem Hintergrund der COVID-19-Krise, EBA/GL/2020/02, 2. April 2020, S. 4 f.

103 Vgl. European Banking Authority, EBA Report on the Implementation of Selected COVID-19 Policies, EBA/REP/2021/02, 29. Januar 2021, S. 14.

104 Vgl. European Banking Authority, EBA Report on the Implementation of Selected COVID-19 Policies, EBA/REP/2021/02, 29. Januar 2021, S. 9.

nicht berücksichtigt werden müssen. Die Beurteilung, ob es unwahrscheinlich ist, dass der Kreditnehmer seinen Verpflichtungen nachkommen wird, sollte darauf beruhen, dass der Kreditnehmer voraussichtlich nicht in der Lage sein wird, die umgeschuldeten Zahlungen zu leisten. Das heißt, bei Kreditnehmern, die ihre Zahlungen, wie im Rahmen eines Zahlungsmoratoriums erlaubt, nicht leisten, sollte die Beurteilung auf der Wahrscheinlichkeit der Zahlung der fälligen Beträge nach Ablauf des Moratoriums beruhen.[105]

1.8.5 Anwendung auf weitere Institute

97 Die Aufsichtsbehörde kann die Einhaltung der besonderen Anforderungen grundsätzlich auch von Instituten verlangen, deren NPL-Quote die 5-Prozent-Schwelle zwar nicht erreicht oder übersteigt, die aber z.B. einen wesentlichen Anteil an notleidenden Risikopositionen in einem einzelnen Portfolio[106] aufweisen (→ AT 2.1 Tz. 1, Erläuterung).

98 Die EBA nennt als zusätzliche Ausweitungsmöglichkeit einzelne Portfolios mit einer bestimmten Konzentration an notleidenden Risikopositionen in einer geografischen Region, einem Wirtschaftssektor oder einer Gruppe verbundener Kunden.[107] Außerdem sollten die zuständigen Behörden die Anwendung dieser Anforderungen von den Instituten verlangen, wenn sie Anzeichen einer Verschlechterung der Qualität der Vermögenswerte erkennen. Als Richtschnur für die Beurteilung sollen die zuständigen Behörden die folgenden Elemente und ihre Wechselwirkungen berücksichtigen: erhöhte Zuflüsse notleidender Risikopositionen, ein hohes oder erhöhtes Niveau »gestundeter Risikopositionen« (»forborne exposures«, FBE), ein hohes oder erhöhtes Niveau an Rettungserwerben (Erwerb von Sicherheiten), geringe Deckungsquoten bei der Risikovorsorge, ausgelöste Frühwarnindikatoren, eine erhöhte »Texas-Quote«[108] sowie die Qualität und Angemessenheit der Tätigkeit der Institute zur Abwicklung der NPL-Bestände.[109]

99 In Übereinstimmung mit den Vorgaben der EBA empfiehlt die EZB selbst den bedeutenden Instituten mit einem vergleichsweise niedrigen Gesamtbestand an NPL, zumindest bestimmte Teile der Anforderungen an Institute mit hohem NPL-Bestand aus ihrem entsprechenden Leitfaden anzuwenden, beispielsweise auf Portfolios mit hohem NPL-Anteil.[110] Nicht zuletzt vor diesem Hintergrund sollten die bedeutenden Institute ihre relativen und absoluten NPL-Bestände genau und mit hinreichender Portfoliogranularität überwachen.[111] Diese Empfehlung ist vermutlich auch darauf zurückzuführen, dass sich die Auslöser für den Status »notleidend« zwischen einzelnen Portfolios voneinander unterscheiden können.[112]

---

105 Vgl. Basel Committee on Banking Supervision, Measures to reflect the impact of Covid-19, BCBS 498, 3. April 2020, S. 1f.

106 Unter einem »Portfolio« versteht die EBA eine Gruppe von Risikopositionen mit ähnlichen Kreditrisikomerkmalen. Vgl. European Banking Authority, Leitlinien über das Management notleidender und gestundeter Risikopositionen, EBA/GL/2018/06, 31. Oktober 2018, S. 6.

107 Vgl. European Banking Authority, Leitlinien über das Management notleidender und gestundeter Risikopositionen, EBA/GL/2018/06, 31. Oktober 2018, S. 4.

108 Unter der »Texas-Quote« (»Texas Ratio«) versteht die EBA eine Quote zum Vergleich des Bestandes an notleidenden Krediten (NPL) mit dem Eigenkapital eines Institutes, genauer den Bruttobuchwert der NPL dividiert durch das Eigenkapital und die kumulierten Wertminderungen. Vgl. European Banking Authority, Leitlinien über das Management notleidender und gestundeter Risikopositionen, EBA/GL/2018/06, 31. Oktober 2018, S. 7. In Analogie dazu entspricht die »Texas Ratio« nach der Definition der EZB im Allgemeinen dem Verhältnis zwischen dem Bruttowert der notleidenden Vermögenswerte einer Bank und der Summe aus dem um immaterielle Vermögenswerte geminderten Eigenkapital (»Tangible Common Equity«, TCE) und den Rücklagen für Kreditverluste. Vgl. Europäische Zentralbank, Leitfaden für Banken zu notleidenden Krediten, 20. März 2017, S. 114ff. (Glossar).

109 Vgl. European Banking Authority, Leitlinien über das Management notleidender und gestundeter Risikopositionen, EBA/GL/2018/06, 31. Oktober 2018, S. 4.

110 Vgl. Europäische Zentralbank, Leitfaden für Banken zu notleidenden Krediten, 20. März 2017, S. 5f.

111 Vgl. Europäische Zentralbank, Leitfaden für Banken zu notleidenden Krediten, 20. März 2017, S. 33.

112 Vgl. Europäische Zentralbank, Leitfaden für Banken zu notleidenden Krediten, 20. März 2017, S. 58.

Aus Sicht der EZB kann es darüber hinaus unter Umständen von Vorteil sein, den Inhalt ihres Leitfadens auf eigene Initiative oder auf Verlangen der Aufsichtsbehörden vollumfänglich anzuwenden, insbesondere bei erheblichen NPL-Zuflüssen, einem hohen Umfang an Forbearance-Maßnahmen (also gestundeten Risikopositionen) oder an in Besitz genommenen Vermögenswerten (also Rettungserwerben), geringer Deckung durch Risikovorsorge oder einer erhöhten »Texas-Quote«.[113] An anderer Stelle erwartet die EZB von den bedeutenden Instituten, deren NPL-Portfolios bestimmte Sektorkonzentrationen aufweisen (z. B. Schifffahrt oder Landwirtschaft), eine eingehende und fortwährende Analyse der Dynamik des jeweiligen Sektors, um diese in die Strategie einfließen zu lassen.[114]

100

Eine Untersuchung der NPL-Quoten auf Portfolioebene wird allein deshalb erforderlich sein, weil die Institute im Rahmen der Festlegung kurz- bis mittelfristiger NPE-Ziele eine Vorstellung davon entwickeln müssen, welche Bestände an notleidenden Risikopositionen – sowohl auf Portfolioebene als auch insgesamt – mit dem Risikoappetit des Institutes vereinbar und somit langfristig vertretbar sind. Zudem sind die Zielwerte nach Zeithorizonten, Hauptportfolios und Umsetzungsoptionen festzulegen (→ AT 4.2 Tz. 3, Erläuterung).

101

Darüber hinaus müssen bei der Gestaltung der NPE-Abwicklungseinheiten die Besonderheiten der eigenen NPE-Portfolios berücksichtigt werden, wobei beispielhaft zwischen dem Privat- und dem Firmenkundengeschäft unterschieden wird (→ BTO 1.2.5 Tz. 1, Erläuterung). Das bedeutet zwar nicht, dass für verschiedene Portfolios zwingend unterschiedliche NPE-Abwicklungseinheiten eingerichtet werden müssen. Aber mit einer ggf. unterschiedlichen Behandlung der Portfolios (Portfoliosegmentierung) sollte auch die Kenntnis der jeweiligen NPL-Quoten verbunden sein. Bei vergleichsweise hohen NPL-Quoten sollte ein Institut im eigenen Interesse entsprechende Maßnahmen ergreifen.

102

1.8.6 Zusätzliche Berechnung der NPE-Quote

Grundsätzlich sind die Institute aufgrund anderer Anforderungen allerdings gezwungen, zusätzlich auch eine NPE-Quote zu berechnen. So sind von den Instituten gemäß Art. 84 Abs. 1 CRD IV u. a. die Risiken aus Geschäften des Anlagebuches, die sich aus möglichen Zinsänderungen ergeben und sich auf den wirtschaftlichen Wert des Eigenkapitals (»Economic Value of Equity«, EVE) auswirken, zu ermitteln, zu bewerten und zu steuern. Nach Art. 98 Abs. 5 CRD IV muss von den Instituten dabei u. a. ermittelt werden, ob sich der wirtschaftliche Wert des Eigenkapitals eines Institutes aufgrund einer plötzlichen und unerwarteten Zinsänderung auf Basis von verschiedenen aufsichtlichen Schockszenarien um mehr als 15 Prozent seines Kernkapitals verringert (→ BTR 2.3 Tz. 6). In diese barwertige Berechnung müssen aufgrund entsprechender Vorgaben der EBA alle Institute mit einer NPE-Quote von mindestens 2 Prozent die notleidenden Risikopositionen abzüglich Rückstellungen als allgemeine zinssensitive Instrumente einbeziehen.[115] Diese Anforderung hat die deutsche Aufsicht in ihrem zugehörigen Rundschreiben analog umgesetzt.[116] Zur Berechnung der NPE-Quote müssen die Institute die Nominalwerte der zinstragenden notleidenden Risikopositionen durch die Nominalwerte aller zinstragenden Positionen teilen.

103

---

113 Vgl. Europäische Zentralbank, Leitfaden für Banken zu notleidenden Krediten, 20. März 2017, S. 6.
114 Vgl. Europäische Zentralbank, Leitfaden für Banken zu notleidenden Krediten, 20. März 2017, S. 10.
115 Vgl. European Banking Authority, Leitlinien zur Steuerung des Zinsänderungsrisikos bei Geschäften des Anlagebuchs, EBA/GL/2018/02, 19. Juli 2018, S. 35.
116 Vgl. Bundesanstalt für Finanzdienstleistungsaufsicht, Zinsänderungsrisiken im Anlagebuch, Rundschreiben 06/2019 (BA) vom 6. August 2019, S. 3.

2 Finanzdienstleistungsinstitute und große Wertpapierfirmen (Tz. 2)

104 2 Finanzdienstleistungsinstitute und große Wertpapierfirmen gemäß § 2 Abs. 18 des Wertpapierinstitutsgesetzes, welche aufgrund der Vorgabe des § 4 dieses Gesetzes zur Anwendung der §§ 25a und 25b des KWG verpflichtet sind, haben die Anforderungen des Rundschreibens insoweit zu beachten, wie dies vor dem Hintergrund der Institutsgröße sowie von Art, Umfang, Komplexität und Risikogehalt der Geschäftsaktivitäten zur Einhaltung der gesetzlichen Pflichten aus §§ 25a und 25b KWG geboten erscheint. Dies gilt insbesondere für die Module AT 3, AT 5, AT 7 und AT 9.

2.1 Finanzdienstleistungsinstitute

105 Die Gruppe der Finanzdienstleistungsinstitute ist in jeder Hinsicht ausgesprochen heterogen (z. B. hinsichtlich Größe, Geschäftsschwerpunkten und Mitarbeiterzahl), was nicht zuletzt auch in der Aufteilung der Finanzdienstleistungsinstitute in verschiedene Untergruppen für die Zwecke der Erlaubniserteilung gemäß § 32 Abs. 1 KWG zum Ausdruck kommt. Insgesamt existieren fünf Untergruppen (FDI-Gruppen I bis V), an die entsprechend ihrer konkreten Geschäftstätigkeit unterschiedlich hohe Ansprüche zur Erlaubniserteilung gestellt werden.[117] Während der Entwicklung der MaRisk fanden intensive Gespräche zwischen der Aufsicht und Vertretern aus dem Bereich der Finanzdienstleistungsinstitute statt. Diese Gespräche hatten zum Ergebnis, dass die vollständige Anwendung der MaRisk auf alle Finanzdienstleistungsinstitute angesichts der bestehenden Heterogenität nicht angemessen wäre. Auch die Anwendung einzelner Module für bestimmte Untergruppen der Finanzdienstleistungsinstitute erwies sich als problematisch, da selbst innerhalb solcher Untergruppen keine homogenen Strukturen existieren. Finanzdienstleistungsinstitute haben daher die MaRisk grundsätzlich nur insoweit zu beachten, wie dies vor dem Hintergrund der Institutsgröße sowie von Art, Umfang, Komplexität und Risikogehalt der Geschäftsaktivitäten zur Einhaltung der gesetzlichen Pflichten aus §§ 25a und 25b KWG geboten erscheint.

106 Den Finanzdienstleistungsinstituten werden in Abhängigkeit von ihrer konkreten Tätigkeit bestimmte gesetzliche Erleichterungen gewährt. So bestehen z. B. nach § 2 Abs. 7b KWG für Finanzdienstleistungsinstitute, die außer dem Kryptoverwahrgeschäft keine weiteren Finanzdienstleistungen im Sinne des § 1 Abs. 1a Satz 2 KWG erbringen, zahlreiche Ausnahmen. Insbesondere sind auf diese Institute die §§ 10, 10c bis 18 und 24 Abs. 1 Nr. 14 bis 14b, die §§ 24a und 25a Abs. 5, die §§ 26a und 45 KWG sowie die Art. 39, 41, 50 bis 403 und 411 bis 455 CRR nicht anzuwenden.

107 Die Umsetzung der MiFID im Jahr 2007 machte es allerdings erforderlich, für Finanzdienstleistungsinstitute nochmals gesondert auf die Bedeutung folgender Anforderungen hinzuweisen:
- die Gesamtverantwortung der Geschäftsleitung (→ AT 3),
- das Vorhandensein von Organisationsrichtlinien (→ AT 5),

---

117 Die unterschiedlichen Anforderungen an das Anfangskapital der Finanzdienstleistungsinstitute ergeben sich aus § 33 Abs. 1 Satz 1 lit. a bis c und f KWG. Das für Finanzdienstleistungsinstitute erforderliche Anfangskapital liegt danach – abhängig vom Erlaubnistatbestand – zwischen 25.000 Euro und 730.000 Euro.

– die angemessene personelle und technisch-organisatorische Ausstattung und die Implementierung von Notfallkonzepten (→ AT 7) sowie
– die risikoadäquate Behandlung von Auslagerungen (→ AT 9).

2.2 Wertpapierhandelsbanken/-unternehmen und Wertpapierfirmen/-institute

Gemäß § 1 Abs. 3d Satz 4 KWG a. F. handelte es sich bei »Wertpapierhandelsunternehmen« um Institute, die keine CRR-Kreditinstitute[118] sind und die Bankgeschäfte im Sinne des § 1 Abs. 1 Satz 2 Nr. 4 oder 10 KWG (Finanzkommissionsgeschäft oder Emissionsgeschäft) betreiben oder Finanzdienstleistungen im Sinne des § 1 Abs. 1a Satz 2 Nr. 1 bis 4 KWG (Anlagevermittlung, Anlageberatung, Betrieb eines multilateralen Handelssystems, Platzierungsgeschäft, Betrieb eines organisierten Handelssystems, Abschlussvermittlung, Finanzportfolioverwaltung, Eigenhandel) erbringen, es sei denn, die Bankgeschäfte oder Finanzdienstleistungen beschränken sich auf Devisen oder Rechnungseinheiten. Handelte es sich bei diesen Unternehmen um Kreditinstitute, wurden sie laut § 1 Abs. 3d Satz 5 KWG a. F. als »Wertpapierhandelsbanken« bezeichnet. Die bisherigen Definitionen von Wertpapierhandelsunternehmen und Wertpapierhandelsbanken sind im KWG mit der Etablierung des neuen europäischen Aufsichtsrahmens für Wertpapierfirmen mittlerweile entfallen.[119]

108

Das neue Aufsichtsregime für Wertpapierfirmen besteht aus der europäischen Verordnung über die Aufsichtsanforderungen an Wertpapierfirmen (»Investment Firm Regulation«, IFR)[120] und der europäischen Richtlinie über die Beaufsichtigung von Wertpapierfirmen (»Investment Firm Directive«, IFD)[121], die in Deutschland mit Hilfe des »Wertpapierinstitutsgesetzes« (WpIG)[122] umgesetzt wurde. Die auf der Grundlage von IFR und IFD beaufsichtigten »Wertpapierfirmen« werden im WpIG grundsätzlich als »Wertpapierinstitute« bezeichnet. Der Begriff Wertpapierfirma bezieht sich somit auf die Vorgaben des europäischen Aufsichtsrahmens aus IFR und IFD, die Bezeichnung Wertpapierinstitut demgegenüber auf die nationale Umsetzung der IFD in das WpIG.[123] Vor diesem Hintergrund wäre für die im Zuge der sechsten MaRisk-Novelle neu eingefügte Formulierung »große Wertpapierfirma gemäß § 2 Abs. 18 WpIG« der Begriff »großes Wertpapierinstitut gemäß § 2 Abs. 18 WpIG« ggf. zutreffender gewesen.

109

Die Wertpapierinstitute im Sinne von § 2 Abs. 1 WpIG werden unter Berücksichtigung des Geschäftsmodells und des Geschäftsumfangs grundsätzlich in drei Kategorien (»groß«, »mittel«, »klein«) eingeteilt.[124] Für jede dieser drei Kategorien wird ein unterschiedlich hohes Niveau an aufsichtlichen Anforderungen festgelegt. Den §§ 25a und 25b KWG und damit auch den MaRisk

110

---

118 CRR-Kreditinstitute sind gemäß Art. 4 Abs. 1 Nr. 1 CRR Unternehmen, deren Tätigkeit darin besteht, Einlagen oder andere rückzahlbare Gelder des Publikums entgegenzunehmen und Kredite für eigene Rechnung zu gewähren.
119 Vgl. Deutsche Bundesbank, Ein neuer europäischer Aufsichtsrahmen für Wertpapierfirmen, in: Monatsbericht, März 2021, S. 45–63.
120 Verordnung (EU) 2019/2033 (IFR) des Europäischen Parlaments und des Rates vom 27. November 2019 über Aufsichtsanforderungen an Wertpapierfirmen und zur Änderung der Verordnungen (EU) Nr. 1093/2010, (EU) Nr. 575/2013, (EU) Nr. 600/2014 und (EU) Nr. 806/2014, Amtsblatt der Europäischen Union vom 5. Dezember 2019, L 314/1–63.
121 Richtlinie (EU) 2019/2034 (IFD) des Europäischen Parlaments und des Rates vom 27. November 2019 über die Beaufsichtigung von Wertpapierfirmen und zur Änderung der Richtlinien 2002/87/EG, 2009/65/EG, 2011/61/EU, 2013/36/EU, 2014/59/EU und 2014/65/EU, Amtsblatt der Europäischen Union vom 5. Dezember 2019, L 314/64–114.
122 Gesetz zur Umsetzung der Richtlinie (EU) 2019/2034 über die Beaufsichtigung von Wertpapierinstituten vom 12. Mai 2021 (BGBl. I S. 990), veröffentlicht am 17. Mai 2021.
123 Soweit im WpIG der Begriff »Wertpapierfirma« verwendet wird, handelt es sich um Bezüge zu den europäischen Vorgaben.
124 Die Definitionen eines kleinen, mittleren und großen Wertpapierinstitutes in § 2 Abs. 16 bis Abs. 18 WpIG verweisen auf entsprechende Regelungen der Investment Firm Regulation (IFR).

unterliegen nur noch die »großen Wertpapierinstitute«. Sie haben die Anforderungen des Rundschreibens insoweit zu beachten, wie dies vor dem Hintergrund der Institutsgröße sowie von Art, Umfang, Komplexität und Risikogehalt der Geschäftsaktivitäten zur Einhaltung der gesetzlichen Pflichten aus den §§ 25a und 25b KWG geboten erscheint. Dies gilt insbesondere im Hinblick auf die Gesamtverantwortung der Geschäftsleitung (→ AT 3) sowie das Vorhandensein von Organisationsrichtlinien (→ AT 5), die angemessene personelle und technisch-organisatorische Ausstattung, die Notfallkonzepte (→ AT 7) sowie die risikoadäquate Behandlung von Auslagerungen (→ AT 9). Die »mittleren Wertpapierinstitute« und die »kleinen Wertpapierinstitute« werden hingegen künftig nach spezifischen Vorgaben reguliert und beaufsichtigt. Sie haben die Anforderungen der MaRisk nicht zu beachten (→ AT 2.1 Tz. 1).

111 Den Übergangsvorschriften in § 64a Abs. 3 KWG des Risikoreduzierungsgesetzes (RiG)[125] zufolge wurden die bisherigen Wertpapierhandelsunternehmen, die seit dem 26. Juni 2021 dem neuen Aufsichtsregime für Wertpapierfirmen unterliegen, im Übergangszeitraum von sechs Monaten nach Inkrafttreten des Risikoreduzierungsgesetzes nicht mehr den Anforderungen aus der CRD V unterworfen. Für sie galten mit Ausnahme des § 2g KWG, der die Verpflichtung zur Errichtung einer Zwischenholding in der EU vorsieht, weiterhin die Vorschriften des KWG in der vor Inkrafttreten des Risikoreduzierungsgesetzes gültigen Fassung.

112 Zwischen den Geschäftsaktivitäten von Finanzdienstleistungsinstituten und Wertpapierinstituten[126] besteht in bestimmten Bereichen eine weitgehende Übereinstimmung, was nicht zuletzt darin zum Ausdruck kommt, dass Wertpapierinstitute und bestimmte Untergruppen der Finanzdienstleistungsinstitute innerhalb der BaFin gemeinsam beaufsichtigt werden. In den MaRisk wird zwischen diesen Instituten regulatorisch nicht differenziert. Auch große Wertpapierinstitute gemäß § 2 Abs. 18 WpIG, welche aufgrund der Vorgabe des § 4 WpIG zur Anwendung der §§ 25a und 25b des KWG verpflichtet sind, haben daher die Anforderungen nur insoweit zu beachten, wie dies vor dem Hintergrund der Institutsgröße sowie von Art, Umfang, Komplexität und Risikogehalt der Geschäftsaktivitäten zur Einhaltung der gesetzlichen Pflichten aus §§ 25a und 25b KWG geboten erscheint. Den Modulen AT 3, AT 5, AT 7 und AT 9 ist dabei ein besonderer Stellenwert einzuräumen.

2.3 Ausgestaltung der Verwaltungspraxis

113 Was genau als »geboten« anzusehen ist, sollte zwischen den betroffenen Institutsgruppen und der Aufsicht bilateral abgestimmt werden. Die BaFin hat in ihrem Übermittlungsschreiben zur sechsten MaRisk-Novelle ausgeführt, dass dazu gesonderte Absprachen geplant sind und ihre Ergebnisse auch protokolliert werden, womit die erforderliche Transparenz hergestellt werden kann. So soll die konkrete Verwaltungspraxis für die Anwendung der neuen Regelungen mit Bezug auf diese Institutsgruppen in einem gesonderten Dialog mit dem jeweiligen Anwenderkreis bestimmt und protokolliert werden. Für die entsprechend spezialisierten Institute ist dies im Rahmen des Gesprächskreises für Leasing- und Factoringinstitute geplant.[127]

---

125 Gesetz zur Umsetzung der Richtlinien (EU) 2019/878 und (EU) 2019/879 zur Reduzierung von Risiken und zur Stärkung der Proportionalität im Bankensektor (Risikoreduzierungsgesetz – RiG) vom 9. Dezember 2020 (BGBl. I S. 2773), veröffentlicht am 14. Dezember 2020.

126 Der Begriff »Wertpapierfirma« wird vorrangig im Zusammenhang mit den europäischen Regelwerken verwendet. Auch im Wertpapierinstitutsgesetz (WpIG) betreffen die insgesamt vierzehn Fundstellen zur »Wertpapierfirma« alle Bezüge zu europäischen Vorgaben. Der in § 2 Abs. 8 WpIG verwendete Begriff lautet »Wertpapierinstitut«.

127 Vgl. Bundesanstalt für Finanzdienstleistungsaufsicht, Rundschreiben 10/2021 (BA) zur Neufassung der MaRisk, Übermittlungsschreiben vom 16. August 2021, S. 7.

AT 2.2 Risiken

1	**Gesamtrisikoprofil und wesentliche Risiken (Tz. 1)**	1
1.1	Dimensionen des Risikobegriffes	2
1.2	Ursachen- und wirkungsbezogene Risikobetrachtung	6
1.3	Gesamtrisikoprofil	8
1.4	Bedeutung des Gesamtrisikoprofils für das Risikomanagement	12
1.5	Potenzielle wesentliche Risiken	16
1.6	Kriterien für die Wesentlichkeit von Risiken	20
1.7	Nicht wesentliche Risiken	22
1.8	Systemrisiken	23
2	**Kernfragen der Risikoinventur (Tz. 2)**	25
2.1	Mögliche Ausgestaltung der Risikoinventur	26
2.2	Prüfungsschwerpunkte	32
2.3	Risikoinventar und -taxonomie	38
2.4	Bruttoansatz bei der Risikoidentifizierung	41
2.5	Risiken aus außerbilanziellen Gesellschaftskonstruktionen	43
2.6	Sonstige Risiken	45
2.7	Einbeziehung von Nachhaltigkeitsrisiken	47

1 Gesamtrisikoprofil und wesentliche Risiken (Tz. 1)

1 **1** Die Anforderungen des Rundschreibens beziehen sich auf das Management der für das Institut wesentlichen Risiken. Zur Beurteilung der Wesentlichkeit hat sich die Geschäftsleitung regelmäßig und anlassbezogen im Rahmen einer Risikoinventur einen Überblick über die Risiken des Institutes zu verschaffen (Gesamtrisikoprofil). Die Risiken sind auf der Ebene des gesamten Institutes zu erfassen, unabhängig davon, in welcher Organisationseinheit die Risiken verursacht wurden.

Grundsätzlich sind zumindest die folgenden Risiken als wesentlich einzustufen:
a) Adressenausfallrisiken (einschließlich Länderrisiken),
b) Marktpreisrisiken,
c) Liquiditätsrisiken und
d) operationelle Risiken.

Mit wesentlichen Risiken verbundene Risikokonzentrationen sind zu berücksichtigen. Für Risiken, die als nicht wesentlich eingestuft werden, sind angemessene Vorkehrungen zu treffen.

1.1 Dimensionen des Risikobegriffes

2 Zwar ist das Thema »Risiko« in nahezu jeder wissenschaftlichen Disziplin fest verankert. Dennoch hat sich bislang noch keine allgemein akzeptierte Risikodefinition über alle Disziplinen hinweg herausgebildet. Unterschiedliche Ansätze zur Beschreibung des Begriffes Risiko finden sich z. B. in der Mathematik, der Psychologie oder den Gesellschaftswissenschaften. Möglicherweise hat diese Heterogenität den Gesetzgeber dazu veranlasst, auf eine Definition zu verzichten. Auch in den MaRisk oder anderen aufsichtsrechtlichen Regelwerken wird der Begriff Risiko nicht definiert.

3 Die Etymologie des Risikobegriffes beginnt bei dem altgriechischen Wort »rhiza«, das Wurzel oder Klippe bedeutet. Dieser Begriff ist später in die lateinische Sprache übernommen worden: »risicare« bedeutet so viel wie »eine Klippe umfahren«. Der lateinische Begriff hat in der Renaissance Eingang in die italienische und spanische Sprache gefunden (risco, (ar)risco). Die entsprechenden Verben (risicare, (ar)riscar) bedeuten »abwägen« oder »Gefahr laufen«.

4 Erste systematische Ansätze aus der ökonomischen Theorie, die der Klärung des Begriffes Risiko dienten, gehen auf die zwanziger Jahre des letzten Jahrhunderts zurück. Risiko wird als Unsicherheit bezeichnet, die jedoch kalkulierbar ist, so dass einigermaßen verlässliche Wahrscheinlichkeitsaussagen abgeleitet werden können. Davon abgegrenzt werden Unsicherheiten (»Uncertainties«), die z. B. wegen eines unvollkommenen Erfahrungswissens nicht kalkulierbar sind.[1] Ursprünglich wurden die nicht-kalkulierbaren Unsicherheiten als der entscheidende Treiber für die Generierung von Profit bzw. gesellschaftlichen Fortschritt angesehen, während den kalkulierbaren Risiken keine weitere Bedeutung eingeräumt wurde. Ungewissheit wurde also nicht einseitig negativ im Sinne von Unberechenbarkeit interpretiert, sondern als Herausforderung, die nach dem Motto »Wer nicht wagt, der nicht gewinnt.« die Quelle des gesellschaftlichen Fortschritts ist. In der weiteren Entwicklung der ökonomischen Theorie spielten die Unsicherheiten jedoch nur noch eine untergeordnete Rolle. Vielmehr wurde der Aspekt der Ungewissheit in der ökono-

---

1 Vgl. Knight, Frank H., Risk, Uncertainty and Profit, Boston, 1921, 170f.

mischen Theorie durch die Konzentration auf das Konzept des messbaren, also quantifizierbaren Risikos quasi eliminiert. Ergebnis dieser Entwicklung ist z. B. die moderne Volkswirtschaftslehre, die weitgehend von quantitativen Modellen und deren Annahmen geprägt ist (z. B. die Existenz eines rationalen »Homo oeconomicus«).

Auch die bankbetriebliche Praxis wurde im Zeitverlauf immer mehr vom Konzept des messbaren Risikos dominiert. Betrachtet man die quantitativen Regelwerke zur Eigenmittelunterlegung aus der ersten Säule von Basel III, so hat sich selbst die Bankenaufsicht weite Teile dieses Konzeptes zu eigen gemacht. Möglicherweise handelt es sich dabei um einen Irrweg, denn die Finanzmarktkrise hat gezeigt, dass sich bestimmte Risiken mit erheblichen Schadenspotenzialen nicht ohne Weiteres in das Korsett statistischer Gesetze stecken lassen (z. B. Reputationsrisiken oder Inter-Risikokonzentrationen). Die Nicht-Quantifizierbarkeit von Risiken darf jedenfalls nicht dazu führen, dass man sie aus dem Risikomanagement ausblendet.[2] Ein Mittel zur Berücksichtigung dieser Unsicherheiten im Risikomanagement ist die Durchführung geeigneter Stresstests, die nach der Finanzmarktkrise an Bedeutung gewonnen haben und mittlerweile auch fester Bestandteil des bankaufsichtlichen Instrumentariums sind. **5**

1.2 Ursachen- und wirkungsbezogene Risikobetrachtung

In der Betriebswirtschaftslehre lassen sich grundsätzlich zwei Ansätze voneinander unterscheiden. Die so genannten »ursachenbezogenen Ansätze« knüpfen an der Möglichkeit an, dass dem Eintritt bestimmter (unsicherer) Ereignisse Wahrscheinlichkeiten zugeordnet werden können. Dabei kann es sich um objektiv messbare Wahrscheinlichkeiten handeln, wie sie etwa bei Versicherungen aufgrund statistischer Berechnungen ermittelt werden können, oder um subjektive Schätzungen, die die Entscheidungsträger aus der Einschätzung einer bestimmten Situation oder aus ihrer Erfahrung ableiten. »Wirkungsbezogene Ansätze« stellen hingegen auf die Risikowirkung ab. Risiko wird als die Möglichkeit einer negativen Zielverfehlung verstanden, mit der gleichzeitig die Chance einer möglichen positiven Zielverfehlung einhergeht. Der Risikobegriff wird demnach im Zusammenhang mit bestimmten subjektiven Zielsetzungen interpretiert, so dass abhängig vom zugrunde liegenden Anspruchsniveau negative und positive Zielabweichungen möglich sind. Die wirkungsbezogenen Ansätze betonen insoweit die Subjektivität des Risikos. **6**

Die beiden betriebswirtschaftlichen Definitionen können nicht vollkommen voneinander getrennt betrachtet werden. So setzt die wirkungsbezogene Interpretation immer auch eine ursachenbezogene voraus. Risiko resultiert daher ursachenbezogen aus der Unsicherheit zukünftiger Ereignisse und schlägt sich wirkungsbezogen in einer negativen Abweichung von einer festgelegten Zielgröße nieder.[3] Diese umfassende Risikodefinition, die beide Ansätze miteinander verbindet, stellt auf negative Abweichungen ab. Da jedem (bewusst eingegangenen) Risiko auch immer eine Chance gegenübersteht, sind wirkungsbezogen sowohl negative als auch positive Zielabweichungen denkbar.[4] Andere Definitionen unterscheiden diesbezüglich nicht zwischen Risiken und Chancen und antizipieren insofern die Überlegungen, die bereits den ersten systematischen Ansätzen aus dem letzten Jahrhundert innewohnten: »Risk is the threat or possibility that an action or event will adversely or beneficially affect an organisation's ability to achieve its objectives.«[5] **7**

---

2 Vgl. Sanio, Jochen, Bankenaufsicht und Systemrisiko, in: Burghof, Hans-Peter/Johanning, Lutz/Schäfer, Klaus/Wagner, Hannes/Rodt, Sabine (Hrsg.), Risikomanagement und kapitalmarktorientierte Finanzierung, Festschrift zum 65. Geburtstag von Bernd Rudolph, Frankfurt a. M., 2009, S. 22 ff.

3 Vgl. Schulte, Michael/Horsch, Andreas, Wertorientierte Banksteuerung II: Risikomanagement, Frankfurt a. M., 2002, S. 15.

4 Vgl. Joint Technical Committee, Australian/New Zealand Standard: Risk Management, AS/NZS 4360:2004, Wellington, 2004, S. 4.

5 Higher Education Funding Council for England (HEFCE), Risk Management, Mai 2001, S. 4.

1.3 Gesamtrisikoprofil

8 Die MaRisk beziehen sich auf das Management der für ein Institut »wesentlichen« Risiken, wobei auch für die übrigen Risiken angemessene Vorkehrungen zu treffen sind. Dieser umfassende risikobezogene Anwendungsbereich stützt sich auf EU-Vorgaben (Art. 73 und 108 CRD IV) und korrespondierende nationale Regelungen (§ 25a Abs. 1 KWG), die auf eine übergreifende Risikobetrachtung abstellen. Um die wesentlichen Risiken bestimmen zu können, hat sich jedes Institut in eigener Verantwortung zunächst einen Überblick über die Risiken auf der Ebene des gesamten Institutes zu verschaffen.

9 Dieser Überblick über jene Risiken, denen das (gesamte) Institut ausgesetzt ist, wird auch als »(Gesamt-)Risikoprofil« bezeichnet. Konkret ist das (Gesamt-)Risikoprofil (»risk profile«) das Ergebnis der mit Hilfe verschiedener Instrumente und Maßnahmen zu einem bestimmten Zeitpunkt (»point-in-time«) vorgenommenen Bewertung der von einem Unternehmen tatsächlich eingegangenen gesamten Risiken, die mit seinen Geschäftsaktivitäten verbunden sind.[6] Das Gesamtrisikoprofil ist im Rahmen einer »Risikoinventur« zu ermitteln, für deren Ausgestaltung zwar keine methodischen Vorgaben gemacht werden, aber die wesentlichen Orientierungsgrößen genannt werden (→ AT 2.2 Tz. 2).

10 Besonders betont wird die Tatsache, dass die Auseinandersetzung mit dem eigenen Gesamtrisikoprofil keine einmalige Angelegenheit darstellt, bei der es ein Institut für alle Zeit bewenden lassen kann. Das Institut hat sich vielmehr »regelmäßig und anlassbezogen« einen Überblick über seine Risiken zu verschaffen. Während für den »regelmäßigen« Überblick institutsintern ein (fester) Turnus festgelegt werden könnte, bezieht sich die »anlassbezogene« Überprüfung vor allem auf die Ad-hoc-Berichtspflicht gegenüber der Geschäftsleitung, in deren Rahmen über besonders risikorelevante Sachverhalte informiert wird (→ AT 4.3.2 Tz. 4), oder auf die Auswirkungen möglicher Anpassungsprozesse (→ AT 8). Daraus kann sich auch die Notwendigkeit ergeben, das Gesamtrisikoprofil zu überprüfen und ggf. anzupassen.

11 Auf Vollständigkeit zielt die Anforderung ab, die Risiken auf der Ebene des gesamten Institutes zu erfassen, unabhängig davon, in welcher Organisationseinheit sie verursacht wurden. Das Fehlen einer solchen umfassenden Betrachtungsweise wurde mit Blick auf die Finanzmarktkrise als eine wesentliche Schwäche vieler Institute identifiziert.[7] Von der Geschäftsleitung wird deshalb explizit erwartet, dass sie sich einen Überblick über die Risiken des Institutes verschafft, also mit dem Gesamtrisikoprofil auseinandersetzt. Vollständigkeit ist auch auf Gruppenebene sicherzustellen. So basiert der interne Prozess zur Sicherstellung der Risikotragfähigkeit auf Gruppenebene auf dem Gesamtrisikoprofil der Gruppe (→ AT 4.5 Tz. 3). Verantwortlich für die dafür erforderliche Risikoanalyse ist die Geschäftsleitung des jeweils übergeordneten Unternehmens der Gruppe (→ AT 4.5 Tz. 1).

1.4 Bedeutung des Gesamtrisikoprofils für das Risikomanagement

12 Die Erstellung des institutsindividuellen Gesamtrisikoprofils ist der Ausgangspunkt für ein umfassendes Risikomanagement. Dieses »Self-Assessment« ist die Basis für diverse daran anschließende Prozessschritte, die im Mittelpunkt der MaRisk stehen. So ist auf Grundlage des Risikoprofils ein

---

6 Vgl. Senior Supervisors Group, Observations on Developments in Risk Appetite Frameworks and IT Infrastructure, 23. Dezember 2010, S. 5 (Fußnote 2).

7 »In particular, the lack of a comprehensive approach to firm-wide risk management was a primary contributing factor to the failure of certain firms to identify their risks.« Final Report of the IIF Committee on Market Best Practices: Principles of Conduct and Best Practice Recommendations – Financial Services Industry Response to the Market Turmoil of 2007–2008, 21. Juli 2008, S. 31.

interner Prozess zur Sicherstellung der Risikotragfähigkeit einzurichten (→ AT 4.1 Tz. 2). Die Risikotragfähigkeit bezeichnet die maximale Höhe jener Risiken, die ein Institut angesichts seiner Eigenmittelausstattung, seiner Risikomanagement- und Kontrollkapazitäten sowie seiner aufsichtsrechtlichen Beschränkungen maximal eingehen kann.[8] Im engeren Sinne wird das Risikodeckungspotenzial den wesentlichen Risiken gegenübergestellt. Reicht das Risikodeckungspotenzial bzw. sein im Institut zur Verlustabsorption bereitgestellter Anteil (Risikodeckungsmasse) zur Abdeckung der wesentlichen Risiken aus, ist die Risikotragfähigkeit aus ökonomischer Sicht gegeben.

Die Geschäftsleitung legt im Rahmen der Strategieformulierung den Risikoappetit des Institutes für alle wesentlichen Risiken fest und trifft damit eine bewusste Entscheidung darüber, in welchem Umfang sie bereit ist, Risiken einzugehen (→ AT 4.2 Tz. 2 inkl. Erläuterung). Diese Entscheidung geht damit einher, den Anteil der Risikodeckungsmasse am Risikodeckungspotenzial festzulegen. Dabei wird häufig nicht bis an die Grenze der Risikotragfähigkeit gegangen. Durch die Gegenüberstellung der wesentlichen Risiken mit dem Risikodeckungspotenzial bzw. der Risikodeckungsmasse wird der Rahmen abgesteckt, innerhalb dessen das Institut weitere Risiken eingehen kann. Dadurch wird wiederum die Brücke zu übergeordneten geschäftspolitischen Entscheidungen geschlagen, die sich auf die Geschäftsstrategie bzw. die Risikostrategie auswirken. **13**

Umgekehrt hat vor allem der Inhalt der Geschäftsstrategie Einfluss auf das Risikoprofil, da an die Festlegung geschäftspolitischer Zielsetzungen, wie z.B. einen geplanten Ausbau des Firmenkundengeschäftes, immer auch das Eingehen bestimmter Risiken geknüpft ist. Die genannten Aspekte stehen außerdem im Fokus der Internen Revision, die risikoorientiert und prozessunabhängig die Wirksamkeit und Angemessenheit des »Risikomanagements im Allgemeinen« zu überprüfen hat (→ AT 4.4.3 Tz. 3). **14**

Das Gesamtrisikoprofil ist somit ein wichtiger Baustein des Risikomanagements. Anforderungen an das Management der verschiedenen Risikoarten, die von der BaFin im Zusammenhang mit dem Gesamtrisikoprofil herausgestellt werden, sind vor allem Gegenstand des Moduls BTR. **15**

1.5   Potenzielle wesentliche Risiken

Die deutsche Aufsicht sah sich aufgrund der Finanzmarktkrise dazu veranlasst, die Sensibilität der Institute für die Frage der Wesentlichkeit ihrer Risiken im Rahmen der zweiten MaRisk-Novelle zu schärfen. Praktisch von der Aufsicht vorgegeben werden seitdem eine Reihe typischer bankgeschäftlicher Risiken[9], die von den Instituten als wesentlich einzustufen sind. Unter Berücksichtigung von Risikokonzentrationen zählen hierzu: **16**
-   Adressenausfallrisiken (einschließlich Länderrisiken),
-   Marktpreisrisiken (einschließlich Zinsänderungsrisiken im Anlagebuch),
-   Liquiditätsrisiken und
-   operationelle Risiken.

Die Verwendung des Wortes »grundsätzlich« lässt zwar einen gewissen Spielraum für Ausnahmen zu. Dieser Spielraum kann aber nur dann in Anspruch genommen werden, wenn besondere Umstände vorliegen. Zudem hat die Aufsicht vor dem Hintergrund der Heterogenität der Geschäftsmodelle deutscher Kreditinstitute, der teilweise fehlenden allgemeingültigen Definitionen für weitere Risikoarten und der unterschiedlichen Abgrenzung einzelner Risikoarten im Einklang mit der institutsinternen Steuerungsphilosophie bewusst nur wenige Regelbeispiele für wesentli- **17**

---

8   Vgl. Basel Committee on Banking Supervision, Guidelines – Corporate governance principles for banks, BCBS 328, 8. Juli 2015, S. 2; European Banking Authority, Leitlinien zur internen Governance, EBA/GL/2017/11, 21. März 2018, S. 4ff.
9   Der Begriff »Risiken« wird in den MaRisk teilweise als Synonym für »Risikoarten« verwendet.

che Risiken genannt. Damit wird den Instituten die Aufgabe – aber auch die Flexibilität – überlassen, eigenständig eine umfassende und eindeutige Identifizierung ihrer wesentlichen Risiken durchzuführen.[10]

18 Für die von der deutschen Aufsicht aufgezählten und auch in der CRD IV explizit genannten Risikoarten werden im besonderen Teil der MaRisk spezielle Anforderungen formuliert (→ BTR 1 bis 4). In Abhängigkeit vom konkreten Gesamtrisikoprofil eines Institutes sind ggf. auch sonstige Risiken als wesentlich einzustufen. Potenzielle Kandidaten dafür sind neben den Reputationsrisiken (→ AT 2.2 Tz. 2, Erläuterung) zunächst die übrigen in der Bankenrichtlinie aufgeführten Risikoarten, also die Restrisiken[11] (Art. 80 CRD IV), die Konzentrationsrisiken[12] (Art. 81 CRD IV), die Verbriefungsrisiken (Art. 82 CRD IV) und die Risiken einer übermäßigen Verschuldung (Art. 87 CRD IV). Als direkte Reaktion auf die Finanzmarktkrise erwartet die deutsche Aufsicht zudem, sich mit den Risiken aus außerbilanziellen Gesellschaftskonstruktionen zu beschäftigen, selbst wenn diese nicht konsolidierungspflichtig sein sollten. Damit wird vor allem auf Zweckgesellschaften abgezielt (→ AT 2.2 Tz. 2, Erläuterung).

19 Institute, die besonders groß sind oder deren Geschäftsaktivitäten durch besondere Komplexität, Internationalität oder eine besondere Risikoexponierung gekennzeichnet sind, haben die Inhalte einschlägiger Veröffentlichungen zum Risikomanagement des Baseler Ausschusses für Bankenaufsicht und des Financial Stability Boards in eigenverantwortlicher Weise in ihre Überlegungen zur angemessenen Ausgestaltung des Risikomanagements einzubeziehen (→ AT 1 Tz. 3). Insofern empfiehlt es sich für die systemrelevanten und die bedeutenden Institute gemäß Art. 6 SSM-Verordnung, die in diesen Veröffentlichungen erwähnten Risikoarten auf Wesentlichkeit zu prüfen.

1.6   Kriterien für die Wesentlichkeit von Risiken

20 Die Erstellung des Gesamtrisikoprofils und die Beurteilung der Wesentlichkeit der erfassten Risiken sind Gegenstand einer »Risikoinventur«, deren Ausgestaltung institutsindividuell erfolgen kann. Seit der dritten MaRisk-Novelle wird zur Bestimmung der Wesentlichkeit von der deutschen Aufsicht konkret darauf abgestellt, welche Risiken die Vermögenslage (inkl. Kapitalausstattung), die Ertragslage oder die Liquiditätslage wesentlich beeinträchtigen können (→ AT 2.2 Tz. 2). Die EZB legt für die bedeutenden Institute vergleichbare Maßstäbe zugrunde, indem sie die Auswirkungen auf die angemessene Kapital- und Liquiditätsausstattung der Institute betrachtet.[13]

21 Letztlich müssen die Institute auf dieser Basis selbst festlegen, welche Risiken vor dem Hintergrund ihrer Geschäftsaktivitäten und ihres Gesamtrisikoprofils wesentlich sind und wie mit diesen Risiken bei der Steuerung und Überwachung umgegangen werden soll. Von der EBA wird eine Reihe von Unterkategorien der wesentlichen Risiken genannt, die beim SREP berücksichtigt werden sollten.[14] Auch nach den Vorgaben der EZB müssen von den Instituten bestimmte

---

10 Vgl. Deutsche Bundesbank, Bankinterne Methoden zur Ermittlung und Sicherstellung der Risikotragfähigkeit und ihre bankaufsichtliche Bedeutung, in: Monatsbericht, März 2013, S. 36.

11 Die »Restrisiken« betreffen beim Management der Adressenausfallrisiken die Wirksamkeit von Kreditrisikominderungstechniken und werden auch als »Besicherungsrisiken« bezeichnet. Unter den gleichnamigen »Restrisiken« beim Management von IKT-Risiken sind hingegen jene Risiken zu verstehen, die grundsätzlich verbleiben, wenn bereits Sicherheitsmaßnahmen zum Schutz des IT-Einsatzes ergriffen worden sind (→ AT 7.2 Tz. 1 und 4).

12 Die »(Kredit-)Konzentrationsrisiken« werden in den MaRisk nicht als eigenständige Risikokategorie betrachtet, sondern als ein spezieller Aspekt der Risikokonzentrationen behandelt.

13 Vgl. Europäische Zentralbank, Leitfaden der EZB für den bankinternen Prozess zur Sicherstellung einer angemessenen Kapitalausstattung (Internal Capital Adequacy Assessment Process – ICAAP), 9. November 2018, S. 47; Europäische Zentralbank, Leitfaden der EZB für den bankinternen Prozess zur Sicherstellung einer angemessenen Liquiditätsausstattung (Internal Liquidity Adequacy Assessment Process – ILAAP), 9. November 2018, S. 37.

14 Vgl. European Banking Authority, Guidelines on common procedures and methodologies for the supervisory review and evaluation process (SREP) and supervisory stress testing, EBA/GL/2014/13, Consolidated version, 19. Juli 2018, S. 77 ff.

Unterkategorien bei der Prüfung der Wesentlichkeit der Risiken einbezogen werden.[15] Nähere Ausführungen zur Definition und zu den Unterkategorien der Adressenausfallrisiken (→ BTR 1, Einführung), der Marktpreisrisiken und der Zinsänderungsrisiken im Anlagebuch (→ BTR 2, Einführung), der Liquiditäts- und Refinanzierungsrisiken (→ BTR 3, Einführung) sowie der operationellen Risiken (→ BTR 4, Einführung) finden sich an anderer Stelle.

1.7 Nicht wesentliche Risiken

Die deutsche Aufsicht hat ausdrücklich auf die Notwendigkeit »angemessener Vorkehrungen« für die als »nicht wesentlich« eingestuften Risiken hingewiesen. Diese Anforderung wird im Weiteren nicht präzisiert und bleibt somit unbestimmt. Insbesondere mit Blick auf Prüfungshandlungen ist sie also nicht ganz unproblematisch. Im Ergebnis geht es auch hier um eine stärkere Sensibilisierung der Institute. So darf die Einstufung als »nicht wesentlich« nicht dazu führen, dass solche Risiken komplett ausgeblendet werden. Schließlich können Änderungen interner und externer Rahmenbedingungen zur Folge haben, dass vernachlässigbare Risiken rasch an Bedeutung gewinnen. Insbesondere sind diese Risiken jeweils einzubeziehen, wenn eine Risikoinventur durchgeführt wird.

22

1.8 Systemrisiken

Das »Systemrisiko« bezeichnet laut Art. 3 Abs. 1 Nr. 10 CRD IV das Risiko einer Störung des Finanzsystems mit möglicherweise schwerwiegenden negativen Auswirkungen auf das Finanzsystem und die Realwirtschaft. In vergleichbarer Weise bezeichnet das »systemische Risiko« laut § 1 Abs. 33 KWG das Risiko einer Störung im Finanzsystem, die schwerwiegende negative Auswirkungen für das Finanzsystem und die Realwirtschaft haben kann. Das Systemrisiko wird grundsätzlich von den makroprudenziellen Behörden[16] überwacht, zu denen auch der bei der EZB angesiedelte Europäische Ausschuss für Systemrisiken (ESRB) gehört. Im Zusammenhang mit der

23

---

15 Vgl. Europäische Zentralbank, Aufsichtliche Erwartungen an ICAAP und ILAAP sowie harmonisierte Erhebung von ICAAP- und ILAAP-Informationen, Schreiben von Daniele Nouy an die Geschäftsleitung bedeutender Banken vom 8. Januar 2016, Anhang A, S. 3.

16 Zu den Aufgaben des Ausschusses für Finanzstabilität (AFS) gehören gemäß § 2 FinStabG insbesondere die Erörterung der für die Finanzstabilität maßgeblichen Sachverhalte, die Stärkung der Zusammenarbeit der im Ausschuss vertretenen Institutionen im Fall einer Finanzkrise, die Beratung über den Umgang mit Warnungen und Empfehlungen des Europäischen Ausschusses für Systemrisiken (ESRB) sowie die Abgabe von Warnungen und Empfehlungen unter Berücksichtigung der Vorgaben in § 3 Abs. 1, 2 und 6 FinStabG. Nach § 2 Abs. 3 FinStabG besteht der AFS aus drei Vertretern des Bundesministeriums der Finanzen (BMF), von denen eine Person als Vorsitzender und eine als stellvertretender Vorsitzender des Ausschusses entsandt wird, drei Vertretern der Deutschen Bundesbank und drei Vertretern der BaFin. Das für den Geschäftsbereich Abwicklung zuständige Mitglied des Direktoriums der BaFin gehört dem Ausschuss als beratendes Mitglied ohne Stimmrecht an. Vgl. Gesetz zur Überwachung der Finanzstabilität (Finanzstabilitätsgesetz – FinStabG) vom 28. November 2012 (BGBl. I S. 2369), das zuletzt durch Artikel 4 Absatz 9 des Gesetzes vom 10. Juli 2020 (BGBl. I S. 1633) geändert worden ist. Der AFS berichtet mindestens jährlich über die Lage und Entwicklung der Finanzstabilität und über seine Tätigkeit an den Deutschen Bundestag. Vgl. z. B. Ausschuss für Finanzstabilität, Achter Bericht an den Deutschen Bundestag zur Finanzstabilität in Deutschland, 1. Juni 2021. Der AFS tagt einmal pro Quartal, wobei bei Bedarf zusätzliche Sitzungen einberufen werden können. Die Überwachung der Stabilität des deutschen Finanzmarktes erfolgt arbeitsteilig durch den AFS und die Deutsche Bundesbank. Die Bundesbank hat nach dem FinStabG insbesondere den Auftrag, laufend die für die Finanzstabilität maßgeblichen Sachverhalte zu analysieren, Gefahren zu identifizieren und ggf. dem AFS Vorschläge für entsprechende Warnungen zu unterbreiten. Zudem soll sie Maßnahmen zur Abwehr dieser Gefahren empfehlen. Der AFS kann mit dem ESRB und jenen Behörden, die in den anderen Mitgliedstaaten der EU für die Wahrung der Finanzstabilität zuständig sind, Informationen austauschen. Er informiert zudem den ESRB über seine Warnungen und Empfehlungen. Sind wesentliche grenzüberschreitende Wirkungen zu erwarten, so muss er dies tun, bevor er eine Warnung oder Empfehlung ausspricht. Vgl. O. V., Ausschuss für Finanzstabilität: Neues Gremium für die makroprudenzielle Überwachung des deutschen Finanzsystems, in: BaFinJournal, Ausgabe April 2013, S. 14ff. Weitere Informationen zum AFS sind auf der Internetseite des AFS zu finden. Vgl. https://www.afs-bund.de.

AT 2.2 Risiken

Überarbeitung der CRD IV wurde klargestellt, dass der im Rahmen des SREP festgelegte Kapitalzuschlag (»Pillar 2 Requirement«, P2R) nicht gleichzeitig für die Zwecke des Systemrisikos dienen kann. Dafür sind bereits verschiedene Puffer aus hartem Kernkapital vorgesehen, nämlich der institutsspezifische antizyklische Kapitalpuffer gemäß Art. 130 Abs. 1 CRD IV, die Puffer für global systemrelevante Institute (G-SRI-Puffer) bzw. anderweitig systemrelevante Institute (A-SRI-Puffer) gemäß Art. 131 Abs. 4 bzw. 5 CRD IV sowie der von den nationalen Behörden ggf. festzulegende Systemrisikopuffer gemäß Art. 133 CRD IV. Mit dessen Hilfe werden – nach einer Anpassung durch die CRD V – die nicht von Art. 130 und 131 CRD IV oder der CRR erfassten Systemrisiken oder Makroaufsichtsrisiken in einem spezifischen Mitgliedstaat vermieden oder gemindert. Mit dem Inkrafttreten des Risikoreduzierungsgesetzes aus dem Jahr 2020 wurden die Vorgaben der CRD V zum SREP, wonach systemische Risiken zukünftig ausschließlich über makroprudenzielle Maßnahmen adressiert werden sollen, in das nationale Recht überführt (→ AT 1 Tz. 2).[17] Die global systemrelevanten Institute werden vom Financial Stability Board (FSB) festgelegt, die anderweitig systemrelevanten Institute von den jeweils zuständigen nationalen Behörden, d.h. in Deutschland von der BaFin im Einvernehmen mit der Deutschen Bundesbank (→ AT 1 Tz. 3). Als Basis für diese Festlegungen dienen entsprechende Vorgaben der EBA.

24   Der deutsche Gesetzgeber hat die Vorgaben für die Festlegung des antizyklischen Kapitalpuffers in § 10d KWG sowie des Kapitalpuffers für global systemrelevante Institute (G-SRI) in § 10f KWG und für anderweitig systemrelevante Institute (A-SRI) in § 10g KWG geregelt (→ AT 1 Tz. 3). Den Systemrisikopuffer, der im KWG als »Kapitalpuffer für systemische Risiken« bezeichnet wird, kann die BaFin nach § 10e Abs. 1 und 2 KWG zur Abwehr bzw. Verminderung systemischer oder makroprudenzieller Risiken, welche zu einer Störung mit schwerwiegenden negativen Auswirkungen auf das nationale Finanzsystem und die Realwirtschaft im Inland führen können und nicht durch die CRR oder die Kapitalpuffer gemäß den §§ 10d, 10f und 10g KWG abgedeckt sind, gegenüber allen Instituten oder bestimmten Arten oder Gruppen von Instituten anordnen.

---

17   Vgl. § 6c Abs. 1 Satz 2 KWG, wonach die zusätzliche Eigenmittelanforderung gemäß § 6c Abs. 1 Satz 1 KWG nur für die Deckung der Risiken angeordnet werden darf, die sich aus der Geschäftätigkeit des einzelnen Institutes ergeben. Dies schließt nach § 6c Abs. 1 Satz 3 KWG die Auswirkungen bestimmter Wirtschafts- und Marktentwicklungen nur ein, wenn sie sich im Risikoprofil des Institutes widerspiegeln.

2   Kernfragen der Risikoinventur (Tz. 2)

2 Das Institut hat im Rahmen der Risikoinventur zu prüfen, welche Risiken die Vermögenslage (inkl. Kapitalausstattung), die Ertragslage oder die Liquiditätslage wesentlich beeinträchtigen können. Die Risikoinventur darf sich dabei nicht ausschließlich an den Auswirkungen in der Rechnungslegung sowie an formalrechtlichen Ausgestaltungen orientieren.   25

2.1   Mögliche Ausgestaltung der Risikoinventur

Die Anforderungen der MaRisk beziehen sich auf das Management der für das Institut wesentlichen Risiken. Zur Beurteilung der Wesentlichkeit hat sich die Geschäftsleitung regelmäßig und anlassbezogen im Rahmen einer Risikoinventur einen Überblick über die Risiken auf der Ebene des gesamten Institutes (Gesamtrisikoprofil) zu verschaffen (→ AT 2.2 Tz. 1). Hinsichtlich der Ausgestaltung der Risikoinventur besteht grundsätzlich Methodenfreiheit. Die Auseinandersetzung mit den wesentlichen Risiken sollte in den Instituten jedoch in strukturierter Form erfolgen und sich insbesondere von einem lediglich unreflektierten Festlegen der in den MaRisk aufgezählten Risikoarten unterscheiden.[18]   26

Die Beschäftigung mit dem Gesamtrisikoprofil wird als exklusive Aufgabe der Geschäftsleitung angesehen (→ AT 2.2 Tz. 1). Dabei kann sie selbstverständlich auf geeignete Mitarbeiter des Institutes zurückgreifen. In einigen Instituten werden für diese Zwecke so genannte »Risiko-Workshops« durchgeführt, an denen Mitarbeiter aus unterschiedlichen Bereichen mitwirken (z.B. Vertrieb, Risikocontrolling, Interne Revision). In diesen Workshops werden z.B. im Rahmen eines »Brainstorming« verschiedene Risikoszenarien unter Berücksichtigung möglicher Änderungen der internen oder externen Rahmenbedingungen durchgespielt, um die für das Institut relevanten Risiken zu identifizieren. Dabei wird häufig auf Basis einer Bewertung der Eintrittswahrscheinlichkeit und der potenziellen Schadenshöhe relevanter Risiken auch über deren potenzielle Auswirkungen sowie über die Zweckmäßigkeit alternativer Risikosteuerungsmaßnahmen diskutiert. Auf diese Weise können die Informationsbasis für die Erarbeitung des Gesamtrisikoprofils verbreitert und das Risiko einer unvollständigen Sichtweise vermindert werden. Der positive Nebeneffekt von Risiko-Workshops besteht darin, dass sich die Teilnehmer bewusst mit den aus ihrer Tätigkeit resultierenden Risiken und deren möglichen Auswirkungen auseinandersetzen. Dadurch kann ihr Risikobewusstsein geschärft werden, was wiederum einen positiven Einfluss auf die Risikokultur des Institutes hat (→ AT 3 Tz. 1).   27

Für eine Risikoinventur kommen natürlich auch andere Vorgehensweisen infrage. So ist es z.B. denkbar, zunächst die theoretisch möglichen Risikoarten daraufhin zu untersuchen, wo sie im Institut überhaupt auftreten könnten. Auf dieser Basis kann anschließend deren Abschätzung bzw. Quantifizierung erfolgen. Auch in diesem Fall wäre eine Art »Brainstorming« mit den Experten für die einzelnen Risikoarten erforderlich. Die EBA setzt in den letzten Jahren, wie z.B. bei den Anforderungen an interne Stresstests, verstärkt auf Expertenurteile, um verschiedene Sachver-   28

---

18 Vgl. Hofer, Markus, MaRisk: Erneute Überarbeitung vor dem Hintergrund internationaler Standards, in: BaFinJournal, Ausgabe Januar 2011, S. 6f.

halte zu plausibilisieren.[19] Im Rahmen einer Risikoinventur, die durch eine Befragung der Mitarbeiter und Führungskräfte auf der Basis strukturierter Fragebögen ergänzt werden kann, könnte gleichzeitig eine Analyse der Aufbau- und Ablauforganisation erfolgen, z.B. im Hinblick auf vorhandene Kompetenzlücken oder Schnittstellenprobleme.[20] Darüber hinaus können die üblichen Maßnahmen im Rahmen der Risikoidentifizierung auch für die Zwecke der Risikoinventur genutzt werden (→ AT 4.3.2 Tz. 1).

29   Unabhängig vom gewählten Ansatz steht bei der Erstellung des Gesamtrisikoprofils grundsätzlich immer eine intensive Analyse der internen und externen Rahmenbedingungen des Institutes im Vordergrund. Zu den Rahmenbedingungen, die für das interne Umfeld des Institutes maßgeblich sind, gehören zunächst einmal die geschäftspolitischen Zielsetzungen, die unmittelbaren Einfluss auf die Risikosituation haben. Daneben spielen andere Faktoren, wie z.B. die Unternehmenskultur, die interne Organisation sowie personelle und technisch-organisatorische Ressourcen, eine wichtige Rolle. Als wesentliche Informationsquellen kommen z.B. Strategiedokumente, Risikoberichte, Zahlen aus dem Rechnungswesen und Controlling oder Revisionsberichte infrage. Zu den wesentlichen externen Rahmenbedingungen zählen z.B. die Marktverhältnisse, das Wettbewerbsumfeld, das rechtliche und politische Umfeld des Institutes sowie das Verhalten von Kapitalgebern. Ferner kann die Entwicklung externer Marktpreise, wie des allgemeinen Zinsniveaus oder der Börsenkurse, eine große Bedeutung haben. Von Relevanz ist ggf. auch die Einschätzung durch externe Ratingagenturen (bspw. im Hinblick auf die Refinanzierungsbedingungen).

30   Welche Aspekte im Einzelnen in die Analyse einbezogen werden, hängt von den speziellen Gegebenheiten vor Ort ab und ist von jedem Institut in eigener Verantwortung festzulegen. Das gilt auch für die Tiefe der Analyse des Gesamtrisikoprofils. So sollte die Analyse z.B. für kleinere Institute mit überschaubarem Geschäftsumfang in stabilen Märkten keine besondere Herausforderung darstellen. Diesbezüglich sind darüber hinaus Abstufungen denkbar. Bei Instituten, die ausnahmslos im standardisierten Mengengeschäft aktiv sind, wird den Zinsänderungsrisiken im Anlagebuch und ggf. auch den operationellen Risiken vermutlich ein höherer Stellenwert eingeräumt werden als z.B. den Adressenausfallrisiken. Diese werden hingegen bei jenen Instituten in den Vordergrund rücken, die vornehmlich im Firmenkundengeschäft oder im Bereich der strukturierten Finanzierungen aktiv sind. Derartige Zusammenhänge zwischen den relevanten Risiken und den jeweils betriebenen Geschäften lassen sich relativ problemlos herleiten. Auf dieser Basis ist es z.B. auch möglich, die jeweiligen Geschäftsfelder in Abhängigkeit von ihrer Risikorelevanz in eine Rangfolge zu überführen, die sich wiederum je nach Risikoart unterscheiden kann. Das Institut kann auf diese Weise festlegen, in welchen Bereichen für die Risikoanalyse komplexe Prozesse erforderlich sind und wo relativ einfache Methoden genügen.

31   Die EZB erwartet von den bedeutenden Instituten, im Rahmen des ICAAP einen regelmäßigen Prozess zur Identifizierung sämtlicher bestehenden oder potenziell eintretenden wesentlichen Risiken zu implementieren, der sowohl die ökonomische als auch die normative Perspektive berücksichtigt. Die Risikoidentifizierung sollte unter Berücksichtigung von Risikokonzentrationen und Risiken von Schattenbankunternehmen[21] mindestens jährlich unter Einbeziehung aller relevanten Rechtssubjekte, Geschäftsbereiche und Risikopositionen erfolgen. Dabei sollten auch die zugrunde liegenden Risiken aus finanziellen und nichtfinanziellen Beteiligungen, Tochtergesellschaften und sonstigen verbundenen Unternehmen einbezogen werden, wie z.B. Unterstützungs-

---

19 Vgl. European Banking Authority, Leitlinien zu den Stresstests der Institute, EBA/GL/2018/04, 19. Juli 2018, S. 8, 12f., 20f., 28 und 36.

20 Vgl. Deutscher Genossenschafts- und Raiffeisenverband e.V., Das Risikomanagement als Grundsatz ordnungsmäßiger Geschäftsführung, DGRV-Schriftenreihe, Band 42, Wiesbaden, 2000, S. 32f.

21 Vgl. hierzu European Banking Authority, Leitlinien zu Obergrenzen für Risikopositionen gegenüber Schattenbankunternehmen, die außerhalb eines Regelungsrahmens Banktätigkeiten ausüben, gemäß Artikel 395 Absatz 2 der Verordnung (EU) Nr. 575/2013, EBA/GL/2015/20, 3. Juni 2016.

und Gruppenrisiko, Reputations- und operationelles Risiko, Risiken im Zusammenhang mit Patronatserklärungen etc. Zudem sollte durchaus über den aufsichtlichen Konsolidierungskreis hinausgeblickt werden. Die Nicht-Wesentlichkeit bestimmter Risiken sollte begründet werden.[22]

2.2 Prüfungsschwerpunkte

Die BaFin hat eine Empfehlung von CEBS[23] aus dem Jahr 2010 im Rahmen der dritten MaRisk-Novelle aufgegriffen. Demzufolge muss jedes Institut im Rahmen einer (ganzheitlichen) Risikoinventur prüfen, welche Risiken seine Vermögenslage (inkl. Kapitalausstattung), Ertragslage oder Liquiditätslage wesentlich beeinträchtigen können. Nach diesen Kriterien sollen die Institute bestimmen, welche Risiken als wesentlich eingestuft werden müssen. Was unter einer »wesentlichen« Beeinträchtigung zu verstehen ist, hängt in erster Linie vom vorhandenen Risikodeckungspotenzial und vom Risikoappetit der Geschäftsleitung ab (→ AT 4).   **32**

Die EZB versteht unter einem wesentlichen Risiko in vergleichbarer Weise ein kapital- oder liquiditätsbezogenes Abwärtsrisiko, das basierend auf den internen Definitionen der Institute wesentliche Auswirkungen auf ihr gesamtes Risikoprofil hat und somit die Kapital- oder Liquiditätsadäquanz der Institute beeinträchtigen kann.[24] Zwischen den internen Prozessen zur Sicherstellung einer angemessenen Kapitalausstattung (»Internal Capital Adequacy Assessment Process«, ICAAP) und Liquiditätsausstattung (»Internal Liquidity Adequacy Assessment Process«, ILAAP) wird insofern unterschieden, als in der ökonomischen Perspektive alle Risiken berücksichtigt werden müssen, die wesentliche Auswirkungen auf die Kapital- bzw. die Liquiditätsposition haben können.[25]   **33**

Wird ein bestimmtes Risiko, dem ein Institut ausgesetzt ist, als nicht wesentlich eingestuft, so ist dies zu begründen.[26]   **34**

Mit Hilfe dieser Anforderung lässt sich die Funktionsweise des Prinzips der doppelten Proportionalität verdeutlichen (→ AT 1 Tz. 3, 5 und 6). Letztlich hilft es einem Institut nicht weiter, wenn es bestimmte Anforderungen in Abhängigkeit von Art, Umfang, Komplexität und Risikogehalt seiner Geschäftsaktivitäten umsetzt (Proportionalität aus Sicht des Institutes) und anschließend von der Aufsicht im Rahmen des aufsichtlichen Überprüfungs- und Bewertungsprozesses (»Supervisory Review and Evaluation Process«, SREP) andere Maßstäbe zugrunde gelegt werden (Proportionalität aus Sicht der Aufsicht). Hinsichtlich der Risikobeurteilung wird das Prinzip der doppelten Proportionalität tatsächlich »gelebt«. Die deutsche Aufsicht verschafft sich selbst einen Überblick über die Qualität des institutsinternen Risikomanagements sowie die Risiken der Institute und erstellt auf dieser Basis so genannte »bankaufsichtliche Risikoprofile«. Diese Risikoprofile spiegeln die Beurteilung der Risikolage und des Risikomanagements der Institute wider (→ AT 1 Tz. 2). Dabei werden u. a. die Ausgestaltung und Angemessenheit des ICAAP und des ILAAP, die   **35**

---

22 Vgl. Europäische Zentralbank, Leitfaden der EZB für den bankinternen Prozess zur Sicherstellung einer angemessenen Kapitalausstattung (Internal Capital Adequacy Assessment Process – ICAAP), 9. November 2018, S. 28ff.

23 Der Ausschuss der Europäischen Bankaufsichtsbehörden (»Committee of European Banking Supervisors«, CEBS) war bis Ende 2010 die Vorgängerinstitution der European Banking Authority (EBA).

24 Vgl. Europäische Zentralbank, Leitfaden der EZB für den bankinternen Prozess zur Sicherstellung einer angemessenen Kapitalausstattung (Internal Capital Adequacy Assessment Process – ICAAP), 9. November 2018, S. 47; Europäische Zentralbank, Leitfaden der EZB für den bankinternen Prozess zur Sicherstellung einer angemessenen Liquiditätsausstattung (Internal Liquidity Adequacy Assessment Process – ILAAP), 9. November 2018, S. 37.

25 Vgl. Europäische Zentralbank, Leitfaden der EZB für den bankinternen Prozess zur Sicherstellung einer angemessenen Kapitalausstattung (Internal Capital Adequacy Assessment Process – ICAAP), 9. November 2018, S. 20; Europäische Zentralbank, Leitfaden der EZB für den bankinternen Prozess zur Sicherstellung einer angemessenen Liquiditätsausstattung (Internal Liquidity Adequacy Assessment Process – ILAAP), 9. November 2018, S. 17.

26 Vgl. Europäische Zentralbank, Leitfaden der EZB für den bankinternen Prozess zur Sicherstellung einer angemessenen Kapitalausstattung (Internal Capital Adequacy Assessment Process – ICAAP), 9. November 2018, S. 29.

AT 2.2 Risiken

wesentlichen Risiken eines Institutes, seine Ertragslage und Bilanzpolitik sowie seine Kapital- sowie Liquiditätsausstattung bewertet. In ähnlicher Weise funktioniert das »Risk Assessment System« (RAS) der EZB. Insofern besteht eine weitgehende Übereinstimmung zwischen den Prüfungsschwerpunkten der Institute und der Aufsicht. Diese Übereinstimmung ist eine wesentliche Voraussetzung für die Wirksamkeit des Prinzips der doppelten Proportionalität (→ AT 1 Tz. 3).

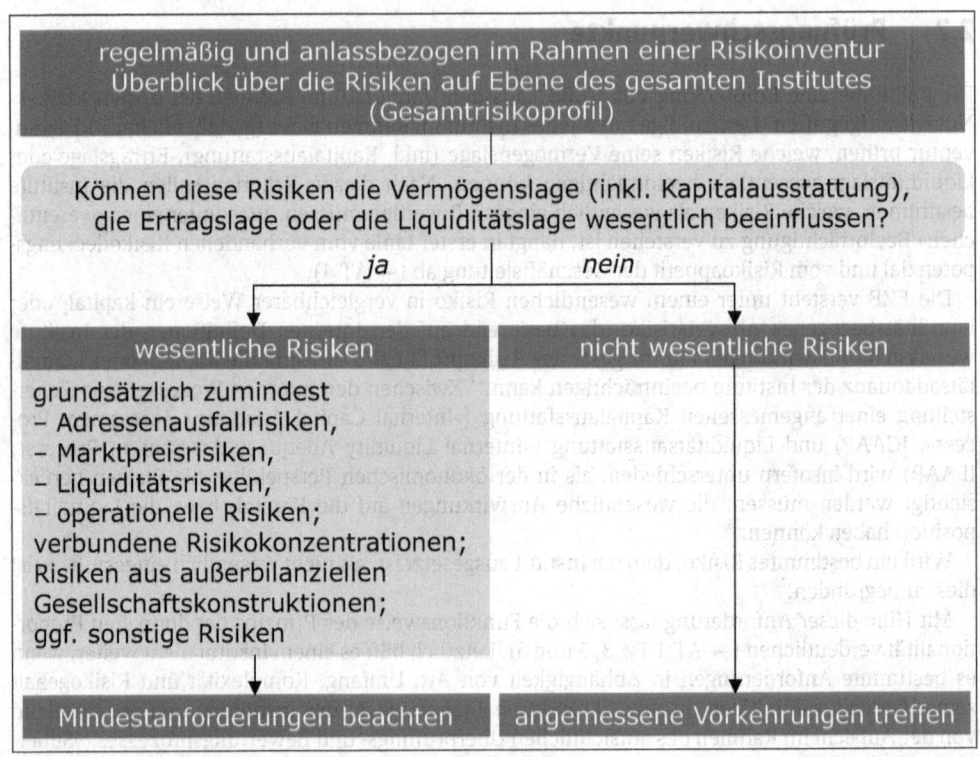

Abb. 10: Umgang mit den Risiken des Institutes

36 Die Risikoinventur muss aussagekräftig sein. Sie darf sich deshalb nicht ausschließlich an den Auswirkungen in der Rechnungslegung sowie an formalrechtlichen Ausgestaltungen orientieren. Mit dieser Anforderung möchte die Aufsicht bewusst den ökonomischen Gehalt der Risikoinventur in den Vordergrund rücken. Insbesondere soll dadurch verhindert werden, dass bestimmte Risiken einfach ausgeblendet werden. Das könnte z. B. bei Reputationsrisiken oder Risiken aus außerbilanziellen Gesellschaftskonstruktionen der Fall sein.[27] Auch die EZB weist darauf hin, dass ein Risiko – unabhängig von der angewandten Rechnungslegungspraxis – z. B. als wesentlich angesehen werden kann, wenn sein Eintritt, seine Nicht-Berücksichtigung oder seine fehlerhafte Darstellung die angemessene Kapitalausstattung, die Profitabilität oder den Fortbestand des Institutes, aus der ökonomischen Perspektive betrachtet, wesentlich verändern oder beeinflussen würde.[28]

---

27 Vgl. Hofer, Markus, MaRisk: Erneute Überarbeitung vor dem Hintergrund internationaler Standards, in: BaFinJournal, Ausgabe Januar 2011, S. 7.

28 Vgl. Europäische Zentralbank, Leitfaden der EZB für den bankinternen Prozess zur Sicherstellung einer angemessenen Kapitalausstattung (Internal Capital Adequacy Assessment Process – ICAAP), 9. November 2018, S. 30.

In diesem Zusammenhang betont die deutsche Aufsicht, dass auch solche Risiken zu berück-   **37**
sichtigen sind, die sich unter Umständen erst im Zeitverlauf, d.h. nach Ablauf des einjährigen
Risikobetrachtungshorizontes der Risikotragfähigkeitsrechnung, materialisieren bzw. materialisieren können. Das trifft z.B. auf Zinsänderungsrisiken zu.[29]

2.3 Risikoinventar und -taxonomie

Von den bedeutenden Instituten sollten die identifizierten Risiken mit ihren Merkmalen in ein   **38**
umfassendes internes Risikoinventar aufgenommen werden, das regelmäßig (mindestens jährlich) und anlassbezogen zu aktualisieren ist. Anlassbezogene Aktualisierungen sind erforderlich,
wenn die wesentlichen Risiken nicht mehr widergespiegelt werden, z.B. weil ein neues Produkt
eingeführt wurde oder bestimmte Geschäftsaktivitäten erweitert wurden.[30]

Bei der Erstellung des internen Risikoinventars müssen die Institute eine interne Risikotaxono-   **39**
mie[31] festlegen. Dabei sollte nicht einfach eine regulatorische Risikokategorisierung übernommen
werden, sondern mit Blick auf die individuelle Risikosituation vorgegangen werden.[32]

Die EBA hat in den vergangenen Jahren in ihren Arbeitsprogrammen im Zusammenhang mit   **40**
dem SREP regelmäßig auf eine aufsichtsrechtliche Risikotaxonomie (»supervisory risk taxonomy«)
verwiesen.[33] Hintergrund ist die Vorgabe in Art. 104a CRD V, wonach die zuständigen Behörden
den Instituten eine zusätzliche Eigenmittelanforderung (»Pillar 2 Requirement«) vorschreiben
sollen, wenn sie Risiken oder Risikokomponenten ausgesetzt sind, die von den in der CRR
festgelegten Eigenmittelanforderungen nicht oder nicht ausreichend abgedeckt sind. Die deutsche
Aufsicht hat auf Nachfrage klargestellt, dass die Risikotaxonomie von der EBA in erster Linie
entwickelt werde, um für die Aufsichtsbehörden ein gemeinsames Verständnis von der Definition
derartiger Risiken und ihrer Kategorisierung zu gewährleisten. Zwar könne die Risikotaxonomie
von den Behörden im Rahmen der Risiko- und ICAAP-Beurteilung eingesetzt werden. Es sei jedoch
nicht beabsichtigt, diese an die Institute zu kommunizieren. Damit solle insbesondere sichergestellt werden, dass die interne Risikoinventur als individuelle Auseinandersetzung der Institute
mit ihren Risiken und deren Wesentlichkeitseinstufung nicht verzerrt wird.[34] Allerdings plant die
EBA, ihre Leitlinien zum SREP mittelfristig an diese aufsichtsrechtliche Risikotaxonomie anzupassen. Damit sollen die Konvergenz bei der Identifizierung und Bewertung der Risiken und die
Konsistenz bei der Bestimmung der Kapitalanforderungen gestärkt werden. Die aufsichtsrechtliche Risikotaxonomie soll im Endeffekt alle aufsichtsrechtlichen Risiken mit den jeweiligen

---

29 Vgl. Bundesanstalt für Finanzdienstleistungsaufsicht/Deutsche Bundesbank, Aufsichtliche Beurteilung bankinterner
Risikotragfähigkeitskonzepte und deren prozessualer Einbindung in die Gesamtbanksteuerung (»ICAAP«) – Neuausrichtung, Leitfaden vom 24. Mai 2018, S. 7.

30 Vgl. Europäische Zentralbank, Leitfaden der EZB für den bankinternen Prozess zur Sicherstellung einer angemessenen
Kapitalausstattung (Internal Capital Adequacy Assessment Process – ICAAP), 9. November 2018, S. 28.

31 Unter der »Risikotaxonomie« versteht die EZB eine Kategorisierung der verschiedenen Risikoarten und -faktoren, die es
den Instituten ermöglicht, Risiken anhand einer gemeinsamen Risiko-Nomenklatur und -Zuordnung konsistent zu
bewerten, zu aggregieren und zu steuern. Vgl. Europäische Zentralbank, Leitfaden der EZB für den bankinternen
Prozess zur Sicherstellung einer angemessenen Kapitalausstattung (Internal Capital Adequacy Assessment Process –
ICAAP), 9. November 2018, S. 47.

32 Vgl. Europäische Zentralbank, Leitfaden der EZB für den bankinternen Prozess zur Sicherstellung einer angemessenen
Kapitalausstattung (Internal Capital Adequacy Assessment Process – ICAAP), 9. November 2018, S. 29.

33 Vgl. European Banking Authority, EBA Work Programme 2021, EBA/REP/2020/26, 30. September 2020, S. 20; European
Banking Authority, The EBA 2020 Work Programme, Revised Version, EBA/REP/2020/22, 1. Juli 2020, S. 24; European
Banking Authority, The EBA 2020 Work Programme, 10. Oktober 2019, S. 19; European Banking Authority, EBA 2019
Work Programme, 23. Oktober 2018, S. 20.

34 Diese Informationen wurden von der Deutschen Bundesbank am 6. Juli 2020 per E-Mail an den Bundesverband
Öffentlicher Banken Deutschlands kommuniziert und anschließend innerhalb der Deutschen Kreditwirtschaft (DK) geteilt.

Instrumenten entsprechend den relevanten Vorgaben in beiden Säulen abbilden.[35] Insofern ist zu erwarten, dass mit den nächsten Anpassungen dieser Leitlinien auch das Verständnis der EBA zu den verschiedenen Risiken transparenter wird.

2.4 Bruttoansatz bei der Risikoidentifizierung

41 Der FSB und der Baseler Ausschuss für Bankenaufsicht erwarten, dass die Institute sowohl die Bruttorisikoposition, d. h. die Risikoposition vor Anwendung von Risikominderungen, als auch die Nettorisikoposition, also unter Berücksichtigung von Risikominderungen, innerhalb und über jede wesentliche Risikokategorie hinweg auf der Basis aktueller oder zukunftsorientierter Annahmen berechnen.[36]

42 Auch die EZB erwartet von den bedeutenden Instituten, bei der Risikoidentifizierung einem »Bruttoansatz« zu folgen, d. h. spezifische Maßnahmen zur Minderung der zugrunde liegenden Risiken zunächst nicht zu berücksichtigen und erst anschließend die Wirksamkeit dieser Minderungsmaßnahmen zu beurteilen. Sofern z. B. das Zinsstrukturkurvenrisiko, d. h. das sich aus Veränderungen der Steigung und Form der Zinsstrukturkurve ergebende Risiko, aufgrund der Fälligkeitsstruktur des Anlagebuches als wesentlich gilt, sollte es zunächst ohne Berücksichtigung von Managementmaßnahmen zur Risikominderung identifiziert, bewertet und im Risikoinventar erfasst werden. Erst anschließend sollte entschieden werden, ob das Zinsstrukturkurvenrisiko durch eine Kombination aus Derivaten und vertraglichen Vereinbarungen gemindert und deshalb nicht als wesentlich eingestuft und auch nicht mit Kapital unterlegt wird.[37]

2.5 Risiken aus außerbilanziellen Gesellschaftskonstruktionen

43 Bei der Risikoinventur sind auch Risiken aus außerbilanziellen Gesellschaftskonstruktionen zu betrachten, wie z. B. Risiken aus nicht konsolidierungspflichtigen Zweckgesellschaften (→ AT 2.2 Tz. 2, Erläuterung). Diesbezüglich besteht ein enger Zusammenhang zwischen den Reputations- und den Liquiditätsrisiken. Um eine gute Reputation zu wahren und damit negative Wahrnehmungen durch den Markt zu vermeiden, können die Institute unter Umständen gezwungen sein, Finanzierungsleistungen für assoziierte Parteien (wie insbesondere Zweckgesellschaften) zu erbringen, wenngleich sie dazu nicht vertraglich verpflichtet sind. In der Folge könnten derartige Maßnahmen zu einer signifikanten Verschlechterung der Liquiditätssituation führen.[38]

44 Die Institute sollten die Risiken im Zusammenhang mit Verpflichtungen aus außerbilanziellen Gesellschaftskonstruktionen für strukturierte Kreditprodukte und die Möglichkeit, dass diese Vermögenswerte aus Reputationsgründen auf die Bilanz genommen werden müssen, sorgfältig prüfen. Daher sollten die Institute in ihre Stresstestprogramme Szenarien zur Beurteilung der Größe und Tragfähigkeit dieser Gesellschaftskonstruktionen im Vergleich zu ihrer eigenen Finanz-, Liquiditäts- und (regulatorischen) Kapitalausstattung aufnehmen. Diese Analyse sollte

---

35 Vgl. European Banking Authority, Risk Reduction Package Roadmaps: EBA Tasks Arising from CRD 5 – CRR 2 – BRRD 2, 21. November 2019, S. 40 f.

36 Vgl. Financial Stability Board, Principles for An Effective Risk Appetite Framework, 18. November 2013, S. 3; Basel Committee on Banking Supervision, Guidelines – Corporate governance principles for banks, BCBS 328, 8. Juli 2015, S. 2.

37 Vgl. Europäische Zentralbank, Leitfaden der EZB für den bankinternen Prozess zur Sicherstellung einer angemessenen Kapitalausstattung (Internal Capital Adequacy Assessment Process – ICAAP), 9. November 2018, S. 30 f.

38 Vgl. Committee of European Banking Supervisors, Revised Guidelines on the management of concentration risk under the supervisory review process (GL 31), 2. September 2010, S. 30.

auch die Bilanzstrukturpolitik, die Solvenz, die Liquidität und andere Risikofaktoren beinhalten, einschließlich der Effekte von Vereinbarungen und auslösenden Ereignissen (»trigger events«).[39] Im Verlauf der Finanzmarktkrise sahen sich eine ganze Reihe von Instituten dazu gezwungen, so genannte »troubled assets« wieder zurück auf ihre eigene Bilanz zu nehmen, ohne dass dafür rechtliche Verpflichtungen bestanden.[40]

2.6 Sonstige Risiken

Grundsätzlich sind die klassischen Risikoarten als wesentlich einzustufen, wobei damit verbun-   **45**
dene Risikokonzentrationen zu berücksichtigen sind (→ AT 2.2 Tz. 1). Die wesentlichen Risiken der Institute beschränken sich aufgrund der heterogenen Bankenlandschaft jedoch nicht notwendigerweise auf die von der Aufsicht quasi vorgegebene Liste der wesentlichen Risiken, d.h. die Adressenausfall-, Marktpreis-, Liquiditäts- und operationellen Risiken. Abhängig vom konkreten Gesamtrisikoprofil des Institutes sind ggf. auch sonstige Risiken als wesentlich einzustufen (→ AT 2.2 Tz. 2, Erläuterung). Diverse Beispiele werden an anderer Stelle genannt, insbesondere mit Bezug auf die Unterkategorien der Kapitalrisiken (→ BTR 1, BTR 2 und BTR 4) sowie die Liquiditäts- und Refinanzierungsrisiken (→ BTR 3).

Auch nach den Vorgaben der EBA sollten die zuständigen Behörden beim SREP sonstige Risiken   **46**
einbeziehen, die für ein Institut zwar als wesentlich identifiziert werden, in den EBA-Leitlinien aber nicht aufgeführt sind. Beispielhaft werden Pensionsrisiken, Versicherungsrisiken und strukturelle Fremdwährungsrisiken genannt.[41] Hinsichtlich der Bedeutung sonstiger Risiken für die Kreditwirtschaft geraten – wenn auch nicht ausschließlich – mehr und mehr die »nicht-finanziellen Risiken« in den Fokus.

2.7 Einbeziehung von Nachhaltigkeitsrisiken

Unter »Nachhaltigkeitsrisiken« bzw. »ESG-Risiken« werden Ereignisse oder Bedingungen aus den   **47**
Bereichen Umwelt, Soziales und Unternehmensführung (»Environmental, Social and Governance«, ESG) verstanden, deren Eintreten tatsächlich oder potenziell negative Auswirkungen auf die Vermögens-, Finanz- und Ertragslage sowie auf die Reputation eines beaufsichtigten Unternehmens haben können (→ BTR Tz. 1).[42] Insofern muss also im Rahmen der Risikoinventur noch geklärt werden, ob es sich dabei um eine wesentliche Beeinträchtigung handelt. Die Institute sollten deshalb bei der turnusmäßigen Risikoinventur auch Nachhaltigkeitsrisiken, welche die Vermögens-, Ertrags- oder Liquiditätslage signifikant beeinträchtigen können, in den Blick nehmen.[43]

39 Vgl. Committee of European Banking Supervisors, Revised Guidelines on Stress Testing (GL 32), 26. August 2010, S. 33.

40 Vgl. Institute of International Finance, Final Report of the IIF Committee on Market Best Practices: Principles of Conduct and Best Practice Recommendations – Financial Services Industry Response to the Market Turmoil of 2007–2008, 21. Juli 2008, S. 69.

41 Vgl. European Banking Authority, Guidelines on common procedures and methodologies for the supervisory review and evaluation process (SREP) and supervisory stress testing, EBA/GL/2014/13, Consolidated version, 19. Juli 2018, S. 72 f.

42 Vgl. Bundesanstalt für Finanzdienstleistungsaufsicht, Merkblatt zum Umgang mit Nachhaltigkeitsrisiken, 20. Dezember 2019, geändert am 13. Januar 2020, S. 13.

43 Vgl. Bundesanstalt für Finanzdienstleistungsaufsicht, Merkblatt zum Umgang mit Nachhaltigkeitsrisiken, 20. Dezember 2019, geändert am 13. Januar 2020, S. 31.

AT 2.2 Risiken

48   Eine Besonderheit von Nachhaltigkeitsrisiken besteht darin, dass sie nicht als eigene Risikoart betrachtet werden, sondern als Risikotreiber für die bekannten aufsichtlichen Risikoarten und sich insofern auf deren Wesentlichkeit auswirken können.[44] Vor diesem Hintergrund sollten die Nachhaltigkeitsrisiken i.d.R. unter den bereits identifizierten Risikoarten – insbesondere Adressenausfallrisiken, Marktpreisrisiken, Spreadrisiken und operationelle Risiken – erfasst werden können (→ BTR Tz. 1).[45] Andererseits können sich die Nachhaltigkeitsrisiken auf weitere Risikoarten in einer Weise auswirken, dass diese dadurch wesentlich werden. Die BaFin erwartet daher, dass sich die Institute mit Nachhaltigkeitsrisiken auseinandersetzen und dies dokumentieren.[46]

49   Einer Bestandsaufnahme der EZB zufolge sind in den Instituten beim Management von klimabedingten Risiken noch erhebliche Anstrengungen erforderlich. Bis Mitte 2020 haben zwar nahezu 75 Prozent der untersuchten bedeutenden Institute klimabezogene Risiken bei ihrer Risikoinventur berücksichtigt. Davon ist aber nur ein Drittel zu dem Schluss gekommen, dass diese Risiken für sie bereits wesentlich sind. Die für die Bewertung der Wesentlichkeit verwendeten Kriterien sind nach Einschätzung der EZB nicht gut ausgearbeitet und meist nur qualitativer Natur. Kritisiert wird auch, dass die von den Instituten verwendeten Risikotaxonomien sehr heterogen sind. In der Regel bündeln die Institute klimabezogene Risiken mit anderen Risiken, wobei die Kategorien »Umwelt- und Sozialrisiko« und »Nachhaltigkeitsrisiko« am häufigsten verwendet werden, gefolgt von »Klimawandelrisiko«. In den meisten Fällen werden klimabezogene Risiken als Bestandteil anderer Risikokategorien behandelt, vor allem im Zusammenhang mit Kreditrisiken, operationellen Risiken und Reputationsrisiken, aber z.B. auch mit Geschäfts- bzw. strategischen Risiken. Wenige Institute behandeln klimabezogene Risiken als eigene Risikokategorie. Lediglich 20 Prozent der untersuchten Institute verwendet klimabezogene Indikatoren, z.B. als Bestandteil einer Strategie für nachhaltige Finanzierung. Basierend auf solchen Indikatoren werden von diesen Instituten Maßnahmen zur Risikominderung ergriffen, wie z.B. ein »Negativ-Screening« (Ausschluss von Investitionen in Unternehmen, Sektoren oder Ländern auf Basis von vorselektierten Kriterien, die auf einen bestimmten Ansatz zugeschnitten sind), um bestimmte Kreditengagements zu vermeiden, die potenzielle negative klimabezogene Auswirkungen auf sie haben könnten. Nur wenige Institute beziehen klimabezogene Risiken in ihre ICAAP-Stresstestprogramme ein. Die große Mehrheit der Institute hat noch keine internen Prozesse etabliert, um klimabezogene Risiken systematisch zu identifizieren und zu managen. Die EZB hat daraus abgeleitet, dass diese Institute bei ihren Geschäftsentscheidungen Risiken ausgesetzt sind, die mittel- bis langfristig erhebliche negative Folgen für ihre Kapitalausstattung haben könnten. Sie sollten daher schnell einen vorausschauenden, umfassenden und strategischen Ansatz für das Management dieser Risiken wählen. Möglich ist dies durch die explizite Einbeziehung einer vorausschauenden Bewertung in den Prozess der Risikoidentifizierung, um potenzielle Bedrohungen zu identifizieren, und eine klare Darstellung der festgestellten Auswirkungen.[47] Die BaFin kommt im Rahmen einer Umfrage zur Umsetzung ihres Merkblattes zu Nachhaltigkeitsrisiken ebenfalls zu dem Ergebnis, dass weitere Anstrengungen erforderlich sind. Insbesondere würden Nachhaltigkeitsrisiken bisher nur von wenigen Instituten als wesentlich eingestuft.[48]

50   Die EZB hat allerdings auch über verschiedene gute Ansätze in diesem Bereich berichtet. So führt z.B. ein Institut zusätzlich zur jährlichen Risikoinventur einen Prozess zur vierteljährlichen Neubewertung der Wesentlichkeit von Risiken im Hinblick auf Veränderungen ihrer Geschäfts-

---

44 Vgl. Bundesanstalt für Finanzdienstleistungsaufsicht, Merkblatt zum Umgang mit Nachhaltigkeitsrisiken, 20. Dezember 2019, geändert am 13. Januar 2020, S. 18.

45 Vgl. Bundesanstalt für Finanzdienstleistungsaufsicht, Merkblatt zum Umgang mit Nachhaltigkeitsrisiken, 20. Dezember 2019, geändert am 13. Januar 2020, S. 31.

46 Vgl. Bundesanstalt für Finanzdienstleistungsaufsicht, Merkblatt zum Umgang mit Nachhaltigkeitsrisiken, 20. Dezember 2019, geändert am 13. Januar 2020, S. 10.

47 Vgl. European Central Bank, ECB report on banks' ICAAP practices, 11. August 2020, S. 37 ff.

48 Vgl. Bundesanstalt für Finanzdienstleistungsaufsicht, Der deutsche Finanzsektor und die Nachhaltigkeitsrisiken: Eine Sachstandserhebung durch die BaFin – Ausführlicher Bericht, 14. Oktober 2021, S. 8 ff.

aktivitäten und ihres operativen Umfeldes durch. Dazu gehört insbesondere eine Neubewertung der Wesentlichkeit von Risiken, die zuvor nicht identifiziert wurden oder denen das Institut bis dahin (noch) nicht in einem wesentlichen Ausmaß ausgesetzt war. Ein anderes Institut kombiniert einen »Top-down-Ansatz« mit einem »Bottom-up-Ansatz«, indem zunächst ein Risikokomitee aus Konzernsicht eine »globale Risikotreiberkarte« entwickelt und das lokale Risikomanagement der Konzerngesellschaften anschließend bewertet, inwieweit diese globalen Risikotreiber für ihren Bereich relevant sind, wie sie sich zu Risikoereignissen materialisieren könnten und welchen anderen Risikotreibern sie auf lokaler Ebene zusätzlich ausgesetzt sind. Dabei legen die lokalen Konzerngesellschaften auch fest, welche Risiken aus der globalen Liste aus lokaler Sicht wesentlich sind, und nehmen diese in ihr »lokales Risikoinventar« auf.[49]

Die Institute müssen jedenfalls einen regulären Prozess für die Ermittlung sämtlicher wesentlichen Risiken implementieren und diese Risiken in ein umfassendes internes Risikoinventar aufnehmen.[50] Die EZB erwartet deshalb, dass in dem auf der institutsinternen Risikotaxonomie basierenden Risikoinventar auch eine sorgfältige Beschreibung der Klima- und Umweltrisiken enthalten ist. Das Risikoinventar dient wiederum als Basis für die Erstellung der Erklärung zum Risikoappetit (→ AT 4.2 Tz. 2).[51] Die Institute sollen Klima- und Umweltrisiken bei der Beurteilung der Wesentlichkeit der Risiken für ihre Geschäftsbereiche auf kurze, mittlere und lange Sicht umfassend berücksichtigen. Aufgrund der Unwägbarkeiten, denen bei einer Quantifizierung der Auswirkungen von Klima- und Umweltrisiken begegnet werden muss, können die Institute plausible Annahmen zur Entwicklung von Näherungswerten heranziehen und dabei insbesondere den Einsatz von Stresstests (mehreren Szenarien) in Betracht ziehen. Die zugrunde liegende Analyse sollte auf das Geschäftsmodell und das Risikoprofil des Institutes zugeschnitten sein und die Anfälligkeit der wirtschaftlichen (Teil-)Sektoren, des Geschäftsbetriebes und der Standorte des Institutes und seiner Geschäftspartner angemessen berücksichtigen. Insgesamt sollten die Institute ein ganzheitliches Verständnis von den Auswirkungen von Klima- und Umweltrisiken auf bestehende Risikoarten besitzen und dieses gut dokumentieren, insbesondere ihre Transmissionskanäle und ihren Einfluss auf das Risikoprofil.[52] Wird ein bestimmtes Risiko, dem ein Institut ausgesetzt ist, nicht als wesentlich erachtet, ist dies zu begründen.[53] Die EZB erwartet, dass die dieser Einschätzung zugrunde liegenden qualitativen und quantitativen Informationen ausgeführt und dokumentiert werden.[54]

Die EZB fordert von den Instituten eine Prüfung, ob ihre Engagements in wesentlichem Maße Klima- und Umweltrisiken ausgesetzt sind. Bei der institutsspezifischen Wesentlichkeitsbeurteilung ist den Besonderheiten des jeweiligen Geschäftsmodells, Geschäftsumfeldes und Risikoprofils Rechnung zu tragen.[55] Unabhängig von seiner Größe kann es sein, dass ein Institut schwerpunktmäßig in einem Markt, Sektor oder geografischen Gebiet tätig ist, der bzw. das wesentlichen physischen und transitorischen Risiken ausgesetzt ist. Dadurch könnte das Institut ggf. höchst anfällig für die Auswirkungen von klimabedingten Veränderungen und Umweltzerstörung sein.[56]

51

52

---

49 Vgl. European Central Bank, ECB report on banks' ICAAP practices, 11. August 2020, S. 39.

50 Vgl. Europäische Zentralbank, Leitfaden der EZB für den bankinternen Prozess zur Sicherstellung einer angemessenen Kapitalausstattung (Internal Capital Adequacy Assessment Process – ICAAP), 9. November 2018, S. 28 f.

51 Vgl. Europäische Zentralbank, Leitfaden zu Klima- und Umweltrisiken – Erwartungen der Aufsicht in Bezug auf Risikomanagement und Offenlegungen, 27. November 2020, S. 25.

52 Um sich ein Bild von den potenziellen finanziellen Folgen von Klimarisiken zu machen, hat ein Institut z. B. die wichtigsten Transmissionskanäle den bestehenden Risikokategorien zugeordnet und eine Übersicht über die geschätzten Auswirkungen auf ihr Risikoprofil und den geschätzten Zeitrahmen erstellt. Vgl. Europäische Zentralbank, Leitfaden zu Klima- und Umweltrisiken – Erwartungen der Aufsicht in Bezug auf Risikomanagement und Offenlegungen, 27. November 2020, S. 34 f.

53 Vgl. Europäische Zentralbank, Leitfaden der EZB für den bankinternen Prozess zur Sicherstellung einer angemessenen Kapitalausstattung (Internal Capital Adequacy Assessment Process – ICAAP), 9. November 2018, S. 63.

54 Vgl. Europäische Zentralbank, Leitfaden zu Klima- und Umweltrisiken – Erwartungen der Aufsicht in Bezug auf Risikomanagement und Offenlegungen, 27. November 2020, S. 34.

55 Vgl. Europäische Zentralbank, Leitfaden zu Klima- und Umweltrisiken – Erwartungen der Aufsicht in Bezug auf Risikomanagement und Offenlegungen, 27. November 2020, S. 6 f.

56 Vgl. Network for Greening the Financial System, Guide for Supervisors: Integrating climate-related and environmental risks into prudential supervision, Technical document, 27. Mai 2020, S. 39.

AT 2.2 Risiken

53   Die kurz-, mittel- und langfristig von ESG-Faktoren ausgehenden Auswirkungen, die die wirtschaftlichen und finanziellen Aktivitäten einer Gegenpartei auf die Leistung der Institute haben können, umfassen sowohl die finanzielle Wesentlichkeit, die sich aus deren Aktivitäten in ihrer gesamten Wertschöpfungskette ergeben kann, als auch die ökologische und soziale Wesentlichkeit, die sich aus den externen Auswirkungen von deren Aktivitäten ergibt und typischerweise von größtem Interesse für Bürger, Verbraucher, Mitarbeiter, Geschäftspartner, Organisationen der Zivilgesellschaft und Gemeinden ist. Vor diesem Hintergrund spricht die EBA von der »doppelten Wesentlichkeitsperspektive«. Bei der Bewertung der finanziellen Wesentlichkeit müssen zudem die Auswirkungen, die exogen zu den Aktivitäten des Geschäftspartners sind (z.B. Überschwemmungen, Tsunamis, Brände oder andere klimabezogene Gefahren), und die Auswirkungen, die sich aus seinen Geschäftsaktivitäten endogen ergeben (z.B. klimaschädliche Aktivitäten oder die Nichteinhaltung sozialer Standards, wie Arbeitsbedingungen und ethische Werte), berücksichtigt werden.[57] Im endgültigen Bericht der EBA sind diese Ausführungen nicht mehr im Detail enthalten. Stattdessen wird nur allgemein zum Ausdruck gebracht, dass die negativen Auswirkungen, die Institute auf ESG-Faktoren und ESG-Faktoren auf Institute haben, auch zu finanziellen Risiken führen können. Beispielhaft wird darauf verwiesen, dass die Misshandlung von Mitarbeitern eine negative Medienpräsenz verursacht, die zu Reputationsverlusten oder sogar zu Rechtsansprüchen führt, oder physische Risiken die Bürogebäude des Institutes betreffen können.[58]

54   Da die Bedeutung von ESG-Risiken vermutlich zunehmen wird, sollten die Institute beurteilen können, ob ESG-Risiken zu wesentlichen finanziellen Risikotreibern werden. Die EBA hält es vor allem für sinnvoll, Kreditkonzentrationen zu überwachen. Schließlich stellen Konzentrationen bei einem bestimmten Kontrahenten, der nicht nachhaltige Geschäftsaktivitäten ausübt, oder in einer bestimmten Region, die aufgrund von Umweltbedingungen oder Menschenrechtsverletzungen ein hohes Risiko darstellt, eine erhebliche Herausforderung für die Institute dar. Ähnlich verhält es sich, wenn sich die Anlageaktivitäten auf Gegenparteien, Sektoren oder Rohstoffe konzentrieren, die besonders anfällig für ESG-Risiken sind. Mit Blick auf die physischen und transitorischen Risiken sollten die Institute versuchen, den Anteil der Vermögenswerte ihrer Gegenparteien, der sich in Regionen befindet, die anfälliger für akute oder chronische physische Risiken sind, sowie alle von ihnen ergriffenen Maßnahmen, die sie zur Minderung der Anfälligkeit dieser spezifischen Vermögenswerte ergreifen, zu ermitteln.[59]

55   Die bereits verfügbaren Tools zur Risikoinventur bzw. Portfolioanalyse, wie z.B. spezielle »ESG-Ratings«, können von den Instituten verwendet werden. Sie liegen aber in der inhaltlichen, technischen und sonstigen Verantwortung der Anbieter bzw. Betreiber, d.h. ihre Nutzung kann nicht die eigene Risikobeurteilung von beaufsichtigten Unternehmen ersetzen, möglicherweise aber bei der Risikoidentifizierung unterstützen (→ BTO 1.2 Tz. 6).[60]

57 Vgl. European Banking Authority, EBA Discussion paper on management and supervision of ESG risks for credit institutions and investment firms, EBA/DP/2020/03, 30. Oktober 2020, S. 28.

58 Vgl. European Banking Authority, EBA Report on management and supervision of ESG risks for credit institutions and investment firms, EBA/REP/2021/18, 23. Juni 2021, S. 33.

59 Vgl. European Banking Authority, EBA Report on management and supervision of ESG risks for credit institutions and investment firms, EBA/REP/2021/18, 23. Juni 2021, S. 111f.

60 Vgl. Bundesanstalt für Finanzdienstleistungsaufsicht, Merkblatt zum Umgang mit Nachhaltigkeitsrisiken, 20. Dezember 2019, geändert am 13. Januar 2020, S. 31.

AT 2.3 Geschäfte

1	**Kreditgeschäfte (Tz. 1)**	1
1.1	Kreditgeschäft im Sinne des § 19 Abs. 1 KWG	2
1.1.1	Bilanzaktiva	4
1.1.1.1	Beteiligungen	5
1.1.1.2	Handelsgeschäfte	7
1.1.2	Derivate	9
1.1.3	Andere außerbilanzielle Geschäfte	12
1.2	Verbriefungen	13
2	**Kreditentscheidung (Tz. 2)**	16
2.1	Bedeutung der Kreditentscheidung	17
2.2	Liste der Kreditentscheidungen	19
2.2.1	Neukredite und Krediterhöhungen	21
2.2.2	Festlegung von kreditnehmerbezogenen Limiten	22
2.2.3	Limitüberschreitungen	23
2.2.4	Festlegung von Kontrahenten- und Emittentenlimiten	24
2.2.5	Prolongationen	25
2.2.6	Erwerb von Beteiligungen	27
2.2.7	Änderungen risikorelevanter Sachverhalte	28
2.3	Konsortialfinanzierungen	31
3	**Handelsgeschäfte (Tz. 3)**	32
3.1	Finanzinstrumente gemäß § 1 Abs. 11 KWG	33
3.1.1	Geldmarktgeschäfte	36
3.1.2	Wertpapiergeschäfte	37
3.1.3	Devisengeschäfte	43
3.1.4	Geschäfte in handelbaren Forderungen	44
3.1.5	Geschäfte in Waren	47
3.1.6	Geschäfte in Derivaten	49
3.1.7	Geschäfte in Kryptowerten	50
3.1.8	Schwarmfinanzierungsinstrumente	52
3.1.9	Pensionsgeschäfte und Wertpapierleihgeschäfte	53
3.2	Geschäfte im eigenen Namen und für eigene Rechnung	55
3.3	Ausnahmen	57
3.4	Abgrenzung zwischen Handels- und Anlagebuch	58
4	**Geschäfte in Derivaten (Tz. 4)**	59
4.1	Bedeutung von Derivaten	60
4.2	Derivate-Definitionen in der Wissenschaft	63
4.3	Derivate-Definitionen in KWG und CRR	64
4.4	Derivate-Definition der MaRisk	69
4.5	Einbeziehung von Kreditderivaten	70

1 Kreditgeschäfte (Tz. 1)

1   **1** Kreditgeschäfte im Sinne dieses Rundschreibens sind grundsätzlich Geschäfte nach Maßgabe des § 19 Abs. 1 KWG (Bilanzaktiva und außerbilanzielle Geschäfte mit Adressenausfallrisiken).

1.1 Kreditgeschäft im Sinne des § 19 Abs. 1 KWG

2   Die für das Kreditgeschäft relevanten Module der MaRisk, insbesondere die aufbau- und ablauforganisatorischen Anforderungen im besonderen Teil, sind nicht nur auf die eher als klassische Geschäftsarten zu bezeichnenden Bereiche, wie die Vergabe von Darlehen, Bürgschaften oder Garantien, beschränkt (→ BTO 1 und BTR 1). Grundsätzlich werden alle Geschäfte erfasst, die einem Adressenausfallrisiko unterliegen. Der für die MaRisk maßgebliche Kreditbegriff des § 19 Abs. 1 KWG[1] erfasst Bilanzaktiva, Derivate und andere außerbilanzielle Geschäfte, die einer Adresse zuzuordnen sind und folglich einem Adressenausfallrisiko unterliegen. Die BaFin trägt mit diesem weiten Anwendungsbereich der Tatsache Rechnung, dass sich Adressenausfallrisiken nicht nur auf das traditionelle Kreditgeschäft beschränken. Mit Adressenausfallrisiken behaftet sind u. a. auch Handelsgeschäfte, Beteiligungen oder Unternehmensanleihen.

3   Die Implementierung angemessener und sachgerechter Prozesse und Verfahren ist grundsätzlich für alle mit Adressenausfallrisiken behafteten Geschäfte erforderlich. Zur weiteren Differenzierung aufgrund geschäftsspezifischer Besonderheiten sind Erleichterungen bei der Umsetzung der Anforderungen gestattet, die sich am Risikogehalt der Geschäfte orientieren. Zudem enthalten die MaRisk weitgehende Erleichterungen für Handelsgeschäfte und Beteiligungen. So ist für diese Geschäftsarten aufgrund ihrer Eigenarten nur eine sinngemäße Umsetzung der aufbau- und ablauforganisatorischen Anforderungen an das Kreditgeschäft erforderlich (→ BTO 1 Tz. 1).

1.1.1 Bilanzaktiva

4   Zu den Kreditgeschäften nach § 19 Abs. 1 KWG gehört eine ganze Reihe von Bilanzaktiva. Dazu zählen laut § 19 Abs. 1 Satz 2 KWG die Guthaben bei Zentralnotenbanken und Postgiroämtern, Schuldtitel öffentlicher Stellen und Wechsel, die zur Refinanzierung bei Zentralnotenbanken zugelassen sind, im Einzug befindliche Werte, für die entsprechende Zahlungen bereits bevorschusst wurden (z. B. Schecks, Zins-, Ertrags- und Gewinnanteilscheine, fällige Schuldverschreibungen), Forderungen an Kreditinstitute und Kunden (inkl. Warenforderungen von Kreditinstituten mit Warengeschäft sowie in der Bilanz aktivierte Ansprüche aus Leasingverträgen auf Zahlungen, zu denen der Leasingnehmer verpflichtet ist oder verpflichtet werden kann, und Optionsrechte des Leasingnehmers zum Kauf der Leasinggegenstände, die einen Anreiz zur Ausübung des Optionsrechts bieten), Schuldverschreibungen und andere festverzinsliche Wertpapiere, soweit sie kein Recht verbriefen, das unter die Derivate im Sinne von § 19 Abs. 1 Satz 1

---

1   Die Vorgaben zum weiten Kreditbegriff in § 19 Abs. 1 KWG gelten seit 1. Januar 2014 nur noch für den Bereich der Millionenkredite, während der Kreditbegriff für Großkredite (»Risikopositionen«) seitdem in Art. 389 CRR geregelt ist. Darüber hinaus ist § 19 Abs. 1 KWG maßgeblich für die Anforderungen an Organkredite gemäß § 15 KWG und die Offenlegung der wirtschaftlichen Verhältnisse gemäß § 18 KWG.

KWG fällt (z. B. festverzinsliche Inhaberschuldverschreibungen, Schatzwechsel, Schatzanweisungen, Geldmarktpapiere, Null-Coupon-Anleihen), Aktien und andere nicht festverzinsliche Wertpapiere, soweit sie kein Recht verbriefen, das unter die Derivate im Sinne von § 19 Abs. 1 Satz 1 KWG fällt, Beteiligungen, Anteile an verbundenen Unternehmen und sonstige Vermögensgegenstände, die einem Adressenausfallrisiko unterliegen.

1.1.1.1   Beteiligungen

Aus ökonomischer Sicht ist es grundsätzlich kein wesentlicher Unterschied, ob das Institut einem   5
Unternehmen einen Kredit gewährt oder ob es eine Beteiligung an diesem Unternehmen erwirbt.
Vor diesem Hintergrund ist es nachvollziehbar, dass auch Beteiligungen vom weiten Anwendungsbereich des § 19 Abs. 1 KWG erfasst werden. Allerdings haben sich in der Praxis des
Beteiligungsgeschäftes Besonderheiten herausgebildet, so dass die für das Kreditgeschäft relevanten Anforderungen der MaRisk nicht unmittelbar und vollständig auf diese Geschäftsart übertragen werden können. Daher sind insbesondere die aufbau- und ablauforganisatorischen Anforderungen zum Kreditgeschäft für Beteiligungen nur sinngemäß umzusetzen (→ BTO 1 Tz. 1). Die
sinngemäße Umsetzung umfasst – unabhängig davon, ob es sich im Einzelfall um kreditnahe bzw.
kreditsubstituierende oder strategische Beteiligungen handelt – grundsätzlich die Festlegung einer
Beteiligungsstrategie sowie die Einrichtung eines Beteiligungscontrollings.

Handelt es sich um kreditnahe bzw. kreditsubstituierende Beteiligungen, sind darüber hinaus   6
grundsätzlich auch die aufbau- und ablauforganisatorischen Anforderungen zu beachten. Bei
Verbundbeteiligungen oder Pflichtbeteiligungen (z. B. Beteiligungen, die nach den Sparkassengesetzen oder satzungsmäßig vorgegeben sind oder Beteiligungen an der SWIFT) ist hingegen nicht
zwingend ein gesondertes Risikocontrolling erforderlich. Der notwendigen laufenden Überwachung
kann in diesen Fällen auch durch andere Maßnahmen entsprochen werden. Infrage kommt z. B. die
Durchsicht von Jahresabschlüssen und Geschäftsberichten oder die Kontrolle der Beteiligungskonten (→ BTO 1 Tz. 1, Erläuterung).

1.1.1.2   Handelsgeschäfte

Vom weiten Kreditbegriff des § 19 Abs. 1 KWG werden auch Handelsgeschäfte erfasst, da diese i. d. R.   7
Adressenausfallrisiken unterliegen. Zu den Handelsgeschäften gehören nach den MaRisk grundsätzlich
alle Abschlüsse, die ein Finanzinstrument im Sinne des § 1 Abs. 11 KWG in Form eines Geldmarktgeschäftes, Wertpapiergeschäftes, Devisengeschäftes, Geschäftes in handelbaren Forderungen (z. B.
Handel in Schuldscheinen), Geschäftes in Waren, Geschäftes in Derivaten oder Geschäftes in Kryptowerten zur Grundlage haben und die im eigenen Namen und für eigene Rechnung abgeschlossen
werden (→ AT 2.3 Tz. 3). Zwischen § 19 Abs. 1 KWG und der Definition der Handelsgeschäfte bestehen
lediglich geringe Abweichungen. So werden z. B. Edelmetallgeschäfte nicht vom Gesetzestext erfasst.

Trotz dieser nahezu vollständigen Erfassung der Handelsgeschäfte durch § 19 Abs. 1 KWG sind   8
die für das Kreditgeschäft geltenden Regelungen von den Instituten nur sinngemäß zu beachten.
Das gilt insbesondere für die Anwendung der aufbau- und ablauforganisatorischen Anforderungen, die eher auf das klassische Kreditgeschäft zugeschnitten sind (→ BTO 1 Tz. 1). Kontrahenten-
und Emittentenlimite sind allerdings grundsätzlich auf der Basis einer Votierung aus dem Bereich
Marktfolge festzulegen, wobei für Emittentenlimite weitere Erleichterungen eingeräumt wurden
(→ BTO 1.1 Tz. 3 sowie BTR 1 Tz. 3 und 4). Ähnliche Regelungen lagen bereits den MaH
zugrunde. Danach waren die Limite von einer unabhängigen Stelle »unter Beachtung der für die

AT 2.3 Geschäfte

Kreditgewährung geltenden Vorschriften und Verfahrensregeln festzusetzen und (hatten) etwaige Bonitätsveränderungen der Gegenparteien zu berücksichtigen«.[2]

1.1.2 Derivate

9   Zu den Derivaten gehören alle Formen der so genannten »innovativen Finanzprodukte«, deren Risikoprofil und Preis sich aus zugrunde liegenden Basiswerten ableiten lassen. Derivate sind als Handelsgeschäfte zu qualifizieren (→ AT 2.3 Tz. 3). Sie werden als Termingeschäfte definiert, deren Preis sich von einem zugrunde liegenden Aktivum, von einem Referenzpreis, Referenzzins, Referenzindex oder einem im Voraus definierten Ereignis ableitet. Die Derivate-Definition der MaRisk umfasst durch die Bezugnahme auf ein »im Voraus definiertes Ereignis« auch Kreditderivate, die als andere außerbilanzielle Geschäfte ohnehin in den Anwendungsbereich fallen würden (→ AT 2.3 Tz. 4). Als weitere Beispiele für Derivate seien Futures, Swaps (z.B. Zins- oder Währungsswaps), Forward Rate Agreements, Optionsgeschäfte und Termingeschäfte genannt. Dabei ist es unerheblich, ob die den Derivaten zugrunde liegenden Basiswerte an einer Börse gehandelt werden oder als OTC-Geschäft (»Over the Counter«) ausgestaltet sind.

10   Nicht als Kredite gelten nach § 19 Abs. 1 Satz 1 KWG hingegen Stillhalterverpflichtungen aus Kaufoptionen sowie die dafür übernommenen Gewährleistungen, d.h. Optionsgeschäfte, bei denen das Institut als Stillhalter fungiert und die Optionsprämie vom Optionskäufer zu Beginn des Geschäftes gezahlt wurde. In diesem Fall hat der Käufer mit Zahlung der Prämie seine Verpflichtungen erfüllt, und es besteht somit kein Adressenausfallrisiko mehr.

11   Derivate sind daher zwar weitgehend als Kredite im Sinne des § 19 Abs. 1a KWG zu qualifizieren.[3] Da sie jedoch gleichzeitig den Handelsgeschäften zuzurechnen sind, gelten die aufbau- und ablauforganisatorischen Anforderungen der MaRisk zum Kreditgeschäft nur sinngemäß (→ BTO 1 Tz. 1).

1.1.3 Andere außerbilanzielle Geschäfte

12   Die anderen außerbilanziellen Geschäfte werden in § 19 Abs. 1 Satz 3 KWG aufgezählt. Im Wesentlichen handelt es sich dabei um Geschäfte, die unter den Bilanzvermerken auf der Passivseite auszuweisen sind. Dazu zählen den Kreditnehmern abgerechnete eigene Ziehungen im Umlauf, Indossamentsverbindlichkeiten aus weitergegebenen Wechseln, Bürgschaften und Garantien für Bilanzaktiva, Erfüllungsgarantien und andere als die genannten Garantien und Gewährleistungen, soweit sie sich nicht auf die Derivate im Sinne von § 19 Abs. 1 Satz 1 KWG beziehen, Eröffnung und Bestätigung von Akkreditiven, unbedingte Ablösungsverpflichtungen der Bausparkassen für fremde Vorfinanzierungs- und Zwischenkredite an Bausparer, Haftung aus der Bestellung von Sicherheiten für fremde Verbindlichkeiten, beim Pensionsgeber vom Bestand abgesetzte Bilanzaktiva, die dieser mit der Vereinbarung auf einen anderen übertragen hat, dass er sie auf Verlangen zurücknehmen muss (unechte Pensionsgeschäfte), Verkäufe von Bilanzaktiva mit Rückgriff, bei denen das Kreditrisiko bei dem verkaufenden Institut verbleibt, Terminkäufe auf Bilanzaktiva, bei denen eine unbedingte Verpflichtung zur Abnahme des Liefergegenstandes besteht, Platzierung von Termineinlagen auf Termin, Ankaufs- und Refinanzierungszusagen, noch nicht in Anspruch genommene Kredit-

---

2   Bundesaufsichtsamt für das Kreditwesen, Mindestanforderungen an das Betreiben von Handelsgeschäften der Kreditinstitute (MaH), Verlautbarung vom 23. Oktober 1995, Abschnitt 2.3.

3   Derivate im Sinne von § 19 Abs. 1a KWG sind als Kauf, Tausch oder durch anderweitigen Bezug auf einen Basiswert ausgestaltete Festgeschäfte oder Optionsgeschäfte, deren Wert durch den Basiswert – der auch ein Derivat sein kann – bestimmt wird und sich infolge eines für wenigstens einen Vertragspartner zeitlich hinausgeschobenen Erfüllungszeitpunktes künftig ändern kann, einschließlich finanzieller Differenzgeschäfte.

zusagen, Kreditderivate, noch nicht in der Bilanz aktivierte Ansprüche aus Leasingverträgen auf Zahlungen, zu denen der Leasingnehmer verpflichtet ist oder verpflichtet werden kann, und Optionsrechte des Leasingnehmers zum Kauf der Leasinggegenstände, die einen Anreiz zur Ausübung des Optionsrechts bieten, sowie sonstige außerbilanzielle Geschäfte, sofern sie einem Adressenausfallrisiko unterliegen.

1.2 Verbriefungen

Darüber hinaus hat die Aufsicht klargestellt, dass die Einstufung als Kreditgeschäft unabhängig davon gilt, ob die maßgeblichen Positionen Gegenstand von Verbriefungen sein sollen oder nicht (→ AT 2.3 Tz. 1, Erläuterung). Demzufolge gelten für diese Positionen auch dieselben organisatorischen Anforderungen an das Kreditgeschäft, die auf einen ordnungsgemäßen Prozess zur Kreditvergabe und -überwachung hinauslaufen (→ BTO 1).   **13**

Diese Klarstellung ist eine Reaktion auf die Finanzmarktkrise, für deren Ausbruch auch die (zwischenzeitlich) laxe Kreditvergabepraxis in den USA verantwortlich gemacht wird. So war die Risikobereitschaft der Institute im so genannten »Subprimesegment«[4] kontinuierlich gestiegen, weil sich derartige Kredite in großem Umfang über strukturierte Anlageformen am Kapitalmarkt refinanzieren ließen. Demzufolge mussten potenziell schlechte Kredite nicht in den Bankbüchern gehalten werden, sondern wurden weiterverkauft (→ AT 4.3.3 Tz. 3). Als Konsequenz aus diesen Schwachstellen soll zukünftig auch das Risikobewusstsein für Positionen geschärft werden, die zur Verbriefung vorgesehen sind.   **14**

Neben der bereits erwähnten Einstufung als Kreditgeschäft darf ein Institut, das nicht als Originator, Sponsor oder ursprünglicher Kreditgeber handelt, das Kreditrisiko einer Verbriefungsposition in seinem Handelsbuch oder Anlagebuch gemäß Art. 405 CRR nur dann eingehen, wenn der Originator, Sponsor oder ursprüngliche Kreditgeber gegenüber dem Institut ausdrücklich erklärt hat, dass er kontinuierlich einen materiellen Nettoanteil (»net economic interest«) von mindestens 5 Prozent halten wird. Die wesentlichen Rahmenbedingungen zu Verbriefungen, die ebenfalls beachtet werden müssen, sind seit Dezember 2017 in der Verbriefungsverordnung niedergelegt.[5] Die EBA hat ergänzend dazu einen Entwurf für technische Regulierungsstandards[6] und verschiedene Leitlinien[7] erarbeitet. Nach Annahme durch die EU-Kommission sind die Standards von den Instituten unmittelbar anzuwenden, d.h. eine nationale Umsetzung ist nicht erforderlich. Hinsichtlich der Leitlinien, die einer nationalen Umsetzung bedürfen, hat die BaFin per Rundschreiben verkündet, dass sie diese Leitlinien in ihre Verwaltungspraxis übernimmt.[8]   **15**

---

4   Unter dem »Subprimesegment« wurden in den USA während der Finanzmarktkrise Privatpersonen mit vergleichsweise geringer Bonität verstanden, die ihre Immobilienkredite vorrangig zu variablen Zinssätzen finanzierten und durch den Anstieg der Leitzinsen ab 2004 in Zahlungsschwierigkeiten gerieten.

5   Verordnung (EU) 2017/2402 (Verbriefungsverordnung) des Europäischen Parlaments und des Rates vom 12. Dezember 2017 zur Festlegung eines allgemeinen Rahmens für Verbriefungen und zur Schaffung eines spezifischen Rahmens für einfache, transparente und standardisierte Verbriefung und zur Änderung der Richtlinien 2009/65/EG, 2009/138/EG, 2011/61/EU und der Verordnungen (EG) Nr. 1060/2009 und (EU) Nr. 648/2012, Amtsblatt der Europäischen Union vom 28. Dezember 2017, L 347/35–80. Diese Verordnung ist zwischenzeitlich überarbeitet worden. Verordnung (EU) 2021/557 des Europäischen Parlaments und des Rates vom 31. März 2021 zur Änderung der Verordnung (EU) 2017/2402 zur Festlegung eines allgemeinen Rahmens für Verbriefungen und zur Schaffung eines spezifischen Rahmens für einfache, transparente und standardisierte Verbriefung mit dem Ziel, die Erholung von der COVID-19-Krise zu fördern, Amtsblatt der Europäischen Union vom 6. April 2021, L 116/1–24.

6   Vgl. European Banking Authority, EBA Final Draft Regulatory Technical Standards – Specifying the requirements for originators, sponsors and original lenders relating to risk retention pursuant to Article 6(7) of Regulation (EU) 2017/2402, EBA/RTS/2018/01, 31. Juli 2018.

7   European Banking Authority, Leitlinien zu den STS-Kriterien für ABCP-Verbriefungen, EBA/GL/2018/08, 12. Dezember 2018; European Banking Authority, Leitlinien zu den STS-Kriterien für Nicht-ABCP-Verbriefungen, EBA/GL/2018/09, 12. Dezember 2018.

8   Vgl. Bundesanstalt für Finanzdienstleistungsaufsicht, Konkretisierung der STS-Kriterien nach Artikel 20 bis 22, 24 und 26 der Verordnung (EU) Nr. 2017/2402 für Nicht-ABCP-Verbriefungen und für ABCP-Verbriefungen, Rundschreiben 04/2019 (BA) vom 1. Juli 2019.

2   Kreditentscheidung (Tz. 2)

16   **2** Im Sinne dieses Rundschreibens gilt als Kreditentscheidung jede Entscheidung über Neukredite, Krediterhöhungen, Beteiligungen, Limitüberschreitungen, die Festlegung von kreditnehmerbezogenen Limiten sowie von Kontrahenten- und Emittentenlimiten, Prolongationen und Änderungen risikorelevanter Sachverhalte, die dem Kreditbeschluss zugrunde lagen (z.B. Sicherheiten, Verwendungszweck). Dabei ist es unerheblich, ob diese Entscheidung ausschließlich vom Institut selbst oder gemeinsam mit anderen Instituten getroffen wird (so genanntes Konsortialgeschäft).

2.1   Bedeutung der Kreditentscheidung

17   Der Kreditentscheidung kommt eine zentrale Bedeutung zu. Mit einer positiven Kreditentscheidung legt das Institut letztendlich fest, dass das jeweilige Adressenausfallrisiko als tragbar angesehen wird. Vor allem bei Betrachtung des klassischen Kreditgeschäftes wird die Bedeutung der Kreditentscheidung offensichtlich. Bei diesen Geschäften (z.B. bei Investitionskrediten) wird regelmäßig eine Vereinbarung über einen mittel- bis langfristigen Zeitraum getroffen. Selbst wenn sich in diesem Zeitraum einschneidende Verschlechterungen der wirtschaftlichen Situation des Kreditnehmers ergeben sollten, ist nicht gewährleistet, dass sich das Institut einseitig vom Kreditnehmer trennen kann. Dagegen können sowohl rechtliche als auch wirtschaftliche Aspekte sprechen. Die leistungsgestörten Engagements verbleiben dann in den Büchern des Institutes. Aber auch bei Geschäften, die nicht unbedingt dem klassischen Kreditgeschäft zuzurechnen sind, kommt der Kreditentscheidung ein besonderer Stellenwert zu. So führen im Bereich der Handelsgeschäfte willkürliche Festlegungen von Kontrahenten- und Emittentenlimiten unter Umständen zu unkontrollierten Ausdehnungen der Handelsaktivitäten. Wie wichtig eine fundierte Kreditentscheidung bei Beteiligungen ist, zeigt sich allein schon an dem erheblichen Abschreibungsbedarf, den zahlreiche deutsche Institute in der Vergangenheit vornehmen mussten.

18   Es ist daher nicht überraschend, dass sich wesentliche Teile der MaRisk auf diesen Aspekt beziehen. So sind im risikorelevanten Kreditgeschäft grundsätzlich vor jeder Kreditentscheidung zwei Voten aus den Bereichen Markt und Marktfolge einzuholen. Zudem muss der Kreditentscheidung ein geordneter Bearbeitungsprozess zugrunde liegen. Insoweit knüpfen sowohl aufbauorganisatorische als auch ablauforganisatorische Anforderungen u. a. an der Entscheidungsfindung im Kreditgeschäft an (→ BTO 1.1 und BTO 1.2). Die Kreditentscheidung spielt aber auch im Rahmen des Erwerbes von Beteiligungen oder bei der Festlegung von Kontrahenten- und Emittentenlimiten eine wichtige Rolle (→ BTR 1 Tz. 3 und 4). In den MaRisk werden verschiedene Tatbestände aufgezählt, die als Kreditentscheidungen zu qualifizieren sind.

2.2   Liste der Kreditentscheidungen

19   Die Liste von Kreditentscheidungen umfasst folgende Tatbestände:
–   Neukredite,
–   Krediterhöhungen,

- Festlegung von kreditnehmerbezogenen Limiten,
- Limitüberschreitungen,
- Festlegung von Kontrahenten- und Emittentenlimiten,
- Prolongationen,
- Erwerb von Beteiligungen und
- Änderungen risikorelevanter Sachverhalte, die dem Kreditbeschluss zugrunde lagen.

Eine Kreditentscheidung liegt auch dann vor, wenn diese im Rahmen von Konsortialgeschäften **20** gemeinsam mit anderen Instituten getroffen wird. Insoweit ist auch die Entscheidung über die Mitwirkung an einer Konsortialfinanzierung durch den Konsorten als Kreditentscheidung im Sinne der MaRisk zu qualifizieren.

2.2.1 Neukredite und Krediterhöhungen

Zu den Kreditentscheidungen zählen zunächst die Entscheidungen über Neukredite und über **21** Krediterhöhungen. Der Neukredit umfasst grundsätzlich den erstmaligen Abschluss von Krediten auf der Ebene des Einzelengagements. Dazu zählen u. a. die erstmalige Überlassung von Finanzmitteln bzw. Kapital (z. B. Geldleihen, Avale) oder auch der Abschluss derivativer Finanzinstrumente. Die Krediterhöhung setzt hingegen am Bestandsgeschäft an und stellt einen Beschluss über die Erhöhung eines bestehenden Einzelengagements dar. Die Entscheidung über einen Neukredit zieht die Festlegung eines Limits nach sich, während die Krediterhöhung mit einer Limitanpassung einhergeht.

2.2.2 Festlegung von kreditnehmerbezogenen Limiten

Jede Kreditentscheidung begründet die Festlegung eines kreditnehmerbezogenen Limits (→ BTR **22** 1 Tz. 2). Hierzu zählen formal sowohl die Vereinbarung eines dem Kunden bekannten Limits (externes Limit) als auch die Festsetzung eines dem Kunden nicht bekannten Limits (internes Limit). Erfasst werden dabei sowohl Kreditnehmer als auch Kreditnehmereinheiten nach § 19 Abs. 2 KWG.[9] Im Hinblick auf die Differenzierung zwischen externen und internen Limiten spielen folgende Gesichtspunkte eine wichtige Rolle: Extern zugesagte Limite können ohne Mitwirkung des Kreditnehmers nicht beliebig angepasst werden. Gegebenenfalls zusätzlich eingeräumte interne Limite können sich von den externen Limiten hinsichtlich der Höhe und der Laufzeit unterscheiden. So ist es einerseits denkbar, bestimmten Kreditnehmern risikoabhängig ein etwas höheres internes Limit einzuräumen, um den institutsinternen Aufwand zur Bearbeitung von Limitüberschreitungen zu reduzieren, die sich hinsichtlich ihrer Dauer und ihrer Höhe in engen Grenzen halten. Andererseits werden in der Praxis z. B. Betriebsmittelkredite extern ohne feste Laufzeit (»bis auf weiteres«) zugesagt und intern jährlich nach Vorlage der Jahresabschlüsse prolongiert. Demzufolge kommt es im Ergebnis vor allem auf die Festlegung des internen Limits an, da es mit einem höheren Risiko für das Institut verbunden ist bzw. eine größere Relevanz für die Risikosteuerung besitzt. Der Abschluss von Geschäften innerhalb genehmigter Limite ist grundsätzlich zulässig (z. B. bei so genannten »Vorratsbeschlüssen«).

---

9 Die Vorgaben zu den Kreditnehmereinheiten in § 19 Abs. 2 KWG gelten seit 1. Januar 2014 nur noch für die Millionenkredite. Die Anforderungen an Großkredite sind mittlerweile in der unmittelbar anzuwendenden CRR geregelt, die in Art. 4 Abs. 1 Nr. 39 CRR die »Gruppe verbundener Kunden« definiert.

AT 2.3 Geschäfte

2.2.3 Limitüberschreitungen

23 Da eine Kreditentscheidung einer Limitfestsetzung gleichkommt, handelt es sich bei einer Limitüberschreitung folglich um die Überschreitung eines bereits festgesetzten externen oder – sofern vorhanden – abweichenden internen Limits. Demzufolge ist jede Entscheidung über den Umgang mit Limitüberschreitungen grundsätzlich als Kreditentscheidung zu qualifizieren. Für Limitüberschreitungen können jedoch auf der Basis klarer Vorgaben vereinfachte Verfahren zur Anwendung kommen (→ BTO 1.2 Tz. 10). Interessant ist insbesondere der Fall, dass für einen Kreditnehmer sowohl ein externes als auch ein (höheres) internes Limit eingerichtet sind. In diesem Fall könnte im institutsinternen Verfahren zur Behandlung von Limitüberschreitungen durchaus festgelegt sein, dass keine Maßnahmen zu ergreifen sind, solange das interne Limit nicht überschritten wird.

2.2.4 Festlegung von Kontrahenten- und Emittentenlimiten

24 Kontrahenten- und Emittentenlimite beziehen sich auf die Begrenzung von Kontrahenten- und Emittentenrisiken und stellen einen Sonderfall der kreditnehmerbezogenen Limite dar. Durch ihre explizite Berücksichtigung in der Liste der Kreditentscheidungen wird der Tatsache Rechnung getragen, dass auch Handelsgeschäfte regelmäßig Adressenausfallrisiken unterliegen und dafür insofern angemessene Bearbeitungsprozesse erforderlich sind. Demzufolge war bereits in den MaH geregelt, dass ohne Kontrahentenlimit kein Handelsgeschäft abgeschlossen werden darf.[10] Diese Anforderung wurde durch die MaK auf Emittentenlimite ausgedehnt.[11] Nach den MaRisk sind daher bei Handelsgeschäften Kontrahenten- und Emittentenlimite auf der Basis einer Votierung aus dem Bereich Marktfolge festzulegen (→ BTO 1.1 Tz. 3). Eine weitere Votierung aus dem Bereich Markt wird nicht gefordert. Im Hinblick auf die Festlegung von Emittentenlimiten bestehen weitere Vereinfachungsmöglichkeiten, die auch für liquide Kreditprodukte in Anspruch genommen werden können (→ BTR 1 Tz. 4).

2.2.5 Prolongationen

25 Unter Prolongationen sind Verlängerungen der Laufzeit bestehender Einzelengagements zu verstehen, ohne dass gleichzeitig eine Erhöhung des Engagements vorliegt. Dazu gehören grundsätzlich auch interne Prolongationen, wie z.B. die interne Verlängerung von extern »bis auf weiteres« (b. a. w.) zugesagten Krediten ohne feste Laufzeit, da zu diesem Zeitpunkt praktisch auf die mögliche Ausübung eines Kündigungsrechtes verzichtet wird. Insofern wird hinsichtlich des Begriffes »Prolongationen« grundsätzlich nicht zwischen externen und internen Prolongationen unterschieden (→ AT 2.3 Tz. 2, Erläuterung). Bei Prolongationen ist die Anwendung vereinfachter Verfahren möglich (→ BTO 1.2 Tz. 10).

26 Im Gegensatz zu den internen Prolongationen handelt es sich bei so genannten »internen Überwachungsvorlagen«, die letztlich nur der periodischen Beurteilung von extern zugesagten Krediten während der vereinbarten Laufzeit dienen, regelmäßig nicht um Prolongationen im Sinne der MaRisk (→ AT 2.3 Tz. 2, Erläuterung).

---

10 Vgl. Bundesaufsichtsamt für das Kreditwesen, Mindestanforderungen an das Betreiben von Handelsgeschäften der Kreditinstitute (MaH), Verlautbarung vom 23. Oktober 1995, Abschnitt 2.3.

11 Vgl. Bundesanstalt für Finanzdienstleistungsaufsicht, Mindestanforderungen an das Kreditgeschäft der Kreditinstitute (MaK), Rundschreiben 34/2002 (BA) vom 20. Dezember 2002, Tz. 7 und 81.

2.2.6 Erwerb von Beteiligungen

Da Beteiligungen vom weiten Anwendungsbereich des § 19 Abs. 1 KWG erfasst werden, ist deren **27** Erwerb eine Kreditentscheidung zugrunde zu legen. Im Hinblick auf Beteiligungen ist allerdings nur eine sinngemäße Umsetzung der Anforderungen des Rundschreibens erforderlich. Diesbezüglich unterscheiden die MaRisk zwischen kreditnahen bzw. kreditsubstituierenden und strategischen Beteiligungen (→ BTO 1 Tz. 1, Erläuterung).

2.2.7 Änderungen risikorelevanter Sachverhalte

Zu den Kreditentscheidungen im Sinne der MaRisk zählen auch Änderungen risikorelevanter **28** Sachverhalte, die dem Kreditbeschluss zugrunde lagen. Dies kann z. B. dann der Fall sein, wenn sich während der Laufzeit des Kredites neue Aspekte ergeben, denen unter Risikogesichtspunkten eine wichtige Bedeutung zukommt und die insoweit eine neue Kreditentscheidung erforderlich machen. Für eine Kreditentscheidung sind unter Risikogesichtspunkten insbesondere die Bonität des Kreditnehmers sowie der Wert der vereinbarten Sicherheiten von Relevanz. Aus diesem Grund sind anlassbezogene Beurteilungen des Adressenausfallrisikos immer dann erforderlich, wenn aus externen oder internen Quellen Informationen bekannt werden, die auf eine negative Änderung der Risikoeinschätzung der Engagements oder der Sicherheiten hindeuten (→ BTO 1.2.2 Tz. 4). Derartige Aspekte begründen zwar nicht zwangsläufig die Notwendigkeit einer neuen Kreditentscheidung, sondern zunächst nur das Erfordernis einer anlassbezogenen Beurteilung des Adressenausfallrisikos. Sie können jedoch u. a. Anhaltspunkte dafür liefern, ob sich der Wert der Sicherheiten geändert hat und folglich die Bestellung neuer Sicherheiten oder die Neustrukturierung bestehender Sicherheiten erforderlich werden.

Ähnliches gilt grundsätzlich auch im Hinblick auf Zinsanpassungen nach Ablauf von Zins- **29** bindungsfristen. Darlehensverträge mit langen Laufzeiten enthalten häufig Zinsbindungsfristen, die nicht mit der Gesamtlaufzeit übereinstimmen. In derartigen Verträgen wird i. d. R. vereinbart, dass sich der Zinssatz nach Ablauf der Zinsbindungsfrist an marktüblichen Konditionen orientiert. Insbesondere ist es also möglich, dass sich der Zinssatz zu diesem Zeitpunkt erhöht. Dieser Effekt ist z. B. im Fördergeschäft, in dem i. d. R. zinsverbilligte Darlehen vergeben werden, der Normalfall. Entsprechende Zinsanpassungen innerhalb der Laufzeit können zu einem höheren Gesamtkapitaldienst oder zu einer Verlängerung der Gesamtkreditlaufzeit führen. Allerdings muss bereits im Zusammenhang mit der Kreditentscheidung beurteilt werden, ob der Kreditnehmer aus Sicht des Institutes in der Zukunft auch einen höheren Kapitaldienst oder eine längere Darlehenslaufzeit verkraften könnte, wenn die Zinsbindungsfrist kürzer ist als die Kreditlaufzeit. Insofern handelt es sich hierbei nicht um eine Kreditentscheidung im Sinne einer »Änderung risikorelevanter Sachverhalte«. Andernfalls müsste für sämtliche Kredite mit variabler Verzinsung bei jeder Zinsanpassung ein neuer Kreditbeschluss gefasst werden. Demzufolge erfordern Zinsanpassungen grundsätzlich keinen neuen Kreditbeschluss (→ AT 2.3 Tz. 2, Erläuterung).

Im Gegensatz dazu handelt es sich bei Stundungen nicht um von vornherein geplante Änderun- **30** gen des Kreditverhältnisses. Sie dienen z. B. der kurzzeitigen Überbrückung der Zeit bis zu einer Sanierung und sind grundsätzlich als »Änderungen risikorelevanter Sachverhalte« zu qualifizieren. Entscheidungen über Stundungen sind insofern Kreditentscheidungen im Sinne der MaRisk (→ AT 2.3 Tz. 2, Erläuterung).

2.3 Konsortialfinanzierungen

31 Bei Konsortialgeschäften, die i.d.R. als risikorelevant einzustufen sind, ist davon auszugehen, dass regelmäßig das als Konsortialführer agierende Institut alle nach den MaRisk zur Entscheidungsvorbereitung und -durchführung notwendigen Schritte unternimmt. Aber auch die Konsorten müssen zumindest für ihren Teil des Engagements die in den MaRisk niedergelegten Anforderungen beachten. Üblicherweise werden die wesentlichen Informationen über das Engagement bzw. den Kreditnehmer vom Konsortialführer bereitgestellt und vorab ausgewertet. Auf diese Analysen können die Konsorten zurückgreifen, wobei ggf. auch weitere eigene Auswertungen sinnvoll und notwendig sind. Wegen der besonderen Stellung der Konsorten ist es zulässig, wenn sie auf die Einholung eines Votums aus dem Bereich Markt verzichten, da die Initiierung durch den Konsortialführer erfolgt. Eine Einbindung oder ggf. sogar eine zusätzliche Votierung des Marktes sind natürlich weiterhin möglich und eventuell auch sachgerecht. In der Praxis wird der Marktbereich ohnehin bereits im Vorfeld in die Überlegungen zur Beteiligung an einer Konsortialfinanzierung eingebunden.

3 Handelsgeschäfte (Tz. 3)

3 Handelsgeschäfte sind grundsätzlich alle Abschlüsse, die ein Finanzinstrument im Sinne   32
des § 1 Abs. 11 KWG in Form eines
a) Geldmarktgeschäftes,
b) Wertpapiergeschäftes,
c) Devisengeschäftes,
d) Geschäftes in handelbaren Forderungen (z. B. Handel in Schuldscheinen),
e) Geschäftes in Waren,
f) Geschäftes in Derivaten oder
g) Geschäftes in Kryptowerten
zur Grundlage haben und die im eigenen Namen und für eigene Rechnung abgeschlossen
werden. Als Wertpapiergeschäfte gelten auch Geschäfte mit Namensschuldverschreibungen
sowie die Wertpapierleihe, nicht aber die Erstausgabe von Wertpapieren. Handelsgeschäfte
sind auch, ungeachtet des Geschäftsgegenstandes, Vereinbarungen von Rückgabe- oder
Rücknahmeverpflichtungen sowie Pensionsgeschäfte.

3.1 Finanzinstrumente gemäß § 1 Abs. 11 KWG

Kreditgeschäfte im Sinne der MaRisk sind grundsätzlich alle Geschäfte nach § 19 Abs. 1 KWG.   33
Diese Verknüpfung zwischen KWG und MaRisk ist hinsichtlich der Definition der Handelsgeschäfte nicht ganz eindeutig. Im Rahmen verschiedener Sitzungen des MaRisk-Fachgremiums wurde in
der Vergangenheit über den Rückgriff auf die Definition der Finanzinstrumente des KWG diskutiert, da es sich bei den MaRisk schließlich um die Präzisierung eines Paragrafen aus dem KWG
handelt. Zu den Finanzinstrumenten gemäß § 1 Abs. 11 KWG zählten schon damals neben Wertpapieren, Geldmarktinstrumenten, Devisen und Rechnungseinheiten sowie Emissionszertifikaten
auch Derivate. Als problematisch wurde seitens der Bankenaufsicht insbesondere die als unvollständig empfundene Definition der Derivate in § 1 Abs. 11 Satz 6 KWG eingestuft, von der
Kreditderivate zunächst unberücksichtigt blieben. Gemäß den Vorgaben der »MiFID«[12] sind
derivative Instrumente für den Transfer von Kreditrisiken, also Kreditderivate, jedoch explizit als
Finanzinstrumente anzusehen. Diese Sichtweise hat sich mittlerweile sowohl in § 2 Abs. 3 Nr. 4
WpHG als auch in § 1 Abs. 11 Satz 6 Nr. 4 KWG niedergeschlagen.

Diese Gesetzesänderungen wurden von der Aufsicht zunächst jedoch nicht zum Anlass genom-   34
men, die Definition der Handelsgeschäfte in den MaRisk anzupassen. Dies mag auch daran gelegen
haben, dass im KWG bis zum Inkrafttreten des CRD IV-Umsetzungsgesetzes zwei unterschiedliche
Definitionen von Finanzinstrumenten enthalten waren. Neben dem bereits erwähnten Paragrafen
im Zusammenhang mit erlaubnispflichtigen Geschäften diente ein anderer Paragraf zur Abgrenzung von Handels- und Anlagebuch. Danach galten, vorbehaltlich § 1 Abs. 11 KWG, alle Verträge,
die für eine der beteiligten Seiten einen finanziellen Vermögenswert und für die andere Seite eine
finanzielle Verbindlichkeit oder ein Eigenkapitalinstrument schaffen, als Finanzinstrumente im
Sinne des § 1a Abs. 3 KWG a. F. Diesbezüglich wurde u. a. bemängelt, dass die Legaldefinition des
Kreditderivates gemäß § 19 Abs. 1a KWG (→ AT 2.3 Tz. 4) nur schwer vom Begriff des Finanz-

---

12 Vgl. Richtlinie 2004/39/EG (MiFID) des Europäischen Parlaments und des Rates vom 21. April 2004 über Märkte für
   Finanzinstrumente, Amtsblatt der Europäischen Union vom 30. April 2004, L 145/41 f., Anhang I, Abschnitt C, Nr. 8.

instrumentes gemäß § 1a Abs. 3 KWG a. F. abzugrenzen sei, was in der praktischen Handhabung zu Irritationen führe und folglich weiteren Klärungsbedarf erfordere.[13] Im Rahmen des CRD IV-Umsetzungsgesetzes sind einige Begriffsbestimmungen im KWG entfallen, da die maßgeblichen Definitionen mittlerweile in der CRR enthalten sind. So befindet sich der für die Abgrenzung von Handels- und Anlagebuch maßgebliche Begriff »Finanzinstrument« nunmehr in Art. 4 Abs. 1 Nr. 50 CRR.[14]

35   Seit der sechsten MaRisk-Novelle wird zur Definition der Handelsgeschäfte auf § 1 Abs. 11 KWG verwiesen, wobei die nach wie vor in Listenform aufgeführten Finanzinstrumente teilweise zusammengefasst werden. Damit ist die Aufsicht bezüglich der Definition der Geschäfte einem Gleichlauf zwischen KWG, MaRisk und CRR nähergekommen. Für eine vollständige Übereinstimmung wären zunächst eine vollständige Neustrukturierung und Überarbeitung des KWG erforderlich, das – vor allem bedingt durch die Umsetzung von EU-Richtlinien – mittlerweile eine Komplexität erreicht hat, die auch von sachkundigen Personen kaum noch in ihrer Gesamtheit nachvollzogen werden kann. Erschwerend kommt hinzu, dass seit Inkrafttreten des CRD IV-Paketes am 1. Januar 2014 das KWG und die CRR für dieselben Begriffe zum Teil unterschiedliche Definitionen enthalten. Die Spitzenverbände der Kreditwirtschaft haben vor diesem Hintergrund bereits vor längerer Zeit empfohlen, das KWG einer grundlegenden Überarbeitung zu unterziehen.[15]

3.1.1   Geldmarktgeschäfte

36   Die Geldmarktgeschäfte umfassen grundsätzlich alle Geldaufnahme- und Geldanlagegeschäfte sowie Geschäfte mit Geldmarktpapieren (z. B. »Certificates of Deposit«, »Commercial Paper«), unabhängig von deren Fristigkeit. Es spielt keine Rolle, ob es sich um Geldhandel im engeren Sinne oder um Geschäfte im Rahmen der Liquiditätsdisposition handelt. Nach den MaH wurden Festgeldanlagen von Kunden (Termingelder) aufgrund der überschaubaren Risiken vom Anwendungsbereich ausgenommen. Diese Ausnahmeregelung kann vermutlich auch für die Zwecke der MaRisk Geltung beanspruchen.

3.1.2   Wertpapiergeschäfte

37   Nach einer einschlägigen Definition handelt es sich bei einem Wertpapier um eine Urkunde, die ein privates Vermögensrecht in der Weise verbrieft, dass es ohne ihren Besitz nicht ausgeübt werden kann.[16] Unter wirtschaftlichen Gesichtspunkten erfüllen Wertpapiere verschiedene Funktionen. Im Kapitalverkehr dienen sie insbesondere als Instrument der Kapitalaufbringung und der Kapitalanlage (z. B. Aktien oder Schuldverschreibungen).

38   In den MaRisk wird der Begriff des Wertpapiergeschäftes nicht definiert. Nach § 1 Abs. 11 Satz 1 Nr. 1 bis 4 KWG werden Wertpapiere den Finanzinstrumenten zugerechnet. Zu den Wertpapieren

13 Vgl. Sönksen, Wolfgang/Klemmer, Hans-Wilhelm, Erfahrungsbericht zur Umsetzung von Basel II und der KWG-Novelle, in: BankPraktiker, Heft 11/2007, S. 518 ff.

14 Laut Art. 4 Abs. 1 Nr. 50 CRR bezeichnet der Ausdruck »Finanzinstrument« a) einen Vertrag, der für eine der beteiligten Seiten einen finanziellen Vermögenswert und für die andere Seite eine finanzielle Verbindlichkeit oder ein Eigenkapitalinstrument schafft, b) ein in Anhang I Abschnitt C der Richtlinie 2004/39/EG genanntes Instrument (Finanzinstrument im Sinne der MiFID), c) ein derivatives Finanzinstrument, d) ein Primärfinanzinstrument und e) ein Kassainstrument. Die unter den Buchstaben a, b und c genannten Instrumente sind allerdings nur dann als Finanzinstrumente zu betrachten, wenn ihr Wert sich aus dem Kurs eines zugrunde liegenden Finanzinstrumentes oder eines anderen Basiswertes, einem Satz oder einem Index errechnet.

15 Vgl. Zentraler Kreditausschuss, Stellungnahme zum Referentenentwurf eines Gesetzes zur Umsetzung der neu gefassten Bankenrichtlinie und der neu gefassten Kapitaladäquanzrichtlinie vom 17. Januar 2006, S. 2.

16 Vgl. Kuhner, Christoph/Schilling, Dirk, Wertpapiere, in: Ballwieser, Wolfgang/Coenenberg, Adolf G./von Wysocki, Klaus (Hrsg.), Handwörterbuch der Rechnungslegung und Prüfung, 3. Auflage, Stuttgart, 2002, S. 2677 ff.

zählen Aktien und andere Anteile an in- oder ausländischen juristischen Personen, Personengesellschaften und sonstigen Unternehmen, soweit sie Aktien vergleichbar sind, Hinterlegungsscheine, die Aktien oder Aktien vergleichbare Anteile vertreten, Vermögensanlagen im Sinne des § 1 Abs. 2 Vermögensanlagegesetz mit Ausnahme von Anteilen an einer Genossenschaft im Sinne des § 1 Genossenschaftsgesetz, Schuldtitel, insbesondere Genussscheine, Inhaberschuldverschreibungen, Orderschuldverschreibungen und diesen Schuldtiteln vergleichbare Rechte, die ihrer Art nach auf den Kapitalmärkten handelbar sind, mit Ausnahme von Zahlungsinstrumenten, Hinterlegungsscheine, die diese Schuldtitel vertreten, sowie sonstige Rechte, die zum Erwerb oder zur Veräußerung von solchen Rechten berechtigen oder zu einer Barzahlung führen, die in Abhängigkeit von solchen Rechten, von Währungen, Zinssätzen oder anderen Erträgen, von Waren, Indizes oder Messgrößen bestimmt wird.

Eine nahezu deckungsgleiche Definition für Wertpapiere befindet sich in § 2 Abs. 1 WpHG. **39** Allerdings geht der Wertpapierbegriff im KWG – durch Verweis auf die Vermögensanlagen im Sinne von § 1 Abs. 2 Vermögensanlagegesetz – und damit auch in den MaRisk über den Wertpapierbegriff im WpHG hinaus, da er auch Namensschuldverschreibungen umfasst, die aufgrund fehlender Zirkulationsfähigkeit nicht handelbar sind. Für die Handelbarkeit genügt grundsätzlich der Nachweis der Fungibilität, d.h. die Austauschbarkeit und Zirkulationsfähigkeit müssen gegeben sein. Wertpapierleihgeschäfte, bei denen der Entleiher Wertpapiere mit der Verpflichtung übereignet, Papiere gleicher Art und Güte nach Ablauf der vereinbarten Frist zurückzuübereignen, sind nach den MaRisk ebenfalls den Wertpapieren zuzurechnen.

Äußerungen der Bankenaufsicht zu den MaH aus der Vergangenheit legen nahe, dass beim **40** Wertpapierbegriff der MaRisk eine gewisse Affinität zur handelsrechtlichen Definition besteht.[17] Insoweit sind Wertpapiere des Handelsbestandes und der Liquiditätsreserve ebenso wie Wertpapiere, die wie Anlagevermögen behandelt werden, dem Wertpapiergeschäft im Sinne der MaRisk zuzurechnen. Hinsichtlich der Definition der Wertpapiere kann auch auf § 7 Abs. 1 der Verordnung über die Rechnungslegung der Kreditinstitute und Finanzdienstleistungsinstitute (RechKredV) zurückgegriffen werden. Demnach sind als Wertpapiere auszuweisen:
- Aktien, Zwischenscheine, Anteile oder Aktien an Investmentvermögen, Optionsscheine, Zins- und Gewinnanteilscheine, börsenfähige Inhaber- und Ordergenussscheine sowie börsenfähige Inhaberschuldverschreibungen, auch wenn sie vinkuliert sind, unabhängig davon, ob sie in Wertpapierurkunden verbrieft oder als Wertrechte ausgestaltet sind,
- börsenfähige Orderschuldverschreibungen, soweit sie Teile einer Gesamtemission sind,
- andere festverzinsliche Inhaberpapiere, soweit sie börsenfähig sind, und
- andere nicht festverzinsliche Wertpapiere, soweit sie börsennotiert sind.

Hierzu gehören auch ausländische Geldmarktpapiere, die zwar auf den Namen lauten, aber wie **41** Inhaberpapiere gehandelt werden. Gemäß § 7 Abs. 2 RechKredV gelten Wertpapiere als »börsenfähig«, wenn sie die Voraussetzungen einer Börsenzulassung erfüllen. Bei Schuldverschreibungen genügt es, dass alle Stücke einer Emission hinsichtlich Verzinsung, Laufzeitbeginn und Fälligkeit einheitlich ausgestattet sind. Laut § 7 Abs. 3 RechKredV gelten Wertpapiere als »börsennotiert«, wenn sie an einer deutschen Börse zum Handel im regulierten Markt zugelassen sind bzw. wenn sie an ausländischen Börsen zugelassen sind oder gehandelt werden.

Explizit ausgenommen von der Definition der Handelsgeschäfte wird die Erstausgabe von **42** Wertpapieren (→ AT 2.3 Tz. 3, Erläuterung). Hingegen stellt der Ersterwerb aus einer Emission grundsätzlich ein Handelsgeschäft im Sinne der MaRisk dar. Beim Ersterwerb sind allerdings Erleichterungen im Hinblick auf die Marktgerechtigkeitskontrolle möglich (→ BTO 2.2.2 Tz. 5, Erläuterung).

---

17 Vgl. Bundesaufsichtsamt für das Kreditwesen, Übermittlungsschreiben zu den Mindestanforderungen an das Betreiben von Handelsgeschäften der Kreditinstitute vom 23. Oktober 1995, S. 2.

3.1.3 Devisengeschäfte

43 Im Rahmen des Handels mit ausländischen Währungen lassen sich im Wesentlichen zwei Grundformen voneinander unterscheiden: Devisenkassa- und Devisentermingeschäfte. Devisenkassageschäfte dienen in erster Linie der Abwicklung des grenzüberschreitenden Zahlungsverkehrs in Fremdwährungen. Zwischen Geschäftsabschluss und Lieferung der gekauften oder verkauften Devisen liegt daher nur eine relativ kurze Zeitspanne. Die Kassadevisen stehen dem Käufer in der Praxis zwei Geschäftstage nach dem Kauf zur Verfügung. Hingegen handelt es sich bei Devisentermingeschäften um Vereinbarungen, einen bestimmten Devisenbetrag zu einem fest vereinbarten Kurs und zu einem späteren Zeitpunkt zu liefern bzw. abzunehmen. Devisentermingeschäfte dienen in erster Linie der Absicherung von Kurs- und Währungsrisiken im Rahmen der Finanzierung von Außenhandelsgeschäften. Sie werden aber auch zu rein spekulativen Zwecken eingesetzt. Nach dem Wegfall des festen Wechselkursregimes (Abkommen von Bretton Woods) wurde offensichtlich, welche Risiken solchen Geschäften innewohnen. Die wohl bekannteste Bankenpleite der Nachkriegsgeschichte (Herstatt-Krise) war auf hochspekulative Devisengeschäfte und katastrophale interne Kontrollsysteme zurückzuführen. Die Bezeichnung »Herstatt-Risiko« ist bis in die heutige Zeit ein gängiger Begriff für das Erfüllungsrisiko im Rahmen von Devisentransaktionen. Die Erfahrungen aus dieser Zeit veranlassten die Bankenaufsicht zu ersten regulatorischen Initiativen.[18]

3.1.4 Geschäfte in handelbaren Forderungen

44 Handelbare Forderungen, wie z. B. der Handel in Schuldscheinen, stellen in der Liste der Handelsgeschäfte eine Besonderheit dar, da es bei der Frage der Qualifikation als Handelsgeschäft im Unterschied zu den ansonsten im Katalog aufgezählten Geschäften auf den Verwendungszweck ankommt. Forderungen sind dann als Handelsgeschäfte zu qualifizieren, wenn von Seiten des Institutes eine Handelsabsicht besteht. Hierzu hat das Institut geeignete Kriterien festzulegen (→ AT 2.3 Tz. 3, Erläuterung). Es liegt nahe, dass sich das Institut dabei an den Kriterien orientiert, deren Aufstellung der Gesetzgeber für die Zwecke der Abgrenzung des Handelsbuches vom Anlagebuch für erforderlich hält. Diese Kriterien sind auch für die Anwendung der Prozesse zur Identifizierung, Beurteilung, Steuerung, Überwachung und Kommunikation der Marktpreisrisiken von zentraler Bedeutung (→ BTR 2.2 und 2.3).

45 Nach Art. 4 Abs. 1 Nr. 85 CRR werden unter »Positionen, die mit Handelsabsicht gehalten werden«, a) Eigenhandelspositionen und Positionen, die sich aus Kundenbetreuung und Marktpflege ergeben, b) Positionen, die zum kurzfristigen Wiederverkauf gehalten werden, und c) Positionen, bei denen die Absicht besteht, aus bestehenden oder erwarteten kurzfristigen Kursunterschieden zwischen Ankaufs- und Verkaufskurs oder aus anderen Kurs- oder Zinsschwankungen Profit zu ziehen, verstanden. Gemäß Art. 4 Abs. 1 Nr. 86 CRR gehören zum »Handelsbuch« alle Positionen in Finanzinstrumenten und Waren, die ein Institut entweder mit Handelsabsicht oder zur Absicherung anderer mit Handelsabsicht gehaltener Positionen des Handelsbuches hält. Das Anlagebuch ergibt sich implizit aus der Negativabgrenzung zum Handelsbuchbegriff.

46 Es sind allerdings auch andere Vorgehensweisen denkbar, die z. B. zwischen der direkten Kreditvergabe an einen Kreditnehmer (»Primärmarktgeschäfte«) und sonstigen Geschäften mit Forderun-

---

18 Vgl. Bundesaufsichtsamt für das Kreditwesen, Risiken aus Währungstermingeschäften, Schreiben vom 6. Mai 1974.

gen – wie dem Kauf von Krediten (»Sekundärgeschäfte«) – unterscheiden, bei denen ebenfalls das Vorliegen einer »Handelsabsicht« im Sinne der MaRisk unterstellt werden könnte[19] (→ BT 1).

3.1.5 Geschäfte in Waren

Die Bankenaufsicht hatte lange Zeit erhebliche Bedenken gegen die Durchführung von Waren- **47**
termingeschäften. 1974 teilte das damalige BAKred den Instituten mit, dass die Durchführung solcher Geschäfte wegen der damit verbundenen Risiken nicht vereinbar sei mit den Grundsätzen ordnungsgemäßer Geschäftsführung.[20] Erst im Jahr 1997 wurde dieses Geschäftsverbot aufgehoben.[21] Geschäfte in Waren haben mittlerweile bei einigen Instituten eine nicht unerhebliche Bedeutung erlangt. Nach den MaRisk zählen zu den Geschäften in Waren insbesondere der Handel mit Edelmetallen und Rohwaren (Produkte der Urproduktion, Halbfabrikate, Fertigprodukte) sowie der CO_2-Handel und der Stromhandel (→ AT 2.3 Tz. 3, Erläuterung).

Privilegiert wird das traditionelle Warengeschäft von gemischtwirtschaftlichen Kreditgenossen- **48**
schaften, das von etwa einem Dutzend Instituten in Deutschland neben dem Bankgeschäft betrieben wird. Die meisten dieser Institute führen das Warengeschäft nur in sehr geringem Umfang durch, so dass eine Umsetzung der Anforderungen an das Handelsgeschäft in diesen Fällen unverhältnismäßig wäre. Die wenigen Institute mit umfangreichen Geschäftsaktivitäten haben zumindest eine sinngemäße Umsetzung der Anforderungen sicherzustellen (→ AT 2.3 Tz. 3, Erläuterung). Insbesondere werden bei solchen Instituten auch Warengeschäfte, die infolge fest getroffener Vereinbarungen über die Abnahme bzw. Lieferung der jeweiligen Ware zum Zeitpunkt der Erfüllung geschlossene Positionen während der gesamten Geschäftsdauer begründen, nicht als Handelsgeschäfte eingestuft (→ AT 2.3 Tz. 3, Erläuterung).

3.1.6 Geschäfte in Derivaten

Zu den Geschäften in Derivaten gehören Termingeschäfte, deren Preis sich von einem zugrunde **49**
liegenden Aktivum, von einem Referenzpreis, Referenzzins, Referenzindex oder einem im Voraus definierten Ereignis ableitet. Die Derivate-Definition umfasst neben den herkömmlichen Derivaten auch Kreditderivate (→ AT 2.3 Tz. 4). Garantien, Avale u. Ä. fallen hingegen nicht unter die Derivate-Definition der MaRisk (→ AT 2.3 Tz. 4, Erläuterung).

3.1.7 Geschäfte in Kryptowerten

Nach § 1 Abs. 1a Nr. 6 KWG gehört zu den Finanzdienstleistungen nunmehr auch das »Krypto- **50**
verwahrgeschäft«, d.h. die Verwahrung, Verwaltung und Sicherung von »Kryptowerten« oder privaten kryptografischen Schlüsseln, die dazu dienen, Kryptowerte zu halten, zu speichern oder zu übertragen, für andere. Bei den Finanzinstrumenten laut § 1 Abs. 11 Nr. 10 KWG wurden folglich die »Kryptowerte« ergänzt, die deshalb seit der sechsten MaRisk-Novelle zu den Handelsgeschäften zählen.

---

19 Vgl. Rehbein, Ronny, Auslegungsfragen der MaRisk, in: Ramke, Thomas/Wohlert, Dirk (Hrsg.), Risikomanagement im Handelsgeschäft, Stuttgart, 2009, S. 203 ff.

20 Vgl. Bundesaufsichtsamt für das Kreditwesen, Betreiben von Warentermingeschäften, Schreiben vom 24. Oktober 1974.

21 Vgl. Bundesaufsichtsamt für das Kreditwesen, Warentermingeschäfte, Rundschreiben 12/97 vom 7. November 1997.

51   »Kryptowerte« im Sinne des KWG sind digitale Darstellungen eines Wertes, der von keiner Zentralbank oder öffentlichen Stelle emittiert wurde oder garantiert wird und nicht den gesetzlichen Status einer Währung oder von Geld besitzt, aber von natürlichen oder juristischen Personen aufgrund einer Vereinbarung oder tatsächlichen Übung als Tausch- oder Zahlungsmittel akzeptiert wird oder Anlagezwecken dient und der auf elektronischem Wege übertragen, gespeichert und gehandelt werden kann. Keine Kryptowerte im Sinne des KWG sind hingegen »E-Geld« nach § 1 Abs. 2 Satz 3 Zahlungsdiensteaufsichtsgesetz (ZAG)[22] oder ein »monetärer Wert«, der die Anforderungen des § 2 Abs. 1 Nr. 10 ZAG erfüllt[23] oder nur für Zahlungsvorgänge nach § 2 Abs. 1 Nr. 11 ZAG eingesetzt wird.[24]

3.1.8   Schwarmfinanzierungsinstrumente

52   Mit dem so genannten »Schwarmfinanzierung-Begleitgesetz«[25] wird der Begriff der Finanzinstrumente in § 1 Abs. 11 Satz 1 KWG unter Nummer 11 in Kürze um die »Schwarmfinanzierungsinstrumente« erweitert, d.h. für Schwarmfinanzierungszwecke nach der entsprechenden europäischen Verordnung[26] zugelassene Instrumente. Darunter sind – in Bezug auf jeden Mitgliedstaat – Anteile einer Gesellschaft mit beschränkter Haftung zu verstehen, die keinen Beschränkungen unterliegen, durch die eine Übertragung der Anteile effektiv verhindert würde, einschließlich Beschränkungen der Art und Weise, wie diese Anteile öffentlich angeboten oder beworben werden dürfen.

3.1.9   Pensionsgeschäfte und Wertpapierleihgeschäfte

53   Der Abschluss von Pensionsgeschäften dient i.d.R. der vorübergehenden Beschaffung von liquiden Mitteln. Man bezeichnet diese als Rückkaufvereinbarung ausgestaltete Sonderform der Refinanzierungsmittelbeschaffung auch als »Repo-Geschäft« (»Sale and Repurchase Operation/ Agreement«). Pensionsgeschäfte werden zu Bilanzierungszwecken im HGB definiert. Gemäß

---

22 Gemäß § 1 Abs. 2 Satz 3 ZAG ist »E-Geld« jeder elektronisch, darunter auch magnetisch, gespeicherte monetäre Wert in Form einer Forderung an den Emittenten, der gegen Zahlung eines Geldbetrages ausgestellt wird, um damit »Zahlungsvorgänge« durchzuführen, und der auch von anderen natürlichen oder juristischen Personen als dem Emittenten angenommen wird. »Zahlungsvorgänge« im Sinne des § 675f Abs. 4 Satz 1 Bürgerliches Gesetzbuch (BGB) sind jede Bereitstellung, Übermittlung oder Abhebung eines Geldbetrages, unabhängig von der zugrunde liegenden Rechtsbeziehung zwischen Zahler und Zahlungsempfänger.

23 Nach § 2 Abs. 1 Nr. 10 ZAG gelten Dienste, die auf Zahlungsinstrumenten beruhen, die a) für den Erwerb von Waren oder Dienstleistungen in den Geschäftsräumen des Emittenten oder innerhalb eines begrenzten Netzes von Dienstleistern im Rahmen einer Geschäftsvereinbarung mit einem professionellen Emittenten eingesetzt werden können, b) für den Erwerb eines sehr begrenzten Waren- oder Dienstleistungsspektrums eingesetzt werden können, oder c) beschränkt sind auf den Einsatz im Inland und auf Ersuchen eines Unternehmens oder einer öffentlichen Stelle für bestimmte soziale oder steuerliche Zwecke nach Maßgabe öffentlich-rechtlicher Bestimmungen für den Erwerb der darin bestimmten Waren oder Dienstleistungen von Anbietern, die eine gewerbliche Vereinbarung mit dem Emittenten geschlossen haben, bereitgestellt werden, nicht als Zahlungsdienste.

24 Nach § 2 Abs. 1 Nr. 11 ZAG gelten Zahlungsvorgänge, die von einem Anbieter elektronischer Kommunikationsnetze oder -dienste zusätzlich zu elektronischen Kommunikationsdiensten für einen Teilnehmer des Netzes oder Dienstes bereitgestellt werden, und zwar a) im Zusammenhang stehen mit dem Erwerb von digitalen Inhalten und Sprachdiensten, ungeachtet des für den Erwerb oder Konsum des digitalen Inhalts verwendeten Geräts, und die auf der entsprechenden Rechnung abgerechnet werden, oder b) von einem elektronischen Gerät aus oder über dieses ausgeführt und auf der entsprechenden Rechnung im Rahmen einer gemeinnützigen Tätigkeit oder für den Erwerb von Tickets abgerechnet werden, nicht als Zahlungsdienste, sofern der Wert einer Einzelzahlung 50 Euro nicht überschreitet und der kumulative Wert der Zahlungsvorgänge eines einzelnen Teilnehmers monatlich 300 Euro nicht überschreitet.

25 Gesetz zur begleitenden Ausführung der Verordnung (EU) 2020/1503 und der Umsetzung der Richtlinie EU 2020/1504 zur Regelung von Schwarmfinanzierungsdienstleistern (Schwarmfinanzierung-Begleitgesetz) und anderer europarechtlicher Finanzmarktvorschriften vom 3. Juni 2021 (BGBl. I S. 1568), veröffentlicht am 10. Juni 2021.

26 Verordnung (EU) Nr. 2020/1503 des Europäischen Parlaments und des Rates vom 7. Oktober 2020 über Europäische Schwarmfinanzierungsdienstleister für Unternehmen und zur Änderung der Verordnung (EU) 2017/1129 und der Richtlinie (EU) 2019/1937, Amtsblatt der Europäischen Union vom 20. Oktober 2020, L 347/1–49.

§ 340b HGB handelt es sich bei Pensionsgeschäften um Verträge, durch die ein Kreditinstitut oder der Kunde eines Kreditinstitutes (Pensionsgeber) ihm gehörende Vermögensgegenstände (vor allem Wertpapiere) einem anderen Kreditinstitut oder einem seiner Kunden (Pensionsnehmer) gegen Zahlung eines Betrages überträgt und in denen gleichzeitig vereinbart wird, dass die Vermögensgegenstände später gegen Entrichtung des empfangenen oder eines im Voraus vereinbarten anderen Betrages an den Pensionsgeber zurückübertragen werden müssen oder können. Je nach Ausgestaltung der Rückgabeverpflichtung ergeben sich unterschiedliche Formen von Pensionsgeschäften. Ist der Pensionsnehmer verpflichtet, die Vermögensgegenstände zu einem bestimmten oder vom Pensionsgeber zu bestimmenden Zeitpunkt zurückzuübertragen, so handelt es sich um ein echtes Pensionsgeschäft. Ein unechtes Pensionsgeschäft liegt dann vor, wenn der Pensionsnehmer lediglich dazu berechtigt ist. In beiden Fällen besteht jedoch eine Rückkaufverpflichtung des Pensionsgebers. Die Abtretung des Vermögensgegenstandes erfolgt i. d. R. durch Eigentumsübertragung.[27]

Vom echten Pensionsgeschäft zu unterscheiden ist das Wertpapierleihgeschäft, bei dem der **54** Entleiher Wertpapiere mit der Verpflichtung übereignet, Papiere gleicher Art und Güte nach Ablauf der vereinbarten Frist zurückzuübereignen. Für den Zeitraum der Überlassung entrichtet er eine Leihprovision, während beim Pensionsgeschäft der Pensionsgeber vom Pensionsnehmer den Gegenwert der Wertpapiere und damit Liquidität erhält. Mit Hilfe der geliehenen Wertpapiere kann der Entleiher Lieferverzögerungen überbrücken sowie Arbitragegeschäfte oder Geschäfte zur Risikoabsicherung zwischen Kassamarkt und Terminmarkt betreiben. Devisentermingeschäfte, Finanztermingeschäfte und ähnliche Geschäfte sowie die Ausgabe eigener Schuldverschreibungen auf abgekürzte Zeit gelten gemäß § 340b Abs. 6 HGB ebenfalls nicht als Pensionsgeschäfte. Ungeachtet des Geschäftsgegenstandes, gelten Vereinbarungen von Rückgabe- oder Rücknahmeverpflichtungen sowie Pensionsgeschäfte jedenfalls als Handelsgeschäfte.

3.2 Geschäfte im eigenen Namen und für eigene Rechnung

Vom geschäftsbezogenen Anwendungsbereich werden nur jene Handelsgeschäfte erfasst, die im **55** eigenen Namen und für eigene Rechnung des Institutes abgeschlossen werden. Keine Handelsgeschäfte im Sinne der MaRisk sind daher Abschlüsse, die im fremden Namen oder für fremde Rechnung – also im Rahmen einer offenen Stellvertretung – abgeschlossen werden (Abschlussvermittlung). Ebenfalls nicht erfasst werden die Fälle, in denen ein Institut als Kommissionär auftritt. Nach § 383 HGB liegt ein Kommissionsgeschäft dann vor, wenn eine Person (Kommissionär) für Rechnung eines anderen (Kommittent) gewerbsmäßig Waren oder Wertpapiere kauft oder verkauft. Der Kommissionär handelt zwar im eigenen Namen, aber im Rahmen einer verdeckten Stellvertretung auf fremde Rechnung. Insoweit ist das Finanzkommissionsgeschäft kein Handelsgeschäft im Sinne der MaRisk, so dass die Anforderungen des Moduls BTO 2 keine unmittelbare Anwendung finden.

Der explizite Verzicht auf die Einbeziehung des Finanzkommissionsgeschäftes in den geschäfts- **56** bezogenen Anwendungsbereich der MaRisk darf jedoch nicht darüber hinwegtäuschen, dass auch diese Geschäftsart bestimmten Risiken unterliegt. Zwar spielt das Marktpreisrisiko i. d. R. keine Rolle, da der Kommittent im Rahmen eines derartigen Auftragsverhältnisses das Preisrisiko, also z. B. den potenziellen Kursverlust oder -gewinn, selbst trägt und der Kommissionär lediglich an einer angemessenen Provision interessiert ist. Jedoch können z. B. bei Termingeschäften Kontrahentenrisiken schlagend werden, wenn das Konto des Kommittenten bei Wertänderungen des

---

27 Vgl. Büschgen, Hans E., Bankbetriebslehre, Bankgeschäfte und Bankmanagement, 5. Auflage, Wiesbaden, 1998, S. 395.

Termingeschäftes nicht ausreichend gedeckt ist oder wenn erst gar keine Gegenwerte vom Kommittenten gehalten werden. Schwierigkeiten können sich darüber hinaus ergeben, wenn das Auftragsverhältnis nicht hinreichend klar definiert ist oder wenn sich Lieferverzögerungen ergeben. Daher sind die Anforderungen des allgemeinen Teiles der MaRisk und des Moduls BTR zumindest sinngemäß zu beachten. In der Praxis wird den genannten Risiken sogar häufig dadurch Rechnung getragen, dass Finanzkommissionsgeschäfte den gleichen prozessualen Regelungen unterworfen werden wie die Geschäfte, die im eigenen Namen und auf eigene Rechnung abgeschlossen werden.

3.3 Ausnahmen

57 Die vor allem für die Anwendung des Moduls BTO 2 maßgebliche Definition der Handelsgeschäfte ist zwar weit gefasst, jedoch bestehen auch einige Ausnahmen. So sind z. B. die Abschlussvermittlung und das Finanzkommissionsgeschäft keine Handelsgeschäfte im Sinne der MaRisk, da solche Geschäfte nicht im eigenen Namen und für eigene Rechnung abgeschlossen werden. Nicht erfasst wird grundsätzlich auch die Erstausgabe von Wertpapieren, also das Emissionsgeschäft. Es besteht auch kein Anlass, davon auszugehen, dass sich im Hinblick auf bestimmte Geschäfte die frühere Auslegungspraxis der Bankenaufsicht geändert haben sollte. So sind Festgeldanlagen von Kunden, das Sortengeschäft oder Reiseschecks keine Handelsgeschäfte im Sinne der MaRisk, da sie weder ihrer Art noch – regelmäßig – ihrem Umfang nach geeignet sind, eine Basis für bedeutende Risiken des jeweiligen Institutes zu werden.[28] Auch überschaubare Bestände an Edelmetallgeschäften können, soweit dies unter Risikogesichtspunkten vertretbar ist, vom Anwendungsbereich ausgenommen werden.

3.4 Abgrenzung zwischen Handels- und Anlagebuch

58 Für die aufbau- und ablauforganisatorischen Anforderungen spielt es grundsätzlich keine Rolle, ob die jeweiligen Geschäfte dem Handelsbuch oder dem Anlagebuch zugeordnet sind (→ BTO 2). Dementsprechend kommt es bei diesen Anforderungen mit einer Ausnahme (Geschäfte in handelbaren Forderungen) weder auf die Regelungen zur Abgrenzung des Handelsbuches noch auf den Verwendungszweck an, also die Handelsabsicht, für deren Klassifizierung mehrere Möglichkeiten infrage kommen (→ BT 1). Durch die Bezugnahme auf die weite Handelsgeschäftsdefinition trägt die BaFin dem Umstand Rechnung, dass z. B. auch Wertpapiere der Liquiditätsreserve oder andere »Handelsgeschäfte« des Anlagebuches einer risikoadäquaten Bearbeitung bedürfen. Die Motivation des Geschäftes, d. h. die »Erzielung eines kurzfristigen Eigenhandelserfolges«, spielt allerdings für die Umsetzung der Risikosteuerungs- und -controllingprozesse eine Rolle. So wird bei den Marktpreisrisiken zwischen Handels- und Anlagebuch unterschieden (→ BTR 2.2 und BTR 2.3).

---

28 Vgl. Bundesaufsichtsamt für das Kreditwesen, Übermittlungsschreiben zu den Mindestanforderungen an das Betreiben von Handelsgeschäften der Kreditinstitute vom 23. Oktober 1995, S. 2.

4 Geschäfte in Derivaten (Tz. 4)

4 Zu den Geschäften in Derivaten gehören Termingeschäfte, deren Preis sich von einem zugrunde liegenden Aktivum, von einem Referenzpreis, Referenzzins, Referenzindex oder einem im Voraus definierten Ereignis ableitet. **59**

4.1 Bedeutung von Derivaten

Derivaten kommt seit Beginn der achtziger Jahre des letzten Jahrhunderts eine immer größere Bedeutung zu. Ursprünglich zurückzuführen ist das Wachstum von Derivaten auf den Zusammenbruch des im Abkommen von Bretton Woods installierten Systems fester Wechselkurse. Weitere Deregulierungen sowie die damit einhergehende stärkere Vernetzung der internationalen Finanzmärkte führten seit Mitte der siebziger Jahre zu einer erhöhten Volatilität von Zinsen, Wechsel- und Aktienkursen. Nicht nur bei Kreditinstituten stieg vor diesem Hintergrund das Bedürfnis nach geeigneten Absicherungsinstrumenten gegen diese Risiken. Derivate werden allerdings nicht nur zu Absicherungszwecken verwendet. Sie dienen auch der Arbitrage oder der Spekulation.[29] Im Verlauf der Zeit entwickelte sich der Markt für Derivate rasant. Sie werden nicht nur über die Börse, sondern als OTC-Derivate (»Over the Counter«) auch außerbörslich gehandelt. Das Spektrum reicht von Finanzderivaten (z.B. Futures, Optionen) bis hin zu Rohstoffderivaten (Commodities). **60**

Seit einigen Jahren hat die Bedeutung von Kreditderivaten deutlich zugenommen.[30] Die Finanzmarktkrise hat gezeigt, dass die mit OTC-Derivaten – insbesondere Kreditausfallversicherungen (»Credit Default Swaps«, CDS) – verbundenen Risiken teilweise nur schwer abzuschätzen sind. Bereits im Oktober 2008 hat die EU-Kommission die Industrie aufgerufen, konkrete Vorschläge zur Minderung der mit CDS verbundenen Risiken vorzulegen. Im Juli 2009 haben die wichtigsten Händler mit dem Clearing geeigneter CDS mittels »zentraler Kontrahenten« (»Central Counterparty«, CCP) begonnen. Seitdem wurden von der Europäischen Kommission diverse Vorschläge unterbreitet, um mehr Transparenz zu schaffen sowie Kontrahentenrisiken und systemische Risiken zu reduzieren.[31] Im Jahr 2010 wurde von einigen Marktakteuren im Zusammenhang mit der »Euro-Krise« als direkter Folge aus der Finanzmarktkrise mit CDS auf die Anleihen hoch verschuldeter Staaten spekuliert. Zur Beruhigung der Märkte hat die Europäische Zentralbank (EZB) Staatsanleihen dieser Staaten im Volumen von mehreren Milliarden Euro auf dem Sekundärmarkt erworben. Gleichzeitig hat sich die Politik eingeschaltet (→ AT 2.2 Tz. 1). **61**

Da zentrale Kontrahenten ein hohes systemisches Risiko für die Finanzbranche darstellen, fordert auch der Baseler Ausschuss für Bankenaufsicht (BCBS) strenge Regeln für deren Risikomanagement. Einem Auftrag der G20 folgend[32], hat der BCBS entsprechende Vorschläge für Anforderungen unterbreitet, die u.a. Kriterien für »qualifizierte« zentrale Kontrahenten festlegen. Diese Vorschläge haben Eingang in die Bankenverordnung gefunden. Gemäß Art. 4 Abs. 1 Nr. 88 CRR ist eine »qualifizierte zentrale Gegenpartei« (qualifizierte ZGP) eine zentrale Gegenpartei, die **62**

---

29 Vgl. Büschgen, Hans E., Bankbetriebslehre, Bankgeschäfte und Bankmanagement, 5. Auflage, Wiesbaden, 1998, S. 449 ff.
30 Vgl. Bank for International Settlements, 75th Annual Report, Juni 2005, S. 116 ff.
31 Vgl. Bundesverband Öffentlicher Banken Deutschlands, Kreditwirtschaftlich wichtige Vorhaben in der EU, Berlin/Brüssel, September 2009, S. 104 f.
32 Vgl. G20, Leaders' Statement: The Pittsburgh Summit, September 2009.

entweder nach Art. 14 EMIR[33] zugelassen oder – sofern sie in einem Drittstaat ansässig ist – nach Art. 25 EMIR anerkannt wurde (→ AT 2.1 Tz. 1).

4.2 Derivate-Definitionen in der Wissenschaft

63 In der Wissenschaft werden zum Teil voneinander abweichende Derivate-Definitionen verwendet. Weit überwiegend werden Derivate als Kontrakte bezeichnet, deren Wert von einem anderen Wert bestimmt bzw. abgeleitet wird. Zwischen dem Wert des Derivates und dem Wert ökonomischer Größen, die als Bezugsbasis für das Derivat dienen (»Underlying« oder »Basiswert«), besteht ein enger Zusammenhang. Da Derivate über ein in die Zukunft gerichtetes Vertragselement verfügen, bezeichnet man sie häufig auch als »Termingeschäfte im weiteren Sinne«.[34] Bei Derivaten handelt es sich demnach um eine vertragliche Vereinbarung zwischen mehreren Parteien, aus der sich zukünftig Zahlungen ergeben, wenn ein bei Vertragsabschluss festgelegter Zustand eintritt.[35]

4.3 Derivate-Definitionen in KWG und CRR

64 Im KWG existieren zwei Derivate-Definitionen. Die erste Definition wurde zuletzt durch die Vorgaben der »MiFID«[36] angepasst, wonach derivative Instrumente für den Transfer von Kreditrisiken, also Kreditderivate, explizit als Finanzinstrumente anzusehen sind. Gemäß § 1 Abs. 11 Satz 6 KWG sind Derivate

1. als Kauf, Tausch oder anderweitig ausgestaltete Festgeschäfte oder Optionsgeschäfte, die zeitlich verzögert zu erfüllen sind und deren Wert sich unmittelbar oder mittelbar vom Preis oder Maß eines Basiswertes ableitet (Termingeschäfte), mit Bezug auf die folgenden Basiswerte:
   a) Wertpapiere oder Geldmarktinstrumente,
   b) Devisen, soweit das Geschäft nicht die Voraussetzungen des Art. 10 MiFID II-Durchführungsverordnung[37] erfüllt, oder Rechnungseinheiten,
   c) Zinssätze oder andere Erträge,
   d) Indizes der Basiswerte des Buchstaben a, b, c oder f, andere Finanzindizes oder Finanzmessgrößen,
   e) Derivate oder
   f) Emissionszertifikate;

---

33 Verordnung (EU) Nr. 648/2012 (EMIR) des Europäischen Parlaments und des Rates vom 4. Juli 2012 über OTC-Derivate, zentrale Gegenparteien und Transaktionsregister, Amtsblatt der Europäischen Union vom 27. Juli 2012, L 201/1–59.

34 Auch Zinsswaps können diesem Termingeschäftsbegriff im weiteren Sinne zugerechnet werden, da sie einen Kontrakt darstellen, der den zukünftigen Austausch von Zinszahlungen regelt.

35 Vgl. Beike, Rolf/Köhler, Andreas, Risk-Management mit Finanzderivaten, München, 1997, S. 2.

36 Vgl. Richtlinie 2004/39/EG (MiFID) des Europäischen Parlaments und des Rates vom 21. April 2004 über Märkte für Finanzinstrumente, Amtsblatt der Europäischen Union vom 30. April 2004, L 145/41 f., Anhang I, Abschnitt C, Nr. 8.

37 Delegierte Verordnung (EU) 2017/565 (MiFID II-Durchführungsverordnung) der Kommission vom 25. April 2016 zur Ergänzung der Richtlinie 2014/65/EU des Europäischen Parlaments und des Rates in Bezug auf die organisatorischen Anforderungen an Wertpapierfirmen und die Bedingungen für die Ausübung ihrer Tätigkeit sowie in Bezug auf die Definition bestimmter Begriffe für die Zwecke der genannten Richtlinie, Amtsblatt der Europäischen Union vom 31. März 2017, L 87/1–83.

2. Termingeschäfte mit Bezug auf Waren, Frachtsätze, Klima- oder andere physikalische Variablen, Inflationsraten oder andere volkswirtschaftliche Variablen oder sonstige Vermögenswerte, Indizes oder Messwerte als Basiswerte, sofern sie
   a) durch Barausgleich zu erfüllen sind oder einer Vertragspartei das Recht geben, einen Barausgleich zu verlangen, ohne dass dieses Recht durch Ausfall oder ein anderes Beendigungsereignis begründet ist,
   b) auf einem organisierten Markt oder in einem multilateralen oder organisierten Handelssystem geschlossen werden, soweit es sich nicht um über ein organisiertes Handelssystem gehandelte Energiegroßhandelsprodukte handelt, die effektiv geliefert werden müssen, oder
   c) die Merkmale anderer Derivatekontrakte im Sinne des Art. 7 MiFID II-Durchführungsverordnung aufweisen und nichtkommerziellen Zwecken dienen,
   und sofern sie keine Kassageschäfte im Sinne des Art. 7 MiFID II-Durchführungsverordnung sind;
3. finanzielle Differenzgeschäfte;
4. als Kauf, Tausch oder anderweitig ausgestaltete Festgeschäfte oder Optionsgeschäfte, die zeitlich verzögert zu erfüllen sind und dem Transfer von Kreditrisiken dienen (Kreditderivate);
5. Termingeschäfte mit Bezug auf die in Art. 8 MiFID II-Durchführungsverordnung genannten Basiswerte, sofern sie die Bedingungen der Nummer 2 erfüllen.

Eine weitere Derivate-Definition, die im Rahmen der Umsetzung der Bankenrichtlinie sowie der **65** Kapitaladäquanzrichtlinie durch § 19 Abs. 1a in das KWG integriert wurde, bezieht sich auf die Definition des Kreditbegriffes für die Zwecke der Großkredit- und Millionenkreditverordnung (GroMiKV).[38] Diese Vorgaben gelten seit dem 1. Januar 2014 nur noch für den Bereich der Millionenkredite, während der Kreditbegriff für Großkredite (»Risikopositionen«) mittlerweile in Art. 389 CRR geregelt ist.

Derivate sind gemäß § 19 Abs. 1a Satz 1 KWG als Kauf, Tausch oder durch anderweitigen Bezug **66** auf einen Basiswert ausgestaltete Festgeschäfte oder Optionsgeschäfte, deren Wert durch den Basiswert bestimmt wird und sich infolge eines für wenigstens einen Vertragspartner zeitlich hinausgeschobenen Erfüllungszeitpunktes künftig ändern kann, einschließlich finanzieller Differenzgeschäfte. Basiswert im Sinne von § 19 Abs. 1a Satz 1 KWG kann auch ein Derivat sein.

In Anhang II CRR werden drei Arten von Derivatgeschäften unterschieden: **67**
1. Zinsbezogene Geschäfte
   a) Zinsswaps in einer einzigen Währung,
   b) Basis-Swaps,
   c) Zinsausgleichsvereinbarungen (»Forward Rate Agreements«),
   d) Zinsterminkontrakte,
   e) gekaufte Zinsoptionen und
   f) andere vergleichbare Geschäfte;
2. Fremdwährungsbezogene Geschäfte und Geschäfte auf Goldbasis
   a) Zinsswaps in mehreren Währungen,
   b) Devisentermingeschäfte,
   c) Devisenterminkontrakte,
   d) gekaufte Devisenoptionen,
   e) andere vergleichbare Geschäfte und
   f) auf Goldbasis getätigte Geschäfte ähnlicher Art wie unter den Buchstaben a bis e;

---

38 Verordnung zur Ergänzung der Großkreditvorschriften nach der Verordnung (EU) Nr. 575/2013 des Europäischen Parlaments und des Rates vom 26. Juni 2013 über Aufsichtsanforderungen an Kreditinstitute und Wertpapierfirmen und zur Änderung der Verordnung (EU) Nr. 646/2012 und zur Ergänzung der Millionenkreditvorschriften nach dem Kreditwesengesetz (Großkredit- und Millionenkreditverordnung – GroMiKV) vom 6. Dezember 2013 (BGBl. I S. 4183), die zuletzt durch Artikel 1 der Verordnung vom 22. Juni 2021 (BGBl. I S. 1847) geändert worden ist.

3. Geschäfte ähnlicher Art wie unter Nr. 1 und 2 (außer andere vergleichbare Geschäfte und auf Goldbasis getätigte Geschäfte ähnlicher Art) mit anderen Basiswerten oder Indizes. Dies schließt zumindest alle unter den Nummern 4 bis 7, 9 und 10 in Abschnitt C in Anhang I der MiFID genannten Instrumente ein, die nicht in anderer Weise in Nummer 1 oder 2 enthalten sind.

68 Die Derivatedefinition in § 19 Abs. 1a Satz 1 KWG ist weiter als die Definition in § 1 Abs. 11 Satz 6 KWG, da sie auf eine Aufzählung von Basiswerten verzichtet. Der weite Derivatebegriff in § 19 Abs. 1a Satz 1 KWG dient unter Risikogesichtspunkten dazu, einen Einblick in Umfang, Art und Qualität der Kreditgewährung durch Derivate zu erhalten. Die enge Derivatedefinition in § 1 Abs. 11 Satz 6 KWG ist vor allem für die Erlaubnistatbestände der Institute gemäß § 1 Abs. 1 und 1a KWG von Bedeutung. Die Definition ist enger, da sie nur die aufsichtlich »beobachtungs-bedürftigen« Geschäfte erfasst.[39]

4.4 Derivate-Definition der MaRisk

69 Die Derivate-Definition der MaRisk knüpft weitgehend an den bekannten Wortlaut der MaH an und erweitert diesen.[40] Zu den Geschäften in Derivaten gehören Termingeschäfte, deren Preis sich von einem
- zugrunde liegenden Aktivum,
- Referenzpreis,
- Referenzzins (z. B. der LIBOR[41] bei Forward Rate Agreements),
- Referenzindex oder
- im Voraus definierten Ereignis

ableitet. Die Derivate-Definition der MaRisk ist umfassend. Durch die Bezugnahme auf »im Voraus definierte Ereignisse« werden auch Kreditderivate erfasst.

4.5 Einbeziehung von Kreditderivaten

70 Unter Kreditderivaten versteht man Kontrakte, die es dem Sicherungsnehmer (»Protection Buyer«) erlauben, Adressenausfallrisiken gegen Zahlung einer Prämie an einen Sicherungsgeber (»Protection Seller«) abzutreten, ohne die abzusichernde Forderung verkaufen zu müssen. Der Sicherungsgeber verpflichtet sich zu einer Ausgleichszahlung, falls ein bestimmtes, im Kontrakt definiertes Ereignis eintritt (»Credit Event«). Diese Struktur liegt grundsätzlich allen Kreditderivaten zugrunde. Allerdings können sich im Hinblick auf die konkrete Ausgestaltung Unterschiede ergeben, sei es in der Form des Derivates (z. B. Credit Default Swap, Credit Spread Option, Total Return Swap), in der Definition des Ereignisses oder in der Art und Zahl der zugrunde liegenden

---

39 Vgl. hierzu Bock, Hellmuth, in: Boos, Karl-Heinz/Fischer, Reinfrid/Schulte-Mattler, Hermann (Hrsg.), Kreditwesengesetz und VO (EU) Nr. 575/2013, Band 1, 5. Auflage, München, 2016, § 19 KWG, Tz. 58.

40 Vgl. Bundesaufsichtsamt für das Kreditwesen, Mindestanforderungen an das Betreiben von Handelsgeschäften der Kreditinstitute (MaH), Verlautbarung vom 23. Oktober 1995, Abschnitt 1.

41 Der Londoner Interbanken-Angebotszins (»London Interbank Offered Rate«, LIBOR) kann für diese Zwecke nur noch vorübergehend verwendet werden. Grundsätzlich ist seine Ablösung für Ende 2021 vorgesehen, da seine Glaubwürdigkeit von einem Manipulationsskandal in Zweifel gezogen wurde. Die »Financial Conduct Authority« (FCA) hat als neuer Administrator schon 2017 angekündigt, als Ersatz für den LIBOR andere Referenzzinssätze anzubieten.

Underlyings. Im weiteren Sinne werden auch Verbriefungstransaktionen zu den Kreditderivaten gerechnet (Credit Linked Notes).[42]

Kreditderivate haben viele Vorteile. Ein Institut kann durch ihren Einsatz seine Abhängigkeit **71** von bestimmten Einzelrisiken, wie z.B. dominanten Kreditnehmern in bestimmten Branchen, reduzieren. Darüber hinaus können Kreditderivate die Transparenz und Qualität der Preisbildung verbessern. So sind die Prämien für Credit Default Swaps (CDS) grundsätzlich ein anerkannter Indikator für die Kreditqualität von Unternehmen, Instituten und Staaten. Die Komplexität der Produkte und damit verbundene Spekulationsgeschäfte machen es jedoch schwierig, die Risiken adäquat einzuschätzen. In der Praxis verfügten Anfang des 21. Jahrhunderts nur relativ wenige Institute über das spezifische Know-how und entsprechend ausgefeilte Verfahren, um die Risiken aus Kreditderivaten zu managen.[43] Die Verwendung von Rahmenverträgen[44] hat zwar zu einer Reduzierung von Rechtsrisiken beigetragen und das Prozedere beim Abschluss von Kreditderivaten erheblich beschleunigt. Dennoch ergeben sich im Rahmen der Abwicklung von Kreditderivaten offenbar immer wieder Schwierigkeiten.[45] Eine Reduzierung dieses Problems ist durch die Einschaltung »qualifizierter zentraler Gegenparteien« möglich (→ AT 2.1 Tz. 1).

Da Kreditderivate nach den MaRisk als Handelsgeschäfte zu qualifizieren sind, müssen vor **72** allem die aufbau- und ablauforganisatorischen Anforderungen des Moduls BTO 2 grundsätzlich beachtet werden. Im Hinblick auf die Bewertungs- und Berichtsintervalle sind insbesondere die Module BTR 1, BTR 2 und BT 3 zu berücksichtigen. Zur Klarstellung weist die BaFin darauf hin, dass klassische Kreditprodukte trotz ihrer Nähe zu derivativen Produkten nicht als Derivate im Sinne der MaRisk zu qualifizieren sind. Hierzu zählen z.B. Garantien oder Avale (→ AT 2.3 Tz. 4, Erläuterung).

---

42 Vgl. Horat, Robert, Kreditderivate, in: Der Schweizer Treuhänder, Heft 11/2003, S. 969ff.

43 Vgl. Deutsche Bundesbank, Instrumente zum Kreditrisikotransfer: Einsatz bei deutschen Banken und Aspekte der Finanzstabilität, in: Monatsbericht, April 2004, S. 36ff.; Deutsche Bank Research, Credit Derivatives: Effects on the Stability of Financial Markets, Current Issues, Juni 2004, S. 1ff.

44 Die International Swaps and Derivatives Association (ISDA) hat hierzu entsprechende Standarddokumente veröffentlicht.

45 Vgl. Beales, Richard, Errors double in Derivatives Trading, in: Financial Times vom 31. Mai 2006, S. 29.

AT 3 Gesamtverantwortung der Geschäftsleitung

1	**Einführung und Überblick**	1
2	**Gesamtverantwortung der Geschäftsleitung und Risikokultur (Tz. 1)**	4
2.1	Gesamtverantwortung der Geschäftsleitung	5
2.2	Anforderungen an die Geschäftsleiter nach § 25c Abs. 3 KWG	8
2.3	Sicherstellungspflichten der Geschäftsleiter nach § 25c Abs. 4a KWG	9
2.4	Einbeziehung der Geschäftsleitung in das Risikomanagement	17
2.5	Unmittelbare Pflichten der Geschäftsleitung	19
2.6	Risikobeurteilung durch die Geschäftsleitung	24
2.7	Berücksichtigung von Nachhaltigkeitsrisiken	26
2.8	Gesamtverantwortung und Geschäftsleitereignung	29
2.9	Anforderungen der BaFin an die Geschäftsleitereignung	32
2.10	Gesamtverantwortung der Geschäftsleitung auf Gruppenebene	41
2.11	Anforderungen von EBA und EZB an die Geschäftsleitung	44
2.12	Anzeigepflichten	50
2.13	Förderung und Integration einer angemessenen Risikokultur	53
2.14	Elemente einer angemessenen Risikokultur	58
2.14.1	Leitungskultur	66
2.14.2	Verantwortlichkeiten der Mitarbeiter	72
2.14.3	Offene Kommunikation und kritischer Dialog	77
2.14.4	Angemessene Anreizstrukturen	81
2.15	Umsetzung der Risikokultur in den Instituten	83
2.16	Angemessene Risikokultur auf Gruppenebene	90
2.17	Bedeutung der Risikokultur für den SREP	92
3	**Einzelverantwortung der Geschäftsleiter (Tz. 2)**	96
3.1	Verantwortung für den Geschäftsbereich	97

1 Einführung und Überblick

Führung bedeutet, bewusst auf das Verhalten anderer Menschen einzuwirken, um ein bestimmtes Ziel zu erreichen. Nichts anderes gilt für die leitenden Manager von Unternehmen. Sie wirken zielgerichtet auf ihre Mitarbeiter ein, um z. B. Strategien umzusetzen. Führung geht immer mit der Übernahme von Verantwortung einher. Solange sich dabei keine Schwierigkeiten ergeben, ist dies ein Vorgang, der weitgehend geräuschlos abläuft. Und doch sind an die Übernahme von Verantwortung weitreichende Konsequenzen geknüpft. Man kann ebenso wenig ein »bisschen Verantwortung« übernehmen wie ein »klein wenig Führungskraft« sein. Führung und Verantwortung sind daher zwei Seiten der gleichen Medaille. Wie sehr der Umfang an übernommener Verantwortung unterschätzt wird, zeigt sich – nicht nur bei Unternehmen – häufig erst in schwierigen Situationen. Nicht selten wird Führung auch mit reinem Statusdenken verwechselt. Die an die Führung geknüpfte Verantwortung wird hingegen vollständig ausgeblendet. Wer aber verantwortungslos handelt, schadet regelmäßig seinen Mitarbeitern und seinem Unternehmen.

1

Das Aktiengesetz geht in § 76 Abs. 1 AktG vom »Prinzip der Gesamtleitung« aus, d. h. dass die Leitungstätigkeiten sowie die Besetzung der Führungsstellen nicht delegierbare Aufgaben des Vorstandes als Kollegialorgan sind.[1] Nicht delegierbar ist ferner die Pflicht des Gesamtorgans zur Selbstkontrolle.[2] Nach dem »Prinzip der Gesamtleitung« ist jedes Vorstandsmitglied für das ordnungsgemäße Funktionieren des Unternehmens verantwortlich, unabhängig von der intern festgelegten Geschäftsverteilung. Verletzen Vorstandsmitglieder ihre Sorgfaltspflichten, so können sie gemäß § 93 AktG für den entstandenen Schaden haftbar gemacht werden. Das einzelne Vorstandsmitglied haftet unabhängig von der Geschäftsverteilung gesamtschuldnerisch. Insoweit bleibt auch das im Einzelfall nicht zuständige Vorstandsmitglied haftungsrechtlich verantwortlich.[3] Natürlich sind die Grenzen der Verantwortung im Einzelfall schwer zu ziehen. Ein Vorstandsmitglied kann wohl kaum für jeden kleineren Fehler seiner Mitarbeiter verantwortlich gemacht werden. Eine ordnungsgemäße, d. h. im Einklang mit den gesetzlichen Anforderungen stehende Organisation liegt daher nicht nur im Interesse des Unternehmens. Sie leistet auch einen wesentlichen Beitrag zur Vermeidung persönlicher Haftung der einzelnen Vorstandsmitglieder.[4]

2

Dem »Prinzip der Gesamtleitung« des Vorstandes bzw. dem »Prinzip der Gesamtverantwortung« der Geschäftsleitung wird daher im Gesellschaftsrecht und in verschiedenen Spezialgesetzen[5] ein hoher Stellenwert eingeräumt. Da Banken und Finanzdienstleister einem besonders vertrauensanfälligen Wirtschaftssektor angehören, gelten für die Geschäftsleiter von Instituten besonders strenge Regelungen. Das KWG betont nicht nur die Verantwortung der Geschäftsleiter für die Ordnungsmäßigkeit der Geschäftsorganisation. Es stellt darüber hinaus auch hohe Anforderungen an die Geschäftsleiter, die für die Leitung eines Institutes fachlich geeignet und zuverlässig sein und der Wahrnehmung ihrer Aufgaben ausreichend Zeit widmen müssen. Neben diesen Anforderungen an jeden einzelnen Geschäftsleiter müssen zudem alle Geschäftsleiter in ihrer Gesamtheit über ein angemessen breites Spektrum von Kenntnissen, Fähigkeiten und Erfahrungen verfügen, die zum Verständnis der Tätigkeiten des Institutes einschließlich seiner Hauptrisiken notwendig sind.

3

---

1 Vgl. Hüffer, Uwe, Aktiengesetz, 12. Auflage, München, 2016, § 76, Tz. 1 ff.
2 Vgl. Hüffer, Uwe, Aktiengesetz, 12. Auflage, München, 2016, § 77, Tz. 18.
3 Vgl. Hüffer, Uwe, Aktiengesetz, 12. Auflage, München, 2016, § 77, Tz. 14 f.
4 Vgl. Turiaux, André/Knigge, Dagmar, Vorstandshaftung ohne Grenzen? – Rechtssichere Vorstands- und Unternehmensorganisation als Instrument der Risikominimierung, in: Der Betrieb, Heft 41/2004, S. 2200.
5 Nach § 23 des Sparkassengesetzes für Baden-Württemberg (SpG) in der Fassung vom 19. Juli 2005 leitet der Vorstand die Sparkasse in eigener Verantwortung. Gleiches gilt für den Vorstand einer Genossenschaft nach § 27 Abs. 1 des Gesetzes betreffend die Erwerbs- und Wirtschaftsgenossenschaften (GenG). Diese spezialgesetzlichen Normen decken sich nahezu wortgleich mit § 76 Abs. 1 AktG, der dem Prinzip der Gesamtverantwortung des Vorstandes bei Aktiengesellschaften zugrunde liegt.

2 Gesamtverantwortung der Geschäftsleitung und Risikokultur (Tz. 1)

4 **1** Alle Geschäftsleiter (§ 1 Abs. 2 KWG) sind, unabhängig von der internen Zuständigkeits-regelung, für die ordnungsgemäße Geschäftsorganisation und deren Weiterentwicklung verantwortlich. Diese Verantwortung bezieht sich unter Berücksichtigung ausgelagerter Aktivitäten und Prozesse auf alle wesentlichen Elemente des Risikomanagements. Die Geschäftsleiter werden dieser Verantwortung nur gerecht, wenn sie die Risiken beurteilen können und die erforderlichen Maßnahmen zu ihrer Begrenzung treffen. Hierzu zählen auch die Entwicklung, Förderung und Integration einer angemessenen Risikokultur innerhalb des Institutes und der Gruppe. Die Geschäftsleiter eines übergeordneten Unternehmens einer Institutsgruppe oder Finanzholding-Gruppe bzw. eines übergeordneten Finanzkonglomerats-unternehmens sind zudem für die ordnungsgemäße Geschäftsorganisation in der Gruppe und somit auch für ein angemessenes und wirksames Risikomanagement auf Gruppenebene verantwortlich (§ 25a Abs. 3 KWG).

2.1 Gesamtverantwortung der Geschäftsleitung

5 Nach der Legaldefinition des § 1 Abs. 2 KWG sind Geschäftsleiter im Sinne des KWG diejenigen natürlichen Personen, die nach Gesetz, Satzung oder Gesellschaftsvertrag zur Führung der Geschäfte und zur Vertretung eines Institutes oder eines Unternehmens in der Rechtsform einer juristischen Person oder einer Personenhandelsgesellschaft berufen wurden. Durch die Bezug-nahme auf § 1 Abs. 2 KWG richten sich die MaRisk unmittelbar an alle Geschäftsleiter. Sie sind für die ordnungsgemäße Geschäftsorganisation nach § 25a Abs. 1 Satz 1 KWG und somit – unter Berücksichtigung ausgelagerter Aktivitäten und Prozesse – auch für die Einrichtung eines ange-messenen Risikomanagements verantwortlich.

6 Angelehnt an die Regelungen im AktG bedeutet Gesamtverantwortung in diesem Zusammen-hang, dass jedes einzelne Mitglied der Geschäftsleitung für die Ordnungsmäßigkeit der Geschäfts-organisation verantwortlich ist. Die institutsindividuelle interne Geschäftsverteilung, die wegen des Grundsatzes der Funktionstrennung bei den Instituten die Regel ist, ändert daran grundsätz-lich nichts. Auch der im Einzelfall nicht zuständige Geschäftsleiter bleibt für die ordnungsgemäße Geschäftsorganisation verantwortlich. Seine Verantwortung wandelt sich in diesem Fall in eine allgemeine Überwachungsfunktion über die Verantwortungsbereiche der übrigen Geschäftsleiter. Dies führt im Ergebnis zu der aus dem AktG bekannten Selbstkontrolle der Geschäftsleitung als Kollegialorgan.

7 Das Postulat der Gesamtverantwortung der Geschäftsleitung, das schon in älteren qualitativen Regelwerken der Bankenaufsicht enthalten war (z.B. den MaK), ergibt sich seit 2004 unmittelbar aus § 25a Abs. 1 Satz 2 KWG. Die Anforderung wurde durch den im Rahmen des CRD IV-Umset-zungsgesetzes eingefügten § 25a Abs. 1 Satz 2 KWG (zweiter Halbsatz) insoweit ergänzt, als die Geschäftsleiter die erforderlichen Maßnahmen für die Ausarbeitung der entsprechenden instituts-internen Vorgaben zu ergreifen haben, sofern nicht das Verwaltungs- oder Aufsichtsorgan ent-scheidet.

2.2 Anforderungen an die Geschäftsleiter nach § 25c Abs. 3 KWG

Mit dem CRD IV-Umsetzungsgesetz wurden die Anforderungen von Art. 76 Abs. 2 und Art. 88 **8** Abs. 1 CRD IV an die Geschäftsleiter sowie die Vorgaben der EBA-Leitlinien zur internen Governance hinsichtlich »know your structure« und »non-standard or non-transparant activities«[6] in § 25c Abs. 3 KWG aufgenommen. Danach müssen die Geschäftsleiter im Rahmen ihrer Gesamtverantwortung für die ordnungsgemäße Geschäftsorganisation insbesondere Grundsätze einer ordnungsgemäßen Geschäftsführung beschließen, deren Wirksamkeit überwachen und regelmäßig bewerten, angemessene Schritte zur Behebung von Mängeln einleiten und der Festlegung von Strategien und der Befassung mit den Risiken (insbesondere Adressenausfall- und Marktrisiken sowie operationelle Risiken) ausreichend Zeit widmen. Darüber hinaus müssen die Geschäftsleiter für eine angemessene und transparente Unternehmensstruktur sorgen, die an der Geschäftsstrategie und den weiteren Strategien des Institutes ausgerichtet ist. Die Geschäftsleiter müssen die Unternehmensstrukturen innerhalb der Gruppe und des übergeordneten Unternehmens in ausreichendem Maße kennen, und zwar auch bei komplexen Gruppenstrukturen. Schließlich müssen die Geschäftsleiter die Richtigkeit des Rechnungswesens und der Finanzberichterstattung sicherstellen sowie die Prozesse hinsichtlich Offenlegung und Kommunikation überwachen.

2.3 Sicherstellungspflichten der Geschäftsleiter nach § 25c Abs. 4a KWG

Die Finanzmarktkrise im Jahr 2008 hat eindrucksvoll gezeigt, dass Unternehmenskrisen im **9** Banken- und Versicherungssektor zu erheblichen Verwerfungen auf den Finanzmärkten führen können – mit entsprechend negativen Auswirkungen auf die Unternehmen des Finanzsektors sowie die Realwirtschaft. Darüber hinaus haben die notwendig gewordenen staatlichen Stützungsmaßnahmen die öffentlichen Haushalte erheblich belastet. Gleichzeitig bestanden nach Ansicht des Gesetzgebers nur unzureichende Möglichkeiten, Geschäftsleiter von Kreditinstituten oder Versicherungsunternehmen strafrechtlich zur Verantwortung zu ziehen, wenn ein Institut oder ein Versicherungsunternehmen durch Missmanagement in eine Schieflage geraten ist.

Der Gesetzgeber hat vor diesem Hintergrund im Rahmen des Trennbankengesetzes Regelungen **10** in das Kreditwesengesetz aufgenommen, die es ermöglichen, Pflichtverletzungen von Geschäftsleitern im Risikomanagement strafrechtlich zu sanktionieren. In § 25c Abs. 4a KWG werden wesentliche, bisher nur in den MaRisk geregelte Anforderungen an das Risikomanagement in Gesetzesrang gehoben und die Geschäftsleitung ausdrücklich zur Sicherstellung der genannten bankaufsichtlichen Regelungen verpflichtet. Nach § 54a KWG kann ein Geschäftsleiter einer Bank bei einem Verstoß gegen diese Sicherstellungspflichten mit Freiheitsstrafe bis zu fünf Jahren oder mit Geldstrafe belangt werden, wenn er einer vollziehbaren Anordnung der Aufsicht zuwiderhandelt und hierdurch eine Bestandsgefährdung des Institutes herbeigeführt wird. Die Strafbarkeit

---

6 Vgl. European Banking Authority, EBA Guidelines on Internal Governance (GL 44), 27. September 2011. Die im Jahr 2018 veröffentlichten überarbeiteten EBA-Leitlinien zur internen Governance sind deutlich detaillierter ausformuliert und unterscheiden nunmehr zwischen den Prinzipien »Kenntnis der eigenen Struktur (know your structure)« und »Komplexe Strukturen und nicht-standardisierte oder intransparente Tätigkeiten«. Vgl. European Banking Authority, Leitlinien zur internen Governance, EBA/GL/2017/11, 21. März 2018, S. 21ff. Der deutsche Gesetzgeber hat bisher keine Notwendigkeit zur Anpassung des § 25c Abs. 3 Nr. 4 KWG gesehen. Die EBA hat diese Leitlinien im Juli 2020 einer erneuten Überarbeitung unterzogen und ihren endgültigen Bericht an die EU-Kommission im Juli 2021 veröffentlicht. Der Bericht enthält hinsichtlich der Anforderungen an die Unternehmensstrukturen keine wesentlichen Änderungen. Vgl. European Banking Authority, Final Report on Guidelines on internal governance under Directive 2013/36/EU, EBA/GL/2021/05, 2. Juli 2021.

verfolgt laut Gesetzesbegründung sowohl präventiv das Ziel, Geschäftsleiter zur Vermeidung zukünftiger Unternehmenskrisen durch Missstände im Risikomanagement anzuhalten, als auch repressiv den Zweck, im Fall der Gefährdung der Finanzmarktstabilität durch Institutskrisen die individuell verantwortlichen Personen auf Managementebene haftbar zu machen. Pflichtverletzungen der Geschäftsleiter im Risikomanagement werden strafrechtlich geahndet, wenn in der Folge das Institut in seinem Bestand gefährdet ist. Die Straftatbestände greifen auch in Fällen, in denen der Eintritt der Gefährdung des Bestandes des Institutes durch staatliche Stützungsmaßnahmen (»korrigierende Maßnahmen«) abgewendet wird.

11   Da durch die Strafbewehrung von Risikomanagementpflichten erhöhte Anforderungen an die gesetzlich bestimmte Ausgestaltung der Pflichten der Geschäftsleitung bestehen (»Bestimmtheitsgrundsatz«), werden in § 25c Abs. 4a Nr. 1 bis 5 KWG die wichtigsten – zuvor lediglich in den MaRisk enthaltenen – Pflichten der Geschäftsleiter detailliert aufgeführt. Die Regelung entspricht in ihrer Struktur den Anforderungen an das Risikomanagement der Institute nach § 25a Abs. 1 Satz 3 Nr. 1 bis 5 KWG und konkretisiert die dortigen Vorgaben für eine ordnungsgemäße Geschäftsorganisation und ein angemessenes und wirksames Risikomanagement, indem die entsprechenden Anforderungen der MaRisk jeweils als Mindeststandard hinzugefügt wurden. Zudem werden in § 25c Abs. 4a Nr. 6 KWG auch die Auslagerungen von Aktivitäten und Prozessen erfasst, um Umgehungstatbestände zu vermeiden (siehe Abbildung 11).

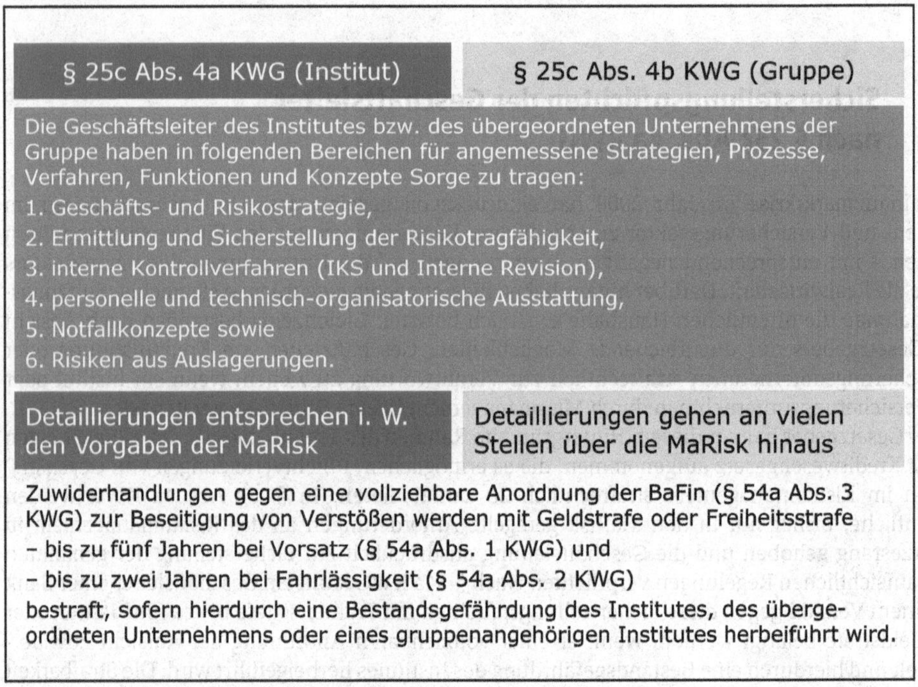

§ 25c Abs. 4a KWG (Institut)	§ 25c Abs. 4b KWG (Gruppe)
Die Geschäftsleiter des Institutes bzw. des übergeordneten Unternehmens der Gruppe haben in folgenden Bereichen für angemessene Strategien, Prozesse, Verfahren, Funktionen und Konzepte Sorge zu tragen: 1. Geschäfts- und Risikostrategie, 2. Ermittlung und Sicherstellung der Risikotragfähigkeit, 3. interne Kontrollverfahren (IKS und Interne Revision), 4. personelle und technisch-organisatorische Ausstattung, 5. Notfallkonzepte sowie 6. Risiken aus Auslagerungen.	
Detaillierungen entsprechen i. W. den Vorgaben der MaRisk	Detaillierungen gehen an vielen Stellen über die MaRisk hinaus

Zuwiderhandlungen gegen eine vollziehbare Anordnung der BaFin (§ 54a Abs. 3 KWG) zur Beseitigung von Verstößen werden mit Geldstrafe oder Freiheitsstrafe
– bis zu fünf Jahren bei Vorsatz (§ 54a Abs. 1 KWG) und
– bis zu zwei Jahren bei Fahrlässigkeit (§ 54a Abs. 2 KWG)
bestraft, sofern hierdurch eine Bestandsgefährdung des Institutes, des übergeordneten Unternehmens oder eines gruppenangehörigen Institutes herbeiführt wird.

Abb. 11: Haftung der Geschäftsleiter im Risikomanagement

12   Im Einzelnen haben die Geschäftsleiter im Rahmen ihrer Gesamtverantwortung für die ordnungsgemäße Geschäftsorganisation nach § 25c Abs. 4a Nr. 1 bis 6 KWG dafür Sorge zu tragen, dass das Institut über folgende Strategien, Prozesse, Verfahren, Funktionen und Konzepte verfügt:

1. eine auf die nachhaltige Entwicklung des Institutes gerichtete Geschäftsstrategie und eine damit konsistente Risikostrategie sowie Prozesse zur Planung, Umsetzung, Beurteilung und Anpassung der Strategien nach § 25a Abs. 1 Satz 3 Nr. 1 KWG, mindestens haben die Geschäftsleiter dafür Sorge zu tragen, dass
   a) jederzeit das Gesamtziel, die Ziele des Institutes für jede wesentliche Geschäftsaktivität sowie die Maßnahmen zur Erreichung dieser Ziele dokumentiert werden;
   b) die Risikostrategie jederzeit die Ziele der Risikosteuerung der wesentlichen Geschäftsaktivitäten sowie die Maßnahmen zur Erreichung dieser Ziele umfasst;
2. Verfahren zur Ermittlung und Sicherstellung der Risikotragfähigkeit nach § 25a Abs. 1 Satz 3 Nr. 2 KWG, mindestens haben die Geschäftsleiter dafür Sorge zu tragen, dass
   a) die wesentlichen Risiken des Institutes, insbesondere Adressenausfall-, Marktpreis-, Liquiditäts- und operationelle Risiken, regelmäßig und anlassbezogen im Rahmen einer Risikoinventur identifiziert und definiert werden (Gesamtrisikoprofil);
   b) im Rahmen der Risikoinventur Risikokonzentrationen berücksichtigt sowie mögliche wesentliche Beeinträchtigungen der Vermögenslage, der Ertragslage oder der Liquiditätslage geprüft werden;
3. interne Kontrollverfahren mit einem internen Kontrollsystem und einer Internen Revision nach § 25a Abs. 1 Satz 3 Nr. 3 lit. a bis c KWG, mindestens haben die Geschäftsleiter dafür Sorge zu tragen, dass
   a) im Rahmen der Aufbau- und Ablauforganisation Verantwortungsbereiche klar abgegrenzt werden, wobei wesentliche Prozesse und damit verbundene Aufgaben, Kompetenzen, Verantwortlichkeiten, Kontrollen sowie Kommunikationswege klar zu definieren sind und sicherzustellen ist, dass Mitarbeiter keine miteinander unvereinbaren Tätigkeiten ausüben;
   b) eine grundsätzliche Trennung zwischen dem Bereich, der Kreditgeschäfte initiiert und bei den Kreditentscheidungen über ein Votum verfügt (Markt), sowie dem Bereich Handel einerseits und dem Bereich, der bei den Kreditentscheidungen über ein weiteres Votum verfügt (Marktfolge), und den Funktionen, die dem Risikocontrolling und die der Abwicklung und Kontrolle der Handelsgeschäfte dienen, andererseits besteht;
   c) das interne Kontrollsystem Risikosteuerungs- und -controllingprozesse zur Identifizierung, Beurteilung, Steuerung, Überwachung und Kommunikation der wesentlichen Risiken und damit verbundener Risikokonzentrationen sowie eine Risikocontrolling-Funktion und eine Compliance-Funktion umfasst;
   d) in angemessenen Abständen, mindestens aber vierteljährlich, gegenüber der Geschäftsleitung über die Risikosituation einschließlich einer Beurteilung der Risiken berichtet wird;
   e) in angemessenen Abständen, mindestens aber vierteljährlich, seitens der Geschäftsleitung gegenüber dem Verwaltungs- oder Aufsichtsorgan über die Risikosituation einschließlich einer Beurteilung der Risiken berichtet wird;
   f) regelmäßig angemessene Stresstests für die wesentlichen Risiken sowie das Gesamtrisikoprofil des Institutes durchgeführt werden und auf Grundlage der Ergebnisse möglicher Handlungsbedarf geprüft wird;
   g) die Interne Revision in angemessenen Abständen, mindestens aber vierteljährlich, an die Geschäftsleitung und an das Aufsichtsorgan berichtet;
4. eine angemessene personelle und technisch-organisatorische Ausstattung des Institutes nach § 25a Abs. 1 Satz 3 Nr. 4 KWG, mindestens haben die Geschäftsleiter dafür Sorge zu tragen, dass die quantitative und qualitative Personalausstattung und der Umfang und die Qualität der technisch-organisatorischen Ausstattung die betriebsinternen Erfordernisse, die Geschäftsaktivitäten und die Risikosituation berücksichtigen;
5. für Notfälle in zeitkritischen Aktivitäten und Prozessen angemessene Notfallkonzepte nach § 25a Abs. 1 Satz 3 Nr. 5 KWG, mindestens haben die Geschäftsleiter dafür Sorge zu tragen,

dass regelmäßig Notfalltests zur Überprüfung der Angemessenheit und Wirksamkeit des Notfallkonzeptes durchgeführt werden und über die Ergebnisse den jeweils Verantwortlichen berichtet wird;

6. im Fall einer Auslagerung von Aktivitäten und Prozessen auf ein anderes Unternehmen nach § 25b Abs. 1 Satz 1 KWG mindestens angemessene Verfahren und Konzepte, um übermäßige zusätzliche Risiken sowie eine Beeinträchtigung der Ordnungsmäßigkeit der Geschäfte, Dienstleistungen und der Geschäftsorganisation im Sinne des § 25a Abs. 1 KWG zu vermeiden.

13 Die Geschäftsleiter haften für die Einhaltung der aufgeführten Sicherstellungspflichten im Rahmen ihrer Gesamtverantwortung, d.h. die Pflichten können nicht delegiert werden. Die Ausgestaltung der Geschäftsleiterpflichten trägt gemäß der Gesetzesbegründung der Prinzipienorientierung der MaRisk dadurch Rechnung, dass die Sicherstellungspflichten der Geschäftsleiter institutsbezogen auszulegen sind.[7] Die Deutsche Kreditwirtschaft hat in diesem Zusammenhang kritisiert, dass der Katalog der Sicherstellungspflichten eine Vielzahl unbestimmter, wertungsoffener Rechtsbegriffe enthält (z.B. »angemessen«, »nachhaltig«, »wesentlich«), die mit dem verfassungsrechtlichen Bestimmtheitsgrundsatz nach Art. 103 Abs. 2 GG kaum vereinbar sein dürften.[8]

14 Die genannten Sicherstellungspflichten der Geschäftsleiter gingen bei Einfügung des § 25c Abs. 4a KWG durch das Trennbankengesetz in einzelnen Punkten über die zu dem damaligen Zeitpunkt bestehenden Anforderungen der MaRisk hinaus. So haben die Geschäftsleiter im Rahmen der Ermittlung und Sicherstellung der Risikotragfähigkeit zu gewährleisten, dass regelmäßig Stresstests durchgeführt werden, die sich auf das Gesamtrisikoprofil der Bank erstrecken. Darüber hinaus hat die Interne Revision mindestens vierteljährlich an die Geschäftsleitung und das Aufsichtsorgan zu berichten. Die gesetzlich geforderten Stresstests für das Gesamtrisikoprofil des Institutes (→ AT 4.3.3 Tz. 2) und die gemeinsame und einheitliche Berichterstattung der Internen Revision an Geschäftsleitung und Aufsichtsorgan wurden erst mit der fünften MaRisk-Novelle im Jahr 2017 zeitlich verzögert in den MaRisk verankert (→ BT 9 Tz. 4).

15 Das Risikoreduzierungsgesetz[9] aus dem Jahr 2020 ändert § 25a Abs. 1 Satz 3 Nr. 5 KWG dahingehend, dass ein angemessenes Risikomanagement die Festlegung eines Notfallmanagements anstelle eines Notfallkonzeptes umfasst. Die Anpassung ist im Zusammenhang mit dem im Rahmen der sechsten MaRisk-Novelle neu gefassten Modul AT 7.3 zu sehen, wonach das Institut Ziele zum Notfallmanagement zu definieren und hieraus abgeleitet einen Notfallmanagementprozess festzulegen hat. Das von den Instituten weiterhin zu erstellende Notfallkonzept für Notfälle in zeitkritischen Aktivitäten und Prozessen ist ein wesentlicher Bestandteil dieses Notfallmanagements. Die Geschäftsleitung hat sich mindestens quartalsweise und anlassbezogen über den Zustand des Notfallmanagements schriftlich berichten zu lassen (→ AT 7.3 Tz. 1). Diese Änderung des § 25a Abs. 1 Satz 3 Nr. 5 KWG und die Neufassung des Moduls AT 7.3 ist in § 25c Abs. 4a Nr. 5 KWG noch nicht berücksichtigt. Es ist davon auszugehen, dass sich die Sicherstellungspflichten der Geschäftsleiter nunmehr auf ein angemessenes Notfallmanagement sowie eine entsprechende Berichterstattung erweitern.

16 Im Zusammenhang mit der angemessenen personellen Ausstattung des Institutes nach § 25a Abs. 1 Satz 3 Nr. 4 KWG betont die BaFin seit dem Jahr 2020 in einem Merkblatt die besonderen Pflichten der Geschäftsleitung bei der Besetzung von »Schlüsselfunktionen« im Institut.[10] Die

---

7 Vgl. Bundesministerium der Finanzen, Arbeitsentwurf eines Gesetzes zur Abschirmung von Risiken und zur Planung der Sanierung und Abwicklung von Kreditinstituten, 30. Januar 2013, S. 63.

8 Vgl. Deutsche Kreditwirtschaft, Stellungnahme zum Entwurf eines Gesetzes zur Abschirmung von Risiken und zur Planung der Sanierung und Abwicklung von Kreditinstituten, 17. April 2013, S. 23.

9 Gesetz zur Umsetzung der Richtlinien (EU) 2019/878 und (EU) 2019/879 zur Reduzierung von Risiken und zur Stärkung der Proportionalität im Bankensektor (Risikoreduzierungsgesetz – RiG) vom 9. Dezember 2020 (BGBl. I S. 2773), veröffentlicht am 14. Dezember 2020.

10 Vgl. Bundesanstalt für Finanzdienstleistungsaufsicht, Merkblatt zu den Geschäftsleitern gemäß KWG, ZAG und KAGB vom 4. Januar 2016, zuletzt geändert am 24. Juni 2021, S. 44f.

Institute haben Inhaber von Schlüsselfunktionen (»Key Function Holders«) festzulegen sowie einen Prozess zur Sicherstellung ihrer Eignung aufzusetzen (Erst- und Folgebewertung). Die Bewertung der Zuverlässigkeit und fachlichen Eignung der Inhaber von Schlüsselfunktionen sollte auf denselben Kriterien beruhen, die bei den Mitgliedern der Geschäftsleitung und des Aufsichtsorgans anzuwenden sind (→ AT 4.4, Einführung).[11] Diese Anforderungen im Hinblick auf die Inhaber von Schlüsselfunktionen konkretisieren die Sicherstellungspflichten der Geschäftsleiter nach § 25c Abs. 4a Nr. 4 KWG.

2.4 Einbeziehung der Geschäftsleitung in das Risikomanagement

Die Einbeziehung der Geschäftsleiter in das Risikomanagement kann in Abhängigkeit von der Größe des Institutes sowie von der Art und dem Umfang der betriebenen Geschäfte unterschiedlich ausgeprägt sein. So ist es bei kleinen Instituten mit überschaubaren Geschäftsaktivitäten möglich, dass sich die einzelnen Geschäftsleiter einen vertieften Einblick in alle übrigen Ressortbereiche verschaffen. Vor allem bei größeren Instituten sind diesem Bestreben jedoch praktische Grenzen gesetzt. Bei solchen Instituten haben sich in den letzten Jahrzehnten eine deutliche Tendenz zur Spezialisierung und eine damit verbundene ausgeprägte Arbeitsteilung in der Geschäftsleitung herausgebildet. Gleichzeitig rückt insbesondere auf der Ebene der Geschäftsleitung größerer Institute immer mehr die strategische Komponente in den Vordergrund, während die zweite Managementebene häufig für wichtige Entscheidungen auf operativer Ebene zuständig ist. **17**

Solche internen Zuständigkeitsregelungen spielen jedoch im Kontext des Gesetzes keine entscheidende Rolle, da der einzelne Geschäftsleiter aufgrund des im Gesetz verankerten Postulats für die Ordnungsmäßigkeit der Geschäftsorganisation verantwortlich bleibt. Schon aus haftungsrechtlicher Sicht ist es daher wichtig, dass sich die Geschäftsleiter in angemessener Weise mit den wesentlichen Elementen des Risikomanagements (Strategien, Risikotragfähigkeit, internes Kontrollsystem und Interne Revision) auseinandersetzen. Das gilt auch im Hinblick auf ausgelagerte Aktivitäten und Prozesse. Wird die Ordnungsmäßigkeit der Geschäftsorganisation durch Auslagerungen beeinträchtigt, kann dies der Geschäftsleitung des auslagernden Institutes zur Last gelegt werden. Es spielt dabei grundsätzlich keine Rolle, ob es sich um eine wesentliche Auslagerung handelt oder nicht (→ AT 9 Tz. 3). **18**

2.5 Unmittelbare Pflichten der Geschäftsleitung

In den MaRisk werden verschiedene Aspekte besonders betont, die den einzelnen Geschäftsleitern bzw. der Geschäftsleitung insgesamt im Zusammenhang mit ihrer Verantwortung für das Risikomanagement als unmittelbare Pflichten auferlegt werden. Dazu gehören insbesondere folgende Anforderungen: **19**
- Die Geschäftsleitung hat sich zur Beurteilung der Wesentlichkeit regelmäßig und anlassbezogen einen Überblick über die Risiken des Institutes (Gesamtrisikoprofil) zu verschaffen (→ AT 2.2 Tz. 1).
- Die Geschäftsleitung ist für die Entwicklung, Förderung und Integration einer angemessenen Risikokultur innerhalb des Institutes und der Gruppe verantwortlich (→ AT 3 Tz. 1).

---

11 Vgl. Bundesanstalt für Finanzdienstleistungsaufsicht, Merkblatt zu den Geschäftsleitern gemäß KWG, ZAG und KAGB vom 4. Januar 2016, zuletzt geändert am 24. Juni 2021, S. 44f.

AT 3 Gesamtverantwortung der Geschäftsleitung

- Die Festlegung wesentlicher Elemente der Risikotragfähigkeitssteuerung sowie wesentlicher zugrunde liegender Annahmen ist von der Geschäftsleitung zu genehmigen (→ AT 4.1 Tz. 8).
- Die Geschäftsleitung hat unter Berücksichtigung von externen und internen Einflussfaktoren sowie deren zukünftiger Entwicklung eine nachhaltige Geschäftsstrategie festzulegen, in der die Ziele des Institutes für jede wesentliche Geschäftsaktivität sowie die Maßnahmen zur Erreichung dieser Ziele dargestellt werden (→ AT 4.2 Tz. 1). Der Inhalt der Geschäftsstrategie liegt allein in der Verantwortung der Geschäftsleitung (→ AT 4.2 Tz. 1, Erläuterung).
- Die Geschäftsleitung hat eine mit der Geschäftsstrategie und den daraus resultierenden Risiken konsistente Risikostrategie festzulegen, die sich auf die Ziele der Risikosteuerung der wesentlichen Geschäftsaktivitäten sowie die Maßnahmen zu deren Erreichung bezieht. Dabei ist unter Berücksichtigung von Risiko- und Ertragskonzentrationen für alle wesentlichen Risiken der Risikoappetit des Institutes festzulegen (→ AT 4.2 Tz. 2).
- Die Geschäftsleitung muss für die Umsetzung der Strategien Sorge tragen. Außerdem ist sie für die Festlegung und Anpassung der Strategien verantwortlich, wobei diese Verantwortung ausdrücklich nicht delegierbar ist (→ AT 4.2 Tz. 4). Für diese Zwecke hat sie einen Strategieprozess einzurichten, der sich insbesondere auf die Prozessschritte Planung, Umsetzung, Beurteilung (inkl. Zielabweichungsanalyse) und Anpassung der Strategien erstreckt (→ AT 4.2 Tz. 5).
- Auch wenn dies nicht explizit erwähnt wird, kann davon ausgegangen werden, dass die Erörterung der Strategien inkl. der ggf. erforderlichen Anpassungen sowie der Ursachenanalyse im Falle von Zielabweichungen mit dem Aufsichtsorgan durch die Geschäftsleitung zu erfolgen hat (→ AT 4.2 Tz. 6).
- Die Geschäftsleitung hat sich in angemessenen Abständen über die Risikosituation einschließlich vorhandener Risikokonzentrationen berichten zu lassen (→ AT 4.3.2 Tz. 3 und BT 3.1 Tz. 1).
- Das Aufsichtsorgan ist von der Geschäftsleitung vierteljährlich in angemessener Weise schriftlich über die Risikosituation zu informieren, wobei neben der Darstellung auch eine Beurteilung der Risikosituation erforderlich ist. Auf besondere Risiken für die Geschäftsentwicklung und dafür geplante Maßnahmen der Geschäftsleitung ist gesondert einzugehen. Für das Aufsichtsorgan unter Risikogesichtspunkten wesentliche Informationen sind von der Geschäftsleitung unverzüglich weiterzuleiten. Hierfür hat die Geschäftsleitung gemeinsam mit dem Aufsichtsorgan ein geeignetes Verfahren festzulegen (→ BT 3.1 Tz. 5).
- Die Geschäftsleitung hat bei bedeutenden Instituten gemäß Art. 6 SSM-Verordnung die instituts- und gruppenweit geltenden Grundsätze für das Datenmanagement, die Datenqualität und die Aggregation von Risikodaten zu genehmigen und in Kraft zu setzen (→ AT 4.3.4 Tz. 1).
- Die Leitung der Risikocontrolling-Funktion ist bei wichtigen risikopolitischen Entscheidungen der Geschäftsleitung zu beteiligen. Bei bedeutenden Instituten gemäß Art. 6 SSM-Verordnung hat die Wahrnehmung der Leitung der Risikocontrolling-Funktion durch einen Geschäftsleiter zu erfolgen (→ AT 4.4.1 Tz. 5).
- Unbeschadet der Aufgaben der Compliance-Funktion bleiben die Geschäftsleiter und die Geschäftsbereiche für die Einhaltung rechtlicher Regelungen und Vorgaben uneingeschränkt verantwortlich (→ AT 4.4.2 Tz. 1, Erläuterung).
- Weisungen und Beschlüsse der Geschäftsleitung, die für die Compliance-Funktion wesentlich sind, sind ihr bekanntzugeben (→ AT 4.4.2 Tz. 6).
- Weisungen und Beschlüsse der Geschäftsleitung, die für die Interne Revision von Bedeutung sein können, sind ihr bekanntzugeben (→ AT 4.4.3 Tz. 5).
- Das Konzept für den Neu-Produkt-Prozess und die Aufnahme der laufenden Geschäftstätigkeit sind von den zuständigen Geschäftsleitern unter Einbeziehung der für die Überwachung der Geschäfte verantwortlichen Geschäftsleiter zu genehmigen, wobei dafür Delegationsmöglichkeiten bestehen (→ AT 8.1 Tz. 6).

- Die Geschäftsleitung hat im Fall der vollständigen Auslagerung der besonderen Funktionen jeweils einen Beauftragten zu benennen, der eine ordnungsgemäße Durchführung der jeweiligen Aufgaben gewährleisten muss (→ AT 9 Tz. 10). Ein zu benennender Revisionsbeauftragter ist der Geschäftsleitung unmittelbar zu unterstellen (→ AT 9 Tz. 10, Erläuterung).
- In kleinen Instituten müssen die Bearbeitung und die Beschlussfassung von risikorelevanten Krediten von der Geschäftsleitung selbst durchgeführt werden, wenn auf eine Funktionstrennung verzichtet wird (→ BTO 1.1 Tz. 1, Erläuterung). Ähnliches gilt für den Verzicht auf die Funktionstrennung im Handel (→ BTO 2.1 Tz. 2, Erläuterung) und den Verzicht auf die Einrichtung einer Revisionseinheit (→ AT 4.4.3 Tz. 1), sofern dieser jeweils aus Gründen der Betriebsgröße erfolgt.
- Das System zur verursachungsgerechten internen Verrechnung der jeweiligen Liquiditätskosten, -nutzen und -risiken ist von der Geschäftsleitung zu genehmigen (→ BTR 3.1 Tz. 5).
- Die Prüfungsplanung der Internen Revision sowie wesentliche Anpassungen dieser Planung sind von der Geschäftsleitung zu genehmigen (→ BT 2.3 Tz. 5).
- Bei schwerwiegenden Feststellungen der Internen Revision gegen einzelne Geschäftsleiter hat die Geschäftsleitung unverzüglich den Vorsitzenden des Aufsichtsorgans sowie die BaFin und die Deutsche Bundesbank zu informieren (→ BT 2.4 Tz. 5).
- Die Berichterstattung der Internen Revision an das Aufsichtsorgan kann auch über die Geschäftsleitung erfolgen, sofern dadurch keine nennenswerte Verzögerung der Information des Aufsichtsorgans verbunden und der Inhalt der Berichterstattung an Geschäftsleitung und Aufsichtsorgan deckungsgleich ist (→ BT 2.4 Tz. 4, Erläuterung).

Durch diese Anforderungen, die explizit an die Geschäftsleitung gerichtet sind, wird die Bedeutung **20** ihrer Einbeziehung in das Risikomanagement betont. Allerdings kann der Grad der Einbindung variieren. So ist zwar die Festlegung der Strategien originäre Aufgabe der Geschäftsleitung und nicht delegierbar. Allerdings ist es durchaus möglich, wenn nicht sogar erforderlich, dass damit im Zusammenhang stehende unterstützende Tätigkeiten von den Ebenen unterhalb der Geschäftsleitung durchgeführt werden. Gleiches gilt z. B. für das Gesamtrisikoprofil, das vor allem bei größeren Instituten ohne die Mitwirkung der nachgelagerten Leitungsebenen kaum erstellt werden kann.

Die Pflichten der Geschäftsleiter des übergeordneten Unternehmens einer Gruppe sind vergleichs- **21** weise überschaubar, wenn man nur den Regelungstext zugrunde legt. Allerdings sind sie für die Einrichtung eines angemessenen und wirksamen Risikomanagements auf Gruppenebene verantwortlich (→ AT 4.5 Tz. 1). Insofern sind einige Anforderungen, wie z. B. hinsichtlich der Sicherstellung der Risikotragfähigkeit oder des Strategieprozesses, entsprechend auf die Gruppenebene übertragbar.

Die BaFin weist den Geschäftsleitern in einem Merkblatt weitere Pflichten zu, welche die **22** gesetzlichen Anforderungen an die Corporate Governance des Institutes gemäß § 25c und § 25d KWG konkretisieren.[12] Im Einzelnen sollten die Institute über nachfolgende Richtlinien verfügen:
- Eignungsrichtlinien zur Bewertung der individuellen Eignung der Geschäftsleiter sowie der Eignung der Geschäftsleiter in ihrer Gesamtheit,
- Diversitätsrichtlinien für die Geschäftsleitung, das Aufsichtsorgan und die Mitarbeiter,
- Einführungs- und Schulungsrichtlinien für die Mitglieder der Geschäftsleitung und des Aufsichtsorgans,[13]
- Richtlinien für den Umgang mit Interessenkonflikten für die Geschäftsleitung, das Aufsichtsorgan sowie für die Mitarbeiter (→ AT 4.3.1 Tz. 1).[14]

---

12 Vgl. Bundesanstalt für Finanzdienstleistungsaufsicht, Merkblatt zu den Geschäftsleitern gemäß KWG, ZAG und KAGB vom 4. Januar 2016, zuletzt geändert am 24. Juni 2021, S. 41 ff.

13 Die Anforderungen an die Richtlinien zur Einführung und Schulung, zur Diversität und zur Eignungsbewertung gehen zurück auf gemeinsame Vorgaben von ESMA und EBA. Vgl. European Banking Authority/European Securities and Markets Authority, Leitlinien zur Bewertung der Eignung von Mitgliedern des Leitungsorgans und Inhabern von Schlüsselfunktionen, EBA/GL/2017/12, 21. März 2018, S. 31 ff.

14 Die Anforderungen an Richtlinien für den Umgang mit Interessenkonflikten beruhen auf Vorgaben der EBA zur internen Governance. Vgl. European Banking Authority, Leitlinien zur internen Governance, EBA/GL/2017/11, 21. März 2018, S. 29 ff.

23 Es gilt das Proportionalitätsprinzip, d.h. der Detaillierungsgrad der Richtlinien sollte von der Größe des Institutes, seiner internen Organisation sowie von der Art, dem Umfang und der Komplexität seiner Geschäfte abhängig sein.

2.6 Risikobeurteilung durch die Geschäftsleitung

24 Die Geschäftsleiter werden ihrer Verantwortung für alle wesentlichen Elemente des Risikomanagements nur gerecht, wenn sie die Risiken beurteilen können und die erforderlichen Maßnahmen zu ihrer Begrenzung treffen. Die Beurteilung der Risiken setzt nicht notwendigerweise umfassende methodische Kenntnisse im Bereich einzelner Risikomanagementinstrumente voraus. Das wäre allein aus Gründen der üblichen Spezialisierung auf der Geschäftsleitungsebene in größeren Instituten kaum umsetzbar. Von größerer Bedeutung ist es, dass die Geschäftsleitung organisatorische Voraussetzungen für eine entsprechende Informationsgrundlage schafft. Selbstverständlich müssen die Geschäftsleiter diese Informationen nachvollziehen und interpretieren können. Hinweise darauf, in welcher Weise die Geschäftsleitung in die Lage versetzt werden soll, die Risikosituation des Institutes einschätzen zu können, finden sich an verschiedenen Stellen der MaRisk. Neben dem erforderlichen Überblick über das Gesamtrisikoprofil des Institutes (→ AT 2.2 Tz. 1) trägt dazu insbesondere die »Top-down-Berichtsanforderung« durch die Geschäftsleitung bei (→ AT 4.3.2 Tz. 3 und BT 3.1 Tz. 1), die mit bestimmten »Bottom-up-Berichtspflichten« verbunden ist:
- Im Rahmen der Risikoberichterstattung an die Geschäftsleitung hat eine Beurteilung der Risikosituation zu erfolgen (→ BT 3.1 Tz. 1). Außerdem sind die Ergebnisse der Stresstests und deren potenzielle Auswirkungen auf die Risikosituation und das Risikodeckungspotenzial darzustellen. Ebenfalls darzustellen sind die den Stresstests zugrunde liegenden wesentlichen Annahmen. Darüber hinaus ist gesondert auf Risikokonzentrationen und deren potenzielle Auswirkungen einzugehen (→ BT 3.1 Tz. 2).
- Der Geschäftsleitung sind zumindest vierteljährlich Berichte über die eingegangenen Adressenausfallrisiken mit den wesentlichen strukturellen Merkmalen des Kreditgeschäftes (unter Berücksichtigung von Risikokonzentrationen) und Marktpreisrisiken (unter Einbeziehung von internen Handelsgeschäften) vorzulegen (→ BT 3.2 Tz. 3 und BT 3.2 Tz. 4). Ab einer unter Risikogesichtspunkten festgelegten Höhe sind Überschreitungen von Kontrahenten- und Emittentenlimiten den zuständigen Geschäftsleitern täglich anzuzeigen (→ BTR 1 Tz. 5). Die Gesamtrisikopositionen, Ergebnisse und Limitauslastungen sind grundsätzlich zeitnah am nächsten Geschäftstag dem für das Risikocontrolling zuständigen Geschäftsleiter zu berichten (→ BT 3.2 Tz. 4).
- Der Geschäftsleitung ist regelmäßig über die Liquiditätssituation des Institutes, die Ergebnisse der Stresstests sowie über wesentliche Änderungen des Notfallplanes für Liquiditätsengpässe Bericht zu erstatten, wobei auf besondere Liquiditätsrisiken aus außerbilanziellen Gesellschaftskonstruktionen gesondert einzugehen ist (→ BT 3.2 Tz. 5). Sie ist zumindest jährlich über bedeutende Schadensfälle und wesentliche operationelle Risiken zu unterrichten (→ BT 3.2 Tz. 6).
- Unter Risikogesichtspunkten wesentliche Informationen sind unverzüglich an die Geschäftsleitung weiterzuleiten (→ AT 4.3.2 Tz. 4).
- Die Festlegung wesentlicher Elemente der Risikotragfähigkeitssteuerung sowie wesentlicher zugrunde liegender Annahmen ist von der Geschäftsleitung zu genehmigen, was eine entsprechende vorherige Information voraussetzt (→ AT 4.1 Tz. 8).
- Grundsätzlich ist die Compliance-Funktion unmittelbar der Geschäftsleitung berichtspflichtig (→ AT 4.4.2 Tz. 3). Die Compliance-Funktion hat mindestens jährlich sowie anlassbezogen der Geschäftsleitung über ihre Tätigkeit Bericht zu erstatten. Darin ist auf die Angemessenheit und Wirksamkeit der Regelungen zur Einhaltung der wesentlichen rechtlichen Regelungen

und Vorgaben einzugehen. Ferner hat der Bericht auch Angaben zu möglichen Defiziten sowie zu Maßnahmen zu deren Behebung zu enthalten.

- Die Geschäftsleitung ist zu informieren oder anderweitig einzubeziehen, sofern der Vorsitzende des Aufsichtsorgans bzw. der Vorsitzende des Prüfungsausschusses direkt beim Leiter der Internen Revision Auskünfte einholen möchte (→ AT 4.4.3 Tz. 2 inkl. Erläuterung).

- Die Geschäftsleitung hat sich mindestens quartalsweise und anlassbezogen über den Zustand des Notfallmanagements schriftlich berichten zu lassen (→ AT 7.3 Tz. 1).

- Ein Institut, das Auslagerungen vornimmt, hat grundsätzlich einen zentralen Auslagerungsbeauftragten bzw. ein zentrales Auslagerungsmanagement einzurichten, das der Geschäftsleitung mindestens jährlich sowie anlassbezogen einen Bericht über die wesentlichen Auslagerungen zur Verfügung zu stellt (→ AT 9 Tz. 13).

- Die zuständigen Geschäftsleiter sind bei bedeutenden Engagements regelmäßig über den Stand der Sanierung zu unterrichten (→ BTO 1.2.5 Tz. 6). Die Geschäftsleitung ist unverzüglich über einen erheblichen Risikovorsorgebedarf zu informieren (→ BTO 1.2.6 Tz. 2).

- Abschlüsse von Handelsgeschäften zu nicht marktgerechten Bedingungen sind der Geschäftsleitung bei entsprechender Bedeutung bekanntzugeben (→ BTO 2.2.1 Tz. 2 lit. c). Geschäftsabschlüsse außerhalb der Geschäftsräume sind vom Händler unverzüglich dem zuständigen Geschäftsleiter bzw. einer von ihm autorisierten Organisationseinheit zur Kenntnis zu bringen (→ BTO 2.2.1 Tz. 3). Der für die Marktgerechtigkeitskontrolle zuständige Geschäftsleiter ist unverzüglich zu unterrichten, wenn Handelsgeschäfte in unzulässiger Weise zu nicht marktgerechten Bedingungen abgeschlossen werden (→ BTO 2.2.2 Tz. 5).

- Die Interne Revision ist unmittelbar der Geschäftsleitung berichtspflichtig (→ AT 4.4.3 Tz. 2). Über jede Prüfung muss von der Internen Revision zeitnah ein schriftlicher Bericht mit einer Darstellung des Prüfungsgegenstandes und der Prüfungsfeststellungen, ggf. einschließlich der vorgesehenen Maßnahmen, angefertigt und grundsätzlich den fachlich zuständigen Mitgliedern der Geschäftsleitung vorgelegt werden. Bei schwerwiegenden Mängeln muss der Bericht unverzüglich der Geschäftsleitung vorgelegt werden (→ BT 2.4 Tz. 1). Die von der Internen Revision zu erstellenden Quartalsberichte und der Jahresbericht sind der Geschäftsleitung zeitnah vorzulegen (→ BT 2.4 Tz. 4). Werden die wesentlichen Mängel nicht in einer angemessenen Zeit beseitigt, so hat der Leiter der Internen Revision darüber zunächst den fachlich zuständigen Geschäftsleiter schriftlich zu informieren. Soweit wesentliche Mängel nicht beseitigt wurden, ist die Geschäftsleitung hierüber spätestens im Rahmen des nächsten Gesamtberichtes zu informieren (→ BT 2.5 Tz. 2). Bei schwerwiegenden Feststellungen gegen Geschäftsleiter im Rahmen von Prüfungen durch die Interne Revision ist die Geschäftsleitung unverzüglich zu informieren (→ BT 2.4 Tz. 5).

Die Geschäftsleitung wird insbesondere durch diese Informationen befähigt, sich ein Bild über die Risikosituation des Institutes zu verschaffen. Sie sind die Grundlage für alle wichtigen Entscheidungen der Geschäftsleitung, die letztlich auch zur Stärkung der Wettbewerbsposition des Institutes beitragen sollen. **25**

2.7 Berücksichtigung von Nachhaltigkeitsrisiken

Um die mit der eigenen Geschäftstätigkeit verbundenen Risiken beurteilen und dafür angemessene Gegensteuerungsmaßnahmen einleiten zu können, müssen der Geschäftsleitung vor allem die wesentlichen Merkmale dieser Risiken bekannt sein. Von der Geschäftsleitung wird daher erwartet, ein Verständnis für Nachhaltigkeitsrisiken, einschließlich der physischen und transitorischen **26**

Risiken, deren Charakteristika sowie deren mögliche Auswirkungen auf die eigenen Geschäftsaktivitäten zu entwickeln.[15]

27   Die EZB bezieht sich auf die Eignungskriterien für das Leitungsorgan gemäß Art. 91 CRD IV und der gemeinsamen Leitlinien von EBA und ESMA, die in Deutschland in den entsprechenden Merkblättern umgesetzt sind. Vor diesem Hintergrund bringt die EZB auch ihre Erwartung zum Ausdruck, dass die Geschäftsleitung kollektiv über die zum Verständnis der Tätigkeiten des Institutes samt seinen Hauptrisiken notwendigen Kenntnisse und Fähigkeiten sowie die erforderliche Erfahrung verfügen muss und dies auch fortlaufend überprüfen sollte. Von der Geschäftsleitung wird daher erwartet, dass sie Klima- und Umweltrisiken in angemessenem Umfang versteht, damit sie bei ihrer Bewertung der kollektiven Eignung die Kriterien überhaupt beurteilen kann, die zur soliden und effektiven Steuerung und Offenlegung der Klima- und Umweltrisiken erforderlich sind, denen das Institut ausgesetzt ist.[16]

28   Die EBA betont die Vorbildfunktion der Geschäftsleitung (»tone at the top«). Zunächst hatte sie die Zuweisung der Verantwortung in Bezug auf ESG-Risiken an ein Mitglied der Geschäftsleitung empfohlen.[17] Als Reaktion auf die Rückmeldungen während der Konsultationsphase ihres Diskussionspapiers hat sie letztlich jedoch dazu geraten, die Verantwortung nicht auf ein einzelnes Mitglied der Geschäftsleitung zu übertragen, sondern die Aufgaben und Rollen im Zusammenhang mit ESG-Risiken im Sinne einer Aufgabenverteilung zwischen den Mitgliedern der Geschäftsleitung klar zuzuweisen.[18] Im Rahmen des SREP erwartet sie von den Aufsichtsbehörden auch eine Prüfung, ob die Geschäftsleitung die Geschäfte unter Berücksichtigung der ESG-Risikostrategie angemessen steuert, ob das Aufsichtsorgan die Entscheidungen und Handlungen der Geschäftsleitung unter Berücksichtigung der ESG-relevanten Ziele oder Limite angemessen beaufsichtigt und überwacht und ob beide über ausreichende Kenntnisse, Fähigkeiten und Erfahrungen in Bezug auf ESG-Faktoren und ESG-Risiken verfügen.[19]

2.8   Gesamtverantwortung und Geschäftsleitereignung

29   Seit der erstmaligen Veröffentlichung der MaRisk im Jahr 2005 hat der Wortlaut zur Gesamtverantwortung der Geschäftsleitung einige interessante Änderungen erfahren. Zunächst hieß es, dass die Geschäftsleiter ihrer Verantwortung für das Risikomanagement nur gerecht werden, wenn sie die Risiken beurteilen können und die erforderlichen Maßnahmen zu ihrer Begrenzung treffen. Später wurde diese Formulierung geändert, um klarzustellen, dass die MaRisk weniger auf die fachliche Eignung von Geschäftsleitern, als vielmehr auf die sachgerechte Ausgestaltung des Risikomanagements abzielen.[20] In der Konsequenz wurde die Anforderung im Rahmen der ersten MaRisk-Novelle im Jahr 2007 dahingehend geändert, dass das Risikomanagement den Geschäftsleitern ermöglichen muss, die Risiken zu beurteilen und auf dieser Basis die erforderlichen Maßnahmen zu ihrer Begrenzung zu treffen.

---

15 Vgl. Bundesanstalt für Finanzdienstleistungsaufsicht, Merkblatt zum Umgang mit Nachhaltigkeitsrisiken, 20. Dezember 2019, geändert am 13. Januar 2020, S. 22.

16 Vgl. Europäische Zentralbank, Leitfaden zu Klima- und Umweltrisiken – Erwartungen der Aufsicht in Bezug auf Risikomanagement und Offenlegungen, 27. November 2020, S. 23.

17 Vgl. European Banking Authority, EBA Discussion paper on management and supervision of ESG risks for credit institutions and investment firms, EBA/DP/2020/03, 30. Oktober 2020, S. 100f.

18 Vgl. European Banking Authority, EBA Report on management and supervision of ESG risks for credit institutions and investment firms, EBA/REP/2021/18, 23. Juni 2021, S. 164.

19 Vgl. European Banking Authority, EBA Report on management and supervision of ESG risks for credit institutions and investment firms, EBA/REP/2021/18, 23. Juni 2021, S. 140.

20 Vgl. Bundesanstalt für Finanzdienstleistungsaufsicht, Protokoll der zweiten Sitzung des MaRisk-Fachgremiums am 17. August 2006, S. 1.

Mit der zweiten MaRisk-Novelle hat die Aufsicht den Schwerpunkt wieder stärker auf die   30
Risikobeurteilung durch die Geschäftsleiter selbst gelegt, indem die ursprüngliche Formulierung
aus dem Jahr 2005 reaktiviert wurde. Diese Klarstellung ist eine unmittelbare Reaktion der
Aufsicht auf die Finanzmarktkrise. Was die Risikosituation angeht, waren die Geschäftsleiter und
das obere Management nicht immer ausreichend informiert. Teilweise war das erforderliche
Wissen einfach nicht vorhanden. In anderen Fällen fehlte es schlicht an der notwendigen
Expertise, um Informationen aus der Risikoberichterstattung nachvollziehen zu können. Solche
Defizite wurden nicht nur von Bankenaufsehern, sondern auch von der Finanzindustrie selbst
identifiziert.[21]

In den MaRisk bringt die Anpassung des Wortlautes unter materiellen Gesichtspunkten gleich-   31
wohl keine großen Änderungen mit sich. Insbesondere geht es der Aufsicht nicht um Fragen der
Geschäftsleitereignung, da solche Aspekte – wie nachfolgend ausgeführt – an anderer Stelle im
Gesetz abgehandelt werden. Mit Blick auf die Finanzmarktkrise hat die Anpassung eher Signal-
charakter. Unabhängig davon wird durch sie eine Selbstverständlichkeit zum Ausdruck gebracht,
da wichtige Steuerungsmaßnahmen der Geschäftsleitung immer auch eine Beurteilung der Risikosituation des Institutes voraussetzen. Letztendlich soll mit dieser Anforderung das Risikobewusstsein an der Spitze des Unternehmens mit dem Ziel der Etablierung einer Risikokultur im gesamten
Institut gefördert werden. Diese Philosophie wird nicht nur vom Baseler Ausschuss für Bankenaufsicht vertreten.[22] Sie hat darüber hinaus Eingang in die Corporate-Governance-Diskussion
gefunden.[23]

2.9 Anforderungen der BaFin an die Geschäftsleitereignung

§ 25a KWG und die MaRisk statuieren keine unmittelbaren Anforderungen an die Eignung von   32
Geschäftsleitern. Nach der Veröffentlichung der MaK im Jahr 2002 ergaben sich jedoch Berührungspunkte zu dieser Thematik. Die Funktion eines Geschäftsleiters setzt persönliche Zuverlässigkeit und fachliche Eignung voraus. Durch diese Anforderungen soll sichergestellt werden,
dass die Institute im Interesse des Schutzes der Finanzmarktstabilität und der Einlegergelder nur
von geeigneten Personen geleitet werden. Die fachliche Eignung erfordert ausreichende theoretische Kenntnisse und praktische Erfahrungen bzgl. der betriebenen Geschäfte sowie Leitungserfahrung. Sie ist regelmäßig dann anzunehmen, wenn eine dreijährige leitende Tätigkeit bei
einem Institut von vergleichbarer Größe und Geschäftsart nachgewiesen wird. Im Rahmen des
CRD IV-Umsetzungsgesetzes wurden diese Anforderungen an die Geschäftsleiter der Institute in
§ 25c Abs. 1 KWG positiv formuliert und zudem deutlich ausgeweitet.[24] Die Geschäftsleiter
müssen seitdem neben der Zuverlässigkeit und fachlichen Eignung der Wahrnehmung ihrer
Aufgaben ausreichend Zeit widmen. Die fachliche Eignung ist ferner ausdrücklich fortlaufend zu

---

21 Bemerkenswert schonungslos fällt in diesem Zusammenhang die Einschätzung der internationalen Interessenvertretung
der Finanzindustrie aus: »As already incorporated in Basel II and set forth in legal requirements in some jurisdictions,
Boards need to be educated on risk issues and not to be given the means to understand risk appetite and the firm's performance
against it. ... Even more basically – but this did not exist at all firms – Boards need to understand the firm's business strategy
from a forward-looking perspective, not just to review current risk issues and audit reports.« Institute of International
Finance, Interim Report of the IIF Committee on Market Best Practices, April 2008, S. 6.

22 Vgl. Basel Committee on Banking Supervision, Framework for the Evaluation of Internal Control Systems, BCBS 33,
16. Januar 1998, S. 11 f.

23 Vgl. Lück, Wolfgang, Managementrisiken, in: Dörner, Dietrich/Horváth, Peter/Kagermann, Henning (Hrsg.), Praxis des
Risikomanagements, Stuttgart, 2000, S. 336 ff.; Weidemann, Morten/Wieben, Hans-Jürgen, Zur Zertifizierbarkeit von
Risikomanagement-Systemen, in: Der Betrieb, Heft 34/2001, S. 1790.

24 Bis zur Einführung des § 25c Abs. 1 KWG ergaben sich die Anforderungen an die Zuverlässigkeit und fachliche Eignung
von Geschäftsleitern lediglich aus einem Umkehrschluss aus § 33 Abs. 1 Satz 1 Nr. 2 und 4 KWG und § 36 Abs. 1 KWG
(Erlaubnisversagungsgründe und Maßnahmen wie etwa ein Abberufungsverlangen). Gleichzeitig wurden mit dem CRD
IV-Umsetzungsgesetz die Vorschriften auf Anforderungsseite von den Regelungen auf der Maßnahmenseite getrennt.

gewährleisten. Die Aufsicht hat die Anforderungen an die fachliche Eignung, Zuverlässigkeit und zeitliche Verfügbarkeit in einem Merkblatt geregelt.[25]

33   Nach § 25c Abs. 4 KWG müssen die Institute angemessene personelle und finanzielle Ressourcen einsetzen, um den Geschäftsleitern die Einführung in das Amt zu erleichtern und eine Fortbildung zur Aufrechterhaltung der fachlichen Eignung zu ermöglichen.

34   Nach der Verwaltungspraxis der BaFin war die Zuerkennung der Geschäftsleitereignung lange Zeit vor allem von der tatsächlichen Ausübung von Kreditkompetenzen im Kreditgeschäft abhängig. Schon nach der Veröffentlichung der MaK ergab sich daraus in bestimmten Konstellationen ein Anreizproblem für leitende Mitarbeiter des Bereiches Marktfolge. Die qualitativen Anforderungen der BaFin enthalten zwar Vorgaben im Hinblick auf die Votierung und die Funktionstrennung im Kreditgeschäft. Jedoch bestehen bezüglich der Zuordnung von Kompetenzen Gestaltungsspielräume für die Institute (→ BTO 1.1 Tz. 5). Für den Fall, dass Kreditkompetenzen im Bereich Markt konzentriert sind, hätte also für einen leitenden Mitarbeiter aus dem Bereich Marktfolge keine Möglichkeit bestanden, Geschäftsleiter zu werden. Die damit verbundene negative Anreizwirkung für die Marktfolge hätte nicht nur aus Sicht der Institute, sondern auch aus der Perspektive der Bankenaufsicht negative Konsequenzen zur Folge gehabt. Dieses Problem war Gegenstand der Diskussion im MaK-Fachgremium[26] und wurde anschließend pragmatisch gelöst.

35   Die BaFin hat erstmals mit der Veröffentlichung der MaK den Bereich Marktfolge in den Instituten nicht unerheblich aufgewertet. Grundsätzlich haben leitende Mitarbeiter dieses Bereiches über die Ausübung der marktunabhängigen Votierung – unabhängig von der Zuordnung der Kompetenz im Einzelfall – maßgeblichen Einfluss auf die konkrete Kreditentscheidung. Der für die marktunabhängige Votierung zuständige Mitarbeiter trägt insoweit ein hohes Maß an Verantwortung. Die Wahrnehmung dieser Verantwortung setzt zudem fundierte Fachkenntnisse und Erfahrungen im Kreditgeschäft voraus. Die BaFin hat vor diesem Hintergrund klargestellt, dass im Rahmen der Beurteilung der Geschäftsleitereignung u. a. auch eine leitende Tätigkeit im Bereich Marktfolge, unabhängig von der tatsächlichen Zuweisung oder Ausübung einer entsprechenden Kreditkompetenz, zu berücksichtigen ist.[27]

36   Mit Einführung der MaRisk gingen neue Impulse auf die Verwaltungspraxis der BaFin zur Geschäftsleitereignung aus. Die MaRisk beziehen sich auf alle wesentlichen Risiken eines Institutes und nicht nur auf einzelne Geschäftsbereiche, wie z. B. das Kreditgeschäft. Die mit den MaRisk verbundene Stärkung des Risikomanagements und die damit einhergehende Erweiterung der Aufgaben der Geschäftsleitung lassen sich daher von der Frage der Geschäftsleitereignung nur schwer trennen.[28] Vor diesem Hintergrund verlangt die BaFin in ihrer Verwaltungspraxis nunmehr von den Geschäftsleitern eines Institutes neben der praktischen Erfahrung im Kreditgeschäft sowie den sonstigen die Geschäftstätigkeit des Institutes prägenden Tätigkeiten auch ausdrücklich praktische Kenntnisse im Risikomanagement. Dabei muss es sich um herausgehobene, d. h. entsprechend hierarchisch hoch angesiedelte, mit entsprechenden Kompetenzen versehene Tätigkeiten handeln.[29]

37   Für die Leitung der Risikocontrolling-Funktion existieren bei Instituten mit maximal drei Geschäftsleitern im Wesentlichen drei Optionen zur Wahrnehmung von Votierungs- und Genehmi-

---

25 Vgl. Bundesanstalt für Finanzdienstleistungsaufsicht, Merkblatt zu den Geschäftsleitern gemäß KWG, ZAG und KAGB vom 4. Januar 2016, zuletzt geändert am 24. Juni 2021, S. 25ff.

26 Vgl. Bundesanstalt für Finanzdienstleistungsaufsicht, Protokoll der dritten Sitzung des MaK-Fachgremiums am 12. November 2003, S. 3.

27 Vgl. Bundesanstalt für Finanzdienstleistungsaufsicht, Protokoll der vierten Sitzung des MaK-Fachgremiums am 27. April 2004, S. 2f.

28 In der Fachliteratur wurde daher frühzeitig die Meinung vertreten, dass die Befähigung zur Erfüllung der erweiterten Aufgaben der MaRisk letztlich auch eine Frage der fachlichen Eignung der Geschäftsleitung ist. Vgl. Piepel, Bernhard, MaRisk-Novelle: Erschwerter Zugang zur Geschäftsleiterposition?, in: BankPraktiker, Heft 9/2010, S. 312ff.

29 Vgl. Bundesanstalt für Finanzdienstleistungsaufsicht, Merkblatt zu den Geschäftsleitern gemäß KWG, ZAG und KAGB vom 4. Januar 2016, zuletzt geändert am 24. Juni 2021, S. 26.

gungskompetenzen: Wenn die Leitung der Risikocontrolling-Funktion mit der Leitung der Markt-folge in Personeneinheit zusammenfällt (Ausnahmefall), darf sie aufgrund der Definition der Markt-folge ohnehin über Votierungs- und Genehmigungskompetenzen verfügen. Fallen diese beiden Leitungsfunktionen nicht in Personeneinheit zusammen (Regelfall), wird der Leitung der Risikocon-trolling-Funktion im Rahmen üblicher Abwesenheiten die Möglichkeit von Votierungs- und Genehmigungskompetenzen für die Leitung der Marktfolge zugestanden, sofern beide innerhalb derselben Vorstandslinie angesiedelt sind und keine wesentlichen Interessenkonflikte bestehen. In der Praxis der Geschäftsleitereignungszuerkennung wird auch eine gelegentliche vertretungsweise Ausübung von Votierungskompetenzen als Erfahrung für die Geschäftsleitereignung angerechnet. Zudem ist es bei Sparkassen nicht unüblich, dass die Leitung der Risikocontrolling-Funktion (zweite Hierarchie-ebene) als Verhinderungsvertretung gemäß SparkassenG für den zuständigen Geschäftsleiter fun-giert, der zugleich für die Marktfolge zuständig ist (→ AT 4.4.1 Tz. 4).[30]

Die zunehmende Digitalisierung führt dazu, dass die Informationstechnologien (IT) für die **38** Risikolage von Instituten inzwischen eine besondere Bedeutung entwickelt haben. Schwächen in der IT-Sicherheit, veraltete IT-Strukturen und -Systeme und damit verbunden ineffiziente Prozesse können die Wettbewerbsfähigkeit der Institute erheblich beeinträchtigen.[31] Darüber hinaus ent-stehen neue Geschäftsmodelle aufgrund weiterentwickelter Finanztechnologien (FinTech). Vor diesem Hintergrund hat die Aufsicht die Anforderungen an die fachliche Eignung der für das IT-Ressort zuständigen Geschäftsleiter (»Chief Information Officer«, CIO) entsprechend anzupas-sen. Für die Geschäftsleitung von Internetbanken, Universalbanken im Modernisierungsprozess und Kryptoverwahrern können auch Personen geeignet sein, die einen auf das spezielle Geschäfts-modell zugeschnittenen IT-Fachhintergrund aufweisen.[32] Hinzukommen muss bei diesen Ge-schäftsleitern allerdings stets eine bankspezifische Eignung, inklusive des gebotenen Gesamt-überblicks über das jeweilige Institut und die mit der Geschäftstätigkeit verbundenen Risiken.[33] Darüber hinaus gewinnt die in § 25c Abs. 1a KWG enthaltene kollektive Eignung der Geschäfts-leitung in ihrer Gesamtheit stärker an Bedeutung.

Die Geschäftsleiter müssen für die Erfüllung ihrer Aufgaben im Institut ausreichend Zeit haben. **39** Gemäß § 25c Abs. 2 Satz 1 KWG sind bei der Zahl der Leitungs- oder Aufsichtsmandate, die ein Geschäftsleiter gleichzeitig innehaben kann, der Einzelfall sowie die Art, der Umfang und die Komplexität der Geschäfte des Institutes zu berücksichtigen. § 25c Abs. 2 Satz 2 KWG enthält zudem explizite Mandatsbeschränkungen für bedeutende Institute im Sinne des § 1 Abs. 3c KWG (→ AT 1 Tz. 3).[34] Darüber hinaus schließt das Gesetz bestimmte Konstellationen von Mandaten aus, um Interessenkonflikte zu vermeiden.[35]

Mit dem Risikoreduzierungsgesetz wurde in § 25c Abs. 1a KWG die Regelung aufgenommen, dass **40** die Geschäftsleiter in ihrer Gesamtheit über ein angemessen breites Spektrum von Kenntnissen,

---

30 Vgl. Bundesanstalt für Finanzdienstleistungsaufsicht, Protokoll der Sitzung des MaRisk-Fachgremiums am 5. November 2018, S. 4; Bundesanstalt für Finanzdienstleistungsaufsicht, Protokoll der 39. Sitzung des Gesprächskreises kleiner Institute am 14. Februar 2019, S. 3ff.

31 Vgl. Wabnitz, Constanze/Lange, Oliver/Isensee, Alexander/Redenz, Till, MaRisk – IT-Kompetenz in der Geschäftsleitung – BaFin passt Entscheidungsmaßstäbe für Bestellung von IT-Spezialisten zu Geschäftsleitern an, in: BaFinJournal, Ausgabe Dezember 2017, S. 15.

32 Nach Ansicht der BaFin gehören hierzu nicht nur studierte Informatiker. Auch langjährige Beschäftigte mit anderem Studienhintergrund kommen in Betracht, wenn sie z. B. über viele Jahre hinweg die wichtigen IT-Projekte des Institutes gesteuert haben. Vgl. Maak-Heß, Sören/Zuckschwerdt, Joachim, Bankvorstände mit besonderen Qualifikationen, in: BaFinJournal, Ausgabe Juni 2021, S. 43.

33 Vgl. Maak-Heß, Sören/Zuckschwerdt, Joachim, Bankvorstände mit besonderen Qualifikationen, in: BaFinJournal, Aus-gabe Juni 2021, S. 43.

34 § 25c Abs. 2 Satz 2 KWG wurde im Zuge des Risikoreduzierungsgesetzes dahingehend geändert, dass er nicht mehr auf »CRR-Institute von erheblicher Bedeutung« im Sinne des § 25c Abs. 2 Satz 6 KWG a. F. und § 25a Abs. 3 Satz 8 KWG a. F. abstellt, sondern auf den neu in § 1 Abs. 3c KWG eingefügten Begriff »bedeutendes Institut« verweist. Mit der Änderung wird eine einheitliche Definition eines »bedeutenden Institutes« für die Corporate Governance-Anforderungen in §§ 25c und 25d KWG sowie die Vergütungsregelungen eingeführt.

35 Vgl. Bundesanstalt für Finanzdienstleistungsaufsicht, Merkblatt zu den Geschäftsleitern gemäß KWG, ZAG und KAGB vom 4. Januar 2016, zuletzt geändert am 24. Juni 2021, S. 30ff.

Fähigkeiten und Erfahrungen verfügen müssen, die zum Verständnis der Tätigkeiten des Institutes einschließlich seiner Hauptrisiken notwendig sind.[36] Zusätzlich zu den Anforderungen an die einzelnen Geschäftsleiter muss damit eine kollektive Eignung der Geschäftsleitung in ihrer Gesamtheit vorliegen, die dem Geschäftsmodell, dem Risikoappetit, der Strategie und den Märkten, auf denen das Institut tätig ist, entspricht.[37] Die Regelung trägt zudem der ggf. notwendigen fachlichen Spezialisierung der einzelnen Geschäftsleiter in ihren jeweiligen Geschäftsbereichen wie z.B. dem IT-Ressort Rechnung.[38]

2.10 Gesamtverantwortung der Geschäftsleitung auf Gruppenebene

41 Nach § 25a Abs. 3 KWG sind die Geschäftsleiter des übergeordneten Unternehmens einer Institutsgruppe, Finanzholding-Gruppe, gemischten Finanzholding-Gruppe und Unterkonsolidierungsgruppe gemäß Art. 22 CRR für die Einhaltung der aufsichtsrechtlichen Anforderungen auf Gruppenebene verantwortlich[39] (»Prinzip der Gesamtverantwortung«). Vor diesem Hintergrund ist im Rahmen der zweiten MaRisk-Novelle auch die Verantwortlichkeit von Geschäftsleitern für das gruppenweite Risikomanagement stärker in den Fokus der Anforderungen gerückt.

42 Im Unterschied zur Institutsebene sind die Verantwortlichkeiten auf Gruppenebene jedoch nicht immer klar zurechenbar. Das ist insbesondere dann der Fall, wenn Interessenlagen auf Instituts- und Gruppenebene voneinander abweichen. Die Geschäftsleiter der nachgeordneten Unternehmen sind in erster Linie gegenüber ihrem eigenen Unternehmen verpflichtet. Nicht nur das Gesellschaftsrecht (§ 76 AktG), sondern letztlich auch das Bankaufsichtsrecht selbst (§ 25a Abs. 1 KWG) schreiben diese Rangordnung explizit vor. Das daraus resultierende Spannungsfeld wird in einschlägigen bankaufsichtlichen Regelungen zwar adressiert, bislang aber nicht zufriedenstellend gelöst (→ AT 4.5 Tz. 1).

43 Im Rahmen des Trennbankengesetzes wurden auch die Anforderungen an die Geschäftsleiter des übergeordneten Unternehmens in § 25c Abs. 4b KWG in Form von Sicherstellungspflichten umfassend geregelt. Neben einigen redaktionellen Abweichungen zu den MaRisk werden die Anforderungen an das Risikomanagement auf Gruppenebene in diesem Zusammenhang detailliert aufgeführt. Dabei wird deutlich, dass sich diese Vorgaben nur marginal von jenen Anforderungen unterscheiden, die auf Institutsebene zu berücksichtigen sind.

---

36 Die Regelung geht zurück auf Art. 91 Abs. 7 CRD V.

37 Vgl. Bundesanstalt für Finanzdienstleistungsaufsicht, Merkblatt zu den Geschäftsleitern gemäß KWG, ZAG und KAGB vom 4. Januar 2016, zuletzt geändert am 24. Juni 2021, S. 27.

38 Eine entsprechende Regelung für das Aufsichtsorgan enthält § 25d Abs. 2 KWG. Danach muss das Aufsichtsorgan in seiner Gesamtheit die Kenntnisse, Fähigkeiten und Erfahrungen haben, die zur Wahrnehmung der Kontrollfunktion und zur Beurteilung und Überwachung der Geschäftsleitung des Institutes oder der Institutsgruppe oder der Finanzholdinggruppe, der Finanzholding-Gesellschaft oder der gemischten Finanzholding-Gesellschaft notwendig sind. Vgl. hierzu im Einzelnen Bundesanstalt für Finanzdienstleistungsaufsicht, Merkblatt zu den Mitgliedern von Verwaltungs- und Aufsichtsorganen gemäß KWG und KAGB vom 4. Januar 2016, zuletzt geändert am 24. Juni 2021, S. 31.

39 In Deutschland existierte mit § 25a Abs. 1a KWG a.F. bereits seit dem Finanzkonglomeraterichtlinie-Umsetzungsgesetz aus dem Jahr 2004 eine gesetzliche Vorschrift, die das Risikomanagement auf Gruppenebene und die Verantwortung der Geschäftsleiter des übergeordneten Unternehmens betrifft. Die Regelung erstreckte sich zunächst auf Institutsgruppen, Finanzholding-Gruppen, gemischte Finanzholding-Gruppen und Finanzkonglomerate. Für Finanzkonglomerate ergeben sich die Anforderungen an das Risikomanagement auf Gruppenebene seit Inkrafttreten des Finanzkonglomerate-Aufsichtsgesetzes (FKAG) im Juli 2013 aus § 25 Abs. 1 FKAG. Die Vorgaben des § 25a Abs. 1a KWG a.F. wurden später durch das CRD IV-Umsetzungsgesetz angepasst und nach § 25a Abs. 3 KWG verschoben (→ AT 4.5 Tz. 1).

2.11 Anforderungen von EBA und EZB an die Geschäftsleitung

Nach dem in Deutschland vorherrschenden dualistischen System der Verwaltungsorgane unter-**44**
scheidet das KWG (und damit auch die MaRisk) zwischen der Geschäftsleitung gemäß § 25c KWG
und dem Aufsichtsorgan gemäß § 25d KWG. Die Anforderungen der EBA an Geschäftsleiter und
Aufsichtsorgane decken vor dem Hintergrund unterschiedlicher Unternehmensführungsstrukturen
in den EU-Mitgliedstaaten dagegen sowohl das monistische (Geschäftsführungs- und Aufsichtsaufgaben obliegen einem Organ) als auch das dualistische System (Geschäftsführungs- und Aufsichtsaufgaben obliegen zwei Organen) der Verwaltungsorgane ab. Folgerichtig unterscheiden die
EBA-Leitlinien zwischen dem »Leitungsorgan in seiner Leitungsfunktion« (d. h. der Geschäftsleitung
gemäß § 25c KWG) und dem »Leitungsorgan in seiner Aufsichtsfunktion« (d. h. dem Aufsichtsorgan
gemäß § 25d KWG).[40] Die EBA-Leitlinien zur internen Governance enthalten umfangreiche Vorgaben für die Rollen und die Zusammensetzung der Leitungsorgane (Geschäftsleitung und Aufsichtsorgan) sowie für die Vorsitzenden dieser Leitungsorgane und deren Ausschüsse.[41] Die Anforderungen an die individuelle und kollektive Eignung der Mitglieder der Leitungsorgane sind in den
gemeinsam von der EBA und der ESMA veröffentlichten Leitlinien zur Bewertung der Eignung von
Mitgliedern des Leitungsorgans und Inhabern von Schlüsselfunktionen geregelt.[42]

Mit dem Inkrafttreten des Einheitlichen Aufsichtsmechanismus (Single Supervisory Mecha-**45**
nism, SSM) am 4. November 2014 ist die Zuständigkeit für die Beurteilung der fachlichen
Qualifikation und persönlichen Zuverlässigkeit der Mitglieder der Geschäftsleitung von Instituten
auf die EZB übergegangen, wenn es sich um bedeutende Institute (Significant Institutions, SI)
handelt. Gemäß § 6 Abs. 4 SSM-Verordnung verbleibt lediglich die Zuständigkeit für reguläre
Bestellungen von Geschäftsleitern in weniger bedeutenden Instituten (Less Significant Institutions, LSI), d. h. nicht im Zusammenhang mit Zulassungen oder qualifizierten Beteiligungen, bei der
BaFin. Die von der EZB angewandten Grundsätze, Praktiken und Verfahren bei der Beurteilung der
fachlichen Qualifikation und persönlichen Zuverlässigkeit werden in einem Leitfaden der EZB im
Einzelnen erläutert, der sich an den gemeinsamen Leitlinien von ESMA und EBA zur Bewertung
der Eignung von Mitgliedern von Leitungsorganen und Inhabern von Schlüsselfunktionen orientiert.[43] Auch die EZB unterscheidet zwischen der »Leitungsfunktion« (mit Geschäftsführungsverantwortung) und der »Aufsichtsfunktion« (ohne Geschäftsführungsverantwortung).[44] Die EZB
beurteilt in ihrer Verwaltungspraxis die fachliche Qualifikation und die persönliche Zuverlässigkeit der Geschäftsleiter anhand von fünf Kriterien:

- Erfahrung,
- Leumund,
- Interessenkonflikte und Unvoreingenommenheit,
- Zeitaufwand sowie
- kollektive Eignung.[45]

---

40 Vgl. European Banking Authority, Leitlinien zur internen Governance, EBA/GL/2017/11, 21. März 2018, S. 3 f.; European
Banking Authority/European Securities and Markets Authority, Leitlinien zur Bewertung der Eignung von Mitgliedern des
Leitungsorgans und Inhabern von Schlüsselfunktionen, EBA/GL/2017/12, 21. März 2018, S. 4.
41 Vgl. European Banking Authority, Leitlinien zur internen Governance, EBA/GL/2017/11, 21. März 2018, S. 9 ff.
42 European Banking Authority/European Securities and Markets Authority, Leitlinien zur Bewertung der Eignung von
Mitgliedern des Leitungsorgans und Inhabern von Schlüsselfunktionen, EBA/GL/2017/12, 21. März 2018.
43 Europäische Zentralbank, Leitfaden zur Beurteilung der fachlichen Qualifikation und persönlichen Zuverlässigkeit,
28. Mai 2018.
44 Europäische Zentralbank, Leitfaden zur Beurteilung der fachlichen Qualifikation und persönlichen Zuverlässigkeit,
28. Mai 2018, S. 5.
45 Vgl. Europäische Zentralbank, Leitfaden zur Beurteilung der fachlichen Qualifikation und persönlichen Zuverlässigkeit,
28. Mai 2018, S. 12 ff. Die fünf Kriterien entsprechen den Vorgaben von EBA und ESMA. Vgl. European Banking
Authority/European Securities and Markets Authority, Leitlinien zur Bewertung der Eignung von Mitgliedern des
Leitungsorgans und Inhabern von Schlüsselfunktionen, EBA/GL/2017/12, 21. März 2018, S. 16 ff.

AT 3 Gesamtverantwortung der Geschäftsleitung

46 Auch nach den Vorstellungen der EZB müssen die Geschäftsleiter ausreichende Kenntnisse, Fähigkeiten und Erfahrung für die Wahrnehmung ihrer Aufgaben besitzen. Die EZB erwartet konkret, dass alle Mitglieder der Geschäftsleitung mindestens über grundlegende theoretische Erfahrung im Bankgeschäft verfügen, die ihnen ein Verständnis der Geschäfte des Institutes und der wesentlichen Risiken erlaubt. Voraussetzung ist eine grundlegende theoretische Erfahrung in den folgenden Bereichen[46]:

- Bankwesen und Finanzmärkte,
- Regulierungsrahmen und rechtliche Anforderungen,
- strategische Planung und Verständnis der Geschäftsstrategie bzw. des Geschäftsplanes eines Kreditinstitutes und deren Umsetzung,
- Risikomanagement (Ermittlung, Bewertung, Überwachung, Kontrolle und Eindämmung der Hauptrisiken eines Kreditinstitutes), einschließlich Erfahrung mit direktem Bezug zu den Verantwortlichkeiten des jeweiligen Mitgliedes,
- Rechnungslegung und Revision,
- Beurteilung der Wirksamkeit von Regelungen eines Kreditinstitutes im Hinblick auf eine effektive Unternehmensführung und Überwachung sowie wirksame Kontrollen,
- Auswertung von Finanzinformationen eines Kreditinstitutes, Aufdeckung von wesentlichen Problemen auf Basis dieser Informationen sowie angemessene Kontrollen und Maßnahmen.

47 Die Beurteilung der praktischen Erfahrung erfolgt nach den Vorgaben der EZB vor dem Hintergrund früherer Positionen unter Berücksichtigung der Beschäftigungsdauer, der Größe des Unternehmens, des Verantwortungsbereiches, der Zahl der unterstellten Mitarbeiter, der Art der ausgeführten Tätigkeiten, der tatsächlichen Relevanz der gesammelten Erfahrung etc.[47]

48 Die Geschäftsleitung hat für das Institut eine nachhaltige Geschäftsstrategie und eine hierzu konsistente Risikostrategie festzulegen, in die auch Klima- und Umweltrisiken angemessen einzubeziehen sind. In Anbetracht möglicher Auswirkungen von Klima- und Umweltrisiken auf diese Strategien erwartet die EZB, dass die Geschäftsleiter hinreichend mit Klima- und Umweltrisiken vertraut sind und diese verstehen.[48] In der überarbeiteten Fassung des Leitfadens zur Beurteilung der fachlichen Qualifikation und persönlichen Zuverlässigkeit von Geschäftsleitern vom 15. Juni 2021 betont die EZB ausdrücklich, dass sie zukünftig entsprechende Fachkenntnisse und Erfahrungen der Geschäftsleiter als relevant erachtet.[49]

49 EBA und ESMA weisen in ihrem im Juli 2021 veröffentlichtem Bericht zu den überarbeiteten Leitlinien zur Beurteilung der Eignung von Mitgliedern des Leitungsorgans und Inhabern von Schlüsselfunktionen klarstellend darauf hin, dass die Anforderungen an Wissen und Erfahrung im Hinblick auf die Verhinderung von Geldwäsche und Terrorismusfinanzierung wichtige Aspekte für die Eignung und ordnungsgemäße Bewertung der Mitglieder der Geschäftsleitung sind.[50] Insbesondere müssen die

---

46 Vgl. Europäische Zentralbank, Leitfaden zur Beurteilung der fachlichen Qualifikation und persönlichen Zuverlässigkeit, 28. Mai 2018, S. 12 f. Vgl. auch die Mindestvorgaben von EBA und ESMA in European Banking Authority/European Securities and Markets Authority, Leitlinien zur Bewertung der Eignung von Mitgliedern des Leitungsorgans und Inhabern von Schlüsselfunktionen, EBA/GL/2017/12, 21. März 2018, S. 20 f.

47 Die EZB verwendet zur Beurteilung der fachlichen Qualifikation und Zuverlässigkeit einen zweistufigen Ansatz, wobei in Stufe 1 die Erfahrung des betreffenden Geschäftsleiters anhand von Schwellenwerten beurteilt und dabei ein ausreichendes Maß an Erfahrung unterstellt wird. Wenn diese Schwellenwerte nicht erreicht werden, kann der betreffende Geschäftsleiter noch nach einer ergänzenden Beurteilung (Stufe 2) als geeignet betrachtet werden. Vgl. Europäische Zentralbank, Leitfaden zur Beurteilung der fachlichen Qualifikation und persönlichen Zuverlässigkeit, 28. Mai 2018, S. 13 ff.

48 Vgl. Europäische Zentralbank, Leitfaden zu Klima- und Umweltrisiken – Erwartungen der Aufsicht in Bezug auf Risikomanagement und Offenlegungen, 27. November 2020, S. 22.

49 »In this specific field, collective knowledge, skills and experience of members of the management body is necessary for the achievement of a sound and effective management of the risks to which the institution is or may be exposed. An adequate understanding of climate-related and environmental risks by the management body in its supervisory function supports effective oversight.« European Central Bank, Guide to fit and proper assessments, Consultation paper, 15. Juni 2021, S. 39.

50 European Banking Authority/European Securities and Markets Authority, Final report on joint ESMA and EBA Guidelines on the assessment of the suitability of members of the management body and key function holders under Directive 2013/36/EU and Directive 2014/65/EU, EBA/GL/2021/06, ESMA35-36-2319, 2. Juli 2021, S. 15.

Geschäftsleiter, die für die Umsetzung der entsprechenden aufsichtsrechtlichen Anforderungen im Institut verantwortlich sind, über ausreichende Kenntnisse, Fähigkeiten und Erfahrung in den Bereichen Geldwäscheprävention und Terrorismusfinanzierung verfügen.[51]

2.12   Anzeigepflichten

Die Institute haben den Aufsichtsbehörden die Absicht der Bestellung eines Geschäftsleiters unter   **50**
Angabe der Tatsachen, die für die Beurteilung der Zuverlässigkeit, der fachlichen Eignung und ausreichenden zeitlichen Verfügbarkeit für die Wahrnehmung der jeweiligen Aufgaben wesentlich sind, unverzüglich anzuzeigen (§ 24 Abs. 1 Nr. 1 KWG). Anzeigepflichtig sind keine vagen Absichten, sondern konkrete Vorhaben.[52] Die Anzeigepflicht wurde durch das Risikoreduzierungsgesetz dahingehend erweitert, dass die Institute den Aufsichtsbehörden auch die Ergebnisse ihrer Eignungsbewertung mitzuteilen haben. Die Aufsicht kann somit bei ihrer Beurteilung der Eignung eines Geschäftsleiters auf dem Ergebnis der Institutsprüfung aufbauen.[53]

Darüber hinaus sind neben dem Vollzug, d.h. der tatsächlichen Bestellung des Geschäftsleiters,   **51**
auch die Aufgabe oder Änderung der Absicht zur Bestellung des Geschäftsleiters, das Ausscheiden eines Geschäftsleiters sowie die Entziehung der Befugnis zur Einzelvertretung des Institutes in dessen gesamtem Geschäftsbereich anzeigepflichtig (§ 24 Abs. 1 Nr. 1 und 2 KWG).

Die BaFin hat die jeweiligen Anzeigepflichten einschließlich der einzureichenden Unterlagen in   **52**
einem Merkblatt konkretisiert.[54]

2.13   Förderung und Integration einer angemessenen Risikokultur

Defizite in der Unternehmensführung, mangelhafte kulturelle Grundlagen und ein bedeutendes   **53**
kulturelles Versagen werden als Hauptgründe für die Finanzmarktkrise im Jahr 2008 sowie die Skandale der letzten Jahre genannt.[55] Diese Gründe haben dazu beigetragen, dass eine Reihe von Instituten übermäßig hohe Risiken eingegangen ist, was zum Ausfall einzelner Institute und zu Systemproblemen in der ganzen Welt geführt hat.[56] Reputationsschäden und der Verlust des

---

51 »Without prejudice to the national transposition of Directive 2015/849/EU the member of the management body identified as responsible for the implementation of the laws, regulations and administrative provisions necessary to comply with Directive (EU) 2015/849 should have good knowledge, skills and relevant experience regarding ML/TF risk identification and assessment, and AML/CFT policies, controls and procedures. This person should have a good understanding of the extent to which the institution's business model exposes it to ML/TF risks.« European Banking Authority/European Securities and Markets Authority, Final report on joint ESMA and EBA Guidelines on the assessment of the suitability of members of the management body and key function holders under Directive 2013/36/EU and Directive 2014/65/EU, EBA/GL/2021/06, ESMA35-36-2319, 2. Juli 2021, S. 35.

52 Vgl. Süßmann, Rainer, in: Schwennicke, Andreas/Auerbach, Dirk (Hrsg.), KWG, 3. Auflage, München, 2016, § 24, Tz. 9.

53 Eine entsprechende Regelung für Aufsichtsorgane enthält der ebenfalls im Rahmen des Risikoreduzierungsgesetzes ergänzte § 24 Abs. 1 Nr. 15 KWG. Die Deutsche Kreditwirtschaft (DK) hat diese Erweiterung der Anzeigepflichten für Geschäftsleiter und Aufsichtsorgane kritisiert, da es sich nicht um eine zwingende Vorgabe der CRD V handelt. Nach Ansicht der DK sollte die Beurteilung der Eignung der Mitglieder der Geschäftsleitung und des Aufsichtsorgans allein durch die Aufsichtsbehörden erfolgen. Vgl. Deutsche Kreditwirtschaft, Stellungnahme zum Regierungsentwurf für ein Risikoreduzierungsgesetz (BT-Drs. 19/22786), 2. Oktober 2020, S. 20ff.

54 Vgl. Bundesanstalt für Finanzdienstleistungsaufsicht, Merkblatt zu den Geschäftsleitern gemäß KWG, ZAG und KAGB vom 4. Januar 2016, zuletzt geändert am 24. Juni 2021, S. 10ff.

55 Vgl. The Group of Thirty, Banking Conduct and Culture – A Call for Sustained and Comprehensive Reform (G 30-Report), 1. Juli 2015, S. 11.

56 Vgl. Richtlinie 2013/36/EU (Bankenrichtlinie – CRD IV) des Europäischen Parlaments und des Rates vom 26. Juni 2013 über den Zugang zur Tätigkeit von Kreditinstituten und die Beaufsichtigung von Kreditinstituten und Wertpapierfirmen, zur Änderung der Richtlinie 2002/87/EG und zur Aufhebung der Richtlinien 2006/48/EG und 2006/49/EG, Amtsblatt der Europäischen Union vom 27. Juni 2013, L 176/343 (Erwägungsgrund 53).

Vertrauens der Öffentlichkeit in die Banken werden als weitere Folgen genannt, ebenso wie hohe finanzielle Schäden sowohl für Unternehmen in Bezug auf Geldbußen, Rechtsstreitigkeiten und regulatorische Maßnahmen als auch für die Gesellschaft insgesamt.[57] Auch die Diskussionen um das Betreiben von Briefkastenfirmen (»Panama Papers«) und »Dividendenstripping« bzw. »Cum-ex-Geschäfte« machen eines deutlich: Moralisch zumindest fragwürdiges Verhalten hat, unabhängig von der Frage der Rechtmäßigkeit, nicht nur unmittelbare Auswirkungen auf ein einzelnes Institut, sondern schwächt auch das Vertrauen in den gesamten Bankensektor.[58] Nicht zuletzt vor diesem Hintergrund ist das Vertrauen der Kunden in die Banken weltweit gesunken, obwohl der Ausbruch der Finanzmarktkrise schon viele Jahre zurückliegt. Einer entsprechenden Umfrage aus dem Jahr 2016 zufolge haben in Deutschland zwei von fünf Bankkunden angegeben, dass ihr Vertrauen in die Branche gesunken sei. Von einem Vertrauensgewinn haben hingegen nur elf Prozent der Befragten berichtet.[59]

54   Die Aufsicht hat insbesondere für ein sicheres und effektives Finanzsystem zu sorgen. Hierfür ist die Wiederherstellung des Vertrauens in die Banken von fundamentaler Bedeutung.[60] Einer der möglichen Wege, dieses Vertrauen wiederherzustellen, ist die Einführung von Grundsätzen und Standards, die eine wirksame Kontrolle von Risiken durch die Geschäftsleitung gewährleisten, und die Förderung einer soliden Risikokultur in den Instituten. Die CRD IV hat deshalb erstmals die Erwartungshaltung an die EU-Mitgliedstaaten formuliert, eine solide Risikokultur auf allen Unternehmensebenen als Teil eines wirksamen Risikomanagements zu fördern und die zuständigen Behörden in die Lage zu versetzen, sich der Angemessenheit der internen Unternehmensführungsregelungen zu versichern.[61]

55   Mit der fünften MaRisk-Novelle im Jahr 2017 hat die BaFin die Entwicklung, Förderung und Integration einer angemessenen Risikokultur als Aufgabe der Geschäftsleitung im Rahmen ihrer Gesamtverantwortung für eine ordnungsgemäße Geschäftsorganisation besonders hervorgehoben und damit diese Erwartungshaltung aufgegriffen. Gleichzeitig setzt die BaFin damit die Empfehlungen des Baseler Ausschusses für Bankenaufsicht (BCBS) aus seinen überarbeiteten Prinzipien zur Corporate Governance vom Juli 2015 um, nach denen die Institute für eine angemessene Risikokultur zu sorgen haben.[62] Der BCBS definiert in seinen Prinzipien die »Risikokultur« als die Normen, Einstellungen und Verhaltensweisen eines Institutes im Hinblick auf das Risikobewusstsein, die Risikobereitschaft und das Risikomanagement sowie die Kontrollen, die für Entscheidungen über Risiken maßgeblich sind. Die Risikokultur beeinflusst die Entscheidungen der Geschäftsleitung und der Mitarbeiter im Tagesgeschäft und hat Auswirkungen auf die Risiken, die sie eingehen.[63] Diese Definition baut auf einem Vorschlag des Financial Stability Boards (FSB) vom April 2014 auf[64] und wird auch von der EBA in ihren erstmals überarbeiteten Leitlinien zur

---

57   Vgl. The Group of Thirty, Banking Conduct and Culture – A Call for Sustained and Comprehensive Reform (G 30-Report), 1. Juli 2015, S. 11.

58   Vgl. Steinbrecher, Ira, MaRisk – Neue Mindestanforderungen an das Risikomanagement der Banken, in: BaFinJournal, Ausgabe November 2017, S. 21.

59   Vgl. Ernst & Young GmbH, EY Global Consumer Banking Survey 2016 – Welche Bedeutung und Relevanz haben Banken für ihre Kunden noch?, Pressegespräch, 17. Oktober 2016, S. 5.

60   Vgl. The Group of Thirty, Banking Conduct and Culture – A Call for Sustained and Comprehensive Reform (G 30-Report), 1. Juli 2015, S. 11.

61   Vgl. Richtlinie 2013/36/EU (Bankenrichtlinie – CRD IV) des Europäischen Parlaments und des Rates vom 26. Juni 2013 über den Zugang zur Tätigkeit von Kreditinstituten und die Beaufsichtigung von Kreditinstituten und Wertpapierfirmen, zur Änderung der Richtlinie 2002/87/EG und zur Aufhebung der Richtlinien 2006/48/EG und 2006/49/EG, Amtsblatt der Europäischen Union vom 27. Juni 2013, L 176/343 (Erwägungsgrund 54).

62   Vgl. Basel Committee on Banking Supervision, Guidelines – Corporate governance principles for banks, BCBS 328, 8. Juli 2015, S. 10.

63   Vgl. Basel Committee on Banking Supervision, Guidelines – Corporate governance principles for banks, BCBS 328, 8. Juli 2015, S. 2.

64   Vgl. Financial Stability Board, Guidance on Supervisory Interaction with Financial Institutions on Risk Culture – A Framework for Assessing Risk Culture, 7. April 2014, S. 1.

internen Governance verwendet, die im Jahr 2018 veröffentlicht wurden.[65] Zudem erwartet die EBA von den zuständigen Behörden, sich im Rahmen des aufsichtlichen Überprüfungs- und Bewertungsprozesses (Supervisory Review and Evaluation Process, SREP) davon zu überzeugen, dass die Institute über eine solide Risikokultur verfügen, die auf fundierten, klar zum Ausdruck gebrachten Werten beruht, welche dem Risikoappetit des Institutes Rechnung tragen.[66]

Die Geschäftsleitung sollte nach den Vorstellungen der EBA unter Berücksichtigung der indivi- **56** duellen Situation des Institutes hohe ethische und berufliche Standards entwickeln und fördern und für deren Umsetzung Sorge tragen. Diese Standards sollten auf eine Reduzierung jener Risiken abzielen, denen das Institut ausgesetzt ist, insbesondere operationelle Risiken und Reputationsrisiken, die erhebliche nachteilige Auswirkungen auf die Rentabilität und den Fortbestand des Institutes zur Folge haben können. Die Geschäftsleitung sollte klar darlegen, wie diese Standards zu erfüllen sind, und dabei u. a. darauf hinweisen, dass alle Tätigkeiten unter Einhaltung des anwendbaren Rechts und im Einklang mit den Unternehmenswerten durchgeführt werden sollten, die in erster Linie in einer strengen Risikokultur zum Ausdruck kommen und bei Fehlverhalten entsprechende Konsequenzen nach sich ziehen. Eine solide und konsistente Risikokultur sollte ein Schlüsselelement eines wirksamen Risikomanagements sein und dazu beitragen, fundierte Entscheidungen treffen zu können.[67]

Gemäß den von der EBA im Jahr 2020 veröffentlichten Leitlinien zur Kreditvergabe und Über- **57** wachung sollten die Institute mittels Strategie, Kommunikation und Fortbildungen der Mitarbeiter eine in die (Gesamt-)Risikokultur eingebettete »Kreditrisikokultur« etablieren. Die Geschäftsleitung sollte im Hinblick auf die Kreditrisikokultur sicherstellen, dass Kredite bei Bedarf ausreichend und angemessen besichert werden und dass ihre Auswirkungen auf die Eigenkapitalposition und Ertragskraft des Institutes, auf die Nachhaltigkeit und auf damit verbundene Faktoren in Bezug auf Umwelt, Soziales und Governance (»Environmental, Social and Governance«, ESG) berücksichtigt werden.[68] Dafür formuliert die EBA diverse Anforderungen an die Kreditvergabe, die vermutlich im Rahmen der siebten MaRisk-Novelle eine Rolle spielen werden (→ BTO 1.2.1 Tz. 1). Zudem sollen die Institute ein Mitarbeiterverhalten fördern, das mit dem ESG-Risikoansatz des Institutes vereinbar ist.[69] Auch das ist in erster Linie eine Frage der Risikokultur.

2.14 Elemente einer angemessenen Risikokultur

Die Risikokultur beschreibt allgemein die Art und Weise, wie Mitarbeiter des Institutes im Rahmen **58** ihrer Tätigkeit mit Risiken umgehen (sollen). Sie soll die Identifizierung und den bewussten Umgang mit Risiken fördern und sicherstellen, dass Entscheidungsprozesse zu Ergebnissen führen, die auch unter Risikogesichtspunkten ausgewogen sind. Kennzeichnend für eine angemessene Risikokultur ist vor allem das klare Bekenntnis der Geschäftsleitung zu risikoangemessenem Verhalten, die strikte Beachtung des durch die Geschäftsleitung kommunizierten Risikoappetits durch alle Mitarbeiter und die Ermöglichung und Förderung eines transparenten und offenen Dialoges innerhalb des Institutes zu risikorelevanten Fragen (→ AT 3 Tz. 2, Erläuterung).

---

65 Vgl. European Banking Authority, Leitlinien zur internen Governance, EBA/GL/2017/11, 21. März 2018, S. 4 f.
66 Vgl. European Banking Authority, Guidelines on common procedures and methodologies for the supervisory review and evaluation process (SREP) and supervisory stress testing, EBA/GL/2014/13, Consolidated version, 19. Juli 2018, S. 54 f.
67 Vgl. European Banking Authority, Leitlinien zur internen Governance, EBA/GL/2017/11, 21. März 2018, S. 23 ff.
68 Vgl. European Banking Authority, Leitlinien für die Kreditvergabe und Überwachung, EBA/GL/2020/06, 29. Mai 2020, S. 10.
69 Vgl. European Banking Authority, EBA Report on management and supervision of ESG risks for credit institutions and investment firms, EBA/REP/2021/18, 23. Juni 2021, S. 105.

59 Die Risikokultur zielt insofern auf die bewusste Auseinandersetzung mit Risiken im täglichen Geschäft ab, die fest in der Unternehmenskultur der Institute verankert werden sollte. Auf diese Weise soll sowohl bei der Geschäftsleitung als auch bei den Mitarbeitern auf den verschiedenen Ebenen des Institutes ein Risikobewusstsein geschaffen werden, das das tägliche Denken und Handeln prägt.[70] Dafür müssen die Institute individuell festlegen, welche Geschäfte, Verhaltensweisen und Praktiken als wünschenswert angesehen werden und welche nicht. Zudem wird vor allem von den Führungskräften durch das »Vorleben« einer angemessenen Risikokultur erwartet, die Mitarbeiter auf gemeinsame Werte und Praktiken einzuschwören und den kritischen Dialog über die mit den Geschäften verbundenen Risiken im Institut zu fördern.[71] Für die Führungskräfte kommt es im Wesentlichen darauf an, die Mitarbeiter durch materielle und immaterielle Anreize zu motivieren, sich entsprechend dem Wertesystem zu verhalten und innerhalb der festgelegten Risikotoleranzen zu agieren. Dabei ist es unerlässlich, Überzeugungsarbeit für ethisch und ökonomisch wünschenswertes Verhalten zu leisten[72] und die Mitarbeiter in die Pflicht zu nehmen, sich an diesen definierten Werten zu orientieren.[73] Ein risikoangemessenes Verhalten kann z. B. auch durch Auszeichnungen oder andere karrierefördernde Maßnahmen erreicht werden.[74]

60 Die Risikokultur im weiteren Sinne ist insofern ein vielschichtiger Begriff, der einerseits die Angemessenheit der Rahmenbedingungen zum Risikomanagement in den Instituten betrifft und andererseits darauf abzielt, dass diese Rahmenbedingungen von der Geschäftsleitung vorgelebt und von den Mitarbeitern eingehalten werden. Die Risikokultur eines Institutes prägt somit den Umgang der Geschäftsleiter und Mitarbeiter mit den Risiken und hat folglich großen Einfluss auf nahezu alle Handlungen und Entscheidungen, die von den Geschäftsleitern und den zuständigen Mitarbeitern getroffen werden. Die Aufsicht will in erster Linie sicherstellen, dass die Geschäftsleitung sowie die leitenden Angestellten ihren Mitarbeitern auf jeder Ebene klar kommunizieren, welches Verhalten gewünscht ist und welches nicht. Dafür müssen auf allen Ebenen klare Verantwortlichkeiten festgelegt sein und den Mitarbeitern die Konsequenzen möglicher Verstöße bewusst gemacht werden.[75] Im engeren Sinne sind unter der Risikokultur insofern das Verständnis und das Verhalten der Mitarbeiter von bzw. gegenüber Risiken zu verstehen, die mit ihrem täglichen Handeln unweigerlich verbunden sind. Die Risikokultur sollte sich daher bereits in den von der Geschäftsleitung zu verabschiedenden Grundsätzen für eine stabile Unternehmensführung, in der Geschäfts- und Risikostrategie sowie im Risikoappetit des Institutes widerspiegeln.

61 Die deutsche Aufsicht versteht die Beschäftigung mit der Risikokultur eines Unternehmens nicht als neuen Risikomanagementansatz. Vielmehr ist die Anforderung an eine angemessene Risikokultur als Ergänzung einer Reihe von bereits vorhandenen Risikomanagement-Elementen zu verstehen, in denen die Risikokultur eines Institutes zum Ausdruck kommen kann. Dazu gehören z. B. die Festlegung strategischer Ziele und des Risikoappetits inklusive der umfassenden Kommunikation dieser Ziele im Institut oder auch die Anforderungen an Kontrollen bzw. an die besonderen Funktionen.[76] Diese Elemente können ein angemessenes und wirksames Risikomanagement nicht allein begründen. Erst durch eine angemessene Risikokultur, die die Verhaltens-

70 Vgl. Bundesanstalt für Finanzdienstleistungsaufsicht, Erster Entwurf zur Überarbeitung der MaRisk, Übermittlungsschreiben vom 18. Februar 2016.

71 Vgl. Bundesanstalt für Finanzdienstleistungsaufsicht, Rundschreiben 09/2017 (BA) zur Überarbeitung der MaRisk, Übermittlungsschreiben vom 27. Oktober 2017.

72 Vgl. Bundesanstalt für Finanzdienstleistungsaufsicht, Erster Entwurf zur Überarbeitung der MaRisk, Übermittlungsschreiben vom 18. Februar 2016.

73 Vgl. Bundesanstalt für Finanzdienstleistungsaufsicht, Rundschreiben 09/2017 (BA) zur Überarbeitung der MaRisk, Übermittlungsschreiben vom 27. Oktober 2017.

74 Vgl. Steinbrecher, Ira, MaRisk – Neue Mindestanforderungen an das Risikomanagement der Banken, in: BaFinJournal, Ausgabe November 2017, S. 21.

75 Vgl. Steinbrecher, Ira, MaRisk – Neue Mindestanforderungen an das Risikomanagement der Banken, in: BaFinJournal, Ausgabe November 2017, S. 21.

76 Vgl. Bundesanstalt für Finanzdienstleistungsaufsicht, Erster Entwurf zur Überarbeitung der MaRisk, Übermittlungsschreiben vom 18. Februar 2016.

weisen und die Einstellungen der Mitarbeiter des Institutes hierzu beeinflussen, wird ein funktionierendes Risikomanagement tatsächlich gewährleistet. Eine von der Geschäftsleitung für alle wesentlichen Risiken beschlossene Risikostrategie, der definierte Risikoappetit oder eingeführte Kontrollen wie z. B. das Vier-Augen-Prinzip laufen ins Leere, wenn sie von der Geschäftsleitung und den Mitarbeitern nicht »gelebt« werden. Überwachungs- oder Prüfungshandlungen der Risikocontrolling- und Compliance-Funktion sowie der Internen Revision sind nicht effektiv, wenn diese im Institut keine Akzeptanz finden oder festgestellte Mängel anschließend nicht beseitigt werden. Eine angemessene Risikokultur ist somit die Grundlage für ein angemessenes und wirksames Risikomanagement eines Institutes.[77]

Zudem sollen die Institute ein Mitarbeiterverhalten fördern, das mit dem ESG-Risikoansatz des Institutes vereinbar ist.[78]   **62**

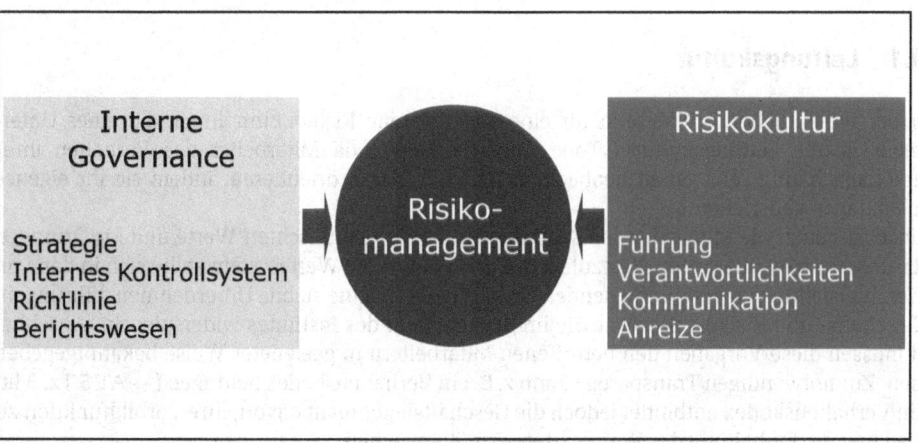

Abb. 12: Zusammenspiel von interner Governance, Risikokultur und Risikomanagement

Bei der Prüfung, ob die Risikokultur eines Institutes angemessen ist, orientiert sich die Aufsicht an   **63** den vom Financial Stability Board (FSB) im April 2014 formulierten vier Indikatoren[79], die in den Leitlinien der EBA zur internen Governance ebenfalls wiedergegeben sind.[80] Diese Indikatoren sind allerdings weder abschließend noch als Checkliste der Aufsicht zu verstehen[81]:

1. die Leitungskultur (»Tone from the Top«),
2. Verantwortlichkeiten der Mitarbeiter (»Accountability«),
3. offene Kommunikation und kritischer Dialog (»Effective Communication and Challenge«) sowie
4. angemessene Anreizstrukturen (»Incentives«).

---

77 Zum Teil wird auch von der Risikokultur als »Fundament für gutes Risikomanagement« gesprochen. Vgl. Kaiser, Thomas/Wahrenburg, Mark, § 9. Strategie und Governance als Grundlage effektiven Risikomanagements, in: Hopt, Klaus J./Binder Jens-Hinrich/Böcking, Hans-Joachim (Hrsg.), Handbuch Corporate Governance von Banken und Versicherungen, 2. Auflage, München, 2020, Tz. 24. Teilweise wird Risikokultur als Bindeglied zwischen operativen und methodischen Verfahren des Risikomanagements und deren tatsächlicher Wirksamkeit und Nachhaltigkeit und damit als »Werkzeug« für ein angemessenes Risikomanagement bezeichnet. Vgl. KPMG, Es ist Bewegung unter der Oberfläche, Unternehmens- und Risikokultur in deutschen Banken, Studie, 25. November 2019, S. 4.
78 Vgl. European Banking Authority, EBA Report on management and supervision of ESG risks for credit institutions and investment firms, EBA/REP/2021/18, 23. Juni 2021, S. 103 f.
79 Vgl. Financial Stability Board, Guidance on Supervisory Interaction with Financial Institutions on Risk Culture – A Framework for Assessing Risk Culture, 7. April 2014, S. 3 f.
80 Vgl. European Banking Authority, Leitlinien zur internen Governance, EBA/GL/2017/11, 21. März 2018, S. 26 f.
81 Vgl. Steinbrecher, Ira, Risikokultur – Anforderungen an eine verantwortungsvolle Unternehmensführung, in: BaFinJournal, Ausgabe August 2015, S. 20–23.

64 Die Indikatoren sind nicht klar voneinander zu trennen, sondern vielmehr miteinander verzahnt. So kann z. B. die Leitungskultur nur mit Hilfe einer effektiven Kommunikation in das Unternehmen getragen werden. Die Festlegung von Verantwortlichkeiten ist wiederum notwendig, um die gewünschten Unternehmenswerte im täglichen Handeln zu verankern.[82] Insoweit sollten die jeweiligen Ausführungen zu diesen Indikatoren nicht isoliert betrachtet werden.

65 Von den Instituten werden die Indikatoren des FSB teilweise institutsindividuell angepasst und um Maßnahmen zu deren Operationalisierung ergänzt, um sie für eine »Messung« praktikabler auszugestalten. Teilweise werden auch zusätzliche Elemente betont, die eng mit den FSB-Indikatoren verknüpft sind, wie z. B. der Risikoappetit. Es sollte aber klar sein, dass die »Messung« der Risikokultur nicht mit einer Quantifizierung der wesentlichen Risiken vergleichbar ist. Grundsätzlich geht es dabei eher um qualitative Einschätzungen.

2.14.1 Leitungskultur

66 Einer der wesentlichen Indikatoren für eine angemessene Risikokultur innerhalb eines Unternehmens ist die Leitungskultur (»Tone from the Top«), da Mitarbeiter das Verhalten ihrer Vorgesetzten häufig sehr genau beobachten und sich daran orientieren, indem sie ihr eigenes Handeln danach ausrichten.

67 Zunächst haben die Mitglieder der Geschäftsleitung die gewünschten Werte und Erwartungen für das Institut bzw. die Gruppe festzulegen. Das so definierte Wertesystem sollte sich in den von der Geschäftsleitung zu verabschiedenden Grundsätzen für eine stabile Unternehmensführung, in der Geschäfts- und Risikostrategie sowie im Risikoappetit des Institutes widerspiegeln. Anschließend müssen diese Vorgaben den betroffenen Mitarbeitern in geeigneter Weise bekanntgegeben werden. Zur notwendigen Transparenz kann z. B. ein Verhaltenskodex beitragen (→ AT 5 Tz. 3 lit. g). Ein Verhaltenskodex entbindet jedoch die Geschäftsleiter nicht davon, ihre Vorbildfunktion zu erfüllen und die Einhaltung des Wertesystems zu überwachen.

68 Wesentlich in diesem Zusammenhang ist vor allem, dass die Mitglieder der Geschäftsleitung ihrer Vorbildfunktion gerecht werden und sich dem definierten Wertesystem entsprechend verhalten, es also vorleben (»Walk the Talk«). Eine Vorbildfunktion haben aber nicht nur die Geschäftsleiter. Die EBA nimmt auch die Inhaber von Schlüsselfunktionen in die Pflicht, zur internen Kommunikation von Kernwerten und Erwartungen an die Mitarbeiter beizutragen.[83] Dies ist konsequent, weil Mitarbeiter sich erfahrungsgemäß stärker an ihrem direkten Vorgesetzten orientieren. Das gilt umso mehr, je weniger Kontakt sie in ihrer täglichen Arbeit mit den Mitgliedern der Geschäftsleitung haben.

69 Abhängig von der Größe bzw. Komplexität des Institutes kann auch dem mittleren Management im Hinblick auf das definierte Wertesystem eine Vorbildfunktion zukommen (»Tone from the Middle«). Insbesondere die leitenden Angestellten sind das Bindeglied zwischen der Geschäftsleitung und jenen Organisationseinheiten, für die sie die Verantwortung tragen. Bei ihrer Aufgabe, diejenigen Risiken zu identifizieren, zu beurteilen und zu überwachen, die innerhalb ihrer Zuständigkeitsbereiche entstehen können, haben sie nicht nur die Risikolimite, sondern auch die Unternehmenswerte zu beachten. Die Geschäftsleitung sollte daher sicherstellen, dass leitende Angestellte diese Aufgabe erfüllen können. Eine sinnvolle Maßnahme könnte z. B. eine entsprechende Verankerung in den Rahmenbedingungen zur hausinternen Talentförderung sein. Sowohl für leitende Angestellte im Speziellen als auch für Mitarbeiter im Allgemeinen sind grundsätzlich

---

82 Vgl. The Group of Thirty, Banking Conduct and Culture – A Call for Sustained and Comprehensive Reform (G 30-Report), 1. Juli 2015, S. 28.
83 Vgl. European Banking Authority, Leitlinien zur internen Governance, EBA/GL/2017/11, 21. März 2018, S. 27.

Schulungsmaßnahmen zielführend, um deren Bewusstsein im Hinblick auf risikoangemessenes Verhalten zu schärfen.

Ein Indiz dafür, dass sich leitende Angestellte bzw. Mitglieder der Geschäftsleitung an den 70 internen Vorgaben und Werten messen lassen, ist die Anwendung der gleichen Compliance-Vorgaben wie für die (übrigen) Mitarbeiter des Institutes bzw. der Gruppe. Die Mitglieder der Geschäftsleitung haben zudem zu prüfen, ob die Mitarbeiter verstanden haben, welches Verhalten gewünscht ist und welches nicht. Hierfür sollten sie geeignete Verfahren einführen, wie z.B. »360 Grad-Feedbacks«.

Zu einer Leitungskultur, die eine angemessene Risikokultur fördern soll, gehört auch ein 71 entsprechender »Lessons-Learned-Prozess«, durch den die Ursachen für Mängel im Risikomanagement identifiziert werden, um sie durch entsprechende Maßnahmen zu beheben. Dies schließt auch ein, das Wertesystem und die internen Prozesse regelmäßig zu hinterfragen und bei Bedarf ggf. anzupassen.

2.14.2 Verantwortlichkeiten der Mitarbeiter

Für eine angemessene Risikokultur ist es wesentlich, dass die Mitglieder der Geschäftsleitung und 72 die Mitarbeiter ihr eigenes Verhalten am Wertesystem des Institutes ausrichten und dabei die Vorgaben zum Risikoappetit und zu den Risikolimiten berücksichtigen. Sie sollten in der Lage sein, ihre Aufgaben wahrzunehmen, und sich bewusst sein, dass sie für ihre Handlungen im Zusammenhang mit dem Risikoverhalten zur Verantwortung gezogen werden können.[84] Voraussetzung hierfür ist, dass die Konsequenzen für bestimmte Entscheidungen bekannt sind, sowohl im Positiven als auch im Negativen. Den Mitarbeitern sollte nicht nur klar kommuniziert werden, wann ihnen disziplinarische Maßnahmen als Folge unerwünschten Verhaltens drohen, wie z.B. Kürzungen der variablen Vergütung, Abmahnungen oder im Extremfall auch Kündigungen. Das Institut sollte ihnen gegenüber auch deutlich machen, welche positiven Konsequenzen gewünschtes Verhalten hat, wie z.B. die entsprechende Ausgestaltung der Höhe der variablen Vergütung oder die weiteren möglichen Karriereschritte.

Die EBA weist darauf hin, dass sich die Mitarbeiter ihrer Verantwortung hinsichtlich des 73 Risikomanagements voll und ganz bewusst sein sollten. Das Risikomanagement sollte nicht auf Risikospezialisten oder interne Kontrollfunktionen beschränkt werden. Die Geschäftseinheiten sollten in erster Linie für das tägliche Risikomanagement im Einklang mit den Richtlinien, Verfahren und Kontrollen des Institutes unter Berücksichtigung des Risikoappetits und der Risikotragfähigkeit verantwortlich sein.[85] Damit verweist die EBA auf das »Three-Lines-of-Defence-Modell« (→ AT 4.4, Einführung).

In den Instituten müssen für eine Vielzahl von Prozessen klare Verantwortlichkeiten festgelegt 74 werden, um ein angemessenes und wirksames Risikomanagement als wesentlichen Bestandteil der ordnungsgemäßen Geschäftsorganisation sicherstellen zu können. Dies betrifft konkret die Verantwortung für die ordnungsgemäße Geschäftsorganisation und deren Weiterentwicklung (→ AT 3 Tz. 1), die Einrichtung angemessener Kontroll- und Überwachungsprozesse im jeweiligen Zuständigkeitsbereich (→ AT 3 Tz. 2), die Wahl der Methoden und Verfahren zur Beurteilung der Risikotragfähigkeit (→ AT 4.1 Tz. 8), die Festlegung und Anpassung der Strategien (→ AT 4.2 Tz. 3), die Prozesse zur Aggregation von Risikodaten (→ AT 4.3.4 Tz. 7), die Prozesse zur unverzüglichen Weitergabe von unter Risikogesichtspunkten wesentlichen Informationen an die Geschäftsleitung, die jeweiligen Verantwortlichen und ggf. die Interne Revision (→ AT 4.4.1 Tz. 2), die Einhaltung

---

84 Vgl. European Banking Authority, Leitlinien zur internen Governance, EBA/GL/2017/11, 21. März 2018, S. 27.
85 Vgl. European Banking Authority, Leitlinien zur internen Governance, EBA/GL/2017/11, 21. März 2018, S. 27.

rechtlicher Regelungen und Vorgaben (→ AT 4.4.2 Tz. 1), das angemessene und wirksame Risiko-management auf Gruppenebene (→ AT 4.5 Tz. 1), die Erstellung eines Notfallkonzeptes für zeit-kritische Aktivitäten und Prozesse (→ AT 7.3 Tz. 1), die Dokumentation, Steuerung und Über-wachung wesentlicher Auslagerungen (→ AT 9 Tz. 10), die Entwicklung und Qualität der verschie-denen Kreditprozesse und der Risikovorsorge (→ BTO 1.2 Tz. 1), die Zuordnungskriterien zur Intensivbetreuung (→ BTO 1.2.4 Tz. 1) sowie Sanierung bzw. Abwicklung (→ BTO 1.2.5 Tz. 1), die Anwendung der Risikoklassifizierungsverfahren (→ BTO 1.4 Tz. 2) und die Entwicklung und Qualität sowie die regelmäßige Überprüfung des Liquiditätstransferpreissystems (→ BTR 3.1 Tz. 7).

75   Ganz grundsätzlich sind die Prozesse sowie die damit verbundenen Aufgaben, Kompetenzen, Verantwortlichkeiten, Kontrollen sowie Kommunikationswege auf Instituts- und Gruppenebene klar zu definieren und aufeinander abzustimmen (→ AT 4.3.1 Tz. 2 und AT 4.5 Tz. 4). Daraus folgt insbesondere, dass die Verantwortlichkeiten für alle Prozesse im Institut festgelegt und die dafür erforderlichen Kompetenzen vorhanden sein müssen. Insofern wird von den Mitarbeitern erwartet, ihrer jeweiligen Verantwortung gerecht zu werden. Schließlich müssen die Mitarbeiter sowie deren Vertreter abhängig von ihren Aufgaben, Kompetenzen und Verantwortlichkeiten über die erforderlichen Kenntnisse und Erfahrungen verfügen (→ AT 7.1 Tz. 2). Insofern ist es mit einer angemessenen Risikokultur nicht vereinbar, über festgestellte Probleme im eigenen Verantwor-tungsbereich lediglich die nächsthöhere Leitungsebene zu informieren oder einen Eskalations-prozess anzustoßen, ohne den Versuch einer Lösung unternommen zu haben. Damit würde das Problem lediglich auf andere Personen oder Gruppen übertragen.

76   Unabhängig davon sind angemessene Berichts- und Eskalationsprozesse Bestandteile einer soliden Risikokultur. Dazu gehört auch eine Ad-hoc-Berichterstattung (→ AT 4.3.2 Tz. 4) und ein »Whistleblowing-Prozess«, wie in § 25a Abs. 1 Satz 6 Nr. 3 KWG gefordert. Zu einer angemesse-nen Risikokultur gehört aber nicht nur, dass ein Institut einen solchen Prozess formal eingerichtet hat. Wichtig ist für die Aufsicht ebenso der Umgang mit den Informationen, die sich aus einem solchen Prozess ergeben, insbesondere ob und wie die Geschäftsleitung sich damit befasst, wie schnell bekannt gewordene Missstände beseitigt werden und ob bzw. in welchem Maße diese Informationen in den »Lessons-Learned-Prozess« einfließen.

2.14.3   Offene Kommunikation und kritischer Dialog

77   Das »Silodenken« wurde als einer der Gründe für die Finanzmarktkrise genannt. Der Baseler Ausschuss für Bankenaufsicht erwartet daher, dass die Institute organisatorische »Silos« vermei-den, die eine effektive Weitergabe von Informationen erschweren und zu Entscheidungen führen, die isoliert vom Rest der Bank getroffen werden.[86] Die zum großen Teil mit der fünften MaRisk-Novelle ergänzten Vorgaben für eine angemessene Risikodatenaggregation (→ AT 4.4.3) und Risikoberichterstattung (→ BT 3) sind hierfür wichtige Werkzeuge. Damit Institute Sachverhalte und Risiken auch bereichsübergreifend betrachten können, bedarf es eines offenen Dialoges zwischen den Beteiligten. Dabei kommt es sowohl auf die Kommunikation auf vertikaler Ebene an, also zwischen dem Aufsichtsorgan und der Geschäftsleitung sowie der Geschäftsleitung bzw. den leitenden Angestellten und den Mitarbeitern, als auch auf den kritischen Dialog zwischen verschiedenen Organisationseinheiten und Funktionen eines Institutes oder einer Gruppe.

78   Auch hier zeigt sich wieder, dass die vier Indikatoren miteinander verbunden sind. Denn auch für die gewünschte Kommunikation ist eine entsprechende Leitungskultur wichtig. Offene Kom-munikation und kritischer Dialog sollte den Mitarbeitern vorgelebt werden. Den Mitarbeitern sollte es auf diese Weise leicht gemacht werden, »ihre Hand zu heben«, um alternative Sicht-

---

86 Vgl. Basel Committee on Banking Supervision, Guidelines – Corporate governance principles for banks, BCBS 328, 8. Juli 2015, S. 30.

weisen, konstruktive Anregungen bzw. Kritik aussprechen zu können, ohne negative Folgen fürchten zu müssen. Darüber hinaus dürfen Verstöße gegen externe oder interne Vorgaben nicht aus Angst vor Konsequenzen, wie z. B. disziplinarische Maßnahmen oder soziale Ausgrenzung durch Kollegen, verschwiegen oder verheimlicht werden, sondern sollten offen kommuniziert werden können. Die Vorteile einer offenen und positiven Fehlerkultur sollten sichtbar gemacht werden, da sie zu einer Verbesserung der Abläufe und Prozesse im Institut und damit zu einer zukünftigen Vermeidung von Fehlern beitragen kann.[87]

Damit ein kritischer Dialog innerhalb des Institutes geführt und gefördert werden kann, müssen die Risikocontrolling- und die Compliance-Funktion sowie die Interne Revision angemessen ausgestattet sein (→ AT 4.4), direkten Zugang zur Geschäftsleitung bzw. zum Aufsichtsorgan haben und einen entsprechenden Status im Institut genießen, um durchsetzungsfähig zu sein und sich insbesondere gegen die Geschäftsbereiche behaupten zu können. Die besonderen Funktionen sollten nicht als »Geschäftsverhinderer« wahrgenommen werden, sondern als Geschäftsbereiche, die einen wichtigen Beitrag zum Erfolg des Institutes leisten. Auch in dieser Hinsicht wirkt sich eine entsprechende Leitungskultur auf das Verhalten der Mitarbeiter aus. **79**

Nach einer im Jahr 2019 bei größeren Banken durchgeführten Studie besteht bei deutschen Instituten im Hinblick auf die Ausgestaltung und Umsetzung ihrer Risikokultur der größte Entwicklungsbedarf bei der offenen Kommunikation und dem kritischen Dialog. Tradierte Hierarchien und Rollenbilder werden neben dem Silodenken als größte Hemmnisse für die Etablierung einer angemessenen Risikokultur angesehen. Es bestehen z. B. kaum regelmäßige Kommunikationswege zwischen den Geschäftsbereichen der ersten und der zweiten Verteidigungslinie. Zusätzlich wird die offene Kommunikation durch unterschiedliche Standards und Sichtweisen in den Instituten erschwert.[88] **80**

2.14.4 Angemessene Anreizstrukturen

Um eine angemessene Risikokultur sicherzustellen, sollten die Mitarbeiter dazu motiviert werden, sich entsprechend dem Wertesystem zu verhalten und innerhalb der festgelegten Risikotoleranzen zu agieren.[89] Die Institutsvergütungsverordnung (InstitutsVergV) enthält umfassende Vorgaben für die Ausgestaltung der Vergütungssysteme in den Instituten, die auf angemessene finanzielle Anreizstrukturen einzahlen.[90] Gemäß § 4 Satz 1 InstitutsVergV müssen die Vergütungsstrategie und die Vergütungssysteme der Institute auf die Erreichung der Ziele ausgerichtet sein, die in den Geschäfts- und Risikostrategien des jeweiligen Institutes niedergelegt sind. Seit der Änderung der InstitutsVergV im Jahr 2017 sind dabei die Unternehmenskultur und insbesondere die Risikokultur zu berücksichtigen (§ 4 Satz 2 InstitutsVergV). Die **81**

---

87 Vgl. KPMG, Es ist Bewegung unter der Oberfläche, Unternehmens- und Risikokultur in deutschen Banken, Studie, 25. November 2019, S. 23.

88 Vgl. KPMG, Es ist Bewegung unter der Oberfläche, Unternehmens- und Risikokultur in deutschen Banken, Studie, 25. November 2019, S. 4. Die Studie basiert auf Gesprächen mit den Chief Risk Officers (CROs) von 13 deutschen Instituten, die überwiegend von der EZB beaufsichtigt werden, sowie halbstrukturierten Interviews anhand eines Fragebogens. Zusätzlich wurden Interviews mit zwei großen Bankenverbänden geführt. KPMG, Es ist Bewegung unter der Oberfläche, Unternehmens- und Risikokultur in deutschen Banken, Studie, 25. November 2019, S. 8.

89 Vgl. auch European Banking Authority, Leitlinien zur internen Governance, EBA/GL/2017/11, 21. März 2018, S. 27. Die EBA verweist darin auf ihre Leitlinien für eine solide Vergütungspolitik. Deren Veröffentlichung erfolgte zunächst am 21. Dezember 2015 in englischer Sprache und anschließend am 27. Juni 2016 in deutscher Sprache. Im Kommentar wird, sofern verfügbar, grundsätzlich immer auf die deutsche Fassung von EBA-Leitlinien abgestellt. Vgl. European Banking Authority, Leitlinien für eine solide Vergütungspolitik gemäß Artikel 74 Absatz 3 und Artikel 75 Absatz 2 der Richtlinie 2013/36/EU und Angaben gemäß Artikel 450 der Verordnung (EU) Nr. 575/2013, EBA/GL/2015/22, 27. Juni 2016.

90 Die MaComp enthalten zusätzliche Anforderungen an die Vergütungssysteme im Zusammenhang mit der Erbringung von Wertpapierdienstleistungen und Wertpapiernebendienstleistungen. Vgl. Bundesanstalt für Finanzdienstleistungsaufsicht, Mindestanforderungen an die Compliance-Funktion und weitere Verhaltens-, Organisations- und Transparenzpflichten – MaComp, Rundschreiben 05/2018 (WA) vom 19. April 2018, zuletzt geändert am 24. März 2021, BT 8.

Vergütungsverordnung enthält folgende weitere Anforderungen zur Etablierung einer angemessenen Risikokultur im Hinblick auf die Ausgestaltung der Vergütungssysteme:

- Festlegung einer Vergütungsstrategie, welche die Ziele und Anforderungen an die Ausgestaltung der Vergütungssysteme auf Einzelinstitutsebene (§ 4 InstitutsVergV) und auf Gruppenebene (§ 27 Abs. 1 und 2 InstitutsVergV) bestimmt,
- Errichtung einer umfassenden Vergütungs-Governance in den Instituten, einschließlich der Festlegung der Verantwortlichkeiten der Geschäftsleitung, des Aufsichtsorgans und der Kontrolleinheiten (§ 3 InstitutsVergV), sowie Errichtung eines Vergütungskontrollausschusses (§ 15 InstitutsVergV) und bei bedeutenden Instituten gemäß § 1 Abs. 3c KWG Benennung eines Vergütungsbeauftragten (§ 23 ff. InstitutsVergV),
- Anforderungen an eine angemessene Ausgestaltung der Vergütung und der Vergütungssysteme (§ 5 InstitutsVergV) und ein angemessenes Verhältnis zwischen variabler und fixer Vergütung (§ 6 InstitutsVergV),
- formalisierter, transparenter und nachvollziehbarer Prozess zur Festsetzung des Gesamtbetrages der variablen Vergütung unter Berücksichtigung der Risikotragfähigkeit sowie der Eigenmittel- und Liquiditätsausstattung des Institutes (§ 7 InstitutsVergV),
- Verbot der Einschränkung oder Aufhebung der Risikoadjustierung (§ 8 InstitutsVergV),
- zusätzliche Anforderungen an die Vergütung der Mitarbeiter der Kontrolleinheiten bzw. der Geschäftsleitung (§§ 9 und 10 InstitutsVergV),
- Veröffentlichung der Grundsätze zu den Vergütungssystemen in den Organisationsrichtlinien sowie Dokumentationspflichten (§ 11 InstitutsVergV),
- Überprüfung und Anpassung der Vergütungssysteme (§ 12 InstitutsVergV),
- Informationspflichten über die Vergütungssysteme (§ 13 InstitutsVergV) und Offenlegungspflichten (§ 16 InstitutsVergV),
- bei bedeutenden Instituten gemäß § 1 Abs. 3c KWG Berücksichtigung des Gesamterfolges des Institutes, des Erfolgsbeitrages der Organisationseinheit und des Mitarbeiters bei der Ermittlung der variablen Vergütung (§ 19 Abs. 1 InstitutsVergV),
- bei bedeutenden Instituten gemäß § 1 Abs. 3c KWG Voraussetzungen und Parameter für eine teilweise Reduzierung oder einen vollständigen Verlust der variablen Vergütung bei Fehlverhalten der Mitarbeiter (§ 18 Abs. 5) sowie Möglichkeit der Rückforderung (§ 20 Abs. 6 InstitutsVergV),
- gruppenweite Regelungen für Vergütungssysteme (§ 27 InstitutsVergV).[91]

82 Zu beachten ist hierbei jedoch, dass neben variablen Vergütungen weitere Anreize eine wichtige Rolle spielen, um ein risikoangemessenes Verhalten zu erreichen. Hierzu gehört z.B. die klare Vorgabe, dass Beförderungen nur möglich sind, wenn Mitarbeiter sich auch langfristig an das Wertesystem und die Risikolimite des Institutes halten. Die Personalentwicklungskonzepte (→ AT 7.1 Tz. 2) und die Nachfolgeplanung als Teil dieser Konzepte sollten daher auch abbilden, dass nur Mitarbeiter in leitende Positionen befördert werden, die neben Erfahrungen aus dem Markt oder Handel auf eine entsprechende Praxis im Risikomanagement verweisen können. Job-Rotationen können hierfür nicht nur ein wichtiges Steuerungsinstrument sein, sondern gleichzeitig dazu beitragen, »Silodenken« abzubauen und eine offene Kommunikation zwischen verschiedenen Einheiten zu fördern. »360 Grad-Feedbacks« bzw. so genannte »Upward-Feedbacks«, die eine Beurteilung des Vorgesetzten durch den Mitarbeiter vorsehen, sind eine gute Möglichkeit, um z.B. nachzuvollziehen, ob »Talente« auch mit anderen Mitarbeitern offen kommunizieren und kritischen Dialog zulassen bzw. fördern. Auch sollten Weiterbil-

---

91 Zu den einzelnen Elementen vgl. Buscher, Arne Martin/Link, Vivien/von Harbou, Christopher/Weigl, Thomas, Verordnung über die aufsichtsrechtlichen Anforderungen an Vergütungssysteme von Instituten (Institutsvergütungsverordnung – InstitutsVergV), 2. Auflage, Stuttgart, 2018, § 4, Tz. 1ff.

dungsprogramme zur Verfügung stehen, die es Mitarbeitern ermöglichen, sich notwendige Kenntnisse und Fähigkeiten im Risikomanagement anzueignen und diese zu erhalten bzw. weiterzuentwickeln.

2.15 Umsetzung der Risikokultur in den Instituten

Die Aufsicht schreibt den Instituten keine bestimmte Risikokultur vor.[92] Die individuelle Risikokultur eines Institutes ist vielmehr abhängig von seinem Geschäftsmodell, den Produkten und Märkten sowie den damit verbundenen Risiken, der Kundenstruktur, der (inter-)nationalen oder regionalen Ausrichtung, der Eigentümerstruktur sowie einer möglichen Gruppen- oder Verbundzugehörigkeit. Es ist offensichtlich, dass sich die Risikokulturen einer regional tätigen Sparkasse mit begrenztem Geschäftsvolumen, einer staatlichen Förderbank und einer privatrechtlichen Großbank mit internationaler Ausrichtung und großem Handels- und Derivatebuch unterscheiden. Bei großen Instituten bzw. Institutsgruppen können zudem mehrere »Sub-Risikokulturen« existieren, z. B. in den verschiedenen Geschäftsbereichen eines Institutes oder bei mehreren gruppenangehörigen Instituten mit unterschiedlichem Geschäftsmodell. **83**

Im Zuge der fünften MaRisk-Novelle hat die BaFin die Zuständigkeit für die Entwicklung, Förderung und Integration einer angemessenen Risikokultur ausdrücklich der Geschäftsleitung des Institutes zugewiesen. Die Aufsicht hat die Erwartungshaltung, dass sich diese regelmäßig mit dem Thema auseinandersetzt und bei Bedarf aktiv Verbesserungen anstrebt. Im ersten Schritt hat sich die Geschäftsleitung auf der Grundlage der vom FSB entwickelten vier Elemente einen Überblick über die im Institut aktuell gelebte Risikokultur (»Ist-Risikokultur«) zu verschaffen. Nach einer Bewertung der Stärken und Schwächen dieser Ist-Risikokultur sollte sie im zweiten Schritt eine »Ziel-Risikokultur« für das Institut festlegen sowie ggf. Maßnahmen zur Zielerreichung beschließen. **84**

Die regelmäßige Erfassung und Bewertung der Ist-Risikokultur sowie die Verabschiedung einer angestrebten Ziel-Risikokultur stellen für die Institute eine erhebliche Herausforderung dar. Zur Entwicklung, Förderung und Integration der Risikokultur sind verschiedene qualitative und quantitative Maßnahmen denkbar. Bei der Umsetzung der Anforderungen an eine angemessene Risikokultur gilt der Grundsatz der Proportionalität, so dass insbesondere für kleine Institute auch ausschließlich qualitative Ansätze in Betracht kommen. So können z. B. bei einer repräsentativen Anzahl von Mitarbeitern Umfragen durchgeführt werden, um den aktuellen Wissensstand zu diesem Themenkomplex zu ermitteln. Auf Basis der daraus gewonnenen Erkenntnisse können z. B. Schulungen oder Workshops angeboten werden, in denen die angestrebte Ziel-Risikokultur sowie Beispiele für (un-)erwünschte Verhaltensweisen erläutert werden können, um den Mitarbeitern das Thema näherzubringen. Dabei sollte insbesondere auf die in den Umfragen festgestellten Defizite eingegangen werden. Zur Sensibilisierung der Mitglieder der Geschäftsleitung und des oberen Managements kann dieses Thema z. B. im Rahmen von Klausurtagungen oder Führungskräfte-Workshops gezielt behandelt werden. Sofern die Schulungen mit einem Abschlusstest verbunden werden, können dessen Ergebnisse für die »Messung« der Risikokultur verwendet werden. Um das gegenseitige Verständnis zwischen den Mitarbeitern zu fördern, können insbesondere in Bereichen, zwischen denen Interessenkonflikte bestehen oder vermutet werden, Hospitationen angeboten werden. Auch eine Rotation von Mitarbeitern kann ggf. sinnvoll sein. Im Zusammenhang mit allen Maßnah- **85**

---

92 So ausdrücklich die niederländische Bankenaufsicht. Vgl. De Nederlandsche Bank, Verhalten und Kultur im niederländischen Finanzsektor, Amsterdam, 2015, S. 6.

men, von denen die Mitarbeiter direkt betroffen sind, sollten ggf. die Personalabteilung und der Betriebsrat eingebunden werden.

86   Ein Marktstandard für Indikatoren zur laufenden Beobachtung und Erfassung der Ist-Risikokultur sowie für den anschließenden Abgleich mit der Ziel-Risikokultur hat sich noch nicht herausgebildet. Auch Instrumente, mit denen sich die angestrebte Zielerreichung nachhalten lässt, sind selbst in größeren Instituten bisher nur vereinzelt vorhanden.[93] Zur Weiterentwicklung und Förderung der Risikokultur haben manche Institute ein fortlaufendes Projekt im Sinne eines »Regelkreises« aufgesetzt. Allerdings sind auch andere Vorgehensweisen möglich.

87   Die Verantwortung für die Umsetzung der Anforderungen zur Risikokultur ist in den Instituten häufig der Risikocontrolling-Funktion zugeordnet, teilweise aber auch anderen Funktionen der zweiten Verteidigungslinie, wie z.B. der Compliance-Funktion, der Rechtsabteilung, dem Vorstandsstab oder der Unternehmensentwicklung. Die Risikocontrolling-Funktion und die Compliance-Funktion sollten zumindest beteiligt werden. Auch andere betroffene Bereiche, wie z.B. die Organisations- und die Personalabteilung, sollten im Bedarfsfall einbezogen werden.

88   Aus der Zuordnung der Verantwortung ergibt sich häufig auch, in welchen Regelwerken das Thema verankert wird. Neben der Verankerung in einem separaten Rahmenwerk, im Verhaltenskodex oder in der schriftlich fixierten Ordnung (SFO) kann auch eine direkte Berücksichtigung in der Risikostrategie erfolgen. Grundsätzlich ist es den Instituten freigestellt, wo die Vorgaben zur Risikokultur niedergelegt werden. In der Regel wird ohnehin auf bereits vorhandene Dokumente verwiesen, die mit der Risikokultur zusammenhängen, wie z.B. die Risikostrategie, das Rahmenwerk zum Risikomanagement oder die Organisationsrichtlinien.

89   Die Berichterstattung über die Risikokultur erfolgt in der Regel im Zusammenhang mit dem operationellen Risiko über die vierteljährlichen Risikoberichte an die Geschäftsleitung. Denkbar ist natürlich auch ein separater Bericht zur Risikokultur, der z.B. auf einem Soll-Ist-Vergleich unter Berücksichtigung der Ziel-Risikokultur mittels eines Ampelsystems basieren und ggf. auch Handlungsvorschläge enthalten kann.

2.16   Angemessene Risikokultur auf Gruppenebene

90   Die Anforderung an die Entwicklung, Förderung und Integration einer angemessenen Risikokultur ist nicht nur auf der Ebene des einzelnen Institutes zu beachten, sondern auch auf Gruppenebene. Die Verantwortung hierfür liegt bei der Geschäftsleitung des übergeordneten Unternehmens (→ AT 4.5). Die Anforderungen an die Etablierung einer angemessenen gruppenweiten Risikokultur werden dabei maßgeblich von dem Grad der Integrationsdichte einer Gruppe abhängen. Bei Gruppen mit einer dezentralen Struktur, die ggf. auch Nichtbanken umfasst, erscheint es aus Gründen der Praktikabilität sinnvoll, einen eher allgemein ausgestalteten Rahmen für die Risikokultur der Gruppe zu formulieren. Dies ermöglicht es den gruppenangehörigen Instituten, sich sowohl an diesem Rahmenwerk zu orientieren, als auch ihre individuellen Besonderheiten beizubehalten. Stark integrierte Institutsgruppen, die von dem übergeordneten Unternehmen zentral gesteuert werden, sollten demgegenüber die Ist-Risikokultur auf Gruppenebene erheben und anschließend eine gruppenweite Ziel-Risikokultur formulieren. Den ggf. unterschiedlichen Risikokulturen der einzelnen gruppenangehörigen Unternehmen ist dabei angemessen Rechnung zu tragen. Zusätzliche Besonderheiten können sich bei grenzüberschreitend tätigen Gruppen ergeben.

---

93 Vgl. KPMG, Es ist Bewegung unter der Oberfläche, Unternehmens- und Risikokultur in deutschen Banken, Studie, 25. November 2019, S. 29.

Insgesamt sollte eine angemessene Risikokultur im Institut bzw. in der Gruppe dazu beitragen, das **91** Verständnis zum Umgang mit den Risiken auf allen Ebenen zu verbessern, um auf diese Weise die Prozesse im Risikomanagement zu optimieren und die Basis für fundierte Entscheidungen weiter zu stärken.

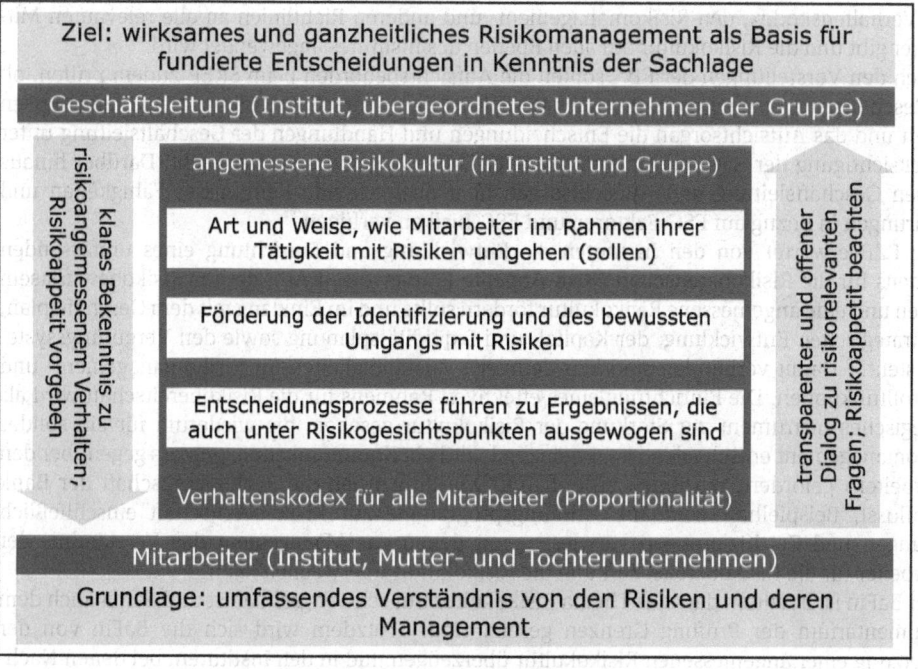

Abb. 13: Einfluss der Risikokultur auf die Prozesse im Risikomanagement

2.17 Bedeutung der Risikokultur für den SREP

Im Rahmen des SREP sollten die zuständigen Aufsichtsbehörden prüfen, ob das Institut über eine **92** angemessene, transparente und zweckmäßige Unternehmensstruktur und eine solide und umfassende Unternehmens- und Risikokultur verfügt, die der Art, dem Umfang und der Komplexität der dem Geschäftsmodell und den Aktivitäten des Institutes innewohnenden Risiken angemessen und mit dem Risikoappetit des Institutes vereinbar ist. Dabei sollte die Aufsicht u. a. prüfen, ob die Geschäftsleitung die rechtliche, organisatorische und operative Struktur des Institutes kennt und versteht (»know your structure«) und sicherstellt, dass sie mit ihren genehmigten Geschäfts- und Risikostrategien und ihrem Risikoappetit übereinstimmt. Die Aufsichtsbehörden sollten ebenfalls hinterfragen, ob das Institut eine integrierte und institutsweite Risikokultur entwickelt hat, die auf einem umfassenden Verständnis und einer ganzheitlichen Sichtweise der Risiken, denen es ausgesetzt ist, und deren Management unter Berücksichtigung des Risikoappetits beruht. Die Aufsicht wird sich ferner dafür interessieren, ob die ethische Unternehmens- und Risikokultur des Institutes ein Umfeld schafft, in dem die Entscheidungsprozesse ein breites Meinungsspektrum fördern (z. B. durch die Aufnahme unabhängiger Mitglieder in die Leitungsgremien), ob das

Institut unabhängige Whistleblowing-Prozesse und -Verfahren eingeführt hat, ob das Institut Interessenkonflikte auf unternehmensweiter Ebene bewältigen kann und eine Richtlinie zur Vermeidung von Konflikten zwischen den persönlichen Interessen der Mitarbeiter und den Interessen des Unternehmens festgelegt hat. Schließlich werden die zuständigen Behörden prüfen, ob es eine klare, belastbare und wirksame Kommunikation von Strategien, Unternehmenswerten, dem Verhaltenskodex, den Risikomanagement- und anderen Richtlinien an alle relevanten Mitarbeiter gibt und die Risikokultur auf allen Ebenen des Institutes angewendet wird.[94]

93   Nach den Vorstellungen der EBA sollten die Aufsichtsbehörden beim SREP zudem prüfen, ob die Geschäftsleitung die Geschäfte unter Berücksichtigung der ESG-Risikostrategie angemessen steuert und das Aufsichtsorgan die Entscheidungen und Handlungen der Geschäftsleitung unter Berücksichtigung der ESG-relevanten Ziele oder Limite angemessen überwacht. Darüber hinaus müssen Geschäftsleitung und Aufsichtsorgan über ausreichende Kenntnisse, Fähigkeiten und Erfahrungen in Bezug auf ESG-Faktoren und ESG-Risiken verfügen.[95]

94   Die EZB erwartet von den Instituten die Entwicklung und Einrichtung eines umfassenden Rahmens für die Risikobereitschaft (Risk Appetite Framework, RAF), der ihr Risikobewusstsein stärken und eine angemessene Risikokultur fördern sollte und im Einklang mit dem Geschäftsplan, der strategischen Entwicklung, der Kapital- und Liquiditätsplanung sowie den Vergütungssystemen steht.[96] Damit verbunden sind klar definierte Zuständigkeiten für Risikomanagement- und Kontrollfunktionen. Die Einrichtung eines effektiven Rahmens für die Risikobereitschaft wird als strategisches Instrument zur Stärkung der Risikokultur gesehen, die wiederum für ein solides Risikomanagement entscheidend ist. Ergänzend wird ein Kommunikationsprozess gegenüber den Mitarbeitern gefordert, um ihnen zu erklären, wie ihre Arbeit die Risikobereitschaft der Bank beeinflusst. Beispielhaft wird auf Schulungsprogramme zur Risikobereitschaft einschließlich Prüfungen und Zertifizierungen verwiesen, mit denen das Management das Verständnis der Mitarbeiter für die Risikobereitschaft und die Risikokultur überwachen kann.[97]

95   Der BaFin ist bewusst, dass das Thema Risikokultur nur schwer greifbar ist und damit auch dem Instrumentarium der Prüfung Grenzen gesetzt sind. Trotzdem wird sich die BaFin von der Umsetzung einer angemessenen Risikokultur überzeugen und in den Instituten, bei denen Nachholbedarf angezeigt erscheint, das direkte Gespräch mit den Geschäftsleitern suchen.[98]

---

94 Vgl. European Banking Authority, Guidelines on common procedures and methodologies for the supervisory review and evaluation process (SREP) and supervisory stress testing, EBA/GL/2014/13, Consolidated version, 19. Juli 2018, S. 54 f.

95 Vgl. European Banking Authority, EBA Report on management and supervision of ESG risks for credit institutions and investment firms, EBA/REP/2021/18, 23. Juni 2021, S. 140.

96 Vgl. European Central Bank, SSM supervisory statement on governance and risk appetite, 21. Juni 2016, S. 3.

97 Vgl. European Central Bank, SSM supervisory statement on governance and risk appetite, 21. Juni 2016, S. 15 ff.

98 Vgl. Bundesanstalt für Finanzdienstleistungsaufsicht, Rundschreiben 09/2017 (BA) zur Überarbeitung der MaRisk, Übermittlungsschreiben vom 27. Oktober 2017.

3 Einzelverantwortung der Geschäftsleiter (Tz. 2)

2 Ungeachtet der Gesamtverantwortung der Geschäftsleitung für die ordnungsgemäße 96
Geschäftsorganisation und insbesondere für ein angemessenes und wirksames Risikomanagement ist jeder Geschäftsleiter für die Einrichtung angemessener Kontroll- und Überwachungsprozesse in seinem jeweiligen Zuständigkeitsbereich verantwortlich.

3.1 Verantwortung für den Geschäftsbereich

Im Zuge der fünften MaRisk-Novelle wurde eine neue Textziffer ergänzt, wonach jeder Geschäfts- 97
leiter für die Einrichtung angemessener Kontroll- und Überwachungsmaßnahmen in seinem
jeweiligen Verantwortungsbereich verantwortlich ist. Es handelt sich lediglich um eine Klarstellung, dass ein Geschäftsleiter für den ihm nach der Geschäftsverteilung zugewiesenen Geschäftsbereich verantwortlich ist und sich nicht auf die in § 25a Abs. 1 KWG und den MaRisk
verankerte Gesamtverantwortung der Geschäftsleitung zurückziehen kann.

Die Regelung gilt für alle Geschäftsleiter eines Institutes und ist Ausdruck des Modells der drei 98
Verteidigungslinien, wonach sowohl die erste als auch die zweite Verteidigungslinie über Kontroll-
und Überwachungsprozesse verfügen müssen (→ AT 4.4, Einführung). Die Interne Revision als
dritte Verteidigungslinie hat risikoorientiert und prozessunabhängig die Wirksamkeit und Angemessenheit des Risikomanagements im Allgemeinen und des internen Kontrollsystems im Besonderen sowie die Ordnungsmäßigkeit grundsätzlich aller Aktivitäten und Prozesse zu prüfen und zu
beurteilen (→ AT 4.4.3 Tz. 3).

AT 4 Allgemeine Anforderungen an das Risikomanagement

1	**Einführung und Überblick**	**1**
1.1	Risikomanagement im Überblick	1
1.1.1	Risikotragfähigkeit	4
1.1.2	Strategien	5
1.1.3	Interne Kontrollverfahren	6
1.1.3.1	Internes Kontrollsystem	8
1.1.3.2	Besondere Funktionen	9
1.1.4	Risikomanagement auf Gruppenebene	11
1.2	Begriffsbestimmungen	12
1.2.1	Risikoappetit, Risikotragfähigkeit und Risikoprofil	12
1.2.2	Corporate und Internal Governance	15
1.2.3	Rahmen zum Risikomanagement	18
1.2.4	Risikokultur	23
1.3	Umgang mit dem Risikoappetit	26
1.3.1	Festlegung des Risikoappetits	26
1.3.2	Rahmen für den Risikoappetit	30
1.3.3	Erklärung zum Risikoappetit	36
1.3.4	Risikoappetit und Limitsystem	38
1.4	Umgang mit Nachhaltigkeitsrisiken	42

1 Einführung und Überblick

1.1 Risikomanagement im Überblick

Das Modul AT 4 ist das Herzstück des allgemeinen Teils der MaRisk. Einige wesentliche Elemente   **1**
des Risikomanagements werden in strenger terminologischer Anlehnung an § 25a Abs. 1 Satz 3 Nr. 1
bis 3 und Abs. 3 KWG präzisiert und im Sinne eines übergeordneten Regelkreislaufes miteinander in
Beziehung gesetzt (→ AT 4.1 Tz. 3). Der allgemeine Charakter dieses Moduls spiegelt sich vor allem
darin wider, dass im Wesentlichen weder ein konkreter Bezug zu bestimmten Geschäftsarten besteht
noch eine Eingrenzung auf bestimmte Risikoarten erfolgt. Die Anforderungen finden daher unter
Beachtung des Grundsatzes der Wesentlichkeit auf alle Geschäfts- und Risikoarten Anwendung.
Modul AT 4 ist folgendermaßen untergliedert:
1. Risikotragfähigkeit (→ AT 4.1),
2. Strategien (→ AT 4.2),
3. Internes Kontrollsystem (→ AT 4.3),
4. Besondere Funktionen (→ AT 4.4) und
5. Risikomanagement auf Gruppenebene (→ AT 4.5).

Modul AT 4 ist darüber hinaus der materielle und terminologische Anknüpfungspunkt für die   **2**
Module im besonderen Teil der MaRisk. Modul BT 1 präzisiert die Anforderungen an das interne
Kontrollsystem für bestimmte Geschäftsarten (→ BTO) sowie bestimmte Risikoarten (→ BTR).
Konkretisiert werden im besonderen Teil darüber hinaus die Anforderungen an die Ausgestaltung
der Internen Revision (→ BT 2). Abschließend werden die Anforderungen an die Risikoberichterstattung näher erläutert (→ BT 3).

Zum Risikomanagement gehören nach den Vorstellungen des Baseler Ausschusses für Bankenaufsicht sämtliche Prozesse, die eingerichtet wurden, um sicherzustellen, dass alle wesentlichen   **3**
Risiken und die damit verbundenen Risikokonzentrationen identifiziert, gemessen, begrenzt, kontrolliert, gemindert sowie zeitnah und umfassend in die Berichterstattung einbezogen werden.[1]

1.1.1 Risikotragfähigkeit

Der Schwerpunkt der bankbetrieblichen Aktivitäten liegt im Umgang mit Risiken. Es ist daher   **4**
nicht vollständig vermeidbar, dass übernommene Risiken schlagend werden und somit Verluste
entstehen. Mit Hilfe der Risikotragfähigkeitsrechnung wird ermittelt, ob sich ein Institut auftretende Verluste auch »leisten« kann. Im engeren Sinne wird das Risikodeckungspotenzial den wesentlichen Risiken gegenübergestellt. Reicht das Risikodeckungspotenzial bzw. sein im Institut

---

1 Vgl. Basel Committee on Banking Supervision, Guidelines – Corporate governance principles for banks, BCBS 328, 8. Juli
2015, S. 2.

zur Verlustabsorption bereitgestellter Anteil zur Abdeckung der wesentlichen Risiken aus, ist die Risikotragfähigkeit gegeben.[2] Im umgekehrten Fall ist eine Schieflage i. d. R. kaum zu vermeiden und damit der Bestand des Institutes gefährdet (→ AT 4.1).

1.1.2 Strategien

5 Die Vorgabe von Strategien und deren Umsetzung ist die Basis für den Erfolg eines Institutes und darüber hinaus Ausdruck unternehmerischer Initiative. Durch den Vergleich der in einem bestimmten Zeitraum erzielten Ist-Ergebnisse mit den ursprünglich angestrebten Soll-Vorgaben können außerdem Abweichungen festgestellt werden, die wertvolle Hinweise auf Schwachstellen im Unternehmen oder auf zuvor falsch eingeschätzte bzw. zwischenzeitlich geänderte Umweltbedingungen liefern. Um die Planung auf eine solide Basis zu stellen, müssen zudem die maßgeblichen Einflussfaktoren gründlich analysiert werden. In den MaRisk wird zwischen Geschäfts- und Risikostrategie differenziert. Hinsichtlich der Strategien werden allgemeine Vorgaben gemacht, die grundsätzlich bei jeder Unternehmensplanung zu berücksichtigen sind. Die Anforderungen an den prozessualen Rahmen, in dem Institute ihre Strategien planen, umsetzen, beurteilen und anpassen, wurden im Zuge der dritten MaRisk-Novelle weiter ausgebaut. Mit der sechsten MaRisk-Novelle sind für »Institute mit hohem NPL-Bestand«[3] Vorgaben ergänzt worden, die darauf hinauslaufen, dass diese Institute auf Basis realistischer Ziele strategische Überlegungen zur Reduzierung ihrer NPL-Bestände anstellen und die Maßnahmen zur Zielerreichung mit Hilfe eines Implementierungsplanes operativ umsetzen (→ AT 4.2).

1.1.3 Interne Kontrollverfahren

6 Mit Blick auf § 25a Abs. 1 Satz 3 Nr. 3 KWG fällt auf, dass ein wesentlicher Begriff aus dem Gesetzestext, nämlich die »internen Kontrollverfahren«, in der Gliederung dieses Moduls gar nicht auftaucht. Im KWG werden als Kernbestandteile eines angemessenen und wirksamen Risikomanagements an erster Stelle die Risikotragfähigkeit, die Strategien und die »internen Kontrollverfahren« genannt, die wiederum aus einem internen Kontrollsystem und einer Internen Revision bestehen.

---

2 Im Einführungsteil zum Modul AT 4.1 (Risikotragfähigkeit) wird genauer ausgeführt, was unter dem internen Prozess zur Sicherstellung einer angemessenen Kapitalausstattung (»Internal Capital Adequacy Assessment Process«, ICAAP) zu verstehen ist. Grob zusammengefasst umfasst der ICAAP sowohl nach den Vorstellungen der EZB als auch der deutschen Aufsichtsbehörden ein Risikotragfähigkeitskonzept mit einer Risikotragfähigkeitsrechnung und einer Kapitalplanung sowie ergänzende Stresstests und die prozessuale Verknüpfung mit der Festlegung der Strategien und den Risikosteuerungs- und -controllingprozessen. Die Risikotragfähigkeitsrechnung basiert auf dem ökonomischen Konzept (ökonomische Perspektive). Die Kapitalplanung bezieht sich auf die Einhaltung aller regulatorischen und aufsichtlichen Anforderungen sowie der darauf basierenden internen Vorgaben (normative Perspektive). Die Stresstests sind in beiden Perspektiven durchzuführen. Der ICAAP soll grundsätzlich gewährleisten, dass die Institute aus diesen beiden komplementären Perspektiven über angemessenes Kapital verfügen, um ihren Fortbestand sicherzustellen. Zudem sollten die Ergebnisse aus beiden Perspektiven in die jeweils andere Perspektive einfließen, und beide Perspektiven sind in die Gesamtbanksteuerung einzubeziehen. Unter dem Risikotragfähigkeitskonzept wurde in der Vergangenheit nur die an dieser Stelle genannte Risikotragfähigkeitsrechnung verstanden. Die Kapitalplanung war in der Konsequenz nicht als Bestandteil, sondern nur als Ergänzung des Risikotragfähigkeitskonzeptes zu verstehen, um auch die zukünftige Fähigkeit der Institute, die eigenen Risiken tragen zu können, angemessen zu überwachen und zu planen. Die Leitfäden der EZB und der deutschen Aufsichtsbehörden ordnen die Kapitalplanung definitorisch nunmehr jedoch dem Risikotragfähigkeitskonzept zu. Damit gewinnt die mittelfristige Sicht auf die Risikotragfähigkeit eines Institutes noch stärker an Bedeutung. Es lässt sich allerdings nicht vollständig vermeiden, dass unter dem Begriff »Risikotragfähigkeit« an einigen Stellen nur die enge Definition (Risikotragfähigkeitsrechnung) und an anderen Stellen die weite Definition (Risikotragfähigkeitskonzept) zu verstehen ist.

3 Unter »Instituten mit hohem NPL-Bestand« werden jene Institute verstanden, die eine Quote notleidender Kredite (NPL-Quote) von 5 Prozent oder mehr auf Einzelinstitutsebene und/oder konsolidiert bzw. teilkonsolidiert auf Gruppenebene aufweisen. Zur Berechnung der NPL-Quote wird der Bruttobuchwert der notleidenden Kredite und Darlehen durch den Bruttobuchwert der gesamten Kredite und Darlehen geteilt. Die Aufsichtsbehörde kann die Einhaltung der damit verbundenen Anforderungen allerdings auch von Instituten verlangen, deren NPL-Quote zwar niedriger ist, die aber z. B. einen wesentlichen Anteil an notleidenden Risikopositionen in einem einzelnen Portfolio aufweisen (→ AT 2.2 Tz. 1).

Das interne Kontrollsystem umfasst laut KWG insbesondere die Aufbau- und Ablauforganisation (→ AT 4.3.1), die Risikosteuerungs- und -controllingprozesse (→ AT 4.3.2), die Risikocontrolling-Funktion und die Compliance-Funktion. In den MaRisk werden den besonderen Funktionen, zu denen die Risikocontrolling-Funktion (→ AT 4.4.1), die Compliance-Funktion (→ AT 4.4.2) und die Interne Revision (→ AT 4.4.3) gehören, im Rahmen des traditionellen Modells der drei Verteidigungslinien bestimmte Aufgaben zugewiesen. Aufgrund ihrer herausragenden Bedeutung für das Risikomanagement eines Institutes werden die besonderen Funktionen separat behandelt.

Die Bezeichnung »interne Kontrollverfahren« wird allerdings nicht einheitlich verwendet. Zum Beispiel versteht der Baseler Ausschuss für Bankenaufsicht (BCBS) unter dem »internen Kontrollsystem« (»internal control system«) eine Zusammenstellung von Regeln und Kontrollen, die die Aufbau- und Ablauforganisation eines Institutes bestimmen, einschließlich der Prozesse zur Berichterstattung, sowie der Risikocontrolling-Funktion, der Compliance-Funktion und der Internen Revision.[4] Da die Interne Revision, die laut KWG als prozessunabhängige Überwachungseinheit gerade nicht zum internen Kontrollsystem gehört, ebenso aufgeführt wird, stellt der BCBS damit auf die »internen Kontrollverfahren« im Sinne des KWG ab. In Deutschland wiederum werden die »internen Kontrollverfahren« nach KWG vom Institut der Wirtschaftsprüfer (IDW) als »internes Überwachungssystem« bezeichnet. Darüber hinaus verstehen die Wirtschaftsprüfer unter dem »internen Kontrollsystem« übergreifend sämtliche Regelungen zur Steuerung der Unternehmensaktivitäten und deren Überwachung.[5]

7

1.1.3.1   Internes Kontrollsystem

Das interne Kontrollsystem umfasst alle Formen von Überwachungsmechanismen, die integraler Bestandteil der zu überwachenden Prozesse sind (prozessabhängige Überwachung). Die für derartige Überwachungsaufgaben zuständigen Mitarbeiter oder Stellen sind an den jeweiligen Arbeitsprozessen beteiligt und häufig auch für das Ergebnis der zu überwachenden Prozesse verantwortlich. Zu den prozessabhängigen Kontrollen zählen z. B. Funktionstrennungen, innerbetriebliche Organisationsrichtlinien und das Vier-Augen-Prinzip. In Anlehnung an § 25a Abs. 1 Satz 3 Nr. 3 KWG wird bei den Anforderungen an das interne Kontrollsystem zwischen den aufbau- und ablauforganisatorischen Regelungen (→ AT 4.3.1) und den Risikosteuerungs- und -controllingprozessen differenziert (→ AT 4.3.2). Vor dem Hintergrund umfangreicher regulatorischer Initiativen wurden im Rahmen der dritten MaRisk-Novelle die Anforderungen an die Durchführung von Stresstests in ein gesondertes Modul überführt (→ AT 4.3.3). Mit der fünften MaRisk-Novelle wurden die Anforderungen an das Datenmanagement, die Datenqualität und Aggregation von Risikodaten ergänzt (→ AT 4.3.4).

8

1.1.3.2   Besondere Funktionen

Die Risikocontrolling- und die Compliance-Funktion gehören ebenfalls zum internen Kontrollsystem. Diese beiden Funktionen werden seit der vierten MaRisk-Novelle explizit genannt (→ AT 4.4.1 und AT 4.4.2). Die Risikocontrolling-Funktion ist vorrangig für die Überwachung der Risiken und die damit verbundene Berichterstattung zuständig. Die Compliance-Funktion muss in erster Linie dafür Sorge tragen, dass jene Risiken, die sich aus der Nichteinhaltung rechtlicher Regelungen und Vorgaben ergeben können, wirksam überwacht und gesteuert werden. Mit der fünften MaRisk-Novelle wurden für beide Funktionen die organisatorischen Vorgaben präzisiert. Einige

9

---

4   Vgl. Basel Committee on Banking Supervision, Guidelines – Corporate governance principles for banks, BCBS 328, 8. Juli 2015, S. 1.
5   Vgl. Institut der Wirtschaftsprüfer, Prüfungsstandard 525 (IDW PS 525), Die Prüfung des Risikomanagements von Kreditinstituten im Rahmen der Abschlussprüfung, in: Die Wirtschaftsprüfung Supplement, Heft 3/2010, S. 4 ff.

dieser Anforderungen, die zuvor nur von systemrelevanten Instituten zu berücksichtigen waren, wirken sich seit der sechsten MaRisk-Novelle unter Proportionalitätsgesichtspunkten auf alle bedeutenden Institute gemäß Art. 6 SSM-Verordnung aus.

10   Die Interne Revision prüft und beurteilt als unabhängige Instanz (prozessunabhängige Überwachung) im Auftrag der Geschäftsleitung vor allem die Wirksamkeit und Angemessenheit wesentlicher Elemente des Risikomanagements (→ AT 4.4.3). Hierzu zählen neben dem internen Kontrollsystem insbesondere auch das Risikotragfähigkeitskonzept sowie die Strategieprozesse des Institutes. Die Geschäftsleitung kann somit auf der Grundlage der Prüfungsergebnisse der Internen Revision frühzeitig gegen Mängel im internen Kontrollsystem oder andere Unstimmigkeiten vorgehen. Die Interne Revision leistet damit einen wichtigen Beitrag zur Qualitätssicherung wesentlicher Elemente des Risikomanagements. Eine funktionsfähige Interne Revision stiftet daher auch aus betriebswirtschaftlicher Sicht einen großen Nutzen für das Institut.

1.1.4 Risikomanagement auf Gruppenebene

11   Die zweite MaRisk-Novelle vom August 2009 führte zu einer Konsolidierung und Ergänzung der Anforderungen an das Risikomanagement auf Gruppenebene (→ AT 4.5). Damit reagierte die Aufsicht auf den Umstand, dass die Finanzmärkte immer stärker von Konzernen dominiert werden. Zudem wurden die für die Gruppenebene maßgeblichen gesetzlichen Regelungen erstmalig umfassend durch Verwaltungsvorschriften präzisiert. Wie auf Institutsebene geht es auch auf Gruppenebene um die Festlegung und Umsetzung von Strategien, die Sicherstellung der Risikotragfähigkeit, prozessuale Vorgaben, die Einrichtung angemessener Risikosteuerungs- und -controllingprozesse sowie eine »Konzernrevision«. Verantwortlich für das Risikomanagement auf Gruppenebene ist das übergeordnete Unternehmen der Gruppe (in Abstimmung mit den übrigen gruppenangehörigen Unternehmen). Die Ausgestaltung des Risikomanagements auf Gruppenebene hängt insbesondere von Art, Umfang, Komplexität und Risikogehalt der von der Gruppe betriebenen Geschäfte ab. Außerdem sind die gesellschaftsrechtlichen Möglichkeiten zu berücksichtigen, die sich in der Praxis häufig als problematisch erweisen. Die »Reichweite« des gruppenweiten Risikomanagements erstreckt sich auf alle »wesentlichen Risiken« der Gruppe, unabhängig davon, ob sie von konsolidierungspflichtigen Unternehmen verursacht werden oder nicht.

1.2   Begriffsbestimmungen

1.2.1   Risikoappetit, Risikotragfähigkeit und Risikoprofil

12   Eine Arbeitsgruppe der Senior Supervisors Group (SSG)[6] hat die Begriffe »Risikoappetit«, »Risikotragfähigkeit« und »Risikoprofil« im Dezember 2010 wie folgt voneinander abgegrenzt und gleichzeitig deren Zusammenhänge dargestellt[7]:
1. Der »Risikoappetit« (»risk appetite«) beschreibt die Art und das Niveau der Risiken, die ein Unternehmen angesichts seiner wirtschaftlichen Ziele und Verpflichtungen gegenüber den

---

6   In der »Senior Supervisors Group« (SSG) arbeiten ranghohe Vertreter von Aufsichtsbehörden aus mehreren Ländern zusammen (Deutschland, Frankreich, Großbritannien, Italien, Japan, Kanada, Niederlande, Schweiz, Spanien, USA). Für Deutschland ist in der SSG die BaFin vertreten. Insofern können die Papiere der SSG auch als maßgeblich für die Aufsichtspraxis der BaFin angesehen werden.

7   Vgl. Senior Supervisors Group, Observations on Developments in Risk Appetite Frameworks and IT Infrastructure, 23. Dezember 2010, S. 5 (Fußnote 2).

Anspruchsberechtigten in der Lage und willens ist, mit seinen Geschäftsaktivitäten einzugehen.[8] Der Risikoappetit wird i.d.R. sowohl in quantitativer als auch in qualitativer Hinsicht ausgedrückt und sollte auch extreme Bedingungen, Ereignisse und Ergebnisse berücksichtigen. Darüber hinaus sollte der Risikoappetit mögliche Auswirkungen auf die Ertragssituation, die Kapitalausstattung und die Liquiditäts-/Refinanzierungssituation widerspiegeln.

2. Die »Risikotragfähigkeit« (»risk capacity«) bezeichnet die Art und das gesamte Niveau der Risiken, auf dem ein Unternehmen im Rahmen der Beschränkungen durch die Kapitalausstattung und die Liquiditäts-/Refinanzierungssituation sowie durch weitere Verpflichtungen gegenüber externen Anspruchsberechtigten tätig sein kann.[9] Die Risikotragfähigkeit ist eine Maximalgröße, deren vollständige Auslastung nicht unbedingt wünschenswert ist. Das bedeutet, dass ein Unternehmen einen (Management-)Puffer zwischen der Risikotragfähigkeit und dem Risikoappetit festlegen und regelmäßig steuern könnte.

3. Das »Risikoprofil« (»risk profile«) ist die mit Hilfe verschiedener Instrumente und Maßnahmen zu einem bestimmten Zeitpunkt (»point-in-time«) vorgenommene Bewertung der von einem Unternehmen tatsächlich eingegangenen gesamten Risiken, die mit seinen Geschäftsaktivitäten verbunden sind. Generell sollte ein Unternehmen bestrebt sein, sein Risikoprofil innerhalb seines vorgegebenen Risikoappetits zu halten, und insbesondere sicherstellen, dass sein Risikoprofil nicht seine Risikotragfähigkeit überschreitet.

Die dargestellte Abgrenzung eignet sich grundsätzlich auch für die Zwecke der MaRisk. Dabei sollte allerdings die folgende Unterscheidung beachtet werden: Einige Institute verwenden als Synonym für »Risikoappetit« im o.g. Sinne u.a. auch die Begriffe »Risikobereitschaft«, »Risikoneigung« oder »Risikotoleranz«. Andere Institute unterscheiden entsprechend der o.g. Definition zwischen der absoluten Risikohöhe, die sie grundsätzlich akzeptieren möchten (»Risikoappetit«) und den tatsächlichen Beschränkungen (wie z.B. Risikolimiten), in deren Rahmen sie ihrem Risikoappetit im Tagesgeschäft nachkommen (»Risikotoleranz«). Der Baseler Ausschuss für Bankenaufsicht (BCBS) definiert die »Risikotoleranz« gemäß dieser Unterscheidung als jene Abweichung um den vorgegebenen Risikoappetit, die das Institut zu tolerieren bereit ist.[10] **13**

CEBS[11] hat die Begriffe Risikotoleranz und Risikoappetit grundsätzlich synonym verwendet, die **14** skizzierte zweistufige Vorgehensweise jedoch als eine mögliche Option betrachtet.[12] Auch der Finanzstabilitätsrat (FSB) räumt ein, dass diese Begriffe mit leicht unterschiedlicher Bedeutung verwendet werden können, sieht aber von einer Unterscheidung ab und verwendet der Übersichtlichkeit und Einfachheit halber nur den Begriff Risikoappetit.[13]

---

8 Die EBA verweist darauf, dass der Risikoappetit auch im Einklang mit dem Geschäftsmodell zum Erreichen der strategischen Ziele festgelegt werden sollte. Vgl. European Banking Authority, Leitlinien zur internen Governance, EBA/GL/2017/11, 21. März 2018, S. 4f. Die EBA stellt allerdings stärker auf die Gesamtsituation ab, indem sie unter dem Risikoappetit das Gesamtniveau der Risikoarten versteht, das ein Institut im Rahmen seiner Risikotragfähigkeit und im Einklang mit seinem Geschäftsmodell zum Erreichen seiner strategischen Ziele einzugehen bereit ist. Der Risikoappetit des Institutes gibt insofern den Umfang und den Schwerpunkt der Risiken an, denen das Institut insgesamt ausgesetzt ist. Vgl. European Banking Authority, EBA Discussion paper on management and supervision of ESG risks for credit institutions and investment firms, EBA/DP/2020/03, 30. Oktober 2020, S. 102. Gleichlautende Definitionen verwenden der Finanzstabilitätsrat und der Baseler Ausschuss für Bankenaufsicht. Vgl. Financial Stability Board, Principles for An Effective Risk Appetite Framework, 18. November 2013, S. 3; Basel Committee on Banking Supervision, Guidelines – Corporate governance principles for banks, BCBS 328, 8. Juli 2015, S. 1f.

9 Die EBA nennt zusätzlich auch die regulatorischen Beschränkungen sowie die Risikomanagement- und Kontrollkapazitäten eines Institutes. Vgl. European Banking Authority, Leitlinien zur internen Governance, EBA/GL/2017/11, 21. März 2018, S. 4ff. Der Baseler Ausschuss für Bankenaufsicht verwendet eine ähnliche Definition. Vgl. Basel Committee on Banking Supervision, Guidelines – Corporate governance principles for banks, BCBS 328, 8. Juli 2015, S. 2.

10 Vgl. Basel Committee on Banking Supervision, Revisions to the Principles for the Sound Management of Operational Risk, BCBS 515, 31. März 2021, S. 8.

11 Der Ausschuss der Europäischen Bankaufsichtsbehörden (»Committee of European Banking Supervisors«, CEBS) war bis Ende 2010 die Vorgängerinstitution der European Banking Authority (EBA).

12 Vgl. Committee of European Banking Supervisors, Consultation paper on the Guidebook on Internal Governance (CP 44), 13. Oktober 2010, S. 7.

13 Vgl. Financial Stability Board, Principles for An Effective Risk Appetite Framework, 18. November 2013, S. 3.

AT 4 Allgemeine Anforderungen an das Risikomanagement

1.2.2 Corporate und Internal Governance

15 Im Rahmen der gesamten Unternehmensführung (»Corporate Governance«) umfasst die interne Governance (»Internal Governance«) die Definition der Rollen und Verantwortlichkeiten der relevanten Personen, Funktionen, Gremien und Ausschüsse innerhalb eines Institutes sowie deren Zusammenspiel. Die interne Governance bezieht sich insofern auf die interne Organisation eines Institutes sowie die Art und Weise, wie es seine Geschäfte betreibt und seine Risiken steuert.[14]

16 Die »interne Governance« umfasst dem Bericht der EBA an die EU-Kommission zufolge alle Standards und Grundsätze, die sich mit der Festlegung der Ziele, der Strategien und des Rahmens für das Risikomanagement (»Risk Management Framework«, RMF) eines Institutes befassen. Dazu gehören auch die Art und Weise, wie seine Geschäftstätigkeit organisiert ist, wie Verantwortlichkeiten und Kompetenzen definiert und klar zugewiesen werden, wie Berichtslinien eingerichtet werden und welche Informationen sie vermitteln und wie der interne Kontrollrahmen organisiert und umgesetzt wird, einschließlich der Rechnungslegungsverfahren und der Vergütungspolitik. Die interne Governance umfasst auch solide IT-Systeme, Auslagerungsvereinbarungen und das Management der Geschäftsfortführung unter schwierigen Bedingungen (»Business Continuity Management«, BCM).[15]

17 Mit ihren Leitlinien legt die EBA die internen Regelungen, Verfahren und Mechanismen für die interne Governance fest, die von den Instituten gemäß Art. 74 Abs. 1 CRD IV eingeführt werden müssen, um die wirksame und umsichtige Führung des Institutes zu gewährleisten.[16] Insofern stellt sie zur Definition der internen Governance direkt auf die CRD IV ab. Nach Art. 74 Abs. 1 CRD IV müssen die Institute über eine solide Regelung zur Unternehmensführung verfügen, wozu eine klare Organisationsstruktur mit genau festgelegten, transparenten und kohärenten Zuständigkeiten, wirksame Verfahren zur Ermittlung, Steuerung, Überwachung und Meldung der tatsächlichen und potenziellen künftigen Risiken, angemessene interne Kontrollmechanismen, einschließlich solider Verwaltungs- und Rechnungslegungsverfahren, sowie eine Vergütungspolitik und -praxis gehören, die mit einem soliden und wirksamen Risikomanagement vereinbar und diesem förderlich sind. Laut 74 Abs. 2 CRD IV müssen diese Regelungen, Verfahren und Mechanismen der Art, dem Umfang und der Komplexität der dem Geschäftsmodell innewohnenden Risiken und den Geschäften des Kreditinstitutes angemessen sein und keinen Aspekt außer Acht lassen. Den technischen Kriterien der Art. 76 bis 95 CRD IV, die sich den genannten Komponenten im Detail widmen, muss dabei Rechnung getragen werden.

1.2.3 Rahmen zum Risikomanagement

18 Ein Institut sollte über einen ganzheitlichen institutsweiten Rahmen für das Risikomanagement (»risk management framework«, RMF) verfügen, der sich auf alle Geschäftsbereiche und internen Einheiten, einschließlich der internen Kontrollfunktionen, erstreckt und dem ökonomischen Gehalt aller Risikopositionen voll und ganz Rechnung trägt. Der RMF sollte das Institut in die Lage versetzen, fundierte Entscheidungen über das Eingehen von Risiken in Kenntnis der Sachlage zu treffen. Er sollte bilanzielle und außerbilanzielle Risiken sowie aktuelle und künftige Risiken, denen das Institut möglicherweise ausgesetzt ist, einschließen. Die Risiken sollten nach dem Bottom-up-Ansatz und dem Top-down-Ansatz, innerhalb der Geschäftsbereiche und

---

14 Vgl. European Central Bank, SSM supervisory statement on governance and risk appetite, 21. Juni 2016, S. 4.

15 Vgl. European Banking Authority, Final Report – Guidelines on internal governance under Directive 2013/36/EU, EBA/GL/2017/11, 26. September 2017, S. 7. Der Vorspann zu den endgültigen Berichten der EBA an die EU-Kommission ist in den veröffentlichten Leitlinien i. d. R. nicht mehr enthalten.

16 Vgl. European Banking Authority, Leitlinien zur internen Governance, EBA/GL/2017/11, 21. März 2018, S. 3.

geschäftsbereichsübergreifend beurteilt werden, wobei im gesamten Institut sowie auf konsolidierter oder teilkonsolidierter Ebene eine konsistente Terminologie und kompatible Methoden zugrunde gelegt werden sollten. Alle relevanten finanziellen und nicht-finanziellen Risiken sollten vom RMF erfasst werden, einschließlich der Kreditrisiken, Marktrisiken, Liquiditätsrisiken, Konzentrationsrisiken, operationellen Risiken, IT-Risiken, Reputationsrisiken, Rechtsrisiken, Verhaltensrisiken, Compliance-Risiken und strategischen Risiken. Der RMF sollte Richtlinien, Verfahren, Risikolimite und Risikokontrollen enthalten, um so eine angemessene, zeitnahe und laufende Identifizierung, Messung oder Bewertung, Überwachung, Steuerung, Minderung und Berichterstattung über die Risiken auf Ebene der Geschäftsbereiche und des Institutes sowie auf konsolidierter und teilkonsolidierter Ebene sicherzustellen. Der RMF sollte konkrete Orientierungshilfen für die Umsetzung der Strategien vorsehen, indem z. B. interne Limite festgelegt werden, die mit dem Risikoappetit konsistent sind und mit dem ordnungsgemäßen Geschäftsbetrieb, der Ertragskraft, Kapitalausstattung und den strategischen Zielen im Einklang stehen. Das Risikoprofil eines Institutes sollte sich innerhalb der festgelegten Limite bewegen. Der RMF sollte sicherstellen, dass im Fall der Verletzung der Risikolimite ein definierter Eskalationsprozess zur Adressierung dieser Verletzung im Rahmen eines angemessenen Mängelbeseitigungsverfahrens besteht.[17]

Zum RMF gehören nach den Vorstellungen der EBA u. a. die internen Prozesse zur Sicherstellung einer angemessenen Kapitalausstattung (ICAAP) und Liquiditätsausstattung (ILAAP), was auf die Fähigkeit des Institutes hinausläuft, Risikostrategien umzusetzen, die mit dem Risikoappetit und mit soliden Kapital- und Liquiditätsplänen vereinbar sind.[18] Darüber hinaus sollte die Sanierungsplanung in den RMF eingebettet werden, wobei es insbesondere darum geht, die Wechselwirkungen zwischen dem ICAAP und dem ILAAP sowie der Sanierungsplanung in Bezug auf die Governance, die Sanierungsindikatoren, die Sanierungsoptionen und die Szenarioanalysen zu berücksichtigen.[19] Zudem wird der Neu-Produkt-Prozess (NPP) als Teil des RMF genannt[20], was darauf zurückzuführen ist, dass im Rahmen des NPP zunächst der Risikogehalt der neuen Geschäftsaktivitäten sowie deren Auswirkungen auf das Gesamtrisikoprofil und die sich daraus ergebenden wesentlichen Konsequenzen für das Risikomanagement geprüft werden (→ AT 8.1 Tz. 1). Schließlich stellt die EBA klar, dass auch der Rahmen für den Risikoappetit (»Risk Appetite Framework«, RAF) als Bestandteil des RMF gesehen wird.[21] **19**

Auch die Strategie für notleidende Risikopositionen sollte nach den Vorstellungen der EBA vollständig in den RMF eingebunden sein. Den folgenden Aspekten sollte dabei besondere Aufmerksamkeit gewidmet werden[22]: **20**

a) Sämtliche relevanten Komponenten der Strategie für notleidende Risikopositionen sollten vollständig mit dem ICAAP gemäß Art. 73 CRD IV abgestimmt und in diesen integriert werden. Die Institute sollten eine quantitative und eine qualitative Beurteilung der NPE-Entwicklungen unter normalen sowie unter Stressbedingungen vornehmen und dabei auch die Auswirkungen auf die Kapitalplanung berücksichtigen.

b) Der Rahmen für den Risikoappetit (RAF) und die Strategien für notleidende Risikopositionen sind eng miteinander verknüpft. In diesem Zusammenhang sollten von der Geschäftsleitung geneh-

---

17 Vgl. European Banking Authority, Leitlinien zur internen Governance, EBA/GL/2017/11, 21. März 2018, S. 36 f.

18 Vgl. European Banking Authority, Guidelines on common procedures and methodologies for the supervisory review and evaluation process (SREP) and supervisory stress testing, EBA/GL/2014/13, Consolidated version, 19. Juli 2018, S. 12.

19 Vgl. European Banking Authority, Guidelines on common procedures and methodologies for the supervisory review and evaluation process (SREP) and supervisory stress testing, EBA/GL/2014/13, Consolidated version, 19. Juli 2018, S. 15.

20 Vgl. European Banking Authority, Guidelines on common procedures and methodologies for the supervisory review and evaluation process (SREP) and supervisory stress testing, EBA/GL/2014/13, Consolidated version, 19. Juli 2018, S. 51.

21 Vgl. European Banking Authority, Guidelines on common procedures and methodologies for the supervisory review and evaluation process (SREP) and supervisory stress testing, EBA/GL/2014/13, Consolidated version, 19. Juli 2018, S. 142.

22 Vgl. European Banking Authority, Leitlinien über das Management notleidender und gestundeter Risikopositionen, EBA/GL/2018/06, 31. Oktober 2018, S. 16 f.

migte, klar definierte RAF-Kennzahlen und -Limite festgelegt werden, die im Einklang mit den wichtigsten Elementen und Zielvorgaben der Strategie für notleidende Risikopositionen stehen.

c) Sind NPE-bezogene Indikatorwerte und Maßnahmen Teil des Sanierungsplanes, so sollten die Institute sicherstellen, dass diese im Einklang mit den Zielvorgaben der NPE-Strategie und dem Implementierungsplan stehen.

21 Der Baseler Ausschuss für Bankenaufsicht (BCBS) hat in älteren Ausarbeitungen einen Rahmen für die Risikosteuerung (»risk governance framework«, RGF) erwähnt, in dem die Geschäftsleitung und das Management die Strategie und den Umgang mit Risiken begründen und entsprechende Entscheidungen treffen, den Risikoappetit und die Risikolimite unter Berücksichtigung der Strategie festlegen und deren Einhaltung überwachen sowie die Risiken identifizieren, beurteilen, steuern und überwachen.[23] Insofern besteht eine große Übereinstimmung zwischen dem RGF im Sinne des BCBS und dem RMF nach den Vorstellungen der EBA.

22 Der BCBS erwartet, dass die Risiken aus schlechter Datenqualität ebenfalls in den RMF einbezogen werden (→ AT 4.3.4).[24] In neueren Veröffentlichungen hat der BCBS klargestellt, dass die Unternehmensführung, das Risikomanagementumfeld, die Informations- und Kommunikationstechnologie, die Planung der Geschäftskontinuität und die Rolle der Offenlegung nicht isoliert betrachtet werden sollten, sondern vielmehr als integrierte Bestandteile des Rahmenwerks für das Management des operationellen Risikos (ORMF) und des gesamten Risikomanagements (RMF). Zum RMF gehört auch das Konzept der operationellen Widerstandsfähigkeit, das im Zusammenspiel mit dem ORMF dazu beiträgt, die Häufigkeit und das Ausmaß operationeller Risiken zu reduzieren.[25]

1.2.4 Risikokultur

23 Unter der Risikokultur (»risk culture«) werden die Normen, Einstellungen und Verhaltensweisen eines Institutes im Zusammenhang mit dem Risikobewusstsein, dem Risikoappetit und dem Risikomanagement sowie die Kontrollen verstanden, die für Risikoentscheidungen maßgeblich sind. Die Risikokultur beeinflusst die Entscheidungen der Geschäftsleitung und der Mitarbeiter im Tagesgeschäft und wirkt sich auf die von ihnen eingegangenen Risiken aus.[26]

24 Die Risikokultur beschreibt allgemein die Art und Weise, wie Mitarbeiter des Institutes im Rahmen ihrer Tätigkeit mit Risiken umgehen (sollen). Die Risikokultur soll die Identifizierung und den bewussten Umgang mit Risiken fördern und sicherstellen, dass Entscheidungsprozesse zu Ergebnissen führen, die auch unter Risikogesichtspunkten ausgewogen sind. Kennzeichnend für eine angemessene Risikokultur ist vor allem das klare Bekenntnis der Geschäftsleitung zu risikoangemessenem Verhalten, die strikte Beachtung des durch die Geschäftsleitung kommunizierten Risikoappetits durch alle Mitarbeiter und die Ermöglichung und Förderung eines transparenten und offenen Dialogs innerhalb des Institutes zu risikorelevanten Fragen (→ AT 3 Tz. 1, Erläuterung).

25 Die Geschäftsleiter sind für die ordnungsgemäße Geschäftsorganisation und deren Weiterentwicklung verantwortlich, wozu auch die Entwicklung, Förderung und Integration einer angemessenen Risikokultur innerhalb des Institutes und ggf. der Gruppe gehört (→ AT 3 Tz. 1).

---

23 Vgl. Basel Committee on Banking Supervision, Guidelines – Corporate governance principles for banks, BCBS 328, 8. Juli 2015, S. 2.

24 Baseler Ausschuss für Bankenaufsicht, Grundsätze für die effektive Aggregation von Risikodaten und die Risikoberichterstattung, BCBS 239, 9. Januar 2013, S. 6.

25 Vgl. Basel Committee on Banking Supervision, Revisions to the Principles for the Sound Management of Operational Risk, BCBS 515, 31. März 2021, S. 2.

26 Vgl. European Banking Authority, Leitlinien zur internen Governance, EBA/GL/2017/11, 21. März 2018, S. 4 ff.; Basel Committee on Banking Supervision, Guidelines – Corporate governance principles for banks, BCBS 328, 8. Juli 2015, S. 2.

1.3 Umgang mit dem Risikoappetit

1.3.1 Festlegung des Risikoappetits

Das Risikoprofil betrifft die konkrete Ausgangssituation zum Betrachtungszeitpunkt, wenn es um   **26**
die Festlegung des Risikoappetits geht. Der FSB und der Baseler Ausschuss für Bankenaufsicht
erwarten von den Instituten, sowohl die Bruttorisikoposition, d. h. die Risikoposition vor Anwendung von Risikominderungen, als auch die Nettorisikoposition, also unter Berücksichtigung von
Risikominderungen, innerhalb und über jede wesentliche Risikokategorie hinweg auf der Basis
aktueller oder zukunftsorientierter Annahmen zu berechnen.[27] Das Risikoprofil wird im Rahmen
der Risikoinventur bestimmt (→ AT 2.2 Tz. 1). Die bedeutenden Institute sollten bei der Risikoidentifizierung nach den Vorstellungen der EZB ebenfalls einem »Bruttoansatz« folgen und die
Wirksamkeit der Risikominderungsmaßnahmen erst anschließend beurteilen.[28]

Auf der Grundlage des Risikoprofils ist ein interner Prozess zur Sicherstellung der Risikotragfä-   **27**
higkeit einzurichten (→ AT 4.1 Tz. 1 und 2). Da die Risikotragfähigkeit die maximale Höhe jener
Risiken bezeichnet, die ein Institut angesichts seiner Eigenmittelausstattung, seiner Risikomana-
gement- und Kontrollkapazitäten sowie seiner aufsichtsrechtlichen Beschränkungen eingehen
kann, geht es bei der Berechnung der Risikotragfähigkeit zunächst darum, die bestehenden
Möglichkeiten des Institutes zum Eingehen von Risiken auszuloten. Dabei spielt neben dem
Risikoniveau auch eine Rolle, welchen Arten von Risiken das Institut durch seine Geschäftsaktivitäten in welchem Ausmaß konkret ausgesetzt ist. Ebenso wichtig sind die Qualität des
Risikomanagements, die sich hinsichtlich der verschiedenen Risikoarten durchaus unterscheiden
kann, sowie die technische Infrastruktur und das im Institut vorhandene Fachwissen.[29]

Besteht insoweit Klarheit über die vorhandenen Möglichkeiten, geht es schließlich um die instituts-   **28**
interne Festlegung, in welchem Umfang diese Möglichkeiten zum Eingehen von Risiken vom Institut
tatsächlich genutzt werden möchten. Der Risikoappetit zielt also auf die Bereitschaft des Institutes ab,
Risiken in jener Art und Höhe im Rahmen seiner Risikotragfähigkeit einzugehen, denen es aufgrund
seiner Geschäftsaktivitäten maximal ausgesetzt sein möchte. Welchen Anteil der Risikoappetit an der
Risikotragfähigkeit ausmacht, kann auch davon abhängen, wie konservativ bereits bei der Berechnung der Risikotragfähigkeit vorgegangen wurde. Insbesondere bei einer weniger konservativen
Vorgehensweise ist es nicht ratsam, den Risikoappetit lediglich am normalen Geschäftsverlauf zu
orientieren und dabei mögliche adverse Entwicklungen vollständig auszublenden.

Die Geschäftsleitung hat den Risikoappetit des Institutes für alle wesentlichen Risiken im   **29**
Rahmen der Strategieformulierung festzulegen (→ AT 4.2 Tz. 2). Damit trifft sie eine bewusste
Entscheidung darüber, in welchem Umfang sie bereit ist, Risiken einzugehen. Der Risikoappetit
kann sowohl durch quantitative Vorgaben (z. B. Strenge der Risikomessung, Globallimite, Festlegung von Puffern für bestimmte Stressszenarien) als auch durch qualitative Festlegungen (z. B.
Anforderung an die Besicherung von Krediten, Vermeidung bestimmter Geschäfte) zum Ausdruck
gebracht werden (→ AT 4.2 Tz. 2, Erläuterung).

---

27 Vgl. Financial Stability Board, Principles for An Effective Risk Appetite Framework, 18. November 2013, S. 3; Basel
    Committee on Banking Supervision, Guidelines – Corporate governance principles for banks, BCBS 328, 8. Juli 2015, S. 2.
28 Vgl. Europäische Zentralbank, Leitfaden der EZB für den bankinternen Prozess zur Sicherstellung einer angemessenen
    Kapitalausstattung (Internal Capital Adequacy Assessment Process – ICAAP), 9. November 2018, S. 29; Europäische
    Zentralbank, Leitfaden der EZB für den bankinternen Prozess zur Sicherstellung einer angemessenen Liquiditätsaus-
    stattung (Internal Liquidity Adequacy Assessment Process – ILAAP), 9. November 2018, S. 23.
29 Vgl. Financial Stability Board, Principles for An Effective Risk Appetite Framework, 18. November 2013, S. 2.

1.3.2 Rahmen für den Risikoappetit

30 Die interne Governance und das Risikomanagement eines Institutes haben einen erheblichen Einfluss auf sein Gesamtrisikoprofil und die Tragfähigkeit seines Geschäftsmodells. Die EZB konzentriert sich im Rahmen des SREP deshalb insbesondere auf die Solidität der Geschäftsmodelle und die Rentabilität des Bankensektors in einem Umfeld, in dem die Institute mit wirtschaftlichen, finanziellen, wettbewerblichen und regulatorischen Herausforderungen konfrontiert sind. Geringe Rentabilität und Druck auf die Geschäftsmodelle könnten nach Einschätzung der EZB einige Institute zu einer gefährlichen Suche nach Rendite zwingen, insbesondere im Zusammenhang mit preiswerten und umfangreichen Refinanzierungsmaßnahmen. Die Institute und die Aufsichtsbehörden müssen daher darauf achten, dass sich die Geschäftsmodelle langfristig nachhaltig entwickeln.[30]

31 Dies lenkt den Fokus auf solide Governance- und Risikomanagementpraktiken innerhalb eines klar formulierten Rahmens für den Risikoappetit (»Risk Appetite Framework«, RAF). Der RAF ist das Gesamtkonzept, mit dem der Risikoappetit festgelegt, kommuniziert und überwacht wird, einschließlich der zugehörigen Richtlinien, Prozesse, Kontrollen und Systeme. Der RAF umfasst die Erklärung zum Risikoappetit, das Limitsystem und eine Beschreibung der Aufgaben und Verantwortlichkeiten derjenigen, die für die Umsetzung und Überwachung des RAF verantwortlich sind. Das betrifft vor allem die besonderen Funktionen (→ AT 4.4). Der RAF sollte die wesentlichen Risiken für das Institut und seine Reputation hinsichtlich der Anspruchsberechtigten, Einleger, Investoren und Kunden berücksichtigen und sich an der Strategie des Institutes orientieren.[31]

32 In den MaRisk werden alle genannten Komponenten des RAF berücksichtigt. Im Kern hat die Geschäftsleitung eine mit der Geschäftsstrategie und den daraus resultierenden Risiken konsistente Risikostrategie festzulegen. In der Risikostrategie ist, unter Berücksichtigung von Risikokonzentrationen, insbesondere für alle wesentlichen Risiken der Risikoappetit des Institutes festzulegen (→ AT 4.2 Tz. 2).

33 Aus Sicht der EZB sollte letztlich das Gesamtrisikoprofil der Institute vom gruppenweiten RAF und seiner Umsetzung begrenzt und bestimmt werden. Darüber hinaus ist der RAF ein entscheidendes Element in der Entwicklung und Umsetzung der Strategie eines Institutes, indem er auf strukturierte Art und Weise die Verbindung zwischen den übernommenen Risiken und der Angemessenheit der Kapitalausstattung sowie den strategischen Zielen des Institutes darlegt. Im Rahmen des RAF sollten die Institute auch ihre möglichen Managementpuffer festsetzen und berücksichtigen (→ AT 4.1 Tz. 11).[32]

34 Die EZB erwartet von den bedeutenden Instituten die Entwicklung und Einführung eines umfassenden RAF, der ihr Risikobewusstsein stärken und eine angemessene Risikokultur fördern sollte. Es sollten Risikokennzahlen und -limite entlang der Geschäftsbereiche festgelegt werden, für die eine regelmäßige Überwachung und Berichterstattung an die Geschäftsleitung und das Aufsichtsorgan erfolgt. Der RAF sollte außerdem im Einklang mit der Geschäftsplanung, der strategischen Entwicklung, der Kapital- und Liquiditätsplanung, der Sanierungsplanung sowie den Vergütungssystemen der Institute stehen.[33] Die EZB empfiehlt den bedeutenden Instituten zudem ein aggregiertes und konsolidiertes Dashboard, in dem die Risikopositionen und Risikolimite mit dem Risikoappetit verglichen werden, um die Geschäftsleitung bei der Überwachung des Risikoprofils zu unterstützen. Die wesentlichen nicht-finanziellen Risiken (»non financial risks«, NFR), wie insbesondere Com-

---

30 Vgl. European Central Bank, SSM supervisory statement on governance and risk appetite, 21. Juni 2016, S. 2 ff.

31 Vgl. Financial Stability Board, Principles for An Effective Risk Appetite Framework, 18. November 2013, S. 2; Basel Committee on Banking Supervision, Guidelines – Corporate governance principles for banks, BCBS 328, 8. Juli 2015, S. 2; European Banking Authority, Leitlinien über das Management notleidender und gestundeter Risikopositionen, EBA/GL/2018/06, 31. Oktober 2018, S. 6.

32 Vgl. Europäische Zentralbank, Leitfaden der EZB für den bankinternen Prozess zur Sicherstellung einer angemessenen Kapitalausstattung (Internal Capital Adequacy Assessment Process – ICAAP), 9. November 2018, S. 11.

33 Vgl. European Central Bank, SSM supervisory statement on governance and risk appetite, 21. Juni 2016, S. 2 ff.

pliance-Risiken, Reputationsrisiken, IT-Risiken, Rechtsrisiken und Verhaltensrisiken, sollten zumindest mit qualitativen Aussagen berücksichtigt werden. Um die Übersichtlichkeit des Dashboards sicherzustellen, sollte eine Beschränkung auf eine angemessene Anzahl von Kennzahlen erfolgen, die je nach Größe und Komplexität des Institutes zwischen 20 und 30 liegen könnte.[34]

Im Auftrag der EZB wurde im Jahr 2015 bei 113 bedeutenden Instituten eine thematische **35** Überprüfung der Risiko-Governance und des Risikoappetits (»risk governance and appetite«, RIGA) durchgeführt. Zum Zeitpunkt der Überprüfung waren rund 30 Prozent der RAF erst innerhalb der letzten 18 Monate entwickelt worden, 12 Prozent befanden sich noch in der Entwicklungsphase.[35]

1.3.3 Erklärung zum Risikoappetit

In verschiedenen Ausarbeitungen der Aufsichtsbehörden wird eine förmliche Erklärung zum **36** Risikoappetit (»Risk Appetite Statement«, RAS) gefordert, in der die Geschäftsleitung ihre Einschätzung zu den Risikoarten und -beträgen zum Ausdruck bringt, die das Institut zur Erfüllung seiner strategischen Ziele zu übernehmen bereit ist.[36] Im weiteren Sinne werden sowohl qualitative Aussagen als auch Informationen über quantitative Maßnahmen erwartet, die sich auf Ergebnis, Kapital, Risikomaße, Liquidität etc. beziehen. Dabei sollte auf schwieriger zu quantifizierende Risiken, wie z. B. Reputations- und Fehlverhaltensrisiken, sowie Geldwäsche und unethische Praktiken zumindest in qualitativer Hinsicht eingegangen werden.[37]

Die EZB erwartet von den bedeutenden Instituten, mit der RAS ein klares und eindeutiges Bild **37** von jenen Maßnahmen zu vermitteln, die sie im Hinblick auf ihre Risiken und im Einklang mit ihrer Geschäftsstrategie ergreifen wollen. Die RAS sollte insbesondere die Beweggründe für die Akzeptanz oder die Vermeidung bestimmter Arten von Risiken, Produkten oder Regionen enthalten.[38] Inhaltlich besteht eine enge Verbindung zur Erklärung zur Angemessenheit des Kapitals (»Capital Adequacy Statement«, CAS)[39] bzw. der Liquidität (»Liquidity Adequacy Statement«, LAS)[40] durch die Geschäftsleitungen der bedeutenden Institute (→ AT 4.1 Tz. 8 bzw. BTR 3.1 Tz. 5 und 9).

1.3.4 Risikoappetit und Limitsystem

Das Limitsystem sollte im Einklang mit der Gesamtstrategie und dem Risikoappetit des Institutes **38** festgelegt werden, um Risiken und Verluste im Einklang mit dem Konzept zur angemessenen Kapitalausstattung effektiv begrenzen zu können. Insofern sollte es wirksame Grenzen für die Risikoüber-

---

34 Vgl. European Central Bank, SSM supervisory statement on governance and risk appetite, 21. Juni 2016, S. 15 f.

35 Vgl. European Central Bank, SSM supervisory statement on governance and risk appetite, 21. Juni 2016, S. 15.

36 Vgl. Europäische Zentralbank, Leitfaden der EZB für den bankinternen Prozess zur Sicherstellung einer angemessenen Kapitalausstattung (Internal Capital Adequacy Assessment Process – ICAAP), 9. November 2018, S. 43 f.; European Central Bank, SSM supervisory statement on governance and risk appetite, 21. Juni 2016, S. 15.

37 Vgl. Financial Stability Board, Principles for An Effective Risk Appetite Framework, 18. November 2013, S. 2; Basel Committee on Banking Supervision, Guidelines – Corporate governance principles for banks, BCBS 328, 8. Juli 2015, S. 2.

38 Vgl. Europäische Zentralbank, Leitfaden der EZB für den bankinternen Prozess zur Sicherstellung einer angemessenen Kapitalausstattung (Internal Capital Adequacy Assessment Process – ICAAP), 9. November 2018, S. 11.

39 Vgl. Europäische Zentralbank, Leitfaden der EZB für den bankinternen Prozess zur Sicherstellung einer angemessenen Kapitalausstattung (Internal Capital Adequacy Assessment Process – ICAAP), 9. November 2018, S. 6ff.

40 Vgl. Europäische Zentralbank, Leitfaden der EZB für den bankinternen Prozess zur Sicherstellung einer angemessenen Liquiditätsausstattung (Internal Liquidity Adequacy Assessment Process – ILAAP), 9. November 2018, S. 6ff.

nahme beinhalten.[41] Unter diesen Risikogrenzen sind spezifische quantitative Maßnahmen oder Limite zu verstehen, die z. B. auf zukunftsgerichteten Annahmen beruhen und das Gesamtrisiko des Institutes unter Berücksichtigung von Konzentrationen auf Geschäftsfelder, Geschäftsbereiche, ggf. rechtliche Einheiten der Gruppe, verschiedene Risikoarten, Produkte etc. verteilen.[42]

39 Die Festlegung und Überwachung der Limite wurde von der EZB bei den bedeutenden Instituten im Jahr 2015 noch als verbesserungswürdig angesehen, weil z. B. kein angemessenes Verhältnis zum Risikoappetit bestand, die Risikokonzentrationen nicht hinreichend berücksichtigt wurden, der Eskalationsprozess bei einer Limitüberschreitung nicht definiert war bzw. Mängel aufwies oder Datenaggregationsprobleme eine effektive Meldung von Limitüberschreitungen verhinderten. So sollte bei Limitüberschreitungen ausreichend Spielraum bis zum Schwellenwert für den Risikoappetit zur Verfügung stehen. Damit werden Korrekturmaßnahmen erleichtert, um sich weiterhin im Rahmen des allgemeinen Risikoappetits zu bewegen.[43] Zudem sollte das Limitsystem von hinreichender Granularität sein und z. B. einzelnen Risiken, Teilrisiken[44], Unternehmen und Geschäftsbereichen bestimmte Limite zuweisen. Außerdem sollten wirksame Eskalationsverfahren vorhanden sein.[45]

40 Auch nach den MaRisk müssen die Institute durch geeignete Maßnahmen gewährleisten, dass die Risiken und die damit verbundenen Risikokonzentrationen unter Berücksichtigung der Risikotragfähigkeit und des Risikoappetits wirksam begrenzt und überwacht werden (→ AT 4.3.2 Tz. 1).

41 Im Rahmen des SREP sollten die zuständigen Behörden auch die Angemessenheit des RMF und der Risikomanagementprozesse beurteilen. Sie sollten dabei zumindest überprüfen, ob die Risikostrategie, der Risikoappetit und der RMF angemessen sind und auf individueller und konsolidierter Basis umgesetzt werden, ob das Institut eine unabhängige Risikocontrolling-Funktion eingerichtet hat, die das gesamte Institut abdeckt und aktiv an der Erstellung der Erklärung zum Risikoappetit (»Risk Appetite Statement«, RAS) beteiligt ist, ob das Institut einen Leiter der Risikocontrolling-Funktion mit ausreichender Sachkenntnis, Unabhängigkeit und Dienstalter und ggf. direktem Zugang zum Aufsichtsorgan hat, ob die unabhängige Risikocontrolling-Funktion sicherstellt, dass die Prozesse zur Messung, Bewertung und Überwachung der Risiken angemessen sind, ob das Institut Richtlinien und Verfahren zur Identifizierung, Messung, Überwachung, Minderung und Meldung von Risiken und damit verbundenen Risikokonzentrationen eingeführt hat und ob diese mit den Risikolimiten und der Risikobereitschaft des Institutes übereinstimmen. Beurteilt werden zudem der ICAAP, der ILAAP und die internen Stresstests sowie die Risikostrategie und alle wesentlichen Entscheidungen des Risikomanagements. Dabei soll berücksichtigt werden, inwieweit der RMF in die Gesamtstrategie eingebettet ist und diese beeinflusst. Die zuständigen Behörden sollten insbesondere prüfen, ob es geeignete und kohärente Verbindungen zwischen der Geschäftsstrategie, der Risikostrategie, der Risikobereitschaft und dem Risikomanagement sowie dem Kapital- und Liquiditätsmanagement gibt.[46]

---

41 Vgl. Europäische Zentralbank, Leitfaden der EZB für den bankinternen Prozess zur Sicherstellung einer angemessenen Kapitalausstattung (Internal Capital Adequacy Assessment Process – ICAAP), 9. November 2018, S. 41. Das Limitsystem sollte auch im Einklang mit dem Konzept zur angemessenen Liquiditätsausstattung stehen. Vgl. Europäische Zentralbank, Leitfaden der EZB für den bankinternen Prozess zur Sicherstellung einer angemessenen Liquiditätsausstattung (Internal Liquidity Adequacy Assessment Process – ILAAP), 9. November 2018, S. 35 f.

42 Vgl. Financial Stability Board, Principles for An Effective Risk Appetite Framework, 18. November 2013, S. 3; Basel Committee on Banking Supervision, Guidelines – Corporate governance principles for banks, BCBS 328, 8. Juli 2015, S. 2.

43 Vgl. European Central Bank, SSM supervisory statement on governance and risk appetite, 21. Juni 2016, S. 16 ff.

44 Der Begriff »Risiken« wird in den MaRisk – und ebenso in den Leitlinien der EZB – teilweise als Synonym für »Risikoarten« verwendet. In diesem Sinne sind unter den »Teilrisiken« im deutschsprachigen Leitfaden der EZB vermutlich die verschiedenen »Unterkategorien« der einzelnen Risikoarten zu verstehen. Die Granularität von Limitsystemen kann über diese Unterkategorien natürlich noch hinausgehen.

45 Vgl. Europäische Zentralbank, Leitfaden der EZB für den bankinternen Prozess zur Sicherstellung einer angemessenen Kapitalausstattung (Internal Capital Adequacy Assessment Process – ICAAP), 9. November 2018, S. 11 f.

46 Vgl. European Banking Authority, Guidelines on common procedures and methodologies for the supervisory review and evaluation process (SREP) and supervisory stress testing, EBA/GL/2014/13, Consolidated version, 19. Juli 2018, S. 57 f.

1.4 Umgang mit Nachhaltigkeitsrisiken

Die Institute sollten nach den Vorstellungen der EBA in der Lage sein, die mit ESG-Faktoren **42** verbundenen Risiken zu erfassen, wenn sie diese bei ihrem Risikoappetit berücksichtigen und ihren Rahmen für das Risikomanagement (RMF) mit angemessenen und genauen Risikomesswerten und Limiten anpassen. Bei der Einbeziehung von ESG-Faktoren in den Rahmen für den Risikoappetit (RAF) ist die Zusammensetzung des Portfolios im Einklang mit den strategischen Zielen oder Limiten des Institutes hinsichtlich der Umwelt-, Sozial- und Unternehmensführungsrisiken (ESG-Risiken), einschließlich seiner Konzentrations- und Diversifizierungsziele in Bezug auf Geschäftsbereiche, Regionen, Wirtschaftssektoren und Produkte von Bedeutung.[47]

Je nach Strategie und Ansatz für die transitorischen Risiken müssen die existierenden Limite **43** möglicherweise überprüft oder um neue Arten erweitert werden, die aus ESG-Perspektive relevant sind, wie z. B. für Sektoren, die aufgrund der Geschäftsstrategie des Institutes von den Geschäftsaktivitäten ausgeschlossen sind. In Bezug auf physische Risiken könnten die Institute Limite festlegen, um die potenziellen physischen Auswirkungen regionaler Ereignisse, wie z. B. Überschwemmungen und Dürren, auf Grundstücke, Immobilien, Infrastrukturprojekte und Geschäftsaktivitäten der Gegenpartei zu berücksichtigen. Aus sozialer und Governance-Perspektive könnten die Institute strenge Maßnahmen ergreifen, um Kontrahenten von ihren Geschäftsaktivitäten auszuschließen, die z. B. Kinderarbeit zulassen oder Sozial- und Arbeitsschutzbestimmungen nicht einhalten.[48]

Die Risikostrategie, der Risikoappetit und die allgemeine Risikopolitik sollten die ESG-Faktoren **44** insgesamt ausreichend widerspiegeln. Die Einbeziehung von ESG-Risiken in den Risikoappetit würde es den Instituten ermöglichen, das Risikoprofil ihrer Gegenparteien regelmäßig auch unter ESG-Gesichtspunkten zu bewerten und diesen Ansatz in alle relevanten Prozesse des Rahmens zum Risikomanagement (RMF) einzubetten. In ähnlicher Weise würden die Institute im Hinblick auf die Zusammensetzung von Investitionsportfolios auf dieser Basis die wichtigsten Änderungen in ihrer Investitionsstrategie mit Blick auf ESG-Faktoren bewerten und darüber entscheiden können. Die Berücksichtigung von ESG-Risiken im Rahmen zum Risikoappetit (RAF) kann mit Hilfe von geeigneten Kennzahlen, die einer Kombination aus vor- und rückwärtsgerichteten Indikatoren entsprechen (→ AT 4.3.2 Tz. 2), und entsprechenden Limiten umgesetzt werden. Infrage kommen dabei auch angemessene Korrekturmaßnahmen für den Fall, dass die Limite überschritten werden. Die Erklärung zum Risikoappetit (RAS), die ESG-Risiken einschließt, würde dann kaskadenförmig in enger Wechselwirkung mit der Umsetzung der Geschäftsstrategie an die Konzerneinheiten, Geschäftsbereiche und -einheiten weitergegeben.[49]

Der zukunftsorientierte Ansatz vom ICAAP und vom ILAAP sollte den kurz-, mittel- und **45** langfristigen Zeithorizont der Materialisierung von ESG-Risiken berücksichtigen. In ähnlicher Weise sollten die Institute im Übrigen bei der Entwicklung von Szenarien für die Sanierungspläne die Relevanz von ESG-bezogenen Auswirkungen auf die Geschäftsbereiche berücksichtigen, da sie insbesondere für den Klimawandel und die Umweltzerstörung anfällig sein können.[50] So könnten ESG-Risiken z. B. als zusätzliches Kriterium bei der Ableitung und Bewertung von Handlungs-

---

47 Vgl. European Banking Authority, EBA Report on management and supervision of ESG risks for credit institutions and investment firms, EBA/REP/2021/18, 23. Juni 2021, S. 110.

48 Vgl. European Banking Authority, EBA Report on management and supervision of ESG risks for credit institutions and investment firms, EBA/REP/2021/18, 23. Juni 2021, S. 110.

49 Vgl. European Banking Authority, EBA Report on management and supervision of ESG risks for credit institutions and investment firms, EBA/REP/2021/18, 23. Juni 2021, S. 110f.

50 Vgl. European Banking Authority, EBA Report on management and supervision of ESG risks for credit institutions and investment firms, EBA/REP/2021/18, 23. Juni 2021, S. 112.

optionen für die Sanierungspläne integriert oder als Startpunkt für die Belastungsszenarien/-analysen genutzt werden.

46 Die BaFin und die EZB haben ihre Vorstellungen zum Umgang mit Nachhaltigkeitsrisiken bereits formuliert.[51] Um den Stand der Umsetzung dieser Anforderungen durch die Institute in Erfahrung zu bringen, haben beide Aufsichtsbehörden im Jahr 2021 an die von ihnen jeweils beaufsichtigten Institute einen Fragebogen verschickt. Die EZB ist dabei zweistufig vorgegangen. In einem ersten Schritt mussten die bedeutenden Institute darstellen, inwieweit sie den Anforderungen an das Risikomanagement und die Offenlegung von Klima- und Umweltrisiken bereits entsprechen. Etwas zeitversetzt sollten sie ergänzend darstellen, wie die noch bestehenden Defizite im Vergleich zu den Erwartungen der EZB in diesem Bereich beseitigt werden sollen. Die BaFin hat am 9. April 2021 eine High-Level-Umfrage bei einer Stichprobe von einhundert weniger bedeutenden Instituten (LSI) durchgeführt. Diese Institute mussten bis zum 21. Mai 2021 elf Fragen beantworten, die auf die Inhalte des BaFin-Merkblattes abzielten.

---

51 Bundesanstalt für Finanzdienstleistungsaufsicht, Merkblatt zum Umgang mit Nachhaltigkeitsrisiken, 20. Dezember 2019; Europäische Zentralbank, Leitfaden zu Klima- und Umweltrisiken – Erwartungen der Aufsicht in Bezug auf Risikomanagement und Offenlegungen, 27. November 2020.

AT 4.1 Risikotragfähigkeit

1	**Einführung und Überblick**	1
1.1	Bedeutung des ICAAP im Rahmen des SREP	1
1.2	Umsetzung in Deutschland	5
1.3	Proportionalitätsprinzip	7
1.4	ICAAP für bedeutende Institute (SI-ICAAP)	10
1.5	ICAAP für weniger bedeutende Institute (LSI-ICAAP)	17
1.6	Die »alte Welt« der Going- und Gone-Concern-Ansätze	20
1.7	»Going Concern-Ansätze alter Prägung«	27
1.8	Entwicklung der Risikotragfähigkeitskonzepte in Deutschland	29
1.9	Allgemeine Anforderungen an institutsinterne Risikotragfähigkeitskonzepte	36
1.10	Risikotragfähigkeitsmeldewesen	41
2	**Sicherstellung der Risikotragfähigkeit (Tz. 1)**	49
2.1	Risikotragfähigkeitskonzept	50
2.2	Grundlegende Vorgehensweise nach dem SSM-Leitfaden	54
2.3	Grundlegende Vorgehensweise nach dem RTF-Leitfaden	60
2.4	Relevante Zeiträume für Risikoquantifizierung und Kapitalplanung	61
2.5	Einzubeziehende Risikoarten	63
2.6	Risiken auf Gruppenebene	70
2.7	Allgemeine Anforderungen an die Risikoquantifizierung	73
2.7.1	Kohärente Risikoquantifizierung	73
2.7.2	Ganzheitliche Risikoquantifizierung	75
2.7.3	Grad der Konservativität	78
2.7.4	Value-at-Risk als Risikomaß	82
2.7.5	Grenzen des Value-at-Risk-Konzeptes	84
2.7.6	Berücksichtigung erwarteter und unerwarteter Verluste	89
2.8	Berechnung des Kapitalbedarfes für einzelne Risikoarten	95
2.8.1	Kapitalbedarf für Marktpreisrisiken	95
2.8.2	Kapitalbedarf für Zinsänderungsrisiken im Anlagebuch	101
2.8.3	Kapitalbedarf für Adressenausfallrisiken	110
2.8.4	Kapitalbedarf für Credit-Spread-Risiken	114
2.8.5	Kapitalbedarf für Migrationsrisiken	116
2.8.6	Kapitalbedarf für Beteiligungsrisiken	118
2.8.7	Kapitalbedarf für operationelle Risiken	120
2.8.8	Kapitalbedarf für Fehlverhaltensrisiken	124
2.8.9	Kapitalbedarf für Liquiditätsrisiken	126
2.8.10	Kapitalbedarf für Risiken aus Pensionsverpflichtungen	132
2.8.11	Kapitalbedarf für sonstige Risiken	136
2.9	Aggregation der wesentlichen Risiken	137
2.10	Berücksichtigung von Risikokonzentrationen	142

AT 4.1 Risikotragfähigkeit

2.11	Möglichkeiten zur Ableitung des Risikodeckungspotenzials	148
2.11.1	Ermittlung des Risikodeckungspotenzials in der normativen Perspektive	152
2.11.2	Ermittlung des Risikodeckungspotenzials in der ökonomischen Perspektive	154
2.11.3	Barwertige Ableitung des Risikodeckungspotenzials	158
2.11.3.1	Verwaltungskosten	159
2.11.3.2	Ablauffiktionen	160
2.11.3.3	Barwert der eigenen Verbindlichkeiten	162
2.11.3.4	Erwartete Vermögenszuwächse	164
2.11.4	Barwertnahe Ableitung des Risikodeckungspotenzials	165
2.11.5	Risikodeckungspotenzial bei »Going-Concern-Ansätzen alter Prägung«	167
2.11.5.1	Bilanzielles Eigenkapital und ähnliche Positionen	170
2.11.5.2	Plangewinne	172
2.11.5.3	Anteile im Fremdbesitz	174
2.11.5.4	Stille Lasten in Wertpapieren des Anlagebestandes	176
2.11.5.5	Stille Lasten aus Pensionsverpflichtungen	181
2.11.5.6	Vorsorgereserven nach § 340f HGB und sonstige Bewertungsreserven	183
2.11.5.7	Durch Transaktionen realisierbare stille Reserven	186
2.11.5.8	Eigenbonitätseffekt	189
2.11.5.9	Aktive latente Steuern	190
2.11.5.10	Goodwill	191
2.11.5.11	Patronatserklärungen, Haftsummenzuschläge u. Ä.	192
2.11.6	»Säule-1-Plus-Risikotragfähigkeitsansatz«	196
2.12	Laufende Sicherstellung der Risikotragfähigkeit	198
2.13	Stufenkonzepte der Risikotragfähigkeit	200
3	**Interner Prozess zur Sicherstellung der Risikotragfähigkeit (Tz. 2)**	202
3.1	Definition des ICAAP	203
3.2	Fortführungsziel und Gläubigerschutz	208
3.3	Zusammenspiel zwischen der ökonomischen und der normativen Perspektive	210
3.3.1	Ergebnisse der ökonomischen Perspektive als Input für die normative Perspektive	211
3.3.2	Ergebnisse der normativen Perspektive als Input für die ökonomische Perspektive	214
3.4	Risikotragfähigkeit und Stresstests	215
4	**Prozessuale Einbindung des Risikotragfähigkeitskonzeptes (Tz. 3)**	221
4.1	Risikodeckungspotenzial als interne Steuerungsgröße	222
4.2	Einbindung in die Gesamtbanksteuerung	224
4.3	ICAAP-(Gesamt-)Architektur	227
4.4	Risikoappetit und Risikodeckungsmasse	230
4.5	Risikoappetit und Risikotoleranzen	233
4.6	Verknüpfung mit den Strategien	236
4.7	Verknüpfung mit den Risikosteuerungs- und -controllingprozessen	237
4.8	Zusammenspiel zwischen ICAAP und ILAAP	240
4.9	Zusammenhang zur Sanierungsplanung	241
4.10	Zusammenhang zur Abwicklungsplanung	244
5	**Ausnahme wesentlicher Risiken (Tz. 4)**	245
5.1	Nichtberücksichtigung wesentlicher Risiken	246
5.2	Management des Zahlungsunfähigkeitsrisikos	249

6	**Schätzung der Risikobeträge (Tz. 5)**	252
6.1	Festlegung plausibler Risikobeträge	253
6.2	Bedeutung von Expertenschätzungen	256
7	**Berücksichtigung von Diversifikationseffekten (Tz. 6)**	261
7.1	Diversifikationseffekte	262
7.2	Stabilität der Annahmen	268
7.3	Datenhistorien	270
7.4	»Intra-Risikodiversifikation« bei Marktpreisrisiken	274
7.5	Dokumentation	276
7.6	Anrechnung von Diversifikationseffekten bei deutschen Instituten	278
8	**Verlässlichkeit und Stabilität der Diversifikationsannahmen (Tz. 7)**	284
8.1	Überprüfung der Korrelationsannahmen	285
9	**Festlegung der Methoden und Verfahren (Tz. 8)**	286
9.1	Methodenfreiheit	287
9.2	Begründung der Annahmen	291
9.3	Einbeziehung der Geschäftsleitung	292
9.4	Erklärung zur Angemessenheit des Kapitals	295
10	**Überprüfung der Methoden und Verfahren (Tz. 9)**	296
10.1	Überprüfung der Angemessenheit	297
10.2	Überprüfung der eingesetzten Methoden und Verfahren	300
10.3	Berücksichtigung der institutsindividuellen Verhältnisse	304
10.4	Datenqualität	311
10.5	Datenlieferung durch Fondsgesellschaften	312
11	**Validierung bei hoher Komplexität (Tz. 10)**	315
11.1	Umfassende Validierung	316
11.2	Berücksichtigung des Modellrisikos	319
11.3	Unabhängige Validierung	323
12	**Planung des zukünftigen Kapitalbedarfes (Tz. 11)**	326
12.1	Zukunftsorientierung des ICAAP	327
12.2	Kapitalplanungsprozess	328
12.3	Antizipation künftiger Entwicklungen	334
12.4	Berücksichtigung möglicher adverser Entwicklungen	338
12.5	Planszenario der normativen Perspektive	341
12.6	Definition von adversen Szenarien in der normativen Perspektive	354
12.7	Berücksichtigung von Managementmaßnahmen	361

1 Einführung und Überblick

1.1 Bedeutung des ICAAP im Rahmen des SREP

1 Der aufsichtliche Überprüfungsprozess (»Supervisory Review Process«, SRP) besteht aus zwei Elementen, deren Anforderungen zum einen an die Institute und zum anderen an die Aufsicht gerichtet sind: den internen Prozessen zur Sicherstellung einer angemessenen Kapitalausstattung (»Internal Capital Adequacy Assessment Process«, ICAAP) und Liquiditätsausstattung (»Internal Liquidity Adequacy Assessment Process«, ILAAP) sowie dem aufsichtlichen Überprüfungs- und Bewertungsprozess (»Supervisory Review and Evaluation Process«, SREP).

2 Den Vorgaben zum ICAAP gemäß Art. 73 CRD IV zufolge müssen die Institute über solide, wirksame und umfassende Strategien und Verfahren verfügen, mit denen sie die Höhe, die Arten und die Verteilung des internen Kapitals, das sie zur quantitativen und qualitativen Absicherung ihrer aktuellen und etwaigen künftigen Risiken für angemessen halten, kontinuierlich bewerten und auf einem ausreichend hohen Stand halten können.[1] Die Anforderungen an den ILAAP stellen nach Art. 86 CRD IV darauf ab, dass die Institute über solide Strategien, Grundsätze, Verfahren und Systeme verfügen, mit denen sie das Liquiditätsrisiko über eine angemessene Auswahl von Zeiträumen, die auch nur einen Geschäftstag betragen können, ermitteln, messen, steuern und überwachen können, um stets über angemessene Liquiditätspuffer zu verfügen.[2]

3 Im Rahmen des SREP machen sich die zuständigen Aufsichtsbehörden laut Art. 97 CRD IV ein eigenes Bild davon, ob die von den Instituten angewandten Regelungen, Strategien, Verfahren und Mechanismen sowie ihre Eigenmittelausstattung und Liquidität ein solides Risikomanagement und eine solide Risikoabdeckung gewährleisten.[3] Die Aufsichtsbehörden sollen im Rahmen des SREP die Solidität, Wirksamkeit und Vollständigkeit des ICAAP und des ILAAP überprüfen. Außerdem sollen sie bewerten, wie diese Prozesse in das (Gesamt-)Risikomanagement und das strategische Management, einschließlich Kapital- und Liquiditätsplanung, integriert sind. Diese Bewertungen sollen sie zur Sicherstellung einer angemessenen Kapital- und Liquiditätsausstattung sowie zur Berechnung des SREP-Kapitalzuschlags (»Pillar 2 Requirement«, P2R)[4] heranziehen.[5] Mit Blick auf den ICAAP geht es dabei insbesondere um die Frage, ob nach Einschätzung der Aufsichtsbehörden mit seiner Hilfe die Unsicherheit eines Institutes bei der Ermittlung und Bewertung der relevanten Risiken verringert und die Fähigkeit, seinen Fortbestand durch eine angemessene Kapitalausstattung und eine effektive Risikosteuerung zu gewährleisten, gestärkt werden kann.[6]

---

1 Vgl. Richtlinie 2013/36/EU (Bankenrichtlinie – CRD IV) des Europäischen Parlaments und des Rates vom 26. Juni 2013 über den Zugang zur Tätigkeit von Kreditinstituten und die Beaufsichtigung von Kreditinstituten und Wertpapierfirmen, zur Änderung der Richtlinie 2002/87/EG und zur Aufhebung der Richtlinien 2006/48/EG und 2006/49/EG, Amtsblatt der Europäischen Union vom 27. Juni 2013, L 176/377.

2 Vgl. Richtlinie 2013/36/EU (Bankenrichtlinie – CRD IV) des Europäischen Parlaments und des Rates vom 26. Juni 2013 über den Zugang zur Tätigkeit von Kreditinstituten und die Beaufsichtigung von Kreditinstituten und Wertpapierfirmen, zur Änderung der Richtlinie 2002/87/EG und zur Aufhebung der Richtlinien 2006/48/EG und 2006/49/EG, Amtsblatt der Europäischen Union vom 27. Juni 2013, L 176/382.

3 Vgl. Richtlinie 2013/36/EU (Bankenrichtlinie – CRD IV) des Europäischen Parlaments und des Rates vom 26. Juni 2013 über den Zugang zur Tätigkeit von Kreditinstituten und die Beaufsichtigung von Kreditinstituten und Wertpapierfirmen, zur Änderung der Richtlinie 2002/87/EG und zur Aufhebung der Richtlinien 2006/48/EG und 2006/49/EG, Amtsblatt der Europäischen Union vom 27. Juni 2013, L 176/390.

4 Der »SREP-Kapitalzuschlag« (»Pillar 2 Requirement«, P2R) wird in Art. 104a CRD IV und in § 6c KWG als »zusätzliche Eigenmittelanforderung« (»Additional own funds requirement«) bezeichnet. Die »Säule-2-Kapitalempfehlung« (»Pillar 2 Guidance«, P2G) wird in Art. 104b CRD IV und in § 6d KWG als »Empfehlung für zusätzliche Eigenmittel« (»Guidance on additional own funds«) bzw. »Eigenmittelempfehlung« bezeichnet. In Deutschland wird die P2G auch »Eigenmittelzielkennziffer« (EMZK) genannt.

5 Vgl. European Banking Authority, Guidelines on common procedures and methodologies for the supervisory review and evaluation process (SREP) and supervisory stress testing, EBA/GL/2014/13, Consolidated version, 19. Juli 2018, S. 59.

6 Vgl. Europäische Zentralbank, Leitfaden der EZB für den bankinternen Prozess zur Sicherstellung einer angemessenen Kapitalausstattung (Internal Capital Adequacy Assessment Process – ICAAP), 9. November 2018, S. 3.

Da die Institute und die Aufsichtsbehörden jeweils ihre eigenen Methoden und Verfahren   4
verwenden, kann zwischen den institutsintern ermittelten Ergebnissen für die wesentlichen
Risiken und der aufsichtlichen Berechnung des SREP-Kapitalzuschlags zwar kein direkter
Zusammenhang hergestellt werden.[7] Allerdings fließt der ICAAP als bedeutender Input-Faktor
in das Verfahren zur Ermittlung des SREP-Kapitalzuschlags ein.[8] Die Anforderungen an den
SREP spielen für die Institute auch deshalb eine wichtige Rolle, weil sie letztlich die Prüfungs-
maßstäbe betreffen und damit spiegelbildlich die Erwartungen an die Institute zum Ausdruck
bringen.

1.2   Umsetzung in Deutschland

Die Umsetzung der einschlägigen Vorgaben zum ICAAP gemäß Art. 73 CRD IV in nationales   5
Recht ist über § 25a Abs. 1 Satz 3 Nr. 2 KWG erfolgt. Demnach haben die Institute Verfahren zur
Ermittlung und Sicherstellung der Risikotragfähigkeit einzurichten, wobei eine vorsichtige
Ermittlung der Risiken und des zu ihrer Abdeckung verfügbaren Risikodeckungspotenzials
zugrunde zu legen ist. Der Begriff der Risikotragfähigkeit wird in den MaRisk inhaltlich weiter
konkretisiert. Danach haben die Institute auf der Grundlage des Gesamtrisikoprofils sicherzustellen, dass die wesentlichen Risiken durch das Risikodeckungspotenzial, unter Berücksichtigung von Risikokonzentrationen, laufend abgedeckt sind und damit die Risikotragfähigkeit
gegeben ist (→ AT 4.1 Tz. 1). Darüber hinaus haben sowohl die EZB als auch die deutsche
Aufsicht eigene Leitfäden zum ICAAP entwickelt.
Der interne Prozess zur Sicherstellung der Risikotragfähigkeit umfasst ein Risikotragfähigkeits-   6
konzept mit einer Risikotragfähigkeitsrechnung und einer Kapitalplanung sowie ergänzende
Stresstests und die prozessuale Verknüpfung mit der Festlegung der Strategien einerseits und den
Risikosteuerungs- und -controllingprozessen andererseits.[9]

1.3   Proportionalitätsprinzip

Dem »Prinzip der doppelten Proportionalität« zufolge muss die institutsspezifische Ausgestaltung   7
des Risikomanagements zum einen der Größe und der Art der betriebenen Geschäfte sowie dem
spezifischen Risikoprofil des Institutes angemessen sein (Proportionalität aus Sicht des Institutes).
Zum anderen sollte die Intensität der aufsichtlichen Überwachung den institutsspezifischen
Gegebenheiten, insbesondere der systemischen Relevanz des Institutes, entsprechen (Proportio-
nalität aus Sicht der Aufsicht).
Dieses Prinzip, das im deutschen Verwaltungsrecht dem »Grundsatz der Verhältnismäßigkeit«   8
entspricht, wurde auf Initiative der deutschen Aufsicht in die Bankenrichtlinie aufgenommen.
Gemäß Art. 73 Satz 2 CRD IV müssen die Strategien und Verfahren für die Zwecke des ICAAP der
Art, dem Umfang und der Komplexität der Geschäfte des Institutes stets angemessen sein und

---

7   Vgl. Bundesanstalt für Finanzdienstleistungsaufsicht/Deutsche Bundesbank, Aufsichtliche Beurteilung bankinterner
    Risikotragfähigkeitskonzepte und deren prozessualer Einbindung in die Gesamtbanksteuerung (»ICAAP«) – Neuausrich-
    tung, Leitfaden vom 24. Mai 2018, S. 3 ff.
8   Vgl. Europäische Zentralbank, Leitfaden der EZB für den bankinternen Prozess zur Sicherstellung einer angemessenen
    Kapitalausstattung (Internal Capital Adequacy Assessment Process – ICAAP), 9. November 2018, S. 2 f.
9   Vgl. Bundesanstalt für Finanzdienstleistungsaufsicht/Deutsche Bundesbank, Aufsichtliche Beurteilung bankinterner
    Risikotragfähigkeitskonzepte und deren prozessualer Einbindung in die Gesamtbanksteuerung (»ICAAP«) – Neuausrich-
    tung, Leitfaden vom 24. Mai 2018, S. 7.

keinen Aspekt außer Acht lassen.[10] Es liegt daher in der Verantwortung der einzelnen Institute, diesen internen Prozess glaubwürdig und nach dem Grundsatz der Verhältnismäßigkeit (Proportionalität) umzusetzen.[11] Gemäß Art. 97 Abs. 4 Satz 1 CRD IV müssen die zuständigen Behörden unter Berücksichtigung der Größe, der Systemrelevanz, der Art, des Umfangs und der Komplexität der Geschäfte des betreffenden Institutes die Häufigkeit und Intensität der Überprüfung und Bewertung nach Art. 97 Abs. 1 CRD IV festlegen und dabei dem Grundsatz der Verhältnismäßigkeit Rechnung tragen.[12] Auch um diesem Prinzip europaweit zu entsprechen, strebt die EZB gemeinsam mit den national zuständigen Behörden (»National Competent Authorities«, NCAs) die Entwicklung gemeinsamer Methoden und somit die Gewährleistung hoher Aufsichtsstandards an.[13]

9   Vor dem Hintergrund des Einheitlichen Aufsichtsmechanismus (»Single Supervisory Mechanism«, SSM) kommt das Proportionalitätsprinzip vorrangig darin zum Ausdruck, dass sich die Anforderungen an den ICAAP für bedeutende und weniger bedeutende Institute (geringfügig) voneinander unterscheiden. Zur Verdeutlichung wird im Folgenden getrennt auf die Anforderungen der EZB an die bedeutenden Institute (»SSM-Leitfaden«) und die Anforderungen der deutschen Aufsichtsbehörden an die weniger bedeutenden Institute (»RTF-Leitfaden«) eingegangen.

1.4   ICAAP für bedeutende Institute (SI-ICAAP)

10   Die EZB hat ihr Verständnis von einem angemessenen ICAAP für die bedeutenden Institute im SSM-Leitfaden skizziert, der regelmäßig aktualisiert sowie kontinuierlich weiterentwickelt werden soll. Mit diesem Leitfaden gewährt die EZB, ähnlich wie die deutsche Aufsicht mit ihren Rundschreiben, Einblick in ihre Verwaltungspraxis und ihre Erwartungshaltung an die Institute. Es handelt sich zwar nicht um ein rechtlich bindendes Regelwerk. Allerdings werden damit die Kriterien der EZB bei der Beurteilung der angemessenen Kapitalausstattung der Institute transparent gemacht.

11   Die EZB leitet aus den Vorgaben zum ICAAP gemäß Art. 73 CRD IV sieben Grundsätze ab, die aus aufsichtlicher Perspektive von Bedeutung sind und auch im Rahmen des SREP und der regelmäßigen Aufsichtsgespräche mit den Instituten (»supervisory dialogue«) berücksichtigt werden (siehe Abbildung 14). Da es sich beim ICAAP um einen institutsinternen Prozess handelt und die Kreditwirtschaft heterogen ist, liegt es in der Verantwortung der Institute, weitere wichtige Aspekte ergänzend zu berücksichtigen.[14] Es gibt nicht einen Muster-ICAAP für alle möglichen Konstellationen, weshalb die Bewertung des ICAAP auch individuell erfolgt.

---

10 Vgl. Richtlinie 2013/36/EU (Bankenrichtlinie – CRD IV) des Europäischen Parlaments und des Rates vom 26. Juni 2013 über den Zugang zur Tätigkeit von Kreditinstituten und die Beaufsichtigung von Kreditinstituten und Wertpapierfirmen, zur Änderung der Richtlinie 2002/87/EG und zur Aufhebung der Richtlinien 2006/48/EG und 2006/49/EG, Amtsblatt der Europäischen Union vom 27. Juni 2013, L 176/378.

11 Vgl. Europäische Zentralbank, Leitfaden der EZB für den bankinternen Prozess zur Sicherstellung einer angemessenen Kapitalausstattung (Internal Capital Adequacy Assessment Process – ICAAP), 9. November 2018, S. 4.

12 Vgl. Richtlinie 2013/36/EU (Bankenrichtlinie – CRD IV) des Europäischen Parlaments und des Rates vom 26. Juni 2013 über den Zugang zur Tätigkeit von Kreditinstituten und die Beaufsichtigung von Kreditinstituten und Wertpapierfirmen, zur Änderung der Richtlinie 2002/87/EG und zur Aufhebung der Richtlinien 2006/48/EG und 2006/49/EG, Amtsblatt der Europäischen Union vom 27. Juni 2013, L 176/390.

13 Vgl. Europäische Zentralbank, Leitfaden der EZB für den bankinternen Prozess zur Sicherstellung einer angemessenen Kapitalausstattung (Internal Capital Adequacy Assessment Process – ICAAP), 9. November 2018, S. 4.

14 Vgl. Europäische Zentralbank, Leitfaden der EZB für den bankinternen Prozess zur Sicherstellung einer angemessenen Kapitalausstattung (Internal Capital Adequacy Assessment Process – ICAAP), 9. November 2018, S. 4.

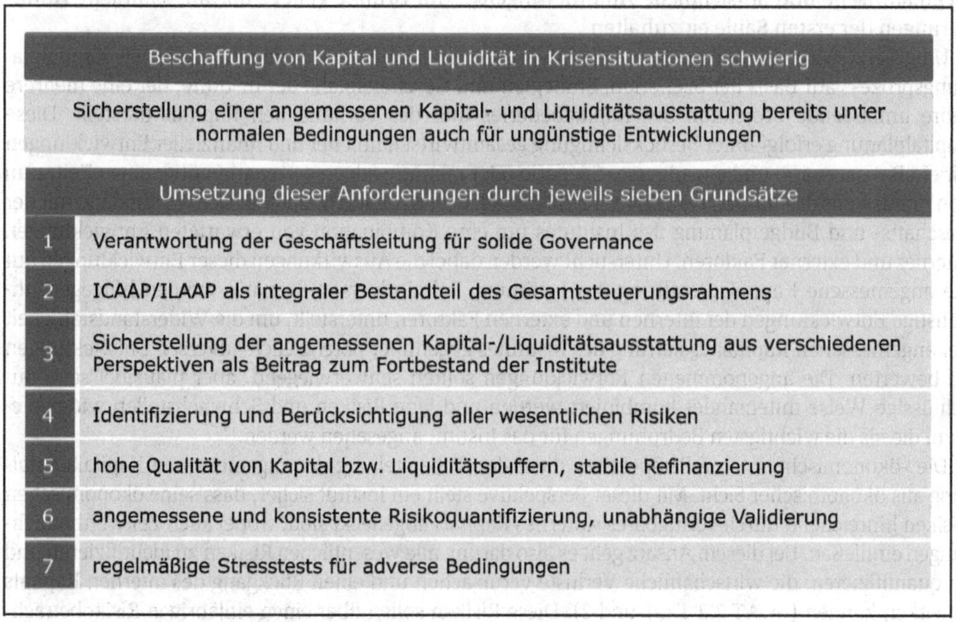

Beschaffung von Kapital und Liquidität in Krisensituationen schwierig
Sicherstellung einer angemessenen Kapital- und Liquiditätsausstattung bereits unter normalen Bedingungen auch für ungünstige Entwicklungen

Umsetzung dieser Anforderungen durch jeweils sieben Grundsätze	
1	Verantwortung der Geschäftsleitung für solide Governance
2	ICAAP/ILAAP als integraler Bestandteil des Gesamtsteuerungsrahmens
3	Sicherstellung der angemessenen Kapital-/Liquiditätsausstattung aus verschiedenen Perspektiven als Beitrag zum Fortbestand der Institute
4	Identifizierung und Berücksichtigung aller wesentlichen Risiken
5	hohe Qualität von Kapital bzw. Liquiditätspuffern, stabile Refinanzierung
6	angemessene und konsistente Risikoquantifizierung, unabhängige Validierung
7	regelmäßige Stresstests für adverse Bedingungen

Abb. 14: Sieben identische Grundsätze der EZB für den ICAAP und den ILAAP

Die EZB verweist zunächst darauf, dass Ausmaß und Schwere finanzieller Schocks oft durch **12** Schwächen bei der Ermittlung und Bewertung der Risiken sowie unzureichendes und qualitativ minderwertiges Kapital im Bankensektor verstärkt werden, wie sich zuletzt in der Finanzmarktkrise gezeigt hat. In der Folge müssen die Institute ihre Kapitalbasis genau dann neu aufbauen, wenn es aufgrund des mit einer Krise verbundenen Vertrauensverlustes gerade am schwierigsten ist. Um die Widerstandsfähigkeit der Institute in Stressperioden zu stärken, sollen die zukunftsorientierten internen Prozesse zur Sicherstellung einer angemessenen Kapitalausstattung, einschließlich umfassender Stresstests und Kapitalplanung, verbessert werden. Die Institute müssen vorausschauend sicherstellen, dass alle wesentlichen Risiken ermittelt, wirksam gesteuert und hinreichend mit Kapital von hoher Qualität unterlegt werden. Die Risikosteuerung soll durch eine angemessene Kombination aus Risikoquantifizierung und Risikoüberwachung umgesetzt werden. Die soliden, wirksamen und umfassenden ICAAPs der bedeutenden Institute sollen daher konservativ ausgestaltet sein, auf einer ökonomischen und einer normativen Perspektive beruhen, die sich ergänzen und deren Erkenntnisse ineinander einfließen, eine klare Bewertung der Kapitalrisiken ermöglichen und in die Gesamtsteuerung des Institutes eingebunden sein.[15]

Unter der »normativen internen Perspektive« versteht die EZB eine mehrere Jahre umfassende **13** ICAAP-Perspektive, in der die Institute die Angemessenheit ihrer Kapitalausstattung steuern, indem sie sicherstellen, dass sie kontinuierlich alle »rechtlichen und aufsichtlichen Anforderungen« erfüllen sowie anderen internen und externen Kapitalzwängen Rechnung tragen können.[16] An anderer Stelle verwendet die EZB – genau wie die deutsche Aufsicht – die Formulierung

---

15 Vgl. Europäische Zentralbank, Leitfaden der EZB für den bankinternen Prozess zur Sicherstellung einer angemessenen Kapitalausstattung (Internal Capital Adequacy Assessment Process – ICAAP), 9. November 2018, S. 2 f.

16 Vgl. Europäische Zentralbank, Leitfaden der EZB für den bankinternen Prozess zur Sicherstellung einer angemessenen Kapitalausstattung (Internal Capital Adequacy Assessment Process – ICAAP), 9. November 2018, S. 45.

»regulatorische und aufsichtliche Anforderungen«.[17] Im Grunde geht es darum, sämtliche Anforderungen der ersten Säule einzuhalten.

14 Umgesetzt wird die normative Perspektive über einen mehrdimensionalen internen Kapitalplanungsprozess auf Basis der Szenarien, Strategien und Geschäftspläne der Institute, der eine mehrere Jahre umfassende Projektion des Kapitalbedarfes und des vorhandenen Kapitals darstellt. Diese Kapitalplanung erfolgt unter Berücksichtigung gesamtwirtschaftlicher und finanzieller Entwicklungen für ein Basisszenario und ein adverses Szenario oder mehrere adverse Szenarien über einen Zeitraum von mindestens drei Jahren (→ AT 4.1 Tz. 11). Beim Basisszenario handelt es sich im Einklang mit der Geschäfts- und Budgetplanung des Institutes um eine Kombination von erwarteten Entwicklungen interner und externer Faktoren. Untersucht werden dabei die Auswirkungen dieser Entwicklungen auf die angemessene Kapitalausstattung des Institutes. Beim adversen Szenario werden hingegen ungünstige Entwicklungen der internen und externen Faktoren unterstellt, um die Widerstandsfähigkeit der angemessenen Kapitalausstattung des Institutes gegenüber potenziellen adversen Entwicklungen zu bewerten. Die angenommenen Entwicklungen sollten schwerwiegend, aber plausibel sein, auf schlüssige Weise miteinander kombiniert werden und jene Risiken und Schwachstellen widerspiegeln, die als die wichtigsten Bedrohungen für das Institut angesehen werden.[18]

15 Die »ökonomische interne Perspektive« dient der Sicherstellung der angemessenen Kapitalausstattung aus ökonomischer Sicht. Mit dieser Perspektive stellt ein Institut sicher, dass seine ökonomischen Risiken hinreichend durch verfügbares »internes Kapital« abgedeckt sind, wobei auch Zeitwertbetrachtungen einfließen. Bei diesem Ansatz geht es also darum, alle wesentlichen Risiken zu identifizieren und zu quantifizieren, die wirtschaftliche Verluste verursachen und einen Rückgang des internen Kapitals bewirken können (→ AT 2.2 Tz. 1 und 2). Diese Risiken sollen über einen einjährigen Risikobetrachtungshorizont laufend durch internes Kapital abgedeckt sein, damit die Risikotragfähigkeit gegeben ist (→ AT 4.1 Tz. 1). Es wird nicht generell erwartet, dass die Institute »ökonomische Kapitalmodelle« verwenden, um die Angemessenheit der Kapitalausstattung aus ökonomischer Perspektive sicherzustellen. Allerdings müssen angemessene Methoden zur Risikoquantifizierung vorhanden sein.[19] Auch in der ökonomischen Perspektive müssen Stressszenarien betrachtet werden.[20]

16 Der ICAAP soll grundsätzlich gewährleisten, dass die Institute aus diesen beiden komplementären Perspektiven über angemessenes Kapital verfügen, um ihren Fortbestand sicherzustellen. Die Erkenntnisse aus beiden Perspektiven sollten in der jeweils anderen Perspektive berücksichtigt werden. Außerdem sollten sie in alle wesentlichen Geschäftsaktivitäten und -entscheidungen einfließen.[21]

1.5 ICAAP für weniger bedeutende Institute (LSI-ICAAP)

17 Der Kerngedanke des internen Prozesses zur Sicherstellung einer angemessenen Kapitalausstattung besteht darin, dass die Institute entsprechend ihrem individuellen Risikoprofil genügend

---

17 Vgl. Europäische Zentralbank, Leitfaden der EZB für den bankinternen Prozess zur Sicherstellung einer angemessenen Kapitalausstattung (Internal Capital Adequacy Assessment Process – ICAAP), 9. November 2018, S. 16; Bundesanstalt für Finanzdienstleistungsaufsicht/Deutsche Bundesbank, Aufsichtliche Beurteilung bankinterner Risikotragfähigkeitskonzepte und deren prozessualer Einbindung in die Gesamtbanksteuerung (»ICAAP«) – Neuausrichtung, Leitfaden vom 24. Mai 2018, S. 8.

18 Vgl. Europäische Zentralbank, Leitfaden der EZB für den bankinternen Prozess zur Sicherstellung einer angemessenen Kapitalausstattung (Internal Capital Adequacy Assessment Process – ICAAP), 9. November 2018, S. 43.

19 Vgl. Europäische Zentralbank, Leitfaden der EZB für den bankinternen Prozess zur Sicherstellung einer angemessenen Kapitalausstattung (Internal Capital Adequacy Assessment Process – ICAAP), 9. November 2018, S. 45.

20 Vgl. Europäische Zentralbank, Leitfaden der EZB für den bankinternen Prozess zur Sicherstellung einer angemessenen Kapitalausstattung (Internal Capital Adequacy Assessment Process – ICAAP), 9. November 2018, S. 40.

21 Vgl. Europäische Zentralbank, Leitfaden der EZB für den bankinternen Prozess zur Sicherstellung einer angemessenen Kapitalausstattung (Internal Capital Adequacy Assessment Process – ICAAP), 9. November 2018, S. 15.

»internes Kapital« zur Abdeckung aller wesentlichen Risiken vorhalten müssen (→ Teil I, Kapitel 3.1). Zu diesem Zweck müssen sie ihre wesentlichen Risiken im Rahmen einer Risikoinventur bestimmen (→ AT 2.2 Tz. 1) und sich darüber klar werden, welches interne Kapital ihnen zur Verlustabsorption zur Verfügung steht (→ AT 4.1 Tz. 1).

Gemäß § 25a Abs. 1 Satz 3 Nr. 2 KWG ist den Verfahren zur Ermittlung und Sicherstellung der **18** Risikotragfähigkeit eine vorsichtige Ermittlung der Risiken und des zu ihrer Abdeckung verfügbaren Risikodeckungspotenzials zugrunde zu legen. Die rechtliche Anforderung wird in diesem Modul konkretisiert. Ergänzend hat die deutsche Aufsicht Grundsätze, Prinzipien und Kriterien formuliert, die bei der Beurteilung der bankinternen Risikotragfähigkeitskonzepte von weniger bedeutenden Instituten zugrunde gelegt werden.[22]

Insgesamt lassen sich viele Parallelen zwischen den Vorgaben der EZB für die bedeutenden **19** Institute und den Vorgaben der deutschen Aufsicht für die weniger bedeutenden Institute ziehen: Die Grundprinzipien der EZB finden sich auch im RTF-Leitfaden der deutschen Aufsicht wieder. Die von der deutschen Aufsicht verwendeten Begriffe orientieren sich eng an den Vorgaben aus dem ICAAP-Leitfaden der EZB. Das liegt – neben den Harmonisierungsbestrebungen auf europäischer Ebene – vor allem daran, dass Vertreter der deutschen Aufsicht in führender Rolle an der Erarbeitung dieses Leitfadens mitgewirkt haben. Um dem Proportionalitätsprinzip Rechnung zu tragen, hat die deutsche Aufsicht an einigen Stellen geringfügig abweichende Regelungen getroffen. Die Beurteilung der Angemessenheit der Kapitalausstattung erfolgt grundsätzlich in Form einer Gesamtwürdigung aller Elemente der Risikotragfähigkeitssteuerung, wobei auch für weniger bedeutende Institute ergänzende Aspekte eine Rolle spielen können. Auch die deutsche Aufsicht würdigt die Besonderheiten eines Einzelfalls, die ein Abweichen von den im RTF-Leitfaden niedergelegten Prinzipien und Kriterien ermöglichen können. Aufgrund der notwendigen Gleichbehandlung der Institute sind diese Abweichungen nachvollziehbar und schlüssig zu begründen. Ähnlich wie beim SSM-Leitfaden ist eine laufende Anpassung an internationale Entwicklungen und die Praxis der Kreditwirtschaft vorgesehen.[23]

1.6 Die »alte Welt« der Going- und Gone-Concern-Ansätze

In der »alten Welt« der Risikotragfähigkeitskonzepte, die bis zur Veröffentlichung des neuen **20** RTF-Leitfadens Bestand hatte, wurde hinsichtlich des Absicherungszieles und des einbezogenen Risikodeckungspotenzials grundsätzlich zwischen dem »Going-Concern-Ansatz« (»Fortführungsansatz«) und dem »Gone-Concern-Ansatz« (»Liquidationsansatz«) unterschieden.[24]

Als »Going-Concern-Ansätze« werden solche Steuerungskreise bezeichnet, bei denen ein Insti- **21** tut unter Einhaltung der bankaufsichtlichen Mindestkapitalanforderungen selbst dann noch

---

22 Da Finanzdienstleistungsinstitute gemäß AT 2.1 Tz. 2 MaRisk die Anforderungen an das Risikomanagement nur insofern zu beachten haben, wie dies vor dem Hintergrund des Institutsgröße sowie von Art, Umfang, Komplexität und Risikogehalt der Geschäftsaktivitäten zur Einhaltung der gesetzlichen Pflichten aus § 25a KWG geboten erscheint, ist eine Übertragbarkeit der Grundsätze und Kriterien aus dem RTF-Leitfaden auf Finanzdienstleistungsinstitute nicht ohne Weiteres möglich und geboten. Beispielhaft können hier die Ausführungen zur normativen Perspektive angeführt werden. Diese beanspruchen keine Geltung für Finanzdienstleistungsinstitute, die jenseits der Verpflichtung zur laufenden Sicherstellung ihrer Risikotragfähigkeit keinen regulatorischen Anforderungen an ihre Eigenmittelausstattung unterliegen. Bei Finanzdienstleistungsinstituten müssen vielmehr stärker an den jeweiligen Geschäftsaktivitäten ausgerichtete Lösungsansätze in Betracht gezogen werden. Vgl. Bundesanstalt für Finanzdienstleistungsaufsicht/Deutsche Bundesbank, Aufsichtliche Beurteilung bankinterner Risikotragfähigkeitskonzepte und deren prozessualer Einbindung in die Gesamtbanksteuerung (»ICAAP«) – Neuausrichtung, Leitfaden vom 24. Mai 2018, S. 3f.

23 Vgl. Bundesanstalt für Finanzdienstleistungsaufsicht/Deutsche Bundesbank, Aufsichtliche Beurteilung bankinterner Risikotragfähigkeitskonzepte und deren prozessualer Einbindung in die Gesamtbanksteuerung (»ICAAP«) – Neuausrichtung, Leitfaden vom 24. Mai 2018, S. 5f.

24 Vgl. Bundesanstalt für Finanzdienstleistungsaufsicht/Deutsche Bundesbank, Aufsichtliche Beurteilung bankinterner Risikotragfähigkeitskonzepte, Leitfaden vom 7. Dezember 2011, S. 2f.

fortgeführt werden könnte, wenn der zur Verlustabsorption eingesetzte Teil des Risikodeckungspotenzials durch schlagend werdende Risiken aufgezehrt würde.[25] Der Going-Concern-Ansatz wird deshalb auch als »Fortführungsansatz« bezeichnet. Eine Aufzehrung des regulatorischen Eigenkapitals bedeutet zwar nicht zwangsläufig, dass ein Institut tatsächlich liquidiert werden muss. Allerdings ist bei nachhaltiger Unterschreitung der regulatorischen Mindesteigenkapitalanforderungen eine selbstbestimmte Geschäftsführung nicht mehr möglich, womit zumindest die potenzielle Gefahr einer Liquidation besteht.[26] Die Fortführung des Geschäftsbetriebes wäre in einem solchen Fall nicht mehr möglich. Folglich wird der zur Unterlegung der Mindestkapitalanforderungen gebundene Teil der regulatorischen Eigenmittel bei Going-Concern-Ansätzen im Risikotragfähigkeitskonzept nicht zur Risikoabdeckung herangezogen. Bei der Steuerung nach diesen Ansätzen geht es vorrangig darum, die bankaufsichtlichen Mindestanforderungen auch beim vollständigen Verzehr des Risikodeckungspotenzials zu erfüllen. Absicherungsziel ist die Fortführung der geordneten operativen Geschäftstätigkeit ohne Berücksichtigung von Kapitalbestandteilen, die nur im Falle einer Insolvenz zur Verfügung stehen würden. Die Fortführung des Geschäftsbetriebes steht bei den Aufsichtsbehörden ebenfalls im Vordergrund.

22   Beinhaltet das zur Risikoabdeckung angesetzte Risikodeckungspotenzial in einem Risikotragfähigkeitskonzept hingegen Positionen, bei deren Aufzehrung ceteris paribus eine Fortführung des Institutes grundsätzlich nicht mehr möglich wäre, so handelt es sich um einen »Gone-Concern-Ansatz« (auch als »Liquidationsansatz« bezeichnet). Bei Gone-Concern-Ansätzen wird geprüft, ob im Falle der fiktiven Liquidation des Institutes – ohne Abstellen auf Zerschlagungswerte – die Ansprüche der Gläubiger noch vollständig befriedigt werden könnten. Geschützt werden sollen also vorrangig die Interessen der nicht nachrangigen Gläubiger des Institutes (z.B. der Spareinleger und der Inhaber von Schuldverschreibungen). Dabei umfasst das definierte Risikodeckungspotenzial auch Positionen, bei deren Aufzehrung die Fortführung des Institutes nicht mehr möglich wäre, sofern keine Aufstockung von außen erfolgt. Bei Gone-Concern-Ansätzen können die zur Unterlegung der Mindestkapitalanforderungen gebundenen Eigenmittel im Risikodeckungspotenzial berücksichtigt werden. Darüber hinaus können Kapitalbestandteile Berücksichtigung finden, die per se nur im Insolvenz- bzw. Liquidationsfall zum Verlustausgleich zur Verfügung stehen, was insbesondere auf typische Nachrangverbindlichkeiten zutrifft. Andererseits können Plangewinne zukünftiger Perioden aufgrund der bevorstehenden Liquidation nicht einbezogen werden.

23   Basierend auf den Ergebnissen des Risikotragfähigkeitsmeldewesens für den Zeitraum 2015 bis 2017 hat die Bundesbank im Februar 2019 ein weiteres Range of Practice-Papier veröffentlicht. Das Range of Practice-Papier stellt eine Neuauflage und Weiterentwicklung der erstmals am 11. November 2010 veröffentlichten Umfrageergebnisse zur Risikotragfähigkeit dar. In der Analyse zeigt sich, dass die grundsätzliche Konzeption zur Sicherstellung der Risikotragfähigkeit sowie die Ausgestaltung des jeweiligen Steuerungsansatzes im Detail sehr stark von der Institutsgröße und der Institutsgruppe abhängen. Damit wird die praktische Anwendung des Prinzips der Proportionalität bei der Umsetzung der einschlägigen MaRisk-Anforderungen deutlich. Der Going-Concern-Ansatz ist der am meisten genutzte Ansatz zur Risikotragfähigkeitssteuerung in den deutschen LSI, und für die Mehrheit kleinerer Institute stellt er den einzigen Steuerungsansatz dar. Größere Institute nutzen häufiger sowohl einen Gone-Concern-Ansatz als auch einen Going-Concern-Ansatz.[27]

---

25 Vgl. Bundesanstalt für Finanzdienstleistungsaufsicht/Deutsche Bundesbank, Aufsichtliche Beurteilung bankinterner Risikotragfähigkeitskonzepte und deren prozessualer Einbindung in die Gesamtbanksteuerung (»ICAAP«) – Neuausrichtung, Leitfaden vom 24. Mai 2018, S. 20.

26 Vgl. Volk, Tobias/Wiesemann, Bernd, Aufsichtliche Beurteilung bankinterner Risikotragfähigkeitskonzepte, in: Zeitschrift für das gesamte Kreditwesen, Heft 6/2012, S. 19.

27 Vgl. Deutsche Bundesbank, Sicherstellung der Risikotragfähigkeit bei weniger bedeutenden Instituten (LSI) – Range of Practice 2015 bis 2017, 6. Februar 2019, S. 5.

Nicht zuletzt aufgrund der Tatsache, dass insbesondere bei kleineren Instituten (noch) ein **24** deutlicher Schwerpunkt auf Going-Concern-Ansätzen mit bilanz- bzw. GuV-orientierter Ableitung des Risikodeckungspotenzials liegt, werden diese Ansätze von der deutschen Aufsicht bis auf weiteres anerkannt.

Die Gone-Concern-Ansätze alter Prägung werden für die Zwecke des ICAAP hingegen mit Blick **25** auf die potenzielle Gefahr einer Liquidation nicht mehr zugelassen. Da es bei den Gone-Concern-Ansätzen alter Prägung ebenfalls um die Steuerung der ökonomischen Substanz ging und diese Ansätze in erster Linie durch vergleichsweise strenge Anforderungen an die Risikomessung und an die Ableitung des Risikodeckungspotenzials gekennzeichnet waren[28], weil über das Risikodeckungspotenzial hinaus keinerlei weitere Reserven zur Befriedigung von Gläubigeransprüchen zur Verfügung standen[29], besteht allerdings eine große Nähe zur ökonomischen Perspektive der neuen Ansätze (siehe Abbildung 15). Der Übergang zu einer ökonomischen Perspektive sollte deshalb relativ problemlos möglich sein.

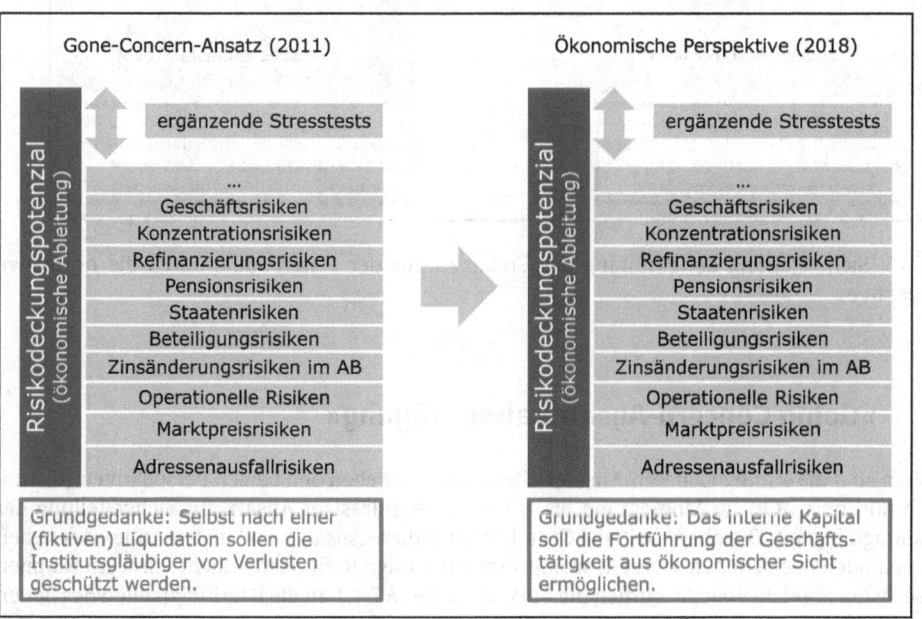

Abb. 15: Vergleichbare Systematik zwischen Gone-Concern-Ansatz und ökonomischer Perspektive

Die bei Verwendung von Gone-Concern-Ansätzen bisher geforderte Betrachtung einer ergänzenden Fortführungsperspektive findet sich nunmehr in den Anforderungen an die normative Perspektive wieder (siehe Abbildung 16). Eine große Herausforderung besteht darin, die Erkenntnisse aus beiden Perspektiven sinnvoll und in konsistenter Weise miteinander zu verknüpfen.   **26**

---

28 Vgl. Volk, Tobias/Wiesemann, Bernd, Aufsichtliche Beurteilung bankinterner Risikotragfähigkeitskonzepte, in: Zeitschrift für das gesamte Kreditwesen, Heft 6/2012, S. 19.

29 Vgl. Deutsche Bundesbank, Bankinterne Methoden zur Ermittlung und Sicherstellung der Risikotragfähigkeit und ihre bankaufsichtliche Bedeutung, in: Monatsbericht, März 2013, S. 34.

AT 4.1 Risikotragfähigkeit

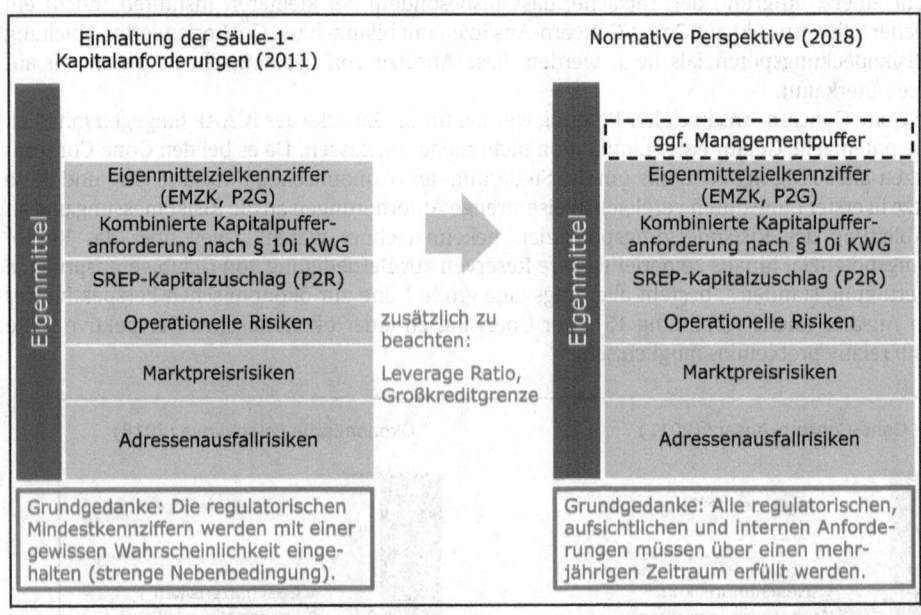

Abb. 16: Sicherstellung der Erfüllung der Vorgaben aus der ersten Säule durch die normative Perspektive

1.7 »Going Concern-Ansätze alter Prägung«

27 Insofern sind die »Going-Concern-Ansätze alter Prägung« neben den beiden Perspektiven (ökonomisch und normativ) im Moment ein bis auf weiteres zulässiger Ansatz zur Sicherstellung der Risikotragfähigkeit. Die überarbeiteten Grundsätze für diese Ansätze sind in den Annex des neuen RTF-Leitfadens verschoben worden, womit ihre zukünftige Rolle verdeutlicht wird. Im Rahmen der sechsten MaRisk-Novelle wurden die Textziffern des AT 4.1 an die Begrifflichkeiten des neuen RTF-Leitfadens angepasst. Zudem wird auf den RTF-Leitfaden in der jeweils gültigen Fassung verwiesen. Damit kann der Annex gestrichen werden, ohne dass hierfür eine Novellierung der MaRisk erforderlich wäre. Bei Nutzung dieser Ansätze sind die Vorgaben aus dem RTF-Leitfaden – abgesehen von den allgemeinen Grundsätzen und Zielen – grundsätzlich nicht maßgeblich. Es ist jedoch zu berücksichtigen, dass die Anforderungen an die Kapitalplanung, die sehr stark den Vorgaben der normativen Perspektive ähneln, auch für Institute mit einem Going-Concern-Ansatz alter Prägung gelten (→ AT 4.1 Tz. 11). Insofern können die Ausführungen des RTF-Leitfadens zur normativen Perspektive eine Hilfestellung bei der Umsetzung dieser Anforderungen bieten. Aus Gründen der Gleichbehandlung ist zu erwarten, dass sich die Erwartungen der Aufsicht an die Schwere der adversen Szenarien der Kapitalplanung zwischen den verschiedenen Ansätzen nicht unterscheiden werden.

28 Insofern erscheint es grundsätzlich ratsam, sich auch als weniger bedeutendes Institut mittelfristig mit den neuen Anforderungen auseinanderzusetzen. Auch die deutsche Aufsicht erwartet vor dem Hintergrund der Harmonisierungsbestrebungen innerhalb des SSM, dass die Zukunft der Going-Concern-Ansätze zeitlich begrenzt sein wird. Sie hat den Instituten deshalb bereits im

Frühjahr 2018 empfohlen, darüber nachzudenken, wie sie die neuen Ansätze sinnvoll in ihre eigenen Risikotragfähigkeitskonzepte transformieren können und wann sie sich in die neue »ICAAP-Welt« begeben wollen. Entsprechende Änderungen ihrer Sichtweise wollte die Aufsicht allerdings rechtzeitig vorher mit den kreditwirtschaftlichen Verbänden und den betroffenen Instituten erörtern.[30] In der Sitzung des Fachgremiums MaRisk am 12. Februar 2021 hat die deutsche Aufsicht betont, dass sich die bestehende Rechtslage mit Blick auf die Nutzung des Going-Concern-Ansatzes alter Prägung aufgrund der sechsten MaRisk-Novelle zwar nicht ändern wird, diese Ansätze jedoch auch nicht ewig bestehen bleiben werden. Die BaFin hat daher im Anschreiben zur sechsten MaRisk-Novelle ausgeführt, dass sie über die Frist, für die eine Ermittlung der Risikotragfähigkeit nach den Vorgaben des Annexes noch erfolgen darf, mit gesondertem Schreiben informieren wird. Im Fachgremium MaRisk am 2. September 2021 haben die BaFin und die Deutsche Bundesbank klargestellt, dass die Aufsicht eine vollständige Umstellung der internen Risikotragfähigkeitsansätze auf die normative und ökonomische Perspektive gemäß RTF-Leitfaden vom Mai 2018 bis spätestens 1. Januar 2023 erwarten. Letztmalig können die Institute also ihre Anfang 2023 abzugebende Risikotragfähigkeitsmeldung zum Stichtag 31. Dezember 2022 auf Basis von Daten eines Going-Concern-Ansatzes alter Prägung abgeben. Ein entsprechendes Schreiben der Aufsicht wurde für den Herbst 2021 angekündigt.[31] Innerhalb dieser Frist gelten die geänderten Anforderungen des AT 4.1 Tz. 2 für solche Institute daher noch nicht vollumfänglich.[32]

1.8 Entwicklung der Risikotragfähigkeitskonzepte in Deutschland

Die Aufsicht beobachtet seit 2004 eine deutliche methodische Weiterentwicklung der Risikotrag- 29
fähigkeitskonzepte in deutschen Kreditinstituten. Anfang 2007 hat die Deutsche Bundesbank eine Befragung einzelner Institute zur internen Steuerung durchgeführt. Dabei wurden die Themenbereiche »interner Kapitalbegriff«, »Ermittlung des ökonomischen Kapitalbedarfes« und »Steuerung mittels ökonomischen Kapitals« untersucht. Beteiligt hatten sich auf freiwilliger Basis fast alle großen, international tätigen Banken sowie einige kleinere und mittlere Institute mit einem an der Bilanzsumme gemessenen Abdeckungsgrad von ca. 55 Prozent des gesamten inländischen Bankensystems.

Damals verfügten alle analysierten Institute im Vergleich zu den Vorjahren über Risikotragfähig- 30
keitskonzepte, die allerdings ein sehr unterschiedliches Niveau aufwiesen. Insbesondere variierte der Grad ihrer Nutzung für Steuerungszwecke erheblich. Das war u. a. darauf zurückzuführen, dass viele Limite in der Praxis nur zu Bruchteilen ausgelastet waren und die Limitsysteme insofern kaum Steuerungsimpulse aussenden konnten. Als problematisch hatte sich zudem die parallele Steuerung nach regulatorischem und ökonomischem Kapital erwiesen, da beide Systeme zum Teil widersprüchliche Steuerungssignale generierten. So wurden für die regulatorischen Mindestkapitalanforderungen die nach den bankaufsichtlichen Vorgaben ermittelten Risikoaktiva mit dem regulatorischen Eigenkapital verglichen, für den ICAAP hingegen die institutsintern gemessenen Risiken mit dem intern definierten Risikodeckungspotenzial. Die regulatorischen Vorgaben wurden häufig als strenge Nebenbedingung an die institutsinterne Steuerung formuliert, da sie i. d. R. zu einem höheren Kapitalbedarf führten als aus institutsinterner Sicht nötig wäre. Daraus ergab sich nach Einschätzung der Deutschen Bundesbank ein (ungewünschter) Kapitalpuffer im Ver-

---

30 Vgl. Bundesanstalt für Finanzdienstleistungsaufsicht, Veröffentlichung der Endfassung des Leitfadens zur aufsichtlichen Beurteilung bankinterner Risikotragfähigkeitskonzepte, Übermittlungsschreiben vom 24. Mai 2018, S. 2.

31 Vgl. Sitzung des MaRisk-Fachgremiums am 2. September 2021 (Protokoll lag bei Redaktionsschluss noch nicht vor).

32 Vgl. Bundesanstalt für Finanzdienstleistungsaufsicht, Rundschreiben 10/2021 (BA) zur Neufassung der MaRisk, Übermittlungsschreiben vom 16. August 2021, S. 9.

hältnis von Risikodeckungspotenzial und intern ermitteltem ökonomischen Kapitalbedarf.[33] Kritisiert wurde darüber hinaus die Wahl des Risikobetrachtungshorizontes von i. d. R. einem Jahr, der keine Verknüpfung mit der längerfristigen Strategie gewährleistet. Auch sollten sich die Stresstests nicht nur auf einzelne Risikoarten beziehen, um die kombinierten Auswirkungen negativer Entwicklungen auf alle Risikoarten zu analysieren.[34]

31   Nach Veröffentlichung einer Publikation des Baseler Ausschusses für Bankenaufsicht zu diesem Themenkomplex[35] wurde durch die Deutsche Bundesbank Ende 2009/Anfang 2010 eine weitere Untersuchung durchgeführt, in die auch die Ergebnisse aus der Prüfungspraxis eingeflossen sind. Damals wurden 150 ausgewählte Kreditinstitute zu ihrem jeweiligen Risikotragfähigkeitskonzept und den daraus abgeleiteten Steuerungsimpulsen befragt, wobei neben den größten und bedeutendsten Instituten bewusst auch überproportional viele Institute einbezogen wurden, deren Risikotragfähigkeitskonzepten die Aufsicht kritisch gegenüberstand.[36] Dieser Prozess fand mit der Veröffentlichung einer Bestandsaufnahme der Deutschen Bundesbank im November 2010 seinen vorläufigen Abschluss.[37] Über die daraus abgeleiteten möglichen Konsequenzen für die Ausgestaltung der Risikotragfähigkeitskonzepte haben die Deutsche Bundesbank und die BaFin im Rahmen einer Sondersitzung des Fachgremiums MaRisk am 29. November 2010 Auskunft gegeben und sich mit den Vertretern der Kreditwirtschaft ausgetauscht. Als Ergebnis dieses Prozesses wurde im Dezember 2011 von der deutschen Aufsicht ein erster Leitfaden zur aufsichtlichen Beurteilung bankinterner Risikotragfähigkeitskonzepte publiziert.[38] Dieses Papier diente viele Jahre als Orientierungshilfe für die Prüfer und die Institute.

32   Von der Aufsicht war geplant, die weitere Entwicklung auf diesem Gebiet im engen Austausch mit der Kreditwirtschaft zu begleiten. Vor diesem Hintergrund wurde im Dezember 2012 in Zusammenarbeit mit Fachexperten aus der Kreditwirtschaft ein »Forum Risikotragfähigkeit bei Kreditinstituten«[39] veranstaltet, um offene Fragen in der praktischen Anwendung sowie entsprechende Lösungsansätze zu erörtern. Schon zu diesem Zeitpunkt mussten die deutschen Institute auch einen internationalen Vergleich nicht mehr scheuen. Nachholbedarf hatte die Aufsicht damals noch hinsichtlich des Umfangs der Berücksichtigung von Risiken, der Zukunftsorientierung bei der Risikobeurteilung und der kritischen Reflexion der Grenzen und Beschränkungen der eingesetzten Risikoquantifizierungsverfahren gesehen. Außerdem mussten noch erhebliche Anstrengungen unternommen werden, um die Folgen der Finanzmarktkrise endgültig zu überwinden und damit ein angemessenes Verhältnis zwischen dem Risikodeckungspotenzial und den Risiken über Institute und Institutsgruppen hinweg für die Zukunft nachhaltig sicherzustellen.[40]

33   Dieser allgemein als fruchtbar eingeschätzte Dialog wurde auch in den kommenden Jahren weitergeführt. In Reaktion auf die Veröffentlichung der EBA-Leitlinien zum SREP[41] haben die deutschen Aufsichtsbehörden im Frühjahr 2016 im Rahmen einer Konferenz ihr neues Konzept

---

33 Vgl. Deutsche Bundesbank, Zum aktuellen Stand der bankinternen Risikosteuerung und der Bewertung der Kapitaladäquanz im Rahmen des aufsichtlichen Überprüfungsprozesses, in: Monatsbericht, Dezember 2007, S. 66 f.

34 Vgl. Deutsche Bundesbank, Zum aktuellen Stand der bankinternen Risikosteuerung und der Bewertung der Kapitaladäquanz im Rahmen des aufsichtlichen Überprüfungsprozesses, in: Monatsbericht, Dezember 2007, S. 71 f.

35 Basel Committee on Banking Supervision, Range of practices and issues in economic capital frameworks, BCBS 152, 27. März 2009.

36 Vgl. Volk, Tobias/Wiesemann, Bernd, Aufsichtliche Beurteilung bankinterner Risikotragfähigkeitskonzepte, in: Zeitschrift für das gesamte Kreditwesen, Heft 6/2012, S. 17.

37 Deutsche Bundesbank, »Range of Practice« zur Sicherstellung der Risikotragfähigkeit bei deutschen Kreditinstituten, 11. November 2010.

38 Bundesanstalt für Finanzdienstleistungsaufsicht/Deutsche Bundesbank, Aufsichtliche Beurteilung bankinterner Risikotragfähigkeitskonzepte, Leitfaden vom 7. Dezember 2011.

39 Bundesanstalt für Finanzdienstleistungsaufsicht, Forum Risikotragfähigkeit bei Kreditinstituten, Bonn, 4. Dezember 2012.

40 Vgl. Deutsche Bundesbank, Bankinterne Methoden zur Ermittlung und Sicherstellung der Risikotragfähigkeit und ihre bankaufsichtliche Bedeutung, in: Monatsbericht, März 2013, S. 44 f.

41 European Banking Authority, Leitlinien zu gemeinsamen Verfahren und Methoden für den aufsichtlichen Überprüfungs- und Bewertungsprozess (SREP), EBA/GL/2014/13, 19. Dezember 2014.

zum SREP für die weniger bedeutenden Institute vorgestellt.[42] Damals kristallisierte sich bereits heraus, dass der Leitfaden zur Beurteilung bankinterner Risikotragfähigkeitskonzepte vom Dezember 2011 grundlegend überarbeitet und an die Vorgaben der EBA angepasst werden muss. Ab diesem Zeitpunkt haben sich die BaFin und die Deutsche Bundesbank mehrfach mit der Deutschen Kreditwirtschaft (DK) über die geplante Weiterentwicklung des Leitfadens ausgetauscht. Zudem fanden diverse Gespräche zu diesem Thema statt, die zunächst auf entsprechenden Vorschlägen der DK beruhten. Im September 2017 hat die Aufsicht einen ersten Entwurf des neuen Leitfadens zur Konsultation gestellt.[43] Über die Stellungnahmen zu diesem Entwurf wurde in einer Sondersitzung des Fachgremiums MaRisk am 21. November 2017 ausführlich diskutiert. Im Ergebnis wurde den Mitgliedern des Fachgremiums MaRisk im Dezember 2017 ein zweiter Entwurf mit kurzer Kommentierungsfrist von vier Wochen zugeleitet (im Sinne einer »Fatal flaw«-Prüfung), um die Arbeiten möglichst zeitnah abschließen zu können.[44] Der neue RTF-Leitfaden wurde schließlich im Mai 2018 veröffentlicht.[45] Nur wenige Tage später hat die BaFin in Zusammenarbeit mit der Deutschen Bundesbank im Rahmen einer Konferenz »Risikotragfähigkeitsleitfaden – Neuausrichtung 2018«[46] über die konkreten Inhalte und Hintergründe dieses Leitfadens informiert.

Basierend auf den Ergebnissen des Risikotragfähigkeitsmeldewesens für den Zeitraum 2015 bis **34** 2017 hat die Bundesbank im Februar 2019 ein weiteres Range of Practice-Papier veröffentlicht. Dabei handelt es sich um eine Neuauflage und Weiterentwicklung der erstmals am 11. November 2010 veröffentlichten Umfrageergebnisse zur Risikotragfähigkeit. Die Analyse zeigt, dass die institutsinternen Ansätze zur Sicherstellung der Risikotragfähigkeit eine hohe Stabilität im Zeitablauf aufweisen. Der Going-Concern-Ansatz ist weiterhin der am meisten genutzte Ansatz zur Risikotragfähigkeitssteuerung in den deutschen LSI. Für die Mehrheit kleinerer Institute stellt er den einzigen Steuerungsansatz dar. Größere Institute nutzen häufiger sowohl einen Liquidationsansatz als auch einen Going-Concern-Ansatz. Im Hinblick auf die methodische Ausgestaltung der institutsinternen Ansätze wurde angemerkt, dass einige Institute barwertige Going-Concern-Ansätze und periodische Liquidationsansätze nutzen. Solche Ansätze hält die Bundesbank für erklärungsbedürftig, zumal sie bereits in der Vergangenheit eine Vermischung von bilanziellen bzw. periodischen und barwertigen Steuerungsgrößen aufgrund bestehender Inkonsistenzen kritisch beurteilt hatte. Darüber hinaus hat die Bundesbank einen Rückgang der weiteren wesentlichen Risiken bei einigen Institutsgruppen festgestellt und einen Zusammenhang mit der Veröffentlichung der Methodik zur Ermittlung von Kapitalzuschlägen im Rahmen des SREP vermutet. Den Gründen für diese Entwicklung soll in der Aufsichtspraxis nachgegangen werden. Die Bundesbank zieht insgesamt trotzdem ein positives Fazit zur Qualität der Risikotragfähigkeitskonzepte deutscher LSI. Die meisten Institute haben unter Berücksichtigung des Proportionalitätsprinzips geeignete Konzepte entwickelt, um ihre Geschäftätigkeit risikoorientiert zu steuern.[47]

Auch die EZB hat im August 2020 einen Bericht zu den ICAAP-Praktiken der bedeutenden **35** Institute (SI) veröffentlicht. Dabei hat die EZB die ICAAPs von 37 Instituten genau analysiert und zudem Erkenntnisse aus horizontalen Untersuchungen in den Bericht einfließen lassen. Seit Veröffentlichung der aufsichtlichen Erwartungen an den ICAAP im Januar 2016 konnte die EZB

---

42 Bundesanstalt für Finanzdienstleistungsaufsicht, Neues SREP-Konzept der Aufsicht, Bonn, 4. Mai 2016.

43 Bundesanstalt für Finanzdienstleistungsaufsicht/Deutsche Bundesbank, Entwurf zur Neuausrichtung des Leitfadens zur aufsichtlichen Beurteilung bankinterner Risikotragfähigkeitskonzepte, 5. September 2017.

44 Bundesanstalt für Finanzdienstleistungsaufsicht/Deutsche Bundesbank, Zweiter Entwurf zur Neuausrichtung des Leitfadens zur aufsichtlichen Beurteilung bankinterner Risikotragfähigkeitskonzepte, 21. Dezember 2017.

45 Bundesanstalt für Finanzdienstleistungsaufsicht/Deutsche Bundesbank, Aufsichtliche Beurteilung bankinterner Risikotragfähigkeitskonzepte und deren prozessualer Einbindung in die Gesamtbanksteuerung (»ICAAP«) – Neuausrichtung, Leitfaden vom 24. Mai 2018.

46 Bundesanstalt für Finanzdienstleistungsaufsicht, Risikotragfähigkeitsleitfaden – Neuausrichtung 2018, Bonn, 29. Mai 2018.

47 Vgl. Deutsche Bundesbank, Sicherstellung der Risikotragfähigkeit bei weniger bedeutenden Instituten (LSI) – Range of Practice 2015 bis 2017, 6. Februar 2019, S. 5.

einen beachtlichen Fortschritt in den ICAAPs der Institute erkennen. Alle Institute in der Stichprobe haben einen Prozess zur Durchführung der Risikoinventur, führen regelmäßige Stresstests durch und haben einen Kapitalplanungsprozess mit adversen Szenarien implementiert. Trotz der erzielten Fortschritte sieht die EZB bei der Datenqualität im ICAAP, der Ausgestaltung der ökonomischen Perspektive und den Stresstests aber noch größeren Handlungsbedarf.[48] Die EZB betont zudem die Notwendigkeit einer Fortführungsannahme, die dem Steuerungsansatz zugrunde liegen soll. Die Liquidations- bzw. Gone-Concern-Ansätze, die in einigen deutschen Instituten verbreitet waren, sind damit nicht mehr zulässig. Die Analyse der EZB zeigt auch, dass die Anzahl der Institute mit diesen Ansätzen rückläufig ist.[49]

1.9 Allgemeine Anforderungen an institutsinterne Risikotragfähigkeitskonzepte

36 Im Grundsatz geht es beim geforderten Risikotragfähigkeitskonzept darum, dass die wesentlichen Risiken des Institutes durch sein Risikodeckungspotenzial laufend abgedeckt sind (→ AT 4.1 Tz. 1) und dabei – unter Berücksichtigung von Risikokonzentrationen – hinreichend konservativ vorgegangen wird. Die Konservativität bei der Bestimmung des Risikodeckungspotenzials hängt vor allem davon ab, welche Kapitalkomponenten zur Verlustabsorption herangezogen werden (→ AT 4.1 Tz. 1) und wie der Risikoappetit der Geschäftsleitung festgelegt wird (→ AT 4.2 Tz. 2). Bei der Risikoquantifizierung kommt es in erster Linie darauf an, welche Risiken im Rahmen der Risikoinventur als wesentlich eingestuft werden (→ AT 2.2 Tz. 1 und 2).

37 Beim Risikotragfähigkeitskonzept müssen alle wesentlichen Risiken in angemessener Weise einbezogen (→ AT 4.1 Tz. 4) und für deren Quantifizierung geeignete Verfahren verwendet werden (→ AT 4.1 Tz. 5). Im Einzelfall kann es erforderlich sein, qualifizierte Expertenschätzungen zur Festlegung plausibler Risikobeträge heranzuziehen (→ AT 4.1 Tz. 5). Die zugrunde liegenden Annahmen, z. B. hinsichtlich der Berücksichtigung risikomindernder Diversifikationseffekte, und die verwendeten Daten müssen im Einklang mit der institutsindividuellen Risikosituation stehen. Dies gilt in besonderem Maße bei Verwendung externer Daten. Bei Schätzungen ist hinreichend konservativ vorzugehen (→ AT 4.1 Tz. 6).

38 Der interne Prozess zur Sicherstellung der Risikotragfähigkeit hat sowohl das Ziel der Fortführung des Institutes als auch den Schutz der Gläubiger vor Verlusten aus ökonomischer Sicht angemessen zu berücksichtigen (→ AT 4.1 Tz. 2). Zur Erfüllung dieser Ziele sind Verfahren zur Sicherstellung der Risikotragfähigkeit zum einen aus der normativen Perspektive und zum anderen aus der ökonomischen Perspektive einzurichten. Die ökonomische Perspektive entspricht vom Grundgedanken her dem Gone-Concern-Ansatz des bisherigen nationalen Risikotragfähigkeitskonzeptes. Allerdings können mit Blick auf die angestrebte Fortführung des Institutes in der ökonomischen Perspektive keine Kapitalbestandteile mehr verwendet werden, die grundsätzlich nur bei Insolvenz des Institutes zur Verfügung stehen, weil der ökonomischen Perspektive ein Fortführungsgedanke zugrunde liegt. Die normative Perspektive stellt auf alle regulatorischen und aufsichtlichen Kapital- und Liquiditätsanforderungen und die darauf basierenden internen Anfor-

---

48 Vgl. European Central Bank, ECB report on banks' ICAAP practices, 11. August 2020, S. 4.
49 Vgl. European Central Bank, ECB report on banks' ICAAP practices, 11. August 2020, S. 22.

derungen sowie die sonstigen externen finanziellen Zwänge ab, also in erster Linie auf die Vorgaben der ersten Säule.[50] Sie wird mit Hilfe eines zukunftsgerichteten Kapitalplanungsprozesses über einen Zeitraum von drei Jahren umgesetzt (→ AT 4.1 Tz. 11). Bei der Kapitalplanung müssen absehbare interne und externe Entwicklungen berücksichtigt werden. Zudem muss möglichen adversen Entwicklungen angemessen Rechnung getragen werden (→ AT 4.1 Tz. 11). In Ergänzung zur Kapitalplanung haben die Institute auch einen internen Refinanzierungsplan aufzustellen (→ BTR 3.1 Tz. 12).

Die Institute müssen jederzeit einen vollständigen und aktuellen Überblick über die Methoden **39** und Verfahren haben, die zur Risikoquantifizierung verwendet werden (→ AT 4.1 Tz. 9). Grundsätzlich sind sie bei deren Auswahl nicht eingeschränkt (→ AT 4.1 Tz. 8). Allerdings ist die Angemessenheit der Methoden und Verfahren mit besonderem Fokus auf das Modellrisiko und die Verwendung externer Daten zumindest jährlich durch die fachlich zuständigen Mitarbeiter zu überprüfen (→ AT 4.1 Tz. 9). Regelmäßig und anlassbezogen überprüft werden müssen zudem die Verlässlichkeit und die Stabilität der Diversifikationsannahmen (→ AT 4.1 Tz. 7). Bei vergleichsweise komplexen Methoden und Verfahren, Annahmen, Parametern oder einfließenden Daten ist eine entsprechend umfassende quantitative und qualitative Validierung dieser Komponenten sowie der Risikoergebnisse in Bezug auf ihre Verwendung erforderlich (→ AT 4.1 Tz. 9). In diesem Fall ist eine angemessene Unabhängigkeit zwischen Methodenentwicklung und Validierung zu gewährleisten. Die wesentlichen Ergebnisse der Validierung und ggf. Vorschläge für Maßnahmen zum Umgang mit bekannten Grenzen und Beschränkungen der Methoden und Verfahren sind der Geschäftsleitung vorzulegen (→ AT 4.1 Tz. 10).

Unter Governance-Gesichtspunkten ist die Risikotragfähigkeit bei der Festlegung und Anpas- **40** sung der Strategien zu berücksichtigen. Zudem müssen geeignete Risikosteuerungs- und -controllingprozesse eingerichtet werden, um die Risikotragfähigkeit zu gewährleisten (→ AT 4.1 Tz. 3). Die Festlegung wesentlicher Elemente der Risikotragfähigkeitssteuerung sowie wesentlicher zugrunde liegender Annahmen, die nachvollziehbar begründet werden müssen, ist von der Geschäftsleitung zu genehmigen (→ AT 4.1 Tz. 8).

1.10   Risikotragfähigkeitsmeldewesen

Das Risikotragfähigkeitsmeldewesen dient seit 2015 der standardisierten Erhebung von Daten zur **41** Sicherstellung der Risikotragfähigkeit in deutschen Instituten. Dem im Rahmen des CRD IV-Umsetzungsgesetzes neu gestalteten § 25 Abs. 1 KWG zufolge müssen die Institute unverzüglich nach Ablauf eines jeden Quartals der Deutschen Bundesbank Informationen zu ihrer finanziellen Situation (Finanzinformationen) einreichen (→ AT 4.2 Tz. 1). Außerdem müssen sie unverzüglich einmal jährlich zu einem von der BaFin festgelegten Stichtag der Deutschen Bundesbank Informationen zu ihrer Risikotragfähigkeit nach § 25a Abs. 1 Satz 3 KWG und den Verfahren nach § 25a Abs. 1 Satz 3 Nr. 2 KWG einreichen (Risikotragfähigkeitsinformationen). Dasselbe gilt gemäß § 25 Abs. 2 KWG für übergeordnete Unternehmen im Sinne des § 10a KWG mit Blick auf Informationen über die Gruppe auf zusammengefasster Ebene. Der Aufsicht geht es in erster Linie darum, regelmäßige Informationen zur Risikotragfähigkeit der Institute, u. a. zur Entwicklung der Höhe der aus Sicht des jeweiligen Institutes wesentlichen Risiken und deren laufender Abdeckung durch das Risikodeckungspotenzial (RDP) unter Berücksichtigung von Risikokonzentrationen, zu erhal-

---

50 Vgl. Europäische Zentralbank, Leitfaden der EZB für den bankinternen Prozess zur Sicherstellung einer angemessenen Kapitalausstattung (Internal Capital Adequacy Assessment Process - ICAAP), 9. November 2018, S. 14; Bundesanstalt für Finanzdienstleistungsaufsicht/Deutsche Bundesbank, Aufsichtliche Beurteilung bankinterner Risikotragfähigkeitskonzepte und deren prozessualer Einbindung in die Gesamtbanksteuerung (»ICAAP«) - Neuausrichtung, Leitfaden vom 24. Mai 2018, S. 8.

ten. Diese Informationen sollen horizontale Analysen über die Ansätze in Säule 2 und damit tiefergehende Einblicke in die internen Risikomanagementprozesse ermöglichen. Die Deutsche Bundesbank muss die Meldungen der Institute an die BaFin mit ihrer Stellungnahme weiterleiten, wobei die BaFin auch auf die Weiterleitung bestimmter Angaben verzichten kann.

42   Nähere Bestimmungen über Art und Umfang der Informationen, die zulässigen Datenträger, Übertragungswege und Datenformate, weitere Angaben sowie eine Verkürzung des Berichtszeitraumes für bestimmte Arten oder Gruppen von Instituten können das Bundesministerium der Finanzen bzw. die BaFin im Benehmen mit der Deutschen Bundesbank laut § 25 Abs. 3 KWG durch Rechtsverordnung erlassen. Die Angaben der Gruppen können sich auch auf nachgeordnete Unternehmen im Sinne des § 10a KWG sowie auf Tochterunternehmen mit Sitz im In- oder Ausland, die nicht in die Beaufsichtigung auf zusammengefasster Basis einbezogen sind, sowie auf gemischte Unternehmen mit nachgeordneten Instituten beziehen. Die gemischten Unternehmen haben den Instituten die erforderlichen Angaben zu übermitteln.

43   Einen ersten Entwurf für einen »Bericht Risikotragfähigkeit« hat die Aufsicht am 24. Februar 2011 im Rahmen der Modernisierung des bankaufsichtlichen Meldewesens zur Konsultation gestellt. Die endgültige Fassung der Verordnung zur Einreichung von Finanz- und Risikotragfähigkeitsinformationen nach dem Kreditwesengesetz (Finanz- und Risikotragfähigkeitsinformationenverordnung, FinaRisikoV) wurde am 6. Dezember 2013 veröffentlicht und ist am 1. Januar 2014 in Kraft getreten.[51] Die Vorgaben zur Übermittlung der Risikotragfähigkeitsinformationen sind in Abschnitt 3 dieser Verordnung niedergelegt. Gemäß § 8 Abs. 1 FinaRisikoV bestehen die Risikotragfähigkeitsinformationen aus den Angaben zur Konzeption der Risikotragfähigkeitssteuerung, zum Risikodeckungspotenzial, zu den Risiken sowie zu Verfahren zu ihrer Ermittlung, Steuerung und Überwachung. Entsprechende Meldeformulare mit Pflichtangaben und freiwilligen Angaben sind in den Anlagen 14 bis 24 der Verordnung enthalten.

44   Die Risikotragfähigkeitsinformationen sind laut § 9 Abs. 1 FinaRisikoV grundsätzlich einmal jährlich einzureichen. Nach § 9 Abs. 2 und 3 FinaRisikoV sind sie innerhalb von sieben Wochen nach dem festgelegten Meldestichtag elektronisch der Deutschen Bundesbank zu übermitteln, die auf ihrer Internetseite die zu verwendenden Datenformate und den Übertragungsweg veröffentlicht. Die BaFin kann laut § 12 FinaRisikoV auch im Einzelfall eine erhöhte Meldefrequenz für ein Institut oder eine Gruppe anordnen, soweit dies zur Erfüllung ihrer Aufgaben erforderlich ist.

45   Kreditinstitute im Sinne der §§ 53b und 53c Nr. 2 KWG und Wertpapierhandelsbanken im Sinne des § 1 Abs. 3d Satz 5 KWG sind gemäß § 10 Abs. 2 FinaRisikoV von der Meldepflicht befreit. Dies gilt laut § 10 Abs. 3 FinaRisikoV in Analogie auch für Kreditinstitute, die vom Waiver gemäß Art. 7 CRR Gebrauch machen. Übergeordnete Unternehmen einer Gruppe, zu der mindestens ein Kreditinstitut mit Sitz im Inland gehört, haben die Risikotragfähigkeitsinformationen der Gruppe nach § 11 Abs. 1 FinaRisikoV auf zusammengefasster Ebene einzureichen. Gehören zu einer Gruppe nur inländische Kreditinstitute, die von der Meldepflicht befreit sind, so muss auch das übergeordnete Unternehmen nach § 11 Abs. 2 FinaRisikoV keine Risikotragfähigkeitsinformationen einreichen.

46   Am 3. November 2016 hat die EBA die »Leitlinien zu den für SREP erhobenen ICAAP- und ILAAP-Informationen« veröffentlicht, die beschreiben, welche Informationen die nationalen Aufsichtsbehörden von den Instituten erfragen sollen, um ICAAP und ILAAP in angemessener Weise im SREP beurteilen zu können. Die Informationen zur Kapitalplanung und zu Stresstests wurden bis zu diesem Zeitpunkt nicht durch das Risikotragfähigkeitsmeldewesen abgedeckt. Die Informa-

---

51 Vgl. Verordnung zur Einreichung von Finanz- und Risikotragfähigkeitsinformationen nach dem Kreditwesengesetz (Finanz- und Risikotragfähigkeitsinformationenverordnung – FinaRisikoV) vom 6. Dezember 2013 (BGBl. I S. 4209), die zuletzt durch Artikel 7 Absatz 40 des Gesetzes vom 12. Mai 2021 (BGBl. I S. 990) geändert worden ist.

tionen zum ILAAP wurden damals ebenfalls nicht standardisiert erhoben. Mit der Veröffentlichung des neuen Risikotragfähigkeitsleitfadens am 24. Mai 2018 wurden die nationalen Anforderungen an die Ausgestaltung interner Risikotragfähigkeitskonzepte überarbeitet. Vor diesem Hintergrund ist auch eine Überarbeitung der FinaRisikoV erforderlich geworden. Die BaFin hat in einem ersten Schritt bei Kreditinstituten und übergeordneten Unternehmen, die einer erhöhten Meldefrequenz unterliegen, auf die Einreichung der Risikotragfähigkeitsinformationen zum Meldestichtag 30. Juni 2018 verzichtet.[52] Anschließend haben die Aufsichtsbehörden in einer Sondersitzung des Fachgremiums MaRisk zum Risikotragfähigkeitsmeldewesen am 19. Juni 2018 eine Übergangslösung für die Meldung zum Stichtag 31. Dezember 2018 vorgestellt. Institute, die bereits ein Konzept implementiert hatten oder in absehbarer Zeit implementieren wollten, das den Kriterien des neuen RTF-Leitfadens entspricht, sollten auf Basis der existierenden Meldebögen ihre Risikotragfähigkeitsinformationen einreichen. Dabei sollten die normative und die ökonomische Perspektive in separaten Meldebögen abgebildet werden. Die Ausfüllhinweise wurden zur besseren Nachvollziehbarkeit der Befüllung durch Fallbeispiele angereichert.

Im Zuge der Überarbeitung der FinaRisikoV wurden neue Meldevordrucke entwickelt. Die **47** neuen Vordrucke wurden mit Vertretern der Kreditwirtschaft im Rahmen von Sitzungen der Fachgremien Liquidität und MaRisk ausführlich diskutiert. Zudem fand Ende 2018 eine Verprobung der neuen Meldevordrucke statt. Ein wesentliches Ergebnis der Verprobung war, dass von der Erhebung von Informationen zu den Stresstests abgesehen werden soll, da sich ein standardisierter Meldevordruck nicht als geeignetes Format herausgestellt hat. Für die aufsichtliche Beurteilung sollen weiterhin alternative Informationsquellen herangezogen werden.

Die Dritte Änderungsverordnung zur FinaRisikoV ist nach erfolgter Konsultation im August **48** 2020 in Kraft getreten. Die mit der überarbeiteten Verordnung einhergehenden Änderungen sollten für die Meldungen zum Meldestichtag 31. Dezember 2020 erstmals verbindlich angewendet werden. Mit der geänderten Verordnung wurde die Meldung von Informationen zur mehrjährigen Kapitalplanung sowie zum ILAAP im aufsichtlichen Meldewesen geregelt. Der Vordruck KPL ist jeweils separat für das Planszenario sowie für ein adverses Szenario der Kapitalplanung einzureichen. Von mehreren adversen Szenarien ist das Szenario mit dem größten negativen Effekt zu melden.[53] Ferner wurde dem wiederholten Petitum der Kreditwirtschaft gefolgt, signifikante Institute (SI) von der nationalen Pflicht zur Einreichung von Risikotragfähigkeitsinformationen auszunehmen. Diese Institute können die diesbezügliche Meldepflicht nach FinaRisikoV auch erfüllen, indem sie die bei der EZB eingereichten Meldungen (in den entsprechenden Meldeformaten) zur Risikotragfähigkeit und zur Liquiditätssteuerung auch der Deutschen Bundesbank übermitteln. Damit soll eine doppelte Meldung vergleichbarer Informationen in abweichenden Meldeformaten vermieden werden.[54]

---

52 Vgl. Bundesanstalt für Finanzdienstleistungsaufsicht, Verzicht auf Risikotragfähigkeitsinformationen nach § 25 KWG zum Meldestichtag 30.06.2018, Schreiben an die Verbände der Kreditwirtschaft vom 12. Juni 2018, S. 1.

53 Vgl. Bundesanstalt für Finanzdienstleistungsaufsicht/Deutsche Bundesbank, Risikotragfähigkeitsinformationen – Merkblatt für die Meldungen gemäß §§ 10, 11 FinaRisikoV, 30. Dezember 2020, S. 110.

54 Vgl. Bundesanstalt für Finanzdienstleistungsaufsicht/Deutsche Bundesbank, Risikotragfähigkeitsinformationen – Merkblatt für die Meldungen gemäß §§ 10, 11 FinaRisikoV, 30. Dezember 2020, S. 1.

2 Sicherstellung der Risikotragfähigkeit (Tz. 1)

49 **1** Auf der Grundlage des Gesamtrisikoprofils ist sicherzustellen, dass die wesentlichen Risiken des Institutes durch das Risikodeckungspotenzial, unter Berücksichtigung von Risikokonzentrationen, laufend abgedeckt sind und damit die Risikotragfähigkeit gegeben ist.

2.1 Risikotragfähigkeitskonzept

50 Das (Gesamt-)Risikoprofil (»risk profile«) ist das Ergebnis der mit Hilfe verschiedener Instrumente und Maßnahmen zu einem bestimmten Zeitpunkt (»point-in-time«) vorgenommenen Bewertung der von einem Unternehmen tatsächlich eingegangenen und potenziellen Risiken, die mit seinen Geschäftsaktivitäten verbunden sind.[55] Die Institute müssen das Gesamtrisikoprofil im Rahmen einer »Risikoinventur« ermitteln (→ AT 2.2 Tz. 1 und 2). Das Gesamtrisikoprofil bildet insofern auch den Ausgangspunkt zur Beurteilung der Risikotragfähigkeit.

51 Ausgehend von den Ergebnissen der Risikoinventur ist zunächst zu klären, welche wesentlichen Risiken im Risikotragfähigkeitskonzept berücksichtigt werden, welche wesentlichen Risiken auf andere Weise gesteuert werden und deshalb von diesem Konzept ausgenommen sind (→ AT 4.1 Tz. 4) und bei welchen der einbezogenen Risiken eine Quantifizierung ggf. auf Basis von Schätzungen erfolgen muss, weil dafür keine geeigneten Risikoquantifizierungsverfahren zur Verfügung stehen (→ AT 4.1 Tz. 5). Für die abschließende Beurteilung der Risikotragfähigkeit ist zunächst eine Aggregation der einbezogenen wesentlichen Risiken erforderlich. In diesem Zusammenhang ist festzulegen, in welchem Maße risikoerhöhende Konzentrationen angerechnet werden müssen bzw. risikomindernde Diversifikationseffekte angerechnet werden können (→ AT 4.1 Tz. 6 und 7).

52 Ergänzend zu dieser Risikobetrachtung muss das Risikodeckungspotenzial ermittelt werden. Damit die Risikotragfähigkeit gegeben ist, muss das vorhandene Risikodeckungspotenzial die wesentlichen Risiken eines Institutes abdecken bzw. übersteigen. Für die abschließende Bewertung der Risikotragfähigkeit ist zudem der Risikoappetit der Geschäftsleitung von wesentlicher Bedeutung (→ AT 4.2 Tz. 2 inkl. Erläuterung). Außerdem sind bei der Beurteilung der Risikotragfähigkeit die Ergebnisse der Stresstests angemessen zu berücksichtigen (→ AT 4.3.3 Tz. 6).

53 Damit die Risikotragfähigkeit laufend sichergestellt wird, muss sie in den Entscheidungsprozessen, der Geschäfts- und Risikostrategie sowie den Risikosteuerungs- und -controllingprozessen verankert werden (→ AT 4.1 Tz. 3). Dies erfordert unter anderem, dass der ICAAP fester Bestandteil des Limitsystems sowie der internen Berichterstattung ist (→ AT 4.3.2 Tz. 1 und 3). Zur Sicherstellung der Risikotragfähigkeit erwartet die Aufsicht zwei Perspektiven – eine normative und eine ökonomische Perspektive. Im Folgenden wird zunächst die grundlegende Vorgehensweise nach dem SSM-Leitfaden und dem RTF-Leitfaden skizziert. Anschließend wird erläutert, welche grundsätzlichen Anforderungen an die Risikoquantifizierung und die Ermittlung des Risikodeckungspotenzials in beiden Perspektiven gestellt werden.

---

[55] Vgl. Senior Supervisors Group, Observations on Developments in Risk Appetite Frameworks and IT Infrastructure, 23. Dezember 2010, S. 5 (Fußnote 2).

2.2 Grundlegende Vorgehensweise nach dem SSM-Leitfaden

Um dem Fortführungsgedanken angemessen Rechnung zu tragen, erwartet die EZB von den bedeutenden Instituten zwei komplementäre Perspektiven – die normative und die ökonomische Perspektive. Beide Perspektiven bieten unterschiedliche Blickwinkel auf die Angemessenheit der Kapitalausstattung eines Institutes, deswegen sollen sie sich gegenseitig informieren und bei allen wesentlichen Entscheidungen berücksichtigt werden. In der normativen Perspektive muss ein Institut sicherstellen, dass alle regulatorischen und aufsichtlichen Anforderungen sowie die Erwartungen der Marktteilnehmer über einen mittelfristigen Zeitraum erfüllt werden. Dabei müssen auch adverse Entwicklungen betrachtet werden.[56]   **54**

In der ökonomischen Perspektive steht die Sicherung der ökonomischen Substanz eines Institutes im Vordergrund. Die Betrachtungsweise der ökonomischen Perspektive löst sich von der Rechnungslegung bzw. dem Aufsichtsrecht und orientiert sich an den Wertentwicklungen am Markt.[57] Im Ergebnis sollten die Institute ein Konzept zur Angemessenheit der Kapitalausstattung aus ökonomischer Perspektive vorlegen, dass es ihnen ermöglicht, wirtschaftlich existenzfähig zu bleiben. Die bedeutenden Institute müssen zunächst alle wesentlichen Risiken mit Blick auf die ökonomische Substanz identifizieren und quantifizieren und das verfügbare Risikodeckungspotenzial ermitteln, wobei die EZB trotz weitgehender Methodenfreiheit jeweils eine konservative Herangehensweise erwartet (→ AT 4.1 Tz. 8).   **55**

Die zeitpunktbezogene Risikoquantifizierung für die am Stichtag vorherrschende Situation in der ökonomischen Perspektive sollte durch eine mittelfristige Betrachtung der Auswirkungen wesentlicher zukünftiger Entwicklungen ergänzt werden, wozu zwangsläufig die normative Perspektive herangezogen werden muss. Potenzielle Entwicklungen, die in der normativen Perspektive sichtbar werden, sind im Hinblick auf ihre Auswirkungen auf die ökonomische Perspektive zu analysieren. Dazu gehören z.B. Veränderungen des externen Umfeldes oder mögliche Managementmaßnahmen, wie Kapitalmaßnahmen, der Kauf oder Verkauf von Geschäftsbereichen, Veränderungen des Risikoprofils etc.[58] Auf der anderen Seite sind die Risiken, die in der ökonomischen Perspektive sichtbar werden, mit Blick auf ihre Auswirkungen auf die regulatorischen und aufsichtlichen Kennzahlen zu untersuchen.   **56**

Mit Hilfe geeigneter Steuerungsprozesse soll frühzeitig ermittelt werden, ob Handlungsbedarf besteht, um einen aufkommenden Mangel an regulatorischem und internem Kapital zu beseitigen und wirksame Maßnahmen zu ergreifen, um den internen Schwellenwert für die angemessene Kapitalausstattung gar nicht erst zu unterschreiten (z.B. durch Kapitalerhöhung oder Risikominderung). Auf diese Weise soll eine mögliche Unterkapitalisierung von vornherein vermieden werden. Dafür ist eine aktive Überwachung und Steuerung der Kapitalposition erforderlich. Unterschreiten die Institute ihren internen Schwellenwert für die angemessene Kapitalausstattung dennoch, sollten sie geeignete Gegenmaßnahmen ergreifen und darlegen, wie die Angemessenheit der Kapitalausstattung mittelfristig wieder gewährleistet werden kann. Gleichzeitig sollte ein Unterschreiten dieses internen Schwellenwertes zum Anlass genommen werden, die Strategie und den Risikoappetit zu hinterfragen (siehe Abbildung 17).[59]   **57**

---

56 Vgl. Europäische Zentralbank, Leitfaden der EZB für den bankinternen Prozess zur Sicherstellung einer angemessenen Kapitalausstattung (Internal Capital Adequacy Assessment Process – ICAAP), 9. November 2018, S. 14.

57 Vgl. Europäische Zentralbank, Leitfaden der EZB für den bankinternen Prozess zur Sicherstellung einer angemessenen Kapitalausstattung (Internal Capital Adequacy Assessment Process – ICAAP), 9. November 2018, S. 18.

58 Vgl. Europäische Zentralbank, Leitfaden der EZB für den bankinternen Prozess zur Sicherstellung einer angemessenen Kapitalausstattung (Internal Capital Adequacy Assessment Process – ICAAP), 9. November 2018, S. 19.

59 Vgl. Europäische Zentralbank, Leitfaden der EZB für den bankinternen Prozess zur Sicherstellung einer angemessenen Kapitalausstattung (Internal Capital Adequacy Assessment Process – ICAAP), 9. November 2018, S. 21 f.

AT 4.1 Risikotragfähigkeit

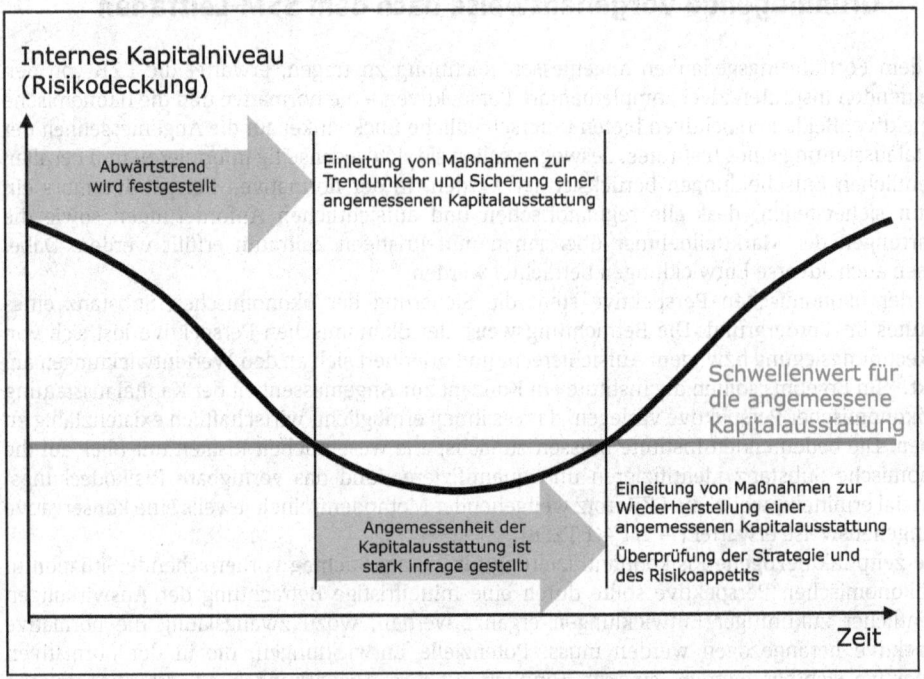

Internes Kapitalniveau (Risikodeckung)

Abwärtstrend wird festgestellt

Einleitung von Maßnahmen zur Trendumkehr und Sicherung einer angemessenen Kapitalausstattung

Schwellenwert für die angemessene Kapitalausstattung

Angemessenheit der Kapitalausstattung ist stark infrage gestellt

Einleitung von Maßnahmen zur Wiederherstellung einer angemessenen Kapitalausstattung
Überprüfung der Strategie und des Risikoappetits

Zeit

Abb. 17: Managementüberlegungen im Rahmen der ökonomischen Perspektive

58 Die EZB weist darauf hin, dass diese Abbildung lediglich das (normale) Absinken des ökonomischen Kapitals illustrieren soll, zu dem es im Zeitverlauf, über die normalen konjunkturzyklischen Entwicklungen hinaus, kommen kann. Die Institute sollten auf diese Situation hinreichend vorbereitet sein, indem sie die Angemessenheit ihrer Kapitalausstattung aktiv steuern und über eine Strategie verfügen, um ein solches Absinken zu vermeiden.[60] Eine vergleichbare Vorgehensweise empfiehlt sich grundsätzlich auch für den Fall, dass zusätzliche institutsinterne Managementpuffer oder Warnschwellen oberhalb des internen Schwellenwertes für die angemessene Kapitalausstattung festgelegt wurden.

59 Die EZB erwartet von den bedeutenden Instituten, sich an ihren Vorgaben zur technischen Umsetzung der EBA-Leitlinien zu für SREP erhobenen ICAAP- und ILAAP-Informationen[61] zu orientieren. Dabei wird auch eine Überleitungsrechnung zwischen den Säule-1- und Säule-2-Risikomessverfahren gefordert, um die Unterschiede transparent zu machen. Dies sollte unabhängig davon geschehen, welche Ansätze in der ersten Säule verwendet werden. Bei Unterschieden zwischen den Vorgehensweisen für die beiden Säulen sollten die Institute die wichtigsten Faktoren dafür erläutern.[62]

---

60 Vgl. Europäische Zentralbank, Leitfaden der EZB für den bankinternen Prozess zur Sicherstellung einer angemessenen Kapitalausstattung (Internal Capital Adequacy Assessment Process – ICAAP), 9. November 2018, S. 22.

61 Europäische Zentralbank, Technische Umsetzung der EBA-Leitlinien zu für SREP erhobene ICAAP- und ILAAP-Informationen, Konkretisierung der aufsichtlichen Erwartungen an die Erhebung von ICAAP- und ILAAP-Informationen vom 21. Februar 2017.

62 Vgl. Europäische Zentralbank, Leitfaden der EZB für den bankinternen Prozess zur Sicherstellung einer angemessenen Kapitalausstattung (Internal Capital Adequacy Assessment Process – ICAAP), 9. November 2018, S. 36.

2.3 Grundlegende Vorgehensweise nach dem RTF-Leitfaden

Die deutsche Aufsicht hat sich bei der Formulierung ihrer Erwartungen an die Risikotragfähig- 60
keitskonzepte der Institute sehr stark am SSM-Leitfaden orientiert und erwartet von den
Instituten ebenfalls die Einführung von zwei Perspektiven. Insgesamt ist die Vorgehensweise
mit dem im SSM-Leitfaden dargestellten Verfahren vergleichbar, wobei die deutsche Aufsicht
weniger ins Detail geht. Das ist vermutlich darauf zurückzuführen, dass sich z. B. die Anforderungen an die Einbindung des ICAAP in den übergreifenden Managementrahmen direkt aus den
MaRisk ergeben (→ AT 4.3.2 Tz. 1 und 3) und insofern keiner weiteren Konkretisierung
bedürfen. Auf der anderen Seite betont die deutsche Aufsicht stärker das Proportionalitätsprinzip, was wiederum mit dem unterschiedlichen Anwenderkreis der beiden Leitfäden zu tun
hat. Insbesondere im Hinblick auf die ökonomische Perspektive sind einige Erleichterungen aus
Proportionalitätsgründen vorgesehen. Auch die deutsche Aufsicht stellt klar, dass durch die
geforderte ökonomische Sichtweise, die sowohl für die Risikoquantifizierung als auch für die
Ermittlung des Risikodeckungspotenzials maßgeblich ist, auch jene Bestandteile erfasst werden
sollen, die in der Rechnungslegung und in den aufsichtlichen Eigenmittelanforderungen nicht
oder nicht angemessen abgebildet werden. Bilanzielle Ansatz- und Bewertungsregeln, die im
Hinblick auf die ökonomische Betrachtung verzerrend wirken können, müssen in geeigneter
Weise ausgeglichen werden.[63]

2.4 Relevante Zeiträume für Risikoquantifizierung und Kapitalplanung

Für die Risikoquantifizierung und die Kapitalplanung spielen verschiedene Zeiträume eine 61
wichtige Rolle, die zum besseren Verständnis der nachfolgenden Ausführungen kurz erläutert
werden:

- Die »Haltedauer« gibt an, wie lange eine Position aus operativer Sicht durchschnittlich im
  Portfolio »gehalten« werden soll und wie lange das Institut dem entsprechenden Risiko
  ausgesetzt ist. Für Positionen des Handelsbuches kann die Haltedauer relativ kurz sein, wie
  z. B. ein Tag oder zehn Tage. Der Ansatz kurzer Haltedauern im Risikotragfähigkeitskonzept
  erfordert den Nachweis, dass eine Schließung der betreffenden Positionen in diesem Zeitraum
  im Hinblick auf die strategische Ausrichtung, die internen Prozesse und die Portfoliostruktur
  des Institutes überhaupt möglich und gewollt ist.[64] Die Aufsicht erwartet, dass die Haltedauer-
  annahme i. d. R. dem »Risikobetrachtungshorizont« entspricht und unabhängig von der Fälligkeit der Position ist. Diese Erwartungshaltung wird damit begründet, dass im Regelfall eine
  Fortsetzung des Geschäftsbetriebes beabsichtigt ist und fällige oder verkaufte Positionen
  reinvestiert werden.[65] Werden für unterschiedliche Portfolios unterschiedliche Haltedauern
  angenommen, ist das schwierige Problem einer konsistenten Aggregation zu lösen.
- Der »Risikobetrachtungshorizont« beschreibt jenen einheitlich langen, in die Zukunft gerichteten Zeitraum, für den die Messung und Steuerung der in das Risikotragfähigkeitskonzept

---

63 Vgl. Bundesanstalt für Finanzdienstleistungsaufsicht/Deutsche Bundesbank, Aufsichtliche Beurteilung bankinterner
   Risikotragfähigkeitskonzepte und deren prozessualer Einbindung in die Gesamtbanksteuerung (»ICAAP«) – Neuausrichtung, Leitfaden vom 24. Mai 2018, S. 13.
64 Vgl. Volk, Tobias/Wiesemann, Bernd, Aufsichtliche Beurteilung bankinterner Risikotragfähigkeitskonzepte, in: Zeitschrift
   für das gesamte Kreditwesen, Heft 6/2012, S. 21.
65 Vgl. Deutsche Bundesbank, Sicherstellung der Risikotragfähigkeit bei weniger bedeutenden Instituten (LSI) – Range of
   Practice 2015 bis 2017, 6. Februar 2019, S. 33.

einbezogenen Risiken erfolgen soll. Er dient in erster Linie der positionsunabhängigen Bewertung des Portfolios und beträgt in der ökonomischen Perspektive und bei Going-Concern-Ansätzen alter Prägung üblicherweise ein Jahr.[66] In der normativen Perspektive ist der Einjahreshorizont bereits in den aufsichtlich vorgegebenen Verfahren zur Risikomessung verankert. Auch in der normativen Perspektive sind sämtliche wesentlichen Risiken aus der Risikoinventur einzubeziehen, sofern sie aufgrund ihrer Eigenart sinnvoll durch Risikodeckungspotenzial begrenzt werden können (→ AT 4.1 Tz. 4). Dies geschieht auf der Basis interner Verfahren im Rahmen der Kapitalplanung (siehe hierzu »Planungshorizont«).[67] Sofern für bestimmte Positionen Risikobeträge auf Basis einer unterstellten kürzeren Haltedauer ermittelt werden, wie bei Handelsgeschäften durchaus üblich, müssen diese auf den Risikobetrachtungshorizont skaliert oder in anderer Weise angepasst werden, um das damit verbundene Risiko nicht zu unterschätzen.

– Der »Beobachtungszeitraum« bezeichnet jenen Zeitraum in der Vergangenheit, auf dem die Datenermittlung basiert, mit deren Hilfe – zumindest teilweise – die Bewertung des zukünftigen Risikos erfolgen soll. Da in diesem Zeitraum die Entwicklung bestimmter Parameter zur Risikoquantifizierung beobachtet wird, sind an deren Verwendung für das Risikotragfähigkeitskonzept bestimmte Voraussetzungen geknüpft. Sofern der Beobachtungszeitraum ausschließlich oder überwiegend Zeiten geordneter und ruhiger Marktverhältnisse umfasst, sind bei der Risikoermittlung auch die Auswirkungen stärkerer Parameterveränderungen angemessen zu berücksichtigen, wenn diese für den in der Risikotragfähigkeitsbetrachtung angenommenen Risikohorizont nicht auszuschließen sind.[68] Dadurch soll insbesondere vermieden werden, dass Daten aus Zeiten geordneter oder ruhiger Marktverhältnisse für die Risikoquantifizierung in Zeiten mit stärkeren Parameterveränderungen verwendet werden.

– Der »Planungshorizont« ist der angemessen lange, mehrjährige Zeitraum, für den die Institute ihren zukünftigen Kapitalbedarf planen. Der zukunftsgerichtete Kapitalplanungsprozess dient dem Zweck, unter Berücksichtigung absehbarer Veränderungen und möglicher adverser Entwicklungen den zukünftigen internen und regulatorischen Kapitalbedarf und das zur Deckung dieses Kapitalbedarfes verfügbare Kapital so zu planen, dass die Risikotragfähigkeit auch mittelfristig gegeben ist (→ AT 4.1 Tz. 11). Dieser Zeitraum soll sich nach den Vorstellungen der deutschen Aufsicht über mindestens drei Jahre erstrecken.[69] Auch den Vorstellungen der EZB zufolge sollte der Kapitalplan einen Zeithorizont von mindestens drei Jahren abdecken.[70]

62 Die EZB verwendet den Begriff »Risikohorizont« für den angenommenen Zeitraum, über den das Risiko bewertet wird, also synonym zum Risikobetrachtungshorizont.[71]

---

66 Vgl. Bundesanstalt für Finanzdienstleistungsaufsicht/Deutsche Bundesbank, Aufsichtliche Beurteilung bankinterner Risikotragfähigkeitskonzepte und deren prozessualer Einbindung in die Gesamtbanksteuerung (»ICAAP«) – Neuausrichtung, Leitfaden vom 24. Mai 2018, S. 16 und 29.

67 Vgl. Bundesanstalt für Finanzdienstleistungsaufsicht/Deutsche Bundesbank, Aufsichtliche Beurteilung bankinterner Risikotragfähigkeitskonzepte und deren prozessualer Einbindung in die Gesamtbanksteuerung (»ICAAP«) – Neuausrichtung, Leitfaden vom 24. Mai 2018, S. 9.

68 Vgl. Bundesanstalt für Finanzdienstleistungsaufsicht/Deutsche Bundesbank, Aufsichtliche Beurteilung bankinterner Risikotragfähigkeitskonzepte und deren prozessualer Einbindung in die Gesamtbanksteuerung (»ICAAP«) – Neuausrichtung, Leitfaden vom 24. Mai 2018, S. 17 und 29 f.

69 Vgl. Bundesanstalt für Finanzdienstleistungsaufsicht, Übermittlungsschreiben zum Rundschreiben 10/2012 (BA) vom 14. Dezember 2012, S. 3.

70 Vgl. Europäische Zentralbank, Leitfaden der EZB für den bankinternen Prozess zur Sicherstellung einer angemessenen Kapitalausstattung (Internal Capital Adequacy Assessment Process – ICAAP), 9. November 2018, S. 17 und 43.

71 Vgl. Europäische Zentralbank, Leitfaden der EZB für den bankinternen Prozess zur Sicherstellung einer angemessenen Kapitalausstattung (Internal Capital Adequacy Assessment Process – ICAAP), 9. November 2018, S. 42.

2.5 Einzubeziehende Risikoarten

Die Risikotragfähigkeit ist auf der Grundlage des Gesamtrisikoprofils sicherzustellen. Das Gesamt- **63** risikoprofil ist das Ergebnis der – regelmäßig und anlassbezogen durchzuführenden – Risikoinventur. In deren Rahmen verschafft sich das Risikocontrolling einen Überblick über die Risiken auf der Ebene des gesamten Institutes. In der Risikoinventur sind insbesondere auch solche Risiken zu berücksichtigen, die sich unter Umständen erst im Zeitablauf, d.h. nach Ablauf des einjährigen Risikobetrachtungshorizontes der Risikotragfähigkeitsrechnung, materialisieren bzw. materialisieren können (z.B. Zinsänderungsrisiken oder Nachhaltigkeitsrisiken).[72] Dabei wird auf Basis quantitativer und qualitativer Kriterien beurteilt, welche Risiken für das Institut wesentlich sind. Bei der Beurteilung der Wesentlichkeit sind die Auswirkungen dieser Risiken sowohl auf die normative als auch auf die ökonomische Perspektive zu beachten. Mit wesentlichen Risiken verbundene Risikokonzentrationen werden berücksichtigt (→ AT 2.2 Tz. 1).

Die Freiheitsgrade für die Institute werden von vornherein dadurch eingeschränkt, dass zumindest **64** Adressenausfallrisiken inkl. Länderrisiken, Marktpreisrisiken inkl. Zinsänderungsrisiken im Anlagebuch, Liquiditätsrisiken und operationelle Risiken grundsätzlich als wesentlich einzustufen sind (→ AT 2.2 Tz. 1). Daraus ergibt sich formal betrachtet zwar eine klare Festlegung, welche Risikoarten in den ICAAP einzubeziehen sind. Allerdings handelt es sich weder um eine abschließende Aufzählung, die sämtlichen Instituten gerecht wird, noch um eine verbindliche Vorgabe. Insbesondere eignet sich nicht jede dieser Risikoarten für eine Absicherung durch vorzuhaltendes Kapital (→ AT 4.1 Tz. 4) oder für eine sachgerechte Quantifizierung (→ AT 4.1 Tz. 5). Ersteres kann am Beispiel von Liquiditätsrisiken verdeutlicht werden. Der Gefahr, dass ein Institut seinen Zahlungsverpflichtungen nicht nachkommen kann (das Zahlungsunfähigkeitsrisiko), kann nicht sinnvoll durch Vorhalten von Kapital begegnet werden. Das Risiko der erhöhten Refinanzierungskosten (Refinanzierungskostenrisiko) kann jedoch sinnvoll durch Kapital abgesichert werden. Folglich ist im Rahmen der Risikoinventur die Wesentlichkeit dieser Risikoart zu untersuchen. Sofern das Risiko für ein Institut wesentlich ist, ist eine Berücksichtigung im Risikotragfähigkeitskonzept erforderlich. Die Tatsache, dass kein geeignetes Quantifizierungsverfahren für eine bestimmte Risikoart existiert, befreit nicht von einer Berücksichtigung im Risikotragfähigkeitskonzept. Für diese Risiken ist auf der Basis einer Plausibilisierung ein Risikobetrag festzulegen. Die Plausibilisierung kann auf der Basis einer qualifizierten Expertenschätzung durchgeführt werden (→ AT 4.1 Tz. 5).

Werden mehrere Risiken jeweils als unwesentlich eingestuft, die zusammengefasst aber wesent- **65** lich sind, so müssen die Verfahren zur Sicherstellung der Risikotragfähigkeit eine angemessene Berücksichtigung der zusammengefassten Risiken gewährleisten (→ AT 4.1 Tz. 1, Erläuterung). Mit dieser Präzisierung im Rahmen der sechsten MaRisk-Novelle möchte die Aufsicht dem Umstand Rechnung tragen, dass die Definition der Risikoarten im Rahmen der Risikoinventur teilweise sehr granular erfolgt und die unwesentlichen Risiken in Summe auch wesentlich werden können.

Auf der anderen Seite werden von der Aufsicht konkretisierende Vorgaben zur Berücksichtigung **66** einiger spezifischer Risikoarten gemacht, die nicht notwendigerweise im Rahmen der Risikoinventur als wesentlich eingestuft werden müssen, wie z.B. Credit-Spread-Risiken, Fondsrisiken, Beteiligungsrisiken und Migrationsrisiken.[73] Darüber hinaus erwartet die Aufsicht bei der turnusmäßigen Risikoinventur eine Auseinandersetzung mit den Nachhaltigkeitsrisiken, welche die Vermögenslage (inklusive Kapitalausstattung), die Ertragslage oder die Liquiditätslage signifikant beeinträchtigen können. In der Regel sollten diese Risiken aber unter den bereits identifizierten Risikoarten –

---

72 Vgl. Bundesanstalt für Finanzdienstleistungsaufsicht/Deutsche Bundesbank, Aufsichtliche Beurteilung bankinterner Risikotragfähigkeitskonzepte und deren prozessualer Einbindung in die Gesamtbanksteuerung (»ICAAP«) – Neuausrichtung, Leitfaden vom 24. Mai 2018, S. 7.

73 Vgl. Bundesanstalt für Finanzdienstleistungsaufsicht/Deutsche Bundesbank, Aufsichtliche Beurteilung bankinterner Risikotragfähigkeitskonzepte und deren prozessualer Einbindung in die Gesamtbanksteuerung (»ICAAP«) – Neuausrichtung, Leitfaden vom 24. Mai 2018, S. 16f. und 28f.

insbesondere Kreditrisiken, Marktpreisrisiken, Spreadrisiken und operationelle Risiken – erfasst werden können.[74] Das ist vor allem darauf zurückzuführen, dass die Nachhaltigkeitsrisiken als Treiber für die klassischen Risikoarten angesehen und entsprechend behandelt werden (→ BTR Tz. 1). Für weitere Risikoarten fehlen teilweise noch allgemeingültige Definitionen oder Abgrenzungen zu anderen Risikoarten, wodurch sich deren verbindliche Vorgabe verbietet. Die Definition der Risiken obliegt den Instituten (→ AT 2.2 Tz. 1). Im Sinne der Methodenfreiheit werden seitens der Aufsicht keine Definitionen vorgegeben. In der Praxis sind die Definitionen der Risiken entsprechend sehr heterogen.

67   Die Institute sollten auch nach den Vorstellungen der EZB die Klima- und Umweltrisiken[75] als Treiber für andere Risikoarten berücksichtigen (→ BTR Tz. 1) und die damit verbundenen Auswirkungen im Rahmen ihres Gesamtprozesses zur Sicherstellung einer angemessenen Kapitalausstattung bestimmen und quantifizieren. Davon sind sowohl die normative als auch die ökonomische Perspektive des ICAAP betroffen. Konzentrationen innerhalb und zwischen den Risikoarten, die aus Klima- und Umweltrisiken resultieren könnten, sollten die Institute besondere Aufmerksamkeit schenken.[76] In der ökonomischen Perspektive sollten insbesondere die potenziellen Effekte von Klima- und Umweltrisiken auf den wirtschaftlichen Wert berücksichtigt werden. Außerdem sollte der Klimawandel – vor allem die Energiewende – in die Prüfung aus ökonomischer Perspektive integriert werden. In der normativen Perspektive sollten die möglichen künftigen Auswirkungen auf die regulatorischen Kapitalquoten, die sich in den Bewertungen im Basisszenario und im adversen Szenario widerspiegeln, Berücksichtigung finden. Institute sollten die Ergebnisse dieser Bewertungen in ihren Risikoappetit, in ihre Geschäftsstrategie und ganz allgemein in ihre Entscheidungen einfließen lassen.[77]

68   Reputations-, Geschäfts- bzw. Vertriebsrisiken, wie das Risiko stark sinkender Erträge, weil bestimmte Produkte nicht mehr nachgefragt werden, Beteiligungsrisiken, Immobilienrisiken und Versicherungsrisiken werden vor allem von kleineren Instituten eher selten berücksichtigt. Bei den deutschen LSI dominieren im Regelfall die Adressenausfall- und Marktpreisrisiken. Der Anteil der anderen wesentlichen Risiken (ohne operationelle Risiken) am Gesamtrisiko betrug in 2017 im Durchschnitt über alle Institutsgruppen weniger als 5 Prozent.[78] Bei größeren Instituten, die in Abhängigkeit von ihrem Geschäftsmodell auch anderen Risikoarten ausgesetzt sind, wird diesen Risikoarten tendenziell eine größere Bedeutung beimessen. Die Art und Weise ihrer Einbeziehung in das Risikotragfähigkeitskonzept unterscheidet sich jedoch sehr stark. Das liegt zum Teil an fehlenden Quantifizierungsmethoden, weshalb eine nur pauschale Unterlegung mit internem Kapital erfolgen kann.[79] Aufgrund des anhaltenden Niedrigzinsumfeldes und der Suche nach alternativen Ertragsquellen gewinnen Geschäfts- bzw. Vertriebsrisiken und Immobilienrisiken auch bei kleineren Instituten immer stärker an Bedeutung. Das Niedrigzinsumfeld führt auch dazu, dass in den Pensionszusagen eines Institutes bereits stille Lasten vorhanden sind und hohe Risiken existieren, die im Rahmen der Risikoinventur jedoch häufig vernachlässigt werden.

---

74 Vgl. Bundesanstalt für Finanzdienstleistungsaufsicht, Merkblatt zum Umgang mit Nachhaltigkeitsrisiken, 20. Dezember 2019, geändert am 13. Januar 2020, S. 31.

75 Die EZB konzentriert sich in ihrem Leitfaden zunächst nur auf die Klima- und Umweltrisiken, weil sie in diesem Bereich – ähnlich wie die BaFin – den größten Handlungsdruck sieht. Es ist allerdings zu vermuten, dass die EZB zu gegebener Zeit auch Vorgaben für die anderen Nachhaltigkeitsrisiken veröffentlichen wird. Die BaFin behandelt zwar das Thema insgesamt breiter, bezieht sich im Detail an vielen Stellen aber ebenfalls vorrangig auf die Klima- und Umweltrisiken.

76 Vgl. Europäische Zentralbank, Leitfaden zu Klima- und Umweltrisiken – Erwartungen der Aufsicht in Bezug auf Risikomanagement und Offenlegungen, 27. November 2020, S. 33 f.

77 Vgl. Europäische Zentralbank, Leitfaden zu Klima- und Umweltrisiken – Erwartungen der Aufsicht in Bezug auf Risikomanagement und Offenlegungen, 27. November 2020, S. 37.

78 Vgl. Deutsche Bundesbank, Sicherstellung der Risikotragfähigkeit bei weniger bedeutenden Instituten (LSI) – Range of Practice 2015 bis 2017, 6. Februar 2019, S. 33.

79 Vgl. Deutsche Bundesbank, Zum aktuellen Stand der bankinternen Risikosteuerung und der Bewertung der Kapitaladäquanz im Rahmen des aufsichtlichen Überprüfungsprozesses, in: Monatsbericht, Dezember 2007, S. 62.

Auch Modellrisiken, die sich aus vereinfachenden Modellannahmen, fehlerhaften Eingangs-   **69**
daten und Schätzwerten oder vereinfachten Berechnungsverfahren ergeben, wie z.B. bei der
Skalierung von Konfidenzniveau und Zeithorizont, wurden vor einigen Jahren nur vereinzelt
und – durch Verwendung von konservativen Schätzwerten – auch nur indirekt berücksichtigt.[80]
Modellrisiken können z.B. auch darin bestehen, dass die eingesetzten Bewertungsmodelle nicht
alle Spezifika des Produktes abdecken. CEBS hat frühzeitig auf Modellrisiken hingewiesen, die
z.B. aufgrund nicht berücksichtigter Risikofaktoren, unausgegorener Annahmen, fehlender Datenqualität oder einfach durch falsche Verwendung der Modelle (»misuse of the model«) schlagend werden können.[81] Modellrisiken spielen insbesondere bei der mindestens jährlichen Überprüfung der Angemessenheit der Methoden und Verfahren und der Verwendung externer Daten
durch die fachlich zuständigen Mitarbeiter eine Rolle. Die Aufsichtsbehörden haben dabei keine
pauschalen Modellrisikoaufschläge im Sinn, sondern eher eine einzelfallbezogene Berücksichtigung substanzieller Modellrisiken, sofern diese z.B. bei der Validierung komplexer Verfahren
beobachtet werden (→ AT 4.1 Tz. 9).

2.6 Risiken auf Gruppenebene

Der ICAAP sollte nach den Vorstellungen der EZB auf Gruppenebene konsistent und kohärent   **70**
sein, um die Angemessenheit des Kapitals unternehmensübergreifend effektiv bewerten und
aufrechterhalten zu können. Die Strategien, die Risikomanagementverfahren, die Entscheidungsprozesse und die zur Quantifizierung des Kapitalbedarfes verwendeten Methoden und Annahmen
müssen im jeweils einbezogenen Unternehmenskreis durchweg kohärent sein. In Abhängigkeit
von nationalen Besonderheiten können sich die Ansätze für bestimmte Unternehmen oder Untergruppen ggf. bis zu einem gewissen Grad voneinander unterscheiden. Dadurch sollte allerdings
die Wirksamkeit und Konsistenz des ICAAP auf allen relevanten Ebenen nicht beeinträchtigt
werden. Ein besonderer Fokus liegt auf der Gruppenebene. Dabei sollten auch mögliche Hindernisse für die Übertragbarkeit von Kapital innerhalb der Gruppe konservativ und umsichtig geprüft
und im ICAAP berücksichtigt werden. Die EZB verweist hinsichtlich des relevanten Konsolidierungskreises auf die Anwendungsebene gemäß Art. 108 CRD IV.[82]

Beispielhaft erläutert die EZB das erwartete Vorgehen des übergeordneten Unternehmens mit   **71**
Blick auf eine bedeutende nichtfinanzielle Tochtergesellschaft, deren aufsichtliche Behandlung
auf ihren Risikopositionsbeträgen beruht. Das übergeordnete Unternehmen sollte insbesondere
prüfen, ob die Geschäfte und Risikopositionen dieser Tochtergesellschaft Risiken beinhalten, die
ihren Buchwert oder ihr Beteiligungsrisiko übersteigen. So könnte es z.B. erforderlich sein, das
Kundenprofil und die Investitionen der Tochtergesellschaft bei Annahmen zur Konzentration und
zur Abhängigkeit auf Gruppenebene zu berücksichtigen. Ebenso könnten sich die Rechtsrisiken
der Tochtergesellschaft negativ auf das operationelle Risikoprofil des übergeordneten Unternehmens auswirken. Folglich könnten die zugrunde liegenden Risiken der Tochtergesellschaft die am
Buchwert festgemachten Risiken aufgrund von Reputations- und Unterstützungsrisiken sowie
einer erhöhten Konzentration erheblich übersteigen.[83]

---

80 Vgl. Deutsche Bundesbank, Zum aktuellen Stand der bankinternen Risikosteuerung und der Bewertung der Kapitaladä-
    quanz im Rahmen des aufsichtlichen Überprüfungsprozesses, in: Monatsbericht, Dezember 2007, S. 65.
81 Vgl. Committee of European Banking Supervisors, Consultation paper on technical aspects of diversification under Pillar 2
    (CP 20), 27. Juni 2008, S. 4.
82 Vgl. Europäische Zentralbank, Leitfaden der EZB für den bankinternen Prozess zur Sicherstellung einer angemessenen
    Kapitalausstattung (Internal Capital Adequacy Assessment Process – ICAAP), 9. November 2018, S. 9 und 12f.
83 Vgl. Europäische Zentralbank, Leitfaden der EZB für den bankinternen Prozess zur Sicherstellung einer angemessenen
    Kapitalausstattung (Internal Capital Adequacy Assessment Process – ICAAP), 9. November 2018, S. 31.

AT 4.1 Risikotragfähigkeit

72 Nach den Vorstellungen der deutschen Aufsichtsbehörden erstreckt sich die Reichweite des Risikomanagements auf Gruppenebene auf alle wesentlichen Risiken, unabhängig davon, ob diese von konsolidierungspflichtigen Unternehmen begründet werden oder nicht (→ AT 4.5 Tz. 1). Das übergeordnete Unternehmen hat auf der Grundlage des Gesamtrisikoprofils der Gruppe einen internen Prozess zur Sicherstellung der Risikotragfähigkeit auf Gruppenebene (→ AT 4.5 Tz. 3) sowie angemessene Risikosteuerungs- und -controllingprozesse einzurichten, die die gruppenangehörigen Unternehmen einbeziehen. Für die wesentlichen Risiken und das Gesamtrisikoprofil auf Gruppenebene sind zudem angemessene Stresstests durchzuführen (→ AT 4.5 Tz. 5). Insofern werden Gruppenrisiken implizit einbezogen.

2.7 Allgemeine Anforderungen an die Risikoquantifizierung

2.7.1 Kohärente Risikoquantifizierung

73 Im Rahmen des Risikotragfähigkeitskonzeptes wird das Risikodeckungspotenzial den wesentlichen Risiken gegenübergestellt. Das Risikotragfähigkeitskonzept setzt insoweit eine substanzielle Aussage über die Höhe der wesentlichen Risiken voraus. Ein sinnvolles Verfahren zur Messung der Risiken sollte nach der Fachliteratur vor allem folgende Eigenschaften besitzen:
- Eine Verdoppelung der eingesetzten risikobehafteten Anlage führt zur Verdoppelung des Risikomaßes (»positive Homogenität«).
- Mehr Risiko bedeutet ein höheres Risikomaß (»Monotonie«).
- Das Risikomaß eines Portfolios aus zwei risikobehafteten Anlagen ist kleiner oder gleich der Summe der Risikomaße der beiden einzelnen risikobehafteten Anlagen (»Subadditivität« oder »Diversifikation«).
- Eine zusätzliche Investition in eine risikolose Anlage verringert das Risikomaß um genau diesen Betrag (»Translationsinvarianz«).

74 Besitzt ein Verfahren diese Eigenschaften, so wird es in der wissenschaftlichen Literatur als »kohärent« bezeichnet.[84] Dies gilt vorbehaltlich eventueller Auswirkungen von Risikokonzentrationen.

2.7.2 Ganzheitliche Risikoquantifizierung

75 Die Risikoquantifizierungsverfahren können aufgrund der Methodenfreiheit vom Institut grundsätzlich frei gewählt werden.[85] Im Gegensatz zur Zusammensetzung des Risikodeckungspotenzials ist es deshalb deutlich schwieriger, zur Risikoquantifizierung übergreifende methodische Grundüberlegungen anzustellen.[86]

76 Der EZB geht es in erster Linie darum, dass die Risiken, denen das Institut ausgesetzt ist oder sein könnte, angemessen quantifiziert werden. Deshalb sollten die Risikoquantifizierungsmethoden auf das jeweilige Institut zugeschnitten sein, d. h. mit dem Risikoappetit, den Markterwartun-

---

84 Vgl. Artzner, Philippe/Delbaen, Freddy/Eber, Jean-Marc/Heath, David, Coherent Measures of Risk, in: Mathematical Finance, Heft 9 (3)/1999, S. 203–228.

85 Vgl. Wiesemann, Bernd, Aufsichtliche Beurteilung von Risikotragfähigkeitskonzepten, in: BaFinJournal, Ausgabe Februar 2012, S. 18.

86 Vgl. Deutsche Bundesbank, Bankinterne Methoden zur Ermittlung und Sicherstellung der Risikotragfähigkeit und ihre bankaufsichtliche Bedeutung, in: Monatsbericht, März 2013, S. 44.

gen, dem Geschäftsmodell, dem Risikoprofil, der Größe und der Komplexität der Institute im Einklang stehen. Die für beide Perspektiven verwendeten Risikoquantifizierungsmethoden und -annahmen sollten robust, hinreichend stabil, risikosensitiv und außerdem konservativ genug für die Quantifizierung selten auftretender Verluste sein.[87] Die Risikoquantifizierung muss konsistent zur Definition des Risikodeckungspotenzials sein. Ausgehend von einer barwertigen Ableitung des Risikodeckungspotenzials sind Risiken somit ebenfalls barwertig zu messen. Sofern bei der Ableitung des Risikodeckungspotenzials Vereinfachungen in Anspruch genommen werden, können diese auch bei der Berechnung der Risiken Anwendung finden.[88]

Im Sinne der Methodenfreiheit schreibt die Aufsicht in der zweiten Säule keine Risikoquantifizierungsverfahren vor. Die EZB stellt klar, dass verschiedene Methoden und Verfahren zulässig sind, z. B. mathematisch-statistische Verfahren, Stresstests oder andere Methoden, die sich zur Risikoquantifizierung eignen.[89] Die Wahl des Risikoquantifizierungsverfahrens muss im Einklang mit dem Risikoprofil, der Größe und der Komplexität der Institute stehen. Kleinere Institute sind nicht gezwungen, komplexe Verfahren zu implementieren. Wenn ein Institut sich entscheidet, komplexe Risikomodelle zu verwenden, werden an die Verwendung dieser Risikomodelle entsprechend hohe Anforderungen gestellt. Die Aufsicht legt einen großen Wert darauf, dass die verwendeten Risikoquantifizierungsverfahren keine Blackbox für die Institute darstellen und verlangen eine kritische Auseinandersetzung mit den Ergebnissen.[90] Institute, die über keine ausreichenden Ressourcen im Risikomanagement verfügen, um die erforderlichen Voraussetzungen zur Anwendung komplexer Modelle zu erfüllen, müssen entweder für den Aufbau der erforderlichen Methodenkompetenz sorgen oder ihrer überschaubaren Geschäftstätigkeit und Risikosituation entsprechend einfachere Verfahren implementieren, deren angemessene Anwendung sie gewährleisten können.[91]

77

2.7.3 Grad der Konservativität

Die deutsche Aufsicht erwartet, dass die Institute in ihrem Risikotragfähigkeitskonzept konservative Risikoquantifizierungsverfahren verwenden. Insgesamt sollen sich die Institute in der ökonomischen Perspektive am Konfidenzniveau der internen Modelle der ersten Säule orientieren, das unter Berücksichtigung aller Parameter in etwa 99,9 Prozent entspricht.[92]

78

Die EZB fordert grundsätzlich dasselbe von den bedeutenden Instituten. Sie verweist allerdings darauf, dass der Gesamtgrad der Konservativität nicht durch einzelne Faktoren bestimmt wird, sondern durch das Zusammenspiel der zugrunde liegenden Annahmen und Parameter. Demnach kann ein Ansatz in der Praxis auch dann hinreichend konservativ sein, wenn einzelne Annahmen weniger konservativ sind, solange der Gesamtgrad an Konservativität hoch (genug) ist. Je nach Risikoprofil könnten die internen Risikoparameter im Vergleich zur ersten Säule selbst dann als insgesamt konservativer betrachtet werden, wenn das Konfidenzniveau unter 99,9 Prozent liegt.

79

---

87 Vgl. Europäische Zentralbank, Leitfaden der EZB für den bankinternen Prozess zur Sicherstellung einer angemessenen Kapitalausstattung (Internal Capital Adequacy Assessment Process – ICAAP), 9. November 2018, S. 35.

88 Vgl. Bundesanstalt für Finanzdienstleistungsaufsicht/Deutsche Bundesbank, Aufsichtliche Beurteilung bankinterner Risikotragfähigkeitskonzepte und deren prozessualer Einbindung in die Gesamtbanksteuerung (»ICAAP«) – Neuausrichtung, Leitfaden vom 24. Mai 2018, S. 15.

89 Vgl. Europäische Zentralbank, Leitfaden der EZB für den bankinternen Prozess zur Sicherstellung einer angemessenen Kapitalausstattung (Internal Capital Adequacy Assessment Process – ICAAP), 9. November 2018, S. 36.

90 Vgl. Europäische Zentralbank, Leitfaden der EZB für den bankinternen Prozess zur Sicherstellung einer angemessenen Kapitalausstattung (Internal Capital Adequacy Assessment Process – ICAAP), 9. November 2018, S. 37.

91 Vgl. Deutsche Bundesbank, Bankinterne Methoden zur Ermittlung und Sicherstellung der Risikotragfähigkeit und ihre bankaufsichtliche Bedeutung, in: Monatsbericht, März 2013, S. 36.

92 Vgl. Bundesanstalt für Finanzdienstleistungsaufsicht/Deutsche Bundesbank, Aufsichtliche Beurteilung bankinterner Risikotragfähigkeitskonzepte und deren prozessualer Einbindung in die Gesamtbanksteuerung (»ICAAP«) – Neuausrichtung, Leitfaden vom 24. Mai 2018, S. 17.

AT 4.1 Risikotragfähigkeit

Dies hängt davon ab, wie dieses Konfidenzniveau mit den verwendeten Risikofaktoren, Verteilungsannahmen, Haltedauern, Korrelationsannahmen sowie weiteren Parametern und Annahmen kombiniert wird. In der Praxis dürfte sich ein solcher Nachweis jedoch als schwierig erweisen. Sofern mehrere Stressszenarien verwendet werden, sollten kohärente Methoden für ihre Zusammenfassung genutzt werden, um eine entsprechende Gesamtkonservativität zu erreichen.[93]

80   Diese Vorgehensweise ist vermutlich auch darauf zurückzuführen, dass die EBA die Anforderung der CRD, wonach jene Risiken in der zweiten Säule mit internem Kapital unterlegt werden müssen, die nach den Vorgaben der CRR in der ersten Säule nicht oder nicht hinreichend durch regulatorisches Kapital abgedeckt sind, in ihren Leitlinien zum SREP auf die Einzelrisiken bezieht (»on a risk-by-risk basis«). Bei diesem so genannten »Säule-1-Plus-Ansatz« gehen die Kapitalanforderungen der ersten Säule für die dort behandelten Risikoarten jeweils als Untergrenze in die Kapitalfestsetzung der zweiten Säule ein.[94] Diese Anforderung ist schlicht nicht umsetzbar, wenn die Verfahren zur Risikoquantifizierung in der zweiten Säule weniger konservativ ausgestaltet sind als die im Rahmen der ersten Säule verwendeten internen Modelle.

81   Grundsätzlich muss die Wahl der Parameter mit der Perspektive der Risikotragfähigkeitsbetrachtung im Einklang stehen.

2.7.4   Value-at-Risk als Risikomaß

82   Die Institute haben insbesondere auf dem Gebiet der Messung von Adressenausfall- und Marktpreisrisiken bedeutende Fortschritte gemacht.[95] Zu den gängigsten Messverfahren im Bereich der Marktpreis- und Adressenausfallrisiken zählen so genannte »Value-at-Risk-Ansätze«, die bei vielen Instituten zur Anwendung kommen. Der Value-at-Risk (VaR) ist der geschätzte maximale Wertverlust einer Einzelposition oder eines Portfolios, der unter den Marktbedingungen der zurückliegenden Jahre (Beobachtungszeitraum) innerhalb eines festgelegten Zeitraumes in der Zukunft (Risikobetrachtungshorizont) mit einer bestimmten Wahrscheinlichkeit (Konfidenzniveau) eintreten kann.[96] Bei den Value-at-Risk-Ansätzen unterscheidet man im Wesentlichen zwischen Varianz-Kovarianz-Ansätzen, historischen Simulationen und Monte-Carlo-Simulationen. Die Ansätze sind sehr anspruchsvoll, da ihr Einsatz an das Vorhandensein umfangreicher Datenhistorien geknüpft ist. In der Praxis bedient man sich daher in vielen Fällen weniger anspruchsvoller Sensitivitätsmaße (z. B. Duration) oder Szenarioansätze.

83   Beim Rückgriff auf Value-at-Risk-Ansätze muss das Institut zunächst individuell festlegen, welche mit der angestrebten Wahrscheinlichkeit eintretenden Verluste es durch sein internes Kapital abdecken möchte und für welche im Allgemeinen sehr hohen, aber unwahrscheinlichen Verluste es im Umkehrschluss in Kauf nimmt, die eigene Risikotragfähigkeit zu gefährden. Von zentraler Bedeutung ist folglich die Festlegung des Konfidenzniveaus, das z. B. aus dem angestrebten externen Rating des Institutes oder den bankaufsichtlichen Vorgaben für Mindestkapitalquoten in der ersten Säule (99,9 Prozent für Kreditrisiken und operationelle Risiken, 99,0 Prozent für Marktpreisrisiken) abgeleitet werden kann.[97]

---

93 Vgl. Europäische Zentralbank, Leitfaden der EZB für den bankinternen Prozess zur Sicherstellung einer angemessenen Kapitalausstattung (Internal Capital Adequacy Assessment Process – ICAAP), 9. November 2018, S. 35 f.

94 Vgl. European Banking Authority, Guidelines on common procedures and methodologies for the supervisory review and evaluation process (SREP) and supervisory stress testing, EBA/GL/2014/13, Consolidated version, 19. Juli 2018, S. 133.

95 Im Rahmen der Kommentierung werden verschiedene Risikomaße nur grob erläutert. Eine umfassende Beschreibung und Diskussion der jeweiligen Vor- und Nachteile würden den Rahmen der Kommentierung sprengen. Zur Vertiefung dieser Thematik vgl. z. B. Albrecht, Peter/Maurer, Raimond, Investment- und Risikomanagement, 3. Auflage, Stuttgart, 2008.

96 Vgl. Schierenbeck, Henner, Ertragsorientiertes Bankmanagement, Band 2: Risiko-Controlling und integrierte Rendite-/ Risikosteuerung, 8. Auflage, Wiesbaden, 2003, S. 17.

97 Vgl. Deutsche Bundesbank, Zum aktuellen Stand der bankinternen Risikosteuerung und der Bewertung der Kapitaladäquanz im Rahmen des aufsichtlichen Überprüfungsprozesses, in: Monatsbericht, Dezember 2007, S. 59 f.

2.7.5 Grenzen des Value-at-Risk-Konzeptes

Jedes Institut sollte sich über die Grenzen der auf Wahrscheinlichkeiten basierenden Value-at-Risk-Ansätze im Klaren sein. Der Markt ist und bleibt ein launischer Spieler. Die Risiken sind häufig vielschichtig und können sich überraschend ändern, so dass die Modelle trotz ihrer mathematisch-statistischen Komplexität die Realität nie vollständig abbilden können.

    84

Da Value-at-Risk-Ansätze auf historischen Daten basieren, sind sie einerseits auf die Vergangenheit kalibriert und unterstellen andererseits für die Zukunft vergleichbare Bedingungen. Auf diese Weise werden künftige Marktentwicklungen vollständig ausgeblendet. Nur in den Rückspiegel zu blicken, kann aber leicht dazu führen, dass die Fahrt am nächsten Baum endet. Die Realität lässt sich zudem nicht ohne Weiteres in das Annahmenkorsett mathematischer Optimierungskalküle zwängen. Einerseits werden die Risiken auch unter normalen Marktbedingungen systematisch unterschätzt, weil die Eintrittswahrscheinlichkeit von Ereignissen an den Rändern der Verteilung höher ist, als die typischerweise unterstellte Normalverteilungsannahme suggeriert. Die Verletzung der Normalverteilungsannahme kann allerdings durch die Auswahl von Verteilungen mit einer höheren Wahrscheinlichkeitsmasse an den Rändern kompensiert werden. Andererseits können die statistischen Annahmen bei der Berechnung des Value-at-Risk während des Eintretens von Stressereignissen nicht aufrechterhalten werden, da die wesentlichen Parameter (Erwartungswert, Varianz und Kovarianz) im Zeitverlauf nicht mehr als konstant angesehen werden können und der betrachtete stochastische Prozess somit nicht mehr schwach stationär ist. Das liegt insbesondere daran, dass sich in Stresssituationen die Volatilitäten erhöhen und gleichzeitig ein ausgeprägtes Herdenverhalten sowie damit verbundene veränderte Korrelationsbeziehungen zu beobachten sind. Gleichzeitig wird das Auftreten extremer Beobachtungswerte wahrscheinlicher.[98]

    85

Die Aussagekraft des Value-at-Risk hängt ferner nicht nur von den verwendeten Eingangsparametern und unterstellten Szenarien ab, sondern auch davon, ob die jeweils zugrunde liegenden Bedingungen von den Entscheidungsträgern verstanden und richtig interpretiert werden. Schließlich sagt der Value-at-Risk nichts über die Höhe der Verluste bei seiner Überschreitung aus und ist insofern auch nicht zur Bestimmung des theoretisch möglichen Maximalverlustes geeignet. In diesem Zusammenhang findet der so genannte »Expected Shortfall« Verwendung, der auch als »Conditional Value-at-Risk« bezeichnet wird und dem Erwartungswert aller Verluste entspricht, die größer sind als der Value-at-Risk (siehe Abbildung 18). Der Expected Shortfall ist allerdings nur ein Durchschnittswert. Die tatsächlichen Verluste können im Einzelfall geringer oder weit größer ausfallen. Eine Abschätzung für den möglichen Maximalverlust liefert der Wert also auch nicht, stellt aber ein konservativeres Risikomaß als der Value-at-Risk dar. Allerdings sind die zum Value-at-Risk alternativen Risikomaße in Kreditinstituten noch nicht sehr stark verbreitet.[99] Dies ist nicht zuletzt auf die Festlegung der Aufsicht auf den Value-at-Risk als maßgebliches Risikomaß für die Ermittlung der Mindestkapitalanforderungen gemäß Säule 1 zurückzuführen. Mit dem Abschluss des Fundamental Review of the Trading Book ersetzt der Expected Shortfall den Value-at-Risk als führendes Marktrisikomaß in der Bankenregulierung. Der für eine Stressperiode zu ermittelnde Expected Shortfall ersetzt den bisherigen Value-at-Risk für die Ermittlung der Eigenmittelanforderungen. Folglich ist zu erwarten, dass der Expected Shortfall auch im internen Risikomanagement zunehmend in den Fokus rücken wird.

    86

---

98 Vgl. Bühn, Andreas/Klauck, Kai-Oliver, Mit modernen Stresstests das Risikoprofil analysieren, in: Betriebswirtschaftliche Blätter, Heft 6/2007, S. 355.

99 Vgl. Deutsche Bundesbank, Bankinterne Methoden zur Ermittlung und Sicherstellung der Risikotragfähigkeit und ihre bankaufsichtliche Bedeutung, in: Monatsbericht, März 2013, S. 37 f.

AT 4.1 Risikotragfähigkeit

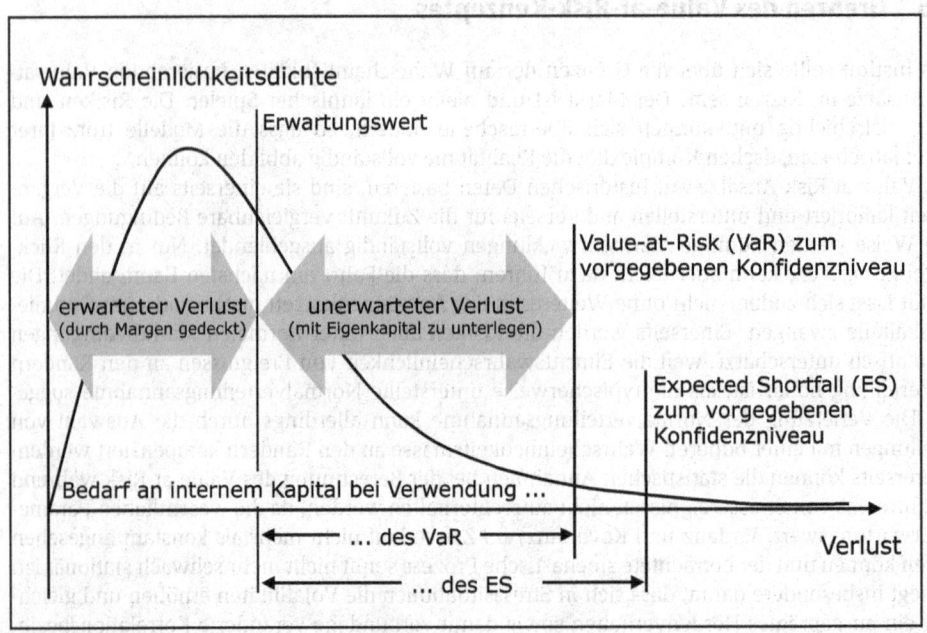

Abb. 18: Risikomaße und internes Kapital

87 Value-at-Risk-Ansätze können daher nur dann ihre volle Wirksamkeit entfalten, wenn sie sich auf zusätzliche Informationen und Analysen stützen.[100] In die Zukunft gerichtete Szenariobetrachtungen und die regelmäßige Überprüfung der Modellannahmen hinsichtlich ihres Aussagegehaltes spielen in diesem Zusammenhang eine wichtige Rolle (→ AT 4.3.3 Tz. 1 und 4). Insofern können sich Value-at-Risk-Ansätze und Stresstests in idealer Weise ergänzen. Ebenso nimmt die Bedeutung von Expertenschätzungen kontinuierlich zu, die zur Plausibilisierung der quantitativen Ergebnisse herangezogen werden können (→ AT 4.1 Tz. 5).

88 Die Ereignisse in der Finanzmarktkrise haben verdeutlicht, wie wichtig es ist, dass bei den mathematischen Modellen ein enger Bezug zur Realität hergestellt wird. Nicht zuletzt vor diesem Hintergrund wurde im Rahmen der vierten MaRisk-Novelle ergänzt, dass bei der zumindest jährlich durchzuführenden Angemessenheitprüfung den Grenzen und Beschränkungen, die sich aus den eingesetzten Methoden und Verfahren, den ihnen zugrunde liegenden Annahmen und den in die Risikoquantifizierung einfließenden Daten ergeben, hinreichend Rechnung zu tragen ist. Die Aussagekraft der quantifizierten Risiken ist insofern kritisch zu analysieren (→ AT 4.1 Tz. 9). Darüber hinaus verlangt die Aufsicht eine stärker zukunftsorientierte Betrachtungsweise im Rahmen der Risikoquantifizierung. Die Institute müssen Veränderungen ihrer eigenen Geschäftätigkeit und ihres Marktumfeldes in der Zukunft und die Auswirkungen dieser Veränderungen auf die Risiken und die Risikotragfähigkeit berücksichtigen.[101]

---

100 Vgl. Deutsche Bundesbank, Zum aktuellen Stand der bankinternen Risikosteuerung und der Bewertung der Kapitaladäquanz im Rahmen des aufsichtlichen Überprüfungsprozesses, in: Monatsbericht, Dezember 2007, S. 60.

101 Vgl. Deutsche Bundesbank, Bankinterne Methoden zur Ermittlung und Sicherstellung der Risikotragfähigkeit und ihre bankaufsichtliche Bedeutung, in: Monatsbericht, März 2013, S. 33.

2.7.6 Berücksichtigung erwarteter und unerwarteter Verluste

Im Rahmen der Risikoquantifizierung sind sowohl erwartete als auch unerwartete Verluste zu **89** berücksichtigen. Der erwartete Verlust (»Expected Loss«, EL) ist der statistische durchschnittliche Verlust, den ein Institut über einen bestimmten Zeitraum hinweg erwartet. Der unerwartete Verlust (»Unexpected Loss«, UL) ist der darüberhinausgehende Gesamtverlust, der aus einem nachteiligen Extremereignis resultiert.[102]

Der erwartete Verlustbetrag lässt sich im Kreditgeschäft als Produkt aus der geschätzten Ausfall- **90** wahrscheinlichkeit (»Probability of Default«, PD), der Verlustquote bei Ausfall (»Loss Given Default«, LGD) und der Forderungshöhe bei Ausfall (»Exposure at Default«, EAD) berechnen. Wie der Name schon sagt, handelt es sich um einen Verlust, der aufgrund der Erfahrungen aus der Vergangenheit von vornherein in der Zukunft erwartet wird. Deshalb gilt der Grundsatz, dass der erwartete Verlust als Bestandteil der »durchschnittlichen Kosten« des Bankbetriebes durch entsprechende Margeneinkommen abgedeckt sein sollte.[103] Aus der Beschreibung des Value-at-Risk-Konzeptes wird deutlich, dass der erwartete Verlust als Erwartungswert der Verlustverteilung interpretiert werden kann, während der unerwartete Verlust der (negativen) Abweichung von diesem Erwartungswert entspricht. Sofern also der erwartete Verlust durch entsprechende Risiko-margen abgedeckt ist, resultiert das eigentliche Risiko aus dem unerwarteten Verlust. Daraus folgt, dass die unerwarteten Verluste zwingend bei der Risikoquantifizierung berücksichtigt werden müssen. Die erwarteten Verluste müssen hingegen nur dann erfasst werden, wenn sie bei der Ableitung des Risikodeckungspotenzials nicht adäquat einbezogen wurden.

Die EZB erwartet von den bedeutenden Instituten unter Proportionalitätsgesichtspunkten, ihre **91** eigenen Verfahren und Methoden anzuwenden, um die erwarteten und unerwarteten Verluste zu quantifizieren und mit internem Kapital zu unterlegen. Die erwarteten Verluste können alternativ auch bei der Ermittlung des internen Kapitals berücksichtigt werden.[104]

In vergleichbarer Weise wird von den deutschen Aufsichtsbehörden gefordert, dass die weniger **92** bedeutenden Institute bei der Risikoquantifizierung der als wesentlich identifizierten Risiken sowohl erwartete als auch unerwartete Verluste einbeziehen, ohne dabei zwingend auf mathema-tisch-statistische Verfahren abzustellen. Auf die Abbildung erwarteter Verluste auf der Risikoseite kann wiederum verzichtet werden, sofern sie bereits bei der Bestimmung des Risikodeckungs-potenzials berücksichtigt wurden. Dies trifft in Analogie auch auf das Gesamtkonzept der Going-Concern-Ansätze alter Prägung zu.[105]

Erwartete Verluste, wie z. B. erwartete Ausfälle von Schuldnern oder durchschnittlich erwartete **93** operationelle Schäden, müssen in jedem Fall bei der Ermittlung des Barwertes aktivischer Positionen angemessen berücksichtigt werden. Dies kann durch eine Anpassung der Zahlungs-ströme, die in die Barwertermittlung von Aktivpositionen eingehen, oder durch Korrektur der mit einem risikolosen Zinssatz[106] ermittelten Barwerte mittels risikoadäquater Spread-Aufschläge, also durch Verwendung risikogerechter Zinssätze bei der Abzinsung der Cashflows, erfolgen. Für

---

102 Vgl. Europäische Zentralbank, Leitfaden der EZB für den bankinternen Prozess zur Sicherstellung einer angemessenen Kapitalausstattung (Internal Capital Adequacy Assessment Process – ICAAP), 9. November 2018, S. 44. Gemäß Art. 5 Nr. 3 CRR beschreibt der »erwartete Verlust« das Verhältnis zur Höhe des Verlustes, der bei einem etwaigen Ausfall der Gegenpartei oder bei einer Verwässerung über einen Ein-Jahres-Zeitraum zu erwarten ist, zum Betrag der ausstehenden Risikoposition zum Zeitpunkt des Ausfalls.

103 Vgl. Deutsche Bundesbank, Zum aktuellen Stand der bankinternen Risikosteuerung und der Bewertung der Kapitaladä-quanz im Rahmen des aufsichtlichen Überprüfungsprozesses, in: Monatsbericht, Dezember 2007, S. 59 f.

104 Vgl. Europäische Zentralbank, Leitfaden der EZB für den bankinternen Prozess zur Sicherstellung einer angemessenen Kapitalausstattung (Internal Capital Adequacy Assessment Process – ICAAP), 9. November 2018, S. 21.

105 Vgl. Bundesanstalt für Finanzdienstleistungsaufsicht/Deutsche Bundesbank, Aufsichtliche Beurteilung bankinterner Risikotragfähigkeitskonzepte und deren prozessualer Einbindung in die Gesamtbanksteuerung (»ICAAP«) – Neuaus-richtung, Leitfaden vom 24. Mai 2018, S. 14 f. und 29.

106 Die risikolose Zinskurve wird z. B. durch die »Overnight index swap« (OIS)-Kurve abgebildet oder approximativ als Zinskurve von Bundesanleihen abzüglich des laufzeitabhängigen »CDS-Spreads Bund« berechnet. Seit der Finanzmarkt-krise wird die Swap-Zinsstrukturkurve nicht mehr als (adressausfall-)risikolos gesehen.

AT 4.1 Risikotragfähigkeit

Kredite kann diese Korrektur alternativ auch durch den Abzug von Standardrisikokosten vom ermittelten Barwert vorgenommen werden, sofern diese auch die Laufzeit der betrachteten Portfolios angemessen berücksichtigen. Dies kann z. B. mit Hilfe der durchschnittlichen Kapitalbindungsdauer erfolgen.[107]

94 In der normativen Perspektive bildet das Planszenario die erwartete Geschäftsentwicklung ab und berücksichtigt auch die erwarteten Verluste über einen Betrachtungshorizont von drei Jahren. Unerwartete Verluste sind im Rahmen von adversen Szenarien zu analysieren und quantitativ zu berücksichtigen.

2.8 Berechnung des Kapitalbedarfes für einzelne Risikoarten

2.8.1 Kapitalbedarf für Marktpreisrisiken

95 Zur Berechnung des internen Kapitalbedarfes für Marktpreisrisiken inkl. der Zinsänderungsrisiken im Anlagebuch nutzen viele große Institute mittlerweile eigene Modelle. Die verschiedenen Verfahren zur Messung von Marktpreisrisiken (→ BTR 2.2 Tz. 2) und speziell von Zinsänderungsrisiken (→ BTR 2.3 Tz. 6) werden im Modul BTR 2 ausführlich beschrieben.

96 Unabhängig vom gewählten Ansatz muss bei Marktpreisrisiken sichergestellt werden, dass auch bei wechselnden Positionen und zwischenzeitlichen Glattstellungen insgesamt nicht mehr Risikodeckungspotenzial aufgezehrt werden kann, als für diese Risiken für den gesamten Risikobetrachtungshorizont alloziert ist. Um die Risikonahme über den gesamten Risikobetrachtungshorizont steuern zu können, sind insbesondere die Festlegung der Haltedauer für Marktrisikopositionen und ein konsistentes Limitsystem erforderlich.[108] Der Anforderung an ein konsistentes Limitsystem kann am einfachsten durch ein stringent implementiertes System »selbstverzehrender Limite«, d. h. durch eine permanente Anrechnung eingetretener Verluste auf das Limit im Risikobetrachtungshorizont, entsprochen werden.[109]

97 Mit Blick auf die für Handelsgeschäfte übliche Haltedauer von wenigen Tagen und den geforderten Risikobetrachtungshorizont von üblicherweise 250 Handelstagen müssen zudem geeignete Annahmen für die Zusammensetzung des Portfolios bis zum Ende des Risikobetrachtungshorizontes getroffen werden. Eine Übernahme der zur operativen Steuerung verwendeten Haltedauern würde die Marktpreisrisiken im Rahmen der Risikotragfähigkeitsrechnung und der risikoorientierten Performancemessung eklatant unterschätzen. Andererseits könnte die Verwendung der enormen Beträge für Marktpreisrisiken aus der Risikotragfähigkeitsrechnung für deren operative Steuerung zu einer sehr trägen und marktfernen Strategie führen.[110]

98 Für die sinnvolle Verbindung der operativen Steuerung mit der Risikotragfähigkeitsbetrachtung müssen die operative Haltedauer und der Risikobetrachtungshorizont in geeigneter Weise zusammengeführt werden.[111] Die Integration des Marktpreisrisikos in das Risikotragfähigkeitskonzept ist

---

107 Vgl. Bundesanstalt für Finanzdienstleistungsaufsicht/Deutsche Bundesbank, Aufsichtliche Beurteilung bankinterner Risikotragfähigkeitskonzepte und deren prozessualer Einbindung in die Gesamtbanksteuerung (»ICAAP«) – Neuausrichtung, Leitfaden vom 24. Mai 2018, S. 14.

108 Vgl. Bundesanstalt für Finanzdienstleistungsaufsicht/Deutsche Bundesbank, Aufsichtliche Beurteilung bankinterner Risikotragfähigkeitskonzepte und deren prozessualer Einbindung in die Gesamtbanksteuerung (»ICAAP«) – Neuausrichtung, Leitfaden vom 24. Mai 2018, S. 16 und 29.

109 Vgl. Wiesemann, Bernd, Aufsichtliche Beurteilung von Risikotragfähigkeitskonzepten, in: BaFinJournal, Ausgabe Februar 2012, S. 22.

110 Vgl. Volk, Tobias/Wiesemann, Bernd, Aufsichtliche Beurteilung bankinterner Risikotragfähigkeitskonzepte, in: Zeitschrift für das gesamte Kreditwesen, Heft 6/2012, S. 21.

111 Vgl. Volk, Tobias/Wiesemann, Bernd, Aufsichtliche Beurteilung bankinterner Risikotragfähigkeitskonzepte, in: Zeitschrift für das gesamte Kreditwesen, Heft 6/2012, S. 21.

deshalb methodisch sehr anspruchsvoll. Dafür stehen im Wesentlichen vier Methoden zur Verfügung (siehe Abbildung 19)[112]:

a) Skalierung des Risikos der Einzelpositionen auf 250 Handelstage: Unterstellung von unveränderten Einzelpositionen im Portfolio über den gesamten Risikobetrachtungshorizont und entsprechende Multiplikation des auf Basis einer kürzeren Haltedauer gemessenen Risikowertes mit einem Faktor,

b) Simulation: Berücksichtigung realistischer Portfolioumschichtungen während des Risikobetrachtungshorizontes sowie antizipierter Maßnahmen des Institutes beim Überschreiten eines im Vorfeld festgelegten Risikolimits durch das aktuelle Risikoniveau (»Limitbruch«),

c) Unterstellung eines konstanten Risikoniveaus (»constant level of risk«): Unterstellte Neuinvestition in Einzelpositionen vergleichbaren Risikogehaltes nach Verkauf der ursprünglichen Positionen,

d) Vollständiger Positionsabbau vor Ende des Risikobetrachtungshorizontes: Abbau oder Absicherung des Risikos deutlich vor dem Ende des Risikobetrachtungshorizontes und daraus resultierender Verzicht auf die potenziellen Erträge.

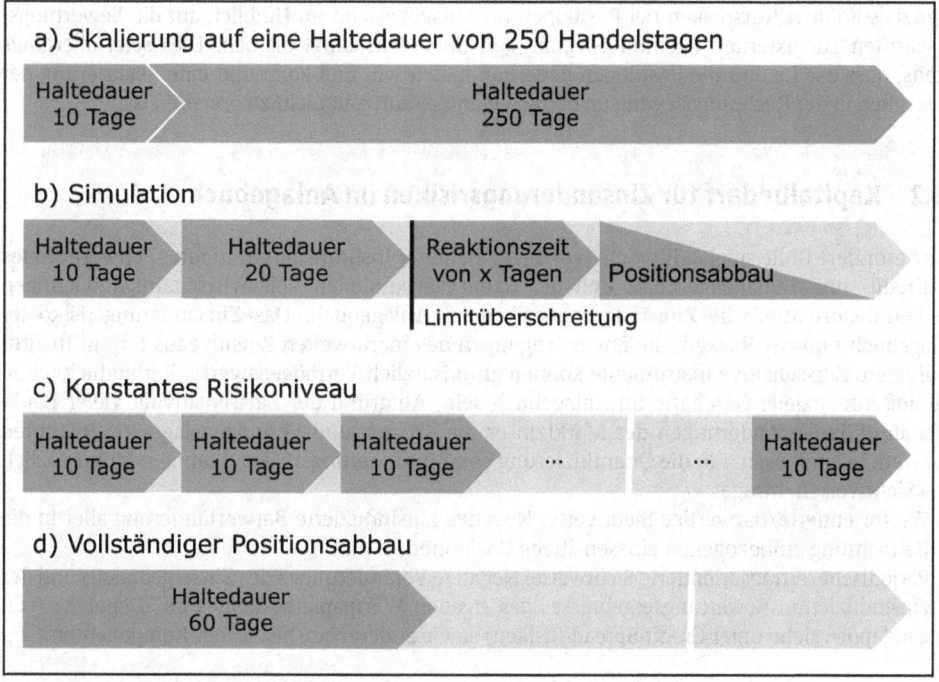

Abb. 19: Überführung der Haltedauer in den Risikobetrachtungshorizont

In der Praxis ist die Skalierung des Risikos der Einzelpositionen auf einen Jahreshorizont am häufigsten zu beobachten. Von methodisch fortgeschrittenen Instituten wird versucht, ihre konkrete Limitstruktur, Erkenntnis- und Reaktionszeiten, Marktliquiditätsaspekte sowie die verfolgten Handelsstrategien mit Hilfe einer Simulationsrechnung abzubilden. Die Annahme eines konstanten

99

---

112 In Anlehnung an Deutsche Bundesbank, Bankinterne Methoden zur Ermittlung und Sicherstellung der Risikotragfähigkeit und ihre bankaufsichtliche Bedeutung, in: Monatsbericht, März 2013, S. 39.

AT 4.1 Risikotragfähigkeit

Risikoniveaus ist in Anlehnung an die Verfahren der ersten Säule zur Messung von Ausfall- und Migrationsrisiken im Rahmen der »Incremental Risk Charge« möglich.[113] Ein potenzieller Abbau von Risikopositionen kann daher nur dann als Steuerungsmaßnahme berücksichtigt werden, wenn diese nachweislich mit den Strategien, Risikosteuerungs- und -controllingprozessen sowie der Portfoliostruktur im Einklang steht. Dazu gehört folglich auch die konsistente Berücksichtigung der Ertrags- und Kostensituation nach einem unterstellten Abbau von Risikopositionen.[114] Die Aufsicht erwartet einen Nachweis derartiger wenig konservativer Annahmen nicht nur auf theoretischer Basis, sondern auch anhand realer Situationen aus der Praxis. Die Erfahrungen aus der Finanzmarktkrise hätten angabegemäß gezeigt, dass es vielen Marktteilnehmern am nötigen Willen und der ökonomischen Fähigkeit zu einem solchen Vorgehen mangelt.[115] Die damit einhergehende Unterschätzung der stark durch exogene Faktoren beeinflussten Marktpreisrisiken ist auch der Grund für die insgesamt sehr restriktive Positionierung der Deutschen Bundesbank.[116]

100   Für die Berechnung des Kapitalbedarfes für Marktpreisrisiken gelten die grundsätzlichen Vorgaben zur normativen und ökonomischen Perspektive. Während in der normativen Perspektive die Anforderungen der Rechnungslegung zu beachten sind, orientiert sich die Risikomessung in der ökonomischen Perspektive an den Marktwerten der marktrisikobehafteten Positionen. Bei Going-Concern-Ansätzen alter Prägung mit bilanz- bzw. GuV-orientierter Ableitung des Risikodeckungspotenzials können Kursrisiken bei Positionen im Anlagebestand im Hinblick auf die Bewertungsvorschriften zur externen Rechnungslegung ggf. unberücksichtigt bleiben. Dies setzt allerdings voraus, dass das Institut die Positionen dauerhaft halten will und kann und eine Realisierung der Kursrisiken in der Rechnungslegung im betrachteten Zeithorizont nicht zu erwarten ist.[117]

2.8.2   Kapitalbedarf für Zinsänderungsrisiken im Anlagebuch

101   Eine besondere Rolle spielen für viele (vor allem kleinere) Institute aufgrund ihres Schwerpunktes im Kredit- und Einlagengeschäft und der damit verbundenen volkswirtschaftlich wichtigen Fristentransformation die Zinsänderungsrisiken im Anlagebuch. Das Zinsänderungsrisiko im Anlagebuch umfasst Risiken, die aus Bewegungen des marktweiten Zinsniveaus für ein Institut resultieren. Zinssensitive Instrumente können grundsätzlich Vermögenswerte, Verbindlichkeiten und außerbilanzielle Geschäfte im Anlagebuch sein. Aufgrund der Zinssensitivität vieler Bankgeschäfte können Änderungen des Marktzinses die Ertrags- und Vermögenslage von Instituten sehr stark beeinflussen. Für die Quantifizierung von Zinsänderungsrisiken kommen grundsätzlich zwei Sichtweisen infrage:

-   Wertorientierte/barwertige Sichtweise: Negative zinsinduzierte Barwertänderung aller in die Betrachtung einbezogenen zinssensitiven Positionen,
-   Periodische/ertragsorientierte Sichtweise: Negative Veränderungen des Zinsergebnisses und des zinsinduzierten Bewertungsergebnisses des eigenen Wertpapierbestandes im »Depot A« (»Eigendepot«, siehe unter Credit-Spread-Risiken) sowie anderer zinsbezogener Komponenten.

---

113 Vgl. Deutsche Bundesbank, Bankinterne Methoden zur Ermittlung und Sicherstellung der Risikotragfähigkeit und ihre bankaufsichtliche Bedeutung, in: Monatsbericht, März 2013, S. 39 f.

114 Vgl. Bundesanstalt für Finanzdienstleistungsaufsicht/Deutsche Bundesbank, Aufsichtliche Beurteilung bankinterner Risikotragfähigkeitskonzepte und deren prozessualer Einbindung in die Gesamtbanksteuerung (»ICAAP«) – Neuausrichtung, Leitfaden vom 24. Mai 2018, S. 16 und 29.

115 Vgl. Deutsche Bundesbank, Bankinterne Methoden zur Ermittlung und Sicherstellung der Risikotragfähigkeit und ihre bankaufsichtliche Bedeutung, in: Monatsbericht, März 2013, S. 40.

116 Vgl. Volk, Tobias, Risikotragfähigkeit von Kreditinstituten, in: BankPraktiker, Heft 6/2013, S. 229 f.

117 Vgl. Bundesanstalt für Finanzdienstleistungsaufsicht/Deutsche Bundesbank, Aufsichtliche Beurteilung bankinterner Risikotragfähigkeitskonzepte und deren prozessualer Einbindung in die Gesamtbanksteuerung (»ICAAP«) – Neuausrichtung, Leitfaden vom 24. Mai 2018, S. 28.

Die Ermittlung des Risikobetrages für Zinsänderungsrisiken im Anlagebuch hat in Abhängigkeit von **102** dem gewählten Risikotragfähigkeitsansatz zu erfolgen. Während der normativen Perspektive eine ertragsorientierte Sichweise zugrunde liegt, folgt die ökonomische Perspektive wertorientierten/ barwertigen Grundsätzen. Entsprechend ist der Risikobetrag für die Zinsänderungsrisiken in der ökonomischen Perspektive wertorientiert zu ermitteln. Die Vorgaben der Rechnungslegung finden in der ökonomischen Perspektive keine Anwendung, weshalb wertorientierte Zinsänderungsrisiken für das gesamte Zinsbuch bzw. die zinstragenden Geschäfte zu ermitteln sind. In der normativen Perspektive und in den Going-Concern-Ansätzen alter Prägung erfolgt die Ermittlung der Risiken und des Risikodeckungspotenzials ertragsorientiert. Entsprechend werden in der Regel nur Zinsänderungsrisiken berücksichtigt, welche zu einem bilanzwirksamen Aufwand führen.

Bei Ermittlung des Zinsänderungsrisikos in der periodenorientierten Sicht (normative Perspek- **103** tive und Going Concern-Ansätze alter Prägung) ist neben dem Zinsspannenrisiko auch der Gefahr eines Rückstellungsbedarfes im Rahmen der verlustfreien Bewertung des Zinsbuches nach IDW RS BFA 3[118] Rechnung zu tragen. Die Institute führen die verlustfreie Bewertung in aller Regel mittels eines wertorientierten Ansatzes durch. Für nach HGB bilanzierende Institute kann sich aus dem Rückstellungstest nach BFA 3 in der ertragsorientierten Sichtweise ein GuV-wirksamer Drohverlustrückstellungsbedarf ergeben, der wiederum einen Einfluss auf die Kapitalausstattung eines Institutes hat. Die verlustfreie Bewertung des Zinsbuches ist somit als ein integraler Bestandteil der Risikotragfähigkeitsbetrachtung in ertragsorientierten Ansätzen zu sehen. Insofern ist die standardmäßige Betrachtung des Rückstellungstests nach BFA 3 für Rechnungslegungszwecke um eine Risikobetrachtung zu ergänzen, und die Ergebnisse sind in die Ermittlung der Risikotragfähigkeit einzubeziehen. Soweit stille Reserven im Zinsbuch vorliegen, die bei etwaiger Materialisierung dieses Risikos einen Rückstellungsbedarf vermeiden würden, kann auf den Ansatz des Risikos bei der Risikotragfähigkeitssteuerung verzichtet werden.[119]

Die zuständigen Behörden müssen im Rahmen des SREP gemäß Art. 98 Abs. 5 CRD IV zumindest **104** dann Maßnahmen ergreifen, wenn der wirtschaftliche Wert eines Institutes in einem aufsichtlichen Standardtest aufgrund einer plötzlichen und unerwarteten Zinsänderung von 200 Basispunkten um mehr als 20 Prozent der Eigenmittel absinkt. Die EBA hat diese Richtlinienvorgaben durch die Überarbeitung ihrer Leitlinien zur Steuerung des Zinsänderungsrisikos bei Geschäften des Anlagebuches konkretisiert und einen zusätzlichen Frühwarnindikator eingeführt, mit dessen Hilfe Institute identifiziert werden sollen, die in der Folge einer plötzlichen und unerwarteten Zinsänderung einen Verlust in Höhe von mehr als 15 Prozent des Kernkapitals aufweisen.[120] Der Frühwarnindikator bezieht sich auf die Änderung des Zinsbuchbarwertes, die sich aus sechs Szenarien ergibt, in Relation zum Kernkapital gemäß Art. 25 CRR. Vor diesem Hintergrund hat die deutsche Aufsicht im Einklang mit den Leitlinien der EBA gemäß § 25a Abs. 2 KWG Vorgaben zur Ausgestaltung einer plötzlichen und unerwarteten Zinsänderung und zur Ermittlungsmethodik der Auswirkungen auf den Barwert bezüglich der Zinsänderungsrisiken im Anlagebuch gemacht.[121]

---

118 Das IDW beschäftigt sich in seinem am 30. August 2012 als Verlautbarung veröffentlichten und zuletzt am 16. Oktober 2017 überarbeiteten Rechnungslegungsstandard mit Einzelfragen der verlustfreien Bewertung von zinsbezogenen Geschäften des Anlagebuches (Zinsbuches). Dabei geht es in erster Linie darum, ob für das Zinsbuch als Ganzes eine Rückstellungsbildung aufgrund von vorhandenen stillen Lasten erforderlich wird. Ein Rückstellungsbedarf entsteht dann, wenn der Buchwert des Zinsbuchs den Barwert übersteigt. Bei der entsprechenden Prüfung kann eine GuV-orientierte oder eine wertorientierte Methode verwendet werden. Vgl. Institut der Wirtschaftsprüfer, IDW Stellungnahme zur Rechnungslegung: Einzelfragen der verlustfreien Bewertung von zinsbezogenen Geschäften des Bankbuchs (IDW RS BFA 3), 16. Oktober 2017.

119 Vgl. Bundesanstalt für Finanzdienstleistungsaufsicht/Deutsche Bundesbank, Aufsichtliche Beurteilung bankinterner Risikotragfähigkeitskonzepte und deren prozessualer Einbindung in die Gesamtbanksteuerung (»ICAAP«) – Neuausrichtung, Leitfaden vom 24. Mai 2018, S. 28.

120 Vgl. European Banking Authority, Leitlinien zur Steuerung des Zinsänderungsrisikos bei Geschäften des Anlagebuchs, EBA/GL/2018/02, 19. Juli 2018, S. 34.

121 Bundesanstalt für Finanzdienstleistungsaufsicht, Zinsänderungsrisiken im Anlagebuch, Rundschreiben 06/2019 (BA) vom 6. August 2019.

AT 4.1 Risikotragfähigkeit

105 Demnach müssen die Institute mindestens vierteljährlich und eigenverantwortlich im Einklang mit den Vorgaben aus BTR 2.3 die barwertigen Auswirkungen einer plötzlichen und unerwarteten Zinsänderung berechnen und an die jeweils zuständige Aufsichtsbehörde melden. Die plötzliche und unerwartete Zinsänderung wird über acht aufsichtlich vorgegebene Szenarien simuliert:
- Parallelverschiebung ± 200 BP (»aufsichtlicher Standardtest« oder »Baseler Zinsschock«) und
- Parallelverschiebung aufwärts, Parallelverschiebung abwärts, Versteilung, Verflachung, Kurzfristschock aufwärts sowie Kurzfristschock abwärts (»Frühwarnindikator«).

Die Höhe der Auslenkungen beim »Frühwarnindikator« ist währungsspezifisch und kann dem Anhang des BaFin-Rundschreibens bzw. der EBA-Leitlinien entnommen werden.[122] An anderer Stelle wird auf diese Zinsszenarien näher eingegangen (→ BTR 2.3 Tz. 6).

106 Alle Kreditinstitute im Sinne von § 1 Abs. 1 KWG, die nicht von der Anwendung des § 10 Abs. 3 KWG ausgenommen werden, sowie die Kreditanstalt für Wiederaufbau müssen den Zinsschock berechnen und melden. Hiervon ausgenommen sind Wertpapierhandelsbanken. Bedeutende Institute gemäß Art. 6 SSM-Verordnung können geringfügig abweichende Methoden verwenden. Bei Instituten, die von der Ausnahmeregelung nach § 2a Abs. 1 und 2 oder 5 KWG Gebrauch machen und die Zinsänderungsrisiken auf Anwendungsebene des Gruppen-Waivers steuern, sind die Anforderungen auf Gruppenebene zu beachten.[123]

107 Bei Instituten, deren wirtschaftlicher Wert durch diese ad hoc (»über Nacht«) eintretende, parallele Verschiebung der Zinsstrukturkurve um mehr als 20 Prozent ihrer regulatorischen Eigenmittel absinkt (»Institute mit erhöhtem Zinsänderungsrisiko«), muss die Aufsicht prüfen, ob die Eigenmittelausstattung des Institutes insgesamt noch angemessen ist oder erhöhte Anforderungen gestellt werden müssen. Einen aufsichtlichen Automatismus hinsichtlich der Höhe der Kapitalfestsetzung aufgrund einer Überschreitung der Schwelle von 20 Prozent gibt es nicht. Die Aufsicht weist allerdings darauf hin, dass die Anordnung aufsichtlicher Maßnahmen auch für Institute möglich ist, die nicht als »Institute mit erhöhtem Zinsänderungsrisiko« im Sinne des Rundschreibens gelten.[124] Dabei wird insbesondere berücksichtigt, ob die institutsinternen Verfahren und Methoden zur Steuerung und Überwachung von Zinsänderungsrisiken im Einklang mit dem gewählten Steuerungsansatz zur Risikotragfähigkeit stehen und ob das betroffene Institut in der Lage ist, die wesentlichen Risiken insgesamt durch das Risikodeckungspotenzial abzudecken (→ BTR 2.3 Tz. 6).

108 Bei der Berechnung der Barwertänderungen im Anlagebuch sollen die Institute ihre internen Methoden und Verfahren einsetzen. Dies betrifft beispielsweise die Verwendung von gleichen Mischungsverhältnissen wie in der internen Steuerung. Weichen die Annahmen der internen Methoden und Verfahren von denen ab, die beim aufsichtlichen Zinsschock zum Einsatz kommen, müssen die Abweichungen gut begründet werden.

109 Außerdem sollte bei der Beurteilung der Kapitaladäquanz des Zinsänderungsrisikos im Anlagebuch nach den Vorgaben der EBA, die seit dem 30. Juni 2019 anzuwenden sind, u. a. Folgendes berücksichtigt werden[125]:
- a) die Höhe und die Laufzeit der internen Limite für die relevanten Positionen und ob diese zum Zeitpunkt der Kapitalberechnung erreicht werden oder nicht,
- b) die erwarteten Kosten für die Absicherung offener Positionen (hedging) mit Blick auf das künftige Zinsniveau,

---

122 Vgl. Bundesanstalt für Finanzdienstleistungsaufsicht, Zinsänderungsrisiken im Anlagebuch, Rundschreiben 06/2019 (BA) vom 6. August 2019, S. 10; European Banking Authority, Leitlinien zur Steuerung des Zinsänderungsrisikos bei Geschäften des Anlagebuchs, EBA/GL/2018/02, 19. Juli 2018, S. 45 ff.

123 Vgl. Bundesanstalt für Finanzdienstleistungsaufsicht, Zinsänderungsrisiken im Anlagebuch, Rundschreiben 06/2019 (BA) vom 6. August 2019, S. 2 f.

124 Vgl. Bundesanstalt für Finanzdienstleistungsaufsicht, Zinsänderungsrisiken im Anlagebuch, Rundschreiben 06/2019 (BA) vom 6. August 2019, S. 6 f.

125 Vgl. European Banking Authority, Leitlinien zur Steuerung des Zinsänderungsrisikos bei Geschäften des Anlagebuchs, EBA/GL/2018/02, 19. Juli 2018, S. 11.

c)   die Sensitivität der internen Zinsrisikomaße gegenüber den wesentlichen oder unvollkommenen Modellierungsannahmen,

d)   die Auswirkungen von Schock- und Stressszenarien auf Positionen mit unterschiedlichen Zinsindizes (Basisrisiko),

e)   die Auswirkungen von nicht übereinstimmenden Positionen in verschiedenen Währungen auf den ökonomischen Wert und das Ergebnis, einschließlich der Auswirkungen auf den beizulegenden Zeitwert durch das sonstige Ergebnis (»Fair Value Through Other Comprehensive Income«, FVOCI),

f)   die Auswirkungen von eingebetteten Verlusten und Gewinnen,

g)   die Verteilung des Kapitals im Verhältnis zu den Risiken auf die in den aufsichtsrechtlichen Konsolidierungskreis der Gruppe einbezogenen rechtlichen Einheiten sowie die Angemessenheit des Gesamtkapitals auf konsolidierter Basis,

h)   die Treiber des zugrunde liegenden Risikos und

i)   die Umstände, unter denen dieses Risiko eintreten kann.

2.8.3   Kapitalbedarf für Adressenausfallrisiken

Bei der Messung und Steuerung von Adressenausfallrisiken haben sich die Institute in der Vergangenheit vor allem an deren GuV-Wirksamkeit orientiert. GuV-wirksame Adressenausfallrisiken setzen sich aus Bewertungsänderungen in Form von Einzelwertberichtigungen, Rückstellungen oder Direktabschreibungen zusammen. Darüber hinaus werden Pauschalwertberichtigungen gebildet.   **110**

Heute verwenden zahlreiche Institute zur Messung und Steuerung der Adressenausfallrisiken geeignete Kreditportfoliomodelle, die neben der Bonität der Kreditnehmer auch deren Abhängigkeiten untereinander berücksichtigen und damit insbesondere Krediten in konzentrierten Segmenten implizit mehr Kapital zuordnen. Mit Hilfe von Kreditportfoliomodellen kann durch umfangreiche Simulationen oder analytische Näherungen die Wahrscheinlichkeitsverteilung der künftigen bonitätsbedingten Wertveränderungen des Kreditportfolios und damit der unerwartete Verlust innerhalb des Risikobetrachtungshorizontes quantifiziert werden. Durch den gewählten Steuerungsansatz des Institutes wird vorgegeben, ob diese Berechnungen bilanz- oder wertorientiert zu erfolgen haben.[126] Auf die mit dem Einsatz von Kreditportfoliomodellen verbundenen Herausforderungen wird an anderer Stelle ausführlich eingegangen (→ BTR 1 Tz. 1).   **111**

Alternativ kann der Kapitalbedarf für Adressenausfallrisiken nach den Vorgaben für die regulatorischen Mindestkapitalanforderungen gemäß der CRR berechnet werden. Größere Institute verwenden hierbei einen der auf internen Ratings basierenden Ansätze. Kleinere Institute arbeiten teilweise auch institutsintern mit den weniger risikosensitiven Risikogewichten des Kreditrisikostandardansatzes. Diese Verfahren bilden allerdings keine Risikokonzentrationen ab, die folglich über andere Impulse aus dem Risikomanagement, wie z. B. eine Limitierung der Kreditvergabe an bestimmte Segmente, gesteuert werden müssen.[127] Hinsichtlich der Messung von Adressenausfallrisiken sei an dieser Stelle auch auf die Ausführungen zum Einsatz von Risikoklassifizierungsverfahren (→ BTO 1.4 Tz. 1) verwiesen.   **112**

---

126 Vgl. Deutsche Bundesbank, Bankinterne Methoden zur Ermittlung und Sicherstellung der Risikotragfähigkeit und ihre bankaufsichtliche Bedeutung, in: Monatsbericht, März 2013, S. 37.

127 Vgl. Deutsche Bundesbank, Zum aktuellen Stand der bankinternen Risikosteuerung und der Bewertung der Kapitaladäquanz im Rahmen des aufsichtlichen Überprüfungsprozesses, in: Monatsbericht, Dezember 2007, S. 62 f.

AT 4.1 Risikotragfähigkeit

113   Bei der Berechnung des Kapitalbedarfes für Adressenausfallrisiken sind auch bereits ausgefallene Positionen und Eventualverbindlichkeiten einzubeziehen, wobei das Risiko einer (ggf. weiteren) Wertverschlechterung der Positionen geschätzt werden muss.[128]

2.8.4   Kapitalbedarf für Credit-Spread-Risiken

114   Unter dem Credit-Spread-Risiko wird im Allgemeinen das spezifische Zinsänderungsrisiko verstanden. Dabei wird der Credit-Spread als die Renditedifferenz zwischen einer risikolosen und einer risikobehafteten Anlage definiert. Die Ermittlung des Risikobetrages für Credit-Spread-Risiken im Anlagebuch hat in Abhängigkeit von dem gewählten Risikotragfähigkeitsansatz zu erfolgen. In der ökonomischen Perspektive sind Credit-Spread-Risiken, unabhängig von der Zuordnung der betroffenen Positionen zum Handels- oder Anlagebuch, grundsätzlich zu berücksichtigen. Darauf kann nur dann verzichtet werden, wenn keine aussagekräftigen Marktinformationen zu den Kreditnehmern im Hinblick auf das Credit-Spread-Risiko verfügbar sind.[129] In der normativen Perspektive ist der potenzielle Abschreibungsbedarf aufgrund der Ausweitung von Credit-Spreads in dem jeweiligen adversen Szenario zu berücksichtigen.

115   Bei Going-Concern-Ansätzen alter Prägung mit bilanz- bzw. GuV-orientierter Ableitung des Risikodeckungspotenzials sind aufgrund der Erfahrungen aus der Finanzmarktkrise für zinstragende Geschäfte im »Depot A« grundsätzlich auch Credit-Spread-Risiken zu berücksichtigen. Das Depot A wird auch als »Eigendepot« bezeichnet und dient der Aufnahme der eigenen Wertpapiere des hinterlegenden Kreditinstitutes sowie derjenigen Wertpapiere seiner Kunden, die für alle Forderungen des Drittverwahrers gegen ihn unbeschränkt als Pfand haften (§ 12 Abs. 4 und § 13 DepotG), und der Wertpapiere, die nach §§ 19 bis 21 DepotG im Eigentum des Zwischenverwahrers stehen.[130] Die Aufsicht gestattet allerdings eine differenzierte Herangehensweise. Bei Depot-A-Positionen, die dem Handelsbestand zugeordnet bzw. wie Umlaufvermögen bewertet sind, müssen Credit-Spread-Risiken stets berücksichtigt werden. Hintergrund ist die Tatsache, dass sie im Falle ihrer Realisierung grundsätzlich eine Wertanpassung in der Rechnungslegung auslösen. Entsprechendes gilt bei Ansätzen, die auf der IFRS-Rechnungslegung basieren, für die mit dem Fair Value bewerteten Depot-A-Bestände. Hingegen kann bei Depot-A-Positionen des Anlagebestandes unter bestimmten Voraussetzungen auf den Ansatz von Credit-Spread-Risiken verzichtet werden. Diese Voraussetzungen laufen – in Analogie zur Behandlung stiller Lasten – darauf hinaus, dass keine Zweifel an der unterstellten Dauerhalteabsicht und -fähigkeit sowie an der angenommenen Wertaufholung herrschen. Eine Verwirklichung der Credit-Spread-Risiken hätte dann nur die nicht zwingend rechnungslegungswirksame Entstehung bzw. Erhöhung stiller Lasten zur Folge. Sind hingegen Zweifel am Vorliegen dieser Voraussetzungen begründet, so ist von einer Realisierung der Credit-Spread-Risiken auszugehen. In diesem Fall sind sie entweder vom Risikodeckungspotenzial abzuziehen oder als Risikobetrag anzusetzen. Credit-Spread-Risiken in erheblicher Größenordnung müssen in jedem Fall vollständig berücksichtigt werden. Ausnahmen sind in Analogie zur Behandlung stiller Lasten lediglich im Zusammenhang mit der

---

128 Vgl. Bundesanstalt für Finanzdienstleistungsaufsicht/Deutsche Bundesbank, Aufsichtliche Beurteilung bankinterner Risikotragfähigkeitskonzepte und deren prozessualer Einbindung in die Gesamtbanksteuerung (»ICAAP«) – Neuausrichtung, Leitfaden vom 24. Mai 2018, S. 16.

129 Vgl. Bundesanstalt für Finanzdienstleistungsaufsicht/Deutsche Bundesbank, Aufsichtliche Beurteilung bankinterner Risikotragfähigkeitskonzepte und deren prozessualer Einbindung in die Gesamtbanksteuerung (»ICAAP«) – Neuausrichtung, Leitfaden vom 24. Mai 2018, S. 16.

130 Vgl. Bundesanstalt für Finanzdienstleistungsaufsicht, Bekanntmachung über die Anforderungen an die Ordnungsmäßigkeit des Depotgeschäfts und der Erfüllung von Wertpapierlieferungsverpflichtungen vom 21. Dezember 1998, Abschnitt 10, Abs. 4.

verlustfreien Bewertung des Zinsbuches nach IDW RS BFA 3[131] denkbar. Die Aussagen zu den dem Anlagebestand zugeordneten Depot-A-Positionen gelten entsprechend für die in der IFRS-Rechnungslegung nicht zum Fair Value bewerteten Positionen.[132]

2.8.5 Kapitalbedarf für Migrationsrisiken

Migrationsrisiken müssen bei wertorientierter Ableitung des Risikodeckungspotenzials als spezieller Aspekt der Adressenausfallrisiken grundsätzlich auch betrachtet werden.[133] Sie bezeichnen das Risiko einer Wertverschlechterung von Krediten aufgrund gestiegener Ausfallrisiken, ohne dass es bereits zu einem Ausfall der betroffenen Kreditnehmer gekommen ist.[134] Migrationsrisiken können sich in Abhängigkeit vom Rechnungslegungsstandard und von der Buchungskategorie unterschiedlich auf die GuV auswirken. Wenngleich die Realisierung von Migrationsrisiken nicht unbedingt einen rechnungslegungsrelevanten Aufwand zur Folge hat, verringert sich in jedem Fall der ökonomische Wert der betroffenen Position. Insbesondere wirken sie sich auf die risikogewichteten Aktiva in zukünftigen Perioden aus: direkt durch eine erhöhte Ausfallwahrscheinlichkeit (PD) in internen Ratingverfahren (IRB-Verfahren) oder indirekt durch den Wechsel in eine Risikopositionsklasse mit einem anderen Risikogewicht im Kreditrisikostandardansatz (KSA). Die Berücksichtigung von Migrationsrisiken kann innerhalb eines Kreditportfoliomodells erfolgen. Sofern ein derartiges Modell nicht zur Verfügung steht, können auch andere Verfahren genutzt werden, wie insbesondere entsprechende Stresstests, deren Ergebnisse als Risikowert im Rahmen der Risikotragfähigkeitsbetrachtung angesetzt werden. So kann die Einbeziehung der Migrationsrisiken auch durch eine Verschiebung der Ausfallwahrscheinlichkeiten (PD-Shift) erfolgen.[135]

Weil der Credit-Spread als Risikoaufschlag für kreditrisikobehaftete Positionen gegenüber dem risikolosen und fristenkongruenten Zinssatz auch erwartete Migrationen enthält, sind Credit-Spread- und Migrationsrisiken im Rahmen der Risikomessung nicht völlig überschneidungsfrei bestimmbar. Deshalb können die Institute den im Risikotragfähigkeitskonzept anzusetzenden Risikobetrag um diesen Überlappungseffekt bereinigen, wenn sie den entsprechenden Nachweis erbringen.[136] Diese Vorgehensweise muss anhand eines fundierten Ansatzes gegenüber der Aufsicht untermauert werden, der auch die zeitliche Stabilität des Effektes angemessen berücksichtigt. Die Aufsichtspraxis zeigt, dass die derzeit genutzten Verfahren diesen Anforderungen i.d.R. noch nicht genügen.[137]

116

117

---

131 Institut der Wirtschaftsprüfer, IDW Stellungnahme zur Rechnungslegung: Einzelfragen der verlustfreien Bewertung von zinsbezogenen Geschäften des Bankbuchs (IDW RS BFA 3), 16. Oktober 2017.

132 Vgl. Bundesanstalt für Finanzdienstleistungsaufsicht/Deutsche Bundesbank, Aufsichtliche Beurteilung bankinterner Risikotragfähigkeitskonzepte und deren prozessualer Einbindung in die Gesamtbanksteuerung (»ICAAP«) – Neuausrichtung, Leitfaden vom 24. Mai 2018, S. 28 f.

133 Vgl. Bundesanstalt für Finanzdienstleistungsaufsicht/Deutsche Bundesbank, Aufsichtliche Beurteilung bankinterner Risikotragfähigkeitskonzepte und deren prozessualer Einbindung in die Gesamtbanksteuerung (»ICAAP«) – Neuausrichtung, Leitfaden vom 24. Mai 2018, S. 17.

134 Vgl. Volk, Tobias/Wiesemann, Bernd, Aufsichtliche Beurteilung bankinterner Risikotragfähigkeitskonzepte, in: Zeitschrift für das gesamte Kreditwesen, Heft 6/2012, S. 21.

135 Vgl. Bundesanstalt für Finanzdienstleistungsaufsicht/Deutsche Bundesbank, Aufsichtliche Beurteilung bankinterner Risikotragfähigkeitskonzepte und deren prozessualer Einbindung in die Gesamtbanksteuerung (»ICAAP«) – Neuausrichtung, Leitfaden vom 24. Mai 2018, S. 17.

136 Vgl. Bundesanstalt für Finanzdienstleistungsaufsicht/Deutsche Bundesbank, Aufsichtliche Beurteilung bankinterner Risikotragfähigkeitskonzepte und deren prozessualer Einbindung in die Gesamtbanksteuerung (»ICAAP«) – Neuausrichtung, Leitfaden vom 24. Mai 2018, S. 17.

137 Vgl. Deutsche Bundesbank, Bankinterne Methoden zur Ermittlung und Sicherstellung der Risikotragfähigkeit und ihre bankaufsichtliche Bedeutung, in: Monatsbericht, März 2013, S. 36.

2.8.6 Kapitalbedarf für Beteiligungsrisiken

118 Älteren Umfragen der Aufsicht zufolge werden Beteiligungsrisiken von den Instituten teilweise beim Marktpreisrisiko berücksichtigt. Ist dies nicht möglich, erfolgt eine gesonderte Modellierung, wobei der Kapitalbedarf häufig auf Basis von Marktwerten der Beteiligungen sowie deren Volatilitäten ermittelt und ein Kapitalfaktor festgelegt wird. Alternativ werden Beteiligungsrisiken in ähnlicher Weise wie Kreditrisiken erfasst, allerdings mit Anpassungen bezüglich der Ausfalldefinition sowie der angesetzten Verlustquoten.[138] In diesem Fall sollte den tendenziell längeren Laufzeiten von Beteiligungen im Vergleich zu Krediten durch entsprechende Annahmen Rechnung getragen werden.

119   Die deutschen Aufsichtsbehörden erwarten von den weniger bedeutenden Instituten, dass die Risikoquantifizierungsverfahren zur Abbildung möglicher Wertschwankungen dem Charakter der Positionen gerecht werden. Diese Wertschwankungen werden typischerweise bei börsennotierten Beteiligungen mittels Börsenkursen, bei sonstigen Unternehmensbeteiligungen durch ein Mapping auf die Indizes bzw. die Einzelwerte und bei Verbundbeteiligungen als plausibler Pauschalbetrag abgebildet.[139]

2.8.7 Kapitalbedarf für operationelle Risiken

120 Im ICAAP sind die Institute für die Definition von operationellen Risiken selbst verantwortlich. In der Praxis orientieren sich viele Institute an der aufsichtlichen Definition der operationellen Risiken für die erste Säule. Nach Art. 4 Abs. 1 Nr. 52 CRR umfasst das operationelle Risiko die Gefahr von Verlusten, die durch die Unangemessenheit oder das Versagen von internen Verfahren, Menschen und Systemen oder durch externe Ereignisse verursacht werden, einschließlich Rechtsrisiken. Aufgrund der zahlreichen Schadensfälle aufgrund von Rechtsrisiken und internem Betrug, die definitionsgemäß Bestandteile der operationellen Risiken sind, erwartet die Aufsicht auch für diese Risikoart eine Reservierung von Kapitalbestandteilen im Rahmen des Risikotragfähigkeitskonzeptes. Mittlerweile werden die operationellen Risiken deshalb von nahezu allen Instituten im Risikotragfähigkeitskonzept berücksichtigt.[140]

121   Methodische Vorstellungen zur Messung von operationellen Risiken auf Basis des Value-at-Risk (Op-VaR) werden erst seit Anfang dieses Jahrhunderts entwickelt.[141] Seit einigen Jahren streben einige Institute zur Berechnung der regulatorischen Kapitalanforderungen für operationelle Risiken fortgeschrittene Messansätze an. Im Fokus stehen dabei die Schadenshöhe und die Schadenshäufigkeit mit Blick auf die aufsichtlich vorgegebenen acht Geschäftsfelder laut Art. 317 CRR (Unternehmensfinanzierung/-beratung, Handel, Wertpapierprovisionsgeschäft, Firmenkundengeschäft, Privatkundengeschäft, Zahlungsverkehr und Verrechnung, Depot- und Treuhandgeschäfte, Vermögensverwaltung) und sieben Ereigniskategorien gemäß Art. 324 CRR (interner Betrug, externer Betrug, Beschäftigungspraxis und Arbeitsplatzsicherheit, Kunden, Produkte und Geschäftsgepflogenheiten, Sachschäden, Geschäftsunterbrechungen und Systemausfälle sowie Ausführung, Lieferung und Prozessmanagement). Zur Modellierung der Schadenshäufigkeit und der Schadenshöhe kommen verschiedene Verteilungen infrage, die teilweise auch miteinander

---

138 Vgl. Deutsche Bundesbank, Zum aktuellen Stand der bankinternen Risikosteuerung und der Bewertung der Kapitaladäquanz im Rahmen des aufsichtlichen Überprüfungsprozesses, in: Monatsbericht, Dezember 2007, S. 64.

139 Vgl. Bundesanstalt für Finanzdienstleistungsaufsicht/Deutsche Bundesbank, Aufsichtliche Beurteilung bankinterner Risikotragfähigkeitskonzepte und deren prozessualer Einbindung in die Gesamtbanksteuerung (»ICAAP«) – Neuausrichtung, Leitfaden vom 24. Mai 2018, S. 17.

140 Vgl. Deutsche Bundesbank, Bankinterne Methoden zur Ermittlung und Sicherstellung der Risikotragfähigkeit und ihre bankaufsichtliche Bedeutung, in: Monatsbericht, März 2013, S. 40.

141 Vgl. Buhr, Reinhard, Messung von Betriebsrisiken – ein methodischer Ansatz, in: Die Bank, Heft 3/2000, S. 186ff.

kombiniert werden. Der Op-VaR wird zumeist mit Hilfe einer Monte-Carlo-Simulation berechnet.[142] Alternativ können auch Copula-Modelle verwendet werden.

Hilfreich bei der Entwicklung eigener Modelle ist die in den letzten Jahren deutlich verbesserte Verfügbarkeit von Schadensdaten. Im Gegensatz zu Marktpreisrisiken, die durch die Risikocharakteristika der gehandelten Finanzinstrumente bestimmt sind, werden operationelle Risiken stark von institutsspezifischen Besonderheiten beeinflusst. Seit der fünften MaRisk-Novelle müssen Schadensfälle erfasst werden, von größeren Instituten ab einem angemessenen Schwellenwert in Form einer Schadensfalldatenbank (→ BTR 4 Tz. 3, Erläuterung). Um die Zuverlässigkeit ihrer Schätzungen signifikant zu verbessern, erweitern viele Institute ihre Datenbasis aus eigenen Schadenszeitreihen durch Hinzunahme externer Datenhistorien (→ BTR 4 Tz. 3). Auch beim operationellen Risiko könnte theoretisch auf die bankaufsichtlichen Mindestkapitalanforderungen nach den einfachen Verfahren in der CRR (Basisindikatoransatz oder Standardansatz) zurückgegriffen werden.[143] Deren Systematik ist allerdings so weit von einer angemessenen Risikosteuerung entfernt, dass ihre Eignung für eine Skalierung auf einen Ein-Jahres-Risikohorizont und das entsprechende Konfidenzniveau für die Gesamtrisikobetrachtung mehr als fraglich erscheint.

Vor allem kleinere Institute bestimmen den Kapitalbedarf für die Risikotragfähigkeitsrechnung häufig mit diesen Verfahren. Dieses Vorgehen kann dann angemessen sein, wenn im Rahmen der mindestens jährlich durchzuführenden Angemessenheitsprüfung (→ AT 4.1 Tz. 9) seitens des Institutes hinreichend dargelegt wird, dass der so bestimmte Risikobetrag ausreichend ist, um potenzielle Schäden aus operationellen Risiken auf dem im Risikotragfähigkeitskonzept angestrebten Sicherheitsniveau abzudecken. Für diese Plausibilisierung kann das Institut interne Verlustdaten aus der eigenen Schadensfalldatenbank sowie externe Verlustdaten heranziehen. Bei den internen Daten ist allerdings zu berücksichtigen, dass sie nur in absoluten Ausnahmefällen auch Einträge im Bereich der sehr hohen und seltenen Schäden beinhalten und eine Prognose für die Zukunft nur schwer möglich ist. Aus diesem Grund sollten auch Szenariobetrachtungen durchgeführt werden, um den angesetzten Risikobetrag zu plausibilisieren. Die Kernaufgabe von Szenariobetrachtungen ist die Ergänzung von historischen Daten mit Informationen über mögliche Verluste aus solchen Schadensereignissen, die zwar plausibel möglich, aber noch nicht eingetreten sind (zukunftsorientierte Betrachtung). Die Szenarioanalysen sind nachvollziehbar zu dokumentieren und regelmäßig zu aktualisieren.

2.8.8 Kapitalbedarf für Fehlverhaltensrisiken

Bei der Bewertung verhaltensbezogener Risiken sollten die Institute die Unsicherheit bezüglich Rückstellungen oder erwarteter Verluste aus verhaltensbezogenen Ereignissen und extreme Verluste im Zusammenhang mit Tail-Risiken (unerwartete Verluste) berücksichtigen. Die Institute sollten ihren Kapitalbedarf unter solchen Ereignissen und Szenarien bewerten und auch die Reputationswirkung von Verhaltensverlusten berücksichtigen. Grundsätzlich sollten erwartete Verluste aus bekannten verhaltensbezogenen Sachverhalten durch Rückstellungen gedeckt und in der Gewinn- und Verlustrechnung erfasst werden, während die unerwarteten Verluste quantifiziert und durch Eigenkapitalanforderungen des Institutes gedeckt werden. Die mögliche Überschreitung von Beträgen nach Hochrechnung von gestressten Verhaltensverlusten sollte in die Bewertung des potenziellen Kapitalbedarfes der Institute einbezogen werden. Um das Risiko zu erfassen, dass die Rückstellungen unzureichend oder nicht fristgerecht erfolgen, sollten die

---

142 Vgl. Bundesanstalt für Finanzdienstleistungsaufsicht/Deutsche Bundesbank, Bericht über die Industrieaktion AMA operationelles Risiko 2005, September 2005, S. 18.

143 Vgl. Deutsche Bundesbank, Zum aktuellen Stand der bankinternen Risikosteuerung und der Bewertung der Kapitaladäquanz im Rahmen des aufsichtlichen Überprüfungsprozesses, in: Monatsbericht, Dezember 2007, S. 64 f.

AT 4.1 Risikotragfähigkeit

Institute erwartete Verluste aus Verhaltensrisiken, die über die bestehenden Rechnungslegungsvorschriften hinausgehen, bewerten und in ihren Prognosen berücksichtigen. Gegebenenfalls sollten die Institute prüfen, ob künftige Gewinne ausreichen, um diese zusätzlichen Verluste oder Kosten in den Szenarien zu decken, und diese Informationen in ihre Kapitalpläne aufnehmen.[144]

125   Die Institute sollten quantitative und qualitative Informationen über den Umfang ihrer Geschäftstätigkeit in relevanten, gefährdeten Bereichen sammeln und analysieren. Die Institute sollten auch Informationen zur Verfügung stellen, um wesentliche Annahmen zu untermauern, die ihren Schätzungen der verhaltensbezogenen Kosten zugrunde liegen. In seltenen Fällen, in denen ein Institut aufgrund des Ausmaßes der Unsicherheit nicht in der Lage ist, eine Schätzung für ein individuelles Verhaltensrisiko abzugeben, sollte es klarstellen, dass dies der Fall ist, sowie Nachweise und Annahmen vorlegen, die seine Bewertung stützen. Die Institute sollten sich einen Überblick über die unerwarteten Verluste verschaffen, die aus verhaltensbezogenen Ereignissen entstehen können, und zwar auf der Grundlage einer Kombination aus Beurteilung, historischen Verlusten (z.B. dem größten Verhaltensverlust des Institutes in den letzten fünf Jahren), der Höhe des erwarteten jährlichen Verlustes für verhaltensbezogene Risiken, verhaltensbezogenen Szenarien, in denen potenzielle Risiken über einen kürzeren Zeithorizont (z.B. fünf Jahre) berücksichtigt werden, und Verlusten, die von ähnlichen Unternehmen oder von Unternehmen in ähnlichen Situationen (z.B. im Falle von Prozesskosten) eintreten.[145]

2.8.9   Kapitalbedarf für Liquiditätsrisiken

126   Die Meinungen über eine mögliche Kapitalunterlegung für Liquiditätsrisiken gehen in der Praxis weit auseinander. Einerseits wird die schrittweise Integration von einzelnen Komponenten der Liquiditätsrisiken in das Value-at-Risk-Konzept auf Basis eines »Liquidity-Value-at-Risk« (LVaR) zur Steuerung der Erfolgsrisiken für sinnvoll gehalten.[146] Dabei werden die Konzepte des »Liquidity-at-Risk« (LaR) und des LVaR, mit deren Hilfe sogar hohe, in der Vergangenheit nicht beobachtete Risikowerte geschätzt werden können, als sich in der dispositiven und strukturellen Liquiditätsrisikosteuerung ergänzend angesehen.[147] Andererseits gibt es Stimmen aus der Praxis, die eine Übertragung des VaR-Konzeptes auf die Liquiditätsrisiken grundsätzlich ablehnen, »da ausreichende Liquidität eine strikte und jederzeit zu erfüllende Bedingung darstellt und nicht mit einem bestimmten Konfidenzniveau einzuhalten ist«.[148] Diese sich scheinbar widersprechenden Sichtweisen sind zumindest teilweise darauf zurückzuführen, dass bereits bei der Definition des Liquiditätsrisikos – und zwar insbesondere bei der Abgrenzung der Komponenten des Liquiditätsrisikos im weiteren Sinne – Unterschiede gemacht werden.

127   Unter dem »Liquiditätsrisiko im engeren Sinne« wird allgemein die Gefahr verstanden, dass ein Institut nicht mehr uneingeschränkt seinen Zahlungsverpflichtungen nachkommen kann.[149] Es wird deshalb auch als »Zahlungsunfähigkeitsrisiko« bezeichnet. Für die Abbildung des Zahlungsunfähigkeitsrisikos eignet sich eher ein Risikomaß wie der »Liquidity-at-Risk« (LaR), der auf das Ausmaß von Liquiditätsanforderungen abstellt, indem der sich aus der kurzfristigen Steuerung der

---

144   Vgl. European Banking Authority, Leitlinien zu den Stresstests der Institute, EBA/GL/2018/04, 19. Juli 2018, S. 37 f.
145   Vgl. European Banking Authority, Leitlinien zu den Stresstests der Institute, EBA/GL/2018/04, 19. Juli 2018, S. 38.
146   Vgl. Ramke, Thomas/Schöning, Stephan, MaRisk: Einbeziehung von Liquiditätsrisiken in das Risikomanagement, in: Zeitschrift für das gesamte Kreditwesen, Heft 13/2006, S. 34.
147   Vgl. Zeranski, Stefan, Liquiditätsmanagement im Licht der Subprime-Krise, in: portfolio institutionell, Ausgabe 9, November 2007, S. 18 ff.
148   ACI Deutschland e.V. – Arbeitsgruppe Liquiditätsmanagement, Diskussionspapier über Mindeststandards für interne Modelle im Liquiditätsmanagement von Kreditinstituten, Dezember 2005, S. 6.
149   Vgl. Schulte, Michael/Horsch, Andreas, Wertorientierte Banksteuerung II: Risikomanagement, Frankfurt a.M., 2002, S. 53.

Mittelzu- und -abflüsse ergebende dispositive Nettofinanzbedarf geschätzt wird (→ BTR 3). Von den grundsätzlich als wesentlich einzustufenden Risikoarten kann im Grunde nur das Zahlungsunfähigkeitsrisiko vom Risikotragfähigkeitskonzept ausgenommen werden (→ AT 4.1 Tz. 4).

Die möglichen Bestandteile des »Liquiditätsrisikos im weiteren Sinne« werden in unterschiedlicher **128** Weise voneinander abgegrenzt und im Rahmen der internen Steuerung behandelt. Unter Zugrundelegung der in diesem Kommentar vorgenommenen Abgrenzung (→ BTR 3) wird das »Marktliquiditätsrisiko« in der Praxis häufig anhand eines von der ökonomischen Kapitalsteuerung unabhängigen Prozesses überwacht und gesteuert. Diese Vorgehensweise wird damit begründet, dass mangelnde Marktliquidität nicht durch höheres Kapital aufgefangen werden kann. Da eine geringe Marktliquidität in einer hohen »Geld-Brief-Spanne« (»Bid-Ask-Spread«) zum Ausdruck kommt, sind aber auch andere Vorgehensweisen denkbar. So könnte für mögliche Verluste durch Verkäufe zum niedrigeren Geldkurs z.B. ein Puffer gebildet werden (»Bid-Ask-Reserve«), der folglich einer Minderung des Liquiditätsdeckungspotenzials entsprechen würde. Die meisten Institute berücksichtigen das Marktliquiditätsrisiko jedoch durch allgemeine Bewertungsabschläge (»Haircuts«).

Zur Abbildung des »Liquiditätsspreadrisikos« bzw. »Refinanzierungsspreadrisikos« könnte ein **129** Risikomaß wie der »Liquidity-Value-at-Risk« (LVaR), der auf die (negativen) Vermögenswertschwankungen aufgrund einer Veränderung der eigenen Refinanzierungskurve (»Spreadausweitung«) abzielt, durchaus herangezogen werden. Diese typische Komponente des Erfolgsrisikos ist grundsätzlich quantifizierbar und eignet sich demzufolge auch zur Kapitalunterlegung. Allerdings wird insbesondere bei Liquiditätsrisiken, die gerade in extremen Marktsituationen schlagend werden, ein alleiniges Abstellen auf historische Daten nicht nur von der Bankenaufsicht als unzureichend angesehen.[150] Die EBA stützt sich deshalb bei den Festlegungen zur Liquiditätsdeckungsquote (LCR) auf die Vorgabe von Zufluss- und Abflussraten, die eher mit Stressbetrachtungen als mit mathematischen Standardmodellen begründet werden. Von der Aufsicht wird erwartet, das sich aus höheren Refinanzierungskosten ergebende »Refinanzierungsrisiko«, zu dem auch das Liquiditätsspreadrisiko gehört, im Falle der Wesentlichkeit aufgrund seines ertrags- und vermögensschädigenden Potenzials im Risikotragfähigkeitskonzept zu berücksichtigen.[151] Die Deutsche Bundesbank hatte noch vor wenigen Jahren konstatiert, dass das Refinanzierungsrisiko von einigen Instituten vorrangig mit Hilfe von Liquiditätspuffern in Form liquider Wertpapiere gesteuert und von anderen Instituten mit Kapital unterlegt wird.[152]

In jedem Fall haben sich die Institute im Rahmen der Risikoinventur mit dem Risiko höherer **130** Refinanzierungskosten auseinanderzusetzen. Eine Einstufung des Refinanzierungsrisikos als unwesentlich kann beispielsweise erfolgen, wenn innerhalb des Risikobetrachtungshorizontes keine wesentlichen Liquiditätslücken auftreten. Für die Wesentlichkeitsbeurteilung und die Berechnung eines Risikobetrages für das Refinanzierungsrisiko ist es nicht ausreichend, den Liquiditätsbedarf in einem Normalszenario zugrunde zu legen. Zur Ermittlung der Liquiditätslücke kann beispielsweise die Liquiditätsablaufbilanz im Stressszenario verwendet werden. Im Sinne einer Risikobetrachtung sollte zumindest ein höherer Liquiditätsbedarf als im Normalfall zugrunde gelegt werden. Zusätzlich zur Refinanzierungslücke sollte analysiert werden, ob im Betrachtungszeitraum größere Refinanzierungspositionen fällig werden und ersetzt werden müssen.

In der Praxis werden die hier genannten Risikomaße bisher kaum verwendet. Diesbezüglich hat **131** sich noch kein einheitlicher Standard herausgebildet.[153] Zwar wurden konkrete Vorschläge

---

150 Vgl. Bartetzky, Peter, Liquiditätsrisikomanagement – Status quo, in: Bartetzky, Peter/Gruber, Walter/Wehn, Carsten S. (Hrsg.), Handbuch Liquiditätsrisiko – Identifikation, Messung und Steuerung, Stuttgart, 2008, S. 18f.

151 Vgl. Volk, Tobias, Risikotragfähigkeit von Kreditinstituten, in: BankPraktiker, Heft 6/2013, S. 228; Deutsche Bundesbank, Bankinterne Methoden zur Ermittlung und Sicherstellung der Risikotragfähigkeit und ihre bankaufsichtliche Bedeutung, in: Monatsbericht, März 2013, S. 35f.

152 Vgl. Deutsche Bundesbank, Zum aktuellen Stand der bankinternen Risikosteuerung und der Bewertung der Kapitaladäquanz im Rahmen des aufsichtlichen Überprüfungsprozesses, in: Monatsbericht, Dezember 2007, S. 62.

153 Vgl. Ramke, Thomas/Schöning, Stephan, MaRisk: Einbeziehung von Liquiditätsrisiken in das Risikomanagement, in: Zeitschrift für das gesamte Kreditwesen, Heft 13/2006, S. 32.

gemacht, auf welcher Basis entsprechende Kennziffern berechnet werden könnten.[154] Die bisher diskutierten Ansätze, die in erster Linie für den normalen Geschäftsbetrieb geeignet sein können, unterscheiden sich allerdings hinsichtlich der Definition des Risikoeintritts und der Verteilungsannahme für die Risikoschätzung.[155]

2.8.10 Kapitalbedarf für Risiken aus Pensionsverpflichtungen

132 Laufende Pensionen oder Pensionszusagen stellen Verpflichtungen der Institute gegenüber ihren Mitarbeitern dar, die für die Institute in Abhängigkeit von der jeweiligen Ausgestaltung mit finanziellen Risiken verbunden sein können. Die Durchführung der betrieblichen Altersversorgung kann gemäß § 1 Abs. 1 BetrAVG[156] unmittelbar über den Arbeitgeber oder mittelbar über einen Versorgungsträger erfolgen. Der Arbeitgeber steht für die Erfüllung der von ihm zugesagten Leistungen auch dann ein, wenn die Durchführung nicht unmittelbar über ihn erfolgt. Aus diesem Grund müssen sich die Institute im Rahmen der Risikoinventur mit der Wesentlichkeit dieser Risiken beschäftigen (→ AT 2.2 Tz. 2). Insbesondere im derzeitigen Niedrigzinsumfeld wächst die Bedeutung dieser Risiken für die Profitabilität der Institute. Auf der einen Seite erhöht sich durch den niedrigeren Diskontierungssatz der Barwert der zukünftigen Verpflichtungen und damit die Höhe der aufwandswirksamen Rückstellungen in der periodenorientierten Betrachtung. Auf der anderen Seite sinken die Anlagerenditen des Vermögens, das zur Deckung dieser Verpflichtungen gegenübersteht. Bei den Risiken aus Pensionsverpflichtungen ist folglich zwischen solchen Risiken zu unterscheiden, die einem Institut aus den Pensionsverpflichtungen selbst erwachsen, und solchen, die aus einem ggf. gebildeten»Planvermögen«[157] resultieren. Sofern die Ableitung des Risikodeckungspotenzials auf Basis der IFRS-Rechnungslegung erfolgt, sind die möglichen künftigen Wertschwankungen des Planvermögens als Risiko zu berücksichtigen.[158]

133 Für die Berechnung des Kapitalbedarfes für Risiken aus Pensionsverpflichtungen gelten die grundsätzlichen Vorgaben zur normativen und ökonomischen Perspektive bzw. zum Going-Concern-Ansatz alter Prägung. Zur Ermittlung der Höhe der Pensionsverpflichtungen in der Risikotragfähigkeit kann auf die versicherungsmathematischen Verfahren zurückgegriffen werden, die für die bilanzielle Bewertung bei der Rückstellungsbildung anzuwenden sind. In der Bilanz sind Rückstellungen gemäß § 253 Abs. 1 Satz 2 HGB zunächst grundsätzlich in Höhe des nach vernünftiger kaufmännischer Beurteilung notwendigen Erfüllungsbetrages aufzunehmen. Die Höhe des bilanziellen Erfüllungsbetrages der Pensionsverpflichtungen wird durch den verantwortlichen Aktuar anhand von versicherungsmathematischen Verfahren bestimmt. Der Erfüllungsbetrag ergibt sich aus der wahrscheinlichkeitsgewichteten Summe künftiger Zahlungsströme unter Berücksichtigung des Zeitwertes des Geldes. Folgende drei Faktoren beeinflussen die Höhe des Erfüllungsbetrages:[159]

---

154 Vgl. z. B. Schulte, Michael/Horsch, Andreas, Wertorientierte Banksteuerung II: Risikomanagement, Frankfurt a. M., 2002, S. 59 f.; Zeranski, Stefan, Liquidity at Risk zur Steuerung des liquiditätsmäßig-finanziellen Bereichs von Kreditinstituten, Chemnitz, 2005; Zeranski, Stefan, Liquidity at Risk bankbetrieblicher Zahlungsströme, in: BankPraktiker, Heft 5/2006, S. 252 ff.

155 Vgl. Ramke, Thomas/Schöning, Stephan, MaRisk: Einbeziehung von Liquiditätsrisiken in das Risikomanagement, in: Zeitschrift für das gesamte Kreditwesen, Heft 13/2006, S. 32.

156 Gesetz zur Verbesserung der betrieblichen Altersversorgung (Betriebsrentengesetz – BetrAVG) vom 19. Dezember 1974 (BGBl. I S. 3610), das zuletzt durch Artikel 23 des Gesetzes vom 22. Dezember 2020 (BGBl. I S. 3256) geändert worden ist.

157 Das »Planvermögen« umfasst nach IAS 19 Vermögen, das durch einen langfristig ausgelegten Fonds zur Erfüllung von Leistungen an Arbeitnehmer gehalten wird, und qualifizierende Versicherungsverträge.

158 Vgl. Bundesanstalt für Finanzdienstleistungsaufsicht/Deutsche Bundesbank, Aufsichtliche Beurteilung bankinterner Risikotragfähigkeitskonzepte und deren prozessualer Einbindung in die Gesamtbanksteuerung (»ICAAP«) – Neuausrichtung, Leitfaden vom 24. Mai 2018, S. 26.

159 Vgl. Bundesanstalt für Finanzdienstleistungsaufsicht/Deutsche Bundesbank, Aufsichtliche Beurteilung bankinterner Risikotragfähigkeitskonzepte und deren prozessualer Einbindung in die Gesamtbanksteuerung (»ICAAP«) – Neuausrichtung, Leitfaden vom 24. Mai 2018, S. 26.

–   Zukünftige Entwicklung der Pensionszahlungen: Dabei spielen das erwartete Gehalt bei Renteneintritt und mögliche Rentensteigerungen eine maßgebliche Rolle.
–   Die Lebenserwartung und die Wahrscheinlichkeit, dass eine künftige Zahlung tatsächlich zu leisten ist: Zur Bestimmung der Lebenserwartung werden oftmals die Sterbetafeln verwendet, die auch für handelsrechtliche und steuerliche Zwecke akzeptiert werden. Wenn der Anstieg der Lebenserwartung in den zugrunde liegenden Sterbetafeln nicht vollständig abgebildet wird, kann für das Institut ein so genanntes Langlebigkeitsrisiko entstehen. Darüber hinaus werden Annahmen für Invalidität und etwaige Hinterbliebenenversorgung getroffen, die eher zu geringeren Leistungen führen.
–   Diskontierung der in der Zukunft liegenden Leistungen mit einem laufzeitadäquaten Rechnungszins: Für Rückstellungen mit einer Restlaufzeit von mehr als einem Jahr schreibt § 253 Abs. 2 Satz 1 HGB eine Diskontierung des Erfüllungsbetrages mit einem der Restlaufzeit der Verpflichtung entsprechenden, durchschnittlichen Marktzinssatz vor. Pauschal darf der durchschnittliche Marktzinssatz herangezogen werden, der sich bei einer angenommenen Restlaufzeit von 15 Jahren ergibt. Für HGB-bilanzierende Institute wird der Diskontierungssatz gemäß § 253 Abs. 2 HGB bzw. RückAbzinsV von der Deutschen Bundesbank bestimmt und veröffentlicht. Die Vorgaben für IFRS finden sich in IAS 19. IAS 19 schreibt hinsichtlich der Abbildung von versicherungsmathematischen Gewinnen und Verlusten seit dem 1. Januar 2013 die Vereinnahmung über die Eigenkapitalposition »Other Comprehensive Income« vor.

Bei der Berechnung des Kapitalbedarfes für Risiken aus Pensionsverpflichtungen in der normativen **134** Perspektive oder im Going-Concern-Ansatz alter Prägung sind die handelsrechtlichen Anforderungen an die Bewertung von diesen Verpflichtungen maßgeblich für die Risikobewertung. Das Risiko besteht darin, dass eine weitere Zuführung zu den Rückstellungen erfolgen muss oder bei mittelbaren Pensionsverpflichtungen Nachschusspflichten entstehen. In der ökonomischen Perspektive soll eine Beurteilung der Risikotragfähigkeit möglichst unabhängig von Rechnungslegungskonventionen der externen Rechnungslegung stattfinden. Für die Ermittlung der Verpflichtungshöhe kann das Institut jedoch ebenfalls auf die versicherungsmathematischen Verfahren aus der Bilanzierung zurückgreifen. Die dabei verwendeten Parameter sind jedoch unter einer ökonomischen Betrachtungsweise zu bestimmen. Insbesondere ist ein marktnaher Zins zur Diskontierung heranzuziehen und seine Angemessenheit regelmäßig zu überprüfen. Da der HGB-Zins einen Durchschnittszinssatz darstellt, weicht dieser systematisch vom maßgeblichen Marktzinsniveau ab. Darüber hinaus sind sämtliche im Zusammenhang mit mittelbaren Pensionszusagen stehende Unterdeckungsbeträge vom Risikodeckungspotenzial abzuziehen, was einen großen Effekt auf die Risikotragfähigkeit haben kann. In der ökonomischen Perspektive sind die Risiken aus Pensionsverpflichtungen deshalb in der Regel deutlich höher, da sie in voller Höhe sichtbar werden.

Neben dem Risiko aus den Pensionsverpflichtungen sind die möglichen künftigen Wertschwan- **135** kungen des ggf. gebildeten Planvermögens als Risiko zu berücksichtigen.[160] Die Risikoberechnung sollte dabei analog zu vergleichbaren Vermögensgegenständen des Institutes erfolgen.

2.8.11   Kapitalbedarf für sonstige Risiken

Die Übertragung des Value-at-Risk-Konzeptes auf andere Risikoarten gestaltet sich schwierig. So **136** existiert zwar ein Ansatz zur Bestimmung des Value-at-Risk für das allgemeine Geschäftsrisiko. Diese Risikoart beschreibt im Grunde die Gefahr, dass der Deckungsbeitrag (als Differenz aus Erlösen

---

160 Vgl. Bundesanstalt für Finanzdienstleistungsaufsicht/Deutsche Bundesbank, Aufsichtliche Beurteilung bankinterner Risikotragfähigkeitskonzepte und deren prozessualer Einbindung in die Gesamtbanksteuerung (»ICAAP«) – Neuausrichtung, Leitfaden vom 24. Mai 2018, S. 26.

und variablen Kosten) unter die Fixkosten fällt. Die Wahrscheinlichkeitsverteilung sowie die entsprechende Standardabweichung können in diesem Fall ermittelt werden. Der Value-at-Risk orientiert sich dabei am Fixkostenwert. Geschäftsrisiken, für die es in der Fachliteratur keine einheitliche Definition gibt (→ BTR Tz. 1), werden derzeit aufgrund des Niedrigzinsumfeldes immer häufiger als wesentliches Risiko eingestuft und im Risikotragfähigkeitskonzept berücksichtigt. Typischerweise werden sie durch Szenarioansätze unter Verwendung von Expertenschätzungen und historischen Erlös- und Kostenschwankungen bestimmt.[161] Auch die schwer quantifizierbaren strategischen Risiken und Reputationsrisiken werden bei den methodisch fortgeschrittenen Instituten auf Basis von Szenarioanalysen ermittelt und von den übrigen Instituten oftmals über einen pauschalen Betrag für sonstige Risiken in das Risikotragfähigkeitskonzept einbezogen.[162]

2.9 Aggregation der wesentlichen Risiken

137 Die einzelnen Risikoarten sind unter Berücksichtigung der Wechselwirkungen zwischen allen relevanten Risikoarten in geeigneter Weise zu aggregieren, um zu beurteilen, ob sie durch das gesamte Risikodeckungspotenzial abgedeckt sind.

138 Dabei ist zu beachten, dass insbesondere Risiken, die aufgrund ihrer Eigenart nicht sinnvoll durch Risikodeckungspotenzial begrenzt werden können, nicht in das Risikotragfähigkeitskonzept einbezogen werden müssen (→ AT 4.1 Tz. 4). Aber selbst die Zusammenfassung der quantifizierbaren Risiken ist nicht unproblematisch. Einerseits sind ihr wegen unterschiedlicher Messmethoden in der Praxis Grenzen gesetzt. Andererseits können sich selbst bei Verwendung einheitlicher Messmethoden (z. B. Value-at-Risk-Ansatz) Schwierigkeiten ergeben. Eine sinnvolle Aggregation von Risiken erfordert einen einheitlichen Risikohorizont. Sollten für die operative Steuerung unterschiedliche Haltedauerannahmen getroffen werden, sind diese Annahmen für die Beurteilung der Risikotragfähigkeit grundsätzlich zu vereinheitlichen. Darüber hinaus ist darauf zu achten, dass das angestrebte Sicherheitsniveau über alle wesentlichen Risikoarten hinweg konsistent ist. Das gilt auch für Risikoarten, die auf Basis einer Expertenschätzung in das Risikotragfähigkeitskonzept eingehen (→ AT 4.1 Tz. 5).

139 Ferner unterstellt die einfache Addition der Risiken, dass die Risiken vollständig positiv korreliert sind. Normalerweise ist das Institut diesen Risiken zwar gleichzeitig ausgesetzt, allerdings bestehen zwischen ihnen verschiedene Wechselwirkungen. Solche Risikoverbundeffekte können sich erheblich auf das Gesamtrisiko eines Institutes auswirken. Unter normalen Marktbedingungen werden die Einzelrisiken i. d. R. nicht gleichzeitig in voller Höhe schlagend, d. h. sie weisen einen Korrelationskoeffizienten auf, der kleiner als eins ist. Die reine Addition der jeweiligen Risikopotenziale würde insoweit den gesamten Bedarf an Risikodeckungspotenzial systematisch überschätzen.[163] Es kann daher sinnvoll sein, wenn solche Risikoverbundeffekte über die Bestimmung von Korrelationen mit in die Betrachtung einfließen. Allerdings ist eine seriöse Ermittlung der Risikoverbundeffekte wegen des hohen Aufwandes bei der Abschätzung von Korrelationen für viele Institute nicht ohne Weiteres möglich. Zudem können sich die Abhängigkeiten in Stresssituationen drastisch ändern. So wurde im Verlauf der Finanzmarktkrise deutlich, dass sich im Stressfall alle Asset-Klassen in dieselbe Richtung bewegen. Im Extremfall kann das Gesamtrisiko daher im Vergleich zu den Einzelrisiken sogar ansteigen (»super additivity«

---

161 Vgl. Deutsche Bundesbank, Zum aktuellen Stand der bankinternen Risikosteuerung und der Bewertung der Kapitaladäquanz im Rahmen des aufsichtlichen Überprüfungsprozesses, in: Monatsbericht, Dezember 2007, S. 65.

162 Vgl. Deutsche Bundesbank, Bankinterne Methoden zur Ermittlung und Sicherstellung der Risikotragfähigkeit und ihre bankaufsichtliche Bedeutung, in: Monatsbericht, März 2013, S. 35 f.

163 Vgl. Knippschild, Martin, Bankinterne Kapitalsteuerung vor dem Hintergrund der Anforderungen von Basel II/Säule II, in: Rolfes, Bernd (Hrsg.), Herausforderung Bankmanagement – Entwicklungslinien und Steuerungsansätze, Festschrift zum 60. Geburtstag von Henner Schierenbeck, Frankfurt a. M., 2006, S. 699.

oder »compounding effects«).[164] Insoweit können sich die Vorteile der Diversifikation in bestimmten Situationen sogar in ihr Gegenteil verkehren.

Einer Untersuchung der Deutschen Bundesbank aus dem Jahr 2007 zufolge fand zum damaligen **140** Zeitpunkt noch nicht überall eine institutsinterne Auseinandersetzung mit der Frage der Wesentlichkeit von Risiken statt. Häufig unberücksichtigt blieben auch kapitalzehrende Risikokonzentrationen und kapitalschonende Diversifikationseffekte.[165] Bei Berücksichtigung von risikomindernden Diversifikationseffekten erfolgte oftmals ein pauschaler Ansatz, ohne dass dafür hinreichend valide Erkenntnisse vorlagen. Vor diesem Hintergrund wurde die Berücksichtigung von risikomindernden Diversifikationseffekten bereits im Rahmen der dritten MaRisk-Novelle stärker reglementiert (→ AT 4.1 Tz. 6 und 7). Soweit ein Institut innerhalb oder zwischen Risikoarten risikomindernde Diversifikationseffekte im Risikotragfähigkeitskonzept berücksichtigt, müssen sie so konservativ geschätzt werden, dass sie auch in konjunkturellen Abschwungphasen sowie bei im Hinblick auf die Geschäfts- und Risikostruktur des Institutes ungünstigen Marktverhältnissen als ausreichend stabil angenommen werden können. Folglich muss ein Institut beim Ansatz von risikomindernden Diversifikationseffekten einen Stabilitätsnachweis dieser Effekte auch in Stressphasen erbringen.

Verschiedenen Veröffentlichungen der Aufsichtsbehörden ist zu entnehmen, dass die Diversifika- **141** tionseffekte zwischen den Risikoarten (»Inter-Risikodiversifikationen«) von ihnen kritisch gesehen werden. Inter-Risikodiversifikationen dürfen nach den Vorgaben der EBA zur Bestimmung der zusätzlichen Eigenmittelanforderungen im SREP mittlerweile gar nicht mehr berücksichtigt werden.[166] Sowohl die EZB als auch die deutschen Aufsichtsbehörden haben diese Sichtweise aufgegriffen. Allerdings ist es sowohl den bedeutenden als auch den weniger bedeutenden Instituten gestattet, diese Effekte mit hinreichender Vorsicht im ICAAP abzubilden. In diesem Fall müssen sie jedoch in der Lage sein, ihre wesentlichen Risiken auch ohne Diversifikationseffekte auszuweisen (Bruttobetrachtung).[167]

2.10 Berücksichtigung von Risikokonzentrationen

Gleichzeitig müssen in die Risikotragfähigkeitsbetrachtung auch Risikokonzentrationen einbezo- **142** gen werden. Diese Anforderung geht auf eine Empfehlung von CEBS zurück, wonach die Intra- und Inter-Risikokonzentrationen (→ AT 2.2 Tz. 1) angemessen im ICAAP und bei der Kapitalplanung berücksichtigt werden müssen. Insbesondere sollten die Institute beurteilen, ob das vorhandene Kapital hinsichtlich der Risikokonzentrationen in ihrem Portfolio angemessen ist.[168]

Hinsichtlich der grundsätzlichen Behandlung von Intra-Risikokonzentrationen besteht zwischen **143** Aufsicht und Kreditwirtschaft weitgehend Einigkeit. Intra-Risikokonzentrationen sollten entweder

---

164 Vgl. Basel Committee on Banking Supervision, Findings on the Interaction of Market and Credit Risk, Working Paper Nr. 16, 14. Mai 2009, S. 10.

165 Vgl. Deutsche Bundesbank, Zum aktuellen Stand der bankinternen Risikosteuerung und der Bewertung der Kapitaladäquanz im Rahmen des aufsichtlichen Überprüfungsprozesses, in: Monatsbericht, Dezember 2007, S. 70 f.

166 Vgl. European Banking Authority, Opinion of the European Banking Authority on the interaction of Pillar 1, Pillar 2 and combined buffer requirements and restrictions on distributions, EBA/Op/2015/24, 16. Dezember 2015, S. 9; European Banking Authority, Guidelines on common procedures and methodologies for the supervisory review and evaluation process (SREP) and supervisory stress testing, EBA/GL/2014/13, Consolidated version, 19. Juli 2018, S. 134.

167 Vgl. Bundesanstalt für Finanzdienstleistungsaufsicht/Deutsche Bundesbank, Aufsichtliche Beurteilung bankinterner Risikotragfähigkeitskonzepte und deren prozessuale Einbindung in die Gesamtbanksteuerung (»ICAAP«) – Neuausrichtung, Leitfaden vom 24. Mai 2018, S. 17; Europäische Zentralbank, Leitfaden der EZB für den bankinternen Prozess zur Sicherstellung einer angemessenen Kapitalausstattung (Internal Capital Adequacy Assessment Process – ICAAP), 9. November 2018, S. 37 f.

168 Vgl. Committee of European Banking Supervisors, Revised Guidelines on the management of concentration risk under the supervisory review process (GL 31), 2. September 2010, S. 13.

im Rahmen des Risikomanagements der zugrunde liegenden Risikoarten oder separat berücksichtigt werden.[169] Auch aus Sicht der BaFin können Risikokonzentrationen durchaus als Bestandteil der klassischen Risikoarten bei der Beurteilung der Risikotragfähigkeit berücksichtigt werden, was in der Konsequenz darauf hinausläuft, dass für sie nicht isoliert Kapital vorgehalten werden muss.[170]

144   Als problematisch für den Umsetzungsprozess in den Instituten könnte sich die Behandlung von Inter-Risikokonzentrationen erweisen. So werden Inter-Risikokonzentrationen laut Einschätzung von CEBS nicht in vollem Umfang berücksichtigt, sofern die Risiken je Risikoart auf »Stand-Alone-Basis« gemessen und anschließend auf einfache Weise addiert werden.[171] Auch die BaFin bemängelt, dass teilweise keine Kommunikation zwischen den für das Management verschiedener Risikoarten zuständigen Einheiten erfolgt (»Silo-Ansatz«) und folglich die Abhängigkeiten zwischen den verschiedenen Risikoarten nicht hinreichend berücksichtigt werden.[172] Wie einige Beispiele für Inter-Risikokonzentrationen (→ BTR 1) zeigen, würden in der Tat bestimmte Konzentrationen bei separater Beurteilung der verschiedenen Risikoarten möglicherweise gar nicht als solche erkannt werden. Abhilfe können die institutsweiten Stresstests schaffen. Als sinnvoll könnte sich auch ein Brainstorming über die einzelnen Einheiten (»Silos«) hinweg erweisen, in dessen Rahmen überlegt wird, welche Kombinationen realistischer Weise überhaupt auftreten könnten.

145   Seitens der Kreditwirtschaft wird eine Addition der Risikobeträge der einzelnen Risikoarten durchaus als hinreichend konservative Herangehensweise zur Berücksichtigung von Risikokonzentrationen angesehen.[173] Diese Einschätzung basiert darauf, dass ein Korrelationskoeffizient aus mathematischer Sicht nicht größer als eins sein kann, was einem vollständig positiven linearen Zusammenhang zwischen den jeweils betrachteten Größen entspricht. Aufgrund der »Subadditivität« kann das Gesamtrisiko demzufolge nicht größer sein als die Summe der Risikobeträge je Risikoart. Dabei wird unterstellt, dass die Intra-Risikokonzentrationen in den Risikobeträgen der einzelnen Risikoarten implizit berücksichtigt sind. Allerdings ist diese Argumentation nicht ganz korrekt, zumal die Risikomessung vielfach auf dem Konzept des Value-at-Risk basiert, der (im Gegensatz zum Expected Shortfall) gerade kein subadditives Risikomaß ist.

146   Auch diesbezüglich stimmen Aufsicht und Kreditwirtschaft eigentlich überein. Unterschiedliche Auffassungen bestehen jedoch hinsichtlich der damit verbundenen Konsequenzen. Die Kreditwirtschaft hat ausgeführt, dass es im Stressfall durch die einfache Addition zwar zu einer Unterzeichnung des Gesamtrisikos kommen könne. Allerdings erfolge die Risikosteuerung nicht auf Basis von Stressereignissen, die zudem durch separate Anforderungen abgefedert würden[174] (→ AT 4.3.3 Tz. 1). CEBS räumt ein, dass es nicht in jedem Fall notwendig oder möglich sein wird, explizit für Risikokonzentrationen (im Sinne einer separaten Risikokategorie) Kapital zu allozieren. Allerdings müssen sämtliche wesentlichen Risiken im ICAAP berücksichtigt werden, wozu ggf. auch die Intra- und Inter-Risikokonzentrationen gehören. Je stärker die Risikokonzentrationen ausgeprägt sind, desto mehr besteht die Notwendigkeit, deren Auswirkungen auf das Kapital zu beurteilen. CEBS empfiehlt aber auch, im Rahmen des ICAAP die Möglichkeiten zur Minderung von Risikokonzentrationen zu prüfen.[175] Im Endeffekt wird es vermutlich darauf ankommen,

---

169 Vgl. Committee of European Banking Supervisors, Revised Guidelines on the management of concentration risk under the supervisory review process (GL 31), 2. September 2010, S. 8.

170 Vgl. Hofer, Markus, MaRisk: Erneute Überarbeitung vor dem Hintergrund internationaler Standards, in: BaFinJournal, Ausgabe Januar 2011, S. 8.

171 Vgl. Committee of European Banking Supervisors, Revised Guidelines on the management of concentration risk under the supervisory review process (GL 31), 2. September 2010, S. 8.

172 Vgl. Hofer, Markus, MaRisk: Erneute Überarbeitung vor dem Hintergrund internationaler Standards, in: BaFinJournal, Ausgabe Januar 2011, S. 8.

173 Vgl. Zentraler Kreditausschuss, Stellungnahme zum inoffiziellen Konsultationsentwurf der MaRisk vom 4. November 2010, 24. November 2010, S. 5.

174 Vgl. Zentraler Kreditausschuss, Stellungnahme zum inoffiziellen Konsultationsentwurf der MaRisk vom 4. November 2010, 24. November 2010, S. 5.

175 Vgl. Committee of European Banking Supervisors, Revised Guidelines on the management of concentration risk under the supervisory review process (GL 31), 2. September 2010, S. 13.

institutsindividuell eine vernünftige Balance zwischen der Begrenzung von Risikokonzentrationen durch Limitvorgaben oder ähnliche Maßnahmen und deren (nicht zwingend separater) Unterlegung mit Kapital im Rahmen des Risikotragfähigkeitskonzeptes zu finden.

Es bleibt abzuwarten, in welcher Weise und ab welchem Zeitpunkt die Institute dazu in der Lage sein werden, Intra- und Inter-Risikokonzentrationen angemessen bei der Kapitalplanung zu berücksichtigen. Der Weg dahin ist noch weit. Bisher werden Risikokonzentrationen ausschließlich qualitativ oder volumenorientiert gesteuert, insbesondere mit Hilfe von Strukturlimiten nach Größenklassen, Forderungsklassen, Bonitäten oder Branchen. Diese Limite orientieren sich i.d.R. an den Vorgaben der ersten Säule und haben insofern keinen direkten Bezug zum Risikodeckungspotenzial. Bisher werden Risikokonzentrationen lediglich hinsichtlich der Adressenausfallrisiken bei Verwendung von Kreditportfoliomodellen implizit quantifiziert.[176]

147

2.11 Möglichkeiten zur Ableitung des Risikodeckungspotenzials

Nachdem die wesentlichen Risiken quantifiziert wurden, geht es im nächsten Schritt darum, das zur Verlustabsorption verfügbare Kapital zu ermitteln. Mit Hilfe des Risikodeckungspotenzials sollen die wesentlichen Risiken des Institutes abgedeckt werden. Bei der Festlegung der einzelnen Komponenten des Risikodeckungspotenzials kann grundsätzlich zwischen einer »bilanz- bzw. GuV-orientierten Ableitung« und einer »wertorientierten Ableitung« unterschieden werden.

148

Bei einer bilanz- bzw. GuV-orientierten Ableitung des Risikodeckungspotenzials werden Bilanzpositionen oder Plangewinne so angesetzt, wie sie in der externen Rechnungslegung erwartet werden (»periodische Sichtweise«). Diese Betrachtungsweise liegt der normativen Perspektive und dem Going-Concern-Ansatz alter Prägung zugrunde. Allerdings müssen die aus der Rechnungslegung übernommenen Werte in angemessener Weise bereinigt werden. Für die normative Perspektive gelten die Vorgaben der CRR an die Ermittlung der Eigenmittel. Im Going-Concern-Ansatz alter Prägung darf das bilanzielle Eigenkapital nicht unreflektiert als Risikodeckungspotenzial übernommen werden, »wenn in der Rechnungslegung Geschäfts- oder Firmenwerte (Goodwill), aktive latente Steuern oder Anteile im Fremdbesitz angesetzt sind oder Eigenbonitätseffekte aus einer Zeitwert-Bilanzierung von Verbindlichkeiten zum Tragen kommen«.[177] Ausgangspunkt ist grundsätzlich das bilanzielle Eigenkapital (»Buchwert des Eigenkapitals« oder »Buchkapital«). Größere Institute, insbesondere aktive Kapitalmarktteilnehmer, für die das externe Rating von großer Bedeutung ist und die demzufolge besonderen Wert auf eine Konsistenz zwischen ihrem internen Risikomanagement und den Anforderungen der externen Ratingagenturen legen, haben als Risikodeckungspotenzial häufig das adjustierte Buchkapital (»Adjusted Common Equity«, ACE) verwendet. Dabei wird das bilanzielle Eigenkapital um noch nicht realisierte Gewinne aus Wertpapieren und voraussichtliche Dividendenzahlungen gekürzt.[178] Hat ein Institut Vorzugsaktien in relevanter Höhe ausgegeben, kann es auch sinnvoll sein, bei der Festlegung des Risikodeckungspotenzials mit dem materiellen Eigenkapital (»Tangible Common Equity«, TCE) zu starten, indem die immateriellen Vermögenswerte und das Vorzugskapital vom bilanziellen Eigenkapital abgezogen werden.

149

---

176 Vgl. Deutsche Bundesbank, »Range of Practice« zur Sicherstellung der Risikotragfähigkeit bei deutschen Kreditinstituten, 11. November 2010, S. 15.

177 Volk, Tobias/Wiesemann, Bernd, Aufsichtliche Beurteilung bankinterner Risikotragfähigkeitskonzepte, in: Zeitschrift für das gesamte Kreditwesen, Heft 6/2012, S. 20.

178 Vgl. Bundesanstalt für Finanzdienstleistungsaufsicht/Deutsche Bundesbank, Range of Practice – Aufsichtliche Schlussfolgerungen, Vortrag im Rahmen einer Sondersitzung des MaRisk-Fachgremiums zum ICAAP am 29. November 2010.

AT 4.1 Risikotragfähigkeit

150 Bei einer wertorientierten Ableitung wird das Risikodeckungspotenzial hingegen aus rein ökonomischer Perspektive grundsätzlich losgelöst von der Abbildung in der externen Rechnungslegung definiert (»wertorientierte Sichtweise«). Bei dieser Vorgehensweise kommen bilanzielle Ansatz- und Bewertungsregeln, die im Hinblick auf die ökonomische Betrachtung verzerrend wirken können, nicht zum Tragen.[179] Diese Verfahren basieren entweder auf dem Unternehmensbarwert oder auf einer barwertnahen Ableitung des Risikodeckungspotenzials. Diese Betrachtungsweise liegt der ökonomischen Perspektive zugrunde.

151 Im Folgenden werden die regulatorischen Vorgaben zur Ableitung des Risikodeckungspotenzials für die verschiedenen Ansätze näher erläutert.

2.11.1 Ermittlung des Risikodeckungspotenzials in der normativen Perspektive

152 Das Risikodeckungspotenzial in der normativen Perspektive besteht aus regulatorischen Eigenmitteln sowie ggf. aus weiteren Kapitalbestandteilen, soweit diese aufsichtsseitig zur Abdeckung von aufsichtlichen Kapitalanforderungen und -erwartungen anerkannt werden. Namentlich werden dabei die § 340f HGB-Reserven genannt, die im Rahmen des ICAAP als verlustabsorbierend angenommen werden.[180] Bei der Ableitung des Risikodeckungspotenzials in der normativen Perspektive gelten folglich die Vorgaben der CRR an die Zusammensetzung der regulatorischen Eigenmittel – »hartes Kernkapital« (Art. 26–50 CRR), »zusätzliches Kernkapital« (Art. 51–61 CRR) und »Ergänzungskapital« (Art. 62–71 CRR).

153 Für die Ermittlung der zur Verfügung stehenden regulatorischen Eigenmittel in späteren Planungsperioden sind die entsprechenden Positionen der Gewinn- und Verlustrechnung zu planen. Dabei sind die Effekte aus allen wesentlichen Risiken zu berücksichtigen. Vorgesehene Umwandlungen von § 340f HGB-Reserven bzw. Reserven gemäß § 26a KWG a. F. in Rücklagen können dabei berücksichtigt werden. Soweit die Vorsorgereserven zuvor in das Ergänzungskapital einbezogen wurden, ist die mit der Umwandlung einhergehende Verringerung des Ergänzungskapitals konsistent bei den künftigen Eigenmitteln zu berücksichtigen. Da davon auszugehen ist, dass die Unsicherheit bezüglich der Angemessenheit der Planungsannahmen bei weiter in der Zukunft liegenden Planungszeiträumen höher ist, ist dem Vorsichtsprinzip insbesondere für solche Zeiträume ausreichend Rechnung zu tragen.[181]

2.11.2 Ermittlung des Risikodeckungspotenzials in der ökonomischen Perspektive

154 Die allgemeinen Anforderungen an das Risikodeckungspotenzial in der ökonomischen Perspektive hat die EZB im Prinzip 5 (»Internes Kapital«) ausformuliert. Das interne Kapital sollte von solider Qualität sein sowie umsichtig und konservativ bestimmt werden. Die Definition des internen Kapitals sollte daher mit dem institutsinternen Konzept für eine angemessene Kapital-

---

179 Vgl. Bundesanstalt für Finanzdienstleistungsaufsicht/Deutsche Bundesbank, Aufsichtliche Beurteilung bankinterner Risikotragfähigkeitskonzepte und deren prozessualer Einbindung in die Gesamtbanksteuerung (»ICAAP«) – Neuausrichtung, Leitfaden vom 24. Mai 2018, S. 13.

180 Vgl. Bundesanstalt für Finanzdienstleistungsaufsicht/Deutsche Bundesbank, Aufsichtliche Beurteilung bankinterner Risikotragfähigkeitskonzepte und deren prozessualer Einbindung in die Gesamtbanksteuerung (»ICAAP«) – Neuausrichtung, Leitfaden vom 24. Mai 2018, S. 9.

181 Vgl. Bundesanstalt für Finanzdienstleistungsaufsicht/Deutsche Bundesbank, Aufsichtliche Beurteilung bankinterner Risikotragfähigkeitskonzepte und deren prozessualer Einbindung in die Gesamtbanksteuerung (»ICAAP«) – Neuausrichtung, Leitfaden vom 24. Mai 2018, S. 9.

ausstattung aus der ökonomischen Perspektive im Einklang stehen und sich am wirtschaftlichen Wert orientieren. Die Institute sollen klar aufzeigen, wie ihr internes Kapital für die Absicherung der Risiken aus ökonomischer Sicht zur Verfügung steht und somit die Fortführung der Geschäftstätigkeit gewährleistet wird. Unter Zugrundelegung eines umsichtigen und konservativen Ansatzes sollte die Definition den Instituten im Zeitverlauf eine konsequente und aussagekräftige Beurteilung der Angemessenheit ihrer Kapitalausstattung aus der ökonomischen Perspektive ermöglichen. Dabei sollten sie berücksichtigen, dass das verfügbare interne Kapital aus der ökonomischen Perspektive aufgrund unterschiedlicher Bewertungsmethoden und -annahmen für Vermögenswerte, Verbindlichkeiten und Transaktionen beträchtlich von den Eigenmitteln aus der normativen Perspektive abweichen kann.[182]

Theoretisch würde einem Institut aufgrund der wegfallenden Beschränkungen grundsätzlich **155** mehr internes Kapital als regulatorische Eigenmittel zur Verfügung stehen. Praktisch werden von den Aufsichtsbehörden allerdings auch an die Bestandteile des internen Kapitals hohe qualitative Anforderungen gestellt. So können mit Blick auf die angestrebte Fortführung des Institutes in der ökonomischen Perspektive keine Kapitalbestandteile verwendet werden, die grundsätzlich nur bei Insolvenz des Institutes zur Verfügung stehen. Folglich kann das Ergänzungskapital nicht als Risikodeckungspotenzial in der ökonomischen Perspektive angesetzt werden.[183] Die deutsche Aufsicht toleriert den Ansatz von Ergänzungskapital bis Ende 2022[184], hat jedoch die klare Empfehlung ausgesprochen, keine Nachrangverbindlichkeiten lediglich zum Zwecke der Erhöhung des Risikodeckungspotenzials in der ökonomischen Perspektive aufzunehmen.[185] Dies gilt ausdrücklich nicht für Reserven nach § 340f HGB, da die Aufsicht diese ökonomisch als uneingeschränkt deckungsfähig ansieht. Auch beim zusätzlichen Kernkapital muss das Institut prüfen, ob dieses Kapital zur Abdeckung von Verlusten in der ökonomischen Perspektive zur Verfügung steht. Diese Instrumente sind in der Regel so ausgestaltet, dass eine Wandlung in hartes Kernkapital oder eine Abschreibung dann erfolgt, wenn die Quote des harten Kernkapitals im Verhältnis zu den Risikopositionen den Schwellenwert von 5,125 Prozent unterschreitet. Es kann jedoch der Fall eintreten, dass diese Schwelle nicht unterschritten wird, obwohl die Risikotragfähigkeit in der ökonomischen Perspektive nicht gegeben ist. Außerdem ist dieser Schwellenwert im Verhältnis zu der SREP-Gesamtkapitalanforderung (»Total SREP Capital Requirement«, TSCR) so niedrig, dass man von einer Fortführung des Institutes in der Regel nicht mehr ausgehen kann. Darüber hinaus muss sich das Institut mit negativen Signalwirkungen auf die Märkte im Falle einer Konvertierung des zusätzlichen Kernkapitals beschäftigen und potenzielle Auswirkungen auf die Fortführung seines Geschäftsbetriebes analysieren.[186] In dieser Hinsicht werden an die Zusammensetzung des internen Kapitals also sogar strengere Anforderungen gestellt als in der ersten Säule.

Die Definition des internen Kapitals erfolgt zwar institutsindividuell. Streng genommen wird **156** von den Aufsichtsbehörden auch keine Methode zur Ermittlung des internen Kapitals vorgegeben. Allerdings werden klare Rahmenbedingungen gesetzt, um die Verlustabsorptionsfähigkeit der Kapitalbestandteile sicherzustellen. Die EZB gestattet den bedeutenden Instituten die Verwendung von Methoden, die sich innerhalb einer Bandbreite von einem voll entwickelten Nettobarwertmodell bis hin zu Verfahren erstreckt, die von den regulatorischen Eigenmitteln ausgehen und diese durch Zeitwertbetrachtungen bereinigen.[187]

---

182 Vgl. Europäische Zentralbank, Leitfaden der EZB für den bankinternen Prozess zur Sicherstellung einer angemessenen Kapitalausstattung (Internal Capital Adequacy Assessment Process – ICAAP), 9. November 2018, S. 32.

183 Vgl. Europäische Zentralbank, Leitfaden der EZB für den bankinternen Prozess zur Sicherstellung einer angemessenen Kapitalausstattung (Internal Capital Adequacy Assessment Process – ICAAP), 9. November 2018, S. 30.

184 Vgl. Sitzung des MaRisk-Fachgremiums am 2. September 2021 (Protokoll lag bei Redaktionsschluss noch nicht vor).

185 Vgl. Bundesanstalt für Finanzdienstleistungsaufsicht, Protokoll der Sitzung des MaRisk-Fachgremiums am 3. Mai 2019, S. 4.

186 Vgl. European Central Bank, ECB report on banks' ICAAP practices, 11. August 2020, S. 44.

187 Vgl. Europäische Zentralbank, Leitfaden der EZB für den bankinternen Prozess zur Sicherstellung einer angemessenen Kapitalausstattung (Internal Capital Adequacy Assessment Process – ICAAP), 9. November 2018, S. 32.

AT 4.1 Risikotragfähigkeit

157   Die deutschen Aufsichtsbehörden fordern von den weniger bedeutenden Instituten ebenfalls eine von den Bilanzierungskonventionen in der externen Rechnungslegung losgelöste Ableitung des Risikodeckungspotenzials. Insofern müssen bei Verwendung von Bilanzgrößen oder aufsichtlichen Kapitalgrößen Ansatz- und Bewertungsregeln, die im Hinblick auf die ökonomische Betrachtung verzerrend wirken können, in geeigneter Weise eliminiert werden.[188]

2.11.3   Barwertige Ableitung des Risikodeckungspotenzials

158   Bei einer barwertigen Ableitung des Risikodeckungspotenzials ist grundsätzlich der Barwert sämtlicher Vermögenswerte und Verbindlichkeiten des Institutes – inklusive außerbilanzieller Positionen – unter Berücksichtigung der erwarteten Verluste und der Verwaltungskosten zu ermitteln.[189] Die deutschen Aufsichtsbehörden knüpfen diesen Ansatz an verschiedene Vorgaben, die nachfolgend erläutert werden.

2.11.3.1   Verwaltungskosten

159   Bei der Ermittlung des ökonomischen Risikodeckungspotenzials müssen in konsistenter Weise auch die Verwaltungskosten berücksichtigt werden, die für die Fortführung und Verwaltung der Positionen über die gesamte Laufzeit voraussichtlich erforderlich sind. Hierzu sollen diejenigen Verwaltungsaufwendungen (u. a. Personalaufwendungen, planmäßige Abschreibungen auf immaterielle Anlagewerte und Sachanlagen) aus der Gewinn- und Verlustrechnung (GuV) des aktuellen Jahres herangezogen werden, die auf die Bestandsverwaltung der bestehenden Positionen entfallen. Zur Ermittlung des Barwertes der Verwaltungskosten werden die ermittelten Kosten fortgeschrieben und abgezinst. Auch in diesem Fall kann zur angemessenen Abbildung der Laufzeit der betrachteten Portfolios u. a. auf die durchschnittliche Kapitalbindungsdauer abgestellt werden. Die Ermittlung der Verwaltungskosten kann auch mit Hilfe von vereinfachten Verfahren bzw. Ansätzen erfolgen.[190]

2.11.3.2   Ablauffiktionen

160   Die bei der Barwertermittlung verwendeten Ablauffiktionen für Zahlungsströme aus Positionen mit unbestimmter Zins- und Kapitalbindung (Laufzeit), wie z. B. Girokonto- oder Spareinlagen, oder aus möglichen vertraglichen Optionen, wie z. B. Kündigungsrechten der Schuldner, sind plausibel festzulegen. Bei dieser Plausibilisierung ist grundsätzlich das beobachtete Kundenverhalten maßgeblich zu berücksichtigen. In bestimmten Fällen können qualifizierte Expertenschätzungen zur Festlegung der Ablauffiktionen angemessen sein. Dies gilt insbesondere dann, wenn andere Methoden aufgrund fehlender Daten ausscheiden. Die Aufsicht hat vor einigen Jahren beispielhaft eine starke Veränderung des Kundenverhaltens, eine erwartete Änderung des Kundenverhaltens aufgrund von Umfeldveränderungen und die Geschäfte in neuen Produkten bzw. auf neuen Märkten genannt.[191] In jedem Fall sind zur Ermittlung des Barwertes aus Positionen mit

---

188 Vgl. Bundesanstalt für Finanzdienstleistungsaufsicht/Deutsche Bundesbank, Aufsichtliche Beurteilung bankinterner Risikotragfähigkeitskonzepte und deren prozessualer Einbindung in die Gesamtbanksteuerung (»ICAAP«) – Neuausrichtung, Leitfaden vom 24. Mai 2018, S. 13.

189 Vgl. Bundesanstalt für Finanzdienstleistungsaufsicht/Deutsche Bundesbank, Aufsichtliche Beurteilung bankinterner Risikotragfähigkeitskonzepte und deren prozessualer Einbindung in die Gesamtbanksteuerung (»ICAAP«) – Neuausrichtung, Leitfaden vom 24. Mai 2018, S. 13.

190 Vgl. Bundesanstalt für Finanzdienstleistungsaufsicht/Deutsche Bundesbank, Aufsichtliche Beurteilung bankinterner Risikotragfähigkeitskonzepte und deren prozessualer Einbindung in die Gesamtbanksteuerung (»ICAAP«) – Neuausrichtung, Leitfaden vom 24. Mai 2018, S. 14.

191 Vgl. Bundesanstalt für Finanzdienstleistungsaufsicht/Deutsche Bundesbank, Aufsichtliche Beurteilung bankinterner Risikotragfähigkeitskonzepte, Leitfaden vom 7. Dezember 2011, S. 11.

unbestimmter Zins- und Kapitalbindung oder möglichen vertraglichen Optionen angemessene Annahmen über Ablauffiktionen und Ausübungen zu treffen.[192]

Die Mehrzahl der deutschen Institute nutzt zur Festlegung von Ablauffiktionen das Modell der **161** gleitenden Durchschnitte. Dabei spielt die Ausweitung der zur Modellierung genutzten Stützstellen eine große Rolle. Je längerfristiger die gewählten Stützstellen sind, desto mehr steigt das Risiko einer Unterschätzung des Zinsänderungsrisikos. Aus diesem Grund kommt die deutsche Aufsicht zu dem Schluss, dass die Verwendung von Stützstellen von mehr als zehn Jahren als nicht ausreichend konservativ einzuschätzen ist. Insgesamt weist die Aufsicht auf viele methodische Schwächen bei der Methode der gleitenden Durchschnitte insbesondere bei einer zu langen Modellierung der Einlagen hin. Nicht zuletzt aufgrund der statistisch nicht hinreichend belegten Modellierung des Kundenverhaltens kündigt die Aufsicht an, die Verwendung langfristiger Mischungsverhältnisse kritisch zu untersuchen und die Notwendigkeit eines Modellrisikos zu überprüfen.[193] Die Deutsche Kreditwirtschaft (DK) hat sich gegen eine pauschale Ablehnung längerfristiger Stützstellen ausgesprochen und deshalb dazu das Gespräch mit der Aufsicht gesucht. In diesem Zusammenhang hat die DK u. a. vorgeschlagen, kurzfristige Stützstellen stärker zu gewichten. Entscheidend sei aus Sicht der DK letztlich, dass der modellierte durchschnittliche Zinsanpassungstermin für Verbindlichkeiten ohne feste Zinsbindung fünf Jahre nicht überschreiten darf (→ BTR 2.3 Tz. 7).[194]

2.11.3.3   Barwert der eigenen Verbindlichkeiten

Sofern zur Ermittlung des Barwertes der eigenen Verbindlichkeiten Abzinsungssätze angewendet **162** werden, die im Vergleich mit einem risikolosen Zins einen Spread beinhalten, führt dies grundsätzlich zu einem zu niedrigen Ansatz der Verbindlichkeiten. Es ist lediglich in eng begrenzten Ausnahmefällen möglich, die Abzinsung mit einem oberhalb der risikolosen Zinskurve liegenden Zinssatz vorzunehmen, wobei allenfalls der allgemeine Spread jener Assetklasse berücksichtigt werden kann, der das Institut angehört. Denkbar ist diese Vorgehensweise z. B. dann, wenn die zinsbedingte Wertentwicklung bestimmter Aktiva perfekt mit der zinsbedingten Wertentwicklung bestimmter Passiva korreliert. Wie bei der bilanz- bzw. GuV-orientierten Ableitung des Risikodeckungspotenzials darf ein negativer Eigenbonitätseffekt nicht zu einer Erhöhung des ermittelten barwertigen Reinvermögens führen.[195]

Auch die EZB weist darauf hin, dass sie es nicht als umsichtige Vorgehensweise werten würde, **163** wenn ein Institut sein verfügbares internes Kapital im Zusammenhang mit einer Herabstufung seiner eigenen Bonität erhöhen würde.[196]

2.11.3.4   Erwartete Vermögenszuwächse

In Übereinstimmung mit den aufsichtlichen Anforderungen an die Ermittlung von Zinsänderungs- **164** risiken im Anlagebuch muss bei der Ermittlung der Barwerte von einer statischen Betrachtung

---

192 Vgl. Bundesanstalt für Finanzdienstleistungsaufsicht/Deutsche Bundesbank, Aufsichtliche Beurteilung bankinterner Risikotragfähigkeitskonzepte und deren prozessualer Einbindung in die Gesamtbanksteuerung (»ICAAP«) – Neuausrichtung, Leitfaden vom 24. Mai 2018, S. 14.

193 Vgl. Bundesanstalt für Finanzdienstleistungsaufsicht/Deutsche Bundesbank, Gemeinsame aufsichtliche Position zur Verwendung verlängerter Stützstellen im Modell der gleitenden Durchschnitte – Ablehnung von Stützstellen von mehr als zehn Jahren, 26. November 2020, S. 1 f.

194 Vgl. Deutsche Kreditwirtschaft, Verwendung verlängerter Stützstellen im Modell der gleitenden Durchschnitte – Ihr Schreiben vom 26. November 2020, Schreiben an die Bundesanstalt für Finanzdienstleistungsaufsicht und die Deutsche Bundesbank vom 6. Mai 2021, S. 1 ff.

195 Vgl. Bundesanstalt für Finanzdienstleistungsaufsicht/Deutsche Bundesbank, Aufsichtliche Beurteilung bankinterner Risikotragfähigkeitskonzepte und deren prozessualer Einbindung in die Gesamtbanksteuerung (»ICAAP«) – Neuausrichtung, Leitfaden vom 24. Mai 2018, S. 14.

196 Vgl. Europäische Zentralbank, Leitfaden der EZB für den bankinternen Prozess zur Sicherstellung einer angemessenen Kapitalausstattung (Internal Capital Adequacy Assessment Process – ICAAP), 9. November 2018, S. 34.

ausgegangen werden. Daher dürfen Ertragsbestandteile, die auf geplantem Neugeschäft beruhen, grundsätzlich nicht angesetzt werden. Nur in Ausnahmefällen, insbesondere bei transaktions- bzw. handelslastigen Instituten mit geringem Bestandsgeschäft, dürfen (voraussichtlich erzielbare) Ertragsbestandteile für die bestehende Geschäftstätigkeit bei unverändertem Geschäftsumfang angesetzt werden, sofern diese hinreichend konservativ angesetzt und plausibel begründet werden.[197]

2.11.4 Barwertnahe Ableitung des Risikodeckungspotenzials

165   Bei einer barwertnahen Ableitung des Risikodeckungspotenzials dienen das bilanzielle Eigenkapital oder die regulatorischen Eigenmittel als Ausgangsgrößen. Wenn diese Größen durch Berücksichtigung stiller Lasten und Reserven in eine ökonomische Betrachtung überführt werden, werden sie von der Aufsicht als Näherung für eine barwertige Ableitung des Risikodeckungspotenzials akzeptiert.[198] Die erforderlichen Korrekturen führen letztlich zu einer indirekten und methodisch sehr komplexen Ermittlung des Unternehmensbarwertes, deren Auswirkungen auf die Bestimmung der Risikotragfähigkeit von der Aufsicht genau beurteilt werden.[199] Um stille Reserven und Lasten im Anlagebuch zu berücksichtigen, kann z. B. das Verfahren im Jahresabschluss zur verlustfreien Bewertung des Zinsgeschäfts (IDW RS BFA 3)[200] als Ausgangspunkt genutzt werden, wobei im Falle von wesentlichen Wertpapierbeständen ein Abgleich mit Marktwerten erforderlich ist und bei wesentlichen Abweichungen der niedrigere Wert zur Bestimmung des barwertnahen Risikodeckungspotenzials heranzuziehen ist.[201] Dabei ist zu berücksichtigen, dass bei der ökonomischen Perspektive nicht nur das Zinsbuch, sondern die Gesamtbank im Fokus steht. Sowohl bei den zu berücksichtigenden Positionen (z. B. Pensionsverpflichtungen und weitere Positionen außerhalb des Zinsbuches) als auch bei der Ableitung des Verwaltungskostenbarwertes (z. B. Berücksichtigung von Kosten der allgemeinen Verwaltung) sind für die ökonomische Risikotragfähigkeit Korrekturen der handelsrechtlichen Sichtweise vorzunehmen.

166   Sofern die bedeutenden Institute die regulatorischen Eigenmittel als Ausgangsbasis für die Definition ihres internen Kapitals verwenden, sollte ein Großteil des internen Kapitals aus hartem Kernkapital (»Common Equity Tier 1«, CET1) bestehen. Zudem sind bestimmte konzeptionelle Anpassungen erforderlich, damit das Kapital mit dem der ökonomischen Perspektive zugrunde liegenden Konzept des wirtschaftlichen Wertes im Einklang steht. Solche Anpassungen sollten bei der Bestimmung des internen Kapitals und bei der Risikoquantifizierung in konsistenter Weise vorgenommen werden. So könnten die stillen Lasten sowohl vom internen Kapital als auch vom Risikoengagement abgezogen werden. Alternativ könnte das interne Kapital unverändert gelassen und das Risiko als erwarteter Verlust quantifiziert werden. Sofern stille Reserven einbezogen werden sollen, was die EZB offensichtlich sehr kritisch beurteilt, so sollte das Risikoengagement um den Betrag erhöht werden, der den einbezogenen stillen Reserven entspricht. Wengleich die Institute selbst für die Definition des internen Kapitals verantwortlich sind, sollten sämtliche Bilanzpositio-

---

197 Vgl. Bundesanstalt für Finanzdienstleistungsaufsicht/Deutsche Bundesbank, Aufsichtliche Beurteilung bankinterner Risikotragfähigkeitskonzepte und deren prozessualer Einbindung in die Gesamtbanksteuerung (»ICAAP«) – Neuausrichtung, Leitfaden vom 24. Mai 2018, S. 13 f.

198 Vgl. Bundesanstalt für Finanzdienstleistungsaufsicht/Deutsche Bundesbank, Aufsichtliche Beurteilung bankinterner Risikotragfähigkeitskonzepte und deren prozessualer Einbindung in die Gesamtbanksteuerung (»ICAAP«) – Neuausrichtung, Leitfaden vom 24. Mai 2018, S. 13.

199 Vgl. Deutsche Bundesbank, Bankinterne Methoden zur Ermittlung und Sicherstellung der Risikotragfähigkeit und ihre bankaufsichtliche Bedeutung, in: Monatsbericht, März 2013, S. 35.

200 Institut der Wirtschaftsprüfer, IDW Stellungnahme zur Rechnungslegung: Einzelfragen der verlustfreien Bewertung von zinsbezogenen Geschäften des Bankbuchs (IDW RS BFA 3), 16. Oktober 2017.

201 Vgl. Bundesanstalt für Finanzdienstleistungsaufsicht/Deutsche Bundesbank, Aufsichtliche Beurteilung bankinterner Risikotragfähigkeitskonzepte und deren prozessualer Einbindung in die Gesamtbanksteuerung (»ICAAP«) – Neuausrichtung, Leitfaden vom 24. Mai 2018, S. 13.

nen, die unter der Annahme einer Geschäftsfortführung des Institutes nicht zur Verlustdeckung zur Verfügung stehen, von den regulatorischen Eigenmitteln abgezogen werden. Dazu werden u.a. das Ergänzungskapital (»Tier 2«, T2) und latente Steueransprüche (»Deferred Tax Assets«, DTA)[202] gezählt. Darüber hinaus sollte berücksichtigt werden, dass von Tochtergesellschaften begebenes Eigenkapital, das von Dritten gehalten wird (Minderheitsbeteiligungen), in der Regel nur zur Abdeckung von Risiken der betreffenden Tochtergesellschaft herangezogen werden kann.[203]

2.11.5 Risikodeckungspotenzial bei »Going-Concern-Ansätzen alter Prägung«

In der Praxis liegt insbesondere bei kleineren Instituten (noch) ein deutlicher Schwerpunkt auf der Bilanzorientierung und dabei wiederum auf Going-Concern-Ansätzen alter Prägung.[204] Wie bereits ausgeführt, werden die Going-Concern-Ansätze alter Prägung von der deutschen Aufsicht bis auf weiteres für die Zwecke des ICAAP anerkannt. Dabei darf jener Teil der regulatorischen Eigenmittel, der für die Erfüllung der SREP-Gesamtkapitalanforderung (»Total SREP Capital Requirement«, TSCR) erforderlich ist, im Risikotragfähigkeitskonzept nicht zur Risikoabdeckung berücksichtigt werden.[205] Die TSCR setzt sich aus den harten Eigenmittelanforderungen der CRR und dem SREP-Kapitalzuschlag (»Pillar 2 Requirement«, P2R) zusammen. Going-Concern-Ansätze stellen auf die laufende Einhaltung der regulatorischen Mindesteigenkapitalanforderungen ab, die auf Bilanzwerten basieren. Insofern ist es folgerichtig, das Risikodeckungspotenzial ebenfalls bilanzorientiert zu erfassen.[206]   **167**

Von den Instituten wird – wie schon in der Vergangenheit – erwartet, die wesentlichen Risiken zumindest in einem Steuerungskreis mit strengen, auf seltene Verlustausprägungen abstellenden Risikomaßen und Parametern zu quantifizieren, ohne dabei auf die Anforderungen des RTF-Leitfadens an die Risikoquantifizierung in der ökonomischen Perspektive abzustellen. In einem solchen Steuerungskreis kann auch der Kapitalerhaltungspuffer nach § 10c KWG zur Abdeckung der Risiken herangezogen werden.[207]   **168**

Folglich wird bei Going-Concern-Ansätzen alter Prägung eine bilanz- bzw. GuV-orientierte Ableitung des Risikodeckungspotenzials unterstellt.   **169**

2.11.5.1 Bilanzielles Eigenkapital und ähnliche Positionen

Die Berücksichtigung von bilanziellem Eigenkapital und ähnlichen Positionen bei der bilanz- bzw. GuV-orientierten Ableitung des Risikodeckungspotenzials ist in Analogie zur ersten Säule – also   **170**

---

202 Mit Ausnahme von DTA gemäß Art. 39 CRR, wenn die zugrunde liegenden Positionen bei der Quantifizierung von internem Kapital und Risiko gleichbehandelt werden. Vgl. Europäische Zentralbank, Leitfaden der EZB für den bankinternen Prozess zur Sicherstellung einer angemessenen Kapitalausstattung (Internal Capital Adequacy Assessment Process – ICAAP), 9. November 2018, S. 34.

203 Vgl. Europäische Zentralbank, Leitfaden der EZB für den bankinternen Prozess zur Sicherstellung einer angemessenen Kapitalausstattung (Internal Capital Adequacy Assessment Process – ICAAP), 9. November 2018, S. 33 f.

204 Vgl. Deutsche Bundesbank, »Range of Practice« zur Sicherstellung der Risikotragfähigkeit bei deutschen Kreditinstituten, 11. November 2010, S. 6.

205 Vgl. Bundesanstalt für Finanzdienstleistungsaufsicht/Deutsche Bundesbank, Aufsichtliche Beurteilung bankinterner Risikotragfähigkeitskonzepte und deren prozessualer Einbindung in die Gesamtbanksteuerung (»ICAAP«) – Neuausrichtung, Leitfaden vom 24. Mai 2018, S. 5 und 20.

206 Vgl. Deutsche Bundesbank, Bankinterne Methoden zur Ermittlung und Sicherstellung der Risikotragfähigkeit und ihre bankaufsichtliche Bedeutung, in: Monatsbericht, März 2013, S. 35.

207 Vgl. Bundesanstalt für Finanzdienstleistungsaufsicht/Deutsche Bundesbank, Aufsichtliche Beurteilung bankinterner Risikotragfähigkeitskonzepte und deren prozessualer Einbindung in die Gesamtbanksteuerung (»ICAAP«) – Neuausrichtung, Leitfaden vom 24. Mai 2018, S. 20.

nach Abzug eigener Anteile im Bestand des Institutes – gestattet. Das betrifft grundsätzlich auch den Fonds für allgemeine Bankrisiken nach § 340g HGB.[208]

171   Beim Fonds für allgemeine Bankrisiken muss gemäß § 340e Abs. 4 HGB aus dem Nettoertrag des Handelsbestandes eine Risikoreserve dotiert und separat ausgewiesen werden, ggf. als Davon-Vermerk. Die Bildung dieser Unterposition ist zwingend, unterliegt also nicht der Disposition des Institutes und kann folglich auch nicht beliebig zum Verlustausgleich herangezogen werden. Der Ansatz eines entsprechend addierten Betrages der gebildeten Risikoreserve als Risikodeckungspotenzial bei Going-Concern-Ansätzen kommt insofern nur dann infrage, wenn die Voraussetzungen aus § 340e Abs. 4 Satz 2 HGB zur Auflösung dieses Postens erfüllt sind, also nur

1. insoweit, wie auf der anderen Seite Risiken des Handelsbestandes angesetzt sind und diese Risiken einen geplanten Nettoertrag des Handelsbestandes übersteigen, sofern dieser als Bestandteil des Planergebnisses in das Risikodeckungspotenzial einfließt (§ 340e Abs. 4 Satz 2 Nr. 1 HGB),

2. sofern dem Risikodeckungspotenzial kein Gewinnvortrag aus dem Vorjahr hinzugerechnet wurde oder die gebildete Risikoreserve einen als Risikodeckungspotenzial angesetzten Gewinnvortrag übersteigt (§ 340e Abs. 4 Satz 2 Nr. 2 HGB),

3. soweit ein Verlustvortrag aus dem Vorjahr mindernd beim Risikodeckungspotenzial berücksichtigt wurde (§ 340e Abs. 4 Satz 2 Nr. 3 HGB) oder

4. soweit die gebildete Risikoreserve 50 Prozent des Durchschnitts der letzten fünf jährlichen Nettoerträge des Handelsbestandes übersteigt (§ 340e Abs. 4 Satz 2 Nr. 4 HGB).[209]

2.11.5.2   Plangewinne

172   An die Berücksichtigung von geplanten, also noch nicht erzielten Gewinnen als Risikodeckungspotenzial sind strenge Vorgaben geknüpft. Insbesondere müssen Plangewinne vorsichtig ermittelt werden, um dem damit verbundenen Risiko negativer Abweichungen Rechnung zu tragen. Dies kann entweder durch geeignete Abschläge beim Risikodeckungspotenzial oder durch eine angemessene Risikoquantifizierung erfolgen.[210] Dafür kommt z. B. eine explizite Modellierung von Geschäftsrisiken infrage.[211] Dabei sollte berücksichtigt werden, dass z. B. ein großer Verlust zum Beginn der Planungsperiode erst durch die kontinuierlich über die Periode entstehenden Gewinne abgedeckt werden könnte.[212] Es ist umso konservativer vorzugehen, je volatiler bzw. unsicherer die mit positiven Ergebnisbeiträgen in den Plangewinn einfließenden Komponenten sind. Zudem muss gewährleistet sein, dass negative Abweichungen von der ursprünglichen Planung durch unterjährig eintretende Veränderungen im Jahresverlauf verfolgt werden und ggf. zu einer Anpassung des ursprünglich angesetzten Plangewinnes führen. Ein Planverlust ist im Übrigen stets vom Risikodeckungspotenzial abzuziehen. Sollte sich im Jahresverlauf jedoch ein geringerer Verlust oder sogar ein Gewinn abzeichnen, kann der angesetzte Wert entsprechend angepasst werden.[213]

---

208 Vgl. Bundesanstalt für Finanzdienstleistungsaufsicht/Deutsche Bundesbank, Aufsichtliche Beurteilung bankinterner Risikotragfähigkeitskonzepte und deren prozessualer Einbindung in die Gesamtbanksteuerung (»ICAAP«) – Neuausrichtung, Leitfaden vom 24. Mai 2018, S. 21.

209 Vgl. Bundesanstalt für Finanzdienstleistungsaufsicht/Deutsche Bundesbank, Aufsichtliche Beurteilung bankinterner Risikotragfähigkeitskonzepte und deren prozessualer Einbindung in die Gesamtbanksteuerung (»ICAAP«) – Neuausrichtung, Leitfaden vom 24. Mai 2018, S. 22.

210 Vgl. Bundesanstalt für Finanzdienstleistungsaufsicht/Deutsche Bundesbank, Aufsichtliche Beurteilung bankinterner Risikotragfähigkeitskonzepte und deren prozessualer Einbindung in die Gesamtbanksteuerung (»ICAAP«) – Neuausrichtung, Leitfaden vom 24. Mai 2018, S. 20f.

211 Vgl. Deutsche Bundesbank, Bankinterne Methoden zur Ermittlung und Sicherstellung der Risikotragfähigkeit und ihre bankaufsichtliche Bedeutung, in: Monatsbericht, März 2013, S. 42.

212 Vgl. Deutsche Bundesbank, Zum aktuellen Stand der bankinternen Risikosteuerung und der Bewertung der Kapitaladäquanz im Rahmen des aufsichtlichen Überprüfungsprozesses, in: Monatsbericht, Dezember 2007, S. 60f.

213 Vgl. Bundesanstalt für Finanzdienstleistungsaufsicht/Deutsche Bundesbank, Aufsichtliche Beurteilung bankinterner Risikotragfähigkeitskonzepte und deren prozessualer Einbindung in die Gesamtbanksteuerung (»ICAAP«) – Neuausrichtung, Leitfaden vom 24. Mai 2018, S. 21.

Bei Ansatz des geplanten »Ergebnisses nach Bewertung« als Risikodeckungspotenzial 173
wird unterstellt, dass die – konservativ kalkulierten – geplanten Bewertungsaufwendungen
(erwartete Verluste) bereits enthalten sind. In diesen Fällen kann sich der Risikoansatz also
grundsätzlich auf unerwartete Bewertungsverluste beschränken. Wird hingegen das geplante
»Ergebnis vor Bewertung« als Risikodeckungspotenzial angesetzt, so müssen zusätzlich auch die
erwarteten Bewertungsaufwendungen in den Risikobetrag einfließen. Sofern bei Verwendung
des Plangewinnes in einem Going-Concern-Ansatz auch Neugeschäft berücksichtigt wird,
müssen die den Neugeschäftsannahmen immanenten Risiken durch Ansatz auf der Risikoseite
oder entsprechend konservative Kalkulation auf der Kapitalseite angemessen abgebildet
werden.[214]

2.11.5.3 Anteile im Fremdbesitz

Von Dritten gehaltene Anteile an Tochterunternehmen haften grundsätzlich nur für Risiken, die 174
bei dem jeweiligen Tochterunternehmen schlagend werden. Diesem Umstand kann bei der
Ermittlung der Risikotragfähigkeit auf Gruppenebene grundsätzlich durch die folgenden alterna-
tiven Vorgehensweisen Rechnung getragen werden[215]:
– Die Anteile Dritter werden maximal in der Höhe als Risikodeckungspotenzial der Gruppe
  angesetzt, die ihrem prozentualen Anteil am quantifizierten Risikobetrag des jeweiligen
  Tochterunternehmens entspricht.
– Risiken und Risikodeckungspotenzial der Tochterunternehmen werden entsprechend der
  Beteiligungsquote der Gruppe jeweils quotal angesetzt.

Sofern bei der Ermittlung der Risikotragfähigkeit auf Gruppenebene ein Netting der Positionen 175
über die rechtlichen Einheiten hinweg erfolgt, kann der Beitrag des betreffenden Tochterunternehmens zum Gesamtrisikowert der Gruppe deutlich geringer sein als der Risikobetrag auf
Ebene der Tochter. In diesem Fall wäre eine weitere Verringerung des auf Gruppenebene
ansetzbaren Anteils der Fremdanteile geboten. In den Steuerungskreisen der Tochterunternehmen können die Minderheitenanteile im Übrigen auch dann als Risikodeckungspotenzial
berücksichtigt werden, wenn sie die tatsächlichen anteiligen Risiken auf der Ebene der jeweiligen Tochter übersteigen.[216]

2.11.5.4 Stille Lasten in Wertpapieren des Anlagebestandes

Der Anwendungsbereich wird zunächst auf Wertpapiere des Anlagebestandes eingeschränkt, 176
wobei die Herangehensweise grundsätzlich auch für Wertpapiere maßgeblich ist, die der De-
ckungsmasse für Pfandbriefe nach dem PfandBG zugeordnet sind. Zudem gelten die nachfolgenden Aussagen auch für Schuldscheindarlehen, soweit sie in der internen Steuerung eines Institutes
wie Wertpapiere behandelt werden.[217] Die Aufsicht möchte diese Vorgaben sogar bei der Behand-

---

214 Vgl. Bundesanstalt für Finanzdienstleistungsaufsicht/Deutsche Bundesbank, Aufsichtliche Beurteilung bankinterner
   Risikotragfähigkeitskonzepte und deren prozessualer Einbindung in die Gesamtbanksteuerung (»ICAAP«) – Neuausrichtung, Leitfaden vom 24. Mai 2018, S. 21.
215 Vgl. Bundesanstalt für Finanzdienstleistungsaufsicht/Deutsche Bundesbank, Aufsichtliche Beurteilung bankinterner
   Risikotragfähigkeitskonzepte und deren prozessualer Einbindung in die Gesamtbanksteuerung (»ICAAP«) – Neuausrichtung, Leitfaden vom 24. Mai 2018, S. 22.
216 Vgl. Bundesanstalt für Finanzdienstleistungsaufsicht/Deutsche Bundesbank, Aufsichtliche Beurteilung bankinterner
   Risikotragfähigkeitskonzepte und deren prozessualer Einbindung in die Gesamtbanksteuerung (»ICAAP«) – Neuausrichtung, Leitfaden vom 24. Mai 2018, S. 22.
217 Vgl. Bundesanstalt für Finanzdienstleistungsaufsicht/Deutsche Bundesbank, Aufsichtliche Beurteilung bankinterner
   Risikotragfähigkeitskonzepte und deren prozessualer Einbindung in die Gesamtbanksteuerung (»ICAAP«) – Neuausrichtung, Leitfaden vom 24. Mai 2018, S. 25.

lung sämtlicher Finanzinstrumente zugrunde legen, die einen leicht zu ermittelnden Marktwert haben, wie z. B. bei Derivaten.[218]

177   Die Institute müssen sich unabhängig vom gewählten Steuerungsansatz mit ihren stillen Lasten befassen. Diese resultieren aus der Abweichung zwischen Marktwerten und Bilanzansätzen in der Rechnungslegung und signalisieren, dass die bilanziellen Wertansätze nicht der aktuellen ökonomischen Situation entsprechen.[219] Die Behandlung stiller Lasten in Wertpapieren des Anlagebestandes orientiert sich daher an den einschlägigen Rechnungslegungsvorschriften. Die Vorgaben in diesem Abschnitt stellen auf die HGB-Rechnungslegung ab. Sofern ein Institut an die IFRS-Rechnungslegung anknüpft, gelten die Ausführungen analog für die nicht zum Fair Value bewerteten IFRS-Kategorien.[220]

178   Nach den Vorschriften des HGB dürfen wie Anlagevermögen bewertete Wertpapiere im Jahresabschluss unter bestimmten Voraussetzungen mit einem höheren als dem zum Bilanzstichtag »beizulegenden Zeitwert«[221] angesetzt werden. Dafür muss einerseits davon auszugehen sein, dass sich die aus dem höheren Wertansatz resultierende stille Last im Zeitablauf wieder auflöst, also eine entsprechende Wertaufholung erfolgt. Andererseits muss das bilanzierende Institut nachweisen können, dass es das entsprechende Aktivum dauerhaft zu halten beabsichtigt und hierzu auch in der Lage ist.[222]

179   Vor diesem Hintergrund ist eine Bereinigung der stillen Lasten in Wertpapieren des Anlagebestandes bei Going-Concern-Ansätzen nicht erforderlich, sofern keine Zweifel an der angenommenen Wertaufholung sowie der unterstellten Dauerhalteabsicht und -fähigkeit bestehen. Andernfalls ist von einer Realisierung der stillen Lasten auszugehen. Sie müssen daher entweder vom Risikodeckungspotenzial abgezogen oder auf der Risikoseite dem Risikobetrag zugeschlagen werden. Liegen stille Lasten in Wertpapieren des Anlagebestandes in erheblicher Größenordnung vor, so erwartet die Aufsicht, dass diese vollständig berücksichtigt werden. Die vorstehenden Anforderungen sind nicht anwendbar, sofern es sich um ausschließlich zinsinduzierte stille Lasten handelt, die sich bei Wertpapieren ergeben, welche in die verlustfreie Bewertung des Zinsbuches nach IDW RS BFA 3[223] einfließen.[224]

180   Nicht immer existiert für Wertpapiere des Anlagebestandes ein aktiver Markt. In diesen Fällen kann – analog zu den Rechnungslegungsvorschriften zur Ermittlung des beizulegenden Zeitwertes von wie Umlaufvermögen bewerteten Wertpapieren – als Referenzgröße auf Werte zurückgegriffen werden, die anhand anerkannter Bewertungsmodelle ermittelt wurden, wie z. B. »Discounted-Cashflow-Modelle« (DCF-Modelle). Die Differenz zwischen dem Modell-Wert und einem ggf.

---

218 Vgl. Volk, Tobias/Wiesemann, Bernd, Aufsichtliche Beurteilung bankinterner Risikotragfähigkeitskonzepte, in: Zeitschrift für das gesamte Kreditwesen, Heft 6/2012, S. 20.

219 Vgl. Deutsche Bundesbank, Bankinterne Methoden zur Ermittlung und Sicherstellung der Risikotragfähigkeit und ihre bankaufsichtliche Bedeutung, in: Monatsbericht, März 2013, S. 42.

220 Vgl. Bundesanstalt für Finanzdienstleistungsaufsicht/Deutsche Bundesbank, Aufsichtliche Beurteilung bankinterner Risikotragfähigkeitskonzepte und deren prozessualer Einbindung in die Gesamtbanksteuerung (»ICAAP«) - Neuausrichtung, Leitfaden vom 24. Mai 2018, S. 25.

221 Nach § 255 Abs. 4 HGB entspricht der »beizulegende Zeitwert« dem Marktpreis. Soweit kein aktiver Markt besteht, anhand dessen sich der Marktpreis ermitteln lässt, ist der beizulegende Zeitwert mit Hilfe allgemein anerkannter Bewertungsmethoden zu bestimmen. Lässt sich der beizulegende Zeitwert weder anhand des Marktpreises noch mit Hilfe allgemein anerkannter Bewertungsmethoden ermitteln, sind die Anschaffungs- oder Herstellungskosten, d. h. der zuletzt nach dem obigen Verfahren ermittelte beizulegende Zeitwert, gemäß § 253 Abs. 4 HGB fortzuführen. Nach § 253 Abs. 4 HGB sind bei Vermögensgegenständen des Umlaufvermögens Abschreibungen vorzunehmen, um diese mit einem niedrigeren Wert anzusetzen, der sich aus einem Börsen- oder Marktpreis am Abschlussstichtag ergibt. Ist ein Börsen- oder Marktpreis nicht festzustellen und übersteigen die Anschaffungs- oder Herstellungskosten den Wert, der den Vermögensgegenständen am Abschlussstichtag beizulegen ist, so ist auf diesen Wert abzuschreiben.

222 Vgl. Bundesanstalt für Finanzdienstleistungsaufsicht/Deutsche Bundesbank, Aufsichtliche Beurteilung bankinterner Risikotragfähigkeitskonzepte und deren prozessualer Einbindung in die Gesamtbanksteuerung (»ICAAP«) - Neuausrichtung, Leitfaden vom 24. Mai 2018, S. 25.

223 Institut der Wirtschaftsprüfer, IDW Stellungnahme zur Rechnungslegung: Einzelfragen der verlustfreien Bewertung von zinsbezogenen Geschäften des Bankbuchs (IDW RS BFA 3), 16. Oktober 2017.

224 Vgl. Bundesanstalt für Finanzdienstleistungsaufsicht/Deutsche Bundesbank, Aufsichtliche Beurteilung bankinterner Risikotragfähigkeitskonzepte und deren prozessualer Einbindung in die Gesamtbanksteuerung (»ICAAP«) - Neuausrichtung, Leitfaden vom 24. Mai 2018, S. 25.

vorhandenen indikativen Wert muss grundsätzlich nicht als stille Last behandelt werden. Allerdings muss die Entwicklung der Differenzen zwischen Modell-Werten und ggf. vorliegenden indikativen Werten regelmäßig beobachtet und analysiert werden.[225]

2.11.5.5 Stille Lasten aus Pensionsverpflichtungen

Sofern die Ableitung des Risikodeckungspotenzials auf Basis der IFRS-Rechnungslegung erfolgt, sind die möglichen künftigen Wertschwankungen des »Planvermögens«[226] als Risiko zu berücksichtigen. IAS 19 schreibt hinsichtlich der Abbildung von versicherungsmathematischen Gewinnen und Verlusten seit dem 1. Januar 2013 die Vereinnahmung über die Eigenkapitalposition »Other Comprehensive Income« vor.[227]   **181**

Den nach HGB bilanzierenden Unternehmen hat der Gesetzgeber zugestanden, die aus der Methodikumstellung nach dem Bilanzrechtsmodernisierungsgesetz (BilMoG) resultierenden Rückstellungs-Fehlbeträge über einen Zeitraum von maximal 15 Jahren gestreckt aufzustocken. Wird bei Going-Concern-Ansätzen ein Plangewinn als Risikodeckungspotenzial angesetzt, so ist darin der in der betreffenden Periode zu erwartende Aufstockungsbetrag aus der Methodikumstellung zu berücksichtigen. In der HGB-Rechnungslegung können weitere stille Lasten aus Altzusagen vor dem 1. Januar 1987 resultieren, bei denen gemäß Art. 28 Einführungsgesetz zum Handelsgesetzbuch (EGHGB) auf die Bildung von Rückstellungen nach § 249 Abs. 1 Satz 1 HGB verzichtet werden kann. Derartige stille Lasten sind in angemessener Weise zu ermitteln.[228]   **182**

2.11.5.6 Vorsorgereserven nach § 340f HGB und sonstige Bewertungsreserven

Vorsorgereserven nach § 340f HGB haben hinsichtlich ihrer Verlustausgleichsfunktion eine mit den offenen Eigenkapitalposten vergleichbare Qualität. Ihr Ansatz als Risikodeckungspotenzial ist deshalb bei Konzepten, die an die HGB-Rechnungslegung anknüpfen, grundsätzlich möglich.[229] Dabei spielt auch eine Rolle, dass diese Reserven im nächsten Jahresabschluss ohne steuerliche Belastung durch einen schlichten Bewertungsvorgang gehoben und zum Verlustausgleich herangezogen werden könnten.[230] Dies gilt in gleicher Weise für »Alt-Reserven« nach § 26a (alt) KWG sowie »versteuerte Pauschalwertberichtigungen« gemäß § 336 Abs. 2 (alt) i. V. m. §§ 279 (alt) und 253 Abs. 4 (alt) HGB oder nach § 253 Abs. 3 Satz 3 (alt) HGB, soweit sie nach Art. 67 Abs. 4 EGHGB fortgeführt werden. Soweit Vorsorgereserven bereits den regulatorischen Eigenmitteln hinzugerechnet werden, ist bei Ermittlung des Risikodeckungspotenzials eine Doppelanrechnung zu vermeiden.[231]   **183**

---

225 Vgl. Bundesanstalt für Finanzdienstleistungsaufsicht/Deutsche Bundesbank, Aufsichtliche Beurteilung bankinterner Risikotragfähigkeitskonzepte und deren prozessualer Einbindung in die Gesamtbanksteuerung (»ICAAP«) – Neuausrichtung, Leitfaden vom 24. Mai 2018, S. 25.

226 Das »Planvermögen« umfasst nach IAS 19 Vermögen, das durch einen langfristig ausgelegten Fonds zur Erfüllung von Leistungen an Arbeitnehmer gehalten wird, und qualifizierende Versicherungsverträge.

227 Vgl. Bundesanstalt für Finanzdienstleistungsaufsicht/Deutsche Bundesbank, Aufsichtliche Beurteilung bankinterner Risikotragfähigkeitskonzepte und deren prozessualer Einbindung in die Gesamtbanksteuerung (»ICAAP«) – Neuausrichtung, Leitfaden vom 24. Mai 2018, S. 26.

228 Vgl. Bundesanstalt für Finanzdienstleistungsaufsicht/Deutsche Bundesbank, Aufsichtliche Beurteilung bankinterner Risikotragfähigkeitskonzepte und deren prozessualer Einbindung in die Gesamtbanksteuerung (»ICAAP«) – Neuausrichtung, Leitfaden vom 24. Mai 2018, S. 26.

229 Vgl. Bundesanstalt für Finanzdienstleistungsaufsicht/Deutsche Bundesbank, Aufsichtliche Beurteilung bankinterner Risikotragfähigkeitskonzepte und deren prozessualer Einbindung in die Gesamtbanksteuerung (»ICAAP«) – Neuausrichtung, Leitfaden vom 24. Mai 2018, S. 23.

230 Vgl. Volk, Tobias/Wiesemann, Bernd, Aufsichtliche Beurteilung bankinterner Risikotragfähigkeitskonzepte, in: Zeitschrift für das gesamte Kreditwesen, Heft 6/2012, S. 20.

231 Vgl. Bundesanstalt für Finanzdienstleistungsaufsicht/Deutsche Bundesbank, Aufsichtliche Beurteilung bankinterner Risikotragfähigkeitskonzepte und deren prozessualer Einbindung in die Gesamtbanksteuerung (»ICAAP«) – Neuausrichtung, Leitfaden vom 24. Mai 2018, S. 23.

AT 4.1 Risikotragfähigkeit

184   Die Behandlung der ungebundenen Vorsorgereserven nach § 340f HGB als fiktives Kernkapital kann sich allerdings auf die in der ersten Säule vorzunehmenden Kappungen auswirken. Deshalb ist bei der Festlegung des Ansatzes auch die Zusammensetzung des Eigenkapitals zu beachten, was die Aufsicht wegen der verschiedenen Kappungsgrenzen für Ergänzungskapital und hybride Kapitalelemente mit dem Going-Concern-Ansatz für vereinbar hält. Dies betrifft in Analogie auch die darüberhinausgehenden Großkrediteinzel- und -gesamtobergrenzen, deren Einhaltung bei einer verminderten Eigenmittelausstattung aufgrund schlagend werdender Risiken plötzlich gefährdet sein könnte.[232]

185   Neben den oben genannten Bewertungsreserven existieren seit dem Wegfall des Beibehaltungswahlrechts zum Bilanzstichtag grundsätzlich keine stillen Reserven mehr, die in vergleichbarer Weise durch schlichten Buchungsvorgang gehoben werden könnten. Das trifft lediglich noch auf die aus Wertminderungen herrührenden, vor Inkrafttreten des BilMoG vorgenommenen »Zuschreibungsreserven« zu, die jedoch eine im Zeitablauf abnehmende Bedeutung haben und deshalb an dieser Stelle vernachlässigt werden. Allerdings können sowohl nach HGB als auch nach IFRS unterjährig rechnungslegungsrelevante Bewertungsgewinne auflaufen, die aus dem (zwingenden) Wertaufholungsgebot resultieren und grundsätzlich dem Risikodeckungspotenzial zugerechnet werden können. In diesem Fall müssen allerdings etwaige steuerliche Belastungen bei Realisierung der Reserve berücksichtigt werden. Außerdem muss sich die Risikomessung dann am erhöhten Wert orientieren.[233]

2.11.5.7   Durch Transaktionen realisierbare stille Reserven

186   Das Anschaffungskostenprinzip gemäß § 253 Abs. 1 HGB hat zur Folge, dass die Buchwerte von Aktiva ggf. unter deren aktuell realisierbaren Marktwerten liegen, ohne dass eine Zuschreibung im Jahresabschluss zulässig wäre. Anders als bei den Vorsorgereserven nach § 340f HGB und den sonstigen Bewertungsreserven können diese Reserven nur durch Transaktionsvorgänge realisiert werden. Dabei besteht das Problem, dass die Bewertung und Realisierung stiller Reserven aus wenig fungiblen Positionen mit einer erhöhten Unsicherheit verbunden sind. Deshalb kommt der Ansatz stiller Reserven in Immobilien oder nicht handelbaren Beteiligungswerten nur unter folgenden Voraussetzungen in Betracht[234]:

– Der dem betroffenen Aktivum beigemessene Wert muss durch zeitnahe und valide Bewertungsgutachten bestätigt werden.

– Dabei müssen vorsichtige Annahmen und nachvollziehbare Bewertungsparameter zugrunde gelegt werden.

– Die mit der Realisierung der stillen Reserven verbundenen Risiken müssen angemessen berücksichtigt werden.

– Den mit dem Ansatz stiller Reserven verbundenen Unsicherheiten muss durch angemessen hohe Wertabschläge Rechnung getragen werden.

187   Zusätzlich müssen – wie bei den sonstigen Bewertungsreserven – etwaige steuerliche Belastungen bei Realisierung der Reserve berücksichtigt und die Risikomessung am erhöhten Wert orientiert werden. Dasselbe gilt in Analogie bei Anwendung der entsprechenden IFRS-Vorschriften. Andernfalls werden stille Reserven in nicht handelbaren Beteiligungen oder in Immobilien von der

---

232 Vgl. Volk, Tobias/Wiesemann, Bernd, Aufsichtliche Beurteilung bankinterner Risikotragfähigkeitskonzepte, in: Zeitschrift für das gesamte Kreditwesen, Heft 6/2012, S. 19.

233 Vgl. Bundesanstalt für Finanzdienstleistungsaufsicht/Deutsche Bundesbank, Aufsichtliche Beurteilung bankinterner Risikotragfähigkeitskonzepte und deren prozessualer Einbindung in die Gesamtbanksteuerung (»ICAAP«) – Neuausrichtung, Leitfaden vom 24. Mai 2018, S. 23.

234 Vgl. Bundesanstalt für Finanzdienstleistungsaufsicht/Deutsche Bundesbank, Aufsichtliche Beurteilung bankinterner Risikotragfähigkeitskonzepte und deren prozessualer Einbindung in die Gesamtbanksteuerung (»ICAAP«) – Neuausrichtung, Leitfaden vom 24. Mai 2018, S. 23 f.

Aufsicht nicht als Risikodeckungspotenzial akzeptiert.[235] Insgesamt steht die Aufsicht dem Ansatz derartiger stiller Reserven als Risikodeckungspotenzial sehr reserviert gegenüber.[236]

Allgemein muss der Ansatz stiller Reserven konsistent zu anderen Elementen des Risikotragfähigkeitskonzeptes erfolgen. So sollte darauf geachtet werden, dass durch die Realisierung stiller Reserven keine Sicherungsbeziehungen »aufreißen«. Zudem darf es beim Risikodeckungspotenzial nicht zu Doppelanrechnungen kommen. Dies könnte z. B. passieren, wenn die in einem Festzins-Aktivum ruhende zinsinduzierte stille Reserve angesetzt wird und zugleich der im laufenden Jahr erwartete Zinsertrag aus dieser Position in einen berücksichtigten Plangewinn einfließt.[237]

2.11.5.8 Eigenbonitätseffekt

Die Erstbewertung finanzieller Verbindlichkeiten muss gemäß IFRS grundsätzlich zum beizulegenden Zeitwert erfolgen, wobei in bestimmten Fällen auch die Folgebewertung mit dem zum jeweiligen Bilanzstichtag beizulegenden Zeitwert vorzunehmen bzw. als Wahlrecht zugelassen ist. Diese Vorgehensweise führt dazu, dass hinsichtlich der Refinanzierung eines Institutes eigentlich negative Entwicklungen eine Verbesserung der in der Rechnungslegung ausgewiesenen Verhältnisse nach sich ziehen. Dies kann sich in gleicher Weise auf das aus dem bilanziellen Eigenkapital abgeleitete Risikodeckungspotenzial auswirken. Deshalb ist der so genannte »Eigenbonitätseffekt«, d. h. die auf dem allein das jeweilige Institut betreffenden Bonitätseffekt beruhende Verbesserung der in der Rechnungslegung ausgewiesenen Verhältnisse, bei der Ermittlung des Risikodeckungspotenzials zu eliminieren. Dasselbe gilt mit Blick auf die HGB-Rechnungslegung beim Ansatz stiller Reserven aus eigenen Verbindlichkeiten.[238]

2.11.5.9 Aktive latente Steuern

Ein Ansatz »aktiver latenter Steuern« läuft materiell auf eine Steuerentlastung in zukünftigen Perioden hinaus, da die ihnen zugrunde liegenden abweichenden Wertansätze eine aus HGB-Sicht[239] bzw. aus IFRS-Sicht[240] zunächst zu hohe tatsächliche Steuerzahlung bedingen. Demzufolge resultiert aus dem Ansatz aktiver latenter Steuern eine Erhöhung des bilanziell ausgewiesenen Eigenkapitals. Auch mit Blick auf das Risikodeckungspotenzial kann sich der in den aktiven latenten Steuern abgebildete Steuerentlastungseffekt nur insoweit realisieren, wie in den zukünf-

---

235 Vgl. Bundesanstalt für Finanzdienstleistungsaufsicht/Deutsche Bundesbank, Aufsichtliche Beurteilung bankinterner Risikotragfähigkeitskonzepte und deren prozessualer Einbindung in die Gesamtbanksteuerung (»ICAAP«) – Neuausrichtung, Leitfaden vom 24. Mai 2018, S. 24.

236 Vgl. Volk, Tobias/Wiesemann, Bernd, Aufsichtliche Beurteilung bankinterner Risikotragfähigkeitskonzepte, in: Zeitschrift für das gesamte Kreditwesen, Heft 6/2012, S. 20.

237 Vgl. Bundesanstalt für Finanzdienstleistungsaufsicht/Deutsche Bundesbank, Aufsichtliche Beurteilung bankinterner Risikotragfähigkeitskonzepte und deren prozessualer Einbindung in die Gesamtbanksteuerung (»ICAAP«) – Neuausrichtung, Leitfaden vom 24. Mai 2018, S. 24.

238 Vgl. Bundesanstalt für Finanzdienstleistungsaufsicht/Deutsche Bundesbank, Aufsichtliche Beurteilung bankinterner Risikotragfähigkeitskonzepte und deren prozessualer Einbindung in die Gesamtbanksteuerung (»ICAAP«) – Neuausrichtung, Leitfaden vom 24. Mai 2018, S. 27.

239 Bestehen zwischen den handelsrechtlichen Wertansätzen von Vermögensgegenständen, Schulden und Rechnungsabgrenzungsposten und ihren steuerlichen Wertansätzen Differenzen, die sich in späteren Geschäftsjahren voraussichtlich abbauen, so kann eine sich daraus insgesamt ergebende Steuerentlastung gemäß § 274 Abs. 1 HGB als »aktive latente Steuern« in der Bilanz angesetzt werden. Die ausgewiesenen Posten sind gemäß § 274 Abs. 2 HGB aufzulösen, sobald die Steuerentlastung eintritt oder mit ihr nicht mehr zu rechnen ist.

240 Die »latenten Steueransprüche« sind gemäß IAS 12.5 jene Beträge an Ertragsteuern, die in zukünftigen Perioden erstattungsfähig sind und aus abzugsfähigen temporären Differenzen, dem Vortrag noch nicht genutzter steuerlicher Verluste und dem Vortrag noch nicht genutzter steuerlicher Gewinne resultieren. Da der wirtschaftliche Nutzen dem Unternehmen in Form verminderter Steuerzahlungen nur dann zufließt, wenn es ausreichende zu versteuernde Ergebnisse erzielt, gegen die die Abzüge saldiert werden können, sollen latente Steueransprüche gemäß IAS 12.27 nur dann bilanziert werden, wenn es wahrscheinlich ist, dass zu versteuernde Ergebnisse zur Verfügung stehen, gegen welche die abzugsfähigen temporären Differenzen verwendet werden können.

tigen Perioden ein steuerpflichtiges Einkommen erzielt wird. Sofern also bei Going-Concern-Ansätzen zumindest mittelfristig von steuerlichen Ertragsüberschüssen in entsprechender Größenordnung auszugehen ist, wären die aktiven latenten Steuern realisierbar und müssen folglich bei einem als Risikodeckungspotenzial angesetzten Plangewinn nicht eliminiert werden. Sofern allerdings Anhaltspunkte dafür vorliegen, dass ein Institut auch über mehrere Jahre hinweg keinen steuerlichen Gewinn erzielen wird, ist eine Auflösung der gebildeten aktiven latenten Steuern im nächsten Jahresabschluss zu unterstellen. In diesem Fall müssen sie daher eliminiert werden. Ungeachtet der Frage, ob hinreichende steuerliche Ertragsüberschüsse zu erwarten sind, müssen aktive latente Steuern stets gemäß den einschlägigen Vorschriften der CRR eliminiert werden, sofern die nicht zur Einhaltung der regulatorischen Anforderungen erforderlichen Eigenmittel (»freie Eigenmittel«) als Risikodeckungspotenzial berücksichtigt werden.[241]

2.11.5.10   Goodwill

191   Ein »Goodwill« im Sinne eines »derivativen Geschäfts- oder Firmenwertes« entspricht einer rechentechnischen Restgröße.[242] Werden »freie Eigenmittel« als Risikodeckungspotenzial angesetzt, so ist ein Goodwill gemäß den einschlägigen CRR-Vorschriften zu eliminieren[243], obwohl einzelne Komponenten unter der Going-Concern-Perspektive im Falle einer erwartungsgemäß positiven Zukunftsentwicklung möglicherweise valide Werte darstellen. Das hängt insbesondere damit zusammen, dass sich diese Werte – vor allem in Krisenzeiten – sehr schnell verflüchtigen können.

2.11.5.11   Patronatserklärungen, Haftsummenzuschläge u. Ä.

192   Unabhängig von der konkreten Ausgestaltung des jeweils genutzten Ansatzes und der damit verbundenen Steuerungssignale besteht die Zielsetzung eines Risikotragfähigkeitskonzeptes insbesondere darin, das langfristige Fortführen der Unternehmenstätigkeit auf Basis der eigenen Substanz und Ertragskraft zu gewährleisten. Es sind daher nur solche Ansätze der Risikotragfähigkeitsbetrachtung angemessen, die auf die Risikotragfähigkeit des Institutes aus eigener derzeitiger Substanz und Ertragskraft heraus abstellen. Dadurch soll verhindert werden, dass die Überlebensfähigkeit des Institutes bzw. die Gläubigerbefriedigung nur durch Stützungsleistungen Dritter gewährleistet werden können. Eine Berücksichtigung von erhofften Leistungen Dritter, auf die bei eigener Unfähigkeit des Institutes zum Risikoausgleich etwaige Lasten abgewälzt werden sollen, würde – unbenommen der Möglichkeit eines »Waivers« nach Art. 7 CRR – der eigentlichen Zielsetzung interner Risikotragfähigkeitskonzepte widersprechen.[244]

---

241   Vgl. Bundesanstalt für Finanzdienstleistungsaufsicht/Deutsche Bundesbank, Aufsichtliche Beurteilung bankinterner Risikotragfähigkeitskonzepte und deren prozessualer Einbindung in die Gesamtbanksteuerung (»ICAAP«) – Neuausrichtung, Leitfaden vom 24. Mai 2018, S. 27.

242   Der »derivative Geschäfts- oder Firmenwert« ergibt sich, wenn ein Unternehmen zu einem Kaufpreis erworben wird, der den Wert seines bilanziellen Eigenkapitals übersteigt. Er zählt gemäß § 266 Abs. 2 HGB zu den immateriellen Vermögensgegenständen. Der Unterschiedsbetrag, um den die für die Übernahme eines Unternehmens bewirkte Gegenleistung den Wert der einzelnen Vermögensgegenstände des Unternehmens abzüglich der Schulden im Zeitpunkt der Übernahme übersteigt (entgeltlich erworbener Geschäfts- oder Firmenwert), gilt gemäß § 246 Abs. 1 HGB als zeitlich begrenzt nutzbarer Vermögensgegenstand. Für den »originären Geschäfts- oder Firmenwert«, der auf selbst geschaffene immaterielle Vermögensgegenstände und eine damit verbundene Höherbewertung des eigenen Unternehmens gegenüber dem Wert des bilanziellen Eigenkapitals abstellt, besteht im HGB ein Aktivierungswahlrecht. Gemäß § 248 Abs. 2 HGB können selbst geschaffene immaterielle Vermögensgegenstände des Anlagevermögens als Aktivposten in die Bilanz aufgenommen werden, sofern es sich nicht um selbst geschaffene Marken, Drucktitel, Verlagsrechte, Kundenlisten oder vergleichbare immaterielle Vermögensgegenstände handelt. Das Aktivierungswahlrecht kann allerdings nur in Anspruch genommen werden, wenn dafür die Eigenschaften eines Vermögensgegenstandes nachgewiesen werden können.

243   Vgl. Bundesanstalt für Finanzdienstleistungsaufsicht/Deutsche Bundesbank, Aufsichtliche Beurteilung bankinterner Risikotragfähigkeitskonzepte und deren prozessualer Einbindung in die Gesamtbanksteuerung (»ICAAP«) – Neuausrichtung, Leitfaden vom 24. Mai 2018, S. 27.

244   Vgl. Bundesanstalt für Finanzdienstleistungsaufsicht/Deutsche Bundesbank, Aufsichtliche Beurteilung bankinterner Risikotragfähigkeitskonzepte und deren prozessualer Einbindung in die Gesamtbanksteuerung (»ICAAP«) – Neuausrichtung, Leitfaden vom 24. Mai 2018, S. 7.

Vor diesem Hintergrund ergibt sich eine klare Aussage zur Anrechnung von Stützungsleistungen **193** Dritter. Patronatserklärungen, die z.B. von einer Muttergesellschaft abgegeben werden, sind im Hinblick auf die fehlende effektive Kapitalaufbringung nicht als Risikodeckungspotenzial ansetzbar. Dasselbe gilt für allgemeine Beistandserklärungen, wie sie z.B. Verbundorganisationen für ihre Mitgliedsinstitute abgeben, und Haftsummenzuschläge der Kreditgenossenschaften, die nicht unmittelbar im Institut zum Verlustausgleich zur Verfügung stehen.[245] Nach Einschätzung der Aufsicht bieten auch der Abschluss von Ergebnisabführungsverträgen und die damit verbundene Pflicht der Konzernobergesellschaft zum Verlustausgleich keine Gewähr für die Risikotragfähigkeit des ergebnisabführenden Institutes aus sich heraus. Unabhängig davon müsste bei der Betrachtung der Risikotragfähigkeit des Tochterunternehmens gleichzeitig auch die Risikotragfähigkeit der Mutter unter Berücksichtigung aller konkret oder abstrakt abgegebenen Zusagen beurteilt werden, was im Widerspruch zu § 25a KWG und dem Prinzip der Einzelinstitutsaufsicht stehen würde.[246]

Werden hingegen von Dritten, wie z.B. Verbund- oder Sicherungseinrichtungen, konkrete **194** Ausfallgarantien für bestimmte bzw. exakt bestimmbare Vermögensgegenstände rechtsverbindlich abgegeben, kann dies auf der Risikoseite berücksichtigt werden, indem z.B. das Risikogewicht abgesenkt wird.[247]

In Abbildung 20 wird die Einbeziehung bestimmter Positionen bei bilanz- bzw. GuV-orientierter **195** Ableitung des Risikodeckungspotenzials für Institute illustriert, die nach HGB bilanzieren.[248]

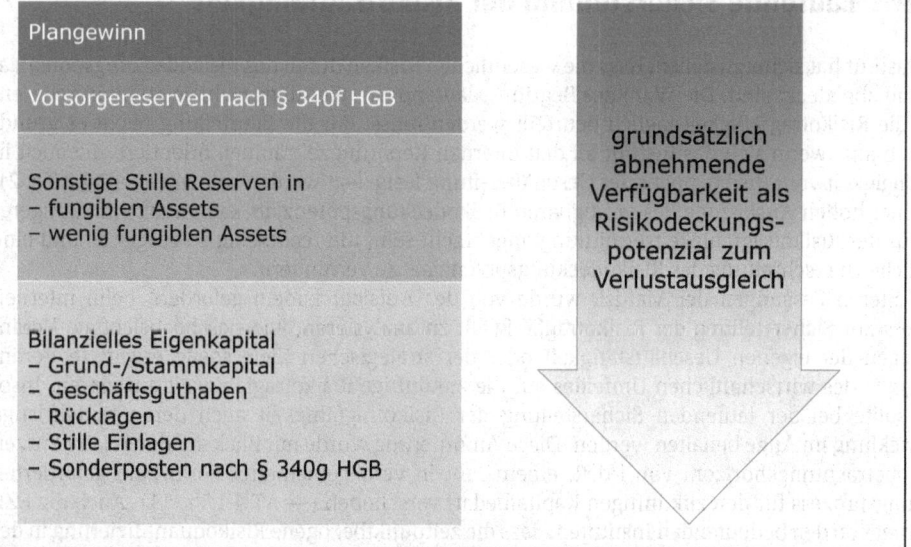

Abb. 20: Bilanz- bzw. GuV-orientierte Ableitung des Risikodeckungspotenzials

---

245 Vgl. Bundesanstalt für Finanzdienstleistungsaufsicht/Deutsche Bundesbank, Aufsichtliche Beurteilung bankinterner Risikotragfähigkeitskonzepte und deren prozessualer Einbindung in die Gesamtbanksteuerung (»ICAAP«) – Neuausrichtung, Leitfaden vom 24. Mai 2018, S. 27 f.

246 Vgl. Volk, Tobias/Wiesemann, Bernd, Aufsichtliche Beurteilung bankinterner Risikotragfähigkeitskonzepte, in: Zeitschrift für das gesamte Kreditwesen, Heft 6/2012, S. 19.

247 Vgl. Bundesanstalt für Finanzdienstleistungsaufsicht/Deutsche Bundesbank, Aufsichtliche Beurteilung bankinterner Risikotragfähigkeitskonzepte und deren prozessualer Einbindung in die Gesamtbanksteuerung (»ICAAP«) – Neuausrichtung, Leitfaden vom 24. Mai 2018, S. 27 f.

248 In Anlehnung an Wiesemann, Bernd, Aufsichtliche Beurteilung von Risikotragfähigkeitskonzepten, in: BaFinJournal, Ausgabe Februar 2012, S. 20.

2.11.6 »Säule-1-Plus-Risikotragfähigkeitsansatz«

196   Sehr kleine und zugleich wenig komplexe Institute können zur Annäherung an die ökonomische Perspektive auch einen Ansatz verwenden, bei dem zu den Risikowerten der ersten Säule nur vereinfacht quantifizierte Risikowerte für nicht hinreichend in der ersten Säule berücksichtigte und für weitere wesentliche Risikoarten addiert werden (»Säule-1-Plus-Risikotragfähigkeitsansatz«). Dabei kann die Ermittlung der Risiken z. B. durch Anknüpfung an die Auswirkungen einer plötzlichen und unerwarteten Zinsänderung, d. h. dem »Zinsschock« gemäß BaFin-Rundschreiben zu Zinsänderungsrisiken im Anlagebuch (→ AT 4.1 Tz. 8), oder auf Basis einer Plausibilisierung (→ AT 4.1 Tz. 5) erfolgen. Bei der Ermittlung des Risikodeckungspotenzials sind stille Lasten und Reserven zu berücksichtigen. Mit dieser Erleichterungsregel trägt die deutsche Aufsicht dem Proportionalitätsprinzip Rechnung.

197   Eine formale Definition von sehr kleinen und wenig komplexen Instituten im Sinne des RTF-Leitfadens existiert nicht. Bei der Entwicklung des RTF-Leitfadens hat die Aufsicht im Dialog mit der Deutschen Kreditwirtschaft stets betont, dass dieser Ansatz eine sehr starke Vereinfachung darstellt und damit eher eine Ausnahme darstellen soll.

2.12   Laufende Sicherstellung der Risikotragfähigkeit

198   Das Institut hat sicherzustellen, dass die wesentlichen Risiken durch das Risikodeckungspotenzial laufend abgedeckt sind. Die Wahl des Begriffes »laufend« ist allerdings nicht so zu interpretieren, dass die Risikotragfähigkeit täglich beurteilt werden muss. Für die Beurteilung reicht es grundsätzlich aus, wenn sich das Institut an den internen Reportingzeiträumen orientiert, die auch in Abhängigkeit vom Risikoappetit der Geschäftsleitung festgelegt werden sollten (→ AT 4.2 Tz. 2). Bei einer hohen Auslastung des verfügbaren Risikodeckungspotenzials kann auch ein häufigerer Turnus der Risikotragfähigkeitsermittlung angebracht sein, um rechtzeitig zu reagieren und eine mögliche Überschreitung des Risikodeckungspotenzials zu verhindern.

199   In älteren Fassungen der MaRisk wurde von der Aufsicht zudem gefordert, beim internen Prozess zur Sicherstellung der Risikotragfähigkeit zu analysieren, wie sich beabsichtigte Veränderungen der eigenen Geschäftstätigkeit oder der strategischen Ziele sowie erwartete Veränderungen des wirtschaftlichen Umfeldes auf die zukünftige Risikotragfähigkeit auswirken. Insofern sollte bei der laufenden Sicherstellung der Risikotragfähigkeit auch deren mittelfristige Entwicklung im Auge behalten werden. Diese Anforderung wurde mit Blick auf den relativ kurzen Risikobetrachtungshorizont von i. d. R. einem Jahr in verallgemeinerter Form zum geforderten Planungsprozess für den zukünftigen Kapitalbedarf verschoben (→ AT 4.1 Tz. 11). Auch die EZB erwartet von den bedeutenden Instituten, dass die zeitpunktbezogene Risikoquantifizierung in der ökonomischen Perspektive durch eine mittelfristige Betrachtung der Auswirkungen wesentlicher zukünftiger Entwicklungen, z. B. potenzieller Managementmaßnahmen oder Änderungen im Risikoprofil und im externen Marktumfeld, ergänzt wird.[249] Es leuchtet ein, dass sich derartige Veränderungen zum Teil längerfristig ankündigen und insofern bereits einen Einfluss auf den mehrjährigen Planungshorizont haben können. Sofern das Institut jedoch auch Auswirkungen auf den zusätzlichen Kapitalbedarf in der ökonomischen Perspektive absehen kann, sollten diese natürlich Berücksichtigung finden. Diesem Anspruch werden die Institute auch durch die gegenseitige Information der beiden Perspektiven gerecht.

---

249 Vgl. Europäische Zentralbank, Leitfaden der EZB für den bankinternen Prozess zur Sicherstellung einer angemessenen Kapitalausstattung (Internal Capital Adequacy Assessment Process – ICAAP), 9. November 2018, S. 19.

2.13 Stufenkonzepte der Risikotragfähigkeit

Zur Vorgehensweise bei der Sicherstellung der Risikotragfähigkeit werden den Instituten vor dem Hintergrund der Methodenfreiheit keine konkreten Vorgaben gemacht. In der Praxis kommen teilweise so genannte »Stufenkonzepte der Risikotragfähigkeit« zum Einsatz. Dabei werden die als Risikopuffer dienenden Kapitalbestandteile nach ihrer Verlustabsorptionsfähigkeit bzw. nach dem Grad ihrer Außenwirkung bei Verlustabsorption (Publizitätspflichten) angeordnet und dem internen Kapitalbedarf für unterschiedliche Verlustniveaus bzw. Risikopotenziale gegenübergestellt. Für diese Zwecke wird z. B. zwischen primären, sekundären und tertiären Risikodeckungspotenzialen für den Normalbelastungsfall, den negativen Belastungsfall und den Maximalbelastungsfall unterschieden. Teilweise erfolgt sogar eine noch stärkere Untergliederung. Es handelt sich hierbei quasi um »Verteidigungslinien« bei eintretenden Risiken, die in dieser Reihenfolge zur Verlustabdeckung herangezogen werden. Die Verteidigungslinien können mit Risikobelastungsszenarien verknüpft werden, um auf diese Weise die Beziehungen zwischen Risikodeckungspotenzialen und Risikopotenzialen zu objektivieren.[250] Für diese Zwecke können die Berechnungen z. B. mit unterschiedlichen Konfidenzniveaus erfolgen.

200

Mit Hilfe von Stufenkonzepten kann das Risikotragfähigkeitskonzept hinsichtlich der Kapitaldeckung im Übrigen auch auf das Liquiditätsrisiko im engeren Sinne (Zahlungsunfähigkeitsrisiko) übertragen werden. Dabei wird das Risikodeckungspotenzial nach abnehmender Verfügbarkeit gegliedert (liquide Mittel, Liquiditätsreserve, Liquidität gemäß Notfallplan für Liquiditätsengpässe) und den mit ebenfalls abnehmender Wahrscheinlichkeit verbundenen Risikopotenzialen (Liquiditätsbedarf im Normalfall zu unterschiedlichen Konfidenzniveaus und im Stressfall) gegenübergestellt. Auf diese Weise kann ein liquiditätsorientiertes Risikotragfähigkeitskonzept aufgebaut werden, das gleichzeitig die Anforderungen an das Management von Liquiditätsrisiken berücksichtigt.[251] Diese Vorgehensweise ist bankaufsichtlich allerdings nicht gefordert (→ BTR 3).

201

250 Vgl. Schulte, Michael, Bank-Controlling II: Risikopolitik in Kreditinstituten, Frankfurt a. M., 1998, S. 29 ff.; Schierenbeck, Henner, Ertragsorientiertes Bankmanagement, Band 2: Risiko-Controlling und integrierte Rendite-/Risikosteuerung, 8. Auflage, Wiesbaden, 2003, S. 14 ff.
251 Vgl. Wimmer, Konrad/Wagner, Roland, Risiken ohne Kapitalunterlegung, in: Wimmer, Konrad (Hrsg.), MaRisk NEU – Handlungsbedarf in der Banksteuerung, Heidelberg, 2009, S. 138.

3 Interner Prozess zur Sicherstellung der Risikotragfähigkeit (Tz. 2)

202 **2** Das Institut hat einen internen Prozess zur Sicherstellung der Risikotragfähigkeit einzurichten. Die hierzu eingesetzten Verfahren haben sowohl das Ziel der Fortführung des Institutes als auch den Schutz der Gläubiger vor Verlusten aus ökonomischer Sicht angemessen zu berücksichtigen. Zur Erfüllung dieser Ziele sind Verfahren zur Sicherstellung der Risikotragfähigkeit zum einen aus der normativen Perspektive und zum anderen aus der ökonomischen Perspektive einzurichten.

3.1 Definition des ICAAP

203 Der interne Prozess zur Sicherstellung der angemessenen Kapitalausstattung (»Internal Capital Adequacy Assessment Process«, ICAAP) ist als Gesamtheit aller Verfahren, Methoden und Prozesse zu verstehen, die gewährleisten, dass genügend Kapital zur Deckung von wesentlichen Risiken vorhanden ist. Es handelt sich um einen laufenden Prozess, der kontinuierlich die Angemessenheit der Kapitalausstattung eines Institutes gewährleisten soll. Dieser Prozess ist als originäre Leitungsaufgabe aufzufassen, der den Führungsebenen eines Institutes Steuerungssignale für die operative Geschäftstätigkeit liefern soll und daher für das Management der Risiken und der angemessenen Kapitalallokation von erheblicher Bedeutung ist. Die Ausgestaltung des ICAAP, inklusive der Festlegung wesentlicher Elemente sowie wesentlicher zugrunde liegender Annahmen, liegt in der originären Verantwortung der Geschäftsleitung.[252]

204 Den Vorgaben zum ICAAP gemäß Art. 73 CRD IV zufolge müssen die Institute über solide, wirksame und umfassende Strategien und Verfahren verfügen, mit denen sie die Höhe, die Arten und die Verteilung des internen Kapitals, das sie zur quantitativen und qualitativen Absicherung ihrer aktuellen und etwaigen künftigen Risiken für angemessen halten, kontinuierlich bewerten und auf einem ausreichend hohen Stand halten können.[253] Die Umsetzung der einschlägigen Vorgaben zum ICAAP gemäß Art. 73 CRD IV in nationales Recht ist über § 25a Abs. 1 Satz 3 Nr. 2 KWG erfolgt. Demnach haben die Institute Verfahren zur Ermittlung und Sicherstellung der Risikotragfähigkeit einzurichten, wobei eine vorsichtige Ermittlung der Risiken und des zu ihrer Abdeckung verfügbaren Risikodeckungspotenzials zugrunde zu legen ist. Dieser »interne Prozess zur Sicherstellung der Risikotragfähigkeit« umfasst ein Risikotragfähigkeitskonzept mit einer Risikotragfähigkeitsrechnung und einer Kapitalplanung sowie ergänzende Stresstests und die prozessuale Verknüpfung mit der Festlegung der Strategien einerseits und den Risikosteuerungs- und -controllingprozessen andererseits.[254] Einzelheiten zur Ausgestaltung der Risikotragfähigkeitskonzepte ergeben sich aus dem Leitfaden zur aufsichtlichen Beurteilung bankinterner Risiko-

---

252 Vgl. Bundesanstalt für Finanzdienstleistungsaufsicht/Deutsche Bundesbank, Aufsichtliche Beurteilung bankinterner Risikotragfähigkeitskonzepte und deren prozessualer Einbindung in die Gesamtbanksteuerung (»ICAAP«) – Neuausrichtung, Leitfaden vom 24. Mai 2018, S. 6–7.

253 Vgl. Richtlinie 2013/36/EU (Bankenrichtlinie – CRD IV) des Europäischen Parlaments und des Rates vom 26. Juni 2013 über den Zugang zur Tätigkeit von Kreditinstituten und die Beaufsichtigung von Kreditinstituten und Wertpapierfirmen, zur Änderung der Richtlinie 2002/87/EG und zur Aufhebung der Richtlinien 2006/48/EG und 2006/49/EG, Amtsblatt der Europäischen Union vom 27. Juni 2013, L 176/377.

254 Vgl. Bundesanstalt für Finanzdienstleistungsaufsicht/Deutsche Bundesbank, Aufsichtliche Beurteilung bankinterner Risikotragfähigkeitskonzepte und deren prozessualer Einbindung in die Gesamtbanksteuerung (»ICAAP«) – Neuausrichtung, Leitfaden vom 24. Mai 2018, S. 7.

tragfähigkeitskonzepte in der jeweils gültigen Fassung (→ AT 4.1 Tz. 2, Erläuterung). Die deutsche Aufsicht hat am 24. Mai 2018 einen Risikotragfähigkeitsleitfaden für die weniger bedeutenden Institute (LSI) veröffentlicht. Für bedeutende Institute gemäß Art. 6 SSM-Verordnung (SI) ergeben sich die Anforderungen an die Ausgestaltung der Risikotragfähigkeitskonzepte aus dem ICAAP-Leitfaden der EZB vom 9. November 2018.

Das übergeordnete Ziel eines jeden ICAAP besteht darin, die Risikotragfähigkeit jederzeit und **205** somit auch das langfristige Fortführen der Unternehmenstätigkeit auf Basis der eigenen Substanz und Ertragskraft sicherzustellen. Es sind daher nur solche Ansätze der Risikotragfähigkeitsbetrachtung angemessen, die auf die Risikotragfähigkeit des Institutes aus eigener derzeitiger Substanz und Ertragskraft heraus abstellen. Eine Berücksichtigung erhoffter Leistungen Dritter, auf die bei eigenem Unvermögen, schlagend werdende Risiken auszugleichen, etwaige Lasten abgewälzt werden sollen, würde dieser übergeordneten Zielsetzung widersprechen.[255] Die internen Risikotragfähigkeitskonzepte sollen gerade verhindern, dass die Überlebensfähigkeit von Instituten bzw. die Gläubigerbefriedigung nur durch Stützungsleistungen Dritter gewährleistet werden können.[256]

Das »interne Kapital« fungiert dabei allerdings nicht nur als Risikodeckungsgröße, sondern stellt **206** vielmehr auch eine Steuerungsgröße dar, die immanenter Bestandteil einer weitergehenden Prozesskette ist.[257] Vor diesem Hintergrund hat jedes Institut gemäß § 25a Abs. 1 Satz 3 KWG ein angemessenes und wirksames Risikomanagement einzurichten, das die Festlegung von Strategien, die Verfahren zur Ermittlung und Sicherstellung der Risikotragfähigkeit sowie die Einrichtung interner Kontrollverfahren beinhaltet. Der deutsche Gesetzgeber bringt insoweit deutlich zum Ausdruck, dass die einzelnen Elemente des Risikomanagements (Strategien, Risikotragfähigkeit, interne Kontrollverfahren) nicht losgelöst voneinander betrachtet werden können. So erfordert die laufende Sicherstellung der Risikotragfähigkeit eine enge Verzahnung mit den Entscheidungsprozessen, der Geschäfts- und Risikostrategie, den Risikosteuerungs- und -controllingprozessen, der Risikolimitierung und der Risikoberichterstattung.[258] Zu diesem Zweck ist der »interne Prozess zur Sicherstellung der Risikotragfähigkeit« einerseits mit der Geschäfts- und Risikostrategie zu verknüpfen, andererseits sind zur Umsetzung der Strategien und zur Gewährleistung der Risikotragfähigkeit geeignete Risikosteuerungs- und -controllingprozesse für die wesentlichen Risiken einzurichten.[259] Die MaRisk präzisieren sowohl die Ausgestaltung dieser Elemente als auch deren Zusammenspiel untereinander.

Auch die EZB betont, dass die verschiedenen ICAAP-Elemente kohärent zusammenpassen **207** müssen und der ICAAP aus einem adäquaten quantitativen Rahmen für die Bewertung der Kapitaladäquanz sowie einem qualitativen Rahmen für deren Steuerung besteht. Insofern spielen nicht nur das Risiko- und Kapitalniveau, sondern auch die Qualität des Risikomanagements und der Kapitalbestandteile zur Verlustabsorption eine wichtige Rolle.[260] Die quantitativen und qualitativen Elemente sollten aufeinander abgestimmt und prozessual eng miteinander verknüpft sein (siehe Abbildung 21).

---

255 Die Möglichkeit eines »Waivers« nach Art. 7 CRR bleibt unter den dort genannten Voraussetzungen unberührt.

256 Vgl. Bundesanstalt für Finanzdienstleistungsaufsicht/Deutsche Bundesbank, Aufsichtliche Beurteilung bankinterner Risikotragfähigkeitskonzepte und deren prozessualer Einbindung in die Gesamtbanksteuerung (»ICAAP«) – Neuausrichtung, Leitfaden vom 24. Mai 2018, S. 7.

257 Vgl. Bundesanstalt für Finanzdienstleistungsaufsicht, Übermittlungsschreiben zum ersten Entwurf der Mindestanforderungen an das Risikomanagement vom 2. Februar 2005, S. 7; Bauer, Helmut/Schneider, Andreas, Bankenaufsicht im 21. Jahrhundert: Von der Quantität zur Qualität, in: Rolfes, Bernd (Hrsg.), Herausforderung Bankmanagement – Entwicklungslinien und Steuerungsansätze, Festschrift zum 60. Geburtstag von Henner Schierenbeck, Frankfurt a. M., 2006, S. 724 f.

258 Vgl. Deutsche Bundesbank, Bankinterne Methoden zur Ermittlung und Sicherstellung der Risikotragfähigkeit und ihre bankaufsichtliche Bedeutung, in: Monatsbericht, März 2013, S. 31.

259 Vgl. Bundesanstalt für Finanzdienstleistungsaufsicht/Deutsche Bundesbank, Aufsichtliche Beurteilung bankinterner Risikotragfähigkeitskonzepte und deren prozessualer Einbindung in die Gesamtbanksteuerung (»ICAAP«) – Neuausrichtung, Leitfaden vom 24. Mai 2018, S. 3.

260 Vgl. Europäische Zentralbank, Leitfaden der EZB für den bankinternen Prozess zur Sicherstellung einer angemessenen Kapitalausstattung (Internal Capital Adequacy Assessment Process – ICAAP), 9. November 2018, S. 9.

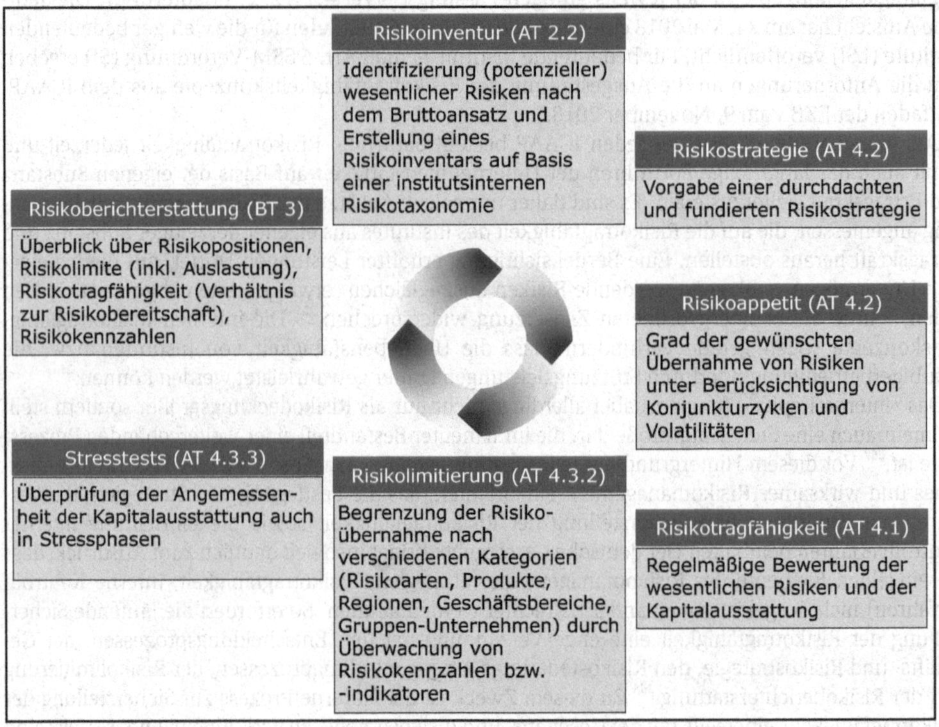

AT 4.1 Risikotragfähigkeit

Abb. 21: Regelkreislauf der wesentlichen Bestandteile des ICAAP

3.2 Fortführungsziel und Gläubigerschutz

208 Der ICAAP soll insbesondere gewährleisten, dass die Institute auch im Falle langanhaltender adverser Entwicklungen über hinreichend Kapital verfügen, um ihre Risiken tragen, Verluste auffangen und ihre Strategie nachhaltig verfolgen zu können.[261] Wie bereits ausgeführt, sollen diesem Zweck zwei sich ergänzende Perspektiven Rechnung tragen, in denen auch Stresstests durchgeführt werden (→ AT 4.3.3 Tz. 1).

209 Die zur Sicherstellung der Risikotragfähigkeit eingesetzten Verfahren haben sowohl das Ziel der »Fortführung des Institutes« als auch den »Schutz der Gläubiger vor Verlusten aus ökonomischer Sicht« angemessen zu berücksichtigen. Die Aufsicht erwartet von den Instituten, zur Erfüllung der beiden Schutzziele zwei Perspektiven für ihr Risikotragfähigkeitskonzept zugrunde zu legen: eine normative Perspektive und eine ökonomische Perspektive (→ AT 4.1 Tz. 1).

---

261 Vgl. Europäische Zentralbank, Leitfaden der EZB für den bankinternen Prozess zur Sicherstellung einer angemessenen Kapitalausstattung (Internal Capital Adequacy Assessment Process – ICAAP), 9. November 2018, S. 15.

3.3 Zusammenspiel zwischen der ökonomischen und der normativen Perspektive

Die normative und die ökonomische Perspektive bieten zwei unterschiedliche Blickwinkel auf die Kapitalausstattung eines Institutes. Das Zusammenspiel dieser beiden Perspektiven steht als notwendige Voraussetzung für eine gleichgerichtete Steuerung[262] im Mittelpunkt des ICAAP. Die beiden Perspektiven sollen sich gegenseitig informieren, und die Erkenntnisse aus beiden Perspektiven sollten in geeigneter Weise in der jeweils anderen Perspektive berücksichtigt werden. Außerdem sollten sie in alle wesentlichen Geschäftsaktivitäten und -entscheidungen einfließen. Mit dem solide und konservativ ausgestalteten ICAAP soll insofern sichergestellt werden, dass die Institute aus diesen beiden komplementären Perspektiven über angemessenes Kapital verfügen, um ihren Fortbestand sicherzustellen.[263] Die EZB betont, dass keine der beiden Perspektiven – im Zeitverlauf und institutsübergreifend – automatisch stringenter ist als die andere.[264]

210

3.3.1 Ergebnisse der ökonomischen Perspektive als Input für die normative Perspektive

Die ökonomische Perspektive gestattet einen sehr umfassenden (zeitpunktbezogenen) Überblick über die wirtschaftlichen Risiken, weil sie sich unmittelbar und in vollem Umfang auf das interne Kapital auswirken. Einige dieser Risiken können ganz oder teilweise auf die normative Perspektive durchschlagen, z.B. über Buchverluste, eine Reduzierung der Eigenmittel oder einen Anstieg des Gesamtrisikobetrages (»Total Risk Exposure Amount«, TREA). Deshalb sollten die Institute in der normativen Perspektive beurteilen, wie stark sich die in der ökonomischen Perspektive quantifizierten Risiken zukünftig auf ihre bilanziellen bzw. regulatorischen Eigenmittel und ihren Gesamtrisikobetrag auswirken könnten. Die im Rahmen der ökonomischen Perspektive gewonnenen Erkenntnisse sollten daher angemessen bei den Projektionen der künftigen Kapitalposition in der normativen Perspektive quantitativ berücksichtigt werden.[265] Dabei geht es – allein aufgrund methodischer Unterschiede – nicht darum, die in der ökonomischen Perspektive ermittelten Risiken eins zu eins in die normative Perspektive zu übertragen.

211

Eine negative Auswirkung von Zinsänderungen im Anlagebuch auf den wirtschaftlichen Wert, die bei der ökonomischen Perspektive sofort sichtbar sind, kann z.B. Aufschluss über die möglichen Langzeiteffekte auf die Gesamtforderungen des Institutes geben. Dabei kann es allerdings mehrere Jahre dauern, bis sich die vollständigen Auswirkungen von GuV-Effekten auf die Eigenkapitalquoten der ersten Säule in der normativen Perspektive zeigen, z.B. durch einen Ergebnisrückgang oder eine Transaktion im Zusammenhang mit dem betreffenden Portfolio.[266] Ein konzeptioneller Unterschied zwischen den beiden Perspektiven besteht z.B.

212

---

262 Vgl. Bundesanstalt für Finanzdienstleistungsaufsicht/Deutsche Bundesbank, Aufsichtliche Beurteilung bankinterner Risikotragfähigkeitskonzepte und deren prozessualer Einbindung in die Gesamtbanksteuerung (»ICAAP«) – Neuausrichtung, Leitfaden vom 24. Mai 2018, S. 18.

263 Vgl. Europäische Zentralbank, Leitfaden der EZB für den bankinternen Prozess zur Sicherstellung einer angemessenen Kapitalausstattung (Internal Capital Adequacy Assessment Process – ICAAP), 9. November 2018, S. 15.

264 Vgl. Europäische Zentralbank, Leitfaden der EZB für den bankinternen Prozess zur Sicherstellung einer angemessenen Kapitalausstattung (Internal Capital Adequacy Assessment Process – ICAAP), 9. November 2018, S. 23.

265 Vgl. Europäische Zentralbank, Leitfaden der EZB für den bankinternen Prozess zur Sicherstellung einer angemessenen Kapitalausstattung (Internal Capital Adequacy Assessment Process – ICAAP), 9. November 2018, S. 23.

266 Vgl. Europäische Zentralbank, Leitfaden der EZB für den bankinternen Prozess zur Sicherstellung einer angemessenen Kapitalausstattung (Internal Capital Adequacy Assessment Process – ICAAP), 9. November 2018, S. 25.

darin, dass die Vermögenswerte in der ökonomischen Perspektive zum wirtschaftlichen Wert bzw. Nettobarwert berücksichtigt werden und in der normativen Perspektive auf Rechnungslegungs- und Regulatorik-basierten Werten beruhen. Aus einem Vergleich dieser Werte können stille Lasten resultieren. In der normativen Perspektive sollte berücksichtigt werden, in welchem Umfang sich diese stillen Lasten möglicherweise auch in der Bilanz bzw. GuV niederschlagen könnten.[267]

213   Allerdings sollten Risiken, die in der ökonomischen und in der normativen Perspektive verschiedene Ausprägungen erfahren, in beiden Perspektiven auch unterschiedlich abgebildet werden. Diese unterschiedlichen Ausprägungen der Risiken in beiden Perspektiven sollen anhand von Beispielen verdeutlicht werden. Hinsichtlich der Zinsänderungsrisiken im Anlagebuch haben verschiedene Szenarien zwar eine Änderung des Barwertes vom Zinsbuch zur Folge. In der normativen Perspektive wird sich das Zinsergebnis aber vermutlich weniger stark verändern, wobei allerdings auch die Auswirkungen auf die verlustfreie Bewertung des Zinsbuches nach IDW RS BFA 3[268] zu berücksichtigen sind.[269] Das Migrationsrisiko als Risiko aus der ökonomischen Perspektive kann sich in Abhängigkeit vom Rechnungslegungsstandard und der Buchungskategorie in unterschiedlicher Ausprägung auf die GuV auswirken. Darüber hinaus wirkt es sich aber unabhängig von diesen Kriterien auf die risikogewichteten Aktiva in zukünftigen Perioden aus. Die erhöhte Ausfallwahrscheinlichkeit führt in den auf internen Ratings basierenden Verfahren (IRB-Verfahren) direkt zu einem Anstieg der risikogewichteten Aktiva (»Risk-weighted Assets«, RWA). Im Kreditrisikostandardansatz kann es durch einen Wechsel in eine Risikopositionsklasse mit anderem Risikogewicht zu einem indirekten Effekt auf die RWA kommen. Auch sind z. B. Credit-Spread-Risiken in Positionen des Anlagebuches, für die in der ökonomischen Perspektive ein Kapitalbedarf errechnet wird, normalerweise erst dann in den Szenarien der normativen Perspektive sichtbar, wenn wegen voraussichtlich dauerhafter Wertminderung im jeweiligen adversen Szenario ein Abschreibungsbedarf induziert wird.

3.3.2 Ergebnisse der normativen Perspektive als Input für die ökonomische Perspektive

214   Die aus den mittelfristigen Betrachtungen der jeweils zugrunde liegenden Szenarien in der normativen Perspektive sichtbaren Veränderungen sind nicht in der zeitpunktbezogenen Risikoquantifizierung der ökonomischen Perspektive am betreffenden Stichtag berücksichtigt und sollten deshalb in die Beurteilung der Risikotragfähigkeit einfließen. Bei der zukunftsorientierten Betrachtung der ökonomischen Perspektive sollten ebenso die geplanten Managementmaßnahmen beurteilt werden, wie z. B. Kapitalmaßnahmen, Dividendenzahlungen sowie Käufe oder Verkäufe von Geschäftsbereichen. Damit soll sichergestellt werden, dass diese Maßnahmen die Angemessenheit der Kapitalausstattung aus ökonomischer Perspektive nicht beeinträchtigen. Erwarteten Veränderungen der Zinskurven sowie bereits beschlossenen Managementmaßnahmen, die während des Risikohorizonts durchgeführt werden, wird hingegen im Normalfall schon bei der zeitpunktbezogenen kurzfristigen Beurteilung im Rahmen der ökonomischen Perspektive Rechnung getragen. Sofern bei der Simulation der institutsspezifischen Schwachstellen in den adversen Szenarien der normativen Perspektive festgestellt wird, dass eine

267 Vgl. Europäische Zentralbank, Leitfaden der EZB für den bankinternen Prozess zur Sicherstellung einer angemessenen Kapitalausstattung (Internal Capital Adequacy Assessment Process – ICAAP), 9. November 2018, S. 25.

268 Institut der Wirtschaftsprüfer, IDW Stellungnahme zur Rechnungslegung: Einzelfragen der verlustfreien Bewertung von zinsbezogenen Geschäften des Bankbuchs (IDW RS BFA 3), 16. Oktober 2017.

269 Vgl. Bundesanstalt für Finanzdienstleistungsaufsicht/Deutsche Bundesbank, Aufsichtliche Beurteilung bankinterner Risikotragfähigkeitskonzepte und deren prozessualer Einbindung in die Gesamtbanksteuerung (»ICAAP«) – Neuausrichtung, Leitfaden vom 24. Mai 2018, S. 18.

bestimmte Risikoart erhebliche Auswirkungen hat, sollte dieses Risiko bei der zeitpunktbezogenen Berechnung oder bei zusätzlichen Beurteilungen (z. B. Stresstests) im Rahmen der ökonomischen Perspektive angemessen quantifiziert werden.[270]

3.4 Risikotragfähigkeit und Stresstests

Die Vorgaben zu institutsinternen Stresstests werden an anderer Stelle ausführlich beschrieben (→ AT 4.3.3). Bei der Beurteilung der Risikotragfähigkeit sind die Ergebnisse der Stresstests angemessen zu berücksichtigen (→ AT 4.3.3 Tz. 6). Im Rahmen der Durchführung von Stresstests soll die Anfälligkeit des Institutes für außergewöhnliche, aber plausibel mögliche Ereignisse aufgezeigt werden (→ AT 4.3.3 Tz. 3), wobei den Auswirkungen eines schweren konjunkturellen Abschwungs besondere Aufmerksamkeit zu schenken ist (→ AT 4.3.3 Tz. 6). Stresstests werden als Ergänzung zum Risikotragfähigkeitskonzept sowohl für die normative als auch für die ökonomische Perspektive gefordert. Daraus folgt, dass die Auswirkungen eines schweren konjunkturellen Abschwungs sowie die inversen Stresstests grundsätzlich für beide Perspektiven durchzuführen sind, da die Effekte je nach Perspektive sehr unterschiedlich sein können. **215**

Bei der Kapitalplanung nach der normativen Perspektive müssen über einen Zeitraum von mindestens drei Jahren auch adverse Entwicklungen, die von den Erwartungen abweichen, zugrunde gelegt werden. Die entsprechenden Anforderungen werden an anderer Stelle ausführlich erläutert (→ AT 4.1 Tz. 11). Für die Institute besteht die Möglichkeit, sich bei der Ausgestaltung der adversen Szenarien an den vom Institut durchgeführten Stresstests zu orientieren. Dabei kann unter den im RTF-Leitfaden genannten Voraussetzungen auch auf den geforderten schweren konjunkturellen Abschwung (→ AT 4.3.3 Tz. 6) abgestellt werden.[271] **216**

In einem angemessenen Umfang müssen darüber hinaus in der ökonomischen Perspektive auch Stresstests durchgeführt werden, die sich von den zugrunde liegenden Prämissen der eingesetzten Risikomessverfahren lösen. Dabei geht es um die Analyse potenzieller Ereignisse, die bei wahrscheinlichkeitsbasierter Risikoquantifizierung nicht (hinreichend) abgebildet sind, weil z. B. die Marktverhältnisse während des Beobachtungszeitraumes wenig volatil waren.[272] Die Auswirkungen etwaiger Marktverwerfungen sind umso mehr im Rahmen von Stresstests zu untersuchen, je weniger solche Stressgesichtspunkte bei der Festlegung der Haltedauern berücksichtigt wurden.[273] **217**

Bei Verwendung von Going-Concern-Ansätzen alter Prägung sind die Anforderungen an Stresstests aus dem RTF-Leitfaden zwar nicht maßgeblich. Die Aufsicht weist allerdings darauf hin, dass die Auswirkungen etwaiger Marktverwerfungen in den grundsätzlich von allen Instituten durchzuführenden Stresstests (→ AT 4.3.3 Tz. 1) eine umso stärkere Berücksichtigung finden müssen, je weniger sie bei der Festlegung der Haltedauern eine Rolle spielen.[274] **218**

---

270 Vgl. Europäische Zentralbank, Leitfaden der EZB für den bankinternen Prozess zur Sicherstellung einer angemessenen Kapitalausstattung (Internal Capital Adequacy Assessment Process – ICAAP), 9. November 2018, S. 26 f.

271 Vgl. Bundesanstalt für Finanzdienstleistungsaufsicht/Deutsche Bundesbank, Aufsichtliche Beurteilung bankinterner Risikotragfähigkeitskonzepte und deren prozessualer Einbindung in die Gesamtbanksteuerung (»ICAAP«) – Neuausrichtung, Leitfaden vom 24. Mai 2018, S. 12.

272 Vgl. Bundesanstalt für Finanzdienstleistungsaufsicht/Deutsche Bundesbank, Aufsichtliche Beurteilung bankinterner Risikotragfähigkeitskonzepte und deren prozessualer Einbindung in die Gesamtbanksteuerung (»ICAAP«) – Neuausrichtung, Leitfaden vom 24. Mai 2018, S. 18.

273 Vgl. Bundesanstalt für Finanzdienstleistungsaufsicht/Deutsche Bundesbank, Aufsichtliche Beurteilung bankinterner Risikotragfähigkeitskonzepte und deren prozessualer Einbindung in die Gesamtbanksteuerung (»ICAAP«) – Neuausrichtung, Leitfaden vom 24. Mai 2018, S. 29.

274 Vgl. Bundesanstalt für Finanzdienstleistungsaufsicht/Deutsche Bundesbank, Aufsichtliche Beurteilung bankinterner Risikotragfähigkeitskonzepte und deren prozessualer Einbindung in die Gesamtbanksteuerung (»ICAAP«) – Neuausrichtung, Leitfaden vom 24. Mai 2018, S. 29.

AT 4.1 Risikotragfähigkeit

219   Eine Unterlegung mit Risikodeckungspotenzial ist zumindest dann erforderlich, wenn die Stresstests bewusst zur Quantifizierung bestimmter Risiken eingesetzt werden (→ AT 4.3.3 Tz. 6, Erläuterung). Diese Vorgehensweise ist bisher eher die Ausnahme.[275] Zudem beziehen sich derartige Stresstests häufig nicht auf außergewöhnliche Ereignisse, sondern auf Belastungsfälle mit einer höheren Eintrittswahrscheinlichkeit.[276] Ein derart abgestuftes Vorgehen ist durchaus möglich, da die Stresstests »auch« außergewöhnliche, aber plausibel mögliche Ereignisse abzubilden haben. Folglich können z. B. Szenarien mit weniger gravierenden, aber wahrscheinlicheren Auswirkungen zur Überprüfung der Risikotragfähigkeit genutzt werden. Dabei muss allerdings das im Rahmen des Risikotragfähigkeitskonzeptes angestrebte Sicherheitsniveau beachtet werden. So muss bei Ausgestaltung der Stresstests sinngemäß auch die Anforderung beachtet werden, dass die Quantifizierung bzw. Beurteilung der wesentlichen Risiken auch mit strengen, auf seltene Verlustausprägungen abstellenden Risikomaßen und Parametern erfolgen soll.[277]

220   Stresstests kommt im Zusammenhang mit dem Risikotragfähigkeitskonzept insbesondere dann eine komplettierende Funktion zu, wenn sie »nicht bloß in Form von Sensitivitätsanalysen durchgeführt werden, sondern eine kritische Reflexion der für die Risikoquantifizierung gewählten Modellannahmen ermöglichen«.[278] Im Rahmen der kritischen Reflexion sollten die Institute sich mit den Ergebnissen der Stresstests auseinandersetzen und potenzielle Gefahren für die Risikotragfähigkeit analysieren. Wenn zur Deckung der Stresstestergebnisse nicht genug Kapital vorhanden ist, sind daraus Risikomanagementmaßnahmen und ggf. zusätzlicher Kapitalbedarf abzuleiten.

275 Vgl. Deutsche Bundesbank, Stresstests: Methoden und Anwendungsgebiete, in: Finanzstabilitätsbericht 2007, November 2007, S. 102.

276 Vgl. Deutscher Sparkassen- und Giroverband, Mindestanforderungen an das Risikomanagement – Interpretationsleitfaden, Version 6.1, Berlin, Juli 2019, S. 285.

277 Vgl. Bundesanstalt für Finanzdienstleistungsaufsicht/Deutsche Bundesbank, Aufsichtliche Beurteilung bankinterner Risikotragfähigkeitskonzepte und deren prozessualer Einbindung in die Gesamtbanksteuerung (»ICAAP«) – Neuausrichtung, Leitfaden vom 24. Mai 2018, S. 7.

278 Volk, Tobias/Wiesemann, Bernd, Aufsichtliche Beurteilung bankinterner Risikotragfähigkeitskonzepte, in: Zeitschrift für das gesamte Kreditwesen, Heft 6/2012, S. 22.

4 Prozessuale Einbindung des Risikotragfähigkeitskonzeptes (Tz. 3)

3 Die Risikotragfähigkeit ist bei der Festlegung der Strategien (AT 4.2) sowie bei deren Anpassung zu berücksichtigen. Zur Umsetzung der Strategien bzw. zur Gewährleistung der Risikotragfähigkeit sind ferner geeignete Risikosteuerungs- und -controllingprozesse (AT 4.3.2) einzurichten.

221

4.1 Risikodeckungspotenzial als interne Steuerungsgröße

Die Bedeutung des Risikotragfähigkeitskonzeptes ist nicht auf die Gegenüberstellung der wesentlichen Risiken mit dem Risikodeckungspotenzial beschränkt. Das Risikodeckungspotenzial kann seine Funktion als zentrale interne Steuerungsgröße erst dann vollständig entfalten, wenn das Risikotragfähigkeitskonzept mit den geschäfts- und risikostrategischen Vorgaben der Geschäftsleitung sowie den Prozessen zur Identifizierung, Beurteilung, Steuerung, Überwachung und Kommunikation der Risiken verknüpft wird. Zwischen diesen zentralen Elementen des Risikomanagements bestehen vielfältige Zusammenhänge im Sinne eines Regelkreislaufes (siehe Abbildung 22). Die Effizienz dieses Regelkreislaufes ist abhängig vom schwächsten Glied in der Kette. So könnte z. B. die Wirkung anspruchsvoller Risikosteuerungs- und -controllingprozesse möglicherweise vollständig ins Leere laufen, wenn die Komponenten des Risikodeckungspotenzials keinen hinreichenden Beitrag zur Abdeckung der wesentlichen Risiken leisten. Dieser »interne Prozess zur Sicherstellung der Risikotragfähigkeit« ist insofern von zentraler Bedeutung für die Risikosteuerungs- und -controllingprozesse, die in eine gemeinsame Ertrags- und Risikosteuerung (»Gesamtbanksteuerung«) einzubinden sind (→ AT 4.3.2 Tz. 1).

222

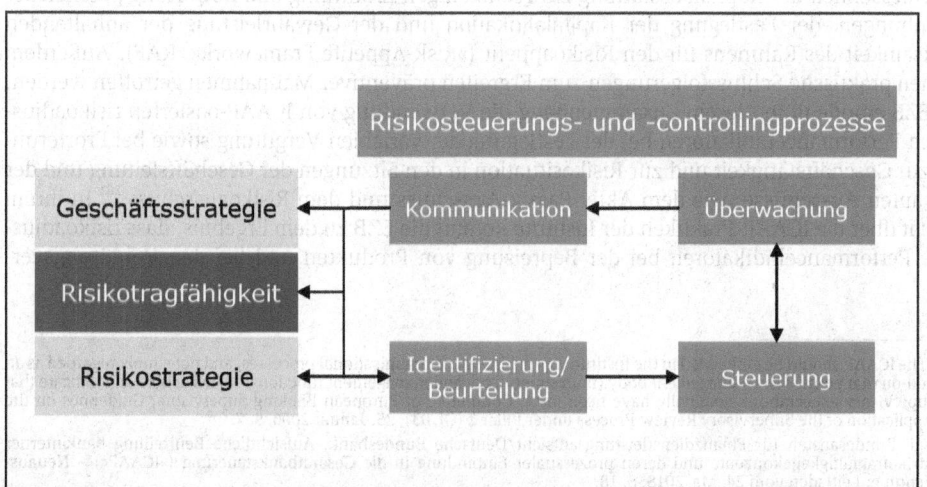

Abb. 22: Regelkreislauf zwischen den Elementen des Risikomanagements

399

AT 4.1 Risikotragfähigkeit

223 In der Vergangenheit bestand zwischen dem Risikotragfähigkeitskonzept und den sonstigen Elementen des Regelkreislaufes bzw. der operativen Steuerung nur eine fragmentarische oder überhaupt keine Verknüpfung. Nachholbedarf wurde von der Aufsicht z.B. im Hinblick auf das Reporting an die Geschäftsleitung gesehen. So sollten die Angaben zur aktuellen Kapitalausstattung und zum Kapitalbedarf in die Managementinformationssysteme der Institute einfließen und insofern monatlich oder quartalsweise der Geschäftsleitung und den jeweils Verantwortlichen übermittelt werden. Nur auf diese Weise lässt sich regelmäßig hinterfragen, inwieweit die gemessenen Risiken dem angestrebten Risikoprofil entsprechen und mit der Risikostrategie im Einklang stehen. In der Prüfungspraxis war sogar der Eindruck entstanden, dass der gesamte »interne Prozess zur Sicherstellung der Risikotragfähigkeit« den Charakter einer Pflichtübung hat, die ausschließlich für die Aufsicht durchgeführt wird und insofern keinerlei Steuerungsrelevanz besitzt. Auch CEBS hat sich gegen ein derartiges »Schaulaufen für die Aufsicht« ausgesprochen.[279] Mittlerweile haben die Institute diesbezüglich große Fortschritte gemacht.

4.2 Einbindung in die Gesamtbanksteuerung

224 Der ICAAP muss ein integraler Bestandteil des übergreifenden Managementrahmens eines Institutes sein. Gemäß AT 4.3.2 Tz.1 sind die Risikosteuerungs- und -controllingprozesse in eine gemeinsame Ertrags- und Risikosteuerung (»Gesamtbanksteuerung«) einzubinden. Von den Instituten wird erwartet, dass eine Einbindung in die Gesamtbanksteuerung konsistent über alle Risikoarten (inklusive Liquiditätsrisiken) und Perspektiven hinweg geschieht.[280] Die Institute sollten die Ergebnisse und Kennzahlen, die aus der Beurteilung der Angemessenheit der Kapitalausstattung aus ökonomischer Sicht resultieren, zur strategischen und operativen Steuerung sowie zur Überprüfung ihres Risikoappetits und ihrer Geschäftsstrategien verwenden.[281]

225 Insbesondere die quantitative Risikoanalyse sollte mit Blick auf mögliche Schlussfolgerungen bei allen wesentlichen Geschäftsaktivitäten und Entscheidungen berücksichtigt werden, wie z.B. bei der strategischen Planung auf Gruppenebene, der Überwachung der Indikatoren für die Angemessenheit der Kapitalausstattung zur rechtzeitigen Ermittlung und Bewertung potenzieller Bedrohungen, der Festlegung der Kapitalallokation und der Gewährleistung der anhaltenden Wirksamkeit des Rahmens für den Risikoappetit (»Risk Appetite Framework«, RAF). Außerdem können praktische Schlussfolgerungen zum Ergreifen präventiver Maßnahmen getroffen werden. Die EZB empfiehlt in diesem Zusammenhang die Verwendung von ICAAP-basierten risikoadjustierten Performanceindikatoren bei der Festlegung der variablen Vergütung sowie bei Erörterungen zur Geschäftstätigkeit und zur Risikosituation in den Sitzungen der Geschäftsleitung und der relevanten Ausschüsse, wie dem Aktiv-Passiv-Ausschuss und dem Risikoausschuss.[282] In ihrem Bericht über die ICAAP-Praktiken der Institute kommt die EZB zu dem Ergebnis, dass risikoadjustierte Performanceindikatoren bei der Bepreisung von Produkten und bei den Vergütungsver-

---

279 »The ICAAP should be embedded in the institution's business and organisational processes, and not simply regarded as an add-on that permits the management body (both supervisory and management functions) to ›tick a box‹ and indicate that supervisory expectations nominally have been met«. Committee of European Banking Supervisors, Guidelines on the Application of the Supervisory Review Process under Pillar 2 (GL 03), 25. Januar 2006, S. 7.

280 Vgl. Bundesanstalt für Finanzdienstleistungsaufsicht/Deutsche Bundesbank, Aufsichtliche Beurteilung bankinterner Risikotragfähigkeitskonzepte und deren prozessualer Einbindung in die Gesamtbanksteuerung (»ICAAP«) – Neuausrichtung, Leitfaden vom 24. Mai 2018, S. 18.

281 Vgl. Europäische Zentralbank, Leitfaden der EZB für den bankinternen Prozess zur Sicherstellung einer angemessenen Kapitalausstattung (Internal Capital Adequacy Assessment Process – ICAAP), 9. November 2018, S. 21.

282 Vgl. Europäische Zentralbank, Leitfaden der EZB für den bankinternen Prozess zur Sicherstellung einer angemessenen Kapitalausstattung (Internal Capital Adequacy Assessment Process – ICAAP), 9. November 2018, S. 9 f.

einbarungen eher selten zum Einsatz kommen. Sie erwartet Verbesserungen in diesem Bereich, damit die Fortführung des Institutes aufgrund von falschen Anreizen nicht gefährdet wird.[283]

Insgesamt erwartet die Aufsicht, dass der ICAAP in den übergreifenden Managementrahmen **226** eingebunden wird, um ein Silodenken zu vermeiden und dafür Rechnung zu tragen, dass die Risikosicht bei strategischen und operativen Entscheidungen eine angemessene Berücksichtigung findet. Dafür sollten die einzelnen Elemente konsequent in einen effektiven Gesamtprozess integriert werden, um auch im Zeitverlauf über eine angemessene Kapitalausstattung zu verfügen. Zudem sollten die ICAAP-Elemente mit der Geschäftsstrategie und dem Risikoappetit des Institutes im Einklang stehen sowie in die Geschäfts-, Entscheidungs- und Risikomanagementprozesse des Institutes integriert sein. Dadurch kann der ICAAP auch ein angemessenes Nutzen-Risiko-Verhältnis fördern[284] (siehe Abbildung 23).

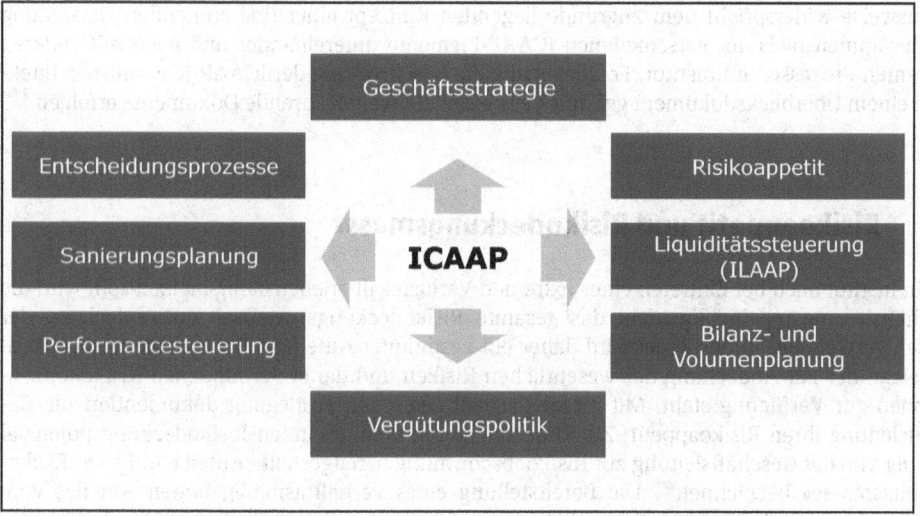

Abb. 23: Einbindung des ICAAP in den übergreifenden Steuerungsrahmen

4.3 ICAAP-(Gesamt-)Architektur

In verschiedenen Regelwerken ist in diesem Zusammenhang von der »ICAAP-(Gesamt-)Architek- **227** tur« die Rede, womit die verschiedenen Elemente des ICAAP und ihr Zusammenspiel bezeichnet werden.[285] Die übergreifende ICAAP-(Gesamt-)Architektur sollte solide und effektiv sein sowie sicherstellen, dass diese Elemente kohärent zusammenpassen, ihr Zusammenspiel dokumentiert wird und der ICAAP als integraler Bestandteil in die Gesamtbanksteuerung der Institute eingebunden ist. Die Institute sollten eine klare Vorstellung davon haben, wie diese Elemente kon-

---

283 Vgl. European Central Bank, ECB report on banks' ICAAP practices, 11. August 2020, S. 20.
284 Vgl. Europäische Zentralbank, Leitfaden der EZB für den bankinternen Prozess zur Sicherstellung einer angemessenen Kapitalausstattung (Internal Capital Adequacy Assessment Process – ICAAP), 9. November 2018, S. 9.
285 Vgl. Europäische Zentralbank, Leitfaden der EZB für den bankinternen Prozess zur Sicherstellung einer angemessenen Kapitalausstattung (Internal Capital Adequacy Assessment Process – ICAAP), 9. November 2018, S. 44.

sequent in einen effektiven Gesamtprozess eingebunden werden, der es dem Institut ermöglicht, im Zeitverlauf eine angemessene Kapitalausstattung sicherzustellen.[286]

228   Die Dokumentation zum ICAAP sollte eine Beschreibung der ICAAP-(Gesamt-)Architektur enthalten, z. B. einen Überblick über die wichtigsten ICAAP-Elemente und ihr Zusammenspiel. In der Beschreibung der ICAAP-Architektur sollte die Struktur des ICAAP grob dargestellt werden. Darüber hinaus sind die Verbindungen zu den Geschäfts- und Risikostrategien, der Erklärung zum Risikoappetit, den Kapitalplänen, den Risikoidentifizierungsprozessen, den Limitsystemen, den Risikoquantifizierungsmethoden, dem Stresstestprogramm und der internen Berichterstattung aufzuzeigen. Zudem sollte aus der Dokumentation hervorgehen, wie der ICAAP in die Gesamt-banksteuerung eingebettet ist und wie seine Ergebnisse in den Instituten verwendet werden.[287]

229   In ihrem Bericht über die ICAAP-Praktiken der Institute hat es die EZB kritisch gesehen, wenn die ICAAP-(Gesamt-)Architektur in verschiedenen Dokumenten beschrieben war. Diese Vor-gehensweise widerspricht dem zugrunde liegenden Konzept einer übergreifenden Darstellung des Zusammenspiels der verschiedenen ICAAP-Elemente untereinander und auch mit anderen relevanten Prozessen im Institut. Folglich sollte die Beschreibung der ICAAP-(Gesamt-)Architek-tur in einem Überblicksdokument ggf. mit Verweisen auf weiterführende Dokumente erfolgen.[288]

4.4   Risikoappetit und Risikodeckungsmasse

230   Da ein Institut auch bei Eintreten eines extremen Verlustes überlebensfähig bleiben soll, wird die Geschäftsleitung regelmäßig nicht das gesamte Risikodeckungspotenzial zur Abdeckung der Risiken verwenden. In der Regel wird daher ein bestimmter Anteil am Risikodeckungspotenzial festgelegt, der zur Abdeckung der wesentlichen Risiken und damit verbundenen Risikokonzen-trationen zur Verfügung steht. Mit dieser risikostrategischen Festlegung dokumentiert die Ge-schäftsleitung ihren Risikoappetit. Zur Unterscheidung vom gesamten Risikodeckungspotenzial wird der von der Geschäftsleitung zur Risikoabschirmung bereitgestellte Anteil häufig als »Risiko-deckungsmasse« bezeichnet.[289] Die Bereitstellung eines verhältnismäßig hohen Anteiles vom gesamten Risikodeckungspotenzial zur Abdeckung der wesentlichen Risiken ist Ausdruck eines ausgeprägten Risikoappetits der Geschäftsleitung, während ein relativ geringer Anteil ein Indiz für einen weniger großen Risikoappetit ist. Die Risikodeckungsmasse ist – wie in Abbildung 24 dargestellt – als Gesamtbanklimit zugleich die Ausgangsbasis für die gesamte Limitstruktur des Institutes bzw. zur Festlegung des Risikoappetits für alle wesentlichen Risiken (→ AT 4.2 Tz. 2 inkl. Erläuterung).

231   Mit Blick auf die von der EZB geforderten Managementpuffer sollen die bedeutenden Institute prüfen, wieviel Risikodeckungspotenzial zur nachhaltigen Fortführung des Geschäftsmodells erforderlich ist. Hierzu sind entsprechende Analysen erforderlich. Insbesondere genügt es nicht, auf die Differenz zum verfügbaren Risikodeckungspotenzial abzustellen.[290] In ihrem Bericht über

---

286 Vgl. Europäische Zentralbank, Leitfaden der EZB für den bankinternen Prozess zur Sicherstellung einer angemessenen Kapitalausstattung (Internal Capital Adequacy Assessment Process – ICAAP), 9. November 2018, S. 10.

287 Vgl. Europäische Zentralbank, Leitfaden der EZB für den bankinternen Prozess zur Sicherstellung einer angemessenen Kapitalausstattung (Internal Capital Adequacy Assessment Process – ICAAP), 9. November 2018, S. 10.

288 Vgl. European Central Bank, ECB report on banks' ICAAP practices, 11. August 2020, S. 20.

289 Der Risikotragfähigkeitsbegriff der MaRisk bezieht sich auf eine Gegenüberstellung der wesentlichen Risiken und des Risikodeckungspotenzials. Der Risikoappetit der Geschäftsleitung spielt im Rahmen des ICAAP und des SREP eine nicht zu unterschätzende Rolle.

290 Vgl. Europäische Zentralbank, Leitfaden der EZB für den bankinternen Prozess zur Sicherstellung einer angemessenen Kapitalausstattung (Internal Capital Adequacy Assessment Process – ICAAP), 9. November 2018, S. 13 (Fußnote 20).

die ICAAP-Praktiken der Institute hat die EZB betont, dass allein die Intuition der Geschäftsleitung bei der Festlegung des Managementpuffers ebenfalls nicht ausreichend ist.[291]

Grundsätzlich gilt die Risikotragfähigkeit nach den MaRisk zwar als gegeben, sofern die wesentlichen Risiken des Institutes durch das Risikodeckungspotenzial, d. h. das maximal verfügbare Kapital zur Risikoabsicherung, unter Berücksichtigung von Risikokonzentrationen laufend abgedeckt sind. Sofern ein Institut jedoch eine Risikodeckungsmasse als Teilmenge seines Risikodeckungspotenzials zur Risikoabsorption festlegt, sollten sich die Anforderungen des Moduls AT 4.1 an dieser Größe orientieren.

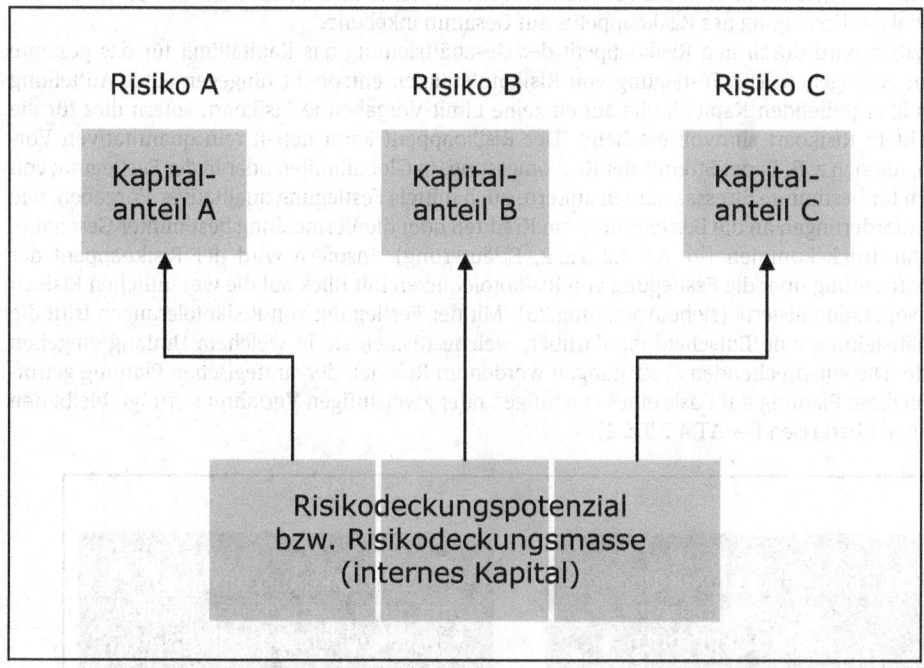

Abb. 24: Zuordnung des internen Kapitals

4.5 Risikoappetit und Risikotoleranzen

Mit der dritten MaRisk-Novelle wurde die Anforderung ergänzt, bei Festlegung der Risikostrategie für alle wesentlichen Risiken explizit Risikotoleranzen festzulegen und Risikokonzentrationen dabei zu berücksichtigen. Im Rahmen der vierten MaRisk-Novelle wurde klarstellend erläutert, dass die Geschäftsleitung mit der Festlegung der Risikotoleranzen eine bewusste Entscheidung darüber trifft, in welchem Umfang sie bereit ist, Risiken einzugehen. Schließlich wurde mit der fünften MaRisk-Novelle durch Begriffsänderung auf den Risikoappetit abgestellt (→ AT 4.2 Tz. 2 inkl. Erläuterung). Dieser Risikoappetit der Geschäftsleitung sollte bei der Beurteilung der Risikotragfähigkeit berücksichtigt werden. Dabei sollte im Auge behalten werden, dass sich der Risikoappetit sowohl auf das Risikodeckungspotenzial als auch auf das Risikopotenzial auswirken kann.

---

291 Vgl. European Central Bank, ECB report on banks' ICAAP practices, 11. August 2020, S. 32.

AT 4.1 Risikotragfähigkeit

234   Im Zusammenhang mit der Formulierung der Risikostrategie ist für alle wesentlichen Risiken der »Risikoappetit des Institutes« festzulegen (→ AT 4.2 Tz. 2). Dies deutet bereits darauf hin, dass es sich hierbei eher um die auf das gesamte Institut bezogene Risikobereitschaft handelt, als um die Beantwortung der Frage, in welchem Ausmaß ein Institut jeweils gewillt ist, ganz bestimmte Risiken einzugehen, um seine Ziele zu erreichen. Es wird von der Aufsicht erwartet, den übergreifenden Risikoappetit des Institutes durch Risikotoleranzen für die einzelnen Risikoarten zu ergänzen, worauf ältere Formulierungen bis zur vierten MaRisk-Novelle hindeuten. Diese Risikotoleranzen dürfen allerdings nicht losgelöst voneinander betrachtet werden, sondern sollten aufeinander abgestimmt sein, um Fehlsteuerungen zu vermeiden. Damit schließt sich wieder der Kreis bei der Festlegung des Risikoappetits auf Gesamtbankebene.

235   Letztlich wird durch den Risikoappetit der Geschäftsleitung das Kapitallimit für das gesamte Institut vorgegeben. Die Festlegung von Risikotoleranzen entspricht hingegen einer Aufteilung dieses übergreifenden Kapitallimits auf einzelne Limit-Vorgaben je Risikoart, sofern dies für die betrachtete Risikoart sinnvoll erscheint. Der Risikoappetit kann neben rein quantitativen Vorgaben, die sich z. B. in der Strenge der Risikomessung, in Globallimiten oder in der Festlegung von Puffern für bestimmte Stressszenarien äußern, auch mittels Festlegung qualitativer Vorgaben, wie z. B. Anforderungen an die Besicherung von Krediten oder die Vermeidung bestimmter Geschäfte, zum Ausdruck kommen (→ AT 4.2 Tz. 2, Erläuterung). Insofern wird der Risikoappetit der Geschäftsleitung über die Festlegung von Risikotoleranzen mit Blick auf die wesentlichen Risiken quasi »operationalisiert« (siehe Abbildung 25). Mit der Festlegung von Risikotoleranzen trifft die Geschäftsleitung eine Entscheidung darüber, welche Risiken sie in welchem Umfang eingehen möchte. Die entsprechenden Festlegungen werden im Rahmen der strategischen Planung getroffen. Ob diese Planung auf Basis eines einstufigen oder zweistufigen Verfahrens erfolgt, bleibt den Instituten überlassen (→ AT 4.2 Tz. 2).

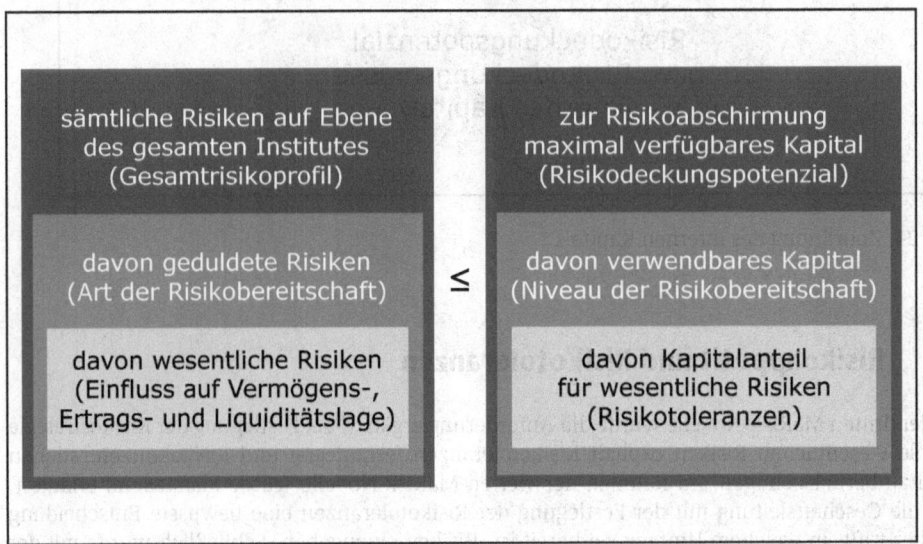

Abb. 25: Risikoappetit und Risikotoleranzen

4.6 Verknüpfung mit den Strategien

Es ist unmittelbar einleuchtend, dass zwischen der Risikotragfähigkeit und den strategischen Vorgaben der Geschäftsleitung Interdependenzen bestehen. Die Risikotragfähigkeit gibt einerseits einen Rahmen vor, der die Menge an möglichen strategischen Festlegungen beschränkt. Geplante Geschäftsaktivitäten können nur dann realisiert werden, wenn die daraus resultierenden Risiken durch das Risikodeckungspotenzial abgedeckt werden. Andererseits kann die Realisierung bestimmter Strategien natürlich auch Anpassungen des Risikodeckungspotenzials erforderlich machen, das z. B. durch Zuführung von neuen Mitteln erhöht werden könnte. Sind Risikotragfähigkeit und Strategie vollkommen voneinander entkoppelt, führt dies i. d. R. zu »Fantasiestrategien« und damit einhergehend zu unwirksamen Steuerungs- und Überwachungsmechanismen.

236

4.7 Verknüpfung mit den Risikosteuerungs- und -controllingprozessen

Zur Gewährleistung der Risikotragfähigkeit sind von den Instituten Prozesse zur Identifizierung, Beurteilung, Steuerung, Überwachung und Kommunikation der Risiken (Risikosteuerungs- und -controllingprozesse) einzurichten. Auch dieser Zusammenhang ist intuitiv klar, da die Bestimmung des Risikodeckungspotenzials überflüssig wäre, wenn das Institut nicht in der Lage ist, seine »Risikoposition« zu beurteilen und zu steuern. Die einzelnen Schritte der Risikosteuerungs- und -controllingprozesse zielen vor allem darauf ab, dass die wesentlichen Risiken mit dem Risikodeckungspotenzial und damit auch mit der strategischen Planung des Institutes korrespondieren.

237

Eine zentrale Rolle spielt dabei die Limitierung der Risiken, an die mit Blick auf die Adressenausfall- und Marktpreisrisiken bereits detaillierte Anforderungen gestellt werden (→ BTR 1 und BTR 2). Im Rahmen der vierten MaRisk-Novelle wurde die Bedeutung der Risikosteuerungs- und -controllingprozesse für die laufende Sicherstellung der Risikotragfähigkeit noch stärker betont. So ist durch geeignete Maßnahmen zu gewährleisten, dass die Risiken und die damit verbundenen Risikokonzentrationen unter Berücksichtigung der Risikotragfähigkeit und des Risikoappetits wirksam begrenzt und überwacht werden (→ AT 4.3.2 Tz. 1). Zu diesem Zweck »wird nunmehr für alle im Risikotragfähigkeitskonzept berücksichtigten Risiken ein Limitsystem zur Begrenzung der Risiken gefordert«.[292] Im Endeffekt kommt es darauf an, dass die Prozesse als Ganzes im Hinblick auf das vorhandene Risikodeckungspotenzial rechtzeitig Steuerungsimpulse auslösen, damit keine übermäßigen Risiken eingegangen werden.[293]

238

Nicht zuletzt vor diesem Hintergrund wurden auch die Anforderungen an die Verfahren zur Früherkennung von Risiken auf eine allgemeinere Basis gestellt. So hat das Institut für die frühzeitige Identifizierung von Risiken sowie von risikoartenübergreifenden Effekten geeignete Indikatoren abzuleiten, die je nach Risikoart auf quantitativen und/oder qualitativen Risikomerkmalen basieren (→ AT 4.3.2 Tz. 2). Dieser Anforderung liegt die Erkenntnis zugrunde, dass gerade solche Institute die Finanzmarktkrise vergleichsweise gut überstanden haben, die aufgrund entsprechender Frühwarnindikatoren Fehlentwicklungen schon in einem frühen Stadium erken-

239

---

292 Bundesanstalt für Finanzdienstleistungsaufsicht, Übermittlungsschreiben zum ersten Entwurf zur Überarbeitung der Mindestanforderungen an das Risikomanagement vom 26. April 2012, S. 3.

293 Vgl. Bundesanstalt für Finanzdienstleistungsaufsicht, Übermittlungsschreiben zum ersten Entwurf zur Überarbeitung der Mindestanforderungen an das Risikomanagement vom 26. April 2012, S. 3.

nen und somit deutlich schneller auf sich anbahnende Ereignisse reagieren konnten. In diesem Stadium konnten die Gegensteuerungsmaßnahmen noch wirksam werden und sind nicht ergebnislos verpufft.[294]

4.8 Zusammenspiel zwischen ICAAP und ILAAP

240 Von den Instituten wird erwartet, dass eine Einbindung des ICAAP in die Gesamtbanksteuerung konsistent über alle Risikoarten (inklusive Liquiditätsrisiken) und Perspektiven hinweg erfolgt. Darüber hinaus ist auf das Verhältnis zur Liquiditätssteuerung, dabei insbesondere auf die Konsistenz der kapital- und liquiditätsseitig verwendeten Szenarien, und zu weiteren Steuerungsbereichen einzugehen.[295] Die Institute sollten die potenziellen Auswirkungen relevanter Szenarien, einschließlich der Auswirkungen auf das Kapital und die Liquidität sowie potenzieller Rückkoppelungen, bewerten. Zu diesem Zweck sollten die zugrunde liegenden Annahmen der ICAAP- und ILAAP-Stresstests, deren Ergebnisse und die projizierten Managementmaßnahmen beiderseits Berücksichtigung finden. Dabei sollten insbesondere Verluste berücksichtigt werden, die aus der Verwertung von Aktiva oder einem Anstieg der Refinanzierungskosten in Stressperioden resultieren. Zum Beispiel sollten die Institute die Auswirkungen eines sinkenden Kapitalniveaus – entsprechend der Projektion im ICAAP – auf ihre Liquiditätslage bewerten. Eine Herabstufung durch eine externe Ratingagentur könnte z. B. direkte Auswirkungen auf die Refinanzierungsfähigkeit eines Institutes haben. Umgekehrt könnten der Refinanzierungsbedarf und die Refinanzierungsbedingungen, die in den Liquiditäts- und Refinanzierungsplänen abgeschätzt wurden, wesentliche Auswirkungen auf die Refinanzierungskosten haben, was sich wiederum auf die Angemessenheit der Kapitalausstattung auswirken würde.[296] Die weiterhin noch in vielen Instituten existierenden Silostrukturen zwischen ICAAP und ILAAP hat die EZB in ihrem Bericht über die ICAAP-Praktiken der Institute als besorgniserregend hervorgehoben.[297]

4.9 Zusammenhang zur Sanierungsplanung

241 Sowohl der RTF-Leitfaden als auch der SSM-Leitfaden verweisen auf die Schnittstellen zwischen dem ICAAP und der Sanierungsplanung. Ein Sanierungsplan gemäß Art. 5 BRRD[298] zielt darauf ab, die Maßnahmen darzulegen, die von einem Institut im Fall einer erheblichen Verschlechterung seiner Finanzlage zu ergreifen sind, um seine finanzielle Stabilität wiederherzustellen. Da eine unzureichende Kapitalausstattung eine der größten Bedrohungen für die Geschäftsfortführung bzw. die Überlebensfähigkeit eines Institutes darstellt, besteht eine natürliche Verbin-

---

294 Vgl. Bundesanstalt für Finanzdienstleistungsaufsicht, Übermittlungsschreiben zum ersten Entwurf zur Überarbeitung der Mindestanforderungen an das Risikomanagement vom 26. April 2012, S. 3 f.

295 Vgl. Bundesanstalt für Finanzdienstleistungsaufsicht/Deutsche Bundesbank, Aufsichtliche Beurteilung bankinterner Risikotragfähigkeitskonzepte und deren prozessualer Einbindung in die Gesamtbanksteuerung (»ICAAP«) – Neuausrichtung, Leitfaden vom 24. Mai 2018, S. 18.

296 Vgl. Europäische Zentralbank, Leitfaden der EZB für den bankinternen Prozess zur Sicherstellung einer angemessenen Kapitalausstattung (Internal Capital Adequacy Assessment Process – ICAAP), 9. November 2018, S. 41.

297 Vgl. European Central Bank, ECB report on banks' ICAAP practices, 11. August 2020, S. 20.

298 Vgl. Richtlinie 2014/59/EU (Sanierungs- und Abwicklungsrichtlinie) des Europäischen Parlaments und des Rates vom 15. Mai 2014 zur Festlegung eines Rahmens für die Sanierung und Abwicklung von Kreditinstituten und Wertpapierfirmen und zur Änderung der Richtlinie 82/891/EWG des Rates, der Richtlinien 2001/24/EG, 2002/47/EG, 2004/25/EG, 2005/56/EG, 2007/36/EG, 2011/35/EU, 2012/30/EU und 2013/36/EU sowie der Verordnungen (EU) Nr. 1093/2010 und (EU) Nr. 648/2012 des Europäischen Parlaments und des Rates, Amtsblatt der Europäischen Union vom 12. Juni 2014, L 173/223.

dung zwischen dem ICAAP, der die Fortführung der Geschäftstätigkeit eines Institutes im Rahmen seiner Strategie und seines angestrebten Geschäftsmodells sicherstellt, und dem Sanierungsplan, der die Überlebensfähigkeit eines in Schieflage geratenen Institutes wiederherstellen soll. Deshalb wird von den Instituten erwartet, die Konsistenz und Kohärenz zwischen ihrem ICAAP einerseits sowie ihren Sanierungsplänen und den damit verbundenen Vorkehrungen, wie z. B. Schwellenwerten für Frühwarnsignale und Indikatoren des Sanierungsplanes sowie Eskalationsverfahren, andererseits als Teil ein und desselben Risikomanagement-Rahmens sicherzustellen. Im Sanierungsplan und im ICAAP dargelegte Handlungsoptionen, insbesondere potenzielle Kapitalmaßnahmen und Aktiva-Verkäufe, müssen konsistent ausgestaltet sein. Die Handlungsoptionen müssen nicht zwingend gleich sein, wenn die dem ICAAP und dem Sanierungsplan zugrunde liegenden Grundsätze voneinander abweichen. Geht ein Institut allerdings in seinem Sanierungsplan und im ICAAP von ähnlichen Maßnahmen aus, so kann dies dazu führen, dass die Wirksamkeit der Sanierungsoptionen überschätzt wird, wenn einige der Maßnahmen bereits unter dem ICAAP ergriffen wurden. Um Überschneidungen zwischen Sanierungsoptionen und ICAAP-Managementmaßnahmen zu vermeiden, die zu einer doppelten Erfassung führen könnten, sollen potenzielle ICAAP-Managementmaßnahmen mit wesentlichen Auswirkungen unverzüglich in den Sanierungsplan einfließen und umgekehrt, um sicherzustellen, dass die Verfahren und Informationen in den dazugehörigen Dokumenten konsistent und auf dem aktuellen Stand sind.[299] Die Risikocontrollingfunktion ist in die Prozesse und Berichterstattung zum Sanierungsplan einzubinden. Auch die in der normativen Perspektive zugrunde gelegten Annahmen für die Kapitalplanung sollten ggf. mit dem Sanierungsplan im Einklang stehen.[300] Gemäß dem nationalen RTF-Leitfaden haben Institute im Falle einer Unterschreitung der kombinierten Kapitalpufferanforderung nach § 10i KWG in adversen Szenarien Handlungsoptionen zur Wiederherstellung der Einhaltung aller regulatorischen und aufsichtlichen Anforderungen und Zielgrößen darzustellen. Institute, die einen Sanierungsplan nach der MaSanV erstellen müssen[301], können diesen hierfür heranziehen. Die vorgesehenen Maßnahmen zur Wiederherstellung müssen dabei grundsätzlich im Einklang mit der Strategie des Institutes und einem ggf. bestehenden Sanierungsplan stehen.

Der Sanierungsplan muss gemäß § 13 Abs. 2 Satz 7 SAG eine Darstellung von Szenarien für **242** schwerwiegende Belastungen, die einen Krisenfall auslösen können, und deren Auswirkungen auf das Institut oder die Gruppe beinhalten. Die Belastungsszenarien sollen sowohl systemweite Ereignisse als auch das einzelne Institut oder die ganze Gruppe betreffende Ereignisse beinhalten, welche die instituts- oder gruppenspezifischen Gefährdungspotenziale abbilden. Die Vorgaben an die Ausgestaltung von den Belastungsszenarien werden im § 9 der MaSanV weiter konkretisiert. Die Belastungsszenarien müssen die wesentlichen Risiken abbilden, denen das Institut oder die Gruppe ausgesetzt ist. Für die Feststellung der wesentlichen instituts- oder gruppenspezifischen Risiken sind insbesondere das Geschäfts- und Refinanzierungsmodell, die Art der Geschäftstätigkeiten, die Struktur des Institutes oder der Gruppe, die Größe oder Vernetzung mit anderen Instituten oder dem Finanzsystem im Allgemeinen sowie Risiken oder Schwachstellen des Institutes oder der Gruppe zu berücksichtigen. Das Belastungsszenario muss auf Ereignissen beruhen, die außergewöhnlich, aber plausibel sind. Die Auswirkungen der

---

299 Vgl. Europäische Zentralbank, Leitfaden der EZB für den bankinternen Prozess zur Sicherstellung einer angemessenen Kapitalausstattung (Internal Capital Adequacy Assessment Process – ICAAP), 9. November 2018, S. 12.

300 Vgl. Europäische Zentralbank, Leitfaden der EZB für den bankinternen Prozess zur Sicherstellung einer angemessenen Kapitalausstattung (Internal Capital Adequacy Assessment Process – ICAAP), 9. November 2018, S. 19.

301 Die Anforderungen an die Sanierungsplanung für LSI ergeben sich aus der Verordnung zu den Mindestanforderungen an Sanierungspläne für Institute und Wertpapierfirmen (MaSanV) und dem Gesetz zur Sanierung und Abwicklung von Instituten und Finanzgruppen (SAG). Die MaSanV setzt die Leitlinien der EBA über die bei Sanierungsplänen zugrunde zu legende Bandbreite an Szenarien (EBA/GL/2014/06) und die Leitlinien der EBA zur Mindestliste der qualitativen und quantitativen Indikatoren an Sanierungspläne (EBA/GL/2015/02) in nationales Recht um und konkretisiert die unmittelbar anwendbare Delegierte Verordnung (EU) Nr. 2016/1075 der Europäischen Kommission.

AT 4.1 Risikotragfähigkeit

Belastungsszenarien sowohl auf das Institut als auch auf die Gruppe sind darzustellen. Diese Darstellung umfasst insbesondere die Auswirkungen auf Kapital, Liquidität, Ertragskraft, Risikoprofil, Fortführung des Geschäftsbetriebes einschließlich Zahlungs- und Abrechnungsprozessen sowie das Ansehen des Institutes oder der Gruppe. Die im Sanierungsplan und im ICAAP verwendeten Szenarien müssen insbesondere hinsichtlich der zugrunde liegenden wesentlichen Risikotreiber konsistent sein. Dabei bietet sich vorrangig ein Abgleich der Belastungsszenarien mit den adversen Szenarien der normativen Perspektive und den Stresstests gemäß AT 4.3.3 an. Als Ausgangspunkt für die Identifizierung der wesentlichen Risikotreiber sollte die Risikoinventur (→ AT 2.2) dienen. Die Ergebnisse der Belastungsszenarien sollten im Sinne einer Gesamtbanksteuerung in den ICAAP einbezogen werden, beispielsweise hinsichtlich notwendiger Anpassungen der Risikoinventur oder des Stresstestkonzeptes.

243 Ein besonders enger Zusammenhang der Sanierungsplanung besteht zu den inversen Stresstests, mit deren Hilfe untersucht wird, welche Ereignisse ein Institut in seiner Überlebensfähigkeit gefährden könnten. Die EBA nennt beispielhaft die Situation, dass ein Institut als »ausfallend bzw. ausfallgefährdet« (»failing or likely to fail«) im Sinne von Art. 32 Abs. 2 BRRD[302] angesehen werden kann.[303] Die inversen Stresstests könnten nach Einschätzung der EZB deshalb auch als Ausgangspunkt für die Entwicklung von Szenarien für die Sanierungsplanung verwendet werden.[304] Die EBA hält es sogar für sachgerecht, spezifische inverse Stresstests im Rahmen der Sanierungsplanung anzuwenden, um mit ihrer Hilfe z. B. die Bedingungen zu ermitteln, unter denen die Sanierung möglicherweise vorzusehen ist.[305] Dabei sollten ausfallnahe Szenarien (»Beinahe-Ausfälle«) entwickelt werden, die dazu führen, dass das Geschäftsmodell eines Institutes oder einer Gruppe nicht mehr tragfähig ist, sofern die Sanierungsmaßnahmen nicht erfolgreich umgesetzt werden.[306] Hintergrund dafür ist die Überlegung, dass das Ziel der Sanierungsplanung gerade darin besteht, mögliche Optionen zur Sicherung und Wiederherstellung der Finanzkraft und der Rentabilität eines Institutes zu beschreiben, wenn es unter starkem Stress steht (→ AT 4.3.3 Tz. 4).[307]

4.10   Zusammenhang zur Abwicklungsplanung

244 Die Schnittstelle zwischen dem ICAAP und der Abwicklungsplanung besteht darin, dass die Institute die Berücksichtigung verbindlicher Mindestanforderungen an Eigenmittel und berücksichtigungsfähige Verbindlichkeiten (»Minimum Requirements for Own Funds and Eligible Liabilities«, MREL) und der Mindestanforderungen zur Gesamtverlustabsorptionsfähigkeit (»Total Loss Absorbing Capacity«, TLAC) in der Kapitalplanung überwachen müssen. Es handelt sich dabei um von anderen Eigenmittelanforderungen (OCR, P2G etc.) unabhängig zu erfüllende regulatorische Anforderungen zur Sicherstellung einer hinreichenden Verlustabsorptions- und

---

302 Vgl. Richtlinie 2014/59/EU (Sanierungs- und Abwicklungsrichtlinie) des Europäischen Parlaments und des Rates vom 15. Mai 2014 zur Festlegung eines Rahmens für die Sanierung und Abwicklung von Kreditinstituten und Wertpapierfirmen und zur Änderung der Richtlinie 82/891/EWG des Rates, der Richtlinien 2001/24/EG, 2002/47/EG, 2004/25/EG, 2005/56/EG, 2007/36/EG, 2011/35/EU, 2012/30/EU und 2013/36/EU sowie der Verordnungen (EU) Nr. 1093/2010 und (EU) Nr. 648/2012 des Europäischen Parlaments und des Rates, Amtsblatt der Europäischen Union vom 12. Juni 2014, L 173/249.

303 Vgl. European Banking Authority, Leitlinien zu den Stresstests der Institute, EBA/GL/2018/04, 19. Juli 2018, S. 26.

304 Vgl. Europäische Zentralbank, Leitfaden der EZB für den bankinternen Prozess zur Sicherstellung einer angemessenen Kapitalausstattung (Internal Capital Adequacy Assessment Process – ICAAP), 9. November 2018, S. 41.

305 Vgl. European Banking Authority, Leitlinien zu den Stresstests der Institute, EBA/GL/2018/04, 19. Juli 2018, S. 29 f.

306 Vgl. Europäische Zentralbank, Leitfaden der EZB für den bankinternen Prozess zur Sicherstellung einer angemessenen Kapitalausstattung (Internal Capital Adequacy Assessment Process – ICAAP), 9. November 2018, S. 41.

307 Vgl. Financial Stability Board, Recovery and Resolution Planning for Systemically Important Financial Institutions: Guidance on Recovery Triggers and Stress Scenarios, 16. Juli 2013, S. 8 f.

Rekapitalisierungsfähigkeit der Institute. Die TLAC-Anforderungen richten sich nur an global systemrelevante Banken (G-SIBs). Für alle G-SIBs gilt aktuell eine TLAC-Mindestquote von 16 Prozent der RWA und 6 Prozent der Verschuldungsquote (»Leverage Ratio Exposure«, LRE). Zum 1. Januar 2022 werden diese Mindestquoten auf 18 Prozent der RWA und 6,75 Prozent der LRE erhöht, wobei die zuständige Abwicklungsbehörde darüber hinaus eine zusätzliche institutsspezifische Quote festsetzen kann. Mit dem EU-Bankenpaket erfolgt die Umsetzung des internationalen TLAC-Standards in europäisches Recht. Die Einhaltung der TLAC-Anforderungen ist seit dem 27. Juni 2019 von den global systemrelevanten Instituten sicherzustellen. Darüber hinaus müssen alle Institute im Anwendungsbereich der EU-Richtlinie zur Sanierung und Abwicklung von Finanzinstituten (»Bank Recovery and Resolution Directive«, BRRD) die MREL-Quote einhalten. Die MREL-Quote wird, anders als die TLAC-Quote, nicht einheitlich für alle Institute, sondern institutsspezifisch von der zuständigen Abwicklungsbehörde festgesetzt.[308]

---

308 Näheres dazu vgl. Deutsche Bundesbank, Das europäische Bankenpaket – Die Überarbeitung der EU-Bankenregulierung, in: Monatsbericht, Juni 2019, S. 44f.

5 Ausnahme wesentlicher Risiken (Tz. 4)

245 4 Wesentliche Risiken, die nicht in das Risikotragfähigkeitskonzept einbezogen werden, sind festzulegen. Ihre Nichtberücksichtigung ist nachvollziehbar zu begründen und nur dann möglich, wenn das jeweilige Risiko aufgrund seiner Eigenart nicht sinnvoll durch Risikodeckungspotenzial begrenzt werden kann (z. B. das Zahlungsunfähigkeitsrisiko). Es ist sicherzustellen, dass solche Risiken angemessen in den Risikosteuerungs- und -controllingprozessen berücksichtigt werden.

5.1 Nichtberücksichtigung wesentlicher Risiken

246 Zu den wesentlichen Risiken zählen grundsätzlich Adressenausfallrisiken inkl. Länderrisiken, Marktpreisrisiken inkl. Zinsänderungsrisiken, Liquiditätsrisiken und operationelle Risiken (→ AT 2.2 Tz. 1). Wesentliche Risiken, die nicht in das Risikotragfähigkeitskonzept einbezogen werden, sind vom Institut festzulegen. Dabei ist zu beachten, dass die diesbezüglichen Freiheitsgrade der Institute mit der zweiten MaRisk-Novelle etwas eingeschränkt wurden. So müssen jene wesentlichen Risiken zwingend in das Risikotragfähigkeitskonzept einbezogen werden, die »sinnvoll« durch Risikodeckungspotenzial begrenzt werden können. Die Aufsicht hat im MaRisk-Fachgremium zwar klargestellt, dass es nicht um eine wissenschaftliche Analyse geht, welche Risiken theoretisch mit Kapital begrenzt werden können. Das Institut muss bei wesentlichen Risiken, die nicht in das Risikotragfähigkeitskonzept einbezogen werden, jedoch stets begründen, warum eine Unterlegung mit Kapital nicht sinnvoll erscheint, und darlegen, ob diese Risiken angemessen in den Risikosteuerungs- und -controllingprozessen berücksichtigt werden.

247 Bestimmte Risiken, die aufgrund ihrer Eigenart nicht sinnvoll durch Risikodeckungspotenzial zu begrenzen sind, können somit unberücksichtigt bleiben. Das trifft z. B. auf das Zahlungsunfähigkeitsrisiko zu, das als »Liquiditätsrisiko im engeren Sinne« auf andere Weise überwacht und gesteuert wird.

248 Soweit ein Institut von der Ausnahmeregelung Gebrauch macht, ist dies nachvollziehbar zu begründen. Auch die EZB erwartet von den bedeutenden Instituten, dass sie zur Absicherung aller als wesentlich identifizierten Risiken entweder Kapital vorhalten oder die Begründung für das Nichtvorhalten von Kapital dokumentieren.[309] Außerdem ist sicherzustellen, dass diese Risiken angemessen in den Risikosteuerungs- und -controllingprozessen berücksichtigt werden.

5.2 Management des Zahlungsunfähigkeitsrisikos

249 Insbesondere das Zahlungsunfähigkeitsrisiko kann nicht sinnvoll durch Risikodeckungspotenzial begrenzt werden und muss demzufolge auch nicht in das Risikotragfähigkeitskonzept einbezogen werden. Diese Sonderbehandlung ist darauf zurückzuführen, dass das Zahlungsunfähigkeitsrisiko durch einen angemessen hohen Liquiditätspuffer abgesichert wird. Insofern entspricht der Liquiditätspuffer bei einer liquiditätsbezogenen Risikotragfähigkeitsrechnung der Risikodeckungs-

---

309 Vgl. Europäische Zentralbank, Leitfaden der EZB für den bankinternen Prozess zur Sicherstellung einer angemessenen Kapitalausstattung (Internal Capital Adequacy Assessment Process – ICAAP), 9. November 2018, S. 28.

masse bei der Berechnung der ökonomischen Risikotragfähigkeit. In Analogie dazu wird von den Regulierungsbehörden in der ersten Säule eine Unterlegung des Zahlungsunfähigkeitsrisikos durch hoch liquide Aktiva und nicht durch Eigenkapital gefordert, was in den Anforderungen zur Liquiditätsdeckungsquote (»Liquidity Coverage Ratio«, LCR) nach Art. 412 Abs. 1 CRR zum Ausdruck kommt (→ BTR 3).

An das Management von Liquiditätsrisiken werden sehr umfangreiche und detaillierte Anforderungen gestellt (→ BTR 3). Das Liquiditätsrisiko im engeren Sinne wird häufig mit Hilfe der Liquiditätsübersicht durch eine Gegenüberstellung der Liquiditäts-Gaps mit den freien zentralbankfähigen Sicherheiten gesteuert. Dabei werden die Zahlungsströme (»Cashflows«) danach unterschieden, ob sie hinsichtlich Volumen und Fälligkeit aufgrund vertraglicher Vereinbarungen als bekannt vorausgesetzt werden können (»deterministische Cashflows«) oder zunächst modelliert werden müssen (»stochastische Cashflows«), was z.B. bei Kreditlinien der Fall ist. Die deterministischen Cashflows werden im Normalfall mit ihrer vertraglichen Restlaufzeit (»Contractual Maturity«) und im Stressfall häufig mit ihrer ökonomischen Restlaufzeit (»Economic Maturity«) angesetzt.[310] **250**

Als etwas anspruchsvollere und komplexere Methode kommt die Ermittlung der Liquiditätsanforderungen mit Hilfe des »Liquidity-at-Risk« (LaR) bzw. »Cashflow-at-Risk« (CFaR) infrage. Mit seiner Hilfe wird der sich aus der kurzfristigen Steuerung der Mittelzu- und -abflüsse ergebende dispositive Nettofinanzbedarf geschätzt. Der Liquidity-at-Risk ist demzufolge ein Maß für die Liquiditätsbelastung, die mit einer bestimmten Wahrscheinlichkeit in einem bestimmten Zeitraum nicht überschritten wird.[311] Näheres dazu findet sich an anderer Stelle (→ BTR 3). **251**

---

310 Vgl. Bundesanstalt für Finanzdienstleistungsaufsicht/Deutsche Bundesbank, Praxis des Liquiditätsrisikomanagements in ausgewählten deutschen Kreditinstituten, 28. Januar 2008, S. 13.

311 Zur Vertiefung vgl. Zeranski, Stefan, Liquidity at Risk zur Steuerung des liquiditätsmäßig-finanziellen Bereichs von Kreditinstituten, Chemnitz, 2005.

6 Schätzung der Risikobeträge (Tz. 5)

252   **5** Verfügt ein Institut über keine geeigneten Verfahren zur Quantifizierung einzelner Risiken, die in das Risikotragfähigkeitskonzept einbezogen werden sollen, so ist für diese auf der Basis einer Plausibilisierung ein Risikobetrag festzulegen. Die Plausibilisierung kann auf der Basis einer qualifizierten Expertenschätzung durchgeführt werden.

6.1 Festlegung plausibler Risikobeträge

253 Nachdem festgelegt wurde, welche Risiken (bzw. Risikoarten) grundsätzlich in das Risikotragfähigkeitskonzept einbezogen werden sollen (→ AT 4.1 Tz. 4), geht es anschließend darum, das vorhandene Risikodeckungspotenzial in einer angemessenen Aufteilung auf diese Risiken zu allozieren. Schwierig gestaltet sich dieser Prozess für jene Risiken, die sich einer Quantifizierung entziehen. Das kann z. B. der Fall sein, wenn die methodischen Ansätze für bestimmte Risikoarten oder -unterarten selbst in der Theorie noch nicht vorhanden bzw. unausgereift sind. Ebenso möglich ist es, dass im Institut (noch) keine hinreichende Datenbasis oder geeigneten Verfahren zur Quantifizierung zur Verfügung stehen. Auch könnte es wegen des hohen Aufwandes vor allem für kleinere Institute unter Kosten-Nutzen-Gesichtspunkten unverhältnismäßig sein, entsprechende Methoden einzuführen.

254 Selbst wenn sich die Quantifizierbarkeit von Risiken aufgrund dieser Umstände als schwierig erweist, dürfen diese Risiken nicht von der Beurteilung ausgenommen werden. Die EZB erwartet von den bedeutenden Instituten, dass sie geeignete Methoden für die Quantifizierung unerwarteter Verluste entwickeln und hinreichend konservative Risikowerte festlegen. Als geeignete Methode wird von der EZB u. a. auf die Expertenschätzung verwiesen, wobei alle relevanten Informationen berücksichtigt werden sollten. In erster Linie kommt es auf die Angemessenheit, Vergleichbarkeit und Konsistenz der gewählten Methoden an, die so weit wie möglich mit den insgesamt für die Risikomessung verwendeten Annahmen in Einklang stehen sollten.[312]

255 Um Scheingenauigkeiten zu vermeiden, die für die interne Steuerung des Institutes im Ergebnis ein Muster ohne Wert bleiben würden[313], muss für derartige Risiken auf der Basis einer Plausibilisierung ein Risikobetrag festgelegt werden. An die Art und Weise der Plausibilisierung werden keine konkreten Anforderungen gestellt. Ausdrücklich gestattet, aber nicht zwingend vorgeschrieben, wird die Verwendung qualifizierter Expertenschätzungen. Alternativ kann die Plausibilisierung z. B. auch durch den Einsatz von Stresstests erfolgen.[314] Im Endeffekt muss die Festlegung des Risikobetrages – insbesondere hinsichtlich seiner Höhe – nachvollziehbar sein. Der gesamte Prozess zur Berücksichtigung der wesentlichen Risiken im Risikotragfähigkeitskonzept ist zur Illustration in Abbildung 26 dargestellt.

---

[312] Vgl. Europäische Zentralbank, Leitfaden der EZB für den bankinternen Prozess zur Sicherstellung einer angemessenen Kapitalausstattung (Internal Capital Adequacy Assessment Process – ICAAP), 9. November 2018, S. 35.

[313] Vgl. Bauer, Helmut/Schneider, Andreas, Bankenaufsicht im 21. Jahrhundert: Von der Quantität zur Qualität, in: Rolfes, Bernd (Hrsg.), Herausforderung Bankmanagement – Entwicklungslinien und Steuerungsansätze, Festschrift zum 60. Geburtstag von Henner Schierenbeck, Frankfurt a. M., 2006, S. 724 f.

[314] Vgl. Deutsche Bundesbank, Bankinterne Methoden zur Ermittlung und Sicherstellung der Risikotragfähigkeit und ihre bankaufsichtliche Bedeutung, in: Monatsbericht, März 2013, S. 40 f.

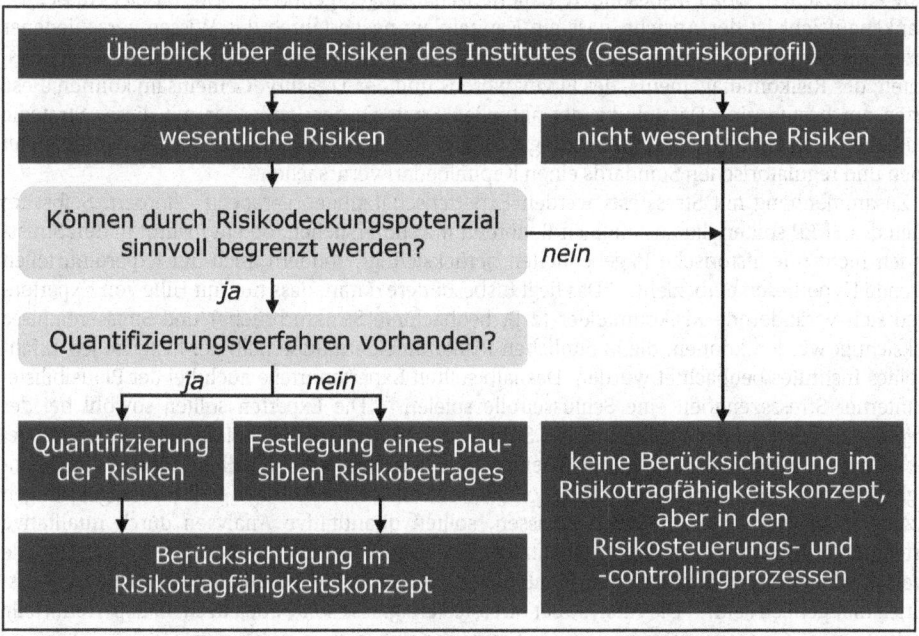

Abb. 26: Berücksichtigung von Risiken im Risikotragfähigkeitskonzept

6.2 Bedeutung von Expertenschätzungen

Unter dem Eindruck der Finanzmarktkrise hat die Bedeutung von Expertenschätzungen deutlich zugenommen. Mathematische Modelle können insbesondere bei vielschichtigen, komplexen Risikostrukturen – schnell an ihre Grenzen stoßen. In Extremsituationen können sie ggf. sogar komplett versagen, weil sie dafür entweder nicht konzipiert sind oder die zugrunde liegende Datenhistorie ggf. keine vergleichbaren Ereignisse enthält. Auf die Notwendigkeit von Expertenschätzungen wurde daher von der Kreditwirtschaft schon vor einigen Jahren explizit hingewiesen.[315] Diese Einsicht hat sich mittlerweile auch bei der Aufsicht durchgesetzt. So betonte bereits CEBS den Nutzen, den Expertenschätzungen stiften können.[316]   **256**

Die EBA weist u. a. darauf hin, dass die Ergebnisse von quantitativen Bewertungsmethoden, einschließlich Stresstests, weitgehend von den Grenzen und Annahmen der verwendeten Modelle abhängen. Die Bestimmung, in welcher Höhe Risiken eingegangen werden, sollte daher nicht nur auf quantitativen Informationen oder Ergebnissen von Modellen beruhen, sondern auch qualitative   **257**

---

315 »The risk management framework of firms should clearly avoid over-reliance on single risk methodologies and specific models. Modeling and other risk management techniques should always be a part of the comprehensive risk-management system and should be applied using expert judgment.« Institute of International Finance, Final Report of the IIF Committee on Market Best Practices: Principles of Conduct and Best Practice Recommendations – Financial Services Industry Response to the Market Turmoil of 2007–2008, 21. Juli 2008, S. 7.

316 »Institutions should avoid over reliance on any specific risk methodology or model. Modelling and risk management techniques should be only one part of the risk management system and should always be tempered by expert judgment.« Committee of European Banking Supervisors, High level principles for risk management, 16. Februar 2010, S. 6.

Aspekte einbeziehen, wozu insbesondere Expertenschätzungen gehören.[317] Der Baseler Ausschuss für Bankenaufsicht ist der Ansicht, dass ein Kapitalplanungsverfahren das Wissen verschiedener Experten aus der ganzen Bank widerspiegeln sollte, insbesondere von Mitarbeitern der Geschäftseinheiten, des Risikomanagements, des Finanzwesens und der Treasury. Gemeinsam können diese Experten am besten eine Darstellung der aktuellen Strategie der Bank, der mit dieser Strategie verbundenen Risiken und eine Einschätzung darüber liefern, inwieweit diese Risiken gemessen an internen und regulatorischen Standards einen Kapitalbedarf verursachen.[318]

258   Im Zusammenhang mit Stresstests werden Expertenschätzungen geradezu gefordert. Selbst im Rahmen des SREP sollten die zuständigen Behörden u.a. untersuchen, ob ein Institut in den Stressszenarien nicht nur historische Begebenheiten berücksichtigt, sondern auch auf Expertenurteilen basierende Hypothesen einbezieht.[319] Das liegt insbesondere daran, dass nur mit Hilfe von Expertenurteilen sich verändernde Risikoumfelder (z.B. beobachtete Strukturbrüche) und Stressereignisse berücksichtigt werden können, die in ähnlichen Risikoumfeldern außerhalb der historischen Erfahrung eines Institutes beobachtet wurden. Deshalb sollten Expertenurteile auch bei der Plausibilisierung interner Stressszenarien eine Schlüsselrolle spielen.[320] Die Experten sollten sowohl bei der Konzeption als auch bei der Validierung des Stresstestprogramms eine Schlüsselrolle spielen, wobei das jeweilige Fachwissen für bestimmte Themen berücksichtigt werden sollte.[321] Wenn die Datenverfügbarkeit oder -qualität oder strukturelle Brüche in historischen Daten keine aussagekräftigen Schätzungen auf Basis von Modellen zulassen, sollten quantitative Analysen durch qualitative Expertenurteile unterstützt werden.[322] Qualitative Analysen und Bewertungen, die Expertenurteile aus verschiedenen Geschäftsbereichen kombinieren, sollten für die Herleitung relevanter Stressszenarien maßgeblich sein.[323] Die Analyse der Stresstestereignisse sollte auch deshalb Expertenurteile beinhalten, um seltene, aber schwerwiegende Ereignisse einbeziehen zu können.[324]

259   Selbst im Rahmen des Datenaggregationsprozesses, der in der Idealvorstellung des Baseler Ausschusses für Bankenaufsicht weitgehend automatisiert erfolgen sollte, können gelegentlich Expertenschätzungen zur Ergänzung unvollständiger Daten herangezogen werden.[325]

260   In den MaRisk wird den Instituten im Rahmen der Plausibilisierung von Risikobeträgen ebenfalls die Möglichkeit eingeräumt, auf Expertenschätzungen zurückzugreifen, soweit sie nicht über geeignete Verfahren zur Messung bestimmter Risiken verfügen (z.B. für operationelle Risiken). Die BaFin betont in diesem Zusammenhang die Notwendigkeit von »qualifizierten« Expertenschätzungen. Das Vorliegen entsprechender Kenntnisse und Erfahrungen ist daher zwingend erforderlich. Ebenso sind potenzielle Interessenkonflikte zu vermeiden, die einer möglichst objektiven Expertenbeurteilung im Wege stehen könnten. Sofern sich die Experten zusätzlich auf eine aussagekräftige Datenhistorie stützen können, werden ihre Prognosen regelmäßig noch verlässlicher ausfallen. Diesem Zweck dienen z.B. die Erlösquotensammlung im Bereich der Adressenausfallrisiken (→ BTR 1 Tz. 7) und die Schadensfalldatenbank im Bereich der operationellen Risiken (→ BTR 4 Tz. 3). Zum Pflichtprogramm gehört auch eine nachvollziehbare Begründung und Dokumentation. Vor allem für interne und externe Prüfer muss beurteilbar sein, ob die Höhe der Risikobeträge angemessen ist.

317 Vgl. European Banking Authority, Leitlinien zur internen Governance, EBA/GL/2017/11, 21. März 2018, S. 38.

318 Vgl. Baseler Ausschuss für Bankenaufsicht, Grundlagen für ein solides Verfahren zur Kapitalplanung – Solide Praktiken, BCBS 277, 23. Januar 2014, S. 3.

319 Vgl. European Banking Authority, Guidelines on common procedures and methodologies for the supervisory review and evaluation process (SREP) and supervisory stress testing, EBA/GL/2014/13, Consolidated version, 19. Juli 2018, S. 162.

320 Vgl. European Banking Authority, Leitlinien zu den Stresstests der Institute, EBA/GL/2018/04, 19. Juli 2018, S. 12f.

321 Vgl. European Banking Authority, Leitlinien zu den Stresstests der Institute, EBA/GL/2018/04, 19. Juli 2018, S. 12ff.

322 Vgl. European Banking Authority, Leitlinien zu den Stresstests der Institute, EBA/GL/2018/04, 19. Juli 2018, S. 21.

323 Vgl. European Banking Authority, Leitlinien zu den Stresstests der Institute, EBA/GL/2018/04, 19. Juli 2018, S. 28.

324 Vgl. European Banking Authority, Leitlinien zu den Stresstests der Institute, EBA/GL/2018/04, 19. Juli 2018, S. 36.

325 Vgl. Baseler Ausschuss für Bankenaufsicht, Grundsätze für die effektive Aggregation von Risikodaten und die Risikoberichterstattung, BCBS 239, 9. Januar 2013, S. 5.

7 Berücksichtigung von Diversifikationseffekten (Tz. 6)

6 Soweit ein Institut innerhalb oder zwischen Risikoarten risikomindernde Diversifikationseffekte im Risikotragfähigkeitskonzept berücksichtigt, müssen die zugrunde liegenden Annahmen anhand einer Analyse der institutsindividuellen Verhältnisse getroffen werden und auf Daten basieren, die auf die individuelle Risikosituation des Institutes als übertragbar angesehen werden können. Die zugrunde liegenden Datenhistorien müssen ausreichend lang sein, um Veränderungen von Diversifikationseffekten in konjunkturellen Auf- und Abschwungphasen widerzuspiegeln. Diversifikationseffekte müssen so konservativ geschätzt werden, dass sie auch in konjunkturellen Abschwungphasen sowie bei im Hinblick auf die Geschäfts- und Risikostruktur des Institutes ungünstigen Marktverhältnissen als ausreichend stabil angenommen werden können. 261

7.1 Diversifikationseffekte

Da Verluste bei unterschiedlichen Risiken im Normalfall nicht gleichzeitig auftreten, ist das Gesamtrisiko i. d. R. kleiner als die Summe der Einzelrisiken. Risikodiversifikationseffekte beruhen deshalb auf der Annahme, dass einzeln geschätzte Risiken nicht vollständig korreliert sind bzw. nicht gleichzeitig vollständig eintreten, und führen damit zu einem Abschlag bei der Quantifizierung des Gesamtrisikos eines Institutes.[326] Zumindest in normalen Zeiten können die Institute durch die Berücksichtigung solcher Diversifikationseffekte Risikodeckungspotenziale einsparen. Diversifikationseffekte werden nicht nur zwischen verschiedenen Risikoarten berücksichtigt (»Inter-Risikodiversifikation«). Sie spielen auch innerhalb einzelner Risikoarten eine wichtige Rolle (»Intra-Risikodiversifikation«).[327] Relevant sind in diesem Zusammenhang vor allem Effekte innerhalb des Marktpreisrisikos und des Adressenausfallrisikos, soweit Kreditportfoliomodelle zum Einsatz kommen. Die Höhe der Diversifikationseffekte wird dabei von den angenommenen Korrelationen verschiedener Asset-Klassen bestimmt. 262

Die Finanzmarktkrise hat allerdings gezeigt, dass Diversifikationseffekte nicht nur vergänglich sind. In fallenden Märkten bewegen sich alle Asset-Klassen in dieselbe Richtung. Im Extremfall werden sogar umgekehrte Effekte wirksam, weil nichtlineare Beziehungen eine verstärkende Wirkung haben können, so dass das Gesamtrisiko im Vergleich zu den Einzelrisiken ansteigt (»super additivity« oder »compounding effects«).[328] Insoweit können die Vorteile der Diversifikation in bestimmten Situationen verpuffen oder sich sogar in ihr Gegenteil verkehren, insbesondere also gerade dann, wenn man sie eigentlich am dringendsten benötigt. Auch Analysen der Bundesbank haben gezeigt, dass das Gesamtrisiko aufgrund von Ansteckungseffekten gerade in wirtschaftlichen Stresszeiten die Summe der Einzelrisiken übersteigen kann.[329] 263

---

326 Vgl. Europäische Zentralbank, Leitfaden der EZB für den bankinternen Prozess zur Sicherstellung einer angemessenen Kapitalausstattung (Internal Capital Adequacy Assessment Process – ICAAP), 9. November 2018, S. 43.

327 Als dritte Kategorie wurden von CEBS »Intragruppen-Diversifikationseffekte« genannt. Diese beziehen sich allerdings – im Gegensatz zu den Intragruppenforderungen gemäß § 10c KWG – nicht nur auf gruppenangehörige Unternehmen. Vielmehr werden darunter auch Diversifikationseffekte verstanden, die zwischen verschiedenen Geschäftsbereichen bzw. -aktivitäten oder Einrichtungen grenzüberschreitend tätiger Institute existieren können und in erster Linie aus deren Einsatz in verschiedenen Regionen, Märkten und Branchen resultieren. Vgl. Committee of European Banking Supervisors, CEBS's position paper on the recognition of diversification benefits under Pillar 2, 2. September 2010, S. 4.

328 Vgl. Basel Committee on Banking Supervision, Findings on the Interaction of Market and Credit Risk, Working Paper Nr. 16, 14. Mai 2009, S. 10.

329 Vgl. Deutsche Bundesbank, Bankinterne Methoden zur Ermittlung und Sicherstellung der Risikotragfähigkeit und ihre bankaufsichtliche Bedeutung, in: Monatsbericht, März 2013, S. 41.

AT 4.1 Risikotragfähigkeit

264   Angesichts dessen ist es nicht überraschend, dass sich die Aufsichtsbehörden verstärkt dem Thema Diversifikation zuwenden. Vor allem im Hinblick auf die Berücksichtigung von Diversifikationseffekten zwischen verschiedenen Risikoarten bestehen von Seiten der Aufseher große Bedenken. Unter dem Eindruck der Finanzmarktkrise wurde auf europäischer Ebene zeitweise sogar darüber diskutiert, die Anrechnung solcher Effekte gänzlich zu verbieten. CEBS hat parallel an Regelungen gearbeitet, die einen Rahmen für die Berücksichtigung von Diversifikationseffekten abstecken sollten. Über ein Entwurfsstadium sind diese Arbeiten allerdings bis heute nicht hinausgekommen.[330] Später folgte die Veröffentlichung eines »Positionspapiers«, das in der Tendenz den Charakter einer stark verkürzten »Range of Practice« hat. Damit brachte CEBS seine Erwartung zum Ausdruck, dass sich die nationalen Aufsichtsbehörden künftig deutlich intensiver mit der Thematik befassen.[331]

265   Zum Zwecke des SREP nach Art. 98 Abs. 1 lit. f CRD IV sowie zur Bestimmung der zusätzlichen Eigenmittelanforderungen sollten die zuständigen Behörden die Diversifikationseffekte aufgrund der geografischen, der sektoralen oder anderer maßgeblicher Treiber in jeder wichtigen Risikokategorie betrachten (Intra-Risikodiversifikationen). Für alle in der ersten Säule erfassten Kapitalrisiken dürfen die nach Art. 92 CRR berechneten Mindesteigenmittelanforderungen durch diese Diversifikationseffekte nicht verringert werden. Zudem sollten die Diversifikationseffekte zwischen Risiken verschiedener Kategorien (Inter-Risikodiversifikationen) – sowohl in der ersten als auch in der zweiten Säule – bei der Bestimmung der zusätzlichen Eigenmittelanforderungen nicht berücksichtigt werden.[332]

266   Die EZB hat bereits mehrfach darauf hingewiesen, dass sich die bedeutenden Institute auch für die Zwecke des ICAAP mit der Berücksichtigung von Inter-Risikodiversifikationen zurückhaltend verhalten sollen. Sofern sie davon trotzdem Gebrauch machen möchten, müssen sie eine vollständige Transparenz gewährleisten und neben den Nettowerten zumindest auch die Bruttowerte ohne Diversifikationseffekte ausweisen. Die bedeutenden Institute sollten sicherstellen, dass die Risiken auch unter Stressbedingungen, wenn Diversifikationseffekte möglicherweise nicht mehr bestehen oder Risiken sich in einem extremen Szenario sogar gegenseitig verstärken, in angemessener Weise durch Kapital unterlegt sind. Daraus folgt, dass die bedeutenden Institute über ausreichend Kapital verfügen müssen, um die Risiken auch ohne Berücksichtigung von Inter-Risikodiversifikationseffekten abdecken zu können. Die Intra-, Inter- und Intragruppen-Risikodiversifikationen sind darüber hinaus in den Stresstests zu berücksichtigen.[333]

267   In Deutschland waren es vor allem Erfahrungen aus der Prüfungspraxis, die die Aufsicht dazu veranlasste, regulatorische Initiativen zu ergreifen.[334] So haben sich die von den Instituten berücksichtigten risikomindernden Diversifikationseffekte zwischen den Risikoarten in der Vergangenheit beim tatsächlichen Eintritt des Risikofalls oftmals als nicht belastbar herausgestellt.[335] In den MaRisk wird ein Rahmen vorgegeben, an dem sich die Institute bei der Berücksichtigung von

---

330 Committee of European Banking Supervisors, Consultation paper on technical aspects of diversification under Pillar 2 (CP 20), 27. Juni 2008.

331 »Supervisors remain cautious about relying on methodologies developed by institutions for solvency and capital adequacy assessment purposes (including assessing and recognising diversification benefits). This is due to the inherent difficulty in capturing the ›real-life‹ loss distributions that give the correct probabilities of tail events.« Committee of European Banking Supervisors, CEBS's position paper on the recognition of diversification benefits under Pillar 2, 2. September 2010, S. 1.

332 Vgl. European Banking Authority, Opinion of the European Banking Authority on the interaction of Pillar 1, Pillar 2 and combined buffer requirements and restrictions on distributions, EBA/Op/2015/24, 16. Dezember 2015, S. 9; European Banking Authority, Guidelines on common procedures and methodologies for the supervisory review and evaluation process (SREP) and supervisory stress testing, EBA/GL/2014/13, Consolidated version, 19. Juli 2018, S. 134.

333 Vgl. Europäische Zentralbank, Leitfaden der EZB für den bankinternen Prozess zur Sicherstellung einer angemessenen Kapitalausstattung (Internal Capital Adequacy Assessment Process – ICAAP), 9. November 2018, S. 37 f.

334 Vgl. Bundesanstalt für Finanzdienstleistungsaufsicht, Übermittlungsschreiben zum ersten Entwurf zur Überarbeitung der MaRisk vom 9. Juli 2010, S. 2 f.

335 Vgl. Deutsche Bundesbank, Bankinterne Methoden zur Ermittlung und Sicherstellung der Risikotragfähigkeit und ihre bankaufsichtliche Bedeutung, in: Monatsbericht, März 2013, S. 41.

Diversifikationseffekten zu orientieren haben. Demnach gestatten die deutschen Aufsichtsbehörden grundsätzlich eine risikomindernde Berücksichtigung von Diversifikationseffekten innerhalb oder zwischen den Risikoarten für die Zwecke des ICAAP unter bestimmten Voraussetzungen. Allerdings werden an die Anerkennung von Diversifikationseffekten ebenfalls hohe Anforderungen gestellt, weil diese Effekte keineswegs zeitlich stabil sind. Insbesondere in konjunkturellen Abschwung- oder Stressphasen verhalten sich die Risiken hoch korreliert, und angenommene Diversifikationseffekte verschwinden rasch.[336] Die Berücksichtigung von Diversifikationseffekten innerhalb einer Risikoart erfordert die gleichen Voraussetzungen wie der Ansatz von Diversifikationseffekten zwischen Risikoarten. Die zugrunde liegenden Datenhistorien müssen folglich ausreichend lang sein, um Veränderungen von Diversifikationseffekten in konjunkturellen Auf- und Abschwungphasen widerzuspiegeln. Darüber hinaus müssen die Institute nachweisen können, dass die angesetzten Diversifikationseffekte auch in konjunkturellen Abschwungphasen sowie bei im Hinblick auf die Geschäfts- und Risikostruktur des Institutes ungünstigen Marktverhältnissen als ausreichend stabil angenommen werden können. Jene Institute, die Diversifikationseffekte zwischen den Risikoarten nach wie vor geltend machen wollen, scheitern häufig an ihrem empirischen Nachweis.[337] Diversifikationseffekte zwischen den Risikoarten werden auch bei den weniger bedeutenden Instituten im Rahmen der aufsichtlichen Kapitalfestsetzung nicht berücksichtigt. Außerdem müssen die Institute ebenfalls in der Lage sein, ihre wesentlichen Risiken auch ohne Diversifikationseffekte auszuweisen (Bruttobetrachtung).[338]

7.2   Stabilität der Annahmen

Stabilität beschreibt die Fähigkeit eines Systems, nach einer Störung wieder in den Ausgangszustand zurückzukehren. Damit wird ein hoher Anspruch an die Schätzung der zugrunde liegenden Korrelationsannahmen gestellt, denn diese müssen so konservativ geschätzt werden, dass sie auch in konjunkturellen Abschwungphasen sowie bei ungünstigen Marktverhältnissen als ausreichend stabil angenommen werden können. Der auf Stabilität abzielenden konservativen Betrachtungsweise kann mit Hilfe verschiedener Maßnahmen Rechnung getragen werden:

– Bei der Wahl der Datenhistorien für die Schätzung von Korrelationsannahmen ist darauf zu achten, dass konjunkturelle Abschwung- und Stressphasen angemessen abgebildet werden.
– Im Rahmen von Stresstests kann sich das Institut einen Eindruck darüber verschaffen, wie sich außergewöhnliche, aber plausibel mögliche Ereignisse auf die Korrelationsannahmen auswirken. Die Stresstests haben sich daher nach den MaRisk auch auf die veranschlagten Diversifikationseffekte innerhalb und zwischen den Risikoarten zu erstrecken (→ AT 4.3.3 Tz. 1). Auch für ungünstige Marktverhältnisse, die die Geschäfts- und Risikostruktur des Institutes berühren, kann somit die Stabilität der Annahmen demonstriert werden. Sollten die Ergebnisse der Stresstests auf Anpassungsbedarf bei den Korrelationsannahmen hindeuten, so ist dies vom Institut zu berücksichtigen.
– Eine konservative Herangehensweise wird auch dadurch unterstrichen, dass bei der Schätzung von Korrelationsannahmen ein »Sicherheitspuffer« einkalkuliert wird (»adequate margin of conservatism«). Die Höhe des Puffers richtet sich dabei vor allem nach der Robustheit der

268

---

336 Vgl. Deutsche Bundesbank, Sicherstellung der Risikotragfähigkeit bei weniger bedeutenden Instituten (LSI) – Range of Practice 2015 bis 2017, 6. Februar 2019, S. 34.
337 Vgl. Deutsche Bundesbank, Bankinterne Methoden zur Ermittlung und Sicherstellung der Risikotragfähigkeit und ihre bankaufsichtliche Bedeutung, in: Monatsbericht, März 2013, S. 41.
338 Vgl. Bundesanstalt für Finanzdienstleistungsaufsicht/Deutsche Bundesbank, Aufsichtliche Beurteilung bankinterner Risikotragfähigkeitskonzepte und deren prozessualer Einbindung in die Gesamtbanksteuerung (»ICAAP«) – Neuausrichtung, Leitfaden vom 24. Mai 2018, S. 17.

Methoden und Verfahren. Bei komplexen Modellen, verhältnismäßig kurzen Datenhistorien oder auch bei der Inanspruchnahme von Leistungen Dritter sollte der Puffer entsprechend höher veranschlagt werden.[339]

269 Insofern kann davon ausgegangen werden, dass die Ableitung von Diversifikationseffekten innerhalb der Adressenausfallrisiken grundsätzlich von einem »Through-the-Cycle-Ansatz« ausgehen kann, sofern in der Datenhistorie ein kompletter Konjunkturzyklus abgebildet ist und die Ermittlung hinreichend konservativ erfolgt, damit die Effekte auch in für das Institut ungünstigen Marktphasen Bestand haben. Die im Falle sehr starker Konjunktureinbrüche (Krisen) eintretenden Korrelationen können in geeigneter Weise über Stresstests berücksichtigt werden. Andernfalls müssten in den Kreditrisikomodellen im Extremfall dauerhaft die für ein Institut ungünstigsten Marktverhältnisse betrachtet werden, was weder dem tatsächlichen Risiko entspräche noch eine Relevanz für die Steuerung hätte. Schließlich trägt auch die zugrunde liegende Datenhistorie dazu bei, die Stabilität der veranschlagten Diversifikationseffekte begründen zu können.

7.3 Datenhistorien

270 Die BaFin fordert explizit das Vorhandensein einer Datenhistorie, auf deren Basis die Diversifikationseffekte zu ermitteln sind. Diversifikationseffekte, die ausschließlich auf Expertenschätzungen beruhen, werden daher von der Aufsicht nicht akzeptiert. Die Übernahme externer Korrelationsschätzungen, ohne weitere Überprüfung und Anpassungen, sieht die Aufsicht ebenfalls kritisch. An die Datenhistorien werden im Weiteren noch besondere Anforderungen gestellt. Sie müssen ausreichend lang sein, damit sie Veränderungen der Effekte in konjunkturellen Auf- und Abschwungphasen widerspiegeln. Bezüglich der Länge eines Konjunkturzyklus kann man unterschiedliche Auffassungen vertreten. Es ist nicht zu erwarten, dass sich die BaFin hierzu konkret äußern wird.

271 Interne Datenreihen enthalten auf natürliche Weise die historischen Portfolioveränderungen, die im Zeitablauf durchaus gravierend sein können. Für die korrekte Abbildung von Diversifikationseffekten, die der aktuellen Portfoliostruktur entsprechen, müssten diese Veränderungen im Grunde eliminiert werden. Das ist nicht ohne Weiteres möglich und würde zudem die Datenbasis reduzieren. Insofern könnten auf die individuelle Situation zugeschnittene externe Daten, also eine zur aktuellen Portfoliostruktur passende Datenhistorie, in bestimmten Fällen ggf. besser geeignet sein, wenn es um eine Widerspiegelung der aktuellen institutsindividuellen Verhältnisse geht. Da interne und externe Daten unterschiedliche Vor- und Nachteile haben (z. B. hinsichtlich ihrer Verfügbarkeit, Aktualität, Überprüfbarkeit oder Übertragbarkeit auf die individuelle Situation), ist nicht auszuschließen, dass sich in der Praxis bestimmte Mischformen herauskristallisieren werden.

272 Problematisch sind reine Durchschnittsbetrachtungen, da diese signifikante Schwankungen aus der Vergangenheit quasi nivellieren. Die Ableitung von Diversifikationseffekten in Form einer reinen Durchschnittsbildung über konjunkturelle Auf- und Abschwungphasen hinweg ist daher nur dann ausreichend, wenn sich die Diversifikationseffekte über den gesamten Konjunkturzyklus hinweg als »sehr stabil« erwiesen haben und keine Anhaltspunkte dafür vorliegen, dass sie in Zukunft nicht stabil bleiben werden. Ergibt die Analyse der Datenhistorie, dass diese Bedingungen nicht erfüllt sind, können Diversifikationseffekte höchstens in dem Ausmaß berücksichtigt werden, wie sie auch in für das Institut sehr ungünstigen Marktphasen Bestand haben (→ AT 4.1 Tz. 6, Erläuterung). Der

---

339 Vgl. Committee of European Banking Supervisors, Consultation paper on technical aspects of diversification under Pillar 2 (CP 20), 27. Juni 2008, S. 9.

gesamte Prüfungsprozess vor einer möglichen risikomindernden Anrechnung von Diversifikationseffekten ist in Abbildung 27 dargestellt.

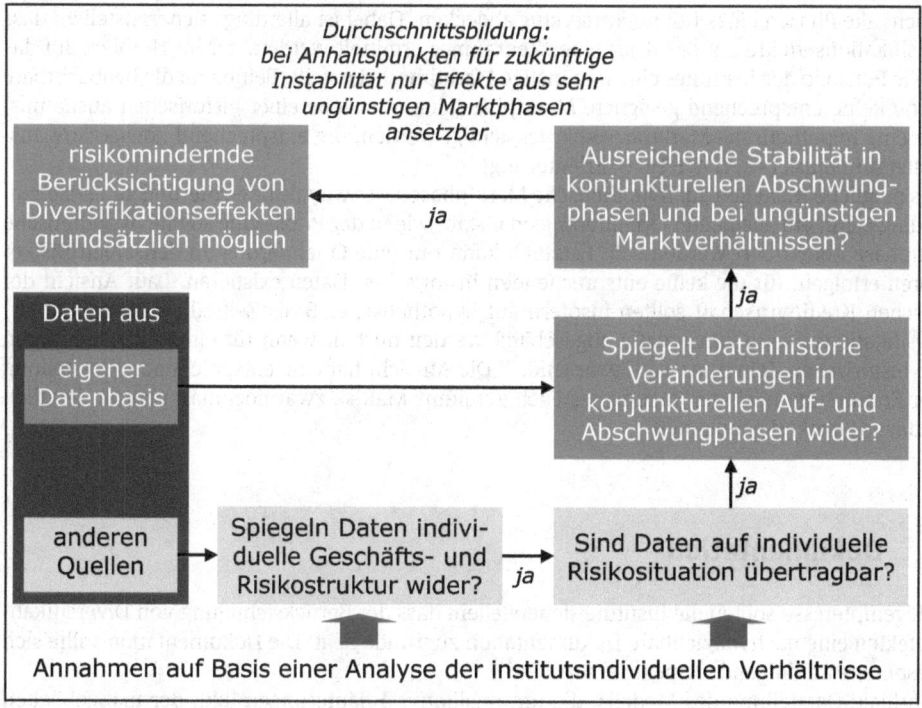

Abb. 27: Berücksichtigung von Diversifikationseffekten

Die Deutsche Kreditwirtschaft hatte befürchtet, dass mit dieser Anforderung die sehr strengen 273
Voraussetzungen an die Verwendung interner Marktrisikomodelle für die Zwecke der ersten Säule
von Basel III (so genannter »Stressed VaR«) auf die zweite Säule übertragen werden und damit
insbesondere kleinere Institute erheblichen Zusatzbelastungen ausgesetzt werden, die im Hinblick
auf die eingegangenen Marktpreisrisiken nicht verhältnismäßig sind.[340] Der Aufsicht geht es laut
Auskunft im MaRisk-Fachgremium aber insbesondere darum, dass keine Diversifikationseffekte
angesetzt werden, deren zukünftige Wirksamkeit bereits zum Zeitpunkt ihrer Berücksichtigung als
fraglich eingeschätzt wird. Auf welche Weise dies sichergestellt wird, bleibt den Instituten überlassen.

7.4 »Intra-Risikodiversifikation« bei Marktpreisrisiken

Im Hinblick auf die Ermittlung von Diversifikationseffekten innerhalb von Marktpreisrisiken hat 274
die BaFin Erleichterungen eingeräumt. Ein angemessener Betrachtungshorizont lässt sich bei
Marktpreisrisiken aufgrund ihrer Eigenart i. d. R. schon über kürzere Zeitreihen darstellen. Außer-

---

340 Vgl. Deutsche Kreditwirtschaft, Stellungnahme zum Konsultationspapier 01/2012 der Bundesanstalt für Finanzdienstleistungsaufsicht (BaFin) – »Überarbeitung der MaRisk« (Zwischenentwurf vom 2. August 2012), 12. September 2012,
S. 3 f.

dem existieren bezüglich der Anerkennung bankinterner Modelle mit § 365 CRR bereits einschlägige bankaufsichtliche Regelungen, die kürzere Zeitreihen explizit vorsehen. Die Festlegung von Diversifikationsannahmen innerhalb der Marktpreisrisiken kann daher auf Zeitreihen beruhen, die nicht alle Phasen eines Konjunkturzyklus abdecken. Dabei ist allerdings sicherzustellen, dass Diversifikationseffekte auf der Basis eines Zeitraumes ermittelt werden, der im Hinblick auf das aktuelle Portfolio des Institutes eine ungünstige Marktphase darstellt. Beinhaltet die beobachtbare Historie keine entsprechend geeignete Marktphase, kann anstelle einer historischen ausnahmsweise eine hypothetische Marktphase berücksichtigt werden, die entsprechend konservativ ausgestaltet sein muss (→ AT 4.1 Tz. 6, Erläuterung).

275   Das mögliche Abstellen auf hypothetische Marktphasen ist zwar als Erleichterung zu verstehen. Allerdings fehlt ein geeigneter Orientierungsmaßstab, wie in der Praxis eine solche hypothetische Marktphase konstruiert werden soll. Letztlich kann nur eine Orientierung an denselben Risikofaktoren erfolgen, für die keine entsprechenden historischen Daten existieren. Laut Ansicht der Deutschen Kreditwirtschaft sollten insofern auf hypothetischer Basis Zeitreihen generiert bzw. Diversifikationseffekte konservativ abgeschätzt werden dürfen, wenn für einige Risikofaktoren keine historischen Zeitreihen verfügbar sind.[341] Die Aufsicht hat eine entsprechende Klarstellung dieser Erläuterung nach der Sitzung des Fachgremiums MaRisk zwar nochmals geprüft, letztlich aber davon Abstand genommen.

7.5   Dokumentation

276   Aus Eigeninteresse sollten die Institute sicherstellen, dass der Berücksichtigung von Diversifikationseffekten eine nachvollziehbare Dokumentation zugrunde liegt. Die Dokumentation sollte sich insbesondere auf folgende Aspekte erstrecken[342]:

- Formale Darstellung des Modells, die um qualitative Erläuterungen inkl. der maßgeblichen Definitionen ergänzt wird. Insbesondere sollten die Korrelationsannahmen und deren Relevanz für den Umfang der berücksichtigten Diversifikationseffekte dargestellt werden. Die Stabilität der Korrelationsannahmen sollte begründet werden.
- Informationen über die zugrunde liegenden Datenhistorien.
- Änderungen der Modelle, insbesondere bei den Korrelationsannahmen, sind darzulegen und zu begründen. Die Änderungen sollten in einer Historie erfasst werden, so dass sie auch im Nachhinein noch plausibilisiert werden können.
- Darstellung der Maßnahmen, die auf die Stabilität der Korrelationsannahmen abzielen (z.B. Höhe und Begründung des Schätzpuffers sowie Berücksichtigung der Annahmen im Rahmen von Stresstests).
- Werden Leistungen Dritter in Anspruch genommen (z.B. Datenhistorien, Korrelationsmatrizen), so sollten Produktbeschreibungen vorliegen und die Relevanz der Produkte für das eigene Modell erläutert werden.

277   Eine nachvollziehbare Dokumentation ist nicht nur für die Institute von Nutzen. Auch (kritische) Diskussionen mit Prüfern und Aufsehern sollten auf deren Basis deutlich an Effizienz und Effektivität gewinnen.

---

341 Vgl. Deutsche Kreditwirtschaft, Stellungnahme zum Konsultationspapier 01/2012 der Bundesanstalt für Finanzdienstleistungsaufsicht (BaFin) – »Überarbeitung der MaRisk«, 5. Juni 2012, S. 4.

342 Vgl. Committee of European Banking Supervisors, Consultation paper on technical aspects of diversification under Pillar 2 (CP 20), 27. Juni 2008, Tz. 4f.

7.6 Anrechnung von Diversifikationseffekten bei deutschen Instituten

In den Jahren 2009 und 2010 führte die Deutsche Bundesbank Umfragen bei insgesamt 150 **278** deutschen Instituten durch, um einen tieferen Einblick in die institutsinternen Risikotragfähig-keitskonzepte zu gewinnen. Der auf Basis dieser Umfrage erstellte Bericht der Deutschen Bundes-bank befasst sich auch mit dem Themenkomplex Diversifikation. Demnach ging die Mehrzahl der in der Stichprobe berücksichtigten (kleineren) deutschen Institute bei »Inter-Risikodiversifikatio-nen« von einer perfekt positiven Korrelation bzw. von einem Korrelationskoeffizienten in Höhe von 1 aus.[343] Der daran geknüpfte Verzicht auf die Anrechnung kapitalsparender Diversifikations-effekte wird als Ausdruck einer konservativen Risikoabschätzung bewertet, wie auch die Aus-wertungen früherer Umfragen der Deutschen Bundesbank nahelegen.[344]

Eine ganze Reihe von Instituten (19 Institute) hatte Diversifikationseffekte jedoch geltend **279** gemacht. Im Hinblick auf die Reduzierung der Gesamtrisikoposition ergab sich bei diesen Instituten eine Spannweite zwischen 5 Prozent und 35 Prozent. Im Durchschnitt, d.h. über alle 19 Institute hinweg, lag die Reduktion bei 20 Prozent. Somit führte die Berücksichtigung von Diversifikationseffekten zwischen verschiedenen Risikoarten bei einigen Instituten zu einer erheblichen Kapitalersparnis. Aufgrund der absoluten Höhe von Adressenausfallrisiken und Marktpreisrisiken wurden Diversifikationseffekte vor allem zwischen diesen beiden Risikoarten geltend gemacht. Bedeutsam waren aber auch Effekte zwischen operationellen Risiken und anderen Risikoarten. Von geringerer Relevanz waren hingegen Effekte zwischen Marktpreisrisi-ken und Beteiligungsrisiken, wobei die Deutsche Bundesbank vor dem Hintergrund der vergleich-baren Struktur dieser Risikoarten ihre Verwunderung darüber zum Ausdruck brachte, dass zum Teil sehr niedrige Korrelationen zwischen den genannten Risikoarten angenommen wurden.[345]

Für die Zwecke der Aggregation einzelner Risikoarten wird von den meisten Instituten eine **280** »korrelierte Addition« praktiziert. Die Institute schätzen eine Korrelationsmatrix und multiplizieren die einzelnen Risikoarten mit dieser Matrix. Die Korrelationsmatrizen werden i.d.R. auf der Basis von Expertenschätzungen oder Benchmarkanalysen abgeleitet. Eine besonders anspruchsvolle Schätzung der Diversifikationseffekte basiert auf so genannten »Copula-Funktionen«. Copula-Funk-tionen beschreiben die funktionale Abhängigkeit zwischen verschiedenen Zufallsvariablen bzw. ihren (Rand-)Verteilungsfunktionen und ihrer gemeinsamen Wahrscheinlichkeitsverteilung.[346] Der Vorteil der Copula-Funktionen liegt darin, dass die Art der Verteilungsfunktion der betrachteten Risikoarten keine Rolle spielt und zwischen ihnen kein lineares Abhängigkeitsverhältnis bestehen muss.[347] Nachteilig wirkt sich aus, dass auch hier die Korrelationen zwischen den Risikoarten auf geeignete Weise geschätzt werden müssen. Copulas werden nach den Erkenntnissen der Deutschen Bundesbank allerdings nur von wenigen Instituten tatsächlich eingesetzt.[348] Dies deckt sich weit-

---

343 Vgl. Deutsche Bundesbank, »Range of Practice« zur Sicherstellung der Risikotragfähigkeit bei deutschen Kreditinstituten, 11. November 2010, S. 23 ff.

344 Vgl. Deutsche Bundesbank, Zum aktuellen Stand der bankinternen Risikosteuerung und der Bewertung der Kapitaladä-quanz im Rahmen des aufsichtlichen Überprüfungsprozesses, in: Monatsbericht, Dezember 2007, S. 65.

345 Vgl. Deutsche Bundesbank, »Range of Practice« zur Sicherstellung der Risikotragfähigkeit bei deutschen Kreditinstituten, 11. November 2010, S. 24.

346 Zur Vertiefung dieser Thematik wird insbesondere Wehn, Carsten S./von Zanthier, Ulrich, Risikosteuerung im Rahmen der ökonomischen Kapitalsteuerung, in: Bartetzky, Peter, Praxis der Gesamtbanksteuerung: Methoden – Lösungen – Anforderungen der Aufsicht, Stuttgart, 2012, S. 169 ff., empfohlen.

347 Vgl. Beck, Andreas/Lesko, Michael/Wimmer, Konrad, Copulas im Risikomanagement, in: Zeitschrift für das gesamte Kreditwesen, Heft 14/2006, S. 29 ff.

348 Vgl. Deutsche Bundesbank, »Range of Practice« zur Sicherstellung der Risikotragfähigkeit bei deutschen Kreditinstituten, 11. November 2010, S. 24.

gehend mit den Erfahrungen von CEBS. Soweit Diversifikationseffekte geltend gemacht werden, basieren diese bei europäischen Banken in erster Linie auf Korrelationsmatrizen.[349]

281   Die Umfrage der Deutschen Bundesbank erstreckte sich zwar nicht auf die systematische Erhebung von Informationen über Diversifikationseffekte, die innerhalb von Risikoarten geltend gemacht werden (»Intra-Risikodiversifikationen«). Jedoch werden bei Marktpreisrisiken durchgehend z.B. zwischen allgemeinem und besonderem Zinsänderungsrisiko und bei Adressenausfallrisiken in Verbindung mit dem Einsatz von Kreditportfoliomodellen Diversifikationseffekte berücksichtigt. Die Deutsche Bundesbank geht davon aus, dass Diversifikationseffekte innerhalb des Marktpreisrisikos sowie in Kreditportfolios in ihren Auswirkungen weit über »Inter-Risikodiversifikationen« hinausgehen.[350]

282   In der Analyse der Deutschen Bundesbank aus 2019 zeigt sich bei LSI die Fortsetzung eines bereits in der Vergangenheit begonnenen Trends. So meldeten 2015 zwölf Institute die Berücksichtigung von Inter-Risikodiversifikationen und im Jahr 2017 sechs Institute. Der berücksichtigte Effekt lag jedoch 2015 über alle Institutsgruppen im Durchschnitt niedriger als 2017. Bei den meldenden Instituten handelt es sich überproportional häufig um Kreditbanken. Die Analyse zeigt, dass Institute mit weniger materiellen Effekten mittlerweile auf deren Anrechnung gänzlich verzichten, während Institute mit hoher Kapitalersparnis weiterhin Diversifikationseffekte risikomindernd berücksichtigen. Die Prüfungspraxis zeigt, dass insbesondere der Stabilitätsnachweis regelmäßig nicht gelingt. Unabhängig davon müssen Institute die Risikoanrechnungsbeträge auch ohne Berücksichtigung von Diversifikationseffekten melden, da Diversifikationseffekte zwischen Risikoarten bei der aufsichtlichen Kapitalfestsetzung nach § 10 Abs. 3 KWG unberücksichtigt bleiben. Diversifikationseffekte innerhalb von Risikoarten sind aus dem Risikotragfähigkeitsmeldewesen nicht ersichtlich, deswegen gibt es hierzu aus der Analyse keine neuen Erkenntnisse.[351]

283   Auch die EZB hat sich bei der Analyse der ICAAP-Praktiken der bedeutenden Institute mit der Berücksichtigung von Diversifikationseffekten beschäftigt. Bei bedeutenden Instituten ist der Ansatz von Inter-Risikodiversifikationen im ICAAP deutlich stärker verbreitet. Dies ist insbesondere der Tatsache geschuldet, dass die bedeutenden Institute in der Regel komplexere Modelle im Einsatz haben. Jedes vierte Institut in der Stichprobe der EZB setzt Inter-Risikodiversifikationen im ICAAP an. Im Durchschnitt werden die Gesamtrisiken dadurch um 12 Prozent reduziert, wobei sich die Spannweite zwischen 7 Prozent und 21 Prozent bewegt.[352] Die EZB kommt zu dem Ergebnis, dass nicht alle Institute angemessen mit den Diversifikationseffekten umgehen. Sie verbietet die Berücksichtigung der Inter-Risikodiversifikationen in den Entscheidungsprozessen nicht, es wird jedoch die Erwartungshaltung deutlich, dass genug Kapital vorhanden sein muss, um auch die Bruttorisiken abzudecken.[353]

349 Vgl. Committee of European Banking Supervisors, CEBS's position paper on the recognition of diversification benefits under Pillar 2, 2. September 2010, S. 7.

350 Vgl. Deutsche Bundesbank, »Range of Practice« zur Sicherstellung der Risikotragfähigkeit bei deutschen Kreditinstituten, 11. November 2010, S. 25.

351 Vgl. Deutsche Bundesbank, Sicherstellung der Risikotragfähigkeit bei weniger bedeutenden Instituten (LSI) – Range of Practice 2015 bis 2017, 6. Februar 2019, S. 34.

352 Vgl. European Central Bank, ECB report on banks' ICAAP practices, 11. August 2020, S. 50f.

353 Vgl. European Central Bank, ECB report on banks' ICAAP practices, 11. August 2020, S. 55.

8 Verlässlichkeit und Stabilität der Diversifikationsannahmen (Tz. 7)

7 Die Verlässlichkeit und die Stabilität der Diversifikationsannahmen sind regelmäßig und ggf. anlassbezogen zu überprüfen. 284

8.1 Überprüfung der Korrelationsannahmen

Veränderungen des ökonomischen Umfeldes oder Anpassungen der strategischen Ziele berühren regelmäßig auch die Geschäftstätigkeit der Institute, insbesondere deren Portfoliostruktur. Da sich daraus ggf. erhebliche Konsequenzen für die Korrelationsannahmen ergeben können, ist deren Verlässlichkeit und Stabilität einer regelmäßigen Überprüfung zu unterziehen. Auf das Erfordernis einer intensiven Überprüfung hat auch CEBS hingewiesen.[354] Zum Überprüfungsturnus macht die BaFin keine konkreten Vorgaben. Dies ist auch nicht von entscheidender Bedeutung, solange sichergestellt ist, dass entsprechende Prüfungen anlassbezogen durchgeführt werden. Vor dem Hintergrund der geforderten Ad-hoc-Überprüfung steht das Institut in der Pflicht, sich schon im Vorfeld Gedanken über (potenzielle) Ereignisse zu machen, die Auswirkungen auf die Verlässlichkeit und Stabilität der Annahmen haben können. Selbstverständlich erstreckt sich die Prüfung auch auf die Leistungen (z.B. Datenhistorien, Modellparameter), die von Dritten im Rahmen so genannter »Vendor Models« oder »Pool-Lösungen« in Anspruch genommen werden (→ AT 4.1 Tz. 6). Auch in dieser Hinsicht korrespondieren die Vorgaben der MaRisk mit Anforderungen, die der Baseler Ausschuss für Bankenaufsicht – allerdings im Hinblick auf die Nutzung von IRB-Verfahren – an die Institute gestellt hat.[355] 285

---

354 »Inter-risk diversification benefits ... could only be accepted in cases where an in-depth supervisory check has shown that ... there has been a rigorous independent internal assessment and throughout review of the models ... by the institution.« Committee of European Banking Supervisors, CEBS's position paper on the recognition of diversification benefits under Pillar 2, 2. September 2010, S. 19.

355 Vgl. Basel Committee on Banking Supervision, Use of Vendor Products in the Basel II IRB Framework, Newsletter No. 8, 30. März 2006, S. 3 ff.

9 Festlegung der Methoden und Verfahren (Tz. 8)

286 **8** Die Wahl der Methoden und Verfahren zur Beurteilung der Risikotragfähigkeit liegt in der Verantwortung des Institutes. Die den Methoden und Verfahren zugrunde liegenden Annahmen sind nachvollziehbar zu begründen. Die Festlegung wesentlicher Elemente der Risikotragfähigkeitssteuerung sowie wesentlicher zugrunde liegender Annahmen ist von der Geschäftsleitung zu genehmigen.

9.1 Methodenfreiheit

287 Wenngleich die Institute den Anforderungen hinsichtlich der Angemessenheit und Wirksamkeit der Risikotragfähigkeitskonzepte grundsätzlich durch unterschiedlich ausgestaltete interne Verfahren entsprechen können, findet die Methodenfreiheit dort ihre Grenze, wo die internen Verfahren das aufsichtsrechtlich vorgegebene Ziel »Sicherstellung der Risikotragfähigkeit« unter Beachtung der gesetzlichen Vorgaben des § 25a Abs. 1 Satz 3 Nr. 2 KWG nicht hinreichend zu gewährleisten in der Lage sind.[356] Um die Risikotragfähigkeit sicherzustellen, sind die den Methoden und Verfahren zugrunde liegenden Annahmen nachvollziehbar zu begründen und mit den übrigen Elementen der Risikotragfähigkeitssteuerung – im Falle ihrer Wesentlichkeit – vor endgültiger Festlegung von der Geschäftsleitung zu genehmigen. Außerdem ist die Angemessenheit der Methoden und Verfahren zumindest jährlich durch die fachlich zuständigen Mitarbeiter zu überprüfen, wobei den Grenzen und Beschränkungen hinreichend Rechnung zu tragen ist. Die zentrale Bedeutung des Risikotragfähigkeitskonzeptes für das institutsinterne Risikomanagement äußert sich nicht zuletzt darin, dass die Aufsicht bereits im Dezember 2011 ihren ergänzenden RTF-Leitfaden veröffentlicht hatte, der zwischen Ende 2016 und Anfang 2018 stark überarbeitet wurde und die in diesem Modul niedergelegten Vorgaben in vielerlei Hinsicht weiter konkretisiert.

288 Die deutschen Aufsichtsbehörden erwarten in erster Linie, dass die Risikoquantifizierung und die Ermittlung des Risikodeckungspotenzials in konsistenter Weise erfolgen und die der jeweiligen Modellierung zugrunde liegenden Annahmen transparent gemacht werden. Folglich müssen bei einer barwertigen Ableitung des Risikodeckungspotenzials auch die Risiken barwertig gemessen werden. Sofern bei der Ableitung des Risikodeckungspotenzials jedoch auf Vereinfachungen zurückgegriffen wird, kann bei der Risikoquantifizierung analog vorgegangen werden. Die Aufsicht bezeichnet diese Vorgehensweise als »barwertnahe« Risikoermittlung.[357] Die barwertige und die barwertnahe Risikotragfähigkeit gelten als gleichwertige Konzepte, sofern sie angemessen ausgestaltet sind. Unter Proportionalitätsgesichtspunkten gestattet die deutsche Aufsicht »sehr kleinen und zugleich wenig komplexen Instituten«, zur Annäherung an die ökonomische Perspektive auch einen Ansatz zu verwenden, bei dem zu den Risikowerten der ersten Säule für dort nicht oder nicht hinreichend berücksichtigte wesentliche Risikoarten nur vereinfacht quantifizierte Risikowerte oder Risikobeträge auf Basis einer Plausibilisierung addiert werden (→ AT 4.1 Tz. 5). Für diese Zwecke kann z.B. an die Auswirkungen einer

---

356 Vgl. Bundesanstalt für Finanzdienstleistungsaufsicht/Deutsche Bundesbank, Aufsichtliche Beurteilung bankinterner Risikotragfähigkeitskonzepte und deren prozessualer Einbindung in die Gesamtbanksteuerung (»ICAAP«) – Neuausrichtung, Leitfaden vom 24. Mai 2018, S. 4.

357 Institut der Wirtschaftsprüfer, IDW Stellungnahme zur Rechnungslegung: Einzelfragen der verlustfreien Bewertung von zinsbezogenen Geschäften des Bankbuchs (IDW RS BFA 3), 16. Oktober 2017.

plötzlichen und unerwarteten Zinsänderung (»Zinsschock«) gemäß dem zugrunde liegenden BaFin-Rundschreiben[358] angeknüpft werden (siehe Abbildung 28).[359] Dieser so genannte »Säule-1-Plus-Risikotragfähigkeitsansatz« ist allerdings nicht identisch mit dem »Säule-1-Plus-Ansatz« der EBA (→ AT 4.1 Tz. 1).[360] Die deutsche Aufsicht hat lediglich den Grundgedanken der EBA aufgegriffen, um ein vereinfachtes Konzept zur Ermittlung der Risikotragfähigkeit anzubieten und gleichzeitig die Risiken nicht zu unterzeichnen.

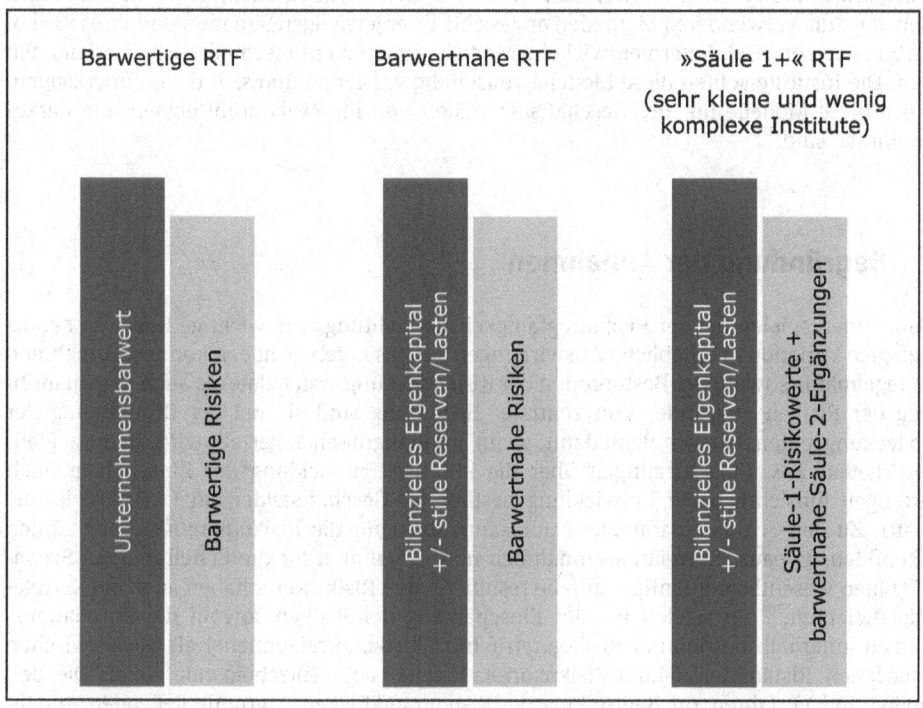

Abb. 28: Umsetzungsmöglichkeiten der Kapital- und Risikoermittlung in der ökonomischen Perspektive

Auch die EZB überlässt es grundsätzlich den bedeutenden Instituten, in eigener Verantwortung angemessene Verfahren und Methoden zur Risikoquantifizierung in der ökonomischen Perspektive und zur Erstellung von Projektionen für die Zwecke der Kapitalplanung in der normativen Perspektive zu implementieren. So steht es den Instituten insgesamt frei, zur Quantifizierung bestehender oder potenzieller Risiken (angepasste) Methoden der ersten Säule (z. B. zur Berücksichtigung von Konzentrationsrisiken), mathematisch-statistische Verfahren zur Ermittlung des internen Kapitalbedarfes, Stresstestergebnisse oder andere Methoden (z. B. multiple Szenarien) zu verwenden. Allerdings wird erwartet, dass die angewandten Verfahren und

289

---

358 Vgl. Bundesanstalt für Finanzdienstleistungsaufsicht, Zinsänderungsrisiken im Anlagebuch, Rundschreiben 07/2018 (BA) vom 24. Mai 2018, S. 3.

359 Vgl. Bundesanstalt für Finanzdienstleistungsaufsicht/Deutsche Bundesbank, Aufsichtliche Beurteilung bankinterner Risikotragfähigkeitskonzepte und deren prozessualer Einbindung in die Gesamtbanksteuerung (»ICAAP«) – Neuausrichtung, Leitfaden vom 24. Mai 2018, S. 15.

360 Vgl. European Banking Authority, Guidelines on common procedures and methodologies for the supervisory review and evaluation process (SREP) and supervisory stress testing, EBA/GL/2014/13, Consolidated version, 19. Juli 2018, S. 133.

AT 4.1 Risikotragfähigkeit

Methoden hinreichend konservativ ausgestaltet sind und sowohl miteinander als auch mit der jeweiligen Perspektive und der Kapitaldefinition im Einklang stehen. Außerdem sollten größere oder komplexere Institute sowie Institute mit komplexeren Risiken anspruchsvollere Risikoquantifizierungsmethoden verwenden, um die Risiken angemessen zu erfassen.[361]

290 Die EZB warnt zudem davor, Risikoquantifizierungsmethoden zu implementieren, die nicht vollständig verstanden werden und deshalb für das interne Risikomanagement und die interne Entscheidungsfindung nicht verwendbar sind. Die bedeutenden Institute sollten darlegen können, dass die verwendeten Methoden angesichts ihrer jeweiligen Situation und ihres Risikoprofils angemessen sind. Extern entwickelte Modelle sollten nicht mechanistisch übernommen werden. Die Institute sollten diese Modelle vollständig verstehen und sich davon überzeugen, dass sich diese Modelle für ihre Geschäftsaktivitäten und ihr Risikoprofil eignen und darauf zugeschnitten sind.[362]

9.2 Begründung der Annahmen

291 Die Annahmen spielen bei der Risikotragfähigkeitsbetrachtung eine wichtige Rolle, da bereits geringfügige Variationen erhebliche Auswirkungen auf das Ergebnis haben können. Annahmen liegen regelmäßig sowohl der Bestimmung der Risikodeckungspotenziale als auch der Quantifizierung der Risiken zugrunde. Von zentraler Bedeutung sind sie bei der Bestimmung der Risikodeckungspotenziale vor allem dann, wenn auf Plangrößen abgestellt wird. In diese Plangrößen fließen z. B. Einschätzungen über die künftige Entwicklung der Zinsen oder auch Erwartungen hinsichtlich der Entwicklung bestimmter Geschäftsfelder ein (z. B. Provisionsgeschäft). Zu den Schlüsselparametern und -annahmen für die Risikoquantifizierung zählen u. a. Konfidenzniveaus, Korrelationsannahmen und Annahmen für die Erstellung von Szenarien.[363] Einen wesentlichen Einfluss auf die resultierenden Risikowerte haben auch die Korrelationskoeffizienten.[364] So spielen bei der Einschätzung der Risiken sowohl die Korrelationsannahmen innerhalb bestimmter Risikoarten (»Intra-Risikokorrelationen«) als auch zwischen verschiedenen Risikoarten (»Inter-Risikokorrelationen«) eine entscheidende Rolle. Die den Methoden und Verfahren zur Beurteilung der Risikotragfähigkeit zugrunde liegenden Annahmen sind daher im Eigeninteresse des Institutes nachvollziehbar zu begründen. Die wichtigsten Parameter und Annahmen sollten im Übrigen in der gesamten Gruppe über alle Risikoarten hinweg konsistent sein.[365]

---

361 Vgl. Europäische Zentralbank, Leitfaden der EZB für den bankinternen Prozess zur Sicherstellung einer angemessenen Kapitalausstattung (Internal Capital Adequacy Assessment Process – ICAAP), 9. November 2018, S. 36f.

362 Vgl. Europäische Zentralbank, Leitfaden der EZB für den bankinternen Prozess zur Sicherstellung einer angemessenen Kapitalausstattung (Internal Capital Adequacy Assessment Process – ICAAP), 9. November 2018, S. 37.

363 Vgl. Europäische Zentralbank, Leitfaden der EZB für den bankinternen Prozess zur Sicherstellung einer angemessenen Kapitalausstattung (Internal Capital Adequacy Assessment Process – ICAAP), 9. November 2018, S. 35.

364 Vgl. Bundesanstalt für Finanzdienstleistungsaufsicht/Deutsche Bundesbank, Aufsichtliche Beurteilung bankinterner Risikotragfähigkeitskonzepte und deren prozessualer Einbindung in die Gesamtbanksteuerung (»ICAAP«) - Neuausrichtung, Leitfaden vom 24. Mai 2018, S. 30.

365 Vgl. Europäische Zentralbank, Leitfaden der EZB für den bankinternen Prozess zur Sicherstellung einer angemessenen Kapitalausstattung (Internal Capital Adequacy Assessment Process – ICAAP), 9. November 2018, S. 34.

9.3 Einbeziehung der Geschäftsleitung

Bis zur vierten MaRisk-Novelle mussten rein formal betrachtet nur die Diversifikationsannahmen **292** von der Geschäftsleitung genehmigt werden. Selbst in dieser Hinsicht gingen die MaRisk noch über die damaligen Vorgaben von CEBS hinaus, die – bezogen auf Diversifikationseffekte – kein explizites Genehmigungserfordernis durch die Geschäftsleitung vorsahen.[366] Diese Situation hat sich in den letzten Jahren deutlich geändert. Durch den ICAAP soll die Angemessenheit der Kapitalausstattung eines Institutes kontinuierlich gewährleistet sein. Er soll den Führungsebenen eines Institutes Steuerungssignale für die operative Geschäftstätigkeit liefern und ist insofern für das Management der Risiken und der angemessenen Kapitalallokation von erheblicher Bedeutung. Deshalb liegt die Ausgestaltung des ICAAP, inklusive der Festlegung wesentlicher Elemente der Risikotragfähigkeitssteuerung sowie wesentlicher zugrunde liegender Annahmen, in der originären Verantwortung der Geschäftsleitung.[367]

Das setzt voraus, dass die Geschäftsleitung über alle wesentlichen Aspekte regelmäßig unter- **293** richtet wird. Unter anderem sollte sie über jene Vorkehrungen informiert werden, die auf die Stabilität und Verlässlichkeit der Annahmen und damit verbundene potenzielle Gefahren abzielen. Darüber hinaus sollten der Geschäftsleitung die Auswirkungen der Annahmen und der verwendeten Methoden für das eigene Institut veranschaulicht werden, wie z. B. die Auswirkungen eines Übergangs vom Going-Concern-Ansatz alter Prägung in die neue Welt des RTF-Leitfadens, der Anfang 2023 unvermeidlich sein wird.

Die Geschäftsleitung ist für die Sicherstellung einer soliden und wirksamen ICAAP-(Gesamt-)Ar- **294** chitektur und deren Einbindung in die Gesamtbanksteuerung des Institutes verantwortlich.[368] Angesichts der besonderen Bedeutung des ICAAP sollte er auch nach den Vorstellungen der EZB in allen Kernelementen von der Geschäftsleitung genehmigt werden. Als Voraussetzung dafür sollen die Geschäftsleitung und die zuständigen Gremien den ICAAP effektiv erörtern und hinterfragen. Zu den Kernelementen des ICAAP zählt die EZB den Governance-Rahmen mit einer klaren und transparenten Zuweisung der Verantwortlichkeiten, die dem Funktionstrennungsprinzip Rechnung trägt, die internen Regelungen zur Dokumentation, den Anwendungsbereich, den Risikoinventurprozess und die interne Risikotaxonomie, aus denen der Umfang der wesentlichen Risiken sowie die Abdeckung dieser Risiken durch Kapital hervorgeht, die Risikoquantifizierungsmethoden, einschließlich wesentlicher Annahmen und Parameter für die Risikomessung (z. B. Zeithorizont, Diversifikationsannahmen und Konfidenzniveaus), die sich auf zuverlässige Daten und solide Datenaggregationssysteme stützen, den zur Sicherstellung der angemessenen Kapitalausstattung gewählten Ansatz (einschließlich des Stresstestprogramms und einer präzisen Definition einer angemessenen Kapitalausstattung) und einen klaren Ansatz für die regelmäßige interne Überprüfung und Validierung des ICAAP.[369]

---

366 Allerdings war die Geschäftsleitung für den ICAAP verantwortlich und damit – zumindest mittelbar – auch für die Diversifikationsannahmen. Vgl. Committee of European Banking Supervisors, Consultation paper on technical aspects of diversification under Pillar 2 (CP 20), 27. Juni 2008, Tz. 15 f.

367 Vgl. Bundesanstalt für Finanzdienstleistungsaufsicht/Deutsche Bundesbank, Aufsichtliche Beurteilung bankinterner Risikotragfähigkeitskonzepte und deren prozessualer Einbindung in die Gesamtbanksteuerung (»ICAAP«) – Neuausrichtung, Leitfaden vom 24. Mai 2018, S. 6 f.

368 Vgl. Europäische Zentralbank, Leitfaden der EZB für den bankinternen Prozess zur Sicherstellung einer angemessenen Kapitalausstattung (Internal Capital Adequacy Assessment Process – ICAAP), 9. November 2018, S. 10.

369 Vgl. Europäische Zentralbank, Leitfaden der EZB für den bankinternen Prozess zur Sicherstellung einer angemessenen Kapitalausstattung (Internal Capital Adequacy Assessment Process – ICAAP), 9. November 2018, S. 6 f.

9.4 Erklärung zur Angemessenheit des Kapitals

295 Mit der Erklärung zur Angemessenheit der Kapitalausstattung (»Capital Adequacy Statement«, CAS) soll die Geschäftsleitung der bedeutenden Institute ihre Einschätzung zur Angemessenheit der Kapitalausstattung darlegen und näher erläutern, warum die Kapitalausstattung aus ihrer Sicht angemessen ist. Damit soll gegenüber der EZB der Nachweis erbracht werden, dass die Geschäftsleitung über ein gutes Verständnis von der Angemessenheit der Kapitalausstattung, den wichtigsten Eingangsdaten, Bestimmungsfaktoren, Ergebnissen und Schwachstellen des ICAAP, den zugrunde liegenden Parametern und Prozessen sowie der Konsistenz zwischen ICAAP und strategischer Planung verfügt.[370] Diese Erklärung ist von allen Mitgliedern der Geschäftsleitung zu unterschreiben. Damit wird die Gesamtverantwortung der Geschäftsleitung für den ICAAP deutlich zum Ausdruck gebracht.

---

370 Vgl. Europäische Zentralbank, Leitfaden der EZB für den bankinternen Prozess zur Sicherstellung einer angemessenen Kapitalausstattung (Internal Capital Adequacy Assessment Process – ICAAP), 9. November 2018, S. 8.

10 Überprüfung der Methoden und Verfahren (Tz. 9)

9 Die Angemessenheit der Methoden und Verfahren ist zumindest jährlich durch die **296** fachlich zuständigen Mitarbeiter zu überprüfen. Im Rahmen dieser Überprüfung ist den Grenzen und Beschränkungen, die sich aus den eingesetzten Methoden und Verfahren, den ihnen zugrunde liegenden Annahmen und den in die Risikoquantifizierung einfließenden Daten ergeben, hinreichend Rechnung zu tragen. Die Stabilität und Konsistenz der Methoden und Verfahren sowie die Aussagekraft der damit ermittelten Risiken sind insofern kritisch zu analysieren.

10.1 Überprüfung der Angemessenheit

Die Risikosteuerungs- und -controllingprozesse sowie die zur Risikoquantifizierung eingesetzten **297** Methoden und Verfahren sind regelmäßig sowie bei sich ändernden Bedingungen auf ihre Angemessenheit zu überprüfen und ggf. anzupassen. Dies betrifft insbesondere auch die Plausibilisierung der ermittelten Ergebnisse und der zugrunde liegenden Daten (→ AT 4.3.2 Tz. 5). Konkret ist die Angemessenheit der Methoden und Verfahren zur Ermittlung der Risikotragfähigkeit von den Instituten zumindest jährlich zu überprüfen. Gegebenenfalls kann es sich auch als notwendig erweisen, diesen Turnus in Abhängigkeit vom Risikoappetit der Geschäftsleitung zu verkürzen oder eine bereits abgeschlossene Überprüfung aufgrund bestimmter Ereignisse zwischenzeitlich anlassbezogen zu wiederholen. Die Überprüfungen haben durch die fachlich zuständigen Mitarbeiter zu erfolgen. Zu diesem Zweck müssen die Institute zunächst einmal gewährleisten, dass sie jederzeit einen vollständigen und aktuellen Überblick über die Methoden und Verfahren haben, die sie zur Risikoquantifizierung verwenden (→ AT 4.1 Tz. 9, Erläuterung). Hinsichtlich der Überprüfung selbst empfiehlt sich eine Orientierung an den Vorstellungen der zuständigen Aufsichtsbehörden.

Die deutsche Aufsicht beurteilt die Angemessenheit der bankinternen Methoden und Verfahren **298** unter Beachtung des Prinzips der Wesentlichkeit grundsätzlich in Form einer Gesamtwürdigung aller Elemente der institutsinternen Risikotragfähigkeitssteuerung, wobei Art, Umfang, Komplexität und Risikogehalt der Geschäftsaktivitäten sowie Umfeld und Größe des jeweiligen Kreditinstitutes berücksichtigt werden. Sie wird sich im Rahmen des bankaufsichtlichen Überprüfungsprozesses an den Geboten der Vollständigkeit der Risikoabbildung, der Konsistenz und Wirksamkeit der Verfahren sowie am Vorsichtsprinzip orientieren. Dabei werden – auch mit Blick auf die gebotene Einheitlichkeit ihres Verwaltungshandelns – grundsätzlich jene Prinzipien und Kriterien zugrunde gelegt, die im RTF-Leitfaden festgehalten sind. Insofern können konkrete Fallgestaltungen von vornherein als inkonsistent oder nicht hinreichend konservativ eingestuft werden. Da im RTF-Leitfaden nicht alle Aspekte zu jedem denkbaren Einzelfall aufgegriffen werden können, fließen in die Beurteilung ggf. zusätzliche Gesichtspunkte ein. Insofern kann bei nachvollziehbarer und schlüssiger Begründung von diesen Prinzipien und Kriterien ausnahmsweise abgewichen werden, sofern die Besonderheiten eines Einzelfalls dies rechtfertigen.[371] Unabhängig davon spiegelt der RTF-Leitfaden natürlich nur die aktuelle Verwaltungspraxis wider.

---

371 Vgl. Bundesanstalt für Finanzdienstleistungsaufsicht/Deutsche Bundesbank, Aufsichtliche Beurteilung bankinterner Risikotragfähigkeitskonzepte und deren prozessualer Einbindung in die Gesamtbanksteuerung (»ICAAP«) – Neuausrichtung, Leitfaden vom 24. Mai 2018, S. 5 f.

AT 4.1 Risikotragfähigkeit

So muss die Aufsicht einerseits auf neue Erkenntnisse aus der Prüfungspraxis reagieren. Andererseits ist eine Weiterentwicklung hinsichtlich der definitorischen Abgrenzungen oder einzelner Beurteilungskriterien mit Blick auf die Entwicklungen im Aufsichtsrecht und in der Rechnungslegung jederzeit möglich.[372]

299 Nach den Vorstellungen der EZB sollten die bedeutenden Institute über angemessene Richtlinien und Verfahren für interne Überprüfungen verfügen. Diese Überprüfungen umfassen ein breites Spektrum von Kontrollen, Bewertungen und Berichten, mit denen sichergestellt werden soll, dass die Strategien, Prozesse und Methoden solide, umfassend, effektiv und angemessen sind.[373] Sie sollten von den drei Verteidigungslinien ihren jeweiligen Aufgaben und Zuständigkeiten entsprechend durchgeführt werden, d. h. von den Geschäftsbereichen und den unabhängigen internen Kontrollfunktionen (Risikomanagement, Compliance und Interne Revision). Dabei sollten sowohl qualitative als auch quantitative Aspekte berücksichtigt werden, beispielsweise die Verwendung der ICAAP-Ergebnisse, das Stresstest-Rahmenwerk, die Risikoerfassung, die Datenaggregationsprozesse sowie angemessene Prozesse zur Validierung der internen Methoden zur Risikoquantifizierung. Die Annahmen und Ergebnisse des ICAAP sollten einer angemessenen internen Überprüfung unterzogen werden, die z. B. die Kapitalplanung, die Szenarien und die Risikoquantifizierung abdeckt. Bei wesentlichen Änderungen, die z. B. mit dem Neu-Produkt-Prozess oder mit Veränderungen der Struktur der Gruppe oder des Finanzkonglomerates verbunden sein können, sollte eine Anpassung des ICAAP anhand eines festgelegten Verfahrens erfolgen.[374] An dieser Stelle sieht die EZB bei den bedeutenden Instituten aktuell noch größeren Handlungsbedarf, da nicht alle Institute ihre ICAAPs bei wesentlichen Änderungen proaktiv anpassen.[375]

10.2 Überprüfung der eingesetzten Methoden und Verfahren

300 Bei der Überprüfung sollten sich die Institute vor Augen führen, dass jegliche Methoden und Verfahren die Realität nicht vollständig abzubilden vermögen. Deshalb ist dem Umstand, dass die Risikowerte – sowohl auf Ebene der Einzelrisiken als auch auf aggregierter Ebene – Ungenauigkeiten aufweisen oder das Risiko unterschätzen könnten, bei der Beurteilung der Risikotragfähigkeit hinreichend Rechnung zu tragen (→ AT 4.1 Tz. 9, Erläuterung). Die Berücksichtigung in der Risikotragfähigkeit kann entweder durch entsprechende Risikoaufschläge bei den jeweiligen Risikoarten oder in Form eines Risikopuffers erfolgen. Die Deutsche Bundesbank hat noch vor wenigen Jahren festgestellt, dass sich viele kleine und mittlere Institute mit wesentlichen Modellannahmen, der Qualität der Datenbasis und den Modellergebnissen nicht hinreichend kritisch auseinandersetzen und folglich auch nicht der Grenzen komplexer Verfahren bewusst sind.[376]

301 Zwar kann auf eine weitergehende Analyse verzichtet werden, sofern bei vergleichsweise einfachen und transparenten Verfahren die damit ermittelten Risikowerte im Hinblick auf die Grenzen und Beschränkungen der Verfahren erkennbar hinreichend konservativ sind (→ AT 4.1 Tz. 9, Erläuterung). Sind die Methoden und Verfahren, die ihnen zugrunde liegenden Annahmen, Parameter oder die einfließenden Daten hingegen vergleichsweise komplex, so ist eine entspre-

---

372 Vgl. Volk, Tobias/Wiesemann, Bernd, Aufsichtliche Beurteilung bankinterner Risikotragfähigkeitskonzepte, in: Zeitschrift für das gesamte Kreditwesen, Heft 6/2012, S. 22.

373 Vgl. Europäische Zentralbank, Leitfaden der EZB für den bankinternen Prozess zur Sicherstellung einer angemessenen Kapitalausstattung (Internal Capital Adequacy Assessment Process – ICAAP), 9. November 2018, S. 44.

374 Vgl. Europäische Zentralbank, Leitfaden der EZB für den bankinternen Prozess zur Sicherstellung einer angemessenen Kapitalausstattung (Internal Capital Adequacy Assessment Process – ICAAP), 9. November 2018, S. 7f.

375 Vgl. European Central Bank, ECB report on banks' ICAAP practices, 11. August 2020, S. 14.

376 Vgl. Deutsche Bundesbank, Bankinterne Methoden zur Ermittlung und Sicherstellung der Risikotragfähigkeit und ihre bankaufsichtliche Bedeutung, in: Monatsbericht, März 2013, S. 36.

chend umfassende quantitative und qualitative Validierung dieser Komponenten sowie der Risiko-ergebnisse in Bezug auf ihre Verwendung erforderlich (→ AT 4.1 Tz. 9, Erläuterung).

Mit welchen Risikomaßen die verschiedenen Risiken im Wesentlichen quantifiziert werden **302** können und welche Grundsätze für die Ableitung des Risikodeckungspotenzials jeweils zu beachten sind, wurde bereits ausführlich erläutert (→ AT 4.1 Tz. 1). Auch der Einfluss von Korrelationskoeffizienten auf die Risikoquantifizierung wurde detailliert dargestellt (→ AT 4.1 Tz. 1, 6 und 7). Darüber hinaus können weitere Parameter – in Abhängigkeit von der Wahl der Risikomaße – einen wesentlichen Einfluss auf die Ermittlung der Risikowerte haben. Wichtig ist, dass die Wahl der Parameter mit dem Risikoappetit und dem Grad der Konservativität der Risikotragfähigkeitsbetrachtung im Einklang steht. Ergänzend wird seit der vierten MaRisk-No-velle gefordert, den Grenzen und Beschränkungen, die sich aus den eingesetzten Methoden und Verfahren, den ihnen zugrunde liegenden Annahmen und den in die Risikoquantifizierung einfließenden Daten ergeben, hinreichend Rechnung zu tragen. Diese Anforderung zielt in erster Linie auf komplexere Methoden und Verfahren und damit auf das Modellrisiko (→ AT 4.1 Tz. 10) sowie auf die Verwendung externer Daten ab. So ist einerseits die Aussagekraft der quantifizierten Risiken kritisch zu analysieren. Mit Blick auf die zugrunde liegenden Annahmen und die für die Risikoquantifizierung verwendeten Daten steht bei der Analyse andererseits im Vordergrund, ob diese für die institutsindividuellen Verhältnisse überhaupt hinreichend repräsentativ sind.

Das Proportionalitätsprinzip wird im Übrigen zwar bei der Entscheidung zugunsten einer **303** geeigneten Methode zur Risikoquantifizierung berücksichtigt. Steht diese Entscheidung jedoch fest, kann die praktische Anwendung einer bestimmten Risikomessmethode nur noch in äußerst begrenztem Umfang dem Proportionalitätsgedanken unterliegen. Das liegt in erster Linie daran, dass insbesondere an den Einsatz fortgeschrittener Methoden zur Risikoquantifizierung im All-gemeinen relativ anspruchsvolle Voraussetzungen und Bedingungen geknüpft sind. Sofern sich also ein Institut mit tendenziell überschaubaren, einfachen und risikoarmen Geschäftsaktivitäten für eine fortgeschrittene Risikoquantifizierungsmethode entscheidet, kann es sich hinsichtlich der anzulegenden Maßstäbe für deren Anwendung nicht auf das Proportionalitätsprinzip berufen.[377] Auch dieser Aspekt sollte unter dem Stichwort »Angemessenheit« von den Instituten berück-sichtigt werden. So empfiehlt die Deutsche Bundesbank Instituten, von denen die erforderlichen Voraussetzungen zur Anwendung komplexer Methoden und Verfahren aufgrund begrenzter Ressourcen im Risikomanagement nicht erfüllt werden können, entweder die erforderliche Methodenkompetenz aufzubauen oder ihrer überschaubaren Geschäftstätigkeit und Risikositua-tion entsprechend auf einfachere Verfahren zurückzugreifen.[378]

10.3 Berücksichtigung der institutsindividuellen Verhältnisse

Die deutsche Aufsicht legt besonders großen Wert darauf, dass die gewählten Parameter und **304** Annahmen portfoliospezifisch sind, d.h. die Geschäfts- und Risikostruktur des Institutes widerspie-geln. Individualität kann vor allem durch eine enge Orientierung an der Geschäftsstrategie sowie dem ökonomischen Umfeld und dem daraus resultierenden Gesamtrisikoprofil hergestellt werden.

Die Anforderung zielt insofern schwerpunktmäßig auf Konstellationen ab, bei denen Institute die **305** Dienste von Dritten in Anspruch nehmen. In der Praxis ist es weit verbreitet, dass Institute für die Zwecke der Ermittlung von Risiken Daten von entsprechenden Anbietern beziehen (z. B. Risiko-

---

377 Vgl. Deutsche Bundesbank, Bankinterne Methoden zur Ermittlung und Sicherstellung der Risikotragfähigkeit und ihre bankaufsichtliche Bedeutung, in: Monatsbericht, März 2013, S. 36.
378 Vgl. Deutsche Bundesbank, Bankinterne Methoden zur Ermittlung und Sicherstellung der Risikotragfähigkeit und ihre bankaufsichtliche Bedeutung, in: Monatsbericht, März 2013, S. 36.

kennzahlen, Datenhistorien oder Modellparameter). Auf den Märkten haben sich eine ganze Reihe von Unternehmen etabliert, die den Instituten im Rahmen so genannter »Vendor Models« oder »Pool-Lösungen« entsprechende Leistungen anbieten. Der Rückgriff auf externe Quellen hat durchaus Vorteile, weil auf der Basis größerer Datenmengen i. d. R. zuverlässigere Parameter und Annahmen abgeleitet werden können. Gleichwohl müssen die zugrunde liegenden Beobachtungen auf das Institut übertragbar sein. Darin besteht zwischen Aufsicht und Kreditwirtschaft Einigkeit.[379]

306   Schwierigkeiten bei einer Nutzung von Pool-Lösungen für Kreditportfoliomodelle ergeben sich u. a. aus der Tatsache, dass für Kreditportfolios in verschiedenen Regionen dieselben Korrelationen verwendet werden. Die Aufsicht leitet daraus das Erfordernis einer umfangreichen und sorgfältigen quantitativen und qualitativen Validierung ab.[380] Folglich können sich nach Einschätzung von Aufsichtsvertretern Konsequenzen für die Verwendung derartiger Modelle bei kleineren Instituten ergeben, wenn diese z. B. in Verbünden zentral entwickelt werden.[381]

307   In den MaRisk wird daher eine kritische Auseinandersetzung mit derartigen Konstellationen gefordert. In die Risikodeckungspotenzial- und Risikoermittlung sowie die Aggregation von Risikodaten dürfen keine Parameter einfließen, die auf der Basis von externen Daten und Annahmen ermittelt werden, die unreflektiert aus anderen Quellen übernommen wurden. Dies gilt nicht für die inhaltliche Überprüfung der Richtigkeit von öffentlich zugänglichen Marktinformationen (Zinssätzen, Marktpreisen, Renditen etc.). Derartige Parameter, die auf der Basis von externen Daten und Annahmen ermittelt werden, dürfen nur dann übernommen werden, wenn das Institut plausibel darlegen kann, dass die zugrunde liegenden Daten die tatsächlichen Verhältnisse des Institutes angemessen widerspiegeln (→ AT 4.1 Tz. 9, Erläuterung). Auf welche Weise dies geschehen soll, ist in den MaRisk nicht vorgegeben und obliegt dem Institut. Zu diesem Zweck hat sich das Institut aussagekräftige Informationen, insbesondere zu wesentlichen Annahmen und Parametern und zu Änderungen dieser Annahmen und Parameter vorlegen zu lassen, wenn die Risikoermittlung auf Berechnungen Dritter (z. B. bei Fondsgesellschaften) beruht (→ AT 4.1 Tz. 9, Erläuterung).

308   Es liegt grundsätzlich nicht im Interesse der Aufsicht, wenn die Institute auf den Einsatz fortgeschrittener Verfahren zur Risikomessung und -steuerung verzichten. Kreditrisikomodelle lassen sich allerdings nur mit »Marktdaten« betreiben, die von Unternehmen ohne Kapitalmarktzugang per Definition nicht verfügbar sind. Von verschiedenen Marktdatenanbietern stehen zwar teilweise sehr differenzierte Informationen auf Länder- und Branchenebene zur Verfügung. Diese werden jedoch naturgemäß auf der Grundlage öffentlich verfügbarer Daten von börsennotierten Unternehmen ermittelt. Je nach Portfoliozusammensetzung besteht für viele Institute somit das Problem, eine Repräsentativität dieser Daten für z. B. das KMU-Segment (kleine und mittlere Unternehmen) nachzuweisen.

309   Den Vorstellungen der Kreditwirtschaft zufolge sollten die Institute in erster Linie prüfen, ob die institutsspezifischen Verhältnisse einer Zugrundelegung der betreffenden Daten entgegenstehen (indirekter Nachweis).[382] Ein Nachweis im Sinne eines unwiderlegbaren Beweises ist i. d. R. weder möglich noch sinnvoll. Es obliegt jedoch den Instituten, neben der Übertragbarkeit der Daten auf die institutsindividuellen Verhältnisse auch die Stabilität und konservative Ermittlung der berücksichtigten Diversifikationseffekte in geeigneter Weise zu belegen. Eine derartige Plausibilisierung ist auch dann erforderlich, wenn Risikomodelle im Rahmen von Poollösungen (z. B. in einem Institutsverbund) genutzt werden.[383]

---

379 Vgl. Zentraler Kreditausschuss, Stellungnahme zum Entwurf über die Mindestanforderungen an das Risikomanagement vom 9. Juli 2010, 30. August 2010, S. 7.

380 Vgl. Deutsche Bundesbank, Bankinterne Methoden zur Ermittlung und Sicherstellung der Risikotragfähigkeit und ihre bankaufsichtliche Bedeutung, in: Monatsbericht, März 2013, S. 37 f.

381 Vgl. Volk, Tobias, Risikotragfähigkeit von Kreditinstituten, in: BankPraktiker, Heft 6/2013, S. 229.

382 Vgl. Zentraler Kreditausschuss, Stellungnahme zum Entwurf über die Mindestanforderungen an das Risikomanagement vom 9. Juli 2010, 30. August 2010, S. 7.

383 Vgl. Hofer, Markus, MaRisk: Erneute Überarbeitung vor dem Hintergrund internationaler Standards, in: BaFinJournal, Ausgabe Januar 2011, S. 7.

Die Anforderungen der MaRisk korrespondieren weitgehend mit den Erwartungen des Baseler   310
Ausschusses für Bankenaufsicht (BCBS), der bezüglich fortgeschrittener Methoden zur Eigenmittelberechnung (IRB-Verfahren) Anforderungen an die Verwendung von Leistungen Dritter
geknüpft hat.[384] Danach muss das Institut die bezogenen Produkte vollumfänglich verstehen und
ihre Bedeutung für das eigene IRB-Verfahren auch gegenüber Prüfern und Aufsicht darstellen
können. Die Leistungen Dritter müssen außerdem zu dem Kreditportfolio des Institutes sowie dem
darauf aufbauenden IRB-Verfahren passen.[385] Der Berücksichtigung institutsindividueller Verhältnisse wird insoweit auch vom BCBS ein hoher Stellenwert eingeräumt.

10.4 Datenqualität

Die Qualität der im Risikomanagement verwendeten Daten ist entscheidend für die Qualität der   311
Ergebnisse und somit auch für die Wirksamkeit der getroffenen Risikomanagementmaßnahmen.
Aus diesem Grund misst die Aufsicht diesem Thema eine hohe Bedeutung zu. Nach den Vorstellungen der EZB sollten die bedeutenden Institute über angemessene Prozesse und Kontrollmechanismen zur Gewährleistung der Datenqualität verfügen. Das Datenqualitäts-Rahmenwerk soll alle
relevanten Risikodaten und Datenqualitätsdimensionen umfassen und sicherstellen, dass verlässliche Risikoinformationen eine solide Entscheidungsfindung unterstützen. Die Datenqualität betrifft
z. B. die Vollständigkeit, Genauigkeit, Konsistenz, Aktualität, Eindeutigkeit, Validität und Rückverfolgbarkeit der Daten.[386] Weiterführende Anforderungen finden sich im Zusammenhang mit der
Verwendung interner Modelle für die Zwecke der ersten Säule im Leitfaden der EZB zu internen
Modellen (»ECB guide to internal models«, EGIM) vom Oktober 2019.[387] Darüber hinaus ist die EZB
gemäß den EBA-Leitlinien zum SREP verpflichtet, die Risikodatenaggregationskapazitäten der
Banken regelmäßig zu überprüfen. Gemäß dem Schreiben der EZB vom 14. Juni 2019 an die
bedeutenden Institute werden hierbei die Anforderungen aus dem BCBS 239-Standard als Richtschnur herangezogen (→ AT 4.3.4). Dabei soll auch dem Proportionalitätsprinzip Rechnung
getragen werden.[388] Die Proportionalität ergibt sich in dem Fall auch aus der Aufgabe selbst. Institute
mit einer weniger komplexen Struktur können die Anforderungen aus BCBS 239 leichter erfüllen als
große Institute, die in der Regel eine komplexe Gruppenstruktur aufweisen. Alle Institute, die der
direkten Aufsicht der EZB unterliegen, sollten sich im eigenen Interesse mit den Anforderungen aus
BCBS 239 beschäftigen und ein eigenes Zielniveau definieren. In ihrem Bericht über die ICAAP-
Praktiken hat die EZB die schlechte Datenqualität der Institute als eine der drei größten Schwachstellen in den ICAAPs und ILAAPs der Institute herausgestellt.[389] Auch in der COVID-19-Pandemie
haben sich erneut Schwächen in der Datenqualität der Institute gezeigt. Die EZB hat das Thema
folglich auch für das Jahr 2021 zu einer aufsichtlichen Priorität erklärt.[390] Im Sinne einer risikoorientierten Aufsicht ist somit mit weiteren Aktivitäten der EZB in diesem Bereich zu rechnen.

---

384 Vgl. Basel Committee on Banking Supervision, Use of Vendor Products in the Basel II IRB Framework, Newsletter No. 8,
     30. März 2006, S. 3 f.

385 Eine kritische Auseinandersetzung ist vor allem deshalb ratsam, weil der Baseler Ausschuss für Bankenaufsicht im
     Hinblick auf die Produktpalette solcher Anbieter einige Schwachstellen identifiziert hat (z. B. Defizite bei den Modell-
     beschreibungen und bei der Darstellung der Verwendungsmöglichkeiten bestimmter Datenhistorien). Vgl. Basel Com-
     mittee on Banking Supervision, Vendor models for credit risk measurement and management – Observations from a
     review of selected models, Working Paper No. 17, 10. Februar 2010, S. 3 ff.

386 Vgl. Europäische Zentralbank, Leitfaden der EZB für den bankinternen Prozess zur Sicherstellung einer angemessenen
     Kapitalausstattung (Internal Capital Adequacy Assessment Process – ICAAP), 9. November 2018, S. 37.

387 Vgl. European Central Bank, ECB guide to internal models, 1. Oktober 2019, S. 57 ff.

388 Vgl. Enria, Andrea, Supervisory expectations on risk data aggregation capabilities and risk reporting practices, Schreiben
     an die bedeutenden Institute vom 14. Juni 2019, S. 2.

389 Vgl. European Central Bank, ECB report on banks' ICAAP practices, 11. August 2020, S. 4.

390 Vgl. European Central Bank, SSM Supervisory Priorities for 2021, 28. Januar 2021.

10.5 Datenlieferung durch Fondsgesellschaften

312 Die Investitionen der Banken in Spezial- und Publikumsfonds nehmen kontinuierlich zu. Spätestens seit dem Jahr 2011 stehen seitens der Aufsicht die Methoden zur Ermittlung von Kennzahlen für Fonds durch Kapitalverwaltungsgesellschaften (KVG)[391] zur Verwendung für die Risikomesssysteme der Institute im besonderen Fokus. Mit der Veröffentlichung des RTF-Leitfadens hat die BaFin ihre Erwartungen zum Umgang mit Investmentfonds in der Risikotragfähigkeitssteuerung konkretisiert und klargestellt, dass bei wesentlicher Gesamtfondsposition eine Durchschau auf die Einzelpositionen im Fonds erforderlich ist.[392] Die Risikoermittlung auf Basis einer Durchschau kann auch von der jeweiligen KVG vorgenommen werden. Die Nutzung von Risikokennzahlen der KVG durch die Institute hat die Aufsicht an einige Voraussetzungen geknüpft. Zieht ein Institut die Risikokennzahlen der KVG zur Ermittlung des Risikobetrages für Fondsrisiken heran, so muss es über hinreichende Kenntnisse der zugrunde liegenden Risikomessverfahren verfügen und sich mit den Annahmen und Parametern kritisch auseinandersetzen. Die Risikomessung der KVG muss angemessen und hinreichend konsistent zu den im Institut verwendeten Methoden und Verfahren sein, damit die Zusammenfassung der für Fondsanlagen angesetzten Risikobeträge mit den für andere Risiken ermittelten Werten nicht zu verzerrten Gesamtrisiko-Ergebnissen führt. Liegen methodische Inkonsistenzen vor, z. B. bei Nutzung von Szenariobetrachtungen für den Direktbestand und der VaR-Verfahren für den Fondsbestand, sollte das Institut die Auswirkungen dieser Inkonsistenzen im Rahmen der regelmäßigen Angemessenheitsüberprüfung würdigen. Auch mögliche Konzentrationen zwischen den Fondsanlagen und den Anlagen im Direktbestand sind zu berücksichtigen. Den etwaigen Grenzen und Schwächen des Risikomodells oder der mangelnden Konsistenz zwischen den Risikomessverfahren ist in der Risikotragfähigkeit angemessen, z. B. in Form eines Risikozuschlages, Rechnung zu tragen (→ AT 4.1 Tz. 9, Erläuterung).

313 Darüber hinaus hat die Aufsicht klargestellt, dass die von der KVG erbrachte Leistung als Auslagerung im Sinne von AT 9 mit allen daraus folgenden Konsequenzen einzustufen ist. Der BVI und die DK haben diese Klarstellung zunächst so interpretiert, dass die Lieferung von Fondskennziffern nicht als Auslagerung zu behandeln ist, sofern die Institute mit den zugrunde liegenden Annahmen und Parametern vertraut sind und diese mit den institutsinternen Vorgaben übereinstimmen, so dass einer Übernahme der Risikokennziffern nichts im Wege steht. Eine entsprechende Anfrage bei der deutschen Aufsicht ist jedoch so beantwortet worden, dass die Institute im Rahmen der regelmäßigen Risikoinventur zunächst beurteilen müssen, ob ihre Fondsanlagen wesentlich oder unwesentlich sind. Sofern die »Wesentlichkeit« festgestellt wird, ist die Risikomessung durch die KVG nur dann zulässig, wenn die Verantwortung beim Institut verbleibt und seine Einwirkungsmöglichkeit gewährleistet ist. Dies setzt nach Einschätzung der Aufsicht wiederum die Anwendung der Auslagerungsvorschrift im Sinne des § 25b KWG voraus (→ AT 9 Tz. 2). Es ist gerade der Zweck dieser Vorschrift, einen Gleichlauf mit der institutsinternen Wahrnehmung von unverzichtbaren Funktionen, insbesondere der Risikoermittlung und der Validierung der Ergebnisse, sicherzustellen. Im Falle der »Unwesentlichkeit« kann das Risiko der Fondsanlagen nach vereinfachten Verfahren ermittelt werden. Allerdings ist hierbei zu beachten, dass das Institut über hinreichende Kenntnisse von den Risikomessmethoden verfügen muss, die von den KVG verwendet werden.[393]

---

391 Die ehemaligen Kapitalanlagegesellschaften (KAG) gemäß § 2 Investmentgesetz werden seit dem Außerkrafttreten des Investmentgesetzes am 22. Juli 2013 laut § 17 Kapitalanlagegesetzbuch (KAGB) als Kapitalverwaltungsgesellschaften (KVG) bezeichnet.

392 Vgl. Bundesanstalt für Finanzdienstleistungsaufsicht/Deutsche Bundesbank, Aufsichtliche Beurteilung bankinterner Risikotragfähigkeitskonzepte und deren prozessualer Einbindung in die Gesamtbanksteuerung (»ICAAP«) – Neuausrichtung, Leitfaden vom 24. Mai 2018, S. 16.

393 Vgl. Bundesanstalt für Finanzdienstleistungsaufsicht/Deutsche Bundesbank, Nutzung der von Fondsgesellschaften bereitgestellten Kennzahlen im Risikomanagement der Kreditinstitute, Antwortschreiben an die Deutsche Kreditwirtschaft (DK) und den Bundesverband Investment und Asset Management (BVI) vom 1. Juni 2017.

Die Beurteilung der Frage der »Wesentlichkeit« von Fondsanlagen stellt auf die Gesamtheit aller **314** Fondsinvestments (Gesamtfondsposition) eines Institutes ab und nicht auf die einzelnen Fonds-anlagen. Auch Immobilienfonds sind dabei zu berücksichtigen. Die »Wesentlichkeit« der Gesamt-fondsposition kann nur institutsindividuell beurteilt werden. Demzufolge erscheint die Festlegung allgemeiner prozentualer Richtwerte zur Bestimmung der Wesentlichkeit nicht sinnvoll. Insbeson-dere sind der Risikogehalt der Fondspositionen und die Komplexität der jeweiligen Fondskons-truktion zu berücksichtigen. Vom Auslagerungstatbestand ist dann auszugehen, wenn die Ge-samtfondsposition als wesentlich eingestuft ist und die Fondsgesellschaft direkt ermittelte Risiko-kennzahlen liefert, die in der Risikotragfähigkeitsrechnung des Institutes berücksichtigt werden. In einem solchen Fall wird es auch schwierig zu argumentieren, dass diese Auslagerung unwe-sentlich ist. Die reine Lieferung von Rohdaten sollte nicht als Auslagerung, sondern als sonstiger Fremdbezug von Leistungen eingestuft werden.

11   Validierung bei hoher Komplexität (Tz. 10)

315   **10** Ist aufgrund der vergleichsweisen Komplexität der Verfahren und Methoden, der zugrunde liegenden Annahmen oder der einfließenden Daten eine umfassende Validierung dieser Komponenten gemäß Tz. 9 durchzuführen, ist hierbei eine angemessene Unabhängigkeit zwischen Methodenentwicklung und Validierung zu gewährleisten. Die wesentlichen Ergebnisse der Validierung und ggf. Vorschläge für Maßnahmen zum Umgang mit bekannten Grenzen und Beschränkungen der Methoden und Verfahren sind der Geschäftsleitung vorzulegen.

11.1   Umfassende Validierung

316   Sind die verwendeten Methoden und Verfahren, die ihnen zugrunde liegenden Annahmen, Parameter oder die einfließenden Daten vergleichsweise komplex, so ist eine entsprechend umfassende quantitative und qualitative Validierung dieser Komponenten sowie der Risikoergebnisse in Bezug auf ihre Verwendung erforderlich (→ AT 4.1 Tz. 9, Erläuterung). Die Validierung ist also ein Spezialfall der Überprüfung der Angemessenheit der Methoden und Verfahren. Sie beinhaltet Prozesse und Tätigkeiten zur Prüfung der Frage, ob die Risikoquantifizierungsmethoden und die Risikodaten der Institute trotz dieser hohen Komplexität die relevanten Risikoaspekte adäquat erfassen.[394] Dabei kann ein Institut unterschiedliche Validierungshandlungen durchführen. In erster Linie sollte hier die Repräsentativität der Daten zur Modellentwicklung und Risikoquantifizierung für das institutsindividuelle Portfolio geprüft werden. Der Fokus der Repräsentativitätsanalysen soll insbesondere auf möglichen Unterschieden und strukturellen Brüchen liegen. Darüber hinaus ist die Prognosefähigkeit der verwendeten Modelle zu analysieren. Die Prognosefähigkeit wird in der Regel über ein Backtesting nachgewiesen, in dem die Schätzungen den realisierten Werten gegenübergestellt werden. Auch die Betrachtung alternativer Parameter und Annahmen kann im Rahmen der Validierung hilfreiche Erkenntnisse bringen.

317   Die deutsche Aufsicht versteht unter »vergleichsweise komplexen« Verfahren und Methoden z. B. Value-at-Risk-Verfahren und Risikomodelle. Sie hält es für empfehlenswert, dass die Institute in erster Linie die einfachen Verfahren und Methoden ermitteln, um diese positiv abgrenzen zu können. Die verbleibenden Verfahren und Methoden bilden dann eine Art »Grauzone«, über deren Einstufung sich die Institute im Einzelfall mit der Aufsicht verständigen müssen. Hinsichtlich der zugrunde liegenden Annahmen und Parameter oder einfließenden Daten gilt grundsätzlich dasselbe. Als eher komplex werden z. B. ein Mapping auf die Zinsstrukturkurve und eine aufwendige Vorverarbeitung von Daten angesehen.[395]

318   Die wesentlichen Ergebnisse dieser Validierung und ggf. Vorschläge für Maßnahmen zum Umgang mit bekannten Grenzen und Beschränkungen der Methoden und Verfahren sind der Geschäftsleitung vorzulegen. Auch die EZB erwartet, dass die Gesamtergebnisse des Validierungsprozesses der Geschäftsleitung vorgelegt werden, damit sie in die regelmäßige Überprüfung und

---

394 Vgl. Europäische Zentralbank, Leitfaden der EZB für den bankinternen Prozess zur Sicherstellung einer angemessenen Kapitalausstattung (Internal Capital Adequacy Assessment Process – ICAAP), 9. November 2018, S. 6.

395 Vom Austausch der Deutschen Kreditwirtschaft (DK) mit der BaFin und der Deutschen Bundesbank am 5. November 2018 zum überarbeiteten aufsichtlichen Risikotragfähigkeitsleitfaden existiert lediglich ein DK-internes Ergebnisprotokoll.

Anpassung der Quantifizierungsmethoden einfließen und bei der Beurteilung der Angemessenheit der Kapitalausstattung berücksichtigt werden.[396]

11.2 Berücksichtigung des Modellrisikos

Das Modellrisiko bezeichnet gemäß Art. 3 Abs. 1 Nr. 11 CRD IV den potenziellen Verlust, der 319 einem Institut als Folge von Entscheidungen entsteht, die sich grundsätzlich auf das Ergebnis interner Modelle stützen könnten, wenn diese Modelle Fehler bei der Konzeption, Ausführung oder Nutzung aufweisen. Da die internen Modelle im Laufe der Zeit zunehmend komplexer geworden sind, wird auch die Beurteilung, ob die Risiken damit hinreichend erfasst werden, für Institute und Aufsichtsbehörden immer schwieriger. Zudem sind in verschiedenen Benchmarking-Studien der EBA zum Zwecke des aufsichtlichen Vergleiches interner Modelle zur Berechnung der regulatorischen Eigenmittelanforderungen gemäß Art. 78 CRD IV, deren technische Standards mittlerweile auf Basis einer entsprechenden Verordnung vorgegeben werden[397], trotz Verwendung von Referenzportfolios stark variierende Risikoparameterschätzungen festgestellt worden. Dies liegt nach Einschätzung der EBA daran, dass die aufsichtsrechtlichen Anforderungen an interne Modelle für die Zwecke der ersten Säule im Rahmen der Zulassungsprüfungen durch die national zuständigen Behörden europaweit nicht einheitlich ausgelegt und deshalb auch unterschiedlich umgesetzt wurden. Zudem bestehen in einzelnen Bereichen Auslegungsspielräume für die Institute, die diesen Trend teilweise verstärken. Vor diesem Hintergrund wurde die Eignung interner Modelle zur Bestimmung der regulatorischen Eigenmittelanforderungen von Aufsicht und Politik zwischenzeitlich infrage gestellt.

Die EBA hat im Rahmen ihres Mandates Leitlinien und technische Regulierungsstandards 320 erarbeitet, die den Umgang mit internen Modellen hinsichtlich verschiedener Aspekte konkretisieren und damit in diesen Bereichen für eine gewisse Vereinheitlichung der Aufsichtspraxis sorgen.[398] Ergänzend dazu hat die EZB im Jahr 2015 ein Projekt zur gezielten Überprüfung interner Modelle (»Targeted Review of Internal Models«, TRIM) ins Leben gerufen, das im Frühjahr 2017 mit Vor-Ort-Prüfungen bei knapp 70 betroffenen Instituten gestartet und in 2019 abgeschlossen wurde. Betroffen sind die internen Modelle zur Berechnung der regulatorischen Eigenmittelanforderungen für Kreditrisiken (»Internal Ratings-based Approach«, IRBA), Kontrahentenrisiken (»Internal Model Method«, IMM) und Marktpreisrisiken (»Internal Models Approach«, IMA). Im Rahmen dieses Projektes sollte sichergestellt werden, dass die institutsinternen Berechnungen der risikogewichteten Aktiva (»Risk-weighted Assets«, RWA) auch unter Wettbewerbsgesichtspunkten auf Basis einer einheitlichen Auslegung der regulatorischen Anforderungen von allen Instituten in konsistenter Weise erfolgen.

Im Oktober 2019 hat die EZB in Zusammenarbeit mit den national zuständigen Behörden einen 321 Leitfaden zu internen Modellen veröffentlicht, in dem die Erfahrungen aus dem TRIM-Projekt

---

396 Vgl. Europäische Zentralbank, Leitfaden der EZB für den bankinternen Prozess zur Sicherstellung einer angemessenen Kapitalausstattung (Internal Capital Adequacy Assessment Process – ICAAP), 9. November 2018, S. 38 f.

397 Delegierte Verordnung (EU) 2017/180 der Kommission vom 24. Oktober 2016 zur Ergänzung der Richtlinie 2013/36/EU des Europäischen Parlaments und des Rates durch technische Regulierungsstandards zur Festlegung der Normen für die Referenzportfoliobewertung und der Verfahren für die gemeinsame Nutzung der Bewertungen, Amtsblatt der Europäischen Union vom 3. Februar 2017, L 29/1–9.

398 European Banking Authority, Leitlinien für die PD-Schätzung, die LGD-Schätzung und die Behandlung von ausgefallenen Risikopositionen, EBA/GL/2017/16, 23. April 2018; European Banking Authority, Final Draft Regulatory Technical Standards on the specification of the assessment methodology for competent authorities regarding compliance of an institution with the requirements to use the IRB Approach in accordance with Articles 144(2), 173(3) and 180(3)(b) of Regulation (EU) No 575/2013, EBA/RTS/2016/03, 21. Juli 2016.

berücksichtigt werden.[399] Mit Hilfe dieses Leitfadens soll ein einheitliches Vorgehen hinsichtlich der wesentlichen Aspekte der geltenden Anforderungen an interne Modelle für die bedeutenden Institute sichergestellt werden. Zudem sind die Vorgaben nicht auf die Modelle der ersten Säule beschränkt. So erwartet die EZB von den bedeutenden Instituten, sich im Rahmen des ICAAP bei der Überprüfung bzw. Validierung der Risikoquantifizierungsmethoden am EZB-Leitfaden zu internen Modellen zu orientieren.[400] In diesem Leitfaden wird an die bedeutenden Institute die Erwartungshaltung formuliert, ein effektives Rahmenwerk zum Management des Modellrisikos zu implementieren. Zu diesem Rahmenwerk gehört u. a. die Festlegung von Methoden und Verfahren zur Messung des Modellrisikos.[401]

322   Die deutsche Aufsicht hat sich im Zusammenhang mit der Modellierung von Positionen mit unbestimmter Zins- und Kapitalbindung beim Zinsänderungsrisiko zum Modellrisiko geäußert. Sie weist in ihrer Stellungnahme auf viele Schwächen der Methode der gleitenden Durchschnitte insbesondere bei einer zu langen Modellierung der Einlagen hin. Nicht zuletzt aufgrund der statistisch nicht hinreichend belegten Modellierung des Kundenverhaltens sollen die Institute die Notwendigkeit einer Berücksichtigung des Modellrisikos prüfen.[402] Die Berücksichtigung des Modellrisikos in der Risikotragfähigkeit kann entweder durch entsprechende Zuschläge bei der jeweiligen Risikoart, im operationellen Risiko oder in Form eines Risikopuffers erfolgen.

11.3   Unabhängige Validierung

323   Bei der umfassenden Validierung ist eine angemessene Unabhängigkeit zwischen Methoden-entwicklung und Validierung zu gewährleisten. Diese Anforderung ist darauf ausgerichtet, die Selbstkontrolle des Modellentwicklers zu verhindern. Zur Ausgestaltung dieser Unabhängigkeit werden von der deutschen Aufsicht keine weiteren Vorgaben gemacht. In den MaRisk wird nicht weiter ausgeführt, welches Unabhängigkeitsniveau angemessen ist. Grundsätzlich kann zwi-schen prozessualer, personeller und aufbauorganisatorischer Trennung zwischen Methoden-entwicklung und -validierung unterschieden werden. Die Anforderungen der Aufsicht an die Unabhängigkeit folgen dem Proportionalitätsprinzip und hängen auch von der Komplexität des jeweiligen Modells ab. Angesichts der potenziellen Interessenkonflikte ist davon auszuge-hen, dass bei vergleichsweise komplexen Modellen zumindest eine personelle Trennung zwi-schen Methodenentwicklung und -validierung erforderlich sein wird. Bei personeller Trennung können Interessenkonflikte dann entstehen, wenn der untergeordnete Mitarbeiter die Validie-rung übernimmt. Dasselbe gilt für so genannte Überkreuzvalidierungen, bei denen die Gefahr von Gefälligkeitshandlungen besteht. Solche Konstellationen sind deshalb grundsätzlich zu vermeiden.

324   Nach den Vorstellungen der EZB sollten alle Risikoquantifizierungsmethoden grundsätzlich einer »unabhängigen internen Validierung« unterzogen werden.[403] Letztlich erwartet auch die EZB, dass die Validierung der Risikoquantifizierungsmethoden dem Prinzip der Verhältnismäßig-keit entsprechend unabhängig und unter Beachtung jener Grundsätze durchgeführt wird, die den

399 European Central Bank, ECB guide to internal models, 1. Oktober 2019.

400 Vgl. Europäische Zentralbank, Leitfaden der EZB für den bankinternen Prozess zur Sicherstellung einer angemessenen Kapitalausstattung (Internal Capital Adequacy Assessment Process – ICAAP), 9. November 2018, S. 39.

401 Vgl. European Central Bank, ECB guide to internal models, 1. Oktober 2019, S. 8.

402 Vgl. Bundesanstalt für Finanzdienstleistungsaufsicht/Deutsche Bundesbank, Gemeinsame aufsichtliche Position zur Verwendung verlängerter Stützstellen im Modell der gleitenden Durchschnitte – Ablehnung von Stützstellen von mehr als zehn Jahren, 26. November 2020, S. 1 f.

403 Vgl. Europäische Zentralbank, Leitfaden der EZB für den bankinternen Prozess zur Sicherstellung einer angemessenen Kapitalausstattung (Internal Capital Adequacy Assessment Process – ICAAP), 9. November 2018, S. 34.

für interne Modelle der ersten Säule festgelegten Standards zugrunde liegen.[404] Entsprechend verweist sie auf den Leitfaden der EZB zu internen Modellen[405], der zum damaligen Zeitpunkt noch als Konsultationspapier vorlag.[406]

Die EZB ordnet dem Prozess der Methodenentwicklung die Ausgestaltung, Entwicklung, Implementierung und Überwachung der Risikoquantifizierungsmethoden zu.[407] Zur Sicherstellung der geforderten Unabhängigkeit zwischen Methodenentwicklung und Validierung nennt sie drei Möglichkeiten: eine Trennung in zwei separate Organisationseinheiten, die an unterschiedliche Mitglieder der ersten Ebene unter der Geschäftsleitung berichten (Trennung auf Bereichsleiterebene bzw. unabhängige Stelle im Sinne der MaRisk), eine Trennung in zwei separate Organisationseinheiten, die an dasselbe Mitglied der ersten Ebene unterhalb der Geschäftsleitung berichten (aufbauorganisatorische Trennung bis zur Bereichsleiterebene) sowie eine Aufgabenzuordnung an verschiedene Mitarbeiter in derselben Organisationseinheit (personelle Trennung). Gemäß dem Leitfaden zu internen Modellen erwartet die EZB, dass große und komplexe Institute die höchste Stufe der Unabhängigkeit für die Validierung von internen Modellen implementieren.[408] Die EZB stellt zudem klar, dass die Interne Revision als dritte Verteidigungslinie für diese Aufgabe nicht infrage kommt.[409]

325

---

404 Vgl. Europäische Zentralbank, Leitfaden der EZB für den bankinternen Prozess zur Sicherstellung einer angemessenen Kapitalausstattung (Internal Capital Adequacy Assessment Process – ICAAP), 9. November 2018, S. 35.

405 Vgl. European Central Bank, ECB guide to internal models, 1. Oktober 2019, S. 10f.

406 Vgl. European Central Bank, Guide for the Targeted Review of Internal Models (TRIM), Consultation paper, 6. Februar 2017, S. 6ff.

407 Vgl. Europäische Zentralbank, Leitfaden der EZB für den bankinternen Prozess zur Sicherstellung einer angemessenen Kapitalausstattung (Internal Capital Adequacy Assessment Process – ICAAP), 9. November 2018, S. 39.

408 Vgl. European Central Bank, ECB guide to internal models, 1. Oktober 2019, S. 10.

409 Vgl. Europäische Zentralbank, Leitfaden der EZB für den bankinternen Prozess zur Sicherstellung einer angemessenen Kapitalausstattung (Internal Capital Adequacy Assessment Process – ICAAP), 9. November 2018, S. 39.

12 Planung des zukünftigen Kapitalbedarfes (Tz. 11)

326 **11** Jedes Institut muss über einen Prozess zur Planung des zukünftigen Kapitalbedarfes und des zur Deckung dieses Kapitalbedarfes verfügbaren Kapitals verfügen. Der Planungshorizont muss einen angemessen langen, mehrjährigen Zeitraum umfassen. Dabei ist zu berücksichtigen, wie sich in diesem Zeitraum Veränderungen der eigenen Geschäftstätigkeit oder der strategischen Ziele sowie Veränderungen des wirtschaftlichen Umfeldes auf den Kapitalbedarf und auf den Kapitalbestand auswirken. Möglichen adversen Entwicklungen, die von den Erwartungen abweichen, ist bei der Planung angemessen Rechnung zu tragen.

12.1 Zukunftsorientierung des ICAAP

327 Zur Sicherstellung der angemessenen Kapitalausstattung reicht der festgelegte Risikobetrachtungshorizont von einem Jahr nicht aus, um einen etwaigen Kapitalbedarf rechtzeitig identifizieren und darauf reagieren zu können. Die Zukunftsorientierung des ICAAP wird seitens der Aufsicht seit der vierten MaRisk-Novelle immer stärker betont. Mit dieser Novelle wurde die Forderung ergänzt, nach der jedes Institut über einen Prozess zur Planung des zukünftigen Kapitalbedarfes verfügen und der entsprechende Planungshorizont einen angemessen langen, mehrjährigen Zeitraum umfassen muss. Mit der Einführung der normativen Perspektive im Risikotragfähigkeitsleitfaden haben die mittelfristigen Betrachtungen der Kapitalausstattung noch stärker an Bedeutung gewonnen. Im Rahmen der sechsten MaRisk-Novelle wurde ergänzend klargestellt, dass sich dieser Planungsprozess nicht nur auf den Kapitalbedarf, sondern auch auf das zu dessen Deckung verfügbare Kapital beziehen muss. Dabei ist zu berücksichtigen, wie sich in diesem Zeitraum Veränderungen der eigenen Geschäftstätigkeit oder der strategischen Ziele sowie Veränderungen des wirtschaftlichen Umfeldes auf den Kapitalbedarf und den Kapitalbestand auswirken. Möglichen adversen Entwicklungen, die von den Erwartungen abweichen, ist bei der Planung angemessen Rechnung zu tragen.

12.2 Kapitalplanungsprozess

328 Beim geforderten Kapitalplanungsprozess geht es darum, den Kapitalbestand sowie etwaigen Kapitalbedarf im Planungszeitraum rechtzeitig zu identifizieren und erforderlichenfalls frühzeitig geeignete Maßnahmen einzuleiten. Hintergrund für diese Anforderung ist das im Zuge der Finanzmarktkrise flächendeckend beobachtete Problem, dass eine Kapitalbeschaffung in Zeiten krisenhafter Entwicklungen nur unter sehr restriktiven Umständen möglich ist.[410] Der Kapitalplanungsprozess ist insofern als Ergänzung des Risikotragfähigkeitskonzeptes zu verstehen, um insbesondere auch die zukünftige Fähigkeit, die eigenen Risiken tragen zu können, angemessen zu überwachen und zu planen. Zumindest bis vor wenigen Jahren haben die Institute ihre

---

410 Vgl. Bundesanstalt für Finanzdienstleistungsaufsicht, Übermittlungsschreiben zum ersten Entwurf zur Überarbeitung der Mindestanforderungen an das Risikomanagement vom 26. April 2012, S. 3.

Möglichkeiten, die Kapitalplanung auch für die längerfristige Risikobetrachtung und die Generierung von Steuerungsimpulsen einzusetzen, noch nicht umfassend ausgeschöpft.[411]

Damit dies möglichst frühzeitig geschieht, muss dieser Planungsprozess einen angemessen langen, mehrjährigen Zeitraum umfassen. Dieser Zeitraum soll nach den Vorstellungen der Aufsicht mindestens drei Jahre betragen.[412] Im MaRisk-Fachgremium hat die Aufsicht den Instituten freigestellt, sich ggf. am internen Planungshorizont der Geschäfts- und Risikostrategie zu orientieren. Letztlich geht es vor allem darum, in einem möglichst frühen Stadium geeignete Gegensteuerungsmaßnahmen in die Wege leiten zu können.[413]   **329**

Bei der Planung müssen sowohl der interne als auch der regulatorische Kapitalbedarf berücksichtigt werden, wenngleich die entsprechende Erläuterung im Rahmen der sechsten MaRisk-Novelle aus anderen Gründen gestrichen wurde. Von der Aufsicht wurde noch vor wenigen Jahren kritisiert, dass beim Kapitalplanungsprozess häufig das Finanzcontrolling die Richtung vorgebe und das Risikocontrolling bestenfalls ein Mitspracherecht habe. Demzufolge stehe in den meisten Fällen nur das regulatorische Kapital im Fokus, während das interne Kapital vernachlässigt werde.[414] Auch die EZB betont in ihrem Bericht zu den ICAAP-Praktiken, dass das Risikocontrolling eine wesentliche Rolle im Kapitalplanungsprozess einnehmen sollte.[415] Insbesondere bei der Festlegung von adversen Szenarien, der Quantifizierung von Effekten aus wesentlichen Risiken auf die Kapitalplanung und der Planung des internen Kapitals ist es wichtig, die Sichtweise des Risikocontrollings einzubringen. Aus diesem Grund empfiehlt sich zumindest eine Mitverantwortung des Risikocontrollings für den Kapitalplanungsprozess.   **330**

Der Kapitalplanungsprozess ist mindestens jährlich durchzuführen, und die Kapitalplanung ist, wenn erforderlich, auch anlassbezogen anzupassen. Hierfür sollten die Institute geeignete Kriterien definieren, die eine anlassbezogene Anpassung der Kapitalplanung auslösen. Hierzu zählen insbesondere Kriterien zu   **331**

- Veränderungen der äußeren Rahmenbedingungen (z. B. veränderte Marktdaten, veränderte aufsichtliche Anforderungen),
- Abweichungen vom Plan,
- Veränderungen hinsichtlich der Relevanz (neuer) adverser Szenarien und
- Änderungen in der Portfoliostruktur und dem Risikogehalt der Geschäfte.

Eine anlassbezogene Überprüfung der Kapitalplanung ist dann erforderlich, wenn sich das makroökonomische Umfeld oder andere institutsindividuelle Faktoren wesentlich verändern und die Aussagekraft der bisherigen Kapitalplanung nicht mehr gegeben ist. Beispielsweise hat der Ausbruch der COVID-19-Pandemie im Frühjahr 2020 in vielen Banken eine anlassbezogene Überprüfung der Kapitalplanung ausgelöst.   **332**

In der Praxis erfolgt die Planung für den regulatorischen Kapitalbedarf üblicherweise über die Planung von regulatorischen Mindestkapitalanforderungen wie z. B. der Kernkapitalquote sowie von Strukturanforderungen wie der Leverage Ratio (»regulatorische Kapitalplanung« oder »normative Perspektive«). Diese regulatorischen Anforderungen sind aufgrund der weitgehend harmonisierten Vorgaben aus der ersten Säule relativ gut vergleichbar und stehen deshalb verstärkt im Fokus der verschiedenen Aufsichtsbehörden und der internationalen Ratingagenturen. Allerdings darf die Planung des internen Kapitals auch nicht vernachlässigt werden   **333**

---

411 Vgl. Deutsche Bundesbank, Bankinterne Methoden zur Ermittlung und Sicherstellung der Risikotragfähigkeit und ihre bankaufsichtliche Bedeutung, in: Monatsbericht, März 2013, S. 43.

412 Vgl. Bundesanstalt für Finanzdienstleistungsaufsicht, Übermittlungsschreiben zum Rundschreiben 10/2012 (BA) vom 14. Dezember 2012, S. 2 f.

413 Vgl. Bundesanstalt für Finanzdienstleistungsaufsicht, Übermittlungsschreiben zum ersten Entwurf zur Überarbeitung der Mindestanforderungen an das Risikomanagement vom 26. April 2012, S. 3.

414 Vgl. Volk, Tobias, Risikotragfähigkeit von Kreditinstituten, in: BankPraktiker, Heft 6/2013, S. 230.

415 Vgl. Europäische Zentralbank, Leitfaden der EZB für den bankinternen Prozess zur Sicherstellung einer angemessenen Kapitalausstattung (Internal Capital Adequacy Assessment Process – ICAAP), 9. November 2018, S. 14.

(»interne Kapitalplanung«). Die Definition des internen Kapitals bzw. des Risikodeckungspotenzials kann von der regulatorischen Definition der Eigenmittel abweichen. Der interne Kapitalbedarf resultiert einerseits aus der zukünftigen Entwicklung des Risikodeckungspotenzials und andererseits aus der Entwicklung der wesentlichen Risiken.[416] Um etwaigen Kapitalbedarf zu identifizieren, sollte die zeitpunktbezogene Risikoquantifizierung für die am Stichtag vorherrschende Situation durch eine mittelfristige Betrachtung der Auswirkungen wesentlicher zukünftiger Entwicklungen ergänzt werden. Dazu gehören z. B. Veränderungen des externen Umfeldes oder potenzielle Managementmaßnahmen, wie Kapitalmaßnahmen, der Kauf oder Verkauf von Geschäftsbereichen, Veränderungen des Risikoprofils etc.[417]

12.3 Antizipation künftiger Entwicklungen

334 Beim Planungsprozess soll auch berücksichtigt werden, wie sich Veränderungen der eigenen Geschäftstätigkeit oder der strategischen Ziele sowie des wirtschaftlichen Umfeldes im Planungszeitraum auf den Kapitalbedarf auswirken. Durch diese Anforderung, die im Zuge der dritten MaRisk-Novelle mit Bezug auf das Risikotragfähigkeitskonzept ergänzt und mit der vierten MaRisk-Novelle in verallgemeinerter Form zum Kapitalplanungsprozess verschoben wurde, soll die Zukunftsperspektive des ICAAP stärker herausgestellt werden.

335 Die Institute sollen die Auswirkungen bevorstehender Änderungen des Rechts-, Regulierungs- oder Rechnungslegungsrahmens berücksichtigen und eine fundierte und begründete Entscheidung treffen, wie diesen Änderungen bei der Kapitalplanung Rechnung getragen wird. Je nach der Wahrscheinlichkeit und den potenziellen Auswirkungen bestimmter Änderungen können die Institute unterschiedlich vorgehen. Einige Änderungen können z. B. sehr unwahrscheinlich erscheinen, aber dennoch so große Auswirkungen auf ein Institut haben, dass es zumindest Notfallmaßnahmen erarbeiten sollte.[418] Grundsätzlich erwartet die Aufsicht, dass Änderungen der regulatorischen Anforderungen in der Kapitalplanung berücksichtigt werden, wenn von ihnen mit hinreichender Wahrscheinlichkeit auszugehen ist. Dies ist bei Regulierungsvorhaben, die lediglich auf Ebene des Baseler Ausschusses für Bankenaufsicht, nicht aber auf europäischer Ebene konkret angestoßen wurden, in der Regel zu verneinen. Wenn im Rahmen der EU-Rechtssetzung jedoch ein Regulierungsentwurf veröffentlicht wurde, muss im Rahmen der Kapitalplanung von einer hinreichenden Wahrscheinlichkeit ausgegangen werden.

336 Es liegt auf der Hand, dass künftige Entwicklungen die Kapitalausstattung und die Wirksamkeit des ICAAP wesentlich beeinflussen können. So werden z. B. künftige Kapitalaufnahmen, die Rückzahlung von stillen Einlagen oder Gewinnausschüttungen Einfluss auf die Höhe und Struktur des Risikodeckungspotenzials und damit auch die Risikotragfähigkeit haben, so dass deren frühzeitige Antizipation im Rahmen einer Kapitalplanung zweckmäßig ist. Bei der Antizipation künftiger Entwicklungen wird nicht erwartet, dass die Institute künftige Entwicklungen perfekt vorsehen können. Es geht zunächst um Veränderungen der eigenen Geschäftstätigkeit sowie der eigenen Ziele. Da den Instituten ihre eigenen Absichten regelmäßig bekannt sein sollten, müssten etwaige Konsequenzen für den ICAAP schon frühzeitig abgeschätzt werden können. Darüber hinaus werden Veränderungen des wirtschaftlichen Umfeldes

---

416 Vgl. Deutsche Bundesbank, Bankinterne Methoden zur Ermittlung und Sicherstellung der Risikotragfähigkeit und ihre bankaufsichtliche Bedeutung, in: Monatsbericht, März 2013, S. 43.

417 Vgl. Europäische Zentralbank, Leitfaden der EZB für den bankinternen Prozess zur Sicherstellung einer angemessenen Kapitalausstattung (Internal Capital Adequacy Assessment Process – ICAAP), 9. November 2018, S. 19.

418 Vgl. Europäische Zentralbank, Leitfaden der EZB für den bankinternen Prozess zur Sicherstellung einer angemessenen Kapitalausstattung (Internal Capital Adequacy Assessment Process – ICAAP), 9. November 2018, S. 17.

explizit adressiert, die für ein Institut allein schon vor dem Hintergrund seiner strategischen Planung von Interesse sein sollten.

Grundsätzlich können über die an anderer Stelle geforderte Verknüpfung von Strategien, Risikotragfähigkeitskonzept sowie Risikosteuerungs- und -controllingprozessen wertvolle Informationen generiert werden, die im Hinblick auf den Prozess zur Planung des zukünftigen Kapitalbedarfes von Relevanz sind (→ AT 4.1 Tz. 3). Dies läuft auf eine Art dynamische Risikotragfähigkeitsanalyse hinaus, die – auch in der Variante einer Mehrjahressicht – schon in vielen Instituten beim Prozess zur Erstellung der Risikostrategie eine Rolle spielt und sinnvolle Impulse für die Geschäftsstrategie liefert.[419] Auch die Ergebnisse der Stresstests können hierzu einen wichtigen Beitrag leisten (→ AT 4.3.3). **337**

12.4 Berücksichtigung möglicher adverser Entwicklungen

Jeglichen Planungsprozessen gemeinsam ist ihre Abhängigkeit von den zugrunde liegenden Annahmen, die mit gewissen Unsicherheiten verbunden sind, weil der Blick in die Zukunft keine exakte Wissenschaft sein kann. Darüber hinaus kann sich die Realität plötzlich ganz anders entwickeln als ursprünglich angenommen. Die deutsche Aufsicht erwartet deshalb, möglichen adversen Entwicklungen, die von den Erwartungen abweichen, bei der Planung angemessen Rechnung zu tragen. Dabei sind z. B. Szenarien zu »unerwarteten« Veränderungen des wirtschaftlichen Umfeldes vorstellbar. Ebenso könnten die Erfolgsaussichten geplanter Veränderungen der eigenen Geschäftstätigkeit oder der strategischen Ziele konservativer bewertet werden als im eigentlichen Planungsprozess. **338**

Die Anforderung zielt auch auf ein kritisches Hinterfragen der getroffenen Annahmen zur Entwicklung der Kapitalbestandteile und der ihnen im Rahmen der Planung gegenübergestellten Risiken ab. Eine aus Sicht der BaFin sinnvolle Vorgehensweise könnte z. B. darin bestehen, durch eine Variation dieser Annahmen und der künftigen Entwicklungen verschiedene Szenarien abzubilden.[420] Auf diese Weise kann die Sensibilität der Institute gegenüber kritischen Situationen erhöht werden. In der Vergangenheit wurden limitierende Faktoren bei der Kapitalbeschaffung von den Instituten mitunter zu wenig einbezogen.[421] **339**

Die MaRisk enthalten keine konkreten Vorgaben zu der anzunehmenden Schwere von adversen Entwicklungen. Unter den geforderten Szenariobetrachtungen wird von der deutschen Aufsicht nicht zwingend ein Stresstest im Sinne des Moduls AT 4.3.3 verstanden.[422] Der RTF-Leitfaden konkretisiert die Anforderung dahingehend, dass adverse Entwicklungen für das Institut widrige Entwicklungen widerspiegeln sollen, die einen spürbaren Einfluss auf die zukünftige Kapitalausstattung und Kapitalplanung des Institutes haben oder haben können, und mit Auswirkungen einer Rezession oder eines für das Institut ähnlich schweren Szenarios vergleichbar sind. Obwohl die Anforderungen des RTF-Leitfadens streng genommen nur an die normative Perspektive formuliert sind, gibt es zwischen der Kapitalplanung in der normativen Perspektive und der regulatorischen Kapitalplanung im Going-Concern-Ansatz alter Prägung **340**

419 Vgl. Bott, Claudia/von Rönn, Oliver, Risikotragfähigkeitsanalyse und aktuelle Veränderungen aufsichtlicher Anforderungen vor dem Hintergrund der Finanzmarktkrise, in: Becker, Axel/Gruber, Walter/Wohlert, Dirk (Hrsg.), Handbuch MaRisk und Basel III, Frankfurt a. M., 2012, S. 432 f.

420 Vgl. Bundesanstalt für Finanzdienstleistungsaufsicht, Übermittlungsschreiben zum Rundschreiben 10/2012 (BA) vom 14. Dezember 2012, S. 2 f.

421 Vgl. Deutsche Bundesbank, Bankinterne Methoden zur Ermittlung und Sicherstellung der Risikotragfähigkeit und ihre bankaufsichtliche Bedeutung, in: Monatsbericht, März 2013, S. 43.

422 Vgl. Bundesanstalt für Finanzdienstleistungsaufsicht, Übermittlungsschreiben zum Rundschreiben 10/2012 (BA) vom 14. Dezember 2012, S. 2 f.

inhaltlich keinen Unterschied. Folglich ist allein aus Gleichbehandlungsgründen davon auszugehen, dass diese Erwartungshaltung auch auf die regulatorische Kapitalplanung im Going-
Concern-Ansatz alter Prägung übertragen wird.

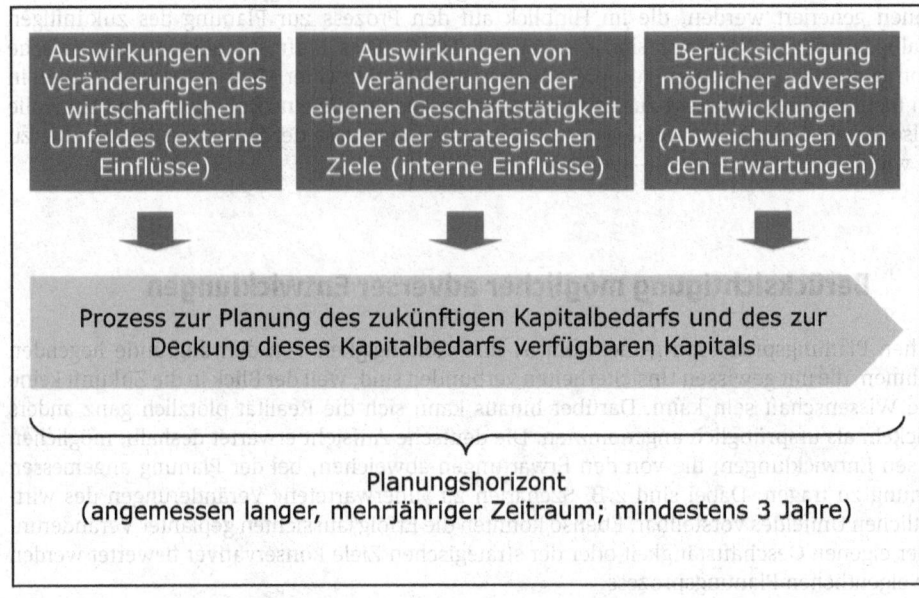

Abb. 29: Kapitalplanungsprozess

12.5 Planszenario der normativen Perspektive

341 Die Anforderungen an die normative Perspektive ergeben sich für bedeutende Institute aus dem
SSM-Leitfaden. Die deutsche Aufsicht hat die Vorgaben an die normative Perspektive im
RTF-Leitfaden in einer Weise konkretisiert, dass die weniger bedeutenden Institute damit
gleichzeitig den Anforderungen an die Kapitalplanung nach den MaRisk vollumfänglich gerecht
werden.[423] Danach hat jedes Institut zur Sicherstellung der Risikotragfähigkeit in der normativen
Perspektive eine Kapitalplanung zu erstellen, die sich zum Zeitpunkt ihrer Erstellung über einen
Zeitraum von mindestens drei Jahren erstreckt und mindestens jährlich fortgeschrieben
wird. Damit sollen die Institute ihre Fähigkeit beurteilen, ihre quantitativen regulatorischen
und aufsichtlichen Kapitalanforderungen und -vorgaben zu erfüllen und sonstigen externen
finanziellen Zwängen Rechnung zu tragen.[424] Im Planszenario werden die von den Instituten erwarteten Entwicklungen dargestellt, wobei die Geschäftsstrategie und glaubwürdige
Annahmen in Bezug auf die Erträge, Kosten und Risikomaterialisierungen zu berücksichtigen

---

423 Vgl. Bundesanstalt für Finanzdienstleistungsaufsicht/Deutsche Bundesbank, Aufsichtliche Beurteilung bankinterner
   Risikotragfähigkeitskonzepte und deren prozessualer Einbindung in die Gesamtbanksteuerung (»ICAAP«) – Neuausrichtung, Leitfaden vom 24. Mai 2018, S. 12.

424 Vgl. Europäische Zentralbank, Leitfaden der EZB für den bankinternen Prozess zur Sicherstellung einer angemessenen
   Kapitalausstattung (Internal Capital Adequacy Assessment Process – ICAAP), 9. November 2018, S. 16f.

sind.[425] Dabei sind erwartete Veränderungen der eigenen Geschäftstätigkeit oder der strategischen Ziele, Veränderungen des Markt- und Wettbewerbsumfeldes sowie bindende oder bereits beschlossene rechtliche und regulatorische Änderungen zu berücksichtigen. Damit sind auch jene Anforderungen gemeint, für die eine schrittweise Einführung (»phase-in period«) vorgesehen ist. Die entsprechenden Auswirkungen sollten in der mehrjährigen Projektion verdeutlicht werden. Im Planszenario müssen alle regulatorischen Anforderungen und Zielgrößen eingehalten werden[426] (siehe Abbildung 30).

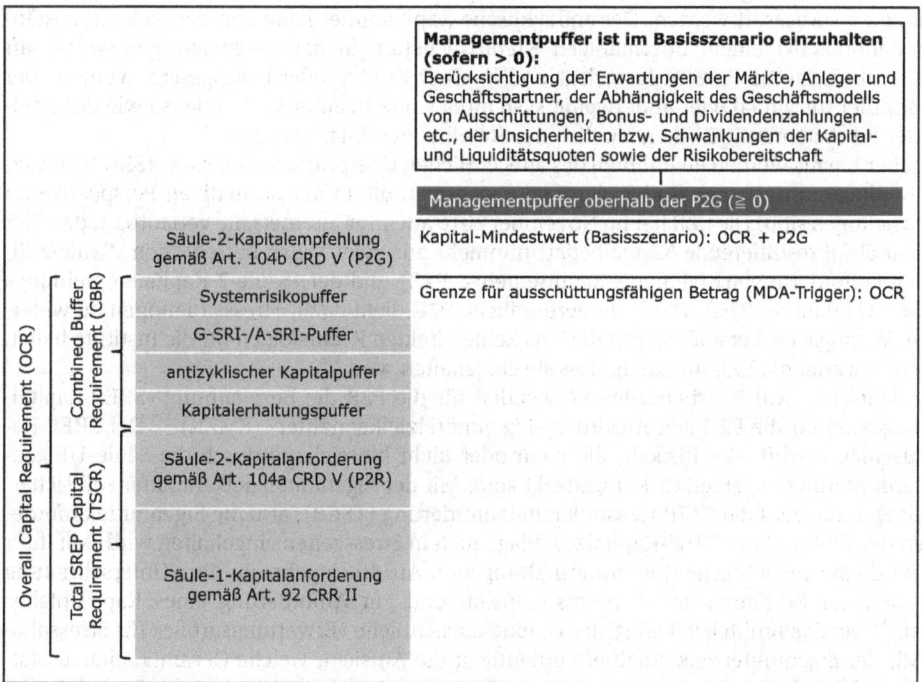

Abb. 30: Kapitalanforderungen und Managementpuffer im Planszenario der normativen Perspektive

Ausgangspunkt der normativen Perspektive sind also die regulatorischen und aufsichtlichen Kennzahlen sowie deren Berechnungslogik. Zu diesen Kennzahlen gehören insbesondere die Eigenmittelanforderungen der ersten Säule sowie die in Art. 128 CRD IV geforderten Kapitalpuffer, d. h. der »Kapitalerhaltungspuffer« (»Capital Conservation Buffer«, CCB) gemäß § 10c KWG, der »institutsspezifische antizyklische Kapitalpuffer« (»Institution-specific Countercyclical Capital Buffer«, CCyB) nach § 10d KWG, der »Kapitalpuffer für global systemrelevante Institute« (G-SRI-Puffer, G-SII Buffer) laut § 10f KWG bzw. der »Kapitalpuffer für anderweitig systemrelevante Institute« (A-SRI-Puffer, O-SII Buffer) gemäß § 10g KWG und der »Kapitalpuffer für

342

---

425 Vgl. Europäische Zentralbank, Leitfaden der EZB für den bankinternen Prozess zur Sicherstellung einer angemessenen Kapitalausstattung (Internal Capital Adequacy Assessment Process – ICAAP), 9. November 2018, S. 40.
426 Vgl. Europäische Zentralbank, Leitfaden der EZB für den bankinternen Prozess zur Sicherstellung einer angemessenen Kapitalausstattung (Internal Capital Adequacy Assessment Process – ICAAP), 9. November 2018, S. 16.

systemische Risiken« (»Systemic Risk Buffer«) nach § 10e KWG, die unter dem Begriff »kombinierte Kapitalpufferanforderung« (»Combined Buffer Requirement«, CBR) laut § 10i KWG zusammengefasst werden.[427]

343 Sämtliche Kapitalpuffer dienen dazu, die Verlustabsorptionsfähigkeit der Institute zu verbessern, indem in wirtschaftlich guten Zeiten Puffer aus hartem Kernkapital (»Common Equity Tier 1 Capital«, CET1) aufgebaut werden, die in Stresssituationen die Erfüllung der aufsichtsrechtlichen Anforderungen erleichtern sollen. Durch den Kapitalerhaltungspuffer in Höhe von 2,5 Prozent der risikogewichteten Aktiva eines Institutes soll seine allgemeine Verlustabsorptionsfähigkeit verbessert werden. Der antizyklische Kapitalpuffer kann von der national zuständigen Behörde bei einem übermäßigen Kreditwachstum in der jeweiligen Volkswirtschaft ebenso auf bis zu 2,5 Prozent festgelegt und in einer Krise wieder herabgesetzt werden. Der Kapitalpuffer für global oder anderweitig systemrelevante Institute dient ebenso wie der Kapitalpuffer für systemische Risiken letztlich der Stabilität des Finanzsystems.

344 Darüber hinaus werden im Rahmen des aufsichtlichen Überprüfungsprozesses (SREP) zusätzliche Kapitalanforderungen und Zielgrößen festgesetzt, die in der normativen Perspektive zu berücksichtigen sind. Die EZB hat im November 2016 auf ihrer Internetseite verlautbart, dass der aus dem SREP resultierende Kapitalbedarf nunmehr aus zwei Teilen besteht: den »Säule-2-Eigenmittelanforderungen« (»Pillar 2 Requirement«, P2R) und der »Säule-2-Kapitalempfehlung« (»Pillar 2 Guidance«, P2G). Die nicht verbindliche P2G dient dazu, Stresssituationen zu widerstehen. Wenngleich Verstöße gegen die P2G keine direkten Rechtsfolgen für die Institute haben können, erwartet die EZB trotzdem, dass sie eingehalten wird.[428]

345 Die deutschen Aufsichtsbehörden verwenden für die P2R die Bezeichnung »SREP-Kapitalzuschlag« und für die P2G den Ausdruck »Eigenmittelzielkennziffer« (EMZK).[429] Der SREP-Kapitalzuschlag betrifft jene Risiken, die nicht oder nicht hinreichend durch die Säule-1-Eigenmittelanforderungen gemäß CRR abgedeckt sind. Mit der Eigenmittelzielkennziffer soll sichergestellt werden, dass die SREP-Gesamtkapitalanforderung (TSCR), also die Eigenmittelanforderungen der CRR und der SREP-Kapitalzuschlag, auch in Stresszeiten eingehalten wird. Mit ihrer Hilfe wird eine aufsichtliche Erwartungshaltung zum Ausdruck gebracht. Ihre Unterschreitung kann zu einer Erhöhung der Aufsichtsintensität und zur Anforderung eines Kapitalplanes führen.[430] Die Eigenmittelzielkennziffer ist eine aufsichtliche »Erwartungsgröße« für Stressphasen. Mit der Eigenmittelzielkennziffer verdeutlicht die Aufsicht, welche Gesamtkapitalausstattung sie bei Eintritt von bestimmten adversen Szenarien als erforderlich ansieht. Deshalb sollte ihre Berücksichtigung im Planszenario der Kapitalplanung zumindest in einem sukzessiven Aufbau des Kapitals bestehen, das für die vollständige Erfüllung dieser Zielkennziffer notwendig ist.[431]

---

427 Vgl. Richtlinie 2013/36/EU (Bankenrichtlinie – CRD IV) des Europäischen Parlaments und des Rates vom 26. Juni 2013 über den Zugang zur Tätigkeit von Kreditinstituten und die Beaufsichtigung von Kreditinstituten und Wertpapierfirmen, zur Änderung der Richtlinie 2002/87/EG und zur Aufhebung der Richtlinien 2006/48/EG und 2006/49/EG, Amtsblatt der Europäischen Union vom 27. Juni 2013, L 176/403–404.

428 Vgl. European Central Bank, The Supervisory Review and Evaluation Process: what's new?, Newsletter articles, 16. November 2016.

429 Der »SREP-Kapitalzuschlag« (»Pillar 2 Requirement«, P2R) wird in Art. 104a CRD IV und in § 6c KWG als »zusätzliche Eigenmittelanforderung« (»Additional own funds requirement«) bezeichnet. Die »Säule-2-Kapitalempfehlung« (»Pillar 2 Guidance«, P2G) wird in Art. 104b CRD IV und in § 6d KWG als »Empfehlung für zusätzliche Eigenmittel« (»Guidance on additional own funds«) bzw. »Eigenmittelempfehlung« bezeichnet. In Deutschland wird die P2G auch »Eigenmittelzielkennziffer« (EMZK) genannt.

430 Vgl. Deutsche Bundesbank, Der aufsichtliche Überprüfungs- und Bewertungsprozess für kleinere Institute und Überlegungen zur Proportionalität, in: Monatsbericht, Oktober 2017, S. 49.

431 Vgl. Bundesanstalt für Finanzdienstleistungsaufsicht/Deutsche Bundesbank, Aufsichtliche Beurteilung bankinterner Risikotragfähigkeitskonzepte und deren prozessualer Einbindung in die Gesamtbanksteuerung (»ICAAP«) – Neuausrichtung, Leitfaden vom 24. Mai 2018, S. 10 (Fußnote 5).

Darüber hinaus sind in der normativen Perspektive sämtliche Strukturanforderungen hinsichtlich des Kapitals, wie z. B. die Höchstverschuldungsquote, die Großkreditgrenzen und, sofern anwendbar, die Mindestanforderungen für berücksichtigungsfähige Verbindlichkeiten (»Minimum Requirements for Own Funds and Eligible Liabilities«, MREL) und die Mindestanforderungen zur Gesamtverlustabsorptionsfähigkeit (»Total Loss Absorbing Capacity«, TLAC) zu beachten.   **346**

Die EZB hat im Zusammenhang mit der Festlegung des Risikoappetits einen so genannten »Managementpuffer« ins Spiel gebracht. Dabei handelt es sich um einen Kapitalbetrag, der über den Mindestvorgaben der Aufsichts- und Regulierungsbehörden für das Kapital liegt. Er soll den bedeutenden Instituten als Sicherheitspuffer dienen, um ihr Geschäftsmodell nachhaltig betreiben und flexibel gegenüber eventuellen Geschäftschancen bleiben zu können, ohne ihre angemessene Kapitalausstattung zu gefährden.[432] Der Baseler Ausschuss für Bankenaufsicht hatte sich zuvor schon zu soliden Praktiken bei der Kapitalplanung geäußert und dabei u. a. einen Kapitalpuffer für Schwächen im Risikomanagement genannt, um sich als Institut hinsichtlich der Kapitalausstattung nicht in falscher Sicherheit zu wiegen und auf unerwartete Ereignisse reagieren zu können.[433]   **347**

Die EZB führt zwar aus, dass ein Institut je nach betrachtetem Szenario bei einem Managementpuffer von null immer noch in der Lage sein könnte, sein Geschäftsmodell nachhaltig zu verfolgen. Gleichzeitig weist sie aber darauf hin, dass in der Regel von einem Managementpuffer größer als null ausgegangen wird. Insofern ist damit zu rechnen, dass der Verzicht auf einen Managementpuffer bei bedeutenden Instituten kaum vermeidbare Diskussionen zur Folge hätte. Dies ist der Tatsache geschuldet, dass die Marktteilnehmer in der Regel eine höhere Kapitalausstattung erwarten als das regulatorische Minimum, da sie auf Bonus- und Dividendenzahlungen sowie Zahlungen auf Instrumente des zusätzlichen Kernkapitals (»Additional Tier 1 Capital«, AT1) nicht verzichten wollen. Beispielhaft stellt die EZB darauf ab, dass kapitalmarktorientierte Institute gezwungen sein könnten, ausgerechnet dann Kapitalinstrumente zu emittieren, wenn das Vertrauen der Anleger gesunken ist. Damit wären aufgrund höherer Risikoaufschläge zumindest Mehrkosten verbunden. Ein angemessener Managementpuffer könnte diese Situation vermeiden.[434] Die EZB erwartet, dass die Managementpuffer auch Unsicherheiten im Zusammenhang mit Projektionen der Kapitalquoten und sich daraus möglicherweise ergebende Schwankungen dieser Quoten abfedern.[435]   **348**

Die deutschen Aufsichtsbehörden haben die Vorgabe eines zusätzlichen Managementpuffers als verbindliche Anforderung nicht aufgegriffen. Von den weniger bedeutenden Instituten wird lediglich erwartet, Transparenz über sämtliche für die Steuerung relevanten Aspekte herzustellen, wozu auch mögliche institutsintern definierte Warnschwellen, Managementpuffer o. Ä. gehören, sofern ein Institut davon Gebrauch machen sollte.[436]   **349**

---

432 Vgl. Europäische Zentralbank, Leitfaden der EZB für den bankinternen Prozess zur Sicherstellung einer angemessenen Kapitalausstattung (Internal Capital Adequacy Assessment Process – ICAAP), 9. November 2018, S. 45. In Analogie dazu kann es auch einen Managementpuffer für die Liquiditätsausstattung geben. Vgl. Europäische Zentralbank, Leitfaden der EZB für den bankinternen Prozess zur Sicherstellung einer angemessenen Liquiditätsausstattung (Internal Liquidity Adequacy Assessment Process – ILAAP), 9. November 2018, S. 36.

433 Vgl. Baseler Ausschuss für Bankenaufsicht, Grundlagen für ein solides Verfahren zur Kapitalplanung – Solide Praktiken, BCBS 277, 23. Januar 2014, S. 5 ff.

434 Vgl. Europäische Zentralbank, Leitfaden der EZB für den bankinternen Prozess zur Sicherstellung einer angemessenen Kapitalausstattung (Internal Capital Adequacy Assessment Process – ICAAP), 9. November 2018, S. 19.

435 Vgl. Europäische Zentralbank, Leitfaden der EZB für den bankinternen Prozess zur Sicherstellung einer angemessenen Kapitalausstattung (Internal Capital Adequacy Assessment Process – ICAAP), 9. November 2018, S. 15. Vergleichbare Vorgaben macht die EZB auch im Zusammenhang mit der Liquiditätsausstattung der Institute. Vgl. Europäische Zentralbank, Leitfaden der EZB für den bankinternen Prozess zur Sicherstellung einer angemessenen Liquiditätsausstattung (Internal Liquidity Adequacy Assessment Process – ILAAP), 9. November 2018, S. 16.

436 Vgl. Bundesanstalt für Finanzdienstleistungsaufsicht/Deutsche Bundesbank, Aufsichtliche Beurteilung bankinterner Risikotragfähigkeitskonzepte und deren prozessualer Einbindung in die Gesamtbanksteuerung (»ICAAP«) – Neuausrichtung, Leitfaden vom 24. Mai 2018, S. 9.

AT 4.1 Risikotragfähigkeit

350   Als Startpunkt der Kapitalplanung können einige der Kennzahlen, wie z. B. die risikogewichteten Aktiva, der Gesamtrisikobetrag und die Eigenmittel, direkt aus dem aufsichtlichen Meldewesen übernommen werden. Das ist sogar zu empfehlen, weil abweichende Angaben in der Kapitalplanung im Vergleich zum Meldewesen eher zu Rückfragen der zuständigen Behörden führen würden. Dasselbe gilt für die Berechnung der Kapitalanforderungen hinsichtlich der Risiken aus der ersten Säule, die nach aufsichtlich vorgegebenen Ansätzen zu erfolgen hat. Ein Abweichen von der vorgegebenen Berechnungslogik für die »risikogewichteten Positionsbeträge« würde dem Sinn der normativen Perspektive zuwiderlaufen. Die Abweichung der Ergebnisse zwischen den verschiedenen Szenarien sollte sich allein aus der Veränderung der Risikosituation und damit der maßgeblichen Parameter ergeben.

351   Auch die SREP-Kapitalfestsetzung für das jeweilige wesentliche Risiko muss in der Kapitalplanung plausibel fortgeschrieben werden. Sofern keine Erkenntnisse vorliegen, die auf eine Veränderung des SREP-Kapitalzuschlages oder der Eigenmittelzielkennziffer hindeuten, kann der aktuell festgesetzte Betrag auf die zukünftigen Perioden übertragen werden. Der Ansatz eines geringeren SREP-Kapitalzuschlages als des zum Erstellungszeitpunkt der Kapitalplanung gültigen wird seitens der Aufsicht sehr stark hinterfragt werden. In diesem Fall müsste die Risikoreduzierung bereits jetzt beschlossen und auch unter Ertragsgesichtspunkten leistbar sein. Umgekehrt gilt, dass bei bereits deutlich erkennbaren Risikoerhöhungen die absehbare Erhöhung des SREP-Kapitalzuschlages in der normativen Perspektive in den entsprechenden Betrachtungsperioden berücksichtigt werden sollte.

352   Die anzuwendenden Verfahren zur Risikoquantifizierung ergeben sich für Adressenausfallrisiken, Marktpreisrisiken und operationelle Risiken aus den Anforderungen der CRR, mit denen risikogewichtete Positionsbeträge zu ermitteln sind. Mit den in der ersten Säule vorgegebenen Verfahren ist gleichzeitig ein Risikobetrachtungshorizont von einem Jahr verbunden. Darüber hinaus sind auch erwartete Auswirkungen von allen wesentlichen Risiken eines Institutes auf die Gewinn- und Verlustrechnung und damit auf die regulatorischen Eigenmittel zu analysieren und auf der Grundlage interner Verfahren quantitativ zu berücksichtigen, z. B. erwartete Ausfälle von Kreditnehmern, Abschreibungen auf Wertpapiere oder erwartete Schäden aus operationellen Risiken. Die Abbildung der Adressenausfallrisiken, Marktpreisrisiken und operationellen Risiken gemäß den Anforderungen der CRR mit risikogewichteten Positionsbeträgen genügt also nicht, da diese Risikoarten gleichzeitig auf die Gewinn- und Verlustrechnung wirken und über die Reduktion der regulatorischen Eigenmittel einen Effekt auf die regulatorischen Kapitalquoten haben können. Das Ziel der normativen Perspektive ist, am Ende jeder Betrachtungsperiode zu prüfen, ob alle regulatorischen und aufsichtlichen Anforderungen eingehalten sind.

353   Das Risikodeckungspotenzial besteht konsequenter Weise aus regulatorischen Eigenmitteln sowie ggf. weiteren Kapitalbestandteilen, soweit diese aufsichtsseitig zur Abdeckung von aufsichtlichen Kapitalanforderungen und -erwartungen (einschließlich Eigenmittelzielkennziffer) anerkannt werden. Mit weiteren Kapitalbestandteilen sind die § 340f HGB-Reserven gemeint, die von der deutschen Aufsicht im Rahmen des ICAAP als verlustabsorbierend angenommen werden. Die Betrachtung von Kapitalquoten einschließlich der in der ersten Säule nicht anerkannten Kapitalbestandteile ist nicht sinnvoll, da eine solche Betrachtung keine Aussage über die Einhaltung der Kapitalquoten in der Zukunft erlaubt. Die in der ersten Säule nicht anerkannten § 340f HGB-Reserven können allerdings insofern genutzt werden, als dass sie Verluste absorbieren können, die für die Bestimmung der regulatorischen Eigenmittel in den Folgeperioden relevant sind. Bei der Ermittlung der zur Verfügung stehenden regulatorischen Eigenmittel in späteren Planungsperioden können vorgesehene Umwandlungen von § 340f HGB-Reserven (bzw. Reserven gemäß § 26a KWG a. F.) in Rücklagen berücksichtigt werden. Allerdings muss das Ergänzungskapital entsprechend verringert werden, wenn die Vorsorgereserven zuvor dort einbezogen wurden. Bei der Planung sollte beachtet werden, dass die Unsicherheit hinsichtlich der Annahmen bei weiter in der Zukunft liegenden Planungszeiträumen wächst.[437] Planergebnisse künftiger Perioden können im Rahmen der Kapitalplanung angesetzt werden.[438] Dabei ist der Zeitpunkt der Anerkennung als regulatorische Eigenmittel in der Regel im Folgejahr der Entstehung relevant.

12.6 Definition von adversen Szenarien in der normativen Perspektive

Bei der Kapitalplanung müssen auch adverse Entwicklungen, die von den Erwartungen abweichen, zugrunde gelegt werden. Die Definition der adversen Szenarien soll insbesondere die Verwundbarkeiten des Institutes aufzeigen. Insoweit besteht eine Verbindung zur Geschäftsmodellanalyse und den Stresstests. Im Fokus stehen insbesondere externe Faktoren, die vom Institut nicht beeinflusst werden können (z. B. Änderungen des allgemeinen Zinsumfeldes, der wirtschaftlichen Situation und der Wachstumsannahmen). Hinsichtlich der Schwere der adversen Szenarien wird von den weniger bedeutenden Instituten erwartet, dass die Szenarien für das Institut widrige Entwicklungen widerspiegeln, die einen spürbaren Einfluss auf die zukünftige Kapitalausstattung und Kapitalplanung des Institutes haben oder haben können und insofern mit den Auswirkungen einer Rezession oder eines für das Institut ähnlich schweren Szenarios vergleichbar sind. Diese adversen Entwicklungen müssen nicht zwingend die (maximale) Schwere der vom Institut durchgeführten Stresstests besitzen.

354

Für die Institute besteht die Möglichkeit, sich bei der Ausgestaltung der adversen Szenarien an den vom Institut durchgeführten Stresstests zu orientieren. Dabei kann auch auf den geforderten schweren konjunkturellen Abschwung (→ AT 4.3.3 Tz. 6) abgestellt werden.[439] Die Verwendung eines schweren konjunkturellen Abschwungs als einziges Stressszenario wird von der deutschen Aufsicht mittlerweile kritisch gesehen, weil damit die individuellen Verwundbarkeiten ggf. nicht hinreichend abgebildet werden.[440]

355

Von den bedeutenden Instituten wird erwartet, dass sie in den adversen Szenarien der normativen Perspektive außergewöhnliche, aber plausible Entwicklungen zugrunde legen, die sich auf schwerwiegende wirtschaftliche Abschwünge und finanzielle Schocks, relevante institutsspezifische Anfälligkeiten, Forderungen gegenüber bedeutenden Kontrahenten und plausible Kombinationen dieser Aspekte beziehen. Gemessen an ihren Auswirkungen auf die aufsichtsrechtlichen Kapitalquoten (insbesondere die CET1-Quote) sollten die Szenarien aus Sicht der Institute so schwerwiegend sein wie Entwicklungen, die in einer Krisensituation auf den Märkten und im Hinblick auf jene Faktoren und Bereiche, die für eine angemessene Kapitalausstattung des Institutes am wichtigsten sind, beobachtet werden könnten. Die EZB fordert von den bedeutenden Instituten die Abbildung eines Stresstests bzw. einer Krisensituation in der Kapitalplanung. In ihrem Bericht über die ICAAP-Praktiken hat die EZB die Schwere der

356

---

437 Vgl. Bundesanstalt für Finanzdienstleistungsaufsicht/Deutsche Bundesbank, Aufsichtliche Beurteilung bankinterner Risikotragfähigkeitskonzepte und deren prozessualer Einbindung in die Gesamtbanksteuerung (»ICAAP«) – Neuausrichtung, Leitfaden vom 24. Mai 2018, S. 9.

438 Vgl. Bundesanstalt für Finanzdienstleistungsaufsicht/Deutsche Bundesbank, Aufsichtliche Beurteilung bankinterner Risikotragfähigkeitskonzepte und deren prozessualer Einbindung in die Gesamtbanksteuerung (»ICAAP«) – Neuausrichtung, Leitfaden vom 24. Mai 2018, S. 8.

439 Vgl. Bundesanstalt für Finanzdienstleistungsaufsicht/Deutsche Bundesbank, Aufsichtliche Beurteilung bankinterner Risikotragfähigkeitskonzepte und deren prozessualer Einbindung in die Gesamtbanksteuerung (»ICAAP«) – Neuausrichtung, Leitfaden vom 24. Mai 2018, S. 12.

440 Vom Austausch der Deutschen Kreditwirtschaft (DK) mit der BaFin und der Deutschen Bundesbank am 5. November 2018 zum überarbeiteten aufsichtlichen Risikotragfähigkeitsleitfaden existiert lediglich ein DK-internes Ergebnisprotokoll.

AT 4.1 Risikotragfähigkeit

Szenarien in der Kapitalplanung als unzureichend eingestuft. Der durchschnittliche CET1-Rückgang im schwersten Szenario hat in 2019 3,3 Prozentpunkte betragen.[441]

357   Um die unterschiedlichen plausiblen Risikokombinationen angemessen widerzuspiegeln, werden bei bedeutenden Instituten in der Regel mehrere adverse Szenarien notwendig sein. Die angemessene Anzahl hängt u. a. vom Risikoprofil ab.[442] Bei weniger bedeutenden Instituten kann gemäß dem RTF-Leitfaden auch ein adverses Szenario ausreichen. Dabei kommt es darauf an, ob alle wesentlichen Risiken eines Institutes von einem Szenario hinreichend abgedeckt werden können. Es muss aber nicht für alle Parameter zwingend zu einer negativen Auslenkung führen. In der Regel wird es schwierig sein, alle wesentlichen Verwundbarkeiten des Institutes in einem einzigen schlüssigen Szenario abzubilden. Wird beispielsweise im adversen Szenario »schwerer konjunktureller Abschwung« eine Zinssenkung angenommen, während das Institut aufgrund des Depot A auch hinsichtlich einer Zinssteigerung anfällig ist, wird ein weiteres Szenario erforderlich sein, um die Auswirkungen eines Zinsanstieges zu simulieren.

358   In den adversen Szenarien sollten die Institute geeignete Methoden zur Quantifizierung potenzieller künftiger Veränderungen der regulatorischen Eigenmittel und des Gesamtrisikobetrages (»Total Risk Exposure Amount«, TREA) verwenden.[443] In geeigneter Weise sind dabei die Auswirkungen der wesentlichen Risiken aus der ökonomischen Perspektive quantitativ zu berücksichtigen.[444] Auch wenn die Ergebnisse der normativen Perspektive in aufsichtsrechtlichen Messgrößen ausgedrückt werden, sollten die Effekte von allen wesentlichen Risiken auf diese Messgrößen berücksichtigt werden, sofern sie im jeweiligen Szenario im Planungszeitraum eintreten könnten. Es geht nicht darum, einen Risikowert aus der ökonomischen Perspektive in die normative Sichtweise zu übernehmen oder diesen Risikowert auf die Planungsperioden aufzuteilen. Die ökonomische Perspektive ist ein Indikator dem Grunde nach, und es gilt, die in der ökonomischen Perspektive erkennbaren Risiken in Form von plausiblen und konsistenten Szenarien normativ abzubilden. Dabei sind alle wesentlichen Risiken (inkl. Säule-1-Risiken) zu berücksichtigen. Insofern ergeben sich hier keine wesentlichen Unterschiede zur bisherigen Vorgehensweise im Rahmen des Going-Concern-Ansatzes alter Prägung mit der Ausnahme, dass man sich in der normativen Perspektive von Konfidenzniveaus löst und die Risiken szenariobasiert betrachtet.

359   Die Nutzung der regulatorischen Eigenkapitalelemente zur Risikoabdeckung sollte konsistent zur Schwere der angenommenen Szenarien und zum Risikoappetit des Institutes erfolgen. Insofern sollte insbesondere eine Unterschreitung der kombinierten Kapitalpufferanforderung nach § 10i KWG nur in schweren adversen Szenarien angenommen werden. Für diesen Fall sind – ggf. unter Verwendung des Sanierungsplanes nach der MaSanV – im Einklang mit der Strategie Handlungsoptionen zur Wiederherstellung der Einhaltung aller regulatorischen und aufsichtlichen Anforderungen und Zielgrößen darzustellen. In jedem Fall muss auch unter adversen Bedingungen mindestens die SREP-Gesamtkapitalanforderung (»Total SREP Capital Requirement«, TSCR) eingehalten werden. Bei hinreichend adversen Szenarien kann unter Umständen akzeptiert werden, dass die Institute ihre Säule-2-Kapitalempfehlung (»Pillar 2 Guidance«, P2G) und ihre kombinierte Kapitalpufferanforderung (»Combined Buffer Requirement«, CBR) nicht

---

441 Vgl. European Central Bank, ECB report on banks' ICAAP practices, 11. August 2020, S. 60 f.

442 Vgl. Europäische Zentralbank, Leitfaden der EZB für den bankinternen Prozess zur Sicherstellung einer angemessenen Kapitalausstattung (Internal Capital Adequacy Assessment Process – ICAAP), 9. November 2018, S. 40 f.

443 Vgl. Bundesanstalt für Finanzdienstleistungsaufsicht/Deutsche Bundesbank, Aufsichtliche Beurteilung bankinterner Risikotragfähigkeitskonzepte und deren prozessualer Einbindung in die Gesamtbanksteuerung (»ICAAP«) – Neuausrichtung, Leitfaden vom 24. Mai 2018, S. 9 f.

444 Vgl. Bundesanstalt für Finanzdienstleistungsaufsicht/Deutsche Bundesbank, Aufsichtliche Beurteilung bankinterner Risikotragfähigkeitskonzepte und deren prozessualer Einbindung in die Gesamtbanksteuerung (»ICAAP«) – Neuausrichtung, Leitfaden vom 24. Mai 2018, S. 10.

erfüllen.[445] Im Rahmen ihrer Kapitalplanung sollten die Institute allerdings sicherstellen, dass sie selbst in diesem Fall ihre über die TSCR hinausgehenden, angemessenen Managementpuffer aufrechterhalten können[446] (siehe Abbildung 31).

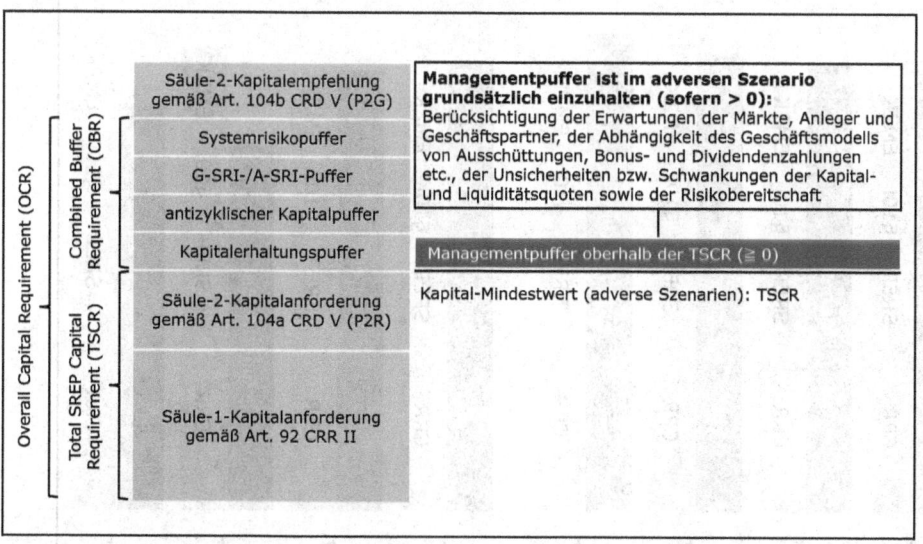

Abb. 31: Kapitalanforderungen und Managementpuffer in den adversen Szenarien der normativen Perspektive

Die deutschen Aufsichtsbehörden haben die mögliche Unterschreitung der kombinierten Kapital-pufferanforderung nach § 10i KWG und der Eigenmittelzielkennziffer im adversen Szenario im RTF-Leitfaden beispielhaft dargestellt (siehe Abbildungen 32 und 33).[447]

360

---

445 Vgl. Europäische Zentralbank, Leitfaden der EZB für den bankinternen Prozess zur Sicherstellung einer angemessenen Kapitalausstattung (Internal Capital Adequacy Assessment Process – ICAAP), 9. November 2018, S. 15ff.

446 Vgl. Europäische Zentralbank, Leitfaden der EZB für den bankinternen Prozess zur Sicherstellung einer angemessenen Kapitalausstattung (Internal Capital Adequacy Assessment Process – ICAAP), 9. November 2018, S. 24f.

447 Vgl. Bundesanstalt für Finanzdienstleistungsaufsicht/Deutsche Bundesbank, Aufsichtliche Beurteilung bankinterner Risikotragfähigkeitskonzepte und deren prozessualer Einbindung in die Gesamtbanksteuerung (»ICAAP«) – Neuausrichtung, Leitfaden vom 24. Mai 2018, S. 10.

AT 4.1 Risikotragfähigkeit

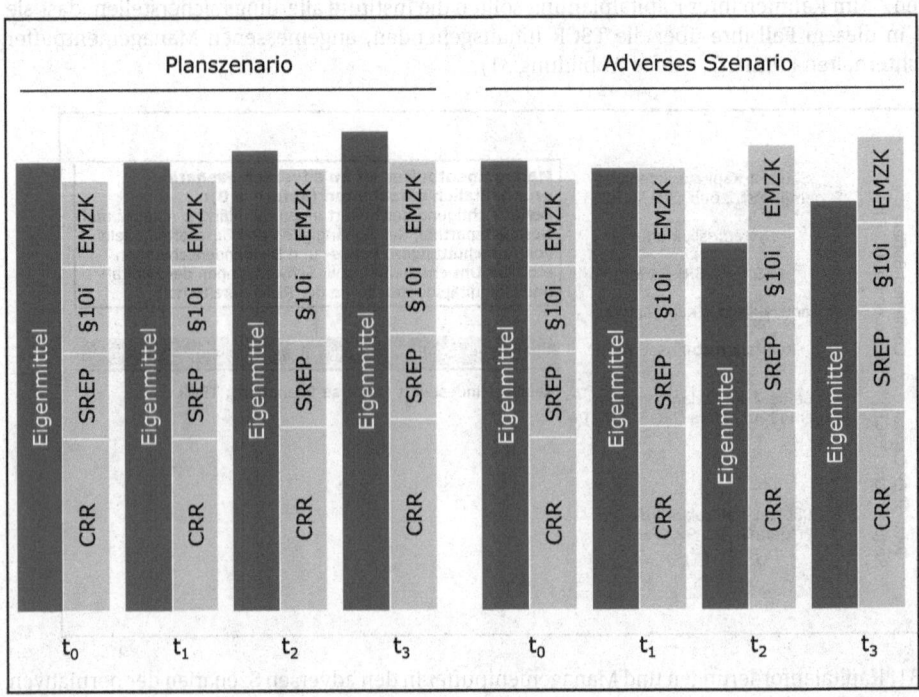

Abb. 32: Verhältnis von Eigenmitteln zu Kapitalanforderungen im Plan- und adversen Szenario im Zeitverlauf

Anforderungen / Szenarien	Planszenario	Adverses Szenario
Eigenmittelanforderungen nach CRR und erhöhte Eigenmittelanforderungen nach § 10 Abs. 3 oder 4 KWG (TSCR)	ja	ja
darunter: SREP-Gesamtkapitalanforderung (P2R)	*ja*	*ja*
Kombinierte Kapitalpufferanforderung nach § 10i Abs. 1 KWG (CBR)	ja	nein
Eigenmittelzielkennziffer (P2G)	ja	nein

Abb. 33: Aufsichtliche Erwartung zu regulatorischen und aufsichtlichen Kapitalanforderungen/ Zielgrößen

12.7 Berücksichtigung von Managementmaßnahmen

Geht ein Institut in seiner Kapitalplanung von Managementmaßnahmen aus, sollte es auch die 361
Durchführbarkeit und die erwarteten Auswirkungen dieser Maßnahmen in den jeweiligen Szenarien beurteilen und die quantitativen Auswirkungen der einzelnen Maßnahmen auf die Planzahlen transparent machen.[448] Diese Anforderung bedeutet nicht, dass zwei Kapitalplanungen – mit und ohne Berücksichtigung von Managementmaßnahmen – zu erstellen sind. Es reicht aus, die quantitativen Effekte der Managementmaßnahmen auf die regulatorischen Anforderungen und Zielgrößen darzustellen. Diese Managementmaßnahmen könnten mögliche Änderungen der Geschäftsstrategie, wie Wachstumsbeschränkungen oder Verkäufe von Portfolios, Personalabbau und Kürzungen von anderen operativen Aufwendungen, oder Kapitalmaßnahmen, wie die Kürzung oder Einstellung von Dividendenzahlungen oder die Ausgabe von weiteren Kapitalinstrumenten, umfassen.

Geplante Kapitalerhöhungen können bei der Kapitalplanung berücksichtigt werden, sofern 362
keine Zweifel an der Durchführbarkeit dieser Maßnahme in dem jeweiligen Szenario bestehen. Hierfür muss ein Beschluss der Geschäftsleitung bereits gefasst sein, um die Glaubwürdigkeit dieser Maßnahme nachzuweisen. Bedingte Kapitalerhöhungen dürfen als Annahmen im Planszenario verwendet werden, wenn die Strategien des Institutes solche Kapitalerhöhungen vorsehen. Ebenso muss glaubwürdig sein, dass diese strategischen Ziele umsetzbar sind, z. B. durch entsprechende erfolgreiche Einwerbung von Geschäftsanteilen in der Vergangenheit, ausreichende Dividendenzahlung etc. Werden materielle bedingte/geplante Kapitalerhöhungen im Planszenario unterstellt, sollte im Rahmen der adversen Szenarien untersucht werden, inwiefern ein Scheitern der Umsetzung dieser Planungsannahmen die Kapitalquoten beeinflusst.

Darüber hinaus können mögliche Kapitalerhöhungen auch als Gegenmaßnahmen im Rahmen 363
der adversen Szenarien betrachtet werden. Bei der Festlegung der Managementmaßnahmen ist zu hinterfragen, ob diese in dem jeweiligen Szenario durchführbar sind, insbesondere wenn viele Banken inmitten einer Krisensituation versuchen, dieselben Strategien umzusetzen.[449] Die zugrunde gelegten Annahmen sollten ggf. mit dem Sanierungsplan im Einklang stehen.[450]

---

448 Vgl. Europäische Zentralbank, Leitfaden der EZB für den bankinternen Prozess zur Sicherstellung einer angemessenen Kapitalausstattung (Internal Capital Adequacy Assessment Process – ICAAP), 9. November 2018, S. 19; Bundesanstalt für Finanzdienstleistungsaufsicht/Deutsche Bundesbank, Aufsichtliche Beurteilung bankinterner Risikotragfähigkeitskonzepte und deren prozessualer Einbindung in die Gesamtbanksteuerung (»ICAAP«) – Neuausrichtung, Leitfaden vom 24. Mai 2018, S. 11.

449 Vgl. Baseler Ausschuss für Bankenaufsicht, Grundlagen für ein solides Verfahren zur Kapitalplanung – Solide Praktiken, BCBS 277, 23. Januar 2014, S. 7.

450 Vgl. Europäische Zentralbank, Leitfaden der EZB für den bankinternen Prozess zur Sicherstellung einer angemessenen Kapitalausstattung (Internal Capital Adequacy Assessment Process – ICAAP), 9. November 2018, S. 19; Bundesanstalt für Finanzdienstleistungsaufsicht/Deutsche Bundesbank, Aufsichtliche Beurteilung bankinterner Risikotragfähigkeitskonzepte und deren prozessualer Einbindung in die Gesamtbanksteuerung (»ICAAP«) – Neuausrichtung, Leitfaden vom 24. Mai 2018, S. 11.

AT 4.2 Strategien

1	**Einführung und Überblick**	1
1.1	Sinn und Zweck von Strategien	1
1.2	Strategien und Geschäftsmodelle	6
1.3	Forderungen des Gesetzgebers	12
1.4	Lehren aus der Finanzmarktkrise	15
1.5	Lehren aus der COVID-19-Pandemie	18
1.6	Auswirkungen des aufsichtlichen Überprüfungs- und Bewertungsprozesses (SREP)	22
1.7	Anforderungen an die Strategien im Überblick	27
2	**Festlegung und Anpassung der Geschäftsstrategie (Tz. 1)**	30
2.1	Nachhaltige Geschäftsstrategie	31
2.2	Kompatibilität zwischen strategischer und operativer Ebene	34
2.3	Eckpunkte für die operative Planung	39
2.3.1	Berücksichtigung interner und externer Einflussfaktoren	39
2.3.2	Makroökonomische Einflüsse auf die Strategie	42
2.4	Besondere strategische Aspekte	45
2.4.1	Ausgestaltung der IT-Systeme	45
2.4.2	Ausbau und Verbesserung der Risikodatenaggregationskapazitäten	50
2.4.3	Umgang mit Auslagerungen	52
2.4.4	Umgang mit einem hohen NPL-Bestand	56
2.4.5	Berücksichtigung von Nachhaltigkeitsrisiken	71
2.5	Überprüfung der Strategien	87
2.6	Herausforderungen für die Aufsicht	93
2.6.1	Beurteilung der Geschäftsmodelle und -strategien im SREP	93
2.6.2	Integration von Nachhaltigkeitsrisiken in den SREP	100
3	**Festlegung der Risikostrategie und des Risikoappetits (Tz. 2)**	108
3.1	Konsistenz von Geschäfts- und Risikostrategie	109
3.2	Risikostrategie	111
3.3	Unterteilung in Teilstrategien	114
3.3.1	Beispiel Liquiditätsrisiko	114
3.3.2	Beispiel Adressenausfallrisiko	118
3.4	Zusammenhang zum Risikoappetit	121
3.4.1	Bedeutung des Risikoappetits	121
3.4.2	Festlegung des Risikoappetits	124
3.4.3	Rahmen und Erklärung zum Risikoappetit	128
3.4.4	Beispiel operationelles Risiko	131
3.4.5	Beispiel Zinsänderungsrisiko im Anlagebuch	133
3.5	Abgrenzung zur Kapitalstrategie	134
3.6	Zusammenhang zur Risikokultur	135

3.7	Berücksichtigung von Risiko- und Ertragskonzentrationen	137
3.7.1	Berücksichtigung von Risikokonzentrationen	137
3.7.2	Berücksichtigung von Ertragskonzentrationen	139
3.8	Berücksichtigung von Nachhaltigkeitsrisiken	142
3.9	Darstellung der Risikostrategie	147
4	**Strategie für notleidende Risikopositionen (Tz. 3)**	148
4.1	Strategie zum Abbau eines hohen NPL-Bestandes	149
4.1.1	Beurteilung des operativen Geschäftsumfeldes und der externen Bedingungen	154
4.1.2	Entwicklung einer Strategie und Handlungsoptionen	171
4.1.3	Festlegung von kurz-, mittel- und langfristigen Zielen	176
4.1.4	Umsetzung des Implementierungsplanes	181
4.2	Verbraucherschutzaspekte	186
4.3	Prüfung durch die zuständige Behörde	187
5	**Verantwortung für Inhalte und Umsetzung der Strategien (Tz. 4)**	192
5.1	Verantwortung der Geschäftsleitung	193
5.2	Eignung der Geschäftsleitung	198
5.3	Detaillierungsgrad der Strategien	199
5.4	Eingriffe in die Geschäftspolitik der Institute?	200
6	**Einrichtung eines Strategieprozesses (Tz. 5)**	204
6.1	Strategieprozess	205
6.1.1	Planung	208
6.1.2	Planungshorizont	211
6.1.3	Umsetzung	216
6.1.4	Beurteilung	219
6.1.5	Anpassung	221
6.2	Einbeziehung der Risikocontrolling-Funktion	222
7	**Information des Aufsichtsorgans (Tz. 6)**	225
7.1	Einbindung des Aufsichtsorgans	226
7.2	Erörterung der Ursachenanalyse bei Zielabweichungen	231
7.3	Ausschüsse des Aufsichtsorgans	232
7.4	Geheimhaltungspflichten der Organmitglieder	235
8	**Kommunikation der Strategien (Tz. 7)**	236
8.1	Information über Inhalte und Änderungen der Strategien	237
8.2	Art und Weise der Kommunikation	241
8.3	Zielgerichtete Kommunikation	243
8.4	Erleichterung der Kommunikation	247

1 Einführung und Überblick

1.1 Sinn und Zweck von Strategien

1 Der Begriff »Strategie« erfreut sich nicht nur in der Wirtschaft großer Beliebtheit. Es gibt z.B. strategische Schlüsselkunden, Allfinanzstrategien, Verdrängungsstrategien oder Nischenstrategien. Mitunter wird dieser Begriff jedoch nur als Schlagwort und nicht in jedem Fall hinreichend reflektiert verwendet. Selbst in der Wissenschaft gibt es keine einheitliche Definition für den Begriff Strategie.[1] Unumstritten ist lediglich, dass er seine Wurzeln im militärischen Bereich hat. Der aus dem Alt-Griechischen stammende Begriff »strategos« bedeutet so viel wie die Kunst der Heerführung. Clausewitz sorgte im Weiteren dafür, dass dem Begriff Strategie in den Militärwissenschaften eine zentrale Bedeutung eingeräumt wurde. Strategie ist nach Clausewitz »der Gebrauch des Gefechts zum Zweck des Krieges; sie muss also dem ganzen kriegerischen Akt ein Ziel setzen, welches dem Zweck entspricht, d.h. sie entwirft einen Kriegsplan, und an dieses Ziel knüpft sie die Reihe der Handlungen, welche zu demselben führen sollen, d.h. sie macht die Entwürfe zu den einzelnen Feldzügen und ordnet in diesen die einzelnen Gefechte ein«.[2] Das einzelne Gefecht ist hingegen Gegenstand der Taktik. Die Ergebnisse der einzelnen Gefechte für die eigenen Ziele nutzbar zu machen, fällt wiederum der Strategie zu.

2 Überträgt man diese Überlegungen auf ein Unternehmen, so beantwortet die Strategie die Frage, wohin sich das Unternehmen entwickeln soll. Die Taktik beantwortet die Frage, wie das Unternehmen dorthin gelangen soll. Zwar kann die Logik der Militärwissenschaften nicht ohne Weiteres auf betriebswirtschaftliche Fragestellungen übertragen werden. Der Einfluss militärischer Grundmuster ist jedoch auch in der Kreditwirtschaft unverkennbar (z.B. Eroberung von Marktanteilen, Brechen des Marktwiderstandes). Das spiegelt sich in betriebswirtschaftlichen Strategiebegriffen wider. Strategie umfasst nach einer gängigen Definition die Festlegung der langfristigen Ziele eines Unternehmens, der Politik und Richtlinien sowie die Mittel und Wege zur Erreichung dieser Ziele. Kennzeichnend für den Strategiebegriff sind die Berücksichtigung von Handlungen anderer Marktteilnehmer, proaktive Handlungen (Planung) sowie die Langfristigkeit des strategischen Handelns im Gegensatz zu kurz- bis mittelfristigen operativen Maßnahmen.[3] Spieltheoretisch ist die Strategie die Spezifikation dessen, was in jeder Situation des Spiels zu tun ist oder eben nicht. Voraussetzung hierfür ist die Kenntnis der eigenen Fähigkeiten und der Fähigkeiten des Gegners. Sie ist der Plan, der für unterschiedliche Umweltzustände eine Anweisung enthält, welcher Spielzug auf welche Weise auszuführen ist.[4]

3 Überträgt man diesen Gedanken aus der Spieltheorie auf ein Unternehmen, so handelt es sich bei einer Strategie verallgemeinert um eine Art Funktion, mit deren Hilfe festgelegt wird, in welcher (Wettbewerbs-)Situation vom Unternehmen welche Entscheidungen getroffen werden müssen, um die mittel- bis langfristigen Unternehmensziele zu erreichen.[5] Eine Strategie ist insofern für jedes Unternehmen von essenzieller Bedeutung. Wenn man nicht weiß, wohin man sich entwickeln möchte, was man erreichen will und wozu, bleibt nur Improvisation oder Ad-hoc-Management. Damit haben viele Institute in der Vergangenheit negative Erfahrungen gemacht. Natürlich kann sich ein Unternehmen auch ganz ohne Planung allein auf sein Glück verlassen. Die Erfolgsaussichten

---

1 Vgl. Welge, Martin/Al-Laham, Andreas, Strategisches Management, 4. Auflage, Wiesbaden, 2003, S. 12.

2 Vgl. von Clausewitz, Carl, Vom Kriege, 19. Auflage, Bonn, 1980, S. 345.

3 Vgl. Staehle, Wolfgang H., Management, 4. Auflage, München, 1989, S. 563.

4 Vgl. Bieta, Volker, Wenn der Mensch ins Glücksrad greift: Die Grenzen des Physikalismus im Risikomanagement, in: Zeitschrift für das gesamte Kreditwesen, Heft 8/2005, S. 418.

5 Vgl. Hannemann, Ralf, Strategische Auswirkungen der Neuen Baseler Eigenkapitalvereinbarung, in: Becker, Axel/Gaulke, Markus/Wolf, Martin, Praktiker-Handbuch Basel II, Stuttgart, 2005, S. 547.

sind allerdings wesentlich geringer als bei einer strategischen Herangehensweise, da man auf diese Weise den zukünftigen Erfolg nicht allein dem Zufall überlässt.

Der strategischen Positionierung kommt insbesondere auf dem Markt für Finanzdienstleistungen eine erhebliche Bedeutung zu, da sich viele Produkte ohne Weiteres von der Konkurrenz kopieren lassen. Das Ergebnis sind Preiskämpfe um die gleichen Produkte, die letztlich über massive Kostensenkungen in den Instituten geführt werden. Ein Institut kann sich diesem zum Teil ruinösen Preiskampf nur entziehen, indem es Produkte anbietet, die sich von denen anderer Konkurrenten unterscheiden und die gleichzeitig den Kundenwünschen Rechnung tragen. Strategie setzt sich somit mit der Kernfrage des Unternehmens auseinander, nämlich der Frage nach der eigenen Existenzberechtigung. Diese Existenzberechtigung hat ein Unternehmen insbesondere dann, wenn es etwas besser oder kostengünstiger für seine Kunden tun kann als die Konkurrenten und auf diese Weise ein nachhaltiger Wettbewerbsvorteil gegenüber der Konkurrenz generiert wird.

Die Fähigkeit, sich besser als Konkurrenten an sich ändernde Umweltbedingungen anpassen zu können, ist ein großer Mehrwert, den strategisches Handeln stiftet (»responsiveness«). Parallelen zur Evolutionstheorie, die maßgeblich von Charles Darwin vorangetrieben wurde, sind offensichtlich:»It's not the strongest of the species that survive, nor the most intelligent, but those that are the most responsive to change«.[6] Strategien haben noch eine weitere wichtige Funktion: Den operativen Unternehmensbereichen und den Aufsichtsorganen werden durch die Strategien die geschäfts- und risikopolitischen Absichten der Unternehmensleitung verdeutlicht. Auf diese Weise lässt sich innerhalb des Unternehmens ein gemeinsames Grundverständnis zu wesentlichen Fragen der Unternehmensentwicklung herstellen. Strategien sollten daher grundsätzlich einfach sein, so dass sie von allen Beteiligten nachvollzogen werden können.[7] Je größer die Anzahl der Mitarbeiter, bei denen eine Strategie auf Akzeptanz stößt, desto effizienter und auch schneller kann diese Strategie umgesetzt werden.[8]

1.2 Strategien und Geschäftsmodelle

Der Begriff »Geschäftsmodell« wird grundsätzlich als abstrakte Umschreibung für die Aktivitäten eines Unternehmens verstanden.[9] Ein Geschäftsmodell bildet in stark vereinfachter und aggregierter Form ab, welche Ressourcen in das Unternehmen fließen und wie diese Ressourcen durch den innerbetrieblichen Leistungserstellungs- bzw. Wertschöpfungsprozess in vermarktungsfähige Informationen, Produkte oder Dienstleistungen transformiert werden.[10] Konkret geht es um die Beantwortung der Fragen, welchen Nutzen das Unternehmen seinen Kunden und seinen strategischen Partnern stiftet, die an der Wertschöpfung beteiligt sind (»Nutzenversprechen«, »Wertangebot« oder »Value Proposition«), wie das Unternehmen diese Leistung erbringt (»Wertschöpfungsarchitektur« mit einer Beschreibung ihrer verschiedenen Stufen, wirtschaftlichen Agenten und Rollen) und welche Einnahmen das Unternehmen aus welchen Quellen generiert (»Ertragsmodell« – ggf. untergliedert in »Erlösmodell« und »Kostenmodell« – mit einer Fokussierung auf die zukünftigen Einnahmen). Die zukünftigen Einnahmen entscheiden letztlich über den Wert des Geschäftsmodells und damit über seine »Nachhaltigkeit«. Durch die Betonung der Wertschöpfung

4

5

6

6 Vgl. Darwin, Charles, The Origin of Species by Means of Natural Selection, New York, 1859, S. 45.

7 Vgl. Theilacker, Bertram, Warum Banken Strategien einfach brauchen, in: Börsen-Zeitung vom 4. Januar 2006, S. 4.

8 Vgl. Schierenbeck, Henner, Grundzüge der Betriebswirtschaftslehre, 16. Auflage, München/Wien, 2003, S. 51.

9 Vgl. Göttgens, Michael, Risikomanagementsysteme und Geschäftsmodelle von Banken – Welche Erkenntnisse erlauben Abschluss- und Sonderprüfung?, in: Die Wirtschaftsprüfung, Sonderheft 2/2010, S. S74.

10 Vgl. Wirtz, Bernd W., Business Model Management: Design – Instrumente – Erfolgsfaktoren von Geschäftsmodellen, Wiesbaden, 2010.

wird das Geschäftsmodell bewusst nicht über die Produkte oder Marktbereiche definiert, die nur als Mittel zum Zweck betrachtet werden.[11]

7 Dabei erlauben die drei Gliederungsebenen »Nutzenversprechen« (Reputationsrisiken), »Wertschöpfungsarchitektur« (operationelle Risiken) und »Ertragsmodell« (finanzielle Risiken) insbesondere in der Kreditwirtschaft einen angepassten Blick auf die damit verbundenen Risiken.[12] Zu diesem Zweck werden z. B. auf der Unternehmensseite Schlüsselressourcen, Schlüsselaktivitäten, Schlüsselpartner und Kostenstruktur sowie auf der Marktseite Kundenbeziehungen, Kommunikations- und Distributionskanäle, bearbeitete Kundensegmente und Einnahmequellen beleuchtet.[13]

8 Ein Geschäftsmodell ist zwar keine Strategie. Allerdings kann die bewusste Veränderung des Geschäftsmodells eine Strategie sein.[14] Mit der Strategie bzw. dem Geschäftsmodell als »Verkörperung« der Strategie erfolgt gleichzeitig die Positionierung im Wettbewerb.[15] Ein Unternehmen kann sich u. a. durch die stimmige Anordnung seiner Aktivitäten von anderen Wettbewerbern unterscheiden und auf diese Weise Wettbewerbsvorteile gegenüber der Konkurrenz generieren.[16]

9 Die Beschreibung eines Geschäftsmodells, also die logische Funktionsweise, wie ein Unternehmen Gewinne erwirtschaftet, soll dabei helfen, die Schlüsselfaktoren des Unternehmenserfolges oder -misserfolges zu analysieren. Insofern wird ein Geschäftsmodell in Unternehmen regelmäßig für strategische Analysen verwendet, wodurch die eigenen Geschäftsaktivitäten hinterfragt werden können, um sich besser von Wettbewerbern zu unterscheiden oder Schwächen abzustellen, wenn neue Wettbewerber mit neuen Geschäftsmodellen im Markt aktiv werden. Gleichzeitig kann auf dieser Basis eine neue Geschäftsidee systematisch dargestellt und somit evaluiert werden, worin sich die neue Geschäftsidee von bestehenden unterscheidet, wo die Wettbewerbsvorteile liegen, welches Alleinstellungsmerkmal (»Unique Selling Proposition«) die neue Geschäftsidee aufweist und welche Erfolgswahrscheinlichkeit sie hat.[17]

10 Das kritische Hinterfragen des eigenen Geschäftsmodells ist aufgrund des anhaltenden Niedrigzinsumfeldes, der zahlreichen regulatorischen Vorgaben, der fortschreitenden Digitalisierung, der steigenden Bedeutung von Informations- und Kommunikationstechnologie (IKT) und Finanztechnologie (FinTech) sowie der damit verbundenen Zunahme des Wettbewerbs in der Finanzbranche – auch durch völlig neue und andersartige Player – für die Institute zu einer Überlebensfrage geworden.[18] Vor dem Hintergrund des Klimawandels rückt außerdem der Umgang mit Nachhaltigkeitsrisiken immer stärker in den Fokus. Schließlich haben auch der Ausbruch und Verlauf der COVID-19-Pandemie gezeigt, dass angestammte Vorgehensweisen schneller hinterfragt werden können, als dies bisher angenommen wurde. Ein Beispiel dafür ist die Nutzung von Homeoffice, die aus Sicht vieler Experten auch in der Kreditwirtschaft nach dem Abklingen der Pandemie eine viel größere Rolle spielen wird, als in der Vergangenheit.

11 Trotz der vielfältigen Ausprägungen von Geschäftsmodellen lassen sich unter den traditionellen Kreditinstituten in Europa auf Basis wissenschaftlicher Methoden fünf idealtypische Grundmodelle identifizieren. Zu diesem Ergebnis kommt der »Banking Business Models Monitor« (BBM-Monitor) auf Basis einer Analyse der Geschäftsmodelle von 3.287 Banken, die mehr als 95 Prozent der

---

11 Vgl. Stähler, Patrick, Geschäftsmodelle in der digitalen Ökonomie: Merkmale, Strategien und Auswirkungen, Köln-Lohmar, 2001, S. 41 f.

12 Vgl. Göttgens, Michael, Risikomanagementsysteme und Geschäftsmodelle von Banken – Welche Erkenntnisse erlauben Abschluss- und Sonderprüfung?, in: Die Wirtschaftsprüfung, Sonderheft 2/2010, S. S74.

13 Vgl. Osterwalder, Alexander/Pigneur, Yves, Business Modell Generation, John Wiley & Sons, Hoboken NJ, 2010.

14 Vgl. Stähler, Patrick, Geschäftsmodelle in der digitalen Ökonomie: Merkmale, Strategien und Auswirkungen, Köln-Lohmar, 2001, S. 41 f.

15 Vgl. Göttgens, Michael, Risikomanagementsysteme und Geschäftsmodelle von Banken – Welche Erkenntnisse erlauben Abschluss- und Sonderprüfung?, in: Die Wirtschaftsprüfung, Sonderheft 2/2010, S. S74.

16 Vgl. Porter, Michael E., What is Strategy?, in: Porter, Michael E. (Hrsg.), On Competition, Boston, 1998, S. 39 ff.

17 Vgl. Stähler, Patrick, Geschäftsmodelle in der digitalen Ökonomie: Merkmale, Strategien und Auswirkungen, Köln-Lohmar, 2001, S. 38 ff.

18 Zur Vertiefung dieser Thematik mit Blick auf die Analyse und Entwicklung von Geschäftsmodellen siehe insbesondere Andrae, Silvio, Geschäftsmodelle im Banking – Analyse und Entwicklung, Stuttgart, 2017.

Aktiva der Europäischen Union und der Länder der Europäischen Freihandelszone (»European Free Trade Association«, EFTA) abdecken, im Zeitraum von 2005 bis 2017. Der europäische Ableger des BBM Monitor wurde von Wissenschaftlern der »Mediterranean Economists Association« (EMEA) in Barcelona, der »Cass Business School« in London und des »Centre for European Policy Studies« (CEPS) in Brüssel erstellt. Die Wissenschaftler kommen zu folgender Abgrenzung[19]:

- Fokussierte Retail-Banken (die kleinsten Banken) refinanzieren sich hauptsächlich durch Einlagen von Retail-Kunden (ca. 71 Prozent) und vergeben auch hauptsächlich Kredite an Retail-Kunden (ca. 71 Prozent).
- Diversifizierte Retail-Banken (Typ 1) sind auf der Aktivseite diversifiziert und hängen stark von Einlagen von Retail-Kunden ab, indem sie sich vornehmlich dadurch refinanzieren, weniger durch Einlagen anderer Banken und Ausgabe eigener Schuldverschreibungen.
- Diversifizierte Retail-Banken (Typ 2) sind auf der Aktivseite diversifiziert und hängen stark von der Wholesale-Refinanzierung ab, indem sie sich hauptsächlich durch Ausgabe eigener Schuldverschreibungen (ca. 41 Prozent) refinanzieren, aber auch durch Einlagen von Retail-Kunden.
- Investment-Banken (die größten Banken) sind auf der Aktivseite überwiegend investitionsorientiert, betreiben umfangreiches Handelsgeschäft (ca. 69 Prozent) und Derivategeschäft (ca. 5,5 Prozent) und weisen eine diversifizierte Refinanzierung auf, mit einem Schwerpunkt über den Geld- und Kapitalmarkt.
- Wholesale-Banken refinanzieren sich hauptsächlich über den Geld- und Kapitalmarkt und legen ihr Geld vornehmlich bei institutionellen Kunden (z. B. Banken) an.

1.3 Forderungen des Gesetzgebers

Der Gesetzgeber räumt der Notwendigkeit von Strategien einen hohen Stellenwert ein. So hat der Vorstand nach § 90 Abs. 1 AktG dem Aufsichtsrat u. a. über die beabsichtigte Geschäftspolitik und andere grundsätzliche Fragen der Unternehmensplanung zu berichten. Dabei ist auch auf Abweichungen der tatsächlichen Entwicklung von früher berichteten Zielen unter Angabe von Gründen einzugehen. Die Strategie spielt auch im Deutschen Corporate Governance Kodex (DCGK) eine wichtige Rolle, der sich an börsennotierte Gesellschaften und Gesellschaften mit Kapitalmarktzugang im Sinne des § 161 Abs. 1 Satz 2 AktG richtet. Für nicht kapitalmarktorientierte Gesellschaften können die Empfehlungen und Anregungen zur Orientierung dienen. So hat der Vorstand die strategische Ausrichtung des Unternehmens zu entwickeln, mit dem Aufsichtsrat abzustimmen und für ihre Umsetzung zu sorgen. Er hat außerdem in regelmäßigen Abständen den Stand der Strategieumsetzung mit dem Aufsichtsrat zu erörtern. Zu diesem Zweck muss der Vorstand den Aufsichtsrat regelmäßig, zeitnah und umfassend über alle für das Unternehmen relevanten Fragen, insbesondere der Strategie, der Planung, der Geschäftsentwicklung, der Risikolage, des Risikomanagements und der Compliance, informieren und dabei auf Abweichungen des Geschäftsverlaufes von den aufgestellten Plänen und vereinbarten Zielen unter Angabe von Gründen eingehen. Der Aufsichtsrat kann jederzeit zusätzliche Informationen vom Vorstand verlangen. Außerdem soll der Vorsitzende des Vorstandes den Aufsichtsratsvorsitzenden unverzüglich über wichtige Ereignisse, die für die Beurteilung der Lage und Entwicklung sowie für die Leitung des Unternehmens von wesentlicher Bedeutung sind, informieren, damit dieser den Aufsichtsrat unterrichten und ggf. eine außerordentliche Aufsichtsratssitzung einberufen kann.[20]

19 Vgl. Ayadi, Rym/Cucinelli, Doriana/De Groen, Willem Pieter, Banking Business Models Monitor Europe – Performance, Risk, Response to Regulation and Resolution: 2005–2017, 5. Dezember 2019, S. 13 ff.

20 Vgl. Regierungskommission Deutscher Corporate Governance Kodex, Deutscher Corporate Governance Kodex, Fassung vom 16. Dezember 2019, S. 4 und 11.

13   Strategien sind darüber hinaus Gegenstand des KWG. Institute haben gemäß § 25a Abs. 1 KWG ein angemessenes Risikomanagement einzurichten, dass u. a. die Festlegung von Strategien umfasst. Dabei verwendet der Gesetzgeber bewusst den Plural. Nach der Regierungsbegründung zur Umsetzung der Bankenrichtlinie und der Kapitaladäquanzrichtlinie ist neben einer Risikostrategie grundsätzlich auch eine Geschäftsstrategie festzulegen, in der die Ziele und Planungen aller wesentlichen Geschäftsaktivitäten niederzulegen sind. Zwischen Geschäfts- und Risikostrategie muss ein konsistenter Zusammenhang bestehen. Über § 25b Abs. 1 KWG wird darüber hinaus ein Zusammenhang zu den Auslagerungsaktivitäten des Institutes hergestellt. Die ausgelagerten Aktivitäten und Prozesse sind in das Risikomanagement und somit auch in die Strategien des Institutes einzubeziehen. In der Regierungsbegründung wird allerdings auch zum Ausdruck gebracht, dass der Inhalt der Geschäftsstrategie allein in der Verantwortung der Geschäftsleitung liegt und somit Eingriffe in die Entscheidungsautonomie der Institute unzulässig sind. Diese Aspekte werden dementsprechend in den MaRisk betont, die als norminterpretierende Verwaltungsvorschriften der BaFin den Wortlaut des Gesetzes auch mit Bezug zu den Strategien der Institute präzisieren (→ AT 4.2 Tz. 1, Erläuterung).

14   Seit Inkrafttreten des Trennbankengesetzes[21] haben die Geschäftsleiter im Rahmen ihrer Gesamtverantwortung für die ordnungsgemäße Geschäftsorganisation des Institutes gemäß § 25c Abs. 4a Satz 1 Nr. 1 KWG dafür Sorge zu tragen, dass jederzeit das Gesamtziel, die Ziele des Institutes für jede wesentliche Geschäftsaktivität sowie die Maßnahmen zur Erreichung dieser Ziele dokumentiert werden und die Risikostrategie jederzeit die Ziele der Risikosteuerung der wesentlichen Geschäftsaktivitäten sowie die Maßnahmen zur Erreichung dieser Ziele umfasst. Grundsätzlich besteht diese Verpflichtung bereits laut § 25a Abs. 1 Satz 2 KWG, wonach die Geschäftsleiter für die ordnungsgemäße Geschäftsorganisation des Institutes verantwortlich sind. Dazu gehört gemäß § 25a Abs. 1 Satz 3 Nr. 1 KWG ein angemessenes und wirksames Risikomanagement, das u. a. die Festlegung einer auf die nachhaltige Entwicklung des Institutes gerichteten Geschäftsstrategie und einer damit konsistenten Risikostrategie, sowie die Einrichtung von Prozessen zur Planung, Umsetzung, Beurteilung und Anpassung der Strategien umfasst.

1.4   Lehren aus der Finanzmarktkrise

15   Bei der Aufarbeitung der Finanzmarktkrise[22] spielt auch das Thema Strategie eine prominente Rolle. So wird etwa von der globalen Interessenvertretung der Finanzindustrie, dem Institute of International Finance (IIF), herausgestellt, dass sich das leitende Management ein besseres Verständnis für die eigene geschäftspolitische Ausrichtung und deren Weiterentwicklung verschaffen muss. Das leitende Management darf sich nicht nur auf aktuelle Risiko- und Revisionsberichte verlassen. Es muss auch prüfen, wie sich das eigene Geschäftsmodell im Zeitverlauf entwickelt, und Abweichungen vom eigenen Zielsystem registrieren. Das Risikomanagement darf sich außerdem nicht nur auf eine Überwachungsfunktion reduzieren. Vielmehr muss die Geschäftsstrategie und deren Weiterentwicklung eng damit verknüpft werden.[23] Potenzielle Risiken

---

21   Gesetz zur Abschirmung von Risiken und zur Planung der Sanierung und Abwicklung von Kreditinstituten und Finanzgruppen vom 7. August 2013 (BGBl. I S. 3090), veröffentlicht am 12. August 2013.

22   Die »Subprimekrise« in 2007 beruhte auf einem kontinuierlichen Anstieg der Leitzinsen in den USA ab dem Jahr 2004 und weitete sich spätestens mit der Insolvenz von Lehman Brothers in 2008 zur »Finanzmarktkrise« aus (→ AT 4.3.3 Tz. 3). Unter dem Begriff »Finanzmarktkrise« wird im Kommentar auf diese Krise abgestellt. In Abgrenzung zu anderen Krisenereignissen wird die Finanzmarktkrise von 2007 bis 2009 in neueren Veröffentlichungen auch als die »Große Finanzkrise« (»Great Financial Crisis«, GFC) bezeichnet. Vgl. Basel Committee on Banking Supervision, Principles for Operational Resilience, BCBS 516, 31. März 2021, S. 1.

23   »Regardless of organization, it is no longer appropriate for risk management to be only a monitoring function. It needs to be included in development of firm strategy. CROs should not just be risk managers but also risk strategists.« Institute of International Finance, Interim Report of the IIF Committee on Market Best Practices, April 2008, S. 7.

im Zusammenhang mit Strategieanpassungen oder auch unterlassenen Anpassungen müssen im Kontext sich verändernder Marktbedingungen im Risikomanagement berücksichtigt werden.[24] Vor diesem Hintergrund hat zunächst der Finanzstabilitätsrat (Financial Stability Board, FSB) – bezogen auf systemrelevante Finanzinstitute (Systemically Important Financial Institutions, SIFI) – Initiativen entwickelt, die dafür sorgen sollen, dass sich die Aufsichtsbehörden deutlich intensiver mit den Strategien der Institute befassen.[25] Zuvor hatte sich bereits CEBS[26] mit dem Thema »Business and Strategic Risk« beschäftigt.[27]

Die deutsche Aufsicht sah sich vor diesem Hintergrund dazu veranlasst, die bereits bestehenden **16** Anforderungen in den MaRisk weiter auszubauen. Dabei spielten auch konkrete Erfahrungen aus der Aufsichts- und Prüfungspraxis eine wichtige Rolle. Verbesserungsbedarf bestand aus Sicht der Aufsicht vor allem im Hinblick auf den prozessualen Rahmen, in dem die Institute ihre Strategien entwickeln, umsetzen, beurteilen und ggf. anpassen. Teilweise reduzierte sich die Anwendung der bereits bestehenden Anforderungen bei den Instituten nur auf eine rein formale Umsetzung. In anderen Fällen wurden wesentliche Einflussfaktoren, wie etwa Veränderungen der ökonomischen Umwelt und ihre Bedeutung für das Institut, nicht ausreichend gewürdigt. In einigen Instituten waren die in den Strategien niedergelegten Ziele nach den Erfahrungen der Aufsicht derart unbestimmt, dass sich diese Institute keinen Eindruck über den Grad der Zielerreichung verschaffen konnten. Schließlich wurde die geforderte Konsistenz zwischen Geschäfts- und Risikostrategie nicht immer bis in die letzte Konsequenz von den Instituten gelebt. Konsistenz ließe sich – so die Aufsicht – jedenfalls nur schwer herstellen, wenn beide Strategien in unterschiedlichen Organisationseinheiten vorbereitet würden, ohne dass ein Austausch zwischen diesen Einheiten stattfindet.[28] So ist es in der Praxis z. B. üblich, dass die Geschäftsstrategie in einer strategischen Stabsabteilung und die Risikostrategie im Risikocontrolling ausgearbeitet werden.

Die Anforderungen an die Strategien wurden daher im Rahmen der dritten MaRisk-Novelle weiter **17** ausgebaut. Allerdings wurde die bisherige Zielrichtung grundsätzlich beibehalten, indem die neuen Anforderungen auf den bereits bestehenden Regelungen aufbauen und diese weiter präzisieren, um die Governance in diesem Bereich zu stärken. Im Rahmen der vierten MaRisk-Novelle wurden einige Ergänzungen vorgenommen, die auf eine Konkretisierung der Bestandteile einer Strategie hinauslaufen.

1.5 Lehren aus der COVID-19-Pandemie

Auch aus der COVID-19-Pandemie werden die Institute und die Aufsichtsbehörden wieder ihre **18** Lehren ziehen. Eine wichtige Erkenntnis dürfte sein, dass sich eine Krise vor allem dann gut bewältigen lässt, wenn alle Beteiligten an einem Strang ziehen, anstelle gegeneinander zu arbeiten und ihre Probleme auf Kosten der anderen zu lösen. Die COVID-19-Pandemie hat auch der Digitalisierung der Kreditwirtschaft noch einen zusätzlichen Schub gegeben. In diesem Bereich wird den Instituten ohnehin seit geraumer Zeit ein erheblicher Investitionsbedarf attestiert. Klar ist bereits jetzt, dass sich die Institute – wie das Wirtschaftsleben insgesamt – in vielerlei Hinsicht verändern werden, wie z. B. durch eine geänderte Form der Leistungserbringung. Das Homeoffice war der Zufluchtsort in der Krise und wird nach der Krise nicht einfach wieder verschwinden, weil

---

24 Vgl. Walker, David, A Review of Corporate Governance in UK Banks and other Financial Industry Entities – Final Recommendations (»Walker Review«), 26. November 2009, S. 54.

25 Vgl. Financial Stability Board, Intensity and Effectiveness of SIFI Supervision, 2. November 2010, S. 10f.

26 Der Ausschuss der Europäischen Bankaufsichtsbehörden (»Committee of European Banking Supervisors«, CEBS) war bis Ende 2010 die Vorgängerinstitution der European Banking Authority (EBA).

27 Vgl. Committee of European Supervisors, Draft CEBS deliverables, 2. November 2009, S. 2.

28 Vgl. Bundesanstalt für Finanzdienstleistungsaufsicht, Übermittlungsschreiben zum ersten Entwurf zur Überarbeitung der MaRisk vom 9. Juli 2010, S. 3.

es sich in einigen Bereichen gut bewährt hat. Grundsätzlich ist nicht auszuschließen, dass mit der Überwindung dieser Krise auch bestimmte regulatorische Vorgaben hinterfragt werden, wenngleich dafür offenbar etwas mehr Zeit benötigt wird. Noch kann darüber nur spekuliert werden, aber schon in der zweiten Jahreshälfte 2021 werden sich einige Entwicklungen vermutlich abzeichnen.

19 Um die erforderliche Nachhaltigkeit der Strategie zu gewährleisten, werden bei Änderungen der bisherigen Annahmen für die zukünftige Entwicklung von internen und externen Einflussfaktoren ggf. Anpassungen erforderlich sein. Die Geschäftsleitung sollte sich darüber Gedanken machen, wie sich das Institut in der Krise verhalten will, d.h. insbesondere im Hinblick auf die geplante Entwicklung im Kreditgeschäft, die Änderung von Bonitätsanforderungen und die Beteiligung an Förderkrediten. Letztlich geht es also darum klarzustellen, welche zusätzlichen Risiken vor dem Hintergrund der institutsindividuellen Risikotragfähigkeit in Kauf genommen werden können und sollen, um sowohl die Kunden als auch das Institut durch die Krise zu führen.

20 Im Rahmen der Strategieüberprüfung sollte analysiert werden, wie sich das regionale sowie gesamtwirtschaftliche Umfeld und die internen Bedingungen durch die COVID-19-Pandemie verändert haben und inwiefern sich dadurch Abweichungen bei der Umsetzung der ursprünglichen strategischen Ziele ergeben haben. Bei der Analyse der externen Rahmenbedingungen sollte berücksichtigt werden, wie Branchen bei gewerblichen Kreditnehmern von den Auswirkungen der Pandemie betroffen sind und ob höhere Insolvenzraten in den einzelnen Branchen zu erwarten sind. Ferner sollte auf mögliche mittelbare Auswirkungen bei Kreditnehmern im Privatkundenbereich durch Kurzarbeit und Arbeitslosigkeit eingegangen werden. Im Rahmen der Analyse des strategischen Umfeldes sollte die Entwicklung der Immobilienpreise aufgrund von potenziellen Mietkürzungen und zusätzlichen Leerständen beurteilt werden, da Immobilien i.d.R. die bedeutendste Sicherheitenart der Institute darstellen.

21 Neben der Analyse des eigenen Kreditportfolios vor dem Hintergrund der COVID-19-Pandemie sollten bei der Erhebung interner Faktoren die personellen und technischen Ressourcen sowie ausgelagerte Kreditprozesse einbezogen werden. Dabei sollten die Erfahrungen im Rahmen der COVID-19-Pandemie mit diesen Ressourcen dahingehend analysiert werden, ob sie sich erhöhend auf Adressenausfall- und/oder operationelle Risiken aus dem Kundenkreditgeschäft ausgewirkt haben oder auswirken könnten. Die gewonnenen Erkenntnisse sollten bei der Anpassung der Risikostrategien berücksichtigt werden. Dies betrifft neben den Risiken aus dem Kreditgeschäft auch andere Risiken wie z.B. Marktpreisrisiken, IT- Risiken oder Risiken im Zusammenhang mit den Auslagerungen. Diese Ex-post-Analysen der externen und internen Rahmenbedingungen sollten in eine nachvollziehbare Einschätzung der zukünftigen Entwicklungen übergehen, da die Strategie schließlich die zukünftige Ausrichtung und Risikobereitschaft des Institutes bestimmt. Die zukunftsorientierte Sichtweise sollte sich u.a. in den erwarteten Kreditausfällen und den in der Folge erwarteten GuV-Belastungen sowie der erwarteten Entwicklung der Risikotragfähigkeit und der Eigenmittel widerspiegeln.

1.6 Auswirkungen des aufsichtlichen Überprüfungs- und Bewertungsprozesses (SREP)

22 Den Leitlinien der EBA zu gemeinsamen Verfahren und Methoden für den aufsichtlichen Überprüfungs- und Bewertungsprozess (Supervisory Review and Evaluation Process, SREP) zufolge sollen die zuständigen Behörden bei der Überprüfung des Risikoprofils und der Überlebensfähigkeit eines Institutes auch auf sein Geschäftsmodell und seine Geschäftsstrategie abstellen.[29] Konkret sollen sie die Tragfähigkeit des Geschäftsmodells und die Nachhaltigkeit der Geschäfts-

---

29 Vgl. European Banking Authority, Guidelines on common procedures and methodologies for the supervisory review and evaluation process (SREP) and supervisory stress testing, EBA/GL/2014/13, Consolidated version, 19. Juli 2018, S. 29 ff.

strategie sowie alle aus dieser Bewertung resultierenden potenziellen Risiken für die Überlebensfähigkeit eines Institutes beurteilen. Dabei wird in erster Linie auf das Erzielen einer akzeptablen Rendite Wert gelegt.[30] Zur Beurteilung der Rendite wird u. a. geprüft, wie sich die Eigenkapitalrendite (Return on Equity, ROE) im Verhältnis zu den Eigenkapitalkosten (Cost of Equity, COE) sowie die Gesamtkapitalrentabilität oder die risikoadjustierte Kapitalrendite (Risk Adjusted Return on Capital, RAROC) – auch im Zeitverlauf – verhalten. Gleichzeitig wird untersucht, ob der Refinanzierungsmix dem Geschäftsmodell und der Geschäftsstrategie unter Berücksichtigung möglicher Volatilitäten und Inkongruenzen angemessen ist. Schließlich wird auch bewertet, ob das Geschäftsmodell oder die Geschäftsstrategie des Institutes auf einem Risikoappetit basiert, der für die Erzielung einer ausreichenden Rendite als hoch einzustufen ist oder sogar einen Ausreißer im Vergleich zu den Werten der Peergroup darstellt.[31]

Vor diesem Hintergrund war es nicht mehr möglich, die im Rahmen der so genannten »Strategiedebatte« gewählte Formulierung, wonach der Inhalt der Geschäftsstrategie nicht Gegenstand von Prüfungshandlungen durch externe Prüfer ist, länger aufrecht zu erhalten (→ AT 4.2 Tz. 4). Mit der fünften MaRisk-Novelle wurde den Prüfern deshalb die Möglichkeit eingeräumt, die Geschäftsstrategie außerhalb der Jahresabschlussprüfung näher zu beleuchten und damit ihrem Prüfungsauftrag für die Zwecke des SREP nachkommen zu können (→ AT 4.2 Tz. 1, Erläuterung). Die EBA betont allerdings, dass die zuständigen Behörden die Verantwortung der Geschäftsleitung im Rahmen der Geschäftsmodellanalyse sowie der Bewertung der Geschäfts- und strategischen Risiken nicht unterminieren und keine bestimmten Geschäftsmodelle priorisieren sollten.[32] **23**

Die Geschäftsmodellanalyse durch die zuständigen Behörden beginnt mit einer Bestandsaufnahme der Marktposition des Institutes. Dafür werden – auch im Zeitverlauf – zunächst die wichtigsten geografischen Regionen, Tochterunternehmen/Zweigstellen, Geschäftsfelder und Produktlinien aufgrund ihres Beitrages zum Gewinn (z.B. auf Basis der Gewinn- und Verlustrechnung), ihres Risikos (z.B. auf Basis des Gesamtforderungsbetrages) und/oder ihrer organisatorischen/gesetzlichen Prioritäten (z.B. spezielle Verpflichtung von Instituten im öffentlichen Sektor, bestimmte Produkte anzubieten) als Schwerpunkte ermittelt. Neben der auf diese Weise abgeleiteten Wesentlichkeit bestimmter Geschäftsfelder können weitere Aspekte von Bedeutung sein, wie z.B. frühere Aufsichtsergebnisse, Ergebnisse thematischer Überprüfungen (»Thematic Reviews«), Ergebnisse und Feststellungen aus internen und externen Prüfungsberichten, strategische Pläne zum Aus- oder Abbau von Geschäftsfeldern, festgestellte Änderungen des Geschäftsmodells und Peergroup-Vergleiche. Außerdem sollte das Geschäftsumfeld analysiert werden, um die Plausibilität der strategischen Annahmen des Institutes zu beurteilen, indem die makroökonomischen und allgemeinen Markttrends sowie das Wettbewerbsumfeld und seine voraussichtliche Entwicklung unter Berücksichtigung der Aktivitäten der Peergroup analysiert werden. Die Geschäftsmodellanalyse sollte auf qualitativen und quantitativen Faktoren beruhen. Aus quantitativer Sicht geht es vor allem um die Entwicklung der Gewinn- und Verlustrechnung, der Bilanz, möglicher Konzentrationen in Bezug auf Kunden, Sektoren und geografische Regionen sowie den Risikoappetit und die damit verbundene Limitierung. Anhand von qualitativen Merkmalen sollen die Erfolgstreiber (Bereiche mit Wettbewerbsvorteil) sowie die wichtigsten externen und internen Abhängigkeiten bestimmt werden.[33] **24**

---

30 Vgl. European Banking Authority, Guidelines on common procedures and methodologies for the supervisory review and evaluation process (SREP) and supervisory stress testing, EBA/GL/2014/13, Consolidated version, 19. Juli 2018, S. 41 ff.

31 Vgl. European Banking Authority, Guidelines on common procedures and methodologies for the supervisory review and evaluation process (SREP) and supervisory stress testing, EBA/GL/2014/13, Consolidated version, 19. Juli 2018, S. 47.

32 Vgl. European Banking Authority, Guidelines on common procedures and methodologies for the supervisory review and evaluation process (SREP) and supervisory stress testing, EBA/GL/2014/13, Consolidated version, 19. Juli 2018, S. 41.

33 Vgl. European Banking Authority, Guidelines on common procedures and methodologies for the supervisory review and evaluation process (SREP) and supervisory stress testing, EBA/GL/2014/13, Consolidated version, 19. Juli 2018, S. 42 ff.

AT 4.2 Strategien

25   Bei der Analyse der Geschäftsstrategie sollten die zuständigen Behörden die wichtigsten quantitativen und qualitativen Managementziele (Gesamtstrategie) und das geplante Ergebnis bewerten. Daneben sollten die für das aktuelle Geschäftsmodell vorgeschlagenen wesentlichen Änderungen, die einen Beitrag zur Erreichung der Ziele leisten (Erfolgstreiber), bestimmt werden. Großer Wert wird dabei auf die Plausibilität und die Kohärenz der zugrunde liegenden Annahmen (Einflussfaktoren) und die vorhandenen Kapazitäten zur Umsetzung der Ziele (Ausführungskapazitäten) gelegt, wobei die zuständigen Behörden auch die Erfolgsbilanz der Geschäftsleitung bei der Einhaltung früherer Strategien und Prognosen sowie die Komplexität und Zielsetzung der Strategie im Vergleich zum aktuellen Geschäftsmodell (Risikoniveau der Strategie) berücksichtigen und daraus eine Erfolgswahrscheinlichkeit ableiten.[34]

26   Die EZB hat im Zeitraum 2016 bis 2018 eine thematische Überprüfung zur Bewertung der Rentabilität und der Geschäftsmodelle der bedeutenden Institute (SI) durchgeführt. Hintergrund waren die geringe Rentabilität der europäischen Banken, das niedrige Zinsniveau, die Wettbewerbssituation inklusive der neuen Wettbewerber (FinTechs und BigTechs), die hohen NPL-Bestände, die Digitalisierung sowie die strengere Regulierung und insbesondere die Notwendigkeit, sich darauf einzustellen. Es ist sicher nicht überraschend, dass die Banken mit guten strategischen Steuerungsfähigkeiten bei dieser Überprüfung am besten abgeschnitten haben. Neben einem tiefgreifenden Verständnis für die Ertrags- und Kostentreiber des Institutes, aufgeschlüsselt nach Geschäftsbereichen, und einer angemessenen Preisgestaltung zur Deckung der Kosten und Risiken sowie einer angemessenen Risikovorsorge unter Berücksichtigung der NPL-Bestände hat die EZB die Einbindung der Risikocontrolling-Funktion in die Strategieformulierung, die Verknüpfung mit dem Rahmen für den Risikoappetit (»Risk Appetite Framework«, RAF) und dem bankinternen Prozess zur Sicherstellung einer angemessenen Kapitalausstattung (»Internal Capital Adequacy Assessment Process«, ICAAP), den Umfang und die Granularität der wichtigsten Leistungsindikatoren (»Key Performance Indicators«, KPI), die zur Umsetzung der Strategie herangezogen werden, und die Entwicklung detaillierter Szenario- und Sensitivitätsanalysen als entscheidende Erfolgsfaktoren identifiziert. Sofern in diesen Bereichen Unzulänglichkeiten bestehen, kann dies die Fähigkeit der Institute beeinträchtigen, das Risiko-Ertrags-Verhältnis ihrer Strategie kritisch zu bewerten, die Treiber ihrer Gewinne zu verstehen, die Abwärtsrisiken zu analysieren und bei Eintritt von Risiken Maßnahmen zur Risikoreduzierung festzulegen. Letztlich sollten die Strategien mit dem Risikoappetit und den Ergebnissen der Stresstests verknüpft werden. Daneben sollten angemessene IT-Systeme vorhanden sein, nicht zuletzt für ein aussagekräftiges und aktuelles Berichtswesen.[35] Die deutsche Aufsicht hat für die Zwecke der Geschäftsmodellanalyse im Grunde ihre ICAAP-Prüfungen hinsichtlich der Strategien und der Geschäfts- bzw. Kapitalplanung erweitert.[36] Möglicherweise wird im Rahmen der siebten MaRisk-Novelle ein Aufhänger für die Geschäftsmodellanalyse verankert. Die Aufsicht bemängelt, dass es dafür bisher überhaupt keinen Anknüpfungspunkt gibt, obwohl es sich dabei um ein wesentliches Element des SREP handelt.[37]

---

34 Vgl. European Banking Authority, Guidelines on common procedures and methodologies for the supervisory review and evaluation process (SREP) and supervisory stress testing, EBA/GL/2014/13, Consolidated version, 19. Juli 2018, S. 46 ff.

35 Vgl. European Central Bank, SSM thematic review on profitability and business models: Report on the outcome of the assessment, 18. September 2018, S. 3 ff.

36 Zum Ablauf und zu den Inhalten einer Geschäftsmodellanalyse siehe Dietz, Thomas, Bankgeschäftliche Prüfungen im Rahmen der Bankenunion – Inhalte, Ablauf, Erkenntnisse, Stuttgart, 2019, S. 92 ff.

37 Vgl. Sitzung des MaRisk-Fachgremiums am 2. September 2021 (Protokoll lag bei Redaktionsschluss noch nicht vor).

1.7 Anforderungen an die Strategien im Überblick

Die Geschäftsleitung hat eine nachhaltige Geschäftsstrategie festzulegen, in der die Ziele des Institutes **27** für jede wesentliche Geschäftsaktivität sowie die Maßnahmen zur Erreichung dieser Ziele dargestellt werden (→ AT 4.2 Tz. 1). Die Strategie umfasst somit mehr als nur die Formulierung bestimmter Ziele. Es geht auch um die Darstellung der Maßnahmen, mit deren Hilfe diese Ziele erreicht werden sollen, also insgesamt um die Eckpunkte für die operative Planung. Das betrifft z. B. die personellen und technisch-organisatorischen Ressourcen sowie die finanziellen Mittel, die zur Zielerreichung erforderlich sind.

Darüber hinaus sind vor allem die folgenden Anforderungen von besonderer Relevanz: **28**
- Bei der Festlegung und Anpassung der Geschäftsstrategie hat das Institut interne Einflussfaktoren (z. B. Risikotragfähigkeit, Liquidität, Ertragslage, personelle und technisch-organisatorische Ressourcen) und externe Einflussfaktoren (z. B. Marktentwicklung, Wettbewerbssituation, regulatorisches Umfeld) zu berücksichtigen. Im Hinblick auf die künftige Entwicklung der relevanten Einflussfaktoren sind Annahmen zu treffen, die einer mindestens jährlichen und anlassbezogenen Überprüfung zu unterziehen sind. Im Zweifel muss die Geschäftsstrategie angepasst werden (→ AT 4.2 Tz. 1).
- Die Geschäftsleitung hat sicherzustellen, dass zwischen der Geschäftsstrategie (und den daraus erwachsenden Risiken) sowie der Risikostrategie Konsistenz besteht. In der Risikostrategie ist, unter Berücksichtigung von Risikokonzentrationen, für alle wesentlichen Risiken der Risikoappetit des Institutes festzulegen. Risikokonzentrationen sind auch mit Blick auf die Ertragssituation des Institutes (Ertragskonzentrationen) zu berücksichtigen, so dass die Erfolgsquellen voneinander abgegrenzt und quantifiziert werden müssen (→ AT 4.2 Tz. 2).
- Die »Institute mit hohem NPL-Bestand« (→ AT 2.1 Tz. 1) müssen eine Strategie für notleidende Risikopositionen und einen Implementierungsplan zur operativen Umsetzung dieser Strategie festlegen und regelmäßig überprüfen (→ AT 4.2 Tz. 3).
- Herausgestellt wird ferner die (nicht delegierbare) Verantwortung der Geschäftsleitung für die Festlegung und die Umsetzung der Strategien (→ AT 4.2 Tz. 4). Die Geschäftsleitung hat für diese Zwecke einen Strategieprozess einzurichten, der sich auf die Prozessschritte Planung, Umsetzung, Beurteilung und Anpassung der Strategien erstreckt. Sollte sich im Rahmen der Beurteilung der Strategien zeigen, dass Anspruch und Wirklichkeit auseinanderfallen, ist eine Ursachenanalyse durchzuführen (→ AT 4.2 Tz. 5).
- Das Aufsichtsorgan des Institutes ist einzubeziehen. Die Strategien sowie ggf. erforderliche Anpassungen sind dem Aufsichtsorgan zur Kenntnis zu geben und mit diesem zu erörtern. Die Erörterungen erstrecken sich im Falle von Zielabweichungen auch auf die ggf. erforderliche Ursachenanalyse (→ AT 4.2 Tz. 6).
- Schließlich hat das Institut in geeigneter Weise für (interne) Transparenz zu sorgen. Inhalte und Änderungen der Strategien sind innerhalb des Institutes zu kommunizieren (→ AT 4.2 Tz. 7).

Trotz der Präzisierungen im Zuge der dritten bis sechsten MaRisk-Novelle sind die Anforderungen **29** an die Strategien weiterhin flexibel formuliert. Ein Institut kann daher auf der Basis vielfältiger Umsetzungsmöglichkeiten diejenige Vorgehensweise wählen, die seinem spezifischen Profil am besten entspricht. Das gilt auch im Hinblick auf den Detaillierungsgrad. Die deutsche Aufsicht betont, dass der Detaillierungsgrad der Strategien abhängig von Umfang und Komplexität sowie vom Risikogehalt der geplanten Geschäftsaktivitäten ist (→ AT 4.2 Tz. 4).

2 Festlegung und Anpassung der Geschäftsstrategie (Tz. 1)

30 **1** Die Geschäftsleitung hat eine nachhaltige Geschäftsstrategie festzulegen, in der die Ziele des Institutes für jede wesentliche Geschäftsaktivität sowie die Maßnahmen zur Erreichung dieser Ziele dargestellt werden. Bei der Festlegung und Anpassung der Geschäftsstrategie sind sowohl externe Einflussfaktoren (z.B. Marktentwicklung, Wettbewerbssituation, regulatorisches Umfeld) als auch interne Einflussfaktoren (z.B. Risikotragfähigkeit, Liquidität, Ertragslage, personelle und technisch-organisatorische Ressourcen) zu berücksichtigen. Im Hinblick auf die zukünftige Entwicklung der relevanten Einflussfaktoren sind Annahmen zu treffen. Die Annahmen sind einer mindestens jährlichen und anlassbezogenen Überprüfung zu unterziehen; erforderlichenfalls ist die Geschäftsstrategie anzupassen.

2.1 Nachhaltige Geschäftsstrategie

31 Die Geschäftsstrategie muss »nachhaltig« sein. Diese Anforderung bleibt weitgehend unbestimmt. Zwar sollte klar sein, dass allein auf den kurzfristigen Erfolg ausgerichtete Strategien und die gleichzeitige Übernahme unverhältnismäßig hoher Risiken nicht viel mit Nachhaltigkeit zu tun haben. Trotzdem wäre eine umfassende Beschreibung des Begriffes »Nachhaltigkeit« wünschenswert. Dieser Begriff wird gerne und häufig, wenn nicht sogar inflationär, in unterschiedlichem Kontext verwendet. Mitunter dient er auch nur als Schlagwort, so dass ihm eine gewisse Plattitüde anhaftet. Ursprünglich geht der Begriff »Nachhaltigkeit«, bzw. »nachhaltige Entwicklung«, auf das Jagdwesen zurück (Wahrung eines Grundstockes an Wildbeständen). Seine Verbreitung erfolgte in der Wald- und Forstwirtschaft. Carl von Carlowitz verlangte 1713, die Nutzung eines Waldes nur dann zu gestatten, wenn seine Produktionsfähigkeit dadurch nicht beeinträchtigt wird. Damit wurde das Ziel verfolgt, nicht mehr zu ernten als auch wieder nachwachsen kann.[38] Nachhaltigkeit befasst sich – einer allgemeinen Beschreibung zufolge – mit der Überlebensfähigkeit der Gesellschaft und der Frage, wie ihre natürlichen Lebensgrundlagen dauerhaft sichergestellt werden können.[39] Die Gemeinsamkeit der verschiedenen Nachhaltigkeitsdefinitionen besteht im Erhalt eines Systems bzw. bestimmter Charakteristika eines Systems, so dass immer etwas bewahrt werden soll zum Wohle der zukünftigen Generationen.[40] Lange Zeit wurde der Begriff »Nachhaltigkeit« vorrangig im politischen Kontext verwendet, wobei die drei Komponenten ökonomische, ökologische und soziale Nachhaltigkeit unterschieden wurden. In letzter Zeit ist mehr und mehr auch die Verantwortung der Unternehmen für eine nachhaltige Entwicklung ins Blickfeld geraten. Insbesondere aus Investorensicht wird damit neben den Bereichen Umwelt und Soziales verstärkt auch eine entsprechende Unternehmensführung (»Governance«) hinterfragt (→ BTR Tz. 1).

---

38 Vgl. Birnbacher, Dieter/Schicha, Christian, Vorsorge statt Nachhaltigkeit – ethische Grundlagen der Zukunftsverantwortung, in: Kastenholz, H. G./Erdmann, K.-H./Wolff, M. (Hrsg.), Nachhaltige Entwicklung – Zukunftschancen für Mensch und Umwelt, Berlin, 1996, S. 141 ff.

39 Vgl. Becke, Guido, Auf dem Weg zur Nachhaltigkeit – Vom Change Management zum Mindful Change, in: Organisations-Entwicklung, Heft 4/2010, S. 5.

40 Vgl. Klauer, Bernd, Was ist Nachhaltigkeit und wie kann man eine nachhaltige Entwicklung erreichen?, Zeitschrift für angewandte Umweltforschung (ZAU), Heft 1/1999, S. 69 ff.

Aus betriebswirtschaftlicher Sicht ist Nachhaltigkeit ein dynamischer Prozess, in dessen   **32**
Rahmen ein Unternehmen aus seiner Perspektive sinnvolle strategische Ziele definieren und
deren Umsetzung durch entsprechende Maßnahmen sicherstellen muss.[41] Das gilt grundsätzlich
auch für die strategische Positionierung von Instituten. Kein Institut würde von sich aus preis-
geben, dass seine Strategie nicht auf Nachhaltigkeit – also auf die langfristige Sicherstellung der
eigenen Existenz – ausgerichtet ist. Dennoch ist im Einzelfall schwer zu beurteilen, ob eine
Strategie nachhaltig ist oder eben nicht. Zwischen kurz- und mittelfristig orientierter Ertragsmaximierung und den auf Nachhaltigkeit ausgelegten langfristigen Zielen kann ein Interessenkonflikt entstehen, der die langfristige Sicherstellung der Existenz gefährdet. Von Nachhaltigkeit kann jedenfalls keine Rede mehr sein, wenn aufgrund einseitiger Ertragsmaximierung
unverhältnismäßig hohe Risikopositionen aufgebaut werden, denen das Institut über kurz oder
lang nicht mehr gewachsen ist. Dieser Interessenkonflikt wurde im Rahmen der Finanzmarktkrise virulent, als in einigen Instituten verstärkt auf eine kurzfristige Maximierung des Gewinnes
zugunsten einer höheren Bonifikation und ohne Rücksicht auf die »Gesundheit« des Unternehmens als Ganzes gesetzt wurde. Seit dem Inkrafttreten des Vergütungsgesetzes[42] aus dem
Jahr 2010 muss ein Institut daher ausdrücklich über angemessene, transparente und auf eine
nachhaltige Entwicklung des Institutes ausgerichtete Vergütungssysteme für Geschäftsleiter und
Mitarbeiter verfügen (§ 25a Abs. 1 Satz 3 Nr. 6 KWG).

Aus der Analyse der Ertragssituation, insbesondere der Quellen des Erfolges, und der gleich-   **33**
zeitigen Betrachtung der Risiken können sich insoweit wichtige Indizien ergeben, ob ein Institut
dem eigenen Anspruch tatsächlich gerecht wird und eine nachhaltige Geschäftsstrategie verfolgt.[43] So gesehen ist der Begriff Nachhaltigkeit mehr als nur ein Modewort. Die Notwendigkeit
einer auf Nachhaltigkeit ausgerichteten Geschäftspolitik wird auch im Deutschen Corporate
Governance Kodex (DCGK) herausgestellt. Danach haben der Vorstand und der Aufsichtsrat im
Einklang mit den Prinzipien der sozialen Marktwirtschaft unter Berücksichtigung der Belange
der Aktionäre, der Belegschaft und der sonstigen dem Unternehmen verbundenen Gruppen
(Stakeholder) für den Bestand des Unternehmens und seine nachhaltige Wertschöpfung zu
sorgen (Unternehmensinteresse). Auch die Vergütungsstruktur ist auf eine nachhaltige und
langfristige Entwicklung der Gesellschaft auszurichten. Die Vergütung der Vorstandsmitglieder
hat zur Förderung der Geschäftsstrategie und zur langfristigen Entwicklung der Gesellschaft
beizutragen.[44]

2.2 Kompatibilität zwischen strategischer und operativer Ebene

Während der Konsultationen zur dritten MaRisk-Novelle stand die Frage nach der Abgrenzung   **34**
zwischen strategischer und operativer Ebene im Fokus der Diskussionen. So wurde von Seiten der
Spitzenverbände der Kreditwirtschaft u. a. darauf hingewiesen, dass die Strategien der Institute
üblicherweise nur qualitative Leitsätze und Ziele enthalten, die erst auf der nachgeordneten,
operativen Ebene in nachprüfbare Zielwerte übersetzt werden können. Angesichts dessen sei das

---

41 Vgl. O. V., Eigeninteresse versus Selbstlosigkeit – Ist nachhaltiges Wirtschaften mit den Interessen der Anleger vereinbar?, Interview mit Paola Ghillani, in: NZZ Online vom 22. Januar 2008.

42 Gesetz über die aufsichtsrechtlichen Anforderungen an die Vergütungssysteme von Instituten und Versicherungsunter-nehmen (VergAnfG) vom 21. Juli 2010 (BGBl. I S. 950), veröffentlicht am 26. Juli 2010.

43 »Persistently high levels of profitability can be alarming signals. Very high profitability can imply excessive risk-taking and a buildup of vulnerabilities, which would eventually jeopardise sustainable profitability. The focus should be on predictability and low volatility of earnings in order to enable performance sustainability.« European Central Bank, Beyond ROE – How to measure Bank Performance, September 2010, S. 27.

44 Vgl. Regierungskommission Deutscher Corporate Governance Kodex, Deutscher Corporate Governance Kodex, Fassung vom 16. Dezember 2019, S. 2 und 15.

Erkennen von Fehlentwicklungen auch erst auf der operativen Ebene möglich. Die Identifizierung von Fehlentwicklungen im Rahmen der Banksteuerung und damit verbundenen Auswirkungen auf die Risikotragfähigkeit müsse aus diesem Grund vom Strategiebegriff und den strategischen Zielen getrennt werden.[45]

35   Von Seiten der Aufsicht besteht nicht die Absicht, die Strategie mit Einzelheiten aus der operativen Planung zu überfrachten. Es kommt vielmehr in erster Linie darauf an, dass ein enger Zusammenhang zwischen der strategischen und der operativen Ebene besteht. Ansonsten würden zentrale Steuerungsentscheidungen der Geschäftsleitung auf strategischer Ebene zwangsläufig ins Leere laufen, weil sie auf operativer Ebene keine Impulse auslösen. Die strategischen Ziele sowie die Maßnahmen zur Erreichung dieser Ziele stecken daher die Eckpunkte für die operative Planung ab und müssen hinreichend konkret formuliert sein, um plausibel in die operative Planung überführt werden zu können (→ AT 4.2 Tz. 1, Erläuterung). Eine möglichst konkrete Formulierung ist auch deshalb erforderlich, weil die strategischen Ziele einer Beurteilung zugänglich sein müssen (→ AT 4.2 Tz. 5).

36   Die strategische und die operative Ebene sind insoweit nicht voneinander abgekoppelt. Sie müssen miteinander kompatibel sein. Der Umstand, dass die operative Planung regelmäßig kurz- bis mittelfristig ausgerichtet ist, während sich die Strategie mit der Erreichung langfristiger Ziele befasst, ändert daran grundsätzlich nichts (→ AT 4.2 Tz. 5). Unterschiedliche Zeitdimensionen dürfen dem in den MaRisk geforderten Zusammenhang zwischen strategischer und operativer Ebene nicht entgegenstehen. Die daran geknüpfte Transformationsleistung stellt eine Herausforderung dar, die bewältigt werden muss, wenn ein Institut eine Strategie wirksam umsetzen will.[46]

37   Bei quantitativen Zielen sollte es dem Institut regelmäßig keine größeren Schwierigkeiten bereiten, die »Eckpunkte« der operativen Planung in der Geschäftsstrategie darzustellen (z.B. geplantes Ergebnis als Differenz aus Erträgen und Kosten für jede wesentliche Geschäftsaktivität, geplantes Wachstum in bestimmten Marktsegmenten). Bei qualitativen Zielen ist es zwar etwas schwieriger, geeignete Messgrößen zu entwickeln. Aber auch damit müssen sich die Institute auseinandersetzen. So könnten sie sich etwa dem Ziel »höhere Kundenzufriedenheit« durch die Formulierung von Unterzielen annähern, für die sich Messgrößen ableiten lassen (z.B. Reduzierung der absoluten oder prozentualen Anzahl der Kundenbeschwerden). Übergeordnete Zielsetzungen, wie etwa die »Förderung der regionalen Wirtschaft«, können zudem über die Messung geeigneter Teilziele greifbar gemacht werden. So wird die Förderung der regionalen Wirtschaft kaum möglich sein, wenn ein Institut keine auskömmlichen Erträge erwirtschaftet. Der Planertrag käme insoweit als Messgröße für die Erreichung der übergeordneten Ziele in Betracht.

38   Der in den MaRisk geforderte Zusammenhang zwischen strategischer und operativer Ebene erstreckt sich allerdings nicht nur auf die Ziele. Er gilt grundsätzlich auch im Hinblick auf die »Maßnahmen zur Erreichung der Ziele«, bei denen ebenfalls die Eckpunkte der operativen Planung in der Geschäftsstrategie darzustellen sind (z.B. geplanter Personalbedarf, notwendige IT-Verfahren). Bezüglich des Detaillierungsgrades sind ausschweifende Darstellungen weder sinnvoll noch bankaufsichtlich erwünscht.

---

45 »Während in der Strategie üblicherweise qualitative Leitsätze und Ziele formuliert werden, findet eine Übersetzung in nachprüfbare quantitative Zielwerte und operative Steuerungsvorgaben erst nachgeordnet statt. Das Erkennen von Fehlentwicklungen im Rahmen der Banksteuerung und damit verbundenen Auswirkungen auf die Risikotragfähigkeit muss daher vom Strategiebegriff und den strategischen Zielen getrennt werden. Die Vorgaben der MaRisk könnten sonst dazu führen, dass die Institute zur Aufgabe erfolgreich gelebter Steuerungskreisläufe zugunsten möglicher idealtypischer Vorstellungen der Prüfer gezwungen werden. Ähnliches gilt hinsichtlich der notwendigen Flexibilität im Tagesgeschäft: Abhängig von der Größe eines Institutes, der Eigentümerstruktur und anderer Faktoren müssen Teilbereichsplanungen ein engeres Korsett vorgeben oder aber auch größere Spielräume zur Nutzung auftretender Opportunitäten einräumen. Solange dies mit der Risikotragfähigkeit eines Institutes vereinbar ist, sollten die MaRisk diese Flexibilität nicht unnötig beschränken.« Zentraler Kreditausschuss, Stellungnahme zum Entwurf über die Mindestanforderungen an das Risikomanagement vom 9. Juli 2010, 30. August 2010, S. 7f.

46 »Key issues, elements and needs of the business strategy must be translated into shorter-term objectives and action plans, and this translation process is an integral and vital part of the execution of strategy.« Hrebiniak, Lawrence G., Making Strategy Work: Leading Effective Execution and Change, New Jersey, 2005, S. 49.

2.3 Eckpunkte für die operative Planung

2.3.1 Berücksichtigung interner und externer Einflussfaktoren

Da Strategien in die Zukunft gerichtet sind und sich die Zukunft nicht perfekt vorhersagen lässt, **39** bleibt im Hinblick auf die erfolgreiche Umsetzung der Strategien immer ein mehr oder minder hohes (strategisches) Restrisiko. Die erfolgreiche Umsetzung einer Geschäftsstrategie bzw. der strategischen Ziele hängt ganz wesentlich davon ab, ob das Institut die notwendigen (internen) Voraussetzungen dafür schafft. Typischerweise gehören dazu angemessene personelle und technisch-organisatorische Ressourcen sowie eine ausreichende Ausstattung im liquiditätsmäßig-finanziellen Bereich. Es versteht sich von selbst, dass bestimmte Ziele, wie etwa eine Fokussierung auf die Projektfinanzierung, unrealistisch sind, solange das Institut nicht über ausreichend Personal mit entsprechender Expertise verfügt. Im Hinblick auf die Generierung neuer Erfolgspotenziale, aber auch bezüglich der Absicherung bereits bestehender Potenziale, spielen solche internen Einflussfaktoren eine wichtige Rolle.

Abhängig von der konkreten Geschäftsstrategie kann sich die Einschätzung externer Einfluss- **40** faktoren als deutlich komplizierter erweisen. Im Unterschied zu internen Einflussfaktoren kann das Institut z. B. die Entwicklung auf den Märkten regelmäßig nicht (allein) beeinflussen. Die Märkte sind ein launischer Spieler, und sie werden es auch bleiben. Aber auch andere externe Einflussfaktoren, wie Änderungen der steuerlichen Rahmenbedingungen oder regulatorische Vorgaben (z. B. die permanente Weiterentwicklung des Baseler Rahmenwerkes und dessen Umsetzung auf europäischer Ebene und die Vorgaben zum Krisenmanagement der Institute) oder die Übernahme der direkten Beaufsichtigung eines Institutes durch die EZB bzw. deren Abgabe an die nationalen Aufsichtsbehörden, können die geschäftsstrategische Ausrichtung eines Institutes ganz erheblich beeinflussen.

Der Erfolg einer Strategie hängt daher ganz wesentlich davon ab, ob sich das Institut intensiv mit **41** der Zukunft auseinandersetzt. Konkret hat es Annahmen bezüglich der künftigen Entwicklung relevanter interner und externer Einflussfaktoren zu treffen. Diese Annahmen sind letztlich das Fundament, auf dem die weitere strategische Planung aufsetzt. Die Festlegung von Annahmen wird regelmäßig in den folgenden Bereichen erforderlich sein:
- Künftige volkswirtschaftliche Entwicklungen: Für die breite Masse der deutschen Institute, die in Zeiten eines normalen Zinsumfeldes über die Fristentransformation Erträge generiert, ist z. B. die Entwicklung des Hauptrefinanzierungssatzes der Europäischen Zentralbank von erheblicher Bedeutung. Diese Feststellung gilt ungeachtet dessen, dass von einem »normalen Zinsumfeld« schon lange Zeit keine Rede mehr sein kann und in dieser Hinsicht auch der Blick in die Zukunft eher düster ist.
- Kundenverhalten: Beispielsweise könnten sich Verhaltensänderungen bei den Einlegern auf die Refinanzierungssituation und damit auch auf die Ertragslage auswirken. Von Relevanz können in diesem Zusammenhang auch sozio-demographische Faktoren sein (z. B. die Altersstruktur der Kunden).
- Eigene Position im Wettbewerb: Diese könnte z. B. durch die Konkurrenz von Direktbanken oder Anbietern von innovativen Lösungen im Bereich der Finanztechnologie (»FinTechs«) bzw. durch die schiere Markmacht der »BigTechs« bedroht sein.
- Vorstellungen und Wünsche wichtiger Stakeholder: Wie seit Ende 2020 der Presse zu entnehmen war, können z. B. Anteilsinhaber durchaus großen Einfluss auf die weitere Entwicklung eines Unternehmens haben.
- Ressourcenentwicklung: Ungenaue Hypothesen im Hinblick auf die qualitative und quantitative Personalausstattung sowie die technisch-organisatorische Ausstattung (z. B. mit Blick auf Innovationen im IT-Bereich) könnten die Zielerreichung massiv gefährden.

AT 4.2 Strategien

2.3.2 Makroökonomische Einflüsse auf die Strategie

42   Da der Erfolg einer Geschäftsstrategie ebenso von externen Umwelteinflüssen abhängt, die permanent auf die Geschäftsmodelle der Institute einwirken, müssen die Institute und die Aufsicht auch dafür ein besseres Verständnis gewinnen. Unter der Bezeichnung »makroprudenzielle Aufsicht« wurde bei den Aufsichtsbehörden in den letzten Jahren eine ganze Reihe von Projekten vorangetrieben. Übergeordnete Informationen, die für Teile des Finanzsektors oder sogar den gesamten Sektor von Relevanz sind, sollen systematisch in den konkreten Aufsichtsprozess eingespielt und dort verarbeitet werden. Infrage kommen Veränderungen wirtschaftlicher Eckdaten, wie etwa die Entwicklung der Immobilienpreise oder auch der Marktzinssätze, die auf die Institute mehr oder minder stark einwirken können. Aber auch von regulatorischen Anpassungen können erhebliche Auswirkungen ausgehen. Für die Institute können diese Informationen im Rahmen ihres Strategieprozesses durchaus wertvoll sein.

43   Entsprechende Initiativen wurden auf europäischer Ebene durch die Gründung des Europäischen Ausschusses für Systemrisiken (ESRB) vorangetrieben. Der bei der EZB in Frankfurt angesiedelte ESRB ist als europäisches Kooperationsgremium für die makroprudenzielle Aufsicht zuständig, d. h. die Aufsicht über die Stabilität des gesamten Finanzsystems. Die Hauptaufgabe des ESRB ist es, einen Beitrag zur Abwendung oder Eindämmung von Systemrisiken für die Finanzstabilität in der EU zu leisten, die aus Entwicklungen innerhalb des Finanzsystems erwachsen (→ Teil I, Kapitel 3.2). Daneben beschäftigen sich z. B. auch das »Risk Analysis Network« (RIA) der EZB und die »Standing Group on Risks and Vulnerabilities« (SGV) der EBA mit der Risikolage in den europäischen Mitgliedstaaten. In diesem Zusammenhang werden regelmäßig Risikoberichte und -analysen erstellt.[47] Diese Informationen können z. B. für die Risikostrategien der Institute Verwendung finden, da aus ihnen u. a. die Entwicklung relevanter Kennzahlen im Zeitverlauf ablesbar ist.

44   Die deutschen Aufsichtsbehörden haben vor diesem Hintergrund ebenfalls verschiedene Gremien eingerichtet, die als »Transmissionsriemen« zwischen der Institutsaufsicht (Mikroebene) und der makroprudenziellen Ebene agieren sollen.[48] Zu nennen wäre zunächst der im Frühjahr 2013 gegründete »Ausschuss für Finanzstabilität« (AFS) zur makroprudenziellen Überwachung des deutschen Finanzsystems.[49] Daneben tauschen sich die BaFin und die Deutsche Bundesbank

---

47 Vgl. European Banking Authority, Risk Dashboard – Data as of Q1 2021, 30. Juni 2021; European Banking Authority, Risk Assessment Questionnaire – Summary of Results, 13. Januar 2021; European Systemic Risk Board, ESRB risk dashboard, 6. April 2021; European Central Bank, Financial Stability Review, 19. Mai 2021; European Banking Authority, Risk Assessment of the European Banking System, 31. Dezember 2020.

48 Vgl. Bundesanstalt für Finanzdienstleistungsaufsicht, Jahresbericht 2009, 25. Mai 2010, S. 147 f.

49 Zu den Aufgaben des AFS gehören gemäß § 2 FinStabG insbesondere die Erörterung der für die Finanzstabilität maßgeblichen Sachverhalte, die Stärkung der Zusammenarbeit der im Ausschuss vertretenen Institutionen im Fall einer Finanzkrise, die Beratung über den Umgang mit Warnungen und Empfehlungen des Europäischen Ausschusses für Systemrisiken (ESRB) sowie die Abgabe von Warnungen und Empfehlungen unter Berücksichtigung der Vorgaben in § 3 Abs. 1, 2 und 6 FinStabG. Nach § 2 Abs. 3 FinStabG besteht der AFS aus drei Vertretern des Bundesministeriums der Finanzen (BMF), von denen eine Person als Vorsitzender und eine als stellvertretender Vorsitzender des Ausschusses entsandt wird, drei Vertretern der Deutschen Bundesbank und drei Vertretern der BaFin. Das für den Geschäftsbereich Abwicklung zuständige Mitglied des Direktoriums der BaFin gehört dem Ausschuss als beratendes Mitglied ohne Stimmrecht an. Vgl. Gesetz zur Überwachung der Finanzstabilität (Finanzstabilitätsgesetz – FinStabG) vom 28. November 2012 (BGBl. I S. 2369), das zuletzt durch Artikel 4 Absatz 9 des Gesetzes vom 10. Juli 2020 (BGBl. I S. 1633) geändert worden ist. Der AFS berichtet mindestens jährlich über die Lage und Entwicklung der Finanzstabilität und über seine Tätigkeit an den Deutschen Bundestag. Vgl. z. B. Ausschuss für Finanzstabilität, Achter Bericht an den Deutschen Bundestag zur Finanzstabilität in Deutschland, 1. Juni 2021. Der AFS tagt einmal pro Quartal, wobei bei Bedarf zusätzliche Sitzungen einberufen werden können. Die Überwachung der Stabilität des deutschen Finanzmarktes erfolgt arbeitsteilig durch den AFS und die Deutsche Bundesbank. Die Bundesbank hat nach dem FinStabG insbesondere den Auftrag, laufend die für die Finanzstabilität maßgeblichen Sachverhalte zu analysieren, Gefahren zu identifizieren und ggf. dem AFS Vorschläge für entsprechende Warnungen zu unterbreiten. Zudem soll sie Maßnahmen zur Abwehr dieser Gefahren empfehlen. Der AFS kann mit dem ESRB und jenen Behörden, die in den anderen Mitgliedstaaten der EU für die Wahrung der Finanzstabilität zuständig sind, Informationen austauschen. Er informiert zudem den ESRB über seine Warnungen und Empfehlungen. Sind wesentliche grenzüberschreitende Wirkungen zu erwarten, so muss er dies tun, bevor er eine Warnung oder Empfehlung ausspricht. Vgl. O. V., Ausschuss für Finanzstabilität: Neues Gremium für die makroprudenzielle Überwachung des deutschen Finanzsystems, in: BaFinJournal, Ausgabe April 2013, S. 14 ff. Weitere Informationen zum AFS sind auf der Internetseite des AFS zu finden. Vgl. https://www.afs-bund.de.

im »Gremium laufende Aufsicht« (GlA) über die Risikosituation im Bankensektor aus und legen auf dieser Basis die Aufsichtsstrategie und die operative Aufsichtsplanung fest bzw. passen diese bei Bedarf unterjährig an. Dabei werden die beobachteten Risiken aus der mikroprudenziellen Aufsicht in geeigneter Weise aggregiert. Schließlich hat die BaFin noch einen »Strategie- und Risikoausschuss« (SRA) als Allfinanzgremium eingerichtet, um Themen zu behandeln, die eine übergreifende Relevanz besitzen. Zu den Aufgabengebieten des SRA gehören die Steuerung von Strategie- und Risikothemen sowie die regelmäßige Erstellung von Risikoberichten und Themen-landkarten. Die Deutsche Bundesbank ist in diesem Gremium beratend beteiligt. Für die Institute ergeben sich daraus wichtige Hinweise auf die Prüfungsschwerpunkte und, daraus abgeleitet, auf Themenbereiche, die auch aus strategischer Sicht ggf. besonderer Aufmerksamkeit bedürfen.

2.4 Besondere strategische Aspekte

2.4.1 Ausgestaltung der IT-Systeme

Aufgrund ihrer besonderen Bedeutung für das Funktionieren der Prozesse hat das Institut in Abhängigkeit von Art, Umfang, Komplexität und Risikogehalt der Geschäftsaktivitäten auch Aussagen zur zukünftig geplanten Ausgestaltung der IT-Systeme zu treffen (→ AT 4.2 Tz. 1, Erläuterung). Damit wird die in den letzten Jahren ständig gestiegene Bedeutung der Informations-technologie für (nahezu) alle Geschäftsaktivitäten besonders betont. Mit Hinweis auf die Erfah-rungen aus der Prüfungspraxis geht es den Ausführungen der Aufsicht im MaRisk-Fachgremium zufolge sowohl um die Bereitstellung ausreichender IT-technischer Ressourcen als auch um den Aspekt der zukünftigen IT-Architektur. Unter bestimmten Voraussetzungen kann es allerdings im Interesse des Institutes liegen, bestimmte Überlegungen für die Zukunft nicht zu frühzeitig im Rahmen der Strategie transparent zu machen, um deren Umsetzung nicht zu gefährden. Das betrifft insbesondere Situationen, in denen die Funktionsfähigkeit der IT-Systeme durch eine frühzeitige Kommunikation der geplanten Anpassungen zwischenzeitlich gefährdet wäre. 45

Eine separate IT-Strategie wird in den MaRisk zwar nicht explizit erwähnt. Allerdings enthalten die erstmals im November 2017 veröffentlichten Bankaufsichtlichen Anforderungen an die IT (BAIT) ein Modul »IT-Strategie«, in dem gemäß Tz. 1.1 BAIT eine nachhaltige IT-Strategie gefordert wird, in der ein Institut seine (IT-bezogenen) Ziele sowie die Maßnahmen zur Erreichung dieser Ziele darstellen soll. Laut Tz. 1.2 BAIT werden als Mindestinhalte dieser mit der Geschäftsstrategie konsistenten IT-Strategie Aussagen zur strategischen Entwicklung der IT-Aufbau- und IT-Ablauforganisation des Institutes sowie der IT-Dienstleistungen und der sonstigen wichtigen Abhängigkeiten von Dritten, zur Zuordnung der gängigen Standards, an denen sich das Institut orientiert, auf die Bereiche der IT und der Informationssicherheit, zu den Zielen und Zuständigkeiten und zur Einbindung der Informations-sicherheit in die Organisation, zur strategischen Entwicklung der IT-Architektur, zum IT-Notfall-management unter Berücksichtigung der Informationssicherheitsbelange sowie zu den in den Fach-bereichen selbst betriebenen bzw. entwickelten IT-Systemen (Hardware- und Software-Komponen-ten) gefordert. Klarstellend wird zudem erläutert, dass zu den genannten Mindestinhalten u.a. eine Beschreibung der Rolle, der Positionierung und des Selbstverständnisses der IT im Hinblick auf den Personaleinsatz und das Budget der IT-Aufbau- und IT-Ablauforganisation sowie eine Darstellung und strategische Einordnung der IT-Dienstleistungen und möglichen sonstigen wichtigen Abhängig-keiten von Dritten erwartet wird. Beispielhaft verweist die Aufsicht auf Zentralbankfunktionen, Informationsdienste, Telekommunikationsdienstleistungen und Versorgungsleistungen. Aussagen zu Auslagerungen von IT-Dienstleistungen können auch in den strategischen Ausführungen zu Auslagerungen enthalten sein. Hinsichtlich der gängigen Standards geht es vornehmlich um deren 46

AT 4.2 Strategien

Auswahl und Umsetzung auf die IT-Prozesse und das Informationssicherheitsmanagement des Institutes sowie eine Darstellung des avisierten Implementierungsumfangs der jeweiligen Standards. Die Beschreibung der Bedeutung der Informationssicherheit im Institut sollte auch die Einbettung der Informationssicherheit in die Fachbereiche und in das jeweilige Zusammenarbeitsmodell mit den IT-Dienstleistern beinhalten. Dazu gehören auch grundlegende Aussagen zur Schulung und Sensibilisierung zur Informationssicherheit. Die Darstellung des Zielbildes der IT-Architektur sollte in Form eines Überblicks über die Anwendungslandschaft erfolgen.

47   Für die deutsche Aufsicht steht die Anforderung im Vordergrund, dass sich die Geschäftsleitung mit den strategischen Implikationen der verschiedenen Aspekte der IT für die Geschäftsstrategie regelmäßig auseinandersetzt. Durch die Festlegung der IT-Strategie sowie durch daraus abgeleitete Maßnahmen zur Erreichung der Strategieziele soll gleichzeitig Klarheit über die Bedeutung der IT für die Durchführung der Bankgeschäfte geschaffen werden, die für das IT-Risikobewusstsein notwendig ist.[50] Auf Basis dieser IT-Strategie sind gemäß Tz. 2.2 BAIT Regelungen zur IT-Aufbau- und IT-Ablauforganisation festzulegen und bei Veränderungen der Aktivitäten und Prozesse zeitnah anzupassen. Außerdem ist sicherzustellen, dass diese Regelungen wirksam umgesetzt werden.

48   Auch in den zugrunde liegenden EBA-Leitlinien wird explizit erwähnt, dass die IKT-Strategie ein Teil der Geschäftsstrategie des Institutes sein kann. Insbesondere sollte sie sich an der Geschäftsstrategie ausrichten und zum Ausdruck bringen, wie sich die Informations- und Kommunikationstechnologie (IKT) im Interesse des Institutes entwickeln muss. Die IKT-Strategie dient der Schaffung eines wirksamen Risikomanagementrahmens für die IKT- und Sicherheitsrisiken. Die EBA nennt auch konkrete Maßnahmenpläne, in denen die Ziele zur Erreichung der IKT-Strategie festgelegt werden. Somit fallen diese Anforderungen mit den generellen Vorgaben an die Geschäftsstrategie in den MaRisk zusammen.[51]

49   Bei der Bewertung im Rahmen des SREP sollten die zuständigen Behörden u. a. berücksichtigen, ob der zuständige Geschäftsleiter angemessen an der Festlegung der strategischen IKT-Prioritäten des Institutes beteiligt und über die Entwicklung, Gestaltung und Initiierung wichtiger Geschäftsstrategien und -initiativen informiert ist, um die kontinuierliche Abstimmung zwischen IKT-Systemen, IKT-Diensten und der IKT-Funktion (d. h. der für die Verwaltung und den Einsatz dieser Systeme und Dienstleistungen verantwortlichen Personen) sowie der Geschäftsstrategie des Institutes sicherzustellen, und ob die IKT wirksam erneuert wird. Zudem sollte geprüft werden, ob die IKT-Strategie dokumentiert und durch konkrete Umsetzungspläne unterstützt wird, insbesondere in Bezug auf die wichtigen Meilensteine und die Ressourcenplanung (einschließlich der Finanz- und Personalressourcen), um sicherzustellen, dass sie realistisch sind und die Umsetzung der IKT-Strategie ermöglichen, ob das Institut seine IKT-Strategie insbesondere bei einer Änderung der Geschäftsstrategie regelmäßig überarbeitet, um eine kontinuierliche Abstimmung zwischen der IKT und den mittel- bis langfristigen Zielen, Plänen und Aktivitäten zu gewährleisten, und ob die Geschäftsleitung des Institutes die IKT-Strategie und die Umsetzungspläne genehmigt und ihre Umsetzung überwacht.[52]

2.4.2   Ausbau und Verbesserung der Risikodatenaggregationskapazitäten

50   Im Rahmen der fünften MaRisk-Novelle wurden einige Anforderungen auf Basis der Vorgaben des Baseler Ausschusses für Bankenaufsicht (BCBS) für systemrelevante Institute zum Ausbau und

---

50 Vgl. Essler, Renate/Gampe, Jens, IT-Sicherheit – Aufsicht konkretisiert Anforderungen an die Kreditwirtschaft, in: BaFinJournal, Ausgabe Januar 2018, S. 19.

51 Die EBA verwendet die Bezeichnung »IKT-Strategie«, weil sie insgesamt auf die Informations- und Kommunikationstechnologie (IKT) abstellt, also die Kommunikationsprozesse im Institut einbezieht. Vgl. European Banking Authority, Leitlinien für das Management von IKT- und Sicherheitsrisiken, EBA/GL/2019/04, 28. November 2019, S. 8.

52 Vgl. European Banking Authority, Leitlinien für die IKT-Risikobewertung im Rahmen des aufsichtlichen Überprüfungs- und Bewertungsprozesses (SREP), EBA/GL/2017/05, 11. September 2017, S. 9.

zur Verbesserung der Kapazitäten zur Risikodatenaggregation (BCBS 239)[53] in die MaRisk integriert. Diese Vorgaben wurden mit der sechsten MaRisk-Novelle auf bedeutende Institute im Sinne von Art. 6 SSM-Verordnung ausgeweitet, wobei eine proportionale Umsetzung vorgesehen ist. Dabei geht es um die Sicherstellung einer angemessenen Datenqualität in der Risikoberichterstattung (→ AT 4.3.4 Tz. 1, Erläuterung), und zwar sowohl unter gewöhnlichen Umständen als auch in Stressphasen (→ AT 4.3.4 Tz. 5). Mit der Umsetzung dieser Anforderungen, für die den Instituten grundsätzlich drei Jahre ab Benennung als systemrelevantes Institut eingeräumt werden, sind gewaltige Herausforderungen verbunden. Das zeigt sich auch daran, dass die global systemrelevanten Institute, die von den Vorgaben des BCBS bereits seit einigen Jahren betroffen sind, regelmäßig dafür gerügt werden, mit ihren Projekten nicht hinreichend schnell voranzukommen.[54] Die EZB hat am 14. Juni 2019 alle bedeutenden Institute darüber informiert, dass sie als zuständige Aufsichtsbehörde die Anforderungen aus BCBS 239 unter Beachtung des Proportionalitätsprinzips als Benchmark heranziehen wird, um die Risikodatenaggregationskapazitäten der Institute zu beurteilen. Nach Auffassung der EZB sind substanzielle und zeitnahe Verbesserungen der Risikodatenaggregationskapazitäten und der Risikoberichterstattung der Institute geboten.[55] Die bedeutenden Institute haben deshalb in ihrer Geschäftsstrategie auch Aussagen zur Möglichkeit der Verbesserung von Aggregationskapazitäten für Risikodaten zu treffen (→ AT 4.2 Tz. 1, Erläuterung). Da diese Regelung der aktuellen Verwaltungspraxis der EZB entspricht, werden seitens der deutschen Aufsicht keine Umsetzungsfristen gewährt. Den betroffenen Instituten wird empfohlen, sich diesbezüglich mit dem zuständigen Aufsichtsteam (»Joint Supervisory Team«, JST) in Verbindung zu setzen.

Diese Anforderung stellt darauf ab, dass die Geschäftsleitung nach den Vorstellungen des BCBS sicherzustellen hat, dass die IT-Strategie Möglichkeiten zur Verbesserung der Datenaggregationskapazitäten und der Risikoberichterstattung sowie zur Behebung von Verstößen gegen die Grundsätze zur Risikodatenaggregation und zur Risikoberichterstattung vorsieht, wobei auch die sich verändernden Anforderungen der laufenden Geschäftstätigkeit zu berücksichtigen sind.[56] Die Aufsichtsbehörden betonen, dass eine strategische Umsetzung von BCBS 239 sehr wichtig ist und taktische Lösungen zur schnellen Behebung von existierenden Defiziten in der Datenqualität dauerhaft nicht zum Erfolg führen werden.[57]

51

2.4.3 Umgang mit Auslagerungen

Gemäß § 25b Abs. 1 Satz 3 KWG sind die ausgelagerten Aktivitäten und Prozesse in das Risikomanagement des Institutes einzubeziehen. Da die Strategien vom weiten Risikomanagementbegriff des § 25a Abs. 1 KWG erfasst werden, geht der Gesetzgeber davon aus, dass die Institute ihre Auslagerungsaktivitäten auch unter strategischen Gesichtspunkten angemessen berücksichtigen. Das Vorhaben, wesentliche Aktivitäten und Prozesse auf andere Unternehmen auszulagern, hat immer eine strategische Dimension. Ein Institut trennt sich ggf. für einen längeren Zeitraum oder sogar für immer von bestimmten Abschnitten der internen Leistungserstellung und vertraut

52

---

53 Baseler Ausschuss für Bankenaufsicht, Grundsätze für die effektive Aggregation von Risikodaten und die Risikoberichterstattung, BCBS 239, 9. Januar 2013.

54 Anders als die anderweitig systemrelevanten Institute (A-SRI), haben die global systemrelevanten Institute (G-SRI) die Anforderungen gemäß BCBS 239 schon seit Januar 2016 einzuhalten. Vgl. Bundesanstalt für Finanzdienstleistungsaufsicht, Rundschreiben 09/2017 (BA) zur Überarbeitung der MaRisk, Übermittlungsschreiben vom 27. Oktober 2017, S. 6.

55 Vgl. Enria, Andrea, Supervisory expectations on risk data aggregation capabilities and risk reporting practices, Schreiben an die bedeutenden Institute vom 14. Juni 2019, S. 1.

56 Vgl. Baseler Ausschuss für Bankenaufsicht, Grundsätze für die effektive Aggregation von Risikodaten und die Risikoberichterstattung, BCBS 239, 9. Januar 2013, S. 7.

57 Vgl. Basel Committee on Banking Supervision, Progress in adopting the principles for effective risk data aggregation and risk reporting, BCBS 501, 29. April 2020, S. 9.

stattdessen auf die Dienste eines Dritten. Der damit einhergehende tendenzielle Verlust an Kontrolle muss insbesondere durch geeignete Vorkehrungen zur Steuerung und Überwachung der ausgelagerten Aktivitäten und Prozesse kompensiert werden. Daneben stellen sich vielfältige sonstige Fragen, wie bspw. zur Relevanz der gesetzlichen Regelungen zum Betriebsübergang nach § 613a BGB oder zu steuerlichen Aspekten. An die »Make or Buy«-Entscheidung sind insoweit Konsequenzen geknüpft, die stark auf die Organisation des auslagernden Institutes ausstrahlen.

53   Vor diesem Hintergrund ist es auch unter betriebswirtschaftlichen Gesichtspunkten sinnvoll, wenn sich die Geschäftsleitung frühzeitig mit den möglichen Implikationen eines Auslagerungsvorhabens auseinandersetzt. Zunächst stellt sich die Frage, ob die Auslagerung von Aktivitäten und Prozessen überhaupt mit dem eigenen Geschäftsmodell kompatibel ist.[58] Abhängig vom Geschäftsmodell kann ein Institut ggf. schon an dieser Stelle zu einem negativen Ergebnis gelangen, z.B. weil der Rückgriff auf Dritte bei den Schlüsselkunden zu unüberbrückbaren Akzeptanzproblemen führen würde. Darüber hinaus stellt sich die Frage, welchen Beitrag Auslagerungen zur Erreichung der in der Geschäftsstrategie niedergelegten Ziele leisten können und welche Gründe für eine Auslagerungsentscheidung im Vordergrund stehen. Maßgeblich können sowohl Kostengründe als auch Qualitäts- oder Servicegründe sein oder eine Kombination dieser beiden Gesichtspunkte. Die Beantwortung dieser Fragen hat Einfluss auf alle daraus abgeleiteten Folgeentscheidungen (z.B. Auswahlentscheidung, Vertragsgestaltung, Steuerungs- und Überwachungsmechanismen) und muss aus diesem Grund sehr sorgfältig unter Abwägung aller relevanten Aspekte erfolgen.[59] Gegebenenfalls kann ein Institut an dieser Stelle auch zum Ergebnis kommen, dass die »Eigenoptimierung« gegenüber einer Auslagerungsmaßnahme vorteilhafter ist.[60] Eine wichtige Erkenntnisquelle kann dabei die nach den MaRisk bei Auslagerungsvorhaben durchzuführende Risikoanalyse sein (→ AT 9 Tz. 2).

54   Es versteht sich von selbst, dass vor einer Auslagerung wesentlicher Bereiche eines Institutes strategische Überlegungen angestellt werden, die dann auch schriftlich niedergelegt sind. Das ergibt sich bereits aus der Anforderung, auf der Grundlage einer Risikoanalyse eigenverantwortlich festzulegen, welche Risiken mit einer Auslagerung verbunden sind und welche Auslagerungen von Aktivitäten und Prozessen unter Risikogesichtspunkten wesentlich sind (→ AT 9 Tz. 2). Die Bedeutung von Auslagerungsvereinbarungen kann unter Risikogesichtspunkten für ein Institut in der Summe allerdings vergleichbare Dimensionen annehmen, wenn eine Vielzahl weniger relevanter Bereiche ausgelagert wird. Auf diesen Sachverhalt, der für die Risikoanalyse im Rahmen der Anforderungen an Auslagerungen keine Rolle spielt, zielt die im Rahmen der vierten MaRisk-Novelle eingefügte Erläuterung ab, wonach insbesondere im Falle umfangreicher Auslagerungen in der Strategie auch entsprechende Ausführungen erforderlich sind (→ AT 4.2 Tz. 1, Erläuterung). Sofern ein Institut diverse Aktivitäten und Prozesse auslagert, kann erwartet werden, dass es dazu auch strategische Überlegungen anstellt. Insbesondere ist in der Strategie darzulegen, welche Aktivitäten grundsätzlich im Institut verbleiben sollen und was in der Zukunft alles zur Auslagerung vorgesehen ist. Von der Kreditwirtschaft wurde deshalb vorgeschlagen, begrifflich nicht auf »umfangreiche Auslagerungen«, sondern auf »eine Vielzahl von Auslagerungen« abzustellen.[61] Dieser Vorschlag wurde allerdings nicht aufgegriffen. Hintergrund ist vermutlich die Sorge der Aufsicht, dass bei einer Auslagerung weniger, aber für ein Institut sehr wesentlicher Bereiche keinerlei Aussagen in der Strategie getroffen werden.

58 Vgl. Gross, Jürgen/Bordt, Jörg/Musmacher, Matias, Business Process Outsourcing, Wiesbaden, 2006, S. 180.

59 Vgl. Sure, Matthias, Vorbereitung, Planung und Realisierung von Business Process Outsourcing bei kaufmännischen und administrativen Backoffice-Prozessen, in: Wullenkord, Axel (Hrsg.), Praxishandbuch Outsourcing, München, 2005, S. 261 f.

60 Vgl. Wagemann, Ralf, Prozessoptimierung und Outsourcing, in: Sparkassen Management Praxis, Heft 52/2006, S. 10 f.

61 Vgl. Deutsche Kreditwirtschaft, Stellungnahme zum Konsultationspapier 01/2012 der Bundesanstalt für Finanzdienstleistungsaufsicht (BaFin) – »Überarbeitung der MaRisk« (Zwischenentwurf vom 2. August 2012), 12. September 2012, S. 4.

Im Rahmen des SREP sollten die zuständigen Behörden bei der Bewertung der internen Unternehmensführung auch prüfen, ob im Institut eine Strategie zu Auslagerungen und entsprechende Richtlinien vorhanden sind, in denen die Auswirkungen auf die Geschäftsaktivitäten des Institutes und die damit verbundenen Risiken berücksichtigt werden.[62]

55

2.4.4 Umgang mit einem hohen NPL-Bestand

Eine Auswirkung der Finanzmarktkrise, die auch viele Jahre später noch nicht vollständig beseitigt werden konnte, waren die teilweise sehr hohen Bestände an notleidenden Krediten in den Bilanzen einiger Institute. Die europäischen Institute waren davon unterschiedlich stark betroffen, wobei in einzelnen Ländern eine Konzentration dieser »Institute mit hohem NPL-Bestand« (→ AT 2.1 Tz. 1) zu verzeichnen war. Besonders problematisch ist die damit verbundene eingeschränkte Handlungsfähigkeit der Institute. Schließlich steht das von diesen Engagements gebundene Kapital nicht für die Finanzierung der Realwirtschaft zur Verfügung. Außerdem sind damit je nach Volumen ggf. hohe Verwaltungskosten verbunden, denen i. d. R. kein oder nur ein sehr geringer Ertrag gegenübersteht.

56

Diese Situation hat die Politik auf den Plan gerufen, die zudem die Stabilität des Finanzsystems insgesamt im Blick hat und das Vorhaben einer »Europäischen Bankenunion« vollenden möchte. Dazu ist neben dem »Einheitlichen Aufsichtsmechanismus« (»Single Supervisory Mechanism«, SSM) und dem »Einheitlichen Abwicklungsmechanismus« (»Single Resolution Mechanism«, SRM) als dritte Säule ein »Europäisches Einlagensicherungssystem« (»European Deposit Insurance Scheme«, EDIS) geplant (→ Teil I, Kapitel 3). Um EDIS ernsthaft in Angriff nehmen zu können, muss den Bedenken einiger europäischer Staaten, wie insbesondere Deutschlands, Rechnung getragen werden, dass mit den gut gefüllten Kassen der nationalen Sicherungssysteme einzelner Staaten nicht die hohen NPL-Bestände anderer Staaten ausgeglichen werden sollen. Folglich müssen die NPL-Bestände aller beteiligten Staaten zunächst bis zu einer akzeptablen Schwelle abgebaut werden.

57

Vom Rat der Europäischen Union (EU-Rat) wurde daher am 11. Juli 2017 ein »Aktionsplan für den Abbau notleidender Kredite in Europa« vorgestellt. Die damit verbundenen bankaufsichtsrechtlichen Reformen sollen u. a. durch eine Angleichung der Insolvenzsysteme und die Entwicklung von Sekundärmärkten für notleidende Kredite flankiert werden. Mit der Umsetzung dieses Vorhabens wurden vom EU-Rat in erster Linie die EU-Kommission, die EZB und die EBA in ihren jeweiligen Zuständigkeitsbereichen beauftragt.

58

Die Arbeiten der EU-Kommission führten im April 2019 zu einer Anpassung der CRR mit strengen Vorgaben zur Mindestdeckung notleidender Risikopositionen (»NPL-Backstop«).[63] Im Februar 2020 wurde die maßgebliche europäische Durchführungsverordnung zum aufsichtlichen Meldewesen (»Meldewesen-DV«)[64] angepasst.[65] Die Meldewesen-DV wird auch zur Klarstellung verschiedener

59

---

62 Vgl. European Banking Authority, Guidelines on common procedures and methodologies for the supervisory review and evaluation process (SREP) and supervisory stress testing, EBA/GL/2014/13, Consolidated version, 19. Juli 2018, S. 52 f.

63 Verordnung (EU) 2019/630 des Europäischen Parlaments und des Rates vom 17. April 2019 zur Änderung der Verordnung (EU) Nr. 575/2013 im Hinblick auf die Mindestdeckung notleidender Risikopositionen, Amtsblatt der Europäischen Union vom 25. April 2019, L 111/4–12.

64 Durchführungsverordnung (EU) Nr. 680/2014 der Kommission vom 16. April 2014 zur Festlegung technischer Durchführungsstandards für die aufsichtlichen Meldungen der Institute gemäß der Verordnung (EU) Nr. 575/2013 des Europäischen Parlaments und des Rates, Amtsblatt der Europäischen Union vom 28. Juni 2014, L 191/1–1861. Diese Durchführungsverordnung wurde am 28. Juni 2021 durch die Durchführungsverordnung (EU) Nr. 2021/451 der Kommission vom 17. Dezember 2020 zur Festlegung technischer Durchführungsstandards für die Anwendung der Verordnung (EU) Nr. 575/2013 des Europäischen Parlaments und des Rates auf die aufsichtlichen Meldungen der Institute und zur Aufhebung der Durchführungsverordnung (EU) Nr. 680/2014, Amtsblatt der Europäischen Union vom 19. März 2021, L 97/1–1955, aufgehoben.

65 Durchführungsverordnung (EU) 2020/429 der Kommission vom 14. Februar 2020 zur Änderung der Durchführungsverordnung (EU) Nr. 680/2014 zur Festlegung technischer Durchführungsstandards für die aufsichtlichen Meldungen der Institute gemäß der Verordnung (EU) Nr. 575/2013 des Europäischen Parlaments und des Rates, Amtsblatt der Europäischen Union vom 30. März 2020, L 96/1–1092.

AT 4.2 Strategien

Begriffe im Zusammenhang mit notleidenden und gestundeten Risikopositionen herangezogen (→ AT 2.1 Tz. 1, BTO 1.3.2 Tz. 1 und 3). Neben dem Abbau der NPL-Bestände zielen die Maßnahmen auch auf die zukünftige Vermeidung einer weiteren Anhäufung notleidender Kredite ab.

60 Während der COVID-19-Pandemie mussten den Instituten und Unternehmen allerdings diverse Erleichterungen eingeräumt werden, um diese Krise überhaupt bewältigen zu können. Da befürchtet wird, dass die COVID-19-Pandemie zu einem erneuten Anwachsen der NPL-Bestände in den Bankbilanzen führt, hat die EU-Kommission im Dezember 2020 ihre Strategie zur Sicherstellung der Kreditversorgung vorgestellt.[66] Die von der EU-Kommission vorgeschlagenen Maßnahmen sehen u. a. vor, die Entwicklung eines liquiden Sekundärmarktes für notleidende Risikopositionen zu fördern, damit die Institute ihre NPL-Bestände an Drittinvestoren veräußern können. Einen entsprechenden Richtlinienvorschlag hatte die EU-Kommission bereits im März 2018 unterbreitet.[67] Auch die Vorgaben zur Eigenkapitalunterlegung für Verbriefungen von NPL werden derzeit überarbeitet. Zur Beseitigung regulatorischer Hemmnisse für den Verkauf von NPL soll ein Gleichlauf zwischen der Risikogewichtung angekaufter leistungsgestörter Kredite im Standardansatz (Art. 127 CRR) und der Behandlung dieser Risikopositionen in den Bankbilanzen hergestellt werden. Schließlich sollen in allen Mitgliedstaaten »Vermögensverwaltungsgesellschaften« (»Asset Management Companies«, AMC) für NPL gegründet bzw. weiterentwickelt werden. Diese nationalen »Bad Banks« sollen dann auf europäischer Ebene enger vernetzt werden.[68] Mit dem Ziel einer Verbesserung der Datenqualität zu NPL sollen zudem nicht nur die Melde- und Offenlegungsanforderungen überarbeitet werden. Die EU-Kommission schlägt gleichzeitig die Einrichtung einer zentralen elektronischen Datenplattform (»central data hub«) in der EU vor. Damit soll der Informationsaustausch zwischen Kreditverkäufern, Kreditkäufern, Kreditdienstleistern, Vermögensverwaltungsgesellschaften und privaten NPL-Plattformen ermöglicht werden.

61 Die EZB hat schon vor der Veröffentlichung des »Aktionsplanes für den Abbau notleidender Kredite in Europa« einen Leitfaden zu notleidenden Krediten[69] und ziemlich genau ein Jahr später noch eine Ergänzung dazu[70] erarbeitet, in der ihre Erwartungen an die Risikovorsorge für notleidende Risikopositionen bei bedeutenden Instituten niedergelegt sind. Später hat sie weitere Schritte zum Abbau der NPL-Bestände angekündigt.[71] In Reaktion auf die Einführung des »NPL-Backstop« in der ersten Säule durch die EU-Kommission hat die EZB ihre Vorgaben zur Risikovorsorge nochmals angepasst.[72] Im Ergebnis müssen die Institute ihre notleidenden Risikopositionen innerhalb von verschiedenen Fristen, die von der Art der Besicherung abhängen, vollständig durch Risikovorsorge abdecken oder die Differenz zur vorgeschriebenen Mindestdeckung vom harten Kernkapital abziehen (→ BTO 1.2.5 Tz. 9). Die EZB hat auf die COVID-19-Pandemie mit zahlreichen Erleichterungen reagiert, die auch den Umgang mit notleidenden Risikopositionen betreffen.[73] Zur Beantwortung der häufigsten praktischen Fragen der Institute im Zusammenhang

---

66 Mitteilung der Europäischen Kommission an das Europäische Parlament, den Rat und die Europäische Zentralbank zum Abbau notleidender Kredite nach der COVID-19-Pandemie vom 16. Dezember 2020.

67 Europäische Kommission, Vorschlag für eine Richtlinie des Europäischen Parlaments und des Rates über Kreditdienstleister, Kreditkäufer und die Verwertung von Sicherheiten vom 14. März 2018.

68 Es sei an dieser Stelle darauf hingewiesen, dass es bei dieser Vernetzung nicht um die Gründung einer europäischen Bad Bank geht, die unweigerlich zur Folge hätte, dass die mit unterschiedlichen NPL-Quoten in den einzelnen Mitgliedstaaten verbundenen Verluste von allen gemeinsam zu tragen wären. Dieses Problem besteht in ähnlicher Weise bei Etablierung einer europäischen Einlagensicherung.

69 Europäische Zentralbank, Leitfaden für Banken zu notleidenden Krediten, 20. März 2017.

70 Europäische Zentralbank, Ergänzung zum EZB-Leitfaden für Banken zu notleidenden Krediten: aufsichtliche Erwartungen an die Risikovorsorge für notleidende Risikopositionen, 15. März 2018.

71 Europäische Zentralbank, EZB kündigt weitere Schritte beim aufsichtlichen Ansatz für NPL-Bestände an, Pressemitteilung vom 11. Juli 2018.

72 Europäische Zentralbank, EZB überarbeitet Erwartungen der Aufsicht an die Risikovorsorge für neue notleidende Kredite, um neuer EU-Verordnung Rechnung zu tragen, Pressemitteilung vom 22. August 2019.

73 Europäische Zentralbank, EZB-Bankenaufsicht reagiert auf Coronavirus – vorübergehende Kapitalerleichterungen und operative Flexibilität für Banken, Pressemitteilung, 12. März 2020; Europäische Zentralbank, EZB-Bankenaufsicht reagiert mit zusätzlichen Flexibilisierungsmaßnahmen für Banken auf die Ausbreitung des Coronavirus, Pressemitteilung, 20. März 2020; Europäische Zentralbank, IFRS 9 im Zusammenhang mit der Coronavirus-Pandemie (COVID-19), Schreiben an alle bedeutenden Institute, 1. April 2020.

mit der Krise wurden sowohl von der EZB als auch von der BaFin auf ihren Internetseiten zahlreiche Hinweise gegeben (»frequently asked questions«, FAQ).

Die EBA hat im Zusammenhang mit dem »Aktionsplan für den Abbau notleidender Kredite in Europa« gleich mehrere Leitlinien veröffentlicht, so z.B. über das Management notleidender und gestundeter Risikopositionen[74], die Offenlegung von notleidenden und gestundeten Risikopositionen[75] sowie die Kreditvergabe und Überwachung.[76] Die EBA verfolgt mit den letztgenannten Leitlinien, die in Deutschland erst im Rahmen der siebten MaRisk-Novelle umgesetzt werden, das Ziel, dass die Institute robuste und vorsichtige Kreditvergabestandards einrichten, damit neu vergebene Kredite von hoher Kreditqualität sind und in Zukunft zu einer geringeren Anzahl von notleidenden Krediten beitragen. Um die Institute nicht mitten in der Krise übermäßig zu belasten, hat die EBA für die Anwendung dieser Leitlinien auf neue Kreditvergaben eine Übergangsfrist bis zum 30. Juni 2021 eingeräumt. Zur Umsetzung der Anforderungen in Bezug auf den Bestand an Krediten lässt die EBA den Instituten noch ein Jahr mehr Zeit.[77] Derzeit ist die EBA damit beschäftigt, im Auftrag der EU-Kommission die Meldebögen zu notleidenden Risikopositionen aus dem Jahr 2017 zu überarbeiten. In diesem Zusammenhang soll auch geprüft werden, ob die bisher freiwillig zu verwendenden Meldebögen zukünftig verpflichtend zu verwenden sind, um die Transparenz zu erhöhen und damit insgesamt die Entwicklung von Sekundärmärkten für notleidende Risikopositionen zu fördern. In einem ersten Schritt soll vor allem der Meldeaufwand deutlich verringert werden, indem die Anzahl der zu meldenden Datenpunkte deutlich reduziert wird.[78] **62**

Vor dem Hintergrund der COVID-19-Pandemie hat sich die EBA auch zur Klassifizierung von ausfallgefährdeten Krediten, zur Identifizierung von gestundeten Risikopositionen und zur bilanziellen Behandlung der leistungsgestörten Engagements geäußert.[79] Von Bedeutung für eine regelkonforme Umsetzung sind zudem die Leitlinien der EBA zu gesetzlichen Moratorien und Moratorien ohne Gesetzesform für Darlehenszahlungen vor dem Hintergrund der COVID-19-Krise[80], die mehrmals an den Verlauf der Pandemie angepasst wurden. Außerdem hat die EBA Leitlinien zur Meldung und Offenlegung von Forderungen erarbeitet, die Gegenstand von Maßnahmen zur Bewältigung der COVID-19-Krise sind.[81] Ziel dieser Leitlinien ist es, den Datenbedarf der Aufsicht zu decken und die zusätzliche Berichterstattung und Offenlegung zu koordinieren, die für die Überwachung der Umsetzung der als Reaktion auf die Krise eingeführten Maßnahmen in den Mitgliedstaaten von der Aufsicht als erforderlich angesehen wird. Schließlich wurde von der EBA ein COVID-19-Umsetzungsbericht mit Klarstellungen zu diversen Fragen veröffentlicht, die im Rahmen der Überwachung der Umsetzung der COVID-19-Maßnahmen aufgeworfen wurden. Dieser Bericht wurde bereits mehrfach aktualisiert und enthält wertvolle Hinweise für die Praxis.[82] Von den zuständigen Aufsichtsbehörden wurden die Vorgaben der EBA grundsätzlich einheitlich aufgegriffen. **63**

74 European Banking Authority, Leitlinien über das Management notleidender und gestundeter Risikopositionen, EBA/GL/2018/06, 31. Oktober 2018.

75 European Banking Authority, Leitlinien über die Offenlegung von notleidenden und gestundeten Risikopositionen, EBA/GL/2018/10, 17. Dezember 2018.

76 European Banking Authority, Leitlinien für die Kreditvergabe und Überwachung, EBA/GL/2020/06, 29. Mai 2020.

77 Vgl. European Banking Authority, Explanatory Note on the EBA's Comprehensive Approach to Loan Origination, 29. Mai 2020, S. 3 f.

78 Vgl. European Banking Authority, Discussion Paper, Review of the NPL transaction data templates, EBA/DP/2021/02, 4. Mai 2021, S. 4 ff.

79 European Banking Authority, Statement on the application of the prudential framework regarding Default, Forbearance and IFRS 9 in light of COVID-19 measures, 25. März 2020.

80 European Banking Authority, Leitlinien zu gesetzlichen Moratorien und Moratorien ohne Gesetzesform für Darlehenszahlungen vor dem Hintergrund der COVID-19-Krise, EBA/GL/2020/02, 2. April 2020.

81 European Banking Authority, Leitlinien zur Meldung und Offenlegung von Risikopositionen, die Maßnahmen im Zusammenhang mit der COVID-19-Krise unterliegen, EBA/GL/2020/07, 2. Juni 2020.

82 European Banking Authority, EBA Report on the Implementation of Selected COVID-19 Policies, EBA/REP/2021/02, 29. Januar 2021.

AT 4.2 Strategien

64   Im Dezember 2020 hat die EBA die angekündigten Initiativen der EU-Kommission begrüßt und ihre Unterstützung angekündigt. Am 4. Mai 2021 hat sie zur Verbesserung der Datenqualität und -vergleichbarkeit ein Diskussionspapier mit überarbeiteten NPL-Datenvorlagen veröffentlicht. Die EBA ist aufgefordert, die Kritikalität der Datenfelder neu zu bewerten, um sie für die Zwecke der Financial Due Diligence und der Beurteilung von NPL-Transaktionen benutzerfreundlicher zu gestalten. Damit sollen die Entwicklung von Sekundärmärkten für notleidende Risikopositionen angekurbelt und regulatorische Hindernisse bei deren Erwerb beseitigt werden.[83]

65   Als Konsequenz aus den Anforderungen der EBA an das Management notleidender und gestundeter Risikopositionen wurde mit der sechsten MaRisk-Novelle für »Institute mit hohem NPL-Bestand« (→ AT 2.1 Tz. 1) die Anforderung ergänzt, eine Strategie für notleidende Risikopositionen und einen entsprechenden Implementierungsplan festzulegen und regelmäßig zu überprüfen (→ AT 4.2 Tz. 1, Erläuterung). Damit soll sichergestellt werden, dass sich diese Institute unter Berücksichtigung der objektiven Gegebenheiten und der damit verbundenen Konsequenzen realistische Ziele zum Abbau ihrer NPL-Bestände über einen angemessenen Zeitraum setzen. Gleichzeitig sollen die Institute darüber nachdenken, auf welche Weise sie diese Ziele auf operativer Ebene umsetzen können (→ AT 4.2 Tz. 3). Da die Umsetzung der Strategie für notleidende Risikopositionen viele verschiedene Bereiche des Institutes betrifft und von diesen abhängig ist, sollte sie nach den Vorstellungen der EBA in die strategischen und operativen Prozesse auf allen Organisationsebenen eingebunden werden.[84]

66   Was von den betroffenen Instituten bei der Festlegung der Strategie und des Implementierungs-planes konkret erwartet wird, ist an anderer Stelle genauer geregelt (→ AT 4.2 Tz. 3). Die Institute sollten sich bewusst sein, dass ein angestrebter Abbau von NPL-Beständen i. d. R. mit bedeutenden Aufwänden verbunden ist und nicht ohne Auswirkungen auf die Geschäfts- und Finanzplanung realisiert werden kann. Deshalb erwartet die EBA, dass die maßgeblichen Bestandteile der Strategie für notleidende Risikopositionen mit der Geschäfts- und Finanzplanung in Einklang gebracht werden. Das betrifft auch die relevanten Kosten zur Umsetzung des Implementierungs-planes und die potenziellen Verluste aus den NPE-Abwicklungsmaßnahmen.[85]

67   Die deutsche Aufsicht hat diese Anforderung vermutlich nicht zufällig unter der Überschrift »besondere strategische Aspekte« statuiert. Damit wird einerseits die Möglichkeit eröffnet, die Strategie für notleidende Risikopositionen in die Geschäfts- oder Risikostrategie zu integrieren. Andererseits kann daraus implizit abgeleitet werden, dass die allgemeinen Vorgaben an den Strategieprozess auch für den Umgang mit notleidenden Risikopositionen maßgeblich sind. Die grundsätzlichen Anforderungen an die Geschäftsleitung bei der Festlegung, Genehmigung (Ver-antwortung) und regelmäßigen Überprüfung der Strategie und deren Umsetzung, die in diesem Fall den Implementierungsplan betreffen, finden sich auch in den Leitlinien der EBA wieder.[86]

68   Die EZB bezeichnet die Strategie für notleidende Risikopositionen und den Implementierungs-plan bei Instituten mit hohem NPL-Bestand als Kernbestandteil der Gesamtstrategie. Sie erwartet daher, dass in bedeutenden Instituten beide von der Geschäftsleitung genehmigt und gesteuert werden. Zudem sollte die Geschäftsleitung über ausreichende Kompetenz im Bereich NPL-Ma-nagement verfügen und einen Teil ihrer Kapazitäten den Angelegenheiten im Zusammenhang mit der NPL-Abwicklung widmen, der in einem angemessenen Verhältnis zu den NPL-Risiken der Bank steht.[87]

---

83 Vgl. European Banking Authority, EBA begrüßt den Aktionsplan der Europäischen Kommission zur Bekämpfung von NPLs nach der COVID-19-Pandemie, Presseerklärung vom 16. Dezember 2020.

84 Vgl. European Banking Authority, Leitlinien über das Management notleidender und gestundeter Risikopositionen, EBA/GL/2018/06, 31. Oktober 2018, S. 15.

85 Vgl. European Banking Authority, Leitlinien über das Management notleidender und gestundeter Risikopositionen, EBA/GL/2018/06, 31. Oktober 2018, S. 16.

86 Vgl. European Banking Authority, Leitlinien über das Management notleidender und gestundeter Risikopositionen, EBA/GL/2018/06, 31. Oktober 2018, S. 12 und 18.

87 Vgl. Europäische Zentralbank, Leitfaden für Banken zu notleidenden Krediten, 20. März 2017, S. 20f.

Im Fachgremium MaRisk ist mehrfach darüber diskutiert worden, wie der Umgang mit kleineren   69
Instituten, bei denen bereits ein Ausfall weniger Kreditnehmer mit einem entsprechend hohen Anteil
am Kreditportfolio zum Erreichen bzw. Überschreiten der maßgeblichen Schwelle von 5 Prozent
führt, möglichst praktikabel ausgestaltet werden kann. Seitens der Kreditwirtschaft wird dabei
unterstellt, dass in diesen Fällen die Festlegung einer Strategie für notleidende Risikopositionen
und eines damit verbundenen Implementierungsplanes in einer Kosten-Nutzen-Analyse kein positives Ergebnis zur Folge hätte. Zunächst hatte die Aufsicht zugesagt, dass sie bei der Umsetzung
dieser Anforderung mit Augenmaß vorgehen wird. So kann von einem kleinen Institut, das z. B.
durch den Ausfall von zwei großen Kreditnehmern über den Schwellenwert rutscht, nicht erwartet
werden, eine ausufernde Strategie zu entwickeln. In diesem Fall würde sich die Aufsicht beispielsweise in den Aufsichtsgesprächen mit dem Institut darüber austauschen können, wie mit diesen
beiden Kreditnehmern umzugehen ist und wie ihre weitere Information erfolgen kann.[88] Später
wurde eine derartige Erleichterung allerdings wieder verworfen. Es ist zwar vorstellbar, bei der
Umsetzung der Abbaumaßnahmen proportional vorzugehen, indem von den Instituten keine überbordenden Ausführungen erwartet werden. Gerade von kleineren Instituten, die häufig dem
Regionalprinzip unterliegen und insofern hinsichtlich ihrer Möglichkeiten zur Risikodiversifikation
tendenziell eingeschränkt sind, erwartet die Aufsicht jedoch nachvollziehbare Lösungsvorschläge.
Das Regionalprinzip wird damit zwar nicht infrage gestellt. Die Institute sollten aber Überlegungen
anstellen, wie dieser höheren Volatilität in der Strategie begegnet werden und somit ein Erreichen
oder Überschreiten der Schwelle durch wenige Engagements wirksam verhindert werden kann.

Das Regionalprinzip dient in den kreditwirtschaftlichen Verbünden dazu, dass sich die traditio-   70
nell regional aufgestellten Institute in ihren jeweiligen Geschäftsgebieten nicht gegenseitig Konkurrenz machen. In den Verbünden werden jedoch unter Beteiligung einiger großer Institute so
genannte »Kreditbaskettransaktionen«[89] angeboten. Damit besteht für die verbundangehörigen
Institute die Möglichkeit, Klumpenrisiken gegen ein diversifiziertes Portfolio kleinteiliger Risiken
mittels Kreditderivaten zu tauschen (→ BTR 1 Tz. 6). Insofern existiert bereits eine strategische
Option zur Lösung dieses Problems.

2.4.5 Berücksichtigung von Nachhaltigkeitsrisiken

Eine »nachhaltige Geschäftsstrategie« zielt darauf ab, das eigene Geschäftsmodell auch zukünftig so   71
auszurichten, dass es nicht nur kurzfristig tragfähig ist und dem Institut die Überlebensfähigkeit aus
eigener Kraft sichert. Insofern handelt es sich in erster Linie um ökonomische Aspekte, die bei der
Geschäftsmodellanalyse im Rahmen des SREP im Fokus stehen (»ökonomische Nachhaltigkeit«).
Diese Zielsetzung ist natürlich eng mit den Geschäftsaktivitäten des Institutes verbunden. Dabei geht
es nicht nur um das Erzielen einer akzeptablen Rendite über einen Zeitraum von mindestens drei
Jahren.[90] Eine Zukunftssicherung betrifft auch die Orientierung des Geschäftsmodells an den absehbaren Entwicklungen in der Gesellschaft bzw. deren Unterstützung. Vor diesem Hintergrund rücken
seit einigen Jahren auch die »Nachhaltigkeitsrisiken« immer stärker in den Fokus, die sich als
Risikotreiber auf andere Risikoarten auswirken (→ BTR Tz. 1). Da sich die derzeitigen Aktivitäten
im Risikomanagement und in der Aufsichtspraxis hinsichtlich der Nachhaltigkeitsrisiken vor allem
auf die Klima- und Umweltrisiken konzentrieren (das »E« von den ESG-Risiken), laufen sie im

88 Vgl. Bundesanstalt für Finanzdienstleistungsaufsicht, Protokoll der Sitzung des MaRisk-Fachgremiums am 27. September
   2019, S. 4.
89 Entsprechende Initiativen existieren unter verschiedenen Bezeichnungen sowohl im öffentlichen Sektor (Transaktions-
   plattform SPARK der DekaBank und einzelner Landesbanken) als auch im genossenschaftlichen Sektor (VR-Circle der DZ
   Bank).
90 Vgl. European Banking Authority, Guidelines on common procedures and methodologies for the supervisory review and
   evaluation process (SREP) and supervisory stress testing, EBA/GL/2014/13, Consolidated version, 19. Juli 2018, S. 41 ff.

Moment vor allem auf den Aspekt der »ökologischen Nachhaltigkeit« hinaus. Aufgrund der damit verbundenen potenziellen Auswirkungen spielen die ökologischen Aspekte zunehmend auch für die ökonomische Nachhaltigkeit eine Rolle.

72   Die BaFin empfiehlt den Instituten nicht nur eine strategische Befassung mit Nachhaltigkeits-risiken und -chancen.[91] Sie erwartet von den Instituten, dazu entweder eine eigenständige Strategie für Nachhaltigkeitsrisiken zu entwickeln oder die bestehenden Strategien entsprechend zu erweitern. Außerdem sollte aus den Strategien hervorgehen, wenn sich ein Institut freiwillig verpflichtet hat, bestimmte Nachhaltigkeitsstandards zu befolgen oder Empfehlungen umzuset-zen. Zudem sollte dies in den Organisationsrichtlinien abgebildet werden.[92]

73   Unter Nachhaltigkeitsstandards versteht die BaFin u. a. die »Empfehlungen der TCFD«, »Princi-ples for Responsible Banking«, »Principles for Responsible Investment«, »Principles for Sustainable Insurance«, den »Deutschen Nachhaltigkeitskodex«, »SD-KPI Standard 2016-2021« und »Berliner CSR-Konsens zur Unternehmensverantwortung in Liefer- und Wertschöpfungsketten«.[93] Die EBA nennt als Hauptreferenzen für von den Instituten verwendete Rahmenwerke auf Basis einer Umfrage Mitte 2019 ergänzend die »UN Sustainable Development Goals« (SDG), »Prinzipien der Global Reporting Initiative des Global Sustainability Standards Board« (GRI-GSSB), die »Equator Principles« und das »Natural Capital Protocol« einschließlich Supplement und viele andere mehr.[94] Nähere Informationen zu diesen und weiteren Standards finden sich an anderer Stelle (→ Teil I, Kapitel 9).

74   Zur Beantwortung der Frage, ob ein Institut in seiner Geschäftsstrategie die Nachhaltigkeits-risiken hinreichend abgebildet hat, formuliert die BaFin eine Art Checkliste, um das Thema ganzheitlich zu beleuchten. Zusammengefasst geht es dabei um die Überprüfung der folgenden Kriterien:[95]

–   Es sollte untersucht werden, welche Geschäftsfelder einem physischen Risiko ausgesetzt sind und wie erheblich das damit verbundene Risiko ist. In diesem Zusammenhang könnte gleich-zeitig ermittelt werden, ob die Nachhaltigkeitsrisiken aufgrund ihrer Erheblichkeit in allen Geschäftsfeldern und Prozessen berücksichtigt werden müssen oder eine Konzentration auf besonders gefährdete Geschäftsfelder und Prozesse genügt (z. B. Immobilienfinanzierung in überflutungsgefährdeten Gebieten, Investition in wassergekühlte Kraftwerke in dürrebedroh-ten Regionen). Im Ergebnis sollte entschieden werden, ob die betroffenen Geschäftsfelder (nicht) fortgeführt, eingeschränkt oder umgestaltet werden sollen. Zugleich sollte darüber nachgedacht werden, ob für eine fundierte Entscheidungsfindung über ggf. erforderliche Steuerungsmaßnahmen (z. B. Versicherung von bestimmten Gefahren, Einführung oder Er-weiterung von Zeichnungs-Limiten und bestimmten Ausschlusskriterien) zusätzliche Auswir-kungsanalysen über einen mehrjährigen Zeitraum benötigt werden.

–   Grundsätzlich werden die gleichen Schritte auch für die transitorischen Risiken empfohlen. Zusätzlich sollte darüber nachgedacht werden, ob Dritten gegenüber bestimmte Anforderun-gen gestellt und kommuniziert werden müssen (z. B. Forderung an Vertragspartner, bei ihren Veröffentlichungen bestimmten Nachhaltigkeitsstandards zu entsprechen). Aus Eigeninteres-se und im Sinne einer professionellen Kundenbetreuung sollte bei Stakeholdern mit erheb-lichen Nachhaltigkeitsrisiken in einen Dialog eingetreten werden, wie solche Risiken in

91 Vgl. Bundesanstalt für Finanzdienstleistungsaufsicht, Merkblatt zum Umgang mit Nachhaltigkeitsrisiken, 20. Dezember 2019, geändert am 13. Januar 2020, S. 9.

92 Vgl. Bundesanstalt für Finanzdienstleistungsaufsicht, Merkblatt zum Umgang mit Nachhaltigkeitsrisiken, 20. Dezember 2019, geändert am 13. Januar 2020, S. 19.

93 Vgl. Bundesanstalt für Finanzdienstleistungsaufsicht, Merkblatt zum Umgang mit Nachhaltigkeitsrisiken, 20. Dezember 2019, geändert am 13. Januar 2020, S. 19.

94 Vgl. European Banking Authority, EBA Report on management and supervision of ESG risks for credit institutions and investment firms, EBA/REP/2021/18, 23. Juni 2021, S. 23 ff.

95 Vgl. Bundesanstalt für Finanzdienstleistungsaufsicht, Merkblatt zum Umgang mit Nachhaltigkeitsrisiken, 20. Dezember 2019, geändert am 13. Januar 2020, S. 19 ff.

Zukunft gemindert oder abgebaut werden können (z. B. Einschränkung der Finanzierung von Unternehmen, deren Geschäftstätigkeit wesentlich auf fossilen Energieträgern beruht, oder der Finanzierung von Immobilien, die von solchen Unternehmen genutzt werden, kritischer Dialog mit Unternehmen, die direkt oder indirekt auf die Produktion von Verbrennungsmotoren angewiesen sind im Hinblick auf ihre Zukunftsstrategien). Auch muss ein Institut im Vorfeld darüber nachdenken, welche Politik bei der Stimmrechtsausübung im Hinblick auf Equity-Investitionen verfolgt werden soll.

- Insgesamt sollte sich ein Institut darüber Gedanken machen, ob aus den physischen oder transitorischen Risiken (z. B. Energiewende) und dem wachsenden Nachhaltigkeitsbewusstsein von Investoren und Vertragspartnern notwendige bzw. sinnvolle Anpassungen des Geschäftsmodells resultieren (z. B. Zusammenarbeit mit Förderbanken bei der Vergabe von Krediten für nachhaltiges Bauen, Emission von grünen Pfandbriefen oder Schuldscheinen, Angebot von innovativen Produkten, Übernahme einer beratenden Funktion gegenüber Vertragspartnern im Hinblick auf die klimaneutrale Umstellung ihres Geschäftsbetriebes oder Finanzierung von energieeffizienten Immobilien als lukratives neues Geschäftsfeld). Weitere strategische Optionen sind die Verfolgung konkreter Nachhaltigkeitsziele bzw. das Angebot nachhaltiger Finanzprodukte (z. B. Green Bonds, Social Bonds, grüne Kredite, nachhaltige Investmentvermögen).

- Schließlich muss festgelegt werden, auf welche Weise sichergestellt werden kann, dass ausreichende und geeignete personelle und sonstige Ressourcen zur Bewältigung der Herausforderungen im Umgang mit Nachhaltigkeitsrisiken zur Verfügung stehen. Das schließt auch die Überlegung ein, wie ein Institut selbst als attraktiver Arbeitgeber wahrgenommen werden möchte, d. h. mit welchem Image künftige Mitarbeiterinnen und Mitarbeiter geworben werden sollen.

Insgesamt muss die Geschäftsstrategie dazu geeignet sein, den langfristigen Erfolg des Institutes **75** einschließlich der Akzeptanz bei Vertragspartnern und Mitarbeitern im Hinblick auf den gewissenhaften Umgang mit Nachhaltigkeitsrisiken und mit den etwaigen negativen Auswirkungen der eigenen Geschäftstätigkeit auf Nachhaltigkeitsfaktoren sicherzustellen. In diesem Zusammenhang stellen sich auch angrenzende Fragen, wie z. B. zur Übereinstimmung der Geschäftsstrategie mit der Ausgestaltung der Vergütungssysteme (z. B. hinsichtlich der Verknüpfung der Bonuszahlungen mit dem Management von Nachhaltigkeitsrisiken oder der Erreichung bestimmter Nachhaltigkeitsziele).[96]

Auch die EZB stellt klar, dass die Vergütungssysteme Verhaltensweisen fördern sollten, die mit **76** dem Ansatz für Klima- und Umweltrisiken sowie ggf. freiwillig von den Instituten eingegangenen Verpflichtungen vereinbar sind. Insbesondere wird erwartet, dass die Vergütungssysteme dazu beitragen, einen langfristigen Ansatz zu unterstützen, mit dem Klima- und Umweltrisiken gesteuert werden können. So könnten die Institute die Einführung einer variablen Vergütungskomponente in Betracht ziehen, die an das Erreichen der Klima- und Umweltziele geknüpft ist. Das kann auch auf Basis geeigneter qualitativer Kriterien erfolgen.[97] Die EBA weist darauf hin, dass die Auswirkungen der Vergütungspolitik auf das Erreichen solider und effektiver langfristiger Risikomanagementziele aus Sicht der ESG-Erwägungen gerade dann besonders relevant sein können, wenn es um die variable Vergütung von Mitarbeitern geht, deren berufliche Tätigkeiten einen wesentlichen Einfluss auf das Risikoprofil des Institutes haben.[98] Bei Instituten, die Ziele mit Bezug

---

96 Vgl. Bundesanstalt für Finanzdienstleistungsaufsicht, Merkblatt zum Umgang mit Nachhaltigkeitsrisiken, 20. Dezember 2019, geändert am 13. Januar 2020, S. 22.
97 Vgl. Europäische Zentralbank, Leitfaden zu Klima- und Umweltrisiken – Erwartungen der Aufsicht in Bezug auf Risikomanagement und Offenlegungen, 27. November 2020, S. 27.
98 Vgl. European Banking Authority, EBA Report on management and supervision of ESG risks for credit institutions and investment firms, EBA/REP/2021/18, 23. Juni 2021, S. 141.

zu Umwelt-, Sozial- und Unternehmensführungsrisiken (ESG-Risiken) festgelegt haben, sollte die variable Vergütung an das erfolgreiche Erreichen dieser Ziele geknüpft werden.[99]

77 Die EZB hält es insbesondere vor dem Hintergrund von Art. 73 und 74 CRD IV für erforderlich, dass die Institute als Basis für fundierte strategische und geschäftliche Entscheidungen die kurz-, mittel- und langfristigen Auswirkungen von Klima- und Umweltrisiken auf ihr Geschäftsumfeld ermitteln, analysieren und überwachen sowie dafür sorgen, dass ihr Geschäftsmodell auch in Zukunft trag- und widerstandsfähig ist.[100] Die Institute müssen bei der Analyse ihres Geschäftsumfeldes eine Vielzahl von externen Faktoren und Entwicklungen untersuchen, die ihr Geschäftsmodell beeinflussen können. Dazu zählen die makroökonomischen Variablen, das Wettbewerbsumfeld, die Vorgaben der Politik und Gesetzgebung sowie technologische, gesellschaftliche, demografische und geopolitische Trends.[101] Klima- und Umweltrisiken können jeden dieser Bereiche betreffen. Mit Verweis auf den ICAAP sollten diese Risiken daher auf Ebene der wichtigsten Sektoren, geografischen Gebiete und gegenwärtig oder ggf. zukünftig angebotenen Produkte und Dienstleistungen ermittelt werden. Klima- und umweltbezogene Veränderungen ihres makroökonomischen und regulatorischen Umfeldes und insbesondere ihres Wettbewerbsumfeldes sollten explizit berücksichtigt werden. Um ein besseres Verständnis der möglichen künftigen Veränderungen ihres Geschäftsumfeldes zu entwickeln, sollten die Institute neueste wissenschaftliche Erkenntnisse einbeziehen und einschlägige politische Initiativen in jenen Ländern beobachten, in denen sie tätig sind, wie z. B. Initiativen zu Energieeffizienzstandards, die sich auf Immobilienportfolios auswirken könnten. Die EZB erwartet, dass sich diese Handlungen in den Strategieprozessen niederschlagen und aus dokumentierten Sitzungen oder Gesprächen der Geschäftsleitung deutlich werden.[102]

78 Die EBA skizziert mit dem Ziel, die erheblichen Auswirkungen der physischen und transitorischen Risiken auf die Realwirtschaft und das Finanzsystem zu veranschaulichen, gleichzeitig ein Szenario, aus dem die so genannten »Zweitrundeneffekte« deutlich werden: Eine weitere Verschlechterung der Umweltbedingungen kann sich auf das Gesamtproduktionsniveau und die potenziellen Wachstums- raten auswirken, da einige wirtschaftliche Aktivitäten unrentabel werden oder sich die Arbeits- bedingungen aufgrund von Gesundheitsproblemen verschlechtern. So könnten sich steigende Temperaturen und veränderte Niederschlagsmuster direkt auf Branchen wie Landwirtschaft und Fischerei, Energie, Tourismus und Bauwesen auswirken, indem sie z. B. zu einem erheblichen Rückgang der Produktivität der Arbeitskräfte führen oder die Fähigkeit der Landwirte zum Anbau von Feldfrüchten beeinträchtigen könnten. Die daraus folgende relative Preisanpassung in der Wirtschaft kann zusätzliche Störeffekte hervorrufen und den Grad der Unsicherheit weiter ver- schärfen, was ggf. auch zu sozialen Unruhen führen kann, da diese Auswirkungen wahrscheinlich ungleichmäßig über die Bevölkerung verteilt sind. Letztlich könnte eine weitere globale Erwärmung die Zahlungsfähigkeit von Staaten beeinträchtigen, deren Volkswirtschaften stark von Sektoren abhängen, die für klimatische Veränderungen anfällig sind, wie etwa die Landwirtschaft oder der Tourismussektor. Während einige dieser signifikanten makroökonomischen Auswirkungen in der ferneren Zukunft auftreten könnten, sind andere bereits jetzt erkennbar.[103]

79 Bei der Festlegung und Umsetzung ihrer Geschäftsstrategie sollten die Institute jene Klima- und Umweltrisiken einbeziehen, die sich kurz-, mittel- oder langfristig auf ihr Geschäftsumfeld aus- wirken werden. Die EZB betont, dass die Geschäftsstrategie das bedeutendste Instrument eines

---

99 Vgl. European Banking Authority, EBA Report on management and supervision of ESG risks for credit institutions and investment firms, EBA/REP/2021/18, 23. Juni 2021, S. 103 f.

100 Vgl. Europäische Zentralbank, Leitfaden zu Klima- und Umweltrisiken – Erwartungen der Aufsicht in Bezug auf Risikomanagement und Offenlegungen, 27. November 2020, S. 17.

101 Vgl. European Banking Authority, Leitlinien zu gemeinsamen Verfahren und Methoden für den aufsichtlichen Über- prüfungs- und Bewertungsprozess (SREP), EBA/GL/2014/13, 19. Dezember 2014, S. 27 ff.

102 Vgl. Europäische Zentralbank, Leitfaden zu Klima- und Umweltrisiken – Erwartungen der Aufsicht in Bezug auf Risikomanagement und Offenlegungen, 27. November 2020, S. 17 ff.

103 Vgl. European Banking Authority, EBA Report on management and supervision of ESG risks for credit institutions and investment firms, EBA/REP/2021/18, 23. Juni 2021, S. 42 f.

Institutes zur Positionierung innerhalb seines Geschäftsumfeldes ist, um im Einklang mit seinem Risikoappetit einen akzeptablen Ertrag zu erzielen.[104] Bei der Festlegung ihrer Geschäftsstrategie sollten die Institute alle wesentlichen Faktoren im Zusammenhang mit ihren langfristigen finanziellen Interessen und ihrer Solvenz berücksichtigen.[105] Im Rahmen der letzten Überarbeitung ihrer Leitlinien zur internen Governance hat die EBA deshalb eine Ergänzung vorgenommen, wonach die Geschäftsleitung bei der Festlegung, Genehmigung und Überwachung der Umsetzung der Strategien darauf abzielen sollte, ein nachhaltiges Geschäftsmodell zu gewährleisten, das alle Risiken, einschließlich ESG-Risiken, berücksichtigt.[106] Damit wird dem Umstand entsprochen, dass Klima- und Umweltrisiken (sowie generell auch andere Nachhaltigkeitsrisiken) unmittelbare Auswirkungen auf die Wirksamkeit der aktuellen und zukünftigen Strategien eines Institutes haben können. Zur Überprüfung der Widerstandsfähigkeit ihres Geschäftsmodells empfiehlt die EZB den Instituten aufgrund des vergleichsweise langen Zeithorizontes und der bestehenden Unsicherheiten hinsichtlich der zukünftigen Entwicklung des Klimawandels und der diesbezüglichen Reaktion der Gesellschaft insbesondere die Entwicklung mehrerer plausibler Szenarien, wobei zur Festlegung der zugrunde liegenden Annahmen Expertenmeinungen und Wesentlichkeitsmatrizen[107] verwendet werden können.[108]

Zudem hält es die EZB für sinnvoll, geeignete Leistungskennzahlen/-indikatoren (»Key Performance Indicators«, KPI) für alle Arten von Klima- oder Umweltrisiken auf die einzelnen Geschäftsfelder und Portfolios anzuwenden und die Fortschritte regelmäßig zu überprüfen. Dabei sollten die Risiken der verschiedenen Kredit- und Handelsportfolios berücksichtigt werden, die sich aus dem Übergang zu einer nachhaltigeren, kohlenstoffarmen Wirtschaft ergeben. Als Beispiel für geeignete KPI auf Geschäftsfeldebene nennt die EZB den CO_2-Fußabdruck[109] der jeweiligen Vermögenswerte, den durchschnittlichen Energieausweis der Immobilienkreditportfolios und die Anzahl der Immobilien, deren Energieausweise sich dank der Finanzierung des Institutes verbessert hat.[110] Auch die EBA hält die Verwendung von KPI, die sowohl Chancen als auch Risiken erfassen und einen Vergleich zwischen Portfolios ermöglichen, für sinnvoll. Allerdings geht sie davon aus, dass es schwieriger sein könnte, soziale und Governance-Risiken in quantitative Indikatoren zu übersetzen, so dass dafür in erster Linie ein qualitativerer Ansatz infrage käme. Deshalb sollten sich die Institute auch darauf konzentrieren, die potenziellen aktuellen und zukünftigen Auswirkungen von ESG-Risiken durch Szenarioanalysen zu bewerten.[111] **80**

Der Geschäftsleitung wird nahegelegt, sich eingehend damit zu befassen, wie das Institut auf die internationalen Abkommen, wie z.B. das Übereinkommen von Paris, die Maßnahmenpakete der EU-Kommission und entsprechende nationale oder lokale Initiativen (→ Teil 1, Kapitel 9), sowie auf die Ergebnisse gut fundierter Klima- und Umweltbewertungen reagieren möchte.[112] **81**

---

104 Vgl. Europäische Zentralbank, Leitfaden zu Klima- und Umweltrisiken – Erwartungen der Aufsicht in Bezug auf Risikomanagement und Offenlegungen, 27. November 2020, S. 19.

105 Vgl. European Banking Authority, Leitlinien zur internen Governance, EBA/GL/2017/11, 21. März 2018, S. 9 ff.

106 Vgl. European Banking Authority, Final Report on Guidelines on internal governance under Directive 2013/36/EU, EBA/GL/2021/05, 2. Juli 2021, S. 21.

107 In einer »Wesentlichkeitsmatrix« oder »Materialitätsmatrix« werden die Ergebnisse verschiedener Analysen auf den beiden Achsen gegenübergestellt. Die EZB nennt beispielhaft die Sensitivität gegenüber Klima- und Umweltrisiken nach Sektor und die Exposition des Institutes gegenüber den betreffenden Sektoren. Auf diese Weise können die Annahmen auf fundierter Basis priorisiert werden.

108 Vgl. Europäische Zentralbank, Leitfaden zu Klima- und Umweltrisiken – Erwartungen der Aufsicht in Bezug auf Risikomanagement und Offenlegungen, 27. November 2020, S. 19 f.

109 Der »CO_2-Fußabdruck« (»carbon footprint«) ist ein absolutes oder relatives Maß für Treibhausgasemissionen nach dem »Greenhouse Gas Protocol« oder vergleichbaren Maßstäben (→ BTO 1.2.1 Tz. 1). Vgl. European Banking Authority, EBA Report on management and supervision of ESG risks for credit institutions and investment firms, EBA/REP/2021/18, 23. Juni 2021, S. 153.

110 Vgl. Europäische Zentralbank, Leitfaden zu Klima- und Umweltrisiken – Erwartungen der Aufsicht in Bezug auf Risikomanagement und Offenlegungen, 27. November 2020, S. 21.

111 Vgl. European Banking Authority, EBA Report on management and supervision of ESG risks for credit institutions and investment firms, EBA/REP/2021/18, 23. Juni 2021, S. 115.

112 Vgl. Europäische Zentralbank, Leitfaden zu Klima- und Umweltrisiken – Erwartungen der Aufsicht in Bezug auf Risikomanagement und Offenlegungen, 27. November 2020, S. 24.

AT 4.2 Strategien

82   Die EBA hat zunächst im Oktober 2020 ein Diskussionspapier zur Umsetzung ihres Mandates gemäß Art. 98 Abs. 8 CRD V vorgelegt, nach dem sie u. a. eine potenzielle Einbeziehung von ESG-Risiken in den SREP bewerten und die von den Instituten umzusetzenden Vorkehrungen, Prozesse, Mechanismen und Strategien zur Identifizierung, Bewertung und Steuerung von ESG-Risiken erläutern soll.[113] Nach Auswertung der Rückmeldungen wurde der endgültige Bericht am 23. Juni 2021 veröffentlicht. Zu den Anforderungen der EBA gehört die Schaffung eines Rahmens zur Reduzierung und zum Management von Interessenkonflikten, die Anreize für eine kurzfristig orientierte, unangemessene Übernahme von ESG-bezogenen Risiken bieten. Im Zusammenhang mit Interessenkonflikten geht es u. a. um den Verkauf von nur vermeintlich nachhaltigen Finanzprodukten (»Greenwashing«) und um echte »Fehlverkäufe« von Produkten (»Mis-selling«).[114] Damit verbunden ist eine Vergütungspolitik, die mit den langfristigen Interessen, der Geschäftsstrategie, den Zielen und Werten des Institutes im Einklang steht. Dies umfasst auch die Berücksichtigung von geeigneten ESG-Indikatoren.[115]

83   Bereits im Vorfeld hat die EBA die Institute ermutigt, proaktiv zu handeln und ESG-Überlegungen in ihre Geschäftsstrategie und ihr Risikomanagement einzubeziehen. Proaktive Strategien und vorausschauende Ansätze, die darauf abzielen, langfristig widerstandsfähige und nachhaltige Geschäftsmodelle aufzubauen, sowie angemessene Governance-Regelungen sollten von den Instituten bei entsprechender Ausgestaltung als Instrumente verstanden werden, mit denen die potenziellen Auswirkungen ökologischer und sozialer Risiken und insbesondere der mit dem Klimawandel verbundenen transitorischen und physischen Risiken abgemildert werden können.[116]

84   An anderer Stelle hat die EBA zur Abbildung von ESG-Risiken in den Geschäftsstrategien und Geschäftsprozessen der Institute vier besonders relevante Aspekte identifiziert: die Überwachung des sich verändernden Geschäftsumfeldes und die Bewertung der langfristigen Belastbarkeit, die Festlegung von ESG-bezogenen strategischen Zielen oder Limiten, die Einbindung von Kunden und anderen relevanten Stakeholdern sowie die Entwicklung nachhaltiger Produkte.[117]

85   Die EBA nennt die »ökologisch nachhaltige Kreditvergabe« als ein mögliches strategisches Ziel, das von den Instituten in den Kontext ihrer übergeordneten Ziele für nachhaltige Finanzierungen gestellt werden könnte. Zu diesem Zweck sollten die Institute qualitative und ggf. sogar quantitative Ziele formulieren, um die Vergabe ökologisch nachhaltiger Kredite zu fördern und zu beurteilen, in welchem Maße deren Entwicklung ihren Gesamtzielen für das Klima und die ökologische

---

113 Vgl. European Banking Authority, EBA Discussion paper on management and supervision of ESG risks for credit institutions and investment firms, EBA/DP/2020/03, 30. Oktober 2020, S. 8.

114 »Fehlverkäufe« (»mis-selling«) betreffen den vorsätzlichen Verkauf von Produkten oder Dienstleistungen, die für den betreffenden Kunden grundsätzlich ungeeignet sind. Ein besser geeigneter Begriff ist dafür vielleicht »Falschberatung«, weil die »Fehlverkäufe« letztlich aus einer entsprechenden Beratung resultieren.

115 Vgl. European Banking Authority, EBA Report on management and supervision of ESG risks for credit institutions and investment firms, EBA/REP/2021/18, 23. Juni 2021, S. 105.

116 Vgl. European Banking Authority, EBA Action Plan on Sustainable Finance, 6. Dezember 2019, S. 16.

117 Vgl. Coleton, Adrienne/Font Brucart, Maria/Gutierrez, Pilar/Le Tennier, Fabien/Moor, Christian, Sustainable Finance – Market Practices, EBA Staff Paper Series N. 6, 28. Januar 2020, S. 12 ff. Diese vier Aspekte können auch für die Aufsichtsbehörden eine Grundlage für die Geschäftsmodellanalyse im SREP bilden. Die Bewertung der langfristigen Belastbarkeit wäre dabei ein neuer Aspekt und würde über den derzeit erwarteten Mindestzeithorizont von drei Jahren hinausgehen. Die Aufsichtsbehörden könnten sich an den einschlägigen politischen Zielen orientieren, z. B. an den Emissionszielen, und auf die Ergebnisse von Szenarioanalysen und anderen zukunftsorientierten Instrumenten, einschließlich qualitativer Bewertungen, konzentrieren. Die Integration von ESG-Risiken in den SREP wird schrittweise umgesetzt, wobei die Entwicklung der entsprechenden Methoden für die qualitative und quantitative Bewertung von ESG-Risiken berücksichtigt werden soll. Kurzfristig würde die aufsichtliche Bewertung eher ihre Integration in die Strategien der Institute als Teil der Geschäftsmodellanalyse sowie in ihre allgemeinen internen Governance-Regelungen, einschließlich der Unternehmens- und Risikokultur und der Risikomanagementrahmen, priorisieren. Zu einem späteren Zeitpunkt, insbesondere wenn mehr ESG-Risikodaten zur Verfügung stehen, um die Entwicklung zusätzlicher Instrumente zur Bewertung ihrer quantitativen Auswirkungen auf finanzielle Risiken zu unterstützen, könnte die aufsichtliche Bewertung eine umfassende Abdeckung von Risiken für Kapital und Liquidität sowie für die Kapital- und Liquiditätsadäquanzbewertungen des SREP bieten. Vgl. European Banking Authority, EBA Report on management and supervision of ESG risks for credit institutions and investment firms, EBA/REP/2021/18, 23. Juni 2021, S. 128 f. Weitere Informationen zur Berücksichtigung von ESG-Aspekten bei der Geschäftsmodellanalyse im SREP sind im folgenden Abschnitt unter »2.6 Herausforderungen für die Aufsicht« niedergelegt.

Nachhaltigkeit entspricht oder zu deren Erreichung beiträgt. In diesem Zusammenhang hält die EBA die Festlegung folgender Kriterien für sinnvoll:[118]

1. Bereitstellung einer Liste der Projekte und Aktivitäten, die nach Ansicht des Institutes für ökologisch nachhaltige Kredite infrage kommen, einschließlich der dafür relevanten Kriterien oder ein Verweis auf bestehende Standards zu ökologisch nachhaltigen Krediten, in denen definiert ist, welche Art von Krediten unter diese Kategorie fällt,

2. Beschreibung des Prozesses, mit dem das Institut beurteilt, ob die Erträge aus den von ihm gewährten ökologisch nachhaltigen Kreditfazilitäten in ökologisch nachhaltige Tätigkeiten fließen, wobei bei einer Kreditvergabe an Unternehmen die im Folgenden genannten Prozessschritte berücksichtigt werden sollten:
   - Einholen von Informationen über die klimabezogenen und ökologisch oder anderweitig nachhaltigen Geschäftsziele der Kreditnehmer,
   - Beurteilung, ob die zu finanzierenden Projekte der Kreditnehmer die Anforderungen an ökologisch nachhaltige Projekte oder Aktivitäten und die damit zusammenhängenden Kriterien erfüllen,
   - Sicherstellung, dass die Kreditnehmer über die Bereitschaft und Kapazität verfügen, die Zuweisung der Erträge an ökologisch nachhaltige Projekte oder Tätigkeiten angemessen zu überwachen und darüber zu berichten,
   - regelmäßige Überwachung der ordnungsgemäßen Zuweisung der Erträge, z. B. durch die Auflage, dass die Kreditnehmer dem Institut bis zur Rückzahlung der betreffenden Kreditfazilität aktuelle Informationen über die Verwendung der Erträge übermitteln.

Während eine ökologisch nachhaltige Kreditvergabe bei bestimmten Förderprogrammen, die von   **86** den bundesweit bzw. regional agierenden Förderbanken aufgelegt werden, schon seit vielen Jahren zum Repertoire gehört, werden die meisten Institute mit derartigen Finanzierungen Neuland betreten. Es ist damit zu rechnen, dass die großen Bankenverbände, in denen besonders die kleinen Institute zusammengeschlossen sind, auf Basis entsprechender Orientierungshilfen dafür zukünftig eine Hilfestellung bieten werden. Daneben beschäftigen sich bereits die großen Beratungsunternehmen sowie Fachexperten aus der Forschung und der Wissenschaft mit diesem Thema, die teilweise hoch spezialisiert sind (z. B. auf Werkstoffkunde, wobei die Expertise in der Baufinanzierung wertvolle Unterstützung liefern kann). Zudem haben sich einzelne Institute in ihrem Geschäftsmodell auf die Kreditvergabe nach bestimmten ethischen oder ökologischen Standards spezialisiert.

2.5 Überprüfung der Strategien

Da die relevanten Annahmen von grundsätzlicher Bedeutung für die Umsetzung der Strategie   **87** sind, müssen sie einer mindestens jährlichen und anlassbezogenen Überprüfung unterzogen werden. Auf diese Weise wird sichergestellt, dass das Institut zeitnah reagieren kann, wenn die Realität von den maßgeblichen Annahmen abweicht.[119] Eine anlassbezogene Überprüfung der Strategien erscheint dann geboten, wenn sich die zugrunde liegenden Annahmen wesentlich verändern, z. B. nach Ausbruch der COVID-19-Pandemie und der damit verbundenen wirtschaftlichen Auswirkungen. Im Grunde beschränkt sich die Überprüfung nicht allein auf die Korrektheit und Stimmigkeit der zugrunde liegenden Annahmen und darauf basierenden Soll-Vorgaben

---

118 Vgl. European Banking Authority, Leitlinien für die Kreditvergabe und Überwachung, EBA/GL/2020/06, 29. Mai 2020, S. 18.
119 Vgl. Bundesanstalt für Finanzdienstleistungsaufsicht, Übermittlungsschreiben zum ersten Entwurf zur Überarbeitung der MaRisk vom 9. Juli 2010, S. 3.

(Prämissenkontrolle). Ebenso wichtig ist die Überprüfung der Umsetzung der Strategien inkl. der dazu festgelegten Maßnahmen (Durchführungskontrolle), wofür die Geschäftsleitung zuständig ist (→ AT 4.2 Tz. 4). Schließlich sollte auch hinterfragt werden, ob die angestrebten Ziele mit Hilfe der gewählten Strategien überhaupt erreicht werden konnten (Wirksamkeitskontrolle), was auf eine Zielabweichungsanalyse hinausläuft (→ AT 4.2 Tz. 5). Es wird empfohlen, das Risikomanagement auch als Qualitätsmanagement zu begreifen und den Strategieprozess vor diesem Hintergrund kontinuierlich zu verbessern. Das schließt insbesondere eine konsequente Ursachenforschung ein, sofern sich im Rahmen der Strategiekontrollen Probleme ergeben (→ AT 4.2 Tz. 5). Negative Zielabweichungen lassen sich durch eine letztlich immer vorhandene Planungsunsicherheit nie ganz vermeiden. Sie sollten als Indikatoren dafür verstanden werden, wo Korrekturmaßnahmen erforderlich sind, also als wichtiger Beitrag zur Unternehmensführung.[120]

88 Gegenstand der Prüfung ist außerdem der Strategieprozess an sich (→ AT 4.2 Tz. 5). Die deutsche Aufsicht betont allerdings, dass der Inhalt der Geschäftsstrategie allein in der Verantwortung der Geschäftsleitung liegt und nicht durch den Jahresabschlussprüfer oder die Interne Revision zu prüfen ist. Vor dem Hintergrund des SREP wurde den Aufsichtsbehörden im Rahmen der fünften MaRisk-Novelle zwar die Möglichkeit eingeräumt, die Geschäftsstrategie außerhalb der Jahresabschlussprüfung näher zu beleuchten. Allerdings dürfen sie die Verantwortung der Geschäftsleitung dabei nicht unterminieren.[121] Auf diese Weise soll insbesondere klargestellt werden, dass die unternehmerischen Entscheidungen allein von der Geschäftsleitung zu treffen sind. Die Geschäftsstrategie ist allerdings bei der Überprüfung der Risikostrategie heranzuziehen, um die Konsistenz zwischen beiden Strategien nachvollziehen zu können (→ AT 4.2 Tz. 1, Erläuterung).

89 Bei der internen Überprüfung der Strategien sollte auch berücksichtigt werden, dass die Aufsichtsbehörden zum Teil sehr detaillierte Prüfungen in den Instituten durchführen. So sollte von den zuständigen Behörden z. B. geprüft werden, ob die Auslagerungsstrategie ordnungsgemäß auf die Auslagerung von IT-Dienstleistungen, einschließlich der gruppeninternen Auslagerungen, Anwendung findet. Außerdem sollten die zuständigen Behörden bewerten, ob das Institut über einen wirksamen Rahmen für die Ermittlung, das Verständnis und die Bewertung des IT-Auslagerungsrisikos und insbesondere über Kontrollen und ein Kontrollumfeld zur Risikominderung in Bezug auf erhebliche IT-Auslagerungsdienste verfügt, die der Größe, den Geschäftsaktivitäten und dem IT-Risikoprofil des Institutes angemessen sind. Dabei geht es insbesondere um eine Bewertung der Auswirkungen der IT-Auslagerung auf das Risikomanagement des Institutes im Zusammenhang mit der Nutzung von Diensten (z. B. Cloud-Diensten) während des Beschaffungsprozesses, die dokumentiert und von der Geschäftsleitung bei der Entscheidung für oder gegen die Auslagerung der Dienste berücksichtigt wird. Hinterfragt wird dabei auch, ob das Institut die Richtlinien zum IT-Risikomanagement sowie die IT-Kontrollen und das Kontrollumfeld des Dienstleisters regelmäßig überprüft, um sicherzustellen, dass sie die institutsinternen Ziele im Hinblick auf das Risikomanagement und den Risikoappetit erfüllen.[122]

90 Der mit der sechsten MaRisk-Novelle ergänzten Anforderung an »Institute mit hohem NPL-Bestand«, ihre Strategie für notleidende Risikopositionen regelmäßig zu überprüfen (→ AT 4.2 Tz. 1, Erläuterung), wird insofern schon durch die allgemeine Anforderung entsprochen, sich mit den Annahmen zu den relevanten Einflussfaktoren für die Strategie mindestens jährlich und anlassbezogen zu beschäftigen. Ergänzend dazu sind von den betroffenen Instituten die Fortschritte bei der Umsetzung des Implementierungsplanes vierteljährlich anhand festzulegender NPE-bezogener Leistungsindikatoren (»Key Performance Indicators«, KPI) zu überprüfen (→ AT 4.2 Tz. 3, Erläuterung).

120 Vgl. Hofer, Markus, MaRisk: Erneute Überarbeitung vor dem Hintergrund internationaler Standards, in: BaFinJournal, Ausgabe Januar 2011, S. 7.

121 Vgl. European Banking Authority, Guidelines on common procedures and methodologies for the supervisory review and evaluation process (SREP) and supervisory stress testing, EBA/GL/2014/13, Consolidated version, 19. Juli 2018, S. 41.

122 Vgl. European Banking Authority, Leitlinien für die IKT-Risikobewertung im Rahmen des aufsichtlichen Überprüfungs- und Bewertungsprozesses (SREP), EBA/GL/2017/05, 11. September 2017, S. 24 f.

Die Verantwortung für diese Überprüfung wird der Risikocontrolling-Funktion zugewiesen. Die   91
Risikocontrolling-Funktion soll zu diesem Zweck u. a. die intern festgelegten NPE-Messgrößen, die
Interaktionen mit den Kreditnehmern, die NPE-bezogenen Zahlungseingänge, die Forbearance-
Maßnahmen, die Abwicklungsmaßnahmen sowie die NPE-bezogenen Posten der Gewinn- und
Verlustrechnung, eventuelle Rettungserwerbe und Auslagerungsaktivitäten überwachen und
messen. Dabei müssen auch die Auswirkungen auf die internen und die regulatorischen Eigen-
kapitalanforderungen betrachtet werden (→ AT 4.4.1 Tz. 2, Erläuterung).

In vielen Instituten beschäftigen sich spezielle NPE-Abwicklungseinheiten mit der Messung und   92
Überwachung von zumindest einigen der genannten NPE-bezogenen Leistungsindikatoren. Da
diese Einheiten marktunabhängig agieren, sind Interessenkonflikte in Bezug auf die Kreditver-
gabeprozesse grundsätzlich ausgeschlossen. Insofern ist es möglich, dass diese Einheiten die
erforderlichen Informationen für die Risikoberichterstattung an die Risikocontrolling-Funktion
liefern. Die Risikocontrolling-Funktion muss die zugelieferten Informationen allerdings in geeigneter Weise plausibilisieren (→ AT 4.4.1 Tz. 2, Erläuterung).

2.6 Herausforderungen für die Aufsicht

2.6.1 Beurteilung der Geschäftsmodelle und -strategien im SREP

Von den zuständigen Behörden wird im Rahmen des SREP erwartet, die Tragfähigkeit der   93
Geschäftsmodelle und die Nachhaltigkeit der Geschäftsstrategien der Institute einer bankaufsichtlichen Beurteilung zu unterziehen. Bis zum Ausbruch der Finanzmarktkrise hat sich die Aufsicht
in dieser Hinsicht eher zurückgehalten, indem sie sich schwerpunktmäßig auf die Risiken und
weniger auf die Geschäfte konzentrierte. Die Frage, ob eine Geschäftsstrategie nachhaltig bzw.
unter Berücksichtigung der Unternehmensressourcen und des Marktumfeldes realistisch erscheint, war allenfalls Nebenkriegsschauplatz. Die in diesem Zusammenhang geäußerte Kritik
erschien gerechtfertigt.[123] Daher wurden von Seiten der Aufsicht Anstrengungen unternommen,
die darauf abzielen, der Beurteilung von Geschäftsstrategien einen höheren Stellenwert in der
bankaufsichtlichen Praxis einzuräumen.

Der Fokus einer Geschäftsmodellanalyse liegt neben dem Strategieprozess in erster Linie auf den   94
Ergebnissen der Geschäftsplanung und den zugrunde liegenden Planungsannahmen. Die Analyse
umfasst sowohl die kurzfristige operative Geschäftsplanung als auch die mittelfristige Planung im
Rahmen des Kapitalplanungsprozesses. Die EBA definiert eine Analyse des Geschäftsmodells als
eine Bewertung der kurzfristigen (»Viability«) und der nachhaltigen (»Sustainability«) Profitabilität
eines Institutes in Bezug auf sein Geschäftsmodell. Für die Beurteilung der kurzfristigen Profitabilität wird die Frage gestellt, ob das Geschäftsmodell eines Institutes geeignet ist, in den kommenden 12 Monaten eine ausreichende Rendite zu erwirtschaften. Im Hinblick auf die nachhaltige
Profitabilität des Geschäftsmodells soll analysiert werden, ob das Institut auf Basis seines
Geschäftsmodells in der Lage ist, über einen Zeitraum von mindestens drei Jahren eine ausreichende Rendite zu erzielen.[124]

---

123 Vgl. Institut der deutschen Wirtschaft Köln, Arbeitsweise der Bankenaufsicht vor dem Hintergrund der Finanzmarktkrise,
17. Februar 2009, S. 90f.

124 Vgl. European Banking Authority, Guidelines on common procedures and methodologies for the supervisory review and
evaluation process (SREP) and supervisory stress testing, EBA/GL/2014/13, Consolidated version, 19. Juli 2018, S. 41.

AT 4.2 Strategien

95   In diesem Zusammenhang stellt sich die Frage, was unter einer ausreichenden Profitabilität zu verstehen ist. Als Maß für die Rendite kann z. B. die Eigenkapitalrendite (»Return on Equity«, ROE)[125] verwendet werden. Diese ist gemäß EBA dann ausreichend, wenn ein Institut mittelfristig mindestens seine Eigenkapitalkosten (»Cost of Equity«, COE)[126] verdient[127], d. h. für die Beurteilung sind nicht die aktuellen Werte entscheidend, sondern ihre Entwicklung im Zeitverlauf. Dieser Anforderung liegt der Opportunitätsgedanke zugrunde. Wenn die Eigenkapitalkosten dauerhaft nicht gedeckt werden, werden die Eigenkapitalgeber nicht bereit sein, dauerhaft (neues) Kapital zur Verfügung zu stellen, da der Wert ihres Investmentanteils sinkt und sich bessere Alternativen am Kapitalmarkt ergeben können.

96   Neben den zentralen quantitativen Größen ROE und COE sollen nach den Vorstellungen der EBA noch weitere quantitative bzw. qualitative Faktoren bei der Beurteilung des Geschäftsmodells analysiert werden[128]:
- Angemessenheit der Geschäfts- und Risikostrategie,
- Angemessenheit der Geschäfts- und Kapitalplanung,
- Geschäfts- bzw. Wettbewerbsumfeld,
- Refinanzierungsstruktur,
- Ertragskonzentrationen sowie
- Stabilität der Erträge und Gewinne.

97   Die Rentabilität eines Institutes hängt sehr stark von seiner strategischen Ausrichtung ab. Die Aufsichtsbehörden werden den Schwerpunkt ihrer Analyse deshalb auf die strategischen Aussagen zur geschäftspolitischen Planung und ihre wesentlichen Einflussfaktoren legen. Es ist davon auszugehen, dass die Annahmen der operativen und mittelfristigen Geschäftsplanung ebenfalls im Fokus der aufsichtlichen Überprüfung stehen werden. Die Geschäftsplanung eines Institutes sollte das aktuelle wirtschaftliche Umfeld widerspiegeln und auf plausiblen Annahmen beruhen. Zu positive Annahmen hinsichtlich der gesamtwirtschaftlichen Entwicklung oder eine fehlende Berücksichtigung wesentlicher Entwicklungen führen auch zu einer fehlerhaften Gewinnprognose und wirken sich damit negativ auf die Aussagekraft der ermittelten quantitativen Kennzahlen aus.

98   Da es beim Thema Strategie letztendlich um die Frage geht, wie Institute gedenken, in einem immer komplexer werdenden Umfeld Geld zu verdienen, muss sich die Aufsicht zunächst verstärkt mit den Ertragsquellen der Institute befassen. Wenn Institute hohe Erträge erwirtschaften, ist dies natürlich (auch) aus Sicht der Aufsicht erfreulich. Allerdings sind hohe Erträge in bestimmten Geschäftsfeldern häufig ein Indiz für das Vorliegen erheblicher Risikopositionen. Die kritische und differenzierte Würdigung der Ertragslage der Institute ist daher zunehmend in den Vordergrund der bankaufsichtlichen Off-Site-Analyse gerückt.[129] Für diese Zwecke benötigt die Aufsicht hinreichend aktuelle Daten von den Instituten. Die Deutsche Bundesbank und die BaFin haben vor einigen Jahren mit der Modernisierung des Meldewesens begonnen, das die Aufsicht im Bereich der

---

125 Die Eigenkapitalrendite (»Return on Equity«) wird als das Verhältnis vom Gewinn (Jahresüberschuss) zum bilanziellen Eigenkapital (Buchwert des Eigenkapitals) definiert. Bei der Gesamtkapitalrendite (»Return on Assets«, ROA) wird entsprechend durch das gesamte Kapital geteilt. Vgl. Hartmann-Wendels, Thomas/Pfingsten, Andreas/Weber, Martin, Bankbetriebslehre, 7. Auflage, Berlin, 2019, S. 295f.

126 Die Eigenkapitalkosten (»Cost of Equity«) eines Unternehmens ergeben sich aus den Renditeanforderungen der Investoren. Die EBA veröffentlicht in regelmäßigen Abständen ein Risk Dashboard, in dem die Entwicklung der wichtigsten Kennzahlen dargestellt ist. Vgl. z. B. European Banking Authority, Risk Dashboard – Data as of Q1 2021, 30. Juni 2021.

127 Vgl. European Banking Authority, Guidelines on common procedures and methodologies for the supervisory review and evaluation process (SREP) and supervisory stress testing, EBA/GL/2014/13, Consolidated version, 19. Juli 2018, S. 45.

128 Vgl. European Banking Authority, Guidelines on common procedures and methodologies for the supervisory review and evaluation process (SREP) and supervisory stress testing, EBA/GL/2014/13, Consolidated version, 19. Juli 2018, S. 45ff.

129 »Splitting the different sources of revenue is indeed key in the analysis, since banking is no more a monoline activity, but has become a franchise over the past decade, with many businesses driven by different economic risk factors.« European Central Bank, Beyond ROE – How to measure Bank Performance, September 2010, S. 31.

Ertragsdaten flächendeckend und regelmäßig mit aktuellen Informationen versorgen soll.[130] Im Zentrum der Analyse stehen die Komponenten Zinsüberschuss, separiert nach Konditionen- und Strukturbeitrag, Provisionen sowie das Eigenhandelsergebnis. Diese »Quellen des Erfolges« spiegeln die Geschäftsaktivitäten der weitaus meisten deutschen Institute gut wider. Bei systemrelevanten Instituten ist aufgrund der Komplexität der betriebenen Geschäftsaktivitäten eine weitere Differenzierung erforderlich: Hier müssen die Erträge aus den unterschiedlichen Geschäftssegmenten analysiert werden, um ihre Bedeutung für den Gesamtertrag der Bank einschätzen zu können. Bei der bankaufsichtlichen Analyse geht es schwerpunktmäßig um die Identifizierung von auffälligen Ertragsvolatilitäten. Natürlich sind auch Ertragskonzentrationen für die Aufsicht von Relevanz, da die Finanzmarktkrise gezeigt hat, dass bei Instituten, die von bestimmten Ertragsquellen stark abhängig sind, tendenziell eine höhere Anfälligkeit gegenüber Marktveränderungen besteht. Die Analyse der Ertragslage hat allerdings lediglich eine (Frühwarn-)Indikatorfunktion.

Die veränderte Ausrichtung der Bankenaufsicht zielt (noch) nicht auf Eingriffe in die Geschäftspolitik der Institute ab. Der unternehmerische Gestaltungsspielraum der Institute wird insoweit nicht eingeschränkt. Unter dem Eindruck der Finanzmarktkrise haben sich die Aufsichtsbehörden jedoch die Frage gestellt, ob eine solche Philosophie angesichts der enormen Kosten der Krise, für die teilweise die Steuerzahler aufkommen mussten, noch zeitgemäß ist. Für eine derartige Erweiterung der Kompetenzen der Aufsichtsbehörden im Hinblick auf die Geschäftsstrategien der Institute wäre aber ein entsprechendes ausdrückliches Mandat durch den Gesetzgeber erforderlich. Zudem haben auch die Aufsichtsbehörden für ihre Tätigkeit mit Blick auf verschiedene Krisen und spektakuläre Pleiten die ein oder andere Kritik einstecken müssen. Insofern müsste auch erst belegt werden, dass sich derartige Eingriffe insgesamt positiv auf das Finanzsystem auswirken würden. Schließlich steht den zuständigen Behörden mit den Vorgaben an die Eignungskriterien für Geschäftsleiter und Mitglieder der Aufsichtsorgane eigentlich ein mächtiges Instrument zur Verfügung, um die entsprechende Qualifikation in den Leitungsgremien der Institute sicherzustellen. Darüber hinaus wird mit dem Sanierungs- und Abwicklungsregime dafür Sorge getragen, dass die Steuerzahler bei zukünftigen Krisen schadlos gehalten werden. **99**

2.6.2   Integration von Nachhaltigkeitsrisiken in den SREP

In Anbetracht der Relevanz und der potenziellen Auswirkungen von Umwelt-, Sozial- und Unternehmensführungsrisiken (ESG-Risiken) auf die Institute wird die Einbeziehung von Nachhaltigkeitsaspekten in die Geschäftsstrategie und -prozesse der Institute als unumgänglich für ihre wirtschaftliche Widerstandsfähigkeit und langfristige Überlebensfähigkeit angesehen. Die Berücksichtigung von ESG-Aspekten in den Strategien muss allerdings durch entsprechende Governance-Vorgaben und Risikomanagement-Rahmenwerke flankiert werden, damit die Ziele erfolgreich umgesetzt werden können.[131] Die Aufsichtsbehörden werden sich deshalb dafür interessieren, ob in den Instituten eine robuste und transparente Organisationsstruktur mit klar definierten und weitgehend integrierten Verantwortlichkeiten in Bezug auf die ESG-Faktoren vorhanden ist. Dabei besteht die Verantwortung der Geschäftsleitung darin, ESG-bezogene Aspekte in die Geschäfts- und Risikostrategie einzubeziehen, einschließlich der Festlegung der Risikobereitschaft auf individueller und konsolidierter Ebene und deren Umsetzung. Die horizontale Natur und Neuartigkeit von ESG-Faktoren könnte eine besondere Koordination zwischen strategischer Planung, Risikoübernahme und Risikoüberwachung erfordern. In diesem Zusammenhang wird die Konsistenz zwischen den fest- **100**

---

130 Vgl. Bundesanstalt für Finanzdienstleistungsaufsicht/Deutsche Bundesbank, Modernisierung des deutschen Meldewesens – Konzept der deutschen Bankenaufsicht, Entwurf vom 23. Februar 2011.

131 Vgl. European Banking Authority, EBA Report on management and supervision of ESG risks for credit institutions and investment firms, EBA/REP/2021/18, 23. Juni 2021, S. 130f.

gelegten Strategien, den Erklärungen zur unternehmerischen und sozialen Verantwortung, den Geschäftsprozessen (einschließlich der Produktentwicklung) und dem Risikomanagement bewertet. Geprüft wird zudem, ob die Besonderheiten der ESG-Faktoren und die Art ihrer potenziellen Auswirkungen in den bestehenden Richtlinien ausreichend berücksichtigt sind.[132]

101   ESG-Risiken manifestieren sich über verschiedene Übertragungskanäle und können sich auf das Gesamtrisiko auswirken. Damit können sie die Kapital- und Liquiditätsposition eines Institutes (auch langfristig) und folglich die Widerstandsfähigkeit seines Geschäftsmodells beeinträchtigen.[133] Für die Bewertung des Geschäftsmodells könnten zusätzliche Informationsquellen herangezogen werden, wie z.B. vom Institut durchgeführte zukunftsorientierte Analysen und von einschlägigen Stellen veröffentlichte Studien über erwartete langfristige Entwicklungen, die nichtfinanzielle Berichterstattung des Institutes oder ESG-Ratings des Institutes und seiner wesentlichsten Engagements. Dabei sollten die Aufsichtsbehörden die methodischen Einschränkungen und zugrunde liegenden Annahmen berücksichtigen und beachten, dass reine ESG-Ratings nicht unmittelbar eine Bewertung der finanziellen Belastbarkeit liefern. Mit Blick auf die wesentlichen Geschäftsaktivitäten eines Institutes könnte in die Bewertung auch der Umfang von ESG-relevanten Finanzierungen einfließen, z.B. Finanzierungen in wettergeplagten Gebieten oder in Branchen mit nachweislich niedrigeren Arbeitsschutzstandards.[134]

102   Im Hinblick auf die langfristigen Auswirkungen von ESG-Risiken und den Übergang zu einer nachhaltigeren Wirtschaft ist eine vorausschauende Bewertung des künftigen Geschäftsumfeldes von zentraler Bedeutung. Die zuständigen Behörden sollten daher die relevanten politischen Verpflichtungen, wie das Pariser Abkommen oder den europäischen Green Deal, die gesellschaftlichen Veränderungen, die sich u.a. aus der COVID-19-Pandemie und der zunehmenden Digitalisierung ergeben, und die wirtschaftlichen Auswirkungen von häufigeren und schwereren Naturkatastrophen, zunehmender Umweltzerstörung, technologischen Entwicklungen und veränderten Kundenpräferenzen berücksichtigen.[135] Die Aufsichtsbehörden sollten zudem beachten, dass der Wandel der Wirtschaft auch die Wettbewerbssituation in Bezug auf Institute, die spezielle Nachhaltigkeitsstrategien verfolgen,[136] und die allgemeinen Trends auf dem Markt beeinflussen könnte.[137]

103   Die EBA erwartet, dass auch die Auswirkungen regulatorischer Änderungen, wie z.B. die Festsetzung von Kohlenstoffpreisen, Umwelt- oder Arbeitsnormen oder ein Verbot bestimmter Tätigkeiten auf die Kreditwürdigkeit der Kreditnehmer der Institute oder die Marktwerte der Unternehmen, in die investiert wird, Bestandteil der qualitativen und quantitativen Analyse des aktuellen Geschäftsmodells werden. Bei der quantitativen Analyse sollte die Untersuchung der Haupttreiber von Gewinn und Verlust, der Zusammensetzung der Bilanz, der Zusammensetzung der Vermögenswerte und der darin enthaltenen Konzentrationen sowie der Einhaltung formaler Risikolimite auf ESG-Faktoren erweitert werden.[138]

---

132 Vgl. European Banking Authority, EBA Report on management and supervision of ESG risks for credit institutions and investment firms, EBA/REP/2021/18, 23. Juni 2021, S. 139f.

133 Vgl. European Banking Authority, EBA Report on management and supervision of ESG risks for credit institutions and investment firms, EBA/REP/2021/18, 23. Juni 2021, S. 130.

134 Vgl. European Banking Authority, EBA Report on management and supervision of ESG risks for credit institutions and investment firms, EBA/REP/2021/18, 23. Juni 2021, S. 133.

135 Vgl. European Banking Authority, EBA Report on management and supervision of ESG risks for credit institutions and investment firms, EBA/REP/2021/18, 23. Juni 2021, S. 133.

136 Vgl. Coleton, Adrienne/Font Brucart, Maria/Gutierrez, Pilar/Le Tennier, Fabien/Moor, Christian, Sustainable Finance – Market Practices, EBA Staff Paper Series N. 6, 28. Januar 2020, S. 12.

137 Vgl. European Banking Authority, EBA Report on management and supervision of ESG risks for credit institutions and investment firms, EBA/REP/2021/18, 23. Juni 2021, S. 133.

138 Vgl. European Banking Authority, EBA Report on management and supervision of ESG risks for credit institutions and investment firms, EBA/REP/2021/18, 23. Juni 2021, S. 134.

Um zu ermitteln, ob im Institut ein grundlegendes Verständnis über die Auswirkungen von ESG-Faktoren auf das aktuelle Geschäftsmodell vorhanden ist, wird insbesondere hinterfragt,[139]

- ob das Institut einen wesentlichen Teil seiner Rentabilität aus Vermögenswerten bezieht, die ESG-Risiken stärker ausgesetzt sind,
- ob das Institut Unterschiede zwischen der Rentabilität von konventionellen Krediten und Krediten, die ESG-Risiken ausgesetzt sind, feststellt, einschließlich der Frage, ob das Institut von einem »First-Mover-Vorteil« oder einem speziellen nachhaltigen Geschäftsmodell profitieren kann,
- ob die Wertminderung von Vermögenswerten (teilweise) auf ESG-Risiken zurückzuführen ist und wie dies vom Institut bewertet und quantifiziert wird,[140]
- ob die Überprüfung der Bilanz eine problematische regionale oder sektorale Konzentration von Vermögenswerten, physischen Sicherheiten oder Verbindlichkeiten aufzeigt, die in hohem Maße ESG-Risiken ausgesetzt sind, wie z. B. eine Konzentration von Krediten oder Einlagen in einer Region, in der die Wirtschaft stark von kohlenstoffintensiven Industrien abhängt oder die anfällig für Naturkatastrophen ist. Im Umkehrschluss könnten die Aufsichtsbehörden eine sektorale und geografische Diversifizierung erkennen.

104

Die qualitative Analyse könnte sich u. a. darauf beziehen,[141]

- ob die internen Kapazitäten des Institutes, einschließlich der IT-Tools, in der Lage sind, ESG-Risiken zu identifizieren und zu bewerten, sowie ausreichend Personal mit Fachkenntnissen im Umgang mit ESG-Risiken vorhanden ist,
- wie das Institut in der Lage ist, mit Stakeholdern im Hinblick auf die Identifizierung ihrer wesentlichen ESG-Risiken umzugehen und proaktiv und zeitnah Engagement-Strategien umzusetzen und effektiv zu überwachen,
- ob das Angebot nachhaltiger Bankprodukte zu einer Verbesserung der Widerstandsfähigkeit des Geschäftsmodells führen und einen potenziellen Wettbewerbsvorteil für das Institut darstellen könnte.

105

Die vorausschauende Analyse der Finanzprognosen und strategischen Pläne ist einer der Schlüsselbereiche, in denen die Aufsichtsbehörden den bisherigen Zeithorizont erweitern müssen und die Bewertung langfristiger Strategien sowie Ziele und/oder von den Instituten gesetzter Limite mit Bezug zu ESG-Risiken hinzufügen können. Sie umfasst die wichtigsten quantitativen und qualitativen Managementziele, die prognostizierte finanzielle Leistungsfähigkeit des Institutes, die Plausibilität und Konsistenz seiner Annahmen sowie seine Fähigkeit, die Strategie effektiv umzusetzen und die Finanzprognosen zu realisieren. Sofern für ein Institut zutreffend, werden sich die Aufsichtsbehörden u. a. für die Begründung ESG-relevanter Ziele oder Limite (z. B. Reputation, Risikominderung, Wachstumschancen) und die damit angestrebten finanziellen Ziele interessieren. Geprüft werden in diesem Zusammenhang auch das Ambitionsniveau solcher Ziele im Vergleich zur Gesamtstrategie, die Verflechtung mit anderen, potenziell kollidierenden Zielen oder Limiten und die wichtigsten Herausforderungen, denen sich das Institut dabei gegenübersieht. Sofern ein Institut eine Ausrichtung an bestimmten Nachhaltigkeitsstandards anstrebt, wird auch untersucht, inwieweit diese Ausrichtung den ESG-Risiken entgegenwirkt oder zur Rentabilität

106

---

139 Vgl. European Banking Authority, EBA Report on management and supervision of ESG risks for credit institutions and investment firms, EBA/REP/2021/18, 23. Juni 2021, S. 134.

140 Die EBA verweist darauf, dass z. B. der Nachfrageschock, den die Luftfahrtindustrie nach dem Ausbruch von COVID-19 erlebte, durch die Tatsache verschärft wurde, dass Fluggesellschaften schon vor der Pandemie aufgrund von starkem Wettbewerb, Marktfragmentierung, Währungsrisiken, dem Fehlen von schützenden Restrukturierungsvorschriften oder einfach schlechtem Management und hoher Verschuldung anfällig für wirtschaftliche Pleiten waren. Im Rahmen des SREP wird folglich auch geprüft, inwiefern ein Institut in der Lage ist, die verschiedenen Ursachen zu erkennen und deren Wirkung voneinander abzugrenzen.

141 Vgl. European Banking Authority, EBA Report on management and supervision of ESG risks for credit institutions and investment firms, EBA/REP/2021/18, 23. Juni 2021, S. 134 f.

beiträgt. Wenn ein Institut nachhaltige Bankprodukte anbietet, interessiert die Aufsicht, ob diese auch darauf ausgerichtet sind, ESG-Risiken zu mindern, z.B. durch die Reduzierung des Engagements in Aktivitäten, die vom Übergang zu einer nachhaltigen Wirtschaft besonders betroffen sind. Schließlich wird hinterfragt, wie die Zusammenarbeit eines Institutes mit seinen Kunden zur Minderung von ESG-Risiken beiträgt. Geprüft wird daneben die Wirksamkeit der Steuerungskapazitäten und strategischen Prozesse des Institutes. Ebenso werden die Aufsichtsbehörden bewerten, ob sich ESG-Risiken auf die Strategie und die prognostizierte finanzielle Leistungsfähigkeit auswirken, ob Ziele in Bezug auf ESG-Risiken, nachhaltige Bankprodukte oder die Auseinandersetzung mit den Kunden über deren Bereitschaft und Ausrichtung auf den Wandel Erfolgstreiber der Geschäftsstrategie sind, ob das Institut die Energiewende, den Klimawandel, die Digitalisierung als Wegbereiter des Green Deal und andere ESG-Themen in seinen makroökonomischen Annahmen berücksichtigt und ob das Institut über die (quantitativen und qualitativen) Ausführungskapazitäten verfügt, um etwaige ESG-bezogene Ziele oder Limite umzusetzen. Vor dem Hintergrund, dass große Teile der Wirtschaft in den kommenden Jahrzehnten beispiellose Veränderungen erfahren werden, würde das Fehlen von ESG-bezogenen Überlegungen in der Strategie in jedem Fall kritisch hinterfragt werden.[142]

107   Durch die Einbeziehung von ESG-Faktoren in die Analyse des Geschäftsumfeldes und des aktuellen Geschäftsmodells fließen sie zu einem gewissen Grad zwar in die aufsichtliche Bewertung ein.[143] Allerdings hält es die EBA für sinnvoll, in einem zusätzlichen Analysebereich zu bewerten, inwieweit der Ansatz des Institutes zum Umgang mit ESG-Risiken zu seiner längerfristigen Widerstandsfähigkeit beiträgt. Dabei ist ein hoher strategischer Ehrgeiz in Bezug auf ESG-bezogene Risikoziele oder Limite nicht zwangsläufig mit einem hohen Risikoniveau in der Strategie gleichzusetzen. Gleichzeitig muss sichergestellt werden, dass alle Risiken in der Risikostrategie angemessen berücksichtigt und entsprechend gesteuert werden. Im Zusammenhang mit dem Übergang zu einer nachhaltigeren Wirtschaft sollte das aktuelle Geschäftsmodell hinterfragt werden. Sofern das aktuelle Geschäftsmodell stark von anfälligen (Teil-)Sektoren oder Regionen abhängig ist, sollten größere Veränderungen angestrebt werden.[144]

---

142 Vgl. European Banking Authority, EBA Report on management and supervision of ESG risks for credit institutions and investment firms, EBA/REP/2021/18, 23. Juni 2021, S. 135 f.

143 Vgl. European Banking Authority, EBA Report on management and supervision of ESG risks for credit institutions and investment firms, EBA/REP/2021/18, 23. Juni 2021, S. 136.

144 Vgl. European Banking Authority, EBA Report on management and supervision of ESG risks for credit institutions and investment firms, EBA/REP/2021/18, 23. Juni 2021, S. 137.

3 Festlegung der Risikostrategie und des Risikoappetits (Tz. 2)

2 Die Geschäftsleitung hat eine mit der Geschäftsstrategie und den daraus resultierenden Risiken konsistente Risikostrategie festzulegen. Die Risikostrategie hat, ggf. unterteilt in Teilstrategien für die wesentlichen Risiken, die Ziele der Risikosteuerung der wesentlichen Geschäftsaktivitäten sowie die Maßnahmen zur Erreichung dieser Ziele zu umfassen. Insbesondere ist, unter Berücksichtigung von Risikokonzentrationen, für alle wesentlichen Risiken der Risikoappetit des Institutes festzulegen. Risikokonzentrationen sind dabei auch mit Blick auf die Ertragssituation des Institutes (Ertragskonzentrationen) zu berücksichtigen. Dies setzt voraus, dass das Institut seine Erfolgsquellen voneinander abgrenzen und diese quantifizieren kann (z.B. im Hinblick auf den Konditionen- und den Strukturbeitrag im Zinsbuch). **108**

3.1 Konsistenz von Geschäfts- und Risikostrategie

Die Geschäftsleitung eines Institutes ist dazu verpflichtet, eine mit der Geschäftsstrategie und den daraus resultierenden Risiken konsistente Risikostrategie festzulegen. Über die Forderung nach Konsistenz wird letztlich die Brücke zwischen Geschäft und Risiko(-steuerung) geschlagen. Im Kern geht es darum, für die aus den (geplanten) Geschäftsaktivitäten resultierenden Risiken adäquate Managementvorkehrungen zu treffen – mithin eine Selbstverständlichkeit. Dennoch sah sich die Aufsicht im Rahmen der dritten MaRisk-Novelle aufgrund beobachteter Defizite in der Praxis dazu veranlasst, die Bedeutung der Konsistenzanforderung nochmals deutlich herauszustellen. Konsistenz – so die Aufsicht – lasse sich jedenfalls nur schwer herstellen, wenn beide Strategien in unterschiedlichen Organisationseinheiten vorbereitet werden (z.B. strategische Stabsstelle und Risikocontrolling), ohne dass ein Austausch zwischen diesen Einheiten stattfindet.[145] Die Notwendigkeit einer engen Verzahnung von Geschäft und Risiko wird auch auf internationaler Ebene betont.[146] **109**

Die Geschäftsstrategie soll hinsichtlich der Ziele des Institutes für jede wesentliche Geschäftsaktivität sowie der Maßnahmen zur Erreichung dieser Ziele »nachhaltig« sein (→ AT 4.2 Tz. 1). Mit der Anforderung, dass die Risikostrategie konsistent zu den aus der Geschäftsstrategie resultierenden Risiken sein muss, folgt implizit, dass die Nachhaltigkeit spiegelbildlich auch im Risikomanagement der Institute verstärkt eine Rolle spielt. Im Zusammenhang mit dem Begriff »Nachhaltigkeitsrisiken« wird auf die »ESG-Risiken« abgestellt, unter denen die Risiken aus den Bereichen Umwelt, Soziales und Unternehmensführung (»Environmental, Social and Governance Risks«, ESG Risks) zu verstehen sind (→ BTR Tz. 1). Zwischen der »Nachhaltigkeit der Geschäftsstrategie«, die auf das langfristige Überleben des Institutes abzielt und auch im Rahmen des SREP geprüft wird, und der Berücksichtigung von »Nachhaltigkeitsrisiken« in den institutsinternen Strategien besteht ein direkter Zusammenhang (→ AT 4.2 Tz. 1). **110**

---

145 Vgl. Bundesanstalt für Finanzdienstleistungsaufsicht, Übermittlungsschreiben zum ersten Entwurf zur Überarbeitung der MaRisk vom 9. Juli 2010, S. 3.

146 Vgl. Institute of International Finance, Final Report of the IIF Committee on Market Best Practices: Principles of Conduct and Best Practice Recommendations – Financial Services Industry Response to the Market Turmoil of 2007–2008, 21. Juli 2008, S. 32 ff.

AT 4.2 Strategien

3.2 Risikostrategie

111 In der Risikostrategie, die grundsätzlich auf eine Jahressicht fokussiert und häufig gemeinsam mit der operativen Geschäftsplanung erarbeitet wird, sind unter Berücksichtigung geschäftsstrategischer Vorgaben (→ AT 4.2 Tz. 1) nicht nur die »Ziele der Risikosteuerung« der wesentlichen Geschäftsaktivitäten, sondern auch die »Maßnahmen zur Erreichung dieser Ziele« darzustellen. Die Umschreibung »Ziele der Risikosteuerung« wird dabei nicht weiter präzisiert. Aus dem Kontext der MaRisk lassen sich jedoch bestimmte Mindestinhalte der Risikostrategie ableiten:

- Aussagen über den Risikoappetit der Geschäftsleitung: Die Bereitschaft, Risiken einzugehen, spiegelt sich vor allem in der Höhe und Zusammensetzung des Anteiles am Risikodeckungspotenzial, in der Höhe des Gesamtbanklimits für wesentliche Risiken oder in der Strenge des für die Risikomessung festgelegten Konservativitätsniveaus wider (→ AT 4.1 Tz. 1).
- Aussagen zu den Risiken, die die Geschäftsleitung eingehen will, und wie diese Risiken durch das Risikodeckungspotenzial abgedeckt sind: Konkret ist für alle wesentlichen Risiken der Risikoappetit des Institutes festzulegen, der z. B. durch entsprechende Risikolimite für Adressenausfallrisiken und Marktpreisrisiken ausgedrückt werden kann. Der Risikoappetit ist – soweit möglich – auf operativer Ebene der Ausgangspunkt für die Entwicklung konsistenter Limitsysteme.[147]
- Allgemeine Aussagen über die Prozesse zur Identifizierung, Beurteilung, Steuerung, Überwachung und Kommunikation der wesentlichen Risiken (→ AT 4.3.2 Tz. 1): Insbesondere sollten die den Maßnahmen zur Steuerung der wesentlichen Risiken zugrunde liegende Philosophie (z. B. Risikovermeidung, -verminderung, -überwälzung oder -übernahme) und die hierfür eingesetzten Instrumente erläutert werden. Dabei ist auch auf wesentliche Risiken einzugehen, die nicht im Rahmen des Risikotragfähigkeitskonzeptes berücksichtigt werden (→ AT 4.1 Tz. 4).
- Die Darstellung risikopolitischer Grundsätze, die die Gesamtheit der zentralen Verhaltensregeln für den Umgang mit Risiken innerhalb des Institutes beschreiben: Hierzu kann z. B. der Grundsatz gehören, dass bei nicht überschaubarer Risikolage im Einzelfall dem Vorsichtsprinzip Rechnung zu tragen ist und das Risiko daher vermieden wird. Ebenso denkbar ist z. B. eine generelle Festlegung, in welchen Ratingklassen ein Institut aktiv sein will.

112 Wie bei der Geschäftsstrategie empfiehlt es sich aus Gründen der Praktikabilität, die Risikostrategie nicht mit umfassenden Ausführungen zu deren operativer Umsetzung zu überfrachten. Derartige Vorgaben sind z. B. in Rahmenanweisungen oder auch Organisationsrichtlinien besser aufgehoben. Die Risikostrategie gibt letztlich einen übergeordneten Rahmen vor, der für die Mitarbeiter des Institutes verbindlichen Charakter besitzt. Daher ist es auch erforderlich, dass die Risikostrategie in geeigneter Weise kommuniziert wird (→ AT 4.2 Tz. 6). Durch die Kommunikation der Risikostrategie wird die Entwicklung eines einheitlichen Begriffs- und Risikoverständnisses innerhalb des Institutes gefördert. Damit einhergehend steigt bei den Mitarbeitern die Akzeptanz für die risikostrategischen Vorgaben der Geschäftsleitung.

113 Ohne eine geeignete Kommunikation der Risikostrategie ist ferner eine Überwachung der Einhaltung der risikostrategischen Vorgaben nicht möglich. Dieser Überwachungsprozess stellt für die Institute eine große Herausforderung dar. Abweichungen von der Risikostrategie könnten z. B. Eingang in die turnusmäßige Berichterstattung finden.

---

147 Für das Herunterbrechen des gesamten Risikoappetits auf die einzelnen Risikoarten wird teilweise der Begriff Risikotoleranz verwendet. CEBS hat die Begriffe Risikotoleranz und Risikoappetit grundsätzlich auch synonym verwendet, die skizzierte zweistufige Vorgehensweise jedoch als eine mögliche Option betrachtet. Vgl. Committee of European Banking Supervisors, Consultation paper on the Guidebook on Internal Governance (CP 44), 13. Oktober 2010, S. 7.

3.3 Unterteilung in Teilstrategien

3.3.1 Beispiel Liquiditätsrisiko

Gemäß Art. 86 Abs. 1 CRD IV müssen die Institute über solide Strategien, Grundsätze, Verfahren **114** und Systeme verfügen, mit denen sie das Liquiditätsrisiko über eine angemessene Auswahl von Zeiträumen, die auch nur einen Geschäftstag betragen können, ermitteln, messen, steuern und überwachen können. Diese Strategien, Grundsätze, Verfahren und Systeme werden auf Geschäftsfelder, Währungen, Zweigniederlassungen und Rechtssubjekte zugeschnitten und umfassen u. a. Mechanismen für eine angemessene Allokation der Liquiditätskosten, -vorteile und -risiken. Sie müssen nach Art. 86 Abs. 2 CRD IV der Komplexität, dem Risikoprofil und dem Tätigkeitsbereich der Institute sowie der von der Geschäftsleitung festgelegten Risikotoleranz angemessen sein und die Bedeutung des Institutes in jedem Mitgliedstaat, in dem es tätig ist, widerspiegeln. Die Institute teilen allen relevanten Geschäftsbereichen die Risikotoleranz mit.

Der Baseler Ausschuss für Bankenaufsicht (BCBS) fordert konkret die Entwicklung und Umset- **115** zung einer der Art, dem Umfang und der Komplexität der Geschäftsaktivitäten angemessenen Liquiditätsrisikostrategie in Übereinstimmung mit dem Risikoappetit des Institutes. Die Strategie sollte spezifische Vorgaben für das Liquiditätsmanagement enthalten, wie die Zusammensetzung und Fälligkeit von Aktiva und Passiva, die Vielfalt und Stabilität der Refinanzierungsquellen, den Ansatz für das Liquiditätsmanagement in verschiedenen Währungen, grenzüberschreitend und über Geschäftsbereiche und Rechtseinheiten hinweg, den Ansatz für das untertägige Liquiditätsrisikomanagement und die Annahmen über die Liquidität und Marktfähigkeit von Aktiva. Bei der Formulierung der Strategie sollte das Institut seine rechtlichen Strukturen, die wichtigsten Geschäftsfelder, die Breite und Vielfalt der Märkte, Produkte und Jurisdiktionen, in denen es tätig ist, sowie die regulatorischen Anforderungen im In- und Ausland berücksichtigen. Berücksichtigt werden sollten auch die Zusammenhänge zwischen dem Liquiditätsrisiko und dem Marktliquiditätsrisiko sowie die Auswirkungen anderer Risikoarten auf das Liquiditätsrisiko. Die Strategie sollte sowohl den Liquiditätsbedarf unter normalen Bedingungen als auch die Liquiditätsauswirkungen in Zeiten von Liquiditätsstress berücksichtigen, die institutsspezifisch oder marktweit oder eine Kombination aus beidem sein können. Insgesamt kann die Strategie verschiedene übergreifende quantitative und qualitative Ziele beinhalten. Sie sollte jedoch durch klare Leitlinien und operative Standards (z. B. in Form von Richtlinien, Kontrollen oder Verfahren) umgesetzt werden. Die Geschäftsleitung sollte aktuelle Trends und potenzielle Marktentwicklungen, die erhebliche, noch nie dagewesene und komplexe Herausforderungen für das Management des Liquiditätsrisikos darstellen können, genau beobachten, um bei Bedarf angemessene und rechtzeitige Änderungen der Liquiditätsstrategie vornehmen zu können.[148] Allein zur Steuerung des untertägigen Liquiditätsrisikos werden sechs operative Elemente genannt, die in die Strategie einer Bank einbezogen werden sollten. Dabei geht es grob zusammengefasst um eine möglichst genaue Zeitplanung der erwarteten täglichen Liquiditätszuflüsse und -abflüsse sowie um die Fähigkeit, auf Basis der verfügbaren Ressourcen jederzeit eine ausreichende untertägige Refinanzierung sicherzustellen und dabei auch mit unerwarteten Störungen umgehen zu können.[149]

Der BCBS erwartet zudem, dass ein Institut den Risikoappetit für das Liquiditätsrisiko im **116** Hinblick auf seine Geschäftsziele, seine strategische Ausrichtung und seine gesamte Risikobereitschaft festlegt. Dabei sollte sichergestellt werden, dass der Risikoappetit mit Blick auf die Geschäftsstrategie und die Rolle des Institutes im Finanzsystem angemessen ist sowie die finan-

---

148 Vgl. Basel Committee on Banking Supervision, Principles for Sound Liquidity Risk Management and Supervision, BCBS 144, 25. September 2008, S. 7 ff.
149 Vgl. Basel Committee on Banking Supervision, Monitoring tools for intraday liquidity management, BCBS 248, 11. April 2013, S. 1.

zielle Lage und die Refinanzierungskapazität des Institutes widerspiegelt. Der Risikoappetit sollte sicherstellen, dass das Institut seine Liquidität in normalen Zeiten so steuert, dass es einer längeren Belastungsphase standhalten kann. Er sollte in qualitativer oder quantitativer Hinsicht so klar formuliert sein, dass alle Managementebenen die Abwägung zwischen Risiken und Erträgen verstehen.[150]

117   Im Rahmen des SREP sollten die zuständigen Behörden u. a. bewerten, ob ein Institut seine auf Liquiditätsrisiken bezogene Risikostrategie und Risikotoleranz korrekt festgelegt hat und diese ordnungsgemäß mitteilt.[151]

3.3.2   Beispiel Adressenausfallrisiko

118   Gemäß Art. 73 CRD IV müssen die Institute über solide, wirksame und umfassende Strategien und Verfahren verfügen, mit denen sie die Höhe, die Arten und die Verteilung des internen Kapitals, das sie zur quantitativen und qualitativen Absicherung ihrer aktuellen und etwaigen künftigen Risiken für angemessen halten, kontinuierlich bewerten und auf einem ausreichend hohen Stand halten können. Diese Strategien und Verfahren sollen regelmäßig intern überprüft werden, um zu gewährleisten, dass sie der Art, dem Umfang und der Komplexität der Geschäfte des Institutes stets angemessen sind und keinen Aspekt außer Acht lassen. Das gilt für alle in der CRD IV genannten Risikoarten gleichermaßen. In Art. 79 CRD IV, in dem es um das Adressenausfallrisiko als Oberbegriff für das Kreditrisiko und das Gegenparteiausfallrisiko geht, ist explizit von einer Kreditstrategie die Rede.

119   Die zuständigen Behörden sollten im Rahmen des SREP bewerten, ob ein Institut über eine solide, klar formulierte und dokumentierte Kreditrisikostrategie verfügt. Im Rahmen dieser Bewertung sollten sie u. a. untersuchen, ob die Kreditrisikostrategie und der Risikoappetit sowie das Verfahren zu deren Überprüfung klar zum Ausdruck gebracht werden, ob die Kreditrisikostrategie ordnungsgemäß umgesetzt und überwacht wird, damit gewährleistet ist, dass die Geschäftstätigkeiten mit der festgelegten Strategie im Einklang stehen, ob schriftliche Verfahren entwickelt und eingerichtet werden und die Zuständigkeiten eindeutig und korrekt zugewiesen sind, ob die Kreditrisikostrategie mit Blick auf das Kreditrisiko und das Gegenparteiausfallrisiko den unterschiedlichen Risikoappetit widerspiegelt und mit dem allgemeinen Risikoappetit des Institutes im Einklang steht, ob die Kreditrisikostrategie angesichts des Geschäftsmodells, des allgemeinen Risikoappetits, des Marktumfeldes und der Rolle des Institutes im Finanzsystem sowie der Finanzlage, Finanzkraft und Eigenmittelausstattung angemessen ist, ob die Kreditrisikostrategie das Kreditvergabegeschäft und die Sicherheitenverwaltung sowie die Verwaltung notleidender Kredite abdeckt und zur Unterstützung risikobasierter Entscheidungen beiträgt, indem z. B. die Art der Forderungen (Unternehmens- oder Immobilienforderungen, Forderungen gegenüber Verbrauchern oder Staaten), der Wirtschaftszweig, die geografische Region, die Währung und die Laufzeit, einschließlich Konzentrationstoleranzen, berücksichtigt werden, ob die Kreditrisikostrategie alle Aktivitäten des Institutes, in deren Zusammenhang das Kreditrisiko erheblich sein kann, im Wesentlichen abdeckt, ob die Kreditrisikostrategie zyklische Aspekte inkl. Stressbedingungen sowie die daraus resultierenden Verschiebungen bei der Zusammensetzung des Kreditportfolios berücksichtigt und ob das Institut über ein angemessenes Rahmenwerk verfügt, das sicherstellt, dass die Kreditrisikostrategie allen betroffenen Mitarbeitern ordnungsgemäß mitgeteilt wird.[152]

---

150 Vgl. Basel Committee on Banking Supervision, Principles for Sound Liquidity Risk Management and Supervision, BCBS 144, 25. September 2008, S. 7.

151 Vgl. European Banking Authority, Guidelines on common procedures and methodologies for the supervisory review and evaluation process (SREP) and supervisory stress testing, EBA/GL/2014/13, Consolidated version, 19. Juli 2018, S. 158 f.

152 Vgl. European Banking Authority, Guidelines on common procedures and methodologies for the supervisory review and evaluation process (SREP) and supervisory stress testing, EBA/GL/2014/13, Consolidated version, 19. Juli 2018, S. 85 f.

Diese Kriterien können sinngemäß auf die anderen wesentlichen Risiken übertragen werden   120
und sind für verschiedene Risiken im Einzelnen den Leitlinien der EBA zum SREP zu entnehmen.
Festzuhalten bleibt allerdings, dass sich aus den MaRisk keine Notwendigkeit zur Unterteilung der
Risikostrategie in Teilstrategien für die wesentlichen Risiken ergibt.

3.4 Zusammenhang zum Risikoappetit

3.4.1 Bedeutung des Risikoappetits

Die Definition und Abgrenzung der Begriffe »Risikoappetit«, »Risikotragfähigkeit« und »Risikoprofil«   121
wurde bereits an anderer Stelle ausführlich erläutert (→ AT 4, Einführung). Demnach beschreibt der
»Risikoappetit« (»risk appetite«)[153] in qualitativer und quantitativer Weise die Art und das Niveau der
Risiken, die ein Unternehmen angesichts seiner wirtschaftlichen Ziele und Verpflichtungen gegenüber den Anspruchsberechtigten in der Lage und willens ist, mit seinen Geschäftsaktivitäten
einzugehen. Der Risikoappetit sollte auch extreme Bedingungen, Ereignisse und Ergebnisse berücksichtigen. Darüber hinaus sollte er mögliche Auswirkungen auf die Ertragssituation, die Kapitalausstattung und die Liquiditäts-/Refinanzierungssituation – und damit auf die entscheidenden
Kriterien zur Bestimmung der wesentlichen Risiken im Rahmen der Risikoinventur – widerspiegeln.[154] Vorgaben zum Risikoappetit können sich z.B. auf einige der folgenden Elemente beziehen[155]:
–   gewünschte Geschäftsausrichtung und Bilanzstruktur mit Risikopräferenzen (z.B. Fokussie-
    rung auf das Retailgeschäft bei Tolerierung bestimmter Risiken in der Unternehmensfinanzie-
    rung hinsichtlich des Kreditrisikos sowie Absicherung gegen das Marktrisiko durch Hedge-
    geschäfte),
–   gewünschtes Risiko-Chancen-Profil,
–   Toleranzbereiche für die Volatilität,
–   Schwellenwerte für das regulatorische und ökonomische Kapital und die Verschuldungsquote
    (Leverage Ratio),
–   Toleranzbereiche für Verluste im Stressfall,
    Zielratings und optimale Liquiditätskennziffern.

Der Risikoappetit zielt also auf die Bereitschaft des Institutes ab, Risiken in einer bestimmten Höhe   122
im Rahmen seiner Risikotragfähigkeit sowie im Einklang mit seinem Geschäftsmodell zum
Erreichen seiner strategischen Ziele einzugehen.[156] Insgesamt handelt es sich folglich um Festlegungen, die direkt mit der Geschäfts- und Risikostrategie bzw. dem Geschäftsmodell eines
Institutes verbunden sind.

---

153 Einige Institute verwenden als Synonym für »Risikoappetit« auch die Begriffe »Risikobereitschaft«, »Risikoneigung« oder
    »Risikotoleranz«. Andere Institute unterscheiden zwischen der absoluten Risikohöhe, die sie grundsätzlich akzeptieren
    möchten (»Risikoappetit«) und den tatsächlichen Beschränkungen (wie z.B. Risikolimiten), in deren Rahmen sie ihrem
    Risikoappetit im Tagesgeschäft nachkommen (»Risikotoleranz«). Sowohl CEBS als auch der Finanzstabilitätsrat (FSB)
    haben eingeräumt, dass diese Begriffe mit leicht unterschiedlicher Bedeutung verwendet werden können, letztlich aber
    von einer Unterscheidung abgesehen. Vgl. Committee of European Banking Supervisors, Consultation paper on the
    Guidebook on Internal Governance (CP 44), 13. Oktober 2010, S. 7; Financial Stability Board, Principles for An Effective
    Risk Appetite Framework, 18. November 2013, S. 3.
154 Vgl. Senior Supervisors Group, Observations on Developments in Risk Appetite Frameworks and IT Infrastructure,
    23. Dezember 2010, S. 5 (Fußnote 2).
155 Vgl. Senior Supervisors Group, Observations on Developments in Risk Appetite Frameworks and IT Infrastructure,
    23. Dezember 2010, S. 5.
156 Vgl. Financial Stability Board, Principles for An Effective Risk Appetite Framework, 18. November 2013, S. 3; Basel
    Committee on Banking Supervision, Guidelines – Corporate governance principles for banks, BCBS 328, 8. Juli 2015,
    S. 1f.; European Banking Authority, Leitlinien zur internen Governance, EBA/GL/2017/11, 21. März 2018, S. 4f.

AT 4.2 Strategien

123   Die Institute sollten sich darüber im Klaren sein, dass mit zunehmendem Risikoappetit die Anforderungen an die internen Kontrollverfahren steigen. Infrage kommen dann z.B. ein verkürzter Turnus für die Risikoberichterstattung oder verstärkte Prüfungen durch die Interne Revision. Der mit der Risikostrategie festzulegende Risikoappetit verlangt daher den Aufbau risikoadäquater interner Strukturen (→ AT 4.1 Tz. 3). Dieser Zusammenhang ist nicht zuletzt auch Ausfluss des Prinzips der doppelten Proportionalität.

3.4.2   Festlegung des Risikoappetits

124   Unter Berücksichtigung von Risikokonzentrationen ist für alle wesentlichen Risiken der »Risikoappetit« des Institutes festzulegen. Dafür muss sich ein Institut zunächst Klarheit über die vorhandenen Möglichkeiten verschaffen. Im Rahmen der Risikoinventur wird daher das aktuelle Gesamtrisikoprofil ermittelt, d.h. die zu einem bestimmten Zeitpunkt vorgenommene Bewertung der von einem Unternehmen tatsächlich eingegangenen gesamten Risiken, die mit seinen Geschäftsaktivitäten verbunden sind (→ AT 2.2 Tz. 1). Anschließend werden die wesentlichen Risiken (→ AT 2.2 Tz. 2) und das insgesamt vorhandene Risikodeckungspotenzial (→ AT 4.1 Tz. 1 und 2) ermittelt.

125   Bei der institutsinternen Festlegung des Risikoappetits für alle wesentlichen Risiken geht es im ersten Schritt darum, in welchem Umfang die maximal vorhandenen Möglichkeiten zum Eingehen von Risiken (in Abhängigkeit von der Risikotragfähigkeit) vom Institut tatsächlich genutzt werden möchten. Welcher Anteil am gesamten Risikodeckungspotenzial zur Verlustabsorption eingesetzt werden soll, kann u.a. davon abhängen, wie konservativ bei der Berechnung der Risikotragfähigkeit vorgegangen wurde, d.h. ob die potenziellen Risiken und das verfügbare Kapital hinreichend vorsichtig abgeschätzt wurden. Insbesondere bei einer weniger konservativen Vorgehensweise ist es nicht ratsam, den Risikoappetit lediglich am normalen Geschäftsverlauf zu orientieren und dabei mögliche adverse Entwicklungen vollständig auszublenden.

126   In einem zweiten Schritt werden auf Basis des zur Verlustabsorption eingesetzten Risikodeckungspotenzials in quantitativer Hinsicht konkrete Limite oder vergleichbare Begrenzungen für die wesentlichen Risiken festgelegt. Mögliche Vorgaben beziehen sich z.B. auf die Strenge der Risikomessung (bestimmte Konfidenzniveaus etc.), die Festlegung von einem Gesamtbanklimit oder die Festlegung von Puffern für bestimmte Stressszenarien (→ AT 4.2 Tz. 2, Erläuterung). Bei wesentlichen Risiken, die schwer quantifizierbar sind, werden quantitative Vorgaben jedoch kaum möglich sein. Im Rahmen der vierten MaRisk-Novelle wurde deshalb klargestellt, dass der Risikoappetit in vielfacher Weise zum Ausdruck gebracht werden kann, nämlich insbesondere auch in der Festlegung von qualitativen Festlegungen. Darunter sind z.B. Anforderungen an die Besicherung von Krediten oder die Vermeidung bestimmter Geschäfte zu verstehen (→ AT 4.2 Tz. 2, Erläuterung).

127   Bei der Bestimmung des Risikoappetits sind also unterschiedliche Aspekte zu berücksichtigen, wie etwa die Geschäftsstrategie sowie deren ggf. erforderliche Anpassungen, die Höhe des Risikodeckungspotenzials oder auch die eigene Risikomanagementexpertise.[157] Die einzelnen Maßnahmen zur Risikobegrenzung dürfen nicht losgelöst voneinander betrachtet werden. Sie sollten aufeinander abgestimmt sein, um Fehlsteuerungen zu vermeiden.[158] In der Summe müssen sie in ihrer aggregierten Wirkung der Risikobereitschaft auf Gesamtbankebene entsprechen und die Risikotragfähigkeit sicherstellen. Mit der Festlegung des Risikoappetits trifft die Geschäftsleitung letztlich eine bewusste Entscheidung darüber, in welchem Umfang sie bereit ist, Risiken einzugehen (→ AT 4.2 Tz. 2, Erläuterung).

---

157 Vgl. Institute of International Finance, Final Report of the IIF Committee on Market Best Practices: Principles of Conduct and Best Practice Recommendations – Financial Services Industry Response to the Market Turmoil of 2007–2008, 21. Juli 2008, S. 32.

158 Vgl. Committee of European Banking Supervisors, High level principles for risk management, 16. Februar 2010, S. 3 f.

3.4.3 Rahmen und Erklärung zum Risikoappetit

Wie an anderer Stelle bereits dargelegt (→ AT 4, Einführung), erwarten der FSB, der Baseler Ausschuss für Bankenaufsicht und die EZB von den bedeutenden Instituten die Festlegung eines Rahmens für den Risikoappetit (»Risk Appetite Framework«, RAF). Darunter wird das Gesamtkonzept verstanden, mit dem der Risikoappetit festgelegt, kommuniziert und überwacht wird. Der RAF sollte die wesentlichen Risiken für das Institut und seine Reputation hinsichtlich der Anspruchsberechtigten, Einleger, Investoren und Kunden berücksichtigen und sich an der Strategie des Institutes orientieren.[159] Der RAF sollte das Zusammenspiel mit anderen strategischen Prozessen – wie dem ICAAP, dem ILAAP, dem Sanierungsplan und dem Vergütungssystem – formalisieren. Er sollte auf strukturierte Art und Weise die Verbindung zwischen den eingegangenen Risiken, der Angemessenheit der Kapital- und Liquiditätsausstattung und den strategischen Zielen des Institutes herstellen. In enger Verzahnung mit dem ICAAP sollte er einen Grundpfeiler eines soliden Risiko- und Kapitalmanagements bilden. Der RAF sollte zur Bestimmung und Begrenzung des Gesamtrisikoprofils sowie zur Entwicklung und Umsetzung der Strategie herangezogen werden. Im Rahmen des RAF sollten die Institute auch ihre möglichen Managementpuffer festlegen und berücksichtigen (→ AT 4.1 Tz. 11).[160]

Ein ausgereifter RAF sollte in der Erklärung zum Risikoappetit (»Risk Appetite Statement«, RAS) gipfeln, in der die Geschäftsleitung ihre Einschätzung zu den Risikobeträgen und -arten zum Ausdruck bringt, die das Institut zur Erfüllung seiner strategischen Ziele zu übernehmen bereit ist.[161] Die RAS sollte ein klares und eindeutiges Bild jener Maßnahmen vermitteln, die von der Geschäftsleitung im Hinblick auf ihre Risiken und im Einklang mit ihrer Geschäftsstrategie ergriffen werden wollen, und insbesondere die Beweggründe für die Übernahme oder das Vermeiden bestimmter Arten von Risiken, Produkten oder Regionen enthalten.[162] Im weiteren Sinne werden sowohl qualitative Aussagen als auch Informationen über quantitative Maßnahmen erwartet, die sich auf Ergebnis, Kapital, Risikomaße, Liquidität etc. beziehen.[163] Inhaltlich besteht eine enge Verbindung zur Erklärung zur Angemessenheit des Kapitals (»Capital Adequacy Statement«, CAS)[164] bzw. der Liquidität (»Liquidity Adequacy Statement«, LAS)[165] durch die Geschäftsleitungen der bedeutenden Institute (→ AT 4.1 Tz. 8 bzw. BTR 3.1 Tz. 5 und 9).

Ein Institut sollte sicherstellen, dass die RAS über die Zeit hinweg stabil ist und als Treiber der Strategie verwendet wird, anstelle dass die Strategie die Risikobereitschaft vorschreibt. Die RAS sollte alle Risikoarten und -niveaus beschreiben, die das Institut im Rahmen seiner Risikotragfähigkeit zur Erreichung seiner strategischen Ziele und seiner Geschäftsplanung zu übernehmen bereit ist. Daher sollte die RAS unter Berücksichtigung von Konjunkturzyklen und finanziellen Schwankungen die jährliche Limitsetzung regeln und sicherstellen, dass bei Überschreiten eines Limits im Einklang mit der Gesamtrisikobereitschaft jederzeit ausreichend Spielraum für Schwellenwerte zur Risikobereitschaft zur Verfügung steht, um Korrekturmaßnahmen zu erleichtern. Angesichts dessen sollte der RAF Flexibilität ermöglichen, um auf Umweltverän-

128

129

130

---

159 Vgl. Financial Stability Board, Principles for An Effective Risk Appetite Framework, 18. November 2013, S. 2; Basel Committee on Banking Supervision, Guidelines – Corporate governance principles for banks, BCBS 328, 8. Juli 2015, S. 2.

160 Vgl. Europäische Zentralbank, Leitfaden der EZB für den bankinternen Prozess zur Sicherstellung einer angemessenen Kapitalausstattung (Internal Capital Adequacy Assessment Process – ICAAP), 9. November 2018, S. 11 f.

161 Vgl. Europäische Zentralbank, Leitfaden der EZB für den bankinternen Prozess zur Sicherstellung einer angemessenen Kapitalausstattung (Internal Capital Adequacy Assessment Process – ICAAP), 9. November 2018, S. 43 f.

162 Vgl. Europäische Zentralbank, Leitfaden der EZB für den bankinternen Prozess zur Sicherstellung einer angemessenen Kapitalausstattung (Internal Capital Adequacy Assessment Process – ICAAP), 9. November 2018, S. 11.

163 Vgl. Financial Stability Board, Principles for An Effective Risk Appetite Framework, 18. November 2013, S. 2; Basel Committee on Banking Supervision, Guidelines – Corporate governance principles for banks, BCBS 328, 8. Juli 2015, S. 2.

164 Vgl. Europäische Zentralbank, Leitfaden der EZB für den bankinternen Prozess zur Sicherstellung einer angemessenen Kapitalausstattung (Internal Capital Adequacy Assessment Process – ICAAP), 9. November 2018, S. 8 ff.

165 Vgl. Europäische Zentralbank, Leitfaden der EZB für den bankinternen Prozess zur Sicherstellung einer angemessenen Liquiditätsausstattung (Internal Liquidity Adequacy Assessment Process – ILAAP), 9. November 2018, S. 6 ff.

derungen reagieren zu können. Die Aussagen zum Risikoappetit müssen jedoch andererseits so genau und konsistent sein, dass ein strategisches Abdriften vermieden wird.[166]

3.4.4 Beispiel operationelles Risiko

131 Der Baseler Ausschuss für Bankenaufsicht (BCBS) hat konkretisiert, was er von einer RAS für das operationelle Risiko grundsätzlich erwartet, in der Art, Umfang und Höhe des operationellen Risikos dargelegt werden, das ein Institut einzugehen bereit ist. Es ist davon auszugehen, dass diese Erwartungen auf die anderen wesentlichen Risiken übertragen werden können, zumal es sich um relativ allgemeine Empfehlungen handelt. So sollte die RAS für das operationelle Risiko unter der Verantwortung der Geschäftsleitung entwickelt werden und mit den kurz- und langfristigen strategischen und finanziellen Plänen des Institutes verknüpft werden. Unter Berücksichtigung der Interessen der Kunden und Anteilseigner des Institutes sowie der aufsichtsrechtlichen Anforderungen sollte eine wirksame RAS für das operationelle Risiko einfach zu kommunizieren und daher für alle Stakeholder leicht zu verstehen sein. Sie sollte wichtige Hintergrundinformationen und Annahmen enthalten, die den Geschäftsplänen des Institutes zum Zeitpunkt ihrer Verabschiedung zugrunde lagen. Außerdem sollte sie klare Aussagen zu den Beweggründen für das Eingehen oder Vermeiden bestimmter Risikoarten enthalten und Limite oder quantitative bzw. qualitative Indikatoren festlegen, um die Überwachung dieser Risiken zu ermöglichen. Zudem sollte vom Institut sichergestellt werden, dass die Strategie und die Risikolimite der Geschäftseinheiten und ggf. der rechtlichen Einheiten mit der bankweiten RAS übereinstimmen. Schließlich sollte die RAS für das operationelle Risiko zukunftsorientiert ausgestaltet sein und ggf. Szenario- und Stresstests unterzogen werden, um sicherzustellen, dass das Institut versteht, welche Ereignisse es über seinen Risikoappetit hinausgehen lassen könnten.[167]

132 Die Geschäftsleitung sollte die Angemessenheit der Limite und der RAS für das operationelle Risiko genehmigen und regelmäßig überprüfen. Bei dieser Überprüfung sollten aktuelle und erwartete Änderungen des externen Umfeldes, einschließlich der aufsichtsrechtlichen Vorgaben in allen Rechtsordnungen, in denen das Institut Dienstleistungen erbringt, laufende oder bevorstehende wesentliche Erhöhungen des Geschäftsvolumens, die Qualität des Kontrollumfeldes, die Wirksamkeit des Risikomanagements oder der Risikominderungsstrategien, die Verlusterfahrung sowie die Häufigkeit, das Volumen oder die Art von Limitüberschreitungen berücksichtigt werden. Die Geschäftsleitung sollte die Einhaltung der Risikobereitschaft und -toleranz überwachen und für die rechtzeitige Erkennung und Behebung von Verstößen sorgen.[168]

3.4.5 Beispiel Zinsänderungsrisiko im Anlagebuch

133 Der Risikoappetit des Institutes für das Zinsänderungsrisiko im Anlagebuch sollte sich z. B. nach den akzeptablen Auswirkungen schwankender Zinssätze sowohl auf die Erträge als auch auf den wirtschaftlichen Wert bemessen und sich in entsprechenden Limiten niederschlagen. Institute mit einem wesentlichen Gap-, Basis- oder Optionsrisiko sollten ihren Risikoappetit für jede dieser grundlegenden Risikounterarten bestimmen. Die allgemeine Strategie für das Zinsänderungsrisiko

---

166 Vgl. European Central Bank, SSM supervisory statement on governance and risk appetite, 21. Juni 2016, S. 18.

167 Vgl. Basel Committee on Banking Supervision, Revisions to the Principles for the Sound Management of Operational Risk, BCBS 515, 31. März 2021, S. 8.

168 Vgl. Basel Committee on Banking Supervision, Revisions to the Principles for the Sound Management of Operational Risk, BCBS 515, 31. März 2021, S. 8 f.

im Anlagebuch sollte zudem die Entscheidung darüber umfassen, ob das Geschäftsmodell in Bezug auf die Ertragsgenerierung in hohem Maße auf der Finanzierung von Aktiva mit einer vergleichsweise langen Zinsanpassungsperiode durch Verbindlichkeiten mit einer vergleichsweise kurzen Zinsanpassungsperiode basiert (»Riding-the-Yield-Curve«-Ansatz). In diesem Fall sollte die Geschäftsleitung ihre Strategie erläutern und darlegen, wie sie Perioden mit flachen oder inversen Zinsstrukturkurven zu überstehen gedenkt.[169]

3.5   Abgrenzung zur Kapitalstrategie

Im Zusammenhang mit der Kapitalplanung (→ AT 4.1 Tz. 11) wird vom Baseler Ausschuss für Bankenaufsicht auch der Begriff »Kapitalstrategie« ins Spiel gebracht, mit der jene Grundsätze festgelegt werden, auf denen die Entscheidungen der Geschäftsleitung zum Einsatz des Kapitals eines Institutes beruhen sollen. Dabei geht es um Informationen über die Geschäfts- und Risikostrategie, die für das Kapitalmanagement des Institutes von Bedeutung sind, wie u. a. zur Festlegung von Renditezielen, Risikolimiten und vergütungsbezogenen Anreizstrukturen auf Konzern- und Geschäftsbereichsebene sowie zum Risikoappetit. Verschiedene kapital- und ergebnisbezogene Messgrößen werden zur Überwachung der Einhaltung der Kapitalstrategie herangezogen. Dies können sowohl regulatorische Kapitalmessgrößen, wie die harte Kernkapitalquote oder die zusätzliche Eigenkapitalanforderung für global systemrelevante Institute (G-SRI), als auch nicht regulatorisch bedingte Messgrößen sein, die sich i. d. R. auf Renditegesichtspunkte beziehen. Zu den geläufigen Renditekennzahlen gehören vor allem die Eigenkapitalrendite (»Return on Equity«, ROE), die Rendite auf das risikoadjustierte Kapital (»Return on Risk Adjusted Capital«, RORAC) und die risikoadjustierte Rendite auf das Kapital (»Risk Adjusted Return on Capital«, RAROC).[170] Eine separate Kapitalstrategie wird von der deutschen Aufsicht nicht gefordert. In einigen größeren Instituten wird aufgrund des engen Zusammenhangs der Risiken mit der Kapitalausstattung eine integrierte Risiko- und Kapitalstrategie festgelegt.

134

3.6   Zusammenhang zur Risikokultur

Wie die Mitarbeiter eines Institutes im Rahmen ihrer Tätigkeit mit Risiken umgehen und ob sie dabei die Vorgaben der Geschäftsleitung zum Risikoappetit berücksichtigen, ist wiederum eine Frage der Risikokultur (»risk culture«). Die Risikokultur beeinflusst insofern die Entscheidungen der Geschäftsleitung und der Mitarbeiter im Tagesgeschäft und wirkt sich auf die von ihnen eingegangenen Risiken aus.[171] Die strikte Beachtung des durch die Geschäftsleitung kommunizierten Risikoappetits durch alle Mitarbeiter ist ein Merkmal für eine angemessene Risikokultur (→ AT 3 Tz. 1, Erläuterung).

135

---

169 Vgl. European Banking Authority, Leitlinien zur Steuerung des Zinsänderungsrisikos bei Geschäften des Anlagebuchs, EBA/GL/2018/02, 19. Juli 2018, S. 13.

170 Vgl. Baseler Ausschuss für Bankenaufsicht, Grundlagen für ein solides Verfahren zur Kapitalplanung – Solide Praktiken, BCBS 277, 23. Januar 2014, S. 4f.

171 Vgl. European Banking Authority, Leitlinien zur internen Governance, EBA/GL/2017/11, 21. März 2018, S. 4ff.; Basel Committee on Banking Supervision, Guidelines – Corporate governance principles for banks, BCBS 328, 8. Juli 2015, S. 2.

AT 4.2 Strategien

136   Sowohl die Geschäftsleitung als auch die Mitarbeiter eines Institutes sollen ihre Tätigkeit am Wertesystem, am festgelegten Risikoappetit und an den bestehenden Risikolimiten ausrichten. Dafür sind sie jeweils selbst verantwortlich (»Accountability«). Sie sollen sich über die Konsequenzen bewusst sein, wenn sie die von ihnen erwarteten Verhaltensweisen nicht erfüllen, die z. B. auf disziplinarische Maßnahmen hinauslaufen können, wie Kürzungen der Boni, Abmahnungen oder im Extremfall auch Kündigungen.[172]

3.7 Berücksichtigung von Risiko- und Ertragskonzentrationen

3.7.1 Berücksichtigung von Risikokonzentrationen

137   Bei der Festlegung und Anpassung der Risikostrategien sind auch Risikokonzentrationen zu berücksichtigen. Hierzu gehören zunächst Risikopositionen gegenüber Einzeladressen, die allein aufgrund ihrer Größe eine Risikokonzentration darstellen (Klumpenrisiko). Die schiere Größe einer einzelnen Adresse ist jedoch nicht der einzige Risikotreiber ($\rightarrow$ AT 2.2 Tz. 1, Erläuterung). Risikokonzentrationen können auch durch den Gleichlauf von Risikopositionen innerhalb einer Risikoart entstehen (Intra-Risikokonzentrationen). Sie können ferner das Ergebnis eines Gleichlaufs von Risikopositionen über verschiedene Risikoarten hinweg sein (Inter-Risikokonzentrationen). Üblicherweise haben sich Institute mit Risiken zu befassen, die sich aus einer Fokussierung der Geschäftsaktivitäten auf bestimmte Branchen, Länder, Regionen oder Kreditnehmer(-einheiten) ergeben. Konzentrationen können aber auch dann entstehen, wenn das Institut umfangreiche Aktivitäten und Prozesse auf einen oder wenige Dienstleister auslagert. Die Institute haben daher etwaigen Risikokonzentrationen im Rahmen der Festlegung des Risikoappetits gerecht zu werden.

138   Die Anforderung zielt nicht darauf ab, dass Risikokonzentrationen unter allen Umständen zu vermeiden sind, da die Begrenzung oder Reduzierung von Risikokonzentrationen in bestimmten Fällen sehr schwierig bzw. unmöglich ist. Hierfür sind teilweise Vorgaben innerhalb der kreditwirtschaftlichen Verbünde (Regionalprinzip), Vorgaben laut Satzung (Förderauftrag) sowie der durch das wirtschaftliche Umfeld eines Institutes oder seinen geografischen Standort bedingte mangelnde Zugang zu verschiedenartigen Kreditnehmern verantwortlich. Darüber hinaus können Institute in einem bestimmten Industriezweig oder Wirtschaftsbereich aus ihrer speziellen Expertise Kapital schlagen, indem sie die bewusste Übernahme der damit verbundenen Risiken durch die Vereinbarung entsprechend höherer Risikoprämien abgelten.[173] Die Aufsicht hat vor diesem Hintergrund betont, dass die Anforderungen keinen »Zwang zur Diversifizierung« statuieren.[174] Dieses Bekenntnis befreit die Institute natürlich nicht davon, sich in angemessener Weise mit ihren jeweiligen »Klumpenrisiken« auseinanderzusetzen. Institute, die hohe Konzentrationen in bestimmten Geschäftsfeldern, Produkten oder Regionen aufweisen, sollten – unabhängig von ihrem besonderen Know-how als Spezialisten – den Risikokonzentrationen eine besondere Aufmerksamkeit widmen, da sie diesen Risiken gegenüber besonders sensitiv sind und insofern von Problemen in bestimmten Märkten oder mit bestimmten Produkten

---

172 Vgl. Steinbrecher, Ira, Risikokultur – Anforderungen an eine verantwortungsvolle Unternehmensführung, in: BaFinJournal, Ausgabe August 2015, S. 22.

173 Vgl. Basel Committee on Banking Supervision, Principles for the Management of Credit Risk, BCBS 75, 27. September 2000, Tz. 67.

174 Vgl. Bundesanstalt für Finanzdienstleistungsaufsicht, Übermittlungsschreiben zum Rundschreiben 15/2009 (BA) vom 14. August 2009, S. 2.

möglicherweise stärker betroffen sind.[175] Das trifft in ähnlicher Weise auf gruppenangehörige Unternehmen zu, die sich aufgrund der Diversifikationsstrategie in der Gruppe auf bestimmte Geschäftsfelder konzentrieren. Derartige Konstellationen überwachen die Aufsichtsbehörden auch im Rahmen der Colleges of Supervisors eng.[176]

3.7.2 Berücksichtigung von Ertragskonzentrationen

Bei der Festlegung und Anpassung der Strategien sind seit der zweiten MaRisk-Novelle auch Ertragskonzentrationen zu berücksichtigen. Diese Anforderung ist eine direkte Reaktion auf die Finanzmarktkrise, in deren Rahmen u. a. deutlich wurde, dass bei stark von bestimmten Ertragsquellen abhängigen Instituten tendenziell eine höhere Anfälligkeit gegenüber (Markt-)Veränderungen besteht. Zum Beispiel kann ein Institut hinsichtlich seiner Erträge aus einer einzigen Branche oder einer einzigen geografischen Region in einem größeren Ausmaß von sektoralen oder regionalen Konjunkturzyklen beeinflusst werden. Verschiedene Ertragsquellen mögen zudem nicht unabhängig voneinander sein. Auf der anderen Seite sollte jedoch beachtet werden, dass eine Fokussierung auf bestimmte Branchen, Produkte oder Regionen häufig auch mit einer hohen Expertise einhergeht. Dies sollte sich in einer ausgewogenen Berücksichtigung der Ertragskonzentrationen niederschlagen.[177] Die Anforderung zielt darauf ab, dass sich die Institute etwaiger Ertragskonzentrationen bewusst sind und diese in ihr Kalkül einbeziehen. Um »potenzielle Ertragseinbußen« oder anspruchsvolle »Systeme zur Gesamtbanksteuerung« geht es dabei hingegen nicht.[178] Das Zusammenspiel der Ertrags- und der Risikosteuerung ist insofern betroffen, als die Ertragskonzentrationen häufig in der Geschäftsstrategie und deren Auswirkungen auf das Gesamtrisikoprofil in der Risikostrategie thematisiert werden. Dabei können auch Konzern- bzw. Verbundgesichtspunkte eine Rolle spielen.

139

Die Umsetzung dieser Anforderung setzt voraus, dass die Institute ihre wesentlichen Erfolgsquellen kennen und diese voneinander abgrenzen können. Bei Instituten mit überschaubaren Geschäftsaktivitäten wird sich eine solche Ergebnisaufspaltung in erster Linie auf den Konditionen- und den Strukturbeitrag im Kreditgeschäft, den Eigenhandelserfolg sowie den Erfolg aus Provisionen bzw. Gebühren erstrecken. Bei Instituten mit umfangreichen und komplexen Geschäftsaktivitäten wird die Segmentierung naturgemäß differenzierter ausfallen. Mit Blick auf Fristentransformationsrisiken weist die Aufsicht insbesondere auf die Abgrenzung zwischen Konditionen- und Strukturbeitrag im Zinsbuch[179] hin. Um einen »Blindflug« zu vermeiden, sollten Institute angesichts der früher oder später eintretenden Zinswende auf den Märkten unbedingt wissen, welcher Anteil ihres Zinsertrages auf diese beiden Komponenten entfällt. Im anhaltenden Niedrigzinsumfeld gewinnt zunehmend auch der Provisionsüberschuss als Ertragsquelle an Bedeutung. Die Institute sollten auch mögliche Ertragskonzentrationen in diesem Bereich im Blick behalten.

140

Die Ergänzung der MaRisk um die Berücksichtigung von Ertragskonzentrationen ist ein Indiz dafür, dass sich die Aufsicht insgesamt intensiver mit den Ertragsquellen der Institute befasst als

141

---

175 Vgl. Committee of European Banking Supervisors, Revised Guidelines on the management of concentration risk under the supervisory review process (GL 31), 2. September 2010, S. 6.

176 Vgl. Committee of European Banking Supervisors, Revised Guidelines on the management of concentration risk under the supervisory review process (GL 31), 2. September 2010, S. 5.

177 Vgl. Committee of European Banking Supervisors, Revised Guidelines on the management of concentration risk under the supervisory review process (GL 31), 2. September 2010, S. 6.

178 Vgl. Bundesanstalt für Finanzdienstleistungsaufsicht, Übermittlungsschreiben zum Rundschreiben 15/2009 (BA) vom 14. August 2009, S. 2f.

179 Das »Zinsbuch« umfasst alle zinsbezogenen Geschäfte des Anlagebuches bzw. Bankbuches (»banking book«). Insofern sind die Positionen des Handelsbuches nicht betroffen. Allerdings können natürlich auch im Handelsbuch Ertragskonzentrationen vorhanden sein, die unabhängig davon im Blick zu behalten sind.

in der Vergangenheit. Mit dem Wissen um diese Quellen und ihre Verteilung auf die unterschiedlichen Geschäftssegmente kann die Präventivfunktion der Aufsicht gestärkt werden. Da Risiken häufig dort anfallen, wo viele Erträge generiert werden, kann sie ihren Fokus auf jene Bereiche lenken, auf die es tatsächlich ankommt (→ AT 4.2 Tz. 1).

3.8   Berücksichtigung von Nachhaltigkeitsrisiken

142   Schon bei der Prüfung, ob ein Institut in seiner Geschäftsstrategie die Nachhaltigkeitsrisiken hinreichend abgebildet hat (→ AT 4.2 Tz. 1), spielen verschiedene Aspekte eine Rolle, die sich implizit oder explizit auf die Risikostrategie auswirken. Schließlich geht es dabei u. a. um die Frage, welche Geschäftsfelder einem (besonderen) physischen oder transitorischen Risiko ausgesetzt sind und welche Konsequenzen ein Institut daraus zieht. Die Ausrichtung der Geschäftsstrategie bestimmt also bereits mit, in welchem Maße bestimmte Risiken von vornherein begrenzt, in geeigneter Weise abgesichert oder vollständig vermieden werden sollen. Auch die Einflussnahme auf die Kunden und Dienstleister des Institutes im Hinblick auf deren Transformationsprozesse sowie die Anpassung der eigenen Geschäftsmodelle haben direkten Einfluss auf die Risikostrategie.

143   Unabhängig davon gibt die BaFin zur Überprüfung der Risikostrategie auf die Berücksichtigung von Nachhaltigkeitsrisiken ebenfalls verschiedene Hinweise:[180]

- Dabei geht es zunächst um die Frage, welche Risikoarten institutsspezifisch von Nachhaltigkeitsrisiken betroffen sind und ob die auf diese Risikoarten einwirkenden Nachhaltigkeitsrisiken bei der Festlegung des Risikoappetits und der Risikolimite implizit ausreichend berücksichtigt werden.

- Von großer Bedeutung ist zudem eine Abschätzung der potenziellen negativen Auswirkungen von schlagend werdenden Nachhaltigkeitsrisiken in Form der bekannten, als wesentlich identifizierten Risikoarten. Im besonderen Fokus stehen dabei die verbindlich vorgegebenen Kennzahlen, wie z. B. die Kapitalquoten.

- Geprüft werden sollte auch, welche Stresstests zu Nachhaltigkeitsrisiken bereits durchgeführt wurden und welche Implikationen sich aus deren Ergebnissen ergeben.

- Die Institute sollten ermitteln, ob es hinsichtlich der Nachhaltigkeitsrisiken länder-, regional-, unternehmens- oder spartenspezifische Besonderheiten gibt und ob Konzentrationsrisiken bestehen, die ggf. reduziert werden könnten (z. B. Kreditvergabe an ein nicht versichertes, aber gegenüber Wetterschäden sensibles Unternehmen durch ein Institut eines Finanzkonglomerates, in dem ein angehöriges Versicherungsunternehmen Elementarschäden in derselben Region abdeckt).

- Geprüft werden sollte zudem, wie mit dem Zeithorizont von physischen und transitorischen Risiken umzugehen ist, insbesondere ob der Planungshorizont im Hinblick auf eine fundierte

---

180 Vgl. Bundesanstalt für Finanzdienstleistungsaufsicht, Merkblatt zum Umgang mit Nachhaltigkeitsrisiken, 20. Dezember 2019, geändert am 13. Januar 2020, S. 21 f.

Entscheidungsfindung unter Berücksichtigung von Nachhaltigkeitsrisiken und -faktoren ausgedehnt werden müsste. Es muss auch festgelegt werden, ob diesen Risiken eher frühzeitig begegnet oder eine »Wait and see«-Strategie verfolgt werden soll und ob eine (erweiterte) Absicherung dieser Risiken durch Derivate, Versicherungslösungen o. Ä. möglich ist.[181]

– Schließlich sollten sich die Institute darüber Gedanken machen, inwieweit die Prozesse zur Identifizierung, Messung, Steuerung und Berichterstattung von Nachhaltigkeitsrisiken systematisch oder punktuell verbessert werden können.

Klima- und Umweltrisiken sollten explizit in das Rahmenwerk für den Risikoappetit aufgenommen werden, um sie z. B. durch die Festlegung von Limiten für Sektoren und geografische Gebiete, die diesen Risiken in hohem Maß ausgesetzt sind, besser steuern zu können. Zur Festlegung des Risikoappetits soll die Beschreibung der Klima- und Umweltrisiken aus dem Risikoinventar herangezogen werden (→ AT 2.2 Tz. 2). Bis zur Entwicklung geeigneter quantitativer Kennzahlen können für diese Zwecke übergangsweise auch qualitative Erklärungen erfolgen.[182] **144**

Grundsätzlich sollten die Institute neben den Leistungskennzahlen/-indikatoren (»Key Performance Indicators«, KPI) für die Zwecke der Geschäftsstrategie auch geeignete Risikokennzahlen/-indikatoren (»Key Risk Indicators«, KRI) für Überwachungszwecke ausarbeiten, die dem langfristigen Charakter des Klimawandels und den unterschiedlichen Verläufen der Erderwärmung und der Entwicklung von Treibhausgasemissionen gerecht werden.[183] Diese Kennzahlen tragen aus Sicht der EZB dazu bei, dass die Institute durch angemessene Maßnahmen zeitnah auf einen plötzlichen Übergang zu einer kohlenstoffarmen Wirtschaft oder ein physisches Ereignis, das ihre Geschäftsaktivitäten beeinträchtigt, reagieren können.[184] **145**

Neben der »Green Asset Ratio« (GAR), die den Anteil grüner Engagements am Gesamtportfolio abbilden soll, orientieren sich derartige Kennzahlen im Moment vorrangig daran, welche Branchen vom Klimawandel besonders betroffen sind. Auch wenn dies nicht immer eindeutig abbildbar ist, weil bestimmte Unternehmen in mehreren Geschäftsbereichen tätig sind, wird für diese Zwecke häufig auf die EU-Standardklassifikation der Wirtschaftszweige (»Nomenclature statistique des Activités économiques dans la Communauté Européenne«, NACE) zurückgegriffen. Die Methodik der klimapolitisch relevanten Sektoren (»Climate Policy Relevant Sectors«, CPRS)[185] deckt sowohl kohlenstoffarme als auch kohlenstoffreiche Sektoren ab und ergänzt somit die EU-Taxonomie. Sie erlaubt allerdings nur die Einordnung von Daten in klimarelevante Sektoren, **146**

---

181 Die französische Bankenaufsichtsbehörde (»Autorité de contrôle prudentiel et de resolution«, ACPR) unterscheidet zwischen fortgeschrittenen Instituten (»Advanced institutions«), die Fragen des Klimawandels in das interne Risikomanagementrahmenwerk integrieren und sich auch auf Geschäftsleitungsebene risikobasiert damit auseinandersetzen, sowie abwartenden Instituten (»Wait-and-see-institutions«), bei denen diese Themen vorrangig aus der Perspektive der sozialen Verantwortung von Unternehmen (CSR) in die Geschäftsstrategien integriert und (noch) nicht nach einem risikobasierten Ansatz behandelt werden. Vgl. Autorité de contrôle prudentiel et de résolution, French banking groups facing climate change-related risks, 4. Oktober 2019, S. 17 f. Nach Einschätzung der EBA könnte dieser Ansatz (zumindest) hilfreich sein, um Reputationsrisiken und daraus resultierende negative finanzielle Auswirkungen für das Institut zu reduzieren. Er dürfte aber den verschiedenen Auswirkungen von ESG-Risiken auf Geschäftsmodelle und Strategien nicht ausreichend Rechnung tragen. Vgl. European Banking Authority, EBA Report on management and supervision of ESG risks for credit institutions and investment firms, EBA/REP/2021/18, 23. Juni 2021, S. 85.

182 Vgl. Europäische Zentralbank, Leitfaden zu Klima- und Umweltrisiken – Erwartungen der Aufsicht in Bezug auf Risikomanagement und Offenlegungen, 27. November 2020, S. 25.

183 Einige Institute verwenden zur Orientierung z. B. das »Szenario zur nachhaltigen Entwicklung« (»Sustainable Development Scenario«, SDS) der »Internationalen Energieagentur« (»International Energy Agency«, IEA) oder ähnliche Szenarien. Andere Institute führen für alle Sektoren mit großem CO2-Fußabdruck Messungen und Benchmark-Vergleiche durch. Manche Institute verwenden auch beide Methoden. Damit soll jeweils ermittelt werden, wie eine Kreditvergabe an diese Sektoren zur »Klimaresilienz« beiträgt und welche Anpassungen am Kreditportfolio ggf. vorgenommen werden müssen. Mehrere Institute bemühen sich bereits, den Kohlenstoffanteil ihres finanzierten Energiemix in Einklang mit dem Ziel des Übereinkommens von Paris zu bringen. Vgl. Europäische Zentralbank, Leitfaden zu Klima- und Umweltrisiken – Erwartungen der Aufsicht in Bezug auf Risikomanagement und Offenlegungen, 27. November 2020, S. 27.

184 Vgl. Europäische Zentralbank, Leitfaden zu Klima- und Umweltrisiken – Erwartungen der Aufsicht in Bezug auf Risikomanagement und Offenlegungen, 27. November 2020, S. 25 f.

185 Vgl. Battiston, Stefano/Mandel, Antoine/Monasterolo, Irene/Schütze, Franziska/Visentin, Gabriele, A climate stress-test of the financial system, in: Nature Climate Change, 27. März 2017, S. 1 ff.

ohne eine Abstufungsskala über Aktivitäten oder Sektoren hinweg zu liefern. Vor diesem Hintergrund liefert der CPRS-Ansatz zumindest einen ersten Einblick in Engagements, die für die Bewertung von transitorischen Risiken relevanter sein könnten als andere. Ein Ansatz zur Quantifizierung der transitorischen Risiken besteht in der Verwendung von Kohlenstoff-Fußabdrücken und der Zuordnung von Treibhausgasemissionen zu einzelnen Kreditnehmern oder zu ihren Sektoren. Dieser Ansatz kann auf verschiedenen Granularitätsebenen (d. h. Kreditnehmer oder Sektor) angewendet werden und erfordert in der Regel die Verwendung von Daten externer Anbieter.[186]

3.9 Darstellung der Risikostrategie

147 Die Art und Weise der Darstellung der Risikostrategie liegt im Ermessen des Institutes. Neben einer zusammenfassenden Darstellung in einem Dokument ist auch eine Darstellung über mehrere Dokumente (z. B. entlang der wesentlichen Risikoarten) möglich, soweit zwischen diesen ein konsistenter Zusammenhang besteht. Die risikostrategischen Vorgaben der Geschäftsleitung können daher in einer umfassenden »Gesamtbankrisikostrategie« enthalten sein. Alternativ käme aber auch die Entwicklung von Teilstrategien in separaten Dokumenten infrage. Mit der vierten MaRisk-Novelle wurde diese Möglichkeit rein formal betrachtet auf die wesentlichen Risiken eingeschränkt. So kann es in Abhängigkeit von Umfang, Komplexität und Risikogehalt der Geschäftsaktivitäten sinnvoll sein, separate Teilstrategien für die wesentlichen Risikoarten zu entwickeln, wie z. B. eine Strategie hinsichtlich der Adressenausfallrisiken. Möglicherweise befürchtet die Aufsicht, dass bei einer nach Geschäftsarten unterteilten Strategie der ganzheitliche Blick auf die wesentlichen Risikoarten erschwert würde. Fakt ist jedoch, dass die Risikostrategie die Ziele der Risikosteuerung der wesentlichen Geschäftsaktivitäten umfassen muss. Da sich die Methoden der Risikosteuerung für verschiedene Geschäftsarten erheblich unterscheiden können, kann es unter Umständen auch sinnvoll sein, die Teilstrategien nach Geschäftsfeldern auszurichten. Letztlich darf die Risikostrategie keine Lücken aufweisen. Der Detaillierungsgrad der Teilstrategien kann natürlich variieren. Eine Konsistenz ist sowohl zwischen den Teilstrategien als auch mit Blick auf die Geschäftsstrategie im Eigeninteresse des Institutes sicherzustellen.

---

186 Vgl. European Banking Authority, Mapping climate risk: Main findings from the EU-wide pilot exercise, EBA/Rep/2021/11, 21. Mai 2021, S. 15 ff.

4 Strategie für notleidende Risikopositionen (Tz. 3)

3 Institute mit hohem NPL-Bestand haben eine Strategie für notleidende Risikopositionen 148
einzuführen, um eine Reduzierung auf ein vorab festgelegtes NPE-Ziel (sofern es nicht
das originäre Geschäftsmodell ist) über einen realistischen, aber hinreichend ambitionierten
Zeithorizont vorzunehmen.

Die folgenden Schritte bilden dabei die zentralen Bausteine für die Entwicklung und
Umsetzung dieser Strategie:
- Beurteilung des operativen Geschäftsumfeldes und der externen Bedingungen;
- Entwicklung einer Strategie mit kurz-, mittel- und langfristigen Zielen und
- Umsetzung des Implementierungsplans.

4.1 Strategie zum Abbau eines hohen NPL-Bestandes

Mit der sechsten MaRisk-Novelle wurde für »Institute mit hohem NPL-Bestand« (→ AT 2.1 Tz. 1) 149
die Anforderung ergänzt, eine Strategie für notleidende Risikopositionen und einen entsprechenden Implementierungsplan festzulegen und regelmäßig zu überprüfen (→ AT 4.2 Tz. 1, Erläuterung). Dabei geht es insgesamt um eine Reduzierung auf ein vorab festgelegtes NPE-Ziel über
einen realistischen, aber hinreichend ambitionierten Zeithorizont. Die dafür vorgegebenen Schritte unterscheiden sich grundsätzlich nicht vom allgemeinen Strategieprozess, der die Planung,
Umsetzung, Beurteilung und Anpassung der Strategien umfasst (→ AT 4.2 Tz. 5).

Zum Planungsprozess gehört neben einer Beurteilung des operativen Geschäftsumfeldes und 150
der externen Bedingungen vor allem auch die Entwicklung der Strategie. In Abhängigkeit vom
Themengebiet kommen dafür unterschiedliche Zeithorizonte infrage. Da ein Abbau notleidender
Kredite i.d.R. nicht von heute auf morgen erfolgen kann und aus betriebswirtschaftlicher Sicht
häufig auch nicht sinnvoll umsetzbar ist, sollten in diesem Fall neben kurz- und mittelfristigen
Zielen auch langfristige Ziele gestellt werden.

Die Umsetzung der Strategie erfolgt mit Hilfe eines Implementierungsplanes. Insofern ist es 151
naheliegend, die Strategie bzw. ihre Wirksamkeit zum Erreichen der angestrebten Ziele durch eine
turnusmäßige Überprüfung der Fortschritte bei der Umsetzung des Implementierungsplanes zu
beurteilen. Für diese Beurteilung sollen die Institute geeignete Leistungsindikatoren (»Key Performance Indicators«, KPI) heranziehen. Werden dabei Probleme festgestellt, sind angemessene
Abhilfemaßnahmen zu ergreifen. Diese Maßnahmen können auch eine Anpassung des Implementierungsplanes oder sogar der Strategie nach sich ziehen.

Ausgenommen von dieser Anforderung sind lediglich Institute, bei denen der Ankauf und die 152
Verwertung von NPL-Beständen zum »originären Geschäftsmodell« gehören. Gemeint sind damit
vor allem spezialisierte Anbieter, die es z.B. in Verbünden gibt. Bei diesen Instituten wird davon
ausgegangen, dass diese Geschäftsausrichtung ohnehin Bestandteil ihrer Strategie ist. Ein Implementierungsplan zum Abbau der NPL-Bestände würde dieser strategischen Ausrichtung wiederum diametral entgegenstehen. Sie sind zwar strategisch auf den Abbau der jeweils angekauften
NPL-Bestände ausgerichtet. Eine dauerhafte Reduzierung der gesamten NPL-Quote ist damit aber
nicht verbunden, weil die NPL-Bestände immer wieder aufgestockt werden.

Die EBA erwartet, dass in der Strategie der Ansatz und die Zielsetzung des Institutes für eine 153
wirksame Steuerung zur Maximierung der Erlöse und damit letztlich zum Abbau der notleidenden

AT 4.2 Strategien

Risikopositionen für jedes relevante Portfolio klar, glaubwürdig und plausibel dargelegt werden.[187] Neben den bereits dargelegten Schritten, auf die im Folgenden näher eingegangen wird, nennt die EBA ergänzend die vollständige Einbindung der Strategie für notleidende Risikopositionen in die Managementprozesse des Institutes (→ AT 4), einschließlich der regelmäßigen Überprüfung und unabhängigen Überwachung.[188] Für die unabhängige Überwachung wird von der deutschen Aufsicht die Risikocontrolling-Funktion verantwortlich gemacht (→ AT 4.4.1 Tz. 2).

4.1.1 Beurteilung des operativen Geschäftsumfeldes und der externen Bedingungen

154   Zur Beurteilung des operativen Geschäftsumfeldes ist eine umfassende jährliche Selbsteinschätzung der tatsächlichen Situation vorzunehmen. Außerdem sind die externen Bedingungen und die Auswirkungen der Strategie für notleidende Risikopositionen auf das Kapital zu berücksichtigen (→ AT 4.2 Tz. 3, Erläuterung).

155   Die Selbsteinschätzung soll sich auf die Größenordnung und die Ursachen der notleidenden Risikopositionen, die Ergebnisse der in der Vergangenheit in Bezug auf notleidende Risikopositionen ergriffenen Maßnahmen sowie die vorhandenen operativen Kapazitäten beziehen (→ AT 4.2 Tz. 3, Erläuterung). Auf Basis dieser Selbsteinschätzung soll zunächst analysiert werden, worauf die hohen NPL-Bestände zurückgeführt werden können, ob die bisher durchgeführten Maßnahmen überhaupt zu einem Abbau dieser Bestände beitragen und inwiefern die vorhandenen Kapazitäten ausreichen, um diese Maßnahmen umsetzen zu können. Insofern sollen die Erfahrungen aus der Vergangenheit dazu genutzt werden, die Prozesse und Maßnahmen zu hinterfragen und im Interesse der zukünftigen Wirksamkeit ggf. zu verbessern.

156   Wenngleich es sich um eine Selbsteinschätzung handelt, empfiehlt die EZB den bedeutenden Instituten, sofern erforderlich, regelmäßig die Einschätzung unabhängiger Experten einzuholen.[189]

157   Die EBA empfiehlt bereits zur Untersuchung der Größenordnung und der Ursachen der notleidenden Risikopositionen eine Unterscheidung zwischen Portfolios bestimmter Arten von Kreditgeschäften. Für eine geeignete Zusammenfassung von Risikopositionen zur Bildung dieser Teilportfolios werden von der EBA sowohl für das Privatkundengeschäft als auch für das Firmenkundengeschäft verschiedene Vorschläge unterbreitet, auf die an anderer Stelle eingegangen wird (→ BTO 1.2.5 Tz. 1). Auf diese Weise soll den Ursachen für die notleidenden Risikopositionen zielgerichtet auf den Grund gegangen werden. Dabei sollten potenzielle Korrelationen und Kausalzusammenhänge berücksichtigt werden.[190]

158   Bei der Beurteilung der Wirksamkeit der ergriffenen Maßnahmen geht es vor allem um die jeweils treibenden Faktoren.[191] Das kann sowohl positiv als auch negativ gemeint sein, d. h. welche Faktoren besonders dazu beitragen, dass eine Maßnahme (nicht) greift. Außerdem sollte sich diese Beurteilung nicht nur auf die Maßnahmen im Umgang mit notleidenden Risikopositionen beschränken (→ BTO 1.2.5 Tz. 7, 8 und 9), sondern auch auf die Forbearance-Maßnahmen erstrecken (→ BTO 1.3.2 Tz. 1). Letztlich handelt es sich bei den gestundeten Risikopositionen häufig

---

187 Vgl. European Banking Authority, Leitlinien über das Management notleidender und gestundeter Risikopositionen, EBA/GL/2018/06, 31. Oktober 2018, S. 8.

188 Vgl. European Banking Authority, Leitlinien über das Management notleidender und gestundeter Risikopositionen, EBA/GL/2018/06, 31. Oktober 2018, S. 9.

189 Vgl. Europäische Zentralbank, Leitfaden für Banken zu notleidenden Krediten, 20. März 2017, S. 10.

190 Vgl. European Banking Authority, Leitlinien über das Management notleidender und gestundeter Risikopositionen, EBA/GL/2018/06, 31. Oktober 2018, S. 10.

191 Vgl. European Banking Authority, Leitlinien über das Management notleidender und gestundeter Risikopositionen, EBA/GL/2018/06, 31. Oktober 2018, S. 10.

um eine Vorstufe der notleidenden Risikopositionen. Insofern können Verbesserungen in diesem Bereich durchaus dazu beitragen, dass der Status notleidend gar nicht erst eintritt.

Unter den operativen Kapazitäten versteht die EBA nicht nur die Ressourcen im Sinne der **159** MaRisk, also die quantitative und qualitative Personalausstattung (→ AT 7.1 Tz. 1 bis 3) sowie die technisch-organisatorische Ausstattung (→ AT 7.2 Tz. 1 bis 5). Sie fasst diesen Begriff deutlich weiter, indem sie sämtliche Prozesse und Instrumente einbezieht, die in irgendeiner Weise Einfluss auf das Management der notleidenden Risikopositionen haben. Zu den maßgeblichen Prozessschritten gehören demnach die frühzeitige Identifizierung notleidender Risikopositionen, die Forbearance-Maßnahmen, die Risikovorsorge, die Bewertung von Sicherheiten, die Abwicklungsmaßnahmen, eventuelle Rettungserwerbe, die Überwachungstätigkeiten sowie die damit jeweils verbundene Berichterstattung.[192] Damit der Bedarf an operativen Kapazitäten zur Steuerung notleidender Risikopositionen richtig eingeschätzt wird, empfiehlt die EBA eine regelmäßige Einbeziehung von Sachverständigen der Risikomanagement- bzw. Kontrollfunktionen des Institutes oder aus externen Quellen.[193]

Zur Beurteilung der externen Bedingungen sollen die Institute z. B. Umfeldanalysen im Hinblick **160** auf akzeptable Bestände notleidender Risikopositionen und die entsprechende Risikodeckung heranziehen (→ AT 4.2 Tz. 3, Erläuterung).

Bei dieser Umfeldanalyse geht es nicht darum, die eigene NPL-Quote mit denen der benach- **161** barten Institute zu vergleichen. Das wäre schon aus praktischen Überlegungen schwierig und könnte maximal durch Einsicht in die Offenlegungsberichte abgeschätzt werden. Zu dieser Analyse gehört nach Einschätzung der Aufsicht aber z. B. die Überlegung, ob sich ein Institut in einer Region im deutlichen Strukturwandel befindet, verbunden mit dem Wegbrechen ganzer Industriezweige und einer damit verbundenen hohen Arbeitslosigkeit etc. Insbesondere von solchen Faktoren hängt entscheidend ab, welche NPL-Quote sich ein Institut im Hinblick auf die weitere Entwicklung in dieser Region überhaupt leisten kann.

Die EBA nennt in diesem Zusammenhang eine Analyse der makroökonomischen Bedingungen **162** und verweist beispielhaft auf die Dynamik des Immobilienmarktes oder anderer relevanter Wirtschaftszweige.[194] Die Relevanz derartiger Analysen für ein Institut hängt natürlich stark davon ab, ob die Bestände der notleidenden Risikopositionen von den jeweiligen Branchen direkt betroffen sind. Das ist besonders dann der Fall, wenn im Institut in bestimmten Branchen eine hohe Konzentration von notleidenden Risikopositionen zu beobachten ist. Makroökonomische Analysen werden z. B. von Wirtschaftsforschungsinstituten erstellt und sind häufig auch öffentlich verfügbar. In der Regel sind sie allerdings auf globale Entwicklungen ausgerichtet und daher für regional tätige Institute nur bedingt verwendbar. Infrage kommen ebenso Branchenanalysen und die relevanten Veröffentlichungen von Verbänden oder Prüfungs- und Beratungsgesellschaften.

Den Vorgaben der EBA zufolge sollten hinsichtlich der akzeptablen Bestände notleidender **163** Risikopositionen und ihrer Risikodeckung auch die Markterwartungen berücksichtigt werden. Dazu zählt die EBA u. a. die Meinungen von Ratingagenturen und Marktanalysten sowie verfügbare Forschungsergebnisse. Schließlich sollten dabei auch die Interessen der Kreditnehmer gebührend berücksichtigt werden.[195]

Da es ggf. auch sinnvoll sein kann, die NPL-Bestände zumindest teilweise zu veräußern, sollen **164** die Institute darüber hinaus prüfen, wie es sich mit der Nachfrage der Anleger nach notleidenden

---

192 Vgl. European Banking Authority, Leitlinien über das Management notleidender und gestundeter Risikopositionen, EBA/GL/2018/06, 31. Oktober 2018, S. 10.

193 Vgl. European Banking Authority, Leitlinien über das Management notleidender und gestundeter Risikopositionen, EBA/GL/2018/06, 31. Oktober 2018, S. 11.

194 Vgl. European Banking Authority, Leitlinien über das Management notleidender und gestundeter Risikopositionen, EBA/GL/2018/06, 31. Oktober 2018, S. 11.

195 Vgl. European Banking Authority, Leitlinien über das Management notleidender und gestundeter Risikopositionen, EBA/GL/2018/06, 31. Oktober 2018, S. 11.

AT 4.2 Strategien

Risikopositionen und der Verfügbarkeit und Marktabdeckung spezialisierter Dienstleister (»NPL Servicing«) verhält, die sich auf die Verwertung von notleidenden Risikopositionen verstehen (→ AT 4.2 Tz. 3, Erläuterung). In diesem Bereich besteht aus heutiger Sicht noch ein relativ hoher Entwicklungsbedarf, auf den auch die Initiativen der europäischen Gesetzgeber und Aufsichtsbehörden abzielen. Das betrifft sowohl die Verbriefungen als auch die Sekundärmärkte für notleidende Risikopositionen.

165   Nach Einschätzung der EZB können die Institute zwar auf Basis der Entwicklungsrichtung und der Dynamik des in- und ausländischen NPL-Marktes bei Portfolioverkäufen fundierte strategische Entscheidungen in Bezug darauf treffen, mit welcher Wahrscheinlichkeit und zu welchen Preisen sich Portfolios veräußern lassen. Letztendlich würden die Anleger den Preis jedoch auf Einzelfallbasis bestimmen. Als einen der entscheidenden Faktoren nennt die EZB dafür die Qualität der Dokumentation und der Daten zu den Risikopositionen, die von den Instituten für die betroffenen Portfolios bereitgestellt werden. Spezialisierte Dienstleister können je nach Reifegrad die Verwaltungs- und Abwicklungskosten zwar erheblich verringern. Allerdings müssen solche Dienstleistungsvereinbarungen vom Institut auch gewissenhaft gesteuert und gehandhabt werden.[196]

166   Schließlich sollen die Institute den aufsichtsrechtlichen, rechtlichen und justiziellen Rahmen berücksichtigen (→ AT 4.2 Tz. 3, Erläuterung). Die aufsichtsrechtlichen Vorgaben für die Zwecke der Eigenkapitalunterlegung (erste Säule) und über das Management notleidender und gestundeter Risikopositionen (zweite Säule) sind stark miteinander verknüpft. Das hängt vor allem damit zusammen, dass die Definitionen aus der CRR und dem aufsichtlichen Meldewesen grundsätzlich übereinstimmen. In der Konsequenz führen diese Vorgaben z. B. bei der Bildung der Risikovorsorge oder alternativ beim Kapitalabzug zu vergleichbaren Handlungsempfehlungen. Unabhängig davon ist es eigentlich immer ratsam, die Anforderungen beider Säulen so miteinander abzugleichen, dass daraus keine Widersprüche bei der Risikosteuerung resultieren.

167   Im internationalen Geschäft, selbst innerhalb der EU, kann der Umgang mit notleidenden Risikopositionen in den unterschiedlichen Rechtsordnungen sehr verschieden sein. Der rechtliche und justizielle Rahmen spielt aber nicht nur für Institute eine große Rolle, die grenzüberschreitend tätig sind. Auch im Inland sollten sich die Institute mit den Besonderheiten von Gerichtsverfahren zur Abwicklung notleidender Risikopositionen für verschiedene Arten von Vermögenswerten vertraut machen. Die EBA empfiehlt den Instituten, insbesondere die durchschnittliche Dauer solcher Verfahren, die durchschnittlich erzielten finanziellen Ergebnisse, den Rang der verschiedenen Risikopositionsarten und die damit verbundenen Auswirkungen auf das Ergebnis, den Einfluss von Art und Rang der Sicherheiten und Garantien auf das Ergebnis und die mit den Verfahren verbundenen durchschnittlichen Gesamtkosten zu beurteilen. Außerdem sollten die Auswirkungen von Verbraucherschutzthemen auf gerichtliche Entscheidungen berücksichtigt werden. Schon bei der Festlegung der Strategie für notleidende Risikopositionen sollten die Institute auch die Verbraucherschutzvorschriften berücksichtigen, insbesondere bei grundpfandrechtlich besicherten Risikopositionen im Privatkundengeschäft.[197] Schließlich sollten die steuerlichen Auswirkungen von Wertberichtigungen und Abschreibungen notleidender Risikopositionen nicht vergessen werden.[198]

168   Mit Blick auf die Auswirkungen der Strategie für notleidende Risikopositionen auf das Kapital sollte sich ein Institut auch Gedanken darüber machen, inwieweit geeignete Maßnahmen in die Kapitalplanung aufgenommen werden müssen, um sicherzustellen, dass das verfügbare Kapital stets einen nachhaltigen Abbau der notleidenden Risikopositionen in der Bilanz ermöglicht (→ AT 4.2

---

196 Vgl. Europäische Zentralbank, Leitfaden für Banken zu notleidenden Krediten, 20. März 2017, S. 11.
197 Vgl. European Banking Authority, Leitlinien über das Management notleidender und gestundeter Risikopositionen, EBA/GL/2018/06, 31. Oktober 2018, S. 11.
198 Vgl. European Banking Authority, Leitlinien über das Management notleidender und gestundeter Risikopositionen, EBA/GL/2018/06, 31. Oktober 2018, S. 12.

Tz. 3, Erläuterung). Es versteht sich von selbst, dass in einer Kapitalplanung auch die mit der Umsetzung der Strategie verbundenen Kosten berücksichtigt werden müssen. Dabei geht es nicht nur um die klassische Sichtweise, wie das nötige Kapital für neue Geschäftsaktivitäten generiert werden kann. Ebenso wichtig ist es, die Auswirkungen eines eventuell geplanten Abbaus bestimmter Bestände auf die Kapitalausstattung im Blick zu behalten. Zwar wird mit derartigen Maßnahmen auch bisher gebundenes Kapital wieder freigesetzt. Gerade beim Abbau von NPL-Beständen müssen die Institute häufig aber hohe Kosten durch Abschreibungen oder Preisabschläge in Kauf nehmen. Diese Kosten können das Volumen des freigesetzten Kapitals teils deutlich übersteigen, zumindest in jenen Fällen, in denen zuvor keine ausreichende Risikovorsorge gebildet wurde.

Insofern besteht auch ein enger Zusammenhang zur normativen Perspektive im bankinternen **169** Prozess zur Sicherstellung einer angemessenen Kapitalausstattung (ICAAP). Danach müssen die Institute über einen Prozess zur Planung des zukünftigen Kapitalbedarfs und des zur Deckung dieses Kapitalbedarfs verfügbaren Kapitals über einen angemessen langen, mehrjährigen Zeitraum verfügen. Dabei sind insbesondere die Auswirkungen von Veränderungen der strategischen Ziele und des wirtschaftlichen Umfeldes auf den Kapitalbedarf und auf den Kapitalbestand zu berücksichtigen (→ AT 4.1 Tz. 11). Es empfiehlt sich also, die Ergebnisse der Beurteilung der Auswirkungen der Strategie für notleidende Risikopositionen auf das Kapital in die normative Perspektive einfließen zu lassen.

Die EBA erwartet von den Instituten eine genaue Bewertung der Auswirkungen der geplanten **170** Strategie für notleidende Risikopositionen auf das Kapital, den Gesamtrisikobetrag sowie den Gewinn bzw. Verlust. Die Institute sollten den potenziellen Einfluss der geplanten Maßnahmen auf die Wertminderungen berechnen. Sie sollten strategische Überlegungen anstellen, um etwaige Fehlbeträge unter verschiedenen Szenarien auszugleichen. Die Beurteilungskriterien, die zugrunde liegenden Annahmen und die erwarteten Auswirkungen der geplanten Maßnahmen sollten mit dem Rahmen für die Risikobereitschaft und dem ICAAP in Einklang gebracht werden.[199] Das bedeutet zusammengefasst, dass sich ein Institut zunächst Klarheit darüber verschaffen muss, ob es sich die geplante strategische Ausrichtung zum Umgang mit notleidenden Risikopositionen vor dem Hintergrund der internen und externen Rahmenbedingungen überhaupt leisten kann.

4.1.2 Entwicklung einer Strategie und Handlungsoptionen

Nachdem die internen und externen Bedingungen umfassend analysiert wurden, sollten sich die **171** Institute einen Überblick über ihre verfügbaren strategischen Optionen zur Umsetzung der Strategie für notleidende Risikopositionen verschaffen. Beispielhaft werden von der Aufsicht eine Haltestrategie, Forbearance-Optionen, ein aktiver Portfolioabbau, eine Änderung der Art der Risikoposition oder Sicherheit, Rettungserwerbe und rechtliche Optionen genannt (→ AT 4.2 Tz. 3, Erläuterung). Welche dieser Optionen am erfolgversprechendsten ist, hängt sowohl von der Art der Risikoposition bzw. dem betrachteten Portfolio als auch von den jeweils herrschenden Bedingungen und nicht zuletzt auch von den zur Umsetzung verfügbaren Ressourcen ab.

Eine Halte- oder Stundungsstrategie läuft vor allem darauf hinaus, die Engagements nicht abzuwi- **172** ckeln, sondern durch gezielte Angebote von Forbearance-Maßnahmen wieder einen tragfähigen und nicht notleidenden Rückzahlungsstatus zu erreichen (→ BTO 1.3.2 Tz. 1). Um damit wirklich erfolgreich zu sein, muss ein Institut eine hohe Expertise bei der Beurteilung der Kreditnehmer und beim Umgang mit Forbearance-Maßnahmen vorweisen können, ggf. auch unter Einschaltung spezialisierter Dritter.[200] Beim aktiven Portfolioabbau geht es um den Verkauf oder die Verbriefung

---

199 Vgl. European Banking Authority, Leitlinien über das Management notleidender und gestundeter Risikopositionen, EBA/GL/2018/06, 31. Oktober 2018, S. 12.
200 Vgl. European Banking Authority, Leitlinien über das Management notleidender und gestundeter Risikopositionen, EBA/GL/2018/06, 31. Oktober 2018, S. 12.

von notleidenden Risikopositionen. Dabei kommt es besonders darauf an, die Engagements und die Sicherheiten möglichst exakt zu bewerten und auf Basis einer guten Datenqualität angemessene Wertberichtigungen zu bilden. Institute, die komplexe Prozesse wie Risikotransfers und Verbriefungstransaktionen in Betracht ziehen, sollten eine gründliche Risikoanalyse vornehmen und über angemessene Risikokontrollverfahren verfügen, wie dies gemäß Art. 82 Abs. 1 CRD IV für Verbriefungen ohnehin gefordert wird. Eine Änderung der Art der Risikoposition kann z.B. auf die Umwandlung von Verbindlichkeiten in eine Eigenkapitalbeteiligung (»Debt-Equity-Swap«) oder in Vermögenswerte (»Debt-Asset-Swap«) hinauslaufen. Möglich sind darüber hinaus der Austausch von Sicherheiten oder der Erwerb von Sicherheiten (Rettungserwerbe).[201] Zu den rechtlichen Optionen zählen insbesondere Insolvenzverfahren oder außergerichtliche Lösungen.[202]

173   Die EZB versteht unter einem aktiven Portfolioabbau durchaus auch die Abschreibung von wertberichtigten notleidenden Risikopositionen, die als uneinbringlich erachtet werden.[203]

174   Um ihre kurz-, mittel- und langfristigen Ziele zu erreichen, sollten die Institute eine Kombination aus Strategien und möglichen Handlungsoptionen in Betracht ziehen (→ AT 4.2 Tz. 3, Erläuterung). Dabei besteht ein enger Zusammenhang zur Beurteilung des operativen Geschäftsumfeldes und der externen Bedingungen. Wenn ein Institut aufgrund einer entsprechenden Expertise z.B. vorrangig auf den aktiven Portfolioabbau setzt, ist es stark von der Nachfrage der Anleger nach notleidenden Risikopositionen abhängig. Aufgrund verschiedener Einflussfaktoren kann diese Nachfrage allerdings stark schwanken. Auf Basis der Umfeldanalysen müsste folglich ermittelt werden, ob eine aktuell schwache Nachfrage mittel- bis langfristig wieder deutlich steigen könnte. In diesem Fall können die angestrebten Abbauziele ggf. nicht sofort erreicht werden. Das Institut hätte dafür aber eine realistische strategische Option und könnte sich in der Zwischenzeit z.B. darauf konzentrieren, die Qualität seiner Daten zu den notleidenden Risikopositionen zu verbessern, um auf künftige Anlegertransaktionen besser vorbereitet zu sein. Ob die mittelfristige Abbaustrategie dann mit einer kurzfristigen Haltestrategie kombiniert werden kann, hängt also von der konkreten Situation ab. Die EBA betont, dass die Ausgestaltung des Implementierungsplanes solche Änderungen zulassen sollte, d.h. er sollte hinreichend flexibel sein, um auf ein sich veränderndes Umfeld zeitnah reagieren zu können.[204]

175   Es ist allerdings nicht ratsam, im Grunde gar nichts zu tun und dies als dauerhafte Haltestrategie zu verkaufen. Letztlich sollte sich die aktuelle Situation auch in einer angemessenen Risikovorsorge widerspiegeln (→ BTO 1.2.5 Tz. 9 und BTO 1.2.6 Tz. 1 bis 3). Insbesondere dann, wenn ein Institut zu der Erkenntnis gelangt, dass keine der infrage kommenden Optionen mittel- bis langfristig zu einem hinreichenden Abbau einzelner notleidender Risikopositionen oder der NPL-Bestände bestimmter Portfolios führen wird, sollte dies in zeitnahen und angemessenen Wertberichtigungen und ggf. auch Abschreibungen (sofern die Kredite als uneinbringlich eingestuft werden müssen) zum Ausdruck kommen.[205]

---

201 Unter »Rettungserwerben« (»foreclosed assets«) ist der Erwerb von Sicherheiten (z.B. Immobilien, Transportmittel) zu verstehen, die in der Folge als Vermögenswerte in der Bilanz des Institutes ausgewiesen werden (→ BTO 1.2.5 Tz. 8, Erläuterung). Diese Vermögenswerte können durch gerichtliche Verfahren, durch bilaterale Vereinbarung mit dem Schuldner oder durch andere Arten der Sicherheitenübertragung vom Schuldner auf das Institut erworben werden. Rettungserwerbe können sowohl finanzielle als auch nichtfinanzielle Vermögenswerte umfassen. Sie sollten sämtliche in Besitz genommene Sicherheiten ungeachtet ihrer Rechnungslegungsklassifikation umfassen. Vgl. European Banking Authority, Leitlinien über das Management notleidender und gestundeter Risikopositionen, EBA/GL/2018/06, 31. Oktober 2018, S. 6 f.

202 Vgl. European Banking Authority, Leitlinien über das Management notleidender und gestundeter Risikopositionen, EBA/GL/2018/06, 31. Oktober 2018, S. 13.

203 Vgl. Europäische Zentralbank, Leitfaden für Banken zu notleidenden Krediten, 20. März 2017, S. 12 f.

204 Vgl. European Banking Authority, Leitlinien über das Management notleidender und gestundeter Risikopositionen, EBA/GL/2018/06, 31. Oktober 2018, S. 13.

205 Vgl. European Banking Authority, Leitlinien über das Management notleidender und gestundeter Risikopositionen, EBA/GL/2018/06, 31. Oktober 2018, S. 13.

4.1.3 Festlegung von kurz-, mittel- und langfristigen Zielen

Ausgangspunkt für sämtliche Überlegungen zum Abbau von notleidenden Risikopositionen (quantitative NPE-Ziele) sind die Geschäfts- und Risikostrategie des Institutes und die damit verbundenen Festlegungen zum Risikoappetit. Die angestrebten Bestände an notleidenden Risikopositionen müssen – sowohl auf Portfolioebene als auch insgesamt – mit dem Risikoappetit des Institutes vereinbar und somit langfristig vertretbar sein (→ AT 4.2 Tz. 3, Erläuterung). Insofern passen z.B. vergleichsweise hohe NPE-Bestände grundsätzlich nicht zur Strategie von Instituten, die ihre Geschäftsaktivitäten eher mit einer geringen Risikobereitschaft planen. Klar ist damit auch, dass es sich bei den angestrebten NPE-Beständen in erster Linie um eine individuelle Beurteilung handelt. Die EBA hält es allerdings für sinnvoll, zur Einschätzung der Vertretbarkeit von NPE-Beständen zusätzlich historische und ggf. sogar internationale Vergleichsgrößen heranzuziehen.[206] Das empfiehlt die EZB auch den bedeutenden Instituten, zumindest auf lange Sicht für alle Institute, die in einem angespannten gesamtwirtschaftlichen Umfeld agieren. Für kurz- bis mittelfristige Ziele sind internationale Vergleichsgrößen aus Sicht der EZB hingegen weniger relevant.[207]

176

Die Institute sollten sich allerdings realistische Ziele setzen, die mit den zuvor ins Auge gefassten Handlungsoptionen überhaupt erreichbar sind. Sie sollten den Vorgaben der EBA zufolge wenigstens den beabsichtigten absoluten oder relativen Abbau notleidender Risikopositionen umfassen, sowohl vor als auch nach Wertberichtigung, und nicht nur insgesamt, sondern auch für die bedeutendsten NPE-Portfolios. Die Ziele sollten auch hinreichend ambitioniert sein und zumindest mittelfristig zu einem tatsächlichen Abbau der notleidenden Risikopositionen führen. Bei wesentlichen Rettungserwerben sollte ggf. eine separate Strategie festgelegt werden. Zumindest sollten Abbauziele für die Rettungserwerbe in die Strategie für notleidende Risikopositionen aufgenommen werden.[208]

177

Bei der Festlegung der Zielwerte können auch Erwartungen in Bezug auf die gesamtwirtschaftliche Entwicklung einbezogen werden. Diese Erwartungen sollten sich aber auf zuverlässige externe Prognosen stützten. Zudem sollten sie nicht der einzige bestimmende Aspekt für die festgelegten Abbauziele sein.[209] Vermutlich will die EBA damit klarstellen, dass das »Prinzip Hoffnung« nicht mit einer glaubhaften strategischen Zielsetzung und ambitionierten Anstrengungen beim NPE-Abbau gleichgesetzt werden kann.

178

Um das Gesamtziel, d.h. die Reduzierung auf ein vorab festgelegtes NPE-Ziel über einen realistischen, aber hinreichend ambitionierten Zeithorizont (→ AT 4.2 Tz. 3), praktisch auch erreichen zu können, sollen die quantitativen Abbauziele für die angestrebten NPE-Bestände mit zeitlichen Vorgaben verknüpft werden. Die Festlegung der Zielwerte soll sich deshalb nach kurz-, mittel- und langfristigen Zeithorizonten unterscheiden. Wie z.B. beim ICAAP und beim ILAAP wird dabei ein Zeitraum von ca. einem Jahr als kurzfristig und ein Zeitraum von ca. drei Jahren als mittelfristig angesehen (→ AT 4.2 Tz. 3, Erläuterung). Der kurzfristige Zeitraum entspricht insofern der ökonomischen Perspektive, während der mittelfristige Zeitraum mit der normativen Perspektive bzw. der Kapital- und Refinanzierungsplanung zusammenfällt. Die darüber hinaus gehenden Zeiträume können folglich als langfristig betrachtet werden, ohne dass dafür besondere Vorgaben gemacht werden.

179

Im Einklang mit dem Planungsprozess müssen also zunächst die kurz- bis mittelfristigen NPE-Ziele festgelegt werden, um die langfristigen Ziele erreichen zu können. Dabei sollen die Zielwerte nach Hauptportfolios und Umsetzungsoptionen unterschieden werden (→ AT 4.2 Tz. 3, Erläuterung). Die EBA führt als Beispiele für Hauptportfolios die grundpfandrechtlich besicherten

180

---

206 Vgl. European Banking Authority, Leitlinien über das Management notleidender und gestundeter Risikopositionen, EBA/GL/2018/06, 31. Oktober 2018, S. 13.

207 Vgl. Europäische Zentralbank, Leitfaden für Banken zu notleidenden Krediten, 20. März 2017, S. 14.

208 Vgl. European Banking Authority, Leitlinien über das Management notleidender und gestundeter Risikopositionen, EBA/GL/2018/06, 31. Oktober 2018, S. 13f.

209 Vgl. European Banking Authority, Leitlinien über das Management notleidender und gestundeter Risikopositionen, EBA/GL/2018/06, 31. Oktober 2018, S. 13f.

AT 4.2 Strategien

Kredite im Privatkundengeschäft, die Verbraucherkredite im Privatkundengeschäft, das übrige Privatkundengeschäft, die kleinen und mittleren Unternehmen, die großen Unternehmen und die Gewerbeimmobilien auf. Als mögliche Zielwerte hinsichtlich der verschiedenen Umsetzungsoptionen werden z.B. die Barerlöse aus der Haltestrategie, die Inbesitznahme von Sicherheiten, die Erlöse aus Gerichtsverfahren, die Einnahmen aus NPE-Verkäufen oder auch Vorgaben für Abschreibungen genannt.[210] In Abhängigkeit davon, in welchen Portfolios die Bestände an notleidenden Krediten besonders auffällig sind, ist natürlich auch eine andere Aufteilung möglich bzw. sogar sinnvoll. Ebenso können die Zielwerte für die einzelnen Hauptportfolios individuell vorgegeben werden, wobei die bei der Überwachung verwendeten NPE-bezogenen Leistungsindikatoren berücksichtigt werden sollten (→ AT 4.4.1 Tz. 2). Im Endeffekt müssen die Zielwerte vor allem auf den Implementierungsplan abgestimmt werden.

4.1.4   Umsetzung des Implementierungsplanes

181   Im Ergebnis der bisherigen Schritte hat ein Institut also für seine Portfolios mit hohem NPL-Bestand, die in Abhängigkeit vom Geschäftsmodell nach individuellen Kriterien unterschieden werden können, kurz- bis mittelfristige NPE-Ziele und dafür geeignete Maßnahmen festgelegt. Im nächsten Schritt geht es folglich darum, wie diese Maßnahmen konkret umgesetzt werden sollen. Diese Operationalisierung der Zielerreichung soll mit Hilfe eines »Implementierungsplanes« erfolgen. Im Implementierungsplan ist insofern festzulegen, auf welche Weise das Institut seine Strategie für notleidende Risikopositionen über einen Zeithorizont von mindestens ein bis drei Jahren – je nach Art und Umfang der Maßnahmen – auf operativer Ebene umsetzen möchte (→ AT 4.2 Tz. 3, Erläuterung).

182   Die wesentlichen Bestandteile des Implementierungsplanes ergeben sich im Grunde von selbst. Damit die Maßnahmen zur Zielerreichung erfolgreich umgesetzt werden können, muss das dafür geeignete Personal mit den erforderlichen Ressourcen und einem klaren Auftrag ausgestattet sein. Vor allem muss Klarheit darüber herrschen, wer welche Aufgaben bis wann erfüllen soll und an wen er sich im Zweifel wenden kann. Das bedeutet, dass im Implementierungsplan zumindest Ausführungen zum Ressourcenbedarf sowie zu den Zielen und den damit verbundenen Fristen enthalten sein müssen. Bei den Ressourcen geht es nicht nur um das Personal, die mögliche Beteiligung Dritter und die nötige technisch-organisatorische Ausstattung, sondern z.B. auch um das verfügbare Budget. Darüber hinaus sollte im Implementierungsplan geregelt sein, wie mit eventuellen Zielabweichungen umgegangen werden soll. Aus Sicht der EBA sollte ein besonderer Schwerpunkt auf interne Faktoren gelegt werden, an denen die erfolgreiche Umsetzung der Strategie für notleidende Risikopositionen scheitern könnte. Dazu gehören auch weitreichende Change-Management-Maßnahmen.[211] Außerdem sollten die Institute geeignete Pläne für die Kommunikation mit internen und externen Interessenträgern vorhalten, die bei der Umsetzung der Maßnahmen eine wichtige Rolle spielen können.[212]

183   Damit der gesamte Prozess erfolgreich verlaufen kann, sollten die Institute die Rollen, Verantwortlichkeiten und formalen Berichtswege für die Umsetzung der Strategie und des Implementierungsplanes für notleidende Risikopositionen klar definieren und dokumentieren.[213] Dieser Anforderung

---

210 Vgl. European Banking Authority, Leitlinien über das Management notleidender und gestundeter Risikopositionen, EBA/GL/2018/06, 31. Oktober 2018, S. 14.

211 Unter dem »Veränderungsmanagement« (»Change Management«) sind Maßnahmen zu verstehen, die mit weitreichenden organisatorischen Anpassungen des Institutes verbunden sind, um z.B. neue Strategien oder neue Prozesse umsetzen zu können. In den MaRisk nehmen z.B. die Anforderungen an Änderungen betrieblicher Prozesse und Strukturen (→ AT 8.2 Tz. 1) oder an Übernahmen und Fusionen (→ AT 8.3 Tz. 1) Bezug auf das Veränderungsmanagement.

212 Vgl. European Banking Authority, Leitlinien über das Management notleidender und gestundeter Risikopositionen, EBA/GL/2018/06, 31. Oktober 2018, S. 15.

213 Vgl. European Banking Authority, Leitlinien über das Management notleidender und gestundeter Risikopositionen, EBA/GL/2018/06, 31. Oktober 2018, S. 15.

wird dadurch entsprochen, dass sämtliche Prozesse sowie die damit verbundenen Aufgaben, Kompetenzen, Verantwortlichkeiten, Kontrollen sowie Kommunikationswege klar zu definieren und aufeinander abzustimmen sind (→ AT 4.3.1 Tz. 2). Die operative Umsetzung der Vorgaben aus dem Implementierungsplan obliegt in erster Linie spezialisierten »NPE-Abwicklungseinheiten« (»NPE-Workout Units« bzw. »NPE-WU«), die in einem Bereich außerhalb des Marktes angesiedelt werden, wobei dies auch bei der Problemkreditbearbeitung möglich ist (→ BTO 1.2.5 Tz. 1).

Zur Überprüfung, ob die Umsetzung des Implementierungsplanes erfolgreich verläuft, müssen **184** die Institute geeignete »NPE-bezogene Leistungsindikatoren« (»Key Performance Indicators«, KPI) festlegen. Es wird erwartet, dass die Überprüfung der Fortschritte bei der Umsetzung des Implementierungsplanes auf Basis der KPI vierteljährlich erfolgt. Werden dabei wesentliche Abweichungen festgestellt, ist die Geschäftsleitung darüber zeitnah zu informieren. Zudem sollen dann geeignete Abhilfemaßnahmen ergriffen werden, um die Ziele weiterverfolgen zu können (→ AT 4.2 Tz. 3, Erläuterung). Für diese Überprüfung wird von der deutschen Aufsicht die Risikocontrolling-Funktion verantwortlich gemacht (→ AT 4.4.1 Tz. 2).

Aus der Berichterstattung an die Geschäftsleitung sollten nach den Vorstellungen der EBA vor **185** allem die ermittelten größeren Mängel klar hervorgehen. Für jeden neu festgestellten wesentlichen Mangel sollten in der Berichterstattung die maßgeblich damit verbundenen Risiken, eine Folgenabschätzung, Empfehlungen und die einzuleitenden Abhilfemaßnahmen enthalten sein. Dafür empfiehlt die EBA ein formelles Mängelbeseitigungsverfahren. Über die festgelegten Abhilfemaßnahmen und die Fortschritte bei deren Abarbeitung sollte die Geschäftsleitung regelmäßig unterrichtet werden (→ BT 3.2 Tz. 2).[214]

4.2 Verbraucherschutzaspekte

Die EBA erwartet von den betroffenen Instituten zudem, bei der Entwicklung und Umsetzung ihrer **186** Strategie für notleidende Risikopositionen auch maßgebliche Verbraucherschutzerwägungen und -anforderungen zu berücksichtigen und eine faire Behandlung der Verbraucher sicherzustellen.[215] Diesem Anspruch werden die MaRisk schon seit einiger Zeit dadurch gerecht, dass mit ihnen Art. 13 der Richtlinie 2004/39/EG (Finanzmarktrichtlinie) umgesetzt wurde (→ AT 1 Tz. 4).

4.3 Prüfung durch die zuständige Behörde

Die zuständige Behörde wird sich über das Ergebnis der Selbsteinschätzung des Institutes sowie **187** über wesentliche Abweichungen vom Implementierungsplan und geeignete Abhilfemaßnahmen berichten lassen (→ AT 4.2 Tz. 3, Erläuterung). Die zuständige Behörde soll bewerten, ob die vorgeschlagenen Abhilfemaßnahmen genügen, um bei der Planabweichung gegenzusteuern. Sofern sie Bedenken hinsichtlich der Wirksamkeit der vorgeschlagenen Maßnahmen hat, kann sie vom Institut auch ergänzende Maßnahmen verlangen.[216]

---

214 Vgl. European Banking Authority, Leitlinien über das Management notleidender und gestundeter Risikopositionen, EBA/GL/2018/06, 31. Oktober 2018, S. 25f.

215 Vgl. European Banking Authority, Leitlinien über das Management notleidender und gestundeter Risikopositionen, EBA/GL/2018/06, 31. Oktober 2018, S. 8, 9 und 17.

216 Vgl. European Banking Authority, Leitlinien über das Management notleidender und gestundeter Risikopositionen, EBA/GL/2018/06, 31. Oktober 2018, S. 57.

AT 4.2 Strategien

188 Zunächst war eine direkte Informations- bzw. Meldepflicht der Institute gegenüber der zuständigen Behörde vorgesehen, wie sie auch von der EBA gefordert wird.[217] Allerdings hat die Deutsche Kreditwirtschaft in ihrer Stellungnahme zur sechsten MaRisk-Novelle darauf hingewiesen, dass die Platzierung solcher Pflichten für die Institute in § 24 KWG oder in der Anzeigenverordnung (AnzV) geeigneter wäre und aufgrund der bereits bestehenden aufsichtlichen Auskunftsrechte in § 44 Abs. 1 KWG eigentlich auch entbehrlich ist.[218] Daher wurde die Formulierung entsprechend geändert.

189 Für die bedeutenden Institute ist diese Anpassung allerdings irrelevant. Die EZB erwartet von den bedeutenden Instituten mit hohem NPL-Bestand jeweils im ersten Quartal eines Kalenderjahres die Vorlage ihrer NPL-Strategie und ihres Implementierungsplanes beim »gemeinsamen Aufsichtsteam« (»Joint Supervisory Team«, JST). Zu diesem Zweck sollten die Institute das in Anhang 7 des EZB-Leitfadens enthaltene Standardformular verwenden, in dem die quantitativen Ziele und die in den letzten 12 Monaten im Vergleich zur Planung erzielten Fortschritte zusammengefasst werden. Auf diese Weise wird es der EZB ermöglicht, Quervergleiche durchzuführen. Die Geschäftsleitung sollte diese Dokumente vor Einreichung genehmigen. Außerdem wird den bedeutenden Instituten empfohlen, sich zu einem frühen Zeitpunkt im Entwicklungsprozess der NPL-Strategie mit dem zuständigen JST zu beraten, um einen reibungslosen Ablauf zu gewährleisten.[219]

190 In jedem Fall wird die Umsetzung der Anforderungen an die Strategie für notleidende Risikopositionen und den darauf basierenden Implementierungsplan im Rahmen des aufsichtlichen Überprüfungs- und Bewertungsprozesses (»Supervisory Review and Evaluation Process«, SREP) geprüft. Das Ergebnis aus diesem Prozess fließt in die Bewertung des Kreditrisikos ein.[220] Dabei geht es im Wesentlichen darum, ob die Strategie für notleidende Risikopositionen in die Gesamtstrategie des Institutes eingebunden ist und mit den Governance-Prozessen sowie dem ganzheitlichen institutsweiten Rahmen für das Risikomanagement (»risk management framework«, RMF) im Einklang steht (→ AT 4, Einführung und Überblick). Außerdem müssen die Strategie und der Implementierungsplan so ausgestaltet sein, dass auf deren Basis ein wirksamer und effizienter Abbau der notleidenden Risikopositionen möglich ist und die Voraussetzungen zur Umsetzung der geplanten Maßnahmen im Institut gegeben sind. Im Fokus stehen auch die damit verbundenen Überwachungsmaßnahmen. Ebenso wird die Ausgestaltung der Vergütungssysteme beleuchtet. Darüber hinaus sollen die hier im Detail beschriebenen Prozessschritte – unter Berücksichtigung des jeweiligen Geschäftsmodells und unter Proportionalitätsgesichtspunkten – auf ihre Angemessenheit und Glaubwürdigkeit untersucht werden. Sofern daran Zweifel bestehen oder Lücken erkannt werden, sollen die Aufsichtsbehörden dies als bedeutsamen Mangel ansehen und eine umgehende Überarbeitung der Strategie verlangen. Sollten hingegen nur vereinzelte Mängel festgestellt werden, sollen sich die Aufsichtsbehörden einen Maßnahmenplan zur Behebung dieser Mängel vorlegen lassen.[221]

191 Die EZB weist ergänzend darauf hin, dass NPL-bezogene Indikatorwerte und Maßnahmen auch Teil des Sanierungsplanes sein könnten. In diesem Fall sollten die Institute sicherstellen, dass diese Werte bzw. Maßnahmen im Einklang mit den Zielvorgaben der Strategie für notleidende Risikopositionen und dem zugehörigen Implementierungsplan stehen.[222]

---

217 Vgl. European Banking Authority, Leitlinien über das Management notleidender und gestundeter Risikopositionen, EBA/GL/2018/06, 31. Oktober 2018, S. 11 und 15.

218 Vgl. Deutsche Kreditwirtschaft, BaFin-Konsultation 14/2020 – Mindestanforderungen an das Risikomanagement, Stellungnahme vom 4. Dezember 2020, S. 9.

219 Vgl. Europäische Zentralbank, Leitfaden für Banken zu notleidenden Krediten, 20. März 2017, S. 18 f.

220 Vgl. European Banking Authority, Leitlinien über das Management notleidender und gestundeter Risikopositionen, EBA/GL/2018/06, 31. Oktober 2018, S. 57.

221 Vgl. European Banking Authority, Leitlinien über das Management notleidender und gestundeter Risikopositionen, EBA/GL/2018/06, 31. Oktober 2018, S. 54 ff.

222 Vgl. Europäische Zentralbank, Leitfaden für Banken zu notleidenden Krediten, 20. März 2017, S. 18.

5 Verantwortung für Inhalte und Umsetzung der Strategien (Tz. 4)

4 Die Geschäftsleitung ist verantwortlich für die Festlegung und Anpassung der Strategien; diese Verantwortung ist nicht delegierbar. Die Geschäftsleitung muss für die Umsetzung der Strategien Sorge tragen. Der Detaillierungsgrad der Strategien ist abhängig von Umfang und Komplexität sowie dem Risikogehalt der geplanten Geschäftsaktivitäten. Es bleibt dem Institut überlassen, die Risikostrategie in die Geschäftsstrategie zu integrieren.   192

5.1 Verantwortung der Geschäftsleitung

Seit Inkrafttreten des Trennbankengesetzes[223] haben die Geschäftsleiter im Rahmen ihrer Gesamt-   193
verantwortung für die ordnungsgemäße Geschäftsorganisation des Institutes gemäß § 25c Abs. 4a
Satz 1 Nr. 1 KWG dafür Sorge zu tragen, dass jederzeit das Gesamtziel, die Ziele des Institutes für
jede wesentliche Geschäftsaktivität sowie die Maßnahmen zur Erreichung dieser Ziele dokumentiert
werden und die Risikostrategie jederzeit die Ziele der Risikosteuerung der wesentlichen Geschäftsaktivitäten sowie die Maßnahmen zur Erreichung dieser Ziele umfasst. Grundsätzlich besteht diese
Verpflichtung bereits laut § 25a Abs. 1 Satz 2 KWG, wonach die Geschäftsleiter für die ordnungsgemäße Geschäftsorganisation des Institutes verantwortlich sind. Dazu gehört gemäß § 25a Abs. 1
Satz 3 Nr. 1 KWG ein angemessenes und wirksames Risikomanagement, das u. a. die Festlegung von
Strategien, insbesondere die Festlegung einer auf die nachhaltige Entwicklung des Institutes gerich-
teten Geschäftsstrategie und einer damit konsistenten Risikostrategie, sowie die Einrichtung von
Prozessen zur Planung, Umsetzung, Beurteilung und Anpassung der Strategien umfasst.

   Da die inhaltliche Ausgestaltung der Strategien maßgeblichen Einfluss auf die gesamte Aus-   194
richtung des Institutes hat, müssen sowohl ihre Festlegung als auch ihre Anpassung eine zentrale
Managementaufgabe sein. Dementsprechend liegt die Verantwortung für derartige Entscheidungen ausschließlich bei der Geschäftsleitung, was in den MaRisk nochmals besonders herausgestellt
wird. Diese Verantwortung kann weder an externe Dritte noch an andere Mitarbeiter des Institutes
delegiert werden. Betont wird ferner, dass die Geschäftsleitung für die Umsetzung der Strategien
Sorge tragen muss. Dadurch wird dem Umstand Rechnung getragen, dass Strategien, die nicht
umgesetzt werden, ein Muster ohne Wert sind. Vor diesem Hintergrund haben die Anforderungen
eher deklaratorischen Charakter.

   Unabhängig davon, dass die Verantwortung für die Festlegung und Anpassung der Strategien bei   195
der Geschäftsleitung liegt, kann dabei selbstverständlich auf die Expertise eigener Mitarbeiter oder
Dritter (z. B. Unternehmensberatungsgesellschaften) zurückgegriffen werden. Im Hinblick auf die
Umsetzung gilt dies erst recht, da eine Umsetzung der Strategien ohne die Mitwirkung der Mitarbeiter regelmäßig nicht möglich ist. In der Praxis sind in aller Regel bestimmte Stabsbereiche oder
die Fachbereiche mit der Vorbereitung der planerisch-strategischen Überlegungen betraut. Institute
mit umfangreichen und komplexen Geschäftsaktivitäten setzen für die Zwecke der Umsetzung der
Strategie häufig auch strategisch ausgerichtete Controllingeinheiten ein. Die unter betriebswirtschaftlichen Gesichtspunkten sinnvolle Einbindung der Mitarbeiter berührt jedoch nicht die Gesamt-

---

223 Gesetz zur Abschirmung von Risiken und zur Planung der Sanierung und Abwicklung von Kreditinstituten und Finanzgruppen vom 7. August 2013 (BGBl. I S. 3090), veröffentlicht am 12. August 2013.

verantwortung der Geschäftsleitung. Die Verantwortung für die Festlegung und die Anpassungen der Strategien ist klar bei der Geschäftsleitung verortet. Darüber hinaus ist die Geschäftsleitung dafür verantwortlich, einen Strategieprozess einzurichten, mit dessen Hilfe die Governance im Bereich der Strategien auf eine tragfähige Basis gestellt werden soll (→ AT 4.2 Tz. 5).

196   Im Zusammenhang mit der Berücksichtigung von Nachhaltigkeitsrisiken wird nochmals betont, dass sich die Geschäftsleitung natürlich von Experten unterstützen lassen kann. Gerade bei diesem (Zukunfts-)Thema sollte die Geschäftsleitung aber mit gutem Beispiel vorangehen und so möglichen Reputationsrisiken frühzeitig vorbeugen.[224]

197   Von der BaFin wird deutlich adressiert, dass es letztlich an den Instituten selbst liegt, die mit diesem Thema verbundenen Chancen zu erkennen und sich mit ihren Geschäftsmodellen und Strukturen darauf einzustellen. Sofern sich Institute nicht anpassen, laufen sie Gefahr, langfristig vielleicht keine Investoren, Kunden und keine jungen und motivierten Mitarbeiter mehr zu finden. Auf lange Sicht kann nur ein auf Nachhaltigkeit bedachtes Institut auch selbst nachhaltig im Markt bestehen.[225]

5.2   Eignung der Geschäftsleitung

198   Bereits bei der Bewertung der Kenntnisse, Fähigkeiten und Erfahrungen eines Mitgliedes der Geschäftsleitung sollen die theoretische und die praktische Erfahrung im Zusammenhang mit der strategischen Planung, das Verständnis für die Geschäftsstrategie oder den Geschäftsplan eines Institutes und deren Erfüllung (Umsetzung) berücksichtigt werden. Die Mitglieder der Geschäftsleitung sollten außerdem kollektiv in der Lage sein, geeignete Entscheidungen unter Berücksichtigung des Geschäftsmodells, des Risikoappetits, der Strategie und der Märkte, auf denen das Institut tätig ist, zu treffen.[226] Vergleichbare Anforderungen sind in der Konsequenz im Leitfaden zur Beurteilung der fachlichen Qualifikation und persönlichen Zuverlässigkeit der EZB[227] und im entsprechenden Merkblatt zu den Geschäftsleitern der BaFin[228] niedergelegt. Damit werden frühzeitig die Voraussetzungen geschaffen, die die Geschäftsleitung in die Lage versetzen, ihrer Verantwortung für die Festlegung und Anpassung der Strategien nachzukommen. Darüber hinaus spielen diese Aspekte auch bei der Weiterbildung der Geschäftsleiter eine Rolle.

5.3   Detaillierungsgrad der Strategien

199   Der Proportionalitätsgrundsatz gilt grundsätzlich auch im Hinblick auf die Strategien. Naturgemäß werden die Strategien kleinerer Institute mit überschaubaren Geschäftsaktivitäten anders ausgestaltet sein als jene von international aktiven Großbanken. In den MaRisk wird daher nochmals

---

224 Vgl. Bundesanstalt für Finanzdienstleistungsaufsicht, Merkblatt zum Umgang mit Nachhaltigkeitsrisiken, 20. Dezember 2019, geändert am 13. Januar 2020, S. 22.

225 Vgl. Röseler, Raimund, Nachhaltigkeit – Herausforderung und Chance für die Kreditwirtschaft, in: BaFinPerspektiven, Ausgabe 2/2019, Nachhaltigkeit – Chancen und Risiken für den Finanzsektor, 9. Mai 2019, S. 21.

226 Vgl. European Securities and Markets Authority/European Banking Authority, Leitlinien zur Bewertung der Eignung von Mitgliedern des Leitungsorgans und Inhabern von Schlüsselfunktionen, EBA/GL/2017/12, 21. März 2018, S. 20f. Die gemeinsamen Leitlinien von EBA und ESMA sind am 31. Juli 2020 in einer überarbeiteten Version erneut zur Konsultation gestellt worden. Die überarbeiteten Leitlinien liegen zwar noch nicht vor. Hinsichtlich der hier genannten Anforderungen sind allerdings keine Änderungen geplant.

227 Vgl. Europäische Zentralbank, Leitfaden zur Beurteilung der fachlichen Qualifikation und persönlichen Zuverlässigkeit, 28. Mai 2018, S. 13.

228 Vgl. Bundesanstalt für Finanzdienstleistungsaufsicht, Merkblatt zu den Geschäftsleitern gemäß KWG, ZAG und KAGB, 29. Dezember 2020, S. 27.

besonders betont, dass der Detaillierungsgrad der Strategien vom Umfang und der Komplexität sowie dem Risikogehalt der geplanten Geschäftsaktivitäten abhängt. Dabei bleibt es dem Institut überlassen, ob es die Risikostrategie in die Geschäftsstrategie integriert. Vor allem bei kleineren Instituten bietet sich eine derartige Lösung an. Die Verschärfungen des Regelwerkes im Rahmen der dritten MaRisk-Novelle stehen daher einer prägnanten Formulierung der Strategien grundsätzlich nicht im Wege. Eine prägnante Darstellung kann sogar dazu beitragen, dass die Strategien von den Mitarbeitern besser nachvollzogen werden, was mit Blick auf die Umsetzung der Strategien regelmäßig von Vorteil ist.

5.4 Eingriffe in die Geschäftspolitik der Institute?

Vor Veröffentlichung der ersten Fassung der MaRisk vom 20. Dezember 2005 wurde eine Debatte **200** über die Reichweite der bankaufsichtlichen Anforderungen an die Strategien geführt (so genannte »Strategiedebatte«). Insbesondere die Bezugnahme auf die Geschäftsstrategie löste in der Kreditwirtschaft die Befürchtung aus, dass im Rahmen von Prüfungshandlungen möglicherweise Eingriffe in die Entscheidungsautonomie der Geschäftsleitung zu erwarten seien. Die BaFin brachte daraufhin unmissverständlich zum Ausdruck, dass der Inhalt der Geschäftsstrategie ausschließlich in der Verantwortung der Geschäftsleitung des Institutes liegt. Dieser Standpunkt wurde unter dem Eindruck der Finanzmarktkrise nicht nur unter Aufsehern intensiv diskutiert. Teilweise wurde von Seiten der Politik sogar gefordert, dass die Aufsicht aktiv in die Geschäftspolitik der Institute eingreifen muss. Es liegt jedenfalls auf der Hand, dass Bankenaufseher regelmäßig nicht die besseren Banker sind. Ebenso kann und darf die Aufsicht den Instituten nicht ein bestimmtes Geschäftsmodell vorgeben, da dies nicht mit den Grundsätzen der Unternehmensfreiheit vereinbar wäre. Überzogene Interventionen könnten ferner zur Konsequenz haben, dass unternehmerische Verantwortung Schritt für Schritt auf die Bankenaufsicht verlagert und im Ergebnis ein verantwortungsloses Handeln von Bankmanagern sogar verstärkt wird (»Moral Hazard Problem«). Gleichmacherei in großem Stil wäre nicht auszuschließen, so dass sich die Anfälligkeit des Gesamtsystems gegen Marktveränderungen unter Umständen deutlich erhöhen könnte (»Herdenverhalten«). Die Vorgabe eines bestimmten Geschäftsmodells durch die Aufsicht scheidet daher aus. Für solche weitreichenden Eingriffe fehlt der Aufsicht auch das politische Mandat. Der Europäische Ausschuss für Systemrisiken (ESRB) empfiehlt den makroprudenziellen Behörden im Hinblick auf die Zwischenziele und Instrumente für makroprudenzielle Maßnahmen u. a. die Begrenzung systemischer Auswirkungen von Fehlanreizen zwecks Verringerung von Moral Hazard (Empfehlung A).[229]

Der Inhalt der Geschäftsstrategie liegt daher allein in der Verantwortung der Geschäftsleitung **201** und ist nicht Gegenstand von Prüfungshandlungen durch Jahresabschlussprüfer oder die Interne Revision (→ AT 4.2 Tz. 1, Erläuterung).[230] Bis zur vierten MaRisk-Novelle war es externen Prüfern, einschließlich des Jahresabschlussprüfers, generell untersagt, den Inhalt der Geschäftsstrategie einer Prüfung zu unterziehen. Nachdem die EBA im Dezember 2014 die Tragfähigkeit des Geschäftsmodells und die Nachhaltigkeit der Geschäftsstrategie erstmals zum Gegenstand des aufsichtlichen Überprüfungs- und Bewertungsprozesses (Supervisory Review and Evaluation Process, SREP) erklärt hatte, war diese grundsätzliche Untersagung nicht mehr durchzuhalten.

---

229 Vgl. Empfehlung des Europäischen Ausschusses für Systemrisiken zu Zwischenzielen und Instrumenten für makroprudenzielle Maßnahmen (ESRB/2013/1) vom 4. April 2013, Amtsblatt der Europäischen Union vom 15. Juni 2013, C 170/3.

230 Diese Sichtweise wurde von der Aufsicht im Rahmen der dritten MaRisk-Novelle nochmals bestätigt. Vgl. Bundesanstalt für Finanzdienstleistungsaufsicht, Übermittlungsschreiben zum ersten Entwurf zur Überarbeitung der MaRisk vom 9. Juli 2010, S. 3.

AT 4.2 Strategien

Mit der fünften MaRisk-Novelle wurde externen Prüfern deshalb die Möglichkeit eingeräumt, die Geschäftsstrategie außerhalb der Jahresabschlussprüfung näher zu beleuchten und damit ihrem Prüfungsauftrag für die Zwecke des SREP nachkommen zu können. Die EBA betont allerdings, dass die zuständigen Behörden die Verantwortung der Geschäftsleitung im Rahmen der Geschäftsmodellanalyse sowie der Bewertung der Geschäfts- und strategischen Risiken nicht unterminieren und keine bestimmten Geschäftsmodelle priorisieren sollten.[231] Der Jahresabschlussprüfer hat lediglich zu beurteilen, ob die Strategien auf die nachhaltige Entwicklung ausgerichtet sind.[232]

202   Zwischen der Geschäftsstrategie und den sich daraus ergebenden risikopolitischen Notwendigkeiten (z. B. Limitvorgaben, die in der Risikostrategie festgelegt sind) muss zudem eine enge Verknüpfung bestehen. Risiken sind regelmäßig das Ergebnis bestimmter Geschäftsaktivitäten. Die Entwicklung bzw. Gewährleistung einer risikoadäquaten internen Organisationsstruktur setzt daher immer auch die Kenntnis über die (geplanten) Geschäftsaktivitäten voraus. Insoweit besteht zwischen der Geschäftsstrategie und der Risikostrategie ein Zusammenhang, der nur über die Betrachtung beider Strategien hergestellt werden kann. Die Geschäftsleitung hat deshalb eine Geschäftsstrategie und eine dazu konsistente Risikostrategie festzulegen (→ AT 4.2 Tz. 2). Bei der Überprüfung der Risikostrategie ist folglich die Geschäftsstrategie heranzuziehen, um die Konsistenz zwischen beiden Strategien nachvollziehen zu können. Gegenstand der Prüfung ist außerdem der prozessuale Rahmen, in dem die Geschäftsstrategie entwickelt und umgesetzt wird. Auch hier steht die Qualität der bankinternen Governance im Fokus, nicht jedoch der »Inhalt« der Geschäftsstrategie (→ AT 4.2 Tz. 1, Erläuterung). Diese Vorgehensweise entspricht der gängigen Prüfungspraxis. So hat sich z. B. der Abschlussprüfer im Rahmen von Prüfungshandlungen u. a. einen Eindruck über die Geschäftsaktivitäten des Institutes zu verschaffen. Auch diese für eine sachgerechte Prüfung notwendige Information zielt nicht auf Eingriffe in die Geschäftspolitik der Institute ab.[233] Trotz dieser beschränkten Eingriffsbefugnisse wird die Aufsicht künftig einen stärkeren Fokus auf die Geschäftsmodelle der Institute legen müssen (→ AT 4.2 Tz. 1).

203   Nachdem die EZB am 4. November 2014 die Aufsicht über die bedeutenden Institute übernommen hat, ist vor dem Hintergrund der Vorgaben der EBA in ihren Leitlinien zum SREP zwischen Vertretern der EZB und der Kreditwirtschaft mehrfach darüber diskutiert worden, welchen Einfluss die Aufseher auf die Geschäftspolitik eines Institutes tatsächlich nehmen können. Eine durchaus nachvollziehbare Auskunft der EZB ging in die Richtung, dass die Geschäftsleiter eines Institutes eine plausible Erklärung dafür liefern sollten, wenn sie an einem Geschäftsfeld festhalten möchten, mit dem weder aktuell noch in absehbarer Zukunft Erträge erwirtschaftet werden können. Dafür mag es im Einzelfall Gründe geben. Es ist aber nicht von der Hand zu weisen, dass derartige Fragen im Rahmen der Aufsichtsgespräche gestellt werden können.

---

231 Vgl. European Banking Authority, Guidelines on common procedures and methodologies for the supervisory review and evaluation process (SREP) and supervisory stress testing, EBA/GL/2014/13, Consolidated version, 19. Juli 2018, S. 41.

232 Vgl. § 29 Abs. 1 Satz 2 Nr. 2 lit. a KWG i. V. m. § 11 Abs. 2 Nr. 1 PrüfBV.

233 Vgl. Institut der Wirtschaftsprüfer, Prüfungsstandard 230 (IDW PS 230), Kenntnisse über die Geschäftstätigkeit sowie das wirtschaftliche und rechtliche Umfeld des zu prüfenden Unternehmens im Rahmen der Abschlussprüfung, in: Die Wirtschaftsprüfung, Heft 4/2006, S. 218 ff.

6 Einrichtung eines Strategieprozesses (Tz. 5)

5 Die Geschäftsleitung hat einen Strategieprozess einzurichten, der sich insbesondere auf 204
die Prozessschritte Planung, Umsetzung, Beurteilung und Anpassung der Strategien erstreckt. Für die Zwecke der Beurteilung sind die in den Strategien niedergelegten Ziele so zu formulieren, dass eine sinnvolle Überprüfung der Zielerreichung möglich ist. Die Ursachen für etwaige Abweichungen sind zu analysieren.

6.1 Strategieprozess

Was den Inhalt der Strategien angeht, enthalten die MaRisk keine konkreten Vorgaben. Die 205
inhaltliche Ausgestaltung der Strategien verbleibt somit ausschließlich in der Verantwortung der Geschäftsleitung (→ AT 4.2 Tz. 1, Erläuterung). Allerdings wurde der prozessuale Rahmen, in dem die Strategien geplant, umgesetzt, beurteilt und angepasst werden, im Zuge der dritten MaRisk-Novelle geschärft. Durch den Strategieprozess soll die interne »Governance«-Struktur, also die Geschäftsorganisation als Ganzes, weiter gestärkt werden (→ AT 1 Tz. 2 und AT 4.4.3 Tz. 2). Dabei kommt es weniger darauf an, dass die einzelnen Prozessschritte formalistisch umgesetzt werden. Vielmehr müssen dem Sinn und Zweck der Regelung Genüge getan werden. Ausgangspunkt ist dabei die Geschäftsstrategie des Institutes, deren Ausrichtung über die Formulierung einer konsistenten Risikostrategie konsequent in eine tragfähige interne »Governance«-Struktur des gesamten Institutes übersetzt wird.

Auch die EBA betont im Zusammenhang mit der Umsetzung der Strategie am Beispiel der 206
IKT-Strategie besonders den Prozesscharakter. Insbesondere in jenen Fällen, in denen die IKT-Strategie des Institutes die Umsetzung wichtiger und komplexer IKT-Anpassungen oder Änderungen mit erheblichen Auswirkungen auf das Geschäftsmodell des Institutes erfordert, sollten die zuständigen Behörden bewerten, ob das Institut über einen Kontrollrahmen verfügt, der seiner Größe, seinen IKT-Aktivitäten und dem Grad der Änderungsaktivitäten angemessen ist, um die wirksame Umsetzung der IKT-Strategie zu unterstützen. Bei der Bewertung im Rahmen des SREP sollten die zuständigen Behörden berücksichtigen, ob dieser Kontrollrahmen Governance-Prozesse (z. B. Fortschritts- und Budgetüberwachung sowie eine zugehörige Berichterstattung) und relevante Stellen (z. B. ein Projektmanagementbüro oder eine IKT-Lenkungsgruppe) umfasst, um die Umsetzung der IKT-Strategieprogramme wirksam zu unterstützen. Überprüft werden sollte zudem, ob die Rollen und Verantwortlichkeiten für die Umsetzung von IKT-Strategieprogrammen festgelegt und zugewiesen sind, wobei den Erfahrungen der wichtigsten Akteure bei der Organisation, Steuerung und Überwachung wichtiger und komplexer IKT-Anpassungen und der Bewältigung der organisatorischen und persönlichen Auswirkungen (z. B. Umgang mit Widerstand gegen Änderungen, Schulung, Kommunikation) besondere Aufmerksamkeit geschenkt wird. Daneben sollten sich die zuständigen Behörden davon überzeugen, ob die unabhängige Risikocontrolling-Funktion und die Interne Revision einbezogen sind, um sicherzustellen, dass die mit der Umsetzung der IKT-Strategie verbundenen Risiken ermittelt, bewertet und wirksam gemindert wurden. Schließlich sollten die zuständigen Behörden beurteilen, ob der vorhandene Governance-Rahmen für die Umsetzung der IKT-Strategie wirksam ist und ob ein Planungs- und Planungsüberprüfungsprozess vorhanden ist, der flexibel genug ist, um auf wichtige ermittelte Probleme (z. B. festgestellte Probleme oder

Verzögerungen bei der Umsetzung) oder externe Entwicklungen (z. B. wichtige Veränderungen im Geschäftsumfeld, technologische Fragen oder Innovationen) zu reagieren und eine rechtzeitige Anpassung der strategischen Umsetzung zu gewährleisten.[234]

207   Nachfolgend werden – bezogen auf die Geschäftsstrategie – die einzelnen Schritte des Strategieprozesses erläutert. Bezüglich der einzelnen Prozessschritte ist bei der Risikostrategie grundsätzlich analog zu verfahren, wobei durchgehend auf die geforderte Konsistenz zwischen Geschäftsstrategie und Risikostrategie zu achten ist (→ AT 4.2 Tz. 2).

6.1.1   Planung

208   Ausgangspunkt geschäftsstrategischer Planungen ist die Existenz von Zielen. Häufig werden die Ziele aus übergeordneten Absichten, Wertorientierungen, Missionen oder Unternehmensleitbildern abgeleitet. Bei vielen Instituten werden derartige Leitbilder auch nicht unwesentlich durch Statuten oder sogar Gesetze bestimmt. Bei Sparkassen, Landesbanken und Förderinstituten wird z. B. der Förderung der regionalen Wirtschaft ein erheblicher Stellenwert eingeräumt. Für solche Institute geht es im Planungsprozess zunächst darum, die Leitbilder in »messbare« Ziele zu transformieren (z. B. geplante Erträge in bestimmten Geschäftsfeldern). Um die Kompatibilität zwischen strategischer und operativer Ebene sicherzustellen, sind zumindest die Eckpunkte der operativen Planung in den Strategien festzulegen. Liegen hinreichend präzise Ziele vor, geht es im nächsten Schritt um die Festlegung der Maßnahmen zur Erreichung dieser Ziele (→ AT 4.2 Tz. 1).

209   In der Phase des strategischen Planungsprozesses sind interne und externe Einflussfaktoren zu berücksichtigen (→ AT 4.2 Tz. 1). Die konkrete Planung hängt ganz wesentlich z. B. von den Mitarbeiterkapazitäten, der technisch-organisatorischen Ausstattung und den Ressourcen im liquiditätsmäßig-finanziellen Bereich ab. Außerdem spielen die Ansprüche anderer Gruppen, wie z. B. der Eigentümer (»Shareholder«) oder aller Anspruchsberechtigten (»Stakeholder«) regelmäßig eine wichtige Rolle. Bei den externen Einflussfaktoren können neben wirtschaftlichen, technologischen, rechtlichen und politischen ggf. auch kulturelle Faktoren von Bedeutung sein. Beispielsweise sollten Umweltveränderungen bzw. Trends berücksichtigt werden, die das Verhalten der Kunden nachhaltig beeinflussen können (z. B. der Trend von der Industrie- zur Informationsgesellschaft oder der demografische Wandel).

210   Am Ende des Planungsprozesses trifft die Geschäftsleitung – ggf. auf der Basis verschiedener Strategieoptionen – die strategische Entscheidung und macht damit den Weg frei für die Umsetzung der Strategie. Bei der Planung der Risikostrategie ist aufgrund der geforderten Konsistenz eine analoge Vorgehensweise erforderlich, da die aus der Geschäftsstrategie resultierenden Risiken die Ausgestaltung der Risikostrategie determinieren (→ AT 4.2 Tz. 2).

6.1.2   Planungshorizont

211   Die Entscheidung über die strategischen Planungshorizonte wird der Geschäftsleitung des Institutes überlassen. Es ist üblich, dass planerisch-strategische Überlegungen in verschiedenen Zyklen erfolgen. Häufig wird zwischen kurz-, mittel- und langfristiger Planung unterschieden, die jeweils Zeiträume von einem über drei bis fünf oder sogar zehn Jahre umfassen. Darüber hinaus wird die Planung in vielen Unternehmen »revolvierend« ausgestaltet, d. h. auch längerfristige Planungen

---

234 Vgl. European Banking Authority, Leitlinien für die IKT-Risikobewertung im Rahmen des aufsichtlichen Überprüfungs- und Bewertungsprozesses (SREP), EBA/GL/2017/05, 11. September 2017, S. 9 f.

werden in kürzeren Abständen überprüft und ggf. angepasst. Der Planungsturnus wird bei den meisten Instituten vom Detaillierungsgrad der strategischen Überlegungen und den daraus abgeleiteten konkreten Vorgaben beeinflusst.

In der Praxis bezieht sich die strategische Planung häufig auf einen Zeitraum von mehreren Jahren und betrifft u. a. die Bereiche Finanzplanung, Kapitalplanung sowie Geschäftsplanung (z. B. geplantes Ergebnis für jede wesentliche Geschäftsaktivität, geplantes Wachstum in bestimmten Marktsegmenten). Darauf aufbauend erfolgt i. d. R. die operative Planung für das nächste Geschäftsjahr. In diesem Rahmen wird u. a. eine Kapitalallokation auf die wesentlichen Risiken vorgenommen, ein Interaktionsprozess zur Abstimmung der Top-down-Vorgaben mit den Bottom-up-Vorstellungen (insbesondere auf Gruppenebene) durchgeführt und ggf. eine Anpassung der Anreizsysteme an die geplante Geschäftsentwicklung vorgenommen. **212**

Ein konkreter Planungszeitraum wird in den MaRisk zwar nicht vorgegeben. Allerdings muss jedes Institut u. a. über einen Prozess zur Planung des zukünftigen Kapitalbedarfes und des zur Deckung dieses Kapitalbedarfes verfügbaren Kapitals verfügen, wobei dieser Planungsprozess einen angemessen langen, mehrjährigen Zeitraum umfassen muss (→ AT 4.1 Tz. 11). Dieser Zeitraum sollte sich bisher i. d. R. zwei bis drei Jahre über den Risikobetrachtungshorizont des Risikotragfähigkeitskonzeptes von grundsätzlich einem Jahr hinaus erstrecken.[235] Die deutsche Aufsicht hat die Vorgaben im RTF-Leitfaden in einer Weise konkretisiert, dass die weniger bedeutenden Institute zur Sicherstellung der Risikotragfähigkeit in der normativen Perspektive eine Kapitalplanung zu erstellen haben, die sich zum Zeitpunkt ihrer Erstellung über einen Zeitraum von mindestens drei Jahren erstreckt und mindestens jährlich fortgeschrieben wird.[236] Auch den Vorstellungen der EZB zufolge sollte der Kapitalplan der bedeutenden Institute einen zukunftsorientierten (mittleren) Zeithorizont von mindestens drei Jahren abdecken und die Kapitalposition über diesen Zeitraum erfassen.[237] Damit ist ein gewisser Rahmen gesetzt, der im Strategieprozess nicht ignoriert werden sollte. Grundsätzlich ist die Vorgabe eines Planungshorizontes allerdings nicht zwingend erforderlich, da die weiteren Etappen des Strategieprozesses sicherstellen, dass erforderlichenfalls strategische Korrekturen durchgeführt werden. **213**

Im Rahmen der sechsten MaRisk-Novelle wurde die Formulierung »zwei bis drei Jahre über den Risikobetrachtungshorizont des Risikotragfähigkeitskonzeptes von grundsätzlich einem Jahr hinaus« gestrichen, weil der Risikobetrachtungshorizont der normativen Perspektive bereits mindestens drei Jahre beträgt. Die normative Perspektive ist dem RTF-Leitfaden zufolge aber ein Bestandteil des Risikotragfähigkeitskonzeptes. Deshalb muss nicht mehr zwei bis drei Jahre über den Risikobetrachtungshorizont des Risikotragfähigkeitskonzeptes hinausgegangen werden. Außerdem beträgt der Risikobetrachtungshorizont des Risikotragfähigkeitskonzeptes nicht mehr grundsätzlich ein Jahr wie bei der ökonomischen Perspektive. **214**

Ob der Planungshorizont auch zukünftig im Wesentlichen auf drei Jahre beschränkt bleiben wird, hängt vor allem davon ab, inwiefern es gelingt, dabei die Auswirkungen der Nachhaltigkeitsrisiken angemessen zu berücksichtigen, die teilweise mit deutlich längeren zeitlichen Dimensionen verbunden sind. Im Moment besteht lediglich die Anforderung, die Erkenntnisse aus der ökonomischen Perspektive mit einem Ein-Jahres-Horizont und der normativen Perspektive mit einem Drei-Jahres-Horizont bei entsprechender Relevanz ineinander einfließen zu lassen. Die strategische Perspektive, die vor allem mit den transitorischen Risiken verbunden ist, **215**

235 Vgl. Bundesanstalt für Finanzdienstleistungsaufsicht, Übermittlungsschreiben zum Rundschreiben 10/2012 (BA) vom 14. Dezember 2012, S. 2 f.

236 Vgl. Bundesanstalt für Finanzdienstleistungsaufsicht/Deutsche Bundesbank, Aufsichtliche Beurteilung bankinterner Risikotragfähigkeitskonzepte und deren prozessualer Einbindung in die Gesamtbanksteuerung (»ICAAP«) – Neuausrichtung, Leitfaden vom 24. Mai 2018, S. 10.

237 Vgl. Europäische Zentralbank, Leitfaden der EZB für den bankinternen Prozess zur Sicherstellung einer angemessenen Kapitalausstattung (Internal Capital Adequacy Assessment Process – ICAAP), 9. November 2018, S. 17 und 45.

kann über diesen Zeithorizont jedenfalls weit hinausgehen. Es ist nicht auszuschließen, dass mit der siebten MaRisk-Novelle vor dem Hintergrund des Klimawandels und der bis dahin gesammelten Erkenntnisse in diesem Bereich Ergänzungen vorgenommen werden.

6.1.3 Umsetzung

216 Die Formulierung der Strategien ist für sich gesehen bereits eine schwierige Aufgabe. Als echte Herausforderung kann sich jedoch die Umsetzung der Strategien im eigenen Unternehmen erweisen, da sie regelmäßig organisatorische Änderungen zur Folge hat.[238] Betroffen sind davon möglicherweise alle Bereiche des Institutes (z. B. Vertriebseinheiten, Back-Office-Bereiche). Die Umsetzung der Strategien erfolgt letztlich über die Berücksichtigung der strategischen Vorgaben bei der operativen Planung.

217 Wesentliche Voraussetzung für eine erfolgreiche Umsetzung ist die angemessene Kommunikation der Strategien. Die Angemessenheit bezieht sich nicht nur auf die Wahl eines geeigneten Mediums oder Zeitpunktes für die Kommunikation, sondern auch auf den passenden Adressatenkreis. So kann es zwar nachvollziehbar sein, dass z. B. ein konkret geplanter Personalabbau in bestimmten Abteilungen, ein strategischer Rückzug aus bestimmten Geschäftsbereichen oder ein vorgesehener Verkauf bestimmter Beteiligungen aus geschäftspolitischen Gründen nicht breit kommuniziert werden soll. Den Mitarbeitern müssen jedoch sämtliche strategischen Vorgaben bekannt sein, die zur Erfüllung ihrer Aufgaben von Belang sind.

218 Durch die Kommunikation der Strategien wird die Basis für eine breite Akzeptanz bei den Mitarbeitern geschaffen, ohne deren aktive Mitwirkung die Strategien im Extremfall ins Leere laufen können. Defizite in diesem Bereich können unangenehme Nebenwirkungen zur Folge haben. Organisationen reagieren regelmäßig träge auf (notwendige) Veränderungen des Status quo. Teile der Belegschaft könnten die Strategien als verfehlt betrachten und mit Passivität, Verweigerung oder sogar Sabotage auf die Anpassungen reagieren.[239] Vor diesem Hintergrund ist es von erheblicher Bedeutung, dass die Gründe für eine Änderung des Status quo nachvollziehbar dargestellt und kommuniziert werden (→ AT 4.2 Tz. 7). Insbesondere sollte darauf geachtet werden, dass die Mitarbeiter über relevante Anpassungen von ihren Führungskräften direkt informiert werden, bevor sie diese Entwicklungen aus der Presse erfahren.

6.1.4 Beurteilung

219 Bei der Beurteilung der Strategien geht es schwerpunktmäßig um die Frage, inwieweit das Institut seine Ziele tatsächlich erreicht hat. Konkret ist die Zielerreichung einer Überprüfung zu unterziehen, was im Ergebnis auf einen »Soll-Ist-Vergleich« bzw. eine »Zielabweichungsanalyse« hinausläuft. Damit ein solcher Abgleich erfolgreich durchgeführt werden kann, müssen mit Blick auf alle wesentlichen Geschäftsaktivitäten hinreichend präzise Ziele formuliert werden. In den meisten Fällen dürfte dies kein größeres Problem darstellen. So lassen sich bei quantitativen Zielen (z. B. geplanten Wachstums- oder Ertragszielen) ohne Weiteres derartige Abgleiche durchführen. Etwas schwieriger gestaltet sich die Überprüfung der Zielerreichung bei qualitativen Zielen. Bei solchen Zielen ist im Rahmen der Möglichkeiten eine Übersetzung in »Quantitäten« oder eine Orientierung an abgeleiteten Zielen erforderlich (→ AT 4.2 Tz. 1).

---

238 Vgl. Hrebiniak, Lawrence G., Making Strategy Work: Leading Effective Execution and Change, New Jersey, 2005, S. 24.

239 Vgl. Kreutzer, Markus/Lechner, Christoph, Implementierung von Strategien, in: OrganisationsEntwicklung, Heft 1/2009, S. 7.

Letztendlich kommt das Institut schon aus eigenem Interesse nicht um einen Abgleich herum. **220** Nur über diesen Prozessschritt kann es Zielabweichungen identifizieren und darauf mit geeigneten Korrekturmaßnahmen reagieren. In vielen Instituten wird die Geschäftsleitung bei der regelmäßigen Überprüfung von eigens für diese Zwecke eingerichteten strategischen Controllingeinheiten unterstützt. Die Überprüfung kann in Abhängigkeit von den jeweiligen Veränderungen der relevanten Rahmenbedingungen unterschiedlich intensiv ausfallen. Bei wesentlichen (negativen oder positiven) Abweichungen ist das Institut ferner dazu verpflichtet, eine Ursachenanalyse durchzuführen. Die Ursachenanalyse stellt die Basis für die Durchführung von Korrekturmaßnahmen der Geschäftsleitung dar. Wegen ihrer Bedeutung für das gesamte Institut ist sie auch mit dem Aufsichtsorgan zu erörtern (→ AT 4.2 Tz. 6).[240]

6.1.5 Anpassung

Anpassungen der Geschäfts- oder der Risikostrategie können aus vielerlei Gründen notwendig **221** sein. Zunächst können Änderungen der internen oder externen Einflussfaktoren strategische Korrekturen erforderlich machen. Ausgangspunkt ist dabei regelmäßig die bei wesentlichen Zielabweichungen durchzuführende Ursachenanalyse, aus der sich entsprechende Hinweise ergeben können. Selbstverständlich kann aber auch eine angestrebte geschäftspolitische Neuorientierung eine Anpassung in Teilbereichen, ggf. sogar eine Totalrevision der Strategien, nach sich ziehen. Die Planung der Strategien ist entsprechend zu adjustieren, damit die nachfolgenden Schritte des Strategieprozesses (Umsetzung, Beurteilung und Anpassung) ihre volle Wirkung entfalten können. Strategische Anpassungen müssen nicht zwingend zu Korrekturen bei den Zielen führen. Ebenso sind Änderungen bei den Maßnahmen zur Zielerreichung denkbar.

6.2 Einbeziehung der Risikocontrolling-Funktion

Die Risikocontrolling-Funktion hat u. a. die Aufgabe, die Geschäftsleitung in allen risikopolitischen **222** Fragen zu unterstützen, insbesondere bei der Entwicklung und Umsetzung der Risikostrategie sowie bei der Ausgestaltung eines Systems zur Begrenzung der Risiken (→ AT 4.4.1 Tz. 2). Zudem ist die Leitung der Risikocontrolling-Funktion bei wichtigen risikopolitischen Entscheidungen der Geschäftsleitung zu beteiligen (→ AT 4.4.1 Tz. 4).

Auch die EBA fordert, die Risikocontrolling-Funktion frühzeitig und aktiv in die Erarbeitung der **223** Risikostrategie einzubinden. Sie sollte der Geschäftsleitung alle wichtigen risikobezogenen Informationen vorlegen, um sie in die Lage zu versetzen, das Niveau des Risikoappetits des Institutes festzulegen. Die Risikocontrolling-Funktion sollte die Stabilität und Nachhaltigkeit der Risikostrategie und des Risikoappetits bewerten. Sie sollte sicherstellen, dass der Risikoappetit angemessen in konkrete Risikolimite umgesetzt wird. Die Risikocontrolling-Funktion sollte die Risikostrategien der Geschäftsbereiche bewerten, einschließlich der von den Organisationseinheiten vorgeschlagenen Ziele, und sollte eingebunden werden, bevor die Geschäftsleitung eine Entscheidung bezüglich der Risikostrategien trifft. Die Ziele sollten plausibel und mit der Risikostrategie des Institutes konsistent sein.[241]

---

240 Um Fehlinterpretationen zu vermeiden, hat die Aufsicht deutlich gemacht, dass es bei der Überprüfung der Zielerreichung nicht etwa darum geht, die Geschäftsleitung im Falle von Zielabweichungen zu stigmatisieren. Vgl. Bundesanstalt für Finanzdienstleistungsaufsicht, Übermittlungsschreiben zum ersten Entwurf zur Überarbeitung der MaRisk vom 9. Juli 2010, S. 4.

241 Vgl. European Banking Authority, Leitlinien zur internen Governance, EBA/GL/2017/11, 21. März 2018, S. 43 f.

AT 4.2 Strategien

224   Im Rahmen des SREP sollten die zuständigen Behörden auch bewerten, ob vom Institut eine unabhängige Risikocontrolling-Funktion eingerichtet wurde, die aktiv an der Entwicklung der Risikostrategie des Institutes und an allen wichtigen Risikomanagemententscheidungen beteiligt ist und die der Geschäftsleitung alle relevanten risikobezogenen Informationen liefert.[242]

---

242 Vgl. European Banking Authority, Guidelines on common procedures and methodologies for the supervisory review and evaluation process (SREP) and supervisory stress testing, EBA/GL/2014/13, Consolidated version, 19. Juli 2018, S. 57 f.

7 Information des Aufsichtsorgans (Tz. 6)

5 Die Strategien sowie ggf. erforderliche Anpassungen der Strategien sind dem Aufsichts- 225
organ des Institutes zur Kenntnis zu geben und mit diesem zu erörtern. Die Erörterung
erstreckt sich auch auf die Ursachenanalyse nach AT 4.2 Tz. 5 im Falle von Zielabweichungen.

7.1 Einbindung des Aufsichtsorgans

Nach einschlägigen gesetzlichen Vorgaben (z.B. AktG, GenG) besteht die Hauptaufgabe des 226
Aufsichtsorgans darin, die durch den Vorstand ausgeübte Geschäftsführung des Unternehmens
zu überwachen. Es versteht sich daher von selbst, dass sich das Aufsichtsorgan im Rahmen seiner
Überwachungspflichten auch intensiv mit der strategischen Ausrichtung des Institutes und deren
Weiterentwicklung befasst. Mit einer gewissenhaften Mandatsausübung wäre es jedenfalls nicht
vereinbar, wenn sich die Mitglieder des Aufsichtsorgans nicht mit den Strategien des Institutes
beschäftigen würden. Versäumnisse in diesem Bereich müssten sich die Mandatsträger aufgrund
gesellschaftsrechtlicher Regelungen vorwerfen lassen. Die Mitglieder von Aufsichtsorganen unterliegen – bezogen auf ihren Pflichtenkreis – regelmäßig den gleichen Haftungsregelungen wie
Vorstände. Mittlerweile kann auch die BaFin im Falle des Vorliegens von Defiziten gegen Mitglieder von Aufsichtsorganen vorgehen. So kann die BaFin seit dem Inkrafttreten des Gesetzes zur
Stärkung der Finanzmarkt- und Versicherungsaufsicht im September 2009 einschneidende Sanktionen gegen Mitglieder des Aufsichtsorgans ergreifen, wenn diesen »wesentliche Verstöße des
Unternehmens gegen die Grundsätze einer ordnungsgemäßen Geschäftsführung wegen sorgfalts-
widriger Ausübung ihrer Überwachungs- und Kontrollfunktion verborgen geblieben sind oder sie
nicht alles Erforderliche zur Beseitigung festgestellter Verstöße veranlasst« haben. Erforderlichenfalls wird die BaFin nach § 36 Abs. 3 KWG sogar die Abberufung von Mitgliedern des Aufsichtsorgans verlangen und die Ausübung ihrer Tätigkeit untersagen.

Durch § 25a KWG werden das Aufsichtsorgan bzw. seine Mitglieder allerdings nicht unmittelbar 227
verpflichtet. Im Fokus der bankaufsichtlichen Regelung steht vielmehr die Verantwortung der
Geschäftsleitung für die Ordnungsmäßigkeit der Geschäftsorganisation. Vor diesem Hintergrund
statuieren die MaRisk verschiedene Pflichten, die die Geschäftsleitung gegenüber dem Aufsichtsorgan zu erfüllen hat. Die Geschäftsleitung hat daher u.a. auch die Strategien (Geschäfts- und
Risikostrategie) sowie Änderungen der Strategien dem Aufsichtsorgan zur Kenntnis zu geben und
mit diesem zu erörtern. Dieses Erfordernis kann grundsätzlich aus den Regelungen des § 90 Abs. 1
Nr. 1 AktG abgeleitet werden. Demnach hat der Vorstand dem Aufsichtsrat u.a. über die beabsichtigte Geschäftspolitik und andere grundsätzliche Fragen der Unternehmensplanung zu berichten. Dabei ist auch auf Abweichungen der tatsächlichen Entwicklung von früher berichteten
Zielen unter Angabe von Gründen einzugehen.

Nach dem auf börsennotierte Unternehmen anzuwendenden Deutschen Corporate Governance 228
Kodex (DCGK) hat der Vorstand die strategische Ausrichtung des Unternehmens zu entwickeln, mit
dem Aufsichtsrat abzustimmen und für ihre Umsetzung zu sorgen. Er hat darüber hinaus in
regelmäßigen Abständen die Umsetzung der Strategien mit dem Aufsichtsrat zu erörtern. Zu diesem
Zweck muss der Vorstand den Aufsichtsrat regelmäßig, zeitnah und umfassend über alle für das
Unternehmen relevanten Fragen, insbesondere der Strategie, der Planung, der Geschäftsentwicklung, der Risikolage, des Risikomanagements und der Compliance, informieren und dabei auf

Abweichungen des Geschäftsverlaufes von den aufgestellten Plänen und vereinbarten Zielen unter Angabe von Gründen eingehen. Der Aufsichtsrat kann jederzeit zusätzliche Informationen vom Vorstand verlangen. Außerdem soll der Vorsitzende des Vorstandes den Aufsichtsratsvorsitzenden unverzüglich über wichtige Ereignisse, die für die Beurteilung der Lage und Entwicklung sowie für die Leitung des Unternehmens von wesentlicher Bedeutung sind, informieren, damit dieser den Aufsichtsrat unterrichten und ggf. eine außerordentliche Aufsichtsratssitzung einberufen kann.[243]

229 Nach § 25d Abs. 6 Satz 2 KWG muss das Aufsichtsorgan der Erörterung von Strategien, Risiken und Vergütungssystemen für Geschäftsleiter und Mitarbeiter ausreichend Zeit widmen. Gemäß § 25d Abs. 8 Satz 1 KWG berät der Risikoausschuss das Aufsichtsorgan zur aktuellen und künftigen Gesamtrisikobereitschaft und -strategie des Unternehmens und unterstützt es bei der Überwachung der Umsetzung dieser Strategie durch die obere Leitungsebene. Der Risikoausschuss oder, falls ein solcher nicht eingerichtet wurde, das Aufsichtsorgan bestimmt laut § 25d Abs. 8 Satz 10 KWG Art, Umfang, Format und Häufigkeit der Informationen, die die Geschäftsleitung zum Thema Strategie und Risiko vorlegen muss. Mindestens ein Mitglied des Vergütungskontrollausschusses muss nach § 25d Abs. 12 Satz 2 KWG über ausreichend Sachverstand und Berufserfahrung im Bereich Risikomanagement und Risikocontrolling verfügen, insbesondere im Hinblick auf Mechanismen zur Ausrichtung der Vergütungssysteme an der Gesamtrisikobereitschaft und -strategie und an der Eigenmittelausstattung des Unternehmens.

230 Für Institute mit hohem NPL-Bestand gelten besondere Anforderungen. Die in diesen Instituten erforderliche Strategie für notleidende Risikopositionen und deren Umsetzung mit Hilfe eines Implementierungsplanes betreffen viele verschiedene Bereiche. Nach den Vorstellungen der EBA sollten sie deshalb in die strategischen und operativen Prozesse auf allen Organisationsebenen eingebunden werden. Hierzu zählt auch das Aufsichtsorgan bzw. der ggf. einzusetzende Risikoausschuss im Sinne von Art. 76 Abs. 3 CRD IV.[244] Die Mitglieder dieses Ausschusses müssen über die zur vollständigen Erfassung und Überwachung der Risikostrategie und der Risikobereitschaft des Institutes erforderlichen Kenntnisse, Fähigkeiten und Erfahrungen verfügen. Der Risikoausschuss hat insbesondere die Aufgabe, das Aufsichtsorgan zur aktuellen und künftigen Gesamtrisikobereitschaft und -strategie des Institutes zu beraten und bei der Beaufsichtigung der Umsetzung dieser Strategie durch die Geschäftsleitung zu unterstützen. Es versteht sich von selbst, dass er dieser Aufgabe nicht (vollständig) gerecht werden kann, wenn er in die Anwendung und Umsetzung der Strategie für notleidende Risikopositionen gar nicht eingebunden wird.

7.2 Erörterung der Ursachenanalyse bei Zielabweichungen

231 Bei den Erörterungen mit dem Aufsichtsorgan ist ebenfalls auf die geforderte Ursachenanalyse im Falle von Zielabweichungen einzugehen (→ AT 4.2 Tz. 5). Auf diese Weise kann das Aufsichtsorgan ein breiteres Verständnis für die strategische Positionierung entwickeln. Außerdem kann es sich mit Blick auf die aus der Ursachenanalyse zu ziehenden Schlussfolgerungen konstruktiv in die Diskussion mit der Geschäftsleitung einbringen. Auch bei dieser Anforderung orientieren sich die MaRisk an aktienrechtlichen Regelungen und am KWG. Die MaRisk unterstreichen somit die Notwendigkeit der Einbindung des Aufsichtsorgans u. a. auch bei strategischen Fragestellungen. Den Mitgliedern des Aufsichtsorgans ist – auch aus Eigeninteresse – dringend anzuraten, dass sie bei ihrer Mandatsausübung entsprechende Schwerpunkte legen.

---

243 Vgl. Regierungskommission Deutscher Corporate Governance Kodex, Deutscher Corporate Governance Kodex, Fassung vom 16. Dezember 2019, S. 4 und 11.
244 Vgl. European Banking Authority, Leitlinien über das Management notleidender und gestundeter Risikopositionen, EBA/GL/2018/06, 31. Oktober 2018, S. 15.

7.3   Ausschüsse des Aufsichtsorgans

Bei den vorgenannten Pflichten der Geschäftsleitung gegenüber dem Aufsichtsorgan kann auch   **232**
auf Ausschüsse des Aufsichtsorgans zurückgegriffen werden. Auch hier orientieren sich die
MaRisk neben dem KWG an bereits bestehenden gesellschaftsrechtlichen Regelungen. So wird
im Deutschen Corporate Governance Kodex (DCGK) die Bildung fachlich qualifizierter Ausschüsse
unter Proportionalitätsgesichtspunkten angeregt, da man sich davon eine Steigerung der Wirk-
samkeit der Arbeit des Aufsichtsrates vor allem im Zusammenhang mit der Behandlung komplexer
Sachverhalte verspricht. In der aktuellen Fassung vom DCKG wird der Prüfungsausschuss – in
Analogie zu § 107 Abs. 3 AktG – gleichzeitig mit den Aufgaben des Risikoausschusses im Sinne des
KWG betraut.[245] Unberührt von solchen Beschlüssen bleibt jedoch das Recht jedes Mitgliedes des
Aufsichtsrates auf Einsichtnahme in die Strategien.

Die Einschaltung eines Ausschusses des Aufsichtsorgans ist an bestimmte Voraussetzungen   **233**
geknüpft (→ AT 4.2 Tz. 6, Erläuterung):
- Es liegt ein entsprechender Beschluss des Aufsichtsorgans vor, die Beschäftigung mit diesen
  Themen an einen Ausschuss zu delegieren.
- Der Vorsitzende des Ausschusses muss regelmäßig das gesamte Aufsichtsorgan informieren.
- Jedem Mitglied des Aufsichtsorgans muss weiterhin das Recht eingeräumt werden, die an den
  Ausschuss geleiteten Unterlagen einsehen zu können.

In analoger Weise kann hinsichtlich der regelmäßigen Information des Aufsichtsorgans über die   **234**
Risikosituation verfahren werden (→ BT 3.1 Tz. 5, Erläuterung).

7.4   Geheimhaltungspflichten der Organmitglieder

Im Verlauf der Erörterungen der Anforderungen an die Geschäftsleitung mit Bezug zum Aufsichts-   **235**
organ wurde des Öfteren mehr oder minder offen das Thema Geheimhaltung adressiert. Informationen mit strategischem Hintergrund können für das Institut aus unterschiedlichen Gründen sehr
sensibel sein, so dass sie nicht an unberechtigte Dritte weitergegeben werden sollten (z.B.
Positionierung im Wettbewerb). Ein funktionierendes Zusammenspiel setzt eine offene Diskussion zwischen Geschäftsleitung und Aufsichtsorgan voraus. Die Wahrung der Vertraulichkeit ist
eine wichtige Voraussetzung dafür, dass dieser Austausch tatsächlich im Interesse des Institutes
mit Leben gefüllt wird. Von allen Organmitgliedern ist daher – auch mit Bezug auf die von ihnen
eingeschalteten Mitarbeiter – sicherzustellen, dass die Geheimhaltungspflichten beachtet werden.
In diesem Zusammenhang sei darauf verwiesen, dass Verstöße gegen die Geheimhaltungspflicht
nach gesellschaftsrechtlichen Regelungen Straftatbestände darstellen, die mit Geld- oder sogar
Freiheitsstrafen geahndet werden können (§ 404 AktG, § 151 GenG). Geheimhaltungspflichten des
Aufsichtsorgans können natürlich auch bei anderen Anforderungen der MaRisk berührt sein, wie
z.B. bei den Berichtspflichten der Geschäftsleitung über die Risikosituation (→ AT 4.3.2 Tz. 3 und
BT 3.1 Tz. 5).

---

245 Vgl. Regierungskommission Deutscher Corporate Governance Kodex, Deutscher Corporate Governance Kodex, Fassung
     vom 16. Dezember 2019, S. 10.

8   Kommunikation der Strategien (Tz. 7)

236   **7** Die Inhalte sowie Änderungen der Strategien sind innerhalb des Institutes in geeigneter Weise zu kommunizieren.

8.1   Information über Inhalte und Änderungen der Strategien

237   Entscheidungen von zentraler Bedeutung, wie etwa die Festlegung oder Anpassung der Strategien, werden zwar von der Geschäftsleitung getroffen. Die beste Strategie wird jedoch kaum erfolgreich sein, wenn sie nicht an diejenigen kommuniziert wird, die sie umsetzen sollen, nämlich die Mitarbeiter. Zwingende Voraussetzung für die Umsetzung der Strategien ist daher eine geeignete Kommunikation ihrer Inhalte. Eine Strategie, die nicht kommuniziert wird, läuft ins Leere. Beispielsweise wäre eine sinnvolle Ausdifferenzierung der Limitsysteme auf operativer Ebene schlichtweg unmöglich, solange den für die Limiteinrichtung verantwortlichen Mitarbeitern der durch den Risikoappetit der Geschäftsleitung bestimmte Globalrahmen nicht bekannt ist (→ AT 4.2 Tz. 2).

238   Ein anderes Beispiel betrifft die Institute mit hohem NPL-Bestand. Diese Institute müssen eine Strategie für notleidende Risikopositionen festlegen und mit Hilfe eines Implementierungsplanes umsetzen (→ AT 4.2 Tz. 1). Die betroffenen Institute sollten sämtliche maßgeblichen Mitarbeiter über die wichtigsten Komponenten dieser Strategie informieren. Dies ist vor allem dann von Bedeutung, wenn die Umsetzung der Strategie für notleidende Risikopositionen weitreichende Veränderungen der Geschäftsabläufe nach sich zieht.[246]

239   Die Inhalte und Änderungen der Strategien sind daher in geeigneter Weise innerhalb des Institutes zu kommunizieren. Diese Anforderung bezieht sich auf die Kommunikation sowohl der Geschäftsstrategie als auch der Risikostrategie.[247] Die Mitarbeiter kennen dadurch den von der Geschäftsleitung gesetzten strategischen Rahmen und können ihren Beitrag zur Umsetzung der Strategien leisten. Abweichungen von den strategischen Vorgaben der Geschäftsleitung können bspw. im Rahmen der Risikoberichterstattung weitergegeben werden, so dass die Geschäftsleitung in die Lage versetzt wird, ggf. erforderliche Korrekturen vorzunehmen. Die Kommunikation der Strategien hat noch weitere Vorteile. Die Mitarbeiter können sich mit den übergeordneten Vorgaben der Geschäftsleitung identifizieren, so dass die Akzeptanz der Strategien im Institut erhöht wird. Sie können darüber hinaus eigene Vorschläge zur konkreten Umsetzung der Strategien unterbreiten, sofern sie nicht ohnehin in irgendeiner Weise an deren Ausarbeitung beteiligt sind. Die Kommunikation der Strategien wird daher regelmäßig auch positive Auswirkungen auf die Motivation der Mitarbeiter haben und deren Risikobewusstsein im Interesse des Institutes schärfen.

240   Letztlich ist die Kommunikation der Strategien auch eine Frage der Risikokultur. So sollten die Institute eine Risikokultur mittels eines Verhaltenskodex[248] sowie Richtlinien, Kommunikation und Fortbildungen der Mitarbeiter bezüglich der Tätigkeiten, der Strategie und des Risikoprofils

---

246 Vgl. European Banking Authority, Leitlinien über das Management notleidender und gestundeter Risikopositionen, EBA/GL/2018/06, 31. Oktober 2018, S. 15.

247 Vor der dritten MaRisk-Novelle war eine Kommunikation lediglich mit Blick auf die Risikostrategie zwingend erforderlich. Eine Kommunikation der Geschäftsstrategie war nicht verpflichtend geregelt.

248 Gemäß AT 5 Tz. 3 lit. g MaRisk haben Institute abhängig von ihrer Größe sowie der Art, dem Umfang, der Komplexität und dem Risikogehalt der Geschäftsaktivitäten einen Verhaltenskodex vorzuhalten. Im Falle von Auslagerungen sollen die Institute zudem über entsprechende Regelungen sicherstellen, dass das Auslagerungsunternehmen in einer mit den Werten und dem Verhaltenskodex des auslagernden Institutes im Einklang stehenden Weise handelt (→ AT 5 Tz. 3, Erläuterung).

des Institutes entwickeln und anpassen, um der Verantwortung der Mitarbeiter bezüglich Risiko-appetit und Risikomanagement Rechnung zu tragen.[249] Die kontinuierliche Kommunikation über Risikothemen einschließlich der Risikostrategie im gesamten Institut ist ein wesentlicher Grund-satz einer starken Risikokultur. Eine starke Risikokultur sollte das Risikobewusstsein fördern und eine offene Kommunikation und Herausforderung in Bezug auf das Eingehen von Risiken inner-halb des Institutes sowie vertikal zur und von der Geschäftsleitung fördern. Das obere Manage-ment sollte aktiv mit den Kontrollfunktionen über die wichtigsten Pläne und Aktivitäten des Managements kommunizieren und diese konsultieren, damit die Kontrollfunktionen ihre Auf-gaben wirksam wahrnehmen können.[250]

8.2 Art und Weise der Kommunikation

Die Bedeutung der Art und Weise der Kommunikation der Strategien sollte nicht unterschätzt werden. Letztlich können die Mitarbeiter die Strategien nicht nachvollziehen, wenn sie unver-ständlich sind. Oberflächliche Darstellungen sind in diesem Zusammenhang ebenso wenig hilfreich wie komplexe Beschreibungen, die mit überbordenden Zahlenkolonnen bestückt sind.[251] Bei der Kommunikation muss daher ein geeigneter Mittelweg gefunden werden, da die Strategien ansonsten nicht auf breite Akzeptanz bei den Mitarbeitern stoßen. Die Information über die Richtlinien und die Strategien des Institutes sollte in jedem Fall auf klare und einheitliche Art und Weise erfolgen. Dies kann in Form von schriftlichen Leitlinien, Handbüchern oder anderweitig erfolgen.[252]   **241**

In den MaRisk wird deshalb explizit gefordert, dass die Strategien »in geeigneter Weise« zu kommunizieren sind, ohne dabei eine bestimmte Kommunikationsform vorzuschreiben. Es wäre auch wenig zweckmäßig, wenn die Aufsicht in diesem Bereich konkrete Anforderungen stellen würde. So wird es z. B. bei einem kleinen Institut mit überschaubaren Geschäftsaktivitäten i. d. R. relativ einfach sein, die geschäfts- und risikostrategische Ausrichtung innerhalb des Institutes zu kommunizieren. Deutlich schwieriger wird das Unterfangen bei international agierenden Bank-konzernen mit Tausenden von Mitarbeitern. In der Praxis werden die risikostrategischen Vor-gaben der Geschäftsleitung häufig in Rahmenanweisungen fixiert, die neben der geschäftsstrate-gischen Ausrichtung und den Organisationsrichtlinien Bestandteil der gesamten schriftlich fixier-ten Ordnung des Institutes sind (→ AT 4.2 Tz. 2 und AT 5 Tz. 1).   **242**

8.3 Zielgerichtete Kommunikation

Die Strategien müssen nicht unbedingt jedem Mitarbeiter des Institutes bekanntgemacht werden. So wird etwa die strategische Ausrichtung des Institutes für die Tätigkeit bestimmter Mitarbeiter nur von geringer oder sogar überhaupt keiner Bedeutung sein (z. B. Boten oder Pförtner). Nach den Vorgaben der EBA sollten allen betroffenen Mitarbeitern die Strategien sowie jene Richtlinien und Verfahren mitgeteilt werden, die mit ihren Aufgaben und Verantwortlichkeitsbereichen in   **243**

249 Vgl. European Banking Authority, Leitlinien zur internen Governance, EBA/GL/2017/11, 21. März 2018, S. 26.
250 Vgl. Basel Committee on Banking Supervision, Guidelines – Corporate governance principles for banks, BCBS 328, 8. Juli 2015, S. 30.
251 Vgl. Bucher, Silvan/Holstein, William K./Campell, Duri, Wie sich Strategien erfolgreich umsetzen lassen, in: io new management, Heft 12/2007, S. 57.
252 Vgl. European Banking Authority, Leitlinien zur internen Governance, EBA/GL/2017/11, 21. März 2018, S. 51.

Verbindung stehen, damit sie ihre jeweiligen Aufgaben wahrnehmen können.[253] Daher ist bei der internen Kommunikation grundsätzlich auch eine Schwerpunktsetzung möglich.

244 Der Baseler Ausschuss für Bankenaufsicht erwartet z. B., dass die Liquiditätsstrategie sowie die wichtigsten Richtlinien zur Umsetzung dieser Strategie und die Struktur des Liquiditätsrisikomanagements in geeigneter Weise unternehmensweit kommuniziert werden. Insbesondere sollten sich alle Geschäftseinheiten, die liquiditätswirksame Aktivitäten durchführen, der Liquiditätsstrategie voll bewusst sein und im Rahmen der genehmigten Richtlinien, Verfahren, Limite und Kontrollen arbeiten. Die für das Liquiditätsrisikomanagement verantwortlichen Personen sollten darüber hinaus enge Beziehungen zu denjenigen unterhalten, die die Marktbedingungen überwachen, sowie zu anderen Personen, die Zugang zu kritischen Informationen haben, wie z. B. Kreditrisikomanagern.[254]

245 Der von der Geschäftsleitung definierte Umgang mit Nachhaltigkeitsrisiken sollte hingegen breit nach intern und extern kommuniziert werden, womit auch ein Reputationsgewinn verbunden sein kann. Die BaFin empfiehlt, dabei insbesondere auf etwaige Kriterien zum Ausschluss bzw. zur gezielten Steuerung bestimmter Risikopositionen einzugehen, um den Vertragspartnern und Investoren das eigene Handeln transparent zu machen und eine eventuelle Verunsicherung auszuräumen bzw. von vornherein zu vermeiden.[255]

246 Gemäß Art. 74 CRD IV müssen die Institute über solide Regelungen für die Unternehmensführung verfügen, um die tatsächlichen und potenziellen künftigen Risiken effektiv ermitteln, steuern, überwachen und melden zu können. So können sich die Institute ein ganzheitliches Bild über sämtliche Risiken auf Einzel- und konsolidierter Basis machen. Der Geschäftsleitung sollte deshalb regelmäßig und in geeigneter Form über Klima- und Umweltrisiken Bericht erstattet werden, damit der ordnungsgemäße Umgang mit diesen Risiken gewährleistet ist.[256] Zu diesem Zweck könnte z. B. ein spezieller Nachhaltigkeitsbericht erstellt werden.

8.4   Erleichterung der Kommunikation

247 Die Basis für eine funktionierende Kommunikation kann im Prinzip schon bei der Entwicklung der Strategien geschaffen werden. Die Ziele und die zur Zielerreichung erforderlichen Maßnahmen müssen nicht qua Kommando von der Geschäftsleitung verordnet werden. Vielmehr kann die Geschäftsleitung bereits in dieser Phase leitende Manager (z. B. Abteilungs- oder Bereichsleiter) aus verschiedenen Organisationseinheiten in den Prozess einbeziehen, um auf der Grundlage fundierter Diskussionen Entscheidungen herbeizuführen. Auf der Basis eines breiten Konsenses lässt sich die strategische Ausrichtung deutlich leichter kommunizieren.[257] Das leitende Management kann im Weiteren als Vermittler zwischen Geschäftsleitung und Mitarbeitern agieren. Strategieworkshops, Informationsveranstaltungen sowie Umlaufverfahren, E-Mail-Benachrichtigungen oder das Intranet kommen in diesem Zusammenhang als mögliche Kommunikationsmittel in Betracht.

---

253 Vgl. European Banking Authority, Leitlinien zur internen Governance, EBA/GL/2017/11, 21. März 2018, S. 51.

254 Vgl. Basel Committee on Banking Supervision, Principles for Sound Liquidity Risk Management and Supervision, BCBS 144, 25. September 2008, S. 8.

255 Vgl. Bundesanstalt für Finanzdienstleistungsaufsicht, Merkblatt zum Umgang mit Nachhaltigkeitsrisiken, 20. Dezember 2019, geändert am 13. Januar 2020, S. 21.

256 Vgl. Europäische Zentralbank, Leitfaden zu Klima- und Umweltrisiken – Erwartungen der Aufsicht in Bezug auf Risikomanagement und Offenlegungen, 27. November 2020, S. 22.

257 Vgl. Kreutzer, Markus/Lechner, Christoph, Implementierung von Strategien, in: OrganisationsEntwicklung, Heft 1/2009, S. 5.

AT 4.3 Internes Kontrollsystem

1	**Einführung und Überblick**	1
1.1	Bestandteile des internen Kontrollsystems	1
1.1.1	Aufbau- und Ablauforganisation	4
1.1.2	Risikosteuerungs- und -controllingprozesse	6
1.2	Stresstests	9
1.3	Risikodatenaggregation	12
2	**Implementierung des internen Kontrollsystems (Tz. 1)**	15
2.1	Ausgestaltung des internen Kontrollsystems	16

1 Einführung und Überblick

1.1 Bestandteile des internen Kontrollsystems

1 Nach § 25a Abs. 1 Satz 3 Nr. 3 KWG umfasst das »interne Kontrollsystem« insbesondere die aufbau- und ablauforganisatorischen Regelungen mit klarer Abgrenzung der Verantwortungs-bereiche, die Prozesse zur Identifizierung, Beurteilung, Steuerung sowie Überwachung und Kommunikation der Risiken entsprechend den in Art. 76 bis 87 CRD IV niedergelegten technischen Kriterien sowie die Risikocontrolling- und die Compliance-Funktion.

2 Die allgemeinen Anforderungen an die Aufbau- und Ablauforganisation (→ AT 4.3.1) sowie an die Risikosteuerungs- und -controllingprozesse (→ AT 4.3.2) sind in diesem Modul niedergelegt. Die Anforderungen an die Durchführung von institutsinternen Stresstests wurden vor dem Hintergrund umfangreicher regulatorischer Initiativen und aus Gründen der Übersichtlichkeit im Rahmen der dritten MaRisk-Novelle in ein separates Modul überführt (→ AT 4.3.3). Mit der fünften MaRisk-Novelle wurden außerdem die Vorgaben zum Management und zur Aggregation von Risikodaten ergänzt (→ AT 4.3.4), die vor allem für die Risikoberichterstattung von zentraler Bedeutung sind.

3 Die besonderen Funktionen, zu denen neben der Risikocontrolling-Funktion (→ AT 4.4.1) und der Compliance-Funktion (→ AT 4.4.2), die beide der zweiten Verteidigungslinie zugerechnet werden, außerhalb des internen Kontrollsystems als dritte Verteidigungslinie auch die Interne Revision (→ AT 4.4.3) gehört, werden aufgrund ihrer übergreifenden Bedeutung für das Risiko-management eines Institutes separat behandelt (→ AT 4.4).

1.1.1 Aufbau- und Ablauforganisation

4 Das interne Kontrollsystem umfasst alle Formen von Überwachungsmechanismen, die integraler Bestandteil der zu überwachenden Prozesse sind (prozessabhängige Überwachung). Die für derartige Überwachungsaufgaben zuständigen Mitarbeiter oder Stellen sind an den jeweiligen Arbeitsprozessen beteiligt und häufig auch für das Ergebnis der zu überwachenden Prozesse verantwortlich. Deshalb kommt es vor allem darauf an, Interessenkonflikte zu vermeiden, indem z. B. miteinander unvereinbare Tätigkeiten durch unterschiedliche Mitarbeiter durchgeführt wer-den oder Mitarbeitern keine Tätigkeiten zugewiesen werden, die gegen das Verbot der Selbst-prüfung und -überprüfung verstoßen (→ AT 4.3.1 Tz. 1).

5 Um für die entsprechenden Festlegungen eine solide Basis zu haben, müssen die jeweiligen Prozesse sowie die damit verbundenen Aufgaben, Kompetenzen, Verantwortlichkeiten, Kontrol-len und Kommunikationswege zunächst klar definiert und aufeinander abgestimmt werden. Dabei sollten die Institute darauf achten, dass die Berechtigungen und Kompetenzen am tatsächlichen Bedarf orientiert und regelmäßig hinterfragt werden (→ AT 4.3.1 Tz. 2).

1.1.2 Risikosteuerungs- und -controllingprozesse

6 Die Institute müssen angemessene Prozesse zur Identifizierung, Beurteilung, Steuerung sowie Überwachung und Kommunikation der wesentlichen Risiken und der damit verbundenen Risiko-konzentrationen (Risikosteuerungs- und -controllingprozesse) einrichten. Diese Prozesse sollten nicht für sich betrachtet werden, sondern in eine gemeinsame Ertrags- und Risikosteuerung (»Gesamtbanksteuerung«) eingebunden werden (→ AT 4.3.2 Tz. 1). Die Identifizierung der

Risiken auf Basis geeigneter Indikatoren muss frühzeitig erfolgen (→ AT 4.3.2 Tz. 2), damit die Maßnahmen zur Risikobegrenzung und -überwachung unter Berücksichtigung der Risikotragfähigkeit und des Risikoappetits ihre Wirkung überhaupt entfalten können. Für die Risikoberichterstattung ist es von besonderer Bedeutung, dass die wesentlichen Risiken vollständig erfasst und in angemessener Weise dargestellt werden, um daraus Steuerungsimpulse generieren zu können.

Diesem Zweck dient die regelmäßige Berichterstattung der Risikocontrolling-Funktion an die   7
Geschäftsleitung. Die Geschäftsleitung hat wiederum mindestens vierteljährlich das Aufsichtsorgan über die Risikosituation einschließlich vorhandener Risikokonzentrationen zu informieren, damit es seiner Überwachungsfunktion nachkommen kann (→ AT 4.3.2 Tz. 3). Unter besonderen Umständen kann es auch erforderlich sein, die Geschäftsleitung, die jeweiligen Verantwortlichen und ggf. die Interne Revision ad hoc über risikorelevante Sachverhalte in Kenntnis zu setzen (→ AT 4.3.2 Tz. 4).

Schließlich müssen die Risikosteuerungs- und -controllingprozesse sowie die zur Risikoquanti-   8
fizierung eingesetzten Methoden und Verfahren regelmäßig und anlassbezogen überprüft und ggf. angepasst werden. Dafür gelten grundsätzlich dieselben Anforderungen wie zur Überprüfung der Angemessenheit der Methoden und Verfahren zur Sicherstellung der Risikotragfähigkeit (→ AT 4.3.2 Tz. 5). Das bedeutet, dass den Grenzen und Beschränkungen, die sich aus den eingesetzten Methoden und Verfahren, den ihnen zugrunde liegenden Annahmen und den in die Risikoquantifizierung einfließenden Daten ergeben, hinreichend Rechnung zu tragen ist. Insbesondere sind aus anderen Quellen stammende Daten und Annahmen auf ihre Eignung für das eigene Institut zu überprüfen. Zudem sollten vergleichsweise komplexe Prozesse, Methoden und Verfahren in angemessener Weise validiert werden (→ AT 4.1 Tz. 9).

1.2 Stresstests

Die Institute müssen regelmäßig und anlassbezogen Stresstests für die wesentlichen Risiken durch-   9
führen, die ihren Geschäftsaktivitäten angemessen sind. Damit sollen sie ihr individuelles Gefährdungspotenzial bezüglich außergewöhnlicher, aber plausibel möglicher Ereignisse auf Portfolio-, Geschäftsbereichs- oder Institutsebene etc. überprüfen (→ AT 4.3.3 Tz. 1). Auch für das Gesamtrisikoprofil des Institutes sind – wie in § 25c Abs. 4a Satz 1 Nr. 3 lit. f KWG gefordert – die Auswirkungen geeigneter übergeordneter Stressszenarien zu analysieren, die institutseigene und marktweite Ursachen sowie die Wechselwirkungen zwischen den Risikoarten berücksichtigen (→ AT 4.3.3 Tz. 2).

Die zugrunde gelegten Szenarien sollten sich unter Berücksichtigung der strategischen Aus-   10
richtung des Institutes und seines wirtschaftlichen Umfeldes nicht auf historische Ereignisse beschränken, sondern auch auf hypothetischen Ereignissen basieren. Zu analysieren sind dabei u. a. die Auswirkungen eines schweren konjunkturellen Abschwungs auf Gesamtinstitutsebene (→ AT 4.3.3 Tz. 3). Je nach Art, Umfang, Komplexität und Risikogehalt der Geschäftsaktivitäten sind zudem so genannte »inverse Stresstests« in qualitativer oder quantitativer Hinsicht durchzuführen, die auch zur Beurteilung der Angemessenheit der »normalen Stresstests« und der zugrunde liegenden Annahmen herangezogen werden können (→ AT 4.3.3 Tz. 4). Diese Beurteilung hat mindestens jährlich zu erfolgen (→ AT 4.3.3 Tz. 5).

Die Ergebnisse der Stresstests sollen kritisch reflektiert und zur Ermittlung eines möglichen   11
Handlungsbedarfes herangezogen werden. Dieser Handlungsbedarf kann neben einer Unterlegung mit Risikodeckungspotenzial auch in einer verschärften Überwachung der Risiken sowie in einer Anpassung der Limite oder der geschäftspolitischen Ausrichtung münden (→ AT 4.3.3 Tz. 6).

1.3   Risikodatenaggregation

12   Die bedeutenden Institute gemäß Art. 6 SSM-Verordnung müssen unter Berücksichtigung des Proportionalitätsprinzips institutsweit und gruppenweit geltende Grundsätze für das Datenmanagement, die Datenqualität und die Aggregation von Risikodaten festlegen, um insbesondere ihre Fähigkeiten zur zeitnahen Risikoanalyse und -berichterstattung zu verbessern (→ AT 4.3.4 Tz. 1). Dies gilt auch für jene Situationen, in denen Risikopositionen ad hoc nach unterschiedlichen Kriterien und auf unterschiedlichen Ebenen (Geschäftsfelder, Portfolios, ggf. Einzelgeschäfte) auszuweisen und zu analysieren sind (→ AT 4.3.4 Tz. 6). Vor diesem Hintergrund müssen die aggregierten Risikodaten sowohl unter gewöhnlichen Umständen als auch in Stressphasen zeitnah zur Verfügung stehen, wofür das Institut interne Vorgaben festlegen muss (→ AT 4.3.4 Tz. 5).

13   Die Fähigkeit zur zeitnahen Berichterstattung basiert in erster Linie auf einer Datenstruktur und Datenhierarchie, bei der die Daten zweifelsfrei identifiziert, zusammengeführt und ausgewertet werden können (→ AT 4.3.4 Tz. 2). Um eine möglichst automatisierte Auswertung und Aggregation der Daten nach unterschiedlichen Kategorien zu gewährleisten, hat das Institut interne Anforderungen an die Genauigkeit und Vollständigkeit der Daten zu formulieren (→ AT 4.3.4 Tz. 3).

14   Zur Qualitätskontrolle müssen die Risikodaten und die Daten in den Risikoberichten mit anderen verfügbaren Informationen abgeglichen werden, um sie zu plausibilisieren und Datenfehler bzw. Schwachstellen in der Datenqualität zu identifizieren. Dafür können z. B. Daten aus dem Rechnungswesen und dem Meldewesen herangezogen werden (→ AT 4.3.4 Tz. 4). Für alle Prozessschritte sind Verantwortlichkeiten festzulegen und prozessabhängige Kontrollen einzurichten. Die Einhaltung der institutsinternen Regelungen, Verfahren, Methoden und Prozesse ist von einer von den geschäftsinitiierenden bzw. -abschließenden Einheiten unabhängigen Stelle regelmäßig zu überprüfen (→ AT 4.3.4 Tz. 7).

2 Implementierung des internen Kontrollsystems (Tz. 1)

1 In jedem Institut sind entsprechend Art, Umfang, Komplexität und Risikogehalt der **15** Geschäftsaktivitäten

a) Regelungen zur Aufbau- und Ablauforganisation zu treffen,

b) Risikosteuerungs- und -controllingprozesse einzurichten und

c) eine Risikocontrolling-Funktion und eine Compliance-Funktion zu implementieren.

2.1 Ausgestaltung des internen Kontrollsystems

An dieser Stelle wird mit Blick auf den Wortlaut von § 25a Abs. 1 Satz 3 Nr. 3 KWG lediglich zum **16** Ausdruck gebracht, dass alle Institute über die wesentlichen Komponenten des internen Kontrollsystems verfügen müssen, d. h. über

– aufbau- und ablauforganisatorische Regelungen mit klarer Abgrenzung der Verantwortungsbereiche (→ AT 4.3.1),

– Risikosteuerungs- und -controllingprozesse, also Prozesse zur Identifizierung, Beurteilung, Steuerung, Überwachung und Kommunikation der Risiken (→ AT 4.3.2) sowie

– eine Risikocontrolling-Funktion (→ AT 4.4.1) und eine Compliance-Funktion (→ AT 4.4.2).

Gleichzeitig verweist die deutsche Aufsicht darauf, dass die Ausgestaltung des internen Kontroll- **17** systems von Art, Umfang, Komplexität und Risikogehalt der Geschäftsaktivitäten abhängig ist. Insofern gilt das Proportionalitätsprinzip auch für die einzelnen Komponenten des internen Kontrollsystems.

Die in Modul AT 4.3.1 formulierten Prinzipien zur Aufbau- und Ablauforganisation, die ins- **18** besondere darauf abzielen, dass Interessenkonflikte vermieden (→ AT 4.3.1 Tz. 1) und die Prozesse sowie die damit verbundenen Aufgaben, Kompetenzen, Verantwortlichkeiten, Kontrollen und Kommunikationswege klar definiert und aufeinander abgestimmt werden (→ AT 4.3.1 Tz. 2), beziehen sich grundsätzlich auch auf die Ausgestaltung der Risikosteuerungs- und -controllingprozesse.

Die Regelungen zur Aufbau- und Ablauforganisation werden zunächst aus übergreifender Sicht **19** (→ BTO) sowie anschließend speziell für das Kreditgeschäft (→ BTO 1) und das Handelsgeschäft (→ BTO 2) eines Institutes weiter präzisiert. Auch die näheren Ausführungen zu den Risikosteuerungs- und -controllingprozessen für die Adressenausfallrisiken (→ BTR 1), die Marktpreisrisiken (→ BTR 2), die Zinsänderungsrisiken im Anlagebuch (→ BTR 2.3), die Liquiditätsrisiken (→ BTR 3) und die operationellen Risiken (→ BTR 4) sind im besonderen Teil der MaRisk niedergelegt. Die konkreten Anforderungen an die Berichterstattung über die verschiedenen Risikoarten wurden allerdings im Zuge der fünften MaRisk-Novelle an einer Stelle zusammengeführt, um die Bedeutung einer integrierten Risikoberichterstattung zu betonen (→ BT 3). Dabei unterscheidet die Aufsicht grob zwischen grundlegenden Anforderungen, die sich u. a. auf die Aktualität, Genauigkeit, Nachvollziehbarkeit und Vollständigkeit der Risikoberichte beziehen (→ BT 3.1), und inhaltlichen Vorgaben in Abhängigkeit von der jeweils betrachteten Risikoart (→ BT 3.2).

Die aufbauorganisatorischen Vorgaben zur Risikocontrolling-Funktion (→ AT 4.4.1) und zur **20** Compliance-Funktion (→ AT 4.4.2) sowie deren wesentliche Aufgabenbereiche im Rahmen der Risikosteuerungs- und -controllingprozesse werden im Anschluss dargelegt (→ AT 4.4).

AT 4.3.1 Aufbau- und Ablauforganisation

1	**Vermeidung von Interessenkonflikten (Tz. 1)**	1
1.1	Interessenkonflikte	2
1.2	Maßnahmen zur Vermeidung von Interessenkonflikten	8
1.2.1	Vier-Augen-Prinzip	8
1.2.2	Funktionstrennung auf personenbezogener Ebene	10
1.2.3	Funktionstrennung auf Bereichs- und Stellenebene	12
1.3	Vermeidung von Interessenkonflikten bei Arbeitsplatzwechseln	14
1.4	Verbot der Selbstprüfung und -überprüfung	18
1.5	Strengere Vorgaben für die Interne Revision	22
2	**Prozessabstimmung und Berechtigungsmanagement (Tz. 2)**	25
2.1	Definition und Abstimmung der Kernelemente	26
2.1.1	Prozesse	27
2.1.2	Aufgaben	28
2.1.3	Kompetenzen	29
2.1.4	Verantwortlichkeiten	32
2.1.5	Kontrollen	34
2.1.6	Kommunikationswege	35
2.2	Berechtigungen und Kompetenzen	36
2.2.1	Vergabe	36
2.2.2	Regelmäßige und anlassbezogene Überprüfung	41
2.2.3	Zeitnahe Anpassung	48
2.3	Schnittstellen zu ausgelagerten Aktivitäten und Prozessen	50
2.4	Berücksichtigung von Nachhaltigkeitsrisiken	52

1 Vermeidung von Interessenkonflikten (Tz. 1)

1 Bei der Ausgestaltung der Aufbau- und Ablauforganisation ist sicherzustellen, dass miteinander unvereinbare Tätigkeiten durch unterschiedliche Mitarbeiter durchgeführt und auch bei Arbeitsplatzwechseln Interessenkonflikte vermieden werden. Beim Wechsel von Mitarbeitern der Handels- und Marktbereiche in nachgelagerte Bereiche und Kontrollbereiche sind für Tätigkeiten, die gegen das Verbot der Selbstprüfung und -überprüfung verstoßen, angemessene Übergangsfristen vorzusehen.   **1**

1.1 Interessenkonflikte

Die Konzentration verschiedener Aufgaben auf einzelne Personen kann bei Instituten zu mehr   **2** oder minder stark ausgeprägten Interessenkonflikten führen, die sich negativ auf die Ziele des Institutes auswirken können. Interessenkonflikte sind grundsätzlich auf allen Hierarchiestufen möglich und können verschiedene Abläufe innerhalb einer Organisation berühren. Mit besonders drastischen Auswirkungen ist dann zu rechnen, wenn risikorelevante Aufgaben bei hochrangigen Entscheidungsträgern konzentriert sind und diese keiner weiteren Kontrolle unterliegen. Sie können sich im ungünstigen Fall zu einem Sprengsatz ausweiten, wenn zugleich erfolgsabhängige Vergütungen an dieselben Entscheidungsträger gezahlt werden, die das Eingehen von unverhältnismäßigen Risiken geradezu fördern. Der Bankrott der britischen Investmentbank Barings im Jahr 1995 war unmittelbar auf eine solche Konstellation zurückzuführen. Abschluss und Abwicklung von riskanten Spekulationsgeschäften lagen in der Hand eines einzelnen Mitarbeiters. Das Fehlen geeigneter Kontrollmechanismen nutzte dieser Mitarbeiter für betrügerische Handlungen im eigenen Interesse aus.

In den Unternehmen bedient man sich verschiedener Mittel, um die negativen Folgen bestehen-   **3** der Interessenkonflikte zu vermeiden oder doch zumindest abzuschwächen. Ein wirksames Mittel ist Transparenz, die sich über entsprechende Berichtspflichten herstellen lässt (→ AT 4.3.2 Tz. 3 und BT 3.1 Tz. 1). Sie sind daher nicht nur eine wichtige Grundlage für die Steuerung und Überwachung der Risiken. Durch die transparente Darstellung der Risikosituation wird darüber hinaus die Problematik ggf. vorhandener Interessenkonflikte grundsätzlich entschärft. Transparenz ist allerdings nur ein Mittel zur Milderung der Auswirkungen von Interessenkonflikten. Eine weitere Maßnahme ist die Implementierung geeigneter Kontrollmechanismen. Hierzu gehören insbesondere Vorkehrungen, die gewährleisten, dass miteinander unvereinbare Tätigkeiten von unterschiedlichen Personen durchgeführt werden. Die MaRisk sehen in diesem Zusammenhang unterschiedlich ausgeprägte Trennungen von Funktionen, Stellen oder Bereichen vor, die im Grunde genommen alle auf das gängige »Vier-Augen-Prinzip« zurückgehen.

Der Baseler Ausschuss für Bankenaufsicht hat die Bedeutung eines angemessenen Umgangs mit   **4** Interessenkonflikten im Zusammenhang mit dem Management der operationellen Risiken verdeutlicht. Demnach erfordert ein wirksames Kontrollumfeld eine angemessene Aufgabentrennung, weil Zuordnungen, die widersprüchliche Aufgaben für Personen oder für ein Team festlegen, ohne ein Vier-Augen-Prinzip oder andere Gegenmaßnahmen vorzusehen, zum Verschweigen von Verlusten, Fehlern oder unangemessenen Handlungen führen können. Daher sollten

AT 4.3.1 Aufbau- und Ablauforganisation

Tätigkeitsfelder, in denen Interessenkonflikte entstehen können, identifiziert und minimiert werden und einer sorgfältigen unabhängigen Steuerung und Überwachung unterliegen.[1]

5 Darüber hinaus können sich Interessenkonflikte ergeben, wenn ein Mitarbeiter seine persönlichen Interessen über die Institutsinteressen stellt und diese persönlichen Interessen die Handlungen bzw. Entscheidungen des betreffenden Mitarbeiters bestimmen. Aus dem Verhalten des Mitarbeiters könnte für das Institut ggf. ein Schaden entstehen, z. B. ein finanzieller Schaden oder ein Reputationsschaden. Vor diesem Hintergrund enthält das Aufsichtsrecht neben den Anforderungen der MaRisk an die Ausgestaltung der Aufbau- und Ablauforganisation zahlreiche weitere Regelungen zur Vermeidung von Interessenkonflikten. So regelt z. B. § 15 KWG die Modalitäten der Kreditvergabe an Personen oder Unternehmen, die dem Kredit gewährenden Institut aufgrund personeller oder finanzieller Verflechtungen eng verbunden sind (Organkredite). Darüber hinaus haben die Institute gemäß § 25h Abs. 1 Satz 1 KWG über ein angemessenes Risikomanagement und über Verfahren und Grundsätze zu verfügen, die der Verhinderung von sonstigen strafbaren Handlungen dienen, die zu einer Gefährdung des Vermögens des Institutes führen können.[2] Die Institute haben hierfür angemessene geschäfts- und kundenbezogene Sicherungssysteme zu schaffen und zu aktualisieren sowie Kontrollen durchzuführen. Als mitarbeiterbezogene Sicherungsmaßnahmen müssen die Institute z. B. über Richtlinien zu Einladungen und Geschenken verfügen.[3]

6 Auch das WpHG enthält zahlreiche Vorgaben zur Vermeidung von Interessenkonflikten. So hat z. B. ein Wertpapierdienstleistungsunternehmen gemäß § 80 Abs. 1 Satz 1 Nr. 2 WpHG auf Dauer wirksame Vorkehrungen für angemessene Maßnahmen zu treffen, um Interessenkonflikte bei der Erbringung von Wertpapierdienstleistungen oder -nebendienstleistungen zwischen dem Unternehmen selbst (einschließlich Geschäftsleitern, Mitarbeitern, vertraglich gebundenen Vermittlern und durch Kontrolle im Sinne von Art. 4 Abs. 1 Nr. 37 CRR verbundenen Personen und Unternehmen) und seinen Kunden oder zwischen seinen Kunden untereinander zu erkennen und zu vermeiden oder zu regeln. Dies umfasst auch solche Interessenkonflikte, die durch die Annahme von Zuwendungen Dritter sowie durch die eigene Vergütungsstruktur oder sonstige Anreizstrukturen des Wertpapierdienstleistungsunternehmens verursacht werden. Die internen organisatorischen Vorkehrungen zur Identifizierung und zum Management von Interessenkonflikten werden durch die geschäftsbezogenen Verhaltenspflichten nach § 63 WpHG ergänzt. Diese Verhaltenspflichten sollen dazu führen, dass Interessenkonflikte erst gar nicht entstehen. Die von den Instituten einzurichtende Beschwerdemanagementfunktion hat dafür zu sorgen, dass mögliche Interessenkonflikte identifiziert und eine Beeinträchtigung der Beschwerdebearbeitung durch Interessenkonflikte vermieden werden.[4] Die »Bankaufsichtlichen Anforderungen an die IT« (BAIT) enthalten verschiedene Maßnahmen, die mögliche Interessenkonflikte beim Informationssicherheitsbeauftragten vermeiden sollen.[5]

---

1 Vgl. Basel Committee on Banking Supervision, Revisions to the Principles for the Sound Management of Operational Risk, BCBS 515, 31. März 2021, S. 14.

2 Der Begriff der »sonstigen strafbaren Handlung« ist im KWG nicht definiert. Erfasst werden sollen alle vorsätzlichen versuchten oder vollendeten Handlungen im Inland oder einem anderen Rechtskreis, in dem das Kreditinstitut durch Tochtergesellschaften, Filialen oder Niederlassungen vertreten ist oder in sonstiger Weise seine Dienstleistungen aktiv erbringt, und die zu einer wesentlichen Gefährdung des Vermögens des Institutes führen können. Zu den strafbaren Handlungen gehören insbesondere Betrug und Untreue (§§ 263 ff. StGB), Diebstahl (§ 242 StGB), Unterschlagung (§ 246 StGB), Raub und Erpressung (§§ 249 ff. StGB), Korruptionsstraftaten (§§ 331 ff. StGB), Steuerstraftaten (§§ 269 ff. AO), Begünstigung (§ 257 StGB) sowie Straftaten gegen den Wettbewerb (§§ 298 ff. StGB). Die Institute haben den Begriff institutsspezifisch auszulegen. Diese Auslegung stellt die Grundlage für eine systematische Risikoidentifizierung sowie die darauf aufbauenden Definition und die Entwicklung von konkreten Sicherungsmaßnahmen dar. Vgl Auerbach, Dirk/ Hentschel, Simone, in: Schwennicke, Andreas/Auerbach, Dirk (Hrsg.), KWG, 3. Auflage, München, 2016, § 25h, Tz. 16.

3 Vgl. Auerbach, Dirk/Hentschel, Simone, in: Schwennicke, Andreas/Auerbach, Dirk (Hrsg.), KWG, 3. Auflage, München, 2016, § 25h, Tz. 55.

4 Bundesanstalt für Finanzdienstleistungsaufsicht, Mindestanforderungen an das Beschwerdemanagement, Rundschreiben 06/2018 (BA, WA und VA) vom 4. Mai 2018, geändert am 23. Januar 2020, Tz. 14.

5 Bundesanstalt für Finanzdienstleistungsaufsicht, Bankaufsichtliche Anforderungen an die IT (BAIT), Rundschreiben 10/2017 (BA) in der Fassung vom 16. August 2021, Tz. 4.5, Erläuterung.

Auch nach den Vorstellungen der EBA haben die Institute über Richtlinien für den Umgang mit 7
Interessenkonflikten innerhalb des Institutes zu verfügen. Hierzu gehört eine geeignete Aufgabentrennung, wie z. B. die Übertragung kollidierender Tätigkeiten auf unterschiedliche Personen.[6]
Zudem enthalten die EBA-Leitlinien zur internen Governance umfangreiche Vorgaben im Hinblick
auf den Umgang mit tatsächlichen und potenziellen Konflikten zwischen den Interessen des
Institutes und den persönlichen Interessen der Mitarbeiter.[7] Der von der EBA im Juli 2021
veröffentlichte Bericht zu den überarbeiteten Leitlinien zur internen Governance sieht zur Vermeidung von Interessenkonflikten für Mitglieder der Geschäftsleitung, des Aufsichtsorgans sowie
verbundene Parteien (»related parties«) umfangreiche Regelungen zur Kreditvergabe und zu
anderen Transaktionen wie z. B. Factoring, Leasing etc. vor.[8]

1.2 Maßnahmen zur Vermeidung von Interessenkonflikten

1.2.1 Vier-Augen-Prinzip

Das branchenübergreifend praktizierte Vier-Augen-Prinzip bezweckt, dass bestimmte Tätigkeiten 8
oder Entscheidungen eines Mitarbeiters durch einen zweiten Mitarbeiter kontrolliert werden.
Klassisches Beispiel sind betriebsintern festgelegte Unterschriftenregelungen, nach denen unter
rechtlichen Gesichtspunkten relevante Entscheidungen (z. B. Kaufverträge) von zwei Mitarbeitern
zu unterzeichnen sind. In der Praxis zielt die Kontrolle durch einen zweiten Mitarbeiter auch
häufig auf die Einhaltung innerbetrieblicher Richtlinien ab. Zum Teil werden diese Kontrollen nur
rein formal durchgeführt, d. h. der dem Vorgang innewohnende materielle Gehalt wird durch den
zweiten Mitarbeiter nicht kontrolliert. Durch die konsequente Anwendung des Vier-Augen-Prinzips können Fehler von vornherein vermieden werden (»controls before the fact«). Dieses Prinzip
muss aber nicht nur der Fehlerprävention dienen. Es kann auch dazu verwendet werden, bereits
bestehende Fehler aufzudecken (»controls after the fact«). Heutzutage wird das Vier-Augen-Prinzip auf breiter Ebene durch IT-Systeme unterstützt, so dass sich der an seine Implementierung
geknüpfte Aufwand immer weiter reduziert. Die Funktion der zweiten Unterschrift entspricht in
diesen Fällen z. B. einer IT-gestützten Freigabe.

Mit Hilfe des Vier-Augen-Prinzips lassen sich insbesondere Fehler reduzieren. Es dient somit der 9
Qualitätssicherung und -verbesserung. Ob es immer auch einen effektiven Beitrag zur Reduzierung von Interessenkonflikten leistet, hängt von seiner konkreten Ausgestaltung ab. Problematisch wäre z. B. eine Aufgabenverteilung, bei der Händler zugleich für Abwicklungsaufgaben
zuständig sind und diese untereinander das Vier-Augen-Prinzip praktizieren.

1.2.2 Funktionstrennung auf personenbezogener Ebene

In den MaRisk wird betont, dass miteinander unvereinbare Tätigkeiten von unterschiedlichen 10
Mitarbeitern durchzuführen sind. Mit dieser Anforderung wird das klassische Vier-Augen-Prinzip
an einer wichtigen Stelle präzisiert. Das Prinzip der Funktionstrennung auf personenbezogener
Ebene gilt unabhängig von den speziellen Funktionstrennungsregelungen, die im besonderen Teil

---

6 Vgl. European Banking Authority, Leitlinien zur internen Governance, EBA/GL/2017/11, 21. März 2018, S. 29.
7 Vgl. European Banking Authority, Leitlinien zur internen Governance, EBA/GL/2017/11, 21. März 2018, S. 29 ff.
8 Vgl. European Banking Authority, Final Report on Guidelines on internal governance under Directive 2013/36/EU,
   EBA/GL/2021/05, 2. Juli 2021, S. 41 ff.

der MaRisk niedergelegt sind (→ BTO, BTO 1.1 und BTO 2.1). Es handelt sich daher um ein allgemeines Prinzip der Funktionstrennung, das die gesamte Aufbau- und Ablauforganisation des Institutes einbezieht.

11   Ob im Einzelfall Trennungen von Funktionen notwendig sind, die über die Anforderungen im Modul BTO hinausgehen, sollte von jedem Institut in eigener Verantwortung beurteilt werden. Aus dem Gesamtrisikoprofil des Institutes können sich in dieser Hinsicht ggf. wichtige Erkenntnisse ableiten lassen. Im Vorfeld entsprechender Festlegungen sollte allerdings der voraussichtliche Kontrollnutzen dem zu erwartenden Kontrollaufwand gegenübergestellt werden. Eine überbordende Kontrollkultur kann ebenso wenig zweckmäßig sein wie das vollständige Fehlen von Kontrollen.

1.2.3   Funktionstrennung auf Bereichs- und Stellenebene

12   Die Anforderungen an die Funktionstrennung werden in Anbetracht des Bestehens spezifischer Interessenkonfliktpotenziale bei bestimmten Geschäftsarten im besonderen Teil der MaRisk enger gefasst. Insbesondere sind in bestimmten Konstellationen aufbauorganisatorische Trennungen verschiedener Organisationseinheiten (Bereiche, Stellen) erforderlich. Zunächst sind bestimmte Bereiche (Markt, Handel) grundsätzlich bis einschließlich der Ebene der Geschäftsleitung von anderen Bereichen (Marktfolge) oder Funktionen (z.B. Risikocontrolling, Abwicklung und Kontrolle) zu trennen (→ BTO Tz. 3 und 4). Bei weniger ausgeprägten Interessenkonfliktpotenzialen ist zwar immer noch eine aufbauorganisatorische Trennung erforderlich. Jedoch ist in diesen Fällen keine Trennung bis einschließlich der Ebene der Geschäftsleitung vorgeschrieben. So sind das Rechnungswesen und die für die Überprüfung wesentlicher Rechtsrisiken zuständige Stelle zwar in Organisationseinheiten außerhalb der Vertriebsbereiche anzusiedeln, womit die Ebene unterhalb der Geschäftsleitung angesprochen wird. Jedoch ist deren Trennung von Handel und Markt auf der Ebene der Geschäftsleitung nicht erforderlich (→ BTO 1 Tz. 7 und 8).

13   Es empfiehlt sich, auch die Anforderungen in anderen Modulen mit den allgemeinen Funktionstrennungsprinzipien abzugleichen. Im Einzelfall könnte sich ggf. aus der geforderten Trennung der Risikocontrolling-Funktion bis einschließlich der Ebene der Geschäftsleitung von jenen Bereichen, die für die Initiierung bzw. den Abschluss von Geschäften zuständig sind, ein Handlungsbedarf ergeben (→ AT 4.4.1 Tz. 1). Ähnlich sieht es mit der geforderten Exklusivität der Leitung der Risikocontrolling-Funktion (→ AT 4.4.1 Tz. 4 und 5), den Vorgaben zur Anbindung der Compliance-Funktion an andere Kontrolleinheiten und deren Unabhängigkeit von Markt und Handel (→ AT 4.4.2 Tz. 3 inkl. Erläuterung), den organisatorischen Vorschriften zur Einrichtung der Compliance-Funktion bei bedeutenden Instituten als eigenständige Organisationseinheit (→ AT 4.4.2 Tz. 4), der geforderten Unabhängigkeit der Immobilienwertermittler (→ BTO 1.2 Tz. 3) und der NPE-Abwicklungseinheiten vom Kreditvergabeprozess (→ BTO 1.2.5 Tz. 1) oder der Unabhängigkeit der Internen Revision (→ BT 2.2 Tz. 1 und 2) aus. Vergleichbare Regelungen im Hinblick auf eine notwendige Unabhängigkeit bestehen beim Geldwäschebeauftragten[9], dem Compliance-Beauftragten gemäß MaComp[10] und dem Informationssicherheitsbeauftragten.[11]

---

9 Vgl. Bundesanstalt für Finanzdienstleistungsaufsicht, Auslegungs- und Anwendungshinweise zum Geldwäschegesetz (GwG) vom 18. Mai 2020, S. 16.

10 Vgl. Bundesanstalt für Finanzdienstleistungsaufsicht, Mindestanforderungen an die Compliance-Funktion und weitere Verhaltens-, Organisations- und Transparenzpflichten – MaComp, Rundschreiben 05/2018 (WA) vom 19. April 2018, zuletzt geändert am 24. März 2021, BT 1.1 Tz. 1.

11 Vgl. Bundesanstalt für Finanzdienstleistungsaufsicht, Bankaufsichtliche Anforderungen an die IT (BAIT), Rundschreiben 10/2017 (BA) in der Fassung vom 16. August 2021, Tz. 4.5.

1.3 Vermeidung von Interessenkonflikten bei Arbeitsplatzwechseln

Interessenkonflikte sind auch bei Arbeitsplatzwechseln von Mitarbeitern zu vermeiden. Hierbei **14** handelt es sich um eine Anforderung, die im Rahmen der dritten MaRisk-Novelle eingefügt wurde. Sie orientiert sich an entsprechenden Vorgaben von CEBS, die allerdings ihren Schwerpunkt auf die Handelsaktivitäten der Institute legen (»Market-related Activities«).[12] So können bspw. Interessenkonflikte nicht ausgeschlossen werden, wenn ein ursprünglich im Handel tätiger Mitarbeiter in einen Überwachungsbereich wechselt (z.B. Risikocontrolling, Abwicklung und Kontrolle). Mit Schwierigkeiten ist vor allem dann zu rechnen, wenn der Mitarbeiter dadurch Geschäfte überwacht, die er in seinem vorherigen Aufgabenbereich noch selbst initiiert hat. Ebenso problematisch kann unter Umständen auch ein Wechsel in die andere Richtung sein, da den Mitarbeitern der Überwachungsbereiche die ggf. vorhandenen Schwachstellen im Überwachungsprozess genau bekannt sind. Es ist insofern nicht auszuschließen, dass diese Schwachstellen ausgenutzt werden.

Im Unterschied zu CEBS beschränkt die BaFin den Anwendungsbereich der Anforderung nicht **15** auf Handelsaktivitäten. Die Regelung gilt vielmehr grundsätzlich für alle Geschäftsaktivitäten der Institute. Diese Erweiterung ist schlüssig, denn vergleichbare Interessenkonflikte können auch im Kreditgeschäft der Institute virulent werden (z.B. bei einem Arbeitsplatzwechsel zwischen den Bereichen Markt und Marktfolge oder vom Markt in die Problemkreditbearbeitung). Die Anforderung bezieht sich zudem nicht nur auf dauerhafte Arbeitsplatzwechsel von Mitarbeitern. Interessenkonflikte sind auch dann zu vermeiden, wenn Mitarbeiter im Rahmen ihrer Arbeitszeit ständig an mehreren Arbeitsplätzen eingesetzt werden (z.B. Springer, Personalreserve).

Bezüglich der Vorkehrungen zur Vermeidung von Interessenkonflikten hat die BaFin keine **16** konkreten Anforderungen gestellt. Die Institute sind insoweit aufgefordert, in eigener Verantwortung geeignete Regelungen zu treffen. Als Maßnahme zur Vermeidung von Interessenkonflikten kommt z.B. eine genaue Definition der (neuen) Aufgabenbereiche des Mitarbeiters in Betracht, um konfliktträchtige Berührungspunkte zur vorherigen Tätigkeit auszuschließen. Denkbar ist ferner die Festlegung einer Karenzzeit für bestimmte Tätigkeiten, denen Interessenkonflikte innewohnen. Alternativ könnte auch eine temporäre Implementierung zusätzlicher Kontrollen erfolgen, wie z.B. eines Vier-Augen-Prinzips. Dabei gilt natürlich der Grundsatz der Proportionalität. Eine wichtige Rolle spielt jeweils die Frage, wie intensiv und auf welcher Hierarchiestufe ein Mitarbeiter bei seinen früheren Tätigkeiten in bestimmte Entscheidungsprozesse involviert war. So wird eine lediglich begleitende Tätigkeit im Sinne einer Mitwirkung anders zu beurteilen sein, als die Wahrnehmung von Kompetenzen (z.B. beim Abschluss von risikoträchtigen Handelsgeschäften). Von Relevanz sind aber auch betriebswirtschaftliche Aspekte. Beispielsweise dürfte es vor allem für kleinere Institute mit eingeschränkten Personalressourcen kaum darstellbar sein, längere Karenzzeiten bei einem Arbeitsplatzwechsel von Mitarbeitern einzurichten.

In der Praxis erstellt i.d.R. der Bereich Personal institutsweite Vorgaben für die Vermeidung von **17** Interessenkonflikten bei Arbeitsplatzwechseln, z.B. im Rahmen der Organisationsrichtlinien (→ AT 5). Die Prüfung eines möglichen Interessenkonfliktes bei einem Arbeitsplatzwechsel im konkreten Einzelfall erfolgt regelmäßig durch die Führungskraft des aufnehmenden Geschäftsbereiches (ggf. in Abstimmung mit dem abgebenden Bereich), die in Ausübung ihres Direktionsrechtes dem neuen Mitarbeiter seinen zukünftigen Aufgabenbereich zuweist. Die Prüfung beinhaltet – sofern notwendig – auch die Festlegung geeigneter Maßnahmen zur Vermeidung von Interessenkonflikten, wie z.B. eine angemessene Übergangs- oder Ausschlussfrist für bestimmte Tätigkeiten oder die Implementierung von geeigneten Kontrollen. Das Prüfungsergebnis ist zu dokumentieren.

---

12 »If staff change job positions between front, middle and back offices or IT this should be properly tracked. The potential risks stemming from a change in positions, especially if occurring within the same activity or product line, should be counterbalanced by appropriate control procedures.« Committee of European Banking Supervisors, Guidelines on the management of operational risks in market-related activities (GL 35), 12. Oktober 2010, S. 5.

1.4 Verbot der Selbstprüfung und -überprüfung

18   Mit der fünften MaRisk-Novelle hat die deutsche Aufsicht ergänzend gefordert, beim Wechsel von Mitarbeitern der Handels- und Marktbereiche in nachgelagerte Bereiche und Kontrollbereiche für Tätigkeiten, die gegen das Verbot der Selbstprüfung und -überprüfung verstoßen, angemessene Übergangsfristen vorzusehen. Die Kontrollbereiche im Sinne dieser Textziffer sind die Risikocontrolling-Funktion und die Compliance-Funktion.[13] Das Verbot der Selbstprüfung und -überprüfung ist allerdings auch bei einem Mitarbeiterwechsel in andere Kontrolleinheiten, wie z.B. die Compliance-Funktion nach MaComp, zu berücksichtigen.[14] Als nachgelagerte Bereiche im Kredit- bzw. Handelsgeschäft gelten in erster Linie die Marktfolge bzw. die Abwicklung und Kontrolle (→ AT 4.3.1 Tz. 1, Erläuterung).

19   Bei der erwähnten Selbstprüfung und -überprüfung geht es nicht darum, dass ein Mitarbeiter seine eigene Tätigkeit kritisch hinterfragt, was durchaus gewünscht ist. Gemeint ist damit eine Kontrollhandlung im Sinne des Vier-Augen-Prinzips, die zur Vermeidung von Interessenkonflikten im Institut prozessual vorgesehen ist und nicht durch ein Zwei-Augen-Prinzip ausgehebelt werden darf. Mit dieser Klarstellung wird aber auch präzisiert, dass die betroffenen Mitarbeiter in ihren neuen Organisationseinheiten unmittelbar nach ihrem Wechsel durchaus mit Aufgaben betraut werden dürfen, die für das neue Arbeitsgebiet typisch sind. In der neuen Organisationseinheit ist mit dem Wechsel eines Mitarbeiters häufig ja gerade die Erwartung verbunden, dass damit auch ein gewünschter Know-how-Transfer einhergeht. Es wäre insofern betriebswirtschaftlich nicht sinnvoll, dieses Potenzial vollständig ungenutzt zu lassen und den neuen Mitarbeiter aus Vorsichtsgründen komplett aus den jeweiligen Arbeitsprozessen herauszuhalten.

20   Zur Umsetzung des Verbotes der Selbstprüfung und -überprüfung sind angemessene Übergangsfristen vorzusehen. Die deutsche Aufsicht hat darauf verzichtet, konkrete Zeiten vorzugeben, weil die Angemessenheit dieser Fristen wesentlich davon abhängt, wie groß das Konflikt- bzw. Schadenspotenzial im konkreten Fall überhaupt ist. In Abhängigkeit davon können sich diese Fristen in einem Institut durchaus deutlich voneinander unterscheiden.

21   Sofern die Übergangsfristen zu einer unverhältnismäßigen Verzögerung im Betriebsablauf führen, können kleinere, weniger komplexe Institute abweichend hiervon alternative angemessene Kontrollmechanismen einrichten (→ AT 4.3.1 Tz. 1, Erläuterung). Damit sind z.B. die bereits erwähnten zusätzlichen Kontrollen gemeint, die auf ein Vier-Augen-Prinzip ohne funktionale Trennungen hinauslaufen können.

1.5 Strengere Vorgaben für die Interne Revision

22   Für die Interne Revision ist das Verbot der Selbstprüfung und -überprüfung bereits seit vielen Jahren eine Selbstverständlichkeit. Trotzdem wurde an anderer Stelle eine vergleichbare Vorgabe für den Wechsel von Mitarbeitern anderer Organisationseinheiten zur Internen Revision ergänzt. In diesem Fall erwartet die deutsche Aufsicht, dass die Institute Übergangsfristen von i.d.R. mindestens einem Jahr vorsehen. Erleichterungen hinsichtlich der Übergangsfristen sind in Abhängigkeit von der Art, dem Umfang, der Komplexität und dem Risikogehalt der betriebenen Geschäftsaktivitäten möglich (→ BT 2.2 Tz. 3).

---

13 Der Begriff »Kontrollbereich« wird in den MaRisk nicht einheitlich verwendet. In AT 9 Tz. 5, die auf AT 9 Tz. 4 Bezug nimmt, umfasst der Begriff die Risikocontrolling-Funktion, die Compliance-Funktion und die Interne Revision, in AT 4.3.1 Tz. 1 davon abweichend nur die Risikocontrolling- und die Compliance-Funktion.

14 Bei dieser Interpretation wird unterstellt, dass sich die in den MaRisk genannte Compliance-Funktion von der Compliance-Funktion nach MaComp unterscheidet, wie in der Praxis durchaus üblich.

Für die Tätigkeit der Internen Revision gelten zusätzliche Regelungen. So dürfen die in der **23** Revision beschäftigten Mitarbeiter grundsätzlich keine revisionsfremden Aufgaben übernehmen. Das gilt insbesondere für Aufgaben, die mit ihrer Prüfungstätigkeit nicht im Einklang stehen. Andernfalls könnten diese Mitarbeiter in die Situation geraten, später ihre eigene Tätigkeit prüfen zu müssen. Soweit die Unabhängigkeit der Internen Revision jedoch gewährleistet ist, kann sie im Rahmen ihrer Aufgaben für die Geschäftsleitung oder andere Organisationseinheiten des Institutes beratend tätig sein (→ BT 2.2 Tz. 2).

Mitarbeiter, die in anderen Organisationseinheiten des Institutes beschäftigt sind, dürfen **24** wiederum grundsätzlich nicht mit Aufgaben der Internen Revision betraut werden. Das schließt jedoch nicht aus, dass in begründeten Einzelfällen andere Mitarbeiter aufgrund ihres Spezialwissens zeitweise für die Interne Revision tätig werden können (→ BT 2.2 Tz. 3). In diesen Fällen ist jedoch sorgfältig abzuwägen, ob die Unabhängigkeit der Bewertung von Sachverhalten durch Hinzuziehung interner Experten noch gewährleistet ist. Auch dabei geht es letztlich um das Verbot der Selbstprüfung und -überprüfung.

2 Prozessabstimmung und Berechtigungsmanagement (Tz. 2)

25 **2** Prozesse sowie die damit verbundenen Aufgaben, Kompetenzen, Verantwortlichkeiten, Kontrollen sowie Kommunikationswege sind klar zu definieren und aufeinander abzustimmen. Berechtigungen und Kompetenzen sind nach dem Sparsamkeitsgrundsatz (Need-to-know-Prinzip) zu vergeben und bei Bedarf zeitnah anzupassen. Dies beinhaltet auch die regelmäßige und anlassbezogene Überprüfung von IT-Berechtigungen, Zeichnungsberechtigungen und sonstigen eingeräumten Kompetenzen innerhalb angemessener Fristen. Die Fristen orientieren sich dabei an der Bedeutung der Prozesse und, bei IT-Berechtigungen, dem Schutzbedarf verarbeiteter Informationen. Das gilt auch bezüglich der Schnittstellen zu wesentlichen Auslagerungen.

2.1 Definition und Abstimmung der Kernelemente

26 Kernelement jeder funktionierenden Organisation ist eine klare Definition von Prozessen und damit verbundenen Aufgaben, Kompetenzen, Verantwortlichkeiten, Kontrollen und Kommunikationswegen, die genau aufeinander abgestimmt werden. Zwar sollte die Definition der genannten Elemente für sich genommen keine allzu großen Schwierigkeiten verursachen, da sie bereits weitgehend in den Organisationsrichtlinien fixiert sind. Die Herausforderung für die Institute besteht jedoch darin, diese Kernbestandteile der institutsinternen Prozesse sinnvoll aufeinander abzustimmen. Fehlt es an klaren Festlegungen, sind Doppelarbeiten, Verantwortungslücken oder auch Verantwortlichkeiten ohne tatsächliche Einflussmöglichkeiten vorprogrammiert. Solche organisatorischen Schwächen sind nicht nur unter Risikogesichtspunkten, sondern auch aus betriebswirtschaftlicher Sicht kontraproduktiv. Insoweit wird an dieser Stelle unterstrichen, dass betriebswirtschaftliche Kalküle und regulatorische Notwendigkeiten keinen unüberbrückbaren Widerspruch darstellen. Vielmehr können sich beide Seiten sinnvoll ergänzen. So wurden bereits im Rahmen der Umsetzung der MaK umfangreiche Projekte initiiert, die z.B. darauf abzielten, das für die regional aufgestellten Institute so wichtige Kreditgeschäft auch unter Effizienz- und Qualitätsgesichtspunkten zu optimieren.[15]

2.1.1 Prozesse

27 Prozesse werden als sachlogisch zusammenhängende und inhaltlich abgeschlossene Aktivitäten oder Funktionen definiert, die eine Wertschöpfung erbringen und damit zur Umsetzung der Unternehmensziele beitragen. Prozesse haben typischerweise einen eindeutigen Startpunkt und einen festgelegten Abschluss. Sie bestehen in Abhängigkeit von ihrer Komplexität häufig aus unterschiedlichen Teilprozessen und werden in immer stärkerem Maße durch die Informationstechnologie unterstützt. Zur Optimierung der Wertschöpfungskette kann es auch erforderlich sein, bestimmte Teilprozesse auszulagern (→ AT 9). In den MaRisk werden Anforderungen an die Ausgestaltung der

---

15 Vgl. Krause, Ralf Henning/Patock, Ralf, Konkrete Lösungen für eine optimierte Kreditbearbeitung, in: Die Sparkasse, Heft 5/2003, S. 226.

für ein Institut wesentlichen Prozesse gestellt. Dies betrifft die Prozesse im Kredit- und Handelsgeschäft (→ BTO) sowie die Risikosteuerungs- und -controllingprozesse (→ BTR).

2.1.2 Aufgaben

Unter Aufgaben versteht man i. d. R. für einzelne Mitarbeiter bestehende Pflichten, eine vorgegebene Handlung durchzuführen und dabei ein bestimmtes Ergebnis anzustreben. Die MaRisk beziehen sich auf vielfältige Aufgaben, die häufig Kontrollcharakter besitzen. So sind z. B. im Rahmen der Abwicklung von Handelsgeschäften auf der Basis der vom Handel erhaltenen Unterlagen Bestätigungen auszufertigen und an die Kontrahenten weiterzuleiten (→ BTO 2.2.2 Tz. 1). Wird diese Aufgabe nicht klar definiert, ergeben sich zwangsläufig Störungen im Bestätigungsverfahren, die dem reibungslosen Ablauf der Handelsaktivitäten entgegenstehen. Allerdings müssen nicht alle Aufgaben zwingend durch Handlungen von Mitarbeitern erfüllt werden. Die Bestätigungen zwischen den Instituten werden z. B. in vielen Fällen automatisch über IT-Plattformen generiert (→ BTO 2.2.1 Tz. 5), wenn zuvor die Eingabe aller relevanten Daten ordnungsgemäß abgeschlossen wurde. **28**

2.1.3 Kompetenzen

Der Begriff »Kompetenz« hat verschiedene Bedeutungen. Einerseits kann damit auf die Fähigkeiten einer Person abgestellt werden, wie z. B. auf ihre Fach-, Methoden-, Sozial- oder Sprachkompetenz. Andererseits können im Zusammenhang mit organisatorischen Vorgaben die Zuständigkeiten, Befugnisse oder Berechtigungen gemeint sein, um die es auch im Zusammenhang mit den MaRisk geht. Kompetenzen beschreiben neben den Berechtigungen also Zuständigkeiten bzw. Befugnisse, die es den Mitarbeitern oder Geschäftsleitern ermöglichen, bestimmte Aufgaben selbständig durchzuführen oder in einem für ihre Tätigkeit notwendigen Rahmen Entscheidungen zu treffen. Gemeint sind insofern vor allem Entscheidungs-, Weisungs-, Vertretungs- und Unterschriftskompetenzen. Die Kompetenzordnung umfasst die Gesamtheit bestehender Zuständigkeiten und Befugnisse innerhalb eines Institutes. Sie ist als Bestandteil der Organisationsrichtlinien in geeigneter Weise transparent zu machen und bei Veränderungen anzupassen (→ AT 5 Tz. 3). Besonders betont wird die Notwendigkeit einer Kompetenzordnung für das Kreditgeschäft, mit deren Hilfe die Befugnisse für Kreditvergabeentscheidungen innerhalb des Institutes geregelt werden (→ BTO 1.1 Tz. 6). **29**

Eine »Berechtigung« ist eine besondere Form der Kompetenz und steht in einem engen Zusammenhang mit bestimmten Rechten, wie z. B. dem Zugriffsrecht auf bestimmte Daten, Informationen oder Systeme. Im Zeitalter der Informationstechnologie handelt es sich häufig um IT-Berechtigungen. Das Vorhandensein von Berechtigungskonzepten impliziert automatisch, dass diese Rechte nicht jedem Mitarbeiter in der Organisation eingeräumt werden. Dafür kann es verschiedene Gründe geben, die z. B. auf das Erfordernis bestimmter Qualifikationen und Berufserfahrungen oder ein besonderes Schutzbedürfnis bestimmter Daten zurückzuführen sind. Teilweise wird bei den Berechtigungen auch danach unterschieden, ob bestimmte Daten nur gelesen oder auch verändert bzw. gelöscht werden dürfen. Um den Aufwand für den Aufbau und die Pflege von Berechtigungskonzepten in Grenzen zu halten, werden die Berechtigungen manchmal nicht an einzelne Personen vergeben, sondern im Rahmen so genannter »Rollenmodelle« an bestimmte Funktionen (→ AT 7.2 Tz. 2). **30**

Ohne das Rollenmodell grundsätzlich infrage zu stellen, sind Berechtigungen und Kompetenzen allerdings nach dem Sparsamkeitsgrundsatz (»Need-to-know-Prinzip«) bzw. unter Berücksichtigung der Bankaufsichtlichen Anforderungen an die IT (BAIT) auch nach dem Prinzip der **31** geringsten Privilegien (»Least-Privilege-Prinzip«) zu vergeben. Das bedeutet, dass jeder Mitarbeiter nach Möglichkeit genau jene Berechtigungen und Kompetenzen zugewiesen bekommt, die er für die Ausübung seiner Tätigkeit tatsächlich benötigt. Auf diese Weise können Interessenkonflikte vermieden und Fehlerquellen reduziert werden.

2.1.4 Verantwortlichkeiten

32 Verantwortung bedeutet, die Folgen für eigene oder fremde Handlungen zu tragen. Sie zieht immer Verantwortlichkeit nach sich, d.h. dafür Sorge zu tragen, dass sich der Verantwortungsbereich im gewünschten Rahmen entwickelt. Gemäß § 25a Abs. 1 KWG ist die Geschäftsleitung für die ordnungsgemäße Geschäftsorganisation und somit für die Einrichtung eines angemessenen Risikomanagements verantwortlich. Diese Verantwortung umfasst auch die Festlegung von Strategien und die Einrichtung interner Kontrollverfahren. Die MaRisk adressieren darüber hinaus weitere Verantwortlichkeiten für die Geschäftsleitung (→ AT 3 Tz. 1). So hat die Geschäftsleitung z.B. dafür Sorge zu tragen, dass die Strategien umgesetzt werden (→ AT 4.2 Tz. 4). Verantwortlichkeiten existieren natürlich auch auf anderen Hierarchieebenen. Durch Delegation bestimmt die Geschäftsleitung maßgeblich deren konkrete Verteilung innerhalb des Institutes, wie z.B. auf Bereiche, Abteilungen, Gruppen oder einzelne Mitarbeiter.

33 Aufgaben, Kompetenzen und Verantwortlichkeiten sollten gängigen Organisationsprinzipien zufolge grundsätzlich zusammenfallen (Kongruenzprinzip). Dabei sind allerdings verschiedene Varianten denkbar. Beispielsweise kann dem für die marktunabhängige Votierung zuständigen Mitarbeiter bei risikorelevanten Kreditgeschäften (Aufgabe, Verantwortlichkeit, Votierungskompetenz) gleichzeitig auch die Befugnis zur Entscheidung (Entscheidungskompetenz)[16] eingeräumt werden. Votierungs- und Entscheidungskompetenz müssen aber nicht zwingend zusammenfallen, da die Entscheidungskompetenz nach der Kompetenzordnung auch einem anderen Mitarbeiter zugewiesen sein kann (→ BTO 1.1 Tz. 6).

2.1.5 Kontrollen

34 Unter Kontrolle versteht man die Überprüfung oder Nachprüfung bestimmter Sachverhalte. Kontrollen sind als Bestandteil des internen Kontrollsystems den prozessabhängigen Überwachungsmechanismen (→ AT 1 Tz. 1) zuzurechnen. Demzufolge sind die für die Kontrollaufgaben zuständigen Mitarbeiter oder Organisationseinheiten an den jeweiligen Arbeitsprozessen beteiligt und häufig auch für das Ergebnis der zu kontrollierenden Prozesse verantwortlich. Mit Hilfe solcher Kontrollen soll z.B. gewährleistet werden, dass die Vorgaben der Organisationsrichtlinien von den Mitarbeitern beachtet werden. Klassisches Beispiel hierfür sind die erforderlichen Kreditbearbeitungskontrollen (→ BTO 1.2.3). Von derartigen prozessabhängigen Kontrollen abzugrenzen sind die Aufgaben der (prozessunabhängigen) Internen Revision. Sie prüft und beurteilt u.a. die Wirksamkeit und Angemessenheit des Risikomanagements im Allgemeinen und des internen Kontrollsystems im Besonderen, also auch die prozessabhängigen Kontrollen (→ AT 4.3 Tz. 3). Die Mitarbeiter der Internen Revision sind im Rahmen ihrer Aufgaben weder in die zu prüfenden Bereiche und Abläufe eingebunden noch für das Ergebnis des zu überwachenden Prozesses verantwortlich.

---

16 Im Kommentar werden die Begriffe »Genehmigungskompetenz« und »Entscheidungskompetenz« synonym verwendet.

2.1.6 Kommunikationswege

Der wechselseitige Austausch von Informationen ist eine wichtige Voraussetzung für ein funktionierendes Risikomanagement. Für diese Zwecke sind Kommunikationswege zu definieren, durch die der Austausch von Informationen erst möglich wird. Bestehen z.B. hinsichtlich der regelmäßigen Berichterstattung über die Risikosituation an die Geschäftsleitung (→ AT 4.3.2 Tz. 3 und BT 3.1 Tz. 1) keine geeigneten Kommunikationswege, läuft die Berichterstattung ins Leere. Gegebenenfalls erforderliche Steuerungsmaßnahmen auf der Basis der Risikoberichterstattung könnten von der Geschäftsleitung nicht eingeleitet werden, so dass sich negative Konsequenzen für das gesamte Institut ergeben. Auch das Aufsichtsorgan kann seine Überwachungsaufgaben nicht sachgerecht wahrnehmen, wenn es nicht regelmäßig über die Risikosituation des Institutes informiert wird (→ AT 4.3.2 Tz. 3 und BT 3.1 Tz. 5). Die MaRisk enthalten darüber hinaus Anforderungen an die Kommunikation der Strategien. So sind die Inhalte und Änderungen der Strategien innerhalb des Institutes in geeigneter Weise zu kommunizieren (→ AT 4.2 Tz. 7).

35

2.2 Berechtigungen und Kompetenzen

2.2.1 Vergabe

Die Bankaufsichtlichen Anforderungen an die IT (BAIT) konkretisieren u.a. die Vorgaben der MaRisk an Berechtigungen und Kompetenzen (→ AT 7.2 Tz. 2).[17] Berechtigungen können, je nach Art, laut Tz. 6.2 BAIT für personalisierte sowie für nicht personalisierte Benutzer, inklusive der technischen Benutzer[18], vorliegen. Die Zugriffe auf Daten und die Zugänge zu IT-Systemen müssen nach Tz. 6.3 BAIT in jedem Fall – möglichst automatisiert – jederzeit zweifelsfrei einer handelnden bzw. verantwortlichen Person zuzuordnen sein. Abweichungen in begründeten Ausnahmefällen und die hieraus resultierenden Risiken sind zu bewerten, zu dokumentieren und anschließend von der fachlich verantwortlichen Stelle zu genehmigen.

36

An die IT-Berechtigungsvergabe werden in der Praxis der Institute hohe Anforderungen gestellt, denn jeder Benutzer (inkl. der Administratoren) sollte nur auf jene Datenbestände zugreifen und jene Programme ausführen dürfen, die er für seine tägliche Arbeit tatsächlich benötigt. Ist dies nicht der Fall, sind unautorisierte Übergriffe auf bestimmte Daten oder Programme kaum vermeidbar. Die Institute sind zudem häufig organisatorischen und personellen Veränderungen ausgesetzt, die mehr oder minder starke Auswirkungen auf die IT-Landschaft haben (z.B. strategische Neuausrichtungen, Unternehmensübernahmen, Ausgliederungen, Umorganisation, Personalfluktuation, Neueinstellungen). Damit solche Veränderungen nicht zu einem unkontrollierbaren Ausufern von Benutzerberechtigungen führen, muss der Eintritt und Austritt von Benutzern klar geregelt werden. Beispielsweise werden bei Arbeitsplatzwechseln in andere Bereiche häufig die Benutzerberechtigungen nicht angepasst oder gelöscht.[19] In den MaRisk wird in diesem Zusam-

37

---

17 Die BaFin hat in ihrem Übermittlungsschreiben zur erstmaligen Veröffentlichung der BAIT zwar ausgeführt, dass die MaRisk und die BAIT die gesetzlichen Anforderungen des § 25a Abs. 1 Satz 3 Nummern 4 und 5 KWG »interpretieren« würden. Vgl. Bundesanstalt für Finanzdienstleistungsaufsicht, Rundschreiben 10/2017 (BA) zu den BAIT, Übermittlungsschreiben vom 3. November 2017, S. 2. Grundsätzlich handelt es sich bei den MaRisk und den BAIT allerdings um »konkretisierende« Verwaltungsvorschriften.

18 Technische Benutzer sind z.B. Benutzer, die von IT-Systemen verwendet werden, um sich gegenüber anderen IT-Systemen zu identifizieren oder um eigenständig IT-Routinen auszuführen.

19 Vgl. Müller, Klaus-Rainer, Stellungnahme zum ersten Entwurf der Mindestanforderungen an das Risikomanagement vom 16. Februar 2009, S. 1.

menhang auf den »Sparsamkeitsgrundsatz« (»Need to Know Principle«) verwiesen, in den BAIT ergänzend auch auf das »Prinzip der geringsten Privilegien« (»Principle of Least Privilege«).

38   Mit Hilfe des Identitäts- und Rechtemanagements sollen die Institute nach Tz. 6.1 BAIT sicherstellen, dass den Benutzern eingeräumte Berechtigungen so ausgestaltet sind und genutzt werden, wie es den organisatorischen und fachlichen Vorgaben des Institutes entspricht. Jegliche Zugriffs-, Zugangs- und Zutrittsrechte auf Bestandteile bzw. zu Bestandteilen des Informationsverbundes sollten standardisierten Prozessen und Kontrollen unterliegen. Um dies sicherzustellen, hat das Institut nach Tz. 6.2 BAIT Berechtigungskonzepte zu entwickeln, in denen der Umfang und die Nutzungsbedingungen, wie z. B. Befristungen, aller eingeräumten Berechtigungen für die IT-Systeme sowie die Zutrittsrechte zu den für die Informationsverarbeitung relevanten Räumen konsistent zum ermittelten Schutzbedarf sowie vollständig und nachvollziehbar ableitbar für alle bereitgestellten Berechtigungen festgelegt werden. Dabei sind der Sparsamkeitsgrundsatz zu beachten, berechtigungskonzeptübergreifend die Funktionstrennung zu wahren und Interessenkonflikte zu vermeiden.

39   Die Einrichtung, Änderung, Deaktivierung sowie Löschung von Berechtigungen und die Rezertifizierung sind laut Tz. 6.6 BAIT nachvollziehbar und auswertbar zu dokumentieren.

40   Um den Aufwand für die Umsetzung des Sparsamkeitsgrundsatzes in verträglichen Grenzen zu halten, wird die Zusammenfassung von Berechtigungen in Form so genannter »Rollenmodelle« ausdrücklich gestattet. Dabei werden notwendige Berechtigungen in passenden Berechtigungsprofilen zusammengefasst. Auf deren Basis werden im Anschluss wahlweise geeignete Benutzergruppen oder Rollen festgelegt. Die individuellen Rechte eines Benutzers lassen sich über dessen Gruppenzugehörigkeiten oder über die Rollen steuern, welche der Benutzer annehmen darf. Allerdings dürfen die eingerichteten Berechtigungen nicht im Widerspruch zur organisatorischen Zuordnung von Mitarbeitern stehen. Insbesondere bei Berechtigungsvergaben im Rahmen von Rollenmodellen ist darauf zu achten, dass Funktionstrennungen beibehalten bzw. Interessenkonflikte vermieden werden (→ AT 7.2 Tz. 2). Bei IT-gestützter Bearbeitung ist die Funktionstrennung durch entsprechende Verfahren und Schutzmaßnahmen sicherzustellen (→ BTO Tz. 9).

2.2.2   Regelmäßige und anlassbezogene Überprüfung

41   Die Vergabe von Berechtigungen und Kompetenzen beinhaltet seit der vierten MaRisk-Novelle auch die regelmäßige und anlassbezogene Überprüfung von IT-Berechtigungen, Zeichnungsberechtigungen und sonstigen eingeräumten Kompetenzen.

42   Die regelmäßige Überprüfung muss innerhalb angemessener Fristen erfolgen. Diese Fristen sollen sich an der Bedeutung der Prozesse und, bei IT-Berechtigungen, dem Schutzbedarf[20] verarbeiteter Informationen orientieren. Bei Zeichnungsberechtigungen in Verbindung mit Zahlungsverkehrskonten sowie bei wesentlichen IT-Berechtigungen wird eine mindestens jährliche Überprüfung erwartet. Alle anderen Berechtigungen und Kompetenzen müssen mindestens alle drei Jahre überprüft werden. Besonders kritische IT-Berechtigungen, wie sie beispielsweise Administratoren aufweisen, sind mindestens halbjährlich zu überprüfen (→ AT 4.3.1 Tz. 2, Erläuterung). Insofern ist der Überprüfungsturnus risikoorientiert auszugestalten. Dabei muss institutsintern beurteilt werden, was unter »wesentlichen« oder »besonders kritischen« IT-Berechtigungen zu verstehen ist.

---

20 Der »Schutzbedarf« beschreibt, welcher Schutz für die Geschäftsprozesse, die dabei verarbeiteten Informationen und die eingesetzte Informationstechnik ausreichend und angemessen ist. Vgl. Bundesamt für Sicherheit in der Informationstechnik, IT-Grundschutz-Kompendium, Glossar, Köln, 15. Februar 2021, S. 7. Der Schutzbedarf kann z. B im Rahmen der Risikoanalyse ermittelt und festgelegt werden (→ AT 7.2 Tz. 4).

Die BAIT machen auch hier detailliertere Vorgaben. Laut Tz. 6.4 BAIT haben die Verfahren zur **43** Einrichtung, Änderung, Deaktivierung oder Löschung von Berechtigungen für Benutzer, die jeweils die Umsetzung des Berechtigungsantrages im Zielsystem umfassen, durch Genehmigungs- und Kontrollprozesse sicherzustellen, dass die Vorgaben des Berechtigungskonzeptes eingehalten werden. Dabei ist die fachlich verantwortliche Stelle angemessen einzubinden, so dass sie ihrer fachlichen Verantwortung nachkommen kann. Unabhängig von der turnusmäßigen Überprüfung der IT-Berechtigungen haben die Institute laut Tz. 6.7 BAIT nach Maßgabe des Schutzbedarfes und der Soll-Anforderungen Prozesse zur Protokollierung und Überwachung einzurichten, die überprüfbar machen, dass die Berechtigungen nur wie vorgesehen eingesetzt werden. Aufgrund der damit verbundenen weitreichenden Eingriffsmöglichkeiten hat das Institut insbesondere für die Aktivitäten mit »besonders kritischen« (»privilegierten«) Benutzer- und Zutrittsrechten angemessene Prozesse zur Protokollierung und Überwachung einzurichten. Die übergeordnete Verantwortung für diese Prozesse muss einer Stelle zugeordnet werden, die unabhängig vom berechtigten Benutzer oder dessen Organisationseinheit ist. Zu privilegierten Zutrittsrechten zählen in der Regel die Rechte zum Zutritt zu Rechenzentren, Technikräumen sowie sonstigen sensiblen Bereichen. Einer Umgehung der Vorgaben der Berechtigungskonzepte ist gemäß Tz. 6.8 BAIT durch begleitende technisch-organisatorische Maßnahmen vorzubeugen. Die deutsche Aufsicht nennt beispielhaft die Auswahl angemessener Authentifizierungsverfahren (u. a. starke Authentifizierung im Falle von Fernzugriffen), die Implementierung einer Richtlinie zur Wahl sicherer Passwörter, automatische passwortgesicherte Bildschirmschoner, die Verschlüsselung von Daten, eine manipulationssichere Implementierung der Protokollierung und Maßnahmen zur Sensibilisierung der Mitarbeiter.

In regelmäßigen Abständen sollte daher nach Tz. 6.5 BAIT im Rahmen eines Rezertifizierungs- **44** prozesses überprüft werden, ob die eingeräumten Berechtigungen weiterhin benötigt werden und ob sie dem Berechtigungskonzept entsprechen oder ggf. Einschränkungen erforderlich sind. Manche Einschränkungen könnten auch nur temporär erforderlich sein. So sollte das Institut Regelungen für Mitarbeiter treffen, die bestimmte Berechtigungen nur gelegentlich benötigen, z. B. im Vertretungsfall. Insgesamt sollte beachtet werden, dass der Zugriff für die Mitarbeiter aus den Kontrolleinheiten nicht unsachgemäß beschränkt wird. Außerdem ist bei der Berechtigungsvergabe für die Interne Revision das jederzeitige und uneingeschränkte Informationsrecht zu berücksichtigen. In den Rezertifizierungsprozess sind die für die Einrichtung, Änderung, Deaktivierung oder Löschung von Berechtigungen zuständigen Kontrollinstanzen einzubeziehen. Wurden außerhalb des vorgeschriebenen Verfahrens Berechtigungen eingeräumt, so werden diese gemäß den Regelverfahren zur Einrichtung, Änderung und Löschung von Berechtigungen entzogen und bei Bedarf weitere Maßnahmen ergriffen.

Anlassbezogene Überprüfungen sind z. B. bei Arbeitsplatzwechseln anzuraten. In vielen Instituten **45** werden die eingeräumten Berechtigungen und Kompetenzen bei einem Arbeitsplatzwechsel zunächst komplett gelöscht und dann bedarfsgerecht neu zugewiesen. Auf diese Weise können Fehler und nicht mehr benötigte Kompetenzen vermieden werden. Weitere Anlässe für außerplanmäßige Überprüfungen können Anpassungen von IT-Systemen, Änderungen von Zahlungsverkehrskonten, ein Anstieg operationeller Risiken oder Schadensfälle sowie Unstimmigkeiten und Auffälligkeiten, die im Rahmen der Abwicklung und Kontrolle festgestellt wurden (→ BTO 2.2.2 Tz. 6), sein.

Um leichter einen Überblick über die Zugriffsberechtigungen zu erhalten, können alle Benut- **46** zerberechtigungen regelmäßig mit passenden Werkzeugen untersucht werden. Dadurch werden fehlerhafte Zuweisungen aufgedeckt, die möglicherweise ungewollt einen Zugriff für beliebige Dritte ermöglichen. Nach Auskunft des Bundesamtes für Informationssicherheit stehen solche Werkzeuge häufig sogar kostenlos zur Verfügung.[21]

---

21 Vgl. Bundesamt für Sicherheit in der Informationstechnik, Leitfaden Informationssicherheit in der Fassung vom Februar 2012, S. 42. Im Leitfaden des BSI zur Basis-Absicherung nach IT-Grundschutz vom Oktober 2017 ist dieser Hinweis allerdings nicht mehr enthalten.

	Überprüfungen	
	regelmäßig	anlassbezogen
besonders kritische IT-Berechtigungen (z. B. für Administratoren)	mindestens halbjährlich	Arbeitsplatzwechsel Anpassungen von IT-Systemen
Zeichnungsberechtigungen in Verbindung mit Zahlungsverkehrskonten und wesentliche IT-Berechtigungen	mindestens jährlich	Änderungen von Zahlungsverkehrs- konten Auffälligkeiten erhöhte Risiken
sonstige IT-Berechtigungen und eingeräumte Kompetenzen	mindestens alle drei Jahre	Schadensfälle Rezertifizierung

Abb. 34: Überprüfung von Berechtigungen und Kompetenzen

47 Die Kreditwirtschaft hatte den zunächst geforderten mindestens halbjährlichen Turnus für kritische Berechtigungen für zu kurz gehalten und vor dem Hintergrund der anlassbezogenen Überprüfungen und der üblicherweise längerfristigen Änderungsraten hinsichtlich Organisation und Verantwortlich- keiten angeregt, eher auf das Vorhandensein risikomindernder Maßnahmen und insgesamt auf einen mindestens jährlichen Turnus abzustellen.[22] Dieser Vorschlag wurde zwar nicht aufgegriffen. Im Rahmen der fünften MaRisk-Novelle wurde allerdings zwischen besonders kritischen und wesentli- chen IT-Berechtigungen unterschieden und der Kreditwirtschaft in diesem Sinne entgegengekommen.

2.2.3 Zeitnahe Anpassung

48 Bei Bedarf sind die Berechtigungen und Kompetenzen zeitnah anzupassen, um weiterhin dem Sparsamkeitsgrundsatz zu entsprechen.

49 Zeitliche Dimensionen werden in den MaRisk vor allem durch die Begriffe »unverzüglich« bzw. »zeitnah« umschrieben. Durch diese Begriffe werden zwar keine konkreten Zeiträume vorgegeben. Jedoch sind beide Begriffe in einer ordinalen Rangfolge darstellbar. »Unverzüglich« bedeutet »ohne schuldhaftes Zögern«. Der Begriff »zeitnah« lässt hingegen größere Spielräume zu, wenn eine unver- zügliche Reaktion aus bestimmten Gründen nicht ohne Weiteres möglich ist (→ AT 1 Tz. 5). Im Hinblick auf erforderliche Anpassungen ist die Wahl des Begriffes »zeitnah« sachgerecht. Diese Arbeiten sollten so schnell wie nötig abgeschlossen werden, um der geforderten Zeitnähe im eigenen Interesse zu entsprechen.

---

22 Vgl. Deutsche Kreditwirtschaft, Stellungnahme zum Konsultationspapier 01/2012 der Bundesanstalt für Finanzdienst- leistungsaufsicht (BaFin) – »Überarbeitung der MaRisk« (Zwischenentwurf vom 2. August 2012), 12. September 2012, S. 5.

2.3 Schnittstellen zu ausgelagerten Aktivitäten und Prozessen

Arbeitsteilung ist ein wesentlicher Treiber des technischen Fortschritts. Der daran geknüpfte zuneh-   50
mende Spezialisierungsgrad schafft jedoch neue Schnittstellen, an denen regelmäßig Probleme auftreten können. Zum einen besteht die Gefahr, dass Informationen an den (inner- oder zwischenbetrieblichen) Schnittstellen unvollständig, ungenau, verändert oder verfälscht weitergegeben werden.
Zum anderen sind Unstimmigkeiten oder sogar Schuldzuweisungen vorprogrammiert, wenn Verantwortungsbereiche nicht klar abgegrenzt werden. Die genannten Schnittstellenprobleme führen daher
regelmäßig zu einem erhöhten Koordinationsaufwand, der mit dem Grad der Arbeitsteilung ansteigt.
Arbeitsteilung hat insofern immer auch einen gewissen Preis, der sorgfältig einkalkuliert werden sollte.[23]

In diesem Zusammenhang spielt es keine große Rolle, ob es sich um innerbetriebliche oder   51
zwischenbetriebliche Arbeitsteilung handelt. Auch bei Auslagerungen können erhebliche Kosten-
belastungen anfallen, wenn die Schnittstellen zwischen Outsourcer und Insourcer nicht ausreichend aufeinander abgestimmt werden. Hier gilt die fast schon sprichwörtliche Einsicht, dass der
Gesamtprozess nur so leistungsfähig und sicher sein kann wie das schwächste Glied in der
Prozesskette. Bei zwischenbetrieblichen Formen der Arbeitsteilung sind diese Gefahren sogar
besonders ausgeprägt, da unter Umständen sehr unterschiedliche Organisationen an den Schnittstellen zusammentreffen (z. B. Geschäftsmodelle, Mitarbeiter, Kulturen, Sprachen). Um Komplikationen an den gemeinsamen Grenzlinien zwischen dem auslagernden Institut und dem Aus-
lagerungsunternehmen zu vermeiden, sind Prozesse sowie die damit verbundenen Aufgaben,
Kompetenzen, Verantwortlichkeiten, Kontrollen sowie Kommunikationswege auch bezüglich der
Schnittstellen zu wesentlichen Auslagerungen klar zu definieren und aufeinander abzustimmen.
Unabhängig davon sind die besonderen Vorgaben zu Auslagerungen zu beachten (→ AT 9).

2.4 Berücksichtigung von Nachhaltigkeitsrisiken

Auch die mit Nachhaltigkeitsrisiken bzw. Umwelt-, Sozial- und Unternehmensführungsrisiken (ESG-   52
Risiken) verbundenen Aufgaben und Verantwortlichkeiten sollten unter Berücksichtigung von deren
Einflussnahme auf andere Risikoarten klar definiert werden.[24] Dabei sollte von den Instituten geprüft
werden, inwiefern die bestehenden Prozesse geeignet sind, die Besonderheiten dieser Risiken angemessen abzubilden. Andernfalls sollten dafür separate Prozesse etabliert werden, die sich reibungslos
in die bestehende Prozesslandschaft einfügen müssen. Explizit genannt werden von der BaFin in
dieser Hinsicht die Prozesse zur Kreditvergabe im Kreditgeschäft und zur Anlageentscheidung im
Handelsgeschäft, die Risikosteuerungs- und -controllingprozesse, die Tätigkeiten der besonderen
Funktionen sowie die Auslagerungsaktivitäten. Die jeweiligen Verantwortlichkeiten sollten zudem in
den Organisationsrichtlinien festgelegt werden.[25]

Um die ESG-Risiken angemessen in ihre internen Prozesse einzubeziehen, fordert auch die EBA eine   53
klare Zuweisung von Aufgaben und Verantwortlichkeiten im Zusammenhang mit ESG-Risiken als
Treiber der finanziellen Risikokategorien im Entscheidungsprozess. Die EBA hatte den Instituten
zunächst empfohlen, ESG-Risiken in der beratenden Funktion von Risikoausschüssen zu berücksichti-

---

23 Vgl. Bea, Franz Xaver/Göbel, Elisabeth, Organisation, 3. Auflage, Stuttgart, 2006, S. 422 ff.

24 Vgl. Bundesanstalt für Finanzdienstleistungsaufsicht, Merkblatt zum Umgang mit Nachhaltigkeitsrisiken, 20. Dezember
2019, geändert am 13. Januar 2020, S. 26. Die Einflussnahme von Nachhaltigkeitsrisiken besteht in erster Linie darin, dass sie
als Faktoren bzw. Treiber auf andere Risikoarten einwirken und somit zu deren Wesentlichkeit beitragen können (→ BTR
Tz. 1). Vgl. Bundesanstalt für Finanzdienstleistungsaufsicht, Merkblatt zum Umgang mit Nachhaltigkeitsrisiken, 20. Dezember 2019, geändert am 13. Januar 2020, S. 18.

25 Vgl. Bundesanstalt für Finanzdienstleistungsaufsicht, Merkblatt zum Umgang mit Nachhaltigkeitsrisiken, 20. Dezember
2019, geändert am 13. Januar 2020, S. 23.

gen oder spezialisierte Ausschüsse, wie Finanz- oder Ethikausschüsse zur Nachhaltigkeit, Funktionen oder Arbeitsgruppen auf verschiedenen Ebenen einzurichten, die der Größe, der Komplexität und dem Geschäftsmodell der Institute angemessen sind. Sie sollten sicherstellen, dass die relevanten Ausschüsse oder Arbeitsgruppen regelmäßig zusammenkommen, um die Auswirkungen der ESG-Risiken (z. B. auf die Strategie, die Reputation und die ESG-Konformität von Gegenparteien) zu verfolgen und zu überprüfen, ob damit negative Effekte in Bezug auf die relevanten Limite des Institutes verbunden sind. Dabei sollten die Institute eine angemessene Unabhängigkeit und Konfliktminderung beachten. Natürlich wird das Zusammenspiel der verschiedenen Parteien in den Instituten damit komplexer. Die Notwendigkeit von speziellen Fachausschüssen sollte deshalb klar begründet werden. Sofern diese gebildet werden, sollten klare Arbeitsabläufe für das Zusammenwirken mit anderen Gremien, wie z. B. dem Risikoausschuss und den internen Kontrollfunktionen, festgelegt werden.[26] In ihrem endgültigen Bericht wird nicht mehr auf Ausschüsse abgestellt, sondern explizit gefordert, dass die Risikocontrolling-Funktion ein angemessenes Management von ESG-Risiken ermöglicht, die ESG-Risiken bei der Umsetzung der Risikopolitik berücksichtigt und sich ihre Kontrolle des Risikomanagementrahmens auch auf ESG-Risiken erstreckt. Zudem soll die Interne Revision in der Lage sein, ESG-Risiken in ihre Überprüfung der Wirksamkeit und Angemessenheit der internen Governance-Regelungen, -Prozesse und -Mechanismen einzubeziehen. Insgesamt sollen die Mitarbeiter auf allen Ebenen (Geschäftsbereiche, interne Kontrollfunktionen, Leitungsorgan) befähigt werden, ESG-Risiken zu identifizieren, zu bewerten und zu steuern sowie sich mit Bezug zu den ESG-Risiken angemessen zu verhalten. Entsprechende Vorgaben sollen auf Empfehlung der EBA sowohl in die europäischen Richtlinien und Verordnungen (z. B. CRD und CRR) als auch in ihre eigenen Regularien einbezogen werden.[27]

54   Die Anforderungen der EZB zielen an verschiedenen Stellen allgemein auf das »Leitungsorgan« ab, ohne dabei zwischen dem »Leitungsorgan in seiner Leitungsfunktion« (Geschäftsleitung) und dem »Leitungsorgan in seiner Aufsichtsfunktion« (Aufsichtsorgan) zu unterscheiden. Bei den Anforderungen an das Leitungsorgan geht es z. B. um die Einrichtung spezieller Ausschüsse, die durch Verweis auf die EBA-Leitlinien zur internen Governance eher auf Ausschüsse des Aufsichtsorgans Bezug nehmen.[28] Demnach sollte z. B. dem Risikoausschuss oder einem extra dafür eingerichteten Ausschuss eine bestimmte Verantwortung für Klima- und Umweltrisiken zugewiesen werden. Gleichzeitig nennt die EZB allerdings Beispiele aus Instituten, die auf die Einrichtung spezieller Ausschüsse zur Unterstützung der Geschäftsleitung hindeuten. So soll z. B. ein Ausschuss, der sich auf die Expertise interner und externer Fachleute inkl. Wissenschaftlern aus einschlägigen Disziplinen stützt, die Geschäftsleitung bei der Festlegung ihrer ESG-Strategie unterstützen sowie die Klima- und Umweltrisiken des Institutes und die damit verbundenen Richtlinien zur Finanzierung von Engagements in bestimmten Sektoren prüfen. In einem Institut wurde beispielhaft ein Ausschuss eingerichtet, der zu Transaktionen mit komplexen Klima- und Umweltauswirkungen berät und von einem Mitglied der oberen Führungsebene geleitet wird.[29]

55   In der Praxis haben vor allem die größeren Institute aufgrund der Komplexität des Themas institutsinterne Gremien eingerichtet (z. B. ein Nachhaltigkeitskomitee), in denen alle relevanten Fachbereiche vertreten sind. Die Risikocontrolling-Funktion ist in diesen Gremien vertreten, mit Blick auf die Nachhaltigkeitsrisiken in der Regel in leitender Funktion. Letztlich besteht zwischen diesen institutsinternen Gremien und dem Risikoausschuss des Aufsichtsorgans auch eine Verbindung, weil die Geschäftsleitung das Aufsichtsorgan mindestens vierteljährlich über die Risikosituation informieren muss, bei unter Risikogesichtspunkten wesentlichen Informationen sogar unverzüglich (→ BT 3.1 Tz. 5).

---

26 Vgl. European Banking Authority, EBA Discussion paper on management and supervision of ESG risks for credit institutions and investment firms, EBA/DP/2020/03, 30. Oktober 2020, S. 100.

27 Vgl. European Banking Authority, EBA Report on management and supervision of ESG risks for credit institutions and investment firms, EBA/REP/2021/18, 23. Juni 2021, S. 104 f.

28 Vgl. European Banking Authority, Leitlinien zur internen Governance, EBA/GL/2017/11, 21. März 2018, S. 14.

29 Vgl. Europäische Zentralbank, Leitfaden zu Klima- und Umweltrisiken – Erwartungen der Aufsicht in Bezug auf Risikomanagement und Offenlegungen, 27. November 2020, S. 23.

AT 4.3.2 Risikosteuerungs- und -controllingprozesse

1	**Einrichtung der Prozesse und Einbindung in die Gesamtbanksteuerung (Tz. 1)** ..	1
1.1	Risikosteuerungs- und -controllingprozesse	2
1.1.1	Risikoidentifizierung	5
1.1.2	Risikobeurteilung	9
1.1.3	Risikosteuerung	11
1.1.4	Risikoüberwachung und Risikokommunikation	14
1.2	Begrenzung der Risiken	17
1.3	Berücksichtigung der verbundenen Risikokonzentrationen	23
1.4	Berücksichtigung von Nachhaltigkeitsrisiken	27
1.4.1	Herausforderungen für die Institute	28
1.4.2	Identifizierung von Nachhaltigkeitsrisiken	31
1.4.3	Beurteilung von Nachhaltigkeitsrisiken	35
1.4.4	Steuerung von Nachhaltigkeitsrisiken	42
1.4.5	Überwachung und Kommunikation von Nachhaltigkeitsrisiken	44
1.5	Anforderungen an die Datenhaltung	46
1.6	Gesamtbanksteuerung	53
1.7	Intragruppenforderungen	56
2	**Angemessener Umgang mit den wesentlichen Risiken (Tz. 2)**	59
2.1	Frühzeitige Risikoidentifizierung	60
2.2	Vollständige Erfassung und angemessene Darstellung	64
2.3	Ausgelagerte Aktivitäten und Prozesse	67
3	**Risikoberichterstattung an die Geschäftsleitung und das Aufsichtsorgan (Tz. 3)** ..	68
3.1	Risikoberichterstattung an die Geschäftsleitung	69
3.2	Risikoberichterstattung an das Aufsichtsorgan	72
3.3	Schriftliche Information des Aufsichtsorgans	75
4	**Ad-hoc-Berichterstattung (Tz. 4)**	76
4.1	Grenzen der turnusmäßigen Berichterstattung	77
4.2	Unter Risikogesichtspunkten wesentliche Informationen	78
4.3	Unverzügliche Weiterleitung der Informationen	79
4.4	Adressatenkreis der Ad-hoc-Berichterstattung	80
4.5	Maßnahmen	82
4.6	Sonstige unverzügliche Informationspflichten	84
4.7	Einrichtung eines Verfahrens zur Ad-hoc-Berichterstattung	88
4.8	Whistleblowing-Prozess	91

AT 4.3.2 Risikosteuerungs- und -controllingprozesse

5	**Überprüfung und Anpassung der Methoden und Verfahren (Tz. 5)**	94
5.1	Sicherstellung eines angemessenen und wirksamen Risikomanagements	95
5.2	Regelmäßige und anlassbezogene Überprüfung	98
5.3	Orientierung an den Vorgaben aus dem Risikotragfähigkeitskonzept	101
5.4	Berücksichtigung von Nachhaltigkeitsrisiken	104
5.5	Rückvergleiche (»Backtesting«)	106
5.5.1	Vorgaben der zweiten Säule	106
5.5.2	Vorgaben der ersten Säule	109
5.6	Angemessene Umsetzung	113

1 Einrichtung der Prozesse und Einbindung in die Gesamtbanksteuerung (Tz. 1)

1 Das Institut hat angemessene Risikosteuerungs- und -controllingprozesse einzurichten, 1
die eine
a) Identifizierung,
b) Beurteilung,
c) Steuerung sowie
d) Überwachung und Kommunikation
der wesentlichen Risiken und damit verbundener Risikokonzentrationen gewährleisten.
Diese Prozesse sind in eine gemeinsame Ertrags- und Risikosteuerung (»Gesamtbanksteuerung«) einzubinden. Durch geeignete Maßnahmen ist zu gewährleisten, dass die Risiken und
die damit verbundenen Risikokonzentrationen unter Berücksichtigung der Risikotragfähigkeit und des Risikoappetits wirksam begrenzt und überwacht werden.

1.1 Risikosteuerungs- und -controllingprozesse

Gemäß § 25a Abs. 1 Satz 3 KWG wird von allen Instituten die Einrichtung eines angemessenen 2
Risikomanagements gefordert, zu dessen Bestandteilen u.a. Prozesse zur Identifizierung, Beurteilung,
Steuerung, Überwachung und Kommunikation der Risiken entsprechend den in Art. 76 bis 87 CRD IV
niedergelegten technischen Kriterien zählen (→ Teil I, Kapitel 4.1 und AT 1 Tz. 1). Der Gesetzgeber
greift damit eine Prozesskette auf, die nicht nur von vielen Instituten, sondern auch von zahlreichen
anderen Unternehmen und sogar Behörden erfolgreich praktiziert wird. In den MaRisk werden die
Prozesse zur Identifizierung, Beurteilung, Steuerung, Überwachung und Kommunikation der Risiken
unter dem Begriff »Risikosteuerungs- und -controllingprozesse« (RSCP) zusammengefasst.[1]

Die Ausführungen zu den Risikosteuerungs- und -controllingprozessen sind in den verschiedenen 3
Regelwerken der Aufsichtsbehörden nicht immer einheitlich. So fordert die EBA von der Risikocontrolling-Funktion z.B. die Sicherstellung, dass alle Risiken von den zuständigen Organisationseinheiten des Institutes ermittelt, gemessen, beurteilt, gesteuert, minimiert, überwacht und ordnungsgemäß berichtet werden.[2] In anderen Dokumenten ist auch von einer Analyse der Risiken die Rede.
Die in den MaRisk nicht explizit genannten Prozesse sind allerdings insofern berücksichtigt, als sie
von den verwendeten Begriffen abgedeckt werden. So wird unter der Identifizierung der Risiken im
Rahmen der Risikoinventur z.B. auch deren Analyse verstanden, zudem spielt die Risikoanalyse
auch im Rahmen der Risikoüberwachung eine Rolle. Die Beurteilung der Risiken umfasst grundsätzlich deren Messung oder Quantifizierung. Im Rahmen der Steuerung der Risiken geht es auch um
deren Minimierung, z.B. durch Nutzung von Risikominderungstechniken.

---

1 In der Literatur werden die Prozesse zur Identifizierung, Beurteilung, Steuerung, Überwachung und Kommunikation der
Risiken häufig auch als »Risikomanagementprozesse« bezeichnet. Die BaFin hat auf diese Bezeichnung verzichtet, weil
sich ansonsten begriffliche Überlappungen ergeben hätten. Das Wort »Risikomanagement« hat in den MaRisk eine
umfassendere Bedeutung und wird dementsprechend als Oberbegriff verwendet (Mindestanforderungen an das Risikomanagement). Vor diesem Hintergrund hat die BaFin die einzelnen Prozessschritte unter dem Begriff »Risikosteuerungs-
und -controllingprozesse« zusammengefasst.

2 In den Regelwerken der europäischen Aufsichts- und Regulierungsbehörden wird fast durchgängig der Begriff »Risikomanagement-Funktion« (»risk management function«, RMF) verwendet. Die mit dieser Funktion verbundenen Aufgaben
entsprechen allerdings der »Risikocontrolling-Funktion« im Sinne der MaRisk. Vgl. European Banking Authority, Leitlinien
zur internen Governance, EBA/GL/2017/11, 21. März 2018, S. 44.

AT 4.3.2 Risikosteuerungs- und -controllingprozesse

4 Die Risikosteuerungs- und -controllingprozesse ermöglichen einen systematischen Umgang mit unternehmerischen Chancen und Risiken. Die Prozesskette gewährleistet nicht nur eine Identifizierung und Beurteilung wesentlicher Risiken. Sie unterstützt darüber hinaus Steuerungsentscheidungen, die zu einer optimalen Ausnutzung von Chancen-Risiko-Relationen führen sollen. Die Überwachung und Kommunikation der Risiken lässt ferner Raum für ggf. erforderliche Maßnahmen zur Nachsteuerung. Ihre volle Wirkung entfaltet diese Prozesskette allerdings erst durch die Verknüpfung mit den geschäfts- und risikostrategischen Vorgaben sowie dem Risikotragfähigkeitskonzept. Ebenso wichtig ist das Vorhandensein eines ausgeprägten Risikobewusstseins innerhalb des Institutes. Die Risikosteuerungs- und -controllingprozesse laufen ins Leere, wenn die daran beteiligten Mitarbeiter oder Führungskräfte eine ausreichende Risikosensibilität vermissen lassen. Sie werden erst dann zentraler Bestandteil eines übergeordneten Regelkreislaufes, wenn sie von den Mitarbeitern verstanden und »gelebt« werden (→ AT 4.1 Tz. 2).

1.1.1 Risikoidentifizierung

5 Bei der Risikoidentifizierung geht es in erster Linie darum, herauszufinden, welchen wesentlichen Risiken das Institut ausgesetzt ist. Da die Erstellung des Gesamtrisikoprofils (→ AT 2.2 Tz. 1) den gleichen Zweck verfolgt, bietet es sich an, dass das Institut beide Aspekte gemeinsam behandelt. Die Identifizierung der wesentlichen Risiken ist die kritische Phase der Risikosteuerungs- und -controllingprozesse, da dieser Prozessschritt den Ausgangspunkt für die nachgelagerten Schritte darstellt. Wesentliche Risiken, die im Rahmen der Identifizierung nicht erfasst werden, könnten im weiteren Verlauf bei der Beurteilung, Steuerung, Überwachung und Kommunikation der Risiken ggf. ausgeblendet werden. Eine Vernachlässigung von wesentlichen Risiken, ob nun bewusst oder unbewusst, erzeugt daher Ungewissheit bzw. Unwissen. Das Institut kann sich folglich erheblichen Verlustgefahren aussetzen. Die Risikoidentifizierung determiniert nicht nur die Qualität der Risikosteuerungs- und -controllingprozesse. Sie berührt aufgrund bestehender Interdependenzen auch das Risikotragfähigkeitskonzept sowie die geschäfts- und risikostrategische Ausrichtung des Institutes (→ AT 4.1 Tz. 3). Schwachstellen im Bereich der Risikoidentifizierung werden ggf. erst durch die prozessunabhängige Interne Revision transparent gemacht (→ AT 4.4.3 Tz. 3).

6 Neue wesentliche Risiken können sich – neben der Aufnahme von Geschäftsaktivitäten in neuen Produkten oder auf neuen Märkten (→ AT 8.1) – vor allem aus Änderungen der internen oder externen Rahmenbedingungen ergeben. Die internen Rahmenbedingungen werden insbesondere von der geschäfts- und risikostrategischen Ausrichtung des Institutes bestimmt (→ AT 4.2 Tz. 1 und 2). Berücksichtigt werden sollte auch die möglicherweise neue Risikosituation durch Änderungen von betrieblichen Prozessen oder Strukturen (→ AT 8.2) sowie durch Übernahmen und Fusionen (→ AT 8.3). Maßgeblich für die externen Rahmenbedingungen sind u. a. Entwicklungen auf den für das Institut relevanten Märkten. Das Institut hat sich im Rahmen der Identifizierung der wesentlichen Risiken auf angemessene Art und Weise mit den Rahmenbedingungen bzw. deren Änderungen auseinanderzusetzen (→ AT 2.2 Tz. 1 und 2). Diese Auseinandersetzung kann in Abhängigkeit von Art, Umfang und Komplexität der Geschäftsaktivitäten unterschiedlich intensiv ausgestaltet sein. Für kleinere Institute mit überschaubaren Geschäftsaktivitäten in stabilen Marktsegmenten wird die Identifizierung der wesentlichen Risiken vermutlich keine besonders große Herausforderung darstellen. Für Institute mit umfangreichen und komplexen Geschäftsaktivitäten trifft tendenziell das Gegenteil zu.

7 Wegen der besonderen Bedeutung der Risikoidentifizierung werden an anderer Stelle der MaRisk zusätzliche Aspekte besonders hervorgehoben, die bei der Identifizierung wesentlicher Risiken zu berücksichtigen sind (→ AT 4.3.2 Tz. 2):

AT 4.3.2 Risikosteuerungs- und -controllingprozesse

- Je früher ein wesentliches Risiko identifiziert wird, desto schneller kann das Institut darauf reagieren. Dies ist vor allem deshalb von Bedeutung, weil die Handlungsspielräume im Zeitverlauf häufig eingeengt werden. Die Identifizierung wesentlicher Risiken und risikoartenübergreifender Effekte hat daher auf Basis geeigneter Indikatoren möglichst frühzeitig zu erfolgen.
- Von Unvollständigkeiten gehen Auswirkungen auf das gesamte Risikomanagement aus. Diese Unvollständigkeit kann sich daraus ergeben, dass bestimmte Risiken gar nicht erkannt oder falsch eingeschätzt werden, so dass sie nicht als wesentlich eingestuft sind. Die wesentlichen Risiken müssen daher möglichst vollständig erfasst werden.
- Die identifizierten wesentlichen Risiken sind angemessenen darzustellen, so dass sie im Rahmen der anschließenden Prozessschritte nachvollzogen und sachgerecht behandelt werden können.

In der Praxis bedient man sich für die Zwecke einer systematischen Identifizierung der wesentlichen Risiken verschiedener Instrumente, die unter dem Begriff »Risikoinventur« zusammengefasst werden (→ AT 2.2 Tz. 2). Die Risikoidentifizierung kann entweder »retrograd« oder »progressiv« durchgeführt werden. Bei einer retrograden Identifizierung werden bekannte oder vermutete Risikowirkungen bis zu den (auslösenden) Risikofaktoren zurückverfolgt. Bei einer progressiven Identifizierung wird von möglichen Risikofaktoren auf die Risikowirkung geschlossen.[3] **8**

1.1.2 Risikobeurteilung

Der zweite Schritt der Risikosteuerungs- und -controllingprozesse dient der näheren Bestimmung des Gefährdungspotenzials der Risiken, die als wesentlich identifiziert wurden. Eine solche Beurteilung ist aus verschiedenen Gründen von Bedeutung. Zum einen ist das Ergebnis der Beurteilung von wesentlichen Risiken eine wichtige Entscheidungsgrundlage für Maßnahmen, die der Steuerung dieser Risiken dienen. Zum anderen spielt die Beurteilung der wesentlichen Risiken eine bedeutende Rolle im Zusammenhang mit dem Risikotragfähigkeitskonzept, in dessen Rahmen die wesentlichen Risiken dem Risikodeckungspotenzial bzw. der Risikodeckungsmasse gegenüberzustellen sind (→ AT 4.1 Tz. 1). Die EZB versteht unter der »Risikoquantifizierung« deshalb auch ganz konkret den Prozess der Quantifizierung von identifizierten Risiken durch die Entwicklung und Verwendung von Methoden, anhand derer Risikogrößen bestimmt und die Risiken eines Institutes dem verfügbaren Kapital des Institutes gegenübergestellt werden.[4] **9**

Die deutsche Aufsicht hat für diesen zweiten Prozessschritt ganz bewusst den weiten Begriff »Beurteilung« anstelle von »Quantifizierung« oder »Messung« gewählt. Zwar haben die Institute in den letzten Jahrzehnten insbesondere bei der Einschätzung von Adressenausfallrisiken und Marktpreisrisiken bedeutende Fortschritte gemacht. Bei bestimmten anderen Risiken ist jedoch aufgrund ihrer Besonderheiten eine seriöse Quantifizierung weiterhin schwer möglich. Dasselbe gilt im übertragenen Sinne für neue Risiken, die aus verschiedenen Gründen in der Vergangenheit nicht erkannt wurden oder keine besondere Rolle gespielt haben. Versuche, solche Risiken dennoch exakt zu quantifizieren, verursachen regelmäßig Scheingenauigkeiten, die letztendlich ein Muster ohne Wert bleiben. Darüber hinaus ist zu berücksichtigen, dass anspruchsvolle Verfahren zur Quantifizierung der Risiken einen erheblichen Aufwand verursachen, der vor allem für kleinere Institute mit begrenzten Ressourcen unverhältnismäßig wäre. Im Rahmen der näheren Bestimmung der Gefährdungspotenziale kann daher grundsätzlich sowohl auf quantitative als **10**

---

3 Vgl. Ködel, Wilhelm, Risikoorientierte Abschlussprüfung: Integration in das Risikomanagement von Prüfungsunternehmen, Wiesbaden, 1997, S. 29.
4 Vgl. Europäische Zentralbank, Leitfaden der EZB für den bankinternen Prozess zur Sicherstellung einer angemessenen Kapitalausstattung (Internal Capital Adequacy Assessment Process – ICAAP), 9. November 2018, S. 47.

auch auf qualitative Methoden zurückgegriffen werden. Die MaRisk orientieren sich insoweit an der sprichwörtlichen Einsicht: »Lieber ungefähr richtig als genau falsch.«

1.1.3 Risikosteuerung

11 An die Prozesse der Identifizierung und Beurteilung der Risiken schließt sich als dritter Schritt die Risikosteuerung an. Das Bündel an potenziellen Steuerungsmaßnahmen lässt sich, stark vereinfacht, auf vier grundsätzliche Varianten einschränken:
- Auf die Durchführung bestimmter risikobehafteter Handlungen wird vollständig verzichtet, so dass ein Risiko erst gar nicht entstehen kann (Risikovermeidung). Beispielsweise kann im Kreditgeschäft auf den Abschluss neuer Engagements oder die Ausweitung bestehender Engagements in bestimmten Geschäftsfeldern bewusst verzichtet werden.
- Das Institut leitet Maßnahmen zur Verringerung der Risiken ein (Risikoverminderung). Beispiele hierfür sind der Abbau von Risikoaktiva oder die Hereinnahme von (zusätzlichen) Garantien oder Sicherheiten sowie die Herabsetzung von Limiten im Kreditgeschäft oder im Handel.
- Risiken werden vom Institut auf Dritte abgewälzt oder übertragen (Risikoüberwälzung). So kann das Institut z. B. bestimmte Risiken gegen Zahlung einer Prämie auf Versicherungen transferieren oder verbriefen.
- Das Institut übernimmt ganz bewusst bestimmte Risiken auf Basis der risikostrategischen Vorgaben der Geschäftsleitung, weil es im Rahmen der Risiko-Chancen-Abwägung zu einem positiven Ergebnis kommt (Risikotragung). Demzufolge werden entweder keine Maßnahmen ergriffen oder sogar zusätzliche Risiken in Kauf genommen. Ein Beispiel hierfür wäre die Ausweitung von Limiten im Rahmen der gegebenen Risikotragfähigkeit.

12 Die einzelnen Varianten sind Ausdruck der Risikobereitschaft der Geschäftsleitung, die insbesondere in der Festlegung des Risikoappetits für alle wesentlichen Risiken zum Ausdruck kommt (strategische Ebene). Da die jeweilige Steuerungsphilosophie grundsätzlich Gegenstand der Risikostrategie ist, muss der Risikoappetit für die wesentlichen Risiken auch bei deren Ausarbeitung festgelegt werden (→ AT 4.2 Tz. 2). Konkrete Maßnahmen im Rahmen der risikostrategischen Vorgaben der Geschäftsleitung werden hingegen regelmäßig von den für die Steuerung zuständigen Mitarbeitern eingeleitet (operative Ebene). Der Prozess der Risikosteuerung ist ferner eng verzahnt mit dem daran anschließenden Schritt der Überwachung und Kommunikation der Risiken. So können die Erkenntnisse, die im Rahmen der Überwachung gewonnen werden, für korrigierende Steuerungsmaßnahmen genutzt werden (Nachsteuerung). Diesem Zweck dienen auch die Zielabweichungsanalyse und die damit ggf. verknüpfte Ursachenanalyse (→ AT 4.2 Tz. 5).

13 Bei den genannten Varianten ist zu berücksichtigen, dass jedem Risiko regelmäßig auch eine Chance gegenübersteht. Das wird bei Betrachtung der einzelnen Varianten besonders deutlich. So bedeutet z. B. Risikovermeidung immer auch ein Verzicht auf die Nutzung von Chancen. Die bewusste Risikoübernahme geht hingegen regelmäßig mit dem Ergreifen von Chancen einher. Die Einbettung der steuernden Maßnahmen in die Risikosteuerungs- und -controllingprozesse trägt daher zu einer Optimierung der Chancen-Risiko-Profile bei, was sich dementsprechend positiv auf die Ertragssituation des Institutes auswirkt.

1.1.4 Risikoüberwachung und Risikokommunikation

Durch den letzten Prozessschritt der Risikosteuerungs- und -controllingprozesse soll insbesondere   **14**
sichergestellt werden, dass die Risikosituation mit den risikostrategischen Vorgaben der Geschäftsleitung vereinbar ist. Der Schritt der »Überwachung und Kommunikation« wird unter dem Begriff
Risikocontrolling zusammengefasst. Die Funktion des Risikocontrollings ist zur Vermeidung von
Interessenkonflikten insbesondere im Bereich des Kredit- und Handelsgeschäftes von anderen
(geschäftsverantwortlichen) Bereichen aufbauorganisatorisch zu trennen (→ AT 4.4.1 Tz. 1 und
BTO Tz. 7 lit. d).

Die Überwachung der Risiken kann unterschiedlich ausgestaltet sein. Bei Adressenausfall- und   **15**
Marktpreisrisiken geht es vor allem um die regelmäßige Überwachung von Limiten, die auf der
Basis der übergeordneten risikostrategischen Vorgaben der Geschäftsleitung heruntergebrochen
wurden (→ BTR 1 und BTR 2). Bei nicht oder nur schwer quantifizierbaren Risiken bietet sich eine
qualitative Auseinandersetzung mit den jeweiligen Risiken an, um auf diese Weise eine angemessene Überwachung sicherzustellen.

In der Fachliteratur wird teilweise zwischen der Risikokommunikation und der Risikobericht-   **16**
erstattung unterschieden, teilweise werden beide Begriffe auch synonym verwendet. Häufig wird
z. B. die interne Risikokommunikation von der externen Risikoberichterstattung abgegrenzt. In
anderen Fällen werden die Top-down-Berichtswege mit dem Begriff Risikokommunikation umschrieben, um den Unterschied zur Bottom-up-Berichterstattung zu verdeutlichen. Für die Zwecke
der MaRisk ist die Kommunikation der Risiken eher als Oberbegriff zu verstehen. Dabei geht es im
Wesentlichen um die Darstellung der Ergebnisse der Risikoüberwachung. Im Zentrum steht die
Bottom-up-Risikoberichterstattung, die in erster Linie an die Geschäftsleitung gerichtet ist. Die
MaRisk unterscheiden in diesem Zusammenhang zwischen turnusmäßigen und Ad-hoc-Berichtspflichten (→ AT 4.3.2 Tz. 3 und 4). Der weite Begriff »Kommunikation« wurde von der deutschen
Aufsicht bewusst gewählt, da die Berichterstattung einerseits nicht ausschließlich an die Geschäftsleitung oder andere Mitarbeiter gerichtet ist. So ist auch das Aufsichtsorgan turnusmäßig
über die Risikosituation des Institutes einschließlich vorhandener Risikokonzentrationen zu
unterrichten (→ AT 4.3.2 Tz. 3 und BT 3.1 Tz. 5). Andererseits bestehen auch Top-down-Infor-
mationspflichten, z. B. im Zusammenhang mit risikorelevanten Informationen, die für die Tätigkeit der Risikocontrolling-Funktion (→ AT 4.4.1 Tz. 4), der Compliance-Funktion (→ AT 4.4.2
Tz. 6) oder der Internen Revision (→ AT 4.4.3 Tz. 5) von Bedeutung sind.

1.2   Begrenzung der Risiken

Im Rahmen der Risikosteuerung kommt der Begrenzung der Risiken eine besondere Bedeutung   **17**
zu. Durch geeignete Maßnahmen ist zu gewährleisten, dass die Risiken unter Berücksichtigung der
Risikotragfähigkeit und des Risikoappetits wirksam begrenzt und überwacht werden. Geeignete
Maßnahmen zur Begrenzung von Risiken und damit verbundenen Risikokonzentrationen können
quantitative Instrumente und qualitative Instrumente umfassen. Qualitative Maßnahmen können
z. B. auf regelmäßige Risikoanalysen hinauslaufen. Unter quantitativen Instrumenten sind z. B.
Limitsysteme oder Ampelsysteme zu verstehen (→ AT 4.3.2 Tz. 1, Erläuterung). Die deutsche
Aufsicht führt dazu ergänzend aus, dass gerade mit Blick auf schwer quantifizierbare Risiken keine
mathematisch korrekt bis auf die unterste Ebene heruntergebrochenen »harten« Limite erforderlich sind und die angestrebte Risikobegrenzung ggf. auch durch Ampel- oder Warnsysteme
erreicht werden kann. Entscheidend ist letztlich das rechtzeitige Auslösen von Steuerungsimpul-

sen im Rahmen der gesamten Prozesskette, um eine übermäßige Risikonahme zu verhindern und somit die Risikotragfähigkeit sicherzustellen.[5]

18 Die Begrenzung und Überwachung von im Risikotragfähigkeitskonzept einbezogenen Risiken soll »in der Regel« auf der Basis eines wirksamen Limitsystems erfolgen. Die Relativierung dieser Anforderung durch den Ausdruck »in der Regel« wird von der deutschen Aufsicht durch den Einschub »soweit sinnvoll« weiter konkretisiert. Sofern es also für bestimmte Risiken nicht sinnvoll erscheint, mit Limiten zu operieren, obwohl diese Risiken in das Risikotragfähigkeitskonzept einbezogen werden, kann deren Begrenzung und Überwachung auf andere geeignete Weise erfolgen. Konkret dürfen bei Risiken, die nicht sinnvoll anhand einer Limitierung begrenzt und überwacht werden können, auch andere, schwerpunktmäßig qualitative Instrumente eingesetzt werden (→ AT 4.3.2 Tz. 1, Erläuterung).

19 Mit Bezug auf die grundsätzlich in allen Instituten wesentlichen Risikoarten ergibt sich folgendes Bild: Die Adressenausfall- und Marktpreisrisiken werden normalerweise durch Limite begrenzt und überwacht. Entsprechende Vorgaben werden auch bei den Risikosteuerungs- und -controllingprozessen gemacht (→ BTR 1 Tz. 1, 2 und 3, BTR 2.1 Tz. 1 und 2).

20 Nicht ganz so eindeutig ist die Situation bei den Liquiditätsrisiken. Das Zahlungsunfähigkeitsrisiko kann aufgrund seiner Eigenart im Allgemeinen nicht sinnvoll durch Risikodeckungspotenzial begrenzt werden und muss daher auch nicht in das Risikotragfähigkeitskonzept einbezogen werden. Dies ist darauf zurückzuführen, dass das Zahlungsunfähigkeitsrisiko nur durch einen angemessen hohen Liquiditätspuffer abgesichert werden kann. Insofern entspricht der Liquiditätspuffer bei einer liquiditätsbezogenen Risikotragfähigkeitsrechnung der Risikodeckungsmasse bei der Berechnung der ökonomischen Risikotragfähigkeit (→ AT 4.1 Tz. 4). Andererseits kann sich das Liquiditätsspreadrisiko durchaus für eine Einbeziehung in das Risikotragfähigkeitskonzept eignen. So wird von den Instituten erwartet, das sich aus höheren Refinanzierungskosten ergebende Risiko im Falle der Wesentlichkeit aufgrund seines ertrags- und vermögensschädigenden Potenzials im Risikotragfähigkeitskonzept zu berücksichtigen.[6]

21 Für die operationellen Risiken existieren im Grunde selbst in der ersten Säule noch Berechnungsmethoden, die mit dieser Risikoart ungefähr so viel zu tun haben wie die Jungfrau mit dem Kind. Zudem bestehen insbesondere bei einigen Unterkategorien dieser Risikoart grundsätzlich auch keine kurzfristigen Reaktionsmöglichkeiten, weshalb Steuerungsimpulse i. d. R. einen mittelfristigen Charakter haben. Die Kreditwirtschaft hat es insofern noch vor wenigen Jahren als besonders wichtig erachtet, für die Zwecke der Risikotragfähigkeit auf Konzern- oder Gruppenebene (sofern relevant) einen entsprechenden Puffer vorzuhalten. Hingegen erschien ihr eine »Begrenzung« der operationellen Risiken auf unteren Ebenen selbst über »weiche« Kriterien nicht sinnvoll darstellbar, da die operationellen Risiken i. d. R. erst über mehrere Prozessketten hinweg entstehen.[7] Mittlerweile wird von den zuständigen Aufsichtsbehörden allerdings durchgängig erwartet, die operationellen Risiken im Risikotragfähigkeitskonzept angemessen zu berücksichtigen, womit sie grundsätzlich auch für eine Limitierung infrage kommen. Zudem haben einige Unterkategorien durch die Leitlinien der EBA zum SREP und andere Regelwerke an Bedeutung gewonnen. Das betrifft z. B. die Reputationsrisiken, die Modellrisiken, die Fehlverhaltensrisiken sowie die Informations- und Kommunikationstechnologie-Risiken (IKT-Risiken).[8] Nicht zuletzt vor diesem Hintergrund wurde im Rahmen der fünften MaRisk-Novelle die Anforderung ergänzt,

---

5   Vgl. Bundesanstalt für Finanzdienstleistungsaufsicht, Übermittlungsschreiben zum ersten Entwurf zur Überarbeitung der Mindestanforderungen an das Risikomanagement vom 26. April 2012, S. 3.

6   Vgl. Volk, Tobias, Risikotragfähigkeit von Kreditinstituten, in: BankPraktiker, Heft 6/2013, S. 228; Deutsche Bundesbank, Bankinterne Methoden zur Ermittlung und Sicherstellung der Risikotragfähigkeit und ihre bankaufsichtliche Bedeutung, in: Monatsbericht, März 2013, S. 35 f.

7   Vgl. Deutsche Kreditwirtschaft, Stellungnahme zum Konsultationspapier 01/2012 der Bundesanstalt für Finanzdienstleistungsaufsicht (BaFin) – »Überarbeitung der MaRisk«, 5. Juni 2012, S. 7.

8   Vgl. European Banking Authority, Guidelines on common procedures and methodologies for the supervisory review and evaluation process (SREP) and supervisory stress testing, EBA/GL/2014/13, Consolidated version, 19. Juli 2018, S. 104 ff.

für IT-Risiken angemessene Überwachungs- und Steuerungsprozesse einzurichten, die insbesondere die Festlegung von IT-Risikokriterien, die Identifizierung von IT-Risiken, die Festlegung des Schutzbedarfs, daraus abgeleitete Schutzmaßnahmen für den IT-Betrieb sowie die Festlegung entsprechender Maßnahmen zur Risikobehandlung und -minderung umfassen (→ AT 7.2 Tz. 4). Diese Vorgaben werden in den BAIT weiter konkretisiert.

Unabhängig davon, welche Risiken letztlich berücksichtigt werden, sollte das Limitsystem im **22** Einklang mit der Gesamtstrategie und dem Risikoappetit des Institutes festgelegt werden, um Risiken und Verluste in Übereinstimmung mit dem Konzept zur angemessenen Kapitalausstattung wirksam begrenzen zu können. Insofern sollte es wirksame Grenzen für die Risikoübernahme beinhalten.[9] Unter diesen Risikogrenzen sind spezifische quantitative Maßnahmen oder Limite zu verstehen, die z.B. auf zukunftsgerichteten Annahmen beruhen und das Gesamtrisiko des Institutes unter Berücksichtigung von Konzentrationen auf Geschäftsfelder, Geschäftsbereiche, ggf. rechtliche Einheiten der Gruppe, verschiedene Risikoarten und Produkte etc. verteilen.[10]

1.3 Berücksichtigung der verbundenen Risikokonzentrationen

Die Risikosteuerungs- und -controllingprozesse beziehen sich neben den wesentlichen Risiken **23** auch auf die damit verbundenen Risikokonzentrationen. Auch der Europäische Ausschuss für Systemrisiken (ESRB) empfiehlt den makroprudenziellen Behörden im Hinblick auf die Zwischenziele und Instrumente für makroprudenzielle Maßnahmen u.a. die Begrenzung direkter und indirekter Risikokonzentrationen (Empfehlung A).[11]

Diese allgemeinen Aussagen werden im Rahmen der besonderen Anforderungen an die Risi- **24** kosteuerungs- und -controllingprozesse für einzelne Risikoarten weiter konkretisiert. So hat das Institut durch geeignete Maßnahmen sicherzustellen, dass Adressenausfallrisiken und damit verbundene Risikokonzentrationen unter Berücksichtigung der Risikotragfähigkeit begrenzt werden können (→ BTR 1 Tz. 1). Ebenso ist ein Limitsystem zur Begrenzung der Marktpreisrisiken auf der Grundlage der Risikotragfähigkeit unter Berücksichtigung von Risikokonzentrationen einzurichten (→ BTR 2.1 Tz. 1). Zur Begrenzung der Liquiditätsrisiken ist eine ausreichende Diversifikation der Refinanzierungsquellen und der Liquiditätspuffer zu gewährleisten (→ BTR 3.1 Tz. 1). Im Ergebnis werden Risikokonzentrationen von vornherein vermieden. Diese Maßnahmen zählen zu den quantitativen Instrumenten. Im Bereich der operationellen Risiken wird eher auf qualitative Vorkehrungen gesetzt, indem bedeutende Schadensfälle unverzüglich hinsichtlich ihrer Ursachen zu analysieren sind (→ BTR 4 Tz. 3). Sofern sich im Rahmen dieser Analyse bestimmte Risikokonzentrationen als ursächlich für die Schäden erweisen, sollten Maßnahmen zu ihrer Begrenzung getroffen werden.

Als wichtiges Instrument zur Identifizierung von Risikokonzentrationen gelten Stresstests, mit **25** deren Hilfe Abhängigkeiten zwischen den Engagements, Wechselwirkungen und versteckte Konzentrationen identifiziert werden können, die ggf. nur unter Stressbedingungen sichtbar werden (→ AT 4.3.3 Tz. 1). Deshalb sollten Portfolios und Geschäftsfelder oder -einheiten zur Ermittlung von Intra- und Inter-Risikokonzentrationen, d.h. zur Identifizierung der gemeinsamen

---

9 Vgl. Europäische Zentralbank, Leitfaden der EZB für den bankinternen Prozess zur Sicherstellung einer angemessenen Kapitalausstattung (Internal Capital Adequacy Assessment Process – ICAAP), 9. November 2018, S. 45. Das Limitsystem sollte auch im Einklang mit dem Konzept zur Liquiditätsadäquanz stehen. Vgl. Europäische Zentralbank, Leitfaden der EZB für den bankinternen Prozess zur Sicherstellung einer angemessenen Liquiditätsausstattung (Internal Liquidity Adequacy Assessment Process – ILAAP), 9. November 2018, S. 35 f.

10 Vgl. Financial Stability Board, Principles for An Effective Risk Appetite Framework, 18. November 2013, S. 3; Basel Committee on Banking Supervision, Guidelines – Corporate governance principles for banks, BCBS 328, 8. Juli 2015, S. 2.

11 Vgl. Empfehlung des Europäischen Ausschusses für Systemrisiken zu Zwischenzielen und Instrumenten für makroprudenzielle Maßnahmen (ESRB/2013/1) vom 4. April 2013, Amtsblatt der Europäischen Union vom 15. Juni 2013, C 170/3.

AT 4.3.2 Risikosteuerungs- und -controllingprozesse

Risikofaktoren innerhalb und zwischen Risikoarten, einschließlich möglicher Ansteckungseffekte gestresst werden.[12] Mit Hilfe von Stresstests können auch Kettenreaktionen und Zweitrunden- oder Rückkopplungseffekte (»feedback effects«) sichtbar gemacht werden.[13] Die (institutsweiten) Stresstests haben sich deshalb auch auf die angenommenen Risikokonzentrationen und Diversifikationseffekte innerhalb und zwischen den Risikoarten zu erstrecken (→ AT 4.3.3 Tz. 1). Auf die Ergebnisse der Stresstests hinsichtlich der Risikokonzentrationen und deren potenzieller Auswirkungen ist in den Risikoberichten sogar gesondert einzugehen (→ AT 4.3.2 Tz. 4).

26   Unter Umständen kann es auch erforderlich sein, bestimmte Risikokonzentrationen im Rahmen des Risikotragfähigkeitskonzeptes mit Kapital zu unterlegen. Das kann insbesondere dann der Fall sein, wenn es nicht gelingt, diese Risikokonzentrationen hinreichend zu begrenzen (→ AT 4.1 Tz. 1). Der Prozess der Begrenzung von Risikokonzentrationen beginnt bereits bei der Festlegung der Risikostrategie. In diesem Rahmen ist, unter Berücksichtigung von Ertrags- und Risikokonzentrationen, für alle wesentlichen Risiken der Risikoappetit des Institutes festzulegen (→ AT 4.2 Tz. 2). Da die Risikokonzentrationen keine separate Risikoart darstellen, erfolgt ihre Begrenzung und Überwachung i. d. R. nicht auf Basis einer eigenen Limitierung.

1.4   Berücksichtigung von Nachhaltigkeitsrisiken

27   Die Nachhaltigkeitsrisiken oder Umwelt-, Sozial- und Unternehmensführungsrisiken (ESG-Risiken) werden an anderer Stelle definiert (→ BTR Tz. 1). Sie sollten als Risikotreiber für andere Risikoarten in die bestehenden Risikosteuerungs- und -controllingprozesse integriert und in den schriftlichen Richtlinien zum Risikomanagement berücksichtigt werden.[14] Die besondere Bedeutung von Nachhaltigkeitsrisiken spiegelt sich nicht zuletzt darin wider, dass die EZB die Klimarisiken in ihrer Risikolandkarte bereits seit 2019 als wesentlichen Risikofaktor für das Finanzsystem im Euroraum eingestuft hat.[15] Die BaFin hat das Thema »nachhaltige Finanzwirtschaft« seit dem Jahr 2020 sogar als Aufsichtsschwerpunkt festgelegt.[16] Die COVID-19-Pandemie hat allerdings dazu geführt, dass die zuvor veröffentlichten Prioritäten etwas verschoben wurden.

1.4.1   Herausforderungen für die Institute

28   Die größten Herausforderungen für die Integration von ESG-Risiken in die Managementprozesse der Institute sowie für deren Beaufsichtigung betreffen auf europäischer Ebene derzeit sechs Bereiche: Erstens herrscht eine große Unsicherheit hinsichtlich Zeitpunkt und Wirkung wirtschaftspolitischer Maßnahmen und damit verbundener regulatorischer Eingriffe sowie der Auswirkungen physischer Risiken. Zweitens herrscht ein Mangel an relevanten, vergleichbaren, zuverlässigen und nutzerfreundlichen Daten, deren Übersetzung in Erwartungen für die finanzielle Performance der Gegenpartei ein zusätzliches Problem darstellt. In dem Zusammenhang wird auch der lediglich jährliche Turnus der Nachhaltigkeitsberichterstattung kritisiert. Drittens basie-

---

12 Vgl. European Banking Authority, Leitlinien zu den Stresstests der Institute, EBA/GL/2018/04, 19. Juli 2018, S. 18.

13 Vgl. European Banking Authority, Leitlinien zu den Stresstests der Institute, EBA/GL/2018/04, 19. Juli 2018, S. 43; Committee of European Banking Supervisors, Revised Guidelines on the management of concentration risk under the supervisory review process (GL 31), 2. September 2010, S. 8 f.

14 Vgl. Bundesanstalt für Finanzdienstleistungsaufsicht, Merkblatt zum Umgang mit Nachhaltigkeitsrisiken, 20. Dezember 2019, geändert am 13. Januar 2020, S. 22.

15 Vgl. Europäische Zentralbank, Leitfaden zu Klima- und Umweltrisiken – Erwartungen der Aufsicht in Bezug auf Risikomanagement und Offenlegungen, 27. November 2020, S. 3.

16 Vgl. Bundesanstalt für Finanzdienstleistungsaufsicht, Aufsichtsschwerpunkte 2020, 16. Januar 2020, S. 14 f.

ren die meisten Risikomanagementmodelle auf der Verwendung historischer Daten, mit denen aktuelle oder zukünftige Risiken abgeschätzt werden. ESG-Faktoren sind in diesen Daten allerdings häufig nicht enthalten. Daher ist es schwierig, ESG-Risiken bei der Berechnung von Risikoparametern wie der Ausfallwahrscheinlichkeit (PD) oder der Verlustquote bei Ausfall (LGD) mit den bestehenden Methoden zu berücksichtigen. Zu den weiteren methodischen Einschränkungen gehören die Übersetzung von ESG-Risiken in finanzielle Risiken, das Verständnis ihrer Auswirkungen auf die Widerstandsfähigkeit von Geschäftsmodellen und das Fehlen einer harmonisierten Definition des gesamten Spektrums nachhaltigkeitsorientierter Aktivitäten. Viertens passen die strategischen Planungshorizonte der Institute insbesondere nicht zu den eher langfristigen Auswirkungen der Klimarisiken. Fünftens führen die vielschichtigen Auswirkungen von ESG-Risiken zu einer hohen Komplexität beim Management der davon betroffenen Risikoarten. Die Auswirkungen sollten daher sowohl als Elemente innerhalb jeder der finanziellen Risikokategorien als auch kategorienübergreifend bewertet werden. Sechstens sind die Auswirkungen der meisten ESG-Risiken nichtlinear, was ein methodisches Problem darstellt.[17] Physische und transitorische Risiken können komplexe Kettenreaktionen und Kaskadeneffekte hervorrufen, die wiederum unvorhersehbare ökologische, geopolitische, soziale und wirtschaftliche Dynamiken auslösen können. Das bedeutet, dass z. B. beim Auftreten von (schädlichen) Ereignissen wie einem lokalen oder globalen Temperaturanstieg die Auswirkungen im Verhältnis zum momentanen Ausmaß des Ereignisses selbst und im Zeitverlauf größer sind.[18]

Die EZB erwartet auf Basis ihrer Risikolandkarte ebenfalls, dass Klima- und Umweltrisiken für **29** die Institute des Euroraumes in erster Linie mittel- bis langfristig zum Tragen kommen. Verschiedenen Studien zufolge sind der Planungshorizont und die durchschnittliche Kreditlaufzeit der Institute üblicherweise kürzer als der Zeitraum, in dem die Folgen der klimabedingten Änderungen und der Umweltzerstörung vornehmlich auftreten dürften. Allerdings werden von den Instituten auch Kredite vergeben, die nach der ursprünglichen Laufzeit erneuert oder verlängert werden und damit potenziell besonders anfällig für langfristige Risiken sind. Aus Sicht der EZB ist es daher wichtig, dass die Institute einen längeren Zeithorizont als gewöhnlich in ihre Überlegungen einbeziehen. Mit einer zukunftsgerichteten Perspektive könnten die Institute zudem zeitnah reagieren, wenn sich der Übergang zu einer kohlenstoffarmen Wirtschaft beschleunigen und damit die transitorischen Risiken schneller eintreten sollten als erwartet.[19]

Diese Gefahr sieht auch die BaFin. Einerseits stellt der vor allem bei physischen Risiken mitunter **30** lange Zeithorizont für die Institute eine große Herausforderung dar.[20] Andererseits können sich insbesondere transitorische Risiken auch sehr kurzfristig realisieren. Nachhaltigkeitsrisiken können also kurz-, mittel- und langfristig schlagend werden. Zudem bestehen zwischen physischen und transitorischen Risiken verschiedene Wechselwirkungen (→ BTR Tz. 1). Das erhöht zusätzlich die Komplexität. Wie aus den genannten Herausforderungen ableitbar ist, erschwert daneben die häufig fehlende historische Datenbasis eine Einschätzung über das mögliche Ausmaß zukünf-

---

17 Die methodischen Herausforderungen sind auch Gegenstand verschiedener Publikationen des Network for Greening the Financial System (NGFS). Vgl. Network for Greening the Financial System, Biodiversity and financial stability: exploring the case for action, NGFS Occasional Paper, 18. Juni 2021; Network for Greening the Financial System, NGFS climate scenarios for central banks and supervisors, 7. Juni 2021; Network for Greening the Financial System, Progress report on bridging data gaps, 26. Mai 2021; Network for Greening the Financial System, NGFS climate scenarios for central banks and supervisors, 24. Juni 2020.

18 Vgl. European Banking Authority, EBA Report on management and supervision of ESG risks for credit institutions and investment firms, EBA/REP/2021/18, 23. Juni 2021, S. 50 ff.

19 Vgl. Europäische Zentralbank, Leitfaden zu Klima- und Umweltrisiken – Erwartungen der Aufsicht in Bezug auf Risikomanagement und Offenlegungen, 27. November 2020, S. 14 f.

20 Die EBA hat schon 2019 festgestellt, dass der durchschnittliche Zeithorizont der EU-Institute für die Geschäfts- und Strategieplanung drei bis fünf Jahre beträgt. Da dieser Zeithorizont weder die oft langfristigen Auswirkungen des Klimawandels noch den Übergang zu einer nachhaltigeren Wirtschaft widerspiegelt, hat die EBA der EU-Kommission empfohlen, Anforderungen zur Umsetzung langfristiger widerstandsfähiger Geschäftsstrategien in die Bestimmungen auf EU-Ebene, wie die CRD, für den Bankensektor zu integrieren. Vgl. European Banking Authority, EBA Report on undue short-term pressure from the financial sector on corporations, 18. Dezember 2019, S. 64.

tiger Risiken bzw. Schäden im Zusammenhang mit Nachhaltigkeitsaspekten. Die Unsicherheit über zukünftige Klima- und Politikszenarien trägt ebenfalls dazu bei, dass die Auswirkungen von Nachhaltigkeitsrisiken teilweise schwierig zu messen und zu steuern sind.[21] Zusammengefasst sind also sowohl der Zeithorizont als auch das Ausmaß dieser Risiken schwer zu bestimmen.[22] Eine wesentliche Aufgabe für die Institute wird insofern darin bestehen, diesen Unwägbarkeiten zunächst durch eigene Schätzungen und Prognosen zu begegnen und gleichzeitig mit dem Aufbau entsprechender Datenhistorien zu beginnen. Die BaFin empfiehlt daher, in Abhängigkeit vom konkreten Risikoprofil die bisherigen Prozesse anzupassen und neue, innovative Mess-, Steuerungs- und Risikominderungsinstrumente zu entwickeln.[23] Zudem sollte der zeitliche Rahmen für die Identifizierung, Beurteilung, Steuerung, Überwachung und Kommunikation von Nachhaltigkeitsrisiken beim Management der einzelnen Risikoarten klar definiert werden.[24]

1.4.2 Identifizierung von Nachhaltigkeitsrisiken

31 Die Identifizierung von ESG-Risiken verbindet die EBA in erster Linie mit einer angemessenen Klassifizierung der Vermögenswerte nach ihren ESG-Merkmalen. Dafür kommt zunächst eine Kategorisierung von Engagements (ggf. kombiniert) nach Anlageklassen, Branchen, Gegenparteien, Regionen oder auf Basis ihrer Laufzeit bzw. Position im jeweiligen Lebenszyklus infrage. Den kategorisierten Vermögenswerten können dann die jeweiligen Gefahrenpotenziale zugeordnet werden, wie z.B. physische Risiken in Form von höheren Meeresspiegeln, Dürren oder anderen klimabedingten Gefahren in bestimmten Regionen oder transitorische Risiken in Form von regulatorischen Änderungen und technologischem Fortschritt in Bezug auf spezifische Branchen. Auf Basis der wichtigsten potenziellen Treiber von ESG-Risiken kann bei Bedarf eine granulare Analyse der relevantesten Kategorien erfolgen.[25]

32 Die EBA hat im Anhang zu ihrem Diskussionspapier eine Beispielliste von ESG-Faktoren und entsprechenden Risikoindikatoren vorgeschlagen, die für die verschiedenen ESG-Merkmale herangezogen werden können. Zu diesem Zweck hat die EBA alle zu diesem Zeitpunkt verfügbaren Informationen aus internationalen Standards, verschiedenen Leitfäden der zuständigen nationalen Behörden, nationalen oder EU-weiten Berichten zu spezifischen ESG-Themen, den Methoden der Ratingagenturen, den Rückmeldungen der Institute zur EBA-Umfrage zu Marktpraktiken, den Informationen aus den Geschäftsberichten und der ESG-Berichterstattung von nichtfinanziellen Unternehmen ausgewertet. Dabei geht es der EBA um die Aggregation und Vergleichbarkeit von ESG-Merkmalen der jeweils betrachteten Gegenpartei, wobei sich natürlich nicht alle Faktoren gleichermaßen für jede Gegenpartei eignen. Die auf diese Weise zusammengetragenen Risikoindikatoren wurden anschließend zu konkreten Kennzahlen verfeinert, die sowohl quantitativer als auch qualitativer Natur sein können. Die EBA weist darauf hin, dass die aufgeführten Faktoren, Indikatoren und Metriken die Institute zwar bei ihrem Ansatz zum Management von ESG-Risiken unterstützen können. Große Institute sollten allerdings beachten, dass die EBA im Laufe des Jahres 2021 technische Durchführungsstandards zur Definition der Offenlegungsanforderungen für ESG-

---

21 Vgl. Bundesanstalt für Finanzdienstleistungsaufsicht, Merkblatt zum Umgang mit Nachhaltigkeitsrisiken, 20. Dezember 2019, geändert am 13. Januar 2020, S. 11.

22 Vgl. Bundesanstalt für Finanzdienstleistungsaufsicht, Merkblatt zum Umgang mit Nachhaltigkeitsrisiken, 20. Dezember 2019, geändert am 13. Januar 2020, S. 18.

23 Vgl. Bundesanstalt für Finanzdienstleistungsaufsicht, Merkblatt zum Umgang mit Nachhaltigkeitsrisiken, 20. Dezember 2019, geändert am 13. Januar 2020, S. 11.

24 Vgl. Bundesanstalt für Finanzdienstleistungsaufsicht, Merkblatt zum Umgang mit Nachhaltigkeitsrisiken, 20. Dezember 2019, geändert am 13. Januar 2020, S. 26.

25 Vgl. European Banking Authority, EBA Report on management and supervision of ESG risks for credit institutions and investment firms, EBA/REP/2021/18, 23. Juni 2021, S. 54.

Risiken gemäß Art. 449a CRR veröffentlichen wird.[26] Auch die BaFin hält die Festlegung von geeigneten Risikoindikatoren unter Berücksichtigung der Risikotragfähigkeit und des Risikoappetits beim Umgang mit Nachhaltigkeitsrisiken für hilfreich.[27] Dazu verweist die BaFin auf eine Ausarbeitung vom NGFS.[28]

Die Umweltfaktoren wurden von der EBA auf Basis der sechs Umweltziele aus der Taxonomie-Verordnung zugeordnet. Die sozialen Faktoren wurden auf der Grundlage der wichtigsten Stakeholder der Gesellschaft, mit denen Institute verkehren können, gruppiert, d.h. die Gesellschaft als Ganzes, Mitarbeiter, Kunden und alle Stakeholder in Bezug auf Menschenrechte und Armut. Darüber hinaus wurden bei diesen Faktoren die grundlegenden Konventionen der Internationalen Arbeitsorganisation (»International Labour Organization«, ILO) berücksichtigt. Die Governance-Faktoren wurden in vier Hauptpunkte unterteilt, indem ein gemeinsames Hauptmerkmal der zugrunde liegenden Faktoren identifiziert wurde, nämlich: ethische Überlegungen, solide Risikomanagementstrukturen, Organisation und Funktionsweise des Leitungsorgans sowie Transparenz.[29]

Die EBA verweist darauf, dass einige qualitative Informationen zu ESG-Merkmalen auch in Form von Zertifizierungen über die Einhaltung von ESG-Normen durch externe Prüfer enthalten sein können, die in ihrer Liste nicht unbedingt berücksichtigt sind.[30] Die BaFin führt aus, dass zur Identifizierung möglicher Nachhaltigkeitsrisiken auch auf externe Quellen zugegriffen werden kann, wie z.B. auf Nachhaltigkeit spezialisierte Datenzulieferer sowie Publikationen des Umweltbundesamtes oder des Potsdamer Institutes für Klimafolgenforschung (PIK).[31]

1.4.3 Beurteilung von Nachhaltigkeitsrisiken

Auf die klassifizierten Engagements müssen geeignete Methoden angewandt werden, ggf. auch kombiniert, um die potenziellen Auswirkungen von ESG-Risiken auf die Engagements des Institutes zu beurteilen. Da sich die Methoden zur Quantifizierung von ESG-Risiken und die zugrunde liegenden Daten weiterentwickeln, ist ein dynamischer, flexibler Ansatz erforderlich. Das Ergebnis einer Bewertung klassifizierter Engagements durch geeignete Methoden schafft ein tieferes Verständnis der finanziellen Anfälligkeit des Institutes für ESG-Risiken. Während sich ESG-Risiken durch ihre Auswirkungen auf finanzielle Risikokategorien materialisieren, sollten die Institute in der Lage sein, zwischen verschiedenen ESG-Risiken zu unterscheiden und sich eine Meinung über deren Relevanz zu bilden. Bei der Beurteilung der Risiken sollte ein risikobasierter Ansatz verfolgt werden, der die Wahrscheinlichkeit und den Schweregrad der Materialisierung von ESG-Risiken berücksichtigt. Die Wesentlichkeit von ESG-Risiken wird von

---

26 Die EBA führt in Anhang 1 ihres Diskussionspapiers zunächst einige Definitionen mit den zugehörigen Referenzen für die verwendeten Begriffe auf (S. 142–144). Anschließend werden verschiedene Übersichten mit ESG-Faktoren, zugehörigen Risikoindikatoren und Vorschlägen für damit verbundene Kennzahlen zur Verfügung gestellt (S. 145–153). Eine Übernahme in den Kommentar würde den Rahmen deutlich sprengen. Daher wird auf das Diskussionspapier bzw. je nach Fertigstellung des Kommentars auf den endgültigen Bericht der EBA verwiesen. Vgl. European Banking Authority, EBA Report on management and supervision of ESG risks for credit institutions and investment firms, EBA/REP/2021/18, 23. Juni 2021, S. 152 ff.

27 Vgl. Bundesanstalt für Finanzdienstleistungsaufsicht, Merkblatt zum Umgang mit Nachhaltigkeitsrisiken, 20. Dezember 2019, geändert am 13. Januar 2020, S. 27.

28 Die Risikoindikatoren wurden für die Zwecke von Aufsichtsbehörden und Zentralbanken entwickelt, können sich laut BaFin in vielen Fällen aber auch für das Risikomanagement durch beaufsichtigte Unternehmen eignen. Vgl. Network for Greening the Financial System, Macroeconomic and financial stability implications of climate change, Technical supplement to the First comprehensive report, 23. Juli 2019, S. 42 ff.

29 Vgl. European Banking Authority, EBA Report on management and supervision of ESG risks for credit institutions and investment firms, EBA/REP/2021/18, 23. Juni 2021, S. 156 ff.

30 Vgl. European Banking Authority, EBA Report on management and supervision of ESG risks for credit institutions and investment firms, EBA/REP/2021/18, 23. Juni 2021, S. 152.

31 Vgl. Bundesanstalt für Finanzdienstleistungsaufsicht, Merkblatt zum Umgang mit Nachhaltigkeitsrisiken, 20. Dezember 2019, geändert am 13. Januar 2020, S. 22.

den Merkmalen der verschiedenen Engagements abhängen, da es unwahrscheinlich ist, dass die Engagements gleichermaßen von solchen Risiken betroffen sind.[32]

36 Die EBA stellt insbesondere klar, dass Taxonomien und Risikoindikatoren für die Abschätzung und Bewertung von ESG-Risiken allein nicht ausreichen. Es gibt allerdings verschiedene Methoden, die sie als Grundlage nutzen und in eine Bewertung von ESG-Risiken überführen. Nach Einschätzung der EBA verfolgen die am Markt verfügbaren Methoden alle die gleichen Ziele, nämlich die Ausrichtung der Portfolios an globalen Nachhaltigkeitszielen zu bewerten und Einblicke in das Risiko zu bieten, das durch die Engagements in bestimmten Sektoren verursacht wird. Es gibt jedoch unterschiedliche Wege, diese Ziele zu erreichen. Die EBA hat diese Methoden in drei verschiedene Typen unterteilt und miteinander verglichen: die Portfolioausrichtungsmethode (»portfolio alignment method«), die Risikorahmenmethode (»risk framework method«) und die Engagementmethode (»exposure method«). Jeder Ansatz unterscheidet sich in Bezug darauf, was er misst und wie das Ergebnis von den Instituten genutzt werden kann.[33]

37 Bei der Portfolioausrichtungsmethode (»portfolio alignment method«) geht es um die Übereinstimmung der Portfolios mit global vereinbarten Zielen. Speziell im Hinblick auf das Klima zeigt dieser Ansatz auf, inwieweit ein Institut sein Portfolio und seine Aktivitäten ändern müsste, um sich an das 2-Grad-Szenario des Pariser Abkommens anzupassen.[34] Die Bewertung der Ausrichtung des Portfolios an globalen Zielen stellt wiederum eine Möglichkeit dar, das ESG-Risiko für das Institut selbst zu messen.[35]

38 Die Risikorahmenmethode (»risk framework method«) konzentriert sich auf die Sensitivität der Portfolios und die Auswirkungen des Klimawandels auf den tatsächlichen Risikogehalt der Engagements. Diese szenariobasierte Methode gestattet keine Aussagen darüber, wie sich die Portfoliozusammensetzung im Verhältnis zu den globalen Klimazielen positioniert und gibt somit auch keine explizite Anleitung, wie die Institute ihre Portfolios umschichten müssten, um sich anzupassen. Vielmehr handelt es sich um einen rein risikoorientierten Ansatz, der es den Instituten ermöglicht, ihre Risiken intern zu managen und ihre Portfolios unter Berücksichtigung des Klimarisikos möglichst risikoeffizient zu allozieren. Es geht um Widerstandsfähigkeit und nicht um explizite Ausrichtung. Beides sollte zwar langfristig theoretisch zu den gleichen Ergebnissen führen, was die Ausrichtung der Portfolios an den globalen politischen Zielen angeht, aber kurzfristig eher nicht. Hinsichtlich der am weitesten entwickelten Varianten unterscheidet die EBA zwischen Klima-Szenarioanalysen und Klima-Sensitivitätsanalysen.[36]

39 Das Grundprinzip der Engagementmethode (»exposure method«) ist die direkte Bewertung der Performance eines Engagements in Bezug auf das E, das S und das G. Dazu gehören alle ESG-Ratingverfahren. Diese Methode kann als Ergänzung zur Standardbewertung der finanziellen Risikokategorien verwendet werden. Die dafür genutzten Indikatoren werden typischerweise auf Unternehmensebene kalibriert, wobei granulare Merkmale auf Branchenebene berücksichtigt werden, um spezifische Sensitivitäten der ESG-Faktoren auf verschiedene Segmente und Teilsegmente der wirtschaftlichen Aktivitäten zu erfassen. Diese Methode beinhaltet keine

---

32 Vgl. European Banking Authority, EBA Report on management and supervision of ESG risks for credit institutions and investment firms, EBA/REP/2021/18, 23. Juni 2021, S. 54f.

33 Für weitere Informationen zu verschiedenen Methoden verweist die EBA auf folgende Lektüre: Network for Greening the Financial System, Case Studies of Environmental Risk Analysis Methodologies, Occasional Paper, 10. September 2020. Vgl. European Banking Authority, EBA Report on management and supervision of ESG risks for credit institutions and investment firms, EBA/REP/2021/18, 23. Juni 2021, S. 61f.

34 Das globale Ziel besteht eigentlich sogar darin, die Erderwärmung im Vergleich zum vorindustriellen Zeitalter auf »deutlich unter 2 Grad Celsius« zu begrenzen und Anstrengungen für eine Beschränkung auf 1,5 Grad Celsius zu unternehmen.

35 Vgl. European Banking Authority, EBA Report on management and supervision of ESG risks for credit institutions and investment firms, EBA/REP/2021/18, 23. Juni 2021, S. 63.

36 Vgl. European Banking Authority, EBA Report on management and supervision of ESG risks for credit institutions and investment firms, EBA/REP/2021/18, 23. Juni 2021, S. 66f.

ausgefeilte Szenarioanalyse, die auf vielen Annahmen beruht, sondern stützt sich hauptsächlich auf rückwärtsgerichtete Messgrößen. Sie ist ein systematischer Ansatz, der Engagements nach ihren spezifischen ESG-Attributen klassifiziert und somit das ESG-Risiko des Portfolios besser erfasst.[37]

Die EBA vergleicht diese drei Methoden miteinander, ohne eine besonders hervorzuheben, **40** und stellt ihre wichtigsten konzeptionellen Vor- und Nachteile dar. Sie verweist auf die Bedeutung der Kreditvergabe für die Berücksichtigung von Nachhaltigkeitsaspekten im Risikomanagement, weil damit die zukünftige Zusammensetzung des Portfolios eines Institutes gesteuert wird. Für die Kreditvergabe und die Überwachung bestehender Portfolios eignen sich nach Einschätzung der EBA alle drei Methoden, wenn auch in unterschiedlichem Maße. Da die Ansätze jedoch sehr verschieden sind, empfiehlt die EBA implizit, sie miteinander zu kombinieren.[38]

Aufgrund der einzigartigen Merkmale von ESG-Risiken müssen die Institute zu deren Identifi- **41** zierung und Beurteilung jedenfalls Methoden anwenden, die in der Lage sind, die wichtigsten ESG-Faktoren zu erfassen und der grundlegenden Unsicherheit solcher Risiken ausreichend Rechnung zu tragen. Die von der EBA vorgestellten Methoden und Risikoindikatoren sollten nicht als strikte Empfehlungen bzw. als vollständige Liste betrachtet werden. Die EBA sieht es als vorteilhaft an, in diesem Stadium Flexibilität bei der Wahl der zu verwendenden Methoden zu bewahren, da sich das Fachwissen und die zugrunde liegenden Daten schnell weiterentwickeln. Die Institute können die Anwendung dieser oder ähnlicher Methoden und Risikoindikatoren jedoch zur Beurteilung und Überwachung von einzelnen Engagements, Gruppen von Engagements oder Portfolios in Betracht ziehen.[39]

1.4.4 Steuerung von Nachhaltigkeitsrisiken

Nachdem die ESG-Risiken beurteilt wurden, geht es um deren Steuerung. Die Methoden zur **42** Steuerung von Nachhaltigkeitsrisiken sollten angemessen und konsistent zur Geschäfts- und Risikostrategie sein. Die BaFin nennt verschiedene Beispiele, die je nach Geschäftsmodell verwendet werden können:[40]

– Möglich ist der Ausschluss (»Exclusion«) bestimmter Unternehmen, Branchen, Regionen, Staaten etc., in die aufgrund bestimmter »Ausschlusskriterien« gar nicht mehr oder nur noch bis zu einem gewissen »Limit« investiert werden soll (z. B. bei Generierung des Umsatzes zu mindestens x Prozent aus dem Abbau, der Weiterverarbeitung oder der Verbrennung fossiler Energieträger).[41] Dabei können sich die Institute z. B. an »Heatmaps« orientieren, die von vielen Ratingagenturen und spezialisierten Anbietern veröffentlicht werden. In diesen Übersichten werden Nachhaltigkeitsrisiken entsprechend ihrer Relevanz und Dringlichkeit für

---

37 Vgl. European Banking Authority, EBA Report on management and supervision of ESG risks for credit institutions and investment firms, EBA/REP/2021/18, 23. Juni 2021, S. 72.

38 Vgl. European Banking Authority, EBA Report on management and supervision of ESG risks for credit institutions and investment firms, EBA/REP/2021/18, 23. Juni 2021, S. 75ff.

39 Vgl. European Banking Authority, EBA Report on management and supervision of ESG risks for credit institutions and investment firms, EBA/REP/2021/18, 23. Juni 2021, S. 117.

40 Vgl. Bundesanstalt für Finanzdienstleistungsaufsicht, Merkblatt zum Umgang mit Nachhaltigkeitsrisiken, 20. Dezember 2019, geändert am 13. Januar 2020, S. 27f.

41 Der Ausschluss von Investitionen in bestimmte Unternehmen, Sektoren, Staaten etc. nach vorgegebenen Kriterien, die auf einen bestimmten Ansatz zugeschnitten sind, wie z.B. klimaspezifisch, umweltbezogen oder allgemeiner auf ESG-Aspekte, wird auch als »Negativscreening« bezeichnet. Vgl. European Central Bank, ECB report on banks' ICAAP practices, 11. August 2020, S. 37.

einzelne (Teil-)Sektoren grafisch oder durch ein Skalierungssystem sichtbar gemacht.[42] Sofern relevant, sollte entschieden werden, ob auch konzernverbundene bzw. gruppenangehörige Unternehmen davon betroffen sind und welche Schwellenwerte dafür gelten (→ AT 4.5 Tz. 5).

- Umgekehrt können entsprechende »Positivlisten« auf der Identifizierung von Unternehmen, Branchen, Regionen, Staaten etc. basieren, in die aufgrund Erfüllung bestimmter Nachhaltigkeitskriterien bevorzugt investiert werden soll. Als Steigerung davon kann die Identifizierung gezielt auf diejenigen Unternehmen gerichtet sein, die nach den gewählten Nachhaltigkeitskriterien innerhalb ihrer Branche besser abschneiden als andere Unternehmen (»Best-in-Class-Ansatz«).[43] Die BaFin weist allerdings darauf hin, dass dabei – an absoluten Maßstäben gemessen – auch weniger nachhaltige Unternehmen Teil des Portfolios sein können, da es sich um einen relativen Ansatz handelt.

- Wenn die vorgenannten Methoden in einer Weise verwendet werden, dass die Nachhaltigkeitskriterien vom Institut nicht selbst festgelegt werden, sondern international anerkannten Normen entsprechen, spricht man vom »Normbasierten Screening« (z. B. UN Global Compact), bei ganzheitlich ausgerichteten Ansätzen von der »ESG-Integration« (z. B. Principles for Responsible Banking). Nähere Informationen zu den genannten und weiteren Normen finden sich an anderer Stelle (→ Teil I, Kapitel 9).

- Eine besondere Ausprägung der positiv abgegrenzten Beispiele sind dabei Investitionen in Unternehmen, die sich einen positiven Umwelt- oder Gesellschaftsbeitrag zum Ziel gesetzt haben (»Auswirkung«).

- Schließlich kann unter Beachtung der relevanten Vorgaben aus dem Aktien-, Gesellschafts- und Kartellrecht etc. über die Stimmrechtsausübung, den Dialog mit der Unternehmensleitung oder die Einflussnahme auf Branchenvertretungen versucht werden, Investitionsobjekte bzw. Vertragspartner auf einen nachhaltigeren Kurs zu bringen (»Engagement«).

43 Auch die EBA führt aus, dass die Institute ESG-Risiken zumindest bis zu einem gewissen Grad steuern können, indem sie eine Ausschlusspolitik umsetzen oder spezifische Limite für maßgeschneiderte Risikoindikatoren festlegen (→ AT 4.3.2 Tz. 2). Dies kann durch die Integration von Klimarisikoindikatoren in die Kreditvergabekriterien erfolgen, z. B. durch Vorgabe einer maximalen Exposure-Höhe gegenüber bestimmten klimasensiblen Branchen oder einzelnen Kontrahenten.[44]

---

42 Die BaFin verweist darauf, dass »Heatmaps« extern erworben oder intern erstellt werden können und typischerweise die transitorischen Risiken der Wirtschaftssektoren Land- und Forstwirtschaft, produzierende Industrie, Elektrizität (Erzeugung, Speicherung und Verteilung), fossile Energien (Förderung, Weiterverarbeitung und Vertrieb), Transport (Straßen-, See- und Luftverkehr) sowie Bau- und Immobilienwirtschaft im Hinblick auf die Relevanz für die politischen Klimaziele in verschiedene Risikostufen über eine Zeitachse hinweg einstufen. Mittlerweile sind diese »Heatmaps« schon so ausgereift, dass sie z. B. im Modell von Fitch Ratings den höchsten ESG-Scorewert, der auf einen bestimmten Prozentsatz der Emittenten in einem Sektor angewendet wird, und die einzelnen Unternehmen, die von dem identifizierten ESG-Thema innerhalb des Sektors betroffen sind, anzeigen. Den Nutzern wird teilweise sogar die Möglichkeit geboten, zwischen verschiedenen Schwellenwerten zu wechseln, was das Verständnis dafür erleichtern kann, ob ein ESG-Thema speziell für einen einzelnen Emittenten relevant ist oder ob es allgemeiner als Trend gilt, der viele Emittenten in einem bestimmten Sektor betrifft.

43 Im Zusammenhang mit den Ansätzen von Vermögensverwaltern erwähnt die EBA zusätzlich die Möglichkeit, nur in Unternehmen im eigenen Geschäftsbereich zu investieren, die nach einer internen Methodik am besten bewertet werden (»Best-in-Universe-Ansatz«). Dies kann im Gegensatz zum »Best-in-Class-Ansatz« allerdings dazu führen, dass bestimmte Branchen ignoriert werden. Schließlich kann auch in Unternehmen investiert werden, von denen in bestimmter Hinsicht die größten Verbesserungen in Bezug auf ESG-Faktoren erreicht wurden (»Best-Effort-Ansatz«). Vgl. European Banking Authority, EBA Report on management and supervision of ESG risks for credit institutions and investment firms, EBA/REP/2021/18, 23. Juni 2021, S. 109.

44 Vgl. European Banking Authority, EBA Report on management and supervision of ESG risks for credit institutions and investment firms, EBA/REP/2021/18, 23. Juni 2021, S. 118.

1.4.5 Überwachung und Kommunikation von Nachhaltigkeitsrisiken

Die Berichterstattung über ESG-Risiken bildet die Basis für deren kontinuierliche Überwachung **44** unter Verwendung von Kennzahlen wie dem Prozentsatz der Transaktionen, die auf ESG-Aspekte überprüft werden, sowie von Tools, Modellen und Daten. Dafür scheinen geeignete Berichtsrahmen, die durch die zugrunde liegenden IT-Systeme erweitert und unterstützt werden, unerlässlich zu sein. Genaue Daten und Informationen in Bezug auf ESG-Risiken, die zum Zeitpunkt der Kreditvergabe gesammelt werden (→ BTO Tz. 2), bilden die Grundlage des Überwachungsprozesses für die Zwecke des Risikomanagements und während des gesamten Lebenszyklus der Transaktionen und Produkte.[45]

An verschiedenen Stellen kommt die EBA zur Erkenntnis, dass die Institute selbst dort, wo die **45** relevanten Daten eines Unternehmens verfügbar sind, für die Übersetzung der ESG-Faktoren in Erwartungen an die finanzielle Leistung eines Unternehmens auf die Szenarioanalyse angewiesen sind. Deshalb sollten sich die Institute über eine statische Überwachung ihrer Engagements hinaus auch darauf konzentrieren, die potenziellen aktuellen und zukünftigen Auswirkungen von ESG-Risiken durch Szenarioanalysen zu bewerten (→ AT 4.3.3 Tz. 1).[46]

1.5 Anforderungen an die Datenhaltung

Das Institut sollte die für eine angemessene Beurteilung, Steuerung und Überwachung von Risiken **46** und für die Bereitstellung von Informationen relevanten Daten vorhalten. Hierunter fallen insbesondere Daten zu Sicherheiten und zur Beziehung zwischen der jeweiligen Sicherheit und der zugrunde liegenden Transaktion (→ AT 4.3.2 Tz. 1, Erläuterung). Es ist einleuchtend, dass ein angemessenes Risikomanagement ohne die relevanten Daten in Bezug auf die Geschäftsaktivitäten eines Institutes nicht sichergestellt werden kann. Diese Daten müssen nicht nur vorhanden sein, sondern auch auf dem aktuellen Stand gehalten werden. Das betrifft natürlich auch die Daten zu den Sicherheiten, die bei der Entscheidung über einen Geschäftsabschluss eine entscheidende Rolle spielen können. Wenngleich für verschiedene Zwecke zwischen einer Brutto- und einer Nettobetrachtung unterschieden wird, d.h. zwischen einer Risikobeurteilung mit und ohne Berücksichtigung der Sicherheiten, können werthaltige Sicherheiten erheblich zur Risikoreduzierung beitragen und in Abhängigkeit von der Geschäftsart sogar der wesentliche Grund für eine positive Kreditentscheidung sein.

Insofern ist es für das Risikomanagement von entscheidender Bedeutung, dass die Daten zu den **47** Sicherheiten aktuell und jederzeit abrufbar sind. Die Überprüfung der Werthaltigkeit und des rechtlichen Bestandes von Sicherheiten hat vor diesem Hintergrund grundsätzlich sowohl vor der Kreditvergabe (→ BTO 1.2.1 Tz. 3) als auch im Rahmen der Kreditweiterbearbeitung (→ BTO 1.2.2 Tz. 3) zu erfolgen. Zudem sind unverzüglich außerordentliche Überprüfungen von Engagements einschließlich der Sicherheiten durchzuführen, wenn dem Institut aus externen oder internen Quellen Informationen bekannt werden, die auf eine wesentliche negative Änderung der Risikoeinschätzung der Engagements oder der Sicherheiten hindeuten (→ BTO 1.2.2 Tz. 4). Darüber hinaus werden an die Verfahren zur Wertermittlung, Verwaltung und Verwertung von Sicherheiten hohe Anforderungen gestellt (→ BTO 1.2 Tz. 2, 3 und 4). All diese Maßnahmen dienen dazu, die Daten zu den Sicherheiten aussagekräftig zu halten.

---

45 Vgl. European Banking Authority, EBA Report on management and supervision of ESG risks for credit institutions and investment firms, EBA/REP/2021/18, 23. Juni 2021, S. 119.

46 Vgl. European Banking Authority, EBA Report on management and supervision of ESG risks for credit institutions and investment firms, EBA/REP/2021/18, 23. Juni 2021, S. 113 ff.

AT 4.3.2 Risikosteuerungs- und -controllingprozesse

48   Auch die Beziehung zwischen einer Sicherheit und der zugrunde liegenden Transaktion kann für das Risikomanagement unter Umständen sehr wichtig sein. So wird z.B. der vereinbarte Darlehensbetrag in der Immobilienfinanzierung bei Neubauvorhaben grundsätzlich nur in Abschnitten nach dem erreichten Bautenstand ausgezahlt, weil die Insolvenz eines Bauträgers ohne entsprechende Sicherheit durchaus den Totalverlust zur Folge haben könnte. Das bedeutet aber auch, dass die im Grundbuch eingetragene Grundschuld, die i.d.R. mit der Höhe des vereinbarten Darlehensbetrages übereinstimmt, zumindest während der Bauphase noch nicht den Wert der finanzierten Immobilie widerspiegelt. Um auch bei Objekt-/Projektfinanzierungen, deren Rückzahlungen sich in erster Linie aus den durch die finanzierten Vermögenswerte generierten Einkünften und nicht aus der Kapitaldienstfähigkeit des Kreditnehmers speist, auf dem aktuellen Stand zu sein, sind während der Entwicklungsphase des Projektes/Objektes Besichtigungen und Bautenstandskontrollen durchzuführen (→ BTO 1.2 Tz. 7).

49   Daneben ist es für das Risikomanagement von Bedeutung, unter welchen Voraussetzungen auf eine Sicherheit überhaupt zurückgegriffen werden kann. Bei zweckgebundenen Kreditvergaben dienen die Sicherheiten i.d.R. auch nur diesen Finanzierungen. Für ein Institut kann es von Vorteil sein, diese Daten in möglichst granularer Form vorzuhalten, um auf dieser Basis z.B. Analysen durchführen oder spezifische Berichte erstellen zu können. Neben der Berichterstattung an die Geschäftsleitung und ggf. das Aufsichtsorgan können damit auch entsprechende Bedürfnisse der Aufsichtsbehörden befriedigt werden, deren Datenhunger im Zeitverlauf tendenziell eher größer geworden ist.

50   Der EBA schwebt für das Management von notleidenden und gestundeten Risikopositionen eine »Transaktionsdatenbank« vor, die sich mit Blick auf die Sicherheiten und die damit verbundenen Transaktionen durch eine hinreichende Datentiefe und -breite zur Abdeckung sämtlicher wesentlichen Risikofaktoren, eine hohe Genauigkeit, Integrität, Zuverlässigkeit und Aktualität der Daten, eine hohe Konsistenz durch die Verwendung einheitlicher Informationsquellen und einheitlicher Definitionen und eine gute Rückverfolgbarkeit auszeichnet, um im Zweifel auch die Informationsquelle feststellen zu können.[47] Diese Granularität spiegelt sich auch in den Meldebögen wider, die von der EBA für notleidende Kredite entwickelt wurden. Eine derartige »Transaktionsdatenbank« spielt in Deutschland im Zusammenhang mit dem Marktschwankungskonzept eine Rolle (→ BTO 1.2.2 Tz. 3).

51   Die deutsche Aufsicht hat an dieser Stelle womöglich die Umsetzung der Leitlinien für die Kreditvergabe und Überwachung vorgezogen. In diesen Leitlinien wird eine angemessene Dateninfrastruktur gefordert, die vom Zeitpunkt der Kreditvergabe an über den gesamten Lebenszyklus einer Kreditfazilität hinweg die Kontinuität, Integrität und Sicherheit der Informationen über das Engagement, den Kreditnehmer und die Besicherung gewährleistet. Diese Dateninfrastruktur sollte einen so hohen Detaillierungsgrad aufweisen, dass die spezifischen Informationen zu einzelnen Krediten abgebildet werden, insbesondere die zum Zeitpunkt der Kreditvergabe angewandten Kreditvergabekriterien. Ein wesentliches Ziel besteht in der Verknüpfung der Daten zum Kreditnehmer mit den Daten zu den Sicherheiten. Dabei sollten möglichst die relevanten Datenfelder aus den Meldebögen der EBA für notleidende Kredite verwendet werden. Diese Dateninfrastruktur soll die wirksame Überwachung des Kreditrisikos, die effektive Nachverfolgung von Prüfungen, die Messung der operativen und kreditbezogenen Performance und Effizienz sowie die Nachverfolgung von Abweichungen von den Strategien/Richtlinien, Ausnahmen und Überschreibungen (z.B. der Kredit-/Transaktionsratings oder der Bewertung) gewährleisten.[48]

52   Es sei an dieser Stelle ausdrücklich darauf hingewiesen, dass die Aufsicht unter der Überschrift »Vorhalten von Daten zu Forderungen und deren Sicherheiten« die Daten zu Sicherheiten und zur

---

47 Vgl. European Banking Authority, Leitlinien über das Management notleidender und gestundeter Risikopositionen, EBA/GL/2018/06, 31. Oktober 2018, S. 52.

48 Vgl. European Banking Authority, Leitlinien für die Kreditvergabe und Überwachung, EBA/GL/2020/06, 29. Mai 2020, S. 19.

Beziehung zwischen den Sicherheiten und den zugrunde liegenden Transaktionen als »insbesondere« erforderlich bezeichnet hat, nicht hingegen als »ausschließlich« relevant. Das Institut sollte insofern »sämtliche« für eine angemessene Beurteilung, Steuerung und Überwachung von Risiken und für die Bereitstellung von Informationen relevanten Daten zu Forderungen vorhalten. So wurde diese Ergänzung im Rahmen der sechsten MaRisk-Novelle vorgenommen, als gleichzeitig spezifische Anforderungen an »Institute mit hohem NPL-Bestand« formuliert wurden. Ohne eine verlässliche Datenbasis wird es z. B. kaum möglich sein, die eigene NPL-Quote für das Institut und ggf. auch für bestimmte Portfolios korrekt zu berechnen, um nur einen Anwendungsfall zu nennen (→ AT 2.1 Tz. 1). Für die bedeutenden Institute gelten – unter Berücksichtigung von Proportionalitätsgesichtspunkten – ohnehin die Anforderungen an das Datenmanagement, die Datenqualität und die Aggregation von Risikodaten, zu denen ein enger Zusammenhang besteht (→ AT 4.3.4).

1.6   Gesamtbanksteuerung

Unter dem Oberbegriff »Gesamtbanksteuerung« sind im Kontext der MaRisk die Prozesse zur   **53**
Steuerung der wesentlichen Risiken und der damit verbundenen Risikokonzentrationen mit der Ertragssteuerung zu verknüpfen. Anknüpfungspunkte dazu finden sich an verschiedenen Stellen der MaRisk. So hat das Institut im Rahmen der Risikoinventur u. a. zu prüfen, welche Risiken die Ertragslage wesentlich beeinträchtigen können (→ AT 2.2 Tz. 2). Im Rahmen der Festlegung und Anpassung der Geschäftsstrategie sind auch interne Einflussfaktoren, wie die Ertragslage, zu berücksichtigen. Im Hinblick auf deren zukünftige Entwicklung sind Annahmen zu treffen und einer mindestens jährlichen sowie anlassbezogenen Überprüfung zu unterziehen (→ AT 4.2 Tz. 1). Bei der Festlegung der zur Geschäftsstrategie konsistenten Risikostrategie ist, unter Berücksichtigung von Risikokonzentrationen, für alle wesentlichen Risiken der Risikoappetit des Institutes festzulegen. Dabei sind auch Risikokonzentrationen mit Blick auf die Ertragssituation des Institutes (Ertragskonzentrationen) zu berücksichtigen. Zu diesem Zweck müssen die Institute ihre Erfolgsquellen voneinander abgrenzen und diese quantifizieren können (→ AT 4.2 Tz. 2). Die Geschäftsleitung muss ein Verständnis dafür entwickeln, wie sich bestimmte Konzentrationen aus dem jeweiligen Geschäftsmodell ableiten lassen. Nicht zuletzt vor diesem Hintergrund ist es gestattet, Ertragsaspekte in die Risikoberichterstattung aufzunehmen, da Risikoaspekte nicht isoliert davon diskutiert werden können (→ BT 3.2 Tz. 2, Erläuterung). Schließlich sollen die Institute Verrechnungssysteme für Liquiditätskosten, -nutzen und -risiken etablieren (→ BTR 3.1 Tz. 5 bis 7). Aufsichtsvertreter erwarten, dass die realistische Ergebniszerlegung heutzutage zu einem guten Risikomanagement gehört.[49]

Die »Gesamtbanksteuerung« als Synonym für eine gemeinsame Ertrags- und Risikosteuerung   **54**
bezieht sich insofern nicht nur auf die wesentlichen Risiken und Erfolgsquellen sowie die damit verbundenen Risiko- und Ertragskonzentrationen eines Institutes. Sie soll u. a. dazu in der Lage sein, die bestehenden Wechselwirkungen zu beurteilen, so dass im Ergebnis die Gesamtsituation eines Institutes möglichst genau bestimmbar ist (→ AT 4.1 Tz. 1). Die Risiken sollen dabei auf der Basis von Verfahren gemessen werden, die sie so gut wie möglich vergleichbar machen. Auf diese Weise kann im Rahmen des Risikotragfähigkeitskonzeptes eine optimale Menge an Risikodeckungsmasse vorgehalten werden, die wiederum auf verschiedene Geschäftsbereiche verteilt wird, um deren Risiko-Chancen-Verhältnis zu optimieren. Die Einbindung der Risikosteuerungs- und -controllingprozesse in die Gesamtbanksteuerung sollte konsistent über alle Risikoarten (inklusive Liquiditätsrisiken) sowie die ökonomische und die normative Perspektive (→ AT 4.1

---

49 Vgl. Volk, Tobias, Risikotragfähigkeit von Kreditinstituten, in: BankPraktiker, Heft 6/2013, S. 228.

Tz. 2) hinweg geschehen. Deshalb ist insbesondere nachvollziehbar zu dokumentieren, wie diese beiden Perspektiven in der Steuerung berücksichtigt werden. Darüber hinaus sollten die Institute auf das Verhältnis des Risikotragfähigkeitskonzeptes zur Liquiditätssteuerung, dabei insbesondere auf die Konsistenz der kapital- und liquiditätsseitig verwendeten Szenarien, und zu weiteren Steuerungsbereichen eingehen, wie z. B. zur Bilanz-, Volumen- und Margenplanung.[50]

55   Über die Notwendigkeit einer integrierten Betrachtung von Erlösen, Kosten und Risiken und einer Verknüpfung von Risiko- und Ertragskennzahlen auf Gesamtbankebene sind sich die Fachexperten schon seit vielen Jahren einig.[51] Bisher hat sich allerdings noch kein einheitliches Verständnis vom Begriff »Gesamtbanksteuerung« durchgesetzt. Von den Aufsichtsbehörden sollten daher keine allzu hohen Erwartungen an die gegenwärtige Praxis der Gesamtbanksteuerung gestellt werden. So kommen selbst ausgewiesene Fachexperten zu der Einschätzung, dass die Gesamtbanksteuerung – trotz bedeutender Fortschritte der Institute und der Aufsichtsbehörden im Hinblick auf methodische Fragen und deren praktische Umsetzung – bisher keineswegs ein geschlossenes System im Sinne einer integrierten Ertrags- und Risikosteuerung darstellt. Vielmehr existieren noch nicht einmal für alle wesentlichen Fragestellungen allgemein akzeptierte Lösungen und in der Konsequenz erst recht kein alles umfassender Standard.[52] Gleichzeitig erhöht die permanente Integration neuer (Unter-)Risikoarten die Komplexität der Gesamtbanksteuerung. Das Zusammenwachsen der Ertrags- und Risikosteuerung wird zudem aus anderen Gründen zusätzlich erschwert. So kann z. B. die geforderte Exklusivität des Leiters der Risikocontrolling-Funktion (→ AT 4.4.1 Tz. 4 inkl. Erläuterung) und – damit einhergehend – das Verbot einer gemeinsamen Zuständigkeit für die Ressorts Finanzen und Risikocontrolling auf Ebene der Geschäftsleitung größerer Institute (CFO und CRO)[53] ein Hindernis sein, zumal das Finanzcontrolling häufig dem CFO zugeordnet ist.

1.7   Intragruppenforderungen

56   Bei der Berechnung der risikogewichteten Positionsbeträge zur Unterlegung mit regulatorischem Kapital kann Intragruppenforderungen unter den Voraussetzungen von Art. 113 Abs. 6 CRR nach vorheriger Genehmigung durch die zuständigen Behörden ein Risikogewicht von 0 Prozent zugewiesen werden. Insofern gelten diese Transaktionen nach der CRR quasi als risikolos. Da die Intragruppenforderungen für das Risikomanagement jedoch durchaus eine Rolle spielen, sind sie in den Risikosteuerungs- und -controllingprozessen angemessen abzubilden (→ AT 4.3.2 Tz. 1, Erläuterung). Die Abbildung der Intragruppenforderungen in den Risikosteuerungs- und -controllingprozessen läuft in erster Linie darauf hinaus, dass sie in die Risikoüberwachung und die Risikoberichterstattung einzubeziehen sind.

57   Diese Anforderung war im ersten Entwurf zur fünften MaRisk-Novelle zunächst im Zusammenhang mit dem Risikomanagement auf Gruppenebene derart ausgestaltet, dass die Intragruppenforderungen angemessen bei der Beurteilung der Risikotragfähigkeit abgebildet werden sollten. Die Deutsche Kreditwirtschaft hatte dafür plädiert, diese Anforderung wieder zu streichen, weil

---

50 Vgl. Bundesanstalt für Finanzdienstleistungsaufsicht/Deutsche Bundesbank, Aufsichtliche Beurteilung bankinterner Risikotragfähigkeitskonzepte und deren prozessualer Einbindung in die Gesamtbanksteuerung (»ICAAP«) – Neuausrichtung, Leitfaden vom 24. Mai 2018, S. 18.

51 Vgl. Hannemann, Ralf, Methodiken und Entwicklungstendenzen in der Risikosteuerung, in: Lüthje, Bernd (Hrsg.), Bankgeschäft, öffentliche Hand und Finanzmarktpolitik, Festschrift für Dr. h. c. Friedel Neuber, Berlin, 2001, S. 129.

52 Vgl. Bartetzky, Peter, Praxis der Gesamtbanksteuerung: Methoden – Lösungen – Anforderungen der Aufsicht, Stuttgart, 2012, S. V. Dieses Fachbuch gibt einen kompakten und vollständigen Überblick über die Praxis der Gesamtbanksteuerung.

53 Vgl. Bundesanstalt für Finanzdienstleistungsaufsicht, Antwortschreiben an die DK zur Leitung der Risikocontrolling-Funktion vom 18. Juli 2013, S. 2.

z. B. bei Betrachtung zweier konsolidierungspflichtiger gruppenangehöriger Unternehmen ein Kredit eines Unternehmens an ein anderes Unternehmen durch die Konsolidierung aus Gruppensicht wegfallen würde.[54] Die Aufsicht ist diesem Vorschlag gefolgt und hat die Berücksichtigung von Intragruppenforderungen in allgemeiner Form zu den Anforderungen an die Risikosteuerungs- und -controllingprozesse verschoben.

Der Baseler Ausschuss für Bankenaufsicht verweist u. a. darauf, dass mit konzerninternen **58** Transaktionen auch potenzielle Interessenkonflikte verbunden sein können, mit denen in angemessener Weise umgegangen werden muss. Besonders komplexe Strukturen mit einer großen Anzahl juristischer Einheiten können mit Blick auf die gruppeninternen Transaktionen zwischen diesen Einheiten zudem zu Herausforderungen bei der Identifizierung und Steuerung der Risiken der Organisation als Ganzes führen.[55] Auch nach den Vorstellungen der EBA sollte die Geschäftsleitung eines konsolidierenden Institutes nicht nur die rechtliche, organisatorische und operative Struktur der Gruppe, sondern auch die Tätigkeiten der einzelnen Einheiten sowie die Verbindungen und Beziehungen zwischen ihnen verstehen. Hierzu gehört auch das Verständnis für gruppenspezifische operationelle Risiken und gruppeninterne Risikopositionen sowie mögliche Beeinträchtigungen der Refinanzierung der Gruppe, ihres Eigenkapitals, ihrer Liquidität und ihrer Risikoprofile unter normalen und unter Stressszenarien.[56]

---

54 Vgl. Deutsche Kreditwirtschaft, Stellungnahme zum Entwurf der MaRisk in der Fassung vom 18. Februar 2016 (Konsultation 02/2016) vom 27. April 2016, S. 23.

55 Vgl. Basel Committee on Banking Supervision, Guidelines – Corporate governance principles for banks, BCBS 328, 8. Juli 2015, S. 22 f.

56 Vgl. European Banking Authority, Leitlinien zur internen Governance, EBA/GL/2017/11, 21. März 2018, S. 21.

2 Angemessener Umgang mit den wesentlichen Risiken (Tz. 2)

59 **2** Die Risikosteuerungs- und -controllingprozesse müssen gewährleisten, dass die wesentlichen Risiken – auch aus ausgelagerten Aktivitäten und Prozessen – frühzeitig erkannt, vollständig erfasst und in angemessener Weise dargestellt werden können. Hierzu hat das Institut geeignete Indikatoren für die frühzeitige Identifizierung von Risiken sowie von risikoartenübergreifenden Effekten abzuleiten, die je nach Risikoart auf quantitativen und/oder qualitativen Risikomerkmalen basieren.

2.1 Frühzeitige Risikoidentifizierung

60 Wesentliche Risiken, die zu spät identifiziert werden, können die Qualität der Risikosteuerungs- und -controllingprozesse erheblich beeinträchtigen, da die an die Identifizierung anschließenden Prozessstufen (Beurteilung, Steuerung, Überwachung und Kommunikation der Risiken) ihre Wirkung in diesem Fall nicht rechtzeitig entfalten. Im Extremfall kann eine zu späte Identifizierung sogar falsche Steuerungsimpulse auslösen, die sich negativ auf die Risikosituation des Institutes auswirken. Angesichts dessen ist es besonders wichtig, dass die wesentlichen Risiken möglichst frühzeitig identifiziert werden. Ein geeignetes Instrument zur frühzeitigen Identifizierung von Risiken auf einzelkreditnehmerbezogener Ebene ist das Verfahren zur Früherkennung von Risiken (→ BTO 1.3). Unter bestimmten Voraussetzungen kann dieses Verfahren auch zur Früherkennung von Risiken auf (Teil-)Portfolioebene eingesetzt werden. Mit Blick auf das gesamte Institut dienen außerdem die Anforderungen an die Ad-hoc-Berichterstattung gegenüber der Geschäftsleitung, den jeweils Verantwortlichen und der Internen Revision (→ AT 4.3.2 Tz. 4) sowie gegenüber dem Aufsichtsorgan (→ BT 3.1 Tz. 5) dem Ziel einer möglichst frühzeitigen Risikoerkennung. Ein weiteres Beispiel sind die Verfahren zur frühzeitigen Erkennung eines sich abzeichnenden Liquiditätsbedarfes (→ BTR 3.1 Tz. 2).

61 Im Rahmen der vierten MaRisk-Novelle wurde die Anforderung an eine Früherkennung von Risiken und risikoartenübergreifenden Effekten auf eine breitere Basis gestellt. Für deren frühzeitige Identifizierung hat ein Institut geeignete Indikatoren abzuleiten, die je nach Risikoart auf quantitativen und/oder qualitativen Risikomerkmalen basieren können. Es ist zu vermuten, dass sich die Unterscheidung zwischen quantitativen und qualitativen Instrumenten letztlich wie ein roter Faden durch die gesamte Prozesskette im Risikomanagement zieht. Erfolgt die Begrenzung und Überwachung bestimmter Risiken in erster Linie auf Basis qualitativer Instrumente, so dürfte es schwerfallen, eine Früherkennung auf quantitative Risikomerkmale zu stützen. Hingegen wäre eine Früherkennung anhand ausschließlich qualitativer Risikomerkmale für bestimmte wesentliche Risiken, die mit Hilfe von Limit, Ampel- oder vergleichbaren Warnsystemen begrenzt und überwacht werden, weder sinnvoll noch angemessen.

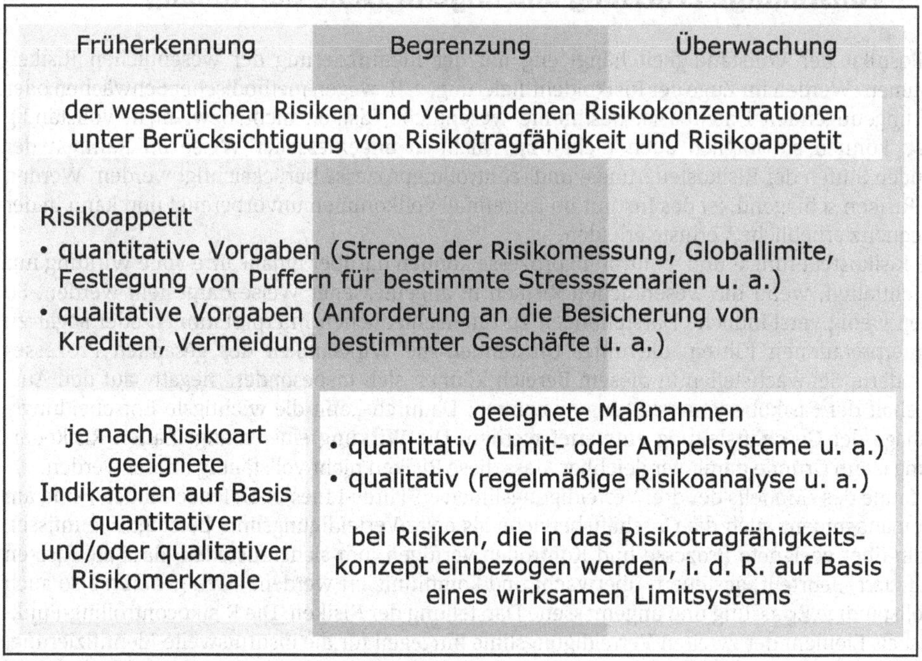

Früherkennung	Begrenzung	Überwachung
der wesentlichen Risiken und verbundenen Risikokonzentrationen unter Berücksichtigung von Risikotragfähigkeit und Risikoappetit		
	Risikoappetit · quantitative Vorgaben (Strenge der Risikomessung, Globallimite, Festlegung von Puffern für bestimmte Stressszenarien u. a.) · qualitative Vorgaben (Anforderung an die Besicherung von Krediten, Vermeidung bestimmter Geschäfte u. a.)	
je nach Risikoart geeignete Indikatoren auf Basis quantitativer und/oder qualitativer Risikomerkmale	**geeignete Maßnahmen** · quantitativ (Limit- oder Ampelsysteme u. a.) · qualitativ (regelmäßige Risikoanalyse u. a.) bei Risiken, die in das Risikotragfähigkeitskonzept einbezogen werden, i. d. R. auf Basis eines wirksamen Limitsystems	

Abb. 35: Risikomanagementprozesse im Überblick

Die deutsche Aufsicht begründet diese Anforderung mit den Erfahrungen aus der Finanzmarktkrise. **62** So hätten gerade jene Institute die Verwerfungen an den Märkten vergleichsweise gut überstanden, die aufgrund entsprechender Frühwarnindikatoren deutlich schneller auf sich anbahnende Ereignisse reagieren konnten. Es geht also darum, Fehlentwicklungen schon in einem frühen Stadium zu erkennen, damit eventuelle Gegensteuerungsmaßnahmen noch wirksam werden können und nicht ergebnislos verpuffen. Erwartet werden nicht zwingend komplex konstruierte Indikatoren. Aus Sicht der Aufsicht können auch recht einfache Indikatoren die erwünschte Steuerungswirkung entfalten, sofern ihre Entwicklung kontinuierlich beobachtet wird.[57]

Mit der zunehmenden Bedeutung der Nachhaltigkeitsrisiken, die sich als Risikotreiber auf **63** andere Risikoarten auswirken können (→ BTR Tz. 1), sollten deren Charakteristika auch im Rahmen der Früherkennung von Risiken, soweit erforderlich, entsprechend gewürdigt werden.[58] Die für diesen Zweck geeigneten Risikoindikatoren und Kennzahlen für bestimmte ESG-Merkmale werden an anderer Stelle näher erläutert (→ AT 4.3.2 Tz. 1).

---

57 Vgl. Bundesanstalt für Finanzdienstleistungsaufsicht, Übermittlungsschreiben zum ersten Entwurf zur Überarbeitung der Mindestanforderungen an das Risikomanagement vom 26. April 2012, S. 4.

58 Vgl. Bundesanstalt für Finanzdienstleistungsaufsicht, Merkblatt zum Umgang mit Nachhaltigkeitsrisiken, 20. Dezember 2019, geändert am 13. Januar 2020, S. 26.

2.2 Vollständige Erfassung und angemessene Darstellung

64 Das Postulat der Vollständigkeit hängt eng mit der Identifizierung der wesentlichen Risiken zusammen. Werden im Zuge der Risikoidentifizierung, z. B. wegen methodischer Schwächen oder einer ungenügenden Datenbasis, bestimmte wesentliche Risiken nicht bzw. nicht vollständig erfasst, können sie folglich auch nicht bzw. nicht in angemessener Weise im Rahmen der folgenden Stufen der Risikosteuerungs- und -controllingprozesse berücksichtigt werden. Werden diese Risiken schlagend, ist das Institut im Extremfall vollkommen unvorbereitet und kann in der Konsequenz erhebliche Verluste erleiden.

65 Die Risikosteuerungs- und -controllingprozesse können darüber hinaus ihre volle Wirkung nur dann entfalten, wenn die wesentlichen Risiken in angemessener Weise dargestellt werden. So können wenig verständliche Darstellungen zu unterschiedlichen Interpretationen oder sogar zu Fehlinterpretationen führen, die unter Umständen die Wirksamkeit des gesamten Prozesses vermindern. Schwachstellen in diesem Bereich können sich insbesondere negativ auf den Aussagegehalt der Risikoberichterstattung auswirken. Dadurch kann die wichtigste Entscheidungsgrundlage der Geschäftsleitung entwertet werden. Die Wirkung einer mangelhaften Risikodarstellung ist im Grunde damit vergleichbar, dass diese Risiken nicht vollständig erfasst werden.

66 Im Sinne des »Modells der drei Verteidigungslinien« (»Three-Lines-of-Defence-Model«) sind am Risikomanagement auch die Geschäftsbereiche als erste Verteidigungslinie beteiligt. Sie müssen deshalb über geeignete Prozesse und Kontrollen verfügen, um sicherzustellen, dass die Risiken identifiziert, beurteilt, gesteuert, überwacht und kommuniziert werden. Dazu gehören also auch die vollständige Erfassung und angemessene Darstellung der Risiken. Die Risikocontrolling-Funktion ist als Element der zweiten Verteidigungslinie hingegen für die institutsweite Identifizierung, Beurteilung, Steuerung, Überwachung und Kommunikation der Risiken und damit für die ganzheitliche Sicht auf die Risiken verantwortlich. Insofern muss die Risikocontrolling-Funktion auch sicherstellen, dass die Prozesse und Kontrollen, die in der ersten Verteidigungslinie vorhanden sind, richtig konzipiert und wirksam sind, und im Zweifel Anpassungen einfordern.[59]

2.3 Ausgelagerte Aktivitäten und Prozesse

67 Bei den Prozessen zur Identifizierung, Beurteilung, Steuerung sowie Überwachung und Kommunikation der wesentlichen Risiken wird grundsätzlich nicht zwischen den Prozessen und Aktivitäten differenziert, die im Institut ablaufen oder ausgelagert sind. In ähnlicher Weise hat die Interne Revision risikoorientiert und prozessunabhängig die Ordnungsmäßigkeit grundsätzlich aller Aktivitäten und Prozesse zu prüfen und zu beurteilen, unabhängig davon, ob diese ausgelagert sind oder nicht (→ AT 4.4.3 Tz. 3). Deshalb müssen die Risikosteuerungs- und -controllingprozesse gewährleisten, dass auch die wesentlichen Risiken aus ausgelagerten Aktivitäten und Prozessen frühzeitig erkannt, vollständig erfasst und in angemessener Weise dargestellt werden können. Insbesondere sind dabei die für Auslagerungen typischen Risiken angemessen zu berücksichtigen. Entsprechende Anforderungen hierzu finden sich vor allem in Modul AT 9.

---

59 Vgl. European Banking Authority, Final Report – Guidelines on internal governance under Directive 2013/36/EU, EBA/GL/2017/11, 26. September 2017, S. 9f.

3 Risikoberichterstattung an die Geschäftsleitung und das Aufsichtsorgan (Tz. 3)

3 Die Geschäftsleitung hat sich in angemessenen Abständen über die Risikosituation einschließlich vorhandener Risikokonzentrationen berichten zu lassen. Zudem hat die Geschäftsleitung das Aufsichtsorgan mindestens vierteljährlich über die Risikosituation einschließlich vorhandener Risikokonzentrationen in angemessener Weise schriftlich zu informieren. Einzelheiten zur Risikoberichterstattung an die Geschäftsleitung und an das Aufsichtsorgan sind in BT 3 geregelt. **68**

3.1 Risikoberichterstattung an die Geschäftsleitung

Die Geschäftsleitung hat sich »in angemessenen Abständen« über die Risikosituation einschließlich vorhandener Risikokonzentrationen berichten zu lassen, wobei die Einzelheiten zu Art, Umfang und Turnus der Risikoberichterstattung seit der fünften MaRisk-Novelle an zentraler Stelle in BT 3 geregelt sind. Demnach hat sich die Geschäftsleitung »regelmäßig« auf Basis vollständiger, genauer und aktueller Daten und in nachvollziehbarer sowie aussagefähiger Art und Weise über die Risikosituation berichten zu lassen. Insbesondere ist die Risikosituation nicht nur darzustellen, sondern auch zu beurteilen und um eine zukunftsorientierte Risikoeinschätzung sowie ggf. um Handlungsvorschläge zu ergänzen (→ BT 3.1 Tz. 1). **69**

Die Verantwortung für den mindestens vierteljährlich zu erstellenden Gesamtrisikobericht über die als wesentlich eingestuften Risikoarten wird der Risikocontrolling-Funktion übertragen (→ BT 3.2 Tz. 1). Dies entspricht auch der Aufgabenzuordnung, nach der die Risikocontrolling-Funktion u. a. für die regelmäßige Erstellung der Risikoberichte für die Geschäftsleitung verantwortlich ist (→ AT 4.4.1 Tz. 2). **70**

Die allgemeine Berichtspflicht wird durch besondere turnusmäßige Berichtspflichten an die Geschäftsleitung über bestimmte Risikoarten präzisiert:

– Die Geschäftsleitung ist zumindest vierteljährlich über die Adressenausfallrisiken einschließlich der wesentlichen strukturellen Merkmale im Kreditgeschäft zu unterrichten (→ BT 3.2 Tz. 3).

– Ebenfalls mindestens vierteljährlich ist der Geschäftsleitung ein Risikobericht über die vom Institut insgesamt eingegangenen Marktpreisrisiken einschließlich der Zinsänderungsrisiken zuzuleiten (→ BT 3.2 Tz. 4).

– Das täglich zu ermittelnde Ergebnis für das Handelsbuch, die jeweils zum Geschäftsschluss zu Gesamtrisikopositionen zusammenzufassenden Risikopositionen und die zugehörigen Limitauslastungen sind nach Abstimmung mit dem Handelsbereich zeitnah am nächsten Geschäftstag dem für das Risikocontrolling zuständigen Geschäftsleiter zu berichten (→ BT 3.2 Tz. 4). Bei Nicht-Handelsbuchinstituten mit unter Risikogesichtspunkten überschaubaren Positionen im Handelsbuch, die von den Erleichterungen gemäß Art. 94 Abs. 1 CRR profitieren (können), kann allerdings auf die tägliche Berichterstattung zugunsten eines längeren Turnus verzichtet werden (→ BT 3.2 Tz. 4, Erläuterung).

– Die Geschäftsleitung ist mindestens vierteljährlich über die Liquiditätsrisiken und die Liquiditätssituation zu informieren. Bedeutende Institute gemäß Art. 6 SSM-Verordnung

und kapitalmarktorientierte Institute haben diesen Risikobericht mindestens monatlich zu erstellen (→ BT 3.2 Tz. 5).
– Mindestens jährlich ist die Geschäftsleitung über bedeutende Schadensfälle sowie wesentliche operationelle Risiken zu unterrichten (→ BT 3.2 Tz. 6).
– Die Geschäftsleitung ist mindestens vierteljährlich über die sonstigen vom Institut als wesentlich identifizierten Risiken zu unterrichten (→ BT 3.1 Tz. 7).

71 Explizit wird zwar weder eine Zusammenfassung dieser besonderen Berichtspflichten noch eine zwingende Trennung der Berichte gefordert. Beim vierteljährlich zu erstellenden Gesamtrisikobericht wird, wie der Name schon sagt, von den Aufsichtsbehörden jedoch von einem einzigen Dokument ausgegangen. Diese Einschätzung wird dadurch gestützt, dass die zwischenzeitliche Erläuterung, wonach die Berichte zu den einzelnen wesentlichen Risiken alternativ zu einem Gesamtrisikobericht auch gesondert erstellt und gemeinsam der Geschäftsleitung vorgelegt werden können, in der Endfassung zur fünften MaRisk-Novelle wieder gelöscht worden ist.

3.2 Risikoberichterstattung an das Aufsichtsorgan

72 Nach § 25d Abs. 6 KWG muss das Aufsichtsorgan die Geschäftsleiter auch im Hinblick auf die Einhaltung der einschlägigen bankaufsichtsrechtlichen Regelungen überwachen. Das erfordert insbesondere, dass die Mitglieder des Aufsichtsorgans die Geschäftsstrategie und Risikosituation des Unternehmens beobachten und sich ein Urteil darüber bilden (→ AT 1 Tz. 1).[60] Diese Überwachungsfunktion kann das Aufsichtsorgan nur dann sachgerecht wahrnehmen, wenn es die Risikosituation des Unternehmens ausreichend kennt. Die Geschäftsleitung hat das Aufsichtsorgan daher vierteljährlich über die Risikosituation einschließlich vorhandener Risikokonzentrationen in angemessener Weise schriftlich zu informieren. Für die Berichterstattung der Geschäftsleitung an das Aufsichtsorgan oder einen dafür gebildeten Ausschuss des Aufsichtsorgans gelten grundsätzlich dieselben Vorgaben wie für die Berichterstattung an die Geschäftsleitung. Auf besondere Risiken für die Geschäftsentwicklung und dafür geplante Maßnahmen der Geschäftsleitung ist dabei gesondert einzugehen (→ BT 3.1 Tz. 5).

73 Hinsichtlich der Berichterstattung an das Aufsichtsorgan orientieren sich die MaRisk an den zahlreichen Initiativen des Gesetzgebers (Kreditwesengesetz, KWG; Aktiengesetz, AktG; Deutscher Corporate Governance Kodex, DCGK; Gesetz zur Kontrolle und Transparenz im Unternehmensbereich, KonTraG; Transparenz- und Publizitätsgesetz, TransPubG), die auf eine Stärkung der internen Strukturen in den Unternehmen abzielen und insbesondere auch die wichtige Rolle der Aufsichtsorgane betonen. So muss die Geschäftsleitung gemäß § 25c Abs. 4a Nr. 3 lit. e KWG gegenüber dem Aufsichtsorgan in angemessenen Abständen, mindestens aber vierteljährlich, über die Risikosituation berichten und dabei die Risiken beurteilen. Bei Instituten in der Rechtsform einer Aktiengesellschaft hat der Vorstand nach § 90 AktG umfangreiche Berichtspflichten gegenüber dem Aufsichtsrat, die u. a. auch die vierteljährliche Berichterstattung über den Gang der Geschäfte und die Lage der Gesellschaft umfassen.

74 Die Vorgaben für die Risikoberichterstattung an das Aufsichtsorgan korrespondieren mit den Anforderungen an die Sachkunde der Mitglieder des Aufsichtsorgans. Diese müssen fachlich auch in der Lage sein, die Geschäftsleiter des Institutes angemessen zu kontrollieren, zu überwachen und die Entwicklung des Institutes aktiv zu begleiten. Die Mitglieder des Aufsichts-

---

60 Vgl. Bundesanstalt für Finanzdienstleistungsaufsicht, Merkblatt zu den Mitgliedern von Verwaltungs- und Aufsichtsorganen gemäß KWG und KAGB vom 4. Januar 2016, zuletzt geändert am 24. Juni 2021, S. 50.

organs müssen dazu insbesondere die vom Institut getätigten Geschäfte verstehen und deren Risiken beurteilen können.[61]

3.3 Schriftliche Information des Aufsichtsorgans

Die Information des Aufsichtsorgans hat schriftlich zu erfolgen, da nicht davon auszugehen ist, dass das Aufsichtsorgan ausschließlich auf der Basis von Gesprächen mit der Geschäftsleitung die Risikosituation des Institutes hinreichend nachvollziehen kann. Auch das Aktiengesetz und der Deutsche Corporate Governance Kodex betonen, dass die Berichts- und Informationspflichten des Vorstandes gegenüber dem Aufsichtsrat i.d.R. in Textform zu erstatten sind. Dieses Regelerfordernis lässt einen gewissen Raum für Ausnahmen von der Textform zu, etwa aus Gründen der Aktualität oder wegen eines gesteigerten Geheimhaltungsbedürfnisses.[62]

75

---

61 Die Anforderungen an die Sachkunde der Mitglieder des Aufsichtsorgans richten sich nach dem Umfang und der Komplexität der vom Institut betriebenen Geschäfte und sind für jeden Einzelfall zu beurteilen. Vgl. Bundesanstalt für Finanzdienstleistungsaufsicht, Merkblatt zu Mitgliedern von Verwaltungs- und Aufsichtsorganen gemäß KWG und KAGB vom 4. Januar 2016, zuletzt geändert am 24. Juni 2021, S. 28 f.

62 Vgl. Hüffer, Uwe, Aktiengesetz, 8. Auflage, München, 2008, § 90, Tz. 13.

4 Ad-hoc-Berichterstattung (Tz. 4)

76 **4** Unter Risikogesichtspunkten wesentliche Informationen sind unverzüglich an die Geschäftsleitung, die jeweiligen Verantwortlichen und ggf. die Interne Revision weiterzuleiten, so dass geeignete Maßnahmen bzw. Prüfungshandlungen frühzeitig eingeleitet werden können. Hierfür ist ein geeignetes Verfahren festzulegen.

4.1 Grenzen der turnusmäßigen Berichterstattung

77 Die turnusmäßige Berichterstattung verfehlt ggf. ihren Zweck, wenn zwischen den Berichtsintervallen Ereignisse eintreten, die für das Institut von erheblicher Relevanz sind. Nach den MaRisk sind daher unter Risikogesichtspunkten wesentliche Informationen unverzüglich an die Geschäftsleitung, die jeweiligen Verantwortlichen und ggf. die Interne Revision weiterzuleiten (Ad-hoc-Berichterstattung). Die Ad-hoc-Berichterstattung versetzt die Empfänger der Informationen in die Lage, frühzeitig geeignete Maßnahmen zu ergreifen. Unter Risikogesichtspunkten wesentliche Informationen können aber auch dazu führen, dass die Interne Revision involviert wird. Die Interne Revision könnte z. B. kurzfristig eine Sonderprüfung durchführen (→ BT 2.3 Tz. 4).

4.2 Unter Risikogesichtspunkten wesentliche Informationen

78 Die Umschreibung »unter Risikogesichtspunkten wesentliche Informationen« ist wie andere Begriffe der MaRisk unbestimmt (→ AT 1 Tz. 4). Das Institut hat demnach in eigenem Ermessen festzulegen, welche Informationen aus seiner Sicht unter Risikogesichtspunkten als wesentlich zu qualifizieren sind. Zwei Indizien sprechen dafür, dass es sich um besonders bedeutsame Ereignisse handeln muss, die eine Ad-hoc-Berichterstattung auslösen. Zum einen ist immer die gesamte Geschäftsleitung, also die oberste Managementebene, Empfänger dieser Ad-hoc-Berichterstattung. Zum anderen greifen auch alle sonstigen unverzüglichen Berichtspflichten ausnahmslos Ereignisse auf, die von erheblicher Relevanz für das Institut sind. Der Adressatenkreis sowie der Vergleich zu sonstigen unverzüglichen Berichtspflichten sind Anhaltspunkte dafür, dass es sich um Informationen handeln muss, die die Gesamtorganisation des Institutes beeinträchtigen oder sogar ihren Bestand gefährden können.

4.3 Unverzügliche Weiterleitung der Informationen

79 Die unter Risikogesichtspunkten wesentlichen Informationen sind unverzüglich an die Empfänger weiterzuleiten. Durch die Wahl des Begriffes »unverzüglich« wird klargestellt, dass die Berichterstattung »ohne schuldhaftes Zögern« erfolgen muss. Ein bewusstes Zurückhalten der Informationen ist daher nicht statthaft und liegt auch kaum im Interesse des Institutes, da in diesem Fall ggf. erforderliche Maßnahmen der Geschäftsleitung oder anderer Entscheidungsträger entweder zu spät oder überhaupt nicht mehr eingeleitet werden können.

4.4 Adressatenkreis der Ad-hoc-Berichterstattung

Empfänger der Ad-hoc-Berichterstattung ist zunächst die gesamte Geschäftsleitung. Darüber hinaus **80** sind die jeweiligen Verantwortlichen zu informieren. In der Regel wird es sich dabei um die direkt betroffenen leitenden Mitarbeiter oder Kompetenzträger handeln, also z.B. Bereichs-, Abteilungs- oder Gruppenleiter. Je nachdem, auf welcher Hierarchieebene der Absender der Informationen angesiedelt ist, kann viel Zeit vergehen, wenn jeweils nur der direkte Vorgesetzte benachrichtigt wird. Vor diesem Hintergrund ist es sinnvoll, Regelungen festzulegen, die eine zeitgleiche Benachrichtigung aller Empfänger sicherstellen. Dasselbe gilt bei der Nutzung agiler Arbeitsmethoden, bei denen der Empfängerkreis noch weniger von der Hierarchieebene abhängig ist.

Die unter Risikogesichtspunkten wesentlichen Informationen sind ggf. an die Interne Revision **81** weiterzuleiten. Durch die Wahl des Wortes »gegebenenfalls« kommt zum Ausdruck, dass die Interne Revision nicht zwingend Empfänger jeder Ad-hoc-Berichterstattung sein muss. Je höher allerdings die Latte hinsichtlich der Ad-hoc-Berichtspflichten institutsintern gelegt wird, desto größer ist die Notwendigkeit, die Interne Revision parallel zur Geschäftsleitung zu informieren. Eine Informationspflicht gegenüber der Internen Revision besteht zumindest dann, wenn nach Einschätzung der Fachbereiche unter Risikogesichtspunkten relevante Mängel zu erkennen oder bedeutende Schadensfälle aufgetreten sind oder ein konkreter Verdacht auf Unregelmäßigkeiten besteht (→ AT 4.3.2 Tz. 4, Erläuterung). Die Interne Revision sollte daher in den Adressatenkreis aufgenommen werden, wenn ihre eigenen Aufgaben durch die Informationen mittelbar oder unmittelbar berührt sind (→ AT 4.4.3 Tz. 3).

4.5 Maßnahmen

Unter Maßnahmen sind Handlungen zu verstehen, die darauf abzielen, sich abzeichnende oder **82** eingetretene negative Entwicklungen abzuwenden bzw. in ihrer Wirkung einzudämmen. Als mögliche Maßnahmen kommen z.B. die Abwicklung bestimmter Kreditnehmer, die Aufstockung des Risikodeckungspotenzials oder strategische Neuausrichtungen in Betracht. Dem Institut steht es darüber hinaus frei, die Ad-hoc-Berichterstattung auf positive Ereignisse auszudehnen. Die Berichterstattung kann also auch zum Anlass genommen werden, eine Chance durch entsprechende Weichenstellungen rasch zu nutzen, um auf diese Weise die Wettbewerbsposition des Institutes zu stärken.

Insgesamt kommt es sowohl im positiven Fall als auch bei negativen Entwicklungen in erster **83** Linie darauf an, schnell reagieren zu können. Dafür ist es jeweils erforderlich, alle relevanten Informationen zu kennen. Nicht zuletzt vor diesem Hintergrund muss ein Institut neben der regelmäßigen Risikoberichterstattung auch in der Lage sein, im Bedarfsfall ad hoc Risikoinformationen zu generieren (→ BT 3.1 Tz. 1).

4.6 Sonstige unverzügliche Informationspflichten

Neben der allgemeinen Ad-hoc-Berichterstattung existieren in den MaRisk noch weitere besonde- **84** re Informationspflichten gegenüber der Geschäftsleitung bzw. einzelnen Geschäftsleitern. Bei diesen Berichtspflichten wird ebenfalls das Erfordernis der Unverzüglichkeit betont:

AT 4.3.2 Risikosteuerungs- und -controllingprozesse

- Ein erheblicher Risikovorsorgebedarf ist der Geschäftsleitung unverzüglich mitzuteilen (→ BTO 1.2.6 Tz. 2).
- Der für die Marktgerechtigkeitskontrolle zuständige Geschäftsleiter ist unverzüglich zu unterrichten, wenn – abweichend von BTO 2.2.1 Tz. 2 – Handelsgeschäfte zu nicht marktgerechten Bedingungen abgeschlossen werden (→ BTO 2.2.2 Tz. 5).
- Soweit von der Internen Revision schwerwiegende Mängel festgestellt werden, ist der Revisionsbericht unverzüglich der Geschäftsleitung vorzulegen (→ BT 2.4 Tz. 1). Auch über besonders schwerwiegende Mängel hat die Interne Revision unverzüglich zu berichten (→ BT 2.4 Tz. 4). Sollten sich ferner bei den Prüfungen durch die Interne Revision schwerwiegende Feststellungen gegen einzelne Geschäftsleiter ergeben, ist die gesamte Geschäftsleitung unverzüglich zu unterrichten (→ BT 2.4 Tz. 5 Satz 1).

85 Für die Geschäftsleitung selbst bzw. andere Funktionen bestehen darüber hinaus unverzügliche Berichtspflichten gegenüber dem Aufsichtsorgan bzw. der BaFin und der Deutschen Bundesbank:
- Für das Aufsichtsorgan unter Risikogesichtspunkten wesentliche Informationen sind von der Geschäftsleitung unverzüglich weiterzuleiten. Hierfür hat die Geschäftsleitung gemeinsam mit dem Aufsichtsorgan ein geeignetes Verfahren festzulegen (→ BT 3.1 Tz. 5).
- Ergeben sich im Rahmen der Prüfungen durch die Interne Revision schwerwiegende Feststellungen gegen einzelne Geschäftsleiter, hat die Geschäftsleitung nach Kenntnisnahme unverzüglich den Vorsitzenden des Aufsichtsorgans sowie die BaFin und die Deutsche Bundesbank zu informieren (→ BT 2.4 Tz. 5 Satz 2).[63]
- Die Interne Revision hat das Aufsichtsorgan unverzüglich über besonders schwerwiegende Mängel zu unterrichten (→ BT 2.4 Tz. 4). Diese Berichterstattung kann auch über die Geschäftsleitung erfolgen, sofern dadurch keine nennenswerte Verzögerung der Information des Aufsichtsorgans verbunden und der Inhalt der Berichterstattung an Geschäftsleitung und Aufsichtsorgan deckungsgleich ist (→ BT 2.4 Tz. 4, Erläuterung).

86 Der Internen Revision ist von der Geschäftsleitung ein vollständiges und uneingeschränktes Informationsrecht einzuräumen. Der Internen Revision sind daher auf Anfrage unverzüglich die erforderlichen Informationen zu erteilen (→ AT 4.4.3 Tz. 4).
Weitere unverzügliche Informationspflichten sind für das Kreditgeschäft und das Handelsgeschäft von Relevanz:
- Soweit dem Institut Informationen bekannt werden, die auf eine wesentliche negative Änderung der Risikoeinschätzung eines Kreditengagements oder der Sicherheiten hindeuten, sind diese Informationen unverzüglich an die einzubindenden Organisationseinheiten weiterzuleiten (→ BTO 1.2.2 Tz. 4).
- Abschlüsse von Handelsgeschäften außerhalb der Geschäftsräume sind vom Händler unverzüglich in geeigneter Form dem eigenen Institut anzuzeigen, besonders zu kennzeichnen und dem zuständigen Geschäftsleiter bzw. einer von ihm autorisierten Organisationseinheit zur Kenntnis zu bringen (→ BTO 2.2.1 Tz. 3).

87 Auch den Mitarbeitern der Risikocontrolling-Funktion und der Compliance-Funktion ist ein uneingeschränkter Zugang zu allen Informationen einzuräumen, die für die Erfüllung ihrer Aufgaben erforderlich sind (→ AT 4.4.1 Tz. 3 und AT 4.4.2 Tz. 6).[64]

---

63 Auch wenn die letzten MaRisk-Novellen nicht zu einer Ausweitung dieser Informationspflicht auf die Europäische Zentralbank geführt haben, die seit Ende 2014 für die Aufsicht über die bedeutenden Institute zuständig ist, sollten die bedeutenden Institute in den genannten Fällen ihre Aufsichtsbehörde unverzüglich informieren.

64 Dies entspricht den Vorstellungen der EBA, wonach die internen Kontrollfunktionen für die Erfüllung ihrer Aufgaben über angemessene und ausreichende Befugnisse, ein ausreichendes Gewicht und Zugang zum Leitungsorgan verfügen sollen. Vgl. European Banking Authority, Leitlinien zur internen Governance, EBA/GL/2017/11, 21. März 2018, S. 34f.

4.7   Einrichtung eines Verfahrens zur Ad-hoc-Berichterstattung

Grundsätzlich kann bezüglich der auslösenden Momente für die Ad-hoc-Berichterstattung die **88** Vereinbarung von Kriterien sinnvoll sein (z. B. drohende Verluste in bestimmter Höhe, Insolvenz wichtiger Kreditnehmer, Umwälzungen auf bestimmten Märkten, in denen das Institut aktiv ist, sich abzeichnende gravierende Leistungsstörungen bei ausgelagerten Aktivitäten und Prozessen). Auch die Formulierung »nach Einschätzung der Fachbereiche« schließt nicht aus, dass die Interne Revision verbindliche Kriterien vorgibt, die den Fachbereichen bei der Einschätzung bestimmter Sachverhalte behilflich sind. Derartige Kriterienkataloge erfahren insbesondere dann eine hohe Akzeptanz, wenn sie gemeinsam von den Fachbereichen und der Internen Revision ausgearbeitet und von der Geschäftsleitung anschließend genehmigt werden. Aus Sicht der BaFin liegt es im Ermessen der Institute, in dieser Hinsicht eine praktikable Lösung zu finden.[65]

Ob solche Kriterienkataloge vor allem bei kleinen Instituten mit überschaubaren Geschäfts- **89** aktivitäten praktikabel und unter betriebswirtschaftlichen Gesichtspunkten zweckmäßig sind, ist allerdings fraglich. Auch für die großen Institute ist es schlichtweg nicht möglich, sämtliche Ad-hoc-Berichtserfordernisse im Vorfeld zu kennen und somit »ex ante« genaue Kriterien für letztlich unbekannte Sachverhalte festzulegen. Dieses Problem hat sich gerade beim Ausbruch der Finanzmarktkrise deutlich gezeigt. Die BaFin schreibt daher die Formulierung von Kriterien nicht zwingend vor. Jedes Institut muss im eigenen Ermessen festlegen, wie die Ad-hoc-Berichterstattung im Einzelnen ausgestaltet wird.

Allerdings muss im Sinne prozessualer Vorgaben ein Verfahren zur Ad-hoc-Berichterstattung **90** festgelegt werden. Damit soll insbesondere verhindert werden, dass die Berichterstattung uneinheitlich erfolgt, was in der Vergangenheit im Rahmen von Prüfungshandlungen moniert wurde. Mit Hilfe dieses Verfahrens sollte grundsätzlich festgelegt werden, was aus Risikosicht unter wesentlichen Informationen zu verstehen ist, wer genau die jeweiligen Verantwortlichen sind und unter welchen Umständen auch die Interne Revision zum Adressatenkreis gehört. Da keine konkreten Vorgaben zu diesem Verfahren gemacht werden, ist es u. a. möglich, die Berichterstattung in abgestufter Form auch auf Gremien der genannten Organe einzuschränken, wie etwa einen Risikoausschuss. Auf diese Weise kann der Geschäftsverteilung und den speziellen Zuständigkeiten Rechnung getragen werden. Die unterschiedlichen Pflichten mit dem Ziel einer unverzüglichen Information können dazu genutzt werden, in verallgemeinerter Form einen Rahmen zur Ad-hoc-Berichterstattung im Institut festzulegen. Somit kann diese besondere Form der Berichterstattung hinsichtlich der verbundenen Prozesse institutionalisiert werden. Die Methodenverantwortung für die Ad-hoc-Berichterstattung wurde im Rahmen der vierten MaRisk-Novelle der Risikocontrolling-Funktion zugewiesen (→ AT 4.4.1 Tz. 2).

4.8   Whistleblowing-Prozess

Mit dem CRD IV-Umsetzungsgesetz wurde ergänzt, dass eine ordnungsgemäße Geschäftsorgani- **91** sation gemäß § 25a Abs. 1 Satz 6 Nr. 3 KWG auch einen Prozess umfasst, der es den Mitarbeitern unter Wahrung der Vertraulichkeit ihrer Identität ermöglicht, Verstöße gegen die CRR, die Marktmissbrauchsverordnung, die Verordnung über Märkte für Finanzinstrumente (»Markets in Financial Instruments Regulation«, MiFIR), die PRIIP-Verordnung (»Packaged Retail and Insurance-based Investment Products«, PRIIPs), das KWG, das WpHG oder gegen die aufgrund des KWG

---

65 Vgl. Bundesanstalt für Finanzdienstleistungsaufsicht, Protokoll der ersten Sitzung des MaRisk-Fachgremiums am 4. Mai 2006, S. 4.

AT 4.3.2 Risikosteuerungs- und -controllingprozesse

oder des WpHG erlassenen Rechtsverordnungen sowie etwaige strafbare Handlungen innerhalb des Unternehmens an geeignete Stellen zu berichten (»Whistleblowing«). Bei der Ausgestaltung des Whistleblowing-Verfahrens haben die Institute eine weitgehende Gestaltungsfreiheit im Hinblick auf den Adressaten der Meldung. So sind z. B. interne oder externe Anlaufstellen möglich.

92   Die EBA widmet dem Hinweisgeberverfahren (Whistleblowing-Verfahren) in ihren Leitlinien zur internen Governance zwei komplette Abschnitte, die sich mit einem entsprechenden Meldeprozess im Institut (Abschnitt 13) und einem ergänzenden (alternativen) Meldeprozess gegenüber den zuständigen Behörden (Abschnitt 14) beschäftigen. Demnach sollten die Institute geeignete Richtlinien und Verfahren für interne Meldungen potenzieller oder tatsächlicher Verstöße gegen regulatorische oder interne Anforderungen über einen speziellen, unabhängigen und autonomen Berichtsweg anbieten. Für die meldenden Mitarbeiter sollte es nicht erforderlich sein, einen Beleg für einen Verstoß vorzulegen. Sie sollten allerdings über ein ausreichendes Maß an Gewissheit verfügen, das einen hinreichenden Grund für die Einleitung einer Untersuchung bietet. Außerdem sollte die Meldung bei Bedarf auch in anonymisierter Form erfolgen können. Die Meldungen sollten außerhalb der regulären Berichtswege ermöglicht werden, um Interessenkonflikte zu vermeiden. Beispielhaft nennt die EBA neben einem unabhängigen internen Hinweisgeberverfahren auch eine Meldung über die Compliance-Funktion oder die Interne Revision. Die bereitgestellten Informationen sollten der Geschäftsleitung und den für diese Verfahren verantwortlichen Funktionen zur Verfügung gestellt werden. Die Hinweisgeberverfahren sollten allen Mitarbeitern eines Institutes zugänglich gemacht werden. Außerdem sollte der Schutz personenbezogener Daten im Einklang mit den europäischen Vorgaben sichergestellt werden. Das betrifft sowohl die meldende Person, als auch jene Person, die angeblich für einen Verstoß verantwortlich ist. In jedem Fall sollten die meldenden Personen keine negativen Folgen befürchten müssen, wie z. B. Vergeltung, Diskriminierung oder andere Arten von unfairer Behandlung, und insbesondere nicht zum Opfer gemacht werden können (Viktimisierung). In ähnlicher Weise sollten auch jene Personen geschützt werden, über die eine Meldung erfolgt ist, insbesondere wenn im Zuge der Untersuchung keine Belege gefunden werden, die eine Einleitung von Maßnahmen gegen die betreffende Person begründen. Sofern Maßnahmen ergriffen werden, sollte das Institut diese in einer Weise einleiten, die auf den Schutz der betreffenden Person vor unbeabsichtigten negativen Folgen ausgerichtet ist, die über das Ziel der ergriffenen Maßnahmen hinausgehen. Die EBA macht verschiedene weitere Vorgaben für diese Verfahren, z. B. zur Dokumentation, zum Führen geeigneter Aufzeichnungen, zur Wahrung der Vertraulichkeit, zur Bewertung und ggf. Eskalation der Verstöße sowie zur Weiterverfolgung der Untersuchungsergebnisse. In vergleichbarer Weise sollten die zuständigen Behörden wirksame und zuverlässige Mechanismen einrichten, um es den Mitarbeitern von Instituten zu ermöglichen, entsprechende Verstöße auch bei ihnen zu melden. Die zuständigen Behörden können diese Mitarbeiter allerdings ermutigen, zuerst zu versuchen, die institutsinternen Verfahren zu nutzen.[66]

93   Bei diesem Prozess geht es in erster Linie darum, Missstände in einer Weise adressieren zu können, bei der anschließend keine Repressalien zu befürchten sind. Dafür eignet sich am besten das Mittel der Anonymität. Es kann allerdings nicht ausgeschlossen werden, dass derartige Informationen auch für die Ad-hoc-Berichterstattung von Interesse sind. Insofern sollten die Institute einen Weg finden, die relevanten anonymen Informationen in geeigneter Weise in diesen Prozess einzuspeisen.

---

66 Vgl. European Banking Authority, Leitlinien zur internen Governance, EBA/GL/2017/11, 21. März 2018, S. 33 f.

5 Überprüfung und Anpassung der Methoden und Verfahren (Tz. 5)

5 Die Risikosteuerungs- und -controllingprozesse sowie die zur Risikoquantifizierung 94
eingesetzten Methoden und Verfahren sind regelmäßig sowie bei sich ändernden Bedingungen auf ihre Angemessenheit zu überprüfen und ggf. anzupassen. Dies betrifft insbesondere auch die Plausibilisierung der ermittelten Ergebnisse und der zugrunde liegenden Daten. AT 4.1 Tz. 9 ist entsprechend anzuwenden.

5.1 Sicherstellung eines angemessenen und wirksamen Risikomanagements

Ein angemessenes und wirksames Risikomanagement hängt maßgeblich von den zugrunde 95
liegenden Prozessen, Methoden und Verfahren ab. Defizite in diesen Bereichen können zu einer Fehleinschätzung der Risiken führen, denen ein Institut ausgesetzt ist, und damit in der Konsequenz zu falschen Steuerungsimpulsen. Diese Prozesse, Methoden und Verfahren sind allerdings nicht in Stein gemeißelt und insbesondere von den jeweiligen Rahmenbedingungen abhängig, die sich im Verlauf der Zeit mehr oder weniger stark ändern. Zudem können in einer Krisensituation andere Vorgehensweisen erforderlich sein, als unter normalen Bedingungen. Im Zusammenhang mit der COVID-19-Pandemie sind z. B. die Kriterien, wann ein Institut bestimmte Zugeständnisse gegenüber einem Kreditnehmer als Stundungsmaßnahme nach Art. 47b CRR behandeln muss oder ob und ggf. unter welchen Voraussetzungen die Stundung eines Kredites im Rahmen eines allgemeinen Zahlungsmoratoriums zur Einstufung als ausgefallenes Engagement nach Art. 178 CRR führt, über entsprechende Vorgaben der Aufsichtsbehörden auf ihren Internetseiten (FAQ) festgelegt worden. Dabei hat es sich keineswegs um standardisierte Abläufe gehandelt, sondern um eine angemessene Reaktion auf eine besondere Situation. Diese Festlegungen waren folglich in dieser Form nicht in den institutsinternen Prozessen, Methoden und Verfahren hinterlegt und haben gewisse Anpassungen in den Instituten nach sich gezogen.

Ähnlich verhält es sich auch unter normalen Bedingungen, wenn z. B. bestimmte Risiken an 96
Bedeutung gewinnen oder überhaupt erst »entdeckt« werden. Lange Zeit haben sich die Institute z. B. vorrangig mit Adressenausfallrisiken und Marktpreisrisiken beschäftigt und in ihren zugehörigen historischen Datensammlungen auch jene Verluste abgebildet, die eigentlich auf operationelle Risiken zurückzuführen sind. Erst mit der separaten Behandlung der operationellen Risiken wurden die Schadensfälle in diesen Bereichen teilweise stärker voneinander abgegrenzt. Später sind unter dem Begriff »nicht-finanzielle Risiken« weitere (Unter-)Risikoarten zunehmend in den Fokus der Institute und der Aufsicht geraten, wie z. B. (Fehl-)Verhaltensrisiken, Informations- und Kommunikationstechnologie-Risiken, Unterstützungsrisiken, Reputationsrisiken und Geschäftsrisiken. Da sich diese Risikoarten in vielerlei Hinsicht voneinander unterscheiden, müssen zu deren Management auch verschiedene Prozesse, Methoden und Verfahren herangezogen werden. Das führt automatisch dazu, dass die Institute ihr Repertoire im Risikomanagement permanent anpassen und ggf. erweitern müssen, um den steigenden Anforderungen gewachsen zu sein. Derzeit besteht z. B. eine große Herausforderung darin, die Nachhaltigkeitsrisiken als Treiber für

verschiedene Risikoarten mit ihren teilweise besonders langen Risikobetrachtungshorizonten in geeigneter Weise in die bestehenden Rahmenwerke zum Risikomanagement zu integrieren.

97   Die Veränderungen können sich auf die internen und die externen Rahmenbedingungen beziehen. Eine Veränderung der internen Rahmenbedingungen ergibt sich z. B. dann, wenn die Geschäftsleitung eine strategische Neuausrichtung beschließt. Mit der Einführung neuer Produkte oder dem Erschließen neuer Märkte können unter Umständen Risiken verbunden sein, mit denen das Institut bisher wenig oder gar keine Erfahrung gesammelt hat. In diesem Fall ist zumindest nicht auszuschließen, dass die etablierten Prozesse, Methoden und Verfahren in geeigneter Weise angepasst oder erweitert werden müssen (→ AT 8.1 Tz. 1). Umwälzungen auf den Märkten, neue Wettbewerber oder auch staatliche Eingriffe können – neben den bereits genannten Beispielen – auf der anderen Seite zu Veränderungen der externen Rahmenbedingungen führen. Auch das Zusammenspiel aus geänderten internen und externen Bedingungen kann ggf. Anpassungen erforderlich machen.

5.2   Regelmäßige und anlassbezogene Überprüfung

98   In der Konsequenz liegt es im Interesse der Institute, ihre Risikosteuerungs- und -controllingprozesse und die von ihnen zur Risikoquantifizierung eingesetzten Methoden und Verfahren im Einklang mit diesen Veränderungen weiterzuentwickeln, um auf dieser Basis auch in Zukunft ein angemessenes und wirksames Risikomanagement sicherstellen zu können. In einer früheren Entwurfsfassung der MaRisk war zunächst ein jährlicher Turnus für die regelmäßige Überprüfung der Wirksamkeit und Angemessenheit der Risikosteuerungs- und -controllingprozesse vorgesehen, auf die seinerzeit jedoch komplett verzichtet wurde.[67] Seit der fünften MaRisk-Novelle wird eine regelmäßige Überprüfung gefordert, ohne einen konkreten Turnus vorzugeben.

99   Da die Ergebnisse im Risikomanagement nicht nur von den verwendeten Verfahren, sondern auch von den zugrunde liegenden Daten abhängig sind, müssen diese Daten – und in der Konsequenz die auf ihrer Basis ermittelten Ergebnisse – ebenfalls überprüft werden. Diese Überprüfung erfolgt i. d. R. mittels einer Plausibilisierung. Aufgrund des direkten Zusammenhangs sollte dafür derselbe Turnus gewählt werden.

100   Bei sich ändernden Bedingungen ist darüber hinaus eine anlassbezogene Überprüfung erforderlich. Welche Änderungen der internen und externen Rahmenbedingungen Anlass zu Anpassungen dieser Prozesse, Methoden und Verfahren sowie zur Plausibilisierung der damit ermittelten Ergebnisse und der jeweils zugrunde liegenden Daten geben, ist von den Instituten in eigener Verantwortung zu entscheiden.

5.3   Orientierung an den Vorgaben aus dem Risikotragfähigkeitskonzept

101   Wenngleich an dieser Stelle keine Vorgaben zum Turnus und zur Ausgestaltung der geforderten Überprüfung gemacht werden, stellt die Aufsicht klar, dass an anderer Stelle konkrete Anforderungen an die Überprüfung der Methoden und Verfahren zur Beurteilung der Risikotragfähigkeit gestellt werden. Die Angemessenheit der Methoden und Verfahren zur Risikoquantifizierung, über die das Institut jederzeit einen vollständigen und aktuellen Überblick haben muss, ist

---

67   Vgl. Bundesanstalt für Finanzdienstleistungsaufsicht, Mindestanforderungen an das Risikomanagement (MaRisk), zweiter Entwurf eines Rundschreibens vom 22. September 2005, AT 4.3.2 Tz. 7.

zumindest jährlich durch die fachlich zuständigen Mitarbeiter zu überprüfen. Im Rahmen dieser Überprüfung ist den Grenzen und Beschränkungen, die sich aus den eingesetzten Methoden und Verfahren, den ihnen zugrunde liegenden Annahmen und den in die Risikoquantifizierung einfließenden Daten ergeben, hinreichend Rechnung zu tragen. Die Stabilität und Konsistenz der Methoden und Verfahren sowie die Aussagekraft der damit ermittelten Risiken sind insofern kritisch zu analysieren (→ AT 4.1 Tz. 9).

Sind die Methoden und Verfahren, die ihnen zugrunde liegenden Annahmen, Parameter oder **102** die einfließenden Daten vergleichsweise komplex, so ist eine entsprechend umfassende quantitative und qualitative Validierung dieser Komponenten sowie der Risikoergebnisse in Bezug auf ihre Verwendung erforderlich (→ AT 4.1 Tz. 9, Erläuterung). Bei Verwendung externer Daten oder Annahmen zu Parametern müssen die tatsächlichen Verhältnisse des Institutes angemessen widergespiegelt werden. Dies gilt umso mehr, wenn auch die Risikoermittlung auf Berechnungen Dritter basiert (→ AT 4.1 Tz. 9, Erläuterung). In diesem Fall sind unter bestimmten Voraussetzungen auch die Anforderungen an Auslagerungen zu beachten.

Der Hinweis der Aufsicht, dass AT 4.1 Tz. 9 entsprechend anzuwenden ist, kann insofern **103** sowohl als Orientierungshilfe für einen angemessenen Turnus verstanden werden, als auch zur Ausgestaltung des Überprüfungsprozesses herangezogen werden. Demzufolge ist diese Ausgestaltung u. a. von der Komplexität der Methoden und Verfahren, der ihnen zugrunde liegenden Annahmen, Parameter oder der einfließenden Daten abhängig. Letztlich geht es darum, sich der Grenzen dieser Methoden und Verfahren bewusst zu sein und diese Erkenntnis in den Überprüfungsprozess in angemessener Weise einzubeziehen.

5.4 Berücksichtigung von Nachhaltigkeitsrisiken

Der Umgang mit Nachhaltigkeitsrisiken ist insofern ein klassischer Anwendungsfall für den **104** Verweis auf die Vorgaben zur Überprüfung der Methoden und Verfahren vom Risikotragfähigkeitskonzept. In diesem Fall liegen bisher weder verlässliche Datenhistorien vor, noch lassen sich zuverlässige Prognosen für einen längeren Zeitraum erstellen. Auch die Entwicklung der Methoden und Verfahren befindet sich im Bereich Nachhaltigkeitsrisiken noch relativ am Anfang. Deshalb wird zur Identifizierung möglicher Nachhaltigkeitsrisiken vor allem auf externe Quellen zugegriffen, wie z. B. auf die Daten spezialisierter Zulieferer. Insofern muss vom Institut ohnehin geprüft werden, ob die Annahmen zu den verwendeten Parametern zu den tatsächlichen Verhältnissen des Institutes passen (→ AT 4.3.2 Tz. 1). Die BaFin erwartet, dass sich die Überprüfungsprozesse auch auf die Methoden und Verfahren zur Identifizierung, Beurteilung, Steuerung, Überwachung und Kommunikation der Nachhaltigkeitsrisiken und insbesondere auf die Qualität der zugrunde liegenden Daten beziehen.[68]

Auch nach den Vorstellungen der EZB sollten die Institute die Angemessenheit ihrer internen **105** Prozesse und Methoden zur Ermittlung, Messung und Minderung von Klima- und Umweltrisiken regelmäßig überprüfen und bei Bedarf Anpassungen vornehmen. Ein Turnus wird von der EZB für diese Überprüfungen nicht vorgegeben. Sie dienen der Klärung der Frage, ob die internen Prozesse und Methoden zu soliden Ergebnissen geführt haben und angesichts aktueller und künftiger Entwicklungen weiterhin angemessen sind. Dasselbe gilt für die Angemessenheit und Qualität der verfügbaren Datenquellen.[69]

---

68 Vgl. Bundesanstalt für Finanzdienstleistungsaufsicht, Merkblatt zum Umgang mit Nachhaltigkeitsrisiken, 20. Dezember 2019, geändert am 13. Januar 2020, S. 26.
69 Vgl. Europäische Zentralbank, Leitfaden zu Klima- und Umweltrisiken – Erwartungen der Aufsicht in Bezug auf Risikomanagement und Offenlegungen, 27. November 2020, S. 37 f.

5.5 Rückvergleiche (»Backtesting«)

5.5.1 Vorgaben der zweiten Säule

106 In der Finanzmarktkrise wurde möglicherweise nicht (hinreichend) bedacht, dass Risikomanagementsysteme versagen können und sich die Grundannahmen, auf denen sie beruhen, als falsch herausstellen können (»Fehler zweiter Art«). Das kritische Hinterfragen von komplexen Sachverhalten, Risiken, Prozessen und geschäftlichen Grundannahmen wird jedoch immer wichtiger.[70] Auch vor diesem Hintergrund erscheint es sinnvoll, insbesondere die Angemessenheit der zur Risikoquantifizierung eingesetzten Methoden und Verfahren regelmäßig zu überprüfen und die zugrunde liegenden Daten sowie die ermittelten Ergebnisse regelmäßig einer Plausibilitätsprüfung zu unterziehen. Eine derartige Prüfung kann grundsätzlich auf Basis eines Rückvergleiches (»Backtesting«) erfolgen, bei dem die modellmäßig ermittelten Risikowerte mit den »tatsächlichen« Werten (unter Berücksichtigung der Modellannahmen) verglichen werden. Gefordert wird von der Aufsicht allerdings nur eine Plausibilitätsprüfung, ohne eine bestimmte Methode vorzugeben. Im Vordergrund dieser Überprüfung steht die Prognosegüte der eingesetzten Methoden und Verfahren. Ergeben sich Anhaltspunkte für eine ungenaue oder sogar falsche Risikoermittlung, also bspw. eine Häufung von Fällen, in denen die tatsächlichen Verluste den Betrag der modellmäßig ermittelten Risikowerte signifikant übersteigen, so müssen die Ursachen hierfür ergründet werden. In der Regel werden in diesem Fall die Angemessenheit der eingesetzten Methoden und Verfahren infrage gestellt und ggf. Anpassungsmaßnahmen eingeleitet.

107 Eine ungenaue Quantifizierung der Adressenausfallrisiken kann insbesondere dazu führen, dass vom Institut keine ausreichende Risikovorsorge gebildet wird. Um dieses Problem weitgehend ausschließen zu können, wurde im Rahmen der sechsten MaRisk-Novelle die Anforderung ergänzt, die Methoden und Verfahren zur Risikovorsorge anhand von Rückvergleichen regelmäßig zu überprüfen, um Abweichungen zwischen den gebildeten Wertberichtigungen und den tatsächlich eingetretenen Verlusten bis zur vollständigen Ausbuchung des Engagements möglichst zu vermeiden (→ BTO 1.2.6 Tz. 3).

108 Für den sensiblen Bereich der Marktpreisrisiken wird diese Anforderung noch konkretisiert. So sind die Verfahren zur Beurteilung der Marktpreisrisiken regelmäßig zu überprüfen. Dabei geht es ergänzend um eine Beurteilung, ob die Verfahren auch bei schwerwiegenden Marktstörungen zu verwertbaren Ergebnissen führen. Für länger anhaltende Fälle fehlender, veralteter oder verzerrter Marktpreise sind für wesentliche Positionen alternative Bewertungsmethoden festzulegen (→ BTR 2.1 Tz. 3). Die modellmäßig ermittelten Risikowerte der Handelsbuchpositionen sind fortlaufend mit der tatsächlichen Entwicklung zu vergleichen (→ BTR 2.2 Tz. 4).

5.5.2 Vorgaben der ersten Säule

109 Für Institute, die ihre Eigenmittelunterlegung für die Positionen des Handelsbuches auf der Basis interner Modelle ermitteln, stellt die Anforderung eines Backtesting im Bereich der Marktpreisrisiken keine Neuerung dar. Schon vor mehr als zehn Jahren war die Prognosegüte eines Risikomodells nach der damaligen Solvabilitätsverordnung und ergänzenden Schreiben[71] im

---

70 Vgl. Göttgens, Michael, Risikomanagementsysteme und Geschäftsmodelle von Banken – Welche Erkenntnisse erlauben Abschluss- und Sonderprüfung?, in: Die Wirtschaftsprüfung, Sonderheft 2/2010, S. S75 f.

71 Bundesanstalt für Finanzdienstleistungsaufsicht/Deutsche Bundesbank, Merkblatt zur Meldung von Ausnahmen bei Rückvergleichen bei internen Marktrisikomodellen gemäß § 318 SolvV, 30. Oktober 2009; Bundesanstalt für Finanzdienstleistungsaufsicht/Deutsche Bundesbank, Merkblatt zu Modelländerungen bei internen Marktrisikomodellen, 19. April 2010.

Rahmen eines täglichen Vergleiches zu beurteilen. Konkret war der mit dem Risikomodell für eine Haltedauer von einem Arbeitstag ermittelte potenzielle Risikobetrag (i. d. R. der »Value at Risk«, VaR) mit der Wertveränderung der in die modellmäßige Berechnung einbezogenen einzelnen Finanzinstrumente oder Finanzinstrumentsgruppen zu vergleichen (»Clean Backtesting«).[72] Soweit ein Wertverlust eingetreten war und dieser betragsmäßig den potenziellen Risikobetrag überstieg, waren die BaFin und die Deutsche Bundesbank über diese Ausnahme, ihre Größe und den Grund ihres Entstehens unverzüglich zu unterrichten.

Vergleichbare Anforderungen finden sich mittlerweile in der CRR. So sind von den Instituten gemäß Art. 366 CRR aufsichtliche Rückvergleiche durchzuführen, um die Anzahl der Überschreitungen der tatsächlichen Änderungen des Portfoliowertes im Vergleich zu den hypothetischen Änderungen des Portfoliowertes, d. h. den mit Hilfe eines internen Modells errechneten Maßzahlen des Risikopotenzials, zu bestimmen und auf dieser Basis die korrekten Zuschlagsfaktoren abzuleiten.   110

Das gilt unter Berücksichtigung der jeweiligen Besonderheiten der verschiedenen Verfahren zur Risikoermittlung im übertragenen Sinne auch für andere Risikoarten. Institute, die zur Berechnung ihrer regulatorischen Eigenmittelanforderungen für Adressenausfallrisiken einen auf internen Ratings basierenden Ansatz (»Internal Ratings Based Approach«, IRBA) verwenden, müssen u. a. bestimmte Anforderungen an die Validierung interner Schätzungen erfüllen. Dazu gehört gemäß Art. 185 lit. b CRR auch ein mindestens jährlicher Vergleich der tatsächlichen Ausfallraten in den einzelnen Stufen mit den entsprechenden PD-Schätzungen. Sofern die tatsächlichen Ausfallraten außerhalb der für die betreffende Stufe erwarteten Bandbreite liegen, müssen die Institute die Gründe für diese Abweichung analysieren. Sofern auch eigene LGD- und Umrechnungsfaktor-Schätzungen verwendet werden, müssen auch für diese Schätzungen entsprechende Analysen durchgeführt werden. Dafür werden historische Daten herangezogen, die einen möglichst langen Zeitraum abdecken. Die Aussagekraft des IRBA wird im Wesentlichen durch dessen »Trennschärfe« bestimmt, d. h. durch seine Fähigkeit, solvente von insolvenzgefährdeten Kreditnehmern zu unterscheiden.   111

Die EZB richtet sich bei ihren Anforderungen an die Verwendung interner Modelle nach den Vorgaben der CRR. So fordert sie z. B. einen Vergleich der Risikoschätzungen mit den realisierten Ausfallraten gemäß Art. 185 lit. b CRR.[73] Bei den Prüfungen der Marktrisikomodelle durch die EZB im Rahmen der gezielten Überprüfung interner Modelle (»Targeted Review of Internal Models«, TRIM) haben sich seit 2016 allerdings sehr viele Feststellungen auf das Backtesting bezogen. Unter anderem waren für das Backtesting keine angemessenen Validierungsanalysen und adäquaten quantitativen Schwellenwerte vorhanden. Außerdem wurde das Backtesting oftmals nicht hinreichend auf die Portfolio-Ebene heruntergebrochen. Zudem wurde in vielen Fällen die für das Backtesting angewandte Methodik als unzureichend erachtet.[74]   112

5.6   Angemessene Umsetzung

Die Anforderungen der MaRisk sind weniger ausdifferenziert, da sie sich an alle Institute richten und nicht etwa nur an Institute, die ihre regulatorische Eigenmittelunterlegung auf der Basis interner Modelle berechnen. Grundsätzlich müssen jeweils die zuvor ermittelten Risiken auf geeignete Weise den nunmehr tatsächlich eingetretenen Verlusten gegenübergestellt werden. In   113

---

72 Sofern in die Betrachtung auch untertägige Positionsveränderungen einbezogen werden, spricht man vom »Dirty Profit & Loss«. Derartige Verfahren eignen sich folglich weniger zur Beurteilung der Prognosegüte von Methoden und Verfahren.

73 Vgl. European Central Bank, ECB guide to internal models, 1. Oktober 2019, S. 26.

74 Vgl. European Central Bank, Targeted Review of Internal Models, Project report, 19. April 2021, S. 6 ff.

AT 4.3.2 Risikosteuerungs- und -controllingprozesse

den MaRisk wird in dieser Hinsicht kein festes Modell vorgeschrieben. Die Institute sollten nachweisen, dass die verwendeten Methoden und Verfahren zu den Charakteristika und den Abhängigkeitsstrukturen des eigenen Portfolios passen. Sofern relevante Portfoliomerkmale unberücksichtigt bleiben, kann das damit verbundene Risiko allerdings unterschätzt werden.[75]

114 Die geforderten Angemessenheits- und Plausibilitätsprüfungen beziehen sich auf alle Risikoarten, die im Modul BTR adressiert werden. Sie sind daher nicht nur im Hinblick auf die Methoden und Verfahren zur Quantifizierung von Marktpreisrisiken (im Handelsbuch), sondern auch bei Adressenausfallrisiken, Liquiditätsrisiken und operationellen Risiken erforderlich. Da die Geschäftsleitung mindestens vierteljährlich auch über die sonstigen vom Institut als wesentlich identifizierten Risiken zu unterrichten ist (→ BT 3.1 Tz. 7), müssen diese Risiken ebenfalls auf geeignete Weise quantifiziert werden. Daraus folgt, dass für die jeweils verwendeten Methoden und Verfahren vergleichbare Anforderungen gelten.

115 Dabei dürfte es vor allem bei den operationellen Risiken vielen Instituten schwerfallen, einen »exakten Risikowert« zu ermitteln, der den Ausgangspunkt für die Plausibilitätsprüfung darstellt. Die Anforderung der deutschen Aufsicht ist diesbezüglich jedoch nicht zu eng auszulegen. Bei solchen Risiken sollte es grundsätzlich ausreichend sein, dass im Nachhinein identifizierte Schwachstellen bei der Beurteilung der Risiken korrigiert werden.

---

75 Vgl. Committee of European Banking Supervisors, Revised Guidelines on the management of concentration risk under the supervisory review process (GL 31), 2. September 2010, S. 14 f.

AT 4.3.3 Stresstests

1	**Einführung und Überblick**	1
1.1	Sinn und Zweck von Stresstests	1
1.2	Aufsichtliche Anforderungen und Leitlinien	6
1.3	Definition von Stresstests	9
1.4	Risikofaktoren und Risikoparameter	12
1.5	Univariate und multivariate Methoden	15
1.6	Inverse Stresstests	21
1.7	Solvenz- und Liquiditätsstresstests	24
1.8	Top-down- und Bottom-up-Stresstests	27
1.9	Statische und dynamische Bilanzannahme	28
1.10	ICAAP- und ILAAP-Stresstests	31
1.11	Stresstests im Rahmen der Sanierungsplanung	36
1.12	Aufsichtliche Stresstests	40
1.13	Bedeutung der internen Stresstests für den SREP	48
1.14	Entwicklungsstand von Stresstests	53
2	**Angemessene Stresstests für die wesentlichen Risiken (Tz. 1)**	59
2.1	Angemessene Einbindung in das Risikomanagement	60
2.2	Rolle der Geschäftsleitung	63
2.3	Untersuchung der wesentlichen Risiken	68
2.4	Wesentliche Risikofaktoren	70
2.5	Zweitrunden und Ansteckungseffekte	73
2.6	Sensitivitäts- und Szenarioanalysen	76
2.6.1	Ablauf von Sensitivitätsanalysen	77
2.6.2	Vorgaben für Sensitivitätsanalysen	78
2.6.3	Ablauf von Szenarioanalysen	80
2.6.4	Vorgaben für Szenarioanalysen	82
2.7	Angemessenheit von Stresstests	83
2.8	Angemessenheit von Stresstestprogrammen	86
2.9	Proportionalitätsgesichtspunkte	89
2.10	Regelmäßige und anlassbezogene Durchführung von Stresstests	91
2.11	Angemessener Zeithorizont	95
2.12	Stresstests für wesentliche Risiken	97
2.12.1	Stresstests für Adressenausfallrisiken	101
2.12.2	Stresstests für Fremdwährungskreditrisiken	109
2.12.3	Stresstests für außerbilanzielle Gesellschaftskonstruktionen und Verbriefungstransaktionen	115
2.12.4	Stresstests für Marktpreisrisiken des Handelsbuches	120
2.12.5	Stresstests für Zinsänderungsrisiken des Anlagebuches	125
2.12.6	Stresstests für operationelle Risiken	130

2.12.7   Stresstests für Fehlverhaltensrisiken 134
2.12.8   Stresstests für IKT-Risiken 139
2.12.9   Stresstests aufgrund von Modellrisiken 143
2.12.10   Stresstests für Liquiditätsrisiken 148
2.12.11   Stresstests für Risikokonzentrationen 149
2.12.12   Stresstests für Nachhaltigkeitsrisiken 153
2.12.12.1 Herausforderungen für die Institute 153
2.12.12.2 Eignung oder Anpassung der internen Stresstests 158
2.12.12.3 Orientierung an aufsichtlichen Stresstests 161
2.12.12.4 Auswirkungs- und Transitionsszenarien 163
2.12.12.5 Szenarien für die Sanierungsplanung 170
2.13   Berücksichtigung von Diversifikationseffekten 171

3   **Stresstests für das Gesamtrisikoprofil (Tz. 2)** 173
3.1   Änderung der Betrachtungsweise 174
3.2   Berücksichtigung der Wechselwirkungen zwischen den Risikoarten ... 180
3.3   Definition übergeordneter Szenarien 186

4   **Festlegung der Szenarien (Tz. 3)** 191
4.1   Abbildung außergewöhnlicher, aber plausibel möglicher Ereignisse ... 192
4.2   Plausibilität eines Stressszenarios 193
4.3   Schweregrad eines Stressszenarios 194
4.4   Ereignisse unterschiedlicher Schweregrade 199
4.5   Die »Subprimekrise« als Beispiel 206
4.6   Erwartungen der EZB an bedeutende Institute 211
4.7   Arten von Stressszenarien 216
4.7.1   Historische Szenarien 216
4.7.2   Hypothetische Szenarien 220
4.7.3   Hybridszenarien 222
4.8   Darstellung geeigneter historischer und hypothetischer Szenarien 224
4.9   Schwerer konjktureller Abschwung 226
4.10   Strategische Ausrichtung und wirtschaftliches Umfeld des Institutes ... 228

5   **Durchführung inverser Stresstests (Tz. 4)** 232
5.1   Definition »inverser« Stresstests 233
5.2   Sinn und Zweck inverser Stresstests 243
5.3   Qualitative und quantitative Analyse 247
5.4   Turnus inverser Stresstests 250
5.5   Proportionalitätsprinzip 251
5.6   Zusammenhang zur Sanierungsplanung 254

6   **Überprüfung der Angemessenheit der Stresstests und Annahmen (Tz. 5)** 258
6.1   Überprüfungsturnus für Stresstests 259
6.2   Rahmenbedingungen zur Überprüfung von Stresstests 262
6.3   Inhalte der Überprüfung von Stresstests 269
6.4   Dateninfrastruktur 274

7   **Verwendung der Ergebnisse der Stresstests (Tz. 6)** 280
7.1   Kritische Reflexion der Stresstestergebnisse 281
7.2   Festlegung angemessener Maßnahmen 285
7.3   Berücksichtigung bei der Beurteilung der Risikotragfähigkeit 289
7.4   Kommunikation der Stresstestergebnisse 294

1 Einführung und Überblick

1.1 Sinn und Zweck von Stresstests

In den letzten Jahrzehnten haben die Institute ihre Verfahren zur Beurteilung der wesentlichen **1** Risiken permanent weiterentwickelt. So hat sich bei vielen Instituten als Standard zur Risikomessung der Value-at-Risk-Ansatz durchgesetzt, der insbesondere bei der Bestimmung des notwendigen Eigenkapitals und der internen Kapitalallokation Verwendung findet (→ AT 4.1 Tz. 1).

Die Beurteilung des Risikos allein auf der Grundlage einer solchen Kennzahl ist jedoch aus **2** verschiedenen Gründen nicht unproblematisch. Einerseits sind die gängigen Value-at-Risk-Ansätze in ihrer Grundausrichtung nicht dazu geeignet, Verlustgefahren aus extremen Marktsituationen (so genannte »Fat Tails«) adäquat abzuschätzen. In diesem Zusammenhang spricht man auch von »Tail Risks«, die als Restanten verbleiben. Andererseits orientiert sich die Messung des Risikos an einem Pool von historischen Daten, der lediglich in die Zukunft fortgeschrieben wird. Damit sind hypothetische, in der Vergangenheit noch nicht beobachtete Ereignisse bei der Risikobetrachtung praktisch ausgeschlossen. Die EBA erwartet von den Instituten daher, geeignete Ansätze zu entwickeln, um die Unterschätzung dieser »Tail Risks« durch historische Daten zu bestimmen, z. B. durch Anwendung strenger hypothetischer Szenarien. Sofern das Risiko anhand prozentualer Konfidenzniveaus bewertet wird, sollten die »Fat Tails« jenseits dieser Konfidenzniveaus in geeigneter Weise berücksichtigt werden.[1] Weitere Schwachstellen des Value-at-Risk-Ansatzes betreffen die Abbildung nichtlinearer Abhängigkeiten und die systematische Unterschätzung der Korrelationen in Krisenzeiten.

Die Verlässlichkeit statistischer Modelle für Aussagen über die Zukunft ist insofern grundsätz- **3** lich eingeschränkt, was in Zeiten dynamischer Veränderungen umso mehr gilt.[2] Ergänzende qualitative Analysen können deren Leistungsfähigkeit erheblich steigern. Dies ist z. B. mit Hilfe von Stresstests möglich.[3] Stresstests bieten die Möglichkeit, vom gewohnten Modell- oder Analyserahmen abzuweichen und daraus abgeleitete Risikobeurteilungen kritisch zu hinterfragen. Eine hohe Bedeutung haben sie insbesondere dann, wenn aufgrund der Datenlage bestimmte Risiken nur ungenügend erfasst werden können.[4] So können mit Hilfe von Stresstests auch extreme Marktentwicklungen simuliert werden. Insbesondere kann durch szenariobasierte Stresstests überprüft werden, ob ein Institut bei bestimmten negativen Marktentwicklungen noch ausreichende Risikodeckungsmassen besitzt.[5] Stresstests sind insofern ein wichtiges (qualitatives) Instrument, um die erwähnten Schwächen der statistisch basierten (quantitativen) Risikomessverfahren zu kompensieren.[6] Ihre Ergebnisse lassen sich in transparenter Weise kommunizieren und erlauben eine zukunftsorientierte Sichtweise auf das Risikoprofil des Institutes.

---

1 Vgl. European Banking Authority, Leitlinien zu den Stresstests der Institute, EBA/GL/2018/04, 19. Juli 2018, S. 34.

2 Vgl. Deutsche Bundesbank, Änderung der neu gefassten EU-Bankenrichtlinie und der EU-Kapitaladäquanzrichtlinie sowie Anpassung der Mindestanforderungen an das Risikomanagement, in: Monatsbericht, September 2009, S. 78.

3 Allerdings können die genannten Schwachstellen teilweise mit Hilfe anderer Risikomaße ausgeglichen werden (→ AT 4.1 Tz. 1 und 6). So kann z. B. der »Expected Shortfall« als Erwartungswert aller den Value-at-Risk übersteigenden Verluste herangezogen werden. Bei Verwendung von »Copula-Funktionen« muss kein lineares Abhängigkeitsverhältnis zwischen den Risikoarten unterstellt werden. Wertvolle Hinweise kann auch die Extremwerttheorie liefern. Vgl. Eulering, Georg, Integration von Stresstests in Risikosteuerung und -controlling, in: Pfeifer, Guido/Ullrich, Walter (Hrsg.), MaRisk-Interpretationshilfen, 2. Auflage, Heidelberg, 2009, S. 141.

4 Vgl. Deutsche Bundesbank, Stresstests: Methoden und Anwendungsgebiete, in: Finanzstabilitätsbericht 2007, November 2007, S. 102.

5 Vgl. Deutsche Bundesbank, Zum aktuellen Stand der bankinternen Risikosteuerung und der Bewertung der Kapitaladäquanz im Rahmen des aufsichtlichen Überprüfungsprozesses, in: Monatsbericht, Dezember 2007, S. 71 f.

6 Vgl. Reitz, Stefan, Stresstests, in: Becker, Axel/Gruber, Walter/Wohlert, Dirk (Hrsg.), Handbuch MaRisk, Frankfurt a. M., 2006, S. 572.

4   Allerdings liegen den betrachteten Szenarien häufig selbst umfangreiche statistische Untersuchungen zugrunde, die wiederum durch qualitative Expertenurteile unterstützt werden sollen.[7] Auf diese Weise soll vermieden werden, dass eine unzureichende Fundierung der Szenarien unter Umständen zu Fehlschlüssen führt. Insofern schließen sich Stresstests und statistische Verfahren nicht gegenseitig aus, sondern ergänzen sich bei der Bewertung der Gesamtrisikolage der Institute.[8] In diesem Sinne dienen Stresstests vor allem dazu, die Erkenntnisse der klassischen Risikomessinstrumente, die unter normalen Marktbedingungen im Allgemeinen gute Ergebnisse liefern, aus einem anderen Blickwinkel zu beurteilen.[9] Eine absolute Sicherheit bieten allerdings auch Stresstests nicht, da zukünftige Diskontinuitäten und Brüche in den Märkten nie vollständig antizipiert werden können.[10]

5   Stresstests können ihren geschilderten Zweck allerdings nur dann erfüllen, wenn ihre Ergebnisse tatsächlich zur Verbesserung des institutsinternen Risikomanagements genutzt werden. Diesbezüglich wurden von den Aufsichtsbehörden im Rahmen der Finanzmarktkrise erhebliche Schwächen aufgedeckt.[11] So hat sich u. a. gezeigt, dass Stresstests oft nicht angemessen in das Risikomanagement der Institute integriert sind und die gewählten Stressszenarien mögliche Risiken häufig nur unzureichend widerspiegeln. In der Konsequenz wurden von den einschlägigen Institutionen zahlreiche Empfehlungen erarbeitet und Anforderungen formuliert, deren Grundgedanken Eingang in die MaRisk gefunden haben.

1.2   Aufsichtliche Anforderungen und Leitlinien

6   Mit der Ausgestaltung bankinterner Stresstests hat sich auf internationaler Ebene zunächst der Baseler Ausschuss für Bankenaufsicht (BCBS) intensiv beschäftigt.[12] Die Vorschläge des BCBS gelten zwar vornehmlich für international tätige Institute. Allerdings hat CEBS[13] die Empfehlungen aus dem Jahr 2009 für die europäischen Institute nahezu eins zu eins übernommen.[14] Mittlerweile wurden die Leitlinien von CEBS durch die EBA grundlegend überarbeitet und mit Wirkung zum 1. Januar 2019 aufgehoben.[15] Dabei werden neben den Stresstests für die verschiedenen Risikoarten auch spezielle Anforderungen an Stresstests für die Zwecke des ICAAP und des ILAAP formuliert. Auch in anderen Veröffentlichungen der EBA finden sich zahlreiche Hinweise auf die

---

7   Vgl. European Banking Authority, Leitlinien zu den Stresstests der Institute, EBA/GL/2018/04, 19. Juli 2018, S. 21.

8   Vgl. Deutsche Bundesbank, Stresstests: Methoden und Anwendungsgebiete, in: Finanzstabilitätsbericht 2007, November 2007, S. 99.

9   Vgl. Zentraler Kreditausschuss, Stellungnahme zum ersten Entwurf einer Neufassung der Mindestanforderungen an das Risikomanagement (MaRisk) vom 16. Februar 2009 – Konsultation 03/2009, 23. März 2009, S. 3.

10 Vgl. Zentraler Kreditausschuss, Stellungnahme zum Konsultationspapier »Principles for sound stress testing practices and supervision« des Baseler Ausschusses für Bankenaufsicht, 13. März 2009, S. 2.

11 Vgl. Financial Stability Forum, Report of the Financial Stability Forum on Enhancing Market and Institutional Resilience, 7. April 2008, S. 20f.

12 Basel Committee on Banking Supervision, Principles for Sound Liquidity Risk Management and Supervision, BCBS 144, 25. September 2008; Basel Committee on Banking Supervision, Principles for sound stress testing practices and supervision, BCBS 155, 20. Mai 2009; Baseler Ausschuss für Bankenaufsicht, Grundsätze für die effektive Aggregation von Risikodaten und die Risikoberichterstattung, BCBS 239, 9. Januar 2013; Basel Committee on Banking Supervision, Monitoring tools for intraday liquidity management, BCBS 248, 11. April 2013; Basel Committee on Banking Supervision, Liquidity stress testing: a survey of theory, empirics and current industry and supervisory practices, Working Paper No. 24, 23. Oktober 2013; Baseler Ausschuss für Bankenaufsicht, Grundlagen für ein solides Verfahren zur Kapitalplanung – Solide Praktiken, BCBS 277, 23. Januar 2014; Basel Committee on Banking Supervision, Stress testing principles, BCBS 450, 17. Oktober 2018.

13 Der Ausschuss der Europäischen Bankaufsichtsbehörden (»Committee of European Banking Supervisors«, CEBS) war bis Ende 2010 die Vorgängerinstitution der European Banking Authority (EBA).

14 Committee of European Banking Supervisors, Revised Guidelines on Stress Testing (GL 32), 26. August 2010.

15 European Banking Authority, Leitlinien zu den Stresstests der Institute, EBA/GL/2018/04, 19. Juli 2018.

Erwartungen der zuständigen Behörden an bankinterne Stresstests.[16] Weitere Vorgaben sind u. a. den Ausarbeitungen des Finanzstabilitätsrates[17] und der EZB zu entnehmen.[18] Auch die deutschen Aufsichtsbehörden haben sich in den vergangenen Jahren intensiv mit den bankinternen Stresstests auseinandergesetzt.[19]

Die genannten Papiere werden in diesem Modul an verschiedenen Stellen berücksichtigt, um die Intention der Aufsicht zu einzelnen Vorgaben näher zu erläutern. Aufgrund der Vielzahl dieser Vorgaben wird allerdings kein Anspruch auf Vollständigkeit erhoben. Es sei ausdrücklich darauf hingewiesen, dass es sich nur zum Teil um verbindliche Anforderungen handelt, die aus den MaRisk hergeleitet werden können. Die Vorgaben aus den verschiedenen Leitlinien der EBA werden vor allem deshalb aufgegriffen, weil sich sowohl die BaFin als auch die EZB grundsätzlich zur Umsetzung dieser Leitlinien verpflichtet haben. Insofern sind die Leitlinien der EBA für bedeutende und weniger bedeutende Institute gleichermaßen relevant.

Dabei sollte allerdings beachtet werden, dass in der qualitativen Bankenaufsicht grundsätzlich das Prinzip der doppelten Proportionalität gilt. Insofern sollte die Umsetzung der jeweiligen Anforderungen von den Instituten und den Aufsichtsbehörden in angemessener Weise erfolgen, wobei insbesondere die Größe des Institutes sowie die Art, die Komplexität und der Risikogehalt der Geschäftsaktivitäten zu berücksichtigen sind. Der Baseler Ausschuss für Bankenaufsicht weist explizit darauf hin, dass seine Grundsätze auf große, international tätige Institute ausgerichtet sind. Kleinere Institute können von den Grundsätzen als Richtschnur profitieren, indem sie die potenziellen Auswirkungen negativer Szenarien auf ihr Geschäft in strukturierter Weise betrachten, auch wenn sie keine formalen Stresstests durchführen, sondern einfachere Methoden verwenden.[20]

16 European Banking Authority, Leitlinien zu Kapitalmaßnahmen für Fremdwährungskreditvergabe an nicht abgesicherte Kreditnehmer im Rahmen der aufsichtlichen Überprüfung und Bewertung (SREP), EBA/GL/2013/02, 20. Dezember 2013; European Banking Authority, Leitlinien zu für SREP erhobene ICAAP- und ILAAP-Informationen, EBA/GL/2016/10, 10. Februar 2017; European Banking Authority, Guidelines on common procedures and methodologies for the supervisory review and evaluation process (SREP) and supervisory stress testing, EBA/GL/2014/13, Consolidated version, 19. Juli 2018.

17 Financial Stability Board, Recovery and Resolution Planning for Systemically Important Financial Institutions: Guidance on Recovery Triggers and Stress Scenarios, 16. Juli 2013; Financial Stability Board, Principles for An Effective Risk Appetite Framework, 18. November 2013.

18 Europäische Zentralbank, Aufsichtliche Erwartungen an ICAAP und ILAAP sowie harmonisierte Erhebung von ICAAP- und ILAAP-Informationen, Schreiben von Daniele Nouy an die Geschäftsleitung bedeutender Banken vom 8. Januar 2016; Europäische Zentralbank, Technische Umsetzung der EBA-Leitlinien zu für SREP erhobene ICAAP- und ILAAP-Informationen, Konkretisierung der aufsichtlichen Erwartungen an die Erhebung von ICAAP- und ILAAP-Informationen vom 21. Februar 2017; Europäische Zentralbank, Leitfaden der EZB für den bankinternen Prozess zur Sicherstellung einer angemessenen Kapitalausstattung (Internal Capital Adequacy Assessment Process – ICAAP), 9. November 2018; Europäische Zentralbank, Leitfaden der EZB für den bankinternen Prozess zur Sicherstellung einer angemessenen Liquiditätsausstattung (Internal Liquidity Adequacy Assessment Process – ILAAP), 9. November 2018.

19 Deutsche Bundesbank, Das deutsche Bankensystem im Stresstest, in: Monatsbericht, Dezember 2003, S. 55–63; Deutsche Bundesbank, Stresstests bei deutschen Banken – Methoden und Ergebnisse, in: Monatsbericht, Oktober 2004, S. 79–88; Deutsche Bundesbank, Stresstests: Methoden und Anwendungsgebiete, in: Finanzstabilitätsbericht 2007, November 2007, S. 99–115; Deutsche Bundesbank, Zum aktuellen Stand der bankinternen Risikosteuerung und der Bewertung der Kapitaladäquanz im Rahmen des aufsichtlichen Überprüfungsprozesses, in: Monatsbericht, Dezember 2007, S. 57–72; Mager, Ferdinand/Schmieder, Christian, Stress testing of real credit portfolios, Deutsche Bundesbank, Discussion Paper, Series 2: Banking and Financial Studies, No. 17/2008; Düllmann, Klaus/Erdelmeier, Martin, Stress testing German banks in a downturn in the automobile industry, Deutsche Bundesbank, Discussion Paper, Series 2: Banking and Financial Studies, No. 2/2009; Deutsche Bundesbank, Änderung der neu gefassten EU-Bankenrichtlinie und der EU-Kapitaladäquanzrichtlinie sowie Anpassung der Mindestanforderungen an das Risikomanagement, in: Monatsbericht, September 2009, S. 67–83; Bundesanstalt für Finanzdienstleistungsaufsicht, Liquiditätsstresstests deutscher Kapitalverwaltungsgesellschaften – Bericht mit Leitlinien, 8. Dezember 2017; Bundesanstalt für Finanzdienstleistungsaufsicht/Deutsche Bundesbank, Aufsichtliche Beurteilung bankinterner Risikotragfähigkeitskonzepte und deren prozessualer Einbindung in die Gesamtbanksteuerung (»ICAAP«) – Neuausrichtung, Leitfaden vom 24. Mai 2018.

20 Vgl. Basel Committee on Banking Supervision, Stress testing principles, BCBS 450, 17. Oktober 2018, S. 1.

1.3 Definition von Stresstests

9 Älteren Ausführungen des Baseler Ausschusses für Bankenaufsicht (BCBS) zufolge dienen Stresstests dem Management des Institutes zur Warnung vor nachteiligen unerwarteten Folgen im Zusammenhang mit diversen Risiken und geben Aufschluss darüber, wie viel Kapital zur Verlustabsorption erforderlich sein würde, wenn große Schocks eintreten sollten.[21] Grundsätzlich hat sich an dieser Zielsetzung nichts geändert. Allerdings ist die Bedeutung von Stresstests insgesamt gestiegen, was darin zum Ausdruck kommt, dass ihre Ergebnisse in vielen Bereichen einfließen. Der BCBS betont neben der Verwendung von Stresstests für die Kapital- und Liquiditätsplanung z. B. ihre Rolle als integraler Bestandteil des Risikomanagements.[22]

10 In den MaRisk wird der Ausdruck »Stresstests« allgemein als Oberbegriff für die unterschiedlichen Methoden verwendet, mit denen die Institute ihr individuelles Gefährdungspotenzial auch bezüglich außergewöhnlicher, aber plausibel möglicher Ereignisse (→ AT 4.3.3 Tz. 3) auf den jeweils relevanten Ebenen des Institutes überprüfen (→ AT 4.3.3 Tz. 1, Erläuterung). Als relevante Ebenen kommen z. B. die Portfolio-, die Geschäftsbereichs-, die Instituts- oder die Gruppenebene infrage. So sind Stresstests u. a. auch für das Gesamtrisikoprofil des Institutes (→ AT 4.3.3 Tz. 2) und der Gruppe (→ AT 4.5 Tz. 5) durchzuführen.

11 Verschiedenen Untersuchungen der Deutschen Bundesbank zufolge sind die angewandten Stresstestmethoden und die hierfür unterstellten Szenarien in den deutschen Instituten sehr vielfältig. Trotz dieser Heterogenität liegt den Methoden eine ähnliche Struktur zugrunde. Die Bundesbank fasst deshalb unter dem Begriff »Stresstest« in Analogie zu den MaRisk eine Reihe von Analysetechniken zusammen, die auf die Bestimmung und Bewertung von Risikoquellen und Schwachstellen im Portfolio eines Institutes für den Fall abzielen, dass sich das makroökonomische Umfeld gravierend ändert oder andere außergewöhnliche, aber plausible Situationen (Schocks) eintreten.[23]

1.4 Risikofaktoren und Risikoparameter

12 Unter den »Risikofaktoren« werden grundsätzlich jene internen oder externen Faktoren verstanden, die sich auf ein Institut risikomindernd oder risikoverstärkend auswirken können. Insofern hängt die Risikosituation entscheidend von der Entwicklung der für das Institut wesentlichen Risikofaktoren ab. Die deutsche Aufsicht hatte zwischenzeitlich erwogen, zwischen eher ursachenbezogenen »Risikotreibern« und eher wirkungsbezogenen »Risikofaktoren« zu unterscheiden, die im Rahmen der Stresstests variiert werden. Diese Unterscheidung wurde jedoch wieder verworfen, zumal beide Begriffe in der Fachliteratur häufig synonym verwendet werden.

13 CEBS hatte beispielhaft relevante Risikofaktoren aufgezählt und dabei zwischen makroökonomischen (Zinsen, Arbeitslosenquote, Insolvenzquote, Inflationsrate, Bruttoinlandsprodukt, Verbraucherpreise, Immobilienpreise etc.), finanziellen (Marktvolatilität etc.), externen (besondere Einflüsse auf das Marktgeschehen, bestimmte Regionen oder Branchen etc.) und risikoartenspezifischen (eine Änderung des Konkursrechtes oder der Ausfallwahrscheinlichkeiten im Kreditrisikobereich etc.) Einflussgrößen unterschieden.[24]

---

21 Vgl. Basel Committee on Banking Supervision, Principles for sound stress testing practices and supervision, BCBS 155, 20. Mai 2009, S. 1.

22 Vgl. Basel Committee on Banking Supervision, Stress testing principles, BCBS 450, 17. Oktober 2018, S. 1.

23 Vgl. Deutsche Bundesbank, Stresstests: Methoden und Anwendungsgebiete, in: Finanzstabilitätsbericht 2007, November 2007, S. 99.

24 Vgl. Committee of European Banking Supervisors, Revised Guidelines on Stress Testing (GL 32), 26. August 2010, S. 12 ff.

Diese Risikofaktoren können entweder anhand der Marktentwicklung (Marktparameter) ermit- 14
telt oder mit Hilfe von Modellen (Modellparameter) hergeleitet werden. Sie müssen vor der
Durchführung eines Stresstests in relevante »Risikoparameter« überführt werden, die im Risikomanagement der Institute eine wesentliche Rolle spielen. Dazu gehören z.B. die Ausfallwahrscheinlichkeit (Probability of Default, PD), die Verlustquote (Loss Given Default, LGD), die
Forderungshöhe beim Ausfall (Exposure at Default, EAD), mögliche Bewertungsabschläge (»Haircuts«), Wertberichtigungen, Abschreibungen und Rückstellungen.[25]

1.5   Univariate und multivariate Methoden

Die mit dem Begriff »Stresstest« verbundenen Analysetechniken unterscheiden sich im Wesentli- 15
chen darin, ob ein oder mehrere Risikofaktoren variiert werden. Im ersten Fall spricht man
grundsätzlich von »univariaten Methoden«, im zweiten Fall von »multivariaten Methoden«.

Bei univariaten Methoden geht es darum, den Einfluss einer extremen Veränderung einzelner 16
Risikofaktoren, die von anderen Faktoren isoliert werden, auf ein Portfolio abzuschätzen. Die Ursache
für die unterstellte Veränderung ist dabei unbedeutend. Insbesondere muss kein Bezug zu einem realen
Ereignis hergestellt werden. Es wird untersucht, wie sich der Wert des Portfolios ändert, wenn der
betrachtete Risikofaktor z.B. um einen bestimmten Prozentsatz variiert. Betrachtete Risikofaktoren
können die Zinsveränderungen (z.B. Änderung der Zinsstrukturkurve), Marktwertschwankungen
(z.B. Aktienkurse) oder Änderungen von Verwertungs- bzw. Einbringungsquoten sein. Auf diese
Weise können Schwachstellen in der Portfoliostruktur relativ gut und vergleichsweise einfach beurteilt
werden. Die univariaten Methoden werden auch als »Sensitivitätsanalysen« bezeichnet.

Sensitivitätsanalysen sollten Informationen über die wichtigsten Risiken liefern und das Ver- 17
ständnis über mögliche Risikokonzentrationen verbessern.[26] Sie sind neben der Identifizierung
von Hauptrisikoquellen insbesondere zur Abschätzung sehr kurzfristiger Schockwirkungen geeignet.[27] Sensitivitätsanalysen eignen sich sehr gut für anlassbezogene Stresstests. Da sich in
Stresssituationen selten nur ein Risikofaktor isoliert verändert, werden sie für das mittel- bis
langfristige Risikomanagement hingegen weniger verwendet. Weil Sensitivitätsanalysen keine
Korrelationen zwischen einzelnen Risikofaktoren berücksichtigen, blenden sie zudem deren
potenzielle Kumulation weitgehend aus und haben somit nur eine begrenzte Aussagekraft. Ebenso
wenig werden Verhaltensanpassungen der Marktteilnehmer an die betrachteten Schocks berücksichtigt. Somit vernachlässigen Sensitivitätsanalysen ökonomische Wirkungszusammenhänge.
Dadurch besteht die Gefahr, dass die Risiken falsch eingeschätzt werden.[28]

Diesen Nachteil kompensieren multivariate Methoden, die auch als »Szenarioanalysen« be- 18
zeichnet werden. Sie untersuchen die simultane Veränderung einer Vielzahl von Risikofaktoren,
deren Variation sich aus einem vordefinierten Stressereignis ergibt. Sie können daher auch
Korrelationen zwischen den einzelnen Risikofaktoren berücksichtigen. Hierfür müssen allerdings
die Abhängigkeiten bekannt sein und quantifiziert werden können, wobei in Stresssituationen die
üblichen Korrelations- und Linearitätsannahmen normalerweise nicht mehr gelten. Abhilfe können hinreichend lange Zeitreihen historischer Daten schaffen, sofern sie auch kritische Marktphasen einschließen. Alternativ finden hypothetische Szenarien Verwendung, bei denen auch

---

25 Vgl. European Banking Authority, Leitlinien zu den Stresstests der Institute, EBA/GL/2018/04, 19. Juli 2018, S. 20.
26 Vgl. Committee of European Banking Supervisors, Revised Guidelines on Stress Testing (GL 32), 26. August 2010, S. 12.
27 Vgl. Deutsche Bundesbank, Stresstests: Methoden und Anwendungsgebiete, in: Finanzstabilitätsbericht 2007, November 2007, S. 100.
28 Vgl. Bühn, Andreas/Klauck, Kai-Oliver, Mit modernen Stresstests das Risikoprofil analysieren, in: Betriebswirtschaftliche Blätter, Heft 6/2007, S. 352.

Aspekte einbezogen werden können, die nicht auf den Erfahrungen aus der Vergangenheit beruhen.[29] Aufgrund der Komplexität der Modellierung hypothetischer Szenarien sollten sich die Institute allerdings des Modellrisikos bewusst sein und die Annahmen und Mechanismen von Experten überprüfen lassen.[30] Insgesamt liefern Szenarioanalysen eine realistischere Darstellung des Portfolioverhaltens in Stresssituationen als Sensitivitätsanalysen.[31]

19   Unter einer Szenarioanalyse versteht die EBA die Beurteilung der Widerstandsfähigkeit eines Institutes oder eines Portfolios gegenüber einem bestimmten Szenario, das eine Reihe von Risikofaktoren mit bestimmten Merkmalen umfasst. Demzufolge sollten die Risikofaktoren intern konsistent ausgerichtet sein und das gleichzeitige Eintreten von zukunftsgerichteten Ereignissen voraussetzen, die eine Reihe von Risiken und Geschäftsbereichen abdecken. Zudem sollten die Risikofaktoren die Art der verbundenen Risiken über Portfolios und Zeiträume hinweg, systemweite Wechselwirkungen sowie Zweitrundeneffekte so weit wie möglich aufzeigen.[32]

20   Sowohl Sensitivitätsanalysen als auch Szenarioanalysen gelten als Stresstests im Sinne der MaRisk (→ AT 4.3.3 Tz. 1, Erläuterung). Die Abgrenzung zwischen beiden Verfahren ist in der Aufsichtspraxis allerdings nicht ganz so eindeutig wie beschrieben. So erwähnte bereits CEBS »einfache Multi-Faktor-Sensitivitätsanalysen«, bei denen von einer kombinierten Risikoausprägung ausgegangen wird, ohne unbedingt ein Szenario vor Augen zu haben.[33] Die EBA versteht unter einer Sensitivitätsanalyse einen Stresstest, der die potenziellen Auswirkungen eines bestimmten einzelnen Risikofaktors oder »einfacher Multirisikofaktoren«, die sich auf das Kapital oder die Liquidität auswirken, auf ein bestimmtes Portfolio oder das Institut als Ganzes misst.[34] Vor diesem Hintergrund wird in den MaRisk relativiert, dass bei Sensitivitätsanalysen »im Allgemeinen« nur ein Risikofaktor variiert wird (→ AT 4.3.3 Tz. 1, Erläuterung).

1.6   Inverse Stresstests

21   Bei einem »inversen Stresstest« (»reverse stress test«) werden auf Basis eines vordefinierten Ergebnisses Szenarien und Umstände untersucht, die dieses Ergebnis verursachen könnten.[35] Im Fokus stehen Szenarien, die Institute potenziell zum Scheitern bringen könnten und somit bei der Identifizierung ihrer wesentlichen Schwachstellen hilfreich sein können.[36] Konkret wird bei einem inversen Stresstest also untersucht, welche Ereignisse ein Institut in seiner Überlebensfähigkeit gefährden könnten. Die Überlebensfähigkeit ist dann als gefährdet anzunehmen, wenn sich das ursprüngliche Geschäftsmodell als nicht mehr durchführbar bzw. tragbar erweist (→ AT 4.3.3 Tz. 4, Erläuterung). Die EBA nennt beispielhaft auch die Situation, dass ein Institut als »ausfallend

29 Vgl. Deutsche Bundesbank, Stresstests: Methoden und Anwendungsgebiete, in: Finanzstabilitätsbericht 2007, November 2007, S. 100 f.

30 Vgl. European Banking Authority, Leitlinien zu den Stresstests der Institute, EBA/GL/2018/04, 19. Juli 2018, S. 20.

31 Vgl. Bühn, Andreas/Klauck, Kai-Oliver, Mit modernen Stresstests das Risikoprofil analysieren, in: Betriebswirtschaftliche Blätter, Heft 6/2007, S. 353.

32 Vgl. European Banking Authority, Leitlinien zu den Stresstests der Institute, EBA/GL/2018/04, 19. Juli 2018, S. 6 f.

33 Vgl. Committee of European Banking Supervisors, Revised Guidelines on Stress Testing (GL 32), 26. August 2010, S. 12. Auch die EBA fordert, die Analyse eines einzelnen Risikofaktors durch »einfache Multi-Risikofaktoranalysen« (»simple multi-risk factor analyses«) zu ergänzen, bei denen ein kombiniertes Auftreten angenommen wird, ohne notwendigerweise ein Szenario zu definieren. Vgl. European Banking Authority, Leitlinien zu den Stresstests der Institute, EBA/GL/2018/04, 19. Juli 2018, S. 22.

34 Vgl. European Banking Authority, Leitlinien zu den Stresstests der Institute, EBA/GL/2018/04, 19. Juli 2018, S. 6.

35 Vgl. European Banking Authority, Leitlinien zu den Stresstests der Institute, EBA/GL/2018/04, 19. Juli 2018, S. 7 f.

36 Vgl. Basel Committee on Banking Supervision, Stress testing principles, BCBS 450, 17. Oktober 2018, S. 6.

bzw. ausfallgefährdet« (»failing or likely to fail«) im Sinne von Art. 32 Abs. 2 BRRD[37] angesehen werden kann.[38] Aufgrund ihrer Konstruktionsweise steht bei inversen Stresstests insofern die kritische Reflexion der Ergebnisse im Vordergrund. Sie stellen somit eine Ergänzung zu den sonstigen Stresstests dar (→ AT 4.3.3 Tz. 4, Erläuterung).

Inverse Stresstests sollten nach den Vorstellungen der EBA eines oder mehrere der folgenden Merkmale aufweisen[39]:

22

- Die inversen Stresstests werden als Instrument des Risikomanagements eingesetzt, um das Bewusstsein im Institut für seine Schwachstellen zu schärfen, indem das Institut die Szenarien oder eine Kombination der Szenarien, die zu einem vordefinierten Ergebnis führen, explizit identifiziert und bewertet.

- Das Institut entscheidet auf Basis der Ergebnisse der inversen Stresstests über Art und Zeitpunkt der Managementmaßnahmen oder anderer Maßnahmen, die sowohl zur Behebung von Geschäftsausfällen oder anderen Problemen als auch zur Anpassung seiner Risikobereitschaft an die tatsächlichen Risiken erforderlich sind, wobei die auslösenden Ereignisse (»triggering events«) eine zentrale Rolle spielen.

- Spezifische inverse Stresstests können auch im Rahmen der Sanierungsplanung angewendet werden, indem mit ihrer Hilfe z.B. die Bedingungen ermittelt werden, unter denen die Sanierung möglicherweise vorzusehen ist.

Hingegen müssen die Ergebnisse inverser Stresstests aufgrund ihrer Konstruktion bei der Beurteilung der Risikotragfähigkeit i.d.R. nicht berücksichtigt werden (→ AT 4.3.3 Tz. 4, Erläuterung).

23

1.7 Solvenz- und Liquiditätsstresstests

Die EBA unterscheidet zwischen »Solvenzstresstests«, bei denen die Kapitalrisiken im Vordergrund stehen, und »Liquiditätsstresstests«. Bei den Solvenzstresstests wird untersucht, wie sich bestimmte Entwicklungen auf die gesamte Kapitalposition eines Institutes, einschließlich seiner Mindesteigenmittelanforderungen, auswirken. Dabei sollen seine Schwachstellen hervorgehoben und seine Fähigkeit zur Verlustabsorption beurteilt werden. Die zugrunde liegenden Entwicklungen basieren auch auf makro- oder mikroökonomischen Szenarien. Bei den Liquiditätsstresstests (→ BTR 3.1 Tz. 8, BTR 3.2 Tz. 3) geht es in vergleichbarer Weise um die Auswirkungen bestimmter Entwicklungen auf die Liquiditätsausstattung und die Refinanzierungsmöglichkeiten eines Institutes.[40]

24

Die »Kapitalrisiken« umfassen dabei jene speziellen Risiken, die sich im Falle ihres Eintritts in aufsichtlicher Hinsicht wesentlich auf die gesamte Kapitalposition des Institutes auswirken. Nach den Vorgaben der EBA gehören dazu ausdrücklich alle in Art. 79 bis 87 CRD IV aufgeführten Risikoarten, d.h. das Adressenausfallrisiko, also das Kreditrisiko und das Gegenparteiausfallrisiko (Art. 79 CRD IV), das Restrisiko, dass sich die Kreditrisikominderungstechniken als weniger wirksam erweisen als erwartet (Art. 80 CRD IV), das Konzentrationsrisiko (Art. 81 CRD IV), das

25

---

37 Vgl. Richtlinie 2014/59/EU (Sanierungs- und Abwicklungsrichtlinie) des Europäischen Parlaments und des Rates vom 15. Mai 2014 zur Festlegung eines Rahmens für die Sanierung und Abwicklung von Kreditinstituten und Wertpapierfirmen und zur Änderung der Richtlinie 82/891/EWG des Rates, der Richtlinien 2001/24/EG, 2002/47/EG, 2004/25/EG, 2005/56/EG, 2007/36/EG, 2011/35/EU, 2012/30/EU und 2013/36/EU sowie der Verordnungen (EU) Nr. 1093/2010 und (EU) Nr. 648/2012 des Europäischen Parlaments und des Rates, Amtsblatt der Europäischen Union vom 12. Juni 2014, L 173/249.

38 Vgl. European Banking Authority, Leitlinien zu den Stresstests der Institute, EBA/GL/2018/04, 19. Juli 2018, S. 26.

39 Vgl. European Banking Authority, Leitlinien zu den Stresstests der Institute, EBA/GL/2018/04, 19. Juli 2018, S. 7 f.

40 Vgl. European Banking Authority, Leitlinien zu den Stresstests der Institute, EBA/GL/2018/04, 19. Juli 2018, S. 3 f.

Verbriefungsrisiko (Art. 82 CRD IV), das Marktrisiko (Art. 83 CRD IV), das Zinsänderungsrisiko im Anlagebuch (Art. 84 CRD IV), das operationelle Risiko (Art. 85 CRD IV), das Liquiditätsrisiko (Art. 86 CRD IV) sowie das Risiko einer übermäßigen Verschuldung, das sich auf die Verschuldungsquote (»Leverage Ratio«) nach Art. 429 CRR sowie Inkongruenzen zwischen Vermögenswerten und Verbindlichkeiten bezieht (Art. 87 CRD IV). Diese Aufzählung von Kapitalrisiken ist nicht als abschließend zu verstehen.[41]

26   Die Einbeziehung des Liquiditätsrisikos in den Solvenzstresstest ist darauf zurückzuführen, dass bestimmte Komponenten des Liquiditätsrisikos im weiteren Sinne durchaus in das Risikotragfähigkeitskonzept einbezogen und insofern auch durch Kapitalbestandteile abgesichert werden können (→ BTR 3, Einführung). Grundsätzlich werden die Liquiditätsrisiken jedoch einem Liquiditätsstresstest unterzogen.

1.8   Top-down- und Bottom-up-Stresstests

27   Hinsichtlich der Arten von Stresstests kann grundsätzlich zwischen »Top-down-Stresstests« und »Bottom-up-Stresstests« unterschieden werden. Bei einem Top-down-Stresstest entwickelt die Aufsichtsbehörde ein Stressszenario und berechnet die Auswirkungen auf die Institute selbst. Ein solcher Stresstest basiert in der Regel auf aggregierten Institutsdaten und weniger detaillierten Informationen. Er kann sich auf bestimmte Portfolios oder das Institut als Ganzes beziehen und liefert detaillierte Ergebnisse zu den möglichen Auswirkungen bestimmter Ereignisse. Die Ergebnisse werden insbesondere dazu verwendet, die Auswirkungen bestimmter Stressszenarien über alle an der Übung beteiligten Institute hinweg vergleichend zu bewerten. Im Gegensatz dazu basieren Bottom-up-Stresstests auf eigenen Annahmen oder Szenarien der Institute mit möglichen konservativen Einschränkungen durch die Behörden. Diese Stresstests werden von den Instituten auf Basis eigener, intern entwickelter Modelle durchgeführt. Dabei werden institutsinterne Daten verwendet, ggf. ergänzt um externe Daten für zusätzliche Informationen.[42]

1.9   Statische und dynamische Bilanzannahme

28   Die Durchführung von Stresstests kann bei normalem Geschäftsverlauf methodisch auf einer »statischen« oder auf einer »dynamischen« Bilanzannahme basieren.

29   Bei der statischen Bilanzannahme (»constant balance sheet assumption«) wird die gesamte Bilanzgröße und -zusammensetzung durch die Annahme eines gleichförmigen (die Eigenschaften des Bestandsgeschäftes erhaltenden) Ersatzes von Aktiva und Passiva bei deren Auslaufen beibehalten.[43] Insofern wird davon ausgegangen, dass die Bilanz über den gesamten Betrachtungszeitraum konstant bleibt (gleiche Ursprungslaufzeiten, gleiche Bonitäten etc.) und das Geschäftsmodell ebenfalls nicht geändert wird. Insbesondere dürfen die eigentlich unvermeidlichen Veränderungen der Aktiva und Passiva des Institutes, die sich z.B. aus Managementmaßnahmen, Anpassungen bestehender Kreditverträge, Laufzeitinkongruenzen oder anderen Merkmalen dieser Aktiva oder Passiva ergeben, nicht berücksichtigt werden. Es ist lediglich möglich, neue Aktiva

---

41 Vgl. European Banking Authority, Guidelines on common procedures and methodologies for the supervisory review and evaluation process (SREP) and supervisory stress testing, EBA/GL/2014/13, Consolidated version, 19. Juli 2018, S. 24.

42 Vgl. European Banking Authority, Leitlinien zu den Stresstests der Institute, EBA/GL/2018/04, 19. Juli 2018, S. 4ff.

43 Vgl. European Banking Authority, Leitlinien zur Steuerung des Zinsänderungsrisikos bei Geschäften des Anlagebuchs, EBA/GL/2018/02, 19. Juli 2018, S. 6.

und Passiva zu berücksichtigen, sofern sie die gleichen wesentlichen Merkmale aufweisen wie die im Zeitverlauf abgebauten Positionen, d.h. gleiche Laufzeiten und Risikoprofile etc. Diese Annahme ist nicht sonderlich realistisch, weil in Stresssituationen Veränderungen des Bilanzumfangs und der Zusammensetzung der Bilanz – insbesondere hinsichtlich der Kapitalausstattung – eigentlich unvermeidlich sind, z.B. aufgrund neuer Ausfälle, Wertminderungen, Bestandserhöhungen oder Wertberichtigungen von finanziellen Vermögenswerten. Allerdings wird mit der statischen Bilanzannahme die Vergleichbarkeit der Ergebnisse des Stresstests zwischen den beteiligten Instituten verbessert, weshalb sie insbesondere bei aufsichtlichen Stresstests verwendet wird.[44] Ein Stresstest im Rahmen der ökonomisch-barwertigen Perspektive ist per Definition immer statisch, da beim Barwertkonzept die künftigen Zahlungsströme des aktuellen Portfolios diskontiert werden.

Bei der dynamischen Bilanzannahme (»dynamic balance sheet assumption«) werden die zukünftigen Geschäftserwartungen berücksichtigt und konsistent an das jeweilige Szenario angepasst.[45] Im Gegensatz zur statischen Bilanzannahme kann dabei sowohl von einer Veränderung der Bilanz als auch von einem sich entwickelnden Geschäftsmodell während des Betrachtungszeitraumes ausgegangen werden. Insofern spiegelt das Ergebnis des Stresstests in diesem Fall eine Kombination aus den Auswirkungen des zugrunde liegenden Szenarios und den vom Management ergriffenen Maßnahmen wider. Der Umfang dieser Maßnahmen kann begrenzt oder unbegrenzt sein, indem z.B. nur die von Anfang an geplanten und vom Stressszenario unabhängigen Maßnahmen berücksichtigt werden dürfen oder auch die direkt vom Stressszenario abhängigen Maßnahmen. Zwangsläufig wird in diesem Fall die Vergleichbarkeit der Ergebnisse zwischen den Instituten verringert.[46] Für die institutsinterne Steuerung liefern solche Stresstests aber einen deutlichen Mehrwert, da sie die Reaktionsfähigkeit der Institute auf bestimmte Stressereignisse aufzeigen können. — 30

1.10 ICAAP- und ILAAP-Stresstests

Nach Art. 73 bzw. 86 CRD IV müssen die Institute über solide Strategien und Verfahren verfügen, mit denen sie ihrem individuellen Risikoprofil entsprechend die Angemessenheit des internen Kapitals (»Internal Capital Adequacy Assessment«, ICAAP) bzw. der internen Liquidität (»Internal Liquidity Adequacy Assessment«, ILAAP) sicherstellen. Im Rahmen dieser Prozesse sollten die Institute die Zuverlässigkeit ihrer Kapital- und Liquiditätspläne unter Stressbedingungen bewerten, um sicherzustellen, dass sie die für sie geltenden Eigenkapitalanforderungen und ihre Verbindlichkeiten bei Fälligkeit auch unter diesen Bedingungen erfüllen können. Sie sollten dabei den Grad der Übertragbarkeit der Kapital- und Liquiditätsressourcen unter angespannten Bedingungen bewerten sowie die Szenarioschwere, die Eintrittswahrscheinlichkeit und mögliche Hindernisse, einschließlich rechtlicher, organisatorischer und betrieblicher Art, berücksichtigen.[47] — 31

Die ICAAP- und ILAAP-Stresstests sollten als umfassende institutsweite Stresstests durchgeführt werden und alle wesentlichen Risikokategorien und Unterkategorien abdecken, denen die Institute in Bezug auf die bilanziellen und außerbilanziellen Positionen sowie alle wesentlichen Portfolios oder Sektoren/Länder, einschließlich relevanter strukturierter Einheiten, ausgesetzt sind. Dabei sollten die Institute einen klaren Zusammenhang zwischen ihrer Risikobereitschaft, ihrer - — 32

---

44 Vgl. European Banking Authority, Leitlinien zu den Stresstests der Institute, EBA/GL/2018/04, 19. Juli 2018, S. 5f.
45 Vgl. European Banking Authority, Leitlinien zur Steuerung des Zinsänderungsrisikos bei Geschäften des Anlagebuchs, EBA/GL/2018/02, 19. Juli 2018, S. 6.
46 Vgl. European Banking Authority, Leitlinien zu den Stresstests der Institute, EBA/GL/2018/04, 19. Juli 2018, S. 6.
47 Vgl. European Banking Authority, Leitlinien zu den Stresstests der Institute, EBA/GL/2018/04, 19. Juli 2018, S. 46.

AT 4.3.3 Stresstests

Geschäftsstrategie und ihren ICAAP- und ILAAP-Stresstests nachweisen. Insbesondere sollten sie ihre Kapital- und Liquiditätspläne sowie alle internen Kapitalplanungen, einschließlich der Managementpuffer, im Einklang mit ihrer angegebenen Risikobereitschaft und Strategie und dem gesamten internen Kapitalbedarf bewerten.[48]

33   Den ICAAP- und ILAAP-Leitfäden der EZB zufolge wird von den bedeutenden Instituten erwartet, zwei komplementäre interne Perspektiven zu implementieren. In der normativen Perspektive sollen sie ihre Fähigkeit beurteilen, auf mittlere Sicht stets alle regulatorischen und aufsichtlichen Kapital- und Liquiditätsanforderungen zu erfüllen sowie sonstigen externen finanziellen Zwängen Rechnung zu tragen, womit auf die Anforderungen der ersten Säule Bezug genommen wird.[49] Ergänzend dazu sollen sie in der ökonomischen Perspektive alle wesentlichen Risiken identifizieren und quantifizieren, die aus ökonomischer Sicht Verluste verursachen und das interne Kapital substanziell verringern bzw. ihre Liquiditätsposition beeinträchtigen könnten, was der Philosophie der zweiten Säule entspricht. Die Erkenntnisse aus diesen beiden Perspektiven sollen wechselseitig sowie in alle wesentlichen Geschäftsaktivitäten und -entscheidungen einfließen.[50] Insofern werden die erste und die zweite Säule so miteinander verknüpft, dass sie im Idealfall angemessene Steuerungsimpulse aus Gesamtbanksicht liefern können. In beiden Perspektiven werden Stresstests gefordert.

34   Die EZB erwartet, dass sich die ICAAP- und ILAAP-Stresstests gegenseitig informieren. Umgesetzt werden soll diese Anforderung dadurch, dass die zugrunde liegenden Annahmen, die Stresstestergebnisse und die projizierten Managementmaßnahmen beiderseits Berücksichtigung finden. Zum Beispiel sollte die Auswirkung eines Stressereignisses in Bezug auf die Credit Spreads oder Ratings der Aktiva im Liquiditätspuffer, die im ILAAP getestet wird, auch im ICAAP Berücksichtigung finden und umgekehrt.[51] Da bei der Definition plausibler Stressszenarien der Schwerpunkt auf die größten Schwachstellen zu legen ist, werden die Institute vermutlich nicht umhinkommen, diese Schwachstellen sowohl aus Kapital- als auch aus Liquiditätssicht separat in Szenarien zu überführen und diese Szenarien dann für alle wesentlichen Risiken einzeln durchzuspielen. Die Bewertung der potenziellen Auswirkungen dieser Szenarien soll dann die Auswirkungen auf Kapital und Liquidität gleichermaßen zum Ziel haben. Dabei sollen potenzielle Zweitrundeneffekte berücksichtigt werden, wie insbesondere Verluste, die aus der Verwertung von Aktiva oder einem Anstieg der Refinanzierungskosten resultieren.[52]

35   Eine ähnliche Vorgehensweise haben die BaFin und die Deutsche Bundesbank für den ICAAP der weniger bedeutenden Institute gewählt. In der normativen Perspektive sind alle regulatorischen und aufsichtlichen Vorgaben sowie die darauf basierenden internen Anforderungen zu berücksichtigen und in mindestens einem adversen Szenario über einen Zeithorizont von mindestens drei Jahren zu planen.[53] Risiken aus der ökonomischen Perspektive sind dabei quantitativ zu berücksichtigen. Im Unterschied zur EZB müssen die bei der Kapitalplanung zu betrachtenden adversen Entwicklungen theoretisch nicht zwingend einem Stresstest entsprechen, praktisch -

---

48 Vgl. European Banking Authority, Leitlinien zu den Stresstests der Institute, EBA/GL/2018/04, 19. Juli 2018, S. 46.

49 Vgl. Europäische Zentralbank, Leitfaden der EZB für den bankinternen Prozess zur Sicherstellung einer angemessenen Kapitalausstattung (Internal Capital Adequacy Assessment Process – ICAAP), 9. November 2018, S. 14; Europäische Zentralbank, Leitfaden der EZB für den bankinternen Prozess zur Sicherstellung einer angemessenen Liquiditätsausstattung (Internal Liquidity Adequacy Assessment Process – ILAAP), 9. November 2018, S. 16.

50 Vgl. Europäische Zentralbank, Leitfaden der EZB für den bankinternen Prozess zur Sicherstellung einer angemessenen Kapitalausstattung (Internal Capital Adequacy Assessment Process – ICAAP), 9. November 2018, S. 14f.; Europäische Zentralbank, Leitfaden der EZB für den bankinternen Prozess zur Sicherstellung einer angemessenen Liquiditätsausstattung (Internal Liquidity Adequacy Assessment Process – ILAAP), 9. November 2018, S. 15 und 21.

51 Vgl. Europäische Zentralbank, Leitfaden der EZB für den bankinternen Prozess zur Sicherstellung einer angemessenen Kapitalausstattung (Internal Capital Adequacy Assessment Process – ICAAP), 9. November 2018, S. 41.

52 Vgl. Europäische Zentralbank, Leitfaden der EZB für den bankinternen Prozess zur Sicherstellung einer angemessenen Liquiditätsausstattung (Internal Liquidity Adequacy Assessment Process – ILAAP), 9. November 2018, S. 31f.

53 Vgl. Bundesanstalt für Finanzdienstleistungsaufsicht/Deutsche Bundesbank, Aufsichtliche Beurteilung bankinterner Risikotragfähigkeitskonzepte und deren prozessualer Einbindung in die Gesamtbanksteuerung (»ICAAP«) - Neuausrichtung, Leitfaden vom 24. Mai 2018, S. 8.

allerdings mit Auswirkungen einer Rezession oder eines für das Institut ähnlich schweren Szenarios vergleichbar sein und einen spürbaren Effekt auf die Kapitalausstattung haben.[54] In jedem Fall sind in beiden Perspektiven auch Stresstests durchzuführen.[55] Daraus folgt, dass der nach den MaRisk geforderte schwere konjunkturelle Abschwung und inverse Stresstests (→ AT 4.3.3 Tz. 4) grundsätzlich in beiden Perspektiven zu betrachten sind.

1.11 Stresstests im Rahmen der Sanierungsplanung

Gemäß Art. 5 Abs. 6 BRRD sollen die Institute in ihren Sanierungsplänen verschiedene Szenarien **36** erheblicher makroökonomischer und finanzieller Belastung mit Bezug zu ihren spezifischen Bedingungen in Betracht ziehen, einschließlich systemweiter Ereignisse und auf bestimmte individuelle juristische Personen oder auf Gruppen beschränkter Belastungsszenarien.[56] Die EBA wurde laut Art. 5 Abs. 7 BRRD mandatiert, in Zusammenarbeit mit dem Europäischen Ausschuss für Systemrisiken (ESRB) entsprechende Leitlinien herauszugeben.[57]

In Umsetzung dieser europäischen Vorgaben müssen die Sanierungspläne laut § 13 Abs. 2 Nr. 7 **37** des Gesetzes zur Sanierung und Abwicklung von Instituten und Finanzgruppen (Sanierungs- und Abwicklungsgesetz, SAG) eine Darstellung von Szenarien für schwerwiegende Belastungen, die einen Krisenfall auslösen können, und deren Auswirkungen auf das Institut oder die Gruppe enthalten. Diese Belastungsszenarien sollen sowohl systemweite Ereignisse als auch das einzelne Institut oder die ganze Gruppe betreffende Ereignisse beinhalten, welche die instituts- oder gruppenspezifischen Gefährdungspotenziale abbilden. Nach § 13 Abs. 2 Nr. 8 SAG müssen die Institute die Wirksamkeit und Umsetzbarkeit ihrer Sanierungspläne anhand dieser Belastungsszenarien prüfen.

Die Vorgaben an die Ausgestaltung von den Belastungsszenarien werden im § 9 der MaSanV **38** weiter konkretisiert. Die Belastungsszenarien müssen die wesentlichen Risiken abbilden, denen das Institut oder die Gruppe ausgesetzt ist. Für die Feststellung der wesentlichen instituts- oder gruppenspezifischen Risiken sind insbesondere das Geschäfts- und Refinanzierungsmodell, die Art der Geschäftstätigkeiten, die Struktur des Institutes oder der Gruppe, die Größe oder Vernetzung mit anderen Instituten oder dem Finanzsystem im Allgemeinen sowie Risiken oder Schwachstellen des Institutes oder der Gruppe zu berücksichtigen. Das Belastungsszenario muss auf Ereignissen beruhen, die außergewöhnlich, aber plausibel sind. Die Kriterien für die verschiedenen Belastungsszenarien sind mit denen eines schweren Stresstests vergleichbar. Im Fokus steht dabei die Existenzgefährdung des Institutes oder der Gruppe. Untersucht werden müssen die Auswirkungen auf das Kapital, die Risikotragfähigkeit, die Liquidität, die Ertragskraft, das Risikoprofil und die Fortführung der Geschäftstätigkeit. Zudem sind die wesentlichen und kritischen Geschäftsaktivitäten zu identifizieren, die in den Belastungsszenarien in eine Krise geraten

---

54 Vgl. Bundesanstalt für Finanzdienstleistungsaufsicht/Deutsche Bundesbank, Aufsichtliche Beurteilung bankinterner Risikotragfähigkeitskonzepte und deren prozessualer Einbindung in die Gesamtbanksteuerung (»ICAAP«) – Neuausrichtung, Leitfaden vom 24. Mai 2018, S. 12.

55 Vgl. Bundesanstalt für Finanzdienstleistungsaufsicht/Deutsche Bundesbank, Aufsichtliche Beurteilung bankinterner Risikotragfähigkeitskonzepte und deren prozessualer Einbindung in die Gesamtbanksteuerung (»ICAAP«) – Neuausrichtung, Leitfaden vom 24. Mai 2018, S. 18.

56 Vgl. Richtlinie 2014/59/EU (Sanierungs- und Abwicklungsrichtlinie) des Europäischen Parlaments und des Rates vom 15. Mai 2014 zur Festlegung eines Rahmens für die Sanierung und Abwicklung von Kreditinstituten und Wertpapierfirmen und zur Änderung der Richtlinie 82/891/EWG des Rates, der Richtlinien 2001/24/EG, 2002/47/EG, 2004/25/EG, 2005/56/EG, 2007/36/EG, 2011/35/EU, 2012/30/EU und 2013/36/EU sowie der Verordnungen (EU) Nr. 1093/2010 und (EU) Nr. 648/2012 des Europäischen Parlaments und des Rates, Amtsblatt der Europäischen Union vom 12. Juni 2014, L 173/223.

57 European Banking Authority, Leitlinien über die bei Sanierungsplänen zugrunde zu legende Bandbreite an Szenarien, EBA/GL/2014/06, 18. Juli 2014.

könnten. Aufsichtliche Maßnahmen können laut § 16 Abs. 6 SAG insbesondere dann angeordnet werden, wenn sich die festgestellten Sanierungshindernisse bei einer drohenden Belastungssituation nicht mehr rechtzeitig beheben lassen und daher die Gefahr besteht, dass sich bei Eintritt eines Krisenfalls die Bestandsgefährdung des Institutes nicht mehr wirksam vermeiden lässt.

39   Ein besonders enger Zusammenhang besteht zwischen den Belastungsszenarien für die Sanierungsplanung und den inversen Stresstests (→ AT 4.1 Tz. 4). So sollten die Institute nach den Vorstellungen der EBA spezifische inverse Stresstests verwenden, um diese ausfallnahen Belastungsszenarien (Beinahe-Ausfälle) zu entwickeln und zur Beurteilung der Effizienz und Wirksamkeit ihrer Sanierungsmaßnahmen und ihrer Sanierungsplanung sowie zur Analyse von Sensitivitäten in Bezug auf die jeweiligen Annahmen zu verwenden.[58] Auch die EZB hält inverse Stresstests als Ausgangspunkt zur Entwicklung von Belastungsszenarien für die Sanierungsplanung für geeignet.[59]

1.12   Aufsichtliche Stresstests

40   Stresstests haben zwar ihren Ursprung im Risikomanagement der Institute. Seit Anfang des Jahrtausends greift aber auch die Bankenaufsicht verstärkt auf solche Instrumente zurück. Dabei stehen allerdings in erster Linie systemische Risiken im Mittelpunkt, die – soweit sie schlagend werden – eine Gefahr für die Stabilität des gesamten Finanzmarktes darstellen. Mit Hilfe so genannter »Makrostresstests« soll eine Einschätzung darüber gewonnen werden, wie sich das plötzliche Eintreten eines bestimmten Krisenszenarios auf den Finanzmarkt bzw. das Bankensystem auswirkt.[60]

41   Der Ausschuss der Europäischen Bankaufsichtsbehörden (CEBS) hat in den Jahren 2009 und 2010 in Zusammenarbeit mit den nationalen Aufsehern und der EZB jeweils EU-weite Stresstests durchgeführt. Daran hatten sich anfangs 91 Kreditinstitute aus 20 Mitgliedstaaten beteiligt, die mit Bezug auf die Bilanzsumme ca. 65 Prozent des EU-Bankensystems repräsentierten. Auch diese Stresstests, die seit dem Jahr 2011 ca. alle zwei Jahre unter der Führung der Europäischen Bankenaufsichtsbehörde (EBA) durchgeführt werden, dienen einer Einschätzung der Widerstandsfähigkeit des europäischen Bankensystems für den Fall eines konjunkturellen Abschwungs und einer negativen Entwicklung der Finanzmärkte. Unterschieden wird dabei zwischen einem makroökonomischen Basisszenario, das auf die Prognosen der EU-Kommission für die wirtschaftliche Entwicklung innerhalb des Stresstesthorizontes von drei Jahren abstellt, und einem Stressszenario, in dem vom Europäischen Ausschuss für Systemrisiken (ESRB) für denselben Zeitraum eine bestimmte Konjunkturentwicklung in der Eurozone insgesamt und in einzelnen Ländern unter Berücksichtigung der jeweiligen Spezifika unterstellt wird.[61] Die weiteren Annahmen dieser Stressszenarien beziehen sich z.B. auf die Entwicklung der Zinsstrukturkurve und bestimmter Ratingklassen oder Risikoprämien.[62]

42   Im Jahr 2011 wurden die Staatsanleihenportfolios aus aktuellem Anlass genauer analysiert. Später ging es mehrmals auch um die Immobilien- und Schiffsportfolios. Im Jahr 2014 wurde die Entwicklung der Staatsanleihen und der Refinanzierungskosten besonders beleuchtet. Insgesamt standen die Auswirkungen der wesentlichen Risikotreiber für die verschiedenen Risikoarten auf die Solvenz der

---

58 Vgl. European Banking Authority, Leitlinien zu den Stresstests der Institute, EBA/GL/2018/04, 19. Juli 2018, S. 30.

59 Vgl. Europäische Zentralbank, Leitfaden der EZB für den bankinternen Prozess zur Sicherstellung einer angemessenen Kapitalausstattung (Internal Capital Adequacy Assessment Process – ICAAP), 9. November 2018, S. 41.

60 Vgl. Deutsche Bundesbank, Das deutsche Bankensystem im Stresstest, in: Monatsbericht, Dezember 2003, S. 55–63.

61 Vgl. z.B. European Systemic Risk Board, Adverse macro-financial scenario for the 2018 EU-wide banking sector stress test, 16. Januar 2018.

62 Vgl. Bundesanstalt für Finanzdienstleistungsaufsicht/Deutsche Bundesbank, Gemeinsame Pressenotiz zu den Ergebnissen der EU-weiten Stresstests für Deutschland, 23. Juli 2010.

Institute im Vordergrund. Zudem wurde vor dem Hintergrund der anhaltenden Niedrigzinsphase der Zinsüberschuss untersucht. In Ergänzung dazu sind im Jahr 2016 Vorgaben zum Fehlverhaltensrisiko und zum Fremdwährungskreditrisiko aufgenommen worden. Die größte Herausforderung beim Stresstest im Jahr 2018 war die Umstellung auf die Vorgaben von IFRS 9, die insbesondere mit einer geänderten Systematik bei der Ermittlung der Risikovorsorge verbunden war (»Stagetransfer«). Mittlerweile füllen die methodischen Vorgaben ein ganzes Buch.[63] Beim EU-weiten Stresstest der EBA und dem seit 2016 daran gekoppelten SREP-Stresstest der EZB handelt es sich im Grunde um eine Mischform. Die EBA gibt im Sinne eines Top-down-Ansatzes das Szenario vor, und die Institute berechnen die Auswirkungen von Schocks auf ihre wichtigsten Indikatoren grundsätzlich mit ihren eigenen Methoden und Verfahren. Seitens der EBA werden allerdings einige Einschränkungen, einschließlich einer statischen Bilanzannahme, vorgenommen.

Von den kreditwirtschaftlichen Verbänden sind der EBA Vorschläge zur Verbesserung der Stresstests unterbreitet worden.[64] Auf Basis dieser Vorschläge haben bereits im Dezember 2012 Gespräche mit der EBA stattgefunden. In der Konsequenz geht es bei den Stresstests z.B. seit 2016 nicht mehr um die Einhaltung eines quantitativ vorgegebenen Schwellenwertes (»Hurdle Rate«). Diese Vorgehensweise war mit dem Nachteil verbunden, knapp unter diesem Schwellenwert schon als krisenanfällig zu gelten (»durchgefallen«), während eine geringfügig bessere Kapitalausstattung den Anschein erweckt hat, als sei alles in bester Ordnung (»bestanden«). Der interessierten Öffentlichkeit ist dann nur schwer vermittelbar, dass sich die Risikosituation zwischen zwei Instituten, deren Kapitalausstattung sich nach dem (fiktiven) Stressereignis knapp über bzw. unter dem Schwellenwert bewegt, kaum voneinander unterscheidet. **43**

Im Zuge des EU-weiten Stresstests 2021 wurden die 50 größten europäischen Banken (darunter 7 deutsche Institute) auf ihre Widerstandsfähigkeit gegenüber makroökonomischen Entwicklungen geprüft. Ursprünglich war der Stresstest für 2020 vorgesehen, musste aber aufgrund der COVID-19-Pandemie um ein Jahr verschoben werden. Die betroffenen Banken haben rund 70 Prozent der gesamten Bankaktiva im Euroraum repräsentiert.[65] Parallel zum EBA-Stresstest hat die EZB einen eigenen Stresstest durchgeführt und weitere 51 direkt von ihr beaufsichtigte Banken geprüft, die nicht am EBA-Stresstest teilgenommen haben. Dabei wurden die Methodik und die Szenarien der EBA unter Berücksichtigung des Prinzips der Proportionalität angewandt, wie es die insgesamt geringere Größe und Komplexität dieser Institute nahelegt.[66] Der EU-weite Stresstest 2021 hat eine länger anhaltende COVID-19-Pandemie mit einem, durch Vertrauensverluste verlängerten, deutlichen Rückgang der Wirtschaftsleistung unterstellt. Darüber hinaus wurde angenommen, dass die historisch niedrigen langfristigen Zinssätze noch weiter sinken.[67] **44**

Auch die deutschen Aufsichtsbehörden führen regelmäßig aufsichtliche Stresstests für die weniger bedeutenden Institute (»Less Siginificant Institutions«, LSI) durch, um die Widerstandsfähigkeit dieser Institute gegenüber adversen wirtschaftlichen Rahmenbedingungen zu überprüfen (»LSI-Stresstest«). Die Ergebnisse der aufsichtlichen Stresstests werden unter anderem als Informationsgrundlage zur Ermittlung der Eigenmittelzielkennziffer verwendet, welche ein Institut aus Sicht der Aufsicht anstreben muss, um auch in Stresssituationen ausreichend kapitalisiert zu sein. Seit 2013 wird alle zwei Jahre ein LSI-Stresstest (ehemals »Niedrigzinsumfeld-Umfrage« bzw. »NZU-Umfrage«) durchgeführt, der als Umfrage zur Lage deutscher Kreditinstitute im Niedrigzinsumfeld ausgestaltet ist. Ziel dieser Umfrage ist es, der deutschen Aufsicht einen Eindruck über die Auswirkungen verschiedener Zinsszenarien zu verschaffen. In diesem Zusammenhang muss von den Instituten **45**

---

63 Vgl. European Banking Authority, 2018 EU-Wide Stress Test – Methodological Note, 31. Januar 2018.

64 Vgl. Association of German Banks/Association of German Public Banks, Position paper on the design of the EBA's 2013 stress test, 19. Oktober 2012.

65 Vgl. European Banking Authority, 2021 EU-wide stress test – Results, 30. Juli 2021.

66 Vgl. European Central Bank, SSM-wide stress test 2021 – Final results, 30. Juli 2021.

67 Vgl. European Systemic Risk Board, Macro-financial scenario for the 2021 EU-wide banking sector stress test, 15. Januar 2021.

u. a. abgeschätzt werden, wie sich eine plötzliche Verschiebung der Zinsstrukturkurve nach oben sowie nach unten auf die Gewinn- und Verlustrechnung bzw. die Bilanz der kommenden Jahre auswirkt. Komplettiert werden diese Zinsszenarien durch die Simulation verschiedener Schock-Effekte. Diese betreffen sowohl die Kredit- als auch die Marktpreisrisiken der Institute.

46   Beim LSI-Stresstest 2019 hat die Aufsicht den Instituten mehrere Stressszenarien vorgegeben. Hierbei haben die Institute ihre Ertragslage und Widerstandsfähigkeit jeweils in einem Basis- und einem Stressszenario für die Jahre 2019 bis 2021 simuliert. Im Stressszenario wurde eine massive Wirtschaftseintrübung angenommen, die zu höheren Zinsänderungs-, Kredit- und Marktpreis-risiken geführt hat. Neu im Stresstest 2019 war eine Modellierung der Gewinn- und Verlustrech-nung der Banken, die sich an einem aufsichtlich vorgegebenen Krisenszenario orientierte. So konnten Institute im dreijährigen Stresshorizont zwar Einkommen vor allem aus dem Zins- und Provisionsgeschäft generieren, mussten aber zugleich auch erhebliche Einbrüche der Ergebnis-beiträge im Stressszenario hinnehmen.[68] Aufgrund der COVID-19-Pandemie haben die deutschen Aufsichtsbehörden beschlossen, den LSI-Stresstest 2021 auf 2022 zu verschieben.

47   Die mittlerweile gemäß Art. 100 CRD IV regelmäßig durchgeführten aufsichtlichen Stresstests[69] sollten nicht als Ersatz für die Verpflichtungen der Institute zur Durchführung von Stresstests im Rahmen ihres ICAAP und ILAAP angesehen werden.[70] Insbesondere wird erwartet, dass die Institute eigene Szenarien entwickeln, die auf ihre Geschäftsaktivitäten zugeschnitten sind und ihre institutsspezifischen Schwachstellen berücksichtigen, und nicht von Szenarien der Aufsichts-behörden abhängig sind.[71] Allerdings kann ein Benchmarking mit aufsichtlichen Stresstests sinn-voll sein[72] und wird von den bedeutenden Instituten auch seitens der EZB erwartet. Auch bei Berücksichtigung aufsichtlicher Stresstests bleiben die Institute dafür verantwortlich, Szenarien in einer Weise festzulegen, die ihrer individuellen Situation am besten Rechnung trägt.[73] Eine unreflektierte Übernahme der Parameter aus den aufsichtlichen Stresstests wird seitens der Aufsicht regelmäßig hinterfragt und kritisiert.

1.13   Bedeutung der internen Stresstests für den SREP

48   Die zuständigen Behörden sollten eine qualitative Bewertung der Stresstestprogramme sowie eine quantitative Bewertung der Ergebnisse der Stresstests vornehmen und diese Bewertungen zusam-men mit den Ergebnissen der aufsichtlichen Stresstests beim SREP berücksichtigen. Genutzt werden können die Erkenntnisse u. a. für die Beurteilung der Qualität des Risikomanagements der einzelnen Kapital- und Liquiditätsrisiken, insbesondere hinsichtlich der Sensitivität und Angemessenheit der verwendeten Modelle und der Quantifizierung der einzelnen Risiken, für die Beurteilung der

---

68 Vgl. Bundesanstalt für Finanzdienstleistungsaufsicht/Deutsche Bundesbank, Gemeinsame Pressenotiz zu den Ergeb-nissen des LSI-Stresstests 2019, 23. September 2019.

69 Gemäß Art. 100 Abs. 1 CRD IV müssen die zuständigen Behörden bei den von ihnen beaufsichtigten Instituten soweit erforderlich, jedoch zumindest jährlich, aufsichtliche Stresstests durchführen, um den Prozess der Überprüfung und Bewertung nach Art. 97 CRD IV (SREP) zu erleichtern. Da der EU-weite Stresstest nur alle zwei Jahre stattfindet, werden in den Jahren dazwischen in der Regel ergänzende Stresstests mit einem besonderen thematischen Fokus durchgeführt.

70 Vgl. European Banking Authority, Leitlinien zu den Stresstests der Institute, EBA/GL/2018/04, 19. Juli 2018, S. 47.

71 Vgl. European Banking Authority, Leitlinien zu den Stresstests der Institute, EBA/GL/2018/04, 19. Juli 2018, S. 24; Europäische Zentralbank, Leitfaden der EZB für den bankinternen Prozess zur Sicherstellung einer angemessenen Kapitalausstattung (Internal Capital Adequacy Assessment Process – ICAAP), 9. November 2018, S. 36.

72 Vgl. Basel Committee on Banking Supervision, Stress testing principles, BCBS 450, 17. Oktober 2018, S. 6.

73 Vgl. Europäische Zentralbank, Leitfaden der EZB für den bankinternen Prozess zur Sicherstellung einer angemessenen Kapitalausstattung (Internal Capital Adequacy Assessment Process – ICAAP), 9. November 2018, S. 40.

internen Governance-Regelungen, der institutsweiten Kontrollen und der Kapitalplanung sowie für die Beurteilung der Tragfähigkeit des Geschäftsmodells und der Nachhaltigkeit der Strategie.[74]

Zu diesem Zweck lassen sich die zuständigen Behörden von den Instituten Informationen über **49** das Stresstestprogramm vorlegen, die u. a. Angaben zur Datenarchitektur und IT-Infrastruktur, zu den Governance-Vereinbarungen, Methoden, Szenarien, Schlüsselannahmen, Ergebnissen und geplanten Maßnahmen umfassen. Dabei greifen sie auch auf interne Bewertungen und Validierungen oder Überprüfungen durch unabhängige Kontrollfunktionen sowie ggf. Informationen und Schätzungen Dritter zurück. Bei der Bewertung der Stresstestprogramme und der Ergebnisse der Stresstests achten die zuständigen Behörden besonders darauf, dass die Auswahl der relevanten Szenarien und die zugrunde liegenden Annahmen und Methoden sowie die Verwendung der Ergebnisse im Risikomanagement und im Strategieprozess angemessen sind. Für diese Zwecke beleuchten sie das Ausmaß, in dem die Stresstests in das Risikomanagement eingebettet sind, die Einbindung der Geschäftsleitung und des oberen Managements, die Integration der Stresstests und ihrer Ergebnisse in die Entscheidungsprozesse und die Fähigkeit der Institute, das Stresstestprogramm mit Blick auf ihre Infrastruktur und ihr Datenmanagement in einzelnen Geschäftsbereichen und -einheiten sowie ggf. konzernweit durchzuführen, näher. Bei der Bewertung der Stresstestprogramme spielen institutseigene und marktweite Aspekte eine Rolle. Die Maßnahmen, bei denen auch die erforderlichen Umsetzungsfristen beachtet werden müssen, werden zunächst primär mit Blick auf die Besonderheiten der Institute auf ihre Plausibilität geprüft. Aus marktweiter Sicht geht es vor allem darum, dass andere Institute wahrscheinlich ähnliche Maßnahmen in Betracht ziehen, die deren Wirksamkeit wieder infrage stellen könnten. Zudem prüfen die zuständigen Behörden, inwiefern die Übertragung von Kapital und Liquidität, auch aufgrund entsprechender Vereinbarungen für Liquiditätshilfen etc., zwischen den Geschäftseinheiten unter gestressten Bedingungen möglich ist.[75]

Daneben bewerten und hinterfragen die zuständigen Behörden die Auswahl und Verwendung **50** der Szenarien und Annahmen, deren Schwere und deren Relevanz für das Geschäftsmodell sowie die Ergebnisse der Stresstests, insbesondere der Stresstests für ICAAP- und ILAAP-Zwecke. Dazu werden als Vergleichsmaßstab (»Benchmarks« bzw. »Proxies«) vor allem die Erkenntnisse aufsichtlicher Stresstests herangezogen. Hinsichtlich der Schwere der Stresstests sollten die Auswirkungen auf die Kapitalausstattung spürbar sein, wobei besonders darauf geachtet wird, ob das Institut in der Lage ist, zumindest die geltende Gesamtkapitalanforderung aus dem SREP (»Total SREP Capital Requirement«, TSCR) jederzeit in einem ungünstigen Szenario aufrechtzuerhalten. Die TSCR umfasst die Säule-1-Kapitalanforderungen und die Säule-2-Kapitalanforderungen (»Pillar 2 Requirement«, P2R). Mit Blick auf das Zusammenspiel von ICAAP und ILAAP geht es um eine kombinierte Bewertung der Auswirkungen der Stresstestergebnisse auf den Kapital- und Liquiditätsbedarf sowie auf andere relevante aufsichtsrechtliche Anforderungen. Das betrifft z. B. die Auswirkungen der Stresstests auf die Verschuldungsquote (»Leverage Ratio«) oder die Mindestanforderung an Eigenmittel und berücksichtigungsfähige Verbindlichkeiten (»Minimum Requirements for Own Funds and Eligible Liabilities«, MREL). Auch bereits bekannte regulatorische Anforderungen, die sich auf den Zeithorizont des Stresstests auswirken, werden berücksichtigt.[76]

Werden Mängel bei der Gestaltung der Szenarien oder Annahmen festgestellt, können die **51** zuständigen Behörden von den Instituten verlangen, dass sie (bestimmte Teile des) Stresstests

---

74 Vgl. European Banking Authority, Guidelines on common procedures and methodologies for the supervisory review and evaluation process (SREP) and supervisory stress testing, EBA/GL/2014/13, Consolidated version, 19. Juli 2018, S. 61 f.

75 Vgl. European Banking Authority, Guidelines on common procedures and methodologies for the supervisory review and evaluation process (SREP) and supervisory stress testing, EBA/GL/2014/13, Consolidated version, 19. Juli 2018, S. 62 f.

76 Vgl. European Banking Authority, Guidelines on common procedures and methodologies for the supervisory review and evaluation process (SREP) and supervisory stress testing, EBA/GL/2014/13, Consolidated version, 19. Juli 2018, S. 64.

auf der Grundlage aufsichtsrechtlicher Vorgaben erneut durchführen.[77] Die EZB hat zum Zusammenspiel zwischen ICAAP und ILAAP beispielhaft darauf verwiesen, dass die Institute die potenziellen Auswirkungen relevanter Szenarien bewerten und dabei insbesondere Verluste berücksichtigen, die aus der Verwertung von Aktiva oder einem Anstieg der Refinanzierungskosten in Stressperioden resultieren. Zum Beispiel sollten sie die Auswirkungen eines entsprechend der Projektion im ICAAP sinkenden Kapitalniveaus auf ihre Liquiditätslage bewerten. So könnte eine Herabstufung durch eine externe Ratingagentur direkte Auswirkungen auf die Refinanzierungsfähigkeit eines Institutes haben. Umgekehrt könnten der Refinanzierungsbedarf und die Refinanzierungsbedingungen, die in den Liquiditäts- und Refinanzierungsplänen abgeschätzt wurden, wesentliche Auswirkungen auf die Refinanzierungskosten haben, was sich wiederum auf die Angemessenheit der Kapitalausstattung auswirken würde.[78]

52   Der Baseler Ausschuss für Bankenaufsicht betont insbesondere die Notwendigkeit der Dokumentation einer umfassenden Governance-Struktur für alle Aspekte der Stresstestprogramme, einschließlich der Abgrenzung der Rollen für alle relevanten Beteiligten, der abteilungsübergreifenden Koordinierung der Stresstests sowie der Art und Häufigkeit der Berichterstattung über deren Ergebnisse.[79] Die zuständigen Behörden sollten das Management auffordern, alle im Rahmen der Stresstests festgestellten wesentlichen Mängel zu beheben, einschließlich jener Fälle, in denen die Ergebnisse der Stresstests bei der Entscheidungsfindung der Institute nicht angemessen berücksichtigt wurden.[80]

1.14   Entwicklungsstand von Stresstests

53   Im Jahr 2006 hatten die Deutsche Bundesbank und die BaFin eine Umfrage zur Verwendung von Stresstests durchgeführt, an der sich zwölf große deutsche Institute beteiligt haben. Damals wurden nur im Marktrisikobereich von allen befragten Instituten regelmäßig Stresstests durchgeführt. Im Bereich der anderen Risikoarten, wo die Modellierungsprobleme größer sind, wurde bei vielen Instituten noch an deren Einführung gearbeitet.[81] Allein aufgrund der Tatsache, dass die Bewertung von handelbaren Aktiva leichter als die von illiquiden Titeln ist, waren Stresstests im Marktrisikobereich stärker verbreitet als im Bereich der Adressenausfallrisiken. Zudem konnten die Institute im Bereich des Marktpreisrisikos auf einen größeren Datenbestand zurückgreifen. Insofern ist es auch nicht verwunderlich, dass der Schwerpunkt der historischen Analysen im Marktrisikobereich lag, für den »lange Zeitreihen zu täglichen Marktpreisänderungen ohne Weiteres verfügbar sind und auch reale Stressereignisse umfassen«.[82]

54   Mittlerweile verfügen insbesondere die größeren Institute über historische Daten in verschiedenen Risikobereichen. Im Rahmen der fünften MaRisk-Novelle wurden einige Anforderungen ergänzt, die zur Verbesserung des Datenbestandes beigetragen haben und insofern auch der Durchführung von Stresstests zugutegekommen sind. So müssen die Institute seitdem eine angemessene Erfassung der Erlöse aus der Abwicklung von Kreditengagements sowie der zuge-

---

77   Vgl. European Banking Authority, Guidelines on common procedures and methodologies for the supervisory review and evaluation process (SREP) and supervisory stress testing, EBA/GL/2014/13, Consolidated version, 19. Juli 2018, S. 64.

78   Vgl. Europäische Zentralbank, Leitfaden der EZB für den bankinternen Prozess zur Sicherstellung einer angemessenen Kapitalausstattung (Internal Capital Adequacy Assessment Process – ICAAP), 9. November 2018, S. 42.

79   Vgl. Basel Committee on Banking Supervision, Stress testing principles, BCBS 450, 17. Oktober 2018, S. 4.

80   Vgl. Basel Committee on Banking Supervision, Stress testing principles, BCBS 450, 17. Oktober 2018, S. 10.

81   Vgl. Deutsche Bundesbank, Stresstests: Methoden und Anwendungsgebiete, in: Finanzstabilitätsbericht 2007, November 2007, S. 102.

82   Deutsche Bundesbank, Stresstests: Methoden und Anwendungsgebiete, in: Finanzstabilitätsbericht 2007, November 2007, S. 104.

hörigen historischen Werte der Kreditsicherheiten in einer Erlösquotensammlung gewährleisten (→ BTR 1 Tz. 7). Zudem haben größere Institute eine Ereignisdatenbank für Schadensfälle einzurichten, bei welcher die vollständige Erfassung aller Schadensereignisse oberhalb angemessener Schwellenwerte sichergestellt ist (→ BTR 4 Tz. 3, Erläuterung).

Im Jahr 2006 war die Deutsche Bundesbank noch der Ansicht, dass die Untersuchung der Zusammenhänge zwischen den einzelnen Risikoarten weiterer Forschungsanstrengungen bedarf.[83] Die meisten Institute führten Stresstests zu diesem Zeitpunkt lediglich für einzelne Risikoarten isoliert durch. Eine Analyse der kombinierten Auswirkungen negativer Entwicklungen auf alle Risikoarten erfolgte häufig noch nicht.[84] Methodisch befanden sich Stresstests lange Zeit in einem Prozess der Weiterentwicklung.[85] Mittlerweile hat sich diese Situation deutlich geändert. Verantwortlich dafür sind einerseits die zahlreichen Vorgaben der Aufsichtsbehörden. Andererseits hat die Finanzmarktkrise verdeutlicht, welche Bedeutung den Stresstests allein für das Management von Liquiditätsrisiken zukommt. Mittlerweile gehören Stresstests in den großen Instituten zum Standard beim Risikomanagement der wesentlichen Risiken. Eine kontinuierliche Weiterentwicklung dieser Verfahren liegt insofern auch im Interesse der Institute.

55

Nach wie vor ist es jedoch eine große Herausforderung, mit Hilfe von Stresstests sämtliche Zusammenhänge zweifelsfrei abzubilden. Ähnlich schwierig gestaltet sich die Berücksichtigung der Verhaltensanpassung der verschiedenen Marktteilnehmer. Stresstestmodelle zeichnen nur ein unvollständiges Bild der Risikosituation, wenn sie die Möglichkeit der Verhaltensanpassung, wie z. B. Portfolioanpassungen zur Risikominderung oder Verbesserung der Risikotragfähigkeit, nicht ausreichend berücksichtigen. Die Risiken werden tendenziell unterschätzt, weil in Zeiten von Krisen ein ausgeprägtes Herdenverhalten zu beobachten ist, was die Marktsituation i. d. R. noch verschärft.

56

Ähnlich komplex ist die Abschätzung von Folgewirkungen (»second round effects«). So waren von der Finanzmarktkrise auch Institute betroffen, die weder in das Subprimesegment investiert hatten noch anderweitig mit den ursächlichen Problemen der Krise in Verbindung standen. Aufgrund des allgemeinen Vertrauensverlustes wurden auch die Refinanzierungsmöglichkeiten der von der Krise im eigentlichen Sinne nicht betroffenen Institute in Mitleidenschaft gezogen, wobei nicht nur die Anleger, sondern auch die Institute sehr zurückhaltend bei der Mittelvergabe innerhalb des Bankensystems waren.[86]

57

In ihrem Bericht zu den ICAAP-Praktiken der Institute aus dem Jahr 2020 nennt die EZB die Stresstests als einen der drei besorgniserregendsten Bereiche im ICAAP. Aus Sicht der EZB werden aufkommende Gefahren trotz sich ständig ändernder Rahmenbedingungen nicht systematisch analysiert und folglich nicht rechtzeitig erkannt. Dies betrifft insbesondere die Frequenz der Überprüfung und Aktualisierung von Stressszenarien, die Fähigkeit der Institute zur Durchführung von Ad-hoc-Stresstests, die Schwere der betrachteten Stressszenarien sowie die aus den Stresstestergebnissen abgeleiteten Managementmaßnahmen. Dadurch könnte eine zeitnahe Reaktion auf existenzgefährdende Entwicklungen eingeschränkt sein.[87] Daraus lässt sich schließen, dass trotz des zunehmenden Einsatzes von Stresstests in den letzten Jahren ihre Relevanz in den Entscheidungsprozessen der Institute noch deutlich ausbaufähig ist.

58

---

83 Vgl. Deutsche Bundesbank, Stresstests: Methoden und Anwendungsgebiete, in: Finanzstabilitätsbericht 2007, November 2007, S. 114.

84 Vgl. Deutsche Bundesbank, Zum aktuellen Stand der bankinternen Risikosteuerung und der Bewertung der Kapitaladäquanz im Rahmen des aufsichtlichen Überprüfungsprozesses, in: Monatsbericht, Dezember 2007, S. 71 f.

85 Vgl. Bühn, Andreas/Klauck, Kai-Oliver, Mit modernen Stresstests das Risikoprofil analysieren, in: Betriebswirtschaftliche Blätter, Heft 6/2007, S. 355. Zur Vertiefung dieser Thematik wird insbesondere auf Großmann, Stefan, Aktuelle stochastische Methoden zur Anwendung im Rahmen von Stresstests, in: Klauck, Kai-Oliver/Stegmann, Claus, Stresstests in Banken – Von Basel II bis ICAAP, Stuttgart, 2006, S. 23–41, verwiesen.

86 Vgl. Deutsche Bundesbank, Stresstests: Methoden und Anwendungsgebiete, in: Finanzstabilitätsbericht 2007, November 2007, S. 114 f.

87 Vgl. European Central Bank, ECB report on banks' ICAAP practices, 11. August 2020, S. 4.

2 Angemessene Stresstests für die wesentlichen Risiken (Tz. 1)

59 **1** Es sind regelmäßig sowie anlassbezogen angemessene Stresstests für die wesentlichen Risiken durchzuführen, die Art, Umfang, Komplexität und den Risikogehalt der Geschäftsaktivitäten widerspiegeln. Hierfür sind die für die jeweiligen Risiken wesentlichen Risikofaktoren zu identifizieren. Die Stresstests haben sich auch auf die angenommenen Risikokonzentrationen und Diversifikationseffekte innerhalb und zwischen den Risikoarten zu erstrecken. Risiken aus außerbilanziellen Gesellschaftskonstruktionen und Verbriefungstransaktionen sind im Rahmen der Stresstests zu berücksichtigen.

2.1 Angemessene Einbindung in das Risikomanagement

60 Stresstests sind mittlerweile ein wichtiges Element und integraler Bestandteil des Risikomanagements der Institute. Dies sollte sich insbesondere in den Zielen der internen Stresstests widerspiegeln. Diese Ziele sollten die Grundlage für die Festlegung der Anforderungen und Erwartungen an das Rahmenwerk für Stresstests bilden und mit der Risikobereitschaft, dem Risikomanagement und der Governance-Struktur der Institute in Einklang stehen. Folglich sollten die Stresstests auch dazu beitragen, strategische und geschäftspolitische Ziele zu formulieren und zu verfolgen.[88]

61 Die Stresstests sollten über Organisationsstrukturen verfügen, die ihren Zielen angemessen sind. Governance-Prozesse sollten die Angemessenheit der Ressourcen für Stresstests sicherstellen, einschließlich der erforderlichen Fähigkeiten. Dies ist durch den Aufbau der Fähigkeiten des internen Personals, den Wissenstransfer an das interne Personal sowie die Einstellung von Personal mit speziellen Stresstest-Fähigkeiten möglich. Zu den typischerweise erforderlichen Kompetenzen gehören u. a. hinreichende Kenntnisse von Liquiditätsrisiko, Adressenausfallrisiko, Marktpreisrisiko, von den Kapitalanforderungen, der Finanzbuchhaltung, der Modellierung und dem Projektmanagement. Dabei sollte berücksichtigt werden, dass Stresstests im Laufe der Zeit anspruchsvoller geworden sind und dadurch insbesondere der Bedarf an spezialisiertem Personal gestiegen ist.[89]

62 Die Institute sollten sicherstellen, dass wirksame Richtlinien und interne Kontrollen vorhanden sind, um die Systeme und Prozesse zu steuern, die bei Stresstests zum Einsatz kommen. Bei zentralisierten Ansätzen sollten Governance-Systeme vorhanden sein, die den Geschäftsbereichen ermöglichen, sich über die Auswirkungen der Stressszenarien auf ihre Portfolios zu informieren. Bei dezentralen Ansätzen sollten entsprechende Vorgaben auf Gruppenebene sicherstellen, dass die Umsetzung der Stressszenarien in aggregierbare Auswirkungen für eine kohärente Beurteilung der Risiken für das Institut ausreichend konsistent ist. Sofern von Dritten erbrachte Dienstleistungen zur Ergänzung interner Ressourcen genutzt werden, sollten die Richtlinien und Verfahren eine angemessene Due Diligence, Überwachung und Kontrolle im Einklang mit einem soliden Auslagerungsmanagement gewährleisten.[90]

---

88 Vgl. Basel Committee on Banking Supervision, Stress testing principles, BCBS 450, 17. Oktober 2018, S. 3 ff.
89 Vgl. Basel Committee on Banking Supervision, Stress testing principles, BCBS 450, 17. Oktober 2018, S. 7.
90 Vgl. Basel Committee on Banking Supervision, Stress testing principles, BCBS 450, 17. Oktober 2018, S. 7.

2.2 Rolle der Geschäftsleitung

Die Geschäftsleitung ist für die Genehmigung des Stresstestprogramms und die Überwachung **63** seiner Umsetzung und Durchführung verantwortlich. Sie muss deshalb die wesentlichen Aspekte des Stresstestprogramms verstehen, um sich aktiv an Diskussionen mit den für die Stresstests verantwortlichen Gremien bzw. Mitarbeitern oder externen Beratern zu beteiligen, wichtige Modellannahmen, die Auswahl der Szenarien und die den Stresstests zugrunde liegenden Annahmen generell infrage zu stellen und über die erforderlichen Managementmaßnahmen zu entscheiden sowie diese mit den zuständigen Aufsichtsbehörden zu erörtern. Insbesondere muss die Geschäftsleitung in der Lage sein, die Auswirkungen von Stressereignissen auf das Gesamtrisikoprofil des Institutes vollständig zu verstehen. Die Durchführung des Stresstestprogramms sollte in Übereinstimmung mit den einschlägigen internen Richtlinien und Verfahren erfolgen. Die Geschäftsleitung muss sicherstellen, dass dafür klare Zuständigkeiten und hinreichende Ressourcen (z. B. IT-Systeme und qualifiziertes Personal) zugewiesen werden. Zudem müssen alle Elemente des Stresstestprogramms angemessen dokumentiert und bei Bedarf angepasst werden.[91]

Die Zeiten, in denen in Aufsichtsgesprächen bei Detailfragen auf die anwesenden Fachspezia- **64** listen verwiesen werden konnte, sind mittlerweile vorbei. Grundlegende Kenntnisse über die Kernelemente des Risikomanagements werden auch von der Geschäftsleitung – und in zunehmendem Maße ebenfalls vom Aufsichtsorgan – erwartet und von den zuständigen Aufsichtsbehörden immer öfter hinterfragt.

Die Bereitstellung der erforderlichen Ressourcen ist häufig problematisch, weil von den zahlrei- **65** chen Datenabfragen in den Instituten immer dieselben (wenigen) Spezialisten betroffen sind. Dieses Problem wird dadurch verstärkt, dass mit den Stresstests auf natürliche Weise ein gewisser Zeitdruck verbunden ist und deren Durchführung – gerade im internationalen Kontext – aus organisatorischen Gründen manchmal auch regionale Feiertage und die Wochenenden einbeziehen kann. Erschwerend kommt hinzu, dass die Stresstest-Verantwortlichen über Expertise in Risikomethodik, Regulatorik, Volkswirtschaft, Rechnungslegung und Liquiditätssteuerung verfügen sollten – eine Kombination, auf die man eher selten trifft. Auch ein grundlegendes Verständnis von den Geschäftsaktivitäten und damit verbundenen strategischen Aspekten sollte vorhanden sein. Der Baseler Ausschuss für Bankenaufsicht (BCBS) erwartet deshalb, dass die an der Umsetzung von Stresstests beteiligten Mitarbeiter ein klares Verständnis für die Ziele des Stresstestprogramms haben, um jegliche Ermessens- oder Beurteilungsspielräume entsprechend zu lenken.[92]

Aufgrund der besonderen Bedeutung, die den Stresstests im Rahmen der Risikosteuerungs- und **66** -controllingprozesse zukommt, empfiehlt es sich, die wesentlichen Festlegungen zur Durchführung der Stresstests mit den jeweils Verantwortlichen abzustimmen. Auf diese Weise kann sichergestellt werden, dass die erzielten Ergebnisse im Rahmen der Risikoberichterstattung auch ernst genommen werden.

Der BCBS erwartet, dass die Rollen und Verantwortlichkeiten der am Stresstest beteiligten **67** Gremien und Mitarbeiter für alle relevanten Aspekte klar festgelegt und diese Festlegungen entsprechend dokumentiert und auf dem neuesten Stand gehalten werden. Explizit nennt er neben der Geschäftsleitung auch die besonderen Funktionen der zweiten und dritten Verteidigungslinie, also das Risikocontrolling, die Compliance und die Interne Revision. Zu den wesentlichen Aspekten, die durch entsprechende Richtlinien und Verfahren abgedeckt werden müssen, gehören u. a. die Szenarioentwicklung und -genehmigung, die Modellentwicklung und -validierung, die Berichterstattung und ggf. der Prozess zur Anfechtung der Ergebnisse (Eskalationsverfahren) sowie die Verwendung der Stresstestergebnisse.[93]

---

91 Vgl. European Banking Authority, Leitlinien zu den Stresstests der Institute, EBA/GL/2018/04, 19. Juli 2018, S. 14.
92 Vgl. Basel Committee on Banking Supervision, Stress testing principles, BCBS 450, 17. Oktober 2018, S. 7.
93 Vgl. Basel Committee on Banking Supervision, Stress testing principles, BCBS 450, 17. Oktober 2018, S. 3f.

2.3 Untersuchung der wesentlichen Risiken

68 Den Vorgaben der EBA zufolge sollten die Stresstests im Hinblick auf die bilanziellen und außerbilanziellen Aktiva und Passiva eines Institutes alle Arten von wesentlichen Risiken (»all types of material risk«) berücksichtigen, einschließlich relevanter strukturierter Einheiten (»structured entities«).[94] Die Ermittlung der wesentlichen Risiken erfolgt durch einen soliden und umfassenden Risikoidentifizierungsprozess, in dem auch Risiken berücksichtigt werden sollten, die sich aus Ertragsschwächen und anderen Faktoren ergeben, die die Solvenz- oder Liquiditätslage des Institutes beeinflussen könnten.[95]

69 Im Fokus der Stresstests stehen insofern die wesentlichen Risiken eines Institutes, die regelmäßig und anlassbezogen im Rahmen der Risikoinventur ermittelt werden (→ AT 2.2 Tz. 1). Mit der Risikoinventur wird geprüft, welche Risiken die Vermögenslage (inklusive Kapitalausstattung), die Ertragslage oder die Liquiditätslage des Institutes wesentlich beeinträchtigen können (→ AT 2.2 Tz. 2). Dabei sind auch mit wesentlichen Risiken verbundene Risikokonzentrationen zu berücksichtigen (→ AT 2.2 Tz. 1). In die Risikoinventur sind zudem Risiken aus außerbilanziellen Gesellschaftskonstruktionen und ggf. sonstige Risiken, wie etwa Reputationsrisiken, einzubeziehen (→ AT 2.2 Tz. 2, Erläuterung). Grundsätzlich gelten zumindest Adressenausfallrisiken (einschließlich Länderrisiken), Marktpreisrisiken, Liquiditätsrisiken und operationelle Risiken als wesentlich (→ AT 2.2 Tz. 1, Erläuterung). In diesem Zusammenhang nimmt das Liquiditätsrisiko eine Sonderstellung ein. Selbst dessen eventuelle Einstufung als »nicht wesentlich« befreit diese Risikoart aufgrund entsprechender Vorgaben nicht von der Durchführung angemessener Stresstests (→ BTR 3.1 Tz. 8 und BTR 3.2 Tz. 3).

2.4 Wesentliche Risikofaktoren

70 Die regelmäßige Durchführung angemessener Stresstests für die wesentlichen Risiken hat auf Basis der dafür jeweils identifizierten »wesentlichen« Risikofaktoren zu erfolgen. Insofern müssen insbesondere jene Risikofaktoren identifiziert werden, die einen maßgeblichen Einfluss auf die Vermögens-, Ertrags- oder Liquiditätssituation des Institutes haben können. Damit wird zum Ausdruck gebracht, dass der Identifizierung der für ein Institut wesentlichen Risikofaktoren für die Durchführung angemessener Stresstests eine besondere Bedeutung zukommt. Die Ermittlung der Risikofaktoren sollte ein möglichst vollständiges Bild für jede Risikoart liefern, um daraus – wie im Einführungsteil zu diesem Modul näher erläutert – die internen Risikoparameter ableiten zu können.

71 Dabei sollten die Veränderungen in den Korrelationen zwischen Risikoarten und Risikofaktoren auf individueller und gruppenweiter Ebene berücksichtigt und von Fall zu Fall analysiert werden, wie sie sich in bestimmten Szenarien verhalten. So nehmen die Korrelationen in Zeiten wirtschaftlicher oder finanzieller Not tendenziell zu.[96] Die Institute sollten deshalb geeignete, aussagekräftige und robuste Mechanismen zur Überführung der Risikofaktoren in relevante interne Risikoparameter (z.B. PD, LGD, Abschreibungen, Haircuts etc.) festlegen, die eine instituts- und ggf. gruppenweite Sicht auf die Risiken ermöglichen. Die Institute sollten mögliche nichtlineare Wechselwirkungen zwischen Risikofaktoren und gestressten Risikoparametern bewerten. Mit Blick auf die Einhaltung der aufsichtsrechtlichen Anforderungen auf verschiedenen Ebenen sollten die relevanten Risikofaktoren für Portfolios, Geschäftseinheiten und geografische Standorte ermittelt werden. Die Institu-

---

94 Vgl. European Banking Authority, Leitlinien zu den Stresstests der Institute, EBA/GL/2018/04, 19. Juli 2018, S. 17.

95 Vgl. Basel Committee on Banking Supervision, Stress testing principles, BCBS 450, 17. Oktober 2018, S. 6.

96 Vgl. European Banking Authority, Leitlinien zu den Stresstests der Institute, EBA/GL/2018/04, 19. Juli 2018, S. 17.

te sollten sicherstellen, dass alle relevanten Risikofaktoren bzw. -parameter erfasst werden, einschließlich makroökonomischer und finanzieller Variablen, statistischer Aspekte der Risikoparameter (z.B. Volatilität der Ausfallwahrscheinlichkeiten) und institutseigener Faktoren (z.B. operationelle Risiken). Dafür sollten auch qualitative Expertenurteile herangezogen werden. Die Institute sollten zudem ein Verzeichnis der identifizierten Risikofaktoren erstellen.[97]

Falls bestimmte Risikofaktoren aus wesentlichen Risikoarten nicht in den Stresstest aufgenommen werden, muss dies von den Instituten schlüssig begründet werden. Dies ist besonders dann erforderlich, wenn bestimmte wesentliche Risiken komplett aus den Szenarien ausgeschlossen werden. In diesem Fall erwartet der Baseler Ausschuss für Bankenaufsicht eine entsprechende Erläuterung und Dokumentation.[98] **72**

2.5 Zweitrunden- und Ansteckungseffekte

Die EBA erwartet, dass bei den Stresstests zu einzelnen Risikoarten die Auswirkungen von Zweitrundeneffekten (»second round effects«) berücksichtigt werden.[99] Dabei handelt es sich ursprünglich um einen Begriff, der für die Geldpolitik der Zentralbanken von Bedeutung ist und insbesondere auf die drohende Preis-Lohn-Spirale abzielt. So ist grundsätzlich davon auszugehen, dass z.B. die Gewerkschaften auf Preissteigerungen (Erstrundeneffekt) mit der Forderung nach Lohnerhöhungen reagieren, um die Kaufkraft ihrer Mitglieder zu erhalten. Dies kann im Extremfall dazu führen, dass sich die Preise und die Löhne gegenseitig aufschaukeln. Im Zusammenhang mit den Stresstests betreffen Zweitrunden- oder Rückkopplungseffekte (»feedback effects«) die Folgewirkungen (»spillover effects«), die durch die Reaktionen einzelner Institute auf ein externes Stressereignis hervorgerufen werden. Diese nicht auf makroökonomische Gesichtspunkte beschränkten Effekte verstärken insgesamt das ursprüngliche Stressereignis und verursachen dadurch eine zusätzliche negative Rückkopplungsschleife.[100] **73**

Die Institute sollten, wenn möglich, die Zweitrundeneffekte auf individueller Ebene qualitativ bewerten, insbesondere dann, wenn keine belastbaren quantitativen Schätzungen vorgenommen werden können. Beispielsweise kann ein Institut Preis- oder Volumenanpassungen vornehmen, um strategische Auswirkungen (z.B. auf das Niveau der Kreditvergabe) zu berücksichtigen und intern auf das Szenario zu reagieren.[101] Zweitrundeneffekte können vor allem in mehrperiodischen Stresstests differenziert dargestellt werden. Bei schockartig eintretenden, barwertig wirkenden Szenarien werden diese Effekte meist direkt im Szenario berücksichtigt. **74**

Ansteckungseffekte (»contagion effects«) zielen darauf ab, dass zwischen den verschiedenen Risikoarten durchaus Wechselwirkungen bestehen. Insofern können sich Änderungen der Situation hinsichtlich einer bestimmten Risikoart auch auf andere Risikoarten auswirken. Die Institute sollten Portfolios und Geschäftsfelder bzw. -einheiten zur Ermittlung von Intra- und Inter-Risikokonzentrationen – d.h. von gemeinsamen Risikofaktoren innerhalb und zwischen den Risikoarten einschließlich Ansteckungseffekten – gesamthaft stressen.[102] **75**

---

97 Vgl. European Banking Authority, Leitlinien zu den Stresstests der Institute, EBA/GL/2018/04, 19. Juli 2018, S. 22f.
98 Vgl. Basel Committee on Banking Supervision, Stress testing principles, BCBS 450, 17. Oktober 2018, S. 6.
99 Vgl. European Banking Authority, Leitlinien zu den Stresstests der Institute, EBA/GL/2018/04, 19. Juli 2018, S. 30.
100 Vgl. European Banking Authority, Leitlinien zu den Stresstests der Institute, EBA/GL/2018/04, 19. Juli 2018, S. 8.
101 Vgl. European Banking Authority, Leitlinien zu den Stresstests der Institute, EBA/GL/2018/04, 19. Juli 2018, S. 24.
102 Vgl. European Banking Authority, Leitlinien zu den Stresstests der Institute, EBA/GL/2018/04, 19. Juli 2018, S. 18.

2.6 Sensitivitäts- und Szenarioanalysen

76   Zu den Stresstests im Sinne der MaRisk gehören sowohl univariate als auch multivariate Methoden, also Sensitivitätsanalysen, bei denen im Allgemeinen nur ein Risikofaktor variiert wird, und Szenarioanalysen, bei denen mehrere oder alle Risikofaktoren, deren Änderung sich aus einem vordefinierten Ereignis ergeben, simultan verändert werden. Im Rahmen der sechsten MaRisk-Novelle wurde klargestellt, dass ein Stresstestprogramm beide Methoden enthalten sollte (→ AT 4.3.3 Tz. 1, Erläuterung). Allerdings sollte berücksichtigt werden, dass sich nicht in jedem Fall beide Methoden gleichermaßen eignen. Auf die wesentlichen Merkmale und Unterschiede dieser beiden Methoden ist im Einführungsteil zu diesem Modul bereits ausführlich eingegangen worden. Je nach Risikoart und Aggregationsebene der Stressbetrachtungen kann die eine oder andere Methode sinnvoller sein, und es müssen nicht zwingend beide Methoden für jede wesentliche Risikoart Anwendung finden. Die Durchführung von Sensitivitätsanalysen empfiehlt sich insbesondere auf der Ebene der einzelnen Risikopositionen, Portfolios und Geschäftseinheiten oder für bestimmte Risikoarten, z. B. für Zinsänderungsrisiken im Anlagebuch. Institutsweite Stresstests werden in der Regel in Form einer Szenarioanalyse durchgeführt.

2.6.1 Ablauf von Sensitivitätsanalysen

77   Bei Sensitivitätsanalysen wird im Allgemeinen ein Risikofaktor variiert, um seinen Einfluss auf ein Portfolio abzuschätzen. Mögliche Vorgehensweisen bei der Variation der wesentlichen Risikofaktoren könnten u. a. sein[103]:

- Es erfolgt eine proportionale Änderung der relevanten Risikofaktoren, wobei es im Ermessen des Institutes liegt, welche Parameter in welchem Ausmaß »gestresst« werden. Insbesondere könnten einige Risikofaktoren bereits ausreichend konservativ geschätzt sein, so dass sich deren Änderung erübrigt. Diese Grundvariante wurde z. B. im Rahmen der IWF-Umfrage zum »Financial Sector Assessment Program« (FSAP) als Standardszenario verwendet.
- Die proportionale Änderung der relevanten Risikofaktoren kann dergestalt verfeinert werden, dass sie auf Teilportfolios mit spezifischen Merkmalen und damit verbundenen Wirkungsmechanismen hinsichtlich der Risikofaktoren eingeschränkt wird. Diese Verfeinerung kann deshalb erforderlich sein, weil sich die Änderung von Risikofaktoren teilweise unterschiedlich auswirkt. So würden sich z. B. branchenspezifische Probleme auf die Ausfallwahrscheinlichkeit der in dieser Branche tätigen Unternehmen zumindest stärker auswirken als auf andere Unternehmen. In ähnlicher Weise könnte z. B. ein regional begrenzter Verfall der Immobilienpreise unterschiedliche Folgen für die maßgeblichen Risikofaktoren haben.
- Eine Erweiterungsmöglichkeit der beschriebenen Vorgehensweisen besteht darin, die zeitliche Komponente in die Betrachtungen einzubeziehen. Auf diese Weise können die Auswirkungen der Veränderungen der relevanten Risikofaktoren im Zeitverlauf beurteilt werden.
- In analoger Weise können andere Einflussfaktoren in die Betrachtungen einbezogen werden, wie z. B. konjunkturelle Entwicklungen und Marktentwicklungen. Dies ist z. B. mit Hilfe konjunkturabhängiger Migrationsmatrizen möglich.

---

103 Vgl. Bundesanstalt für Finanzdienstleistungsaufsicht/Deutsche Bundesbank, Empfehlungen des Fachgremiums IRBA (jetzt Fachgremium Kredit) zu Stresstests, 21. Dezember 2007, S. 6 ff.

2.6.2 Vorgaben für Sensitivitätsanalysen

Die EBA erwartet, dass die Institute selbst beurteilen, auf welcher Aggregationsebene – also z. B. **78** auf der Ebene einzelner Engagements, Portfolios, Geschäftseinheiten oder des gesamten Institutes – und für welche Risikoarten Sensitivitätsanalysen sinnvoll durchführbar sind. Dabei sollte auch die mögliche Nutzung von Expertenurteilen geprüft werden. Im Rahmen der Sensitivitätsanalysen werden die Risikofaktoren mit unterschiedlichen Schweregraden gestresst, um Nichtlinearitäten und Schwelleneffekte aufzudecken, d. h. kritische Werte dieser Risikofaktoren, bei deren Überschreiten Stressreaktionen beschleunigt werden.[104] Mögliche Beispiele für solche Schwelleneffekte sind die »Stage-Grenzen« nach dem neuen Risikovorsorge-Konzept nach IFRS 9, die Risikogewichte für Verbriefungen nach Basel III oder mit Blick auf das Liquiditätsrisiko auch Ratingtrigger.

Mit Hilfe von Sensitivitätsanalysen können also jene Risikofaktoren identifiziert werden, die **79** einen erheblichen Einfluss auf das Risikoprofil bzw. auf die Vermögens-, Ertrags- oder Liquiditätssituation eines Institutes und seine Anfälligkeit gegenüber bestimmten Ereignissen haben. Die Ergebnisse der Sensitivitätsanalysen hinsichtlich einzelner Risikofaktoren sollten insofern verwendet werden, um geeignete Szenarien festzulegen, mit denen die wesentlichen Risikofaktoren kombiniert gestresst werden können. Konkret sollten die Risikofaktoren einen quantitativen Hintergrund für die Gestaltung der Szenarien liefern.[105]

2.6.3 Ablauf von Szenarioanalysen

Im Fokus einer Szenarioanalyse steht jeweils ein bestimmtes Portfolio. Als Stressereignisse für die **80** Konstruktion von Szenarien dienen oftmals makroökonomische Schocks oder Krisensituationen.[106] Die beiden großen Herausforderungen bestehen darin, einerseits ein Szenario zu konstruieren, das alle Facetten des ökonomischen Umfeldes in geeigneter Weise berücksichtigt (→ AT 4.3.3 Tz. 3), und andererseits die relevanten makroökonomischen und sonstigen Risikofaktoren in die wesentlichen institutsinternen Risikoparameter zu transformieren. Dazu müssen in erster Linie die Abhängigkeitsstrukturen zwischen den zugrunde liegenden Risikofaktoren und den Risikoparametern geschätzt werden. Wichtig ist ein tiefes Verständnis über die Auswirkungen der makroökonomischen Variablen und institutsspezifischen Effekte zu jedem Zeitpunkt der Stresstestmodellierung. Sofern keine hinreichende Datenbasis vorhanden ist, sollten auch dabei Expertenschätzungen genutzt werden.[107]

Bei der Festlegung von Szenarien kommt der Beschreibung der Szenarien, der zugrunde liegenden **81** »Story« eine wichtige Bedeutung zu.[108] Ausgehend von einer konkreten Situation, z. B. einer Verschlechterung der konjunkturellen Lage, einem Pandemieausbruch etc., sind Auswirkungen auf die Risikofaktoren festzulegen. Schließlich werden die Änderungen der Risikofaktoren simuliert und die Ergebnisse bewertet. Daraus können wiederum Handlungsempfehlungen abgeleitet werden. Mit Blick auf die Anforderungen der MaRisk geht es letztlich darum, die unter den geänderten Umgebungsbedingungen entstehende Risikosituation, den daraus resultierenden Wert des jeweils untersuchten Portfolios sowie die damit verbundenen Konsequenzen für die Kapital- und Liquiditäts-

---

104 Vgl. European Banking Authority, Leitlinien zu den Stresstests der Institute, EBA/GL/2018/04, 19. Juli 2018, S. 21.
105 Vgl. European Banking Authority, Leitlinien zu den Stresstests der Institute, EBA/GL/2018/04, 19. Juli 2018, S. 31.
106 Vgl. Bühn, Andreas/Klauck, Kai-Oliver, Mit modernen Stresstests das Risikoprofil analysieren, in: Betriebswirtschaftliche Blätter, Heft 6/2007, S. 353.
107 Vgl. Committee of European Banking Supervisors, Revised Guidelines on Stress Testing (GL 32), 26. August 2010, S. 14.
108 Vgl. Basel Committee on Banking Supervision, Stress testing principles, BCBS 450, 17. Oktober 2018, S. 6.

situation zu bestimmen. In der Fachliteratur werden zur Beurteilung der Stresstestergebnisse vier Perspektiven mit konkreten Messgrößen verknüpft[109]: die regulatorische Perspektive (Eigenkapital, risikogewichtete Aktiva), die ökonomische Perspektive (ökonomisches Kapital und ökonomische Risiken), die bilanzielle Perspektive (Gewinn- und Verlustrechnung, bilanzielles Eigenkapital) sowie die Liquiditätsperspektive (Liquiditätskennzahlen). Die Aufsichtsbehörden stellen mittlerweile auf eine Beurteilung der Kapital- und Liquiditätsrisiken aus der normativen Perspektive, die eine regulatorische und bilanzielle Sichtweise vereint, und der ökonomischen Perspektive ab und legen dabei großen Wert auf die Berücksichtigung der jeweiligen Wechselwirkungen. Die Auswirkungen der Stresstestereignisse sind somit aus beiden Perspektiven zu analysieren.[110] Dabei sind auch Wechselwirkungen zu den Liquiditätsstresstests zu berücksichtigen.[111]

2.6.4 Vorgaben für Szenarioanalysen

82 Szenarioanalysen sollten nach den Vorstellungen der EBA grundsätzlich ein zentraler Bestandteil des Stresstestprogramms sein. Dabei sollte eine Reihe von sinnvollen und durchführbaren Szenarien in Betracht gezogen werden, die verschiedene Ereignisse und Schweregrade betreffen. Die Institute sollten sicherstellen, dass ihre Szenarien mindestens die folgenden Anforderungen erfüllen: Die wichtigsten Risikofaktoren, denen das Institut ausgesetzt sein kann, sollten berücksichtigt werden, ebenso wie die bedeutenden institutsspezifischen Schwachstellen, die sich aus den regionalen und sektoralen Besonderheiten eines Institutes, seinem spezifischen Produktportfolio und seinen Geschäftsbereichen sowie seiner Refinanzierungspolitik ergeben. Intra- und Inter-Risikokonzentrationen sollten a priori identifiziert werden. Ein schlüssiges Szenario sollte alle relevanten Risikofaktoren und deren zukunftsgerichtete Entwicklung umfassen und auf mehrere auslösende Ereignisse abstellen, z. B. auf die Entwicklung der Geldpolitik, des Finanzsektors, der Rohstoffpreise oder auf politische Ereignisse und Naturkatastrophen. Die Institute sollten sicherstellen, dass das Szenario mit der simultanen Veränderung der wesentlichen Risikofaktoren und der entsprechenden Reaktion der Marktteilnehmer plausibel und widerspruchsfrei ist. Sofern dabei bestimmte Risikofaktoren ausgeschlossen werden, sollte dies begründet und dokumentiert sein. Die Szenarien sollten insofern stimmig sein, als sich die identifizierten Risikofaktoren im Stress konsistent zu anderen Risikofaktoren verhalten und explizite Schätzungen und Annahmen über die Abhängigkeitsstruktur unter den wichtigsten zugrunde liegenden Risikofaktoren vorhanden sind. Sie sollten Innovationen und insbesondere technologische Entwicklungen oder anspruchsvolle Finanzprodukte berücksichtigen, ohne ihre Wechselwirkung mit traditionellen Produkten zu vernachlässigen, und sicherstellen, dass die gestressten Risikofaktoren intern in konsistente Risikoparameter überführt werden.[112]

---

109 Vgl. Müller, Georg, MaRisk und Anforderungen an Stresstests im europäischen Regulierungskontext, in: Wimmer, Konrad (Hrsg.), MaRisk NEU – Handlungsbedarf in der Banksteuerung, Heidelberg, 2009, S. 61.

110 Vgl. Europäische Zentralbank, Leitfaden der EZB für den bankinternen Prozess zur Sicherstellung einer angemessenen Kapitalausstattung (Internal Capital Adequacy Assessment Process – ICAAP), 9. November 2018, S. 39; Bundesanstalt für Finanzdienstleistungsaufsicht/Deutsche Bundesbank, Aufsichtliche Beurteilung bankinterner Risikotragfähigkeitskonzepte und deren prozessualer Einbindung in die Gesamtbanksteuerung (»ICAAP«) – Neuausrichtung, Leitfaden vom 24. Mai 2018, S. 17f.

111 Vgl. Europäische Zentralbank, Leitfaden der EZB für den bankinternen Prozess zur Sicherstellung einer angemessenen Kapitalausstattung (Internal Capital Adequacy Assessment Process – ICAAP), 9. November 2018, S. 37f.; Bundesanstalt für Finanzdienstleistungsaufsicht/Deutsche Bundesbank, Aufsichtliche Beurteilung bankinterner Risikotragfähigkeitskonzepte und deren prozessualer Einbindung in die Gesamtbanksteuerung (»ICAAP«) – Neuausrichtung, Leitfaden vom 24. Mai 2018, S. 18.

112 Vgl. European Banking Authority, Leitlinien zu den Stresstests der Institute, EBA/GL/2018/04, 19. Juli 2018, S. 22 ff.

2.7 Angemessenheit von Stresstests

Der Definition der »Stresstests« in der Einführung zu diesem Modul zufolge geht es für die Institute   83
in erster Linie darum, ihr individuelles Gefährdungspotenzial auch bezüglich außergewöhnlicher,
aber plausibel möglicher Ereignisse auf den jeweils relevanten Ebenen zu überprüfen. Im besonderen Fokus steht dabei jeweils die zukünftige Entwicklung der Kapital- und der Liquiditätsposition des Institutes. Mit Blick auf jene wesentlichen (Kapital-)Risiken, die sinnvoll durch
Risikodeckungspotenzial begrenzt werden können, geht es somit vor allem um die Sicherstellung
der Risikotragfähigkeit (→ AT 4.1 Tz. 4), mit Blick auf das Liquiditätsrisiko in erster Linie um die
Sicherstellung der Zahlungsfähigkeit des Institutes (→ BTR 3.1 Tz. 1). Im engeren Sinne ist ein
Stresstest insofern angemessen, wenn das zugrunde liegende Szenario die Verwundbarkeiten des
Institutes abbildet und einen hinreichenden Schweregrad aufweist (→ AT 4.3.3 Tz. 3).

   Angesichts der Heterogenität der deutschen Kreditwirtschaft verzichtet die Aufsicht bewusst auf   84
eine Vorgabe standardisierter Stresstests. Es liegt allein in der Verantwortung der Institute, die
Stresstests so auszugestalten, dass sie ihrer individuellen Situation angemessen Rechnung tragen.
Die Institute sind gehalten, »geeignete, aussagekräftige Stresstests zu entwickeln, um auf diese
Weise die Sensibilität gegenüber den für sie möglicherweise kritischen Situationen zu erhöhen und
so die notwendigen Steuerungsimpulse zu erhalten«.[113] Im Hinblick auf die Angemessenheit der
Stresstests gilt also der Grundsatz der Methodenfreiheit. Die konkrete Ausgestaltung der Szenarien
hängt vor allem von Art, Umfang, Komplexität und Risikogehalt der betriebenen Geschäfte und der
jeweiligen Marktsituation ab. Das gilt sowohl für die »klassischen« (→ AT 4.3.3 Tz. 1) als auch für
die »inversen« (→ AT 4.3.3 Tz. 4) Stresstests. Dabei ist eine übertriebene Schwarzmalerei ebenso
wenig hilfreich wie allzu großer Optimismus.

   Institutsindividuelle Überlegungen zur portfolioadäquaten Ausgestaltung (Methoden und Sze-   85
narien) von Stresstests sollten im Vordergrund stehen. Grundsätzlich sollten die den Stresstests
zugrunde liegenden Annahmen vor dem Hintergrund der im Institut wahrgenommenen Risikolage
formuliert werden. Neben inhaltlicher Konsistenz der Szenarien ist ferner auf die zeitliche
Konsistenz bei der Betrachtung der Parameter zu achten.

2.8 Angemessenheit von Stresstestprogrammen

In vielen Veröffentlichungen ist von »Stresstestprogrammen« die Rede. Darunter ist grundsätzlich   86
der gesamte Prozess zu verstehen, der mit der Entwicklung von Stresstests beginnt und neben
deren Durchführung auch die Ableitung von Maßnahmen umfasst, mit deren Hilfe ein Institut
besser auf Stresssituationen vorbereitet sein soll. Auch die Anforderungen der MaRisk an Stresstests orientieren sich an diesen Prozessen. Im weiteren Sinne geht es bei der Angemessenheit der
Stresstests insofern vorrangig um die Angemessenheit des gesamten Stresstestprogramms eines
Institutes. Folglich ist die Angemessenheit im Sinne der MaRisk grundsätzlich gewährleistet, wenn
die Stresstests:

- Art, Umfang, Komplexität und Risikogehalt der Geschäftsaktivitäten widerspiegeln (→ AT 4.3.3
  Tz. 1),
- regelmäßig sowie anlassbezogen durchgeführt werden (→ AT 4.3.3 Tz. 1),
- die wesentlichen Risiken, für die wiederum die wesentlichen Risikofaktoren identifiziert
  werden, die angenommenen Risikokonzentrationen und Diversifikationseffekte innerhalb

---

113 Deutsche Bundesbank, Änderung der neu gefassten EU-Bankenrichtlinie und der EU-Kapitaladäquanzrichtlinie sowie
   Anpassung der Mindestanforderungen an das Risikomanagement, in: Monatsbericht, September 2009, S. 78.

und zwischen den Risikoarten, die Risiken aus außerbilanziellen Gesellschaftskonstruktionen und Verbriefungstransaktionen berücksichtigen (→ AT 4.3.3 Tz. 1),

- auf Basis geeigneter übergeordneter Szenarien auch das Gesamtrisikoprofil des Institutes beleuchten (→ AT 4.3.3 Tz. 1),
- dabei institutseigene und marktweite Ursachen sowie eine Kombination daraus verwenden, um die Wechselwirkungen zwischen den Risikoarten zu berücksichtigen (→ AT 4.3.3 Tz. 2),
- geeignete historische und hypothetische Szenarien darstellen (→ AT 4.3.3 Tz. 3),
- auch außergewöhnliche, aber plausibel mögliche Ereignisse abbilden (→ AT 4.3.3 Tz. 3),
- die Auswirkungen eines schweren konjunkturellen Abschwungs auf Gesamtinstitutsebene analysieren (→ AT 4.3.3 Tz. 3),
- die strategische Ausrichtung des Institutes und sein wirtschaftliches Umfeld bei der Festlegung der Szenarien berücksichtigen (→ AT 4.3.3 Tz. 3),
- durch inverse Stresstests ergänzt werden (→ AT 4.3.3 Tz. 4),
- inklusive der zugrunde liegenden Annahmen in regelmäßigen Abständen, mindestens aber jährlich, überprüft werden (→ AT 4.3.3 Tz. 5) sowie
- hinsichtlich ihrer Ergebnisse – auch bei der Beurteilung der Risikotragfähigkeit – kritisch reflektiert werden, wobei möglicher Handlungsbedarf identifiziert und den Auswirkungen eines schweren konjunkturellen Abschwungs besondere Aufmerksamkeit gewidmet wird (→ AT 4.3.3 Tz. 6).

87   Nach den Vorstellungen der EBA sollten die Institute über ein Stresstestprogramm verfügen, aus dem sich die folgenden Punkte ableiten lassen: die Arten von Stresstests sowie deren wesentliche Ziele und Anwendungsbereiche, die Häufigkeit der verschiedenen Stresstests, die internen Vorgaben zur Unternehmensführung mit klar definierten, transparenten und kohärenten Verantwortungsbereichen und Verfahren, die methodischen Details, einschließlich der verwendeten Modelle und möglichen Wechselwirkungen, die Bandbreite der Annahmen und der für jeden Stresstest vorgesehenen Abhilfemaßnahmen sowie die entsprechende Dateninfrastruktur. Sofern relevant, sollten die gruppenangehörigen Unternehmen bei der Erstellung ihres individuellen Stresstestprogramms das jeweilige Stresstestprogramm der Gruppe berücksichtigen. In diesem Fall muss das Stresstestprogramm zusätzlich Auskunft über den Kreis der einbezogenen Unternehmen und den Anwendungsbereich, z. B. hinsichtlich der untersuchten Risikoarten und Portfolios, geben. Die Institute sollten sicherstellen, dass ihre Stresstestprogramme praktikabel und plausibel sind, und die Entscheidungsprozesse auf allen relevanten Managementebenen mit Informationen über die bestehenden und potenziellen wesentlichen Risiken versorgen.[114] All diese Komponenten sollten zudem angemessen dokumentiert werden[115], um den Nachweis für die Angemessenheit des Stresstestprogramms zu führen.

88   Die Institute sollten ihre Stresstestprogramme regelmäßig überprüfen, um deren Effektivität und Robustheit zu ermitteln, und entsprechend aktualisieren. Die Überprüfung sollte nach den Vorstellungen der EBA mindestens einmal jährlich auf der Grundlage einer quantitativen und qualitativen Analyse durchgeführt werden. Zudem sollte sie die sich verändernden externen und internen Bedingungen vollständig widerspiegeln.[116] Die EZB fordert von den bedeutenden Instituten eine mindestens vierteljährliche Überprüfung der Stressszenarien im Hinblick auf ihre Aktualität und Relevanz im aktuellen Geschäftsumfeld. Die Auswirkungen der Stressszenarien sind ebenfalls regelmäßig (z. B. vierteljährlich) zu ermitteln.[117]

---

114 Vgl. European Banking Authority, Leitlinien zu den Stresstests der Institute, EBA/GL/2018/04, 19. Juli 2018, S. 11.

115 Vgl. European Banking Authority, Leitlinien zu den Stresstests der Institute, EBA/GL/2018/04, 19. Juli 2018, S. 19f.

116 Vgl. European Banking Authority, Leitlinien zu den Stresstests der Institute, EBA/GL/2018/04, 19. Juli 2018, S. 11f.

117 Vgl. Europäische Zentralbank, Leitfaden der EZB für den bankinternen Prozess zur Sicherstellung einer angemessenen Kapitalausstattung (Internal Capital Adequacy Assessment Process – ICAAP), 9. November 2018, S. 35f.

2.9 Proportionalitätsgesichtspunkte

Gemäß dem Grundsatz der Verhältnismäßigkeit (Proportionalitätsprinzip) sollte das Stresstest- **89** programm eines Institutes mit seinem individuellen Risikoprofil und Geschäftsmodell überein-stimmen. Die Institute sollten daher bei der Entwicklung und Durchführung des Stresstestpro-gramms ihre Größe, ihre interne Organisation sowie die Art, den Umfang und die Komplexität ihrer Geschäftsaktivitäten berücksichtigen. Im Hinblick auf die Anwendung des Proportionalitätsprin-zips sollten die folgenden Kriterien berücksichtigt werden: die Bilanzsumme oder der Umfang der vom Institut oder seinen Tochterunternehmen nach aufsichtsrechtlicher Konsolidierung gehalte-nen Vermögenswerte, der Umfang der grenzüberschreitenden Tätigkeiten in den einzelnen Jurisdiktionen, die Rechtsform und im Falle der Gruppenzugehörigkeit die Bedeutung des Institu-tes für diese Gruppe, die mögliche Börsennotierung, die aufsichtsrechtliche Zulassung interner Modelle zur Berechnung der Eigenmittelanforderungen (z. B. IRB-Verfahren), die Art der geneh-migten Geschäftsaktivitäten und Dienstleistungen (z. B. Kredite und Einlagen, Investmentban-king), das zugrunde liegende Geschäftsmodell und die Strategie, die Art und Komplexität der Geschäftstätigkeiten, die Organisationsstruktur, die Risikostrategie, der Risikoappetit und das aktuelle Risikoprofil des Institutes unter Berücksichtigung der Ergebnisse des ICAAP[118], die Eigentumsverhältnisse und die Refinanzierungsstruktur des Institutes, die Art der Kunden (z. B. Privatkunden, KMU, Unternehmen, Institute, öffentliche Gebietskörperschaften) und die Kom-plexität der Produkte oder Verträge, die Auslagerungen und die Vertriebskanäle, die IT-Systeme, einschließlich Geschäftsfortführungs-Systeme und Auslagerungen in diesem Bereich, z. B. Cloud Computing. Zusammengefasst müssen das spezifische Design, die Komplexität und der Detaillie-rungsgrad der Stresstests der Größe des Institutes sowie der Komplexität und dem Risikogehalt seiner Geschäftstätigkeit angemessen sein, wobei die Strategie und das Geschäftsmodell sowie die Portfoliomerkmale des Institutes berücksichtigt werden sollten.[119]

Der Umfang der Stresstests kann nach dem Proportionalitätsprinzip von einfachen Sensitivitäts- **90** analysen auf Portfolioebene über individuelle Risikoanalysen bis hin zu umfassenden instituts-weiten Szenarioanalysen variieren. Bedeutende und komplexere Institute und Gruppen sollten anspruchsvollere Stresstestprogramme verwenden, während kleine und weniger komplexe Insti-tute und Gruppen (konsolidierte Ebene) einfachere Stresstestprogramme durchführen können.[120] Kleinere oder weniger komplexe Institute sollten die spezifischen Risikoarten, denen sie vor-nehmlich ausgesetzt sind, in quantitativer Hinsicht den einfacheren Sensitivitätsanalysen unter-ziehen. Damit können sie ihre Widerstandsfähigkeit gegenüber Schocks in Bezug auf ihre wesentlichen Risiken identifizieren, bewerten und testen. Um die Auswirkungen des schweren konjunkturellen Abschwungs auf das Gesamtinstitut zu analysieren, wird in der Regel eine Szenarioanalyse erforderlich sein, da von einem schweren konjunkturellen Abschwung mehrere Risikofaktoren betroffen sind. Dasselbe gilt auch für die inversen Stresstests, die bei kleineren und weniger komplexen Instituten allerdings auch qualitativ ausgestaltet werden können. Von den Instituten wird erwartet, dass ihre Dateninfrastrukturen die Durchführung von Stresstests ermög-lichen, die alle ihre wesentlichen Risiken abdecken.[121]

---

118 Ohne explizit genannt zu werden, spielt die Liquiditätsposition des Institutes unter Berücksichtigung der Ergebnisse des ILAAP allerdings eine ähnlich wichtige Rolle.

119 Vgl. European Banking Authority, Leitlinien zu den Stresstests der Institute, EBA/GL/2018/04, 19. Juli 2018, S. 19f.

120 Vgl. European Banking Authority, Leitlinien zu den Stresstests der Institute, EBA/GL/2018/04, 19. Juli 2018, S. 17f.

121 Vgl. European Banking Authority, Leitlinien zu den Stresstests der Institute, EBA/GL/2018/04, 19. Juli 2018, S. 16.

2.10 Regelmäßige und anlassbezogene Durchführung von Stresstests

91 Gefordert wird eine »regelmäßige« Durchführung der Stresstests für alle wesentlichen Risiken, die Art, Umfang, Komplexität und Risikogehalt der Geschäftsaktivitäten widerspiegeln. Ein konkreter Turnus wird von der Aufsicht nicht vorgegeben. Entsprechende Festlegungen sind daher institutsintern zu treffen und könnten sich u. a. am Turnus der Risikoberichterstattung, in deren Rahmen auf die Ergebnisse der Stresstests Bezug genommen wird, orientieren. Als Maßstab kann auch die Volatilität der untersuchten Risiken dienen, d. h. wie schnell und in welchem Ausmaß sich die untersuchten Portfolios und die zugehörigen Risikofaktoren ändern können. CEBS hatte diesbezüglich zwischen Stresstests auf Ebene spezifischer Portfolios und institutsweiten Stresstests unterschieden, die mit geringerer Häufigkeit durchgeführt werden können. Zusätzlich sollte das Stresstestprogramm auch Ad-hoc-Stresstests ermöglichen.[122]

92 Möglicherweise wurde diese Empfehlung zum Anlass genommen, im Rahmen der vierten MaRisk-Novelle zusätzlich eine »anlassbezogene« Durchführung von Stresstests zu fordern. Es ist anzunehmen, dass jedes Institut auch ohne besondere Aufforderung einen Stresstest durchführen würde, wenn dazu ein spezieller Anlass besteht. Das kann z. B. dann der Fall sein, wenn sich die Umgebungsbedingungen stärker als gewöhnlich ändern und der Zeitpunkt für den nächsten regulären Stresstest in weiter Ferne liegt. So fordern andere Aufsichtsbehörden z. B. bei wesentlichen Änderungen des Geschäftsmodells oder des wirtschaftlichen oder politischen Umfeldes die Durchführung von Ad-hoc-Stresstests.[123] In Abhängigkeit von den jeweiligen Umfeldbedingungen ist es ggf. auch erforderlich, den Turnus der regelmäßigen Stresstests zumindest vorübergehend anzupassen. Der Baseler Ausschuss für Bankenaufsicht (BCBS) bewertet die Fähigkeit, Ad-hoc-Szenarien außerhalb der normalen Stresstestverfahren durchzuspielen, als Merkmal einer soliden Kapitalplanung[124] und einer hinreichenden Flexibilität der vorhandenen Infrastruktur.[125]

93 Aus Sicht der Kreditwirtschaft und mit Blick auf vergangene Krisen wird ein Stresstest allerdings gerade in einer akuten Krise als Management-Tool zunehmend uninteressant, da der Fokus dann auf dem Management der Ist-Position liegt. In dieser Situation sind eher Analysen über die Wirkung von Handlungsoptionen sowie ein deutlich kürzerer Berichtsturnus gefragt. Aus dieser Erfahrung wurde vermutlich auch die Anforderung abgeleitet, in Stressphasen den Berichtsturnus zu erhöhen, soweit dies für die aktive und zeitnahe Steuerung der Risiken erforderlich erscheint (→ BT 3.2 Tz. 1, Erläuterung). Die Institute sollten in der Lage sein, ihre Risikodaten so flexibel und anpassungsfähig zu aggregieren, dass sie eine große Bandbreite an Ad-hoc-Anfragen zur Risikoberichterstattung bearbeiten und aufkommende Risiken bewerten können, insbesondere in Stressphasen oder Krisen.[126] Eine Ad-hoc-Berichterstattung sollte insbesondere in Zeiten sich schnell ändernder Marktbedingungen ermöglicht werden.[127]

94 Nach Auffassung des BCBS und der EBA können Stresstests nur dann eine Bedeutung für das Risikomanagement eines Institutes haben, wenn sie mit angemessener Häufigkeit durchgeführt werden. Diese Häufigkeit sollte unter Berücksichtigung von Art und Umfang der Stresstests sowie von Art, Umfang, Größe und Komplexität der Institute, der Merkmale des Portfolios sowie der Veränderungen des makroökonomischen Umfeldes oder der Geschäftstätigkeit des Institutes fest-

---

122 Vgl. Committee of European Banking Supervisors, Revised Guidelines on Stress Testing (GL 32), 26. August 2010, S. 8.

123 Vgl. Finanzmarktaufsicht Liechtenstein, ILAAP (»Internal Liquidity Adequacy Assessment Process«), FMA-Mitteilung 2017/6, 21. November 2017, S. 11.

124 Vgl. Baseler Ausschuss für Bankenaufsicht, Grundlagen für ein solides Verfahren zur Kapitalplanung – Solide Praktiken, BCBS 277, 23. Januar 2014, S. 6.

125 Vgl. Basel Committee on Banking Supervision, Stress testing principles, BCBS 450, 17. Oktober 2018, S. 8.

126 Vgl. Baseler Ausschuss für Bankenaufsicht, Grundsätze für die effektive Aggregation von Risikodaten und die Risikoberichterstattung, BCBS 239, 9. Januar 2013, S. 10 f.

127 Vgl. Basel Committee on Banking Supervision, Stress testing principles, BCBS 450, 17. Oktober 2018, S. 8.

gelegt werden.[128] Stresstests zu Zinsänderungsrisiken im Anlagebuch sollten mindestens jährlich durchgeführt werden, in Zeiten erhöhter Zinsvolatilität und bei erhöhten Zinsänderungsrisiken durchaus auch häufiger.[129] Die EZB erwartet von den Instituten, dass die Stresstests mindestens jährlich durchgeführt werden, anlassbezogen auch in kürzeren Abständen. Darüber hinaus erwartet die EZB, dass die Institute mindestens vierteljährlich ihre Szenarien überprüfen und ggf. anpassen, wenn sie die tatsächlichen Verhältnisse nicht mehr widerspiegeln. Auch die Auswirkungen der Szenarien sind regelmäßig, z.B. vierteljährlich, zu aktualisieren.[130]

2.11 Angemessener Zeithorizont

Die Institute sollten den Zeithorizont des Stresstests im Einklang mit dem Ziel der Übung, den **95** Merkmalen des untersuchten Portfolios, wie z.B. der Laufzeit der gestressten Positionen, und ggf. dem Risikoprofil festlegen.[131] ICAAP- und ILAAP-Stresstests sollten denselben vorausschauenden Zeithorizont abdecken wie der ICAAP bzw. der ILAAP des Institutes und mindestens ebenso regelmäßig aktualisiert werden. ICAAP-Stresstests sollten gemäß den Vorgaben der EBA einen Zeitraum von mindestens zwei Jahren umfassen.[132] Diese Vorgaben wurden seitens der EZB weiter konkretisiert. In der normativen Perspektive sollen die Stresstests mindestens einen Zeithorizont von drei Jahren umfassen.[133] Das heißt allerdings nicht, dass eine anhaltende Stresssituation über den gesamten Zeitraum unterstellt werden muss. In dem jeweiligen Szenario kann ein Institut auch von einer Erholung der Situation ausgehen, wenn diese Erholung plausibel möglich ist. In der ökonomischen Perspektive werden keine mehrjährigen Projektionen erwartet, allerdings sollte ein Institut auch mittelfristige Entwicklungen bei der Beurteilung der angemessenen Kapitalausstattung im Blick behalten.[134] Im Bereich der Adressenausfallrisiken werden von der EBA unterschiedliche Zeithorizonte gefordert, die von »über Nacht« bis zu längeren Laufzeiten reichen und insofern Sondereffekte ebenso abdecken wie z.B. einen schleichenden Konjunkturabschwung.[135]

Die Wahl des Zeithorizontes kann sich gravierend auf das Ergebnis des Stresstestes aus- **96** wirken. Im Grunde hat jede Methode gewisse Vor- und Nachteile. Sofern eine Orientierung am Zeithorizont des Risikotragfähigkeitskonzeptes erfolgt und die Parameteränderungen im Verlauf eines unterstellten Krisenszenarios auf diesen Zeitraum bezogen werden, wird eine direkte Verbindung zur Risikotragfähigkeit hergestellt und damit die Interpretation der Ergebnisse und die Berichterstattung erleichtert.[136]

---

128 Vgl. Basel Committee on Banking Supervision, Stress testing principles, BCBS 450, 17. Oktober 2018, S. 4f.; European Banking Authority, Leitlinien zu den Stresstests der Institute, EBA/GL/2018/04, 19. Juli 2018, S. 15.

129 Vgl. European Banking Authority, Leitlinien zur Steuerung des Zinsänderungsrisikos bei Geschäften des Anlagebuchs, EBA/GL/2018/02, 19. Juli 2018, S. 27f.

130 Vgl. Europäische Zentralbank, Leitfaden der EZB für den bankinternen Prozess zur Sicherstellung einer angemessenen Kapitalausstattung (Internal Capital Adequacy Assessment Process – ICAAP), 9. November 2018, S. 35.

131 Vgl. European Banking Authority, Leitlinien zu den Stresstests der Institute, EBA/GL/2018/04, 19. Juli 2018, S. 23.

132 Vgl. European Banking Authority, Leitlinien zu den Stresstests der Institute, EBA/GL/2018/04, 19. Juli 2018, S. 47.

133 Vgl. Europäische Zentralbank, Leitfaden der EZB für den bankinternen Prozess zur Sicherstellung einer angemessenen Kapitalausstattung (Internal Capital Adequacy Assessment Process – ICAAP), 9. November 2018, S. 17.

134 Vgl. Europäische Zentralbank, Leitfaden der EZB für den bankinternen Prozess zur Sicherstellung einer angemessenen Kapitalausstattung (Internal Capital Adequacy Assessment Process – ICAAP), 9. November 2018, S. 36.

135 Vgl. European Banking Authority, Leitlinien zu den Stresstests der Institute, EBA/GL/2018/04, 19. Juli 2018, S. 31.

136 Vgl. Eulering, Georg, Integration von Stresstests in Risikosteuerung und -controlling, in: Pfeifer, Guido/Ullrich, Walter (Hrsg.), MaRisk-Interpretationshilfen, 2. Auflage, Heidelberg, 2009, S. 147f.

2.12 Stresstests für wesentliche Risiken

97 Bereits aus der Definition der wesentlichen Risikoarten folgt implizit, dass sich die Risikofaktoren je Risikoart zumindest teilweise voneinander unterscheiden müssen. Die EBA erwartet, dass die Stresstests zu einzelnen Risikoarten in einem angemessenen Verhältnis zu Art, Umfang und Komplexität der Geschäftsaktivitäten und der damit verbundenen Risiken stehen.[137] Sie hat zur Durchführung von Stresstests für einzelne Risikoarten diverse Vorschläge unterbreitet, die im Folgenden erläutert werden.

98 Grundsätzlich sollen alle in Art. 79 bis 87 CRD IV aufgeführten Risikoarten im Falle ihrer Wesentlichkeit einem Stresstest unterzogen werden. Das »Restrisiko« gemäß Art. 80 CRD IV, also die Gefahr, dass sich die Kreditrisikominderungstechniken als weniger wirksam erweisen als erwartet, wird i.d.R. im Rahmen des Adressenausfallrisikos mit beleuchtet. Das Konzentrationsrisiko laut Art. 81 CRD IV betrifft diverse Risikoarten und wird daher unter dem Stichwort »Risikokonzentrationen« behandelt. Die EBA erwartet darüber hinaus, dass einige Unterkategorien des operationellen Risikos, nämlich das »(Fehl-)Verhaltensrisiko«, das »IKT-Risiko« und das »Modellrisiko« aufgrund ihrer besonderen Bedeutung separat beleuchtet werden.[138] Auf das »Reputationsrisiko« wird bei den Wechselwirkungen zwischen den einzelnen Risikoarten näher eingegangen (→ AT 4.3.3 Tz. 2). Zur Ermittlung, Steuerung und Überwachung des »Risikos einer übermäßigen Verschuldung« gemäß Art. 87 CRD IV wird auf die Verschuldungsquote (»Leverage Ratio«) nach Art. 429 CRR verwiesen.[139] Die Einhaltung der Vorgaben zur Verschuldungsquote muss von den Instituten ohnehin regelmäßig geprüft werden. Laut Art. 87 Abs. 2 CRD IV müssen die Institute dieses Risiko präventiv in Angriff nehmen, indem sie prüfen, ob sie einer potenziellen Erhöhung durch erwartete oder realisierte Verluste und der dadurch bedingten Verringerung der Eigenmittel in unterschiedlichen Krisensituationen standhalten können. Vermutlich ist es dafür grundsätzlich ausreichend, die Entwicklung der Verschuldungsquote unter verschiedenen Szenarien zu prognostizieren.

99 Die EZB erwartet von den bedeutenden Instituten, im Rahmen der Risikoinventur zumindest die folgenden Risiken zu berücksichtigen und eine Einschätzung zu ihrer Wesentlichkeit zu treffen: Kreditrisiko (einschließlich Fremdwährungskreditrisiko, Länderrisiko, Kreditkonzentrationsrisiko, Migrationsrisiko), Marktrisiko (einschließlich Credit-Spread-Risiko, strukturelles Fremdwährungsrisiko), operationelles Risiko (einschließlich Fehlverhaltensrisiko, Rechtsrisiko, Modellrisiko), Zinsänderungsrisiko im Anlagebuch (einschließlich Risiko aus Optionen, z. B. zur vorzeitigen Tilgung), Beteiligungsrisiko, Staatsrisiko (»Sovereign Risk«), Pensionsrisiko, Finanzierungskostenrisiko, Risikokonzentrationen sowie Geschäfts- und strategisches Risiko. Im Falle von Konglomeraten oder wesentlichen Beteiligungen müssen die Institute auch die inhärenten Risiken berücksichtigen, wie z. B. das Versicherungsrisiko.[140]

100 Sofern sich Nachhaltigkeitsrisiken signifikant auf andere Risikoarten auswirken und zu deren Wesentlichkeit im Rahmen der Risikoinventur beitragen, sollten diese bei den regelmäßig sowie anlassbezogen durchzuführenden Stresstests für die wesentlichen Risiken ebenfalls berücksichtigt werden.[141] Unabhängig davon ist es auch möglich, spezielle Stresstests für Nachhaltigkeitsrisiken durchzuführen.

---

137 Vgl. European Banking Authority, Leitlinien zu den Stresstests der Institute, EBA/GL/2018/04, 19. Juli 2018, S. 35 f.

138 Vgl. European Banking Authority, Guidelines on common procedures and methodologies for the supervisory review and evaluation process (SREP) and supervisory stress testing, EBA/GL/2014/13, Consolidated version, 19. Juli 2018, S. 108.

139 Die Aufsichtsbehörde berücksichtigt im Rahmen des SREP gemäß § 6b Abs. 2 Nr. 13 KWG auch das Risiko einer übermäßigen Verschuldung eines Institutes, wie es aus den Indikatoren für eine übermäßige Verschuldung hervorgeht, wozu auch die gemäß Art. 429 CRR in der jeweils geltenden Fassung bestimmte Verschuldungsquote zählt. Bei der Beurteilung der Angemessenheit der Verschuldungsquote eines Institutes und der vom Institut zur Steuerung des Risikos einer übermäßigen Verschuldung eingeführten Regelungen, Strategien, Verfahren und Mechanismen berücksichtigt die Aufsichtsbehörde das Geschäftsmodell des Institutes.

140 Vgl. Europäische Zentralbank, Aufsichtliche Erwartungen an ICAAP und ILAAP sowie harmonisierte Erhebung von ICAAP- und ILAAP-Informationen, Schreiben von Daniele Nouy an die Geschäftsleitung bedeutender Banken vom 8. Januar 2016, Anhang A, S. 3.

141 Vgl. Bundesanstalt für Finanzdienstleistungsaufsicht, Merkblatt zum Umgang mit Nachhaltigkeitsrisiken, 20. Dezember 2019, geändert am 13. Januar 2020, S. 36.

2.12.1 Stresstests für Adressenausfallrisiken

Im Rahmen der Stresstests für Adressenausfallrisiken werden das Kreditrisiko sowie das Gegenparteiausfallrisiko (Kontrahenten- und Emittentenrisiko) näher untersucht. **101**

Zur Ermittlung des individuellen Gefährdungspotenzials in Stresssituationen sind für ein Institut **102** vor allem die Abweichungen vom erwarteten Verlust (»Expected Loss«, EL) von Interesse, die nicht über entsprechende Risikomargen abgedeckt werden. Da sich der erwartete Verlustbetrag als Produkt aus der geschätzten Ausfallwahrscheinlichkeit (»Probability of Default«, PD), der Verlustquote (»Loss Given Default«, LGD) und der Forderungshöhe beim Ausfall (»Exposure at Default«, EAD) berechnen lässt (→ AT 4.1 Tz. 1), spielen diese drei Risikoparameter für das Adressenausfallrisiko eine zentrale Rolle. Vor diesem Hintergrund ist es nicht verwunderlich, dass die EBA von den Instituten bei den Stresstests für Adressenausfallrisiken zumindest eine Analyse der Fähigkeit der Kreditnehmer zur Tilgung ihrer Verbindlichkeiten (d. h. der Ausfallwahrscheinlichkeit), der Verwertungsquote beim Ausfall eines Kreditnehmers unter Berücksichtigung einer möglichen Verschlechterung des Wertes der Sicherheiten oder der Bonität des Garantiegebers (d. h. der Verlustquote) sowie der Höhe und Dynamik des Kreditengagements, einschließlich der Auswirkungen nicht in Anspruch genommener Kreditzusagen (d. h. der Forderungshöhe beim Ausfall), erwartet. Zur Berechnung der Forderungshöhe beim Ausfall sollten die Institute auch den Kreditumrechnungsfaktor (»Credit Conversion Factor«, CCF) und die Möglichkeiten des Institutes zur einseitigen Kündigung nicht in Anspruch genommener Kreditlinien unter Stressbedingungen berücksichtigen.[142]

In GuV-orientierten Risikotragfähigkeitsansätzen und in der normativen Perspektive spielt bei **103** der Bemessung der Risikovorsorge und damit der GuV- und Kapitalwirkung der Rechnungslegungsstandard die entscheidende Rolle. Daher sollten die Besonderheiten des jeweiligen Standards im Stresstest beachtet werden. Dies gilt in besonderem Maße für Institute, die von den Regelungen des IFRS 9 betroffen sind. Hier kommt es an der »Stage-Schwelle« zur Änderung der Ermittlungsmethodik und damit u. U. zu drastischen prozyklischen Klippeneffekten.[143] Dabei ist auch zu berücksichtigen, dass nicht alle Kreditnehmer einheitlich um eine bestimmte Anzahl Ratingstufen migrieren werden, sondern vielmehr ein bestimmtes Migrationsverhalten vorliegt, welches vom Ausgangsrating abhängt und über Migrationsmatrizen abzubilden ist. Die EZB hat dies in ihrer Methodik beim Stresstest 2018 berücksichtigt.

Die Verfahren zur Berechnung der Eigenmittelanforderungen stellen in der Regel bei der **104** Ausfallwahrscheinlichkeit auf den gesamten Konjunkturzyklus und bei der Verlustquote auf widrige Umstände ab. Sofern ein Institut z. B. ein IRB-Verfahren verwendet, sollte berücksichtigt werden, dass sich die risikogewichteten Aktiva (»Risk-weighted Assets«, RWA) in Abhängigkeit vom Konjunkturzyklus ändern könnten. Zur Abschätzung künftiger Verluste in Stresssituationen sollten sich die Institute deshalb ggf. auch auf andere Risikoparameter stützen. Insbesondere sollten die Institute zur Bewertung von Kreditverlusten in Übereinstimmung mit dem Schweregrad des Szenarios zeitpunktbezogene Schätzungen vornehmen.[144]

Die Stresstests sollten die möglichen Auswirkungen der Szenarien und die Notwendigkeit für **105** eventuelle Maßnahmen verdeutlichen, einschließlich einer Erhöhung der Eigenmittel. Diese Auswirkungen sollten die Institute in Bezug auf Kreditverluste (z. B. Rückstellungen), Risikopositionen, Erträge und RWA quantifizieren. Außerdem sollten die Institute in der Lage sein, diese

---

142 Vgl. European Banking Authority, Leitlinien zu den Stresstests der Institute, EBA/GL/2018/04, 19. Juli 2018, S. 30 f.

143 In der ersten Stufe wird die Risikovorsorge auf Basis der erwarteten Verluste im Jahreshorizont geschätzt. Bei einem Übergang in die zweite Stufe aufgrund einer signifikanten Verschlechterung der Kreditqualität wird die Risikovorsorge auf Basis der erwarteten Verluste über die Restlaufzeit (»Expected Lifetime Loss«) berechnet. In Abhängigkeit von der Restlaufzeit kann mit dem Übergang von der ersten zur zweiten Stufe (»Stagetransfer«) also ein drastischer Anstieg der Risikovorsorge verbunden sein.

144 Vgl. European Banking Authority, Leitlinien zu den Stresstests der Institute, EBA/GL/2018/04, 19. Juli 2018, S. 32.

AT 4.3.3 Stresstests

Auswirkungen für relevante Segmente bzw. Portfolios einzeln zu quantifizieren. Sie sollten ggf. interne Modellansätze für Kreditrisiken verwenden, die historische Beziehungen und Daten infrage stellen, sowie Migrationen der Kreditqualität von Forderungskategorien simulieren, um eine Schätzung der Verluste zu ermöglichen.[145]

106   Darüber hinaus sollten sich die Institute bemühen, weitere spezifische Risikofaktoren zu ermitteln. Diese Risikofaktoren sollten sich ggf. nach Forderungsklassen oder Branchen unterscheiden, da ihre jeweilige Bedeutung für verschiedene Forderungsklassen oder Branchen deutlich variieren kann. So sind z. B. für Immobilienfinanzierungen andere Risikofaktoren relevant als für Unternehmensfinanzierungen.[146]

107   Beim institutsweiten Stresstest spielt der Aspekt der Vollständigkeit eine besondere Rolle. Die Institute sollten deshalb sicherstellen, dass dabei alle Positionen des Anlage- und Handelsbuches abgedeckt sind, einschließlich der Absicherungspositionen und der Engagements bei zentralen Kontrahenten.[147]

108   Sofern die Institute über hohe Bruttoforderungen gegenüber bestimmten Kontrahenten verfügen, wie z. B. Hedgefonds oder Private-Equity-Unternehmen (→ BTO 1.2 Tz. 2, Erläuterung), könnten sie bestimmten Marktbewegungen stärker ausgesetzt sein. Unter normalen Bedingungen sind diese Forderungen i. d. R. vollständig durch Sicherheiten und fortlaufende Nachschussvereinbarungen abgesichert, wodurch die Nettoforderungen gegen null gehen oder zumindest sehr gering sind. In Fällen von schwerwiegenden Marktschocks können sich diese Forderungen jedoch schlagartig erhöhen und potenziell eine »Kreuzkorrelation« zwischen der Bonität der Gegenparteien und den Risiken der abgesicherten Forderungen zur Folge haben.[148] Bei der Bewertung ihres Risikos für stark fremdfinanzierte Kontrahenten (»Leveraged Counterparties«) oder Schattenbanken sollten die Institute deshalb insbesondere davon ausgehen, dass Sicherheiten oder Nachschussvereinbarungen im Falle schwerer Marktschocks möglicherweise nicht verfügbar sind.[149]

2.12.2 Stresstests für Fremdwährungskreditrisiken

109   Kredite in einer anderen Währung als dem gesetzlichen Zahlungsmittel des Landes, in dem der Kreditnehmer ansässig ist, nennt man »Fremdwährungskredite«. Folglich bezeichnet das »Fremdwährungskreditrisiko« das bestehende oder künftige Risiko in Bezug auf die Erträge und Eigenmittel des Institutes infolge von Fremdwährungskrediten an »nicht abgesicherte Kreditnehmer«.[150, 151] Ergänzend zu dieser engen Definition nennt die EBA darüber hinaus Komponenten des Fremdwährungskreditrisikos, die sich auf das reine Kredit- und Devisenmarktrisiko beziehen, durch eine nichtlineare Beziehung von Kredit- und Devisenmarktrisikokomponenten gekennzeichnet sind, durch das allgemeine Wechselkursrisiko beeinflusst werden und sich aus einem Verhaltensrisiko ergeben können.[152]

145 Vgl. European Banking Authority, Leitlinien zu den Stresstests der Institute, EBA/GL/2018/04, 19. Juli 2018, S. 32.
146 Vgl. European Banking Authority, Leitlinien zu den Stresstests der Institute, EBA/GL/2018/04, 19. Juli 2018, S. 31.
147 Vgl. European Banking Authority, Leitlinien zu den Stresstests der Institute, EBA/GL/2018/04, 19. Juli 2018, S. 31.
148 Vgl. Committee of European Banking Supervisors, Revised Guidelines on Stress Testing (GL 32), 26. August 2010, S. 38.
149 Vgl. European Banking Authority, Leitlinien zu den Stresstests der Institute, EBA/GL/2018/04, 19. Juli 2018, S. 32.
150 Unter »nicht abgesicherten Kreditnehmern« werden Privatpersonen sowie kleine und mittlere Unternehmen (KMU) als Kreditnehmer ohne natürliche oder finanzielle Absicherung verstanden, die Inkongruenzen zwischen der Kreditwährung und der Absicherungswährung ausgesetzt sind. Zu den natürlichen Absicherungen zählt insbesondere das Erzielen von Einkünften in Fremdwährung, z. B. durch Überweisungen oder Exporterlöse. Finanzielle Absicherungen setzen normalerweise einen Vertrag mit einem Institut voraus. Vgl. European Banking Authority, Guidelines on common procedures and methodologies for the supervisory review and evaluation process (SREP) and supervisory stress testing, EBA/GL/2014/13, Consolidated version, 19. Juli 2018, S. 25.
151 Vgl. European Banking Authority, Guidelines on common procedures and methodologies for the supervisory review and evaluation process (SREP) and supervisory stress testing, EBA/GL/2014/13, Consolidated version, 19. Juli 2018, S. 16f.
152 Vgl. European Banking Authority, Leitlinien zu den Stresstests der Institute, EBA/GL/2018/04, 19. Juli 2018, S. 44f.

Das »strukturelle Fremdwährungsrisiko« bezeichnet hingegen das Risiko infolge des Einsatzes **110** von Eigenkapital in Offshore-Niederlassungen und Tochterunternehmen in einer Währung, die nicht der Berichtswährung des Mutterunternehmens entspricht, und wird i.d.R. beim Marktpreisrisiko berücksichtigt.[153]

Den entsprechenden Leitlinien der EBA zufolge sollen die Institute im Falle der Wesentlichkeit **111** dieses Risikos fremdwährungsbedingte Schocks in ihre Stressszenarien einbeziehen, um zu prüfen, ob sie starken Wechselkursschwankungen standhalten können. Diese Stresstests sollen ggf. Schocks der Währungsvereinbarungen und daraus resultierende Änderungen der Rückzahlungsfähigkeit der Kreditnehmer für das gesamte Portfolio und für jede einzelne Währung einschließen. Den Ergebnissen der Stresstests sollen die Institute durch angemessene Abhilfemaßnahmen Rechnung tragen. Sofern die zuständigen Behörden Zweifel an der Angemessenheit dieser Stresstests haben, können sie den Instituten z.B. Szenarien empfehlen oder aufsichtliche Stresstests auf institutsspezifischer Basis durchführen.[154]

Die Institute sollten u.a. berücksichtigen, dass das Fremdwährungskreditrisiko durch eine **112** nichtlineare Beziehung von Kredit- und Devisenmarktrisikokomponenten gekennzeichnet ist, durch das allgemeine Wechselkursrisiko beeinflusst wird und sich aus dem Fehlverhaltensrisiko ergeben kann. Außerdem kann die Unfähigkeit des Kreditnehmers zur Schuldentilgung auf Risiken im Zusammenhang mit seinen Einnahmequellen, mit der wirtschaftlichen Lage des Landes, auf das die Währung lautet, oder mit der Währung selbst zurückzuführen sein. Das Fremdwährungskreditrisiko kann sich in einer Erhöhung des ausstehenden Kreditbetrages, einer Erhöhung des ausstehenden Kapitaldienstes oder einer Minderung des Wertes der auf die Landeswährung lautenden Sicherheiten niederschlagen. In den Stressszenarien sollte u.a. angenommen werden, dass der Wechselkurs der Leitwährung um einen bestimmten Prozentsatz steigt, sich der Wechselkurs um einen bestimmten Prozentpunkt ändert oder beides gleichzeitig passiert. Die aus dem Fremdwährungskreditrisiko resultierenden Verluste sollten getrennt von den übrigen Kreditrisikoverlusten ermittelt werden.[155]

Beim Stresstest des Fremdwährungskreditrisikos sollten die Institute zumindest die folgenden **113** Faktoren berücksichtigen: die Art des Wechselkursregimes und deren mögliche Auswirkung auf die Entwicklung des Wechselkurses zwischen inländischen und ausländischen Währungen, die Sensitivität der Wechselkursschwankungen in Bezug auf die Kreditwürdigkeit der Kreditnehmer, mögliche Konzentrationen der Kreditvergabe in einer einzigen Fremdwährung oder in einer begrenzten Anzahl hoch korrelierter Fremdwährungen, mögliche Konzentrationen der Kreditvergabe in bestimmten Wirtschaftszweigen in Landeswährung, die in Fremdwährungsländern oder -märkten zum Kerngeschäft gehören und deren Entwicklung stark mit Fremdwährungen korreliert ist, sowie die Fähigkeit, die Refinanzierung für diese Art von Portfolio zu sichern. Bei der Bewertung der potenziellen Auswirkungen von Fremdwährungskrediten auf die Rentabilität in einem bestimmten Szenario sollten die Institute ggf. die Rechtsordnung und die entsprechende Rechtsprechung einbeziehen, die die Institute dazu zwingen können, Fremdwährungskredite in Landeswährung zu Wechselkursen zu vergeben, die deutlich unter denen des Marktes liegen.[156]

Bei einem angemessenen Umgang mit dem Fremdwährungskreditrisiko sollte allerdings auch **114** darauf geachtet werden, dass bestimmte Umstände, wie z.B. die Arbeitsplatzsituation in grenznahen Gebieten, nicht unbedingt mit einem erhöhten Risiko verbunden sind. So kann es z.B. möglich sein, dass sich die Kreditwährung zwar von der Heimatwährung unterscheidet, allerdings

---

153 Vgl. European Banking Authority, Guidelines on common procedures and methodologies for the supervisory review and evaluation process (SREP) and supervisory stress testing, EBA/GL/2014/13, Consolidated version, 19. Juli 2018, S. 24.

154 Vgl. European Banking Authority, Leitlinien zu Kapitalmaßnahmen für Fremdwährungskreditvergabe an nicht abgesicherte Kreditnehmer im Rahmen der aufsichtlichen Überprüfung und Bewertung (SREP), EBA/GL/2013/02, 20. Dezember 2013, S. 13.

155 Vgl. European Banking Authority, Leitlinien zu den Stresstests der Institute, EBA/GL/2018/04, 19. Juli 2018, S. 44.

156 Vgl. European Banking Authority, Leitlinien zu den Stresstests der Institute, EBA/GL/2018/04, 19. Juli 2018, S. 44f.

nicht von den (sicheren) Einnahmequellen. In diesem Fall wäre das Risiko bei einem Kredit in der Heimatwährung sogar größer. Im Unternehmensbereich ist es wiederum nicht unüblich, dass die Einnahmen in verschiedenen Währungen durch ein professionelles Zins- und Währungsmanagement der Treasury gegen Risiken abgesichert werden.

2.12.3 Stresstests für außerbilanzielle Gesellschaftskonstruktionen und Verbriefungstransaktionen

115   Im Rahmen der Stresstests sind auch Risiken aus außerbilanziellen Gesellschaftskonstruktionen und Verbriefungstransaktionen zu berücksichtigen. Das Verbriefungsrisiko ergibt sich aus strukturierten Kreditprodukten, die in der Regel durch Umschichtung der Zahlungsströme (»Cashflows«) aus einem Pool von Vermögenswerten in verschiedene Tranchen oder forderungsbesicherte Wertpapiere (»Asset Backed Securities«) unter Berücksichtigung der unterschiedlichen Positionen entstehen, die ein Institut im Verbriefungsprozess als Originator, Sponsor oder Investor einnehmen kann.[157]

116   Bei der Risikoinventur, in deren Rahmen sich ein Institut einen Überblick über seine Risiken verschafft und diese anschließend auf Wesentlichkeit prüft, sind auch Risiken aus außerbilanziellen Gesellschaftskonstruktionen zu betrachten, wie z.B. Risiken aus nicht konsolidierungspflichtigen Zweckgesellschaften (→ AT 2.2 Tz. 2, Erläuterung). Deshalb sollten die Stresstests im Hinblick auf die bilanziellen und außerbilanziellen Aktiva und Passiva eines Institutes die relevanten strukturierten Einheiten (»structured entities«) nicht außer Acht lassen.[158]

117   Wie sich in der Finanzmarktkrise gezeigt hat, wurden Risiken aus komplexen strukturierten Produkten häufig unterschätzt, weil sich die Institute zu sehr auf externe Ratings oder historisch beobachtete Credit Spreads (scheinbar) ähnlicher Produkte, wie Institutsanleihen mit dem gleichen externen Rating, verlassen haben. Auf diese Weise konnten die relevanten Risikomerkmale nicht hinreichend erfasst werden. Sofern bei der Beurteilung des Risikos von Verbriefungsprodukten auf externe Ratings abgestellt wird, sollten die externen Ratings kritisch überprüft werden, indem diese Ratings einschließlich der spezifischen Wertminderungsraten je Ratingklasse selbst gestresst werden, z.B. durch einen Stress von (historischen) Ratingübergangsmatrizen.[159]

118   Beim Stresstest für Verbriefungen muss das Kreditrisiko des zugrunde liegenden Pools von Vermögenswerten, einschließlich des Ausfallrisikos und der möglicherweise nichtlinearen und dynamischen Ausfallkorrelationen sowie der Entwicklung der Sicherheitenwerte, berücksichtigt werden. Die Institute sollten alle relevanten Informationen in Bezug auf die spezifische Struktur jeder Verbriefung berücksichtigen, wie z.B. die Seniorität der Tranche, die Stärke der Tranche, Kreditverbesserungen und die Granularität, ausgedrückt in der tatsächlichen Anzahl der Forderungen. Die Sensitivität gegenüber systemischen Effekten auf allen Ebenen des strukturierten Produktes, die sich z.B. in Liquiditätsausfällen oder erhöhten Korrelationen zeigt, sollte umsichtig berücksichtigt werden. Auch die Auswirkungen von Reputationsrisiken, z.B. auf die Refinanzierung, sollten bewertet werden. Die Stresstests sollten alle relevanten vertraglichen Vereinbarungen, die möglichen Auswirkungen der in die Verbriefungsstruktur eingebetteten auslösenden Ereignisse (»trigger events«), wie z.B. Regelungen für eine vorzeitige Rückzahlung, die Hebelwirkung der Verbriefungsstruktur und die aus der Struktur resultierenden Liquiditäts- bzw. Refinanzierungsrisiken, wie z.B. Zahlungsinkongruenzen oder Vorauszahlungsmodalitäten auch in Bezug auf Zinsänderungen, berücksichtigen. Schließlich sollten die Stressszenarien auch den Ausfall einer oder mehrerer der an der Verbriefungsstruktur beteiligten Vertragsparteien in

---

157 Vgl. European Banking Authority, Leitlinien zu den Stresstests der Institute, EBA/GL/2018/04, 19. Juli 2018, S. 32.
158 Vgl. European Banking Authority, Leitlinien zu den Stresstests der Institute, EBA/GL/2018/04, 19. Juli 2018, S. 17.
159 Vgl. European Banking Authority, Leitlinien zu den Stresstests der Institute, EBA/GL/2018/04, 19. Juli 2018, S. 33.

Betracht ziehen, insbesondere derjenigen, die als Garanten für bestimmte Tranchen fungieren.[160] In diesem Zusammenhang sollte ggf. auch das »Platzierungsrisiko« berücksichtigt werden. Dieses Risiko entsteht, wenn ein Institut aufgrund von institutsspezifischen oder marktweiten Stress-situationen nicht in der Lage ist, den erforderlichen Zugang zum Markt für Verbriefungen zu bekommen (→ AT 2.2 Tz. 2).

Bei der Konzeption der Stresstests für strukturierte Kreditprodukte sollten die Institute berück-   **119** sichtigen, dass sich deren Auswirkungen auf der Ebene des Forderungspools in erhöhten Ausfällen (oder Ausfallwahrscheinlichkeiten und Verlustquoten) niederschlagen und somit erhöhte erwartete Verluste, Wertminderungsraten und regulatorische Eigenkapitalanforderungen (sowie erhöhte Wahrscheinlichkeiten für Herabstufungen) erwarten lassen. Zusätzliche Auswirkungen können sich aus einem Rückgang der Netto-Zahlungsströme, höheren Handelsverlusten und Wertberichtigungen oder aus der Verschlechterung aufsichtsrechtlicher Kennzahlen ergeben, wie z.B. der strukturellen Liquiditätsquote (»Net Stable Funding Ratio«, NSFR).[161]

2.12.4 Stresstests für Marktpreisrisiken des Handelsbuches

Stresstests sind auch für die Marktpreisrisiken inklusive der Zinsänderungsrisiken im Handels-   **120** buch erforderlich. Dabei geht es in erster Linie um jene Risiken, die sich aus nachteiligen Wertänderungen von Positionen wie Rohstoffen, Krediten, Aktien, Wechselkursen und Zinssätzen aufgrund von Marktpreisschwankungen ergeben. Die Institute sollten mit Blick auf die entsprechenden Rechnungslegungsvorschriften zur Klassifizierung von finanziellen Vermögenswerten bei den Stresstests sowohl die Positionen u.a. aus dem Handelsbestand, die sich in der Gewinn- und Verlustrechnung niederschlagen (»Fair Value Through Profit or Loss«, FVTPL), als auch jene Positionen einbeziehen, die sich im sonstigen Ergebnis finden (»Fair Value Through Other Comprehensive Income«, FVOCI). Verbriefungspositionen und Pfandbriefe sollten dabei berücksichtigt werden.[162]

Die Institute sollten eine Reihe strenger, aber plausibler Szenarien auf sämtliche Positionen   **121** anwenden, z.B. außergewöhnliche Veränderungen der Marktpreise, Liquiditätsengpässe auf den Märkten oder Ausfälle großer Marktteilnehmer. Abhängigkeiten und Korrelationen zwischen verschiedenen Märkten und daraus resultierende nachteilige Veränderungen dieser Korrelationen sowie die Auswirkungen auf die Bewertungsanpassungen (»Credit Valuation Adjustments«, CVA) und die mit den Portfolios verbundenen Rücklagen (z.B. Liquiditätsreserven, Rücklagen für Modellrisiken) sollten bei den Stresstests in fundierter Weise berücksichtigt werden. Die Institute sollten die Folgen bedeutender Marktstörungen abschätzen und plausible Szenarien identifizieren, die außerordentlich hohe Verluste nach sich ziehen könnten. Diese Szenarien sollten ggf. auch Ereignisse mit geringer Wahrscheinlichkeit für die wesentlichen Risikoarten umfassen. Bei der Kalibrierung der Stresstests sollten die Institute zumindest die Art und die Merkmale ihrer Portfolios und der damit verbundenen Finanzinstrumente (z.B. Plain-Vanilla-Produkte oder exotische Produkte, Liquidität, Laufzeit), ihre Handelsstrategien sowie die Möglichkeiten, die Kosten und die Zeit zur Absicherung oder Steuerung von Risiken unter schwierigen Marktbedingungen berücksichtigen. Da sich die Finanzinstrumente und die Handelsstrategien im Laufe der Zeit ändern, sollten die Stresstests diesen Veränderungen Rechnung tragen.[163]

Typische Vorgehensweisen bei Stresstests für Marktpreisrisiken beziehen sich auf Parallelver-   **122** schiebungen oder Drehungen von Zinskurven, Veränderungen von Aktienindizes, Wertpapier-

160 Vgl. European Banking Authority, Leitlinien zu den Stresstests der Institute, EBA/GL/2018/04, 19. Juli 2018, S. 33.
161 Vgl. European Banking Authority, Leitlinien zu den Stresstests der Institute, EBA/GL/2018/04, 19. Juli 2018, S. 33.
162 Vgl. European Banking Authority, Leitlinien zu den Stresstests der Institute, EBA/GL/2018/04, 19. Juli 2018, S. 34.
163 Vgl. European Banking Authority, Leitlinien zu den Stresstests der Institute, EBA/GL/2018/04, 19. Juli 2018, S. 34.

kursen oder Wechselkursen und Volatilitäten. Darüber hinaus können Sensitivitätsanalysen wertvolle Hinweise für die Entwicklung des Portfolios liefern, indem z. B. kurzfristige Veränderungen des »Credit Spread«, d. h. des Zinsaufschlages für bestimmte Bonitätsklassen gegenüber dem risikolosen Zins, untersucht werden.[164] Unter dem »Credit-Spread-Risiko« wird das Risiko verstanden, dass aus Schwankungen des Credit Spreads eine (negative) Änderung des Marktwertes von Schuldverschreibungen resultiert.[165]

123 Zur Analyse des Zinsänderungsrisikos kann ein Zinsanstieg oder ein Zinsrückgang unterstellt werden. Steigende Zinsen führen bei einer klassischen Bilanzstruktur mit überwiegend kurzfristigen Passiva und überwiegend langfristigen Aktiva zu Verlusten und spielen daher in Stresstests eine größere Rolle. Hinsichtlich des Aktienkursrisikos, das insbesondere für die größeren Institute wegen ihres stärkeren Engagements im Eigenhandel von wesentlicher Bedeutung ist, wurde z. B. im Jahr 2007 ein weltweiter Aktienkursrutsch von 30 Prozent als angemessenes Szenario angesehen. Für das Wechselkursrisiko konnte damals von einer Euro-Aufwertung und einer Euro-Abwertung von jeweils 15 Prozent gegenüber allen anderen Währungen ausgegangen werden. Zur Ermittlung des Volatilitätsrisikos, das insbesondere für die Bewertung außerbilanzieller Positionen eine Rolle spielt, konnte eine Zunahme der jeweiligen Volatilitäten um 50 Prozent unterstellt werden. Für die Ermittlung des Credit-Spread-Risikos konnten die unterstellten Änderungen je nach Bonitätsklasse zwischen 10 und 200 Basispunkten variieren.[166] Die damals vorgeschlagenen Veränderungen sollten jeweils an die aktuelle Marktsituation angepasst werden. Betrachtet man z. B. die enormen Wertschwankungen, denen im Zuge der Staatsschuldenkrise im Euroraum die Anleihen einiger Mitgliedstaaten ausgesetzt waren und teilweise immer noch sind, so lagen diese sicherlich außerhalb der bisherigen Vorstellungskraft der Marktteilnehmer. Insofern wäre ein zuvor erdachtes Stressszenario vermutlich einer Unterzeichnung des tatsächlichen Risikos gleichgekommen.

124 Die Durchführung von Stresstests im Marktpreisrisikobereich kann in Abhängigkeit von der Komplexität der zugrunde liegenden Produkte alles andere als trivial sein. So entstehen z. B. aufgrund von eingebetteten Optionen asymmetrische Auszahlungsprofile oder Hebelwirkungen, die sich bereits bei kleinen Änderungen der Risikoparameter erheblich auf den Wert des untersuchten Portfolios auswirken können. Darüber hinaus kann die Anfälligkeit von Produkten, die ständigen Anpassungen unterliegen (wie z. B. Fonds), gegenüber Parameteränderungen stark schwanken. Schließlich können bestimmte Produkte auf einige Szenarien überhaupt nicht und auf andere Szenarien dafür umso stärker reagieren. Diese Probleme stellen die Institute vor große Herausforderungen bei der Wahl geeigneter Verfahren.[167]

2.12.5 Stresstests für Zinsänderungsrisiken des Anlagebuches

125 Unter dem »Zinsänderungsrisiko« versteht man generell das bestehende oder künftige Risiko in Bezug auf die Erträge und Eigenmittel des Institutes infolge ungünstiger Zinssatzänderungen.[168] Das »Zinsänderungsrisiko im Anlagebuch« (»Interest Rate Risk in the Banking Book«, IRRBB) betrifft konkret die Auswirkung ungünstiger Zinssatzänderungen auf zinssensitive Instrumente,

---

164 Vgl. Federal Reserve Bank of San Francisco, Stress Tests: Useful Complements to Financial Risk Models, in: FRBSF Economic Letter 2005-14, Juni 2005.

165 Vgl. European Banking Authority, Guidelines on common procedures and methodologies for the supervisory review and evaluation process (SREP) and supervisory stress testing, EBA/GL/2014/13, Consolidated version, 19. Juli 2018, S. 23.

166 Vgl. Deutsche Bundesbank, Stresstests: Methoden und Anwendungsgebiete, in: Finanzstabilitätsbericht 2007, November 2007, S. 108.

167 Vgl. Eulering, Georg, Integration von Stresstests in Risikosteuerung und -controlling, in: Pfeifer, Guido/Ullrich, Walter (Hrsg.), MaRisk-Interpretationshilfen, 2. Auflage, Heidelberg, 2009, S. 144 f.

168 Vgl. European Banking Authority, Guidelines on common procedures and methodologies for the supervisory review and evaluation process (SREP) and supervisory stress testing, EBA/GL/2014/13, Consolidated version, 19. Juli 2018, S. 23.

einschließlich Gap-Risiko, Basisrisiko und Optionsrisiko. Das sich aus der Laufzeitstruktur zinssensitiver Instrumente ergebende Risiko, das aus zeitlichen Unterschieden bei der Zinsänderung resultiert und die Veränderungen der Zinsstruktur abdeckt, nennt man »Gap-Risiko«. Es kann über die Zinskurve hinweg konsistent (paralleles Risiko) oder differenziert nach Perioden (nicht-paralleles Risiko) auftreten. Das Risiko einer Auswirkung von relativen Zinsänderungen auf zinssensitive Instrumente, die ähnliche Laufzeiten haben, aber mit unterschiedlichen Zinsindizes bewertet werden, nennt man »Basisrisiko«. Es ergibt sich aus der unvollkommenen Korrelation bei der Anpassung der erhaltenen und gezahlten Zinssätze verschiedener zinssensitiver Instrumente mit ansonsten ähnlichen Zinsänderungseigenschaften. Das Risiko aus eingebetteten und expliziten Optionen, bei denen das Institut oder sein Kunde die Höhe und den Zeitpunkt der Zahlungsströme ändern kann, nennt man »Optionsrisiko«. Dabei handelt es sich entweder um das aus zinssensitiven Instrumenten resultierende Risiko, bei denen der Inhaber die Option mit großer Wahrscheinlichkeit ausüben wird, wenn es in seinem finanziellen Interesse liegt (eingebettete oder explizit automatische Optionen), oder das von Anpassungen abhängige Risiko, die implizit oder vertraglich bei zinssensitiven Instrumenten eingebettet sind, so dass Änderungen der Zinssätze eine Änderung des Verhaltens des Kunden beeinflussen können (eingebettete Verhaltensoptionen).[169]

Für Stresstests zu Zinsänderungsrisiken im Anlagebuch gelten zunächst die entsprechenden Vorgaben aus den spezifischen EBA-Leitlinien. Demzufolge sollten die Institute im Rahmen des ICAAP strenge, vorausschauende IRRBB-Stresstests durchführen, um die eventuellen nachteiligen Auswirkungen gravierender Veränderungen der Marktbedingungen auf ihre Kapitalausstattung oder ihre Ertragssituation zu beurteilen, auch unter Berücksichtigung von Änderungen im Verhalten ihrer Kundenbasis. Das IRRBB-Stresstestprogramm sollte klar definierte Ziele, auf die Geschäftsaktivitäten und Risiken des Institutes zugeschnittene Szenarien, gut dokumentierte Annahmen und solide Methoden enthalten.[170] **126**

Zur Prüfung von Schwachstellen unter Stressbedingungen sollten die Institute größere und extremere Verschiebungen und Änderungen der Zinssätze verwenden als für die Zwecke des laufenden Risikomanagements. Berücksichtigt werden sollten zumindest wesentliche Änderungen im Verhältnis zwischen den wichtigsten Marktzinsen (Basisrisiko), plötzliche und erhebliche Verschiebungen der Zinskurve – sowohl parallel als auch nicht-parallel (Gap-Risiko), ein Versagen der wichtigsten Annahmen zum Verhalten von Aktiva und Passiva, Änderungen der Annahmen zur Leitzinskorrelation, wesentliche Änderungen der aktuellen Marktbedingungen und makroökonomischen Bedingungen sowie des Wettbewerbs- und Wirtschaftsumfeldes und deren mögliche Entwicklung sowie spezifische Szenarien, die sich auf das individuelle Geschäftsmodell und Risikoprofil des Institutes beziehen.[171] **127**

Die für Stresstests zu Zinsänderungsrisiken im Anlagebuch verwendeten Szenarien sollten so gewählt werden, dass sie sowohl für die Zwecke des Art. 98 Abs. 5 CRD IV im ICAAP als auch zur Identifizierung aller wesentlichen Zinsänderungsrisiken geeignet sind, d.h. für das Gap-/Zinskurvenrisiko, das Basis-/Spreadrisiko und das Options-/Vorfälligkeitsrisiko. Das Spreadrisiko ergibt sich aus der Inkongruenz der Referenzzinssätze aufgrund der zeitlichen Differenz zwischen Refinanzierung und Investitionen. Das Vorfälligkeitsrisiko besteht bei Verträgen mit eingebetteten Optionen, die das Institut ggf. in eine neue Transaktion zu ungünstigeren Konditionen zwingen könnten.[172] **128**

---

169 Vgl. European Banking Authority, Leitlinien zur Steuerung des Zinsänderungsrisikos bei Geschäften des Anlagebuchs, EBA/GL/2018/02, 19. Juli 2018, S. 5 f.

170 Vgl. European Banking Authority, Leitlinien zur Steuerung des Zinsänderungsrisikos bei Geschäften des Anlagebuchs, EBA/GL/2018/02, 19. Juli 2018, S. 29.

171 Vgl. European Banking Authority, Leitlinien zur Steuerung des Zinsänderungsrisikos bei Geschäften des Anlagebuchs, EBA/GL/2018/02, 19. Juli 2018, S. 29 f.

172 Vgl. European Banking Authority, Leitlinien zu den Stresstests der Institute, EBA/GL/2018/04, 19. Juli 2018, S. 42.

AT 4.3.3 Stresstests

129   Bei Verwendung weniger komplexer Finanzinstrumente sollten die Institute die Auswirkungen eines Schocks mittels Sensitivitätsanalyse berechnen, ohne Identifizierung der Ursache des Schocks und durch einfache Anwendung des Schocks auf das Portfolio. Werden hingegen komplexere Finanzinstrumente eingesetzt, bei denen der Schock vielfältige und indirekte Auswirkungen hat, sollten die Institute fortgeschrittene Ansätze mit einer spezifischen Definition der adversen Bedingungen (Stressbedingungen) verwenden, die die relevanten institutseigenen Risiken widerspiegeln.[173]

2.12.6   Stresstests für operationelle Risiken

130   Gemäß Art. 4 Abs. 1 Nr. 52 CRR bezeichnet das »operationelle Risiko« das Risiko von Verlusten, die durch die Unangemessenheit oder das Versagen von internen Verfahren, Menschen und Systemen oder durch externe Ereignisse verursacht werden, einschließlich Rechtsrisiken. Vor diesem Hintergrund sollten sich die Institute darüber im Klaren sein, dass die relevanten Risikoparameter für operationelle Risiken aus eben diesen unzureichenden oder misslungenen internen Verfahren und Systemen etc. resultieren und alle Prozesse und Aktivitäten beeinflussen können.[174] Die typischen Risikofaktoren für operationelle Risiken ergeben sich aus der Definition. Die entscheidenden Bewertungskriterien sind folglich die Schadenshöhe und die Schadenshäufigkeit.

131   Jede durch das operationelle Risikoereignis verursachte Auswirkung sollte als operationeller Schadensfall betrachtet werden, z.B. spezifische Auswirkungen von Opportunitätskosten oder interne Kosten für Überstunden, Boni etc., sofern sie sich auf ein operationelles Risikoereignis beziehen. Für die Zwecke des Stresstests sollten zusätzlich alle zukünftigen Ertragsausfälle, die auf operationelle Risikoereignisse zurückzuführen sind, berücksichtigt werden. Zumindest jene Institute, die fortgeschrittene Messansätze (»Advanced Measurement Approaches«, AMA) verwenden, sollten auch jene Verluste berücksichtigen, die zur Berechnung des zusätzlichen Kapitalbedarfes in die interne Schadensfalldatenbank einfließen. Bei Verwendung von historischen Daten, externen Daten oder Szenarien für GuV- und RWA-Projektionen sollten die Institute mögliche Doppelzählungen vermeiden.[175]

132   Die Stresstests sollten auf internen und externen Daten basieren. Dabei sollten die Institute die Verwendung von Skalierungsfaktoren, z.B. zur Reduzierung des Einflusses externer Daten, und die Auswirkungen von einer Anpassung der Skalierungsfaktoren in Stresssituationen sowie die Kriterien zur Beurteilung der Relevanz von Daten, z.B. zur Berücksichtigung von unter normalen Umständen ausgeblendeten seltenen Extremereignissen, sorgfältig analysieren. Die Analyse der Stressereignisse sollte zumindest im Hinblick auf die mögliche Einbeziehung von seltenen Extremereignissen auch Expertenurteile beinhalten. Die Annahmen für die strengen, aber plausiblen Stressereignisse können im Bereich der operationellen Risiken von den Annahmen der Stressszenarien im Kredit- und Marktpreisrisikobereich durchaus abweichen.[176]

133   Die Institute sollten im Stresstestprogramm für operationelle Risiken bestimmte Aspekte analysieren, wozu die EBA die Geschäftsaktivitäten und die damit verbundene Risikokultur, die operativen Verluste in den letzten Jahren, mit einem Fokus auf der Höhe und der Veränderung der Verluste und des Bruttoeinkommens, das Geschäftsumfeld, einschließlich der geografischen Standorte und der makroökonomischen Bedingungen, die Entwicklung der Mitarbeiterzahl sowie der Bilanzsumme und -komplexität in den letzten Jahren, einschließlich struktureller Veränderungen aufgrund von Fusionen und Übernahmen etc., die Änderungen an wesentlichen Elementen der IT-Infrastruktur, den Grad und die Ausrichtung der Anreize in den Vergütungssystemen, die Komplexität von

---

173 Vgl. European Banking Authority, Leitlinien zu den Stresstests der Institute, EBA/GL/2018/04, 19. Juli 2018, S. 42.
174 Vgl. European Banking Authority, Leitlinien zu den Stresstests der Institute, EBA/GL/2018/04, 19. Juli 2018, S. 35.
175 Vgl. European Banking Authority, Leitlinien zu den Stresstests der Institute, EBA/GL/2018/04, 19. Juli 2018, S. 35f.
176 Vgl. European Banking Authority, Leitlinien zu den Stresstests der Institute, EBA/GL/2018/04, 19. Juli 2018, S. 36.

Prozessen und Verfahren, Produkten und IT-Systemen, den Umfang der Auslagerungen unter Berücksichtigung damit verbundener Risikokonzentrationen und externer Marktinfrastrukturen, die Anfälligkeit für Modellrisiken, insbesondere in den Bereichen Handel mit Finanzinstrumenten, Risikomessung und -management sowie Kapitalallokation, zählt.[177]

2.12.7 Stresstests für Fehlverhaltensrisiken

Das »(Fehl-)Verhaltensrisiko« (»(mis-)conduct risk«) bezeichnet das bestehende oder künftige **134** Risiko von Verlusten eines Institutes infolge der unangemessenen Erbringung von Finanzdienstleistungen und der damit verbundenen Prozesskosten, einschließlich Fällen vorsätzlichen oder fahrlässigen Fehlverhaltens.[178] Dieses Risiko wird von der Aufsicht und den Instituten als Unterkategorie der operationellen Risiken betrachtet.

In ihren Stresstests zu Fehlverhaltensrisiken sollten die Institute die Relevanz und Bedeutung **135** der folgenden Risiken und der damit verbundenen Prozesskosten bewerten: Fehlverkäufe von Produkten, sowohl im Retail- als auch im Unternehmensgeschäft, Cross-Selling-Forcierung von nicht benötigten Produkten an Privatkunden, wie z. B. Kontopakete oder Zusatzprodukte, Interessenkonflikte bei der Geschäftsabwicklung, Manipulation von Referenzzinssätzen, Wechselkursen oder anderen Finanzinstrumenten oder Indizes, um die Gewinne des Institutes zu steigern, unlautere Beschränkungen für den Wechsel von Finanzprodukten während ihrer Laufzeit oder für den Wechsel von Finanzdienstleistern, schlecht gestaltete Vertriebskanäle, die Interessenkonflikte mit falschen Anreizen ermöglichen können, unlautere automatische Produktverlängerungen oder Ausstiegsstrafen sowie unsachgemäße Bearbeitung von Kundenreklamationen.[179]

Bei der Bewertung verhaltensbezogener Risiken sollten die Institute die Unsicherheit bezüglich **136** der gebildeten Risikovorsorge für erwartete Verluste und des potenziellen Kapitalbedarfes für unerwartete Verluste aus extremen Ereignissen unter Berücksichtigung der Reputationswirkung von Verhaltensverlusten untersuchen. Hinsichtlich der Risikovorsorge für erwartete Verluste empfiehlt die EBA insbesondere einen Abgleich mit den bestehenden Rechnungslegungsvorschriften, wobei künftige Gewinne einbezogen werden können. Zur Beurteilung extremer Verluste eignet sich insbesondere ein Stresstest. Neben eigenen Einschätzungen sollten zur Bewertung von Fehlverhaltensrisiken historische Verluste, wie z. B. der größte Verhaltensverlust des Institutes in den letzten fünf Jahren, die Höhe des erwarteten jährlichen Verlustes für verhaltensbezogene Risiken, verhaltensbezogene Szenarien, in denen potenzielle Risiken über einen Zeithorizont von z. B. fünf Jahren berücksichtigt werden, sowie Verluste von ähnlichen Unternehmen oder von Unternehmen in ähnlichen Situationen, wie z. B. im Falle von Prozesskosten, berücksichtigt werden.[180]

Die Institute sollten quantitative und qualitative Informationen über den Umfang ihrer Ge- **137** schäftstätigkeit in relevanten, gefährdeten Bereichen sammeln und analysieren. Sie sollten über Informationen zu den wesentlichen Annahmen verfügen, die ihren Schätzungen der verhaltensbezogenen Kosten zugrunde liegen. Sofern eine Schätzung für ein bestimmtes Verhaltensrisiko aufgrund besonders großer Unsicherheit im Ausnahmefall nicht möglich ist, sollte dies klargestellt und nachgewiesen werden.[181]

Da Verhaltensrisiken vielfältige Aspekte umfassen und zahlreichen Geschäftsprozessen und **138** Produkten innewohnen können, werden die zuständigen Behörden im Rahmen des SREP auch die

---

177 Vgl. European Banking Authority, Leitlinien zu den Stresstests der Institute, EBA/GL/2018/04, 19. Juli 2018, S. 36.

178 Vgl. European Banking Authority, Guidelines on common procedures and methodologies for the supervisory review and evaluation process (SREP) and supervisory stress testing, EBA/GL/2014/13, Consolidated version, 19. Juli 2018, S. 22.

179 Vgl. European Banking Authority, Leitlinien zu den Stresstests der Institute, EBA/GL/2018/04, 19. Juli 2018, S. 37.

180 Vgl. European Banking Authority, Leitlinien zu den Stresstests der Institute, EBA/GL/2018/04, 19. Juli 2018, S. 37.

181 Vgl. European Banking Authority, Leitlinien zu den Stresstests der Institute, EBA/GL/2018/04, 19. Juli 2018, S. 38.

AT 4.3.3 Stresstests

Ergebnisse der Geschäftsmodellanalyse nutzen und die Anreizpolitik prüfen, um einen umfassenden Einblick in die Quellen von Verhaltensrisiken zu erlangen. Dabei geht es auch um eine etwaige marktbeherrschende Stellung des Institutes als wesentliches Risiko für ein Fehlverhalten, z.B. infolge eines kartellartigen Verhaltens.[182]

2.12.8   Stresstests für IKT-Risiken

139   Das »Informations- und Kommunikationstechnologie-Risiko« (IKT-Risiko) wurde zunächst als Risiko von Verlusten aufgrund der Unzweckmäßigkeit oder des Versagens der Hard- und Software technischer Infrastrukturen verstanden, welche die Verfügbarkeit, Integrität, Zugänglichkeit und Sicherheit dieser Infrastrukturen oder der Daten beeinträchtigen können.[183] Neueren Definitionen zufolge wird damit das Risiko von Verlusten durch die Verletzung der Vertraulichkeit, das Versagen der System- und Datensicherheit, die Unangemessenheit oder Nichtverfügbarkeit von Systemen und Daten oder die Unfähigkeit, die IT innerhalb angemessener Zeit und mit angemessenem Aufwand zu ändern, wenn sich die Umgebungsbedingungen oder die Geschäftsanforderungen ändern (z.B. Agilität), bezeichnet.[184]

140   Das IKT-Risiko kann wiederum in verschiedene Risikokategorien unterteilt werden, die durch geeignete Wahl der Risikofaktoren beim Stresstest entsprechend berücksichtigt werden müssten. Unter dem »IKT-Verfügbarkeits- und Kontinuitätsrisiko« wird das Risiko verstanden, dass die Leistung und die Verfügbarkeit von IKT-Systemen und -Daten nachteilig beeinflusst werden. Dazu gehört auch die mangelnde Fähigkeit, die Dienste des Institutes infolge eines Ausfalls von IKT-Hardware- oder -Softwarekomponenten, von Schwächen im IKT-Systemmanagement oder eines sonstigen Ereignisses rechtzeitig wiederherzustellen. Das »IKT-Sicherheitsrisiko« betrifft das Risiko eines unbefugten Zugangs zu IKT-Systemen und eines unbefugten Datenzugriffs von innerhalb oder außerhalb des Institutes, z.B. durch Cyber-Attacken. Das »IKT-Änderungsrisiko« beschreibt das Risiko, das sich aus der mangelnden Fähigkeit des Institutes ergibt, IKT-Systemänderungen zeitgerecht und kontrolliert zu steuern, insbesondere was umfangreiche und komplexe Änderungsprogramme angeht. Unter dem »IKT-Datenintegritätsrisiko« wird das Risiko verstanden, dass die gespeicherten und verarbeiteten Daten über verschiedene IKT-Systeme hinweg unvollständig, ungenau oder inkonsistent sind, z.B. aufgrund mangelhafter oder fehlender IKT-Kontrollen während der verschiedenen Phasen des Lebenszyklus dieser Daten. Dies führt dazu, dass die Fähigkeit eines Institutes zur Erbringung von Dienstleistungen und zur ordnungsgemäßen und zeitgerechten Produktion von (Risiko-)Management- und Finanzinformationen beeinträchtigt wird. Der Lebenszyklus der Daten betrifft den Entwurf der Datenarchitektur, die Entwicklung des Datenmodells oder der Datenbeschreibungsverzeichnisse, die Überprüfung von Dateneingaben sowie die Kontrolle von Datenextraktionen, -übertragungen und -verarbeitungen, einschließlich der erfolgten Datenausgaben. Das »IKT-Auslagerungsrisiko« zielt auf das Risiko, dass die Beauftragung eines Dritten oder eines anderen Gruppenunternehmens (gruppeninterne Auslagerung) mit der Bereitstellung von IKT-Systemen oder der Erbringung damit zusammenhängender Dienstleistungen die Leistungsfähigkeit und das Risikomanagement des Institutes nachteilig beeinflusst.[185] Die EBA hat diesen fünf Risikokategorien zur besseren Orientierung eine nicht erschöp-

---

182 Vgl. European Banking Authority, Guidelines on common procedures and methodologies for the supervisory review and evaluation process (SREP) and supervisory stress testing, EBA/GL/2014/13, Consolidated version, 19. Juli 2018, S. 109.

183 Vgl. European Banking Authority, Guidelines on common procedures and methodologies for the supervisory review and evaluation process (SREP) and supervisory stress testing, EBA/GL/2014/13, Consolidated version, 19. Juli 2018, S. 23.

184 Vgl. European Banking Authority, Guidelines on common procedures and methodologies for the supervisory review and evaluation process (SREP) and supervisory stress testing, EBA/GL/2014/13, Consolidated version, 19. Juli 2018, S. 23.

185 Vgl. European Banking Authority, Leitlinien für die IKT-Risikobewertung im Rahmen des aufsichtlichen Überprüfungs- und Bewertungsprozesses (SREP), EBA/GL/2017/05, 11. September 2017, S. 3f.

fende Liste von potenziell schwerwiegenden IKT-Risiken oder IKT-Risiken mit operationellen, reputationsbezogenen oder finanziellen Auswirkungen zugeordnet.[186]

Die IT-Systeme (Hardware- und Software-Komponenten), die zugehörigen IT-Prozesse und **141** sonstige Bestandteile des Informationsverbundes müssen die Integrität, die Verfügbarkeit, die Authentizität sowie die Vertraulichkeit der Daten sicherstellen (→ AT 7.2 Tz. 2). Nähere Vorgaben dazu finden sich in den Bankaufsichtlichen Anforderungen an die IT (BAIT).

Bei der Bewertung des Risikomanagements und der internen Kontrollen des Institutes müssen die **142** zuständigen Behörden für die Zwecke des SREP u. a. prüfen, ob die IKT-Risiken bei den operationellen Risiken unter normalen und adversen Bedingungen angemessen berücksichtigt sind.[187] Insofern müssen die Institute auch in diesem Bereich geeignete Stresstests durchführen. Hier wird allerdings weniger eine Auswirkung auf das Eigenkapital oder die Gewinn- und Verlustrechnung simuliert, als vielmehr die Widerstandsfähigkeit des Institutes gegenüber diesen Risiken untersucht. Die Angemessenheit des Risikomanagements hinsichtlich der IKT-Risiken wird neben der Beachtung entsprechender Industriestandards im IT-Bereich vor allem an folgenden Gesichtspunkten festgemacht: der Qualität und Wirksamkeit von Tests und Plänen zur Aufrechterhaltung des Geschäftsbetriebes, der Sicherheit des internen und externen Zugangs zu Systemen und Daten, der Genauigkeit und Integrität der für Berichterstattung, Risikomanagement, Rechnungslegung, Bestandsführung etc. verwendeten Daten sowie der Agilität hinsichtlich der Durchführung von notwendigen Anpassungen, wobei die Komplexität der IT-Architektur sowie deren Auswirkung auf die vorstehenden Elemente zu berücksichtigen sind. Die zuständigen Behörden werden beim SREP dazu insbesondere Berichte über interne Zwischenfälle und ggf. interne Prüfberichte sowie weitere Indikatoren heranziehen, die vom Institut zur Messung und Überwachung des IKT-Risikos verwendet werden. Um festzustellen, in welchem Ausmaß sich das IKT-Risiko auf Verluste oder einen Reputationsschaden für das Institut auswirken kann, werden sie auch entsprechende Stresstestergebnisse verwenden.[188]

2.12.9 Stresstests aufgrund von Modellrisiken

Im Rahmen des SREP werden die zuständigen Behörden auch das Modellrisiko bewerten, das sich **143** aus der Verwendung interner Modelle in den wesentlichen Geschäftsbereichen und Geschäftstätigkeiten ergibt.[189] Dabei unterscheidet die EBA zwischen dem Risiko einer Unterschätzung der Eigenmittelanforderungen durch die genehmigungspflichtigen Modelle und dem Risiko von Verlusten, die durch vom Institut entwickelte, umgesetzte oder nicht korrekt verwendete andere Modelle für Entscheidungsprozesse herbeigeführt werden können, wie z. B. zum Pricing, zur Bewertung von Finanzinstrumenten oder zur Limit-Überwachung. Das Modellrisiko der internen Modelle für die Zwecke der ersten Säule sollte in die Bewertung der jeweiligen Kapitalrisiken einfließen und ggf. bei der Zulassung interner Modelle für diese Zwecke berücksichtigt werden.[190] Das Risiko hinsichtlich der anderen Modelle, die vornehmlich für die Zwecke der zweiten Säule

---

186 Vgl. European Banking Authority, Leitlinien für die IKT-Risikobewertung im Rahmen des aufsichtlichen Überprüfungs- und Bewertungsprozesses (SREP), EBA/GL/2017/05, 11. September 2017, S. 27 ff.

187 Vgl. European Banking Authority, Leitlinien für die IKT-Risikobewertung im Rahmen des aufsichtlichen Überprüfungs- und Bewertungsprozesses (SREP), EBA/GL/2017/05, 11. September 2017, S. 11.

188 Vgl. European Banking Authority, Guidelines on common procedures and methodologies for the supervisory review and evaluation process (SREP) and supervisory stress testing, EBA/GL/2014/13, Consolidated version, 19. Juli 2018, S. 110.

189 Vgl. European Banking Authority, Guidelines on common procedures and methodologies for the supervisory review and evaluation process (SREP) and supervisory stress testing, EBA/GL/2014/13, Consolidated version, 19. Juli 2018, S. 110.

190 Vgl. European Banking Authority, Draft Guidelines on common procedures and methodologies for the supervisory review and evaluation process (SREP) and supervisory stress testing under Directive 2013/36/EU, Consultation Paper, EBA/CP/2021/26, 28. Juni 2021, S. 90 und 121 f.

genutzt werden, kann entweder im Rahmen der Bewertung des operationellen Risikos[191] oder als eigenständige Risikokategorie im ICAAP berücksichtigt werden.

144 Die EBA verweist für die Zwecke der ersten Säule auf die Definitionen und Anforderungen, die in der gemäß Art. 312 Abs. 4 CRR erlassenen Delegierten Verordnung der Kommission festgelegt sind.[192] Darauf wurde bereits im Einführungsteil zu diesem Modul ausführlich eingegangen. Die EBA weist in diesem Zusammenhang insbesondere darauf hin, dass sich das Modellrisiko in schweren Stressszenarien erhöht und zu einem Ausfall der Modellvorhersagbarkeit führen kann.[193] Dies sollte nicht nur bei den Stresstests für die Zwecke der ersten Säule berücksichtigt werden.

145 Mit Blick auf das Risiko aus der Verwendung von Modellen für die Zwecke der zweiten Säule wird von den Instituten erwartet, dass sie sich dessen Auswirkungen bewusst sind und diesen auf angemessene Weise begegnen. Dafür sollten die Institute insbesondere beurteilen, welche Bedeutung die jeweiligen Entscheidungsprozesse für das Institut haben, und auf dieser Basis angemessene Kontrollmechanismen einrichten. In der Regel werden derartige Modelle vorrangig beim Handel mit Finanzinstrumenten, bei der Risikomessung und dem Risikomanagement sowie bei der Kapitalallokation eingesetzt und zuvor intern abgenommen. Die Kontrollmechanismen können z. B. auf eine interne Validierung, einen Rückvergleich (»Backtesting«) oder eine Überprüfung auf Basis von Expertenurteilen hinauslaufen. Für diejenigen Geschäftsbereiche, die Modelle in höherem Maße nutzen, kann mit Hilfe von Stresstests beurteilt werden, wie bedeutend die Auswirkung des Modellrisikos sein kann.[194] In der Praxis werden zu diesem Zweck vorrangig Sensitivitätsanalysen für einzelne Risikofaktoren durchgeführt.

146 Bei Verwendung von Modellen zur Berechnung des Kapitalbedarfes für bestimmte Risikoarten sollten die jeweiligen Besonderheiten dieser Risikoarten angemessen berücksichtigt werden. Zum Beispiel sollte sich das zusätzliche Risiko im Zusammenhang mit der Kreditvergabe in Fremdwährungen in höheren Risikogewichten dieser Aktiva niederschlagen. Die nicht abschließende Liste der in den Modellen verwendeten Variablen sollte Zinsdisparitäten, Kredit-LTV, Währungs-Kreuzkorrelationen und Volatilitäten umfassen. Die Institute sollten mögliche Schwächen interner Modelle berücksichtigen, die z. B. darauf zurückzuführen sein können, dass sich die Geldpolitik in Krisenzeiten vielfach auf die Stimulierung der Realwirtschaft durch eine deutliche Senkung der Referenzzinsen konzentriert, und Währungsaufwertungen teilweise durch sinkende Zinssätze ausgeglichen werden, was aufgrund der beschränkten oder nicht vorhandenen Möglichkeiten insbesondere im Niedrig- oder Nullzinsumfeld zu einer Unterschätzung des Fremdwährungskreditrisikos führen kann.[195]

147 Der Baseler Ausschuss für Bankenaufsicht erwartet, dass die Modelle dem jeweiligen Zweck der Stresstests entsprechen. Das läuft vor allem darauf hinaus, die Abdeckung, Segmentierung und Granularität der Daten und Risikoarten im Einklang mit den Zielen des Stresstestprogramms angemessen zu definieren sowie die Komplexität der Modelle an den Zielen der Übung sowie der Art und der Bedeutung der untersuchten Portfolios zu orientieren. An der Modellentwicklung

---

191 Vgl. European Banking Authority, Guidelines on common procedures and methodologies for the supervisory review and evaluation process (SREP) and supervisory stress testing, EBA/GL/2014/13, Consolidated version, 19. Juli 2018, S. 104f.

192 Delegierte Verordnung (EU) Nr. 529/2014 der Kommission vom 12. März 2014 zur Ergänzung der Verordnung (EU) Nr. 575/2013 des Europäischen Parlaments und des Rates durch technische Regulierungsstandards für die Beurteilung der Wesentlichkeit von Erweiterungen und Änderungen des auf internen Beurteilungen basierenden Ansatzes und des fortgeschrittenen Messansatzes, Amtsblatt der Europäischen Union vom 20. Mai 2014, L 148/36–49. Mittlerweile ist für diese Zwecke die Delegierte Verordnung (EU) 2018/959 der Kommission vom 14. März 2018 zur Ergänzung der Verordnung (EU) Nr. 575/2013 des Europäischen Parlaments und des Rates durch technische Regulierungsstandards zur Festlegung der Beurteilungsmethode, nach der die zuständigen Behörden Instituten die Verwendung fortgeschrittener Messansätze für operationelle Risiken gestatten, Amtsblatt der Europäischen Union vom 6. Juli 2018, L 169/1–26, zu beachten.

193 Vgl. European Banking Authority, Leitlinien zu den Stresstests der Institute, EBA/GL/2018/04, 19. Juli 2018, S. 27.

194 Vgl. European Banking Authority, Guidelines on common procedures and methodologies for the supervisory review and evaluation process (SREP) and supervisory stress testing, EBA/GL/2014/13, Consolidated version, 19. Juli 2018, S. 110f.

195 Vgl. European Banking Authority, Leitlinien zu den Stresstests der Institute, EBA/GL/2018/04, 19. Juli 2018, S. 45f.

sollten neben den Fachexperten auch die vom Stresstest direkt Betroffenen beteiligt sein, um Einblicke in die zu modellierenden Risiken zu gewinnen und die Geschäftsziele, Geschäftsfaktoren, Risikofaktoren und andere für den Stresstest relevanten Informationen zu identifizieren. Die Wechselwirkungen zwischen den verschiedenen Risikoarten sowie die Verknüpfungen zwischen den Modellen sollten berücksichtigt werden, ebenso die Zusammenhänge zwischen Solvenz- und Liquiditätsstresstests. Besonders betont wird die Verwendung von Expertenschätzungen zur Qualitätssicherung. Für die Stresstests sollten zudem angemessene Prozesse zur Inventarisierung und zum Management der Modelle vorhanden sein, einschließlich einer robusten Validierungsfunktion.[196]

2.12.10 Stresstests für Liquiditätsrisiken

»Liquiditäts- und Refinanzierungsrisiken« sind spezielle Risiken, die sich im Falle ihres Eintritts **148** in aufsichtlicher Hinsicht wesentlich auf die Liquidität des Institutes über unterschiedliche Zeithorizonte auswirken.[197] Das Liquiditätsrisiko deckt dabei den kurzfristigen Bereich von bis zu einem Jahr ab. Das »Refinanzierungsrisiko« ist konkret das Risiko, dass das Institut mittel- und langfristig über keine stabilen Refinanzierungsquellen verfügt, was das bestehende oder künftige Risiko in sich birgt, dass das Institut seinen finanziellen Verpflichtungen wie Zahlungen und benötigten Sicherheiten, die mittel- bis langfristig fällig sind, gar nicht oder nicht ohne inakzeptable Erhöhung seiner Refinanzierungskosten nachkommen kann.[198] Stresstests für Liquiditätsrisiken werden an anderer Stelle ausführlich behandelt (→ BTR 3.1 Tz. 8 und BTR 3.2 Tz. 3).

2.12.11 Stresstests für Risikokonzentrationen

Da Stresstests die Zusammenhänge zwischen Risikofaktoren und ihren Auswirkungen auf ein **149** Institut unter ungünstigen ökonomischen Bedingungen aufdecken können, sind sie insbesondere dazu geeignet, Risikokonzentrationen zu identifizieren. Die Stresstests haben sich deshalb auch auf die angenommenen Risikokonzentrationen innerhalb und zwischen den Risikoarten zu erstrecken. Die Aufsicht unterscheidet dabei zwischen Intra-Risikokonzentrationen, die auf den Gleichlauf von Risikopositionen innerhalb einer Risikoart zurückzuführen sind, und Inter-Risikokonzentrationen, die durch den Gleichlauf von Risikopositionen über verschiedene Risikoarten hinweg zustande kommen (→ AT 2.2 Tz. 1, Erläuterung). So sollten Portfolios und Geschäftsfelder bzw. -bereiche zur Ermittlung von Intra- und Inter-Risikokonzentrationen, d.h. zur Identifizierung der gemeinsamen Risikofaktoren innerhalb und zwischen Risikoarten, gestresst werden.[199] Auch in den Risikoberichten ist auf Risikokonzentrationen und deren potenzielle Auswirkungen einzugehen (→ BT 3.1 Tz. 2).

Stresstests sollten ein Schlüsselinstrument zur Identifizierung von Risikokonzentrationen sein, **150** da sie den Instituten ermöglichen, Abhängigkeiten zwischen den Engagements und versteckte Konzentrationen zu erkennen, die ggf. nur unter Stressbedingungen sichtbar werden. Die Institute sollten bei der Beurteilung von Inter-Risikokonzentrationen eine aggregierte Betrachtung anstel-

196 Vgl. Basel Committee on Banking Supervision, Stress testing principles, BCBS 450, 17. Oktober 2018, S. 8f.

197 Vgl. European Banking Authority, Guidelines on common procedures and methodologies for the supervisory review and evaluation process (SREP) and supervisory stress testing, EBA/GL/2014/13, Consolidated version, 19. Juli 2018, S. 24.

198 Vgl. European Banking Authority, Guidelines on common procedures and methodologies for the supervisory review and evaluation process (SREP) and supervisory stress testing, EBA/GL/2014/13, Consolidated version, 19. Juli 2018, S. 23.

199 Vgl. European Banking Authority, Leitlinien zu den Stresstests der Institute, EBA/GL/2018/04, 19. Juli 2018, S. 18.

len, insbesondere über Markt- und Kreditrisiken hinweg, um ein besseres Verständnis über ihre potenziellen Risikokonzentrationen in Stresssituationen zu erhalten. Die Institute sollten mögliche Zusammenhänge zwischen Engagements, die bei wirtschaftlicher oder finanzieller Notlage riskant sein könnten, identifizieren und Annahmen über Abhängigkeiten und Korrelationen zwischen den Risikofaktoren in einer Stresssituation hinterfragen. Sie sollten Veränderungen im Geschäftsumfeld berücksichtigen, die zu einem Schlagendwerden des Konzentrationsrisikos führen können. Insbesondere sollten bei Stresstests ungewöhnliche, aber plausible Veränderungen der Korrelationen zwischen verschiedenen Arten von Risikofaktoren sowie extreme und ungewöhnliche Veränderungen der Risikoparameter, die über einzelne Risikofaktoren hinausgehen, berücksichtigt werden, um Szenarien zu betrachten, die zusammenhängende Risikofaktoren untersuchen und auch Zweitrundeneffekte sichtbar machen.[200]

151   Bei der Bewertung des Adressenausfallrisikos sollten unter Berücksichtigung der bilanziellen und außerbilanziellen Positionen auch die zusätzlichen Risikoquellen berücksichtigt werden, die sich aus dem ähnlichen Verhalten bestimmter Engagements ergeben können, also eine erhöhte Korrelation aufweisen. Dazu gehören u. a. Gruppen verbundener Kunden im Sinne von Art. 4 Abs. 39 CRR[201], sektorale oder geografische Konzentrationen sowie Konzentrationen hinsichtlich bestimmter Produkte bzw. Sicherheiten und Garantien. Die Institute sollten prüfen, wie sich derartige Engagements hinsichtlich derselben Risikofaktoren entwickeln. Um das Ex-ante-Konzentrationsrisiko oder die Auswirkungen des Szenarios auf die Konzentrationen zu bewerten, sollten die Institute ggf. mehr oder weniger komplexe Indikatoren heranziehen, beispielsweise den Herfindahl-Hirschman-Index (HHI) und die Gini-Koeffizienten. Die Institute sollten auf mögliche Überschneidungen zwischen verschiedenen Konzentrationen achten und dabei nicht nur die Auswirkungen addieren, sondern auch Aggregationsmethoden verwenden, die die zugrunde liegenden Risikofaktoren berücksichtigen.[202]

152   Auch bei der Bewertung ihres Risikos für unterstützte Gegenparteien oder Schattenbanken sollten die Institute Risikokonzentrationen beachten und insbesondere nicht davon ausgehen, dass Sicherheiten oder Nachschussverpflichtungen im Falle schwerer Marktschocks verfügbar sind. Die Institute sollten sich bemühen, solche korrelierten »Tail Risks« angemessen zu erfassen.[203]

2.12.12   Stresstests für Nachhaltigkeitsrisiken

2.12.12.1   Herausforderungen für die Institute

153   Bei der Durchführung von Stresstests werden die Institute und Aufsichtsbehörden grundsätzlich mit denselben Problemen konfrontiert, wie beim Management von Nachhaltigkeitsrisiken dargestellt (→ AT 4.3.2 Tz. 1). Um z. B. einen Klimarisiko-Stresstest durchzuführen, müssen zunächst jene Exposures identifiziert werden, die von klimabezogenen Risiken betroffen sind. Bislang gibt es nach Einschätzung der EBA allerdings nur begrenzte empirische und ausreichend granulare Daten, um tatsächliche Klimarisiko-Exposures zu messen. Außerdem bildet die EU-Taxonomie, die einen Schritt in Richtung einer gemeinsamen Definition von nachhaltigen Exposures darstellt, noch keine ausreichende Grundlage für eine konsistente Klassifizierung von nachhaltigen Exposures, weil sie nur grüne Exposures definiert. Zudem ist die Umsetzung von Kriterien auf

---

200 Vgl. European Banking Authority, Leitlinien zu den Stresstests der Institute, EBA/GL/2018/04, 19. Juli 2018, S. 43.

201 Siehe auch European Banking Authority, Leitlinien zu verbundenen Kunden gemäß Artikel 4 Absatz 1 Nummer 39 der Verordnung (EU) Nr. 575/2013, EBA/GL/2017/15, 23. Februar 2018.

202 Vgl. European Banking Authority, Leitlinien zu den Stresstests der Institute, EBA/GL/2018/04, 19. Juli 2018, S. 43 f.

203 Vgl. European Banking Authority, Leitlinien zu den Stresstests der Institute, EBA/GL/2018/04, 19. Juli 2018, S. 32.

Kreditnehmerebene in aufsichtliche Datenanforderungen auf Forderungsklassenebene problematisch, da die granularen Informationen auf Transaktionsebene zur Identifikation der besonders vom Klimarisiko betroffenen Kreditnehmer oft nicht vorhanden sind.[204]

Problematisch ist zudem die Modellierung von Szenarien für transitorische und physische **154** Risiken angesichts der Wechselwirkungen zwischen politischen, technologischen und wirtschaftlichen Schocks bestimmter Sektoren.[205] Darüber hinaus berücksichtigen Übergangsszenarien oft eine Zeitspanne von zehn bis dreißig Jahren, während für die Durchführung von Geschäftsplanungen und Stresstests typischerweise ein bis fünf Jahre verwendet werden. Erschwerend kommt hinzu, dass die Übergangsszenarien zwischen den Sektoren je nach Anpassungstempo variieren und sich in der Zukunft ändern können, wie z. B. frühe Anpassung (Elektroautos) versus späte Anpassung (Kohlekraftwerk). Vor diesem Hintergrund wären historische Informationen für die Modellierung dieser Risiken, insbesondere auf lange Sicht, nicht hilfreich. Um eine genaue Risikobewertung vornehmen zu können, benötigen die Institute daher eine Methodik, die auch diese zukunftsgerichteten Merkmale einbezieht und es ermöglicht, große Unterschiede hinsichtlich der Risiken zwischen verschiedenen Sektoren oder Unternehmen zu erfassen. Die Ergebnisse von Klimastresstests sollten deshalb nicht mit übertriebenen Erwartungen verbunden sein. Sie sollten eher mit Vorsicht interpretiert werden.[206]

Im Mai 2021 hat die EBA einen Bericht über die erste EU-weite Pilotstudie zum Thema **155** Klimarisiko aus dem Jahr 2020 auf Basis einer Stichprobe von 29 freiwilligen Banken, die mehr als 50 Prozent der Gesamtaktiva des EU-Bankensektors abdecken, veröffentlicht.[207] Das wesentliche Ziel dieser Studie bestand darin, Daten und methodische Herausforderungen bei der Kategorisierung von Engagements in Bezug auf das Klimarisiko zu untersuchen und Startpunkte für die zukünftige Arbeit der EBA in diesem Bereich zu liefern. Es wurden nur EU-Engagements großer Unternehmen einbezogen, für die klimabezogene Informationen leichter zu beschaffen waren. Die Daten der Institute wurden nach verschiedenen Klassifizierungsansätzen bewertet. Dazu gehörte auch die EU-Taxonomie, die von den Instituten direkt angewendet und durch ein Top-down-Klassifizierungstool ergänzt wurde. In Abhängigkeit von den verwendeten Klassifizierungsmethoden waren damit sehr unterschiedliche Ergebnisse verbunden. Als problematisch wurde insbesondere gesehen, dass die EU-Taxonomie noch nicht überall vollständig implementiert ist. Zudem bestehen natürlich noch Probleme mit der Datenbasis, die durch eine zielgerichtete Offenlegung der Unternehmen zu ihren Transformationsstrategien und Treibhausgasemissionen verbessert werden könnte, und einer geeigneten (einheitlichen) Methodik. Außerdem wurde eine Szenarioanalyse mit Hilfe eines gemeinsamen Tools von EBA und EZB durchgeführt, um Modellierungsoptionen hinsichtlich des Transmissionsmechanismus der vom Network for Greening the Financial System (NGFS) definierten Klimaschocks auf die Bilanzen der Institute mit einem Zeithorizont bis 2050 zu untersuchen. Rund 58 Prozent der Forderungen der Institute in diesem Geschäftssegment haben Branchen betroffen, die gegenüber dem transitorischen Risiko besonders anfällig sind. In Anbetracht der skizzierten Einschränkungen und basierend auf einer ersten Schätzung mit einem Top-down-Tool liegt die durchschnittliche aggregierte »Green Asset Ratio«

---

204 So ist z. B. unklar, wie das Gesamtengagement einer Holdinggesellschaft (Energieerzeuger) als Summe der Aktivitäten ihrer Tochtergesellschaften (Kohlekraftwerke, Erzeuger erneuerbarer Energien) oder der Projektaktivitäten klassifiziert werden soll. Die Integration von Klimarisikoindikatoren externer Datenanbieter oder von öffentlich verfügbaren Informationen über Kreditnehmer ist wiederum mit Problemen hinsichtlich der Vergleichbarkeit und der Datenqualität verbunden, zumal z. B. Daten zu Kohlenstoffemissionen für kleinere Unternehmen i. d. R. nicht verfügbar und Scope-3-Emissionsdaten nur schwer ermittelbar sind. Vgl. European Banking Authority, EBA Report on management and supervision of ESG risks for credit institutions and investment firms, EBA/REP/2021/18, 23. Juni 2021, S. 119f.

205 Zu diesem Zweck greifen die Aufsichtsbehörden vor allem auf die Szenarien vom Network for Greening the Financial System (NGFS) zurück, die auch von den Instituten genutzt werden können. Vgl. Network for Greening the Financial System, NGFS climate scenarios for central banks and supervisors, 7. Juni 2021.

206 Vgl. European Banking Authority, EBA Report on management and supervision of ESG risks for credit institutions and investment firms, EBA/REP/2021/18, 23. Juni 2021, S. 120.

207 European Banking Authority, Mapping climate risk: Main findings from the EU-wide pilot exercise, EBA/Rep/2021/11, 21. Mai 2021.

(GAR) bei 7,9 Prozent. Die Szenarioanalyse zeigt, dass sich die Auswirkungen der klimabedingten Risiken in den Instituten unterscheiden und auf bestimmte Sektoren (insbesondere Energie- und Immobilienbranche) konzentrieren.

156   Die EBA kommt zu dem Schluss, dass die Institute in erster Linie die notwendigen Informationen und Daten in Bezug auf ESG-Risiken sammeln müssen, die mit ihren Transaktionen verbunden sind, wie insbesondere zur Gegenpartei, zum Produkt und zu den Sicherheiten. Diese Informationen und Daten müssen in der Phase der Kreditvergabe erhoben und während des gesamten Lebenszyklus der Transaktion überprüft und ggf. aktualisiert werden, weil sie auch zur Überwachung herangezogen werden. Um die passenden Risikoindikatoren und Kennzahlen anwenden zu können, muss zudem auf Exposure-, Kontrahenten- und Portfolioebene eine Kategorisierung nach den ESG-Merkmalen und dem damit verbundenen Risiko erfolgen.[208]

157   Die EBA sieht die Notwendigkeit, schrittweise Methoden und Ansätze zu entwickeln, um die Widerstandsfähigkeit von Instituten gegenüber den langfristigen negativen Auswirkungen von ESG-Faktoren zu testen. Das anfängliche Ziel dieser Tests sollte darin bestehen, die langfristige Widerstandsfähigkeit der Geschäftsmodelle von Instituten zu bewerten und die Festlegung von strategischen Zielen oder Limiten mit Bezug zu ESG-Risiken zu unterstützen. Wenn diese Methoden und Ansätze ausreichend getestet sind, werden sie den Instituten zusätzlichen Input für die Bewertung ihres ICAAP und ILAAP liefern. Dieser schrittweise Ansatz impliziert auch die Priorisierung des Testens der Widerstandsfähigkeit gegenüber den Umweltfaktoren, für die mehr Daten und Methoden verfügbar sind, gefolgt von den sozialen Faktoren. Um ESG-bezogene Testkapazitäten aufzubauen, müssen die Institute ihre entsprechenden Dateninfrastrukturen im Verhältnis zu ihrer Größe und Komplexität sowie zu ihrem Risiko- und Geschäftsprofil aufbauen, so dass Tests durchgeführt werden können, die alle wesentlichen Risikofaktoren abdecken.[209]

2.12.12.2   Eignung oder Anpassung der internen Stresstests

158   Die Institute[210] sollten zunächst einmal prüfen, ob die bestehenden internen Stresstests die Nachhaltigkeitsrisiken in geeigneter Weise abbilden oder zu diesem Zweck neue oder modifizierte interne Stresstests durchgeführt werden müssen.[211] Auch nach den Vorstellungen der EZB sollten die Institute mit wesentlichen Klima- und Umweltrisiken im ersten Schritt prüfen, ob sie diese Risiken in der ökonomischen und der normativen Perspektive in das Basisszenario und die adversen Szenarien ihrer internen Stresstests aufnehmen können, um mögliche Schwachstellen näher zu beleuchten.[212] Mit Blick auf die beschriebenen Herausforderungen werden sich Anpassungen an den internen Stresstests vermutlich kaum vermeiden lassen.

159   Hinsichtlich der physischen und transitorischen Risiken setzt die BaFin in erster Linie auf Szenarioanalysen im Sinne von plausiblen künftigen Entwicklungen über vergleichsweise lange Zeithorizonte.[213] Die EZB erinnert daran, dass die Institute Entwicklungen, die über den zukunftsgerichteten Zeithorizont von mindestens drei Jahren ihrer Kapital- und Refinanzierungspläne hinausgehen, in angemessener Weise in ihrer strategischen Planung berücksichtigen sollten, wenn

---

208 Vgl. European Banking Authority, EBA Report on management and supervision of ESG risks for credit institutions and investment firms, EBA/REP/2021/18, 23. Juni 2021, S. 121 ff.

209 Vgl. European Banking Authority, EBA Report on management and supervision of ESG risks for credit institutions and investment firms, EBA/REP/2021/18, 23. Juni 2021, S. 124.

210 Die BaFin bezieht diese Anforderungen auf die von ihr beaufsichtigten Unternehmen. Beaufsichtigte Unternehmen, die Portfolios im Auftrag Dritter verwalten, sollten ebenfalls prüfen, ob die bestehenden Stresstests sowohl auf Ebene der verwalteten Portfolios als auch auf Gesellschaftsebene Nachhaltigkeitsrisiken in geeigneter Weise abbilden.

211 Vgl. Bundesanstalt für Finanzdienstleistungsaufsicht, Merkblatt zum Umgang mit Nachhaltigkeitsrisiken, 20. Dezember 2019, geändert am 13. Januar 2020, S. 34.

212 Vgl. Europäische Zentralbank, Leitfaden zu Klima- und Umweltrisiken – Erwartungen der Aufsicht in Bezug auf Risikomanagement und Offenlegungen, 27. November 2020, S. 45 f.

213 Vgl. Bundesanstalt für Finanzdienstleistungsaufsicht, Merkblatt zum Umgang mit Nachhaltigkeitsrisiken, 20. Dezember 2019, geändert am 13. Januar 2020, S. 34.

diese wesentliche Auswirkungen haben werden.[214] Die Institute sollten daher nach Ansicht der EZB mindestens beurteilen, auf welche Weise sie von physischen und transitorischen Risiken betroffen sein könnten und wie sich Klima- und Umweltrisiken in verschiedenen Szenarien entwickeln sowie – je nach betrachtetem Szenario – auf kurze, mittlere oder lange Sicht auswirken könnten. Da Klima- und Umweltrisiken tendenziell eher mittel- bis langfristig eintreten, sollten die Institute für diese Risiken einen längeren Zeithorizont ansetzen. Längerfristige Zeithorizonte könnten insbesondere in der ökonomischen Perspektive von Stresstests zur Anwendung kommen.[215]

Die Annahmen zu den Szenarien sollten nach institutsinternen Vorgaben, ausgehend vom eigenen Geschäftsmodell und Risikoprofil, festgesetzt werden. Die Institute sollten mehrere alternative Szenarien, basierend auf verschiedenen Kombinationen von Annahmen, betrachten.[216] Auch die EZB erwartet, dass sich die Annahmen für die Szenarien an den Charakteristika der eigenen Geschäftsaktivitäten und dem eigenen Risikoprofil orientieren. Durch unterschiedliche Kombinationen dieser Annahmen sollten mehrere Szenarien durchgespielt werden.[217] Die EBA hatte lediglich in ihrem Diskussionspapier konstatiert, dass die Verwendung mehrerer Szenarien angesichts der Unsicherheit über die Klimapfade und der Länge des Zeithorizontes dazu beitragen, eine breitere Bewertung der Klimarisiken durchzuführen.[218]

160

2.12.12.3 Orientierung an aufsichtlichen Stresstests

Die von verschiedenen Aufsichtsbehörden, wie z.B. dem NGFS, dem Europäischen Ausschuss für Systemrisiken (ESRB), der Europäischen Zentralbank (EZB) und der Deutschen Bundesbank, in Entwicklung befindlichen klimabezogenen Szenarien bieten Anhaltspunkte für interne Stresstests im Bereich Nachhaltigkeit. Allerdings können diese Szenarien aus Sicht der BaFin allenfalls als Ausgangspunkt für individuelle Überlegungen verwendet werden, weil sie für aufsichtliche Zwecke entwickelt wurden und daher einen anderen Fokus haben können, z.B. im Hinblick auf die Granularität und die betrachteten Regionen.[219] Die EBA gestattet den Instituten ebenfalls, im Falle von Modellierungsproblemen auf Referenzszenarien zurückzugreifen, die von internationalen Organisationen, wie z.B. dem NGFS, als Ausgangspunkt bereitgestellt werden.[220] Die EZB empfiehlt, auch Szenarien in Betracht zu ziehen, die im Einklang mit wissenschaftlichen Erkenntnissen zur Entwicklung des Klimawandels stehen.[221] Das NGFS ist derzeit damit beschäftigt, eine Szenario-

161

---

214 Vgl. Europäische Zentralbank, Leitfaden der EZB für den bankinternen Prozess zur Sicherstellung einer angemessenen Kapitalausstattung (Internal Capital Adequacy Assessment Process – ICAAP), 9. November 2018, S. 17; Europäische Zentralbank, Leitfaden der EZB für den bankinternen Prozess zur Sicherstellung einer angemessenen Liquiditätsausstattung (Internal Liquidity Adequacy Assessment Process – ILAAP), 9. November 2018, S. 19.

215 Vgl. Europäische Zentralbank, Leitfaden zu Klima- und Umweltrisiken – Erwartungen der Aufsicht in Bezug auf Risikomanagement und Offenlegungen, 27. November 2020, S. 45 ff.

216 Vgl. Bundesanstalt für Finanzdienstleistungsaufsicht, Merkblatt zum Umgang mit Nachhaltigkeitsrisiken, 20. Dezember 2019, geändert am 13. Januar 2020, S. 36.

217 Dazu verweist die EZB auf folgende Lektüre: Intergovernmental Panel on Climate Change, Special Report on Emissions Scenarios, 10. Juli 2000.

218 Vgl. European Banking Authority, EBA Discussion paper on management and supervision of ESG risks for credit institutions and investment firms, EBA/DP/2020/03, 30. Oktober 2020, S. 114.

219 Zum Einsatz von klimabezogenen Szenarioanalysen in Unternehmen empfiehlt die BaFin insbesondere folgende Lektüre: Task Force on Climate-related Financial Disclosures, Technical Supplement: The Use of Scenario Analysis in Disclosure of Climate-Related Risks and Opportunities, 29. Juni 2017; United Nations Environment Programme Finance Initiative, Extending our horizons, Part 1: Transition-related risks and opportunities, 26. April 2018; United Nations Environment Programme Finance Initiative, Navigating a new climate, Part 2: Physical risks and opportunities, 6. Juli 2018; Global Compact Netzwerk Deutschland, Bewertung von Klimarisiken in Unternehmen, 31. Mai 2019. Vgl. Bundesanstalt für Finanzdienstleistungsaufsicht, Merkblatt zum Umgang mit Nachhaltigkeitsrisiken, 20. Dezember 2019, geändert am 13. Januar 2020, S. 34.

220 Vgl. European Banking Authority, EBA Discussion paper on management and supervision of ESG risks for credit institutions and investment firms, EBA/DP/2020/03, 30. Oktober 2020, S. 113.

221 Dazu verweist die EZB auf folgende Lektüre: Intergovernmental Panel on Climate Change, Special Report on Emissions Scenarios, 10. Juli 2000.

datenbank aufzubauen. Möglicherweise relativiert die BaFin, die daran aktiv beteiligt ist, vor diesem Hintergrund ihre eher restriktive Haltung zur Verwendung dieser Szenarien durch die Institute.

162   Die Zentralbanken können dazu beitragen, das Finanzsystem für den Übergang zu einer kohlenstoffarmen Wirtschaft widerstandsfähiger zu machen, indem sie den Marktteilnehmern mehr und bessere Informationen über die Risiken des Klimawandels zur Verfügung stellen. Um die Auswirkungen von Klimarisiken zu messen, müssen die spezifischen Übertragungskanäle in der Wirtschaft und im Finanzsystem, die traditionelle Modelle nicht vollständig erfassen, sorgfältig identifiziert und beurteilt werden. Die Modellierungsrahmen müssen plausible Darstellungen der Wirtschaft und des Klimawandels, der sich über einen langen Zeitraum mit potenziell unumkehrbaren Folgen vollzieht, einbeziehen. Dabei muss berücksichtigt werden, welche Wechselwirkungen bestehen und wie politische Maßnahmen zur Abschwächung des Klimawandels die Wirtschaft und das Klima langfristig beeinflussen können. Da relevante Daten kaum verfügbar sind, haben sich Klimastresstests bisher nur auf die kurzfristigen Auswirkungen der Klimapolitik konzentriert. Die EZB hat diese Analysen auf Basis eines neuen Datensatzes, der Klimarisiken für einzelne Unternehmen und Institute abbildet, um die Auswirkungen extremer Klimaereignisse über einen viel längeren Zeitraum erweitert. Dafür wurde ein umfassender Datensatz mit Finanz- und Klimainformationen für Millionen von Unternehmen, darunter Informationen über vergangene und zukünftige Emissionen auf Unternehmensebene und firmenspezifische Emissionsreduktionsziele, mit Daten zu Bankengagements und einem Satz von Klima- und Wirtschaftsentwicklungsszenarien (geordneter Übergang, heiße Welt sowie ungeordneter Übergang nach den Vorgaben vom NGFS) kombiniert. Berücksichtigt wurden u. a. vorausschauende physische Risiko-Scores für die einzelnen Unternehmensadressen zur genauen Analyse der Auswirkungen von Naturgefahren. Die EZB hat dadurch bis Mitte 2021 einen Klimastresstest mit rund vier Millionen Unternehmen weltweit und 2.000 Instituten – darunter fast alle Institute im Euroraum – durchgeführt und dabei einen Zeitraum von 30 Jahren in die Zukunft abgedeckt. Indem die Widerstandsfähigkeit ihrer Geschäftspartner unter verschiedenen Klimaszenarien analysiert wird, soll die Gefährdung der Institute im Euroraum gegenüber künftigen Klimarisiken bewertet werden. Vorläufige Ergebnisse zeigen, dass ohne weitere klimapolitische Maßnahmen die Kosten für Unternehmen, die durch extreme Wetterereignisse entstehen, erheblich ansteigen und ihre Ausfallwahrscheinlichkeit stark erhöhen. Beim physischen Risiko gibt es deutliche Unterschiede zwischen den Ländern und Regionen, sowohl in Bezug auf die aggregierte Rate des physischen Risikos als auch auf die spezifische Art des Risikos. Die südeuropäischen Länder sind im Durchschnitt anfälliger für Hitzestress und Waldbrände, während die mittel- und nordeuropäischen Länder anfälliger für Überschwemmungsrisiken sind. Was das transitorische Risiko betrifft, so gehören Bergbau, Energie und verarbeitendes Gewerbe zu den kohlenstoffintensivsten Sektoren, was bedeutet, dass Unternehmen, die in diesen Sektoren tätig sind, von politischen Maßnahmen zur Emissionsreduzierung nachteilig betroffen sein könnten, insbesondere wenn der Übergang zu einer grünen Wirtschaft plötzlich und abrupt erfolgt. Der Klimawandel stellt somit eine wichtige Quelle für systemische Risiken dar, insbesondere für Institute mit Portfolios, die sich auf bestimmte Wirtschaftssektoren und – was noch wichtiger ist – auf bestimmte geografische Gebiete konzentrieren. Ganz besonders deutlich wird bei dieser Übung, dass die Kosten exponentiell steigen, wenn mit entsprechenden Maßnahmen, die den Übergang zu einer kohlenstofffreien Wirtschaft begünstigen, länger gewartet wird. Die Entwicklung neuer und nachhaltigerer Technologien ermöglicht es Unternehmen, energieeffizienter zu werden und erhebliche Produktionskostengewinne zu erzielen. Langfristig überwiegen diese Kosteneinsparungen die Kosten für die Einführung der neuen Technologien, wodurch die Rentabilität und Kreditwürdigkeit der Unternehmen steigen. Die EZB wird ihre Untersuchungen fortführen, im Laufe des Jahres 2021 weiter verfeinern, u. a. durch Einbeziehung von Managementmaßnahmen der Institute (dynamische Perspektive), und durch einen separaten aufsichtlichen Klimastresstest einzelner Institute im Jahr

2022 ergänzen.[222] In ihrem Bericht zur Finanzstabilität vom Mai 2021 geht die EZB ausführlich auf die klimabezogenen Risiken für die Finanzstabilität ein.[223] Die endgültigen Ergebnisse des Klimastresstests der EZB sind am 22. September 2021 veröffentlicht worden.[224]

2.12.12.4   Auswirkungs- und Transitionsszenarien

Die BaFin trifft mit Blick auf die Ausgestaltung der Szenarioanalysen eine Fallunterscheidung. Zur Untersuchung der Wirkungsweise von physischen Risiken können »Auswirkungsszenarien« analysiert werden, für transitorische Risiken hingegen »Transitionsszenarien«.[225]   **163**

Bei »Auswirkungsszenarien« werden über verschiedene Wirtschaftsbereiche und Skalen hinweg konsistente und den langfristigen Planungszeitraum eines Unternehmens berücksichtigende Projektionen von Klimaauswirkungen erstellt. Dabei stehen die Auswirkungen von physischen Risiken im Fokus, wie z. B. von Dürreperioden oder Überschwemmungen. Diese Szenarien zielen darauf ab, das globale bzw. regionale Risikomanagement von direkten Klimafolgen auf Mensch und Umwelt zu verbessern. Beleuchtet werden z. B. die Themen Landwirtschaft, Wasser, Biome, Gesundheit, Küsteninfrastruktur, Fischerei, Energie, Permafrost, biologische Vielfalt und Forstwirtschaft.[226]   **164**

Das wesentliche Merkmal von »Transitionsszenarien« bzw. »Übergangsszenarien« ist die Beschreibung konsistenter Entwicklungspfade zur Erreichung eines bestimmten Zieles. Mit Bezug auf den »Klimaschutzplan 2050« könnten z. B. die Entwicklungspfade für das Mittelfristziel, die Treibhausgasemissionen in Deutschland bis 2030 um mindestens 55 Prozent gegenüber dem Niveau von 1990 zu senken, oder das Langfristziel, bis zum Jahr 2050 weitgehend treibhausgasneutral zu werden, verwendet werden (→ Teil I, Kapitel 9). Diese Szenarien schaffen ein Verständnis für jene Branchen, die durch einen Ausstieg aus fossilen Brennstoffen auf dem Weg zu einer kohlenstoffarmen Wirtschaft unter Druck geraten können, und den damit verbundenen Zeithorizont. So erlauben die Eingangsgrößen wie der Energiebedarf eines bestimmten Unternehmens und der Preis pro Energieeinheit z. B. Rückschlüsse auf die (in-)direkten Emissionskosten oder die zu erwartenden Umsatzschwankungen dieses Unternehmens. Damit können die unter den jeweiligen Bedingungen relevanten Kosten und Aufwendungen identifiziert werden. Die auf diesen Werten basierende Analyse kann zu einer aggregierten Bewertung erweitert werden. Dabei sollte allerdings beachtet werden, dass die tatsächliche Entwicklung auch in anderer Reihenfolge, mit abweichender Intensität und weniger sanft verlaufen könnte.[227] Auch die EZB erwartet von den Instituten, bezüglich des transitorischen Risikos Szenarien für verschiedene politische Maßnahmen, d. h. für einen frühen oder späten Übergang, zu verwenden und plausible Überlegungen zu den jeweiligen physischen Ergebnissen anzustellen.[228]   **165**

Bei den »Transitionsszenarien« handelt es sich insofern nicht um statistisch valide Modelle. Die Szenarien können z. B. auf »Integrierten Bewertungsmodellen« (»Integrated Assessment Models«, IAM) basieren. IAM zielen auf eine möglichst vollständige Erfassung der »Ursache-Wirkungs-   **166**

---

222 Vgl. de Guindos, Luis, Shining a light on climate risks: the ECB's economy-wide climate stress test, Blog, 18. März 2021.

223 Vgl. European Central Bank, Financial Stability Review, 19. Mai 2021, S. 100 ff.

224 Alogoskoufis, Spyros/Dunz, Nepomuk/Emambakhsh, Tina/Hennig, Tristan/Kaijser, Michiel/Kouratzoglou, Charalampos/Muñoz, Manuel A./Parisi, Laura/Salleo, Carmelo, ECB economy-wide climate stress test – Methodology and results, ECB Occasional Paper Series No 281, 22. September 2021.

225 Vgl. Bundesanstalt für Finanzdienstleistungsaufsicht, Merkblatt zum Umgang mit Nachhaltigkeitsrisiken, 20. Dezember 2019, geändert am 13. Januar 2020, S. 36.

226 Vgl. Bundesanstalt für Finanzdienstleistungsaufsicht, Merkblatt zum Umgang mit Nachhaltigkeitsrisiken, 20. Dezember 2019, geändert am 13. Januar 2020, S. 36.

227 Vgl. Bundesanstalt für Finanzdienstleistungsaufsicht, Merkblatt zum Umgang mit Nachhaltigkeitsrisiken, 20. Dezember 2019, geändert am 13. Januar 2020, S. 35.

228 Diesbezüglich verweist die EZB auf folgende Publikationen: International Energy Agency, World Energy Model, Documentation, 19. Februar 2021; Network for Greening the Financial System, NGFS climate scenarios for central banks and supervisors, 24. Juni 2020; United Nations Environment Programme Finance Initiative, Changing course: A comprehensive investor guide to scenario-based methods for climate risk assessment, in response to the TCFD, 10. Mai 2019.

Beziehungen«, indem die Erkenntnisse aus verschiedenen Disziplinen in einem Gesamtmodell kombiniert und dabei sozioökonomische, energetische und klimatische Faktoren berücksichtigt werden. Grundsätzlich geht es bei IAM also um eine »Folgenabschätzung«. Wenngleich diese Modelle vor allem in den Umweltwissenschaften zum Einsatz kommen, ist ihre Eignung für die Analyse transitorischer Risiken zumindest umstritten.[229]

167   Die BaFin erwartet daher, dass die Ergebnisse von auf IAM beruhenden Szenarioanalysen von den Instituten in angemessener Weise hinterfragt werden. Die Ergebnisse von Szenarioanalysen können in Abhängigkeit von der konkreten Situation quantitativ und qualitativ interpretiert werden und somit auch als Ausgangspunkt für die Beschreibung der Situation zu einem bestimmten Zeitpunkt (statische bzw. deskriptive Elemente) und in ihrer Entwicklung (dynamische bzw. narrative Elemente) dienen.[230] Die quantitativen und qualitativen Ergebnisse sollten u. a. genutzt werden, um die Effektivität der Geschäftsstrategien aus Sicht der ESG-Risiken und der möglichen Auswirkungen von transitorischen und physischen Risiken zu bestimmen.[231]

168   Die EBA erwähnt als Alternative zu den Transitionsszenarien die Modellierung ereignisbasierter Schocks, die z. B. in Form von Kohlenstoffsteuern, die die Kostenbasis bestimmter Unternehmen erhöhen (»Politikschock«), technologischen Durchbrüchen, die eine große Verlagerung weg von bestimmten Industrien bedeuten (»Technologieschock«), oder Änderungen in den Erwartungen und dem Verhalten der Verbraucher (»Präferenzschock«) auftreten könnten.[232]

169   Wegen der möglichen Wechselwirkungen zwischen den physischen und den transitorischen Risiken sollten die Institute auch überlegen, auf welche Weise chronische Klimaeffekte im Zusammenhang mit einem späten Übergangsszenario die politischen Maßnahmen weiter verstärken könnten.[233]

2.12.12.5   Szenarien für die Sanierungsplanung

170   Nach den Vorstellungen der EZB sollten die Institute die Bedeutung von klimabezogenen Auswirkungen auf ihre Geschäftsbereiche im Übrigen auch bei der Ausarbeitung von Szenarien für ihre Sanierungsplanung berücksichtigen, wobei es diesbezüglich womöglich Überschneidungen gibt. Gemäß Art. 5 Abs. 6 BRRD sollten die Institute in den Sanierungsplänen verschiedene Szenarien erheblicher makroökonomischer und finanzieller Belastung mit Bezug zu den spezifischen Bedingungen des Institutes in Betracht ziehen. Vergleichbare Anforderungen werden in Art. 12 der maßgeblichen Delegierten Verordnung[234], in § 9 der Verordnung zu den Mindestanforderungen an Sanierungspläne für Institute (Sanierungsplanmindestanforderungsverordnung – MaSanV) sowie in Abschnitt VII des BaFin-Merkblatts zur Sanierungsplanung[235] formuliert. Mit der MaSanV und dem Merkblatt zur Sanierungsplanung werden entsprechende Vorgaben aus den

229 Vgl. Krogstrup, Signe/Oman, William, Macroeconomic and Financial Policies for Climate Change Mitigation: A Review of the Literature, IMF Working Paper No. 19/185, 4. September 2019, S. 41 f.

230 Vgl. Bundesanstalt für Finanzdienstleistungsaufsicht, Merkblatt zum Umgang mit Nachhaltigkeitsrisiken, 20. Dezember 2019, geändert am 13. Januar 2020, S. 35 f.

231 Vgl. European Banking Authority, EBA Discussion paper on management and supervision of ESG risks for credit institutions and investment firms, EBA/DP/2020/03, 30. Oktober 2020, S. 114.

232 Vgl. European Banking Authority, EBA Report on management and supervision of ESG risks for credit institutions and investment firms, EBA/REP/2021/18, 23. Juni 2021, S. 121.

233 Vgl. Europäische Zentralbank, Leitfaden zu Klima- und Umweltrisiken – Erwartungen der Aufsicht in Bezug auf Risikomanagement und Offenlegungen, 27. November 2020, S. 45 f.

234 Delegierte Verordnung (EU) 2016/1075 der Kommission vom 23. März 2016 zur Ergänzung der Richtlinie 2014/59/EU des Europäischen Parlaments und des Rates durch technische Regulierungsstandards, in denen der Inhalt von Sanierungsplänen, Abwicklungsplänen und Gruppenabwicklungsplänen, die Mindestkriterien, anhand deren die zuständige Behörde Sanierungs- und Gruppensanierungspläne zu bewerten hat, die Voraussetzungen für gruppeninterne finanzielle Unterstützung, die Anforderungen an die Unabhängigkeit der Bewerter, die vertragliche Anerkennung von Herabschreibungs- und Umwandlungsbefugnissen, die Verfahren und Inhalte von Mitteilungen und Aussetzungsbekanntmachungen und die konkrete Arbeitsweise der Abwicklungskollegien festgelegt wird, Amtsblatt der Europäischen Union vom 8. Juli 2016, L 184/1–71.

235 Vgl. Bundesanstalt für Finanzdienstleistungsaufsicht, Merkblatt zur Sanierungsplanung, 31. März 2020, S. 7.

relevanten Leitlinien der EBA national umgesetzt.[236] Die EZB geht davon aus, dass die Institute die Sanierungsoptionen anhand der Szenarien zu den Auswirkungen von Klima- und Umweltrisiken auf den Prüfstand stellen, um herauszufinden, wie wirksam die Sanierungspläne bei derartigen Ereignissen wären.[237]

2.13 Berücksichtigung von Diversifikationseffekten

Ebenso zu berücksichtigen sind Diversifikationseffekte innerhalb und zwischen den Risikoarten. **171** Im Grunde wird von der Aufsicht erwartet, unter Stressbedingungen die normalerweise geltenden Diversifikationseffekte kritisch zu hinterfragen bzw. die Auswirkungen zu prüfen, wenn diese nicht mehr gelten.

Inter-Risikodiversifikationen werden von den zuständigen Behörden im Rahmen des SREP **172** grundsätzlich nicht anerkannt. Die EZB erwartet von den bedeutenden Instituten, dies im Rahmen des ICAAP zu bedenken und Inter-Risikodiversifikationen bei der Beurteilung der Angemessenheit ihres internen Kapitals zurückhaltend anzuwenden. Zumindest müssen Inter-Risikodiversifikationen transparent gemacht werden, indem neben den Nettowerten auch die Bruttowerte ohne entsprechende Effekte angegeben werden. Da sich die meisten Diversifikationseffekte nach Ansicht der EZB unter Stressbedingungen auflösen oder nichtlinear verhalten bzw. in einem Extremszenario sogar gegenseitig verstärken, sollen die Institute dies außerdem bei ihren Stresstests und ihrer Kapitalplanung berücksichtigen.[238]

---

236 European Banking Authority, Leitlinien zur Mindestliste der qualitativen und quantitativen Indikatoren des Sanierungsplans, EBA/GL/2015/02, 23. Juli 2015; European Banking Authority, Leitlinien über die bei Sanierungsplänen zugrunde zu legende Bandbreite an Szenarien, EBA/GL/2014/06, 18. Juli 2014.

237 Vgl. Europäische Zentralbank, Leitfaden zu Klima- und Umweltrisiken – Erwartungen der Aufsicht in Bezug auf Risikomanagement und Offenlegungen, 27. November 2020, S. 47.

238 Vgl. Europäische Zentralbank, Aufsichtliche Erwartungen an ICAAP und ILAAP sowie harmonisierte Erhebung von ICAAP- und ILAAP-Informationen, Schreiben von Daniele Nouy an die Geschäftsleitung bedeutender Banken vom 8. Januar 2016, Anhang A, S. 4.

3 Stresstests für das Gesamtrisikoprofil (Tz. 2)

173 **2** **Regelmäßige und ggf. anlassbezogene Stresstests sind auch für das Gesamtrisikoprofil des Institutes durchzuführen. Dazu sind ausgehend von Art, Umfang, Komplexität und Risikogehalt der Geschäftsaktivitäten geeignete übergeordnete Szenarien zu definieren, die sowohl institutseigene als auch marktweite Ursachen berücksichtigen. Deren potenzielle Auswirkungen auf die wesentlichen Risikoarten sind kombiniert in einer Weise abzubilden, die die Wechselwirkungen zwischen den Risikoarten berücksichtigt.**

3.1 Änderung der Betrachtungsweise

174 Im Rahmen ihrer Gesamtverantwortung für die ordnungsgemäße Geschäftsorganisation des Institutes haben die Geschäftsleiter gemäß § 25c Abs. 4a Satz 1 Nr. 3 lit. f KWG dafür Sorge zu tragen, dass regelmäßig angemessene Stresstests für die wesentlichen Risiken und für das Gesamtrisikoprofil des Institutes durchgeführt werden und auf Grundlage der Ergebnisse möglicher Handlungsbedarf geprüft wird. Eine vergleichbare Anforderung besteht nach § 25c Abs. 4b Satz 2 Nr. 3 lit. f KWG auch für das Gesamtrisikoprofil auf Gruppenebene (→ AT 4.5 Tz. 5).

175 Das Erfordernis der Durchführung von Stresstests für das Gesamtrisikoprofil des Institutes ergibt sich auch aus den Vorgaben der EBA. Dies lässt sich zumindest im Umkehrschluss ableiten, da die Institute sicherstellen sollten, dass ihre Geschäftsleitung in der Lage ist, die Auswirkungen von Stressereignissen auf das Gesamtrisikoprofil des Institutes vollständig zu verstehen.[239]

176 Das Gesamtrisikoprofil entspricht im Grunde einer aggregierten Betrachtung sämtlicher Risiken, denen ein Institut im Rahmen seiner Geschäftstätigkeit ausgesetzt ist. Es wird von den Instituten regelmäßig und anlassbezogen im Rahmen der Risikoinventur ermittelt und dient in erster Linie dazu, dass bei der Beurteilung der Wesentlichkeit der Risiken kein Aspekt (keine Risikoart) außer Acht gelassen wird (→ AT 2.2 Tz. 1). Im Gegensatz zu den regelmäßig und anlassbezogen durchzuführenden Stresstests für die einzelnen wesentlichen Risiken (→ AT 4.3.3 Tz. 1) geht es hierbei um eine ganzheitliche Betrachtung der Auswirkungen bestimmter Szenarien auf das gesamte Institut. Insofern bestehen gewisse Überschneidungen zur Ermittlung und Beurteilung von Inter-Risikokonzentrationen in Stresssituationen. Im besonderen Fokus stehen dabei die Wechselwirkungen zwischen den verschiedenen Risikoarten.

177 Im Rahmen von Szenarioanalysen müssen sämtliche Organisationsbereiche berücksichtigt werden, die davon wesentlich betroffen sind, damit die Auswirkungen der einzelnen Szenarien auf das Institut insgesamt beurteilt werden können. Zu diesem Zweck sollte zunächst geprüft werden, in welchen Bereichen des Institutes die vorgesehene Änderung der wesentlichen Risikofaktoren relevante Auswirkungen zur Folge hat. Anschließend sollten die Stresstests unter Einbeziehung dieser Bereiche, also auf Institutsebene, durchgeführt werden. Dabei können Bereiche, die von einer Variation der untersuchten Risikofaktoren nicht oder nur unwesentlich betroffen sind, ggf. ausgeblendet werden.

178 Von den Instituten sollte berücksichtigt werden, dass die Risiken auf Institutsebene durch einfache Aggregation von Stresstests für Portfolios, einzelne Risikobereiche oder Geschäftseinheiten nicht hinreichend gut abgebildet werden können. Korrelationen, Kompensationen einzelner Engagements und Konzentrationen können entweder zu einer Doppelzählung von Risiken

---

239 Vgl. European Banking Authority, Leitlinien zu den Stresstests der Institute, EBA/GL/2018/04, 19. Juli 2018, S. 14.

oder zu einer Unterschätzung der Auswirkungen gestresster Risikofaktoren führen. Auf Instituts-ebene können auch spezifische Gruppenrisiken auftreten. Daher sollten die Institute sicherstellen, dass alle wesentlichen Risiken und ihre jeweiligen Risikofaktoren auch auf institutsweiter Ebene identifiziert werden. Dabei sollte den Risikokonzentrationen auf ganzheitlicher Basis besondere Aufmerksamkeit geschenkt werden.[240]

International tätige Institute oder Gruppen sollten ergänzend auch Stresstests für bestimmte geografische Regionen, Unternehmens- oder Geschäftsbereiche durchführen, um die verschiede-nen Risikofaktoren für diese Ebenen zu berücksichtigen.[241]   **179**

3.2 Berücksichtigung der Wechselwirkungen zwischen den Risikoarten

CEBS hatte als Konsequenz aus der Finanzmarktkrise bereits 2010 gefordert, die Notwendigkeit im Auge zu behalten, außerbilanzielle Gesellschaftskonstruktionen aus Reputationsgründen auf die eigene Bilanz nehmen zu müssen. Daher sollten die Stresstestprogramme Szenarien zur Beur-teilung der Größe und Tragfähigkeit dieser Gesellschaftskonstruktionen im Vergleich zur eigenen Finanz-, Liquiditäts- und Kapitalposition umfassen. Um Folgewirkungen zu begrenzen und das Marktvertrauen aufrechtzuerhalten, sollten die Institute Verfahren zur Messung der Auswirkung von Reputationsrisiken auf andere Risikoarten entwickeln, mit besonderem Schwerpunkt auf Adressenausfall-, Markt- und Liquiditätsrisiken.[242] Derartige Auswirkungen sind allerdings ebenso in umgekehrter Richtung denkbar.[243]   **180**

Auch fast zehn Jahre später wird das »Reputationsrisiko« häufig als erstes genannt, wenn es um die Wechselwirkungen zwischen verschiedenen Risikoarten geht. Es bezeichnet das bestehende oder künftige Risiko eines Institutes in Bezug auf seine Erträge, seine Eigenmittel oder seine Liquidität infolge einer Schädigung seines Rufes.[244] Insofern ist es für jene Institute von besonderer Bedeutung, die mit börsennotierten Aktien bzw. Schuldtiteln oder in Interbankenmärkten operie-ren.[245] Das Reputationsrisiko sollte den Vorstellungen der EBA zufolge als Unterkategorie beim operationellen Risiko eingeordnet werden, da sich die meisten operationellen Risikoereignisse entscheidend auf die Reputation eines Institutes auswirken und diese beiden Risiken somit wirkungsbezogen eng zusammenhängen.[246]   **181**

Dabei handelt es sich allerdings nur um eine formale Zuordnung. Die Behandlung des Reputa-tionsrisikos erfolgt in der Praxis häufig als eigenständige Risikokategorie. Das ist vor allem darauf zurückzuführen, dass die Risikoarten vorrangig ursachenbezogenen definiert werden. Die Ursa-che des operationellen Risikos sind Verfahren, Menschen, Systeme und externe Ereignisse. Die Wirkung kann ein Reputationsschaden sein – letzterer kann aber auch aus vielen anderen Risikoarten resultieren.   **182**

---

240 Vgl. European Banking Authority, Leitlinien zu den Stresstests der Institute, EBA/GL/2018/04, 19. Juli 2018, S. 18.
241 Vgl. European Banking Authority, Leitlinien zu den Stresstests der Institute, EBA/GL/2018/04, 19. Juli 2018, S. 18.
242 Vgl. Committee of European Banking Supervisors, Revised Guidelines on Stress Testing (GL 32), 26. August 2010, S. 33.
243 Vgl. European Banking Authority, Guidelines on common procedures and methodologies for the supervisory review and evaluation process (SREP) and supervisory stress testing, EBA/GL/2014/13, Consolidated version, 19. Juli 2018, S. 112.
244 Vgl. European Banking Authority, Guidelines on common procedures and methodologies for the supervisory review and evaluation process (SREP) and supervisory stress testing, EBA/GL/2014/13, Consolidated version, 19. Juli 2018, S. 24.
245 Vgl. European Banking Authority, Guidelines on common procedures and methodologies for the supervisory review and evaluation process (SREP) and supervisory stress testing, EBA/GL/2014/13, Consolidated version, 19. Juli 2018, S. 111.
246 Vgl. European Banking Authority, Guidelines on common procedures and methodologies for the supervisory review and evaluation process (SREP) and supervisory stress testing, EBA/GL/2014/13, Consolidated version, 19. Juli 2018, S. 104.

AT 4.3.3 Stresstests

183 Verschiedene Wechselwirkungen bestehen jedoch auch zwischen den anderen Risikoarten. Insbesondere zu Beginn der Finanzmarktkrise im Sommer 2007 war zu beobachten, dass erhöhte Markt- und Kreditrisiken bei gestiegener Unsicherheit über die Risikoabsorptionsfähigkeit der Marktteilnehmer schnell zu Verwerfungen in bestimmten Marktsegmenten und zu gravierenden Liquiditätsengpässen führen können. Ebenso kann das operationelle Risiko eines Ausfalls wichtiger Abwicklungs- bzw. Zahlungsverkehrssysteme erhebliche Auswirkungen auf das Liquiditätsrisiko haben. Darüber hinaus könnten bei einem Institut, das in Verbriefungen (ABS) und Credit Default Swaps (CDS) investiert, gleichzeitig Markt- und Kreditrisiken auftreten, wenn die ABS-Werte fallen und das Institut durch die Ratingagenturen herabgestuft wird. Greifen wegen der Herabstufung bestimmte Klauseln in den CDS-Kontrakten (»Trigger«), muss das Institut weitere Verpflichtungen erfüllen (z. B. die Lieferung zusätzlicher Sicherheiten). Dies wiederum schränkt die Möglichkeiten besicherter Refinanzierungen ein. In der Konsequenz könnte das Institut dazu veranlasst werden, ABS zu Unzeiten zu verkaufen (»Fire Sales«), was zu einer weiteren Verringerung des Portfoliowertes führen würde.[247]

184 Die Aufsicht erwartet deshalb, dass die Wechselwirkungen zwischen den ICAAP- und ILAAP-Stresstests betrachtet werden.[248] In diesem Bereich sieht die EZB noch ein großes Verbesserungspotenzial bei den bedeutenden Instituten. Als Good Practice wird eine systematische Betrachtung der Liquiditätsschocks im Rahmen von ICAAP-Stresstests aufgeführt. Darüber hinaus wird ein inverser Stresstest, der Kapital- und Liquiditätsstressszenarien kombiniert, als gutes Beispiel genannt.[249]

185 Die Institute sollten sich aber auch möglicher indirekter Effekte der Zinsänderungsrisiken bewusst sein, die an anderer Stelle Verluste auslösen könnten. Zum Beispiel könnte ein Durchreichen von (vergleichsweise hohen) Kreditzinsen aufgrund einer damit verbundenen Verschlechterung der Zahlungsfähigkeit der Kunden weitere Kreditverluste auslösen.[250] Bei den institutsweiten Stresstests sollten das Zusammenspiel der Zinsänderungsrisiken im Anlagebuch mit anderen Risikoarten, wie z. B. Kreditrisiken, Liquiditätsrisiken und Marktpreisrisiken, und etwaige Zweitrundeneffekte berechnet werden.[251] Dasselbe gilt für die operationellen Risiken und deren Zusammenhang mit den Liquiditäts- und Eigenmittelanforderungen. Die Institute sollten das mögliche Zusammenspiel von operationellen Risikoverlusten mit Kredit- und Marktpreisrisiken sorgfältig analysieren.[252] Auch bei der Konzeption von Szenarien für Adressenausfallrisiken sollten die Institute die Auswirkungen von Stressereignissen auf andere Risikoarten, z. B. Liquiditätsrisiken und Marktpreisrisiken, sowie die Möglichkeit von Folgewirkungen (»spillover effects«) berücksichtigen, die durch die Reaktionen einzelner Institute auf ein externes Stressereignis hervorgerufen werden können.[253]

---

247 Vgl. Committee of European Banking Supervisors, Revised Guidelines on Stress Testing (GL 32), 26. August 2010, S. 21.

248 Vgl. Europäische Zentralbank, Leitfaden der EZB für den bankinternen Prozess zur Sicherstellung einer angemessenen Kapitalausstattung (Internal Capital Adequacy Assessment Process – ICAAP), 9. November 2018, S. 37 f.; Bundesanstalt für Finanzdienstleistungsaufsicht/Deutsche Bundesbank, Aufsichtliche Beurteilung bankinterner Risikotragfähigkeitskonzepte und deren prozessualer Einbindung in die Gesamtbanksteuerung (»ICAAP«) – Neuausrichtung, Leitfaden vom 24. Mai 2018, S. 18.

249 Vgl. European Central Bank, ECB report on banks' ICAAP practices, 11. August 2020, S. 62 f.

250 Vgl. European Banking Authority, Leitlinien zu den Stresstests der Institute, EBA/GL/2018/04, 19. Juli 2018, S. 42.

251 Vgl. European Banking Authority, Leitlinien zur Steuerung des Zinsänderungsrisikos bei Geschäften des Anlagebuchs, EBA/GL/2018/02, 19. Juli 2018, S. 29.

252 Vgl. European Banking Authority, Leitlinien zu den Stresstests der Institute, EBA/GL/2018/04, 19. Juli 2018, S. 35 f.

253 Vgl. European Banking Authority, Leitlinien zu den Stresstests der Institute, EBA/GL/2018/04, 19. Juli 2018, S. 31.

3.3 Definition übergeordneter Szenarien

Wie bereits ausgeführt, können mit Hilfe von Sensitivitätsanalysen jene Risikofaktoren identifiziert werden, die einen erheblichen Einfluss auf das Risikoprofil bzw. auf die Vermögens-, Ertrags- oder Liquiditätssituation eines Institutes und damit auf seine Anfälligkeit gegenüber bestimmten Ereignissen haben. Diese Erkenntnisse werden i.d.R. zur Festlegung geeigneter Szenarien genutzt, mit denen die wesentlichen Risikofaktoren kombiniert gestresst werden können (→ AT 4.3.3 Tz. 1). Das funktioniert nicht nur für Stresstests hinsichtlich einzelner Risikoarten, sondern ebenso mit Blick auf das Gesamtrisikoprofil eines Institutes. Von besonderem Interesse sind dabei jene Risikofaktoren, die für verschiedene Risikoarten eine wesentliche Rolle spielen und im Stressfall auch Auswirkungen auf die Wechselwirkungen zwischen den Risikoarten haben. 186

Die Aufsicht fordert zunächst, geeignete übergeordnete Szenarien auf Basis der Verwundbarkeiten des Institutes zu definieren, die sowohl institutseigene als auch marktweite Ursachen berücksichtigen. Auf welche Weise diese übergeordneten Szenarien festgelegt werden, bleibt den Instituten überlassen. Insofern ist es sowohl möglich, auf den bereits für die einzelnen Risikoarten definierten Szenarien aufzusetzen und daraus geeignete übergeordnete Szenarien abzuleiten, als auch von übergeordneten Szenarien auszugehen und diese anschließend auf die einzelnen Risikoarten anzupassen. Letztgenannte Vorgehensweise liegt auch dem EU-weiten Stresstest zugrunde, so dass zumindest einige Institute damit regelmäßig Erfahrungen sammeln. Sofern auf die risikoartenspezifischen Szenarien zurückgegriffen wird, sollten jene Szenarien miteinander kombiniert werden, die für sich betrachtet hinreichend schwere Auswirkungen haben, sofern sie konsistent sind. Außerdem sollte darauf geachtet werden, dass das durch Kombination von anderen Szenarien konzipierte Szenario noch interpretierbar ist und sinnvolle Ergebnisse liefert. 187

Konkrete Vorgaben, welche institutseigenen und marktweiten Ursachen von den Instituten zu berücksichtigen sind, werden in den MaRisk nur für Liquiditätsrisiken gemacht (→ BTR 3.1 Tz. 8 und BTR 3.2 Tz. 3). Bestimmte Vorgaben zu Stressszenarien für Zinsänderungsrisiken im Anlagebuch ergeben sich aus Art. 98 Abs. 5 CRD IV, wonach von den zuständigen Behörden zumindest dann Maßnahmen zu ergreifen sind, wenn der wirtschaftliche Wert eines Institutes aufgrund einer plötzlichen und unerwarteten Zinsänderung von 200 Basispunkten oder einer in den Leitlinien der EBA definierten Änderung um mehr als 20 Prozent der Eigenmittel absinkt. Nach § 25a Abs. 2 KWG kann die BaFin Regelungen zur Ausgestaltung dieser Zinsänderung und zur Ermittlungsmethodik der Auswirkungen auf den Barwert bezüglich der Zinsänderungsrisiken im Anlagebuch festlegen. Davon hat die BaFin zuletzt im August 2019 Gebrauch gemacht.[254] Auch für Stresstests zum Adressenausfallrisiko sollen nach den Vorstellungen der EBA neben marktweiten Ursachen, wozu z.B. eine starke Konjunkturabschwächung gehören kann, die sich auf die Portfolioqualität aller Gläubiger auswirkt, sowie branchen- und regionalspezifischen Ursachen auch institutseigene Ursachen, wie z.B. der Konkurs des größten Gläubigers, und eine Kombination daraus berücksichtigt werden.[255] 188

Die Kombination von institutseigenen und marktweiten Ursachen wird auch von der EZB erwartet. So sollte die Bandbreite an adversen Szenarien in der normativen Perspektive schwerwiegende wirtschaftliche Abschwünge und finanzielle Schocks, relevante institutsspezifische Anfälligkeiten, Forderungen gegenüber bedeutenden Kontrahenten und plausible Kombinationen 189

---

254 Vgl. Bundesanstalt für Finanzdienstleistungsaufsicht, Zinsänderungsrisiken im Anlagebuch, Rundschreiben 06/2019 (BA) vom 6. August 2019.
255 Vgl. European Banking Authority, Leitlinien zu den Stresstests der Institute, EBA/GL/2018/04, 19. Juli 2018, S. 31.

AT 4.3.3 Stresstests

dieser Aspekte angemessen abdecken. Die EZB erwartet von den bedeutenden Instituten, dass sie in der normativen Perspektive solche Entwicklungen abbilden, die für sie eine Krisensituation darstellen.[256]

190   Sofern die Institute ihr adverses Szenario in der Kapitalplanung der normativen Perspektive identisch dem schweren konjunkturellen Abschwung (→ AT 4.3.3 Tz. 6) unter den im RTF-Leitfaden genannten Voraussetzungen ausgestalten (→ AT 4.1 Tz. 11), erfüllen sie nach Einschätzung der deutschen Aufsichtsbehörden im Regelfall sämtliche Mindestanforderungen an Stresstests für das Gesamtrisikoprofil gemäß MaRisk.[257] Dies setzt allerdings voraus, dass der schwere konjunkturelle Abschwung eine Parameterkonstellation abbildet, die als angemessen advers für das Gesamtinstitut betrachtet werden kann und alle wesentlichen Risiken des Institutes angemessen abdeckt. Aus diesem Grund wird die Verwendung eines schweren konjunkturellen Abschwungs als einziges Stressszenario von der deutschen Aufsicht mittlerweile kritisch gesehen, weil damit die individuellen Verwundbarkeiten ggf. nicht hinreichend abgebildet werden.[258] Außerdem sollte der schwere konjunkturelle Abschwung auch in der ökonomischen Perspektive betrachtet werden, um die verschiedenen Effekte der beiden Perspektiven auf das Gesamtinstitut abzubilden.

---

256   Vgl. Europäische Zentralbank, Leitfaden der EZB für den bankinternen Prozess zur Sicherstellung einer angemessenen Kapitalausstattung (Internal Capital Adequacy Assessment Process – ICAAP), 9. November 2018, S. 41.

257   Vgl. Bundesanstalt für Finanzdienstleistungsaufsicht/Deutsche Bundesbank, Aufsichtliche Beurteilung bankinterner Risikotragfähigkeitskonzepte und deren prozessualer Einbindung in die Gesamtbanksteuerung (»ICAAP«) – Neuausrichtung, Leitfaden vom 24. Mai 2018, S. 17 f.

258   Vom Austausch der Deutschen Kreditwirtschaft (DK) mit der BaFin und der Deutschen Bundesbank am 5. November 2018 zum überarbeiteten aufsichtlichen Risikotragfähigkeitsleitfaden existiert lediglich ein DK-internes Ergebnisprotokoll.

4 Festlegung der Szenarien (Tz. 3)

3 Die Stresstests haben auch außergewöhnliche, aber plausibel mögliche Ereignisse abzubil- **191**
den. Dabei sind geeignete historische und hypothetische Szenarien darzustellen. Anhand
der Stresstests sind dabei auch die Auswirkungen eines schweren konjunkturellen Abschwungs auf Gesamtinstitutsebene zu analysieren. Bei der Festlegung der Szenarien sind die
strategische Ausrichtung des Institutes und sein wirtschaftliches Umfeld zu berücksichtigen.

4.1 Abbildung außergewöhnlicher, aber plausibel möglicher Ereignisse

Wie bereits ausgeführt, werden unter dem Oberbegriff »Stresstests« die unterschiedlichen Metho- **192**
den zusammengefasst, mit denen ein Institut seine Verlustanfälligkeit auch bezüglich außergewöhnlicher, aber plausibel möglicher Ereignisse überprüfen kann (→ AT 4.3.3 Tz. 1, Erläuterung).
Mit Blick auf die Intention dieser Anforderung kann unter einem außergewöhnlichen Ereignis, das
gleichzeitig plausibel möglich sein soll, im Grunde nur ein Ereignis verstanden werden, das mit
einer sehr geringen Eintrittswahrscheinlichkeit auftritt und vergleichsweise starke Änderungen
der wesentlichen Risikofaktoren bewirkt. Derartige Ereignisse, wie z. B. ein schwerer konjunktureller Abschwung, ziehen i. d. R. erhebliche Veränderungen der Rahmenbedingungen nach sich.
Mögliche Auswirkungen sind z. B. eine verringerte Marktliquidität, eine nachlassende Wirkung
von Hedging-Maßnahmen und Diversifikationseffekten sowie veränderte Korrelationsbeziehungen. In der Folge kann es auch zu einer plötzlichen Konzentration von Risiken in Portfolios
kommen. Gleichzeitig ist es nur noch eingeschränkt möglich, Risiken durch das Schließen offener
Positionen zu verringern. Die Herausforderungen für die Institute bestehen darin, jene Stresstestmethoden zu wählen, die am besten zu ihrem Risikoprofil und ihrer Risikosystematik passen,
sowie darauf zu achten, dass die durchgeführten Stresstests ökonomische Zusammenhänge sinnvoll abbilden und hinreichend plausibel sind.[259]

4.2 Plausibilität eines Stressszenarios

Die »Plausibilität« eines Stressszenarios, d. h. die Wahrscheinlichkeit seines Eintritts, lässt sich aus **193**
einer Kombination von verschiedenen Gesichtspunkten ableiten. Insbesondere sollte dieses
Szenario mit den aktuellen makroökonomischen und finanziellen Variablen sinnvoll zusammenhängen sowie durch eine schlüssige Argumentation, Wahrscheinlichkeitsverteilung und historische Erfahrungen gestützt sein. Allerdings sollte die Plausibilität nicht auf historische Erfahrungen
beschränkt bleiben, so dass Expertenurteile über sich verändernde Risikoumgebungen sowie
Stressereignisse, die in einem ähnlichen Umfeld außerhalb der eigenen historischen Erfahrung
des Institutes beobachtet wurden, eine Schlüsselrolle spielen.[260]

---

259 Vgl. Bühn, Andreas/Klauck, Kai-Oliver, Mit modernen Stresstests das Risikoprofil analysieren, in: Betriebswirtschaftliche
Blätter, Heft 6/2007, S. 352.
260 Vgl. European Banking Authority, Leitlinien zu den Stresstests der Institute, EBA/GL/2018/04, 19. Juli 2018, S. 28.

4.3 Schweregrad eines Stressszenarios

194 Unter dem »Schweregrad« (»severity«) – oder alternativ der Härte, der Schwere bzw. der Strenge – eines Stressszenarios ist die Strenge der zugrunde liegenden Annahmen oder der Grad der Verschlechterung im Vergleich zum Basisszenario zu verstehen. Die Strenge der Annahmen ergibt sich insbesondere aus den verwendeten makroökonomischen und finanziellen Variablen. Ein größerer Schweregrad des Stressszenarios hat folglich im Allgemeinen eine stärkere Auswirkung des Stresstests auf das Institut zur Folge, woraus sich die tatsächliche Strenge des Stressszenarios ableiten lässt.[261]

195 Die Institute sollten nach den Vorgaben der EBA sicherstellen, dass der Schweregrad unter Berücksichtigung der spezifischen Schwachstellen jedes Institutes auf der Grundlage seines Geschäftsmodells (z.B. Abhängigkeit von internationalen Märkten) festgelegt wird. Im Rahmen der Beurteilung des Schweregrades eines Szenarios sollte sich das Institut der Dynamik des Risikoumfeldes und der Erfahrungen von Instituten mit ähnlichen Geschäftsmodellen bewusst sein.[262]

196 Die aufsichtlichen Stresstests können als Startpunkt für die Definition von institutsindividuellen Stresstests sehr nützlich sein. Auch die Schwere dieser Stresstests kann als Benchmark für die eigenen Überlegungen der Institute einen Anhaltspunkt bieten. Die EZB weist jedoch explizit darauf hin, dass die Institute für die Definition von Stresstests selbst verantwortlich sind und ihre eigenen Verwundbarkeiten unter Stressbedingungen abbilden müssen.[263] Auch die deutschen Aufsichtsbehörden legen einen großen Wert auf die institutsindividuelle Ausgestaltung von Stresstests. Auch nach Auffassung der Kreditwirtschaft liefern Stresstests vor allem dann einen Erkenntnisgewinn, wenn sie auf das jeweilige Portfolio zugeschnitten sind, also für das Institut tatsächlich relevant sind.[264] Aus diesem Grund sollte bei Übernahme von Stresstestparametern aus anderen Quellen stets geprüft werden, ob das jeweilige Szenario die institutseigenen Gegebenheiten angemessen abbildet. Die Wahl des Stressszenarios sollte begründet und dokumentiert werden.[265]

197 Die Aufsichtsbehörden haben allerdings an einigen Stellen ihre Erwartungen an die Schwere der institutsinternen Stresstests formuliert. Nach den Vorgaben der EBA sollten die Institute sicherstellen, dass sowohl die Sensitivitäts- als auch die Szenarioanalysen mindestens einen schwerwiegenden Wirtschaftsabschwung abdecken.[266] Die EZB erwartet von den bedeutenden Instituten, dass sie ihren Szenarien in der normativen Perspektive außergewöhnliche, aber plausible Entwicklungen zugrunde legen, die gemessen an ihren Auswirkungen auf die aufsichtsrechtlichen Kapitalquoten, insbesondere die CET1-Quote, einen adäquaten Schweregrad aufweisen. Der Schweregrad sollte Entwicklungen entsprechen, die plausibel, aber aus Sicht der Institute so schwerwiegend sind wie Entwicklungen, die in einer Krisensituation auf den Märkten und im Hinblick auf die Faktoren und Bereiche, die für eine angemessene Kapitalausstattung des Institutes am wichtigsten sind, beobachtet werden könnten (→ AT 4.1 Tz. 11). Die Bandbreite an adversen Szenarien sollte demnach schwerwiegende wirtschaftliche Abschwünge und finanzielle Schocks, relevante institutsspezifische Anfälligkeiten, Forderungen gegenüber bedeutenden Kontrahenten und plausible Kombinationen dieser Aspekte angemessen abdecken.[267]

261 Vgl. European Banking Authority, Leitlinien zu den Stresstests der Institute, EBA/GL/2018/04, 19. Juli 2018, S. 24.

262 Vgl. European Banking Authority, Leitlinien zu den Stresstests der Institute, EBA/GL/2018/04, 19. Juli 2018, S. 24.

263 Vgl. Europäische Zentralbank, Leitfaden der EZB für den bankinternen Prozess zur Sicherstellung einer angemessenen Kapitalausstattung (Internal Capital Adequacy Assessment Process – ICAAP), 9. November 2018, S. 36.

264 Vgl. Zentraler Kreditausschuss, Stellungnahme zum Konsultationspapier »Principles for sound stress testing practices and supervision« des Baseler Ausschusses für Bankenaufsicht, 13. März 2009, S. 9.

265 Vgl. European Banking Authority, Leitlinien zu den Stresstests der Institute, EBA/GL/2018/04, 19. Juli 2018, S. 25.

266 Vgl. European Banking Authority, Leitlinien zu den Stresstests der Institute, EBA/GL/2018/04, 19. Juli 2018, S. 24.

267 Vgl. Europäische Zentralbank, Leitfaden der EZB für den bankinternen Prozess zur Sicherstellung einer angemessenen Kapitalausstattung (Internal Capital Adequacy Assessment Process – ICAAP), 9. November 2018, S. 40 f.

Die deutschen Aufsichtsbehörden erwarten die Abbildung eines schweren konjunkturellen Abschwungs auf Gesamtbankebene. Die bei der Kapitalplanung zu betrachtenden adversen Entwicklungen müssen nicht zwingend die (maximale) Schwere der vom Institut durchgeführten Stresstests besitzen. Von den weniger bedeutenden Instituten wird erwartet, dass adverse Entwicklungen für das Institut widrige Entwicklungen widerspiegeln, die einen spürbaren Einfluss auf die zukünftige Kapitalausstattung und Kapitalplanung des Institutes haben oder haben können, und insofern mit Auswirkungen einer Rezession oder eines für das Institut ähnlich schweren Szenarios vergleichbar sind (→ AT 4.1 Tz. 11).[268] **198**

4.4 Ereignisse unterschiedlicher Schweregrade

Nach den Vorstellungen der EBA sollten die Institute sowohl bei Sensitivitäts- als auch bei Szenarioanalysen unterschiedliche Schweregrade berücksichtigen.[269] **199**

Die Szenarien sollten so ausgestaltet sein, dass die Stresstests über den gesamten Konjunkturzyklus hinweg aussagekräftig im Hinblick auf die Stabilität des Institutes sind. Wenn eine Rezession eintritt, muss nicht zwangsläufig ein höheres Stressniveau angenommen werden, wenn eine schnelle Erholung plausibel möglich ist. Bei der Entwicklung der Stresstestmethoden einschließlich der Szenarien und der Festlegung möglicher Maßnahmen sollten die Institute deshalb darauf achten, in welcher Phase innerhalb des Konjunkturzyklus sie sich gerade befinden.[270] **200**

Szenarien können absolute oder relative Veränderungen der Risikofaktoren beinhalten. Grundsätzlich sollten die Institute in den Szenarien beide Aspekte berücksichtigen. Eine absolute Veränderung der Risikofaktoren hat zyklusneutral immer denselben Schweregrad, der insofern nicht vom aktuellen Niveau abhängt. Die Auswirkung wäre in einer Abschwungphase allerdings geringer als in einem günstigen wirtschaftlichen Umfeld. Eine relative Veränderung der Risikofaktoren führt hingegen zu einer Belastung der jeweils vorherrschenden Situation und würde sich damit in einer Abschwungphase stärker auswirken. Andererseits würde z. B. eine relative negative Veränderung des Bruttoinlandsproduktes (BIP) bei einem sehr positiven Ausgangsniveau nicht unbedingt zu einem starken Stresseffekt in absoluten Zahlen führen. Die Institute sollten sicherstellen, dass ihre Wahl der Szenarien sowohl in absoluter als auch in relativer Hinsicht hinreichend streng ist. Die Auswahl der Szenarien und ihre Auswirkungen auf den Schweregrad sollten begründet und dokumentiert werden.[271] **201**

Die Stresstests sollten in konsistenter Weise im gesamten Institut verwendet werden, wobei die Auswirkungen identischer Szenarien nicht notwendigerweise für alle Geschäftsbereiche gleichermaßen schwerwiegend sind. Die Institute sollten daher hinreichend schwerwiegende Szenarien in Bezug auf spezifische Portfolios und die spezifischen Risikoarten durchführen, die ihr Geschäftsmodell betreffen. Zum Beispiel würden für ein Immobilienportfolio ein starker Rückgang der Immobilienpreise, eine hohe Arbeitslosigkeit und ein Rückgang des Bruttoinlandsproduktes einem schwerwiegenden Szenario entsprechen. Von einem international tätigen Institut wird auch erwartet, Stresstests auf der Ebene der Geschäftseinheiten in bestimmten geografischen Regionen durchzuführen. Die Institute sollten insgesamt sicherstellen, dass die Stresstests auf strengen, aber plausiblen Szenarien beruhen und der Schweregrad den jeweiligen Zweck widerspiegelt. Die **202**

---

268 Vgl. Bundesanstalt für Finanzdienstleistungsaufsicht/Deutsche Bundesbank, Aufsichtliche Beurteilung bankinterner Risikotragfähigkeitskonzepte und deren prozessualer Einbindung in die Gesamtbanksteuerung (»ICAAP«) – Neuausrichtung, Leitfaden vom 24. Mai 2018, S. 12.

269 Vgl. European Banking Authority, Leitlinien zu den Stresstests der Institute, EBA/GL/2018/04, 19. Juli 2018, S. 21 f.

270 Vgl. European Banking Authority, Leitlinien zu den Stresstests der Institute, EBA/GL/2018/04, 19. Juli 2018, S. 20.

271 Vgl. European Banking Authority, Leitlinien zu den Stresstests der Institute, EBA/GL/2018/04, 19. Juli 2018, S. 24 f.

AT 4.3.3 Stresstests

Szenarien sollten insofern aussagekräftig sein, als sie sich mit den für das Institut im Hinblick auf seine Stabilität relevanten Risiken unter ungünstigen Bedingungen befassen. Bei systemrelevanten Banken sollte zudem die Stabilität des Finanzsystems in allen Phasen des Konjunkturzyklus und bei Marktschwankungen inkl. der Refinanzierungsmärkte beleuchtet werden.[272]

203 Zur Beurteilung des angemessenen Schweregrades der Szenarien sollten diese auch mit jenen Szenarien verglichen werden, die beim inversen Stresstest verwendet werden. Die Institute sollten die durch die inversen Stresstests ermittelten Szenarien als Ergänzung zu den von ihnen durchgeführten Stresstests und zu Vergleichszwecken verwenden, um den Gesamtschweregrad zu bewerten und so die Identifizierung schwerer, aber dennoch plausibler Szenarien zu ermöglichen.[273]

204 Außergewöhnliche Stressereignisse gab es bereits in der Vergangenheit und wird es vermutlich auch immer wieder geben.[274] Beispiele dafür sind die Weltwirtschaftskrise (1929), die Dollarkrise (1971), die Ölkrise (1973), die großen Börsen-Crashs (1987, 1994), der Golfkrieg (1990/91), die EWS-Krise (1992), der Rentenmarktcrash (1994), die Währungskrisen in Lateinamerika (1994/95), Asien (1997/98) und Russland (1998), der Zusammenbruch des erst vier Jahre zuvor von John Meriwether gegründeten Hedgefonds Long-Term Capital Management (1998), an dessen Leitung auch die beiden Nobelpreisträger Myron Samuel Scholes und Robert C. Merton beteiligt waren, die von den Internetfirmen ausgelöste Börsenblase (2000), die auch als »Dot-com Bubble« bekannt wurde, die Währungskrise in Argentinien (2001), die Terroranschläge vom 11. September in den USA (2001) und in Spanien (2004), der Irak-Krieg (2003) und der Ausbruch der Subprimekrise (2007), die sich spätestens mit der Insolvenz von Lehman Brothers (2008) zur Finanzmarktkrise ausweitete und zumindest einen erheblichen Anteil an der schwierigen Situation einiger Staaten im Euroraum hatte. Auch die anhaltende Krise einiger Staaten im Euroraum (ab 2010), die Negativzinsphase (ab 2014), der Brexit (ab 2016), der zwischenzeitlich drohende Handelskrieg mit den USA, die Spannungen im Nahen und Mittleren Osten sowie der Ausbruch der COVID-19-Pandemie (ab 2020) können unter gewissen Umständen einen erheblichen Stress an den Finanzmärkten auslösen.

205 In Abhängigkeit von der jeweiligen Geschäftsausrichtung können auch weniger spektakuläre Fälle schon als außergewöhnliche Stressereignisse angesehen werden. Allein mit Blick auf das Handelsgeschäft wären z.B. die Fälle bei Herstatt, Daiwa, Orange County, Metallgesellschaft, Sumitomo, NatWest, Barings und Société Générale zu nennen. Für regional tätige Institute können wiederum Szenarien eine große Bedeutung haben, deren Auswirkungen vor allem das jeweilige Geschäftsgebiet betreffen. Dazu können z.B. Abwanderungen oder Insolvenzen bedeutender regionaler Arbeitgeber, eine Veränderung des Marktumfeldes bzw. der Konkurrenzsituation oder lokale Naturkatastrophen, wie z.B. das Oderhochwasser (1997) oder die Flut-Katastrophe (2021), gehören.

4.5 Die »Subprimekrise« als Beispiel

206 Ein Beispiel für eine extreme Marktsituation ist die »Subprimekrise«, an der gleichzeitig die vielfältigen Zusammenhänge zwischen den einzelnen Risikoarten deutlich werden. Extrem niedrige Zinssätze führten in den USA dazu, dass in großem Umfang Kredite an Privatpersonen vergeben wurden, die nur eine geringe Bonität besaßen. Naturgemäß besteht in diesem so genannten »Subprimesegment« wenig Spielraum für einen Kreditnehmer, wenn sich die Umgebungsbedingungen zu seinem Nachteil ändern. Mit dem kontinuierlichen Anstieg der Leitzinsen in

---

272 Vgl. European Banking Authority, Leitlinien zu den Stresstests der Institute, EBA/GL/2018/04, 19. Juli 2018, S. 24f.

273 Vgl. European Banking Authority, Leitlinien zu den Stresstests der Institute, EBA/GL/2018/04, 19. Juli 2018, S. 25f.

274 Zahlreiche Beispiele können den Anhängen einer Veröffentlichung der Bank für Internationalen Zahlungsausgleich entnommen werden. Vgl. Committee on the Global Financial System, Stress testing at major financial institutions: survey results and practice, Januar 2005, S. 18ff.

den USA ab dem Jahr 2004 gerieten insbesondere jene Kreditnehmer aus dem Subprimesegment in Zahlungsschwierigkeiten, deren Finanzierung auf variablen Zinssätzen oder kurzen Zinsfestschreibungszeiträumen beruhte, da die mittlerweile angepassten Kreditraten ihre finanziellen Möglichkeiten überstiegen. Durch den gleichzeitigen Verfall der Immobilienpreise war es diesen Kreditnehmern auch nicht mehr möglich, die Immobilien so zu veräußern, dass die Kredite durch den Verkaufserlös abgelöst werden konnten.

Diese Situation hatte sich durch systematische Fehlanreize in der internen Risikosteuerung der Banken weiter verschärft. Hierzu haben z. B. »Lockzinsangebote« mit der so genannten »2/28-Finanzierungsstruktur« beigetragen, bei der den Kreditnehmern für die ersten beiden Jahre zunächst ein extrem geringer Zinssatz ab einem Prozent angeboten wird. Nach Ablauf dieser Festschreibungsperiode wird der Kredit variabel weiterfinanziert, was bei einer üblicherweise 30-jährigen Kreditlaufzeit für die restlichen 28 Jahre in Abhängigkeit vom Zinsniveau zu einer deutlich gestiegenen Kreditrate führen kann. Darüber hinaus war die Risikobereitschaft der Institute auch vor dem Hintergrund gestiegen, dass sich derartige Kredite in großem Umfang über strukturierte Anlageformen, wie z. B. Asset Backed Commercial Paper (ABCP), Asset Backed Securities (ABS) oder Collateralized Debt Obligations (CDO), am Kapitalmarkt refinanzieren ließen. Demzufolge mussten potenziell schlechte Kredite nicht in den Bankbüchern gehalten werden, sondern konnten weiterverkauft werden. Das Wissen um die geplante Verbriefung hatte die Kreditvergabe weiter beschleunigt. Hinzu kam, dass die Risiken teilweise auch von den Ratingagenturen falsch eingeschätzt wurden. Ansonsten hätte z. B. eine Triple-A-Struktur kaum innerhalb von neun Monaten mit einem neunzigprozentigen Verlust komplett ausfallen können.[275]

Mit zunehmendem Preisverfall der Immobilien, der sich auch auf die Besicherung der genannten Anlageformen auswirkte, wuchs die Zahl der Kreditausfälle dramatisch und nahm die Risikobereitschaft der Anleger gleichzeitig deutlich ab. Die Situation weitete sich schnell zur so genannten »Subprimekrise« aus. Zunächst gerieten die auf Subprimekredite spezialisierten Hypothekenfinanzierer in ernsthafte Liquiditätsschwierigkeiten, nach ersten Herabstufungen von ABS-Konstruktionen durch die Ratingagenturen kurze Zeit später auch einige Hedgefonds und mit derartigen Transaktionen beschäftigte Zweckgesellschaften, die so genannten »Conduits«, sowie beteiligte Institute. Einige Institute sicherten als »Sponsoren« die Rückzahlung der von den Conduits begebenen Wertpapiere mit Kreditlinien kurzer Laufzeiten ab, die nach Basel I nicht mit Eigenkapital unterlegt werden mussten.

Schließlich brach der so genannte Subprimemarkt, d. h. der Markt für Wertpapiere, die auf Krediten für Schuldner aus dem Subprimesegment beruhen, zusammen. Marktpreise ließen sich in einigen Segmenten nicht mehr ermitteln. Die Preiskalkulation beruhte mehr und mehr auf Annahmen, die kaum noch verifiziert werden konnten. Aufgrund der unklaren Beteiligungssituation an den verlustreichen Transaktionen haben die Institute in der Folge auch untereinander bestehende Liquiditätslinien zum Teil nicht mehr verlängert, was die EZB und andere Zentralbanken aufgrund der steigenden Geldmarktsätze dazu veranlasste, dem Geldmarkt Liquidität in Milliardenhöhe zur Verfügung zu stellen und auf diese Weise eine weitere Verschärfung der Krise abzuwenden. Zu diesem Zeitpunkt handelte es sich bereits um eine echte »Finanzmarktkrise«.[276]

Das tatsächliche Ausmaß dieser Krise kann eigentlich bis heute nicht richtig eingeschätzt werden, weil daraus verschiedene Folgewirkungen resultieren. Was also mit einer unkontrollierten Kreditvergabepraxis US-amerikanischer Institute begann und massive Verluste zur Folge hatte, führte zu handfesten Liquiditätsproblemen auf globaler Ebene. Viele Marktteilnehmer waren angesichts der Komplexität der Verbriefungstransaktionen und der damit einhergehenden Risiken

275 Vgl. von der Hagen, Hans/Finke, Björn, Erst Haus, dann Auto, am Ende der Fernseher, Interview mit Jochen Felsenheimer, in: Süddeutsche Zeitung vom 5. Dezember 2007, S. 34.

276 In Abgrenzung zu anderen Krisenereignissen wird die Finanzmarktkrise von 2007 bis 2009 in neueren Veröffentlichungen auch als die »Große Finanzkrise« (»Great Financial Crisis«, GFC) bezeichnet. Vgl. Basel Committee on Banking Supervision, Principles for Operational Resilience, BCBS 516, 31. März 2021, S. 1.

überfordert. In diesem Zusammenhang stellte sich auch die Frage, ob die Möglichkeiten von Stresstests als Bestandteil des Risikomanagements ausreichend genutzt wurden.

4.6 Erwartungen der EZB an bedeutende Institute

211 Die bedeutenden Institute sollen durch regelmäßige Stresstests die Angemessenheit des Kapitals unter adversen Bedingungen sicherstellen. Dafür müssen sie zunächst ihre größten Schwachstellen ermitteln und ein angemessenes Stresstestprogramm für die normative und die ökonomische Perspektive festlegen, das sich auf diese Schwachstellen konzentriert. So sollen die Institute bei der Festlegung ihrer Stresstestszenarien unter Berücksichtigung ihres individuellen Geschäftsmodells, ihres Risikoprofils sowie der externen Bedingungen, mit denen sie konfrontiert sind, ihren wesentlichen Anfälligkeiten Rechnung tragen. Dabei sollten auch die Erkenntnisse aus anderen vom Institut durchgeführten Stresstests, wie z. B. Sensitivitätsanalysen, in die Szenarien einfließen. Bei der normativen Perspektive sollten mehrere adverse Szenarien über einen mehrjährigen Zeithorizont verwendet werden, deren Anzahl u. a. vom Risikoprofil des Institutes und davon abhängt, wie die unterschiedlichen plausiblen Risikokombinationen angemessen widergespiegelt werden können. In ihrem Bericht über die ICAAP-Praktiken der ausgewählten bedeutenden Institute hat die EZB darauf hingewiesen, dass vor dem Hintergrund der Größe und Komplexität der Institute ein oder zwei adverse Szenarien in der Regel nicht ausreichen dürften, um alle wesentlichen Risiken abzubilden.[277]

212 Während beim Basisszenario die erwarteten Entwicklungen unter normalen Bedingungen und unter Berücksichtigung der Geschäftsstrategie zugrunde gelegt werden, sollten bei den adversen Szenarien außergewöhnliche, aber plausible Entwicklungen berücksichtigt werden, die gemessen an ihren Auswirkungen auf die aufsichtsrechtlichen Kapitalquoten, insbesondere die harte Kernkapitalquote (Common Equity Tier 1, CET1), einen adäquaten Schweregrad aufweisen. Dabei geht es um plausible Entwicklungen, die aber aus Sicht der Institute so schwerwiegend sind wie Entwicklungen, die in einer Krisensituation auf den Märkten und im Hinblick auf die Faktoren und Bereiche, die für eine angemessene Kapitalausstattung des Institutes am wichtigsten sind, zu beobachten sein könnten. In der ökonomischen Perspektive werden keine mehrjährigen Szenario-Projektionen erwartet. Stresstests können im Rahmen der ökonomischen Perspektive z. B. eingesetzt werden, um die Sensitivität von Risikoquantifizierungen für Modellierungsannahmen und Risikotreiber oder die Auswirkungen von veränderten externen Bedingungen, insbesondere ungünstigen Entwicklungen, auf die Angemessenheit der Kapitalausstattung aus ökonomischer Perspektive zu bewerten.[278]

213 In ihrem Bericht über die ICAAP-Praktiken der bedeutenden Institute hat die EZB konstatiert, dass die Stressszenarien bei den meisten Instituten nicht den gewünschten Schweregrad aufweisen. Der simulierte CET1-Rückgang liegt unterhalb der Ergebnisse des EBA-Stresstests 2018, der ein standardisierter Stresstest war und nicht in jedem Fall die institutsindividuellen Anfälligkeiten treffen konnte. Die EZB schließt daraus, dass die institutsinternen Stressszenarien entweder nicht schwerwiegend genug sind und die Anfälligkeiten des Institutes nicht hinreichend berücksichtigen oder die Auswirkungen dieser Szenarien nicht auf realistischen Parametern beruhen.[279]

214 In Gesprächen mit der EZB in den Jahren 2017 und 2018 wurde mehrfach deutlich, dass Szenarien, bei denen im Stressfall nur die Säule-2-Kapitalempfehlung (Pillar 2 Guidance, P2G)

---

277 Vgl. European Central Bank, ECB report on banks' ICAAP practices, 11. August 2020, S. 64.
278 Vgl. Europäische Zentralbank, Leitfaden der EZB für den bankinternen Prozess zur Sicherstellung einer angemessenen Kapitalausstattung (Internal Capital Adequacy Assessment Process – ICAAP), 9. November 2018, S. 39 ff.
279 Vgl. European Central Bank, ECB report on banks' ICAAP practices, 11. August 2020, S. 63.

gerissen wird, sehr stark hinterfragt wurden. Damit würde ein Institut selbst im Stressfall noch die Gesamtkapitalanforderung (Overall Capital Requirement, OCR) einhalten, d.h. die geltende Gesamtkapitalanforderung aus dem SREP (Total SREP Capital Requirement, TSCR) und die kombinierten Kapitalpufferanforderungen (Combined Buffer Requirements, CBR). Die TSCR umfasst die Säule-1-Kapitalanforderungen und die Säule-2-Kapitalanforderungen (Pillar 2 Requirement, P2R). Die EZB erwartet, dass in einem schweren Szenario die P2G und die CBR so weit aufgezehrt werden, dass sich das Ergebnis noch etwas oberhalb der TSCR und dem mittlerweile zusätzlich geforderten Managementpuffer bewegt. Diese Erwartungshaltung resultiert daraus, dass der Effekt auf die Kapitalausstattung in der Regel sehr groß sein dürfte, wenn ein Institut in einem Szenario eine krisenhafte Entwicklung seiner wesentlichen Verwundbarkeiten abbildet.

Grundsätzlich wird von den bedeutenden Instituten erwartet, auch in längeren Phasen ungünstiger Entwicklungen die kontinuierliche Erfüllung ihrer TSCR anzustreben. Zu diesem Zweck sollen sie angemessene, über die TSCR hinausgehende Managementpuffer festlegen und in den Kapitalplänen berücksichtigen. Die EZB zielt damit auf eventuelle Markterwartungen ab, nach denen die TSCR ggf. auch unter adversen Bedingungen übertroffen werden sollte.[280]   **215**

4.7   Arten von Stressszenarien

4.7.1   Historische Szenarien

In der Praxis werden häufig historische Daten verwendet, um die innerhalb eines bestimmten Zeitraumes beobachteten größten Veränderungen zur Definition der Stressszenarien zu nutzen. Auf diese Weise kann untersucht werden, wie sich das aktuelle Portfolio entwickeln könnte, sofern ein in der Vergangenheit beobachtetes Stressereignis erneut eintreten würde. Damit kann gleichzeitig ein Gefühl für die Wahrscheinlichkeit des Eintritts bestimmter Ereignisse entwickelt werden. Allerdings ist die ausschließliche Verwendung historischer Daten aus verschiedenen Gründen nicht unproblematisch.   **216**

So müssen die Zeitreihen hinreichend lang sein und kritische Marktphasen einschließen, was häufig nur auf den Marktpreisrisikobereich zutrifft, in dem entsprechende Daten zu täglichen Marktpreisänderungen ohne Weiteres verfügbar sind und auch reale Stressereignisse umfassen. Die Deutsche Bundesbank ist allerdings davon ausgegangen, dass mit dem Aufbau bzw. der Verbesserung der Datenbanken die Verwendung historischer oder statistisch basierter Szenarien auch beim Kredit- und Liquiditätsrisiko zunehmen wird.[281] Liegen derartige Zeitreihen nicht in der erforderlichen Qualität vor, wird i.d.R. keine hinreichend große Variation wesentlicher Risikofaktoren über einen angemessenen Zeithorizont dargestellt. Da historische Szenarien rein rückwärtsgerichtet sind, werden zudem die jüngsten Entwicklungen und aktuelle Gefahrenpotenziale vernachlässigt.[282] Insbesondere können bis dato noch nicht beobachtete, aber durchaus mögliche Ereignisse nicht allein aus diesen Zeitreihen abgeleitet werden.[283]   **217**

Darüber hinaus können Strukturänderungen im Beobachtungszeitraum dazu führen, dass ursprüngliche Zusammenhänge zwischen Risikofaktoren nicht mehr bzw. nicht mehr in der   **218**

---

280 Vgl. Europäische Zentralbank, Leitfaden der EZB für den bankinternen Prozess zur Sicherstellung einer angemessenen Kapitalausstattung (Internal Capital Adequacy Assessment Process – ICAAP), 9. November 2018, S. 19.

281 Vgl. Deutsche Bundesbank, Stresstests: Methoden und Anwendungsgebiete, in: Finanzstabilitätsbericht 2007, November 2007, S. 104.

282 Vgl. Committee of European Banking Supervisors, Revised Guidelines on Stress Testing (GL 32), 26. August 2010, S. 12.

283 Vgl. Deutsche Bundesbank, Änderung der neu gefassten EU-Bankenrichtlinie und der EU-Kapitaladäquanzrichtlinie sowie Anpassung der Mindestanforderungen an das Risikomanagement, in: Monatsbericht, September 2009, S. 78 f.

gewohnten Weise bestehen.[284] So führen die in einer Krisensituation jeweils zutage getretenen Schwachstellen häufig zu Anpassungen der gesetzlichen bzw. regulatorischen Rahmenbedingungen. Auch die immer kürzeren Produktinnovationszyklen haben permanente Anpassungen der Zusammensetzung der Portfolios zur Folge. Dadurch wird es schwieriger, seltene historische Stressereignisse mit einem angemessenen Bezug zum jeweils betrachteten Portfolio zu identifizieren.[285] Die ausschließliche Betrachtung historischer Entwicklungen verstellt zudem gerade nach langen Perioden mit stabilen Entwicklungen den Blick auf deren abruptes Ende oder eine Trendumkehr.[286] Schließlich hatten die bisherigen Krisen keine allzu großen Gemeinsamkeiten, sondern eher sehr spezifische Charakteristika.[287]

219   Allen Unwägbarkeiten zum Trotz hat die Verwendung historischer Szenarien auch eine Reihe von Vorteilen. Zunächst einmal handelt es sich jeweils um plausible Ereignisse, die bereits in der Vergangenheit zu beobachten waren. Außerdem können daraus wertvolle Erkenntnisse über das Verhalten und Zusammenspiel der Risikofaktoren während der Stressereignisse gewonnen werden. Schließlich ist der damit verbundene Aufwand noch überschaubar, was nicht nur für kleinere Institute mit begrenzten Ressourcen, sondern auch für größere Institute, die sich in der Aufbauphase von Stresstestprogrammen befinden, nützlich sein kann.[288]

4.7.2   Hypothetische Szenarien

220   Die Ausgestaltung der Stressszenarien sollte zukunftsorientiert sein und geplante sowie institutsspezifische Veränderungen in der Gegenwart und der absehbaren Zukunft berücksichtigen. Zu diesem Zweck sollten die Institute versuchen, auf externe Daten aus ähnlichen Risikoumfeldern zurückzugreifen, die für Institute mit vergleichbaren Geschäftsmodellen relevant sind.[289] Da hypothetische Szenarien nicht auf vergangenheitsbezogenen Daten basieren, können auch vollkommen neue Aspekte in die Überlegungen einbezogen werden. Hypothetische Szenarien kommen insbesondere dann zum Einsatz, wenn die aktuellen Risiken des betrachteten Portfolios durch historische Szenarien nicht hinreichend widergespiegelt werden. Schwierig ist hierbei die Abschätzung der Plausibilität der betrachteten Ereignisse, für die ein zusätzlicher Rückgriff auf (externes) Expertenwissen sinnvoll sein kann.[290] Auch wenn ein Institut seine Geschäftsaktivitäten auf dem regionalen oder internationalen Markt durch Fusionen und Übernahmen, die Gestaltung neuer Produkte oder die Entwicklung neuer Geschäftsfelder ausbaut, sollten die strengen, aber plausiblen Stresstestszenarien auf Expertenwissen beruhen, um den möglichen Mangel an historischen Informationen zu überwinden.[291] Der Baseler Ausschuss für Bankenaufsicht hält die Einbeziehung von (internen) Experten aus allen relevanten Bereichen eines Institutes ebenfalls für besonders wichtig.[292]

---

284 Vgl. Deutsche Bundesbank, Stresstests: Methoden und Anwendungsgebiete, in: Finanzstabilitätsbericht 2007, November 2007, S. 100.

285 Vgl. Bühn, Andreas/Klauck, Kai-Oliver, Mit modernen Stresstests das Risikoprofil analysieren, in: Betriebswirtschaftliche Blätter, Heft 6/2007, S. 353.

286 Vgl. Deutsche Bundesbank, Änderung der neu gefassten EU-Bankenrichtlinie und der EU-Kapitaladäquanzrichtlinie sowie Anpassung der Mindestanforderungen an das Risikomanagement, in: Monatsbericht, September 2009, S. 79.

287 Vgl. Committee on the Global Financial System, Stress testing at major financial institutions: survey results and practice, Januar 2005, S. 6.

288 Vgl. Bühn, Andreas/Klauck, Kai-Oliver, Mit modernen Stresstests das Risikoprofil analysieren, in: Betriebswirtschaftliche Blätter, Heft 6/2007, S. 353.

289 Vgl. European Banking Authority, Leitlinien zu den Stresstests der Institute, EBA/GL/2018/04, 19. Juli 2018, S. 22.

290 Vgl. Deutsche Bundesbank, Stresstests: Methoden und Anwendungsgebiete, in: Finanzstabilitätsbericht 2007, November 2007, S. 104.

291 Vgl. European Banking Authority, Leitlinien zu den Stresstests der Institute, EBA/GL/2018/04, 19. Juli 2018, S. 36.

292 Vgl. Basel Committee on Banking Supervision, Stress testing principles, BCBS 450, 17. Oktober 2018, S. 8 f.

Hypothetische Szenarien gehen von den wesentlichen Risikofaktoren in einem Portfolio aus und   **221**
werden deshalb auch als portfoliospezifische (portfolioabhängige) Ansätze bezeichnet.[293] Sie
eignen sich insbesondere für die Simulation folgender Stressereignisse[294]:

-   Im einfachsten Fall werden die Risikofaktoren ermittelt und den maximalen historischen
    Veränderungen unterworfen. Anschließend wird daraus ein »Worst-Case-Szenario« konstru-
    iert. Im Interesse eines möglichst plausiblen Szenarios sollten dabei die Korrelationsbeziehun-
    gen zwischen den einzelnen Risikofaktoren berücksichtigt werden.
-   Alternativ können die wesentlichen Risikofaktoren eines Portfolios ermittelt und nach sub-
    jektiven Maßstäben verändert werden. In diesem Fall spricht man auch von einem »Selektions-
    szenario«.
-   Schließlich besteht noch die Möglichkeit, so genannte »antizipative Szenarien« zu bilden, in
    denen völlig neue Kombinationen von Risikofaktoren genutzt werden können.[295] Dabei
    handelt es sich entweder um Ereignisse, die bisher noch nicht beobachtet wurden, oder um
    Szenarien, denen das Institut subjektiv eine höhere Eintrittswahrscheinlichkeit zubilligt, als
    ihnen nach Analyse der ökonomischen Vergangenheit zuzuordnen wäre.

4.7.3 Hybridszenarien

Eine dritte Variante besteht in einer Kombination aus historischen und hypothetischen Szenarien,   **222**
die auch als »Hybridszenario« bezeichnet wird. Dabei dienen die historischen Marktbewegungen
zwar dazu, die Veränderungen der Risikofaktoren zu kalibrieren. Allerdings werden die maßgeblichen Risikofaktoren nicht explizit im Kontext eines historischen Ereignisses kombiniert[296],
sondern in flexibler Weise nach eigenem Ermessen.[297] In der Fachliteratur findet sich teilweise
die Empfehlung, auf Basis historischer Szenarien eine Ausweitung (»Pessimisation«) vorzunehmen und auf diese Weise neue Szenarien zu entwickeln.[298] Hypothetische Szenarien sind von
Hybridszenarien aufgrund der jeweiligen Verwendung historischer Daten allerdings nicht leicht
abzugrenzen.

Der Baseler Ausschuss für Bankenaufsicht erwartet ebenfalls, dass bei den Stresstests his-   **223**
torische und hypothetische Ereignisse berücksichtigt werden, die neue Informationen und
Risiken in der Gegenwart und nahen Zukunft berücksichtigen. Seiner Ansicht nach können
»hypothetische« Szenarien insbesondere dann gerechtfertigt sein, wenn neue Schwachstellen
oder erhöhte Risiken identifiziert werden oder historische Daten keine schwere Krisenperiode
enthalten.[299]

---

293 Vgl. Committee on the Global Financial System, Stress testing at major financial institutions: survey results and practice,
    Januar 2005, S. 4.
294 Vgl. Bühn, Andreas/Klauck, Kai-Oliver, Mit modernen Stresstests das Risikoprofil analysieren, in: Betriebswirtschaftliche
    Blätter, Heft 6/2007, S. 353 f.
295 Vgl. Riskmetrics Group, Risk Management. A Practical Guide, August 1999, S. 27.
296 Vgl. Bühn, Andreas/Klauck, Kai-Oliver, Mit modernen Stresstests das Risikoprofil analysieren, in: Betriebswirtschaftliche
    Blätter, Heft 6/2007, S. 354.
297 Vgl. Committee on the Global Financial System, Stress testing at major financial institutions: survey results and practice,
    Januar 2005, S. 5.
298 Vgl. Rowe, David, Whither stress testing?, in: Risk, Heft 18/2005, Nr. 10, S. 65.
299 Vgl. Basel Committee on Banking Supervision, Stress testing principles, BCBS 450, 17. Oktober 2018, S. 6.

4.8 Darstellung geeigneter historischer und hypothetischer Szenarien

224 Bei der Ermittlung und Messung oder Beurteilung von Risiken sollte ein Institut geeignete Methoden und Verfahren entwickeln, die sowohl zukunfts- als auch vergangenheitsorientiert ausgestaltet sind. Mit diesen Methoden sollte es möglich sein, sämtliche Risiken geschäftsbereichs-übergreifend zu aggregieren und Risikokonzentrationen zu identifizieren. Die Instrumente sollten die Bewertung des tatsächlichen Risikoprofils im Verhältnis zum Risikoappetit des Institutes sowie die Ermittlung und Bewertung potenzieller und angespannter Risikopositionen unter gestressten Bedingungen im Hinblick auf die Risikotragfähigkeit des Institutes umfassen und Informationen über eventuell notwendige Anpassungen des Risikoprofils liefern. Die Institute sollten angemessene konservative Annahmen bei der Konzeption von Stressszenarien zugrunde legen.[300] Der Zusammenhang zwischen den gestressten Risikofaktoren und den Risikoparametern und die Ausgestaltung der Stressszenarien sollten nicht nur auf institutsspezifischen historischen Erfahrungen und Analysen beruhen, sondern auch hypothetische Szenarien berücksichtigen sowie durch Benchmarks aus externen Quellen und nach Möglichkeit durch aufsichtsrechtliche Vorgaben ergänzt werden. Dabei sollten die Institute allerdings nur Daten verwenden, die für sie relevant sind.[301]

225 Auch die EZB fordert von den bedeutenden Instituten, bei der Festlegung der Stressszenarien und Sensitivitäten vielfältige Informationen zu historischen und hypothetischen Stressereignissen zu verwenden. Sofern dabei aufsichtliche Stresstests berücksichtigt werden, sollten die Szenarien und Sensitivitäten der individuellen Situation Rechnung tragen, um auf dieser Basis Risiko-, Verlust- und Kapitalkennziffern zu erstellen.[302]

4.9 Schwerer konjunktureller Abschwung

226 Anhand der Stresstests sind auch die Auswirkungen eines schweren konjunkturellen Abschwungs auf (Gesamt-)Institutsebene zu analysieren. Bei der Darstellung eines schweren konjunkturellen Abschwungs kann die aktuelle Lage im Konjunkturzyklus berücksichtigt werden, um in einer Rezession keine vollkommen unrealistischen Annahmen zu treffen. Allerdings sollte beachtet werden, dass selbst in einer Rezessionsphase ein Abschwung möglich ist. Auf die Institutsebene wird deshalb der Fokus gelegt, weil zwischen den Risikoarten in Stresssituationen häufig stärkere Korrelationen zu beobachten sind als unter normalen Bedingungen. Werden also lediglich einzelne Portfolios untersucht, so könnte dies zu einer Vernachlässigung der Wechselwirkungen und damit zu einer Unterzeichnung des Risikos für das gesamte Institut führen.

227 Auch bei den ICAAP- und ILAAP-Stresstests sollte eine Reihe von Szenarien in Betracht gezogen werden, die zumindest ein schwerwiegendes, aber plausibles negatives Wirtschaftsszenario umfassen, wie z. B. einen schweren konjunkturellen Abschwung oder einen marktweiten und instituteigenen Liquiditätsschock.[303] Die Berücksichtigung mindestens eines schweren konjunkturellen Abschwungs wird konkret für die Beurteilung der Kapitaladäquanz und der Kapitalpla-

---

300 Vgl. European Banking Authority, Leitlinien zur internen Governance, EBA/GL/2017/11, 21. März 2018, S. 33 f.
301 Vgl. European Banking Authority, Leitlinien zu den Stresstests der Institute, EBA/GL/2018/04, 19. Juli 2018, S. 20.
302 Vgl. Europäische Zentralbank, Leitfaden der EZB für den bankinternen Prozess zur Sicherstellung einer angemessenen Kapitalausstattung (Internal Capital Adequacy Assessment Process – ICAAP), 9. November 2018, S. 40.
303 Vgl. European Banking Authority, Leitlinien zu den Stresstests der Institute, EBA/GL/2018/04, 19. Juli 2018, S. 47.

nung gefordert.[304] Dies ist möglicherweise darauf zurückzuführen, dass Stresstests auch nach den Vorstellungen des Baseler Ausschusses für Bankenaufsicht ein fester Bestandteil des Kapitalplanungsverfahrens sein sollten und die Institute ihren potenziellen Eigenkapitalbedarf mindestens unter der Annahme eines Basisszenarios und eines wirtschaftlichen Abwärtsszenarios einschätzen sollen.[305]

4.10 Strategische Ausrichtung und wirtschaftliches Umfeld des Institutes

Es ist unmittelbar einleuchtend, dass sich die Umfeldbedingungen für ein Institut in Stresssituationen gravierend ändern können. Um die Auswirkungen dieser Veränderungen realistisch bewerten zu können, muss zunächst Klarheit darüber herrschen, in welchem wirtschaftlichen Umfeld sich das Institut vor dem Stress genau befindet. Veränderungen können nur dann verlässlich bewertet werden, wenn die jeweilige Ausgangsbasis klar ist. Von besonderer Bedeutung ist dabei das konjunkturelle Umfeld, welches von dieser Anforderung vorrangig betroffen ist.   **228**

Unabhängig davon liefern Stresstests Hinweise auf mögliche institutsinterne Schwachstellen, die durch geeignete Maßnahmen beseitigt werden können. Um die Wirksamkeit derartiger Maßnahmen einschätzen zu können, müssen die verschiedenen Handlungsoptionen auf die konkrete Situation des Institutes bezogen werden. So kann z.B. ein Nischenanbieter nicht plötzlich aus Gründen der Risikodiversifikation in vollkommen neuen Geschäftsfeldern erfolgreich Akquise betreiben, wenn ihm das erforderliche Know-how fehlt. Vor diesem Hintergrund sollte die strategische Ausrichtung des Institutes hinreichend gewürdigt werden. Vereinzelt wird sogar empfohlen, die Umsetzung von Stresstests mit einer umfassenden Strategieanalyse einschließlich Self-Assessment zu beginnen. Damit kann sich das Institut einen umfassenden Eindruck über seine Verwundbarkeiten unter Berücksichtigung der Geschäftsstrategie verschaffen.[306]   **229**

Die Stressszenarien sollten unter Berücksichtigung der spezifischen Anfälligkeiten der Institute für ein bestimmtes Szenario auf der Grundlage ihres Geschäftsmodells festgelegt werden. Für diese Zwecke sollten sie den regionalen und sektoralen Merkmalen eines Institutes gerecht werden sowie die spezifischen Produkte, Geschäftsbereiche und Refinanzierungsmaßnahmen berücksichtigen. Dabei sollten sich die Institute der Dynamik des Risikoumfeldes und der Erfahrungen von Instituten mit ähnlichen Geschäftsmodellen bewusst sein.[307] Außerdem sollten die technologischen Entwicklungen, wie neu entwickelte komplexe Finanzprodukte, und ihre Auswirkung auf die Bewertung von traditionellen Produkten beachtet werden. Nicht unbedeutend kann auch die Wettbewerbssituation mit dem Schattenbankensektor sein. Die Institute sollten sicherstellen, dass die Stresstests explizit dynamische Wechselwirkungen berücksichtigen, z.B. zwischen verschiedenen Wirtschaftsregionen und -sektoren, einschließlich des Finanzsektors. Die engen Beziehungen zwischen der Realwirtschaft und der Finanzwirtschaft sowie der Prozess der Globalisierung haben die Notwendigkeit verstärkt, auf systemweite Wechselwirkungen und Zweitrundeneffekte zu achten. Dazu gehören z.B. Interdependenzen zwischen wirtschaftlichen Regionen und Bran-   **230**

---

304 Vgl. European Banking Authority, Leitlinien zu den Stresstests der Institute, EBA/GL/2018/04, 19. Juli 2018, S. 24.
305 Vgl. Baseler Ausschuss für Bankenaufsicht, Grundlagen für ein solides Verfahren zur Kapitalplanung – Solide Praktiken, BCBS 277, 23. Januar 2014, S. 6.
306 Vgl. SKS Schweers, Kemps & Schuhmann Unternehmensberatung GmbH & Co. KG, Eintrag zum Stress Testing auf der Internetseite.
307 Vgl. European Banking Authority, Leitlinien zu den Stresstests der Institute, EBA/GL/2018/04, 19. Juli 2018, S. 24.

chen, eine wachsende Verschuldung im gesamten System oder die Schließung von Märkten und Risikokonzentrationen in einer Assetklasse, wie z. B. der Immobilienfinanzierung.[308]

231   Die bedeutenden Institute sollten neue Bedrohungen, Schwachstellen und Veränderungen ihres wirtschaftlichen Umfeldes kontinuierlich überwachen und mindestens vierteljährlich überprüfen, ob ihre Stressszenarien weiterhin angemessen sind bzw. angepasst werden müssen. Die Auswirkungen der Szenarien sollten regelmäßig, z. B. vierteljährlich, aktualisiert werden. Bei wesentlichen Veränderungen sollten die Institute deren potenzielle Auswirkungen auf die Angemessenheit ihrer Kapitalausstattung anlassbezogen bewerten.[309]

---

308 Vgl. European Banking Authority, Leitlinien zu den Stresstests der Institute, EBA/GL/2018/04, 19. Juli 2018, S. 23.

309 Vgl. Europäische Zentralbank, Leitfaden der EZB für den bankinternen Prozess zur Sicherstellung einer angemessenen Kapitalausstattung (Internal Capital Adequacy Assessment Process – ICAAP), 9. November 2018, S. 39f.

5 Durchführung inverser Stresstests (Tz. 4)

4 Das Institut hat auch so genannte »inverse Stresstests« durchzuführen. Die Ausgestaltung   232
und Durchführung ist abhängig von Art, Umfang, Komplexität und Risikogehalt der
Geschäftsaktivitäten und kann qualitativ oder quantitativ erfolgen.

5.1 Definition »inverser« Stresstests

Im Unterschied zu den »klassischen« ereignisgetriebenen Stresstests (→ AT 4.3.3 Tz. 1), die zur   233
Abgrenzung teilweise auch als »(Straight) Forward Stresstests« bezeichnet werden[310], geht man bei
inversen Stresstests den umgekehrten Weg.[311] Sie werden deshalb als »inverse« Stresstests (»Reverse
Stresstests«) bezeichnet. Der Ausgangspunkt ist ein vordefiniertes Ergebnis, das den Fortbestand des
Institutes gefährden könnte. Ausgehend von diesem vordefinierten Ergebnis soll ergründet werden,
wie sich die Risikofaktoren ändern müssten, um dieses Ergebnis zur Folge zu haben, und welche
Ereignisse eine entsprechende Änderung der Risikofaktoren bewirken. Im Ergebnis muss ein Institut
bei einem inversen Stresstest also Ereignisse identifizieren, die seinen Fortbestand gefährden
könnten, sowie deren Eintrittswahrscheinlichkeit bewerten. Teilweise wird in der Literatur mit
einem inversen Stresstest gleichzeitig die Beschreibung von Maßnahmen verbunden, die zur
Absicherung gegen existenzgefährdende Szenarien eingeleitet werden sollten.

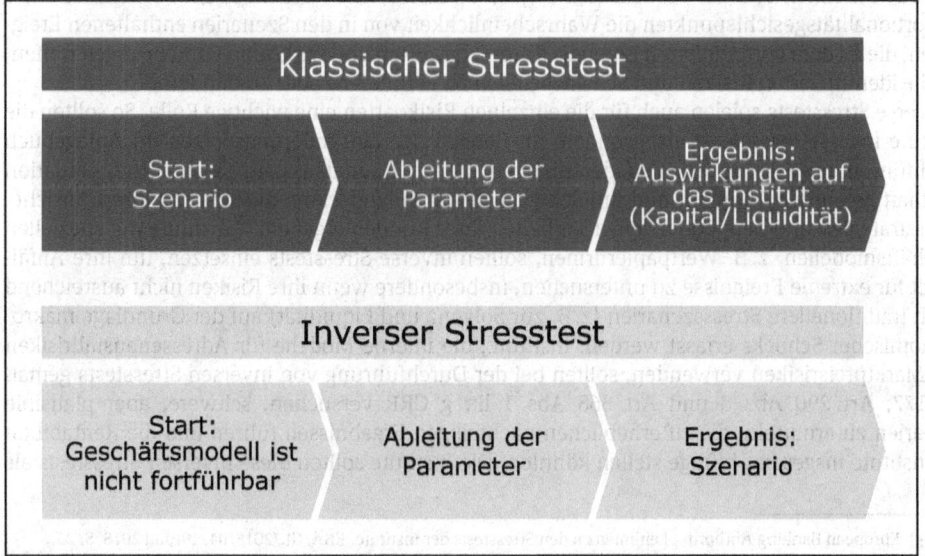

Abb. 36: Klassische und inverse Stresstests im Vergleich

---

310 Vgl. Drüen, Jörg/Florin, Sascha, Reverse Stresstests: Stress-Kennzahlen für die praktische Banksteuerung, in: Risikomanager, Heft 10/2010, S. 1.
311 Vgl. Committee on the Global Financial System, Stress testing at major financial institutions: survey results and practice,
Januar 2005, S. 6f.

AT 4.3.3 Stresstests

234 Mittlerweile hat die EBA umfangreiche Vorgaben zu inversen Stresstests formuliert. So sollten die Institute im Rahmen ihres Stresstestprogramms als Ergänzung zu den normalen Stresstests auch angemessene inverse Stresstests durchführen, die unter Proportionalitätsgesichtspunkten grundsätzlich den gleichen Anforderungen unterliegen. Kleine und weniger komplexe Institute können sich mehr auf die qualitativen Aspekte der inversen Stresstests konzentrieren, während von größeren und komplexeren Instituten anspruchsvollere inverse Stresstests verlangt werden. Die inversen Stresstests sollten hinsichtlich der Verantwortlichkeiten und zugewiesenen Ressourcen klar festgelegt und durch eine geeignete und flexible Infrastruktur sowie schriftlich fixierte Richtlinien und Verfahren unterstützt werden. Inverse Stresstests sollten regelmäßig von allen Instituten und auf der gleichen Anwendungsebene wie ICAAP und ILAAP durchgeführt werden, d.h. institutsweit und unter Berücksichtigung aller relevanten Risikoarten.[312]

235 Die Institute sollten nach Ansicht der EBA inverse Stresstests regelmäßig einsetzen, um ihr Bewusstsein für aktuelle und potenzielle Schwachstellen zu verbessern und so einen Mehrwert für das Risikomanagement zu schaffen. Im Rahmen ihrer Geschäftsplanung sollten die Institute inverse Stresstests verwenden, um die Überlebensfähigkeit und Nachhaltigkeit ihres Geschäftsmodells und ihrer Strategien zu verstehen und jene Umstände zu ermitteln, unter denen sie als »ausfallend bzw. ausfallgefährdet« (»failing or likely to fail«) im Sinne von Art. 32 Abs. 2 BRRD[313] gelten könnten. Dies schließt sowohl die Bewertung der Fähigkeit, in den folgenden Monaten Erträge zu erzielen, als auch die Nachhaltigkeit der Strategie ein, d.h. auf der Grundlage der strategischen Pläne und finanziellen Prognosen über einen längeren Zeitraum rentabel zu sein. Es ist von großer Bedeutung, Indikatoren zu identifizieren, die Warnsignale liefern, wann ein Szenario Wirklichkeit wird. Zu diesem Zweck sollten die Institute das vordefinierte Ergebnis bestimmen, das getestet werden soll, wie z.B. dass das Geschäftsmodell nicht mehr fortgeführt werden kann. Zudem sollten sie mögliche ungünstige Umstände ermitteln, die sie schwerwiegend gefährden könnten und das vordefinierte Ergebnis verursachen würden. Ebenso sollten sie unter Proportionalitätsgesichtspunkten die Wahrscheinlichkeit von in den Szenarien enthaltenen Ereignissen, die zu dem vordefinierten Ergebnis führen, bewerten und wirksame Vorkehrungen treffen, um die identifizierten Risiken und Schwachstellen zu verhindern oder zu mindern.[314]

236 Inverse Stresstests spielen auch für die einzelnen Risikoarten eine wichtige Rolle. So sollten die Institute inverse Stresstests insbesondere im Bereich der Zinsänderungsrisiken im Anlagebuch durchführen, um Zinsszenarien zu identifizieren, die ihre Kapitalausstattung und Ertragssituation ernsthaft gefährden könnten, und um Schwachstellen aufzudecken, die sich aus ihren Absicherungsstrategien und dem potenziellen Verhalten ihrer Kunden ergeben.[315] Institute mit speziellen Geschäftsmodellen, z.B. Wertpapierfirmen, sollten inverse Stresstests einsetzen, um ihre Anfälligkeit für extreme Ereignisse zu untersuchen, insbesondere wenn ihre Risiken nicht ausreichend durch traditionellere Stressszenarien (z.B. zur Solvenz und Liquidität) auf der Grundlage makroökonomischer Schocks erfasst werden. Institute, die interne Modelle für Adressenausfallrisiken und Marktpreisrisiken verwenden, sollten bei der Durchführung von inversen Stresstests gemäß Art. 177, Art. 290 Abs. 8 und Art. 368 Abs. 1 lit. g CRR versuchen, schwere, aber plausible Szenarien zu ermitteln, die zu erheblichen nachteiligen Ergebnissen führen und die Rentabilität der Institute insgesamt infrage stellen könnten. Die Institute sollten diese inversen Stresstests als

---

312 Vgl. European Banking Authority, Leitlinien zu den Stresstests der Institute, EBA/GL/2018/04, 19. Juli 2018, S. 25.

313 Vgl. Richtlinie 2014/59/EU (Sanierungs- und Abwicklungsrichtlinie) des Europäischen Parlaments und des Rates vom 15. Mai 2014 zur Festlegung eines Rahmens für die Sanierung und Abwicklung von Kreditinstituten und Wertpapierfirmen und zur Änderung der Richtlinie 82/891/EWG des Rates, der Richtlinien 2001/24/EG, 2002/47/EG, 2004/25/EG, 2005/56/EG, 2007/36/EG, 2011/35/EU, 2012/30/EU und 2013/36/EU sowie der Verordnungen (EU) Nr. 1093/2010 und (EU) Nr. 648/2012 des Europäischen Parlaments und des Rates, Amtsblatt der Europäischen Union vom 12. Juni 2014, L 173/249.

314 Vgl. European Banking Authority, Leitlinien zu den Stresstests der Institute, EBA/GL/2018/04, 19. Juli 2018, S. 26.

315 Vgl. European Banking Authority, Leitlinien zur Steuerung des Zinsänderungsrisikos bei Geschäften des Anlagebuchs, EBA/GL/2018/02, 19. Juli 2018, S. 29.

eine wesentliche Ergänzung ihrer internen Modelle zur Berechnung der Eigenkapitalanforderungen und als ein regelmäßiges Instrument des Risikomanagements zur Aufdeckung möglicher Unzulänglichkeiten dieser internen Modelle betrachten.[316]

237   Ergibt der inverse Stresstest, dass das Risiko des Versagens des Geschäftsmodells eines Institutes unannehmbar hoch und mit seiner Risikobereitschaft unvereinbar ist, sollte das Institut Maßnahmen zur Vermeidung oder Minderung dieses Risikos planen. Dabei ist die Zeit zu berücksichtigen, die das Institut benötigt, um auf diese Ereignisse zu reagieren und die geplanten Maßnahmen umzusetzen. Zudem sollte das Institut prüfen, ob Änderungen an seinem Geschäftsmodell erforderlich sind. Die aus dem inversen Stresstest abgeleiteten Maßnahmen, einschließlich etwaiger Änderungen des Geschäftsmodells, sollten detailliert in die ICAAP-Dokumentation einfließen. Die Institute sollten allerdings bedenken, dass das vordefinierte Ergebnis des inversen Stresstests auch durch andere Umstände hervorgerufen werden kann, als die im Stresstest analysierten. So sollten sie bei der Durchführung ihrer inversen Stresstests auch in Erwägung ziehen, ob der Ausfall einer oder mehrerer ihrer wichtigsten Kontrahenten oder eine erhebliche Marktstörung infolge des Versagens eines wesentlichen Marktteilnehmers (in getrennter oder kombinierter Form) das vorab festgelegte Ergebnis verursachen würde.[317]

238   Auch bei inversen Stresstests im Sinne der MaRisk wird untersucht, welche Ereignisse das Institut in seiner »Überlebensfähigkeit« gefährden könnten. Die Überlebensfähigkeit ist dann als gefährdet anzunehmen, wenn sich das ursprüngliche Geschäftsmodell als nicht mehr durchführbar bzw. tragbar erweist (→ AT 4.3.3 Tz. 4, Erläuterung). Dies ist insbesondere dann der Fall, wenn eine Insolvenz droht.

239   Im MaRisk-Fachgremium wurde über das Problem diskutiert, die so genannte »Nulllinie« (Gefährdung der Überlebensfähigkeit) in der Praxis sinnvoll zu ermitteln. Die Aufsicht hatte diese Diskussion zum Anlass genommen, zwischenzeitlich eine Orientierungshilfe zu geben. Demnach sollte von einer Gefährdung der Überlebensfähigkeit spätestens dann ausgegangen werden, wenn die bankaufsichtlichen Mindestkapitalanforderungen nicht mehr eingehalten werden.[318] Die Kreditwirtschaft hatte jedoch bemängelt, dass auf diese Weise eine weniger sinnvolle Verknüpfung zwischen dem regulatorischen Kapitalbegriff der ersten Säule und dem ökonomischen Kapitalbegriff der zweiten Säule eingeführt werde. Die Beurteilung von inversen Stressszenarien im Rahmen der zweiten Säule sollte ausschließlich auf Grundlage der (potenziellen) Veränderung ökonomischer Kapitalgrößen erfolgen. In der Konsequenz wurde vorgeschlagen, im Kontext der MaRisk auf den Verlust der Risikotragfähigkeit abzustellen.[319] Die BaFin hat die zwischenzeitliche Konkretisierung daraufhin wieder gestrichen. Im Grunde ist ein Institut immer dann gefährdet, wenn entweder die ökonomischen oder die regulatorischen Vorgaben nicht mehr eingehalten werden. Der Engpass kann je nach Ausgestaltung der Konzepte beide Steuerungskreise betreffen. Mit Einführung der normativen und der ökonomischen Perspektive im ICAAP hat sich dieses Problem eigentlich erledigt, da in beiden Perspektiven inverse Stresstests durchzuführen sind. Während in der normativen Perspektive die Nichteinhaltung der bankaufsichtlichen Mindestkapitalanforderungen inkl. der darauf aufbauenden internen Anforderungen in Form eines Managementpuffers als möglicher Ausgangspunkt für die Definition eines inversen Stresstests dienen kann, könnte in der ökonomischen Perspektive auf den Verlust der ökonomischen Risikotragfähigkeit abgestellt werden. In jedem Fall sollte beim vordefinierten Ereignis der Bezug zu der jeweiligen Perspektive hergestellt werden.

---

316 Vgl. European Banking Authority, Leitlinien zu den Stresstests der Institute, EBA/GL/2018/04, 19. Juli 2018, S. 27.

317 Vgl. European Banking Authority, Leitlinien zu den Stresstests der Institute, EBA/GL/2018/04, 19. Juli 2018, S. 26.

318 Vgl. Bundesanstalt für Finanzdienstleistungsaufsicht, Mindestanforderungen an das Risikomanagement (MaRisk), zweiter Entwurf vom 4. November 2010, AT 4.3.3 Tz. 3, Erläuterung.

319 Vgl. Zentraler Kreditausschuss, Stellungnahme zum inoffiziellen Konsultationsentwurf der MaRisk vom 4. November 2010, 24. November 2010, S. 8.

240   In ihrer Analyse der ICAAP-Praktiken der bedeutenden Institute hat die EZB festgestellt, dass mehr als die Hälfte der Institute aus der Stichprobe die geltende Gesamtkapitalanforderung aus dem SREP (»Total SREP Capital Requirement«, TSCR) als Startpunkt für ihre inversen Stresstests definiert. Die EZB regt an, statt der TSCR den Managementpuffer als Startpunkt zu verwenden, weil eine Unterschreitung des Managementpuffers definitionsgemäß[320] die Grenze zur Nicht-Fort-führbarkeit des Geschäftsmodells darstellt.[321]

241   In der Fachliteratur werden verschiedene Vorgehensweisen vorgeschlagen, um mögliche Grün-de für eine Bestandsgefährdung des Institutes zu identifizieren. So können die Risikoparameter der »klassischen« Stresstests z. B. so lange geshiftet werden, bis die Insolvenz eintritt. Dabei können Insolvenzschwellen für bestimmte Parameterausprägungen und deren Eintrittswahrscheinlichkeit ermittelt werden. Alternativ können mögliche Untergangsszenarien durch ein »Brainstorming« im Rahmen von Workshops ausgearbeitet werden, wie bereits im Zusammenhang mit der Risikoin-ventur ausführlich dargestellt (→ AT 2.2 Tz. 2). Die Auswirkungen dieser Untergangsszenarien können im Anschluss vom Risikocontrolling analysiert und bewertet werden, soweit möglich auch quantitativ. Besondere Aufmerksamkeit sollte dabei den Wirkungsketten innerhalb eines Szena-rios oder zwischen verschiedenen Szenarien gewidmet werden, da unter Umständen nicht die Primäreffekte, sondern erst die Sekundär- oder Tertiäreffekte bestandsgefährdend sind. Ein möglichst vollständiges Bild der Gefährdungssituation lässt sich aus einer Kombination dieser beiden Vorgehensweisen ermitteln. Aus den Analyseergebnissen können schließlich Gegensteue-rungsmaßnahmen und Handlungsempfehlungen für die Geschäftsleitung abgeleitet werden.[322]

242   Letztlich kommt es für die Institute bei der Ausgestaltung der inversen Stresstests in erster Linie darauf an, die richtigen Fragen zu stellen und die Ergebnisse kritisch zu würdigen. Dabei sollte es sich nicht um eine rein mathematische Übung handeln, bei der die einzelnen Risikofaktoren so weit ausgelenkt werden, bis ein bestimmtes Ergebnis erreicht wird. Mit der Durchführung von inversen Stresstests sollte eine umfassende Analyse der größten Schwachstellen des Institutes einhergehen, auf deren Basis auch Diskussionen über mögliche Managementmaßnahmen geführt werden sollen.[323] So sollten sich die Institute insbesondere darüber klar werden, inwieweit sich bestimmte schwerwiegende Ereignisse (z. B. die Lehman-Pleite, der Brexit oder die mit der Finanzmarktkrise verbundenen wirtschaftlichen Schwierigkeiten in Griechenland, Zypern und Italien) auf die eigene Geschäftstätigkeit auswirken können.

5.2   Sinn und Zweck inverser Stresstests

243   Inverse Stresstests werden als eine Art »Backtesting« für die hinreichende Schwere der Szenarien der »klassischen« Stresstests angesehen. Die Institute sollen ein Gefühl dafür bekommen, wie weit entfernt sie sich mit ihren zugrunde gelegten Szenarien von der Gefährdung ihrer Überlebens-fähigkeit befinden. Mit ihrer Hilfe kann insofern besser begründet werden, ob die gewählten

---

320 Der Managementpuffer wird als ein Kapitalbetrag definiert, der über den regulatorischen und aufsichtlichen Mindest-werten sowie den internen Kapitalschwellenwerten liegt und den das jeweilige Institut als notwendig erachtet, um sein Geschäftsmodell nachhaltig betreiben und flexibel gegenüber etwaigen Geschäftschancen bleiben zu können, ohne seine angemessene Kapitalausstattung zu gefährden. Vgl. Europäische Zentralbank, Leitfaden der EZB für den bankinternen Prozess zur Sicherstellung einer angemessenen Kapitalausstattung (Internal Capital Adequacy Assessment Process – ICAAP), 9. November 2018, S. 46.

321 Vgl. European Central Bank, ECB report on banks' ICAAP practices, 11. August 2020, S. 65.

322 Vgl. Bott, Claudia/von Rönn, Oliver, Risikotragfähigkeitsanalyse und aktuelle Veränderungen aufsichtlicher Anforderun-gen vor dem Hintergrund der Finanzmarktkrise, in: Becker, Axel/Gruber, Walter/Wohlert, Dirk (Hrsg.), Handbuch MaRisk und Basel III, Frankfurt a. M., 2012, S. 455 f.

323 Vgl. European Central Bank, ECB report on banks' ICAAP practices, 11. August 2020, S. 64.

Szenarien im Stresstestprogramm hinreichend schwerwiegend sind. Inverse Stresstests können auch dabei helfen, potenzielle Gefahren für das eigene Geschäftsmodell besser zu erkennen.[324]

Inverse Stresstests sind insoweit als Ergänzung zu den »klassischen« Stresstests zu verstehen. **244** Aufgrund ihrer Konstruktionsweise steht bei inversen Stresstests die kritische Reflexion der Ergebnisse im Vordergrund (→ AT 4.3.3 Tz. 6). Handlungsbedarf besteht insbesondere in jenen Fällen, in denen die Existenz des Institutes bereits bei relativ moderaten Szenarien gefährdet ist. Die Ergebnisse inverser Stresstests müssen bei der Beurteilung der Risikotragfähigkeit i. d. R. nicht berücksichtigt werden (→ AT 4.3.3 Tz. 4, Erläuterung). Allerdings kommt es auch hier darauf an, wie wahrscheinlich der Eintritt dieses Szenarios ist. Bei schwach kapitalisierten Instituten können inverse Stresstest auch Hinweise für eine Gefährdung der Risikotragfähigkeit liefern und sollten deshalb im Risikomanagement nicht ignoriert werden.

Inverse Stresstests können im Idealfall einen vollständigen Überblick über alle existenzgefähr- **245** denden Szenarien für das Institut liefern. Auf dieser Basis können die verschiedenen Bereiche eines Institutes mit ihrem jeweiligen Expertenwissen die für sie relevanten (Teil-)Szenarien mit den verbundenen Konsequenzen für ihre Positionen bewerten. Dadurch kann auch die Akzeptanz der für die »klassischen« Stresstests verwendeten Szenarien und damit des Stresstestprogramms insgesamt verbessert werden.[325]

In der Praxis tun sich die Institute mit diesem Instrument allerdings schwer. Inverse Stresstests **246** werden häufig als regulatorische Pflicht und theoretische Rechenübung ohne inhaltlichen Mehrwert angesehen. So ist eine Vorhersage, auf welche Art ein Institut an den Rand des Scheiterns geraten könnte, oft nur sehr eingeschränkt möglich. Dies gilt umso mehr, je größer und komplexer die Institute sind. Naturgemäß können in diesen Fällen nur einzelne besonders gravierende Szenarien im Rahmen von inversen Stresstests durchgespielt werden. In dem Wissen, dass es sich dabei um hoch spekulative Annahmen handelt, erscheint eine Herleitung von Handlungsalternativen nur eingeschränkt möglich. Die häufig sehr geringe Eintrittswahrscheinlichkeit dieser ausgewählten Szenarien trägt ebenfalls nicht dazu bei, dass die Geschäftsleitung daraus irgendwelche Steuerungsimpulse ableitet.

5.3 Qualitative und quantitative Analyse

Die Ausgestaltung und Durchführung der inversen Stresstests können qualitativ oder quantitativ **247** erfolgen. Die Institute sollten als Ausgangspunkt für inverse Stresstests ggf. eine Sensitivitätsanalyse verwenden, z. B. die Verschiebung eines oder mehrerer relevanter Parameter auf ein extremes Niveau, um vordefinierte Ergebnisse zu erzielen. Sie sollten verschiedene inverse Sensitivitätsanalysen für das Kreditrisiko (z. B. wie viele Großkunden ausfallen müssten, bevor das verlustabsorbierende Kapital aufgebraucht ist), das Marktpreisrisiko, das Liquiditätsrisiko (z. B. Stress auf Einlagen im Retailbereich und Umstände, die die Liquiditätspuffer des Institutes verbrauchen würden) und das operationelle Risiko sowie eine Kombination daraus berücksichtigen, bei der alle Risiken gleichzeitig abgedeckt werden.

Zur Herleitung des relevanten Szenarios für den inversen Stresstest sollten die Institute aller- **248** dings nicht in erster Linie Sensitivitätsanalysen und einfache Metriken verwenden. Die Herleitung dieses Szenarios sollte in qualitativer Hinsicht durch Kombination von Expertenurteilen aus verschiedenen Geschäftsbereichen erfolgen. Dabei sollte ein gleichzeitiger Stress aller relevanten

---

324 Vgl. Hofer, Markus, MaRisk: Erneute Überarbeitung vor dem Hintergrund internationaler Standards, in: BaFinJournal, Ausgabe Januar 2011, S. 9.

325 Vgl. Drüen, Jörg/Florin, Sascha, Reverse Stresstests: Stress-Kennzahlen für die praktische Banksteuerung, in: Risikomanager, Heft 10/2010, S. 6.

AT 4.3.3 Stresstests

Risikoparameter anhand ihrer statistischen Aspekte (z. B. Volatilität der Risikofaktoren im Einklang mit historischen Beobachtungen, ergänzt durch hypothetische, aber plausible Annahmen) entwickelt werden. Die Plausibilität der erforderlichen Parameterverschiebungen, die zum vordefinierten Ergebnis führen, ermöglicht eine erste Vorstellung über eventuelle Schwachstellen im Institut. Zur Beurteilung der Plausibilität können u. a. historische (multivariate) Wahrscheinlichkeitsverteilungen herangezogen werden, die durch Expertenurteile angepasst werden. Qualitative Analysen und Bewertungen, die Expertenurteile aus verschiedenen Geschäftsbereichen kombinieren, sollten für die Herleitung der relevanten Szenarien maßgeblich sein. Die qualitative Analyse sollte auch genutzt werden, um mögliche Zweitrunden- und nichtlineare Effekte zu verstehen, wobei die Dynamik von Risiken, die Kombination von Risiken und die Wechselwirkungen zwischen und über Risikoarten hinweg zu berücksichtigen sind. Zudem sollten die Institute externe Ereignisse, wie z. B. wirtschaftliche Umbrüche, einen Branchencrash, politische Ereignisse, Rechtsstreitigkeiten oder Naturereignisse, ebenso berücksichtigen wie die relevanten Risikofaktoren und die jeweilige Kombination von Ereignissen und Risikofaktoren.[326]

249   Unter Proportionalitätsgesichtspunkten sollten die Institute auch eine quantitative und differenziertere Analyse durchführen, indem sie spezifische Verlustquoten oder andere negative Auswirkungen auf ihr Kapital, ihre Liquidität (z. B. den Zugang zu Refinanzierungsquellen, insbesondere die Erhöhung der Refinanzierungskosten) oder ihre Vermögensposition darlegen. Die Institute sollten dabei rückwärts vorgehen, um die Risikofaktoren und die erforderliche Änderungsamplitude zu ermitteln, die diesen Verlust oder diese negativen Auswirkungen verursachen könnten (z. B. Festlegung des angemessenen Verlustniveaus oder eines anderen Maßes von Interesse für die Bilanz, wie Kapitalquoten oder Refinanzierungsmittel). Die Institute sollten die Risikotreiber (z. B. Angabe der exakten Faktorziehungen, die den größten Einfluss auf die Extrembereiche des Portfolios hatten), die wichtigsten Geschäftsfelder sowie die Schwachstellen und die jeweiligen Szenarien (z. B. die zugrunde liegenden Annahmen und die Sensitivität der Ergebnisse gegenüber diesen Annahmen im Zeitverlauf), die das vordefinierte Ergebnis und die Ereigniskette sowie den wahrscheinlichen Durchfluss verursachen, verstehen und detailliert dokumentieren. Zum Beispiel können die wichtigsten Faktoren in Abhängigkeit von den Kombinationen für einen bestimmten Zielverlust im Verhältnis zum Kapital in einem Portfolio auf makroökonomische Variablen übertragen werden. Dabei sollten versteckte Schwachstellen (z. B. versteckte Korrelationen und Konzentrationen) und überlappende Effekte identifiziert werden.[327]

5.4   Turnus inverser Stresstests

250   Auch wenn in den MaRisk keine speziellen zeitlichen Vorgaben für die inversen Stresstests gemacht werden, ergeben sich diese aus den allgemeinen Anforderungen an Stresstests. Inverse Stresstests sollten mindestens jährlich durchgeführt werden.[328] Dies entspricht auch den Vorstellungen der EZB.[329]

---

326 Vgl. European Banking Authority, Leitlinien zu den Stresstests der Institute, EBA/GL/2018/04, 19. Juli 2018, S. 28 f.

327 Vgl. European Banking Authority, Leitlinien zu den Stresstests der Institute, EBA/GL/2018/04, 19. Juli 2018, S. 27 f.

328 Vgl. Hofer, Markus, MaRisk: Erneute Überarbeitung vor dem Hintergrund internationaler Standards, in: BaFinJournal, Ausgabe Januar 2011, S. 9.

329 Vgl. Europäische Zentralbank, Leitfaden der EZB für den bankinternen Prozess zur Sicherstellung einer angemessenen Kapitalausstattung (Internal Capital Adequacy Assessment Process – ICAAP), 9. November 2018, S. 41.

5.5 Proportionalitätsprinzip

Die Ausgestaltung und Durchführung inverser Stresstests unterliegt dem Proportionalitätsprinzip. **251** Sie ist insofern abhängig von Art, Umfang, Komplexität und Risikogehalt der Geschäftsaktivitäten. Die Palette inverser Stresstests reicht von einer qualitativen Analyse der wichtigsten Risikofaktoren, die insbesondere zum Einstieg empfohlen wird, bis zu anspruchsvolleren quantitativen Ansätzen, die vorrangig von größeren Instituten erwartet werden. Insgesamt gab es bei Aufnahme dieser Anforderung in die MaRisk nur recht überschaubare Erfahrungen mit dieser Art des Stresstests. Die BaFin hatte daher betont, dass sie die weitere Entwicklung auf diesem Gebiet mit Augenmaß begleiten und zunächst keine zu hohen Erwartungen an die Implementierung von inversen Stresstests stellen wird. Als Einstieg wurde grundsätzlich eine schwerpunktmäßig qualitative Auseinandersetzung als ausreichend erachtet. Lediglich von größeren Instituten wurde ergänzend eine quantitative Analyse erwartet.[330]

Die Kreditwirtschaft hat in diesem Kontext angemerkt, dass die Anwendung des Proportionali- **252** tätsprinzips bei inversen Stresstests aus methodischen Gründen an seine Grenzen stoße. So könne die Gefährdung der Überlebensfähigkeit bei größeren, komplexen Instituten theoretisch zwar auf eine sehr hohe Anzahl dafür infrage kommender Szenarien zurückgeführt werden. Allerdings wäre deren Eintrittswahrscheinlichkeit dann möglicherweise zu klein, um daraus wertvolle Erkenntnisse abzuleiten. Folglich könne bei diesen Instituten aus inversen Stresstests keine Entscheidungsfindung im Risikomanagementprozess abgeleitet werden, was der geforderten handlungsorientierten Ausgestaltung von Stresstests widerspräche.[331]

Vermutlich besteht die Herausforderung für große Institute gerade darin, jene Szenarien zu **253** identifizieren, deren Eintrittswahrscheinlichkeit nicht vernachlässigt werden sollte. Auf der anderen Seite stellt sich die Frage, ob sehr kleine Institute mit überschaubaren Geschäftsaktivitäten tatsächlich ein »Backtesting« benötigen, um die hinreichende Schwere ihrer Stressszenarien beurteilen zu können. Die Antwort auf diese Frage hat die Aufsicht im Rahmen der vierten MaRisk-Novelle gegeben, indem das Wort »grundsätzlich« gestrichen wurde. Folglich wird kein Institut mehr an der Durchführung inverser Stresstests vorbeikommen. Das Proportionalitätsprinzip sorgt allerdings dafür, dass sich insbesondere kleine Institute vorrangig auf qualitative Analysen beschränken können.

5.6 Zusammenhang zur Sanierungsplanung

Die Institute sollten auch makroökonomische und finanzielle Stressszenarien entwickeln, die in ihrer **254** Schwere variieren, sich system-, gruppen- und institutsweit auswirken können und für die Sanierungspläne gemäß Art. 5 Abs. 6 BRRD und den entsprechenden EBA-Leitlinien[332] verwendet werden. Außerdem sollten sie spezifische inverse Stresstests verwenden, um ausfallnahe Szenarien (Beinahe-Ausfälle) zu entwickeln und zur Beurteilung der Effizienz und Wirksamkeit ihrer Sanierungsmaßnahmen und ihrer Sanierungsplanung sowie zur Analyse von Sensibilitäten in Bezug auf die jeweiligen Annahmen zu verwenden.[333] Wie in den EBA-Leitlinien über die bei Sanierungsplänen

---

330 Vgl. Hofer, Markus, MaRisk: Erneute Überarbeitung vor dem Hintergrund internationaler Standards, in: BaFinJournal, Ausgabe Januar 2011, S. 7; Bundesanstalt für Finanzdienstleistungsaufsicht, Übermittlungsschreiben zum Rundschreiben 11/2010 (BA) vom 15. Dezember 2010, S. 4.

331 Vgl. Zentraler Kreditausschuss, Stellungnahme zum Konsultationspapier »Principles for sound stress testing practices and supervision« des Baseler Ausschusses für Bankenaufsicht, 13. März 2009, S. 12.

332 European Banking Authority, Leitlinien über die bei Sanierungsplänen zugrunde zu legende Bandbreite an Szenarien, EBA/GL/2014/06, 18. Juli 2014.

333 Vgl. European Banking Authority, Leitlinien zu den Stresstests der Institute, EBA/GL/2018/04, 19. Juli 2018, S. 29f.

zugrunde zu legende Bandbreite an Szenarien dargelegt, sollten diese Szenarien nur Beinahe-Ausfälle berücksichtigen, d. h. sie sollten dazu führen, dass das Geschäftsmodell eines Institutes oder einer Gruppe nicht mehr tragfähig ist, sofern die Sanierungsmaßnahmen nicht erfolgreich umgesetzt werden.[334] Hintergrund dafür ist die Überlegung, dass das Ziel der Sanierungsplanung gerade darin besteht, mögliche Optionen zur Sicherung und Wiederherstellung der Finanzkraft und der Rentabilität eines Institutes zu beschreiben, wenn es unter starkem Stress steht.[335]

255   Die auf diese Weise generierten Szenarien sollten eine Abschätzung der jeweiligen Eignung aller verfügbaren Sanierungsoptionen ermöglichen. Aus der Beschreibung der Sanierungsszenarien sollte hervorgehen, welche Sanierungsoptionen unter bestimmten Stressszenarien getestet wurden. Sie sollte hinsichtlich der quantitativen Annahmen und der qualitativen Beschreibung hinreichend detailliert sein, um festzustellen, ob das jeweilige Szenario für das Institut relevant ist und wie schwerwiegend es ist. Die Ereignisse sollten in logischer Reihenfolge beschrieben sein. Die den Haupttreibern (z. B. Nettoertrag, RWA, Kapital) zugrunde liegenden Annahmen sollten klar festgelegt werden. Die Stresstests sollten auch die möglichen Wechselwirkungen bei Ausübung verschiedener Sanierungsoptionen im jeweiligen Szenario berücksichtigen. Die Szenarien sollten es durch Vorgabe eines angemessenen Zeitrahmens auch ermöglichen zu verstehen, wie sich die Ereignisse entwickeln und zu welchem Zeitpunkt bestimmte Maßnahmen anstehen. Dies kann Auswirkungen auf die Glaubwürdigkeit und Durchführbarkeit der Sanierungsoptionen haben. Ziel dieser Übung ist es, die Wirksamkeit der Sanierungsoptionen des Institutes zur Wiederherstellung der Finanzkraft und Rentabilität zu testen, wenn das Institut unter solch einem starken Stress steht. Aufgrund der unterschiedlichen Zielsetzungen sollten die inversen Stresstests für ICAAP- und ILAAP-Zwecke und für die Sanierungsplanung nach den Vorstellungen der EBA nicht miteinander verknüpft, sondern miteinander verglichen werden. Inverse Stresstests sollten durch eine dynamische und quantitative Beschreibung für die Szenarien des Sanierungsplanes zu folgenden Punkten einen Beitrag leisten:

a) die Sanierungs-Trigger, d. h. zu welchem Zeitpunkt das Institut Sanierungsmaßnahmen im hypothetischen Szenario durchführen würde,

b) die erforderlichen Sanierungsmaßnahmen und ihre erwartete Wirksamkeit, einschließlich der Methode zur Bewertung dieser Wirksamkeit (d. h. Indikatoren, die überwacht werden sollten, um festzustellen, dass keine weiteren Maßnahmen erforderlich sind),

c) den geeigneten Zeitpunkt und das geeignete Verfahren für diese Sanierungsmaßnahmen,

d) die Buchstaben b) und c) für eventuell erforderliche zusätzliche Sanierungsmaßnahmen zur Bewältigung von Restrisiken bei anhaltendem Stress.[336]

256   Nach den Vorstellungen der EZB sollen inverse Stresstests verwendet werden, um die Vollständigkeit und Konservativität der Annahmen des ICAAP-Rahmens in beiden Perspektiven zu überprüfen. Im ICAAP-Kontext könnten inverse Stresstests zudem als Ausgangspunkt für die Entwicklung von Szenarien für die Sanierungsplanung genutzt werden.[337]

257   Insgesamt ist es sicherlich erstrebenswert, zwischen den unterschiedlichen Szenarien für die verschiedenen aufsichtlichen Zwecke einen sinnvollen Zusammenhang aufzuzeigen. Andernfalls würde das häufig kritisierte Silodenken geradezu gefördert. Zudem sollte der Geschäftsleitung noch nachvollziehbar vermittelt werden können, aus welchen Vorgaben letztlich welche Steuerungsimpulse resultieren.

---

334 Vgl. Europäische Zentralbank, Leitfaden der EZB für den bankinternen Prozess zur Sicherstellung einer angemessenen Kapitalausstattung (Internal Capital Adequacy Assessment Process – ICAAP), 9. November 2018, S. 41.

335 Vgl. Financial Stability Board, Recovery and Resolution Planning for Systemically Important Financial Institutions: Guidance on Recovery Triggers and Stress Scenarios, 16. Juli 2013, S. 8 f.

336 Vgl. European Banking Authority, Leitlinien zu den Stresstests der Institute, EBA/GL/2018/04, 19. Juli 2018, S. 30.

337 Vgl. Europäische Zentralbank, Leitfaden der EZB für den bankinternen Prozess zur Sicherstellung einer angemessenen Kapitalausstattung (Internal Capital Adequacy Assessment Process – ICAAP), 9. November 2018, S. 41.

6 Überprüfung der Angemessenheit der Stresstests und Annahmen (Tz. 5)

5 Die Angemessenheit der Stresstests sowie deren zugrunde liegende Annahmen sind in regelmäßigen Abständen, mindestens aber jährlich, zu überprüfen.   **258**

6.1 Überprüfungsturnus für Stresstests

Die Aussagekraft von Stresstests wird durch eine ganze Reihe von Faktoren beeinflusst, wobei die Modellspezifikationen und die den Stresstests zugrunde liegenden Annahmen vermutlich die wichtigste Rolle spielen.[338] Vor diesem Hintergrund muss die Angemessenheit der Stresstests regelmäßig überprüft werden. Ebenso sind die den Stresstests zugrunde liegenden Annahmen regelmäßig zu hinterfragen, wobei es dabei grundsätzlich auch um deren Angemessenheit geht. Ein Hinterfragen der Annahmen und der Plausibilität der Ergebnisse im Vergleich zur Markterfahrung kommt der Interpretation der Ergebnisse zugute und stellt sicher, dass der Stresstest keine rein statistische oder hypothetische Übung ist. Es ist entscheidend für die Verbesserung der Zuverlässigkeit von Stresstestergebnissen, für das Verständnis ihrer Grenzen, für die Identifizierung von Bereichen, in denen der Stresstestansatz verbessert werden sollte, und für die Gewährleistung, dass die Stresstestergebnisse in einer Weise verwendet werden, die mit den Zielen des Stresstestprogramms vereinbar ist.[339]   **259**

Die Aufsicht erwartet von den Instituten, dass diese Überprüfung mindestens jährlich erfolgt. Auch in den Risikoberichten sind die den Stresstests zugrunde liegenden wesentlichen Annahmen darzustellen (→ BT 3.1 Tz. 2). Die EBA fordert von den Instituten ebenfalls, ihr Stresstestprogramm regelmäßig auf seine Wirksamkeit und Robustheit hin zu überprüfen und ggf. zu aktualisieren. Die Überprüfung sollte mindestens einmal jährlich erfolgen und die sich ändernden externen und internen Bedingungen in vollem Umfang widerspiegeln. Die Institute sollten beim Überprüfungsturnus die Häufigkeit der entsprechenden Stresstestanwendungen berücksichtigen.[340]   **260**

Sofern die Angemessenheit der Stresstests oder der Annahmen zwischenzeitlich infrage gestellt wird, muss ein Institut unter Umständen vom festgelegten Überprüfungsturnus abweichen. Dies kann z. B. dann der Fall sein, wenn im Rahmen der turnusmäßigen Risikoberichterstattung Zweifel an den Ergebnissen der Stresstests aufkommen oder die zugrunde liegenden Szenarien als nicht schwerwiegend genug angesehen werden. Wie die Finanzmarktkrise gezeigt hat, können sich die Art und das Ausmaß vorstellbarer Szenarien im Zeitverlauf rapide ändern. Auf derartige Entwicklungen sollte durch zeitnahe Anpassung der Szenarien angemessen reagiert werden. Darüber hinaus sind die verwendeten Stresstestmethoden regelmäßig an die aktuellen Entwicklungen im Risikomanagement anzupassen.   **261**

---

338 Vgl. Deutsche Bundesbank, Stresstests: Methoden und Anwendungsgebiete, in: Finanzstabilitätsbericht 2007, November 2007, S. 102.

339 Vgl. Basel Committee on Banking Supervision, Stress testing principles, BCBS 450, 17. Oktober 2018, S. 9 f.

340 Vgl. European Banking Authority, Leitlinien zu den Stresstests der Institute, EBA/GL/2018/04, 19. Juli 2018, S. 11 f.

6.2 Rahmenbedingungen zur Überprüfung von Stresstests

262   Das Stresstestprogramm sollte institutsweit überprüft werden. Zur Vermeidung von Interessenkonflikten sollten bei der Überprüfung Geschäftseinheiten oder externe Experten eine Schlüsselrolle spielen, die nicht für die Konzeption und Anwendung des Programms verantwortlich sind, wobei das jeweilige Fachwissen für bestimmte Themen berücksichtigt werden sollte. Die Institute sollten sowohl bei der Konzeption als auch bei der Bewertung des Stresstestprogramms sicherstellen, dass Experten aus allen Geschäftsbereichen einbezogen werden.[341]

263   Die Bewertung sollte sowohl auf der Grundlage einer quantitativen als auch einer qualitativen Analyse erfolgen. Die qualitative Analyse sollte auf Expertenurteile oder Benchmarking-Bewertungen zurückgreifen. Die quantitative Analyse sollte solide Backtesting-Tools zur Validierung der Annahmen, Parameter und Ergebnisse von Stresstestmodellen (z.B. Kreditrisikomodelle, Marktrisikomodelle, Nettoertragsmodelle vor Rückstellungen) umfassen.[342] Praktisch läuft ein derartiges »Backtesting« vermutlich eher auf einen Soll-Ist-Vergleich hinaus, bei dem der Soll-Zustand auf die Szenarien abstellt.

264   Bei der Bewertung ihres Stresstestprogramms sollten die Institute die Wirksamkeit des Programms im Hinblick auf die damit verfolgten Ziele und die Notwendigkeit von Verbesserungen berücksichtigen. Zudem sollten die identifizierten Risikofaktoren, Definitionen und Begründungen für die relevanten Szenarien, die Modellannahmen und die Sensitivität der Ergebnisse hinsichtlich dieser Annahmen sowie die Rolle von Expertenmeinungen beurteilt werden, um sicherzustellen, dass das Programm mit einer fundierten Analyse einhergeht. Die Effizienz der Modelle, auch hinsichtlich jener Daten, die nicht für die Modellentwicklung verwendet wurden (»out-of-sample data«), die Rückmeldungen der zuständigen Behörden zu aufsichtlichen oder sonstigen Stresstests sowie sämtliche Annahmen und geplante Maßnahmen, basierend auf Zweck, Art und Ergebnis des Stresstests, einschließlich einer Bewertung der Durchführbarkeit der Maßnahmen in Stresssituationen und in einem sich verändernden Geschäftsumfeld, sollten in die Bewertung einbezogen werden. Außerdem sollte die Angemessenheit der Berücksichtigung von Verknüpfungen zwischen Solvenz- und Liquiditätsstresstests, inklusive möglicher negativer Solvenz-Liquiditäts-Schleifen, der geeigneten Dateninfrastruktur (Implementierung der Systeme und Sicherstellung der Datenqualität), der Beteiligung der Geschäftsleitung und des oberen Managements sowie der einschlägigen Unterlagen, bewertet werden.[343]

265   Aufgrund der Komplexität der Modellierung hypothetischer und makroökonomischer Szenarien sollten sich die Institute des Modellrisikos bewusst sein und sicherstellen, dass bei der Festlegung der Risikofaktoren bzw. Szenarien eine regelmäßige und ausreichend konservative Überprüfung der Annahmen und Mechanismen des Modells durch Experten durchgeführt und ein hinreichend konservativer Ansatz zur Berücksichtigung des Modellrisikos verfolgt wurde. Bei der Festlegung von Annahmen, die zwar quantitativ schwer messbar sind, wie z.B. Diversifikationen, projiziertes exponentielles Wachstum, projizierte Gebühren oder zukunftsgerichtete Sichtweisen des Managements, aber Auswirkungen auf die Ergebnisse des Modells haben können, sollte ebenfalls hinreichend konservativ vorgegangen werden. Schließlich sollten die Abhängigkeiten der Ergebnisse von den Annahmen und die jeweiligen Sensitivitäten erkannt und ihre Auswirkungen regelmäßig bewertet werden.[344]

266   Defizite von Modellen und Mechanismen, bei denen die Risikofaktoren mit Verlusten oder erhöhten Risikoparametern in Verbindung gebracht werden, sollten verstanden, klar kommuniziert und bei der Interpretation der Ergebnisse berücksichtigt werden. Die Modelle sollten die Wechselwirkungen zwischen Solvenz, Liquidität und Refinanzierungskosten berücksichtigen, um

---

341 Vgl. European Banking Authority, Leitlinien zu den Stresstests der Institute, EBA/GL/2018/04, 19. Juli 2018, S. 13f.
342 Vgl. European Banking Authority, Leitlinien zu den Stresstests der Institute, EBA/GL/2018/04, 19. Juli 2018, S. 12.
343 Vgl. European Banking Authority, Leitlinien zu den Stresstests der Institute, EBA/GL/2018/04, 19. Juli 2018, S. 12.
344 Vgl. European Banking Authority, Leitlinien zu den Stresstests der Institute, EBA/GL/2018/04, 19. Juli 2018, S. 20.

die Auswirkungen eines Schocks nicht systematisch und signifikant zu unterschätzen. Wenn möglich, sollten die Ergebnisse verschiedener Modellierungsansätze verglichen werden. So sollte z. B. bei der Modellierung des Nettoumsatzes vor Risikovorsorge (»pre-provision net revenue«, PPNR) ein Vergleich zwischen dem verwendeten Modell und anderen möglichen Ansätzen mit Begründung für ihre Ablehnung vorliegen. Diese Wechselwirkungen sollten auf robusten statistischen Modellen beruhen. Wenn jedoch die Datenverfügbarkeit oder -qualität oder strukturelle Brüche in historischen Daten keine aussagekräftigen Schätzungen zulassen, sollten quantitative Analysen durch qualitative Expertenurteile ergänzt werden. Aber auch in den Fällen, wo der zugrunde liegende Modellierungsprozess robust ist, sollten Expertenurteile beim Hinterfragen der Modellergebnisse eine Rolle spielen. Für die Modellierung des Nettoumsatzes vor Risikovorsorge sind z. B. historische Daten über einen Zinszyklus und einen Konjunkturzyklus und Informationen über Anpassungen der Geschäftsstrategie und der Organisationsstruktur erforderlich.[345]

Bestehen Unsicherheiten über die Robustheit der geschätzten Abhängigkeit zwischen den Risiko- **267** faktoren und den Risikoparametern oder ist es erforderlich, die Ergebnisse umfassender Szenarioanalysen zu validieren, sollten die Institute auch Sensitivitätsanalysen durchführen, indem statistische Aspekte der Risikoparameter des Portfolios nach historischen Verteilungen, ergänzt durch hypothetische Annahmen (z. B. in Bezug auf künftige Volatilitäten), gestresst werden.[346]

Da sich die Stresstests auf die für das Institut wesentlichen Risiken beziehen, könnte die Über- **268** prüfung von deren Angemessenheit mit der regelmäßigen und anlassbezogenen Untersuchung des Gesamtrisikoprofils einhergehen (→ AT 2.2 Tz. 1). Wird die Wesentlichkeit einzelner Risiken vom Institut neu bewertet, so hat dies direkte Auswirkungen auf die Ausgestaltung der Stresstests.

6.3 Inhalte der Überprüfung von Stresstests

Stresstests und damit auch deren zugrunde liegende Annahmen können in jedem Fall als **269** angemessen angesehen werden, wenn deren Ergebnisse die Realität in Stresssituationen möglichst genau widerspiegeln. Im Rahmen der Angemessenheitsüberprüfung können beispielsweise die Parameterausprägungen der eigenen Stresstests mit den tatsächlichen Veränderungen dieser Parameter im Rahmen der COVID-19-Pandemie verglichen werden, um die Schwere der eigenen Szenarien zu hinterfragen. Der Nachweis dieser Angemessenheit ist allerdings oft schwierig, da die unterstellten außergewöhnlichen Ereignisse keine hohe Eintrittswahrscheinlichkeit haben und insofern nur in Ausnahmefällen realisiert werden. Ein weiterer Indikator für die Schwere der Szenarien können die aufsichtlichen Stresstests sein.

Neben der angenommenen Schwere der Szenarien müssen i. d. R. auch andere Kriterien zum **270** Nachweis der Angemessenheit herangezogen werden, weil es für schwerwiegende Stressereignisse nur in Ausnahmefällen möglich sein wird, die angenommenen mit den tatsächlich realisierten Veränderungen der wesentlichen Risikofaktoren zu vergleichen. Geprüft werden sollte z. B., ob die wesentlichen Risiken, einschließlich der verbundenen Risikokonzentrationen und der ggf. vorhandenen Risiken aus außerbilanziellen Gesellschaftskonstruktionen und Verbriefungstransaktionen, von den Stresstests hinreichend berücksichtigt wurden. In diesem Zusammenhang ist von großem Interesse, ob die zugehörigen wesentlichen Risikofaktoren identifiziert wurden (→ AT 4.3.3 Tz. 1). Dafür eignen sich insbesondere Sensitivitätsanalysen. Ebenso sollte überprüft werden, ob der gewählte Turnus zur Durchführung von Stresstests angemessen ist (→ AT 4.3.3 Tz. 1). Vor allem in Krisensituationen hat es sich als hilfreich erwiesen, den normalen Turnus vorübergehend deutlich

---

345 Vgl. European Banking Authority, Leitlinien zu den Stresstests der Institute, EBA/GL/2018/04, 19. Juli 2018, S. 21.
346 Vgl. European Banking Authority, Leitlinien zu den Stresstests der Institute, EBA/GL/2018/04, 19. Juli 2018, S. 20f.

zu verkürzen und insofern den Maßstab für den Begriff »regelmäßig« zeitweise anzupassen. Ähnlich wichtig ist der jeweils gewählte Zeithorizont für die Stressperiode. Darüber hinaus sollte geprüft werden, inwiefern sich die Stresstests neben einzelnen Portfolios auch auf die Institutsebene beziehen (→ AT 4.3.3 Tz. 1).

271 Ein wichtiger Punkt ist zudem die Ausgestaltung der Szenarien. Sofern diese Szenarien tendenziell nur normale Marktereignisse berücksichtigen, sind die Ergebnisse der Stresstests für die Zwecke der MaRisk unbrauchbar. Insofern sollten in die Szenarien auch solche außergewöhnlichen, aber plausibel möglichen Ereignisse einfließen, die sich nicht zwangsläufig aus historischen Daten generieren lassen. Das betrifft z.B. Szenarien, in denen die Wechselwirkungen zwischen den Risikofaktoren nicht den aus empirischen Beobachtungen ermittelten statistischen Zusammenhängen folgen.[347] In diesem Sinne wäre zu überprüfen, ob sich die wesentlichen Risikofaktoren deutlicher ändern als unter normalen Bedingungen, was im Falle außergewöhnlicher Ereignisse vorausgesetzt wird (→ AT 4.3.3 Tz. 3). Einerseits muss es sich in der Tat um außergewöhnliche Ereignisse handeln. Das bedeutet, dass der Stress hinreichend stark und für das betrachtete Portfolio relevant sein sollte. Andererseits müssen diese Ereignisse trotzdem plausibel möglich sein, also mit einer positiven Wahrscheinlichkeit eintreten können. Des Weiteren sollte geprüft werden, ob sich die strategische Ausrichtung des Institutes sowie sein wirtschaftliches Umfeld in den Annahmen widerspiegeln und auf entsprechende Änderungen schnell und angemessen reagiert wird (→ AT 4.3.3 Tz. 3). Zu diesem Zweck sollten vor allem die zugrunde liegenden (internen) Anpassungsprozesse hinterfragt werden. Da in Krisensituationen i.d.R. auch aufsichtsrechtliche Vorgaben geändert werden, sollten ebenso die veränderten (externen) Rahmenbedingungen berücksichtigt werden, um die Plausibilität der Szenarien sicherzustellen.

272 Geprüft werden sollte zudem, ob die Stresstests auch auf das Gesamtrisikoprofil des Institutes angewendet wurden und die dafür definierten übergeordneten Szenarien sowohl institutseigene als auch marktweite Ursachen und eine Kombination daraus berücksichtigen, um die Wechselwirkungen zwischen den Risikoarten abzubilden (→ AT 4.3.3 Tz. 2). Ebenso sollten die Art und Weise sowie der Turnus der Durchführung inverser Stresstests hinterfragt werden (→ AT 4.3.3 Tz. 4).

273 Schließlich wäre noch die angemessene Verwendung der Ergebnisse der Stresstests nachzuvollziehen. Dabei geht es nicht nur um die Beurteilung der Risikotragfähigkeit oder der Kapitalausstattung, sondern ebenso um die Nutzung der Ergebnisse zur generellen Verbesserung der Risikosteuerungs- und -controllingprozesse (→ AT 4.3.3 Tz. 6). Eine wichtige Voraussetzung für die Berücksichtigung der Stresstestergebnisse ist eine regelmäßige Berichterstattung gegenüber der Geschäftsleitung (→ BT 3.1 Tz. 2). So könnte z.B. geprüft werden, ob die wesentlichen Ergebnisse der Stresstests und deren Auswirkungen auf die Risikosituation und die Risikotragfähigkeit sowie deren zugrunde liegende Annahmen in den turnusmäßigen Berichten enthalten sind. Sinnvoll erscheint auch, dass die Geschäftsleitung explizit im Rahmen ihrer Vorgaben zum Risikoappetit (→ AT 4.2 Tz. 2) festlegt, welche Szenarien mit der Kapitalausstattung überstanden werden sollten (»Stressresistenz«).

6.4   Dateninfrastruktur

274 Korrekte Ergebnisse der Stresstests setzen eine angemessene Dateninfrastruktur voraus. Die EBA erwartet von den Instituten, dass ihr Stresstestprogramm durch eine angemessene Dateninfrastruktur unterstützt wird.[348] Unter Proportionalitätsgesichtspunkten sollte dabei auf die Vorgaben des Baseler Ausschusses für Bankenaufsicht für eine wirksame Risikodatenaggregation und

---

347 Vgl. Bühn, Andreas/Klauck, Kai-Oliver, Mit modernen Stresstests das Risikoprofil analysieren, in: Betriebswirtschaftliche Blätter, Heft 6/2007, S. 353 f.
348 Vgl. European Banking Authority, Leitlinien zu den Stresstests der Institute, EBA/GL/2018/04, 19. Juli 2018, S. 15.

Risikoberichterstattung (BCBS 239)[349] abgestellt werden.[350] Unter der Aggregation von Risikodaten ist die gesamte Verfahrens- und Prozesskette von der Erhebung und Erfassung von Daten über die Verarbeitung bis hin zur Auswertung nach bestimmten Kriterien und zur Berichterstattung von Risikodaten zu verstehen (→ AT 4.3.4 Tz. 1, Erläuterung). Die Anforderungen zur Risikodatenaggregation richten sich zwar ausschließlich an bedeutende Institute gemäß Art. 6 SSM-Verordnung (→ AT 4.3.4 Tz. 1). Die BaFin hat allerdings auch an die übrigen Institute appelliert, deren Kapazitäten zur Risikodatenaggregation im eigenen Interesse weiter auszubauen[351], um insbesondere ihre Entscheidungsbasis zu verbessern.[352]

Die Dateninfrastruktur muss die Institute in die Lage versetzen, den umfangreichen Datenbedarf ihres Stresstestprogramms zu erfassen und die Stresstests auf Basis geeigneter Mechanismen mit Blick auf alle wesentlichen Risiken, denen sie ausgesetzt sind, planmäßig durchzuführen. Die Dateninfrastruktur sollte in einem angemessenen Verhältnis zur Größe und Komplexität der Institute sowie zum Risikogehalt der Geschäftsaktivitäten stehen und sowohl eine hinreichende Flexibilität als auch ein angemessenes Maß an Kontrolle ermöglichen. Die Institute sollten sicherstellen, dass sie auf jeder Ebene angemessene personelle, finanzielle und materielle Ressourcen bereitstellen, um die wirksame Weiterentwicklung und Wartung ihrer Dateninfrastruktur, einschließlich der IT-Systeme, zu gewährleisten. Die Institute sollten die Dateninfrastruktur für die Stresstests auch als Teil ihrer gesamten IT-Infrastruktur betrachten und bei der Planung der Geschäftsfortführung, der Festlegung langfristiger Investitionen und anderen IT-Prozessen angemessen berücksichtigen.[353]

275

Die Infrastrukturfähigkeiten der Institute sollten flexibel genug sein, um Daten sowohl für interne Stresstests als auch für die Beteiligung an aufsichtlichen Stresstests abzurufen. Gegebenenfalls sollten die Institute die Konsistenz der Datenquellen sowie der Verarbeitung und Aggregation der Daten über ihre Stresstests hinweg sicherstellen. Die Institute sollten sicherstellen, dass die Daten, die sie für Stresstests erstellen, mit ihrem Gesamtrisikomanagement kohärent sind.[354]

276

Zur Durchführung der Stresstests müssen die Institute über korrekte und zuverlässige Risikodaten verfügen und diese auf dem aktuellen Stand halten. Zudem sollten sie sicherstellen, dass ihre Verfahren zur Aggregation von Risikodaten durch Korrektheit, Integrität, Vollständigkeit, Aktualität und Anpassungsfähigkeit gekennzeichnet sind. Die Daten sollten weitgehend automatisiert aggregiert werden, um die Fehleranfälligkeit zu minimieren. Insbesondere sollte ein umfassendes Abstimmungs- und Kontrollsystem vorhanden sein. Die Risikodaten sollten auch außerbilanzielle Risiken vollständig erfassen und auf jeder Ebene des Institutes leicht zugänglich sein. Die Wesentlichkeit im Hinblick auf aktuelle und potenzielle Risiken sollte berücksichtigt werden. Die Institute sollten in der Lage sein, aggregierte Risikoinformationen rechtzeitig zu erstellen, um alle Berichtsanforderungen während des gesamten Prozesses der Stresstests nach verschiedenen Stufen zur Qualitätssicherung und Überprüfung zu erfüllen. Sie sollten dazu eine effiziente Infrastruktur entwickeln, um die Aktualität zu gewährleisten. Die Institute sollten auch in der Lage sein, aggregierte Daten zu generieren, um verschiedene Ad-hoc-Anfragen zu erfüllen, die sich sowohl aus dem internen Bedarf als auch aus aufsichtsrechtlichen Anfragen ergeben.[355]

277

---

349 Baseler Ausschuss für Bankenaufsicht, Grundsätze für die effektive Aggregation von Risikodaten und die Risikoberichterstattung, BCBS 239, 9. Januar 2013.

350 Vgl. European Banking Authority, Leitlinien zu den Stresstests der Institute, EBA/GL/2018/04, 19. Juli 2018, S. 15f. In vergleichbarer Weise äußert sich der Baseler Ausschuss für Bankenaufsicht. Vgl. Basel Committee on Banking Supervision, Stress testing principles, BCBS 450, 17. Oktober 2018, S. 8.

351 Vgl. Bundesanstalt für Finanzdienstleistungsaufsicht, Erster Entwurf zur Überarbeitung der MaRisk, Übermittlungsschreiben vom 18. Februar 2016, S. 2.

352 Vgl. Bundesanstalt für Finanzdienstleistungsaufsicht, Rundschreiben 09/2017 (BA) zur Überarbeitung der MaRisk, Übermittlungsschreiben vom 27. Oktober 2017, S. 2f.

353 Vgl. European Banking Authority, Leitlinien zu den Stresstests der Institute, EBA/GL/2018/04, 19. Juli 2018, S. 16.

354 Vgl. Basel Committee on Banking Supervision, Stress testing principles, BCBS 450, 17. Oktober 2018, S. 8.

355 Vgl. European Banking Authority, Leitlinien zu den Stresstests der Institute, EBA/GL/2018/04, 19. Juli 2018, S. 16f.

AT 4.3.3 Stresstests

278 Damit die Risiken erkannt und die Ergebnisse der Stresstests verlässlich sind, sollten die verwendeten Daten genau und vollständig sowie auf einer ausreichend granularen Ebene rechtzeitig verfügbar sein. Die Institute sollten über eine robuste Dateninfrastruktur verfügen, die in der Lage ist, in Stresstests verwendete Informationen von angemessener Qualität abzurufen, zu verarbeiten und zu melden, um die Ziele des Stresstests zu erreichen. Zur Behebung festgestellter Mängel hinsichtlich der wesentlichen Informationen sollten entsprechende Verfahren vorhanden sein. Die Institute sollten auch historische Daten, die für ihre internen Stresstests relevant sind, sammeln, sichern und pflegen. Sie sollten sicherstellen, dass sie in der Lage sind, die mit Fusionen und Übernahmen verbundenen Daten in ihren historischen Datensatz zu integrieren.[356]

279 Die EBA greift damit Vorschläge des Baseler Ausschusses für Bankenaufsicht auf, der insbesondere in Stressphasen oder Krisen eine Bereitstellung von aggregierten Risikodaten zu sämtlichen relevanten und kritischen Risiken in kürzester Zeit erwartet. Die Institute sollten regelmäßig überprüfen, ob innerhalb der vorgegebenen Zeiträume auch genaue Berichte erstellt werden können. Nur so ist es möglich, sich entwickelnden Risiken effektiv zu begegnen. Informationen zu bestimmten Positionen oder Engagements müssen für diesen Zweck möglicherweise sogar sofort (im Tagesverlauf) zur Verfügung stehen.[357] Vor allem bei größeren und komplexen Instituten hat die Aufsicht diesbezüglich Mängel festgestellt.[358]

---

356 Vgl. Basel Committee on Banking Supervision, Stress testing principles, BCBS 450, 17. Oktober 2018, S. 8.

357 Vgl. Baseler Ausschuss für Bankenaufsicht, Grundsätze für die effektive Aggregation von Risikodaten und die Risikoberichterstattung, BCBS 239, 9. Januar 2013, S. 10ff.

358 Vgl. Steinbrecher, Ira, MaRisk – Neue Mindestanforderungen an das Risikomanagement der Banken, in: BaFinJournal, Ausgabe November 2017, S. 20.

7 Verwendung der Ergebnisse der Stresstests (Tz. 6)

6 Die Ergebnisse der Stresstests sind kritisch zu reflektieren. Dabei ist zu ergründen, inwieweit und, wenn ja, welcher Handlungsbedarf besteht. Die Ergebnisse der Stresstests sind auch bei der Beurteilung der Risikotragfähigkeit angemessen zu berücksichtigen. Dabei ist den Auswirkungen eines schweren konjunkturellen Abschwungs besondere Aufmerksamkeit zu schenken.   280

7.1 Kritische Reflexion der Stresstestergebnisse

Wenngleich Stresstests so ausgestaltet sein sollten, dass die zugrunde liegenden Szenarien Ausnahmesituationen darstellen, sollen sie dennoch plausibel mögliche Ereignisse widerspiegeln (→ AT 4.3.3 Tz. 3). Folglich muss ein Institut auch auf derartige Ereignisse vorbereitet sein. Die Durchführung von Stresstests wäre für das Institut vollkommen wertlos, wenn deren Ergebnisse keinen Einfluss auf sein Risikomanagement hätten. Die Ergebnisse sollten insbesondere genutzt werden, um mögliche Schwachstellen in potenziellen Stresssituationen durch geeignete Maßnahmen zu beseitigen. Auf Basis von Stresstests kann das Institut ferner einen tieferen Einblick in das eigene Risikoprofil gewinnen. Aus diesem Grund sind die Ergebnisse der Stresstests stets kritisch zu reflektieren und auf einen eventuellen Handlungsbedarf zu untersuchen.   281

Die Ergebnisse der Stresstests, die insbesondere Auskunft über implizite Verluste, Kapital- und Liquiditätsanforderungen sowie verfügbares Kapital und verfügbare Liquidität geben sollten, sind auch nach den Vorstellungen der EBA kritisch zu reflektieren, insbesondere im Hinblick auf möglichen Handlungsbedarf. Zu diesem Zweck müssen die Ergebnisse der Stresstests über Geschäftsbereiche und Managementebenen hinweg kommuniziert werden, um das Risikobewusstsein zu schärfen und Diskussionen über bestehende und potenzielle Risiken sowie über mögliche Maßnahmen anzuregen. Die im Rahmen der Stresstests beobachteten Einschränkungen, Schwachstellen und Mängel sollten bewertet und bei der Genehmigung der strategischen Planung des Institutes sowie bei allen relevanten Entscheidungen, die die Kapital-, Liquiditäts-, Sanierungs- und Abwicklungsplanung betreffen, berücksichtigt werden. Die Ergebnisse der Stresstests sollten auch zur Festlegung des Risikoappetits und der Limite eines Institutes verwendet werden. Darüber hinaus sollten sie als Planungsinstrument dienen, um die Wirksamkeit neuer und bestehender Geschäftsstrategien und deren Auswirkungen auf den Kapitaleinsatz zu ermitteln.[359] Diese Vorgaben gelten analog in angepasster Form auch für die einzelnen Risikoarten, wie z. B. für Zinsänderungsrisiken im Anlagebuch.[360]   282

Die Institute sollten sicherstellen, dass die Ergebnisse der Stresstests in Übereinstimmung mit den Zielen sowie internen Richtlinien und Verfahren des Stresstestprogramms effektiv genutzt werden. Sie sollten die Geschäftsleitung bei wichtigen strategischen und geschäftspolitischen Entscheidungen unterstützen. Dazu müssen sie der Geschäftsleitung regelmäßig auf den relevanten Aggregationsebenen mitgeteilt werden, wobei auf die wichtigsten Modellierungs- und Szenarioannahmen sowie alle wesentlichen Einschränkungen eingegangen werden soll. Dies betrifft z. B. die Relevanz der zugrunde liegenden Szenarien, die Risikotragfähigkeit und das Modellrisiko.   283

---

359 Vgl. European Banking Authority, Leitlinien zu den Stresstests der Institute, EBA/GL/2018/04, 19. Juli 2018, S. 14 f.

360 Vgl. European Banking Authority, Leitlinien zur Steuerung des Zinsänderungsrisikos bei Geschäften des Anlagebuchs, EBA/GL/2018/02, 19. Juli 2018, S. 30.

AT 4.3.3 Stresstests

Die Verwendung der Ergebnisse kann in vielfacher Hinsicht erfolgen, wie z. B. zur Festlegung des Risikoappetits und der Risikolimite, zur Finanz- und Kapitalplanung, zur Liquiditäts- und Refinanzierungsrisikobewertung, zur Notfallplanung, zur Sanierungs- und Abwicklungsplanung, für den ICAAP und den ILAAP, zur Unterstützung des Portfoliomanagements und des Neu-Produkt-Prozesses oder zur Unterstützung anderer unternehmerischer Entscheidungsprozesse wie der Bewertung strategischer Optionen.[361]

284   Die EZB hat in ihrem Bericht über die ICAAP-Praktiken der bedeutenden Institute festgestellt, dass bei der Verwendung der Stresstestergebnisse in den Entscheidungsprozessen noch große Defizite bestehen. Viele Institute berichten ihre Stresstestergebnisse nur jährlich an die Geschäftsleitung, und die Ad-hoc-Stresstests scheinen unzureichend zu sein. Insgesamt unterstützen die Stresstestprogramme nach Ansicht der EZB keine zeitnahe Reaktion auf aufkommende Änderungen im Risikoprofil und potenzielle Gefahren. Viele Institute ziehen keine angemessenen Rückschlüsse aus ihren Stresstests, und nur wenige Banken leiten aus den Stresstests (potenzielle) Managementmaßnahmen ab.[362]

7.2   Festlegung angemessener Maßnahmen

285   Als mögliche Reaktion auf Stresssituationen sollten die Institute glaubwürdige und relevante Maßnahmen, die ihre Solvenz im Stressszenario sicherstellen können, sowie deren Einsatzmöglichkeiten festlegen. Dabei sollten sie berücksichtigen, dass einige Maßnahmen sofort umsetzbar sind und andere Maßnahmen von bestimmten Ereignissen abhängen. Für diese Maßnahmen sollten zuvor die Auslöser (»trigger«) klar definiert werden. Sämtliche Maßnahmen sollten mit den festgelegten Strategien und Richtlinien übereinstimmen, wie z. B. mit der Dividendenpolitik.[363]

286   Die Institute sollten ihre Fähigkeit, risikomindernde Maßnahmen umzusetzen, vorsichtig bewerten und dabei die möglichen Auswirkungen der Stressszenarien auf andere Märkte berücksichtigen. Sie sollten die qualitativen und quantitativen Auswirkungen vor und nach risikomindernden Maßnahmen erläutern. Die Auswirkungen vor Risikominderung sollten Annahmen über Strategie, Wachstum und damit verbundene Erträge beinhalten, aber keine Maßnahmen, die in einem Stressszenario nicht umsetzbar wären, wie z. B. die Auflösung eines Geschäftszweiges oder die Beschaffung von Kapital. Zu diesem Zweck sollten die Institute eine szenariospezifische Durchführbarkeitsanalyse für die geplanten Maßnahmen vornehmen. Akzeptable Maßnahmen können in Abhängigkeit von der Einschätzung der zuständigen Behörden grundsätzlich die Überprüfung der internen Risikolimite, die Überprüfung des Einsatzes von Risikominderungstechniken, die Anpassung von Richtlinien, z. B. in Bezug auf die Adäquanz der Liquidität oder des Kapitals, die Reduzierung der Ausschüttungen an die Aktionäre, die Anpassung der Geschäftsstrategie, der Geschäftsplanung und der Risikobereitschaft sowie die Generierung von Kapital oder Refinanzierungsmitteln sein.[364]

287   Die voraussichtlichen Maßnahmen, differenziert nach Szenarien und angepasst an deren Schwere, sollten dokumentiert werden. Die Institute sollten die Verringerung ihrer Rentabilität als Folge extrem schwerer Stresssituationen in Betracht ziehen. In ihren ICAAP- und ILAAP-Informationen, die den zuständigen Behörden zur Verfügung zu stellen sind, sollten die Institute auch bereits ergriffene Maßnahmen auf der Grundlage der Ergebnisse der Stresstests erläutern.[365]

288   Die verschärfte Überwachung der Risiken kann sowohl mit einer Verkürzung des Turnus zur Risikomessung und Berichterstattung als auch mit einer Anpassung der Warnschwellen und

---

361 Vgl. Basel Committee on Banking Supervision, Stress testing principles, BCBS 450, 17. Oktober 2018, S. 5.

362 Vgl. European Central Bank, ECB report on banks' ICAAP practices, 11. August 2020, S. 65.

363 Vgl. European Banking Authority, Leitlinien zu den Stresstests der Institute, EBA/GL/2018/04, 19. Juli 2018, S. 48.

364 Vgl. European Banking Authority, Leitlinien zu den Stresstests der Institute, EBA/GL/2018/04, 19. Juli 2018, S. 48.

365 Vgl. European Banking Authority, Leitlinien zu den Stresstests der Institute, EBA/GL/2018/04, 19. Juli 2018, S. 49.

Limite einhergehen. Die Geschäftspolitik könnte dergestalt geändert werden, dass höhere Liquiditätspuffer erforderlich sind oder der Spielraum zur Vergabe von Blankokrediten bzw. Krediten mit hohen Blankoanteilen eingeschränkt wird. In bestimmten Situationen kann es auch erforderlich sein, das Engagement in einzelnen Ländern, Regionen, Sektoren, Portfolios oder Produkten zurückzufahren. Insgesamt können die empfohlenen Maßnahmen danach unterschieden werden, ob sie unmittelbar oder erst bei Eintritt eines vordefinierten Ereignisses umgesetzt werden sollen. Letztlich liegt es vor allem im Interesse der Institute, ihre Überlebensfähigkeit zu sichern. Rein formale Umsetzungen oder gar ein »Schaulaufen« für die Aufsicht sind weder im Interesse der Institute noch der Aufsicht.[366] Stresstests bilden in deutschen Instituten häufig eine Diskussionsgrundlage zur Bestimmung der Risikostrategie. Insbesondere im Markt- und Liquiditätsrisikomanagement werden sie auch zur Festlegung von Limiten und Absicherungsstrategien verwendet. Eingang in die risikoadjustierte Erfolgsmessung der verschiedenen Geschäftsfelder finden sie bisher nur in Einzelfällen.[367] Möglich sind ebenso der Einsatz von Sicherungsinstrumenten (Hedging) sowie andere Maßnahmen zur Schließung offener Positionen. Allerdings sollte die Wirksamkeit der Risikominderungstechniken insbesondere für Situationen systematisch überprüft werden, in denen die Märkte nicht voll funktionsfähig sind und mehrere Institute gleichzeitig ähnliche Strategien verfolgen. Die Institute sollten ihre Fähigkeit zur Risikoreduzierung nicht überschätzen und für den Bedarfsfall auch alternative Möglichkeiten in Erwägung ziehen.

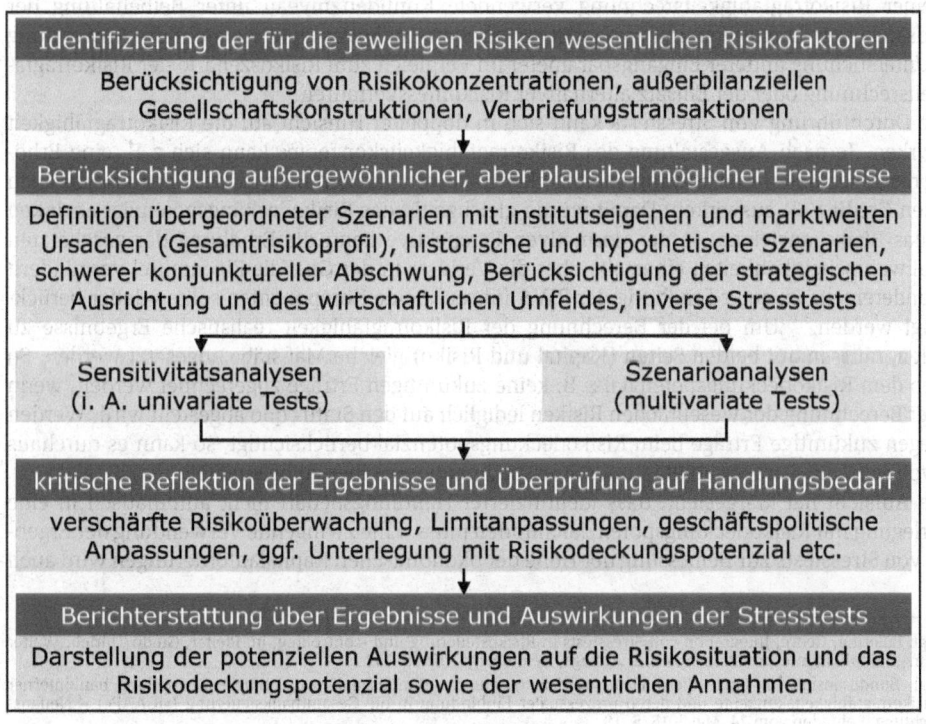

Abb. 37: Stresstests für die wesentlichen Risiken

---

[366] Vgl. Bundesanstalt für Finanzdienstleistungsaufsicht, Übermittlungsschreiben zum Rundschreiben 15/2009 (BA) vom 14. August 2009, S. 5.

[367] Vgl. Deutsche Bundesbank, Stresstests: Methoden und Anwendungsgebiete, in: Finanzstabilitätsbericht 2007, November 2007, S. 102.

7.3 Berücksichtigung bei der Beurteilung der Risikotragfähigkeit

289 Im Rahmen des Risikotragfähigkeitskonzeptes wird das Risikodeckungspotenzial – bzw. in Abhängigkeit vom Risikoappetit der Geschäftsleitung nur Teile davon (→ AT 4.1 Tz. 3) – den wesentlichen Risiken gegenübergestellt. Die Risikotragfähigkeit ist gegeben, sofern die wesentlichen Risiken durch das Risikodeckungspotenzial »laufend« abgedeckt sind (→ AT 4.1 Tz. 1).

290 Die Ergebnisse der Stresstests beleuchten die Situation des Institutes aus einer anderen Perspektive und zeigen insofern nicht direkt an, ob die Risikotragfähigkeit gegeben ist. Wenngleich über die potenziellen Auswirkungen von Stresssituationen auf die Risikosituation und das Risikodeckungspotenzial zu berichten ist (→ BT 3.1 Tz. 2), besteht keine Notwendigkeit, die Stresstestergebnisse zur Quantifizierung der Risiken im Rahmen des Risikotragfähigkeitskonzeptes zu verwenden. Sie sollten aber dazu genutzt werden, die Resultate der klassischen Risikomanagementverfahren infrage zu stellen. Daraus können sich durchaus auch Anpassungen des Risikotragfähigkeitskonzeptes ergeben.[368] Zu diesem Zweck sollen sich die Stresstests von den zugrunde liegenden Prämissen der eingesetzten Risikomessverfahren grundsätzlich lösen.[369] Es sollen Alternativbetrachtungen zu bestehenden Annahmen, Methoden und Verfahren vorgenommen werden, auch um etwaige Modellgrenzen aufzuzeigen und das Modellrisiko transparent zu machen. Daraus folgt, dass es nicht ausreichend ist, in den ICAAP-Stresstests nur das vom Institut in seiner Risikotragfähigkeitsrechnung verwendete Konfidenzniveau unter Beibehaltung der grundsätzlichen Annahmen und Methodik zu erhöhen. Im Fokus steht vielmehr die Anwendung und Untersuchung anderer Eingangsparameter im Vergleich zum Risikoszenario der Risikotragfähigkeitsrechnung oder der Einsatz alternativer Risikomessverfahren.

291 Die Durchführung von Stresstests kann sich in doppelter Hinsicht auf die Risikotragfähigkeit auswirken. Je nach Ausgestaltung des Risikotragfähigkeitskonzeptes kann sich z.B. eine Erhöhung der geschätzten Ausfallwahrscheinlichkeiten sowohl auf den Barwert des Portfolios als auch auf den Credit-VaR auswirken. Damit würde gleichzeitig das Risikodeckungspotenzial absinken und das Risiko ansteigen. In der normativen Perspektive kann die Erhöhung der geschätzten Ausfallwahrscheinlichkeiten einerseits über die Verluste in der GuV die Eigenmittel vermindern und andererseits zu einer Erhöhung der RWA führen. Beide Komponenten sollten daher berücksichtigt werden.[370] Um bei der Berechnung der Risikotragfähigkeit realistische Ergebnisse zu erzielen, müssen auf beiden Seiten (Kapital und Risiko) gleiche Maßstäbe angesetzt werden. So sollten dem Risikodeckungspotenzial z.B. keine zukünftigen Erträge zugerechnet werden, wenn bei der Berechnung der wesentlichen Risiken lediglich auf den Status quo abgestellt wird. Werden hingegen zukünftige Erträge beim Risikodeckungspotenzial berücksichtigt, so kann es durchaus sinnvoll sein, die Ertragsstabilität unter Stressbedingungen näher zu beleuchten.[371]

292 Die Aufsicht hat klargestellt, dass identifizierter Handlungsbedarf nicht automatisch in eine Unterlegung mit Risikodeckungspotenzial münden muss. Eine zwingende Verwendung der Ergebnisse von Stresstests zur Bemessung der Höhe der ökonomischen Kapitalanforderungen wird auch

---

368 Vgl. Eulering, Georg, Integration von Stresstests in Risikosteuerung und -controlling, in: Pfeifer, Guido/Ullrich, Walter (Hrsg.), MaRisk-Interpretationshilfen, 2. Auflage, Heidelberg, 2009, S. 132.

369 Vgl. Bundesanstalt für Finanzdienstleistungsaufsicht/Deutsche Bundesbank, Aufsichtliche Beurteilung bankinterner Risikotragfähigkeitskonzepte und deren prozessualer Einbindung in die Gesamtbanksteuerung (»ICAAP«) – Neuausrichtung, Leitfaden vom 24. Mai 2018, S. 18.

370 Vgl. Eulering, Georg, Integration von Stresstests in Risikosteuerung und -controlling, in: Pfeifer, Guido/Ullrich, Walter (Hrsg.), MaRisk-Interpretationshilfen, 2. Auflage, Heidelberg, 2009, S. 152f. Zur Vertiefung werden dort insbesondere Drehmann, Mathias, A Market Based Macro Stress Test for the Corporate Credit Exposure of UK Banks, Working Paper, Bank of England, April 2005; Mager, Ferdinand/Schmieder, Christian, Stress testing of real credit portfolios, Deutsche Bundesbank, Discussion Paper, Series 2: Banking and Financial Studies, No. 17/2008 und Düllmann, Klaus/Erdelmeier, Martin, Stress testing German banks in a downturn in the automobile industry, Deutsche Bundesbank, Discussion Paper, Series 2: Banking and Financial Studies, No. 2/2009, empfohlen.

371 Vgl. Schirsch, Claudia, Bankindividuelle Stresstests – pragmatische Umsetzung in der Bankpraxis, in: Wimmer, Konrad (Hrsg.), MaRisk NEU – Handlungsbedarf in der Banksteuerung, Heidelberg, 2009, S. 88.

von der Kreditwirtschaft aufgrund der spezifischen Zielsetzung von Stresstests kritisch gesehen. Insbesondere wird befürchtet, auf diese Weise den ungewollten Anreiz zu setzen, lediglich moderate Stresstests durchzuführen. In der Konsequenz könnte die Suche nach wirklich existenzbedrohenden Risiken mit Hilfe von Stresstests nicht mehr unvoreingenommen stattfinden.[372] Nicht zuletzt vor diesem Hintergrund werden von der Aufsicht verschiedene Handlungsmöglichkeiten gestattet. So können alternativ zur Unterlegung mit Risikodeckungspotenzial auch andere Maßnahmen geeignet sein, wie z.B. eine verschärfte Überwachung der Risiken, Limitanpassungen oder Anpassungen in der geschäftspolitischen Ausrichtung. Eine Unterlegung mit Risikodeckungspotenzial ist allerdings zumindest dann erforderlich, wenn die Stresstests bewusst zur Quantifizierung des internen Kapitalbedarfes eingesetzt werden (→ AT 4.3.3 Tz. 6, Erläuterung). Was dabei ggf. beachtet werden muss, wird an anderer Stelle näher ausgeführt (→ AT 4.1 Tz. 2).

Die Stresstests haben auch einen schweren konjunkturellen Abschwung darzustellen, der auf **293** (Gesamt-)Institutsebene zu analysieren ist (→ AT 4.3.3 Tz. 3). Diesem Ereignis ist bei der Beurteilung der Risikotragfähigkeit besondere Aufmerksamkeit zu schenken. Dies liegt insbesondere daran, dass ein solches Szenario nicht selten eintritt. Demzufolge muss insbesondere hinterfragt werden, in welchem Ausmaß sich die im Risikotragfähigkeitskonzept unterstellten Annahmen im Falle eines schweren konjunkturellen Abschwungs ändern und ob dem Institut in diesem Fall genügend Handlungsspielraum verbleibt, um die Risikotragfähigkeit auch unter diesen Umständen zu gewährleisten.

7.4 Kommunikation der Stresstestergebnisse

Die Institute sollten über Prozesse verfügen, die eine regelmäßige Kommunikation und Koor- **294** dination zwischen den Stresstestfunktionen auf Gruppenebene und einzelnen Tochterunternehmen oder anderen relevanten Rechtssubjekten unterstützen. Sie sollten in der Lage sein, die Stresstestergebnisse über alle Rechtssubjekte hinweg zu aggregieren und zu berichten. Außerdem sollten sie sich bemühen, die Konsistenz von Ansätzen und Auswirkungen über alle Rechtssubjekte hinweg zu gewährleisten. Die gemeinsame Nutzung der Ergebnisse kann ggf. wichtige Perspektiven auf Risiken eröffnen, die einer einzelnen Organisationseinheit sonst nicht zur Verfügung stünden.[373]

In den Risikoberichten sind auch die Ergebnisse der Stresstests und deren potenzielle Aus- **295** wirkungen auf die Risikosituation und das Risikodeckungspotenzial darzustellen, um möglichen Handlungsbedarf identifizieren zu können. Auf Risikokonzentrationen und deren potenzielle Auswirkungen, die häufig nur durch Stresstests sichtbar werden, ist dabei gesondert einzugehen. Ebenfalls darzustellen sind die den Stresstests zugrunde liegenden wesentlichen Annahmen, um ein Gefühl für die Eintrittswahrscheinlichkeit der Stressszenarien zu bekommen (→ BT 3.1 Tz. 2). Von den Instituten wird zudem erwartet, dass sie in Stressphasen des eigenen Institutes den Berichtsturnus erhöhen, soweit dies für die aktive und zeitnahe Steuerung der Risiken erforderlich erscheint (→ BT 3.2 Tz. 1, Erläuterung).

---

372 Vgl. Zentraler Kreditausschuss, Stellungnahme zum Konsultationspapier »Principles for sound stress testing practices and supervision« des Baseler Ausschusses für Bankenaufsicht, 13. März 2009, S. 2.

373 Vgl. Basel Committee on Banking Supervision, Stress testing principles, BCBS 450, 17. Oktober 2018, S. 10f.

AT 4.3.4 Datenmanagement, Datenqualität und Aggregation von Risikodaten

1	**Einführung und Überblick**	1
1.1	Lehren aus der Finanzmarktkrise	1
1.2	BCBS 239-Grundsätze im Überblick	4
1.3	Relevante Daten	11
1.4	Anwenderkreis und Umsetzungsfristen	13
1.5	Regelmäßige Überprüfung der Einhaltung der Grundsätze	20
1.6	Umsetzungsempfehlungen des Baseler Ausschusses für Bankenaufsicht	24
1.7	Überprüfung der Vorgaben durch die Aufsichtsbehörden im Rahmen des SREP	29
1.8	Allgemeine Anforderungen an das Datenqualitätsmanagement	33
2	**Grundsätze für das Datenmanagement, die Datenqualität und die Aggregation von Risikodaten (Tz. 1)**	34
2.1	Anwenderkreis	35
2.2	Anwendung auf Instituts- und Gruppenebene	37
2.3	Berücksichtigung der Grundsätze durch weniger bedeutende Institute	41
2.4	Inhalte der Grundsätze für das Datenmanagement, die Datenqualität und die Aggregation von Risikodaten	43
2.5	Verantwortung der Geschäftsleitung	49
2.6	Rolle des Aufsichtsorgans	54
2.7	Anforderungen an die Dokumentation	55
3	**Datenstruktur und Datenhierarchie (Tz. 2)**	58
3.1	Datenarchitektur und IT-Infrastruktur	59
3.2	Vermeidung von Datenchaos	65
4	**Automatisierungsgrad, Genauigkeit und Vollständigkeit der Risikodaten (Tz. 3)**	69
4.1	Genauigkeit der Risikodaten	70
4.2	Vollständigkeit der Risikodaten	73
4.3	Weitgehende Automatisierung	76
4.4	Überwachung der Datenqualität	83
5	**Sicherstellung der Datenqualität durch Abgleich der Risikodaten (Tz. 4)**	87
5.1	Abgleich und Plausibilisierung der Risikodaten	88
6	**Verfügbarkeit der Risikodaten (Tz. 5)**	94
6.1	Aktualität der Risikodaten	95
6.2	Verfügbarkeit von Risikodaten in Stressphasen	99
6.3	Relevante Risikodaten	101

AT 4.3.4 Datenmanagement, -qualität und Aggregation von Risikodaten

7	**Ad-hoc-Ausweis und -Analyse von Informationen (Tz. 6)**	103
7.1	Anpassungsfähigkeit	104
7.2	Ausweis und Analyse auf unterschiedlichen Ebenen und nach verschiedenen Kategorien	107
8	**Festlegung von Verantwortlichkeiten und unabhängige Validierung (Tz. 7)**	111
8.1	Festlegung von Verantwortlichkeiten	112
8.2	Erkenntnisse aus der Umsetzung in den bedeutenden Instituten	114
8.3	Implementierung von angemessenen Datenqualitätskontrollen	117
8.4	Unabhängige Validierung	119

1 Einführung und Überblick

1.1 Lehren aus der Finanzmarktkrise

1 Nach Auffassung des Finanzstabilitätsrates (»Financial Stability Board«, FSB) hat die Finanzmarktkrise verdeutlicht, dass viele Institute hinsichtlich ihrer Informationstechnologie und Datenarchitektur nicht in der Lage waren, Risikodaten vollständig und schnell genug zu aggregieren. Eine angemessene Steuerung der Risiken war daher nur eingeschränkt möglich, was bekanntlich weitreichende Folgen für einzelne Institute und die Stabilität des Finanzsystems als Ganzes hatte. Der FSB hat deshalb in Reaktion auf einen entsprechenden Beschluss der G20[1] insbesondere gefordert, dass die Kapazitäten der internen Risikoberichterstattung (»Management Information System«, MIS) unter schnell wechselnden Bedingungen eine vollständige und exakte Sicht auf das Gesamtrisikoprofil ermöglichen sollen und diese Informationen von den Instituten hinreichend detailliert und genau sowie schnell genug bereitgestellt werden müssen.[2] Deshalb sollten in Zusammenarbeit mit den normgebenden Gremien eine Reihe von aufsichtlichen Erwartungen formuliert werden, nach denen vor allem die Datenaggregationskapazitäten von systemrelevanten Instituten so auszugestalten sind, dass die relevanten Risiken in den MIS-Berichten korrekt wiedergegeben werden.[3]

2 Die beim Finanzstabilitätsrat angesiedelte Senior Supervisors Group, in der die Aufsichtsbehörden der zehn Länder vertreten sind, die die weltweit größten Banken beaufsichtigen, hat bereits im Jahr 2009 basierend auf den Selbsteinschätzungen der Banken konstatiert, dass die fragmentierte IT-Infrastruktur die Aggregation von Risikodaten und damit das Risikomanagement behindert.[4] Die starke Fragmentierung der IT-Infrastruktur ist insbesondere auf folgende Faktoren zurückzuführen:[5]
- fehlendes gemeinsames Verständnis zwischen den Fachbereichen und dem IT-Bereich über die langfristige Strategie in Verbindung mit dem ständigen Wettbewerb um das interne Budget,
- Budgetkürzungen im IT-Bereich zur Erreichung kurzfristiger Gewinnziele,
- das Fehlen einer einheitlichen Data Governance und eines unternehmensweiten Datenmanagements, das zu Inkonsistenzen und Redundanzen in der Datenhaltung geführt hat,

---

1 Die »G20« (Group of Twenty, Gruppe der Zwanzig) ist die 1999 als Reaktion auf die Finanzkrise der neunziger Jahre in Asien gegründete Gruppe der wichtigsten Industrie- und Schwellenländer. Das Gründungstreffen fand im Dezember 1999 in Berlin unter deutschem Vorsitz statt. Ursprünglich fanden die G20-Treffen auf Ebene der Finanzminister und Notenbankchefs der beteiligten Länder statt. Unter dem Eindruck der weltweiten Finanz- und Wirtschaftskrise beschlossen die Staats- und Regierungschefs der G20-Länder im Herbst 2008, dieses Format auch für einen Austausch auf ihrer Ebene zu nutzen. Die G20 ist nach dem Beschluss ihrer Staats- und Regierungschefs vom September 2009 daher das zentrale informelle Forum für die internationale wirtschaftliche Zusammenarbeit der bedeutendsten Industrie- und Schwellenländer. Der G20 gehören 19 Staaten (Argentinien, Australien, Brasilien, China, Deutschland, Frankreich, Großbritannien, Indien, Indonesien, Italien, Japan, Kanada, Mexiko, Russland, Saudi-Arabien, Südafrika, Südkorea, Türkei, USA) sowie die EU an. Die G20 wurde während der Finanzmarktkrise zum wichtigsten Forum für die wirtschaftspolitische Koordinierung auf globaler Ebene und ist heute das bedeutendste Forum für internationale Ordnungspolitik und Regulierung. Zunehmend geht es aber auch darum, durch vorausschauende Zusammenarbeit mögliche neue Krisen zu vermeiden, aus Erfahrungen zu lernen und die Volkswirtschaften widerstandsfähiger zu machen. Die G20-Staaten repräsentieren ca. 85 Prozent des weltweiten Bruttoinlandsprodukts, ca. 80 Prozent des globalen CO_2-Ausstoßes, ca. 75 Prozent des Welthandels und rund zwei Drittel der Weltbevölkerung. An den G20-Gipfeln nehmen auf Einladung der jeweiligen Präsidentschaft regelmäßig auch der Internationale Währungsfonds (IWF), die Weltbank (WB), die Europäische Zentralbank (EZB), der Financial Stability Board (FSB), die Organisation für Wirtschaftliche Zusammenarbeit und Entwicklung (OECD), die Welthandelsorganisation (WTO), der Internationale Währungs- und Finanzausschuss (IMFC), die Internationale Arbeitsorganisation (ILO) und die Vereinten Nationen (VN) teil. Darüber hinaus werden regelmäßig weitere Gastländer und Regionalorganisationen eingeladen, wie z.B. die Vorsitzenden der Afrikanischen Union (AU), der New Partnership for Africa's Development (NEPAD) und der Association of Southeast Asian Nations (ASEAN). Die jeweilige G20-Präsidentschaft hält engen Kontakt mit verschiedenen Interessengruppen und Nicht-G20-Ländern (so genanntes »Outreach«). Die Arbeitsweise der G7 und der G20 ist analog organisiert. Vgl. Internetseiten der Bundesregierung und des Bundesfinanzministeriums. Detaillierte Informationen, auch zu den jeweiligen Treffen, werden z.B. vom »G20 Information Centre« der University of Toronto bereitgestellt: http://www.g20.utoronto.ca

2 Vgl. Financial Stability Board, Key Attributes of Effective Resolution Regimes for Financial Institutions, 15. Oktober 2014, S. 40.

3 Vgl. Financial Stability Board, Intensity and Effectiveness of SIFI Supervision – Progress report on implementing the recommendations on enhanced supervision, 27. Oktober 2011, S. 3.

4 Vgl. Senior Supervisors Group, Risk Management Lessons from the Global Banking Crisis of 2008, 21. Oktober 2009, S. 25.

5 Vgl. Senior Supervisors Group, Observations on Developments in Risk Appetite Frameworks and IT Infrastructure, 23. Dezember 2010, S. 10.

- eine große Anzahl von (Alt-)Systemen mit unterschiedlichen Datentaxonomien, die eine Aggregation von Risikodaten erschweren, aufgrund von Unternehmenskäufen und -zusammenschlüssen.

Vor diesem Hintergrund hat der Baseler Ausschuss für Bankenaufsicht (BCBS) im Januar 2013 **3** allgemeine Grundsätze zur effektiven Risikodatenaggregation und Risikoberichterstattung veröffentlicht.[6] Diese Grundsätze sind unter der Kurzbezeichnung »BCBS 239«[7] bekannt. Sie beziehen sich auf die Governance und IT-Infrastruktur, die Kapazitäten zur Aggregation von Risikodaten und die Risikoberichterstattung und haben folgende Ziele:

- Verbesserung der für die Berichterstattung an die Geschäftsleitung verwendeten Infrastruktur,
- Verbesserung der konzernweiten Entscheidungsprozesse,
- Reduzierung von Verlusten, die aus Schwächen im Risikomanagement resultieren,
- Verbesserung des Informationsmanagements über verschiedene Einheiten der Institute hinweg,
- Beschleunigung des Berichtprozesses und damit der Entscheidungsprozesse sowie
- Verbesserung der strategischen Planungsfähigkeit der Institute und des Managements von neuen Produkten und Dienstleistungen.

1.2   BCBS 239-Grundsätze im Überblick

Die insgesamt vierzehn Grundsätze des BCBS werden nach einem allgemeinen Teil in die **4** Abschnitte »Governance und IT-Infrastruktur« (Grundsätze 1 und 2), »Fähigkeit zur Aggregation von Risikodaten« (Grundsätze 3 bis 6), »Praxis der Risikoberichterstattung« (Grundsätze 7 bis 11) und »Aufsichtliche Überprüfung, Instrumente und Zusammenarbeit« (Grundsätze 12 bis 14) unterteilt. Die für die Institute relevanten Grundsätze 1 bis 11 regeln Folgendes:

I. Governance und IT-Infrastruktur **5**
- Grundsatz 1 (Governance): Die Geschäftsleitung[8] ist verantwortlich für die Umsetzung sämtlicher Grundsätze zur Aggregation von Risikodaten und zur Risikoberichterstattung. Insbesondere soll sie auf eine Integration des Datenqualitätsmanagements in das bankweite Risikomanagement hinwirken. Die Risikodatenaggregationsprozesse sowie die Risikoberichterstattung des Institutes sollen dokumentiert werden und hohen Validierungsstandards unterliegen. Die Geschäftsleitung und das Aufsichtsorgan müssen über ggf. vorhandene Schwächen in der Risikoberichterstattung informiert sein, um diese bei der Entscheidungsfindung berücksichtigen zu können.
- Grundsatz 2 (Datenarchitektur und IT-Infrastruktur): Eine Bank hat eine interne Datenarchitektur und IT-Infrastruktur zu entwerfen, einzurichten und zu pflegen, die die Risikodatenaggregationskapazitäten und Verfahren zur Risikoberichterstattung nicht nur unter gewöhnlichen Umständen, sondern auch in Stressphasen oder Krisen vollumfänglich unterstützt, wobei die übrigen Grundsätze unverändert gelten.

---

6   Baseler Ausschuss für Bankenaufsicht, Grundsätze für die effektive Aggregation von Risikodaten und die Risikoberichterstattung, BCBS 239, 9. Januar 2013.

7   Der Baseler Ausschuss für Bankenaufsicht vergibt – wie andere Organisationen auch – für seine Ausarbeitungen laufende Nummern. Da manche Dokumente (mehrfach) überarbeitet werden und später in neuer Version zur Verfügung stehen, ist die Kurzbezeichnung zur eindeutigen Identifizierung besonders gut geeignet und hat sich in der Praxis durchgesetzt.

8   Der Baseler Ausschuss für Bankenaufsicht richtet seine Grundsätze und Empfehlungen an international tätige Institute und legt dabei grundsätzlich das »monistische System« im angelsächsischen Raum zugrunde, in dem die Unternehmensführung und -überwachung in einem Führungsorgan (»Board of Directors«) zusammengefasst sind. Wenn vom »Board« und vom »Senior Management« die Rede ist, sind zwar das Aufsichtsorgan und die Geschäftsleitung gemeint. Das »dualistische System« in Deutschland basiert allerdings auf der strikten Trennung der Unternehmensführung durch die Geschäftsleitung und der Unternehmensüberwachung durch das Aufsichtsorgan. Insofern ist die Aufgabenverteilung in Deutschland so geregelt, dass tendenziell nur die Geschäftsleitung angesprochen ist.

AT 4.3.4 Datenmanagement, -qualität und Aggregation von Risikodaten

6   II. Risikodatenaggregationskapazitäten

- Grundsatz 3 (Genauigkeit und Integrität): Eine Bank sollte in der Lage sein, genaue und verlässliche Risikodaten zu generieren, um den Genauigkeitsanforderungen im Berichtswesen unter gewöhnlichen Umständen sowie in Stressphasen oder Krisen gerecht zu werden. Die Daten sind möglichst auf automatisierter Basis zu aggregieren, um die Fehlerwahrscheinlichkeit so gering wie möglich zu halten.

- Grundsatz 4 (Vollständigkeit): Eine Bank sollte in der Lage sein, sämtliche wesentlichen Risikodaten innerhalb des Konzerns zu generieren und zu aggregieren. Die Daten sollten nach unterschiedlichen Kategorien geordnet zur Verfügung stehen (u. a. Geschäftsfelder, Konzerngesellschaften, Art des Vermögenswertes, Branche und Region), wobei das jeweils zu betrachtende Risiko für die Auswahl derjenigen Kategorien maßgeblich ist, die die Identifizierung und Meldung von Risikopositionen, Risikokonzentrationen sowie aufkommenden Risiken ermöglichen.

- Grundsatz 5 (Aktualität): Eine Bank sollte in der Lage sein, aggregierte und aktuelle Risikodaten in einem angemessenen zeitlichen Rahmen zu generieren. Die Grundsätze hinsichtlich Genauigkeit, Integrität, Vollständigkeit und Anpassungsfähigkeit gelten dabei unverändert. Die genaue Terminierung hängt von der Art und der potenziellen Volatilität des zu erfassenden Risikos sowie von dessen Beitrag zum Gesamtrisikoprofil der Bank ab. Die genaue Terminierung ist darüber hinaus abhängig von den bankinternen Häufigkeitsanforderungen an die Risikoberichterstattung – unter Berücksichtigung der Charakteristik und des Gesamtrisikoprofils der Bank (sowohl unter gewöhnlichen Umständen als auch in Stressphasen oder Krisen).

- Grundsatz 6 (Anpassungsfähigkeit): Eine Bank sollte in der Lage sein, aggregierte Risikodaten zu generieren, um eine große Bandbreite an Ad-hoc-Anfragen an die Risikoberichterstattung bearbeiten zu können. Hierzu zählen u. a. Anfragen in Stressphasen oder Krisen, Anfragen im Zusammenhang mit geänderten internen Anforderungen sowie Anfragen der Aufsicht.

7   III. Risikoberichterstattung

- Grundsatz 7 (Genauigkeit): Risikomanagementberichte müssen aggregierte Risikodaten genau und präzise vermitteln und Risiken akkurat wiedergeben. Einzelne Berichte müssen abgeglichen und validiert werden.

- Grundsatz 8 (Umfassender Charakter): Ein Risikomanagementbericht muss alle wesentlichen Risikobereiche abdecken, die einen Bankkonzern betreffen. Umfang und Detailliertheit eines Berichtes haben dabei der Bedeutung und Komplexität der Geschäftstätigkeit der Bank, deren Risikoprofil sowie den Anforderungen der Adressaten Rechnung zu tragen.

- Grundsatz 9 (Klarheit und Nutzen): Risikomanagementberichte müssen klar und prägnant formuliert sein. Sie müssen leicht verständlich und gleichzeitig umfassend genug sein, um fundierte Entscheidungen zu ermöglichen. Die in ihnen enthaltenen Informationen müssen relevant und auf die Bedürfnisse der Adressaten abgestimmt sein.

- Grundsatz 10 (Häufigkeit): Die Häufigkeit, mit der Risikomanagementberichte erstellt und verbreitet werden, ist vom Aufsichtsorgan und von der Geschäftsleitung (oder ggf. anderen Adressaten) zu bestimmen. Dabei sind die Bedürfnisse der Adressaten ebenso zu berücksichtigen wie die Art der Risiken, die gemeldet werden, die Geschwindigkeit, mit der Risiken sich wandeln können, sowie die Bedeutung der Berichte für ein solides Risikomanagement und eine effektive und effiziente Entscheidungsfindung in der gesamten Bank. In Stressphasen oder Krisen ist die Häufigkeit der Berichte zu erhöhen.

- Grundsatz 11 (Verbreitung): Risikomanagementberichte müssen unter Gewährleistung der Vertraulichkeit an die zuständigen Stellen verteilt werden.

8   Da leistungsfähige Datenaggregationskapazitäten eine wesentliche Voraussetzung für eine angemessene Risikoberichterstattung sind, sollten sämtliche Grundsätze zur Aggregation der Risikodaten und zur Risikoberichterstattung gleichzeitig erfüllt werden. Kompromisse sind lediglich unter außergewöhnlichen Umständen annehmbar, wie z. B. bei Ad-hoc-Anfragen zu Informationen über neue oder unbekannte Risikobereiche. Derartige Kompromisse sollten allerdings auf angemessenen Vorgaben beruhen und dürfen keinen wesentlichen Einfluss auf die Entscheidungsfindung haben. Zudem müssen sich die Entscheidungsträger über die damit zusammenhängenden Einschränkungen bzw. Mängel im Klaren sein. Außerdem kann in Datenreihen und Berichten nur in jenen Ausnahmefällen auf Informationen verzichtet werden, wenn der Entscheidungsprozess dadurch nicht beeinflusst wird (Prinzip der Wesentlichkeit). Das ist immer dann der Fall, wenn die Entscheidungsträger unter Berücksichtigung der nicht zugeleiteten Informationen vermutlich dieselbe Entscheidung getroffen hätten. Der Verzicht auf bestimmte Informationen sollte unter Risikogesichtspunkten erfolgen. Die Institute sollten in der Lage sein, die Auswirkungen von Kompromissen hinsichtlich der Grundsätze und vom Auslassen bestimmter Informationen auf ihre Entscheidungsprozesse anhand von qualitativen Angaben und, falls möglich, quantitativen Messgrößen zu erläutern.[9]

Die deutsche Aufsicht hat die Grundsätze 1 bis 6 im Modul AT 4.3.4 verarbeitet und die Grundsätze 7 bis 11 bei den Anforderungen an die Risikoberichterstattung berücksichtigt (→ BT 3). Die Grundsätze 12 bis 14 finden sich nicht in den MaRisk wieder, weil sie sich unmittelbar an die Aufsichtsbehörden richten.   **9**

Das Ziel der deutschen Aufsicht besteht darin, dass die relevanten Risikoinformationen schnell die verantwortlichen Entscheidungsträger erreichen und auf möglichst vollständigen, genauen und aktuellen Daten basieren.[10] Nicht nur während der Finanzmarktkrise, sondern auch in den darauf folgenden Jahren mussten die Aufsichtsbehörden feststellen, dass einige größere Institute nicht in der Lage waren, Informationen zu Gesamtexposures gegenüber bestimmten Adressen und in bestimmten Produkten innerhalb eines möglichst kurzen Zeitraumes zu generieren, so dass sie nicht schnell genug auf kritische Entwicklungen reagieren konnten. Gerade in krisenhaften Situationen sind jedoch schnelle und fundierte Entscheidungen für das Wohl eines Unternehmens von großer Wichtigkeit, weshalb verlässliche Risikodaten, die möglichst zeitnah zur Verfügung stehen, für die Überlebensfähigkeit eines Unternehmens essenziell sein können. Mit den Anforderungen soll daher auch die Reaktionsfähigkeit der Institute deutlich verbessert werden. Die Aufsicht ist sich der bestehenden Herausforderungen für die Institute bewusst, ist jedoch der Ansicht, dass sich die damit einhergehende verbesserte Entscheidungsbasis langfristig positiv auf die Institute auswirken wird.[11]   **10**

1.3   Relevante Daten

Die Grundsätze des Baseler Ausschusses für Bankenaufsicht beziehen sich auf alle Daten, die für das Risikomanagement wesentlich sind. Die Grundsätze sollen auf sämtliche Daten angewendet werden, die für die Risikosteuerung eines Institutes notwendig sind. Die Anforderungen schließen auch die Modelle für die Ermittlung der Kapitalanforderungen nach der ersten Säule (z. B. den auf internen Ratings basierenden Ansatz für Kreditrisiken) sowie die Risikoquantifizierungsverfahren und -methoden, die in der zweiten Säule Anwendung finden (z. B. Value-at-Risk-Modelle), ein.[12]   **11**

9 Vgl. Baseler Ausschuss für Bankenaufsicht, Grundsätze für die effektive Aggregation von Risikodaten und die Risikoberichterstattung, BCBS 239, 9. Januar 2013, S. 5 und 8.

10 Vgl. Bundesanstalt für Finanzdienstleistungsaufsicht, Rundschreiben 09/2017 (BA) zur Überarbeitung der MaRisk, Übermittlungsschreiben vom 27. Oktober 2017, S. 2.

11 Vgl. Bundesanstalt für Finanzdienstleistungsaufsicht, Erster Entwurf zur Überarbeitung der MaRisk, Übermittlungsschreiben vom 18. Februar 2016, S. 2.

12 Vgl. Baseler Ausschuss für Bankenaufsicht, Grundsätze für die effektive Aggregation von Risikodaten und die Risikoberichterstattung, BCBS 239, 9. Januar 2013, S. 4.

AT 4.3.4 Datenmanagement, -qualität und Aggregation von Risikodaten

Die Festlegung der Risikodaten und Risikoberichte, die dem Anwendungsbereich von BCBS 239 unterliegen, obliegt dem Institut.

12 Als »steuerungsrelevante« Risikodaten bzw. Risikokennzahlen können z. B. jene Daten angesehen werden, die Bestandteil der internen Risikoberichterstattung sind und zur Steuerung des Institutes verwendet werden. Insofern stehen sowohl die ökonomischen als auch die regulatorischen Risikokennzahlen im Fokus. Dabei kann es sich auch um Daten handeln, die dem Risikocontrolling für die Zwecke der Risikoberichterstattung von anderen Bereichen zugeliefert werden. Letztlich geht es darum, ob diese Daten zur Risikosteuerung verwendet werden. Auch die Stresstestergebnisse sind darunter zu fassen, da diese sehr wichtig für das Risikomanagement eines Institutes sind und eine Steuerungswirkung entfalten.[13] Aufgrund der Einführung der normativen Perspektive haben die Risikodaten der ersten Säule mittlerweile ohnehin an Bedeutung für die zweite Säule gewonnen. Als Ausgangspunkt für die Festlegung des Anwendungsbereiches können die Ergebnisse der Risikoinventur und die Erklärung zum Risikoappetit herangezogen werden. Teilweise werden auch Risikodaten einbezogen, die Gegenstand von (regelmäßigen) Anfragen der Aufsichtsbehörden sind. Die Daten aus dem Rechnungswesen und dem »Finanzcontrolling« bzw. »Ertragscontrolling« spielen hingegen i. d. R. nur für den geforderten Abgleich der Risikodaten eine Rolle (→ AT 4.3.4 Tz. 4). In der Praxis ist der Übergang jedoch fließend, da sehr viele Daten aus dem Rechnungswesen auch Eingang in die Risikotragfähigkeit der Institute finden und damit auch relevant für das Risikomanagement sind. Einige Institute nehmen die regulatorischen Anforderungen deshalb als Auslöser für einen größeren Umbau der bestehenden IT-Infrastruktur, um aus der notwendigen Umsetzung auch wirtschaftliche Vorteile zu generieren. Aus diesem Grund hat die EZB in ihrem Schreiben vom 14. Juni 2019 an die bedeutenden Institute darauf hingewiesen, dass die Anwendung von BCBS 239 auch auf das aufsichtliche Meldewesen und auf die Daten aus dem Rechnungswesen ein Beispiel für eine effektive Governance darstellt.[14]

1.4   Anwenderkreis und Umsetzungsfristen

13 Die Anforderungen aus BCBS 239 gelten in erster Linie für global (»Global Systemically Important Banks«, G-SIBs) und national systemrelevante Banken (»Domestic Systemically Important Banks«, D-SIBs). Global systemrelevante Institute (G-SRI)[15] haben die Grundsätze des Baseler Ausschusses für Bankenaufsicht (BCBS) bereits seit Anfang 2016 vollständig zu berücksichtigen. Eventuell später noch benannte G-SRI haben für die Umsetzung jeweils drei Jahre ab ihrer Einstufung Zeit. Der gleiche Umsetzungszeitraum soll auch für die anderweitig systemrelevanten Institute (A-SRI) gelten[16], wobei die dreijährige Frist zur Umsetzung der Grundsätze ab dem Zeitpunkt der Einstufung als A-SRI zu laufen beginnt.[17] Die meisten betroffenen deutschen Institute sind im Frühjahr 2016 als anderweitig systemrelevant eingestuft worden, so dass die Umsetzungsfrist für diese Institute im Frühjahr 2019 abgelaufen ist.

---

13 Vgl. European Banking Authority, Leitlinien zu den Stresstests der Institute, EBA/GL/2018/04, 19. Juli 2018, S. 15 ff.

14 Vgl. Enria, Andrea, Supervisory expectations on risk data aggregation capabilities and risk reporting practices, Schreiben an die bedeutenden Institute vom 14. Juni 2019, S. 2.

15 Vgl. Financial Stability Board, 2020 list of global systemically important banks (G-SIBs) vom 11. November 2020. Nach dieser Liste sind derzeit 30 Institute auf der konsolidierten Ebene als G-SIB eingestuft, darunter die Deutsche Bank AG.

16 Der Baseler Ausschuss für Bankenaufsicht bezieht sich beim Anwenderkreis insbesondere auf die global systemrelevanten Banken (»Global Systemically Important Banks«, G-SIBs) und die als national systemrelevant eingestuften Banken (»Domestic Systemically Important Banks«, D-SIBs). Die deutsche Aufsicht unterscheidet bei systemrelevanten Instituten demgegenüber zwischen global systemrelevanten Instituten (G-SRI) nach § 10h KWG und anderweitig systemrelevanten Instituten (A-SRI) nach § 10g KWG (→ AT 1 Tz. 6). Deshalb werden im Kommentar durchgängig die Bezeichnungen G-SRI und A-SRI verwendet.

17 Vgl. Bundesanstalt für Finanzdienstleistungsaufsicht, Rundschreiben 09/2017 (BA) zur Überarbeitung der MaRisk, Übermittlungsschreiben vom 27. Oktober 2017, S. 6.

AT 4.3.4 Datenmanagement, -qualität und Aggregation von Risikodaten

Aus den im Folgenden noch erwähnten Fortschrittsberichten des BCBS wird deutlich, dass auch **14** die G-SRI den Umsetzungsaufwand deutlich unterschätzt haben und ihre Projektpläne nachträglich ändern mussten. Angesichts des Umstandes, dass fast die Hälfte der vom BCBS in 2017 untersuchten global systemrelevanten Banken über die gesetzte Frist hinaus mutmaßlich auch Ende 2018 die Grundsätze nicht vollständig umgesetzt haben werden, war schon aus damaliger Sicht zu vermuten, dass alle betroffenen Institute länger als drei Jahre für die Umsetzung benötigen.[18] Die Umsetzungsfrist ist auch für die A-SRI schon deshalb kaum einzuhalten, weil damit häufig große Investitionen und ein vollständiger Umbau der Daten- und IT-Architektur verbunden sind.

Auf europäischer Ebene existieren zwar keine Regelwerke, die sich exklusiv der Umsetzung der **15** Grundsätze von BCBS 239 widmen. Da diese Grundsätze jedoch verschiedene Bereiche des Risikomanagements tangieren, sind dazu in verschiedenen Leitlinien der EBA durchaus Bezüge zu finden. Beispielhaft sind die Leitlinien zu institutsinternen Stresstests vom Juli 2018 zu nennen. Um sicherzustellen, dass eine ordnungsgemäße Dateninfrastruktur eingerichtet wird, sollten sich nach den Vorstellungen der EBA ggf. auch Institute, die nicht global systemrelevant sind, bemühen, diese Grundsätze in proportionalem Umfang umzusetzen.[19] Außerdem sind die zuständigen Behörden nach den Leitlinien zum SREP angehalten zu prüfen, ob die Institute über wirksame und zuverlässige Informations- und Kommunikationssysteme verfügen und diese Systeme die Risikodatenaggregation in normalen Zeiten sowie in Stresssituationen voll unterstützen. Die zuständigen Behörden sollten insbesondere prüfen, ob die Institute zumindest in der Lage sind, genaue und zuverlässige Risikodaten vollständig und zeitnah zu aggregieren und ein breites Spektrum von Anfragen der Geschäftsleitung oder der zuständigen Behörden zu beantworten.[20] Diese Prüfungshandlungen sind unter Beachtung des Proportionalitätsprinzips auf alle Institute anzuwenden.

Der BCBS empfiehlt ebenfalls, die Grundsätze unter Anwendung des Proportionalitätsprinzips **16** auf ein breites Spektrum von Instituten anzuwenden. In welcher Weise dies geschehen soll, hat er den nationalen Aufsichtsbehörden überlassen.[21] Mit der fünften MaRisk-Novelle haben die Anforderungen aus BCBS 239 Eingang in die MaRisk gefunden. Während das Modul BT 3, in dem alle Anforderungen an die interne Risikoberichterstattung zusammengefasst wurden, für alle Banken gilt, wurde der Anwenderkreis von AT 4.3.4 zunächst nur auf systemrelevante Institute beschränkt. Die deutsche Aufsicht hat aber damals schon darauf hingewiesen, dass die nicht systemrelevanten Institute aus eigenem Interesse ihre Risikodatenaggregationskapazitäten auf Optimierungsbedarf prüfen sollten, um damit ihre Entscheidungsbasis zu verbessern.[22]

In den Jahren 2016 und 2017 hat die EZB bei 25 bedeutenden Instituten einen Thematic Review **17** zum Umsetzungstand von BCBS 239 durchgeführt. Das Ergebnis war nicht zufriedenstellend.[23] Aus diesem Grund hat die EZB am 14. Juni 2019 alle bedeutenden Institute darüber informiert, dass sie als zuständige Aufsichtsbehörde die Anforderungen aus BCBS 239 unter Beachtung des Proportionalitätsprinzips als Benchmark heranziehen wird, um die Risikodatenaggregationskapazitäten der Institute zu beurteilen. Nach Auffassung der EZB sind substanzielle und zeitnahe Verbesserungen der Risikodatenaggregationskapazitäten und der Risikoberichterstattung der Institute geboten.[24] Aus zahlreichen Veröffentlichungen der EZB lässt sich entnehmen, dass die

---

18 Vgl. Basel Committee on Banking Supervision, Progress in adopting the principles for effective risk data aggregation and risk reporting, BCBS 443, 21. Juni 2018, S. 7 f.

19 Vgl. European Banking Authority, Leitlinien zu den Stresstests der Institute, EBA/GL/2018/04, 19. Juli 2018, S. 15.

20 Vgl. European Banking Authority, Guidelines on common procedures and methodologies for the supervisory review and evaluation process (SREP) and supervisory stress testing, EBA/GL/2014/13, Consolidated version, 19. Juli 2018, S. 65.

21 Vgl. Baseler Ausschuss für Bankenaufsicht, Grundsätze für die effektive Aggregation von Risikodaten und die Risikoberichterstattung, BCBS 239, 9. Januar 2013, S. 4.

22 Vgl. Bundesanstalt für Finanzdienstleistungsaufsicht, Rundschreiben 09/2017 (BA) zur Überarbeitung der MaRisk, Übermittlungsschreiben vom 27. Oktober 2017, S. 2 f.

23 Vgl. European Central Bank, Report on the Thematic Review on effective risk data aggregation and risk reporting, 9. Mai 2018, S. 1.

24 Vgl. Enria, Andrea, Supervisory expectations on risk data aggregation capabilities and risk reporting practices, Schreiben an die bedeutenden Institute vom 14. Juni 2019, S. 1.

AT 4.3.4 Datenmanagement, -qualität und Aggregation von Risikodaten

Datenqualität eine der größten Schwachstellen im Risikomanagement darstellt.[25] In der COVID-19-Pandemie haben sich die gleichen Schwachstellen wie in der Finanzmarktkrise offenbart. Diesem Missstand möchte die deutsche Aufsicht zusammen mit der EZB entgegenwirken. Im Zuge der sechsten MaRisk-Novelle hat die deutsche Aufsicht den Anwenderkreis von AT 4.3.4 deshalb auf bedeutende Institute gemäß Art. 6 SSM-Verordnung ausgeweitet. Dabei wurde darauf hingewiesen, dass die Anforderungen proportional umzusetzen sind. Da diese Regelung der aktuellen Verwaltungspraxis der EZB entspricht, werden seitens der deutschen Aufsicht keine Umsetzungsfristen gewährt. Den betroffenen Instituten wird empfohlen, sich diesbezüglich mit dem zuständigen Aufsichtsteam (»Joint Supervisory Team«, JST) in Verbindung zu setzen.

18   Die Deutsche Kreditwirtschaft hat die Ausweitung der Anforderungen auf bedeutende Institute im Rahmen des Konsultationsverfahrens als »gold plating« gegenüber den Vorgaben der EZB kritisiert, weil sie das Schreiben der EZB nicht als strenge Anforderung interpretiert. Begründet wird diese Ansicht vor allem mit der Wortwahl der EZB (u.a. Richtschnur und Ermutigung).[26] Letztlich läuft die derzeitige Regelung aber darauf hinaus, dass die angemessene Umsetzung der Anforderungen zwischen den Instituten und der EZB bilateral abgestimmt wird. Auf diese Weise sollte es ausgeschlossen sein, dass die Institute über die Vorgaben der EZB hinausgehen müssen.

19   In ihrem Übermittlungsschreiben zur sechsten MaRisk-Novelle hat die deutsche Aufsicht nochmals betont, dass sich die Grundsätze von BCBS 239 zwar in erster Linie an systemrelevante Institute richten, es der zuständigen Aufsichtsbehörde jedoch ausdrücklich freistellen, die Anforderungen unter Beachtung des Proportionalitätsprinzips auch an einen erweiterten Institutskreis zu stellen. Vor diesem Hintergrund wird von den bedeutenden Instituten erwartet, dass sie ihre Datenqualität an die von der EZB gestellten Anforderungen anpassen. Zugleich hebt die deutsche Aufsicht hervor, dass die Proportionalität auch innerhalb der Gruppe der bedeutenden Institute gilt. Insofern erheben die MaRisk hinsichtlich der Grundsätze von BCBS 239 keine Anforderungen, die über die Erwartungen der EZB an die bedeutenden Institute hinausgehen.[27]

1.5   Regelmäßige Überprüfung der Einhaltung der Grundsätze

20   Über das »Risk Data Network«[28] überprüft der Baseler Ausschuss für Bankenaufsicht (BCBS) seit 2013 die Einhaltung dieser Grundsätze. Von 2013 bis 2015 hat er drei Berichte veröffentlicht, die auf den Selbsteinschätzungen der 30 von ihm als global systemrelevant eingestuften Banken[29] zur

---

25 Vgl. European Central Bank, ECB report on banks' ICAAP practices, 11. August 2020, S. 4; European Central Bank, Aggregate SREP outcome for 2019, 28. Januar 2020; European Central Bank, Update on the Targeted Review of Internal Models (TRIM), 21. November 2019, S. 10.

26 Die Deutsche Kreditwirtschaft wies in ihrer Stellungnahme zur sechsten MaRisk-Novelle darauf hin, dass die EZB ihrem Schreiben vom Juni 2019 zufolge bei den von ihr direkt beaufsichtigten Instituten die BCBS 239-Grundsätze lediglich als »Richtschnur« für die laufende Aufsichtstätigkeit heranziehe. Zudem bewerte die EZB die Risikodaten-Aggregationskapazitäten und Verfahren zur Risikoberichterstattung der Institute in einer verhältnismäßigen Weise, indem sie der Art, dem Umfang und der Komplexität der Institute Rechnung trage. Vgl. Deutsche Kreditwirtschaft, BaFin-Konsultation 14/2020 – Mindestanforderungen an das Risikomanagement, Stellungnahme vom 4. Dezember 2020, S. 4f.

27 Vgl. Bundesanstalt für Finanzdienstleistungsaufsicht, Rundschreiben 10/2021 (BA) zur Neufassung der MaRisk, Übermittlungsschreiben vom 16. August 2021, S. 6.

28 Das »Risk Data Network« unterstützte die ehemalige »Supervision and Implementation Group« (SIG) des Baseler Ausschusses für Bankenaufsicht (BCBS) bei der Förderung einer soliden und konsistenten Umsetzung von BCBS 239. Nach der Umstrukturierung des BCBS in 2020/2021 hat die »Supervisory Cooperation Group« (SCG) diese Aufgabe übernommen. Die SCG verfolgt hauptsächlich zwei Ziele: Sie überwacht die Umsetzung der Normen und Leitlinien des Baseler Ausschusses und fördert die grenzüberschreitende Zusammenarbeit zwischen den Aufsichtsbehörden.

29 Der Baseler Ausschuss für Bankenaufsicht hat bereits in den Jahren 2011 und 2012 Banken als global systemrelevant eingestuft, wobei die entsprechende Liste laufend aktualisiert wird. Zuletzt hat der Finanzstabilitätsrat (Financial Stability Board, FSB) in Abstimmung mit dem Baseler Ausschuss und den nationalen Aufsichtsbehörden die Liste der im Jahr 2020 global systemrelevanten Banken unter Verwendung der Ende 2019 veröffentlichten Daten und der aktualisierten Bewertungsmethodik ermittelt. Unter den deutschen Instituten ist nur die Deutsche Bank als global systemrelevant eingestuft. Vgl. Financial Stability Board, 2020 list of global systemically important banks (G-SIBs) vom 11. November 2020.

AT 4.3.4 Datenmanagement, -qualität und Aggregation von Risikodaten

Umsetzung der Grundsätze beruhten.[30] Der im März 2017 veröffentlichte Bericht basierte bereits auf einer Bewertung durch die für diese Institute zuständigen sieben Aufsichtsbehörden, die hierfür einen Fragebogen ausfüllen mussten. Dazu musste jeweils der aktuelle Grad der Einhaltung der einzelnen Grundsätze durch die Institute auf einer Skala von 1 (Grundsatz wurde nicht umgesetzt, »non compliant«) bis 4 (Grundsatz wurde vollständig umgesetzt, »fully compliant«) eingeschätzt werden. Damit wurden letztlich die erzielten Fortschritte jener 30 G-SRI bei der Umsetzung der Grundsätze im Jahr 2016 beurteilt. Der BCBS kam insgesamt zu dem Ergebnis, dass die meisten G-SRI zwar einige Fortschritte erzielt hätten, die Grundsätze aber noch nicht vollständig umgesetzt seien und der Grad der Einhaltung insgesamt nach wie vor unbefriedigend sei.[31] Deshalb hat der BCBS im Jahr 2017 unter Einschaltung der betroffenen Aufsichtsbehörden eine weitere Beurteilung angestoßen. Diesmal wurden neben den Bewertungen auch qualitative Einschätzungen vorgenommen, indem die Aufsichtsbehörden zu den wichtigsten Fortschritten ihrer beaufsichtigten Banken bei der Umsetzung der Grundsätze seit der letzten Bewertung Stellung genommen haben.

Der darauf basierende Umsetzungsbericht vom Juni 2018 geht insgesamt stärker auf die Gründe ein, **21** aus denen die G-SRI nicht in der Lage waren, die Grundsätze 1 und 2 vollständig umzusetzen. Der BCBS sieht die Umsetzung dieser beiden Grundsätze als wesentliche Voraussetzung für die Einhaltung der gesamten Vorgaben an, da die Institute über einen robusten Governance-Rahmen, eine die Risikoberichterstattung sowohl in normalen Zeiten als auch in Stressphasen unterstützende Risikodatenarchitektur und eine (dafür geeignete) IT-Infrastruktur verfügen müssen, um die Einhaltung der übrigen Grundsätze 3 bis 11 zu gewährleisten. Im Vergleich zum Jahr 2016 hat es laut Bericht nur minimale Verbesserungen bei der Umsetzung dieser beiden Grundsätze gegeben. Folglich konnten bei den übrigen Grundsätzen ebenfalls nur geringe Fortschritte erzielt werden. Insgesamt ist der Umsetzungsstand bei den Grundsätzen 7 bis 11 zur Risikoberichterstattung (→ BT 3) relativ hoch, jedoch nicht hinsichtlich der für die Risikodatenaggregation relevanten Grundsätze 1 bis 6. Auch im Jahr 2017 wurden 13 Institute beim Grundsatz 2 zur »Datenarchitektur und IT-Infrastruktur« und 14 Institute beim Grundsatz 3 zur »Genauigkeit und Integrität« als »materially non-compliant« eingestuft. Bei der Umsetzung der Grundsätze 4 und 6 zur »Vollständigkeit« und »Anpassungsfähigkeit« hat der BCBS sogar einen Rückgang von »largely compliant« zu »materially non-compliant« festgestellt.[32]

Der BCBS kam in seinem Bericht insgesamt zu dem Schluss, dass die meisten Institute bei der **22** Umsetzung der Grundsätze bestenfalls marginale Fortschritte erzielt haben, was er weiterhin als nicht zufriedenstellend angesehen hat. Insgesamt haben die Institute jedoch über die quantitativen Ergebnisse hinaus ihre Anstrengungen erhöht und zahlreiche Maßnahmen ergriffen, um die Grundsätze einzuhalten. Die Institute benötigen allerdings mehr Zeit als zuvor angegeben, um die vollständige Einhaltung der Prinzipien zu erreichen.[33] Dies wird insbesondere bei einem Vergleich der von den zuständigen Aufsichtsbehörden erwarteten Umsetzungsfristen deutlich. Während die Aufsichtsbehörden im Jahr 2016 davon ausgegangen sind, dass nur vier Institute erst nach 2018 in der Lage sein werden, alle Grundsätze vollständig umzusetzen, sind sie im Bericht vom Juni 2018 davon ausgegangen, dass dies bei 13 Instituten der Fall sein wird.[34]

Im Jahr 2019 hat der BCBS erneut eine Analyse des Umsetzungstandes durchgeführt und im **23** April 2020 den sechsten Fortschrittsbericht veröffentlicht. Zum Zeitpunkt der Erhebung konnte

---

30 Basel Committee on Banking Supervision, Progress in adopting the principles for effective risk data aggregation and risk reporting, BCBS 348, 16. Dezember 2015; Basel Committee on Banking Supervision, Progress in adopting the principles for effective risk data aggregation and risk reporting, BCBS 308, 23. Januar 2015; Basel Committee on Banking Supervision, Progress in adopting the principles for effective risk data aggregation and risk reporting, BCBS 268, 18. Dezember 2013.

31 Vgl. Basel Committee on Banking Supervision, Progress in adopting the principles for effective risk data aggregation and risk reporting, BCBS 399, 28. März 2017, S. 4.

32 Vgl. Basel Committee on Banking Supervision, Progress in adopting the principles for effective risk data aggregation and risk reporting, BCBS 443, 21. Juni 2018, S. 5f.

33 Vgl. Basel Committee on Banking Supervision, Progress in adopting the principles for effective risk data aggregation and risk reporting, BCBS 443, 21. Juni 2018, S. 6.

34 Vgl. Basel Committee on Banking Supervision, Progress in adopting the principles for effective risk data aggregation and risk reporting, BCBS 443, 21. Juni 2018, S. 7.

nach Einschätzung der nationalen Aufsichtsbehörden kein Institut aus der Stichprobe die Anforderungen vollständig erfüllen. Als Grund hierfür wurde insbesondere die Ausweitung des Anwendungsbereiches über das Risikomanagement hinaus auf andere Bereiche der internen und externen Berichterstattung genannt, was die Vergleichbarkeit der Ergebnisse im Zeitverlauf erschwert.[35] Während bei der Umsetzung der Anforderungen an die Governance (Grundsatz 1), Risikodatenaggregation (Grundsätze 3 bis 6) und Risikoberichterstattung (Grundsätze 7 bis 11) deutliche Verbesserungen erzielt werden konnten, blieb die Verbesserung der IT-Infrastruktur und Datenarchitektur (Grundsatz 2) weiterhin eine große Herausforderung für die Banken. Insbesondere die stark fragmentierte IT-Landschaft mit vielen veralteten Systemen erschwert die Erfüllung der im Grundsatz 2 niedergelegten Anforderungen und verhindert die zeitnahe Erfüllung von Berichtsanforderungen unter Gewährleistung der erforderlichen Datenqualität. Der BCBS betont, dass sich die Schwierigkeiten bei der Umsetzung von Grundsatz 2 negativ auf die Erfüllung von allen anderen Grundsätzen auswirken.[36]

1.6 Umsetzungsempfehlungen des Baseler Ausschusses für Bankenaufsicht

24 Der Baseler Ausschuss für Bankenaufsicht gibt in seinen Fortschrittsberichten zum Umsetzungstand von BCBS 239 regelmäßig Empfehlungen für die Umsetzung der Grundsätze ab, um weitere Verzögerungen zu vermeiden. Diese Empfehlungen richten sich grundsätzlich an die Geschäftsleitung. Die Institute sollten demnach sicherstellen, dass sie über ein von der Geschäftsleitung genehmigtes Rahmenwerk für die Steuerung der Risikodaten auf Gruppenebene (»Group Risk Data Governance Framework«) verfügen. Zudem wird speziell für die Umsetzung dieser Grundsätze eine gezielte Beaufsichtigung durch die Geschäftsleitung empfohlen (also eine Art »Chefsache«). Daneben sollten die Institute über strategische Lösungen für ihre Datenarchitektur und ihre IT-Infrastruktur verfügen, klare Verantwortlichkeiten für die Daten (»Data Owner«) auf den funktionalen Ebenen festlegen, einschließlich der Geschäfts- und der IT-Funktionen, und mit Hilfe einer internen Validierungseinheit die ordnungsgemäße Umsetzung sicherstellen.[37] Im Fortschrittsbericht 2020 konnten erkennbare Verbesserungen im Bereich Governance festgestellt werden. So wurden klare Rollen und Verantwortlichkeiten für Daten festgelegt und für die Einhaltung der gruppenweiten Anforderungen zuständige Gremien und Organisationseinheiten etabliert.[38]

25 Die Institute sollten darüber nachdenken, wie sie durch die Verbesserung ihrer Kapazitäten zur Risikodatenaggregation auch anderen Initiativen und Anforderungen in Bezug auf Daten (z. B. Sanierungs- und Abwicklungspläne) wirksamer nachkommen können. Der BCBS weist in diesem Zusammenhang darauf hin, dass entsprechende Verbesserungen u. a. die Abwicklungsfähigkeit eines Institutes verbessern könnten. Ein robuster Datenrahmen würde den Instituten und den Aufsichtsbehörden zu Sanierungszwecken helfen, künftige Probleme besser zu antizipieren.

---

35 Vgl. Basel Committee on Banking Supervision, Progress in adopting the principles for effective risk data aggregation and risk reporting, BCBS 501, 29. April 2020, S. 1.

36 Vgl. Basel Committee on Banking Supervision, Progress in adopting the principles for effective risk data aggregation and risk reporting, BCBS 501, 29. April 2020, S. 3.

37 Vgl. Basel Committee on Banking Supervision, Progress in adopting the principles for effective risk data aggregation and risk reporting, BCBS 443, 21. Juni 2018, S. 11 f.

38 Vgl. Basel Committee on Banking Supervision, Progress in adopting the principles for effective risk data aggregation and risk reporting, BCBS 501, 29. April 2020, S. 3.

AT 4.3.4 Datenmanagement, -qualität und Aggregation von Risikodaten

Wenn ein Institut unter starken Stress gerät, könnte dies auch die Aussichten verbessern, alternative Möglichkeiten zur Wiederherstellung der Finanzkraft und der Rentabilität zu finden.[39] Die Ergebnisse des Fortschrittsberichtes 2020 zeigen, dass 89 Prozent der untersuchten Institute den Anwendungsbereich von BCBS 239 auf das aufsichtliche Meldewesen und 63 Prozent der Institute auf das Rechnungswesen ausgeweitet haben. Der Bereich der Sanierung und Abwicklung fällt bei 46 Prozent der Institute ebenfalls in den Anwendungsbereich.[40]

Auch der Fortschrittsbericht 2020 des BCBS enthält Empfehlungen sowohl an die Banken als auch an die Aufsichtsbehörden. Die Banken sollen ihre Umsetzungspläne regelmäßig überprüfen und ggf. anpassen, um eine langfristige Sicherstellung der Anforderungen zu gewährleisten. Zu diesem Zweck sollen sie regelmäßig ihre Fähigkeiten zur Risikoberichterstattung sowohl in normalen Phasen als auch in Stressphasen testen. Darüber hinaus sind die im Risikomanagement verwendeten Methoden und Verfahren regelmäßig zu überprüfen. Ein besonderer Fokus ist auf die neuen Initiativen zu richten.[41] Die Integration von neuen Produkten, Organisationseinheiten und Prozessen in das bestehende Risikomanagement ist vor Durchführung der entsprechenden Transaktion zu prüfen, damit der Entstehung einer fragmentierten IT-Landschaft rechtzeitig vorgebeugt werden kann (→ AT 8). Der dynamische Charakter der BCBS 239-Umsetzung wird im Fortschrittsbericht 2020 besonders deutlich. Die Sicherstellung der Datenqualität ist ein laufender Prozess, der kontinuierlich verbessert werden soll. In der Praxis kommen ständig neue Risiken, neue Produkte und organisatorische Veränderungen hinzu, die eine Anpassung der bestehenden IT-Landschaft und der zugehörigen Prozesse erfordern.[42] **26**

Der BCBS weist in seinem letzten Fortschrittsbericht explizit darauf hin, dass die Banken die erforderlichen Ressourcen zur Verfügung stellen sollen, um die bestehenden Defizite in der Datenqualität schnell und in angemessener Weise zu beheben. Die Aufseher betonen, dass eine strategische Umsetzung von BCBS 239 sehr wichtig ist und taktische Lösungen zur schnellen Behebung von existierenden Defiziten dauerhaft nicht zum Erfolg führen werden.[43] **27**

Aufgrund der gesammelten Erfahrungen und sich ändernden Umweltbedingungen (z. B. Aufkommen neuer Technologien) steigen auch die Erwartungen der Aufsichtsbehörden. Diese Erwartungen sollten die Aufsichtsbehörden sehr klar an die Institute kommunizieren. Darüber hinaus sollten sie den Fortschritt der Banken weiterhin eng begleiten und dabei auch dem Proportionalitätsprinzip Rechnung tragen. Der FSB hat im April 2021 einen Bericht veröffentlicht, in dem die Fortschritte der Banken bei der Erfüllung der Anforderungen aus BCBS 239 als unzureichend bezeichnet wurden.[44] Aus diesem Grund ist mit weiteren Aktivitäten des BCBS in diesem Bereich zu rechnen. **28**

---

39 Vgl. Basel Committee on Banking Supervision, Progress in adopting the principles for effective risk data aggregation and risk reporting, BCBS 443, 21. Juni 2018, S. 12.

40 Vgl. Basel Committee on Banking Supervision, Progress in adopting the principles for effective risk data aggregation and risk reporting, BCBS 501, 29. April 2020, S. 6.

41 Vgl. Basel Committee on Banking Supervision, Progress in adopting the principles for effective risk data aggregation and risk reporting, BCBS 501, 29. April 2020, S. 8.

42 Vgl. Basel Committee on Banking Supervision, Progress in adopting the principles for effective risk data aggregation and risk reporting, BCBS 501, 29. April 2020, S. 4.

43 Vgl. Basel Committee on Banking Supervision, Progress in adopting the principles for effective risk data aggregation and risk reporting, BCBS 501, 29. April 2020, S. 9.

44 Vgl. Financial Stability Board, Evaluation of the Effects of Too-Big-To-Fail Reforms, Final Report, 1. April 2021, S. 7.

1.7 Überprüfung der Vorgaben durch die Aufsichtsbehörden im Rahmen des SREP

29 Die Aufsicht muss sich im Rahmen des SREP intensiv mit den Methoden, Prozessen, Verfahren und Strategien der Institute auseinandersetzen und diese u. a. hinsichtlich ihrer Angemessenheit bezüglich einer dauerhaften Sicherstellung der Risikotragfähigkeit beurteilen. Dabei misst sie bei der Beurteilung des ICAAP verstärkt der Datenhaltung sowie den Management-Informationssystemen als zentralen Voraussetzungen für ein funktionierendes Risikomanagement eine wachsende Bedeutung bei.[45] Konkret sollten die zuständigen Behörden bewerten, ob die Institute über wirksame und zuverlässige Informations- und Kommunikationssysteme verfügen und ob diese Systeme die Funktionen zur Aggregation von Risikodaten unter normalen Bedingungen sowie unter Stressbedingungen in vollem Umfang unterstützen. Insbesondere sollte überprüft werden, ob die Institute mindestens in der Lage sind, genaue und zuverlässige Risikodaten zu generieren, alle wesentlichen Risikodaten institutsweit zu erfassen und zu aggregieren, aggregierte und aktuelle Risikodaten rechtzeitig zu generieren sowie aggregierte Risikodaten zu generieren, die einer breiten Palette von Anfragen seitens der Geschäftsleitung oder der zuständigen Behörden Rechnung tragen.[46]

30 Mit den im September 2017 veröffentlichten Leitlinien für die IKT-Risikobewertung im Rahmen des aufsichtlichen Überprüfungs- und Bewertungsprozesses (Supervisory Review and Evaluation Process, SREP) hat die EBA den Anforderungskatalog mit dem Ziel erweitert, die Konvergenz der Aufsichtspraktiken bei der Bewertung des mit der Informations- und Kommunikationstechnologie verbundenen Risikos (IKT-Risiko) sicherzustellen. In diesen Leitlinien sind jene Kriterien festgelegt, die von den zuständigen Behörden bei der aufsichtlichen Bewertung der IT-Governance und IT-Strategie sowie der IT-Risikopositionen und -kontrollen der Institute berücksichtigt werden sollten.[47] Einer der wesentlichen Bereiche, der durch diese Leitlinien adressiert wird, ist die Ausgestaltung und Dokumentation des IT-Risikomanagements. Die zuständigen Behörden sollten bewerten, wie die relevanten Risikomanagementrollen und -verantwortlichkeiten in der internen Organisation verankert werden, um die ermittelten wesentlichen IKT-Risiken zu steuern und zu überwachen. In diesem Zusammenhang sollten die zuständigen Behörden u. a. bewerten, ob die entsprechenden Verantwortlichkeiten und Rollen in allen relevanten Bereichen (z. B. Geschäftsbereiche, IT) und Prozessen klar kommuniziert, zugewiesen und verankert sind. Ausdrücklich wird dabei auch auf die Verantwortlichkeiten und Rollen für die Erhebung und Aggregation der Risikodaten und ihrer Berichterstattung an die Geschäftsleitung verwiesen.[48] Explizit wird von den Aufsichtsbehörden gefordert, bei den in den Anwendungsbereich der Grundsätze von BCBS 239 fallenden Instituten die interne Risikoanalyse in Bezug auf die Risikoberichterstattung und die Datenaggregationskapazitäten im Vergleich zu den Grundsätzen und den auf ihrer Grundlage erstellten Unterlagen zu überprüfen und dabei den Umsetzungszeitplan und die Übergangsregelungen zu berücksichtigen.[49]

31 Bereits im Jahr 2016 gehörten die Themen Risikodatenaggregation und Risikoberichterstattung zu den Aufsichtsprioritäten im Einheitlichen Aufsichtsmechanismus (»Single Supervisory Mecha-

---

45 Vgl. Deutsche Bundesbank, Bankinterne Methoden zur Ermittlung und Sicherstellung der Risikotragfähigkeit und ihre bankaufsichtliche Bedeutung, in: Monatsbericht, März 2013, S. 43.

46 Vgl. European Banking Authority, Guidelines on common procedures and methodologies for the supervisory review and evaluation process (SREP) and supervisory stress testing, EBA/GL/2014/13, Consolidated version, 19. Juli 2018, S. 65.

47 Vgl. European Banking Authority, Leitlinien für die IKT-Risikobewertung im Rahmen des aufsichtlichen Überprüfungs- und Bewertungsprozesses (SREP), EBA/GL/2017/05, 11. September 2017, S. 3.

48 Vgl. European Banking Authority, Leitlinien für die IKT-Risikobewertung im Rahmen des aufsichtlichen Überprüfungs- und Bewertungsprozesses (SREP), EBA/GL/2017/05, 11. September 2017, S. 17.

49 Vgl. European Banking Authority, Leitlinien für die IKT-Risikobewertung im Rahmen des aufsichtlichen Überprüfungs- und Bewertungsprozesses (SREP), EBA/GL/2017/05, 11. September 2017, S. 24.

nism«, SSM). Die EZB hat bei 25 bedeutenden Instituten einen Quervergleich (»Thematic Review«) durchgeführt, um die Umsetzung der Baseler Grundsätze zu bewerten, Vergleichsmaßstäbe für die Praxis in den Instituten zu ermitteln und mögliche Abhilfemaßnahmen für Missstände zu identifizieren. Vorausgegangen war ein weiterer Quervergleich zum Thema Risiko-Governance und Risikoappetit (»Risk Governance and Risk Appetite«, RIGA) im Jahr 2015, aus dem die EZB entsprechende Schlüsse gezogen hat. Damals hat die EZB u. a. bemängelt, dass Datenaggregationsprobleme eine effektive Meldung von Limitüberschreitungen behindern.[50] Insgesamt hat sie festgestellt, dass die Anforderungen an die Datenarchitektur und IT-Infrastruktur sowie die Risikoberichterstattung besondere Herausforderungen für die Institute darstellen. Die Erkenntnisse aus diesem Quervergleich sind in die bankindividuellen SREP-Entscheidungen des Jahres 2017 eingeflossen.[51] Die Risikodatenaggregation und die Risikoberichterstattung gehörten auch im Jahr 2017 zu den Aufsichtsprioritäten im SSM. Eine hohe Datenqualität wird von der EZB als eine zwingende Voraussetzung für korrekte Risikoinformationen und damit für ein solides Risikomanagement und eine verlässliche Risikokontrolle sowie letztlich für angemessene Kapitalanforderungen betont. Ein umsichtiges Risikomanagement hält die EZB besonders in Zeiten niedriger Zinsen, reichlich und zu günstigen Bedingungen verfügbarer Zentralbankliquidität, einer geringen Ertragskraft der Institute und der damit verbundenen Suche nach Rendite für unerlässlich.[52] Zwischenzeitlich hat die EZB den Quervergleich zur Einhaltung der Grundsätze des Baseler Ausschusses für Bankenaufsicht (BCBS) beendet. Den Abschlussbericht hat die EZB im Mai 2018 veröffentlicht.[53] Das Ergebnis dieses Berichtes deckt sich mit dem des BCBS in seinem Umsetzungsbericht vom Juni 2018, wenngleich die untersuchten Institutsgruppen nicht deckungsgleich waren. Demnach hatte keines der untersuchten Institute die Grundsätze des BCBS vollständig umgesetzt.[54] Die EZB hat deutlich gemacht, dass in diesem Bereich in den kommenden Jahren weitere Anstrengungen erforderlich sind, um die Wirksamkeit der Risikodatenaggregation und der Risikoberichterstattung zu verbessern.[55] Gleichzeitig hat sie alle bedeutenden Institute ermutigt, die Grundsätze unter Berücksichtigung ihrer Größe, ihrer Geschäftsmodelle und ihrer Komplexität umzusetzen.[56]

Die Risikodatenaggregation und die Risikoberichterstattung werden im SREP unter dem Element 2 (»Internal Governance«) beurteilt. Dieser Bereich steht weiterhin im Mittelpunkt der Aufsicht, da sich die Scorewerte über die Jahre verschlechtern. Als Gründe hierfür werden u. a. mangelnde Datenaggregationskapazitäten genannt. 30 Prozent aller qualitativen Maßnahmen, die im Rahmen des SREP 2019 insgesamt erlassen wurden, entfielen auf den Bereich Internal Governance, und davon betrafen 19 Prozent der Maßnahmen die Risikodatenaggregation und die Risikoberichterstattung der Institute.[57] Im SREP 2020 hat die EZB im Rahmen eines so genannten pragmatischen Ansatzes insbesondere den Umgang der Institute mit der COVID-19-Pandemie analysiert. Dabei haben sich die bestehenden strukturellen Defizite im Bereich Risikodatenaggregation und Risikoberichterstattung offenbart, die sich durch die Pandemiesituation noch weiter verschärft haben. In einigen Instituten wurden die Entscheidungsprozesse als Reaktion auf die Krise dadurch beeinträchtigt, dass die relevanten Daten entweder nur mit einer großen zeitlichen Verzögerung zur

32

---

50 Vgl. European Central Bank, SSM supervisory statement on governance and risk appetite, 21. Juni 2016, S. 16f.

51 Vgl. Bundesanstalt für Finanzdienstleistungsaufsicht, Jahresbericht 2016, 9. Mai 2017, S. 105.

52 Vgl. Europäische Zentralbank, EZB-Bankenaufsicht: Prioritäten des SSM im Jahr 2017, 15. Dezember 2016, S. 2f.

53 European Central Bank, Report on the Thematic Review on effective risk data aggregation and risk reporting, 9. Mai 2018. Auf den Inhalt dieses Berichtes wird im Folgenden weiter eingegangen.

54 Vgl. European Central Bank, Report on the Thematic Review on effective risk data aggregation and risk reporting, 9. Mai 2018, S. 1.

55 Vgl. European Central Bank, Report on the Thematic Review on effective risk data aggregation and risk reporting, 9. Mai 2018, S. 1.

56 Vgl. European Central Bank, Report on the Thematic Review on effective risk data aggregation and risk reporting, 9. Mai 2018, S. 22.

57 Vgl. European Central Bank, Aggregate SREP outcome for 2019, 28. Januar 2020.

Verfügung gestellt werden konnten oder mit Datenqualitätsschwächen behaftet waren. Insgesamt haben 70 Prozent aller JSTs ihre Bedenken mit Blick auf die Angemessenheit der Risikodaten-aggregationskapazitäten und der Risikoberichterstattung der Institute in kritischen Situationen geäußert. Die Schwierigkeiten ergaben sich insbesondere bei der Zeitnähe der Berichterstattung und bei der Aggregation von Risikodaten auf Gruppenebene über alle Tochtergesellschaften hinweg. Zum Beispiel konnten einige Institute keine Auskunft über die Höhe der im Zusammenhang mit der Pandemie gewährten Stundungen bei den Kreditportfolios der einzelnen Tochtergesellschaften geben. Aus diesem Grund hat die EZB die Risikodatenaggregationskapazitäten und die Risikobericht-erstattung der Institute zur aufsichtlichen Priorität in 2021 gemacht.[58] Somit ist von einer verstärkten Aufsichtsintensität in diesem Bereich auszugehen.

1.8 Allgemeine Anforderungen an das Datenqualitätsmanagement

33 Um die Datenqualität dauerhaft sicherzustellen, ist ein übergreifendes Rahmenwerk für das Datenqualitätsmanagement erforderlich. Das Rahmenwerk besteht aus verschiedenen Elementen, die alle zu einer Verbesserung der Datenqualität beitragen. Ein wesentliches Element ist der organisatorische Rahmen mit klar definierten Rollen und Verantwortlichkeiten für die Daten-qualität über den gesamten Datenfluss (→ AT 4.3.4 Tz. 7). Viele Institute etablieren das Daten-qualitätsmanagement als eine eigene Funktion (»Chief Data Office(r)«), da es keinen Projekt-charakter hat, sondern eine Aufgabe ist, die kontinuierlich wahrgenommen werden muss. Ein weiteres wesentliches Element ist die Transparenz über die Datenflüsse im Institut und eine Datenarchitektur, die ein einheitliches Verständnis von Daten sowohl auf fachlicher als auch auf technischer Ebene erlaubt (→ AT 4.3.4 Tz. 2). Ein gutes Datenqualitätsmanagement erfordert des Weiteren einen strukturierten Datenqualitätssicherungsprozess (siehe Abbildung 38). Zu-erst sind seitens der Geschäftsleitung die Grundsätze für das Datenmanagement, die Daten-qualität und die Aggregation von Risikodaten zu formulieren, die ein angestrebtes Datenquali-tätsniveau beinhalten (→ AT 4.3.4 Tz. 1). Für alle relevanten IT-Systeme und Datenaggregati-onsprozesse sind auf dieser Basis Datenqualitätsmaßnahmen abzuleiten und zu implementie-ren, um das angestrebte Datenqualitätsniveau zu erreichen (→ AT 4.3.4 Tz. 7). Mit Hilfe geeigneter Indikatoren soll die Datenqualität im Institut laufend überwacht und mit dem Ziel-niveau verglichen werden (→ AT 4.3.4 Tz. 3). Zusätzlich sollten die Risikodaten und die Daten in den Risikoberichten in regelmäßigen Abständen mit anderen im Institut vorhandenen Informationen abgeglichen und plausibilisiert werden, um Datenfehler und Schwachstellen in der Datenqualität zu identifizieren (→ AT 4.3.4 Tz. 4). Im Falle von Datenqualitätsmängeln sind in Abhängigkeit vom jeweiligen Mangel ggf. Korrekturmaßnahmen einzuleiten, um z. B. falsche Daten zu korrigieren. Die Entscheidungsträger sind über die Beschränkungen in der Daten-qualität zu informieren (→ BT 3). Das Datenqualitätsmanagement endet allerdings nicht mit der Berichterstattung über bestehende Datenqualitätsmängel. Die Institute sollten die Ursachen für die Datenqualitätsprobleme analysieren, um die bestehenden Schwachstellen langfristig zu beheben.

---

58 Vgl. European Central Bank, 2020 SREP aggregate results, 28. Januar 2021.

AT 4.3.4 Datenmanagement, -qualität und Aggregation von Risikodaten

---

1. Festlegung eines Zielniveaus für die Datenqualität (DQ)

6. Überprüfung

Die bestehenden DQ-Maßnahmen sind einem kontinuierlichen Überprüfungsprozess zu unterziehen. Weitere Maßnahmen zur Behebung von Datenqualitätsmängeln werden festgelegt.

2. Implementierung von DQ-Maßnahmen

Angemessene DQ-Maßnahmen werden entlang des gesamten Datenflusses implementiert und tragen zur Erreichung des angestrebten Zielniveaus bei.

Kein Silo-denken!

5. DQ-Berichterstattung

Im DQ-Bericht werden die Hauptgründe für bestehende DQ-Probleme erläutert und ihre Auswirkungen auf die Risikoberichterstattung dargestellt.

3. Überwachung

Die tatsächliche Datenqualität wird anhand von geeigneten Indikatoren überwacht und mit dem angestrebten Zielniveau verglichen.

4. Einleitung von Korrekturmaßnahmen

Abhängig von der Fehlerart werden entsprechende Korrekturmaßnahmen eingeleitet.

Abb. 38: Strukturierter Prozess des Datenqualitätsmanagements

2 Grundsätze für das Datenmanagement, die Datenqualität und die Aggregation von Risikodaten (Tz. 1)

34 **1** Die Anforderungen dieses Moduls richten sich an bedeutende Institute und gelten sowohl auf Gruppenebene als auch auf der Ebene der wesentlichen gruppenangehörigen Einzelinstitute. Das Institut hat institutsweit und gruppenweit geltende Grundsätze für das Datenmanagement, die Datenqualität und die Aggregation von Risikodaten festzulegen, die von der Geschäftsleitung zu genehmigen und in Kraft zu setzen sind.

2.1 Anwenderkreis

35 Die Anforderungen dieses Moduls richten sich an die »bedeutenden« Institute gemäß Art. 6 SSM-Verordnung, die der direkten Aufsicht durch die EZB unterliegen (→ AT 1 Tz. 6).

36 Im ersten Entwurf der fünften MaRisk-Novelle vom Februar 2016 war zunächst vorgesehen, den Anwenderkreis auf große und komplexe Institute auszudehnen.[59] Dabei sollten alle Institute mit einer Bilanzsumme von mehr als 30 Milliarden Euro als »groß und komplex« gelten, um die bedeutenden Institute (»Significant Institutions«, SI) zu erfassen. Die deutsche Aufsicht hat jedoch im Rahmen des Konsultationsprozesses den Anwenderkreis auf systemrelevante Institute als primären Adressatenkreis des BCBS 239 beschränkt.[60] Im Zuge der sechsten MaRisk-Novelle wurde der Anwenderkreis aufgrund weiterhin bestehender Defizite in diesem Bereich und als Reaktion auf die bestehende Verwaltungspraxis der EZB auf die bedeutenden Institute gemäß Art. 6 SSM-Verordnung (»Significant Institutions«, SI) ausgeweitet. Dabei wurde allerdings klargestellt, dass die Anforderungen dieses Moduls entsprechend Art, Umfang, Komplexität und Risikogehalt der Geschäftsaktivitäten in angemessener Weise umzusetzen sind (→ AT 4.3.4 Tz. 1, Erläuterung).

2.2 Anwendung auf Instituts- und Gruppenebene

37 Der Baseler Ausschuss für Bankenaufsicht (BCBS) hat explizit klargestellt, dass sich die Grundsätze an die systemrelevanten Institute richten und sowohl auf Konzernebene (bzw. Gruppenebene) als auch auf Ebene der wesentlichen Einzelinstitute innerhalb der Gruppe anzuwenden sind.[61] Die deutsche Aufsicht erwartet entsprechend, die Anforderungen nicht nur auf Gruppenebene, sondern auch auf Ebene der »wesentlichen gruppenangehörigen Institute« einzuhalten.

---

59 Vgl. Bundesanstalt für Finanzdienstleistungsaufsicht, Erster Entwurf der MaRisk, Konsultation 02/2016 (BA) vom 18. Februar 2016.

60 Vgl. Bundesanstalt für Finanzdienstleistungsaufsicht, Rundschreiben 09/2017 (BA) zur Überarbeitung der MaRisk, Übermittlungsschreiben vom 27. Oktober 2017, S. 2 f.

61 Vgl. Basel Committee on Banking Supervision, Progress in adopting the principles for effective risk data aggregation and risk reporting, BCBS 308, 23. Januar 2015, S. 1.

AT 4.3.4 Datenmanagement, -qualität und Aggregation von Risikodaten

Sofern es sich bei dem bedeutenden Institut also gleichzeitig um die Muttergesellschaft eines Konzerns bzw. das übergeordnete Unternehmen einer Gruppe handelt, so muss dieses Institut die Anforderungen in erster Linie auf Konzern-/Gruppenebene umsetzen, womit die Anforderungen auf Institutsebene für die Muttergesellschaft ebenso erfüllt werden.[62] Dabei haben die wesentlichen gruppenangehörigen Institute in erster Linie Zulieferpflichten an die Muttergesellschaft und müssen die Anforderungen aus diesem Modul im Hinblick auf die Zulieferungen erfüllen.

Zusammengefasst ist also das bedeutende Institut als Muttergesellschaft eines Konzerns bzw. übergeordnetes Unternehmen einer Gruppe für die Erfüllung der Anforderungen an das Datenmanagement, die Datenqualität und die Aggregation von Risikodaten auf Gruppenebene und auf Ebene der wesentlichen gruppenangehörigen Institute verantwortlich. Um dieser Anforderung Rechnung zu tragen, sind gruppenweite Vorgaben zur Datenqualität und zum Datenmanagement erforderlich. Diese Vorgaben müssen auch verbindlich sein, damit sie nicht ins Leere laufen. Die in die Risikodatenaggregation einzubeziehenden Unternehmen können mit dem aufsichtsrechtlichen Konsolidierungskreis identisch sein, müssen dies jedoch nicht. Die Anforderung des Moduls richtet sich an bedeutende Institute und »wesentliche« gruppenangehörige Einzelinstitute. In den bankaufsichtlichen Konsolidierungskreis können nicht nur Institute einzubeziehen sein, sondern sämtliche Unternehmen, die nach Art. 18 CRR zu konsolidieren sind oder freiwillig konsolidiert werden (→ AT 4.5 Tz. 1).[63] **38**

Für die Feststellung der Wesentlichkeit sollte eine entsprechende Analyse durchgeführt werden. In den MaRisk ist nicht definiert, wann ein gruppenangehöriges Institut als »wesentlich« angesehen wird. In der Praxis wird häufig eine Risikoinventur der gruppenangehörigen Institute durchgeführt, um die Wesentlichkeit der einzelnen Institute aus Risikosicht zu beurteilen. Es empfiehlt sich eine Orientierung am Anwendungsbereich für das Risikomanagement auf Gruppenebene. Die Reichweite des Risikomanagements auf Gruppenebene erstreckt sich auf alle wesentlichen Risiken der Gruppe, unabhängig davon, ob diese von konsolidierungspflichtigen Unternehmen begründet werden oder nicht, z.B. Risiken aus nicht konsolidierungspflichtigen Zweckgesellschaften (→ AT 4.5 Tz. 1). Zunächst ist bei der Bestimmung der wesentlichen Risiken auf Gruppenebene zu klären, inwieweit ein gruppenangehöriges Institut für das Risikoprofil der Gesamtgruppe als wesentlich anzusehen ist und somit grundsätzlich in das gruppenweite Risikomanagement nach § 25a Abs. 3 KWG einzubeziehen ist. Zusätzlich sollte noch untersucht werden, inwieweit als unwesentlich eingestufte Risiken der Konzernunternehmen auf Gruppenebene auf zusammengefasster Basis als wesentlich einzustufen sind. Diese Risiken sind in das Risikomanagement auf Gruppenebene einzubeziehen, und alle Risikodaten, die für die Steuerung dieser Risiken erforderlich sind, müssen die Anforderungen aus AT 4.3.4 erfüllen. **39**

Die Gruppenstruktur darf nach Ansicht des BCBS die Risikodatenaggregationsfähigkeiten und die Risikoberichterstattung nicht behindern. Die eingesetzten Methoden und Verfahren (z.B. IT-Systeme) dürfen der Wirksamkeit des Risikomanagements auf Gruppenebene nicht entgegenstehen (→ AT 4.5 Tz. 1). Diese Anforderung ist in der Praxis mit großen Herausforderungen für die Institute verbunden. Aufgrund von technischen und teilweise rechtlichen Restriktionen gestaltet sich die Aggregation von Risikodaten über Grenzen und rechtliche Einheiten hinweg oft schwierig. Den Instituten müssen diese Beschränkungen bewusst sein, und die Geschäftsleitung muss die **40**

---

62 Seit Inkrafttreten des Risikoreduzierungsgesetzes im Jahr 2020 ist im Fall einer Finanzholding-Gruppe gemäß § 10a Abs. 2 KWG die Finanzholding-Gesellschaft – und nicht wie bisher das als übergeordnetes Unternehmen fingierte gruppenangehörige Institut – grundsätzlich für die Erfüllung der bankaufsichtlichen Anforderungen auf Gruppenebene verantwortlich. Vor diesem Hintergrund stellt sich die Frage, ob bei einer Finanzholding-Gruppe mit einem bedeutenden Institut gemäß Art. 6 der SSM-Verordnung als Tochterunternehmen die Finanzholding-Gesellschaft oder das bedeutende Institut für die Einhaltung der Anforderungen an das Datenmanagement, die Datenqualität und die Aggregation von Risikodaten auf Gruppenebene verantwortlich ist. Eine Klarstellung der Aufsicht wäre insoweit wünschenswert.

63 Gemäß Art. 18 CRR unterliegen Institute nach Art. 4 Abs. 1 Nr. 3 CRR, Finanzinstitute nach Art. 4 Abs. 1 Nr. 26 CRR, Anbieter von Nebendienstleistungen nach Art. 4 Abs. 1 Nr. 18 CRR und Vermögensverwaltungsgesellschaften nach Art. 4 Abs. 1 Nr. 19 CRR der Konsolidierungspflicht.

AT 4.3.4 Datenmanagement, -qualität und Aggregation von Risikodaten

Auswirkungen dieser Einschränkungen auf die Datenqualität bei ihren Entscheidungen im Risiko-management berücksichtigen. Der BCBS weist in seinem Fortschrittsbericht darauf hin, dass einige G-SRI eine sehr komplexe IT-Infrastruktur aufweisen, die teilweise nicht mehr handhabbar ist. Diese Institute sollten die Komplexität ihrer IT-Landschaft, die häufig mit der komplexen Gruppen-struktur zusammenhängt, reduzieren.

2.3 Berücksichtigung der Grundsätze durch weniger bedeutende Institute

41   Wie bereits ausgeführt, empfiehlt der Baseler Ausschuss für Bankenaufsicht (BCBS), seine Grund-sätze unter Proportionalitätsgesichtspunkten auf ein breites Spektrum von Instituten anzuwen-den.[64] Zudem sollten die zuständigen Behörden nach den Vorgaben der EBA im Rahmen des SREP prüfen, ob die Institute über wirksame und zuverlässige Informations- und Kommunikations-systeme verfügen und diese Systeme die Risikodatenaggregation in normalen Zeiten sowie in Stresssituationen voll unterstützen. Sie sollten insbesondere prüfen, ob die Institute zumindest in der Lage sind, genaue und zuverlässige Risikodaten vollständig und zeitnah zu aggregieren und ein breites Spektrum von Anfragen der Geschäftsleitung oder der zuständigen Behörden zu beantworten.[65] Die Behörden sollten im Rahmen der laufenden Aufsicht die Verbesserung der Datenqualität und der Möglichkeiten zur Aggregation von Risikodaten fördern.[66]

42   Die deutsche Aufsicht hat diese Vorgaben aufgegriffen und unabhängig vom eingeschränkten Anwenderkreis darauf hingewiesen, dass eine angemessene Risikodatenaggregation für sämtliche Institute ein wichtiges Thema ist. Sie empfiehlt daher auch den Instituten, die nicht unmittelbar dem Anwendungsbereich von AT 4.3.4 unterliegen, im wohlverstandenen Eigeninteresse zu prüfen, ob mit Blick auf die Risikodatenaggregationskapazitäten Optimierungsbedarf besteht.[67] Damit soll zwar der Anwenderkreis nicht indirekt auf weniger bedeutende Institute ausgeweitet werden. Die deutsche Aufsicht erwartet jedoch von allen Instituten, dass ihre Risikobericht-erstattung auf vollständigen, genauen und aktuellen Daten beruht (→ BT 3.1 Tz. 1). Die Institute sollten sich mit ihren Kapazitäten zur Risikodatenaggregation zumindest dahingehend auseinan-dersetzen, ob dem allgemeinen Ziel einer nachvollziehbaren und aussagekräftigen Risikobericht-erstattung entsprochen werden kann oder Verbesserungspotenziale unter Berücksichtigung von Kosten-Nutzen-Aspekten genutzt werden sollten. Dieses übergeordnete Ziel darf nicht durch mangelnde Datenqualität negativ beeinflusst werden. Insofern sollten sich alle Institute in ange-messener Weise mit diesem Thema beschäftigen und sich dabei auch den engen Zusammenhang zwischen der Aggregation von Risikodaten und der Risikoberichterstattung vor Augen führen, den der BCBS skizziert hat.[68]

---

64 Vgl. Baseler Ausschuss für Bankenaufsicht, Grundsätze für die effektive Aggregation von Risikodaten und die Risiko-berichterstattung, BCBS 239, 9. Januar 2013, S. 4.

65 Vgl. European Banking Authority, Guidelines on common procedures and methodologies for the supervisory review and evaluation process (SREP) and supervisory stress testing, EBA/GL/2014/13, Consolidated version, 19. Juli 2018, S. 65.

66 Vgl. Basel Committee on Banking Supervision, Stress testing principles, BCBS 450, 17. Oktober 2018, S. 12.

67 Vgl. Bundesanstalt für Finanzdienstleistungsaufsicht, Rundschreiben 09/2017 (BA) zur Überarbeitung der MaRisk, Übermittlungsschreiben vom 27. Oktober 2017, S. 3.

68 Vgl. Baseler Ausschuss für Bankenaufsicht, Grundsätze für die effektive Aggregation von Risikodaten und die Risiko-berichterstattung, BCBS 239, 9. Januar 2013, S. 5.

2.4 Inhalte der Grundsätze für das Datenmanagement, die Datenqualität und die Aggregation von Risikodaten

Sowohl der Baseler Ausschuss für Bankenaufsicht (BCBS) als auch die EZB haben konkrete **43** Empfehlungen hinsichtlich der Inhalte von Grundsätzen für das Datenmanagement, die Datenqualität und die Aggregation von Risikodaten abgegeben, die die Basis für eine angemessene Governance bilden sollen.[69]

Da die Anforderungen des BCBS 239 prinzipienorientiert ausgestaltet sind und an einigen Stellen **44** große Interpretationsspielräume erlauben, sollte jedes Institut als Startpunkt für die Umsetzung der Anforderungen eine eigene Definition von BCBS 239-Compliance festlegen (»BCBS 239-Zielbilder«). Diese Definition sollte auf möglichst objektivierbaren Kriterien beruhen und einen Abgleich der tatsächlichen Situation mit dem angestrebten Zielbild ermöglichen. Wichtige Festlegungen, wie beispielsweise die Definition des Anwendungsbereiches, sollten begründet werden und dokumentiert sein. Auf dieser Basis sollten konzern- und institutsweite Grundsätze für das Datenmanagement, die Datenqualität und die Aggregation von Risikodaten abgeleitet werden. Das definierte Ziel bildet die Grundlage für die Arbeiten der unabhängigen Validierungsfunktion (→ AT 4.3.4 Tz. 7) und für die Ableitung der strategischen Ziele im Hinblick auf die Verbesserung der Aggregationskapazitäten für Risikodaten (→ AT 4.2 Tz. 1).

Die Senior Supervisors Group hat in ihrem Bericht aus dem Jahr 2010 eine wichtige Forderung **45** aufgestellt: Die IT-Strategie muss essenzieller Teil der Geschäftsstrategie sein.[70] Die deutsche Aufsicht erwartet somit, dass die notwendigen Anforderungen an die digitale Transformation auf geschäftspolitischen Grundlagen basieren und strategisch verankert werden.[71] Um eine angemessene Governance zu erreichen, sollten die Institute demnach eine ganzheitliche Datenvision und -strategie definieren, die sich aus der in Tz. 1.2 BAIT geforderten IT-Strategie ableitet und demnach auch mit der Geschäftsstrategie konsistent sein muss.[72] Bei Instituten mit strukturierten und kohärenten IT-Strategien hat sich gezeigt, dass sich ihre Risikodatenaggregation und Risikoberichterstattung verbessert haben und sie etwaige Mängel unverzüglich beheben konnten.

Die Grundsätze sollten die Vorgaben der Geschäftsleitung an die Datenqualität von Risikoberichten **46** beinhalten. Bei der Festlegung der Datenqualitätsanforderungen sollten Toleranzlevel für die Genauigkeit, die Aktualität und die Vollständigkeit der Daten sowohl im Hinblick auf das regelmäßige Berichtswesen als auch für die Berichterstattung in Stressphasen vorgesehen werden. In Stressphasen gewinnt insbesondere die Aktualität der Daten an Bedeutung. Ausgehend von den Vorgaben der Geschäftsleitung sollten konkrete Anforderungen an die Datenqualität in Form von Leistungsvereinbarungen (»Service Level Agreements«, SLAs) oder Datenliefervereinbarungen formuliert werden. Die SLAs sollten sowohl für ausgelagerte (»outsourced«) als auch interne (»in-house«) Datenverarbeitungsprozesse definiert werden und den gesamten Aggregationsprozess von der Datenerhebung über die Datengenerierung und Dateneingabe bis zur abschließenden Berichterstattung abdecken.[73] Die SLAs werden an jedem Datenübergabepunkt zwischen den jeweiligen Datenverantwortlichen vereinbart (→ AT 4.3.4 Tz. 7). Sie sollten sicherstellen, dass die Anforderungen an die Datenqualität sowohl in

---

69 Vgl. Baseler Ausschuss für Bankenaufsicht, Grundsätze für die effektive Aggregation von Risikodaten und die Risikoberichterstattung, BCBS 239, 9. Januar 2013, S. 6f.; European Central Bank, Report on the Thematic Review on effective risk data aggregation and risk reporting, 9. Mai 2018, S. 5ff.; Basel Committee on Banking Supervision, Progress in adopting the principles for effective risk data aggregation and risk reporting, BCBS 443, 21. Juni 2018, S. 9 und 17.

70 Vgl. Senior Supervisors Group, Observations on Developments in Risk Appetite Frameworks and IT Infrastructure, 23. Dezember 2010, S. 11.

71 Vgl. Gampe, Jens, Digitalisierung und Informationssicherheit im Fokus aufsichtlicher Anforderungen, in: BaFinPerspektiven, Ausgabe 1/2018, Digitalisierung – Folgen für Finanzmarkt, Aufsicht und Regulierung – Teil I, 1. August 2018, S. 73.

72 Vgl. Harreis, Holger/Tavakoli, Asin/Ho, Tony/Machado, Jorge/Rowshankish, Kayvaun/Merrath, Peter, Living with BCBS 239, McKinsey & Company, Mai 2017, S. 2.

73 Vgl. Baseler Ausschuss für Bankenaufsicht, Grundsätze für die effektive Aggregation von Risikodaten und die Risikoberichterstattung, BCBS 239, 9. Januar 2013, S. 6.

AT 4.3.4 Datenmanagement, -qualität und Aggregation von Risikodaten

Bezug auf das Risiko als auch für andere Managementzwecke erfüllt werden. Die Einhaltung der Datenqualitätsanforderungen sollte von einer unabhängigen Einheit validiert werden (→ AT 4.3.4 Tz. 7). Um die Geschäftsleitung über die bestehenden Datenqualitätsprobleme zu informieren, sollte ein Datenqualitätsreporting aufgesetzt werden.[74] Das Datenqualitätsreporting kann entweder in Form eines eigenen Berichtswesens oder als Bestandteil der jeweiligen Risikoberichte ausgestaltet sein. In der Praxis haben sich oft Ampelsysteme etabliert, die eine Aussage über die in den Risikoberichten vorhandene Datenqualität im Vergleich zum Anforderungsniveau ermöglichen. Ein solches Ampelsystem erfordert eine auf konkreten Kriterien basierende Definition des Soll- und Ist-Zustandes. Als mögliche Datenqualitätsdimensionen können z.B. die Genauigkeit, die Vollständigkeit und die Aktualität der Daten herangezogen werden, die in weitere Kriterien (z.B. Anzahl der manuellen Korrekturen, fehlende Datensätze) heruntergebrochen werden können. Häufig wird durch die Einheit, die sich mit dem Datenmanagement beschäftigt, losgelöst von der eigentlichen Risikoberichterstattung ein separater Datenqualitätsbericht erstellt. Die Ergebnisse sollen – ggf. in aggregierter Form – in die Risikoberichterstattung integriert werden, damit aus den Risikoberichten ersichtlich ist, wie verlässlich die Daten sind (→ BT 3.1 Tz. 1). Die Entscheidungsträger müssen über die Beschränkungen einer vollkommenen Risikodatenaggregation informiert werden und diese inhaltlich auch nachvollziehen können, unabhängig davon, ob diese ihren Ursprung im Bereich der fehlenden Verfügbarkeit der Daten (z.B. nicht einbezogene Risiken oder Tochtergesellschaften), im technischen Bereich (z.B. Grad der Abhängigkeit von manuellen Prozessen) oder im rechtlichen Bereich (z.B. gesetzliche Bestimmungen, die den grenzüberschreitenden Datenaustausch einschränken) haben.[75]

47 Die Sicherstellung der Datenqualität beginnt nicht erst im zentralen Datenhaushalt, sondern ist ein Prozess, der sich über den gesamten Lebenszyklus von Daten erstreckt. Schlechte Datenqualität birgt operationelle Risiken, deswegen sollten die Datenqualitätsrisiken im internen Risikomanagement berücksichtigt werden.[76] Häufig werden die Schwächen in der Datenqualität nicht als Risiko gesehen und deshalb auch nicht im Rahmen der häufig eingesetzten Self-Assessments gemeldet. Aus diesem Grund sollten die Mitarbeiter durch spezifische Schulungspläne für das Thema sensibilisiert werden, damit die Schwächen in der Datenqualität erkannt und gemanagt werden. Darüber hinaus sollten entsprechende Anreizsysteme implementiert werden, um dem Thema zu einer angemessenen Bedeutung zu verhelfen.[77] Die Schaffung von Anreizen ist insbesondere für die Datenverantwortlichen (»Data Owner«) im Institut von besonderer Relevanz.

48 Darüber hinaus sollten die erforderlichen Strukturen, Organisationseinheiten und Ausschüsse etabliert und die relevanten Rollen und Verantwortlichkeiten innerhalb dieser Einheiten festgelegt werden[78] (→ AT 4.3.4 Tz. 7). Auch die EBA erwartet, dass in den Grundsätzen die verschiedenen Risikoverantwortlichkeiten und -rollen in allen relevanten Bereichen (z.B. Geschäftsbereiche, IT) klar kommuniziert, zugewiesen und eingebettet werden.[79] Bei großen Instituten ist die Einrichtung einer zentralen Organisationseinheit, die für das gruppenweite Datenmanagement verantwortlich ist (z.B. »Chief Data Office«), unabdingbar. Seitens der EZB wird zuletzt vermehrt auch ein »Chief Data Officer« gefordert. In manchen Instituten existiert darüber hinaus ein turnusmäßig tagendes »Datenmanagement Board« oder »Data Governance Komitee«, teilweise unter Beteiligung der

---

74 Vgl. Baseler Ausschuss für Bankenaufsicht, Grundsätze für die effektive Aggregation von Risikodaten und die Risikoberichterstattung, BCBS 239, 9. Januar 2013, S. 7.

75 Vgl. Baseler Ausschuss für Bankenaufsicht, Grundsätze für die effektive Aggregation von Risikodaten und die Risikoberichterstattung, BCBS 239, 9. Januar 2013, S. 7.

76 Vgl. Baseler Ausschuss für Bankenaufsicht, Grundsätze für die effektive Aggregation von Risikodaten und die Risikoberichterstattung, BCBS 239, 9. Januar 2013, S. 6.

77 Vgl. European Central Bank, Report on the Thematic Review on effective risk data aggregation and risk reporting, 9. Mai 2018, S. 6.

78 Vgl. European Central Bank, Report on the Thematic Review on effective risk data aggregation and risk reporting, 9. Mai 2018, S. 6.

79 Vgl. European Banking Authority, Leitlinien für die IKT-Risikobewertung im Rahmen des aufsichtlichen Überprüfungs- und Bewertungsprozesses (SREP), EBA/GL/2017/05, 11. September 2017, S. 17.

Geschäftsleitung, in dem ein kontinuierlicher Austausch zum Thema Datenmanagement und -qualität erfolgt. Außerdem müssen die Grundsätze auch für Konzernunternehmen gelten, sonst ist eine Sicherstellung der angestrebten Datenqualität auf Gruppenebene nicht möglich. Zudem sollten Regelungen zu einer unabhängigen Stelle enthalten sein, die die Einhaltung und Angemessenheit der Grundsätze überprüft[80] (→ AT 4.3.4 Tz. 7).

2.5 Verantwortung der Geschäftsleitung

Die Aufsicht macht die Sicherstellung der Datenqualität zu einer Managementaufgabe und nimmt die Geschäftsleitung sehr stark in die Verantwortung. Sowohl der Baseler Ausschuss für Bankenaufsicht (BCBS) als auch die EZB[81] haben betont, dass eine intensive Einbindung der Geschäftsleitung[82] unerlässlich für die Verbesserung der Risikodatenaggregation und der Risikoberichterstattung ist. Fehlendes strategisches Interesse der Geschäftsleitung an der Verbesserung der Datenqualität wird häufig als Grund für weiterhin bestehende Defizite in diesem Bereich genannt.[83] Die Geschäftsleitung muss die Anforderungen aus BCBS 239 kennen, sich kontinuierlich mit der Einhaltung dieser Anforderungen befassen und regelmäßig über deren Umsetzung und Einhaltung informiert werden. Die Geschäftsleitung ist für die Festlegung und Umsetzung sämtlicher Grundsätze zur Aggregation von Risikodaten und zur Risikoberichterstattung verantwortlich. Insbesondere soll sie auf eine Integration des Datenqualitätsmanagements in das bankweite Risikomanagementsystem hinwirken. Konkret fordert der BCBS, dass die Geschäftsleitung die konzernweit geltenden Regelungen an die Aggregation von Risikodaten (und die Risikoberichterstattung) genehmigt, überprüft und sicherstellt, dass für die Einhaltung dieser Grundsätze ausreichende personelle und finanzielle Ressourcen zur Verfügung stehen.[84] Um eine ordnungsgemäße Implementierung sicherzustellen, muss innerhalb der zweiten Verteidigungslinie eine interne Validierungseinheit implementiert werden[85] (→ AT 4.3.4 Tz. 7).

49

Die Grundsätze für das Datenmanagement, die Datenqualität und die Aggregation von Risikodaten sind regelmäßig zu überprüfen, und wesentliche Änderungen sind von der Geschäftsleitung zu genehmigen.

50

Die Geschäftsleitung trägt darüber hinaus die Verantwortung für die Formulierung der Anforderungen an die interne Risikoberichterstattung und sollte definieren, welche Berichte sie in

51

---

80 Vgl. European Central Bank, Report on the Thematic Review on effective risk data aggregation and risk reporting, 9. Mai 2018, S. 6f.; Baseler Ausschuss für Bankenaufsicht, Grundsätze für die effektive Aggregation von Risikodaten und die Risikoberichterstattung, BCBS 239, 9. Januar 2013, S. 6.

81 Nach den Vorstellungen der EZB soll die Geschäftsleitung u. a. die Kernelemente des ICAAP genehmigen, wozu auch die Risikoquantifizierungsmethoden gehören, die sich auf zuverlässige Daten und Datenaggregationssysteme stützen. Vgl. Europäische Zentralbank, Leitfaden der EZB für den bankinternen Prozess zur Sicherstellung einer angemessenen Kapitalausstattung (Internal Capital Adequacy Assessment Process – ICAAP), 9. November 2018, S. 6f.

82 Im Kommentar wird hinsichtlich der Anforderungen aus BCBS 239 vorrangig auf die »Geschäftsleitung« abgestellt, wenngleich der Baseler Ausschuss für Bankenaufsicht mit seinen auf international tätige Institute ausgerichteten Werken regelmäßig das »Board« in die Pflicht nimmt. Er zielt damit auf das »monistische System« im angelsächsischen Raum ab, in dem die Unternehmensführung und -überwachung in einem Führungsorgan (»Board of Directors«) zusammengefasst sind. Beim »dualistischen System« in Deutschland, das auf der strikten Trennung der Unternehmensführung durch die Geschäftsleitung und der Unternehmensüberwachung durch das Aufsichtsorgan basiert, ist die Geschäftsleitung der geeignete Adressat. Eine Einbindung des Aufsichtsorgans erfolgt regelmäßig im Rahmen seiner Überwachungsfunktion, wo es angezeigt ist. Eine Möglichkeit besteht z. B. in der Information des Risiko- oder des Prüfungsausschusses. Unter dem »Senior Management« wird gewöhnlich die Ebene unterhalb der Geschäftsleitung verstanden.

83 Vgl. European Central Bank, Report on the Thematic Review on effective risk data aggregation and risk reporting, 9. Mai 2018, S. 6.

84 Vgl. Baseler Ausschuss für Bankenaufsicht, Grundsätze für die effektive Aggregation von Risikodaten und die Risikoberichterstattung, BCBS 239, 9. Januar 2013, S. 6f.; European Central Bank, Report on the Thematic Review on effective risk data aggregation and risk reporting, 9. Mai 2018, S. 6.

85 Vgl. Basel Committee on Banking Supervision, Progress in adopting the principles for effective risk data aggregation and risk reporting, BCBS 443, 21. Juni 2018, S. 11f.

welcher Datenqualität turnusmäßig erhalten möchte. Die Geschäftsleitung sollte sich außerdem der Grenzen der ihr übermittelten Berichte in Bezug auf die Abdeckung, die rechtlichen und technischen Beschränkungen im Datenaggregationsprozess bzw. die Inhalte im Berichtsprozess bewusst sein.[86] Um dieser Anforderung gerecht zu werden, müssen die Risikoberichte entsprechende Aussagen zur Datenqualität enthalten (→ BT 3.2 Tz. 1). Darüber hinaus sollte in einem turnusmäßigen Feedbackprozess ein Austausch zwischen den Berichtsempfängern und den Berichtserstellern stattfinden, um die Adressatengerechtigkeit der Risikoberichte zu überprüfen.[87]

52   Die Geschäftsleitung hat sich auch auf strategischer Ebene mit den Möglichkeiten der Verbesserung von Aggregationskapazitäten für Risikodaten zu befassen und Aussagen dazu zu treffen (→ AT 4.2 Tz. 1). Sie soll bei der strategischen IT-Planung Datenreihen identifizieren, die als steuerungsrelevante Risikodaten für Risikodatenaggregations- und IT-Infrastruktur-Projekte von grundlegender Bedeutung sind.[88] Die Bemühungen der Geschäftsleitung für eine verbesserte Risikodatenaggregation sollten sich nicht zuletzt im zur Verbesserung von Aggregationskapazitäten allozierten Budget des Institutes widerspiegeln. Sowohl der BCBS als auch die EZB bewerten spezifische Budgets für die Verbesserung von IT-Systemen und Datenarchitektur[89] als auch für die Überwachung der Umsetzung der Datenaggregations-Grundsätze[90] positiv. Die Bemühungen der Geschäftsleitung sollten also auch in der Budgetierung deutlich werden.

53   Die deutsche Aufsicht hat auf verschiedene Aspekte hingewiesen, die aufgrund ihrer besonderen Bedeutung auch bei der Festlegung der Geschäfts- und Risikostrategie berücksichtigt werden sollten. Das betrifft z. B. die geplante Ausgestaltung der IT-Systeme, die das Funktionieren der Prozesse garantieren und insofern mit den strategischen Vorgaben Schritt halten müssen. Eng damit verknüpft sind auch die Kapazitäten zur Risikodatenaggregation. Unter Proportionalitätsgesichtspunkten sind daher zu diesen Aspekten strategische Aussagen zu treffen.

2.6   Rolle des Aufsichtsorgans

54   Im dualistischen System (»Two-tier-system«) ist die Geschäftsleitung einer Bank primär für die Umsetzung der regulatorischen Anforderungen verantwortlich. Das Aufsichtsorgan muss sicherstellen, dass es alle Informationen verlangt und erhält, die für die Erfüllung seiner Überwachungsfunktion für die Bank und die Risiken, denen diese ausgesetzt ist, relevant sind. Eine gute Datenqualität ist somit auch für das Aufsichtsorgan eine wesentliche Voraussetzung, um seine Überwachungsfunktion effektiv wahrnehmen zu können. Das Aufsichtsorgan muss als weiterer Adressat von Risikoberichten folglich über den Stand der Erfüllung der Anforderungen aus BCBS 239 und über bestehende Beschränkungen in der Risikoberichterstattung laufend informiert werden.[91] Darüber hinaus ist das Aufsichtsorgan in die Adressatengerechtigkeitsprüfung von Risikoberichten einzubeziehen.[92]

---

86 Vgl. European Central Bank, Report on the Thematic Review on effective risk data aggregation and risk reporting, 9. Mai 2018, S. 6.

87 Vgl. Baseler Ausschuss für Bankenaufsicht, Grundsätze für die effektive Aggregation von Risikodaten und die Risikoberichterstattung, BCBS 239, 9. Januar 2013, S. 14.

88 Vgl. Baseler Ausschuss für Bankenaufsicht, Grundsätze für die effektive Aggregation von Risikodaten und die Risikoberichterstattung, BCBS 239, 9. Januar 2013, S. 7.

89 Vgl. Basel Committee on Banking Supervision, Progress in adopting the principles for effective risk data aggregation and risk reporting, BCBS 443, 21. Juni 2018, S. 9.

90 Vgl. European Central Bank, Report on the Thematic Review on effective risk data aggregation and risk reporting, 9. Mai 2018, S. 6.

91 Vgl. Baseler Ausschuss für Bankenaufsicht, Grundsätze für die effektive Aggregation von Risikodaten und die Risikoberichterstattung, BCBS 239, 9. Januar 2013, S. 7.

92 Vgl. Baseler Ausschuss für Bankenaufsicht, Grundsätze für die effektive Aggregation von Risikodaten und die Risikoberichterstattung, BCBS 239, 9. Januar 2013, S. 14.

2.7 Anforderungen an die Dokumentation

Der Baseler Ausschuss für Bankenaufsicht erwartet, dass die Risikodatenaggregationskapazitäten **55** und die Verfahren zur Risikoberichterstattung vollumfänglich schriftlich niedergelegt werden.[93] Gefordert werden sogar eine Dokumentation und Erläuterung sämtlicher Prozesse der Risikodatenaggregation.[94] Das Institut muss einen Überblick über die Systemlandschaft und die Datenflüsse (»Datenflussdiagramme«) haben. Um die Integrität der Daten sicherzustellen, werden vollständige Informationen zur Rückverfolgbarkeit der Daten vom Risikobericht bis zum Ursprung der Daten über den gesamten Aggregationsprozess hinweg benötigt. Daraus folgt, dass die Institute über die so genannte fachliche und technische »Data Lineage« verfügen müssen. Alle Verarbeitungs- und Transformationsschritte von den Quelldaten bis zum betrachteten Datenobjekt müssen dokumentiert und nachvollziehbar sein. Der Aggregationsprozess, bei dem Daten aus unterschiedlich strukturierten oder unstrukturierten Datenquellen extrahiert, transformiert und in eine Zieldatenbank geladen werden, ist quasi rückwärts zu beschreiben. Die Verantwortlichkeiten bei den Schnittstellenübergängen sind zu definieren und nachvollziehbar zu dokumentieren. Die Institute müssen darüber hinaus einen Überblick über die existierenden Risikoberichte sowie die Berichtswege haben. Alle relevanten Prozesse sind zu erheben und zu dokumentieren (»Prozessinventar«). Die instituts- und gruppenweit geltenden Grundsätze sind schriftlich zu fixieren und den Mitarbeitern entsprechend bekanntzugeben. Dies ergibt sich aus den im Rahmen der fünften und sechsten MaRisk-Novelle erweiterten Vorgaben an die Organisationsrichtlinien der bedeutenden Institute, die Regelungen zu den Verfahren, Methoden und Prozessen der Aggregation von Risikodaten enthalten müssen (→ AT 5 Tz. 3).

Die Dokumentationsanforderungen hängen auch mit den besonderen Informationsbedürfnis- **56** sen der Aufsichtsbehörden bei der Beurteilung der bankinternen Prozesse zur Sicherstellung einer angemessenen Kapital- und Liquiditätsausstattung (ICAAP und ILAAP) zusammen. Dafür müssen die Institute eine Beschreibung des Rahmens und des Verfahrens zur Erhebung, Speicherung und Aggregation von Risikodaten auf den verschiedenen Ebenen eines Institutes, einschließlich des Datenflusses von den Tochterunternehmen zur Gruppe, eine Beschreibung des Datenflusses und der Datenstruktur der für den ICAAP und den ILAAP verwendeten Risikodaten, eine Beschreibung der Datenprüfungen, die auf Risikodaten angewendet werden, die zu ICAAP- und ILAAP-Zwecken verwendet werden, sowie eine Beschreibung von IT-Systemen zur Erhebung, Speicherung, Aggregation und Verbreitung von Risikodaten, die für den ICAAP und den ILAAP verwendet werden, an die Aufsichtsbehörden liefern.[95]

Bei der Dokumentation der BCBS 239-Compliance werden häufig auch institutsspezifische **57** Auslegungen der Grundsätze beschrieben und entsprechende Festlegungen getroffen (»BCBS 239-Zielbilder«). Die Dokumentation wird i.d.R. von der Geschäftsleitung abgenommen und dem Aufsichtsorgan zur Kenntnis gegeben. Es ist empfehlenswert, die eigene Definition von BCBS 239-Compliance mit der zuständigen Aufsichtsbehörde zu diskutieren, weil nachträgliche Änderungen erfahrungsgemäß mit sehr hohem Aufwand verbunden sind.

---

93 Vgl. Baseler Ausschuss für Bankenaufsicht, Grundsätze für die effektive Aggregation von Risikodaten und die Risikoberichterstattung, BCBS 239, 9. Januar 2013, S. 6.

94 Vgl. Baseler Ausschuss für Bankenaufsicht, Grundsätze für die effektive Aggregation von Risikodaten und die Risikoberichterstattung, BCBS 239, 9. Januar 2013, S. 9.

95 Vgl. European Banking Authority, Leitlinien zu für SREP erhobene ICAAP- und ILAAP-Informationen, EBA/GL/2016/10, 10. Februar 2017, S. 10f.

3 Datenstruktur und Datenhierarchie (Tz. 2)

58 **2** Datenstruktur und Datenhierarchie müssen gewährleisten, dass Daten zweifelsfrei identifiziert, zusammengeführt und ausgewertet werden können sowie zeitnah zur Verfügung stehen. Hierfür sind, soweit möglich, einheitliche Namenskonventionen und Kennzeichnungen von Daten festzulegen und innerhalb des Institutes zu kommunizieren. Bei
unterschiedlichen Namenskonventionen und Kennzeichnungen hat das Institut sicherzustellen, dass Daten automatisiert ineinander überleitbar sind.

3.1 Datenarchitektur und IT-Infrastruktur

59 Die Grundlage für eine reibungslose Aggregation von Daten im Institut ist eine einheitliche
Systematik der Datenhaushalte. Insbesondere muss eine konzernweit einheitliche Datenarchitektur vorliegen mit einheitlichen Metadaten und eindeutigen Identifikationsnummern und Namenskonventionen, z. B. für Kunden, Kontrahenten und Konten. Ein einheitliches Datenmodell wird
seitens der Aufsicht nicht vorgeschrieben, bei Verwendung mehrerer Datenmodelle (z. B. für
Risikocontrolling, Finanzen und Meldewesen) sollten diese jedoch automatisch ineinander überleitbar sein.[96] Bei der Anzahl der zu verarbeitenden Daten ist ein manuelles Mapping von
verschiedenen Datenmodellen kaum umsetzbar.

60 Die Institute sollten eine angemessene Datenarchitektur definieren, bestehend aus Modellen
und Regelwerken (z. B. aus Datenmodellen, Datenflüssen und maßgeblichen Datenquellen, auch
»Single Source of Truth«[97] genannt), welche die Datensammlung, -speicherung, -anordnung,
-integration und -nutzung regelt. Die Datenarchitektur beschreibt in einem Gesamtzusammen-
hang, wie die Informationen im Institut erzeugt, verarbeitet, verwaltet und gespeichert werden.
Dabei werden der Zweck und die Form der Informationen betrachtet, die in den Geschäftsprozessen genutzt und in den IT-Systemen verarbeitet werden.

61 Die Umsetzung von BCBS 239 fällt vielen Banken deshalb so schwer, weil in der Vergangenheit
durch isolierte Lösungsansätze parallel heterogene Datenlandschaften ohne eine zentrale Datenarchitektur aufgebaut wurden und immer noch aufgebaut werden. Dabei werden die Daten in den
Fachbereichen fachlich oft eigenständig definiert, wodurch die bereichsübergreifende Kommunikation stark limitiert ist und eine technische Schnittstelle nur mit einem großen fachlichen und
auch IT-technischen Aufwand aufgebaut werden kann. Teilweise sind für diese Probleme auch
Zusammenschlüsse verschiedener Unternehmen mit unterschiedlichen IT-Systemen verantwortlich. Häufig sind die Systemlandschaften nicht vereinheitlicht, sondern aus Kostengründen nur
notdürftig aufeinander abgestimmt worden.

62 Die EBA versteht unter der »Dateninfrastruktur« physische und organisatorische Strukturen und
Einrichtungen zum Aufbau und zur Pflege der Daten- und IT-Architektur zur Unterstützung der
internen Risikodatenaggregation und Risikoberichterstattung des Institutes.[98] Von den bedeutenden Instituten wird erwartet, eine interne Daten- und IT-Architektur zu entwerfen, einzurichten

---

96 Vgl. Baseler Ausschuss für Bankenaufsicht, Grundsätze für die effektive Aggregation von Risikodaten und die Risikoberichterstattung, BCBS 239, 9. Januar 2013, S. 8.
97 Unter einer »Single Source of Truth«, auch »die einzige Quelle der Wahrheit« genannt, wird ein Datenbestand verstanden,
in dem alle zur Aggregation von Daten benötigten Informationen vorgehalten werden. Sie hält konsistente Datenbestände,
die ständig aktualisiert und qualitätsgesichert werden.
98 Vgl. European Banking Authority, Leitlinien zu den Stresstests der Institute, EBA/GL/2018/04, 19. Juli 2018, S. 9.

und zu pflegen, um die Kapazitäten zur Risikodatenaggregation und die Verfahren zur Risiko-berichterstattung nicht nur unter gewöhnlichen Umständen, sondern auch in Stressphasen oder Krisen vollumfänglich zu unterstützen (→ AT 4.3.4 Tz. 5). Sie müssen leistungsfähige Kapazitäten zur Risikodatenaggregation entwickeln und pflegen, um sicherzustellen, dass die Risikoberichte die bestehenden Risiken in verlässlicher Weise abbilden.[99]

Um dies zu erreichen, sollte die bestehende IT-Landschaft überprüft und möglichst homogen ausgestaltet werden.[100] Die Risikodaten sollten pro Risikoart aus einer maßgeblichen Quelle (»Single Source of Truth«) stammen.[101] Außerdem sollte die Datenarchitektur mit den relevanten Geschäfts- und IT-Stakeholdern validiert werden, um die erforderliche Datenkohärenz in den IT-Systemen zu unterstützen und sicherzustellen, dass die Datenarchitektur auf die Geschäfts- und Risikomanagement-Erfordernisse abgestimmt ist.[102] Die Datenarchitektur sollte auch die Implementierung von angemessenen Kontrollen unterstützen[103] (→ AT 4.3.4 Tz. 7). **63**

Im Rahmen seines letzten Umsetzungsberichtes hat der Baseler Ausschuss für Bankenaufsicht (BCBS) Beispiele für eine effektive Datenarchitektur und IT-Infrastruktur von Instituten aufgezählt, bei denen die Grundsätze bereits im Wesentlichen bzw. vollständig umgesetzt sind. Hierzu gehören die effektive Integration isolierter Datenbanken von verschiedenen Rechtssubjekten, Tochtergesellschaften und Zweigstellen, die Identifizierung von redundanten oder ineffizienten Technologien und Prozessen, die Verschlankung von IT-Plattformen und -Systemen, die Konsolidierung von Datenkategorisierungsansätzen und -strukturen, integrierte Datentaxonomien, die Verwendung eines zentralen Datenlexikons sowie eines Datenspeichers oder eines Datenhaushaltes für jede wesentliche Risikoart. Auch Projekte zu Datenqualitätsbewertungen und zur Datensanierung, die in allen Geschäftsbereichen durchgeführt werden, sieht der BCBS als Positivbeispiele für eine effektive Datenarchitektur und IT-Infrastruktur an.[104] **64**

3.2 Vermeidung von Datenchaos

Eine wesentliche Voraussetzung für eine funktionierende Dateninfrastruktur ist also eine abgestimmte Vorgehensweise zum Umgang mit den relevanten Daten. Das nachhaltige und kontinuierliche Daten- bzw. Datenqualitätsmanagement gewinnt enorm an Bedeutung und befördert den von der Aufsicht geforderten Kulturwandel in den Instituten. Die bisher eher als »IT-technisches Gut« betrachteten Daten stellen mittlerweile einen »wesentlichen Vermögenswert« der Institute dar, der entsprechend sorgsam behandelt werden sollte. Insbesondere müssen die Institute eine strukturierte »Data Governance« inklusive eines Konzeptes zur Verankerung von Verantwortlichkeiten für die Daten und deren Qualität etablieren und eine Validierungseinheit zur Überprüfung der Einhaltung der Vorgaben einrichten. Die Festlegungen zur Benennung von Daten (»Namenskonventionen«), zur Kennzeichnung von Daten und zu Feldbeschreibungen sollten einheitlich sein und sich eindeutig aus einem Datenkatalog (»Data Dictionary«) ergeben, um die relevanten **65**

---

99 Vgl. Baseler Ausschuss für Bankenaufsicht, Grundsätze für die effektive Aggregation von Risikodaten und die Risikoberichterstattung, BCBS 239, 9. Januar 2013, S. 7.

100 Vgl. Buchmüller, Patrik/Lindenau, Jan/Mährle, Christine, Neue Vorgaben zu Datenmanagement, Datenqualität und Risikodatenaggregation, in: MaRisk-Interpretationshilfen, 5. Auflage, Heidelberg, 2018, S. 108.

101 Vgl. Baseler Ausschuss für Bankenaufsicht, Grundsätze für die effektive Aggregation von Risikodaten und die Risikoberichterstattung, BCBS 239, 9. Januar 2013, S. 9.

102 Vgl. European Banking Authority, Leitlinien für die IKT-Risikobewertung im Rahmen des aufsichtlichen Überprüfungs- und Bewertungsprozesses (SREP), EBA/GL/2017/05, 11. September 2017, S. 23 f.

103 Vgl. European Central Bank, Report on the Thematic Review on effective risk data aggregation and risk reporting, 9. Mai 2018, S. 9.

104 Vgl. Basel Committee on Banking Supervision, Progress in adopting the principles for effective risk data aggregation and risk reporting, BCBS 443, 21. Juni 2018, S. 18.

AT 4.3.4 Datenmanagement, -qualität und Aggregation von Risikodaten

Daten zweifelsfrei identifizieren, zusammenführen und auswerten sowie zeitnah zur Verfügung stellen zu können. Zudem müssen die vollständigen Datenflüsse (»Data Lineage«) nachvollziehbar dokumentiert sein (»front to end«), um eine hinreichende Transparenz der Datenaggregation sowie zur Auswertbarkeit der Daten zu ermöglichen. Schließlich ist auch ein Prozess zur Bereinigung von Datenqualitätsmängeln erforderlich.[105]

66 Eine einheitliche »Datentaxonomie« ist hierfür eine wesentliche Voraussetzung. Ist ein einheitliches Datenmodell nicht vorhanden, muss sichergestellt werden, dass die verschiedenen Datenmodelle automatisiert abgeglichen werden und die Daten auf diese Weise ineinander überleitbar sind. Individuelle IT-Lösungen verschiedener Bereiche eines Institutes, unterschiedliche Datengrundlagen und unterschiedliche Autoren aus verschiedenen Bereichen führen zu unterschiedlichen Namenskonventionen bzw. Definitionen und Redundanzen. Für die Erstellung von Risiko-, Finanz- und aufsichtsrechtlichen Berichten sollten einheitliche Datenquellen sowie homogene und integrierte Datentaxonomien verwendet werden, die alle wesentlichen rechtlichen Einheiten und Risiken abdecken.[106]

67 Es ist daher entscheidend, das teilweise noch beobachtete Silo-Denken einzelner Fachbereiche zu durchbrechen und geschäfts- sowie risikoartenübergreifende Standard-Kennzeichnungen und/oder vereinheitlichte Namenskonventionen für bestimmte Daten festzulegen (z. B. für Konzerngesellschaften, Kontrahenten, Kunden oder Konten). Hierfür sollte ein Datenlexikon (auch »Business Glossar« oder »Business Data Dictionary«) entwickelt werden, um einheitliche Definitionen zu gewährleisten.[107] Das Datenlexikon umfasst alle wesentlichen Geschäftsobjekte, Attribute und Kennzahlen, die in Risikoberichten benötigt werden, alle relevanten Informationsobjekte in der Verarbeitungskette sowie die einheitlichen Identifier, jeweils inklusive der fachlichen Beschreibung. Als Basis für die technische Datenhaltung im Datenhaushalt dient häufig ein fachliches Datenmodell.

68 Die verwendeten Fachbegriffe der einzelnen Bereiche eines Institutes sollten klar definiert und synonym verwendete Kennzeichnungen sollten eindeutig erkennbar und möglichst beseitigt werden. Hierfür sollten alle Daten eindeutig normiert und die einzelnen Aggregationen inklusive der angewandten Methoden nachvollziehbar dokumentiert werden.[108] Diese Festlegungen sind innerhalb des Institutes zu kommunizieren.

---

105 Vgl. Eisert, Matthias, AT 4.3.4 – Neue Anforderungen an das Datenmanagement in den MaRisk 2016, PwC Risk Blog, 3. Mai 2016; European Central Bank, Report on the Thematic Review on effective risk data aggregation and risk reporting, 9. Mai 2018, S. 8.

106 Vgl. European Central Bank, Report on the Thematic Review on effective risk data aggregation and risk reporting, 9. Mai 2018, S. 9.

107 Vgl. Basel Committee on Banking Supervision, Progress in adopting the principles for effective risk data aggregation and risk reporting, BCBS 443, 21. Juni 2018, S. 8 f.

108 Vgl. Buchmüller, Patrik/Lindenau, Jan/Mährle, Christine, Neue Vorgaben zu Datenmanagement, Datenqualität und Risikodatenaggregation, in: MaRisk-Interpretationshilfen, 5. Auflage, Heidelberg, 2018, S. 107.

4 Automatisierungsgrad, Genauigkeit und Vollständigkeit der Risikodaten (Tz. 3)

3 Das Institut hat zu gewährleisten, dass Risikodaten genau und vollständig sind. Daten müssen nach unterschiedlichen Kategorien auswertbar sein und sollten, soweit möglich und sinnvoll, automatisiert aggregiert werden können. Der Einsatz und der Umfang manueller Prozesse und Eingriffe sind zu begründen und zu dokumentieren und auf das notwendige Maß zu beschränken. Die Datenqualität und die Datenvollständigkeit sind anhand geeigneter Kriterien zu überwachen. Hierfür hat das Institut interne Anforderungen an die Genauigkeit und Vollständigkeit der Daten zu formulieren. | 69

4.1 Genauigkeit der Risikodaten

Die Institute sollten in der Lage sein, genaue und verlässliche Risikodaten zu generieren und zu aggregieren, um den Anforderungen an die Genauigkeit[109] im Berichtswesen unter gewöhnlichen Umständen sowie in Stressphasen oder Krisen gerecht zu werden (→ AT 4.3.4 Tz. 5). Die Daten sind möglichst auf automatisierter Basis zu aggregieren, um die Fehlerwahrscheinlichkeit so gering wie möglich zu halten.[110] | 70

Um die Genauigkeit der Risikodaten sicherzustellen, müssen robuste Kontrollverfahren für die gesamte Prozesskette implementiert werden (→ AT 4.3.4 Tz. 7). Die Kontrollen müssen für den gesamten Prozess dokumentiert sein. Hierzu gehört ebenso die Festlegung der zu erzielenden Datenqualitätsstandards. Auch die regelmäßige Durchführung der Kontrollen muss dokumentiert werden (→ AT 6). Besonderes Augenmerk ist dabei auf manuelle Prozessschritte zu legen, da diese bekanntlich fehleranfälliger sind. Darüber hinaus muss ein Institut verschiedene Abgleiche (»Reconciliations«) von Risikodaten mit weiteren Datenhaushalten vornehmen, um potenzielle Ungenauigkeiten festzustellen (→ AT 4.3.4 Tz. 4). Dabei sollten die Institute möglichst nur eine maßgebliche Quelle (»Single Source of Truth«) pro Risikoart verwenden, um redundante und inkonsistente Datenhaltung zu vermeiden. Für die Mitarbeiter des Risikocontrollings müssen umfassende Zugriffsrechte eingeräumt werden, um sicherzustellen, dass sie die Risikodaten in angemessener Weise aggregieren, validieren und abgleichen können (→ AT 4.4.1 Tz. 3). | 71

Die Institute sollten die Risikodaten auf Konzernebene einheitlich definieren (»Glossar«). Im Glossar sollte neben der Definition der Risikodaten die Verwendung dieser Risikodaten dokumentiert werden. Die Verwendung muss konsistent in allen Unternehmensbereichen und gruppenangehörigen Unternehmen sein, damit am Ende auch die richtigen Daten aggregiert werden.[111] | 72

---

109 Unter dem Begriff »Genauigkeit« versteht der Baseler Ausschuss die Übereinstimmung zwischen einer Messung, Aufzeichnung oder Darstellung und dem tatsächlichen Wert, der zu messen, aufzuzeichnen oder darzustellen ist. Vgl. Baseler Ausschuss für Bankenaufsicht, Grundsätze für die effektive Aggregation von Risikodaten und die Risikoberichterstattung, BCBS 239, 9. Januar 2013, S. 19.

110 Vgl. Baseler Ausschuss für Bankenaufsicht, Grundsätze für die effektive Aggregation von Risikodaten und die Risikoberichterstattung, BCBS 239, 9. Januar 2013, S. 9.

111 Vgl. Baseler Ausschuss für Bankenaufsicht, Grundsätze für die effektive Aggregation von Risikodaten und die Risikoberichterstattung, BCBS 239, 9. Januar 2013, S. 9.

AT 4.3.4 Datenmanagement, -qualität und Aggregation von Risikodaten

4.2 Vollständigkeit der Risikodaten

73 Die Institute sollten in der Lage sein, sämtliche wesentlichen Risikodaten auf Konzernebene zu generieren und zu aggregieren, einschließlich der außerbilanziellen Risiken. Die Vollständigkeit[112] der Daten wird durch die Gewährleistung der sachlichen und technischen Verfügbarkeit, Erfassung gemäß dem Datenmodell und Aggregation aller Daten erreicht. Die Ansätze zur Risikodatenaggregation müssen auf Konzernebene nicht einheitlich sein. Allerdings sollten sich die Datenaggregationskapazitäten unabhängig von der Wahl des eingesetzten Systems nicht voneinander unterscheiden. Für jedes System sind die Ansätze zur Risikodatenaggregation eindeutig festzulegen, um die Geschäftsleitung in die Lage zu versetzen, die Ergebnisse angemessen zu beurteilen.[113]

74 Die Aufsicht erwartet von den Instituten grundsätzlich vollständige Daten. Dabei ist auch hier das Wesentlichkeitsprinzip zu beachten. Sofern die Vollständigkeit der Risikodaten ausnahmsweise nicht gewährleistet ist, sollte dies kenntlich gemacht und erläutert werden und sich nicht maßgeblich auf die Fähigkeit auswirken, die bestehenden Risiken effizient zu steuern. Im Ergebnis dürfen Vereinfachungen oder Annahmen, die fachlich vorgesehen sind, nur unwesentliche Auswirkungen auf die einzelnen Risikokennzahlen haben. Diese Effekte sind regelmäßig zu überwachen, und es ist zu überprüfen, ob die Aussagekraft der Risikokennzahlen weiterhin gegeben ist. Wesentliche Datenqualitätsprobleme sind in den Berichten kenntlich zu machen und zu erläutern.[114]

75 Um dem Wesentlichkeitsprinzip Rechnung zu tragen, werden häufig Schwellenwerte für Materialität und Granularität festgelegt. Diese Schwellenwerte müssen mit den Vorgaben der Geschäftsleitung zur Vollständigkeit der Risikodaten im Einklang stehen und durch eine Festlegung in den SLAs von allen Datenlieferanten eingehalten werden. Wenn die Geschäftsleitung beispielsweise eine Fehlertoleranz von 5 Prozent für die Risikokennzahlen definiert hat, dann dürfen die über den gesamten Datenaggregationsprozess festgelegten Schwellenwerte in Summe die festgelegte Grenze von 5 Prozent nicht übersteigen.

4.3 Weitgehende Automatisierung

76 Traditionell werden in den Instituten selbst entwickelte Anwendungen (»Individuelle Datenverarbeitung«, IDV) auf Basis von MS Excel und MS Access als zentrale Aggregations- und Weiterverarbeitungstools verwendet. Diese Anwendungen werden oft zur Lösung von Ad-hoc-Anfragen verwendet, aber auch für regelmäßige Informationsbedürfnisse eingesetzt. Sie ermöglichen flexible Auswertungen zu oft unflexibel vorliegenden Daten in bestandsführenden Systemen. Die Institute verwenden oftmals noch eine Vielzahl von IDV-Lösungen, was nicht nur zu erheblichen Berichtsungenauigkeiten führt, sondern insgesamt die Fehleranfälligkeit und damit die operationellen Risiken erhöhen kann. Gemäß den Anforderungen des Baseler Ausschusses für Bankenaufsicht sollten die IDV-Lösungen insgesamt auf das notwendige Maß reduziert werden. In den Leitlinien der EBA wird ebenfalls auf die Fehleranfälligkeit manueller Prozesse hingewiesen. Um eine hohe

---

112 Die »Vollständigkeit« betrifft die Verfügbarkeit relevanter, für den gesamten Konzern (z.B. Konzerngesellschaften, Geschäftsfelder und Länder) aggregierter Risikodaten. Vgl. Baseler Ausschuss für Bankenaufsicht, Grundsätze für die effektive Aggregation von Risikodaten und die Risikoberichterstattung, BCBS 239, 9. Januar 2013, S. 18.

113 Vgl. Baseler Ausschuss für Bankenaufsicht, Grundsätze für die effektive Aggregation von Risikodaten und die Risikoberichterstattung, BCBS 239, 9. Januar 2013, S. 9.

114 Vgl. Baseler Ausschuss für Bankenaufsicht, Grundsätze für die effektive Aggregation von Risikodaten und die Risikoberichterstattung, BCBS 239, 9. Januar 2013, S. 10.

AT 4.3.4 Datenmanagement, -qualität und Aggregation von Risikodaten

Datenqualität zu gewährleisten, sollten die Institute z. B. im Zusammenhang mit dem Management der Zinsänderungsrisiken im Anlagebuch geeignete Verfahren einführen, die sicherstellen, dass die in das IT-System eingegebenen Daten korrekt sind. Die Dateneingabe sollte so weit wie möglich automatisiert werden, um administrative Fehler zu reduzieren.[115] Auch die deutsche Aufsicht erwartet, dass die Risikodaten möglichst automatisiert aggregiert werden (→ AT 4.3.4 Tz. 3).

In der Praxis wird es immer Aggregations- und Berichtsprozesse geben, die nicht vollständig   **77** automatisiert sind. Dies ist zunächst einmal nicht kritisch zu sehen, wenn der Anteil dieser Prozesse nicht zu hoch ist. Die Praxis zeigt jedoch, dass die Institute oft keinen Überblick über manuelle Prozessschritte haben und den Automatisierungsgrad nicht beurteilen können. Oft fehlt eine Inventarisierung der verwendeten IDV-Anwendungen, oder die Analysen beziehen sich nicht auf die gesamte Prozesskette und blenden viele IDV-Anwendungen aus. Außerdem fehlen teilweise die Vorgaben zum vorgesehenen Automatisierungsgrad. Im ersten Schritt sollten deshalb alle manuellen Prozesse und IDV-Anwendungen identifiziert und im Datenfluss kenntlich gemacht werden. Für manuelle Prozesse und IDV-Anwendungen sind zumindest effektive risikomindernde Maßnahmen (z. B. Grundsätze und Verfahrensweisen für IT-Anwender) sowie weitere effektive Kontrollen einzurichten und einheitlich auf alle relevanten Prozesse im Institut anzuwenden. Die Angemessenheit »manueller Umgehungslösungen«[116], einschließlich einer Beschreibung, inwiefern sie sich maßgeblich auf die Genauigkeit der Risikodatenaggregation auswirken und welche Maßnahmen vorgeschlagen werden, um diese Auswirkungen zu minimieren, ist im Rahmen der Dokumentation zu erläutern. Insgesamt sollte zwischen automatisierten und manuellen Systemen zumindest ein angemessenes Gleichgewicht bestehen.[117]

Beim Einsatz von IDV sind die Anforderungen des AT 7.2 entsprechend der Kritikalität der   **78** unterstützten Geschäftsprozesse und der Bedeutung der Anwendungen für diese Prozesse zu beachten. Die Festlegung von Maßnahmen zur Sicherstellung der Datensicherheit hat sich am Schutzbedarf der verarbeiteten Daten zu orientieren (→ AT 7.2 Tz. 5). Der Schutzbedarf kritischer Arbeitsabläufe übersteigt regelmäßig die technischen Schutzmöglichkeiten von IDV, deswegen sollten als kritisch klassifizierte IDV-Anwendungen mittelfristig auf eine durch die IT gesteuerte Anwendung migriert werden. In der Übergangszeit sollte das Restrisiko daraus genehmigt und dokumentiert werden.[118]

Im Rahmen der Umsetzungsprojekte laufen auch Maßnahmen, um die IDV weiter zu reduzie-   **79** ren. Für die Risikodatenaggregation und Risikoberichterstattung wesentliche Anwendungen müssen i. d. R. mindestens abgesichertem IDV-Standard entsprechen, d. h. Trennung von Produktions- und Entwicklungsumgebung, Versionsführung, unabhängige Abnahmetests, vollständige Dokumentation etc. Um ein angemessenes Gleichgewicht zwischen automatisierten und manuellen Systemen entlang der Verarbeitungskette sicherzustellen, können die manuellen Schritte z. B. zunächst einer Aufwand-Nutzen-Analyse unterzogen werden. Für die Entscheidung für oder gegen eine Automatisierung spielt einerseits eine Rolle, wie hoch der Automatisierungsgrad bereits ist. Andererseits muss individuell geprüft werden, ob der jeweilige Prozessschritt überhaupt automatisierbar ist. Im positiven Fall sollte es begründet werden, sofern trotzdem darauf verzichtet wird.

---

115 Vgl. European Banking Authority, Leitlinien zur Steuerung des Zinsänderungsrisikos bei Geschäften des Anlagebuchs, EBA/GL/2018/02, 19. Juli 2018, S. 21.

116 Unter »manuellen Umgehungslösungen« ist der Einsatz personenbasierter Prozesse und Werkzeuge für die Übertragung, Bearbeitung oder Veränderung von Daten zu verstehen, die für die Risikodatenaggregation oder die Risikoberichterstattung verwendet werden. Vgl. Baseler Ausschuss für Bankenaufsicht, Grundsätze für die effektive Aggregation von Risikodaten und die Risikoberichterstattung, BCBS 239, 9. Januar 2013, S. 19.

117 Vgl. Baseler Ausschuss für Bankenaufsicht, Grundsätze für die effektive Aggregation von Risikodaten und die Risikoberichterstattung, BCBS 239, 9. Januar 2013, S. 8 f.

118 Vgl. Bretz, Jörg, Anforderungen an individuelle Datenverarbeitung aus aufsichtsrechtlicher Sicht, Präsentation anlässlich der Veranstaltung IT-Aufsicht bei Banken, 29. Oktober 2013, S. 6.

80   Manuelle Eingriffe sind insbesondere dann angebracht, wenn ein fachliches Urteil erforderlich ist. So können im Datenaggregationsprozess zur Ergänzung unvollständiger Daten oder zur Interpretation von Ergebnissen im Rahmen der Risikoberichterstattung gelegentlich Expertenurteile herangezogen werden. Der Einsatz von Expertenurteilen – anstelle von vollständigen und verlässlichen Datensätzen – ist allerdings nur in Ausnahmefällen möglich und darf die Einhaltung der Grundsätze nicht wesentlich beeinflussen. Beim Einsatz von Expertenurteilen erwarten die Aufsichtsbehörden zudem einen klar dokumentierten und transparenten Prozess, so dass eine unabhängige Prüfung dieses Prozesses sowie der dem Entscheidungsprozess zugrunde liegenden Kriterien möglich ist.[119] Sofern das Ergebnis zwar nicht notwendigerweise exakt, jedoch für den gegebenen Zweck hinreichend genau ist, spricht man auch vom »Näherungswert«.[120] Einige Institute, die für die turnusmäßige Berichterstattung in der Regel sehr viel Zeit benötigen, haben für die zeitnahe Information der Geschäftsleitung so genannte »Flash reports« implementiert. Die »Flash reports« enthalten eine Auswahl von wichtigen Risikokennzahlen und basieren überwiegend auf Näherungswerten. Bei Verwendung von solchen »Flash reports« ist ein Abgleich mit den endgültig abgestimmten Werten für diese Risikokennzahlen erforderlich, um die Aussagekraft der »Flash reports« beurteilen zu können. Bei wesentlichen Abweichungen ist eine Ursachenanalyse durchzuführen, die auch mögliche Korrekturmaßnahmen beinhalten sollte.

81   Manuelle Korrekturen sollten nicht per se negativ gesehen werden. Grundsätzlich sind die im Datenaggregationsprozess entdeckten Fehler an der Quelle zu bereinigen. Ist eine Korrektur an der Quelle beispielsweise aus zeitlichen Gründen nicht mehr möglich, so kann eine Anpassung der Daten bei offensichtlichen Fehlern insgesamt durchaus zur Verbesserung der Datenqualität beitragen. In einem solchen Fall ist in den Berichten auf die wesentlichen manuellen Korrekturen hinzuweisen, die in den zugestellten Berichten vorgenommen wurden. Die Korrektur in den Quellsystemen ist schnellstmöglich nachzuholen, um weitere Datenqualitätsprobleme zu vermeiden. Wenn viele manuelle Korrekturen erforderlich werden, ist eine Ursachenanalyse durchzuführen.

82   Eine Berücksichtigung von Expertenurteilen ergibt sich auch daraus, dass diese im Zusammenhang mit der Durchführung von Stresstests eine wesentliche Rolle spielen. Wenn die Datenverfügbarkeit oder -qualität oder strukturelle Brüche in historischen Daten keine aussagekräftigen Schätzungen zulassen, sollten quantitative Analysen durch qualitative Expertenurteile ergänzt werden. Aber auch in den Fällen, in denen der zugrunde liegende Modellierungsprozess robust ist, sollten Expertenurteile beim Hinterfragen der Modellergebnisse eine Rolle spielen.[121]

4.4   Überwachung der Datenqualität

83   Wesentlich für eine angemessene Risikoberichterstattung ist eine hohe Datenqualität, die nur erreicht werden kann, wenn alle Daten korrekt sind und alle relevanten Daten vollständig erfasst werden. Die Institute sollten daher entsprechende Vorgaben zur Datenqualität formulieren und in einem täglichen Datenqualitätsmanagement umsetzen.[122] Dabei müssen die Vorgaben zur Daten-

---

119 Vgl. Baseler Ausschuss für Bankenaufsicht, Grundsätze für die effektive Aggregation von Risikodaten und die Risikoberichterstattung, BCBS 239, 9. Januar 2013, S. 5.

120 Vgl. Baseler Ausschuss für Bankenaufsicht, Grundsätze für die effektive Aggregation von Risikodaten und die Risikoberichterstattung, BCBS 239, 9. Januar 2013, S. 19.

121 Vgl. European Banking Authority, Leitlinien zu den Stresstests der Institute, EBA/GL/2018/04, 19. Juli 2018, S. 21.

122 Vgl. Basel Committee on Banking Supervision, Progress in adopting the principles for effective risk data aggregation and risk reporting, BCBS 443, 21. Juni 2018, S. 12.

qualität von der Geschäftsleitung als dem primären Adressaten gemacht werden (→ AT 4.3.4 Tz. 1). Ein besonderer Fokus sollte dabei auf die Kontrollen im Front-Office gelegt werden. Mängel in diesen Bereichen werden von vielen Instituten als Grund für eine schlechte Datenqualität genannt.[123] Insofern erscheint es sinnvoll, die Datenqualität kontinuierlich zu messen und zu verbessern.[124] Zur Sicherstellung der Datenqualität sollten konkrete Anforderungen (insbesondere an die Genauigkeit und Vollständigkeit von Risikodaten) formuliert werden (→ AT 4.3.4 Tz. 3). Sowohl die Genauigkeit als auch die Vollständigkeit der Risikodaten müssen ermittelt und überwacht werden.

Zertifizierungsprozesse für die Datenqualität der maßgeblichen Quellen von Risikodaten für jede Risikoart können der Verbesserung der Datenqualität dienen. Änderungen an Daten sollten protokolliert und die Gründe für diese Änderungen zusammen mit den Verantwortlichen (d. h. mit denjenigen, die die Änderungen angefordert, sie genehmigt oder vorgenommen haben) vermerkt werden.[125]   **84**

Gemäß den Vorgaben der EBA sollten die Institute geeignete Mechanismen einführen, um die Richtigkeit des Aggregationsprozesses und die Zuverlässigkeit der Modellergebnisse zu überprüfen. Diese Mechanismen sollten die Genauigkeit und Zuverlässigkeit der Daten bestätigen.[126] Ein möglicher Weg hierfür ist die Vorgabe von Indikatoren zur Beurteilung der Datenqualität (»Data Quality Indicators«)[127], mit deren Hilfe z. B. die Leistungskennzahlen/-indikatoren (»Key Performance Indicators«, KPI) oder die Risikokennzahlen/-indikatoren (»Key Risk Indicators«, KRI) hinterfragt werden könnten. Im Idealzustand wird die Datenqualität entlang des Datenflusses (»Data Lineage«) für jedes festgelegte Qualitätskriterium (z. B. Aktualität, Genauigkeit, Gültigkeit, Integrität, Korrektheit, Plausibilität, Verfügbarkeit und Vollständigkeit) geprüft und auf ein Qualitätsniveau verdichtet. Dabei wird die Datenqualität der Eingangsdaten, der Zwischenschritte und der Ergebnisdaten gemessen und bewertet. Die Indikatoren zur Beurteilung der Datenqualität (»Data Quality Indicators«) können auf unterschiedlichen Granularitätsstufen (z. B. Feldebene, Datensatzebene, Schnittstelle, Set von Input- oder Ergebnisdaten) definiert werden, um die Datenqualität quantitativ messbar zu machen. Eine Prüfregel kann z. B. den Soll-Zustand definieren, der zur Messung der Datenqualität herangezogen werden soll. Zum Beispiel kann als möglicher Indikator die relative Häufigkeit bezogen auf die positive Erfüllung der Prüfregel verwendet werden oder über eine Bezugsgröße (Schwellenwert) eine Ampelbewertung des Prüfergebnisses erfolgen. Die Festlegung der Indikatoren bzw. der Schwellenwerte für die Ampeln ist allerdings alles andere als trivial. Es empfiehlt sich, dafür Expertenwissen zu nutzen. Zur Beurteilung der Datenqualität zwischen verschiedenen Data Lineages können zusätzlich Plausibilitäts- und Konsistenzprüfungen herangezogen werden. Die Intensität der Prüfung kann sich nach der Bedeutung der Prüfobjekte unterscheiden.   **85**

Die Risikokennzahlen sollten auf verlässlichen internen und externen Daten (z. B. Marktdaten) beruhen. Die Qualität externer Informationsquellen und die Häufigkeit, in der diese Daten aktualisiert werden, sollte eingehend geprüft werden. Die Institute sollten die möglichen Gründe für Abweichungen und Unregelmäßigkeiten bei der Datenverarbeitung ermitteln. Sie   **86**

---

123 Vgl. Harreis, Holger/Tavakoli, Asin/Ho, Tony/Machado, Jorge/Rowshankish, Kayvaun/Merrath, Peter, Living with BCBS 239, McKinsey & Company, Mai 2017, S. 5 f.

124 Zu Prüfgegenständen der Datenqualität vgl. Fingerlos, Uwe/Golla, Guido/Pastwa, Alexander, Datenqualität im Risikomanagement – Konkretisierung der Anforderungen aus AT 4.3.4 MaRisk, in: Risiko-Manager, Heft 10/2016, S. 10–14.

125 Vgl. European Central Bank, Report on the Thematic Review on effective risk data aggregation and risk reporting, 9. Mai 2018, S. 12.

126 Vgl. European Banking Authority, Leitlinien zur Steuerung des Zinsänderungsrisikos bei Geschäften des Anlagebuchs, EBA/GL/2018/02, 19. Juli 2018, S. 21.

127 Vgl. European Central Bank, Report on the Thematic Review on effective risk data aggregation and risk reporting, 9. Mai 2018, S. 9.

sollten über geeignete Verfahren (einschließlich Verfahren für die gegenseitige Abstimmung von Positionen) verfügen, damit diese Abweichungen und Unregelmäßigkeiten beseitigt werden können.[128] An die Untersuchung von Datenqualitätsmängeln hinsichtlich ihrer Auswirkung auf die Risikodaten oder auf die Erfüllung regulatorischer Anforderungen sollte sich eine Ursachenanalyse anschließen, die auch mögliche Korrekturmaßnahmen beinhalten sollte. Die Umsetzung der Korrekturmaßnahmen sollte überwacht werden. Die festgestellten wesentlichen Mängel sowie die Maßnahmen zu deren Beseitigung und deren Umsetzungsstand sollten z. B. in einen Datenqualitätsbericht einfließen. Um einer schlechten Datenqualität entgegenzuwirken, sollten angemessene Eskalationswege vereinbart werden.[129] Klare Verantwortlichkeiten über den gesamten Datenaggregationsprozess und definierte Service Level Agreements stellen die wichtigsten Voraussetzungen für die Wirksamkeit eines Eskalationsprozesses im Falle schlechter Datenqualität dar (→ AT 4.3.4 Tz. 7).

128 Vgl. European Banking Authority, Leitlinien zur Steuerung des Zinsänderungsrisikos bei Geschäften des Anlagebuchs, EBA/GL/2018/02, 19. Juli 2018, S. 21 f.

129 Vgl. Baseler Ausschuss für Bankenaufsicht, Grundsätze für die effektive Aggregation von Risikodaten und die Risikoberichterstattung, BCBS 239, 9. Januar 2013, S. 8 f.

5 Sicherstellung der Datenqualität durch Abgleich der Risikodaten (Tz. 4)

4 Die Risikodaten sind mit anderen im Institut vorhandenen Informationen abzugleichen **87** und zu plausibilisieren. Es sind Verfahren und Prozesse zum Abgleich der Risikodaten und der Daten in den Risikoberichten einzurichten, mittels derer Datenfehler und Schwachstellen in der Datenqualität identifiziert werden können.

5.1 Abgleich und Plausibilisierung der Risikodaten

Im Interesse einer aussagekräftigen Risikoberichterstattung sollten die Risikodaten korrekt und **88** konsistent sein. Hierfür sollten die Möglichkeiten zum Abgleich und zur Plausibilisierung der Risikodaten mit den im Institut vorhandenen Informationen genutzt werden. So fordert der Baseler Ausschuss für Bankenaufsicht (BCBS), die Risikodaten mit anderen im Institut zur Verfügung stehenden Daten (ggf. auch Rechnungslegungsdaten) abzugleichen, um ihre Genauigkeit sicherzustellen.[130] Die EBA erwartet die Einrichtung von angemessenen Verfahren und Prozessen, um die originären Risikodaten mit den Risikoberichten abzugleichen.[131] Die deutsche Aufsicht weist dabei insbesondere auf die Daten aus dem Rechnungswesen und ggf. aus dem Meldewesen hin (→ AT 4.3.4 Tz. 4, Erläuterung).

Unter einem »Abgleich« versteht der BCBS einen Prozess, in dem bestimmte Sachverhalte oder **89** Ergebnisse miteinander verglichen und die festgestellten Unterschiede erläutert werden.[132] Während ein Abgleich insofern auf eine Gegenüberstellung verschiedener Daten hinausläuft, geht es bei einer »Plausibilisierung« eher darum, die Nachvollziehbarkeit von bestimmten Sachverhalten oder Ergebnissen zu überprüfen und ggf. zu erläutern. Bei der Durchführung von Abgleichen kann zwischen vertikalen und horizontalen Abgleichen unterschieden werden. Unter vertikalen Abgleichen werden Vollständigkeitskontrollen bzw. Abstimmhandlungen entlang des Datenflusses verstanden. Dazu zählen beispielsweise die Abgleiche zwischen den in Risikoberichten enthaltenen Daten und den Daten aus der jeweils maßgeblichen Quelle (»Single Source of Truth«) pro Risikoart. Dadurch können mögliche Übertragungsfehler sehr schnell erkannt werden. Horizontale Abgleiche sind Abstimmungen mit redundant ermittelten oder erhobenen und aggregierten Daten beispielsweise aus anderen Datentöpfen oder anderen Informationsquellen, z. B. aus dem Rechnungswesen. Die Abstimmhandlungen sollten möglichst automatisiert von den Front-Office-Systemen bis zur Berichtsebene durchgeführt werden.[133]

Der Zweck eines Abgleiches oder einer Plausibilisierung besteht darin, Datenfehler und **90** Schwachstellen in der Datenqualität zu identifizieren und Unterschiede, die sich z. B. aus den verschiedenen Verwendungsarten der Daten ergeben können, zu erklären. Während im Rechnungswesen z. B. überwiegend der Valuta-Stichtag verwendet wird, ist für das Risikocontrolling

---

130 Vgl. Baseler Ausschuss für Bankenaufsicht, Grundsätze für die effektive Aggregation von Risikodaten und die Risikoberichterstattung, BCBS 239, 9. Januar 2013, S. 9.

131 Vgl. European Banking Authority, Leitlinien für die IKT-Risikobewertung im Rahmen des aufsichtlichen Überprüfungs- und Bewertungsprozesses (SREP), EBA/GL/2017/05, 11. September 2017, S. 23.

132 Vgl. Baseler Ausschuss für Bankenaufsicht, Grundsätze für die effektive Aggregation von Risikodaten und die Risikoberichterstattung, BCBS 239, 9. Januar 2013, S. 19.

133 Vgl. European Central Bank, Report on the Thematic Review on effective risk data aggregation and risk reporting, 9. Mai 2018, S. 9.

der Handelsstichtag von großer Bedeutung. Diese Verfahren und Prozesse sollten Bestandteile des Datenqualitätsmanagements sein. Dabei ist zu beachten, dass die Aufsichtsbehörden selbst dazu in der Lage sind, bestimmte Datenabgleiche durchzuführen, bspw. Abgleiche der ihnen übermittelten Informationen im Rahmen des Meldewesens (z.B. COREP-Meldung) mit den Ergebnisdaten in den Risikoberichten.

91   Je fragmentierter die IT-Infrastruktur eines Institutes ist, desto größer ist der für die Durchführung der erforderlichen Abgleiche benötigte Aufwand. Auch die Aufklärung der entstandenen Differenzen kann sehr viel Zeit in Anspruch nehmen. Dabei wird zum Teil zwischen erwarteten Differenzen, weil z.B. unwesentliche Tochterunternehmen nicht einbezogen werden oder bestimmte Daten erst verspätet zugeliefert werden können, und unerwarteten Differenzen unterschieden. Erwartete Abweichungen sind durch das Institut zu analysieren und festzulegen. Abweichungen ergeben sich z.B. durch unterschiedliche Definitionen von erwarteten Verlusten im Risikomanagement und im Rechnungswesen, aufgrund unterschiedlicher Bemessungsgrundlagen (Bruttobuchwerte versus Nettobuchwerte) und aufgrund von abweichenden aufsichtlichen und handelsrechtlichen Konsolidierungskreisen. Unerwartete Differenzen deuten auf potenzielle Datenqualitätsmängel hin. Für die unerwarteten Differenzen ist eine Ursachenanalyse anzustoßen. Zudem sind Maßnahmen zur Beseitigung dieser Differenzen zu definieren. Die unerwarteten Differenzen sollten im Falle ihrer Materialität zwingend in den Datenqualitätsbericht aufgenommen werden. Darüber hinaus ist eine Aussage dazu in den Risikoberichten zu treffen, wenn die Ergebnisse dieser Abgleiche nicht ohnehin schon als Bestandteil eines »Data Quality Indikators« in die Risikoberichterstattung eingehen.

92   Die Praxis zeigt, dass die geforderten Abgleiche mit den Daten aus dem Rechnungswesen von vielen Instituten noch nicht implementiert werden konnten. Oft wird der Abgleich nur auf aggregierter Ebene durchgeführt, was eine Ursachenanalyse in der Regel deutlich erschwert und deshalb auch nicht ausreichend sein dürfte. Insgesamt stellte die EZB fest, dass die silobasierte IT-Architektur für unterschiedliche Berichtsanforderungen den Aggregationsprozess behindert und große Ineffizienzen bei Abstimmungsverfahren nach sich zieht. Bestehende Silostrukturen verursachen Doppelarbeiten und Redundanzen in Bezug auf die IT-Infrastruktur und organisatorische Vorgaben. Sie erfordern komplexe, zeitaufwendige und teure Abstimmprozesse und erhöhen die Wahrscheinlichkeit von Fehlern im Lebenszyklus der Daten.[134]

93   Der BCBS bewertet deshalb einen integrierten Datenhaushalt für das Risikocontrolling, das Rechnungswesen und das Meldewesen als internationale »best practice«.[135] Der BCBS 239 Thematic Review der EZB hat auch gezeigt, dass fortgeschrittene Banken auf integrierte Datenlösungen (ein einziges Organisationsdesign für die konzernweite Datenverwaltung, eine einzige maßgebliche Quelle für Risikodaten und Daten aus dem Melde- und Rechnungswesen, Abstimmung durch Design etc.) hinarbeiten. Die EZB betrachtet solche Lösungen ebenfalls als Best Practices und ermutigt die Institute, solche Lösungen zu implementieren.[136] Allerdings sollte auch klar sein, dass ein einheitlicher Datenhaushalt noch keine Garantie für gleiche Ableitungen bzw. identische Ergebnisse bedeutet, weil die fachlichen Anforderungen der einzelnen Geschäftsbereiche nicht identisch sind.

---

134 Vgl. European Central Bank, Report on the Thematic Review on effective risk data aggregation and risk reporting, 9. Mai 2018, S. 8.

135 Vgl. Basel Committee on Banking Supervision, Progress in adopting the principles for effective risk data aggregation and risk reporting, BCBS 399, 28. März 2017, S. 15.

136 Vgl. European Central Bank, Report on the Thematic Review on effective risk data aggregation and risk reporting, 9. Mai 2018, S. 9; Enria, Andrea, Supervisory expectations on risk data aggregation capabilities and risk reporting practices, Schreiben an die bedeutenden Institute vom 14. Juni 2019, S. 2.

6 Verfügbarkeit der Risikodaten (Tz. 5)

5 Die Datenaggregationskapazitäten müssen gewährleisten, dass aggregierte Risikodaten, **94** sowohl unter gewöhnlichen Umständen als auch in Stressphasen, zeitnah zur Verfügung stehen. Das Institut hat unter Berücksichtigung der Häufigkeit von Risikoberichten den zeitlichen Rahmen zu definieren, innerhalb dessen die aggregierten Risikodaten vorliegen müssen.

6.1 Aktualität der Risikodaten

Um ein angemessenes Risikomanagement gewährleisten zu können, müssen die eingesetzten **95** IT-Systeme und Datenverarbeitungsprozesse die Aktualität der Risikodaten sicherstellen. Die Datenstruktur und die Datenhierarchie müssen daher gewährleisten, dass die Daten zweifelsfrei identifiziert, zusammengeführt und ausgewertet werden können sowie zeitnah zur Verfügung stehen (→ AT 4.3.4 Tz. 2). Die zeitnahe Verfügbarkeit muss dabei nicht nur unter gewöhnlichen Umständen, sondern auch in Stressphasen gewährleistet sein. Die Verfügbarkeit aggregierter Risikodaten innerhalb eines bestimmten Zeitrahmens, der es einem Institut erlaubt, Risikoberichte mit einer festgelegten Häufigkeit zu erstellen, betrifft den Aspekt der »Aktualität« von Risikodaten. Die Aktualität der Daten ist gewährleistet, wenn die Daten den tatsächlichen Zustand zum abgefragten Zeitpunkt repräsentieren. Sie ergänzt die Anforderung der Vollständigkeit um die zeitliche Dimension. Unter der »Häufigkeit« wird wiederum die Frequenz verstanden, mit der die verschiedenen Risikoberichte im Zeitverlauf erstellt werden.[137] Ein Institut sollte in der Lage sein, aggregierte und aktuelle Risikodaten in einem angemessenen zeitlichen Rahmen zu generieren, ohne dabei Abstriche hinsichtlich der Grundsätze zur Genauigkeit, Integrität, Vollständigkeit und Anpassungsfähigkeit der Daten machen zu müssen, um alle Anforderungen an die Risikoberichterstattung zu erfüllen.[138] Die »Integrität« ist eine Eigenschaft von Risikodaten, frei von unbefugter Veränderung und Manipulation zu sein, die deren Genauigkeit, Vollständigkeit oder Verlässlichkeit beeinträchtigen könnte.[139] Gerade in krisenhaften Situationen sind schnelle und fundierte Entscheidungen für das Wohl eines Unternehmens von großer Wichtigkeit, weshalb verlässliche Risikodaten, die möglichst zeitnah zur Verfügung stehen, für die Überlebensfähigkeit eines Institutes essenziell sein können.[140]

Der zeitliche Rahmen hängt einerseits von der Art und der potenziellen Volatilität des zu **96** erfassenden Risikos sowie von dessen Beitrag zum Gesamtrisikoprofil des Institutes und andererseits von den bankinternen Häufigkeitsanforderungen an die Risikoberichterstattung – unter

---

137 Vgl. Baseler Ausschuss für Bankenaufsicht, Grundsätze für die effektive Aggregation von Risikodaten und die Risikoberichterstattung, BCBS 239, 9. Januar 2013, S. 19.

138 Vgl. Baseler Ausschuss für Bankenaufsicht, Grundsätze für die effektive Aggregation von Risikodaten und die Risikoberichterstattung, BCBS 239, 9. Januar 2013, S. 10.

139 Vgl. Baseler Ausschuss für Bankenaufsicht, Grundsätze für die effektive Aggregation von Risikodaten und die Risikoberichterstattung, BCBS 239, 9. Januar 2013, S. 19.

140 Vgl. Bundesanstalt für Finanzdienstleistungsaufsicht, Rundschreiben 09/2017 (BA) zur Überarbeitung der MaRisk, Übermittlungsschreiben vom 27. Oktober 2017, S. 2f.

AT 4.3.4 Datenmanagement, -qualität und Aggregation von Risikodaten

Berücksichtigung der Charakteristik und des Gesamtrisikoprofils des Institutes – ab, sowohl unter gewöhnlichen Umständen als auch in Stressphasen oder Krisen.[141] Den zeitlichen Rahmen hat das Institut selbst festzulegen. Die deutsche Aufsicht trägt hiermit, ebenso wie der Baseler Ausschuss für Bankenaufsicht, der Tatsache Rechnung, dass abhängig von der Art der Risiken verschiedenartige Daten mit unterschiedlichen zeitlichen Anforderungen benötigt werden und in Stressphasen oder Krisen bestimmte Risikodaten schneller zur Verfügung stehen müssen, weil sich mit fortschreitender Zeit die Handlungsspielräume drastisch einengen können.

97 Für die schnelle Verfügbarkeit von Risikodaten kann es sinnvoll sein, Kennzahlen und Informationen zu identifizieren, die in Stressphasen generiert werden müssen. Die normalerweise monatlich erforderlichen Kennzahlen werden von den Instituten in Stressphasen häufig wöchentlich oder täglich bereitgestellt.[142]

98 Veraltete und nicht mehr benötigte Risikodaten sind nach gesetzlichen bzw. internen Vorgaben zu archivieren. Dabei sollte sichergestellt werden, dass keine veralteten oder nicht mehr benötigten Risikodaten (z.B. bereits verkaufte Risikopositionen) unbeabsichtigt in der Risikoberechnung berücksichtigt werden.

6.2 Verfügbarkeit von Risikodaten in Stressphasen

99 Die zeitnahe Verfügbarkeit von aggregierten Risikodaten ist insbesondere in Stressphasen von Bedeutung und damit auch für die bankinternen Stresstests relevant. So sollten die Institute zur Durchführung von Stresstests über ein Verfahren zur Aggregation von Risikodaten verfügen, um genaue und verlässliche Risikodaten pflegen und auf dem neuesten Stand halten zu können. Die Institute sollten daher sicherstellen, dass ihre Risikodatenaggregation durch Genauigkeit, Integrität, Vollständigkeit, Aktualität und Anpassungsfähigkeit gekennzeichnet ist und aggregierte Risikodaten genau und präzise[143] übermittelt werden, um ihre Risikoberichterstattung vollständig zu unterstützen und die Risiken exakt widerzuspiegeln.[144]

100 Die IT-Infrastruktur und die zugehörigen Prozesse sollten ausreichend flexibel sein, um gezielte oder Ad-hoc-Stresstests in Zeiten sich schnell ändernder Marktbedingungen zu ermöglichen und um Ad-hoc-Anforderungen zu erfüllen, die sich sowohl aus internen Bedürfnissen als auch aus aufsichtsrechtlichen Anfragen ergeben.[145] Damit die Verfügbarkeit der relevanten Daten immer sichergestellt werden kann, sind die Risikodatenaggregations- und Berichtsprozesse unmittelbar in die Notfallplanung (»Business Continuity Planning«) einzubeziehen. Die Auswirkungen dieser Prozesse auf die Geschäftstätigkeit sind zu analysieren (»Business Impact Analyse«, BIA).[146] Dabei werden die kritischen Geschäftsprozesse und Ressourcen sowie Kenngrößen für deren Wiederanlauf nach Unterbrechung ermittelt (z.B. die maximale Wiederherstellungszeit). Auf die BIA folgt eine Analyse der Risiken, denen die identifizierten kritischen Geschäftsprozesse und Ressourcen

---

141 Vgl. Baseler Ausschuss für Bankenaufsicht, Grundsätze für die effektive Aggregation von Risikodaten und die Risikoberichterstattung, BCBS 239, 9. Januar 2013, S. 10.

142 Vgl. European Central Bank, Report on the Thematic Review on effective risk data aggregation and risk reporting, 9. Mai 2018, S. 14.

143 Die »Präzision« ist ein Ausdruck für die genaue Übereinstimmung zwischen Angaben bzw. Messgrößen, die unter spezifizierten Bedingungen durch die Nachbildung von Messverfahren bei gleichen oder ähnlichen Objekten ermittelt wurden. Vgl. Baseler Ausschuss für Bankenaufsicht, Grundsätze für die effektive Aggregation von Risikodaten und die Risikoberichterstattung, BCBS 239, 9. Januar 2013, S. 18.

144 Vgl. European Banking Authority, Leitlinien zu den Stresstests der Institute, EBA/GL/2018/04, 19. Juli 2018, S. 16 f.

145 Vgl. Basel Committee on Banking Supervision, Stress testing principles, BCBS 450, 17. Oktober 2018, S. 8.

146 Vgl. Basel Committee on Banking Supervision, Progress in adopting the principles for effective risk data aggregation and risk reporting, BCBS 443, 21. Juni 2018, S. 18.

ausgesetzt sind (»Risikoanalyse«). Darauf aufbauend werden Optionen entwickelt, um Alternativen für die Umsetzung von Notfall- und Notfallvorsorgemaßnahmen zu treffen (→ AT 7.3).

6.3   Relevante Risikodaten

Die Institute müssen ihre Risikosysteme so einrichten, dass sie in der Lage sind, in Stressphasen   **101**
oder Krisen aggregierte Risikodaten zu sämtlichen kritischen Risiken zeitnah zur Verfügung zu
stellen.[147] Die deutsche Aufsicht hat eine nicht abschließende Aufzählung von Daten vorgegeben,
die auch in Stressphasen zeitnah zur Verfügung stehen müssen, und sich dabei an den Empfehlungen des Baseler Ausschusses für Bankenaufsicht orientiert (→ AT 4.3.4 Tz. 5, Erläuterung):
- Adressenausfallrisiko auf Gesamtbank-/Gruppenebene,
- aggregiertes Exposure gegenüber großen Unternehmensschuldnern[148],
- Kontrahentenrisiken (auch aus Derivaten), zusammengefasst und aufgeteilt auf einzelne
  Adressen,
- Marktpreisrisiken, Handelspositionen und operative Limite/Limitauslastungen inklusive mög-
  licher Konzentrationen[149],
- Indikatoren für mögliche Liquiditätsrisiken/-engpässe[150],
- zeitkritische Indikatoren für operationelle Risiken.[151]

Die Limitauslastungen wurden erst in der Endfassung zur fünften MaRisk-Novelle ergänzt. Damit   **102**
wurde ein Hinweis der Kreditwirtschaft aufgegriffen, dass sich die operativen Limite in einer
Stressphase oder Krise zunächst nicht von selbst ändern, aber die jeweilige Limitauslastung dafür
ein Anlass sein könnte. Insofern sind Aussagen über die (Veränderungen der) operativen Limite
ohne Information über die zugehörigen Limitauslastungen weniger zielführend.

---

147 Vgl. Baseler Ausschuss für Bankenaufsicht, Grundsätze für die effektive Aggregation von Risikodaten und die Risiko-
     berichterstattung, BCBS 239, 9. Januar 2013, S. 10.
148 Der Baseler Ausschuss weist darauf hin, dass sich im Vergleich dazu Gruppen von Privatkrediten in einem kurzen
     Zeitraum möglicherweise weniger stark verändern, aber dennoch eine erhebliche Risikokonzentration aufweisen
     können. Vgl. Baseler Ausschuss für Bankenaufsicht, Grundsätze für die effektive Aggregation von Risikodaten und die
     Risikoberichterstattung, BCBS 239, 9. Januar 2013, S. 10.
149 Der Baseler Ausschuss weist insbesondere auf branchen- und regionsbezogene Marktkonzentrationen hin. Vgl. Baseler
     Ausschuss für Bankenaufsicht, Grundsätze für die effektive Aggregation von Risikodaten und die Risikoberichterstattung,
     BCBS 239, 9. Januar 2013, S. 10.
150 Der Baseler Ausschuss nennt beispielhaft die Zahlungsströme und Abwicklungszahlungen sowie die Refinanzierung. Vgl.
     Baseler Ausschuss für Bankenaufsicht, Grundsätze für die effektive Aggregation von Risikodaten und die Risikoberichter-
     erstattung, BCBS 239, 9. Januar 2013, S. 10.
151 Der Baseler Ausschuss nennt beispielhaft die Systemverfügbarkeit und den unbefugten Zugriff. Vgl. Baseler Ausschuss für
     Bankenaufsicht, Grundsätze für die effektive Aggregation von Risikodaten und die Risikoberichterstattung, BCBS 239,
     9. Januar 2013, S. 10.

7 Ad-hoc-Ausweis und -Analyse von Informationen (Tz. 6)

103

6 Die Datenaggregationskapazitäten müssen hinreichend flexibel sein, um Informationen ad hoc nach unterschiedlichen Kategorien ausweisen und analysieren zu können. Dazu gehört auch die Möglichkeit, Risikopositionen auf den unterschiedlichsten Ebenen (Geschäftsfelder, Portfolios, ggf. Einzelgeschäfte) auszuweisen und zu analysieren.

7.1 Anpassungsfähigkeit

104
Die Institute sollten in der Lage sein, aggregierte Risikodaten zu generieren, um eine große Bandbreite an Ad-hoc-Anfragen an die Risikoberichterstattung bearbeiten zu können, wie z. B. Anfragen in Stressphasen (→ AT 4.3.4 Tz. 5), Anfragen im Zusammenhang mit geänderten internen Anforderungen sowie Anfragen der Aufsicht. Darüber hinaus können auch Anfragen der Wirtschaftsprüfer eine Ad-hoc-Berichterstattung auslösen. Es ist sehr schwer vorherzusehen, wie die nächste Krise aussehen wird und welche Risikodaten ad hoc benötigt werden, um rechtzeitig auf negative Entwicklungen reagieren zu können. Die Datenaggregationskapazitäten einer Bank sind deshalb flexibel und anpassungsfähig anzulegen, so dass Ad-hoc-Anfragen bearbeitet und aufkommende Risiken bewertet werden können. Durch diese Anpassungsfähigkeit sollen Banken ihr Risikomanagement, einschließlich der Erstellung von Prognosen, verbessern und wirksame Stresstests und Szenarioanalysen durchführen können.[152] Unter der »Anpassungsfähigkeit« wird insofern die Fähigkeit der Risikodatenaggregationskapazitäten eines Institutes verstanden, sich an veränderte (interne oder externe) Umstände anzupassen bzw. angepasst zu werden.[153]

105
Kennzeichnend für eine Ad-hoc-Berichterstattung ist u. a., dass sie innerhalb eines individuell vorgegebenen Zeitraumes zu erfolgen hat und die geforderten Berichtsinhalte i. d. R. von der turnusmäßigen Risikoberichterstattung abweichen. In den Instituten setzt die Ad-hoc-Berichterstattung in der Regel auf demselben Datenhaushalt auf, der auch für die turnusmäßige Risikoberichterstattung verwendet wird.

106
Nach den Vorstellungen des Baseler Ausschusses für Bankenaufsicht (BCBS) ist eine Anpassungsfähigkeit u. a. durch flexible Datenaggregationsprozesse, die die Grundlage für Bewertungen und schnelle Entscheidungsfindungen liefern, Kapazitäten für nutzerspezifische Datenanpassungen (z. B. Datenübersichten, Liste der wichtigsten Aspekte, Anomalien), bedarfsgerechte Detailaufbereitungen und die Erstellung von Kurzberichten, Kapazitäten zum Einbezug neuer Entwicklungen in der Geschäftstätigkeit und/oder externer Faktoren, die einen Einfluss auf das Risikoprofil des Institutes haben, sowie Kapazitäten zum Einbezug von Änderungen der regulatorischen Rahmenbedingungen gekennzeichnet.[154]

---

152 Vgl. Baseler Ausschuss für Bankenaufsicht, Grundsätze für die effektive Aggregation von Risikodaten und die Risikoberichterstattung, BCBS 239, 9. Januar 2013, S. 11.

153 Vgl. Baseler Ausschuss für Bankenaufsicht, Grundsätze für die effektive Aggregation von Risikodaten und die Risikoberichterstattung, BCBS 239, 9. Januar 2013, S. 19.

154 Vgl. Baseler Ausschuss für Bankenaufsicht, Grundsätze für die effektive Aggregation von Risikodaten und die Risikoberichterstattung, BCBS 239, 9. Januar 2013, S. 11.

7.2 Ausweis und Analyse auf unterschiedlichen Ebenen und nach verschiedenen Kategorien

Die Daten sollten nach unterschiedlichen Kategorien geordnet zur Verfügung stehen (u. a. Geschäftsfelder, Konzerngesellschaften, Art des Vermögenswertes, Branche und Region), wobei das jeweils zu betrachtende Risiko für die Auswahl derjenigen Kategorien maßgeblich ist, die die Identifizierung und Meldung von Risikopositionen, Risikokonzentrationen sowie aufkommenden Risiken ermöglichen.[155] Die Institute sollten auch dazu in der Lage sein, auf Basis vorgeschriebener Szenarien oder ökonomischer Ereignisse Teildatenreihen zu generieren. Beispielhaft nennt der BCBS länderspezifische Risikopositionen[156] zu einem bestimmten Termin auf Basis einer Länderliste sowie branchenspezifische Risikopositionen zu einem bestimmten Termin auf Basis einer Branchenliste unter Berücksichtigung aller Geschäftsfelder und Regionen.[157] **107**

Auch die deutsche Aufsicht erwartet, dass die Risikopositionen auf den unterschiedlichsten Ebenen (Geschäftsfelder, Portfolios, ggf. Einzelgeschäfte) ausgewiesen und analysiert werden können. Eine Generierung und Analysefähigkeit der Risikopositionen nach Ländern, Branchen, Geschäftsfeldern etc. muss auch bei Ad-hoc-Informationsbedürfnissen gegeben sein. Dabei sollten die wesentlichen Kategorien, soweit möglich und sinnvoll, bis hinunter zur Einzelgeschäftsebene aufgegliedert werden können (→ AT 4.3.4 Tz. 6, Erläuterung). Um dies zu ermöglichen, ist eine »Drill-down-Möglichkeit« bis auf Einzelgeschäftsebene zu gewährleisten.[158] Insgesamt werden somit strenge Anforderungen an die Granularität der verfügbaren Risikodaten gestellt, da es zur Erfüllung dieser Anforderungen streng genommen erforderlich ist, dass die Risikodaten auf Einzelgeschäftsbasis vorliegen. Daten, die naturgemäß nicht auf Einzelgeschäftsbasis vorliegen (z. B. Gemeinkosten), können allerdings z. B. auf Basis eines Algorithmus auf die Einzelgeschäfte heruntergebrochen (»Splashing«) oder in ihrer originären Granularität angeliefert und weiterverarbeitet werden. **108**

Weitere mögliche Kategorien können z. B. Ratingklassen, Kunden(-gruppen), Währungen, andere Organisationsstrukturen (Profit-Center), Produktarten/Portfolios, Sitz- bzw. Risikoland, (Rest-)Laufzeiten, Größenklassen oder notleidende Kredite sein. Zu den einzelnen Kategorien sollte im Institut bzw. in der Gruppe auch ein einheitliches Verständnis hergestellt werden. **109**

Die Auswertbarkeit der Risikodaten nach verschiedenen Kategorien setzt voraus, dass die Risikodatenaggregationskapazitäten hinreichend flexibel und anpassbar sind. Die Anfragen der Geschäftsleitung können so vielfältig sein, dass die technischen Voraussetzungen zur Beantwortung von diesen Anfragen erfüllt sein müssen. Dies kann in der Regel verneint werden, wenn die Risikodaten von den Tochtergesellschaften ausschließlich auf aggregierter Ebene vorliegen.[159] **110**

---

155 Vgl. Baseler Ausschuss für Bankenaufsicht, Grundsätze für die effektive Aggregation von Risikodaten und die Risikoberichterstattung, BCBS 239, 9. Januar 2013, S. 9.

156 Zum Beispiel gegenüber Staaten, Banken, Unternehmen und Privatkunden.

157 Vgl. Baseler Ausschuss für Bankenaufsicht, Grundsätze für die effektive Aggregation von Risikodaten und die Risikoberichterstattung, BCBS 239, 9. Januar 2013, S. 11.

158 Vgl. Buchmüller, Patrik/Lindenau, Jan/Mährle, Christine, Neue Vorgaben zu Datenmanagement, Datenqualität und Risikodatenaggregation, in: MaRisk-Interpretationshilfen, 5. Auflage, Heidelberg, 2018, S. 99.

159 Vgl. Baseler Ausschuss für Bankenaufsicht, Grundsätze für die effektive Aggregation von Risikodaten und die Risikoberichterstattung, BCBS 239, 9. Januar 2013, S. 7.

8 Festlegung von Verantwortlichkeiten und unabhängige Validierung (Tz. 7)

111 **7** Für alle Prozessschritte sind Verantwortlichkeiten festzulegen und entsprechende prozessabhängige Kontrollen einzurichten. Daneben ist regelmäßig zu überprüfen, ob die institutsinternen Regelungen, Verfahren, Methoden und Prozesse von den Mitarbeitern eingehalten werden. Die Überprüfung ist von einer von den geschäftsinitiierenden bzw. geschäftsabschließenden Organisationseinheiten unabhängigen Stelle wahrzunehmen.

8.1 Festlegung von Verantwortlichkeiten

112 Die Sicherstellung der Datenqualität ist eine unternehmensweite Aufgabe, die nicht nur von einer Organisationseinheit bewerkstelligt werden kann. Der Baseler Ausschuss für Bankenaufsicht erwartet, dass die zuständigen Mitarbeiter (Geschäftsbereiche und IT-Funktionen) gemeinsam mit den Risikomanagern sicherstellen, dass während des gesamten Datenzyklus und unter sämtlichen Gesichtspunkten der technologischen Infrastruktur angemessene Kontrollen eingerichtet sind.[160] Die Vorgaben der MaRisk spiegeln diese Erwartungshaltung wider. So sind Verantwortlichkeiten und Aufgaben sowohl fachlich als auch IT-seitig für den gesamten Datenzyklus eindeutig festzulegen.

113 Für die relevanten Kennzahlen werden in den Instituten häufig entlang der fachlichen und technischen Data Lineage ein fachlicher und/oder ein technischer Datenverantwortlicher (»Data Owner«) festgelegt. Die Datenverantwortlichen wechseln an jenen Stellen, an denen die Daten unverändert weitergereicht werden, häufig nicht. Werden die Daten hingegen verarbeitet, wechseln auch die Datenverantwortlichen. An jenen Stellen, wo die Datenverantwortlichen wechseln, sind sowohl für interne als auch für externe Prozesse Schnittstellenverträge bzw. Datenlieferervereinbarungen (»Service Level Agreements«) zu treffen, um die Erfüllung der internen Vorgaben an die Datenqualität sicherstellen zu können.[161] Zur Unterstützung können z. B. Prozesslandkarten genutzt werden, die auch für die Tätigkeit der Internen Revision eine Rolle spielen.

8.2 Erkenntnisse aus der Umsetzung in den bedeutenden Instituten

114 In der Praxis stellen die Anforderungen große Herausforderungen für die Institute dar. Die EZB hat im Rahmen ihres Thematic Reviews festgestellt, dass die mangelhafte Zuordnung von Verantwortlichkeiten auf verschiedenen Ebenen bis einschließlich der Geschäftsleitung oftmals Ursache für eine mangelhafte Umsetzung der Grundsätze des Baselers Ausschusses für Bankenaufsicht ist.[162] So fehlen häufig klare Rollen und Verantwortlichkeiten im Bereich der Datenqualität. Insbesonde-

---

160 Vgl. Baseler Ausschuss für Bankenaufsicht, Grundsätze für die effektive Aggregation von Risikodaten und die Risikoberichterstattung, BCBS 239, 9. Januar 2013, S. 8.

161 Vgl. Baseler Ausschuss für Bankenaufsicht, Grundsätze für die effektive Aggregation von Risikodaten und die Risikoberichterstattung, BCBS 239, 9. Januar 2013, S. 6.

162 Vgl. European Central Bank, Report on the Thematic Review on effective risk data aggregation and risk reporting, 9. Mai 2018, S. 1.

re wird die mangelnde Eigenverantwortung für die Datenqualität in den Geschäftsbereichen sowie in den Kontroll- und IT-Funktionen kritisiert. Darüber hinaus sind keine klaren Data-Governance-Strukturen in die Organigramme der Institute eingebettet. Interne Validierungseinheiten, die mit der Bewertung der Datenaggregationskapazitäten und der Berichtspraktiken betraut sind, sind nicht immer unabhängig und angemessen besetzt. Zudem sind die verschiedenen Funktionen gemäß dem Modell der drei Verteidigungslinien (»Three-Lines-of-Defence-Modell«), zwischen denen häufig nicht hinreichend differenziert wird, nicht ausreichend eingebunden.[163]

Neben den beschriebenen Schwächen hat die EZB aber auch Organisationsstrukturen identifiziert, die dazu beitragen können, die Governance im Bereich der Risikodatenaggregation und -berichterstattung zu stärken. Positiv hervorgehoben wurden Netzwerke von Datenverantwortlichen auf Ebene der ersten Verteidigungslinie. Diese Datenverantwortlichen sind in jeder wesentlichen juristischen Einheit und in jedem Geschäftsbereich installiert, die an der Festlegung der Datenqualitätskontrollen beteiligt sind und für die Vertraulichkeit, Genauigkeit, Integrität und Aktualität der Daten verantwortlich sind.[164] **115**

Als weiteres positives Beispiel wird ein zentrales Data Governance Office auf Ebene der zweiten Verteidigungslinie genannt, das die Vorgaben und Leitlinien vorgibt, die ordnungsgemäße Umsetzung des Datenqualitätsrahmenwerkes in der gesamten Organisation überwacht, Risikodaten klassifiziert, die Datenqualität durch entsprechende Prozesse überwacht sowie an den relevanten Änderungsmanagementprozessen beteiligt ist, wie der Verschmelzung oder Übernahme von juristischen Einheiten oder der Einführung neuer Produkte. Auch die Einrichtung von Ausschüssen, die für die Überwachung der Umsetzung der Baseler Grundsätze auf Gruppenebene verantwortlich sind und dazu beitragen, die vollständige Einhaltung und die konzernweite Konsistenz und Sensibilisierung auf allen Ebenen der Organisation sicherzustellen, kann ein sinnvolles Werkzeug sein.[165] **116**

8.3 Implementierung von angemessenen Datenqualitätskontrollen

Um die inhaltliche Richtigkeit, Vollständigkeit und Aktualität der Daten sicherzustellen, müssen einerseits die Daten den IT-Schutzzielen Integrität, Authentizität und Verfügbarkeit genügen und andererseits durch die Fachbereiche geeignete inhaltliche Kontrollen durchgeführt werden.[166] Demnach liegt das Datenqualitätsmanagement sowohl in der Verantwortung der Fachbereiche als auch der IT. Nur in enger Kooperation können die Prozesse und IT-Strukturen in Bezug auf Daten kontinuierlich verbessert werden. Die zuständigen Mitarbeiter (Geschäftsbereiche und IT-Funktionen) haben gemeinsam mit den Risikomanagern sicherzustellen, dass während des gesamten Datenzyklus und unter Berücksichtigung der technologischen Infrastruktur angemessene Kontrollen eingerichtet sind. Zu den Aufgaben der auf Geschäftsebene verantwortlichen Mitarbeiter gehören die Sicherstellung der korrekten Eingabe der Daten durch die entsprechende Abteilung, die Sicherstellung der Aktualität der Daten und der Übereinstimmung mit den Daten- **117**

---

163 Vgl. European Central Bank, Report on the Thematic Review on effective risk data aggregation and risk reporting, 9. Mai 2018, S. 5f.

164 Vgl. European Central Bank, Report on the Thematic Review on effective risk data aggregation and risk reporting, 9. Mai 2018, S. 6f.

165 Vgl. European Central Bank, Report on the Thematic Review on effective risk data aggregation and risk reporting, 9. Mai 2018, S. 6f.

166 Vgl. Baseler Ausschuss für Bankenaufsicht, Grundsätze für die effektive Aggregation von Risikodaten und die Risikoberichterstattung, BCBS 239, 9. Januar 2013, S. 8.

definitionen sowie die Sicherstellung der Übereinstimmung der Risikodatenaggregationskapazitäten und -berichterstattung mit den Unternehmensgrundsätzen.[167]

118   Die durchgeführten Datenqualitätskontrollen sollten dokumentiert sein, damit für interne und externe Prüfer nachvollziehbar ist, an welcher Stelle im Datenaggregationsprozess eine Datenqualitätskontrolle stattgefunden hat, wie etwaige Fehler erkannt und welche Korrekturen ggf. vorgenommen wurden. Ein besonderes Augenmerk ist dabei auf manuelle Eingriffe zu legen.[168]

8.4   Unabhängige Validierung

119   Der Baseler Ausschuss für Bankenaufsicht (BCBS) erwartet, dass die Kapazitäten zur Risikodatenaggregation und die Verfahren zur Risikoberichterstattung eines Institutes hohen Validierungsstandards unterliegen. Diese Validierung[169] ist unabhängig durchzuführen und soll die Einhaltung der aufgeführten Grundsätze im Institut überprüfen. Der vorrangige Zweck der unabhängigen Validierung ist es, sicherzustellen, dass die Prozesse der Aggregation von Risikodaten sowie der Risikoberichterstattung gemäß der ursprünglichen Zielsetzung ablaufen und dem Risikoprofil des Institutes angemessen sind. Die unabhängige Validierung ist mit den übrigen Maßnahmen der unabhängigen Prüfung zu koordinieren, die im Rahmen des Risikomanagements eines Institutes durchzuführen sind, wobei auf die zweite Verteidigungslinie abgestellt wird. Sie muss sämtliche Bestandteile der Prozesse der Aggregation von Risikodaten und der Risikoberichterstattung umfassen.[170] Diese Erwartungshaltung hat auch die deutsche Aufsicht übernommen. Daher ist von den Instituten regelmäßig zu überprüfen, ob die institutsinternen Regelungen, Verfahren, Methoden und Prozesse zur Risikodatenaggregation und zur Risikoberichterstattung von den Mitarbeitern eingehalten werden. Die Überprüfung ist von einer von den geschäftsinitiierenden bzw. geschäftsabschließenden Organisationseinheiten unabhängigen Stelle wahrzunehmen. Diese Stelle prüft einerseits die Angemessenheit der Rahmenwerke zur Risikodatenaggregation und Risikoberichterstattung und andererseits auch deren Umsetzung. Häufig wird in diesem Zusammenhang von einer internen Validierungseinheit oder Validierungsfunktion gesprochen.

120   In der Praxis werden für die unabhängige Validierung der Risikodatenaggregation und der Risikoberichterstattung daher vorzugsweise Mitarbeiter eingesetzt, die über spezifische Kenntnisse in den Bereichen IT, Datenverarbeitung und Berichtswesen verfügen.[171] Die deutsche Aufsicht erwartet konkret, dass die mit der Überprüfung betrauten Mitarbeiter möglichst über hinreichende Kenntnisse bezüglich der IT-Systeme und des Berichtswesens verfügen (→ AT 4.3.4 Tz. 7, Erläuterung). Diese Anforderung korrespondiert mit den Vorgaben zur qualitativen Personalausstattung des Institutes (→ AT 7.1 Tz. 1).

121   Die Validierung sollte unabhängig von sonstigen Prüfungstätigkeiten durchgeführt werden, um eine vollständige Unterscheidung zwischen der zweiten und der dritten Verteidigungslinie

---

167 Vgl. Baseler Ausschuss für Bankenaufsicht, Grundsätze für die effektive Aggregation von Risikodaten und die Risikoberichterstattung, BCBS 239, 9. Januar 2013, S. 8.

168 Vgl. European Central Bank, Report on the Thematic Review on effective risk data aggregation and risk reporting, 9. Mai 2018, S. 9f.

169 Grundsätzlich versteht der Baseler Ausschuss unter einer »Validierung« den Prozess zur Ermittlung und Quantifizierung, inwiefern die Eingangsparameter, die Verarbeitung und die Ausgabeparameter korrekt sind. Vgl. Baseler Ausschuss für Bankenaufsicht, Grundsätze für die effektive Aggregation von Risikodaten und die Risikoberichterstattung, BCBS 239, 9. Januar 2013, S. 18.

170 Vgl. Baseler Ausschuss für Bankenaufsicht, Grundsätze für die effektive Aggregation von Risikodaten und die Risikoberichterstattung, BCBS 239, 9. Januar 2013, S. 6.

171 Vgl. Baseler Ausschuss für Bankenaufsicht, Grundsätze für die effektive Aggregation von Risikodaten und die Risikoberichterstattung, BCBS 239, 9. Januar 2013, S. 6.

AT 4.3.4 Datenmanagement, -qualität und Aggregation von Risikodaten

des internen Kontrollsystems eines Institutes zu gewährleisten.[172] Der BCBS verweist diesbezüglich auf seine Prinzipien zur Unabhängigkeit der Internen Revision von den geprüften Aktivitäten[173], die insbesondere für die von den Geschäftseinheiten und Unterstützungsfunktionen geschaffenen Systeme und Prozesse für die interne Kontrolle, das Risikomanagement und die Unternehmensführung von Bedeutung sind.[174] Diese Prinzipien sind auch Gegenstand der MaRisk (→ AT 4.4.3 Tz. 3).

Die interne Validierungseinheit ist insofern innerhalb der zweiten Verteidigungslinie anzusiedeln. Die Interne Revision als dritte Verteidigungslinie darf diese Aufgabe nicht wahrnehmen. Seitens der Aufsicht werden keine konkreten Vorgaben gemacht, wo die Validierungseinheit genau anzusiedeln ist. Die Verankerung innerhalb der Organisation obliegt daher den Instituten. Die Sicherstellung der Unabhängigkeit der Validierungseinheit ist ausschlaggebend für die organisatorische Zuordnung. Die Unabhängigkeit ist dann gegeben, wenn die Validierung frei von Interessenkonflikten ist. Die Unabhängigkeit kann angenommen werden, wenn die Validierungseinheit für zu validierende Prozesse und ihre Ergebnisse keine Verantwortung trägt bzw. an diesen Prozessen nicht aktiv beteiligt ist. Darüber hinaus müssen bei der Validierung objektive und nachvollziehbare Bewertungskriterien angesetzt werden. Die Ansiedlung der internen Validierungseinheit setzt zudem eine direkte Berichtslinie an die Geschäftsleitung voraus. In der Praxis kommen verschiedene Lösungsansätze vor. Möglich ist eine Eingliederung als Stabstelle direkt unter der Geschäftsleitung oder als angegliederte Funktionseinheit in anderen Bereichen innerhalb der zweiten Verteidigungslinie mit einer direkten Berichtslinie zur Geschäftsleitung. In der Regel wird die Validierungsfunktion in den Bereichen Compliance oder Risikocontrolling angesiedelt. Häufig übernimmt das Projektteam, bestehend aus Vertretern der Bereiche Risikocontrolling, Finanzen/Meldewesen und IT, nach Abschluss des BCBS 239-Projektes die Funktion der internen Validierungseinheit. | **122**

Zu den Aufgaben der internen Validierungseinheit zählt die Überprüfung sowohl der Angemessenheit des Rahmenwerkes für Risikodatenaggregation und Risikoberichterstattung als auch dessen faktische Umsetzung im Institut bzw. in der Gruppe. Die interne Validierungseinheit sollte sich in erster Linie mit dem »BCBS 239-Zielbild« des Institutes bzw. der Gruppe beschäftigen und dieses Zielbild vor dem Hintergrund der aufsichtlichen Erwartungen im Hinblick auf seine Angemessenheit beurteilen. Auf dieser Basis ist die Geschäftsleitung regelmäßig über den Stand der BCBS 239-Compliance zu informieren.[175] Für die Bewertung des Erfüllungsgrades des Zielbildes bietet sich die vierstufige Skala von 1 (Grundsatz wurde nicht umgesetzt, »non compliant«) bis 4 (Grundsatz wurde vollständig umgesetzt, »fully compliant«) des BCBS als Orientierung an. | **123**

Für die Überprüfung der Einhaltung der Grundsätze für das Datenmanagement, die Datenqualität und die Aggregation von Risikodaten empfiehlt sich ein risikoorientierter Ansatz, der mit den Aktivitäten der Internen Revision vergleichbar ist. Zu diesem Zweck sind Validierungsobjekte (z. B. übergreifendes Rahmenwerk, Service Level Agreements, Zeitnähe der Risikoberichterstattung) zu definieren und zu priorisieren. Dabei können die Prüfungshandlungen der Jahresabschlussprüfer und der Internen Revision berücksichtigt werden. Im Rahmen der Überprüfungshandlungen können auch die Selbsteinschätzungen (»Self-Assessments«) der geprüften Bereiche Berücksichtigung finden. Die Aktivitäten der internen Validierungseinheit dürfen allerdings nicht nur auf fremden Selbsteinschätzungen beruhen, sondern müssen auch eigene Prüfungsaktivitäten beinhalten. Vor diesem Hintergrund ist auf eine angemessene Personalausstattung dieser Einheit zu achten (→ AT 7.1). Als Instrumente für die Beurteilung der Risikodatenaggregationskapazitä- | **124**

---

172 Vgl. Baseler Ausschuss für Bankenaufsicht, Grundsätze für die effektive Aggregation von Risikodaten und die Risikoberichterstattung, BCBS 239, 9. Januar 2013, S. 6.

173 Vgl. Basel Committee on Banking Supervision, The internal audit function in banks, BCBS 223, 28. Juni 2012, S. 4f.

174 Vgl. Basel Committee on Banking Supervision, The internal audit function in banks, BCBS 223, 28. Juni 2012, S. 12f.

175 Vgl. Baseler Ausschuss für Bankenaufsicht, Grundsätze für die effektive Aggregation von Risikodaten und die Risikoberichterstattung, BCBS 239, 9. Januar 2013, S. 7.

AT 4.3.4 Datenmanagement, -qualität und Aggregation von Risikodaten

ten kommen beispielsweise die im BCBS 239 Thematic Review der EZB durchgeführte Ad-hoc-Abfrage (»fire drill«) sowie eine »Data Lineage«-Übung in Betracht.[176]

125   Die Aufgaben der internen Validierungsfunktion sollen die etablierten Funktionen der zweiten Verteidigungslinie ergänzen und mit den zentralen Prozessen des Risikomanagements, z.B. der Risikoinventur (→ AT 2.2) und der regelmäßigen Angemessenheitsüberprüfung der Methoden und Verfahren (→ AT 4.1 Tz. 9), verzahnt sein. Nach den Vorstellungen des BCBS soll die Geschäftsleitung einer Bank die Identifizierung, Bewertung und Steuerung von Datenqualitätsrisiken im Rahmen des Gesamtrisikomanagements fördern.[177] Folglich haben sich die Institute mit den Risiken mangelnder Datenqualität im Rahmen der Risikoinventur zu beschäftigen. In Abhängigkeit von den Ergebnissen der unabhängigen Validierung kann eine Berücksichtigung von Datenqualitätsrisiken im Rahmen der Risikotragfähigkeit (→ AT 4.1 Tz. 1) erforderlich werden. Bei der Angemessenheitsüberprüfung werden die eingesetzten Methoden und Verfahren auf ihre methodische Angemessenheit analysiert. Dabei spielt auch die Qualität der verwendeten Daten eine wichtige Rolle, so dass ein gegenseitiger Austausch für beide Seiten von Vorteil ist.

---

176 Vgl. European Central Bank, Report on the Thematic Review on effective risk data aggregation and risk reporting, 9. Mai 2018, S. 4.

177 Vgl. Baseler Ausschuss für Bankenaufsicht, Grundsätze für die effektive Aggregation von Risikodaten und die Risikoberichterstattung, BCBS 239, 9. Januar 2013, S. 6.

AT 4.4 Besondere Funktionen

1	**Einführung und Überblick**	1
1.1	Besondere Funktionen und Inhaber von Schlüsselfunktionen	1
1.2	EBA-Leitlinien zur internen Governance	4
1.3	Änderungen infolge der fünften MaRisk-Novelle	5
1.4	Änderungen infolge der sechsten MaRisk-Novelle	8
1.5	Modell der drei Verteidigungslinien	11
1.6	Modell der drei Verteidigungslinien und MaRisk	16
1.7	Überlegungen zum Modell der vier Verteidigungslinien	22
1.8	Drei-Linien-Modell des IIA	25
1.9	Leiter der besonderen Funktionen als Inhaber von Schlüsselfunktionen	27
1.10	Anforderungen an die Vergütung der Mitarbeiter der besonderen Funktionen	32
1.11	Weitere besondere Funktionen in Instituten	34

1 Einführung und Überblick

1.1 Besondere Funktionen und Inhaber von Schlüsselfunktionen

1 Im Zuge der vierten MaRisk-Novelle im Jahr 2012 wurde im Modul AT 4.4 der Begriff der »besonderen Funktionen« eingeführt. Die besonderen Funktionen setzen sich zusammen aus
   - der Risikocontrolling-Funktion (→ AT 4.4.1),
   - der Compliance-Funktion (→ AT 4.4.2) und
   - der Internen Revision (→ AT 4.4.3).

2 Der Begriff »besondere Funktionen« geht auf die EBA-Leitlinien zur internen Governance aus dem Jahr 2011 zurück, die die Einrichtung einer Risikocontrolling-Funktion, einer Compliance-Funktion und einer Internen Revision als »interne Kontrollfunktionen« verlangen und u. a. die Leiter dieser Funktionen als Inhaber von Schlüsselfunktionen (»Key Function Holders«) einstufen.[1] Die in den EBA-Leitlinien formulierten Anforderungen an das Risikocontrolling waren bereits vor der vierten MaRisk-Novelle im Rundschreiben enthalten und stellten daher grundsätzlich keine neuen Vorgaben für die Institute dar. Im Rahmen der vierten MaRisk-Novelle wurde jedoch der Aufgabenbereich des Risikocontrollings im Sinne der EBA-Leitlinien geschärft und die Ausrichtung der Risikocontrolling-Funktion nach den Vorstellungen der EBA vorgegeben. Die Verpflichtung zur Einrichtung einer dauerhaften und wirksamen Compliance-Funktion war hingegen bis zu diesem Zeitpunkt noch nicht enthalten und wurde im Zuge der vierten MaRisk-Novelle neu eingeführt. Vorgaben an eine funktionsfähige Interne Revision hatte die Bankenaufsicht bereits im so genannten »Revisionsbrief« bzw. später in den Mindestanforderungen an die Ausgestaltung der Internen Revision (MaIR) formuliert, bevor diese im Jahr 2005 in die MaRisk integriert wurden. Die EBA-Leitlinien zur internen Governance führten somit im Hinblick auf die Interne Revision zu keinem Anpassungsbedarf.

3 Nach § 25a Abs. 1 Satz 3 KWG muss das Risikomanagement eines Institutes über die Einrichtung interner Kontrollverfahren mit einem internen Kontrollsystem und einer Internen Revision verfügen. Da die Risikocontrolling- und die Compliance-Funktion im Gegensatz zur Internen Revision zum internen Kontrollsystem gehören, wurde im MaRisk-Fachgremium zwischenzeitlich überlegt, deren Vorgaben in separate Module AT 4.3.4 bzw. AT 4.3.5 zu verschieben. Letztlich hat die BaFin davon jedoch Abstand genommen, um die Bedeutung dieser drei besonderen Funktionen sowie deren wesentliche Aufgaben, Abgrenzung und Gemeinsamkeiten an einer Stelle hervorzuheben. Die besonderen Funktionen werden somit in den MaRisk im Modul AT 4.4 an zentraler Stelle gemeinsam beschrieben.

---

1 Vgl. European Banking Authority, EBA Guidelines on Internal Governance (GL 44), 27. September 2011, S. 38 ff.

1.2 EBA-Leitlinien zur internen Governance

Im Herbst 2017 hat die EBA ihren endgültigen Bericht für überarbeitete Leitlinien zur internen **4** Governance vorgelegt, mit denen ihre Vorgaben aus dem Jahr 2011 ersetzt wurden.[2] Die Veröffentlichung der Leitlinien erfolgte am 21. März 2018.[3] Die Leitlinien richten sich an die EZB und die nationalen Aufsichtsbehörden sowie an die Institute und sind seit 30. Juni 2018 zu beachten. Das Ziel der EBA besteht darin, die bankaufsichtlichen Anforderungen an die interne Governance der Institute einschließlich der Vorgaben für die internen Kontrollfunktionen, d. h. die Risikocontrolling- und die Compliance-Funktion sowie die Interne Revision, europaweit zu vereinheitlichen.[4] Die EBA betont in den Leitlinien erneut die besondere Bedeutung der internen Kontrollfunktionen, die von den Geschäftsbereichen, die sie überwachen bzw. prüfen, unabhängig sein sollten.[5] Darüber hinaus formuliert die EBA sehr detaillierte Aufgaben und Verantwortlichkeiten der internen Kontrollfunktionen.[6] Nach den Vorstellungen der EBA sollten die Leiter der internen Kontrollfunktionen nicht nur unmittelbar an die Geschäftsleitung berichten, sondern bei Bedarf auch direkten Zugang zum Aufsichtsorgan haben, wenn bestimmte Entwicklungen das Institut beeinträchtigen können.[7] Die internen Kontrollfunktionen sollten zudem über angemessene und ausreichende Befugnisse, ein ausreichendes Gewicht und Zugang zum Leitungsorgan für die Erfüllung ihrer Aufgaben verfügen.[8] Die Aufsicht prüft im Rahmen des aufsichtlichen Überprüfungs- und Bewertungsprozesses (Supervisory Review and Evaluation Process, SREP), ob die Institute über unabhängige Kontrollfunktionen verfügen, die den Anforderungen der EBA-Leitlinien zur internen Governance entsprechen.[9]

1.3 Änderungen infolge der fünften MaRisk-Novelle

Vor dem Hintergrund des im Herbst 2017 veröffentlichten endgültigen Berichtes für überarbeitete **5** EBA-Leitlinien zur internen Governance sowie entsprechender Erfahrungen aus der Aufsichtspraxis, hat die deutsche Aufsicht die Anforderungen an die besonderen Funktionen im Zuge der fünften MaRisk-Novelle im Jahr 2017 an verschiedenen Stellen ergänzt.

---

2 Vgl. European Banking Authority, Final Report – Guidelines on internal governance under Directive 2013/36/EU, EBA/GL/2017/11, 26. September 2017.

3 Der Kommentar stellt auf die deutsche Übersetzung der Leitlinien ab, die am 21. März 2018 als Leitlinien zur internen Governance veröffentlicht wurden. Irrtümlicherweise wurde die deutsche Fassung der Leitlinien – im Gegensatz zu allen anderen Sprachfassungen – auf den 15. März 2018 datiert. Wir haben uns für die aus unserer Sicht korrekte Zitierweise entschieden. Vgl. European Banking Authority, Leitlinien zur internen Governance, EBA/GL/2017/11, 21. März 2018. Die EBA hat im Juli 2021 ihren endgültigen Bericht zu den überarbeiteten Leitlinien zur internen Governance veröffentlicht. Vgl. European Banking Authority, Final Report on Guidelines on internal governance under Directive 2013/36/EU, EBA/GL/2021/05, 2. Juli 2021.

4 Im Rahmen der Konsultation zu den Leitlinien der EBA zur internen Governance wurde u. a. infrage gestellt, warum die EBA die ursprüngliche Formulierung »Risikocontrolling-Funktion« in »Risikomanagement-Funktion« geändert hat. Die EBA hat diesbezüglich auf den Wortlaut von Art. 76 CRD IV verwiesen, dem sie mit den Leitlinien gerecht werden möchte. Gleichzeitig hat sie allerdings darauf hingewiesen, dass der Begriff »Risikomanagement« im Sinne des »Modells der drei Verteidigungslinien« weit zu verstehen ist und z. B. auch die Geschäftsbereiche als erste Verteidigungslinie eine wesentliche Rolle bei der Sicherstellung eines soliden Risikomanagements spielen. Vgl. European Banking Authority, Final Report – Guidelines on internal governance under Directive 2013/36/EU, EBA/GL/2017/11, 26. September 2017, S. 6.

5 Vgl. European Banking Authority, Leitlinien zur internen Governance, EBA/GL/2017/11, 21. März 2018, S. 41.

6 Vgl. European Banking Authority, Leitlinien zur internen Governance, EBA/GL/2017/11, 21. März 2018, S. 42 ff.

7 Vgl. European Banking Authority, Leitlinien zur internen Governance, EBA/GL/2017/11, 21. März 2018, S. 41.

8 Vgl. European Banking Authority, Leitlinien zur internen Governance, EBA/GL/2017/11, 21. März 2018, S. 34 f.

9 Vgl. European Banking Authority, Guidelines on common procedures and methodologies for the supervisory review and evaluation process (SREP) and supervisory stress testing, EBA/GL/2014/13, Consolidated version, 19. Juli 2018, S. 56 f.

AT 4.4 Besondere Funktionen

6   Für die Interne Revision waren mit der fünften MaRisk-Novelle vor allem Anpassungen im Hinblick auf deren Berichtpflichten sowie weitere Vorgaben für die Konzernrevision verbunden. So hat die Interne Revision nunmehr sowohl gegenüber der Geschäftsleitung als auch dem Aufsichtsorgan eine vierteljährliche Berichtpflicht. Diese Änderung geht auf das Trennbankengesetz[10] zurück (→ BT 2.1 Tz. 4). Um die Vergleichbarkeit der Prüfungsergebnisse zu gewährleisten, sind die Revisionsgrundsätze und Prüfungsstandards der Konzernrevision und der jeweiligen Internen Revision der gruppenangehörigen Unternehmen zu vereinheitlichen. Die Prüfungsplanungen und die Verfahren zur Überwachung der fristgerechten Mängelbeseitigung sind auf Gruppenebene abzustimmen. Zudem hat die Konzernrevision in angemessenen Abständen, mindestens jedoch vierteljährlich, an die Geschäftsleitung und das Aufsichtsorgan des übergeordneten Unternehmens über ihre Tätigkeit auf Gruppenebene zu berichten (→ AT 4.5 Tz. 6).

7   Sowohl bei der Risikocontrolling- und der Compliance-Funktion als auch der Internen Revision hat die deutsche Aufsicht im Zuge der fünften MaRisk-Novelle die Anforderungen an die teilweise oder vollständige Auslagerung auf Dritte deutlich verschärft (→ AT 9 Tz. 4, 5 und 10). Schließlich ist nunmehr das Aufsichtsorgan bei einem Wechsel des Leiters einer besonderen Funktion rechtzeitig vorab unter Angabe der Gründe zu informieren (→ AT 4.4.1 Tz. 6, AT 4.4.2 Tz. 8 und AT 4.4.3 Tz. 6).

1.4   Änderungen infolge der sechsten MaRisk-Novelle

8   Auch die sechste MaRisk-Novelle aus dem Jahr 2021 enthält neue Anforderungen an die Risikocontrolling- und die Compliance-Funktion, die auf die Leitlinien der EBA zu notleidenden und gestundeten Risikopositionen[11] und die Aufsichtspraxis zurückgehen.

9   Bei Instituten mit einem hohen NPL-Bestand (→ AT 2.1 Tz. 1, Erläuterung) hat die Risikocontrolling-Funktion explizit die Aufgabe, die NPE-bezogenen Risiken und den Fortschritt zur Erreichung der NPE-Zielwerte auf granularer und aggregierter Basis anhand von NPE-bezogenen Leistungsindikatoren (Key Performance Indicators, KPI) zu überwachen und zu messen. Allerdings kann sie sich zur Erfüllung dieser Aufgaben anderer marktunabhängiger Einheiten und deren Informationen bedienen, sofern sie diese plausibilisiert (→ AT 4.4.1 Tz. 2, Erläuterung).

10   Darüber hinaus werden die erst mit der fünften MaRisk-Novelle für systemrelevante Institute eingeführten besonderen Anforderungen an die hierarchische Stellung des Leiters der Risikocontrolling-Funktion sowie an eine eigenständige Compliance-Funktion auf bedeutende Institute gemäß Art. 6 SSM-Verordnung ausgeweitet. Bei diesen Instituten muss die Leitung der Risikocontrolling-Funktion nunmehr grundsätzlich exklusiv von einem Geschäftsleiter wahrgenommen werden. Dieser Geschäftsleiter kann auch für die Marktfolge zuständig sein, sofern eine klare aufbauorganisatorische Trennung von Risikocontrolling-Funktion und Marktfolge bis unterhalb der Geschäftsleiterebene erfolgt. Er darf jedoch nicht für die Bereiche Finanzen/Rechnungswesen oder Organisation/IT verantwortlich sein (→ AT 4.4.1 Tz. 5). Zudem haben die bedeutenden Institute für die Compliance-Funktion zwingend eine eigenständige Organisationseinheit einzurichten (→ AT 4.4.2 Tz. 4). Die Deutsche Kreditwirtschaft hat die Ausweitung der

---

10 Das Trennbankengesetz ist am 1. Januar 2014 in Kraft getreten. Vgl. Gesetz zur Abschirmung von Risiken und zur Planung der Sanierung und Abwicklung von Kreditinstituten und Finanzgruppen vom 7. August 2013 (BGBl. I S. 3090), veröffentlicht am 12. August 2013.

11 European Banking Authority, Leitlinien über das Management notleidender und gestundeter Risikopositionen, EBA/GL/2018/06, 31. Oktober 2018.

Anforderungen an die Risikocontrolling- und Compliance-Funktion auf bedeutende Institute gemäß Art. 6 SSM-Verordnung als »gold plating« gegenüber den Vorgaben der EZB deutlich kritisiert.[12] In der endgültigen Fassung zur sechsten MaRisk-Novelle ist die Aufsicht der Kreditwirtschaft insoweit entgegengekommen, als diese einen ausdrücklichen Verweis auf den Titel I der EBA-Leitlinien zur internen Governance und damit auf den Grundsatz der Proportionalität enthalten (→ AT 1 Tz. 6).[13]

1.5 Modell der drei Verteidigungslinien

Etwa zeitgleich mit der Veröffentlichung der EBA-Leitlinien zur internen Governance im Jahr 2011 hat sich der Baseler Ausschuss für Bankenaufsicht (BCBS) mit der Rolle der Internen Revision auseinandergesetzt.[14] Das im Dezember 2011 zur Konsultation gestellte Papier wurde im Juni 2012 in seiner endgültigen Fassung veröffentlicht. Darin beschreibt der BCBS das Verhältnis zwischen den Geschäftseinheiten und den Support-Funktionen einer Bank sowie der Internen Revision mit Hilfe der drei »Verteidigungslinien« (»Three-Lines-of-Defence-Modell«). Die Geschäftseinheiten, wozu das Front-Office und alle sonstigen kundenbezogenen Aktivitäten gezählt werden, gehören zur ersten Verteidigungslinie. Sie gehen im Rahmen ihrer Geschäftstätigkeit innerhalb der ihnen zugewiesenen Limite bestimmte Risiken ein und sind für die laufende und transaktionsbasierte Identifizierung, Beurteilung und Steuerung dieser Risiken verantwortlich und rechenschaftspflichtig. Die zweite Verteidigungslinie umfasst die Support-Funktionen, wie Risikomanagement, Compliance, Recht, Personal, Finanzen, Organisation und IT-Sicherheit. Jede dieser Funktionen sorgt in enger Abstimmung mit den Geschäftsbereichen unterstützend dafür, dass deren Risiken angemessen identifiziert und gesteuert werden. Die Support-Funktionen arbeiten bei der Ausarbeitung der Strategie, der Implementierung der bankinternen Methoden und Verfahren und der Informationsbeschaffung für einen bankweiten Überblick über die Risiken eng zusammen. Dabei handelt es sich um eine risikoorientierte Tätigkeit, die laufend oder regelmäßig ausgeübt wird. Die dritte Verteidigungslinie bildet schließlich die Interne Revision, die risikoorientiert und prozessunabhängig die Wirksamkeit und Angemessenheit der von der ersten und zweiten Verteidigungslinie gestalteten Prozesse regelmäßig beurteilt und insofern für diese Prozesse eine gewisse Sicherheit bietet. Die Verantwortung für die interne Kontrolle darf nicht von einer Verteidigungslinie auf die nächste übertragen werden.[15]

Zuletzt hat der BCBS in den überarbeiteten Prinzipien für eine angemessene Corporate Governance für Banken nochmals die besondere Bedeutung des Modells der drei Verteidigungslinien in den Instituten betont.[16] In diesem Dokument werden die Risikocontrolling-Funktion

11

12

---

12 Vgl. Deutsche Kreditwirtschaft, BaFin-Konsultation 14/2020 – Mindestanforderungen an das Risikomanagement, Stellungnahme vom 4. Dezember 2020, S. 4ff. Der erste offizielle Entwurf zur sechsten MaRisk-Novelle vom 26. Oktober 2020 sah noch eine Ausweitung der Anforderungen an die Risikocontrolling- und Compliance-Funktion auf »große und komplexe« Institute vor. Im Rahmen der weiteren Konsultation änderte die Aufsicht die vorgesehene Ausweitung auf bedeutende Institute gemäß Artikel 6 Verordnung EU Nr. 1024/2013 des Rates vom 15. Oktober 2013 (SSM-Verordnung).

13 Die EBA-Leitlinien zur internen Governance verwenden im Titel I den Begriff »Verhältnismäßigkeit«, der in den MaRisk dem Grundsatz der Proportionalität entspricht. Vgl. European Banking Authority, Leitlinien zur internen Governance, EBA/GL/2017/11, 21. März 2018, S. 8f. Die englische Originalfassung mit dem Begriff »Proportionality« macht deutlich, dass der »Grundsatz der Proportionalität« gemäß MaRisk gemeint ist.

14 Basel Committee on Banking Supervision, The internal audit function in banks, Consultative document, BCBS 210, 2. Dezember 2011.

15 Vgl. Basel Committee on Banking Supervision, The internal audit function in banks, BCBS 223, 28. Juni 2012, S. 12f.

16 Vgl. Basel Committee on Banking Supervision, Guidelines – Corporate governance principles for banks, BCBS 328, 8. Juli 2015, S. 5.

und die Compliance-Funktion als Schlüsselelemente der zweiten Verteidigungslinie bezeichnet, während die Interne Revision die dritte Verteidigungslinie darstellt.[17]

13   Auch die EBA stellt seit einigen Jahren in ihren Veröffentlichungen auf das Modell der drei Verteidigungslinien ab.[18] Erstaunlicherweise wird das Modell in den EBA-Leitlinien zur internen Governance nicht explizit erwähnt. Die EBA geht allerdings im endgültigen Bericht der englischen Fassung im Herbst 2017 in Kapitel »Background and rationale« auf die Rollen der Geschäftsbereiche und der internen Kontrollfunktionen im Modell der drei Verteidigungslinien ein, um jene Funktionen innerhalb eines Institutes zu identifizieren, die für das Risikomanagement zuständig sind. Die Geschäftsbereiche gehen als erste Verteidigungslinie Risiken ein und sind für ihr operatives Management direkt und dauerhaft verantwortlich. Zu diesem Zweck sollten die Geschäftsbereiche über geeignete Prozesse und Kontrollen verfügen, um sicherzustellen, dass die Risiken identifiziert, beurteilt, gesteuert, überwacht und kommuniziert werden. Außerdem sollten die Geschäftsbereiche sicherstellen, dass die Risiken in den vom Risikoappetit vorgegebenen Grenzen gehalten werden und die Geschäftsaktivitäten den externen und internen Anforderungen entsprechen. Die Risikocontrolling-Funktion und die Compliance-Funktion bilden die zweite Verteidigungslinie. Die Risikocontrolling-Funktion erleichtert die institutsweite Umsetzung eines angemessenen Rahmens für das Risikomanagement (»Risk Management Framework«, RMF) und ist für die weitere Identifizierung, Beurteilung, Steuerung, Überwachung und Kommunikation der Risiken sowie eine ganzheitliche Sicht auf die Risiken auf individueller und konsolidierter Basis verantwortlich. Sie hinterfragt und unterstützt die Umsetzung von Risikomanagementmaßnahmen durch die Geschäftsbereiche, um sicherzustellen, dass die Prozesse und Kontrollen, die in der ersten Verteidigungslinie vorhanden sind, richtig konzipiert und wirksam sind. Die Compliance-Funktion überwacht die Einhaltung der gesetzlichen und regulatorischen Anforderungen und der internen Richtlinien. Sie berät die Geschäftsleitung und andere relevante Mitarbeiter hinsichtlich der Einhaltung dieser Regelungen und Vorgaben und legt Richtlinien und Prozesse zur Sicherstellung der Einhaltung dieser Regelungen und Vorgaben sowie zum Management von Compliance-Risiken fest. Beide Funktionen können bei Bedarf eingreifen, um notwendige Änderungen der internen Kontroll- und Risikomanagementsysteme innerhalb der ersten Verteidigungslinie sicherzustellen. Die unabhängige Interne Revision als dritte Verteidigungslinie führt risikobasierte und allgemeine Prüfungen durch und überprüft die Vereinbarungen, Prozesse und Verfahren zur internen Governance, um sicherzustellen, dass sie angemessen und wirksam sind sowie umgesetzt und konsequent angewendet werden. Die Interne Revision ist auch für die unabhängige Überprüfung der ersten beiden Verteidigungslinien zuständig. Sie erfüllt ihre Aufgaben unabhängig von den anderen Verteidigungslinien. Um ihr ordnungsgemäßes Funktionieren zu gewährleisten, müssen alle internen Kontrollfunktionen unabhängig von den von ihnen kontrollierten Prüfungsgegenständen sein, über die zur Erfüllung ihrer Aufgaben erforderlichen materiellen und personellen Ressourcen verfügen und direkt an die Geschäftsleitung berichten. Innerhalb aller drei Verteidigungslinien sollten geeignete interne Kontrollverfahren, -mechanismen und -prozesse unter der Verantwortung der Geschäftsleitung konzipiert, entwickelt, aufrechterhalten und bewertet werden.[19]

---

17 Vgl. Basel Committee on Banking Supervision, Guidelines – Corporate governance principles for banks, BCBS 328, 8. Juli 2015, S. 25 und 31 f.

18 Nach den SREP-Leitlinien der EBA haben die Aufsichtsbehörden zu bewerten, ob ein Institut über einen angemessenen internen Kontrollrahmen verfügt. Der interne Kontrollrahmen ist in allen Bereichen des Institutes umzusetzen, wobei die Geschäftsbereiche und Unterstützungseinheiten primär für die Einrichtung und Aufrechterhaltung angemessener interner Kontrollrichtlinien und -verfahren zuständig sind. Den unabhängigen Kontrollfunktionen Risikocontrolling- und Compliance-Funktion sowie Interne Revision werden in den Leitlinien darüber hinaus gehende Aufgaben zugewiesen. Vgl. European Banking Authority, Guidelines on common procedures and methodologies for the supervisory review and evaluation process (SREP) and supervisory stress testing, EBA/GL/2014/13, Consolidated version, 19. Juli 2018, S. 56 ff.

19 Vgl. European Banking Authority, Final Report – Guidelines on internal governance under Directive 2013/36/EU, EBA/GL/2017/11, 26. September 2017, S. 9 f.

Bei einer genaueren Betrachtung liegt dieses Modell der drei Verteidigungslinien unzweifel- **14** haft auch den endgültigen EBA-Leitlinien zur internen Governance aus dem Jahr 2018 zugrunde. Gemäß diesen Leitlinien sollten die Institute eine Kultur entwickeln, die eine positive Haltung gegenüber dem Risikocontrolling und der Compliance innerhalb des Institutes sowie der Errichtung stabiler und umfassender interner Kontrollrichtlinien bestärkt. In diesem Rahmen sollten die Geschäftsbereiche der Institute für die Steuerung der Risiken verantwortlich sein, die sie im Zuge der Durchführung ihrer Tätigkeiten eingehen. Sie sollten auch über Kontrollmechanismen verfügen, mit denen die Einhaltung der internen und externen Anforderungen sichergestellt wird.[20] Die Geschäftsbereiche, die nach dem Modell der drei Verteidigungslinien die erste Verteidigungslinie darstellen, werden von den internen Kontrollfunktionen überwacht bzw. geprüft. Nach den Vorstellungen der EBA sollten die internen Kontrollfunktionen überprüfen, ob die in den internen Kontrollrichtlinien festgelegten Vorgaben, Mechanismen und Verfahren in den jeweiligen Zuständigkeitsbereichen richtig umgesetzt werden.[21] Die Risikocontrolling-Funktion sollte als zentraler organisatorischer Bestandteil des Institutes so strukturiert sein, dass sie die Risikorichtlinien umsetzen und den Rahmen für das Risikomanagement kontrollieren kann. Sie sollte eine Schlüsselrolle bei der Sicherstellung wirksamer Risikomanagementprozesse spielen und in alle wichtigen Entscheidungen im Bereich des Risikomanagements aktiv eingebunden sein.[22] Für die Steuerung der Compliance-Risiken ist die ebenfalls zur zweiten Verteidigungslinie gehörende Compliance-Funktion zuständig.[23] Die Interne Revision prüft prozessunabhängig und stellt daher die dritte Verteidigungslinie dar.[24] Die Umsetzung des Modells der drei Verteidigungslinien wird von der Aufsicht im Rahmen des SREP bewertet.[25]

Die EZB stellt in ihrer Verwaltungspraxis bei der Bewertung der Angemessenheit der internen **15** Governance von Instituten ebenfalls auf das Modell der drei Verteidigungslinien ab.[26] So kann nach dem Leitfaden der EZB für interne Modelle aus dem Jahr 2019 entweder eine Einheit der zweiten Verteidigungslinie oder die Interne Revision als dritte Verteidigungslinie die Einhaltung des Art. 189 Abs. 1 CRR in Bezug auf den »roll out plan« überwachen.[27] Gemäß dem im November 2020 veröffentlichten Leitfaden zu Klima- und Umweltrisiken sollen die Institute die Zuständigkeit für die Steuerung von Klima- und Umweltrisiken innerhalb der Organisationsstruktur gemäß dem Modell der drei Verteidigungslinien zuweisen.[28]

---

20 Vgl. European Banking Authority, Leitlinien zur internen Governance, EBA/GL/2017/11, 21. März 2018, S. 34 f.

21 Vgl. European Banking Authority, Leitlinien zur internen Governance, EBA/GL/2017/11, 21. März 2018, S. 36.

22 Vgl. European Banking Authority, Leitlinien zur internen Governance, EBA/GL/2017/11, 21. März 2018, S. 43.

23 Vgl. European Banking Authority, Leitlinien zur internen Governance, EBA/GL/2017/11, 21. März 2018, S. 46.

24 Vgl. European Banking Authority, Leitlinien zur internen Governance, EBA/GL/2017/11, 21. März 2018, S. 48.

25 Vgl. European Banking Authority, Guidelines on common procedures and methodologies for the supervisory review and evaluation process (SREP) and supervisory stress testing, EBA/GL/2014/13, Consolidated version, 19. Juli 2018, S. 56 ff.

26 Grundsätzlich zum Modell der drei Verteidigungslinien vgl. Enria, Andrea, Just a few bad apples? The importance of culture and governance for good banking, Rede auf einer Konferenz der Federation of International Banks in Irland, Dublin, 20. Juni 2019.

27 Vgl. European Central Bank, ECB guide to internal models, 1. Oktober 2019, S. 15.

28 Vgl. Europäische Zentralbank, Leitfaden zu Klima- und Umweltrisiken – Erwartungen der Aufsicht in Bezug auf Risikomanagement und Offenlegungen, 27. November 2020, S. 28 ff.

1.6 Modell der drei Verteidigungslinien und MaRisk

16 Die zugrunde liegende Philosophie dieser drei Verteidigungslinien ist nicht neu[29] und entspricht auch dem Verständnis der MaRisk. Zum operativen Management in den Geschäftsbereichen, also der ersten Verteidigungslinie mit dem »Markt« und dem »Handel«, gehören insbesondere die prozessabhängigen Kontrollen und Funktionstrennungen. Die Zuordnung der in den MaRisk aufgeführten Back-Office-Funktionen »Marktfolge« im Kreditgeschäft sowie »Abwicklung und Kontrolle« im Handelsgeschäft, die in dieser Form in anderen Ländern nicht überall zum Standard gehören, zur ersten oder zweiten Verteidigungslinie wird in der Praxis nicht einheitlich vorgenommen. Die Abgrenzung zur Risikocontrolling-Funktion spricht zwar dafür, diese Funktionen als Instrumente der ersten Verteidigungslinie anzusehen, zumal mit deren Hilfe auch die Funktionstrennungen umgesetzt werden. Für diese Zuordnung der Marktfolge spricht darüber hinaus, dass für eine (risikorelevante) Kreditentscheidung grundsätzlich ein zweites Votum erforderlich ist (→ BTO 1.1 Tz. 2) und sie somit an der Kreditgewährung maßgeblich beteiligt ist. Allerdings handelt es sich sowohl bei der Marktfolge als auch bei der Abwicklung und Kontrolle nicht um kundenbezogene Aktivitäten im Sinne des BCBS (»client-facing activity«), was wiederum eine Zuordnung zur zweiten Verteidigungslinie rechtfertigen könnte. Dafür spricht auch die mögliche Ansiedlung der Marktfolge im Verantwortungsbereich des Leiters der Risikocontrolling-Funktion. Die Risikocontrolling-Funktion, die in den EBA-Leitlinien zur internen Governance abweichend als Risikomanagement-Funktion bezeichnet wird, gehört mit der Compliance-Funktion zur zweiten Verteidigungslinie. Wenngleich sie bei den besonderen Funktionen nicht explizit genannt werden, spielen auch die weiteren Support-Funktionen Recht (→ BTO Tz. 2 und 8, BTO 1.1 Tz. 7, BTO 1.2 Tz. 14, BTO 1.2.5 Tz. 1, BTO 2.2.1 Tz. 1 und 8, BTR 4 Tz. 2), Personal (→ AT 7.1, BTO 1.1 Tz. 1), Finanzen (→ AT 4.3.4 Tz. 4, AT 4.4.1 Tz. 5, BTO Tz. 2 und 7, BTO 2.2.3 Tz. 1, BTR 1 Tz. 4), Organisation (→ AT 4.4.1 Tz. 5, AT 5, AT 6) und IT (→ AT 4.4.1 Tz. 5, AT 7.2, AT 7.3) in den MaRisk wichtige Rollen.

17 Die von den genannten Support-Funktionen wahrgenommenen Aufgaben und Verantwortlichkeiten sind allerdings nicht automatisch und ausschließlich der zweiten Verteidigungslinie zuzuordnen. Abteilungen, Teams und sogar einzelne Mitarbeiter der Support-Funktionen können vielmehr gleichzeitig Zuständigkeiten haben, die sowohl zur ersten als auch zur zweiten Verteidigungslinie gehören. Die Personalabteilung wird traditionell nicht als Kontrollfunktion angesehen, sondern spielt eine entscheidende Rolle bei der Entwicklung und Umsetzung der Vergütungspolitik und ist für die Vertragsgestaltung zuständig.[30] Vor diesem Hintergrund wird die Personalabteilung regelmäßig vorwiegend der ersten Verteidigungslinie zugeordnet.[31] Die Personalabteilung gilt jedoch als zweite Verteidigungslinie, soweit sie die ihr im Rahmen der Vergütungsverordnung zugewiesenen Aufgaben als Kontrolleinheit gemäß § 2 Abs. 11 Instituts-VergV wahrnimmt.[32] Bei Krediten an Mitarbeiter und Geschäftsleiter kann die Personalabteilung zur Umsetzung der Anforderungen an die Funktionstrennung u. U. die Funktion des Bereiches Markt übernehmen, die andernfalls dem antragstellenden Mitarbeiter selbst zukommen würde. Zwar müssen diese Anforderungen nur sinngemäß umgesetzt werden. Allerdings hat bei solchen Kreditentscheidungen grundsätzlich eine geeignete Stelle, die nicht in die Kreditbear-

---

29 Vgl. z. B. O. V., Compliance 2009 – die Zukunftsenergie, in: pwc:financial services, Januar 2009, S. 5 f.

30 Dazu gehört auch die Entwicklung und Anpassung von Instrumenten und Mechanismen zur Entlohnung, wie z. B. langfristige Anreizmechanismen. Vgl. Committee of European Banking Supervisors, Guidelines on Remuneration Policies and Practices (GL 42), 10. Dezember 2010, S. 34.

31 Vgl. Deutsche Kreditwirtschaft, Stellungnahme zur BaFin-Konsultation 08/2016 der Verordnung zur Änderung der Institutsvergütungsverordnung (InstitutsVergV), 12. September 2016, S. 6.

32 Vgl. Buscher, Arne Martin/Link, Vivien/von Harbou, Christopher/Weigl, Thomas, Verordnung über die aufsichtsrechtlichen Anforderungen an Vergütungssysteme von Instituten (Institutsvergütungsverordnung – InstitutsVergV), 2. Auflage, Stuttgart, 2018, § 3, Tz. 41.

beitung einbezogen ist, mitzuwirken (→ BTO 1.1 Tz. 1, Erläuterung). Auch in diesem Fall würde die Personalabteilung die Funktion der ersten Verteidigungslinie wahrnehmen.

Die Rechtsabteilung überprüft regelmäßig die wesentlichen Rechtsrisiken (→ BTO Tz. 8) und ist in dieser Funktion der zweiten Verteidigungslinie zuzurechnen. Allerdings kann eine beratende Tätigkeit der Rechtsabteilung bei Geschäftsabschlüssen des Marktes oder des Handels auch der ersten Verteidigungslinie zuzuordnen sein. Bei den Aufgaben und Verantwortlichkeiten der weiteren Support-Funktionen ist somit im Hinblick auf eine Zuordnung im Modell der drei Verteidigungslinien eine differenzierte Betrachtung erforderlich. Das gilt auch für die Marktfolge, über deren »korrekte« Zuordnung nach wie vor unterschiedliche Ansichten herrschen. **18**

Die erste und zweite Verteidigungslinie, die prozessabhängig wirken, sind in den MaRisk konsequenterweise dem internen Kontrollsystem zugeordnet. Die prozessunabhängige Überwachung wird durch die Interne Revision umgesetzt. Versäumnisse einer Verteidigungslinie sollten grundsätzlich von einer anderen Verteidigungslinie erkannt und beseitigt werden. Die in den MaRisk den jeweiligen Support-Funktionen zugewiesenen Rollen und hervorgehobenen besonderen Funktionen entsprechen den Vorgaben der Leitlinien der EBA zum »Three-Lines-of-Defence-Modell«.[33] **19**

In diesem Zusammenhang ist zu beachten, dass es sich beim Modell der drei Verteidigungslinien nicht um eine starre aufbauorganisatorische Vorgabe handelt, sondern um die Zuweisung bestimmter Rollen. Aus praktischen Überlegungen lassen sich diese Rollenzuweisungen nicht immer hundertprozentig durchhalten. So sind alle Organisationseinheiten eines Institutes nichtfinanziellen Risiken wie z. B. operationellen Risiken ausgesetzt (→ BTR Tz. 1). Damit müssen auch Einheiten der zweiten Verteidigungslinie, wie z. B. die Compliance-Funktion, oder die Interne Revision als dritte Verteidigungslinie ihre operationellen Risiken steuern und übernehmen dafür typische Aufgaben einer ersten Verteidigungslinie. Die auf das operationelle Risiko spezialisierte zentrale OpRisk-Einheit fungiert in diesen Fällen als zweite Verteidigungslinie. Das ändert jedoch nichts an der grundsätzlichen Zuordnung dieser Funktionen im Modell der drei Verteidigungslinien. So bezeichnet die EBA die Compliance- und Risikocontrolling-Funktion uneingeschränkt als Funktionen der zweiten Verteidigungslinie sowie die Interne Revision als dritte Verteidigungslinie.[34] **20**

Da die Institute bei einer Implementierung des Modells der drei Verteidigungslinien einen gewissen Gestaltungsspielraum haben, kommt einer angemessenen Dokumentation mit einer klaren Definition und Abgrenzung der Aufgaben der drei Verteidigungslinien im Institut, z. B. in den Organisationsrichtlinien, besondere Bedeutung zu. **21**

33 Vgl. European Banking Authority, Leitlinien zur internen Governance, EBA/GL/2017/11, 21. März 2018, S. 47 ff.; European Banking Authority, Guidelines on common procedures and methodologies for the supervisory review and evaluation process (SREP) and supervisory stress testing, EBA/GL/2014/13, Consolidated version, 19. Juli 2018, S. 56 ff.

34 Vgl. European Banking Authority, Final Report – Guidelines on internal governance under Directive 2013/36/EU, EBA/GL/2017/11, 26. September 2017, S. 9 f.

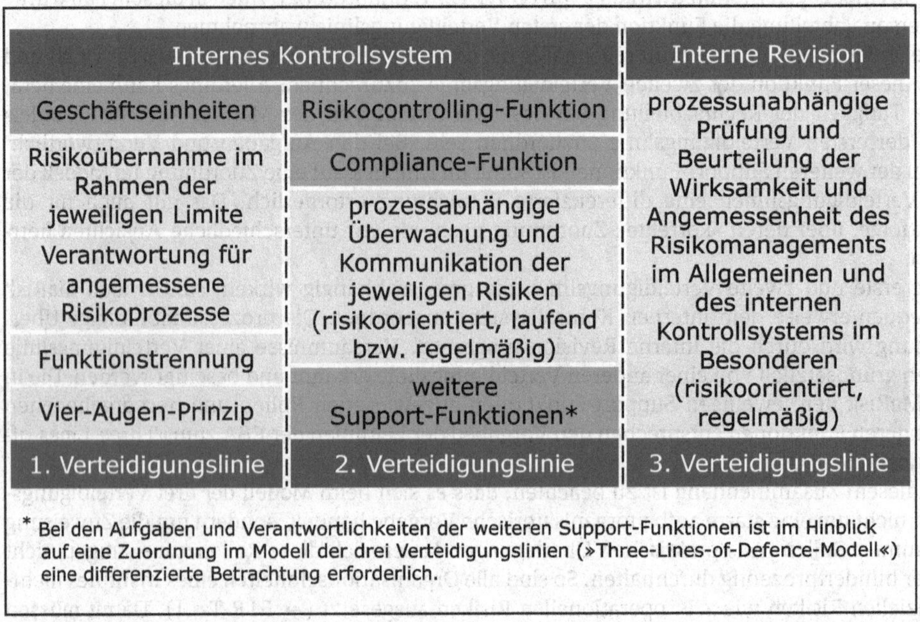

Internes Kontrollsystem			Interne Revision
Geschäftseinheiten	Risikocontrolling-Funktion		prozessunabhängige Prüfung und Beurteilung der Wirksamkeit und Angemessenheit des Risikomanagements im Allgemeinen und des internen Kontrollsystems im Besonderen (risikoorientiert, regelmäßig)
Risikoübernahme im Rahmen der jeweiligen Limite	Compliance-Funktion		
Verantwortung für angemessene Risikoprozesse	prozessabhängige Überwachung und Kommunikation der jeweiligen Risiken (risikoorientiert, laufend bzw. regelmäßig)		
Funktionstrennung	weitere Support-Funktionen*		
Vier-Augen-Prinzip			
1. Verteidigungslinie	2. Verteidigungslinie		3. Verteidigungslinie

* Bei den Aufgaben und Verantwortlichkeiten der weiteren Support-Funktionen ist im Hinblick auf eine Zuordnung im Modell der drei Verteidigungslinien (»Three-Lines-of-Defence-Modell«) eine differenzierte Betrachtung erforderlich.

Abb. 39: Interne Kontrollverfahren im Überblick

1.7 Überlegungen zum Modell der vier Verteidigungslinien

22 Einige Fachspezialisten haben sich mit einer möglichen Weiterentwicklung des traditionellen Modells der drei Verteidigungslinien beschäftigt.[35] Unter Berücksichtigung der identifizierten Schwachstellen dieses Modells sowie der Besonderheiten des Finanzsektors wurde z. B. die Erweiterung um eine vierte Verteidigungslinie vorgeschlagen, in der die Aufsichtsbehörden und die externen Prüfer ein Dreiecksverhältnis mit der Internen Revision bilden. Dabei nehmen die genannten Akteure eine zueinander ergänzende Rolle ein, um ihre jeweiligen Aufgaben und Verantwortlichkeiten leichter wahrnehmen zu können. Durch eine engere Zusammenarbeit sollen die Informationsasymmetrien zwischen diesen Akteuren abgebaut werden, um die Effektivität der jeweiligen Kontrolltätigkeiten und damit ggf. sogar die Finanzmarktstabilität zu verbessern.[36] In einem vom Baseler Ausschuss für Bankenaufsicht bereits im Jahr 2012 veröffentlichten Papier werden die Aufgaben der genannten Akteure sowie deren Verhältnis zueinander relativ präzise aufgeführt.[37]

---

35 Diese Überlegungen stellen neben den drei etablierten Verteidigungslinien vor allem auf die Unternehmenskultur (»the tone of the organisation«) sowie die Rolle des Leitungsorgans ab und betonen dabei die Funktionen des Aufsichtsorgans und der Geschäftsleitung (»board risk oversight and executive management«). Beispielhaft sei an dieser Stelle auf das »Five-Lines-of-Defence-Model« von Protiviti und das »Five-Lines-of-Assurance-Model« von Risk Oversight Solutions hingewiesen. Die Gesamtverantwortung der Geschäftsleitung und die aktive Einbindung des Aufsichtsorgans im Rahmen seiner Aufgaben werden allerdings auch im Modell der drei Verteidigungslinien nicht infrage gestellt.

36 Vgl. Arndorfer, Isabella/Minto, Andrea, The »four lines of defence model« for financial institutions – Taking the three-lines-of-defence model further to reflect specific governance features of regulated financial institutions, Financial Stability Institute, Occasional Paper No 11, 23. Dezember 2015.

37 Vgl. Basel Committee on Banking Supervision, The internal audit function in banks, BCBS 223, 28. Juni 2012, S. 14 ff.

Der Vorschlag eines »Modells der vier Verteidigungslinien« ist allerdings umstritten und wurde **23** u. a. vom IIA (The Institute of Internal Auditors) kritisiert. Der Hauptkritikpunkt betrifft den eigentlichen Sinn der drei Verteidigungslinien, die zur Unterstützung des Risikomanagements innerhalb einer Organisation eingerichtet würden. Die vierte Verteidigungslinie diene hingegen eher den externen Akteuren und verfolge damit einen anderen Zweck. Wenngleich verschiedene Schwachstellen des Modells der drei Verteidigungslinien bestätigt würden, bleibe insgesamt unklar, wie die vorgeschlagene vierte Verteidigungslinie zur Beseitigung dieser Schwachstellen beitragen könne. Die direkte Kommunikation mit den Aufsichtsbehörden und den externen Prüfern wird vom IIA aus verschiedenen Gründen eher bei der Geschäftsleitung als bei der Internen Revision gesehen. Zudem bestehe die Gefahr, dass die Interne Revision durch die ihr zugedachte Rolle vom Informationsfluss innerhalb des Institutes teilweise abgeschnitten werde. Schließlich werden vom IIA diverse Aussagen im Arbeitspapier des FSI inhaltlich hinterfragt.[38] Ähnlich kritisch wird dieser Vorschlag von Revisionsspezialisten in Deutschland bewertet.

Die Überlegungen in Richtung eines Modells der vier Verteidigungslinien werden bisher von **24** Regulatoren oder Aufsichtsbehörden auf nationaler und europäischer Ebene nicht in allgemeinen Vorgaben festgeschrieben. Der Grund dürfte auch sein, dass ein derartiges Modell mit den bestehenden gesellschaftsrechtlichen Anforderungen an die Interne Revision als ein Instrument der Geschäftsleitung (→ AT 4.4.3 Tz. 2) nur schwer vereinbar ist. In der Praxis lässt sich jedoch feststellen, dass sich die Erwartungshaltung der Aufsicht an die Interne Revision zumindest der größeren Institute in den letzten Jahren deutlich geändert hat. So erwartet insbesondere die EZB im Nachgang zu den von ihr angeordneten Sonderprüfungen ein materielles Follow-up zu den eigenen Prüfungsfeststellungen und lässt sich hierüber direkt von der Internen Revision des Institutes berichten. Darüber hinaus nimmt die Aufsicht zum Teil Zulieferungen der Fachbereiche nur nach einer entsprechenden »Vorabprüfung« durch die Interne Revision entgegen. Derartige Vorabprüfungen des Institutes durch die Interne Revision waren bisher nur im Rahmen der Zulassung von IRB-Verfahren bekannt.[39] Sollte sich die Rolle der Internen Revision in Richtung des Modells der vier Verteidigungslinien weiterentwickeln, hätte dies Auswirkungen auf die notwendige Personalausstattung der Internen Revision in den Instituten.

1.8 Drei-Linien-Modell des IIA

Das Institute of Internal Auditors (IIA) hat im Juli 2020 eine Weiterentwicklung des Modells der **25** drei Verteidigungslinien hin zu einem »Drei-Linien-Modell« angestoßen (siehe Abbildung 40).[40] Das neue Modell verfolgt einen verstärkt prinzipienorientierten Ansatz, der den Bedürfnissen unterschiedlicher Unternehmen besser gerecht werden soll. Die sechs Grundsätze des Drei-Linien-Modells definieren anstelle von Verteidigungslinien nunmehr »Governance-Rollen«. Diese Änderung des Sprachgebrauches adressiert die in der Praxis von Interessensverbänden der Internen Revisionen zum Teil vorgebrachte Kritik, dass das Modell der drei Verteidigungslinien zu starr darauf abstellt, gegen Risiken zu verteidigen, anstatt aktiv die Entwicklung, Implementierung und

---

38 Vgl. The Institute of Internal Auditors, Stellungnahme zum Financial Stability Institute Occasional Paper No 11 – The »four lines of defence model« for financial institutions, Schreiben vom 27. Januar 2016.

39 Vgl. Bundesanstalt für Finanzdienstleistungsaufsicht/Deutsche Bundesbank, Merkblatt zur Zulassung zum IRBA, 1. April 2007, S. 6.

40 The Institute of Internal Auditors, Global Perspectives and Insights, Das Drei-Linien-Modell – ein wichtiges Instrument für den Erfolg jeder Organisation, 10. November 2020; The Institute of Internal Auditors, The IIA's Three Lines Model, An update of the Three Lines of Defense, 13. Juli 2020.

kontinuierliche Verbesserung des Risikomanagements voranzutreiben.[41] Nach den Vorstellungen des IIA ermöglicht das Drei-Linien-Modell nicht nur einen flexibleren Rahmen des Zusammenspiels der ersten und der zweiten Verteidigungslinie, sondern führt vor allem auch zu einer Stärkung und Erweiterung der Rolle der Internen Revision als dritte Verteidigungslinie. Das drei-Linien-Modell betont ausdrücklich die Unabhängigkeit der Internen Revision, wobei Unabhängigkeit nicht Isolation bedeutet.[42] Die Interne Revision als dritte Verteidigungslinie soll regelmäßig mit den anderen Governance-Rollen kommunizieren, kooperieren und zusammenarbeiten. Dieses intensive Zusammenwirken der drei Linien im Sinne eines konstruktiven Dialoges ist die Grundvoraussetzung dafür, dass die unabhängigen und objektiven Prüfungs- und Beratungsleistungen der Internen Revision Mehrwerte schaffen und die Geschäftsprozesse verbessern. Nach dem Drei-Linien-Modell tragen alle Rollen, einschließlich der Internen Revision, zum wirtschaftlichen Erfolg und zum Schutz der Werte des Unternehmens bei.[43] Die Interne Revision soll danach ggf. eine führende Rolle in der Koordination der Zusammenarbeit zwischen den anderen Governance-Rollen und Organisationseinheiten oder eine Vermittlerfunktion übernehmen können.[44]

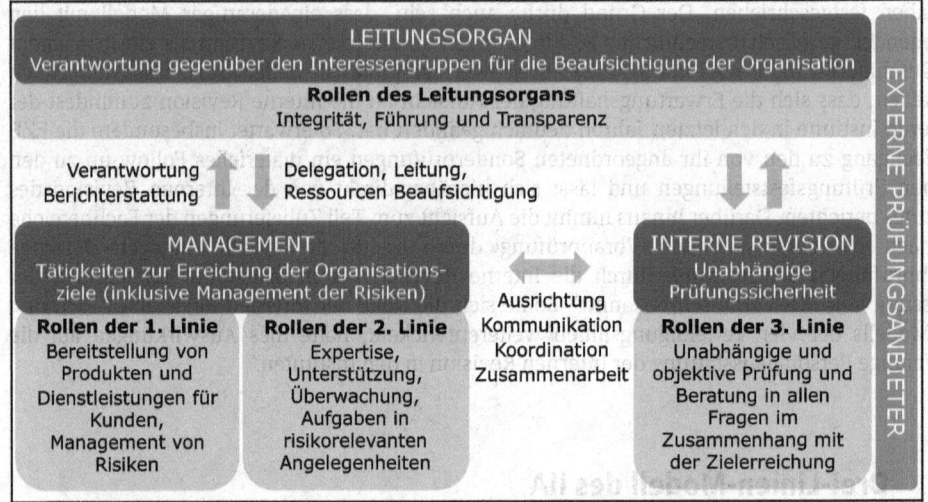

Abb. 40: Drei-Linien-Modell des Institute of Internal Auditors (IIA)

26 Die Aufsichtsbehörden haben sich zu den Überlegungen des IIA zu dem Drei-Linien-Modell noch nicht geäußert und stellen in der Praxis weiterhin auf das Modell der drei Verteidigungslinien ab.[45] Ein Grund könnte sein, dass bei Instituten das Modell der drei Verteidigungslinien durch die konkret zugewiesenen Zuständigkeiten und Aufgaben der Risikocontrolling-Funktion (→ AT 4.4.1) und der Compliance-Funktion (→ AT 4.4 2) als zweite Verteidigungslinie sowie der Internen

---

41 Vgl. Schmidt, Christoph/Lenz, Rainer/Polzer, Tobias, Die Governance-Rolle der Internen Revision im neuen »Three-Lines-Modell«, in: Zeitschrift für das gesamte Kreditwesen, Heft 21/2020, S. 15.

42 Vgl. The Institute of Internal Auditors, Global Perspectives and Insights, Das Drei-Linien-Modell – ein wichtiges Instrument für den Erfolg jeder Organisation, 10. November 2020, S. 5 f.

43 Vgl. The Institute of Internal Auditors, Global Perspectives and Insights, Das Drei-Linien-Modell – ein wichtiges Instrument für den Erfolg jeder Organisation, 10. November 2020, S. 5.

44 Vgl. Schmidt, Christoph/Lenz, Rainer/Polzer, Tobias, Die Governance-Rolle der Internen Revision im neuen »Three-Lines-Modell«, in: Zeitschrift für das gesamte Kreditwesen, Heft 21/2020, S. 17.

45 Als Beispiel kann hier der EZB-Leitfaden zu Klima- und Umweltrisiken vom November 2020 angeführt werden. Vgl. Europäische Zentralbank, Leitfaden zu Klima- und Umweltrisiken – Erwartungen der Aufsicht in Bezug auf Risikomanagement und Offenlegungen, 27. November 2020, S. 28 ff.

Revision (→ AT 4.4.3 und BT 2) als dritte Verteidigungslinie deutlich ausdifferenzierter ist als bei nicht regulierten Unternehmen. Unstreitig ist eine angemessene Einbindung der Internen Revision in das Institut für die Erfüllung ihrer Aufgaben notwendig und erhöht signifikant die Prüfungsqualität. Das Prinzip der Selbständigkeit und Unabhängigkeit der Internen Revision hat in den MaRisk allerdings einen sehr hohen Stellenwert und von der Aufsicht restriktiv ausgelegt (→ BT 2.2 Tz. 1). Zwar hat die Revision neben ihrer Prüfungstätigkeit bei wesentlichen Projekten begleitend tätig zu sein (→ BT 2.1 Tz. 2) und kann die Geschäftsleitung oder andere Organisationseinheiten des Institutes beraten (→ BT 2.2 Tz. 2). Auch im Rahmen des Neu-Produkt-Prozesses ist die Interne Revision zu beteiligen (→ AT 8 Tz. 5). Die Aufsicht setzt der Einbindung der Internen Revision jedoch enge Grenzen, um eine anschließende »Selbstprüfung« der Revision zu vermeiden. So darf sie in den genannten Fällen regelmäßig nur unter Wahrung ihrer Unabhängigkeit und unter Vermeidung von Interessenkonflikten »im Rahmen ihrer Aufgaben« tätig werden. Bei Projekten soll die Revision generell nicht die Leitung übernehmen. Auch eine operative Mitwirkung in einem Projekt geht bereits über eine Projektbegleitung hinaus (→ BT 2.1 Tz. 2). Es bleibt daher abzuwarten, inwieweit die Aufsicht die vom IIA angestrebte aktivere Rolle der Internen Revision in den Unternehmen in ihre Verwaltungspraxis übernimmt. Möglich ist allerdings auch, dass der Grundgedanke des Drei-Linien-Modells den in den MaRisk eingeräumten Mitwirkungsrechten der Internen Revision schon weitgehend entspricht. Vor diesem Hintergrund wäre eine Klarstellung der Aufsicht wünschenswert.

1.9 Leiter der besonderen Funktionen als Inhaber von Schlüsselfunktionen

Die EBA hat im Jahr 2012 Leitlinien zur Beurteilung der Eignung von Geschäftsleitern, Mitgliedern der Aufsichtsorgane und so genannten »Inhabern von Schlüsselfunktionen« (»Key Function Holders«) in Instituten veröffentlicht[46] und fünf Jahre später gemeinsam mit der Europäischen Wertpapier- und Marktaufsichtsbehörde (ESMA) grundlegend überarbeitet.[47] Mit diesen im Jahr 2021 erneut überarbeiteten Leitlinien werden Vorgaben für die innerhalb der Institute einzurichtenden Internen Prozesse zur Auswahl und Beurteilung der genannten Personen gemacht. Die »Inhaber von Schlüsselfunktionen« werden dabei als Mitarbeiter unterhalb der Leitungsorgane definiert, deren Position ihnen erheblichen Einfluss auf die Ausrichtung des Institutes verschafft.[48] Nach den Vorstellungen von EBA und ESMA gehören dazu auch die Leiter der internen Kontrollfunktionen.[49] 27

Der von den Instituten aufzusetzende Prozess für die Inhaber von Schlüsselfunktionen muss eine Bewertung der Eignung zum Zeitpunkt der Bestellung (Erstbewertung) sowie anschließend die fortlaufende Überprüfung dieser Eignung (Folgebewertung) beinhalten. Die Bewertung der Zuverlässigkeit, Aufrichtigkeit, Integrität, Kenntnisse, Fähigkeiten und Erfahrung von Inhabern von Schlüsselfunktionen sollte auf denselben Kriterien basieren, die auch bei den Geschäftsleitern 28

---

46 European Banking Authority, Leitlinien zur Beurteilung der Eignung von Mitgliedern des Leitungsorgans und von Inhabern von Schlüsselfunktionen, EBA/GL/2012/06, 22. November 2012.

47 European Banking Authority/European Securities and Markets Authority, Leitlinien zur Bewertung der Eignung von Mitgliedern des Leitungsorgans und Inhabern von Schlüsselfunktionen, EBA/GL/2017/12, 21. März 2018.

48 Vgl. European Banking Authority/European Securities and Markets Authority, Leitlinien zur Bewertung der Eignung von Mitgliedern des Leitungsorgans und Inhabern von Schlüsselfunktionen, EBA/GL/2017/12, 21. März 2018, S. 6.

49 Neben den Leitern der besonderen Funktionen können nach den EBA-Leitlinien auch Leiter von wichtigen Geschäftszweigen, Niederlassungen im Europäischen Wirtschaftsraum/in der Europäischen Freihandelsassoziation, von Tochtergesellschaften in Drittstaaten und sonstigen internen Funktionen zu Inhabern von Schlüsselfunktionen zählen. Vgl. European Banking Authority, Leitlinien zur internen Governance, EBA/GL/2017/11, 21. März 2018, S. 6f.

angewandt werden. Bei der Bewertung der Kenntnisse, Fähigkeiten und Erfahrung sind dabei die Rolle und Aufgaben der konkreten Position zu berücksichtigen.[50] Nach den Vorstellungen von EBA und ESMA sollten zudem CRD-Institute[51] von erheblicher Bedeutung die zuständige Aufsichtsbehörde über das Ergebnis der Eignungsprüfung der Inhaber von Schlüsselfunktionen informieren.[52] Die Aufsichtsbehörden sollten anschließend die Zuverlässigkeit und die fachliche Eignung der Inhaber von Schlüsselfunktionen in CRD-Instituten von erheblicher Bedeutung eigenständig beurteilen und ggf. Maßnahmen ergreifen.[53]

29   In Deutschland sind die grundsätzlichen fachlichen und persönlichen Anforderungen an die Geschäftsleiter und die Mitglieder der Aufsichtsorgane in § 25c bzw. § 25d KWG und ergänzenden Merkblättern[54] formuliert. Die Institute haben insgesamt durch geeignete Maßnahmen zu gewährleisten, dass das Qualifikationsniveau der Mitarbeiter angemessen ist (→ AT 7.1 Tz. 2). Speziell haben die mit der Leitung der Risikocontrolling-Funktion und der Leitung der Internen Revision betrauten Personen sowie der Compliance-Beauftragte besonderen qualitativen Anforderungen entsprechend ihres Aufgabengebietes zu genügen (→ AT 7.1 Tz. 2, Erläuterung).

30   Die BaFin hat das Merkblatt für die Eignungsanforderungen für Geschäftsleiter inzwischen um konkrete Anforderungen an die Besetzung von Schlüsselfunktionen im Sinne der EBA-/ESMA-Leitlinien für Key Function Holders ergänzt.[55] Die Inhaber von Schlüsselfunktionen werden dabei als Personen definiert, die einen wesentlichen Einfluss auf die Leitung des Institutes haben und weder Mitglieder der Geschäftsleitung noch des Aufsichtsorgans sind. Hierzu gehören die Leiter der internen Kontrollfunktionen sowie der Chief Financial Officer (CFO), soweit diese keine Mitglieder der Geschäftsleitung sind. Der Begriff »interne Kontrollfunktion« stammt aus den EBA-/ESMA-Leitlinien und umfasst die Risikocontrolling-Funktion, die Compliance-Funktion und die Interne Revision.[56] Darüber hinaus können Inhaber von Schlüsselfunktionen die Leiter von wichtigen Geschäftszweigen, Niederlassungen oder Tochtergesellschaften oder sonstigen internen Funktionen sein. In Betracht kommen regelmäßig auch der Vergütungsbeauftragte gemäß § 23 Abs. 1 InstitutsVergV, der Geldwäschebeauftragte gemäß § 7 GwG und der Compliance-Beauftragte nach WpHG, da für sie besondere Anforderungen an die fachliche Eignung bestehen. Gemäß dem Merkblatt liegt es in der Verantwortung der Institute, sicherzustellen, dass ihre Mitarbeiter in der Lage sind, die jeweilige Funktion angemessen wahrzunehmen. Die Institute sollten konkret gewährleisten, dass Inhaber von Schlüsselfunktionen jederzeit zuverlässig sind

---

50 Vgl. European Banking Authority/European Securities and Markets Authority, Leitlinien zur Bewertung der Eignung von Mitgliedern des Leitungsorgans und Inhabern von Schlüsselfunktionen, EBA/GL/2017/12, 21. März 2018, S. 15; European Banking Authority, Leitlinien zur internen Governance, EBA/GL/2017/11, 21. März 2018, S. 41.

51 Die EBA und die ESMA verstehen unter einem »CRD-Institut« ein Kreditinstitut im Sinne des Art. 1 Abs. 1 Nr. 1 CRR oder eine Wertpapierfirma im Sinne des Art. 1 Abs. 1 Nr. 2 CRR. Üblicherweise wird dafür eher die Bezeichnung »CRR-Institut« verwendet, weil die Definition in Art. 4 Abs. 1 Nr. 3 CRR als Sammelbegriff für ein Kreditinstitut oder eine Wertpapierfirma wie oben beschrieben niedergelegt ist. Vgl. European Banking Authority/European Securities and Markets Authority, Leitlinien zur Bewertung der Eignung von Mitgliedern des Leitungsorgans und Inhabern von Schlüsselfunktionen, EBA/GL/2017/12, 21. März 2018, S. 5.

52 Vgl. European Banking Authority/European Securities and Markets Authority, Leitlinien zur Bewertung der Eignung von Mitgliedern des Leitungsorgans und Inhabern von Schlüsselfunktionen, EBA/GL/2017/12, 21. März 2018. »CRD-Institute von erheblicher Bedeutung« sind nach den Leitlinien die global systemrelevanten Institute und die anderweitig systemrelevanten Institute sowie ggf. auch andere CRD-Institute, Finanzholdinggesellschaften oder gemischte Finanzholdinggesellschaften, die von der zuständigen Behörde oder nach nationalem Recht auf der Grundlage einer Bewertung der Größe, internen Organisation und der Art, des Umfangs und der Komplexität der Tätigkeiten der Institute bestimmt werden. Vgl. European Banking Authority/European Securities and Markets Authority, Leitlinien zur Bewertung der Eignung von Mitgliedern des Leitungsorgans und Inhabern von Schlüsselfunktionen, EBA/GL/2017/12, 21. März 2018, S. 5.

53 Vgl. European Banking Authority/European Securities and Markets Authority, Leitlinien zur Bewertung der Eignung von Mitgliedern des Leitungsorgans und Inhabern von Schlüsselfunktionen, EBA/GL/2017/12, 21. März 2018, S. 46ff.

54 Vgl. Bundesanstalt für Finanzdienstleistungsaufsicht, Merkblatt zu den Geschäftsleitern gemäß KWG, ZAG und KAGB vom 4. Januar 2016, zuletzt geändert am 24. Juni 2021; Bundesanstalt für Finanzdienstleistungsaufsicht, Merkblatt zu Mitgliedern von Verwaltungs- und Aufsichtsorganen gemäß KWG und KAGB vom 4. Januar 2016, zuletzt geändert am 24. Juni 2021.

55 Vgl. Bundesanstalt für Finanzdienstleistungsaufsicht, Merkblatt zu den Geschäftsleitern gemäß KWG, ZAG und KAGB vom 4. Januar 2016, zuletzt geändert am 24. Juni 2021, S. 44f.

56 Vgl. European Banking Authority/European Securities and Markets Authority, Leitlinien zur Bewertung der Eignung von Mitgliedern des Leitungsorgans und Inhabern von Schlüsselfunktionen, EBA/GL/2017/12, 21. März 2018, S. 7.

und über die notwendige fachliche Eignung für ihre Position verfügen. Dies erfordert eine Erst- und Folgebewertung sowie eine fortlaufende Überwachung. Das Merkblatt nennt konkrete Beispiele, in denen im Rahmen der fortlaufenden Überwachung eine Neubewertung durchgeführt werden sollte, z. B. wenn Bedenken hinsichtlich der Eignung bestehen. Die Bewertung der Zuverlässigkeit und der fachlichen Eignung sollte auf denselben Kriterien basieren, die im Rahmen der Bewertung der Eignungsanforderungen an die Mitglieder der Geschäftsleitung bzw. des Aufsichtsorgans angewandt werden. Bei der Prüfung der praktischen und theoretischen Kenntnisse und der Erfahrung sollten die Rolle und Aufgabe der konkreten Position berücksichtigt werden.[57]

Zur Erfüllung der Anforderungen des BaFin-Merkblattes haben die Institute zunächst die für sie **31** maßgeblichen Inhaber von Schlüsselfunktionen festzulegen. Anschließend haben sie zur (fortlaufenden) Überprüfung der Zuverlässigkeit und fachlichen Eignung der Inhaber von Schlüsselfunktionen geeignete Kriterien (Anforderungen an Kenntnisse und Erfahrung etc.) zu entwickeln und entsprechende Prozesse aufzusetzen. Sowohl bei der Identifikation als auch beim Umfang der Bewertung und laufenden Überwachung gilt der Grundsatz der Proportionalität, wobei auf die entsprechenden Kriterien der EBA-/ESMA-Leitlinien zurückgegriffen werden kann.[58] Die in den EBA-/ESMA-Leitlinien für CRD-Institute von erheblicher Bedeutung enthaltene Anzeigepflicht der Leiter der besonderen Funktionen bei der Aufsichtsbehörde wurde bisher nicht in nationales Recht umgesetzt.[59] Größere Institute sollten ggf. die Aufsicht über personelle Veränderungen bei den Leitern der besonderen Funktionen informieren bzw. mit der Aufsichtsbehörde die Vorgehensweise abstimmen.

1.10 Anforderungen an die Vergütung der Mitarbeiter der besonderen Funktionen

Gemäß § 2 Abs. 11 InstitutsVergV sind die Risikocontrolling- und die Compliance-Funktion sowie **32** die Interne Revision als Kontrolleinheiten im Sinne der Institutsvergütungsverordnung einzustufen. Für die Vergütung der Leiter der besonderen Funktionen und ihrer Mitarbeiter gelten daher besondere Anforderungen. Gemäß § 5 Abs. 1 InstitutsVergV dürfen die Vergütungssysteme der Institute der Überwachungsfunktion der Kontrolleinheiten nicht zuwiderlaufen. Das wäre nach § 5 Abs. 4 Satz 1 InstitutsVergV insbesondere dann der Fall, wenn sich die Höhe der variablen Vergütung von Mitarbeitern der Kontrolleinheiten und Mitarbeitern der von ihnen kontrollierten Organisationseinheiten maßgeblich nach gleichlaufenden Vergütungsparametern bestimmt und somit die Gefahr eines Interessenkonfliktes besteht.[60] Entsprechendes gilt gemäß § 5 Abs. 4 Satz 2 InstitutsVergV für Geschäftsleiter, welche die Risikosteuerung verantworten.

---

57 Vgl. Bundesanstalt für Finanzdienstleistungsaufsicht, Merkblatt zu den Geschäftsleitern gemäß KWG, ZAG und KAGB vom 4. Januar 2016, zuletzt geändert am 24. Juni 2021, S. 44 f.

58 Vgl. European Banking Authority/European Securities and Markets Authority, Leitlinien zur Bewertung der Eignung von Mitgliedern des Leitungsorgans und Inhabern von Schlüsselfunktionen, EBA/GL/2017/12, 21. März 2018, S. 10 f.

59 Eine Anzeigepflicht gemäß § 24 Abs. 1 Nr. 1 KWG besteht nur, wenn der Leiter der besonderen Funktion gleichzeitig ein Geschäftsleiter ist. Der Leiter der Risikocontrolling-Funktion bei systemrelevanten Instituten ist grundsätzlich auf der Geschäftsleiterebene anzusiedeln (→ AT 4.4.1 Tz. 5). Die Funktion des Compliance-Beauftragten nach MaRisk kann hingegen nur im Ausnahmefall einem Geschäftsleiter übertragen werden (→ AT 4.4.2 Tz. 5).

60 Vgl. auch European Banking Authority, Leitlinien zur internen Governance, EBA/GL/2017/11, 21. März 2018, S. 41, wonach zur Sicherstellung ihrer Unabhängigkeit die Vergütung der Mitarbeiter der internen Kontrollfunktionen nicht an den Erfolg der Tätigkeiten gekoppelt sein sollte, die von der internen Kontrollfunktion überwacht und kontrolliert werden. Die Vergütung sollte die Objektivität der Mitarbeiter der Kontrollfunktionen auch nicht anderweitig beeinträchtigen können.

AT 4.4 Besondere Funktionen

33   Nach § 9 Abs. 1 InstitutsVergV muss die Vergütung der Kontrolleinheiten so ausgestaltet sein, dass eine angemessene qualitative und quantitative Personalausstattung ermöglicht wird.[61] Darüber hinaus muss nach § 9 Abs. 2 InstitutsVergV die Ausgestaltung der Vergütung der Mitarbeiter der Kontrolleinheiten unterhalb der Geschäftsleiterebene sicherstellen, dass der Schwerpunkt auf der fixen Vergütung liegt. Dies bedeutet, dass die variable Vergütung nicht mehr als ein Drittel der Gesamtvergütung der Mitarbeiter der Kontrolleinheiten betragen sollte. Variable Vergütungsbestandteile in Höhe von 50 Prozent oder mehr sind bei Kontrolleinheiten unzulässig.[62] Damit können die Institute die nach § 25a Abs. 5 Satz 2 KWG für Mitarbeiter grundsätzlich mögliche Obergrenze für die variable Vergütung in Höhe von 100 Prozent der fixen Vergütung bei der Vergütung der Mitarbeiter der Kontrolleinheiten nicht ausschöpfen. Andererseits können Mitarbeiter der Kontrolleinheiten auch eine ausschließlich fixe Vergütung erhalten.[63] Dies gilt auch für Mitarbeiter der Kontrolleinheiten in bedeutenden Instituten, die als Risikoträger identifiziert wurden. Die Regelungen gehen zurück auf die entsprechenden Leitlinien der EBA für eine solide Vergütungspolitik.[64]

1.11   Weitere besondere Funktionen in Instituten

34   Neben den besonderen Funktionen im Sinne des Moduls AT 4.4 bestehen in den Instituten regelmäßig weitere besondere Funktionen wie bspw.
- Compliance-Funktion nach WpHG (BT 1.1 Tz. 2 MaComp)
- Geldwäschebeauftragter (§ 7 Abs. 1 GwG)
- Datenschutzbeauftragter (Art. 37 DSGVO)
- Vergütungsbeauftragter (§ 23 InstitutsVergV)
- Informationssicherheitsbeauftragter (Tz. 18 BAIT)
- Beschwerdemanagementfunktion (Tz. 14 Mindestanforderungen an das Beschwerdemanagement)
- Auslagerungsbeauftragter (→ AT 9 Tz. 12 und 13).

Die Anforderungen an diese besonderen Funktionen sind in den jeweiligen rechtlichen Regelungen und Vorgaben sehr unterschiedlich ausgestaltet, z. B. hinsichtlich der aufbauorganisatorischen Vorgaben, Unabhängigkeit, Berichtspflichten, Befugnisse und Informationsrechte. Die Institute haben jeweils zu prüfen, ob die Leiter der genannten Funktionen in ihren Prozess für »Inhaber von Schlüsselfunktionen« (»Key Function Holders«) einzubeziehen sind. Darüber hinaus sind diese zum Teil als Kontrolleinheit gemäß § 2 Abs. 11 InstitutsVergV einzuordnen, so dass für ihre Leiter und Mitarbeiter die besonderen Anforderungen der Vergütungsverordnung gelten.[65]

---

61 Für den Compliance-Beauftragten nach MaComp wird eine Vergütung empfohlen, die sich an der Vergütung der Leiter der Internen Revision, des Risikocontrollings bzw. der Rechtsabteilung orientiert, wobei Unterschiede hinsichtlich der Personal- und der übrigen Verantwortung der jeweiligen Position berücksichtigt werden können. Vgl. Bundesanstalt für Finanzdienstleistungsaufsicht, Mindestanforderungen an die Compliance-Funktion und weitere Verhaltens-, Organisations- und Transparenzpflichten – MaComp, Rundschreiben 05/2018 (WA) vom 19. April 2018, zuletzt geändert am 24. März 2021, BT 1.3.3.4 Tz. 5.

62 Vgl. Bundesanstalt für Finanzdienstleistungsaufsicht, Auslegungshilfe zur Institutsvergütungsverordnung in der Fassung vom 15. Februar 2018, zu § 9.

63 Vgl. Bundesanstalt für Finanzdienstleistungsaufsicht, Auslegungshilfe zur Institutsvergütungsverordnung in der Fassung vom 15. Februar 2018, zu § 9.

64 Vgl. European Banking Authority, Leitlinien für eine solide Vergütungspolitik gemäß Artikel 74 Absatz 3 und Artikel 75 Absatz 2 der Richtlinie 2013/36/EU und Angaben gemäß Artikel 450 der Verordnung (EU) Nr. 575/2013, EBA/GL/2015/22, 27. Juni 2016, Tz. 174f.

65 Zu den Anforderungen an die Vergütung von Kontrolleinheiten gemäß § 2 Abs. 11 InstitutsVergV vgl. Buscher, Arne Martin/Link, Vivien/von Harbou, Christopher/Weigl, Thomas, Verordnung über die aufsichtsrechtlichen Anforderungen an Vergütungssysteme von Instituten (Institutsvergütungsverordnung – InstitutsVergV), 2. Auflage, Stuttgart, 2018, § 5 und § 9.

AT 4.4.1 Risikocontrolling-Funktion

1	**Zuständigkeit und Unabhängigkeit der Risikocontrolling-Funktion (Tz. 1)**	1
1.1	Unabhängigkeit der Risikocontrolling-Funktion	2
1.1.1	Trennung von den Geschäftseinheiten	6
1.1.2	Trennung von den Support-Funktionen	14
1.2	Zusammenarbeit mit den Geschäftsbereichen	18
2	**Aufgaben der Risikocontrolling-Funktion (Tz. 2)**	21
2.1	Zuweisung bestimmter Tätigkeiten	22
2.1.1	Unterstützung der Geschäftsleitung	25
2.1.2	Entwicklung und Umsetzung der Risikostrategie	26
2.1.3	Ausgestaltung eines Systems zur Begrenzung der Risiken	28
2.1.4	Risikosteuerungs- und -controllingprozesse	29
2.1.5	Risikoinventur und Gesamtrisikoprofil	32
2.1.6	Risikokennzahlen und Risikofrüherkennung	34
2.1.7	Risikoüberwachung	40
2.1.8	Risikoberichterstattung	43
2.2	Überwachung NPE-bezogener Risiken und Zielwerte	46
2.2.1	NPE-Messgrößen	51
2.2.2	Interaktionen mit den Kreditnehmern und Zahlungseingänge	61
2.2.3	Forbearance-Maßnahmen	64
2.2.4	Abwicklungsmaßnahmen	69
2.2.5	Sonstige Indikatoren	74
2.2.6	Auswirkungen auf das Kapital	78
2.2.7	Rolle der Risikocontrolling-Funktion	80
2.3	Berücksichtigung von Nachhaltigkeitsrisiken	88
2.4	Risikocontrolling-Funktion als Kontrolleinheit im Sinne der Vergütungsverordnung	94
2.5	Risikocontrolling-Funktion auf Gruppenebene	98
3	**Befugnisse und Informationsrechte der Risikocontrolling-Funktion (Tz. 3)**	101
3.1	Befugnisse des Risikocontrollings	102
3.2	Informationszugang für das Risikocontrolling	105
4	**Leitung der Risikocontrolling-Funktion (Tz. 4)**	109
4.1	Beteiligung bei wichtigen risikopolitischen Entscheidungen	110
4.2	Angemessenheit der Führungsebene	114
4.3	Anforderungen an den Leiter der Risikocontrolling-Funktion	119
4.4	Exklusivität des Leiters der Risikocontrolling-Funktion	124
4.5	Risikocontrolling und Marktfolge	128
4.6	Rechtlich unselbständige Auslandszweigstellen/-niederlassungen	135
4.7	Erwerb der Geschäftsleiterqualifikation	136

AT 4.4.1 Risikocontrolling-Funktion

5	**Besondere Anforderungen an bedeutende Institute (Tz. 5)**	138
5.1	Installation eines »Chief Risk Officer« (CRO)	139
5.2	Vetorecht des Chief Risk Officer	146
5.3	CRO, CFO und COO	150
6	**Wechsel der Leitung der Risikocontrolling-Funktion (Tz. 6)**	154
6.1	Information des Aufsichtsorgans	155
6.2	Austausch mit dem Aufsichtsorgan	158

1 Zuständigkeit und Unabhängigkeit der Risikocontrolling-Funktion (Tz. 1)

1 Jedes Institut muss über eine unabhängige Risikocontrolling-Funktion verfügen, die für die **1**
Überwachung und Kommunikation der Risiken zuständig ist. Die Risikocontrolling-Funktion ist aufbauorganisatorisch bis einschließlich der Ebene der Geschäftsleitung von den Bereichen zu trennen, die für die Initiierung bzw. den Abschluss von Geschäften zuständig sind.

1.1 Unabhängigkeit der Risikocontrolling-Funktion

Im Rahmen der fünften MaRisk-Novelle wurde die Textziffer redaktionell angepasst. Nachdem **2**
zuvor lediglich eine Risikocontrolling-Funktion gefordert wurde, die für die unabhängige Überwachung und Kommunikation der Risiken verantwortlich ist, wird nunmehr die Unabhängigkeit der Risikocontrolling-Funktion an sich hervorgehoben. Damit soll sichergestellt werden, dass die Risikocontrolling-Funktion hinsichtlich aller ihr übertragenen Aufgaben unabhängig agieren kann.

Der verpflichtend vorgeschriebenen Risikocontrolling-Funktion wird an dieser Stelle quasi als **3**
»Kernaufgabe« die Zuständigkeit für die Überwachung und Kommunikation der Risiken übertragen. Diese Aufgabenzuordnung ergibt sich bereits aus den Anforderungen an die Aufbau- und Ablauforganisation. Hiernach werden dem Risikocontrolling jene Funktionen zugeordnet, die der Überwachung und Kommunikation der Risiken dienen (→ BTO Tz. 2 lit. d). Dies setzt natürlich voraus, dass ein Institut überhaupt über eine entsprechende Funktion verfügt.

Über ihre Kernaufgabe hinaus werden der Risikocontrolling-Funktion an anderer Stelle noch eine **4**
Vielzahl weiterer Aufgaben zugewiesen, bei deren Erledigung ihre Unabhängigkeit ebenfalls zu gewährleisten ist (→ AT 4.4.1 Tz. 2). Dabei geht es um die übrigen Bestandteile der Risikosteuerungs- und -controllingprozesse, also um die Identifizierung, Beurteilung und Steuerung der Risiken. Auch an diesen Prozessen ist die Risikocontrolling-Funktion aktiv beteiligt. So sind die Identifizierung und Beurteilung der Risiken eng mit der Durchführung der Risikoinventur und der Erstellung des Gesamtrisikoprofils verbunden, während eine angemessene Steuerung der Risiken wesentlich von der Einrichtung und Weiterentwicklung entsprechender Prozesse, Systeme und Verfahren abhängt. Ebenso leuchtet ein, dass die Risikocontrolling-Funktion bei der Unterstützung der Geschäftsleitung in allen risikopolitischen und risikostrategischen Fragen unbeeinflusst von anderen Interessen sein sollte.

Auch die EBA fordert explizit eine zentral organisierte Risikocontrolling-Funktion[1], um über **5**
eine institutsweite ganzheitliche Übersicht über alle Risiken zu verfügen und sicherzustellen, dass die Risikostrategie eingehalten wird. Ergänzend können Institute von erheblicher Bedeutung die Einrichtung von fest zugeordneten dezentralen Risikocontrolling-Funktionen für jeden wesentlichen Geschäftsbereich in Erwägung ziehen. Insgesamt sollte die Risikocontrolling-Funktion von den Geschäftsbereichen und Organisationseinheiten, deren Risiken sie kontrolliert, unabhängig sein. Die EBA weist ergänzend darauf hin, dass grundsätzlich jeder Leiter einer internen Kontrollfunktion unbeschadet der Gesamtverantwortung der Geschäftsleitung zur Wahrung seiner Un-

---

1 In der CRD IV und den Regelwerken der europäischen Aufsichts- und Regulierungsbehörden wird durchgängig der Begriff »Risikomanagement-Funktion« (»risk management function«, RMF) verwendet. Die mit dieser Funktion verbundenen Aufgaben entsprechen allerdings der »Risikocontrolling-Funktion« im Sinne der MaRisk. Im Kommentar wird aus Gründen der Vereinheitlichung daher regelmäßig auf die Formulierung »Risikocontrolling-Funktion« abgestellt.

abhängigkeit nicht einer Person unterstellt sein sollten, die die Verantwortung für die Durchführung der Tätigkeiten trägt, die diese interne Kontrollfunktion überwacht und kontrolliert.[2]

1.1.1 Trennung von den Geschäftseinheiten

6 Die Risikocontrolling-Funktion ist daher aufbauorganisatorisch bis einschließlich der Ebene der Geschäftsleitung insbesondere von jenen Bereichen zu trennen, die für die Initiierung bzw. den Abschluss von Geschäften zuständig sind. Die BaFin betont ausdrücklich, dass die speziellen Funktionstrennungsanforderungen des Moduls BTO von der Anforderung an die Unabhängigkeit der Risikocontrolling-Funktion unberührt bleiben (→ AT 4.4.1 Tz. 1, Erläuterung), lässt dabei aber offen, ob diese Anforderung in bestimmten Konstellationen darüber hinausgeht.

7 Die für das Risikocontrolling relevanten Vorgaben des Moduls BTO zur Funktionstrennung sind klar formuliert. So ist bei der Ausgestaltung der Aufbauorganisation grundsätzlich sicherzustellen, dass die Bereiche Markt und Handel, also die klassischen Geschäftseinheiten, bis einschließlich der Ebene der Geschäftsleitung von der Risikocontrolling-Funktion getrennt sind (→ BTO Tz. 3).

8 Daneben müssen die Funktionen des Marktpreisrisikocontrollings bis einschließlich der Ebene der Geschäftsleitung von jenen Bereichen getrennt werden, die die Positionsverantwortung tragen (→ BTO Tz. 4). Diese Anforderung zielt also auf Bereiche mit Positionsverantwortung außerhalb von Markt und Handel ab, wovon in erster Linie die Treasury betroffen ist. Die BaFin hat vor diesem Hintergrund im Rahmen der fünften MaRisk-Novelle klargestellt, dass zu den Bereichen, die Geschäfte initiieren bzw. abschließen, der Bereich Markt, der Bereich Handel sowie andere Bereiche, die über Positionsverantwortung verfügen (z.B. Treasury) zählen (→ BTO 1.1 Tz. 4, Erläuterung). Diese aufbauorganisatorische Vorgabe stellt insofern lediglich eine Verallgemeinerung der Funktionstrennungsprinzipien aus dem Modul BTO dar und statuiert keine darüber hinaus gehende Anforderung.

9 Grundsätzlich gehören zu den Bereichen, die Geschäfte initiieren bzw. abschließen, auch jene Einheiten, die so genanntes »nicht-risikorelevantes Kreditgeschäft« initiieren bzw. abschließen (→ BTO 1.1 Tz. 4, Erläuterung). Damit sind diese Bereiche formal betrachtet auch von der Funktionstrennung betroffen. Bei Instituten mit maximal drei Geschäftsleitern ist allerdings eine aufbauorganisatorische Trennung des Bereiches Markt für nicht-risikorelevantes Kreditgeschäft von der Risikocontrolling-Funktion bis unmittelbar unterhalb der Geschäftsleiterebene in der Regel ausreichend, sofern keine Interessenkonflikte erkennbar sind und keine Konzentration von Verantwortlichkeiten beim betroffenen Geschäftsleiter vorliegt (→ AT 4.4.1 Tz. 1, Erläuterung).

10 Im Umkehrschluss ist bei Instituten mit mehr als drei Geschäftsleitern auch für das nicht-risikorelevante Kreditgeschäft eine aufbauorganisatorische Trennung des Bereiches Markt von der Risikocontrolling-Funktion bis einschließlich der Geschäftsleiterebene erforderlich. Die deutsche Aufsicht bezieht ihre Anforderung explizit auf den Bereich »Markt« für nicht-risikorelevantes Kreditgeschäft, da bei diesen Geschäften nur ein Votum erforderlich ist und das Votum sowie die Entscheidung über eine Kreditvergabe komplett im Bereich Markt liegen können (→ BTO 1.1 Tz. 4). Zur Marktfolge, die im Gegensatz zum Markt zwar keine Geschäfte initiieren darf, mit ihrem Votum aber grundsätzlich auch am Abschluss von Geschäften beteiligt ist, wird hingegen keine Aussage getroffen.

11 Das nicht-risikorelevante und das drittinitiierte Kreditgeschäft, für das jeweils nur ein Votum erforderlich ist (→ BTO 1.1 Tz. 4), werden teilweise im Verantwortungsbereich der Marktfolge angesiedelt, was grundsätzlich zulässig ist. Insbesondere in größeren Instituten kann es sich beim nicht-risikorelevanten Kreditgeschäft durchaus um ein bedeutendes Geschäftsvolumen handeln. Das drittinitiierte Kreditgeschäft wiederum kann mit erheblichen Risiken einhergehen. In diesen Fällen sollte sichergestellt sein, dass der für den Geschäftsabschluss zuständige Bereich auch

---

2 Vgl. European Banking Authority, Leitlinien zur internen Governance, EBA/GL/2017/11, 21. März 2018, S. 41 ff.

angemessen kontrolliert wird. Das ist insbesondere in jenen Fällen eine Herausforderung, in denen das Risikocontrolling und die Marktfolge vom selben Geschäftsleiter verantwortet werden. Institute mit mehr als drei Geschäftsleitern sollten sich deshalb darauf einstellen, dass die Ansiedlung der Marktfolge mit dem genannten Aufgabenzuschnitt bei dem Geschäftsleiter, der auch die Risikocontrolling-Funktion verantwortet, von der Aufsicht kritisch gesehen wird. Beschränkt sich die Marktfolge hingegen auf ihre Kernaufgaben, steht einer entsprechenden Zuordnung selbst in bedeutenden Instituten nichts entgegen (→ AT 4.4.1 Tz. 5).

Die Aufsicht hat im Fachgremium MaRisk zudem klargestellt, dass Empfehlungen der Risiko-   12
controlling-Funktion zur Durchführung von risikoreduzierenden Maßnahmen nicht als Geschäftsinitiierung im Sinne dieser Anforderung zu verstehen sind. Folglich kann die Risikocontrolling-Funktion entsprechende Handlungsempfehlungen an Markt, Handel oder Treasury abgeben.[3]

Für das Passivgeschäft (Spar-, Giro-, Emissionsgeschäft etc.) werden keine Vorgaben gemacht, da   13
es auch nicht im Interesse der Aufsicht liegt, sämtliche Bankgeschäfte eng zu regulieren. Wenngleich die Anforderungen des allgemeinen Teils formal betrachtet für alle Geschäftsarten gelten, so wird der Anwendungsbereich der MaRisk im Modul AT 2.3 letztlich auf das Kredit- und Handelsgeschäft eingeschränkt.

1.1.2 Trennung von den Support-Funktionen

Zur Wahrung der Unabhängigkeit aller internen Kontrollfunktionen sollten deren Mitarbeiter   14
keine operativen Aufgaben wahrnehmen, die in einen Tätigkeitsbereich fallen, der von ihnen überwacht und kontrolliert werden soll. Folglich müssen die internen Kontrollfunktionen in organisatorischer Hinsicht von jenen Geschäftstätigkeiten, die sie überwachen und kontrollieren sollen, getrennt sein.[4] Das gilt grundsätzlich auch im Verhältnis der internen Kontrollfunktionen zu den Support-Funktionen. Die Vorgaben der EBA berücksichtigen allerdings nicht die in Deutschland bereits etablierten und sehr weitreichenden Funktionstrennungen. Es ist bei europaweit umzusetzenden Regelungen schlicht unmöglich, auf alle Besonderheiten der betroffenen Staaten einzugehen. Vor dem Hintergrund der in Deutschland schon vorgeschriebenen Trennung der Geschäftseinheiten von der Marktfolge sowie der Abwicklung und Kontrolle (→ BTO Tz. 3), womit bereits eine Vielzahl von Interessenkonflikten ausgeschlossen wird, müssen die Vorgaben für das Risikocontrolling im Verhältnis zu diesen Support-Funktionen relativiert werden.

Definitionsgemäß verfügt der Markt, von dem die Kreditgeschäfte initiiert werden, bei den   15
risikorelevanten Kreditentscheidungen über ein Votum (→ BTO Tz. 2 lit. a). Die Marktfolge verfügt dabei über ein weiteres Votum (→ BTO Tz. 2 lit. b). Insofern ist die Marktfolge am Abschluss von Kreditgeschäften direkt beteiligt und müsste bei enger Auslegung bis einschließlich der Ebene der Geschäftsleitung vom Risikocontrolling getrennt werden. Das wäre vor dem Hintergrund der Aufgabe der Marktfolge, insbesondere die Risikosicht bei der Kreditentscheidung im Auge zu behalten, allerdings eine über das Ziel hinausschießende Anforderung.

Deshalb wird eine gemeinsame Ressortverantwortung für das Risikocontrolling und die Marktfolge   16
durch einen Geschäftsleiter selbst bei bedeutenden Instituten gemäß Art. 6 SSM-Verordnung nicht beanstandet (→ AT 4.4.1 Tz. 4 und 5). Bedingung dafür ist allerdings eine klare aufbauorganisatorische Trennung dieser beiden Bereiche auf der nachgelagerten Ebene. Die deutsche Aufsicht hat auf diese Weise die Empfehlung der EBA umgesetzt und dabei die Rolle der Support-Funktionen berücksichtigt. Unter Proportionalitätsgesichtspunkten kann diese organisatorische Trennung bei Instituten mit maximal drei Geschäftsleitern auf eine tiefere Ebene verlagert werden (→ AT 4.4.1 Tz. 4, Erläuterung).

---

3 Vgl. Bundesanstalt für Finanzdienstleistungsaufsicht, Protokoll der Sitzung des MaRisk-Fachgremiums am 5. November 2018, S. 4.
4 Vgl. European Banking Authority, Leitlinien zur internen Governance, EBA/GL/2017/11, 21. März 2018, S. 41 f.

AT 4.4.1 Risikocontrolling-Funktion

17   Hinsichtlich der Funktionen, die der Abwicklung und Kontrolle der Handelsgeschäfte dienen (→ BTO Tz. 2 lit. e), ist in den MaRisk keine Trennung vom Risikocontrolling vorgeschrieben, zumal diese Funktionen grundsätzlich erst nach Abschluss der Handelsgeschäfte zum Zuge kommen. Sofern es auf Geschäftsleiterebene eine gemeinsame Zuordnung gibt, sind diese Funktionen allerdings in den Instituten – analog zur Marktfolge – auf einer angemessenen Hierarchieebene aufbauorganisatorisch zu trennen.

1.2   Zusammenarbeit mit den Geschäftsbereichen

18   Die geforderte Unabhängigkeit der Risikocontrolling-Funktion sollte allerdings nicht das immer wieder kritisierte Silodenken befördern. Nach den Vorstellungen der EBA sollte die Risikocontrolling-Funktion dadurch insbesondere nicht an einem Zusammenwirken mit den Geschäftsbereichen bzw. -einheiten[5], deren Risiken sie kontrolliert, gehindert sein. Das Zusammenwirken zwischen den operativen Funktionen und der Risikocontrolling-Funktion sollte zur Verwirklichung des Zieles beitragen, dass alle Mitarbeiter des Institutes Verantwortung für den Umgang mit Risiken übernehmen.[6] Diese Sichtweise spiegelt das oben beschriebene Modell der drei Verteidigungslinien (→ AT 4.4, Einführung) wider und berücksichtigt, dass sowohl die erste als auch die zweite Verteidigungslinie Bestandteile des internen Kontrollsystems sind.

19   Auch in Bezug auf andere Kontrolleinheiten wird die enge Zusammenarbeit von der EBA betont, sofern diese Funktionen nicht ohnehin zusammengelegt sind. Das gilt z.B. für die Prüfungshandlungen der Risikocontrolling-Funktion, der Compliance-Funktion und der Rechtsabteilung im Hinblick auf die Frage, ob (neue) Produkte oder Verfahren mit dem aktuellen Rechtsrahmen und ggf. mit bekannten bevorstehenden Änderungen von Gesetzen, Rechtsvorschriften und aufsichtlichen Anforderungen im Einklang stehen.[7]

20   Die geforderte Zusammenarbeit läuft grundsätzlich darauf hinaus, dass die Risikocontrolling-Funktion einschlägige Informationen, Analysen und Expertenmeinungen über Risikopositionen bereitstellt und die Geschäftsbereiche und Organisationseinheiten in allen risikopolitischen Fragestellungen berät. Zudem sollte sie die Risikostrategien der Geschäftsbereiche und Organisationseinheiten bewerten, einschließlich der von ihnen vorgeschlagenen Ziele, und eingebunden werden, bevor die Geschäftsleitung eine entsprechende Entscheidung trifft. Dadurch wird gewährleistet, dass Risikoerwägungen angemessen berücksichtigt werden. Die Verantwortung für die getroffenen Entscheidungen verbleibt jedoch bei den Geschäftsbereichen und Organisationseinheiten sowie letztlich bei der Geschäftsleitung. Darüber hinaus sollte die Risikocontrolling-Funktion sicherstellen, dass die jeweils relevanten Risiken von den zuständigen Geschäftsbereichen ermittelt, gemessen, beurteilt, gesteuert, minimiert, überwacht und ordnungsgemäß berichtet werden. Dabei geht es sowohl um formale Fragestellung, ob z.B. die Ermittlung und Beurteilung nicht nur auf quantitativen Informationen oder Ergebnissen von Risikomodellen beruhen, sondern auch qualitative Ansätze berücksichtigt werden, als auch um eine Überprüfung der zugrunde gelegten Annahmen und potenziellen Mängel der Risikomodelle und -analysen einschließlich der Information der Geschäftsleitung.[8] Zusammengefasst hat die Risikocontrolling-Funktion gegenüber den Geschäftseinheiten sowohl eine beratende als auch eine kontrollierende Funktion.

---

5   Die EBA verwendet in ihren Leitlinien manchmal die Begriffe »Geschäftsbereiche oder -einheiten« (»business lines or units«) und an anderen Stellen »Geschäftsbereiche oder interne Einheiten« (»business lines or internal units«), wobei sie in diesem Fall die bedeutenden Funktionen (»internal control functions«) grundsätzlich mit einbezieht. Für die Zwecke des Kommentars beschränken wir uns bei »Geschäftsbereichen oder -einheiten« im Folgenden auf die Formulierung »Geschäftsbereiche«.

6   Vgl. European Banking Authority, Leitlinien zur internen Governance, EBA/GL/2017/11, 21. März 2018, S. 43.

7   Vgl. European Banking Authority, Leitlinien zur internen Governance, EBA/GL/2017/11, 21. März 2018, S. 47.

8   Vgl. European Banking Authority, Leitlinien zur internen Governance, EBA/GL/2017/11, 21. März 2018, S. 43 ff.

2 Aufgaben der Risikocontrolling-Funktion (Tz. 2)

2 Die Risikocontrolling-Funktion hat insbesondere die folgenden Aufgaben: 21

- Unterstützung der Geschäftsleitung in allen risikopolitischen Fragen, insbesondere bei der Entwicklung und Umsetzung der Risikostrategie sowie bei der Ausgestaltung eines Systems zur Begrenzung der Risiken,
- Durchführung der Risikoinventur und Erstellung des Gesamtrisikoprofils,
- Unterstützung der Geschäftsleitung bei der Einrichtung und Weiterentwicklung der Risikosteuerungs- und -controllingprozesse,
- Einrichtung und Weiterentwicklung eines Systems von Risikokennzahlen und eines Risikofrüherkennungsverfahrens,
- Laufende Überwachung der Risikosituation des Institutes und der Risikotragfähigkeit sowie der Einhaltung der eingerichteten Risikolimite,
- Regelmäßige Erstellung der Risikoberichte für die Geschäftsleitung,
- Verantwortung für die Prozesse zur unverzüglichen Weitergabe von unter Risikogesichtspunkten wesentlichen Informationen an die Geschäftsleitung, die jeweiligen Verantwortlichen und ggf. die Interne Revision.

2.1 Zuweisung bestimmter Tätigkeiten

Die Risikocontrolling-Funktion ist vorrangig für die Überwachung und Kommunikation der 22 Risiken verantwortlich ($\rightarrow$ AT 4.4.1 Tz. 1). Diese allgemeine Aufgabenzuordnung wurde im Rahmen der vierten MaRisk-Novelle weiter spezifiziert und ergänzt, indem der Risikocontrolling-Funktion bestimmte Tätigkeiten direkt zugeordnet wurden. Dabei werden zu einem großen Teil Aufgaben zusammengefasst, die bereits zuvor an verschiedenen Stellen im Rundschreiben niedergelegt waren oder sich aus anderen Vorgaben der MaRisk ableiten lassen. Seitens der Aufsicht war damit beabsichtigt, den Aufgabenzuschnitt des Risikocontrollings im Geiste der EBA-Leitlinien zur internen Governance zu schärfen.[9] Die zugewiesenen Aufgabenbereiche gehen über die Überwachung und Kommunikation der Risiken, also die Kernaufgabe der Risikocontrolling-Funktion, hinaus und betreffen z. B. auch die Identifizierung, Beurteilung und Steuerung der Risiken.

Wie mit dem Begriff »insbesondere« verdeutlicht wird, handelt es sich nicht um eine abschlie- 23 ßende Aufzählung. Das bedeutet einerseits, dass im Rahmen der Prüfungspraxis weitere Aufgabenzuordnungen empfohlen werden können. Andererseits eröffnet es auch den Instituten Spielräume, den Verantwortungsbereich der Risikocontrolling-Funktion zu erweitern, solange die maßgeblichen Funktionstrennungen beachtet und Interessenkonflikte vermieden werden.

Insgesamt sollte berücksichtigt werden, dass auch die Geschäftseinheiten und die Support- 24 Funktionen der ersten und zweiten Verteidigungslinie für die Identifizierung, Beurteilung und Steuerung bestimmter Risiken verantwortlich und rechenschaftspflichtig sind sowie ihren Beitrag zur Überwachung und Kommunikation dieser Risiken leisten. Insofern ist die Zuständigkeit der Risikocontrolling-Funktion für einige der genannten Tätigkeiten eher aus übergreifender instituts- oder sogar gruppenweiter Sicht zu verstehen.

---

9 Vgl. Bundesanstalt für Finanzdienstleistungsaufsicht, Übermittlungsschreiben zum ersten Entwurf zur Überarbeitung der Mindestanforderungen an das Risikomanagement vom 26. April 2012, S. 4.

AT 4.4.1 Risikocontrolling-Funktion

2.1.1 Unterstützung der Geschäftsleitung

25   Für bestimmte Aufgaben wird der Risikocontrolling-Funktion nicht die Verantwortung übertragen. In diesen Fällen soll sie zur Unterstützung der Geschäftsleitung tätig werden. Dies betrifft alle risikopolitischen Fragestellungen, insbesondere die Entwicklung und Umsetzung der Risikostrategie und die Ausgestaltung eines Systems zur Begrenzung der Risiken, sowie die Einrichtung und Weiterentwicklung der Risikosteuerungs- und -controllingprozesse. Hintergrund ist die Gesamtverantwortung der Geschäftsleitung für die ordnungsgemäße Geschäftsorganisation und damit speziell für ein angemessenes und wirksames Risikomanagement (→ AT 3 Tz. 1 und 2). Insbesondere hat die Geschäftsleitung eine mit der Geschäftsstrategie und den daraus resultierenden Risiken konsistente Risikostrategie festzulegen (→ AT 4.2 Tz. 2). Zudem ist sie für die Festlegung und Anpassung der Strategien verantwortlich, wobei sie diese Verantwortung nicht delegieren darf (→ AT 4.2 Tz. 4). Für die Vorbereitung der entsprechenden Tätigkeiten bietet sich die Risikocontrolling-Funktion aufgrund ihrer dazu vorhandenen Expertise an.

2.1.2   Entwicklung und Umsetzung der Risikostrategie

26   Zunächst hat die Risikocontrolling-Funktion die Aufgabe, die Geschäftsleitung bei der Behandlung aller risikopolitischen Fragestellungen zu unterstützen. Diese Anforderung läuft auf eine maßgebliche Beteiligung des Risikocontrollings an der Ausarbeitung und Umsetzung der Risikopolitik hinaus. Die »Risikopolitik« des Institutes wird von der Geschäftsleitung grundsätzlich im Rahmen der Strategie festgelegt. Mit ihrer Hilfe werden die Rahmenbedingungen für das Risikomanagement gesetzt, indem u. a. vorgegeben wird, wie mit den wesentlichen Risiken umgegangen werden soll (z. B. Risikovermeidung, -verminderung, -überwälzung oder -übernahme). Insbesondere wird mit der Risikopolitik bezweckt, ein einheitliches Risikobewusstsein und somit eine angemessene Risikokultur im Unternehmen zu fördern. Dieses Verständnis scheint auch die EBA zugrunde zu legen, deren Vorstellungen zufolge die Risikocontrolling-Funktion so strukturiert sein sollte, dass sie die Risikopolitik umsetzen und die Rahmenbedingungen für das Risikomanagement steuern kann.[10]

27   Besonders hervorgehoben wird in diesem Zusammenhang die Unterstützung der Geschäftsleitung bei der Entwicklung und Umsetzung der Risikostrategie (→ AT 4.2 Tz. 2 und 3) sowie bei der Ausgestaltung eines Systems zur Begrenzung der Risiken (→ AT 4.3.2 Tz. 1). Auch nach den Vorstellungen der EBA sollte die Risikocontrolling-Funktion in alle wichtigen Entscheidungen im Bereich des Risikomanagements und bereits in einem frühen Stadium bei der Ausarbeitung der Risikostrategie aktiv eingebunden werden. Die Risikocontrolling-Funktion sollte der Geschäftsleitung alle relevanten risikobezogenen Informationen zur Verfügung stellen, damit diese den Risikoappetit des Institutes festlegen kann. Bevor eine entsprechende Entscheidung getroffen wird, sollte sie die Risikostrategien der Geschäftsbereiche, einschließlich der von ihnen vorgeschlagenen Zielvorgaben, beurteilen. Diese Ziele sollten plausibel und mit der Risikostrategie des Institutes konsistent sein. Zu den Aufgaben der Risikocontrolling-Funktion sollte auch die Bewertung der Stabilität und der Nachhaltigkeit der Risikostrategie und des Risikoappetits gehören.[11] Die Risikostrategien der Geschäftsbereiche müssen letztlich mit der von der Geschäftsleitung verantworteten Risikostrategie des Institutes im Einklang stehen.

---

10 Vgl. European Banking Authority, Leitlinien zur internen Governance, EBA/GL/2017/11, 21. März 2018, S. 43.
11 Vgl. European Banking Authority, Leitlinien zur internen Governance, EBA/GL/2017/11, 21. März 2018, S. 43 f.

2.1.3 Ausgestaltung eines Systems zur Begrenzung der Risiken

Die Begrenzung der im Risikotragfähigkeitskonzept einbezogenen Risiken soll vorrangig auf der Basis eines wirksamen Limitsystems erfolgen. Entsprechende Vorgaben sind für Adressenausfallrisiken (→ BTR 1 Tz. 2, 3 und 4) und Marktpreisrisiken (→ BTR 2.1 Tz. 1) grundsätzlich nicht neu. Bei Risiken, die nicht sinnvoll limitiert werden können, sind auch qualitative Instrumente denkbar, wie z.B. regelmäßige Risikoanalysen (→ AT 4.3.2 Tz. 1, Erläuterung). Die Risikocontrolling-Funktion sollte in erster Linie sicherstellen, dass der Risikoappetit angemessen in konkrete Risikolimite umgesetzt wird.[12]

28

2.1.4 Risikosteuerungs- und -controllingprozesse

Eine weitere Aufgabe der Risikocontrolling-Funktion besteht in der Unterstützung der Geschäftsleitung bei der Einrichtung und Weiterentwicklung der Risikosteuerungs- und -controllingprozesse. Die Einrichtung dieser Prozesse zur Identifizierung, Beurteilung, Steuerung sowie Überwachung und Kommunikation der wesentlichen Risiken und damit verbundener Risikokonzentrationen sowie deren zeitnahe Anpassung an sich ändernde Bedingungen wird in den MaRisk bereits gefordert (→ AT 4.3.2 Tz. 1 und 7). Es versteht sich von selbst, dass die Risikocontrolling-Funktion allein aufgrund ihrer Unabhängigkeit von jenen Einheiten, deren Risiken im Mittelpunkt dieser Prozesse stehen, dabei eine Schlüsselrolle spielen muss.

29

Das fordert auch die EBA, die die Risikocontrolling-Funktion insbesondere bei der Sicherstellung wirksamer Risikomanagement-Prozesse in der Pflicht sieht. In diesem Zusammenhang kann die Risikocontrolling-Funktion Verbesserungen des Rahmenwerks für das Risikomanagement und Korrekturmaßnahmen empfehlen, um Verstöße gegen Risikorichtlinien, -verfahren und -limite zu beheben.[13]

30

Was die Weiterentwicklung der Prozesse anbelangt, so sollte die Risikocontrolling-Funktion regelmäßig die tatsächlichen Risikoergebnisse mit Hilfe von Rückvergleichen (Backtesting) mit früheren Schätzungen abgleichen, um die Genauigkeit und die Wirksamkeit des Risikomanagementprozesses zu beurteilen und zu verbessern.[14]

31

2.1.5 Risikoinventur und Gesamtrisikoprofil

Zur Beurteilung der Wesentlichkeit der Risiken hat sich die Geschäftsleitung regelmäßig und anlassbezogen im Rahmen einer Risikoinventur einen Überblick über die Risiken des Institutes zu verschaffen. Die Risiken sind auf der Ebene des gesamten Institutes (Gesamtrisikoprofil) zu erfassen (→ AT 2.2 Tz. 1). Da die Geschäftsleitung die Durchführung der Risikoinventur und die damit verbundene Erstellung des Gesamtrisikoprofils nicht selbst vornehmen wird, ist diese Aufgabenzuweisung an das Risikocontrolling folgerichtig.

32

Die Risikocontrolling-Funktion sollte nach den Vorgaben der EBA sicherstellen, dass alle Risiken von den zuständigen Geschäftsbereichen ermittelt, gemessen, beurteilt, gesteuert, minimiert, überwacht und ordnungsgemäß berichtet werden. Außerdem sollte sie dafür Sorge tragen, dass bei der Ermittlung und Beurteilung der Risiken neben quantitativen Ergebnissen auch qualitative Informationen berücksichtigt werden. Die Risikocontrolling-Funktion sollte sich vor allem mit den

33

---

12 Vgl. European Banking Authority, Leitlinien zur internen Governance, EBA/GL/2017/11, 21. März 2018, S. 44.
13 Vgl. European Banking Authority, Leitlinien zur internen Governance, EBA/GL/2017/11, 21. März 2018, S. 45.
14 Vgl. European Banking Authority, Leitlinien zur internen Governance, EBA/GL/2017/11, 21. März 2018, S. 45.

zugrunde gelegten Annahmen und potenziellen Mängeln der Risikomodelle und -analysen beschäftigen.[15] Demnach hat die Risikocontrolling-Funktion zunächst die Aufgabe, die Erfassung der Risiken durch die Geschäftsbereiche auf Ebene des gesamten Institutes zu überwachen, ohne dass sie die Risikoidentifizierung und -beurteilung selbst vornehmen muss. Allerdings wird ihr von der EBA auch die Aufgabe zugewiesen, das tatsächliche Risikoprofil des Institutes regelmäßig zu überwachen und mit den strategischen Zielen und dem Risikoappetit des Institutes abzugleichen. Damit sollen die Geschäftsleitung in die Lage versetzt werden, entsprechende Entscheidungen zu treffen, und das Aufsichtsorgan befähigt werden, diese Entscheidungen kritisch zu hinterfragen. Darüber hinaus sollte die Risikocontrolling-Funktion Entwicklungstrends analysieren und neue oder sich abzeichnende Risiken und Risikoerhöhungen erkennen, die sich aus veränderten Umständen und Bedingungen ergeben.[16] Diese Tätigkeiten entsprechen weitgehend der Durchführung einer Risikoinventur und dem Abgleich des Gesamtrisikoprofils, nachdem es einmal erstellt wurde.

2.1.6 Risikokennzahlen und Risikofrüherkennung

34 Des Weiteren wird der Risikocontrolling-Funktion die Aufgabe der Einrichtung und Weiterentwicklung eines Systems von Risikokennzahlen und eines Risikofrüherkennungsverfahrens übertragen. Mit Hilfe von »Risikokennzahlen« – häufig auch als Risikomaße bezeichnet – wird die aktuelle Risikosituation beurteilt, indem z.B. die Eintrittswahrscheinlichkeit, die Volatilität und die maximale Ausprägung der relevanten Risiken oder ihre Entwicklung im Verhältnis zu geeigneten Vergleichsgrößen gemessen werden. Beispiele für Risikokennzahlen sind Standardabweichung/Volatilität, Value-at-Risk, Expected Shortfall, Lower Partial Moments, Liquidity-at-Risk, Liquidity-Value-at-Risk, Liquidity Coverage Ratio, Net Stable Funding Ratio, Leverage Ratio, Korrelation, die Greeks (Delta, Gamma, Theta) und diverse Sensitivitätsmaße. Aus dem Handelsbereich bekannt sind darüber hinaus z.B. Alpha- und Beta-Faktor, R-Quadrat-Kennzahl, Tracking Error, (Maximum) Drawdown, Sharpe Ratio oder Sharpe-Quote sowie Treynor Ratio oder Treynor-Quote. Auch die Ergebnisse aus dem Backtesting und die Entwicklung der Risikobeiträge, der Bilanzkennzahlen sowie der Gewinn- und Verlustrechnung können als Risikokennzahlen herangezogen werden.

35 Der Erfolg eines Systems von noch so ausgeklügelten Risikokennzahlen steht und fällt mit deren regelmäßiger Überwachung und einer damit verbundenen zeitnahen und aussagekräftigen Risikoberichterstattung. Da die Risikocontrolling-Funktion insbesondere für die Überwachung und Kommunikation der Risiken zuständig ist, erscheint es insofern naheliegend, ihr auch die Verantwortung für die Einrichtung und Weiterentwicklung eines Systems von Risikokennzahlen zu übertragen. Dabei sollte beachtet werden, dass diese Risikokennzahlen der Geschäftsleitung bzw. den jeweiligen Führungskräften letztlich vor allem als Entscheidungshilfe dienen sollen. Mittlerweile haben zahlreiche neue regulatorische Vorgaben allerdings dazu geführt, dass für nahezu jeden Themenbereich eigene Risikoindikatoren und Schwellenwerte festgelegt werden müssen. Insofern besteht die Herausforderung für die Institute auch darin, diese verschiedenen Kennzahlen einerseits aufeinander abzustimmen und andererseits das daraus resultierende und immer komplexer werdende System auf das Wesentliche zu konzentrieren. Aus Sicht eines Geschäftsleiters wird jedenfalls eine unübersichtliche Zahlenkolonne kaum als Unterstützung bei der Risikosteuerung wahrgenommen werden.

---

15 Vgl. European Banking Authority, Leitlinien zur internen Governance, EBA/GL/2017/11, 21. März 2018, S. 44.
16 Vgl. European Banking Authority, Leitlinien zur internen Governance, EBA/GL/2017/11, 21. März 2018, S. 45.

Zur Früherkennung von Risiken und risikoartenübergreifenden Effekten hat das Institut geeig- **36** nete Indikatoren abzuleiten, die je nach Risikoart auf quantitativen und/oder qualitativen Risiko- merkmalen basieren (→ AT 4.3.2 Tz. 2). Diese allgemein gehaltene Anforderung wird für das Kreditgeschäft weiter konkretisiert, indem dort die Einrichtung eines Risikofrüherkennungsver- fahrens gefordert wird (→ BTO 1.3.1). Dieses Verfahren soll der rechtzeitigen Identifizierung von Kreditnehmern dienen, bei deren Engagements sich erhöhte Risiken abzuzeichnen beginnen. Damit soll das Institut in die Lage versetzt werden, in einem möglichst frühen Stadium Gegen- maßnahmen, wie z.B. die Durchführung von Forbearance-Maßnahmen (→ BTO 1.3.2) oder die Intensivbetreuung von Engagements (→ BTO 1.2.4), einleiten zu können.

Voraussetzung für ein derartiges Verfahren ist die Entwicklung quantitativer und qualitativer **37** Risikoindikatoren (→ BTO 1.3.1 Tz. 1 und 2). »Risikoindikatoren« sind demzufolge Parameter, die insbesondere zur rechtzeitigen Beurteilung der Risikoentwicklung herangezogen werden können. Wie der Name schon sagt, sollen sie dabei helfen, bestimmte Entwicklungen der Risikosituation frühzeitig anzuzeigen – das Wort »anzeigen« ist vom lateinischen Begriff »indicare« abgeleitet. Die Funktion der Früherkennung von Risiken kann unter bestimmten Voraussetzungen auch von Risikoklassifizierungsverfahren wahrgenommen werden (→ BTO 1.3.1 Tz. 3 inkl. Erläuterung).

Die Verantwortung für Entwicklung, Qualität und Überwachung der Anwendung der Risiko- **38** klassifizierungsverfahren muss außerhalb des Bereiches Markt angesiedelt sein (→ BTO 1.4 Tz. 2). Dafür ist bisher typischerweise die Marktfolge zuständig. Anfangs war offen, ob die geforderte Zuordnung zum Risikocontrolling in Verbindung mit der Exklusivität dieser Zuständigkeit in größeren Instituten zwangsläufig organisatorische Anpassungen erfordert. Im Grunde besteht kein Interessenkonflikt, wenn die Marktfolge bei der Einrichtung und Weiterentwicklung eines Risikofrüherkennungsverfahrens im Kreditgeschäft die Methodenverantwortung behält, zumal auch von der EBA keine derart strikte Vorgabe gemacht wird. Die BaFin hat diese Variante mittlerweile zumindest für kleine Institute gestattet.

Bei kleinen Instituten kann die Betreuung des Kreditrisikomodells sowie die Messung der **39** Adressenausfallrisiken nach Einschätzung der BaFin dem Bereich Marktfolge zugewiesen werden. Allerdings sollte die Risikocontrolling-Funktion grundsätzlich die Möglichkeit haben, die Validität der gemessenen Risiken beurteilen und in letzter Konsequenz auch die Einstellung der Risiko- parameter beeinflussen zu können. Es ist nicht im Sinne der Aufsicht, dass das Risikocontrolling nur für das reine Zusammenstellen der Zahlen verantwortlich ist. Es muss stattdessen auch die Risikomessmethoden mit beeinflussen können. Nur so kann es seine Aufgaben unabhängig erfüllen. Von daher sieht die Aufsicht die Betreuung des Kreditrisikomodells in der Marktfolge zwar grundsätzlich eher kritisch, wird sich aber entsprechenden Lösungsansätzen bei kleinen Instituten nicht automatisch verschließen, solange die Unabhängigkeit und die Einflussmöglich- keit des Risikocontrollings gegeben sind und insbesondere die Parametrisierung außerhalb der Marktfolge stattfindet. Die Aufsicht wird dies jeweils im Einzelfall prüfen.[17]

2.1.7 Risikoüberwachung

Aus der generellen Verantwortung der Risikocontrolling-Funktion für die unabhängige Über- **40** wachung der Risiken (→ AT 4.4.1 Tz. 1) ergibt sich auf natürliche Weise auch ihre Zuständigkeit für die laufende Überwachung der Risikosituation des Institutes und der Risikotragfähigkeit sowie der Einhaltung der eingerichteten Risikolimite. Die Kreditwirtschaft hatte vorgeschlagen, die

---

17 Vgl. Bundesanstalt für Finanzdienstleistungsaufsicht, Protokoll der Sitzung des MaRisk-Fachgremiums am 5. November 2018, S. 5; Bundesanstalt für Finanzdienstleistungsaufsicht, Protokoll der 24. Sitzung des Gesprächskreises kleiner Institute am 5. Dezember 2013, S. 1; Bundesanstalt für Finanzdienstleistungsaufsicht, Protokoll der 23. Sitzung des Gesprächskreises kleiner Institute am 11. September 2013, S. 7.

AT 4.4.1 Risikocontrolling-Funktion

Formulierung in »regelmäßige Überwachung der Risikosituation« zu ändern, da sich der Begriff »laufend« eher für Bestandsgrößen eigne.[18] Dieser Vorschlag wurde allerdings nicht berücksichtigt. Da die Begrenzung und Überwachung von im Risikotragfähigkeitskonzept einbezogenen Risiken grundsätzlich auf der Basis eines wirksamen Limitsystems erfolgen soll, wäre es auch nicht sinnvoll, mit der laufenden Überwachung der Risikotragfähigkeit und der Einhaltung der eingerichteten Risikolimite verschiedene Funktionen zu betrauen.

41   Zur Risikoüberwachung hat auch die EBA eine Vielzahl von Vorschlägen gemacht. Demnach sollte die Risikocontrolling-Funktion gewährleisten, dass alle ermittelten Risiken wirksam von den Geschäftsbereichen und Organisationseinheiten überwacht werden. Verstöße gegen den Risikoappetit bzw. die Risikolimite sollten von ihr unabhängig beurteilt werden. Diese Beurteilung sollte auf Basis einer Ursachenanalyse sowie einer rechtlichen und wirtschaftlichen Analyse der tatsächlichen Kosten für die Schließung, Verringerung oder Absicherung von Risikopositionen im Vergleich zu den potenziellen Kosten ihrer Beibehaltung erfolgen. Die Risikocontrolling-Funktion sollte die betroffenen Geschäftsbereiche und Organisationseinheiten und die Geschäftsleitung entsprechend informieren und mögliche Maßnahmen empfehlen. Sie sollte zudem nachverfolgen, ob auf Grundlage ihrer Empfehlung eine Entscheidung auf der zuständigen Ebene getroffen, von den betroffenen Geschäftsbereichen und Organisationseinheiten eingehalten und darüber angemessen berichtet wird.[19] Diese Vorgaben laufen darauf hinaus, dass die Risikocontrolling-Funktion letztlich die Verantwortung für die Risikoüberwachung trägt, auch wenn andere Einheiten involviert sind.

42   Damit wird deutlich, dass die EBA die Risikoüberwachung sowie die damit normalerweise eng verbundene Berichterstattung nicht zwingend als exklusive Aufgabe der Risikocontrolling-Funktion ansieht. In der Praxis ist es durchaus üblich, andere Organisationseinheiten aufgrund ihrer spezifischen Aufgabenzuordnung und der deshalb vorhandenen Spezialkenntnisse mit entsprechenden Tätigkeiten zu betrauen. Die deutsche Aufsicht hat daher klargestellt, dass die Einbeziehung anderer Organisationseinheiten zulässig ist. Sofern jedoch einzelne Überwachungstätigkeiten und Auswertungen, wie z. B. die Informations- und Datenerhebung für Risikoberichte, außerhalb der Risikocontrolling-Funktion wahrgenommen werden, sind diese ggf. zusätzlich durch die Risikocontrolling-Funktion zu plausibilisieren. Außerdem müssen die genauen Zuständigkeiten für Risikocontrolling-Aufgaben im Institut klar definiert werden.[20]

2.1.8   Risikoberichterstattung

43   Die allgemeine Zuständigkeit der Risikocontrolling-Funktion für die unabhängige Kommunikation der Risiken (→ AT 4.4.1 Tz. 1) wird an dieser Stelle gleich in zweifacher Hinsicht konkretisiert. So ist sie einerseits für die regelmäßige Erstellung der Risikoberichte an die Geschäftsleitung zuständig. Andererseits trägt sie die Verantwortung für die Prozesse zur unverzüglichen Weitergabe von unter Risikogesichtspunkten wesentlichen Informationen (Ad-hoc-Berichterstattung) an die Geschäftsleitung, die jeweiligen Verantwortlichen und ggf. die Interne Revision (→ AT 4.3.2 Tz. 4). Die Risikocontrolling-Funktion ist somit dafür verantwortlich, dass der Geschäftsleitung in angemessenen Abständen und anlassbezogen über die Risikosituation berichtet wird. Die turnusmäßige Risikoberichterstattung hat neben einer Darstellung auch eine Beurteilung der Risikosituation und im Bedarfsfall Handlungsvorschläge, wie z. B. zur Risikoreduzierung, zu enthalten (→ BT 3.1 Tz. 1 inkl. Erläuterung).

---

18 Vgl. Deutsche Kreditwirtschaft, Stellungnahme zum Konsultationspapier 01/2012 der Bundesanstalt für Finanzdienstleistungsaufsicht (BaFin) – »Überarbeitung der MaRisk« (Zwischenentwurf vom 2. August 2012), 12. September 2012, S. 6.

19 Vgl. European Banking Authority, Leitlinien zur internen Governance, EBA/GL/2017/11, 21. März 2018, S. 45.

20 Vgl. Bundesanstalt für Finanzdienstleistungsaufsicht, Protokoll der Sitzung des MaRisk-Fachgremiums am 5. November 2018, S. 5.

AT 4.4.1 Risikocontrolling-Funktion

Auch nach den Vorstellungen der EBA sollte die Risikocontrolling-Funktion die Geschäftsleitung **44** mit allen wichtigen risikorelevanten Informationen versorgen, damit sie insbesondere den Risikoappetit des Institutes festlegen kann. In diesem Zusammenhang sollte die Risikocontrolling-Funktion relevante unabhängige Informationen, Analysen und Expertenmeinungen über die Risikopositionen bereitstellen, zu den Vorschlägen und Risikoentscheidungen der Geschäftsbereiche und Organisationseinheiten beraten sowie die Geschäftsleitung darüber informieren, ob diese im Einklang mit dem Risikoappetit und der Risikostrategie stehen. Die Risikocontrolling-Funktion sollte u. a. die Möglichkeiten zur Risikominderung bewerten und entsprechend geeignete Maßnahmen in die Berichterstattung an die Geschäftsleitung aufnehmen.[21]

Bei der Ad-hoc-Berichterstattung geht es ausschließlich um die Prozessverantwortung. Diese **45** Verantwortung ist nicht so zu verstehen, dass diese Berichterstattung nur vom Risikocontrolling selbst erfolgen darf, das somit alle relevanten Informationen zunächst zugeleitet bekommen müsste. Dies stünde im Widerspruch zum Sinn und Zweck der Ad-hoc-Berichterstattung, da die Informationen möglichst schnell weitergeleitet werden müssen und eine »zentrale Sammelstelle« diesen Prozess nur verzögern würde. Es geht vielmehr darum, das Funktionieren dieses Prozesses sicherzustellen. Ob in diesem Zusammenhang auch die Informationspflicht gegenüber der Internen Revision konkretisiert wird, liegt im Ermessen der Institute. Diese Informationspflicht besteht immer dann, wenn nach Einschätzung der Fachbereiche unter Risikogesichtspunkten relevante Mängel zu erkennen oder bedeutende Schadensfälle aufgetreten sind oder ein konkreter Verdacht auf Unregelmäßigkeiten besteht (→ AT 4.3.2 Tz. 4, Erläuterung). Es empfiehlt sich in jedem Fall, die Interne Revision dabei einzubeziehen.

2.2 Überwachung NPE-bezogener Risiken und Zielwerte

Mit der sechsten MaRisk-Novelle wurde für »Institute mit hohem NPL-Bestand« (→ AT 2.1 Tz. 1) **46** die Anforderung ergänzt, eine Strategie für notleidende Risikopositionen und einen entsprechenden Implementierungsplan festzulegen und regelmäßig zu überprüfen (→ AT 4.2 Tz. 1). Dabei geht es insgesamt um eine Reduzierung des hohen NPL-Bestandes auf ein vorab festgelegtes NPE-Ziel über einen realistischen, aber hinreichend ambitionierten Zeithorizont. Bei der Festlegung des Implementierungsplanes werden dafür konkrete NPE-Zielwerte mit zeitlichen Vorgaben verknüpft (→ AT 4.2 Tz. 3). Zur Überprüfung, ob die Umsetzung der Strategie für notleidende Risikopositionen mit Hilfe des Implementierungsplanes in den jeweiligen Zeiträumen erfolgreich verläuft, müssen die Institute geeignete »NPE-bezogene Leistungsindikatoren« (»Key Performance Indicators«, KPI) festlegen (→ AT 4.2 Tz. 3, Erläuterung). Auf Basis dieser KPI soll die Beurteilung der Fortschritte bei der Zielerreichung und ggf. auch deren Visualisierung gegenüber der Geschäftsleitung erleichtert werden.

Die Überwachung der NPE-Zielwerte soll anhand dieser KPI erfolgen, und zwar auf aggregierter **47** Basis (Institut) und auf granularer Basis, also unterteilt nach den relevanten NPE-Portfolios (→ AT 4.4.1 Tz. 2, Erläuterung). Wie die NPE-Portfolios gebildet werden, müssen die Institute selbst entscheiden. Um die Steuerung und Überwachung zu erleichtern, empfiehlt es sich allerdings, dafür gemeinsame Merkmale heranzuziehen. Die EBA nennt als mögliche Kriterien neben der Art der Risikopositionen und der Sicherheiten z. B. die geografische Region, den Zeitraum seit der NPE-Einstufung und den Zeitraum bis zur Verwertung.[22] Von diesen und ähnlichen Faktoren sind letztlich auch die jeweils ausgewählten Abbaumaßnahmen abhängig.

---

21 Vgl. European Banking Authority, Leitlinien zur internen Governance, EBA/GL/2017/11, 21. März 2018, S. 43 ff.
22 Vgl. European Banking Authority, Leitlinien über das Management notleidender und gestundeter Risikopositionen, EBA/GL/2018/06, 31. Oktober 2018, S. 28.

AT 4.4.1 Risikocontrolling-Funktion

48   Die Aufsicht erwartet, dass als Leistungsindikatoren (KPI) beim Überwachungsprozess neben den institutsindividuell festzulegenden NPE-Messgrößen in Abhängigkeit von den gewählten Handlungsoptionen zumindest auch die Interaktionen mit den Kreditnehmern, die relevanten Zahlungseingänge, die Stundungsmaßnahmen (Forbearance-Maßnahmen), die Abwicklungsmaßnahmen und sonstige Indikatoren, die sich vor allem auf die Kapitalausstattung auswirken könnten, berücksichtigt werden (→ AT 4.4.1 Tz. 2, Erläuterung).

49   Wie bei allen Überwachungstätigkeiten genügt es am Ende nicht, der Geschäftsleitung irgendwelche Zahlenkolonnen zu übermitteln. Die Ergebnisse sollten zumindest erläutert und bewertet werden. Im Idealfall können mit der Berichterstattung bereits Handlungsvorschläge unterbreitet werden. Die EBA hält darüber hinaus einen Vergleich mit den entsprechenden Kennzahlen der Wettbewerber, sofern verfügbar, für sinnvoll.[23]

50   Nach den Vorstellungen der EBA sollten zwischen dem Überwachungsprozess einerseits sowie der Kreditrisikobewertung und der Bildung von Risikovorsorge andererseits zudem »Feedback-Schleifen« (»feedback loops«) bestehen.[24] Die EBA empfiehlt auch eine eigene Richtlinie für die Überwachung notleidender Risikopositionen, in der u.a. die als Reaktion auf die verschiedenen Untersuchungsergebnisse erforderlichen Maßnahmen, ein Eskalationsverfahren, die wesentlichen Bestandteile, Häufigkeit und Empfänger der damit verbundenen Berichterstattung sowie die Kriterien für den Übergang in die Problemkreditbearbeitung bzw. die Verknüpfung mit den entsprechenden Verfahren geregelt sein sollten.[25] Diesen Vorgaben wird in den MaRisk durch diverse Anforderungen in verschiedenen Modulen weitgehend entsprochen.

2.2.1   NPE-Messgrößen

51   Da es in erster Linie um den Abbau der NPE-Bestände im gesamten Institut und ggf. auch in bestimmten Portfolios im Zeitverlauf geht und dafür entsprechende NPE-Zielgrößen festgelegt wurden, bietet es sich natürlich an, die Entwicklung der relativen und absoluten Bestände an notleidenden Risikopositionen zu überwachen. In Ergänzung dazu könnten auch die Bestände an gestundeten Risikopositionen als Vorstufe zum Status »notleidend« einbezogen werden. Schließlich ist es ebenso möglich, die Erkenntnisse aus dem Risikoklassifizierungsverfahren sowie aus dem Verfahren zur Früherkennung von Risiken zu nutzen und die Bestände der Risikopositionen mit »jungen Zahlungsrückständen« (»early arrears«)[26], also die Engagements mit noch überschaubaren Verzugstagen, zusätzlich in den Überwachungsprozess zu integrieren. Diese Engagements werden i.d.R. in der Intensivbetreuung bearbeitet. Zum Zweck der Überwachung müssen lediglich die tatsächlichen Bestände den eigentlich geplanten Beständen gegenübergestellt werden.

52   Überwacht werden sollten nach den Vorstellungen der EBA neben der Entwicklung der NPE-Bestände auch die wesentlichen Zu- und Abflüsse in den jeweiligen Beständen, ggf. unter Verwendung von hinreichend granularen Migrationsmatrizen. Sofern für ein Institut relevant, sollte darüber hinaus die Entwicklung der Rettungserwerbe oder anderer Vermögenswerte aus NPE-Maßnahmen überwacht werden. Außerdem sollten sich die Institute ein Bild über die Höhe

---

23 Vgl. European Banking Authority, Leitlinien über das Management notleidender und gestundeter Risikopositionen, EBA/GL/2018/06, 31. Oktober 2018, S. 28f.

24 Vgl. European Banking Authority, Leitlinien über das Management notleidender und gestundeter Risikopositionen, EBA/GL/2018/06, 31. Oktober 2018, S. 27f.

25 Vgl. European Banking Authority, Leitlinien über das Management notleidender und gestundeter Risikopositionen, EBA/GL/2018/06, 31. Oktober 2018, S. 71f.

26 Die EBA bezeichnet die Engagements mit weniger als 90 Verzugstagen als »junge Zahlungsrückstände« (»early arrears«). Sie unterscheidet für die Bearbeitung zwischen den Einheiten für junge Zahlungsrückstände und den NPE-Abwicklungseinheiten. Vgl. European Banking Authority, Leitlinien über das Management notleidender und gestundeter Risikopositionen, EBA/GL/2018/06, 31. Oktober 2018, S. 20.

und die Entwicklung der Wertminderungen und der Risikodeckung sowie über die Entwicklung des Verlustbudgets machen.[27]

Die EBA hat einen ganzen Katalog von NPE-Messgrößen mit Bezug zu den hier erwähnten **53** Kriterien veröffentlicht. Bei den Beständen und den Zu- bzw. Abflüssen unterscheidet die EBA zwischen den nicht notleidenden, den notleidenden und den gestundeten (notleidenden oder nicht notleidenden) Risikopositionen sowie den jeweiligen (quartalsweisen) Wanderungsbewegungen zwischen diesen Beständen. Hinsichtlich der Wertminderungen können z. B. die (quartalsweise) Änderung des Bestandes an Wertberichtigungen, die Wertaufholungen in diesem Zeitraum, die kumulierten Rückstellungen und verschiedene relative Messgrößen im Verhältnis zum NPE-Gesamtbestand von Interesse sein. Mit Blick auf das Verlustbudget geht es in erster Linie um den Gesamtverlust infolge von Stundungsmaßnahmen (Forbearance-Maßnahmen) oder in Relation zum Budget für die Umsetzung der Maßnahmen.[28]

Auf welcher Ebene die Überwachung zu erfolgen hat, wird von der Aufsicht nicht vorgegeben. **54** Die Vorstellungen der EBA reichen von der Transaktions-/Kreditnehmerebene bis zur (Teil-)Portfolioebene unter Berücksichtigung des Geschäftsfeldes, Kreditnehmersegments, der geografischen Region, den Produkten, Konzentrationsrisiken, des Grades der Besicherung, der Art der Sicherheiten und der Kapitaldienstfähigkeit.[29]

Im Rahmen des NPE-Managements sollte allerdings nicht ausschließlich darauf geachtet werden, **55** ob die vorhandenen NPE-Bestände nachhaltig abgebaut werden. Gleichzeitig muss ein Institut auch dafür sorgen, dass der Abbau dieser Bestände nicht durch eine Verschlechterung der Portfolioqualität und in der Folge durch Zuflüsse in nennenswerten Größenordnungen konterkariert wird. Insofern sollte das Problembewusstsein für das NPE-Management schon deutlich früher ansetzen. Im Rahmen der Kreditbearbeitung müssen außerordentliche Überprüfungen von Engagements einschließlich der Sicherheiten durchgeführt werden, wenn dem Institut aus externen oder internen Quellen Informationen bekannt werden, die auf eine wesentliche negative Änderung der Risikoeinschätzung der Engagements oder der Sicherheiten hindeuten (→ BTO 1.2.2 Tz. 4). Derartige Informationen sind unverzüglich an alle einzubindenden Organisationseinheiten weiterzuleiten. Die Erkenntnisse aus diesem etablierten Prozess können ggf. auch aufschlussreich für die Entwicklung der NPE-Bestände sein. Deshalb sollten die Institute nach den Vorstellungen der EBA die relevanten Informationen auf Kreditnehmer- oder Portfolioebene aus internen und externen Quellen bei ihren Überwachungsmaßnahmen verwenden.[30]

Als mögliche externe Quellen nennt die EBA beispielhaft Ratingagenturen, Auskunfteien, **56** spezialisierte sektorbezogene Recherchen und gesamtwirtschaftliche Indikatoren für bestimmte geografische Regionen.[31] Informationen aus externen Quellen, die auf mögliche Probleme des Kreditnehmers hindeuten können, sind z. B. ein Anstieg von Verbindlichkeiten und Darlehen bei anderen Instituten, ein notleidender Status bei anderen Instituten, ein Ausfall des Garantiegebers, ein Gerichtsverfahren, ein Konkurs, Änderungen der Unternehmensstruktur, wie z. B. eine Fusion oder eine Kapitalherabsetzung, ein zugewiesenes externes Rating und die Tendenz der Rating-

---

27 Vgl. European Banking Authority, Leitlinien über das Management notleidender und gestundeter Risikopositionen, EBA/GL/2018/06, 31. Oktober 2018, S. 28 f.

28 Vgl. European Banking Authority, Leitlinien über das Management notleidender und gestundeter Risikopositionen, EBA/GL/2018/06, 31. Oktober 2018, S. 61.

29 Vgl. European Banking Authority, Leitlinien über das Management notleidender und gestundeter Risikopositionen, EBA/GL/2018/06, 31. Oktober 2018, S. 28.

30 Vgl. European Banking Authority, Leitlinien über das Management notleidender und gestundeter Risikopositionen, EBA/GL/2018/06, 31. Oktober 2018, S. 29.

31 Vgl. European Banking Authority, Leitlinien über das Management notleidender und gestundeter Risikopositionen, EBA/GL/2018/06, 31. Oktober 2018, S. 29.

entwicklung sowie andere negative Informationen bezüglich wichtiger Kreditnehmer, Gegenparteien von Kreditnehmern oder Lieferanten.[32]

57 Die maßgeblichen Informationen aus internen Quellen unterscheiden sich in Abhängigkeit von der Art der Kreditnehmer. Die EBA stellt dabei vor allem auf die Verfahren zur Früherkennung von Risiken ab (→ BTO 1.3.1 Tz. 1). Bei Unternehmenskunden sollten die Frühwarnsysteme z. B. bei einem negativen Trend beim internen Rating, unbezahlten Schecks, einer bedeutsamen Änderung des Liquiditätsprofils, vergleichsweise hohen Verbindlichkeiten, Verzugstagen, Überziehungen, einem überschrittenen Überziehungslimit, einem Gewinneinbruch vor Steuern/Ertrag, anhaltenden Verlusten, einem anhaltenden übermäßigen Abschlag auf Geldmarktpapiere, negativen Eigenmitteln, späten Zahlungen, einem Umsatzrückgang, einer Senkung der Kreditlinien bezüglich Forderungen aus Lieferungen und Leistungen, einer Senkung der nicht ausgeschöpften Kreditlinien oder einem negativer Trend bei der Verhaltensbewertung reagieren. Dafür müssen jeweils geeignete Schwellenwerte festgelegt werden.[33]

58 Bei Privatkunden sollte auf einen negativen Trend beim Ausfallrisiko und/oder beim internen Rating, hohe Ratenzahlungen auf Hypothekenkredite im Vergleich zum Guthaben, einen gravierenden Rückgang des Guthabens, ein geringes Gesamtguthaben im Vergleich zur Gesamtverschuldung, einen Gehaltsrückgang in den letzten drei Monaten, einen Rückgang der Kontoumsätze, Verzugstage, Stundungen, historische Verlustquoten, Arbeitslosigkeit, einen Anstieg der Darlehensratenzahlungen über die Gehaltsquote, die Anzahl der Monate mit überschrittenem Überziehungslimit sowie einen negativen Trend bei der Verhaltensbewertung geachtet werden.[34]

59 Relevante Informationen auf Portfolioebene betreffen neben den bereits genannten Bestandsgrößen und deren Entwicklung u. a. die Portfolioverteilung, wie z. B. die Größenverteilung und das Konzentrationsniveau, sowie die wesentlichen Risikoparameter, wie z. B. die Entwicklung der maßgeblichen Parameter für den erwarteten Verlust inklusive entsprechender Prognosen.[35]

60 Daneben kann es sinnvoll sein, den Erfolg der gerichtlichen Maßnahmen zu überwachen, wobei zwischen anhängigen gerichtlichen Maßnahmen, in Besitz genommenen Vermögenswerten, neu eingeleiteten gerichtlichen Verfahren und abgeschlossenen gerichtlichen Verfahren unterschieden werden sollte. Besonders interessant sind dabei die durchschnittliche Dauer der Verfahren, die durchschnittlichen Erlöse und Kosten sowie die resultierende Verlustquote für die betroffenen Risikopositionen.[36]

2.2.2 Interaktionen mit den Kreditnehmern und Zahlungseingänge

61 Die Interaktionen mit den Kreditnehmern haben den Ausführungen der EBA zufolge auf den ersten Blick eher den Charakter von Zielvereinbarungen mit den Mitarbeitern der NPE-Abwicklungseinheiten. So erwartet die EBA unter dieser Überschrift die Einführung zentraler Messgrößen für die operative Leistung, um die Effizienz der Einheiten bzw. der Mitarbeiter im Vergleich zur durchschnittlichen Leistung und/oder anhand von Benchmark-Standardindikatoren zu beurtei-

32 Vgl. European Banking Authority, Leitlinien über das Management notleidender und gestundeter Risikopositionen, EBA/GL/2018/06, 31. Oktober 2018, S. 64.
33 Vgl. European Banking Authority, Leitlinien über das Management notleidender und gestundeter Risikopositionen, EBA/GL/2018/06, 31. Oktober 2018, S. 64 f.
34 Vgl. European Banking Authority, Leitlinien über das Management notleidender und gestundeter Risikopositionen, EBA/GL/2018/06, 31. Oktober 2018, S. 65.
35 Vgl. European Banking Authority, Leitlinien über das Management notleidender und gestundeter Risikopositionen, EBA/GL/2018/06, 31. Oktober 2018, S. 65 f.
36 Vgl. European Banking Authority, Leitlinien über das Management notleidender und gestundeter Risikopositionen, EBA/GL/2018/06, 31. Oktober 2018, S. 66 f.

len. Sofern solche Indikatoren nicht verfügbar sind, sollten stattdessen die faktischen Ergebnisse gegenüber den im NPE-Implementierungsplan des Institutes gesetzten Zielwerten überwacht werden.[37] Mit Bezug auf die sonstigen Indikatoren, vor allem im Mahnwesen, könnte die Anzahl der Interaktionen mit einem Kreditnehmer in Verbindung mit den erzielten Ergebnissen allerdings auch ein Gradmesser dafür sein, in welchem Maße der Kreditnehmer gewillt ist, bestimmte Maßnahmen umzusetzen.

Die Zahlungseingänge sind definitiv ein guter Maßstab für den Erfolg im NPE-Management. Solange ein Kreditnehmer Zahlungen leistet, kann grundsätzlich davon ausgegangen werden, dass er kooperationsbereit und an einer einvernehmlichen Lösung interessiert ist. **62**

Im EZB-Leitfaden wird ausgeführt, dass von den Mitarbeitern der NPE-Abwicklungseinheiten neben diversen qualitativen Eignungskriterien, wie z. B. Fach- und Verhandlungskompetenz, Analysefähigkeiten bezüglich erhaltener Finanzinformationen und -daten, Strukturierung von Vorschlägen, Qualität von Empfehlungen und der Überwachung von restrukturierten Krediten sowie im Umgang mit Frühwarnsignalen, auch eine besondere Einsatzbereitschaft erwartet wird. Diese höhere Einsatzbereitschaft sollte sich hinreichend in den vereinbarten Arbeitsbedingungen, Vergütungsrichtlinien, Anreizen und Leistungsmanagementstrukturen widerspiegeln. Die Leistung der Mitarbeiter sollte regelmäßig auf individueller, sofern angemessen, und auf Team-Basis überwacht und beurteilt werden. Das Beurteilungssystem sollte an jene Ziele gekoppelt sein, die in der NPL-Strategie und im Implementierungsplan festgelegt wurden. Dazu gehören folglich auch quantitative Elemente, tendenziell mit einem starken Fokus auf der Wirksamkeit der Abwicklungsaktivitäten. Das Gewicht, das den jeweiligen Indikatoren zur Leistungsbeurteilung beigemessen wird, sollte in einem angemessenen Verhältnis zur Schwere der NPL-Probleme stehen, mit denen das Institut umgehen muss.[38] **63**

2.2.3 Forbearance-Maßnahmen

Unter »Forbearance-Maßnahmen« sind vertragliche Zugeständnisse des Institutes gegenüber einem Kreditnehmer aufgrund sich abzeichnender finanzieller Schwierigkeiten zu verstehen. Bei der Beurteilung, ob sich ein Kreditnehmer in finanziellen Schwierigkeiten befindet, werden eventuell vorhandene (zumindest von Dritten bereitgestellte) Sicherheiten ausgeblendet. Nachverhandlungen bei Kreditnehmern, die sich nicht in finanziellen Schwierigkeiten befinden, fallen nicht unter den Begriff der Forbearance-Maßnahmen (→ BTO 1.3.2 Tz. 4). Verschiedene Beispiele von Forbearance-Maßnahmen mit ihren Charakteristika werden an anderer Stelle erläutert (→ BTO 1.3.2 Tz. 1). **64**

Das Ziel von Forbearance-Maßnahmen besteht darin, einen tragfähigen und nicht notleidenden Rückzahlungsstatus zu erreichen (→ BTO 1.3.2 Tz. 1). Die Institute müssen dabei zwischen tragfähigen Maßnahmen, die zur Verringerung der Risikoposition des Kreditnehmers beitragen, und nicht tragfähigen Maßnahmen unterscheiden (→ BTO 1.3.2 Tz. 5). Die gestundeten Risikopositionen (»forborne exposures«, FBE) sind auf Basis bestimmter Kriterien als notleidend (»nonperforming forborne exposures«) oder nicht notleidend (»performing forborne exposures«) einzustufen (→ BTO 1.3.2 Tz. 3). Der Prozess für die Gewährung der Forbearance-Maßnahmen und die Wirksamkeit der gewährten Maßnahmen sind vom Institut in angemessenen Abständen zu überwachen (→ BTO 1.3.2 Tz. 6). Insgesamt dient der Überwachungsprozess auch dem Ziel, **65**

---

37 Vgl. European Banking Authority, Leitlinien über das Management notleidender und gestundeter Risikopositionen, EBA/GL/2018/06, 31. Oktober 2018, S. 29.
38 Vgl. Europäische Zentralbank, Leitfaden für Banken zu notleidenden Krediten, 20. März 2017, S. 27f.

rechtzeitig zu erkennen, ob eine Forderung wertgemindert werden muss oder sogar nicht mehr einbringlich ist, um darauf frühzeitig reagieren zu können.[39]

66 Die EBA relativiert die Zielsetzung der Rückführung des Kreditnehmers in einen tragfähigen und nicht notleidenden Rückzahlungsstatus in gewisser Weise, indem sie empfiehlt, den fälligen Betrag zu berücksichtigen und die erwarteten Verluste zu begrenzen.[40] In einzelnen Fällen könnte ein Institut vermutlich auch zur Einschätzung kommen, dass es aus ökonomischer Sicht sinnvoller ist, auf den fälligen Restbetrag zu verzichten und dafür weitere Kosten im Bearbeitungsprozess zu vermeiden.

67 Als geeignete Kennzahlen zur Überwachung der Forbearance-Maßnahmen nennt die EBA z.B. den (quartalsweisen) absoluten Schuldenerlass sowie den relativen Schuldenerlass im Verhältnis zum NPE-Gesamtbestand, zu den zweckgebundenen Rückstellungen und zu den (teilweisen oder vollständigen) Abschreibungen. Daneben kommt der Wert der aktuell gestundeten (notleidenden und nicht notleidenden) Risikopositionen oder der kürzlich vereinbarten Stundungslösungen infrage, die zusätzlich nach bestimmten Merkmalen unterschieden werden können, wie z.B. nach der Dauer der Zahlungsunterbrechung. Außerdem bietet sich in diesem Fall ebenfalls das jeweilige Verhältnis zum NPE-Gesamtbestand an. Auch die (quartalsweisen) Abschreibungen, sowohl teilweise als auch vollständig, können neben ihrem absoluten Wert z.B. zum Bestand an Einzelwertberichtigungen (EWB) oder zum NPE-Gesamtbestand ins Verhältnis gesetzt werden. Die Gesundungsquote, die Zahlungseingangsquote sowie die Quote des erneuten Zahlungsausfalls bei gestundeten (notleidenden und nicht notleidenden) Risikopositionen sollten ebenso überwacht werden.[41]

68 Mit Bezug auf die mögliche Umwandlung von Verbindlichkeiten in eine Eigenkapitalbeteiligung (»Debt-Equity-Swap«) oder in Vermögenswerte (»Debt-Asset-Swap«) können schließlich auch deren Volumina bzw. deren Verhältnis zum NPE-Gesamtbestand von Interesse sein.[42] Die EBA erwartet in diesen besonderen Konstellationen, dass das Institut über hinreichende Sachkenntnis davon verfügt und eine sorgfältige Überwachung mindestens auf Basis der Indikatoren zum Volumen einzelner Arten der Vermögenswerte gewährleistet. Außerdem muss das Institut sicherstellen, dass sämtliche Bestandsgrenzen eingehalten werden, die sich aus den maßgeblichen Rechtsvorschriften ergeben. Das Institut sollte für derartige Forbearance-Maßnahmen einen eigenen Geschäftsplan vorhalten und sich auf Vermögenswerte beschränken, bei denen der kurz- bis mittelfristig erlösbare Wert am Markt realistisch eingeschätzt werden kann. Die Bewertung der Vermögenswerte sollte von qualifizierten und erfahrenden Sachverständigen durchgeführt werden.[43]

2.2.4 Abwicklungsmaßnahmen

69 Das Institut muss beurteilen, inwieweit notleidende Risikopositionen mit länger andauernden Zahlungsrückständen noch einbringlich sind (→ BTO 1.2.5 Tz. 9, Erläuterung). Sofern keine tragfähige Restrukturierungslösung mehr möglich ist, kommen ggf. Abwicklungsmaßnahmen infrage. Für den Fall der Abwicklung eines Engagements ist ein Abwicklungskonzept zu erstellen, in dem geeignete Abwicklungsmaßnahmen festzulegen sind (→ BTO 1.2.5 Tz. 7). Die Abwicklung eines Engagements kann mit der Einleitung von Gerichtsverfahren, der Inbesitznahme von Vermögens-

---

39 Vgl. European Banking Authority, Leitlinien über das Management notleidender und gestundeter Risikopositionen, EBA/GL/2018/06, 31. Oktober 2018, S. 30.

40 Vgl. European Banking Authority, Leitlinien über das Management notleidender und gestundeter Risikopositionen, EBA/GL/2018/06, 31. Oktober 2018, S. 30.

41 Vgl. European Banking Authority, Leitlinien über das Management notleidender und gestundeter Risikopositionen, EBA/GL/2018/06, 31. Oktober 2018, S. 62.

42 Vgl. European Banking Authority, Leitlinien über das Management notleidender und gestundeter Risikopositionen, EBA/GL/2018/06, 31. Oktober 2018, S. 62.

43 Vgl. European Banking Authority, Leitlinien über das Management notleidender und gestundeter Risikopositionen, EBA/GL/2018/06, 31. Oktober 2018, S. 31.

werten, der Umwandlung von Verbindlichkeiten, der Veräußerung von Kreditfazilitäten, der Übertragung auf eine Vermögensverwaltungsgesellschaft oder der Verbriefung einhergehen.[44]

Eine besondere Rolle spielen bei der Abwicklung die Sicherheiten. Bereits bei Überleitung eines **70** Engagements in die Abwicklung hat daher ggf. eine unter Realisationsgesichtspunkten erstellte Wertermittlung zu erfolgen. Dabei ist, i.d.R. ausgehend vom Marktwert, der voraussichtliche Verwertungserlös unter Berücksichtigung der erwarteten Verwertungskosten und der voraussichtlichen Verwertungsdauer zu bestimmen. Der Sicherheitenwert ist grundsätzlich unter Berücksichtigung von angemessenen Wertabschlägen (»Haircuts«) herzuleiten und ggf. entsprechend abzuzinsen (→ BTO 1.2.5 Tz. 2). Bei Sicherheiten und Garantien sollten die Institute den Zeitraum überwachen, der zur Abwicklung der Sicherheit oder zur Durchsetzung der Garantie benötigt wird. Außerdem sollten sie potenzielle Zwangsversteigerungsabschläge bei der Verwertung und die Entwicklungen an bestimmten Märkten (z.B. Immobilienmärkten) überwachen, um potenzielle Erlösquoten prognostizieren zu können.[45]

Die Institute sollten die Veräußerungen sowie die erzielten Veräußerungs-/Übertragungserlöse **71** durch Vergleich mit den Nettobuchwerten überwachen.[46] Konkret empfiehlt die EBA eine Überwachung der (quartalsweisen) Barerlöse aus immobilienbezogenen und nicht immobilienbezogenen Verwertungen, auch als Prozentsatz des NPE-Gesamtbestandes.[47] Daneben müssen die Institute überprüfen, ob die Risikovorsorge angemessen ist. Das Institut hat zudem geeignete Fristen für die Behandlung von (besicherten und unbesicherten) notleidenden Risikopositionen festzulegen, die sicherstellen, dass die NPE-Bestände mit unzureichender Risikovorsorge in einem angemessenen Zeitraum abgebaut werden (→ BTO 1.2.5 Tz. 9).

Bei Gerichtsverfahren und Inbesitznahmen sollten die Institute die Volumina und die Erlösquo- **72** ten den festgelegten Zielwerten für die relevanten Zeiträume gegenüberstellen. Zur Überwachung der tatsächlichen Erlös-/Verlustquote sollten sie historische Zeitreihen für jedes Kreditportfolio erstellen, um die getroffenen Annahmen für Wertminderungsprüfungen und Stresstests zu untermauern.[48] Auf Basis der Überwachung dieser Quoten können die Institute besser beurteilen, ob die Entscheidung für eine Inbesitznahme zu einem höheren Nettobarwert (»Net Present Value«, NPV) führt als die Gewährung einer Stundungsoption. Diese Erkenntnisse sollten zur Bestätigung oder Anpassung der Strategien herangezogen werden.[49]

Hinsichtlich der gerichtlichen Maßnahmen nennt die EBA als wichtige Indikatoren für die Über- **73** wachung den (quartalsweisen) Wert und die Anzahl der Darlehen mit anhängigen gerichtlichen Maßnahmen, mit neu eingeleiteten gerichtlichen Verfahren, mit abgeschlossenen gerichtlichen Verfahren sowie den (quartalsweisen) Wert und die Anzahl der kürzlich in Besitz genommenen Vermögenswerte. Ebenso relevant können die Durchschnittsdauer und die Durchschnittserlöse der kürzlich abgeschlossenen gerichtlichen Verfahren (einschließlich der Gesamtkosten) sein. Schließlich geht es auch um die Verlustquote für Darlehen mit abgeschlossenen gerichtlichen Verfahren.[50]

---

44 Vgl. European Banking Authority, Leitlinien über das Management notleidender und gestundeter Risikopositionen, EBA/GL/2018/06, 31. Oktober 2018, S. 30.

45 Vgl. European Banking Authority, Leitlinien über das Management notleidender und gestundeter Risikopositionen, EBA/GL/2018/06, 31. Oktober 2018, S. 30f.

46 Vgl. European Banking Authority, Leitlinien über das Management notleidender und gestundeter Risikopositionen, EBA/GL/2018/06, 31. Oktober 2018, S. 30.

47 Vgl. European Banking Authority, Leitlinien über das Management notleidender und gestundeter Risikopositionen, EBA/GL/2018/06, 31. Oktober 2018, S. 61.

48 Vgl. European Banking Authority, Leitlinien über das Management notleidender und gestundeter Risikopositionen, EBA/GL/2018/06, 31. Oktober 2018, S. 30.

49 Vgl. European Banking Authority, Leitlinien über das Management notleidender und gestundeter Risikopositionen, EBA/GL/2018/06, 31. Oktober 2018, S. 31.

50 Vgl. European Banking Authority, Leitlinien über das Management notleidender und gestundeter Risikopositionen, EBA/GL/2018/06, 31. Oktober 2018, S. 63.

2.2.5 Sonstige Indikatoren

74 Als sonstige Indikatoren werden von der Aufsicht beispielhaft die NPE-bezogenen Posten der Gewinn- und Verlustrechnung (GuV) sowie eventuelle Rettungserwerbe oder Auslagerungsaktivitäten genannt (→ AT 4.4.1 Tz. 2, Erläuterung). Mit Blick auf die GuV sollten die Institute insbesondere die (erhaltenen und erwarteten) Zinserträge aus notleidenden Risikopositionen und die Entwicklung der Wertberichtigungen überwachen. Die EBA empfiehlt, dabei jeweils auf die treibenden Faktoren zu achten.[51] Auch der Prozentsatz der tatsächlich eingegangenen erfassten Zinszahlungen aus notleidenden Risikopositionen könnte von Interesse sein.[52]

75 Je nachdem, auf welche Handlungsoptionen die Institute zurückgreifen möchten, können damit weitere Überwachungstätigkeiten verbunden sein. So sollten die Institute z.B. das Volumen, die Altersstruktur, die Risikodeckung und die Zu- bzw. Abgänge von Rettungserwerben mit einer hinreichenden Detailtiefe überwachen, um insbesondere deren Entwicklung mit der ursprünglichen Planung abgleichen zu können.[53] Unter »Rettungserwerben« (»foreclosed assets«) ist der Erwerb von Sicherheiten zu verstehen, die in der Folge als Vermögenswerte in der Bilanz des Institutes ausgewiesen werden (→ BTO 1.2.5 Tz. 8, Erläuterung). Diese Vermögenswerte können durch gerichtliche Verfahren, durch bilaterale Vereinbarungen mit dem Schuldner oder durch andere Arten der Sicherheitenübertragung vom Schuldner erworben werden. Rettungserwerbe können sowohl finanzielle als auch nichtfinanzielle Vermögenswerte umfassen. Sie sollten sämtliche in Besitz genommenen Sicherheiten ungeachtet ihrer Rechnungslegungsklassifikation umfassen.[54]

76 Zu den Auslagerungsaktivitäten werden von der EBA keine genaueren Angaben gemacht. Aus dem Zusammenhang ist aber zu schließen, dass es vermutlich darum geht, die Leistung Dritter bei deren Einbindung in den Abbauprozess der NPE-Bestände zu überwachen. Auch in diesem Fall empfiehlt es sich, mit konkreten Zielvorgaben zu operieren und deren Einhaltung zu überwachen.

77 Hinsichtlich der Aktivitäten der eingebundenen Mitarbeiter bei Betreibungsmaßnahmen (Mahnwesen) nennt die EBA ergänzend z.B. die Anzahl der Vorgänge pro Quartal im Vergleich zur Planung und die Anzahl der Vorgänge, die mit einer Stundungsvereinbarung oder mit der Einziehung von Vermögensgegenständen verbunden sind. Eng mit dieser Tätigkeit verbunden sind die (quartalsweisen) Barerlöse aus Zins- und Tilgungszahlungen, Gebühren oder NPE-Verkäufen, einerseits absolut und andererseits relativ im Verhältnis zum NPE-Gesamtbestand.[55]

2.2.6 Auswirkungen auf das Kapital

78 Bereits im Strategie- und Planungsprozess muss sich ein Institut Gedanken darüber machen, inwieweit geeignete Maßnahmen in die Kapitalplanung aufgenommen werden müssen, um sicherzustellen, dass das verfügbare Kapital den nachhaltigen Abbau der notleidenden Risikopositionen in der Bilanz ermöglicht (→ AT 4.2 Tz. 3, Erläuterung). Folglich müssen bei der Überprüfung, ob die Umsetzung der Strategie für notleidende Risikopositionen mit Hilfe des

---

51 Vgl. European Banking Authority, Leitlinien über das Management notleidender und gestundeter Risikopositionen, EBA/GL/2018/06, 31. Oktober 2018, S. 31.

52 Vgl. European Banking Authority, Leitlinien über das Management notleidender und gestundeter Risikopositionen, EBA/GL/2018/06, 31. Oktober 2018, S. 63.

53 Vgl. European Banking Authority, Leitlinien über das Management notleidender und gestundeter Risikopositionen, EBA/GL/2018/06, 31. Oktober 2018, S. 31.

54 Vgl. European Banking Authority, Leitlinien über das Management notleidender und gestundeter Risikopositionen, EBA/GL/2018/06, 31. Oktober 2018, S. 6f.

55 Vgl. European Banking Authority, Leitlinien über das Management notleidender und gestundeter Risikopositionen, EBA/GL/2018/06, 31. Oktober 2018, S. 61f.

Implementierungsplanes erfolgreich verläuft, auch die Auswirkungen auf die internen sowie die regulatorischen Eigenkapitalanforderungen betrachtet werden (→ AT 4.4.1 Tz. 2, Erläuterung).

Letztlich sind die erwarteten Auswirkungen auf die Kapitalausstattung bereits bei der Auswahl **79** der Handlungsoptionen zu berücksichtigen (→ AT 4.2 Tz. 3). In diesem Zusammenhang sollte sich ein Institut auch Gedanken darüber machen, wie es mit einem eventuellen Absinken des Kapitalniveaus unter verschiedenen Szenarien umzugehen gedenkt. Die EBA erwartet von den Instituten, dass sie die Auswirkung der geplanten Strategie auf das Kapital, den Gesamtrisikobetrag und den Gewinn bzw. Verlust sowie den potenziellen Einfluss der geplanten Maßnahmen auf die Wertminderungen genau berechnen können. Die Beurteilungskriterien, die zugrunde liegenden Annahmen und die berechneten Auswirkungen sollten mit dem Rahmen für die Risikobereitschaft und dem bankinternen Prozess zur Sicherstellung einer angemessenen Kapitalausstattung (ICAAP) in Einklang gebracht werden.[56]

2.2.7 Rolle der Risikocontrolling-Funktion

Die operative Umsetzung der Vorgaben aus dem Implementierungsplan obliegt in erster Linie den **80** darauf spezialisierten »NPE-Abwicklungseinheiten« (»NPE-Workout Units« bzw. »NPE-WU«). Diese Einheiten müssen grundsätzlich vom Kreditvergabeprozess getrennt und in einem Bereich außerhalb des Marktes angesiedelt sein. Wenn Überschneidungen mit den an der Kreditvergabe beteiligten Mitarbeitern unvermeidlich sind, müssen Interessenkonflikte vermieden werden (→ BTO 1.2.5 Tz. 1). Insofern kommt dafür vor allem die Marktfolge infrage, die in Deutschland im Vergleich zu anderen europäischen Staaten extra eingeführt wurde, um marktunabhängige Tätigkeiten auszuführen und auf diese Weise Interessenkonflikte zu vermeiden.

Bei der Gestaltung der NPE-Abwicklungseinheiten müssen die Besonderheiten der eigenen NPE- **81** Portfolios berücksichtigt werden, also z. B. die Unterschiede zwischen dem Privat- und dem Firmenkundengeschäft. Für die Analyse der jeweiligen NPE-Portfolios sind auf die NPE-Abwicklung spezialisierte und hinreichend qualifizierte Mitarbeiter heranzuziehen. Das spricht wiederum für eine Ansiedlung in der Problemkreditbearbeitung, die ausdrücklich gestattet ist (→ BTO 1.2.5 Tz. 1).

Welche Rolle diese Einheiten bei der Messung und Überwachung der NPE-bezogenen Risiken **82** und der Fortschritte zur Erreichung der NPE-Zielwerte spielen dürfen, hängt in erster Linie davon ab, inwieweit Interessenkonflikte ausgeschlossen werden können und ob dabei eine unabhängige Kontrolle der operativen Tätigkeiten gewährleistet ist. Von der deutschen Aufsicht wurden diese Tätigkeiten zunächst vollständig der Risikocontrolling-Funktion zugeordnet (→ AT 4.4.1 Tz. 2, Erläuterung). Mit dieser festen Zuordnung wären allerdings andere, in der Praxis bewährte Lösungen infrage gestellt worden, die zu unnötigen Anpassungen ohne erkennbaren Mehrwert geführt hätten. In vielen Instituten beschäftigt sich die Risikocontrolling-Funktion im Zusammenhang mit dem NPE-Management traditionell nur mit der Überwachung der NPE-Messgrößen. Die anderen maßgeblichen Daten werden von den NPE-Abwicklungseinheiten zugeliefert. Das ist auch gleich die Lösung des Problems. Die Aufsicht hatte bereits bei früherer Gelegenheit darauf verwiesen, dass einzelne Überwachungstätigkeiten und Auswertungen (z. B. Informations- und Datenerhebungen für Risikoberichte) auch außerhalb der Risikocontrolling-Funktion wahrgenommen werden können, sofern diese ggf. zusätzlich durch die Risikocontrolling-Funktion plausibilisiert werden. Die genauen Zuständigkeiten für Risikocontrolling-Aufgaben müssen im Institut klar definiert werden.[57] Vor diesem Hintergrund hat die Aufsicht in der endgültigen Fassung der

---

56 Vgl. European Banking Authority, Leitlinien über das Management notleidender und gestundeter Risikopositionen, EBA/GL/2018/06, 31. Oktober 2018, S. 12.

57 Vgl. Bundesanstalt für Finanzdienstleistungsaufsicht, Protokoll der Sitzung des MaRisk-Fachgremiums am 5. November 2018, S. 5.

AT 4.4.1 Risikocontrolling-Funktion

sechsten MaRisk-Novelle ergänzt, dass sich die Risikocontrolling-Funktion zur Erfüllung dieser Aufgaben anderer marktunabhängiger Einheiten und deren Informationen bedienen kann, sofern sie diese plausibilisiert (→ AT 4.4.1 Tz. 2, Erläuterung).

83   Die EBA hat die Überwachung der KPIs in ihren Leitlinien zum Management von notleidenden und gestundeten Risikopositionen ganz allgemein den Instituten aufgegeben.[58] Von den Instituten wird eine strenge Kontrolle und Überwachung der Ausformulierung und Umsetzung der Strategie für notleidende Risikopositionen und des Implementierungsplanes durch die Risikokontrollfunktionen gefordert.[59] Das betrifft also die Funktionen der zweiten Verteidigungslinie und beschränkt sich nicht zwangsläufig auf die Risikocontrolling-Funktion. Explizit von der Risikocontrolling-Funktion wird erwartet, dass sie zum Prozess der Gestaltung und Überprüfung der NPE-bezogenen Politik und Verfahren und zu den für die NPE-Abwicklungseinheiten eingerichteten Kontrollen auch eine Orientierungshilfe bietet.[60] Das läuft eher darauf hinaus, aktiv am Rahmenkonzept für notleidende Risikopositionen (»NPE-Rahmenkonzept«), also den Richtlinien, Verfahren, Kontrollen und Systemen für das Risikomanagement in Bezug auf notleidende Risikopositionen[61], mitzuwirken und deren Einhaltung regelmäßig zu überwachen. Zu den Inhalten für entsprechende Richtlinien werden von der EBA zahlreiche Vorschläge unterbreitet.[62]

84   Nach den Vorstellungen der EBA sollen die Institute vor allem wirksame und angemessene interne Kontrollverfahren für das »NPE-Rahmenkonzept« einrichten. Dabei orientiert sich die EBA mit Verweis auf ihre Leitlinien zur internen Governance am Modell der drei Verteidigungslinien.[63] Den einzelnen Funktionen der drei Verteidigungslinien weist sie dafür konkrete Aufgaben zu.[64]

85   Die NPE-Abwicklungseinheiten betrachtet die EBA als für die Steuerung der mit den damit verbundenen Risiken verantwortliche operative Einheiten der ersten Verteidigungslinie. Diese Einheiten sollen prozessabhängig kontrolliert werden. Die Funktionen der zweiten Verteidigungslinie sollten laufend sicherstellen, dass das Management notleidender Risikopositionen innerhalb der ersten Verteidigungslinie ordnungsgemäß funktioniert und die festgelegten Maßnahmen umgesetzt werden. Zu diesem Zweck sollten sie über eine angemessene Zahl qualifizierter Mitarbeiter verfügen, die bei Bedarf Weiterbildungen zu absolvieren haben. Die Aufgaben der zweiten Verteidigungslinie können laut EBA grundsätzlich von einer Funktion übernommen werden, die sich mit dem Kreditrisiko befasst. Es muss sich dabei nicht um das Kreditrisikocontrolling handeln. Kleinere und weniger komplexe Institute, womit die EBA beispielhaft die Institute der SREP-Kategorien 3 und 4 verbindet, müssen nicht in allen drei Verteidigungslinien vollständig ausgestaltete NPE-spezifische Kontrollen vorhalten, sofern etwaige Interessenkonflikte vermieden werden.[65]

86   Von der Internen Revision als Funktion der dritten Verteidigungslinie wird erwartet, dass sie auch in diesem Bereich über ausreichendes Fachwissen verfügt, um risikoorientiert und prozessunabhängig die Wirksamkeit und Angemessenheit des NPE-Rahmenkonzeptes, einschließlich der Kontrolltätigkeiten der ersten und zweiten Verteidigungslinie, prüfen und beurteilen zu können. Das betrifft insbesondere die Einhaltung sämtlicher relevanten Vorgaben. Zu diesem Zweck sollten

---

58 Vgl. European Banking Authority, Leitlinien über das Management notleidender und gestundeter Risikopositionen, EBA/GL/2018/06, 31. Oktober 2018, S. 28.

59 Vgl. European Banking Authority, Leitlinien über das Management notleidender und gestundeter Risikopositionen, EBA/GL/2018/06, 31. Oktober 2018, S. 17.

60 Vgl. European Banking Authority, Leitlinien über das Management notleidender und gestundeter Risikopositionen, EBA/GL/2018/06, 31. Oktober 2018, S. 27.

61 Vgl. European Banking Authority, Leitlinien über das Management notleidender und gestundeter Risikopositionen, EBA/GL/2018/06, 31. Oktober 2018, S. 6.

62 Vgl. European Banking Authority, Leitlinien über das Management notleidender und gestundeter Risikopositionen, EBA/GL/2018/06, 31. Oktober 2018, S. 68.

63 Vgl. European Banking Authority, Leitlinien zur internen Governance, EBA/GL/2017/11, 21. März 2018, S. 40 ff.

64 Vgl. European Banking Authority, Leitlinien über das Management notleidender und gestundeter Risikopositionen, EBA/GL/2018/06, 31. Oktober 2018, S. 25 ff.

65 Vgl. European Banking Authority, Leitlinien über das Management notleidender und gestundeter Risikopositionen, EBA/GL/2018/06, 31. Oktober 2018, S. 26 f.

auch stichprobenartige und unangekündigte Untersuchungen und Kreditaktenprüfungen durchgeführt werden. Dabei sollten die Höhe der NPE-Bestände und die ggf. festgestellten wesentlichen Unregelmäßigkeiten oder Schwachstellen bei unlängst durchgeführten Prüfungen berücksichtigt werden. Gegebenenfalls sollte die Interne Revision der Geschäftsleitung auch Empfehlungen geben oder Verbesserungsvorschläge unterbreiten (→ BT 2.4 Tz. 1).[66]

Eine klare Zuordnung der jeweiligen Rollen erwartet die EBA auch von den Instituten, um Lücken und Überschneidungen zu vermeiden.[67] Wie bereits ausgeführt, können sich diese Zuordnungen von den Ausführungen der EBA hinsichtlich der Abgrenzung zwischen der ersten und zweiten Verteidigungslinie allein deshalb unterscheiden, weil die Marktfolge eine besondere Rolle spielt und mit ihrer Hilfe potenzielle Interessenkonflikte bereits weitgehend ausgeschlossen werden können. **87**

2.3 Berücksichtigung von Nachhaltigkeitsrisiken

Die Risikocontrolling-Funktion sollte bei der Erfüllung ihrer Aufgaben auch die Nachhaltigkeitsrisiken berücksichtigen. Insbesondere sollte sie der Geschäftsleitung vollumfänglich über Art und Umfang der erheblichen Nachhaltigkeitsrisiken Bericht erstatten.[68] **88**

Die BaFin schlägt u. a. die Einrichtung einer »speziellen Nachhaltigkeitseinheit« vor, deren Integration in die bestehenden Prozesse und deren Schnittstellen zu anderen Funktionen klar geregelt werden müsste (→ AT 4.3.1 Tz. 2). Dies ist z. B. möglich, indem auf die Auswirkungen der Nachhaltigkeitsrisiken abgestellt wird. Die BaFin nennt als konkretes Beispiel, dass diese Einheit immer dann beteiligt werden könnte, wenn der Vertragspartner bzw. das Investitionsobjekt einem Wirtschaftssektor mit hohen transitorischen Risiken angehört. So könnte der Umfang der Prüfung durch die Nachhaltigkeitseinheit klar geregelt und von anderen Funktionen abgegrenzt werden, indem z. B. festgelegt wird, ob diese Einheit nur für Reputationsrisiken oder auch für andere nachhaltigkeitsbezogene Risiken zuständig ist.[69] **89**

Hinsichtlich der vorgeschlagenen Aufgaben für diese Einheit, die auf die Weiterentwicklung spezifischer Prozesse bzw. Richtlinien, die Sicherstellung einer konsistenten Umsetzung im Unternehmen inklusive der Unterstützung der betroffenen Einheiten sowie die interne und externe Berichterstattung hinauslaufen, bestehen gewisse Parallelen zur Rolle des zentralen Auslagerungsmanagements im Zusammenhang mit den Auslagerungsaktivitäten eines Institutes (→ AT 9 Tz. 12).[70] Denkbar ist auch, eine derartige Einheit auf Gruppenebene zu etablieren (→ AT 4.5 Tz. 1). **90**

Von der EZB wird in Analogie dazu auf die Einrichtung einer »gesonderten Struktur« abgestellt, die für die Koordinierung des gesamten Risikomanagementansatzes des Institutes für Klima- und Umweltrisiken zuständig ist. Wird eine gesonderte Struktur eigens für Klima- und Umweltrisiken eingerichtet, so muss klar definiert sein, wie sie in bestehende Prozesse eingebunden wird und welche Schnittstellen zu anderen Funktionen existieren. Zudem sollten die Institute die Beziehung zwischen den maßgeblichen Strukturen und deren Arbeitsabläufen **91**

---

66 Vgl. European Banking Authority, Leitlinien über das Management notleidender und gestundeter Risikopositionen, EBA/GL/2018/06, 31. Oktober 2018, S. 27.

67 Vgl. European Banking Authority, Leitlinien über das Management notleidender und gestundeter Risikopositionen, EBA/GL/2018/06, 31. Oktober 2018, S. 25 f.

68 Vgl. Bundesanstalt für Finanzdienstleistungsaufsicht, Merkblatt zum Umgang mit Nachhaltigkeitsrisiken, 20. Dezember 2019, geändert am 13. Januar 2020, S. 24.

69 Vgl. Bundesanstalt für Finanzdienstleistungsaufsicht, Merkblatt zum Umgang mit Nachhaltigkeitsrisiken, 20. Dezember 2019, geändert am 13. Januar 2020, S. 23.

70 Vgl. Bundesanstalt für Finanzdienstleistungsaufsicht, Merkblatt zum Umgang mit Nachhaltigkeitsrisiken, 20. Dezember 2019, geändert am 13. Januar 2020, S. 23.

beschreiben, um einen angemessenen Informationsfluss zwischen allen beteiligten Parteien sicherzustellen. Ebenso möglich ist nach Ansicht der EZB die Benennung von »horizontalen Ansprechpartnern« oder Ansprechpartnern in jenen Geschäftsbereichen, die aktiv mit Funktionen zusammenarbeiten oder in Kontakt stehen, die im Bereich Nachhaltigkeitsrisiken tätig sind.[71] Diesbezüglich bestehen gewisse Parallelen zur zentralen »OpRisk-Einheit« und den dezentralen »OpRisk-Stellen« beim Management der operationellen Risiken (→ BTR 4 Tz. 1).

92   Die EZB sieht als wichtigste Aufgabe der Risikocontrolling-Funktion die Sicherstellung an, dass alle Risiken von den entsprechenden Einheiten innerhalb des Institutes ermittelt, beurteilt, gemessen, überwacht, gesteuert und ordnungsgemäß gemeldet werden.[72] Sie sollte außerdem relevante und unabhängige Informationen, Analysen und Expertenmeinungen zu den Risikopositionen liefern. Da sich Klima- und Umweltrisiken in bestehenden Risiken niederschlagen, sollten die Aufgaben und Zuständigkeiten in den Rahmen des bestehenden Risikomanagementsystems eingebettet werden.[73]

93   Die Einbeziehung von Umwelt-, Sozial- und Unternehmensführungsrisiken (ESG-Risiken) und von den Besonderheiten der ESG-Übertragungskanäle in die finanziellen Risikokategorien in der von den Geschäftsbereichen unabhängigen Risikocontrolling-Funktion würde nach Einschätzung der EBA sicherstellen, dass die langfristigen Auswirkungen von ESG-Risiken bzw. Nachhaltigkeitsrisiken im Entscheidungsprozess berücksichtigt werden und die Anfälligkeit der Institute gegenüber diesen Risiken insgesamt minimiert wird. Die Risikocontrolling-Funktion sollte auch den Nutzen und die potenzielle Anwendbarkeit der verschiedenen Bewertungsmethoden für ESG-Risiken beurteilen, um solide Risikomanagementprozesse sicherzustellen. Sie sollte frühzeitig in die Integration von ESG-Risiken in die Risikobereitschaft des Institutes einbezogen werden.[74] Konkret sollte die Risikocontrolling-Funktion ein angemessenes Management von ESG-Risiken ermöglichen, ESG-Risiken bei der Umsetzung der Risikopolitik berücksichtigen und die Kontrolle des Risikomanagementrahmens auch auf ESG-Risiken erstrecken.[75]

2.4   Risikocontrolling-Funktion als Kontrolleinheit im Sinne der Vergütungsverordnung

94   Die Aufgaben der Risikocontrolling-Funktion beschränken sich nicht auf die in den MaRisk enthaltenen Verantwortlichkeiten. Nach § 2 Abs. 11 InstitutsVergV ist die Risikocontrolling-Funktion als Kontrolleinheit im Sinne der Institutsvergütungsverordnung einzustufen. Die Institutsvergütungsverordnung weist den Kontrolleinheiten an zahlreichen Stellen Verantwortlichkeiten zu bzw. fordert ihre Einbindung. Als Kontrolleinheit ist die Risikocontrolling-Funktion zunächst gemäß § 3 Abs. 3 InstitutsVergV bei der Ausgestaltung und der Überwachung der Vergütungssysteme angemessen zu beteiligen. Diese Regelung wurde im Zuge der Änderung der Vergütungsverordnung im Jahr 2017 dahingehend erweitert, dass die Kontrolleinheiten in

---

71 Vgl. Europäische Zentralbank, Leitfaden zu Klima- und Umweltrisiken – Erwartungen der Aufsicht in Bezug auf Risikomanagement und Offenlegungen, 27. November 2020, S. 28 f.

72 Vgl. European Banking Authority, Leitlinien zur internen Governance, EBA/GL/2017/11, 21. März 2018, S. 44.

73 Vgl. Europäische Zentralbank, Leitfaden zu Klima- und Umweltrisiken – Erwartungen der Aufsicht in Bezug auf Risikomanagement und Offenlegungen, 27. November 2020, S. 29.

74 Vgl. European Banking Authority, EBA Report on management and supervision of ESG risks for credit institutions and investment firms, EBA/REP/2021/18, 23. Juni 2021, S. 102 f.

75 Vgl. European Banking Authority, EBA Report on management and supervision of ESG risks for credit institutions and investment firms, EBA/REP/2021/18, 23. Juni 2021, S. 105.

bedeutenden Instituten gemäß § 1 Abs. 3c KWG[76] nunmehr auch in Bezug auf den Prozess der Ermittlung der Risikoträger[77] auf Einzelinstituts- und Gruppenebene angemessen zu beteiligen sind. Ausgehend von ihrem Aufgabenbereich wird die Risikocontrolling-Funktion bereits bei der Festlegung der Vergütungsstrategie einzubinden sein, da diese laut § 4 InstitutsVergV auch auf die in der (zur Geschäftsstrategie konsistenten) Risikostrategie des Institutes niedergelegten Ziele ausgerichtet sein soll.[78]

Ebenfalls neu aufgenommen im Rahmen der letzten Überarbeitung wurde die Anforderung   **95** nach § 7 Abs. 1 InstitutsVergV, dass der Gesamtbetrag der variablen Vergütung unter angemessener und ihrem Aufgabenbereich entsprechender Beteiligung der Kontrolleinheiten und damit auch unter Einbindung der Risikocontrolling-Funktion festzusetzen ist. Bei der Festsetzung des Gesamtbetrages der variablen Vergütungen ist die Sachkunde der Risikocontrolling-Funktion von besonderer Bedeutung, da mögliche Auswirkungen auf die Risikotragfähigkeit des Institutes, die mehrjährige Kapitalplanung, die Eigenmittel- und Liquiditätsausstattung des Institutes sowie die kombinierten Kapitalpufferanforderungen nach § 10i KWG zu beurteilen sind.[79] Nach den Vorstellungen der EBA soll die Risikocontrolling-Funktion bei der Festlegung des Gesamtbetrages der variablen Vergütungen und der Leistungskriterien sowie bei der Vergütungsgewährung entsprechend ihrem Aufgabenbereich etwaige Bedenken hinsichtlich der Auswirkungen auf das Verhalten der Mitarbeiter und das mit den wahrgenommenen Geschäften verbundene Risiko mitteilen und an der Erarbeitung einer Lösung mitwirken.[80]

Schließlich ist die Risikocontrolling-Funktion gemäß § 11 Abs. 1 Satz 2 InstitutsVergV beim   **96** Rahmenkonzept zur Festlegung und Gewährung von Abfindungen einzubinden.

In diesem Zusammenhang sei darauf hingewiesen, dass die Vergütung der Mitarbeiter der   **97** internen Kontrollfunktionen nach den Vorstellungen der EBA nicht an den Erfolg jener Tätigkeiten gekoppelt sein sollte, die von ihnen überwacht und kontrolliert werden, und sie sollte deren Objektivität auch nicht anderweitig beeinträchtigen können.[81]

---

76 Die Systematik zur Einstufung von bedeutenden Instituten war zunächst in § 17 InstitutsVergV geregelt und wurde durch das Brexit-Steuerbegleitgesetz im Jahr 2019 ohne inhaltliche Änderung in § 25n KWG überführt. Mit dem Risikoreduzierungsgesetz (RiG) aus dem Jahr 2020 wurde in § 1 Abs. 3c KWG eine einheitliche Definition des Begriffes »bedeutendes Institut« für die Zwecke der Vergütungsregelungen und der Corporate Governance nach § 25c und § 25d KWG eingeführt. Die Regelung des § 25n KWG wurde durch das RiG gestrichen.

77 Risikoträger sind gemäß § 1 Abs. 21 KWG Mitarbeiter, deren berufliche Tätigkeit sich wesentlich auf das Risikoprofil eines Institutes auswirkt. Als Risikoträger gelten zudem die Geschäftsleiter nach § 1 Abs. 2 KWG sowie die Mitglieder des Verwaltungs- oder Aufsichtsorgans im Sinne des § 25d KWG. Geschäftsleiter nach § 1 Abs. 2 KWG sind diejenigen natürlichen Personen, die nach Gesetz, Satzung oder Gesellschaftsvertrag zur Führung der Geschäfte und zur Vertretung eines Institutes oder eines Unternehmens in der Rechtsform einer juristischen Person oder einer Personenhandelsgesellschaft berufen sind. Bei CRR-Instituten bzw. bedeutenden Instituten gemäß § 1 Abs. 3c KWG formuliert zudem § 25a Abs. 5b KWG Anforderungen an die neben den Mitgliedern des Geschäftsleitung und des Aufsichtsorgans zwingend als Risikoträger einzustufenden Personengruppen und an die Risikoanalyse zur Ermittlung der weiteren Risikoträger.

78 Vgl. Buscher, Arne Martin/Link, Vivien/von Harbou, Christopher/Weigl, Thomas, Verordnung über die aufsichtsrechtlichen Anforderungen an Vergütungssysteme von Instituten (Institutsvergütungsverordnung – InstitutsVergV), 2. Auflage, Stuttgart, 2018, § 3, Tz. 46.

79 Vgl. Buscher, Arne Martin/Link, Vivien/von Harbou, Christopher/Weigl, Thomas, Verordnung über die aufsichtsrechtlichen Anforderungen an Vergütungssysteme von Instituten (Institutsvergütungsverordnung – InstitutsVergV), 2. Auflage, Stuttgart, 2018, § 3, Tz. 46.

80 Vgl. European Banking Authority, Leitlinien für eine solide Vergütungspolitik gemäß Artikel 74 Absatz 3 und Artikel 75 Absatz 2 der Richtlinie 2013/36/EU und Angaben gemäß Artikel 450 der Verordnung (EU) Nr. 575/2013, EBA/GL/2015/22, 27. Juni 2016, Tz. 30; Bundesanstalt für Finanzdienstleistungsaufsicht, Auslegungshilfe zur Institutsvergütungsverordnung in der Fassung vom 15. Februar 2018, zu § 3.

81 Vgl. European Banking Authority, Leitlinien zur internen Governance, EBA/GL/2017/11, 21. März 2018, S. 41f.

2.5 Risikocontrolling-Funktion auf Gruppenebene

98 Im Rahmen der vierten MaRisk-Novelle ist darauf verzichtet worden, den Instituten die Einrichtung einer Risikocontrolling-Funktion auf Gruppenebene explizit vorzuschreiben. Allerdings wird mit dem Trennbankengesetz von den Geschäftsleitern des übergeordneten Unternehmens einer Institutsgruppe, Finanzholding-Gruppe oder gemischten Finanzholding-Gruppe gemäß § 25c Abs. 4b Nr. 3 lit. e KWG ausdrücklich gefordert, dass das interne Kontrollsystem der Gruppe eine Risikocontrolling-Funktion sowie Risikosteuerungs- und -controllingprozesse zur Identifizierung, Beurteilung, Steuerung, Überwachung und Kommunikation der wesentlichen Risiken und damit verbundener Risikokonzentrationen umfasst. Für das Erfordernis einer Risikocontrolling-Funktion auf Gruppenebene spricht zudem der ausdrückliche Verweis von § 25a Abs. 3 Satz 1 KWG auf § 25a Abs. 1 Satz 3 Nr. 3c KWG. Die Anforderungen an das Risikomanagement der einzelnen Institute können allerdings nicht vollständig auf die Gruppenebene übertragen werden, sondern gelten für die Gruppe lediglich »entsprechend«. Auch nach den Vorstellungen der EBA hat das Mutterunternehmen einer Gruppe eine zentrale Risikocontrolling-Funktion einzurichten, um eine gruppenweite ganzheitliche Übersicht über alle Risiken zu erlangen und sicherzustellen, dass die Risikostrategie auf Gruppenebene eingehalten wird.[82] Die EBA verlangt auch ausdrücklich die Benennung eines Leiters der Risikocontrolling-Funktion auf Gruppenebene.[83]

99 Die Anforderungen an ein angemessenes und wirksames Risikomanagement auf Gruppenebene sind im Einzelnen im Modul AT 4.5 geregelt. Die Reichweite des Risikomanagements auf Gruppenebene erstreckt sich dabei auf alle wesentlichen Risiken der Gruppe, unabhängig davon, ob diese von konsolidierungspflichtigen Unternehmen begründet werden oder nicht.[84] Die Geschäftsleitung des übergeordneten Unternehmens ist für die Einhaltung der Anforderungen auf Gruppenebene verantwortlich (→ AT 4.5 Tz. 1). Folgerichtig ist der Leiter der Risikocontrolling-Funktion auf Gruppenebene der Geschäftsleitung des übergeordneten Unternehmens unmittelbar unterstellt und berichtspflichtig. In der Praxis ist der Leiter der Risikocontrolling-Funktion des übergeordneten Unternehmens regelmäßig gleichzeitig Leiter der Risikocontrolling-Funktion auf Gruppenebene.

100 Die Risikocontrolling-Funktion auf Gruppenebene ist für die Überwachung und Kommunikation der Risiken der Gruppe zuständig. Die Aufgaben der Risikocontrolling-Funktion auf Gruppenebene ergeben sich im Wesentlichen aus den Anforderungen im Modul AT 4.5. Zudem liegt es nahe, sich bei den Aufgaben der Risikocontrolling-Funktion auf Gruppenebene an den für die Risikocontrolling-Funktion des einzelnen Institutes formulierten Aufgaben der MaRisk zu orientieren. Die Risikocontrolling-Funktion auf Gruppenebene hat danach – abhängig von Art, Umfang, Komplexität und Risikogehalt der von der Gruppe betriebenen Geschäfte sowie der gesellschaftsrechtlichen Möglichkeiten – u. a. folgende Aufgaben:
- Unterstützung der Geschäftsleitung des übergeordneten Unternehmens in risikopolitischen Fragen, insbesondere bei der Entwicklung und Umsetzung der gruppenweiten Risikostrategie (→ AT 4.5 Tz. 2),
- Durchführung einer Risikoinventur und Erstellung des Gesamtrisikoprofils der Gruppe, Einrichtung eines internen Prozesses zur Sicherstellung der Risikotragfähigkeit auf Gruppenebene auf der Grundlage des Gesamtrisikoprofils der Gruppe (→ AT 4.5 Tz. 3),
- Unterstützung der Geschäftsleitung des übergeordneten Unternehmens bei der Einrichtung und Weiterentwicklung angemessener Risikosteuerungs- und -controllingprozesse, die die

---

82 Vgl. European Banking Authority, Leitlinien zur internen Governance, EBA/GL/2017/11, 21. März 2018, S. 43.

83 Vgl. European Banking Authority, Leitlinien zur internen Governance, EBA/GL/2017/11, 21. März 2018, S. 45 f.

84 Vgl. auch European Banking Authority, Guidelines on common procedures and methodologies for the supervisory review and evaluation process (SREP) and supervisory stress testing, EBA/GL/2014/13, Consolidated version, 19. Juli 2018, S. 52.

gruppenangehörigen Unternehmen einbeziehen, regelmäßige Durchführung angemessener Stresstests für die wesentlichen Risiken auf Gruppenebene (→ AT 4.5 Tz. 5),
- Einrichtung und Weiterentwicklung eines Systems von Risikokennzahlen und eines Risikofrüherkennungsverfahrens auf Gruppenebene,
- Laufende Überwachung der Risikosituation der Gruppe und der Risikotragfähigkeit der Gruppe sowie der Einhaltung der eingerichteten Risikolimite auf Gruppenebene,
- Bei hohem NPL-Bestand auf Gruppenebene Überwachung und Bemessung der NPE-bezogenen Risiken und des Fortschritts zur Erreichung der NPE-Zielwerte anhand NPE-bezogener Leistungsindikatoren bzw. Plausibilisierung der diesbezüglich von den zuständigen Organisationseinheiten gelieferten Daten,
- Regelmäßige Erstellung der gruppenweiten Risikoberichte für die Geschäftsleitung des übergeordneten Unternehmens, Verantwortung für die Prozesse zur unverzüglichen Weitergabe von unter Risikogesichtspunkten wesentlichen Informationen an die Geschäftsleitung des übergeordneten Unternehmens, die jeweiligen Verantwortlichen und ggf. die Konzernrevision.

3 Befugnisse und Informationsrechte der Risikocontrolling-Funktion (Tz. 3)

101 **3** **Den Mitarbeitern der Risikocontrolling-Funktion sind alle notwendigen Befugnisse und ein uneingeschränkter Zugang zu allen Informationen einzuräumen, die für die Erfüllung ihrer Aufgaben erforderlich sind. Hierzu gehört insbesondere auch ein uneingeschränkter und jederzeitiger Zugang zu den Risikodaten des Institutes.**

3.1 Befugnisse des Risikocontrollings

102 Synonyme für »Befugnis« sind u. a. Berechtigung, Bevollmächtigung, Kompetenz, Verantwortung und Zuständigkeit, d. h. im weiteren Sinne die Erlaubnis für eine bestimmte Tätigkeit. Aus der Organisationslehre ist das Kongruenzprinzip bekannt, wonach Aufgabe, Kompetenz und Verantwortung miteinander im Einklang stehen müssen. Eine zugewiesene Aufgabe kann schlicht nicht erfüllt werden, wenn die Kompetenz oder die Verantwortung dafür nicht vorhanden sind.

103 Die Risikocontrolling-Funktion muss zur unabhängigen Überwachung und Kommunikation der Risiken (→ AT 4.4.1 Tz. 1) natürlich auch mit den dafür erforderlichen Befugnissen ausgestattet sein. Dieses Erfordernis wird besonders deutlich, wenn es um die Erfüllung jener Aufgaben geht, die der Risikocontrolling-Funktion explizit zugeordnet werden und die Wirksamkeit und Angemessenheit des Risikomanagements im Institut maßgeblich beeinflussen (→ AT 4.4.1 Tz. 2). Demnach geht es z. B. darum, die laufende Überwachung der Risikosituation des Institutes und der Risikotragfähigkeit sowie der Einhaltung der eingerichteten Risikolimite oder die regelmäßige Erstellung der Risikoberichte für die Geschäftsleitung vornehmen zu können. Dafür kann es einerseits erforderlich sein, von anderen Organisationseinheiten spezielle Zulieferungen einzufordern, wofür die entsprechenden Befugnisse benötigt werden, oder bestimmte Informationen in den relevanten Bereichen selbst einzusehen, wofür der Informationszugang gewährleistet sein muss.

104 Hinreichende Befugnisse spielen auch bei der Methodenverantwortung eine Schlüsselrolle, wenn es um die Einrichtung und Weiterentwicklung der Risikosteuerungs- und -controllingprozesse, des Systems von Risikokennzahlen und des Risikofrüherkennungsverfahrens, die Ausgestaltung eines Systems zur Begrenzung der Risiken sowie die Prozesse zur unverzüglichen Weitergabe von unter Risikogesichtspunkten wesentlichen Informationen geht. Dieser Verantwortung könnte die Risikocontrolling-Funktion ohne entsprechende Befugnisse praktisch nicht nachkommen. Die Geschäftsleitung sollte nach den Vorgaben der EBA für alle internen Kontrollfunktionen sicherstellen, dass sie über angemessene Befugnisse zur wirksamen Wahrnehmung ihrer Aufgabe verfügen.[85] Die Risikocontrolling-Funktion sollte über ausreichende Befugnisse verfügen, um die Risikorichtlinien und das Rahmenwerk für das Risikomanagement umsetzen zu können.[86]

---

85 Vgl. European Banking Authority, Leitlinien zur internen Governance, EBA/GL/2017/11, 21. März 2018, S. 20.
86 Vgl. European Banking Authority, Leitlinien zur internen Governance, EBA/GL/2017/11, 21. März 2018, S. 42.

3.2 Informationszugang für das Risikocontrolling

Selbst wenn den Mitarbeitern der Risikocontrolling-Funktion alle notwendigen Befugnisse einge- **105** räumt werden, können sie ihre Aufgaben ggf. nicht oder zumindest nicht vollständig erfüllen, wenn ihnen der Zugang zu den für ihre Tätigkeit notwendigen Informationen verwehrt wird. Vor diesem Hintergrund wird von der BaFin die Forderung erhoben, ihnen einen uneingeschränkten Zugang zu jenen Informationen einzuräumen, die für die Erfüllung ihrer Aufgaben erforderlich sind.

Eine zentrale Rolle für das institutsinterne Risikomanagement spielt die regelmäßig und anlass- **106** bezogen durchzuführende Risikoinventur, um der Geschäftsleitung mit dem Gesamtrisikoprofil einen Überblick über die Risiken auf der Ebene des Institutes zu verschaffen (→ AT 2.2 Tz. 1). Würden den dafür zuständigen Mitarbeitern der Risikocontrolling-Funktion risikorelevante Informationen vorenthalten, könnte das auf dieser Basis ermittelte Gesamtrisikoprofil ggf. Lücken aufweisen, die im ungünstigsten Fall Fehlsteuerungsimpulse auslösen. Die EBA fordert grundsätzlich für alle internen Kontrollfunktionen den Zugang zu internen und externen Informationen, die sie zur Erfüllung ihrer Aufgaben benötigen. Diesen Zugang bezieht sie mit Blick auf die Risikocontrolling-Funktion auf alle Geschäftsbereiche und sonstigen internen Einheiten, die das Potenzial zur Erzeugung von Risiken aufweisen, sowie auf relevante Tochtergesellschaften und verbundene Unternehmen.[87]

Die Anforderung an den uneingeschränkten Zugang zu allen Informationen für die Mitarbeiter **107** der Risikocontrolling-Funktion wurde im Rahmen der fünften MaRisk-Novelle durch eine Klarstellung erweitert, wonach dazu insbesondere auch der uneingeschränkte und jederzeitige Zugang zu den Risikodaten des Institutes gehört. Damit wird auf Erfahrungen aus der Finanzmarktkrise aufgesetzt, die zunächst auch zur Erweiterung der MaRisk durch neue Anforderungen an das Datenmanagement, die Datenqualität und die Aggregation von Risikodaten für systemrelevante Institute geführt haben (→ AT 4.3.4 Tz. 1 bis 7). Diese Anforderung wurde im Rahmen der sechsten MaRisk-Novelle auf bedeutende Institute nach Art. 6 SSM-Verordnung ausgeweitet. Es leuchtet sofort ein, dass die Risikocontrolling-Funktion ohne einen hinreichenden Zugang zu den Risikodaten kaum in der Lage wäre, die laufende Überwachung der Risikosituation des Institutes und der Risikotragfähigkeit sowie der Einhaltung der eingerichteten Risikolimite sicherzustellen. Sofern sie im Rahmen ihrer Überwachungstätigkeit nicht jederzeit direkten Zugang zu den relevanten Informationen hätte, könnte sie dieser Aufgabe zudem nicht in unabhängiger Weise nachgehen. Dieses Problem stellt sich ebenso bei der regelmäßigen Erstellung der Risikoberichte für die Geschäftsleitung, die im Bedarfsfall auch Handlungsvorschläge enthalten sollen.

Nur auf Basis hinreichender Informationen können die Mitarbeiter der Risikocontrolling-Funk- **108** tion in die Lage versetzt werden, sich jene auch von der EBA geforderten ausreichenden Kenntnisse über Risikomanagementtechniken und -verfahren sowie Märkte und Produkte anzueignen[88], für die grundsätzlich andere Bereiche zuständig sind. Dieses Verständnis ist für die Überwachung der Risiken auf Ebene des Institutes oder auch der Gruppe unabdingbar.

---

87 Vgl. European Banking Authority, Leitlinien zur internen Governance, EBA/GL/2017/11, 21. März 2018, S. 42.
88 Vgl. European Banking Authority, Leitlinien zur internen Governance, EBA/GL/2017/11, 21. März 2018, S. 43.

4 Leitung der Risikocontrolling-Funktion (Tz. 4)

109 **4** Die Leitung der Risikocontrolling-Funktion ist bei wichtigen risikopolitischen Entscheidungen der Geschäftsleitung zu beteiligen. Diese Aufgabe ist einer Person auf einer ausreichend hohen Führungsebene zu übertragen. Sie hat ihre Aufgaben in Abhängigkeit von der Größe des Institutes sowie Art, Umfang, Komplexität und Risikogehalt der Geschäftsaktivitäten grundsätzlich in exklusiver Weise auszufüllen.

4.1 Beteiligung bei wichtigen risikopolitischen Entscheidungen

110 Die Leitung der Risikocontrolling-Funktion ist bei wichtigen risikopolitischen Entscheidungen der Geschäftsleitung zu beteiligen. Wie an anderer Stelle näher erläutert, geht es dabei vor allem um die Entwicklung und Umsetzung der Risikostrategie sowie die Ausgestaltung eines Systems zur Begrenzung der Risiken (→ AT 4.4.1 Tz. 2). Die Zielsetzung der BaFin besteht neben einer Stärkung der Risikosicht bei wichtigen geschäftspolitischen Weichenstellungen[89] ausdrücklich auch in einer Stärkung der Governance-Strukturen in den Instituten.[90]

111 Sofern es sich beim Leiter der Risikocontrolling-Funktion selbst um einen Geschäftsleiter handelt, kann diese Anforderung i. d. R. als erfüllt angesehen werden. Schließlich ist der Chief Risk Officer auf natürliche Weise für die Risikopolitik des Institutes verantwortlich und somit automatisch an jeder risikopolitischen Entscheidung maßgeblich beteiligt. Wird der Leiter der Risikocontrolling-Funktion hingegen auf einer Hierarchieebene unterhalb der Geschäftsleitung angesiedelt, ist seine Einbindung in die relevanten Entscheidungsprozesse durch entsprechende organisatorische Vorgaben sicherzustellen.

112 Die EBA fordert, die Risikocontrolling-Funktion insgesamt aktiv an allen wesentlichen Entscheidungen zum Risikomanagement zu beteiligen. Sie sollte sogar eine Schlüsselrolle bei der Sicherstellung wirksamer Risikomanagementprozesse eines Institutes spielen. Außerdem sollte die Risikocontrolling-Funktion in einem frühen Stadium und aktiv in die Ausarbeitung der Risikostrategie eingebunden werden und sicherstellen, dass das Institut über wirksame Verfahren im Bereich Risikomanagement verfügt (→ AT 4.4.1 Tz. 2).[91] Das gilt dann natürlich insbesondere für deren Leiter. Der Leiter der Risikocontrolling-Funktion sollte dafür zuständig sein, umfassende und verständliche Informationen zu den Risiken zur Verfügung zu stellen und das Leitungsorgan zu beraten, um dieses in die Lage zu versetzen, das Gesamtrisikoprofil des Institutes zu verstehen.[92]

113 Die Kreditwirtschaft hatte vorgeschlagen, anstelle der Formulierung »zu beteiligen« den Begriff »einzubeziehen« zu verwenden. Hintergrund dieses Vorschlages war – vor dem Hintergrund der personenbezogenen Funktionstrennung zur Vermeidung von Interessenkonflikten (→ AT 4.3.1 Tz. 1) – ein vermuteter Widerspruch zwischen der geforderten Beteiligung der Risikocontrolling-Funktion an wichtigen risikopolitischen Entscheidungen der Geschäftsleitung und ihrer Verantwortung für die unabhängige Überwachung und Kommunikation der Risiken

---

89 Vgl. Bundesanstalt für Finanzdienstleistungsaufsicht, Jahresbericht 2012, 28. Mai 2013, S. 124.
90 Vgl. Bundesanstalt für Finanzdienstleistungsaufsicht, Übermittlungsschreiben zum Rundschreiben 10/2012 (BA) vom 14. Dezember 2012, S. 3.
91 Vgl. European Banking Authority, Leitlinien zur internen Governance, EBA/GL/2017/11, 21. März 2018, S. 43.
92 Vgl. European Banking Authority, Leitlinien zur internen Governance, EBA/GL/2017/11, 21. März 2018, S. 45 f.

(→ AT 4.4.1 Tz. 1).[93] Die BaFin ist diesem Vorschlag nicht gefolgt, weil sie die Ansicht der Kreditwirtschaft in dieser Frage nicht teilt.

4.2 Angemessenheit der Führungsebene

Die Leitung des Risikocontrollings ist einer Person auf einer ausreichend hohen Führungsebene **114** zu übertragen. Was unter »ausreichend hoch« genau zu verstehen ist, wird an anderer Stelle näher ausgeführt. Mit der fünften MaRisk-Novelle hat die BaFin ihre Ausführungen zunächst in dem Sinne präzisiert, dass diese Aufgabe in systemrelevanten Instituten grundsätzlich von einem Geschäftsleiter (»Chief Risk Officer«) wahrgenommen werden muss. Mit der sechsten MaRisk-Novelle wurde diese Vorgabe grundsätzlich auf bedeutende Institute nach Art. 6 SSM-Verordnung ausgeweitet. Dabei wird allerdings auf die Möglichkeit einer proportionalen Umsetzung dieser Anforderung hingewiesen. Hinsichtlich der damit verbundenen Kriterien verweist die Aufsicht auf Tz. 184 sowie Titel I der EBA-Leitlinien zur internen Governance (→ AT 4.4.1 Tz. 5).

Dem Proportionalitätsgedanken zufolge kann also in den übrigen Instituten im Umkehr- **115** schluss eine Person auf mindestens einer Hierarchieebene unterhalb der Geschäftsleitung für das Risikocontrolling zuständig sein. In der Regel wird in diesen Instituten die Leitung der Risikocontrolling-Funktion unmittelbar unterhalb der Geschäftsleiterebene erwartet, also auf der zweiten Hierarchieebene (→ AT 4.4.1 Tz. 4, Erläuterung). Dabei handelt es sich in der Regel um die Bereichsleitungsebene. Bei Instituten mit maximal drei Geschäftsleitern kann die Leitung der Risikocontrolling-Funktion auch auf der dritten Hierarchieebene angesiedelt sein, die häufig als Abteilungsleitungsebene bezeichnet wird, sofern eine direkte Berichtslinie zur Geschäfts- leiterebene besteht (→ AT 4.4.1 Tz. 4, Erläuterung).

Damit scheint allerdings die Grenze erreicht zu sein, um noch von einer ausreichend hohen **116** Führungsebene sprechen zu können. Durch diese Abstufung wird der Tatsache Rechnung getragen, dass die Anzahl der Geschäftsleiter in kleineren Instituten begrenzt ist, wodurch die Möglichkeiten zur Aufgabenverteilung stärker eingeschränkt sind. Die hier skizzierte Abstufung der Hierarchieebenen ist keineswegs allgemeingültig, da sie z. B. komplexere Modelle mit einer erweiterten Geschäftsleitung und die Funktion von Generalbevollmächtigten vernachlässigt. Zudem wird die Bezeichnung Abteilungsleitung teilweise auch für die zweite Führungsebene verwendet.

Ein Institut sollte sich vor dem Hintergrund der eigenen aufbauorganisatorischen Struktur jeweils **117** die Frage stellen, ob die mit der Leitung des Risikocontrollings betraute Person hierarchisch so angesiedelt ist, dass sie mit den damit verbundenen Befugnissen (→ AT 4.4.1 Tz. 3) ihren Aufgaben (→ AT 4.4.1 Tz. 2) hinreichend gerecht werden kann. Die BaFin verbindet mit der Vorgabe einer ausreichend hohen Führungsebene insbesondere die Zielsetzung, »die Risikosensibilität in den Instituten zu erhöhen, indem Risikothemen frühzeitig, nachhaltig und hochrangig durch einen eigenen Risikovorstand adressiert und im Regelfall auch beeinflusst werden, wodurch eine Verbes- serung der Reaktion der Institute gerade auf schwierige Situationen erreicht werden soll«.[94]

---

93 Vgl. Deutsche Kreditwirtschaft, Stellungnahme zum Konsultationspapier 01/2012 der Bundesanstalt für Finanzdienst- leistungsaufsicht (BaFin) – »Überarbeitung der MaRisk« (Zwischenentwurf vom 2. August 2012), 12. September 2012, S. 7.
94 Bundesanstalt für Finanzdienstleistungsaufsicht, Antwortschreiben an die DK zur Leitung der Risikocontrolling-Funktion vom 18. Juli 2013, S. 2.

118   Grundsätzlich sollten alle Leiter der internen Kontrollfunktionen auf einer Hierarchiestufe angesiedelt sein, die ihnen angemessene Befugnisse und ausreichendes Gewicht verleiht, die für die Erfüllung ihrer Zuständigkeiten notwendig sind.[95]

4.3   Anforderungen an den Leiter der Risikocontrolling-Funktion

119   Das Institut hat für die Risikocontrolling-Funktion einen Leiter zu benennen, der für die Erfüllung der Aufgaben dieser Funktion verantwortlich ist. Zusätzlich ist es ratsam, einen Stellvertreter zu bestellen, auch wenn die MaRisk dies nicht ausdrücklich verlangen. Die Anforderung ergibt sich implizit aus der Notwendigkeit angemessener Vertretungsregeln. Danach hat das Institut sicherzustellen, dass die Abwesenheit oder das Ausscheiden von Mitarbeitern nicht zu nachhaltigen Störungen der Betriebsabläufe führen (→ AT 7.1 Tz. 3, Erläuterung). Dem stellvertretenden Leiter sind in dieser Funktion entsprechende Pflichten und Befugnisse einzuräumen.

120   Eine besondere Form für die Übertragung der Aufgabe der Leitung der Risikocontrolling-Funktion ist nicht vorgesehen. Sie erfolgt jedoch in der Praxis schon aus Dokumentations- und Nachweisgründen schriftlich. Das Institut hat eine natürliche Person zum Leiter der Risikocontrolling-Funktion zu benennen. Die Aufgaben können nicht auf mehrere Personen verteilt werden.

121   Der Leiter der Risikocontrolling-Funktion hat zudem besonderen qualitativen Anforderungen entsprechend seines Aufgabengebietes zu genügen (→ AT 7.1 Tz. 2, Erläuterung). Im MaRisk-Fachgremium wurde deutlich, dass es neben der fachlichen Qualifikation vor allem um die Durchsetzungsfähigkeit bei schwierigen bzw. unbequemen Entscheidungen geht. Diese Fähigkeit hängt nicht allein von der Ansiedlung der Position auf einer bestimmten Hierarchieebene ab, sondern setzt auch bestimmte Eigenschaften des Stelleninhabers voraus. So ist es z. B. kaum vorstellbar, dass der Leiter dieser Funktion ohne hinreichende Kenntnisse und Erfahrungen sowie eine entsprechende Autorität in der Lage sein wird, bei umstrittenen Entscheidungen die Interessen des Risikocontrollings durchzusetzen.

122   Laut Art. 76 Abs. 5 CRD IV müssen die Institute eine Risikomanagement-Funktion besitzen, die vom operativen Geschäft unabhängig ist und über ausreichende Autorität, ausreichendes Gewicht, ausreichende Ressourcen und einen ausreichenden Zugang zum Leitungsorgan verfügt. Der CRO sollte auch nach den Vorstellungen des Baseler Ausschusses für Bankenaufsicht (BCBS) hinsichtlich seiner organisatorischen Ansiedlung, seiner Autorität und seiner Fähigkeiten in der Lage sein, die Risikomanagementaktivitäten der Bank zu überwachen.[96] In Analogie dazu erwartet die EBA, dass der Leiter der Risikomanagement-Funktion über ausreichende Fachkenntnisse, Unabhängigkeit und eine ausreichend lange Seniorität verfügt, um Entscheidungen, die die Risikoposition des Institutes beeinflussen, zu hinterfragen. Auch bei einer Kombination mit anderen Funktionen sollte diese Person über ausreichende Befugnisse, ausreichendes Gewicht und Unabhängigkeit verfügen.[97] Insgesamt lässt sich daraus ableiten, dass vom Leiter der Risikocontrolling-Funktion von den Behörden neben einer angemessenen hierarchischen Ansiedlung vor allem eine entsprechende Erfahrung und die für diese Tätigkeit erforderliche Durchsetzungskraft erwartet werden.

---

95 Vgl. European Banking Authority, Leitlinien zur internen Governance, EBA/GL/2017/11, 21. März 2018, S. 41.

96 Vgl. Basel Committee on Banking Supervision, Guidelines – Corporate governance principles for banks, BCBS 328, 8. Juli 2015, S. 26.

97 Vgl. European Banking Authority, Leitlinien zur internen Governance, EBA/GL/2017/11, 21. März 2018, S. 46.

Zudem hat die EBA besondere Anforderungen an die Inhaber von Schlüsselfunktionen (»Key **123** Function Holders«)[98] formuliert, zu denen auch die Leiter der internen Kontrollfunktionen gehören.[99] Für deren Stellenbesetzung verlangt die EBA einen Prozess, der die Bewertung der Eignung im Zeitpunkt der Bestellung (Erstbewertung) und anschließend eine fortlaufende Überprüfung dieser Eignung (Folgebewertung) beinhaltet. Die Bewertung der Zuverlässigkeit, Aufrichtigkeit, Integrität, Kenntnisse, Fähigkeiten und Erfahrung von Inhabern von Schlüsselfunktionen sollte auf denselben Kriterien basieren, die auch bei den Geschäftsleitern angewandt werden.[100] Die Institute sollten daher einen entsprechenden Prozess zur Beurteilung und Sicherstellung der fachlichen Qualifikation sowie der sonstigen Anforderungen implementieren und diesen angemessen dokumentieren (→ AT 4.4, Einführung). Die BaFin hat im Dezember 2020 konkrete Anforderungen an die Besetzung von Schlüsselfunktionen in das Merkblatt für die Eignungsanforderungen für Geschäftsleiter aufgenommen.[101]

4.4 Exklusivität des Leiters der Risikocontrolling-Funktion

Der Leiter der Risikocontrolling-Funktion hat seine Aufgaben in Abhängigkeit von der Größe des **124** Institutes sowie von Art, Umfang, Komplexität und Risikogehalt der Geschäftsaktivitäten grundsätzlich in exklusiver Weise auszufüllen. Diese Exklusivität läuft auf die ausschließliche Wahrnehmung von Aufgaben des Risikocontrollings hinaus (→ AT 4.4.1 Tz. 4, Erläuterung). Das Exklusivitätserfordernis stärkt die notwendige Unabhängigkeit der Risikocontrolling-Funktion (→ AT 4.4.1 Tz. 1) und schließt mögliche Interessenkonflikte weitgehend aus. Darüber hinaus gewährleistet eine exklusive Befassung mit den Aufgaben des Risikocontrollings, dass der Leiter der Risikocontrolling-Funktion für seine Tätigkeit ausreichend Zeit zur Verfügung hat. Umgesetzt wird diese Vorgabe über verschiedene aufbauorganisatorische Vorgaben, wie die Trennung von der Marktfolge und von anderen Bereichen auf einer bestimmten Hierarchieebene und die Einrichtung von direkten Berichtslinien zur Geschäftsleitung.

Bei bedeutenden Instituten nach Art. 6 SSM-Verordnung hat die exklusive Wahrnehmung der **125** Leitung der Risikocontrolling-Funktion »grundsätzlich« durch einen Geschäftsleiter zu erfolgen. Zu den mit einer proportionalen Umsetzung dieser Anforderung verbundenen Kriterien verweist die Aufsicht auf Tz. 184 sowie Titel I der EBA-Leitlinien zur internen Governance (→ AT 4.4.1 Tz. 5). Dadurch soll – entsprechend der international gängigen Praxis – der Risikocontrolling-Funktion die bei großen, international tätigen Instituten zur Erfüllung ihrer Aufgaben erforderliche Durchschlagskraft und Unabhängigkeit verschafft werden, um somit risikopolitische Fragestellungen auf Geschäftsleiterebene frühzeitig, nachdrücklich und hochrangig zu adressieren.

Diesem Proportionalitätsprinzip zufolge ist also umgekehrt eine exklusive Wahrnehmung der **126** Leitung der Risikocontrolling-Funktion für weniger bedeutende Institute durch einen Geschäftsleiter

---

98 Unter Inhabern von Schlüsselfunktionen werden von der EBA Personen verstanden, die erheblichen Einfluss auf die Ausrichtung des Institutes haben, aber keine Mitglieder des Aufsichtsorgans und keine Geschäftsleiter sind. Zu ihnen zählen die Leiter der internen Kontrollfunktionen und der Leiter Finanzen, sofern diese nicht Mitglieder der Geschäftsleitung sind, sowie weitere Inhaber von Schlüsselfunktionen, die auf Grundlage eines risikobasierten Ansatzes von den Instituten als solche ermittelt werden. Weitere Inhaber von Schlüsselfunktionen können die Leiter von Geschäftsbereichen, Zweigniederlassungen im Europäischen Wirtschaftsraum (EWR) bzw. der Europäischen Freihandelsassoziation (EFTA), Tochtergesellschaften in Drittstaaten oder andere interne Funktionen sein. Vgl. European Banking Authority, Leitlinien zur internen Governance, EBA/GL/2017/11, 21. März 2018, S. 5 f.

99 Vgl. European Banking Authority/European Securities and Markets Authority, Leitlinien zur Bewertung der Eignung von Mitgliedern des Leitungsorgans und Inhabern von Schlüsselfunktionen, EBA/GL/2017/12, 21. März 2018, S. 5 ff.

100 Vgl. European Banking Authority/European Securities and Markets Authority, Leitlinien zur Bewertung der Eignung von Mitgliedern des Leitungsorgans und Inhabern von Schlüsselfunktionen, EBA/GL/2017/12, 21. März 2018, S. 15.

101 Vgl. Bundesanstalt für Finanzdienstleistungsaufsicht, Merkblatt zu den Geschäftsleitern gemäß KWG, ZAG und KAGB vom 4. Januar 2016, zuletzt geändert am 24. Juni 2021, S. 44 f.

nicht erforderlich. Das bedeutet, dass in diesen Instituten auch auf der Geschäftsleiterebene die Zuordnung weiterer Tätigkeiten möglich ist, solange daraus keine Interessenkonflikte resultieren.

127   Die deutsche Aufsicht hatte im Fachgremium MaRisk bestätigt, dass in diesen Fällen unter der Leitung der Risikocontrolling-Funktion – unabhängig von der Regelung zur Marktfolge – auch weitere, marktfremde Aufgaben angesiedelt sein können. Beispielhaft hat sie die Bereiche Finanzen/Rechnungswesen, Meldewesen sowie Abwicklung und Kontrolle genannt. Allerdings ist im jeweiligen Einzelfall genau zu prüfen, ob wesentliche Interessenkonflikte dem entgegenstehen und ob für die Leitungsaufgaben der Risikocontrolling-Funktion dann noch angemessene Ressourcen zur Verfügung stehen.[102]

4.5   Risikocontrolling und Marktfolge

128   Die BaFin hatte vor dem Hintergrund der geforderten Exklusivität des Leiters der Risikocontrolling-Funktion mit der vierten MaRisk-Novelle zunächst für große, international tätige Institute eine Trennung des Risikocontrollings von den Bereichen Finanzen und Marktfolge auf Ebene der Geschäftsleitung zwingend vorgegeben.[103] Damit hat sie sich zwar rein formal im Einklang mit damals bestehenden internationalen Vorgaben befunden, die allerdings bei ihren beispielhaft genannten Bereichen, die zur Vermeidung doppelter Zuständigkeiten (»Dual Hatting«) vom Risikocontrolling zu trennen sind, nicht auf die Marktfolge abgestellt haben.[104]

129   Die Kreditwirtschaft hatte in diesem Zusammenhang darauf hingewiesen, dass durch die vorgeschriebene Trennung von Markt und Marktfolge und die Abgrenzung bestimmter risikosensitiver Funktionen vom Marktbereich (→ BTO Tz. 3) eine Vielzahl von Interessenkonflikten von vornherein ausgeschlossen wird. Diese Art der Funktionstrennung ist in Europa nicht generell anzutreffen. Nach Einschätzung der Kreditwirtschaft zielt die Vorgabe der EBA jedoch darauf ab, ein Sicherheitsniveau herzustellen, wie es in deutschen Kreditinstituten bereits vorzufinden ist.[105] Vor dem Hintergrund der spezifischen Aufgaben der Marktfolge wurde die Anforderung von der BaFin nochmals eingehend überprüft. So wurde zunächst angekündigt, bei weiteren Aufgaben, die nicht den Bereichen Markt oder Handel zuzuordnen sind, im Einzelfall zu prüfen, inwieweit sie mit der Kernaufgabe des Risikocontrollings, also der unabhängigen Überwachung und Kommunikation der Risiken, im Einklang stehen und somit beim Chief Risk Officer angesiedelt werden dürfen.[106]

130   Später hat die BaFin ihre Vorgabe modifiziert. Demnach wird den Instituten – unabhängig von ihrer Größe – eine gemeinsame Zuständigkeit für die Ressorts Risikocontrolling und Marktfolge auf Geschäftsleiterebene gestattet, sofern die Trennung auf der nachgelagerten Ebene erfolgt. Mitarbeiter der Risikocontrolling-Funktion dürfen in diesem Fall keine Aufgaben wahrnehmen, die der Marktfolge zugeordnet sind, um die Neutralität der Risikocontrolling-Funktion zu stärken.

---

102 Vgl. Bundesanstalt für Finanzdienstleistungsaufsicht, Protokoll der Sitzung des MaRisk-Fachgremiums am 5. November 2018, S. 5.

103 Vgl. Bundesanstalt für Finanzdienstleistungsaufsicht, Übermittlungsschreiben zum Rundschreiben 10/2012 (BA) vom 14. Dezember 2012, S. 3 f.

104 Vgl. Basel Committee on Banking Supervision, Principles for enhancing corporate governance, BCBS 176, 4. Oktober 2010, S. 18.

105 Vgl. Deutsche Kreditwirtschaft, Schreiben an die BaFin zur Leitung der Risikocontrolling-Funktion, 13. März 2013, S. 1 f.

106 Vgl. Hofer, Markus, Neue MaRisk, BaFinJournal, Ausgabe März 2013, S. 17.

Beispielhaft wird auf die Zweitvotierung und Tätigkeiten im Rahmen der operativen Kreditprozesse bei den einzelnen Kreditengagements verwiesen.[107]

Im Rahmen der fünften MaRisk-Novelle wurde diese Klarstellung in das Rundschreiben überführt. Nunmehr umfasst die exklusive Wahrnehmung der Leitung der Risikocontrolling-Funktion auch eine klare aufbauorganisatorische Trennung von Risikocontrolling-Funktion und Marktfolge bis unterhalb der Geschäftsleiterebene, also der zweiten Hierarchieebene. Mit der sechsten MaRisk-Novelle ist diese Erwartungshaltung durch Einfügung des Wortes »unmittelbar« noch betont worden (→ AT 4.4.1 Tz. 4, Erläuterung). **131**

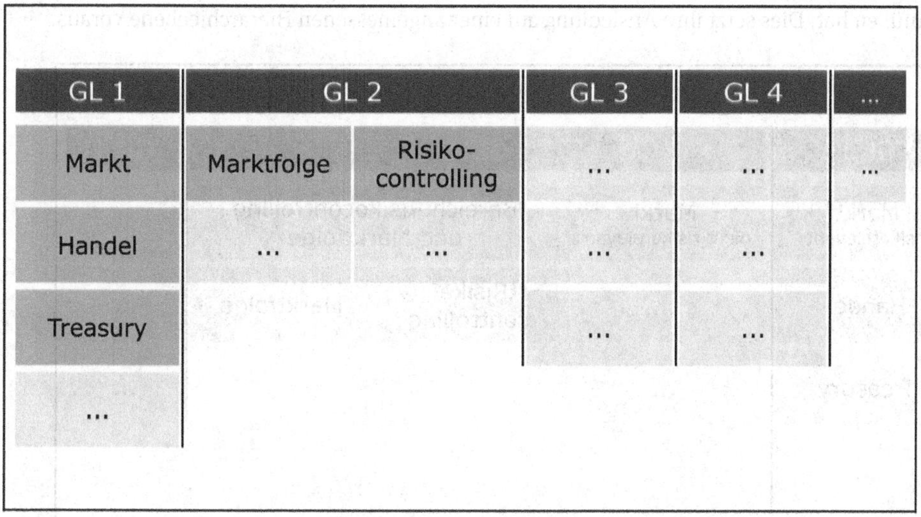

GL 1	GL 2		GL 3	GL 4	...
Markt	Marktfolge	Risiko-controlling	...	...	...
Handel	...	...	...	...	
Treasury			...	...	
...					

Abb. 41: Exklusive Wahrnehmung der Leitung der Risikocontrolling-Funktion

Allerdings können bei Instituten mit maximal drei Geschäftsleitern die Risikocontrolling-Funktion und die Marktfolge auch unter einheitlicher Leitung der zweiten Hierarchieebene stehen und dieser Leitung auch Votierungs- und Genehmigungskompetenzen[108] eingeräumt werden, sofern daraus keine wesentlichen Interessenkonflikte erkennbar sind und diese Leitung weder Geschäfte initiiert noch in die Kundenbetreuung eingebunden ist (→ AT 4.4.1 Tz. 4, Erläuterung). Bei solchen Instituten kann die Leitung der Risikocontrolling-Funktion auch auf der dritten Hierarchieebene angesiedelt sein, sofern eine direkte Berichtslinie zur Geschäftsleiterebene besteht (→ AT 4.4.1 Tz. 4, Erläuterung). **132**

Auf den ersten Blick ergibt sich die Zuordnung der Leitung der Risikocontrolling-Funktion zur dritten Hierarchieebene in diesem Falle von selbst, weil diese Funktion letztlich auch für die Überwachung der Marktfolge zuständig ist und insofern beide Bereiche zumindest auf der dritten Hierarchieebene funktional getrennt werden müssen. Da der bisherige Hinweis auf die Zulässigkeit der Votierungskompetenzen eigentlich überflüssig war, weil die Marktfolge letztlich nur über ihr Votum bei Kreditentscheidungen definiert ist (→ BTO Tz. 2), wurde er im Rahmen der sechsten MaRisk-Novelle auf »Votierungs- und Genehmigungskompetenz« ausgeweitet. Die Aufsicht will **133**

---

107 Diese Vorgabe war zunächst als Reaktion auf das Schreiben der Deutschen Kreditwirtschaft zu verstehen und folglich nur für »große, international tätige Institute mit komplexen Geschäftsaktivitäten« maßgeblich. Eine zwingende Trennung der Bereiche Risikocontrolling und Marktfolge direkt unterhalb der Ebene der Geschäftsleitung wurde für die übrigen Institute damit nicht vorgeschrieben.

108 Im Kommentar werden die Begriffe »Genehmigungskompetenz« und »Entscheidungskompetenz« synonym verwendet. Die Vorgaben der MaRisk zielen im Wesentlichen auf die »Votierungskompetenz«.

damit verdeutlichen, dass bei einheitlicher Leitung der Risikocontrolling-Funktion und der Marktfolge auf der zweiten Hierarchieebene die jeweils nachgeordneten Leiter auf der dritten Hierarchieebene unter bestimmten Voraussetzungen formal als Leiter der Risikocontrolling-Funktion bzw.
als Leiter der Marktfolge fungieren können.

134   Eine Zusammenlegung der Risikocontrolling-Funktion und der Marktfolge auf der dritten
Hierarchieebene ist für Institute mit maximal drei Geschäftsleitern, sofern bisher praktiziert,
jedenfalls nicht mehr möglich. Diese Auslegung ergibt sich auch daraus, dass die Leitung der
Risikocontrolling-Funktion ihre Aufgaben in Abhängigkeit von der Größe des Institutes sowie Art,
Umfang, Komplexität und Risikogehalt der Geschäftsaktivitäten grundsätzlich in exklusiver Weise
auszufüllen hat. Dies setzt ihre Ansiedlung auf einer angemessenen Hierarchieebene voraus.

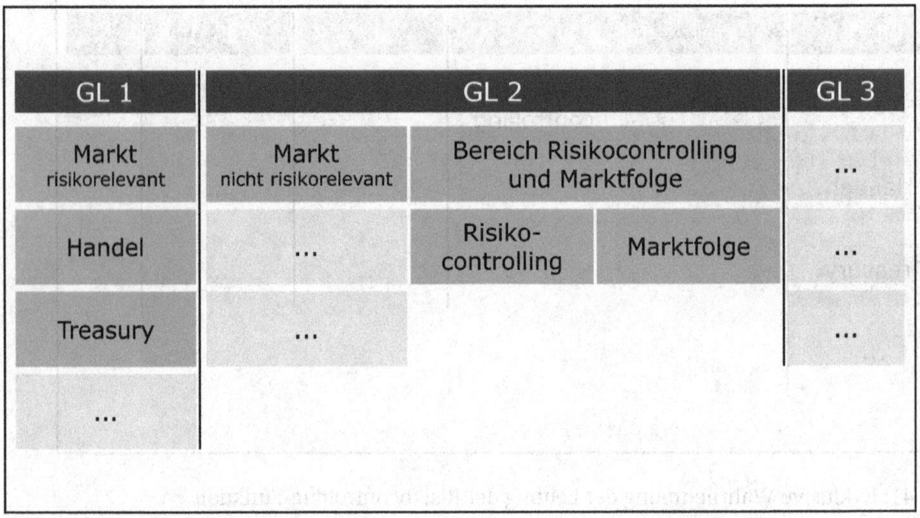

GL 1	GL 2			GL 3
Markt risikorelevant	Markt nicht risikorelevant	Bereich Risikocontrolling und Marktfolge		...
Handel	...	Risiko- controlling	Marktfolge	...
Treasury	...			...
...				

Abb. 42: Erleichterungen für Institute mit maximal drei Geschäftsleitern

4.6   Rechtlich unselbständige Auslandszweigstellen/ -niederlassungen

135   Hinsichtlich der Trennung der Risikocontrolling-Funktion bei rechtlich unselbständigen Aus-
landszweigstellen gelten die Anforderungen an die Aufbau- und Ablauforganisation entsprechend (→ AT 4.4.1 Tz. 4, Erläuterung). Während eine aufbauorganisatorische Trennung normalerweise auf eine sowohl fachliche als auch disziplinarische Trennung der Verantwortlichkeiten hinausläuft, wird ein Auseinanderfallen von fachlicher und disziplinarischer Verantwortung bei rechtlich unselbständigen Auslandsniederlassungen für vertretbar gehalten. Voraussetzung hierfür ist, dass zumindest die Trennung der fachlichen Verantwortlichkeiten dem
dargestellten Funktionstrennungsprinzip bis einschließlich der Ebene der Geschäftsleitung
entspricht (→ BTO Tz. 3, Erläuterung).

4.7   Erwerb der Geschäftsleiterqualifikation

Im Zusammenhang mit der Geschäftsleiterqualifikation und der dafür erforderlichen Kreditkompetenz, **136** die von den Aufsichtsbehörden vor allem darauf abgestellt wird, ob die betreffende Person bereits in ausreichendem Maße Kreditentscheidungen getroffen hat, wurde die Aufsicht bei verschiedener Gelegenheit um Klarstellung hinsichtlich der Risikocontrolling-Funktion gebeten. Demnach existieren bei Instituten mit maximal drei Geschäftsleitern im Wesentlichen drei Optionen zur Wahrnehmung von Votierungs- und Genehmigungskompetenzen durch die Leitung der Risikocontrolling-Funktion:[109]

1. Auf der Ebene unterhalb der Geschäftsleitung darf die Leitung der Risikocontrolling-Funktion mit der Leitung der Marktfolge in Personeneinheit zusammenfallen. In diesem Fall darf die Leitung der Risikocontrolling-Funktion über Votierungs- und Genehmigungskompetenzen verfügen, weil diese Kompetenzen dem Leiter der Marktfolge per Definition nicht verwehrt werden können. Zwar sind für die Marktfolge streng genommen nur Votierungskompetenzen vorgesehen. Laut BaFin und Deutscher Bundesbank schließt dies aber Genehmigungskompetenzen nicht aus. Wesentliche Interessenkonflikte dürfen sich daraus allerdings nicht ergeben. Außerdem darf diese Leitung weder Geschäfte initiieren, noch in die Kundenbetreuung eingebunden sein. Zudem ist auf der dritten Ebene eine strikte Trennung zwischen Marktfolge und Risikocontrolling vorzunehmen.

2. Sofern die Leitung der Risikocontrolling-Funktion und die Leitung der Marktfolge nicht in Personeneinheit zusammenfallen (Regelfall), wird aufgrund der vorgenannten Ausnahmeregelung der Leitung der Risikocontrolling-Funktion die Möglichkeit von Votierungs- und Genehmigungskompetenzen im üblichen Vertretungsfall für die Leitung der Marktfolge zugestanden, sofern beide innerhalb derselben Vorstandslinie angesiedelt sind und keine wesentlichen Interessenkonflikte bestehen. Die für den Vertretungsfall gewährten Kompetenzen dürfen nicht standardmäßig und faktisch dauerhaft, sondern nur im Rahmen üblicher Abwesenheiten ausgeübt werden. Mit dieser Ausnahmeregelung sollen laut Angaben der Aufsicht Tendenzen der Institute aufgegriffen werden, Marktfolge und Risikocontrolling vermehrt unter einheitliche Leitung zu stellen, nur um dem Leiter der Risikocontrolling-Funktion Kreditkompetenzen einräumen zu dürfen. Außerdem werden dadurch Inkonsistenzen und Wertungswidersprüche der Aufsicht vermieden. In der Praxis der Geschäftsleitereignungszuerkennung wird auch eine gelegentliche vertretungsweise Ausübung von Votierungskompetenzen als Erfahrung für die Geschäftsleitereignung angerechnet. Die Kreditwirtschaft hat in diesem Fall infrage gestellt, warum diese Regelung nur für Institute mit maximal drei Geschäftsleitern gelten soll, weil diese Organisationsform auch für die übrigen Institute zulässig ist. Offenbar hält es die Aufsicht für angemessener, in größeren Instituten eine Vertretung in der Linie festzulegen.

3. Die dritte Möglichkeit gilt nur für Sparkassen. So ist es nicht unüblich, dass die Leitung der Risikocontrolling-Funktion (zweite Hierarchieebene) als Verhinderungsvertretung gemäß SparkassenG für den zuständigen Geschäftsleiter fungiert, der zugleich für die Marktfolge zuständig ist (erste Hierarchieebene). In diesem Fall besitzt die Leitung der Risikocontrolling-Funktion bereits die Geschäftsleitereignung und ist somit im Vertretungsfall vollwertiges Mitglied der Geschäftsleitung. Damit darf sie über Votierungs- und Genehmigungskompetenzen (Zweitvotum) sowie über Krediteinzelkompetenz verfügen. Dies gilt allerdings nur bei Verhinderungsvertretung für marktfremde Vorstandsbereiche, nicht jedoch in dem (theoretischen) Fall einer Verhinderungsvertretung für den Markt- oder Handelsvorstand (Erstvotum). Außerdem sollte auch in diesem Fall darauf geachtet werden, dass keine wesentlichen Interessenkonflikte existieren.

---

109 Vgl. Bundesanstalt für Finanzdienstleistungsaufsicht, Protokoll der Sitzung des MaRisk-Fachgremiums am 5. November 2018, S. 4; Bundesanstalt für Finanzdienstleistungsaufsicht, Protokoll der 39. Sitzung des Gesprächskreises kleiner Institute am 14. Februar 2019, S. 3 ff.

AT 4.4.1 Risikocontrolling-Funktion

137 Die dargestellten Ausnahmen für Votierungs- und Genehmigungskompetenzen der Leitung der Risikocontrolling-Funktion sind nicht nur für Kreditkompetenzen anwendbar, sondern auch für Kompetenzen für die Vergabe von Emittenten- und Kontrahentenlimiten im Handelsgeschäft sowie für den Erwerb von Beteiligungen. Bei der Zweitvotierung für Eigenhandelsgeschäfte wird aufsichtlich unter dem Aspekt des Adressenausfallrisikos kein Unterschied zur Marktfolge gesehen. Im Ergebnis bedeutet dies insbesondere, dass die Risikocontrolling-Funktion die Zweitvotierung von Handelsgeschäften nicht vornehmen kann, sofern die oben beschriebenen Ausnahmeregelungen nicht greifen.[110]

---

110 Vgl. Bundesanstalt für Finanzdienstleistungsaufsicht, Protokoll der Sitzung des MaRisk-Fachgremiums am 5. November 2018, S. 5.

5 Besondere Anforderungen an bedeutende Institute (Tz. 5)

5 Bei bedeutenden Instituten hat die exklusive Wahrnehmung der Leitung der Risikocontrolling-Funktion grundsätzlich durch einen Geschäftsleiter zu erfolgen. Er kann auch für die Marktfolge zuständig sein, sofern eine klare aufbauorganisatorische Trennung von Risikocontrolling-Funktion und Marktfolge bis unterhalb der Geschäftsleiterebene erfolgt. Dieser Geschäftsleiter darf weder für den Bereich Finanzen/Rechnungswesen noch für den Bereich Organisation/IT verantwortlich sein. Ausnahmen hiervon sind lediglich im Vertretungsfall möglich.

138

5.1 Installation eines »Chief Risk Officer« (CRO)

Die Leitung der Risikocontrolling-Funktion ist einer Person auf einer ausreichend hohen Führungsebene zu übertragen. Sie hat ihre Aufgaben in Abhängigkeit von der Größe des Institutes sowie von Art, Umfang, Komplexität und Risikogehalt der Geschäftsaktivitäten grundsätzlich in exklusiver Weise auszufüllen (→ AT 4.4.1 Tz. 4). Die exklusive Wahrnehmung der Leitung der Risikocontrolling-Funktion bedeutet die ausschließliche Wahrnehmung von Risikocontrolling-Aufgaben in der Regel unmittelbar unterhalb der Geschäftsleiterebene, also der zweiten Hierarchieebene (→ AT 4.4.1 Tz. 4, Erläuterung). Bei Instituten mit maximal drei Geschäftsleitern kann die Leitung der Risikocontrolling-Funktion auch auf der dritten Hierarchieebene angesiedelt sein, sofern eine direkte Berichtslinie zur Geschäftsleiterebene besteht (→ AT 4.4.1 Tz. 4, Erläuterung).

139

Der BCBS empfiehlt den großen, komplexen und international tätigen Instituten sowie in Abhängigkeit vom jeweiligen Risikoprofil und von den internen Anforderungen an die Governance ggf. auch weiteren Instituten, einen leitenden Angestellten (»Senior Manager«) als CRO oder in gleichwertiger Position mit der Gesamtverantwortung für das Risikomanagement zu betrauen.[111] Die deutsche Aufsicht hat zunächst von den großen, international tätigen Instituten mit komplexen Geschäftsaktivitäten und später von den systemrelevanten Instituten gefordert, dass die exklusive Wahrnehmung der Leitung der Risikocontrolling-Funktion »grundsätzlich« durch einen Geschäftsleiter (»Chief Risk Officer«, CRO)[112] zu erfolgen hat. Mit der sechsten MaRisk-Novelle wurde diese Anforderung auf bedeutende Institute nach Art. 6 SSM-Verordnung ausgeweitet. Dabei wird explizit die Möglichkeit einer proportionalen Umsetzung dieser Anforderung eingeräumt. Hinsichtlich der damit verbundenen Kriterien verweist die Aufsicht auf Tz. 184 sowie Titel I der EBA-Leitlinien zur internen Governance (→ AT 4.4.1 Tz. 5, Erläuterung).

140

---

111 Vgl. Basel Committee on Banking Supervision, Guidelines – Corporate governance principles for banks, BCBS 328, 8. Juli 2015, S. 25 f.

112 Mit der sechsten MaRisk-Novelle wurden die zuvor eingeführten Begriffe »Chief Risk Officer« (CRO), »Chief Financial Officer« (CFO) und »Chief Operational Officer« (COO) wieder gestrichen. Im Kommentar werden sie trotzdem beibehalten, weil ihre Bedeutung erläutert wird und somit hinreichend klar sein sollte.

AT 4.4.1 Risikocontrolling-Funktion

141   Die EBA erwartet von »Instituten von erheblicher Bedeutung«[113], dass sie über ausdifferenzierte Regelungen zur Governance verfügen. Sie unterscheidet dabei, ob der Leiter der Risikocontrolling-Funktion ein Mitglied der Geschäftsleitung ist oder nicht. Sofern es sich beim Leiter der Risikocontrolling-Funktion nicht um ein Mitglied der Geschäftsleitung handelt, sollte er keine Verantwortung für andere Funktionen tragen und direkt der Geschäftsleitung Bericht erstatten, wobei auch dann unter Berücksichtigung des Grundsatzes der Verhältnismäßigkeit andere Konstellationen möglich sind. Das gilt insbesondere in jenen Fällen, in denen es unverhältnismäßig erscheint, eine Person zu benennen, die ausschließlich die Aufgaben des Leiters der Risikocontrolling-Funktion wahrnimmt. Beispielhaft wird ausgeführt, dass diese Funktion mit dem Leiter der Compliance-Funktion oder dem Leiter der Rechtsabteilung kombiniert werden kann, sofern kein Interessenkonflikt zwischen den kombinierten Funktionen besteht.[114] Grundsätzlich gestattet die EBA unter Proportionalitätsgesichtspunkten die Kombination der Risikocontrolling-Funktion mit der Compliance-Funktion, womit die Leitung beider Funktionen automatisch zusammenfällt.[115] Demnach muss es sich beim Leiter der Risikocontrolling-Funktion nach den Vorgaben der EBA selbst bei »Instituten von erheblicher Bedeutung« einerseits nicht zwingend um einen Geschäftsleiter handeln. Andererseits sind auf der nachgelagerten Hierarchieebene unter bestimmten Voraussetzungen auch sinnvolle Kombinationen mit anderen Funktionen möglich.

142   In Titel I der EBA-Leitlinien zur internen Governance wird einleitend auf den Grundsatz der Verhältnismäßigkeit gemäß Art. 74 Abs. 2 CRD IV verwiesen, der grundsätzlich dem Proportionalitätsprinzip in AT 1 Tz. 5 MaRisk entspricht. Insofern kommt es vor allem auf die Art, den Umfang und die Komplexität der dem Geschäftsmodell innewohnenden Risiken und die Geschäfte des Institutes an. Ergänzend werden von der EBA weitere Kriterien genannt, die bei einer angemessenen Umsetzung berücksichtigt werden können. Dazu gehören u. a. die geografische Präsenz des Institutes, der Umfang seiner Tätigkeiten in den einzelnen Rechtsordnungen, die Rechtsform, eine mögliche Gruppenzugehörigkeit, eine mögliche Börsennotierung, die Nutzung interner Modelle für die Messung der Kapitalanforderungen, die Art der zugelassenen Tätigkeiten und Dienstleistungen, das zugrunde liegende Geschäftsmodell, die Geschäfts- und Risikostrategie, der Risikoappetit und das Risikoprofil, die Refinanzierungsstruktur, die SREP-Ergebnisse, die Organisationsstruktur, die Beteiligungsverhältnisse, die Art der Kunden (z. B. Privat-, Unternehmens-, institutionelle Kunden, Kleinunternehmen, öffentliche Stellen), die Komplexität der Produkte oder Verträge, die ausgelagerten Tätigkeiten und Vertriebskanäle sowie die IT-Systeme, einschließlich der Systeme für einen unterbrechungsfreien Geschäftsbetrieb.[116] Daraus wird deutlich, dass sich »Institute von erheblicher Bedeutung« durchaus stark voneinander unterscheiden können. Das sollte sich auch in den Anforderungen niederschlagen.

143   Mit der aktuellen Überarbeitung der EBA-Leitlinien zur internen Governance soll als weiteres Kriterium ergänzt werden, ob das Institut unter die Definition eines »großen Institutes« oder eines »kleinen und nicht komplexen Institutes« fällt. Nach Art. 4 Abs. 1 Nr. 146 CRR zählen zu den »großen Instituten« neben den »systemrelevanten Instituten« und den drei größten Instituten eines Mitgliedstaates auch alle »bedeutenden Institute« gemäß Art. 6 SSM-Verordnung. Die Tatsache, dass diese Vorgabe somit nur für bedeutende Institute maßgeblich ist und trotzdem auf den Grundsatz der Verhältnismäßigkeit verwiesen wird, verdeutlicht allerdings, dass auch diese

---

113 Unter den »Instituten von erheblicher Bedeutung« versteht die EBA die global systemrelevanten Institute (G-SRI) und die anderen systemrelevanten Institute (A-SRI) nach Art. 131 CRD IV sowie ggf. weitere Institute, die von der zuständigen Behörde oder im nationalen Recht auf der Grundlage einer Bewertung der Größe, internen Organisation und der Art, des Umfangs und der Komplexität ihrer Tätigkeiten bestimmt werden. Vgl. European Banking Authority, Leitlinien zur internen Governance, EBA/GL/2017/11, 21. März 2018, S. 6. Insofern übersetzt die deutsche Aufsicht diese Kategorie »grundsätzlich« mit den bedeutenden Instituten und beruft sich dabei auf die Vorgehensweise der EZB.

114 Vgl. European Banking Authority, Leitlinien zur internen Governance, EBA/GL/2017/11, 21. März 2018, S. 46.

115 Vgl. European Banking Authority, Leitlinien zur internen Governance, EBA/GL/2017/11, 21. März 2018, S. 42.

116 Vgl. European Banking Authority, Leitlinien zur internen Governance, EBA/GL/2017/11, 21. März 2018, S. 8f.

Institute die Möglichkeit haben, von den sehr strengen Vorgaben an die Zuständigkeit des Leiters der Risikocontrolling-Funktion abweichen zu können.

Die BaFin hebt jedenfalls hervor, dass die Proportionalität auch innerhalb der Gruppe der bedeutenden Institute gilt und die MaRisk nicht über die Erwartungen der EZB an die von ihr unmittelbar beaufsichtigten Institute hinausgehen. Nach ihrer Einschätzung orientiert sich auch die EZB bei der Ausgestaltung des Proportionalitätsprinzips an den hierfür in den EBA-Leitlinien genannten spezifischen Kriterien und Öffnungsklauseln. Hinsichtlich der Exklusivität der Risikocontrolling-Funktion folgen die MaRisk insofern der Aufsichtspraxis im SSM.[117] Letztlich muss allerdings die EZB als zuständige Aufsichtsbehörde entscheiden, ob erhöhte Anforderungen im Einzelfall unter Proportionalitätsgesichtspunkten gelten und welche Übergangsfrist hierfür ggf. einzuräumen ist.[118] 144

Die exklusive Wahrnehmung der Leitung der Risikocontrolling-Funktion umfasst auch eine klare aufbauorganisatorische Trennung von der Marktfolge (→ AT 4.4.1 Tz. 4, Erläuterung). Allerdings kann der CRO selbst bei bedeutenden Instituten durchaus für die Marktfolge zuständig sein, sofern eine klare aufbauorganisatorische Trennung von Risikocontrolling-Funktion und Marktfolge bis unterhalb der Geschäftsleiterebene erfolgt. Daraus ergibt sich im Umkehrschluss, dass der CRO bei bedeutenden Instituten streng genommen nur dann dem »Leiter der Risikocontrolling-Funktion« entsprechen kann, wenn er nicht gleichzeitig für die Marktfolge zuständig ist. Andernfalls ist unter dem »Leiter der Risikocontrolling-Funktion« eher der jeweilige Bereichsleiter zu verstehen, der die Leitung dieser Funktion tatsächlich exklusiv wahrnimmt. Diese Unterscheidung kommt neben dem Proportionalitätsgedanken ebenfalls in der Formulierung »grundsätzlich« zum Ausdruck. 145

5.2 Vetorecht des Chief Risk Officer

Das Exklusivitätserfordernis stärkt die notwendige Unabhängigkeit der Risikocontrolling-Funktion (→ AT 4.4.1 Tz. 1). Der Leiter der Risikocontrolling-Funktion sollte in der Lage sein, von der Geschäftsleitung und dem Aufsichtsorgan des Institutes getroffene Entscheidungen zu hinterfragen, wobei die Gründe für Einwände formal dokumentiert werden sollten. Die Institute sollten solide Prozesse für die Genehmigung von Entscheidungen einrichten, zu denen der Leiter der Risikocontrolling-Funktion eine negative Stellungnahme abgegeben hat. Sofern dem Leiter der Risikocontrolling-Funktion z.B. für Kredit- oder Anlageentscheidungen oder die Festlegung von Limiten ein Vetorecht gegen Entscheidungen eingeräumt wird, die auf den Ebenen unterhalb der Geschäftsleitung getroffen werden, sollten der Umfang eines solchen Vetorechts sowie die Eskalations- und Beschwerdeverfahren bestimmt werden. Zudem sollte festgelegt werden, wie die Geschäftsleitung eingebunden wird.[119] An diesen Empfehlungen wird wiederholt deutlich, dass die Rolle der in Deutschland obligatorischen Marktfolge oder einer ähnlichen Funktion in den europäischen Regelwerken (noch) keine Berücksichtigung findet. 146

So spielt das Votum der Marktfolge im Kreditentscheidungsprozess eine wesentliche Rolle (→ BTO 1.1 Tz. 2). Für den Fall voneinander abweichender Voten sind in der Kompetenzordnung Entscheidungsregeln zu treffen: Der Kredit ist in diesen Fällen abzulehnen oder im Rahmen eines Eskalationsverfahrens zur Entscheidung auf eine höhere Kompetenzstufe zu 147

---

117 Vgl. Bundesanstalt für Finanzdienstleistungsaufsicht, Rundschreiben 10/2021 (BA) zur Neufassung der MaRisk, Übermittlungsschreiben vom 16. August 2021, S. 6.

118 Vgl. Bundesanstalt für Finanzdienstleistungsaufsicht, Rundschreiben 10/2021 (BA) zur Neufassung der MaRisk, Übermittlungsschreiben vom 16. August 2021, S. 10.

119 Vgl. European Banking Authority, Leitlinien zur internen Governance, EBA/GL/2017/11, 21. März 2018, S. 46.

verlagern (→ BTO 1.1 Tz. 6). Soweit die Entscheidungen von einem Ausschuss getroffen werden, sind die Mehrheitsverhältnisse innerhalb des Ausschusses so festzulegen, dass der Bereich Marktfolge nicht überstimmt werden kann (→ BTO 1.1 Tz. 2). Über Entscheidungen im risikorelevanten Kreditgeschäft, die Geschäftsleiter im Rahmen ihrer Krediteinzelkompetenz in Abweichung von den Voten beschlossen haben oder die von einem Geschäftsleiter getroffen werden, der für die Marktfolge zuständig ist, muss die Geschäftsleitung vom Risikocontrolling im Rahmen der regelmäßigen Berichterstattung unterrichtet werden (→ BTR 1 Tz. 7 lit. h). Auch bei Handelsgeschäften sind Kontrahenten- und Emittentenlimite durch eine Votierung aus dem Bereich Marktfolge festzulegen (→ BTO 1.1 Tz. 3). Das Risikocontrolling kommt bei Handelsgeschäften regelmäßig ins Spiel, wenn es um Limitüberschreitungen geht. So sind bei Limitüberschreitungen geeignete Maßnahmen zu treffen, ggf. ist ein Eskalationsverfahren einzuleiten (→ BTR 2.2 Tz. 1). Über bedeutende Limitüberschreitungen im Handelsgeschäft ist der Geschäftsleitung ebenfalls Bericht zu erstatten (→ BTR 2.1 Tz. 5 lit. b).

148　　Insofern ergibt sich aus den Empfehlungen der EBA kein Handlungsbedarf für die BaFin. Im MaRisk-Fachgremium hat sie klargestellt, dass die geforderte Beteiligung auch durch die Vorbereitung der Entscheidung vom Leiter der Risikocontrolling-Funktion erfüllt werden kann und damit kein Stimm- oder Vetorecht gemeint ist. Zu den Sitzungen des MaRisk-Fachgremiums im Rahmen der Konsultationsverfahren wurden in der Vergangenheit allerdings i.d.R. keine offiziellen Protokolle erstellt.

149　　Hingegen sollte eine mögliche Beteiligung des CRO im Kreditausschuss des Aufsichtsorgans, der für die Genehmigung von bestimmten Kreditengagements verantwortlich ist, nach den Vorstellungen des Baseler Ausschusses für Bankenaufsicht angemessen ausgestaltet sein. Zwar kann die Teilnahme des CRO für die Entscheidungsfindung insgesamt von Vorteil sein und auch für den CRO Informationen über potenzielle Engagements und Kreditvergabepraktiken bieten, die im Überwachungsprozess berücksichtigt werden sollten. Allerdings können damit für den CRO Interessenkonflikte verbunden sein, wenn sich bei diesen Engagements in Zukunft Probleme abzeichnen. Deshalb wird dem CRO in einigen Instituten auch auf dieser Ebene nur ein Vetorecht anstelle eines Genehmigungsrechtes eingeräumt.[120]

5.3　CRO, CFO und COO

150　　An einer Trennung der Zuständigkeiten für Risikocontrolling und Finanzen auf Geschäftsleiterebene kommen die bedeutenden Institute nicht vorbei.[121] Diese Vorgabe, die im Rahmen der fünften Novelle zunächst für die systemrelevanten Institute Eingang in die MaRisk gefunden hat und mit der sechsten MaRisk-Novelle auf die bedeutenden Institute gemäß Art. 6 SSM-Verordnung ausgeweitet wurde, steht aus Sicht der Kreditwirtschaft in einem gewissen Widerspruch zur gewünschten Weiterentwicklung der Gesamtbanksteuerung (→ AT 4.3.2 Tz. 1), die eher eine ganzheitliche Sichtweise voraussetzt.[122]

151　　Der mit dem Risikocontrolling betraute Geschäftsleiter (»Chief Risk Officer«, CRO) darf bei bedeutenden Instituten weder für den Bereich Finanzen/Rechnungswesen (»Chief Financial Officer«, CFO) noch für den Bereich Organisation/IT (»Chief Operational Officer«, COO) verant-

---

120　Vgl. Basel Committee on Banking Supervision, Guidelines – Corporate governance principles for banks, BCBS 328, 8. Juli 2015, S. 26.

121　Vgl. Bundesanstalt für Finanzdienstleistungsaufsicht, Antwortschreiben an die DK zur Leitung der Risikocontrolling-Funktion vom 18. Juli 2013, S. 2.

122　Die in den MaRisk verlangte Trennung von CRO und CFO wird zum Teil auch in der Literatur kritisch gesehen, da Interessenkonflikte zwischen Risikocontrolling und Rechnungswesen als sehr unwahrscheinlich beurteilt werden. Vgl. Hellstern, Gerhard, in: Luz, Günther/Neus, Werner/Schaber, Mathias/Schneider, Peter/Wagner, Claus-Peter/Weber, Max (Hrsg.), KWG und CRR, Band 1, 3. Auflage, Stuttgart, 2015, § 25a KWG, Tz. 129.

wortlich sein. Ausnahmen hiervon sind lediglich im Vertretungsfall möglich. Die deutsche Aufsicht hat die englischen Bezeichnungen dieser Funktionen mit der sechsten MaRisk-Novelle zwar wieder gelöscht. In einigen Ausarbeitungen der internationalen und europäischen Standardsetzer werden sie allerdings in dieser Form weiterhin verwendet. Ein Grund für den Verzicht dieser Bezeichnungen in den MaRisk kann auch die in den letzten Jahren zunehmende Bedeutung der Informations- und Kommunikationstechnologie (IKT) sein (→ AT 7.2 und AT 7.3). Damit verbunden ist teilweise eine separate Zuständigkeit eines Geschäftsleiters für den IT-Bereich (»Chief Information Officer«, CIO) bzw. für die technologische Entwicklung insgesamt (»Chief Technology Officer«, CTO). Insofern ist die Bezeichnung COO mit Blick auf den verfolgten Regelungszweck vermutlich nicht in jedem Fall zutreffend.

Eine vergleichbare Anforderung zur geforderten Funktionstrennung findet sich lediglich in den Prinzipien des Baseler Ausschusses für Bankenaufsicht (BCBS). Aufgrund seiner Rolle versteht es sich von selbst, dass der CRO keine Verantwortung für operative Geschäftsbereiche oder ertragsgenerierende Funktionen haben sollte. Nach den Empfehlungen des BCBS sollte es sich beim CRO auch nicht um eine »Doppelzuständigkeit« (»dual hatting«) handeln. Insbesondere sollte der CRO nicht gleichzeitig als Chief Operating Officer (COO), Chief Financial Officer (CFO) oder Chief Auditor etc. fungieren. Sofern z.B. in kleineren Instituten, wo Ressourcenbeschränkungen eine Überschneidung von Zuständigkeiten erforderlich machen können, eine Doppelzuständigkeit unvermeidlich ist, sollten die dem CRO zugewiesenen Rollen miteinander vereinbar sein und nicht zu einer Schwächung der internen Kontroll- und Überprüfungsprozesse führen.[123] Insofern lässt der BCBS die Möglichkeit offen, beim CRO andere Verantwortungsbereiche anzusiedeln, sofern sie sich nicht negativ auf seine Aufgabenerfüllung auswirken. Ein klassischer Kandidat ist die auf internationaler Ebene eher unbekannte Marktfolge, die als Gegengewicht zu den Vertriebsbereichen dafür sorgen soll, dass bei sämtlichen Entscheidungen auch der jeweilige Risikogehalt berücksichtigt wird.

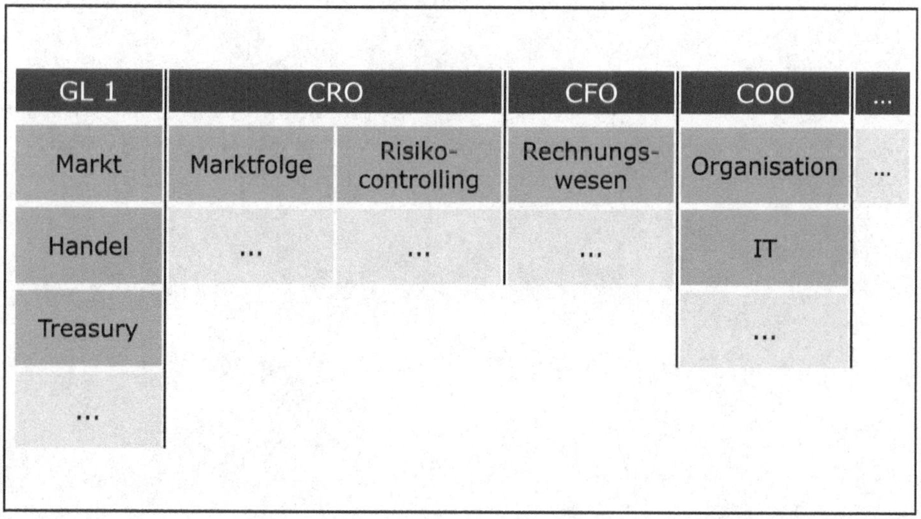

152

GL 1	CRO		CFO	COO	...
Markt	Marktfolge	Risiko-controlling	Rechnungs-wesen	Organisation	...
Handel	...	...	...	IT	
Treasury				...	
...					

Abb. 43: Zusätzliche Anforderungen an bedeutende Institute

---

123 Vgl. Basel Committee on Banking Supervision, Guidelines – Corporate governance principles for banks, BCBS 328, 8. Juli 2015, S. 26.

AT 4.4.1 Risikocontrolling-Funktion

153 Auf weitere Festlegungen wird bewusst verzichtet, um nicht zu stark in die Organisationshoheit der Geschäftsleitung einzugreifen. Zunächst hatte die BaFin auch das klassische Controlling, auch als »Finanzcontrolling« oder »Ertragscontrolling« bezeichnet, im Visier. So wurde auf die teilweise beobachtete Zuordnung von Aufgaben zum Risikocontrolling hingewiesen, die eher dem Bereich Finanzen zugeordnet werden können oder zumindest für diesen Bereich unterstützend wirken. Inwieweit eine solche Kombination von Aufgaben bei größeren Instituten weiterhin als zulässig erachtet werden kann, sollte vom konkreten Aufgabenzuschnitt abhängig gemacht werden.[124] Wie an anderer Stelle ausführlich dargelegt (→ BTO Tz. 3), hat das klassische Controlling sowohl mit dem Bereich Finanzen als auch mit dem Risikocontrolling Berührungspunkte. Deshalb gibt es in dieser Frage derzeit keine »Best Practice«. Die BaFin gestattet eine Anbindung des klassischen Controllings sowohl beim Finanzvorstand als auch beim Risikovorstand. Bezüglich der konkreten organisatorischen Anbindung bestehen keine Restriktionen, soweit konkrete Aufgaben im Einzelfall nicht der unabhängigen Überwachung und Berichterstattung des Risikocontrollings entgegenstehen.[125] In den letzten Jahren ist bei größeren Instituten aufgrund des enormen Aufgabenzuwachses beim Risikovorstand (CRO) allerdings verstärkt eine Zuordnung des Finanzcontrollings zum Finanzvorstand (CFO) zu beobachten.

---

124 Vgl. Bundesanstalt für Finanzdienstleistungsaufsicht, Übermittlungsschreiben zum Rundschreiben 10/2012 (BA) vom 14. Dezember 2012, S. 4.
125 Vgl. Bundesanstalt für Finanzdienstleistungsaufsicht, Antwortschreiben an die DK zur Leitung der Risikocontrolling-Funktion vom 18. Juli 2013, S. 2 f.

6 Wechsel der Leitung der Risikocontrolling-Funktion (Tz. 6)

6 Wechselt die Leitung der Risikocontrolling-Funktion, ist das Aufsichtsorgan rechtzeitig vorab unter Angabe der Gründe für den Wechsel zu informieren.   **154**

6.1 Information des Aufsichtsorgans

Die EBA fordert eine vorherige Zustimmung des Aufsichtsorgans, sofern der CRO ersetzt werden soll. Ihren Vorstellungen zufolge sollten sogar die Aufsichtsbehörden über die Genehmigung durch das Aufsichtsorgan und die wichtigsten Gründe für die Abberufung eines CRO in Instituten von erheblicher Bedeutung informiert werden.[126] Der Baseler Ausschuss für Bankenaufsicht (BCBS) empfiehlt, die Ernennung, Abberufung und weitere Änderungen, die die Position des CRO betreffen, vom Aufsichtsorgan oder seinem Risikoausschuss genehmigen zu lassen, seine Abberufung öffentlich bekanntzugeben und die Gründe dafür mit der Aufsichtsbehörde zu besprechen.[127] Es ist allerdings anzunehmen, dass die EBA und der BCBS mit ihren Vorschlägen vordergründig auf die Geschäftsleitungsebene abzielen, wofür auch in Deutschland vergleichbare Anforderungen bestehen. So ist das Aufsichtsorgan insbesondere für die Bestellung der Geschäftsleitung verantwortlich. Zudem ist eine Stellenbesetzung auf Geschäftsleitungsebene auch der zuständigen Aufsichtsbehörde anzuzeigen. Die personelle Besetzung der nachgeordneten Hierarchieebenen obliegt hingegen der Geschäftsleitung eines Institutes. Die Kreditwirtschaft hatte für eine Streichung dieser Anforderung plädiert, weil sie eine Mitwirkung des Aufsichtsorgans nicht für angemessen hält und ein Verwischen der Organkompetenzen befürchtet.[128]   **155**

Die BaFin fordert beim Wechsel der Leitung der Risikocontrolling-Funktion – unabhängig von der betroffenen Hierarchieebene – lediglich eine Information des Aufsichtsorgans. Rein formal wurde zunächst nicht einmal festgeschrieben, dass diese Information vorab zu erfolgen hat, so dass das Aufsichtsorgan im Zweifel noch einwirken könnte. Dem Übermittlungsschreiben der BaFin zur vierten MaRisk-Novelle war allerdings schon zu entnehmen, dass die Anforderung genau so zu verstehen ist. Demnach soll die besondere Stellung des Leiters der Risikocontrolling-Funktion dadurch gestärkt werden, dass analog zu den EBA-Leitlinien zur internen Governance »ein Wechsel auf dieser Position eine Einbeziehung des Aufsichtsorgans erfordert«.[129] Gleichzeitig hat die BaFin im MaRisk-Fachgremium versichert, mit dieser Anforderung nicht in die Kompetenzen der Geschäftsleitung eingreifen zu wollen und in erster Linie auf den idealerweise mit einer Begründung angereicherten Informationsfluss zwischen der Geschäftsleitung und dem Aufsichtsorgan abzustellen. Mit der fünften MaRisk-Novelle hat die deutsche Aufsicht hinsichtlich dieser Vorgabe klargestellt, dass die Information an das Aufsichtsorgan nunmehr rechtzeitig vorab unter Angabe der Gründe für den Wechsel zu erfolgen hat.   **156**

---

126 Vgl. European Banking Authority, Leitlinien zur internen Governance, EBA/GL/2017/11, 21. März 2018, S. 41.

127 Vgl. Basel Committee on Banking Supervision, Guidelines – Corporate governance principles for banks, BCBS 328, 8. Juli 2015, S. 26.

128 Vgl. Deutsche Kreditwirtschaft, Stellungnahme zum Konsultationspapier 01/2012 der Bundesanstalt für Finanzdienstleistungsaufsicht (BaFin) – »Überarbeitung der MaRisk«, 5. Juni 2012, S. 10.

129 Bundesanstalt für Finanzdienstleistungsaufsicht, Übermittlungsschreiben zum ersten Entwurf zur Überarbeitung der Mindestanforderungen an das Risikomanagement vom 26. April 2012, S. 4.

AT 4.4.1 Risikocontrolling-Funktion

157 Das Deutsche Institut für Interne Revision (DIIR) hat im Rahmen der Konsultationen zur vierten MaRisk-Novelle vorgeschlagen, einen derartigen Informationsfluss auch für den Leiter der Internen Revision (→ AT 4.4.3 Tz. 6) und für den Compliance-Beauftragten (→ AT 4.4.2 Tz. 8) vorzusehen. Von Teilen der Kreditwirtschaft wurde dieser Vorschlag kritisch aufgenommen, um keinen Wettbewerb zu starten, welche Funktion im Institut die an den Anforderungen gemessene größte Bedeutung hat. Die Aufsicht hat sich jedoch der Argumentation des DIIR angeschlossen. Die EBA unterscheidet zwischen einer zwingend erforderlichen Zustimmung des Aufsichtsorgans beim Leiter der Risikocontrolling-Funktion und einer entsprechenden Empfehlung im Falle der Leiter der Compliance-Funktion und der Internen Revision.[130]

6.2 Austausch mit dem Aufsichtsorgan

158 Nach den Vorstellungen der EBA sollte grundsätzlich ein ständiger Austausch zwischen den Leitern der internen Kontrollfunktionen und dem Aufsichtsorgan stattfinden. Diese Leiter sollten bei Bedarf auch außerhalb der regulären Berichtswege in der Lage sein, sich direkt an das Aufsichtsorgan zu wenden und diesem Bericht zu erstatten, um Bedenken zu äußern und ggf. zu warnen, wenn bestimmte Entwicklungen das Institut beeinträchtigen können.[131] Die Risikocontrolling-Funktion sollte ggf. über einen direkten Zugang zum Aufsichtsorgan und dessen eingerichteten Ausschüssen, insbesondere zum Risikoausschuss, verfügen.[132] Ebenso sollte das Aufsichtsorgan in der Lage sein, direkt mit dem Leiter der Risikocontrolling-Funktion über wichtige Risikofragen zu kommunizieren, darunter auch über Entwicklungen, die möglicherweise nicht mit dem Risikoappetit und der Risikostrategie des Institutes übereinstimmen.[133] Der Baseler Ausschuss für Bankenaufsicht (BCBS) widmet sich ebenfalls dem Verhältnis zwischen CRO und dem Aufsichtsorgan bzw. seinem Risikoausschuss. Demnach sollte der CRO dem Aufsichtsorgan oder seinem Risikoausschuss ungehindert Bericht erstatten können und direkten Zugang zu ihm haben. Auch vom BCBS wird ein regelmäßiger Austausch erwartet, wobei der CRO sogar die Möglichkeit haben sollte, sich mit dem Aufsichtsorgan oder seinem Risikoausschuss ohne Einbindung der Geschäftsleitung zu treffen.[134]

159 Vor diesem Hintergrund sollte dem Aufsichtsorgan daher bereits die Bestellung des Leiters der Risikocontrolling-Funktion angezeigt werden, auch wenn es nicht ausdrücklich verlangt wird. So kann der Vorsitzende des Risikoausschusses oder, falls ein Risikoausschuss nicht eingerichtet wurde, der Vorsitzende des Aufsichtsorgans unmittelbar beim Leiter der Risikocontrolling-Funktion Auskünfte einholen. Die Geschäftsleitung muss hierüber allerdings unterrichtet werden (§ 25d Abs. 8 Satz 7 und 8 KWG). Eine vergleichbare Regelung betrifft den Vorsitzenden des Prüfungsausschusses (§ 25d Abs. 9 Satz 3 KWG). Die Mitglieder des Aufsichtsorgans können von ihrem unmittelbaren Auskunftsrecht naturgemäß nur Gebrauch machen, wenn ihnen der Leiter der Risikocontrolling-Funktion bekannt ist. Gegebenenfalls wird bei einem geplanten Wechsel des Leiters der Risikocontrolling-Funktion bereits ein neuer Kandidat für die Funktion feststehen, so dass die Information über den Wechsel des alten Leiters und die Bestellung des neuen Leiters der Risikocontrolling-Funktion zeitlich zusammenfallen.

---

130 Vgl. European Banking Authority, Leitlinien zur internen Governance, EBA/GL/2017/11, 21. März 2018, S. 41.

131 Vgl. European Banking Authority, Leitlinien zur internen Governance, EBA/GL/2017/11, 21. März 2018, S. 41.

132 Vgl. European Banking Authority, Leitlinien zur internen Governance, EBA/GL/2017/11, 21. März 2018, S. 42.

133 Vgl. European Banking Authority, Leitlinien zur internen Governance, EBA/GL/2017/11, 21. März 2018, S. 46.

134 Vgl. Basel Committee on Banking Supervision, Guidelines – Corporate governance principles for banks, BCBS 328, 8. Juli 2015, S. 26.

AT 4.4.2 Compliance-Funktion

1	**Einführung und Überblick**	1
1.1	Allgemeine Compliance nach § 25a Abs. 1 Satz 1 KWG	1
1.2	Compliance-Funktion nach § 25a Abs. 1 Satz 3 KWG	5
2	**Zuständigkeit und Aufgaben der Compliance-Funktion (Tz. 1)**	12
2.1	Leitlinien der EBA zur internen Governance	13
2.2	Rechtliche Regelungen und Vorgaben im Sinne des Moduls AT 4.4.2	14
2.3	Risikoorientierter Ansatz	17
2.4	Compliance-Funktion als Bestandteil des IKS	22
2.5	Aufgaben der Compliance-Funktion	25
2.6	Monitoring von Regulierungsvorhaben	33
2.7	Compliance-Funktion als Kontrolleinheit im Sinne der Vergütungsverordnung	37
2.8	Hinweisgebersystem (Whistleblowing-Verfahren)	39
2.9	Management von Interessenkonflikten	40
2.10	Compliance-Funktion auf Gruppenebene	42
3	**Management der Compliance-Risiken (Tz. 2)**	44
3.1	Definition von Compliance-Risiken	45
3.2	Identifizierung wesentlicher rechtlicher Regelungen und Vorgaben	51
4	**Aufbauorganisatorische Vorgaben für die Compliance-Funktion (Tz. 3)**	56
4.1	Unterstellung unter die Geschäftsleitung	57
4.2	Organisation der Compliance-Funktion	62
4.3	Abgrenzung zur Internen Revision	66
4.4	Abgrenzung zu den Vertriebsbereichen	69
4.5	Rückgriff auf andere Funktionen und Stellen	71
4.6	Auslagerung der Compliance-Funktion	76
5	**Besondere Anforderungen an bedeutende Institute (Tz. 4)**	80
5.1	Compliance-Funktion in bedeutenden Instituten	81
6	**Compliance-Beauftragter (Tz. 5)**	89
6.1	Benennung eines Compliance-Beauftragten	90
6.2	Fachkenntnisse und Erfahrungen	98
6.3	Anzeige gegenüber der BaFin	101
6.4	Compliance-Beauftragter auf Konzernebene	103
7	**Befugnisse und Informationsrechte der Compliance-Funktion (Tz. 6)**	104
7.1	Ausreichende Befugnisse und Zugang zu Informationen	105
7.2	Weisungsrecht des Compliance-Beauftragten	110

AT 4.4.2 Compliance-Funktion

8	**Berichterstattung durch die Compliance-Funktion (Tz. 7)**	111
8.1	Berichterstattung an die Geschäftsleitung	112
8.2	Weiterleitung der Berichte an Aufsichtsorgan und Interne Revision	116
8.3	Berichtsrecht der Compliance-Funktion gegenüber dem Aufsichtsorgan	120
8.4	Berichterstattung über regulatorisches Monitoring	122
9	**Wechsel des Compliance-Beauftragten (Tz. 8)**	124
9.1	Information des Aufsichtsorgans	125
9.2	Anzeige gegenüber der Aufsichtsbehörde	128

1 Einführung und Überblick

1.1 Allgemeine Compliance nach § 25a Abs. 1 Satz 1 KWG

Der aus dem angelsächsischen »to comply with« stammende Begriff »Compliance« bedeutet ein **1** Handeln in Übereinstimmung mit den geltenden Gesetzen und Vorschriften. In der Literatur und in der Praxis wird der Compliance-Begriff sehr unterschiedlich verwendet. Zum Teil wird Compliance als die Einhaltung von gesetzlichen Regelungen und Vorgaben des Wertpapieraufsichtsrechtes definiert, die durch die Mindestanforderungen an Compliance (MaComp)[1] konkretisiert werden.[2] Dieser enge Compliance-Begriff wird teilweise um die Anforderungen an die Verhinderung von Geldwäsche, Terrorismusfinanzierung und sonstigen strafbaren Handlungen erweitert.[3]

Seit der Neufassung des § 25a Abs. 1 KWG durch das Finanzkonglomeraterichtlinie-Umsetzungs- **2** gesetz[4] ist der Begriff Compliance in der Kreditwirtschaft jedoch wesentlich weiter zu fassen. Nach § 25a Abs. 1 Satz 1 KWG müssen die Institute über eine ordnungsgemäße Geschäftsorganisation verfügen, die die Einhaltung der vom Institut zu beachtenden gesetzlichen Bestimmungen und der betrieblichen Notwendigkeiten gewährleistet. Gemäß der Gesetzesbegründung sind die von den Instituten einzuhaltenden gesetzlichen Bestimmungen in erster Linie die einschlägigen aufsichtsrechtlichen Gesetze, insbesondere das Kreditwesengesetz, das Wertpapierhandelsgesetz, das Investmentgesetz, das Geldwäschegesetz, das Depotgesetz, das Bausparkassengesetz, das Pfandbriefgesetz, das Schiffsbankgesetz, das Hypothekenbankgesetz und die zur Durchführung dieser Gesetze erlassenen Rechtsverordnungen. Darüber hinaus können jedoch weitere gesetzliche oder aus dem Postulat ordnungsgemäßer Geschäftsführung ableitbare organisatorische Pflichten bestehen.[5]

Im Zuge der Finanzmarktkrise wurde die Bankenregulierung auf zahlreiche neue Aufsichts- **3** bereiche ausgeweitet, so dass nunmehr z. B. auch das Gesetz zur Sanierung und Abwicklung von Instituten und Finanzgruppen und die Institutsvergütungsverordnung zu den von den Instituten einzuhaltenden rechtlichen Regelungen gehören. Darüber hinaus haben die Institute seit der Schaffung eines Einheitlichen Regelwerkes (»Single Rule Book«) sowie der Errichtung des Einheitlichen Aufsichtsmechanismus (»Single Supervisory Mechanism«, SSM) und des Einheitlichen Abwicklungsmechanismus (»Single Resolution Mechanism«, SRM) zusätzlich unmittelbar in den Mitgliedstaaten geltende europäische Verordnungen einzuhalten, z. B. die Bankenverordnung (Capital Requirements Regulation, CRR), die SSM-Verordnung und die SRM-Verordnung. Zudem

---

1 Bundesanstalt für Finanzdienstleistungsaufsicht, Mindestanforderungen an die Compliance-Funktion und weitere Verhaltens-, Organisations- und Transparenzpflichten – MaComp, Rundschreiben 05/2018 (WA) vom 19. April 2018, zuletzt geändert am 24. März 2021.

2 Das am 1. November 2007 in Kraft getretene Finanzmarktrichtlinie-Umsetzungsgesetz, das die MIFID in nationales Recht umsetzte, verlangte von Wertpapierdienstleistungsunternehmen erstmals gemäß § 33 Abs. 1 Satz 2 Nr. 1 WpHG a. F. die Einrichtung einer dauerhaften, wirksamen und unabhängigen Compliance-Funktion. Die Anforderungen wurden durch §§ 12 und 13 WpDVerOV a. F. ergänzt. Das zweite Finanzmarktnovellierungsgesetz, das die MIFID II in das WpHG umgesetzt hat, verzichtet in § 80 WpHG auf eine umfangreiche inhaltliche Regelung der Compliance-Funktion. § 80 Abs. 1 Satz 3 WpHG, der § 33 WpHG a. F. ersetzt, verweist insoweit lediglich auf Art. 21 ff. der Delegierten Verordnung (EU) 2017/565. Vgl. Delegierte Verordnung (EU) 2017/565 (MiFID II-Durchführungsverordnung) der Kommission vom 25. April 2016 zur Ergänzung der Richtlinie 2014/65/EU des Europäischen Parlaments und des Rates in Bezug auf die organisatorischen Anforderungen an Wertpapierfirmen und die Bedingungen für die Ausübung ihrer Tätigkeit sowie in Bezug auf die Definition bestimmter Begriffe für die Zwecke der genannten Richtlinie, Amtsblatt der Europäischen Union vom 31. März 2017, L 87/1–83.

3 Zur Compliance im engen und weiten Sinne vgl. Gebauer, Stefan, in: Hauschka, Christoph E., Corporate Compliance – Handbuch der Haftungsvermeidung im Unternehmen, München, 2007, § 31. Compliance-Organisation in der Banken- und Wertpapierdienstleistungsbranche, S. 652.

4 Gesetz zur Umsetzung der Richtlinie 2002/87/EG des Europäischen Parlaments und des Rates (Finanzkonglomeraterichtlinie-Umsetzungsgesetz) vom 16. Dezember 2002 (BGBl. I S. 3610), veröffentlicht am 27. Dezember 2004.

5 Vgl. Entwurf eines Gesetzes zur Umsetzung der Richtlinie 2002/87/EG des Europäischen Parlaments und des Rates (Finanzkonglomeraterichtlinie-Umsetzungsgesetz) vom 16. Dezember 2002, Bundestags-Drucksache 15/3641 vom 12. August 2004, S. 47. Das Investmentgesetz (InvG) war die Vorgängerregelung des Kapitalanlagegesetzbuches. Das InvG ist am 21. Juli 2013 außer Kraft getreten.

bestehen zahlreiche direkt anzuwendende Delegierte Verordnungen sowie technische Regulierungs- und Durchführungsstandards der EBA (→ Teil I, Kapitel 3).

4   Bei der allgemeinen Compliance nach § 25a Abs. 1 Satz 1 KWG kommt es grundsätzlich nicht auf einen Bezug der gesetzlichen Regelung zum Bankaufsichtsrecht oder zum Kapitalmarktrecht an. § 25a Abs. 1 Satz 1 KWG verlangt vielmehr von den Instituten eine umfassende Einhaltung der gesetzlichen Bestimmungen im Sinne einer allgemeinen Compliance.[6] Die Verantwortung für eine ordnungsgemäße Geschäftsorganisation liegt bei der gesamten Geschäftsleitung (→ AT 3 Tz. 1). Das Merkmal der betriebswirtschaftlichen Notwendigkeiten begründet für die Geschäftsleitung keine Rechtspflicht. Es handelt sich vielmehr um eine Empfehlung an die Geschäftsleiter, in der Betriebswirtschaftslehre als gesichert geltende und in der Praxis bewährte Erkenntnisse zu berücksichtigen.

1.2   Compliance-Funktion nach § 25a Abs. 1 Satz 3 KWG

5   Jedes Institut muss über eine Compliance-Funktion verfügen, um den Risiken entgegenzuwirken, die sich aus der Nichteinhaltung rechtlicher Regelungen und Vorgaben ergeben können (→ AT 4.4.2 Tz. 1). Das im Rahmen der vierten MaRisk-Novelle im Jahr 2012 neu eingefügte Modul AT 4.4.2 konkretisiert den durch das CRD IV-Umsetzungsgesetz erweiterten § 25a Abs. 1 Satz 3 Nr. 3 KWG, der erstmals eine rechtliche Verpflichtung zur Errichtung einer – über den Anwendungsbereich des Wertpapieraufsichtsrechts hinausgehenden – Compliance-Funktion einführt.[7] Die Anforderungen an die Compliance-Funktion gehen auf die Leitlinien zur internen Governance der EBA aus dem Jahr 2011 zurück, die von den Instituten eine grundsätzliche Stärkung der internen Governance-Strukturen verlangen[8] und zielen im Kern auf eine angemessene Compliance-Kultur innerhalb des Institutes ab.[9] Bereits im Jahr 2010 hat die EU-Kommission in ihrem Grünbuch zur Corporate Governance in Finanzinstituten festgestellt, dass für die Finanzmarktkrise auch Schwächen der Corporate Governance von Banken mitursächlich waren. Die EU-Kommission kritisierte insbesondere die mangelnde Verbindlichkeit von Corporate-Governance-Regelungen sowie fehlende Standards und Sanktionsmöglichkeiten der Aufsichtsbehörden.[10] Auf der internationalen Ebene hatte der Baseler Ausschusses für Bankenaufsicht (BCBS) erstmals im Jahr 2005 die Errichtung einer umfassenden Compliance-Funktion in Banken im Sinne des AT 4.4.2 vorgeschlagen.[11] Anschließend hat der BCBS konkrete Vorgaben zur Errichtung einer Compliance-Funktion und zum Umgang mit Compliance-Risiken gemacht.[12]

---

6 § 25a Abs. 1 Satz 1 KWG ist damit weitergehend als die Vorgaben im Deutschen Corporate Governance Kodex (DCGK), der sich an börsennotierte Unternehmen wendet. Der DCGK wiederholt in Ziffer 4.1.3 Satz 1 die für alle Unternehmen geltende Legalitätspflicht und formuliert in Ziffer 4.1.3 Satz 2 die Legalitätskontrollpflicht lediglich als Empfehlung. Vgl. Regierungskommission Deutscher Corporate Governance Kodex, Deutscher Corporate Governance Kodex, Fassung vom 16. Dezember 2019, S. 6.

7 Die Regelung korrespondiert mit dem durch das Trennbankengesetz eingefügten § 25c Abs. 4a Nr. 3 lit. c KWG, der eine entsprechende Sicherstellungspflicht der Geschäftsleiter des Institutes enthält. Danach haben die Geschäftsleiter im Rahmen ihrer Gesamtverantwortung für eine ordnungsgemäße Geschäftsorganisation dafür Sorge zu tragen, dass das interne Kontrollsystem des Institutes eine Compliance-Funktion umfasst.

8 Vgl. European Banking Authority, EBA Guidelines on Internal Governance (GL 44), 27. September 2011, S. 43. Eine ausdrückliche Vorgabe zur Errichtung einer Compliance-Funktion enthalten allerdings auf der Ebene des europäischen Sekundärrechts weder die Bankenrichtlinie (Capital Requirements Directive, CRD IV) noch die Bankenverordnung (Capital Requirements Regulation, CRR).

9 Vgl. Bundesanstalt für Finanzdienstleistungsaufsicht, Übermittlungsschreiben zum Rundschreiben 10/2012 (BA) vom 14. Dezember 2012, S. 4.

10 European Commission, Corporate governance in financial institutions and remuneration policies, Green paper, 2. Juni 2010, S. 2 ff.

11 Vgl. Basel Committee on Banking Supervision, Compliance and the compliance function in banks, BCBS 113, 29. April 2005, S. 7 ff.

12 Vgl. Basel Committee on Banking Supervision, Guidelines – Corporate governance principles for banks, BCBS 328, 8. Juli 2015, S. 31.

Die mit der vierten MaRisk-Novelle eingefügten Regelungen zur Compliance-Funktion schlie- 6
ßen die Lücke im Hinblick auf den Umgang mit Risiken aufgrund der Nichteinhaltung von
gesetzlichen Bestimmungen. Die Compliance-Funktion hat als zentraler Bestandteil des internen
Kontrollsystems darauf hinzuwirken, dass die Geschäftsbereiche die unter Compliance-Gesichtspunkten wesentlichen rechtlichen Regelungen und Vorgaben beachten (→ AT 4.4.2 Tz. 1). Zudem
berät der Compliance-Beauftragte die Geschäftsleitung und unterrichtet sie regelmäßig über die
Angemessenheit und Wirksamkeit der vorhandenen Verfahren bzw. über mögliche Defizite und
Maßnahmen zu deren Behebung (→ AT 4.4.2 Tz. 7). Das Ziel besteht in der Etablierung einer
angemessenen Compliance-Kultur in den Instituten, bei der alle wesentlichen Compliance-Risiken
identifiziert, beurteilt, gesteuert und überwacht werden. In einer Sondersitzung des MaRisk-Fachgremiums zur Compliance-Funktion im Jahr 2013 wurden zwischen der Aufsicht und der Deutschen Kreditwirtschaft (DK) zahlreiche Auslegungsfragen zur Ausgestaltung der Compliance-
Funktion, zum Umfang der einzubeziehenden rechtlichen Regelungen und Vorgaben sowie zu
den Aufgaben und Befugnissen der Compliance-Funktion erörtert.[13]

Im Jahr 2017 hat die EBA die überarbeiteten Leitlinien zur internen Governance vorgelegt, mit 7
denen die Leitlinien aus dem Jahr 2011 ersetzt wurden.[14] Die EBA verfolgt mit ihren Leitlinien das
Ziel, die bankaufsichtlichen Anforderungen an die interne Governance der Institute einschließlich
der Vorgaben für die Compliance-Funktion europaweit weiter zu vereinheitlichen. Vor diesem
Hintergrund wurde der Detaillierungsgrad der Vorgaben für die Errichtung der Compliance-Funktion nochmals erheblich ausgeweitet.[15] Gemäß den Leitlinien sollten die Institute zudem eine
Kultur entwickeln, die eine positive Haltung gegenüber der Compliance innerhalb des Institutes
sowie die Errichtung stabiler und umfassender interner Kontrollrichtlinien bestärkt.[16]

Die vierte MaRisk-Novelle hatte die sehr detaillierten Vorgaben der überarbeiteten EBA-Leitlinien an 8
die Compliance-Funktion bereits im Wesentlichen vorweggenommen. Im Zuge der fünften MaRisk-
Novelle im Jahr 2017 wurden die Anforderungen an die Einrichtung einer Compliance-Funktion daher
lediglich an einigen Stellen ergänzt. Die Compliance-Funktion ist in jedem Fall der Geschäftsleitung zu
unterstellen und in einem von Markt und Handel unabhängigen Bereich anzusiedeln. Darüber hinaus
wurden die Anforderungen an die teilweise oder vollständige Auslagerung der Compliance-Funktion
auf Dritte deutlich verschärft (→ AT 4.4.2 Tz. 3). Schließlich ist das Aufsichtsorgan rechtzeitig vorab
unter Angabe der Gründe zu informieren, wenn die Position des Compliance-Beauftragten wechselt
(→ AT 4.4.2 Tz. 8). Der Begriff »Compliance-Kultur« wird in den MaRisk nicht ausdrücklich verwendet.[17] Die Geschäftsleiter der Institute sind jedoch seit der fünften MaRisk-Novelle explizit für die
Entwicklung, Förderung und Integration einer angemessenen Risikokultur verantwortlich. Diese
beinhaltet die Etablierung einer angemessenen Compliance-Kultur (→ AT 3).

Die im Zuge der fünften MaRisk-Novelle neu eingefügte Anforderung, wonach systemrelevante 9
Institute über eine exklusive Compliance-Funktion verfügen müssen, wurde mit der sechsten MaRisk-

---

13 Vgl. Bundesanstalt für Finanzdienstleistungsaufsicht, Protokoll der Sitzung des MaRisk-Fachgremiums am 24. April 2013.

14 Vgl. European Banking Authority, Final Report – Guidelines on internal governance under Directive 2013/36/EU,
EBA/GL/2017/11, 26. September 2017. Der Kommentar stellt auf die deutsche Übersetzung dieser Leitlinien ab, die am
21. März 2018 als Leitlinien zur internen Governance veröffentlicht wurden. Irrtümlicherweise wurde die deutsche
Fassung der Leitlinien – im Gegensatz zu allen anderen Sprachfassungen – auf den 15. März 2018 datiert. Wir haben uns
für die aus unserer Sicht korrekte Zitierweise entschieden. Vgl. European Banking Authority, Leitlinien zur internen
Governance, EBA/GL/2017/11, 21. März 2018. Die EBA hat die Leitlinien im Juli 2020 einer erneuten Überarbeitung
unterzogen und ihren endgültigen Bericht an die EU-Kommission im Juli 2021 veröffentlicht, der hinsichtlich der
Anforderungen an die Compliance-Funktion keine wesentlichen Änderungen enthält. Vgl. European Banking Authority,
Final Report on Guidelines on internal governance under Directive 2013/36/EU, EBA/GL/2021/05, 2. Juli 2021, S. 56f.

15 Vgl. European Banking Authority, Leitlinien zur internen Governance, EBA/GL/2017/11, 21. März 2018, S. 46ff.

16 Vgl. European Banking Authority, Leitlinien zur internen Governance, EBA/GL/2017/11, 21. März 2018, S. 34.

17 Anders als MaComp, wonach das Wertpapierdienstleistungsunternehmen eine unternehmensweite »Compliance-Kultur« fördert
und bestärkt, durch die Rahmenbedingungen für eine Förderung des Anlegerschutzes durch die Mitarbeiter und eine angemessene Wahrnehmung von Compliance-Angelegenheiten geschaffen werden. Vgl. Bundesanstalt für Finanzdienstleistungsaufsicht,
Mindestanforderungen an die Compliance-Funktion und weitere Verhaltens-, Organisations- und Transparenzpflichten –
MaComp, Rundschreiben 05/2018 (WA) vom 19. April 2018, zuletzt geändert am 24. März 2021, BT 1.1 Tz. 5.

AT 4.4.2 Compliance-Funktion

Novelle verschärft. Nunmehr haben bedeutende Institute gemäß Art. 6 SSM-Verordnung (→ AT 1 Tz. 3) für ihre Compliance-Funktion grundsätzlich eine eigenständige Organisationseinheit einzurichten. Die Ausweitung des Anwendungsbereiches auf bedeutende Institute und die in der Konsultationsfassung noch enthaltenen Anbindungsverbote der Compliance-Funktion an andere Organisationseinheiten hat die Deutsche Kreditwirtschaft (DK) als sachlich nicht gerechtfertigt kritisiert.[18] Die Aufsicht ist dieser Kritik insoweit entgegengekommen, als sie in den Erläuterungen nunmehr ausdrücklich auf die Kriterien der Verhältnismäßigkeit im Titel I der EBA-Leitlinien zur internen Governance und damit auf das Proportionalitätsprinzip verweist.[19] Zudem wurde in der endgültigen Fassung der sechsten MaRisk-Novelle davon abgesehen, nicht zulässige Kombinationen mit der Compliance-Einheit exemplarisch aufzuzählen. Die BaFin hat im Übermittlungsschreiben allerdings darauf hingewiesen, dass bedeutende Institute zur Vermeidung von Interessenkonflikten und wegen der notwendigen Trennung von operativen und überwachenden Tätigkeiten bei der von ihnen eingerichteten eigenständigen Compliance-Funktion nur (reine) Kontrolleinheiten ansiedeln können (→ AT 4.4.2 Tz. 4).[20]

10   Da die Anforderungen des Moduls AT 4.4.2 lediglich einen Rahmen für die Einrichtung einer Compliance-Funktion vorgeben, haben die Institute bei der konkreten Ausgestaltung einen erheblichen Gestaltungsspielraum, insbesondere im Hinblick auf die aufbauorganisatorische Umsetzung. Die Regelungen sind gemäß dem in den MaRisk verankerten Grundsatz der Proportionalität institutsindividuell umzusetzen, abhängig von der jeweiligen Größe des Institutes sowie von Art, Umfang, Komplexität und Risikogehalt der Geschäftsaktivitäten (→ AT 1 Tz. 5). Ergänzend kann auf die von der EBA entwickelten Kriterien für das Proportionalitätsprinzip und den sehr detaillierten Katalog zur Konkretisierung dieser Kriterien zurückgegriffen werden.[21] Die Herausforderung für die Institute besteht darin, eine effektive und gleichzeitig angemessene und wirksame Vorgehensweise zur Identifizierung der unter Compliance-Gesichtspunkten wesentlichen rechtlichen Regelungen und Vorgaben zu entwickeln sowie darauf aufbauend ggf. die Implementierung entsprechender Sicherungsmaßnahmen voranzutreiben.

11   Die Aufsicht prüft im Rahmen des aufsichtlichen Überprüfungs- und Bewertungsprozesses (Supervisory Review and Evaluation Process, SREP), ob das Institut Compliance-Richtlinien und eine kontinuierliche und wirksame Compliance-Funktion besitzt, die der Geschäftsleitung Bericht erstattet.[22]

---

18 Vgl. Deutsche Kreditwirtschaft, BaFin-Konsultation 14/2020 – Mindestanforderungen an das Risikomanagement, Stellungnahme vom 4. Dezember 2020, S. 4 ff. und 11 f.

19 Die EBA verwendet in Titel I der EBA-Leitlinien den Begriff »Verhältnismäßigkeit«. Vgl. European Banking Authority, Leitlinien zur internen Governance, EBA/GL/2017/11, 21. März 2018, S. 8 f. Die englische Originalfassung mit dem Begriff »Proportionality« macht deutlich, dass der »Grundsatz der Proportionalität« gemäß MaRisk gemeint ist.

20 Vgl. Bundesanstalt für Finanzdienstleistungsaufsicht, Rundschreiben 10/2021 (BA) zur Neufassung der MaRisk, Übermittlungsschreiben vom 16. August 2021, S. 6 f.

21 Vgl. European Banking Authority, Leitlinien zur internen Governance, EBA/GL/2017/11, 21. März 2018, S. 8 f.

22 Vgl. European Banking Authority, Guidelines on common procedures and methodologies for the supervisory review and evaluation process (SREP) and supervisory stress testing, EBA/GL/2014/13, Consolidated version, 19. Juli 2018, S. 57.

2 Zuständigkeit und Aufgaben der Compliance-Funktion (Tz. 1)

1 Jedes Institut muss über eine Compliance-Funktion verfügen, um den Risiken, die sich aus der Nichteinhaltung rechtlicher Regelungen und Vorgaben ergeben können, entgegenzuwirken. Die Compliance-Funktion hat auf die Implementierung wirksamer Verfahren zur Einhaltung der für das Institut wesentlichen rechtlichen Regelungen und Vorgaben und entsprechender Kontrollen hinzuwirken. Ferner hat die Compliance-Funktion die Geschäftsleitung hinsichtlich der Einhaltung dieser rechtlichen Regelungen und Vorgaben zu unterstützen und zu beraten.

12

2.1 Leitlinien der EBA zur internen Governance

Wie bereits ausgeführt, gehen die Anforderungen an die Einrichtung einer Compliance-Funktion auf die Leitlinien der EBA zur internen Governance zurück. Nach diesen Leitlinien sollte ein Institut eine dauerhafte und wirksame Compliance-Funktion einrichten, um das Compliance-Risiko zu steuern sowie Compliance-Richtlinien zu erlassen und umzusetzen, die dem gesamten Personal bekanntgegeben werden. Die Compliance-Funktion sollte zudem sicherstellen, dass die Überwachung der Compliance im Rahmen eines strukturierten und genau definierten Überwachungsprogramms erfolgt und die Compliance-Richtlinien eingehalten werden. Außerdem sollte sie die Geschäftsleitung im Hinblick auf jene Maßnahmen beraten, die das Institut zur Sicherstellung der Einhaltung der einschlägigen Gesetze, Regelungen, Vorschriften und Standards ergreift. Schließlich sollte die Compliance-Funktion nach den Vorstellungen der EBA die möglichen Auswirkungen von Änderungen im rechtlichen oder regulatorischen Umfeld auf die Geschäftstätigkeit des Institutes und des Compliance-Rahmenwerkes bewerten.[23]

13

2.2 Rechtliche Regelungen und Vorgaben im Sinne des Moduls AT 4.4.2

Dem ersten Entwurf der vierten MaRisk-Novelle vom 26. April 2012 zufolge hatte die neu einzurichtende Compliance-Funktion die Aufgabe, die institutsinternen Regelungen, die die Einhaltung der gesetzlichen Bestimmungen oder sonstiger Vorgaben gewährleisten, zu bewerten und ihre Einhaltung zu überwachen. Ferner hatte sie die Risiken zu beurteilen, die sich aus der Nichteinhaltung der gesetzlichen Bestimmungen und sonstiger Vorgaben ergeben können.[24] Im Rahmen der Konsultation zur vierten MaRisk-Novelle hat die Kreditwirtschaft diese sehr weit formulierten Anforderungen an die Compliance-Funktion als zu unbestimmt und zudem als nicht praktikabel kritisiert, da sie eine unbegrenzte Verantwortung der Compliance-Funktion für alle denkbaren Gesetze, Vorgaben und institutsinternen Regelungen vorsahen. Sie wies außerdem

14

---

23 Vgl. European Banking Authority, Leitlinien zur internen Governance, EBA/GL/2017/11, 21. März 2018, S. 46f.
24 Vgl. Bundesanstalt für Finanzdienstleistungsaufsicht, Konsultation 01/2012 – »Überarbeitung der MaRisk«, erster Entwurf vom 26. April 2012, S. 18.

darauf hin, dass die in dieser Form angedachte Compliance-Funktion eine strafrechtliche Garantenstellung begründen könnte. Dies hätte zur Folge gehabt, dass der Compliance-Beauftragte bei einem Nichteinschreiten strafrechtlich zur Verantwortung gezogen werden könnte.[25] Vor diesem Hintergrund schlug die Kreditwirtschaft vor, die Zuständigkeit der Compliance-Funktion auf »wesentliche aufsichtsrechtliche« Regelungen und Vorgaben zu beschränken und eine entsprechende Klarstellung zumindest in die Erläuterungen zu den MaRisk aufzunehmen.[26]

15   Die Aufsicht hat die Anmerkungen der Deutschen Kreditwirtschaft in der endgültigen Fassung der vierten MaRisk-Novelle zum Teil berücksichtigt. So wurde der Wortlaut zweimal angepasst. Zunächst sollte die Compliance-Funktion für die Implementierung wirksamer Verfahren zur Einhaltung der für das Institut »wesentlichen« rechtlichen Regelungen und Vorgaben und entsprechender Kontrollen »Sorge tragen«.[27] Nunmehr hat sie auf die Implementierung wirksamer Verfahren zur Einhaltung der für das Institut wesentlichen rechtlichen Regelungen und Vorgaben und entsprechender Kontrollen »hinzuwirken«. Unabhängig davon hatte die BaFin stets deutlich gemacht, dass unbeschadet der Aufgaben der Compliance-Funktion die Geschäftsleiter und die zuständigen Geschäftsbereiche für die Einhaltung der für das Institut wesentlichen rechtlichen Regelungen und Vorgaben uneingeschränkt verantwortlich bleiben (→ AT 4.4.2 Tz. 1, Erläuterung). Mit dieser Klarstellung verweist die Aufsicht auf die Gesamtverantwortung der Geschäftsleitung und bestätigt zudem das Modell der drei Verteidigungslinien (→ AT 4.4, Einführung). Danach sind als erste Verteidigungslinie die jeweiligen Geschäftsbereiche für die Implementierung wirksamer Verfahren zur Einhaltung der jeweils maßgeblichen rechtlichen Regelungen und Vorgaben und für deren Einhaltung selbst verantwortlich. Die Compliance-Funktion muss als ein Bestandteil der zweiten Verteidigungslinie in erster Linie überprüfen, dass diese Regelungen und Vorgaben umgesetzt werden bzw. wurden und entsprechende Kontrollverfahren existieren, in die z. B. das Risikocontrolling eingebunden ist. Schließlich prüft die Interne Revision als dritte Verteidigungslinie die Einhaltung der institutsinternen Regelungen sowie die Angemessenheit und Wirksamkeit der in den Regelungen vorgesehenen Kontrollen.

16   Dem Vorschlag der Deutschen Kreditwirtschaft, die Zuständigkeit der Compliance-Funktion ausdrücklich auf wesentliche »aufsichtsrechtliche« Regelungen und Vorgaben zu beschränken, ist die Aufsicht hingegen nicht gefolgt. Zwar hat die BaFin im Anschreiben zur Veröffentlichung der Endfassung der vierten MaRisk-Novelle die im Zusammenhang mit der Compliance-Funktion relevanten wesentlichen rechtlichen Regelungen und Vorgaben beispielhaft eingegrenzt. Allerdings hat sie im Anschreiben neben aufsichtsrechtlichen Regelungen, wie den Vorgaben zu Wertpapierdienstleistungen (WpHG), Geldwäsche und Terrorismusfinanzierung sowie zur Verhinderung doloser Handlungen zu Lasten des Institutes, auch allgemeine Verbraucherschutzvorgaben ausdrücklich genannt. Darüber hinaus hat die Aufsicht darauf hingewiesen, dass die Institute ggf. weitere rechtliche Regelungen und Vorgaben zu berücksichtigen haben, soweit sie vom Institut unter Compliance-Gesichtspunkten als wesentlich eingestuft werden.[28]

---

25 Vgl. Deutsche Kreditwirtschaft, Stellungnahme zum Konsultationspapier 01/2012 der Bundesanstalt für Finanzdienstleistungsaufsicht (BaFin) – »Überarbeitung der MaRisk«, 5. Juni 2012, S. 10.

26 Vgl. Deutsche Kreditwirtschaft, Stellungnahme zum Konsultationspapier 01/2012 der Bundesanstalt für Finanzdienstleistungsaufsicht (BaFin) – »Überarbeitung der MaRisk« (Zwischenentwurf vom 2. August 2012), 12. September 2012, S. 7f.

27 Vgl. Bundesanstalt für Finanzdienstleistungsaufsicht, Konsultation 01/2012 – »Überarbeitung der MaRisk«, Zwischenentwurf vom 2. August 2012, S. 20.

28 Vgl. Bundesanstalt für Finanzdienstleistungsaufsicht, Übermittlungsschreiben zum Rundschreiben 10/2012 (BA) vom 14. Dezember 2012, S. 5.

2.3 Risikoorientierter Ansatz

In der Sondersitzung des MaRisk-Fachgremiums zur Compliance-Funktion am 24. April 2013 hat **17** die BaFin klargestellt, dass die Compliance-Funktion nicht für die allgemeine Compliance im Sinne einer ordnungsgemäßen Geschäftsorganisation nach § 25a Abs. 1 KWG zuständig ist.[29] Die Verantwortung dafür liegt ausschließlich bei der Geschäftsleitung (→ AT 3 Tz. 1). Darüber hinaus hat die Aufsicht betont, dass sie im Hinblick auf den Umfang der zu betrachtenden rechtlichen Regelungen und Vorgaben einen risikoorientierten Ansatz verfolgt. Die Institute haben sich danach grundsätzlich über alle Rechtsbereiche hinweg umfassend und regelmäßig mit ihren Compliance-Risiken auseinanderzusetzen.[30] Dieser Ansatz der BaFin entspricht den Vorgaben der EBA-Leitlinien zur internen Governance, welche die Zuständigkeit der Compliance-Funktion ebenfalls nicht auf aufsichtsrechtliche Regelungen und Vorgaben beschränken.[31]

Unabhängig von der konkreten Definition der Compliance-Risiken bzw. der Abgrenzung zu **18** anderen Risikoarten ist diese Anforderung im Grunde nicht neu. Die Institute sind bereits heute verpflichtet, sich regelmäßig und anlassbezogen im Rahmen einer Risikoinventur einen Überblick über die Risiken auf der Ebene des gesamten Institutes (Gesamtrisikoprofil) zu verschaffen. Im Rahmen dieser ganzheitlichen Risikoinventur sind die für das Institut wesentlichen Risiken sowie damit verbundene Risikokonzentrationen zu bestimmen, wobei typische bankgeschäftliche Risikoarten, wie die Adressenausfall-, Marktpreis-, Liquiditäts- oder operationellen Risiken, grundsätzlich als wesentlich einzustufen sind (→ AT 2.2 Tz. 1). Darüber hinaus gelten Risiken im Allgemeinen als wesentlich, wenn sie die Vermögenslage (inkl. Kapitalausstattung), die Ertragslage oder die Liquiditätslage wesentlich beeinträchtigen können (→ AT 2.2 Tz. 2). Bei der Risikoinventur, mit deren Durchführung die Risikocontrolling-Funktion betraut ist (→ AT 4.4.1 Tz. 2), steht allerdings nicht die formalrechtliche oder die bilanzielle Sichtweise im Vordergrund, sondern die betriebswirtschaftliche Betrachtung, um bestimmte Risiken nicht einfach auszublenden.[32] Außerdem hat das Institut auch für »nicht wesentliche« Risiken angemessene Vorkehrungen zu treffen (→ AT 2.2 Tz. 1).

Eine ähnliche Vorgehensweise ist bei der Identifizierung der wesentlichen rechtlichen Regelungen und Vorgaben, die durch die Compliance-Funktion erfolgt, denkbar (siehe Abbildung 44). **19** Dieser Prozess soll ebenfalls unter Berücksichtigung von Risikogesichtspunkten erfolgen. Der Aspekt der Wesentlichkeit rechtlicher Regelungen und Vorgaben wird davon abhängig gemacht, ob deren Nichteinhaltung zu einer Gefährdung des Vermögens des Institutes führen kann (→ AT 4.4.2 Tz. 2). In der Praxis erfolgt die Identifizierung der wesentlichen rechtlichen Regelungen und Vorgaben regelmäßig in einem mehrstufigen Prozess. Im ersten Schritt ermitteln die Institute zunächst alle Rechtsbereiche, die für das Institut überhaupt relevant sind, z.B. im Rahmen eines »Self Assessment«. Für das Institut grundsätzlich nicht relevante rechtliche Regelungen und Vorgaben können so zu einem sehr frühen Zeitpunkt ausgesteuert werden. Im zweiten Schritt haben die Institute aus den relevanten Rechtsbereichen im Rahmen einer Risikoanalyse die unter Risikogesichtspunkten »wesentlichen« rechtlichen Regelungen und Vorgaben zu identifizieren (»Wesentlichkeitsanalyse«). Dabei können abhängig vom Geschäftsmodell des Institutes neben den aufsichtsrechtlichen Regelungen institutsindividuell Rechtsbereiche, wie bspw. das Verbraucherschutzrecht, Datenschutzvorgaben, das Gesellschaftsrecht, das Kartellrecht oder auch das Steuerrecht, zu berücksichtigen sein, sofern diese z.B. bei der Strukturierung von Bankprodukten

---

29 Vgl. Bundesanstalt für Finanzdienstleistungsaufsicht, Protokoll der Sitzung des MaRisk-Fachgremiums am 24. April 2013, S. 1.

30 Vgl. Bundesanstalt für Finanzdienstleistungsaufsicht, Übermittlungsschreiben zum Rundschreiben 10/2012 (BA) vom 14. Dezember 2012, S. 4 f.

31 Vgl. European Banking Authority, Leitlinien zur internen Governance, EBA/GL/2017/11, 21. März 2018, S. 47.

32 Vgl. Hofer, Markus, MaRisk: Erneute Überarbeitung vor dem Hintergrund internationaler Standards, in: BaFinJournal, Ausgabe Januar 2011, S. 7.

oder bei der Kundenberatung eine maßgebliche Rolle spielen. Institute, die z. B. über Zweignieder-lassungen grenzüberschreitend tätig sind, haben die lokalen ausländischen rechtlichen Regelun-gen und Vorgaben in ihre Überlegungen einzubeziehen. Im dritten Schritt bewertet die Com-pliance-Funktion z. B. im Rahmen einer Risikoanalyse, ob die von dem Institut eingerichteten Verfahren und Kontrollen (»Sicherungsmaßnahmen«) eine wirksame Einhaltung der identifizier-ten wesentlichen rechtlichen Regelungen und Vorgaben gewährleisten. Diese Sicherungsmaß-nahmen sind regelmäßig in den Organisationsrichtlinien des Institutes (Handbücher, Arbeits-anweisungen, Prozessbeschreibungen, prozessintegrierte Kontrollen etc.) niedergelegt. Ist dies nicht der Fall, hat die Compliance-Funktion auf die Implementierung wirksamer Verfahren und entsprechender Kontrollen durch die zuständigen Geschäftsbereiche hinzuwirken.

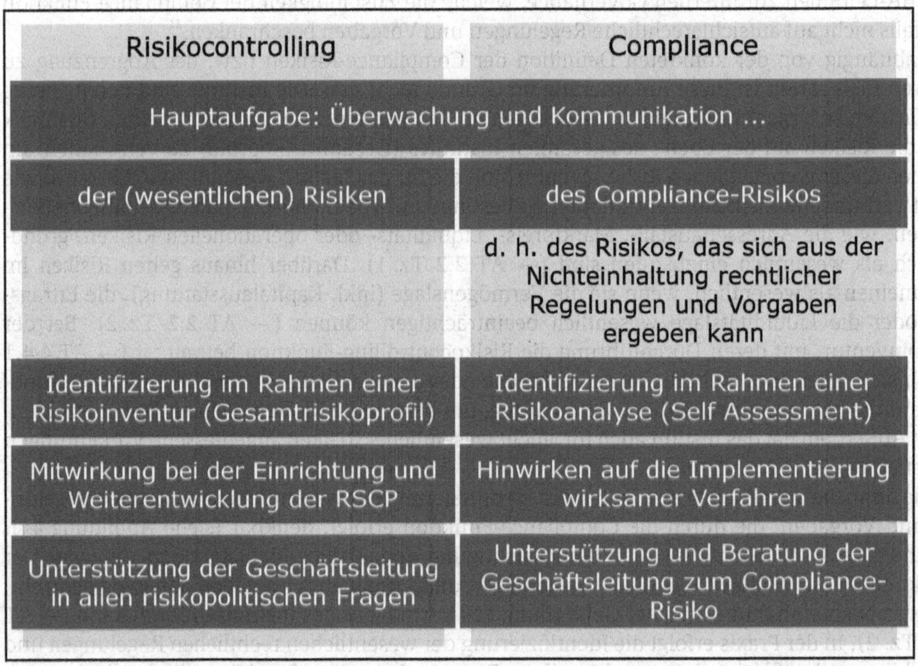

Risikocontrolling	Compliance
Hauptaufgabe: Überwachung und Kommunikation ...	
der (wesentlichen) Risiken	des Compliance-Risikos
	d. h. des Risikos, das sich aus der Nichteinhaltung rechtlicher Regelungen und Vorgaben ergeben kann
Identifizierung im Rahmen einer Risikoinventur (Gesamtrisikoprofil)	Identifizierung im Rahmen einer Risikoanalyse (Self Assessment)
Mitwirkung bei der Einrichtung und Weiterentwicklung der RSCP	Hinwirken auf die Implementierung wirksamer Verfahren
Unterstützung der Geschäftsleitung in allen risikopolitischen Fragen	Unterstützung und Beratung der Geschäftsleitung zum Compliance-Risiko

Abb. 44: Gemeinsamkeiten von Risikocontrolling und Compliance

20   Wegen der aufgezeigten Parallelen kann der Prozess zur Identifizierung der wesentlichen Com-pliance-Risiken ggf. auch im Rahmen der allgemeinen Risikoinventur durchgeführt werden. Insbesondere in Konstellationen, bei denen die Compliance-Funktion an die Risikocontrolling-Funktion angebunden ist (→ AT 4.4.2 Tz. 3), können sich daraus möglicherweise Synergieeffekte ergeben. Allerdings sollte in diesem Fall strikt darauf geachtet werden, dass die Compliance-Funk-tion eigenverantwortlich tätig wird und die besondere Sicht auf die Compliance-Risiken gewähr-leistet ist.

21   Die Compliance-Funktion kann sich aufgrund des risikoorientierten Ansatzes nicht auf wesent-liche »aufsichtsrechtliche« Regelungen und Vorgaben beschränken. Allerdings ist die gesell-schaftsrechtlich bestehende Organisationsfreiheit bei Banken im Laufe der Jahre durch die äußerst umfangreichen Vorgaben des öffentlichen Aufsichtsrechtes mehr und mehr eingeschränkt wor-den. Das Kreditwesengesetz, die unmittelbar geltende Bankenverordnung (Capital Requirements Regulation, CRR), das Wertpapierhandelsgesetz und das Geldwäschegesetz sowie darauf beru-

hende norminterpretierende Verwaltungsvorschriften (wie z. B. MaRisk, MaComp, AuA[33]), die von der EBA veröffentlichten technischen Standards und Leitlinien (wie z. B. die EBA-Leitlinien zur internen Governance) sowie aufsichtsrechtliche Spezialgesetze (wie z. B. das Pfandbriefgesetz) enthalten inzwischen detaillierte Regelungen, die den Instituten sehr konkret vorgeben, welche organisatorischen Regelungen sie beachten müssen, damit die Einhaltung der für sie einschlägigen Gesetze und Vorgaben gewährleistet ist. Insbesondere für die bedeutenden Institute gemäß Art. 6 SSM-Verordnung kommen ergänzend die Leitfäden der EZB hinzu. Seit der Finanzmarktkrise wurde die Bankenregulierung zudem erheblich ausgeweitet auf neue Aufsichtsbereiche wie bspw. Corporate-Governance- und Vergütungsregelungen oder die mögliche Sanierung und Abwicklung von Instituten. Angesichts dieser Regelungsdichte, die praktisch sämtliche Organisationseinheiten der Institute betrifft, stellen die aufsichtsrechtlichen Anforderungen zwangsläufig den Schwerpunkt der wesentlichen Regelungen und Vorgaben im Sinne des Moduls AT 4.4.2 dar.

2.4   Compliance-Funktion als Bestandteil des IKS

Ein angemessenes und wirksames Risikomanagement nach § 25a Abs. 1 KWG beinhaltet die Errichtung interner Kontrollverfahren, die sich wiederum aus dem internen Kontrollsystem und der Internen Revision zusammensetzen. Das interne Kontrollsystem (IKS) umfasst insbesondere   **22**
- Regelungen zur Aufbau- und Ablauforganisation,
- Prozesse zur Identifizierung, Beurteilung, Steuerung, Überwachung und Kommunikation der Risiken (Risikosteuerungs- und -controllingprozesse) sowie
- eine Risikocontrolling-Funktion und eine Compliance-Funktion.

Als Teil des internen Kontrollsystems ist die Compliance-Funktion wie die Risikocontrolling-Funktion ein integraler Bestandteil der zu überwachenden Prozesse (prozessabhängige Überwachung), während die Interne Revision zu den prozessunabhängigen Überwachungsmechanismen zählt. Die Compliance-Funktion gehört somit zu der vom Baseler Ausschuss für Bankenaufsicht, der EBA und der EZB beschriebenen zweiten Verteidigungslinie (→ AT 4.4, Einführung), die in enger Abstimmung mit den Geschäftsbereichen dafür sorgt, dass die Risiken aus der Nichteinhaltung rechtlicher Regelungen und Vorgaben angemessen identifiziert und gesteuert werden.   **23**

Durch die Zuordnung der Compliance-Funktion zum internen Kontrollsystem hat die Aufsicht zudem gemäß § 25a Abs. 2 Satz 2 KWG die Möglichkeit, bei einer nicht angemessenen Compliance im Einzelfall Anordnungen gegen das Institut zu treffen.   **24**

2.5   Aufgaben der Compliance-Funktion

Die Compliance-Funktion ist zunächst dafür zuständig, regelmäßig die rechtlichen Regelungen und Vorgaben mit einem wesentlichen Compliance-Risiko zu identifizieren, d. h. deren Nichteinhaltung zu einer Gefährdung des Vermögens des Institutes führen kann. Darüber hinaus hat die Compliance-Funktion die Aufgabe, auf die Implementierung wirksamer Verfahren zur Einhaltung der gesetzlichen Bestimmungen und Vorgaben sowie entsprechender Kontrollen hinzuwirken. Die   **25**

---

33 Bundesanstalt für Finanzdienstleistungsaufsicht, Auslegungs- und Anwendungshinweise zum Geldwäschegesetz (GwG) vom 18. Mai 2020.

AT 4.4.2 Compliance-Funktion

Compliance-Funktion ist nicht für die Einhaltung der identifizierten rechtlichen Regelungen und Vorgaben verantwortlich. Diese Verantwortung obliegt nach wie vor uneingeschränkt den Geschäftsleitern und den zuständigen Geschäftsbereichen (→ AT 4.4.2 Tz. 1, Erläuterung). Insofern ist die Compliance-Funktion eher beratend und koordinierend tätig. Sie soll darauf achten, dass die zuständigen Geschäftsbereiche ihrer Verantwortung nachkommen und keine unerwünschten Regelungslücken im Institut auftreten.[34]

26   Gemäß dem Merkblatt der BaFin zum Umgang mit Nachhaltigkeitsrisiken sollte die Compliance-Funktion im Rahmen ihrer Aufgaben auch auf die Einhaltung der rechtlichen Anforderungen zur Nachhaltigkeit hinwirken.[35] Dies entspricht den Vorstellungen der EZB, wonach die Compliance-Funktion sicherzustellen hat, dass aus Klimarisiken erwachsende Compliance-Risiken bei allen maßgeblichen Prozessen gebührend berücksichtigt und wirksam in sie integriert werden. Die EZB erwartet, dass die Compliance-Funktion die Auswirkungen von Änderungen des rechtlichen oder regulatorischen Umfeldes auf die Geschäftstätigkeit des Institutes und dessen Compliance-Rahmenwerk prüft. Da sich Nachhaltigkeitsregelungen und -standards im Laufe der Zeit ändern können, sind die Institute nach Auffassung der EZB möglicherweise zunehmend mit Compliance-Risiken konfrontiert, z. B. Haftungs-, Prozess- und/oder Reputationsrisiken, die sich aus klima- und umweltbezogenen Themen ergeben. Deshalb sollten diese Risiken bei allen maßgeblichen Compliance-Prozessen gebührend berücksichtigt und wirksam in sie integriert werden.[36]

27   Die Compliance-Funktion sollte auch die Ausrichtung der Aktivitäten der Institute an geltenden Gesetzen, Regeln, Vorschriften und Standards mit Bezug zu ESG-Aspekten überwachen. Zudem spielt sie neben der Risikocontrolling-Funktion aus Sicht der EBA eine Schlüsselrolle bei der Genehmigung neuer Produkte, z. B. ökologisch nachhaltiger Kreditfazilitäten, oder wesentlicher Änderungen an bestehenden Produkten, Prozessen und Systemen.[37]

28   Eine weitere ausdrückliche Zuweisung von Aufgaben an die Compliance-Funktion im Bereich des Kapital- und Zahlungsverkehrs findet sich im Zusammenhang mit Finanzsanktionen. Die Compliance-Funktion hat danach auf die Implementierung wirksamer Verfahren zur Einhaltung der Finanzsanktionen und entsprechender Kontrollen hinzuwirken.[38]

29   Damit die Compliance-Funktion ihrer Hinwirkungspflicht nachkommen kann, ist es erforderlich, dass sie sich ein eigenes Urteil über die Angemessenheit und Wirksamkeit der im Institut zur Einhaltung der wesentlichen rechtlichen Regelungen und Vorgaben bestehenden Verfahren und Kontrollen (Sicherungsmaßnahmen) bildet. Nach den Vorstellungen der Aufsicht ist es notwendig, dass die Compliance-Funktion zumindest in der Lage sein muss, Kontrollhandlungen durchzuführen, und insoweit auch entsprechende Kontrollrechte eingeräumt bekommt. Der tatsächliche Umfang der vorzunehmenden Kontrollhandlungen wird von der Aufsicht nicht vorgegeben, sondern verbleibt in der Eigenverantwortung der Institute.[39] Kontrollhandlungen können dabei regelmäßig auf der Grundlage eines Überwachungsplanes oder anlassbezogen erfolgen. Stellt die Compliance-Funktion bei den im Institut implementierten Sicherungsmaßnahmen Defizite oder Lücken fest, kann sie Vorschläge zur Behebung der Defizite oder Schließung der Lücken unterbreiten und ggf. eine Eskalation an die Geschäftsleitung herbeiführen (→ AT 4.4.2 Tz. 6).

30   Eine zentrale Aufgabe der Compliance-Funktion ist die Beratung und Unterstützung der Geschäftsleitung bei der Einhaltung der wesentlichen rechtlichen Regelungen und Vorgaben. Zu

---

34 Vgl. Bundesanstalt für Finanzdienstleistungsaufsicht, Übermittlungsschreiben zum Rundschreiben 10/2012 (BA) vom 14. Dezember 2012, S. 4.

35 Vgl. Bundesanstalt für Finanzdienstleistungsaufsicht, Merkblatt zum Umgang mit Nachhaltigkeitsrisiken, 20. Dezember 2019, geändert am 13. Januar 2020, S. 24.

36 Vgl. Europäische Zentralbank, Leitfaden zu Klima- und Umweltrisiken – Erwartungen der Aufsicht in Bezug auf Risikomanagement und Offenlegungen, 27. November 2020, S. 29f.

37 Vgl. European Banking Authority, EBA Report on management and supervision of ESG risks for credit institutions and investment firms, EBA/REP/2021/18, 23. Juni 2021, S. 103.

38 Vgl. Deutsche Bundesbank, Merkblatt zur Einhaltung von Finanzsanktionen, 31. August 2020, S. 8.

39 Vgl. Bundesanstalt für Finanzdienstleistungsaufsicht, Protokoll der Sitzung des MaRisk-Fachgremiums am 24. April 2013, S. 3.

diesem Zweck hat die Compliance-Funktion mindestens einmal jährlich sowie anlassbezogen der Geschäftsleitung über ihre Tätigkeit Bericht zu erstatten (→ AT 4.4.2 Tz. 7). Durch das Trennbankengesetz[40] wird die persönliche Verantwortung der Geschäftsleiter eines Institutes für ein angemessenes und wirksames Risikomanagement noch einmal hervorgehoben (§ 25c Abs. 3 und 4a KWG). Das Gesetz erhebt wesentliche, zuvor nur in den MaRisk geregelte Anforderungen an das Risikomanagement in Gesetzesrang und verpflichtet die Geschäftsleitung ausdrücklich zur Sicherstellung der genannten bankaufsichtlichen Regelungen. Ferner wurde ein Straftatbestand für Geschäftsleiter von Instituten geschaffen. Ein Geschäftsleiter einer Bank kann nach § 54a KWG bei einem Verstoß gegen die Sicherstellungspflichten mit einer Freiheitsstrafe bis zu fünf Jahren oder mit einer Geldstrafe belangt werden, wenn er einer vollziehbaren Anordnung der Aufsicht zuwiderhandelt und hierdurch eine Bestandsgefährdung des Institutes herbeigeführt wird (→ AT 3 Tz. 1).

In der Praxis beschränkt sich die Beratungstätigkeit der Compliance-Funktion nicht auf die **31** Geschäftsleitung, sondern erstreckt sich regelmäßig auf alle Geschäftsbereiche der Bank. Die Beratung erfolgt z. B. bei neuen aufsichtlichen Anforderungen im Hinblick auf die Implementierung wirksamer Verfahren und Kontrollen zur Einhaltung der für das Institut wesentlichen rechtlichen Regelungen und Vorgaben, wobei die Aufgaben der Compliance-Funktion als Kontrollbereich bzw. zweite Verteidigungslinie zu beachten sind. Ein weiterer Schwerpunkt der Beratung ist in der Regel die Durchführung von Schulungen für alle Mitarbeiter zu Compliance-Themen sowie entsprechender Einführungsveranstaltungen für neue Mitarbeiter.

Die BaFin hat klargestellt, dass die sonstigen Vorgaben zur Compliance-Funktion, die sich aus **32** anderen Aufsichtsgesetzen ergeben, von den Anforderungen der MaRisk unberührt bleiben. Beispielhaft werden § 80 WpHG und Art. 22 Delegierte Verordnung (EU) 2017/565 in Verbindung mit dem Rundschreiben »MaComp« und § 25h KWG in Verbindung mit konkretisierenden Verwaltungsvorschriften genannt. Diese Erkenntnis ergibt sich auch daraus, dass die MaRisk nur § 25a Abs. 1 KWG konkretisieren (→ AT 4.4.2 Tz. 1, Erläuterung).

2.6 Monitoring von Regulierungsvorhaben

Die Compliance-Funktion hat in erster Linie den Compliance-Risiken entgegenzuwirken, die sich **33** aus der Nichteinhaltung bestehender rechtlicher Regelungen und Vorgaben ergeben können. Bei einem Verstoß gegen die geltenden gesetzlichen Regelungen und Vorgaben drohen dem Institut ggf. (Geld-)Strafen, Bußgelder sowie Schadensersatzansprüche und/oder die Nichtigkeit von Verträgen, die wiederum zu einer Gefährdung des Vermögens des Institutes führen können.

Darüber hinaus spielt die Compliance-Funktion in der Praxis oftmals eine wichtige Rolle bei der **34** Identifizierung und dem Monitoring zukünftiger rechtlicher Regelungen und Vorgaben der Standardsetzer bzw. Aufsichtsbehörden (»Regulierungsvorhaben«), die sich auf internationaler, europäischer oder nationaler Ebene abzeichnen. Ziel dieses oftmals als »regulatorisches Monitoring« bezeichneten Prozesses ist es insbesondere, für das Institut relevante Regulierungsvorhaben möglichst frühzeitig zu identifizieren, eine Einschätzung der Auswirkungen auf das Institut (Produkte, Prozesse, IT-Systeme etc.) und der Risiken aus einer Nichteinhaltung vorzunehmen sowie anschließend die neuen Anforderungen im vorgegebenen Zeitrahmen umzusetzen. Umfangreiche Regulierungsvorhaben wie z. B. Basel III/IV können unmittelbare Konsequenzen für die Eigenmittel- oder Liquiditätsausstattung der Institute und damit für ihr Geschäftsmodell haben. Das regulatorische Monitoring betrifft nicht das Compliance-Risiko, da die Institute die Regulie-

---

40 Vgl. Gesetz zur Abschirmung von Risiken und zur Planung der Sanierung und Abwicklung von Kreditinstituten und Finanzgruppen vom 7. August 2013 (BGBl. I S. 3090), veröffentlicht am 12. August 2013.

rungsvorhaben erst zu einem späteren Zeitpunkt einzuhalten haben. Zum Teil ordnen die Institute den Prozess den regulatorischen Risiken zu, d.h. Unwägbarkeiten, die sich für das Institut aus neuen oder geänderten regulatorischen Vorgaben ergeben. Für die Abgrenzung zwischen den Compliance-Risiken und den regulatorischen Risiken haben sich in der Praxis jedoch noch keine einheitlichen Standards herausgebildet (→ BTR Tz. 1). Bei Regulierungsvorhaben, für die im Institut noch keine eindeutigen Zuständigkeiten bestehen, sind zudem die internen Verantwortlichkeiten festzulegen.

35   Das regulatorische Monitoring ist für die Institute auch deshalb von Bedeutung, da sie sich ggf. über die Bankenverbände an der Konsultation der Regulierungsvorhaben beteiligen können.

36   Beim Monitoring von Regulierungsvorhaben greifen die Institute regelmäßig auf externe Informationsdienste zurück, die ihnen umfangreiche Informationen über die rechtlichen Neuerungen zur Verfügung stellen. Zum Teil enthalten diese Informationsdienste auch Auswirkungsanalysen, z.B. auf die Organisationsstruktur oder die IT-Systeme einer »Musterbank«, so dass sich der Aufwand für die Auswertung, Zusammenfassung und Analyse der Regulierungsvorhaben ggf. reduzieren lässt.[41]

2.7 Compliance-Funktion als Kontrolleinheit im Sinne der Vergütungsverordnung

37   Die Aufgaben der Compliance-Funktion beschränken sich nicht auf die im Modul AT 4.4.2 enthaltenen Verantwortlichkeiten.[42] Nach § 2 Abs. 11 InstitutsVergV ist die Compliance-Funktion als Kontrolleinheit im Sinne der Institutsvergütungsverordnung einzustufen. Die Institutsvergütungsverordnung weist den Kontrolleinheiten an zahlreichen Stellen Verantwortlichkeiten zu bzw. fordert ihre Einbindung. Als Kontrolleinheit ist die Compliance-Funktion zunächst gemäß § 3 Abs. 3 InstitutsVergV bei der Ausgestaltung und der Überwachung der Vergütungssysteme angemessen zu beteiligen. Diese Regelung wurde im Zuge der Änderung der Vergütungsverordnung im Jahr 2017 dahingehend erweitert, dass die Kontrolleinheiten in bedeutenden Instituten gemäß § 1 Abs. 3c KWG[43] (→ AT 1 Tz. 3) nunmehr auch in Bezug auf den Prozess der Ermittlung der Risikoträger auf Instituts- und Gruppenebene angemessen zu beteiligen sind. Die Compliance-Funktion soll insbesondere analysieren, wie sich die Vergütungssysteme auf die Einhaltung von Recht und Gesetz, Verordnungen, internen Richtlinien und der Risikokultur auswirken, und über

---

41 Ein Beispiel für einen derartigen regulatorischen Informationsdienst ist der RADAR-Informationsdienst der VÖB-Service GmbH, der einen aktuellen Überblick über die kreditwirtschaftlich und versicherungswirtschaftlich relevanten Regulierungsvorhaben inklusive einer Auswirkungsanalyse für die verschiedenen Unternehmensbereiche bietet und durch verschiedene Produkte zur individuellen Nutzung ergänzt werden kann. Der Bundesverband Öffentlicher Banken Deutschlands publiziert für seine Mitglieder z.B. eine monatlich aktualisierte Übersicht zu aktuellen Regulierungsvorhaben, die bereits die in Konsultation befindlichen Regelungen berücksichtigt und durch den RADAR-Informationsdienst ergänzt wird. In ähnlicher Weise versorgen die anderen kreditwirtschaftlichen Verbände ihre jeweiligen Mitgliedsinstitute.

42 Vgl. Buscher, Arne Martin/Link, Vivien/von Harbou, Christopher/Weigl, Thomas, Verordnung über die aufsichtsrechtlichen Anforderungen an Vergütungssysteme von Instituten (Institutsvergütungsverordnung – InstitutsVergV), 2. Auflage, Stuttgart, 2018, Tz. 48 ff.

43 Die Systematik zur Einstufung von bedeutenden Instituten war zunächst in § 17 InstitutsVergV geregelt und wurde durch das Brexit-Steuerbegleitgesetz im Jahr 2019 ohne inhaltliche Änderung in § 25n KWG überführt. Mit dem Risikoreduzierungsgesetz (RiG) aus dem Jahr 2020 wurde in § 1 Abs. 3c KWG eine einheitliche Definition des Begriffes »bedeutendes Institut« für die Zwecke der Vergütungsregelungen und der Corporate Governance nach § 25c und § 25d KWG eingeführt. Die Definition des Begriffes »Risikoträger« ist in § 1 Abs. 21 Satz 1 KWG in Verbindung mit § 25a Abs. 5b Satz 1 und 2 KWG enthalten. § 25a Abs. 5b KWG formuliert die Anforderungen an die neben den Mitgliedern der Geschäftsleitung und des Aufsichtsorgans zwingend als Risikoträger einzustufenden Personengruppen und an die Risikoanalyse zur Ermittlung der weiteren Risikoträger. Die Regelung des § 25n KWG wurde durch das RiG gestrichen.

alle identifizierten Compliance-Risiken und Nichteinhaltungen sowohl gegenüber der Geschäftsleitung als auch dem Aufsichtsorgan berichten.[44]

Ebenfalls neu aufgenommen im Rahmen der letzten Überarbeitung wurde die Anforderung **38**
nach § 7 Abs. 1 InstitutsVergV, dass der Gesamtbetrag der variablen Vergütung unter angemessener und ihrem Aufgabenbereich entsprechender Beteiligung der Kontrolleinheiten und damit auch
unter Einbindung der Compliance-Funktion festzusetzen ist. Nach den Vorstellungen der EBA
sollte die Compliance-Funktion bei der Festsetzung des Gesamtbetrages der variablen Vergütungen und der Leistungskriterien sowie bei der Vergütungsgewährung entsprechend ihrem Aufgabenbereich etwaige Bedenken hinsichtlich der Auswirkungen auf das Verhalten der Mitarbeiter
und der Risikobehaftung der getätigten Geschäfte mitteilen.[45] Zudem ist die Compliance-Funktion
gemäß § 11 Abs. 1 Satz 2 InstitutsVergV beim Rahmenkonzept zur Festlegung und Gewährung
von Abfindungen einzubinden. Schließlich hat die Compliance-Funktion nach § 8 Abs. 2 Instituts-
VergV im Bereich der Vergütung zu überwachen, dass im Institut angemessene interne Com-
pliance-Strukturen bestehen, die eine Aufhebung oder Einschränkung der Risikoorientierung der
bankaufsichtlichen Vergütungsvorgaben verhindern.

2.8   Hinweisgebersystem (Whistleblowing-Verfahren)

Mit dem CRD IV-Umsetzungsgesetz umfasst eine ordnungsgemäße Geschäftsorganisation nach **39**
§ 25a Abs. 1 Satz 6 Nr. 3 KWG auch einen Prozess, der es den Mitarbeitern unter Wahrung der
Vertraulichkeit ihrer Identität ermöglicht, Verstöße gegen die CRR oder das KWG oder gegen die
aufgrund des KWG erlassenen Rechtsverordnungen sowie etwaige strafbare Handlungen innerhalb des Unternehmens an geeignete Stellen zu berichten (»Whistleblowing«).[46] Das Whistleblowing-Verfahren soll über den Wortlaut der Regelung hinaus auch einen hinreichenden Verdacht
der genannten Verstöße bzw. von strafbaren Handlungen erfassen.[47] Auch die EBA hat umfassende regulatorische Vorgaben an das Whistleblowing-Verfahren der Institute veröffentlicht.[48] Die
Institute haben bei der Ausgestaltung des Whistleblowing-Verfahrens eine weitgehende Gestaltungsfreiheit im Hinblick auf den Adressaten der Meldung. So sind z. B. interne oder externe
Anlaufstellen möglich. Die Institute können ggf. in Betracht ziehen, die Compliance-Funktion bei
der Implementierung der zentralen Anlaufstelle mit einzubeziehen bzw. sie als Adressat derartiger
Meldungen vorzusehen.[49] Wichtig ist darüber hinaus eine enge Abstimmung mit dem Datenschutzbeauftragten.

---

44 Vgl. Bundesanstalt für Finanzdienstleistungsaufsicht, Auslegungshilfe zur Institutsvergütungsverordnung in der Fassung
    vom 15. Februar 2018, zu § 3. Die BaFin hat am 18. September 2020 den Entwurf einer überarbeiteten Fassung der
    Auslegungshilfe zur Konsultation gestellt.

45 Vgl. European Banking Authority, Leitlinien für eine solide Vergütungspolitik gemäß Artikel 74 Absatz 3 und Artikel 75
    Absatz 2 der Richtlinie 2013/36/EU und Angaben gemäß Artikel 450 der Verordnung (EU) Nr. 575/2013, EBA/
    GL/2015/22, 27. Juni 2016, Tz. 30. Die EBA hat im Juli 2021 den finalen Bericht zu den überarbeiteten Leitlinien über die
    Grundsätze einer soliden Vergütung vorgelegt. Vgl. Final report on Guidelines on sound remuneration policies under
    Directive 2013/36/EU, EBA/GL/2021/04, 2. Juli 2021.

46 Das von den Instituten gemäß § 25a Abs. 1 Satz 6 Nr. 3 KWG einzurichtende Whistleblowing-Verfahren ist zu unterschei-
    den von der Hinweisgeberstelle der BaFin, die diese auf der Grundlage der europäischen Whistleblower-Richtlinie aus dem
    Jahr 2019 etabliert hat. Vgl. Bundesanstalt für Finanzdienstleistungsaufsicht, Jahresbericht 2020, 18. Mai 2021, S. 126.

47 Vgl. Benzler, Marc/Krieger, Kai, in: Binder, Jens-Hinrich/Glos, Alexander/Riege, Jan (Hrsg.), Handbuch Bankenaufsichts-
    recht, Köln, 2018, S. 505.

48 Vgl. European Banking Authority, Leitlinien zur internen Governance, EBA/GL/2017/11, 21. März 2018, S. 32 ff.; Basel
    Committee on Banking Supervision, Guidelines – Corporate governance principles for banks, BCBS 328, 8. Juli 2015, S. 10.

49 Vgl. European Banking Authority, Leitlinien zur internen Governance, EBA/GL/2017/11, 21. März 2018, S. 32; Bürkle,
    Jürgen, § 13. Der Compliance Officer in regulierten Finanzsektoren, in: Bürkle, Jürgen/Hauschka, E. Christoph, Der
    Compliance Officer, Ein Handbuch in eigener Sache, München, 2015, S. 330.

2.9 Management von Interessenkonflikten

40 In manchen Instituten erstellt die Compliance-Funktion einen Code of Conduct oder Rahmenwerke für die Vermeidung bzw. den Umgang mit Interessenkonflikten. Allerdings kommen auch andere Lösungen in Betracht. Mit dem Code of Conduct oder den Rahmenvorgaben werden die Anforderungen der EBA umgesetzt, die in ihren Leitlinien zur internen Governance Richtlinien zur Ermittlung, Bewertung, Steuerung und Minderung tatsächlicher und potenzieller Interessenkonflikte verlangt. Diese Richtlinien schließen Maßnahmen zur Vermeidung von Interessenkonflikten mit ein.[50] Interessenkonflikte können in den Instituten in einer vielfältigen Form, Konstellation und Ausprägung auftreten. Die EBA-Leitlinien unterscheiden einerseits Interessenkonflikte auf Ebene des Institutes und andererseits Interessenkonflikte für Mitarbeiter (inkl. Mitglieder der Geschäftsleitung und des Aufsichtsorgans). Der von der EBA im Juli 2021 veröffentlichte Bericht zu den überarbeiteten Leitlinien zur internen Governance sieht zur Vermeidung von Interessenkonflikten für Mitglieder der Geschäftsleitung, des Aufsichtsorgans sowie verbundene Parteien (»related parties«) umfangreiche Regelungen zur Kreditvergabe und zu anderen Transaktionen wie z. B. Factoring, Leasing etc. vor.[51]

41 Die gesetzlichen Vorgaben zur Vermeidung bzw. zum Umgang mit Interessenkonflikten ergeben sich im Einzelnen regelmäßig aus Spezialgesetzen, z. B. den Regelungen für Organkredite gemäß § 15 KWG, dem Verbot von Insidergeschäften und unrechtmäßiger Offenlegung von Insiderinformationen nach Art. 14 i. V. m. Art. 8 MAR[52], der Vermeidung von Interessenkonflikten bei der Ausgestaltung der Aufbau- und Ablauforganisation (→ AT 4.3.1 Tz. 1) und dem Umgang mit Geschenken und Einladungen etc. Wenn ein Institut über Repräsentanzen, Zweigniederlassungen oder Tochtergesellschaften im Ausland verfügt, können zusätzliche lokale Anforderungen für den Umgang mit Interessenkonflikten bestehen.

2.10 Compliance-Funktion auf Gruppenebene

42 Im Rahmen der vierten MaRisk-Novelle ist darauf verzichtet worden, den Instituten die Einrichtung einer Compliance-Funktion auf Gruppenebene explizit vorzuschreiben. Allerdings wird mit dem Trennbankengesetz von den Geschäftsleitern des übergeordneten Unternehmens gemäß § 25c Abs. 4b Nr. 3 lit. e KWG gefordert, dass das interne Kontrollsystem der Gruppe eine Compliance-Funktion umfasst, was auf eine Konzern-Compliance hinausläuft. Für das Erfordernis einer Compliance-Funktion auf Gruppenebene spricht zudem der ausdrückliche Verweis von § 25a Abs. 3 Satz 1 KWG auf § 25a Abs. 1 Satz 3 Nr. 3c KWG. Nach den Vorstellungen der EBA haben die konsolidierenden Institute dafür Sorge zu tragen, dass ihre Tochtergesellschaften und Zweigstellen Maßnahmen ergreifen, um sicherzustellen, dass ihre Tätigkeiten den regionalen Gesetzen und Rechtsvorschriften entsprechen. Auch die EBA verlangt somit seit der Überarbeitung ihrer Leitlinien im Jahr 2017 eine Compliance-Funktion auf Gruppenebene.[53]

43 Bei Institutsgruppen, Finanzholding-Gruppen und gemischten Finanzholding-Gruppen ist daher eine Compliance-Funktion auch auf Gruppenebene einzurichten und ein Konzern-Complian-

---

50 Vgl. European Banking Authority, Leitlinien zur internen Governance, EBA/GL/2017/11, 21. März 2018, S. 29 ff.

51 Vgl. European Banking Authority, Final Report on Guidelines on internal governance under Directive 2013/36/EU, EBA/GL/2021/05, 2. Juli 2021, S. 41 ff.

52 Verordnung (EU) Nr. 596/2014 (Marktmissbrauchsverordnung) des Europäischen Parlaments und des Rates vom 16. April 2014 über Marktmissbrauch und zur Aufhebung der Richtlinie 2003/6/EG des Europäischen Parlaments und des Rates und der Richtlinien 2003/124/EG, 2003/125/EG und 2004/72/EG der Kommission, Amtsblatt der Europäischen Union vom 12. Juni 2014, L 173/1–61.

53 Vgl. European Banking Authority, Leitlinien zur internen Governance, EBA/GL/2017/11, 21. März 2018, S. 47 f.

ce-Beauftragter zu benennen. Eine konsolidierte Risikobetrachtung auf Gruppenebene ist auch bei Compliance-Risiken sinnvoll, da bspw. daraus resultierende Reputationsrisiken, die bei einem Gruppenunternehmen auftreten, negative Auswirkungen auf die gesamte Gruppe haben können. Die Compliance-Funktion auf Gruppenebene hat vor allem auf die Implementierung wirksamer Verfahren zur Einhaltung der für die Gruppe wesentlichen rechtlichen Regelungen und Vorgaben und entsprechender Kontrollen hinzuwirken. Zu diesem Zweck hat die Compliance-Funktion vor allem entsprechende Compliance-Richtlinien auf Gruppenebene zu erlassen. Verantwortlich für die Einhaltung der Anforderungen auf Gruppenebene ist die Geschäftsleitung des übergeordneten Unternehmens. Die Compliance-Funktion ist daher der Geschäftsleitung des übergeordneten Institutes unmittelbar unterstellt und berichtspflichtig. Die Berichte sind regelmäßig an das Aufsichtsorgan des übergeordneten Unternehmens sowie an die Konzernrevision weiterzuleiten.

3 Management der Compliance-Risiken (Tz. 2)

44 **2** Die Identifizierung der wesentlichen rechtlichen Regelungen und Vorgaben, deren Nichteinhaltung zu einer Gefährdung des Vermögens des Institutes führen kann, erfolgt unter Berücksichtigung von Risikogesichtspunkten in regelmäßigen Abständen durch die Compliance-Funktion.

3.1 Definition von Compliance-Risiken

45 In den MaRisk werden die Compliance-Risiken allgemein als die sich aus der Nichteinhaltung rechtlicher Regelungen und Vorgaben ergebenden Risiken beschrieben (→ AT 4.4.2 Tz. 1). Sofern diese Risiken zu einer Gefährdung des Vermögens des Institutes führen können, sind sie als wesentliche Compliance-Risiken einzustufen.

46 In der Praxis hat sich bisher kein Marktstandard für eine einheitliche Definition von Compliance-Risiken und eine sachgerechte Abgrenzung zu anderen Risikoarten etabliert. Die EBA versteht das Compliance-Risiko als bestehendes oder zukünftiges Ertrags- oder Kapitalrisiko infolge von Verletzungen oder der Nichteinhaltung von Gesetzen, Regelungen, Vorschriften, Vereinbarungen, vorgeschriebenen Praktiken oder ethischen Standards. Rechtsfolgen können Geldstrafen, Schadensersatz und/oder die Nichtigkeit von Verträgen oder Reputationsschäden sein.[54] Der Baseler Ausschuss für Bankenaufsicht (BCBS) definiert das Compliance-Risiko als Risiko (aufsichts-)rechtlicher Sanktionen (z.B. Verwarnungen, Bußgelder), das finanzielle Verlustrisiko oder das Reputationsrisiko, das sich aus der Nichteinhaltung der Gesetze, Rechtsverordnungen, behördlichen Anordnungen oder Regularien quasi-hoheitlicher Organisationen sowie aus berufsständischen Integritätsstandards für das Bankgeschäft ergeben kann.[55]

47 Legt man die Definition der EBA oder des BCBS zugrunde, sind Compliance-Risiken im Wesentlichen als Rechts- und Vertragsrisiken sowie Reputationsrisiken zu qualifizieren. Artikel 4 Abs. 1 Nr. 52 CRR rechnet die Rechtsrisiken explizit den operationellen Risiken zu, die inhaltlich vergleichbar definiert werden als die Gefahr von Verlusten, die durch die Unangemessenheit oder das Versagen von internen Verfahren und Systemen, Menschen oder durch externe Ereignisse eintreten.

48 Gleichwohl existieren in der Praxis weiterhin unterschiedliche Ansätze zur Kategorisierung der Rechtsrisiken. So wird zum Teil zwischen Rechtsrisiko im engeren Sinne und Rechtsrisiko im weiteren Sinne differenziert (→ BTO Tz. 8). Auch für das Reputationsrisiko gibt es in der Praxis weiterhin keine anerkannte Definition. Die Institute verstehen das Reputationsrisiko teilweise als Bestandteil des operationellen Risikos und teilweise als eigenständige Risikoart, als Folge anderer Risikoarten oder als Auslöser von anderen Risiken. Zudem bestehen in der Regel noch keine ausgereiften Methoden und Prozesse, wie mit drohenden oder schlagenden Reputationsrisiken umgegangen werden soll (→ AT 2.2 Tz. 2).

49 In einem engen Zusammenhang mit den Compliance-Risiken stehen die regulatorischen Risiken, d.h. die sich aus den neuen oder geänderten regulatorischen Anforderungen ergebenden Unwägbarkeiten. In der Praxis hat sich bisher noch kein einheitlicher Standard für die Abgrenzung

---

54 Vgl. European Banking Authority, EBA Guidelines on Internal Governance (GL 44), 27. September 2011, S. 43.
55 Vgl. Basel Committee on Banking Supervision, Compliance and the compliance function in banks, BCBS 113, 29. April 2005, S. 7.

des Compliance-Risikos zum regulatorischen Risiko bzw. zu den Geschäfts- oder strategischen Risiken herausgebildet. Die regulatorischen Risiken werden teilweise nur auf zukünftige Regulierungsvorhaben bezogen, die zum jetzigen Zeitpunkt noch nicht einzuhalten sind, teilweise jedoch auch auf bereits anzuwendende rechtliche Regelungen und Vorgaben (→ BTR).

Vor dem Hintergrund der unterschiedlichen Definition und Abgrenzung der relevanten **50** Risikoarten besteht für die Institute die Herausforderung, eine effektive und gleichzeitig angemessene und wirksame Vorgehensweise zur Identifizierung der unter Compliance-Gesichtspunkten wesentlichen rechtlichen Regelungen und Vorgaben zu entwickeln sowie darauf aufbauend die Implementierung entsprechender Sicherungsmaßnahmen anzustoßen. Dies beinhaltet eine transparente und für Dritte nachvollziehbare Analyse der Wahrscheinlichkeit von (aufsichts-)rechtlichen Sanktionen, zivilrechtlichen Haftungs- und Vertragsrisiken sowie Reputationsrisiken für das Institut. Dabei ist die Konsistenz zu den anderen Risikoarten (wie bspw. den operationellen oder den regulatorischen Risiken) zu gewährleisten.

3.2 Identifizierung wesentlicher rechtlicher Regelungen und Vorgaben

Die Identifizierung der Compliance-Risiken ist von entscheidender Bedeutung, da sie den Aus- **51** gangspunkt für die anschließenden Prozessschritte Beurteilung, Steuerung, Überwachung und Kommunikation der Risiken bildet. Wesentliche Compliance-Risiken können sich insbesondere aus Änderungen der geschäfts- und risikostrategischen Ausrichtung des Institutes oder der rechtlichen Rahmenbedingungen sowie aufgrund der Aufnahme von Geschäftsaktivitäten in neuen Produkten oder auf neuen Märkten ergeben.

In der Praxis ist die Compliance-Funktion daher umfassend in das Risikomanagement ein- **52** zubinden, vor allem in den Strategieprozess (→ AT 4.2 Tz. 5), den Neu-Produkt-Prozess (→ AT 8.1), bei wesentlichen Veränderungen in der Aufbau- und Ablauforganisation sowie in den IT-Systemen mit Auswirkungen auf die internen Kontrollverfahren (→ AT 8.2), bei Fusionen und Übernahmen (→ AT 8.3) sowie in die Risikoanalysen bei Auslagerungen (→ AT 9 Tz. 2). Auch die EBA erwartet, dass die Compliance-Funktion überprüft, ob neue Produkte und neue Verfahren mit dem aktuellen Rechtsrahmen und ggf. mit bekannten bevorstehenden Änderungen von Gesetzen, Rechtsvorschriften und aufsichtsrechtlichen Anforderungen im Einklang stehen. Sie weist in diesem Zusammenhang u.a. auf komplexe strukturierte Finanzierungen und bestimmte Dienstleistungen hin, die mit besonderen Herausforderungen für die Institute verbunden sein können.[56] Darüber hinaus weist die Institutsvergütungsverordnung der Compliance-Funktion als Kontrolleinheit an zahlreichen Stellen Verantwortlichkeiten zu bzw. fordert ihre Einbindung. Schließlich erscheint eine Mitwirkung der Compliance-Funktion in bereichsübergreifenden Projekten zur Umsetzung neuer regulatorischer Anforderungen sinnvoll, in denen eine enge Zusammenarbeit und Koordination mit den anderen Stabs- und Kontrolleinheiten erfolgt. Die Einbindung der Compliance-Funktion ermöglicht es dieser, im Rahmen ihrer Aufgaben als Kontrollbereich und zweite Verteidigungslinie die jeweils zuständigen Geschäftsbereiche zu beraten und ihre Expertise einzubringen.

Die Geschäftsleitung hat sich regelmäßig und anlassbezogen im Rahmen der Risikoinventur **53** einen Überblick über die auf der Ebene des gesamten Institutes (Gesamtrisikoprofil) existierenden Risiken zu verschaffen und auf diese Weise die für das Institut wesentlichen Risiken zu identifizieren (→ AT 2.2 Tz. 1). Hinsichtlich der Ausgestaltung der ganzheitlichen Risikoinven-

---

56 Vgl. European Banking Authority, Leitlinien zur internen Governance, EBA/GL/2017/11, 21. März 2018, S. 47.

tur besteht grundsätzlich Methodenfreiheit. Die Kernaufgabe der Compliance-Funktion ist es, den Risiken entgegenzuwirken, die sich aus der Nichteinhaltung rechtlicher Regelungen und Vorgaben ergeben können (→ AT 4.4.2 Tz. 1). Dazu müssen zunächst jene rechtlichen Regelungen und Vorgaben identifiziert werden, deren Nichteinhaltung zu einer Gefährdung des Vermögens des Institutes führen kann. Auf diese Weise wird die Wesentlichkeit der rechtlichen Regelungen und Vorgaben für das Institut festgestellt.

54　　Eine Möglichkeit besteht darin, die Identifizierung dieser wesentlichen rechtlichen Regelungen und Vorgaben unter bestimmten Voraussetzungen im Rahmen der allgemeinen Risikoinventur durchzuführen. Damit würde gleichzeitig sichergestellt, dass die Identifizierung nicht nur einmalig, sondern in regelmäßigen Abständen erfolgt. Grundsätzlich werden zwar alle Regelungsbereiche mit einem wesentlichen Compliance-Risiko erfasst. Die von den Instituten einzuhaltenden aufsichtsrechtlichen Regelungen und Vorgaben werden dabei jedoch regelmäßig den Schwerpunkt bilden (→ AT 4.4.2 Tz. 1). Insbesondere in Konstellationen, bei denen die Compliance-Funktion an die Risikocontrolling-Funktion angebunden ist (→ AT 4.4.2 Tz. 3), können sich daraus möglicherweise Synergieeffekte ergeben. Diese Vorgehensweise ist allerdings nicht verpflichtend vorgegeben. Zudem sollte in diesem Fall darauf geachtet werden, dass die Compliance-Funktion eigenverantwortlich tätig wird und den Fokus klar auf die Compliance-Risiken legt.

55　　Den Ausführungen der Aufsicht im Rahmen der Konsultationsphase im MaRisk-Fachgremium zufolge ist zur Umsetzung der Anforderungen insgesamt ein mehrstufiger Prozess denkbar: Zunächst müssen alle Rechtsbereiche identifiziert werden, die für das Institut grundsätzlich relevant sind (z. B. im Rahmen eines »Self Assessment«). Anschließend müssen aus diesen Rechtsbereichen die unter Risikogesichtspunkten »wesentlichen« rechtlichen Regelungen und Vorgaben identifiziert werden (»Wesentlichkeitsanalyse«). Der Aspekt der Wesentlichkeit rechtlicher Regelungen und Vorgaben wird dabei davon abhängig gemacht, ob deren Nichteinhaltung zu einer Gefährdung des Vermögens des Institutes führen kann.[57] Dann sind die Organisationseinheiten zu bestimmen, die für die Einhaltung dieser wesentlichen rechtlichen Regelungen und Vorgaben im Institut verantwortlich sind. Die Compliance-Funktion bewertet anschließend, ob die von zuständigen Geschäftsbereichen getroffenen Verfahren und Kontrollen (»Sicherungsmaßnahmen«) eine wirksame Einhaltung der identifizierten wesentlichen rechtlichen Regelungen und Vorgaben gewährleisten. Diese Sicherungsmaßnahmen sind regelmäßig in den Organisationsrichtlinien des Institutes (Handbücher, Arbeitsanweisungen, Prozessbeschreibungen, prozessintegrierte Kontrollen etc.) niedergelegt. Ist dies nicht der Fall, hat die Compliance-Funktion auf die Implementierung wirksamer Verfahren und entsprechender Kontrollen durch die zuständigen Geschäftsbereiche hinzuwirken. Im Ergebnis geht es darum, die eventuell noch vorhandenen Lücken zu identifizieren, die von den jeweils zuständigen Bereichen geschlossen werden müssen, und die Beseitigung der Defizite nachzuprüfen. Die Kernaufgaben der Compliance-Funktion in diesem Prozess sind in Abbildung 45 illustriert.

---

57 Auch nach den Ausführungen der Aufsicht in der Sondersitzung des Fachgremiums MaRisk zeichnen sich die hier im Fokus stehenden Compliance-Risiken insbesondere dadurch aus, dass bei einer Nichtbeachtung der gesetzlichen Regelungen und Vorgaben vor allem (Geld-)Strafen und Bußgelder sowie Schadensersatzansprüche und/oder die Nichtigkeit von Verträgen drohen, die zu einer Gefährdung des Vermögens führen können. Vgl. Bundesanstalt für Finanzdienstleistungsaufsicht, Protokoll der Sitzung des MaRisk-Fachgremiums am 24. April 2013, S. 1.

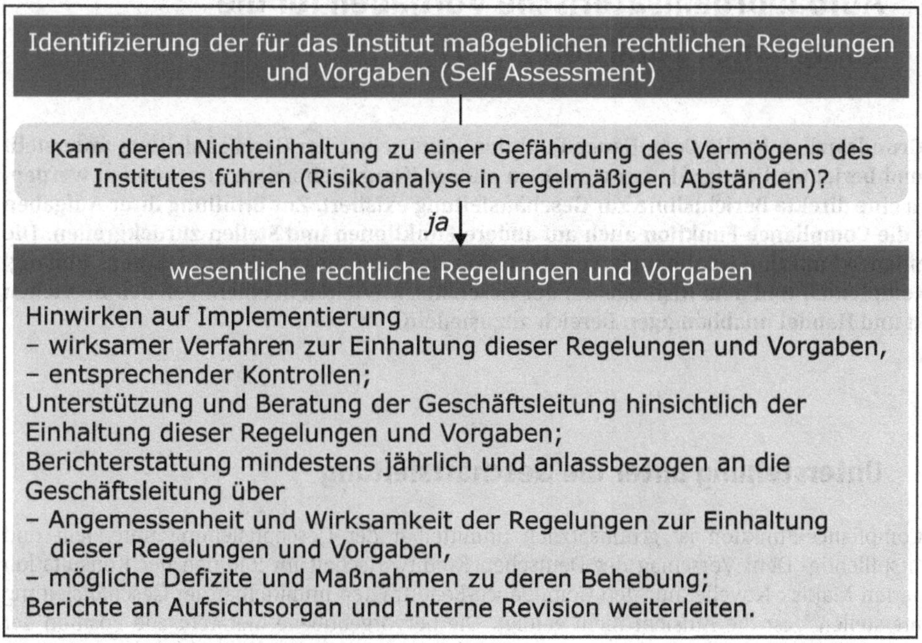

Identifizierung der für das Institut maßgeblichen rechtlichen Regelungen
und Vorgaben (Self Assessment)

Kann deren Nichteinhaltung zu einer Gefährdung des Vermögens des
Institutes führen (Risikoanalyse in regelmäßigen Abständen)?

ja

wesentliche rechtliche Regelungen und Vorgaben

Hinwirken auf Implementierung
– wirksamer Verfahren zur Einhaltung dieser Regelungen und Vorgaben,
– entsprechender Kontrollen;
Unterstützung und Beratung der Geschäftsleitung hinsichtlich der
Einhaltung dieser Regelungen und Vorgaben;
Berichterstattung mindestens jährlich und anlassbezogen an die
Geschäftsleitung über
– Angemessenheit und Wirksamkeit der Regelungen zur Einhaltung
  dieser Regelungen und Vorgaben,
– mögliche Defizite und Maßnahmen zu deren Behebung;
Berichte an Aufsichtsorgan und Interne Revision weiterleiten.

Abb. 45: Kernaufgaben der Compliance-Funktion

4 Aufbauorganisatorische Vorgaben für die Compliance-Funktion (Tz. 3)

56 **3** Grundsätzlich ist die Compliance-Funktion unmittelbar der Geschäftsleitung unterstellt und berichtspflichtig. Sie kann auch an andere Kontrolleinheiten angebunden werden, sofern eine direkte Berichtslinie zur Geschäftsleitung existiert. Zur Erfüllung ihrer Aufgaben kann die Compliance-Funktion auch auf andere Funktionen und Stellen zurückgreifen. Die Compliance-Funktion ist abhängig von der Größe des Institutes sowie der Art, dem Umfang, der Komplexität und dem Risikogehalt der Geschäftsaktivitäten in einem von den Bereichen Markt und Handel unabhängigen Bereich anzusiedeln.

4.1 Unterstellung unter die Geschäftsleitung

57 Die Compliance-Funktion ist grundsätzlich unmittelbar der Geschäftsleitung unterstellt und berichtspflichtig. Dem Vorschlag der Deutschen Kreditwirtschaft im Rahmen der Konsultation der vierten MaRisk-Novelle, nur den Compliance-Beauftragten unmittelbar der Geschäftsleitung zu unterstellen[58], ist die Aufsicht nicht gefolgt. Die hervorgehobene hierarchische Position der Compliance-Funktion in der Aufbauorganisation des Institutes bringt die hohe Bedeutung zum Ausdruck, welche die Aufsicht der Compliance-Funktion als zentralem Bestandteil des internen Kontrollsystems beimisst. Sie stellt ihre Unabhängigkeit sicher und erhöht die Akzeptanz ihrer Tätigkeit im Institut. Die Regelung entspricht grundsätzlich auch den Vorgaben der EBA, wonach der Leiter der Compliance-Funktion auf einer angemessenen Hierarchiestufe angesiedelt sein sollte.[59] Vergleichbare Regelungen finden sich auch bei der Internen Revision (→ AT 4.4.3 Tz. 2), der Compliance-Funktion nach MaComp (vgl. BT 1.1 Tz. 2 MaComp) und dem Geldwäschebeauftragten (vgl. § 7 Abs. 1 GwG). Die Leitung der Risikocontrolling-Funktion ist einer Person auf einer ausreichend hohen Führungsebene zu übertragen (→ AT 4.4.1 Tz. 4).

58 Die Risikocontrolling-Funktion nimmt unter den genannten Funktionen insoweit eine Sonderstellung ein, da die Aufsicht von bedeutenden Instituten gemäß Art. 6 SSM-Verordnung erwartet, dass die Leitung der Risikocontrolling-Funktion grundsätzlich durch einen Geschäftsleiter exklusiv wahrgenommen wird (→ AT 4.4.1 Tz. 5). Bei den Compliance-Beauftragten ist demgegenüber eine Personenidentität mit dem Geschäftsleiter bei bedeutenden Instituten ausgeschlossen und nur aufgrund des Grundsatzes der Proportionalität bei kleinen Instituten möglich (→ AT 4.4.2 Tz. 5). Hierdurch wird die Unabhängigkeit des Compliance-Beauftragten auch gegenüber der Geschäftsleitung betont. Eine vergleichbare Regelung besteht bei dem Compliance-Beauftragten gemäß MaComp.[60]

---

58 Vgl. Deutsche Kreditwirtschaft, Stellungnahme zum Konsultationspapier 01/2012 der Bundesanstalt für Finanzdienstleistungsaufsicht (BaFin) – »Überarbeitung der MaRisk« (Zwischenentwurf vom 2. August 2012), 12. September 2012, S. 10.

59 Vgl. European Banking Authority, Leitlinien zur internen Governance, EBA/GL/2017/11, 21. März 2018, S. 40f.

60 Die Compliance-Funktion nach MaComp erfüllt ihre Aufgaben unabhängig von den anderen Geschäftsbereichen des Wertpapierdienstleistungsunternehmens und ihre Überwachungsaufgaben unabhängig von der Geschäftsleitung. Vgl. Bundesanstalt für Finanzdienstleistungsaufsicht, Mindestanforderungen an die Compliance-Funktion und weitere Verhaltens-, Organisations- und Transparenzpflichten – MaComp, Rundschreiben 05/2018 (WA) vom 19. April 2018, zuletzt geändert am 24. März 2021, BT 1.3.3 Tz. 1.

Die hervorgehobene hierarchische Stellung in der Aufbauorganisation des Institutes ermöglicht 59
es der Compliance-Funktion, ihre Aufgaben effektiv auszuüben. Die Compliance-Funktion hat
darauf hinzuwirken, dass alle Geschäftsbereiche die unter Compliance-Gesichtspunkten wesentlichen rechtlichen Regelungen und Vorgaben beachten und dafür wirksame Verfahren und
Kontrollen implementiert sind. Zudem berät und unterstützt der für die Compliance-Funktion
verantwortliche Compliance-Beauftragte (→ AT 4.4.2 Tz. 5) die Geschäftsleitung hinsichtlich der
Einhaltung dieser rechtlichen Regelungen und Vorgaben und unterrichtet sie regelmäßig bzw.
anlassbezogen über die Angemessenheit und Wirksamkeit der Verfahren bzw. über mögliche
Defizite und Maßnahmen zu deren Behebung (→ AT 4.4.2 Tz. 1 und 7).

Der direkte Berichtsweg und die damit verbundene Eskalationsmöglichkeit bedeuten, dass der 60
Compliance-Beauftragte jederzeit mögliche oder bereits realisierte Compliance-Risiken persönlich
und damit ungefiltert bei der Geschäftsleitung adressieren kann. Die Geschäftsleitung kann
daraufhin die erforderlichen Maßnahmen beschließen. Darüber hinaus wird die Compliance-
Funktion durch die unmittelbare Anbindung an die Geschäftsleitung in die Lage versetzt, gegenüber den anderen Organisationseinheiten – wie bspw. den Marktbereichen, dem Risikocontrolling
und der Internen Revision – auf Augenhöhe und mit dem erforderlichen Durchsetzungsvermögen
aufzutreten. Ein explizites Weisungsrecht gegenüber den anderen Organisationseinheiten wird
der Compliance-Funktion durch die MaRisk allerdings nicht eingeräumt (→ AT 4.4.2 Tz. 6).

Für die Einhaltung der rechtlichen Regelungen und Vorgaben ist die gesamte Geschäftsleitung 61
verantwortlich. Vor allem bei größeren Instituten wird es in der Praxis jedoch nicht praktikabel
sein, dass sich alle Geschäftsleiter laufend mit der Tätigkeit der Compliance-Funktion befassen.
Insbesondere bei größeren Instituten wird daher die Anbindung der Compliance-Funktion an ein
bestimmtes Mitglied der Geschäftsleitung sinnvoll sein. Die Unterstellung unter ein stellvertreten-
des Mitglied der Geschäftsleitung ist nicht ausreichend. Ungeachtet der Ressortzuständigkeit
bleibt es aber bei der Gesamtverantwortung aller Geschäftsleiter für die Einhaltung der gesetzlichen Verpflichtungen.

4.2   Organisation der Compliance-Funktion

In der Sondersitzung des MaRisk-Fachgremiums zur Compliance-Funktion am 24. April 2013 hat 62
die Aufsicht nochmals deutlich gemacht, dass die Institute nicht zwingend eine eigenständige
Organisationseinheit einrichten müssen, unter der alle wesentlichen Compliance-Themen gebündelt sind. Die Institute haben vielmehr bei der aufbauorganisatorischen Umsetzung der Compliance-Funktion weitgehende Gestaltungsfreiheit. Entscheidend ist, dass im Institut die wesentlichen Compliance-Risiken wirksam und angemessen berücksichtigt werden. Es kommen daher
grundsätzlich zentrale und dezentrale Organisationsformen in Betracht.

Die Compliance-Funktion kann ausdrücklich auch an bestehende Stabs- oder Kontrollfunk- 63
tionen im Institut angebunden werden, sofern ihre Unabhängigkeit nicht beeinträchtigt wird,
keine Interessenkonflikte bestehen und die Aufgaben klar definiert und abgegrenzt sind. Andere
Kontrolleinheiten können z. B. das Risikocontrolling oder der Geldwäschebeauftragte sein (→ AT
4.4.2 Tz. 3, Erläuterung). Die EBA nennt neben dem Risikocontrolling für kleinere und weniger
komplexe Institute noch die Möglichkeit, die Compliance-Funktion mit Support-Funktionen (z. B.
Personal und Recht) zusammenzulegen.[61] Wegen der inhaltlichen Nähe kommt somit insbesondere eine Zusammenlegung der Compliance-Funktion mit der Risikocontrolling-Funktion, der
Rechtsabteilung, dem Datenschutz, der Informationssicherheit oder der Compliance-Funktion

---

61 Vgl. European Banking Authority, Leitlinien zur internen Governance, EBA/GL/2017/11, 21. März 2018, S. 46f.

nach MaComp in Betracht, die in der Praxis oft gleichzeitig die Funktion des Geldwäschebeauftragten nach § 7 Abs. 1 GwG bzw. der zentralen Stelle nach § 25h Abs. 9 KWG wahrnimmt.[62] Vor dem Hintergrund der MaComp wird eine vollständige Anbindung der Compliance-Funktion an die Rechtsabteilung bei einer zentralen Organisationsform von der Aufsicht allerdings kritisch bewertet. Unter Proportionalitätsgesichtspunkten könnten sich daraus Probleme mit der Compliance-Funktion nach MaComp ergeben.[63] Außerdem darf die Verknüpfung verschiedener Funktionen nicht dazu führen, dass die notwendigen Personal- und Sachressourcen einschließlich der erforderlichen Zeit für eine angemessene Wahrnehmung der Funktionen nicht mehr im ausreichenden Umfang zur Verfügung stehen. Bei den genannten Anbindungen der Compliance-Funktion an Kontrollbereiche muss eine direkte Berichtslinie zur Geschäftsleitung existieren.

64 Eine Ausnahme von der grundsätzlichen Gestaltungsfreiheit der Institute bei der Organisation der Compliance-Funktion besteht bei bedeutenden Instituten gemäß Art. 6 SSM-Verordnung, die eine eigenständige Organisationseinheit einzurichten haben (→ AT 4.4.2 Tz. 4). Der BaFin erscheint es insgesamt zwar praktikabel, die Aufgaben der Compliance-Funktion so weit wie möglich zu bündeln. Sie erwähnt aber auch, dass dies nicht zwingend erforderlich ist und eine dezentrale Wahrnehmung – natürlich unter Beachtung spezieller aufsichtlicher Vorgaben zu einzelnen Bereichen – grundsätzlich auch weiterhin möglich sein wird. Es kommt der BaFin vor allem darauf an, dass die relevanten Rechtsbereiche unter Compliance-Gesichtspunkten adressiert werden und eine entsprechende Berichterstattung an die Geschäftsleitung erfolgt.[64]

65 In größeren Instituten werden die Zuständigkeiten für die Einhaltung der wesentlichen rechtlichen Regelungen und Vorgaben auf zahlreiche Geschäftsbereiche verteilt sein, so dass sich eine Beschäftigung mit wichtigen Compliance-relevanten Fragestellungen im Rahmen einer Komitee-Lösung anbietet. Die Geschäftsbereiche entsenden in diesen Fällen jeweils Beauftragte in das »Compliance-Komitee«, das vom Compliance-Beauftragten koordiniert und gesteuert wird. Dadurch kann sichergestellt werden, dass die betroffenen Bereiche bei der Identifizierung von Compliance-Risiken oder bei wesentlichen Festlegungen ihre Expertise einbringen können und gleichzeitig angemessen beteiligt werden. Vergleichbare Strukturen, wie z. B. ein Risikoausschuss (→ BTO Tz. 6) oder ein Asset-Liability-Committee (→ BTR 3.1 Tz. 2), haben sich in der Praxis bereits bewährt. Die Einrichtung eines dezentral organisierten Compliance-Komitees kann die Bestellung eines Compliance-Beauftragten jedoch nicht ersetzen.

---

62 Grundsätzlich nicht möglich ist eine Organisationseinheit aus Compliance-Funktion, Geldwäsche und Datenschutz. Der Geldwäschebeauftragte soll zur Vermeidung von Interessenkonflikten grundsätzlich nicht gleichzeitig mit den Aufgaben des Datenschutzbeauftragten beauftragt werden, es sei denn, den jeweiligen Pflichten wird angemessen Rechnung getragen, und dieser Sachverhalt wird prüfungstechnisch nachvollziehbar begründet und dokumentiert. Vgl. Bundesanstalt für Finanzdienstleistungsaufsicht, Auslegungs- und Anwendungshinweise zum Geldwäschegesetz (GwG) vom 18. Mai 2020, S. 16.

63 In den MaComp wird die Kombination der Compliance-Funktion mit der Rechtsabteilung behandelt. Danach können Wertpapierdienstleistungsunternehmen die Compliance-Funktion nur dann mit der Rechtsabteilung kombinieren, wenn sie aufgrund der Größe des Unternehmens oder Art, Umfang, Komplexität oder Risikogehalt der Geschäftstätigkeit des Unternehmens oder Art und Spektrum der angebotenen Dienstleistungen von der Ausnahme nach § 12 Abs. 4 S. 4 WpDVerOV Gebrauch machen könnten (→ BT 1.3.3.3 Tz. 1 MaComp). Soweit eine Anbindung an die Rechtsabteilung erfolgt, ist dies unter Darlegung der Gründe prüfungstechnisch nachvollziehbar zu dokumentieren (→ BT 1.3.3.3 Tz. 3 MaComp). Für größere Wertpapierdienstleistungsunternehmen oder solche mit komplexeren Aktivitäten ist eine solche Kombination jedoch grundsätzlich nicht statthaft, wenn hierdurch die Unabhängigkeit der Compliance-Funktion unterlaufen wird. Dies ist regelmäßig dann der Fall, wenn ein Wertpapierdienstleistungsunternehmen die Wertpapierdienstleistungen Eigenhandel gemäß § 2 Abs. 3 Nr. 2 WpHG, Emissionsgeschäft gemäß § 2 Abs. 3 Nr. 5 oder Wertpapiernebendienstleistungen gemäß § 2 Abs. 3 a Nr. 3, Nr. 5 oder Nr. 6 WpHG in nicht unerheblichem Umfang erbringt (→ BT 1.3.3.3 Tz. 2 MaComp).

64 Vgl. Bundesanstalt für Finanzdienstleistungsaufsicht, Übermittlungsschreiben zum Rundschreiben 10/2012 (BA) vom 14. Dezember 2012, S. 5.

4.3 Abgrenzung zur Internen Revision

Die Aufgaben der Compliance-Funktion können nicht von der Internen Revision wahrgenommen werden (→ AT 4.4.2 Tz. 3, Erläuterung).[65] Die Compliance-Funktion gehört zum internen Kontrollsystem und ist somit ein integraler Bestandteil der von der Internen Revision zu überwachenden Prozesse. Neben der Identifizierung der unter Compliance-Gesichtspunkten wesentlichen rechtlichen Regelungen und Vorgaben hat sie vor allem die Aufgabe, die Geschäftsleitung bei der Einhaltung dieser Regelungen und Vorgaben zu beraten und zu unterstützen. Die Interne Revision dagegen prüft sämtliche Aktivitäten und Prozesse eines Institutes grundsätzlich prozessunabhängig und damit zeitlich nachgelagert. Dieser Grundsatz der Prozessunabhängigkeit der Internen Revision wird in den MaRisk nur in Ausnahmefällen und im Interesse einer effizienten Aufgabenerfüllung relativiert. So kann die Interne Revision z. B. unter Wahrung ihrer Unabhängigkeit und unter Vermeidung von Interessenkonflikten bei wesentlichen Projekten »begleitend« tätig sein. Auch im Rahmen des Neu-Produkt-Prozesses ist die Interne Revision »im Rahmen ihrer Aufgaben« zu beteiligen (→ AT 8 Tz. 5).   **66**

Da sich die Prüfungstätigkeit der Internen Revision auf alle risikorelevanten Aktivitäten und Prozesse des Institutes erstreckt, hat sie auch die Wirksamkeit und Angemessenheit der Compliance-Funktion zu prüfen. Die Compliance-Funktion gehört zu der vom Baseler Ausschuss für Bankenaufsicht, der EBA und der EZB beschriebenen »zweiten Verteidigungslinie«, die Interne Revision zur »dritten Verteidigungslinie«. Die Verantwortung für die interne Kontrolle darf nicht von einer Verteidigungslinie auf die nächste übertragen werden (→ AT 4.4, Einführung). Auch die EBA fordert, die Interne Revision nicht mit einer anderen Kontrollfunktion zu kombinieren, weil sie prüfen muss, ob die bestehenden Richtlinien und Verfahren angemessen sind und den gesetzlichen und regulatorischen Anforderungen entsprechen.[66]   **67**

Die aufbauorganisatorische Trennung der Compliance-Funktion und der Internen Revision muss lediglich bis unterhalb der Geschäftsleiterebene erfolgen. Die Interne Revision ist ein Instrument der Geschäftsleitung, ihr unmittelbar unterstellt und berichtspflichtig (→ AT 4.4.3 Tz. 2). Die Berichtspflicht besteht gegenüber der gesamten Geschäftsleitung, auch wenn die Interne Revision in der Praxis häufig an den Vorsitzenden der Geschäftsleitung oder ein anderes Mitglied der Geschäftsleitung angebunden ist. Die Interne Revision ist zudem nicht in den operativen Geschäftsbetrieb des Institutes eingebunden. Ein Geschäftsleiter, der sowohl für die Compliance-Funktion als auch für die Interne Revision zuständig ist, hat somit keinen Interessenkonflikt.[67]   **68**

4.4 Abgrenzung zu den Vertriebsbereichen

Die Compliance-Funktion ist grundsätzlich in einem von den Bereichen Markt und Handel unabhängigen Bereich anzusiedeln. Zwischenzeitlich waren im Rahmen der Konsultationsphase zur fünften MaRisk-Novelle Ausnahmen für Institute mit zwei Geschäftsleitern durch eine entsprechende Erläuterung vorgesehen. Bei diesen Instituten sollte die Wahrnehmung der Funktion   **69**

---

65 Auch eine Anbindung der Compliance-Funktion gemäß MaComp an die Interne Revision ist grundsätzlich nicht statthaft. Eine Kombination kann in Ausnahmefällen nach Absprache mit der BaFin jedoch angemessen sein. In diesen Fällen muss das Wertpapierdienstleistungsunternehmen sicherstellen, dass beide Funktionen ordnungsgemäß, insbesondere gründlich, redlich und fachgerecht, ausgeübt werden. Vgl. Bundesanstalt für Finanzdienstleistungsaufsicht, Mindestanforderungen an die Compliance-Funktion und weitere Verhaltens-, Organisations- und Transparenzpflichten – MaComp, Rundschreiben 05/2018 (WA) vom 19. April 2018, zuletzt geändert am 24. März 2021, BT 1.3.3.2 Tz. 3.

66 Vgl. auch European Banking Authority, Leitlinien zur internen Governance, EBA/GL/2017/11, 21. März 2018, S. 42 und 48.

67 Vgl. Deutsche Kreditwirtschaft, Stellungnahme zum Entwurf der MaRisk in der Fassung vom 18. Februar 2016 (Konsultation 02/2016) vom 27. April 2016, S. 23.

des Compliance-Beauftragten im Ausnahmefall durch den für die Bereiche Markt und Handel zuständigen Geschäftsleiter gestattet werden, sofern die Interne Revision dem anderen Geschäftsleiter unterstellt ist. In der endgültigen Fassung der MaRisk war diese Erläuterung allerdings wieder gestrichen, was darauf hindeutet, dass diese Option nicht mehr besteht.

70   Nach den Vorstellungen der EBA sollte die Compliance-Funktion sowohl von den Geschäftsbereichen als auch von den internen Einheiten, die sie kontrolliert, unabhängig sein.[68] Auf den ersten Blick scheint diese Anforderung der EBA weitergehender zu sein als die Vorgabe der MaRisk, die lediglich die Ansiedelung der Compliance-Funktion in einem von den Bereichen Markt und Handel unabhängigen Bereich fordert. Allerdings ist zu beachten, dass auch die EBA eine Kombination der Compliance-Funktion mit von ihr kontrollierten internen Einheiten (z. B. Risikocontrolling, Rechts- oder Personalabteilung) unter Berücksichtigung des Proportionalitätsgrundsatzes ausdrücklich zulässt. Letztlich dürfte auch die Anforderung der EBA hinsichtlich der Unabhängigkeit der Compliance-Funktion dahingehend zu verstehen sein, dass bei der Wahrnehmung der Aufgaben der Compliance-Funktion Interessenkonflikte weitgehend vermieden werden sollten.

4.5   Rückgriff auf andere Funktionen und Stellen

71   Die Compliance-Funktion kann zur Erfüllung ihrer Aufgaben auf andere Funktionen und Stellen zurückgreifen. Diese Möglichkeit ist in den MaRisk nicht weiter eingeschränkt worden. Insofern ist es grundsätzlich möglich, dass die Compliance-Funktion bei der Planung und Durchführung ihrer Kontrolltätigkeit die Prüfungsplanung und Berichterstattung der Internen Revision berücksichtigt. Ebenso ist es sinnvoll, einen regelmäßigen Austausch mit der Risikocontrolling-Funktion und der Internen Revision zu etablieren, damit das Risikomanagement, die Compliance und die Interne Revision effizient und frei von Redundanzen wirken und alle Prozesse und Aktivitäten abdecken. Die Compliance-Funktion, die Risikocontrolling-Funktion und die Interne Revision sollten sich gegenseitig alle von ihnen in jeweils eigener Verantwortung der Geschäftsleitung und dem Aufsichtsorgan vorgelegten Berichte bzw. die relevanten Teile daraus zur Information zur Verfügung stellen, wenngleich dazu keine Verpflichtung besteht.

72   Die Compliance-Funktion darf sich jedoch bei der Identifizierung der unter Compliance-Gesichtspunkten wesentlichen rechtlichen Regelungen und Vorgaben sowie bei der Beurteilung der von den Instituten zur Einhaltung dieser rechtlichen Regelungen und Vorgaben getroffenen Sicherungsmaßnahmen nicht ausschließlich oder ganz überwiegend auf die Revisionsberichte verlassen. In diesem Fall würde die Compliance-Funktion ihrer Verantwortung als Bestandteil der zweiten Verteidigungslinie nicht ausreichend nachkommen (→ AT 4.4, Einführung).

73   Nach den Vorstellungen der EBA kann die Compliance-Funktion z. B. vom Risikocontrolling unterstützt werden.[69] So können beispielsweise die Ergebnisse der vom Risikocontrolling durchgeführten Risikoinventur (→ AT 2.2 Tz. 2), aber auch die Risikoanalysen der Compliance-Funktion gemäß BT 1.2.1.1 MaComp und des Geldwäschebeauftragten nach § 5 GwG sowie die Ereignisdatenbank für Schadensfälle aus operationellen Risiken (→ BTR 4 Tz. 3) weitere interne Erkenntnisquellen für die Compliance-Funktion sein.

74   In der Sondersitzung des MaRisk-Fachgremiums zur Compliance-Funktion am 24. April 2013 hat die BaFin darauf hingewiesen, dass Themenbereiche wie z. B. Rechnungswesen/Finanzen, Risikocontrolling, Arbeits-/Personalrecht und Lohn-/Einkommensteuerrecht auch weiterhin den jeweiligen Spezialisten vorbehalten bleiben dürfen. Die Compliance-Funktion kann daher ins-

---

68 Vgl. European Banking Authority, Leitlinien zur internen Governance, EBA/GL/2017/11, 21. März 2018, S. 47.
69 Vgl. European Banking Authority, Leitlinien zur internen Governance, EBA/GL/2017/11, 21. März 2018, S. 47.

besondere in diesen Bereichen auf das Spezialwissen der Bereiche zurückgreifen bzw. darauf aufbauen. Vor diesem Hintergrund erscheint es aus Sicht der Aufsicht plausibel, dass die Compliance-Funktion bei den wesentlichen rechtlichen Regelungen und Vorgaben, welche die Bereiche Rechnungslegung/Bilanzrecht und Risikocontrolling (z. B. Risikotragfähigkeit, Risikocontrollingprozesse, Kapitalunterlegung) betreffen, auf die Beurteilungen der jeweils zuständigen Organisationseinheiten aufsetzt und eigene Aktivitäten weitgehend zurückstellt oder sogar im Wesentlichen darauf verzichtet.[70]

Darüber hinaus greift die Compliance-Funktion in der Praxis auf zahlreiche externe Erkenntnisquellen zurück, z. B. auf den Bericht des Abschlussprüfers. Wichtige Erkenntnisse für die Tätigkeit der Compliance-Funktion können sich zudem aus der Kommunikation des Institutes mit den Aufsichtsbehörden ergeben, z. B. aus Feststellungen im Rahmen von Sonderprüfungen oder aus dem SREP-Bescheid. Vor diesem Hintergrund kann es sinnvoll sein, die Compliance-Funktion angemessen in die Kommunikation mit der Aufsicht einzubeziehen.[71] **75**

4.6 Auslagerung der Compliance-Funktion

Ein Institut kann die Compliance-Funktion oder einzelne Teilbereiche daraus grundsätzlich auf ein anderes Unternehmen auslagern. Die Geschäftsleitung bzw. die zuständigen Geschäftsbereiche bleiben im Fall der Auslagerung für die Einhaltung der rechtlichen Regelungen und Vorgaben verantwortlich. Das Institut hat auf der Grundlage einer Risikoanalyse eigenverantwortlich festzustellen, ob die Auslagerung unter Risikogesichtspunkten wesentlich ist. Aufgrund der hervorgehobenen Stellung der Compliance-Funktion als zentraler Bestandteil des internen Kontrollsystems wird die Wesentlichkeit bei einer weitgehenden Auslagerung regelmäßig zu bejahen sein.[72] Im Fall der Wesentlichkeit gelten für die Auslagerung die Anforderungen nach § 25b KWG, die in den MaRisk konkretisiert werden. Das Institut hat vor allem die besonderen Anforderungen an den Auslagerungsvertrag zu beachten (→ AT 9 Tz. 7). Darüber hinaus hat das Institut dafür Sorge zu tragen, dass das Risikomanagement die ausgelagerten Aktivitäten und Prozesse für die gesamte Dauer der Auslagerung weiterhin einbezieht. Das Institut muss im Rahmen des wirksamen Risikomanagements insbesondere dafür Sorge tragen, dass die mit der Auslagerung verbundenen Risiken angemessen gesteuert und die Ausführung der ausgelagerten Aktivitäten und Prozesse ordnungsgemäß überwacht werden (→ AT 9 Tz. 9). **76**

Im Zuge der fünften MaRisk-Novelle hat die BaFin die Anforderungen an die Auslagerung der besonderen Funktionen (→ AT 4.4, Einführung) und damit auch der Compliance-Funktion aufgrund der besonderen Bedeutung dieser Funktionen als Steuerungs- und Kontrollinstrumente für die Geschäftsleitung neu geregelt. Danach kann eine Auslagerung von Aktivitäten und Prozessen der Compliance-Funktion in einem Umfang vorgenommen werden, der gewährleistet, dass hierdurch das Institut weiterhin über Kenntnisse und Erfahrungen verfügt, die eine wirksame Überwachung der erbrachten Dienstleistungen gewährleisten. Die Regelung sieht darüber hinaus **77**

---

70 Vgl. Bundesanstalt für Finanzdienstleistungsaufsicht, Protokoll der Sitzung des MaRisk-Fachgremiums am 24. April 2013, S. 2.

71 Die MaComp verlangen ausdrücklich die Einbeziehung der Compliance-Funktion gemäß MaComp in die Kommunikation mit der Aufsicht, wobei sich diese nur auf den wesentlichen, nicht-routinemäßigen Schriftwechsel beschränkt. Vgl. Bundesanstalt für Finanzdienstleistungsaufsicht, Mindestanforderungen an die Compliance-Funktion und weitere Verhaltens-, Organisations- und Transparenzpflichten – MaComp, Rundschreiben 05/2018 (WA) vom 19. April 2018, zuletzt geändert am 24. März 2021, BT 1.2.4 Tz. 5.

72 Dies entspricht dem Verständnis der EBA, wonach die operativen Tätigkeiten der internen Kontrollfunktionen Risikocontrolling- und Compliance-Funktion sowie Interne Revision für die Zwecke der Auslagerung stets als kritische/wesentliche Funktionen einzuordnen sind. Vgl. European Banking Authority, Leitlinien zu Auslagerungen, EBA/GL/2019/02, 25. Februar 2019, S. 12.

AT 4.4.2 Compliance-Funktion

Erleichterungen für Auslagerungen innerhalb einer Institutsgruppe (Intra-Group-Auslagerungen) sowie für kleinere Institute vor, die unter bestimmten Voraussetzungen die Compliance-Funktion vollständig auslagern können. Diese Regelung wurde im Rahmen der sechsten MaRisk-Novelle noch einmal geschärft. Eine vollständige Auslagerung der Compliance-Funktion ist für Tochterinstitute innerhalb einer Institutsgruppe zulässig, sofern das auslagernde Institut sowohl hinsichtlich seiner Größe, Komplexität und dem Risikogehalt der Geschäftsaktivitäten für den nationalen Finanzsektor als auch hinsichtlich seiner Bedeutung innerhalb der Gruppe als nicht wesentlich einzustufen ist. Gleiches gilt für Gruppen, wenn das Mutterunternehmen kein Institut und im Inland ansässig ist. Darüber hinaus ist bei kleinen Instituten die vollständige Auslagerung der Compliance-Funktion auf gruppenangehörige oder gruppenfremde Unternehmen zulässig, sofern eine eigene Compliance-Funktion vor dem Hintergrund der Institutsgröße sowie von Art, Umfang, Komplexität und Risikogehalt der betriebenen Geschäftsaktivitäten nicht angemessen erscheint (→ AT 9 Tz. 5). Diese Möglichkeit der Auslagerung der Compliance-Funktion kann insbesondere für kleinere Institute aus dem Sparkassen- und Genossenschaftssektor von Bedeutung sein, die von den jeweils zuständigen Sparkassen- bzw. Genossenschaftsverbänden bei der Erfüllung der rechtlichen Regelungen und Vorgaben umfassend beraten werden.

78 Erfolgt eine vollständige Auslagerung der Compliance-Funktion, hat die Geschäftsleitung einen Beauftragten zu benennen, der eine ordnungsgemäße Durchführung der Aufgaben der Compliance-Funktion gewährleisten muss (→ AT 9 Tz. 10). In der Konsequenz bedeutet dies, dass in jedem Fall ein Compliance-Beauftragter im Institut verbleibt, der den Prozess zur Identifizierung der wesentlichen rechtlichen Regelungen und Vorgaben steuert und für die Berichterstattung zuständig ist.

79 Eine Anzeige der Auslagerung der Compliance-Funktion an die Aufsicht ist bisher nicht erforderlich, da anders als bei der Auslagerung von internen Sicherungsmaßnahmen zur Verhinderung von Geldwäsche, Terrorismusfinanzierung oder sonstiger strafbarer Handlungen, die zu einer Gefährdung des Vermögens des Institutes führen können (→ § 25h Abs. 4 KWG), eine entsprechende Regelung fehlt.[73] Nach dem im Zuge des Finanzmarktintegritätsstärkungsgesetzes (FISG)[74] im Jahr 2021 eingefügten § 24 Abs. 1 Nr. 19 KWG haben die Institute jedoch ab dem 1. Januar 2022 die Absicht und den Vollzug einer wesentlichen Auslagerung zukünftig bei der Aufsichtsbehörde anzuzeigen. Die Regelung wird zumindest bei einer weitgehenden oder vollständigen Auslagerung der Compliance-Funktion zu einer entsprechenden Anzeigepflicht führen, da diese regelmäßig als wesentlich einzustufen sind. Der neue Anzeigetatbestand geht zurück auf die EBA-Leitlinien zu Auslagerungen aus dem Jahr 2019 (→ AT 9 Tz. 5).[75]

---

73 Eine derartige Vorgabe für Maßnahmen nach dem Geldwäschegesetz enthält § 6 Abs. 7 GwG.

74 Gesetz zur Stärkung der Finanzmarktintegrität (Finanzmarktintegritätsstärkungsgesetz – FISG) vom 3. Juni 2021 (BGBl. I S. 1534), veröffentlicht am 10. Juni 2021.

75 Vgl. European Banking Authority, Leitlinien zu Auslagerungen, EBA/GL/2019/02, 25. Februar 2019, S. 25.

5 Besondere Anforderungen an bedeutende Institute (Tz. 4)

4 Bedeutende Institute haben für die Compliance-Funktion grundsätzlich eine eigenständige Organisationseinheit einzurichten.   80

5.1 Compliance-Funktion in bedeutenden Instituten

Die Institute haben im Hinblick auf die aufbauorganisatorische Ausgestaltung der Compliance-   81
Funktion weitgehende Gestaltungsfreiheit, d. h. es kommen grundsätzlich zentrale und dezentrale
Organisationsformen in Betracht. Die Compliance-Funktion kann insbesondere auch an bestehende Stabs- oder Kontrollfunktionen im Institut angebunden werden, sofern eine direkte Berichtslinie zur Geschäftsleitung existiert (→ AT 4.4.2 Tz. 3). Bis zur vierten MaRisk-Novelle enthielten
die Erläuterungen des AT 4.4.2 Tz. 3 MaRisk allerdings eine Empfehlung der BaFin, dass größere
Institute eine eigenständige Organisationseinheit für die Compliance-Funktion haben sollten.

Im Zuge der fünften MaRisk-Novelle wurde diese Anforderung dahingehend verschärft, dass   82
systemrelevante Institute für die Compliance-Funktion ausdrücklich eine exklusive Organisationseinheit einzurichten hatten.[76] Hinsichtlich der Definition der systemrelevanten Institute wurde auf
die global systemrelevante Institute nach § 10h KWG (G-SRI) und die anderweitig systemrelevanten Institute nach § 10g KWG (A-SRI) verwiesen (→ AT 1 Tz. 3).

Bereits mit der sechsten MaRisk-Novelle wurde der Anwendungsbereich der Anforderungen   83
erneut geändert. Nach dem im Oktober 2020 übermittelten ersten Entwurf der Novelle sollten
zukünftig »große und komplexe Institute« eine eigenständige Compliance-Funktion errichten.
Institute und Institutsgruppen mit einer Bilanzsumme von mehr als 30 Milliarden Euro galten
nach dem Entwurf in der Regel als groß und komplex.[77] Die Deutsche Kreditwirtschaft (DK) hat in
ihrer Stellungnahme ein alleiniges Abstellen auf die Bilanzsumme als problematisch und irreführend kritisiert, da nur der Umfang des Geschäftsvolumens berücksichtigt wird, nicht jedoch für
die Risikosituation relevante Aspekte wie die Komplexität, die Internationalität des Geschäftsmodells bzw. die Vernetzung des Institutes.[78] Im weiteren Verlauf der Konsultation wurde der
Begriff »große und komplexe Institute« von der Aufsicht als zu unbestimmt verworfen.[79]

Nach der endgültigen Fassung zur sechsten MaRisk-Novelle haben nunmehr anstelle der großen   84
und komplexen Institute die bedeutenden Institute gemäß Art. 6 SSM-Verordnung (→ AT 1 Tz. 3)
für ihre Compliance-Funktion eine eigenständige Organisationseinheit vorzuhalten. Die Aufsicht
begründet die Ausweitung des Anwendungsbereiches u. a. mit der einheitlichen Aufsichtspraxis

---

76 Im ersten Entwurf zur fünften MaRisk-Novelle hatte die Aufsicht noch verlangt, dass große und komplexe Institute
    zwingend eine eigenständige Organisationseinheit unterhalb der Geschäftsleiterebene einzurichten haben. Nach
    erheblicher Kritik der Deutschen Kreditwirtschaft wurde die endgültige Fassung der fünften MaRisk-Novelle dahin-
    gehend angepasst, dass lediglich systemrelevante Institute für die Compliance-Funktion eine eigenständige Organisati-
    onseinheit einzurichten haben. Vgl. Deutsche Kreditwirtschaft, Stellungnahme zum Entwurf der MaRisk in der Fassung
    vom 18. Februar 2016 (Konsultation 02/2016) vom 27. April 2016, S. 22 f.
77 Vgl. Bundesanstalt für Finanzdienstleistungsaufsicht, Entwurf der Neufassung des Rundschreibens 09/2017 (BA) –
    Mindestanforderungen an das Risikomanagement – MaRisk, Übermittlungsschreiben vom 26. Oktober 2020.
78 Vgl. Deutsche Kreditwirtschaft, BaFin-Konsultation 14/2020 – Mindestanforderungen an das Risikomanagement, Stellung-
    nahme vom 4. Dezember 2020, S. 4.
79 Vgl. Bundesanstalt für Finanzdienstleistungsaufsicht, Rundschreiben 10/2021 (BA) zur Neufassung der MaRisk, Übermitt-
    lungsschreiben vom 16. August 2021, S. 5.

der EZB, die von den von ihr direkt beaufsichtigten bedeutenden Instituten regelmäßig eine eigenständige Compliance-Funktion verlangt und europaweit zum Teil höhere Anforderungen stellt als die BaFin für die weniger bedeutenden Institute. Diese Praxis steht nach Ansicht der deutschen Aufsicht mit dem Proportionalitätsprinzip durchaus im Einklang.[80] Die DK befürchtet demgegenüber insbesondere für diejenigen bedeutenden Institute, die nicht als systemrelevant eingestuft werden, ein »gold plating«, d. h. strengere nationale Vorgaben im Vergleich zur EZB-Aufsichtspraxis.

85   Die Anforderung bedeutet nicht, dass die bedeutenden Institute eine exklusive Organisationseinheit ausschließlich für die Compliance-Funktion im Sinne des AT 4.4.2 einzurichten haben. Eine Kombination mit den für andere Compliance-Themen zuständigen Einheiten, insbesondere die Compliance-Funktion nach MaComp sowie die für Geldwäscheprävention, Terrorismusfinanzierung und sonstige strafbare Handlungen zuständigen Einheiten ist weiterhin möglich.[81] Im Zuge der sechsten MaRisk-Novelle hat die Aufsicht zudem klargestellt, dass auch der Datenschutz und die Informationssicherheit als Compliance-nahe Kontrolleinheiten in der eigenständigen Compliance-Einheit angesiedelt werden können (→ AT 4.4.2 Tz. 4, Erläuterung). Eine Bündelung dieser Compliance-nahen Themen in einer Organisationseinheit kann insbesondere institutsweit einheitliche Standards für die aufsichtsrechtlich jeweils geforderten Risiko- und Gefährdungsanalysen festlegen und eine homogene Compliance-Kultur fördern. Darüber hinaus bestehen zwischen den verschiedenen Einheiten mit Compliance-Funktion keine Interessenkonflikte.

86   In der Sitzung des Fachgremiums MaRisk am 12. Februar 2021 wurden zwischen Aufsicht und DK mögliche »Ansiedlungsverbote« in der von bedeutenden Instituten einzurichtenden eigenständigen Organisationseinheit für die Compliance-Funktion diskutiert.[82] Nach dem ersten Entwurf der sechsten MaRisk-Novelle durften bestimmte Bereiche ausdrücklich nicht in der exklusiven Compliance-Einheit angesiedelt werden. Die beispielhafte Aufzählung enthielt den Auslagerungsbeauftragten (inkl. Auslagerungsmanagement), den Informationssicherheitsbeauftragten (inkl. Informationssicherheitsmanagement), das Business Continuity Management (BCM) sowie insbesondere diejenigen Bereiche, die dem Risikocontrolling zuzuordnen sind.[83] Im Grundsatz geht es der Aufsicht darum, Interessenkonflikte innerhalb der Compliance-Funktion zu vermeiden und somit operative und überwachende Tätigkeiten zu trennen.[84] Die DK kritisierte die Einschränkungen der organisatorischen Gestaltungsmöglichkeiten der Institute als nicht nachvollziehbar, sachlich nicht gerechtfertigt und durch die maßgeblichen EBA-Leitlinien zur internen Governance oder sonstige europäische bzw. internationale Vorgaben nicht gedeckt.[85] Nach Ansicht der DK sprechen vielmehr zahlreiche Gründe für eine Zusammenfassung der aufgeführten Funktionen in einer zentralen Compliance-Einheit, insbesondere die Vorteile einer ganzheitlichen Risikosicht, die Nutzung möglicher Synergien, das Vermeiden von Silodenken sowie eine enge Verzahnung und ein intensiver Austausch der genannten Einheiten. Zudem handelt es sich bei allen Funk-

---

80 Vgl. Bundesanstalt für Finanzdienstleistungsaufsicht, Rundschreiben 10/2021 (BA) zur Neufassung der MaRisk, Übermittlungsschreiben vom 16. August 2021, S. 5.

81 Die Deutsche Kreditwirtschaft hatte in ihrer Stellungnahme zum ersten Entwurf der fünften MaRisk-Novelle darauf hingewiesen, dass die zukünftig in den MaRisk verlangte eigenständige Organisationeinheit für die Compliance-Funktion nach ihrer Auffassung keine organisatorische Trennung der Compliance-Funktion nach MaRisk und der Compliance-Funktion nach WpHG erforderlich macht. Vgl. Deutsche Kreditwirtschaft, Stellungnahme zum Entwurf der MaRisk in der Fassung vom 18. Februar 2016 (Konsultation 02/2016) vom 27. April 2016, S. 23.

82 Vgl. Bundesanstalt für Finanzdienstleistungsaufsicht, Protokoll der Sitzungen des MaRisk-Fachgremiums am 12. und 19. Februar 2021, S. 4.

83 Die genannten Ansiedlungsverbote waren in den Erläuterungen zu AT 4.4.2 Tz. 4 aufgeführt. Vgl. Bundesanstalt für Finanzdienstleistungsaufsicht, Entwurf der Neufassung des Rundschreibens 09/2017 (BA) – Mindestanforderungen an das Risikomanagement – MaRisk, Übermittlungsschreiben vom 26. Oktober 2020, dem der erste Entwurf der sechsten MaRisk-Novelle in der Anlage beigefügt war.

84 Vgl. Bundesanstalt für Finanzdienstleistungsaufsicht, Protokoll der Sitzungen des MaRisk-Fachgremiums am 12. und 19. Februar 2021, S. 4.

85 Vgl. Deutsche Kreditwirtschaft, BaFin-Konsultation 14/2020 – Mindestanforderungen an das Risikomanagement, Stellungnahme vom 4. Dezember 2020, S. 11.

tionen um Kontrolleinheiten, die im Modell der drei Verteidigungslinien – wie die Compliance-Funktion – der zweiten Verteidigungslinie zuzuordnen sind.[86] Da die Ansiedlungsverbote tendenziell eher zu einer Schwächung der genannten Funktionen im Allgemeinen und der Compliance-Funktion im Besonderen führen würden, plädierte die DK für die ersatzlose Streichung.[87]

Die Aufsicht ist der Kritik der DK im weiteren Verlauf der Konsultation dahingehend entgegengekommen, dass bedeutende Institute für ihre Compliance-Funktion nach der endgültigen Fassung der sechsten MaRisk-Novelle lediglich »grundsätzlich« eine eigenständige Organisationseinheit einzurichten haben, so dass Ausnahmen möglich sind. In den Erläuterungen wird auf die Kriterien der Verhältnismäßigkeit in Titel I der EBA-Leitlinien zur internen Governance und damit auf den Grundsatz der Proportionalität verwiesen (→ AT 4.4.2 Tz. 4, Erläuterung).[88] Eine Anbindung des Informationssicherheitsbeauftragten und -managements an die Compliance-Funktion ist nunmehr ausdrücklich möglich. Als Reaktion auf die Diskussion im Fachgremium MaRisk am 12. Februar 2021 über die mögliche Anbindung einzelner Kontrollbereiche und einzelner Beauftragter an die Compliance Funktion, hat sich die Aufsicht dafür entschieden, von der in der Konsultationsfassung noch enthaltenen expliziten Aufzählung von nicht zulässigen Kombinationen Abstand zu nehmen. Im Übermittlungsschreiben zur sechsten MaRisk-Novelle wird neben dem Hinweis auf die in jedem Fall zulässigen Funktionen (Compliance-Funktion nach MaComp, Geldwäschebeauftragter, Informationssicherheitsbeauftragter, Datenschutz) nur mehr auf das allgemeine Prinzip verwiesen, wonach nur (reine) Kontrolleinheiten bei der Compliance-Funktion angesiedelt werden können.[89]

Bei bedeutenden Instituten gemäß Art. 6 SSM-Verordnung, die aufgrund der Erweiterung des Anwenderkreises im Zuge der sechsten MaRisk-Novelle erstmals in den Anwendungsbereich der Regelung fallen, hat nach dem Übermittlungsschreiben die für diese Institute direkt zuständige EZB zu entscheiden (soweit dies nicht bereits erfolgt ist), ob die erhöhte Anforderung im Einzelfall unter Proportionalitätsgesichtspunkten gilt und welche Übergangsfrist hierfür einzuräumen ist.[90]

87

88

---

86 Vgl. Deutsche Kreditwirtschaft, BaFin-Konsultation 14/2020 – Mindestanforderungen an das Risikomanagement, Stellungnahme vom 4. Dezember 2020, S. 11 ff.

87 Vgl. Deutsche Kreditwirtschaft, BaFin-Konsultation 14/2020 – Mindestanforderungen an das Risikomanagement, Stellungnahme vom 4. Dezember 2020, S. 13 f.

88 Die EBA verwendet in Titel I ihrer Leitlinien den Begriff »Verhältnismäßigkeit«. Vgl. European Banking Authority, Leitlinien zur internen Governance, EBA/GL/2017/11, 21. März 2018, S. 8 f. Die englische Originalfassung mit dem Begriff »Proportionality« macht deutlich, dass der »Grundsatz der Proportionalität« gemäß MaRisk gemeint ist.

89 Vgl. Bundesanstalt für Finanzdienstleistungsaufsicht, Rundschreiben 10/2021 (BA) zur Neufassung der MaRisk, Übermittlungsschreiben vom 16. August 2021, S. 6 f.

90 Vgl. Bundesanstalt für Finanzdienstleistungsaufsicht, Rundschreiben 10/2021 (BA) zur Neufassung der MaRisk, Übermittlungsschreiben vom 16. August 2021, S. 10.

6 Compliance-Beauftragter (Tz. 5)

89 **5** Das Institut hat einen Compliance-Beauftragten zu benennen, der für die Erfüllung der Aufgaben der Compliance-Funktion verantwortlich ist. Abhängig von Art, Umfang, Komplexität und Risikogehalt der Geschäftsaktivitäten sowie der Größe des Institutes kann im Ausnahmefall die Funktion des Compliance-Beauftragten auch einem Geschäftsleiter übertragen werden.

6.1 Benennung eines Compliance-Beauftragten

90 Das Institut hat einen Compliance-Beauftragten zu benennen, der für die Erfüllung der Aufgaben der Compliance-Funktion verantwortlich und damit auch der natürliche Ansprechpartner für die Geschäftsleitung ist. Zusätzlich ist ein Stellvertreter zu bestellen, auch wenn die MaRisk dies nicht ausdrücklich verlangen. Die Anforderung ergibt sich aus der Notwendigkeit angemessener Vertretungsregeln. Danach hat das Institut sicherzustellen, dass die Abwesenheit oder das Ausscheiden von Mitarbeitern nicht zu nachhaltigen Störungen der Betriebsabläufe führen (→ AT 7.1 Tz. 3, Erläuterung). Dem stellvertretenden Compliance-Beauftragten sind in dieser Funktion entsprechende Pflichten und Befugnisse einzuräumen. Auch die Bestellung mehrerer Stellvertreter ist möglich.

91 Eine besondere Form für die Bestellung des Compliance-Beauftragten ist nicht vorgesehen. Sie erfolgt jedoch in der Praxis schon aus Dokumentations- und Nachweisgründen schriftlich. Bei der Bestellung handelt es sich rechtlich um einen einseitig vorzunehmenden, empfangsbedürftigen Akt, der von dem zwischen dem Institut und dem Compliance-Beauftragten bestehenden Arbeitsverhältnis zu unterscheiden ist. Das Institut hat eine natürliche Person als Compliance-Beauftragten zu benennen. Nicht zulässig ist die Benennung mehrerer Compliance-Beauftragter, da die Verantwortung für die Erfüllung der Aufgaben der Compliance-Funktion zweifelsfrei einer Person zugeordnet werden muss. Die Bestellung des Compliance-Beauftragten kann auch nicht durch die Einrichtung eines dezentral organisierten Compliance-Komitees ersetzt werden.

92 Als actus contrarius zur Benennung ist die Geschäftsleitung auch für die Entpflichtung des Compliance-Beauftragten von seiner Beauftragten-Funktion zuständig, wobei auch diese von dem zwischen dem Institut und dem Compliance-Beauftragten bestehenden Arbeitsverhältnis zu unterscheiden ist.

93 Der Compliance-Beauftragte ist im Interesse des Institutes tätig und an Weisungen der Geschäftsleitung gebunden, da die Geschäftsleitung die Letztverantwortung für das rechtskonforme Verhalten des Institutes trägt. Vor diesem Hintergrund hat der Gesetzgeber darauf verzichtet,

zugunsten des Compliance-Beauftragten besondere Schutzvorschriften aufzunehmen. Derartige Schutzvorschriften bestehen regelmäßig bei den gesetzlichen Unternehmensbeauftragten, wie dem Geldwäschebeauftragten nach § 7 Abs. 4 GwG (weitgehender gesetzlicher Kündigungsschutz) und dem Datenschutzbeauftragten nach Art. 38 Abs. 3 DSGVO (Schutz vor Abberufung und Benachteiligung).[91] Für den Compliance-Beauftragten gemäß MaComp, der wie der Compliance-Beauftragte im Sinne des AT 4.4.2 kein gesetzlicher Unternehmensbeauftragter ist, werden ein Mindestzeitraum für die Ernennung und ein erweiterter Kündigungsschutz empfohlen.[92]

Der Compliance-Beauftragte leitet die Compliance-Funktion, die über eine angemessene quantitative und qualitative Personalausstattung sowie über die notwendigen Ressourcen (Sachmittel etc.) verfügen muss. Zur wirksamen Erfüllung der ihm zugewiesenen Aufgaben und zur Sicherstellung seiner Unabhängigkeit sollte der Compliance-Beauftragte darüber hinaus über ein eigenes, seiner Tätigkeit angemessenes Compliance-Budget verfügen.[93]   **94**

Für die Ausgestaltung der Compliance-Funktion gilt grundsätzlich der Grundsatz der Proportionalität, d. h. die Anforderungen hängen im Einzelfall von Art, Umfang, Komplexität und Risikogehalt der Geschäftsaktivitäten sowie der Größe des Institutes ab. Es liegt auf der Hand, dass bei großen internationalen Bankkonzernen mit komplexem Geschäftsmodell sowie ausländischen Tochtergesellschaften oder Zweigniederlassungen die Anzahl der Mitarbeiter der Compliance-Funktion deutlich höher ist als bei einer Genossenschaftsbank oder Sparkasse mit begrenzten Produkten und regionalem Geschäftsschwerpunkt. Ergänzend kann auf die von der EBA entwickelten Kriterien für das Proportionalitätsprinzip und den sehr detaillierten Katalog zur Konkretisierung dieser Kriterien zurückgegriffen werden. Zu den Kriterien gehören u. a. die geografische Präsenz des Institutes, der Umfang seiner Tätigkeiten in den einzelnen Rechtsordnungen, die Rechtsform, eine mögliche Gruppenzugehörigkeit, eine mögliche Börsennotierung, die Nutzung interner Modelle für die Messung der Kapitalanforderungen, die Art der zugelassenen Tätigkeiten und Dienstleistungen, das zugrunde liegende Geschäftsmodell, die Geschäfts- und Risikostrategie, der Risikoappetit und das Risikoprofil, die Refinanzierungsstruktur, die SREP-Ergebnisse, die Organisationsstruktur, die Beteiligungsverhältnisse, die Art der Kunden (z. B. Privat-, Unternehmens-, institutionelle Kunden, Kleinunternehmen, öffentliche Stellen), die Komplexität der Produkte oder Verträge, die ausgelagerten Tätigkeiten und Vertriebskanäle sowie die IT-Systeme, einschließlich der Systeme für einen unterbrechungsfreien Geschäftsbetrieb.[94] Die EBA hat in ihrem Bericht zu den überarbeiteten Leitlinien zur internen Governance vom Juli 2021 die Unterscheidung zwischen einem kleinen und nicht komplexen Institut (»small and non-complex institution«) und einem großen Institut (»large institution«) als zusätzliches Kriterium für das   **95**

---

91 Zur Abgrenzung des Compliance-Beauftragten von den gesetzlichen Unternehmensbeauftragten vgl. Schulz, Martin/Galster, Wirnt, § 5. Stellung im Unternehmen, in: Bürkle, Jürgen/Hauschka, E. Christoph, Der Compliance Officer, Ein Handbuch in eigener Sache, München, 2015, S. 117 ff. Danach sind die gesetzlichen Unternehmensbeauftragten, wie z. B. der Geldwäsche-Beauftragte und der Datenschutzbeauftragte, Personen, die aufgrund das Unternehmen verpflichtender Vorschriften zum Schutz bestimmter Allgemeininteressen bestellt werden, kraft gesetzlicher Inpflichtnahme des Unternehmens über eine exponierte Rechtsstellung verfügen und durch Einflussnahme auf die Willensbildung der Unternehmen eine die behördliche Überwachung ergänzende Funktion ausüben. Die Tätigkeit der gesetzlichen Unternehmensbeauftragten unterliegt daher zum Teil nicht dem Direktionsrecht der Geschäftsleitung. Vgl. im Hinblick auf den Geldwäsche-Beauftragten § 7 Abs. 3 Satz 8 GwG und im Hinblick auf den Datenschutzbeauftragten Art. 38 Abs. 3 DSGVO. Der Compliance-Beauftragte gemäß MaComp ist dagegen nicht als Unternehmensbeauftragter einzuordnen. Vgl. Schäfer, Holger, in: Krimphove, Dieter/Kruse, Oliver (Hrsg.), Mindestanforderungen an die Compliance-Funktion und die weiteren Verhaltens-, Organisations- und Transparenzpflichten nach §§ 63 ff. WpHG für Wertpapierdienstleistungsunternehmen – MaComp, 2. Auflage, München, 2019, BT 1.2.4 Tz. 5, Rn. 586.

92 Zur Wahrung der Unabhängigkeit des Compliance-Beauftragten empfehlen die MaComp eine Ernennung für einen Zeitraum von mindestens 24 Monaten. Ein geeignetes Mittel zur Stärkung des Compliance-Beauftragten ist zusätzlich die Vereinbarung einer 12-monatigen Kündigungsfrist seitens des Arbeitgebers. Vgl. Bundesanstalt für Finanzdienstleistungsaufsicht, Mindestanforderungen an die Compliance-Funktion und weitere Verhaltens-, Organisations- und Transparenzpflichten – MaComp, Rundschreiben 05/2018 (WA) vom 19. April 2018, zuletzt geändert am 24. März 2021, BT 1.3.3.4 Tz. 4.

93 Vgl. European Banking Authority, Leitlinien zur internen Governance, EBA/GL/2017/11, 21. März 2018, S. 20, wonach die Geschäftsleitung auch sicherstellen soll, dass die Compliance-Funktion über angemessene finanzielle Mittel zur wirksamen Wahrnehmung ihrer Aufgaben verfügt.

94 Vgl. European Banking Authority, Leitlinien zur internen Governance, EBA/GL/2017/11, 21. März 2018, S. 8 f.

Proportionalitätsprinzip ergänzt (→ AT 1 Tz. 3).[95] Gleichzeitig betont sie, dass Größe oder Systemrelevanz eines Institutes für sich genommen nicht für das Ausmaß ausschlaggebend sind, in dem ein Institut Risiken ausgesetzt wird.[96]

96   Der Grundsatz der Proportionalität ermöglicht es kleineren Instituten, dass die Compliance-Funktion ggf. nur aus dem Compliance-Beauftragten besteht. Im Ausnahmefall kann die Funktion des Compliance-Beauftragten auch von einem Geschäftsleiter wahrgenommen werden. Dies wird in der Regel nur bei Instituten der Fall sein, bei denen aus Gründen der Institutsgröße die Bestellung eines eigenen Compliance-Beauftragten unverhältnismäßig ist.

97   In der Praxis haben sich in den letzten Jahren auch in größeren Instituten insbesondere Modelle bewährt, bei denen die Compliance-Funktion z. B. eng mit dem Management der nicht-finanziellen Risiken verbunden ist. Im Fachgremium MaRisk haben selbst die Vertreter des IDW diese Vorgehensweise als durchaus statthaft bezeichnet. Nach den Vorstellungen der EZB sollte der Compliance-Beauftragte seine Verantwortung allerdings grundsätzlich als Vollzeittätigkeit ausüben (»on a full time basis«). Lediglich bei kleinen Instituten (»in the case of the smallest banks«) kann der Compliance-Beauftragte unter Berücksichtigung des Proportionalitätsprinzips in den EBA-Leitlinien zur internen Governance weitere Verantwortlichkeiten wahrnehmen, z. B. als Leiter der Rechtsabteilung oder der Abteilung für Non-Financial Risk.[97]

6.2   Fachkenntnisse und Erfahrungen

98   Der Compliance-Beauftragte und die Mitarbeiter der Compliance-Funktion müssen für ihre Tätigkeit über die erforderlichen Fachkenntnisse und Erfahrungen verfügen. Der Compliance-Beauftragte hat darüber hinaus den besonderen qualitativen Anforderungen entsprechend seines Aufgabengebietes zu genügen (→ AT 7.1 Tz. 3, Erläuterung). Der Compliance-Beauftragte ist als »Inhaber einer Schlüsselfunktion« im Sinne der einschlägigen EBA-Leitlinien[98] einzustufen. Dafür verlangt die EBA einen Prozess, der die Bewertung der Eignung zum Zeitpunkt der Bestellung des Compliance-Beauftragten (Erstbewertung) und anschließend die fortlaufende Überprüfung dieser Eignung (Folgebewertung) beinhaltet. Die Bewertung der Zuverlässigkeit, Aufrichtigkeit, Integrität, Kenntnisse, Fähigkeiten und Erfahrung von Inhabern von Schlüsselfunktionen sollte auf denselben Kriterien basieren, die auch bei den Geschäftsleitern angewandt werden.[99] Die BaFin hat im Dezember 2020 konkrete Anforderungen an die Besetzung von Schlüsselfunktionen in das Merkblatt für die Eignungsanforderungen für Geschäftsleiter aufgenommen.[100] Danach sollten die Institute gewährleisten, dass der Compliance-Beauftragte als Inhaber einer Schlüsselfunktion jederzeit zuverlässig ist und über die notwendige fachliche Eignung für seine Position verfügt. Dies erfordert eine Erst- und Folgebewertung sowie eine fortlaufende Überwachung. Im Merkblatt

---

95 Vgl. European Banking Authority, Final Report on Guidelines on internal governance under Directive 2013/36/EU, EBA/GL/2021/05, 2. Juli 2021, S. 19.

96 Vgl. European Banking Authority, Final Report on Guidelines on internal governance under Directive 2013/36/EU, EBA/GL/2021/05, 2. Juli 2021, S. 18.

97 Vgl. European Central Bank, Strengthening banks' compliance frameworks, Newsletter vom 12. Februar 2020, S. 1.

98 Vgl. European Banking Authority/European Securities and Markets Authority, Leitlinien zur Bewertung der Eignung von Mitgliedern des Leitungsorgans und Inhabern von Schlüsselfunktionen, EBA/GL/2017/12, 21. März 2018, S. 5. Danach sind Inhaber von Schlüsselfunktionen Personen, die erheblichen Einfluss auf die Ausrichtung des Institutes haben, aber keine Mitglieder des Leitungsorgans sind. Zu ihnen zählen zwingend die Leiter der internen Kontrollfunktionen, zu denen die Compliance-Funktion gehört.

99 Vgl. European Banking Authority/European Securities and Markets Authority, Leitlinien zur Bewertung der Eignung von Mitgliedern des Leitungsorgans und Inhabern von Schlüsselfunktionen, EBA/GL/2017/12, 21. März 2018, S. 15; European Banking Authority, Leitlinien zur internen Governance, EBA/GL/2017/11, 21. März 2018, S. 41.

100 Vgl. Bundesanstalt für Finanzdienstleistungsaufsicht, Merkblatt zu den Geschäftsleitern gemäß KWG, ZAG und KAGB vom 4. Januar 2016, zuletzt geändert am 24. Juni 2021, S. 44 f.

werden konkrete Beispiele genannt, in denen im Rahmen der fortlaufenden Überwachung eine Neubewertung durchgeführt werden sollte, z. B. wenn Bedenken hinsichtlich der Eignung bestehen. Bei der Prüfung der praktischen und theoretischen Kenntnisse und der Erfahrung sollten die Rolle und Aufgabe als Compliance-Beauftragter berücksichtigt werden.[101] Die Institute sollten daher einen entsprechenden Prozess zur Beurteilung und Sicherstellung der fachlichen Qualifikation sowie der sonstigen Anforderungen implementieren und diesen angemessen dokumentieren (→ AT 4.4, Einführung).

Die Institute haben darüber hinaus durch geeignete Maßnahmen zu gewährleisten, dass das **99** Qualifikationsniveau der übrigen Mitarbeiter der Compliance-Funktion angemessen ist (→ AT 7.1 Tz. 2). Nach den Vorstellungen der EBA sollten die Mitarbeiter der Compliance-Funktion über ausreichende Kenntnisse, Fähigkeiten und Erfahrungen im Bereich Compliance und den einschlägigen Verfahren verfügen sowie Zugang zu regelmäßigen Weiterbildungen haben.[102] Neben der fachlichen Qualifikation sind dabei auch Kenntnisse des Geschäftsmodells (Produkte, Märkte etc.) erforderlich, um als Kontrollbereich bzw. zweite Verteidigungslinie die Geschäftsbereiche des Institutes effektiv hinterfragen zu können.

Die EZB betont neben einer angemessenen Personalausstattung, sowohl in qualitativer als auch **100** in quantitativer Hinsicht, sowie ausreichenden Fachkenntnissen und Erfahrungen die Bedeutung der Qualität von IT-Lösungen für die Compliance-Funktion.[103]

6.3   Anzeige gegenüber der BaFin

Die Institute sind nicht verpflichtet, die Bestellung, einen Wechsel oder das Ausscheiden des **101** Compliance-Beauftragten der Aufsichtsbehörde anzuzeigen, anders als bspw. beim Compliance-Beauftragten gemäß MaComp nach § 87 Abs. 5 WpHG[104] oder beim Geldwäschebeauftragten nach § 7 Abs. 4 Satz 1 GwG. Beim Geldwäschebeauftragten sind der Aufsichtsbehörde zudem im Fall einer Abberufung die Gründe hierfür schriftlich mitzuteilen (§ 50 GwG).

Nach den Vorstellungen der EBA sollten CRD-Institute von erheblicher Bedeutung die zuständige **102** Aufsichtsbehörde über das Ergebnis der Eignungsprüfung der Inhaber von Schlüsselfunktionen im Sinne der einschlägigen Leitlinien informieren.[105] Für eine Unterrichtung der Aufsichtsbehörde spricht, dass der Compliance-Beauftragte in der täglichen Praxis als Ansprechpartner der Aufsichtsbehörde für Fragen rund um die Compliance-Risiken fungiert. Vor diesem Hintergrund sollten größere Institute die Aufsicht über personelle Veränderungen in der Person des Compliance-Beauftragten ggf. informieren bzw. mit der Aufsichtsbehörde die Vorgehensweise abstimmen (→ AT 4.4, Einführung).

---

101 Vgl. Bundesanstalt für Finanzdienstleistungsaufsicht, Merkblatt zu den Geschäftsleitern gemäß KWG, ZAG und KAGB vom 4. Januar 2016, zuletzt geändert am 24. Juni 2021, S. 44 f.

102 Vgl. European Banking Authority, Leitlinien zur internen Governance, EBA/GL/2017/11, 21. März 2018, S. 47.

103 Vgl. European Central Bank, Strengthening banks' compliance frameworks, Newsletter vom 12. Februar 2020, S. 1.

104 Die einzelnen Anforderungen an die Anzeige sind in der WpHGMaAnzV geregelt. Vgl. Verordnung über den Einsatz von Mitarbeitern in der Anlageberatung, als Vertriebsmitarbeiter, in der Finanzportfolioverwaltung, als Vertriebsbeauftragte oder als Compliance-Beauftragte und über die Anzeigepflichten nach § 87 des Wertpapierhandelsgesetzes (WpHG-Mitarbeiteranzeigeverordnung – WPHGMaAnzV) vom 21. Dezember 2011 (BGBl. I S. 3116), die zuletzt durch Artikel 1 der Verordnung vom 24. November 2017 (BGBl. I S. 3810) geändert worden ist.

105 Vgl. European Banking Authority/European Securities and Markets Authority, Leitlinien zur Bewertung der Eignung von Mitgliedern des Leitungsorgans und Inhabern von Schlüsselfunktionen, EBA/GL/2017/12, 21. März 2018, S. 44 f. »CRD-Institute von erheblicher Bedeutung« sind nach den Leitlinien die global systemrelevanten Institute und die anderweitig systemrelevanten Institute sowie ggf. auch andere CRD-Institute, Finanzholdinggesellschaften oder gemischte Finanzholdinggesellschaften, die von der zuständigen Behörde oder nach nationalem Recht auf der Grundlage einer Bewertung der Größe, internen Organisation und der Art, des Umfangs und der Komplexität der Tätigkeiten der Institute bestimmt werden. Vgl. European Banking Authority/European Securities and Markets Authority, Leitlinien zur Bewertung der Eignung von Mitgliedern des Leitungsorgans und Inhabern von Schlüsselfunktionen, EBA/GL/2017/12, 21. März 2018, S. 5.

6.4 Compliance-Beauftragter auf Konzernebene

103 Bei Institutsgruppen, Finanzholding-Gruppen und gemischten Finanzholding-Gruppen ist ein Compliance-Beauftragter auf Konzernebene zu benennen, der für die Erfüllung der Aufgaben der Compliance-Funktion auf Gruppenebene verantwortlich ist (→ AT 4.4.2 Tz. 1). Auch die EBA verlangt eine Compliance-Funktion auf Gruppenebene.[106]

---

106 Vgl. European Banking Authority, Leitlinien zur internen Governance, EBA/GL/2017/11, 21. März 2018, S. 47f.

7 Befugnisse und Informationsrechte der Compliance-Funktion (Tz. 6)

6 Den Mitarbeitern der Compliance-Funktion sind ausreichende Befugnisse und ein un- 104
eingeschränkter Zugang zu allen Informationen einzuräumen, die für die Erfüllung ihrer
Aufgaben erforderlich sind. Weisungen und Beschlüsse der Geschäftsleitung, die für die
Compliance-Funktion wesentlich sind, sind ihr bekanntzugeben. Über wesentliche Änderungen der Regelungen, die die Einhaltung der wesentlichen rechtlichen Regelungen und
Vorgaben gewährleisten sollen, sind die Mitarbeiter der Compliance-Funktion rechtzeitig zu
informieren.

7.1 Ausreichende Befugnisse und Zugang zu Informationen

Damit die Compliance-Funktion ihre Aufgaben effektiv und im Interesse des Institutes wahr- 105
nehmen kann, sind dem Compliance-Beauftragten bzw. seinen Mitarbeitern ausreichende Befugnisse und ein uneingeschränkter Zugang zu allen für ihre Tätigkeit relevanten Informationen
einzuräumen. Entsprechende Regelungen enthalten die MaRisk auch bei der Risikocontrolling-
Funktion (→ AT 4.4.1 Tz. 3) und der Internen Revision (→ AT 4.4.3 Tz. 4). Die Compliance-Funktion hat bei der Wahrnehmung ihrer Aufgaben gegenüber anderen Organisationseinheiten vor
allem uneingeschränkte Auskunfts-, Zugangs- und Einsichtsrechte im Hinblick auf vorhandene
Unterlagen, Daten, Aufzeichnungen und Systeme, soweit diese für die Erfüllung ihrer Aufgaben
von Bedeutung sein können.

Das Informationsrecht der Compliance-Funktion wird ergänzt durch die Verpflichtung der 106
Geschäftsleitung, dem Compliance-Beauftragten und seinen Mitarbeitern Weisungen und Beschlüsse mitzuteilen, die für die Compliance-Funktion wesentlich sind. Auch diesbezüglich
besteht eine Parallele zur Internen Revision (→ AT 4.4.3 Tz. 5). Die Compliance-Funktion kann
ihre Aufgaben nur erfüllen, wenn sie über entsprechende Entscheidungen der Geschäftsleitung
hinreichend informiert ist. Darüber hinaus sind die Mitarbeiter der Compliance-Funktion rechtzeitig über wesentliche Änderungen der Regelungen (gemeint sind ggf. die Verfahren und Kontrollen) zu informieren, die die Einhaltung der wesentlichen rechtlichen Regelungen und Vorgaben gewährleisten sollen. Gegenüber der Internen Revision besteht eine vergleichbare Informationspflicht bei wesentlichen Änderungen im Risikomanagement (→ AT 4.4.3 Tz. 5), wozu auch
die Verfahren zur Gewährleistung der Einhaltung der wesentlichen rechtlichen Regelungen und
Vorgaben gehören.

Die Compliance-Funktion ist insbesondere im Zusammenspiel mit den Geschäftsbereichen auf 107
einen funktionierenden Informationsfluss angewiesen. Die Geschäftsbereiche haben daher die
Compliance-Funktion von sich aus zu informieren, wenn sich in ihrem Zuständigkeitsbereich
wesentliche rechtliche Regelungen oder Vorgaben ändern oder sie Verfahren oder Kontrollen
anpassen. Es handelt sich um eine Bringschuld der Organisationseinheiten, damit die Compliance-
Funktion frühzeitig Kenntnis über Änderungen der einschlägigen Verfahren und Kontrollen und
ggf. auch über Anpassungen von Rechtsnormen sowie ihre strategische oder operative Bedeutung
für das Institut erhält. Die EBA betont den erforderlichen Informationsaustausch zwischen der
Compliance-Funktion und der Risikocontrolling-Funktion. Nach den Vorstellungen der EBA
sollten die Compliance-Funktion und die Risikocontrolling-Funktion zusammenarbeiten und,

soweit angemessen, Informationen austauschen, um ihre jeweiligen Aufgaben wahrzunehmen.[107]

108   Die erforderlichen Informations-, Auskunfts-, Zugangs- und Einsichtsrechte der Compliance-Funktion müssen geregelt und den Mitarbeitern des Institutes in geeigneter Weise bekanntgemacht werden, z. B. in den Organisationsrichtlinien des Institutes (→ AT 5). Andere Vorgehensweisen sind allerdings auch möglich.

109   Bei einer Compliance-Funktion auf Gruppenebene erstrecken sich die Befugnisse und Informationsrechte auf die gruppenangehörigen Unternehmen im In- und Ausland, soweit dies im Rahmen der gesellschaftsrechtlichen Möglichkeiten durchsetzbar ist. Allerdings wurden die bankaufsichtlichen Regelungen in den vergangenen Jahren oftmals in einer Weise angepasst, die auf nationale gesellschaftsrechtliche Regelungen wenig Rücksicht nimmt (→ AT 4.5 Tz. 1). Nach den Vorstellungen der EBA sollten die nachgeordneten Unternehmen die Compliance-Funktion des konsolidierenden Unternehmens insbesondere informieren, wenn regionale Gesetze und Rechtsvorschriften der Anwendung strengerer Verfahren und Compliance-Systeme, die von der Gruppe eingeführt wurden, im Wege stehen.[108] Das kann z. B. der Fall sein, wenn bei grenzüberschreitend tätigen Gruppen regionale Gesetze und Rechtsvorschriften die Offenlegung oder den Austausch erforderlicher Informationen zwischen den gruppenangehörigen Unternehmen behindern.

7.2   Weisungsrecht des Compliance-Beauftragten

110   Der Compliance-Funktion bzw. dem Compliance-Beauftragten wird in den MaRisk gegenüber anderen Organisationseinheiten kein explizites Weisungsrecht eingeräumt. Dies ergibt sich implizit bereits aus dem Wortlaut, wonach die Compliance-Funktion auf die Implementierung wirksamer Verfahren zur Einhaltung der wesentlichen rechtlichen Regelungen und Vorgaben »hinzuwirken« hat (→ AT 4.4.2 Tz. 1).[109] Die Verantwortung für die Verfahren und die Einhaltung der rechtlichen Regelungen und Vorgaben liegt bei der Geschäftsleitung bzw. den zuständigen Geschäftsbereichen. Die Compliance-Funktion hat in erster Linie eine beratende und koordinierende Funktion. Stellt die Compliance-Funktion mögliche oder bereits schlagend gewordene Compliance-Risiken fest, kann sie die Geschäftsleitung ad hoc bzw. im jährlichen Compliance-Bericht darüber informieren (→ AT 4.4.2 Tz. 7). Die Geschäftsleitung kann auf dieser Basis anschließend die notwendigen Maßnahmen beschließen.[110] Unabhängig davon liegt es im Ermessen der Geschäftsleitung des Institutes, dem Compliance-Beauftragten generelle oder spezifische Weisungs- oder Vetorechte einzuräumen. Denkbar sind z. B. beschränkte Weisungsrechte im Hinblick auf die Herausgabe von Informationen, die für die Erfüllung der Aufgaben der Compliance-Funktion erforderlich sind.

---

107 Vgl. European Banking Authority, Leitlinien zur internen Governance, EBA/GL/2017/11, 21. März 2018, S. 47.

108 Vgl. European Banking Authority, Leitlinien zur internen Governance, EBA/GL/2017/11, 21. März 2018, S. 47 f.

109 Anders der Geldwäschebeauftragte, der im Rahmen seiner Aufgabenerfüllung gegenüber den Mitarbeitern des Institutes weisungsbefugt ist. Gegenüber dem zuständigen Mitglied der Geschäftsleitung ist er grundsätzlich weisungsgebunden. Allerdings unterliegt er in Bezug auf Verdachtsmeldungen nach § 43 GwG oder die Beantwortung eines Auskunftsersuchens der Zentralstelle für Finanztransaktionsuntersuchungen (FIU) nicht dem Direktionsrecht durch die Geschäftsleitung. Vgl. Bundesanstalt für Finanzdienstleistungsaufsicht, Auslegungs- und Anwendungshinweise zum Geldwäschegesetz (GwG) vom 18. Mai 2020, S. 18.

110 Vgl. Bundesanstalt für Finanzdienstleistungsaufsicht, Protokoll der Sitzung des MaRisk-Fachgremiums am 24. April 2013, S. 3.

8 Berichterstattung durch die Compliance-Funktion (Tz. 7)

7 Die Compliance-Funktion hat mindestens jährlich sowie anlassbezogen der Geschäfts- 111
leitung über ihre Tätigkeit Bericht zu erstatten. Darin ist auf die Angemessenheit und
Wirksamkeit der Regelungen zur Einhaltung der wesentlichen rechtlichen Regelungen und
Vorgaben einzugehen. Ferner hat der Bericht auch Angaben zu möglichen Defiziten sowie zu
Maßnahmen zu deren Behebung zu enthalten. Die Berichte sind auch an das Aufsichtsorgan
und die Interne Revision weiterzuleiten.

8.1 Berichterstattung an die Geschäftsleitung

Die Compliance-Funktion hat der Geschäftsleitung mindestens jährlich sowie anlassbezogen über 112
ihre Tätigkeit Bericht zu erstatten. In der Praxis wird die Unterrichtung der Geschäftsleitung schon
aus Dokumentationszwecken regelmäßig schriftlich erfolgen. Bei anlassbezogenen Berichten
kann wegen einer möglichen Eilbedürftigkeit vorab eine mündliche Berichterstattung sinnvoll
sein. In den Berichten hat die Compliance-Funktion auf die Angemessenheit und Wirksamkeit der
Regelungen zur Einhaltung der wesentlichen rechtlichen Regelungen und Vorgaben einzugehen.
Im Fokus stehen damit insbesondere die Verfahren und Kontrollen, auf deren Implementierung die
Compliance-Funktion hinzuwirken hat (→ AT 4.4.2 Tz. 1). Ferner hat der Bericht auch Angaben
zu möglichen Defiziten sowie zu Maßnahmen zu deren Behebung zu enthalten. Die Berichte des
Compliance-Beauftragten ermöglichen es der für die Einhaltung der rechtlichen Regelungen und
Vorgaben verantwortlichen Geschäftsleitung, informiert zu beurteilen, ob das Institut seine
Compliance-Risiken angemessen steuert und überwacht. Darüber hinaus wird die Geschäfts-
leitung in die Lage versetzt, bestehende Verstöße des Institutes oder seiner Mitarbeiter gegen
rechtliche Regelungen oder Vorgaben zu beseitigen. Eine anlassbezogene Berichterstattung der
Compliance-Funktion kommt z.B. in Betracht, wenn diese von Verstößen des Institutes oder von
Mitarbeitern gegen rechtliche Regelungen und Vorgaben Kenntnis erlangt, die für das Institut ein
hohes Compliance-Risiko beinhalten, und bei denen nach Einschätzung der Compliance-Funktion
unverzüglich Maßnahmen zu ergreifen sind.

Die Compliance-Funktion ist für die Berichterstattung an die Geschäftsleitung zuständig. In der 113
Praxis werden der (mindestens) jährlich zu erstellende Compliance-Bericht und die ggf. zu
erstellenden Ad-hoc-Berichte jedoch regelmäßig von dem Compliance-Beauftragten verantwortet.
Die offene Formulierung im Hinblick auf die Compliance-Funktion als Berichterstatter stellt sicher,
dass die entsprechenden Berichte auch im Fall einer Verhinderung des Compliance-Beauftragten
(Urlaub, Krankheit etc.) rechtzeitig verfasst werden können.

Im Fall der Zusammenlegung der Compliance-Funktion mit anderen Stabs- und Kontrollein- 114
heiten (→ AT 4.4.2 Tz. 3) kann der jährliche Bericht bspw. auch Bestandteil der Berichterstattung
der Risikocontrolling-Funktion oder des Compliance-Beauftragten nach MaComp sein. Bei einer
dezentralen Compliance-Organisation sollten die Berichte der einzelnen Compliance-Einheiten
ggf. konsolidiert werden, um der Geschäftsleitung einen umfassenden Überblick über die Risikosituation zu geben.

Die existierenden Berichtspflichten anderer besonderer Funktionen (wie bspw. der Internen 115
Revision, des Compliance-Beauftragten nach MaComp oder des Geldwäschebeauftragten) bleiben

durch die Compliance-Funktion unberührt. Auch die EBA regt im Übrigen eine Berichtspflicht der Compliance-Funktion über die Steuerung des Compliance-Risikos gegenüber der Geschäftsleitung an, ggf. gemeinsam mit der Risikocontrolling-Funktion. Die Feststellungen der Compliance-Funktion sollten von der Geschäftsleitung sowie ggf. der Risikocontrolling-Funktion im Entscheidungsprozess berücksichtigt werden.[111]

8.2 Weiterleitung der Berichte an Aufsichtsorgan und Interne Revision

116   Die Geschäftsleitung ist für die Einhaltung der allgemeinen Compliance im Sinne einer ordnungsgemäßen Geschäftsorganisation nach § 25a Abs. 1 KWG zuständig. Daher wird auch die Berichterstattung an das Aufsichtsorgan regelmäßig durch die Geschäftsleitung erfolgen. Unabhängig davon sind die Berichte des Compliance-Beauftragten an das Aufsichtsorgan und die Interne Revision weiterzuleiten. Diese Regelung dient der Stärkung der internen Kontrollstruktur bzw. der Corporate Governance in den Instituten. Die Interne Revision kann mögliche Feststellungen in den Compliance-Berichten im Rahmen ihrer Prüfungshandlungen aufgreifen. Die Anforderung ergänzt das umfassende Informationsrecht der Internen Revision (→ AT 4.4.3 Tz. 4).

117   Ob es unter Praktikabilitätsgesichtspunkten ggf. besser gewesen wäre, die Informationspflicht an die Interne Revision mit der Ad-hoc-Berichtspflicht (→ AT 4.3.2 Tz. 4) zu verknüpfen, wird die Praxis zeigen. Zukünftig erhält die Interne Revision jeden Bericht der Compliance-Funktion und muss diesen natürlich auch auswerten. Im Zusammenhang mit der Ad-hoc-Berichtspflicht wären der Internen Revision nur die unter Risikogesichtspunkten wesentlichen Informationen (unverzüglich) weitergeleitet worden und auch nur in jenen Fällen, in denen nach Einschätzung der Fachbereiche (in diesem Falle der Compliance-Funktion) unter Risikogesichtspunkten relevante Mängel zu erkennen oder bedeutende Schadensfälle aufgetreten wären oder ein konkreter Verdacht auf Unregelmäßigkeiten bestanden hätte (→ AT 4.3.2 Tz. 4, Erläuterung). Es liegt auf der Hand, dass diese Art der Berichterstattung den Aufwand deutlich reduziert hätte. Ohne eine verpflichtende Vorgabe hätte die Interne Revision institutsindividuell immer noch entscheiden können, ob sie die Berichte im Rahmen ihres umfassenden Informationsrechtes von der Compliance-Funktion einfordert (→ AT 4.4.3 Tz. 4).

118   Unabhängig davon haben sich als Konsequenz aus der Finanzmarktkrise seit 2008 die Anforderungen an die Aufsichtsorgane von Banken deutlich erhöht (→ AT 1 Tz. 1). Der im Rahmen des CRD IV-Umsetzungsgesetzes neu eingeführte § 25d Abs. 6 KWG verlangt ausdrücklich, dass das Aufsichtsorgan die Geschäftsleitung auch hinsichtlich der Einhaltung der einschlägigen bankaufsichtsrechtlichen Regelungen überwacht. Die Berichte der Compliance-Funktion (jährlich bzw. anlassbezogen) unterstützen das Aufsichtsorgan, dieser gesetzlichen Verpflichtung nachzukommen. Adressat der Berichterstattung sollte grundsätzlich jedes Mitglied des Aufsichtsorgans sein. Soweit das Aufsichtsorgan Ausschüsse gebildet hat, kann die Weiterleitung der Informationen auch auf einen Ausschuss beschränkt werden. Voraussetzung dafür ist, dass ein entsprechender Beschluss über die Einrichtung des Ausschusses besteht und der Vorsitzende des Ausschusses regelmäßig das gesamte Aufsichtsorgan informiert. Zudem ist jedem Mitglied des Aufsichtsorgans weiterhin das Recht einzuräumen, die an den Ausschuss geleitete Berichterstattung einsehen zu können (→ AT 4.4.2 Tz. 7, Erläuterung).

119   Die Geschäftsleitung des Institutes ist nicht verpflichtet, die mindestens jährlich sowie anlassbezogen zu erstellenden Berichte der Compliance-Funktion an die Aufsichtsbehörden weiterzulei-

---

111 Vgl. European Banking Authority, Leitlinien zur internen Governance, EBA/GL/2017/11, 21. März 2018, S. 47.

ten. Bei größeren Instituten fordert die Aufsicht die Berichte auf der Grundlage ihres Auskunftsrechtes gemäß § 44 Abs. 1 KWG allerdings regelmäßig an, da sich hieraus wichtige Erkenntnisse für die Aufsichtspraxis ergeben können.

8.3 Berichtsrecht der Compliance-Funktion gegenüber dem Aufsichtsorgan

Nach den Vorstellungen der EBA sollen die Leiter der besonderen Funktionen und damit auch der Compliance-Beauftragte befugt sein, soweit erforderlich, gegenüber dem Aufsichtsorgan ihre Bedenken zu äußern bzw. dieses zu warnen, wenn nachteilige Risikoentwicklungen das Institut beeinträchtigen oder beeinträchtigen können.[112] Es ist fraglich, ob damit ein über die Anforderungen der MaRisk (»Weitergabe der Compliance-Berichte für die Geschäftsleitung an das Aufsichtsorgan«) hinausgehendes direktes Berichtsrecht der Compliance-Funktion gegenüber dem Aufsichtsorgan oder eine direkte Berichtspflicht der Compliance-Funktion gefordert wird. In der Literatur wird ein direktes Berichtsrecht bzw. eine direkte Berichtspflicht des Compliance-Beauftragten gegenüber dem Aufsichtsorgan als ultima ratio zum Teil bejaht.[113] Ein direktes Berichtsrecht (bzw. eine direkte Berichtspflicht) des Compliance-Beauftragten gegenüber dem Aufsichtsorgan – an der Geschäftsleitung des Institutes vorbei – wäre jedoch nicht sachgerecht. Die Geschäftsleitung trägt die Letztverantwortung für das rechtskonforme Verhalten des Institutes. Das Recht des Aufsichtsorgans, von dem Compliance-Beauftragten Auskünfte einzuholen, bleibt hiervon unberührt. Anders als beim Leiter der Internen Revision und dem Leiter der Risikocontrolling-Funktion hat das Aufsichtsorgan kein direktes Auskunftsrecht gegenüber dem Compliance-Beauftragten. Das Aufsichtsorgan muss daher bei Bedarf entsprechende Anfragen an die Geschäftsleitung des Institutes richten.

120

Das Finanzmarktintegritätsstärkungsgesetz aus dem Jahr 2021 erweitert bei CRR-Kreditinstituten im Sinne des § 1 Abs. 3d Satz 1 KWG, die grundsätzlich als Unternehmen im öffentlichen Interesse gemäß § 316a Satz 2 Nr. 2 HGB einzuordnen sind, die Auskunftsrechte des zu errichtenden Prüfungsausschusses noch einmal deutlich.[114] Gemäß § 107 Abs. 5 AktG kann bei Unternehmen im öffentlichen Interesse jedes Mitglied des Prüfungsausschusses über den Ausschussvorsitzenden unmittelbar bei den Leitern derjenigen Zentralbereiche der Gesellschaft Auskünfte einholen, deren Zuständigkeiten die Aufgaben des Prüfungsausschusses gemäß § 107 Abs. 3 Satz 2 betreffen. Dies sind in erster Linie der Leiter der Revision und der Leiter des Risikocontrollings. Wegen der offenen Formulierung »Leiter Zentralbereich« kann das Auskunftsrecht jedoch auch gegenüber dem Compliance-Beauftragten bestehen, wenn dem Prüfungsausschuss die Aufgabe der Überwachung der Wirksamkeit der Compliance übertragen worden ist. Der an börsennotierte Gesellschaften gerichtete Deutsche Corporate Governance Kodex empfiehlt dies explizit.[115]

121

---

112 Vgl. European Banking Authority, Leitlinien zur internen Governance, EBA/GL/2017/11, 21. März 2018, S. 13 und 41.

113 Vgl. Schulz, Martin/Galster, Wirnt, § 4 Aufgaben im Unternehmen, in: Bürkle, Jürgen/Hauschka, E. Christoph, Der Compliance Officer, Ein Handbuch in eigener Sache, München, 2015, S. 125, wonach eine derartige direkte Eskalation an das Aufsichtsorgan als ultima ratio z.B. in Betracht kommt, wenn die Unternehmensleitung und der Compliance-Beauftragte Compliance-Fälle unterschiedlich bewerten, oder in Situationen, in denen die Unternehmensleitung die Tätigkeit der Compliance-Funktion behindert.

114 Die Bundesbank und die Kreditanstalt für Wiederaufbau (KfW) sind aufgrund ihrer Sonderstellung gemäß § 2 Abs. 1 Nr. 1 und Nr. 2 KWG keine Unternehmen im öffentlichen Interesse. Zudem sind die nationalen Förderbanken aufgrund ihrer Herausnahme aus dem Anwendungsbereich der CRD IV (Art. 2 Abs. 5 Nr. 5 CRD IV) nicht als Unternehmen im öffentlichen Interesse einzustufen.

115 Vgl. Regierungskommission Deutscher Corporate Governance Kodex, Deutscher Corporate Governance Kodex, Fassung vom 16. Dezember 2019, Abschnitt D.3.

8.4 Berichterstattung über regulatorisches Monitoring

122 Soweit die Compliance-Funktion auch für die Identifizierung und das Monitoring zukünftiger rechtlicher Regelungen und Vorgaben verantwortlich ist (→ AT 4.4.2 Tz. 1), kann sich die regelmäßige oder anlassbezogene Berichterstattung der Compliance-Funktion an die Geschäftsleitung auch auf das regulatorische Monitoring einschließlich etwaiger regulatorischer Risiken erstrecken. Dies wird z. B. dann der Fall sein, wenn Regulierungsvorhaben größere Auswirkungen auf das Geschäftsmodell des Institutes (Produkte, Märkte etc.), die festgelegten Geschäfts- und Risikostrategien, die verwendeten Methoden zur Ermittlung der Eigenmittel- und Liquiditätsausstattung sowie die Prozesse oder IT-Systeme des Institutes haben und eine fristgerechte Umsetzung nicht gewährleistet ist.

123 Die von der Compliance-Funktion ggf. erstellten Berichte über das regulatorische Monitoring können, müssen jedoch nicht automatisch an das Aufsichtsorgan und die Interne Revision weitergeleitet werden. Hintergrund ist, dass das regulatorische Monitoring nicht das Compliance-Risiko des Institutes betrifft, sondern auf regulatorische Risiken hinweist. In der Praxis ist es allerdings nicht unüblich, dass zumindest die Interne Revision auch diese Berichte der Compliance-Funktion erhält. Vor diesem Hintergrund sollte das Institut intern festlegen, wie mit den Berichten der Compliance-Funktion über regulatorische Risiken an die Geschäftsleitung im Hinblick auf das Aufsichtsorgan und die Interne Revision umzugehen ist.

9 Wechsel des Compliance-Beauftragten (Tz. 8)

8 Wechselt die Position des Compliance-Beauftragten, ist das Aufsichtsorgan rechtzeitig **124** vorab unter Angabe der Gründe für den Wechsel zu informieren.

9.1 Information des Aufsichtsorgans

Die Geschäftsleitung hat bei einem Wechsel der Position des Compliance-Beauftragten das Auf- **125** sichtsorgan des Institutes rechtzeitig vorab unter Angabe der Gründe zu informieren. Vergleichbare Regelungen bestehen beim Wechsel des Leiters der Risikocontrolling-Funktion (→ AT 4.4.1 Tz. 6) und der Leitung der Internen Revision (→ AT 4.4.3 Tz. 6). Eine nachträgliche Information des Aufsichtsorgans ist damit nicht ausreichend. Hintergrund für diese Vorgabe ist die Möglichkeit des Aufsichtsorgans, mit dem Compliance-Beauftragten die Gründe für sein Ausscheiden zu erörtern. Die Verpflichtung der Geschäftsleitung zur Vorabinformation des Aufsichtsorgans über den Wechsel des Compliance-Beauftragten unter Angabe der Gründe für den Wechsel wurde im Zuge der fünften MaRisk-Novelle eingefügt. Diese Regelung betont die herausgehobene Stellung des Compliance-Beauftragten als zentraler Bestandteil des internen Kontrollsystems und stärkt gleichzeitig die Überwachungsfunktion des Aufsichtsorgans. Es handelt sich lediglich um ein Informationsrecht des Aufsichtsorgans, seine Zustimmung zu dem Wechsel ist nicht erforderlich. Grundsätzlich bietet es sich an, dass die Geschäftsleitung das Aufsichtsorgan zeitnah nach der Beschlussfassung über die Entpflichtung des Compliance-Beauftragten aus seiner Beauftragten-Funktion informiert. Diese Information muss nicht zwingend durch die Geschäftsleitung erfolgen. Die Institute können hierfür eine verantwortliche Stelle bestimmen und einen geeigneten Prozess einrichten.

Auch wenn es die MaRisk nicht ausdrücklich verlangen, ist es zudem sinnvoll, dem Aufsichts- **126** organ bereits die Bestellung des Compliance-Beauftragten frühzeitig anzuzeigen, da dieser den Compliance-Bericht verantwortet, der an das Aufsichtsorgan weiterzuleiten ist (→ AT 4.4.2 Tz. 7). Gegebenenfalls wird bei einem geplanten Wechsel des Compliance-Beauftragten bereits ein neuer Kandidat für die Beauftragten-Funktion feststehen, so dass die Information über den Wechsel des alten Compliance-Beauftragten und die Bestellung des neuen Compliance-Beauftragten zeitlich zusammenfallen werden.

Nach der Vorstellung der EBA sollten die Leiter der internen Kontrollfunktionen im Sinne der **127** EBA-Leitlinien zur internen Governance, und damit auch der Leiter der Compliance-Funktion, nur nach vorheriger Zustimmung des Aufsichtsorgans aus ihrer Funktion enthoben werden. Es handelt sich beim Leiter der Compliance-Funktion – anders als beim Leiter der Risikocontrolling-Funktion – jedoch nur um eine Empfehlung der EBA (»sollte«), so dass das Zustimmungserfordernis nicht zwingend ist.[116]

---

116 Vgl. European Banking Authority, Leitlinien zur internen Governance, EBA/GL/2017/11, 21. März 2018, S. 41.

AT 4.4.2 Compliance-Funktion

9.2 Anzeige gegenüber der Aufsichtsbehörde

128 Auch wenn die Institute nicht verpflichtet sind, die Bestellung, einen Wechsel oder das Ausscheiden des Compliance-Beauftragten der Aufsichtsbehörde anzuzeigen, sollten größere Institute die Aufsicht über personelle Veränderungen in der Person des Compliance-Beauftragten ggf. informieren bzw. mit der Aufsichtsbehörde die Vorgehensweise abstimmen (→ AT 4.4, Einführung).

129 Der Baseler Ausschuss für Bankenaufsicht (BCBS) verlangt in seinen im Juni 2015 veröffentlichten Prinzipien für eine angemessene Corporate Governance, dass das Institut eine Ablösung des Leiters der Compliance-Funktion offenlegt und mit der Aufsichtsbehörde erörtert.[117] Die Überlegungen des BCBS wurden aufgrund des in Deutschland vorherrschenden dualistischen Systems der Unternehmensführung bisher nicht in nationales Recht umgesetzt.

---

117 Vgl. Basel Committee on Banking Supervision, Guidelines – Corporate governance principles for banks, BCBS 328, 8. Juli 2015, S. 32 f.

AT 4.4.3 Interne Revision

1	**Erfordernis der Internen Revision (Tz. 1)**	1
1.1	Vorgaben des Gesetzgebers und der Bankenaufsicht	2
1.2	Internationale Entwicklungstendenzen	6
1.2.1	Empfehlungen des Baseler Ausschusses für Bankenaufsicht	7
1.2.2	Implikationen des Baseler Rahmenwerkes	11
1.2.3	Leitlinien der Europäischen Bankenaufsichtsbehörde (EBA)	13
1.3	Funktionsfähigkeit der Internen Revision	16
1.4	Interne Revision durch einen Geschäftsleiter	19
1.5	Konzernrevision	24
2	**Verhältnis zur Geschäftsleitung und zum Aufsichtsorgan (Tz. 2)**	28
2.1	Instrument der Geschäftsleitung	29
2.2	Unterstellung unter den Vorsitzenden der Geschäftsleitung	32
2.3	Berichtpflicht	33
2.4	Direktes Auskunftsrecht des Aufsichtsorgans	37
2.5	Funktion eines Prüfungsausschusses	42
2.6	Inhalt und Umfang des Auskunftsrechtes	49
2.7	Entwicklungstendenzen zum Auskunftsrecht	53
2.8	Ansprechpartner von Aufsicht und Abschlussprüfer	57
3	**Zuständigkeit der Internen Revision (Tz. 3)**	59
3.1	Risikoorientierte Prüfung	60
3.2	Prozessunabhängige Prüfung	62
3.3	Prüfungsgegenstand der Internen Revision	64
3.4	Interne Revision als Kontrolleinheit im Sinne der Vergütungsverordnung	73
3.5	Revision ausgelagerter Aktivitäten und Prozesse	74
3.6	»Anderweitig durchgeführte Revisionstätigkeit«	75
4	**Vollständiges und uneingeschränktes Informationsrecht (Tz. 4)**	79
4.1	Vollständige Information	80
4.2	Ausprägungen des Informationsrechtes	86
4.3	Zugang zu Informationen durch Einbindung der Internen Revision	88
5	**Informationspflicht gegenüber der Internen Revision (Tz. 5)**	89
5.1	Informationspflichten der Geschäftsleitung	90
5.2	Basis für die tägliche Revisionsarbeit	91
5.3	Inhalt der Informationspflichten	93
5.4	Gemeinsamkeiten zwischen Compliance und Interner Revision	94
6	**Wechsel der Leitung der Internen Revision (Tz. 6)**	95
6.1	Information des Aufsichtsorgans	96
6.2	Anzeige gegenüber der Aufsichtsbehörde	101
6.3	Allgemeine Anforderungen an die besonderen Funktionen	104

1 Erfordernis der Internen Revision (Tz. 1)

1   **1** Jedes Institut muss über eine funktionsfähige Interne Revision verfügen. Bei Instituten, bei denen aus Gründen der Betriebsgröße die Einrichtung einer Revisionseinheit unverhältnismäßig ist, können die Aufgaben der Internen Revision von einem Geschäftsleiter erfüllt werden.

1.1 Vorgaben des Gesetzgebers und der Bankenaufsicht

2   Eine funktionsfähige Interne Revision ist elementarer Bestandteil der institutsinternen Organisation. Sie prüft und beurteilt im Auftrag der Geschäftsleitung insbesondere die Wirksamkeit und Angemessenheit des internen Kontrollsystems sowie die Ordnungsmäßigkeit grundsätzlich aller Aktivitäten und Prozesse und leistet somit einen wichtigen Beitrag zum wirtschaftlichen Erfolg eines Unternehmens. Bankenaufsicht und Gesetzgeber räumen daher der Internen Revision einen hohen Stellenwert ein.

3   Die Bedeutung der Internen Revision für die deutsche Bankenaufsicht hat in der Vergangenheit nicht nur in den bereits im Einführungsteil erwähnten MaIR ihren Niederschlag gefunden. Den MaIR lag bereits ein Vorgängerschreiben zugrunde, dass sich ebenfalls ausschließlich mit der Funktion der Internen Revision befasste.[1] Dieser so genannte »Revisionsbrief« war zugleich eines der ersten Schreiben der Bankenaufsicht mit eindeutig qualitativer Ausrichtung.

4   Durch die im Rahmen des Finanzkonglomeraterichtlinie-Umsetzungsgesetzes im Jahr 2004 erfolgte Änderung des § 25a KWG wurde die Notwendigkeit der Internen Revision erstmals explizit im Gesetz verankert. Danach bestehen die internen Kontrollverfahren einerseits aus dem prozessabhängigen internen Kontrollsystem und andererseits aus der prozessunabhängigen Internen Revision. Auch die letzten Novellierungen des § 25a KWG haben daran nichts geändert.

5   Die Notwendigkeit der Existenz einer funktionsfähigen Internen Revision wird daher sowohl vom Gesetzgeber als auch von der Bankenaufsicht besonders betont. Dementsprechend kommt der Internen Revision auch in den MaRisk eine große Bedeutung zu, die sich in ihrer expliziten Erwähnung unter den besonderen Funktionen widerspiegelt (→ AT 4.4.3).

1.2 Internationale Entwicklungstendenzen

6   Für die deutsche Bankenaufsicht besteht nicht zuletzt vor dem Hintergrund des »Supervisory Review Process« (SRP) ein großes Interesse an einer funktionsfähigen Internen Revision.[2] Dieses Interesse ist allerdings nicht nur auf die deutsche Aufsicht begrenzt. Seit Mitte der neunziger Jahre haben zahlreiche nationale Bankenaufsichtsbehörden Dokumente veröffentlicht, die mittelbar

---

1   Bundesaufsichtsamt für das Kreditwesen, Anforderungen an die Ausgestaltung der Innenrevision, Schreiben vom 28. Mai 1976.
2   Vgl. Basel Committee on Banking Supervision, International Convergence of Capital Measurement and Capital Standards – A Revised Framework (Basel II), BCBS 107, 26. Juni 2004, Tz. 719ff.

oder unmittelbar auf die Interne Revision Bezug nehmen.[3] Inzwischen sind aufsichtsrechtliche Vorgaben an die Interne Revision der Institute als elementarer Bestandteil einer angemessenen Corporate Governance in Banken europaweit weitgehend etabliert.[4] Im Mittelpunkt dieser Dokumente stehen die Verantwortung der Geschäftsleitung, die Unabhängigkeit der Internen Revision, die Prüfungsplanung und -durchführung sowie Möglichkeiten zur Einrichtung eines »Audit Committee« und Hinweise zur Zusammenarbeit mit externen Prüfern und den Aufsichtsbehörden.

1.2.1 Empfehlungen des Baseler Ausschusses für Bankenaufsicht

Prinzipien zur Ausgestaltung interner Kontrollstrukturen sind auch Gegenstand eines Dokumentes des Baseler Ausschusses für Bankenaufsicht (BCBS) aus dem Jahr 1998.[5] Gefördert werden soll damit die Entwicklung einer Kontrollkultur in den Instituten. Dafür werden Grundsätze zu (strukturellen) Voraussetzungen, Verantwortlichkeiten und Funktionen von internen Kontrollen aufgestellt, wie z.B. zur Verantwortung der Geschäftsleitung, zu einer schriftlich fixierten Ordnung, zur Funktionstrennung, zum Risikocontrolling und zu Dokumentationsanforderungen. Der Revision als Teil der internen Kontrollverfahren kommt in diesem Kontext die Aufgabe zu, die laufende Überwachung des internen Kontrollsystems sicherzustellen. Betont werden die Unabhängigkeit der Internen Revision vom Tagesgeschäft sowie die Notwendigkeit eines umfassenden Informationszuganges für die Revision. Überdies wird das Erfordernis eines hohen Qualifikationsniveaus der Revisionsmitarbeiter unterstrichen. Zudem werden verschiedene Aufgaben der Revision genannt, wie z.B. die Prüfung des internen Kontrollsystems, des Risikomanagementsystems und der Informationstechnologie. Schließlich wird auch auf die Notwendigkeit einer effektiven Berichterstattung gegenüber der Geschäftsleitung hingewiesen.

In diesem Kontext ist ein weiteres Dokument des BCBS zur Internen Revision vom August 2001 erwähnenswert.[6] Es ergänzt die älteren Ausarbeitungen vor allem um eine Diskussion über Status, Ausgestaltung sowie Aufgaben der Internen Revision. Zudem werden die Arten der Zusammenarbeit zwischen Revision, Abschlussprüfer und Aufsicht behandelt. In diesem Zusammenhang wird darauf hingewiesen, dass eine starke Interne Revision die Zusammenarbeit zwischen der Geschäftsleitung eines Institutes und der Bankenaufsicht verbessern kann. Insoweit leistet gerade dieses Baseler Dokument einen Beitrag zur Vorbereitung der Institute auf die Umsetzung des »Supervisory Review Process« (SRP), wenngleich die Ausführungen zu den turnusmäßigen Gesprächen zwischen der Revision und der Bankenaufsicht[7] in der Kreditwirtschaft nicht unumstritten sind. Die Revision versteht sich in erster Linie als Organ der Geschäftsleitung, die das Institut nach außen, also auch gegenüber der Bankenaufsicht, vertritt. Die Interne Revision ist daher nicht etwa der »verlängerte Arm« der Bankenaufsicht.[8]

Unter dem Eindruck der Finanzmarktkrise hat der BCBS im Jahr 2012 die Vorgaben an die Interne Revision aus dem Jahr 2001 überarbeitet und dabei die Entwicklungen in der Aufsichts-

7

8

9

---

3 Vgl. z.B. Eidgenössische Bankenkommission, Interne Revision (Inspektorat), Rundschreiben vom 14. Dezember 1995; Commission Bancaire, Regulation 97-2, Paris, 21. Februar 1997; Commission Bancaire et Financiere, Rundschreiben 97/4, Brüssel, 30. Juni 1997; Institut Monétaire de Luxembourgeois, Rundschreiben 98/143, 1. April 1998.

4 Vgl. z.B. Eidgenössische Bankenkommission, Rundschreiben 2017/1 – Corporate Governance – Banken vom 22. September 2016, S. 11 ff.; Österreichische Finanzmarktaufsicht (FMA), FMA-Mindeststandards für die interne Revision (FMA-MS-IR) vom 2. Januar 2020.

5 Basel Committee on Banking Supervision, Framework for the Evaluation of Internal Control Systems, BCBS 33, 16. Januar 1998.

6 Basel Committee on Banking Supervision, Internal audit in banks and the supervisor's relationship with auditors, BCBS 84, 28. August 2001.

7 Vgl. Basel Committee on Banking Supervision, Internal audit in banks and the supervisor's relationship with auditors, BCBS 84, 28. August 2001, Tz. 59–63.

8 Vgl. Hanenberg, Ludger, Neue Entwicklungen bei Revisionsfragen – eine Perspektive der Bankenaufsicht, in: Becker, Axel/Wolf, Martin (Hrsg.), Prüfungen in Kreditinstituten und Finanzdienstleistungsunternehmen, Stuttgart, 2005, S. 600.

praxis und die Grundsätze zur Verbesserung der Corporate Governance berücksichtigt.[9] Auch in dieser Fassung wird explizit auf das Verhältnis zwischen der Internen Revision und den Aufsichtsbehörden eingegangen. Wenngleich die Überarbeitung eine Stärkung der Revisionsfunktion zum Ziel hat, sind mit den im Papier enthaltenen zwanzig Prinzipien relativ viele konkrete Anforderungen verbunden, die sich auf die Freiheitsgrade bei der Prüfungsplanung einschränkend auswirken können. Wie in den MaRisk spielt der Risikogehalt der Aktivitäten und Prozesse eine zentrale Rolle. Fachexperten weisen deshalb darauf hin, dass bei der Überprüfung und Überarbeitung der mehrjährigen Prüfungsplanung insbesondere ein nachvollziehbares Modell zur Risikobewertung der Unternehmensprozesse implementiert sein sollte. Damit soll sichergestellt werden, dass sämtliche Unternehmensprozesse bewertet und die besonders risikobehafteten Prozesse in einem regelmäßigen Turnus geprüft werden.[10] Die angepassten Vorschläge des BCBS wurden von der BaFin im Rahmen der dritten und vierten MaRisk-Novelle nicht aufgegriffen. Das lässt darauf schließen, dass mit Blick auf die in den MaRisk bereits bestehenden Regelungen kein Handlungsbedarf gesehen wurde.

10 Zuletzt hat der BCBS in den überarbeiteten Prinzipien für eine angemessene Corporate Governance für Banken aus dem Jahr 2015 Anforderungen an die Ausgestaltung der Internen Revision formuliert.[11] In diesem Dokument hebt der BCBS die besondere Bedeutung der Internen Revision als dritte Verteidigungslinie in dem von ihm verwendeten Modell der drei Verteidigungslinien (»Three-Lines-of-Defence-Modell«) hervor. Darüber hinaus enthalten die Prinzipien die heute bekannten Grundvoraussetzungen für eine funktionsfähige Interne Revision, wie bspw. die unmittelbare Verantwortung gegenüber der Geschäftsleitung, die Einräumung ausreichender Befugnisse sowie den uneingeschränkten Zugang zu allen erforderlichen Informationen. Der BCBS betont die Unabhängigkeit der Internen Revision, vor allem auch gegenüber der Geschäftsleitung des Institutes. Gemäß diesen Prinzipien soll die Interne Revision einen direkten Zugang zum »Board«[12] und zum »Audit-Committee« haben. Board und Audit-Committee sind auch die Adressaten der Prüfungsberichte, die sie ungefiltert erhalten sollen (»without management filtering«). Anders als nach dem Verständnis im KWG und in den MaRisk ist die Interne Revision für den BCBS offenbar eher ein Instrument des Aufsichtsorgans als der Geschäftsleitung. Sehr weitgehend sind in diesem Dokument auch die Anzeigepflichten des Institutes bei einem Wechsel des Leiters der Internen Revision. Nach den Vorstellungen des BCBS soll eine Ablösung des Leiters offengelegt und mit der Aufsichtsbehörde erörtert werden.[13] Die Überlegungen des BCBS wurden im Rahmen der fünften MaRisk-Novelle aufgrund des in Deutschland vorherrschenden dualistischen Systems der Unternehmensführung zwar nicht vollständig in nationales Recht umgesetzt. Wechselt die Leitung der Internen Revision, ist das Aufsichtsorgan allerdings rechtzeitig vorab unter Angabe der Gründe für den Wechsel zu informieren (→ AT 4.4.3 Tz. 6).

---

9 Basel Committee on Banking Supervision, The internal audit function in banks, BCBS 223, 28. Juni 2012.

10 Vgl. Ott, Klaus/Kögl, Martina, Basel Committee on Banking Supervision: Empfehlungen für die Interne Revision in Banken, in: RevisionsPraktiker, Heft 2–3/2013, S. 26ff.

11 Vgl. Basel Committee on Banking Supervision, Guidelines – Corporate governance principles for banks, BCBS 328, 8. Juli 2015, S. 32.

12 Der Baseler Ausschuss für Bankenaufsicht definiert »board (of directors)« in seinem Glossar wie folgt: The body that supervises management. The structure of the board differs among countries. The use of »board« throughout this paper encompasses the different national models that exist and should be interpreted in accordance with applicable law within each jurisdiction. Vgl. Basel Committee on Banking Supervision, Guidelines – Corporate governance principles for banks, BCBS 328, 8. Juli 2015, S. 1.

13 Vgl. Basel Committee on Banking Supervision, Guidelines – Corporate governance principles for banks, BCBS 328, 8. Juli 2015, S. 32f.

1.2.2 Implikationen des Baseler Rahmenwerkes

Auch das mit Einführung von Basel III weiterhin gültige Baseler Rahmenwerk weist der Internen 11
Revision bestimmte Aufgaben zu. Gemäß den Vorgaben von Basel II hat sie oder eine vergleichbar
unabhängige Einheit mindestens jährlich das interne Ratingsystem und die damit verbundenen
Funktionen zu überprüfen.[14] Die Vorgaben wurden auf europäischer Ebene in Art. 191 CRR
umgesetzt, wonach die Interne Revision oder eine andere vergleichbare unabhängige Revisionsstelle mindestens einmal jährlich die Ratingsysteme des Institutes und deren Funktionsweise
prüft, einschließlich der Tätigkeit der Kreditabteilung sowie der PD-, LGD-, EL- und Umrechnungsfaktorschätzungen. Die EZB weist der Internen Revision in diesem Zusammenhang auf der
Grundlage der einschlägigen EBA-Leitlinien umfassende konkrete Prüfungsaufgaben zu.[15] Darüber hinaus hat ein Institut gemäß Art. 144 CRR bereits vor der aufsichtsrechtlichen Zulassungsprüfung eines Ratingsystems der Aufsichtsbehörde dessen Eignung glaubhaft nachzuweisen.
Auch in diese »Vorabprüfung des Institutes« ist die Interne Revision oder eine vergleichbar
unabhängige Revisionseinheit einzubeziehen.[16]

In Ergänzung zu diesen Vorgaben hat der BCBS im Rahmen von Basel III die Anforderungen an 12
die Interne Revision erweitert. So muss sie regelmäßig eine unabhängige Prüfung des Risikomess-
systems im Allgemeinen und des Managementsystems für das Kontrahentenrisiko (CCR) im
Besonderen durchführen. In diese Prüfungen sollten sowohl die Tätigkeit der Kredit- und Handels-
abteilungen als auch die Tätigkeit der unabhängigen Risikocontrolling-Funktion bzw. der unabhängigen CCR-Kontrollabteilung – sofern davon separiert – einbezogen werden. Eine Überprüfung
des gesamten Risikomanagement-Prozesses und des gesamten CCR-Management-Prozesses sollte
in regelmäßigen Abständen, idealerweise mindestens einmal jährlich, erfolgen und mindestens
Folgendes umfassen: die Angemessenheit der Dokumentation von Risiko- und CCR-Management-
system und -verfahren, die Organisation der Risikocontrolling-Funktion sowie der Sicherheitenverwaltung und der CCR-Kontrollabteilung, die Einbeziehung der Messgrößen für das Kontrahentenrisiko in das tägliche Risikomanagement, den Genehmigungsprozess für die von den Mitarbeitern des Front- und des Back-Office zur Berechnung des Kontrahentenrisikos verwendeten
Risikomodelle und Bewertungssysteme, die Prüfung etwaiger größerer Änderungen im Risiko-
und CCR-Messverfahren, den Kreis und Umfang der vom Risikomessungsmodell erfassten Kontrahentenrisiken, die Integrität des Managementinformationssystems, die Genauigkeit und Vollständigkeit der Positions- und CCR-Daten, die genaue Abbildung der rechtlichen Bedingungen von
Sicherheiten- und Nettingvereinbarungen in der Positionsmessung, die Verifizierung der Einheitlichkeit, Zeitnähe und Zuverlässigkeit sowie Unabhängigkeit der in internen Modellen verwendeten Datenquellen, die Genauigkeit und Angemessenheit der Annahmen über Volatilitäten und
Korrelationen, die Genauigkeit der Bewertungs- und Risikotransformationsberechnungen sowie
die Verifizierung der Genauigkeit des Modells, z. B. durch häufige Rückvergleiche.[17] Diese Vorgaben wurden auf europäischer Ebene u. a. in Art. 292 Abs. 1 lit. f und Art. 293 Abs. 1 lit. h CRR
umgesetzt.

---

14 Vgl. Basel Committee on Banking Supervision, International Convergence of Capital Measurement and Capital Standards –
A Revised Framework (Basel II), BCBS 107, 26. Juni 2004, Tz. 443.

15 Vgl. Guide for the Targeted Review of Internal Models (TRIM), Consultation paper, 6. Februar 2017, S. 15; European
Banking Authority, Final Draft Regulatory Technical Standards on the specification of the assessment methodology for
competent authorities regarding compliance of an institution with the requirements to use the IRB Approach in accordance
with Articles 144(2), 173(3) and 180(3)(b) of Regulation (EU) No 575/2013, EBA/RTS/2016/03, 21. Juli 2016, S. 9 und 44 f.

16 Vgl. Bundesanstalt für Finanzdienstleistungsaufsicht und Deutsche Bundesbank, Merkblatt zur Zulassung zum IRBA,
1. April 2007, S. 6.

17 Vgl. Baseler Ausschuss für Bankenaufsicht, Basel III: Ein globaler Regulierungsrahmen für widerstandsfähige Banken
und Bankensysteme, BCBS 189rev, 1. Juni 2011, S. 43 f. und 48 f.

AT 4.4.3 Interne Revision

1.2.3 Leitlinien der Europäischen Bankenaufsichtsbehörde (EBA)

13 Die EBA hat bereits in den Leitlinien zur internen Governance aus dem Jahr 2011 Anforderungen an die Ausgestaltung der Internen Revision formuliert.[18] Danach sollte die Interne Revision direkt der Geschäftsleitung und/oder dem Prüfungsausschuss (soweit vorhanden) ihre Erkenntnisse und Vorschläge für materielle Verbesserungen der internen Kontrollen berichten. Die Geschäftsleitung sollte die Interne Revision darin bestärken, nationale und internationale professionelle Standards einzuhalten. Beispielhaft wird auf die Standards vom Institute of Internal Auditors verwiesen. Die Tätigkeit der Internen Revision sollte in Übereinstimmung mit einem Prüfungsplan und detaillierten Prüfungsprogrammen nach einem risikoorientierten Ansatz erfolgen. Der Prüfungsplan sollte von der Geschäftsleitung und/oder vom Prüfungsausschuss genehmigt werden. Alle Prüfungsfeststellungen sollten Gegenstand eines formalen Follow-up-Verfahrens auf den jeweiligen Managementebenen sein, um deren Beseitigung und die zugehörige Berichterstattung zu gewährleisten.[19]

14 Die erstmals im Jahr 2017 überarbeiteten Leitlinien zur internen Governance ersetzen die Leitlinien aus dem Jahr 2011.[20] Ziel der überarbeiteten Leitlinien ist es, die bankaufsichtlichen Anforderungen an die interne Governance der Institute einschließlich der Vorgaben für die besonderen Funktionen im Sinne der MaRisk europaweit zu vereinheitlichen. Vor diesem Hintergrund wurde der Detaillierungsgrad der Vorgaben für die Ausgestaltung der Internen Revision erheblich ausgeweitet. Zusätzlich zu den Anforderungen der Leitlinien aus dem Jahr 2011 enthält das überarbeitete Dokument bspw. detaillierte Vorgaben für die Bewertung der internen Kontrollrichtlinien des Institutes durch die Interne Revision.[21] Ähnlich wie der Baseler Ausschuss für Bankenaufsicht in seinen im Jahr 2015 veröffentlichten Prinzipien für eine angemessene Corporate Governance in Banken fordert, sollte auch nach den Vorstellungen der EBA sichergestellt sein, dass die Interne Revision, soweit erforderlich, direkt gegenüber dem Aufsichtsorgan ihre Bedenken äußern bzw. dieses warnen kann, wenn nachteilige Entwicklungen das Institut beeinträchtigten können.[22]

15 Gemäß den EBA-Leitlinien zum SREP hat die Aufsicht im Rahmen des aufsichtlichen Überprüfungs- und Bewertungsprozesses (Supervisory Review and Evaluation Process, SREP) zu überprüfen, ob ein Institut über eine unabhängige Interne Revision verfügt, die den Anforderungen der EBA-Leitlinien zur internen Governance entspricht.[23]

1.3 Funktionsfähigkeit der Internen Revision

16 Jedes Institut muss über eine funktionsfähige Interne Revision verfügen. Diese Anforderung ergab sich schon aus dem bereits erwähnten »Revisionsbrief« der Bankenaufsicht aus dem Jahr 1976 und

---

18 Vgl. European Banking Authority, EBA Guidelines on Internal Governance (GL 44), 27. September 2011, S. 37f.

19 Vgl. European Banking Authority, EBA Guidelines on Internal Governance (GL 44), 27. September 2011, S. 44.

20 Vgl. European Banking Authority, Final Report – Guidelines on internal governance under Directive 2013/36/EU, EBA/GL/2017/11, 26. September 2017. Der Kommentar stellt auf die deutsche Übersetzung dieser Leitlinien ab, die am 21. März 2018 als Leitlinien zur internen Governance veröffentlicht wurden. Irrtümlicherweise wurde die deutsche Fassung der Leitlinien – im Gegensatz zu allen anderen Sprachfassungen – auf den 15. März 2018 datiert. Wir haben uns für die aus unserer Sicht korrekte Zitierweise entschieden. Vgl. European Banking Authority, Leitlinien zur internen Governance, EBA/GL/2017/11, 21. März 2018. Die EBA hat die Leitlinien im Juli 2020 einer erneuten Überarbeitung unterzogen und ihren endgültigen Bericht an die EU-Kommission im Juli 2021 veröffentlicht. Vgl. European Banking Authority, Final Report on Guidelines on internal governance under Directive 2013/36/EU, EBA/GL/2021/05, 2. Juli 2021.

21 Vgl. European Banking Authority, Leitlinien zur internen Governance, EBA/GL/2017/11, 21. März 2018, S. 48f.

22 Vgl. European Banking Authority, Leitlinien zur internen Governance, EBA/GL/2017/11, 21. März 2018, S. 13.

23 Vgl. European Banking Authority, Guidelines on common procedures and methodologies for the supervisory review and evaluation process (SREP) and supervisory stress testing, EBA/GL/2014/13, Consolidated version, 19. Juli 2018, S. 56f.

fand sich auch wortwörtlich in den mittlerweile durch die MaRisk abgelösten MaIR wieder.[24] Sie ergibt sich ferner unmittelbar aus dem Wortlaut des § 25a Abs. 1 KWG, der explizit die Einrichtung einer Internen Revision von den Instituten einfordert.

Dass bestimmte Grundvoraussetzungen gegeben sein müssen, damit die Interne Revision den **17** ihr zugewiesenen Zweck erfüllen kann und somit ihre Funktionsfähigkeit gegeben ist, versteht sich von selbst. Die Zielsetzung, nämlich die risikoorientierte und prozessunabhängige Prüfung und Beurteilung der Wirksamkeit und Angemessenheit des Risikomanagements im Allgemeinen und des internen Kontrollsystems im Besonderen sowie die Ordnungsmäßigkeit grundsätzlich aller Aktivitäten und Prozesse eines Institutes, setzt organisatorische Vorkehrungen und Vorgaben seitens der Geschäftsleitung voraus, die für die Erfüllung der Aufgaben der Revision unerlässlich sind und die sich weitgehend aus den Anforderungen der MaRisk ableiten lassen. In diesem Zusammenhang sind vor allem folgende Aspekte von Bedeutung:

- selbständige und unabhängige Wahrnehmung der Aufgaben seitens der Internen Revision (→ BT 2.2 Tz. 1),
- Funktionstrennung zwischen Interner Revision und anderen Bereichen des Institutes (→ BT 2.2 Tz. 2 und 3),
- Einräumung eines vollständigen und uneingeschränkten Informationsrechtes für die Interne Revision (→ AT 4.4.3 Tz. 4),
- angemessene quantitative und qualitative Personalausstattung (→ AT 7.1) sowie
- nachvollziehbare Ausgestaltung der Organisationsrichtlinien, so dass ein möglichst rascher Einstieg in die Sachprüfung möglich ist (→ AT 5 Tz. 4).

Auch nach den Vorstellungen der EBA sollten die Institute über eine unabhängige und wirksame **18** Interne Revision verfügen. Die EBA betont in ihren Leitlinien die erforderliche Unabhängigkeit der Internen Revision, die nicht mit anderen Funktionen kombiniert werden sollte.[25] Darüber hinaus weist die EBA darauf hin, dass die Interne Revision als interne Kontrollfunktion über ausreichende Befugnisse zur wirksamen Wahrnehmung ihrer Aufgaben, ein entsprechendes Gewicht im Unternehmen, einen uneingeschränkten Zugang zu Informationen sowie angemessene finanzielle und personelle Mittel verfügen muss.[26]

1.4 Interne Revision durch einen Geschäftsleiter

Die Übertragung von einzelnen Tätigkeiten der Internen Revision auf externe Personen oder gar **19** deren vollständige Auslagerung kommt unter Berücksichtigung bestimmter Voraussetzungen grundsätzlich für alle Institute in Betracht (→ AT 9 Tz. 4, 5 und 10). Die Übernahme der Aufgaben der Internen Revision durch einen Geschäftsleiter ist hingegen nur Instituten gestattet, bei denen aus Gründen der Betriebsgröße die Einrichtung einer Revisionseinheit unverhältnismäßig ist. Zwar wird im Unterschied zu den MaIR[27] der Begriff »kleine Institute« nicht mehr verwendet, allerdings stellt die Betriebsgröße weiterhin das relevante Entscheidungskriterium für die Zulässigkeit der Aufgabenverlagerung auf einen Geschäftsleiter dar.

---

24 Vgl. Bundesaufsichtsamt für das Kreditwesen, Mindestanforderungen an die Ausgestaltung der Internen Revision der Kreditinstitute (MaIR), Rundschreiben 1/2000 vom 17. Januar 2000, Tz. 6.
25 Vgl. European Banking Authority, Leitlinien zur internen Governance, EBA/GL/2017/11, 21. März 2018, S. 48.
26 Vgl. European Banking Authority, Leitlinien zur internen Governance, EBA/GL/2017/11, 21. März 2018, S. 10, 20, 42 und 48f.
27 Vgl. Bundesaufsichtsamt für das Kreditwesen, Mindestanforderungen an die Ausgestaltung der Internen Revision der Kreditinstitute (MaIR), Rundschreiben 1/2000 vom 17. Januar 2000, Tz. 39.

20   Die eingeräumte Erleichterung ist Ausfluss des Grundsatzes der Proportionalität. Die Interne Revision hat ihre Aufgaben selbständig und unabhängig wahrzunehmen. Bei der Berichterstattung und der Wertung der Prüfungsergebnisse ist sie keiner Weisung unterworfen. Auch das Direktionsrecht der Geschäftsleitung steht der Selbständigkeit und Unabhängigkeit der Revision nicht entgegen (→ BT 2.2 Tz. 1). Bei besonders schwerwiegenden Feststellungen gegenüber einzelnen Geschäftsleitern hat die Interne Revision der gesamten Geschäftsleitung Bericht zu erstatten und unter bestimmten Voraussetzungen sogar den Vorsitzenden des Aufsichtsorgans zu unterrichten (→ BT 2.4 Tz. 5). Vor diesem Hintergrund soll eine Personenidentität mit einem Geschäftsleiter nur bei kleinen Instituten möglich sein. Insofern betont die Erleichterung implizit auch die Unabhängigkeit der Internen Revision gegenüber der Geschäftsleitung. Werden die Aufgaben der Internen Revision von einem Geschäftsleiter wahrgenommen, so ist darauf zu achten, dass dieser Geschäftsleiter nicht seine eigenen Tätigkeiten prüft, da dies gegen das Verbot der Selbstprüfung verstoßen würde.[28]

21   Ab welcher Betriebsgröße eine eigene Interne Revision erforderlich ist, kann nicht allgemeinverbindlich festgelegt werden. Zur Beantwortung dieser Frage sollten verschiedene Kriterien herangezogen werden. Maßgeblich können neben der Bilanzsumme bzw. dem Geschäftsvolumen und der Anzahl der Mitarbeiter ggf. auch die Zahl der Zweigstellen oder sogar das konkrete Geschäftsmodell sein. Entscheidend ist letztlich eine betriebswirtschaftliche Betrachtung, ob die Kosten für die Einrichtung einer Revisionseinheit in einem vernünftigen Verhältnis zu deren Nutzen für das Institut stehen.

22   Die ehemalige Sonderregelung für Neugründungen während der ersten zwei Geschäftsjahre, bei denen der Geschäftsplan einen »geringen Geschäftsumfang« und eine »behutsame Geschäftsausweitung« erkennen lässt, ist formal betrachtet entfallen. Allerdings lassen diese Voraussetzungen ebenfalls auf eine überschaubare Betriebsgröße schließen.

23   Eine vergleichbare Regelung besteht auch für den Compliance-Beauftragten (→ AT 4.2 Tz. 5), jedoch nicht für die Risikocontrolling-Funktion. Von bedeutenden Instituten gemäß Art. 6 SSM-Verordnung erwartet die Aufsicht sogar, dass die Leitung der Risikocontrolling-Funktion grundsätzlich durch einen Geschäftsleiter exklusiv wahrgenommen wird (→ AT 4.4.1 Tz. 5).

1.5   Konzernrevision

24   Nach § 25a Abs. 3 KWG i.V.m. § 25 Abs. 1 Satz 3 Nr. 3 KWG müssen Institutsgruppen, Finanzholding-Gruppen, gemischte Finanzholding-Gruppen und Unterkonsolidierungsgruppen nach Art. 22 CRR über eine funktionsfähige Konzernrevision verfügen. Die Konzernrevision ist Teil des gruppenweiten Risikomanagements und unterstützt die Geschäftsleitung des übergeordneten Unternehmens bei der Überwachung der Gruppe. Die Geschäftsleitung des übergeordneten Unternehmens ist für die Errichtung der Konzernrevision verantwortlich. Die Anforderungen an die Konzernrevision werden im allgemeinen Teil der MaRisk näher beschrieben (→ AT 4.5 Tz. 6). Im Hinblick auf die konkrete Ausgestaltung der Konzernrevision gilt der Grundsatz der Proportionalität. Sie hängt somit insbesondere von Art, Umfang, Komplexität und Risikogehalt der von der Gruppe betriebenen Geschäftsaktivitäten sowie den gesellschaftsrechtlichen Möglichkeiten ab (→ AT 4.5 Tz. 1, Erläuterungen). In zentral geführten Institutsgruppen mit einem hohen Integrationsgrad wird die Konzernrevision in der Praxis regelmäßig von der Internen Revision des

---

28 Vgl. Braun, Ulrich, in: Boos, Karl-Heinz/Fischer, Reinfrid/Schulte-Mattler, Hermann (Hrsg.), Kreditwesengesetz und VO (EU) Nr. 575/2013, Band 1, 5. Auflage, München, 2016, § 25a KWG, Tz. 565.

übergeordneten Unternehmens wahrgenommen oder ist zumindest mit der Internen Revision des übergeordneten Unternehmens sehr eng verzahnt.

Die Reichweite der Konzernrevision erstreckt sich auf alle wesentlichen Risiken, denen die Gruppe ausgesetzt ist, unabhängig davon, ob diese von konsolidierungspflichtigen Unternehmen in der Gruppe begründet werden oder nicht (→ AT 4.5 Tz. 1). **25**

Die Konzernrevision hat im Rahmen des Risikomanagements auf Gruppenebene ergänzend zur Internen Revision der gruppenangehörigen Unternehmen tätig zu werden. Der Fokus der Konzernrevision liegt dabei auf der Einhaltung der bankaufsichtlichen Anforderungen auf Gruppenebene. Die Konzernrevision kann Prüfungshandlungen selbst oder mit Unterstützung der Internen Revisionen der nachgeordneten Unternehmen durchführen. Sie kann auch die Prüfungsergebnisse der Internen Revisionen der gruppenangehörigen Unternehmen berücksichtigen. Es ist sicherzustellen, dass für die Konzernrevision und die Internen Revisionen der gruppenangehörigen Unternehmen Revisionsgrundsätze und Prüfungsstandards gelten, die eine Vergleichbarkeit der Prüfungsergebnisse gewährleisten. Darüber hinaus sind die Prüfungsplanungen und die Verfahren zur Überwachung der fristgerechten Mängelbeseitigung auf Gruppenebene abzustimmen. Schließlich hat die Konzernrevision in angemessenen Abständen, mindestens jedoch vierteljährlich, an die Geschäftsleitung und das Aufsichtsorgan des übergeordneten Unternehmens über ihre Tätigkeit auf Gruppenebene zu berichten (→ AT 4.5 Tz. 6). **26**

Auch die EBA verlangt eine gruppenweite Interne Revision, die über einen konzernweiten risikobasierten Prüfungsplan verfügt und unmittelbar an das Leitungsorgan des Mutterunternehmens berichtet.[29] **27**

---

29 Vgl. European Banking Authority, Guidelines on common procedures and methodologies for the supervisory review and evaluation process (SREP) and supervisory stress testing, EBA/GL/2014/13, Consolidated version, 19. Juli 2018, S. 66.

2 Verhältnis zur Geschäftsleitung und zum Aufsichtsorgan (Tz. 2)

28 **2** Die Interne Revision ist ein Instrument der Geschäftsleitung, ihr unmittelbar unterstellt und berichtspflichtig. Sie kann auch einem Mitglied der Geschäftsleitung, nach Möglichkeit dem Vorsitzenden, unterstellt sein. Unbeschadet dessen ist sicherzustellen, dass der Vorsitzende des Aufsichtsorgans unter Einbeziehung der Geschäftsleitung direkt bei dem Leiter der Internen Revision Auskünfte einholen kann.

2.1 Instrument der Geschäftsleitung

29 In den MaRisk wird der Charakter der Internen Revision als Instrument der Geschäftsleitung besonders betont. Diese Betonung hat allerdings eher deklaratorischen Charakter, als dass es um die Statuierung einer echten Anforderung geht. Die Interne Revision kann nur dann sachgerecht prüfen, wenn sie unabhängig vom Tagesgeschäft agiert. Eine zu große Einbindung in die von ihr zu prüfenden Prozesse würde zwangsläufig zu Interessenkollisionen führen, die sich dementsprechend auf die Qualität der Prüfungsergebnisse auswirken könnten (→ AT 4.4.3 Tz. 3). Die direkte Anbindung an die Geschäftsleitung trägt vor diesem Hintergrund dazu bei, die Prozessunabhängigkeit der Internen Revision zu stärken und mögliche Interessenkonflikte mit den geprüften Bereichen zu vermeiden.[30]

30 § 25a Abs. 1 KWG hebt die Gesamtverantwortung der Geschäftsleitung für eine ordnungsgemäße Geschäftsorganisation innerhalb eines Institutes besonders hervor. Analog dazu konstituiert auch das Aktiengesetz (§ 91 Abs. 2 AktG) die Verantwortung des Vorstandes einer Aktiengesellschaft für die Einrichtung eines internen Überwachungssystems zur frühzeitigen Erkennung von den Fortbestand der Gesellschaft gefährdenden Entwicklungen (»Frühwarnsystem«). Im Zuge des Finanzmarktintegritätsstärkungsgesetzes[31] aus dem Jahr 2021 verpflichtet der neu eingefügte § 91 Abs. 3 AktG den Vorstand börsennotierter Gesellschaften, ein im Hinblick auf den Umfang der Geschäftstätigkeit und die Risikolage des Unternehmens angemessenes und wirksames internes Kontrollsystem und Risikomanagementsystem einzurichten. Dementsprechend betonen auch die MaRisk die Gesamtverantwortung der Geschäftsleitung (→ AT 3 Tz. 1). Dieser Verantwortung kann die Geschäftsleitung jedoch nur gerecht werden, wenn sie beurteilen kann, ob die von ihr erlassenen Weisungen und Richtlinien von den Mitarbeitern tatsächlich beachtet werden. Naturgemäß kann die Geschäftsleitung eines Institutes, das eine bestimmte Größe überschritten hat, diese Aufgabe nicht mehr selbst wahrnehmen. Die Interne Revision fungiert hier quasi als »verlängerter Arm« der Geschäftsleitung.[32]

---

30 Vgl. auch die internationalen Standards für die berufliche Praxis der Internen Revision, wonach der Leiter der Internen Revision einen direkten und unbeschränkten Zugang zu leitenden Führungskräften und Geschäftsleitung bzw. Überwachungsorgan hat, um einen für die wirksame Ausführung der Revisionsausgaben hinreichenden Grad der Unabhängigkeit zu erzielen. Vgl. Deutsches Institut für Interne Revision e. V. (DIIR), Frankfurt am Main, Institut für interne Revision Österreich (IIA Austria), Wien, Schweizer Verband für Interne Revision (IIA Switzerland), Zürich (Hrsg.), Internationale Standards für die berufliche Praxis der Internen Revision 2017 – Mission, Grundprinzipien, Definitionen, Ethikkodex, Standards, Version 6.1, 10. Januar 2018, S. 24.

31 Gesetz zur Stärkung der Finanzmarktintegrität (Finanzmarktintegritätsstärkungsgesetz – FISG) vom 3. Juni 2021 (BGBl. I S. 1534), veröffentlicht am 10. Juni 2021.

32 Allgemein zur Internen Revision als Managementinstrument des Vorstands vgl. Breuer, Stefan/Nikitina, Valeria, Einrichtung und Überwachung der Internen Revision, Der Konzern, Heft 12/2015, S. 537–544.

Das Auskunftsrecht des Aufsichtsorgans bzw. des Vorsitzenden eines ggf. vorhandenen Prüfungs-   **31**
ausschusses bei der Internen Revision, das seit der zweiten MaRisk-Novelle von der Geschäftsleitung
sicherzustellen ist, ändert grundsätzlich nichts am Charakter der Internen Revision als Instrument
der Geschäftsleitung. Dafür sorgt die geforderte Einbindung der Geschäftsleitung.

2.2 Unterstellung unter den Vorsitzenden der Geschäftsleitung

Grundsätzlich liegt es nahe, dass die Interne Revision aufgrund ihres Charakters als Instrument der   **32**
(gesamten) Geschäftsleitung nicht einem einzelnen Geschäftsleiter unterstellt ist, sondern dem gesamten Organ. Jedoch wird es nicht in jedem Institut praktikabel sein, dass sich alle Mitglieder der
Geschäftsleitung laufend mit der Tätigkeit der Internen Revision befassen. Dies gilt vor allem für größere
Institute, bei denen sich aufgrund des Umfangs der Geschäftsaktivitäten eine Arbeitsteilung herausgebildet hat, die auch auf der Ebene der Geschäftsleitung Spezialisierungen erforderlich macht. In der
Praxis wird es daher häufig so sein, dass ein bestimmtes Mitglied der Geschäftsleitung für Revisions-
fragen zuständig ist und die Interne Revision diesem Geschäftsleiter unterstellt ist. Die MaRisk emp-
fehlen eine Anbindung an den Vorsitzenden der Geschäftsleitung. Diese Empfehlung lässt sich mit
seiner besonderen Stellung innerhalb der Geschäftsleitung begründen und betont die besondere
Bedeutung der Internen Revision innerhalb des Institutes. Es ist ferner zu erwarten, dass sich die Interne
Revision im Fall von Diskrepanzen mit den Fachbereichen leichter durchsetzen kann, wenn sie dem
Vorsitzenden der Geschäftsleitung unterstellt ist. Unabhängig von dieser Empfehlung sind abweichende
Konstellationen möglich. So ist sie in der Praxis häufig bei einem Geschäftsleiter angesiedelt, der über
entsprechendes revisionsspezifisches Wissen verfügt und insofern Kenntnis von den besonderen
Belangen der Revisionstätigkeit hat. Es muss sich dabei nicht zwingend um den Vorsitzenden handeln.

2.3 Berichtspflicht

Aus dem Umstand, dass die Interne Revision als Instrument der Geschäftsleitung agiert, ergibt sich   **33**
automatisch deren unmittelbare Anbindung an die Geschäftsleitung, z. B. in Form einer Stabsstelle. Dass diese organisatorische Anbindung eine direkte Berichtspflicht nach sich zieht, ist
ebenfalls einsichtig und bedarf im Grunde keiner besonderen Erwähnung. Im Einzelnen bestehen
folgende Berichtspflichten der Internen Revision gegenüber der gesamten Geschäftsleitung:
- Vorlage von Quartalsberichten, die über die wesentlichen oder höher eingestuften Mängel, die
  beschlossenen Maßnahmen sowie den Status dieser Maßnahmen informieren (→ BT 2.4 Tz. 4;
  in den Quartalsberichten ist ferner darzulegen, ob und inwieweit die Vorgaben des Prüfungsplanes eingehalten wurden (→ BT 2.4 Tz. 4),
- Vorlage des jährlichen Gesamtberichtes (Jahresbericht), der über die im Jahresablauf festgestellten
  schwerwiegenden sowie die noch nicht behobenen wesentlichen Mängel in inhaltlich prägnanter
  Form informiert; die aufgedeckten schwerwiegenden Mängel, die ergriffenen Maßnahmen sowie
  der Status dieser Maßnahmen sind dabei besonders hervorzuheben (→ BT 2.4 Tz. 4),
- bei besonders schwerwiegenden Mängeln hat die Interne Revision unverzüglich zu berichten
  (→ BT 2.4 Tz. 4),
- unverzügliche Vorlage von Revisionsberichten, die schwerwiegende Mängel enthalten (→ BT 2.4
  Tz. 1),
- unverzügliche Information über schwerwiegende Feststellungen gegen Geschäftsleiter, die im
  Rahmen von Prüfungen gemacht werden (→ BT 2.4 Tz. 5), sowie

– Information der Geschäftsleitung über die noch offenen Feststellungen spätestens im Rahmen des nächsten Gesamtberichtes, falls die Mängelbeseitigung nach schriftlicher Information des fachlich zuständigen Geschäftsleiters nicht erfolgt ist (→ BT 2.5 Tz. 2).

34 Durchbrochen wird dieses Prinzip nur in ganz besonderen Fällen, nämlich dann, wenn die Prüfungstätigkeit der Revision Feststellungen gegen einzelne Geschäftsleiter nach sich zieht und die (gesamte) Geschäftsleitung weder angemessene Maßnahmen ergreift noch darüber das Aufsichtsorgan in Kenntnis setzt. In einem solchen Fall besteht eine direkte Berichtspflicht der Internen Revision gegenüber dem Aufsichtsorgan (→ BT 2.4 Tz. 5).

35 Im Rahmen des Trennbankengesetzes[33] wurden u. a. die Anforderungen an die Geschäftsleiter neu geregelt. Seitdem ist es möglich, Pflichtverletzungen von Geschäftsleitern im Risikomanagement strafrechtlich zu sanktionieren. Durch die Strafbewehrung von Risikomanagementpflichten bestehen erhöhte Anforderungen an die gesetzlich bestimmte Ausgestaltung der Pflichten der Geschäftsleitung (»Bestimmtheitsgrundsatz«). Der im Zuge des Trennbankengesetzes eingefügte § 25c Abs. 4a KWG regelt die einzelnen Pflichten der Geschäftsleiter konkret in Form von Sicherstellungspflichten und erhebt hierbei die wichtigsten der bislang in den MaRisk ausgestalteten Pflichten in Gesetzesrang. Für Institutsgruppen, Finanzholding-Gruppen und gemischte Finanzholding-Gruppen bestehen entsprechende Regelungen gemäß § 25c Abs. 4b KWG. Die in diesem Zusammenhang u. a. geforderte vierteljährliche Berichterstattung der Internen Revision an die Geschäftsleitung auf Instituts- und auf Gruppenebene wurde im Rahmen der fünften MaRisk-Novelle entsprechend ergänzt (→ BT 2.4 Tz. 4 und AT 4.5 Tz. 6).

36 Auch nach den Vorstellungen der EBA sollte die Interne Revision der Geschäftsleitung regelmäßig über festgestellte wesentliche Mängel berichten. Diese Berichte sollten u. a. für jeden neu festgestellten wesentlichen Mangel das damit verbundene Risiko, eine Folgenabschätzung, Empfehlungen und die einzuleitenden Abhilfemaßnahmen enthalten. Die Geschäftsleitung sollte zeitnah und wirksam die Feststellungen der Internen Revision weiterverfolgen und angemessene Maßnahmen zur Mängelbeseitigung einfordern.[34]

2.4 Direktes Auskunftsrecht des Aufsichtsorgans

37 Nach einschlägigen gesellschaftsrechtlichen Regelungen besteht die Hauptaufgabe des Aufsichtsorgans darin, die Geschäftsführung durch den Vorstand zu überwachen (AktG, Sparkassengesetze der Länder, GenG). Die Interne Revision hat als Instrument der Geschäftsleitung risikoorientiert und prozessunabhängig die Wirksamkeit und Angemessenheit des Risikomanagements im Allgemeinen und des internen Kontrollsystems im Besonderen sowie die Ordnungsmäßigkeit grundsätzlich aller Aktivitäten und Prozesse zu prüfen und zu beurteilen (→ AT 4.4.3 Tz. 3). Sowohl das Aufsichtsorgan als auch die Interne Revision haben also aufgrund ihrer Aufgaben das gesamte Institut im Blick – allerdings mit unterschiedlicher Intensität und aus verschiedenen Perspektiven.

38 Aufgrund dieser Nähe zur Überwachungsfunktion wurde die Geschäftsleitung im Rahmen der zweiten MaRisk-Novelle dazu verpflichtet, dem Aufsichtsorgan ein direktes Auskunftsrecht gegenüber der Internen Revision einzuräumen. Die Mitglieder des Aufsichtsorgans können seither im Rahmen ihrer Mandatsausübung auf eine kompetente Stelle mit breitem Erfahrungsschatz zurückgreifen. Durch den direkten Austausch kann das Aufsichtsorgan seine Informationsbasis

---

33 Das Trennbankengesetz ist am 1. Januar 2014 in Kraft getreten. Vgl. Gesetz zur Abschirmung von Risiken und zur Planung der Sanierung und Abwicklung von Kreditinstituten und Finanzgruppen vom 7. August 2013 (BGBl. I S. 3090), veröffentlicht am 12. August 2013.

34 Vgl. European Banking Authority, Leitlinien zur internen Governance, EBA/GL/2017/11, 21. März 2018, S. 36.

verbessern und damit seine Überwachungsfunktion noch effektiver wahrnehmen, was letztlich dazu beitragen kann, die Governance-Strukturen der Institute weiter zu stärken.

Durch diese Festlegung findet eine Diskussion ihren (vorläufigen) Abschluss, die bereits mit der Ausarbeitung der MaRisk im Jahr 2005 in Gang gesetzt wurde. Damals gab es Bestrebungen, ein »Rederecht« der Internen Revision gegenüber dem Aufsichtsorgan in den MaRisk zu verankern, um auf diese Weise insbesondere die interne Positionierung der Revision zu verbessern.[35] Die zunächst vorgesehene Empfehlung wurde nach intensiver Diskussion im MaRisk-Fachgremium wieder verworfen. Ausschlaggebend dafür waren u. a. Befürchtungen der Praktiker, die als »Rederecht« ausgestaltete Anforderung könnte in der Prüfungspraxis schnell zur »Redepflicht« werden. Dadurch wurde eine Diskussion über die rechtlichen Grundlagen für ein derartiges Rederecht angestoßen.[36]   **39**

Die Schwierigkeiten einiger Institute während der Finanzmarktkrise machten es schließlich erforderlich, das Verhältnis zwischen Interner Revision und Aufsichtsorgan auf eine neue Grundlage zu stellen.[37] Auch im Hinblick auf das direkte Auskunftsrecht des Aufsichtsorgans wurden von Seiten der Kreditwirtschaft einige Vorbehalte geäußert:[38] So bestand etwa die Sorge, dass die Revision im Spannungsfeld zwischen Geschäftsleitung und Aufsichtsorgan aufgerieben werden könnte. Insbesondere könne die Interne Revision nicht diejenigen überwachen, deren Vertrauen sie gleichzeitig genießen soll. Außerdem wurde die Befürchtung geäußert, die Revision wäre möglicherweise damit überfordert, wenn sich alle möglichen Mitglieder des Aufsichtsorgans beliebig an sie wenden könnten. Die BaFin trug diesen Bedenken Rechnung. Zum einen sehen die MaRisk eine »Kanalisierung« der Kommunikation vor: Der Vorsitzende des Aufsichtsorgans kann Auskünfte nur beim Leiter der Internen Revision einholen. Das Auskunftsrecht umfasst somit kein allgemeines Recht des Aufsichtsorgans, Mitarbeiter der Internen Revision des Institutes zu befragen. Zum anderen ist die Geschäftsleitung über Auskunftsersuchen des Aufsichtsorgans an die Revision zu informieren. Das Deutsche Institut für Interne Revision (DIIR) hat die Neuregelung ausdrücklich begrüßt. Es sieht in dem Auskunftsrecht eine »wirkungsvolle Stärkung der Unternehmensüberwachung und der Funktion der Internen Revision«.[39]   **40**

Seit Inkrafttreten des CRD IV-Umsetzungsgesetzes am 1. Januar 2014 können auch der Vorsitzende des Risikoausschusses (§ 25d Abs. 8 Satz 7 KWG), der Vorsitzende des Prüfungsausschusses (§ 25d Abs. 9 Satz 3 KWG) und der Vorsitzende des Vergütungskontrollausschusses (§ 25d Abs. 12 Satz 6 KWG) unter Einbeziehung der Geschäftsleitung unmittelbar beim Leiter der Internen Revision Auskünfte einholen. Bestehen die genannten Ausschüsse nicht, hat der Vorsitzende des Aufsichtsorgans das entsprechende Auskunftsrecht beim Leiter der Internen Revision. Die Geschäftsleitung muss darüber jeweils unterrichtet werden.[40]   **41**

---

35 Vgl. Bundesanstalt für Finanzdienstleistungsaufsicht, Mindestanforderungen an das Risikomanagement (MaRisk), erster Entwurf eines Rundschreibens vom 2. Februar 2005, BT 2.3.4 Tz. 6.

36 Vgl. Lück, Wolfgang, Redepflicht des Abschlussprüfers – Redepflicht auch für die Interne Revision?, in: Zeitschrift Interne Revision, Heft 3/2004, S. 128 f.

37 Zur Rolle der Internen Revision in der Unternehmensorganisation und zu deren Berichterstattung an das Aufsichtsorgan vgl. auch Breuer, Stefan, § 12. Interne Revision und Berichterstattung an den Aufsichtsrat, in: Hopf, Klaus J./Binder, Jens-Hinrich/Böcking, Hans-Joachim (Hrsg.), Handbuch Corporate Governance von Banken und Versicherungen, 2. Auflage, München, 2020, S. 310–366.

38 Vgl. Zentraler Kreditausschuss, Stellungnahme zum ersten Entwurf einer Neufassung der Mindestanforderungen an das Risikomanagement (MaRisk) vom 16. Februar 2009 – Konsultation 03/2009, 23. März 2009, S. 18.

39 Vgl. Deutsches Institut für Interne Revision e. V., Stellungnahme zur Neufassung der MaRisk – Konsultation 03/2009, 23. März 2009, S. 2.

40 In der Literatur wird eine direkte Berichtslinie zwischen dem Aufsichtsorgan bzw. dessen Ausschüssen und der Internen Revision zumindest bei Instituten in der Rechtsform einer Aktiengesellschaft teilweise problematisch gesehen. Gemäß § 111 AktG muss sich der Aufsichtsrat die Informationen grundsätzlich beim Vorstand beschaffen, ein direkter Zugriff auf Ebenen unterhalb des Vorstandes ist nur in Ausnahmefällen und nur auf der Grundlage eines Aufsichtsrats-Beschlusses zulässig. Zu dem Konflikt zwischen Aufsichtsrecht und Gesellschaftsrecht vgl. Mülbert, Peter O./Wilhelm, Alexander, Risikomanagement und Compliance im Finanzmarktrecht – Entwicklungen der aufsichtsrechtlichen Anforderungen, in: Zeitschrift für das gesamte Handelsrecht und Wirtschaftsrecht (ZHR) 178 (2014), S. 537 f.; Schwennicke, Andreas, in: Schwennicke, Andreas/Auerbach, Dirk (Hrsg.), KWG, 3. Auflage, München, 2016, § 25d KWG, Tz. 60.

2.5 Funktion eines Prüfungsausschusses

42 Sofern das Institut einen »Prüfungsausschuss« (»Audit Committee«)[41] eingerichtet hat, kann das Auskunftsrecht gegenüber der Internen Revision alternativ auf den Vorsitzenden des Prüfungsausschusses übertragen werden (→ AT 4.4.3 Tz. 2, Erläuterung). Die Einbeziehung der Geschäftsleitung ist auch in diesem Falle sicherzustellen. Mit dieser Erläuterung wird der Praxis in jenen Instituten entsprochen, die einen entsprechenden Ausschuss gebildet haben oder bilden müssen.

43 Auch dem Deutschen Corporate Governance Kodex[42] zufolge soll der Aufsichtsrat abhängig von den spezifischen Gegebenheiten des Unternehmens und der Anzahl seiner Mitglieder fachlich qualifizierte Ausschüsse bilden[43], die der Effizienzsteigerung der Aufsichtsratsarbeit und der Behandlung komplexer Sachverhalte dienen. Diese Empfehlung wurde bereits im Zusammenhang mit dem Strategieprozess (→ AT 4.2 Tz. 6, Erläuterung) und der Risikoberichterstattung (→ BT 3.1 Tz. 5, Erläuterung) aufgegriffen. Dem Deutschen Corporate Governance Kodex zufolge soll das Aufsichtsorgan explizit einen Prüfungsausschuss einrichten, der sich insbesondere mit der Prüfung der Rechnungslegung, der Überwachung des Rechnungslegungsprozesses, der Wirksamkeit des internen Kontrollsystems, des Risikomanagementsystems und des internen Revisionssystems, der Abschlussprüfung, hier insbesondere der Unabhängigkeit des Abschlussprüfers, der vom Abschlussprüfer zusätzlich erbrachten Leistungen, der Erteilung des Prüfungsauftrages an den Abschlussprüfer, der Bestimmung von Prüfungsschwerpunkten und der Honorarvereinbarung sowie – falls kein anderer Ausschuss damit betraut ist – der Compliance, befasst. Der Vorsitzende des Prüfungsausschusses soll über besondere Kenntnisse und Erfahrungen in der Anwendung von Rechnungslegungsgrundsätzen und internen Kontrollverfahren verfügen sowie mit der Abschlussprüfung vertraut sein. Der Vorsitzende des Aufsichtsorgans soll nicht den Vorsitz im Prüfungsausschuss innehaben.[44]

44 Unter welchen Voraussetzungen ein Institut gesellschaftsrechtlich dazu verpflichtet ist, einen Prüfungsausschuss einzurichten, wie sich dieser Ausschuss zusammensetzen muss und welche Aufgaben seine Mitglieder wahrzunehmen haben, wurde zunächst durch das Gesetz zur Modernisierung des Bilanzrechts (BilMoG) vom 25. Mai 2009 in § 324 HGB konkretisiert. Vereinfacht ausgedrückt sollen demzufolge alle »kapitalmarktorientierten Institute« (→ BTR 3.2) über einen Prüfungsausschuss verfügen. Die Mitglieder des Prüfungsausschusses sind laut § 324 Abs. 2 HGB von den Gesellschaftern zu wählen, wobei mindestens ein unabhängiges Mitglied des Aufsichtsorgans gemäß § 100 Abs. 5 AktG a. F. über Sachverstand auf den Gebieten Rechnungslegung oder Abschlussprüfung verfügen sollte.

45 Gemäß § 107 Abs. 3 Satz 2 AktG kann der Aufsichtsrat eines Unternehmens in der Rechtsform einer Aktiengesellschaft aus seiner Mitte einen Prüfungsausschuss bestellen, so dass insoweit grundsätzlich keine Verpflichtung besteht.[45] Allerdings müssen nach dem Finanzmarktintegritätsstärkungsgesetz aus dem Jahr 2021 »Unternehmen im öffentlichen Interesse« ab dem 1. Januar 2022 einen Prüfungsausschuss einrichten (§ 107 Abs. 4 Satz 1 AktG). CRR-Kreditinstitute im Sinne des § 1 Abs. 3d Satz 1 KWG, kapitalmarktorientierte Gesellschaften im Sinne des § 264d Abs. 4 HGB und Versicherungsunternehmen sind gemäß § 316a Satz 2 HGB als »Unternehmen im öffentlichen

---

41 Die Aufgaben eines »Audit Committee« müssen in anderen Jurisdiktionen nicht zwingend mit denen eines »Prüfungsausschusses« im Sinne der MaRisk übereinstimmen. Insbesondere im angelsächsischen Raum kann ein »Audit Committee« aufgrund des dort vorherrschenden »monistischen Systems« durchaus stärker in operative Aufgaben eingebunden sein.

42 Der Kodex richtet sich an börsennotierte Gesellschaften und Gesellschaften mit Kapitalmarktzugang im Sinne des § 161 Abs. 1 Satz 2 AktG. Nicht kapitalmarktorientierte Gesellschaften können sich an den Empfehlungen und Anregungen des Kodex orientieren. Vgl. Regierungskommission Deutscher Corporate Governance Kodex, Deutscher Corporate Governance Kodex, Fassung vom 16. Dezember 2019, Präambel.

43 Vgl. Regierungskommission Deutscher Corporate Governance Kodex, Deutscher Corporate Governance Kodex, Fassung vom 16. Dezember 2019, Abschnitt D.2.

44 Vgl. Regierungskommission Deutscher Corporate Governance Kodex, Deutscher Corporate Governance Kodex, Fassung vom 16. Dezember 2019, Abschnitt D.3 und D.4.

45 § 107 Abs. 3 Satz 2 und 3 sowie Abs. 4 AktG gelten nach § 52 Abs. 1 GmbHG für Unternehmen in der Rechtsform einer GmbH entsprechend, wenn nach dem Gesellschaftsvertrag ein Aufsichtsrat zu bestellen ist.

Interesse« einzuordnen.[46] Nach § 107 Abs. 4 Satz 3 AktG muss der Prüfungsausschuss bei diesen Unternehmen darüber hinaus im Hinblick auf die notwendige Sachkunde die Voraussetzungen des § 100 Abs. 5 AktG (neu) erfüllen.[47] In Zukunft muss somit im Prüfungsausschuss Sachverstand sowohl im Hinblick auf Rechnungslegung als auch auf Abschlussprüfung vorhanden sein. Zudem muss dieser Sachverstand auf mindestens zwei Mitglieder des Prüfungsausschusses verteilt sein.[48]

46 Der Vorsitzende des Prüfungsausschusses darf nicht mit der Geschäftsführung betraut sein, um Interessenkonflikte auszuschließen. Im Rahmen seiner Aufgaben hat sich der Prüfungsausschuss gemäß § 107 Abs. 3 Satz 2 AktG mit der Überwachung des Rechnungslegungsprozesses, der Wirksamkeit des internen Kontrollsystems, des Risikomanagementsystems und des internen Revisionssystems sowie der Abschlussprüfung, hier insbesondere der Auswahl und der Unabhängigkeit des Abschlussprüfers, der Qualität der Abschlussprüfung und der vom Abschlussprüfer zusätzlich erbrachten Leistungen, zu befassen.[49] Die im Zuge des Finanzmarktintegritätsstärkungsgesetzes geänderte Regelung sieht nunmehr vor, dass sich der Prüfungsausschuss seit dem 1. Juli 2021 im Rahmen der Überwachung der Abschlussprüfung nicht nur mit der Auswahl und Unabhängigkeit des Abschlussprüfers beschäftigen, sondern zusätzlich die »Qualität der Abschlussprüfung« beurteilen muss. Hierdurch wird klargestellt, dass die Überwachung der Abschlussprüfung die Prüfung ihrer Qualität von der Auswahl des Prüfers bis zur Beendigung des Auftrages umfasst. Jedes Mitglied des Prüfungsausschusses kann über den Ausschussvorsitzenden unmittelbar bei den Leitern derjenigen Zentralbereiche der Gesellschaft Auskünfte einholen, deren Zuständigkeiten die Aufgaben des Prüfungsausschusses gemäß § 107 Abs. 3 Satz 2 AktG betreffen. Dies sind in erster Linie der Leiter der Revision und der Leiter des Risikocontrollings. Der Ausschussvorsitzende hat die eingeholte Auskunft allen Mitgliedern des Prüfungsausschusses mitzuteilen. Werden Auskünfte nach Satz 4 eingeholt, ist der Vorstand hierüber unverzüglich zu unterrichten (§ 107 Abs. 4 Satz 4 bis 6 AktG).

47 Mit dem CRD IV-Umsetzungsgesetz[50] wurden die Anforderungen an die Aufsichtsorgane der Institute ab dem Jahr 2014 in § 25d KWG grundlegend neu geregelt. Danach soll das Aufsichtsorgan eines Institutes abhängig von der Größe, der internen Organisation und der Art, des Umfangs, der Komplexität und dem Risikogehalt der Geschäfte des Unternehmens aus seiner Mitte u. a. einen Prüfungsausschuss bilden, der es bei seinen Aufgaben beraten und unterstützen soll. Nach der Gesetzesbegründung ist die Bildung des Ausschusses nicht zwingend, wenn dem Aufsichtsorgan weniger als zehn Mitglieder angehören. Das Aufsichtsorgan eines bedeutenden Institutes gemäß § 1 Abs. 3c KWG hat zwingend einen Prüfungsausschuss zu bestellen. Für den Ausschuss ist ein Vorsitzender zu benennen. Der Ausschussvorsitzende muss über Sachverstand auf den Gebieten der Rechnungslegung und der Abschlussprüfung verfügen (§ 25d Abs. 9 Satz 2

---

46 Die Bundesbank und die KfW sind keine Unternehmen im öffentlichen Interesse, ebenso Unternehmen, die Finanzdienstleistungen ausschließlich für ihre Mutterunternehmen oder ihre Tochter- oder Schwesterunternehmen erbringen. Zudem sind die nationalen Förderbanken aufgrund ihrer Herausnahme aus dem Anwendungsbereich der CRD IV (Art. 2 Abs. 5 Nr. 5 CRD IV) nicht als Unternehmen im öffentlichen Interesse einzustufen.

47 Gemäß § 100 Abs. 5 AktG muss bei Gesellschaften, die Unternehmen von öffentlichem Interesse nach § 316a Satz 2 HGB sind, mindestens ein Mitglied des Aufsichtsrates über Sachverstand auf dem Gebiet Rechnungslegung und mindestens ein weiteres Mitglied des Aufsichtsrates über Sachverstand auf dem Gebiet Abschlussprüfung verfügen; die Mitglieder müssen in ihrer Gesamtheit mit dem Sektor, in dem die Gesellschaft tätig ist, vertraut sein.

48 § 12 Abs. 6 Einführungsgesetz zum Aktiengesetz enthält eine Übergangsregelung im Hinblick auf die Anforderungen des neuen § 100 Abs. 5 AktG an den Sachverstand der Mitglieder des Prüfungsausschusses. Danach müssen die neuen Anforderungen so lange nicht erfüllt werden, wie alle Mitglieder des Prüfungsausschusses vor dem 1. Juli 2021 bestellt worden sind. Die neuen Vorgaben des § 100 Abs. 5 AktG sind daher zwingend erst bei der nächsten Nachbestellung und damit regelmäßig beim nächsten turnusmäßigen Wechsel eines der Mitglieder des Ausschusses anzuwenden.

49 Zu beachten ist, dass § 25a Abs. 1 Satz 3 KWG (und damit auch die MaRisk) eine andere Definition für das Risikomanagement verwendet als § 107 Abs. 3 Satz 2 AktG. Der weite Risikomanagementbegriff nach § 25a Abs. 1 Satz 3 KWG umfasst das interne Kontrollsystem und die Interne Revision. Es wäre wünschenswert, wenn die Begriffswelten zwischen (unter-)gesetzlichen Regelungen und Verwaltungsvorschriften sowie maßgeblichen Prüfungsleitfäden zur Vermeidung von Missverständnissen besser aufeinander abgestimmt würden.

50 Gesetz zur Umsetzung der Richtlinie 2013/36/EU über den Zugang zur Tätigkeit von Kreditinstituten und die Beaufsichtigung von Kreditinstituten und Wertpapierfirmen und zur Anpassung des Aufsichtsrechts an die Verordnung (EU) Nr. 575/2013 über Aufsichtsanforderungen an Kreditinstitute und Wertpapierfirmen (CRD IV-Umsetzungsgesetz) vom 28. August 2013 (BGBl. I S. 3395), veröffentlicht am 3. September 2013.

KWG). Die Mitglieder der Ausschüsse müssen die zur Erfüllung der Ausschussaufgaben erforderlichen Kenntnisse, Fähigkeiten und Erfahrungen haben (§ 25d Abs. 7 Satz 4 KWG). Da CRR-Kreditinstitute im Sinne des § 1 Abs. 3d Satz 1 KWG als Unternehmen im öffentlichen Interesse gemäß § 316a Satz 2 Nr. 2 HGB einzuordnen sind, muss mindestens ein Mitglied des Prüfungsausschusses über Sachverstand auf dem Gebiet Rechnungslegung und mindestens ein weiteres Mitglied über Sachverstand auf dem Gebiet Abschlussprüfung verfügen. In Zukunft muss somit in den bei CRR-Kreditinstituten eingerichteten Prüfungsausschüssen Sachverstand sowohl im Hinblick auf Rechnungslegung als auch Abschlussprüfung vorhanden sein. Dieser erforderliche Sachverstand setzt nicht zwingend voraus, dass das Mitglied des Prüfungsausschusses einem steuerberatenden oder wirtschaftsprüfenden Beruf angehört, sondern kann z.B. auch angenommen werden bei Finanzvorständen, fachkundigen Angestellten aus den Bereichen Rechnungswesen und Controlling, Analysten sowie bei langjährigen Mitgliedern in Prüfungsausschüssen oder Betriebsräten, die sich diese Fähigkeit im Zuge ihrer Tätigkeit durch Weiterbildung angeeignet haben.[51] Darüber hinaus muss der notwendige Sachverstand in den Bereichen Rechnungslegung und Abschlussprüfung auf mindestens zwei Mitglieder des Prüfungsausschusses verteilt sein. Eine kumulative Erfüllung beider Kompetenzen durch ein Mitglied ist nicht möglich. Nach § 25d Abs. 9 KWG soll der Prüfungsausschuss das Aufsichtsorgan bei der Überwachung des Rechnungslegungsprozesses, der Wirksamkeit des Risikomanagementsystems und der Durchführung der Abschlussprüfungen unterstützen. Er soll zudem die zügige Behebung der vom Prüfer festgestellten Mängel durch die Geschäftsleitung mittels geeigneter Maßnahmen überprüfen. Vergleichbare Aufgaben weist die EBA dem Prüfungsausschuss von Instituten zu, sofern er nach der einschlägigen europäischen Richtlinie[52] zu bilden ist.[53]

48 Der Vorsitzende des Prüfungsausschusses kann unter Einbeziehung der Geschäftsleitung unmittelbar beim Leiter der Internen Revision und beim Leiter der Risikocontrolling-Funktion Auskünfte einholen (§ 25b Abs. 8 Satz 7 KWG). Die übrigen Mitglieder des Prüfungsausschusses haben selbst kein unmittelbares Auskunftsrecht, können jedoch bei Bedarf über den Vorsitzenden des Prüfungsausschusses entsprechende Auskünfte einholen. Das Auskunftsrecht nach § 25d Abs. 8 Satz 7 KWG gilt entsprechend für den Vorsitzenden eines unter bestimmten Voraussetzungen zu bildenden »Risikoausschusses« (»Risk Committee«). Das Aufsichtsorgan von bedeutenden Instituten gemäß § 1 Abs. 3c KWG, die keine CRR-Institute sind, kann einen gemeinsamen Risiko- und Prüfungsausschuss bilden, wenn dies unter Berücksichtigung der Größe, der internen Organisation und der Art, des Umfangs, der Komplexität und dem Risikogehalt der Geschäfte des Unternehmens sinnvoll ist. Die Bildung eines gemeinsamen Risiko- und Prüfungsausschusses ist seit dem Inkrafttreten des Risikoreduzierungsgesetzes[54] der BaFin mitzuteilen. Zudem hat das Institut die Gründe für die Zusammenlegung zu dokumentieren (§ 25d Abs. 10 KWG).

---

51 Vgl. Gesetzentwurf der Bundesregierung, Entwurf eines Gesetzes zur Modernisierung des Bilanzrechts (Bilanzrechtsmodernisierungsgesetz – BilMoG) vom 21. Mai 2008, Bundestags-Drucksache 16/10067 vom 30. Juli 2008, S. 102.

52 Vgl. Richtlinie 2006/43/EG des Europäischen Parlaments und des Rates vom 17. Mai 2016 über Abschlussprüfungen von Jahresabschlüssen und konsolidierten Abschlüssen, zur Änderung der Richtlinien 78/660/EWG und 83/349/EWG des Rates und zur Aufhebung der Richtlinie 84/253/EWG des Rates (ABl. L 157 vom 9.6.2006, S. 87), zuletzt geändert durch die Richtlinie 2014/56/EU des Europäischen Parlaments und des Rates vom 16. April 2014 (ABl. L 158 vom 27.5.2014, S. 196).

53 Danach sollte der Prüfungsausschuss u. a. die Wirksamkeit der internen Qualitätskontrolle und der Systeme für das Risikomanagement sowie ggf. der Internen Revision mit Blick auf die Rechnungslegung des geprüften Instituts, die Einführung von Rechnungslegungsmethoden durch das Institut und den Rechnungslegungsprozess überwachen sowie Empfehlungen zur Sicherstellung des Rechnungslegungsprozesses unterbreiten. Darüber hinaus ist er für die Auswahl des Jahresabschlussprüfers verantwortlich und hat dessen Unabhängigkeit sowie die Jahresabschlussprüfung zu überprüfen und zu überwachen. Vgl. European Banking Authority, Leitlinien zur internen Governance, EBA/GL/2017/11, 21. März 2018, S. 18f.

54 Gesetz zur Umsetzung der Richtlinien (EU) 2019/878 und (EU) 2019/879 zur Reduzierung von Risiken und zur Stärkung der Proportionalität im Bankensektor (Risikoreduzierungsgesetz – RiG) vom 9. Dezember 2020 (BGBl. I S. 2773), veröffentlicht am 14. Dezember 2020.

2.6 Inhalt und Umfang des Auskunftsrechtes

Die Institute haben im Hinblick auf die prozessuale Umsetzung des Auskunftsrechtes weitgehende Gestaltungsfreiheit. In der Praxis setzen viele Institute dabei weniger auf formale Vorschriften als vielmehr auf das allgemeine Verständnis für eine gute Governance. Es erscheint jedoch ratsam, in den Richtlinien oder Geschäftsordnungen der Beteiligten (Geschäftsleitung, Aufsichtsorgan bzw. Prüfungsausschuss sowie Leiter der Internen Revision) Grundsätze zu Inhalt, Umfang und Prozess des Auskunftsrechtes zu formulieren.[55] **49**

Das Auskunftsersuchen des Vorsitzenden des Aufsichtsorgans bzw. des Prüfungsausschusses muss sich im Rahmen des Aufgabenbereiches der Internen Revision bewegen. Es darf sich daher nicht auf Sachverhalte erstrecken, die nicht Gegenstand der Revisionstätigkeit sind, z. B. die von der Geschäftsleitung festgelegte Geschäftsstrategie.[56] In der Praxis betreffen Auskunftsersuchen regelmäßig die Prüfungsplanung und -methoden sowie die Prüfungsschwerpunkte der Internen Revision. Darüber hinaus beziehen sie sich auf die Erläuterung zu Feststellungen der Internen Revision (Abstufung der Mängel, beschlossene Maßnahmen zur Mängelbeseitigung bzw. Stand der Abarbeitung etc.) oder zu Ergebnissen aus externen Prüfungen (Bericht des Abschlussprüfers, Sonderprüfungen der Aufsichtsbehörden etc.).[57] Gegenstand von Auskunftsersuchen können zudem Fragen zu wesentlichen Projekten sein, bei denen die Interne Revision begleitend tätig ist (→ BT 2.1 Tz. 2). **50**

Das Auskunftsrecht des Vorsitzenden des Aufsichtsorgans bzw. des Prüfungsausschusses beinhaltet nicht die Befugnis, dem Leiter der Internen Revision einen Auftrag zur Durchführung einer Sonderprüfung zu erteilen. Es ist dem Aufsichtsorgan jedoch unbenommen, der Geschäftsleitung die Anordnung einer entsprechenden Sonderprüfung durch die Interne Revision zu empfehlen.[58] **51**

In engem Zusammenhang mit dem Auskunftsrecht steht das Recht des Aufsichtsorgans bzw. der Mitglieder der Ausschüsse zur Einsichtnahme in die Bücher und Schriften der Gesellschaft. Hierzu gehören auch die Prüfungsdokumentation und die Prüfungsberichte der Internen Revision.[59] **52**

2.7 Entwicklungstendenzen zum Auskunftsrecht

Seit der Neuregelung der Anforderungen an die Aufsichtsorgane von Instituten im Rahmen des CRD IV-Umsetzungsgesetzes in § 25d KWG hat sich die Interne Revision zu einer zunehmend wichtigen Informationsquelle für dieses Gremium entwickelt. Es ist davon auszugehen, dass diese Funktion durch die Koordination der internen und externen Prüfung (mit Bezug auf deren Befassung) durch den Prüfungsausschuss weiter an Bedeutung gewinnt. Das Finanzmarktintegritätsstärkungsgesetz aus dem Jahr 2021 erweitert bei CRR-Kreditinstituten im Sinne des § 1 Abs. 3d Satz 1 KWG, die als Unternehmen im öffentlichen Interesse gemäß § 316a Satz 2 Nr. 2 HGB einzuordnen sind, die Auskunftsrechte des Prüfungsausschusses noch einmal deutlich. Ab dem 1. Januar 2022 kann gemäß § 107 Abs. 4 Satz 4 AktG bei Unternehmen im öffentlichen Interesse jedes Mitglied des Prüfungsausschusses über den Ausschussvorsitzenden unmittelbar bei den Leitern derjenigen **53**

---

55 Vgl. Paul, Angelika, Direktes Auskunftsrecht des Aufsichtsorgans gegenüber der Internen Revision in den MaRisk – Eine rechtliche und empirische Analyse, DHBW Villingen-Schwenningen, Diskussionsbeiträge Nr. 10/10, Dezember 2010, S. 76 f.

56 Vgl. Deutscher Sparkassen- und Giroverband, Mindestanforderungen an das Risikomanagement – Interpretationsleitfaden, Version 6.1, Berlin, Juli 2019, S. 426.

57 Vgl. auch Deutscher Sparkassen- und Giroverband, Mindestanforderungen an das Risikomanagement – Interpretationsleitfaden, Version 6.1, Berlin, Juli 2019, S. 426.

58 Vgl. auch Deutscher Sparkassen- und Giroverband, Mindestanforderungen an das Risikomanagement – Interpretationsleitfaden, Version 6.1, Berlin, Juli 2019, S. 426.

59 Nach § 111 Abs. 2 AktG kann der Aufsichtsrat die Bücher und Schriften der Gesellschaft einsehen und prüfen. Vgl. hierzu Breuer, Stefan/Nikitina, Valeria, Einrichtung und Überwachung der Internen Revision, Der Konzern, Heft 12/2015, S. 544.

AT 4.4.3 Interne Revision

Zentralbereiche der Gesellschaft Auskünfte einholen, deren Zuständigkeiten die Aufgaben des Prüfungsausschusses gemäß § 107 Abs. 3 Satz 2 AktG betreffen. Neben dem Leiter der Revision kommen hier insbesondere die Leiter des Risikocontrollings und des Rechnungswesens in Betracht. Wegen der offenen Formulierung »Leiter Zentralbereich« kann das Auskunftsrecht jedoch z. B. auch gegenüber dem Compliance-Beauftragten bestehen, wenn dem Prüfungsausschuss die Aufgabe der Überwachung der Wirksamkeit der Compliance übertragen worden ist. Der an börsennotierte Gesellschaften gerichtete Deutsche Corporate Governance Kodex empfiehlt dies explizit.[60]

54   Die veränderte Rolle der Internen Revision ist verstärkt auch in den Veröffentlichungen des Baseler Ausschusses für Bankenaufsicht (BCBS) und der Europäischen Bankenaufsichtsbehörde (EBA) sichtbar. Einem Grundsatzpapier des BCBS zur Funktion der Internen Revision aus dem Jahr 2012 zufolge sollte die Interne Revision hinsichtlich ihrer Tätigkeit gegenüber dem Aufsichts-organ oder dessen Prüfungsausschuss rechenschaftspflichtig sein, während die Geschäftsleitung nur umgehend über ihre Feststellungen zu informieren ist.[61] Diese grundlegende Ausrichtung wurde trotz der in der Konsultationsphase vorgebrachten Einwände der Deutschen Kreditwirt-schaft mit Verweis auf das dualistische System[62] vom BCBS nicht relativiert. In dieselbe Richtung gehen die vom BCBS im Jahr 2015 veröffentlichten Prinzipien für die Ausgestaltung der Internen Revision als wichtigem Bestandteil einer angemessenen Corporate Governance in Banken. Der BCBS betont in diesem Dokument die Unabhängigkeit der Internen Revision, vor allem auch gegenüber der Geschäftsleitung des Institutes. Die Berichte der Internen Revision sollen dem Aufsichtsorgan bzw. dem Prüfungsausschuss direkt und ungefiltert zugehen.[63] Anders als nach dem Verständnis im KWG und in den MaRisk ist die Interne Revision für den BCBS offenbar eher ein Instrument des Aufsichtsorgans als der Geschäftsleitung. In anderen Ländern existieren ähnliche oder sogar schärfere Vorgaben. So agiert die Interne Revision bspw. in der Schweiz als »Instrument des Verwaltungsrates«.[64] Sie ist ihm oder einem Prüfungsausschuss unmittelbar unterstellt und diesen Gremien gegenüber berichtspflichtig.

55   Auch die EBA betont, dass die Interne Revision als Kontrollfunktion im Sinne der Leitlinien zur internen Governance zur effektiven Wahrnehmung der Überwachungsfunktion des Aufsichts-organs ein Recht auf direkten Zugang zum Aufsichtsorgan haben sollte. Nach Ansicht der EBA sollte sichergestellt sein, dass die Interne Revision, soweit erforderlich, direkt gegenüber dem Aufsichtsorgan ihre Bedenken äußern bzw. dieses warnen kann, wenn nachteilige Entwicklungen das Institut beeinträchtigten können.[65] Die EBA formuliert damit explizit ein »Rederecht« der Internen Revision, welches über das im KWG und in den MaRisk enthaltene Auskunftsrecht hinausgeht. Der deutsche Gesetzgeber hat dieses Rederecht der Internen Revision, das die EBA explizit unter den Vorbehalt des anwendbaren nationalen Gesellschaftsrechtes stellt, aufgrund eines möglichen Konfliktes mit dem deutschen Gesellschaftsrecht nicht in das nationale Recht übernommen.[66]

---

60 Vgl. Regierungskommission Deutscher Corporate Governance Kodex, Deutscher Corporate Governance Kodex, Fassung vom 16. Dezember 2019, Abschnitt D.3.

61 Vgl. Basel Committee on Banking Supervision, The internal audit function in banks, BCBS 223, 28. Juni 2012, S. 12.

62 Vgl. Deutsche Kreditwirtschaft (German Banking Industry Committee), Comments on the Basel Committee on Banking Supervision's Consultative Document »The internal audit function in banks«, 12. März 2012, S. 5.

63 Vgl. Basel Committee on Banking Supervision, Guidelines – Corporate governance principles for banks, BCBS 328, 8. Juli 2015, S. 32 f.

64 Vgl. Eidgenössische Bankenkommission, Überwachung und interne Kontrolle, Rundschreiben 06/06 vom 27. September 2006.

65 Vgl. European Banking Authority, Leitlinien zur internen Governance, EBA/GL/2017/11, 21. März 2018, S. 13.

66 Nach den EBA-Leitlinien zur internen Governance soll das Aufsichtsorgan das Rederecht der Internen Revision sicher-stellen, »unbeschadet der nach dem anwendbaren nationalen Gesellschaftsrecht zugewiesenen Zuständigkeiten«. Vgl. European Banking Authority, Leitlinien zur internen Governance, EBA/GL/2017/11, 21. März 2018, S. 12 f. Die Deutsche Kreditwirtschaft hat in ihrer Stellungnahme zum Entwurf der EBA-Leitlinien auf einen möglichen Konflikt mit dem deutschen Gesellschaftsrecht hingewiesen und klargestellt, dass die Interne Revision nach dem deutschen Corporate-Governance-Verständnis ein Instrument der Geschäftsleitung ist. Vgl. Deutsche Kreditwirtschaft (German Banking Industry Committee), Comments on EBA Draft Guidelines on internal governance, Schreiben vom 27. Januar 2017, S. 4.

In Theorie und Praxis wird inzwischen darüber diskutiert, ob es mittelfristig ggf. zu einer **56** Annäherung zwischen dem »dualistischen System« in Deutschland, das auf der strikten Trennung der Unternehmensführung durch die Geschäftsleitung und der Unternehmensüberwachung durch das Aufsichtsorgan basiert, und dem »monistischen System« im angelsächsischen Raum, in dem die Unternehmensführung und -überwachung in einem Führungsorgan (»Board of Directors«) zusammengefasst sind, kommen könnte.

2.8 Ansprechpartner von Aufsicht und Abschlussprüfer

Bei den bedeutenden Instituten gemäß Art. 6 SSM-Verordnung (→ AT 1 Tz. 3) hat sich in der **57** Praxis zwischen dem Leiter der Internen Revision des Institutes und dem zuständigen Joint Supervisory Team (JST) der EZB ein regelmäßiger Informationsaustausch zu Revisionsthemen etabliert. Auch die BaFin kann derartige Gespräche mit den von ihr beaufsichtigten, weniger bedeutenden Instituten führen.[67] Der Schwerpunkt der Gespräche liegt dabei neben den Prüfungsaktivitäten der Internen Revision (z. B. Prüfungsplanung, -methodik und -qualität) vor allem auf der Überwachung der Beseitigung der bei den Prüfungen festgestellten Mängeln. Zudem stellen die Prüfungsberichte der Internen Revision für die Aufsicht eine wichtige Informationsquelle dar und werden zumindest bei größeren Instituten regelmäßig angefordert.

Die Interne Revision ist ein wichtiger Ansprechpartner für den Abschlussprüfer, dem sie **58** regelmäßig ihre Prüfungsberichte sowie ggf. weitere zu Prüfungszwecken angeforderte Revisionsunterlagen zur Verfügung stellt. Der Abschlussprüfer kann die Prüfungsergebnisse der Internen Revision nach eigenem Ermessen bei der Ausführung seines Prüfungsauftrages berücksichtigen.[68] Bei größeren Instituten findet oftmals ein regelmäßiger Informationsaustausch zwischen der Internen Revision und dem Abschlussprüfer statt.

---

67 Vgl. Deutsches Institut für Interne Revision e. V., Online-Revisionshandbuch, Stand Dezember 2019, S. 176.
68 Vgl. Deutsches Institut für Interne Revision e. V., Online-Revisionshandbuch, Stand Dezember 2019, S. 175.

3 Zuständigkeit der Internen Revision (Tz. 3)

59 **3** Die Interne Revision hat risikoorientiert und prozessunabhängig die Wirksamkeit und Angemessenheit des Risikomanagements im Allgemeinen und des internen Kontrollsystems im Besonderen sowie die Ordnungsmäßigkeit grundsätzlich aller Aktivitäten und Prozesse zu prüfen und zu beurteilen, unabhängig davon, ob diese ausgelagert sind oder nicht. BT 2.1 Tz. 3 bleibt hiervon unberührt.

3.1 Risikoorientierte Prüfung

60 Auf die Notwendigkeit risikoorientierter Prüfungshandlungen hat die Bankenaufsicht schon seit längerem in einschlägigen qualitativen Regelwerken hingewiesen (→ BT 2.1 Tz. 1). In den MaIR und auch den MaK war der Grundsatz der Risikoorientierung fest verankert. Für die MaH trifft dies allerdings nicht zu. Diese sahen bestimmte Prüfungsfelder vor, die von der Internen Revision zumindest jährlich zu prüfen waren (z. B. Limitsystem, Veränderungen bei den IT-Systemen, Funktionstrennung, Bestätigungen und Gegenbestätigungen).[69] Die Berücksichtigung aller genannten Prüfungsfelder kam einer Vollprüfung der MaH schon sehr nahe, so dass die Ressourcen der Internen Revision durch regulatorische Vorgaben in einem erheblichen Umfang von vornherein gebunden waren. Da diese Verfahrensweise nicht mit dem risikoorientierten Grundsatz moderner qualitativer Regelungen korrespondierte, wurden die Prüfungsfelder der MaH ersatzlos gestrichen.

61 Mittlerweile ist die Risikoorientierung in der Prüfungspraxis der Internen Revision fest verankert, was sich vor allem auf die Prüfungsplanung und -durchführung auswirkt.[70] Risikoorientierung bedeutet, dass die einem höheren Risiko unterliegenden Prüffelder des Institutes intensiver und häufiger geprüft werden als die weniger risikobehafteten Bereiche. Die Institute haben hierfür eine systematische Risikoermittlung und -bewertung der einzelnen Prüffelder vorzunehmen und auf dieser Grundlage eine Prüfungsplanung zu entwickeln, in der die Prüfungshandlungen konkretisiert werden.[71] Im Hinblick auf die Häufigkeit der Prüfungen kann von der grundsätzlichen Vorgabe, sämtliche Aktivitäten und Prozesse des Institutes – inkl. der ausgelagerten – innerhalb von drei Jahren prüfen zu müssen, in beide Richtungen abgewichen werden. Bei besonderen Risiken ist jährlich zu prüfen, bei unter Risikogesichtspunkten nicht wesentlichen Aktivitäten und Prozessen kann sogar vom dreijährigen Turnus abgewichen werden (→ BT 2.3 Tz. 1). Die Vorgehensweise entspricht den Vorgaben der EBA, wonach die Tätigkeit der Internen Revision entsprechend einem Prüfungsplan und einem detaillierten Prüfungsprogramm auf der Grundlage eines risikobasierten Ansatzes durchgeführt werden sollte.[72]

---

69 Vgl. Bundesaufsichtsamt für das Kreditwesen, Mindestanforderungen an das Betreiben von Handelsgeschäften der Kreditinstitute (MaH), Verlautbarung vom 23. Oktober 1995, Abschnitt 5.

70 Vgl. auch Deutsches Institut für Interne Revision e. V. (DIIR), Frankfurt am Main, Institut für interne Revision Österreich (IIA Austria), Wien, Schweizer Verband für Interne Revision (IIA Switzerland), Zürich (Hrsg.), Internationale Standards für die berufliche Praxis der Internen Revision 2017 – Mission, Grundprinzipien, Definitionen, Ethikkodex, Standards, Version 6.1, 10. Januar 2018, S. 36f.

71 Vgl. Deutscher Sparkassen- und Giroverband, Mindestanforderungen an das Risikomanagement – Interpretationsleitfaden, Version 6.1, Berlin, Juli 2019, S. 413.

72 Vgl. European Banking Authority, Leitlinien zur internen Governance, EBA/GL/2017/11, 21. März 2018, S. 49.

3.2 Prozessunabhängige Prüfung

Die Interne Revision kann ihre Aufgaben nicht sachgerecht wahrnehmen, wenn ihre Mitarbeiter in **62** die zu prüfenden Aktivitäten und Prozesse eingebunden sind. Zwangsläufig würden Interessenkollisionen auftreten, die sich dementsprechend in der Qualität der Prüfungstätigkeit niederschlagen könnten. Vor diesem Hintergrund wird sowohl vom Gesetzgeber als auch von der BaFin die Prozessunabhängigkeit der Internen Revision hervorgehoben, mit der die erforderliche Neutralität und Objektivität der Internen Revision sichergestellt werden soll. Die Mitarbeiter der Internen Revision sollten daher grundsätzlich weder in die zu prüfenden Bereiche und Abläufe eingebunden noch für das Ergebnis des zu überwachenden Prozesses verantwortlich sein. Die EBA fordert konkreter, dass die Interne Revision nicht an der Konzeption, Auswahl, Festlegung und Umsetzung spezifischer interner Kontrollstrategien, -mechanismen und -verfahren sowie Risikolimiten beteiligt sein sollte.[73] Nur auf diese Weise kann eine unabhängige Überprüfung durch die Interne Revision gewährleistet werden.

Der Grundsatz der Prozessunabhängigkeit der Internen Revision wird in den MaRisk an zwei **63** Stellen relativiert. Zum einen muss die Interne Revision bei wesentlichen Projekten unter Wahrung ihrer Unabhängigkeit und unter Vermeidung von Interessenkonflikten begleitend tätig werden (→ BT 2.1 Tz. 2). Durch diese Anforderung trägt die BaFin der Tatsache Rechnung, dass die Interne Revision nur dann genügend Know-how zur Durchführung von Prüfungen generieren kann, wenn sie frühzeitig in wesentliche Projekte eingebunden ist. Zum anderen kann die Interne Revision unter den genannten Voraussetzungen auch beratend tätig werden (→ BT 2.2 Tz. 2). Auf diese Weise kann umgekehrt auch das Know-how der Revision von anderen Bereichen genutzt werden.

3.3 Prüfungsgegenstand der Internen Revision

Im Kontext der MaRisk erhält die Prüfung und Beurteilung der Wirksamkeit und Angemessenheit **64** des »Risikomanagements im Allgemeinen« und des »internen Kontrollsystems im Besonderen« seitens der Internen Revision eine besondere Gewichtung. Die Bezugnahme auf das »Risikomanagement im Allgemeinen« ist eine terminologische Unschärfe, da die Interne Revision nach § 25a Abs. 1 KWG und den MaRisk Bestandteil des Risikomanagements ist und sich schließlich nicht selbst prüfen kann. Für die interne Prüfung geht es daher insbesondere um die Prüfung und Beurteilung des internen Kontrollsystems, also der Aufbau- und Ablauforganisation, der Risikosteuerungs- und -controllingprozesse, der Risikotragfähigkeit, der risikostrategischen Vorgaben der Geschäftsleitung sowie der Risikocontrolling-Funktion und der Compliance-Funktion. Seit der dritten MaRisk-Novelle ist auch der Strategieprozess Gegenstand der Revisionsprüfung (→ AT 4.2 Tz. 1, Erläuterung). Damit ist das Prüfungsfeld der Internen Revision allerdings noch nicht vollständig abgesteckt, denn die risikoorientierte und prozessunabhängige Prüfungstätigkeit umfasst grundsätzlich auch die Ordnungsmäßigkeit aller Aktivitäten und Prozesse des Institutes. Zu nennen sind hier naturgemäß das Finanz- und Rechnungswesen sowie die Prozesse zur Erbringung der Bankgeschäfte und Finanzdienstleistungen als originäre Prüfungsfelder.

Die MaRisk decken sich mit den Vorgaben der EBA, die von der Internen Revision eine Prüfung **65** erwartet, ob die Qualität des internen Kontrollsystems eines Institutes sowohl wirksam als auch angemessen ist. Insbesondere sollte die Interne Revision Folgendes beurteilen:[74]

---

73 Dies sollte nach den Vorstellungen der EBA die Geschäftsleitung jedoch nicht davon abhalten, die Interne Revision um Beiträge in Zusammenhang mit Risiken, internen Kontrollen und der Einhaltung von anwendbaren Vorschriften zu konsultieren. Vgl. European Banking Authority, Leitlinien zur internen Governance, EBA/GL/2017/11, 21. März 2018, S. 48.
74 Vgl. European Banking Authority, Leitlinien zur internen Governance, EBA/GL/2017/11, 21. März 2018, S. 49.

– die Angemessenheit des Rahmenwerks für die interne Governance des Institutes,
– den Umstand, ob bestehende Richtlinien und Verfahren nach wie vor angemessen sind und den gesetzlichen und aufsichtlichen Anforderungen sowie dem Risikoappetit und der Risikostrategie des Institutes entsprechen,
– die Übereinstimmung der Verfahren mit den anwendbaren Gesetzen und Rechtsvorschriften sowie mit den Entscheidungen des Leitungsorgans,
– den Umstand, ob die Verfahren korrekt und wirksam umgesetzt werden (z. B. Compliance der Durchführung von Transaktionen, der Umfang des tatsächlich eingegangenen Risikos etc.), und
– die Eignung, Qualität und Wirksamkeit der durchgeführten Kontrollen sowie die erfolgte Berichterstattung seitens sich verteidigender Geschäftsbereiche, der Risikomanagement-Funktion und der Compliance-Funktion.

66 Darüber hinaus sollte die Interne Revision gemäß den Vorgaben der EBA insbesondere die Integrität der Prozesse überprüfen, um die Zuverlässigkeit der institutsinternen Methoden und Verfahren sowie die den internen Modellen zugrunde liegenden Annahmen und Informationsquellen – z. B. bei der Risikomodellierung und dem Rechnungswesen – sicherzustellen. Sie sollte auch die Qualität und den Gebrauch von qualitativen Instrumenten zur Risikoidentifizierung und -bewertung sowie die zur Risikominderung ergriffenen Maßnahmen beurteilen.[75]

67 Seit der Umsetzung der Anforderungen von Basel III in europäisches Recht weist die Bankenverordnung (Capital Requirements Regulation, CRR) der Internen Revision insbesondere folgende Aufgaben explizit zu:
– Gemäß Art. 191 CRR prüft die Interne Revision oder eine andere vergleichbare unabhängige Revisionsstelle mindestens einmal jährlich die Ratingsysteme des Institutes und deren Funktionsweise, einschließlich der Tätigkeit der Kreditabteilung sowie der PD-, LGD-, EL- und Umrechnungsfaktorschätzungen. Überprüft wird die Einhaltung aller geltenden Anforderungen. Die EZB weist der Internen Revision in diesem Zusammenhang auf der Grundlage der einschlägigen EBA-Leitlinien umfassende konkrete Prüfungsaufgaben zu.[76]
– Gemäß Art. 144 CRR hat ein Institut bereits vor der aufsichtsrechtlichen Zulassungsprüfung eines Ratingsystems der Aufsichtsbehörde dessen Eignung glaubhaft nachzuweisen. Auch in diese »Vorabprüfung des Institutes« ist die Interne Revision oder eine vergleichbar unabhängige Revisionseinheit einzubeziehen.[77]
– Gemäß Art 221 Abs. 4 lit. h CRR haben die Institute im Rahmen der Verwendung interner Modelle für Netting-Rahmenvereinbarungen ihre Risikomesssysteme einer unabhängigen Prüfung der Internen Revision zu unterziehen.
– Gemäß Art 225 Abs. 2 lit. d CRR haben die Institute das System, das sie zur eigenen Schätzung der Volatilitätsanpassungen bei der umfassenden Methode zur Berücksichtigung finanzieller Sicherheiten anwenden, regelmäßig einer unabhängigen Prüfung durch die Interne Revision zu unterziehen.
– Auch bei den Gegenparteiausfallrisiken werden Prüfungstätigkeiten der Internen Revision im Hinblick auf die Überprüfung der Integrität von Modellierungsprozessen (Art. 292 Abs. 1 lit. f CRR) und die Anforderungen an das Risikomanagement (Art. 293 Abs. 1 lit. h CRR) verlangt.

---

75 Vgl. European Banking Authority, Leitlinien zur internen Governance, EBA/GL/2017/11, 21. März 2018, S. 49.
76 Vgl. European Central Bank, Guide for the Targeted Review of Internal Models (TRIM), Consultation paper, 6. Februar 2017, S. 15; European Banking Authority, Final Draft Regulatory Technical Standards on the specification of the assessment methodology for competent authorities regarding compliance of an institution with the requirements to use the IRB Approach in accordance with Articles 144(2), 173(3) and 180(3)(b) of Regulation (EU) No 575/2013, EBA/RTS/2016/03, 21. Juli 2016, S. 9 und 44 f.
77 Vgl. Bundesanstalt für Finanzdienstleistungsaufsicht und Deutsche Bundesbank, Merkblatt zur Zulassung zum IRBA, 1. April 2007, S. 6.

Die Interne Revision sollte in ihre Prüfungsaktivitäten auch den angemessenen Umgang mit **68** Nachhaltigkeitsrisiken einbeziehen. Dabei geht es insbesondere um die Prüfung der Angemessenheit und Wirksamkeit der im Hinblick auf Nachhaltigkeitsrisiken überarbeiteten Regelungen zur Aufbau- und Ablauforganisation, zum Risikomanagement und zu den besonderen Funktionen.[78] Die EZB erwartet von der Internen Revision, dass sie bei ihren Prüfungen beleuchtet, inwieweit das Institut für die Steuerung von Klima- und Umweltrisiken gewappnet ist. Insbesondere sollte sie die Einhaltung der internen Richtlinien und Verfahren für Klima- und Umweltrisiken überprüfen.[79] Unter der Annahme, dass alle relevanten Aspekte von ESG-Faktoren und ESG-Risiken in die Governance und die organisatorischen Vorkehrungen des Institutes einbezogen sind, würde die Interne Revision diese nach Einschätzung der EBA im Rahmen der bestehenden Prozesse erfassen, u. a. durch eine effektive Kommunikation mit allen Parteien, die an der Integration von ESG-Risiken in ihre Aktivitäten beteiligt sind.[80] Die Interne Revision soll die ESG-Risiken in ihre Überprüfung der Wirksamkeit und Angemessenheit der Regelungen, Prozesse und Mechanismen zur internen Governance einbeziehen.[81]

Eine weitere ausdrückliche Zuweisung von Aufgaben an die Interne Revision im Bereich des **69** Kapital- und Zahlungsverkehrs findet sich im Zusammenhang mit den Aktivitäten und Prozessen des Institutes zur Einhaltung von Finanzsanktionen.[82]

Seit der vierten MaRisk-Novelle werden als Bestandteile des internen Kontrollsystems explizit **70** auch eine Risikocontrolling-Funktion und eine Compliance-Funktion gefordert. Mit Blick auf den beschriebenen Aufgabenbereich der Compliance-Funktion könnten sich in der Praxis u. a. Abgrenzungsprobleme zur Internen Revision ergeben. So soll die Compliance-Funktion den Risiken, die sich aus der Nichteinhaltung rechtlicher Regelungen und Vorgaben ergeben können, entgegenwirken und vor diesem Hintergrund auf die Implementierung wirksamer Verfahren zur Einhaltung der für das Institut wesentlichen rechtlichen Regelungen und Vorgaben und entsprechender Kontrollen hinwirken (→ AT 4.4.2 Tz. 1). Die Prüfung und Beurteilung der Einhaltung geltender gesetzlicher und aufsichtsrechtlicher Vorgaben sowie sonstiger Regelungen etc. gehörte nach den MaIR noch zu den originären Tätigkeiten der Internen Revision.[83] Auch die Rechtsabteilung ist in diesen Prozess entsprechend ihrer Aufgabenzuweisung eingebunden.

Die Compliance-Funktion darf zur Erfüllung ihrer Aufgaben auch auf andere Funktionen und **71** Stellen zurückgreifen (→ AT 4.4.2 Tz. 3). Insofern ist es durchaus möglich, dass die Compliance-Funktion auch auf die Berichte der Internen Revision zurückgreift und damit ihre eigene Tätigkeit auf deren Prüfungsergebnissen bzw. Feststellungen basiert. Sofern die Compliance-Funktion die Prüfungsergebnisse der Internen Revision für ihre eigene Tätigkeit ausschließlich oder ganz überwiegend verwendet, verschärft sich einerseits der oben beschriebene Konflikt für die Interne Revision. In diesem Fall würde sie nämlich auch im Rahmen der Prüfung und Beurteilung des internen Kontrollsystems zum Teil ihre eigene Tätigkeit bewerten und damit dem Selbstprüfungs-

---

78 Vgl. Bundesanstalt für Finanzdienstleistungsaufsicht, Merkblatt zum Umgang mit Nachhaltigkeitsrisiken, 20. Dezember 2019, geändert am 13. Januar 2020, S. 24.

79 Vgl. Europäische Zentralbank, Leitfaden zu Klima- und Umweltrisiken – Erwartungen der Aufsicht in Bezug auf Risikomanagement und Offenlegung, 27. November 2020, S. 30.

80 Vgl. European Banking Authority, EBA Report on management and supervision of ESG risks for credit institutions and investment firms, EBA/REP/2021/18, 23. Juni 2021, S. 103.

81 Vgl. European Banking Authority, EBA Report on management and supervision of ESG risks for credit institutions and investment firms, EBA/REP/2021/18, 23. Juni 2021, S. 105.

82 Vgl. Deutsche Bundesbank, Merkblatt zur Einhaltung von Finanzsanktionen, 31. August 2020, S. 8.

83 Nach den MaIR hatte die Interne Revision »insbesondere die Funktionsfähigkeit, Wirksamkeit, Wirtschaftlichkeit und Angemessenheit des internen Kontrollsystems, die Anwendung, Funktionsfähigkeit, Wirksamkeit und Angemessenheit der Risikomanagement- und -controllingsysteme, des Berichtswesens, des Informationssystems und des Finanz- und Rechnungswesens, die Einhaltung geltender gesetzlicher und aufsichtsrechtlicher Vorgaben sowie sonstiger Regelungen, die Wahrung betrieblicher Richtlinien, Ordnungen und Vorschriften sowie die Ordnungsmäßigkeit aller Betriebs- und Geschäftsabläufe und Regelungen und Vorkehrungen zum Schutz der Vermögensgegenstände zu prüfen und zu beurteilen«. Bundesaufsichtsamt für das Kreditwesen, Mindestanforderungen an die Ausgestaltung der Internen Revision der Kreditinstitute (MaIR), Rundschreiben 1/2000 vom 17. Januar 2000, Tz. 16.

verbot zuwiderhandeln (siehe Abbildung 46). Andererseits würde die Compliance-Funktion ihrer Verantwortung als zweite Verteidigungslinie nicht ausreichend nachkommen, was vermutlich mit einer Prüfungsfeststellung durch die Interne Revision verbunden wäre.

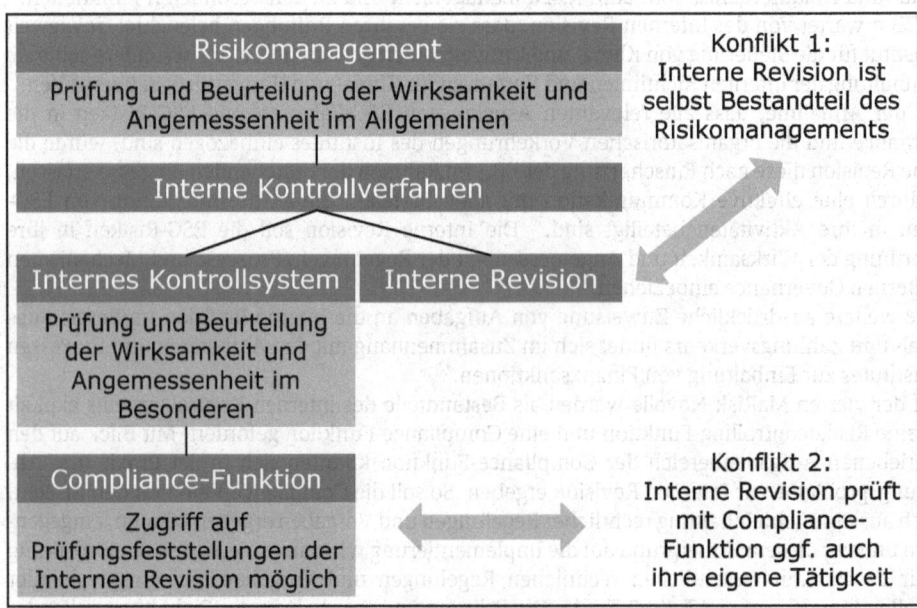

Abb. 46: Mögliches Konfliktpotenzial für die Interne Revision

72 In den MaIR wurde auch die Wirtschaftlichkeit als Prüfungsaspekt betont. Dass dieser Punkt nicht in die MaRisk übernommen wurde, bedeutet nicht, dass er für die Prüfungstätigkeit der Internen Revision keine Rolle mehr spielt. Nach Diskussion im MaRisk-Fachgremium waren die Teilnehmer der Ansicht, dass die »Wirksamkeit und Angemessenheit« den Aspekt der »Wirtschaftlichkeit« grundsätzlich einschließt. Insofern wird dieser betriebswirtschaftliche Aspekt auch bei der Prüfung des Risikomanagements im Allgemeinen und des internen Kontrollsystems im Besonderen regelmäßig mit in die Beurteilung einfließen. Gerade bei der Optimierung von Unternehmensabläufen und der Weiterentwicklung der Unternehmensorganisation wird es darum gehen, sorgsam Nutzen und Kosten entsprechender Maßnahmen abzuwägen, um zu betriebswirtschaftlich sinnvollen Lösungen zu gelangen. Zwar besteht keine explizite aufsichtsrechtliche Forderung nach einer Revisionstätigkeit, die diese wirtschaftlichen Aspekte berücksichtigt. Dennoch wird die Interne Revision – im Interesse des Institutes – nach wie vor auch wirtschaftliche Aspekte im Blick behalten. Zudem ermöglicht der in den MaRisk verankerte Ansatz der risikoorientierten Prüfungsplanung und -durchführung einen effektiven Ressourceneinsatz, da die Intensität und die Häufigkeit der Prüfungen der Internen Revision vom Risikogehalt der einzelnen Prüfungsfelder abhängen.

3.4 Interne Revision als Kontrolleinheit im Sinne der Vergütungsverordnung

Darüber hinaus weist die Vergütungsverordnung der Internen Revision an zahlreichen Stellen Verantwortlichkeiten zu bzw. fordert ihre Einbindung.[84] Als Kontrolleinheit im Sinne der Vergütungsverordnung ist die Interne Revision nach § 3 Abs. 3 InstitutsVergV bei der Ausgestaltung und der Überwachung der Vergütungssysteme angemessen zu beteiligen. Diese Regelung wurde mit der Änderung der Vergütungsverordnung im Jahr 2017 dahingehend erweitert, dass die Interne Revision in bedeutenden Instituten gemäß § 1 Abs. 3c KWG nunmehr auch in Bezug auf den Prozess der Ermittlung der Risikoträger auf der Instituts- und Gruppenebene angemessen zu beteiligen ist.[85] Durch die Einbindung der Kontrolleinheiten soll eine effektive Ausgestaltung der Vergütungssysteme erreicht werden im Hinblick auf die Erfolgsmessung, Risikoorientierung, Verknüpfung von Leistung und Vergütungsbeträgen einschließlich der Ermittlung der Risikoträger.[86] Darüber hinaus ist gemäß § 7 Abs. 1 InstitutsVergV der Gesamtbetrag der variablen Vergütung unter angemessener und ihrem Aufgabenbereich entsprechender Beteiligung der Kontrolleinheiten einschließlich der Internen Revision festzusetzen. Schließlich ist die Interne Revision beim Rahmenkonzept zur Festlegung und Gewährung von Abfindungen gemäß § 11 Abs. 1 Satz 2 Nr. 1 InstitutsVergV einzubinden. | **73**

3.5 Revision ausgelagerter Aktivitäten und Prozesse

Das Aufgabenspektrum der Internen Revision erstreckt sich auch auf die ausgelagerten Aktivitäten und Prozesse des Institutes.[87] Für die Revision sind ausgelagerte Aktivitäten und Prozesse regelmäßig von besonderem Interesse, da sie nur mittelbar vom Institut beeinflusst werden können und die Revision nicht mehr den unmittelbaren Zugriff auf alle für das Institut relevanten Abläufe hat. Darüber hinaus muss sich die Revision in diesen Fällen mit einem organisatorischen Umfeld auseinandersetzen, mit dem sie nicht so vertraut ist, was die Analyse und Beurteilung von Strukturen und Abläufen erschwert. Daher steigt grundsätzlich mit der Auslagerung bestimmter Aktivitäten und Prozesse auch das Prüfungsrisiko, was bei der risikoorientierten Planung und bei den konkreten Prüfungshandlungen berücksichtigt werden muss. Letzteres kann bedeuten, dass die Revision, soweit das möglich und erforderlich ist, vor Ort beim Auslagerungsunternehmen Prüfungshandlungen vornimmt. Im Auslagerungsvertrag sind daher neben Informations- auch | **74**

---

84 Vgl. hierzu Buscher, Arne Martin/Link, Vivien/von Harbou, Christopher/Weigl, Thomas, Verordnung über die aufsichtsrechtlichen Anforderungen an Vergütungssysteme von Instituten (Institutsvergütungsverordnung – InstitutsVergV), 2. Auflage, Stuttgart, 2018, § 3 Tz. 53 ff.

85 Die Systematik zur Einstufung von bedeutenden Instituten war zunächst in § 17 InstitutsVergV geregelt und wurde durch das Brexit-Steuerbegleitgesetz im Jahr 2019 ohne inhaltliche Änderung in § 25n KWG überführt. Mit dem Risikoreduzierungsgesetz (RiG) aus dem Jahr 2020 wurde in § 1 Abs. 3c KWG eine einheitliche Definition des Begriffes »bedeutendes Institut« für die Zwecke der Vergütungsregelungen und der Corporate Governance nach § 25c und § 25d KWG eingeführt. Die Definition des Begriffes »Risikoträger« ist nunmehr in § 1 Abs. 21 Satz 1 KWG in Verbindung mit § 25a Abs. 5b Satz 1 und 2 KWG enthalten. § 25a Abs. 5b KWG formuliert die Anforderungen an die neben den Mitgliedern der Geschäftsleitung und des Aufsichtsorgans zwingend als Risikoträger einzustufenden Personengruppen und an die Risikoanalyse zur Ermittlung der weiteren Risikoträger. Die Regelung des § 25n KWG wurde durch das RiG gestrichen.

86 Vgl. Bundesanstalt für Finanzdienstleistungsaufsicht, Auslegungshilfe zur Institutsvergütungsverordnung in der Fassung vom 15. Februar 2018, zu § 3. Die BaFin hat am 18. September 2020 den Entwurf einer überarbeiteten Fassung der Auslegungshilfe zur Konsultation gestellt.

87 Diese Vorgehensweise entspricht den europäischen Vorgaben. Vgl. European Banking Authority, Leitlinien zur internen Governance, EBA/GL/2017/11, 21. März 2018, S. 48; European Banking Authority, Leitlinien zu Auslagerungen, EBA/GL/2019/02, 25. Februar 2019, S. 22.

Prüfungsrechte der Internen Revision des auslagernden Institutes festzulegen (→ AT 9 Tz. 7 lit. h). Die Vereinbarung von Informations- und Prüfungsrechten im Auslagerungsvertrag ist nach den MaRisk eigentlich nur bei »wesentlichen« Auslagerungen zwingend erforderlich.[88] Im Zuge der sechsten MaRisk-Novelle hat die Aufsicht aber klargestellt, dass diese Rechte möglichst auch bei »nicht wesentlichen« Auslagerungen vereinbart werden sollten, sofern abzusehen ist, dass diese Auslagerungen in naher oder mittlerer Zukunft wesentlich werden könnten. Zudem umfassen die Informations- und Prüfungsrechte auch die für den Zutritt, Zugang oder Zugriff erforderlichen Rechte (→ AT 9 Tz. 7, Erläuterung). Vor diesem Hintergrund ist es wichtig, dass die Interne Revision – im Rahmen ihrer Aufgaben – aktiv an der Risikoanalyse und deren Anpassung mitwirkt. Dadurch kann sie u. a. bei der Frage, ob im Einzelfall eine wesentliche Auslagerung vorliegt oder nicht, ihre Expertise einbringen (→ AT 9 Tz. 2).

3.6 »Anderweitig durchgeführte Revisionstätigkeit«

75   Da umfangreiche Prüfungshandlungen der Revisionen der auslagernden Institute insbesondere bei Auslagerungen auf Mehrmandantendienstleister zu praktischen Problemen führen können, sehen die MaRisk insoweit Erleichterungen vor.[89] So kann die Interne Revision des auslagernden Institutes auf eigene Prüfungshandlungen verzichten, wenn diese bspw. von der Internen Revision des Auslagerungsunternehmens im Auftrag des auslagernden Institutes durchgeführt werden. Allerdings sind an das Konstrukt der »anderweitig durchgeführten Revisionstätigkeit« bestimmte Voraussetzungen geknüpft. Insbesondere hat sie den einschlägigen Anforderungen der MaRisk zu genügen (→ BT 2.1 Tz. 3). Damit soll letztlich sichergestellt werden, dass die Qualität der anderweitig durchgeführten Revisionstätigkeit den gleichen Maßstäben unterliegt, als wenn die Interne Revision des Institutes diese Prüfungshandlungen selbst vornehmen würde.

76   Die Revisionstätigkeit für die ausgelagerten Aktivitäten oder Prozesse verbleibt in diesem Fall grundsätzlich beim auslagernden Institut.[90] Insofern beziehen sich der Auslagerungsvertrag und die mit dem Auslagerungsvorhaben verbundenen Tätigkeiten gemäß AT 9 allein auf die auszulagernden operativen Aktivitäten und Prozesse. Die Interne Revision muss sich von der Einhaltung der Voraussetzungen für einen Verzicht auf eigene Prüfungshandlungen regelmäßig überzeugen. Ergänzende Maßnahmen sind bei Bedarf also grundsätzlich möglich (→ BT 2.1 Tz. 3).

77   In der Praxis werden diese Erleichterungen von der Aufsicht, insbesondere der EZB, allerdings zunehmend infrage gestellt. Insbesondere in jenen Fällen, in denen die Interne Revision des Auslagerungsunternehmens selbst für die anderweitige Durchführung der Revisionstätigkeit zuständig ist, verlangt die Aufsicht von der Internen Revision des auslagernden Institutes über die nach den MaRisk erforderliche Prüfung der Funktionsfähigkeit dieser Revisionstätigkeit hinaus vermehrt auch eigene Prozessprüfungen. Im Falle von Mehrmandantendienstleistern kommt erschwerend hinzu, dass somit gleich mehrere Institute eigene Prüfungen vornehmen müssten, was auch den Dienstleister vor Ressourcen-Probleme stellt. In der Praxis werden deshalb von den

---

88   Dies entspricht den Vorgaben der EBA an den Auslagerungsvertrag. Vgl. European Banking Authority, Leitlinien zu Auslagerungen, EBA/GL/2019/02, 25. Februar 2019, S. 31.

89   Entsprechende Erleichterungen, die durch die MaRisk noch ausgebaut wurden, enthielt bereits das so genannte Auslagerungsrundschreiben aus dem Jahr 2001. Vgl. Bundesaufsichtsamt für das Kreditwesen, Auslagerung von Bereichen auf ein anderes Unternehmen gemäß § 25a Abs. 2 KWG, Rundschreiben 11/2001 vom 6. Dezember 2001, Tz. 50.

90   Zur Unterscheidung zwischen einer Auslagerung der Internen Revision und dem Konstrukt der »anderweitig durchgeführten Revisionstätigkeit« vgl. Deutsches Institut für Interne Revision e.V., Online-Revisionshandbuch, Stand Dezember 2019, S. 98 ff.

betroffenen Instituten vermehrt gemeinsame Prüfungshandlungen (»Pooled Audits«) vereinbart, um den Aufwand für alle Beteiligten zu minimieren.[91]

Die EBA-Leitlinien zu Auslagerungen aus dem Jahr 2019 räumen die Möglichkeit von Sammelprüfungen (»Pooled Audits«) ausdrücklich ein.[92] Darüber hinaus konkretisiert die EBA in den Leitlinien die Möglichkeiten der Nutzung von Zertifizierungen durch Dritte und vom Auslagerungsunternehmen zur Verfügung gestellte externe oder interne Revisionsberichte. Auch die EBA hat sich bei verschiedenen Gelegenheiten kritisch dazu geäußert, dass die Interne Revision des Auslagerungsunternehmens diese Funktion im Interesse der auslagernden Institute wahrnehmen kann.

78

---

91 Teilweise wird für den Begriff »Pooled Audits« auch die Formulierung »Joint Audits« verwendet.
92 Vgl. European Banking Authority, Leitlinien zu Auslagerungen, EBA/GL/2019/02, 25. Februar 2019, S. 35f.

4 Vollständiges und uneingeschränktes Informationsrecht (Tz. 4)

79 **4** Zur Wahrnehmung ihrer Aufgaben ist der Internen Revision ein vollständiges und uneingeschränktes Informationsrecht einzuräumen. Dieses Recht ist jederzeit zu gewährleisten. Der Internen Revision sind insoweit unverzüglich die erforderlichen Informationen zu erteilen, die notwendigen Unterlagen zur Verfügung zu stellen und Einblick in die Aktivitäten und Prozesse sowie die IT-Systeme des Institutes zu gewähren.

4.1 Vollständige Information

80 Ohne ausreichende Informationsbasis ist die effektive Durchführung von Prüfungshandlungen durch die Interne Revision schlichtweg unmöglich. Daher ist es essenziell, dass der Internen Revision von vornherein ein Informationsrecht eingeräumt wird, das die unmittelbare Einholung von Informationen bei Mitarbeitern anderer Bereiche gewährleistet, ohne langwierige Entscheidungs- und Genehmigungsprozesse in Gang setzen zu müssen, die eine zügige Prüfungstätigkeit behindern würden. Dass dieses Informationsrecht nicht nur eingeräumt, sondern auch auf Dauer gewährleistet und unverzüglich erfüllt werden muss, ist in diesem Zusammenhang eher klarstellend zu sehen.

81 Das Informationsrecht muss vollständig und uneingeschränkt sein. Dies lässt sich schon aus dem besonderen Charakter der Internen Revision als quasi »verlängerter Arm« der Geschäftsleitung schließen, in deren Auftrag die Interne Revision tätig ist. Auch den Vorgaben der EBA zufolge sollte die Interne Revision über einen uneingeschränkten institutsweiten Zugang zu allen Aufzeichnungen, Dokumenten, Informationen und Gebäuden verfügen. Dieser Zugang sollte die Management-Informationssysteme und Protokolle aller Ausschüsse und Entscheidungsorgane einschließen.[93]

82 Das allgemeine Informationsrecht wird durch verschiedene Pflichten der Geschäftsleitung und der Mitarbeiter gegenüber der Internen Revision ergänzt. So besteht eine Mitteilungspflicht der Geschäftsleitung hinsichtlich Weisungen und Beschlüssen, die für die Interne Revision, z.B. im Hinblick auf wesentliche Änderungen des Risikomanagements, von Bedeutung sind (→ AT 4.4.3 Tz. 5). Darüber hinaus besteht eine Ad-hoc-Informationspflicht der einzelnen Fachbereiche an die Interne Revision, sofern unter Risikogesichtspunkten relevante Mängel zu erkennen oder bedeutende Schadensfälle aufgetreten sind oder ein konkreter Verdacht auf Unregelmäßigkeiten besteht (→ AT 4.3.2 Tz. 4, Erläuterung). Die genannten Rechte bzw. Pflichten gegenüber der Internen Revision lassen sich, wie in den MaIR, unter der Überschrift »vollständige Information« zusammenfassen.[94]

83 Hinter der Überführung der genannten Anforderungen in den allgemeinen Teil der MaRisk stand die Überlegung, dass sie sich im Wesentlichen nicht an die Mitarbeiter der Internen Revision, sondern an die Mitarbeiter aller anderen (zu prüfenden) Organisationseinheiten bzw. die Geschäftsleitung richten. Es handelt sich also quasi um eine »Bringschuld« aller Einheiten gegenüber

---

93 Vgl. European Banking Authority, Leitlinien zur internen Governance, EBA/GL/2017/11, 21. März 2018, S. 49.

94 Vgl. Bundesaufsichtsamt für das Kreditwesen, Mindestanforderungen an die Ausgestaltung der Internen Revision der Kreditinstitute (MaIR), Rundschreiben 1/2000 vom 17. Januar 2000, Tz. 22.

der Internen Revision. Die Überführung in den allgemeinen Teil sollte zu einer besseren Wahrnehmung dieser Pflichten durch die revisionsfremden Mitarbeiter beitragen und zugleich der Bedeutung solcher Informationsflüsse für die reibungslose Wahrnehmung der Aufgaben der Internen Revision gerecht werden.

Das vollständige und uneingeschränkte Informationsrecht der Internen Revision führt zu einem erhöhten Anspruch an die Vertraulichkeit und die Wahrung schutzwürdiger Interessen beim Umgang mit ggf. sensiblen personenbezogenen und unternehmensinternen Sachverhalten.[95] **84**

Vergleichbare Regelungen enthalten die MaRisk auch im Hinblick auf die Risikocontrolling- und die Compliance-Funktion. So sind den Mitarbeitern dieser besonderen Funktionen alle notwendigen bzw. ausreichenden Befugnisse und ein uneingeschränkter Zugang zu allen Informationen einzuräumen, die für die Erfüllung ihrer Aufgaben erforderlich sind (→ AT 4.4.1 Tz. 3 und AT 4.4.2 Tz. 6). **85**

4.2 Ausprägungen des Informationsrechtes

Das Informationsrecht kann mündliche oder schriftliche Informationen betreffen. So kann sich z.B. ein konkreter (mündlicher) Erläuterungsbedarf zu den Inhalten der Organisationsrichtlinien ergeben. Die Mitarbeiter sind verpflichtet, hierzu jederzeit im notwendigen Umfang Auskunft zu geben. Informationsrechte umfassen natürlich auch den Einblick in Geschäftsbriefe und -formulare, interne Kontrollunterlagen (z.B. Abstimmungslisten), interne Konten und das Rechnungswesen eines Institutes sowie alle Arten von Überwachungsunterlagen, die von anderen Organisationseinheiten angefertigt werden (z.B. Dokumentationen über IT-Zugriffsrechte). **86**

Eine besondere Ausprägung der Informationsrechte stellt der Einblick in die IT-Systeme des Institutes dar. Oftmals haben die Mitarbeiter der Internen Revision eigene Zugriffsrechte in Form besonderer Zugriffskompetenzen auf die IT-Systeme, die ihnen jederzeit die Möglichkeit geben, nicht nur die Eingaben einzusehen, die in den Systemen vorgenommen wurden, sondern auch Einblick in IT-Einstellungen und vorgenommene Änderungen an den Einstellungen zu nehmen. In der Praxis kommt es jedoch auch vor, dass die Möglichkeiten, die Zugriffsrechte in Lese- und Schreibrechte zu separieren, nicht gegeben sind. Teilweise hat dies zur Folge, dass die Interne Revision auf IT-Einstellungen keinerlei Zugriff (auch keinen lesenden) hat und bei der Informationsgewinnung auf die Unterstützung anderer Bereiche angewiesen ist. Der Grund hierfür ist oftmals darin zu sehen, dass eine vollkommen prozessunabhängige Interne Revision einerseits und ihr eingeräumte Schreibrechte in den IT-Systemen andererseits – streng genommen – nicht im Einklang mit den MaRisk stehen. Hier sind die Institute gehalten, nach einer sinnvollen Lösung zu suchen, die den besonderen Informationsrechten der Internen Revision gerecht wird. Die Aufsicht hat an dieser Stelle auf verbindliche Anforderungen bewusst verzichtet.[96] **87**

---

95 Vgl. Deutsches Institut für Interne Revision e. V., Online-Revisionshandbuch, Stand Dezember 2019, S. 22. Zur Einhaltung datenschutzrechtlicher Regelungen vgl. Deutsches Institut für Interne Revision e. V., Leitfaden Interne Revision und Datenschutz, 11. Oktober 2017.

96 Vgl. Bundesanstalt für Finanzdienstleistungsaufsicht, Protokoll der zweiten Sitzung des MaRisk-Fachgremiums am 17. August 2006, S. 5.

4.3 Zugang zu Informationen durch Einbindung der Internen Revision

88 Die Interne Revision erhält darüber hinaus wichtige Erkenntnisse für ihre spätere Prüfungstätigkeit durch die aufsichtsrechtlich verlangte Einbindung in bestimmte institutsinterne Prozesse, wobei ihre Unabhängigkeit stets gewährleistet sein muss. So ist die Interne Revision in den Neu-Produkt-Prozess und in die von den Instituten bei wesentlichen Veränderungen betrieblicher Prozesse oder Strukturen durchzuführende Analyse einzubeziehen (→ AT 8.1 und AT 8.2). Vergleichbare Regelungen gelten im Hinblick auf die Risikoanalyse bei Auslagerungen von Aktivitäten und Prozessen auf ein anderes Unternehmen (→ AT 9 Tz. 2). Schließlich weist die Vergütungsverordnung der Internen Revision an zahlreichen Stellen Verantwortlichkeiten zu bzw. fordert ihre Einbindung (→ AT 4.4.3 Tz. 3).

5 Informationspflicht gegenüber der Internen Revision (Tz. 5)

5 Weisungen und Beschlüsse der Geschäftsleitung, die für die Interne Revision von **89** Bedeutung sein können, sind ihr bekanntzugeben. Über wesentliche Änderungen im Risikomanagement ist die Interne Revision rechtzeitig zu informieren.

5.1 Informationspflichten der Geschäftsleitung

Weisungen und Beschlüsse der Geschäftsleitung, die für die Interne Revision von Bedeutung sein **90** können, sind ihr bekanntzugeben. Diese Anforderung ergänzt das allgemeine Informationsrecht der Internen Revision um Informationspflichten der Geschäftsleitung gegenüber der Revision. Die Interne Revision kann ihre Aufgabe nur effektiv wahrnehmen, wenn sie über entsprechende Weisungen und Beschlüsse der Geschäftsleitung Kenntnis gewinnt und darüber hinaus über wesentliche Änderungen des Risikomanagements rechtzeitig informiert wird. Insoweit tragen diese Informationspflichten zu einer Stärkung der Position der Internen Revision innerhalb des Institutes bei. Eine vergleichbare Anforderung an die Geschäftsleitung besteht gegenüber der Compliance-Funktion (→ AT 4.4.2 Tz. 6).

5.2 Basis für die tägliche Revisionsarbeit

Die frühzeitige Unterrichtung der Internen Revision erlaubt es ihr, die Informationen der Geschäfts- **91** leitung unmittelbar für ihre tägliche Prüfungstätigkeit oder ihre sonstigen Arbeiten zu nutzen. Somit ist gewährleistet, dass nicht nur die jeweils betroffenen Organisationseinheiten über die Weisungen oder Beschlüsse der Geschäftsleitung informiert sind (z.B. bedeutende Personalveränderungen), sondern auch die Interne Revision im Rahmen etwaiger Prüfungshandlungen auf die gleiche Informationsbasis wie die anderen Organisationseinheiten zurückgreifen kann. Außerdem können Vorgaben der Geschäftsleitung ein Indiz oder sogar der Anlass für Anpassungen des Prüfungsplanes sein (→ BT 2.3). So könnte z.B. die Entscheidung über die Einrichtung eines neuen Geschäftsfeldes oder über die Zusammenlegung von Organisationseinheiten regelmäßig eine Anpassung des Prüfungsplanes nach sich ziehen, da sich die Prüfungsfelder unter Umständen grundsätzlich verändern. Gegebenenfalls wäre sogar die Durchführung einer Sonderprüfung erforderlich (→ BT 2.3 Tz. 4). Entscheidungen der Geschäftsleitung können ferner Beratungstätigkeiten der Internen Revision (→ BT 2.2 Tz. 2) oder deren Beteiligung an Projekten (→ BT 2.1 Tz. 2) erforderlich machen.

Diese vielgestaltigen Auswirkungen der Weisungen und Beschlüsse der Geschäftsleitung auf die **92** Arbeit der Revision können schließlich auch dazu führen, dass die Personalsituation der Internen Revision berührt wird. Insbesondere wenn die Entscheidungen zahlreiche neue Aufgaben nach sich ziehen, wäre die dafür ausreichende Personalstärke zu überprüfen. Auch dieser Aspekt wird durch die MaRisk abgedeckt. So hat sich die quantitative und qualitative Personalausstattung des Institutes insbesondere an betriebsinternen Erfordernissen, den Geschäftsaktivitäten sowie der Risikosituation zu orientieren (→ AT 7.1 Tz. 1). Diese Anforderung bezieht sich auch auf die Personalausstattung der Internen Revision.

5.3 Inhalt der Informationspflichten

93 Der Anwendungsbereich der Anforderung ist schon aufgrund seiner Relevanz für die tägliche Arbeit der Internen Revision umfassend zu verstehen. So geht es zum einen um wesentliche Änderungen des Risikomanagements und zum anderen um Beschlüsse und Weisungen der Geschäftsleitung, die für die Revision von Bedeutung sein können. Wesentliche Änderungen des Risikomanagements sind vor dem Hintergrund der Aufgaben der Internen Revision, zu denen die Prüfung und Beurteilung der Wirksamkeit und Angemessenheit des Risikomanagements im Allgemeinen und des internen Kontrollsystems im Besonderen gehören, immer von Bedeutung. Bei den Beschlüssen und Weisungen kann es sich zumindest grundsätzlich um alle Entscheidungen der Geschäftsleitung handeln, die in irgendeiner Form die Organisation und Prozesse des Institutes berühren und somit für die Interne Revision von Bedeutung sind. Lediglich bei sehr vertraulichen Entscheidungen der Geschäftsleitung, die z. B. Unternehmensakquisitionen oder Ähnliches betreffen, wäre eine Informationsweitergabe mit einer gewissen zeitlichen Verzögerung vertretbar. Die Weitergabe derartiger Informationen obliegt naturgemäß der Verantwortung der Geschäftsleitung.

5.4 Gemeinsamkeiten zwischen Compliance und Interner Revision

94 Die Berichte der Internen Revision und der Compliance-Funktion können in einer Gesamtbetrachtung wichtige Hinweise für die Geschäftsleitung liefern, weil sie die Beachtung der zahlreichen Vorgaben und Regelungen aus unterschiedlichen Blickwinkeln prüfen und beurteilen. Beide Funktionen sind daher von der Geschäftsleitung in ähnlicher Weise über anstehende Veränderungen zu informieren (siehe Abbildung 47).

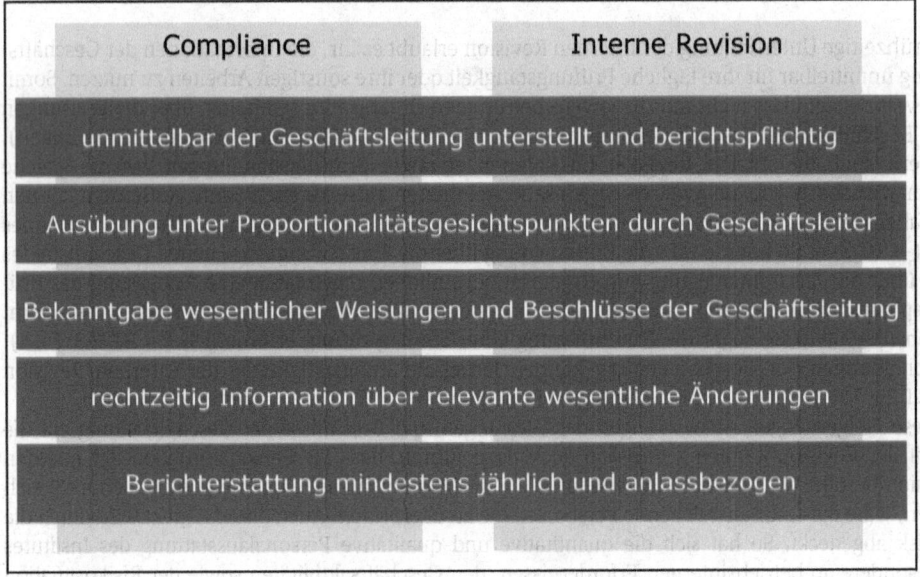

Compliance	Interne Revision
unmittelbar der Geschäftsleitung unterstellt und berichtspflichtig	
Ausübung unter Proportionalitätsgesichtspunkten durch Geschäftsleiter	
Bekanntgabe wesentlicher Weisungen und Beschlüsse der Geschäftsleitung	
rechtzeitig Information über relevante wesentliche Änderungen	
Berichterstattung mindestens jährlich und anlassbezogen	

Abb. 47: Gemeinsamkeiten von Compliance und Interner Revision

6 Wechsel der Leitung der Internen Revision (Tz. 6)

6 Wechselt die Leitung der Internen Revision, ist das Aufsichtsorgan rechtzeitig vorab unter Angabe der Gründe für den Wechsel zu informieren. **95**

6.1 Information des Aufsichtsorgans

Das Aufsichtsorgan ist auf Vorschlag des DIIR im MaRisk-Fachgremium seit der vierten MaRisk- **96**
Novelle bei einem Wechsel der Leitung der Revisionsfunktion zu informieren. Es geht dabei nicht um eine Zustimmung des Aufsichtsorgans, sondern lediglich um dessen Kenntnisnahme, die mit seinen Pflichten der Unternehmensüberwachung im Einklang steht. Den Ausführungen der BaFin im MaRisk-Fachgremium zufolge soll mit dieser Anforderung jedenfalls nicht in die Kompetenzen der Geschäftsleitung eingegriffen werden. Vielmehr geht es bei dieser Anforderung hinsichtlich aller drei besonderen Funktionen in erster Linie um den Informationsfluss zwischen der Geschäftsleitung und dem Aufsichtsorgan.

Im Zuge der fünften MaRisk-Novelle wurde die Regelung dahingehend verschärft, dass das **97**
Aufsichtsorgan rechtzeitig vorab und unter Angabe der Gründe für den Wechsel zu informieren ist. Eine nachträgliche Information des Aufsichtsorgans ist somit nicht ausreichend. Hintergrund ist, dass das Aufsichtsorgan die Möglichkeit haben soll, mit dem Leiter der Internen Revision die Gründe für sein Ausscheiden zu erörtern.[97] Es bietet sich an, dass die Geschäftsleitung das Aufsichtsorgan zeitnah nach der Beschlussfassung über die Entpflichtung des Leiters der Internen Revision unterrichtet. Die Information muss nicht zwingend durch die Geschäftsleitung erfolgen. Die Institute können hierfür eine verantwortliche Stelle bestimmen und einen geeigneten Prozess einrichten. Vergleichbare Regelungen bestehen beim Wechsel des Leiters der Risikocontrolling-Funktion (→ AT 4.4.1 Tz. 6) und des Compliance-Beauftragten (→ AT 4.4.2 Tz. 8).

Nach der Vorstellung der EBA sollten die Leiter der internen Kontrollfunktionen im Sinne der **98**
EBA-Leitlinien zur internen Governance, und damit auch der Leiter der Internen Revision, nur nach vorheriger Zustimmung des Aufsichtsorgans aus ihrer Funktion enthoben werden. Es handelt sich beim Leiter der Internen Revision – anders als beim Leiter der Risikocontrolling-Funktion – jedoch nur um eine Empfehlung der EBA (»sollte«), so dass das Zustimmungserfordernis nicht zwingend ist.[98]

Wenngleich es nicht ausdrücklich verlangt wird, sollte dem Aufsichtsorgan auch die Bestellung **99**
der Leitung der Internen Revision angezeigt werden. Ein Institut hat sicherzustellen, dass der Vorsitzende des Aufsichtsorgans unter Einbeziehung der Geschäftsleitung direkt beim Leiter der Internen Revision Auskünfte einholen kann (→ AT 4.4.3 Tz. 2). Der Vorsitzende des Aufsichtsorgans kann von diesem unmittelbaren Auskunftsrecht naturgemäß nur Gebrauch machen, wenn ihm der Leiter der Internen Revision bekannt ist. Dies gilt entsprechend für die Vorsitzenden des Risikoausschusses, des Prüfungsausschusses und des Vergütungskontrollausschusses, falls das Aufsichtsorgan nach § 25d KWG derartige Ausschüsse gebildet hat (→ AT 1 Tz. 1). Darüber hinaus verantwortet der Leiter der Internen Revision die Quartalsberichte und den Jahresbericht der Internen Revision, die neben der Geschäftsleitung auch dem Aufsichtsorgan vorzulegen sind (→ BT 2.4 Tz. 4). Ergeben sich im Rahmen der Prüfungen schwerwiegende Feststellungen gegen

---

97 Vgl. Deutsches Institut für Interne Revision e. V., Online-Revisionshandbuch, Stand Dezember 2019, S. 13.
98 Vgl. European Banking Authority, Leitlinien zur internen Governance, EBA/GL/2017/11, 21. März 2018, S. 41.

AT 4.4.3 Interne Revision

Geschäftsleiter, kann eine direkte Berichtspflicht der Internen Revision an den Vorsitzenden des Aufsichtsorgans entstehen, wenn die zuvor unterrichtete Geschäftsleitung weder sachgerechte Maßnahmen ergreift noch das Aufsichtsorgan selbst darüber informiert (→ BT 2.4 Tz. 5).

100 Gegebenenfalls wird bei einem geplanten Wechsel des Leiters der Internen Revision bereits ein neuer Kandidat für die Position feststehen, so dass die Information über den Wechsel des alten Revisionsleiters und die Bestellung des neuen Leiters der Internen Revision zeitlich zusammenfallen werden.

6.2 Anzeige gegenüber der Aufsichtsbehörde

101 Die Institute sind nicht verpflichtet, die Bestellung, einen Wechsel oder das Ausscheiden des Leiters der Internen Revision der Aufsichtsbehörde anzuzeigen, anders als bspw. beim Compliance-Beauftragten nach § 87 Abs. 5 WpHG oder beim Geldwäschebeauftragten nach § 7 Abs. 4 Satz 1 GwG.

102 Nach den Vorstellungen der EBA sollten CRD-Institute von erheblicher Bedeutung die zuständige Aufsichtsbehörde über das Ergebnis der Eignungsprüfung der Inhaber von Schlüsselfunktionen im Sinne der einschlägigen Leitlinien informieren.[99] Vor diesem Hintergrund sollten größere Institute die Aufsicht über personelle Veränderungen in der Person des Leiters der Internen Revision ggf. informieren bzw. mit der Aufsichtsbehörde die Vorgehensweise abstimmen (→ AT 4.4, Einführung).

103 Der Baseler Ausschuss für Bankenaufsicht (BCBS) verlangt in seinen im Juni 2015 veröffentlichten Prinzipien für eine angemessene Corporate Governance, dass das Institut eine Ablösung des Leiters der Internen Revision offenlegt und mit der Aufsichtsbehörde erörtert.[100] Die Überlegungen des BCBS wurden im Rahmen der fünften MaRisk-Novelle aufgrund des in Deutschland vorherrschenden dualistischen Systems der Unternehmensführung nicht in nationales Recht umgesetzt.

6.3 Allgemeine Anforderungen an die besonderen Funktionen

104 Trotz der großen Unterschiede zwischen den Aufgabenbereichen der besonderen Funktionen bestehen auch zahlreiche Gemeinsamkeiten, die auf ihre jeweilige Bedeutung für die internen Kontrollverfahren zurückzuführen sind (siehe Abbildung 48).

---

99 Vgl. European Banking Authority/European Securities and Markets Authority, Leitlinien zur Bewertung der Eignung von Mitgliedern des Leitungsorgans und Inhabern von Schlüsselfunktionen, EBA/GL/2017/12, 21. März 2018, S. 44 f. »CRD-Institute von erheblicher Bedeutung« sind nach den Leitlinien die global systemrelevanten Institute und die anderweitig systemrelevanten Institute sowie ggf. auch andere CRD-Institute, Finanzholdinggesellschaften oder gemischte Finanzholdinggesellschaften, die von der zuständigen Behörde oder nach nationalem Recht auf der Grundlage einer Bewertung der Größe, internen Organisation und der Art, des Umfangs und der Komplexität der Tätigkeiten der Institute bestimmt werden. Vgl. European Banking Authority/European Securities and Markets Authority, Leitlinien zur Bewertung der Eignung von Mitgliedern des Leitungsorgans und Inhabern von Schlüsselfunktionen, EBA/GL/2017/12, 21. März 2018, S. 5.

100 Vgl. Basel Committee on Banking Supervision, Guidelines – Corporate governance principles for banks, BCBS 328, 8. Juli 2015, S. 32 f.

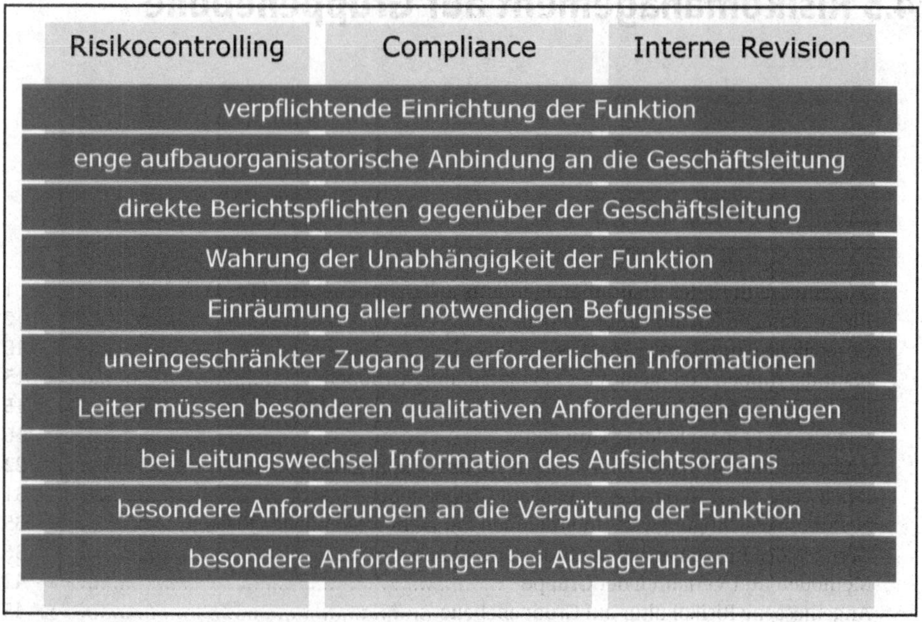

Risikocontrolling	Compliance	Interne Revision
verpflichtende Einrichtung der Funktion		
enge aufbauorganisatorische Anbindung an die Geschäftsleitung		
direkte Berichtspflichten gegenüber der Geschäftsleitung		
Wahrung der Unabhängigkeit der Funktion		
Einräumung aller notwendigen Befugnisse		
uneingeschränkter Zugang zu erforderlichen Informationen		
Leiter müssen besonderen qualitativen Anforderungen genügen		
bei Leitungswechsel Information des Aufsichtsorgans		
besondere Anforderungen an die Vergütung der Funktion		
besondere Anforderungen bei Auslagerungen		

Abb. 48: Allgemeine Anforderungen an die besonderen Funktionen

AT 4.5 Risikomanagement auf Gruppenebene

1	**Angemessenheit des Risikomanagements auf Gruppenebene (Tz. 1)**	1
1.1	Risikomanagement auf Gruppenebene	2
1.2	Gesetzliche Grundlage: § 25a Abs. 3 KWG	10
1.3	Institutsgruppen und (gemischte) Finanzholding-Gruppen	13
1.3.1	Institutsgruppen	15
1.3.2	(Gemischte) Finanzholding-Gruppen	16
1.4	Anforderungen an das Risikomanagement auf Gruppenebene	22
1.5	Reichweite des Risikomanagements auf Gruppenebene	31
1.6	Nichtberücksichtigung von Unternehmen mit nicht wesentlichen Risiken	35
1.7	Grenzen des Risikomanagements auf Gruppenebene	36
1.8	Methoden und Verfahren der Gruppe	42
1.9	Angemessene Risikokultur auf Gruppenebene	45
1.10	Waiver-Regelung	50
1.10.1	Voraussetzungen für den »Tochter-Waiver«	52
1.10.2	Weitgehende Freistellung von den Pflichten des § 25a Abs. 1 KWG	56
1.10.3	Antragsverfahren	60
2	**Geschäfts- und Risikostrategie auf Gruppenebene (Tz. 2)**	63
2.1	Gruppenweite Strategien	64
2.2	Gruppenweite Abstimmung	71
3	**Risikotragfähigkeitskonzept auf Gruppenebene (Tz. 3)**	72
3.1	ICAAP auf Gruppenebene	73
3.2	Risiken auf Gruppenebene	78
3.3	Risikodeckungspotenzial auf Gruppenebene	80
4	**Ablauforganisatorische Vorgaben auf Gruppenebene (Tz. 4)**	82
4.1	Organisatorische Defizite	83
4.2	Ablauforganisatorische Vorkehrungen auf Gruppenebene	86
4.3	Berichterstattung an die Geschäftsleitung des übergeordneten Unternehmens	92
5	**Risikomanagementprozesse und Stresstests auf Gruppenebene (Tz. 5)**	94
5.1	Risikosteuerungs- und -controllingprozesse auf Gruppenebene	95
5.2	Orientierungspunkte für die Umsetzung	96
6	**Zusammenspiel zwischen Konzernrevision und Interner Revision (Tz. 6)**	99
6.1	Konzernrevision	100
6.2	Aufgaben der Konzernrevision	104
6.3	Berichterstattung der Konzernrevision	108
6.4	Grenzen der Konzernrevision	109
6.5	Auslagerung der Internen Revision und Intra-Group-Auslagerung	111

1 Angemessenheit des Risikomanagements auf Gruppenebene (Tz. 1)

1 Nach § 25a Abs. 3 KWG sind die Geschäftsleiter des übergeordneten Unternehmens einer   1
Institutsgruppe oder Finanzholding-Gruppe sowie die Geschäftsleiter des übergeordneten
Finanzkonglomeratsunternehmens eines Finanzkonglomerates für die Einrichtung eines angemessenen und wirksamen Risikomanagements auf Gruppenebene verantwortlich. Die Reichweite des Risikomanagements auf Gruppenebene erstreckt sich auf alle wesentlichen Risiken
der Gruppe, unabhängig davon, ob diese von konsolidierungspflichtigen Unternehmen begründet werden oder nicht (z. B. Risiken aus nicht konsolidierungspflichtigen Zweckgesellschaften).
Die eingesetzten Methoden und Verfahren (z. B. IT-Systeme) dürfen der Wirksamkeit des
Risikomanagements auf Gruppenebene nicht entgegenstehen. Besondere Maßstäbe für das
Risikomanagement auf Gruppenebene können sich aus spezialgesetzlichen Regelungen ergeben, wie z. B. bei Bausparkassen hinsichtlich der Kollektivsteuerung oder bei Pfandbriefbanken.

1.1 Risikomanagement auf Gruppenebene

Die zunehmende Arbeitsteilung sowie die Globalisierung haben dazu geführt, dass die Finanz   2
märkte immer mehr von Konzernen dominiert werden, deren Aktivitäten regelmäßig weit über ihr
eigentliches Sitzland hinausgehen. Über Gruppenstrukturen lassen sich erhebliche Effizienzgewinne generieren. Wissen kann vernetzt, Synergien gehoben und die Produktivität gesteigert
werden. Durch die Nutzung von Wettbewerbsvorteilen kann die Marktstellung aufgewertet
werden. Die Integrationsdichte einer Gruppe kann dabei mehr oder weniger intensiv sein. Das
Spektrum reicht von einer dezentralen Struktur, bei der die gruppenangehörigen Unternehmen
weitgehend autonom agieren können, bis hin zu straff organisierten Gruppen, die zentral gesteuert
werden. Gruppenweite Aktivitäten erfordern die Implementierung geeigneter Risikomanagementstrukturen, da die genannten Vorteile andernfalls nicht realisiert werden können.

Das übergreifende Management von Risiken ist auch deshalb von Bedeutung, weil aus einer   3
Gruppenstruktur regelmäßig mehr oder minder ausgeprägte spezifische (zusätzliche) Risiken
erwachsen. Hierzu zählen z. B. das Risiko von Konflikten zwischen gruppenangehörigen Unternehmen, »Ansteckungseffekte« aus Reputationsrisiken sowie Risiken, die sich aus dem Komplexitätsgrad der Gruppenstrukturen ergeben. Gruppenspezifisch sind auch Risikokonzentrationen, die
entstehen können, wenn gruppenangehörige Unternehmen den gleichen Risikofaktoren ausgesetzt sind.[1] Aufgrund der Erfahrungen aus der Finanzmarktkrise wurde die Berücksichtigung
von solchen Risikokonzentrationen auf Gruppenebene, zunächst insbesondere im Zusammenhang mit Verbriefungen, selbst von der Kreditwirtschaft für erforderlich gehalten.[2] Die europäischen Regulatoren haben jedoch auch grundsätzlichen Handlungsbedarf im Hinblick auf das
Risikomanagement auf Gruppenebene angemahnt. So waren die Rahmenbedingungen für die
interne Unternehmensführung, einschließlich der internen Kontrollmechanismen und des Risikomanagements, innerhalb der Institute oder Gruppen oft nicht ausreichend integriert. Insbesondere

---

1   Vgl. The Joint Forum, Risk Concentrations Principles, Dezember 1999, S. 2.

2   Vgl. Institute of International Finance, Final Report of the IIF Committee on Market Best Practices: Principles of Conduct
    and Best Practice Recommendations – Financial Services Industry Response to the Market Turmoil of 2007–2008, 21. Juli
    2008, S. 68.

fehlten eine einheitliche Methodik und Terminologie, so dass eine ganzheitliche Betrachtung aller Risiken nicht möglich war. Zudem waren Ressourcen, Status oder Fachkompetenz der internen Kontrollfunktionen oft nicht angemessen.[3]

4   Der Baseler Ausschuss für Bankenaufsicht (BCBS) hat im Jahr 2010 Prinzipien für eine Verbesserung der Corporate Governance in Banken veröffentlicht, die auch detaillierte Vorgaben für Bankengruppen enthalten.[4] Die Verantwortung für die Einhaltung der bankaufsichtlichen Anforderungen an ein angemessenes Risikomanagement auf Gruppenebene weist der BCBS der Geschäftsleitung des Mutterunternehmens zu.[5] Die überarbeiteten Prinzipien des BCBS aus dem Jahr 2015 erweitern die aufsichtsrechtlichen Anforderungen an die Corporate Governance von Bankengruppen noch einmal deutlich. Das Dokument enthält umfassende Vorgaben an die Geschäftsleitung des Mutterunternehmens, die ein angemessenes Risikomanagement auf Gruppenebene sicherstellen sollen. Darüber hinaus formuliert der BCBS Vorgaben für das Zusammenspiel der Verantwortlichkeiten von Mutterunternehmen und Tochtergesellschaften.[6] Die Geschäftsleitung des Mutterunternehmens muss sich intensiv mit der Gruppenstruktur auseinandersetzen. Vom Aufbau unnötig komplexer oder undurchsichtiger Gruppenstrukturen wird sogar explizit abgeraten.[7]

5   Die EBA orientiert sich in den Leitlinien zur internen Governance aus dem Jahr 2011 an den Prinzipien des BCBS. Auch nach den Vorstellungen der EBA sollte die Geschäftsleitung des Mutterunternehmens die Gesamtverantwortung für eine angemessene gruppenweite interne Governance tragen. Zudem sollte sie sicherstellen, dass es ein Governance-Rahmenwerk gibt, das der Struktur, dem Geschäftsmodell und den Risiken der Gruppe einschließlich der einzelnen Unternehmen entspricht.[8] Die überarbeiteten EBA-Leitlinien aus dem Jahr 2018 enthalten umfangreiche Anforderungen an den »organisatorischen Rahmen« innerhalb einer Gruppe[9] sowie Vorgaben für das »Know-your-structure-Prinzip«[10] und zur Vermeidung komplexer und intransparenter Strukturen.[11] Im Juli 2020 hat die EBA die Leitlinien einer erneuten Überarbeitung unterzogen und ein Jahr später ihren endgültigen Bericht an die EU-Kommission veröffentlicht, der insoweit keine wesentlichen Änderungen enthält. Der von der EBA verlangte organisatorische Rahmen innerhalb einer Gruppe hat sich über die konsolidierungspflichtigen Unternehmen hinaus nunmehr ausdrücklich auch auf nicht zu konsolidierende Tochtergesellschaften in einem Drittland einschließlich »Offshore-Finanzzentren« zu erstrecken.[12] Die Anforderungen werden im Rahmen des aufsichtlichen Überprüfungs- und Bewertungsprozesses (Supervisory Review and Evaluation Process, SREP) geprüft.[13]

---

3 Vgl. European Banking Authority, Final Report – Guidelines on internal governance under Directive 2013/36/EU, EBA/GL/2017/11, 26. September 2017, S. 5.

4 Vgl. Basel Committee on Banking Supervision, Principles for enhancing corporate governance, BCBS 176, 4. Oktober 2010, S. 15f.

5 »In a group structure, the board of the parent company has the overall responsibility for adequate corporate governance across the group and ensuring that there are governance policies and mechanisms appropriate to the structure, business and risks of the group and its entities.« Basel Committee on Banking Supervision, Principles for enhancing corporate governance, BCBS 176, 4. Oktober 2010, S. 15.

6 Vgl. Basel Committee on Banking Supervision, Guidelines – Corporate governance principles for banks, BCBS 328, 8. Juli 2015, S. 22f.

7 Vgl. Basel Committee on Banking Supervision, Principles for enhancing corporate governance, BCBS 176, 4. Oktober 2010, S. 27; Basel Committee on Banking Supervision, Guidelines – Corporate governance principles for banks, BCBS 328, 8. Juli 2015, S. 23f.

8 Vgl. European Banking Authority, EBA Guidelines on Internal Governance (GL 44), 27. September 2011, S. 7.

9 Vgl. European Banking Authority, Leitlinien zur internen Governance, EBA/GL/2017/11, 21. März 2018, S. 24. Der Kommentar stellt auf die deutsche Übersetzung dieser Leitlinien ab, die am 21. März 2018 als Leitlinien zur internen Governance veröffentlicht wurden. Irrtümlicherweise wurde die deutsche Fassung der Leitlinien – im Gegensatz zu allen anderen Sprachfassungen – auf den 15. März 2018 datiert. Wir haben uns für die aus unserer Sicht korrekte Zitierweise entschieden.

10 Vgl. European Banking Authority, Leitlinien zur internen Governance, EBA/GL/2017/11, 21. März 2018, S. 21f.

11 Vgl. European Banking Authority, Leitlinien zur internen Governance, EBA/GL/2017/11, 21. März 2018, S. 22ff.

12 Vgl. European Banking Authority, Final Report on Guidelines on internal governance under Directive 2013/36/EU, EBA/GL/2021/05, 2. Juli 2021, S. 33.

13 Vgl. European Banking Authority, Guidelines on common procedures and methodologies for the supervisory review and evaluation process (SREP) and supervisory stress testing, EBA/GL/2014/13, Consolidated version, 19. Juli 2018, S. 66.

In Deutschland existierte mit § 25a Abs. 1a KWG a. F. bereits seit dem Finanzkonglomeraterichtlinie-Umsetzungsgesetz aus dem Jahr 2004 eine gesetzliche Vorschrift, die das Risikomanagement auf Gruppenebene betrifft.[14] Diese Vorgaben wurden später durch das CRD IV-Umsetzungsgesetz angepasst und nach § 25a Abs. 3 KWG verschoben. Es dauerte allerdings eine ganze Weile, bis sich die BaFin dazu durchgerungen hatte, die Anforderungen zum Risikomanagement auf Gruppenebene in den MaRisk auf eine breitere Basis zu stellen. Erst unter dem Eindruck der Finanzmarktkrise wurde dies im Jahr 2009 durch die zweite MaRisk-Novelle nachgeholt. Die Anforderungen an das Risikomanagement auf Gruppenebene wurden ergänzt und in ein gesondertes Modul der MaRisk überführt.[15] So gelten die auf das einzelne Institut bezogenen Anforderungen des § 25a Abs. 1 KWG grundsätzlich auch auf Gruppenebene. Im Rahmen der dritten und vierten MaRisk-Novelle erfolgten lediglich redaktionelle Anpassungen. Die BaFin sah offenbar keinen weiteren Anpassungsbedarf im Hinblick auf die zwischenzeitlich veröffentlichten Dokumente des BCBS und der EBA. Im Zuge der fünften MaRisk-Novelle aus dem Jahr 2017 wurden insbesondere die Anforderungen an die Berichtpflichten der Konzernrevision deutlich erweitert. Die Konzernrevision hat nunmehr vierteljährlich an die Geschäftsleitung und das Aufsichtsorgan des übergeordneten Unternehmens über ihre Tätigkeit auf Gruppenebene zu berichten. Diese Änderung geht auf entsprechende Vorgaben des Trennbankengesetzes[16] zurück.

6

Das Zusammenspiel zwischen den auf Institutsebene geltenden Anforderungen und den Gruppenanforderungen der MaRisk kann mit Hilfe eines einfachen Beispiels erläutert werden: Bei einer Gruppe, die ausschließlich aus (inländischen) Instituten besteht, haben zunächst alle gruppenangehörigen Unternehmen auf Institutsebene § 25a Abs. 1 KWG – und damit die MaRisk – zu beachten. Das übergeordnete Unternehmen ist zusätzlich für die Einrichtung des Risikomanagements auf Gruppenebene verantwortlich.

7

Weitere Anforderungen an das Risikomanagement auf Gruppenebene enthalten § 27 Instituts-VergV hinsichtlich Vergütungsregelungen und § 25h KWG hinsichtlich Sicherungsmaßnahmen zur Verhinderung strafbarer Handlungen, die zu einer Gefährdung des Vermögens des Institutes führen können. Auch die Sanierungs- und Abwicklungsplanung ist grundsätzlich auf konsolidierter Ebene durchzuführen.

8

Von den Anforderungen an das Risikomanagement auf Gruppenebene, die der Säule 2 des Baseler Rahmenwerkes zuzuordnen sind, zu unterscheiden sind die Säule-1-Anforderungen an die aufsichtsrechtliche Konsolidierung der Bankenverordnung (Capital Requirements Regulation, CRR). Hierzu gehören

9

- Eigenmittelbestandteile (Teil 2 der CRR),
- Eigenmittelanforderungen (Teil 3 der CRR),
- Großkreditvorschriften (Teil 4 der CRR),
- Vorgaben zu den Risikopositionen aus übertragenen Kreditrisikopositionen (Teil 5 der CRR),
- Liquiditätsanforderungen (Teil 6 der CRR),
- Verschuldungsquote (Teil 7 der CRR).

---

14 Vgl. Gesetz zur Umsetzung der Richtlinie 2002/87/EG des Europäischen Parlaments und des Rates (Finanzkonglomeraterichtlinie-Umsetzungsgesetz) vom 16. Dezember 2002 (BGBl. I S. 3610), veröffentlicht am 27. Dezember 2004. Die Reichweite des Risikomanagements auf Gruppenebene erstreckte sich danach auf Institutsgruppen, Finanzholding-Gruppen, gemischte Finanzholding-Gruppen und Finanzkonglomerate. Bereits mit Inkrafttreten des vierten Finanzmarktförderungsgesetzes vom 21. Juni 2002 waren die Anforderungen an eine ordnungsgemäße Geschäftsorganisation gemäß des damaligen § 25a Abs. 1 KWG a. F. auch auf der Ebene der Gruppe anzuwenden. Die Regelung enthielt jedoch keine Vorgaben für die Reichweite des gruppenweiten Risikomanagements. Vgl. Viertes Finanzmarktförderungsgesetz vom 21. Juni 2002 (BGBl. I S. 2010), veröffentlicht am 29. Juni 2002.

15 Bis dahin enthielten die MaRisk lediglich gruppenbezogene Anforderungen zu den »Verfahren zur Steuerung und Überwachung der Risiken« sowie zur Konzernrevision.

16 Vgl. Gesetz zur Abschirmung von Risiken und zur Planung der Sanierung und Abwicklung von Kreditinstituten und Finanzgruppen vom 7. August 2013 (BGBl. I S. 3090), veröffentlicht am 12. August 2013.

Die zur Säule 3 des Baseler Rahmenwerkes gehörenden Anforderungen an die Offenlegung (Teil 8 der CRR) sind ebenfalls auf Gruppenebene einzuhalten.

1.2 Gesetzliche Grundlage: § 25a Abs. 3 KWG

10 Nach § 25a Abs. 1 KWG muss ein Institut über eine ordnungsgemäße Geschäftsorganisation verfügen, die insbesondere auch ein angemessenes und wirksames Risikomanagement umfasst, auf dessen Basis ein Institut die Risikotragfähigkeit laufend sicherzustellen hat. Die Geschäftsleiter sind für die ordnungsgemäße Geschäftsorganisation des Institutes verantwortlich. Ein angemessenes und wirksames Risikomanagement beinhaltet insbesondere die Errichtung interner Kontrollverfahren, die sich wiederum aus dem internen Kontrollsystem und der Internen Revision zusammensetzen. Das interne Kontrollsystem umfasst insbesondere:
– Regelungen zur Aufbau- und Ablauforganisation,
– Prozesse zur Identifizierung, Beurteilung, Steuerung, Überwachung und Kommunikation der Risiken (Risikosteuerungs- und -controllingprozesse) und
– eine Risikocontrolling-Funktion und eine Compliance-Funktion.

11 Gemäß § 25a Abs. 3 Satz 1 KWG gelten die Vorgaben an die ordnungsgemäße Geschäftsorganisation nach § 25a Abs. 1 KWG für Institutsgruppen, Finanzholding-Gruppen, gemischte Finanzholding-Gruppen und Unterkonsolidierungsgruppen nach Art. 22 CRR mit der Maßgabe entsprechend, dass die Geschäftsleiter des übergeordneten Unternehmens für die »ordnungsgemäße Geschäftsorganisation« der jeweiligen Gruppe verantwortlich sind.[17] Diese Verantwortung bezieht sich grundsätzlich auch auf die Einrichtung eines angemessenen und wirksamen Risikomanagements auf Gruppenebene als wesentlichem Bestandteil der ordnungsgemäßen Geschäftsorganisation (→ AT 1 Tz. 1). Die Zuweisung der Verantwortung an die Geschäftsleitung des übergeordneten Unternehmens in § 25a Abs. 3 KWG entspricht den internationalen und europäischen Vorgaben, die ebenfalls die Verantwortung der Geschäftsleitung des an der Spitze der Gruppe stehenden Unternehmens für geeignete gruppenweite Governance-Strukturen herausstellen.[18]

12 Die Regelung des § 25a Abs. 3 Satz 1 KWG ist im Hinblick auf die Reichweite eines gruppenweiten Risikomanagements nicht deckungsgleich mit AT 4.5 Tz. 1 MaRisk, die neben Institutsgruppen, Finanzholding-Gruppen und gemischten Finanzholding-Gruppen auch Finanzkonglomerate umfasst. Hintergrund ist, dass sich für Finanzkonglomerate die Anforderungen an das Risikomanagement auf Gruppenebene seit Inkrafttreten des Finanzkonglomerate-Aufsichtsgesetzes (FKAG) im Jahr 2013 aus § 25 Abs. 1 FKAG ergeben. Unterkonsolidierungsgruppen gemäß Art. 22 CRR werden in AT 4.5 Tz. 1 demgegenüber nicht genannt. Das ist vermutlich darauf zurückzuführen, dass Art. 22 CRR auf die Teilkonsolidierung im Zusammenhang mit Tochterunternehmen in einem Drittstaat verweist. Die MaRisk gelten explizit nur für rechtlich unselbständige Zweigniederlassungen deutscher Institute im Ausland (→ AT 2.1 Tz. 1). Rechtlich selbständige Tochterunternehmen aus Drittstaaten müssen die sich aus der Einbeziehung in das

---

17 Gemäß § 25a Abs. 3 Satz 1 KWG gelten auch die Anforderungen an den so genannten Baseler Zinsschock nach § 25a Abs. 2 KWG für Institutsgruppen, Finanzholding-Gruppen, gemischte Finanzholding-Gruppen und Unterkonsolidierungsgruppen nach Art. 22 CRR entsprechend.

18 »In a group structure, the board of the parent company has the overall responsibility for adequate corporate governance across the group and ensuring that there are governance policies and mechanisms appropriate to the structure, business and risks of the group and its entities. The board and the senior management should know and understand the banks' group organisational structure and the risks that it poses.« Basel Committee on Banking Supervision, Guidelines – Corporate governance principles for banks, BCBS 328, 8. Juli 2015, S. 22. Die EBA weist die Zuständigkeit für den »organisatorischen Rahmen im Kontext einer Gruppe« dem konsolidierenden Institut zu. Vgl. European Banking Authority, Leitlinien zur internen Governance, EBA/GL/2017/11, 21. März 2018, S. 24 f.

Risikomanagement auf Gruppenebene ergebenden Pflichten gemäß § 25a Abs. 3 Satz 3 KWG hingegen nur insoweit beachten, als diese Pflichten nicht dem geltenden Recht im Herkunftsstaat des Tochterunternehmens entgegenstehen.[19]

1.3 Institutsgruppen und (gemischte) Finanzholding-Gruppen

Eine Institutsgruppe, eine Finanzholding-Gruppe oder eine gemischte Finanzholding-Gruppe bestehen jeweils aus einem »übergeordneten« Unternehmen und einem oder mehreren »nachgeordneten« Unternehmen, die zusammen als gruppenangehörige Unternehmen bezeichnet werden. Zur Abgrenzung sind die einschlägigen Begriffe für die Eigenmittelkonsolidierung gemäß § 10a Abs. 1 und 2 KWG in Verbindung mit den Regelungen der CRR maßgeblich.   **13**

Mit dem Risikoreduzierungsgesetz[20] aus dem Jahr 2020 sind (gemischte) Finanzholding-Gesellschaften deutlich stärker in den aufsichtlichen Fokus gerückt. Sie benötigen seitdem grundsätzlich eine Zulassung und unterliegen direkt der Bankenaufsicht. Zudem sind die (gemischten) Finanzholding-Gesellschaften – und nicht wie bisher das als übergeordnetes Unternehmen fingierte gruppenangehörige Institut – für die Erfüllung der bankaufsichtlichen Anforderungen auf Gruppenebene verantwortlich. Der Grund für die Zulassungspflicht besteht darin, dass die von einer (gemischten) Finanzholding-Gesellschaft kontrollierten CRR-Institute nicht immer gewährleisten können, dass die Anforderungen auf konsolidierter Basis innerhalb der gesamten Gruppe eingehalten werden.[21] Die Regelungen gehen auf Art. 21a CRD V zurück, der im Zuge des Risikoreduzierungsgesetzes in § 2f KWG umgesetzt wurde. Darüber hinaus sind seitdem die Anforderungen an Institutsgruppen in § 10a Abs. 1 KWG und an (gemischte) Finanzholding-Gruppen in § 10a Abs. 2 KWG geregelt.   **14**

1.3.1 Institutsgruppen

Eine Institutsgruppe zeichnet sich regelmäßig dadurch aus, dass es sich bei dem an der Spitze stehenden übergeordneten Unternehmen um ein der Aufsicht unterliegendes Institut handelt, dem ein oder mehrere zu konsolidierende Unternehmen nachgeordnet sind. Die Geschäftsleitung des übergeordneten Unternehmens ist für die Einhaltung des gruppenweiten Risikomanagements verantwortlich. Das übergeordnete Unternehmen ist nach § 10a Abs. 1 Satz 2 KWG das CRR-Institut bzw. das Institut nach § 1a KWG, das nach Art. 11 CRR die Konsolidierung vorzunehmen hat. Die nachgeordneten Unternehmen sind jene Unternehmen, die nach Art. 18 CRR zu konsolidieren sind oder freiwillig konsolidiert werden. Gemäß Art. 18 CRR unterliegen Institute nach Art. 4 Abs. 1 Nr. 3 CRR, Finanzinstitute nach Art. 4 Abs. 1 Nr. 26 CRR, Anbieter von Nebendienstleistungen nach Art. 4 Abs. 1 Nr. 18 CRR und Vermögensverwaltungsgesellschaften nach Art. 4 Abs. 1 Nr. 19 CRR der Konsolidierungspflicht. In das gruppenweite Risikomanagement sind somit   **15**

---

19 Im Kommentar wird im Weiteren zwecks Vereinfachung nur auf Institutsgruppen, Finanzholding-Gruppen und gemischte Finanzholding-Gruppen abgestellt. Im Hinblick auf die Bestimmung des übergeordneten Unternehmens eines Finanzkonglomeratsunternehmens oder des zur Unterkonsolidierung verpflichteten Unternehmens sind spezielle Regelungen der CRR, des KWG, des VAG sowie des FKAG zu berücksichtigen.

20 Gesetz zur Umsetzung der Richtlinien (EU) 2019/878 und (EU) 2019/879 zur Reduzierung von Risiken und zur Stärkung der Proportionalität im Bankensektor (Risikoreduzierungsgesetz – RiG) vom 9. Dezember 2020 (BGBl. I S. 2773), veröffentlicht am 14. Dezember 2020.

21 Vgl. Erwägungsgrund 3 der Richtlinie (EU) 2019/878 des Europäischen Parlaments und des Rates vom 20. Mai 2019 zur Änderung der Richtlinie 2013/36/EU im Hinblick auf von der Anwendung ausgenommene Unternehmen, Finanzholdinggesellschaften, gemischte Finanzholdinggesellschaften, Vergütung, Aufsichtsmaßnahmen und -befugnisse und Kapitalerhaltungsmaßnahmen, Amtsblatt der Europäischen Union vom 7. Juni 2019, L 150/253–295.

nicht alle konzernangehörigen Unternehmen einzubeziehen, sondern nur jene Unternehmen, die selbst als Institut, Finanzinstitut, Anbieter von Nebendienstleistungen oder Vermögensverwaltungsgesellschaft im Sinne der CRR einzustufen sind. Darüber hinaus muss es sich um ein Tochterunternehmen bzw. eine qualifizierte Minderheitsbeteiligung eines Institutes oder einer (gemischten) Finanzholding-Gesellschaft handeln. Für die Einbeziehung in den bankaufsichtlichen Konsolidierungskreis ist es dabei unerheblich, ob ein nachgeordnetes Unternehmen seinen Sitz im Inland oder im Ausland hat.

1.3.2 (Gemischte) Finanzholding-Gruppen

16   Eine Finanzholding-Gruppe besteht aus einer an der Spitze stehenden Finanzholding-Gesellschaft, welcher ein oder mehrere Unternehmen nachgeordnet sind. Die Finanzholding-Gesellschaft ist gemäß Art. 4 Abs. 1 Nr. 20 CRR ein Finanzinstitut, das keine gemischte Finanzholding-Gesellschaft ist und dessen Tochterunternehmen ausschließlich oder hauptsächlich Institute oder Finanzinstitute sind, wobei mindestens eines der Tochterunternehmen ein Institut ist.[22] Der Begriff der gemischten Finanzholding-Gesellschaft ist in Art. 4 Abs. 1 Nr. 21 CRR in Verbindung mit Art. 2 Nr. 15 Finanzkonglomerate-Richtlinie definiert.

17   Gemäß § 2f Abs. 1 KWG benötigen (gemischte) Finanzholding-Gesellschaften mit Inkrafttreten des Risikoreduzierungsgesetzes am 28. Dezember 2020 grundsätzlich eine schriftliche Zulassung der zuständigen Aufsichtsbehörde. Eine am 27. Juni 2019 bereits bestehende (gemischte) Finanzholding-Gesellschaft konnte bei der Aufsichtsbehörde eine Zulassung bis zum 28. Juni 2021 beantragen.[23] Darüber hinaus ist die (gemischte) Finanzholding-Gesellschaft grundsätzlich für die Einhaltung der bankaufsichtlichen Anforderungen auf Gruppenebene verantwortlich und nicht mehr wie bisher das als übergeordnetes Unternehmen bestimmte CRR-Institut.

18   Der Zulassungsantrag muss die in § 2f Abs. 2 KWG geregelten Angaben enthalten. Hierzu gehören u. a. eine vollständige Darstellung des organisatorischen Aufbaus der Gruppe einschließlich aller Mutter- und Tochterunternehmen sowie Informationen über den Sitz und die Art der Tätigkeit der einzelnen gruppenangehörigen Unternehmen, die Angaben zur Beurteilung der Zuverlässigkeit und fachlichen Eignung der Geschäftsleiter der Finanzholding-Gesellschaft sowie die vollständige Darstellung der internen Organisation und der Aufgabenverteilung innerhalb der Gruppe. Sofern ein CRR-Kreditinstitut Teil der Gruppe ist, sind Angaben zu möglichen Inhabern bedeutender Beteiligungen einzureichen. Die Aufsichtsbehörde kann bei Bedarf weitere Informationen anfordern, die für die Beurteilung des Antrags notwendig sind.

19   Die Zulassung wird gemäß § 2f Abs. 3 KWG erteilt, wenn u. a. die internen Vereinbarungen und die Aufgabenverteilung innerhalb der Gruppe angemessen sind, um die Anforderungen des KWG und der CRR auf konsolidierter Ebene zu erfüllen. Sie müssen insbesondere dazu geeignet sein, alle Tochterunternehmen der Finanzholding-Gesellschaft zu steuern, erforderlichenfalls auch durch eine angemessene Aufgabenverteilung zwischen den Tochterinstituten, Konflikte innerhalb der Gruppe zu verhindern oder zu entschärfen oder zu lösen sowie die für die Gruppe insgesamt festgelegten Strategien innerhalb der gesamten Gruppe durchzusetzen. Weitere Voraussetzungen für die Zulassung sind, dass der organisatorische Aufbau der Gruppe die wirksame Aufsicht über die gruppenangehörigen Institute auf Einzelbasis, zusammengefasster oder teilkonsolidierter

---

22 Ein Finanzinstitut ist gemäß Art. 4 Abs. 1 Nr. 26 CRR ein Unternehmen, das kein Institut ist und dessen Haupttätigkeit darin besteht, Beteiligungen zu erwerben oder eines oder mehrere der in Anhang I Nr. 2 bis 12 und 15 CRD IV aufgelisteten Geschäfte zu betreiben.

23 Bei einer Inanspruchnahme dieser in § 64a Abs. 1 Satz 1 KWG enthaltenen Bestandsschutzregelung standen der Aufsichtsbehörde im Zeitraum zwischen dem 27. Juni 2019 und dem 28. Juni 2021 gegenüber der Finanzholding-Gesellschaft alle aufsichtlichen Befugnisse zu, die auch gegenüber einer nach § 2f KWG zugelassenen Finanzholding-Gesellschaft bestehen; diese unterfallen somit direkt der Bankenaufsicht (§ 64a Abs. 1 Satz 2 KWG).

Basis nicht beeinträchtigt, die Geschäftsleiter der Finanzholding-Gesellschaft zuverlässig und fachlich geeignet sind sowie die Inhaber einer bedeutenden Beteiligung an einem CRR-Kreditinstitut der Gruppe zuverlässig sind und auch ansonsten den im Interesse einer soliden und umsichtigen Führung des CRR-Kreditinstitutes zu stellenden Ansprüchen genügen.[24]

Eine Ausnahme von der Zulassungspflicht besteht für »nicht-operative« (gemischte) Finanzholding-Gesellschaften, welche die Voraussetzungen des § 2f Abs. 4 KWG kumulativ erfüllen.[25] Diese nicht-operativen (gemischten) Finanzholding-Gesellschaften benötigen auch in Zukunft keine Zulassung und unterliegen nicht unmittelbar der Bankenaufsicht.[26] **20**

Das übergeordnete Unternehmen einer (gemischten) Finanzholding-Gruppe ist gemäß § 10a Abs. 2 Satz 2 KWG das Unternehmen, das nach Art. 11 CRR die Konsolidierung vorzunehmen hat. Bei einer zulassungspflichtigen Finanzholding-Gruppe gemäß § 2f Abs. 1 KWG ist die Finanzholding-Gesellschaft, die an der Spitze der Finanzholding-Gruppe steht, als übergeordnetes Unternehmen einzuordnen.[27] Bei einer nicht-operativen Finanzholding-Gesellschaft ist ein CRR-Institut als übergeordnetes Unternehmen für die Einhaltung der Pflichten auf zusammengefasster Basis verantwortlich.[28] Im Hinblick auf die nachgeordneten Unternehmen der Finanzholding-Gruppe gelten die obigen Ausführungen zu den Institutsgruppen entsprechend. **21**

---

24 Wird an dem CRR-Kreditinstitut keine bedeutende Beteiligung gehalten, müssen gemäß § 2f Abs. 3 Nr. 4 KWG die maximal 20 größten Anteilseigner an dem CRR-Kreditinstitut zuverlässig sein und auch ansonsten den im Interesse einer soliden und umsichtigen Führung des CRR-Kreditinstitutes zu stellenden Ansprüchen genügen.

25 Die Ausnahmevorschrift für nicht-operative Finanzholding-Gesellschaften war im ersten Entwurf der CRD V-Änderungsrichtlinie aus dem Jahr 2016 noch nicht enthalten. Vgl. Europäische Kommission, Vorschlag für eine Richtlinie des Europäischen Parlaments und des Rates zur Änderung der Richtlinie 2013/36/EU im Hinblick auf von der Anwendung ausgenommene Unternehmen, Finanzholdinggesellschaften, gemischte Finanzholdinggesellschaften, Vergütung, Aufsichtsmaßnahmen und -befugnisse und Kapitalerhaltungsmaßnahmen vom 23. November 2016, S. 25f. Die Aufnahme im Laufe der Konsultation geht im Wesentlichen auf Anmerkungen der Deutschen Kreditwirtschaft (DK) zurück. Die DK kritisierte eine undifferenzierte Erweiterung der Bankenaufsicht auf Finanzholding-Gesellschaften als weder notwendig noch angemessen. Die Regelung hätte zur Konsequenz, dass in Zukunft die Holdinggesellschaften für angemessene ablauforganisatorische Vorkehrungen auf Gruppenebene sowie die Einrichtung angemessener interner Risikosteuerungs- und -controllingprozesse verantwortlich sind. Dies wäre nach Ansicht der DK insbesondere inadäquat für nicht operative Finanzholding-Gesellschaften, die nicht über die erforderlichen Risikocontrolling-, Compliance- und Kontrollfunktionen verfügen bzw. diese ggf. über Auslagerungsvereinbarungen gewährleisten müssten. Vgl. Deutsche Kreditwirtschaft, Position Paper on the Revision of the Capital Requirements Directive (CRD) and the Capital Requirements Regulation (CRR), 22. September 2017, S. 4.

26 Eine Zulassung ist nicht erforderlich, wenn die Haupttätigkeit der nicht-operativen Finanzholding-Gesellschaft, die die Ausnahme gemäß § 2f Abs. 4 KWG in Anspruch nehmen möchte (»Antragsteller«), in Bezug auf Institute und Finanzinstitute im Erwerb und im Halten von Beteiligungen an Tochterunternehmen besteht und es sich bei dem Antragsteller nicht um eine Abwicklungseinheit im Sinne von Art. 2 Abs. 1 Nr. 83a lit. a BRRD handelt. Darüber hinaus muss ein CRR-Kreditinstitut als übergeordnetes Unternehmen für die Einhaltung der Pflichten auf zusammengefasster Basis verantwortlich und der Antragsteller nicht an der Führung der Geschäfte auf Gruppenebene beteiligt sein. Schließlich darf auch im Übrigen kein Hindernis für eine wirksame Aufsicht über die Gruppe auf zusammengefasster Basis bestehen. Bei der Inanspruchnahme der Ausnahmeregelung bereitet in der Praxis insbesondere das Tatbestandmerkmal in § 2f Abs. 4 Nr. 4 KWG Probleme, wonach die nicht-operative Finanzholding-Gesellschaft »nicht an der Führung der Geschäfte beteiligt« sein darf. Jede Finanzholding-Gesellschaft hat jedoch als (Mutter-)Gesellschafterin eines Institutes bestimmte Entscheidungen zu treffen, z.B. die Feststellung des Jahresabschlusses oder die Entlastung der Geschäftsführung des Institutes. Diese gesellschaftsrechtlich vorgegebenen Entscheidungen sollten für die Einstufung einer Finanzholding-Gesellschaft als »nicht-operativ« unschädlich sein. Dies ergibt sich aus dem fünften Erwägungsgrund der CRD V-Änderungsrichtlinie. Vgl. Richtlinie (EU) 2019/878 des Europäischen Parlaments und des Rates vom 20. Mai 2019 zur Änderung der Richtlinie 2013/36/EU im Hinblick auf von der Anwendung ausgenommene Unternehmen, Finanzholdinggesellschaften, gemischte Finanzholdinggesellschaften, Vergütung, Aufsichtsmaßnahmen und -befugnisse und Kapitalerhaltungsmaßnahmen, Amtsblatt der Europäischen Union vom 7. Juni 2019, L 150/255.

27 Insoweit kommen (gemischte) Mutterfinanzholding-Gesellschaften und (gemischte) EU-Mutterfinanzholding-Gesellschaften in Betracht, die an der Spitze einer von der zuständigen Aufsichtsbehörde auf zusammengefasster Basis beaufsichtigten Gruppe stehen. Gemäß § 1 Abs. 35 KWG gelten insoweit die Definitionen des Art. 4 Abs. 1 Nr. 30 bis 33 CRR.

28 Sind einer (gemischten) Finanzholding-Gesellschaften, welche die Ausnahme in Anspruch nimmt, mehrere CRR-Institute nachgeordnet, gilt grundsätzlich das CRR-Institut mit der größten Bilanzsumme als übergeordnetes Unternehmen.

1.4 Anforderungen an das Risikomanagement auf Gruppenebene

22 Unter dem Eindruck der Finanzmarktkrise hat der Gesetzgeber im Rahmen des Trennbankengesetzes Regelungen in das Kreditwesengesetz aufgenommen, die es ermöglichen, zukünftig Pflichtverletzungen im Risikomanagement auch von Geschäftsleitern auf Gruppenebene strafrechtlich zu sanktionieren (§ 54a KWG). Die Anforderungen an die Geschäftsleiter des übergeordneten Unternehmens sind in § 25c Abs. 4b KWG in Form von Sicherstellungspflichten umfassend geregelt, wenn das übergeordnete Unternehmen ein Mutterunternehmen ist, das einen beherrschenden Einfluss im Sinne des § 290 Abs. 2 HGB über andere Unternehmen der Gruppe ausübt. Die Geschäftsführer des übergeordneten Unternehmens haben danach im Rahmen ihrer Gesamtverantwortung für die ordnungsgemäße Geschäftsorganisation der jeweiligen Gruppe dafür Sorge zu tragen, dass die Gruppe über die in § 25c Abs. 4b KWG genannten Strategien, Prozesse, Verfahren, Funktionen und Konzepte verfügt.[29] Neben einigen redaktionellen Abweichungen zu den MaRisk werden die Anforderungen an das Risikomanagement auf Gruppenebene in diesem Zusammenhang detailliert aufgeführt (→ AT 3). Dabei wird deutlich, dass sich diese Vorgaben nur marginal von jenen Anforderungen unterscheiden, die auf Institutsebene zu berücksichtigen sind.

23 Die Anforderungen an das Risikomanagement der Institute können allerdings nicht vollständig auf die Gruppenebene übertragen werden und gelten insofern für die Gruppe »entsprechend«. Auf Institutsebene werden z. B. aufbauorganisatorische Regelungen mit klarer Abgrenzung der Verantwortungsbereiche verlangt. Damit zielt der Gesetzgeber vor allem auf Funktionstrennungsprinzipien ab, die nicht eins zu eins für die Gruppenebene gelten können. Vor diesem Hintergrund wurde die Anforderung im Rahmen der zweiten MaRisk-Novelle nicht auf die Gruppe übertragen. Die Etablierung eines »Risikomanagements auf Gruppenebene« setzt daher vor allem Folgendes voraus:

- die Festlegung einer gruppenweiten Strategie (→ AT 4.5 Tz. 2),
- die Sicherstellung der Risikotragfähigkeit in der Gruppe (→ AT 4.5 Tz. 3),
- die Einrichtung von ablauforganisatorischen Regelungen für die Gruppe (→ AT 4.5 Tz. 4),
- die Implementierung von gruppenweiten Risikosteuerungs- und -controllingprozessen inklusive angemessener Stresstests auf Gruppenebene (→ AT 4.5 Tz. 5) sowie
- die Einrichtung einer Konzernrevision (→ AT 4.5 Tz. 6).

24 Im Rahmen der vierten MaRisk-Novelle ist darauf verzichtet worden, den Instituten die Einrichtung einer Risikocontrolling- und einer Compliance-Funktion auf Gruppenebene explizit vorzuschreiben. Allerdings wird seit dem Trennbankengesetz von den Geschäftsleitern des übergeordneten Unternehmens gemäß § 25c Abs. 4b KWG u. a. gefordert, für das interne Kontrollsystem der Gruppe inkl. einer Risikocontrolling-Funktion und einer Compliance-Funktion Sorge zu tragen. Diese strafbewehrte Anforderung läuft im Endeffekt auf ein Konzern-Risikocontrolling (→ AT 4.4.1 Tz. 2) und eine Konzern-Compliance (→ AT 4.4.2 Tz. 1) hinaus. Auch der Verweis in § 25a Abs. 3 Satz 1 KWG auf § 25a Abs. 1 Satz 3 Nr. 3c KWG spricht für die Einrichtung der beiden besonderen Funktionen auf Gruppenebene. Die EBA verlangt im Zusammenhang mit der erforderlichen ganzheitlichen Sicht auf alle Risiken mittlerweile ausdrücklich eine übergreifende Risikocontrolling-Funktion im Mutterunternehmen einer Gruppe.[30] Seit der Überarbeitung der EBA-Leitlinien im Jahr 2017 fordert sie zudem, dass die konsolidierenden Institute Leiter der Risikocontrolling- und Compliance-Funktion auf Gruppenebene benennen.[31]

---

29 Der Jahresabschlussprüfer hat nach § 11 Abs. 4 PrüfBV zu beurteilen, ob die Geschäftsleiter des übergeordneten Unternehmens im Rahmen ihrer Pflichten und ihrer Gesamtverantwortung für die ordnungsgemäße Geschäftsorganisation diesen Aufgaben nachgekommen sind.
30 Vgl. European Banking Authority, Leitlinien zur internen Governance, EBA/GL/2017/11, 21. März 2018, S. 43.
31 Vgl. European Banking Authority, Leitlinien zur internen Governance, EBA/GL/2017/11, 21. März 2018, S. 45 und 48.

Das Risikomanagement auf Gruppenebene beschränkt sich nicht auf die in den MaRisk genann- **25**
ten Aspekte sowie eine gruppenweite Risikocontrolling- und Compliance-Funktion. Gegenstand
des gruppenweiten Risikomanagements sind gemäß § 25a Abs. 3 Satz 1 KWG in Verbindung mit
§ 25a Abs. 1 KWG außerdem die Sicherstellung einer angemessenen personellen und technisch-
organisatorischen Ausstattung sowie die Festlegung eines angemessenen Notfallmanagements auf
Gruppenebene, insbesondere für IT-Systeme. Für mögliche Notfälle in zeitkritischen Aktivitäten
und Prozessen sind Notfallkonzepte zu erstellen. Die Geschäftsleitung des übergeordneten Unternehmens hat sich über die Angemessenheit der Ausstattung der nachgeordneten Unternehmen
und über die Wirksamkeit der von den nachgeordneten Unternehmen implementierten Notfallkonzepte zu vergewissern und bei Bedarf weitergehende Maßnahmen zu fordern.[32] Weitere
Bestandteile des Risikomanagements auf Gruppenebene sind angemessene Regelungen zur jederzeitigen Bestimmung der finanziellen Lage der Gruppe, eine vollständige Dokumentation der
gruppenweiten Geschäftstätigkeit sowie ein für die Gruppe implementierter »Whistleblowing«-Prozess. Das einheitliche Managementinformationssystem zur Bestimmung der finanziellen Lage der Gruppe ist zur Erfüllung der Rechnungslegungsanforderungen sowie der diversen
Informations- und Berichtspflichten nach MaRisk erforderlich.[33] Im Hinblick auf die vollständige
Dokumentation auf Gruppenebene kann sich das übergeordnete Unternehmen weitgehend auf die
Dokumentation in den nachgeordneten Unternehmen verlassen, da diese auf der Ebene der
einzelnen Institute für die Einhaltung der Dokumentationspflichten verantwortlich sind.[34] Das
übergeordnete Unternehmen hat jedoch eigene Dokumentationspflichten, soweit die Einhaltung
der (bankaufsichtlichen) Anforderungen auf Gruppenebene betroffen ist.[35]

Auf Gruppenebene von Relevanz sind ferner »angemessene, transparente und auf eine nach- **26**
haltige Entwicklung des Institutes ausgerichtete Vergütungssysteme für Geschäftsleiter und Mitarbeiter«. Das übergeordnete Unternehmen der Gruppe hat gemäß § 27 InstitutsVergV hierfür eine
gruppenweite Vergütungsstrategie festzulegen.[36] Ist das übergeordnete Unternehmen bedeutend
gemäß § 1 Abs. 3c KWG[37], hat es zudem auf der Grundlage einer gruppenweiten Risikoanalyse so
genannte »Gruppenrisikoträger« zu ermitteln.[38] Soweit geboten, hat das übergeordnete Unterneh-

---

32 Vgl. Hellstern, Gerhard, in: Luz, Günther/Neus, Werner/Schaber, Mathias/Schneider, Peter/Wagner, Claus-Peter/Weber,
Max (Hrsg.), KWG und CRR, Band 1, 3. Auflage, Stuttgart, 2015, § 25a KWG, Tz. 31; Braun, Ulrich, in: Boos, Karl-Heinz/
Fischer, Reinfrid/Schulte-Mattler, Hermann (Hrsg.), Kreditwesengesetz und VO (EU) Nr. 575/2013, Band 1, 5. Auflage,
München, 2016, § 25a KWG, Tz. 724.

33 Vgl. Hellstern, Gerhard, in: Luz, Günther/Neus, Werner/Schaber, Mathias/Schneider, Peter/Wagner, Claus-Peter/Weber,
Max (Hrsg.), KWG und CRR, Band 1, 3. Auflage, Stuttgart, 2015, § 25a KWG, Tz. 32; Braun, Ulrich, in: Boos, Karl-Heinz/
Fischer, Reinfrid/Schulte-Mattler, Hermann (Hrsg.), Kreditwesengesetz und VO (EU) Nr. 575/2013, Band 1, 5. Auflage,
München, 2016, § 25a KWG, Tz. 727.

34 Vgl. Hellstern, Gerhard, in: Luz, Günther/Neus, Werner/Schaber, Mathias/Schneider, Peter/Wagner, Claus-Peter/Weber,
Max (Hrsg.), KWG und CRR, Band 1, 3. Auflage, Stuttgart, 2015, § 25a KWG, Tz. 33; Braun, Ulrich, in: Boos, Karl-Heinz/
Fischer, Reinfrid/Schulte-Mattler, Hermann (Hrsg.), Kreditwesengesetz und VO (EU) Nr. 575/2013, Band 1, 5. Auflage,
München, 2016, § 25a KWG, Tz. 728.

35 Vgl. Braun, Ulrich, in: Boos, Karl-Heinz/Fischer, Reinfrid/Schulte-Mattler, Hermann (Hrsg.), Kreditwesengesetz und VO
(EU) Nr. 575/2013, Band 1, 5. Auflage, München, 2016, § 25a KWG, Tz. 728. Deutlich enger Hellstern, Gerhard, in: Luz,
Günther/Neus, Werner/Schaber, Mathias/Schneider, Peter/Wagner, Claus-Peter/Weber, Max (Hrsg.), KWG und CRR,
Band 1, 3. Auflage, Stuttgart, 2015, § 25a KWG, Tz. 33. Danach ist lediglich ein besonderes Augenmerk aus Gruppensicht
auf die Dokumentation der gruppeninternen Geschäftstätigkeiten zu legen.

36 Das übergeordnete Unternehmen hat die Einhaltung der gruppenweiten Vergütungsstrategie in den nachgeordneten
Unternehmen sicherzustellen. Zu den allgemeinen und besonderen Anforderungen an eine Vergütungsstrategie auf
Gruppenebene vgl. Buscher, Arne Martin/Link, Vivien/von Harbou, Christopher/Weigl, Thomas, Verordnung über die
aufsichtsrechtlichen Anforderungen an Vergütungssysteme von Instituten (Institutsvergütungsverordnung – Instituts-
VergV), 2. Auflage, Stuttgart, 2018, § 27, Tz. 5 ff. und 30 ff.

37 Die Systematik zur Einstufung von bedeutenden Instituten war zunächst in § 17 InstitutsVergV geregelt und wurde durch
das Brexit-Steuerbegleitgesetz im Jahr 2019 ohne inhaltliche Änderung in § 25n KWG überführt. Mit dem Risikoreduzierungsgesetz (RiG) aus dem Jahr 2020 wurde in § 1 Abs. 3c KWG eine einheitliche Definition des Begriffes »bedeutendes
Institut« für die Zwecke der Vergütungsregelungen und der Corporate Governance nach § 25c und § 25d KWG eingeführt.
Die Definition des Begriffes »Risikoträger« ist in § 1 Abs. 21 Satz 1 KWG in Verbindung mit § 25a Abs. 5b Satz 1 und 2 KWG
enthalten. § 25a Abs. 5b KWG formuliert die Anforderungen an die neben den Mitgliedern der Geschäftsleitung und des
Aufsichtsorgans zwingend als Risikoträger einzustufenden Personengruppen und an die Risikoanalyse zur Ermittlung der
weiteren Risikoträger. Die Regelung des § 25n KWG wurde durch das RiG gestrichen.

38 Gruppenrisikoträger sind gemäß § 2 Abs. 8 Satz 2 InstitutsVergV diejenigen Mitarbeiter, deren berufliche Tätigkeit sich
wesentlich auf das Gesamtrisikoprofil der Gruppe auswirkt.

men auf die Einrichtung eines Vergütungskontrollausschusses in den nachgeordneten Unternehmen hinzuwirken. Zudem können bei nachgeordneten gruppenangehörigen Unternehmen, die nicht bedeutend im Sinne des § 1 Abs. 3c KWG sind, die Aufgaben des Vergütungsbeauftragten nach § 24 InstitutsVergV zentral durch den Vergütungsbeauftragten des übergeordneten Unternehmens erfüllt und die jährliche Überprüfung der Vergütungssysteme zentral durch das übergeordnete Unternehmen durchgeführt werden. Darüber hinaus hat das übergeordnete Unternehmen die Offenlegungsanforderungen gemäß § 16 InstitutsVergV stets auf konsolidierter Ebene zu erfüllen.[39]

27   Seit der fünften MaRisk-Novelle haben die Institute ihre Risikoanalysen zur Bewertung der »Wesentlichkeit« einer Auslagerung und der damit verbunden Risiken auch auf der Grundlage von gruppenweit einheitlichen Rahmenvorgaben durchzuführen. Die vom übergeordneten Unternehmen auf Gruppenebene zu implementierenden Steuerungs- und Überwachungsmaßnahmen können nur auf den Erkenntnissen der Risikoanalysen in den nachgeordneten Instituten aufbauen, wenn diese vergleichbar sind (→ AT 9 Tz. 2). Seit der sechsten MaRisk-Novelle aus dem Jahr 2021 wird weitergehend verlangt, dass sämtliche Anforderungen des Moduls AT 9 auf Gruppenebene einzuhalten sind. Für die Einhaltung auf Gruppenebene ist das übergeordnete Unternehmen verantwortlich (→ AT 4.5 Tz. 1, Erläuterung). Allerdings können z. B. die Anforderungen an den Auslagerungsvertrag nur schwer auf eine Institutsgruppe oder eine (gemischte) Finanzholding-Gruppe ohne eigene Rechtspersönlichkeit übertragen werden. Darüber hinaus sind die Einrichtung eines zentralen Auslagerungsmanagements oder die Einrichtung und Führung eines zentralen Auslagerungsregisters auf Gruppenebene nicht verpflichtend, sondern stellen für die gruppenangehörigen Institute Vereinfachungen auf Gruppenebene dar (→ AT 9 Tz. 15). Im Zuge der endgültigen Fassung der sechsten MaRisk-Novelle wurde von der Aufsicht in den Erläuterungen explizit ergänzt, dass hinsichtlich der Auslagerungsanforderungen auf Gruppenebene »die Anwendung des AT 9 Tz. 15 unbeschadet gilt«. Im Ergebnis dürfte es sich daher um eine »entsprechende« Anwendung der Anforderungen des AT 9 auf Gruppenebene handeln, d. h. im Wesentlichen um Rahmenvorgaben des übergeordneten Unternehmens für die nachgeordneten Institute (→ AT 9, Einführung und Überblick).

28   Gemäß dem Übermittlungsschreiben zur sechsten MaRisk-Novelle gelten die neu eingefügten Vereinfachungen auf Gruppenebene (→ AT 9 Tz. 15) vollumfänglich nur für solche Gruppen, bei denen die Gruppe und die Institute, bei denen die Funktionen zentralisiert werden sollen, unter den Anwendungsbereich der CRR und damit auch der Leitlinien zu Auslagerungen fallen.[40] Bei den Unternehmen, bei denen die Funktionen gebündelt werden, muss es sich somit um Institute gemäß § 1 Abs. 1b KWG handeln. Eine Zentralisierung auf Unternehmen ohne Bankzulassung (z. B. Finanzunternehmen) ist nicht möglich. Darüber hinaus könnte ein deutsches Institut die Erleichterungen nicht in Anspruch nehmen, wenn die Funktionen bei der Muttergesellschaft mit Sitz außerhalb des Europäischen Wirtschaftsraumes (z. B. in Großbritannien) zentral eingerichtet werden. Die im Zuge der Änderung der CRD V vom Anwendungsbereich der CRR ausgenommenen rechtlich selbständigen deutschen Förderbanken können die Vereinfachungen demgegenüber grundsätzlich in Anspruch nehmen. Sie sind zwar seitdem keine CRR-Institute mehr und fallen damit nicht unter den Anwendungsbereich der CRR. Gemäß § 1a KWG sind die Regelungen der CRR für die Förderbanken allerdings grundsätzlich anzuwenden (→ Teil I, Kapitel 3).

29   Die im Zuge der fünften MaRisk-Novelle neu aufgenommenen Anforderungen an das Datenmanagement, die Datenqualität und die Aggregation von Risikodaten waren bisher lediglich von systemrelevanten Instituten zu erfüllen. Seit der sechsten MaRisk-Novelle haben alle bedeutenden

---

39 Zu den gruppenweiten Vergütungsregelungen insgesamt vgl. Buscher, Arne Martin/Link, Vivien/von Harbou, Christopher/Weigl, Thomas, Verordnung über die aufsichtsrechtlichen Anforderungen an Vergütungssysteme von Instituten (Institutsvergütungsverordnung – InstitutsVergV), 2. Auflage, Stuttgart, 2018, § 27, Tz. 1 ff.

40 Vgl. Bundesanstalt für Finanzdienstleistungsaufsicht, Rundschreiben 10/2021 (BA) zur Neufassung der MaRisk, Übermittlungsschreiben vom 16. August 2021, S. 4.

Institute gemäß Art. 6 SSM-Verordnung die Anforderungen auf Gruppenebene und auf Ebene der wesentlichen Einzelinstitute innerhalb der Gruppe anzuwenden. Bei einer Institutsgruppe ist für die Erfüllung der Anforderungen an das Datenmanagement, die Datenqualität und die Aggregation von Risikodaten in der Regel das an der Spitze der Institutsgruppe stehende bedeutende Institut verantwortlich, das gleichzeitig als Muttergesellschaft eines Konzerns bzw. übergeordnetes Unternehmen die Konsolidierung gemäß Art. 11 CRR vorzunehmen hat. Die in die Risikodatenaggregation einzubeziehenden Unternehmen können mit dem aufsichtsrechtlichen Konsolidierungskreis identisch sein, müssen dies jedoch nicht.[41] Da bei einer Finanzholding-Gruppe mit einem bedeutenden Institut gemäß Art. 6 der SSM-Verordnung als Tochterunternehmen seit Inkrafttreten des Risikoreduzierungsgesetzes im Jahr 2020 die Finanzholding-Gesellschaft – und nicht wie bisher das als übergeordnetes Unternehmen fingierte gruppenangehörige Institut – grundsätzlich für die Einhaltung der bankaufsichtlichen Anforderungen auf Gruppenebene verantwortlich ist, stellt sich in diesen Fällen die Frage, ob die Finanzholding-Gesellschaft oder das bedeutende Institut für die Einhaltung der Anforderungen an das Datenmanagement, die Datenqualität und die Aggregation von Risikodaten auf Gruppenebene als auch auf Ebene der wesentlichen Einzelinstitute innerhalb der Gruppe verantwortlich ist. Eine Klarstellung der Aufsicht wäre insoweit wünschenswert (→ AT 4.3.4 Tz. 1).

Nachhaltigkeitsrisiken können auch oder sogar besonders in Gruppenkonstellationen eine wesentliche Rolle spielen. Im Rahmen des gruppenweiten Risikomanagements sollte u. a. ermittelt werden, ob durch die verschiedenen Aktivitäten der gruppenangehörigen Unternehmen Konzentrationen von Nachhaltigkeitsrisiken entstehen (z. B. indem verschiedene gruppenangehörige Institute Kredite an Unternehmen in einem Überschwemmungsgebiet vergeben, das nicht mehr versicherbar ist). Um einen angemessenen Umgang mit Nachhaltigkeitsrisiken sicherzustellen, sollte das übergeordnete Unternehmen auch entscheiden, ob dafür eine spezielle Nachhaltigkeitseinheit auf Gruppenebene geschaffen werden muss. Im Hinblick auf das Problem häufig fehlender Daten und die Schwierigkeit der Quantifizierung von Nachhaltigkeitsrisiken (→ BTR Tz. 1) könnte diese Nachhaltigkeitseinheit alle relevanten gruppenzugehörigen Unternehmen unterstützen.[42] **30**

1.5 Reichweite des Risikomanagements auf Gruppenebene

Gemäß AT 4.5 Tz. 1 MaRisk sind die Geschäftsleiter des übergeordneten Unternehmens einer Institutsgruppe, Finanzholding-Gruppe, gemischten Finanzholding-Gruppe oder eines übergeordneten Finanzkonglomeratsunternehmens für die Einrichtung eines angemessenen und wirksamen Risikomanagements auf Gruppenebene verantwortlich. Im Hinblick auf die Bestimmung des jeweils übergeordneten Unternehmens gelten die einschlägigen Vorschriften des KWG. Bei der Einfügung des § 25a Abs. 1a KWG a. F. (jetzt § 25a Abs. 3 KWG) in das Kreditwesengesetz im Jahr 2004 wurde der für die Eigenmittelkonsolidierung maßgebliche bankaufsichtliche Konsolidierungskreis auf das Risikomanagement auf Gruppenebene übertragen. Die in den aufsichtsrechtlichen Konsolidierungskreis einzubeziehenden Unternehmen umfassten danach lediglich Institute, Finanzunternehmen und Anbieter von Nebendienstleistungen (bspw. Rechenzentren).[43] Nicht **31**

---

41 Der Konsolidierungskreis einer Gruppe gemäß Art. 18 CRR umfasst grundsätzlich Institute nach Art. 4 Abs. 1 Nr. 3 CRR, Finanzinstitute nach Art. 4 Abs. 1 Nr. 26 CRR, Anbieter von Nebendienstleistungen nach Art. 4 Abs. 1 Nr. 18 CRR und Vermögensverwaltungsgesellschaften nach Art. 4 Abs. 1 Nr. 19 CRR.

42 Vgl. Bundesanstalt für Finanzdienstleistungsaufsicht, Merkblatt zum Umgang mit Nachhaltigkeitsrisiken, 20. Dezember 2019, geändert am 13. Januar 2020, S. 38.

43 Seit Inkrafttreten der CRR am 1. Januar 2014 umfasst der bankaufsichtliche Konsolidierungskreis Institute, Finanzinstitute, Anbieter von Nebendienstleistungen und Vermögensverwaltungsgesellschaften.

erfasst wurden damit Zweckgesellschaften (»Special Purpose Vehicle«), die sich während der Finanzmarktkrise aus Risikosicht in vielen Fällen als äußerst risikoreich erwiesen haben.

32   Die MaRisk verfolgen demgegenüber bei der Frage, welche Unternehmen in das Risikomanagement auf Gruppenebene einzubeziehen sind, einen – von der Eigenmittelkonsolidierung unabhängigen – risikoorientierten Ansatz. Die Reichweite des gruppenweiten Risikomanagements im Sinne der MaRisk erstreckt sich auf alle »wesentlichen Risiken« der Gruppe, unabhängig davon, ob sie von konsolidierungspflichtigen Unternehmen verursacht werden oder nicht. Demnach sind auch Industrieunternehmen in das Gruppenrisikomanagement einzubeziehen, soweit sie unter Risikogesichtspunkten eine wesentliche Bedeutung haben. Ein derart weit gefasster Anwendungsbereich korrespondiert mit den Bedürfnissen des Risikomanagements auf Gruppenebene (vollständige Erfassung der wesentlichen Risiken der Gruppe) und lässt zudem keinen Spielraum für »Regulierungsarbitrage«. Andernfalls besteht die Gefahr, dass Bankaktivitäten in unregulierte Tochtergesellschaften (»Shadow Banking«) verlagert werden.[44] Auch die Kreditwirtschaft zeigte sich gegenüber dem risikoorientierten Geltungsbereich des Risikomanagements auf Gruppenebene aufgeschlossen.[45]

33   Inzwischen hat der Gesetzgeber den risikoorientierten Ansatz der MaRisk für die Reichweite des Risikomanagements auf Gruppenebene in das Kreditwesengesetz übernommen. Gemäß dem im Zuge des CRD IV-Umsetzungsgesetzes eingefügten § 25a Abs. 3 Satz 2 KWG gehören zu einer Gruppe im Sinne des § 25a Abs. 3 Satz 1 KWG auch Tochterunternehmen eines übergeordneten Unternehmens oder nachgeordneten Tochterunternehmens einer Institutsgruppe, Finanzholding-Gruppe oder gemischten Finanzholding-Gruppe, auf die weder die CRR noch § 1a KWG zur Anwendung kommt.

34   Auch nach den Vorstellungen der EBA hat sich das gruppenweite Risikomanagement auf alle wesentlichen Risiken einer Gruppe zu erstrecken, unabhängig davon, ob das Risiko auf Unternehmen des maßgeblichen bankaufsichtlichen Konsolidierungskreises zurückgeht oder nicht.[46] Der von der EBA verlangte organisatorische Rahmen innerhalb einer Gruppe hat sich über die konsolidierungspflichtigen Unternehmen hinaus ausdrücklich auch auf nicht zu konsolidierende Tochtergesellschaften in einem Drittland einschließlich »Offshore-Finanzzentren« zu erstrecken.[47]

1.6   Nichtberücksichtigung von Unternehmen mit nicht wesentlichen Risiken

35   Das übergeordnete Unternehmen hat auf der Basis des gruppenweiten Gesamtrisikoprofils eigenverantwortlich festzulegen, welche Unternehmen unter Risikogesichtspunkten in das Risikomanagement auf Gruppenebene einzubeziehen sind. Bei dieser Betrachtung sind nachgeordnete Unternehmen mit Sitz im Inland und Ausland zu berücksichtigen. Unternehmen, deren Risiken als nicht wesentlich eingestuft werden, müssen insoweit nicht zwingend in das gruppenweite Risikomanagement einbezogen werden. Eine derartige Befreiung korrespondiert grundsätzlich

---

44 Vgl. Hellstern, Gerhard, in: Luz, Günther/Neus, Werner/Schaber, Mathias/Schneider, Peter/Wagner, Claus-Peter/Weber, Max (Hrsg.), KWG und CRR, Band 1, 3. Auflage, Stuttgart, 2015, § 25a KWG, Tz. 23.

45 »Wir können diese Sichtweise vor dem Hintergrund der Finanzmarktkrise gut nachvollziehen.« Zentraler Kreditausschuss, Stellungnahme zum ersten Entwurf der Mindestanforderungen an das Risikomanagement vom 16. Februar 2009, S. 19f.

46 Nach den Vorstellungen der EBA hat das Risikomanagement auf Gruppenebene daher ggf. Special Purpose Vehicles (SPVs), Special Purpose Entities (SPEs) und Property Firms zu berücksichtigen. Vgl. European Banking Authority, Guidelines on common procedures and methodologies for the supervisory review and evaluation process (SREP) and supervisory stress testing, EBA/GL/2014/13, Consolidated version, 19. Juli 2018, S. 66.

47 Vgl. European Banking Authority, Final Report on Guidelines on internal governance under Directive 2013/36/EU, EBA/GL/2021/05, 2. Juli 2021, S. 33.

mit gesetzlichen Regelungen. So können nachgeordnete Unternehmen gemäß Art. 19 Abs. 1 CRR von der bankaufsichtlichen Konsolidierung ausgenommen werden, wenn ihre Bilanzsumme verhältnismäßig gering ist.[48] Eine Befreiung ist allerdings nicht möglich, wenn die Risiken der nachgeordneten Unternehmen auf zusammengefasster Basis als wesentlich einzustufen sind (→ AT 4.5 Tz. 1, Erläuterung).[49]

1.7 Grenzen des Risikomanagements auf Gruppenebene

Auch für das Risikomanagement auf Gruppenebene gilt der Grundsatz der Proportionalität (→ AT 1 Tz. 3). Die Ausgestaltung des Risikomanagements hängt insbesondere von Art, Umfang, Komplexität und Risikogehalt der von der Gruppe betriebenen Geschäftsaktivitäten ab. Dies ergibt sich aus dem Verweis in § 25a Abs. 3 Satz 1 KWG auf § 25a Abs. 1 Satz 4 KWG. Die deutsche Aufsicht erweitert die genannten Kriterien für das Proportionalitätsprinzip um den Aspekt der »gesellschaftsrechtlichen Möglichkeiten« (→ AT 4.5 Tz. 1, Erläuterung). Ein »wirksames Risikomanagement« auf Gruppenebene setzt voraus, dass das übergeordnete Unternehmen auf die sonstigen gruppenangehörigen Unternehmen einwirken kann. Neben Informationsrechten sind für diese Zwecke insbesondere auch Durchgriffsrechte des übergeordneten Unternehmens erforderlich. Dieses Erfordernis kann durch Jurisdiktionen im Ausland an seine Grenzen stoßen (bspw. Aufsichtsrecht) und wurde anfangs durch den Verweis in § 25a Abs. 1a Satz 2 KWG a. F. auf § 10a Abs. 12 KWG a. F. (jetzt § 10a Abs. 8 KWG) relativiert. Danach darf das übergeordnete Unternehmen zur Erfüllung seiner Verpflichtungen auf die gruppenangehörigen Unternehmen nur insoweit einwirken, »soweit dem das allgemein geltende Gesellschaftsrecht nicht entgegensteht«. **36**

Bei Aktiengesellschaften stoßen die Eingriffsbefugnisse des übergeordneten Unternehmens gegenüber einem Tochterunternehmen auf gewisse Grenzen, da der Vorstand des Tochterunternehmens seine Gesellschaft nach § 76 Abs. 1 AktG in eigener Verantwortung zu leiten hat. Derartige Grenzen bestehen aber auch aufgrund sonstiger gesellschaftsrechtlicher Regelungen, die z. B. in den Sparkassengesetzen der Länder oder dem Genossenschaftsgesetz niedergelegt sind. Auf die »gesellschaftsrechtlichen Schranken« wurde dementsprechend auch in den MaRisk hingewiesen. Diese Einschränkung zog sich wie ein imaginärer roter Faden durch die sonstigen Anforderungen zum Risikomanagement auf Gruppenebene. Beispielsweise kann eine von oben verordnete gruppenweite Strategie nicht effektiv umgesetzt werden, sofern keine Durchgriffsrechte existieren (→ AT 4.5 Tz. 2). Auch das Management der Risiken im Rahmen der Risikosteuerungs- und -controllingprozesse auf Gruppenebene kann durch gesellschaftsrechtliche Regelungen in seiner Wirkung eingeschränkt werden (→ AT 4.5 Tz. 5). Mit Verweis auf spezialgesetzliche Regelungen werden Bausparkassen und Pfandbriefbanken sogar besondere »Autonomierechte« zugesichert. In Abbildung 49 sind die Anforderungen zum Risikomanagement auf Gruppenebene überblicksartig dargestellt. **37**

---

48 Dies ist nach Art. 19 Abs. 1 CRR der Fall, wenn die Gesamtsumme der Vermögenswerte und außerbilanziellen Posten eines nachgeordneten Unternehmens niedriger ist als der kleinere der beiden folgenden Beträge: 10 Millionen Euro oder 1 Prozent der Gesamtsumme der Vermögenswerte und außerbilanziellen Posten des Mutterunternehmens oder des Unternehmens, das die Beteiligung hält. Unter den Voraussetzungen des Art. 19 Abs. 2 CRR kann die für die Konsolidierung zuständige Aufsichtsbehörde im Einzelfall darauf verzichten, Institute, Finanzinstitute oder Anbieter von Nebendienstleistern, die Tochterunternehmen sind oder an denen eine Beteiligung gehalten wird, in die Konsolidierung einzubeziehen. Voraussetzung dafür ist, dass das betreffende Unternehmen seinen Sitz in einem Drittland hat, in dem der Übermittlung der notwendigen Informationen rechtliche Hindernisse im Wege stehen, das betreffende Unternehmen im Hinblick auf die Ziele der Aufsicht über die Institute vernachlässigt werden kann und nach Auffassung der zuständigen Behörden, die für die Beaufsichtigung auf konsolidierter Basis verantwortlich sind, eine Konsolidierung der Finanzlage des betreffenden Unternehmens in Bezug auf die Ziele der Beaufsichtigung von Instituten ungeeignet oder irreführend wäre.

49 Vgl. auch Art. 19 Abs. 3 CRR.

AT 4.5 Risikomanagement auf Gruppenebene

<table>
<tr>
<td colspan="2">Risikomanagement auf Gruppenebene bezieht sich auf alle wesentlichen Risiken (unabhängig vom Konsolidierungskreis)</td>
</tr>
<tr>
<td>Kernelemente</td>
<td>Freiheitsgrade</td>
</tr>
<tr>
<td>gruppenweite Strategien;
Prozess zur Sicherstellung der
Risikotragfähigkeit auf Gruppenebene;
ablauforganisatorische Vorkehrungen
auf Gruppenebene;
Risikosteuerungs- und -controlling-
prozesse auf Gruppenebene;
Stresstests auf Gruppenebene;
Konzernrevision</td>
<td>Proportionalitätsprinzip (abhängig von
betriebenen Geschäftsaktivitäten);
Methodenfreiheit (solange
Risikomanagement wirksam bleibt);
Ausnahme unwesentlicher Risiken
(auf zusammengefasster Basis)
– –
Gesellschaftsrecht und Spezialgesetze
sind zu beachten</td>
</tr>
<tr>
<td colspan="2">Verantwortung trägt die Geschäftsleitung des übergeordneten Unternehmens</td>
</tr>
</table>

Abb. 49: Anforderungen an das Risikomanagement auf Gruppenebene

38 Ob die vorgenommenen Einschränkungen das gruppenweite Risikomanagement fördern, ist zu bezweifeln. Seine »Wirksamkeit« hängt letztendlich davon ab, dass vertragliche Vereinbarungen existieren, die es dem übergeordneten Unternehmen erlauben, Weisungen gegenüber den nachgeordneten Unternehmen zu erteilen (Vertragskonzern bzw. Beherrschungsvertrag nach § 291 AktG). Ist dies nicht der Fall, wird der Durchgriff »von oben nach unten« entweder eingeschränkt oder sogar unmöglich. Insoweit war der Verweis auf § 10a Abs. 12 KWG a.F. (jetzt § 10a Abs. 8 KWG) für bankaufsichtliche Zwecke an sich problematisch, da die Wirksamkeit des Risikomanagements auf Gruppenebene ohne »gesellschaftsrechtlich abgesicherte Konzernleitungsmacht«[50] ins Leere laufen kann. In dieser Hinsicht befinden sich allerdings auch die Institute in einer Zwickmühle: Solange das Gesellschaftsrecht dem entgegensteht, können Durchgriffs- bzw. Weisungsrechte für aufsichtsrechtliche Zwecke nicht erzwungen werden.

39 In wirtschaftlich guten Zeiten mag das Fehlen von Durchgriffsmöglichkeiten nicht von Relevanz sein. In wirtschaftlich angespannten Zeiten ist jedoch möglicherweise mit Komplikationen zu rechnen, wenn der Handlungsspielraum des übergeordneten Unternehmens beschränkt ist. Gerade wenn es darauf ankommt, besteht die Gefahr, dass die bankaufsichtlichen Regelungen an das gruppenweite Risikomanagement ins Leere laufen – mit ggf. weitreichenden Folgen für die Systemstabilität. So können Risiken innerhalb der Gruppe verschoben werden, ohne dass man Verantwortlichkeiten klar zuweisen kann. Vor diesem Hintergrund hat der Gesetzgeber im Zuge des CRD IV-Umsetzungsgesetzes den Verweis auf § 10a Abs. 12 KWG a.F. (jetzt § 10a Abs. 8 KWG) gestrichen und damit implizit zum Ausdruck gebracht, dass an die Erfüllung der Anforderungen von § 25a Abs. 3 KWG die Vereinbarung von Durchgriffsrechten geknüpft sein sollte. Damit soll gleichzeitig deutlich gemacht werden, dass das KWG als »lex specialis« gegenüber gesellschaftsrechtlichen Regelungen Vorrang besitzen muss. Der mit der gleichzeitig geforderten »Wirksamkeit« des Risikomanagements auf Gruppenebene kaum zu vereinbarende Hinweis auf

---

50 Vgl. Langen, Markus, Die Zweite MaRisk-Novelle in der Bankenaufsicht, in: Zeitschrift für Bank- und Kapitalmarktrecht, Heft 8/2009, S. 310f.

die »gesellschaftsrechtlichen Schranken« wurde im Rahmen der dritten MaRisk-Novelle deutlich abgeschwächt, indem nur noch auf die Abhängigkeit von den »gesellschaftsrechtlichen Möglichkeiten« hingewiesen wird.

Zukünftig sollte auch geklärt werden, wie mit der Verantwortung der Geschäftsleiter der nachgeordneten Unternehmen umzugehen ist. Es ist schließlich nicht nur das Gesellschaftsrecht (§ 76 AktG), sondern letztlich auch das Bankaufsichtsrecht selbst (§ 25a Abs. 1 KWG), das eine eigenverantwortliche Führung dieser Unternehmen einfordert. Das Gesellschaftsrecht hat hierzu einen pragmatischen Ansatz entwickelt, der eine Blaupause für entsprechende bankaufsichtliche Regelungen darstellen kann.[51] Danach wird der Umfang der Verantwortung des Vorstandes des beherrschten Unternehmens quasi »modifiziert«: Soweit Weisungen erteilt werden, trifft ihn eine umfangreiche Prüfungspflicht. Der Vorstand des beherrschten Unternehmens hat dabei u.a. zu überprüfen, ob die Ausführung einer Weisung des herrschenden Unternehmens zur Folge hat, dass das beherrschte Unternehmen oder seine Organe gegen ihnen durch ein Gesetz (insbesondere KWG und CRR sowie die dazu ergangenen Verordnungen oder andere wesentliche Regelungen oder Vorgaben) auferlegte Pflichten verstoßen. Kommt der Vorstand seiner Prüfungspflicht nicht mit der »Sorgfalt eines ordentlichen und gewissenhaften Geschäftsleiters« nach, so kann er dafür nach § 310 AktG haftbar gemacht werden. Das Konstrukt einer »modifizierten Verantwortung« wird auch auf europäischer Ebene als zweckmäßige Lösung angestrebt.[52] | 40

Nicht zuletzt vor diesem Hintergrund müssen die sich aus der Einbeziehung in das Risikomanagement auf Gruppenebene ergebenden Pflichten von Tochterunternehmen der Gruppe mit Sitz in einem Drittstaat gemäß § 25a Abs. 3 Satz 3 KWG nur insoweit beachtet werden, als diese Pflichten nicht dem geltenden Recht im Herkunftsstaat des Tochterunternehmens entgegenstehen. Im Umkehrschluss müssen die Tochterunternehmen aus Drittstaaten die aus der Einbeziehung in das gruppenweite Risikomanagement erwachsenden Pflichten wahrnehmen, wenn das Herkunftsland nichts Gegenteiliges geregelt hat. | 41

1.8   Methoden und Verfahren der Gruppe

Im Hinblick auf die konkrete Ausgestaltung des Risikomanagements auf Gruppenebene werden den Instituten gewisse Spielräume gelassen. Offensichtlich stößt eine Eins-zu-eins-Orientierung an den entsprechenden Regelungen der MaRisk auf Institutsebene aus verschiedenen Gründen an ihre Grenzen (z.B. nicht praktikable Doppelungen auf Gruppen- und Institutsebene). Gemäß dem Proportionalitätsgrundsatz hängt die Ausgestaltung des Risikomanagements insbesondere von Art, Umfang, Komplexität und Risikogehalt der von der Gruppe betriebenen Geschäfte sowie den gesellschaftsrechtlichen Möglichkeiten ab. Allerdings weist die BaFin darauf hin, dass die eingesetzten Methoden und Verfahren (z.B. IT-Systeme) der Wirksamkeit des Risikomanagements auf Gruppenebene nicht entgegenstehen dürfen. | 42

Das Risikomanagement auf Gruppenebene muss also seine gewünschte Wirkung entfalten können. Dies wird z.B. kaum möglich sein, wenn als wesentlich eingestufte Gruppenunternehmen Methoden und Verfahren einsetzen, die eine Berücksichtigung dieser Unternehmen beim internen Prozess zur Sicherstellung der Risikotragfähigkeit auf Gruppenebene verhindern. | 43

51 Vgl. hierzu Braun, Ulrich, in: Boos, Karl-Heinz/Fischer, Reinfrid/Schulte-Mattler, Hermann (Hrsg.), Kreditwesengesetz und VO (EU) Nr. 575/2013, Band 1, 5. Auflage, München, 2016, § 25a KWG, Tz. 710.

52 »The management body of a regulated subsidiary has its own internal governance responsibilities, should set its own policies, and should evaluate any group-level decisions or practices to ensure that they do not put the regulated subsidiary in breach of applicable legal or regulatory provisions or prudential rules.« Committee of European Banking Supervisors, Consultation paper on the Guidebook on Internal Governance (CP 44), 13. Oktober 2010, S. 10.

AT 4.5 Risikomanagement auf Gruppenebene

Veraltete oder nicht miteinander kompatible Systemlandschaften können auch einer Einbeziehung gruppenangehöriger Unternehmen in die Risikosteuerungs- und -controllingprozesse entgegenstehen, was die Information über die Risikosituation der Gruppe zumindest erschwert.

44   Bei enger Auslegung wäre sicherzustellen, dass alle gruppenangehörigen Unternehmen identische Methoden und Verfahren für die Zwecke des Risikomanagements auf Gruppenebene einsetzen müssen. Dies würde in der Konsequenz bedeuten, dass die Methodenfreiheit nur für die Gruppe als Ganzes besteht, nicht jedoch für die jeweiligen gruppenangehörigen Institute. Außerdem wäre daran im Einzelfall ein erheblicher Aufwand geknüpft, weil die verschiedenen Gruppenunternehmen teilweise andere Geschäfte betreiben, für deren Steuerung und Überwachung speziell darauf zugeschnittene Methoden und Verfahren genutzt werden. Vermutlich ist es deshalb ausreichend, wenn die voneinander abweichenden Methoden und Verfahren der gruppenangehörigen Unternehmen aufeinander abgestimmt sind, um der Anforderung der BaFin gerecht werden zu können. Wie immer man diesen Hinweis interpretiert, im Ergebnis muss jedenfalls gewährleistet sein, dass alle wesentlichen Risiken berücksichtigt werden. Darüber muss sich auch die Konzernrevision eine Meinung bilden, die risikoorientiert und prozessunabhängig die Wirksamkeit und Angemessenheit des Risikomanagements im Allgemeinen zu prüfen und zu beurteilen hat (→ AT 4.4.3 Tz. 3).

1.9   Angemessene Risikokultur auf Gruppenebene

45   Seit der fünften MaRisk-Novelle ist die Geschäftsleitung eines Institutes für die Entwicklung, Förderung und Integration einer angemessenen Risikokultur verantwortlich (→ AT 3 Tz. 1). Die Risikokultur beschreibt allgemein die Art und Weise, wie Mitarbeiter des Institutes im Rahmen ihrer Tätigkeit mit Risiken umgehen (sollen). Sie soll die Identifizierung und den bewussten Umgang mit Risiken fördern und sicherstellen, dass Entscheidungsprozesse zu Ergebnissen führen, die auch unter Risikogesichtspunkten ausgewogen sind. Kennzeichnend für eine angemessene Risikokultur ist vor allem das klare Bekenntnis der Geschäftsleitung zu risikoangemessenem Verhalten, die strikte Beachtung des durch die Geschäftsleitung kommunizierten Risikoappetits durch alle Mitarbeiter und die Ermöglichung und Förderung eines transparenten und offenen Dialoges innerhalb des Institutes zu risikorelevanten Fragen (→ AT 3 Tz. 2, Erläuterung). Die MaRisk verlangen eine angemessene Risikokultur jedoch nicht nur auf der Ebene des einzelnen Institutes, sondern explizit auch auf Gruppenebene (→ AT 3 Tz. 1).

46   Die deutsche Aufsicht versteht die Anforderung an eine angemessene Risikokultur in einem Institut bzw. einer Gruppe nicht als neuen Risikomanagementansatz. Vielmehr ist diese als Ergänzung einer Reihe von bereits vorhandenen Risikomanagement-Elementen zu verstehen, in denen die Risikokultur eines Institutes oder einer Gruppe zum Ausdruck kommen kann. Auf Gruppenebene gehören dazu z.B. die Festlegung strategischer Ziele und des Risikoappetits, inklusive der umfassenden Kommunikation dieser Ziele in der Gruppe, oder die Einrichtung der besonderen Funktionen auch auf Gruppenebene.[53] Diese Elemente können auf Gruppenebene eine angemessene Risikokultur jedoch nicht allein begründen.

47   Bei der Prüfung, ob die Risikokultur eines Institutes angemessen ist, orientiert sich die Aufsicht an den vom Financial Stability Board (FSB) im April 2014 formulierten vier Indikatoren

---

53 Vgl. Bundesanstalt für Finanzdienstleistungsaufsicht, Erster Entwurf zur Überarbeitung der MaRisk, Übermittlungsschreiben vom 18. Februar 2016.

für eine angemessene Risikokultur[54], die auch die EBA[55] und der Baseler Ausschuss für Bankenaufsicht[56] zugrunde legen. Diese Indikatoren sind allerdings weder abschließend noch als Checkliste der Aufsicht zu verstehen[57]:

- Leitungskultur (»Tone from the Top«),
- Verantwortlichkeiten der Mitarbeiter (»Accountability«),
- offene Kommunikation und kritischer Dialog (»Effective Communication and Challenge«) sowie
- angemessene Anreizstrukturen (»Incentives«).

Die vier Indikatoren für eine angemessene Risikokultur in einem Institut können weitgehend deckungsgleich auf die Gruppenebene übertragen werden. Verantwortlich für die Entwicklung, Förderung und Integration einer angemessenen gruppenweiten Risikokultur ist die Geschäftsleitung des übergeordneten Unternehmens. Die Begriffe »entwickeln«, »integrieren« und »fördern« verlangen ein aktives Handeln der Geschäftsleitung des übergeordneten Unternehmens, die darauf hinwirken muss, dass die gruppenweit geltende Risikokultur von den Geschäftsleitern der nachgeordneten Unternehmen und den Mitarbeitern aller gruppenangehörigen Unternehmen verstanden und verinnerlicht wird. Wie auf der Ebene des einzelnen Institutes soll dadurch bei den Geschäftsleitern und den Mitarbeitern aller gruppenangehörigen Unternehmen ein Risikobewusstsein geschaffen werden, das das tägliche Handeln und Denken prägt.[58] **48**

Die Anforderungen an die Etablierung einer angemessenen gruppenweiten Risikokultur werden maßgeblich von dem Grad der Integrationsdichte einer Gruppe abhängen. Bei Gruppen mit einer dezentralen Struktur, die ggf. auch Nichtbanken umfasst, erscheint es aus Gründen der Praktikabilität sinnvoll, einen eher allgemein ausgestalteten Rahmen für die Risikokultur der Gruppe zu formulieren. Dies ermöglicht es den gruppenangehörigen Instituten, sich sowohl an diesem Rahmenwerk zu orientieren, als auch ihre individuellen Besonderheiten beizubehalten. Stark integrierte Institutsgruppen, die vom übergeordneten Unternehmen zentral gesteuert werden, sollten demgegenüber die Ist-Risikokultur auf Gruppenebene erheben und anschließend eine gruppenweite Ziel-Risikokultur formulieren. Den ggf. unterschiedlichen Risikokulturen der einzelnen gruppenangehörigen Unternehmen ist dabei angemessen Rechnung zu tragen. Zusätzliche Besonderheiten können sich bei grenzüberschreitend tätigen Gruppen ergeben (→ AT 3 Tz. 1). **49**

1.10 Waiver-Regelung

Die so genannte »Waiver-Regelung« gewährt ein nationales Wahlrecht, das der deutsche Gesetzgeber zugunsten der deutschen Kreditwirtschaft zunächst in § 2a KWG a. F. umgesetzt hatte.[59] Seit Inkrafttreten der CRR am 1. Januar 2014 sind die materiellen Voraussetzungen an den Waiver für die Eigenmittelanforderungen, die Großkreditregelungen, die zusätzlichen Anforderungen im **50**

---

54 Vgl. Financial Stability Board, Guidance on Supervisory Interaction with Financial Institutions on Risk Culture – A Framework for Assessing Risk Culture, 7. April 2014, S. 3 f.

55 Vgl. European Banking Authority, Leitlinien zur internen Governance, EBA/GL/2017/11, 21. März 2018, S. 24 f.

56 Vgl. Basel Committee on Banking Supervision, Guidelines – Corporate governance principles for banks, BCBS 328, 8. Juli 2015, S. 10.

57 Vgl. Steinbrecher, Ira, Risikokultur – Anforderungen an eine verantwortungsvolle Unternehmensführung, in: BaFinJournal, Ausgabe August 2015, S. 20–23.

58 Vgl. Bundesanstalt für Finanzdienstleistungsaufsicht, Erster Entwurf zur Überarbeitung der MaRisk, Übermittlungsschreiben vom 18. Februar 2016, S. 3.

59 Die Regelung für den Waiver gehen zurück auf Art. 69 CRD, wonach die Mitgliedstaaten die Wahlmöglichkeit haben, Institute bei Einhaltung bestimmter Voraussetzungen von den Anforderungen des Art. 68 der Richtlinie (z. B. Eigenmittel- und Großkreditanforderungen) auf Ebene des einzelnen Institutes freizustellen.

Zusammenhang mit Verbriefungspositionen sowie die Offenlegungsanforderungen in Art. 7 CRR geregelt. Darüber hinaus wurde in Art. 8 CRR ein Waiver für die Liquiditätsvorschriften aufgenommen.[60] Der durch das CRD IV-Umsetzungsgesetz geänderte § 2a KWG enthält nunmehr die Voraussetzungen für das Antragsverfahren für den Waiver sowie Bestandschutzregelungen (»Grandfathering«). Zudem erweitert § 2a Abs. 2 und 4 KWG die Freistellung der einzelnen Institute um die Möglichkeit zur Gruppenaufsicht im Hinblick auf weite Teile des Risikomanagements gemäß § 25a Abs. 1 Satz 3 KWG, sofern die Anforderungen der Art. 7 und 8 CRR erfüllt sind.[61]

51   Von der Waiver-Regelung können sowohl nachgeordnete Unternehmen einer Institutsgruppe, Finanzholding-Gruppe oder gemischten Finanzholding-Gruppe (»Tochter-Waiver«) als auch deren übergeordnete Unternehmen (»Parent Waiver«) Gebrauch machen. Bei den Vorschriften, auf die unter bestimmten Voraussetzungen auf Institutsebene verzichtet werden kann, handelt es sich um

- Eigenmittelbestandteile (Teil 2 der CRR),
- Eigenmittelanforderungen (Teil 3 der CRR),
- Großkreditvorschriften (Teil 4 der CRR),
- Vorgaben zu den Risikopositionen aus übertragenen Kreditrisiken (Teil 5 der CRR),
- Liquiditätsanforderungen (Teil 6 der CCR) sowie
- Offenlegungsanforderungen (Teil 8 der CRR).[62]

1.10.1   Voraussetzungen für den »Tochter-Waiver«[63]

52   An die Anwendung der Waiver-Regelung für Eigenmittel, Großkredite, Risikopositionen aus übertragenen Kreditrisiken und Offenlegung gemäß Art. 7 Abs. 1 CRR sind verschiedene Voraussetzungen geknüpft, die insbesondere auf eine enge Einbindung des nachgeordneten Institutes in die Gruppenstruktur abzielen. Zudem muss eine angemessene Verteilung der Eigenmittel zwischen dem Mutterunternehmen und den Tochtergesellschaften gewährleistet sein. Nur auf diese Weise ist aus Sicht des Gesetzgebers sichergestellt, dass durch den Verzicht auf zentrale aufsichtsrechtliche Normen auf der Ebene des einzelnen Institutes keine Gefahren für die Sicherheit der den Instituten anvertrauten Vermögenswerte, Beeinträchtigungen der Ordnungsmäßigkeit der Geschäftsorganisation oder unvertretbaren Lücken im Aufsichtsregime entstehen.

53   Voraussetzung für den Waiver nach Art. 7 Abs. 1 CRR ist zunächst, dass sowohl das Mutterunternehmen als auch das Tochterunternehmen im selben EU-Mitgliedstaat zugelassen und beaufsichtigt werden und das Tochterunternehmen in die konsolidierte Beaufsichtigung des

---

60 Art. 10 CRR enthält eine weitere Waiver-Regelung für Kreditinstitute, die einer Zentralorganisation zugeordnet sind und durch diese ständig beaufsichtigt und überwacht werden. Die in Deutschland bestehenden Haftungsverbünde stellen keine Zentralorganisation im Sinne dieser Regelung dar.

61 Die durch das CRD IV-Umsetzungsgesetz zum 1. Januar 2014 eingefügte Freistellungsmöglichkeiten des § 2a Abs. 2 und 4 KWG wurden bereits durch das Finanzmarkt-Anpassungsgesetz vom 15. Juli 2014 präzisiert. Die Freistellungsmöglichkeiten sind seitdem beschränkt auf die Risikoidentifizierung, -beurteilung, -steuerung und die Risikoüberwachung und -kommunikation sowie die Einrichtung einer Risikocontrolling-Funktion. Die Einrichtung einer Compliance-Funktion und einer Internen Revision ist auch bei dem Gebrauch eines Waivers auf der Ebene des einzelnen Institutes erforderlich. Vgl. Gesetz zur Anpassung von Gesetzen auf dem Gebiet des Finanzmarktes vom 15. Juli 2014 (BGBl. I S. 934), veröffentlicht am 18. Juli 2014.

62 Zu den konkreten Auswirkungen der Waiver-Regelung für die Eigenmittelvorschriften, die Großkreditvorschriften, die Risikopositionen aus übertragenen Kreditrisiken, die Offenlegungsanforderungen und die Liquiditätsanforderungen vgl. Weber, Max/Seifert, Susanne, in: Luz, Günther/Neus, Werner/Schaber, Mathias/Schneider, Peter/Wagner, Claus-Peter/ Weber, Max (Hrsg.), KWG und CRR, Band 1, 3. Auflage, Stuttgart, 2015, § 2a KWG, Tz. 5 ff.

63 Auf die Voraussetzungen für die Inanspruchnahme des »Parent Waiver« gemäß Art. 7 Abs. 3 CRR wird im Weiteren nicht näher eingegangen. Das KWG bzw. die CRR sehen in dieser Hinsicht jedoch vergleichbare Rahmenbedingungen vor.

Mutterunternehmens einbezogen ist. Darüber hinaus müssen für den Waiver kumulativ folgende Voraussetzungen vorliegen:
- ein wesentliches tatsächliches oder rechtliches Hindernis für die unverzügliche Übertragung von Eigenmitteln oder die Rückzahlung von Verbindlichkeiten durch das Mutterunternehmen ist weder vorhanden noch absehbar (Buchstabe a),
- das Mutterunternehmen erfüllt in Bezug auf die umsichtige Führung des Tochterunternehmens die Anforderungen der zuständigen Aufsichtsbehörde und hat mit deren Genehmigung erklärt, dass es für die von seinem Tochterunternehmen eingegangenen Verpflichtungen bürgt, oder weist nach, dass die durch das Tochterunternehmen verursachten Risiken vernachlässigt werden können (Buchstabe b),
- die Risikobewertungs-, Risikomess- und Risikokontrollverfahren des Mutterunternehmens erstrecken sich auch auf das Tochterunternehmen (Buchstabe c), und
- das Mutterunternehmen hält mehr als 50 Prozent der mit den Anteilen oder Aktien des Tochterunternehmens verbundenen Stimmrechte oder ist zur Bestellung oder Abberufung der Mehrheit der Mitglieder des Leitungsorgans des Tochterunternehmens berechtigt (Buchstabe d).

Darüber hinaus können die Aufsichtsbehörden gemäß Art. 8 CRR ein Institut und alle oder einige **54** seiner Tochterunternehmen in der Europäischen Union vollständig oder teilweise von der Anwendung der Liquiditätsvorschriften ausnehmen und diese auf zusammengefasster Basis als Liquiditätsuntergruppe überwachen, wenn kumulativ:
- die Liquiditätsanforderungen vom Mutterinstitut auf konsolidierter Basis bzw. von einem Tochterinstitut auf teilkonsolidierter Basis eingehalten werden (Buchstabe a),
- die Liquiditätspositionen aller Institute der ausgenommenen Gruppe bzw. Untergruppe vom Mutterinstitut auf konsolidierter Basis oder vom Tochterinstitut auf teilkonsolidierter Basis kontinuierlich verfolgt und überwacht werden und ein ausreichend hohes Liquiditätsniveau aller betroffenen Institute gewährleistet wird (Buchstabe b),
- die Institute Verträge abgeschlossen haben, die nach Überzeugung der zuständigen Behörden einen freien Fluss finanzieller Mittel zwischen ihnen gewährleisten, so dass sie ihren individuellen und gemeinsamen Verpflichtungen bei Fälligkeit nachkommen können (Buchstabe c), und
- ein wesentliches tatsächliches oder rechtliches Hindernis für die Erfüllung der Verträge nach Buchstabe c weder vorhanden noch abzusehen ist (Buchstabe d).

Auch für den Liquiditäts-Waiver müssen gemäß Art. 8 Abs. 2 CRR grundsätzlich alle Institute im **55** selben EU-Mitgliedstaat zugelassen sein. Falls die Institute einer Liquiditätsuntergruppe nicht in demselben Mitgliedstaat, sondern in verschiedenen EU-Mitgliedstaaten zugelassen sind, sind die Besonderheiten des Art. 8 Abs. 3 CRR zu beachten. Laut Art. 8 Abs. 4 CRR kann die Ausnahme auch auf Institute angewendet werden, die Mitglied desselben institutsbezogenen Sicherungssystems sind.

1.10.2 Weitgehende Freistellung von den Pflichten des § 25a Abs. 1 KWG

Gemäß § 2a Abs. 2 KWG kann die Aufsichtsbehörde auf Antrag ein Institut von bestimmten **56** Anforderungen an eine ordnungsgemäße Geschäftsorganisation nach § 25a Abs. 1 Satz 3 KWG (mit Ausnahme der für das Management für Liquiditätsrisiken erforderlichen Geschäftsorganisation) weitgehend freistellen, sofern die Voraussetzungen für den Waiver nach Art. 7 CRR vorliegen. Die Freistellung erstreckt sich auf

- die Festlegung von Strategien, insbesondere die Festlegung einer Geschäftsstrategie und einer damit konsistenten Risikostrategie, sowie die Einrichtung der entsprechenden Strategieprozesse (§ 25a Abs. 1 Satz 3 Nr. 1 KWG),
- die Verfahren zur Ermittlung und Sicherstellung der Risikotragfähigkeit (§ 25a Abs. 1 Satz 3 Nr. 2 KWG),
- die Prozesse zur Identifizierung, Beurteilung, Steuerung sowie Überwachung und Kommunikation der Risiken (§ 25a Abs. 1 Satz 3 Nr. 3 lit. b KWG),
- die Einrichtung einer eigenen Risikocontrolling-Funktion (§ 25a Abs. 1 Satz 3 Nr. 3 lit. c KWG).

57   Nach § 2a Abs. 4 KWG kann ein Institut eine entsprechende Freistellung für die Anforderungen an eine ordnungsgemäße Geschäftsorganisation für das Management von Liquiditätsrisiken beantragen, sofern die Voraussetzungen für den Waiver nach Art. 8 CRR vorliegen.

58   Die Inanspruchnahme der Ausnahmeregelung hat auf Institutsebene erhebliche Auswirkungen auf die Ausgestaltung des Risikomanagements, da auf die Anwendung einiger zentraler Elemente verzichtet werden kann. Dadurch wird zugleich die Anwendung der MaRisk auf Institutsebene erheblich eingeschränkt. Ein vollständiger Verzicht auf die Einrichtung eines internen Kontrollsystems ist seit dem Inkrafttreten des Finanzmarkt-Anpassungsgesetzes nicht mehr zulässig. Das Institut muss weiterhin über ein internes Kontrollsystem verfügen, das aufbau- und ablauforganisatorische Regelungen mit klarer Abgrenzung der Verantwortungsbereiche (§ 25a Abs. 1 Satz 3 Nr. 3 lit. a KWG) sowie eine institutseigene Compliance-Funktion (§ 25a Abs. 1 Satz 3 Nr. 3 lit. c KWG) umfasst. Darüber hinaus muss das Institut weiterhin über eine funktionsfähige Interne Revision (§ 25a Abs. 1 Satz 3 Nr. 3 KWG) verfügen.

59   Nach den Vorstellungen der EBA haben die Institute, die von den Aufsichtsbehörden eine Freistellung gemäß Art. 7 CRR oder Art. 10 CRR erhalten haben (»Waiver«), die Anforderungen der Leitlinien zu Auslagerungen lediglich auf Ebene des Mutterunternehmens bzw. der Zentralorganisation einzuhalten.[64] Diese Regelung wurde bisher nicht in nationales Recht umgesetzt, da § 2a Abs. 2 KWG nicht auf § 25b Abs. 1 und 2 KWG verweist. Die Deutsche Kreditwirtschaft (DK) hat eine entsprechende Ergänzung eingefordert, da die mit dem Waiver verbundene Freistellung über die mit der sechsten MaRisk-Novelle aufgenommenen Erleichterungen im Hinblick auf Gruppen oder Finanzverbünde deutlich hinausgeht (→ AT 9 Tz. 15).[65] Nach Meinung der Aufsicht sollen allerdings gemäß § 25b Abs. 1 Satz 1 KWG übermäßige zusätzliche Risiken durch die Auslagerung durch ein angemessenes Risikomanagement vermieden werden. Es handelt sich somit nicht um Risiken, die im Rahmen des Gruppenrisikomanagements adressiert werden können (d. h. über § 2a Abs. 2 KWG, der Ausnahmen für gruppen- und verbundangehörige Institute enthält), sondern um zusätzliche Risiken durch die Auslagerung. Vor diesem Hintergrund würde eine generelle Freistellung von den Anforderungen des § 25b Abs. 1 Satz 1 und 3 KWG aus Sicht der Aufsicht dazu führen, dass diese Auslagerungsrisiken nicht mehr adressiert würden.[66]

1.10.3   Antragsverfahren

60   Ein Institut, das von der Waiver-Regelung Gebrauch machen will, hat seit Inkrafttreten des CRD IV-Umsetzungsgesetzes am 1. Januar 2014 bei der Aufsichtsbehörde einen entsprechenden Antrag

---

64 Vgl. European Banking Authority, Leitlinien zu Auslagerungen, EBA/GL/2019/02, 25. Februar 2019, S. 10.
65 Vgl. Deutsche Kreditwirtschaft, BaFin-Konsultation 14/2020 – Mindestanforderungen an das Risikomanagement, Stellungnahme vom 4. Dezember 2020, S. 23; Deutsche Kreditwirtschaft, Stellungnahme zum Entwurf eines Gesetzes zur Stärkung der Finanzmarktstabilität, 9. November 2020, S. 4.
66 Vgl. Bundesanstalt für Finanzdienstleistungsaufsicht, Protokoll der Sitzung des MaRisk-Fachgremiums am 4. März 2021, S. 15.

zu stellen, aus dem der Umfang des beantragten Waivers ersichtlich ist. Der Waiver muss getrennt für die Eigenmittel- und Großkreditanforderungen, die Risikopositionen aus übertragenen Kreditrisiken und die Offenlegungsanforderungen gemäß Art. 7 Abs. 1 CRR und/oder für die Liquiditätsanforderungen gemäß Art. 8 CRR beantragt werden. Dem Antrag sind geeignete Unterlagen beizufügen, die nachweisen, dass die Voraussetzungen für eine Freistellung gemäß Art. 7 und/oder 8 CRR vorliegen.

Soweit das Mutterunternehmen sicherzustellen hat, dass die »umsichtige Führung« des nachgeordneten Institutes den Vorgaben der Aufsichtsbehörde genügt, wird auf die Anforderungen der von der EBA inzwischen formulierten Leitlinien zur internen Governance abzustellen sein.[67] Darüber hinaus muss das übergeordnete Unternehmen darlegen, dass seine Prozesse zur Identifizierung, Beurteilung, Steuerung, Überwachung und Kommunikation der Risiken das nachgeordnete Institut einschließen. Das übergeordnete Institut hat also übergreifende und straff organisierte Risikosteuerungs- und -controllingprozesse einzurichten, an welche die gleichen Anforderungen gestellt werden, die ansonsten nur auf Ebene des Institutes gelten.[68] Insoweit ergibt sich ein wesentlicher Unterschied zu den im »Normalfall« zu beachtenden Vorgaben des § 25a Abs. 3 KWG, die aufgrund des (gruppenbezogenen) Proportionalitätsprinzips Spielräume eröffnen (→ AT 4.5 Tz. 1, Erläuterung). Dieser Unterschied zwischen den beiden Ansätzen ist durchaus nachvollziehbar, da im Fall der Inanspruchnahme der Ausnahmeregelung des § 2a Abs. 1 KWG für die Zwecke des § 25a Abs. 1 Satz 3 Nr. 1 KWG von den nachgeordneten Instituten sehr weitgehende Erleichterungen in Anspruch genommen werden können. Diese müssen auf der anderen Seite durch eine entsprechend straffere Ausgestaltung der Verfahren auf der Ebene des übergeordneten Institutes kompensiert werden.[69]

61

Bis zum 31. Dezember 2013 hatten die Institute der Bankenaufsicht lediglich anzuzeigen, dass und in welchem Umfang sie von der Waiver-Regelung Gebrauch machen (§ 2a Abs. 2 Satz 1 KWG a. F.). § 2a Abs. 5 KWG enthält eine »Grandfathering«-Regelung für Institute, die von der Waiver-Regelung bereits vor dem 1. Januar 2014 Gebrauch gemacht haben. Für diese Institute gilt die Freistellung nach § 2a Abs. 1 KWG in Verbindung mit Art. 7 CRR auf der Grundlage der bis zu diesem Zeitpunkt gültigen Anzeigepflicht weiterhin als gewährt.

62

---

67 Vgl. European Banking Authority, Leitlinien zur internen Governance, EBA/GL/2017/11, 21. März 2018. In diese Richtung bereits Bundesanstalt für Finanzdienstleistungsaufsicht, Merkblatt zu § 2a KWG (Waiver-Regelung), Entwurf vom 21. August 2007, S. 3, das auf die unter dem Begriff »Corporate Governance« geprägten Grundsätze guter Unternehmensführung abstellte.

68 Vgl. hierzu Bundesanstalt für Finanzdienstleistungsaufsicht, Merkblatt zu § 2a KWG (Waiver-Regelung), Entwurf vom 21. August 2007, S. 3 f.

69 Vgl. auch Weber, Max/Seifert, Susanne, in: Luz, Günther/Neus, Werner/Schaber, Mathias/Schneider, Peter/Wagner, Claus-Peter/Weber, Max (Hrsg.), KWG und CRR, Band 1, 3. Auflage, Stuttgart, 2015, § 2a KWG, Tz. 15.

2 Geschäfts- und Risikostrategie auf Gruppenebene (Tz. 2)

63 **2** Die Geschäftsleitung des übergeordneten Unternehmens hat eine Geschäftsstrategie sowie eine dazu konsistente Risikostrategie festzulegen (»gruppenweite Strategien«). Die strategische Ausrichtung der gruppenangehörigen Unternehmen ist mit den gruppenweiten Strategien abzustimmen. Die Geschäftsleitung des übergeordneten Unternehmens muss für die Umsetzung der gruppenweiten Strategien Sorge tragen.

2.1 Gruppenweite Strategien

64 Die Geschäftsleitung des übergeordneten Unternehmens ist verpflichtet, eine gruppenweite Geschäftsstrategie sowie eine dazu konsistente Risikostrategie festzulegen. Diese Anforderung ergibt sich bereits aus dem Verweis von § 25a Abs. 3 Satz 1 KWG auf § 25a Abs. 1 Satz 3 Nr. 1 KWG. Sie korrespondiert mit Vorgaben des Baseler Ausschusses für Bankenaufsicht, die sowohl auf die Institutsebene als auch auf die Gruppenebene Bezug nehmen.[70] Auch nach den Vorstellungen der EBA hat die Geschäftsleitung des Mutterunternehmens einheitliche konzernweite Strategien zu formulieren.[71] Da es um die geschäftspolitische Ausrichtung einer ganzen Gruppe geht, werden sich diese »gruppenweiten Strategien« unter inhaltlichen Gesichtspunkten naturgemäß von den Strategien auf Institutsebene unterscheiden. Im Fokus stehen die Entwicklung und Umsetzung eines übergeordneten strategischen Rahmens, der eine Richtschnur für die strategische Ausrichtung der gruppenangehörigen Institute vorgibt.

65 Es liegt nahe, die auf das einzelne Institut bezogenen Anforderungen der MaRisk weitgehend deckungsgleich auf die Gruppe zu übertragen (→ AT 4.2). Insbesondere die folgenden Anforderungen könnten daher auch für das jeweils übergeordnete Unternehmen von Relevanz sein:

- Festlegung einer nachhaltigen Geschäftsstrategie, in der die Ziele der Gruppe sowie die Maßnahmen zur Erreichung dieser Ziele niedergelegt sind. Bei der Festlegung und Anpassung der Geschäftsstrategie sind externe und interne Einflussfaktoren, die für die gesamte Gruppe von Relevanz sind, zu berücksichtigen (→ AT 4.2 Tz. 1). In Abhängigkeit von ihrer Bedeutung für die Gruppe sind ggf. auch Ausführungen zur zukünftigen Ausgestaltung der IT-Systeme und zu umfangreichen Auslagerungen erforderlich (→ AT 4.2 Tz. 1, Erläuterung).
- Unter Berücksichtigung der Geschäftsstrategie und der daraus resultierenden Risiken ist – bezogen auf die gesamte Gruppe – eine konsistente Risikostrategie zu entwickeln und umzusetzen. Dies umfasst auch die Festlegung des Risikoappetits für alle wesentlichen Risiken, denen die Gruppe ausgesetzt ist (→ AT 4.2 Tz. 2).
- Etablierung eines gruppenweiten Strategieprozesses, der sich insbesondere auf die Prozessschritte Planung, Umsetzung, Beurteilung und Anpassung der Strategien erstreckt. Für die Zwecke der Beurteilung sind in Abstimmung mit den gruppenangehörigen Unternehmen Zielformulierungen erforderlich, die eine Überprüfung der Ziele möglich machen. Bei wesentlichen Abweichungen ist eine Ursachenanalyse durchzuführen (→ AT 4.2 Tz. 5).

---

70 Vgl. Basel Committee on Banking Supervision, Principles for enhancing corporate governance, BCBS 176, 4. Oktober 2010, S. 7.

71 Vgl. European Banking Authority, Guidelines on common procedures and methodologies for the supervisory review and evaluation process (SREP) and supervisory stress testing, EBA/GL/2014/13, Consolidated version, 19. Juli 2018, S. 66.

– Das Aufsichtsorgan des übergeordneten Unternehmens ist nach Maßgabe der Anforderungen auf Einzelebene einzubinden. Die Strategien sowie erforderliche Anpassungen sind dem Aufsichtsorgan zur Kenntnis zu geben und mit diesem zu erörtern (→ AT 4.2 Tz. 6). Die Erörterung erstreckt sich auch auf die Ursachenanalyse bei etwaigen Zielabweichungen (→ AT 4.2 Tz. 5).

– Schließlich sind die Strategien innerhalb der Gruppe in geeigneter Weise zu kommunizieren, so dass sich die nachgeordneten Unternehmen an ihnen orientieren können (→ AT 4.2 Tz. 7). Zumindest die Geschäftsleiter der nachgeordneten Unternehmen müssen über die gruppenweiten Strategien und ggf. erforderliche Strategieänderungen informiert werden.

Die Regelungen zum Umgang mit Nachhaltigkeitsrisiken sollten, soweit spezialgesetzlich nicht anders geregelt, in der Geschäfts- und Risikostrategie sowie in den Organisationsrichtlinien gruppenweit konsistent umgesetzt werden. Sofern bestimmte Nachhaltigkeitsstandards freiwillig eingehalten werden, empfiehlt es sich ebenfalls, diese in der gesamten Gruppe zu berücksichtigen. Wenn einzelne gruppenangehörige Unternehmen Nachhaltigkeitsstandards freiwillig befolgen, die von anderen Unternehmen verletzt werden, könnte dies für die gesamte Gruppe ein Reputationsrisiko darstellen.[72] **66**

Die von der Geschäftsleitung des übergeordneten Unternehmens festzulegenden Strategien beschränken sich nicht auf die Geschäfts- und Risikostrategien. Das übergeordnete Unternehmen hat darüber hinaus z.B. eine gruppenweite Vergütungsstrategie festzulegen (§ 27 InstitutsVergV).[73] Außerdem verfügen Institutsgruppen mit einer hohen Integrationsdichte in der Praxis regelmäßig über weitere Strategien (gruppenweite IT-Strategie, Auslagerungsstrategie etc.). **67**

Seit der sechsten MaRisk-Novelle haben »Institute mit hohem NPL-Bestand« eine Strategie für notleidende Risikopositionen festzulegen, um eine Reduzierung der notleidenden Risikopositionen auf ein vorab festgelegtes NPE-Ziel über einen realistischen, aber hinreichend ambitionierten Zeithorizont vorzunehmen. Die für die Einstufung maßgebliche Quote notleidender Kredite (brutto) von 5 Prozent oder mehr (NPL-Quote) ist auf Ebene des einzelnen Institutes und teilkonsolidiert bzw. konsolidiert auf Gruppenebene zu beachten (→ AT 2.1 Tz. 1, Erläuterung). Das übergeordnete Unternehmen ist für die Festlegung einer gruppenweiten Strategie zum Abbau von notleidenden Risikopositionen verantwortlich. Die auf der Ebene des einzelnen Institutes maßgeblichen zentralen Bausteine für die Umsetzung und Entwicklung dieser Strategie können auf die Gruppenebene entsprechend übertragen werden. Im Einzelnen handelt es sich dabei um **68**

– die Beurteilung des operativen Geschäftsumfeldes und der externen Bedingungen,

– die Entwicklung einer Strategie mit kurz-, mittel- und langfristigen Zielen sowie

– die Umsetzung des Implementierungsplanes, in dem festgelegt werden muss, wie diese Strategie auf operativer Ebene umgesetzt werden soll (→ AT 4.2 Tz. 3).

Mit Inkrafttreten des Trennbankengesetzes haben die Geschäftsleiter des übergeordneten Unternehmens im Rahmen ihrer Gesamtverantwortung für die ordnungsgemäße Geschäftsorganisation der Gruppe gemäß § 25c Abs. 4b Satz 2 Nr. 1 KWG dafür Sorge zu tragen, dass jederzeit das Gesamtziel der Gruppe, die Ziele für jede wesentliche Geschäftsaktivität sowie die Maßnahmen zur Erreichung dieser Ziele dokumentiert werden und die Risikostrategie der Gruppe jederzeit die Ziele der Risikosteuerung der wesentlichen Geschäftsaktivitäten sowie die Maßnahmen zur Erreichung dieser Ziele umfasst. **69**

---

72 Vgl. Bundesanstalt für Finanzdienstleistungsaufsicht, Merkblatt zum Umgang mit Nachhaltigkeitsrisiken, 20. Dezember 2019, geändert am 13. Januar 2020, S. 38.

73 Zu den allgemeinen und besonderen Anforderungen an eine Vergütungsstrategie auf Gruppenebene vgl. Buscher, Arne Martin/Link, Vivien/von Harbou, Christopher/Weigl, Thomas, Verordnung über die aufsichtsrechtlichen Anforderungen an Vergütungssysteme von Instituten (Institutsvergütungsverordnung – InstitutsVergV), 2. Auflage, Stuttgart, 2018, § 27.

70   Das Proportionalitätsprinzip gilt auch im Hinblick auf die Ausgestaltung der gruppenweiten Strategien. Grundsätzlich haben die gruppenweiten Strategien den Charakter einer übergeordneten Richtschnur. Es geht nicht darum, die inhaltliche Ausgestaltung der Strategien auf nachgeordneter Ebene eins zu eins abzubilden und damit quasi vorwegzunehmen. Die Forderung nach gruppenweiten Strategien ist grundsätzlich auch nicht so zu verstehen, dass die Strategien der gruppenangehörigen Unternehmen zwingend »top down« entwickelt und implementiert werden müssen.[74] Eine vom übergeordneten Unternehmen festgelegte Strategie kann nur dieses binden. Eine automatische Geltung von Regelungen des übergeordneten Unternehmens für die nachgeordneten Unternehmen ist nach deutschem Recht nicht möglich. Daher ist für die Maßgeblichkeit der gruppenweiten Strategien auf nachgeordneter Ebene ein aktiver Umsetzungsakt in den jeweiligen Unternehmen notwendig. Für diese Zwecke entwickeln die nachgeordneten Unternehmen eigene Rahmenvorgaben, die allerdings mit den gruppenweiten Strategien korrespondieren müssen. Angesichts dessen werden die gruppenweiten Strategien regelmäßig über einen höheren Abstraktionsgrad verfügen, als dies bei den Strategien der nachgeordneten Unternehmen der Fall ist.

2.2   Gruppenweite Abstimmung

71   Bei den gruppenweiten Strategien ist ferner zu berücksichtigen, dass sich »Kommandostrategien« in der Praxis regelmäßig nicht ohne Weiteres umsetzen lassen. Soweit keine Durchgriffsrechte zwischen den gruppenangehörigen Unternehmen vereinbart wurden, könnten sich die Geschäftsleiter der nachgeordneten Unternehmen bspw. mit Verweis auf die eigenverantwortliche Führung ihres Unternehmens den gruppenweiten Strategien entziehen (→ AT 4.5 Tz. 1, Erläuterung). Ähnliche Probleme können sich bei nachgeordneten Unternehmen mit Sitz im Ausland ergeben. Ob eine Umsetzung im Einzelfall reibungslos funktioniert, hängt auch von vielen anderen Faktoren ab (z. B. unterschiedliche Geschäftsschwerpunkte, Unternehmensphilosophien, Kulturen, Sprachen). In den MaRisk wird daher ausdrücklich darauf hingewiesen, dass die strategische Ausrichtung der gruppenangehörigen Unternehmen mit den gruppenweiten Strategien abzustimmen ist. In dieser Phase gilt es, unterschiedliche Geschäftsausrichtungen unter einem Dach zusammenzuführen, so dass die Gruppe als Ganzes erfolgreich im Markt agieren kann. Die Abstimmung stellt für viele Gruppen eine besondere Herausforderung dar. Eine intensive Kommunikation zwischen den maßgeblichen Beteiligten (z. B. im Rahmen gruppenweiter Strategieworkshops) und ein ausgeprägtes Fingerspitzengefühl können dazu beitragen, dass der Abstimmungsprozess im Interesse der gesamten Gruppe erfolgreich verläuft. Nach den Vorstellungen der EBA sollte das übergeordnete Unternehmen die Interessen aller Tochtergesellschaften berücksichtigen und abwägen, wie Strategien und Richtlinien langfristig einen Beitrag zu den Interessen der einzelnen Tochtergesellschaften und der gesamten Gruppe leisten.[75]

---

74 Vgl. Braun, Ulrich, in: Boos, Karl-Heinz/Fischer, Reinfrid/Schulte-Mattler, Hermann (Hrsg.), Kreditwesengesetz und VO (EU) Nr. 575/2013, Band 1, 5. Auflage, München, 2016, § 25a KWG, Tz. 713.

75 Vgl. European Banking Authority, Leitlinien zur internen Governance, EBA/GL/2017/11, 21. März 2018, S. 24.

3 Risikotragfähigkeitskonzept auf Gruppenebene (Tz. 3)

3 Das übergeordnete Unternehmen hat auf der Grundlage des Gesamtrisikoprofils der Gruppe einen internen Prozess zur Sicherstellung der Risikotragfähigkeit auf Gruppenebene einzurichten (AT 4.1 Tz. 2). Die Risikotragfähigkeit der Gruppe ist laufend sicherzustellen.   72

3.1 ICAAP auf Gruppenebene

Wie auf Institutsebene geht es auch auf Gruppenebene schwerpunktmäßig darum, ob die gesamte Gruppe das Eintreten von Verlusten ohne Bestandsgefährdung und im Wesentlichen ohne schwerwiegende negative Auswirkungen auf ihre Geschäftsaktivitäten ausgleichen kann. Für diese Zwecke ist das gruppenweite Risikodeckungspotenzial den wesentlichen Risiken der Gruppe gegenüberzustellen. Das übergeordnete Unternehmen hat sicherzustellen, dass die Risikotragfähigkeit laufend gegeben ist. Die Anforderungen erstrecken sich jedoch nicht nur auf die Risikotragfähigkeit schlechthin, wie sich aus der Wortwahl der deutschen Aufsicht ableiten lässt. Demnach ist das übergeordnete Institut dazu verpflichtet, einen »internen Prozess zur Sicherstellung der Risikotragfähigkeit auf Gruppenebene« einzurichten. Die Umsetzung der einschlägigen Vorgaben zum institutsinternen Prozess zur Sicherstellung einer angemessenen Kapitalausstattung (»Internal Capital Adequacy Assessment Process«, ICAAP) gemäß Art. 73 CRD IV in nationales Recht ist über § 25a Abs. 1 Satz 3 Nr. 2 KWG erfolgt. Demnach haben die Institute Verfahren zur Ermittlung und Sicherstellung der Risikotragfähigkeit einzurichten, wobei eine vorsichtige Ermittlung der Risiken und des zu ihrer Abdeckung verfügbaren Risikodeckungspotenzials zugrunde zu legen ist. Das Risikoreduzierungsgesetz[76] aus dem Jahr 2020 erweitert die Regelung in § 25a Abs. 1 Satz 3 Nr. 2 KWG dahingehend, dass bei der Ermittlung und Sicherstellung der Risikotragfähigkeit zukünftig auch potenzielle Verluste, die sich aufgrund von Stressszenarien ergeben, zu berücksichtigen sind. Nach den Vorstellungen der deutschen Aufsicht umfasst dieser »interne Prozess zur Sicherstellung der Risikotragfähigkeit« ein Risikotragfähigkeitskonzept mit einer Risikotragfähigkeitsrechnung und einer Kapitalplanung sowie ergänzende Stresstests.[77] Diese drei Komponenten sind auch aus Sicht der EZB die wesentlichen Bestandteile des ICAAP.[78] Die Kapitalplanung bezieht sich vorrangig auf die Einhaltung der relevanten Normen der ersten Säule, während die Risikotragfähigkeitsrechnung auf dem ökonomischen Konzept der zweiten Säule basiert (→ AT 4.1, Einführung). Insgesamt handelt es sich folglich um einen »ICAAP auf Gruppenebene«.   73

Damit das Risikomanagement seine volle Wirkung entfalten kann, ist eine Verknüpfung zwischen dem Risikotragfähigkeitskonzept, den Strategien sowie den Risikosteuerungs- und -controllingprozessen herzustellen (→ AT 4.1 Tz. 3). Die abgeleiteten Limitsysteme müssen nicht bei allen gruppenangehörigen Unternehmen identisch sein. Allerdings müssen die verschiedenen   74

---

76 Gesetz zur Umsetzung der Richtlinien (EU) 2019/878 und (EU) 2019/879 zur Reduzierung von Risiken und zur Stärkung der Proportionalität im Bankensektor (Risikoreduzierungsgesetz – RiG) vom 9. Dezember 2020 (BGBl. I S. 2773), veröffentlicht am 14. Dezember 2020.

77 Vgl. Bundesanstalt für Finanzdienstleistungsaufsicht/Deutsche Bundesbank, Aufsichtliche Beurteilung bankinterner Risikotragfähigkeitskonzepte und deren prozessualer Einbindung in die Gesamtbanksteuerung (»ICAAP«) – Neuausrichtung, Leitfaden vom 24. Mai 2018, S. 7.

78 Vgl. Europäische Zentralbank, Leitfaden der EZB für den bankinternen Prozess zur Sicherstellung einer angemessenen Kapitalausstattung (Internal Capital Adequacy Assessment Process – ICAAP), 9. November 2018, S. 2.

Limitsysteme ineinander übergeleitet werden können und eine sinnvolle Zusammenfassung der Limite auf Gruppenebene zu einem Gesamtlimit ermöglichen.[79] Über die Etablierung gruppenbezogener Limite und deren Überwachung durch das übergeordnete Unternehmen ist sicherzustellen, dass die gruppenangehörigen Unternehmen nur im Rahmen der noch freien Limite weitere Risiken eingehen. Im Hinblick auf die Ausgestaltung des »ICAAP auf Gruppenebene« kann weitgehend auf die korrespondierenden Anforderungen auf Institutsebene Bezug genommen werden (→ AT 4.1).

75   Der ICAAP sollte nach den Vorstellungen der EZB auf Gruppenebene konsistent und kohärent sein, um die Angemessenheit des Kapitals unternehmensübergreifend effektiv bewerten und aufrechterhalten zu können. Die Strategien, die Risikomanagementverfahren, die Entscheidungsprozesse und die zur Quantifizierung des Kapitalbedarfes verwendeten Methoden und Annahmen müssen im jeweils einbezogenen Unternehmenskreis durchweg kohärent sein. In Abhängigkeit von nationalen Besonderheiten können sich die Ansätze für bestimmte Unternehmen oder Untergruppen ggf. bis zu einem gewissen Grad voneinander unterscheiden. Dadurch sollte allerdings die Wirksamkeit und Konsistenz des ICAAP auf allen relevanten Ebenen nicht beeinträchtigt werden. Ein besonderer Fokus liegt dabei auf der Gruppenebene. Die Institute sollten auch mögliche Hindernisse für die gruppeninterne Übertragbarkeit von Kapital berücksichtigen. Dabei sollten auch mögliche Restriktionen für die Übertragbarkeit von Kapital innerhalb der Gruppe konservativ und umsichtig geprüft und im ICAAP berücksichtigt werden. Die EZB verweist hinsichtlich des relevanten Konsolidierungskreises auf die Anwendungsebene gemäß Art. 108 CRD IV.[80]

76   Beispielhaft erläutert die EZB das erwartete Vorgehen des übergeordneten Unternehmens mit Blick auf eine bedeutende nichtfinanzielle Tochtergesellschaft, deren aufsichtliche Behandlung auf ihren Risikopositionsbeträgen beruht. Das übergeordnete Unternehmen sollte insbesondere prüfen, ob die Geschäfte und Risikopositionen dieser Tochtergesellschaft Risiken beinhalten, die ihren Buchwert oder ihr Beteiligungsrisiko übersteigen. So könnte es z.B. erforderlich sein, das Kundenprofil und die Investitionen der Tochtergesellschaft bei Annahmen zur Konzentration und zur Abhängigkeit auf Gruppenebene zu berücksichtigen. Ebenso könnten sich die Rechtsrisiken der Tochtergesellschaft negativ auf das operationelle Risikoprofil des übergeordneten Unternehmens auswirken. Folglich könnten die zugrunde liegenden Risiken der Tochtergesellschaft die am Buchwert festgemachten Risiken aufgrund von Reputations- und Unterstützungsrisiken sowie einer erhöhten Konzentration erheblich übersteigen.[81]

77   Nach den Vorstellungen der deutschen Aufsichtsbehörden erstreckt sich die Reichweite des Risikomanagements auf Gruppenebene auf alle wesentlichen Risiken, unabhängig davon, ob diese von konsolidierungspflichtigen Unternehmen begründet werden oder nicht (→ AT 4.5 Tz. 1). Das übergeordnete Unternehmen hat auf der Grundlage des Gesamtrisikoprofils der Gruppe einen internen Prozess zur Sicherstellung der Risikotragfähigkeit auf Gruppenebene (→ AT 4.5 Tz. 3) sowie angemessene Risikosteuerungs- und -controllingprozesse einzurichten, die die gruppenangehörigen Unternehmen einbeziehen. Für die wesentlichen Risiken und das Gesamtrisikoprofil auf Gruppenebene sind zudem angemessene Stresstests durchzuführen (→ AT 4.5 Tz. 5). Insofern werden Gruppenrisiken implizit einbezogen.

---

79 Vgl. Braun, Ulrich, in: Boos, Karl-Heinz/Fischer, Reinfrid/Schulte-Mattler, Hermann (Hrsg.), Kreditwesengesetz und VO (EU) Nr. 575/2013, Band 1, 5. Auflage, München, 2016, § 25a KWG, Tz. 718.

80 Vgl. Europäische Zentralbank, Leitfaden der EZB für den bankinternen Prozess zur Sicherstellung einer angemessenen Kapitalausstattung (Internal Capital Adequacy Assessment Process – ICAAP), 9. November 2018, S. 9 und 12 f.

81 Vgl. Europäische Zentralbank, Leitfaden der EZB für den bankinternen Prozess zur Sicherstellung einer angemessenen Kapitalausstattung (Internal Capital Adequacy Assessment Process – ICAAP), 9. November 2018, S. 31.

3.2 Risiken auf Gruppenebene

Im Unterschied zur Institutsebene erstreckt sich die Betrachtung auf alle wesentlichen Risiken der **78** Gruppe, auch wenn diese von nicht-konsolidierungspflichtigen gruppenangehörigen Unternehmen verursacht werden (→ AT 4.5). Dem Gesamtrisikoprofil der Gruppe kommt insoweit als »Startpunkt« eine erhebliche Bedeutung zu. Die Notwendigkeit einer intensiven Auseinandersetzung mit den Risiken der Gruppe wurde bereits von CEBS, der Vorgängerbehörde der EBA, besonders herausgestellt.[82] Auch die EBA betont, dass das gruppenweite Risikomanagement sich auf alle wesentlichen Risiken einer Gruppe zu erstrecken hat, unabhängig davon, ob das Risiko auf Unternehmen des maßgeblichen bankaufsichtlichen Konsolidierungskreises zurückgeht oder nicht.[83] Zudem verlangt sie auch auf Gruppenebene, regelmäßig Stresstests im Einklang mit den entsprechenden EBA-Leitlinien durchzuführen, in die alle wesentlichen Risiken und Unternehmen einzubeziehen sind[84] (→ AT 4.5 Tz. 5).

Bei der Betrachtung aller wesentlichen Risiken auf Gruppenebene sind neben den klassischen **79** Risikoarten (z. B. Adressenausfall- und Marktpreisrisiken) auch gruppenspezifische Risiken zu berücksichtigen. Hierzu gehören vor allem etwaige Risikokonzentrationen, denen die Gruppe ausgesetzt ist. Alle als »wesentlich« eingestuften Risiken sind in den ICAAP auf Gruppenebene einzubeziehen. Sollte das übergeordnete Unternehmen über keine geeigneten Verfahren zur Messung bestimmter wesentlicher Risiken verfügen, so ist auf Basis einer qualifizierten Expertenschätzung eine Plausibilisierung durchzuführen. Der dabei ermittelte pauschale Risikobetrag ist im Risikotragfähigkeitskonzept der Gruppe zu berücksichtigen. Bei Risiken, die nicht sinnvoll durch Risikodeckungspotenzial begrenzt werden können, ist sicherzustellen, dass diese auf angemessene Weise in den Risikosteuerungs- und -controllingprozessen berücksichtigt werden (→ AT 4.1 Tz. 5). Auch bezüglich der Anrechnung kapitalsparender Diversifikationseffekte innerhalb einer Gruppe (»intra-group diversification«) gelten grundsätzlich die entsprechenden Anforderungen auf Institutsebene (→ AT 4.1 Tz. 6 und 7).

3.3 Risikodeckungspotenzial auf Gruppenebene

Auch auf der »Kapitalseite« – also bei der Ermittlung des Risikodeckungspotenzials – ergeben sich **80** beim gruppenweiten ICAAP einige Besonderheiten. So sind gruppeninterne Eigenkapitalgewährungen bei der Zusammenfassung des Risikodeckungspotenzials zu eliminieren. Ferner können Risikodeckungspotenziale der nachgeordneten Unternehmen grundsätzlich nur in dem Umfang zum Risikodeckungspotenzial der Gruppe gerechnet werden, wie sie frei zur Verfügung stehen bzw. zur Deckung von Verlusten bei gruppenangehörigen Unternehmen transferiert werden können. Bezüglich einer Übertragbarkeit können jedoch Beschränkungen existieren. Solche Beschränkungen liegen z. B. dann vor, wenn Risikodeckungspotenziale zur Abdeckung (regulatorischer) Kapitalanforderungen bei den gruppenangehörigen Unternehmen benötigt werden.

Risikodeckungspotenziale nachgeordneter Unternehmen können insoweit nur dann angerech- **81** net werden, wenn zugleich auch die Risiken des nachgeordneten Unternehmens im gruppen-

---

82 »In discharging its internal governance responsibilities, the management body of an institution's parent company should be aware of all the material risks and issues that might affect the group, the parent institution and its subsidiaries.« Committee of European Banking Supervisors, Consultation paper on the Guidebook on Internal Governance (CP 44), 13. Oktober 2010, S. 10.

83 Vgl. European Banking Authority, Guidelines on common procedures and methodologies for the supervisory review and evaluation process (SREP) and supervisory stress testing, EBA/GL/2014/13, Consolidated version, 19. Juli 2018, S. 66.

84 Vgl. European Banking Authority, Guidelines on common procedures and methodologies for the supervisory review and evaluation process (SREP) and supervisory stress testing, EBA/GL/2014/13, Consolidated version, 19. Juli 2018, S. 66.

weiten ICAAP abgebildet werden. Eigenmittel können ferner gebunden sein, wenn bestimmte andere Verpflichtungen von den gruppenangehörigen Unternehmen zu erfüllen sind (z.B. die Begleichung von Steuerforderungen). Auch die Emission von Hybridkapital (z.B. durch Ausgabe von Genussscheinen) führt regelmäßig zu Einschränkungen bezüglich der Übertragbarkeit von Risikodeckungspotenzialen. Im Hinblick auf den gruppenweiten ICAAP als Ganzes ergibt sich schließlich für international tätige Gruppen das Problem voneinander abweichender regulatorischer Anforderungen in unterschiedlichen Jurisdiktionen. Die Kreditwirtschaft hat dieses Problem bei den Beratungen zur zweiten MaRisk-Novelle aufgeworfen.[85]

85 Vgl. Zentraler Kreditausschuss, Stellungnahme zum ersten Entwurf der Mindestanforderungen an das Risikomanagement vom 16. Februar 2009, S. 20.

4 Ablauforganisatorische Vorgaben auf Gruppenebene (Tz. 4)

4 Es sind angemessene ablauforganisatorische Vorkehrungen auf Gruppenebene zu tref- 82
fen. Das heißt, dass Prozesse sowie damit verbundene Aufgaben, Kompetenzen, Verantwortlichkeiten, Kontrollen sowie Kommunikationswege innerhalb der Gruppe klar zu definieren und aufeinander abzustimmen sind. An die Geschäftsleiter des übergeordneten Unternehmens ist zeitnah Bericht zu erstatten.

4.1 Organisatorische Defizite

Die klare und aufeinander abgestimmte Definition von Prozessen und daran geknüpfter Aufgaben, 83
Kompetenzen, Verantwortlichkeiten, Kontrollen und Kommunikationswege ist von essenzieller
Bedeutung für die Funktionsfähigkeit einer Organisation. Das gilt grundsätzlich auch für die
Organisation einer Unternehmensgruppe, die ein reibungsloses Zusammenspiel zwischen den
gruppenangehörigen Unternehmen sicherstellen soll. Die Finanzmarktkrise hat gezeigt, dass vor
allem bezüglich der Kommunikationswege innerhalb von Gruppen Verbesserungsbedarf besteht.[86] Durch eine breit angelegte Kommunikation innerhalb der Gruppe sollte vor allem vermieden werden, dass sich einzelne gruppenangehörige Unternehmen oder Geschäftsbereiche
mehr oder minder verselbständigen (»Silo Risk Management Structures«).[87]

Im Hinblick auf die Struktur der Gruppe wird auch eine verbesserte Transparenz als notwendig 84
erachtet. Reibungsverluste in diesem Bereich führen insbesondere bei komplexen Gruppenstrukturen zu Steuerungsdefiziten. Mithin kann sich das übergeordnete Unternehmen keinen Eindruck
über die Struktur der Gruppe und die daraus erwachsenden Risiken verschaffen. Der Baseler
Ausschuss für Bankenaufsicht (BCBS) erwartet daher von den Geschäftsleitern der übergeordneten Unternehmen, dass sie sich intensiv mit der Struktur der Gruppe auseinandersetzen
(»Know-your-structure«) und diese selbst im Fall von komplexen Geschäftsaktivitäten noch
verstehen (»Understand-your-structure«). Besonders intensiv ist dabei zu prüfen, welche Konsequenzen sich aus Änderungen der Gruppenstruktur ergeben (z. B. bei Unternehmensübernahmen, Ausgliederungen oder strategischen Neuausrichtungen).[88] Vom Aufbau unnötig komplexer
Gruppenstrukturen wird sogar explizit abgeraten.[89]

Die EBA orientiert sich an den vom BCBS entwickelten Prinzipien. Nach den Vorstellungen der 85
EBA sollte die Geschäftsleitung die rechtliche, organisatorische und operative Struktur des
Institutes genau kennen und verstehen sowie dafür Sorge tragen, dass diese der Geschäfts- und

---

86 »The corporate structure was not always transparent and organised in a way that promoted and demonstrated effective and
   prudent management, often because of ineffective reporting lines«. Committee of European Banking Supervisors,
   Consultation paper on the Guidebook on Internal Governance (CP 44), 13. Oktober 2010, S. 4.

87 Vgl. The Joint Forum, Cross-sectoral review of group-wide identification and management of risk concentrations, 25. April
   2008, S. 5 f.

88 »The board and senior management should understand the structure and the organisation of the group, ie the aims of its
   different units/entities and the formal and informal links and relationships among the entities and with the parent company.«
   Basel Committee on Banking Supervision, Principles for enhancing corporate governance, BCBS 176, 4. Oktober 2010, S. 26f.
   Vgl. auch Basel Committee on Banking Supervision, Guidelines – Corporate governance principles for banks, BCBS 328, 8.
   Juli 2015, S. 22.

89 Vgl. Basel Committee on Banking Supervision, Principles for enhancing corporate governance, BCBS 176, 4. Oktober 2010,
   S. 27; Basel Committee on Banking Supervision, Guidelines – Corporate governance principles for banks, BCBS 328, 8. Juli
   2015, S. 23 f.

AT 4.5 Risikomanagement auf Gruppenebene

Risikostrategie sowie dem Risikoappetit des Institutes entsprechen.[90] Die Geschäftsleitung des übergeordneten Unternehmens muss nicht nur die Struktur der Gruppe verstehen, sondern zusätzlich auch die Geschäftsmodelle der jeweiligen nachgeordneten Unternehmen sowie mögliche Verbindungen bzw. Abhängigkeiten zwischen diesen Unternehmen. Hierzu gehört nach den Vorstellungen der EBA auch das Verständnis für gruppenspezifische operationelle Risiken und gruppeninterne Risikopositionen sowie mögliche Beeinträchtigungen der Finanzierung der Gruppe, ihres Eigenkapitals, ihrer Liquidität und ihrer Risikoprofile unter normalen Bedingungen und unter Stressszenarien.[91] Wie der BCBS fordert auch die EBA, dass die Institute komplexe und möglicherweise intransparente Strukturen vermeiden sollten.[92] Die Erfüllung dieser Anforderungen wird im Rahmen des aufsichtlichen Überprüfungs- und Bewertungsprozesses (Supervisory Review and Evaluation Process, SREP) geprüft.[93]

4.2 Ablauforganisatorische Vorkehrungen auf Gruppenebene

86 Das übergeordnete Unternehmen hat angemessene ablauforganisatorische Vorkehrungen auf Gruppenebene zu treffen. Konkret sind Prozesse und die damit verbundenen Aufgaben, Kompetenzen, Verantwortlichkeiten, Kontrollen sowie Kommunikationswege innerhalb der Gruppe klar zu definieren und aufeinander abzustimmen. Im Zuge der fünften MaRisk-Novelle wurde diese Regelung um eine zeitnahe Berichterstattung an die Geschäftsleitung des übergeordneten Unternehmens ergänzt. Die deutsche Aufsicht schränkt die Organisationsverantwortung des übergeordneten Unternehmens damit bewusst auf die Erfüllung ablauforganisatorischer Anforderungen ein, da sich die aufbauorganisatorischen Anforderungen der MaRisk (z. B. Regelungen zur Funktionstrennung) nicht ohne Weiteres auf die Gruppe übertragen lassen. Dass die Aufsicht bei den ablauforganisatorischen Regelungen auf Gruppenebene keine Eins-zu-eins-Umsetzung der maßgeblichen Anforderungen der MaRisk für zweckmäßig hält, erschließt sich ferner aus dem Regelungstext und steht im Einklang mit dem Grundsatz der Proportionalität (→ AT 4.5 Tz. 1). Die Anforderungen orientieren sich weitgehend an den allgemeinen Regelungen zur Ablauforganisation, die für die Institutsebene Geltung beanspruchen (→ AT 4.3.1 Tz. 2).

87 Die Etablierung ablauforganisatorischer Vorkehrungen auf Gruppenebene zielt nicht darauf ab, dass alle gruppenangehörigen Unternehmen »identisch organisiert« sind.[94] Es geht vielmehr darum, dass ein Rahmen abgesteckt wird, der das Risikomanagement auf Gruppenebene im Interesse aller gruppenangehörigen Unternehmen unterstützt. Voraussetzung hierfür ist eine schriftliche Fixierung des Rahmens. Sie umfasst eine Dokumentation aller zur Gruppe gehörenden Unternehmen sowie die Aufgaben, Kompetenzen, Verantwortlichkeiten, Kontrollen und Kommunikationswege innerhalb der Gruppe. Die Dokumentation ist anzupassen, wenn sich in Bezug auf die Gruppenstruktur Änderungen ergeben (z. B. bei Unternehmensübernahmen). Da für die Zwecke des Risikomanagements auf Gruppenebene regelmäßig Komitees eingerichtet werden,

---

90 Vgl. European Banking Authority, Leitlinien zur internen Governance, EBA/GL/2017/11, 21. März 2018, S. 21.

91 Vgl. European Banking Authority, Leitlinien zur internen Governance, EBA/GL/2017/11, 21. März 2018, S. 21.

92 Vgl. European Banking Authority, Leitlinien zur internen Governance, EBA/GL/2017/11, 21. März 2018, S. 22 f.

93 Vgl. European Banking Authority, Guidelines on common procedures and methodologies for the supervisory review and evaluation process (SREP) and supervisory stress testing, EBA/GL/2014/13, Consolidated version, 19. Juli 2018, S. 66.

94 Allerdings wird der Aspekt der aufeinander abgestimmten Aufgaben, Kompetenzen, Verantwortlichkeiten, Kontrollen und Kommunikationswege seit der dritten MaRisk-Novelle stärker betont, um Kompetenz- und Verantwortungslücken und folglich auch mögliche organisatorische Schwächen und Risiken zu vermeiden. Damit wird der Tatsache Rechnung getragen, dass eine »Flexibilisierung« der Anforderungen an die Einheitlichkeit des Risikomanagements vor dem Hintergrund der relativ engen wirtschaftlichen und risikomäßigen Verflechtungen in Institutsgruppen betriebswirtschaftlich und risikotechnisch nicht unbedenklich erscheint. Vgl. auch Braun, Ulrich, in: Boos, Karl-Heinz/Fischer, Reinfrid/Schulte-Mattler, Hermann (Hrsg.), Kreditwesengesetz und VO (EU) Nr. 575/2013, Band 1, 5. Auflage, München, 2016, § 25a KWG, Tz. 722.

sind auch deren Funktionen sowie ihr Zusammenspiel im schriftlich fixierten Rahmen zu berücksichtigen. Die Einrichtung von Komitees ist eine weit verbreitete Möglichkeit, zu verschiedenen Sachverhalten auf Gruppenebene eine gemeinsame Sichtweise zu entwickeln. Von Bedeutung ist auch die Nennung von Ansprechpartnern in den gruppenangehörigen Unternehmen. Insbesondere in Krisensituationen ist es von erheblicher Relevanz, dass die Kommunikation zwischen den jeweils zuständigen Ansprechpartnern reibungslos funktioniert.

Die EBA verlangt ebenfalls einen »organisatorischen Rahmen« für das gruppenweite Risikomanagement. Nach ihren Vorstellungen sollten das übergeordnete Unternehmen und die nachgeordneten Unternehmen gemeinsam dafür Sorge tragen, dass die Regelungen, Prozesse und Mechanismen für die interne Governance innerhalb der Gruppe kohärent und gut integrierbar sind. Die Verantwortung für die Etablierung des organisatorischen Rahmens für die Gruppe liegt beim übergeordneten Unternehmen (in Abstimmung mit den nachgeordneten Unternehmen).[95] Die EBA betont die Verantwortung der Geschäftsleitung des übergeordneten Unternehmens für den notwendigen Informationsfluss innerhalb der Gruppe. Diese hat dafür Sorge zu tragen, dass das übergeordnete Unternehmen zeitnah alle erforderlichen Informationen und Daten von den nachgeordneten Unternehmen erhält, z. B. für die Bewertung der Risiken oder die Berichterstattung auf Gruppenebene. Nach den Vorstellungen der EBA hat die Geschäftsleitung des übergeordneten Unternehmens zudem sicherzustellen, dass die gruppenangehörigen Unternehmen alle für sie notwendigen Informationen erhalten, z. B. über allgemeine Ziele und Strategien der Gruppe sowie über das Risikoprofil der Gruppe.[96]

88

Darüber hinaus sind die Geschäftsleiter eines Institutes gemäß § 25c Abs. 3 Nr. 4 KWG verpflichtet, für eine angemessene und transparente Gruppenstruktur zu sorgen und die hierfür erforderliche Kenntnis über die Struktur und die damit verbundenen Risiken zu besitzen. Die Regelung geht auf die entsprechenden Prinzipien des Baseler Ausschusses für Bankenaufsicht (BCBS) und der EBA, »Know-your-structure« und »Understand-your-structure«, zurück.

89

Zu berücksichtigen sind auch tatsächliche oder potenzielle Interessenkonflikte zwischen gruppenangehörigen Unternehmen. Um solche Konflikte zu vermeiden, fordert der BCBS sogar die Festlegung einer entsprechenden Rahmenanweisung (»conflicts of interest policy«).[97] Auch die EBA erwartet entsprechende Richtlinien, um (potenzielle) Interessenkonflikte zwischen verschiedenen Instituten innerhalb einer Gruppe zu ermitteln, zu bewerten, zu steuern und zu mindern.[98] Die im Jahr 2019 veröffentlichten Leitlinien zu Auslagerungen lassen bestimmte zentrale Auslagerungslösungen innerhalb einer Gruppe oder eines Finanzverbundes zu, z. B. ein zentrales Auslagerungsmanagement oder ein gruppenweit geführtes Auslagerungsregister. Die Erleichterungen wurden im Zuge der sechsten MaRisk-Novelle in einer eigenen Textziffer zusammengefasst (→ AT 9 Tz. 15). Die EBA betont jedoch, dass Auslagerungen innerhalb einer Gruppe oder eines Finanzverbundes auch zu erhöhten Risiken führen können, z. B. wenn zwischen gruppenangehörigen Unternehmen Interessenkonflikte bestehen.[99]

90

Wie auf Institutsebene stellt die geforderte Abstimmung der prozessualen Vorkehrungen auch innerhalb der Gruppe eine nicht zu unterschätzende Herausforderung für alle dazugehörigen Unternehmen dar. Fehlt es an klaren und aufeinander abgestimmten Festlegungen, sind Defizite mit ggf. weitreichenden Konsequenzen für die gesamte Gruppe unvermeidlich. Es bietet sich daher an, die prozessualen Vorkehrungen im Rahmen eines umfassenden Abstimmungsprozesses

91

---

95 Vgl. European Banking Authority, Leitlinien zur internen Governance, EBA/GL/2017/11, 21. März 2018, S. 24.

96 Vgl. European Banking Authority, Leitlinien zur internen Governance, EBA/GL/2017/11, 21. März 2018, S. 21.

97 Vgl. Basel Committee on Banking Supervision, Principles for enhancing corporate governance, BCBS 176, 4. Oktober 2010, S. 14.

98 Vgl. European Banking Authority, Leitlinien zur internen Governance, EBA/GL/2017/11, 21. März 2018, S. 29.

99 Vgl. European Banking Authority, Leitlinien zu Auslagerungen, EBA/GL/2019/02, 25. Februar 2019, S. 20. Die EBA verwendet für die bei Sparkassen und genossenschaftlichen Instituten bestehenden Finanzverbünde in ihren Leitlinien den Begriff »institutsbezogenes Sicherungssystem«. Vgl. European Banking Authority, Leitlinien zu Auslagerungen, EBA/GL/2019/02, 25. Februar 2019, S. 8.

zwischen den gruppenangehörigen Unternehmen festzulegen. Dadurch können Besonderheiten bei den jeweiligen Unternehmen angemessen berücksichtigt werden (z. B. unterschiedliche Geschäftsausrichtungen, kulturelle Unterschiede). Zugleich wird auf diese Weise eine breite Akzeptanz für die Notwendigkeit geeigneter prozessualer Vorkehrungen geschaffen, die für die Funktionsfähigkeit des Risikomanagements auf Gruppenebene unerlässlich sind.

4.3 Berichterstattung an die Geschäftsleitung des übergeordneten Unternehmens

92 Im Zuge der fünften MaRisk-Novelle wurde die Regelung dahingehend ergänzt, dass die Berichterstattung der gruppenangehörigen Unternehmen an die Geschäftsleitung des übergeordneten Unternehmens zeitnah zu erfolgen hat. Das übergeordnete Unternehmen ist für ein angemessenes und wirksames Risikomanagement auf Gruppenebene verantwortlich. Dieser Verantwortung kann die Geschäftsleitung nur nachkommen, wenn sie von den gruppenangehörigen Unternehmen rechtzeitig die hierfür erforderlichen Informationen erhält. Im Hinblick auf die konkrete Ausgestaltung des Berichtswesens gilt der Grundsatz der Proportionalität, so dass Art, Umfang, Komplexität und Risikogehalt der von der Gruppe betriebenen Geschäftsaktivitäten sowie die gesellschaftsrechtlichen Möglichkeiten maßgeblich sind. Zudem muss die Berichterstattung umso zeitnäher sein, je höher die Integrationsdichte der Gruppe ist und je stärker wechselseitige Abhängigkeiten sind.[100] In jedem Fall muss sichergestellt sein, dass das übergeordnete Unternehmen die bankaufsichtlichen Anforderungen auf Gruppenebene einhalten kann. Gemäß dem Baseler Rahmenwerk können diese in Anforderungen gemäß der Säule 1 (z. B. Eigenmittel-, Liquiditäts- und Großkreditanforderungen sowie Vorgaben zur Verschuldungsquote), der Säule 2 (z. B. Sicherstellung der Risikotragfähigkeit, Anforderungen an das bankinterne Risikomanagement, die interne Governance und die Ausgestaltung der Vergütungssysteme) und der Säule 3 (Offenlegungsanforderungen) unterschieden werden (→ AT 4.5 Tz. 1).

93 Auch nach den Vorstellungen der EBA sollte sich die Geschäftsleitung des übergeordneten Unternehmens regelmäßig über die Risiken berichten lassen, die von der Gruppe ausgehen. Dies beinhaltet u. a. Informationen zur Einhaltung der gruppenweiten Strategien durch die nachgeordneten Unternehmen, zu den wichtigsten Risikotreibern auf Gruppenebene sowie zur Einhaltung der bankaufsichtlichen Anforderungen durch die einzelnen Institute und auf konsolidierter Ebene.[101]

---

100 Vgl. Braun, Ulrich, in: Boos, Karl-Heinz/Fischer, Reinfrid/Schulte-Mattler, Hermann (Hrsg.), Kreditwesengesetz und VO (EU) Nr. 575/2013, Band 1, 5. Auflage, München, 2016, § 25a KWG, Tz. 727.
101 Vgl. European Banking Authority, Leitlinien zur internen Governance, EBA/GL/2017/11, 21. März 2018, S. 29.

5 Risikomanagementprozesse und Stresstests auf Gruppenebene (Tz. 5)

5   Das übergeordnete Unternehmen hat angemessene Risikosteuerungs- und -controlling-   94
prozesse einzurichten, die die gruppenangehörigen Unternehmen einbeziehen. Für die
wesentlichen Risiken auf Gruppenebene sind regelmäßig angemessene Stresstests durchzuführen. Regelmäßige und ggf. anlassbezogene Stresstests sind auch für das Gesamtrisikoprofil auf Gruppenebene durchzuführen. Das übergeordnete Unternehmen hat sich in angemessenen Abständen über die Risikosituation der Gruppe zu informieren.

5.1   Risikosteuerungs- und -controllingprozesse auf Gruppenebene

Die Anforderungen an die Prozesse zur Identifizierung, Beurteilung, Steuerung, Überwachung   95
und Kommunikation der wesentlichen Risiken (Risikosteuerungs- und -controllingprozesse) auf
Gruppenebene wurden im Zuge der zweiten MaRisk-Novelle vom September 2009 geschärft. Bis
dahin war auf Gruppenebene lediglich ein »Verfahren zur Steuerung und Überwachung der
wesentlichen Risiken« einzurichten. Durch die Präzisierung der Anforderungen vollzog die Aufsicht eine Annäherung an die auf Institutsebene geltenden Anforderungen an die Risiko-
steuerungs- und -controllingprozesse. Allerdings gilt weiterhin das auf die Gruppe bezogene
Proportionalitätsprinzip. Komplikationen können sich auch bei der Steuerung der Risiken ergeben, wenn ein Durchgriff von oben nach unten an den fehlenden »gesellschaftsrechtlichen
Möglichkeiten« scheitert (→ AT 4.5 Tz. 1, Erläuterung). Eine komplette Umsetzung der Anforderungen auf Institutsebene wird daher nicht verlangt (→ BTR 1 bis BTR 4). Damit ergibt sich
naturgemäß ein substanzieller Unterschied zu Waiver-Konstellationen nach § 2a KWG in Verbindung mit Art. 7 und 8 CRR, bei denen eine Eins-zu-eins-Umsetzung vor dem Hintergrund der
weitgehenden Freistellungen explizit gefordert wird (→ AT 4.5 Tz. 1). Die im Rahmen der zweiten
MaRisk-Novelle eingefügten Präzisierungen stehen ansonsten im Einklang mit internationalen
Vorgaben, die ebenfalls die Bedeutung gruppenweiter Risikosteuerungs- und -controllingprozesse
herausstellen.[102]

5.2   Orientierungspunkte für die Umsetzung

Für die Zwecke der Implementierung liegt es nahe, sich an den auf Institutsebene geltenden   96
allgemeinen Anforderungen an die Risikosteuerungs- und -controllingprozesse zu orientieren:
–   Zunächst müssen die Risikosteuerungs- und -controllingprozesse eine frühzeitige Identifizie-
    rung, vollständige Erfassung und angemessene Darstellung der wesentlichen Risiken gewähr-
    leisten (→ AT 4.3.2 Tz. 2). Für diesen Zweck kann z.B. eine Risikoinventur durchgeführt

---

102 »The risk management function is responsible for identifying, measuring, monitoring, controlling or mitigating, and
reporting on risk exposures. This should encompass all risks to the bank, on- and off-balance sheet and at a group-wide,
portfolio and business-line level, and should take into account the extent to which risks overlap (eg lines between market
and credit risk and between credit and operational risk are increasingly blurred).« Basel Committee on Banking
Supervision, Principles for enhancing corporate governance, BCBS 176, 4. Oktober 2010, S. 18.

werden (→ AT 2.2 Tz. 1). Dem Vollständigkeitsgebot kommt vor allem mit Blick auf gruppenspezifische Risikokonzentrationen sowie auf Risiken, die sich aus der (komplexen) Struktur der Gruppe ergeben, eine wichtige Rolle zu. Eine holistische Sichtweise auf die Risiken wird auch von der Kreditwirtschaft für erforderlich gehalten.[103]

– Die Risikosteuerungs- und -controllingprozesse sind in eine gemeinsame Ertrags- und Risikosteuerung der Gruppe einzubinden. Durch geeignete Maßnahmen ist zu gewährleisten, dass die Risiken und die damit verbundenen Risikokonzentrationen unter Berücksichtigung der Risikotragfähigkeit und des Risikoappetits wirksam begrenzt und überwacht werden (→ AT 4.3.2 Tz. 1).

– Die Geschäftsleitung des übergeordneten Unternehmens hat sich in angemessenen Abständen, mindestens aber vierteljährlich, über die Risikosituation der Gruppe berichten zu lassen. Der konkrete Turnus ist vom Institut eigenverantwortlich festzulegen und hängt vom Gesamtrisikoprofil der Gruppe ab (→ AT 4.3.2 Tz. 3, BT 3.1 Tz. 1 und BT 3.2 Tz. 1). Daneben besteht eine mindestens vierteljährliche Berichtspflicht der Geschäftsleitung gegenüber dem Aufsichtsorgan des übergeordneten Unternehmens (→ AT 4.3.2 Tz. 3 und BT 3.1 Tz. 5). Notwendig ist auch eine Ad-hoc-Berichterstattung bei unter Risikogesichtspunkten wesentlichen Informationen für die Gruppe (→ AT 4.3.2 Tz. 4 und BT 3.1 Tz. 3 und 5). Damit die Risikoberichterstattung ihre volle Wirkung entfalten kann, sind terminologische Festlegungen zu treffen, die die gruppenweite Kommunikation vereinfachen und damit unterstützen (z.B. einheitliche Definitionen bezüglich der Risikoarten, Geschäftsfelder und Produkte).

– Für die wesentlichen Risiken auf Gruppenebene sind regelmäßig angemessene Stresstests durchzuführen. Im Zuge der fünften MaRisk-Novelle wurde die Regelung insoweit ergänzt, dass regelmäßige und ggf. anlassbezogene Stresstests auch für das Gesamtrisikoprofil auf Gruppenebene durchzuführen sind. Diese Ergänzung ist auf § 25c Abs. 4b Satz 2 Nr. 3 lit. f KWG zurückzuführen, wonach die Geschäftsleiter des übergeordneten Unternehmens u.a. dafür Sorge zu tragen haben, dass regelmäßig angemessene Stresstests für die wesentlichen Risiken und das Gesamtrisikoprofil auf Gruppenebene durchgeführt werden und auf Grundlage der Ergebnisse möglicher Handlungsbedarf geprüft wird. Auch die EBA verlangt die Durchführung regelmäßiger Stresstests auf Gruppenebene, in die alle wesentlichen Risiken und Unternehmen einzubeziehen sind. Diese Stresstests haben die Anforderungen der entsprechenden EBA-Leitlinien zu erfüllen und werden im Rahmen des SREP geprüft.[104]

– Die Risikosteuerungs- und -controllingprozesse sowie die zur Risikoquantifizierung eingesetzten Methoden und Verfahren sind schließlich regelmäßig, zumindest jährlich, sowie bei sich ändernden Bedingungen auf ihre Angemessenheit zu prüfen und ggf. anzupassen. Dies betrifft insbesondere die Plausibilisierung der ermittelten Ergebnisse und der zugrunde liegenden Daten. Anpassungen sind bspw. bei einem Strategiewechsel der Gruppe oder bei Unternehmensübernahmen erforderlich (→ AT 4.3.2 Tz. 5).

97 Sofern von einem Institut im Hinblick auf verbundene Nachhaltigkeitsrisiken der Ausschluss oder die Limitierung von Engagements für bestimmte Unternehmen, Branchen, Regionen, Staaten etc. nach vorgegebenen Kriterien erwogen wird, sollte auch entschieden werden, ob gruppenangehörige Unternehmen davon ebenfalls betroffen sind und welche Schwellenwerte dafür ggf. gelten

---

103 Vgl. Institute of International Finance, Final Report of the IIF Committee on Market Best Practices: Principles of Conduct and Best Practice Recommendations – Financial Services Industry Response to the Market Turmoil of 2007–2008, 21. Juli 2008, S. 10.

104 Vgl. European Banking Authority, Guidelines on common procedures and methodologies for the supervisory review and evaluation process (SREP) and supervisory stress testing, EBA/GL/2014/13, Consolidated version, 19. Juli 2018, S. 66. Die Leitlinien der EBA zu den bankinternen Stresstests, auf die an dieser Stelle verwiesen wird, geben keine detaillierten Methoden vor. Sie enthalten jedoch qualitative und quantitative Kriterien zur aufsichtlichen Beurteilung der Angemessenheit der Ausgestaltung der Stresstests. Vgl. European Banking Authority, Leitlinien zu den Stresstests der Institute, EBA/GL/2018/04, 19. Juli 2018, S. 11ff.

AT 4.5 Risikomanagement auf Gruppenebene

(→ AT 4.3.2 Tz. 1).[105] Die Ausführungen zu den verschiedenen Typen von Szenarioanalysen, die von den Instituten zur Beurteilung von Nachhaltigkeitsrisiken durchgeführt werden können, sind auch auf die Gruppenebene übertragbar (→ AT 4.3.3 Tz. 1).

Die zum Einsatz kommenden Verfahren dürfen der Wirksamkeit der Risikosteuerungs- und -controllingprozesse nicht entgegenstehen (→ AT 4.5 Tz. 1). Die übergeordneten Unternehmen sind aus eigenem Interesse dafür verantwortlich, dass diese harmlos klingende Vorgabe trotz der Methodenfreiheit tatsächlich sichergestellt wird. Es ist fraglich, ob an diese Anforderung die Notwendigkeit einer zwar individuell auswählbaren, aber letztlich für alle gruppenangehörigen Unternehmen identischen Methodik geknüpft ist (z.B. die Implementierung eines IT-Systems, das bei allen gruppenangehörigen Unternehmen zur Anwendung kommt). Noch Ende 2007 wurde in den MaRisk explizit zum Ausdruck gebracht, dass dem Verfahren auf Gruppenebene keine einheitliche Methodik zugrunde liegen muss. Der Rückgriff auf unterschiedliche Verfahren war so lange gestattet, wie diese in einem sinnvollen Zusammenhang stehen, um sachgerechte Aussagen hinsichtlich der Risikosituation der Gruppe ableiten zu können. Allerdings hat CEBS, die Vorgängerbehörde der EBA, bereits im Jahr 2010 das Fehlen einer identischen Methodik im Zusammenhang mit der Finanzmarktkrise als Defizit ausdrücklich angeprangert.[106] Die deutsche Aufsicht hat sich in dieser Hinsicht bislang nicht geäußert. Sind die verwendeten Methoden nicht identisch, so ist auf jeden Fall sicherzustellen, dass die daraus resultierenden Ergebnisse miteinander vergleichbar sind bzw. in einem sinnvollen Zusammenhang stehen. Ansonsten können keine sachgerechten Aussagen hinsichtlich der Risikosituation der Gruppe abgeleitet werden. In der Konsequenz wären die Risikosteuerungs- und -controllingprozesse auf Gruppenebene nicht wirksam, was mit Sicherheit von der Aufsicht bemängelt würde.

98

---

105 Vgl. Bundesanstalt für Finanzdienstleistungsaufsicht, Merkblatt zum Umgang mit Nachhaltigkeitsrisiken, 20. Dezember 2019, geändert am 13. Januar 2020, S. 27f.

106 »A uniform methodology and terminology was missing, so that a holistic view on all risks did not exist.« Committee of European Banking Supervisors, Consultation paper on the Guidebook on Internal Governance (CP 44), 13. Oktober 2010, S. 4.

6 Zusammenspiel zwischen Konzernrevision und Interner Revision (Tz. 6)

99 **6** Die Konzernrevision hat im Rahmen des Risikomanagements auf Gruppenebene ergänzend zur Internen Revision der gruppenangehörigen Unternehmen tätig zu werden. Dabei kann die Konzernrevision auch die Prüfungsergebnisse der Internen Revisionen der gruppenangehörigen Unternehmen berücksichtigen. Es ist sicherzustellen, dass für die Konzernrevision und die Internen Revisionen der gruppenangehörigen Unternehmen Revisionsgrundsätze und Prüfungsstandards gelten, die eine Vergleichbarkeit der Prüfungsergebnisse gewährleisten. Des Weiteren sind die Prüfungsplanungen sowie die Verfahren zur Überwachung der fristgerechten Beseitigung von Mängeln aufeinander abzustimmen. Die Konzernrevision hat in angemessenen Abständen, mindestens aber vierteljährlich, an die Geschäftsleitung und das Aufsichtsorgan des übergeordneten Unternehmens über ihre Tätigkeit auf Gruppenebene in analoger Anwendung von BT 2.4 Tz. 4 zu berichten.

6.1 Konzernrevision

100 Vor allem bei großen, komplex strukturierten Gruppen, die in ihren einzelnen Unternehmenseinheiten Geschäfte mit hohem Spezialisierungsgrad betreiben, muss die Konzernrevision die Prozesse in diesen Einheiten im täglichen Geschäft auf ihre Angemessenheit und Wirksamkeit für die Gruppe als Ganzes beurteilen. Sie stiftet daher einen hohen Mehrwert für die gesamte Gruppe. Dementsprechend wird auch in den MaRisk die Notwendigkeit einer funktionsfähigen Konzernrevision herausgestellt. Der verbindliche Charakter von § 25a Abs. 3 KWG spiegelt sich im Wortlaut der Anforderung wider: Die Konzernrevision »hat« im Rahmen des Risikomanagements der Gruppe ergänzend zur Internen Revision des gruppenangehörigen Unternehmens tätig zu werden.[107] Auch die EBA verlangt eine gruppenweite Interne Revision, die über einen konzernweiten risikobasierten Prüfungsplan verfügt und unmittelbar an das Leitungsorgan des Mutterunternehmens berichtet.[108]

101 Im Hinblick auf die konkrete Ausgestaltung der Konzernrevision gilt der Grundsatz der Proportionalität. Sie hängt somit insbesondere von Art, Umfang, Komplexität und Risikogehalt der von der Gruppe betriebenen Geschäftsaktivitäten sowie von den gesellschaftsrechtlichen Möglichkeiten ab (→ AT 4.5 Tz. 1, Erläuterung). Die gesellschaftsrechtlichen Einwirkungsmöglichkeiten des übergeordneten Unternehmens innerhalb der Gruppe sind für die Durchschlagskraft der Konzernrevision von hoher Bedeutung. Bei einer weitgehend zentral geführten Bankengruppe wird die Konzernrevision eine andere Rolle einnehmen, als bei einem stärker dezentral geführten Konzern, der ggf. auch Nichtbanken umfasst. In zentral geführten Institutsgruppen wird die Konzernrevision in der Praxis regelmäßig von der Internen Revision des übergeordneten Unter-

---

107 Die MaRisk in der Fassung vom 20. Dezember 2005 setzten die Existenz einer Konzernrevision nicht in verbindlicher Form voraus: »Wenn eine Konzernrevision existiert, kann diese zur Unterstützung der Funktionsfähigkeit und Wirksamkeit der internen Kontrollverfahren in der Gruppe ergänzend zur Internen Revision des Tochterunternehmens tätig werden.« Bundesanstalt für Finanzdienstleistungsaufsicht, Mindestanforderungen an das Risikomanagement (MaRisk), Rundschreiben 18/2005 (BA) vom 20. Dezember 2005, BT 2.5 Tz. 1.

108 Vgl. European Banking Authority, Guidelines on common procedures and methodologies for the supervisory review and evaluation process (SREP) and supervisory stress testing, EBA/GL/2014/13, Consolidated version, 19. Juli 2018, S. 66.

nehmens wahrgenommen oder ist zumindest mit der Internen Revision des übergeordneten Unternehmens sehr eng verzahnt.

Hinsichtlich der Reichweite der Konzernrevision ist der Anwendungsbereich der MaRisk zu **102** beachten. Der Aktionsradius der Konzernrevision erstreckt sich damit auf alle wesentlichen Risiken, denen die Gruppe ausgesetzt ist, unabhängig davon, ob diese von konsolidierungspflichtigen Unternehmen in der Gruppe begründet werden oder nicht (→ AT 4.5 Tz. 1). Dies entspricht auch den Vorstellungen der EBA, wonach sich das gruppenweite Risikomanagement einschließlich der Konzernrevision auf alle wesentlichen Risiken einer Gruppe zu erstrecken hat.[109] Die Konzernrevision hat dies bei der Ausübung ihrer Tätigkeiten zu berücksichtigen (z. B. bei der Revisionsplanung).

Die Bezeichnung »Konzernrevision« ist vor dem Hintergrund des spezifischen Gruppenbegriffes **103** der MaRisk etwas unscharf. Der Konsolidierungskreis nach dem HGB muss nicht mit demjenigen der MaRisk zusammenfallen. Passender wäre wohl die Bezeichnung »Gruppenrevision« gewesen, da durch sie deutlicher zum Ausdruck kommt, dass hinsichtlich des Anwendungsbereiches der Konsolidierungskreis im Sinne der MaRisk maßgeblich ist. Die deutsche Aufsicht hat sich letztendlich gegen eine neue Bezeichnung entschieden. Auch von Seiten der Internen Revision wurden bezüglich der gewählten Terminologie bislang keine Einwände erhoben.

6.2   Aufgaben der Konzernrevision

Die Konzernrevision ist – entsprechend der Anforderung auf Ebene des einzelnen Institutes – ein **104** »Instrument« der Geschäftsleitung des übergeordneten Unternehmens. Die Konzernrevision hat im Rahmen des Risikomanagements der Gruppe ergänzend zur Internen Revision der gruppenangehörigen Unternehmen tätig zu werden. Sie kann dabei auf die Prüfungsergebnisse der Revisionen der gruppenangehörigen Unternehmen zurückgreifen. Die Formulierung ist offen gestaltet und lässt somit gewisse Spielräume für alternative Umsetzungslösungen. Da sich der Aufgabenbereich der Konzernrevision auf die ganze Gruppe erstreckt, bestehen naturgemäß Unterschiede zu den Tätigkeiten, die im Zentrum der Internen Revision eines Institutes stehen. Zu berücksichtigen ist ferner, dass die Eigenständigkeit der Revisionen bei den gruppenangehörigen Unternehmen weitgehend gewahrt bleibt. Die Konzernrevision tritt insbesondere nicht an die Stelle der Revisionen der Unternehmen der Gruppe.

In der Praxis erstreckt sich der Aufgabenbereich der Konzernrevision insbesondere auf folgende **105** Aspekte[110]:

- Ausarbeitung von konzernweiten Rahmenbedingungen für die Revisionstätigkeit, die mit den gruppenangehörigen Unternehmen abzustimmen sind und deren Beachtung von der Konzernrevision zu überwachen ist,
- Erstellung, Abstimmung und Koordination einer konzernweiten Prüfungsplanung,
- Durchführung von Sonderprüfungen im Auftrag der Geschäftsleitung des übergeordneten Unternehmens,
- Unterstützung der Prüfungstätigkeit der gruppenangehörigen Revisionen,
- Bereitstellung von Spezialexpertise, wie z. B. für die IT-Revision, und Unterstützung bei der Klärung grundsätzlicher Fragestellungen,

---

109 Vgl. European Banking Authority, Guidelines on common procedures and methodologies for the supervisory review and evaluation process (SREP) and supervisory stress testing, EBA/GL/2014/13, Consolidated version, 19. Juli 2018, S. 66.

110 Vgl. Rohrmann, Jürgen/Stein, Henrik, Konzernrevision – Aufbau und Aufgabenwahrnehmung vor dem Hintergrund von § 25a Abs. 1a KWG, Vortrag im Rahmen des IIR-Forums Kreditinstitute in Bremen, 9. Oktober 2006.

– Auswertung der Prüfungsergebnisse der Gruppe und zusammengefasste Berichterstattung an die Geschäftsleitung des übergeordneten Unternehmens sowie
– Durchführung von »Quality Reviews« in den Revisionen der Gruppe.

106 Im Zuge der fünften MaRisk-Novelle aus dem Jahr 2017 wurden die Anforderungen an die Konzernrevision deutlich verschärft. Seitdem ist sicherzustellen, dass für die Konzernrevision und die Internen Revisionen der gruppenangehörigen Unternehmen Revisionsgrundsätze und Prüfungsstandards gelten, die eine Vergleichbarkeit der Prüfungsergebnisse gewährleisten. Die Konzernrevision hat einen umfassenden und jährlich fortzuschreibenden Prüfungsplan aus Konzernsicht zu erstellen.[111] Die Prüfungsplanungen der Konzernrevision und der Internen Revisionen der gruppenangehörigen Unternehmen sind aufeinander abzustimmen. Im Rahmen dieser Abstimmung kann sich die Konzernrevision einen Überblick über die Themen und Risiken in den Prüfungsplänen der nachgeordneten Unternehmen verschaffen, die aus Gruppensicht relevant sind. Die Internen Revisionen der Tochtergesellschaften können wiederum sicherstellen, dass sie die Prüfungen der Konzernrevision bei ihren Planungen berücksichtigen können.[112] Darüber hinaus gelten für die Prüfungsplanung im Wesentlichen die auf Ebene des einzelnen Institutes genannten Prinzipien (Risikoorientierung, Risikobewertung, Prüfungsturnus etc.).

107 Die Konzernrevision kann Prüfungshandlungen selbst oder mit Unterstützung der Internen Revisionen der nachgeordneten Unternehmen durchführen. Der Fokus der Sonderprüfungen der Konzernrevision wird regelmäßig auf die Einhaltung der (aufsichtsrechtlichen) Anforderungen auf Gruppenebene liegen, da hierfür das übergeordnete Unternehmen verantwortlich ist. Die Geschäftsleitung des übergeordneten Unternehmens kann die Konzernrevision aber auch in Einzelfällen beauftragen, Prüfungen in einzelnen Gesellschaften durchzuführen, um konzernrelevante Risiken zu beurteilen. Die Einbeziehung der Internen Revision einer Tochtergesellschaft in eine gruppenweite Prüfung wird insbesondere dann sinnvoll sein, wenn diese z. B. durch spezielle Kenntnisse der Prozesse oder IT-Systeme in dem Tochterunternehmen eine effektivere und effizientere Prüfung ermöglicht. In der Praxis verbleibt zudem die Verantwortlichkeit für das Follow-up der in den Tochtergesellschaften festgestellten Einzelfeststellungen aus Praktikabilitätsgründen regelmäßig bei der Internen Revision des Tochterunternehmens mit entsprechender Meldung an die Konzernrevision, wohingegen die Einzelfeststellungen des konsolidierten Gesamtberichtes durch die Konzernrevision nachverfolgt werden.[113] Auch die Verfahren zur Überwachung der fristgerechten Mängelbeseitigung sind seit der fünften MaRisk-Novelle zwischen der Konzernrevision und den Internen Revisionen der nachgeordneten Unternehmen aufeinander abzustimmen.

6.3 Berichterstattung der Konzernrevision

108 Mit dem Trennbankengesetz wurde eine regelmäßige quartalsweise Berichterstattung der Konzernrevision an die Geschäftsleitung des übergeordneten Unternehmens verpflichtend eingeführt. Seitdem haben die Geschäftsleiter im Rahmen ihrer Gesamtverantwortung für die ordnungsgemäße Geschäftsorganisation der Gruppe gemäß § 25c Abs. 4b Satz 2 Nr. 3 lit. g KWG dafür Sorge zu tragen, dass die Interne Revision in angemessenen Abständen, mindestens aber vierteljährlich, an die

---

111 Dieser gruppenweite Prüfungsplan kann in den Prüfungsplan des übergeordneten Unternehmens integriert oder separat dokumentiert werden. Auch bei einer Integration in den Prüfungsplan des übergeordneten Unternehmens hat die Prüfungsplanung der Konzernrevision die Prinzipien des BT 2.3 Tz. 1 für die Gruppenebene zu erfüllen.

112 Vgl. Deutsches Institut für Interne Revision e. V., Online-Revisionshandbuch, Stand Dezember 2019, S. 137.

113 Vgl. Deutsches Institut für Interne Revision e. V., Online-Revisionshandbuch, Stand Dezember 2019, S. 140f.

Geschäftsleitung berichtet.[114] Der durch das Trennbankengesetz vorgegebene vierteljährliche Berichtsturnus wurde mit der fünften MaRisk-Novelle auch in den MaRisk verankert.[115] Die Interne Revision hat die Berichte zudem parallel dem Aufsichtsorgan des übergeordneten Unternehmens vorzulegen. Die MaRisk enthalten keine Vorgaben an Inhalt und Umfang der Prüfungsberichte der Konzernrevision. Es können jedoch die Vorgaben für die einzelnen Institute, insbesondere im Hinblick auf die Mängelkategorisierung und die Darstellung der Feststellungen in den Quartalsberichten und im Jahresbericht, herangezogen werden (→ BT 2 Tz. 1 und 4).

6.4 Grenzen der Konzernrevision

Ob und ggf. inwieweit die Konzernrevision ihre oben genannten Aufgaben tatsächlich ausüben **109** kann, hängt nicht unerheblich von der Kooperationsbereitschaft der Geschäftsleiter der gruppenangehörigen Unternehmen ab, deren Recht zur eigenverantwortlichen Leitung der Gesellschaft gemäß § 76 Abs. 1 AktG durch bankaufsichtliche Regelungen grundsätzlich nicht eingeschränkt wird (→ AT 4.5 Tz. 1, Erläuterung). Bezüglich der Einflussmöglichkeiten der Konzernrevision können sich auch dann Probleme ergeben, wenn das Verhältnis zwischen den gruppenangehörigen Unternehmen nicht natürlich gewachsen ist oder wenn es sich um ausländische Töchter handelt (insbesondere bei abweichenden »Revisionsphilosophien« auf nachgeordneter Ebene). Würde die Konzernrevision in solchen Fällen zu forsch gegen die Internen Revisionen der gruppenangehörigen Unternehmen vorgehen, könnte dies ggf. zu unerwünschten Abwehrreaktionen führen, die einer wirksamen Konzernrevision im Wege stehen.

Sollte der Wirkungskreis der Konzernrevision beschränkt werden, so ist die Geschäftsleitung des **110** übergeordneten Unternehmens in der Pflicht, im Rahmen ihrer Möglichkeiten eine Lösung herbeizuführen. Zwischen den gruppenangehörigen Unternehmen sind Vereinbarungen zu treffen, die eine funktionsfähige Konzernrevision sicherstellen. Die Ziele einer konzernweit agierenden Revision lassen sich grundsätzlich effektiver durchsetzen, wenn bspw. ein Beherrschungsvertrag gemäß § 291 AktG zwischen dem Mutterunternehmen und dem beherrschten Tochterunternehmen vereinbart wurde. Unterschiedliche Revisionsphilosophien können auch im Wege eines evolutionären Prozesses angeglichen werden. Die Revisionen der nachgeordneten Unternehmen könnten bspw. dazu angehalten werden, an einem »Quality Assessment« auf der Basis allgemeiner Revisionsstandards mitzuwirken. Die Ergebnisse solcher Assessments leisten regelmäßig einen Beitrag, die gruppenweite Zusammenarbeit der Revisionen – weitgehend konfliktfrei – zu stärken.[116]

6.5 Auslagerung der Internen Revision und Intra-Group-Auslagerung

Nach den Auslagerungsregelungen der MaRisk können Aktivitäten und Prozesse grundsätzlich **111** ausgelagert werden, solange die Ordnungsmäßigkeit der Geschäftsorganisation nicht beeinträch-

---

114 Der Jahresabschlussprüfer hat nach § 11 Abs. 4 PrüfBV zu beurteilen, ob die Geschäftsleiter im Rahmen ihrer Pflichten und ihrer Gesamtverantwortung für die ordnungsgemäße Geschäftsorganisation dieser Aufgabe nachgekommen sind.

115 Da das Trennbankengesetz am 1. Januar 2014 in Kraft getreten ist, bestand die Verpflichtung zu einer quartalsweisen Berichterstattung bereits nach Ablauf des ersten Quartals 2014.

116 Als Benchmark könnte dabei auf gängige Standards des DIIR zurückgegriffen werden. Vgl. Deutsches Institut für Interne Revision e.V., Fachliche Mitteilungen des IIR, IIR Revisionsstandard Nr. 3, Qualitätsmanagement in der Internen Revision, in: Zeitschrift Interne Revision, Heft 5/2002, S. 214–224.

tigt wird. Die teilweise oder vollständige Auslagerung der Internen Revision ist daher – unabhängig von der Größe des auslagernden Institutes – grundsätzlich möglich. Ob und ggf. inwieweit eine Auslagerung angemessen ist, hängt vom Ergebnis der Risikoanalyse ab, die vom Institut in eigener Verantwortung durchzuführen ist (→ AT 9 Tz. 2). Aufgrund der hervorgehobenen Stellung der Internen Revision als Instrument der Geschäftsleitung wird die Wesentlichkeit bei einer weitgehenden oder vollständigen Auslagerung regelmäßig zu bejahen sein.[117] Gemäß § 24 Abs. 1 Nr. 19 KWG sind die Absicht und der Vollzug wesentlicher Auslagerungen ab dem 1. Januar 2022 bei der Aufsicht unverzüglich anzuzeigen.[118] Die Aufsicht hat im Rahmen der fünften MaRisk-Novelle ihre Maßstäbe an eine teilweise oder vollständige Auslagerung der Internen Revision präzisiert (→ AT 9 Tz. 4 und 5). Eine Auslagerung von Aktivitäten und Prozessen kann danach nur in einem Umfang vorgenommen werden, der gewährleistet, dass hierdurch das Institut weiterhin über Kenntnisse und Erfahrungen verfügt, die eine wirksame Überwachung der vom Auslagerungsunternehmen erbrachten Dienstleistungen gewährleistet.

112 In der Praxis ist bei Institutsgruppen mit einer hohen Integrationsdichte, die vom Konzernvorstand zentral gesteuert werden, eine vollständige bzw. sehr weitgehende Auslagerung der Internen Revisionen der nachgeordneten Unternehmen auf die Konzernrevision nicht unüblich. Die Aufsicht hat im Zuge der fünften MaRisk-Novelle die Anforderungen an derartige »Intra-Group-Auslagerungen« umfassend geregelt und mit der sechsten MaRisk-Novelle nochmals präzisiert. Danach ist eine vollständige Auslagerung der besonderen Funktionen für Tochterinstitute innerhalb einer Institutsgruppe zulässig, sofern das auslagernde Institut sowohl hinsichtlich seiner Größe, Komplexität und dem Risikogehalt seiner Geschäftsaktivitäten für den nationalen Finanzsektor als auch hinsichtlich seiner Bedeutung innerhalb der Gruppe als nicht wesentlich einzustufen ist. Dies gilt auch für Gruppen, wenn das Mutterunternehmen kein Institut und im Inland ansässig ist (→ AT 9 Tz. 5).[119] Sofern die Konzernrevision für bestimmte Prüfungsfelder oder sogar für die gesamte Revisionstätigkeit eines gruppenangehörigen Unternehmens ausschließlich verantwortlich ist, muss sichergestellt sein, dass die an das Institut im Hinblick auf die Ausgestaltung der Internen Revision gestellten Anforderungen auch für die Konzernrevision Gültigkeit besitzen. Die entsprechenden Anforderungen sind in den Modulen AT 4.4.3 bzw. BT 2 niedergelegt und im Falle der Auslagerung auf die Konzernrevision entsprechend zu beachten. Damit sind die Revisionsgrundsätze sowie die Regelungen zur Prüfungsplanung und -durchführung und zur Berichtspflicht analog auf die Konzernrevision anzuwenden.

113 Das Institut hat für die Steuerung und Überwachung wesentlicher (teilweiser oder vollständiger) Auslagerungen grundsätzlich klare Verantwortlichkeiten festzulegen. Soweit die Interne Revision vollständig ausgelagert wird, hat die Geschäftsleitung einen ihr unmittelbar unterstellten Revisionsbeauftragten zu benennen, der bestimmte Aufgaben wahrnehmen muss (→ AT 9 Tz. 10 inkl. Erläuterung).

---

117 Dies entspricht dem Verständnis der EBA, wonach die operativen Tätigkeiten der internen Kontrollfunktionen Risikocontrolling- und Compliance-Funktion sowie Interne Revision für die Zwecke der Auslagerung stets als kritische/bedeutende Funktionen einzuordnen sind. Vgl. European Banking Authority, Leitlinien zu Auslagerungen, EBA/GL/2019/02, 25. Februar 2019, S. 12.

118 Darüber hinaus besteht eine unverzügliche Anzeigepflicht bei wesentlichen Änderungen und schwerwiegenden Vorfällen im Rahmen von bestehenden wesentlichen Auslagerungen, die einen wesentlichen Einfluss auf die Geschäftstätigkeit des Institutes haben können. Die Regelung geht auf die EBA-Leitlinien zu Auslagerungen aus dem Jahr 2019 zurück. Vgl. European Banking Authority, Leitlinien zu Auslagerungen, EBA/GL/2019/02, 25. Februar 2019, S. 25.

119 Unabhängig davon ist bei kleinen Instituten zudem eine Vollauslagerung der Internen Revision innerhalb der Gruppe oder auf ein gruppenfremdes Unternehmen zulässig, sofern deren Einrichtung vor dem Hintergrund der Institutsgröße sowie der Art, des Umfangs, der Komplexität und des Risikogehalts der betriebenen Geschäftsaktivitäten nicht angemessen erscheint.

AT 5 Organisationsrichtlinien

1	**Einführung und Überblick**	1
2	**Erfordernis von Organisationsrichtlinien (Tz. 1)**	6
2.1	Grundsätzliche Anforderungen an die Organisationsrichtlinien	7
2.2	Darstellung der Organisationsrichtlinien	11
2.3	Rahmenanweisungen	14
3	**Schriftliche Fixierung, Anpassung und Kommunikation (Tz. 2)**	16
3.1	Schriftliche Fixierung	17
3.2	Kommunikation der Organisationsrichtlinien	18
3.3	Anlassbezogene Änderungen der Organisationsrichtlinien	21
4	**Bestandteile der Organisationsrichtlinien (Tz. 3)**	22
4.1	Elemente der Organisationsrichtlinien	23
4.1.1	Regelungen zur Aufbau- und Ablauforganisation	27
4.1.2	Regelungen zu den Risikosteuerungs- und -controllingprozessen	28
4.1.3	Regelungen zur Risikodatenaggregation	29
4.1.4	Regelungen zur Internen Revision	31
4.1.5	Einhaltung sonstiger Gesetze und Vorgaben	32
4.1.6	Verfahrensweisen bei Auslagerungen	33
4.1.7	Verhaltenskodex für die Mitarbeiter	40
4.1.8	Berücksichtigung von Nachhaltigkeitsrisiken	47
4.2	Anforderungen der EBA an interne Richtlinien und Kontrollrichtlinien	51
5	**Ausgestaltung der Organisationsrichtlinien (Tz. 4)**	54
5.1	Prüfung durch die Interne Revision	55

1 Einführung und Überblick

1 Der Gesamtorganisation eines Unternehmens liegt ein System von Regelungen zugrunde, welches Mitarbeiter und Betriebsmittel derart miteinander verknüpft, dass die Ziele des Unternehmens erreicht werden können. Selbst bei kleineren Unternehmen kann dieses System von Regelungen nur auf Basis einer schriftlich fixierten Ordnung (SFO) umgesetzt werden. Organisationsrichtlinien sind ein wesentlicher Bestandteil der schriftlich fixierten Ordnung. Sie geben den Mitarbeitern unter Berücksichtigung der wirtschaftlichen Ziele des Unternehmens klare Handlungsanweisungen für das Betreiben der Geschäftsaktivitäten an die Hand. Durch sie wird eine Brücke zwischen den strategischen Vorgaben und der operativen Umsetzung dieser Vorgaben geschlagen.

2 Organisationsrichtlinien haben aber noch weitere Vorteile. So muss z. B. nicht in jedem Einzelfall darüber nachgedacht werden, welcher Mitarbeiter für welche Aufgaben zuständig ist. Ebenso müssen Vorgaben der Geschäftsleitung und Entscheidungsbefugnisse nicht ständig neu definiert werden, da sie schriftlich fixiert und somit für alle transparent sind. Organisationsrichtlinien leisten daher einen Beitrag zur Verbesserung der Koordination und steigern darüber hinaus die Effizienz des Unternehmens. Durch sie wird Komplexität reduziert und damit Ordnung geschaffen.

3 Jedoch können organisatorische Regelungen auch eine wenig zweckmäßige Eigendynamik entwickeln. Überbordende interne Regelwerke hemmen die Kreativität der Mitarbeiter und lassen keinen Raum für flexible Lösungen. Die Mitarbeiter fühlen sich bevormundet und eingeengt, was über kurz oder lang dazu führt, dass ihre Motivation nachlässt. Das Ergebnis sind Kosten, die im Extremfall sogar den Nutzen von Organisationsrichtlinien überwiegen können.

4 Die MaRisk geben den Instituten einen Rahmen für die Ausgestaltung der Organisationsrichtlinien vor. Die einzelnen Anforderungen beschränken sich auf wesentliche Aspekte und belassen genügend Raum für individuelle Umsetzungslösungen. Die deutsche Aufsicht betont in diesem Zusammenhang, dass der Detaillierungsgrad der Organisationsrichtlinien von Art, Umfang, Komplexität und Risikogehalt der Geschäftsaktivitäten abhängen soll. Es liegt im Eigeninteresse der Institute, diesen offenen Rahmen unter Berücksichtigung betriebswirtschaftlicher Aspekte auf sachgerechte Weise mit Leben zu füllen.

5 Die Anforderungen an die Ausgestaltung der Organisationsrichtlinien sind in den MaRisk nicht abschließend geregelt. Zusätzliche Vorgaben für die Organisationsrichtlinien der Institute enthalten z. B. § 11 Abs. 1 und § 26 InstitutsVergV, das Merkblatt der BaFin zum Umgang mit Nachhaltigkeitsrisiken[1] oder der EZB-Leitfaden zu Klima- und Umweltrisiken.[2]

---

1 Vgl. Bundesanstalt für Finanzdienstleistungsaufsicht, Merkblatt zum Umgang mit Nachhaltigkeitsrisiken, 20. Dezember 2019, geändert am 13. Januar 2020, S. 37 f.

2 Vgl. Europäische Zentralbank, Leitfaden zu Klima- und Umweltrisiken – Erwartungen der Aufsicht in Bezug auf Risikomanagement und Offenlegungen, 27. November 2020, S. 28 ff.

2 Erfordernis von Organisationsrichtlinien (Tz. 1)

1 Das Institut hat sicherzustellen, dass die Geschäftsaktivitäten auf der Grundlage von Organisationsrichtlinien betrieben werden (z. B. Handbücher, Arbeitsanweisungen oder Arbeitsablaufbeschreibungen). Der Detaillierungsgrad der Organisationsrichtlinien hängt von Art, Umfang, Komplexität und Risikogehalt der Geschäftsaktivitäten ab.   **6**

2.1 Grundsätzliche Anforderungen an die Organisationsrichtlinien

Die Geschäftsaktivitäten müssen auf der Grundlage von Organisationsrichtlinien betrieben werden. Diese Anforderung war bereits Gegenstand der MaK und MaH.[3] Auch aus den MaIR konnte mittelbar bereits das Erfordernis einer schriftlich fixierten Ordnung bzw. von Organisationsrichtlinien abgeleitet werden.[4] Für die Institute gehört die Erstellung von Organisationsrichtlinien somit schon seit geraumer Zeit zum bankaufsichtlichen Pflichtprogramm.   **7**

In den Organisationsrichtlinien sind nach den MaRisk insbesondere Regelungen zum internen Kontrollsystem (Aufbau- und Ablauforganisation, Risikosteuerungs- und -controllingprozesse, Risikocontrolling- und Compliance-Funktion) und zur Internen Revision festzulegen. Ferner muss aus den Organisationsrichtlinien hervorgehen, wie eine Einhaltung rechtlicher Regelungen und Vorgaben gewährleistet werden kann. Seit der fünften MaRisk-Novelle aus dem Jahr 2017 müssen die Organisationsrichtlinien einen Verhaltenskodex für die Mitarbeiter beinhalten, wobei allerdings kleine Institute mit einem einfachen Geschäftsmodell und geringer Risikoexponierung auf die Erstellung eines gesonderten Verhaltenskodex verzichten können. Die ebenfalls im Zuge der fünften MaRisk-Novelle eingefügte Anforderung, wonach systemrelevante Institute in die Organisationsrichtlinien Regelungen zu Verfahren, Methoden und Prozessen der Aggregation von Risikodaten aufzunehmen haben, wurde mit der sechsten MaRisk-Novelle aus dem Jahr 2021 auf bedeutende Institute gemäß Art. 6 SSM-Verordnung ausgeweitet. Schließlich sind in den Organisationsrichtlinien die Verfahrensweisen bei Auslagerungen von Aktivitäten und Prozessen niederzulegen. Diese haben seit der sechsten MaRisk-Novelle die zentralen Phasen des Lebenszyklus von Auslagerungsvereinbarungen zu umfassen und Definitionen der Grundsätze, Zuständigkeiten und Prozesse zu enthalten. Zudem müssen die Institute nunmehr sicherstellen, dass das Auslagerungsunternehmen in einer mit den Werten und dem Verhaltenskodex des auslagernden Institutes im Einklang stehenden Weise handelt (→ AT 5 Tz. 3, Erläuterung).   **8**

Die Organisationsrichtlinien sind in schriftlicher Form abzufassen und den betroffenen Mitarbeitern in geeigneter Weise bekanntzumachen. Die Institute haben ferner sicherzustellen, dass sie den Mitarbeitern in der jeweils aktuellen Fassung zur Verfügung stehen. Bei Veränderungen der Aktivitäten und Prozesse sind die Organisationsrichtlinien zeitnah anzupassen (→ AT 5 Tz. 2). Aufgrund von § 25a Abs. 3 KWG ergibt sich für übergeordnete Unternehmen einer Institutsgruppe, Finanzholding-Gruppe, gemischten Finanzholding-Gruppe und Unterkonsolidierungsgruppe gemäß Art. 22 CRR die Verpflichtung zur Aufstellung gruppenweiter Organisationsricht-   **9**

---

3 Vgl. Bundesanstalt für Finanzdienstleistungsaufsicht, Mindestanforderungen an das Kreditgeschäft der Kreditinstitute (MaK), Rundschreiben 34/2002 (BA) vom 20. Dezember 2002, Tz. 214; Bundesaufsichtsamt für das Kreditwesen, Mindestanforderungen an das Betreiben von Handelsgeschäften der Kreditinstitute (MaH), Verlautbarung vom 23. Oktober 1995, Abschnitt 2.2.

4 Vgl. Bundesaufsichtsamt für das Kreditwesen, Mindestanforderungen an die Ausgestaltung der Internen Revision der Kreditinstitute (MaIR), Rundschreiben 1/2000 vom 17. Januar 2000, Tz. 212 f.

linien. Die Richtlinien müssen die Gruppenstruktur transparent machen und Informationen zur Ausgestaltung des Risikomanagements auf Gruppenebene enthalten (→ AT 4.5).

10   Die deutsche Aufsicht weist ausdrücklich darauf hin, dass der Detaillierungsgrad der Organisationsrichtlinien von Art, Umfang, Komplexität und Risikogehalt der Geschäftsaktivitäten abhängt. Diese Regelung ist Ausfluss des Proportionalitätsprinzips und ermöglicht es den Instituten, die Anforderung institutsindividuell umzusetzen. Ergänzend kann auf die von der EBA entwickelten Kriterien für den Grundsatz der Proportionalität und den detaillierten Katalog zur Konkretisierung dieser Kriterien zurückgegriffen werden.[5] In ihrem Bericht zu den überarbeiteten Leitlinien zur internen Governance vom Juli 2021 führt die EBA die Unterscheidung zwischen einem kleinen und nicht komplexen Institut (»small and non complex institution«) und einem großen Institut (»large institution«) als zusätzliches Kriterium für das Proportionalitätsprinzip ein (→ AT 1 Tz. 3).[6] Es liegt auf der Hand, dass die Organisationsrichtlinien bei kleinen Instituten mit überschaubaren Geschäftsaktivitäten wesentlich schlanker ausgestaltet sein können, als die Richtlinien eines international tätigen Institutes, das umfangreiche und komplexe Geschäfte betreibt.

2.2   Darstellung der Organisationsrichtlinien

11   Hinsichtlich der Darstellung der Organisationsrichtlinien kommt es aus Sicht der deutschen Aufsicht in erster Linie darauf an, dass diese sachgerecht und für die Mitarbeiter des Institutes nachvollziehbar sind. Die konkrete Art und Weise der Darstellung bleibt den Instituten überlassen (→ AT 5 Tz. 1, Erläuterung). Beispielhaft wird auf Handbücher, Arbeitsanweisungen sowie Arbeitsablaufbeschreibungen hingewiesen. Die traditionelle Darstellung in Form von Handbüchern ist allerdings nicht zwingend. IT-gestützte Lösungen (z. B. Intranet, Datenbanken) sind ebenso möglich und unter betriebswirtschaftlichen Gesichtspunkten sogar sehr zu empfehlen (→ AT 5 Tz. 2).

12   Eine Konsolidierung bestehender Organisationsrichtlinien, z. B. in Form eines umfassenden Risikohandbuches[7], kann in Abhängigkeit von der konkreten Situation zwar durchaus hilfreich sein, ist aber nicht obligatorisch. Der Rückgriff auf Organisationsrichtlinien, die sich lediglich auf abgegrenzte Bereiche beziehen (z. B. Kredithandbücher, IT-Handbücher, Auslagerungshandbücher), ist insoweit möglich. Im Eigeninteresse der Institute sollten unterschiedliche Richtlinien allerdings aufeinander abgestimmt sein. Nicht erforderlich ist ferner die Darstellung detaillierter Prozessabbildungen (»Workflows«). Eine Darstellung mittels Workflow kann ggf. im standardisierten Mengengeschäft sinnvoll sein, da sich auf diese Weise die Prozessroutinen anschaulich abbilden lassen. Für das komplexe Geschäft, das individuelle Analysen erfordert, werden Prozessabbildungen aufgrund der fehlenden Flexibilität sowie des damit verbundenen Aufwandes in der Praxis hingegen als weniger sinnvoll angesehen.[8]

13   Das Institut hat sicherzustellen, dass die Interne Revision auf Basis der Organisationsrichtlinien in die Sachprüfung eintreten kann (→ AT 5 Tz. 4). Auch die Bedürfnisse von externen Prüfern sollten bei der Ausgestaltung der Organisationsrichtlinien berücksichtigt werden. Eine sachge-

---

5   Vgl. European Banking Authority, Leitlinien zur internen Governance, EBA/GL/2017/11, 21. März 2018, S. 8 f.

6   Art. 4 Abs. 1 Nr. 145 CRR enthält die Definition von kleinen und nicht komplexen Instituten, Art. 4 Abs. 1 Nr. 146 CRR die Definition von großen Instituten. Vgl. European Banking Authority, Final Report on Guidelines on internal governance under Directive 2013/36/EU, EBA/GL/2021/05, 2. Juli 2021, S. 19.

7   Vgl. z. B. Deutscher Genossenschafts- und Raiffeisenverband e. V., Das Risikomanagement als Grundsatz ordnungsmäßiger Geschäftsführung, DGRV-Schriftenreihe, Band 42, Wiesbaden, 2000, S. 251 ff.; Kurfels, Matthias, Beitrag eines Risikohandbuchs zur Erfüllung der MaRisk, in: BankPraktiker, Heft 4/2006, S. 2174 ff.

8   Vgl. Bundesanstalt für Finanzdienstleistungsaufsicht, Protokoll der vierten Sitzung des MaK-Fachgremiums am 27. April 2004, S. 22.

rechte und nachvollziehbare Darstellung der Organisationsrichtlinien kann daher im Interesse aller Beteiligten mit dazu beitragen, den Prüfungsaufwand von internen und externen Prüfern erheblich zu reduzieren. Prüfungen können effizienter durchgeführt werden, was sich dementsprechend in der Höhe der Prüfungskosten widerspiegelt.

2.3   Rahmenanweisungen

In der Praxis existieren insbesondere in großen Instituten neben Organisationsrichtlinien häufig von der Geschäftsleitung verabschiedete Rahmenanweisungen, die geschäfts- oder risikostrategische Vorgaben präzisieren. Durch solche übergeordneten Rahmenanweisungen lassen sich in abstrakter Form gemeinsame Grundlagen definieren, die die Organisationseinheiten (z.B. Markt, Marktfolge, Handel, Abwicklung und Kontrolle) bei der Ausarbeitung ihrer speziellen Organisationsrichtlinien auf der operativen Ebene zu beachten haben. Da Rahmenanweisungen i.d.R. als zeitstabiler und kompakter als die detailreichen Organisationsrichtlinien einzustufen sind, können die allgemeinen Sorgfaltspflichten der Geschäftsleitung effizient auf wesentliche Aspekte begrenzt werden. Zugleich werden die einzelnen Organisationseinheiten in die Lage versetzt, auf ihrer Basis maßgeschneiderte Lösungen zu entwickeln. Die Kombination von strategischen und operativen Elementen kann einen Beitrag zur Entwicklung einer umfassenden schriftlich fixierten Ordnung für das gesamte Institut leisten.[9]   **14**

Für Institute mit überschaubaren Geschäftsaktivitäten wäre ein dreistufiges Konzept (Strategien, Rahmenanweisungen, Organisationsrichtlinien) jedoch unter Umständen überproportioniert. Die Geschäftsleiter sind bei diesen Instituten häufig unmittelbar in das operative Tagesgeschäft eingebunden, so dass Rahmenanweisungen als Bindeglied zwischen Strategien und Organisationsrichtlinien unter Effizienzgesichtspunkten weniger zweckmäßig erscheinen. Für diese Institute kann wiederum die Erstellung eines so genannten »Handbuches Unternehmenssteuerung« sinnvoll sein, das alle unternehmensweit gültigen Dokumente (Geschäfts- und Risikostrategien, Risikotragfähigkeitskonzept, Risikosteuerungs- und -controllingprozesse) zusammenführt, um die steuerungsrelevanten Informationen besser aufeinander abstimmen und damit konsistent gestalten zu können.[10]   **15**

---

9   Vgl. Anders, Ulrich, An Integrated Framework for the Governance of Companies, in: Operational Risk, Heft 3/2004, S. 24ff.
10 Vgl. Eller, Roland/Kurfels, Matthias, Praxisorientierte Dokumentation der MaRisk-Umsetzung, in: BankPraktiker, Heft 5/2007, S. 277.

3 Schriftliche Fixierung, Anpassung und Kommunikation (Tz. 2)

16 **2** Die Organisationsrichtlinien müssen schriftlich fixiert und den betroffenen Mitarbeitern in geeigneter Weise bekanntgemacht werden. Es ist sicherzustellen, dass sie den Mitarbeitern in der jeweils aktuellen Fassung zur Verfügung stehen. Die Richtlinien sind bei Veränderungen der Aktivitäten und Prozesse zeitnah anzupassen.

3.1 Schriftliche Fixierung

17 Organisationsrichtlinien bilden ein verbindliches System von Regelungen, das der Umsetzung der Ziele des Institutes dient. Eine Verkündung auf mündlicher Basis ist vor diesem Hintergrund weder praktikabel noch zweckmäßig. Die schriftliche Fixierung der Organisationsrichtlinien ist daher obligatorisch. Sie ist bereits Ausfluss ihrer Einordnung als Teil der schriftlich fixierten Ordnung (SFO) des Institutes.

3.2 Kommunikation der Organisationsrichtlinien

18 Die Organisationsrichtlinien sind den Mitarbeitern in geeigneter Weise bekanntzumachen. Dabei muss sichergestellt werden, dass sie den Mitarbeitern in der jeweils aktuellen Fassung zur Verfügung stehen. Bezüglich des konkreten Mediums sowie der Forderung nach Aktualität sind z.B. folgende Alternativen denkbar:

- Handbücher, die den Mitarbeitern als Gesamtwerk zur Verfügung gestellt werden: Soweit aus aktuellem Anlass Anpassungsbedarf besteht, werden den Mitarbeitern die überarbeiteten Handbücher komplett neu zugesandt.
- Handbücher, die den Mitarbeitern in Form von Loseblatt-Sammlungen zur Verfügung gestellt werden: Besteht Anpassungsbedarf von Teilen der Organisationsrichtlinien, werden den Mitarbeitern Ergänzungslieferungen zugesandt, die von den Mitarbeitern in die Loseblatt-Sammlungen einzusortieren sind.
- IT-gestützte Lösungen (z.B. Intranet, Datenbanken): Die Mitarbeiter werden z.B. per E-Mail über aktuelle Anpassungen der Organisationsrichtlinien unterrichtet.

19 Jedes Institut sollte unter Berücksichtigung bislang gesammelter Erfahrungen sowie betriebswirtschaftlicher Aspekte abwägen, welche konkrete Alternative vorzuziehen ist. Vor dem Hintergrund der weiten Verbreitung moderner Medien in den Instituten liegt es allerdings nahe, auf IT-gestützte Lösungen zurückzugreifen. Dadurch lassen sich nicht nur die Kosten reduzieren und eine »Zettelwirtschaft« vermeiden. Auch die Einarbeitung notwendiger Änderungen und deren Bekanntmachung kann effizienter ausgestaltet werden. Zudem können Dokumente miteinander verlinkt werden. In Abhängigkeit von der Tragweite der Änderungen kann eine ggf. erforderliche Bestätigung von deren Kenntnisnahme durch die jeweils betroffenen Mitarbeiter ebenfalls auf elektronischem Wege erfolgen. IT-gestützte Lösungen haben sich zuletzt besonders bewährt, als die

Institute ihre Mitarbeiter vor dem Hintergrund der COVID-19-Pandemie und dem damit verbundenen staatlich verordneten »Lockdown« kurzfristig in das Homeoffice schicken mussten. Ohne einen weitgehenden elektronischen Zugriff auf die relevanten Daten und Dokumente wäre es anschließend kaum möglich gewesen, den Geschäftsbetrieb aufrecht zu erhalten.

Steht hingegen keine angemessene IT-Lösung zur Verfügung, muss auf die Papierform zurückgegriffen werden. Die erstgenannte Methode verursacht vermutlich die höchsten Kosten, wobei der Aufwand für die betroffenen Mitarbeiter geringer ist. Loseblatt-Sammlungen haben den Vorteil, dass zumindest die Druckkosten drastisch reduziert werden können. Allerdings kann es in Abhängigkeit von der jeweiligen Arbeitsbelastung der Mitarbeiter vorkommen, dass diese Handbücher nicht überall auf dem neuesten Stand gehalten werden. Dieses Problem muss institutsintern gelöst werden, um operationelle Risiken zu vermeiden. 20

3.3 Anlassbezogene Änderungen der Organisationsrichtlinien

Im Vergleich zu den alten MaK ist bei den MaRisk eine jährliche Überprüfung der Organisationsrichtlinien nicht obligatorisch.[11] Anpassungen der Organisationsrichtlinien sind vielmehr anlassbezogen vorzunehmen. Auf diese Weise kann angemessen auf Änderungen der internen und externen Rahmenbedingungen reagiert werden (z.B. Änderungen der geschäftsstrategischen Ausrichtung, Umwälzungen auf den Märkten). Daraus resultierende Anpassungen der Organisationsrichtlinien sind zeitnah umzusetzen, d.h. »so schnell wie nötig« oder auch »so schnell wie möglich«.[12] Durch die geforderte anlassbezogene Anpassung der Organisationsrichtlinien tragen die MaRisk dem dynamischen Umfeld der Institute Rechnung, welches eine kontinuierliche Auseinandersetzung mit den jeweils geltenden internen Regelungen erfordert. 21

---

11 Vgl. Bundesanstalt für Finanzdienstleistungsaufsicht, Mindestanforderungen an das Kreditgeschäft der Kreditinstitute (MaK), Rundschreiben 34/2002 (BA) vom 20. Dezember 2002, Tz. 215.

12 Vgl. Deutscher Sparkassen- und Giroverband, Mindestanforderungen an das Risikomanagement – Interpretationsleitfaden, Version 6.1, Berlin, Juli 2019, S. 36.

4 Bestandteile der Organisationsrichtlinien (Tz. 3)

22 **3** Die Organisationsrichtlinien haben vor allem Folgendes zu beinhalten:

a) Regelungen für die Aufbau- und Ablauforganisation sowie zur Aufgabenzuweisung, Kompetenzordnung und zu den Verantwortlichkeiten,

b) Regelungen hinsichtlich der Ausgestaltung der Risikosteuerungs- und -controllingprozesse,

c) Regelungen zu den Verfahren, Methoden und Prozessen der Aggregation von Risikodaten (bei bedeutenden Instituten),

d) Regelungen zur Internen Revision,

e) Regelungen, die die Einhaltung rechtlicher Regelungen und Vorgaben (z.B. Datenschutz, Compliance) gewährleisten,

f) Regelungen zu Verfahrensweisen bei Auslagerungen,

g) abhängig von der Größe des Institutes sowie der Art, dem Umfang, der Komplexität und dem Risikogehalt der Geschäftsaktivitäten, einen Verhaltenskodex für die Mitarbeiter.

4.1 Elemente der Organisationsrichtlinien

23 Unter inhaltlichen Gesichtspunkten decken die Organisationsrichtlinien zunächst wesentliche Elemente des Risikomanagements gemäß § 25a Abs. 1 KWG ab. Darzustellen sind die aufbau- und ablauforganisatorischen Regelungen, die Regelungen zu den Risikosteuerungs- und -controllingprozessen sowie zur Internen Revision. Zusätzlich muss aus den Organisationsrichtlinien hervorgehen, wie die Einhaltung rechtlicher Regelungen und Vorgaben gewährleistet werden soll. Darüber hinaus sind Regelungen zu Verfahrensweisen bei Auslagerungen von Aktivitäten und Prozessen darzustellen. Insoweit haben sich die Organisationsrichtlinien auch mit Elementen des § 25b KWG zu befassen. Die Organisationsrichtlinien müssen in Abhängigkeit von der Größe der Institute sowie der Art, dem Umfang, der Komplexität und dem Risikogehalt der Geschäftsaktivitäten einen Verhaltenskodex für die Mitarbeiter beinhalten. Darüber hinaus haben bedeutende Institute gemäß Art. 6 SSM-Verordnung in die Organisationsrichtlinien Regelungen zu den Verfahren, Methoden und Prozessen der Risikodatenaggregation aufzunehmen.

24 Eine separate Fixierung der einzelnen Elemente ist nicht zwingend erforderlich. Bestimmte Elemente können daher zusammengefasst werden, solange die Nachvollziehbarkeit der Organisationsrichtlinien dadurch nicht beeinträchtigt wird. Es liegt ferner im Ermessen der Institute, die Organisationsrichtlinien um Bestandteile zu ergänzen, die in den MaRisk nicht unmittelbar adressiert werden. Den Instituten werden in dieser Hinsicht durch die MaRisk keine Grenzen gesetzt.

25 Die abstrakten Anforderungen der MaRisk lassen den Instituten – im Vergleich zu den Vorgaben der alten Mindestanforderungen – größere Gestaltungsspielräume hinsichtlich der konkret zu erfassenden Elemente. So gehörten nach den MaK noch insgesamt elf Themenfelder zum Pflichtinhalt der Organisationsrichtlinien.[13] Im Unterschied zu den MaK müssen Festlegungen hinsichtlich der Inanspruchnahme wesentlicher Öffnungsklauseln zwar nicht mehr zwingend in den

---

13 Vgl. Bundesanstalt für Finanzdienstleistungsaufsicht, Mindestanforderungen an das Kreditgeschäft der Kreditinstitute (MaK), Rundschreiben 34/2002 (BA) vom 20. Dezember 2002, Tz. 216.

Organisationsrichtlinien fixiert werden.[14] Aus Gründen der Konsistenz und der besseren Übersichtlichkeit bietet sich jedoch eine Darstellung in den Organisationsrichtlinien an (→ AT 6 Tz. 2). Die abstrakten Anforderungen der MaRisk sind im Unterschied zu den MaK allerdings breiter gefasst. Ferner beziehen sich die MaRisk auf Regelungsbereiche, die nicht Gegenstand der MaK waren (z. B. Zinsänderungsrisiko im Anlagebuch).

Jedes Institut ist im Hinblick auf die Ausgestaltung der Organisationsrichtlinien dafür verantwortlich, eine individuell passende Lösung zu entwickeln. Die Ausgestaltung der Organisationsrichtlinien soll insgesamt von Art, Umfang, Komplexität sowie Risikogehalt der betriebenen Geschäfte abhängen (→ AT 5 Tz. 1). So kann es die konkrete Situation erfordern, einzelne Elemente sehr detailliert und andere weniger detailliert darzustellen.   **26**

4.1.1 Regelungen zur Aufbau- und Ablauforganisation

Die Organisationsrichtlinien haben u. a. eine Darstellung der aufbau- und ablauforganisatorischen Regelungen sowie der Aufgabenzuweisungen, Kompetenzen und Verantwortlichkeiten zu enthalten. Was im Einzelnen unter aufbau- und ablauforganisatorischen Regelungen sowie den ansonsten genannten Aspekten zu verstehen ist, wird sowohl im allgemeinen Teil als auch im besonderen Teil der MaRisk näher erläutert (→ AT 4.3.1 und BTO). Üblicherweise umfasst die konkrete Darstellung der Aufbau- und Ablauforganisation z. B. Organigramme, Ablaufbeschreibungen, Kompetenzordnungen, Berichtslinien sowie Aufgabenbeschreibungen.   **27**

4.1.2 Regelungen zu den Risikosteuerungs- und -controllingprozessen

Für die Zwecke der Darstellung der Risikosteuerungs- und -controllingprozesse bietet es sich an, die einzelnen Schritte dieser Prozesse in den Organisationsrichtlinien näher zu beschreiben. Im Einzelnen geht es also um die Beschreibung der Prozesse zur Identifizierung, Beurteilung, Steuerung, Überwachung und Kommunikation der Risiken (→ AT 4.3.2 Tz. 1). In diesem Zusammenhang liegt es nahe, bei der Darstellung dieser Prozesse zwischen den unterschiedlichen Risikoarten zu differenzieren. Da die Risikosteuerungs- und -controllingprozesse ein Bestandteil der Aufbau- und Ablauforganisation sind, ist ferner zu empfehlen, beide Elemente gemeinsam darzustellen.   **28**

4.1.3 Regelungen zur Risikodatenaggregation

Im Zuge der fünften MaRisk-Novelle wurden die vom Baseler Ausschuss für Bankenaufsicht formulierten Anforderungen an das Datenmanagement, die Datenqualität und die Aggregation von Risikodaten (BCBS 239)[15] in das neue Modul AT 4.3.4 aufgenommen und damit in die deutsche Aufsichtspraxis überführt.[16] Die Anforderungen galten nur für systemrelevante Institute, wobei die MaRisk hinsichtlich der Definition auf die global systemrelevanten Institute nach § 10h   **29**

---

14 Vgl. Bundesanstalt für Finanzdienstleistungsaufsicht, Mindestanforderungen an das Kreditgeschäft der Kreditinstitute (MaK), Rundschreiben 34/2002 (BA) vom 20. Dezember 2002, Tz. 216 lit. k.

15 Baseler Ausschuss für Bankenaufsicht, Grundsätze für die effektive Aggregation von Risikodaten und die Risikoberichterstattung, BCBS 239, 9. Januar 2013.

16 Das Modul AT 4.3.4 adressiert jene Teile von BCBS 239, die sich mit der Datenarchitektur und der IT-Infrastruktur auseinandersetzen. Die Anforderungen an die Informationstechnologie aus BCBS 239 wurden in den Bankaufsichtlichen Anforderungen an die IT (BAIT) umgesetzt, die Vorgaben zur Risikoberichterstattung wurden im Modul BT 3 berücksichtigt.

KWG und die anderweitig systemrelevanten Institute nach § 10g KWG verwiesen (→ AT 1 Tz. 3). Für das Modul AT 4.3.4 galten besondere Umsetzungsfristen, so dass die maßgeblichen Umsetzungszeitpunkte für die Aufnahme der Regelungen zu den Verfahren, Methoden und Prozessen der Aggregation von Risikodaten in den Organisationsrichtlinien bei den betroffenen Instituten unterschiedlich waren.[17]

30   Seit der sechsten MaRisk-Novelle haben – statt wie bisher systemrelevante Institute – grundsätzlich sämtliche bedeutenden Institute gemäß Art. 6 SSM-Verordnung die Anforderungen an das Datenmanagement, die Datenqualität und die Aggregation von Risikodaten zu erfüllen.[18] Folgerichtig haben die Organisationsrichtlinien dieser Institute zukünftig entsprechende Regelungen zu enthalten. Die deutsche Aufsicht begründet die Änderung mit den bestehenden Defiziten in den Risikodatenaggregationskapazitäten der Institute und mit der Aufsichtspraxis der EZB, die im Rahmen des SREP die Anforderungen aus BCBS 239 als Beurteilungsmaßstab heranzieht und von den von ihr direkt beaufsichtigten bedeutenden Instituten ohnehin die Erfüllung dieser Anforderungen erwartet. Hintergrund ist, dass die bestehenden Defizite in der Datenqualität sowohl das interne Risikomanagement der Institute als auch die Erfüllung der Aufsichtstätigkeit der EZB gefährden. Die EZB hat ihre Erwartungshaltung im Juni 2019 an alle bedeutenden Institute kommuniziert.[19] Die Deutsche Kreditwirtschaft hat die Ausweitung der Anforderungen auf bedeutende Institute hingegen als »gold plating« gegenüber den Vorgaben der EZB kritisiert, weil sie das Schreiben der EZB nicht als strenge Anforderung interpretiert. Begründet wird diese Ansicht vor allem mit der Wortwahl der EZB (u. a. Richtschnur und Ermutigung).[20] In der endgültigen Fassung zur sechsten MaRisk-Novelle ist die Aufsicht der Kreditwirtschaft insoweit entgegengekommen, als in den Erläuterungen entsprechend der Vorgehensweise der EZB ein ausdrücklicher Verweis auf den Grundsatz der Proportionalität enthalten ist (→ AT 4.3.4 Tz. 1, Erläuterung).[21] Zudem wird im Übermittlungsschreiben klargestellt, dass das Modul AT 4.3.4 im Hinblick auf die BCBS 239-Grundsätze keine Anforderungen erhebt, die über die Erwartungen der EZB an die von ihr unmittelbar beaufsichtigten Institute hinausgehen.[22]

---

17 Die anderweitig systemrelevanten Institute hatten die neuen Regelungen zur Risikodatenaggregation innerhalb von drei Jahren zu erfüllen. Diese Frist begann grundsätzlich ab dem Zeitpunkt der Einstufung als anderweitig systemrelevantes Institut. Global systemrelevante Institute mussten die Anforderungen dagegen eigentlich bereits seit Januar 2016 einhalten. Es ist davon auszugehen, dass in der Zukunft neu als systemrelevant eingeordnete Institute ab Feststellung dieses Status eine vergleichbare Umsetzungsfrist eingeräumt bekommen.

18 Der erste offizielle Entwurf der MaRisk-Novelle vom 26. Oktober 2020 sah noch eine Ausweitung der Anforderungen auf »große und komplexe« Institute vor. Vgl. Bundesanstalt für Finanzdienstleistungsaufsicht, Entwurf der Neufassung des Rundschreibens 09/2017 (BA) – Mindestanforderungen an das Risikomanagement – MaRisk, Übermittlungsschreiben vom 26. Oktober 2020. Im Rahmen der weiteren Konsultation änderte die Aufsicht die vorgesehene Ausweitung auf bedeutende Institute gemäß Artikel 6 Verordnung (EU) Nr. 1024/2013 des Rates vom 15. Oktober 2013 (SSM-Verordnung).

19 Vgl. Enria, Andrea, Supervisory expectations on risk data aggregation capabilities and risk reporting practices, Schreiben an die bedeutenden Institute vom 14. Juni 2019, S. 2.

20 Die Deutsche Kreditwirtschaft wies in ihrer Stellungnahme zur sechsten MaRisk-Novelle darauf hin, dass die EZB ihrem Schreiben vom Juni 2019 zufolge bei den von ihr direkt beaufsichtigten Instituten die BCBS 239-Grundsätze lediglich als »Richtschnur« für die laufende Aufsichtstätigkeit heranziehe. Zudem bewerte die EZB die Risikodaten-Aggregationskapazitäten und Verfahren zur Risikoberichterstattung der Institute in einer verhältnismäßigen Weise, indem sie der Art, dem Umfang und der Komplexität der Geschäfte der Institute Rechnung trägt. Die EZB hat in der Übermittlungs-Mail zu diesem Schreiben darauf hingewiesen, dass die entsprechende Methodik in das SSM-Aufsichtshandbuch aufgenommen worden sei. Im SSM-Aufsichtshandbuch steht aber nur, dass die EZB »weiterhin alle bedeutenden Institute ermutigen (werde), die Grundsätze der Datenaggregation und der Berichterstattung unter Berücksichtigung ihrer Größe, ihrer Geschäftsmodelle und ihrer Komplexität (in Übereinstimmung mit dem Grundsatz der Verhältnismäßigkeit) umzusetzen«. Vgl. Deutsche Kreditwirtschaft, BaFin-Konsultation 14/2020 – Mindestanforderungen an das Risikomanagement, Stellungnahme vom 4. Dezember 2020, S. 4f.

21 Die EBA-Leitlinien zur internen Governance verwenden im Titel I den Begriff »Verhältnismäßigkeit«, der in den MaRisk dem Grundsatz der Proportionalität entspricht. Vgl. European Banking Authority, Leitlinien zur internen Governance, EBA/GL/2017/11, 21. März 2018, S. 8f. Die englische Originalfassung mit dem Begriff »Proportionality« macht deutlich, dass der »Grundsatz der Proportionalität« gemäß MaRisk gemeint ist.

22 Vgl. Bundesanstalt für Finanzdienstleistungsaufsicht, Rundschreiben 10/2021 (BA) zur Neufassung der MaRisk, Übermittlungsschreiben vom 16. August 2021, S. 6.

4.1.4 Regelungen zur Internen Revision

Zu den Aufgaben der Internen Revision sind ebenfalls geeignete Regelungen in den Organisationsrichtlinien aufzunehmen. Infrage kommen z.B. Festlegungen zur organisatorischen Aufstellung der Internen Revision (→ AT 4.4.3 Tz. 2), zu den Aufgaben (→ AT 4.4.3 Tz. 3 und BT 2.1), zu den Informationsrechten (→ AT 4.4.3 Tz. 4 und 5), zur Begleitung von Projekten (→ BT 2 Tz. 2), zur Prüfungsplanung und -durchführung (→ BT 2.3) sowie zu den Berichtspflichten (→ BT 2.4). Diese Regelungen sollten möglichst präzise gefasst sein, damit die Interne Revision ihre Aufgaben im Interesse des Institutes sachgerecht erfüllen kann.[23]

31

4.1.5 Einhaltung sonstiger Gesetze und Vorgaben

Die Organisationsrichtlinien haben Regelungen zu enthalten, die eine Einhaltung rechtlicher Regelungen und Vorgaben gewährleisten. Dass die Einhaltung rechtlicher Regelungen und Vorgaben notwendig ist, muss an dieser Stelle nicht weiter ausgeführt werden. Diese Notwendigkeit wird auch unmittelbar im KWG adressiert. Nach § 25a Abs. 1 Satz 1 KWG muss ein Institut über eine ordnungsgemäße Geschäftsorganisation verfügen, die insbesondere die Einhaltung der von den Instituten zu beachtenden gesetzlichen Bestimmungen gewährleistet. Die MaRisk verweisen in diesem Zusammenhang beispielhaft auf datenschutzrechtliche Bestimmungen sowie Compliance-Regelungen. Es bietet sich an, in diesem Zusammenhang im Wesentlichen auf die Tätigkeit der Compliance-Funktion abzustellen. Die Compliance-Funktion hat alle wesentlichen rechtlichen Regelungen und Vorgaben zu identifizieren, deren Nichteinhaltung zu einer Gefährdung des Vermögens des Institutes führen kann (→ AT 4.4.2 Tz. 2).

32

4.1.6 Verfahrensweisen bei Auslagerungen

Gegenstand der Organisationsrichtlinien sind auch die Verfahrensweisen des Institutes im Hinblick auf Auslagerungsaktivitäten. Mit dem Finanzmarktintegritätsstärkungsgesetz[24] aus dem Jahr 2021 und der sechsten MaRisk-Novelle wurde die bisherige Systematik des § 25b KWG und des Moduls AT 9 im Hinblick auf die Anforderungen an Auslagerungen geändert. Die Regelungen beschränken sich nicht mehr nur auf unter Risikogesichtspunkten »wesentliche« Auslagerungen, sondern sind zum Teil auf sämtliche Auslagerungen anzuwenden (→ AT 9, Einführung). Dies hat zur Folge, dass die Organisationsrichtlinien der Institute Regelungen zu Verfahrensweisen bei allen Auslagerungsaktivitäten, einschließlich der »nicht wesentlichen« Auslagerungen, enthalten müssen. Die Änderung geht auf die Leitlinien der EBA zu Auslagerungen aus dem Jahr 2019 zurück, die Auslagerungsrichtlinien für die Auslagerung von kritischen/wesentlichen Funktionen und für sonstige Auslagerungen verlangen.[25]

33

In den Organisationsrichtlinien sollten in diesem Zusammenhang vor allem die folgenden Aspekte berücksichtigt werden:

34

---

23 Das Deutsche Institut für Interne Revision (DIIR) unterscheidet zwischen der »Geschäftsordnung« der Internen Revision und dem »Revisionshandbuch«. Die Geschäftsordnung ist die Außendarstellung der Internen Revision im Institut, während das Revisionshandbuch mit den Festlegungen im Hinblick auf die Aufgabe, Struktur und ablauforganisatorische Regelungen der Innendarstellung der Mitarbeiter der Revision dient. Vgl. Deutsches Institut für Interne Revision e.V., Online-Revisionshandbuch, Stand Dezember 2019, S. 16f.

24 Gesetz zur Stärkung der Finanzmarktintegrität (Finanzmarktintegritätsstärkungsgesetz – FISG) vom 3. Juni 2021 (BGBl. I S. 1534), veröffentlicht am 10. Juni 2021.

25 Vgl. European Banking Authority, Leitlinien zu Auslagerungen, EBA/GL/2019/02, 25. Februar 2019, S. 18ff.

AT 5 Organisationsrichtlinien

- Definition einer Auslagerung und Abgrenzung zum sonstigen Fremdbezug (→ AT 9 Tz. 1),
- Ablaufbeschreibung zur Risikoanalyse und deren Anpassung sowie Nennung der Ansprechpartner aus den maßgeblichen Organisationseinheiten; seit der sechsten MaRisk-Novelle ist die Risikoanalyse ggf. durch eine Szenarioanalyse zu ergänzen (→ AT 9 Tz. 2),
- ggf. Festlegung von Aktivitäten und Prozessen, die als Leitungsaufgaben der Geschäftsleitung oder aufgrund spezialgesetzlicher Regelungen einem Auslagerungsverbot unterliegen (→ AT 9 Tz. 4),
- Beschreibung der besonderen Anforderungen an Auslagerungen in Kontroll- und Kernbankbereichen (→ AT 9 Tz. 5),
- Darstellung der Vorkehrungen für die Beendigung von Auslagerungsvereinbarungen (→ AT 9 Tz. 6),
- Aufzählung der Vertragselemente, die der Auslagerungsvertrag bei wesentlichen Auslagerungen zwingend zu enthalten hat; seit der sechsten MaRisk-Novelle erwartet die Aufsicht bestimmte Vertragselemente auch bei nicht wesentlichen Auslagerungen (→ AT 9 Tz. 7 inkl. Erläuterung),
- Festlegung der Anforderungen an Weiterverlagerungen (→ AT 9 Tz. 8 und 11),
- Darstellung der laufenden Steuerungs- und Überwachungsmechanismen sowie Nennung der jeweils Verantwortlichen; bei wesentlichen Auslagerungen Beschreibung der Kriterien für die laufende Überwachung der Leistung des Auslagerungsunternehmens und der vertraglich vereinbarten Informationen (→ AT 9 Tz. 9 und 10),
- Beschreibung der Aufgaben und der Berichterstattung des zentralen Auslagerungsbeauftragten und ggf. des zentralen Auslagerungsmanagements (→ AT 9 Tz. 12 und 13),
- Beschreibung der inhaltlichen Anforderungen an das vom Institut für sämtliche Auslagerungen vorzuhaltende Auslagerungsregister (→ AT 9 Tz. 14),
- Darstellung der von dem Institut im Hinblick auf Gruppen oder Finanzverbünde in Anspruch genommenen Erleichterungen (→ AT 9 Tz. 15),
- Darstellung der Kommunikationswege zum Auslagerungsunternehmen und Nennung der Ansprechpartner (→ AT 4.3.1 Tz. 2) sowie
- Vorgehensweise bei Unstimmigkeiten zwischen auslagerndem Institut und Auslagerungsunternehmen (Eskalationsverfahren).

35 Im Zuge der sechsten MaRisk-Novelle hat die Aufsicht klargestellt, dass die Regelungen zu den Verfahrensweisen bei Auslagerungen die zentralen Phasen des Lebenszyklus von Auslagerungsvereinbarungen umfassen müssen. Zudem sollen die Organisationsrichtlinien auch die Definitionen der Grundsätze, Zuständigkeiten und Prozesse enthalten (→ AT 5 Tz. 3, Erläuterung). Vor diesem Hintergrund bietet es sich an, die genannten Aspekte in eine Beschreibung des gesamten Auslagerungsprozesses einzubetten, der von der Anbahnung des Auslagerungsvorhabens über die Umsetzung, die anschließende Steuerung und Überwachung der ausgelagerten Aktivitäten und Prozesse bis hin zur Beendigung der Auslagerung reicht.

36 Das Proportionalitätsprinzip lässt bei der Darstellung der Verfahrensweisen bei Auslagerungen genügend Raum für angemessene Umsetzungslösungen. Die konkrete Ausgestaltung der Organisationsrichtlinien hängt auch an dieser Stelle von Art, Umfang, Komplexität sowie Risikogehalt der Auslagerungsaktivitäten des Institutes ab.

37 Auch nach den Vorstellungen der EBA sollten die Institute über schriftliche Auslagerungsrichtlinien verfügen, die sämtliche Lebenszyklus-Phasen einer Auslagerung abdecken. Die EBA-Leitlinien zu Auslagerungen aus dem Jahr 2019 enthalten detaillierte Vorgaben an den Mindestinhalt der vorzuhaltenden Richtlinien, wie z. B. die Zuständigkeiten der Geschäftsleitung, die Einbindung der Geschäftsbereiche und der internen Kontrollfunktionen sowie die Planung von Auslagerungsvereinbarungen (Kriterien und Prozesse für die Risikoanalyse, Due-Diligence-Prozess,

Verfahren zum Management potenzieller Interessenkonflikte etc.), die Umsetzung, Überwachung und das Management von Auslagerungsvereinbarungen (laufende Bewertung der Leistung des Dienstleisters etc.), die Dokumentation sowie die Beendigung der Auslagerung (Ausstiegsstrategien, Kündigungsverfahren etc.).[26] Die Auslagerungsrichtlinien sind regelmäßig zu überprüfen und zu aktualisieren.

Nach den EBA-Leitlinien sollten die Institute in den Auslagerungsrichtlinien unterscheiden:[27] **38**
- Auslagerungen kritischer/wesentlicher Funktionen und sonstige Auslagerungen,
- Auslagerungen an Dienstleister, die von einer zuständigen Behörde zugelassen sind, bzw. Auslagerungsunternehmen, bei denen dies nicht der Fall ist,
- Auslagerungen innerhalb einer Gruppe oder eines Finanzverbundes[28] und Auslagerungen an gruppenexterne Dienstleister,
- Auslagerungen innerhalb der EWR-Mitgliedstaaten oder in Drittstaaten.

Nach den Vorstellungen der EBA sollten die Institute sicherstellen, dass die Auslagerungsrichtlinien bei kritischen/wesentlichen Auslagerungen die Ermittlung der nachfolgenden potenziellen Auswirkungen abdecken, und diese beim Entscheidungsprozess berücksichtigt werden:[29] **39**
- das Risikoprofil des Institutes,
- die Fähigkeit des Institutes zur Überwachung des Dienstleisters und zur Steuerung der Risiken,
- die Maßnahmen zur Geschäftsfortführung und
- die Ausübung ihrer Geschäftstätigkeit.

4.1.7 Verhaltenskodex für die Mitarbeiter

Bereits nach den EBA-Leitlinien zur internen Governance aus dem Jahr 2011 sollte die Geschäftsleitung hohe ethische und fachliche Standards ausarbeiten und fördern, um insbesondere Reputationsrisiken und operationelle Risiken zu begrenzen.[30] Vor diesem Hintergrund hatte die deutsche Aufsicht im Entwurf der vierten MaRisk-Novelle aus dem Jahr 2012 von den Instituten zunächst verlangt, einen Verhaltenskodex (»Code of conduct«) für die Mitarbeiter zu formulieren. Danach sollten sich in den Organisationsrichtlinien auch ethische Gesichtspunkte widerspiegeln, indem »übergeordnete Verhaltensregeln und berufsethische Grundsätze für die Ausübung der Geschäftsaktivitäten« integriert werden. Nachdem die Deutsche Kreditwirtschaft (DK) im Rahmen der Konsultation die verpflichtende Erstellung eines Verhaltenskodex als nicht zielführend kritisiert hatte, hat die deutsche Aufsicht allerdings in der endgültigen Fassung der vierten MaRisk-Novelle auf eine verbindliche Vorgabe für die Institute verzichtet. Die DK hatte in der Konsultation insbesondere darauf hingewiesen, dass es diesbezüglich diverse gesetzliche Vorschriften gebe und insofern unklar bleibe, welche Regeln konkret herangezogen werden sollen. Außerdem könne die Anforderung einen hohen Bezug zu arbeitsrechtlichen Regelungen aufweisen und damit den Regelungsbereich der MaRisk verlassen.[31] **40**

Seitdem haben allerdings die internationalen und die europäischen Standardsetzer wiederholt die hohe Bedeutung einer angemessenen Risikokultur in den Instituten, einschließlich der Erstel- **41**

26 Vgl. European Banking Authority, Leitlinien zu Auslagerungen, EBA/GL/2019/02, 25. Februar 2019, S. 18.

27 Vgl. European Banking Authority, Leitlinien zu Auslagerungen, EBA/GL/2019/02, 25. Februar 2019, S. 19 f.

28 Die EBA verwendet für die bei Sparkassen und genossenschaftlichen Instituten bestehenden Finanzverbünde in ihren Leitlinien den Begriff »institutsbezogenes Sicherungssystem«. Vgl. European Banking Authority, Leitlinien zu Auslagerungen, EBA/GL/2019/02, 25. Februar 2019, S. 20.

29 Vgl. European Banking Authority, Leitlinien zu Auslagerungen, EBA/GL/2019/02, 25. Februar 2019, S. 20.

30 Vgl. European Banking Authority, EBA Guidelines on Internal Governance (GL 44), 27. September 2011, S. 29.

31 Vgl. Deutsche Kreditwirtschaft, Stellungnahme zum Konsultationspapier 01/2012 der Bundesanstalt für Finanzdienstleistungsaufsicht (BaFin) – »Überarbeitung der MaRisk«, 5. Juni 2012, S. 212.

lung eines entsprechenden Verhaltenskodex, betont.[32] Aufgrund dieser Erwartungshaltung hat die deutsche Aufsicht im Zuge der fünften MaRisk-Novelle die Verantwortung der Geschäftsleitung für die Entwicklung, Förderung und Integration einer angemessenen Risikokultur innerhalb des Institutes explizit in den MaRisk verankert (→ AT 3). Die Risikokultur beschreibt demnach allgemein die Art und Weise, wie Mitarbeiter des Institutes im Rahmen ihrer Tätigkeit mit Risiken umgehen (sollen). Zu einer angemessenen Risikokultur gehört zunächst, dass die Geschäftsleitung die gewünschten Werte und Erwartungen für das Institut festlegt. Diese Vorgaben müssen den Mitarbeitern in geeigneter Weise bekanntgegeben werden. Dies kann nach den Vorstellungen der deutschen Aufsicht am besten durch einen gesonderten Verhaltenskodex für die Mitarbeiter erfolgen, der in Abhängigkeit von der Größe des Institutes sowie der Art, dem Umfang, der Komplexität und dem Risikogehalt der Geschäftsaktivitäten in die Organisationsrichtlinien aufzunehmen ist.

42　　Der erste Entwurf der fünften MaRisk-Novelle sah noch vor, dass alle Institute einen Verhaltenskodex formulieren müssen. Nach Auswertung der Stellungnahmen der Kreditwirtschaft und der Diskussion im Fachgremium MaRisk im Mai 2016 ist die deutsche Aufsicht allerdings der Einschätzung gefolgt, dass oftmals die persönliche Ansprache der Mitarbeiter durch die Führungskräfte des Institutes das direktere und im Zweifel auch effektivere Mittel ist, die Mitarbeiter auf die gemeinsamen Werte und Ziele einzuschwören. Eine solche direkte Ansprache ist gerade bei kleineren Instituten möglich, so dass hier ein Verhaltenskodex nicht notwendig ist. Kleinere Institute mit weniger komplexen Geschäftsaktivitäten können auf einen Verhaltenskodex daher verzichten und müssen diesen Verzicht gegenüber der Aufsicht auch nicht gesondert begründen. Bei größeren Instituten mit weiter verzweigten Geschäftsaktivitäten wird er jedoch als ein sinnvolles Instrument angesehen.[33]

43　　Vertreter der BaFin haben die Vorteile eines Verhaltenskodex bei verschiedenen Gelegenheiten betont. Mit einem derartigen Kodex kann die Geschäftsleitung innerhalb des gesamten Institutes – unabhängig von dessen Größe – klar kommunizieren, welche Erwartungen sie an sich und ihre Mitarbeiter stellt. Außerdem wird durch einen Verhaltenskodex verhindert, dass Anforderungen bzw. Informationen bei der Weitergabe verwässert oder verfälscht werden oder sogar komplett verloren gehen. Ein Verhaltenskodex bietet daher allen Adressaten eine Orientierungshilfe beim Ausrichten ihres eigenen Handelns. Er schafft zudem Transparenz über ein einheitliches Grundverständnis, auf das sich nicht nur die Geschäftsleitung beziehen kann. Auch die Mitarbeiter selbst haben dadurch die Möglichkeit, die Einhaltung der festgelegten Grundsätze für sich einzufordern. Voraussetzung hierfür ist allerdings, dass der Verhaltenskodex nicht zu allgemein gehalten ist und damit die Adressaten im Unklaren lässt, was von ihnen in welchen Situationen gefordert wird und welche Konsequenzen sie zu erwarten haben, im positiven wie im negativen Sinne.

44　　Die Geschäftsleitung sollte jedoch den Verhaltenskodex nicht als einziges Werkzeug verstehen, das gewünschte Wertesystem zu transportieren. Er bietet weder eine Garantie dafür, dass sich die Mitarbeiter den Vorgaben entsprechend verhalten, noch dass dadurch die Risikokultur automatisch angemessen ist. Auch ein Verhaltenskodex entbindet die Geschäftsleiter und leitenden Angestellten nicht davon, ihre Vorbildfunktion zu erfüllen und die Einhaltung des Wertesystems zu überwachen.

45　　Der Ansatz der deutschen Aufsicht, wonach kleinere Institute mit einem einfachen Geschäftsmodell und geringer Risikoexponierung auf die Erstellung eines gesonderten Verhaltenskodex verzichten können, entspricht den Vorgaben der EBA. Nach den Leitlinien zur internen Governance aus dem Jahr 2018 sollte die Geschäftsleitung hohe ethische und berufliche Standards

---

32　Vgl. European Banking Authority, Leitlinien zur internen Governance, EBA/GL/2017/11, 21. März 2018, S. 27ff.; Basel Committee on Banking Supervision, Guidelines – Corporate governance principles for banks, BCBS 328, 8. Juli 2015, S. 10.

33　Vgl. Bundesanstalt für Finanzdienstleistungsaufsicht, Rundschreiben 09/2017 (BA) zur Überarbeitung der MaRisk, Übermittlungsschreiben vom 27. Oktober 2017, S. 24.

entwickeln, annehmen, einhalten und fördern, wobei die spezifischen Anforderungen und Merkmale des Institutes zu berücksichtigen sind. Die Geschäftsleitung ist für die Umsetzung verantwortlich, wobei nach den Vorstellungen der EBA die Umsetzung durch einen Verhaltenskodex »oder ein vergleichbares Instrument« erfolgen kann.[34] Auch die EBA verlangt somit nicht, dass alle Institute über einen schriftlichen Verhaltenskodex verfügen.

Seit der sechsten MaRisk-Novelle aus dem Jahr 2021 sollen die Regelungen zum Verhaltenskodex bei Auslagerungen sicherstellen, dass das Auslagerungsunternehmen in einer mit den Werten und dem Verhaltenskodex des auslagernden Institutes im Einklang stehenden Weise handelt (→ AT 5 Tz. 3, Erläuterung).[35] Die Anforderung geht auf die EBA-Leitlinien zu Auslagerungen aus dem Jahr 2019 zurück.[36] Die Deutsche Kreditwirtschaft (DK) hat in ihrer Stellungnahme darauf hingewiesen, dass die maßgebliche Textpassage der EBA-Leitlinien nicht in dem Kapitel zur Vertragsphase und den vertraglichen Mindestbestimmungen enthalten ist, sondern im Kapitel über die Due-Diligence-Prüfung und vor allem auf Auslagerungen in Drittstaaten abstellt. Bei Auslagerungen innerhalb des EWR kann nach Ansicht der DK grundsätzlich davon ausgegangen werden, dass Menschenrechte, Umweltschutzauflagen und arbeitsrechtliche Bedingungen eingehalten werden.[37] Letztlich dürfte es darum gehen, dass die Governance von Auslagerungsunternehmen nicht im Widerspruch zum eigenen Verhaltenskodex des Institutes steht. Die Institute werden die neue Anforderung an die Organisationsrichtlinien regelmäßig im Rahmen der Due-Diligence-Prüfung des Dienstleisters oder über die Vertragsgestaltung erfüllen.

46

4.1.8 Berücksichtigung von Nachhaltigkeitsrisiken

Die BaFin erwartet, dass die internen Regelungen zum Umgang mit Nachhaltigkeitsrisiken ebenfalls in die Organisationsrichtlinien integriert werden. In welcher Weise dies erfolgt, d.h. in welcher Form und in welchem Detaillierungsgrad diese Vorgaben ausgestaltet werden, überlässt die Aufsicht den Instituten. Alternativ ist auch eine Einführung separater ESG-Richtlinien möglich.[38] Darüber hinaus sollten Regelungen zum Umgang mit Nachhaltigkeitsrisiken in der Geschäfts- und Risikostrategie des Institutes sowie in den Organisationsrichtlinien gruppenweit konsistent umgesetzt werden (→ AT 4.5 Tz. 2).[39]

47

Außerdem sollte auf den Umgang mit Nachhaltigkeitsrisiken bei Auslagerungen eingegangen werden. Zu diesem Zweck müssen sich die Institute in einem ersten Schritt darüber klar werden, welche der ausgelagerten Geschäftsfelder, Prozesse und Aufgaben überhaupt Nachhaltigkeits-

48

---

34 Vgl. European Banking Authority, Leitlinien zur internen Governance, EBA/GL/2017/11, 21. März 2018, S. 27 f.

35 Der erste offizielle Entwurf der sechsten MaRisk-Novelle vom 26. Oktober 2020 verlangte noch, dass das Institut das Auslagerungsunternehmen vertraglich verpflichten sollte, in einer mit den Werten und dem Verhaltenskodex des Institutes im Einklang stehenden Weise zu handeln. Vgl. Bundesanstalt für Finanzdienstleistungsaufsicht, Entwurf der Neufassung des Rundschreibens 09/2017 (BA) – Mindestanforderungen an das Risikomanagement – MaRisk, Übermittlungsschreiben vom 26. Oktober 2020. Im Laufe der Konsultation wurde von einer Orientierung des Auslagerungsunternehmens am Verhaltenskodex des Institutes im Auslagerungsvertrag abgesehen und diese stattdessen in die Organisationsrichtlinien aufgenommen. Vgl. Bundesanstalt für Finanzdienstleistungsaufsicht, Protokoll der Sitzungen des MaRisk-Fachgremiums am 12. und 19. Februar 2021, S. 4.

36 Nach den Vorstellungen der EBA sollten die Institute geeignete Schritte unternehmen, um sicherzustellen, dass die Dienstleister in einer mit ihren Werten und ihrem Verhaltenskodex in Einklang stehenden Weise handeln. Insbesondere mit Blick auf Dienstleister in Drittstaaten sollten sich die Institute davon überzeugen, dass der Dienstleister in einer ethisch und sozial verantwortlichen Weise handelt und die international anerkannten Normen zu den Menschenrechten, zum Umweltschutz und zu angemessenen Arbeitsbedingungen einschließlich des Verbots von Kinderarbeit erfüllt. Vgl. European Banking Authority, Leitlinien zu Auslagerungen, EBA/GL/2019/02, 25. Februar 2019, S. 30.

37 Vgl. Deutsche Kreditwirtschaft, BaFin-Konsultation 14/2020 – Mindestanforderungen an das Risikomanagement, Stellungnahme vom 4. Dezember 2020, S. 20 f.

38 Vgl. Bundesanstalt für Finanzdienstleistungsaufsicht, Merkblatt zum Umgang mit Nachhaltigkeitsrisiken, 20. Dezember 2019, geändert am 13. Januar 2020, S. 23.

39 Vgl. Bundesanstalt für Finanzdienstleistungsaufsicht, Merkblatt zum Umgang mit Nachhaltigkeitsrisiken, 20. Dezember 2019, geändert am 13. Januar 2020, S. 38.

risiken unterliegen (→ AT 2.2 Tz. 2). Anschließend muss geprüft werden, ob die ausgelagerten Aktivitäten und Prozesse davon betroffen sind, welche Regelungen diesbezüglich (standardmäßig) mit Dienstleistern getroffen werden sollten und ob die Berichtspflichten der Dienstleister ausreichend sind, um externen Berichterstattungspflichten zur Nachhaltigkeit zu genügen (→ AT 9 Tz. 7).[40]

49 Ergänzend dazu sollten die Institute prüfen, ob im Auslagerungsvertrag die Verpflichtung des Dienstleisters vereinbart werden muss, bestimmte Nachhaltigkeitsstandards einzuhalten, zu denen sich das Institut bekannt hat. Da im Rahmen der sechsten MaRisk-Novelle die Orientierung des Auslagerungsunternehmens am Verhaltenskodex des Institutes als Vertragsbestandteil herausgelöst und stattdessen als grundlegendes Prinzip in den Organisationsrichtlinien niedergelegt wurde, wäre eine ähnliche Vorgehensweise auch für die Einhaltung von Nachhaltigkeitsstandards denkbar. Unabhängig davon, an welcher Stelle die diesbezüglichen Richtlinien des Institutes geregelt sind, müssten dem Institut vom Auslagerungsunternehmen die für Prüfungs- und Berichterstattungszwecke erforderlichen Informationen im Einklang mit diesen Standards zur Verfügung gestellt werden (→ AT 9 Tz. 7).[41]

50 Die EZB verlangt zudem, dass die Institute die Zuständigkeiten für die Steuerung von Klima- und Umweltrisiken innerhalb der Organisationsstruktur gemäß dem Modell der drei Verteidigungslinien (→ AT 4.4, Einführung) zuweisen sollten. Die Institute sollten in ihren internen Kontrollrichtlinien über einen klaren, transparenten und dokumentierten Entscheidungsprozess sowie eine eindeutige Aufgabenverteilung und Kompetenzregelung verfügen.[42] Dies betrifft die Aufgaben und Zuständigkeiten der ersten Verteidigungslinie in Bezug auf das Eingehen und die Steuerung von Klima- und Umweltrisiken ebenso wie die Aufgaben und Zuständigkeiten der Risikocontrolling- und der Compliance-Funktion sowie der Internen Revision.[43]

4.2 Anforderungen der EBA an interne Richtlinien und Kontrollrichtlinien

51 Die EBA verlangt von den Instituten die Erarbeitung eines Rahmenwerkes für die Governance, wobei für die jeweiligen Anforderungen (z. B. organisatorische und operative Struktur des Institutes, Auslagerungen, Risikokultur, Verhaltenskodex, Umgang mit Interessenkonflikten, Whistleblowing-Verfahren) interne Richtlinien vorgehalten werden sollen.[44] In dem von der EBA im Juli 2021 veröffentlichten endgültigen Bericht zu den überarbeiteten Leitlinien zur internen Governance wird zusätzlich die Bedeutung von Antidiskriminierung und einer geschlechtsneutralen Politik in den Instituten betont.[45] Diese internen Richtlinien sind den Mitarbeitern bekanntzugeben sowie regelmäßig und anlassbezogen zu überprüfen und ggf. anzupassen. Aus Anhang I ihrer

---

40 Vgl. Bundesanstalt für Finanzdienstleistungsaufsicht, Merkblatt zum Umgang mit Nachhaltigkeitsrisiken, 20. Dezember 2019, geändert am 13. Januar 2020, S. 37.

41 Vgl. Bundesanstalt für Finanzdienstleistungsaufsicht, Merkblatt zum Umgang mit Nachhaltigkeitsrisiken, 20. Dezember 2019, geändert am 13. Januar 2020, S. 37.

42 Vgl. Europäische Zentralbank, Leitfaden zu Klima- und Umweltrisiken – Erwartungen der Aufsicht in Bezug auf Risikomanagement und Offenlegungen, 27. November 2020, S. 28.

43 Vgl. Europäische Zentralbank, Leitfaden zu Klima- und Umweltrisiken – Erwartungen der Aufsicht in Bezug auf Risikomanagement und Offenlegungen, 27. November 2020, S. 29f.

44 Die Anforderungen an das Rahmenwerk für die Governance ist im Titel IV der Leitlinien enthalten. Vgl. European Banking Authority, Leitlinien zur internen Governance, EBA/GL/2017/11, 21. März 2018, S. 26ff.

45 Vgl. European Banking Authority, Final Report on Guidelines on internal governance under Directive 2013/36/EU, EBA/GL/2021/05, 2. Juli 2021, S. 37.

Leitlinien zur internen Governance ist ersichtlich, welche Aspekte die Institute nach den Vorstellungen der EBA bei der Dokumentation der Richtlinien berücksichtigen sollten.[46]

Von den internen Richtlinien unterscheidet die EBA interne Kontrollrichtlinien, die sich auf die gesamte Organisation eines Institutes erstrecken sollen, einschließlich der Zuständigkeiten und Aufgaben der Geschäftsleitung, der Tätigkeiten aller Geschäftsbereiche und internen Einheiten (einschließlich der Risikocontrolling- und Compliance-Funktion sowie der Internen Revision), der ausgelagerten Tätigkeiten und der Vertriebskanäle. Nach dem endgültigen Bericht der EBA zu den überarbeiteten Leitlinien zur internen Governance vom Juni 2021 umfasst die Verantwortung der Kontrollfunktionen ausdrücklich die Verhinderung von Geldwäsche und Terrorismusfinanzierung.[47] Nach den Vorstellungen der EBA sollten die internen Kontrollrichtlinien eines Institutes Folgendes sicherstellen[48]:   **52**
- wirksame und effiziente Betriebsabläufe,
- umsichtige Führung der Geschäfte,
- angemessene Ermittlung, Messung und Minderung von Risiken,
- Zuverlässigkeit der finanziellen und nichtfinanziellen Berichterstattung, sowohl intern als auch extern,
- solide Verwaltungs- und Buchungsverfahren,
- Einhaltung von Gesetzen, Rechtsvorschriften, aufsichtlichen Anforderungen sowie der internen Richtlinien, Verfahren, Regelungen und Entscheidungen des Institutes.

Auch nach den Vorstellungen der EBA gilt für die Ausgestaltung der internen Kontrollrichtlinien   **53**
der Grundsatz der Proportionalität. Insoweit kann auf die von der EBA entwickelten Kriterien für das Proportionalitätsprinzip und den sehr detaillierten Katalog zur Konkretisierung dieser Kriterien zurückgegriffen werden. Hierzu gehören u. a. die geografische Präsenz des Institutes, der Umfang seiner Tätigkeiten in den einzelnen Rechtsordnungen, die Rechtsform, eine mögliche Gruppenzugehörigkeit, eine mögliche Börsennotierung, die Nutzung interner Modelle für die Messung der Kapitalanforderungen, die Art der zugelassenen Tätigkeiten und Dienstleistungen, das zugrunde liegende Geschäftsmodell, die Geschäfts- und Risikostrategie, der Risikoappetit und das Risikoprofil, die Refinanzierungsstruktur, die SREP-Ergebnisse, die Organisationsstruktur, die Beteiligungsverhältnisse, die Art der Kunden (z. B. Privat-, Unternehmens-, institutionelle Kunden, Kleinunternehmen, öffentliche Stellen), die Komplexität der Produkte oder Verträge, die ausgelagerten Tätigkeiten und Vertriebskanäle sowie die IT-Systeme, einschließlich der Systeme für einen unterbrechungsfreien Geschäftsbetrieb.[49] Die EBA hat in ihrem Bericht zu den überarbeiteten Leitlinien zur internen Governance vom Juli 2021 die Unterscheidung zwischen einem kleinen und nicht komplexen Institut (»small and non complex institution«) und einem großen Institut (»large institution«) als zusätzliches Kriterium für das Proportionalitätsprinzip ergänzt (→ AT 1 Tz. 3).[50] Vor diesem Hintergrund können die Institute ihre internen Kontrollrichtlinien somit individuell an die Besonderheiten ihrer Geschäftstätigkeit, die Komplexität und die Risiken des Institutes anpassen, wobei auch der Gruppenkontext zu berücksichtigen ist.[51]

---

46 Vgl. European Banking Authority, Leitlinien zur internen Governance, EBA/GL/2017/11, 21. März 2018, S. 51 ff.
47 Vgl. European Banking Authority, Final Report on Guidelines on internal governance under Directive 2013/36/EU, EBA/GL/2021/05, 2. Juli 2021, S. 51.
48 Vgl. European Banking Authority, Leitlinien zur internen Governance, EBA/GL/2017/11, 21. März 2018, S. 35 f.
49 Vgl. European Banking Authority, Leitlinien zur internen Governance, EBA/GL/2017/11, 21. März 2018, S. 8 f.
50 Vgl. European Banking Authority, Final Report on Guidelines on internal governance under Directive 2013/36/EU, EBA/GL/2021/05, 2. Juli 2021, S. 19.
51 Vgl. European Banking Authority, Leitlinien zur internen Governance, EBA/GL/2017/11, 21. März 2018, S. 35.

5 Ausgestaltung der Organisationsrichtlinien (Tz. 4)

54 **4** Die Ausgestaltung der Organisationsrichtlinien muss es der Internen Revision ermöglichen, in die Sachprüfung einzutreten.

5.1 Prüfung durch die Interne Revision

55 Die Interne Revision hat als Instrument der Geschäftsleitung risikoorientiert und prozessunabhängig die Wirksamkeit des Risikomanagements im Allgemeinen und des internen Kontrollsystems im Besonderen sowie die Ordnungsmäßigkeit grundsätzlich aller Aktivitäten und Prozesse zu überprüfen (→ AT 4.4.3 Tz. 2 und 3 sowie BT 2.1 Tz. 1). Um ihre Aufgaben zu erfüllen, greift die Interne Revision auf unterschiedliche Instrumente zurück. Soll-Ist-Vergleiche auf der Basis der gegebenen Organisationsrichtlinien sind dabei ein wichtiges Instrument. Durch derartige Vergleiche kann die Interne Revision beurteilen, ob der Inhalt der Organisationsrichtlinien im Institut tatsächlich gelebt wird. Daher sollten die Organisationsrichtlinien so ausgestaltet sein, dass sie für die Interne Revision eine brauchbare Prüfungsgrundlage darstellen. Wenig strukturierte oder sogar unvollständige Organisationsrichtlinien sind hingegen nicht nur ein Indiz für allgemeine organisatorische Mängel. Sie erschweren darüber hinaus die Arbeit der Internen Revision. Daraus entstehen Kosten, die das Institut im eigenen Interesse durch die Formulierung sachgerechter Organisationsrichtlinien vermeiden kann. Sachgerechte Organisationsrichtlinien reduzieren darüber hinaus den Aufwand bei Prüfungen durch externe Prüfer.

56 Sofern diesbezüglich Defizite bestehen, ist im Übrigen auch davon auszugehen, dass die Organisationsrichtlinien keine gute Arbeitsgrundlage für die betroffenen Mitarbeiter im Institut darstellen. Insofern würde das Institut rein formal betrachtet zwar sicherstellen, dass die Geschäftsaktivitäten auf der Grundlage von Organisationsrichtlinien betrieben werden (→ AT 5 Tz. 1). Allerdings wäre der gewünschte Zweck damit vermutlich nicht erfüllbar.

AT 6 Dokumentation

1	**Einführung und Überblick**	1
2	**Erfordernis von Organisationsrichtlinien (Tz. 1)**	8
2.1	Geschäfts-, Kontroll- und Überwachungsunterlagen	9
2.2	Aufbewahrungsform	12
2.3	Aufbewahrungsfristen	13
3	**Schriftliche Fixierung, Anpassung und Kommunikation (Tz. 2)**	16
3.1	Wesentliche Handlungen und Festlegungen	17
3.2	Öffnungsklauseln	18

1 Einführung und Überblick

1   Dokumentationspflichten werden von der Kreditwirtschaft häufig kritisch beurteilt. Die Kritik richtet sich dabei vor allem gegen überzogene Dokumentationsanforderungen, die durch die Bankenaufsicht allgemein oder im Rahmen von Prüfungshandlungen von den Instituten abverlangt werden. Trotz dieser Kritik, die im Einzelfall berechtigt sein mag, besteht im Grunde genommen bei allen Beteiligten kein Zweifel daran, dass angemessene Dokumentationen sinnvoll sind.

2   Unter einer »Dokumentation« versteht man die Sammlung, Ordnung, Speicherung, Wiederzugänglichmachung und Auswertung von Dokumenten bzw. von schriftlich fixiertem Wissen jeglicher Art. Im Wesentlichen dienen Dokumentationen der Verbesserung der Kommunikation und der Informationsweitergabe innerhalb eines Institutes. Sie leisten darüber hinaus als Instrument zur Beweissicherung einen Beitrag zur Reduzierung von rechtlichen Risiken. Dokumentationen sind daher grundsätzlich äußerst sinnvoll. Falls rechtskräftige Dokumente fehlen, nicht zeichnungsberechtigte Mitarbeiter Unterschriften leisten oder z.B. unzureichende Sicherheiten bestehen, können daraus erhebliche Verluste für das Institut resultieren.

3   Die Anforderungen an die Dokumentation stehen in einem engen Zusammenhang mit dem durch die Organisationsrichtlinien festgelegten Rahmen für die Geschäftsaktivitäten eines Institutes (→ AT 5). Auf der Grundlage der Organisationsrichtlinien führen die Geschäftsleiter und Mitarbeiter des Institutes die Handlungen und Festlegungen durch, die anschließend zu dokumentieren sind.

4   Die Bedeutung von Dokumentationen wird auch vom Gesetzgeber hervorgehoben. So ist nach § 238 HGB jeder Kaufmann dazu »verpflichtet, Bücher zu führen und in diesen seine Handelsgeschäfte und die Lage seines Vermögens nach den Grundsätzen ordnungsmäßiger Buchführung ersichtlich zu machen«. In diesem Zusammenhang sind auch die Aufbewahrungspflichten für Unterlagen gemäß § 257 HGB zu beachten. Aufzeichnungs- und Aufbewahrungspflichten sind ebenso Gegenstand aufsichtsrechtlicher Normen. Nach § 25a Abs. 1 Satz 6 Nr. 2 KWG muss ein Institut dafür Sorge tragen, dass die Aufzeichnungen über die ausgeführten Geschäfte eine lückenlose Überwachung durch die BaFin für ihren Zuständigkeitsbereich gewährleisten.

5   Die Aufzeichnungspflichten des KWG sind grundsätzlich weiter gefasst als die entsprechenden handelsrechtlichen Vorschriften. Die Aufzeichnungen müssen so beschaffen sein, dass die BaFin auch im Nachhinein überprüfen kann, ob die Institute die aufsichtsrechtlichen Verpflichtungen eingehalten haben. Zu den aufsichtsrechtlichen Verpflichtungen zählen z.B. die organisatorischen Pflichten des § 25a Abs. 1 KWG, die Einhaltung von Geschäftsbegrenzungsnormen sowie Melde- und Einreichungspflichten.[1] Die Umsetzung der MiFID führte zu einer weiteren Ausdehnung der Aufzeichnungspflichten nach dem KWG, die sich jetzt nicht mehr nur auf die ausgeführten Geschäfte, sondern auch auf die Geschäftstätigkeit an sich, einschließlich sämtlicher Dienstleistungen, beziehen. Durch die Anpassungen des § 25a Abs. 1 Satz 6 Nr. 2 KWG wurden Art. 13 Abs. 6 MiFID sowie Art. 5 Abs. 1 lit. f und 51 Abs. 1 MiFID-Durchführungsrichtlinie umgesetzt. Die Mindestaufbewahrungsfrist beträgt gemäß Art. 51 Abs. 1 Satz 1 MiFID-Durchführungsrichtlinie fünf Jahre. Die Vorgaben nach § 257 Abs. 4 HGB, der eine Aufbewahrungsfrist für bestimmte Unterlagen wie z.B. Handelsbücher, Eröffnungsbilanzen, Jahresabschlüsse, Lageberichte sowie die zu ihrem Verständnis erforderlichen Arbeitsanweisungen und sonstigen Organisationsunterlagen sowie Buchungsbelege von zehn Jahren und für sonstige in § 257 Abs. 1 HGB genannte Unterlagen von sechs Jahren verlangt, bleiben von dieser Regelung unberührt.

---

1   Vgl. die beispielhafte Aufzählung bei Braun, Ulrich, in: Boos, Karl-Heinz/Fischer, Reinfrid/Schulte-Mattler, Hermann (Hrsg.), Kreditwesengesetz und VO (EU) Nr. 575/2013, Band 1, 5. Auflage, München, 2016, § 25a KWG, Tz. 669.

Darüber hinaus haben die Institute alle Aufzeichnungen aufzubewahren, die für die Durch- **6** führung des aufsichtlichen Überprüfungs- und Bewertungsprozesses (Supervisory Review and Evaluation Process, SREP) erforderlich sind.

Die MaRisk konkretisieren die aufsichtsrechtlichen Dokumentations- und Aufbewahrungs- **7** pflichten gemäß § 25a Abs. 1 Satz 6 Nr. 2 KWG. Danach sind Geschäfts-, Kontroll- und Überwachungsunterlagen systematisch und für sachkundige Dritte nachvollziehbar abzufassen und grundsätzlich fünf Jahre aufzubewahren (→ AT 6 Tz. 1). Ferner sind die für die Einhaltung der MaRisk wesentlichen Handlungen und Festlegungen, insbesondere im Hinblick auf die Inanspruchnahme von Öffnungsklauseln, nachvollziehbar zu dokumentieren (→ AT 6 Tz. 2). Wertpapierdienstleistungsunternehmen haben über die MaRisk hinaus besondere Aufzeichnungs- und Aufbewahrungspflichten gemäß §§ 27 und 83 WpHG einzuhalten.

2 Erfordernis von Organisationsrichtlinien (Tz. 1)

8 **1** Geschäfts-, Kontroll- und Überwachungsunterlagen sind systematisch und für sachkundige Dritte nachvollziehbar abzufassen und grundsätzlich fünf Jahre aufzubewahren. Die Aktualität und Vollständigkeit der Aktenführung ist sicherzustellen.

2.1 Geschäfts-, Kontroll- und Überwachungsunterlagen

9 Geschäfts-, Kontroll- und Überwachungsunterlagen sind systematisch und für sachkundige Dritte nachvollziehbar abzufassen. Diese Anforderung bezieht sich jedoch, soweit dem nicht übergeordnete Normen entgegenstehen (insbesondere HGB und KWG), nur auf wesentliche Unterlagen (→ AT 6 Tz. 2).

10 Geschäfts-, Kontroll- und Überwachungsunterlagen lassen sich wie folgt unterscheiden:
- Zu den Geschäftsunterlagen zählen Unterlagen, die im unmittelbaren Zusammenhang mit einem Geschäftsvorfall stehen (z. B. Bestätigungen im Handelsgeschäft).
- Zu den Kontrollunterlagen zählen z. B. Überziehungslisten im Kreditgeschäft oder Unterlagen, die der Dokumentation der Marktgerechtigkeitskontrolle im Handelsgeschäft dienen.
- Überwachungsunterlagen enthalten in erster Linie Informationen zur Risikoberichterstattung gegenüber der Geschäftsleitung (z. B. der zumindest vierteljährliche Bericht über die Adressenausfallrisiken).

11 Die Geschäfts-, Kontroll- und Überwachungsunterlagen sind so abzufassen, dass sie für sachkundige Dritte (z. B. die Interne Revision oder externe Prüfer) nachvollziehbar sind. Darüber hinaus ist die Aktualität und Vollständigkeit der Aktenführung sicherzustellen.

2.2 Aufbewahrungsform

12 Die MaRisk enthalten keine weiteren Regelungen hinsichtlich der Form der Aufbewahrung. Der Verwendung moderner Aufzeichnungsmethoden steht insoweit nichts entgegen (z. B. elektronische Archivierung). Gemäß § 25a Abs. 1 Satz 6 Nr. 2 KWG i. V. m. § 257 Abs. 3 HGB gelten die handelsrechtlichen Grundsätze. Mit Ausnahme der Eröffnungsbilanzen, der Jahresabschlüsse und der Konzernabschlüsse können Aufzeichnungen nach § 25a Abs. 1 Satz 6 Nr. 2 KWG i. V. m. § 257 Abs. 3 HGB im Original oder auch als Wiedergabe auf einem Bildträger[2] oder anderen Datenträgern[3] aufbewahrt werden, soweit dies im Einklang mit den Grundsätzen ordnungsmäßiger Buchführung steht und sichergestellt ist, dass die Wiedergabe oder die Daten

---

[2] Unter dem Begriff »Bildträger« sind alle Verfahren zu verstehen, die geeignet sind, die ursprüngliche Vorlage nicht nur inhaltlich, sondern auch in ihrer äußeren Form wiederzugeben. Hierzu gehören neben der Fotokopie und den verschiedenen Formen des Mikrofilms auch elektromagnetische oder elektronische Verfahren (z. B. optische Speicherplatten, Einscannen). Vgl. Braun, Ulrich, in: Boos, Karl-Heinz/Fischer, Reinfrid/Schulte-Mattler, Hermann (Hrsg.), Kreditwesengesetz und VO (EU) Nr. 575/2013, Band 1, 5. Auflage, München, 2016, § 25a KWG, Tz. 678.

[3] Unter dem Begriff »andere Datenträger« sind insbesondere Magnetbänder, Magnetplatten, Bildplatten, Disketten und Festspeicher zu verstehen. Vgl. Braun, Ulrich, in: Boos, Karl-Heinz/Fischer, Reinfrid/Schulte-Mattler, Hermann (Hrsg.), Kreditwesengesetz und VO (EU) Nr. 575/2013, Band 1, 5. Auflage, München, 2016, § 25a KWG, Tz. 678.

- mit den empfangenen Handelsbriefen und den Buchungsbelegen bildlich und mit den anderen Unterlagen inhaltlich übereinstimmen, wenn sie lesbar gemacht werden, sowie
- während der Dauer der Aufbewahrungsfrist verfügbar sind und jederzeit innerhalb angemessener Frist lesbar gemacht werden können.

2.3   Aufbewahrungsfristen

Die Dauer der grundsätzlichen Aufbewahrungsfrist für Geschäfts-, Kontroll- und Überwachungs- **13** unterlagen wurde im Zuge der fünften MaRisk-Novelle von zwei auf fünf Jahre angehoben. Hintergrund der Anhebung dürfte eine Angleichung der Regelung an die gesetzliche Aufbewahrungsdauer in § 25a Abs. 1 Satz 6 Nr. 2 KWG sein, wonach die für eine lückenlose Überwachung der Geschäftätigkeit durch die BaFin erforderlichen Aufzeichnungen mindestens fünf Jahre aufzubewahren sind. Dem Vorschlag der Deutschen Kreditwirtschaft (DK) im Rahmen der Konsultation der fünften MaRisk-Novelle, für Geschäftsunterlagen eine fünfjährige Aufbewahrungsfrist sowie für Kontroll- und Überwachungsunterlagen eine zweijährige Aufbewahrungsfrist vorzusehen, ist die Aufsicht nicht gefolgt.[4]

Nach dem Wortlaut der Regelung (»grundsätzlich«) gelten für Geschäfts-, Kontroll- und Über- **14** wachungsunterlagen weiterhin kürzere Aufbewahrungsfristen, wenn die Aufsicht sie im Einzelfall zulässt. So ist für Tonträgeraufzeichnungen im Handelsgeschäft eine Aufbewahrungsfrist von mindestens drei Monaten erforderlich (→ BTO 2.2.1 Tz. 4). Im Millionenkreditmeldeverfahren sind gemäß § 18 GroMiKV ebenfalls verkürzte Aufbewahrungsfristen anzuwenden. Unberührt von der Regelung in den MaRisk bleiben auch die längeren Aufbewahrungsfristen des § 257 Abs. 4 HGB (→ AT 6, Einführung).

Im Hinblick auf den Beginn der Aufbewahrungsfrist gelten die handelsrechtlichen Anforderun- **15** gen gemäß § 257 Abs. 5 HGB entsprechend. Fristbeginn ist somit grundsätzlich der Schluss des Kalenderjahres, in dem

- die letzte Eintragung in das Handelsbuch gemacht, das Inventar aufgestellt, die Eröffnungsbilanz oder der Jahresabschluss festgestellt, der Einzelabschluss nach § 325 Abs. 2a HGB oder der Konzernabschluss aufgestellt,
- der Handelsbrief empfangen oder abgesandt worden oder
- der Buchungsbeleg entstanden ist.[5]

---

4 Vgl. Deutsche Kreditwirtschaft, Stellungnahme zum Entwurf der MaRisk in der Fassung vom 18. Februar 2016 (Konsultation 02/2016) vom 27. April 2016, S. 25.
5 Vgl. Braun, Ulrich, in: Boos, Karl-Heinz/Fischer, Reinfrid/Schulte-Mattler, Hermann (Hrsg.), Kreditwesengesetz und VO (EU) Nr. 575/2013, Band 1, 5. Auflage, München, 2016, § 25a KWG, Tz. 682.

3 Schriftliche Fixierung, Anpassung und Kommunikation (Tz. 2)

16 **2** Die für die Einhaltung dieses Rundschreibens wesentlichen Handlungen und Festlegungen sind nachvollziehbar zu dokumentieren. Dies beinhaltet auch Festlegungen hinsichtlich der Inanspruchnahme wesentlicher Öffnungsklauseln, die ggf. zu begründen sind.

3.1 Wesentliche Handlungen und Festlegungen

17 Handlungen und Festlegungen sind nachvollziehbar zu dokumentieren, sofern sie für die Einhaltung der MaRisk von wesentlicher Bedeutung sind. Soweit sie nicht bereits Gegenstand der Geschäfts-, Kontroll- und Überwachungsunterlagen sind (→ AT 6 Tz. 1), zählen zu den »wesentlichen Handlungen« z.B. die Abgabe eines Votums im risikorelevanten Kreditgeschäft oder die Wahrnehmung der Kompetenz im Rahmen einer Kreditentscheidung. Gegenstand von »Festlegungen« sind z.B. die Geschäfts- und Risikostrategie, die Bestimmung des risikorelevanten Kreditgeschäftes oder die Analyse der Risiken bei Auslagerungen. Darüber hinaus lassen sich viele andere Beispiele von wesentlichen Handlungen oder Festlegungen finden. Es liegt im Ermessen des Institutes, welche Handlungen oder Festlegungen im Einzelfall als wesentlich zu beurteilen sind.

3.2 Öffnungsklauseln

18 Die MaRisk enthalten eine Vielzahl von Öffnungsklauseln, die abhängig von der Größe des Institutes, den Geschäftsschwerpunkten und der Risikosituation individuelle Umsetzungslösungen möglich machen (→ AT 1 Tz. 5). Diese Öffnungsklauseln sind eng mit dem Proportionalitätsprinzip verknüpft, das ein immanenter Bestandteil des aufsichtlichen Überprüfungs- und Bewertungsprozesses (Supervisory Review and Evaluation Process, SREP) ist. Das Proportionalitätsprinzip kommt in den MaRisk an zahlreichen Stellen und in verschiedenen Varianten zum Ausdruck. Hauptsächlich geht es um Erleichterungen in Abhängigkeit von Art, Umfang, Komplexität und Risikogehalt der Geschäftsaktivitäten, wie z.B. bei der Ausgestaltung und Durchführung der Stresstests (→ AT 4.3.3 Tz. 1 und 4), bei der möglichen Wahrnehmung der Aufgaben des Compliance-Beauftragten durch einen Geschäftsleiter (→ AT 4.4.2 Tz. 5), beim Erfordernis des Zwei-Voten-Prinzips für eine Kreditentscheidung (→ BTO 1.1 Tz. 2) oder bei der Festlegung des maßgeblichen Turnus zur Bewertung, Ergebnisermittlung und Kommunikation der Marktpreisrisiken (→ BTR 2.3 Tz. 4). Teilweise sind nicht alle genannten Parameter gleichermaßen relevant, teilweise spielen (zusätzlich) auch andere Orientierungsgrößen eine Rolle. So ist z.B. die Einordnung des Kreditinstitutes als bedeutendes Institut gemäß Art. 6 Abs. 4 SSM-Verordnung maßgeblich für die Entscheidung, ob bestimmte Funktionen (Leiter der Risikocontrolling-Funktion, Leiter der Internen Revision) von einem Geschäftsleiter wahrgenommen werden müssen bzw. dürfen (→ AT 4.4.1 Tz. 5 und AT 4.4.3 Tz. 1). Die Ausgestaltung eines Systems zur verursachungsgerechten internen Verrechnung der jeweiligen Liquiditätskosten, -nutzen und -risiken ist wiederum auch von der Refinanzierungsstruktur des

Institutes abhängig (→ BTR 3.1 Tz. 5). Darüber hinaus spielt die Internationalität der Geschäfts-aktivitäten eine Rolle, wenn es darum geht, weitergehende Vorkehrungen im Bereich des Risikoma-nagements zu treffen und zu diesem Zweck auch die Ausarbeitungen der internationalen Standard-setzer zu berücksichtigen (→ AT 1 Tz. 3). Schließlich knüpfen bestimmte Anforderungen der MaRisk an die Einstufung eines Institutes als bedeutendes Institut gemäß Art. 6 Abs. 4 SSM-Verord-nung an, z. B. die Anforderungen an Datenmanagement, Datenqualität und Aggregation von Risiko-daten (→ AT 4.3.4). Auch auf der europäischen Ebene wird dem Prinzip der Proportionalität ein sehr hoher Stellenwert eingeräumt. Ergänzend kann daher auf die von der EBA entwickelten Kriterien für das Proportionalitätsprinzip und den detaillierten Katalog zur Konkretisierung dieser Kriterien zurückgegriffen werden. Hierzu gehören u. a. die geografische Präsenz des Institutes, der Umfang seiner Tätigkeiten in den einzelnen Rechtsordnungen, die Rechtsform, eine mögliche Gruppen-zugehörigkeit, eine mögliche Börsennotierung, die Nutzung interner Modelle für die Messung der Kapitalanforderungen, die Art der zugelassenen Tätigkeiten und Dienstleistungen, das zugrunde liegende Geschäftsmodell, die Geschäfts- und Risikostrategie, der Risikoappetit und das Risikoprofil, die Refinanzierungsstruktur, die SREP-Ergebnisse, die Organisationsstruktur, die Beteiligungsver-hältnisse, die Art der Kunden (z. B. Privat-, Unternehmens-, institutionelle Kunden, Kleinunterneh-men, öffentliche Stellen), die Komplexität der Produkte oder Verträge, die ausgelagerten Tätigkeiten und Vertriebskanäle sowie die IT-Systeme, einschließlich der Systeme für einen unterbrechungs-freien Geschäftsbetrieb.[6] Die EBA hat in ihrem Bericht zu den überarbeiteten Leitlinien zur internen Governance vom Juli 2021 die Unterscheidung zwischen einem kleinen und nicht komplexen Institut (»small and non complex institution«) und einem großen Institut (»large institution«) als zusätzliches Kriterium für das Proportionalitätsprinzip ergänzt (→ AT 1 Tz. 3).[7] Da die Formulie-rungen in den MaRisk sehr offen sind und die Ausgestaltung der Anforderungen damit zum Teil dehnbar ist, kommt dem Umgang mit den Öffnungsklauseln in Verbindung mit dem Proportionali-tätsgrundsatz in der Prüfungspraxis eine große Bedeutung zu.

19 Derartige Öffnungsklauseln waren auch Gegenstand der MaK. Einige Verbände äußerten in diesem Zusammenhang Kritik an der MaK-Prüfungspraxis. So seien im Rahmen von Prüfungs-handlungen überzogene Dokumentationsanforderungen an die Inanspruchnahme von Öffnungs-klauseln durch die Institute gestellt worden. Daraus ergaben sich Rechtfertigungszwänge, die die Institute verunsicherten bzw. in ihren Bewegungsspielräumen nach eigenem Empfinden unange-messen einschränkten. Die deutsche Aufsicht hat in diesem Zusammenhang klargestellt, dass überzogene Dokumentations- und Rechtfertigungszwänge bei der Inanspruchnahme von Öff-nungsklauseln nicht von der offenen Grundausrichtung der MaRisk gedeckt sind.[8] Sie hat daher den Grundsatz der Wesentlichkeit stärker betont. Lediglich die Inanspruchnahme wesentlicher Öffnungsklauseln ist folglich zu dokumentieren und ggf. zu begründen. Es liegt somit in der Eigenverantwortung der Institute, in dieser Hinsicht eine sachgerechte Lösung zu finden.

---

6   Vgl. European Banking Authority, Leitlinien zur internen Governance, EBA/GL/2017/11, 21. März 2018, S. 8f.
7   Vgl. European Banking Authority, Final Report on Guidelines on internal governance under Directive 2013/36/EU, EBA/GL/2021/05, 2. Juli 2021, S. 19.
8   Vgl. Bundesanstalt für Finanzdienstleistungsaufsicht, Übermittlungsschreiben zum Rundschreiben 18/2005 (BA) vom 20. Dezember 2005, S. 4.

AT 7 Ressourcen

1		Einführung und Überblick	1
1.1		Ressourcen aus verschiedenen Blickwinkeln	1
1.1.1		Personal	4
1.1.2		Technisch-organisatorische Ausstattung	7
1.1.3		Notfallmanagement	9
1.2		Berücksichtigung weiterer Vorgaben	10

1 Einführung und Überblick

1.1 Ressourcen aus verschiedenen Blickwinkeln

Bei Industrieunternehmen ist die Leistungserstellung das Ergebnis des Zusammenwirkens verschiedener Produktionsfaktoren. Für Kredit- und Finanzdienstleistungsinstitute gilt im Prinzip nichts anderes. Kapital, Arbeit und Betriebsmittel werden in einem bestimmten Verhältnis miteinander kombiniert, um auf diese Weise die Ziele des Institutes bestmöglich zu verwirklichen. Die genannten Produktionsfaktoren sind auch Gegenstand der MaRisk. Das »(interne) Kapital« ist in der Gestalt des Risikodeckungspotenzials insbesondere Gegenstand des Moduls AT 4.1. Die Produktionsfaktoren Arbeit und Betriebsmittel werden schwerpunktmäßig in Modul AT 7 adressiert. **1**

Die Institute haben in Abhängigkeit von den betriebsinternen Erfordernissen, den Geschäftsaktivitäten sowie der Risikosituation eine angemessene personelle und technisch-organisatorische Ausstattung sicherzustellen. Eine bedeutende Rolle kommt dabei der Informations- und Kommunikationstechnologie (IKT) zu, wobei in den maßgeblichen Regelwerken häufig nur auf die IT abgestellt wird. Darüber hinaus haben die Institute einen Notfallmanagementprozess festzulegen und für zeitkritische Aktivitäten und Prozesse Notfallkonzepte zu entwickeln. Diese bilden gemäß Tz. 10.3 BAIT die Grundlage für die Entwicklung von Notfallplänen für IT-Systeme, die zeitkritische Aktivitäten und Prozesse unterstützen. Das Notfallmanagement ist darauf ausgerichtet, dass die personelle und technisch-organisatorische Ausstattung auch unter besonderen Umständen eine Aufrechterhaltung des Geschäftsbetriebes ermöglicht. In die gleiche Richtung gehende Regelungen wurden bereits in den alten Mindestanforderungen formuliert.[1] Durch die MaRisk werden diese Regelungen jedoch auf eine breitere Basis gestellt. **2**

Im Zusammenhang mit dem Faktor Arbeit spielt die Ausgestaltung der Vergütungssysteme, insbesondere im Hinblick auf deren Anreizwirkung, eine wichtige Rolle. Regelungen zu den Vergütungssystemen waren zwischenzeitlich auch Gegenstand der MaRisk. Allerdings wurden diese Anforderungen aufgrund neuer regulatorischer Vorgaben zunächst in ein gesondertes Rundschreiben[2] und anschließend in eine neue Verordnung überführt, die mittlerweile überarbeitet wurde. Mit der am 4. August 2017 in Kraft getretenen Fassung der Institutsvergütungsverordnung[3] sind vor allem die Anforderungen der Leitlinien der EBA für eine solide Vergütungspolitik in deutsches Recht umgesetzt worden, mit denen die Vergütungsregeln der CRD IV und der CRR konkretisiert werden.[4] Die BaFin hat außerdem die Auslegungshilfe zur Institutsvergütungsverordnung, mit der sie Hinweise zur Umsetzung der Anforderungen gibt, überarbeitet und am 15. Februar 2018 veröffentlicht.[5] **3**

---

1 Vgl. Bundesanstalt für Finanzdienstleistungsaufsicht, Mindestanforderungen an das Kreditgeschäft der Kreditinstitute (MaK), Rundschreiben 34/2002 (BA) vom 20. Dezember 2002, Tz. 17 und 89 ff.; Bundesaufsichtsamt für das Kreditwesen, Mindestanforderungen an die Ausgestaltung der Internen Revision der Kreditinstitute (MaIR), Rundschreiben 1/2000 vom 17. Januar 2000, Tz. 23; Bundesaufsichtsamt für das Kreditwesen, Mindestanforderungen an das Betreiben von Handelsgeschäften der Kreditinstitute (MaH), Verlautbarung vom 23. Oktober 1995, Abschnitte 2.4 und 3.4.

2 Bundesanstalt für Finanzdienstleistungsaufsicht, Aufsichtsrechtliche Anforderungen an die Vergütungssysteme von Instituten, Rundschreiben 22/2009 (BA) vom 21. Dezember 2009.

3 Verordnung über die aufsichtsrechtlichen Anforderungen an Vergütungssysteme von Instituten (Institutsvergütungsverordnung – InstitutsVergV) vom 16. Dezember 2013 (BGBl. I S. 4270), die zuletzt durch Artikel 1 der Verordnung vom 15. April 2019 (BGBl. I S. 486) geändert worden ist.

4 Zur Kommentierung der Institutsvergütungsverordnung siehe Buscher, Arne Martin/Link, Vivien/von Harbou, Christopher/Weigl, Thomas, Verordnung über die aufsichtsrechtlichen Anforderungen an Vergütungssysteme von Instituten (Institutsvergütungsverordnung – InstitutsVergV), 2. Auflage, Stuttgart, 2018.

5 Bundesanstalt für Finanzdienstleistungsaufsicht, Auslegungshilfe zur Institutsvergütungsverordnung in der Fassung vom 15. Februar 2018.

AT 7 Ressourcen

1.1.1 Personal

4 Die Institute müssen sich bei ihrer quantitativen und qualitativen Personalausstattung unter eventueller Berücksichtigung von Leiharbeitnehmern an betriebsinternen Erfordernissen, den Geschäftsaktivitäten sowie der Risikosituation orientieren (→ AT 7.1 Tz. 1). Sie müssen dafür sorgen, dass die Mitarbeiter und deren Vertreter in Abhängigkeit von ihren Aufgaben, Kompetenzen und Verantwortlichkeiten über die erforderlichen Kenntnisse und Erfahrungen verfügen. Insbesondere muss durch geeignete Maßnahmen ein angemessenes Qualifikationsniveau der Mitarbeiter sichergestellt werden (→ AT 7.1 Tz. 2). Die Betriebsabläufe sollten durch die Abwesenheit oder das Ausscheiden von Mitarbeitern nicht nachhaltig gestört werden (→ AT 7.1 Tz. 3).

5 Mitarbeiter sind die kostbarste Ressource eines Institutes. Zwar rücken quantitative Gesichtspunkte aufgrund der Rationalisierungsbemühungen der Institute sowie der technologischen Möglichkeiten und der fortschreitenden Digitalisierung tendenziell immer mehr in den Hintergrund. Allerdings wird der Qualifikation der Mitarbeiter – nicht zuletzt aufgrund der steigenden Komplexität der Tätigkeiten in den Instituten – ein immer höherer Stellenwert eingeräumt. Die MaRisk widmen sich daher schwerpunktmäßig der qualitativen Personalausstattung. Die mit der fünften MaRisk-Novelle neu eingeführten Anforderungen an die Entwicklung, Förderung und Integration einer angemessenen Risikokultur (→ AT 3 Tz. 1) haben auch Auswirkungen auf die Bewertung der Qualifikation der Mitarbeiter und die Personalentwicklungskonzepte inklusive der Nachfolgeplanung eines Institutes (→ AT 7.1).

6 Spezielle qualitative Anforderungen werden an die Leiter der besonderen Funktionen gestellt, also an die Leiter der Risikocontrolling-Funktion, der Compliance-Funktion und der Internen Revision (→ AT 7.1 Tz. 2, Erläuterung). Gleichzeitig sind von den Aufsichtsbehörden Kriterien zur Bewertung der Eignung von Mitgliedern des Leitungsorgans und Inhabern von Schlüsselfunktionen ausgearbeitet und weiter geschärft worden.[6] Die EZB hat im Herbst 2020 angekündigt, ihren Leitfaden zu überarbeiten, um die Eignungsprüfungen noch strenger auszugestalten.[7] Das zugehörige Konsultationsverfahren wurde am 15. Juni 2021 gestartet.[8]

1.1.2 Technisch-organisatorische Ausstattung

7 Die technisch-organisatorische Ausstattung umfasst die Gesamtheit der Einrichtungen und Anlagen zur Leistungserstellung. Dazu zählen z. B. Grundstücke, Gebäude und das Büroinventar. Mit dem Ausbruch der COVID-19-Pandemie hat sich der Arbeitsmittelpunkt für verschiedene Tätigkeiten zumindest vorübergehend in das Homeoffice verschoben. Ob dieser Trend nach Bewältigung der Krise vollständig umgekehrt wird, darf zumindest bezweifelt werden. Damit sind automatisch auch die Anforderungen an die Ausstattung im Homeoffice und damit verbundene Sicherheitskonzepte gestiegen. Bei Kredit- und Finanzdienstleistungsinstituten besteht die technisch-organisatorische Ausstattung vorwiegend aus IT-Systemen. Die Informationstechnologie ist zwar nicht das Kerngeschäft der Institute, aber seit vielen Jahren inzwischen bei allen Instituten

---

6 Bundesanstalt für Finanzdienstleistungsaufsicht, Merkblatt zu den Geschäftsleitern gemäß KWG, ZAG und KAGB vom 4. Januar 2016, zuletzt geändert am 24. Juni 2021; Bundesanstalt für Finanzdienstleistungsaufsicht, Merkblatt zu den Mitgliedern von Verwaltungs- und Aufsichtsorganen gemäß KWG und KAGB vom 4. Januar 2016, zuletzt geändert am 24. Juni 2021; Europäische Zentralbank, Leitfaden zur Beurteilung der fachlichen Qualifikation und persönlichen Zuverlässigkeit, 28. Mai 2018; European Securities and Markets Authority/European Banking Authority, Leitlinien zur Bewertung der Eignung von Mitgliedern des Leitungsorgans und Inhabern von Schlüsselfunktionen, EBA/GL/2017/12, 21. März 2018.

7 Vgl. Mersch, Yves, European economic governance: early lessons from the crisis, Keynote speech, Conference »The Werner Report, 50 Years on«, 8. Oktober 2020.

8 European Central Bank, Guide to fit and proper assessments, Consultation paper, 15. Juni 2021; European Central Bank, Updated Fit and proper Questionnaire – ECB template, Consultation paper, 15. Juni 2021.

der Kern des Geschäftes.[9] Die Bedeutung der IT spiegelt sich dementsprechend auch im Anforderungsprofil der MaRisk wider.

Grundsätzlich müssen die Institute eine angemessene technisch-organisatorische Ausstattung 8 sicherstellen. Dafür muss zunächst Klarheit über die vorhandenen Komponenten der institutsspezifischen IT-Systeme und zugehörigen Prozesse etc. herrschen, die jeweils zu einem Informationsverbund gehören (→ AT 7.2 Tz. 1). Bei der Ausgestaltung der Bestandteile des Informationsverbundes müssen sich die Institute an gängigen Standards orientieren, die mit den allgemeinen Schutzzielen vom Informationssicherheitsmanagement verbunden sind. Dazu gehört z. B. eine angemessene IT-Berechtigungsvergabe. Die Eignung der IT-Systeme und der zugehörigen Prozesse ist regelmäßig von den fachlich und technisch zuständigen Mitarbeitern zu überprüfen (→ AT 7.2 Tz. 2). Veränderungen der IT-Systeme können sich auf deren Funktionsfähigkeit auswirken. Deshalb müssen die Institute einen Regelprozess der Entwicklung, des Testens, der Freigabe und der Implementierung in die Produktionsprozesse etablieren. Produktions- und Testumgebung sind dabei grundsätzlich voneinander zu trennen (→ AT 7.2 Tz. 3). Vom Institut sind angemessene Prozesse zum Management der IT-Risiken einzurichten, dem bestimmte Aufgaben zugewiesen werden. Dazu gehören die Festlegung von IT-Risikokriterien, die Identifikation von IT-Risiken, die Feststellung des Schutzbedarfs, daraus abgeleitete Schutzmaßnahmen für den IT-Betrieb sowie die Festlegung entsprechender Maßnahmen zur Risikobehandlung und -minderung. In Abhängigkeit von den institutsspezifischen Informationsverbünden sowie den damit verbundenen Schwachstellen und möglichen Bedrohungen werden bestimmte Maßnahmen festgelegt, um den angestrebten Schutzbedarf zu erreichen. Beim Bezug von Software sind die damit verbundenen Risiken angemessen zu bewerten (→ AT 7.2 Tz. 4). Diese Anforderungen sind entsprechend der Kritikalität der unterstützten Geschäftsprozesse und der Bedeutung der Anwendungen für diese Prozesse auch für die Individuelle Datenverarbeitung (IDV) zu beachten. Die Festlegung von Maßnahmen zur Sicherstellung der Datensicherheit hat sich am Schutzbedarf der verarbeiteten Daten zu orientieren (→ AT 7.2 Tz. 5).

1.1.3 Notfallmanagement

Das Institut hat die Ziele zum Notfallmanagement zu definieren und einen entsprechenden Prozess 9 festzulegen. Für Notfälle in zeitkritischen Aktivitäten und Prozessen ist ein Notfallkonzept zu erarbeiten, anlassbezogen zu aktualisieren, jährlich auf Aktualität zu überprüfen und angemessen zu kommunizieren. Zur Identifikation von zeitkritischen Aktivitäten und Prozessen führt das Institut Auswirkungs- und Risikoanalysen durch. Die im Notfallkonzept festgelegten Maßnahmen müssen dazu geeignet sein, das Ausmaß möglicher Schäden zu reduzieren. Die Geschäftsleitung hat sich mindestens quartalsweise und anlassbezogen über den Zustand des Notfallmanagements schriftlich berichten zu lassen (→ AT 7.3 Tz. 1). Das Notfallkonzept muss u. a. Geschäftsfortführungs- sowie Wiederherstellungspläne umfassen. Bei Notfällen ist eine angemessene interne und externe Kommunikation sicherzustellen. Im Fall der Auslagerung von zeitkritischen Aktivitäten und Prozessen haben das auslagernde Institut und das Auslagerungsunternehmen über aufeinander abgestimmte Notfallkonzepte zu verfügen (→ AT 7.3 Tz. 2). Die Wirksamkeit und Angemessenheit des Notfallkonzeptes sind entsprechend der Gefährdungslage regelmäßig zu überprüfen. Die Überprüfungen sind zu protokollieren. Für zeitkritische Aktivitäten und Prozesse sind sie für alle relevanten Szenarien mindestens jährlich und anlassbezogen nachzuweisen. Die Ergebnisse sind den jeweiligen Verantwortlichen schriftlich mitzuteilen und hinsichtlich notwendiger Verbesserungen zu analysieren. Risiken sind angemessen zu steuern (→ AT 7.3 Tz. 3).

---

9   Vgl. Betsch, Oskar/Thomas, Peter, Industrialisierung der Kreditwirtschaft, Wiesbaden, 2005, S. 6.

1.2 Berücksichtigung weiterer Vorgaben

10   Bei der Umsetzung dieser Anforderungen sind in jedem Fall die »Bankaufsichtlichen Anforderungen an die IT« (BAIT)[10] zu beachten, mit deren Hilfe die MaRisk in den relevanten Bereichen weiter konkretisiert werden. Mit Hilfe der BAIT wird den Instituten die Erwartungshaltung der deutschen Aufsicht zur sicheren Ausgestaltung der IT-Systeme und zugehörigen IT-Prozesse vor dem Hintergrund der Integrität, Verfügbarkeit, Authentizität sowie Vertraulichkeit der Daten sowie zu den diesbezüglichen Anforderungen an die IT-Governance transparent gemacht. Die Aufsicht erläutert darin, was sie unter einer angemessenen technisch-organisatorischen Ausstattung der IT-Systeme, unter besonderer Berücksichtigung der Anforderungen an die Informationssicherheit sowie eines angemessenen Notfallkonzeptes, versteht. Da die Institute zunehmend IT-Services, sowohl im Rahmen von Auslagerungen von IT-Dienstleistungen als auch durch den sonstigen Fremdbezug von IT-Dienstleistungen, von Dritten beziehen, werden auch die Anforderungen an Auslagerungen in diese Interpretation einbezogen. Insofern sind die MaRisk und die BAIT in einer Gesamtschau anzuwenden.[11] Die BAIT sollen auch dazu beitragen, das unternehmensweite IT-Risikobewusstsein in den Instituten und gegenüber den Auslagerungsunternehmen zu erhöhen.[12]

11   Die BAIT wurden parallel zur sechsten MaRisk-Novelle überarbeitet, insbesondere um die Leitlinien der EBA für das Management von IKT- und Sicherheitsrisiken[13] umzusetzen. Nach Tz. 2.3 BAIT hat das Institut insbesondere das Informationsrisikomanagement, das Informationssicherheitsmanagement, den IT-Betrieb und die Anwendungsentwicklung quantitativ und qualitativ angemessen mit Ressourcen auszustatten. Das betrifft sowohl die personellen Ressourcen als auch die technisch-organisatorische Ausstattung. Die BaFin erwartet, dass hinsichtlich der Maßnahmen zur Erhaltung einer angemessenen qualitativen Ressourcenausstattung (personelle, finanzielle und sonstige Ressourcen) insbesondere der Stand der Technik sowie die aktuelle und zukünftige Bedrohungslage berücksichtigt werden. Das bedeutet, dass einerseits die technisch-organisatorische Ausstattung mit dem Fortschritt mithalten sollte und andererseits das Qualifikationsniveau der Mitarbeiter ausreichen muss, um mit möglichen Bedrohungen angemessen umgehen zu können. Dazu gehört auch ein kontinuierliches und angemessenes Sensibilisierungs- und Schulungsprogramm für Informationssicherheit. Die BAIT werden in der Kommentierung dieses Moduls vollständig berücksichtigt. Damit fließen automatisch auch die Anforderungen der EBA an das Management von IKT- und Sicherheitsrisiken in die Betrachtung ein. Außerdem wird auf die verschiedenen IKT-Risikokategorien eingegangen, die von der EBA im Rahmen des SREP besonders beleuchtet werden.[14]

12   Der Baseler Ausschuss für Bankenaufsicht (BCBS) versteht unter der »Informations- und Kommunikationstechnologie« (IKT) den zugrunde liegenden physischen und logischen Aufbau von Informationstechnologie- und Kommunikationssystemen, die Hard- und Softwarekomponenten, Daten und Betriebsumgebungen. Der BCBS fordert von den Instituten, ein robustes IKT-Risikomanagementprogramm einzuführen, das mit ihrem jeweiligen Rahmenwerk für das Management operationeller Risiken abgestimmt ist. Das IKT-Risikomanagement sollte das operationelle Risiko eines Institutes in Bezug auf direkte Verluste, Rechtsansprüche, Reputationsschä-

---

10 Bundesanstalt für Finanzdienstleistungsaufsicht, Bankaufsichtliche Anforderungen an die IT (BAIT), Rundschreiben 10/2017 (BA) in der Fassung vom 16. August 2021.

11 Vgl. Bundesanstalt für Finanzdienstleistungsaufsicht, Rundschreiben 10/2017 (BA) zu den BAIT, Übermittlungsschreiben vom 3. November 2017, S. 1 f.

12 Vgl. Essler, Renate/Gampe, Jens, IT-Sicherheit – Aufsicht konkretisiert Anforderungen an die Kreditwirtschaft, in: BaFinJournal, Ausgabe Januar 2018, S. 17 f.

13 European Banking Authority, Leitlinien für das Management von IKT- und Sicherheitsrisiken, EBA/GL/2019/04, 28. November 2019.

14 Vgl. European Banking Authority, Leitlinien für die IKT-Risikobewertung im Rahmen des aufsichtlichen Überprüfungs- und Bewertungsprozesses (SREP), EBA/GL/2017/05, 11. September 2017, S. 4.

den[15], IKT-Störungen und Technologiemissbrauch in Übereinstimmung mit dem Risikoappetit und der Risikotoleranz reduzieren. Den Vorstellungen des BCBS zufolge umfasst das IKT-Risikomanagement die Identifizierung und Bewertung von IKT-Risiken, geeignete Maßnahmen zur Minderung der IKT-Risiken in Übereinstimmung mit dem bewerteten Risikoniveau, wie z. B. Cybersicherheits-, Reaktions- und Wiederherstellungsprogramme, IKT-Änderungsmanagementprozesse, IKT-Vorfallmanagementprozesse, einschließlich der rechtzeitigen Übermittlung relevanter Informationen an die Nutzer, sowie die Überwachung dieser Maßnahmen, wozu auch regelmäßige Tests gehören. Zur Gewährleistung der Vertraulichkeit, Integrität und Verfügbarkeit von Daten und Systemen sollte die Wirksamkeit des IKT-Risikomanagements regelmäßig überwacht werden. Dies erfordert eine regelmäßige Abstimmung der Geschäfts-, Risiko- und IKT-Strategien, damit diese mit dem Risikoappetit und der Risikotoleranz sowie mit dem Datenschutz und anderen geltenden Gesetzen übereinstimmen. Der Geschäftsleitung sollte regelmäßig über IKT-Risiken, Kontrollen und Ereignisse berichtet werden.[16]

Im Zusammenhang mit dem Management der IKT- und Sicherheitsrisiken rückt zunehmend **13** auch die »Betriebsstabilität« (»operational resilience«) der Institute in das Blickfeld der Aufsichtsbehörden. Dabei geht es um die Fähigkeit eines Institutes, kritische Operationen auch bei Störungen aufrechtzuerhalten.[17] Die Institute müssen die Geschäftsfortführung, die Auslagerung von Dienstleistungen an Dritte und die Technologien bei der Stärkung ihrer Betriebsstabilität berücksichtigen. Ein operativ widerstandsfähiges Institut ist weniger anfällig für unvorhergesehene Betriebsausfälle und Verluste durch Störungen, wodurch die Auswirkungen von Störungen auf kritische Operationen und damit verbundene Dienstleistungen, Funktionen und Systeme verringert werden.[18]

---

15 Zwar schließt die Definition operationeller Risiken die Reputationsrisiken nicht ein. Allerdings erwartet auch die EBA von den zuständigen Behörden, das Reputationsrisiko gemeinsam mit dem operationellen Risiko zu bewerten, da zwischen beiden ein enger Zusammenhang bestehe. Sie begründet diese Vorgehensweise u. a. damit, dass die meisten operationellen Risikoereignisse starke Auswirkungen auf die Reputation hätten. Insbesondere sollten die zuständigen Behörden die potenziellen Auswirkungen der IKT-Risiken auf die kritischen IKT-Systeme und -Dienste eines Institutes bewerten und die potenziellen finanziellen, reputationsbezogenen, regulatorischen und strategischen Auswirkungen auf das Institut sowie das Potenzial für Geschäftsunterbrechungen berücksichtigen. Das Ergebnis der Bewertung des Reputationsrisikos sollte jedoch nicht in die Bewertung des operationellen Risikos einfließen, sondern ggf. als Teil der Geschäftsmodellanalyse oder der Bewertung des Liquiditätsrisikos berücksichtigt werden, da sich das Reputationsrisiko dort am stärksten auswirke. Vgl. European Banking Authority, Draft Guidelines on common procedures and methodologies for the supervisory review and evaluation process (SREP) and supervisory stress testing under Directive 2013/36/EU, Consultation Paper, EBA/CP/2021/26, 28. Juni 2021, S. 115.

16 Vgl. Basel Committee on Banking Supervision, Revisions to the Principles for the Sound Management of Operational Risk, BCBS 515, 31. März 2021, S. 16.

17 Vgl. Basel Committee on Banking Supervision, Principles for Operational Resilience, BCBS 516, 31. März 2021, S. 3.

18 Vgl. Basel Committee on Banking Supervision, Principles for Operational Resilience, BCBS 516, 31. März 2021, S. 2.

AT 7.1 Personal

1	**Quantitative und qualitative Personalausstattung (Tz. 1)**	1
1.1	Bedeutung des Personals aus aufsichtsrechtlicher Perspektive	2
1.2	Quantitative und qualitative Personalausstattung	5
1.3	Personalmanagementkonzepte	8
1.3.1	Personalbedarfsplanung	9
1.3.2	Personalauswahl	10
1.3.3	Personalintegration	11
1.3.4	Personalentwicklung	12
1.4	Leiharbeitnehmer	13
1.5	Berücksichtigung von Nachhaltigkeitsrisiken	14
2	**Kenntnisse und Erfahrungen der Mitarbeiter (Tz. 2)**	16
2.1	Qualifizierte Mitarbeiter als unverzichtbare institutsinterne Ressource	17
2.2	Personalentwicklungskonzepte	22
2.3	Anforderungen an die Qualifikation bei besonderen Funktionen	25
2.4	Anforderungen an die Qualifikation von Mitgliedern des Leitungsorgans und Inhabern von Schlüsselfunktionen	28
2.5	Schulungsprogramme für die Mitglieder des Leitungsorgans	32
2.6	Stärkung der IT-Kompetenz in der Geschäftsleitung	36
3	**Abwesenheit oder Ausscheiden von Mitarbeitern (Tz. 3)**	38
3.1	Störungen der Betriebsabläufe	39
3.2	Empfehlung der BaFin	41

1 Quantitative und qualitative Personalausstattung (Tz. 1)

1 Die quantitative und qualitative Personalausstattung des Institutes hat sich insbesondere an betriebsinternen Erfordernissen, den Geschäftsaktivitäten sowie der Risikosituation zu orientieren. Dies gilt auch beim Rückgriff auf Leiharbeitnehmer.

    1

1.1 Bedeutung des Personals aus aufsichtsrechtlicher Perspektive

Da Institute einem besonders vertrauensanfälligen Wirtschaftssektor angehören, gelten für deren Geschäftsleiter besonders strenge Regelungen. So müssen Geschäftsleiter ihre Zuverlässigkeit und fachliche Eignung gegenüber den Aufsichtsbehörden nachweisen (»Fit & Proper-Test«). Vergleichbare Anforderungen werden seit der Verabschiedung des Gesetzes zur Stärkung der Finanzmarkt- und Versicherungsaufsicht im Jahr 2009 auch an die Mitglieder der Aufsichtsorgane der Institute gestellt. Mit dem CRD IV-Umsetzungsgesetz wurden die Anforderungen an Geschäftsleiter und Mitglieder der Aufsichtsorgane in den §§ 25c bzw. 25d KWG positiv formuliert und gleichzeitig deutlich ausgeweitet. Zuvor hatten sie sich lediglich aus einem Umkehrschluss aus §§ 33 bzw. 36 KWG a. F. ergeben. Mittlerweile sind von den Aufsichtsbehörden mehrere ergänzende Leitlinien, Leitfäden und Merkblätter erarbeitet worden.[1]

    2

Für jene Mitarbeiter der Institute, die nicht zu den Inhabern von Schlüsselfunktionen gehören, gelten weniger strenge Regelungen. Ein Procedere wie bei der Eignung von Geschäftsleitern oder Mitgliedern von Aufsichtsorganen wäre schon aufgrund des damit einhergehenden Aufwandes kaum durchführbar und wahrscheinlich auch nicht sinnvoll. Unabhängig davon kann die Gesamtorganisation eines Institutes nur dann funktionieren, wenn Mitarbeiter zur Verfügung stehen, die die Vorgaben der Geschäftsleitung umzusetzen in der Lage sind. Nach den MaRisk hat sich die quantitative und qualitative Personalausstattung des Institutes insbesondere an betriebsinternen Erfordernissen, den Geschäftsaktivitäten sowie der Risikosituation zu orientieren. Dadurch wird das Erfordernis einer angemessenen Personalausstattung besonders hervorgehoben. Der Gesetzgeber hat dieses Erfordernis im Zuge der Umsetzung der MiFID in deutsches Recht im KWG verankert. Nach § 25a Abs. 1 Satz 3 Nr. 4 KWG setzt ein angemessenes und wirksames Risikomanagement u. a. auch eine angemessene Personalausstattung in den Instituten voraus.

    3

Für die optimale Aufgabenerfüllung spielt auch eine wirksame intrinsische bzw. extrinsische Motivation der Mitarbeiter eine Rolle. Die zunächst in den MaRisk enthaltenen Anforderungen an die Ausgestaltung der Vergütungs- und Anreizsysteme wurden aufgrund neuer regulatorischer Vorgaben im Rahmen der zweiten MaRisk-Novelle zunächst deutlich ausgebaut und in ein

    4

---

1 Bundesanstalt für Finanzdienstleistungsaufsicht, Merkblatt zu den Geschäftsleitern gemäß KWG, ZAG und KAGB vom 4. Januar 2016, zuletzt geändert am 24. Juni 2021; Bundesanstalt für Finanzdienstleistungsaufsicht, Merkblatt zu den Mitgliedern von Verwaltungs- und Aufsichtsorganen gemäß KWG und KAGB vom 4. Januar 2016, zuletzt geändert am 24. Juni 2021; Europäische Zentralbank, Leitfaden zur Beurteilung der fachlichen Qualifikation und persönlichen Zuverlässigkeit, 28. Mai 2018; European Securities and Markets Authority/European Banking Authority, Leitlinien zur Bewertung der Eignung von Mitgliedern des Leitungsorgans und Inhabern von Schlüsselfunktionen, EBA/GL/2017/12, 21. März 2018.

gesondertes Rundschreiben[2] überführt. Mittlerweile wurde für diese Regelungen eine Verordnung[3] erlassen und um eine Auslegungshilfe der BaFin[4] ergänzt.[5]

1.2 Quantitative und qualitative Personalausstattung

5 Die MaRisk enthalten keine Vorgaben, auf welche Weise das Institut eine angemessene quantitative und qualitative Personalausstattung sicherzustellen hat. Es liegt demnach grundsätzlich im Ermessen des Institutes, sinnvolle Lösungen zu entwickeln, die dem Regelungszweck Rechnung tragen. Ergänzende Anforderungen bzw. Empfehlungen der BaFin beziehen sich auf die Qualifikation der Mitarbeiter (→ AT 7.1 Tz. 2) und die Vermeidung von Störungen bei der Abwesenheit oder dem Ausscheiden von Mitarbeitern (→ AT 7.1 Tz. 3).

6 Der Baseler Ausschuss für Bankenaufsicht und die EBA bringen an verschiedenen Stellen ihre Erwartungshaltung zum Ausdruck, dass die Institute – und insbesondere deren Geschäftsleitungen – für eine angemessene Personalausstattung sorgen müssen.[6] Speziell die internen Kontrollfunktionen sollten über ausreichende Ressourcen verfügen, insbesondere über eine angemessene Personalausstattung, sowohl auf Ebene des Mutterunternehmens als auch auf Ebene der Tochtergesellschaften.[7] Teilweise wird diese Anforderung weiter spezifiziert, indem auf die erforderliche Erfahrung und die notwendigen Kenntnisse bzw. Fähigkeiten abgestellt wird.[8] Dabei geht es auch um die strategischen Überlegungen der Institute, die nur mit den erforderlichen Ressourcen umsetzbar sind. So sollte beim Neu-Produkt-Prozess z. B. darauf geachtet werden, dass eine neue Geschäftsaktivität erst dann aufgenommen wird, wenn die entsprechenden Ressourcen für das Verständnis und die Steuerung der damit verbundenen Risiken zur Verfügung stehen.[9] Konkret sollte z. B. sichergestellt werden, dass vor der Einführung auch die Auswirkungen des Zinsänderungsrisikos auf die neuen Produkte und Aktivitäten gut verstanden werden.[10] Vor dem Abschluss einer Auslagerungsvereinbarung sollten die Institute wiederum sicherstellen, dass das Auslagerungsunternehmen ebenfalls über angemessene Ressourcen verfügt, um die kritische oder

---

2 Bundesanstalt für Finanzdienstleistungsaufsicht, Aufsichtsrechtliche Anforderungen an die Vergütungssysteme von Instituten, Rundschreiben 22/2009 (BA) vom 21. Dezember 2009.

3 Verordnung über die aufsichtsrechtlichen Anforderungen an Vergütungssysteme von Instituten (Institutsvergütungsverordnung – InstitutsVergV) vom 16. Dezember 2013 (BGBl. I S. 4270), die zuletzt durch Artikel 1 der Verordnung vom 15. April 2019 (BGBl. I S. 486) geändert worden ist.

4 Bundesanstalt für Finanzdienstleistungsaufsicht, Auslegungshilfe zur Institutsvergütungsverordnung in der Fassung vom 15. Februar 2018.

5 Zur Kommentierung der Institutsvergütungsverordnung siehe Buscher, Arne Martin/Link, Vivien/von Harbou, Christopher/Weigl, Thomas, Verordnung über die aufsichtsrechtlichen Anforderungen an Vergütungssysteme von Instituten (InstitutsVergV), 2. Auflage, Stuttgart, 2018.

6 Vgl. European Banking Authority, Leitlinien zu den Stresstests der Institute, EBA/GL/2018/04, 19. Juli 2018, S. 14; European Banking Authority, Leitlinien zur internen Governance, EBA/GL/2017/11, 21. März 2018, S. 20; European Banking Authority, Leitlinien für die IKT-Risikobewertung im Rahmen des aufsichtlichen Überprüfungs- und Bewertungsprozesses (SREP), EBA/GL/2017/05, 11. September 2017, S. 9; Basel Committee on Banking Supervision, Guidelines – Corporate governance principles for banks, BCBS 328, 8. Juli 2015, S. 12, 25 und 31 f.; Basel Committee on Banking Supervision, Liquidity stress testing: a survey of theory, empirics and current industry and supervisory practices, Working Paper No. 24, 23. Oktober 2013, S. 34; Baseler Ausschuss für Bankenaufsicht, Grundsätze für die effektive Aggregation von Risikodaten und die Risikoberichterstattung, BCBS 239, 9. Januar 2013, S. 6 f.

7 Vgl. European Banking Authority, Leitlinien zur internen Governance, EBA/GL/2017/11, 21. März 2018, S. 42.

8 Vgl. European Banking Authority, Guidelines on common procedures and methodologies for the supervisory review and evaluation process (SREP) and supervisory stress testing, EBA/GL/2014/13, Consolidated version, 19. Juli 2018, S. 52, 56, 86, 98, 113, 125 und 159; European Banking Authority, Leitlinien zur internen Governance, EBA/GL/2017/11, 21. März 2018, S. 42 und 47 f.; Basel Committee on Banking Supervision, Stress testing principles, Consultative document, BCBS 428, 20. Dezember 2017, S. 10; Basel Committee on Banking Supervision, Principles for the Sound Management of Operational Risk, BCBS 195, 30. Juni 2011, S. 10.

9 Vgl. European Banking Authority, Leitlinien zur internen Governance, EBA/GL/2017/11, 21. März 2018, S. 40.

10 Vgl. European Banking Authority, Leitlinien zur Steuerung des Zinsänderungsrisikos bei Geschäften des Anlagebuchs, EBA/GL/2018/02, 19. Juli 2018, S. 13.

wichtige Funktion während der Vertragslaufzeit zuverlässig und professionell zu erfüllen.[11] Mangelhafte Ressourcenbereitstellung fließt in jedem Fall in die Beurteilung der jeweiligen Module im SREP ein. Im Einklang mit Art. 104 Abs. 1 lit. e CRD IV können die zuständigen Behörden vom Institut sogar eine Änderung des Geschäftsmodells oder der Geschäftsstrategie verlangen, wenn diese z.B. nicht durch Kapital- und operationelle Pläne unterstützt werden, wozu auch die Zuweisung entsprechender finanzieller, personeller und technischer Ressourcen bzw. IT-Ressourcen zählt.[12]

Speziell mit Blick auf die IT haben die Institute nach Tz. 2.3 BAIT dafür Sorge zu tragen, dass insbesondere das Informationsrisiko- und das Informationssicherheitsmanagement, der IT-Betrieb und die Anwendungsentwicklung in quantitativer und qualitativer Hinsicht angemessen mit Personal ausgestattet sind. Dabei sollten der Stand der Technik sowie die aktuelle und zukünftige Entwicklung der Bedrohungslage berücksichtigt werden. Dies ist aus Sicht der Aufsicht erforderlich, damit das Risiko einer mangelhaften qualitativen oder quantitativen Ausstattung dieser Bereiche frühzeitig erkannt und möglichst umgehend behoben werden kann.[13]   **7**

1.3 Personalmanagementkonzepte

Ein Institut kann sich bei der Umsetzung der Anforderungen an die Personalausstattung an gängigen Personalmanagementkonzepten orientieren, die auch in der Fachliteratur beschrieben werden.[14] Personalmanagementkonzepte umfassen regelmäßig verschiedene Phasen, die eng miteinander verknüpft sind (Personalbedarfsplanung, Personalauswahl, Personalintegration, Personalentwicklung). Ein solcher Kreislauf kann langfristig eine angemessene Personalausstattung gewährleisten, die mit dazu beiträgt, dass das Institut seine Ziele besser erreichen kann.   **8**

1.3.1 Personalbedarfsplanung

Im Rahmen der Personalbedarfsplanung geht es vorrangig um die Bestimmung des quantitativen und qualitativen Personalbedarfes. Aus quantitativer Sicht steht die Frage nach der Anzahl von Mitarbeitern im Vordergrund, die über verschiedene Zeithorizonte benötigt werden (kurzfristig, mittelfristig, langfristig). Dabei spielen Erwartungen eine wichtige Rolle. Erwartete Spitzenauslastungen oder gleichmäßige Auslastungen haben nachhaltigen Einfluss auf die konkrete Planung des Mengengerüstes. Vor diesem Hintergrund sind weitere Aspekte mit in das Kalkül einzubeziehen (befristete oder unbefristete Arbeitsverhältnisse, Voll- oder Teilzeitbeschäftigungen, Leiharbeitnehmer, Kündigungen, Sozialpläne etc.). Bei der qualitativen Personalbedarfsplanung geht es hingegen um die Frage, welchen Ausbildungshintergrund und welche Erfahrungen oder Kompetenzen die Mitarbeiter benötigen, damit sie ihre Aufgaben erfüllen können. Damit einhergehend stellen sich weitere Fragen (z.B. Einarbeitungszeiten).   **9**

---

11 Vgl. European Banking Authority, Leitlinien zu Auslagerungen, EBA/GL/2019/02, 25. Februar 2019, S. 30.

12 Vgl. European Banking Authority, Guidelines on common procedures and methodologies for the supervisory review and evaluation process (SREP) and supervisory stress testing, EBA/GL/2014/13, Consolidated version, 19. Juli 2018, S. 187.

13 Vgl. Essler, Renate/Gampe, Jens, IT-Sicherheit – Aufsicht konkretisiert Anforderungen an die Kreditwirtschaft, in: BaFinJournal, Ausgabe Januar 2018, S. 19.

14 Vgl. Berthel, Jürgen/Becker, Fred G., Personalmanagement, 7. Auflage, Stuttgart, 2003, S. 118ff.

1.3.2 Personalauswahl

10 An die Personalbedarfsplanung schließt sich die Personalauswahl an. In dieser Phase geht es zunächst um die Erstellung konkreter Anforderungsprofile (Fachkompetenz, Sozialkompetenz und ggf. Führungskompetenz, Persönlichkeit). Auf der Basis solcher Anforderungsprofile wird das eigentliche Auswahlverfahren eingeleitet. Hierfür stehen nach Durchführung einer Vorauswahl (z. B. auf der Basis von Bewerbungsunterlagen) unterschiedliche Methoden zur Verfügung (z. B. Interview, Assessment Center), die anschließend ggf. eine Übernahmeentscheidung von neuen Mitarbeitern zur Folge haben.

1.3.3 Personalintegration

11 Der Entscheidung für die Übernahme folgt die Phase der Integration des neuen Mitarbeiters. In dieser Phase sollten dem neuen Mitarbeiter Aufgaben und Prozesse sowie Verantwortlichkeiten unter Berücksichtigung von Schnittstellen zu anderen Bereichen veranschaulicht werden. Ebenso sollten dem Mitarbeiter die konkreten Formen der Zusammenarbeit sowie der im Institut herrschende Führungsstil vermittelt werden, damit er sich im Interesse des Institutes in seiner neuen Umgebung schnell zurechtfindet.

1.3.4 Personalentwicklung

12 Unter dem Begriff der Personalentwicklung werden alle Maßnahmen zusammengefasst, die darauf abzielen, bestehende Mitarbeiterqualifikationen zu erweitern oder neue Qualifikationen zu vermitteln. Es geht dabei nicht nur um die Verbesserung von Fachkompetenzen, sondern auch um die (Weiter-)Entwicklung von Sozial- und Führungskompetenzen. Potenziale von Mitarbeitern, also die Möglichkeit, sich künftig Kompetenzen aneignen zu können, sollten im Rahmen der Personalentwicklung bestmöglich ausgeschöpft werden.[15]

1.4 Leiharbeitnehmer

13 Bei Leiharbeitnehmern nach dem Arbeitnehmerüberlassungsgesetz (AÜG)[16] handelt es sich um Mitarbeiter, die bei einem Leiharbeitsunternehmen, z. B. einer Zeitarbeitsfirma, angestellt und nur für eine begrenzte Zeit aufgrund eines Arbeitnehmerüberlassungsvertrags zwischen dem Institut und dem Leiharbeitsunternehmen im Institut tätig sind. Sie erhalten ihre Vergütung sowie die Sozialleistungen von dem Leiharbeitsunternehmen als ihrem Arbeitgeber, verrichten ihre Arbeit allerdings in dem Institut, in dem sie für eine bestimmte Zeit weisungsgebunden eingesetzt werden. Leiharbeitnehmern kommt insbesondere innerhalb von Konzernen als Alternative zur

---

15 Vgl. Eidgenössisches Personalamt, Personalentwicklung in der Bundesverwaltung, genehmigt vom Eidgenössischen Finanzdepartment am 30. Oktober 2003, S. 5; Bundesministerium des Innern, Personalentwicklungskonzept, März 2006, S. 7.

16 Gesetz zur Regelung der Arbeitnehmerüberlassung (Arbeitnehmerüberlassungsgesetz – AÜG) in der Fassung der Bekanntmachung vom 3. Februar 1995 (BGBl. I S. 158), das zuletzt durch Artikel 116 des Gesetzes vom 10. August 2021 (BGBl. I S. 3436) geändert worden ist.

Auslagerung eine nicht unerhebliche Bedeutung zu.[17] Eine Klarstellung bzgl. der Einordnung von Leiharbeitnehmern unter dem Aspekt der Auslagerung enthielt bereits das Rundschreiben 11/2001. Danach war der ggf. auch längerfristige Einsatz von Leiharbeitnehmern, die für die Dauer ihrer Tätigkeit vollumfänglich in die Betriebs- und Ablauforganisation des Institutes eingegliedert sind, kein Fall der Auslagerung im Sinne des § 25b KWG.[18] Im Zuge der Neufassung der Auslagerungsregelungen und deren Integration in die MaRisk im Rahmen der ersten MaRisk-Novelle verzichtete die BaFin auf einen derartigen Hinweis. In der Sondersitzung des Fachgremiums MaRisk im März 2018 hat die deutsche Aufsicht betont, dass bestimmte rechtliche Fallgestaltungen einschließlich Arbeitnehmerüberlassungen nicht per se vom Anwendungsbereich des § 25b KWG ausgeschlossen werden können, da es stets auf die konkrete materielle Ausgestaltung und Bedeutung im Einzelfall ankommt.[19] Auch nach der von der Aufsicht geforderten Einzelfallbetrachtung dürfte der Einsatz von Leiharbeitnehmern dann keine Auslagerung nach § 25b KWG darstellen, wenn sie für die Dauer ihrer Tätigkeit in vollem Umfang in die Betriebs- und Ablauforganisation eingegliedert sind und insoweit dem Direktionsrecht des Institutes unterliegen[20] (→ AT 9 Tz. 1). Sofern dies der Fall ist, beziehen sich die Anforderungen an eine angemessene Personalausstattung sowohl auf Mitarbeiter als auch auf Leiharbeitnehmer.

1.5 Berücksichtigung von Nachhaltigkeitsrisiken

Die BaFin hat festgestellt, dass die Nachhaltigkeitsrisiken einerseits das Potenzial des negativen Einflusses auf alle Geschäftsbereiche und Risikoarten haben, andererseits jedoch insbesondere die nötige Umwelt- und soziale Expertise innerhalb der Finanzwirtschaft noch aufgebaut werden muss.[21] Sie erwartet daher von den Instituten, auch für die Behandlung von Nachhaltigkeitsrisiken angemessene personelle und finanzielle Ressourcen vorzuhalten, und bezieht diese Forderung insbesondere auf das Risikomanagement. Was die personellen Ressourcen anbelangt, geht es der BaFin vor allem um deren angemessene Qualifizierung, die von den Instituten sichergestellt werden soll. Sie hält es in diesem Zusammenhang für sinnvoll, die besonderen Funktionen durch Experten für Nachhaltigkeitsrisiken zu verstärken.[22]

Die EBA hält es insbesondere für wichtig, dass die Mitglieder des Leitungsorgans (Geschäftsleitung und Aufsichtsorgan) und die Inhaber von Schlüsselfunktionen gemäß Art. 91 CRD IV und der entsprechenden Leitlinien bzw. Merkblätter kollektiv bzw. individuell geeignet sind, über ausreichende Kenntnisse und Fähigkeiten verfügen und, sofern dies nicht bereits der Fall ist, ihre Erfahrungen und ihr Verständnis in Bezug auf ESG-Faktoren, insbesondere deren Übertragungskanäle sowie deren aufsichtliche und strategische Auswirkungen auf die Institute, weiterentwickeln. Zu diesem Zweck kann die Integration von ESG-Faktoren und ESG-Risiken in die Einführungs- und Schulungsmaßnahmen/-programme der Institute dazu beitragen, dass ein angemessenes Fachwissen aufgebaut wird, auch – aber nicht nur – auf der Ebene des Leitungs-

14

15

---

17 Vgl. Institut der Wirtschaftsprüfer, Modernisierung der Outsourcing-Regelungen und Integration in die MaRisk, Stellungnahme vom 11. Mai 2007, S. 2.

18 Vgl. Bundesaufsichtsamt für das Kreditwesen, Auslagerung von Bereichen auf ein anderes Unternehmen gemäß § 25a Abs. 2 KWG, Rundschreiben 11/2001 vom 6. Dezember 2001, Tz. 48.

19 Vgl. Bundesanstalt für Finanzdienstleistungsaufsicht, Protokoll der Sitzung des MaRisk-Fachgremiums am 15. März 2018, S. 2.

20 So auch Bitterwolf, Manfred, in: Reischauer, Friedrich/Kleinhans, Joachim, Kreditwesengesetz, Berlin, 2018, Anhang 1 zu § 25a, Tz. 3a.

21 Vgl. Bundesanstalt für Finanzdienstleistungsaufsicht, Merkblatt zum Umgang mit Nachhaltigkeitsrisiken, 20. Dezember 2019, geändert am 13. Januar 2020, S. 18.

22 Vgl. Bundesanstalt für Finanzdienstleistungsaufsicht, Merkblatt zum Umgang mit Nachhaltigkeitsrisiken, 20. Dezember 2019, geändert am 13. Januar 2020, S. 23.

organs. Generell wäre es für den Ansatz des Institutes zum Management von ESG-Risiken von Vorteil, wenn alle Mitglieder des Leitungsorgans auf individueller Basis über ein Mindestmaß an Wissen und Verständnis von ESG-Faktoren und -Risiken verfügen.[23] Insgesamt müssen im Institut angemessene Maßnahmen zur Verbesserung des Bewusstseins, der Einarbeitung, der Schulung und des Fachwissens ergriffen werden, um ESG-Risiken auf allen Ebenen des Institutes (Geschäftsbereiche, interne Kontrollfunktionen, Leitungsorgan) zu identifizieren, zu bewerten und zu steuern, soweit dies erforderlich erscheint.[24] Die EBA hält es für besonders wichtig, dass jene Mitarbeiter, die an den internen Kontrollfunktionen beteiligt sind, über angemessene Fähigkeiten und Instrumente verfügen, auch im Hinblick auf ESG-Risiken, um ihre Aufgaben erfüllen zu können.[25]

23 Vgl. European Banking Authority, EBA Report on management and supervision of ESG risks for credit institutions and investment firms, EBA/REP/2021/18, 23. Juni 2021, S. 100.

24 Vgl. European Banking Authority, EBA Report on management and supervision of ESG risks for credit institutions and investment firms, EBA/REP/2021/18, 23. Juni 2021, S. 105.

25 Vgl. European Banking Authority, EBA Report on management and supervision of ESG risks for credit institutions and investment firms, EBA/REP/2021/18, 23. Juni 2021, S. 103.

2 Kenntnisse und Erfahrungen der Mitarbeiter (Tz. 2)

2 Die Mitarbeiter sowie deren Vertreter müssen abhängig von ihren Aufgaben, Kompeten-   **16**
zen und Verantwortlichkeiten über die erforderlichen Kenntnisse und Erfahrungen
verfügen. Durch geeignete Maßnahmen ist zu gewährleisten, dass das Qualifikationsniveau
der Mitarbeiter angemessen ist.

2.1 Qualifizierte Mitarbeiter als unverzichtbare institutsinterne Ressource

Ohne ausreichend qualifiziertes Personal ist kein Institut dauerhaft in der Lage, den Entwicklungen   **17**
auf den Märkten standzuhalten. Eine hohe Qualifikation der Mitarbeiter stärkt somit die Position des
Institutes gegenüber Wettbewerbern. Qualifiziertes Personal bietet zudem die Gewähr dafür, dass
die Vorgaben der Geschäftsleitung korrekt nachvollzogen und somit effektiv umgesetzt werden,
wodurch sich gleichzeitig die Fehleranfälligkeit der Mitarbeiter verringert und operationelle Risiken
reduziert werden. Darüber hinaus ist davon auszugehen, dass unter diesen Voraussetzungen
wichtige Impulse für eine Weiterentwicklung der Geschäftsaktivitäten sowie für eine Verbesserung
der internen Strukturen aus dem Kreis der eigenen Mitarbeiter generiert werden.

Die MaRisk machen keine Vorgaben, auf welche Weise eine angemessene Qualifikation der   **18**
Mitarbeiter sicherzustellen ist. Mit der fünften MaRisk-Novelle hat die deutsche Aufsicht allerdings
die Entwicklung, Förderung und Integration einer angemessenen Risikokultur als Aufgabe der
Geschäftsleitung im Rahmen ihrer Gesamtverantwortung für eine ordnungsgemäße Geschäftsorganisation verankert (→ AT 3 Tz. 1). Diese Anforderung wirkt sich auch auf die Mitarbeiterqua-
lifikation aus. Für eine angemessene Risikokultur ist es unerlässlich, dass die Mitarbeiter ihr
eigenes Verhalten am Wertesystem des Institutes ausrichten und dabei die Vorgaben zum
Risikoappetit und zu den Risikolimiten berücksichtigen. Neben einer rein fachlichen Qualifikation
tritt also mittelbar eine weitere Ebene hinzu, die ein Institut bei der Auswahl und Weiterentwicklung seiner Mitarbeiter berücksichtigen sollte, nämlich deren »Qualifikation« hinsichtlich der
(risiko-)kulturellen Übereinstimmung (so genannter »Cultural Fit«).[26] Das Institut sollte also darauf
achten, ob die Wertevorstellungen des (künftigen) Mitarbeiters zu denen des Unternehmens im
Allgemeinen und zu seinen konkreten Aufgaben im Besonderen passen. Für eine angemessene
Risikokultur ist es nämlich wesentlich, dass die Mitarbeiter die Kernwerte des Institutes und, in
dem für ihre Funktion erforderlichen Umfang, seinen Risikoappetit und seine Risikotragfähigkeit
kennen und verstehen. Sie sollten in der Lage sein, ihre Aufgaben wahrzunehmen, und sich
bewusst sein, dass sie für ihre Handlungen im Zusammenhang mit dem Risikoverhalten des
Institutes zur Verantwortung gezogen werden können.[27]

Die EBA erwartet im Übrigen, dass insbesondere die Mitarbeiter der Risikocontrolling-Funktion   **19**
über ausreichende Kenntnisse, Fähigkeiten und Erfahrungen mit Blick auf die Techniken und
Verfahren des Risikomanagements sowie Märkte und Produkte verfügen und Zugang zu regelmäßi-

---

26 Der Begriff »Cultural Fit« stammt aus der Personalpsychologie und wird i.d.R. mit »kultureller Übereinstimmung«
übersetzt. Er beschreibt die Übereinstimmung zwischen Bewerbern und Arbeitgebern in Bezug auf Handlungsweisen
und Wertevorstellungen. Ohne Bezugnahme auf die Eignungskriterien der EBA/ESMA für Mitglieder des Leitungsorgans
und Inhaber von Schlüsselfunktionen geht es dabei u.a. auch um die »persönliche Zuverlässigkeit« der Mitarbeiter.

27 Vgl. European Banking Authority, Leitlinien zur internen Governance, EBA/GL/2017/11, 21. März 2018, S. 27.

gen Weiterbildungen haben. Auch die Mitarbeiter der anderen internen Kontrollfunktionen sollten ihre Qualifikation fortlaufend aufrechterhalten und nach Bedarf Weiterbildungen absolvieren.[28]

20   Grundsätzlich sollte das gesamte Personal (eigentlich sogar alle Mitarbeiter und Auftragnehmer), einschließlich der Inhaber von Schlüsselfunktionen, mindestens einmal jährlich eine angemessene Schulung für Informationssicherheit, IKT- und Sicherheitsrisiken erhalten. Auf diese Weise sollen menschliche Fehler, Diebstahl, Betrug, Missbrauch oder Verlust reduziert werden.[29] Auch zum Notfallmanagement bzw. zum Geschäftsfortführungsmanagement sollten von den Instituten geeignete Weiterbildungsmaßnahmen angeboten werden.[30] Die Schulungs- und Sensibilisierungsprogramme sollten nach den Vorstellungen des Baseler Ausschusses für Bankenaufsicht auf die spezifischen Rollen zugeschnitten sein, um sicherzustellen, dass die Mitarbeiter Notfallpläne effektiv ausführen können.[31]

21   Gemäß Tz. 4.9 BAIT hat das Institut u. a. ein kontinuierliches und angemessenes »Sensibilisierungs- und Schulungsprogramm für Informationssicherheit« festzulegen. Das Programm sollte zielgruppenorientiert mindestens die persönliche Verantwortung für eigene Handlungen und Unterlassungen sowie allgemeine Verantwortlichkeiten zum Schutz von Informationen, die grundsätzlichen Verfahren zur Informationssicherheit, wie z. B. die Berichterstattung über Informationssicherheitsvorfälle, und allgemeingültige Sicherheitsmaßnahmen, wie z. B. zu Passwörtern, Social Engineering[32], Prävention vor Schadsoftware und dem Verhalten bei Verdacht auf Schadsoftware[33], berücksichtigen. Der Erfolg der festgelegten Sensibilisierungs- und Schulungsmaßnahmen ist vom Institut zu überprüfen.

2.2   Personalentwicklungskonzepte

22   Mitarbeiter sowie deren Vertreter müssen in Abhängigkeit von ihren Aufgaben, Kompetenzen und Verantwortlichkeiten über die erforderlichen Kenntnisse und Erfahrungen verfügen. Das Institut sollte hierbei berücksichtigen, dass sich die Personalentwicklung nicht nur auf die Verbesserung der fachlichen Qualifikation der Mitarbeiter beschränkt, sondern auch die Fortbildung deren kultureller Übereinstimmung mit den Werten des Institutes umfasst. Diese Schlussfolgerung leitet

---

28 Vgl. European Banking Authority, Leitlinien zur internen Governance, EBA/GL/2017/11, 21. März 2018, S. 42 f.

29 Vgl. European Banking Authority, Leitlinien für das Management von IKT- und Sicherheitsrisiken, EBA/GL/2019/04, 28. November 2019, S. 7 und 17.

30 Vgl. European Banking Authority, Leitlinien zur internen Governance, EBA/GL/2017/11, 21. März 2018, S. 51.

31 Vgl. Basel Committee on Banking Supervision, Revisions to the Principles for the Sound Management of Operational Risk, BCBS 515, 31. März 2021, S. 18.

32 Bei der sozialen Beeinflussung bzw. Manipulation (»Social Engineering«) von Menschen versuchen Kriminelle, ihre Opfer dazu zu verleiten, unter Vortäuschung falscher Tatsachen (z. B. Ausgeben als Systemadministrator) und somit ungerechtfertigt eigenständig grundsätzlich vertrauliche Daten preiszugeben (z. B. Benutzernamen und Passwörter für den Zugang zu Computersystemen), Schutzmaßnahmen zu umgehen oder selbständig Schadprogramme auf ihren Systemen zu installieren. Es handelt sich also um eine Methode, durch soziale Handlungen unberechtigten Zugang zu Informationen oder IT-Systemen zu erlangen. Dabei werden menschliche Eigenschaften wie z. B. Hilfsbereitschaft, Vertrauen, Neugier, Angst oder Respekt vor Autorität in manipulativer Weise ausgenutzt. Sowohl im Bereich der Cyber-Kriminalität als auch bei der Spionage gehen die Täter geschickt vor, um Zugriff auf sensible Daten und Informationen zu erhalten. Vgl. Bundesamt für Sicherheit in der Informationstechnik, Service/Cyber-Glossar, www.bsi.bund.de, Stand September 2021. Teilweise wird dafür auch der Begriff »Social Hacking« verwendet. Ein bekanntes Beispiel ist das »Phishing«, bei dem der Adressat aufgefordert wird, sich auf einer vermeintlich korrekten Internetseite mit seinen Nutzerdaten einzuloggen. Da diese Seite gefälscht ist, gelangen die Nutzerdaten auf diese Weise in die falschen Hände.

33 Die Begriffe »Schadfunktion«, »Schadprogramm«, »Schadsoftware« und »Malware« (ein aus »malicious software« abgeleitetes Kunstwort) werden häufig synonym verwendet. Damit wird Software bezeichnet, die mit dem Ziel entwickelt wurde, unerwünschte und meistens schädliche Funktionen auf dem Computer auszuführen. Beispiele sind »Computer-Viren«, »Würmer« und »Trojanische Pferde«. Schadsoftware ist üblicherweise für eine bestimmte Betriebssystemvariante konzipiert und wird daher meist für verbreitete Systeme und Anwendungen geschrieben. Vgl. Bundesamt für Sicherheit in der Informationstechnik, Service/Cyber-Glossar, www.bsi.bund.de, Stand September 2021. Mit Hilfe dieser Software können im einfachsten Fall Daten gesammelt werden, die unerwünschte Werbung zur Folge haben. Deutlich schlimmere Varianten können zur Löschung oder zur Infizierung von Dateien genutzt werden.

sich aus der Anforderung an eine angemessene Risikokultur (→ AT 3 Tz. 1) ab. Die Institute sollten eine Risikokultur u. a. mittels (angepasster) Fortbildungen der Mitarbeiter bezüglich der Tätigkeiten, der Strategie und des Risikoprofils des Institutes entwickeln, um der Verantwortung der Mitarbeiter bezüglich Risikoappetit und Risikomanagement Rechnung zu tragen.[34] Darüber hinaus sollten die Personalentwicklungskonzepte (und die Nachfolgeplanung als Teil dieser Konzepte) so ausgestaltet sein, dass Beförderungen nur möglich sind, wenn Mitarbeiter sich auch langfristig an das Wertesystem und die Risikolimite des Institutes halten.

Die Angemessenheit des Qualifikationsniveaus der Mitarbeiter ist durch geeignete Maßnahmen **23** zu gewährleisten. Auf welche Weise diese Anforderung umgesetzt wird, liegt in der Verantwortung des Institutes. Infrage kommen übliche Qualifikationsmaßnahmen, derer sich nicht nur Institute, sondern auch Industrieunternehmen und Behörden bedienen (z. B. externe oder interne Seminare, Coaching oder Praktika). Häufig sind solche Maßnahmen jedoch nicht aufeinander abgestimmt, so dass sich die gewünschten Effekte nicht oder nur sehr langsam einstellen. Qualifikationsmaßnahmen nach dem Zufallsprinzip können darüber hinaus zu Frustrationen bei den Mitarbeitern führen. Vor diesem Hintergrund liegt es nahe, die Qualifikationsmaßnahmen in ein systematisches Konzept der Personalentwicklung einzubinden, das wiederum Bestandteil eines übergeordneten Personalmanagementkonzeptes ist (→ AT 7.1 Tz. 1). Die einzelnen Schritte eines Personalentwicklungskonzeptes lassen sich im Überblick wie folgt charakterisieren[35]:

- In einem ersten Schritt erfassen die Führungskräfte die Leistungsfähigkeit sowie die Potenziale ihrer Mitarbeiter auf der Grundlage der gegebenen Personalplanung. Die Mitarbeiter ergründen zugleich ihre individuellen Bedürfnisse und Vorstellungen und kommunizieren diese gegenüber den Führungskräften.
- Führungskräfte und Mitarbeiter besprechen auf dieser Basis im zweiten Schritt Zielvereinbarungen, in denen geeignete Qualifikationsmaßnahmen festgelegt werden, die auf eine bedarfsgerechte Weiterentwicklung der Mitarbeiter abzielen.
- In einem dritten Schritt werden auf Grundlage der Zielvereinbarungen die maßgeschneiderten Maßnahmen durchgeführt. Dabei kann auf das ganze Bündel bekannter Qualifikationsmöglichkeiten zurückgegriffen werden.
- Die Wirkung der durchgeführten Qualifikationsmaßnahmen ist anschließend zu analysieren. Aus der Wirkungsanalyse sind Rückschlüsse zu ziehen, die ggf. eine Anpassung der Zielvereinbarungen erforderlich machen können. Die Erkenntnisse aus solchen Analysen können zugleich der Ausgangspunkt für neue Personalbedarfsplanungen sein (→ AT 7.1 Tz. 1).

Die Systematisierung auf der Basis eines Personalentwicklungskonzeptes hat viele Vorteile. Die **24** Personalentwicklung unterstützt zunächst die Geschäftsleitung bei der Umsetzung ihrer Strategien. Die Mitarbeiter werden ferner durch maßgeschneiderte Qualifikationsmaßnahmen in die Lage versetzt, ihre Aufgaben effizient zu erfüllen. Ein systematisches Vorgehen bei der Personalentwicklung leistet darüber hinaus einen wichtigen Beitrag zur Mitarbeiterzufriedenheit und damit gleichzeitig zur Erhöhung der Attraktivität des Institutes als potenzieller Arbeitgeber. Gerade dieser Punkt sollte vor dem Hintergrund der Bedeutung qualifizierten Personals für die Kreditwirtschaft nicht unterschätzt werden. Häufig sind es nicht nur monetäre Anreize, die die Entscheidung potenzieller Mitarbeiter für einen bestimmten Arbeitgeber maßgeblich bestimmen.

---

34 Vgl. European Banking Authority, Leitlinien zur internen Governance, EBA/GL/2017/11, 21. März 2018, S. 27.
35 Vgl. Eidgenössisches Personalamt, Personalentwicklung in der Bundesverwaltung, genehmigt vom Eidgenössischen Finanzdepartment am 30. Oktober 2003, S. 6.

2.3 Anforderungen an die Qualifikation bei besonderen Funktionen

25 Die mit der Leitung der Risikocontrolling-Funktion und der Leitung der Internen Revision betrauten Personen sowie der Compliance-Beauftragte haben besonderen qualitativen Anforderungen entsprechend ihres Aufgabengebietes zu genügen (→ AT 7.1 Tz. 2, Erläuterung). Im MaRisk-Fachgremium wurde ausgiebig darüber diskutiert, welche über das Gesetz hinausgehenden Anforderungen – insbesondere in jenen Fällen, in denen diese Funktionen ohnehin durch einen Geschäftsleiter ausgeübt werden – damit gemeint sein können. Aus Sicht der Kreditwirtschaft ist diese Erläuterung auch für die übrigen Hierarchieebenen bereits durch den aktuellen Regelungstext abgedeckt, da sämtliche Mitarbeiter über die erforderlichen Kenntnisse und Erfahrungen verfügen müssen und deren erforderliches Qualifikationsniveau durch geeignete Maßnahmen zu gewährleisten ist. Deshalb hat die Kreditwirtschaft für eine Streichung dieser Erläuterung plädiert.[36] Die Aufsicht zielt mit dieser Anforderung jedoch auch darauf ab, dass die genannten Personen unbequeme Nachrichten überbringen sollen und gegenüber den anderen Organisationseinheiten mit entsprechendem Durchsetzungsvermögen auftreten können.

26 Das Aufsichtsrecht verlangt auch bei anderen besonderen Funktionen ausdrücklich eine besondere Sachkunde. So muss der Vergütungsbeauftragte gemäß § 23 Abs. 1 Satz 2 InstitutsVergV die für seine Tätigkeit erforderlichen Kenntnisse und Erfahrungen besitzen, insbesondere im Bereich der Vergütungssysteme und des Risikocontrollings. Die Anforderung gilt für den Stellvertreter des Vergütungsbeauftragten entsprechend (§ 23 Abs. 6 InstitutsVergV). Auch der Geldwäschebeauftragte und sein Stellvertreter müssen die für ihre Tätigkeit erforderliche Qualifikation aufweisen.[37] Die MaComp formulieren ebenfalls einen umfangreichen Katalog von Fachkenntnissen, über die die mit der Compliance-Funktion nach MaComp betrauten Personen für den jeweils zugewiesenen Aufgabenbereich verfügen müssen.[38]

27 Vereinzelt finden sich auch Hinweise auf entsprechende Anforderungen in den Vorgaben der internationalen Standardsetzer, wie z. B. vom Baseler Ausschuss für Bankenaufsicht zur Internen Revision.[39] Dazu zählen u. a. die Fähigkeit der Internen Revision, das Geschäft und die Risiken sowie die eigenen Prüf- und Bewertungskriterien zu erläutern, und deren fachliche Kompetenz inkl. der Kenntnis neuer regulatorischer Anforderungen. Seitens der Wirtschaftsprüfer wird empfohlen, bestimmte Handlungsfelder intensiver zu beachten, um bei Prüfungen der Aufsicht nach § 44 KWG Feststellungen von vornherein zu vermeiden. So sollte der Leiter der Internen Revision z. B. darlegen können, dass er das Geschäftsmodell und die sich daraus ergebenden Risiken für das Institut verstanden hat. Außerdem sollte die Interne Revision ein entsprechendes Know-how für die Prüfung der regulatorischen Anforderungen vorweisen können.[40]

---

36 Vgl. Deutsche Kreditwirtschaft, Stellungnahme zum Konsultationspapier 01/2012 der Bundesanstalt für Finanzdienstleistungsaufsicht (BaFin) – »Überarbeitung der MaRisk«, 5. Juni 2012, S. 12.

37 Ist dies nicht der Fall, muss die Bestellung des Geldwäschebeauftragten (bzw. des Stellvertreters) auf Verlangen der Aufsichtsbehörde gemäß § 7 Abs. 4 Satz 2 GwG widerrufen werden.

38 Vgl. Bundesanstalt für Finanzdienstleistungsaufsicht, Mindestanforderungen an die Compliance-Funktion und weitere Verhaltens-, Organisations- und Transparenzpflichten – MaComp, Rundschreiben 05/2018 (WA) vom 19. April 2018, zuletzt geändert am 24. März 2021, BT 1.3.1.3.

39 Vgl. Basel Committee on Banking Supervision, The internal audit function in banks, BCBS 223, 28. Juni 2012, S. 17.

40 Vgl. Ott, Klaus/Kögl, Martina, Basel Committee on Banking Supervision: Empfehlungen für die Interne Revision in Banken, in: RevisionsPraktiker, Heft 2–3/2013, S. 26 ff.

2.4 Anforderungen an die Qualifikation von Mitgliedern des Leitungsorgans und Inhabern von Schlüsselfunktionen

Die EBA hat im November 2012 Leitlinien zur Beurteilung der Eignung von Geschäftsleitern, **28** Aufsichtsorganen und so genannten »Inhabern von Schlüsselfunktionen« (»Key Function Holders«, KFH) in Instituten veröffentlicht.[41] Eine überarbeitete Fassung, an der auch die ESMA mitgewirkt hat, wurde im März 2018 zur Verfügung gestellt.[42] Mit diesen Leitlinien werden Vorgaben für die innerhalb der Institute einzurichtenden internen Prozesse zur Auswahl und Beurteilung der genannten Personen gemacht. Neben der individuellen Eignung der Mitglieder spielt auch die kollektive Eignung des Leitungsorgans eine Rolle. Zu diesen Anforderungen zählen ein guter Leumund, Aufrichtigkeit und Integrität, Unvoreingenommenheit und Unabhängigkeit, hinreichende theoretische und praktische Fähigkeiten, Kenntnisse und Erfahrungen sowie diverse Governance-Kriterien. Beleuchtet wird z. B. der ausreichende Zeitaufwand für diese Funktionen, wobei u. a. die Anzahl der zusätzlichen Mandate (»Additional Directorship«) berücksichtigt wird. Bei der Prüfung der Unabhängigkeit der Mitglieder des Leitungsorgans soll zwischen der Vermeidung von Interessenkonflikten (»Being Independent«) und der Fähigkeit, den Pflichten ohne Einfluss anderer Personen nachzukommen (»Independence of Mind«), unterschieden werden. Für Mitglieder des Aufsichtsorgans ist die Ausübung eines politischen Amtes mit einem potenziellen Interessenkonflikt verbunden. Insbesondere Ämter mit hohem politischem Einfluss stehen dem Erfordernis der Unabhängigkeit entgegen, wobei nicht alle Mitglieder des Aufsichtsorgans unabhängig sein müssen. Daneben werden Diversitätsgesichtspunkte und Schulungsmaßnahmen genannt. Die Einbeziehung der Inhaber von Schlüsselfunktionen hält die EBA zur Sicherstellung einer robusten Unternehmensführung für erforderlich.[43]

Darüber hinaus hat die EBA zeitgleich ihre Leitlinien zur internen Governance überarbeitet, die **29** bei der Behandlung von Interessenkonflikten zu beachten sind und ebenfalls Vorgaben zu den Inhabern von Schlüsselfunktionen enthalten. Die »Inhaber von Schlüsselfunktionen« werden von der EBA als Mitarbeiter des Institutes definiert, die erheblichen Einfluss auf die Ausrichtung des Institutes haben, aber keine Mitglieder des Aufsichtsorgans und keine Geschäftsführer sind. Zu ihnen zählen die Leiter der internen Kontrollfunktionen und des Finanzbereiches, sofern diese nicht Mitglieder der Geschäftsleitung sind, sowie weitere Inhaber von Schlüsselfunktionen, die auf Grundlage eines risikobasierten Ansatzes von den Instituten als solche ermittelt werden. Weitere Inhaber von Schlüsselfunktionen können die Leiter von Geschäftsbereichen, Zweigniederlassungen im Europäischen Wirtschaftsraum (EWR) oder in der Europäischen Freihandelsassoziation (»European Free Trade Association«, EFTA), Tochtergesellschaften in Drittstaaten oder andere interne Funktionen sein.[44] Den Inhabern von Schlüsselfunktionen kommt bei der Etablierung einer angemessenen Risikokultur eine besondere Bedeutung zu (→ AT 3 Tz. 1), da sie zur internen Kommunikation der Kernwerte und Erwartungen des Unternehmens an die Mitarbeiter beitragen sollen.[45] Daher sollten die Institute insbesondere bei der Auswahl von Mitarbeitern in Schlüsselfunktionen neben der rein fachlichen Befähigung auf die (risiko-)kulturelle Übereinstimmung (»Cultural Fit«) zwischen den Wertvorstellungen des Mitarbeiters und denen des Institutes achten.

---

41 European Banking Authority, Leitlinien zur Beurteilung der Eignung von Mitgliedern des Leitungsorgans und von Inhabern von Schlüsselfunktionen, EBA/GL/2012/06, 22. November 2012.

42 European Securities and Markets Authority/European Banking Authority, Leitlinien zur Bewertung der Eignung von Mitgliedern des Leitungsorgans und Inhabern von Schlüsselfunktionen, EBA/GL/2017/12, 21. März 2018.

43 Vgl. European Securities and Markets Authority/European Banking Authority, Leitlinien zur Bewertung der Eignung von Mitgliedern des Leitungsorgans und Inhabern von Schlüsselfunktionen, EBA/GL/2017/12, 21. März 2018, S. 11 f.

44 Vgl. European Banking Authority, Leitlinien zur internen Governance, EBA/GL/2017/11, 21. März 2018, S. 5 f. Diese Definition ist auch in den gemeinsamen Leitlinien der ESMA/EBA zu finden. Vgl. European Securities and Markets Authority/European Banking Authority, Leitlinien zur Bewertung der Eignung von Mitgliedern des Leitungsorgans und Inhabern von Schlüsselfunktionen, EBA/GL/2017/12, 21. März 2018, S. 6 f.

45 Vgl. European Banking Authority, Leitlinien zur internen Governance, EBA/GL/2017/11, 21. März 2018, S. 27.

30   Auf diesen Vorgaben aufbauend hat die EZB im Mai 2017 einen Leitfaden zur Beurteilung der fachlichen Qualifikation und persönlichen Zuverlässigkeit veröffentlicht, der bereits ein Jahr später überarbeitet wurde. Ziel dieses Leitfadens ist es, im Einzelnen zu erläutern, welche Grundsätze, Praktiken und Verfahren die EZB bei der Beurteilung der Eignung von Mitgliedern der Leitungsorgane bedeutender Institute anwendet.[46] Dieser Leitfaden und ein zugehöriger Fragenkatalog werden derzeit erneut überarbeitet.[47]

31   Im Zusammenhang mit den Qualifikationsanforderungen spielt auch der gemäß § 25d Absatz 11 KWG einzurichtende »Nominierungsausschuss« eine wichtige Rolle. Dieser Ausschuss soll das Aufsichtsorgan bei der Stellenbesetzung in der Geschäftsleitung und ggf. im Aufsichtsorgan unterstützen, die Struktur, Größe, Zusammensetzung und Leistung der Geschäftsleitung und des Aufsichtsorgans sowie die Kenntnisse, Fähigkeiten und Erfahrung der einzelnen Mitglieder und des jeweiligen Organs in seiner Gesamtheit bewerten sowie die Geschäftsleitung bei der Auswahl und Ernennung der oberen Leitungsebene überprüfen.[48]

2.5   Schulungsprogramme für die Mitglieder des Leitungsorgans

32   Nach den Vorstellungen des Baseler Ausschusses für Bankenaufsicht sollte die Geschäftsleitung sicherstellen, dass die Mitglieder des Leitungsorgans an Einführungsprogrammen teilnehmen und Zugang zu laufenden Schulungen zu relevanten Themen haben, die interne oder externe Ressourcen umfassen können. Die Geschäftsleitung sollte für diesen Zweck genügend Zeit, Budget und andere Ressourcen zur Verfügung stellen und bei Bedarf auf externes Fachwissen zurückgreifen. Es sollten umfassende Anstrengungen unternommen werden, um die Mitglieder mit begrenzterer finanzieller, regulatorischer oder risikobezogener Erfahrung auszubilden und auf dem Laufenden zu halten.[49]

33   Entsprechende Regelungen bestehen auch auf der europäischen Ebene. Gemäß Art. 91 Abs. 9 CRD IV haben die Institute angemessene personelle und finanzielle Ressourcen bereitzustellen, um den Mitgliedern der Leitungsorgane die Einarbeitung in ihre Funktion zu erleichtern sowie anschließend die erforderliche Fortbildung zu ermöglichen. Die Regelung gilt für das Leitungsorgan in seiner Leitungsfunktion (Geschäftsführung) und das Leitungsorgan in seiner Aufsichtsfunktion (Aufsichtsorgan). Die Institute – vertreten durch die Geschäftsleiter – sollten allgemeine und ggf. maßgeschneiderte Schulungsprogramme auflegen und ausreichende Ressourcen für die individuelle und gemeinsame Einführung und Schulung von Mitgliedern des Leitungsorgans zuteilen. Die für die Einführung und Schulung bereitgestellten Ressourcen sollten genügen, um die damit verfolgten Ziele zu erreichen und sicherzustellen, dass das Mitglied geeignet ist und die Anforderungen an seine Funktion erfüllt. Bei der Festlegung der erforderlichen Personal- und Finanzressourcen sollte das Institut vorhandene relevante branchenspezifische Benchmarks, z. B. bezüglich der bereitgestellten verfügbaren Schulungsbudgets und Schulungstage, einschließlich der durch die EBA gelieferten Benchmarking-Ergebnisse berücksichtigen, um effektive Richtlinien und Verfahren für die Einführung und Schulung der Mitglieder des Leitungsorgans bereitzustellen.[50]

---

46   Vgl. Europäische Zentralbank, Leitfaden zur Beurteilung der fachlichen Qualifikation und persönlichen Zuverlässigkeit, 28. Mai 2018, S. 3.

47   European Central Bank, Guide to fit and proper assessments, Consultation paper, 15. Juni 2021; European Central Bank, Updated Fit and proper Questionnaire – ECB template, Consultation paper, 15. Juni 2021.

48   Die ESMA und die EBA gehen ebenfalls auf die Aufgaben des Nominierungsausschusses ein. Vgl. European Securities and Markets Authority/European Banking Authority, Leitlinien zur Bewertung der Eignung von Mitgliedern des Leitungsorgans und Inhabern von Schlüsselfunktionen, EBA/GL/2017/12, 21. März 2018, S. 36f.

49   Vgl. Basel Committee on Banking Supervision, Guidelines – Corporate governance principles for banks, BCBS 328, 8. Juli 2015, S. 14.

50   Vgl. European Securities and Markets Authority/European Banking Authority, Leitlinien zur Bewertung der Eignung von Mitgliedern des Leitungsorgans und Inhabern von Schlüsselfunktionen, EBA/GL/2017/12, 21. März 2018, S. 30f.

Die Anforderungen der CRD IV wurden zum 1. Januar 2014 für die Mitglieder sowohl der **34** Geschäftsleitung als auch des Aufsichtsorgans in das nationale Recht umgesetzt. Gemäß § 25c Abs. 4 KWG müssen die Institute seitdem ausreichende personelle und finanzielle Ressourcen einsetzen, um den Mitgliedern der Geschäftsleitung die Einführung in ihr Amt zu erleichtern und die Fortbildung zu ermöglichen, die zur Aufrechterhaltung ihrer fachlichen Eignung erforderlich ist. Die notwendigen Ressourcen sind zunächst bereitzustellen, damit sich ein Geschäftsleiter angemessen einarbeiten kann. Dies umfasst u. a. die Teilnahme an internen oder externen Schulungen, Trainings, Workshops etc. im Hinblick auf die für das Institut relevanten Geschäfte und die mit den Geschäften verbundenen Risiken. Nur wenn der neue Geschäftsleiter sich in der Einführungsphase intensiv mit den Geschäftsstrukturen des Institutes und seinen Risiken auseinandergesetzt hat, kann er anschließend seine Funktion als Geschäftsleiter ausüben.[51] Anschließend hat das Institut den Geschäftsleitern die personellen und finanziellen Ressourcen für die Fortbildungsmaßnahmen zur Verfügung zu stellen, die sie zur Aufrechterhaltung der fachlichen Eignung benötigen.[52] Dies betrifft u. a. interne oder externe Schulungen, Trainings, Workshops etc. zu Änderungen der Rahmenbedingungen, unter denen das Institut tätig ist (Marktumfeld, aufsichtsrechtliche Anforderungen etc.).

§ 25d Abs. 4 KWG enthält eine Parallelvorschrift für die Mitglieder des Aufsichtsorgans. Danach **35** müssen Institute, Finanzholding-Gesellschaften und gemischte Finanzholding-Gesellschaften angemessene personelle und finanzielle Ressourcen einsetzen, um den Mitgliedern des Aufsichtsorgans die Einführung in ihr Amt zu erleichtern und anschließend die Fortbildung zu ermöglichen, die zur Aufrechterhaltung der erforderlichen Sachkunde notwendig ist. Auch § 25d Abs. 4 KWG richtet sich somit zunächst an neu zu bestellende oder gerade bestellte Mitglieder eines Aufsichtsorgans, die sich mit dem Institut vertraut machen müssen, z. B. im Hinblick auf die Geschäfts- und Risikostrategien, die relevanten Produkte und Märkte, das Risikomanagement sowie die aufsichtsrechtlichen Rahmenbedingungen.[53] In der Praxis erhalten die neuen Mitglieder des Aufsichtsorgans regelmäßig allgemeine Informationen über das Institut sowie die relevanten gesetzlichen und organisatorischen Regeln (»Einführungsordner«). Diese allgemeinen Unterlagen werden ergänzt durch interne oder externe Schulungen.[54] Anschließend haben sich die Mitglieder des Aufsichtsorgans durch geeignete Maßnahmen weiterzubilden, um ihre Sachkunde aufrechtzuerhalten. Nach den Vorstellungen der Aufsicht müssen die Mitglieder des Aufsichtsorgans sicherstellen, dass sie ihre Entscheidungen stets auf der Basis eines aktuellen Informationsstands treffen. Daher sind sie gehalten, sich mit Änderungen im Umfeld des Unternehmens kontinuierlich vertraut zu machen, z. B. mit neuen Rechtsvorschriften oder Entwicklungen im Bereich Finanzprodukte sowohl im Unternehmen als auch im Markt.[55] Das Institut hat die durchgeführten Fortbildungsmaßnahmen für die Geschäftsleiter und die Mitglieder des Aufsichtsorgans zu dokumentieren.

---

51 Vgl. Braun, Ulrich, in: Boos, Karl-Heinz/Fischer, Reinfrid/Schulte-Mattler, Hermann (Hrsg.), Kreditwesengesetz und VO (EU) Nr. 575/2013, Band 1, 5. Auflage, München, 2016, § 25c KWG, Tz. 68.

52 Jeder Geschäftsleiter muss selbst beurteilen, ob er über die für seine Tätigkeit erforderlichen Kenntnisse verfügt oder Fortbildungsmaßnahmen sinnvoll sind. Es gilt das Prinzip der Selbstverantwortlichkeit. Sofern ein Geschäftsleiter eine Fortbildungsmaßnahme für notwendig halten kann, ist das Institut gemäß § 25c Abs. 4 KWG zur Kostenerstattung verpflichtet. Erstattet werden müssen die Kosten, soweit sie angemessen sind. Vgl. Schwennicke, Andreas, in: Schwennicke, Andreas/Auerbach, Dirk (Hrsg.), KWG, 3. Auflage, München, 2016, § 25c KWG, Tz. 66 f. und § 25d KWG, Tz. 36 f.

53 Vgl. Braun, Ulrich, in: Boos, Karl-Heinz/Fischer, Reinfrid/Schulte-Mattler, Hermann (Hrsg.), Kreditwesengesetz und VO (EU) Nr. 575/2013, Band 1, 5. Auflage, München, 2016, § 25d KWG, Tz. 67.

54 Vgl. Braun, Ulrich, in: Boos, Karl-Heinz/Fischer, Reinfrid/Schulte-Mattler, Hermann (Hrsg.), Kreditwesengesetz und VO (EU) Nr. 575/2013, Band 1, 5. Auflage, München, 2016, § 25d KWG, Tz. 67.

55 Nach dem Merkblatt der BaFin kann ein einzelnes Mitglied eines Aufsichtsorgans aus § 25d Abs. 4 KWG keinen unmittelbaren Anspruch auf Bewilligung einer einzelnen Fortbildung ableiten. Die BaFin geht davon aus, dass das Aufsichtsorgan in seiner Gesamtheit den Bedarf an Weiterbildung ermittelt, der sowohl durch Schulungen des Gesamtgremiums als auch für einzelne Mitglieder gedeckt werden kann. Vgl. Bundesanstalt für Finanzdienstleistungsaufsicht, Merkblatt zu den Mitgliedern von Verwaltungs- und Aufsichtsorganen gemäß KWG und KAGB vom 4. Januar 2016, zuletzt geändert am 24. Juni 2021, S. 22 f.

2.6 Stärkung der IT-Kompetenz in der Geschäftsleitung

36 Aufgrund der mit der Digitalisierung einhergehenden besonderen Bedeutung der Informationstechnik als Schlüsseltechnologie für neue Wertschöpfungsketten und deren zunehmendem Einfluss auf die Risikosituation von Kreditinstituten hat die BaFin ihre Verwaltungspraxis in Bezug auf die erforderlichen praktischen Erfahrungen von Geschäftsleitern angepasst. Damit soll die Bestellung von IT-Spezialisten zu Geschäftsleitern (»Chief Information Officer«, CIO) – unter Berücksichtigung der Gesamtverantwortung der Geschäftsleitung (»Prinzip der gegenseitigen Überwachung«) – erleichtert werden. Gleichzeitig gewinnt dadurch die kollektive Eignung der Geschäftsleitung stärker an Bedeutung.[56]

37 Um fachlich geeignet zu sein, benötigt ein Geschäftsleiter gemäß § 25c Abs. 1 KWG theoretische und praktische Kenntnisse »in den betreffenden Geschäften«, womit auf Bankgeschäfte im Sinne des § 1 Abs. 1 KWG abgestellt wird, sowie Leitungserfahrung. Praktische Erfahrungen in Bereichen, die für den Betrieb eines Kreditinstitutes zwar wesentlich, aber keine eigentlichen Bankgeschäfte sind, reichen daher nicht aus. Da insofern die so genannte Regelvermutung des § 25c Abs. 1 Satz 3 KWG bei einem IT-Spezialisten nicht greift, muss die BaFin die fachliche Eignung als Geschäftsleiter dabei in einer umfassenden Einzelfallprüfung beurteilen. Die BaFin kann im Rahmen dieser Einzelfallprüfung den Zeitraum, in dem vor Amtsantritt bankpraktische Erfahrungen erworben worden sein müssen, in geeigneten Fällen auf sechs Monate reduzieren, die gleichzeitig zur Vertiefung der theoretischen Kenntnisse genutzt werden können. Voraussetzung sind allerdings profunde theoretische und praktische Kenntnisse im IT-Bereich anhand einschlägiger akademischer Qualifikationen und einer entsprechenden Berufserfahrung, wobei u. a. auf die BAIT abgestellt werden soll.[57]

---

56 Vgl. Wabnitz, Constanze/Lange, Oliver/Isensee, Alexander/Redenz, Till, MaRisk – IT-Kompetenz in der Geschäftsleitung – BaFin passt Entscheidungsmaßstäbe für Bestellung von IT-Spezialisten zu Geschäftsleitern an, in: BaFinJournal, Ausgabe Dezember 2017, S. 15 ff.

57 Vgl. Wabnitz, Constanze/Lange, Oliver/Isensee, Alexander/Redenz, Till, MaRisk – IT-Kompetenz in der Geschäftsleitung – BaFin passt Entscheidungsmaßstäbe für Bestellung von IT-Spezialisten zu Geschäftsleitern an, in: BaFinJournal, Ausgabe Dezember 2017, S. 16 f.

3 Abwesenheit oder Ausscheiden von Mitarbeitern (Tz. 3)

3 Die Abwesenheit oder das Ausscheiden von Mitarbeitern sollte nicht zu nachhaltigen   38
Störungen der Betriebsabläufe führen.

3.1 Störungen der Betriebsabläufe

Wichtige Voraussetzung für eine funktionierende Organisation sind Mitarbeiter, die bereit sind,   39
ihre Fähigkeiten und Kenntnisse engagiert für das Institut einzusetzen. Die innerbetrieblichen
Abläufe können jedoch gestört werden, wenn Mitarbeiter z.B.
- krankheits- bzw. urlaubsbedingt abwesend sind oder
- alters- bzw. kündigungsbedingt ausscheiden.

Es ist nicht auszuschließen, dass die zeitweilige Abwesenheit oder die Kündigung von erfahrenen   40
Mitarbeitern mit wichtigen Funktionen sogar empfindliche Störungen des gesamten Betriebs-
ablaufes zur Konsequenz haben. Besonders nachhaltig können sich diese Störungen bei Instituten
auswirken, die aus verschiedenen Gründen durch eine hohe Fluktuationsrate gekennzeichnet
sind.

3.2 Empfehlung der BaFin

Der vorübergehenden Abwesenheit von Mitarbeitern kann i.d.R. durch angemessene Vertre-   41
tungsregelungen entsprochen werden (→ AT 7.1 Tz. 2 und BTO Tz. 5). Der Wirksamkeit von
Vertretungsregelungen sind jedoch gerade bei kleineren Instituten mit sehr wenigen Mitarbeitern
und beschränkten finanziellen Ressourcen unter Umständen Grenzen gesetzt. Noch schwieriger
kann sich der Ersatz qualifizierter Mitarbeiter gestalten, die das Institut verlassen haben. Die Suche
kann sich in Abhängigkeit von der Arbeitsmarktsituation und den Gehaltsvorstellungen qualifizierter Ersatzkandidaten ggf. über einen längeren Zeitraum hinziehen. In diesem Zusammenhang
spielen auch die Verdienst- und Entwicklungsmöglichkeiten, die Konkurrenzunternehmen anbieten, eine nicht zu unterschätzende Rolle.[58]

Das Institut hat demnach im Einzelfall nur eingeschränkte Möglichkeiten, die vorübergehende   42
Abwesenheit oder das Ausscheiden von Mitarbeitern kurzfristig zu kompensieren. Die Abwesenheit oder das Ausscheiden von Mitarbeitern sollte jedoch nicht zu nachhaltigen Störungen der
Betriebsabläufe führen. Es handelt sich um eine Empfehlung der BaFin, wie in der »Sollte«-For-
mulierung zum Ausdruck kommt. Diese Formulierung lässt den Instituten mehr Spielräume als
analoge Regelungen aus den MaK und den MaH, die verbindlichen Charakter besaßen.[59]

---

58 Vgl. Atzler, Elisabeth/Kroder, Titus, Der Charme der Heuschrecken, in: Financial Times Deutschland vom 22. Mai 2006,
   S. 12.

59 Vgl. Bundesanstalt für Finanzdienstleistungsaufsicht, Mindestanforderungen an das Kreditgeschäft der Kreditinstitute
   (MaK), Rundschreiben 34/2002 (BA) vom 20. Dezember 2002, Tz. 90; Bundesaufsichtsamt für das Kreditwesen, Mindest-
   anforderungen an das Betreiben von Handelsgeschäften der Kreditinstitute (MaH), Verlautbarung vom 23. Oktober 1995,
   Abschnitt 3.4.

AT 7.1 Personal

43 Es ist unmittelbar einleuchtend, dass die Personalabteilung als interner Dienstleister einen wesentlichen Beitrag zur Umsetzung der Anforderungen des Moduls AT 7.1 leisten muss. Entsprechend der Bedeutung der Mitarbeiter als kostbarste Ressource für das Institut spielt das quantitative und qualitative »Personalrisiko« als Teil des operationellen Risikos eine wichtige Rolle. In der Praxis werden bereits Konzepte erarbeitet, die eine Steuerung dieser Personalrisiken mit Blick auf die »Mitarbeiterverfügbarkeit und -fähigkeit« erleichtern können.[60]

---

60 Vgl. Moser, Nina, Personalrisiken, in: BankPraktiker, Heft 5/2007, S. 250 ff.

AT 7.2 Technisch-organisatorische Ausstattung

1	**Umfang und Qualität der technisch-organisatorischen Ausstattung (Tz. 1)**	1
1.1	Dominanz der IT-Systeme	2
1.2	Bestandsaufnahme der IT-Systeme	7
1.3	Weiterentwicklung der IT-Systeme	10
2	**Ausgestaltung der IT-Systeme und -Prozesse (Tz. 2)**	18
2.1	Informationsverbund	19
2.2	Schutzziele und zugehörige IKT-Risikokategorien	21
2.2.1	Vertraulichkeit	27
2.2.2	Integrität	31
2.2.3	Authentizität	36
2.2.4	Verfügbarkeit	42
2.3	Informationssicherheitsleitlinie und -richtlinien	46
2.4	Test der Informationssicherheit	54
2.5	Organisatorische Vorgaben	57
2.6	Operative Informationssicherheit	70
2.7	Cybersicherheit	78
2.8	IKT-Sicherheitsrisiken im SREP	81
2.9	Gängige Standards	82
2.10	IT-Berechtigungsvergabe	89
2.11	IKT-Datenintegritätsrisiken im SREP	103
2.12	Eignung der IT-Systeme und der zugehörigen IT-Prozesse	104
3	**Regelprozess zu Entwicklung, Test, Freigabe und Implementierung (Tz. 3)**	107
3.1	Notwendigkeit von Test und Abnahme	108
3.2	IT-Projekte	114
3.3	Regelprozess für IT-Systeme	117
3.3.1	Entwicklung	120
3.3.2	Test	126
3.3.3	Freigabe	130
3.3.4	Implementierung in die Produktionsprozesse	132
3.4	Regelprozess für Standardsoftware	133
3.4.1	Vorauswahl	134
3.4.2	Test	135
3.5	IKT-Änderungsrisiken im SREP	136
4	**Management der IT-Risiken (Tz. 4)**	138
4.1	Steuerung und Überwachung von IT-Risiken	139
4.2	Informationsrisikomanagement	142
4.2.1	Überblick über den Informationsverbund	146
4.2.2	Feststellung des Schutzbedarfes	148

4.2.3	Definition der Sollmaßnahmen	150
4.2.4	Analyse der Bedrohungen und Schwachstellen	155
4.2.5	Durchführung einer Risikoanalyse	156
4.3	Berücksichtigung besonderer Aspekte	161
4.3.1	Betriebsstabilität	161
4.3.2	Betreiber kritischer Infrastrukturen	169
4.3.3	Management der Beziehungen mit Zahlungsdienstnutzern	172
4.4	IT-Strategie	175
4.5	Softwarebezug	176
4.6	Aufsichtliche Überprüfung	180
5	**Individuelle Datenverarbeitung und Datensicherheit (Tz. 5)**	183
5.1	Umgang mit IDV	184
5.2	Konkrete Anforderungen an IDV	187
5.3	Software-Eigenentwicklungen durch den Endanwender	189
5.4	Sicherstellung der Datensicherheit	190
5.5	Umgang mit dem Datenschutz	191

1 Umfang und Qualität der technisch-organisatorischen Ausstattung (Tz. 1)

1 Umfang und Qualität der technisch-organisatorischen Ausstattung haben sich insbesondere an betriebsinternen Erfordernissen, den Geschäftsaktivitäten sowie der Risikosituation zu orientieren.   1

1.1 Dominanz der IT-Systeme

Die technisch-organisatorische Ausstattung umfasst die Gesamtheit der Einrichtungen und Anlagen zur Leistungserstellung eines Institutes. Hierzu zählen z. B. Grundstücke, Gebäude, Büromaterial oder Aufbewahrungsmöglichkeiten. Es ist evident, dass sich z. B. hinsichtlich der Gebäude bei einem Institut mit weit verzweigtem Filialnetz andere Fragen ergeben als bei einem Institut ohne Filialen. Bei nahezu allen Instituten wird die technisch-organisatorische Ausstattung jedoch eindeutig von der Informationstechnik (IT) dominiert. Die IT ist mit all ihren Facetten aus einem modernen Bankbetrieb nicht mehr wegzudenken. Dies spiegelt sich im Weiteren auch im Anforderungsprofil der MaRisk wider, indem sich der Schwerpunkt der Anforderungen zur technisch-organisatorischen Ausstattung auf die IT bezieht (→ AT 7.2 Tz. 2, 3, 4 und 5).   2

Die wachsende Nutzung der IT hat dazu beigetragen, dass etliche Geschäftsprozesse erheblich effizienter ausgestaltet werden konnten. Dem stehen jedoch auch Risiken gegenüber, die insbesondere auf folgende Faktoren zurückzuführen sind[1]:   3
– Durch die starke Vernetzung mit anderen Instituten, Dienstleistern oder z. B. auch Behörden sind Institute in hohem Maße abhängig von IT-Anwendungen und der IT-Infrastruktur. Störungen in der Betriebsbereitschaft können für die Institute zu Nachteilen führen, insbesondere wenn davon sensitive Geschäftsdaten betroffen sind.
– Risiken können sich ferner aus der Einführung neuer IT-Systeme, Änderungen bestehender Systeme oder Restrukturierungen ergeben. Fehlgelaufene IT-Projekte, Terminüberschreitungen oder eine unzureichende Einbindung der Anwender können erhebliche Kosten verursachen. Selbst bei Einführung von Standardsoftware werden nicht selten unfertige Lösungen bereitgestellt, weshalb ein komplexes und strukturiertes Anpassen an die spezifischen Anforderungen des Institutes (»Customizing«) erforderlich wird.
– Unabhängig von der fortschreitenden Entwicklung der IT bleibt der Faktor Mensch nach wie vor von grundlegender Bedeutung. Die technisch anspruchsvollsten IT-Systeme können ihren Nutzen nicht entfalten, wenn innerhalb der Institute kein entsprechendes Know-how vorgehalten wird. Das gilt nicht nur für die IT-Spezialisten, sondern auch für die Anwender, die mit den IT-Lösungen umgehen müssen. Fehlende Akzeptanz kann den Erfolg von IT-Maßnahmen ggf. erheblich beeinträchtigen.
– Risiken können sich auch dann ergeben, wenn die IT-Systeme nur unzureichend auf die Geschäftsaktivitäten des Institutes abgestimmt sind. Damit solche Abweichungen erst gar nicht entstehen, haben die Institute gemäß Tz. 1.2 BAIT im Rahmen der Festlegung der Geschäftsstrategien dahingehend abgestimmte IT-Strategien zu verabschieden.

---

1 Vgl. Institut der Wirtschaftsprüfer, Prüfungsstandard 330 (IDW PS 330), Abschlussprüfung bei Einsatz von Informationstechnologie, in: Die Wirtschaftsprüfung, Heft 21/2002, S. 1167 ff.

AT 7.2 Technisch-organisatorische Ausstattung

4 Die Institute sollten nach den Vorstellungen der EBA sicherstellen, dass die Leistung ihrer IKT-Tätigkeiten im Einklang mit ihren Geschäftsanforderungen steht. Sie sollten die Effizienz ihrer IKT-Tätigkeiten aufrechterhalten und nach Möglichkeit verbessern. Dabei sollten sie auch prüfen, wie potenzielle Fehler, die sich aus der Durchführung manueller Aufgaben ergeben, minimiert werden können.[2]

5 Der Umfang und die Qualität der technisch-organisatorischen Ausstattung haben sich deshalb insbesondere an betriebsinternen Erfordernissen, den Geschäftsaktivitäten sowie der Risikosituation zu orientieren. Da die Informationsverarbeitung und -weitergabe in Geschäfts- und Serviceprozessen durch datenverarbeitende IT-Systeme und zugehörige IT-Prozesse unterstützt wird, hat sich nach Tz. 3.1 BAIT auch deren Umfang und Qualität an diesen Kriterien zu orientieren. Dasselbe gilt laut Tz. 3.3 BAIT für die Bestandteile des festgelegten Informationsverbundes sowie deren Abhängigkeiten und Schnittstellen, zu denen ein Institut jeweils über einen aktuellen Überblick verfügen muss. Die deutsche Aufsicht versteht unter einem Informationsverbund z. B. geschäftsrelevante Informationen, Geschäfts- und Unterstützungsprozesse, IT-Systeme und die zugehörigen IT-Prozesse sowie Netz- und Gebäudeinfrastrukturen.

6 Im Rahmen der Geschäftsstrategie sind in Abhängigkeit von Art, Umfang, Komplexität und Risikogehalt der Geschäftsaktivitäten auch Aussagen zur zukünftig geplanten Ausgestaltung der IT-Systeme zu treffen (→ AT 4.2 Tz. 1, Erläuterung). Die BAIT konkretisieren diese Anforderung, indem sie eine mit der Geschäftsstrategie konsistente IT-Strategie fordern. Die Geschäftsleitung hat hierfür nach Tz. 1.1 BAIT eine nachhaltige IT-Strategie mit den in Tz. 1.2 BAIT beschriebenen Mindestinhalten festzulegen, in der die Ziele sowie Maßnahmen zur Erreichung dieser Ziele dargestellt werden. Gemäß Tz. 2.1 BAIT hat die IT-Governance auch die Regelungen zum Umfang und zur Qualität der technisch-organisatorischen Ausstattung zu berücksichtigen.

1.2 Bestandsaufnahme der IT-Systeme

7 Um einen angemessenen Umfang und eine hinreichende Qualität der technisch-organisatorischen Ausstattung sicherstellen zu können, muss zunächst einmal Klarheit über den Ist-Zustand herrschen (»Bestandsaufnahme«).[3] Zu diesem Zweck hat der IT-Betrieb gemäß Tz. 8.2 BAIT die Komponenten der IT-Systeme (Hardware- und Software-Komponenten) sowie deren Beziehungen zueinander[4] in geeigneter Weise zu verwalten und die hierzu erfassten Bestandsangaben regelmäßig sowie anlassbezogen zu aktualisieren. Die BaFin nennt insbesondere folgende Bestandsangaben:

---

2 Vgl. European Banking Authority, Leitlinien für das Management von IKT- und Sicherheitsrisiken, EBA/GL/2019/04, 28. November 2019, S. 17.

3 Laut BSI werden die erforderlichen Informationen über den ausgewählten Informationsverbund, die Geschäftsprozesse, Anwendungen, IT-Systeme, Netze, Räume, Gebäude und Verbindungen in Rahmen einer »Strukturanalyse« erfasst und so aufbereitet, dass sie die weiteren Schritte gemäß IT-Grundschutz unterstützen. Vgl. Bundesamt für Sicherheit in der Informationstechnik, IT-Grundschutz-Kompendium, Glossar, Köln, 15. Februar 2021, S. 8.

4 Insbesondere für Netze bietet sich ein »Netzplan« an. Dabei handelt es sich um eine graphische Übersicht über die Komponenten eines Netzes und ihre Verbindungen. Vgl. Bundesamt für Sicherheit in der Informationstechnik, IT-Grundschutz-Kompendium, Glossar, Köln, 15. Februar 2021, S. 5.

- Bestand und Verwendungszweck der Komponenten[5] der IT-Systeme[6] mit den relevanten Konfigurationsangaben[7] (z. B. Versionen und Patchlevel[8]),
- Eigentümer der IT-Systeme und der zugehörigen Komponenten,
- Standort der Komponenten der IT-Systeme,
- Aufstellung der relevanten Angaben zu Gewährleistungen und sonstigen Supportverträgen (ggf. Verlinkung),
- Angaben zum Ablaufdatum des Supportzeitraumes der Komponenten der IT-Systeme,
- Schutzbedarf der IT-Systeme und deren Komponenten,
- akzeptierter Zeitraum der Nichtverfügbarkeit der IT-Systeme sowie der maximal tolerierbare Datenverlust.

Damit werden die Anforderungen der EBA aufgegriffen. Die EBA bezeichnet den Bestand aus Software oder Hardware, die man im Unternehmensumfeld findet, als »IKT-Assets«[9] bzw. als »IT-Assets«.[10] Die Institute sollten ein aktuelles Verzeichnis ihrer IKT-Assets (»IKT-Systeminventar«) einschließlich der IKT-Systeme, Netzwerkgeräte, Datenbanken etc. führen und ständig auf

8

---

5 Als »Komponenten« werden im IT-Grundschutz technische Zielobjekte oder Teile von Zielobjekten bezeichnet. »Zielobjekte« sind Teile des Informationsverbundes, denen im Rahmen der Modellierung ein oder mehrere Bausteine aus dem IT-Grundschutz-Kompendium zugeordnet werden können. Zielobjekte können physische Objekte, wie z. B. IT-Systeme, oder logische Objekte, wie z. B. Organisationseinheiten, Anwendungen oder der gesamte Informationsverbund, sein. In der Softwarearchitektur ist eine Komponente eine eigenständig einsetzbare Einheit mit Schnittstellen nach außen, die mit anderen Komponenten verbunden werden kann. Sie ist sowohl fachlich als auch technisch unabhängig und besitzt eine gewisse Größe im Sinne eines wirtschaftlichen Wertes. Vgl. Bundesamt für Sicherheit in der Informationstechnik, IT-Grundschutz-Kompendium, Glossar, Köln, 15. Februar 2021, S. 5.

6 Ein »informationstechnisches System« (»IT-System«) ist eine technische Anlage, die der Informationsverarbeitung dient und eine abgeschlossene Funktionseinheit bildet. Typische IT-Systeme sind Server, Clients, Einzelplatzcomputer, Mobiltelefone, Router, Hubs, Switches und Sicherheitsgateways. Als »Server« wird Soft- oder Hardware bezeichnet, die den Clients bestimmte Dienste anbietet. Typischerweise wird damit ein Rechner bezeichnet, der seine Hard- und Software-Ressourcen in einem Netz anderen Rechnern zugänglich macht. Als »Client« wird folglich Soft- oder Hardware bezeichnet, die bestimmte Dienste von einem Server in Anspruch nehmen kann. Häufig steht der Begriff Client für einen Arbeitsplatzrechner, der in einem Netz auf Daten und Programme von Servern zugreift. Ein »Router« verbindet das Heimnetzwerk und das Internet und bildet damit den Knotenpunkt für die Kommunikation der internetfähigen Geräte. Ein »Hub« ist ein Netzkoppelelement, das an verschiedene Netzkabel angeschlossen ist. Alle Signale, die er von einem dieser Kabel empfängt, sendet er an alle wieder aus. Am anderen Ende dieser Kabel können beispielsweise Rechner, weitere Hubs oder Router angeschlossen sein. Ein »Switch« ist ebenfalls ein Netzkoppelelement, das mehrere angeschlossene Geräte (»Hosts«) in einem Netzwerk miteinander verbinden kann, im Gegensatz zum Hub meistens direkt über die Ports der Empfänger. Ein »Sicherheitsgateway« (»Firewall«) ist ein System aus software- und hardware-technischen Komponenten, das die sichere Kopplung von »IP-Netzen« durch Einschränkung der technisch möglichen auf die in einer Sicherheitsrichtlinie als ordnungsgemäß definierte Kommunikation gewährleistet. Dabei geht es im Wesentlichen darum, dass ausschließlich erwünschte Zugriffe oder Datenströme zwischen verschiedenen Netzen zugelassen und die übertragenen Daten kontrolliert werden. Vgl. Bundesamt für Sicherheit in der Informationstechnik, Service/Cyber-Glossar, www.bsi.bund.de, Stand September 2021.

7 Die meisten Programme benötigen eine »Konfigurationsdatei«, um stabil und vernünftig ablaufen zu können. In einer Konfigurationsdatei speichert das Betriebssystem oder ein Programm speziell ausgewählte Einstellungen. Vgl. Bundesamt für Sicherheit in der Informationstechnik, Service/Cyber-Glossar, www.bsi.bund.de, Stand September 2021.

8 Der Begriff »Flicken« (»Patch«) bezeichnet ein kleines Programm zur Fehlerbehebung in Anwendungsprogrammen oder Betriebssystemen. Außerdem können die Softwarehersteller mit einem solchen Softwarepaket Sicherheitslücken in ihren Programmen schließen oder andere Verbesserungen integrieren. Zum Beispiel können die Programme mit neuen Funktionen nachgerüstet werden. Die Einspielung dieser Updates erleichtern viele Programme durch automatische Update-Funktionen. Als »Patch-Management« bezeichnet man Prozesse und Verfahren, die dabei helfen, verfügbare Patches für die IT-Umgebung möglichst rasch erhalten, verwalten und einspielen zu können. Manche Softwarehersteller veröffentlichen die Aktualisierungen für ihre Softwareprodukte zu festen Terminen, die als »Patch-Day« bezeichnet werden. Vgl. Bundesamt für Sicherheit in der Informationstechnik, Service/Cyber-Glossar, www.bsi.bund.de, Stand September 2021. Grundsätzlich wird dabei zwischen der Behebung von Fehlern im Quellcode des Programms (»Bugfix«), der Beseitigung besonders gravierender Fehler (»Hotfix«) und der Veränderung des Funktionsumfangs mit oder ohne Fehlerbehebung (»Update«) unterschieden. Patches sollten umgehend und in der richtigen Reihenfolge installiert werden. Insofern gibt das »Patchlevel« an, welcher Patch zuletzt ausgeführt wurde.

9 Gemäß BSI werden als »Assets« die Bestände von Objekten bezeichnet, die für einen bestimmten Zweck, besonders zur Erreichung von Geschäftszielen, benötigt werden. Die gebräuchliche Übersetzung mit »Wert« ist aufgrund der Spannbreite von der gesellschaftlichen Bedeutung, die eine Sache zukommt, bis hin zur inneren Qualität eines Objekts nicht immer zutreffend. Im IT-Grundschutz wird der Begriff »Assets« in der Bedeutung von »werthaltigen bzw. wertvollen Zielobjekten« verwendet. Vgl. Bundesamt für Sicherheit in der Informationstechnik, IT-Grundschutz-Kompendium, Glossar, Köln, 15. Februar 2021, S. 1. Die »Werte« sind hingegen alles, was wichtig für ein Institut ist (Vermögen, Wissen, Gegenstände, Gesundheit). Vgl. Bundesamt für Sicherheit in der Informationstechnik, IT-Grundschutz-Kompendium, Glossar, Köln, 15. Februar 2021, S. 9.

10 Vgl. European Banking Authority, Leitlinien für das Management von IKT- und Sicherheitsrisiken, EBA/GL/2019/04, 28. November 2019, S. 6.

dem aktuellen Stand halten. Das Inventar sollte auch die Konfiguration der IKT-Systeme sowie die Verbindungen und Abhängigkeiten zwischen den verschiedenen IKT-Systemen enthalten, um einen ordnungsgemäßen Konfigurations- und Änderungsmanagementprozess zu ermöglichen. Die Abhängigkeiten zwischen den Systemen sollten zur Unterstützung bei der Reaktion auf Sicherheits- und Betriebsvorfälle, einschließlich Cyberangriffen, dokumentiert werden. Das Inventar sollte zudem hinreichend detailliert sein, um die sofortige Identifizierung eines IKT-Systems, seines Standortes, seiner Sicherheitsklassifizierung (Schutzbedarfsfeststellung) und seiner Eigentümerschaft zu ermöglichen.[11]

9   Im Zusammenhang mit der Umfrage zum IKT-Risiko im Rahmen des LSI-SREP hat die deutsche Aufsicht zuletzt im April 2021 ausgeführt, dass die Daten nicht zwangsläufig physisch in einem »zentralen Datenbanksystem« (»Configuration Management Database«, CMDB)[12] vereinigt werden müssen. Möglich ist auch der Einsatz eines »föderierten Datenbanksystems«, das einen Zugriff auf mehrere autonome Informationsquellen bietet (»virtuelle Informationsintegration«), sofern die gewählte Lösung die relevanten Komponenten und deren Beziehungen zueinander vollständig und aktuell verwaltet. Wenige Jahre zuvor wurde ein CMDB grundsätzlich noch als Voraussetzung für ein funktionierendes Lebenszyklus-Management angesehen.[13]

1.3   Weiterentwicklung der IT-Systeme

10   Der Umfang und die Qualität der technisch-organisatorischen Ausstattung müssen allerdings auch mit der Entwicklung der Geschäftsaktivitäten eines Institutes und dem technischen Fortschritt mithalten können. Insofern genügt es nicht, die technisch-organisatorische Ausstattung einmal zu überprüfen und für angemessen zu befinden. So können sich die betriebsinternen Erfordernisse im Zeitverlauf ändern. Daraus ergibt sich ggf. die Notwendigkeit, die IT-Systeme anpassen oder ersetzen zu müssen. Laut Tz. 2.5 BAIT sind durch die Geschäftsleitung zur Steuerung der für den Betrieb und die Weiterentwicklung der IT-Systeme zuständigen Bereiche (IT-Betrieb, Anwendungsentwicklung) angemessene quantitative oder qualitative Kriterien festzulegen. Dabei können z. B. die Qualität der Leistungserbringung, die Verfügbarkeit, Wartbarkeit, Anpassbarkeit an neue Anforderungen, die Sicherheit der IT-Systeme oder der dazugehörigen IT-Prozesse sowie deren Kosten berücksichtigt werden. Die Einhaltung dieser Kriterien ist zu überwachen.

11   Gemäß Tz. 8.3 BAIT sollten die IT-Systeme regelmäßig aktualisiert werden. Risiken aus veralteten bzw. nicht mehr vom Hersteller unterstützten IT-Systemen sind im Sinne eines »Lebenszyklus-Managements« zu steuern. Die Prozesse zur »Änderung von IT-Systemen« inklusive deren Wartung sind nach Tz. 8.4 BAIT abhängig von Art, Umfang, Komplexität und Risikogehalt auszugestalten und umzusetzen. Dies gilt auch für Neu- bzw. Ersatzbeschaffungen von IT-Systemen sowie für sicherheitsrelevante Nachbesserungen (Sicherheitspatches). Beispiele für Änderungen sind:
–   Funktionserweiterungen oder Fehlerbehebungen von Softwarekomponenten,
–   Datenmigrationen,

---

11 Vgl. European Banking Authority, Leitlinien für das Management von IKT- und Sicherheitsrisiken, EBA/GL/2019/04, 28. November 2019, S. 17 f.

12 Für das allgemeine Management ihrer IT-Services verwenden insbesondere größere Unternehmen den komplexen Leitfaden »Information Technology Infrastructure Library« (ITIL), der im Sinne von Best-Practice-Vorgaben u. a. die Kernaktivitäten der Wertschöpfungskette im IT-Service beschreibt, damit verbundene Grundprinzipien formuliert und Anforderungen an die zugehörigen Prozesse sowie die Beteiligten stellt. Mit Hilfe einer »Configuration Management Database« (CMDB) als zentraler Datenbanken für alle Objekte, Infrastrukturen und Personen, die im IT-Service-Management von Bedeutung sind, können die Funktionen und Rollen der IT-Assets und deren ITIL-Prozesse vollständig abgebildet werden.

13 Vgl. Essler, Renate/Gampe, Jens, IT-Sicherheit – Aufsicht konkretisiert Anforderungen an die Kreditwirtschaft, in: BaFinJournal, Ausgabe Januar 2018, S. 20.

- Änderungen an Konfigurationseinstellungen von IT-Systemen,
- Austausch von Hardwarekomponenten (Server, Router etc.),
- Einsatz neuer Hardwarekomponenten,
- Umzug der IT-Systeme zu einem anderen Standort.

Von den Aufsichtsbehörden ist in der jüngeren Vergangenheit mehrmals darauf hingewiesen **12** worden, dass in den europäischen Banken eine wachsende Anzahl an Systemen im Einsatz ist, die zwar bereits das Ende ihres Lebenszyklus erreicht haben (»End-of-Life-Systeme«, EOL-Systeme), aber trotzdem nach wie vor verwendet werden und teilweise sogar kritische Geschäftsprozesse unterstützen. Das hat sich zuletzt auch in verschiedenen Umfragen bestätigt. Insofern ist davon auszugehen, dass die Aufsichtsbehörden im Rahmen ihrer Prüfungs- und Überwachungstätigkeiten dem Lebenszyklus-Management eine besondere Aufmerksamkeit widmen werden.

Laut Tz. 8.5 BAIT sind Änderungen von IT-Systemen in geordneter Art und Weise aufzunehmen, **13** zu dokumentieren, unter Berücksichtigung möglicher »Umsetzungsrisiken« zu bewerten, zu priorisieren, zu genehmigen sowie koordiniert und sicher umzusetzen. Auch für zeitkritische Änderungen von IT-Systemen sind geeignete Prozesse einzurichten. Der sicheren Umsetzung der Änderungen in den produktiven Betrieb dienen beispielsweise:
- Risikoanalyse in Bezug auf die bestehenden IT-Systeme (insbesondere auch das Netzwerk und die vor- und nachgelagerten IT-Systeme), auch im Hinblick auf mögliche Sicherheits- oder Kompatibilitätsprobleme, als Bestandteil der Änderungsanforderung,
- Tests von Änderungen vor Produktivsetzung auf mögliche Inkompatibilitäten der Änderungen sowie mögliche sicherheitskritische Aspekte bei bestehenden IT-Systemen,
- Tests von Patches vor Produktivsetzung unter Berücksichtigung ihrer Kritikalität,
- Datensicherungen der betroffenen IT-Systeme,
- Rückabwicklungspläne, um eine frühere Version des IT-Systems wiederherstellen zu können, wenn während oder nach der Produktivsetzung ein Problem auftritt,
- alternative Wiederherstellungsoptionen, um dem Fehlschlagen primärer Rückabwicklungspläne begegnen zu können.

Für »risikoarme Konfigurationsänderungen bzw. Parametereinstellungen« können abweichende **14** prozessuale Vorgaben bzw. Kontrollen definiert werden. Dafür kommen z. B. die Anwendung des Vier-Augen-Prinzips oder die Dokumentation der Änderungen oder der nachgelagerten Kontrolle infrage. Als grundsätzlich risikoarm gelten z. B. Änderungen am Layout von Anwendungen, der Austausch von defekten Hardwarekomponenten und die Zuschaltung von Prozessoren.

Die Meldungen über ungeplante »Abweichungen vom Regelbetrieb«[14] (»Störungen«) und deren **15** Ursachen sind gemäß Tz. 8.6 BAIT in geeigneter Weise zu erfassen, zu bewerten, insbesondere hinsichtlich möglicherweise resultierender Risiken zu priorisieren und entsprechend festgelegter Kriterien zu eskalieren. Hierzu sind »Standardvorgehensweisen« z. B. für Maßnahmen und Kommunikation sowie Zuständigkeiten (z. B. für Schadcode auf Endgeräten, Fehlfunktionen) zu definieren. Die Identifikation der Risiken kann beispielsweise anhand des Aufzeigens der potenziellen Verletzung der Schutzziele erfolgen. Bearbeitung, Ursachenanalyse und Lösungsfindung inkl. Nachverfolgung sind zu dokumentieren. Ein geordneter Prozess zur Analyse möglicher Korrelationen von Störungen und deren Ursachen muss vorhanden sein. Die Ursachenanalyse erfolgt auch dann, wenn mehrere IT-Systeme zur Störungs- und Ursachenerfassung sowie -bearbeitung eingesetzt werden. Hier können standardisierte »Incident-Prozesse« und »Problemmanagement-Prozesse« eingesetzt werden. Der Bearbeitungsstand offener Meldungen über Störungen sowie die Angemessenheit der Bewertung und Priorisierung sind zu überwachen und zu

---

14 Die Begriffe »Regelbetrieb« und »Normalbetrieb« werden im Kommentar synonym verwendet.

steuern. Das Institut hat geeignete Kriterien für die Information der Beteiligten (z. B. Geschäftsleitung, zuständige Aufsichtsbehörde) über Störungen festzulegen.

16 Die Vorgaben für die Verfahren zur Datensicherung[15] (ohne Datenarchivierung) sind gemäß Tz. 8.7 BAIT schriftlich in einem »Datensicherungskonzept« zu regeln. Die im Datensicherungskonzept dargestellten Anforderungen an die Verfügbarkeit, Lesbarkeit und Aktualität der Kunden- und Geschäftsdaten sowie an die für deren Verarbeitung notwendigen IT-Systeme sind aus den Anforderungen der Geschäftsprozesse und den Geschäftsfortführungsplänen (→ AT 7.3 Tz. 2) abzuleiten. Die Verfahren zur Wiederherstellung und zur Gewährleistung der Lesbarkeit der Daten sind regelmäßig, mindestens jährlich, im Rahmen einer Stichprobe sowie anlassbezogen zu testen. Die Anforderungen an die Maßnahmen zur Sicherstellung von Verfügbarkeit, Lesbarkeit und Aktualität der Daten sowie an die durchzuführenden Tests ergeben sich aus diesbezüglichen Risikoanalysen (→ AT 7.3 Tz. 1). Hinsichtlich der Standorte für die Lagerung der Datensicherungen können eine oder mehrere weitere Lokationen erforderlich sein.

17 Nach Tz. 8.8 BAIT sind der aktuelle und der zukünftige »Leistungs- und Kapazitätsbedarf« der IT-Systeme zu erheben bzw. abzuschätzen. Die Leistungserbringung ist zu planen und zu überwachen, um insbesondere Engpässe zeitnah zu erkennen und angemessen darauf zu reagieren. Bei der Planung sind auch der Leistungs- und Kapazitätsbedarf von Informationssicherheitsmaßnahmen zu berücksichtigen. Bei dieser Anforderung besteht ein enger Zusammenhang zur regelmäßigen Überprüfung der Eignung der IT-Systeme und der zugehörigen IT-Prozesse durch die fachlich und technisch zuständigen Mitarbeiter (→ AT 7.2 Tz. 2).

---

15 Bei einer »Datensicherung« (»Backup«) werden zum Schutz vor Datenverlust Sicherungskopien von vorhandenen Datenbeständen erstellt. Eine Datensicherung umfasst alle technischen und organisatorischen Maßnahmen zur Sicherstellung der Verfügbarkeit, Integrität und Konsistenz der Systeme einschließlich der auf diesen Systemen gespeicherten und für Verarbeitungszwecke genutzten Daten, Programme und Prozeduren. Eine »ordnungsgemäße Datensicherung« bedeutet, dass die getroffenen Maßnahmen in Abhängigkeit von der Datensensitivität eine sofortige oder kurzfristige Wiederherstellung des Zustandes von Systemen, Daten, Programmen oder Prozeduren nach erkannter Beeinträchtigung der Verfügbarkeit, Integrität oder Konsistenz aufgrund eines schadenswirkenden Ereignisses ermöglichen. Die Maßnahmen umfassen dabei mindestens die Herstellung und Erprobung der Rekonstruktionsfähigkeit von Kopien der Software, Daten und Prozeduren in definierten Zyklen und Generationen. Vgl. Bundesamt für Sicherheit in der Informationstechnik, Service/Cyber-Glossar, www.bsi.bund.de, Stand September 2021.

2 Ausgestaltung der IT-Systeme und -Prozesse (Tz. 2)

2 Die IT-Systeme (Hardware- und Software-Komponenten), die zugehörigen IT-Prozesse   18
und sonstige Bestandteile des Informationsverbundes müssen die Integrität, die Verfügbarkeit, die Authentizität sowie die Vertraulichkeit der Daten sicherstellen. Für diese Zwecke
ist bei der Ausgestaltung der IT-Systeme und der zugehörigen IT-Prozesse grundsätzlich auf
gängige Standards abzustellen, insbesondere sind Prozesse für eine angemessene IT-Berechtigungsvergabe einzurichten, die sicherstellen, dass jeder Mitarbeiter nur über die Rechte
verfügt, die er für seine Tätigkeit benötigt; die Zusammenfassung von Berechtigungen in
einem Rollenmodell ist möglich. Die Eignung der IT-Systeme und der zugehörigen IT-Prozesse ist regelmäßig von den fachlich und technisch zuständigen Mitarbeitern zu überprüfen.

2.1 Informationsverbund

Zu einem »Informationsverbund«[16] gehören z.B. geschäftsrelevante Informationen[17], Geschäfts-[18]   19
und Unterstützungsprozesse[19], IT-Systeme[20] und die zugehörigen IT-Prozesse sowie Netz- und
Gebäudeinfrastrukturen[21] (→ AT 7.2 Tz. 2, Erläuterung). Die Definition des Informationsverbundes stimmt mit dem Wortlaut in Tz. 3.3 BAIT überein. Auf viele der hier genannten Komponenten
eines Informationsverbundes wird ausführlich im Rahmen der Bestandsaufnahme eingegangen
(→ AT 7.2 Tz. 1), für die der IT-Betrieb verantwortlich ist.

Ein IT-System besteht aus einer Kombination von Hardware- und Softwarekomponenten, deren   20
Aufgabe es ist, bestimmte Funktionen innerhalb eines oder mehrerer Informationsprozesse(s) zu
erfüllen. Ein Beispiel für ein IT-System ist der PC. Er besteht aus einer ganzen Reihe von

---

16 Das BSI versteht unter einem »Informationsverbund« die Gesamtheit von infrastrukturellen, organisatorischen, personellen und technischen Objekten, die der Aufgabenerfüllung in einem bestimmten Anwendungsbereich der Informationsverarbeitung dienen. Ein Informationsverbund kann dabei als Ausprägung das gesamte Institut oder auch einzelne Bereiche
umfassen, die durch organisatorische Strukturen (z.B. Abteilungen) oder gemeinsame Geschäftsprozesse bzw. Anwendungen (z.B. Personalinformationssystem) gegliedert sind. Vgl. Bundesamt für Sicherheit in der Informationstechnik,
IT-Grundschutz-Kompendium, Glossar, Köln, 15. Februar 2021, S. 4.

17 Der Begriff »Informationen« wird vom BSI für »Daten« verwendet, denen je nach Zusammenhang bestimmte Attribute, wie
z.B. Autor oder Zeitpunkt der Erstellung, zugeordnet werden können. Vgl. Bundesamt für Sicherheit in der Informationstechnik, IT-Grundschutz-Kompendium, Glossar, Köln, 15. Februar 2021, S. 4. Vor diesem Hintergrund ist die Übersetzung
der EBA-Leitlinien nicht besonders gut gelungen. So wird für die Sammlung an schützenswerten materiellen oder
immateriellen »Informationen« der Begriff »Datenbestand« verwendet. Vgl. European Banking Authority, Leitlinien für
das Management von IKT- und Sicherheitsrisiken, EBA/GL/2019/04, 28. November 2019, S. 6. In der englischen Originalfassung geht es bei dieser Definition allerdings nicht um »Datenbestand«, sondern um den Begriff »information asset«.

18 Ein »Geschäftsprozess« ist eine Menge logisch verknüpfter Einzeltätigkeiten (Aufgaben, Arbeitsabläufe), die (durch
Organisationseinheiten) ausgeführt werden, um ein bestimmtes geschäftliches oder betriebliches Ziel zu erreichen. Vgl.
Bundesamt für Sicherheit in der Informationstechnik, IT-Grundschutz-Kompendium, Glossar, Köln, 15. Februar 2021, S. 3.
Das Notfallmanagement betrachtet Geschäftsprozesse ausschließlich allgemeingültig. Einzeltätigkeiten, wie sie z.B. in der
Organisationsanalyse anhand einer Prozessmodellierung erhoben und dokumentiert werden, sind für das Notfallmanage-
ment nicht relevant. Vgl. Bundesamt für Sicherheit in der Informationstechnik, BSI-Standard 200-4, Business Continuity
Management, Community Draft, Köln, 1. Februar 2021, S. 10.

19 Die »Unterstützungsprozesse« werden benötigt, damit die wertschöpfenden »Kernprozesse« im Institut reibungslos funktionieren.

20 »IT-Systeme« sind technische Anlagen, die der Informationsverarbeitung dienen und eine abgeschlossene Funktions-
einheit bilden. Typische IT-Systeme sind Server, Clients, Mobiltelefone, Smartphones, Tablets, IoT-Komponenten, Router,
Switches und Firewalls. Vgl. Bundesamt für Sicherheit in der Informationstechnik, IT-Grundschutz-Kompendium,
Glossar, Köln, 15. Februar 2021, S. 5.

21 Unter »Infrastruktur« werden die für die Informationsverarbeitung und die IT genutzten Gebäude, Räume, Energiever-
sorgung, Klimatisierung und die Verkabelung verstanden. Die IT-Systeme und Netzkoppelelemente gehören nicht dazu.
Vgl. Bundesamt für Sicherheit in der Informationstechnik, IT-Grundschutz-Kompendium, Glossar, Köln, 15. Februar 2021,
S. 4.

Komponenten (z. B. Speichereinheiten, Ein- und Ausgabeeinheiten, Betriebssystem und Software), die in ihrer Gesamtheit als funktionale Einheit ein IT-System darstellen. Weitere Beispiele für IT-Systeme sind Großrechner, Netzwerke oder auch Notebooks. Unter den »zugehörigen IT-Prozessen« sind Prozesse zu verstehen, die zwar nicht integraler Bestandteil der IT-Systeme, aber dennoch eng mit diesen Systemen verknüpft sind. Hierzu zählen z. B. die Einrichtung von Benutzerberechtigungen durch IT-Administratoren, die routinemäßige Datensicherung oder auch die Entwicklung von Software.

2.2 Schutzziele und zugehörige IKT-Risikokategorien

21 Die IT-Systeme (Hardware- und Software-Komponenten), die zugehörigen IT-Prozesse und die sonstigen Bestandteile des Informationsverbundes müssen die »Integrität«, die »Verfügbarkeit«, die »Authentizität« sowie die »Vertraulichkeit« der Daten sicherstellen. Gemäß Tz. 4.7 BAIT handelt es sich dabei um die so genannten »Schutzziele« bzw. im Sprachgebrauch des Bundesamtes für Sicherheit in der Informationstechnik (BSI) »Grundwerte der Informationssicherheit«.

22 Als klassische Schutzziele gelten in erster Linie die so genannten »CIA-Ziele«, d. h. »Vertraulichkeit« (»confidentiality«), »Integrität« (»integrity«) und »Verfügbarkeit« (»availability«). Ergänzend dazu gibt es neben der »Authentizität« (»authenticity«), die teilweise als Element der Integrität angesehen wird, noch weitere Schutzziele, die ab und zu ebenfalls Verwendung finden. Genannt seien an dieser Stelle die »Revisionsfähigkeit« (»auditability«), die »Rückverfolgbarkeit« (»traceability«), die »Nichtabstreitbarkeit« (»non repudiation«) und die »Zurechenbarkeit« (»accountability«), auf die später noch eingegangen wird.

23 Auch das BSI nennt als »Grundwerte der Informationssicherheit« nur Vertraulichkeit, Integrität und Verfügbarkeit. Allerdings weist das BSI darauf hin, dass viele Anwender in ihre Betrachtungen weitere Grundwerte (Schutzziele) einbeziehen. Insbesondere steht es jedem Anwender des IT-Grundschutzes frei, bei der »Schutzbedarfsfeststellung«[22] weitere Grundwerte zu betrachten, wenn dies in seinem individuellen Anwendungsfall hilfreich erscheint. Zu weiteren generischen Oberbegriffen der Informationssicherheit zählt das BSI neben Authentizität und Nichtabstreitbarkeit noch »Verbindlichkeit« und »Zuverlässigkeit«.[23]

24 Im Hinblick auf seine Anforderungen an die Risikodatenaggregation und die Risikoberichterstattung erwartet der Baseler Ausschuss für Bankenaufsicht von den Instituten, neben Grundsätzen zum Risikomanagement u. a. Leistungsvereinbarungen für ausgelagerte und interne Prozesse der Datenverarbeitung sowie Unternehmensgrundsätze zu Datenvertraulichkeit, -integrität und -verfügbarkeit festzulegen.[24] Dabei handelt es sich allerdings um besondere Anforderungen, die zudem nur für einen eingeschränkten Anwenderkreis gelten.

25 Die EBA hat dem IKT-Risiko fünf Unterkategorien zugewiesen, die im direkten Zusammenhang mit den genannten Schutzzielen stehen. Das »IKT-Sicherheitsrisiko« betrifft die Vertraulichkeit, das »IKT-Änderungsrisiko« die Authentizität, das »IKT-Datenintegritätsrisiko« die Integrität und das »IKT-Verfügbarkeits- und Kontinuitätsrisiko« die Verfügbarkeit. Ergänzt werden diese Unterkategorien durch das »IKT-Auslagerungsrisiko«, dass auf die Beauftragung eines Dritten mit der

---

22 Der »Schutzbedarf« beschreibt, welcher Schutz für die Geschäftsprozesse, die dabei verarbeiteten Informationen und die eingesetzte Informationstechnik ausreichend und angemessen ist. Vgl. Bundesamt für Sicherheit in der Informationstechnik, IT-Grundschutz-Kompendium, Glossar, Köln, 15. Februar 2021, S. 7. Der Schutzbedarf kann z. B. im Rahmen der Risikoanalyse ermittelt und festgelegt werden (→ AT 7.2 Tz. 4).

23 Vgl. Bundesamt für Sicherheit in der Informationstechnik, IT-Grundschutz-Kompendium, Glossar, Köln, 15. Februar 2021, S. 3.

24 Vgl. Baseler Ausschuss für Bankenaufsicht, Grundsätze für die effektive Aggregation von Risikodaten und die Risikoberichterstattung, BCBS 239, 9. Januar 2013, S. 6.

Bereitstellung von IKT-Systemen oder der Erbringung damit zusammenhängender Dienstleistungen abstellt.[25] Die EBA hat diesen fünf Risikokategorien zur besseren Orientierung eine nicht abschließende Liste von potenziell schwerwiegenden IKT-Risiken oder IKT-Risiken mit operationellen, reputationsbezogenen oder finanziellen Auswirkungen zugeordnet. Neben einer detaillierten Beschreibung dieser Risiken werden dort zum besseren Verständnis auch Beispiele aufgeführt.[26]

Die EBA versteht zusammengefasst unter dem »IKT- und Sicherheitsrisiko« (»ICT and security risk«) die Gefahr von Verlusten aufgrund der Verletzung der Vertraulichkeit, des Verlustes der Integrität von Systemen und Daten, einer unzureichenden oder fehlenden Verfügbarkeit von Systemen und Daten oder einer mangelnden Fähigkeit, die Informationstechnologie (IT) innerhalb eines angemessenen Zeit- und Kostenrahmens zu ändern, wenn sich die Umgebungs- oder Geschäftsanforderungen ändern (d.h. Agilität). Dies schließt »Sicherheitsrisiken« ein, die aus unzulänglichen oder fehlgeschlagenen internen Prozessen oder externen Ereignissen resultieren, einschließlich Cyberangriffen oder unzureichender physischer Sicherheit.[27]

26

2.2.1 Vertraulichkeit

Die »Vertraulichkeit« (»confidentiality«) bezieht sich laut BSI auf den Schutz vor unbefugter Preisgabe von Informationen. Vertrauliche Daten und Informationen dürfen ausschließlich Befugten in der zulässigen Weise zugänglich sein.[28] Das betrifft das Lesen, Anpassen, Bearbeiten und Verwalten dieser Daten und Informationen. Das Institut hat insofern sicherzustellen, dass die Daten vor unbefugter Preisgabe geschützt sind. Eng damit verknüpft ist folglich die »IT-Berechtigungsvergabe«. Solange die Daten und Informationen nur den jeweils Berechtigten zugänglich sind, gilt die Vertraulichkeit gemeinhin als gegeben. Die klare Definition von Zugangs- bzw. Benutzerberechtigungen ist insofern ein Mittel, die Vertraulichkeit der Daten zu gewährleisten. Für diese Zwecke sind auch Verschlüsselungsverfahren[29] oder die Einrichtung von Löschfristen für personengebundene Daten hilfreich.

27

---

25 Vgl. European Banking Authority, Leitlinien für die IKT Risikobewertung im Rahmen des aufsichtlichen Überprüfungs und Bewertungsprozesses (SREP), EBA/GL/2017/05, 11. September 2017, S. 4.

26 Vgl. European Banking Authority, Leitlinien für die IKT-Risikobewertung im Rahmen des aufsichtlichen Überprüfungs- und Bewertungsprozesses (SREP), EBA/GL/2017/05, 11. September 2017, S. 28 ff.

27 Vgl. European Banking Authority, Leitlinien für das Management von IKT- und Sicherheitsrisiken, EBA/GL/2019/04, 28. November 2019, S. 5.

28 Vgl. Bundesamt für Sicherheit in der Informationstechnik, IT-Grundschutz-Kompendium, Glossar, Köln, 15. Februar 2021, S. 9.

29 Bei der »Verschlüsselung« (dem »Chiffrieren«) wird ein »Klartext« in Abhängigkeit von einer Zusatzinformation, die »Schlüssel« genannt wird, in einen zugehörigen »Geheimtext« (»Chiffrat«) transformiert, der für diejenigen, die den Schlüssel nicht kennen, nicht einsehbar bzw. entzifferbar ist. Die Daten können nur vom Besitzer des entsprechenden privaten oder geheimen Schlüssels wieder in die Originalform überführt werden. Die Umkehrtransformation, d.h. die Zurückgewinnung des Klartextes aus dem Geheimtext, wird »Entschlüsselung« genannt. Bei der »Entschlüsselung« werden elektronische Daten folglich unter Verwendung mathematischer Algorithmen und privater oder geheimer Schlüssel wieder lesbar gemacht und können dann verarbeitet werden. Die »Transportverschlüsselung« ist eine »Punkt-zu-Punkt-Verschlüsselung« zur sicheren Datenübertragung im Internet. Bei der E-Mail-Anwendung wird der Inhalt bei der Übermittlung zwischen dem Absender und seinem E-Mail-Anbieter sowie zwischen zwei E-Mail-Anbietern untereinander und zwischen E-Mail-Anbieter und Empfänger verschlüsselt. Der Prozess läuft automatisiert ab und verlangt in der Regel keine Aktion des Absenders oder Empfängers. Dafür kann z.B. das hybride Verschlüsselungsprotokoll »Transport Layer Security« (TLS) verwendet werden, das auf der Transportschicht einen sicheren »Tunnel« zwischen Sender und Empfänger herstellt, durch den die transportierten Daten gegen Kenntnisnahme und Veränderung geschützt werden. Eine zusätzliche Sicherung der Daten auf Anwendungsebene findet dabei nicht statt. Beim E-Mail-Anbieter werden die Daten zur Prüfung (Spam, Viren, De-Mail-Metadaten) oder zur Kategorisierung etc. entschlüsselt. Im Gegensatz dazu ist die »Ende-zu-Ende-Verschlüsselung« eine durchgängige Verschlüsselung zwischen Absender und Empfänger, vor allem bei der E-Mail-Kommunikation. Um eine Ende-zu-Ende-Verschlüsselung verwenden zu können, benötigen Absender und Empfänger entsprechende Verschlüsselungssoftware und müssen den jeweils öffentlichen Schlüssel des Kommunikationspartners besitzen. Die bekanntesten Verfahren sind »Secure Multipurpose Internet Mail Extensions« (S/MIME) und »Pretty Good Privacy« (PGP). Vgl. Bundesamt für Sicherheit in der Informationstechnik, Service/Cyber-Glossar, www.bsi.bund.de, Stand September 2021.

28 Die EBA erwartet u. a. einen Prozess und Lösungen zur Verhinderung der unbefugten oder unbeabsichtigten Freigabe vertraulicher Daten beim Austausch, Archivieren, Entsorgen oder Vernichten von IKT-Systemen.[30] Im Zusammenhang mit der Datenvertraulichkeit spielt das »IKT-Sicherheitsrisiko« eine Rolle. Dabei handelt es sich nach den Vorstellungen der EBA um das Risiko eines unbefugten Zugangs zu IKT-Systemen und eines Datenzugriffs von innerhalb oder außerhalb des Institutes (z. B. Cyberattacken).[31]

29 Der Baseler Ausschuss für Bankenaufsicht greift den Aspekt der Vertraulichkeit insbesondere im Hinblick auf die Adressaten der Risikoberichterstattung auf.[32] Unter dem Stichwort »Verbreitung« weist er darauf hin, dass die Institute sicherstellen müssen, dass die richtigen Personen bzw. Personengruppen die entsprechenden Risikomanagementberichte erhalten.[33] Wenngleich damit ein anderer Sachverhalt gemeint ist, kann insbesondere bei der elektronischen Übermittlung der Risikoberichte ein Zusammenhang mit diesem Schutzziel bestehen.

30 In gewisser Weise kann die Vertraulichkeit für die »Revisionsfähigkeit« (»auditability«) und die »Rückverfolgbarkeit« (»traceability«) auch hinderlich sein. Diese beiden Eigenschaften werden häufig unter dem Stichwort »Datenherkunft« (»data lineage«) genannt. Dabei geht es vor allem darum, rückwirkend feststellen zu können, wer zu welchem Zeitpunkt Lese- bzw. Schreibrechte ausgeübt und die Daten ggf. verändert hat.

2.2.2 Integrität

31 Die »Integrität« (»integrity«) bezeichnet laut BSI die Sicherstellung der Korrektheit (Unversehrtheit) von Daten bzw. der korrekten Funktionsweise von Systemen. Das BSI unterscheidet außerdem zwischen der Integrität von »Daten« und der Integrität von »Informationen«. Das ist darauf zurückzuführen, dass der Begriff »Informationen« vom BSI als Synonym für »Daten« verwendet wird, denen je nach Zusammenhang bestimmte Attribute, wie z. B. Autor oder Zeitpunkt der Erstellung, zugeordnet werden können. Die Integrität von Daten drückt aus, dass diese Daten vollständig und unverändert sind. Der Verlust der Integrität von Informationen kann hingegen bedeuten, dass diese unerlaubt verändert, Angaben zum Autor verfälscht oder Zeitangaben zur Erstellung manipuliert wurden.[34]

32 Der Baseler Ausschuss für Bankenaufsicht versteht unter der Datenintegrität im Hinblick auf seine Anforderungen an die Risikodatenaggregation und die Risikoberichterstattung eine Eigenschaft von Daten, frei von unbefugter Veränderung und Manipulation zu sein, die deren Genauigkeit, Vollständigkeit oder Verlässlichkeit beeinträchtigt.[35] Ein Institut sollte in der Lage sein, genaue und verlässliche Risikodaten zu generieren, um den Genauigkeitsanforderungen im Berichtswesen unter gewöhnlichen Umständen sowie in Stressphasen oder Krisen gerecht zu werden. Die Daten sind daher – von den bedeutenden Instituten gemäß Art. 6 SSM-Verordnung – möglichst auf automatisierter Basis zu aggregieren, um die Fehlerwahrscheinlichkeit so gering wie

---

30 Vgl. European Banking Authority, Leitlinien für die IKT-Risikobewertung im Rahmen des aufsichtlichen Überprüfungs- und Bewertungsprozesses (SREP), EBA/GL/2017/05, 11. September 2017, S. 22 f.

31 Vgl. European Banking Authority, Leitlinien für die IKT-Risikobewertung im Rahmen des aufsichtlichen Überprüfungs- und Bewertungsprozesses (SREP), EBA/GL/2017/05, 11. September 2017, S. 4.

32 Vgl. Baseler Ausschuss für Bankenaufsicht, Grundsätze für die effektive Aggregation von Risikodaten und die Risikoberichterstattung, BCBS 239, 9. Januar 2013, S. 15.

33 Vgl. Baseler Ausschuss für Bankenaufsicht, Grundsätze für die effektive Aggregation von Risikodaten und die Risikoberichterstattung, BCBS 239, 9. Januar 2013, S. 18.

34 Vgl. Bundesamt für Sicherheit in der Informationstechnik, IT-Grundschutz-Kompendium, Glossar, Köln, 15. Februar 2021, S. 4.

35 Vgl. Baseler Ausschuss für Bankenaufsicht, Grundsätze für die effektive Aggregation von Risikodaten und die Risikoberichterstattung, BCBS 239, 9. Januar 2013, S. 19.

möglich zu halten (→ AT 4.3.4 Tz. 3).[36] Im Zusammenhang mit der Genauigkeit der Berichterstattung müssen die Institute u.a. die Identifizierung, Meldung und Erläuterung von Datenfehlern oder Schwachstellen der Datenintegrität mittels Ausnahmeberichten sicherstellen.[37]

Die Sicherstellung der Datenintegrität zielt insofern darauf ab, dass die Daten unversehrt, **33** vollständig und korrekt sind. Zur Vermeidung von Datenmanipulationen dürfen Daten nur von Mitarbeitern mit entsprechenden Befugnissen verändert werden. Dadurch ist die Unversehrtheit der Daten gewährleistet. Die Vollständigkeit der Daten ist naturgemäß dann gegeben, wenn tatsächlich alle relevanten Daten vorhanden sind, also insbesondere wirksame Schutzmaßnahmen vor Datenverlust existieren. Korrekt sind Daten, wenn sie die Informationen unverfälscht beschreiben. Im Zusammenhang mit der Integrität der Daten wird darüber hinaus häufig auch die Widerspruchsfreiheit (Konsistenz) der Daten genannt. Damit soll sichergestellt werden, dass die definierten Integritätsbedingungen auch nach dem Einfügen, Löschen oder Ändern von Daten erfüllt werden. Die Sicherstellung der Integrität der Daten kann organisatorisch durch Test- und Freigabeverfahren gewährleistet werden. Als technische Maßnahmen kommen u.a. die Einrichtung von »Firewalls« oder Virenscannern infrage.

Auch die EBA erwartet von den zuständigen Behörden, im Rahmen des SREP u.a. die Genau **34** igkeit und Integrität der für Berichte, Risikomanagement, Rechnungslegung, Bestandsführung etc. verwendeten Daten zu überprüfen. Zum Beispiel geht es darum, ob das IT-System sicherstellt, dass die Daten und die daraus erstellten Berichte korrekt, zeitnah und vollständig sind.[38]

Die EBA versteht unter dem »IKT-Datenintegritätsrisiko« das Risiko, dass die von IKT-Systemen **35** gespeicherten und verarbeiteten Daten über verschiedene IKT-Systeme hinweg unvollständig, ungenau oder inkonsistent sind, beispielsweise aufgrund mangelhafter oder fehlender IKT-Kontrollen während der verschiedenen Phasen des IKT-Datenlebenszyklus, d.h. Entwurf der Datenarchitektur, Entwicklung des Datenmodells und/oder der Datenbeschreibungsverzeichnisse, Überprüfung von Dateneingaben, Kontrolle von Datenextraktionen, -übertragungen und -verarbeitungen, einschließlich gerenderter Datenausgaben, was dazu führt, dass die Fähigkeit eines Institutes zur Erbringung von Dienstleistungen und zur ordnungsgemäßen und zeitgerechten Produktion von (Risiko-)Management- und Finanzinformationen beeinträchtigt wird.[39]

2.2.3 Authentizität

Mit der »Authentizität« (»authenticity«) wird gewährleistet, dass ein Kommunikationspartner **36** tatsächlich derjenige ist, der er vorgibt zu sein. Es handelt sich um authentische Informationen, wenn sichergestellt ist, dass sie von der angegebenen Quelle erstellt wurden. Der Begriff wird sowohl zur Prüfung der Identität von Personen als auch bei IT-Komponenten oder Anwendungen verwendet.[40]

Authentizität bedeutet folglich, dass die Daten echt bzw. rechtsgültig sind. Es muss zweifelsfrei **37** sichergestellt sein, dass die Daten nicht unbefugt verändert oder verfälscht wurden. Authentizität ist daher gegeben, wenn ein Geschäftsvorfall einem Verursacher eindeutig zugeordnet werden kann.

---

36 Vgl. Baseler Ausschuss für Bankenaufsicht, Grundsätze für die effektive Aggregation von Risikodaten und die Risikoberichterstattung, BCBS 239, 9. Januar 2013, S. 8.

37 Vgl. Baseler Ausschuss für Bankenaufsicht, Grundsätze für die effektive Aggregation von Risikodaten und die Risikoberichterstattung, BCBS 239, 9. Januar 2013, S. 12.

38 Vgl. European Banking Authority, Guidelines on common procedures and methodologies for the supervisory review and evaluation process (SREP) and supervisory stress testing, EBA/GL/2014/13, Consolidated version, 19. Juli 2018, S. 110 und 120.

39 Vgl. European Banking Authority, Leitlinien für die IKT-Risikobewertung im Rahmen des aufsichtlichen Überprüfungsund Bewertungsprozesses (SREP), EBA/GL/2017/05, 11. September 2017, S. 5.

40 Vgl. Bundesamt für Sicherheit in der Informationstechnik, IT-Grundschutz-Kompendium, Glossar, Köln, 15. Februar 2021, S. 1.

AT 7.2 Technisch-organisatorische Ausstattung

Für den Datenaustausch bietet sich für die Identifizierung des Geschäftspartners die Einrichtung von elektronischen Signaturen oder passwortgeschützten Identifikationsverfahren an.

38   Mit Bezug zur Authentizität der Daten sollten die zuständigen Behörden im Rahmen des SREP insbesondere prüfen, ob dokumentierte Prozesse zur Verwaltung und Kontrolle von Änderungen an den Daten (z. B. Fehlerbehebung oder Datenkorrekturen) vorhanden sind, um eine angemessene Einbindung des IKT-Risikomanagements für wichtige Änderungen zu gewährleisten, die das Risikoprofil oder die Risikoposition des Institutes erheblich beeinträchtigen können. Die EBA erwartet Spezifikationen im Hinblick auf die erforderliche Aufgabentrennung in Verwaltung und Kontrolle bei Änderungen an den Daten durch die Mitarbeiter (z. B. Entwickler, IKT-Systemadministratoren, Datenbankadministratoren) oder eine andere Partei (z. B. geschäftliche Nutzer, Dienstanbieter).[41]

39   Die EBA versteht unter dem »IKT-Änderungsrisiko« das Risiko, das sich aus der mangelnden Fähigkeit des Institutes ergibt, IKT-Systemänderungen zeitgerecht und kontrolliert zu steuern, insbesondere was umfangreiche und komplexe Änderungsprogramme angeht.[42] Dabei geht es auch um die Fehlerbehebung oder notwendige Korrekturen der Daten. In erster Linie zielt das Management dieser Risikokategorie jedoch auf Änderungsprozesse in der IT-Landschaft inklusive der Abgrenzung zwischen Produktions- und Testumgebung ab (→ AT 7.2 Tz. 3).

40   Im Zusammenhang mit der Authentizität wird als weiteres Schutzziel häufig die »Nichtabstreitbarkeit« (»non repudiation«) der Herkunft und des Erhalts von Informationen, i. d. R. gegenüber Dritten, genannt. Damit soll sichergestellt werden, dass der Versand und Empfang von Daten und Informationen nicht in Abrede gestellt werden kann. Hinsichtlich der Herkunft soll es einem Absender unmöglich sein, das Absenden einer bestimmten Nachricht nachträglich zu bestreiten. Mit Blick auf den Erhalt soll verhindert werden, dass ein Empfänger den Erhalt einer gesendeten Nachricht nachträglich bestreiten kann.[43]

41   Die Schutzziele Authentizität und Nichtabstreitbarkeit können unter dem Begriff »Verbindlichkeit« zusammengefasst werden. Für die Übertragung von Informationen bedeutet dies, dass die Informationsquelle ihre Identität bewiesen hat und der Empfang der Nachricht nicht in Abrede gestellt werden kann.[44] Um den Zugriff auf Daten oder IT-Systeme zweifelsfrei zuordnen zu können, kann als weiteres Schutzziel auch die »Zurechenbarkeit« (»accountability«) dienen.

2.2.4   Verfügbarkeit

42   Die »Verfügbarkeit« (»availability«) von Dienstleistungen, Funktionen eines IT-Systems, IT-Anwendungen oder IT-Netzen oder auch von Informationen ist vorhanden, wenn diese von den Anwendern stets wie vorgesehen genutzt werden können.[45] Damit verbunden ist insbesondere die zeitliche Verfügbarkeit bestimmter IT-Dienstleistungen, wozu auch der Zugriff auf Daten bzw. Informationen gehört. Das Gegenteil der Verfügbarkeit eines IT-Systems ist folglich ein Systemausfall, bei dem weder auf das IT-System selbst noch auf die Daten bzw. Informationen zugegriffen werden kann. Um Ausfälle zu vermeiden, werden z. B. Risikoanalysen durchgeführt und entsprechende Maßnahmen festgelegt.

43   IT-Systeme können ihren Zweck nicht erfüllen, wenn Daten ständig oder über einen längeren Zeitraum nicht verfügbar sind. Das Institut hat daher sicherzustellen, dass die Daten ständig oder innerhalb einer vorgegebenen Zeit, die von Funktion zu Funktion verschieden sein kann, zur

---

41 Vgl. European Banking Authority, Leitlinien für die IKT-Risikobewertung im Rahmen des aufsichtlichen Überprüfungs- und Bewertungsprozesses (SREP), EBA/GL/2017/05, 11. September 2017, S. 22 f.

42 Vgl. European Banking Authority, Leitlinien für die IKT-Risikobewertung im Rahmen des aufsichtlichen Überprüfungs- und Bewertungsprozesses (SREP), EBA/GL/2017/05, 11. September 2017, S. 4.

43 Vgl. Bundesamt für Sicherheit in der Informationstechnik, IT-Grundschutz-Kompendium, Glossar, Köln, 15. Februar 2021, S. 5.

44 Vgl. Bundesamt für Sicherheit in der Informationstechnik, IT-Grundschutz-Kompendium, Glossar, Köln, 15. Februar 2021, S. 8.

45 Vgl. Bundesamt für Sicherheit in der Informationstechnik, IT-Grundschutz-Kompendium, Glossar, Köln, 15. Februar 2021, S. 8.

Verfügung stehen. Für diese Zwecke kann es z. B. sinnvoll sein, maximal tolerierbare Ausfallzeiten zu definieren. Ferner bietet sich die Einrichtung geeigneter »Back-up-Verfahren« an, die bei einem Verlust von Daten diese innerhalb eines angemessenen Zeitraumes wieder verfügbar machen.

Der Baseler Ausschuss für Bankenaufsicht stellt im Zusammenhang mit seinen Anforderungen an die Risikodatenaggregation und die Risikoberichterstattung an systemrelevante Institute hinsichtlich der Datenverfügbarkeit auf die Aktualität und die Vollständigkeit der Daten ab. Die Aktualität der Daten hängt in erster Linie von der Verfügbarkeit aggregierter Risikodaten innerhalb eines bestimmten Zeitrahmens ab, der es einem Institut erlaubt, Risikomanagementberichte mit einer festgelegten Häufigkeit zu erstellen. Die Vollständigkeit der Daten betrifft die Verfügbarkeit relevanter, für den gesamten Konzern aggregierter Risikodaten, z. B. für Konzerngesellschaften, Geschäftsfelder und Länder.[46] Die Systemverfügbarkeit zählt neben anderen zeitkritischen Indikatoren für operationelle Risiken zu den kritischen Risiken.[47] **44**

Die EBA versteht unter dem »IKT-Verfügbarkeits- und Kontinuitätsrisiko« das Risiko, dass die Leistung und die Verfügbarkeit von IKT-Systemen und -Daten nachteilig beeinflusst werden, einschließlich der mangelnden Fähigkeit des Institutes, IKT-Hardware- oder -Softwarekomponenten infolge eines Ausfalls, von Schwächen im IKT-Systemmanagement oder eines sonstigen Ereignisses rechtzeitig wiederherzustellen.[48] Sie geht mit dieser weiten Definition allerdings über die reine Datenverfügbarkeit hinaus. Im Rahmen des SREP geht es hinsichtlich dieser Risikokategorie deshalb auch eher um die kritischen IKT-Prozesse und die unterstützenden IKT-Systeme als Teil der Notfall- und Kontinuitätspläne (→ AT 7.3 Tz. 3). **45**

2.3 Informationssicherheitsleitlinie und -richtlinien

Für die Vorgaben zur Informationssicherheit[49], die Definition der zugehörigen Prozesse und die Steuerung von deren Umsetzung ist laut Tz. 4.1 BAIT das »Informationssicherheitsmanagement« (ISM) zuständig. Der zugrunde liegende Prozess umfasst die Phasen Planung, Umsetzung, Erfolgskontrolle sowie Optimierung und Verbesserung der Informationssicherheit.[50] **46**

Die Eckpunkte zum Schutz von Integrität, Verfügbarkeit, Authentizität und Vertraulichkeit müssen nach Tz. 4.2 BAIT in einer »Informationssicherheitsleitlinie«[51] festgelegt werden, die im Einklang mit den Strategien des Institutes von der Geschäftsleitung zu beschließen und innerhalb des Institutes zu kommunizieren ist. Diese Leitlinie beschreibt auch den Geltungsbereich für die **47**

---

46 Vgl. Baseler Ausschuss für Bankenaufsicht, Grundsätze für die effektive Aggregation von Risikodaten und die Risikoberichterstattung, BCBS 239, 9. Januar 2013, S. 18f.

47 Vgl. Baseler Ausschuss für Bankenaufsicht, Grundsätze für die effektive Aggregation von Risikodaten und die Risikoberichterstattung, BCBS 239, 9. Januar 2013, S. 10.

48 Vgl. European Banking Authority, Leitlinien für die IKT-Risikobewertung im Rahmen des aufsichtlichen Überprüfungs- und Bewertungsprozesses (SREP), EBA/GL/2017/05, 11. September 2017, S. 4.

49 Die »Informationssicherheit« hat den Schutz von Informationen als Ziel, die sowohl auf Papier, in IT-Systemen oder auch in Köpfen gespeichert sein können. Vgl. Bundesamt für Sicherheit in der Informationstechnik, IT-Grundschutz-Kompendium, Glossar, Köln, 15. Februar 2021, S. 3.

50 Das BSI fasst unter dem Begriff »Informationssicherheitsmanagement« die Planungs-, Lenkungs- und Kontrollaufgaben zusammen, die erforderlich sind, um einen durchdachten und wirksamen Prozess zur Herstellung von Informationssicherheit aufzubauen und kontinuierlich umzusetzen. Dabei handelt es sich um einen kontinuierlichen Prozess, dessen Strategien und Konzepte ständig auf ihre Leistungsfähigkeit und Wirksamkeit zu überprüfen und bei Bedarf fortzuschreiben sind. Vgl. Bundesamt für Sicherheit in der Informationstechnik, IT-Grundschutz-Kompendium, Glossar, Köln, 15. Februar 2021, S. 4.

51 Die »Informationssicherheitsleitlinie« bzw. »Leitlinie zur Informationssicherheit« ist ein zentrales Dokument für die Informationssicherheit eines Institutes. In ihr wird beschrieben, für welche Zwecke, mit welchen Mitteln und mit welchen Strukturen Informationssicherheit innerhalb des Institutes hergestellt werden soll. Sie beinhaltet die vom Institut angestrebten Informationssicherheitsziele sowie die verfolgte Sicherheitsstrategie. Die Informationssicherheitsleitlinie beschreibt damit auch über die Sicherheitsziele das angestrebte Sicherheitsniveau in einem Institut. Vgl. Bundesamt für Sicherheit in der Informationstechnik, IT-Grundschutz-Kompendium, Glossar, Köln, 15. Februar 2021, S. 5.

AT 7.2 Technisch-organisatorische Ausstattung

Informationssicherheit sowie die wesentlichen organisatorischen Aspekte, wie die wichtigsten Rollen und Verantwortlichkeiten des Informationssicherheitsmanagements. Mit der Leitlinie legt die Geschäftsleitung u. a. ihre Gesamtverantwortung für die Informationssicherheit, die Frequenz und den Umfang des Berichtswesens zur Informationssicherheit, die Kompetenzen im Umgang mit Informationsrisiken sowie die grundlegenden Anforderungen der Informationssicherheit an Personal, Auftragnehmer, Prozesse und Technologien dar.

48   Die Informationssicherheitsleitlinie ist nach Tz. 4.2 BAIT bei wesentlichen Veränderungen der Rahmenbedingungen zu überprüfen und bei Bedarf zeitnah anzupassen. Gemeint sind damit u. a. interne Veränderungen der Aufbau- und Ablauforganisation oder der IT-Systeme sowie äußere Veränderungen, wie z. B. der Bedrohungsszenarien, Technologien oder der rechtlichen Anforderungen.

49   Auf Basis der Informationssicherheitsleitlinie sind nach Tz. 4.3 BAIT konkretisierende, den Stand der Technik berücksichtigende »Informationssicherheitsrichtlinien« festzulegen. Dabei sind auch die Ergebnisse des Informationsrisikomanagements einzubeziehen, also insbesondere der Risikoanalyse, die auf einem Soll-Ist-Vergleich der Maßnahmen basiert und darüber hinaus die möglichen Bedrohungen, das Schadenspotenzial, die Schadenshäufigkeit und den Risikoappetit sowie ggf. auch risikoreduzierende Maßnahmen berücksichtigt (→ AT 7.2 Tz. 4). Nach den Vorstellungen der BaFin sollten diese Richtlinien z. B. für die Bereiche Netzwerksicherheit, Kryptografie, Identitäts- und Rechtemanagement[52], Protokollierung sowie physische Sicherheit (z. B. »Perimeter- und Gebäudeschutz«) erstellt werden. Außerdem sind »Informationssicherheitsprozesse« zu definieren. Diese Prozesse dienen in erster Linie dem Zweck, die vereinbarten Schutzziele zu erreichen. Insofern geht es u. a. darum, Informationssicherheitsvorfällen vorzubeugen bzw. diese zu identifizieren, angemessen darauf zu reagieren und darüber zu berichten.

50   Nach den Vorstellungen der EBA sollte die Informationssicherheitsleitlinie auf den entsprechenden Ergebnissen der »Risikobewertung« aufbauen (→ AT 7.2 Tz. 4), wobei sie im Gegensatz zur deutschen Aufsicht nicht zwischen der Informationssicherheitsleitlinie und den darauf basierenden Informationssicherheitsrichtlinien unterscheidet. Die Institute sollten berücksichtigen, dass die Mitarbeiter auf allen Ebenen für die Gewährleistung der Informationssicherheit verantwortlich sind. Die Leitlinie bzw. die Richtlinien sollte(n) die Vertraulichkeit, Integrität und Verfügbarkeit von kritischen, logischen und physischen IT-Assets, Ressourcen und sensiblen Daten sicherstellen, unabhängig davon, ob diese gespeichert, übertragen oder verwendet werden. Unter den »kritischen Assets« sind jene mit einem »hohen Schutzbedarf« zu verstehen. Die »logische Sicherheit« ist mit einem »Identitäts- und Zugriffsmanagement« (»identity and access management«) verbunden, wofür die deutsche Aufsicht die Begriffe »IT-Berechtigungsvergabe« (MaRisk) bzw. »Identitäts- und Rechtemanagement« (BAIT) verwendet. Bei der »physischen Sicherheit« geht es um den Schutz der jeweiligen Räumlichkeiten und der darin beherbergten IKT-Systeme (»Perimeter- und Gebäudeschutz«). Die Leitlinie bzw. die Richtlinien sollte(n) allen Mitarbeitern des Institutes mitgeteilt werden. Daneben nennt die EBA als Adressaten ausdrücklich auch die Auftragnehmer, die ebenfalls ihren Beitrag zur Informationssicherheit leisten sollen und auch bei den Schulungen berücksichtigt werden sollen (→ AT 7.1 Tz. 2). Auf dieser Basis sollten die Institute »Sicherheitsmaßnahmen« festlegen und einführen, um die IKT- und Sicherheitsrisiken zu mindern, denen sie ausgesetzt sind. Diese Maßnahmen zielen neben den Anforderungen an die

---

52 Die deutsche Aufsicht hat den bisherigen Begriff »Authentisierung« im Rahmen der Novelle der BAIT im Jahr 2021 durch »Identitäts- und Rechtemanagement« ersetzt. Das »Identitäts- und Rechtemanagement« betrifft sowohl die »Authentisierung« als auch die »Authentifizierung«, die zwar manchmal synonym verwendet werden, aber streng genommen auf zwei unterschiedliche Schritte eines Vorgangs abstellen. Die »Authentisierung« betrifft im ersten Schritt den Nachweis der Identität eines Nutzers gegenüber einem IT-System im Rahmen der Anmeldung. Infrage kommen dafür insbesondere das Eingeben von Nutzerkennung, Passwort oder persönlicher Identifikationsnummer (PIN) sowie das Scannen von Fingerabdruck oder Iris. Mit der »Authentifizierung« im zweiten Schritt wird dieser Nachweis der Identität auf seine Authentizität geprüft, i. d. R. mittels eines Abgleiches mit den im IT-System hinterlegten Daten. Mittlerweile müssen bei diesem Nachweis häufig zwei Varianten kombiniert werden, um die Sicherheit des Anmeldevorganges zu erhöhen (»starke Authentifizierung«).

Organisation, die Governance sowie die Schulung und Sensibilisierung der Mitarbeiter hinsichtlich der Informationssicherheit vor allem auf die logische und physische Sicherheit, die IKT-Betriebssicherheit, die Sicherheitsüberwachung sowie die Überprüfung, Bewertung und Tests der Informationssicherheit ab.[53]

Als »Sicherheitsanforderungen« werden Anforderungen für den organisatorischen, personellen, infrastrukturellen und technischen Bereich bezeichnet, deren Erfüllung zur Erhöhung der Informationssicherheit notwendig ist bzw. beiträgt. Eine Sicherheitsanforderung beschreibt die erforderlichen Tätigkeiten, um ein bestimmtes Niveau bezüglich der Informationssicherheit zu erreichen. Der IT-Grundschutz unterscheidet zwischen »Basis-Anforderungen«, »Standard-Anforderungen« und »Anforderungen bei erhöhtem Schutzbedarf«. Basis-Anforderungen sind fundamental und stets umzusetzen, sofern nicht gravierende Gründe dagegensprechen. Standard-Anforderungen sind für den normalen Schutzbedarf grundsätzlich umzusetzen, sofern sie nicht durch mindestens gleichwertige Alternativen oder die bewusste Akzeptanz des »Restrisikos« ersetzt werden.[54] Anforderungen bei erhöhtem Schutzbedarf sind exemplarische Vorschläge, was bei entsprechendem Schutzbedarf zur Absicherung sinnvoll umzusetzen ist. Wie die »Sicherheitsanforderungen« im konkreten Fall erfüllt werden können, ist in entsprechenden »Sicherheitsmaßnahmen« (»safeguard« oder »security measure«) beschrieben. Mit den »Sicherheitsmaßnahmen« werden alle Aktionen bezeichnet, die dazu dienen, um Sicherheitsrisiken zu steuern und diesen entgegenzuwirken. Dies schließt sowohl organisatorische, als auch personelle, technische oder infrastrukturelle Sicherheitsmaßnahmen ein.[55] **51**

Nach den Vorstellungen des BSI sollen die Schutzziele und die allgemeinen Sicherheitsanforderungen im Sinne offizieller Vorgaben des Institutes in einer »Sicherheitsrichtlinie« (»security policy«) formuliert werden. Ein umfangreiches »Sicherheitskonzept« dient darüber hinaus als das zentrale Dokument im Sicherheitsprozess eines Institutes zur Umsetzung der Sicherheitsstrategie und beschreibt die geplante Vorgehensweise, um die gesetzten Sicherheitsziele eines Institutes zu erreichen. Aufbauend auf den Ergebnissen der Strukturanalyse (→ AT 7.2 Tz. 1) und der Schutzbedarfsfeststellung (→ AT 7.2 Tz. 4) werden bei der »Sicherheitskonzeption« die erforderlichen »Sicherheitsmaßnahmen« identifiziert und im »Sicherheitskonzept« dokumentiert.[56] **52**

Während also hinsichtlich der Begriffe »Informationssicherheitsleitlinie« bzw. »Leitlinie zur Informationssicherheit« zwischen den Vorgaben der BAIT und dem BSI grundsätzlich Übereinstimmung herrscht, sind die Anforderungen des BSI an die allgemeine »Sicherheitsrichtlinie« und das konkrete »Sicherheitskonzept« mit den Vorgaben der BAIT zu den »Informationssicherheitsrichtlinien« und den »Informationssicherheitsprozessen« vergleichbar. Gegebenenfalls lassen sich insofern auch die »Basis-Anforderungen«, »Standard-Anforderungen« und »Anforderungen bei erhöhtem Schutzbedarf« nach den Vorgaben des BSI auf die Unterscheidung zwischen »Informationssicherheitsvorfall«, »sicherheitsrelevantem Ereignis« und ungeplanter »Abweichung vom Regelbetrieb« laut BAIT übertragen.[57] **53**

---

53 Vgl. European Banking Authority, Leitlinien für das Management von IKT- und Sicherheitsrisiken, EBA/GL/2019/04, 28. November 2019, S. 12 ff.

54 Das »Restrisiko« bezeichnet jenes Risiko, das grundsätzlich verbleibt, auch wenn Maßnahmen zum Schutz des IT-Einsatzes ergriffen worden sind. Vgl. Bundesamt für Sicherheit in der Informationstechnik, Service/Cyber-Glossar, www.bsi.bund.de, Stand September 2021. Es unterscheidet sich insofern vom gleichnamigen »Restrisiko« laut Art. 80 CRD IV, worunter das Risiko zu verstehen ist, dass die von den Instituten eingesetzten anerkannten Kreditrisikominderungstechniken sich als weniger wirksam erweisen als erwartet. In einem Fall geht es also um das IT-Risiko, im anderen Fall um das Adressenausfallrisiko. Gemeint ist aber in beiden Fällen das nicht durch Sicherungsmaßnahmen abgedeckte Risiko.

55 Vgl. Bundesamt für Sicherheit in der Informationstechnik, IT-Grundschutz-Kompendium, Glossar, Köln, 15. Februar 2021, S. 7 f.

56 Vgl. Bundesamt für Sicherheit in der Informationstechnik, IT-Grundschutz-Kompendium, Glossar, Köln, 15. Februar 2021, S. 8.

57 An anderer Stelle verweist das BSI darauf, dass im Fokus der »Kern-Absicherung« zunächst die besonders gefährdeten Geschäftsprozesse und Assets stehen. Vgl. Bundesamt für Sicherheit in der Informationstechnik, IT-Grundschutz-Kompendium, Glossar, Köln, 15. Februar 2021, S. 5.

2.4 Test der Informationssicherheit

54 Gemäß Tz. 4.7 BAIT sollen die Institute die Begriffe »Informationssicherheitsvorfall«[58], »sicherheitsrelevantes Ereignis« im Sinne der operativen Informationssicherheit und ungeplante »Abweichung vom Regelbetrieb« im Sinne einer »Störung« nachvollziehbar voneinander abgrenzen. Die Definition des Begriffes »Informationssicherheitsvorfall« orientiert sich nach Art und Umfang am »Schutzbedarf« der betroffenen Bestandteile des Informationsverbundes. Ein Informationssicherheitsvorfall kann auch dann vorliegen, wenn mindestens eines der Schutzziele (»Verfügbarkeit«, »Integrität«, »Vertraulichkeit«, »Authentizität«) gemäß den Vorgaben des institutsspezifischen Sollkonzeptes der Informationssicherheit verletzt ist (→ AT 7.2 Tz. 4). Zumindest nach einem Informationssicherheitsvorfall sind die Auswirkungen auf die Informationssicherheit zeitnah zu analysieren und angemessene Nachsorgemaßnahmen zu veranlassen.

55 Laut Tz. 4.8 BAIT hat das Institut daneben auch eine »Richtlinie über das Testen und Überprüfen der Maßnahmen zum Schutz der Informationssicherheit« einzuführen. Die Richtlinie soll u. a. die allgemeine Bedrohungslage und die individuelle Risikosituation des Institutes berücksichtigen. Mit der Richtlinie sollen die Kategorien von Test- und Überprüfungsobjekten (z. B. das Institut, IT-Systeme, Komponenten), die Art, der Umfang und die Frequenz von Tests und Überprüfungen sowie die Zuständigkeiten und Regelungen zur Vermeidung von Interessenkonflikten festgelegt werden. Die Richtlinie ist regelmäßig und anlassbezogen zu überprüfen und bei Bedarf anzupassen.

56 Die EBA hat zum »Rahmenwerk für Tests der Informationssicherheit« (»information security testing framework«) relativ konkrete Vorstellungen. So sollten regelmäßig Tests in Bezug auf die Sicherheitsmaßnahmen durchgeführt werden. Für alle kritischen IKT-Systeme sollten diese Tests mindestens einmal jährlich durchgeführt werden, während nicht kritische Systeme mindestens alle drei Jahre unter Verwendung eines risikobasierten Ansatzes geprüft werden sollten. Die Tests der Sicherheitsmaßnahmen sollten bei Änderungen der Infrastruktur, der Prozesse oder Verfahren sowie bei Änderungen aufgrund bedeutender Betriebs- oder Sicherheitsvorfälle oder bei der Freigabe neuer oder in großem Umfang geänderter internetbezogener kritischer Anwendungen durchgeführt werden. Sie sollten von unabhängigen Prüfern durchgeführt werden, die über ausreichende Kenntnisse, Fähigkeiten und ausreichendes Fachwissen im Bereich der Prüfung von Informationssicherheitsmaßnahmen verfügen und nicht an der Entwicklung der Informationssicherheitsmaßnahmen beteiligt sind. Die Institute sollten die Ergebnisse der Sicherheitstests überwachen, auswerten und die Sicherheitsmaßnahmen entsprechend anpassen. Die Anpassungen der Sicherheitsmaßnahmen sollten im Falle kritischer IKT-Systeme (IKT-Systeme mit einem hohen Schutzbedarf) unverzüglich erfolgen.[59]

2.5 Organisatorische Vorgaben

57 Gemäß Tz. 2.2 BAIT ist die Geschäftsleitung dafür verantwortlich, dass auf Basis der IT-Strategie die Regelungen zur IT-Aufbau- und IT-Ablauforganisation festgelegt und bei Veränderungen der

---

58 Die EBA versteht unter einem »Betriebsvorfall« oder »Sicherheitsvorfall« ein einzelnes Ereignis oder eine Reihe zusammenhängender Ereignisse, die vom Institut nicht geplant wurden und sich negativ auf die Integrität, Verfügbarkeit, Vertraulichkeit und/oder Authentizität von Diensten auswirken oder auswirken könnten. Vgl. European Banking Authority, Leitlinien für das Management von IKT- und Sicherheitsrisiken, EBA/GL/2019/04, 28. November 2019, S. 5. Der Definition des BSI zufolge wird als »Informationssicherheitsvorfall« grundsätzlich ein unerwünschtes Ereignis bezeichnet, das Auswirkungen auf die Informationssicherheit hat und in der Folge große Schäden nach sich ziehen kann. Typische Folgen von Sicherheitsvorfällen können die Ausspähung, Manipulation oder Zerstörung von Daten sein. Vgl. Bundesamt für Sicherheit in der Informationstechnik, Service/Cyber-Glossar, www.bsi.bund.de, Stand September 2021.

59 Vgl. European Banking Authority, Leitlinien für das Management von IKT- und Sicherheitsrisiken, EBA/GL/2019/04, 28. November 2019, S. 16.

Aktivitäten und Prozesse zeitnah angepasst werden. Es ist sicherzustellen, dass diese Regelungen wirksam umgesetzt werden.

Laut Tz. 4.4 BAIT hat die Geschäftsleitung die Funktion des »Informationssicherheitsbeauftragten« (ISB)[60] einzurichten. Der Informationssicherheitsbeauftragte trägt die Verantwortung für die Wahrnehmung aller Belange der Informationssicherheit innerhalb des Institutes und gegenüber Dritten.[61] Er stellt sicher, dass die in der IT-Strategie, der Informationssicherheitsleitlinie und den Informationssicherheitsrichtlinien festgelegten Ziele und Maßnahmen hinsichtlich der Informationssicherheit sowohl intern als auch gegenüber Dritten transparent gemacht und deren Einhaltung regelmäßig sowie anlassbezogen überprüft und überwacht wird. Konkret werden dem Informationssicherheitsbeauftragten folgende Aufgaben zugewiesen: **58**

- Unterstützung der Geschäftsleitung beim Festlegen und Anpassen der Informationssicherheitsleitlinie und Beratung der Geschäftsleitung in allen Fragen der Informationssicherheit, womit auch Hilfestellungen bei der Lösung von Zielkonflikten (z. B. Wirtschaftlichkeit kontra Informationssicherheit) gemeint sind,
- Erstellung von Informationssicherheitsrichtlinien und ggf. weiteren einschlägigen Regelungen sowie Kontrolle ihrer Einhaltung,
- Steuerung und Koordinierung des Informationssicherheitsprozesses im Institut, Überwachung dieses Prozesses gegenüber IT-Dienstleistern und Mitwirkung bei allen damit zusammenhängenden Aufgaben,
- Beteiligung bei der Erstellung und Fortschreibung des Notfallkonzeptes bzgl. der Informationssicherheitsbelange,
- Initiierung und Überwachung der Realisierung von Informationssicherheitsmaßnahmen,
- Überwachung und Hinwirken auf Einhaltung der Informationssicherheit bei Projekten und Beschaffungen,
- Ansprechpartner für Fragen der Informationssicherheit innerhalb des Institutes und für Dritte,
- Untersuchung von Informationssicherheitsvorfällen und Berichterstattung an die Geschäftsleitung,[62]
- Initiierung und Koordinierung von Sensibilisierungs- und Schulungsmaßnahmen zur Informationssicherheit.

Diese Aufgaben muss der Informationssicherheitsbeauftragte nicht alle allein ausführen. Er kann dabei durch ein »Team für das Informationssicherheitsmanagement« unterstützt werden. Außerdem besteht laut Tz. 4.6 BAIT die Möglichkeit, sich dabei externer Unterstützung per Servicevertrag zu bedienen. In diesem Fall sind ggf. ergänzend die Vorgaben an Auslagerungen zu beachten. **59**

---

60 Der »Informationssicherheitsbeauftragte« (IS-Beauftragte oder ISB), der auch als »Chief Information Security Officer« (CISO) oder »Informationssicherheitsmanager« (ISM) bezeichnet wird, ist für die operative Erfüllung der Aufgabe »Informationssicherheit« zuständig. Die Rolle des ISB sollte von einer Person mit eigener Fachkompetenz zur Informationssicherheit in einer Stabsstelle des Institutes wahrgenommen werden. Vgl. Bundesamt für Sicherheit in der Informationstechnik, IT-Grundschutz-Kompendium, Glossar, Köln, 15. Februar 2021, S. 3. Das BSI weist darauf hin, dass die früher gebräuchliche Variante »IT-Sicherheitsbeauftragter« (IT-SiBe) nicht mehr dem heutigen Rollenverständnis des ISB entspricht. Der ISB muss sich um die Absicherung aller Arten von Informationen kümmern und nicht nur um IT-bezogene Aspekte. Informationssicherheit sollte aber immer ein Teil des operationellen Risikomanagements eines Institutes sein. Vgl. Bundesamt für Sicherheit in der Informationstechnik, BSI-Standard 200-2, IT-Grundschutz-Methodik, Köln, 15. November 2017, S. 40.

61 Unter »Dritten« wird jede Organisation verstanden, die Geschäftsbeziehungen oder Verträge mit einem Unternehmen eingegangen ist, um ein Produkt oder eine Dienstleistung zu liefern bzw. zu erbringen. Dabei handelt es sich laut EBA um eine Definition der G7-Grundelemente zur effektiven Bewertung der Cybersicherheit im Finanzsektor. Vgl. European Banking Authority, Leitlinien für das Management von IKT- und Sicherheitsrisiken, EBA/GL/2019/04, 28. November 2019, S. 6.

62 Der Informationssicherheitsbeauftragte ist gemäß Tz. 4.10 BAIT neben der anlassbezogenen auch für die mindestens vierteljährliche Berichterstattung an die Geschäftsleitung über den Status der Informationssicherheit verantwortlich. Dabei geht es u. a. um die Bewertung der Informationssicherheitslage im Vergleich zum Vorbericht, Informationen zu Projekten zur Informationssicherheit, Informationssicherheitsvorfälle sowie Penetrationstestergebnisse (→ BT 3.2 Tz. 6).

AT 7.2 Technisch-organisatorische Ausstattung

60   Auch das BSI hält es insbesondere in größeren Instituten für sinnvoll, ein »Informationssicherheitsmanagement-Team« (IS-Management-Team) aufzubauen, das den ISB unterstützt. Dieses Team kann z. B. übergreifende Maßnahmen in der Gesamtorganisation koordinieren, Informationen zusammentragen und Kontrollaufgaben durchführen.[63] Die genaue Ausprägung hängt von der Größe des Institutes, dem angestrebten Sicherheitsniveau und den vorhandenen Ressourcen ab. Im Extremfall besteht das IS-Management-Team nur aus zwei Personen, dem Informationssicherheitsbeauftragten, dem in diesem Fall sämtliche Aufgaben im Sicherheitsprozess obliegen, und seinem Stellvertreter. Um seine Aufgaben erfüllen zu können, sollte sich das IS-Management-Team jedenfalls aus Personen zusammensetzen, die über Kenntnisse in Informationssicherheit und technische Kenntnisse über die im Institut eingesetzten IT-Systeme verfügen sowie Erfahrungen mit Organisation und Verwaltung haben. Darüber hinaus sollte das IS-Management-Team die unterschiedlichen Aufgabenbereiche und Geschäftsprozesse des Institutes kennen. In großen Instituten ist es sinnvoll, wenn die verschiedenen Fachbereiche jeweils einen Vertreter im IS-Management-Team haben. Diese Person übernimmt die Vertretung im IS-Management-Team neben ihren Fachaufgaben, bringt die Expertise aus dem Fachbereich ein und wird dadurch gleichzeitig Ansprechpartner für Sicherheitsfragen der Mitarbeiter aus diesem Bereich.[64]

61   Zur Vermeidung möglicher Interessenkonflikte ist die Funktion des Informationssicherheitsbeauftragten gemäß Tz. 4.5 BAIT organisatorisch und prozessual unabhängig auszugestalten. Dafür sollen insbesondere folgende Maßnahmen beachtet werden:
- Funktions- und Stellenbeschreibung für den Informationssicherheitsbeauftragten, seinen Vertreter und ggf. weitere Stellen,
- Festlegung der erforderlichen Ressourcenausstattung für die Funktion des Informationssicherheitsbeauftragten,
- Festlegung eines der Funktion zugewiesenen Budgets für Informationssicherheitsschulungen im Institut und die persönliche Weiterbildung des Informationssicherheitsbeauftragten sowie seines Vertreters,
- unmittelbare und jederzeitige Gelegenheit zur Berichterstattung des Informationssicherheitsbeauftragten an die Geschäftsleitung,
- Verpflichtung der Beschäftigten des Institutes sowie der IT-Dienstleister zur sofortigen und umfassenden Unterrichtung des Informationssicherheitsbeauftragten über alle bekannt gewordenen informationssicherheitsrelevanten Sachverhalte, die das Institut betreffen,
- Trennung der Funktion des Informationssicherheitsbeauftragten von jenen Bereichen, die für den Betrieb und die Weiterentwicklung der IT-Systeme zuständig sind,
- keinesfalls Wahrnehmung von Aufgaben der Internen Revision.

62   Die BAIT treffen zwar keine Aussagen darüber, wo die Funktion des Informationssicherheitsbeauftragten im Institut organisatorisch anzusiedeln ist. Aufgrund seiner beschriebenen Aufgabenfelder ist sie jedoch der zweiten Verteidigungslinie zuzuordnen. Die zweite Verteidigungslinie umfasst zunächst die Risikocontrolling- und die Compliance-Funktion. Die weiteren Support-Funktionen, wie z. B. Recht, Personal und IT, sind allerdings nicht automatisch und ausschließlich der zweiten Verteidigungslinie zuzuordnen. Jede dieser Funktionen sorgt zwar in enger Abstimmung mit den Geschäftsbereichen unterstützend dafür, dass deren Risiken angemessen identifiziert und gesteuert werden. Bei deren Aufgaben und Verantwortlichkeiten ist im Hinblick auf eine Zuordnung im Modell der drei Verteidigungslinien allerdings eine differenzierte Betrachtung erforderlich (→ AT 4.4, Einführung).

---

63 Vgl. Bundesamt für Sicherheit in der Informationstechnik, IT-Grundschutz-Kompendium, Glossar, Köln, 15. Februar 2021, S. 4.
64 Vgl. Bundesamt für Sicherheit in der Informationstechnik, BSI-Standard 200-2, IT-Grundschutz-Methodik, Köln, 15. November 2017, S. 43.

Das BSI empfiehlt, die Position des Informationssicherheitsbeauftragten organisatorisch als **63** Stabsstelle einzurichten, also als eine direkt der Geschäftsleitung zugeordnete Position, die von keinen anderen Stellen Weisungen bekommt. In jedem Fall sollte der ISB aber nicht organisatorisch der IT-Abteilung zugeordnet sein. Einerseits besteht dann laut BSI die Gefahr, dass die Aufgabe der Informationssicherheit auf IT-Absicherung reduziert wird und der ganzheitliche Schutz von Informationen in den Hintergrund rückt. Dadurch kann es vorkommen, dass Informationen so lange angemessen geschützt werden, wie sie ausschließlich auf IT-Systemen verarbeitet werden, aber diese dann beispielsweise nach dem Ausdrucken ungeschützt beim Drucker liegen bleiben. Andererseits können nach Einschätzung des BSI Interessenkonflikte nicht ausgeschlossen werden, wenn z.B. ein Administrator zusätzlich die Rolle des Informationssicherheitsbeauftragten wahrnimmt und er z.B. Einspruch gegen Entscheidungen einlegen müsste, die ihm sein Leben als Administrator wesentlich erleichtern würden oder die gar von seinem Fachvorgesetzten favorisiert werden.[65]

Das BSI schließt grundsätzlich nicht aus, dass die Position des Informationssicherheitsbeauf- **64** tragten gleichzeitig vom Datenschutzbeauftragten wahrgenommen wird. Allerdings sollten in diesem Fall die Schnittstellen zwischen den beiden Rollen klar definiert und dokumentiert werden. Zudem muss sichergestellt sein, dass der Informationssicherheitsbeauftragte über ausreichend freie Ressourcen für die Wahrnehmung beider Rollen verfügt oder durch entsprechendes Personal unterstützt wird. Außerdem sollten auf beiden Seiten direkte Berichtswege zur Geschäftsleitung existieren und konfliktträchtige Themen ggf. zusätzlich nachrichtlich an die Interne Revision weitergeleitet werden.[66]

Die »Informationssicherheits-Revision« (IS-Revision) wird vom BSI als Bestandteil eines jeden **65** erfolgreichen Informationssicherheitsmanagements gesehen. Mit Blick auf das Modell der drei Verteidigungslinien ist die Bezeichnung »Bestandteil« vielleicht nicht ganz glücklich. Andererseits wird die Interne Revision in den MaRisk auch als Bestandteil des Risikomanagements gesehen. Das BSI führt jedenfalls aus, dass nur durch die regelmäßige Überprüfung der etablierten Sicherheitsmaßnahmen und des Informationssicherheits-Prozesses Aussagen über deren wirksame Umsetzung, Aktualität, Vollständigkeit und Angemessenheit und damit über den aktuellen Zustand der Informationssicherheit getroffen werden können. Die IS-Revision ist somit ein Werkzeug zum Feststellen, Erreichen und Aufrechterhalten eines angemessenen Sicherheitsniveaus in einem Institut.[67]

Auch die EBA erwartet, dass die Interne Revision auf Basis eines risikobasierten Ansatzes in der **66** Lage ist, die Übereinstimmung aller IKT- und sicherheitsrelevanten Tätigkeiten und Abteilungen eines Institutes mit den internen Grundsätzen und Verfahren und den externen Anforderungen unabhängig zu überprüfen und objektiv zu beurteilen.[68] Die Interne Revision oder auch unabhängige externe Prüfer mit ausreichenden Kenntnissen, Fähigkeiten und ausreichendem Fachwissen im Bereich der IKT- und Sicherheitsrisiken sollten die Governance, Systeme sowie Prozesse für die IKT- und Sicherheitsrisiken eines Institutes in angemessener Häufigkeit und Schwerpunktsetzung prüfen. Die Geschäftsleitung sollte den Prüfungsplan genehmigen. Ein formeller Prozess zur Nachverfolgung, einschließlich Vorkehrungen für die rechtzeitige Überprüfung und Behebung kritischer Feststellungen der IKT-Prüfung, sollte festgelegt werden.[69]

---

65 Vgl. Bundesamt für Sicherheit in der Informationstechnik, BSI-Standard 200-2, IT-Grundschutz-Methodik, Köln, 15. November 2017, S. 42.
66 Vgl. Bundesamt für Sicherheit in der Informationstechnik, BSI-Standard 200-2, IT-Grundschutz-Methodik, Köln, 15. November 2017, S. 42f.
67 Vgl. Bundesamt für Sicherheit in der Informationstechnik, IT-Grundschutz-Kompendium, Glossar, Köln, 15. Februar 2021, S. 4.
68 Vgl. European Banking Authority, Leitlinien für das Management von IKT- und Sicherheitsrisiken, EBA/GL/2019/04, 28. November 2019, S. 9.
69 Vgl. European Banking Authority, Leitlinien für das Management von IKT- und Sicherheitsrisiken, EBA/GL/2019/04, 28. November 2019, S. 11f.

67   Mit den IKT- und Sicherheitsrisiken beschäftigt sich in den Instituten häufig die »IT-Revision«. Die Interne Revision hat ohnehin risikoorientiert und prozessunabhängig die Wirksamkeit und Angemessenheit des Risikomanagements im Allgemeinen und des internen Kontrollsystems im Besonderen sowie die Ordnungsmäßigkeit grundsätzlich aller Aktivitäten und Prozesse zu prüfen und zu beurteilen, unabhängig davon, ob diese ausgelagert sind oder nicht (→ AT 4.4.3 Tz. 3). Die Prüfungsplanung sowie wesentliche Anpassungen sind von der Geschäftsleitung zu genehmigen (→ BT 2.3 Tz. 5). Die Interne Revision hat die fristgerechte Beseitigung der bei der Prüfung festgestellten Mängel in geeigneter Form zu überwachen (→ BT 2.5 Tz. 1).

68   Nach Tz. 4.6 BAIT sollte die Funktion des Informationssicherheitsbeauftragten grundsätzlich im Institut vorgehalten werden. Sie kann grundsätzlich auch mit anderen Funktionen im Institut kombiniert werden, solange die Vorgaben zum Ausschluss von Interessenkonflikten beachtet werden. Unter Proportionalitätsgesichtspunkten werden zudem Ausnahmen von einer Ansiedlung im Institut zugelassen, die vor allem für regional tätige (insbesondere verbundangehörige) und kleine (insbesondere gruppenangehörige) Institute ohne wesentliche eigenbetriebene IT gedacht sind. Bei derartigen Instituten mit einem gleichgerichteten Geschäftsmodell und gemeinsamen IT-Dienstleistern für die Abwicklung von bankfachlichen Prozessen ist es im Hinblick auf die regelmäßig (verbund- oder gruppenseitig) vorhandenen Kontrollmechanismen zulässig, dass mehrere Institute einen gemeinsamen Informationssicherheitsbeauftragten bestellen. Dabei muss allerdings vertraglich sichergestellt werden, dass dieser gemeinsame Informationssicherheitsbeauftragte die Wahrnehmung der einschlägigen Aufgaben der Funktion in allen betreffenden Instituten jederzeit gewährleisten kann. Außerdem muss in jedem Institut eine zuständige Ansprechperson für den Informationssicherheitsbeauftragten benannt werden. Mit dieser Öffnungsklausel kommt die deutsche Aufsicht zahlreichen Stellungnahmen der Deutschen Kreditwirtschaft im Rahmen der Konsultation der BAIT entgegen, die eine Auslagerung des Informationssicherheitsbeauftragten gerade für kleinere Institute für sinnvoll erachtet. Unabhängig von dieser Erleichterung ist es immer möglich, dass sich der Informationssicherheitsbeauftragte per Servicevertrag externer Unterstützung bedient (→ AT 9 Tz. 4).

69   Das BSI nennt zusätzlich einen »Beauftragten für IT-Sicherheit« als eine Person mit Fachkompetenz zur IT-Sicherheit, die in großen Instituten für Aspekte rund um die IT-Sicherheit zuständig ist. Während der Informationssicherheitsbeauftragte unmittelbar der Leitungsebene zuarbeitet, das Informationssicherheitsmanagement gestaltet und die generellen Sicherheitsziele und -vorgaben erstellt, soll der Beauftragte für die IT-Sicherheit dafür sorgen, dass diese technisch umgesetzt werden. Der Beauftragte für die IT-Sicherheit sollte typischerweise im IT-Betrieb tätig sein.[70] Der Aufgabenbeschreibung zufolge handelt es sich um eine Funktion der operativen Informationssicherheit, wie z. B. den Leiter vom IT-Betrieb.

2.6   Operative Informationssicherheit

70   Der »IT-Betrieb« hat laut Tz. 8.1 BAIT jene Anforderungen umzusetzen, die sich aus der Geschäftsstrategie und den IT-unterstützten Geschäftsprozessen ergeben. Für die Umsetzung der Anforderungen des Informationssicherheitsmanagements ist nach Tz. 5.1 BAIT hingegen die »operative Informationssicherheit« zuständig. Insofern entspricht die Tätigkeit der operativen Informationssicherheit in etwa den Erwartungen des BSI an den Beauftragten für IT-Sicherheit.

---

70   Vgl. Bundesamt für Sicherheit in der Informationstechnik, IT-Grundschutz-Kompendium, Glossar, Köln, 15. Februar 2021, S. 1 f.

Dazu gehört gemäß Tz. 5.2 BAIT die Implementierung angemessener, dem Stand der Technik entsprechender, operativer Informationssicherheitsmaßnahmen und -prozesse auf Basis der Informationssicherheitsleitlinie und -richtlinien. Zu berücksichtigen sind dabei u. a.: **71**
- Schwachstellenmanagement zur Erkennung, Bewertung, Behandlung und Dokumentation von Schwachstellen,
- Segmentierung und Kontrolle des Netzwerks (einschließlich Richtlinienkonformität der Endgeräte),
- sichere Konfiguration von IT-Systemen (»Härtung«[71]),
- Verschlüsselung von Daten bei Speicherung und Übertragung gemäß Schutzbedarf,
- mehrstufiger Schutz der IT-Systeme gemäß Schutzbedarf (z. B. vor Datenverlust, Manipulation oder Verfügbarkeitsangriffen oder vor nicht autorisiertem Zugriff),
- Perimeterschutz[72] von z. B. Liegenschaften, Rechenzentren und anderen sensiblen Bereichen.

Der »Perimeter- und Gebäudeschutz« dient der »physischen Sicherheit«, also dem Schutz der Räumlichkeiten, Rechenzentren und sensiblen Bereiche der Institute vor unbefugtem Zugriff und elementaren Gefahren. Insbesondere sollte der physische Zugriff auf die IKT-Systeme nur berechtigten Personen in Übereinstimmung mit deren Aufgaben und Verantwortlichkeiten gestattet sein. Die Schutzmaßnahmen gegenüber Elementarereignissen sollten der Bedeutung der Gebäude und der Kritikalität[73] der Tätigkeiten oder der in diesen Gebäuden beherbergten IKT-Systeme angemessen sein.[74] **72**

Gefährdungen des Informationsverbundes sind nach Tz. 5.3 BAIT möglichst frühzeitig zu identifizieren. Potenziell »sicherheitsrelevante Informationen«, wie z. B. Protokolldaten, Meldungen und Störungen, welche Hinweise auf eine Verletzung der Schutzziele geben können, sind angemessen zeitnah, regelbasiert und zentral auszuwerten. Die regelbasierte Auswertung (z. B. über Parameter, Korrelationen von Informationen, Abweichungen oder Muster) großer Datenmengen erfordert i. d. R. den Einsatz automatisierter IT-Systeme.[75] Diese Informationen müssen bei Transport und **73**

---

71 Die »Härtung« oder »Systemhärtung« (»system hardening«) dient der Erhöhung der Sicherheit eines IT-Systems, indem alle Softwarebestandteile und Funktionen, die zur Erfüllung der vorgesehenen Aufgabe durch das Programm nicht zwingend erforderlich sind, entfernt werden. Vgl. Bundesamt für Sicherheit in der Informationstechnik, Service/Cyber-Glossar, www.bsi.bund.de, Stand September 2021.

72 Der »Perimeterschutz« (»Außenschutz«) ist ein Begriff aus dem Bauwesen und dient dem Schutz eines Objektes durch Maßnahmen in dessen umgebenden freien Raum, i. d. R. bis einschließlich zur Grundstücksgrenze. Dazu gehören insbesondere geeignete mechanische/bauliche Maßnahmen (»Perimetersicherung«), elektronische Maßnahmen und organisatorische/personelle Maßnahmen (»Perimeterüberwachung«). Diese Maßnahmen müssen aufeinander abgestimmt werden.

73 Der Begriff »Kritikalität« wird von der EBA nicht näher erläutert, lässt aber auf einen Zusammenhang mit den »zeitkritischen« Aktivitäten und Prozessen (→ AT 7.3 Tz. 1) schließen, wenngleich es keine vollständige Übereinstimmung gibt. Das Bundesamt für Sicherheit in der Informationstechnik (BSI) und das Bundesamt für Bevölkerungsschutz und Katastrophenhilfe (BBK) definieren im Glossar auf ihrer gemeinsamen Internetseite www.kritis.bund.de die »Kritikalität« als »relatives Maß für die Bedeutsamkeit einer Infrastruktur in Bezug auf die Konsequenzen, die eine Störung oder ein Funktionsausfall für die Versorgungssicherheit der Gesellschaft mit wichtigen Gütern und Dienstleistungen hat«. Eine besondere Rolle spielen in diesem Zusammenhang die »kritischen Infrastrukturen« (KRITIS), an die besondere Anforderungen gestellt werden (→ AT 7.2 Tz. 5). Unter der »Kritikalität« eines Geschäftsprozesses versteht das BSI eine skalierbare Wertung (Klassifizierung) von Geschäftsprozessen anhand ihrer Bedeutung für die Wertschöpfung eines Institutes. Diese Klassifizierung erfolgt meistens auf Basis der Wiederanlauf-Anforderung an den Geschäftsprozess oder des über die Dauer der Ausfallzeit zu erwartenden Schadens. Sie kann jedoch durch weitere Kriterien ergänzt werden. Vgl. Bundesamt für Sicherheit in der Informationstechnik, BSI-Standard 100-4, Notfallmanagement, Köln, 12. November 2008, S. 100. In einem Institut kann es allerdings »kritische« Geschäftsprozesse geben, die nicht gleichzeitig »zeitkritisch« sind. Im Business Continuity Management werden nur die zeitkritischen Geschäftsprozesse berücksichtigt, da bei den anderen Prozessen davon ausgegangen wird, dass genügend Zeit zur Verfügung steht, auf Schadensereignisse angemessen zu reagieren. Vgl. Bundesamt für Sicherheit in der Informationstechnik, BSI-Standard 200-4, Business Continuity Management, Community Draft, Köln, 1. Februar 2021, S. 10.

74 Vgl. European Banking Authority, Leitlinien für das Management von IKT- und Sicherheitsrisiken, EBA/GL/2019/04, 28. November 2019, S. 14.

75 Die Anforderung des Einsatzes automatisierter IT-Systeme zielt auf die Verwendung von Tools zum »Security Information and Event Management« (SIEM), mit dessen Hilfe große Datenmengen von Anwendungen und Netzwerkkomponenten in Echtzeit analysiert und auf Auffälligkeiten geprüft werden können. Damit wird die Erfassung und Verwaltung sicherheitsrelevanter Daten (»Security Information Management«, SIM) mit Echtzeitanalysen (»Security Event Management«, SEM) in einem Konzept zusammengefasst. Auf diese Weise kann zeitnah auf mögliche Bedrohungen und Gefahren reagiert werden, indem entsprechende Sicherheitswarnungen generiert werden.

Speicherung geschützt werden und für eine angemessene Zeit zur späteren Auswertung zur Verfügung stehen. Spätere Auswertungen umfassen u.a. forensische Analysen und interne Verbesserungsmaßnahmen. Der Zeitraum sollte der Bedrohungslage entsprechend bemessen sein.

74 Nach Tz. 5.4 BAIT ist ein angemessenes Portfolio an Regeln zur Identifizierung »sicherheitsrelevanter Ereignisse« zu definieren, die vor Inbetriebnahme zu testen sind. Regeln erkennen beispielsweise, ob vermehrt nicht autorisierte Zugriffsversuche stattgefunden haben, erwartete Protokolldaten nicht mehr angeliefert werden oder die Uhrzeiten der anliefernden IT-Systeme voneinander abweichen. Diese Regeln sind regelmäßig und anlassbezogen auf Wirksamkeit zu prüfen und weiterzuentwickeln.

75 Sicherheitsrelevante Ereignisse, die sich beispielsweise aus der regelbasierten Auswertung der potenziell sicherheitsrelevanten Informationen ergeben, sind nach Tz. 5.5 BAIT zeitnah zu analysieren. Auf daraus resultierende »Informationssicherheitsvorfälle« ist unter Verantwortung des Informationssicherheitsmanagements angemessen zu reagieren. Die zeitnahe Analyse und Reaktion kann eine ständig besetzte zentrale Stelle, z.B. in Form eines »Security Operation Centers« (SOC)[76], erfordern.

76 Die Sicherheit der IT-Systeme ist laut Tz. 5.6 BAIT regelmäßig, anlassbezogen und unter Vermeidung von Interessenkonflikten zu überprüfen. Turnus, Art und Umfang der Überprüfung sollten sich insbesondere am Schutzbedarf und der potenziellen Angriffsfläche (z.B. Erreichbarkeit aus dem Internet) des IT-Systems orientieren. Denkbar sind verschiedene Arten von Überprüfungen, wie z.B. Abweichungsanalysen (Gap-Analysen), Schwachstellenscans, Penetrationstests[77] und die Simulationen von Angriffen.[78] Die Ergebnisse dieser Überprüfung sind hinsichtlich notwendiger Verbesserungen zu analysieren. Die identifizierten Risiken sind angemessen zu steuern.

77 Im Zusammenhang mit der Umfrage zum IKT-Risiko im Rahmen des LSI-SREP hat die deutsche Aufsicht im April 2021 ausgeführt, dass eine angemessene Steuerung von IT-Systemen auch den Umgang mit Schwachstellen einschließt. Die Notwendigkeit automatisierter Schwachstellenscans wird aus ihrer Sicht maßgeblich durch die Institutsgröße und die damit einhergehende Komplexität des Portfolios an IT-Systemen bestimmt. Bei sehr geringer Komplexität des Portfolios an IT-Systemen sind insofern auch nicht-automatisierte Lösungen zum Schwachstellenmanagement denkbar, wenngleich dies eher den Ausnahmefall betreffen soll. Dasselbe gilt für die Notwendigkeit automatisierter IT-Systeme zur Identifizierung sicherheitsrelevanter Ereignisse.

2.7 Cybersicherheit

78 Beim IKT-Risiko sollte nicht nur nach den Vorstellungen des Baseler Ausschusses für Bankenaufsicht mit Verweis auf das Cyber-Lexikon des Financial Stability Boards (FSB) auch das »Cyberrisiko« berücksichtigt werden.[79] Der Definition des FSB zufolge wird die Kombination aus

---

76 Durch ein »Security Operations Center« (SOC) wird die IT-Sicherheit von Instituten durchgängig zentral gesteuert und überwacht. Dabei handelt es sich i.d.R. um eine gleichzeitig proaktive (Erkennen und Beseitigen von Schwachstellen) und reaktive (Ergreifen von Schutzmaßnahmen im Bedarfsfall) Tätigkeit.

77 Ein »Penetrationstest« ist ein gezielter, i.d.R. simulierter Angriffsversuch auf ein IT-System. Er wird als Wirksamkeitsprüfung vorhandener Sicherheitsmaßnahmen eingesetzt. Vgl. Bundesamt für Sicherheit in der Informationstechnik, Service/Cyber-Glossar, www.bsi.bund.de, Stand September 2021.

78 Ein »Angriff« ist eine vorsätzliche Form der Gefährdung, nämlich eine unerwünschte oder unberechtigte Handlung mit dem Ziel, sich Vorteile zu verschaffen bzw. einen Dritten zu schädigen. Angreifer können auch im Auftrag von Dritten handeln, die sich Vorteile verschaffen wollen. Vgl. Bundesamt für Sicherheit in der Informationstechnik, IT-Grundschutz-Kompendium, Glossar, Köln, 15. Februar 2021, S. 1.

79 Vgl. Basel Committee on Banking Supervision, Revisions to the Principles for the Sound Management of Operational Risk, BCBS 515, 31. März 2021, S. 6f.

der Wahrscheinlichkeit des Auftretens von Cybervorfällen und deren Auswirkungen als »Cyberrisiko« (»cyber risk«) bezeichnet. Als »Cybervorfall« (»cyber incident«) wird dabei ein »Cyberereignis« (»cyber event«) bezeichnet, das die »Cybersicherheit«[80] eines Informationssystems oder die Sicherheit der Informationen gefährdet, die das System verarbeitet, speichert oder überträgt, bzw. gegen die Sicherheitsrichtlinien, Sicherheitsverfahren oder Nutzungsbedingungen verstößt, unabhängig davon, ob es sich um eine böswillige Aktivität handelt oder nicht.[81] Es spielt dabei also keine Rolle, ob es sich um einen externen Angriff oder einen internen Vorfall handelt. In verschiedenen Regelwerken, wie z. B. den Leitlinien der EBA, wird ein »Cybervorfall« grundsätzlich vom Begriff »Betriebs- und Sicherheitsvorfall« erfasst.

Die bedeutenden Institute sind seit Mitte 2017 verpflichtet, schwerwiegende Cybervorfälle auf **79** vertraulicher Basis an die EZB zu melden.[82] Bei den weniger bedeutenden Instituten besteht seit 2018 eine entsprechende Meldepflicht gegenüber der BaFin.[83] Damit soll einerseits eine angemessene und zeitnahe Reaktion der zuständigen Aufsichtsbehörde ermöglicht werden. Andererseits ist es den Aufsichtsbehörden auf dieser Basis möglich, aus der Vogelperspektive allgemeine Trends zu erkennen und die Branche darüber entsprechend zu informieren, um die Widerstandsfähigkeit gegenüber derartigen Vorfällen durch geeignete Maßnahmen insgesamt zu verbessern. Das Bundesamt für Sicherheit in der Informationstechnik (BSI) bietet auf seiner Internetseite ebenfalls Unterstützung zum Umgang mit IT-Sicherheitsvorfällen an.

Die Deutsche Bundesbank weist insbesondere auf die zunehmende Gefahr von professionellen **80** und hochgradig organisierten Angriffen (»Advanced Persistent Threats«, APT) hin. Um gegen die Bedrohung durch Cyberangriffe besser gewappnet zu sein, können z. B. bedrohungsgeleitete »Penetrationstests« durchgeführt werden, bei denen die Vorgehensweisen realer Angreifer imitiert werden, um eine realitätsnahe Überprüfung der Cyberwiderstandsfähigkeit eines Institutes unter kontrollierten Bedingungen zu ermöglichen. Zu diesem Zweck hat die Deutsche Bundesbank das europäische »TIBER-Rahmenwerk« (»Threat Intelligence-based Ethical Red-Teaming«) unter dem Stichwort »TIBER-DE« in Deutschland umgesetzt. Dieses Rahmenwerk soll es großen Banken, Versicherern, Finanzmarktinfrastrukturen und kritischen Dienstleistern ermöglichen, in einem europaweit harmonisierten Prozess bedrohungsgeleitete Penetrationstests durchzuführen. Die in Deutschland durchgeführten Tests werden durch ein nationales Kompetenzzentrum (»TIBER-Cyber-Team«, TCT) begleitet. Die Tests laufen in drei Phasen ab: Die »Vorbereitungsphase« umfasst die Schritte Initiierung (Beteiligte, Verantwortlichkeiten, Sicherheitsprotokolle, Modalitäten etc.), Kick-Off (Testablauf, Vorgehen etc.), Bestimmung des Testumfangs und Beschaffung. Der Test umfasst mindestens die kritischen Funktionen des Unternehmens. Außerdem wird das Vertragswerk mit externen Anbietern zur Informationsbeschaffung und Angriffsdurchführung geschlossen. In der »Testphase« werden Informationen zur spezifischen Bedrohungslage des

---

80 Die zunehmend an Bedeutung gewinnende »Cyber-Sicherheit« befasst sich als Bestandteil der Informationssicherheit mit allen Aspekten der Sicherheit in der Informations- und Kommunikationstechnik, wobei das Aktionsfeld der Informationssicherheit auf den gesamten Cyber-Raum ausgeweitet wird. Der »Cyber-Raum« umfasst sämtliche mit dem Internet und vergleichbaren Netzen verbundene Informationstechnik und schließt darauf basierende Kommunikation, Anwendungen, Prozesse und verarbeitete Informationen mit ein. Häufig wird bei der Betrachtung von Cyber-Sicherheit ein spezieller Fokus auf Angriffe aus dem Cyber-Raum gelegt. Vgl. Bundesamt für Sicherheit in der Informationstechnik, IT-Grundschutz-Kompendium, Glossar, Köln, 15. Februar 2021, S. 2.

81 Vgl. Financial Stability Board, Cyber Lexicon, 12. November 2018, S. 9.

82 Vgl. European Central Bank, IT risk – ECB to roll out cyber incident reporting framework, Newsletter vom 17. Mai 2017; European Central Bank, Reporting framework for cyber incidents on Significant Institutions, 24. Februar 2020.

83 Vgl. Bundesanstalt für Finanzdienstleistungsaufsicht, Rundschreiben 08/2018 (BA) zur Meldung schwerwiegender Zahlungssicherheitsvorfälle vom 7. Juni 2018. Dieses Rundschreiben basiert auf § 54 Abs. 1 des Gesetzes über die Beaufsichtigung von Zahlungsdiensten (Zahlungsdiensteaufsichtsgesetz, ZAG), wonach ein Zahlungsdienstleister die BaFin unverzüglich über einen schwerwiegenden Betriebs- oder Sicherheitsvorfall zu unterrichten hat. Die BaFin unterrichtet wiederum die EBA und die EZB unverzüglich nach Eingang einer Meldung über die maßgeblichen Einzelheiten des Vorfalls. Die EBA hat zu den entsprechenden Meldepflichten Leitlinien veröffentlicht. Vgl. European Banking Authority, Leitlinien für die Meldung schwerwiegender Vorfälle gemäß der Richtlinie (EU) 2015/2366 (PSD 2), EBA/GL/2017/10, 19. Dezember 2017; European Banking Authority, Revised Guidelines on major incident reporting under PSD 2, Final Report, EBA/GL/2021/03, 10. Juni 2021. Die neuen Leitlinien sollen ab dem 1. Januar 2022 gelten.

AT 7.2 Technisch-organisatorische Ausstattung

Unternehmens gesammelt und in einem Bericht zusammengefasst, auf dessen Basis das Unternehmen kontrollierten – aber realitätsnahen – Angriffen ausgesetzt wird. Dabei sind die angegriffenen operativen Stellen nicht über die Tests informiert, so dass der Test einem realen Angriff gleichkommt. In der »Abschlussphase« werden die Ergebnisse ausgetauscht und aus der Perspektive der Angreifer sowie der operativen, verteidigenden Stellen des Unternehmens diskutiert. Gefundene Schwachstellen werden im Rahmen der Umsetzung eines »Behebungsplanes« geschlossen. Insgesamt umfasst die Abschlussphase die Schritte Erstellung der Testberichte, Replay und Feedback, Behebungsplan und Abschlussbericht, Attestierung und Ergebnisweitergabe.[84] Derartige Simulationen von Angriffen (»Red-Team-Tests«) sollten die Institute auch nach Einschätzung der EBA in Erwägung ziehen.[85]

2.8   IKT-Sicherheitsrisiken im SREP

81   Die zuständigen Behörden sollten im Rahmen des SREP bewerten, ob das Institut über einen wirksamen Rahmen für die Ermittlung, das Verständnis, die Messung und die Minderung des IKT-Sicherheitsrisikos verfügt. Damit sollten klar definierte Rollen und Verantwortlichkeiten in Bezug auf die Person(en) und/oder Ausschüsse festgelegt sein, die für das tägliche IKT-Sicherheitsmanagement und die Ausarbeitung der übergreifenden IKT-Sicherheitspolitiken verantwortlich oder diesbezüglich rechenschaftspflichtig sind, unter Beachtung ihrer erforderlichen Unabhängigkeit. Ebenso sollten die Gestaltung, Umsetzung, Verwaltung und Überwachung von IKT-Sicherheitskontrollen, der Schutz kritischer IKT-Systeme und -Dienste, z.B. durch Verabschiedung eines Sicherheitslücken-Bewertungsprozesses, Software-Patch-Management, durchgehenden Schutz (z.B. Schadsoftware-Virus), Eindringungserkennungs- und Präventionstools, die Überwachung, Klassifizierung und Behandlung externer oder interner IKT-Sicherheitsereignisse, einschließlich der Ereignisreaktion und der Wiederinbetriebnahme und Wiederherstellung der IKT-Systeme und -Dienste sowie regelmäßige und proaktive Bedrohungsbewertungen zur Aufrechterhaltung angemessener Sicherheitskontrollen berücksichtigt werden. Die EBA nennt diverse weitere Komponenten, von denen an dieser Stelle nur beispielhaft eine IKT-Sicherheitspolitik, ein Prozess zur Ermittlung von IKT-Systemen, -Diensten und angemessenen Sicherheitsanforderungen mit Bezug zur Risikotoleranz des Institutes, eine Protokollierung der Nutzer- und Administratorenaktivität, Sensibilisierungs- und Informationskampagnen oder -initiativen, angemessene physische Sicherheitsmaßnahmen (z.B. Video-Überwachung, Einbruchalarm, Sicherheitstüren) sowie Maßnahmen zum Schutz der IKT-Systeme vor Angriffen aus dem Internet (d.h. Cyberangriffe) oder anderen externen Netzwerken (z.B. traditionelle Telekommunikationsverbindungen oder Verbindungen mit vertrauenswürdigen Partnern) genannt seien.[86]

---

84 Vgl. Deutsche Bundesbank, TIBER-DE: Realitätsnahe Überprüfung der Cyberwiderstandsfähigkeit von Unternehmen, Newsletter vom 19. Dezember 2019; Deutsche Bundesbank, Implementierung von TIBER-DE, Version 1.0, 22. Juli 2020, S. 3 ff.

85 Vgl. European Banking Authority, Leitlinien für das Management von IKT- und Sicherheitsrisiken, EBA/GL/2019/04, 28. November 2019, S. 16.

86 Vgl. European Banking Authority, Leitlinien für die IKT-Risikobewertung im Rahmen des aufsichtlichen Überprüfungs- und Bewertungsprozesses (SREP), EBA/GL/2017/05, 11. September 2017, S. 20 ff.

2.9   Gängige Standards

Damit die Bestandteile des Informationsverbundes ihre Schutzziele erfüllen, ist bei der Ausgestal- **82** tung der IT-Systeme und zugehörigen IT-Prozesse grundsätzlich auf gängige Standards abzustellen. Der Rückgriff auf gängige Standards hat vor allem den Vorteil, dass auf Methoden abgestellt werden kann, die sich bereits in der Praxis bewährt haben. Dadurch wird nicht nur ein angemessenes Sicherheitsniveau erreicht. Es können auch Wettbewerbsvorteile gegenüber der Konkurrenz generiert werden, da z.B. die Nutzung solcher Standards häufig im Rahmen öffentlicher und privatwirtschaftlicher Vergabeverfahren nachzuweisen ist.

Zu den Standards für die Ausgestaltung der IT-Systeme und der zugehörigen IT-Prozesse zählen **83** z.B. der »IT-Grundschutz« des Bundesamtes für Sicherheit in der Informationstechnik (BSI) und die internationalen Sicherheitsstandards »ISO/IEC 270XX« der International Organization for Standardization (→ AT 7.2 Tz. 2, Erläuterung). Bei deren Nennung handelt es sich lediglich um Beispiele, da es noch weitere Standards gibt, die für die Institute eine praktikable Lösung darstellen können.[87] In der IT-Strategie sind die gängigen Standards, an denen sich das Institut orientiert, gemäß Tz. 1.2 BAIT auf die Bereiche der IT zuzuordnen.

Der »IT-Grundschutz« ist laut Bundesamt für Sicherheit in der Informationstechnik (BSI) ein **84** Standard zum Aufbau eines »Managementsystems zur Informationssicherheit« (»Information Security Management System«, ISMS) und liefert ein solides fachliches Fundament und ein umfangreiches Arbeitswerkzeug für die Informationssicherheit auf Basis eines ganzheitlichen Ansatzes. Neben technischen Aspekten werden auch infrastrukturelle, organisatorische und personelle Themen betrachtet. Durch ein systematisches Vorgehen können notwendige Sicherheitsmaßnahmen identifiziert und umgesetzt werden.[88] Die BSI-Standards liefern dazu bewährte Vorgehensweisen, das IT-Grundschutz-Kompendium konkrete Anforderungen.[89] Mit einem ISO 27001-Zertifikat auf Basis des IT-Grundschutzes kann ein Institut belegen, dass die umgesetzten Maßnahmen zur Informationssicherheit anerkannten internationalen Standards entsprechen. Die BSI-Standards enthalten Empfehlungen zu Methoden, Prozessen und Verfahren sowie Vorgehensweisen und Maßnahmen zu unterschiedlichen Aspekten der Informationssicherheit.[90]

Der BSI-Standard 200-1 definiert allgemeine Anforderungen an ein Managementsystem zur **85** Informationssicherheit (ISMS). Er ist kompatibel zum ISO-Standard 27001 und berücksichtigt die Empfehlungen der anderen ISO-Standards wie beispielsweise ISO 27002. Der BSI-Standard 200-2 bildet die Basis der BSI-Methodik zum Aufbau eines soliden ISMS. Er etabliert drei Vorgehensweisen bei der Umsetzung des IT-Grundschutzes. Der BSI-Standard 200-3 beinhaltet gebündelt alle risikobezogenen Arbeitsschritte bei der Umsetzung des IT-Grundschutzes. Der Standard bietet sich an, wenn Unternehmen bereits erfolgreich mit der IT-Grundschutz-Methodik arbeiten und möglichst direkt eine »Risikoanalyse« an die »IT-Grundschutz-Analyse« anschließen möchten. Der BSI-Standard 200-4 gibt eine praxisnahe Anleitung, um ein »Business Continuity Management System« (BCMS) in der eigenen Institution aufzubauen und zu etablieren.

---

87 Vgl. Bundesverband Informationswirtschaft, Telekommunikation und neue Medien e.V. (BITKOM)/Deutsches Institut der Normung e.V., Kompass der IT-Sicherheitsstandards, Auszüge zum Thema Elektronische Identitäten, Februar 2014.

88 Der »IT-Grundschutz-Check« bezeichnet die Überprüfung, ob die nach IT-Grundschutz empfohlenen Anforderungen in einem Institut bereits erfüllt sind und welche grundlegenden Sicherheitsanforderungen noch fehlen. Vgl. Bundesamt für Sicherheit in der Informationstechnik, IT-Grundschutz-Kompendium, Glossar, Köln, 15. Februar 2021, S. 4.

89 Die Bausteine des IT-Grundschutzes sind im »IT-Grundschutz-Kompendium« zusammengefasst. Mit dem Kompendium wurden die IT-Grundschutz-Kataloge abgelöst. Vgl. Bundesamt für Sicherheit in der Informationstechnik, IT-Grundschutz-Kompendium, Glossar, Köln, 15. Februar 2021, S. 4.

90 Zum Beispiel ermöglicht die »Basis-Absicherung«, als Einstieg in den IT-Grundschutz zunächst eine breite, grundlegende Erst-Absicherung über alle Geschäftsprozesse bzw. Fachverfahren eines Institutes vorzunehmen. Vgl. Bundesamt für Sicherheit in der Informationstechnik, IT-Grundschutz-Kompendium, Glossar, Köln, 15. Februar 2021, S. 1.

86   Im Fokus des »IT-Grundschutz-Kompendiums« stehen die so genannten »IT-Grundschutz-Bausteine«.[91] Darin wird jeweils ein Thema zu allen relevanten Sicherheitsaspekten beleuchtet. Dabei geht es um mögliche elementare Gefährdungen, die Prozess-Bausteine (Sicherheitsmanagement, Organisation und Personal, Konzepte und Vorgehensweisen, Betrieb, Detektion und Reaktion) sowie die System-Bausteine (Anwendungen, IT-Systeme, Industrielle IT, Netze und Kommunikation, Infrastruktur). Vertiefende Informationen zur Umsetzung einzelner Maßnahmen sind in den so genannten »Umsetzungshinweisen« zu finden. Sie beschreiben, wie die Anforderungen der Bausteine umgesetzt werden können und erläutern im Detail geeignete Sicherheitsmaßnahmen.[92]

87   Auch die internationalen Sicherheitsstandards »ISO/IEC 270XX«, die gemeinsam von der International Organization for Standardization (ISO) und der International Electrotechnical Commission (IEC) herausgegeben werden, beziehen sich auf die Informationssicherheit. Diese Standards bestehen aus Regeln, Verfahren, Leitlinien sowie zugehörigen Ressourcen und Aktivitäten, die von einem Unternehmen gemeinsam verwaltet werden, um seine Informationen zu schützen. Die Grundlagen und Begriffe sind im Standard ISO/IEC 27000 niedergelegt, die Anforderungen an ein Managementsystem zur Informationssicherheit in ISO/IEC 27001. Mit der Informationssicherheit und dem Informationsrisikomanagement beschäftigen sich weitere Standards dieser Familie.

88   Das Abstellen auf gängige Standards zielt nicht zwingend auf die Verwendung von Standardhardware bzw. -software ab. Eigenentwicklungen sind grundsätzlich ebenso möglich (→ AT 7.2 Tz. 2, Erläuterung). So ist es z.B. nicht unüblich, dass einzelne Mitarbeiter Programme auf Excel-Basis entwickeln, die ihnen die tägliche Arbeit erleichtern. Es sollte allerdings darauf geachtet werden, dass die jeweils verwendete Software ihren Zweck auch störungsfrei erfüllen kann. Regelmäßige Abstürze, die z.B. auf die Verarbeitung einer für die verwendete Softwarelösung zu großen Datenmenge zurückzuführen sind, sollten die Suche nach alternativen Lösungen beschleunigen. Auch gemäß Tz. 3 der Vorbemerkung zu den BAIT bleibt das Institut verpflichtet, bei der Ausgestaltung der IT-Systeme und der zugehörigen IT-Prozesse grundsätzlich auf die hier genannten gängigen Standards abzustellen.

2.10   IT-Berechtigungsvergabe

89   Von den Instituten sind Prozesse für eine angemessene »IT-Berechtigungsvergabe« einzurichten, die sicherstellen, dass jeder Mitarbeiter nur über jene Rechte verfügt, die er für seine Tätigkeit benötigt. Die eingerichteten Berechtigungen dürfen insbesondere nicht im Widerspruch zur organisatorischen Zuordnung von Mitarbeitern stehen (→ AT 7.2 Tz. 2, Erläuterung). Beide Vorgaben werden in Tz. 6.1 BAIT aufgegriffen, indem vom »Identitäts- und Rechtemanagement« sicherzustellen ist, dass die eingeräumten Berechtigungen so ausgestaltet sind und genutzt werden, wie es den organisatorischen und fachlichen Vorgaben des Institutes entspricht.

90   Der Umfang der Berechtigungen für die IT-Systeme, d.h. der Zugang zu IT-Systemen und der Zugriff auf Daten, sowie die Zutrittsrechte zu Räumen sind gemäß Tz. 6.2 BAIT in »Berechtigungskonzepten« festzulegen. In den Berechtigungskonzepten sind auch die Nutzungsbedingungen, wie z.B. eine Befristung von eingeräumten Berechtigungen, niederzulegen. Dies muss alles

---

91 Das IT-Grundschutz-Kompendium enthält für unterschiedliche Vorgehensweisen, Komponenten und IT-Systeme Erläuterungen zur Gefährdungslage, Sicherheitsanforderungen und weiterführende Informationen, die jeweils in einem »Baustein« zusammengefasst sind. Das Kompendium ist aufgrund der Baustein-Struktur modular aufgebaut und legt einen Fokus auf die Darstellung der wesentlichen Sicherheitsanforderungen in den einzelnen Bausteinen. Die grundlegende Struktur des Kompendiums ist in prozess- und systemorientierte Bausteine unterteilt, die zudem nach Themen in ein Schichtenmodell einsortiert sind. Vgl. Bundesamt für Sicherheit in der Informationstechnik, IT-Grundschutz-Kompendium, Glossar, Köln, 15. Februar 2021, S. 1.

92 Vgl. Bundesamt für Sicherheit in der Informationstechnik, IT-Grundschutz, www.bsi.bund.de.

konsistent zum ermittelten Schutzbedarf (→ AT 7.2 Tz. 4) sowie vollständig und nachvollziehbar ableitbar für alle bereitgestellten Berechtigungen erfolgen. Die Berechtigungskonzepte sind regelmäßig und anlassbezogen zu überprüfen und ggf. zu aktualisieren.

Die Berechtigungskonzepte haben die Vergabe von Berechtigungen nach dem »Sparsamkeits-grundsatz« (»Need-to-know-Prinzip« und »Least-Privilege-Prinzip«) sicherzustellen. Das »Need-to-know-Prinzip« (»Need to Know Principle«) wird auch als »Erforderlichkeitsprinzip« bezeichnet, das »Least-Privilege-Prinzip« (»Principle of Least Privilege«, PoLP) als »Prinzip der geringsten Privilegien«. Insgesamt geht es darum, einem Benutzer nur die für seine Tätigkeit erforderlichen Zugriffs-bzw. Berechtigungsebene zu gewähren. Benutzerkennungen und Berechtigungen dürfen nur aufgrund des tatsächlichen Bedarfs und der Notwendigkeit zur Aufgabenerfüllung vergeben werden.[93] **91**

Die Berechtigungskonzepte müssen die »Funktionstrennung« gemäß Tz. 6.2 BAIT auch konzeptübergreifend wahren und Interessenkonflikte vermeiden. Dafür ist es insbesondere erforderlich, einen Gesamtüberblick über die verschiedenen Berechtigungskonzepte zu haben. Die EBA versteht insbesondere die Beachtung des »Sparsamkeitsgrundsatzes« als ein probates Mittel, um die Zuweisung von Kombinationen von Zugriffsrechten zu verhindern, die zur Umgehung von Kontrollen (»Funktionstrennungsprinzip«) verwendet werden könnten.[94] **92**

Berechtigungen können, je nach Art, für personalisierte und nicht personalisierte Benutzer (inkl. technische Benutzer) vorliegen. Technische Benutzer sind z. B. Benutzer, die von IT-Systemen verwendet werden, um sich gegenüber anderen IT-Systemen zu identifizieren oder um eigenständig IT-Routinen auszuführen. Zugangs- und Zugriffsberechtigungen auf den IT-Systemen können auf allen Ebenen eines IT-Systems (z. B. Betriebssystem, Datenbank, Anwendung) vorliegen. Zur Risikominimierung sollten laut Tz. 6.1 BAIT jegliche Zugriffs-, Zugangs- und Zutrittsrechte[95] auf bzw. zu Bestandteile(n) des Informationsverbundes standardisierten Prozessen und Kontrollen unterliegen. Die EBA empfiehlt zudem, den elektronischen Zugriff auf Daten und IKT-Systeme durch Anwendungen auf ein für die Erbringung der relevanten Dienstleistung erforderliches Mindestmaß zu beschränken.[96] **93**

Durch begleitende technisch-organisatorische Maßnahmen ist nach Tz. 6.8 BAIT einer Umgehung der Vorgaben der Berechtigungskonzepte vorzubeugen. Beispielhaft nennt die BaFin: **94**
- Auswahl angemessener Authentifizierungsverfahren (u. a. starke Authentifizierung[97] im Falle von Fernzugriffen),
- Implementierung einer Richtlinie zur Wahl sicherer Passwörter,

---

93 Vgl. Bundesamt für Sicherheit in der Informationstechnik, IT-Grundschutz-Kompendium, ORP.4: Identitäts- und Berechtigungsmanagement, Köln, 15. Februar 2021, S. 1 f.

94 Vgl. European Banking Authority, Leitlinien für das Management von IKT- und Sicherheitsrisiken, EBA/GL/2019/04, 28. November 2019, S. 14.

95 Mit »Zugriff« wird die Nutzung von Informationen oder Daten bezeichnet. Über Zugriffsberechtigungen wird geregelt, welche Personen im Rahmen ihrer Funktionen oder welche IT-Anwendungen bevollmächtigt sind, Informationen, Daten oder auch IT-Anwendungen, zu nutzen oder Transaktionen auszuführen. Mit »Zugang« wird die Nutzung von IT-Systemen, System-Komponenten und Netzen bezeichnet. Zugangsberechtigungen erlauben somit einer Person, bestimmte Ressourcen wie IT-Systeme oder System-Komponenten und Netze zu nutzen. Mit »Zutritt« wird das Betreten von abgegrenzten Bereichen wie z. B. Räumen oder geschützten Arealen in einem Gelände bezeichnet. Zutrittsberechtigungen erlauben somit Personen, bestimmte Umgebungen zu betreten, also beispielsweise ein Gelände, ein Gebäude oder definierte Räume eines Gebäudes. Vgl. Bundesamt für Sicherheit in der Informationstechnik, IT-Grundschutz-Kompendium, Glossar, Köln, 15. Februar 2021, S. 9.

96 Vgl. European Banking Authority, Leitlinien für das Management von IKT- und Sicherheitsrisiken, EBA/GL/2019/04, 28. November 2019, S. 14.

97 Eine »starke Authentisierung« bezeichnet laut BSI die Kombination von zwei oder mehr Authentisierungstechniken, wie Passwort plus Transaktionsnummern (Einmalpasswörter) oder plus Chipkarte. Daher wird dies auch häufig als Zwei- oder Mehr-Faktor-Authentifizierung bezeichnet. Vgl. Bundesamt für Sicherheit in der Informationstechnik, IT-Grundschutz-Kompendium, Glossar, Köln, 15. Februar 2021, S. 8. Das BSI verwendet die Begriffe »Authentisierung« und »Authentifizierung« offensichtlich synonym, was nicht ganz korrekt ist (→ AT 7.2 Tz. 2). Die EBA fordert ebenfalls, dass die Institute Authentifizierungsmethoden einführen sollten, die stark genug sind, um auf angemessene und wirksame Weise sicherzustellen, dass die Regelungen und Verfahren in Bezug auf Zugriffsrechte befolgt werden. Die Authentifizierungsmethoden sollten der Kritikalität der IKT-Systeme angemessen sein. Die IKT-Informationen sollten im Rahmen des Zugriffsprozesses angemessen sein. Dies sollte auf Grundlage des jeweiligen Risikos zumindest komplexe Passwörter oder stärkere Authentifizierungsmethoden (wie z. B. eine Zwei-Faktor-Authentifizierung) umfassen. Vgl. European Banking Authority, Leitlinien für das Management von IKT- und Sicherheitsrisiken, EBA/GL/2019/04, 28. November 2019, S. 14.

- automatische passwortgesicherte Bildschirmsperre,
- Verschlüsselung von Daten,
- manipulationssichere Implementierung der Protokollierung,
- Maßnahmen zur Sensibilisierung der Mitarbeiter.

95 Nach Tz. 6.3 BAIT müssen z. B. die automatisierten Aktivitäten den verantwortlichen Personen zuzuordnen sein. Abweichungen in begründeten Ausnahmefällen und die hieraus resultierenden Risiken sind zu bewerten, zu dokumentieren und anschließend von der fachlich verantwortlichen Stelle zu genehmigen. Zugriffe und Zugänge müssen jederzeit zweifelsfrei einer handelnden bzw. verantwortlichen Person zuzuordnen sein. Dies sollte möglichst automatisiert erfolgen. Zu diesem Zweck sollten die Institute nach den Vorstellungen der EBA die Verwendung allgemeiner und gemeinsamer Nutzerkonten so weit wie möglich einschränken und sicherstellen, dass die Nutzer für die in den IKT-Systemen durchgeführten Aktivitäten ermittelt bzw. eindeutig zugeordnet werden können.[98]

96 Die Verfahren zur Einrichtung, Änderung, Deaktivierung oder Löschung von Berechtigungen für Benutzer[99] haben gemäß Tz. 6.4 BAIT durch Genehmigungs- und Kontrollprozesse sicherzustellen, dass die Vorgaben des Berechtigungskonzeptes eingehalten werden. Dabei ist die fachlich verantwortliche Stelle angemessen einzubinden, so dass sie ihrer Verantwortung nachkommen kann. Diese Verfahren umfassen jeweils auch die zeitnahe oder unverzügliche Umsetzung im Zielsystem.[100] Eine unverzügliche Deaktivierung bzw. Löschung von Berechtigungen ist u. a. dann erforderlich, wenn die Gefahr einer missbräuchlichen Verwendung besteht, z. B. bei fristloser Kündigung eines Mitarbeiters.

97 Die »Rezertifizierung« betrifft laut Tz. 6.5 BAIT die Überprüfung, ob die eingeräumten Berechtigungen weiterhin benötigt werden und den Vorgaben des Berechtigungskonzeptes entsprechen. Fällt im Rahmen der Rezertifizierung auf, dass nicht legitimierte Berechtigungen vorhanden sind, so werden diese gemäß Regelverfahren zeitnah entzogen und bei Bedarf weitere Maßnahmen ergriffen, wie z. B. eine Ursachenanalyse oder die Meldung des Vorfalls. Bei der Rezertifizierung sind die für die Einrichtung, Änderung, Deaktivierung oder Löschung von Berechtigungen zuständigen Kontrollinstanzen einzubeziehen. Die Einrichtung, Änderung, Deaktivierung sowie Löschung von Berechtigungen und die Rezertifizierung sind nach Tz. 6.6 BAIT nachvollziehbar und auswertbar zu dokumentieren.

98 Das Institut hat nach Maßgabe des Schutzbedarfs und der Soll-Anforderungen gemäß Tz. 6.7 BAIT Prozesse zur Protokollierung und Überwachung einzurichten, um zu überprüfen, dass die Berechtigungen nur wie vorgesehen eingesetzt werden. Aufgrund der damit verbundenen weitreichenden Eingriffsmöglichkeiten gilt dies insbesondere für die Aktivitäten mit privilegierten (besonders kritischen) Benutzer- und Zutrittsrechten. Dazu zählen i. d. R. die Rechte zum Zutritt zu Rechenzentren, Techniräumen sowie sonstigen sensiblen Bereichen. Die übergeordnete Verantwortung für diese Prozesse muss einer Stelle zugeordnet werden, die unabhängig vom berechtigten Benutzer oder dessen Organisationseinheit ist.

---

98 Vgl. European Banking Authority, Leitlinien für das Management von IKT- und Sicherheitsrisiken, EBA/GL/2019/04, 28. November 2019, S. 14.

99 Die EBA fasst diese Prozesse unter dem Begriff »Zugriffsmanagement« zusammen. Die »Zugriffsrechte« sollten gemäß vordefinierten Genehmigungsabläufen, an denen der »Eigentümer der Informationen«, auf die zugegriffen wird, beteiligt ist, rechtzeitig gewährt, entzogen oder geändert werden. Für den Fall einer Beendigung des Beschäftigungsverhältnisses sollten die Zugriffsrechte unverzüglich entzogen werden. Vgl. European Banking Authority, Leitlinien für das Management von IKT- und Sicherheitsrisiken, EBA/GL/2019/04, 28. November 2019, S. 14.

100 Auf die verschiedenen zeitlichen Dimensionen wird an anderer Stelle eingegangen (→ Teil I, Kapitel 6.2). »Unverzüglich« bedeutet in Anlehnung an § 121 Abs. 1 BGB »ohne schuldhaftes Zögern«. Der Begriff »zeitnah« lässt hingegen größere Gestaltungsspielräume zu, wenn eine unverzügliche Reaktion aus guten Gründen nicht ohne Weiteres möglich ist oder die jeweiligen Prozesse zeitaufwendig sind. Die gleiche Bedeutung hat die Umschreibung »innerhalb eines angemessenen Zeitraumes«.

Die EBA hält es für sinnvoll, die Anzahl der Konten mit privilegierten Zugriffsrechten von vornherein zu begrenzen und genau zu überwachen. Um eine sichere Kommunikation zu gewährleisten und das Risiko zu reduzieren, sollte ein administrativer Fernzugriff auf kritische IKT-Systeme (IKT-Systeme mit einem hohen Schutzbedarf) unter Anwendung von starken Authentifizierungslösungen nur Personen gestattet werden, die Kenntnis über die entsprechenden Informationen haben müssen. Zumindest sollten alle Aktivitäten von privilegierten Nutzern protokolliert und überwacht werden. Die »Zugriffsprotokolle« sollten im Einklang mit der Klassifizierung (Schutzbedarfsfeststellung) unbeschadet der im EU-Recht und im nationalen Recht festgelegten Aufbewahrungsanforderungen gesichert, vor unbefugten Änderungen oder Löschungen geschützt und für einen Zeitraum aufbewahrt werden, welcher der Kritikalität der ermittelten Geschäftsfunktionen, Unterstützungsprozesse und IT-Assets angemessen ist. Das Institut sollte diese Informationen nutzen, um die Identifizierung und Untersuchung ungewöhnlicher Aktivitäten, die bei der Erbringung von Diensten festgestellt wurden, zu erleichtern.[101]

99

Den Instituten ist es durchaus gestattet, Berechtigungen in einem »Rollenmodell« zusammenzufassen. Bei einem Rollenmodell werden die zur Erfüllung bestimmter Aufgaben erforderlichen Berechtigungen gebündelt und diese Rollen dann jenen Benutzergruppen zugewiesen, die entsprechend ihrer Stellenbeschreibung für die damit verbundenen Aufgaben zuständig sind. Damit kann die Administration von Berechtigungen schlanker und effizienter ausgestaltet werden. Nicht Bestandteil des Berechtigungsmanagements ist hingegen die Überprüfung, ob die dieser Benutzergruppe zugeordneten Personen aufgrund ihrer Fähigkeiten, Kenntnisse und Erfahrungen dafür auch geeignet sind. Voraussetzung für die Nutzung von Rollenmodellen ist ein detaillierter Überblick über die Prozesslandschaft des Institutes, da sich die Rollen an den Geschäftsprozessen orientieren müssen. Hilfreich können dabei eine Prozesslandkarte, wie sie teilweise von der Internen Revision verwendet wird, die Prozessbeschreibungen in den Organisationsrichtlinien und – für die Zuweisung der Rollen zu einzelnen Benutzern – die Stellenbeschreibungen sein. Eventuelle Veränderungen der Geschäftsprozesse müssen beim Rollenmodell nur einmal nachvollzogen werden und wirken sich dann unmittelbar auf die gesamte Benutzergruppe aus.

100

Bei »Berechtigungsvergaben« im Rahmen von Rollenmodellen ist darauf zu achten, dass Funktionstrennungen beibehalten bzw. Interessenkonflikte vermieden werden (→ AT 7.2 Tz. 2, Erläuterung). Darauf muss insbesondere in jenen Fällen geachtet werden, in denen Mitarbeiter verschiedene Funktionen ausüben und ihnen deshalb mehrere Rollen zugewiesen werden. Laut Tz. 2.4 BAIT sind Interessenkonflikte und unvereinbare Tätigkeiten innerhalb der IT-Aufbau- und IT-Ablauforganisation zu vermeiden. Interessenkonflikten zwischen Aktivitäten, die z.B. im Zusammenhang mit der Anwendungsentwicklung und den Aufgaben des IT-Betriebs stehen, kann durch aufbau- oder ablauforganisatorische Maßnahmen bzw. durch eine adäquate Rollendefinition begegnet werden.

101

Da einige Anforderungen der BAIT insbesondere mit den allgemeinen Anforderungen an die Vergabe und Überprüfung von Berechtigungen und Kompetenzen verzahnt sind, erfolgt die weitergehende Kommentierung an dieser Stelle (→ AT 4.3.1 Tz. 2).

102

2.11 IKT-Datenintegritätsrisiken im SREP

Die zuständigen Behörden sollten im Rahmen des SREP bewerten, ob das Institut über einen wirksamen und angemessenen Rahmen für die Ermittlung, das Verständnis, die Messung und die

103

---

101 Vgl. European Banking Authority, Leitlinien für das Management von IKT- und Sicherheitsrisiken, EBA/GL/2019/04, 28. November 2019, S. 14.

Minderung des IKT-Datenintegritätsrisikos verfügt. Dabei sollten jene Risiken berücksichtigt werden, die mit der Wahrung der Integrität der von den IKT-Systemen gespeicherten und verarbeiteten Daten verknüpft sind. Bei dieser Bewertung sollten die zuständigen Behörden insbesondere prüfen, ob Richtlinien vorhanden sind, in denen die Rollen und Verantwortlichkeiten für die Verwaltung der Integrität der Daten in den IKT-Systemen festgelegt sind, und Orientierungshilfen dazu vorhanden sind, welche Daten im Hinblick auf die Datenintegrität kritisch sind und spezifischen IKT-Kontrollen (z.B. automatisierte Eingabevalidierungskontrollen, Datenübertragungskontrollen, Datenabgleichen etc.) oder Überprüfungen (z.B. eine Kompatibilitätsprüfung mit der Datenarchitektur) in den verschiedenen Phasen des IKT-Datenlebenszyklus unterzogen werden sollten. Hinsichtlich der Rollen und Verantwortlichkeiten unterscheidet die EBA zwischen Datenarchitekten, Datensachbearbeitern mit der Verantwortung für die Datenverarbeitung und -nutzung, Datentreuhändern, die für die sichere Aufbewahrung, den Transport und die Speicherung von Daten zuständig sind, sowie Dateneigentümern bzw. -verwaltern, die sich um die Verwaltung und die Tauglichkeit von Datenelementen kümmern sollen, sowohl hinsichtlich der Inhalte als auch der Metadaten. Erwartet wird daneben eine dokumentierte Datenarchitektur, ein Datenmodell und/oder ein Datenbeschreibungsverzeichnis, das mit relevanten Geschäfts- und IT-Stakeholdern validiert wird, um die erforderliche Datenkohärenz in den IKT-Systemen zu unterstützen und sicherzustellen, dass die Datenarchitektur, das Datenmodell und/oder das Datenbeschreibungsverzeichnis auf die Geschäfts- und Risikomanagement-Erfordernisse abgestimmt sind. Geprüft wird zudem eine Richtlinie im Hinblick auf die zulässige Nutzung und Vertrauenswürdigkeit von Endbenutzer-Computing, insbesondere hinsichtlich der Ermittlung, Registrierung und Dokumentation wichtiger Lösungen (z.B. bei der Verarbeitung wichtiger Daten) und der erwarteten Sicherheitsstufe zur Verhütung unbefugter Änderungen sowohl im Tool selbst als auch in den darin gespeicherten Daten. Schließlich geht es um das Vorhandensein dokumentierter Ausnahmebehandlungsprozesse, um ermittelte IKT-Datenintegritätsprobleme gemäß ihrer Kritikalität und Empfindlichkeit zu lösen.[102]

2.12 Eignung der IT-Systeme und der zugehörigen IT-Prozesse

104   Die Eignung der IT-Systeme und der zugehörigen IT-Prozesse ist regelmäßig zu überprüfen. Ein fester Turnus wird von Seiten der BaFin nicht vorgegeben. Jedes Institut muss daher vor dem Hintergrund der institutsindividuellen Situation entscheiden, welcher Turnus angemessen ist. Insbesondere im Rahmen von geschäftspolitischen Neuausrichtungen oder bei innerbetrieblichen Umstrukturierungen sollte allerdings unabhängig vom festgelegten Turnus darauf geachtet werden, ob die verwendeten Systeme und Prozesse noch ihren Zweck erfüllen. Die deutsche Aufsicht erwartet vom IT-Betrieb laut Tz. 8.3 BAIT, dass die IT-Systeme regelmäßig aktualisiert und die Risiken aus veralteten bzw. nicht mehr vom Hersteller unterstützten IT-Systemen im Sinne eines »Lebenszyklus-Managements« gesteuert werden. Außerdem soll der IT-Betrieb nach Tz. 8.8 BAIT die Leistungserbringung planen und überwachen, um insbesondere Engpässe zeitnah erkennen und angemessen darauf reagieren zu können sowie auf dieser Basis den aktuellen und zukünftigen »Leistungs- und Kapazitätsbedarf« der IT-Systeme abzuschätzen (→ AT 7.2 Tz. 1).

105   Bei der regelmäßigen Überprüfung sind sowohl die fachlich als auch die technisch zuständigen Mitarbeiter einzubinden, so dass mögliche Probleme auf einer breiten Ebene identifiziert und gelöst werden können. IT-Systeme oder IT-Prozesse, die aus technischer Sicht vollkommen

---

102 Vgl. European Banking Authority, Leitlinien für die IKT-Risikobewertung im Rahmen des aufsichtlichen Überprüfungs- und Bewertungsprozesses (SREP), EBA/GL/2017/05, 11. September 2017, S. 23 f.

beanstandungsfrei funktionieren, nutzen dem Institut relativ wenig, wenn sie die an sie gestellten fachlichen Anforderungen nicht erfüllen und dies bei der Überprüfung gar nicht bemerkt wird. In dieser Hinsicht sind die Vorgaben für die Hard- und die Software vergleichbar. So sind die IT-Systeme vor ihrem erstmaligen Einsatz und nach wesentlichen Veränderungen zu testen und von den fachlich sowie technisch zuständigen Mitarbeitern abzunehmen (→ AT 7.2 Tz. 3, Erläuterung). Ebenso tragen bei der Anwendungsentwicklung gemäß Tz. 7.7 BAIT die fachlich verantwortlichen Stellen die Verantwortung für die Erhebung, Bewertung und Genehmigung der fachlichen Anforderungen. Außerdem haben die fachlich zuständigen Stellen laut Tz. 7.11 BAIT die Durchführung von Abnahmetests zu verantworten (→ AT 7.2 Tz. 3).

Aus der Überprüfung der Eignung der IT-Systeme und der zugehörigen IT-Prozesse kann sich **106** ein Bedarf zur Weiterentwicklung dieser Systeme und Prozesse ergeben. Nach Tz. 2.5 BAIT sind durch die Geschäftsleitung angemessene quantitative oder qualitative Kriterien zur Steuerung der für den Betrieb und die Weiterentwicklung der IT-Systeme zuständigen Bereiche (IT-Betrieb, Anwendungsentwicklung) festzulegen, deren Einhaltung überwacht werden muss. Bei der Festlegung dieser Kriterien können z. B. die Qualität der Leistungserbringungen, die Verfügbarkeit, die Wartbarkeit, die Anpassbarkeit an neue Anforderungen und die Sicherheit der IT-Systeme oder der dazugehörigen IT-Prozesse sowie deren Kosten berücksichtigt werden (→ AT 7.2 Tz. 1).

3 Regelprozess zu Entwicklung, Test, Freigabe und Implementierung (Tz. 3)

107 **3** Die IT-Systeme sind vor ihrem erstmaligen Einsatz und nach wesentlichen Veränderungen zu testen und von den fachlich sowie auch von den technisch zuständigen Mitarbeitern abzunehmen. Hierfür ist ein Regelprozess der Entwicklung, des Testens, der Freigabe und der Implementierung in die Produktionsprozesse zu etablieren. Produktions- und Testumgebung sind dabei grundsätzlich voneinander zu trennen.

3.1 Notwendigkeit von Test und Abnahme

108 Der Einsatz von unzureichend getesteten und nicht abgenommenen IT-Systemen kann den gesamten IT-Betrieb erheblich beeinträchtigen. So können z.B. Fehler in der Software nicht erkannt werden, wenn diese nicht ausreichend getestet und freigegeben wird. Solche Fehler gefährden den produktiven Einsatz und die Informationssicherheit der neuen Software sowie unter Umständen auch andere Anwendungen und IT-Systeme in der Produktivumgebung. Ebenso wenig kann sichergestellt werden, dass die entwickelte Software den Sicherheitsanforderungen des Institutes genügt, wenn Sicherheitsfunktionen bzw. die grundlegenden Sicherheitsanforderungen nicht getestet werden. Sofern dadurch z.B. unbefugte Dritte aufgrund mangelhafter Authentifizierungsfunktionen auf die Software zugreifen, können deren schützenswerte Informationen offengelegt, manipuliert oder zerstört werden.[103]

109 Neue IT-Systeme sind daher vor ihrem erstmaligen Einsatz und nach wesentlichen Veränderungen zu testen und von den fachlich sowie den technisch zuständigen Mitarbeitern abzunehmen. Durch den Test und die Abnahme soll zum einen beurteilt werden, ob z.B. neue Softwareprodukte den spezifischen fachlichen Anforderungen des Institutes genügen. Zum anderen soll geprüft werden, ob die neuen Produkte für den operativen Einsatz geeignet sind und ob sie friktionslos in die Gesamtorganisation des Institutes integriert werden können. Auch nach den Vorgaben der EBA sollen die Tests vor allem sicherstellen, dass neue IKT-Systeme die beabsichtigte Leistung erbringen.[104]

110 Bei der Beurteilung der »Wesentlichkeit« von Veränderungen ist nicht etwa auf deren Umfang, sondern auf die Auswirkungen abzustellen, die eine Veränderung auf die Funktionsfähigkeit des betroffenen IT-Systems haben kann (→ AT 7.2 Tz. 3, Erläuterung). In vergleichbarer Weise stellt die EBA im Zusammenhang mit der Überprüfung und Genehmigung von IKT-Systemen vor ihrer ersten Nutzung vor allem auf die Kritikalität von Geschäftsprozessen und Vermögenswerten ab.[105]

111 Die MaRisk und die BAIT sind in einer Gesamtschau anzuwenden.[106] Die Prozesse zur Änderung von IT-Systemen sind nach Tz. 8.4 BAIT abhängig von Art, Umfang, Komplexität und Risikogehalt auszugestalten und umzusetzen. Dies gilt auch für Neu- bzw. Ersatzbeschaffungen von IT-Syste-

---

103 Vgl. Bundesamt für Sicherheit in der Informationstechnik, IT-Grundschutz-Kompendium, CON.8: Software-Entwicklung, Köln, 15. Februar 2021, S. 3.

104 Vgl. European Banking Authority, Leitlinien für das Management von IKT- und Sicherheitsrisiken, EBA/GL/2019/04, 28. November 2019, S. 20.

105 Vgl. European Banking Authority, Leitlinien für das Management von IKT- und Sicherheitsrisiken, EBA/GL/2019/04, 28. November 2019, S. 20.

106 Vgl. Bundesanstalt für Finanzdienstleistungsaufsicht, Rundschreiben 10/2017 (BA) zu den BAIT, Übermittlungsschreiben vom 3. November 2017, S. 1f.

men sowie für sicherheitsrelevante Nachbesserungen (Sicherheitspatches). Erläuternd verdeutlicht die BaFin, dass sie unter Änderungen insbesondere Funktionserweiterungen oder Fehlerbehebungen von Software-Komponenten, Datenmigrationen, Änderungen an Konfigurationseinstellungen von IT-Systemen, den Austausch von Hardware-Komponenten (Server, Router etc.), den Einsatz neuer Hardware-Komponenten, den Umzug der IT-Systeme zu einem anderen Standort und die Wartung von IT-Systemen versteht.

Änderungen von IT-Systemen sind laut Tz. 8.5 BAIT in geordneter Art und Weise aufzunehmen, **112** zu dokumentieren, unter Berücksichtigung möglicher Umsetzungsrisiken zu bewerten, zu priorisieren, zu genehmigen sowie koordiniert und sicher umzusetzen. Die deutsche Aufsicht nennt verschiedene Beispiele, die der sicheren Umsetzung der Änderungen in den produktiven Betrieb dienen. Dazu gehören eine Risikoanalyse in Bezug auf die bestehenden IT-Systeme – insbesondere das Netzwerk sowie die vor- und nachgelagerten IT-Systeme – als Bestandteil der Änderungsanforderung, auch im Hinblick auf mögliche Sicherheits- oder Kompatibilitätsprobleme, Tests von Änderungen vor Produktivsetzung auf mögliche Inkompatibilitäten der Änderungen sowie mögliche sicherheitskritische Aspekte bei maßgeblichen bestehenden IT-Systemen, Tests von Patches vor Produktivsetzung unter Berücksichtigung ihrer Kritikalität, Datensicherungen der betroffenen IT-Systeme, Rückabwicklungspläne, um eine frühere Version des IT-Systems wiederherstellen zu können, wenn während oder nach der Produktivsetzung ein Problem auftritt, sowie alternative Wiederherstellungsoptionen, um dem Fehlschlagen primärer Rückabwicklungspläne begegnen zu können. Für risikoarme Konfigurationsänderungen/Parametereinstellungen (z.B. Änderungen am Layout von Anwendungen, Austausch von defekten Hardwarekomponenten, Zuschaltung von Prozessoren) können abweichende prozessuale Vorgaben/Kontrollen definiert werden (z.B. Vier-Augen-Prinzip, Dokumentation der Änderungen oder der nachgelagerten Kontrolle). Nähere Ausführungen dazu werden an anderer Stelle gemacht (→ AT 7.2 Tz. 1).

Auch nach den Vorstellungen der EBA sollten die Institute einen Prozess für das »IKT-Änderungsmanagement« einrichten, damit alle Änderungen an IKT-Systemen auf kontrollierte Weise **113** erfasst, getestet, bewertet, genehmigt, umgesetzt und überprüft werden. Änderungen, die so schnell wie möglich eingeführt werden müssen (»Notfalländerungen«), sollten nach Verfahren mit angemessenen Sicherheitsstandards durchgeführt werden. Im Einklang mit dem formalen IKT-Änderungsmanagement sollten die Institute fortlaufend prüfen, ob Änderungen der Betriebsumgebung Auswirkungen auf die bestehenden Sicherheitsmaßnahmen haben oder zusätzliche Maßnahmen zur Risikominderung erforderlich machen.[107]

3.2   IT-Projekte

Die Weiterentwicklung der IT-Systeme ist oftmals ein komplexes Unterfangen und erfordert nicht **114** selten eine gut funktionierende Projektstruktur. Die BaFin erwartet daher laut Tz. 7.2 BAIT, dass die organisatorischen Grundlagen für »IT-Projekte« und die Kriterien für deren Anwendung geregelt werden. Dabei sind u. a. folgende Aspekte zu berücksichtigen:
- Einbindung betroffener Beteiligter (insbesondere des Informationssicherheitsbeauftragten),
- Projektdokumentation (z.B. Projektantrag, Projektabschlussbericht),
- quantitative und qualitative Ressourcenausstattung,
- Steuerung der Projektrisiken,
- Informationssicherheitsanforderungen,

---

107 Vgl. European Banking Authority, Leitlinien für das Management von IKT- und Sicherheitsrisiken, EBA/GL/2019/04, 28. November 2019, S. 21.

– projektunabhängige Qualitätssicherungsmaßnahmen,
– Aufarbeitung der gewonnenen Erkenntnisse (»Lessons Learned«).

115 Gemäß Tz. 7.3 BAIT sind IT-Projekte angemessen unter Berücksichtigung ihrer Ziele und Risiken im Hinblick auf die Dauer, Ressourcen und Qualität zu steuern. Hierfür sind »Vorgehensmodelle« festzulegen, deren Einhaltung zu überwachen ist. Beispielsweise kann die Entscheidung über den Übergang zwischen den Projektphasen bzw. Projektabschnitten von eindeutigen Qualitätskriterien des jeweiligen Vorgehensmodells abhängen. Nach Tz. 7.4 BAIT wird von den Instituten zudem erwartet, ihr Portfolio der IT-Projekte angemessen zu überwachen und zu steuern. Die Portfoliosicht ermöglicht einen Überblick über die IT-Projekte mit den entsprechenden Projektdaten, Ressourcen, Risiken und Abhängigkeiten. Dabei ist zu berücksichtigen, dass auch aus Abhängigkeiten verschiedener Projekte voneinander Risiken resultieren können. Laut Tz. 7.5 BAIT ist der Geschäftsleitung über wesentliche IT-Projekte und IT-Projektrisiken regelmäßig und anlassbezogen zu berichten. Wesentliche Projektrisiken sind im Risikomanagement zu berücksichtigen.

116 Die EBA fasst die Anforderungen an »IKT-Projekte«[108] unter dem Stichwort »IKT-Projektmanagement« zusammen. Dabei geht es u. a. um entsprechende Governance-Vorgaben, also die Festlegung der Aufgaben, Zuständigkeiten und Verantwortlichkeiten, um die Umsetzung der IKT-Strategie wirksam zu unterstützen. Das Risikomanagement für das Portfolio von IKT-Projekten spielt auch bei der EBA eine zentrale Rolle, wobei die Abhängigkeiten zwischen verschiedenen Projekten und die Abhängigkeiten mehrerer Projekte von denselben Ressourcen oder demselben Fachwissen besonders hervorgehoben werden.[109]

3.3 Regelprozess für IT-Systeme

117 Im Zuge der dritten MaRisk-Novelle wurde die Bedeutung von Tests und Freigabeverfahren nochmals besonders herausgestellt. Seither wird die Einrichtung eines »Regelprozesses« gefordert, der sich auf die Entwicklung, das Testen, die Freigabe sowie die Implementierung der IT-Systeme in die Produktionsprozesse erstreckt. Durch diesen Regelprozess soll vor allem sichergestellt werden, dass in der Vergangenheit gemachte Erfahrungen bei aktuellen Test- und Freigabeverfahren berücksichtigt werden.[110] Mithin steckt hinter der Betonung der BaFin das Leitbild einer »lernenden Organisation«, die Fehler analysiert und daraus entsprechende Schlüsse bei aktuellen Vorhaben zieht.

118 Die genannten Prozessschritte stellen eine logische Abfolge dar und ergeben sich im Grunde bereits aus den übrigen Anforderungen dieses Moduls. Zunächst einmal durchlaufen die IT-Systeme einen Entwicklungsprozess, bevor sie auf ihre Einsatzbereitschaft getestet werden. Ergebnis eines derartigen Entwicklungsprozesses ist eine neue Programmversion. Diese Programmversion

---

108 Die EBA versteht unter einem »IKT-Projekt« jedes Projekt oder ein Teil davon, bei dem die IKT-Systeme und IKT-Dienste geändert, ersetzt, verworfen oder implementiert werden. Die »IKT-Systeme« sind dabei die IKT-Komponenten als Teil eines Verbundes oder eines verbundenen Netzwerkes, das die Betriebsaktivitäten eines Institutes unterstützt. Die »IKT-Dienste« bezeichnen jene Dienste, die von IKT-Systemen für einen oder mehrere interne oder externe Nutzer erbracht werden. Beispiele dafür sind Dienste in den Bereichen Datenerfassung, Datenspeicherung, Datenverarbeitung und Berichterstattung, aber auch Dienstleistungen in den Bereichen Überwachung sowie Geschäfts- und Entscheidungsunterstützung. IKT-Projekte können Teil eines größeren IKT- oder Geschäftstransformationsprogramms sein. Vgl. European Banking Authority, Leitlinien für das Management von IKT- und Sicherheitsrisiken, EBA/GL/2019/04, 28. November 2019, S. 6.
109 Vgl. European Banking Authority, Leitlinien für das Management von IKT- und Sicherheitsrisiken, EBA/GL/2019/04, 28. November 2019, S. 19.
110 Vgl. Kreische, Kai/Bretz, Jörg, Anforderungen an die Informationstechnologie der Kreditinstitute, in: Die Bank, Heft 5/2003, S. 324 f.

darf durch den Systementwickler in der Testumgebung nicht mehr veränderbar sein. Andernfalls könnte es passieren, dass nach dem Testabschluss (wesentliche) Änderungen vorgenommen werden, die bei der Freigabe nicht bekannt sind und folglich vor der Implementierung in die Produktionsprozesse nicht getestet werden. Demzufolge wird zwischen der Entwicklungs- und der Testumgebung unterschieden. Darüber hinaus sind die Produktions- und die Testumgebung grundsätzlich voneinander zu trennen.

Die BAIT haben die »Anwendungsentwicklung«, die alle genannten Prozessschritte einschließt, zum Teil konkretisiert. Für die Anwendungsentwicklung, die u. a. die Erstellung von Software für Geschäfts- und Unterstützungsprozesse umfasst, sind nach Tz. 7.6 BAIT angemessene Prozesse festzulegen, die Vorgaben zur Anforderungsermittlung, zum Entwicklungsziel, zur (technischen) Umsetzung einschließlich Programmierrichtlinien, zur Qualitätssicherung sowie zu Test, Abnahme und Freigabe enthalten. Die Ausgestaltung dieser Prozesse muss risikoorientiert erfolgen. Die Vorgaben für die Anwendungsentwicklung betreffen auch die individuelle Datenverarbeitung (→ AT 7.2 Tz. 5).

119

3.3.1 Entwicklung

Die Anforderungen an die Funktionalität der Anwendung müssen laut Tz. 7.7 BAIT ebenso erhoben, bewertet, dokumentiert und genehmigt werden wie »nichtfunktionale Anforderungen«. Nichtfunktionale Anforderungen an IT-Systeme sind beispielsweise:
- Anforderungen an die Informationssicherheit,
- Zugriffsregelungen,
- Ergonomie,
- Wartbarkeit,
- Antwortzeiten,
- Resilienz.[111]

120

Zu jeder Anforderung sind entsprechende »Akzeptanz- und Testkriterien« zu definieren. Die Verantwortung für die Erhebung, Bewertung und Genehmigung der fachlichen Anforderungen (funktional und nichtfunktional) haben die fachlich verantwortlichen Stellen zu tragen. Die Anforderungsdokumente können sich nach Vorgehensmodell unterscheiden und beinhalten z. B.:
- Fachkonzept (Lastenheft),
- Technisches Fachkonzept (Pflichtenheft),
- User-Story/Product Back-Log.

121

Im Rahmen der Anwendungsentwicklung sind nach Tz. 7.8 BAIT je nach Schutzbedarf angemessene Vorkehrungen zu treffen, damit auch nach jeder Produktivsetzung einer Anwendung die Vertraulichkeit, Integrität, Verfügbarkeit und Authentizität der zu verarbeitenden Daten nachvollziehbar sichergestellt werden.[112] Dazu gehören z. B.:
- Prüfung der Eingabedaten,
- Systemzugangskontrolle,

122

---

111 Die »Resilienz« ist die Fähigkeit eines Systems, mit Veränderungen umgehen zu können. Resilienz bedeutet »Widerstandsfähigkeit« gegen Störungen jeder Art, »Anpassungsfähigkeit« an neue Bedingungen und eine »flexible Reaktion« auf Veränderungen mit dem Ziel, das System, wie z. B. einen Betrieb oder einen Prozess, aufrecht zu erhalten. Vgl. Bundesamt für Sicherheit in der Informationstechnik, Service/Cyber-Glossar, www.bsi.bund.de, Stand September 2021.

112 Die EBA fordert von den Instituten in vergleichbarer Weise, die Integrität und Vertraulichkeit von Produktivdaten in Nicht-Produktionsumgebungen sicherzustellen und den Zugang zu Produktionsdaten auf autorisierte Nutzer zu beschränken. Vgl. European Banking Authority, Leitlinien für das Management von IKT- und Sicherheitsrisiken, EBA/GL/2019/04, 28. November 2019, S. 21.

- Benutzerauthentifizierung,
- Transaktionsautorisierung,[113]
- Protokollierung der Systemaktivität,
- Prüfpfade (Audit Logs),
- Verfolgung von sicherheitsrelevanten Ereignissen,
- Behandlung von Ausnahmen.

123 Die Integrität der »Anwendung« (insbesondere des »Quellcodes«[114]) ist gemäß Tz. 7.9 BAIT angemessen sicherzustellen.[115] Zudem müssen u. a. Vorkehrungen getroffen werden, die erkennen lassen, ob eine Anwendung versehentlich geändert oder absichtlich manipuliert wurde.[116] Eine geeignete Vorkehrung unter Berücksichtigung des Schutzbedarfs kann die Überprüfung des Quellcodes sein. Die Überprüfung des Quellcodes ist eine methodische Untersuchung zur Identifizierung von Risiken.

124 Die Anwendung sowie deren Entwicklung sind laut Tz. 7.10 BAIT übersichtlich und für sachkundige Dritte nachvollziehbar zu dokumentieren.[117] Die Dokumentation der Anwendung umfasst mindestens folgende Inhalte:
- Anwenderdokumentation,
- technische Systemdokumentation,
- Betriebsdokumentation.

125 Zur Nachvollziehbarkeit der Anwendungsentwicklung trägt beispielsweise eine »Versionierung« des Quellcodes und der Anforderungsdokumente bei.

3.3.2 Test

126 Gemäß Tz. 7.11 BAIT ist eine Methodik für das »Testen« von Anwendungen vor ihrem erstmaligen Einsatz und nach wesentlichen Änderungen zu definieren und einzuführen. Die Tests haben in ihrem Umfang die Funktionalität der Anwendung, die implementierten Maßnahmen zum Schutz der Informationen und bei Relevanz die Systemleistung unter verschiedenen Stressbelastungsszenarien einzubeziehen. Risikoorientiert schließen die Maßnahmen zum Schutz der Informationen auch Penetrationstests ein. Die fachlich zuständigen Stellen haben die Durchführung von Abnahmetests zu verantworten. Testumgebungen zur Durchführung der Abnahmetests haben in für den Test wesentlichen Aspekten der Produktionsumgebung zu entsprechen. Die Testdurchführung erfordert einschlägige Expertise der Tester sowie eine angemessen ausgestaltete Unab-

---

113 Bei einer »Autorisierung« wird geprüft, ob eine Person, IT-Komponente oder Anwendung zur Durchführung einer bestimmten Aktion berechtigt ist. Vgl. Bundesamt für Sicherheit in der Informationstechnik, IT-Grundschutz-Kompendium, Glossar, Köln, 15. Februar 2021, S. 1. In diesem Fall geht es um eine konkrete Transaktion.

114 Der »Quellcode« bzw. »Quelltext« besteht aus Befehlsfolgen, die nach einer Kompilierung (d.h. Umwandlung in Maschinensprache) zu einem Programm werden. Der »Programmcode« wird von einem Programmierer erstellt. Vgl. Bundesamt für Sicherheit in der Informationstechnik, Service/Cyber-Glossar, www.bsi.bund.de, Stand September 2021.

115 Die EBA bezieht die Maßnahmen zum Schutz der Integrität der Quellcodes im Übrigen auf die intern entwickelten IKT-Systeme. Vgl. European Banking Authority, Leitlinien für das Management von IKT- und Sicherheitsrisiken, EBA/GL/2019/04, 28. November 2019, S. 21.

116 Die EBA erwartet konkret von den Instituten, Maßnahmen zu ergreifen, um das Risiko einer unbeabsichtigten Änderung oder absichtlichen Manipulation der IKT-Systeme während der Entwicklung und Implementierung in der Produktionsumgebung zu verringern. Vgl. European Banking Authority, Leitlinien für das Management von IKT- und Sicherheitsrisiken, EBA/GL/2019/04, 28. November 2019, S. 20.

117 Hinsichtlich der Anforderungen an die Dokumentation geht es der EBA in erster Linie darum, eine unnötige Abhängigkeit von Fachexperten zu reduzieren. Vgl. European Banking Authority, Leitlinien für das Management von IKT- und Sicherheitsrisiken, EBA/GL/2019/04, 28. November 2019, S. 21. Das ist vor allem dann problematisch, wenn es sich um individuelle Datenverarbeitung handelt und das Fachwissen dazu auf wenige interne Experten konzentriert ist.

hängigkeit von den Anwendungsentwicklern. Der Schutzbedarf der zum Test verwendeten Daten ist zu berücksichtigen.

Der Test neuer IT-Systeme oder wesentlicher Änderungen an den bereits genutzten Systemen zielt vor allem darauf ab, Schwachstellen zu identifizieren. Testen ist demnach immer destruktiv. Der Test muss somit in einer isolierten Testumgebung erfolgen, da sich ansonsten mögliche Fehler auf den Echtbetrieb, also die Produktionsumgebung, auswirken können. Produktions- und Testumgebung sollten daher grundsätzlich voneinander getrennt werden. **127**

Das BSI betont im Zusammenhang mit der Testumgebung insbesondere die folgenden Aspekte[118]:
- Für jeden Test sollten die Inhalte anhand des Anforderungskataloges und ein Testverantwortlicher festgelegt werden.
- Die Testumgebung sollte nach Möglichkeit ein genaues funktionales Abbild der Produktionsumgebung sein, soweit dies unter wirtschaftlichen Gesichtspunkten realisierbar ist.
- Damit z.B. bei dem Test neuer Softwareprodukte die gleichen Bedingungen für alle Produkte gelten, sollte eine Referenztestumgebung definiert werden, die für einzelne Tests weiter angepasst oder eingeschränkt werden kann.
- Die für die einzelnen Prüfungen benötigten Ressourcen (Betriebsmittel, IT-Infrastruktur) sind zu spezifizieren. Es sollte im Detail beschrieben werden, wann und in welchem Umfang sie verfügbar sein müssen.
- Alle Betriebssysteme müssen in allen im Produktionsbetrieb eingesetzten Versionen (Releases) in der Testumgebung zur Verfügung stehen, da ansonsten systembedingte Schwachstellen von Komponenten der Produktionsumgebung im Zusammenspiel mit dem zu installierenden Standardsoftwareprodukt nicht identifiziert werden können. Sofern sich Aspekte verallgemeinern lassen, kann im Ausnahmefall auf einzelne Komponenten verzichtet werden.
- Es muss eine sichere und geeignete Testumgebung aufgebaut werden (aktuelles Viren-Suchprogramm, Installation von dedizierten IT-Systemen, Konfiguration Zugriffsrechte wie im Produktionsbetrieb, geregelter Zutritt und Zugang zur Testumgebung, geeignetes Verfahren zum Integritätsschutz in der Testumgebung durch digitale Signaturen und Checksummen, angemessene Kosten für den Aufbau der Testumgebung).
- Nach Beendigung aller geplanten Tests ist zu entscheiden, ob die Testumgebung abgebaut werden soll, insbesondere wenn keine weiteren Tests nach der Beschaffung eines Produktes erforderlich sind. Zuvor sind die Testdaten zu löschen, falls sie nicht mehr benötigt werden. Druckerzeugnisse sind ordnungsgemäß zu entsorgen, Programme zu deinstallieren und die Testlizenzen der nicht ausgewählten Produkte zurückzugeben.

Testaktivitäten und Testergebnisse sind zu dokumentieren. Eine »Testdokumentation« enthält mindestens folgende Punkte: **128**
- Testfallbeschreibung,
- Dokumentation der zugrunde gelegten Parametrisierung des Testfalls,
- Testdaten,
- erwartetes Testergebnis,
- erzieltes Testergebnis,
- aus den Tests abgeleitete Maßnahmen.

Zertifikate können die Tests ggf. verkürzen oder sogar ersetzen. Das gilt z.B. für Produkte, die ein Zertifikat nach den Kriterien für die Bewertung der Sicherheit von Systemen oder Informationstechnik (ITSEC) oder nach den »Common Criteria« (CC) vorweisen können. Allerdings bedeutet das Vorliegen solcher Zertifikate nicht automatisch, dass sich neue Softwareprodukte friktionslos **129**

---

118 Vgl. Bundesamt für Sicherheit in der Informationstechnik, IT-Grundschutz-Kataloge, Maßnahmenkatalog Organisation, 15. Ergänzungslieferung, Bonn, 18. April 2016, Abschnitt M 2.82.

in die Systemlandschaft vor Ort integrieren lassen. Insgesamt sind noch Abstimmungen zwischen der Kreditwirtschaft und den Aufsichtsbehörden erforderlich, in welcher Weise Zertifikate von den Instituten genutzt werden können, um ihre Testaktivitäten zu erleichtern.

3.3.3 Freigabe

130   Daher ist, unabhängig von dem Erfordernis eines Testes, immer eine Abnahme durch die fachlich und technisch zuständigen Mitarbeiter erforderlich. Im Rahmen dieser Abnahme steht die Eignung und Angemessenheit der IT-Systeme vor dem Hintergrund der spezifischen Situation des jeweiligen Institutes im Mittelpunkt. Wenn diese Mitarbeiter ihre Freigabe erteilen, ist davon auszugehen, dass sich die neuen Produkte oder wesentliche Veränderungen bestehender Produkte passend zu den individuellen Schnittstellen und Stellschrauben in die Systemlandschaft des Institutes einbetten lassen. Gegebenenfalls vorliegende Testate Dritter können daher sowohl beim Test als auch bei der Abnahme berücksichtigt werden. Sie können die Abnahme jedoch nicht vollständig ersetzen (→ AT 7.2 Tz. 3, Erläuterung).

131   Die Abnahme muss sowohl durch die fachlich als auch durch die technisch zuständigen Mitarbeiter erfolgen. Bei der Abnahme durch die fachlich und die technisch zuständigen Mitarbeiter steht die Eignung und Angemessenheit der IT-Systeme für die spezifische Situation des jeweiligen Institutes im Mittelpunkt (→ AT 7.2 Tz. 3, Erläuterung).

3.3.4 Implementierung in die Produktionsprozesse

132   Nach Produktivsetzung der Anwendung sind laut Tz. 7.12 BAIT mögliche »Abweichungen vom Regelbetrieb« zu überwachen, deren Ursachen zu untersuchen und ggf. Maßnahmen zur Nachbesserung zu veranlassen. Hinweise auf erhebliche Mängel können z.B. Häufungen von Abweichungen vom Regelbetrieb sein.

3.4   Regelprozess für Standardsoftware

133   Das Bundesamt für Sicherheit in der Informationstechnik (BSI) hat für die Implementierung neuer Standardsoftwareprodukte Empfehlungen gegeben, denen ein Prozessablauf zugrunde liegt, der von der Vorauswahl bis zur Abnahme reicht. Dabei geht es also nicht um die Anwendungsentwicklung, sondern um die optimale Auswahl aus den vorliegenden Angeboten. Grundsätzlich müssen derartige Anwendungen jedoch trotzdem einen Test durchlaufen.

3.4.1   Vorauswahl

134   Zunächst wird entsprechend den konkreten Bedürfnissen der fachlich und technisch zuständigen Mitarbeiter ein Anforderungsprofil erstellt, das den Ausgangspunkt für die Suche nach einer geeigneten Lösung auf dem Markt für Softwareprodukte darstellt. Dabei sollten das Vorliegen von Referenzen (z.B. Zertifikate nach bestimmten Standards, Qualitätsbeurteilungen aus Fachzeitschriften), Kosten-Nutzen-Gesichtspunkte sowie der Verbreitungsgrad der angebotenen Softwareprodukte in die Überlegungen einbezogen werden. Fehlen bestimmten Produkten Eigen-

schaften, die im Anforderungsprofil festgelegt sind, können diese sofort verworfen werden. Für die infrage kommenden Produkte empfiehlt das BSI, den Kauf beim günstigsten Anbieter zu tätigen, der sich ggf. schon bei der Marktsichtung herauskristallisiert hat.[119]

3.4.2 Test

An die Vorauswahl schließt sich die Testphase an. Für die als geeignet eingestuften Software-produkte sollten Testlizenzen besorgt werden, auf deren Grundlage eruiert werden kann, ob die Produkte tatsächlich dem Anforderungsprofil entsprechen. Für die Testphase schlägt das BSI folgenden Prozessablauf vor[120]:   **135**

- In der Phase der Testvorbereitung werden die Testmethoden für die Einzeltests (Testarten, -verfahren und -werkzeuge) festgelegt, Testdaten und Testfälle (Standard-, Fehler- und Aus-nahmefälle) generiert sowie die benötigte Testumgebung aufgebaut.
- Bei der konkreten Testdurchführung sind zunächst Eingangsprüfungen durchzuführen, die grundlegende Aspekte des neuen Softwareproduktes berühren (z. B. Virenfreiheit, Installati-onsmöglichkeit, Lauffähigkeit, Vollständigkeit des Produktes, ergänzende Kurztests). Schwachstellen, die im Rahmen der Eingangsprüfungen identifiziert werden, sind ein deutli-cher Hinweis darauf, dass das Produkt ungeeignet ist und der Test damit abgebrochen werden kann. Ist dies nicht der Fall, muss anschließend im Rahmen von funktionalen Tests geprüft werden, ob das Produkt den im Anforderungsprofil niedergelegten Aspekten (z. B. die Exis-tenz, Korrektheit, Eignung und Widerspruchsfreiheit der Funktion) genügt. Dabei sollten auch andere Gesichtspunkte, wie z. B. die Performance, die Zuverlässigkeit, die Benutzerfreundlich-keit, die Wartbarkeit oder die Dokumentation des Produktes, beurteilt werden. Neben den funktionalen Eigenschaften des Produktes sind schließlich noch sicherheitsspezifische Prü-fungen im Rahmen des Testes durchzuführen (z. B. Passwortschutz, Zugriffsrechte, Daten-sicherung, Verschlüsselung, Protokollierung). Daran schließt sich ggf. noch eine Pilotanwen-dung an.
- Nach Abschluss der Testphase ist auf der Basis einer Auswertung der Testergebnisse zu entscheiden, welches Softwareprodukt angeschafft wird. Hat kein Produkt den Test bestan-den, ist zu überlegen, ob eine neue Auswahl initiiert, das Anforderungsprofil ggf. angepasst oder zu diesem Zeitpunkt auf die Anschaffung neuer Software verzichtet wird.

3.5   IKT-Änderungsrisiken im SREP

Die EBA versteht unter dem »IKT-Änderungsrisiko« das Risiko, das sich aus der mangelnden Fähigkeit des Institutes ergibt, IKT-Systemänderungen zeitgerecht und kontrolliert zu steuern, insbesondere was umfangreiche und komplexe Änderungsprogramme angeht.[121] Das Manage-ment dieser Risikokategorie zielt auf die Fehlerbehebung oder notwendige Korrekturen der Daten (→ AT 7.2 Tz. 2) und Änderungsprozesse in der IT-Landschaft (→ AT 8.2 Tz. 1) ab. Dabei spielt auch die Abgrenzung zwischen Produktions- und Testumgebung eine Rolle.   **136**

119 Vgl. Bundesamt für Sicherheit in der Informationstechnik, IT-Grundschutz-Kataloge, Maßnahmenkatalog Organisation, 15. Ergänzungslieferung, Bonn, 18. April 2016, Abschnitt M 2.81.

120 Vgl. Bundesamt für Sicherheit in der Informationstechnik, IT-Grundschutz-Kataloge, Maßnahmenkatalog Organisation, 15. Ergänzungslieferung, Bonn, 18. April 2016, Abschnitt M 2.83.

121 Vgl. European Banking Authority, Leitlinien für die IKT-Risikobewertung im Rahmen des aufsichtlichen Überprüfungs- und Bewertungsprozesses (SREP), EBA/GL/2017/05, 11. September 2017, S. 4.

AT 7.2 Technisch-organisatorische Ausstattung

137   Die zuständigen Behörden sollten im Rahmen des SREP bewerten, ob das Institut über einen wirksamen und angemessenen Rahmen für die Ermittlung, das Verständnis, die Messung und die Minderung des IKT-Änderungsrisikos verfügt. Dieser sollte die damit verbundenen Risiken abdecken, einschließlich der Entwicklung oder Änderung von Software, bevor sie in die Produktionsumgebung migriert wird, und ein angemessenes IKT-Lebenszyklusmanagement gewährleisten. Die zuständigen Behörden sollten insbesondere prüfen, ob dokumentierte Prozesse zur Verwaltung und Kontrolle von Änderungen an IKT-Systemen (z.B. Konfigurations- und Patch-Management) vorhanden sind, um eine angemessene Einbindung des IKT-Risikomanagements für wichtige IKT-Änderungen zu gewährleisten, die das Risikoprofil oder die Risikoposition des Institutes erheblich beeinträchtigen können. Die EBA erwartet Spezifikationen im Hinblick auf die erforderliche Aufgabentrennung in den verschiedenen Phasen der implementierten IKT-Änderungsprozesse (z.B. Lösungskonzept und -entwicklung, Prüfung und Genehmigung neuer Software und/oder Änderungen, Migration und Implementierung in der Produktionsumgebung und Fehlerbehebung) mit Schwerpunkt auf den implementierten Lösungen und der Aufgabentrennung in Verwaltung und Kontrolle von Änderungen an den IKT-Produktionssystemen und Daten durch IKT-Mitarbeiter (z.B. Entwickler, IKT-Systemadministratoren, Datenbankadministratoren) oder eine andere Partei (z.B. geschäftliche Nutzer, Dienstanbieter). Es müssen Testumgebungen eingerichtet sein, die die Produktionsumgebungen angemessen widerspiegeln, sowie ein Asset-Inventar der bestehenden Anwendungen und IKT-Systeme in der Produktionsumgebung sowie der Test- und Entwicklungsumgebung vorhanden sein, so dass erforderliche Änderungen (z.B. Versions-Updates oder -Upgrades, System-Patching, Konfigurationsänderungen) für die beteiligten IKT-Systeme ordnungsgemäß verwaltet, implementiert und überwacht werden können. Erforderlich ist darüber hinaus ein Prozess für Lebenszyklusmanagement und -überwachung der verwendeten IKT-Systeme, um sicherzustellen, dass sie weiterhin die Anforderungen an das Geschäfts- und Risikomanagement erfüllen und unterstützen und dafür sorgen, dass die verwendeten IKT-Lösungen und -Systeme weiterhin von ihren Anbietern unterstützt werden – einhergehend mit angemessenen Prozessen zum Softwareentwicklungs-Lebenszyklus. Die EBA erwartet zudem ein Software-Quellcode-Kontrollsystem und entsprechende Verfahren zur Verhütung unbefugter Änderungen im Quellcode der intern entwickelten Software, einen Prozess zur Durchführung eines Sicherheits- und Sicherheitslücken-Screenings von neuen oder erheblich modifizierten IKT-Systemen und Software, bevor sie zur Produktion freigegeben und möglichen Cyberangriffen ausgesetzt werden, sowie einen unabhängigen Überprüfungs- und Validierungsprozess zur Reduzierung der Risiken in Bezug auf menschliche Fehler bei der Durchführung von Änderungen an den IKT-Systemen, die erhebliche nachteilige Auswirkungen auf die Verfügbarkeit, Kontinuität oder Sicherheit des Institutes (z.B. wichtige Änderungen an der Firewall-Konfiguration) oder auf die Sicherheit des Institutes (z.B. Änderungen an den Firewalls) haben können.[122]

---

[122] Vgl. European Banking Authority, Leitlinien für die IKT-Risikobewertung im Rahmen des aufsichtlichen Überprüfungs- und Bewertungsprozesses (SREP), EBA/GL/2017/05, 11. September 2017, S. 22 f.

4 Management der IT-Risiken (Tz. 4)

4 Für IT-Risiken sind angemessene Überwachungs- und Steuerungsprozesse einzurichten,   138
die insbesondere die Festlegung von IT-Risikokriterien, die Identifikation von IT-Risiken, die Festlegung des Schutzbedarfs, daraus abgeleitete Schutzmaßnahmen für den IT-Betrieb sowie die Festlegung entsprechender Maßnahmen zur Risikobehandlung und -minderung umfassen. Beim Bezug von Software sind die damit verbundenen Risiken angemessen zu bewerten.

4.1 Steuerung und Überwachung von IT-Risiken

Mit der Anforderung, IT-Risiken angemessen zu überwachen und zu steuern, behandelt die   139
deutsche Aufsicht IT-Risiken als eigene Risikokategorie, die im Risikomanagement entsprechend zu berücksichtigen ist. Hierfür sind angemessene Prozesse einzurichten. Der Begriff »IT-Risiko« wird in den MaRisk nicht definiert. Die BaFin zählt IT-Risiken zu den operationellen Risiken und versteht hierunter alle Risiken für die Vermögens- und Ertragslage der Institute, die aufgrund von Mängeln entstehen, die das IT-Management bzw. die IT-Steuerung, die Verfügbarkeit, Vertraulichkeit, Integrität und Authentizität der Daten, das interne Kontrollsystem der IT-Organisation, die IT-Strategie, -Leitlinien und -Aspekte der Geschäftsordnung oder den Einsatz von Informationstechnologie betreffen.[123]

Von den maßgeblichen Aufsichtsbehörden wurde der Begriff »IT-Risiko« zunächst auf das   140
»IKT-Risiko« ausgeweitet, indem die Informations- und Kommunikationstechnologie zusammengefasst betrachtet wird. Mittlerweile ist die EBA einen Schritt weiter gegangen und stellt auf das »IKT- und Sicherheitsrisiko« (»ICT and security risk«) ab. Darunter versteht die EBA die Gefahr von Verlusten aufgrund der Verletzung der Vertraulichkeit, des Verlustes der Integrität von Systemen und Daten, einer unzureichenden oder fehlenden Verfügbarkeit von Systemen und Daten oder einer mangelnden Fähigkeit, die Informationstechnologie innerhalb eines angemessenen Zeit- und Kostenrahmens zu ändern, wenn sich die Umgebungs- oder Geschäftsanforderungen ändern (d. h. Agilität). Dies schließt »Sicherheitsrisiken« ein, die aus unzulänglichen oder fehlgeschlagenen internen Prozessen oder externen Ereignissen resultieren, einschließlich Cyberangriffen oder unzureichender physischer Sicherheit.[124] Die Zuordnung dieser Risiken als Unterkategorie der operationellen Risiken erfolgt bei allen Aufsichtsbehörden einheitlich. Auf das Informationssicherheitsmanagement wird an anderer Stelle ausführlich eingegangen (→ AT 7.2 Tz. 2).

Der Baseler Ausschuss für Bankenaufsicht (BCBS) erwartet, dass im Rahmenwerk zum Manage-   141
ment der operationellen Risiken (»operational risk management framework«, ORMF) eine gemeinsame Taxonomie für die operationellen Risiken und ihre Unterkategorien vorgesehen wird, um beim Risikomanagement in allen Geschäftseinheiten konsistent vorgehen zu können. Dabei können jene operationellen Risiken gekennzeichnet werden, die ganz oder teilweise Rechts-,

---

123 Vgl. Held, Markus/Kokert, Josef, IT-Sicherheit – Erwartungen der Bankenaufsicht, in: BaFinJournal, Ausgabe November 2013, S. 22.
124 Vgl. European Banking Authority, Leitlinien für das Management von IKT- und Sicherheitsrisiken, EBA/GL/2019/04, 28. November 2019, S. 5.

AT 7.2 Technisch-organisatorische Ausstattung

Verhaltens-, Modell- oder IKT-Risiken[125] sowie Risikopositionen im Bereich der Kredit- oder Marktpreisrisiken darstellen (→ BTR 1 Tz. 1). Eine inkonsistente Taxonomie der Begriffe für operationelle Risiken kann die Wahrscheinlichkeit erhöhen, dass Risiken nicht identifiziert und kategorisiert werden oder die Verantwortung für die Bewertung, Überwachung, Kontrolle und Minderung von Risiken nicht zugewiesen wird. Damit könnte die Wirksamkeit der ORMF erheblich reduziert werden.[126] Mit Blick auf die IKT- und Sicherheitsrisiken können die von der EBA vorgeschlagenen Unterkategorien hilfreich sein (→ AT 7.2 Tz. 2).

4.2 Informationsrisikomanagement

142 Die Erwartungshaltung der deutschen Aufsicht an ein angemessenes IT-Risikomanagement hat sie in den BAIT näher ausgeführt. Die BAIT stellen jedoch keinen vollständigen Anforderungskatalog dar. Sie sollen vielmehr einen verständlichen und flexiblen Rahmen für das Management der IT-Ressourcen, des Informationsrisikos und der Informationssicherheit schaffen und bei den Instituten das Bewusstsein für IT-Risiken stärken.[127] Die BAIT interpretieren die gesetzlichen Anforderungen des § 25a Abs. 1 Satz 3 Nr. 4 und 5 KWG und konkretisieren, was die Aufsicht unter einer angemessenen technisch-organisatorischen Ausstattung der IT-Systeme, unter besonderer Berücksichtigung der Anforderungen an die Informationssicherheit sowie eines angemessenen Notfallkonzepts, versteht.[128]

143 Vom Institut sind angemessene Prozesse zum »Management der IT-Risiken« einzurichten, das nach den BAIT als »Informationsrisikomanagement« bezeichnet wird und dem bestimmte Aufgaben zugewiesen werden. Dazu gehören die Festlegung von IT-Risikokriterien, die Identifikation von IT-Risiken, die Festlegung des Schutzbedarfs, daraus abgeleitete Schutzmaßnahmen für den IT-Betrieb sowie die Festlegung entsprechender Maßnahmen zur Risikobehandlung und -minderung. Die Formulierung »angemessene Überwachungs- und Steuerungsprozesse« im Wortlaut von AT 7.2 Tz. 4 MaRisk ist streng genommen nicht ganz korrekt, weil die »Identifikation von IT-Risiken« formal betrachtet ein separater Prozess und insofern nicht Bestandteil der Steuerung oder Überwachung der IT-Risiken ist.[129]

144 Nach den Vorstellungen der EBA sollten die Institute die Zuständigkeit für das Management von IKT- und Sicherheitsrisiken einer Kontrollfunktion übertragen, die nicht für die Interne Revision zuständig ist, womit die EBA auf eine Ansiedlung in der zweiten Verteidigungslinie abzielt. Die Unabhängigkeit und Objektivität dieser Kontrollfunktion sollte dadurch gewährleistet werden, dass eine angemessene Trennung vom IKT-Betrieb sichergestellt ist. Diese Kontrollfunktion sollte gegenüber der Geschäftsleitung unmittelbar rechenschaftspflichtig und für die Überwachung und Kontrolle der Einhaltung des IKT- und Sicherheitsrisikomanagementrahmenwerks zuständig sein.[130]

---

125 Bei den IKT-Risiken sollen auch die Cyberrisiken berücksichtigt werden (→ AT 7.2 Tz. 2). Ebenso können die Vorschläge der EBA zur Kategorisierung der IKT-Risiken im Rahmen des SREP herangezogen werden. Vgl. European Banking Authority, Leitlinien für die IKT-Risikobewertung im Rahmen des aufsichtlichen Überprüfungs- und Bewertungsprozesses (SREP), EBA/GL/2017/05, 11. September 2017, S. 27 ff.

126 Vgl. Basel Committee on Banking Supervision, Revisions to the Principles for the Sound Management of Operational Risk, BCBS 515, 31. März 2021, S. 6 f.

127 Vgl. Bundesanstalt für Finanzdienstleistungsaufsicht, Jahresbericht 2017, 3. Mai 2018, S. 20.

128 Vgl. Essler, Renate/Gampe, Jens, IT-Sicherheit – Aufsicht konkretisiert Anforderungen an die Kreditwirtschaft, in: BaFinJournal, Ausgabe Januar 2018, S. 17 f.

129 Die Risikosteuerungs- und -controllingprozesse im Sinne von AT 4.3.2 Tz. 1 MaRisk umfassen die Risikoanalyse (Identifizierung und Beurteilung der wesentlichen Risiken), die Risikosteuerung und das Risikocontrolling (Überwachung und Kommunikation der wesentlichen Risiken).

130 Vgl. European Banking Authority, Leitlinien für das Management von IKT- und Sicherheitsrisiken, EBA/GL/2019/04, 28. November 2019, S. 9.

Die Bestandteile des Systems zum Management der Informationsrisiken sind laut Tz. 3.2 BAIT **145** unter Mitwirkung aller maßgeblichen Stellen und Funktionen, wozu auch jene Fachbereiche gehören, die Eigentümer der Informationen oder der Informationsrisiken sind, kompetenzgerecht und frei von Interessenkonflikten umzusetzen. Verantwortlich ist dafür das »Informationsrisiko-management«. Wie bereits insgesamt für den Umfang und die Qualität der technisch-organisatorischen Ausstattung vorgeschrieben (→ AT 7.2 Tz. 2), sollte sich das Institut nach Tz. 3.3 BAIT auch in diesem Fall an den betriebsinternen Erfordernissen, den Geschäftsaktivitäten sowie der Risikosituation orientieren.

4.2.1 Überblick über den Informationsverbund

Ausgangspunkt für alle weiteren Überlegungen ist ein »aktueller Überblick« über die Bestandteile **146** des festgelegten Informationsverbundes. Dazu gehören z.B. geschäftsrelevante Informationen, Geschäfts- und Unterstützungsprozesse, IT-Systeme und die zugehörigen IT-Prozesse sowie Netz- und Gebäudeinfrastrukturen (→ AT 7.2 Tz. 2). Dabei sollten deren Abhängigkeiten und Schnittstellen einbezogen werden, um die Vernetzung des Informationsverbundes mit Dritten zu berücksichtigen. Für die Bestandsaufnahme der Komponenten der IT-Systeme und deren Beziehungen zueinander ist der IT-Betrieb verantwortlich (→ AT 7.2 Tz. 1).

Die EBA erwartet von den Instituten in analoger Weise, dass sie eine »aktuelle Übersicht« über **147** ihre Funktionen, Aufgaben, Geschäfts- und Unterstützungsprozesse erstellen und auf dem neuesten Stand halten. Dasselbe gilt für jene IT-Assets, die zur Unterstützung dieser Funktionen und Prozesse benötigt werden. Damit soll einerseits die Bedeutung ihrer gegenseitigen Abhängigkeiten im Zusammenhang mit IKT- und Sicherheitsrisiken ermittelt werden. Andererseits sollen die Institute dadurch in die Lage versetzt werden, zumindest jene Assets verwalten zu können, mit denen die kritischen Geschäftsfunktionen und -prozesse unterstützt werden.[131]

4.2.2 Feststellung des Schutzbedarfes

Für die Bestandteile des definierten Informationsverbundes hat das Institut gemäß Tz. 3.4 BAIT **148** regelmäßig und anlassbezogen den »Schutzbedarf« zu ermitteln. Das gilt insbesondere im Hinblick auf die Schutzziele Integrität, Verfügbarkeit, Vertraulichkeit und Authentizität. Die Eckpunkte dafür müssen in einer Informationssicherheitsleitlinie festgelegt werden (→ AT 7.2 Tz. 2). Verantwortlich für die Ermittlung des Schutzbedarfes sind die Eigentümer der Information bzw. jene Fachbereiche, die für die Geschäftsprozesse zuständig sind. Die Feststellung des Schutzbedarfes sowie die zugehörige Dokumentation sind laut Tz. 3.5 BAIT durch das Informationsrisikomanagement zu überprüfen.

Laut BSI wird bei der »Schutzbedarfsfeststellung« der Schutzbedarf der Geschäftsprozesse, der **149** verarbeiteten Informationen, der IT-Systeme, Räume und Kommunikationsverbindungen bestimmt. Dazu werden für jede Anwendung und die verarbeiteten Informationen die zu erwartenden Schäden betrachtet, die bei einer Beeinträchtigung der Grundwerte der Informationssicherheit bzw. Schutzziele entstehen können. Als wichtig wird erachtet, die möglichen Folgeschäden realistisch einzuschätzen. Eine Einteilung in die drei Schutzbedarfskategorien »normal«, »hoch« und »sehr hoch« hat sich laut BSI bewährt.[132] Das BSI verweist u.a. darauf, dass bei der Ermittlung

---

131 Vgl. European Banking Authority, Leitlinien für das Management von IKT- und Sicherheitsrisiken, EBA/GL/2019/04, 28. November 2019, S. 10.

132 Vgl. Bundesamt für Sicherheit in der Informationstechnik, IT-Grundschutz-Kompendium, Glossar, Köln, 15. Februar 2021, S. 7.

des Schutzbedarfes auch auf eventuelle Abhängigkeiten geachtet werden sollte. Der »Kumulationseffekt« beschreibt, dass sich der Schutzbedarf eines IT-Systems erhöhen kann, wenn durch Kumulation mehrerer (z.B. kleinerer) Schäden auf einem IT-System ein insgesamt höherer Gesamtschaden entstehen kann. Ein Auslöser kann auch sein, dass mehrere IT-Anwendungen bzw. eine Vielzahl sensitiver Informationen auf einem IT-System verarbeitet werden, so dass durch Kumulation von Schäden der Gesamtschaden höher sein kann. Nach dem »Maximum-Prinzip« bestimmt grundsätzlich der Schaden bzw. die Summe der Schäden mit den schwerwiegendsten Auswirkungen den Schutzbedarf eines Geschäftsprozesses, einer Anwendung bzw. eines IT-Systems.[133] Bei der Ermittlung des Schutzbedarfes kann allerdings auch der »Verteilungseffekt« berücksichtigt werden. Dieser Effekt kann sich auf den Schutzbedarf relativierend auswirken, wenn zwar eine Anwendung einen hohen Schutzbedarf besitzt, ihn aber deshalb nicht auf ein betrachtetes IT-System überträgt, weil darauf nur unwesentliche Teilbereiche der Anwendung ausgeführt werden.[134]

4.2.3 Definition der Sollmaßnahmen

150 Ist der Schutzbedarf ermittelt, soll das Institut nach Tz. 3.6 BAIT in einem »Sollmaßnahmenkatalog« jene Anforderungen definieren, die zur Erreichung des jeweiligen Schutzbedarfes angemessen sind, und diese in geeigneter Form dokumentieren. Insofern enthält der Sollmaßnahmenkatalog lediglich die Anforderungen, nicht jedoch deren konkrete Umsetzung. Auf dieser Basis hat das Institut gemäß Tz. 3.7 BAIT dann einen Vergleich der Sollmaßnahmen mit den jeweils wirksam umgesetzten Maßnahmen durchzuführen.

151 Die EBA fordert von den Instituten ebenfalls, geeignete Maßnahmen zur Minderung der festgestellten IKT- und Sicherheitsrisiken und zum Schutz von IT-Assets in Übereinstimmung mit ihrer Klassifizierung (hinsichtlich Schutzbedarf) festzulegen. Damit sollen die festgestellten IKT- und Sicherheitsrisiken auf akzeptable Niveaus verringert werden. Zudem sollte geprüft werden, ob Veränderungen an bestehenden Geschäftsprozessen, Kontrollmaßnahmen, IKT-Systemen und IKT-Diensten erforderlich sind. Dabei sollte die Dauer berücksichtigt werden, die erforderlich ist, um diese Änderungen umzusetzen und angemessene Zwischenmaßnahmen zu ergreifen, um bis dahin innerhalb der IKT- und Sicherheitsrisikobereitschaft des Institutes zu bleiben.[135]

152 Für die konkrete Umsetzung der Sollmaßnahmen empfiehlt das BSI als Ergänzung zum Sollmaßnahmenkatalog einen »Risikobehandlungsplan«, der von der Geschäftsleitung genehmigt werden und eine Beschreibung der geplanten Ressourcen sowie die zeitlichen Vorgaben enthalten sollte. Die einzelnen Anforderungen aus dem Risikobehandlungsplan sollten mindestens jährlich überprüft werden. Laut BSI sollte eine dauerhafte und unbefristete Übernahme von Risiken vermieden werden, da sich im Bereich der Informationssicherheit die Risiken in kurzer Zeit verändern können. Eine unbefristete Übernahme von Risiken birgt zudem die Gefahr, dass diese Risiken nur zu einem Stichtag geprüft und bewertet werden und eine erneute Betrachtung ausgeschlossen bleibt.[136]

153 Falls Sollmaßnahmen, z.B. wegen technischer Restriktionen, nicht implementiert werden können, dürfen »sonstige risikoreduzierende Maßnahmen« umgesetzt werden. Sonstige risikore-

---

133 Vgl. Bundesamt für Sicherheit in der Informationstechnik, IT-Grundschutz-Kompendium, Glossar, Köln, 15. Februar 2021, S. 5.

134 Vgl. Bundesamt für Sicherheit in der Informationstechnik, IT-Grundschutz-Kompendium, Glossar, Köln, 15. Februar 2021, S. 8.

135 Vgl. European Banking Authority, Leitlinien für das Management von IKT- und Sicherheitsrisiken, EBA/GL/2019/04, 28. November 2019, S. 11.

136 Vgl. Bundesamt für Sicherheit in der Informationstechnik, IT-Grundschutz-Kompendium, Glossar, Köln, 15. Februar 2021, S. 6.

duzierende Maßnahmen aufgrund unvollständig umgesetzter Sollmaßnahmen sind nach Tz. 3.8 BAIT wirksam zu koordinieren, zu dokumentieren, zu überwachen und zu steuern.

Auch nach Einschätzung des BSI lassen sich in der Praxis nicht alle Anforderungen erfüllen, **154** wenn z. B. deren Umsetzung aus organisatorischen oder technischen Rahmenbedingungen nicht möglich ist (IT-System oder Anwendung werden nicht eingesetzt o. Ä.) oder Umstände vorliegen, die eine Erfüllung nicht sinnvoll erscheinen lassen (Neubeschaffung von Informationstechnik, Umzugspläne o. Ä.). Bestehende Defizite bei der Umsetzung von Sicherheitsmaßnahmen, die aus den Sicherheitsanforderungen resultieren, und die damit verbundenen Risiken müssen in Form eines »Managementberichtes« dokumentiert werden, einschließlich einer »Umsetzungsplanung« für die weitere Behandlung der bestehenden Risiken. Damit sind die sonstigen risikoreduzierenden Maßnahmen laut BAIT gemeint.[137]

4.2.4 Analyse der Bedrohungen und Schwachstellen

Unabhängig davon muss sich das Institut nach Tz. 3.10 BAIT laufend über »Bedrohungen« und **155** »Schwachstellen« seines Informationsverbundes informieren, ihre Relevanz prüfen, ihre Auswirkung bewerten und, sofern erforderlich, geeignete technische und organisatorische Maßnahmen ergreifen. Dabei sind interne und externe Veränderungen, z. B. der Bedrohungslage, zu berücksichtigen. Die Maßnahmen können z. B. die direkte Warnung von Mitarbeitern, das Sperren von betroffenen Schnittstellen und den Austausch von betroffenen IT-Systemen umfassen. Dabei besteht eine enge Verbindung zur »Richtlinie über das Testen und Überprüfen der Maßnahmen zum Schutz der Informationssicherheit«, die u. a. auf die allgemeine Bedrohungslage und die individuelle Risikosituation des Institutes abzielt (→ AT 7.2 Tz. 2).

4.2.5 Durchführung einer Risikoanalyse

Auf Basis der festgelegten »Risikokriterien« ist eine »Risikoanalyse« durchzuführen. Diese Risiko- **156** analyse umfasst neben dem Soll-Ist-Vergleich die Analyse der möglichen Bedrohungen, das Schadenspotenzial, die Schadenshäufigkeit sowie den Risikoappetit des Institutes. Sonstige risikoreduzierende Maßnahmen können auch in die Risikoanalyse einfließen. Laut Tz. 3.9 BAIT hat das Informationsrisikomanagement die Risikoanalyse zu koordinieren und zu überwachen sowie deren Ergebnisse in den Prozess des Managements der operationellen Risiken zu überführen. Die Behandlung der Risiken ist kompetenzgerecht zu genehmigen. Damit ist nach Tz. 3.11 BAIT auch eine regelmäßige, mindestens jedoch vierteljährliche, Berichterstattung an die Geschäftsleitung verbunden, insbesondere über die Ergebnisse der Risikoanalyse sowie Veränderungen an der Risikosituation, wobei auch externe potenzielle Bedrohungen berücksichtigt werden sollten (→ BT 3.2 Tz. 6).

Bei der traditionellen »Risikoanalyse«[138] nach der IT-Grundschutz-Methodik werden ebenfalls **157** zunächst die Bedrohungen und Schwachstellen ermittelt und mit Eintrittswahrscheinlichkeiten bewertet. Auf dieser Basis werden die geeigneten Sicherheitsmaßnahmen ausgewählt. Anschlie-

---

137 Vgl. Bundesamt für Sicherheit in der Informationstechnik, IT-Grundschutz-Kompendium, Glossar, Köln, 15. Februar 2021, S. 6.

138 Das BSI weist darauf hin, dass die »Risikoanalyse« nach den einschlägigen Normen ISO 31000 und ISO 27005 eigentlich nur einen Schritt im Rahmen der »Risikobeurteilung« betrifft, die aus den Schritten »Risikoidentifizierung« (»risk identification«), »Risikoanalyse« (»risk analysis«) und »Risikobewertung« (»risk evaluation«) besteht. Da sich im deutschen Sprachgebrauch allerdings der Begriff »Risikoanalyse« für den kompletten Prozess etabliert hat, wird er auch in den Dokumenten zum IT-Grundschutz umfassend verwendet. Vgl. Bundesamt für Sicherheit in der Informationstechnik, IT-Grundschutz-Kompendium, Glossar, Köln, 15. Februar 2021, S. 6. Im Sprachgebrauch der MaRisk und der BAIT geht es bei der Risikoanalyse um die Identifizierung und Beurteilung/Bewertung der Risiken.

ßend wird das verbleibende Restrisiko bewertet. Diese traditionelle Risikoanalyse läuft auf einen Soll-Ist-Vergleich zwischen den im IT-Grundschutz-Kompendium empfohlenen und den bereits umgesetzten Sicherheitsanforderungen hinaus. Bei einem höheren Schutzbedarf muss zusätzlich zu den Anforderungen aus den IT-Grundschutz-Bausteinen eine individuelle Risikoanalyse unter Beachtung von Kosten- und Wirksamkeitsaspekten durchgeführt werden, wobei der Fokus auf die spezifischen Gefährdungen und Sicherheitsmaßnahmen gelegt werden kann. Dabei reicht es i. d. R. aus, die ausgewählten Maßnahmen durch individuelle, qualitativ höherwertige Maßnahmen zu ergänzen, wie im BSI-Standard 200-3 beschrieben.[139] Insgesamt lässt sich also auch aus den Vorgaben des BSI unschwer ableiten, dass vom Institut im Rahmen der Risikoanalyse die Bedrohungen und Schwachstellen analysiert werden müssen, um die Gefährdungen zu identifizieren, und insbesondere das damit verbundene Schadenspotenzial und die Schadenshäufigkeit untersucht werden müssen.

158   Eine »Bedrohung« (»threat«) ist nach Definition des BSI ganz allgemein ein Umstand oder Ereignis, aus dem ein »Schaden« entstehen kann. Der Schaden bezieht sich dabei auf einen konkreten Wert wie Vermögen, Wissen, Gegenstände oder Gesundheit. Mit Blick auf die Informationstechnik und insbesondere die Schutzziele ist eine Bedrohung folglich ein Umstand oder Ereignis, der oder das die Verfügbarkeit, Integrität oder Vertraulichkeit (und nach MaRisk und BAIT auch die Authentizität) von Informationen beeinträchtigen kann, wodurch dem Besitzer bzw. Benutzer der Informationen ein Schaden entstehen kann. Beispiele für Bedrohungen sind höhere Gewalt, menschliche Fehlhandlungen, technisches Versagen oder vorsätzliche Handlungen, womit die Verbindung der IT-Risiken zu den operationellen Risiken deutlich wird. Trifft eine Bedrohung auf eine »Schwachstelle«, wie insbesondere technische oder organisatorische Mängel, so entsteht eine »Gefährdung«.[140]

159   Eine »Schwachstelle« (»vulnerability«) ist ein sicherheitsrelevanter Fehler eines IT-Systems oder eines Institutes. Ursachen können in der Konzeption, den verwendeten Algorithmen, der Implementation, der Konfiguration, dem Betrieb und in der Organisation liegen. Eine Schwachstelle kann also dazu führen, dass eine Bedrohung wirksam und damit ein Institut oder ein System geschädigt wird. Erst durch eine Schwachstelle wird ein Objekt somit anfällig für Bedrohungen.[141] Eine »Gefährdung« (»applied threat«) ist insofern eine Bedrohung, die konkret über eine vorhandene Schwachstelle auf ein Objekt einwirkt. Das BSI verweist beispielhaft darauf, dass zwar alle Anwender prinzipiell durch Schadprogramme im Internet bedroht sind. Gefährdet wird von so einem Schadprogramm allerdings nur jener Anwender, der eine damit infizierte Datei herunterlädt, wenn sein IT-System anfällig für diesen Typ des Schadprogramms ist. Für Anwender mit einem wirksamen Virenschutz, einer Konfiguration, die das Funktionieren des Schadprogramms verhindert, oder einem Betriebssystem, das den Code des Schadprogramms nicht ausführen kann, bedeutet das geladene Schadprogramm hingegen keine Gefährdung.[142]

160   Im Unterschied zu »Gefährdung« umfasst der Begriff »Risiko« bereits eine Bewertung, inwieweit ein bestimmtes Schadensszenario im jeweils vorliegenden Fall relevant ist. Das »Risiko« wird i. d. R. als Produkt aus der Häufigkeit, mit der ein Schaden auftritt, und dem Ausmaß dieses Schadens definiert. Der »Schaden« wird häufig als Differenz zwischen einem geplanten und

---

139 Vgl. Bundesamt für Sicherheit in der Informationstechnik, IT-Grundschutz-Kompendium, IT-Grundschutz – Basis für Informationssicherheit, Köln, 15. Februar 2021, S. 3.

140 Das BSI hält es für sinnvoll, die Begriffe »Gefahr« und »Gefährdung« als gleichbedeutend aufzufassen. Häufig wird »Gefahr« allerdings als übergeordneter Begriff gesehen, wohingegen unter »Gefährdung« eine genauer beschriebene Gefahr (räumlich und zeitlich nach Art, Größe und Richtung bestimmt) verstanden wird. So ist ein Datenverlust z. B. eine Gefahr. Ein Datenverlust kann u. a. durch eine defekte Festplatte oder einen Diebstahl der Festplatte entstehen. Die Gefährdungen sind in diesem Fall »defekter Datenträger« und »Diebstahl von Datenträgern«. Vgl. Bundesamt für Sicherheit in der Informationstechnik, IT-Grundschutz-Kompendium, Glossar, Köln, 15. Februar 2021, S. 3.

141 Vgl. Bundesamt für Sicherheit in der Informationstechnik, IT-Grundschutz-Kompendium, Glossar, Köln, 15. Februar 2021, S. 7.

142 Vgl. Bundesamt für Sicherheit in der Informationstechnik, IT-Grundschutz-Kompendium, Glossar, Köln, 15. Februar 2021, S. 2 f.

ungeplanten Ergebnis dargestellt. Das Risiko ist insofern eine spezielle Form der damit verbundenen Unsicherheit oder Unwägbarkeit. In der ISO-Norm wird Risiko auch als das Ergebnis von Unwägbarkeiten auf Zielobjekte definiert. In diesem Sinne wird daher auch von der »Konsequenz« anstatt vom »Schaden« gesprochen, wenn Ereignisse anders eintreten als erwartet. Grundsätzlich kann es sich um eine positive (Chance) oder negative (Schaden) Abweichung von einem erwarteten Ergebnis handeln. Meistens werden in der Risikoanalyse nur die negativen Konsequenzen betrachtet. Das Ausmaß eines Schadens wird als »Schadenshöhe« definiert. Die bezifferbaren Schäden können i. d. R. mit direkten Aufwänden (z. B. finanzieller Art) dargestellt werden. Zu den nicht direkt bezifferbaren Schäden gehören z. B. Imageschäden oder Opportunitätskosten. Bei diesen lässt sich die tatsächliche Schadenshöhe häufig nur vermuten oder schätzen. Alle Angaben werden i. d. R. aufgrund von Erfahrungs- oder Branchenwerten in Kategorien klassifiziert.[143]

4.3 Berücksichtigung besonderer Aspekte

4.3.1 Betriebsstabilität

Zwar sind mit Informations- und Kommunikationstechnologien (IKT) sowohl Chancen als auch Risiken verbunden. Die IKT-Risiken bleiben nach Einschätzung der EU-Kommission aber trotz zahlreicher regulatorischer Maßnahmen in erster Linie eine Herausforderung für die »Betriebsstabilität«, die Leistungsfähigkeit der Institute und die Stabilität des Finanzsystems in der EU. Insbesondere haben die verschiedenen Maßnahmen auf Ebene der einzelnen Mitgliedstaaten angesichts des grenzüberschreitenden Charakters von IKT-Risiken nur eine begrenzte Wirkung, zumal sie nicht konsistent und überschneidungsfrei sind. Auch die Befugnisse der betroffenen Aufsichtsbehörden sind derzeit nicht einheitlich ausgestaltet. Mit der im Entwurf vorliegenden »Verordnung über die Betriebsstabilität digitaler Systeme des Finanzsektors« (»Digital Operational Resilience Act«, DORA)[144] sollen die bestehenden Regelungen zum IKT-Risikomanagement und zur Meldung IKT-relevanter schwerwiegender Vorfälle, die bereits von anderen EU-Institutionen entwickelt wurden, harmonisiert und gestrafft werden. DORA ist ein wichtiger Teil des europäischen Maßnahmenpaketes zur Digitalisierung des Finanzsektors, mit dem das Innovations- und Wettbewerbspotenzial des digitalen Finanzwesens gefördert und gleichzeitig mögliche Risiken gemindert werden sollen. Grundsätzlich sind die meisten geplanten Anforderungen bereits in den für deutsche Institute maßgeblichen Regelwerken enthalten. Im Detail könnte es aber zu Verschärfungen kommen, insbesondere hinsichtlich der IKT-Auslagerungsrisiken und der Ausgestaltung bestimmter Tests.

Außerdem sollen die europäischen Aufsichtsbehörden (EBA, ESMA, EIOPA) in Absprache bzw. nach Abstimmung mit der EZB und der Agentur der Europäischen Union für Cybersicherheit (»European Network and Information Security Agency«, ENISA) mit der Ausarbeitung von Entwürfen für diverse technische Regulierungs- bzw. Durchführungsstandards beauftragt werden. In den Bereichen IKT-Risikomanagement, Berichterstattung (u. a. Wesentlichkeitsschwellen für die Bestimmung schwerwiegender IKT-bezogener Vorfälle, die einer Meldepflicht unterliegen), Prüfung und Kernanforderungen für eine solide Überwachung des Risikos durch IKT-Drittanbieter sollen technische Regulierungsstandards entwickelt werden. Die technischen Durchführungsstan-

161

162

---

143 Vgl. Bundesamt für Sicherheit in der Informationstechnik, IT-Grundschutz-Kompendium, Glossar, Köln, 15. Februar 2021, S. 6 f.

144 Europäische Kommission, Vorschlag für eine Verordnung des Europäischen Parlaments und des Rates über die Betriebsstabilität digitaler Systeme des Finanzsektors und zur Änderung der Verordnungen (EG) Nr. 1060/2009, (EU) Nr. 648/2012, (EU) Nr. 600/2014 und (EU) Nr. 909/2014 vom 24. September 2020.

dards sollen sich auf standardisierte Vorlagen, Formulare und Verfahren für Finanzunternehmen zur Meldung schwerwiegender IKT-Vorfälle sowie standardisierte Vorlagen für das Register der Informationen beziehen. Ergänzend sollen für die europäischen Aufsichtsbehörden neue Befugnisse festgelegt werden, um jene Risiken überwachen zu können, die auf die Abhängigkeit der Finanzunternehmen von IKT-Drittanbietern zurückzuführen sind. Damit verbunden ist u. a. die Bestimmung kritischer IKT-Drittanbieter. Insofern rücken auch die IKT-Drittanbieter, einschließlich der Cloud-Service-Provider, in den Fokus der europäischen Aufsichtsbehörden, bis hin zu Vor-Ort-Prüfungen und den damit verbundenen Konsequenzen. Es ist sogar angedacht, dass die Aufsichtsbehörden die Kündigung von Verträgen anordnen können.

163   Der BCBS definiert die »Betriebsstabilität« (»operational resilience«) als die Fähigkeit eines Institutes, kritische Operationen[145] auch bei Störungen aufrechtzuerhalten (Fähigkeit zur Geschäftsfortführung). Diese Fähigkeit versetzt ein Institut in die Lage, Bedrohungen und potenzielle Ausfälle zu erkennen, sich vor ihnen zu schützen, darauf zu reagieren, sich von ihnen zu erholen, aus ihnen zu lernen und ihr Betriebssystem an sie anzupassen, um ihre Auswirkungen auf die Erbringung kritischer Operationen durch Unterbrechungen zu minimieren. Nach den Vorstellungen des BCBS sollen ergänzend auch die internen und externen Verbindungen und Abhängigkeiten abgebildet und dokumentiert werden. Das betrifft die Menschen, Technologien, Prozesse und Informationen, die für die Erbringung der kritischen Operationen des Institutes erforderlich sind, einschließlich derjenigen, die von Dritten oder konzerninternen Vereinbarungen abhängig sind.[146] Unter der »Störungstoleranz« versteht der BCBS das Ausmaß der Störung durch jede Art von operationellem Risiko, das ein Institut bereit ist, angesichts einer Reihe von schwerwiegenden, aber plausiblen Szenarien zu akzeptieren.[147] Die Störungstoleranz der Institute sollte auf der Ebene der kritischen Operationen angesetzt werden.[148] Insofern fließt die Störungstoleranz in die Bestimmung des Risikoappetits gegenüber operationellen Risiken ein (→ AT 4.2 Tz. 2).

164   Der BCBS empfiehlt zudem, für die Definition von kritischen Operationen ggf. die Sanierungs- und Abwicklungspläne heranzuziehen, bei denen die Kritikalität ebenfalls eine entscheidende Rolle spielt. Es wäre insofern schlecht zu rechtfertigen, wenn die Institute in verschiedenen Bereichen eine andere Auffassung von kritischen Operationen hätten. Deshalb sollten die Ansätze zur Betriebsstabilität angemessen mit den organisatorischen Zuordnungen von kritischen Geschäften und kritischen Dienstleistungen Dritter, die in den Sanierungs- und Abwicklungsplänen enthalten sind, harmonisiert werden. Auf dieser Basis sollten die Institute unter Berücksichtigung des Risikoappetits und der Störungstoleranz in der Lage sein, Schwachstellen zu identifizieren und ihre Fähigkeit, kritische Operationen im Falle einer Störung zu erbringen, angemessen zu testen.[149]

---

145 Laut FSB sind »kritische Funktionen« Tätigkeiten, die für Dritte erbracht werden und deren Ausfall zur Unterbrechung von Dienstleistungen führen würde, die aufgrund der Größe oder des Marktanteils der Bankengruppe, der externen und internen Verflechtung, der Komplexität und der grenzüberschreitenden Aktivitäten für das Funktionieren der Realwirtschaft und für die Finanzstabilität von entscheidender Bedeutung sind. Beispiele hierfür sind der Zahlungsverkehr, die Verwahrung, bestimmte Kredit- und Einlagengeschäfte im Geschäfts- oder Privatkundenbereich, das Clearing und die Abrechnung, begrenzte Segmente der Großkundenmärkte, das Market Making in bestimmten Wertpapieren und hoch konzentrierte Spezialkreditbereiche. Vgl. Financial Stability Board, Recovery and Resolution Planning for Systemically Important Financial Institutions: Guidance on Recovery Triggers and Stress Scenarios, 16. Juli 2013, S. 7. Der Begriff »kritische Operation« (»critical operation«) umfasst jede Aktivität, Funktion, jeden Prozess oder jede Dienstleistung, deren Unterbrechung für den weiteren Betrieb des Institutes oder seine Rolle im Finanzsystem wesentlich wäre. Ob ein bestimmter Vorgang »kritisch« ist, hängt von der Art des Institutes und seiner Rolle im Finanzsystem ab. Der Betrieb von Rechenzentren ist ein Beispiel für einen kritischen Betrieb für die meisten Institute. Beispiele für kritische Dienstleistungen im Finanzsystem sind u. a. die Verarbeitung von Großbetragszahlungen, das Clearing und die Abwicklung von Transaktionen sowie unterstützende Systeme wie Finanzierungs- und Abstimmungsdienste. Vgl. The Joint Forum, High-level principles for business continuity, 29. August 2006, S. 2.

146 Der BCBS erweitert die Definition der »kritischen Operation« (»critical operation«) vom Joint Forum insofern um die »unterstützenden Werte« (»supporting assets«), worunter in diesem Zusammenhang Menschen, Technologien, Informationen und Einrichtungen verstanden werden, die für die Durchführung kritischer Operationen erforderlich sind.

147 Dabei geht es nicht nur um die schlagend werdenden operationellen Risiken, aus denen ein Schadensfall resultiert, sondern z. B. auch um Beinaheverluste (→ BTR 4 Tz. 1).

148 Vgl. Basel Committee on Banking Supervision, Principles for Operational Resilience, BCBS 516, 31. März 2021, S. 3.

149 Vgl. Basel Committee on Banking Supervision, Principles for Operational Resilience, BCBS 516, 31. März 2021, S. 6.

Die Institute müssen die Geschäftsfortführung, die Auslagerung von Dienstleistungen an Dritte **165** und die Technologien bei der Stärkung ihrer »Betriebsstabilität« berücksichtigen. Ein operativ widerstandsfähiges Institut ist weniger anfällig für unvorhergesehene Betriebsausfälle und Verluste durch Störungen, wodurch die Auswirkungen von Störungen auf kritische Operationen und damit verbundene Dienstleistungen, Funktionen und Systeme verringert werden. Bestimmte operationelle Risiken, wie z. B. eine Pandemie, lassen sich zwar nicht vermeiden, aber es ist möglich, die operative Widerstandsfähigkeit der Institute gegenüber solchen Ereignissen zu verbessern (→ BTR 4).[150] Die Geschäftsleitung sollte das Konzept der Betriebsstabilität genehmigen, umsetzen und sicherstellen, dass die finanziellen, technischen und sonstigen Ressourcen angemessen zugewiesen werden. Verbunden sind damit die Kommunikation dieses Konzeptes an alle Mitarbeiter sowie relevante Dritte sowie eine regelmäßige und anlassbezogene Berichterstattung an die Geschäftsleitung.[151]

Die Durchführung der kritischen Operationen steht vor allem im Zusammenhang mit der **166** Cybersicherheit im besonderen Fokus des Baseler Ausschusses für Bankenaufsicht (BCBS). So sollten die Institute ihre Bemühungen um Cybersicherheit auf der Grundlage ihrer IKT-Risikobewertung und der Bedeutung der kritischen Informationswerte für ihre kritischen Operationen priorisieren und dabei alle einschlägigen gesetzlichen und aufsichtsrechtlichen Anforderungen in Bezug auf Datenschutz und Vertraulichkeit beachten. Sie sollten Pläne entwickeln und Kontrollen implementieren, um die Integrität kritischer Informationen im Falle eines Cyberereignisses aufrechtzuerhalten, wie z. B. die sichere Speicherung und Offline-Sicherung von Daten, die kritische Operationen unterstützen, auf unveränderlichen Medien. Die Institute sollten regelmäßig das Bedrohungsprofil ihrer kritischen Informationsbestände bewerten, auf Schwachstellen testen und ihre Widerstandsfähigkeit gegenüber IKT-bezogenen Risiken sicherstellen.[152]

Laut BSI wird unter »organisatorischer Resilienz« (»Widerstandsfähigkeit«) die Fähigkeit eines **167** Institutes verstanden, auf Veränderungen zu reagieren und sich daran anzupassen. Je »resilienter« ein Institut ist, desto besser kann es Risiken und Chancen aus plötzlichen und allmählichen internen und externen Veränderungen erkennen sowie flexibel darauf reagieren. Die »organisatorische Resilienz« wird nicht durch ein eigenständiges Managementsystem aufgebaut, sondern entsteht aus der Integration verschiedener Management-Disziplinen, wie z. B. im IT-Bereich aus dem Business Continuity Management, dem Informationssicherheitsmanagement und der Krisenbewältigung.[153]

Auch im Zusammenhang mit Art. 32 Abs. 1 lit. b DSGVO spielt die »Belastbarkeit« der Systeme **168** und Dienste eine Rolle, wenn es darum geht, gegenüber Ausspähungen, irrtümlichen oder mutwilligen Störungen oder absichtlichen Schädigungen (Sabotagen) widerstandsfähig zu sein. Insofern könnte die »Belastbarkeit« bzw. »Betriebsstabilität« als eine Art zusätzliches Schutzziel betrachtet werden.

---

150 Vgl. Basel Committee on Banking Supervision, Principles for Operational Resilience, BCBS 516, 31. März 2021, S. 2.
151 Vgl. Basel Committee on Banking Supervision, Principles for Operational Resilience, BCBS 516, 31. März 2021, S. 4.
152 Vgl. Basel Committee on Banking Supervision, Principles for Operational Resilience, BCBS 516, 31. März 2021, S. 8.
153 Vgl. Bundesamt für Sicherheit in der Informationstechnik, BSI-Standard 200-4, Business Continuity Management, Community Draft, Köln, 1. Februar 2021, S. 7.

4.3.2 Betreiber kritischer Infrastrukturen

169 Für die Betreiber »kritischer Infrastrukturen« (KRITIS-Betreiber)[154] gelten u. a. in Bezug auf die Sicherstellung angemessener Vorkehrungen zur Gewährleistung von Verfügbarkeit, Integrität, Authentizität und Vertraulichkeit der Informationsverarbeitung besondere Vorschriften. Nach Tz. 12.2 BAIT ist der Geltungsbereich der kritischen Infrastrukturen (KRITIS) innerhalb des Informationsverbundes eindeutig zu kennzeichnen. Hierbei sind alle relevanten Schnittstellen einzubeziehen. Dies kann z. B. erfolgen, indem im Inventar entsprechend Tz. 3.3 BAIT die Komponenten und Bereiche des Informationsverbundes zusätzlich gekennzeichnet werden, die zu den kritischen Infrastrukturen gehören, wie z. B. in einer »Configuration Management Database« (→ AT 7.2 Tz. 1). Der Bezug zu den jeweiligen zu prüfenden Anlagenkategorien des KRITIS-Betreibers ist darzustellen. Durch geeignete Maßnahmen ist sicherzustellen, dass die für die kritischen Dienstleistungen betriebsrelevanten Systeme einer resilienten Architektur unterliegen.

170 Im Rahmen des Informationsrisiko- und Informationssicherheitsmanagements ist gemäß Tz. 12.3 BAIT auch das »KRITIS-Schutzziel«[155] zu beachten. Zudem sind Maßnahmen zu dessen Einhaltung wirksam umzusetzen. Insbesondere sind Risiken, die die kritischen Dienstleistungen in relevantem Maße beeinträchtigen können, durch angemessene Maßnahmen der Risikominderung oder -vermeidung auf ein dem KRITIS-Schutzziel angemessenes Niveau zu senken. Hierzu sind insbesondere solche Maßnahmen geeignet, mit denen den Risiken für die Verfügbarkeit bei einem hohen und sehr hohen Schutzbedarf begegnet werden kann. Unter anderem sollten daher Konzepte der Hochverfügbarkeit geprüft und, soweit geeignet, angewandt werden. Der erforderliche Aufwand soll im Verhältnis zu den Folgen eines Ausfalls oder einer Beeinträchtigung der betroffenen KRITIS stehen. Dies bedeutet, dass Risiken zwar auch akzeptiert oder übertragen werden können, dies aber nicht allein nach betriebswirtschaftlichen Gesichtspunkten entschieden werden darf, sondern nur unter Gewährleistung der Versorgungssicherheit. Risiken, die die kritische Dienstleistung betreffen, dürfen beispielsweise nicht akzeptiert werden, sofern Vorkehrungen nach dem Stand der Technik möglich und angemessen sind. Auch ein Transfer der Risiken, z. B. durch Versicherungen, ist kein Ersatz für angemessene Vorkehrungen. Der Abschluss einer Versicherung, z. B. aus betriebswirtschaftlichem Interesse, steht dem nicht entgegen.

171 Für die KRITIS-Betreiber ist das KRITIS-Schutzziel gemäß Tz. 12.4 BAIT von der Schutzbedarfsermittlung über die Definition angemessener Maßnahmen bis hin zur wirksamen Umsetzung dieser Maßnahmen einschließlich der Implementierung und des regelmäßigen Testens entsprechender Notfallvorsorgemaßnahmen stets mit zu berücksichtigen. Das gilt auch bei Auslagerungen von Dienstleistungen entsprechend den maßgeblichen Vorgaben. Insbesondere sind im Rahmen der Notfallvorsorge Maßnahmen zu ergreifen, mit denen die kritischen Dienstleistungen auch im Notfall aufrechterhalten werden können.

---

154 Das Bundesamt für Sicherheit in der Informationstechnik (BSI) und das Bundesamt für Bevölkerungsschutz und Katastrophenhilfe (BBK) definieren im Glossar auf ihrer gemeinsamen Internetseite www.kritis.bund.de »Kritische Infrastrukturen« (KRITIS) als »Organisationen und Einrichtungen mit wichtiger Bedeutung für das staatliche Gemeinwesen, bei deren Ausfall oder Beeinträchtigung nachhaltig wirkende Versorgungsengpässe, erhebliche Störungen der öffentlichen Sicherheit oder andere dramatische Folgen einträten«. In Deutschland werden verschiedene Sektoren und Branchen den KRITIS zugeordnet, die auf dieser Internetseite einzeln aufgeführt sind. Dazu gehören u. a. die Informationstechnik und Telekommunikation sowie das Finanz- und Versicherungswesen.

155 Als KRITIS-Schutzziel wird das Bewahren der Versorgungssicherheit der Gesellschaft mit den in § 7 BSI-Kritisverordnung genannten kritischen Dienstleistungen (Bargeldversorgung, kartengestützter Zahlungsverkehr, konventioneller Zahlungsverkehr sowie Verrechnung und Abwicklung von Wertpapier- und Derivatgeschäften) verstanden, da deren Ausfall oder Beeinträchtigung zu erheblichen Versorgungsengpässen oder zu Gefährdungen der öffentlichen Sicherheit führen könnte. Vgl. Verordnung zur Bestimmung Kritischer Infrastrukturen nach dem BSI-Gesetz (BSI-Kritisverordnung – BSI-KritisV) vom 22. April 2016 (BGBl. I S. 958), die zuletzt durch Artikel 1 der Verordnung vom 6. September 2021 (BGBl. I S. 4163) geändert worden ist.

4.3.3 Management der Beziehungen mit Zahlungsdienstnutzern

Wegen der besonderen Bedeutung des Zahlungsverkehrs werden an »Zahlungsdienstleister«[156] **172** ebenfalls besondere Anforderungen gestellt, die eine angemessene Pflege der Kundenbeziehungen mit »Zahlungsdienstnutzern« zum Ziel haben. So sollten die Zahlungsdienstleister Prozesse implementieren, mit deren Hilfe die Zahlungsdienstnutzer unterstützt und beraten werden und ihr Bewusstsein über die sicherheitsrelevanten Risiken in Bezug auf die Zahlungsdienste verbessert wird. Die angebotene Unterstützung und Beratung sollten im Hinblick auf neue Gefahren und Schwachstellen aktualisiert werden. Über Änderungen oder relevante Aktualisierungen der Sicherheitsverfahren sollten die Zahlungsdienstnutzer informiert werden. Die Unterstützung sollte sich auf alle Fragen, Unterstützungsanfragen, Benachrichtigungen über Unregelmäßigkeiten oder alle sicherheitsrelevanten Fragen hinsichtlich der Zahlungsdienste beziehen, wobei die Zahlungsdienstnutzer angemessen darüber informiert werden sollten, wie sie diese Unterstützung erhalten können. Wenn die Produktfunktionalität dies zulässt, sollte es den Zahlungsdienstnutzern gestattet sein, bestimmte Zahlungsfunktionen zu deaktivieren. Sofern Ausgabenobergrenzen für Zahlungsvorgänge mit dem Zahler vereinbart werden, sollte der Zahler die Möglichkeit haben, diese Obergrenzen bis zum vereinbarten Höchstbetrag anzupassen. Außerdem sollten die Zahlungsdienstnutzer die Möglichkeit haben, Warnungen bezüglich veranlasster oder fehlgeschlagener Versuche zur Auslösung von Zahlungsvorgängen zu erhalten, um eine betrügerische oder missbräuchliche Nutzung ihrer Konten erkennen können.[157]

Im Frühjahr 2021 hat die BaFin das geplante Rundschreiben »Zahlungsdiensteaufsichtliche **173** Anforderungen an die IT von Zahlungs- und E-Geld-Instituten« (ZAIT) konsultiert. Damit werden die IT-Anforderungen speziell für diese Institute konkretisiert. Die BaFin verweist darin auf die nach § 53 ZAG geforderten Risikominderungsmaßnahmen zur Beherrschung der operationellen und sicherheitsrelevanten Risiken (IKT- und Sicherheitsrisiken), die auch Maßnahmen betreffen, mit denen die Zahlungsdienstnutzer für die Reduzierung, insbesondere von Betrugsrisiken, direkt adressiert werden. Dazu ist ein angemessenes Management der Beziehungen mit den Zahlungsdienstnutzern zu etablieren. Das Modul 11 der ZAIT greift deshalb die Vorgaben der EBA fast wortgleich auf. Nachdem die ZAIT in der endgültigen Version veröffentlicht wurden, ist dieses Modul zusätzlich in die BAIT integriert worden.

Nach § 53 Abs. 1 ZAG haben die Zahlungsdienstleister angemessene Risikominderungsmaß- **174** nahmen und Kontrollmechanismen zur Beherrschung der operationellen und der sicherheitsrelevanten Risiken im Zusammenhang mit den von ihnen erbrachten Zahlungsdiensten einzurichten, aufrechtzuerhalten und anzuwenden. Dies umfasst wirksame Verfahren für die Behandlung von Störungen im Betriebsablauf, auch zur Aufdeckung und Klassifizierung schwerer Betriebs- und Sicherheitsvorfälle. Laut § 53 Abs. 2 ZAG haben die Zahlungsdienstleister der BaFin einmal jährlich eine aktuelle und umfassende Bewertung der operationellen und sicherheitsrelevanten Risiken im Zusammenhang mit den von ihnen erbrachten Zahlungsdiensten und hinsichtlich der Angemessenheit der Risikominderungsmaßnahmen und Kontrollmechanismen, die sie zur Beherrschung dieser Risiken ergriffen haben, zu übermitteln. Die BaFin kann gegenüber einem Zahlungsdienstleister festlegen, dass die Übermittlung dieser Bewertung in kürzeren Zeitabständen zu erfolgen hat.

---

156 Unter »Zahlungsdienstleistern« werden Institute verstanden, die »Zahlungsdienste« im Sinne des § 1 Abs. 1 Satz 2 ZAG erbringen. Vgl. Gesetz über die Beaufsichtigung von Zahlungsdiensten (Zahlungsdiensteaufsichtsgesetz – ZAG) vom 17. Juli 2017 (BGBl. I S. 2446), das zuletzt durch Artikel 5 des Gesetzes vom 25. Juni 2021 (BGBl. I S. 2083) geändert worden ist.

157 Vgl. European Banking Authority, Leitlinien für das Management von IKT- und Sicherheitsrisiken, EBA/GL/2019/04, 28. November 2019, S. 25.

4.4 IT-Strategie

175 Damit das Informationsrisikomanagement und das Informationssicherheitsmanagement (→ AT 7.2 Tz. 2) überhaupt greifen können, muss die Geschäftsleitung die IT-Organisation auch insgesamt angemessen steuern. Voraussetzung hierfür ist eine IT-Strategie, die dem Geschäftsmodell angemessen ist und in der IT-Organisation umgesetzt wird.[158] Die Geschäftsleitung hat daher nach Tz. 1.1 und 1.2 BAIT eine nachhaltige, mit der Geschäftsstrategie konsistente IT-Strategie festzulegen, in der die Ziele sowie die Maßnahmen zur Erreichung dieser Ziele dargestellt werden. Die Mindestinhalte der IT-Strategie werden an anderer Stelle näher erläutert (→ AT 4.2 Tz. 1).

4.5 Softwarebezug

176 Beim Bezug von Software sind die damit verbundenen Risiken angemessen zu bewerten. Der isolierte Bezug von Software ist i. d. R. als »sonstiger Fremdbezug von Leistungen« einzustufen. Allerdings sind mit dem Bezug von Software häufig auch Unterstützungsleistungen verbunden. Sofern die Software zur Identifizierung, Beurteilung, Steuerung, Überwachung und Kommunikation der Risiken eingesetzt wird oder die für die Durchführung von bankgeschäftlichen Aufgaben von wesentlicher Bedeutung ist, sind die damit verbundenen Unterstützungsleistungen als Auslagerung einzustufen. Soweit es sich dabei um eine Auslagerung handelt, hat das Institut die Bewertung der damit verbundenen Risiken im Rahmen einer »Risikoanalyse« vorzunehmen. Die Anforderungen an diese Risikoanalyse werden an anderer Stelle erläutert (→ AT 9 Tz. 2).

177 Sofern hingegen ein sonstiger Fremdbezug von IT-Dienstleistungen vorliegt, erwartet die deutsche Aufsicht gemäß Tz. 9.2 BAIT, dass das Institut aufgrund der grundlegenden Bedeutung der IT vorab eine »Risikobewertung« durchführt. Art und Umfang einer solchen Risikobewertung kann das Institut unter Proportionalitätsgesichtspunkten nach Maßgabe seines allgemeinen Risikomanagements flexibel festlegen.[159] Für gleichartige Formen des sonstigen Fremdbezugs von IT-Dienstleistungen kann auf bestehende Risikobewertungen zurückgegriffen werden. Bei der Risikobewertung müssen die für Informationssicherheit und Notfallmanagement verantwortlichen Funktionen des Institutes eingebunden werden.

178 Der sonstige Fremdbezug von IT-Dienstleistungen ist laut Tz. 9.3 BAIT im Einklang mit den Strategien unter Berücksichtigung der Risikobewertung zu steuern. Diesem Zweck dient eine vollständige, strukturierte Vertragsübersicht. Die Steuerung kann auf der Basis dieser Vertragsübersicht durch Bündelung von Verträgen des sonstigen Fremdbezugs von IT-Dienstleistungen (»Vertragsportfolio«) erfolgen. Bestehende Steuerungsmechanismen können hierzu genutzt werden. Die Erbringung der vom Dienstleister geschuldeten Leistung ist entsprechend der Risikobewertung zu überwachen.

179 Die aus der Risikobewertung abgeleiteten Maßnahmen sind nach Tz. 9.4 BAIT angemessen bei der Vertragsgestaltung zu berücksichtigen. Dies beinhaltet beispielsweise Vereinbarungen zum Informationsrisikomanagement, zum Informationssicherheitsmanagement, zum Notfallmanagement und zum IT-Betrieb, die im Regelfall den Zielvorgaben des Institutes entsprechen. Die Ergebnisse der Risikobewertung müssen bei der Beurteilung des operationellen Risikos berück-

---

158 Vgl. Held, Markus/Kokert, Josef, IT-Sicherheit – Erwartungen der Bankenaufsicht, in: BaFinJournal, Ausgabe November 2013, S. 22.

159 Die Risikobewertung gemäß Tz. 9.2 BAIT kann weniger detailliert, strukturiert und umfangreich ausfallen als eine Risikoanalyse nach AT 9 Tz. 2 MaRisk. Sofern ein Institut die Risikoanalyse auch für jeden IT-Fremdbezug durchführen möchte, so steht ihm dies selbstverständlich frei. Bei der Risikobewertung kann auf die Schutzbedarfsklassen Bezug genommen werden. Vgl. Bundesanstalt für Finanzdienstleistungsaufsicht, Protokoll der Sitzung des MaRisk-Fachgremiums am 15. März 2018, S. 5.

sichtigt werden und in angemessener Art und Weise in den Managementprozess des operationellen Risikos einfließen. Bei Relevanz wird auch die Möglichkeit eines Ausfalls eines IT-Dienstleisters berücksichtigt und eine diesbezügliche Exit- bzw. Alternativ-Strategie entwickelt und dokumentiert. Als erforderlich erkannte Maßnahmen sind auch im Fall der Einbindung von Subunternehmen des IT-Dienstleisters zu berücksichtigen. Die Risikobewertungen sind nach Tz. 9.5 BAIT regelmäßig und anlassbezogen zu überprüfen und ggf. inkl. der Vertragsinhalte anzupassen.

4.6   Aufsichtliche Überprüfung

Die Aufsichtsbehörden nutzen verschiedene Möglichkeiten, um sich über den Umgang der Institute mit IKT- und Sicherheitsrisiken zu informieren. Neben Vor-Ort-Prüfungen und der Berücksichtigung im Rahmen des aufsichtlichen Überprüfungs- und Bewertungsprozesses (Supervisory Review and Evaluation Process, SREP) verschicken sowohl die EZB als auch die BaFin an die von ihnen beaufsichtigten Institute Fragebögen, mit deren Hilfe das Management dieser Risiken auf Basis einer Selbsteinschätzung näher beleuchtet wird. Wie nicht zuletzt aus diesen Umfragen ersichtlich ist, werden die von der EBA vorgegebenen fünf Risikokategorien (IKT-Sicherheitsrisiko, IKT-Änderungsrisiko, IKT-Datenintegritätsrisiko, IKT-Verfügbarkeits- und Kontinuitätsrisiko, IKT-Auslagerungsrisiko) von den Aufsichtsbehörden berücksichtigt. **180**

Die Ergebnisse einer EZB-Umfrage im Rahmen des SREP (»IT Risk Questionnaire«, ITRQ), die im ersten Quartal 2019 durchgeführt wurde, sind am 24. Juli 2020 veröffentlicht worden.[160] Zudem hat die EZB die Institute und Verbände am 19. November 2020 im Rahmen einer Videokonferenz detailliert über die wesentlichen Erkenntnisse aus dieser Umfrage informiert. Verbesserungsbedürftig sind demnach insbesondere das Datenqualitätsmanagement und das IT-Risikomanagement. Als bedenklich wird der Einsatz und das Management von End-of-Life-Systemen (EOL-Systemen) für kritische Prozesse eingeschätzt. Zudem wird auf die besonderen Gefahren hingewiesen, die mit IT-Auslagerungen inklusive Cloud-Aktivitäten verbunden sind, sowohl durch Verluste aufgrund der Nichtverfügbarkeit oder schlechten Qualität der ausgelagerten Dienstleistungen als auch durch damit verbundene Risikokonzentrationen. Die EZB bezeichnet es daneben als wünschenswert, dass alle kritischen IT-Funktionen der Institute durch die interne IT-Revision geprüft werden. Offenbar ist auch der Umgang mit kritischen Feststellungen im Bereich der IT-Sicherheitsrisiken nicht zufriedenstellend, da die Mängel zum Teil längere Zeit nicht behoben werden. Schließlich hat die EZB angekündigt, sich verstärkt der kollektiven Eignung der Geschäftsleitung im Hinblick auf deren IT-Fachwissen zu widmen. **181**

Die BaFin und die Deutsche Bundesbank haben ebenfalls einen Fragebogen zu IKT-Risiken an ausgewählte weniger bedeutende Institute verschickt. Diese Umfrage wurde im Februar 2021 zunächst auf potenziell systemrelevante Institute (PSI) gemäß § 12 KWG und weniger bedeutende Institute mit hoher Priorität (»high priority less significant institutions«, HP LSI) beschränkt, im Mai 2021 aber mit einem leicht angepassten Fragebogen auf weitere national beaufsichtigte Institute ausgeweitet. Eine weitere Umfrage ist für 2022 bereits geplant, wobei der Fragenkatalog ggf. angepasst wird. **182**

---

160 Vgl. European Central Bank, Annual report on the outcome of the SREP IT Risk Questionnaire – Feedback to the industry, 24. Juli 2020.

5 Individuelle Datenverarbeitung und Datensicherheit (Tz. 5)

183   5 Die Anforderungen aus AT 7.2 sind auch beim Einsatz von durch Mitarbeiter des Fachbereiches entwickelten oder betriebenen Anwendungen (Individuelle Datenverarbeitung – »IDV«) entsprechend der Kritikalität der unterstützten Geschäftsprozesse und der Bedeutung der Anwendungen für diese Prozesse zu beachten. Die Festlegung von Maßnahmen zur Sicherstellung der Datensicherheit hat sich am Schutzbedarf der verarbeiteten Daten zu orientieren.

5.1 Umgang mit IDV

184   Den Vorgaben der EBA zufolge sollen die ermittelten Geschäftsfunktionen, Unterstützungsprozesse und IT-Assets unter Berücksichtigung der Schutzziele im Hinblick auf ihre »Kritikalität« (»criticality«) eingestuft werden.[161] Eng damit verbunden ist die Umsetzung verschiedener Anforderungen. Folglich wird von der deutschen Aufsicht gefordert, dass die Anforderungen aus AT 7.2 entsprechend der Kritikalität der unterstützten Geschäftsprozesse und der Bedeutung der Anwendungen für diese Prozesse auch beim Einsatz von »Individueller Datenverarbeitung« (IDV) zu beachten sind. Unter IDV sind die von Mitarbeitern des Fachbereiches entwickelten oder betriebenen Anwendungen zu verstehen.

185   Die deutsche Aufsicht hatte bereits mit der fünften MaRisk-Novelle klargestellt, dass die Anforderungen an die IT-Systeme auch für die IDV gelten. Hintergrund hierfür dürften die in der Praxis beobachteten Mängel bei der Nutzung von IDV-Anwendungen sein. IDV-Anwendungen wiesen u. a. höhere Fehlerquoten auf, die zudem oftmals erst später erkannt wurden. Außerdem waren die Entwicklungsdokumentation und Benutzerhandbücher oft unzureichend. Darüber hinaus fehlten häufig Zugriffsschutze und Berechtigungskonzepte. Ursachen hierfür sieht die deutsche Aufsicht in fehlenden standardisierten Entwicklungsprozessen, Schwierigkeiten bei der Wartung von IDV aufgrund der Mischung von Daten, Verarbeitungslogik und Darstellung, fehlenden adäquat dokumentierten Change-Prozessen zur Produktivsetzung sowie fehlenden Kontrollen, wenn ein einzelner Mitarbeiter sämtliche für den Einsatz einer IDV-Anwendung notwendigen Tätigkeiten durchführt.[162]

186   Die Aufsicht hat bei den Instituten in der Vergangenheit aber auch Probleme in der Umsetzung der Vorgaben an IDV-Anwendungen identifiziert, an deren Behebung seit einigen Jahren gearbeitet wird. So waren z. B. IDV-Register aufgrund ungenügender Klassifizierungskriterien und Kontrollen beim Erstaufnahme- bzw. Reviewprozess und fehlender Berücksichtigung von IDV-Anwendungen im IT-Bereich unvollständig. Mangelnde Trennschärfe von Kategorisierungskriterien, Schwächen im Kategorisierungskriterien-System oder nicht angemessen geregeltes »Downgrading« führten zu einer unangemessenen Kategorisierung von IDV. Außerdem haben ausreichende Vorgaben für den IDV-Einsatz gefehlt, wie z. B. Dokumentationsanforderungen, Programmierrichtlinien und Benutzerhandbücher. Ferner hat es an Kontrollprozessen hinsichtlich der Ein-

---

161 Vgl. European Banking Authority, Leitlinien für das Management von IKT- und Sicherheitsrisiken, EBA/GL/2019/04, 28. November 2019, S. 10.

162 Vgl. Englisch, Rainer, BAIT-Anforderungen bezüglich des IDV-Einsatzes in Banken – Beobachtungen aus der Prüfungspraxis, Präsentation anlässlich der Veranstaltung IT-Aufsicht bei Banken in Frankfurt am Main, 27. September 2018, S. 4.

haltung der Vorgaben gemangelt.[163] In den letzten Jahren hat sich diese Situation bereits gebessert. Die Institute sollten aber weitere Anstrengungen in diesem Bereich unternehmen, zumal immer wieder neue Herausforderungen zu bestehen sind.

5.2 Konkrete Anforderungen an IDV

Vor diesem Hintergrund wurden die Anforderungen an IDV-Anwendungen konkretisiert. So sind **187** laut Tz. 1.2 lit. f BAIT bereits in der IT-Strategie Aussagen zu IDV-Anwendungen zu treffen. Als Teil der Anwendungsentwicklung sind gemäß Tz. 7.6 BAIT auch für IDV-Anwendungen angemessene und risikoorientiert ausgestaltete Prozesse festzulegen, die Vorgaben zur Anforderungsermittlung, zum Entwicklungsziel, zur (technischen) Umsetzung inklusive Programmierrichtlinien, zur Qualitätssicherung, sowie zu Test, Abnahme und Freigabe enthalten. Darüber hinaus müssen die IDV-Anwendungen nach Tz. 7.13 BAIT einer Risikoklasse (Schutzbedarfsklasse) zugeordnet werden. Für die »Klassifizierung« bzw. »Kategorisierung« (Zuordnung zu einer Schutzbedarfsklasse) und den Umgang mit diesen Anwendungen ist ein angemessenes Verfahren festzulegen. Auf diese Weise sollen die Risiken institutsintern transparent werden, die aus dem Umgang mit diesen Anwendungen resultieren.[164] Übersteigt der ermittelte Schutzbedarf die technische Schutzmöglichkeit einer Anwendung, müssen in Abhängigkeit von den Ergebnissen der Schutzbedarfsklassifizierung Schutzmaßnahmen ergriffen werden. Die Einhaltung von Programmierrichtlinien muss auch für IDV-Anwendungen sichergestellt werden.

Ferner sind gemäß Tz. 7.14 BAIT z. B. in einer »IDV-Richtlinie« Vorgaben zur Identifizierung **188** aller IDV-Anwendungen, zur Dokumentation, zu den Programmierrichtlinien und zur Methodik des Testens, zur Schutzbedarfsfeststellung und zum Rezertifizierungsprozess der Berechtigungen zu regeln. Die deutsche Aufsicht erwartet, dass ein Institut alle IDV-Anwendungen, die insbesondere für bankgeschäftliche Prozesse, für die Risikosteuerung und -überwachung oder für Zwecke der Rechnungslegung Bedeutung haben, in einem zentralen Register führt.[165] Dabei sollten zumindest folgende Informationen erhoben werden:
- Name und Zweck der Anwendung
- Versionierung, Datumsangabe
- Fremd- oder Eigenentwicklung
- fachverantwortliche(r) Mitarbeiter
- technisch verantwortliche(r) Mitarbeiter
- Technologie
- Ergebnis der Risikoklassifizierung/Schutzbedarfseinstufung und ggf. die daraus abgeleiteten Schutzmaßnahmen.

---

163 Vgl. Englisch, Rainer, BAIT-Anforderungen bezüglich des IDV-Einsatzes in Banken – Beobachtungen aus der Prüfungspraxis, Präsentation anlässlich der Veranstaltung IT-Aufsicht bei Banken in Frankfurt am Main, 27. September 2018, S. 4.

164 Vgl. Essler, Renate/Gampe, Jens, IT-Sicherheit – Aufsicht konkretisiert Anforderungen an die Kreditwirtschaft, in: BaFinJournal, Ausgabe Januar 2018, S. 20.

165 Vgl. Essler, Renate/Gampe, Jens, IT-Sicherheit – Aufsicht konkretisiert Anforderungen an die Kreditwirtschaft, in: BaFinJournal, Ausgabe Januar 2018, S. 20.

5.3 Software-Eigenentwicklungen durch den Endanwender

189 Eigenentwicklungen von Software sind schon vor einigen Jahren stärker in den Fokus aufsichtlicher Prüfungshandlungen geraten. Vor diesem Hintergrund hat die BaFin im »Gesprächskreis kleiner Institute« mit Hilfe von Beispielen aufgezeigt, ab wann sie von einer Softwareentwicklung ausgeht und insofern die Anwendung des vorgeschriebenen Regelprozesses inkl. einer Trennung zwischen Produktions- und Testumgebung sowie die Freigabe der Softwareentwicklung unabhängig vom Anwender erwartet. Dazu rechnet die BaFin z. B. grundsätzlich die Verwendung von »Visual Basic for Appplications« (VBA), eine zu den Microsoft-Office-Programmen gehörende Skriptsprache. Bei der Verwendung von (Excel-)Formeln unterscheidet sie zwischen einfachen und komplexen Formeln. Mangels verwertbarer Hinweise in der Fachliteratur auf eine sinnvolle Abgrenzung orientiert sich die BaFin sinngemäß an den Vorgaben in § 238 Abs. 1 HGB. Demzufolge soll eine einfache Formel so beschaffen sein, dass sie einem sachverständigen, unabhängigen Dritten innerhalb angemessener Zeit ein Verständnis über die Funktionsweise und Zusammenhänge vermitteln kann. Andernfalls und in Zweifelsfällen sollte von einer komplexen Formel und damit von einer Software-Entwicklung durch den Endanwender ausgegangen werden. Insbesondere ist in derartigen Fällen neben der Fachseite zwingend auch die technische Seite einzubinden und eine Dokumentation zu erstellen.[166]

5.4 Sicherstellung der Datensicherheit

190 Die Festlegung von Maßnahmen zur Sicherstellung der »Datensicherheit« hat sich in jedem Fall am Schutzbedarf der verarbeiteten Daten zu orientieren. Das ergibt sich bereits aus der Definition, weil die »Datensicherheit« bzw. »Informationssicherheit« den Schutz von Daten hinsichtlich gegebener Anforderungen an deren Vertraulichkeit, Verfügbarkeit und Integrität bezeichnet, also auf die Schutzziele abstellt.[167] Deshalb werden diese Begriffe häufig auch unter dem Stichwort »Datensicherheit« zusammengefasst. Auf die Feststellung des Schutzbedarfes und die Festlegung angemessener Maßnahmen wird an anderer Stelle ausführlich eingegangen (→ AT 7.2 Tz. 2). Mit Blick auf die Datensicherheit müssen bereits im Rahmen der Anwendungsentwicklung gemäß Tz. 7.8 BAIT nach Maßgabe des Schutzbedarfes angemessene Vorkehrungen im Hinblick darauf getroffen werden, dass nach Produktivsetzung der Anwendung die Vertraulichkeit, Integrität, Verfügbarkeit und Authentizität der zu verarbeitenden Daten nachvollziehbar sichergestellt werden.

5.5 Umgang mit dem Datenschutz

191 In Abgrenzung zur »Datensicherheit« geht es beim »Datenschutz« um den Schutz personenbezogener Daten vor etwaigem Missbrauch durch Dritte. Damit soll der Einzelne davor geschützt werden, dass er durch den Umgang mit seinen personenbezogenen Daten in seinem Persönlichkeitsrecht beeinträchtigt wird. Die englische Bezeichnung für »Datenschutz« ist »Data Protection«

---

166 Vgl. Bundesanstalt für Finanzdienstleistungsaufsicht, Protokoll der 20. Sitzung des Gesprächskreises kleiner Institute am 12. September 2012, S. 2 f.

167 Vgl. Bundesamt für Sicherheit in der Informationstechnik, IT-Grundschutz-Kompendium, Glossar, Köln, 15. Februar 2021, S. 2.

als Rechtsbegriff bzw. »Privacy« mit Betonung auf dem Schutz der Privatsphäre. Das »Datenschutz-Management« betrifft alle notwenigen Prozesse zur Sicherstellung der Umsetzung der gesetzlichen Anforderungen des Datenschutzes bei der Planung, Einrichtung, dem Betrieb und nach der Außerbetriebnahme von Verfahren zur Informationsverarbeitung.[168]

Von zentraler Bedeutung für den »Datenschutz« ist laut BSI insbesondere Art. 5 DSGVO, der die Grundsätze für die Verarbeitung personenbezogener Daten auflistet, die teilweise auch als Schutzziele ausgewiesen sind.[169] Laut Art. 5 Abs. 1 DSGVO müssen personenbezogene Daten **192**

a) auf rechtmäßige Weise, nach Treu und Glauben und in einer für die betroffene Person nachvollziehbaren Weise verarbeitet werden (»Rechtmäßigkeit, Verarbeitung nach Treu und Glauben, Transparenz«);

b) für festgelegte, eindeutige und legitime Zwecke erhoben werden und dürfen nicht in einer mit diesen Zwecken nicht zu vereinbarenden Weise weiterverarbeitet werden; eine Weiterverarbeitung für im öffentlichen Interesse liegende Archivzwecke, für wissenschaftliche oder historische Forschungszwecke oder für statistische Zwecke gilt gemäß Art. 89 Abs. 1 DSGVO nicht als unvereinbar mit den ursprünglichen Zwecken (»Zweckbindung«);

c) dem Zweck angemessen und erheblich sowie auf das für die Zwecke der Verarbeitung notwendige Maß beschränkt sein (»Datenminimierung«);

d) sachlich richtig und erforderlichenfalls auf dem neuesten Stand sein; es sind alle angemessenen Maßnahmen zu treffen, damit personenbezogene Daten, die im Hinblick auf die Zwecke ihrer Verarbeitung unrichtig sind, unverzüglich gelöscht oder berichtigt werden (»Richtigkeit«);

e) in einer Form gespeichert werden, die die Identifizierung der betroffenen Personen nur so lange ermöglicht, wie es für die Zwecke, für die sie verarbeitet werden, erforderlich ist; personenbezogene Daten dürfen länger gespeichert werden, soweit die personenbezogenen Daten vorbehaltlich der Durchführung geeigneter technischer und organisatorischer Maßnahmen, die von dieser Verordnung zum Schutz der Rechte und Freiheiten der betroffenen Person gefordert werden, ausschließlich für im öffentlichen Interesse liegende Archivzwecke oder für wissenschaftliche und historische Forschungszwecke oder für statistische Zwecke gemäß Art. 89 Abs. 1 DSGVO verarbeitet werden (»Speicherbegrenzung«);

f) in einer Weise verarbeitet werden, die eine angemessene Sicherheit der personenbezogenen Daten gewährleistet, einschließlich Schutz vor unbefugter oder unrechtmäßiger Verarbeitung und vor unbeabsichtigtem Verlust, unbeabsichtigter Zerstörung oder unbeabsichtigter Schädigung durch geeignete technische und organisatorische Maßnahmen (»Integrität und Vertraulichkeit«).

Der Verantwortliche ist gemäß Art. 5 Abs. 2 DSGVO für die Einhaltung dieser Anforderungen **193**
zuständig und muss sie nachweisen können (»Rechenschaftspflicht«).

---

168 Vgl. Bundesamt für Sicherheit in der Informationstechnik, IT-Grundschutz-Kompendium, Glossar, Köln, 15. Februar 2021, S. 2.

169 Vgl. Bundesamt für Sicherheit in der Informationstechnik, IT-Grundschutz-Kompendium, CON.2: Datenschutz, Köln, 15. Februar 2021, S. 1.

AT 7.3 Notfallmanagement

1	**Notfallkonzept als Kernelement des Notfallmanagements (Tz. 1)**	1
1.1	Bedeutung des Notfallmanagements	2
1.2	Ziele, Prozess und Verantwortlichkeiten	7
1.3	Vorsorge für zeitkritische Aktivitäten und Prozesse	16
1.3.1	Abgrenzung von Schadensereignissen	17
1.3.2	Vorfallmanagement	24
1.3.3	Identifikation zeitkritischer Aktivitäten und Prozesse	29
1.3.4	Beispiele für Notfallszenarien	39
1.3.5	Inhalt des Notfallkonzeptes	42
1.4	Weitere Rahmenbedingungen	50
2	**Geschäftsfortführungs- und Wiederherstellungspläne (Tz. 2)**	53
2.1	Bedeutung von Geschäftsfortführungs- und Wiederherstellungsplänen	54
2.1.1	Geschäftsfortführungspläne	56
2.1.2	Wiederherstellungspläne	61
2.1.3	IT-Notfallpläne	64
2.2	Notfallszenarien	69
2.3	Verbundene Festlegungen	71
2.4	Kommunikation	73
2.5	Berücksichtigung ausgelagerter Aktivitäten und Prozesse	78
2.6	Umgang mit einer Pandemie	84
3	**Überprüfungen des Notfallkonzeptes (Tz. 3)**	86
3.1	Wirksamkeit und Angemessenheit des Notfallkonzeptes	87
3.2	Überprüfungsturnus	93
3.3	Vorgegebene Notfallszenarien	97
3.4	Vorgegebene Tests und Übungen	101
3.5	Auswertung der Tests und Übungen	107
3.6	IKT-Verfügbarkeits- und Kontinuitätsrisiken im SREP	109

1 Notfallkonzept als Kernelement des Notfallmanagements (Tz. 1)

1 Das Institut hat Ziele zum Notfallmanagement zu definieren und hieraus abgeleitet einen **1** Notfallmanagementprozess festzulegen. Für Notfälle in zeitkritischen Aktivitäten und Prozessen ist Vorsorge zu treffen (Notfallkonzept). Die im Notfallkonzept festgelegten Maßnahmen müssen dazu geeignet sein, das Ausmaß möglicher Schäden zu reduzieren. Das Notfallkonzept ist anlassbezogen zu aktualisieren, jährlich auf Aktualität zu überprüfen und angemessen zu kommunizieren. Die Geschäftsleitung hat sich mindestens quartalsweise und anlassbezogen über den Zustand des Notfallmanagements schriftlich berichten zu lassen.

1.1 Bedeutung des Notfallmanagements

Naturkatastrophen, Terroranschläge, Pandemien oder Hackerangriffe können Unterbrechungen **2** der innerbetrieblichen Geschäftsabläufe zur Folge haben, die sich im Extremfall aufgrund der Vernetzung der internationalen Finanzmärkte zu globalen Krisen ausweiten. Aber auch weniger spektakuläre Ereignisse können bei Instituten zu gravierenden Beeinträchtigungen führen, wie z. B. technische Störungen bei Rechenzentren. Aus derartigen Beeinträchtigungen resultieren nicht nur erhebliche Kosten, sondern ggf. auch Reputationsverluste, die sich nachhaltig auf das Institut auswirken können. Viele Institute wappnen sich schon aus eigenem Interesse gegen die Folgen solcher Ereignisse durch die Einrichtung eines Notfallmanagements.[1] Das Ziel des Notfallmanagements besteht darin, die schädigende Wirkung eines Ereignisses rechtzeitig einzudämmen, damit eine drohende vorübergehende oder dauerhafte Störung oder sogar der wirtschaftliche Ruin vermieden werden. Mit Hilfe des Notfallmanagements soll genau das gespart werden, was ein Institut in einer kritischen Situation am wenigsten hat, nämlich Zeit zur Problemlösung und zur Aufrechterhaltung der Handlungsfähigkeit.[2]

Der Notwendigkeit solcher Vorkehrungen wird auch auf Baseler Ebene ein immer größerer **3** Stellenwert eingeräumt.[3] In der deutschen Regulierungspraxis waren Notfallpläne, bezogen auf das Kredit- und Handelsgeschäft, bereits Gegenstand der MaK und der MaH.[4] Durch die MaRisk wird das Erfordernis des Notfallmanagements geschäftsartenunabhängig formuliert. Der Gesetzgeber hat dies im Rahmen der Umsetzung der MiFID und ihrer begleitenden Durchführungsrichtlinie im Gesetz nachvollzogen. Ein angemessenes und wirksames Risikomanagement schließt nach § 25a Abs. 1 Satz 3 Nr. 5 KWG auch die Festlegung eines angemessenen Notfallmanagements ein, insbesondere für die IT-Systeme. Die deutsche Aufsicht hat die Bedeutung des Notfallmanagements auch in den BAIT betont. Gemäß Tz. 1.2 lit. e BAIT erwartet sie, dass in der IT-Strategie Aussagen zum IT-Notfallmanagement unter Berücksichtigung der Informationssicherheitsbelange getroffen werden. Mit der BAIT-Novelle im Jahr 2021 wurden zudem die Anforderungen an die Ausgestaltung des

1 Vgl. Deloitte Touch Tohmatsu, 2005 Global Security Survey, 2005, S. 32.
2 Vgl. Bockslaff, Klaus/Lüders, Uwe, Notfallplanung in Kreditinstituten, in: Risikomanager, Heft 1/2006, S. 20.
3 Vgl. The Joint Forum, High-level principles for business continuity, 29. August 2006.
4 Vgl. Bundesanstalt für Finanzdienstleistungsaufsicht, Mindestanforderungen an das Kreditgeschäft der Kreditinstitute (MaK), Rundschreiben 34/2002 (BA) vom 20. Dezember 2002, Tz. 90; Bundesaufsichtsamt für das Kreditwesen, Mindestanforderungen an das Betreiben von Handelsgeschäften der Kreditinstitute (MaH), Verlautbarung vom 23. Oktober 1995, Abschnitt 3.4.

AT 7.3 Notfallmanagement

IT-Notfallmanagements konkretisiert. Die BAIT enthalten seitdem auch Vorgaben zu den Rahmenbedingungen des IT-Notfallmanagements, IT-Notfallplänen und IT-Notfalltest.

4   Die Begriffe »Notfallmanagement« und »Geschäftsfortführungsmanagement« werden in der Fachliteratur häufig synonym verwendet, manchmal aber auch voneinander abgegrenzt. Als englische Übersetzung wird im Zusammenhang mit dem Finanzwesen in beiden Fällen »Business Continuity Management« (BCM) verwendet, was eine Abgrenzung zusätzlich erschwert. Das ist allerdings auch gleichzeitig der Kern des Problems. Die meist englischsprachigen Regelwerke verwenden alle den Begriff »Business Continuity Management«, der in den deutschsprachigen Fassungen oftmals mit »Geschäftsfortführungsmanagement« übersetzt wird. Das Notfallmanagement dient den Zielen, einen Notfall möglichst von vornherein zu vermeiden (»Notfallvorsorge«) und die mit einem konkreten Notfall verbundenen Schäden in vertretbaren Grenzen zu halten sowie für eine schnellstmögliche Rückkehr zum Regelbetrieb zu sorgen (»Notfallbewältigung«). Die Notfallbewältigung als Teil des gesamten Notfallmanagements wird in einigen Fällen mit dem Geschäftsfortführungsmanagement gleichgesetzt, weil die Geschäftsfortführungsplanung ein Kernbestandteil der Notfallbewältigung ist. Letztlich ist die Abgrenzung der Begriffe aber eine akademische Diskussion. Entscheidend für die Institute ist die Frage, welche Anforderungen sie unter dem Stichwort »Notfallmanagement« nach den MaRisk erfüllen müssen.[5]

5   Diesbezüglich stellt die deutsche Aufsicht seit der sechsten MaRisk-Novelle vor allem auf die EBA-Leitlinien für das Management von IKT- und Sicherheitsrisiken ab. Die EBA erwartet danach von den Instituten, dass sie ein solides »Geschäftsfortführungsmanagement« (»Business Continuity Management«) einrichten, um ihre Fähigkeit zur kontinuierlichen Erbringung von Dienstleistungen zu maximieren und Verluste im Falle einer schwerwiegenden Betriebsunterbrechung zu begrenzen.[6] Ergänzend verweist sie auf die relevanten Vorgaben der CRD IV und der EBA-Leitlinien zur internen Governance. Gemäß Art. 85 Abs. 2 CRD IV müssen die Institute über »Notfall- und Betriebskontinuitätspläne« verfügen, die bei einer schwerwiegenden Betriebsunterbrechung die Fortführung der Geschäftstätigkeit und die Begrenzung von Verlusten sicherstellen. In den EBA-Leitlinien zur internen Governance wird mit derselben Zielrichtung ein solider Managementplan zur Aufrechterhaltung des Geschäftsbetriebes gefordert.[7]

6   Das Bundesamt für Sicherheit in der Informationstechnik (BSI) wird seinen Standard 100-4 zum »Notfallmanagement« in Kürze durch den neuen Standard 200-4 zum »Business Continuity Management« (BCM) ablösen. Ziel des BCM ist die Sicherstellung, dass der Geschäftsbetrieb selbst bei massiven Schadensereignissen nicht unterbrochen wird (Prävention) oder nach einem Ausfall in angemessener Zeit fortgeführt werden kann (Reaktion).[8] Damit stellt das BSI sowohl auf die Notfallvorsorge als auch auf die Notfallbewältigung ab.[9] Es sei darauf hingewiesen, dass zur Notfallvorsorge auch zahlreiche Maßnahmen gehören, die im Zusammenhang mit den Anforderungen an die technisch-organisatorische Ausstattung erläutert werden (→ AT 7.2).

---

5   Für weitere Informationen zum Business Continuity Management und eine Diskussion verschiedener Praxisfälle siehe auch The Joint Forum, High-level principles for business continuity, 29. August 2006.

6   Vgl. European Banking Authority, Leitlinien für das Management von IKT- und Sicherheitsrisiken, EBA/GL/2019/04, 28. November 2019, S. 21.

7   Vgl. European Banking Authority, Leitlinien zur internen Governance, EBA/GL/2017/11, 21. März 2018, S. 49 f.

8   Vgl. Bundesamt für Sicherheit in der Informationstechnik, BSI-Standard 200-4, Business Continuity Management, Community Draft, Köln, 1. Februar 2021, S. 6 f.

9   Nach der Definition des BSI bezeichnet das »Business Continuity Management« (BCM) allerdings alle organisatorischen, technischen und personellen Maßnahmen, die zur Fortführung des Kerngeschäftes eines Institutes nach Eintritt eines Notfalls bzw. eines Sicherheitsvorfalls dienen. Zudem unterstützt das BCM die sukzessive Fortführung der Geschäftsprozesse bei länger anhaltenden Ausfällen oder Störungen. Vgl. Bundesamt für Sicherheit in der Informationstechnik, IT-Grundschutz-Kompendium, Glossar, Köln, 15. Februar 2021, S. 2. Bei dieser Definition geht es also ausschließlich um die Notfallbewältigung und nicht um die Notfallvorsorge.

1.2 Ziele, Prozess und Verantwortlichkeiten

Das Institut hat Ziele zum Notfallmanagement zu definieren und hieraus abgeleitet einen Notfall- **7**
managementprozess festzulegen. Die Ziele zum Notfallmanagement ergeben sich im Grunde
bereits aus dessen Definition und den damit verbundenen Aufgabenstellungen zur Notfallvorsorge
und zur Notfallbewältigung. Die Verantwortlichkeiten, Ziele und Maßnahmen zur Fortführung
bzw. Wiederherstellung der zeitkritischen Aktivitäten und Prozesse sollen im »Notfallkonzept«
konkretisiert werden (→ AT 7.3 Tz. 2, Erläuterung). Aus den weiteren Anforderungen folgt, dass
bestimmte Prozessbestandteile zwingend zu berücksichtigen sind. Diese Prozessbestandteile
werden auch von der EBA erwähnt.

Bei der Festlegung des Prozesses zum Notfallmanagement kann auf die Vorgaben der EBA aus **8**
den beiden relevanten Leitlinien zurückgegriffen werden. Der Managementplan zur Geschäftsfortführung läuft darauf hinaus, die potenziellen Gefährdungen mit ihren Ursachen und Auswirkungen zu analysieren sowie geeignete Maßnahmen festzulegen, um die für die Geschäftstätigkeit
eines Institutes entscheidenden Ressourcen zu schützen, wie z. B. die IT-Systeme, einschließlich
Cloud-Diensten, die Kommunikationssysteme, die zentralen Personalressourcen und die Gebäude. Zur Festlegung solider Maßnahmen sollte ein Institut also zunächst sorgfältig analysieren,
inwieweit es durch schwerwiegende Betriebsstörungen gefährdet ist und welche potenziellen
Auswirkungen damit verbunden sind. Die Maßnahmen für die Geschäftsfortführung dienen dazu,
die operativen, finanziellen, rechtlichen, Reputations- und sonstigen wesentlichen Folgen eines
Versagens oder eines längeren Ausfalls dieser Ressourcen und der sich daraus ergebenden Unterbrechung der üblichen Geschäftsabläufe des Institutes zu mindern (Notfallbewältigung). Weitere
Maßnahmen könnten darauf abzielen, die Wahrscheinlichkeit solcher Zwischenfälle zu verrin-
gern oder deren finanzielle Auswirkungen, z. B. durch Versicherungen, auf Dritte zu übertragen
(Notfallvorsorge). Auf Basis der Auswirkungsanalysen sollten die Institute verschiedene Pläne
ausarbeiten, die insgesamt darauf hinauslaufen, angemessen auf Notsituationen reagieren zu
können und die wichtigsten Geschäftstätigkeiten im Fall einer Unterbrechung der üblichen
Geschäftsabläufe aufrechtzuerhalten (Geschäftsfortführungspläne) sowie entscheidende kritische
Ressourcen wiederherzustellen, um innerhalb einer angemessenen Zeitspanne die üblichen
Geschäftsabläufe wieder aufnehmen zu können (Wiederherstellungspläne). Mögliche Restrisiken
aufgrund potenzieller Geschäftsunterbrechungen sollten mit dem Risikoappetit des Institutes
vereinbar sein.[10] Als wesentliche Bestandteile des Geschäftsfortführungsmanagements werden
von der EBA folglich Analysen der potenziellen Gefährdungen und deren Auswirkungen (»Business Impact Analysen«, BIA), »Geschäftsfortführungspläne« und »Wiederherstellungspläne«, das
regelmäßige Testen dieser Pläne und eine wirksame Krisenkommunikation genannt.[11] Diese
Bestandteile können als Prozess für das Notfallmanagement verstanden werden und werden im
Folgenden näher erläutert.

Die Ziele und die Rahmenbedingungen des »IT-Notfallmanagements« sind gemäß Tz. 10.2 BAIT **9**
auf Basis der Ziele des Notfallmanagements festzulegen. Die Rahmenbedingungen enthalten u. a.
organisatorische Aspekte wie z. B. Schnittstellen zu anderen Bereichen. Das betrifft u. a. das
Risikomanagement oder das Informationssicherheitsmanagement. Ob zwischen dem allgemeinen
Notfallmanagement und dem IT-Notfallmanagement überhaupt unterschieden werden sollte,
müssen die Institute individuell entscheiden. Schließlich hängt das Notfallmanagement eines
Institutes stark von der Informations- und Kommunikationstechnologie ab.

Ein professioneller Prozess zum Notfallmanagement reduziert also die Auswirkungen eines **10**
Notfalls und sichert somit den Betrieb und den Fortbestand des Institutes. Es sind geeignete

---

10 Vgl. European Banking Authority, Leitlinien zur internen Governance, EBA/GL/2017/11, 21. März 2018, S. 50 f.
11 Vgl. European Banking Authority, Leitlinien für das Management von IKT- und Sicherheitsrisiken, EBA/GL/2019/04,
    28. November 2019, S. 22 ff.

AT 7.3 Notfallmanagement

Maßnahmen zu identifizieren und umzusetzen, durch die zeitkritische Aktivitäten und Prozesse robuster und ausfallsicherer werden (»Notfallvorsorge«). Außerdem sollten diese Maßnahmen ermöglichen, einen Notfall schnell und zielgerichtet zu bewältigen (»Notfallbewältigung«). Die Aufrechterhaltung der Informationssicherheit im Notfall sollte in ein übergreifendes Notfallmanagement, idealerweise in ein Notfallmanagementsystem, eingebunden werden. Das Notfallmanagement sollte laut BSI auch einen eigenen Prozessverantwortlichen haben (»Notfallbeauftragter«), der sich mit dem Informationssicherheitsbeauftragten abstimmt.[12] Der »Notfallbeauftragte« soll alle Aktivitäten rund um die Notfallvorsorge steuern und bei den damit verbundenen Aufgaben mitwirken. Insbesondere ist er für die Erstellung, Umsetzung, Pflege und Betreuung des institutionsweiten Notfallmanagements und der zugehörigen Dokumente, Regelungen und Maßnahmen zuständig. Er muss zudem den Gesamtablauf der Notfallbewältigung nach einem Schadensereignis analysieren (→ AT 7.3 Tz. 1).[13]

11   Der »Notfallbeauftragte« wird im neuen BSI-Standard »BCM-Beauftragter« (BCMB) genannt. Andere übliche Bezeichnungen sind »Business Continuity Manager« oder »Notfallmanager«. Das BSI weist allerdings darauf hin, dass insbesondere die Bezeichnung »Notfallmanager« zu der fälschlichen Annahme führen könnte, dass der Rolleninhaber die Notfallbewältigung steuert, obwohl diese Rolle i. d. R. innerhalb der Notfallvorsorge tätig ist. Der BCMB ist der Hauptansprechpartner für alle Aspekte rund um das BCM. Er koordiniert sämtliche mit BCM zusammenhängenden Aufgaben und treibt sie innerhalb des Institutes voran. Laut BSI sollte die Position des BCMB organisatorisch als Stabsstelle eingerichtet werden, also als eine direkt der Geschäftsleitung zugeordnete Position, die von keinen anderen Stellen Weisungen erhält. Ähnlich wie bei den besonderen Funktionen sollte der BCMB ein direktes und jederzeitiges Vorspracherecht bei der Geschäftsleitung haben, um diese über BCM-relevante Ereignisse und Risiken sowie Maßnahmen zum BCM informieren zu können. Außerdem muss er über das Geschehen im Institut mit Bezug zu seiner Tätigkeit umfassend und frühzeitig unterrichtet werden. Das BSI hält es zur Vermeidung von Interessenkonflikten nicht für sinnvoll, den BCMB in einer Organisationseinheit in der Linie (z. B. IT-Abteilung oder Verwaltung) anzusiedeln.[14]

12   Das BSI verweist auf die vielfältigen Berührungspunkte des Business Continuity Managements zu anderen Aufgaben, insbesondere dem Sicherheits-, dem Informationssicherheits- und dem Risikomanagement. Wenn die Geschäftsleitung auf eine enge Zusammenarbeit mit verwandten Bereichen achtet, können Synergieeffekte, z. B. anhand einer Gesamtsicherheitsstrategie, genutzt werden. Dies kann dazu beitragen, dass das BCM wirtschaftlich und effektiv umgesetzt wird.[15]

13   Die Verantwortlichkeiten sollen im Notfallkonzept festgelegt werden (→ AT 7.3 Tz. 2, Erläuterung). In diesem Zusammenhang wird auch in den EBA-Leitlinien zur internen Governance als Option die Einrichtung einer spezifischen unabhängigen »Funktion für die Geschäftsfortführung« genannt, also eines Notfallbeauftragten. Diese Funktion kann z. B. als Teil der Risikocontrolling-Funktion etabliert werden, was auf eine Ansiedlung in der zweiten Verteidigungslinie hinausläuft.[16] Allerdings besteht nach sämtlichen einschlägigen EBA-Leitlinien keine Pflicht zur Benennung eines derartigen Beauftragten.

14   Bei der Festlegung der Rollen und Verantwortlichkeiten für die Bewältigung von Betriebsstörungen sollten nach den Vorstellungen des BCBS klare Vorgaben für die Verteilung der Zuständigkeiten im Falle einer Störung gemacht werden, von der wichtige Mitarbeiter betroffen sind. Darüber hinaus

---

12 Vgl. Bundesamt für Sicherheit in der Informationstechnik, IT-Grundschutz-Kompendium, DER.4: Notfallmanagement, Köln, 15. Februar 2021, S. 1.

13 Vgl. Bundesamt für Sicherheit in der Informationstechnik, IT-Grundschutz-Kompendium, Rollen, Köln, 15. Februar 2021, S. 2.

14 Vgl. Bundesamt für Sicherheit in der Informationstechnik, BSI-Standard 200-4, Business Continuity Management, Community Draft, Köln, 1. Februar 2021, S. 34 f.

15 Vgl. Bundesamt für Sicherheit in der Informationstechnik, BSI-Standard 200-4, Business Continuity Management, Community Draft, Köln, 1. Februar 2021, S. 34 f.

16 Vgl. European Banking Authority, Leitlinien zur internen Governance, EBA/GL/2017/11, 21. März 2018, S. 50.

sollten diese Pläne den internen Entscheidungsprozess klar darlegen.[17] Insgesamt erfordert ein solides und wirksames Geschäftsfortführungsmanagement sowohl eine starke Einbindung der Geschäftsleitung und der Leiter der Geschäftseinheiten in seine Umsetzung, als auch ein entsprechendes Engagement der ersten und zweiten Verteidigungslinie bei der Ausgestaltung und eine regelmäßige Überprüfung durch die dritte Verteidigungslinie.[18]

Üblicherweise werden die Schadensereignisse durch die »allgemeine Aufbauorganisation« (AAO) im täglichen Geschäftsbetrieb (Normalbetrieb)[19] behoben, bei der die Zuständigkeiten, der hierarchische Aufbau sowie die Kommunikations- und Entscheidungswege festgelegt sind. Einschränkungen, Unterbrechungen oder Ausfälle des Normalbetriebes können jedoch so gravierend sein, dass sie durch die AAO und deren Strukturen nicht mehr bewältigt werden können. In diesem Fall wird i. d. R. eine »besondere Aufbauorganisation« (BAO) eingesetzt, die zeitlich begrenzt ist, um auf außergewöhnliche Situationen angemessen und schnell zu reagieren. Deren Zuständigkeiten, Hierarchien sowie Kommunikations- und Entscheidungswege weichen vom Normalbetrieb ab.[20] **15**

1.3 Vorsorge für zeitkritische Aktivitäten und Prozesse

Die Institute haben sicherzustellen, dass für Notfälle in zeitkritischen Aktivitäten und Prozessen Vorsorge getroffen wird. Für diese Zwecke wird ein Notfallkonzept gefordert. Insofern geht es für das einzelne Institut zunächst darum, sich darüber klar zu werden, was unter einem Notfall verstanden wird, und zeitkritische Aktivitäten und Prozesse zu identifizieren. Dabei sind auch die ausgelagerten Aktivitäten und Prozesse zu berücksichtigen. **16**

1.3.1 Abgrenzung von Schadensereignissen

Um einen »Notfall« richtig einordnen zu können, ist es hilfreich, sich einen Überblick über die verschiedenen Ursachen für Unterbrechungen von Geschäftsprozessen und deren mögliche Auswirkungen zu verschaffen. Hilfestellung liefert das Bundesamt für Sicherheit in der Informationstechnik (BSI). Den Definitionen vom BSI zufolge können verschiedene »Schadensereignisse« betrachtet und hinsichtlich ihrer Auswirkungen voneinander abgegrenzt werden. Zusätzlich werden die Auswirkungen in einen zeitlichen Bezug gesetzt, um die verschiedenen Schadensereignisse schnell voneinander unterscheiden zu können. Die Fragestellung, ob ein Geschäftsprozess zeitkritisch ist, berücksichtigt ebenfalls beide Aspekte.[21] **17**

Bei einer »Störung« stehen die Prozesse oder Ressourcen eines Institutes nicht wie vorgesehen zur Verfügung. Störungen werden i. d. R. innerhalb des Normalbetriebes durch die »Störungsbeseitigung« oder das »Vorfallmanagement« behoben. Dafür genügt die allgemeine Aufbauorganisation (AAO). Störungen sind daher auch nicht Teil des »Business Continuity Managements« (BCM). Sie können sich jedoch zu einem Notfall ausweiten und sollten deshalb zeitnah behoben werden.[22] **18**

---

17 Vgl. Basel Committee on Banking Supervision, Principles for Operational Resilience, BCBS 516, 31. März 2021, S. 5f.
18 Vgl. Basel Committee on Banking Supervision, Revisions to the Principles for the Sound Management of Operational Risk, BCBS 515, 31. März 2021, S. 17.
19 Die Begriffe »Regelbetrieb« und »Normalbetrieb« werden im Kommentar synonym verwendet.
20 Vgl. Bundesamt für Sicherheit in der Informationstechnik, BSI-Standard 200-4, Business Continuity Management, Community Draft, Köln, 1. Februar 2021, S. 10.
21 Vgl. Bundesamt für Sicherheit in der Informationstechnik, BSI-Standard 200-4, Business Continuity Management, Community Draft, Köln, 1. Februar 2021, S. 10ff.
22 Vgl. Bundesamt für Sicherheit in der Informationstechnik, BSI-Standard 200-4, Business Continuity Management, Community Draft, Köln, 1. Februar 2021, S. 11.

AT 7.3 Notfallmanagement

19   Ein »Notfall« ist eine Unterbrechung des Geschäftsbetriebes, die mindestens einen zeitkritischen Geschäftsprozess betrifft, der nicht im Normalbetrieb innerhalb der maximal tolerierbaren Ausfallzeit wiederhergestellt werden kann. Notfälle können allerdings schon eintreten, bevor das Schadensereignis zu einer Unterbrechung des Geschäftsbetriebes führt. Es genügt die Gefahr, dass durch das Schadensereignis der Geschäftsbetrieb unterbrochen wird. Notfälle können im Gegensatz zu Störungen nicht im Normalbetrieb abgewickelt werden. Ihre Bewältigung erfordert daher eine besondere Aufbauorganisation (BAO). Für Notfälle liegen entweder geeignete Pläne zur Bewältigung vor oder bestehende Pläne können adaptiert werden. Die Aufgaben des »Business Continuity Managements« (BCM) bestehen darin, eine entsprechende BAO zu planen und die zur Bewältigung der Szenarien erforderlichen Notfallpläne zu erstellen.[23]

20   Als »Krise« wird ein (typischerweise einmaliges) Schadensereignis bezeichnet, das sich in massiver Weise negativ auf das Institut auswirkt und dessen Auswirkungen ebenfalls nicht im Normalbetrieb bewältigt werden können. Krisen können unmittelbar auftreten oder aus einer Störung bzw. einem Notfall heraus eskalieren. Im Gegensatz zu einem Notfall liegen zur Bewältigung einer Krise jedoch keine spezifischen Notfallpläne vor, sondern lediglich Rahmenanweisungen und -bedingungen. Ebenso können vorhandene Notfallpläne nicht oder nur bedingt adaptiert werden oder greifen schlicht nicht. Für das »Business Continuity Management« (BCM) sind diese Szenarien nicht planbar. Das BCM trägt aber dazu bei, den Geschäftsbetrieb des Institutes beeinträchtigende Krisen operativ zu bewältigen. Innerhalb des Institutes wird die Krise durch eingeleitete Maßnahmen der BAO bewältigt.[24] In diesem Fall muss das »Krisenmanagement« aktiv werden, das die Schaffung von konzeptionellen, organisatorischen und verfahrensmäßigen Voraussetzungen betrifft, die eine schnellstmögliche Zurückführung der eingetretenen außergewöhnlichen Situation in den Normalzustand unterstützen.[25] Zudem ist es möglich, dass sich Krisen nicht nur auf das Institut, sondern auch darüber hinaus auswirken. Außerdem treten bei der Bewältigung ggf. weitere Parteien in Erscheinung, wie Behörden und Organisationen mit Sicherheitsaufgaben (BOS) oder Aufsichtsbehörden.[26]

21   Zur Verdeutlichung der Unterschiede nennt das BSI folgendes Beispiel: Ein Stromausfall in einem Gebäudeteil des Institutes, der mit den vorhandenen Möglichkeiten der AAO beseitigt werden kann und die Arbeitsfähigkeit nicht zu lange beeinträchtigt, wird als Störung eingestuft. Dieser Stromausfall kann sich jedoch ausweiten, wenn er längerfristig ist oder einen großen Gebäudebereich umfasst und es erforderlich wird, das Gebäude zu räumen, da es nicht mehr einsatzfähig ist. Werden dabei zeitkritische Geschäftsprozesse des Institutes unterbrochen und ist der Wiederanlauf des Geschäftsbetriebes nicht automatisch in der erforderlichen Zeit möglich, so liegt ein Notfall vor. Wirkt sich der Stromausfall sogar überregional aus, weil z.B. Überlandleitungen zerstört wurden und die Ausweichstandorte ebenfalls betroffen sind, so liegt eine Krise vor. Die vorhandenen Notfallmaßnahmen (z.B. ein Notstromaggregat für drei Tage) sind nicht mehr ausreichend und die BAO muss ad hoc über geeignete Maßnahmen entscheiden.[27]

---

23 Vgl. Bundesamt für Sicherheit in der Informationstechnik, BSI-Standard 200-4, Business Continuity Management, Community Draft, Köln, 1. Februar 2021, S. 11.

24 Vgl. Bundesamt für Sicherheit in der Informationstechnik, BSI-Standard 200-4, Business Continuity Management, Community Draft, Köln, 1. Februar 2021, S. 11.

25 Vgl. Bundesamt für Sicherheit in der Informationstechnik, Service/Cyber-Glossar, www.bsi.bund.de, Stand September 2021.

26 Vgl. Bundesamt für Sicherheit in der Informationstechnik, BSI-Standard 200-4, Business Continuity Management, Community Draft, Köln, 1. Februar 2021, S. 12.

27 Vgl. Bundesamt für Sicherheit in der Informationstechnik, BSI-Standard 200-4, Business Continuity Management, Community Draft, Köln, 1. Februar 2021, S. 11 f.

Der Begriff »Katastrophe« wird im neuen BSI-Standard nicht mehr definiert, weil es dazu bereits **22** Legaldefinitionen der Länder und des Bundes gibt.[28] Da der Umgang mit einer Katastrophe innerhalb des Institutes nicht anders ist, als bei einer Krise, wird vom BSI nicht zwischen Krise und Katastrophe unterschieden.[29] Dem bisherigen Standard zufolge ist eine »Katastrophe« ein Großschadensereignis, das zeitlich und örtlich kaum begrenzbar ist und großflächige Auswirkungen auf Menschen, Werte und Sachen hat oder haben kann. Bei einer Katastrophe ist die Existenz des Institutes oder das Leben und die Gesundheit von Personen gefährdet. Zudem wird dadurch das öffentliche Leben stark beeinträchtigt. Eine Katastrophe kann deshalb auch nicht ausschließlich durch das Institut selbst behoben werden. Durch die geografische Ausbreitung einer Katastrophe und die Auswirkungen für die Bevölkerung ist insbesondere der »Katastrophenschutz« gefordert. Aus der Sicht eines Institutes stellt sich eine Katastrophe aber als Krise dar und wird institutsintern durch die Notfallbewältigung in Zusammenarbeit mit den externen Hilfsorganisationen bewältigt.[30]

Wenn ein Schadensereignis eintritt, müssen die richtigen Informationen vollständig und korrekt **23** zur Verfügung stehen. Die Entscheidung darüber, ob ein Notfall vorliegt oder nicht, wird getroffen, während der Sicherheitsvorfall behandelt wird.[31]

1.3.2 Vorfallmanagement

Nicht zuletzt aus der Definition einer Störung ergibt sich die Notwendigkeit einer Abgrenzung **24** zwischen der »Störungsbeseitigung« bzw. dem »Vorfallmanagement« und dem »Notfallmanagement«.

Die EBA fordert die Etablierung eines »Prozesses zum Management von Vorfällen und Pro- **25** blemen«, um operationelle und sicherheitsrelevante IKT-Vorfälle zu überwachen und zu protokollieren und es den Instituten zu ermöglichen, kritische Geschäftsfunktionen und -prozesse (zeitkritische Aktivitäten und Prozesse) bei Störungen zeitnah fortführen oder wiederaufnehmen zu können. In dem Zusammenhang sollten auch geeignete Kriterien und Grenzwerte für die Einstufung von Vorfällen als Betriebs- oder Sicherheitsvorfälle sowie Frühwarnindikatoren für die frühzeitige Erkennung dieser Vorfälle festgelegt werden. Zur Begrenzung der Auswirkungen negativer Ereignisse und zur Ermöglichung einer rechtzeitigen Wiederherstellung sollten die Institute eine kohärente und integrierte Überwachung, Bearbeitung und Weiterverfolgung von Betriebs- und Sicherheitsvorfällen gewährleisten und sicherstellen, dass die Hauptursachen ermittelt und beseitigt werden, um eine Wiederholung solcher Vorfälle zu vermeiden. Damit kann u. a. eine Anpassung der Sicherheitsmaßnahmen verbunden sein. Von der EBA wird die Bedeutung einer angemessenen internen und externen Kommunikation und der Zusammenarbeit mit den maßgeblichen Akteuren bzw. Betroffenen besonders betont.[32]

---

28 Das Bundesamt für Sicherheit in der Informationstechnik (BSI) und das Bundesamt für Bevölkerungsschutz und Katastrophenhilfe (BBK) definieren im Glossar auf ihrer gemeinsamen Internetseite www.kritis.bund.de eine »Katastrophe« als »ein Geschehen, bei dem das Leben oder die Gesundheit einer Vielzahl von Menschen oder die natürlichen Lebensgrundlagen oder bedeutende Sachwerte in so ungewöhnlichem Ausmaß gefährdet oder geschädigt werden, dass die Gefahr nur abgewehrt oder die Störung nur unterbunden und beseitigt werden kann, wenn die im Katastrophenschutz mitwirkenden Behörden, Organisationen und Einrichtungen unter einheitlicher Führung und Leitung durch die Katastrophenschutzbehörde zur Gefahrenabwehr tätig werden«.

29 Vgl. Bundesamt für Sicherheit in der Informationstechnik, BSI-Standard 200-4, Business Continuity Management, Community Draft, Köln, 1. Februar 2021, S. 12.

30 Vgl. Bundesamt für Sicherheit in der Informationstechnik, BSI-Standard 100-4, Notfallmanagement, Köln, 12. November 2008, S. 5.

31 Vgl. Bundesamt für Sicherheit in der Informationstechnik, IT-Grundschutz-Kompendium, DER.4: Notfallmanagement, Köln, 15. Februar 2021, S. 1.

32 Vgl. European Banking Authority, Leitlinien für das Management von IKT- und Sicherheitsrisiken, EBA/GL/2019/04, 28. November 2019, S. 18f.

26   Damit besteht eine enge Verbindung zur Anforderung gemäß Tz. 4.7 BAIT, die Begriffe ungeplante Abweichung vom Regelbetrieb im Sinne einer Störung, sicherheitsrelevantes Ereignis im Sinne der operativen Informationssicherheit und Informationssicherheitsvorfall nachvollziehbar voneinander abzugrenzen. Die nach Tz. 5.5 BAIT geforderte zeitnahe Analyse der sicherheitsrelevanten Ereignisse und angemessene Reaktion auf daraus resultierende Informationssicherheitsvorfälle unter Verantwortung des Informationssicherheitsmanagements sowie das Notfallmanagement und die Notfallplanung gemäß Tz. 10.2 und 10.3 BAIT haben ebenfalls Berührungspunkte mit dem von der EBA weit gefassten Prozess.

27   Der Baseler Ausschuss für Bankenaufsicht (BCBS) erwähnt ebenfalls das »Vorfallmanagement« (»incident management«), von dem alle Vorfälle behandelt werden sollten, die sich auf das Institut auswirken, auch wenn sie auf Abhängigkeiten von Dritten und konzerninternen Einheiten zurückzuführen sind. Dabei sollte der Lebenszyklus eines Vorfalls berücksichtigt werden, der verschiedene Zeitspannen umfassen kann, die von Stunden über Wochen bis zu Monaten reichen können. Der Schweregrad eines Vorfalls sollte auf Basis vordefinierter Kriterien, wie z. B. der erwarteten Zeit bis zur Rückkehr zum Normalbetrieb, klassifiziert werden. Dadurch werden eine angemessene Priorisierung und Zuweisung von Ressourcen zur Reaktion auf den Vorfall ermöglicht. Die Institute sollten die Ursachen der Vorfälle identifizieren und angehen, um deren serienmäßiges Auftreten zu verhindern oder zumindest zu begrenzen. Die aus früheren Zwischenfällen gewonnenen Erkenntnisse, einschließlich der Vorfälle bei Dritten, sollten bei den »Wiederherstellungsplänen« gebührend einbezogen werden.[33]

28   Der BCBS erwartet von den Instituten, Ansätze für die IKT-Bereitschaft für Stressszenarien durch störende externe Ereignisse zu entwickeln, wie z. B. einen weitreichenden Fernzugriff zu implementieren, rasch physische Anlagen bereitzustellen oder die Bandbreite zur Unterstützung von Fernbenutzerverbindungen und den Schutz von Kundendaten erheblich zu erweitern. Die Institute sollten insbesondere geeignete Risikominderungsstrategien für potenzielle Risiken entwickeln, die mit einer Störung oder Kompromittierung der IKT-Systeme, IKT-Netzwerke und IKT-Anwendungen verbunden sind.[34]

1.3.3   Identifikation zeitkritischer Aktivitäten und Prozesse

29   Zeitkritisch sind grundsätzlich jene Aktivitäten und Prozesse, bei deren Beeinträchtigung für »definierte Zeiträume« ein »nicht mehr akzeptabler Schaden« für das Institut zu erwarten ist (→ AT 7.3 Tz. 1, Erläuterung). Insofern geht es für ein Institut darum, jene Aktivitäten und Prozesse zu ermitteln, bei denen eine Beeinträchtigung schon kurzfristig zu einem gravierenden Problem für das Institut führen könnte. Auch in der Praxis ist es üblich, besonders jene Aktivitäten und Prozesse als »zeitkritisch« einzustufen, bei deren Ausfall in kurzer Zeit hohe Schäden drohen.[35]

30   Als »zeitkritisch« gelten laut BSI alle Geschäftsprozesse, deren Ausfall innerhalb eines zuvor festgelegten Zeitraumes zu einem nicht tolerierbaren, unter Umständen existenzgefährdenden Schaden für das Institut führen kann. Falls Ressourcen wie etwa Personal, IT-Systeme oder Dienstleister benötigt werden, um die zeitkritischen Geschäftsprozesse aufrecht zu erhalten, müssen auch diese Ressourcen als zeitkritisch angesehen werden.[36] Praktisch muss zur Beant-

---

33 Vgl. Basel Committee on Banking Supervision, Principles for Operational Resilience, BCBS 516, 31. März 2021, S. 7.

34 Vgl. Basel Committee on Banking Supervision, Revisions to the Principles for the Sound Management of Operational Risk, BCBS 515, 31. März 2021, S. 17.

35 Vgl. Erfahrungsaustausch öffentlicher und genossenschaftlicher Banken zum »Outsourcing« am 1. Februar 2009 in Berlin.

36 Vgl. Bundesamt für Sicherheit in der Informationstechnik, BSI-Standard 200-4, Business Continuity Management, Community Draft, Köln, 1. Februar 2021, S. 10.

wortung der Frage, ob ein Geschäftsprozess zeitkritisch ist, also geprüft werden, ob bei seinem Ausfall innerhalb eines bestimmten (überschaubaren) Zeitraumes hohe Schäden für das Institut zu erwarten sind. Die Antwort darauf hängt also von der Kombination zweier verschiedener Komponenten ab, nämlich dem »Untersuchungszeitraum« (z.B. eine bestimmte Anzahl von Tagen) und der »Schadenskategorie« (z.B. gering, mittel, hoch, sehr hoch) unter Berücksichtigung aller betrachteten Schadens- bzw. Notfallszenarien. Das BSI unterscheidet die Schadenskategorien z.B. danach, ob der Ausfall des Geschäftsprozesses kaum spürbare (gering), spürbare (mittel), nicht tolerierbare (hoch) oder existenziell bedrohliche (sehr hoch) Auswirkungen hat.[37]

Die Basis für die Ermittlung der zeitkritischen Aktivitäten und Prozesse ist ein aktueller Überblick über sämtliche Aktivitäten und Prozesse des Institutes, im Idealfall inklusive der bestehenden Abhängigkeiten. Die deutsche Aufsicht hält dafür z.B. eine »Prozesslandkarte« als gut geeignet (→ AT 7.3 Tz. 1, Erläuterung). Dabei kann ggf. auf die Informationen der Internen Revision zurückgegriffen werden, die zum Teil eine Prozesslandkarte für ihre risikoorientierte Prüfungsplanung verwendet. Eine strenge Anforderung verbirgt sich dahinter allerdings nicht. Es ist ebenso möglich, eine andere Übersicht von den Aktivitäten und Prozessen zu verwenden, unabhängig vom Vorliegen einer Prozesslandkarte. **31**

Zur Identifikation von zeitkritischen Aktivitäten und Prozessen sowie von unterstützenden Aktivitäten und Prozessen, hierfür notwendigen IT-Systemen und sonstigen notwendigen Ressourcen sowie der potenziellen Gefährdungen soll das Institut »Auswirkungsanalysen«[38] und »Risikoanalysen«[39] durchführen (→ AT 7.3 Tz. 1, Erläuterung). Diese Vorgehensweise ergibt sich auch aus den etwas detaillierteren Anforderungen der EBA, auf die im Folgenden noch eingegangen wird. Daraus lässt sich ebenso ableiten, dass die Einschränkung auf »zeitkritisch« (bzw. »kritisch« im Sinne der EBA)[40] nicht nur auf die Aktivitäten und Prozesse bezogen ist, sondern auch auf die unterstützenden Aktivitäten und Prozesse etc. **32**

Den Vorgaben der EBA zufolge sollten die im Rahmen der Bestandsaufnahme ermittelten Geschäftsfunktionen, Unterstützungsprozesse und IT-Assets unter Berücksichtigung der Schutzziele zunächst im Hinblick auf ihre »Kritikalität« (»criticality«) eingestuft werden.[41] Unter Berücksichtigung der Kritikalität der Geschäftsfunktionen, Unterstützungsprozesse und IT-Assets sowie von deren Abhängigkeiten soll eine Auswirkungsanalyse (»Business Impact Analysis«, BIA) durchgeführt werden. In diesem Rahmen soll ermittelt werden, inwieweit ein Institut durch schwerwiegende Betriebsstörungen bzw. -unterbrechungen gefährdet ist. Gleichzeitig sollen die potenziellen Auswirkungen dieser Gefährdung unter Berücksichtigung der Schutzziele quantitativ und qualitativ bewertet werden. Diese Bewertung soll auf Basis von Szenarioanalysen und anhand **33**

---

37 Vgl. Bundesamt für Sicherheit in der Informationstechnik, BSI-Standard 200-4, Business Continuity Management, Community Draft, Köln, 1. Februar 2021, S. 80ff.

38 Eine »Auswirkungsanalyse« oder »Folgenabschätzung« ist eine Analyse zur Ermittlung von potenziellen direkten und indirekten Folgeschäden für ein Institut, die durch das Auftreten eines Notfalls oder einer Krise und den Ausfall eines oder mehrerer Geschäftsprozesse verursacht werden. Mit Hilfe einer »Auswirkungsanalyse« können kritische Ressourcen und Wiederanlaufanforderungen sowie die Auswirkungen von ungeplanten Geschäftsunterbrechungen identifiziert werden. Vgl. Bundesamt für Sicherheit in der Informationstechnik, IT-Grundschutz-Kompendium, Glossar, Köln, 15. Februar 2021, S. 2.

39 Das BSI weist darauf hin, dass die »Risikoanalyse« nach den einschlägigen Normen ISO 31000 und ISO 27005 eigentlich nur einen Schritt im Rahmen der »Risikobeurteilung« betrifft, die aus den Schritten »Risikoidentifizierung« (»risk identification«), »Risikoanalyse« (»risk analysis«) und »Risikobewertung« (»risk evaluation«) besteht. Da sich im deutschen Sprachgebrauch allerdings der Begriff »Risikoanalyse« für den kompletten Prozess etabliert hat, wird er auch in den Dokumenten zum IT-Grundschutz umfassend verwendet. Vgl. Bundesamt für Sicherheit in der Informationstechnik, IT-Grundschutz-Kompendium, Glossar, Köln, 15. Februar 2021, S. 6. Im Sprachgebrauch der MaRisk und der BAIT geht es bei der Risikoanalyse um die Identifizierung und Beurteilung/Bewertung der Risiken.

40 In einem Institut kann es durchaus »kritische« Geschäftsprozesse geben, die nicht gleichzeitig »zeitkritisch« sind. Im Business Continuity Management werden aber nur die zeitkritischen Geschäftsprozesse berücksichtigt, da bei den anderen Prozessen davon ausgegangen wird, dass genügend Zeit zur Verfügung steht, auf Schadensereignisse angemessen zu reagieren. Vgl. Bundesamt für Sicherheit in der Informationstechnik, BSI-Standard 200-4, Business Continuity Management, Community Draft, Köln, 1. Februar 2021, S. 10.

41 Vgl. European Banking Authority, Leitlinien für das Management von IKT- und Sicherheitsrisiken, EBA/GL/2019/04, 28. November 2019, S. 10.

interner oder externer Daten, wie z. B. Daten von Drittanbietern oder öffentlich verfügbaren Daten, die für einen bestimmten Geschäftsprozess bzw. für die Auswirkungsanalyse insgesamt relevant sein können, erfolgen. Die Auswirkungsanalyse sollte sich auf alle Geschäftsbereiche und internen Einheiten erstrecken, einschließlich der Risikocontrolling-Funktion, und deren Verflechtungen berücksichtigen.[42]

34 In vergleichbarer Weise erwartet der Baseler Ausschuss für Bankenaufsicht (BCBS), dass sich die Institute auf Szenarioanalysen potenzieller Störungen stützen, die kritische Geschäftsabläufe und wichtige interne oder externe Abhängigkeiten identifizieren und kategorisieren. Dabei sollten alle Geschäftsbereiche sowie kritischen Anbieter und wichtigen Dritten (z.B. Zentralbanken, Clearinghäuser) einbezogen werden. Jedes Szenario sollte einer quantitativen und qualitativen Folgenabschätzung oder Auswirkungsanalyse im Hinblick auf seine finanziellen, betrieblichen, rechtlichen und reputationsbezogenen Konsequenzen unterzogen werden.[43]

35 Vor diesem Hintergrund sollen die Institute in »Auswirkungsanalysen« (»Business Impact Analyse«, BIA) über abgestufte Zeiträume betrachten, welche Folgen eine Beeinträchtigung von Aktivitäten und Prozessen für ihren Geschäftsbetrieb haben kann. Die Auswirkungsanalysen sollten u. a. die Art und den Umfang des (im-)materiellen Schadens sowie den Zeitpunkt des Ausfalls berücksichtigen (→ AT 7.3 Tz. 1, Erläuterung). Im Ergebnis können – in Abhängigkeit von den betrachteten Zeiträumen – jeweils die zeitkritischen Aktivitäten und Prozesse identifiziert werden.

36 Man kann sich trefflich darüber streiten, ob die Vorgaben der EBA so zu verstehen sind, dass die Auswirkungsanalyse selbst dem Ziel dient, die Kritikalität der Geschäftsfunktionen, Unterstützungsprozesse und IT-Assets zu ermitteln, oder ob sie nur in Abhängigkeit von deren Kritikalität durchgeführt werden muss. Die deutsche Aufsicht hat die erste Variante umgesetzt. Insofern dient die Auswirkungsanalyse formal betrachtet auch dem Zweck, die zeitkritischen Aktivitäten und Prozesse zu identifizieren. Letztlich ist es jedoch entscheidend, dass mit dieser Anforderung bezweckte Ziel zu erreichen. Sofern also, wie von der Kreditwirtschaft im Rahmen der Stellungnahme zur sechsten MaRisk-Novelle vorgetragen, bei einigen Aktivitäten und Prozessen auch ohne detaillierte Analysen klar erkennbar ist, dass diese nicht zeitkritisch sind, sollte das entsprechend dokumentiert werden. Diese Einschätzung sollte dann aber auch zweifelsfrei zu begründen sein. Eine Auswirkungsanalyse nur zum Selbstzweck durchzuführen und damit Ressourcen zu verschwenden, liegt sicher auch nicht im Interesse der Aufsicht.

37 Im Rahmen einer mindestens jährlich durchzuführenden »Risikobewertung« (»risk assessment«) sollte die Angemessenheit dieser Klassifizierung regelmäßig überprüft werden. Zu diesem Zweck sollten von den Instituten jene IKT- und Sicherheitsrisiken ermittelt werden, die sich auf ihre Geschäftsfunktionen, Unterstützungsprozesse und IT-Assets entsprechend ihrer Kritikalität auswirken. Folglich stehen bei der Risikobewertung die kritischen Geschäftsfunktionen, Unterstützungsprozesse und IT-Assets im Fokus. Die Risikobewertung sollte auch bei jeder größeren Änderung der Infrastruktur, Prozesse oder Verfahren, die die Geschäftsfunktionen, Unterstützungsprozesse oder IT-Assets betreffen, durchgeführt werden. Die Ergebnisse sind jeweils zu dokumentieren. Im Rahmen der Risikobewertung sollte auch die Angemessenheit der Klassifizierung im Hinblick auf die Kritikalität überprüft werden.[44]

38 In Analogie dazu sollen die Institute für die identifizierten zeitkritischen Aktivitäten und Prozesse mit Hilfe von »Risikoanalysen« (»Risk Impact Analysen«, RIA) die potenziellen Gefährdungen identifizieren und bewerten, welche eine Beeinträchtigung der zeitkritischen Geschäftsprozesse

---

42 Vgl. European Banking Authority, Leitlinien für das Management von IKT- und Sicherheitsrisiken, EBA/GL/2019/04, 28. November 2019, S. 22; European Banking Authority, Leitlinien zur internen Governance, EBA/GL/2017/11, 21. März 2018, S. 50.

43 Vgl. Basel Committee on Banking Supervision, Revisions to the Principles for the Sound Management of Operational Risk, BCBS 515, 31. März 2021, S. 17.

44 Vgl. European Banking Authority, Leitlinien für das Management von IKT- und Sicherheitsrisiken, EBA/GL/2019/04, 28. November 2019, S. 11.

verursachen könnten (→ AT 7.3 Tz. 1, Erläuterung). Auf diese Weise kann ein Institut auch zu dem Schluss kommen, dass einige der zuvor identifizierten zeitkritischen Aktivitäten und Prozesse aufgrund der potenziellen Gefährdungen für das Notfallkonzept ggf. weniger relevant sind.

1.3.4 Beispiele für Notfallszenarien

Aufgrund der Abhängigkeit von der IT wird wohl bei nahezu allen Instituten deren teilweiser oder vollständiger Ausfall als »zeitkritisch« und somit als Notfall eingestuft werden. Dasselbe trifft auf Liquiditätsengpässe zu, für deren Beseitigung sogar explizit ein Notfallplan gefordert wird (→ BTR 3.1 Tz. 9). Ähnlich bedeutsam kann der Ausfall wesentlicher Geschäftsprozesse oder Standorte sein. Ereignisse, die lediglich zu kurzfristigen, punktuellen Störungen führen, sind hingegen nicht als Notfälle zu qualifizieren, da sie i.d.R. ohne Weiteres auf der Basis der gegebenen Ressourcen beseitigt werden können.[45] Durch die Wahl des Begriffes »zeitkritisch« soll zum Ausdruck kommen, dass eine Störung bereits nach sehr kurzer Zeit zu existenziellen Problemen für das Institut führen kann. »Zeitkritische« Aktivitäten und Prozesse müssen daher nicht notwendigerweise mit »wesentlichen« Aktivitäten und Prozessen zusammenfallen. Beispielsweise wird der krankheitsbedingte Ausfall aller Mitarbeiter der Revisionsabteilung nicht notwendigerweise einen Notfall auslösen, auch wenn es sich bei der Internen Revision zweifellos um eine »wesentliche« Funktion handelt. **39**

Die deutsche Aufsicht erwartet, dass mindestens ein (Teil-)Ausfall eines Standortes (z.B. durch Hochwasser, Großbrand, Gebietssperrung, Ausfall der Zutrittskontrolle), ein erheblicher Ausfall von IT-Systemen oder Kommunikationsinfrastruktur (z.B. aufgrund von Fehlern oder Angriffen), ein Ausfall einer kritischen Anzahl von Mitarbeitern (z.B. bei Pandemie, Lebensmittelvergiftung, Streik) und ein Ausfall von Dienstleistern (z.B. Zulieferer, Stromversorger) berücksichtigt werden (→ AT 7.3 Tz. 2). Ausgangspunkt für die Erarbeitung des Notfallkonzeptes sind deshalb grundsätzlich vier Standardszenarien: Ausfall Personal, Ausfall IT, Ausfall Standort und Ausfall Dienstleister. Andere Szenarien, wie z.B. Ausfall Infrastruktur, können auf eines der vier Standardszenarien zurückgeführt werden. Einen Sonderfall stellen Epidemien/Pandemien dar. Dafür werden teilweise besondere Maßnahmen geplant, um z.B. wichtige Funktionsträger besonders zu schützen oder zur Verringerung der Ansteckungsgefahr kurzfristig Heimarbeit zu ermöglichen. Ausgehend von den Szenarien werden die jeweiligen Auswirkungen untersucht. Daraus ergeben sich wiederum die Inhalte und der Umfang des Notfallkonzeptes.[46] **40**

Das BSI nennt ebenfalls eine Reihe von spezifischen Bedrohungen und Schwachstellen, die für das Notfallmanagement von besonderer Bedeutung sind. Ein »Personalausfall« kann zur Folge haben, dass ein Institut seine Fachaufgaben und Geschäftsprozesse nicht mehr ausführen kann. Die Gründe dafür können vielfältig sein und gleichzeitig mehrere Mitarbeiter betreffen, wie z.B. durch Keime in der Kantine oder einen Streik. Aber auch ein zahlenmäßig geringer Personalausfall kann zu einem Schaden führen, da z.B. einzelne Personen über spezifisches Fachwissen verfügen (Kopfmonopole). Beim »Ausfall von IT-Systemen« oder deren Komponenten, z.B. durch defekte Hardware oder einen Stromausfall, kann die Verfügbarkeit der jeweiligen Informationen und damit auch des jeweiligen Geschäftsprozesses gefährdet werden. Zudem können wichtige Informationen, die für Wiederanlaufmaßnahmen benötigt werden, nicht zur Verfügung stehen. Der »Ausfall eines Weitverkehrsnetzes« (»Wide Area Network«, WAN) kann durchaus längere Zeit dauern und somit massive Probleme in der Kommunikation und Erreichbarkeit nach sich ziehen. Für den »Ausfall eines Gebäudes« kann es verschiedene Gründe geben. Ein Gebäude kann unvor- **41**

---

45 Vgl. Schroff, Michael, Notfallplanung bei Banken, in: Die Bank, Heft 6/2000, S. 42.
46 Vgl. Erfahrungsaustausch öffentlicher und genossenschaftlicher Banken zum »Outsourcing« am 1. Februar 2009 in Berlin.

hergesehen unbenutzbar werden, z. B. bei teilweiser oder vollständiger Zerstörung durch Feuer, Sturm, Hochwasser, Erdbeben oder eine Explosion. Ebenso kann ein Gebäude unzugänglich werden, weil die Polizei oder Feuerwehr das Umfeld sperrt oder weil Strom, Wasser, Abwasser, Heizung oder Klimatisierung über einen gewissen Zeitraum nicht mehr funktionieren. Der »Ausfall eines Lieferanten oder Dienstleisters« kann bei starker Abhängigkeit schnell zu Unterbrechungen der eigenen betrieblichen Kontinuität führen, wenn ein Auslagerungsunternehmen oder ein Lieferant teilweise oder vollständig ausfällt. So kann der Ausfall eines von einem Dritten bereitgestellten Dienstes, wie z. B. einer Cloud oder eines E-Mail-Services, den Betrieb stark einschränken bzw. sogar komplett unterbrechen. Dies gefährdet insbesondere kritische Geschäftsprozesse und Fachaufgaben.[47]

1.3.5 Inhalt des Notfallkonzeptes

42   Die Erkenntnisse aus beiden Analysen dienen im nächsten Schritt dazu, das Notfallkonzept mit Leben zu füllen. Im »Notfallkonzept« sollen u. a. die Verantwortlichkeiten, Ziele und Maßnahmen zur Fortführung bzw. Wiederherstellung der zeitkritischen Aktivitäten und Prozesse bestimmt werden. Das Notfallkonzept muss zudem die Geschäftsfortführungs- und Wiederherstellungspläne sowie die Kriterien für die Einstufung und das Auslösen dieser Pläne umfassen (→ AT 7.3 Tz. 2).[48] Damit verbunden sind die zu ergreifenden Maßnahmen in einem Notfall. Grundsätzlich werden die Notfallkonzepte von der jeweils betroffenen Fachabteilung (dezentral) erstellt. Im Vorfeld werden häufig zentrale Vorgaben gemacht, die sich insbesondere darauf beziehen, was unter dem Begriff »zeitkritisch« zu verstehen ist und wie die Risiken ermittelt werden sollen.[49] Die BaFin führt in ihrem Übermittlungsschreiben zur sechsten MaRisk-Novelle klarstellend aus, dass im Notfallkonzept dargestellt sein muss, welche Ersatzlösungen im Notfall zeitnah zur Verfügung stehen und wie eine Rückkehr zum Normalbetrieb verlaufen soll.[50]

43   Die im Notfallkonzept fixierten Maßnahmen, welche nach Eintritt eines den Notfall auslösenden Ereignisses zu ergreifen sind, sollen dazu beitragen, das Ausmaß möglicher Schäden zu reduzieren. Das ergibt sich bereits daraus, dass die Auswirkungs- und Risikoanalysen nicht zum Selbstzweck durchgeführt werden sollten. Insbesondere die Ergebnisse der Auswirkungsanalysen sollten nach den Vorstellungen der EBA einen Beitrag zur Definition der Prioritäten und Ziele bei der Wiederherstellung der Geschäftsabläufe des Institutes leisten.[51] Als eine mögliche Maßnahme zur Schadensbegrenzung sollten die Institute ihre IKT-Systeme und IKT-Dienste so konzipieren und auf ihre Auswirkungsanalysen abstimmen, dass z. B. bestimmte kritische Komponenten »redundant« ausgelegt sind, um Störungen durch Ereignisse mit Auswirkungen auf diese Komponenten zu verhindern.[52] Das bedeutet das zusätzliche Vorhalten von funktional vergleichbaren kritischen Komponenten, die im Notfall die betreffenden IKT-Systeme oder IKT-Dienste ersetzen können (Notfalllösungen).

44   Beim BSI umfasst das übergreifende Notfallkonzept (im Sinne des Notfallmanagements) das Notfallvorsorgekonzept und das Notfallhandbuch. Das »Notfallvorsorgekonzept« beinhaltet alle bei

---

47 Vgl. Bundesamt für Sicherheit in der Informationstechnik, IT-Grundschutz-Kompendium, DER.4: Notfallmanagement, Köln, 15. Februar 2021, S. 1f.

48 Die EBA fordert von den Instituten, auf Basis der Auswirkungsanalysen u. a. Notfall-, Geschäftsfortführungs- und Wiederanlaufpläne vorzuhalten. Diese »Notfallpläne« können mit dem »Notfallkonzept« gemäß MaRisk gleichgesetzt werden. Vgl. European Banking Authority, Leitlinien zur internen Governance, EBA/GL/2017/11, 21. März 2018, S. 50f.

49 Vgl. Erfahrungsaustausch öffentlicher und genossenschaftlicher Banken zum »Outsourcing« am 1. Februar 2009 in Berlin.

50 Vgl. Bundesanstalt für Finanzdienstleistungsaufsicht, Rundschreiben 10/2021 (BA) zur Neufassung der MaRisk, Übermittlungsschreiben vom 16. August 2021, S. 5.

51 Vgl. European Banking Authority, Leitlinien zur internen Governance, EBA/GL/2017/11, 21. März 2018, S. 50.

52 Vgl. European Banking Authority, Leitlinien für das Management von IKT- und Sicherheitsrisiken, EBA/GL/2019/04, 28. November 2019, S. 22.

der Konzeption des Notfallmanagements anfallenden Informationen, die nicht direkt für die Notfall-bewältigung benötigt werden. Das »Notfallhandbuch« enthält alle Informationen, die während und für die Notfall- und Krisenbewältigung benötigt werden. Es umfasst insbesondere alle Notfallpläne.[53] Im Rahmen des Business Continuity Managements wird es als die zentrale Dokumentensammlung zur erfolgreichen Notfallbewältigung angesehen, die neben den Geschäftsfortführungs-, Wieder-anlauf- und Wiederherstellungsplänen auch die Informationen zum Aufbau und zur Befähigung der im Notfall eingesetzten besonderen Aufbauorganisation (BAO) enthält.[54] Insofern ist das »Notfall-handbuch« laut BSI vergleichbar mit dem »Notfallkonzept« gemäß MaRisk.

Die Gliederung des Notfallhandbuches (Notfallkonzeptes) kann z.B. nach Phasen, die den   45 zeitlichen Ablauf der Notfallbewältigung widerspiegeln, nach Verantwortungsbereichen oder Rollen, die sich an den Aufgaben von Bearbeitern orientieren, oder nach Prozessen, die auf die einzelnen Geschäftsprozesse oder Gruppen von Prozessen zielen, erfolgen. Beliebige Mischformen sind dabei natürlich auch möglich. Allerdings sollten einige Grundprinzipien beachtet werden. So hält es das BSI u.a. für sinnvoll, Informationen, die sich häufig ändern, an zentraler Stelle zusammenzufassen, damit sich die Aktualisierung einfacher gestaltet. Ein modularer Aufbau sollte dazu dienen, dass die verantwortlichen Mitarbeiter schnell und gezielt den für sie relevanten Teil finden. Die Notfalldokumentation sollte aktuell und präzise gefasst sein, damit im Notfall die notwendigen Maßnahmen schnell abgearbeitet werden können und in der Stresssituation eines Notfalls keine wichtige Aufgabe vergessen wird.[55]

Das BSI hat in seinem noch geltenden Standard einen beispielhaften Vorschlag zur Gliederung   46 des Notfallhandbuches unterbreitet, der zur Erarbeitung eines Notfallkonzeptes herangezogen werden kann. Das BSI verweist allerdings darauf, dass ein sinnvoller Aufbau und eine passende Gliederung des Notfallhandbuches (Notfallkonzeptes) von der Größe und Struktur eines Institutes abhängig sind. Als Orientierungshilfe ist dieser Vorschlag in jedem Fall geeignet:[56]

- Einleitung mit allgemeinen Informationen (Name des Institutes, Geltungsbereich etc.), Infor-mationen zur Dokumentenkontrolle (Version, Verteiler, Festlegung des Dokumentverantwort-lichen, Klassifizierung des Dokumentes etc.) und einem Abkürzungsverzeichnis;
- Informationen zu Sofortmaßnahmen mit konkreten Aufgaben für einzelne Personen/Rollen im Notfall und Handlungsanweisungen für spezielle Notfälle;
- Informationen zum Krisenmanagement mit Rollen, Zuständigkeiten und Kompetenzen, Mel-dewegen und Eskalation, Krisenstabsraum/Lagezentrum (Standorte, Erreichbarkeiten, Vor-bereitung des Notfalltreffpunkts), Krisenstabsarbeit, Lagebeurteilung, Dokumentation im Krisenstab, Deeskalation sowie Analyse und Bewertung der Notfallbewältigung;
- Kommunikation und Öffentlichkeitsarbeit im Krisenfall;
- Informationen zur Wiederherstellung der Bürofläche, der Infrastruktur, der IT und der Kom-munikationsanbindungen;
- Informationen zur Geschäftsfortführung mit Verfügbarkeitsanforderungen der Organisations-einheiten und den Geschäftsfortführungsplänen (unterteilt nach Kritikalität) sowie Analyse des Wiederanlaufs und der Wiederherstellung;
- Anhang mit Erreichbarkeit der Notfallteam-Mitarbeiter, Notrufnummern (z.B. Feuerwehr, Poli-zei, Notarzt, Wasser- und Stromversorger, Ausweich-Rechenzentrum, externes Datenträger-archiv, externe Telekommunikationsanbieter) sowie weitere/unterstützende Pläne und Listen.

---

53 Vgl. Bundesamt für Sicherheit in der Informationstechnik, Service/Cyber-Glossar, www.bsi.bund.de, Stand September 2021.
54 Vgl. Bundesamt für Sicherheit in der Informationstechnik, BSI-Standard 200-4, Business Continuity Management, Community Draft, Köln, 1. Februar 2021, S. 238.
55 Vgl. Bundesamt für Sicherheit in der Informationstechnik, BSI-Standard 100-4, Notfallmanagement, Köln, 12. November 2008, S. 80.
56 Vgl. Bundesamt für Sicherheit in der Informationstechnik, BSI-Standard 100-4, Notfallmanagement, Köln, 12. November 2008, S. 113f.

47   Typische Bestandteile eines Notfallkonzeptes sind also konkrete Festlegungen, die für die Geschäftsfortführung (z. B. alternative Hard- und Software sowie Kommunikationswege) oder für die Wiederherstellung (z. B. Inventarliste zur Wiederbeschaffung nicht funktionsfähiger IT-Einrichtungen) von Bedeutung sind, die Darstellung der aus Sicht des Institutes zeitkritischen Aktivitäten und Prozesse mit zugehörigen Verfügbarkeitsanforderungen und deren Klassifizierung (z. B. über maximal tolerierbare Ausfallzeiten), die Definition der damit verbundenen (Teil-)Ausfallszenarien (z. B. teilweiser oder vollständiger Ausfall des Netzwerkes, Ausfall des Datenbank-Servers oder des Applikationsservers, Inkonsistenzen zwischen verschiedenen Datenbanken), die im Rahmen der Geschäftsfortführungsplanung auf einer Analyse der wichtigsten Geschäftsprozesse basieren sollte, die Festlegung klarer Verantwortlichkeiten und Zuständigkeiten (z. B. Benennung eines Krisenstabes, Alarmierungsplan, Meldewege, Adresslisten betroffener Mitarbeiter, konkrete Aufgaben einzelner Mitarbeiter, Notrufnummern, organisatorische Eskalationsstufen) sowie die Festlegung von Sofortmaßnahmen bei einem Notfall (z. B. Reaktionen auf die definierten Szenarien, Handlungsanweisungen für spezielle Ereignisse, wie z. B. einen Brand oder einen Stromausfall), die üblicherweise in Geschäftsfortführungs- und Wiederherstellungsplänen fixiert werden (→ AT 7.3 Tz. 2).

48   Von den Instituten wird erwartet, dass sie die Nachhaltigkeitsrisiken auch angemessen im Notfallmanagement berücksichtigen. So sollten die Notfallpläne insbesondere dann ergänzt werden, wenn Nachhaltigkeitsrisiken die Fortführung der Geschäftstätigkeit des Institutes gefährden können. Das könnte z. B. die direkten Auswirkungen auf Geschäftsgebäude und Mitarbeiter betreffen. So könnten sich bestimmte Gebäude in Gebieten befinden, bei denen Überschwemmungsgefahr besteht. Mit Bezug auf die Mitarbeiter genügt das Beispiel der COVID-19-Pandemie als Anschauungsunterricht. Im Frühjahr 2020 war es erforderlich, aufgrund der bundesweit geltenden Kontaktbeschränkungen (»Lockdown«) die Mitarbeiter in kürzester Zeit so auszustatten und zu befähigen, dass sie ihrer normalen Tätigkeit möglichst ohne größere Einschränkungen aus dem Homeoffice nachgehen konnten. Eine ähnliche Situation ist natürlich auch aus anderen Gründen denkbar. Die BaFin regt an, dass auch eine Kommunikationsstrategie für solche Fälle entwickelt werden könnte, in denen eine öffentliche Diskussion über die Anlagepolitik oder die Strategie des Institutes einsetzt. Wie relevant dieses Beispiel für ein Institut ist, kann nur individuell beurteilt werden.[57]

49   Am Beispiel der Nachhaltigkeitsrisiken wird deutlich, wie wichtig ein Zusammenwirken der maßgeblichen Bereiche in einem Institut bei der Krisenbewältigung ist. So können die im Zusammenhang mit dem Management von Nachhaltigkeitsrisiken gewonnenen Erkenntnisse einerseits einen wertvollen Input für das Notfallmanagement leisten. Andererseits können die Risikoanalysen vom Notfallmanagement sicherlich auch für die Zwecke des Managements der Nachhaltigkeitsrisiken genutzt werden. Insbesondere können durch eine enge Zusammenarbeit alle relevanten Erkenntnisse im Interesse des Institutes gebündelt werden.

1.4   Weitere Rahmenbedingungen

50   Das Notfallkonzept ist angemessen zu kommunizieren. Vor diesem Hintergrund bietet es sich an, den Inhalt des Notfallkonzeptes in den Organisationsrichtlinien zu verankern. Viele Institute haben für diese Zwecke allerdings auch separate Notfallhandbücher entwickelt, was ebenso

---

57   Vgl. Bundesanstalt für Finanzdienstleistungsaufsicht, Merkblatt zum Umgang mit Nachhaltigkeitsrisiken, 20. Dezember 2019, geändert am 13. Januar 2020, S. 24.

möglich ist. Sofern in einem Institut mehrere Notfallpläne für verschiedene Zwecke existieren, sollten diese aufeinander abgestimmt sein.

Das Notfallkonzept ist jährlich auf Aktualität zu überprüfen und ggf. auch anlassbezogen zu aktualisieren. Die Aktualisierung der Geschäftsfortführungspläne – als wesentlicher Bestandteil des Notfallkonzeptes – sollte auch nach den Vorstellungen der EBA mindestens jährlich auf Basis der Testergebnisse, der aktuellen Erkenntnisse über Bedrohungen und der Erfahrungen aus früheren Ereignissen erfolgen. Etwaige Änderungen der Wiederherstellungsziele (einschließlich der relevanten Parameter) oder der Geschäftsfunktionen, der Unterstützungsprozesse und der IT-Assets sollten ggf. auch als Grundlage für die Aktualisierung der Pläne herangezogen werden.[58]   **51**

Die Geschäftsleitung hat sich mindestens quartalsweise und anlassbezogen über den Zustand des Notfallmanagements schriftlich berichten zu lassen. Die Deutsche Kreditwirtschaft (DK) hatte in ihrer Stellungnahme zur sechsten MaRisk-Novelle darauf hingewiesen, dass die Szenarien im Notfallmanagement normalerweise relativ stabil sind und sich sowohl die Notfallkonzepte als auch die institutsspezifische Bedrohungslage hinsichtlich des Eintretens von Notfällen in einem Quartal kaum ändern. Da konkrete Anlässe, wie z. B. die COVID-19-Pandemie, ohnehin mit einer anlassbezogenen Berichterstattung einhergehen, hatte die DK unter Proportionalitätsgesichtspunkten für eine jährliche Berichterstattung an die Geschäftsleitung plädiert.[59] Die deutsche Aufsicht hat im Fachgremium MaRisk im Februar 2021 allerdings deutlich gemacht, dass das Notfallmanagement auf internationaler Ebene mit der Bedeutung der Anforderungen an das Risikocontrolling gleichgesetzt wird. Insofern passt aus ihrer Sicht dazu insbesondere keine nur jährliche Berichterstattung, schon gar nicht vor dem Hintergrund von Cyberangriffen auf kleine und mittlere Unternehmen. Zur Art und Weise der Berichterstattung werden keine Vorgaben gemacht, so dass u. a. eine Integration in den Gesamtrisikobericht erfolgen kann. Mit der Anforderung einer »schriftlichen« Berichterstattung soll lediglich klargestellt werden, dass ein mündlicher Bericht, wie in einigen Instituten bisher offenbar als Regelfall praktiziert, nicht genügt. Allerdings ist diese Berichterstattung in Textform und damit auch elektronisch möglich. Die Aufsicht plant keine »Rückkehr in die sechziger Jahre mit Unterschriftsmappen«.   **52**

---

58 Vgl. European Banking Authority, Leitlinien für das Management von IKT- und Sicherheitsrisiken, EBA/GL/2019/04, 28. November 2019, S. 24.

59 Vgl. Deutsche Kreditwirtschaft, BaFin-Konsultation 14/2020 – Mindestanforderungen an das Risikomanagement, Stellungnahme vom 4. Dezember 2020, S. 15.

2 Geschäftsfortführungs- und Wiederherstellungspläne (Tz. 2)

53 **2** Das Notfallkonzept muss Geschäftsfortführungs- sowie Wiederherstellungspläne umfassen. Geschäftsfortführungspläne müssen gewährleisten, dass im Notfall zeitnah Ersatzlösungen zur Verfügung stehen. Wiederherstellungspläne müssen innerhalb eines angemessenen Zeitraumes die Rückkehr zum Normalbetrieb ermöglichen. Bei Notfällen ist eine angemessene interne und externe Kommunikation sicherzustellen. Im Fall der Auslagerung von zeitkritischen Aktivitäten und Prozessen haben das auslagernde Institut und das Auslagerungsunternehmen über aufeinander abgestimmte Notfallkonzepte zu verfügen.

2.1 Bedeutung von Geschäftsfortführungs- und Wiederherstellungsplänen

54 Die Institute müssen die Ziele für das »Notfallmanagement« definieren und einen entsprechenden Prozess etablieren. Im zugehörigen »Notfallkonzept« geht es um die Vorsorge für Notfälle in zeitkritischen Aktivitäten und Prozessen. Zu diesem Zweck werden Maßnahmen festgelegt, mit deren Hilfe das Ausmaß möglicher Schäden reduziert werden kann (→ AT 7.3 Tz. 1). Diese Maßnahmen zielen vor allem auf die Fortführung bzw. die Wiederherstellung von zeitkritischen Aktivitäten und Prozessen ab. Folglich sollen im Notfallkonzept die Verantwortlichkeiten, Ziele und Maßnahmen zur Fortführung bzw. Wiederherstellung der zeitkritischen Aktivitäten und Prozesse bestimmt werden (→ AT 7.3 Tz. 2, Erläuterung). Die Ziele und Verantwortlichkeiten ergeben sich im Grunde aus den Vorgaben zum Notfallmanagement (→ AT 7.3 Tz. 1). Die Maßnahmen werden in den »Geschäftsfortführungsplänen« und den »Wiederherstellungsplänen« niedergelegt, die obligatorische Bestandteile des Notfallkonzeptes sind. Damit soll sichergestellt werden, dass im Notfall zeitnah Ersatzlösungen zur Verfügung stehen (Geschäftsfortführungspläne) und innerhalb eines angemessenen Zeitraumes auch eine Rückkehr zum Normalbetrieb möglich ist (Wiederherstellungspläne).

55 Die zuständigen Behörden sollten im Rahmen des SREP bewerten, ob das Institut für alle seine kritischen Funktionen und Ressourcen wirksame Prozesse zur Aufrechterhaltung des Geschäftsbetriebes mit geprüften Notfall-, Geschäftsfortführungs- und Sanierungsplänen eingerichtet hat und ob diese Pläne diese Funktionen und Ressourcen glaubhaft wiederherstellen können.[60]

2.1.1 Geschäftsfortführungspläne

56 Die Geschäftsfortführungspläne müssen als Bestandteil des Notfallkonzeptes gewährleisten, dass im Notfall zeitnah Ersatzlösungen zur Verfügung stehen. Hierzu gehören Maßnahmen, die bis zur Wiederherstellung des Normalbetriebes die Handlungsfähigkeit des Institutes sicherstellen. In Geschäftsfortführungsplänen können z. B. folgende Punkte geregelt werden:

---

60 Vgl. European Banking Authority, Guidelines on common procedures and methodologies for the supervisory review and evaluation process (SREP) and supervisory stress testing, EBA/GL/2014/13, Consolidated version, 19. Juli 2018, S. 65.

- die Festlegung veränderter Arbeitsabläufe (z. B. manuelle Tätigkeiten statt IT-gestützter Ausführung, besondere Kommunikationswege im Notfall),
- die Festlegung des Ressourcenbedarfes im Notfall (z. B. externe oder interne Ausweichmöglichkeiten, Ersatzarbeitsplätze, Telekommunikation, Bürobedarf, Back-up-Rechencenter).

Die Geschäftsfortführungspläne müssen gewährleisten, dass diese Ersatzlösungen »zeitnah« zur Verfügung stehen. Unnötige Verzögerungen könnten die erfolgreiche Geschäftsfortführung erheblich gefährden.   **57**

Die EBA fordert von den Instituten, auf Basis der Auswirkungsanalysen »Geschäftsfortführungspläne« (»business continuity plans«, BCP) aufzustellen, damit sie angemessen auf Notsituationen reagieren können und in der Lage sind, ihre wichtigsten Geschäftstätigkeiten im Fall einer Unterbrechung ihrer üblichen Geschäftsabläufe aufrechtzuerhalten. Dafür sollten die möglichen Auswirkungen von »Notfallszenarien« bewertet werden. Ausgehend von diesen Szenarien sollten die Institute beschreiben, wie die Kontinuität der IKT-Systeme und IKT-Dienste sowie die Informationssicherheit gewährleistet werden. In diesen Plänen sollten folglich insbesondere jene Risiken berücksichtigt werden, die sich nachteilig auf die IKT-Systeme und die IKT-Dienste sowie die Informationssicherheit auswirken könnten. Die Pläne bzw. die darin enthaltenen Maßnahmen sollten außerdem auf die Schutzziele abstellen, indem sie den Schutz und ggf. die Wiederherstellung des Vertrauens, der Integrität und der Verfügbarkeit ihrer Geschäftsfunktionen, Unterstützungsprozesse und IT-Assets unterstützen.[61]   **58**

Die Vorstellungen des Baseler Ausschusses für Bankenaufsicht (BCBS) gehen grundsätzlich in die gleiche Richtung. Der BCBS fordert ergänzend, dass die Geschäftsfortführungspläne vorausschauend ausgestaltet sind, wenn es darum geht, die Auswirkungen potenzieller Störungen zu bewerten.[62] Außerdem sollten die Geschäftsfortführungspläne mit dem operativen Risikomanagement verknüpft sein.[63] Mit dieser Verknüpfung ist allerdings keine organisatorische Zuordnung intendiert. Häufig wird das »Geschäftsfortführungsmanagement« (»business continuity management«, BCM) organisatorisch dem nicht-finanziellen Risikomanagement oder der Compliance-Funktion zugeordnet.   **59**

Typische Inhalte von Geschäftsfortführungsplänen, die möglichst einheitlich aufgebaut und nachvollziehbar dokumentiert sein sollten, sind laut BSI Informationen zum Geltungsbereich (organisatorisch und räumlich), zur Zielsetzung (auch in Abgrenzung zum Normalbetrieb), zum Aktivierungsprozess, zu den organisatorischen Maßnahmen (besondere Befugnisse von Mitarbeitern, besondere Meldepflichten und -wege), zu den zeitkritischen Geschäftsprozessen und Ressourcen (inklusive der zugehörigen Parameter für den Notfall und der bestehenden Abhängigkeiten), zu den notfallrelevanten internen und externen Kontaktdaten sowie zu den notfallrelevanten Dokumenten (Prozessbeschreibungen oder Handlungsanweisungen inklusive der Ablageorte).[64]   **60**

2.1.2 Wiederherstellungspläne

Nachdem der Notfall auf der Basis verschiedener Ersatzlösungen bewältigt wurde, drängt sich die Frage nach der Rückkehr zum Normalbetrieb auf. Dafür sind Wiederherstellungspläne zu entwickeln, die innerhalb eines angemessenen Zeitraumes die Rückkehr zum Normalbetrieb ermög-   **61**

---

61 Vgl. European Banking Authority, Leitlinien für das Management von IKT- und Sicherheitsrisiken, EBA/GL/2019/04, 28. November 2019, S. 22 f.

62 Vgl. Basel Committee on Banking Supervision, Principles for Operational Resilience, BCBS 516, 31. März 2021, S. 5.

63 Vgl. Basel Committee on Banking Supervision, Revisions to the Principles for the Sound Management of Operational Risk, BCBS 515, 31. März 2021, S. 17.

64 Vgl. Bundesamt für Sicherheit in der Informationstechnik, BSI-Standard 200-4, Business Continuity Management, Community Draft, Köln, 1. Februar 2021, S. 239 ff.

lichen sollen. In Wiederherstellungsplänen sind z.B. die Möglichkeiten zur Wiederbeschaffung ausgefallener IT-Systeme sowie die Reihenfolge der Wiederherstellung darzustellen. Da die Rückkehr zum Normalbetrieb ggf. ein schwieriges Unterfangen ist, besteht hierfür ein größerer zeitlicher Spielraum. Sie muss weder »unverzüglich« noch »zeitnah«, sondern »in einem angemessenen Zeitraum« abgeschlossen sein.

62 Nach den Vorgaben der EBA sollten die Institute die »Reaktions- und Wiederherstellungspläne« (»response and recovery plans«), die im Folgenden nur als »Wiederherstellungspläne« bezeichnet werden, auf Basis der Auswirkungsanalysen und ggf. verschiedener Szenarioanalysen ausarbeiten. Diese Pläne sollten die Institute in die Lage versetzen, innerhalb einer angemessenen Zeitspanne ihre üblichen Geschäftsabläufe wieder aufzunehmen. Sie sollten sich auf die Wiederherstellung der »kritischen« Geschäftsfunktionen, Unterstützungsprozesse, IT-Assets und deren wechselseitige Abhängigkeiten beziehen, um nachteilige Auswirkungen auf die Funktionsweise von Instituten und auf das Finanzsystem zu vermeiden, und die Ausführung ausstehender Zahlungsvorgänge gewährleisten. Die Wiederherstellungspläne sollten sowohl kurzfristige als auch langfristige Wiederherstellungsmöglichkeiten sowie alternative Optionen berücksichtigen, sofern eine Wiederherstellung aufgrund von Kosten, Risiken, Logistik oder unvorhergesehenen Umständen kurzfristig nicht möglich ist.[65]

63 Auch in diesem Fall sind die Vorgaben vom Baseler Ausschuss für Bankenaufsicht (BCBS) im Grunde identisch. Die Wiederherstellungspläne sollten in Übereinstimmung mit dem Risikoappetit und der Störungstoleranz des Institutes ausgearbeitet werden. Die Institute sollten ein Inventar der internen und externen Ressourcen führen, um die Wiederherstellungsfähigkeiten zu unterstützen.[66]

2.1.3 IT-Notfallpläne

64 Die Institute sollten mit den Geschäftsfortführungsplänen sicherstellen, dass sie auf potenzielle Ausfallszenarien angemessen reagieren können und in der Lage sind, den Betrieb ihrer kritischen Geschäftstätigkeiten nach Störungen (bzw. bei Untersuchung von »Störungsszenarien«) innerhalb einer vorgegebenen »Wiederanlaufzeit« (»Recovery Time Objective«, RTO)[67] und zu einem vorgegebenen »Wiederherstellungspunkt« (»Recovery Point Objective«, RPO)[68] wiederherzustellen.[69] In der deutschen Fassung der EBA-Leitlinien wird die RTO fälschlicherweise nicht mit der »Wiederanlaufzeit«, sondern mit der »Wiederherstellungszeit« gleichgesetzt, also mit der maximalen Zeitspanne, innerhalb der ein System oder Prozess nach einem Vorfall wiederhergestellt

---

65 Vgl. European Banking Authority, Leitlinien für das Management von IKT- und Sicherheitsrisiken, EBA/GL/2019/04, 28. November 2019, S. 23.

66 Vgl. Basel Committee on Banking Supervision, Principles for Operational Resilience, BCBS 516, 31. März 2021, S. 7.

67 Die »geforderte Wiederanlaufzeit« (»Recovery Time Objective«, RTO) einer zeitkritischen Ressource umfasst den Zeitraum vom Zeitpunkt des Ausfalls der Ressource bis zum Zeitpunkt der geforderten Inbetriebnahme der Notfall-Lösung, z.B. durch Schwenk auf eine Ausweich- oder Ersatzressource oder durch Zurücksetzen eines IT-Systems auf den letzten gesicherten Zustand. Vgl. Bundesamt für Sicherheit in der Informationstechnik, BSI-Standard 200-4, Business Continuity Management, Community Draft, Köln, 1. Februar 2021, S. 90. Die RTO wird im Rahmen eines Soll-Ist-Vergleiches mit der bei einer Überprüfung tatsächlich »erreichbaren Wiederanlaufzeit« (»Recovery Time Achievable«, RTA) der zeitkritischen Ressource gegenübergestellt, die den real erreichbaren Zeitraum bezeichnet, vom Zeitpunkt des Ausfalls der Ressource bis zum Zeitpunkt, an dem eine Notfall-Lösung produktiv gesetzt wird. Vgl. Bundesamt für Sicherheit in der Informationstechnik, BSI-Standard 200-4, Business Continuity Management, Community Draft, Köln, 1. Februar 2021, S. 108.

68 Unter dem »Wiederherstellungspunkt« (»Recovery Point Objective«, RPO) wird die maximale Zeitspanne verstanden, innerhalb der ein Datenverlust bei einem Vorfall akzeptabel ist. Vgl. European Banking Authority, Leitlinien für das Management von IKT- und Sicherheitsrisiken, EBA/GL/2019/04, 28. November 2019, S. 22. Das BSI definiert den »maximal zulässigen Datenverlust« (»Recovery Point Objective«, RPO) übereinstimmend damit, wie alt verfügbare Daten maximal sein dürfen, um im Notbetrieb sinnvoll damit arbeiten zu können. Aus dieser Kenngröße werden auch die minimal notwendigen Datensicherungszyklen abgeleitet. Vgl. Bundesamt für Sicherheit in der Informationstechnik, BSI-Standard 200-4, Business Continuity Management, Community Draft, Köln, 1. Februar 2021, S. 90.

69 Vgl. Basel Committee on Banking Supervision, Revisions to the Principles for the Sound Management of Operational Risk, BCBS 515, 31. März 2021, S. 18; European Banking Authority, Leitlinien für das Management von IKT- und Sicherheitsrisiken, EBA/GL/2019/04, 28. November 2019, S. 22.

werden muss.[70] Unter der »Wiederherstellungszeit« wird gemeinhin allerdings die Summe aus der Wiederanlaufzeit und der Notbetriebszeit verstanden.

Passend dazu fordert die deutsche Aufsicht von den Instituten laut Tz. 10.3 BAIT, auf Basis des **65** Notfallkonzeptes für IT-Systeme, welche zeitkritische Aktivitäten und Prozesse unterstützen, »IT-Notfallpläne« zu erstellen. Die IT-Notfallpläne umfassen »Wiederanlaufpläne«, »Notbetriebspläne« und »Wiederherstellungspläne« sowie die dafür festgelegten Parameter. Die Parameter betreffen u. a. die »Wiederanlaufzeit« (»Recovery Time Objective«, RTO), den »maximal tolerierbaren Zeitraum«, in dem ein Datenverlust hingenommen werden kann (»Recovery Point Objective«, RPO) und die Konfiguration für den Notbetrieb.[71]

Nach den Definitionen des BSI wird in den »Geschäftsfortführungsplänen« dokumentiert, wie **66** ein Institut auf der Prozessebene auf eine Geschäftsunterbrechung nach einem Ressourcenausfall reagiert. Hierzu werden konkrete Notfallmaßnahmen und Verfahren aus den BC-Strategien und -Lösungen abgeleitet, um die zeitkritischen Geschäftsprozesse bis zur Wiederherstellung der ausgefallenen Ressourcen im erforderlichen Umfang aufrechterhalten zu können.[72] In den »Wiederanlaufplänen« wird niedergelegt, wie das Institut die ausgefallenen Ressourcen auf dem für die Geschäftsfortführung notwendigen Umfang kompensiert, wie z. B. durch umgesetzte BC-Lösungen oder Ersatzlösungen. Schließlich geht aus den »Wiederherstellungsplänen« hervor, wie die ausgefallenen Ressourcen in den Normalbetrieb zurückversetzt werden können.[73]

Um die Bedeutung der genannten Parameter besser zu verstehen, werden die einzelnen Phasen **67** des Notfallmanagements genauer beleuchtet: Die »Notfallvorsorge« betrifft das Notfallmanagement während des Normalbetriebs. Sobald ein Schadensereignis eintritt, werden i. d. R. zunächst »Sofortmaßnahmen«[74] ergriffen. Anschließend erfolgen die Alarmierung und Eskalation zu einem Notfall[75], gefolgt vom Ausrufen des Notfalls.[76] Die »besondere Aufbauorganisation« (BAO) konstituiert sich nach der Eskalation zu einem Notfall[77] und beginnt ihre eigentliche Tätigkeit mit dem Ausrufen des Notfalls.[78] Damit beginnt auch die Phase der »Notfallbewältigung« als jener Teil des

---

70 Unter der »Wiederanlaufzeit« (»Recovery Time Objective«, RTO) wird die maximale Zeitspanne verstanden, innerhalb der ein System oder Prozess nach einem Vorfall wiederhergestellt werden muss. Vgl. European Banking Authority, Leitlinien für das Management von IKT- und Sicherheitsrisiken, EBA/GL/2019/04, 28. November 2019, S. 22.

71 Das »Notbetriebsniveau« legt fest, wie leistungsfähig der Notbetrieb sein soll, um einen sinnvollen Geschäftsbetrieb gewährleisten zu können. Es kann z. B. prozentual angegeben werden und wird je Geschäftsprozess individuell festgelegt. Alternativ können auch bestimmte Aktivitäten priorisiert werden. Vgl. Bundesamt für Sicherheit in der Informationstechnik, BSI-Standard 200-4, Business Continuity Management, Community Draft, Köln, 1. Februar 2021, S. 90.

72 Für die Phase des Notbetriebes wird auch die Bezeichnung »Notbetriebspläne« (NBP) verwendet.

73 Vgl. Bundesamt für Sicherheit in der Informationstechnik, BSI-Standard 200-4, Business Continuity Management, Community Draft, Köln, 1. Februar 2021, S. 238.

74 Die »Sofortmaßnahmen« dienen dazu, Leib und Leben zu schützen sowie weitere Schäden in Folge des Schadensereignisses zu verhindern oder zumindest einzudämmen. So können z. B. Ausweichstandorte sofort bezogen werden. Je nach Situation können Sofortmaßnahmen schon eingeleitet werden, bevor das Ereignis zu einem Notfall eskaliert wird, um weiteren Schaden aufgrund des Zeitverlustes abzuwenden. Vgl. Bundesamt für Sicherheit in der Informationstechnik, BSI-Standard 200-4, Business Continuity Management, Community Draft, Köln, 1. Februar 2021, S. 16.

75 Die »Alarmierung und Eskalation« regelt, wie ein Schadensereignis an zuvor definierte Meldestellen gemeldet werden soll, die das Ereignis initial bewerten und an eine zentrale Entscheidungsinstanz melden, falls es als potenzieller Notfall eingestuft wurde. Wird das Schadensereignis durch die Entscheidungsinstanz als Notfall bestätigt, muss diese sicherstellen, dass die BAO alarmiert wird. Vgl. Bundesamt für Sicherheit in der Informationstechnik, BSI-Standard 200-4, Business Continuity Management, Community Draft, Köln, 1. Februar 2021, S. 16.

76 Das BSI weist darauf hin, dass sich die Abläufe situationsbedingt auch ändern bzw. überschneiden können. Insbesondere die Schritte »Sofortmaßnahmen« und »Alarmierung« sind situationsspezifisch und können zeitlich auch in umgekehrter Reihenfolge erfolgen. Vgl. Bundesamt für Sicherheit in der Informationstechnik, BSI-Standard 200-4, Business Continuity Management, Community Draft, Köln, 1. Februar 2021, S. 16.

77 Die »Konstituierung« beinhaltet alle Aktivitäten, die erforderlich sind, um die BAO arbeitsfähig zu machen, wie z. B. das Beziehen eines Stabsraumes und die Vorbereitung aller notwendigen Arbeitsmittel zum sofortigen Einsatz. Im Stab wird endgültig darüber entschieden, ob der Notfall als solches bestätigt oder das Ereignis deeskaliert wird. Vgl. Bundesamt für Sicherheit in der Informationstechnik, BSI-Standard 200-4, Business Continuity Management, Community Draft, Köln, 1. Februar 2021, S. 16.

78 Mit Aufnahme ihrer Tätigkeit prüft die BAO die Lage und legt erste Maßnahmen fest. Die verabschiedeten Maßnahmen müssen operativ umgesetzt werden. Anschließend wird nachverfolgt, ob die Maßnahmen wirksam sind. Die betroffenen Organisationseinheiten werden vom Stab angewiesen, den Geschäftsbetrieb wiederanlaufen zu lassen und in einen stabilen Notbetrieb zu überführen. Vgl. Bundesamt für Sicherheit in der Informationstechnik, BSI-Standard 200-4, Business Continuity Management, Community Draft, Köln, 1. Februar 2021, S. 17.

AT 7.3 Notfallmanagement

Notfallmanagements, in dem der Normalbetrieb unterbrochen ist. Ein Notfall wird z. B. ausgelöst, wenn der »maximal tolerierbare Zeitraum«, in dem ein Datenverlust hingenommen werden kann, überschritten ist. In dem Moment startet technisch gesehen schon die »Wiederanlaufzeit«, die sich aus der Zeit bis zur »Entdeckung« (»Detection«) des Schadensereignisses, der »Reaktionszeit« (von der Meldung über die Alarmierung und Eskalation bis zur Einleitung der Maßnahmen zum Wiederanlauf) und der benötigten Zeit für den eigentlichen »Wiederanlauf«[79] zusammensetzt. Anschließend startet der »Notbetrieb« und mit (deutlicher) zeitlicher Verzögerung die Phase der »Rückführung« in den Normalbetrieb, die wiederum Teil des »Störbetriebes«[80] ist. Die dafür erforderliche Zeit ist noch Teil der »Notbetriebszeit«. Die Wiederanlaufzeit und die Notbetriebszeit ergeben zusammen die »Wiederherstellungszeit«, wobei die Phase der »Wiederherstellung«[81] vom Beginn der Notfallbewältigung bis zur »Deeskalation des Ereignisses«[82] reicht und damit schon vor Beginn der eigentlichen Rückführung in den Normalbetrieb beendet sein kann. Da der Wiederanlauf in den seltensten Fällen sofort in den Normalbetrieb erfolgt, ist es laut BSI durchaus sinnvoll, auch die »maximal tolerierbare Notbetriebszeit« bzw. die »maximal tolerierbare Wiederherstellungszeit« festzulegen. Die Wiederherstellungszeit kann größer als die »maximal tolerierbare Ausfallzeit«[83] sein, weil das Eintreten einer existenzgefährdenden Schieflage durch den Notbetrieb zeitlich verschoben wird. Ist der Normalbetrieb wieder erreicht, sind möglicherweise noch notwendige »Nacharbeiten« erforderlich. Diese Phase wird auch als »Notfallnachsorge« bezeichnet, gehört noch zum Störbetrieb, wird aber bereits wieder von der »allgemeinen Aufbauorganisation« (AAO) umgesetzt. Daran schließt sich die Analyse der Notfallbewältigung an.[84] In Abbildung 50, die auf den Informationen aus verschiedenen Veröffentlichungen vom Bundesamt für Sicherheit in der Informationstechnik (BSI) basiert[85], werden die zeitlichen Abläufe im Notfallmanagement dargestellt.

79 Beim »Wiederanlauf« kann es erforderlich sein, alternative Ressourcen bereitzustellen (z. B. Ausweich-IT-System, Notfallarbeitsplatz), die Prozesse und Tätigkeiten auf einen ggf. reduzierten Notbetrieb umzustellen oder die Mitarbeiter in die definierten alternativen Maßnahmen einzuweisen. Vgl. Bundesamt für Sicherheit in der Informationstechnik, BSI-Standard 200-4, Business Continuity Management, Community Draft, Köln, 1. Februar 2021, S. 17.

80 Der »Störbetrieb« umfasst alle Nacharbeiten, die sich aus dem Notbetrieb ergeben, und beinhaltet auch die schrittweise Auflösung der BAO. Der Störbetrieb ist nicht unbedingt Teil der Notfallbewältigung, da die erforderlichen Nacharbeiten teilweise bereits von den Rollen der AAO eigenverantwortlich anhand der Prozesse zur Störungsbeseitigung geplant und umgesetzt werden können. Vgl. Bundesamt für Sicherheit in der Informationstechnik, BSI-Standard 200-4, Business Continuity Management, Community Draft, Köln, 1. Februar 2021, S. 18.

81 Mit der »Wiederherstellung« soll ein Zustand erreicht werden, in dem der Normalbetrieb wieder möglich ist. Dazu können ausgefallene Ressourcen neu beschafft, Ersatzteile eingesetzt oder Komponenten neu installiert und konfiguriert werden. Die Maßnahmen zur Wiederherstellung, die typischerweise durch die Organisationseinheiten umgesetzt werden, sollten mit den Maßnahmen zum Wiederanlauf und zum Notbetrieb abgestimmt werden, um u. a. die Dauer des Notbetriebs ableiten zu können. Vgl. Bundesamt für Sicherheit in der Informationstechnik, BSI-Standard 200-4, Business Continuity Management, Community Draft, Köln, 1. Februar 2021, S. 17.

82 Die »Deeskalation des Schadensereignisses« markiert den Übergang von der Notfallbewältigung zurück in den Normalbetrieb und wird nach Erfüllung verschiedener Voraussetzungen durch die BAO ausgerufen. Vgl. Bundesamt für Sicherheit in der Informationstechnik, BSI-Standard 200-4, Business Continuity Management, Community Draft, Köln, 1. Februar 2021, S. 17.

83 Mit der »maximal tolerierbaren Ausfallzeit« (»Maximum Tolerable Period of Disruption«, MTPD) wird festgelegt, wie lange ein Geschäftsprozess maximal ausfallen darf, bevor nicht tolerierbare Auswirkungen für das Institut auftreten. Vgl. Bundesamt für Sicherheit in der Informationstechnik, BSI-Standard 200-4, Business Continuity Management, Community Draft, Köln, 1. Februar 2021, S. 90.

84 Vgl. Bundesamt für Sicherheit in der Informationstechnik, BSI-Standard 200-4, Business Continuity Management, Community Draft, Köln, 1. Februar 2021, S. 16 ff.; Bundesamt für Sicherheit in der Informationstechnik, BSI-Standard 100-4, Notfallmanagement, Köln, 12. November 2008, S. 40 ff.

85 Vgl. Bundesamt für Sicherheit in der Informationstechnik, BSI-Standard 200-4, Business Continuity Management, Community Draft, Köln, 1. Februar 2021, S. 16; Bundesamt für Sicherheit in der Informationstechnik, BSI-Standard 100-4, Notfallmanagement, Köln, 12. November 2008, S. 41.

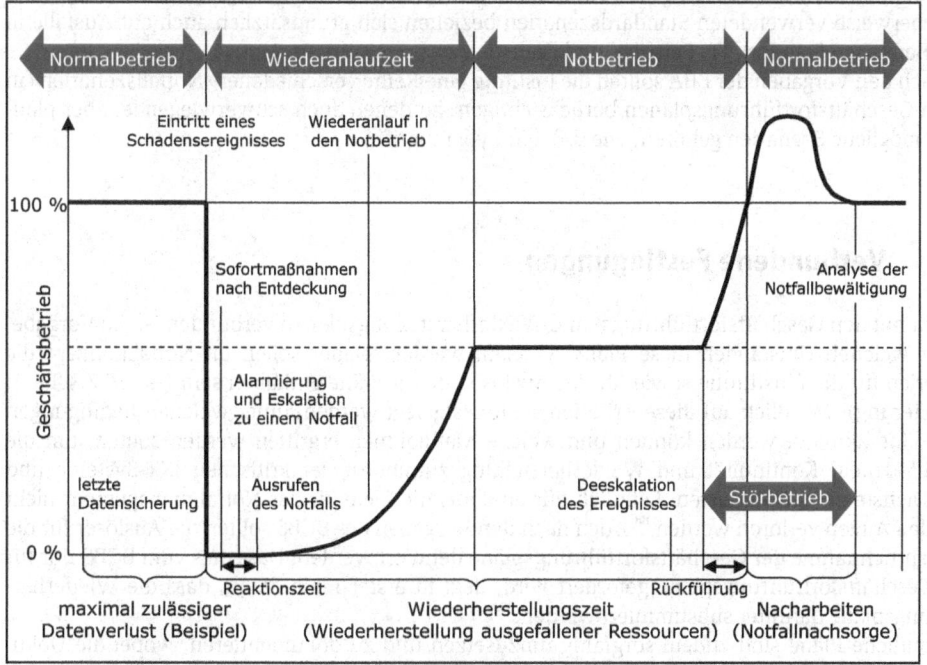

Abb. 50: Zeitliche Abläufe im Notfallmanagement gemäß BSI

Die IT-Notfallpläne sollen zudem die Abhängigkeiten berücksichtigen, um die zeitkritischen **68** Aktivitäten und Prozesse wiederherzustellen. Mögliche Abhängigkeiten bestehen u. a. von vor- und nachgelagerten Geschäftsprozessen und den eingesetzten IT-Systemen des Institutes und der (IT-)Dienstleister, von notwendigen Ressourcen, um eine (eingeschränkte) Fortführung der Geschäftsprozesse zu gewährleisten, von externen Faktoren (Gesetzgeber, Anteilseigner, Öffentlichkeit etc.) sowie bei der »Wiederherstellungspriorisierung«[86] der IT-Prozesse und -Systeme.

2.2 Notfallszenarien

An die dabei zu berücksichtigenden »Notfallszenarien« werden von der deutschen Aufsicht **69** gewisse Mindestanforderungen gestellt. So sollen mindestens ein (Teil-)Ausfall eines Standortes (z. B. durch Hochwasser, Großbrand, Gebietssperrung, Ausfall der Zutrittskontrolle), ein erheblicher Ausfall von IT-Systemen oder Kommunikationsinfrastruktur (z. B. aufgrund von Fehlern oder Angriffen), ein Ausfall einer kritischen Anzahl von Mitarbeitern (z. B. bei Pandemie, Lebensmittelvergiftung, Streik) und ein Ausfall von Dienstleistern (z. B. Zulieferer, Stromversorger) berücksichtigt werden (→ AT 7.3 Tz. 2, Erläuterung). Bei der Festlegung der Notfallszenarien empfiehlt es sich schon aus Gründen der Konsistenz, auf jene Szenarien abzustellen, die auch für

---

86 Bei »schwerwiegenden Betriebsunterbrechungen«, die ggf. spezielle Geschäftsfortführungspläne auslösen, sollten die Institute auf Basis eines risikobasierten Ansatzes und unter Berücksichtigung der Kritikalität Prioritäten bei den Geschäftsfortführungsmaßnahmen festlegen. Vgl. European Banking Authority, Leitlinien für das Management von IKT- und Sicherheitsrisiken, EBA/GL/2019/04, 28. November 2019, S. 22.

die Identifikation der zeitkritischen Aktivitäten und Prozesse herangezogen werden. Die dafür üblicherweise verwendeten Standardszenarien beziehen sich grundsätzlich auch auf Ausfälle in den Bereichen Standort, IT, Personal und Dienstleister (→ AT 7.3 Tz. 1).

70 Nach den Vorgaben der EBA sollten die Institute eine Reihe verschiedener »Notfallszenarien« in ihren Geschäftsfortführungsplänen berücksichtigen, zu denen auch schwerwiegende, aber plausibel mögliche Szenarien gehören, wie z. B. ein Cyberangriff.[87]

2.3 Verbundene Festlegungen

71 Direkt mit den Geschäftsfortführungs- und Wiederherstellungsplänen verbunden ist die Vorgabe, unter welchen Umständen diese Pläne wirksam werden. Daher sollen im Notfallkonzept die Kriterien für die Einstufung sowie für das Auslösen dieser Pläne enthalten sein (→ AT 7.3 Tz. 2, Erläuterung). Mit Blick auf diese Kriterien sollte festgelegt werden, unter welchen Bedingungen die Pläne aktiviert werden können und welche Maßnahmen ergriffen werden sollten, um die Verfügbarkeit, Kontinuität und Wiederherstellung zumindest der kritischen IKT-Systeme und IKT-Dienste zu gewährleisten. Letztlich dürfen dabei die Ziele für das Notfallmanagement nicht aus den Augen verloren werden.[88] Auch nach den Vorgaben des BCBS sollten die Auslöser für die Inanspruchnahme der Geschäftsfortführungspläne definiert werden. Dass dies vom BCBS nur für die Geschäftsfortführungspläne gefordert wird, liegt in erster Linie daran, dass die Wiederherstellungspläne darunter subsummiert werden.[89]

72 Sämtliche Pläne sind zudem sorgfältig umzusetzen und zu dokumentieren, wobei die Dokumentation für die Geschäftsbereiche, internen Einheiten und die Risikocontrolling-Funktion zugänglich und auf Systemen abgespeichert sein sollte, die physisch getrennt und im Fall einer Notsituation problemlos zugänglich sind.[90]

2.4 Kommunikation

73 Kommunikation ist bei jedem Notfall die kritische Komponente und ein zentraler Erfolgsfaktor des Notfallmanagements. Soweit in diesem Zusammenhang keine klaren Regelungen im Notfallkonzept getroffen werden, kann das gesamte Konzept ggf. ins Leere laufen (z. B. weil die Ansprechpartner für den Notfall nicht bekannt sind). Die im Notfall verantwortlichen Mitarbeiter oder Institutionen müssen allen Beteiligten bekannt sein. Vor diesem Hintergrund ist bei Notfällen eine angemessene interne und externe Kommunikation sicherzustellen.

74 Auch die EBA erwartet von den Instituten, bei einer Störung oder einem Notfall und während der Umsetzung von Geschäftsfortführungsplänen im Krisenfall eine angemessene interne und externe Kommunikation sicherzustellen. Konkret sollten die Institute wirksame Maßnahmen zur Krisenkommunikation festlegen, damit alle relevanten internen und externen Akteure rechtzeitig und angemessen informiert werden. Dazu zählen auch die zuständigen Behörden, wenn dies in

---

87 Vgl. European Banking Authority, Leitlinien für das Management von IKT- und Sicherheitsrisiken, EBA/GL/2019/04, 28. November 2019, S. 23.

88 Vgl. European Banking Authority, Leitlinien für das Management von IKT- und Sicherheitsrisiken, EBA/GL/2019/04, 28. November 2019, S. 23.

89 Vgl. Basel Committee on Banking Supervision, Principles for Operational Resilience, BCBS 516, 31. März 2021, S. 5 f.

90 Vgl. European Banking Authority, Leitlinien für das Management von IKT- und Sicherheitsrisiken, EBA/GL/2019/04, 28. November 2019, S. 23; European Banking Authority, Leitlinien zur internen Governance, EBA/GL/2017/11, 21. März 2018, S. 51.

den nationalen Rechtsvorschriften vorgeschrieben ist, sowie die einschlägigen Anbieter (Auslagerungsunternehmen, Gruppenunternehmen oder Drittanbieter).[91] Nach den Vorstellungen des Baseler Ausschusses für Bankenaufsicht (BCBS) sollten dafür Kommunikationsrichtlinien erarbeitet werden.[92] Je nach Adressat müssen ggf. auch die Leistungskennzahlen während eines Vorfalls und die gewonnenen Erkenntnisse aus der Analyse nach einem Vorfall gemeldet werden.[93]

Nach Einschätzung des BSI ist eine gute Notfallkommunikation[94] entscheidend dafür, wie das **75** Institut im Notfall (intern und extern) wahrgenommen wird und ob Vertrauen in seine Notfallbewältigung gesetzt wird. Die Notfallkommunikation sollte deshalb im Vorfeld gut vorbereitet und vorausschauend geplant werden. Insbesondere sollte präventiv überlegt werden, wann Meldungen an die Mitarbeiter (»interne Notfallkommunikation«) und an externe Interessengruppen (»externe Notfallkommunikation«) erforderlich sind, um Reputationsschäden zu vermeiden. Im Rahmen der externen Notfallkommunikation sollte das Kommunikationsgeschehen sorgfältig überwacht, analysiert und gesteuert werden. Es empfiehlt sich auch, die anzuwendenden Kommunikationskanäle und Medienformate vorab festzulegen. Je nachdem, ob im Institut ein Notfallkommunikationsteam existiert, sollten die jeweiligen Aufgaben und Zuständigkeiten festgelegt werden, um die Kommunikation effektiv koordinieren zu können.[95]

Durch eine kontinuierliche interne Notfallkommunikation sollte während eines Notfalls die Unsi- **76** cherheit unter den Mitarbeitern so weit wie möglich minimiert werden. Sofern es dem Institut gelingt, sachlich zu kommunizieren, kann damit das allgemeine Vertrauen in das Notfallmanagement erhöht werden, die Situation kontrollieren zu können. Ein frühzeitiges und angemessenes Einbeziehen der Mitarbeiter in die Notfallbewältigung, kann deren Bereitschaft steigern, erforderliche Maßnahmen umzusetzen und mit Informationen sorgsam umzugehen. Oftmals ist es nicht erforderlich, dass die Mitarbeiter über jedes Detail des Notfallereignisses informiert werden. Sofern die persönliche Situation oder die persönliche Sicherheit betroffen sind, sollte dies in jedem Fall kommuniziert werden. Die relevanten Informationen im Zusammenhang mit dem Status der Notfallbewältigung sollten insbesondere denjenigen Mitarbeitern bereitgestellt werden, die in Kontakt mit externen Interessengruppen stehen, wie z.B. Kunden, Behörden oder Dienstleistern. Außerdem sollte darauf geachtet werden, dass die Mitarbeiter die Informationen nicht zuerst aus den Medien erfahren.[96]

Bei der externen Kommunikation ist besonders wichtig, dass sämtliche relevanten externen **77** Interessengruppen berücksichtigt werden, wie z.B. Journalisten, Medien, Kunden, Dienstleister, Aufsichtsbehörden, Polizei und Angehörige von Mitarbeitern. Diese sollten intensiv analysiert und adressatengerecht informiert werden.[97] Zudem sollte auch die Kommunikation Dritter untereinander analysiert werden, weil Notfälle, die durch die Medien aufgegriffen werden, eine kritische Berichterstattung nach sich ziehen können, die sich schnell verbreiten kann und durch Diskussionen in sozialen Medien weiter verschärft wird. Zum Schutz der Reputation des Institutes ist es

91 Vgl. European Banking Authority, Leitlinien für das Management von IKT- und Sicherheitsrisiken, EBA/GL/2019/04, 28. November 2019, S. 24.

92 Vgl. Basel Committee on Banking Supervision, Revisions to the Principles for the Sound Management of Operational Risk, BCBS 515, 31. März 2021, S. 18.

93 Vgl. Basel Committee on Banking Supervision, Principles for Operational Resilience, BCBS 516, 31. März 2021, S. 7.

94 Die »Notfallkommunikation« dient dazu, Informationen während der Notfallbewältigung zu sammeln, zu verifizieren sowie adressatengerecht nach innen und außen zu verteilen. Im Rahmen der Notfallkommunikation werden vorab definierte Regeln zum Umgang mit Medien und Presse angewendet. Zudem wird überprüft, ob diese Regeln eingehalten werden. Vgl. Bundesamt für Sicherheit in der Informationstechnik, BSI-Standard 200-4, Business Continuity Management, Community Draft, Köln, 1. Februar 2021, S. 17. Unter »Krisenkommunikation« ist die Kommunikation während und nach einer Krise mit den verschiedenen Interessensgruppen zu verstehen. Das Ziel besteht darin, die Krise zu bewältigen, weiteren Schaden zu verhindern, zu informieren sowie Vertrauens- und Imageverluste zu vermeiden. Vgl. Bundesamt für Sicherheit in der Informationstechnik, BSI-Standard 100-4, Notfallmanagement, Köln, 12. November 2008, S. 76.

95 Vgl. Bundesamt für Sicherheit in der Informationstechnik, BSI-Standard 200-4, Business Continuity Management, Community Draft, Köln, 1. Februar 2021, S. 188.

96 Vgl. Bundesamt für Sicherheit in der Informationstechnik, BSI-Standard 200-4, Business Continuity Management, Community Draft, Köln, 1. Februar 2021, S. 188.

97 Vgl. Bundesamt für Sicherheit in der Informationstechnik, BSI-Standard 200-4, Business Continuity Management, Community Draft, Köln, 1. Februar 2021, S. 189.

daher empfehlenswert, auch im Notfall situativ die Medien zu beobachten, um bei Bedarf früh-zeitig kommunikative Gegenmaßnahmen einleiten zu können.[98]

2.5 Berücksichtigung ausgelagerter Aktivitäten und Prozesse

78   Die Auslagerung von zeitkritischen Aktivitäten und Prozessen darf nicht dazu führen, dass die Vorsorge für Notfälle vernachlässigt oder sogar komplett ausgeblendet wird. Das wäre insbesondere vor dem Hintergrund der großen Bedeutung der IT-Auslagerungen für die Institute ein fataler Trugschluss.[99]

Allerdings ist es schon unter Praktikabilitätsgesichtspunkten kaum vorstellbar, dass ein kleines Institut ein Notfallkonzept für Funktionen ausarbeitet, die auf einen großen Mehrmandantendienst-leister ausgelagert sind.[100] Stattdessen haben das auslagernde Institut und das Auslagerungsunter-nehmen bei der Auslagerung zeitkritischer Aktivitäten und Prozesse über aufeinander abgestimmte Notfallkonzepte zu verfügen. Durch diese Anforderung wird Art. 14 Abs. 2 lit. k MiFID-Durch-führungsrichtlinie Genüge getan. Danach müssen die Wertpapierfirma und der Dienstleister einen Notfallplan festlegen und dessen kontinuierliche Einhaltung sicherstellen.[101] Die Anforderung war grundsätzlich schon Gegenstand des Rundschreibens 11/2001, dessen Inhalt in modifizierter Form in die MaRisk überführt wurde.[102]

79   Im Zentrum der Abstimmung steht vor allem die Schnittstelle zwischen auslagerndem Institut und Auslagerungsunternehmen. Dabei dürfen keine Lücken entstehen. Insbesondere muss sicher-gestellt werden, dass der Dienstleister auch im Notfall (z. B. bei Ausfall eines Standortes und damit verbundenem Umzug in ein anderes Gebäude) seinen Auftrag erfüllen kann (z. B. Datenliefe-rung).[103] Die EBA erwartet ohnehin, dass sich die Institute bei der Erstellung ihrer Geschäftsfort-führungspläne mit den relevanten internen und externen Akteuren abstimmen.[104] Die Institute sollten ggf. sogar geeignete Geschäftsfortführungspläne hinsichtlich ausgelagerter kritischer oder wesentlicher Funktionen erstellen, diese pflegen und regelmäßig testen, wobei sie sich innerhalb einer Gruppe oder eines institutsbezogenen Sicherungssystems auf zentral festgelegte Geschäfts-fortführungspläne hinsichtlich ihrer ausgelagerten Funktionen stützen können. Dabei sollte der mögliche Umstand berücksichtigt werden, dass sich die Qualität der Erbringung der ausgelagerten kritischen oder wesentlichen Funktionen auf ein inakzeptables Niveau verschlechtern könnte oder ihre Erbringung komplett unterlassen wird. Außerdem sollten die möglichen Auswirkungen der Insolvenz oder eines anderen Ausfalls von Dienstleistern sowie ggf. politische Risiken in der Rechtsordnung des Dienstleisters berücksichtigt werden.[105] Auch bei den Reaktions- und Wieder-herstellungsplänen sollten die Institute Maßnahmen zur Gewährleistung der Kontinuität berück-sichtigen, um Ausfälle von Drittanbietern zu mildern, die für die Kontinuität der IKT-Dienste eines Institutes von entscheidender Bedeutung sind.[106]

---

98 Vgl. Bundesamt für Sicherheit in der Informationstechnik, BSI-Standard 200-4, Business Continuity Management, Community Draft, Köln, 1. Februar 2021, S. 75.

99 Vgl. European Central Bank, Report on EU banking structure, 24. November 2004, S. 27.

100 Vgl. Bundesanstalt für Finanzdienstleistungsaufsicht, Protokoll der ersten Sitzung des MaRisk-Fachgremiums am 4. Mai 2006, S. 4.

101 Auch CEBS fordert für die ausgelagerten Aktivitäten und Prozesse abgestimmte Notfallpläne. Vgl. Committee of European Banking Supervisors, Guidelines on Outsourcing, 14. Dezember 2006, S. 6.

102 Vgl. Bundesaufsichtsamt für das Kreditwesen, Auslagerung von Bereichen auf ein anderes Unternehmen gemäß § 25a Abs. 2 KWG, Rundschreiben 11/2001 vom 6. Dezember 2001, Tz. 40.

103 Vgl. Erfahrungsaustausch öffentlicher und genossenschaftlicher Banken zum »Outsourcing« am 1. Februar 2009 in Berlin.

104 Vgl. European Banking Authority, Leitlinien für das Management von IKT- und Sicherheitsrisiken, EBA/GL/2019/04, 28. November 2019, S. 22.

105 Vgl. European Banking Authority, Leitlinien zu Auslagerungen, EBA/GL/2019/02, 25. Februar 2019, S. 21 f.

106 Vgl. European Banking Authority, Leitlinien für das Management von IKT- und Sicherheitsrisiken, EBA/GL/2019/04, 28. November 2019, S. 23.

Eine vollständige Abstimmung der Notfallkonzepte ist grundsätzlich nicht erforderlich. Allerdings **80** muss sich ein Institut davon überzeugen, dass auch der Dienstleister für seinen Verantwortungsbereich ein eigenes, angemessenes Notfallkonzept vorweisen kann. Da der direkte Einblick aus Gründen der Geheimhaltung oder des Datenschutzes nicht immer möglich ist, kann z.B. eine Prüfung und Zertifizierung durch einen Wirtschaftsprüfer erfolgen. Es gibt auch Auslagerungen, für die bei Ausfall des Dienstleisters kein vernünftiger Notfallplan greifen würde, wie teilweise im IT-Bereich. Würde eine Umstellung der IT auf einen anderen Anbieter mehrere Jahre dauern, ist die Erstellung eines Notfallkonzeptes nicht mehr zweckmäßig. In diesen Fällen ist die Überprüfung des Notfallkonzeptes beim Dienstleister von besonderer Bedeutung. Für andere Notfallszenarien, wie z.B. eine Hochwasserkatastrophe, bestehen i.d.R. auch für die IT konkrete Notfallpläne.[107]

Hat ein Auslagerungsunternehmen hingegen kein ausreichendes Notfallkonzept, können unter **81** Umständen die vertraglich vereinbarten IT-Systeme und Anwendungen im Notfall nicht oder nur eingeschränkt genutzt werden. Dies hat zur Folge, dass die darauf basierenden Geschäftsprozesse nicht zur Verfügung stehen und die vertraglich vereinbarten Dienstleistungen nicht erbracht werden können.[108] Aus Sicht des auslagernden Institutes sollte daher für Auslagerungen ein Notfallvorsorgekonzept existieren, das die Komponenten beim auslagernden Institut und beim Auslagerungsunternehmen sowie die zugehörigen Schnittstellen und Kommunikationswege umfasst. In diesem Notfallvorsorgekonzept sollten die Zuständigkeiten, Ansprechpartner und Abläufe zwischen dem auslagernden Institut und dem Auslagerungsunternehmen geregelt sein. Das auslagernde Institut sollte außerdem kontrollieren, ob das Auslagerungsunternehmen die Notfallmaßnahmen umsetzt. Dazu sollten gemeinsame Notfallübungen durchgeführt werden.[109] Im BSI-Standard zum Business Continuity Management werden diese grundlegenden Vorgaben näher ausgeführt.

Nach Einschätzung des BSI können für die Institute mit Auslagerungen zwar viele Vorteile **82** verbunden sein. Zugleich sind damit aber auch Risiken verbunden, wie z.B. Minderleistungen des Dienstleisters, die von den Instituten nicht unterschätzt werden sollten. Aus Sicht des Notfallmanagements bedeutet die Auslagerung von Geschäftsprozessen, dass für das eigene Institut die Risiken steigen, die außerhalb des eigenen Einflussbereiches liegen, verbunden mit einem Verlust an Kontrolle. Zusätzlich steigen die Risiken für die internen Geschäftsprozesse, die von diesen Dienstleistern abhängig sind.[110] Damit kann ein Reputationsverlust für ein Institut einhergehen, weil es aus Sicht der Kunden i.d.R. als direkter Leistungserbringer wahrgenommen wird. In diesem Fall ist es oftmals unerheblich, ob die Minderleistung auf die Versäumnisse eines Dritten zurückzuführen ist. Die ohnehin nur eingeschränkte Möglichkeit, die Qualität der Leistung des Dienstleisters zu beeinflussen, betrifft zeitkritische Aktivitäten und Prozesse in besonderem Maße. Das BSI nennt daher einige Aspekte, die bei Auslagerungen berücksichtigt werden sollten. So sollte u.a. vor Vertragsabschluss geprüft werden, inwiefern der Leistungsbezug für den Notbetrieb eines zeitkritischen Geschäftsprozesses relevant ist und somit bestimmte Anforderungen des BCM an den Dienstleister gestellt werden müssen. Da sich diese Anforderungen auf die Kosten für diese Leistung auswirken werden, sollte zudem ermittelt werden, ob die Mehrkosten in einem angemessenen Verhältnis zu dem damit verbundenen Risiko stehen. Außerdem sollte sich das Institut auf Basis bestimmter Grundanforderungen davon überzeugen, ob die potenziellen Dienstleister über die notwendigen Voraussetzungen verfügen, um angemessen auf Notfälle reagieren zu können. Daneben geht es um die Überprüfung der Eignung des Dienstleisters, die Entwicklung einer angemessenen Exit-Strategie, die vertragliche Festlegung konkreter Leistungsziele sowie

---

107 Vgl. Erfahrungsaustausch öffentlicher und genossenschaftlicher Banken zum »Outsourcing« am 1. Februar 2009 in Berlin.

108 Vgl. Bundesamt für Sicherheit in der Informationstechnik, IT-Grundschutz-Kompendium, OPS. 3: Betrieb für Dritte, Köln, 15. Februar 2021, S. 3.

109 Vgl. Bundesamt für Sicherheit in der Informationstechnik, IT-Grundschutz-Kompendium, OPS. 2: Betrieb von Dritten, Köln, 15. Februar 2021, S. 6.

110 Vgl. Bundesamt für Sicherheit in der Informationstechnik, BSI-Standard 100-4, Notfallmanagement, Köln, 12. November 2008, S. 95.

eine angemessene Steuerung des Dienstleisters. Diese Anforderungen ergeben sich allerdings bereits aus den generellen Vorgaben für Auslagerungen, insbesondere hinsichtlich der Vertragsgestaltung (→ AT 9 Tz. 7). Ergänzend weist das BSI auf die Notwendigkeit hin, insbesondere die Überführungs- oder Integrationsphase durch angemessene Vorkehrungen abzusichern, die einen unterbrechungsfreien Ablauf unterstützen. Dabei kann es sinnvoll sein, Rückfallvorkehrungen (»Fallback«) zu schaffen, um Störungen oder Ausfälle kompensieren zu können. Dies ist z. B. in Form eines temporären Parallelbetriebes möglich, der durch das Institut selbst sichergestellt wird, bis eine stabile Leistungserbringung durch den Dienstleister gewährleistet werden kann.[111]

83   Die ausgelagerten Geschäftsprozesse sollten auch bei der Durchführung der Auswirkungsanalyse und der Risikoanalyse beachtet werden. Bei der Auswirkungsanalyse sollen die Anforderungen bezüglich des Wiederanlaufs und der Wiederherstellung an die ausgelagerten Prozesse identifiziert und mit den vorliegenden Verträgen abgeglichen werden, um eventuell vorhandene Lücken bei der Leistungsbeschreibung (z. B. maximale Ausfallzeit, Wiederanlauf-Niveau, maximale Wiederherstellungszeit) zu ermitteln. Bei der Risikoanalyse sind sowohl die Schnittstellen zwischen dem Institut und dem Auslagerungsunternehmen als auch die ausgelagerten Prozesse zu betrachten und die betreffenden Risiken zu identifizieren. Darauf aufbauend sind entsprechende Vorkehrungen und Sicherungsmaßnahmen zu entwickeln. Bei der Erstellung von Notfallplänen sind die Schnittstellen von internen zu ausgelagerten Prozessen genau zu definieren und die Pläne aufeinander abzustimmen. Die Notfall-Prozeduren des Auslagerungsunternehmens müssen kompatibel mit denen des Institutes sein. Dieses sollte bei gemeinsamen Tests und Übungen überprüft werden. Die Leistungsbeschreibung der Verträge sollte auch Regelungen zur Eskalation, Aktivierung der Notfallbewältigung und der Krisenbewältigung enthalten. Der Nachweis der Notfall- und Krisenmanagement-Fähigkeit des Dienstleisters durch eine Zertifizierung oder eine andere unabhängige Prüfung ist möglich. Allerdings sollte das Institut genau darauf achten, ob seine ausgelagerten Geschäftsprozesse im Geltungsbereich der Zertifizierung enthalten sind, die Kritikalität der Geschäftsprozesse nach den Vorgaben im Vertrag eingestuft und in den Notfallplänen des Auslagerungsunternehmens berücksichtigt sind. Bei der Vertragsgestaltung sollten insbesondere die Ausschlussklauseln, z. B. für höhere Gewalt, genau geprüft werden, um zu verhindern, dass gerade für Krisensituationen die Leistungserbringung aus der Haftung ausgeschlossen wird.[112]

2.6   Umgang mit einer Pandemie

84   Die EZB hat die bedeutenden Institute bereits zu Beginn der COVID-19-Pandemie aufgefordert, ihre Vorkehrungen für die Mitarbeitersicherheit und zur Aufrechterhaltung des Geschäftsbetriebes (Geschäftsfortführung) zu prüfen und darüber nachzudenken, welche Maßnahmen sie treffen können, um allgemein auf »Pandemien« besser vorbereitet zu sein und konkret die möglichen negativen Auswirkungen einer weiteren Ausbreitung von COVID-19 zu minimieren. Insbesondere hat die EZB darauf hingewiesen, dass die operativen Kapazitäten in den betroffenen Gebieten eingeschränkt sein könnten, wenn die Beschäftigten ihrer Arbeit nicht wie sonst nachkommen können, weil sie erkranken, sich um Verwandte kümmern müssen oder aufgrund von Vorsichtsmaßnahmen nicht an ihrem regulären Arbeitsplatz arbeiten können. Herausforderungen könnten sich zudem daraus ergeben, dass wichtige externe Anbieter und Lieferanten kritische Prozesse nur

---

111 Vgl. Bundesamt für Sicherheit in der Informationstechnik, BSI-Standard 200-4, Business Continuity Management, Community Draft, Köln, 1. Februar 2021, S. 290 ff.

112 Vgl. Bundesamt für Sicherheit in der Informationstechnik, BSI-Standard 100-4, Notfallmanagement, Köln, 12. November 2008, S. 95 ff.

bedingt aufrechterhalten können. Als geeignete Maßnahmen für die Notfallplanung zur Berücksichtigung von Pandemien nennt die EZB beispielhaft:[113]

a) Treffen angemessener Maßnahmen zur Infektionsbekämpfung am Arbeitsplatz, z. B. durch Vorkehrungen zur Verringerung des Ansteckungsrisikos und Aufklärung der Beschäftigten,

b) Beurteilung, inwieweit Notfallpläne ein Pandemieszenario enthalten, das je nach geografischer Ausrichtung und Geschäftsrisiko des jeweiligen Institutes gestaffelte Maßnahmen für die einzelnen Phasen des Ausbruchs einer Pandemie vorsieht,

c) Prüfung, wie schnell die im Pandemieszenario des Notfallplanes vorgesehenen Maßnahmen umgesetzt werden könnten und wie lange der Geschäftsbetrieb in einem solchen Szenario aufrechterhalten werden könnte,

d) Prüfung, ob angesichts einer möglichen Pandemie genügend Ausweichstandorte eingerichtet werden können,

e) Beurteilung und zeitnahe Praxistests, um festzustellen, ob zur Aufrechterhaltung des Geschäftsbetriebes (Geschäftsfortführung) großflächige Telearbeit oder andere flexible Arbeitsformen für Beschäftigte in kritischen Funktionen ein- und fortgeführt werden können,

f) proaktive Einschätzung und praktische Überprüfung der Leistungsfähigkeit der bestehenden IT-Infrastruktur, auch vor dem Hintergrund einer möglichen Zunahme von Cyberangriffen und einer potenziell stärkeren Inanspruchnahme von Remote-Bankdienstleistungen,

g) Bewertung der Risiken für Kunden und Institute aufgrund vermehrter Cyberbetrugsfälle über Phishing-Mails etc.,

h) Austausch mit Anbietern kritischer Dienstleistungen, um zu eruieren, ob und wie die Fortführung dieser Dienstleistungen im Pandemiefall gewährleistet würde.

Nach Einschätzung der EZB waren die Institute nach Ausbruch der COVID-19-Pandemie in der **85** Lage, ihr operatives Geschäft zügig anzupassen und somit den Geschäftsbetrieb aufrechtzuerhalten, indem sie ihre Prozesse kurzfristig in Notfallumgebungen verlagert haben. Damit sind allerdings neue Herausforderungen verbunden, wie z. B. eine intensivere Nutzung »virtueller privater Netze« (VPNs)[114] und mobiler Geräte, die mit privaten Internet-Zugangspunkten verbunden sind. Folglich hat sich z. B. der Schwerpunkt von Cyberbedrohungen verschoben. Den Instituten sollte bewusst sein, mit welchen Methoden Cyberkriminelle ihre »remote arbeitenden« Mitarbeiter ins Visier nehmen, um dieses Risiko durch geeignete Maßnahmen zu mindern. Insbesondere sollten sie ihre IT- und Cyberrisikostrategien kontinuierlich anpassen und sicherstellen, dass ihre Mitarbeiter die Risiken im Zusammenhang mit Telearbeitsregelungen kennen und entsprechend geschult sind. Zugleich nehmen damit die Risiken und Folgen von IT-Pannen zu. Den europäischen Instituten wird von der EZB aber insgesamt bescheinigt, trotz der aktuell starken Abhängigkeit von »Remote-Dienstleistungen« und »Telearbeit«[115] operationell widerstandsfähig zu sein.[116]

---

113 Vgl. Enria, Andrea, Vorkehrungen für den Notfall im Zusammenhang mit COVID-19, Schreiben an alle bedeutenden Institute, 3. März 2020, S. 1 f.

114 Ein »virtuelles privates Netz« (VPN) ist ein Netz, das physisch innerhalb eines anderen Netzes (oft des Internets) betrieben, jedoch logisch von diesem Netz getrennt wird. In VPNs können unter Zuhilfenahme kryptographischer Verfahren die Integrität und Vertraulichkeit von Daten geschützt und die Kommunikationspartner sicher authentisiert werden, auch wenn mehrere Netze oder Rechner über gemietete Leitungen oder öffentliche Netze miteinander verbunden sind. Der Begriff »VPN« wird oft als Bezeichnung für verschlüsselte Verbindungen verwendet. Zur Absicherung des Transportkanals können jedoch auch andere Methoden eingesetzt werden, wie z. B. spezielle Funktionen des genutzten »Transportprotokolls«. Vgl. Bundesamt für Sicherheit in der Informationstechnik, Service/Cyber-Glossar, www.bsi.bund.de, Stand September 2021.

115 Mit »remote arbeiten« oder »entfernt arbeiten« wird ausgedrückt, dass die Mitarbeiter ihrer Tätigkeit nicht im eigentlichen Büro nachkommen, sondern irgendwo außerhalb des Unternehmens. Deshalb wird »remote work« in der Fachliteratur häufig als »Fernarbeit« bezeichnet. Während der COVID-19-Pandemie hat z. B. die Arbeit im Homeoffice völlig neue Dimensionen angenommen, indem teilweise bis zu 100 Prozent der Tätigkeiten dort ausgeführt wurden. Der Begriff »Telearbeit« drückt spezifischer aus, dass die Mitarbeiter ihre Tätigkeit ganz oder teilweise außerhalb des Büros ausüben und dabei i. W. über ein elektronisches Kommunikationsnetz mit dem Büro verbunden sind.

116 Vgl. Enria, Andrea, Antwortschreiben an Herrn Markus Herbrand, Mitglied des Deutschen Bundestages, 30. April 2021, S. 2.

3 Überprüfungen des Notfallkonzeptes (Tz. 3)

86 **3** Die Wirksamkeit und Angemessenheit des Notfallkonzeptes sind regelmäßig zu überprüfen. Für zeitkritische Aktivitäten und Prozesse sind sie für alle relevanten Szenarien mindestens jährlich und anlassbezogen nachzuweisen. Überprüfungen des Notfallkonzeptes sind zu protokollieren. Ergebnisse sind hinsichtlich notwendiger Verbesserungen zu analysieren. Risiken sind angemessen zu steuern. Die Ergebnisse sind den jeweiligen Verantwortlichen schriftlich mitzuteilen.

3.1 Wirksamkeit und Angemessenheit des Notfallkonzeptes

87 Zahlreiche Unternehmen haben Notfallkonzepte entwickelt. Die Bereitschaft, diese Konzepte regelmäßig zu testen, war aber zumindest in der Vergangenheit offenbar weniger ausgeprägt.[117] Die Sicherstellung der Handlungsfähigkeit durch Notfallkonzepte ist jedoch kein einmaliger Vorgang, sondern ein laufender Prozess. Das Notfallkonzept kann seinen Sinn nur dann erfüllen, wenn es regelmäßig unter realen Bedingungen getestet wird. Verzichtet ein Institut auf Notfalltests, können Schwachstellen des Konzeptes nicht identifiziert und deshalb auch nicht beseitigt werden (z. B. nicht funktionierende Kommunikationswege).[118] Durch den Test wird also nicht nur der effektive und reibungslose Ablauf eines Notfallkonzeptes erprobt. Durch ihn werden darüber hinaus bislang unerkannte Schwachstellen des Konzeptes aufgedeckt.

88 Die deutsche Aufsicht erwartet daher von den Instituten eine regelmäßige Überprüfung der Wirksamkeit und Angemessenheit ihres Notfallkonzeptes. Insofern muss von den Instituten der Nachweis erbracht werden, dass das Notfallkonzept seinen Zweck auch tatsächlich erfüllt. Dieser Zweck ist dann erfüllt, wenn die im Notfallkonzept festgelegten Maßnahmen dazu geeignet sind, das Ausmaß möglicher Schäden aufgrund von Notfällen in zeitkritischen Aktivitäten und Prozessen im angestrebten Maße zu reduzieren. Da diese Überprüfung in der Theorie nicht ausreicht, sind regelmäßige Tests bzw. Übungen[119] durchzuführen.

89 Da jede (Prozess-)Kette nur so stark ist wie ihr schwächstes Glied, müssen die Maßnahmen für alle Phasen des Notfallmanagements getestet werden, die vom Notfallkonzept betroffen sind. Dabei geht es also um die Notfallbewältigung, die mit dem Eintritt eines Notfalls beginnt. Daran schließen sich die Meldung, die Eskalation und die Einleitung von Maßnahmen an (zusammengefasst als Reaktion auf den Notfall), dann der Wiederanlauf und (nach der Wiederanlaufzeit) der Notbetrieb. Schließlich folgt die Phase der Rückführung in den Normalbetrieb. Damit ist die Wiederherstellungszeit beendet. In einem entsprechenden Test geht es insofern u. a. darum, ob sich die Geschäftsfortführungs- und Wiederherstellungspläne bewähren, das Zusammenspiel der

---

117 Vgl. AT&T, Business Continuity – Notfallplanung für Geschäftsprozesse, Juli 2005, S. 4 f.

118 Vgl. The Joint Forum, High-level principles for business continuity, 29. August 2006, S. 21 f.

119 Das BSI führt in seinem aktuellen Standard noch aus, dass es zwar keine scharfe Trennung der Begriffe gibt, einfache Überprüfungen aber häufig als »Test« bezeichnet werden, während komplexere Überprüfungen, bei denen auch ein Szenario hinterlegt ist, »Übung« genannt werden. Vgl. Bundesamt für Sicherheit in der Informationstechnik, BSI-Standard 100-4, Notfallmanagement, Köln, 12. November 2008, S. 83. Im neuen Standard des BSI wird nur noch auf den ISO-Standard 22398 verwiesen, in dem der Begriff »Test« als eine besondere Art von Übung definiert ist, bei der ein objektiv gemessenes Bestehen oder Nichtbestehen (»pass or fail«) als Ergebnis erwartet und entsprechend als Ziel definiert wird. Bei Übungen sind die Ziele generischer formuliert und dienen üblicherweise dazu, praktische Erfahrungen im Umgang mit den Notfallplänen und Notfallmaßnahmen zu sammeln sowie Korrektur- und Verbesserungsmaßnahmen zu identifizieren. Der Begriff »Übung« wird in diesem Sinne als Oberbegriff verwendet, während Tests eine spezielle Form von Übungen darstellen und davon eingeschlossen sind. Vgl. Bundesamt für Sicherheit in der Informationstechnik, BSI-Standard 200-4, Business Continuity Management, Community Draft, Köln, 1. Februar 2021, S. 121.

Beteiligten (ggf. inklusive der relevanten Dienstleister) funktioniert, die Kommunikationsmaß-nahmen greifen und die festgelegten Parameter eingehalten werden. Die Notfallvorsorge ist formal betrachtet zwar nicht betroffen. Allerdings werden auch im Rahmen der Notfallvorsorge zahlreiche Überprüfungen durchgeführt, wie z.B. im Rahmen des Lebenszyklus-Managements der IT-Systeme (→ AT 7.2 Tz. 1), beim Informationssicherheitsmanagement, im Rahmen der Eignungsprüfung der IT-Systeme und zugehörigen Prozesse (→ AT 7.2 Tz. 2) oder bei der Anwendungsentwicklung (→ AT 7.2 Tz. 3).

Durch die Prüfung der Geschäftsfortführungspläne sollte nach den Vorstellungen der EBA der **90** Nachweis erbracht werden, dass die Institute die Funktionsfähigkeit ihrer Geschäfte bis zur Wiederherstellung kritischer Operationen aufrechterhalten können. Dies umfasst die Umstellung der kritischen Geschäftsfunktionen, Unterstützungsprozesse und IT-Assets für die »Wiederherstellungsumgebung im Notfall« (»disaster recovery environment«) sowie den Nachweis, dass sie auf diese Weise für einen ausreichend repräsentativen Zeitraum betrieben werden können und deren normale Funktion danach wiederhergestellt werden kann. Gegebenenfalls sollte die Prüfung von Diensten einbezogen werden, die von Dritten erbracht werden. Bei der Ausgestaltung der Tests sollten die Annahmen, auf die sich die Geschäftsfortführungspläne im Krisenfall stützen, einschließlich der Governance-Regelungen und der Krisenkommunikationspläne, hinterfragt werden. Außerdem sollte die Fähigkeit des Personals, der Auftragnehmer, der IKT-Systeme und der IKT-Dienste, auf die verwendeten Szenarien angemessen zu reagieren, in die Überprüfung eingeschlossen werden.[120]

Laut Baseler Ausschuss für Bankenaufsicht (BCBS) müssen die Institute ihre Geschäftsfort-**91** führungspläne regelmäßig testen und validieren, um sicherzustellen, dass die Notfallstrategien mit den aktuellen Abläufen, Risiken und Bedrohungen übereinstimmen, die Ziele sowie der Zeitrahmen für die Wiederherstellung und Wiederaufnahme des Geschäftsbetriebes eingehalten und die kritischen Operationen auch bei einer Unterbrechung weitergeführt werden können. Dabei sollen störende Ereignisse und Vorfälle eingeschlossen sowie sämtliche Verbindungen und Abhängigkeiten, einschließlich der Beziehungen zu Drittparteien und konzerninternen Einheiten, berücksichtigt werden.[121]

Die Wirksamkeit der IT-Notfallpläne für zeitkritische Aktivitäten und Prozesse ist auch laut **92** Tz. 10.4 BAIT durch mindestens jährliche »IT-Notfalltests« zu überprüfen. Diese Tests müssen IT-Systeme, welche zeitkritische Aktivitäten und Prozesse unterstützen, vollständig abdecken. Abhängigkeiten zwischen IT-Systemen bzw. von gemeinsam genutzten IT-Systemen sind angemessen zu berücksichtigen. Hierfür ist ein »IT-Testkonzept« zu erstellen. Das IT-Testkonzept beinhaltet sowohl Tests einzelner IT-Systeme (z.B. Komponenten, einzelne Anwendungen) als auch deren Zusammenfassung zu Systemverbünden (z.B. Hochverfügbarkeitscluster) sowie der Prozesse (z.B. Zutritts- und Zugriffsmanagement).

3.2 Überprüfungsturnus

Die Häufigkeit und der Umfang der Überprüfungen sollen sich grundsätzlich an der Gefährdungs-**93** lage orientieren (→ AT 7.3 Tz. 3, Erläuterung). Für »zeitkritische« Aktivitäten und Prozesse sind

---

120 Vgl. European Banking Authority, Leitlinien für das Management von IKT- und Sicherheitsrisiken, EBA/GL/2019/04, 28. November 2019, S. 24.

121 Vgl. Basel Committee on Banking Supervision, Principles for Operational Resilience, BCBS 516, 31. März 2021, S. 5; Basel Committee on Banking Supervision, Revisions to the Principles for the Sound Management of Operational Risk, BCBS 515, 31. März 2021, S. 18.

die Wirksamkeit und Angemessenheit des Notfallkonzeptes für alle relevanten Szenarien mindestens jährlich und anlassbezogen »nachzuweisen«.

94 Die EBA erwartet von den Instituten, dass sie ihre Geschäftsfortführungspläne regelmäßig testen.[122] Die Tests sollten hinsichtlich ihrer »kritischen« Geschäftsfunktionen, Unterstützungsprozesse, IT-Assets und deren wechselseitigen Abhängigkeiten (gegebenenfalls auch die von Dritten) nach bestimmten Kriterien mindestens jährlich erfolgen.[123]

95 Die Institute orientieren sich bisher stärker an der tatsächlichen Gefährdungslage, die für die Häufigkeit und den Umfang der Überprüfungen letztlich ja auch maßgeblich sein soll, und halten sich auf dieser Basis an einen mehrjährigen, risikoorientierten Testplan. Das ist z. B. im Bereich der Internen Revision ebenfalls die übliche Vorgehensweise. Eine jährliche Prüfung unter Einbeziehung aller relevanten Szenarien stellt für die Institute daher im Vergleich zum Status quo (zumindest gefühlt) einen hohen Mehraufwand dar. Von der Deutschen Kreditwirtschaft (DK) wurde deshalb im Rahmen der Stellungnahme zur sechsten MaRisk-Novelle angeregt, bei den zeitkritischen Aktivitäten und Prozessen noch weiter zu unterscheiden, um auch zukünftig eine risikoorientierte Vorgehensweise wie bisher zu ermöglichen. Die DK hatte vorgeschlagen, den mindestens jährlichen Überprüfungsturnus auf »zeitlich hochkritische« Aktivitäten und Prozesse anzuwenden und für andere kritische Aktivitäten und Prozesse einen längeren Überprüfungsturnus zuzulassen. Dieses Vorgehen würde eine risikoorientierte Konzentration der Ressourcen auf die zeitlich hochkritischen Prozesse ermöglichen, bei deren Beeinträchtigung für einen sehr kurzen, vom Institut zu definierenden Zeitraum ein nicht mehr akzeptabler Schaden für das Institut zu erwarten ist.[124]

96 Die deutsche Aufsicht hat für die zeitkritischen Aktivitäten und Prozesse allerdings nach Auskunft im Fachgremium MaRisk im Februar 2021 bewusst eine enge Definition gewählt. Sie stellt bei ihrer Definition auf Aktivitäten und Prozesse ab, bei denen ein Institut schon ernsthaft gefährdet sein könnte, wenn es in diesem Bereich zu Problemen kommt. Deshalb soll das Notfallkonzept für diese Aktivitäten und Prozesse mindestens jährlich und anlassbezogen getestet werden. Die Institute können ihre zeitkritischen Aktivitäten und Prozesse jedoch selbst definieren und auf diese Weise einen übertriebenen Aufwand vermeiden. Zeitkritisch sind laut Definition jene Aktivitäten und Prozesse, bei deren Beeinträchtigung für »definierte Zeiträume« ein »nicht mehr akzeptabler Schaden« für das Institut zu erwarten ist (→ AT 7.3 Tz. 1). Den »Untersuchungszeitraum« und die »Schadenskategorie«, mit der ein nicht mehr akzeptabler Schaden näher bestimmt wird, legen die Institute aber selbst fest. Insofern obliegt es letztlich auch den Instituten, dabei weiter zwischen »zeitlich hochkritischen« und »zeitkritischen« Aktivitäten und Prozessen zu unterscheiden, solange sie damit der Zielsetzung dieser Anforderung entsprechen.

3.3 Vorgegebene Notfallszenarien

97 Die Tests sollten auch schwerwiegende, aber plausibel mögliche Szenarien umfassen.[125] Dabei müssen neben ggf. institutsindividuell definierten Szenarien auch die von der Aufsicht zur

---

122 Vgl. European Banking Authority, Leitlinien für das Management von IKT- und Sicherheitsrisiken, EBA/GL/2019/04, 28. November 2019, S. 24; European Banking Authority, Leitlinien zur internen Governance, EBA/GL/2017/11, 21. März 2018, S. 51.

123 Vgl. European Banking Authority, Leitlinien für das Management von IKT- und Sicherheitsrisiken, EBA/GL/2019/04, 28. November 2019, S. 24.

124 Vgl. Deutsche Kreditwirtschaft, BaFin-Konsultation 14/2020 – Mindestanforderungen an das Risikomanagement, Stellungnahme vom 4. Dezember 2020, S. 15 f.

125 Vgl. Basel Committee on Banking Supervision, Principles for Operational Resilience, BCBS 516, 31. März 2021, S. 5; European Banking Authority, Leitlinien für das Management von IKT- und Sicherheitsrisiken, EBA/GL/2019/04, 28. November 2019, S. 24.

Entwicklung der Geschäftsfortführungspläne vorgegebenen »Notfallszenarien« berücksichtigt werden. Das bedeutet konkret, dass mindestens der (Teil-)Ausfall eines Standortes (z.B. durch Hochwasser, Großbrand, Gebietssperrung, Ausfall der Zutrittskontrolle), ein erheblicher Ausfall von IT-Systemen oder Kommunikationsinfrastruktur (z.B. aufgrund von Fehlern oder Angriffen), der Ausfall einer kritischen Anzahl von Mitarbeitern (z.B. bei Pandemie, Lebensmittelvergiftung, Streik) und der Ausfall von Dienstleistern (z.B. Zulieferer, Stromversorger) durchgespielt werden müssen (→ AT 7.3 Tz. 2).

Von der DK wurde es als unverhältnismäßig empfunden, jährlich alle aufsichtlich vorgegebenen **98** Szenarien für sämtliche zeitkritischen Aktivitäten und Prozesse zu testen, zumal die EBA keine konkreten Szenarien vorgegeben hat. Die DK hat insbesondere darauf hingewiesen, dass aus den Ernstfall- oder Vollübungen neben einem hohen Aufwand auch ein hohes Risiko für die Institute resultiert. Folglich sollte auf Basis einer Abwägung zwischen dem erwarteten Erkenntnisgewinn und dem mit einer derartigen Übung verbundenen Risiko nicht zwingend eine jährliche Durchführung gefordert werden.[126] Die deutsche Aufsicht hat diese Anforderung im Fachgremium MaRisk im Februar 2021 in dem Sinne relativiert, dass die Szenarien durchaus mehrere zeitkritische Aktivitäten und Prozesse zugleich betreffen können, so dass nicht jede Aktivität oder jeder Prozess einzeln pro Szenario getestet werden muss.

Das Institut hat gemäß Tz. 10.5 BAIT insbesondere nachzuweisen, dass bei Ausfall eines **99** Rechenzentrums die zeitkritischen Aktivitäten und Prozesse aus einem ausreichend entfernten Rechenzentrum und für eine angemessene Zeit sowie für die anschließende Wiederherstellung des IT-Normalbetriebs erbracht werden können. Mit der ausreichenden Entfernung vom Primärstandort wird darauf abgestellt, dass die beiden Standorte nicht denselben Risiken ausgesetzt sein sollen.[127]

In die Überprüfungen des Notfallkonzeptes sind auch die Dienstleister angemessen einzubinden **100** (→ AT 7.3 Tz. 3, Erläuterung). Das ist allein deshalb erforderlich, weil die Dienstleister als Teil der Wertschöpfungskette im Zweifel die Wirksamkeit des Notfallkonzeptes gefährden könnten. Der Baseler Ausschuss für Bankenaufsicht (BCBS) erwartet, dass die Dienstleister an den Tests nach Möglichkeit teilnehmen.[128]

3.4 Vorgegebene Tests und Übungen

Die Überprüfungen beinhalten u.a. einen »Test der technischen Vorsorgemaßnahmen«, »Kom- **101** munikations-, Krisenstabs- und Alarmierungsübungen« sowie »Ernstfall- oder Vollübungen« (→ AT 7.3 Tz. 3, Erläuterung). Bei den Vorgaben zu den Überprüfungen des Notfallkonzeptes hat sich die deutsche Aufsicht nach eigener Auskunft eng an den BSI-Standards 100-4 (Notfallmanagement) und 200-4 (Business Continuity Management) orientiert. Allerdings ist der Standard 100-4, der noch einige dieser Begriffe enthält, die in den neuen Standard 200-4 nicht überführt werden, bald nicht mehr gültig.

Das BSI unterscheidet in seinem neuen Standard nur zwischen einer »Planbesprechung«, einer **102** »Stabsübung«, einer »Stabsrahmenübung«, einer »Alarmierungsübung« und einem »Funktionstest«. Eine »Planbesprechung«, die auch als »Schreibtischtest« (»table top exercise«) bezeichnet

---

126 Vgl. Deutsche Kreditwirtschaft, BaFin-Konsultation 14/2020 – Mindestanforderungen an das Risikomanagement, Stellungnahme vom 4. Dezember 2020, S. 16.

127 Vgl. European Banking Authority, Leitlinien für das Management von IKT- und Sicherheitsrisiken, EBA/GL/2019/04, 28. November 2019, S. 18.

128 Vgl. Basel Committee on Banking Supervision, Revisions to the Principles for the Sound Management of Operational Risk, BCBS 515, 31. März 2021, S. 18.

wird, ist lediglich eine moderierte Besprechung eines Notfallplanes. Dabei geht es darum, ob die Planinhalte realistisch anwendbar sind. In der Regel wird dazu fachlich überprüft, ob die Pläne plausibel, vollständig korrekt und aktuell sind. Darüber hinaus kann geprüft werden, ob die untersuchten Pläne untereinander widerspruchsfrei sind. Eine »Stabsübung« dient dem praktischen Üben der Stabsarbeit, um ein vorgegebenes Notfallszenario zu bewältigen. Das Übungsziel betrifft die Zusammenarbeit der Mitglieder des Stabs und die Grundelemente der Stabsarbeit, z. B. Führungszyklus, Lagebesprechungen, Protokollierung, Visualisierung etc. Eventuell benötigte Unterstützungsrollen werden einbezogen. Eine erweiterte Form der Stabsübung ist die »Stabsrahmenübung«, bei der weitere Stellen des Institutes eingebunden werden. Damit sollen die übergreifende Kommunikation und Zusammenarbeit zwischen dem Stab und ausgewählten Stellen der Notfallbewältigung geübt werden. Beteiligt sind daher auch operative Teams, wie z. B. das Kommunikationsteam oder Organisationseinheiten mit zeitkritischen Geschäftsprozessen. Übertragen auf die Vorgaben der deutschen Aufsicht können die Stabsübung und die Stabsrahmenübung vermutlich als »Krisenstabsübungen« aufgefasst werden. Die »Alarmierungsübung« dient dem Aktivieren und Durchlaufen der Alarmierungskette, um die technischen Kommunikationsmittel, organisatorischen Abläufe und vorhandenen Dokumentationen zur Alarmierung und Eskalation zu prüfen. Bei einem »Funktionstest« wird ein Notfallplan real ausgeführt. Das Ziel besteht in der Überprüfung der Einsatzbereitschaft und Funktionsfähigkeit von einzelnen oder mehreren baulichen, technischen oder organisatorischen Maßnahmen bzw. Ressourcen, die für die Notfallbewältigung benötigt werden.[129]

103 Im bisherigen Standard wird noch ein »Plan-Review« erwähnt, bei dem die einzelnen Pläne der Notfall- und Krisenbewältigung überprüft werden. Die Teilnehmer gehen die Pläne theoretisch durch und überprüfen die Plausibilität der Inhalte und der getroffenen Annahmen. Die Funktionsfähigkeit der beschriebenen Inhalte wird dabei augenscheinlich bewertet.[130] Es ist zu vermuten, dass dieser Test zukünftig mit der Planbesprechung zusammenfällt. Bisher wurde für die Planbesprechung in Abgrenzung dazu vorgegeben, dass ein konkretes Szenario vorgegeben und theoretisch durchgespielt wird. Diese Spezifikation ist im neuen Standard aber nicht mehr enthalten.

104 Mit dem »Test der technischen Vorsorgemaßnahmen« werden die Angemessenheit und die Funktionsfähigkeit der technischen Lösungen sichergestellt. Hierzu gehören z. B. Tests von redundant ausgelegten Leitungen, der Stromversorgung, der Wiederherstellung von Datensicherungen, der Ausfallsicherheit von Clustern, der eingesetzten Meldetechnik, der technischen Infrastruktur oder einzelner IT-Komponenten. Das BSI empfiehlt, einzelne Komponenten und ihre Funktion regelmäßig sowie anlassbezogen bei größeren Veränderungen der Systeme oder der jeweiligen Systemumgebung zu testen, um das Zusammenspiel zu überprüfen.[131] Möglicherweise wird dieser Test nicht in den neuen Standard überführt, weil er im Rahmen der Notfallvorsorge dem Normalbetrieb zugerechnet wird. In Abgrenzung dazu bezieht sich der Funktionstest ausdrücklich auf die Notfallbewältigung. Zudem wird an verschiedenen Stellen im neuen Standard ausgeführt, dass die Überprüfung der technischen Vorkehrungen, die für den Notfall vorgesehen sind, ein typisches Übungsziel der Funktionstests darstellt.[132]

105 Die Deutsche Kreditwirtschaft (DK) hatte bei der Aufsicht nachgefragt, worin sich »Kommunikationsübungen« von »Krisenstabs- oder Alarmierungsübungen« unterscheiden bzw. ob es dies-

---

129 Vgl. Bundesamt für Sicherheit in der Informationstechnik, BSI-Standard 200-4, Business Continuity Management, Community Draft, Köln, 1. Februar 2021, S. 254 ff.

130 Vgl. Bundesamt für Sicherheit in der Informationstechnik, BSI-Standard 100-4, Notfallmanagement, Köln, 12. November 2008, S. 83.

131 Vgl. Bundesamt für Sicherheit in der Informationstechnik, BSI-Standard 100-4, Notfallmanagement, Köln, 12. November 2008, S. 83.

132 Vgl. Bundesamt für Sicherheit in der Informationstechnik, BSI-Standard 200-4, Business Continuity Management, Community Draft, Köln, 1. Februar 2021, S. 134 & 275.

bezüglich nicht starke Überschneidungen gebe. Nach Einschätzung der deutschen Aufsicht im Fachgremium MaRisk im Februar 2021 dienen Kommunikationsübungen der Erreichbarkeit insgesamt, während Krisenstabs- und Alarmierungsübungen auf deutlich mehr Komponenten abzielen und hinsichtlich der IKT-Risiken im Zweifel nicht deckungsgleich mit Kommunikationsübungen seien. Zu »Kommunikationsübungen« finden sich im neuen Standard keine näheren Erläuterungen. Die Kommunikationswege werden in unterschiedlicher Ausprägung lediglich bei der Stabsübung, der Stabsrahmenübung und der Alarmierungsübung berücksichtigt. Auch im bisherigen Standard werden die »Kommunikations- und Alarmierungsübung« nur im Paket genannt. Damit sollen die Verfahren zur Meldung, Eskalation und Alarmierung regelmäßig überprüft werden. Dieser Test umfasst einfache Überprüfungen der Kommunikationsmittel bis hin zum Zusammentreten des Krisenstabs im Krisenstabsraum. Dabei werden die in den Plänen hinterlegten Zuständigkeiten und Rufnummern wie auch die Verfahren, die Eskalationsstrategie, die Erreichbarkeiten und die Stellvertreterregelungen getestet. Zudem wird überprüft, ob die vorliegenden Pläne aktuell, verständlich und handhabbar, die Verfahren praktikabel und die zu nutzenden Technologien funktionsbereit, effektiv und angemessen sind.[133] Das lässt insgesamt darauf schließen, dass die Kommunikationsübungen deutlich einfacher ausgestaltet sein können als die Krisenstabs- und Alarmierungsübungen. Sofern die Kommunikationswege im Rahmen anderer Übungen angemessen berücksichtigt werden, kann auf separate Kommunikationsübungen vermutlich auch verzichtet werden.

Die Ausführungen zu »Ernstfall- oder Vollübungen« sind im neuen Standard überschaubar. **106** Wenn die Übungserfahrung des Institutes es zulässt, können Stabsrahmenübungen nach Einschätzung des BSI auch sehr realistisch und mit externer Beteiligung erfolgen. Je nach Ausmaß kann diese Übungsart dann in eine »Vollübung« übergehen.[134] Die »Ernstfallübung« wird überhaupt nicht erwähnt. Das BSI weist lediglich darauf hin, dass ein Ziel von Stabsübungen darin liegt, Routine für einen »Ernstfall« bei den Stabsmitgliedern herzustellen.[135] Dem aktuellen Standard zufolge sind »Ernstfall- oder Vollübungen« die aufwendigste Art einer »Simulation von Szenarien«.[136] Je nach Szenario sind dabei auch Externe einzubeziehen. Diese Übungsart kann und sollte erst in einem fortgeschrittenen Stadium durchgeführt werden. Die Vollübung orientiert sich an der Wirklichkeit und bezieht alle Hierarchieebenen vom Management bis zum einzelnen Mitarbeiter ein. Auch wenn der Vorbereitungs-, Durchführungs- und Nachbereitungsaufwand nicht zu unterschätzen ist, sollte bei hohen Anforderungen des Institutes (oder besser der Aufsicht) an das Notfallmanagement nicht darauf verzichtet werden. Auch Ernstfallübungen sollten regelmäßig in größeren zeitlichen Abständen durchgeführt werden.[137]

---

133 Vgl. Bundesamt für Sicherheit in der Informationstechnik, BSI-Standard 100-4, Notfallmanagement, Köln, 12. November 2008, S. 84.

134 Vgl. Bundesamt für Sicherheit in der Informationstechnik, BSI-Standard 200-4, Business Continuity Management, Community Draft, Köln, 1. Februar 2021, S. 271.

135 Vgl. Bundesamt für Sicherheit in der Informationstechnik, BSI-Standard 200-4, Business Continuity Management, Community Draft, Köln, 1. Februar 2021, S. 126.

136 Die »Simulation von Szenarien« als Funktions- oder Bereichsübung wird vom BSI als separate Kategorie beschrieben, die ebenfalls keinen Eingang in den neuen Standard findet. Durch eine realitätsnahe Simulation werden die festgelegten Prozeduren und Maßnahmen für die Bewältigung von Notfallszenarien oder -ereignissen auf ihre Zweckmäßigkeit, Angemessenheit und Funktionalität getestet. Dabei werden die Alarmierung, die Eskalation, die Notfallbewältigungsorganisation, die Arbeit des Krisenstabs und die Zusammenarbeit aller beteiligten Stellen erprobt. Solche Übungen könnten auch bereichsübergreifend organisiert werden. Vgl. Bundesamt für Sicherheit in der Informationstechnik, BSI-Standard 100-4, Notfallmanagement, Köln, 12. November 2008, S. 84.

137 Das BSI empfiehlt im bisherigen Standard allerdings eine Durchführung von Ernstfallübungen alle zwei bis drei Jahre. Vgl. Bundesamt für Sicherheit in der Informationstechnik, BSI-Standard 100-4, Notfallmanagement, Köln, 12. November 2008, S. 84 ff.

3.5 Auswertung der Tests und Übungen

107 Die Überprüfungen des Notfallkonzeptes sind zu protokollieren. Die Ergebnisse sind den jeweiligen Verantwortlichen schriftlich mitzuteilen und hinsichtlich notwendiger Verbesserungen zu analysieren. Das fordert auch der BCBS.[138] Die EBA bezieht diese Anforderung auf alle aus den Tests resultierenden festgestellten Mängel, Probleme oder Störungen. Dabei sollten die Institute auch die Erfahrungen aus Vorfällen, Tests, ermittelten neuen Risiken und Bedrohungen sowie geänderten Wiederherstellungszielen und -prioritäten berücksichtigen.[139]

108 Die damit verbundenen Risiken sind angemessen zu steuern. Die Risikosteuerung läuft im Wesentlichen darauf hinaus, die erkannten Schwachstellen im Notfallmanagement zu beseitigen und insbesondere das Notfallkonzept so anzupassen, dass die damit verbundenen Risiken wirksam reduziert werden.

3.6 IKT-Verfügbarkeits- und Kontinuitätsrisiken im SREP

109 Die zuständigen Behörden sollten im Rahmen des SREP bewerten, ob das Institut über einen geeigneten Rahmen für die Ermittlung, das Verständnis, die Messung und die Minderung der IKT-Verfügbarkeits- und Kontinuitätsrisiken verfügt. Dabei sollten sie insbesondere berücksichtigen, ob auf dieser Basis die kritischen IKT-Prozesse und die unterstützenden IKT-Systeme als Teil der Notfall- und Kontinuitätspläne ermittelt werden. Die EBA hält dafür eine umfassende Analyse der Abhängigkeiten zwischen den kritischen Geschäftsprozessen und den Unterstützungssystemen, die Bestimmung der Kontinuitätsziele für die unterstützenden IKT-Systeme[140] sowie eine angemessene Notfallplanung für erforderlich, um die Verfügbarkeit, Fortführung und Kontinuität kritischer IKT-Systeme und -Dienste zu ermöglichen und Störungen der Geschäftsaktivitäten in vertretbaren Grenzen zu halten. Geprüft werden soll zudem, ob das Institut über Richtlinien und Standards in Bezug auf Notfallpläne, die Kontrollumgebung für eine Kontinuität und operationelle Kontrollen verfügt, die u. a. Maßnahmen enthalten, um zu vermeiden, dass ein einzelnes Szenario, ein Ereignis oder eine Katastrophe Auswirkungen auf die IKT-Produktions- und -Kontinuitätssysteme haben könnte. Außerdem sollen die IKT-System-Backup- und -Kontinuitätsverfahren für kritische Software und Daten sicherstellen, dass diese Backups an einem sicheren und ausreichend entfernt gelegenen Ort gespeichert werden, so dass ein Ereignis oder eine Katastrophe diese kritischen Daten nicht zerstören oder beschädigen können. Gefordert werden zudem Überwachungslösungen zur zeitgerechten Aufdeckung von IKT-Verfügbarkeits- oder Geschäftsfortführungsereignissen, ein dokumentierter Ereignismanagement- und -eskalationsprozess, der Orientierungshilfen für die verschiedenen Rollen und Verantwortlichkeiten, die Mitglieder des bzw. der Krisenausschüsse und die Befehlskette in Notfällen vorgibt, physische Maßnahmen, um die kritische IKT-Infrastruktur des Institutes (z.B. Rechenzentren) vor Umweltrisiken (z.B. Überschwemmungen und anderen Naturkatastrophen) zu schützen und eine angemessene Betriebsumgebung für IKT-Systeme (z.B. Klimaanlage) sicherzustellen. Daneben nennt die EBA Prozesse,

---

138 Vgl. Basel Committee on Banking Supervision, Revisions to the Principles for the Sound Management of Operational Risk, BCBS 515, 31. März 2021, S. 18.

139 Vgl. European Banking Authority, Leitlinien für das Management von IKT- und Sicherheitsrisiken, EBA/GL/2019/04, 28. November 2019, S. 23f.; European Banking Authority, Leitlinien zur internen Governance, EBA/GL/2017/11, 21. März 2018, S. 51.

140 Die EBA nennt in diesem Zusammenhang ebenfalls die maximale Zeitspanne, innerhalb der ein System oder ein Prozess nach einem Ereignis wiederhergestellt werden muss (»Recovery Time Objective«, RTO) und die maximale Zeitspanne, innerhalb der ein Datenverlust im Falle eines Ereignisses akzeptabel ist (»Recovery Point Objective«, RPO). Vgl. European Banking Authority, Leitlinien für die IKT-Risikobewertung im Rahmen des aufsichtlichen Überprüfungs- und Bewertungsprozesses (SREP), EBA/GL/2017/05, 11. September 2017, S. 19.

Rollen und Verantwortlichkeiten, um sicherzustellen, dass auch ausgelagerte IKT-Systeme und -Dienste von angemessenen Notfall- und Geschäftsfortführungslösungen und -plänen abgedeckt werden, IKT-Leistungs-, Kapazitätsplanungs- und Überwachungslösungen für kritische IKT-Systeme und -Dienste mit festgelegten Verfügbarkeitsanforderungen, um rechtzeitig wichtige Leistungs- und Kapazitätseinschränkungen zu ermitteln, sowie ggf. Lösungen zum Schutz kritischer Internetaktivitäten oder -dienste (z. B. E-Banking-Dienste) gegen die Verweigerung einer Dienstleistung (»Denial of Service«) und andere Cyberangriffe aus dem Internet, die darauf abzielen, den Zugriff zu diesen Aktivitäten und Diensten zu verhindern oder zu stören. Schließlich sollen die IKT-Verfügbarkeits- und Kontinuitätslösungen mit Blick auf eine Reihe realistischer Szenarien geprüft werden, darunter Cyberangriffe, Ausfallsicherheitstests (»Failover Tests«) und Backup-Tests für kritische Software und Daten, die geplant, formalisiert und dokumentiert sind, und deren Testergebnisse zur Stärkung der Wirksamkeit der IKT-Verfügbarkeits- und Kontinuitätslösungen genutzt werden. Dabei sollen die betroffenen internen und externen Stakeholder und Funktionen einbezogen werden, wie das Geschäftsbereichsmanagement einschließlich der Geschäftskontinuitäts-, Ereignis- und Krisenreaktionsteams. Zudem muss die Geschäftsleitung als Teil der Krisenmanagementteams entsprechend beteiligt und über die Testergebnisse informiert werden.[141]

---

141 Vgl. European Banking Authority, Leitlinien für die IKT-Risikobewertung im Rahmen des aufsichtlichen Überprüfungs- und Bewertungsprozesses (SREP), EBA/GL/2017/05, 11. September 2017, S. 18 ff.

AT 8 Anpassungsprozesse

1 Aufgrund des technologischen Fortschrittes sowie umfangreicher Marktliberalisierungen sind die Finanzmärkte heutzutage dynamischer und vernetzter als je zuvor. Private und institutionelle Nachfrager von Finanzdienstleistungen haben auf der einen Seite ständig Bedarf an neuen Produkten. Banken und Finanzdienstleister entwickeln auf der anderen Seite immer neue Produkte, die spezifische Wünsche der Nachfrager befriedigen. Insgesamt ist durch diese Entwicklung die Produktvielfalt auf den Finanzmärkten erheblich vergrößert worden. So hat sich allein das Nominalvolumen auf den OTC-Derivatemärkten innerhalb von acht Jahren zwischen Ende Juni 1999 und Ende Juni 2007 weltweit mehr als versechsfacht. Basiswerte sind dabei neben Zinsen, Fremdwährungen und Aktien auch Rohstoffe und Kredite.[1]

2 Die neuen Entwicklungen stellen hohe Anforderungen an das Risikomanagement der Institute, wie sich zuletzt in der Finanzmarktkrise gezeigt hat (→ AT 4.3.3 Tz. 3). An neue Geschäftsaktivitäten sind nicht selten vollkommen neue Risikodimensionen geknüpft. Definitorisch im weiteren Sinne zu den operationellen Risiken zählende Rechtsrisiken sind vor allem dann zu erwarten, wenn bei komplex strukturierten Produkten individuelle Vertragsvereinbarungen getroffen werden. Im Zusammenhang mit grenzüberschreitenden Aktivitäten ist ferner die im Ausland anzutreffende Rechtslage zu beachten. Abschlüsse mit neuen Geschäftspartnern oder neuen Branchen stellen darüber hinaus neue Anforderungen an die Instrumente zur Beurteilung von Adressenausfallrisiken. Liquiditätsrisiken können das Ergebnis der Marktenge bestimmter Produkte sein (z.B. OTC-Produkte, Kreditderivate oder Verbriefungen). Das betrifft auch Bewertungsrisiken. Schließlich können sich aus neuen Produkten oder Aktivitäten auf neuen Märkten vielfältige operationelle Risiken im engeren Sinne ergeben (z.B. im Hinblick auf die IT-Strukturen).

3 Angesichts dessen müssen Banken und Finanzdienstleister die Risiken, die sich aus neuen Produkten ergeben, einschätzen können.[2] Hierzu sind angemessene Verfahren einzurichten, mit deren Hilfe diese Risiken beherrscht werden können. Fehlende Marktkenntnisse oder Marktdaten, unzureichend ausgebildete Mitarbeiter, mangelhafte Risikomanagementinstrumente oder der enorme Zeitdruck, der sich aus der Notwendigkeit einer immer schnelleren Bereitstellung von Produkten ergibt, können dazu führen, dass sich der erhoffte Vorteil einer Produkteinführung in sein Gegenteil verkehrt. Institutsinterne Verfahren, die auf einen sachgerechten Umgang mit neuartigen Aktivitäten abzielen, sind vor diesem Hintergrund von erheblicher Bedeutung für das Institut, da sie einen wichtigen Beitrag zur Transformation von Unsicherheiten in abwägbare Risiken leisten.[3]

4 Bereits die MaH und die MaK enthielten daher Anforderungen, die bei Aktivitäten in neuen Produkten oder auf neuen Märkten zu beachten waren.[4] Diese Anforderungen sind in modifizierter Form auch Gegenstand der MaRisk.

---

1 Vgl. Bank for International Settlements, Monetary and Economic Department, Triennial and semiannual surveys on positions in global over-the-counter (OTC) derivatives markets at end-June 2007, November 2007, S. 14; Bank for International Settlements, The global OTC derivatives market continues to grow, Press release, 13. November 2000, S. 3.

2 Vgl. Basel Committee on Banking Supervision, Risk Management Guidelines for Derivatives, 28. Juli 1994, S. 4f.; Basel Committee on Banking Supervision, Principles for the Management of Credit Risk, BCBS 75, 27. September 2000, S. 7f.

3 Vgl. Dauber, Markus/Pfeifer, Guido/Ullrich, Walter/Eberl, Holger, Allgemeine Anforderungen der MaRisk, in: Pfeifer, Guido/Ullrich, Walter/Wimmer, Konrad (Hrsg.), MaRisk-Umsetzungsleitfaden, Heidelberg, 2006, S. 136.

4 Vgl. Bundesanstalt für Finanzdienstleistungsaufsicht, Mindestanforderungen an das Kreditgeschäft der Kreditinstitute (MaK), Rundschreiben 34/2002 (BA) vom 20. Dezember 2002, Abschnitt 3.5; Bundesaufsichtsamt für das Kreditwesen, Mindestanforderungen an das Betreiben von Handelsgeschäften der Kreditinstitute (MaH), Verlautbarung vom 23. Oktober 1995, Abschnitt 2.3.

Mit der dritten MaRisk-Novelle wurden Anforderungen an »Fusionen und Übernahmen« ergänzt und   5
zunächst in das Modul zum Neu-Produkt-Prozess integriert. Bereits bei der Ausarbeitung dieser neuen
Anforderungen wurde deutlich, dass sich die Entscheidungsprozesse bei Fusionen und Übernahmen
von denen im Neu-Produkt-Prozess unterscheiden. Mit der vierten MaRisk-Novelle war zunächst
geplant, weitere Anforderungen zu »Änderungen betrieblicher Prozesse oder Strukturen« ebenfalls im
Rahmen des Neu-Produkt-Prozesses abzuhandeln. Die Deutsche Kreditwirtschaft hat auf diese Inkonsistenzen hingewiesen und vorgeschlagen, für das Modul insgesamt die Überschrift »Anpassungsprozesse« zu verwenden und zusätzlich eine Untergliederung in die drei Teilmodule »Neu-Produkt-
Prozess« (→ AT 8.1), »Änderungen betrieblicher Prozesse oder Strukturen« (→ AT 8.2) sowie »Übernahmen oder Fusionen« (→ AT 8.3) vorzunehmen. Damit sollte besser verdeutlicht werden, dass es
sich jeweils um unterschiedliche Prozesse handelt.[5] Diesem Vorschlag ist die BaFin gefolgt. Im Zuge der
fünften MaRisk-Novelle wurde das Teilmodul Neu-Produkt-Prozess um weitere Anforderungen ergänzt. Die Institute müssen seitdem explizit einen Katalog der Produkte und Märkte vorhalten, die
Gegenstand ihrer Geschäftsaktivitäten sein sollen, und in einem angemessenen Turnus überprüfen, ob
die Produkte noch verwendet werden (→ AT 8.1 Tz. 1). Darüber hinaus soll bei einem wiederholten
Auftreten von Mängeln der Neu-Produkt-Prozess an sich überprüft werden (→ AT 8.1 Tz. 8).

Die Anforderungen des Moduls 8 im Hinblick auf die Anpassungsprozesse in den Instituten   6
entsprechen den europäischen und internationalen Vorgaben. Auch nach den Vorstellungen der
EBA sollten die Institute über einen Neu-Produkt-Prozess verfügen, der sich mit der Entwicklung
und den wesentlichen Änderungen neuer Märkte, Produkte und Dienstleistungen sowie mit der
Durchführung außergewöhnlicher Transaktionen befasst. Wesentliche Änderungen oder die
Durchführung von außergewöhnlichen Transaktionen beinhalten Fusionen und Übernahmen,
die Gründung oder den Verkauf von Tochterunternehmen oder Zweckgesellschaften, Änderungen
an Systemen oder am Rahmenwerk oder den Verfahren für das Risikomanagement sowie Änderungen an der Organisation des Institutes.[6] Vergleichbare Vorgaben für Anpassungsprozesse hat
auch der Baseler Ausschuss für Bankenaufsicht (BCBS) auf der internationalen Ebene formuliert.[7]

Der BCBS erwartet zudem, dass die Risikodatenaggregationskapazitäten und die Risikoberichts-   7
prozesse automatisch bei der Planung neuer Initiativen, einschließlich Akquisitionen und/oder Veräußerungen, neuen Produktentwicklungen sowie Prozesserweiterungen und Veränderungen in den
IT-Strukturen berücksichtigt werden (→ AT 4.3.4). Bei der Planung einer wesentlichen Akquisition
sollten die Institute im Rahmen des Due-Diligence-Prozesses die Datenaggregationskapazitäten und
Risikoberichtsprozesse der Zielgesellschaft bewerten und die Auswirkungen der Akquisition auf die
eigenen Datenaggregationskapazitäten und Risikoberichtsprozesse überprüfen. Die Auswirkungen auf
die Risikodatenaggregation sind mit der Geschäftsleitung ausdrücklich zu diskutieren und sollten für
die Entscheidung zur Durchführung der Übernahme maßgebend sein. Die Institute haben einen
Zeitplan für die Integration der Datenaggregationskapazitäten und der Risikoberichtsprozesse der
übernommenen Einheit in die eigenen Systeme und Prozesse aufzustellen.[8] Mit dieser Anforderung
soll der zunehmenden Fragmentierung der IT-Landschaft und einer Vielzahl von fehleranfälligen
Umgehungslösungen im Datenaggregationsprozess vorgebeugt werden.

5   Vgl. Deutsche Kreditwirtschaft, Stellungnahme zum Konsultationspapier 01/2012 der Bundesanstalt für Finanzdienst-
    leistungsaufsicht (BaFin) – »Überarbeitung der MaRisk«, 5. Juni 2012, S. 13.
6   Vgl. European Banking Authority, Leitlinien zur internen Governance, EBA/GL/2017/11, 21. März 2018, S. 39f. Die EBA bezieht
    sich dabei auf die gemeinsamen Leitlinien der ehemaligen drei Level-3-Ausschüsse der European Financial Supervisors (CEBS,
    CESR und CEIOPS) aus dem Jahr 2008 über die aufsichtsrechtliche Beurteilung von Akquisitionen und die Zunahme von
    Beteiligungen im Finanzsektor. Vgl. Committee of European Banking Supervisors/Committee of European Securities Regulators/
    Committee of European Insurance and Occupational Pensions Supervisors, Guidelines for the prudential assessment of
    acquisitions and increases in holdings in the financial sector required by Directive 2007/44/EC, 18. Dezember 2008.
7   Vgl. Basel Committee on Banking Supervision, Guidelines – Corporate governance principles for banks, BCBS 328, 8. Juli 2015,
    S. 28f.
8   Vgl. Baseler Ausschuss für Bankenaufsicht, Grundsätze für die effektive Aggregation von Risikodaten und die Risiko-
    berichterstattung, BCBS 239, 9. Januar 2013, S. 7.

AT 8.1 Neu-Produkt-Prozess

1	**Konzept zur Aufnahme neuer Geschäftsaktivitäten (Tz. 1)**	1
1.1	Verständnis von den betriebenen Geschäftsaktivitäten	2
1.2	Prozessschritte	5
1.2.1	Risikoanalyse	10
1.2.2	Wesentliche Konsequenzen für das Risikomanagement	11
1.3	Prozessalternativen	14
2	**Erstellung und Überprüfung des Produktkataloges (Tz. 2)**	19
2.1	Produktkatalog bzw. Produkte-Märkte-Katalog	20
2.2	Ausgestaltung des Produktkataloges	23
2.3	Kennzeichnung der nicht verwendeten Produkte	25
2.4	Wiederaufnahme der Geschäftstätigkeit	28
2.5	Bekanntmachung und Pflege des Produktkataloges	30
3	**Einbindung eines vertriebsunabhängigen Bereiches (Tz. 3)**	32
3.1	Initiative für einen NPP	33
3.2	Definition der Neuartigkeit	35
3.3	Vertriebsunabhängiger Bereich	40
3.4	Beteiligte am Neu-Produkt-Prozess	41
3.5	Qualitätssicherung der NPP-Anträge	44
3.6	Priorisierung der NPP-Anträge	45
4	**Testphase im Kredit- und Handelsgeschäft (Tz. 4)**	46
4.1	Testphase bei Handelsgeschäften	47
4.1.1	Zweck und Umfang	47
4.1.2	Ausnahmen	50
4.2	Testphase bei Kreditgeschäften	52
4.3	Vorhandensein geeigneter Risikosteuerungs- und -controllingprozesse	53
5	**Beteiligte am Neu-Produkt-Prozess (Tz. 5)**	55
5.1	Einschaltung der eingebundenen Organisationseinheiten	56
5.2	Beteiligung der Internen Revision	59
5.3	Beteiligung der Compliance- und der Risikocontrolling-Funktion	60
6	**Genehmigung des Konzeptes und der Aufnahme der Geschäftstätigkeit (Tz. 6)**	64
6.1	Genehmigung des Konzeptes	65
6.2	Delegation der Genehmigungen	66
6.3	Vor- und Nachkalkulation	68
6.4	Dokumentation	71
6.5	IT-Unterstützung	74

7	**Verzicht auf die Konzepterstellung und die Testphase (Tz. 7)**	75
7.1	Abgrenzungsfragen	76
7.2	Ausnahme von der Ausarbeitung eines Konzeptes und der Durchführung einer Testphase	77
8	**Anlassbezogene Prüfung des Neu-Produkt-Prozesses (Tz. 8)**	81
8.1	Mängel im Neu-Produkt-Prozess	82
8.2	Ursachenanalyse und Anpassung des Neu-Produkt-Prozesses	86

1 Konzept zur Aufnahme neuer Geschäftsaktivitäten (Tz. 1)

1   Jedes Institut muss die von ihm betriebenen Geschäftsaktivitäten verstehen. Für die Aufnahme von Geschäftsaktivitäten in neuen Produkten oder auf neuen Märkten (einschließlich neuer Vertriebswege) ist vorab ein Konzept auszuarbeiten. Grundlage des Konzeptes müssen das Ergebnis der Analyse des Risikogehalts dieser neuen Geschäftsaktivitäten sowie deren Auswirkungen auf das Gesamtrisikoprofil sein. In dem Konzept sind die sich daraus ergebenden wesentlichen Konsequenzen für das Management der Risiken darzustellen.

1.1 Verständnis von den betriebenen Geschäftsaktivitäten

2   Diverse Probleme während der Finanzmarktkrise waren darauf zurückzuführen, dass bestimmte Geschäftsaktivitäten und insbesondere die damit verbundenen Risiken nicht von allen Marktteilnehmern vollständig verstanden wurden. So wurde u. a. von einigen Instituten in großem Stil in strukturierte Produkte investiert, da diese von den maßgeblichen Agenturen lange Zeit mit ausgezeichneten Ratings bedacht wurden. Der Herdentrieb in Verbindung mit den hohen Renditeerwartungen der Eigentümer verleitete dazu, den damaligen Mechanismen des Marktes blind zu vertrauen. Nur wenigen Instituten mit den entsprechenden Marktkenntnissen gelang es, sich rechtzeitig vor dem Crash von einigen dieser Produkte zu trennen und auf diese Weise Schadensbegrenzung zu betreiben.

3   Eigentlich sollte es eine Selbstverständlichkeit sein, dass jedes Institut die von ihm betriebenen Geschäftsaktivitäten auch wirklich versteht (»Know-your-business«). Die durchgängige Beachtung dieses Prinzips durch die Institute wird an dieser Stelle von der Aufsicht besonders betont. Der Baseler Ausschuss für Bankenaufsicht hat für Institute mit komplexen bzw. unübersichtlichen Strukturen vor diesem Hintergrund die Prinzipien »Know-your-structure« und »Understand-your-structure« formuliert.[1] Auch nach den Vorgaben der EBA sollte das Leitungsorgan die rechtliche, organisatorische und operative Struktur des Institutes genau kennen und verstehen sowie dafür Sorge tragen, dass diese der Geschäfts- und Risikostrategie sowie dem Risikoappetit des Institutes entsprechen. Darüber hinaus sollten es die Institute vermeiden, komplexe und möglicherweise intransparente Strukturen einzurichten.[2] In ähnlicher Weise müssen die Institute bereits im Zusammenhang mit anderen Regelungsbereichen (z. B. Compliance, Geldwäsche, Terrorismusbekämpfung) prüfen, wer ihre Geschäftspartner sind und woher deren Finanzen stammen (»Know-your-customer«).

4   In dem durch das CRD IV-Umsetzungsgesetz eingefügten § 25c Abs. 3 Nr. 4 KWG wird ausdrücklich darauf hingewiesen, dass die Geschäftsleiter im Rahmen ihrer Gesamtverantwortung für die ordnungsgemäße Geschäftsorganisation für eine angemessene und transparente Unternehmensstruktur sorgen müssen, die sich insbesondere an den Strategien des Unternehmens ausrichtet und der für ein wirksames Risikomanagement erforderlichen Transparenz der Geschäftsaktivitäten des Institutes Rechnung trägt. Die Geschäftsleiter müssen die hierfür erforderliche

---

1   Vgl. Basel Committee on Banking Supervision, Guidelines – Corporate governance principles for banks, BCBS 328, 8. Juli 2015, S. 22.
2   Vgl. European Banking Authority, Leitlinien zur internen Governance, EBA/GL/2017/11, 21. März 2018, S. 20 ff.

Kenntnis über die Unternehmensstruktur und die damit verbundenen Risiken besitzen. Für die Geschäftsleiter eines übergeordneten Unternehmens bezieht sich diese Verpflichtung auch auf die Gruppe gemäß § 25a Abs. 3 KWG.

1.2 Prozessschritte

Für die Aufnahme von Geschäftsaktivitäten in neuen Produkten oder auf neuen Märkten ein- **5** schließlich neuer Vertriebswege ist zunächst ein Konzept auszuarbeiten.[3] Dieses Konzept umfasst grundsätzlich zwei Prozessschritte, die gewisse Abstufungen zulassen:
- Liegt ein neues Produkt vor oder wird das Institut auf einem neuen Markt tätig (→ AT 8.1 Tz. 3), so sind zunächst die Risiken, die mit diesem Produkt oder Markt verbunden sein können, sowie deren Auswirkungen auf das Gesamtrisikoprofil im Rahmen einer Risikoanalyse zu ermitteln.
- Auf Basis der Risikoanalyse ist daran anschließend zu beurteilen, welche wesentlichen Konsequenzen sich daraus für das Management der Risiken ergeben.

Aus diesen Prozessschritten können verschiedene Gestaltungsalternativen für den Neu-Produkt- **6** Prozess abgeleitet werden, die im Anschluss noch dargestellt werden. Bei Handelsgeschäften ist darüber hinaus grundsätzlich eine Testphase durchzuführen (→ AT 8.1 Tz. 4).

Das Institut sollte zudem in einem möglichst frühen Stadium des Neu-Produkt-Prozesses prüfen, **7** ob die beabsichtigten Geschäftsaktivitäten in neuen Produkten oder auf neuen Märkten einschließlich neuer Vertriebswege mit der Geschäfts- und Risikostrategie sowie dem festgelegten Risikoappetit des Institutes vereinbar sind (→ AT 4.2). Denkbar ist beispielsweise, dass die Strategien Limitierungen für bestimmte Sektoren oder Branchen enthalten oder bestimmte Regionen ausschließen.[4]

Darüber hinaus muss das Institut für die Geschäftsaktivitäten in neuen Produkten oder auf neuen **8** Märkten über die erforderlichen Lizenzen der zuständigen Aufsichtsbehörden verfügen. Für bestimmte grenzüberschreitende Bankgeschäfte, Finanzdienstleistungen, Tätigkeiten von Finanzunternehmen und Zahlungsdienste im Sinne des Zahlungsdiensteaufsichtsgesetzes (ZAG) können deutsche CRR Kreditinstitute im Europäischen Wirtschaftsraum ggf. eine europaweite Banklizenz (»Europäischer Pass«) gemäß § 24a KWG nutzen.[5] Falls das Institut in Drittstaaten grenzüberschreitend neue Geschäftsaktivitäten aufnimmt, sind die Anforderungen der jeweils zuständigen lokalen Aufsichtsbehörde im Einzelnen zu prüfen (Lizenzerfordernis, Anzeigepflichten etc.).[6]

Im Unterschied zu den MaH und MaK bezieht sich das Modul AT 8.1 auf alle Aktivitäten in **9** neuen Produkten oder auf neuen Märkten. Das Institut hat daher nicht nur bei neuartigen Kredit- oder Handelsgeschäften die Anforderungen zu beachten, sondern – soweit dies unter Risikogesichtspunkten erforderlich sein sollte – z. B. auch bei Passivprodukten und ggf. bei Dienstleistungsgeschäften. Diese Ausweitung ist sachgerecht, da für die Anforderungen an einen Neu-Produkt-

---

3 Der »Neu-Produkt-Prozess« (NPP) wird in der Praxis häufig auch als NPNM-Prozess oder einfach NPNM (»Neue Produkte, Neue Märkte«) bezeichnet.

4 Vgl. European Banking Authority, Leitlinien zur internen Governance, EBA/GL/2017/11, 21. März 2018, S. 39, wonach der Neu-Produkt-Prozess ausdrücklich sicherstellen soll, dass die Produkte und Änderungen mit der Risikostrategie und dem Risikoappetit des Institutes sowie den festgelegten Limiten in Einklang stehen.

5 Neben CRR-Kreditinstituten haben auch Finanzdienstleistungsinstitute, die Factoring im Sinne des § 1 Abs. 1a Satz 2 Nr. 9 oder Finanzierungsleasing im Sinne des § 1 Abs. 1a Satz 2 Nr. 10 betreiben, den Europäischen Pass. Umfassend zu den Anforderungen an den Europäischen Pass für deutsche Institute, insbesondere den hierfür erforderlichen Anzeigepflichten an die zuständigen Aufsichtsbehörden, vgl. Braun, Ulrich, in: Boos, Karl-Heinz/Fischer, Reinfrid/Schulte-Mattler, Hermann (Hrsg.), Kreditwesengesetz und VO (EU) Nr. 575/2013, Band 1, 5. Auflage, München, 2016, § 24a KWG.

6 Drittstaaten sind gemäß § 1 Abs. 5a KWG alle Staaten, die nicht Mitgliedstaaten der Europäischen Union sind sowie nicht zu den anderen Vertragsstaaten des Abkommens über den Europäischen Wirtschaftsraum (EWR) gehören.

Prozess allein auf den Risikogehalt und nicht auf die Produktart abgestellt werden sollte. Sie entspricht auch den internationalen und europäischen Vorgaben, die insoweit ebenfalls keine Einschränkungen enthalten.[7]

1.2.1 Risikoanalyse

10 Die Analyse des Risikogehaltes neuer Produkte oder Märkte soll die wesentlichen Risikotreiber berücksichtigen. Dazu gehören zum einen Risiken, die sich direkt auf das Produkt beziehen. Hierzu zählen z. B. das Rechtsrisiko einer komplexen Vertragsgestaltung, die Auswirkung bestimmter Nebenabreden auf die Risikosteuerungs- und -controllingprozesse sowie ggf. Liquiditäts- und Marktpreisrisiken. Aber auch die durch den jeweiligen Markt oder Vertriebsweg begründeten Risiken, wie z. B. das Risiko der fehlenden Erfahrung mit den Marktusancen, das Risiko aufgrund einer anderen Rechtslage im Ausland, das Ausfallrisiko bei der Einbeziehung neuer Vertragspartner oder neuer Branchen, die Unsicherheiten über Wettbewerber oder die mangelnde Erfahrung mit dem neuen Vertriebspartner, sind ggf. zu analysieren. Nicht zuletzt sind auch die internen Prozessabläufe (z. B. die Abwicklungsprozesse) und die technischen Möglichkeiten einer sachgerechten Produktabbildung (z. B. für Zwecke der Abwicklung, des Meldewesens oder der Rechnungslegung) auf Angemessenheit bzw. potenzielle Risiken und Störfaktoren zu prüfen. Soweit im Rahmen neuer Geschäftsaktivitäten unter Risikogesichtspunkten wesentliche Aktivitäten und Prozesse an ein anderes Unternehmen ausgelagert werden, ist dies in der Risikoanalyse ebenfalls zu berücksichtigen.[8] All diese verschiedenen Risikokomponenten können einzeln oder in der Summe wesentliche Auswirkungen auf das Gesamtrisikoprofil haben, denen sich das Institut vor Aufnahme der Geschäftstätigkeit bewusst sein muss.

1.2.2 Wesentliche Konsequenzen für das Risikomanagement

11 Das Konzept baut auf der Risikoanalyse auf. Soweit sich hieraus wesentliche Konsequenzen für das Management der Risiken ergeben, sind diese neben den Ergebnissen der Risikoanalyse im Konzept darzustellen. Dabei handelt es sich um ein Maßnahmenbündel, mit dessen Hilfe sichergestellt werden soll, dass das Institut das neue Produkt handhaben bzw. auf dem neuen Markt tätig werden kann. Abhängig von der Art des neuen Produktes oder Marktes sind z. B. folgende Maßnahmen erforderlich (→ AT 8.1 Tz. 1, Erläuterung):
- organisatorische Anpassungen (z. B. die Anpassungen der Organisation im Kredit- und Handelsgeschäft oder der Risikosteuerungs- und -controllingprozesse),
- personelle Anpassungen (z. B. die Durchführung von Weiterbildungsmaßnahmen bzw. die Umsetzung oder Neueinstellung von Mitarbeitern, die möglichst einschlägige Erfahrungen mit den neuen Produkten gesammelt haben),
- notwendige Anpassungen der IT-Systeme und der Methoden zur Beurteilung damit verbundener Risiken sowie
- die Klärung rechtlicher Aspekte, die mit der Einführung neuer Produkte oder der Tätigkeit auf neuen Märkten verbunden sind (z. B. bilanz- oder steuerrechtliche Aspekte).

---

7 Vgl. European Banking Authority, Leitlinien zur internen Governance, EBA/GL/2017/11, 21. März 2018, S. 39 f.; Basel Committee on Banking Supervision, Guidelines – Corporate governance principles for banks, BCBS 328, 8. Juli 2015, S. 28 f.

8 Vgl. European Banking Authority, Leitlinien zur internen Governance, EBA/GL/2017/11, 21. März 2018, S. 39. Das Institut hat in diesem Fall im Rahmen des Neu-Produkt-Prozesses die Anforderungen nach § 25b KWG i. V. m. AT 9 MaRisk zu prüfen (→ AT 9).

Das Institut hat also zu überprüfen, ob und inwieweit es in der Lage ist, mit den neuartigen **12** Aktivitäten umzugehen. Im Fall der Identifizierung von Schwachstellen sind geeignete Maßnahmen zu ergreifen, um diese vor der Geschäftsaufnahme zu beseitigen. Im Zusammenhang mit der Finanzmarktkrise wurde deutlich, dass einige Institute nicht in der Lage waren, die mit bestimmten Geschäften verbundenen Risiken angemessen zu beurteilen. Die Aufnahme von Geschäftsaktivitäten in neuen Produkten oder auf neuen Märkten hängt jedoch maßgeblich von der damit verbundenen Risikoanalyse ab. Sind also keine geeigneten Methoden zur Risikobeurteilung vorhanden, können die mit den neuen Geschäftsaktivitäten verbundenen Risiken nicht eingeschätzt werden. Folglich wird eine wesentliche Voraussetzung zur Aufnahme neuer Geschäftsaktivitäten nicht erfüllt.

Das Konzept und anschließend die Aufnahme der laufenden Geschäftstätigkeit sind grundsätz- **13** lich von den zuständigen Geschäftsleitern unter Einbeziehung des für das Risikocontrolling verantwortlichen Geschäftsleiters zu genehmigen. Die Genehmigung kann auf der Grundlage klarer Vorgaben delegiert werden, z.B. auf ein internes Gremium (NPP-Arbeitsgremium etc.). Die Geschäftsleitung ist zeitnah über die Entscheidungen zu informieren (→ AT 8.1 Tz. 6).

1.3 Prozessalternativen

In den MaRisk wird kein Einheitsprozess gefordert, der schablonenhaft bei jeder neuartigen **14** Aktivität zu durchlaufen ist. Es bestehen vielmehr Gestaltungsspielräume für alternative Vorgehensweisen. Maßgeblich für die jeweilige Ausgestaltung des Neu-Produkt-Prozesses sind dabei vor allem der Grad der Neuartigkeit und die Bedeutung der Aktivitäten für das Institut. Grundsätzlich sind folgende Varianten denkbar:

– Der Neu-Produkt-Prozess entfällt weitgehend, da nach Einschätzung der in die Arbeitsabläufe eingebundenen Organisationseinheiten die neuartigen Aktivitäten im Institut bereits sachgerecht gehandhabt werden können. In diesen Fällen sind die Ausarbeitung eines Konzeptes und die Durchführung einer Testphase nicht erforderlich (→ AT 8.1 Tz. 7). Gleichwohl hat das Institut die neuen Produkte oder Märkte beispielsweise in den Produktkatalog aufzunehmen (→ AT 8.1 Tz. 2).

– Das Institut identifiziert unter Beteiligung eines vom Markt bzw. vom Handel unabhängigen Bereiches (→ AT 8.1 Tz. 3) neuartige Aktivitäten. Im Rahmen der Erstellung des Konzeptes kommt das Institut auf der Grundlage der Risikoanalyse anschließend zum Ergebnis, dass sich aus den neuartigen Aktivitäten keine wesentlichen Konsequenzen ergeben. In diesem Fall kann der Neu-Produkt-Prozess verkürzt durchlaufen werden (»NPP-Light«). Auf diese Weise lässt sich die Prozessdauer eventuell deutlich verkürzen. Alternativ ist ggf. auch eine generelle Freigabe von Produktvarianten denkbar, sofern sich die Abweichungen zur betrachteten Produktausgestaltung in einem von den beteiligten Bereichen zuvor definierten, engen Rahmen bewegen.

– Ergeben sich auf der Basis der Risikoanalyse Hinweise auf wesentliche Konsequenzen, ist der vollständige Neu-Produkt-Prozess durchzuführen. Neben dem Ergebnis der Risikoanalyse sind auch die sich daraus ergebenden Konsequenzen im Konzept darzustellen. Gegebenenfalls sind bei komplexen Produktstrukturen besonders umfangreiche Schritte einzuleiten. So können neben neu zu integrierenden Prozessen z.B. auch neue Bewertungsmodelle oder IT-Anpassungen erforderlich sein, die mit einer umfangreichen Testphase oder einer verlängerten Laufzeit des gesamten Prozesses verbunden sind.

AT 8.1 Neu-Produkt-Prozess

15 Grundsätzlich lässt sich zusammenfassen, dass vor allem in Abhängigkeit vom Grad der Neuartigkeit sowie der Bedeutung der Aktivitäten für das Institut – und damit letztendlich auch vom Umfang der erforderlichen Anpassungen – sehr verschiedene Gestaltungsformen für einen Neu-Produkt-Prozess denkbar sind.

16 In der Praxis findet auch der so genannte »Fast-Track-NPP« bzw. »Ad-hoc-NPP« Verwendung, bei dem es – ohne Vernachlässigung von Risikoaspekten – ganz besonders auf die Schnelligkeit der Produkteinführung ankommt.[9] Das kann z. B. bei Einmalgeschäften der Fall sein. Eine weitere Beschleunigung des ohnehin schon von der Schnelligkeit abhängigen Neu-Produkt-Prozesses kann z. B. durch eine höhere Priorisierung, die Vorgabe kürzerer Bearbeitungsfristen oder die Bereitstellung von zusätzlichen Kapazitäten erreicht werden. Insofern ist der »Fast-Track-NPP« bzw. »Ad-hoc-NPP« ein Spezialfall des »NPP-Light«.

17 Nach den Vorstellungen der EBA sollte das Institut über gut dokumentierte Richtlinien zur Genehmigung neuer Märkte, Produkte und Dienstleistungen verfügen, die von der Geschäftsleitung genehmigt werden. Die Richtlinien sollten wesentliche Änderungen der verbundenen Prozesse (z. B. neue Auslagerungsanforderungen) und Systeme (z. B. IT-Änderungsprozesse) einschließen. Zudem sollte das Institut über spezifische Verfahren für die Überprüfung der Einhaltung dieser Richtlinien unter Berücksichtigung der Beiträge der Risikocontrolling-Funktion verfügen. Diese sollten eine systematische vorherige Bewertung und eine dokumentierte Stellungnahme der Compliance-Funktion für neue Produkte oder wesentliche Änderungen an bestehenden Produkten umfassen.[10]

18 Die zuständigen Behörden prüfen im Rahmen des aufsichtlichen Überprüfungs- und Bewertungsprozesses (Supervisory Review and Evaluation Process, SREP), ob das Institut über institutsinterne Vorgaben für den NPP (»new product approval policy«) und einen entsprechenden Prozess verfügt, einschließlich eines Verfahrens für wesentliche Änderungen, die von der Geschäftsleitung genehmigt wurden und bei denen die Risikocontrolling- und die Compliance-Funktion entsprechend ihrer klar definierten Rolle als Kontrolleinheiten eingebunden sind.[11]

---

9 Vgl. Erfahrungsaustausch öffentlicher, privater und genossenschaftlicher Banken zum »Neu-Produkt-Prozess« am 13. Juli 2007 in Hamburg.

10 Vgl. European Banking Authority, Leitlinien zur internen Governance, EBA/GL/2017/11, 21. März 2018, S. 39 f.

11 Vgl. European Banking Authority, Guidelines on common procedures and methodologies for the supervisory review and evaluation process (SREP) and supervisory stress testing, EBA/GL/2014/13, Consolidated version, 19. Juli 2018, S. 26 f.

2 Erstellung und Überprüfung des Produktkataloges (Tz. 2)

2 Das Institut hat einen Katalog jener Produkte und Märkte vorzuhalten, die Gegenstand der Geschäftsaktivitäten sein sollen. In einem angemessenen Turnus ist zu überprüfen, ob die Produkte noch verwendet werden. Produkte, die über einen längeren Zeitraum nicht mehr Gegenstand der Geschäftstätigkeit waren, sind zu kennzeichnen. Der Abbau von Positionen ist davon unberührt. Das Auslaufen oder die Bestandsführung von Positionen begründet keine Produktverwendung. Vor der Wiederaufnahme der Geschäftstätigkeit in gekennzeichneten Produkten ist die Bestätigung der in die Arbeitsabläufe eingebundenen Organisationseinheiten über das Fortbestehen der beim letztmaligen Geschäftsabschluss vorherrschenden Geschäftsprozesse einzuholen. Bei Veränderungen ist zu prüfen, ob der Neu-Produkt-Prozess erneut zu durchlaufen ist. **19**

2.1 Produktkatalog bzw. Produkte-Märkte-Katalog

Die Institute haben vor der Aufnahme von Geschäftstätigkeiten in neuen Produkten, auf neuen Märkten oder mittels neuer Vertriebswege einen Neu-Produkt-Prozess durchzuführen. Die MaRisk enthalten keine Definitionen der Begriffe »neues Produkt« oder »neuer Markt«, da sich die Neuartigkeit nicht auf das Produkt oder den Markt an sich bezieht, sondern institutsindividuell festzulegen ist.[12] In der Praxis bereitet die Definition eines neuen Produktes oder Marktes sowie die Abgrenzung neuer Produkte von Produktvariationen daher teilweise erhebliche Schwierigkeiten. Inwieweit z.B. bei zusammengesetzten Produkten (»Compound Instruments«), die aus mehreren Standard-Komponenten bestehen, die Initiierung eines Neu-Produkt-Prozesses notwendig erscheint, ist nicht leicht zu beurteilen. Erschwerend kommt hinzu, dass bei der Beantwortung der Frage, ob es sich für das Institut um ein neues Produkt oder einen neuen Markt handelt, die Interessen von Markt und Handel einerseits und den nachgelagerten Bereichen andererseits auseinanderlaufen können. Die Vertriebsbereiche werden regelmäßig ein hohes Interesse an einer schnellen Einführung von Produkten bzw. Produktvariationen haben. Die nachgelagerten Bereiche wiederum werden daran interessiert sein, dass alle Produkte und Märkte im Rahmen der vorhandenen Prozessabläufe und bestehenden technischen Ausstattung adäquat abgebildet werden können. **20**

Seit der fünften MaRisk-Novelle haben die Institute explizit einen Katalog der Produkte und Märkte vorzuhalten, die Gegenstand der Geschäftsaktivitäten sein sollen. In diesem »Produktkatalog«, der auch unter der Bezeichnung »Produkte-Märkte-Katalog« bekannt ist, sind die vom Institut bereits eingeführten Produkte bzw. bekannten Märkte aufgelistet.[13] Soweit bestimmte Produkte oder Märkte noch nicht in diesem Katalog aufgeführt sind, ist die Einleitung des Neu-Produkt-Prozesses grundsätzlich erforderlich. In der Praxis werden darüber hinaus teilweise **21**

---

12 Nach den Vorstellungen der EBA hat der Neu-Produkt-Prozess eines Institutes eine Definition der Begriffe »neues Produkt«, »neuer Markt« und »neue Geschäftstätigkeit« sowie »wesentliche Änderungen« zu enthalten. Vgl. European Banking Authority, Leitlinien zur internen Governance, EBA/GL/2017/11, 21. März 2018, S. 40.

13 Im Kommentar wird im Weiteren aus Vereinfachungsgründen stets vom »Produktkatalog« gesprochen, obwohl eigentlich die Bezeichnung »Produkte-Märkte-Katalog« die Anforderung des Moduls AT 8.1 Tz. 2 genauer wiedergibt. In Analogie dazu betrifft auch der »Neu-Produkt-Prozess« nicht nur neue Produkte, sondern ebenso Geschäftsaktivitäten auf neuen Märkten.

auch Negativlisten geführt oder Kriterien festgelegt, die bestimmte Aktivitäten oder Produkte von vornherein ausschließen und entsprechend zu beachten sind.[14] Kommt das Institut nach Prüfung des Produktkataloges und ggf. der Negativlisten zu dem Ergebnis, dass es sich um ein neues Produkt oder einen neuen Markt handelt, sind für die weitere Ausgestaltung des Neu-Produkt-Prozesses der Grad der Neuartigkeit und die Bedeutung der Aktivitäten für das Institut maßgeblich. Mögliche Prozessalternativen sind die Durchführung eines vollständigen Neu-Produkt-Prozesses oder eines NPP-Light (→ AT 8.1 Tz. 1). Gegebenenfalls kann der Neu-Produkt-Prozess auch weitgehend entfallen, soweit nach Einschätzung der in die Arbeitsabläufe eingebundenen Organisationseinheiten die neuartigen Aktivitäten im Institut bereits sachgerecht gehandhabt werden können (→ AT 8.1 Tz. 7).

22   Produktkataloge können zentral für die gesamte Bank oder dezentral für einzelne Filialen oder Organisationseinheiten existieren. Bei einer abteilungs- oder lokalitätsspezifischen Produktevidenz besteht häufig das Problem, dass im Institut diverse unterschiedliche Bezeichnungen für dasselbe Produkt existieren. Dadurch wird der Arbeitsaufwand in den beteiligten Bereichen im Rahmen des Neu-Produkt-Prozesses unnötig erhöht. Vor diesem Hintergrund und aufgrund des Wortlauts der Anforderung (»Vorhalten eines Kataloges«) sollte im Institut grundsätzlich ein zentraler Produktkatalog vorhanden sein, bei dem es sich auch um ein Rahmendokument handeln kann. Bei Bedarf kann der zentrale Produktkatalog auch in Unter-Produktkataloge gegliedert werden oder aus verschiedenen, miteinander verlinkten Dokumenten bestehen. Dies kann insbesondere sinnvoll sein, wenn der Produktkatalog sehr komplex strukturiert ist, d.h. eine sehr feine Produktdifferenzierung erfolgt. Im Hinblick auf die Märkte, auf denen ein Institut tätig ist, wird in der Praxis zudem auf die Darstellung in der Geschäftsstrategie zurückgegriffen.[15] In Einzelfällen dürfte es auch vertretbar sein, dass in einem Institut mehrere Produktkataloge existieren, z.B. Produktkataloge für die inländische Hauptniederlassung des Institutes und für rechtlich unselbständige Zweigniederlassungen im Ausland.

2.2   Ausgestaltung des Produktkataloges

23   Für die konkrete inhaltliche Ausgestaltung des Produktkataloges werden keine Vorgaben gemacht. Auch die EBA fordert von den Instituten lediglich, so weit wie möglich eine zentrale Aufzeichnung ihrer Produkte und Dienstleistungen (einschließlich der ausgelagerten) zu führen, um die Überwachung von Änderungen zu erleichtern.[16] Es gilt das Prinzip der Proportionalität. Naturgemäß werden die Produktkataloge kleinerer Institute mit überschaubaren und regional ausgerichteten Geschäftsaktivitäten anders ausgestaltet sein, als jene von international aktiven Großbanken. Der Produktkatalog hat grundsätzlich alle Produkte und Märkte einschließlich der Vertriebswege zu enthalten, die Gegenstand der Geschäftsaktivitäten des Institutes sind. In den Katalog aufzunehmen sind auch neue Produkte und neue Märkte, für die nach Einschätzung der in die Arbeitsabläufe eingebundenen Organisationseinheiten die Ausarbeitung eines Konzeptes und die Durchführung einer Testphase nicht erforderlich ist (→ AT 8.1 Tz. 7). Art und Tiefe der Produktdifferenzierung im Katalog hängen vor allem davon ab, welche Kriterien dabei eine Rolle spielen. Neben der reinen Risikobetrachtung können z.B. auch bilanzielle oder meldetechnische

---

14 Vgl. Deutscher Sparkassen- und Giroverband, Mindestanforderungen an das Risikomanagement – Interpretationsleitfaden, Version 6.1, Berlin, Juli 2019, S. 227.

15 Vgl. Herzog, Margaretha, Die Prüfung der Produkteinführung im Kreditgeschäft gemäß den Mindestanforderungen an das Kreditgeschäft der Kreditinstitute, in: Becker, Axel/Wolf, Martin (Hrsg.), Prüfungen in Kreditinstituten und Finanzdienstleistungsunternehmen, Stuttgart, 2005, S. 612.

16 Vgl. Basel Committee on Banking Supervision, Revisions to the Principles for the Sound Management of Operational Risk, BCBS 515, 31. März 2021, S. 13.

Auswirkungen von Bedeutung sein. Denkbar ist ebenso, dass verschiedene Produkte zu Produkt-gruppen zusammengefasst werden. Auch der Umgang mit Produktvarianten kann auf unter-schiedliche Weise erfolgen. So können die verschiedenen Ausprägungen z. B. anstelle einer Produktdifferenzierung in Form einer Karteikarte oder Ähnlichem im Produktkatalog vermerkt werden. Werden möglichst viele Ausprägungen eines Produktes in einem einzigen Neu-Produkt-Prozess berücksichtigt, so gelten mit seinem Abschluss sämtliche damit abgebildeten Produkt-varianten als eingeführt. Sofern sich mit einer speziellen Ausprägung Probleme ergeben, kann ein Splitten in zwei Produkte mit und ohne diese Ausprägung erfolgen. Auf diese Weise kann die Anzahl der erforderlichen Prozesse ggf. immer noch deutlich reduziert werden.[17]

Die Zielsetzung des Produktkataloges ist ein Inventar, das Entscheidungen ermöglicht, ob **24** bestimmte Produkte im Institut bereits sachgerecht gehandhabt werden oder ob ein NPP notwen-dig ist. Insofern geht es in diesem Katalog um Geschäfte, die tatsächlich bereits durchgeführt werden und nicht um solche, »die noch Gegenstand strategischer Überlegungen« sind. Die Formulierung, dass Produkte und Märkte aufzuführen sind, die Gegenstand der Geschäftsaktivi-täten »sein sollen« bezieht sich z. B. auf Geschäfte, die noch keinen längeren Zeitraum der Nicht-verwendung erreicht haben und daher noch nicht besonders gekennzeichnet oder sogar aus dem Produktkatalog gestrichen wurden. Unter Produktverwendung ist zudem sowohl die Durchfüh-rung als auch das Angebot von Produkten zu verstehen, da bei Annahme des Angebots unmittel-bar eine Produktverwendung entsteht. Der Produktkatalog soll so detailliert sein, dass die Ent-scheidung darüber, ob ein neues Produkt einen NPP durchlaufen muss, vereinfacht wird. So wird eine Kategorie »Swaps« sicherlich zu pauschal sein, da Zinsswaps und Währungsswaps auf ganz andere Parameter reagieren, die das Risikocontrolling bei der Risikomessung berücksichtigen muss. Dagegen kann das Produkt Zinsswaps bereits ausreichend granular bezeichnet sein, auch wenn unterschiedliche Fristen gehandelt werden. Die Risikomessung (im Gegensatz zur Risiko-auswirkung) und auch die Abwicklung unterscheiden sich hinsichtlich der Fristen nur marginal (Verwendung anderer Referenzzinsätze) und benötigen keine andere Methodik oder Abwick-lungsprozesse.[18]

2.3   Kennzeichnung der nicht verwendeten Produkte

Seit der fünften MaRisk-Novelle haben die Institute in einem angemessenen Turnus zu überprüfen, **25** ob die im Produktkatalog enthaltenen Produkte noch verwendet werden. Produkte, die über einen längeren Zeitraum nicht mehr Gegenstand der Geschäftstätigkeit waren, sind besonders zu kenn-zeichnen. Im ersten Entwurf der fünften MaRisk-Novelle hatte die Aufsicht noch verlangt, dass die Institute länger nicht genutzte Produkte vollständig aus dem Produktkatalog streichen. Bei einer Wiederaufnahme der aus dem Katalog entfernten Geschäftsaktivitäten wäre dann insbesondere die erneute Ausarbeitung eines Konzeptes notwendig gewesen (→ AT 8.1 Tz. 7).

Die Deutsche Kreditwirtschaft (DK) hatte darauf hingewiesen, dass die zwingende Streichung **26** über einen längeren Zeitraum nicht verwendeter Produkte aus dem Produktkatalog bei den Instituten zu einer erheblichen Ressourcenbelastung führen könne, die in keiner vernünftigen Relation zum damit verbundenen Nutzen stehen würde. Nach Ansicht der DK sei es nicht maßgeblich, ob die Produkte noch verwendet werden, sondern ob sie am Markt noch angeboten werden und insbesondere noch verwendet werden können, also eine sachgerechte Handhabung

---

17 Vgl. Erfahrungsaustausch öffentlicher, privater und genossenschaftlicher Banken zum »Neu-Produkt-Prozess« am 18. April 2007 in Berlin.

18 Vgl. Bundesanstalt für Finanzdienstleistungsaufsicht, Protokoll der Sitzung des MaRisk-Fachgremiums am 5. November 2018, S. 5 f.

gewährleistet ist.[19] Würden beispielsweise in der aktuellen Niedrigzinsphase bestimmte Produkte über einen längeren Zeitraum nicht vertrieben, hieße dies nicht zwingend, dass auch zukünftig kein Bedarf mehr für diese Produkte besteht. Die DK hatte daher vorgeschlagen, über einen längeren Zeitraum nicht genutzte Produkte nicht aus dem Produktkatalog zu entfernen, sondern lediglich zu kennzeichnen.[20]

27   Die Aufsicht ist der Argumentation der DK gefolgt. Gemäß der endgültigen Fassung der fünften MaRisk-Novelle haben die Institute jene Produkte, die über einen längeren Zeitraum nicht Gegenstand der Geschäftstätigkeit waren, nunmehr lediglich besonders zu kennzeichnen. Der Abbau von Positionen ist davon unberührt. Das Auslaufen oder die Bestandsführung von Positionen begründet keine Produktverwendung. Die Kennzeichnung als z.B. »aktiv verwendetes Produkt« und »inaktives Produkt« hat im Produktkatalog zu erfolgen. Aktiv verwendete Produkte sind diejenigen Produkte, die genehmigt sind und vertrieben werden dürfen. Bei den inaktiven Produkten handelt es sich um diejenigen Produkte, die zwar genehmigt sind und im Bestand geführt werden, jedoch nicht mehr ohne Weiteres vertrieben werden dürfen. Soweit der Vertrieb eines bestimmten Produktes aufgrund einer entsprechenden Entscheidung des Institutes eingestellt wurde, sollte das Datum der Einstellung im Produktkatalog vermerkt werden. Die MaRisk enthalten keine Vorgaben, ab welcher Zeitspanne »Produkte über einen längeren Zeitraum nicht mehr Gegenstand der Geschäftstätigkeit waren« und deshalb als inaktiv zu kennzeichnen sind. Ein Institut hat dies für jedes Produkt festzulegen, wobei die Volatilität der für das Produkt vorhandenen Geschäftsprozesse maßgeblich sein sollte.

2.4   Wiederaufnahme der Geschäftstätigkeit

28   Die Institute haben vor der Wiederaufnahme der Geschäftstätigkeit mit den als inaktiv gekennzeichneten Produkten die Bestätigung der in die Arbeitsabläufe eingebundenen Organisationseinheiten über das Fortbestehen der beim letztmaligen Geschäftsabschluss vorherrschenden Geschäftsprozesse einzuholen. Welche Organisationeinheiten dies im Einzelfall sind, hängt von dem Produkt bzw. der Art der Geschäftsaktivität ab. Neben den in die Arbeitsabläufe eingebundenen Organisationseinheiten kann es zudem sinnvoll sein, z.B. die Risikocontrolling-Funktion, die Compliance-Funktion oder die Rechtsabteilung hinzuzuziehen. Falls es im Institut einen NPP-Koordinator gibt, könnte dieser ggf. die Koordinierung der Rückmeldungen sowie deren Auswertung übernehmen. In jedem Fall sollte der NPP-Koordinator von den maßgeblichen Organisationseinheiten eine schriftliche Bestätigung darüber einholen, dass die beim letztmaligen Geschäftsabschluss vorherrschenden Geschäftsprozesse fortbestehen und das Produkt somit sachgerecht gehandhabt werden kann.

29   Haben sich bei dem als inaktiv gekennzeichneten Produkt die beim letztmaligen Geschäftsabschluss vorherrschenden Geschäftsprozesse zwischenzeitlich geändert, hat das Institut zu prüfen, ob der Neu-Produkt-Prozess erneut zu durchlaufen ist. Die Entscheidung hängt von der Art und dem Umfang der prozessualen, technischen oder rechtlichen Veränderungen ab. Gegebenenfalls kann bei bestehenden Produkten, die längere Zeit nicht vertrieben wurden, auch ein verkürzter Neu-Produkt-Prozess (»NPP-Light«) durchlaufen werden.[21]

---

19 Vgl. Deutsche Kreditwirtschaft, Stellungnahme zum Entwurf der MaRisk in der Fassung vom 18. Februar 2016 (Konsultation 02/2016) vom 27. April 2016, S. 27.

20 Vgl. Deutsche Kreditwirtschaft, Stellungnahme zum Entwurf der MaRisk in der Fassung vom 18. Februar 2016 (Konsultation 02/2016) vom 27. April 2016, S. 27.

21 Vgl. Rehbein, Ronny, Neue Produkte/Märkte aus Prüfersicht, Vortrag beim Erfahrungsaustausch öffentlicher, privater und genossenschaftlicher Banken zum »Neu-Produkt-Prozess« am 13. Juli 2007 in Hamburg.

2.5 Bekanntmachung und Pflege des Produktkataloges

Der Produktkatalog muss den Mitarbeitern des Institutes in geeigneter Weise bekanntgemacht 30
werden. Es ist zudem sicherzustellen, dass er den Mitarbeitern in der jeweils aktuellen Fassung zur
Verfügung steht. Es bietet sich an, den Produktkatalog in den Organisationsrichtlinien des
Institutes zu veröffentlichen (→ AT 5). Andere Vorgehensweisen sind allerdings auch möglich.

Der Produktkatalog sollte regelmäßig überprüft und bei Bedarf auch ad hoc angepasst werden. 31
Im Rahmen der z. B. jährlichen Regelüberprüfung des Kataloges kann die Kennzeichnung der
Produkte erfolgen, die über einen längeren Zeitraum nicht mehr Gegenstand der Geschäftstätigkeit
waren. Eine anlassbezogene Anpassung des Kataloges hat beispielsweise bei der Aufnahme eines
neuen Produktes oder Marktes sowie bei der Wiederaufnahme eines zuvor als inaktiv gekennzeichneten Produktes zu erfolgen. Unabhängig davon müssen grundsätzlich alle im Katalog
aufgeführten Produkte regelmäßig auf erforderliche Anpassungen überprüft werden. Dafür sind
i. d. R. die Vertriebsbereiche als »Product Owner« sowie die beteiligten Fachbereiche entsprechend
ihren Zuständigkeiten gemeinsam verantwortlich.

3 Einbindung eines vertriebsunabhängigen Bereiches (Tz. 3)

32

3 Bei der Entscheidung, ob es sich um Geschäftsaktivitäten in neuen Produkten oder auf neuen Märkten handelt, ist ein vom Markt bzw. vom Handel unabhängiger Bereich einzubinden.

3.1 Initiative für einen NPP

33 Potenzielle neue Produkte oder Aktivitäten auf neuen Märkten werden regelmäßig von Mitarbeitern oder Organisationseinheiten identifiziert, bei denen allein schon aufgrund ihrer Tätigkeit eine entsprechende Affinität zu Produktinnovationen oder -variationen besteht. Die »Geschäftsidee« stammt daher häufig von Mitarbeitern des Handels oder auch des Marktes. Es ist allerdings in der Praxis nicht unüblich, dass z.B. auch Mitarbeiter der Strategieabteilung, des Risikocontrollings oder der Marktfolge Produktideen einbringen, die aus Sicht der Gesamtbanksteuerung sinnvoll erscheinen. Hinsichtlich der Initiative für potenzielle neue Produkte bestehen nach den MaRisk keine Einschränkungen. Insoweit kann jede Organisationseinheit entsprechende Vorschläge machen.

34 Die Initiative für einen Neu-Produkt-Prozess setzt voraus, dass zunächst einmal eine Neuartigkeitsvermutung besteht. Die Prüfung erfolgt anhand des im Institut vorzuhaltenden Produktkataloges sowie ggf. vorhandener Negativlisten (→ AT 8.1 Tz. 2). Besteht Unsicherheit darüber, ob es sich für das Institut um ein neues Produkt oder einen neuen Markt handelt, sollte der Neu-Produkt-Prozess angestoßen und ggf. der so genannte »NPP-Koordinator« eingeschaltet werden, um die Entdeckungs- und Beurteilungsrisiken zu minimieren.

3.2 Definition der Neuartigkeit

35 In den MaRisk finden sich keine konkreten Hinweise, wann genau von einem neuen Produkt oder von Aktivitäten auf neuen Märkten einschließlich neuer Vertriebswege auszugehen ist. Zur Interpretation des Begriffes ist daher auf die individuellen Verhältnisse aus der Perspektive des Institutes abzustellen. So ist auch ein am Markt weitgehend etabliertes Produkt für ein Institut als neuartig einzustufen, wenn es dieses Produkt erstmalig verwendet. Die Definition der Neuartigkeit hat zudem auf der Ebene des einzelnen Institutes zu erfolgen. Eine Tochtergesellschaft, die erstmalig Produkte des Mutterunternehmens vertreibt, hat für diese Produkte einen eigenen Neu-Produkt-Prozess zu durchlaufen.

36 Von »Neuartigkeit« ist dann auszugehen, wenn die Aktivitäten zu Änderungen in der Handhabung bei den beteiligten Organisationseinheiten innerhalb des Institutes führen können. Änderungen können z.B. die IT-Ausstattung und -Prozesse, die Qualifikation der Mitarbeiter, die Arbeitsabläufe, die Ausgestaltung der Risikosteuerungs- und -controllingprozesse, die Methoden zur Risikobeurteilung oder die bislang vom Institut präferierten Vertriebskanäle (z. B. Internet oder Rückgriff auf Vermittler) betreffen. Diese Interpretation der »Neuartigkeit« lässt sich mit Hilfe eines

Umkehrschlusses ableiten. So sind die Ausarbeitung eines Konzeptes nach Tz. 1 und die Durchführung einer Testphase nach Tz. 4 nicht erforderlich, wenn nach Einschätzung der involvierten Organisationseinheiten neue Aktivitäten sachgerecht gehandhabt werden können (→ AT 8.1 Tz. 7).

Anhaltspunkte für das Vorliegen neuer Produkte ergeben sich in der Prüfungspraxis u. a. aus der   37
Beantwortung der nachfolgend genannten Fragen[22]:
- Sind die Einzelkomponenten oder ähnliche Strukturen schon gehandelt worden?
- Ist der Risikogehalt des kombinierten Geschäftes kleiner oder gleich dem Risikogehalt der Einzelkomponenten?
- Gelten bestehende Rahmenverträge?
- Sind die vorhandenen Anweisungen bzw. Arbeitsablaufbeschreibungen anwendbar?
- Sind die Bilanzierungs- und Bewertungsverfahren, die Buchungssysteme, die Marktgerechtigkeitskontrolle und das Risikocontrolling auf das Produkt eingestellt?
- Müssen die Kompetenzen angepasst bzw. neu geschaffen werden?
- Müssen neue Limite eingerichtet werden?
- Sind die IT-Systeme für die Positions- und Bestandsführung, die Abwicklung, die Risikomessung, die Limitüberwachung und das Meldewesen angemessen?

Bei neuartigen Aktivitäten handelt es sich folglich um   38
- Geschäfte, bei denen das Institut noch über keine ausreichenden Erfahrungen im Zusammenhang mit deren Handhabung verfügt,
- Aktivitäten auf Märkten (Länder, Regionen, Währungen etc.), in denen das Institut bislang noch nicht tätig war und über keine ausreichenden Marktkenntnisse verfügt, oder
- Vertriebswege (Internet, Kreditvermittler etc.), die sich von den bislang genutzten unterscheiden.

Da es sich bei der Geschäftsaufnahme in neuen Märkten oder über neue Vertriebswege um eine   39
strategische Frage handelt, erfolgen derartige Beschlüsse teilweise nicht im Rahmen des Neu-Produkt-Prozesses.[23] Das Erfordernis eines Neu-Produkt-Prozesses bleibt davon allerdings unberührt.

3.3   Vertriebsunabhängiger Bereich

Bei der Entscheidung, ob es sich um neuartige Aktivitäten handelt, ist ein vom Markt bzw. vom   40
Handel unabhängiger Bereich einzubinden. Es ist daher nicht möglich, dass z. B. ausschließlich der Handel oder der Markt darüber entscheiden, ob ein neues Produkt vorliegt oder nicht. Durch diese Einschränkung soll sichergestellt werden, dass bereits zu Beginn des Neu-Produkt-Prozesses die Sichtweise eines vertriebsunabhängigen Bereiches in die Entscheidung einfließt. Insbesondere soll damit auch verhindert werden, dass der Handel oder der Markt im Interesse neuer Geschäftsabschlüsse allzu »blauäugig« mit der Neuartigkeit von Produkten oder Märkten umgehen.

---

22 Vgl. Schwonke, Sven, Aktivitäten in neuen Produkten oder auf neuen Märkten – Praxiserfahrungen zum Neu-Produkt-Prozess nach den MaRisk sowie den Vorgängernormen MaH und MaK, Vortrag beim Erfahrungsaustausch öffentlicher, privater und genossenschaftlicher Banken zum »Neu-Produkt-Prozess« am 18. April 2007 in Berlin.
23 Vgl. Erfahrungsaustausch öffentlicher, privater und genossenschaftlicher Banken zum »Neu-Produkt-Prozess« am 18. April 2007 in Berlin.

3.4 Beteiligte am Neu-Produkt-Prozess

41 Die Bandbreite der verantwortlichen Bereiche für den Neu-Produkt-Prozess ist in der Praxis sehr breit gefächert. In vielen Instituten wird den Bereichen Handel bzw. Markt als »Product Owner« eine tragende Rolle zugewiesen, die mit der Verpflichtung zur vollständigen Informationsweitergabe und zur Priorisierung der ausstehenden Prozesse sowie mit der Belastung der gesamten Prozesskosten verbunden sein kann. Diese Maßnahmen sowie die frühzeitige Einbindung der Risikocontrolling-Funktion führen im Idealfall dazu, dass sich die beteiligten Stellen auf die Einführung der unter Ertrags- und Risikogesichtspunkten besonders interessanten Produkte beschränken können. Die aktive Einbindung des Handels bzw. Marktes wird grundsätzlich als wesentlicher Erfolgsfaktor für die Akzeptanz des Neu-Produkt-Prozesses im Institut angesehen.[24]

42 In der Praxis wird der Neu-Produkt-Prozess häufig durch einen so genannten »NPP-Koordinator« überwacht und gesteuert[25], hinter dem sich in Abhängigkeit von der Anzahl und der Ausgestaltung der Neu-Produkt-Prozesse im Institut auch eine Organisationseinheit verbergen kann. Je nach vorhandenen Ressourcen können mehrere Neu-Produkt-Prozesse parallel oder grundsätzlich nur nacheinander initiiert werden. Der NPP-Koordinator ist als zentraler Ansprechpartner im Institut (Minimierung des Entdeckungsrisikos) u. a. für die Beurteilung der NPP-Anträge zuständig (Minimierung des Beurteilungsrisikos).[26] Seine Verantwortung für den Neu-Produkt-Prozess beginnt grundsätzlich mit dem Vorliegen eines vollständig ausgefüllten und qualitativ nicht zu beanstandenden NPP-Antrages. In Zweifelsfragen zur Neuartigkeit von Produkten kann der NPP-Koordinator die Entscheidung treffen, sofern er mit der nötigen Kompetenz ausgestattet ist. Sofern er auch für die Weiterverfolgung von Auflagen (wie z.B. Laufzeitbeschränkungen) zuständig ist, empfiehlt es sich, für deren Erfüllung schriftliche Bestätigungen von den betroffenen Bereichen einzuholen. Insbesondere die Einhaltung quantitativer Restriktionen ist durch den NPP-Koordinator allerdings nur schwer zu überwachen.[27] Aus diesem Grund erfolgt die Überwachung häufig durch jene Organisationseinheiten, von denen die Auflagen gemacht wurden.

43 Alle später in die Arbeitsabläufe eingebundenen Organisationseinheiten sind in die Erstellung des Konzeptes und die Testphase einzuschalten. Zudem sind die Risikocontrolling-Funktion, die Compliance-Funktion und die Interne Revision im Rahmen ihrer Aufgaben zu beteiligen (→ AT 8.1 Tz. 5). Häufig bilden der NPP-Koordinator, die zuständigen Fachexperten der betroffenen Organisationseinheiten und Vertreter der besonderen Funktionen (→ AT 4.4) ein so genanntes »NPP-Arbeitsgremium«, das in Abhängigkeit von seiner Besetzung teilweise durch ein Steuerungsgremium mit Genehmigungskompetenz[28] und festem Sitzungsturnus ergänzt wird.[29] Dieses Arbeitsgremium wird teilweise auch als »NPP-Task-Force« bezeichnet.

---

24 Vgl. Erfahrungsaustausch öffentlicher, privater und genossenschaftlicher Banken zum »Neu-Produkt-Prozess« am 26. Januar 2007 in Berlin.

25 Vgl. Dauber, Markus/Pfeifer, Guido/Ullrich, Walter/Eberl, Holger, Allgemeine Anforderungen der MaRisk, in: Pfeifer, Guido/Ullrich, Walter/Wimmer, Konrad (Hrsg.), MaRisk-Umsetzungsleitfaden, Heidelberg, 2006, S. 145.

26 Vgl. Rehbein, Ronny, Neue Produkte/Märkte aus Prüfersicht, Vortrag beim Erfahrungsaustausch öffentlicher, privater und genossenschaftlicher Banken zum »Neu-Produkt-Prozess« am 13. Juli 2007 in Hamburg.

27 Vgl. Erfahrungsaustausch öffentlicher, privater und genossenschaftlicher Banken zum »Neu-Produkt-Prozess« am 18. April 2007 in Berlin.

28 Im Kommentar werden die Begriffe »Genehmigungskompetenz« und »Entscheidungskompetenz« synonym verwendet.

29 Vgl. Erfahrungsaustausch öffentlicher, privater und genossenschaftlicher Banken zum »Neu-Produkt-Prozess« am 26. Januar 2007 in Berlin.

3.5   Qualitätssicherung der NPP-Anträge

Die zur Durchführung eines Neu-Produkt-Prozesses benötigten Informationen zur Produktaus-   **44**
gestaltung sind i. d. R. vom Antragsteller zu liefern. In der Praxis ist es üblich, dass der NPP-Koordinator Vorgaben zur Standardisierung und Qualitätssicherung der NPP-Anträge macht, um eine
ausreichende Qualität der eingehenden Anträge zur Initiierung eines Neu-Produkt-Prozesses zu
gewährleisten. Die Vorgaben des NPP-Koordinators an die NPP-Anträge können mit weiteren
Maßnahmen zur Erleichterung des gesamten Prozesses gekoppelt sein. Dazu gehören regelmäßig
insbesondere[30]:

- Durchführung einer Kick-off-Veranstaltung zur Klärung grundsätzlicher Fragen[31],
- konkrete Abfrage von Zielorientierung, Businessplan, Eigenkapitalbelastung, Losgrößen etc.
  (z. B. mittels standardisiertem »Produktsteckbrief«),
- konkrete Abfrage der Länder, Regionen, Kundengruppen etc., die das Produkt später nutzen
  sollen (»Customers Usability«),
- konkrete Abfrage der geplanten Vertriebswege,
- Vorgabe von Mussfeldern im klar strukturierten NPP-Antragsformular (z. B. mittels so genannter »Term Sheets«),
- verbindliche Definition von Produktklassen und allgemein gebräuchlichen Standardausprä-
  gungen (z. B. durch Erstellung eines »Produktkataloges«),
- Einrichtung einer technischen Sperre in der IT, die ein vorzeitiges Senden des elektronischen
  NPP-Antrages ohne vollständige Befüllung aller definierten Mussfelder verhindert,
- obligatorische Simulation eines Testgeschäftes durch den Antragsteller, indem z. B. die IT-
  technischen Pflichtfelder testweise befüllt werden, um ggf. fehlende Angaben zu identifizieren, und
- Angebot eines klärenden Gespräches unter Einbeziehung des Risikocontrollings vor Antragstellung bei sehr komplexen Produkten bzw. bei Antragstellern mit wenig NPP-Erfahrung.

3.6   Priorisierung der NPP-Anträge

Eine Priorisierung sämtlicher NPP-Anträge durch den »NPP-Koordinator« ist nicht in jedem Fall   **45**
sinnvoll und möglich. In einigen Instituten nimmt die Geschäftsleitung die NPP-Priorisierung
auf der Grundlage einer rollierenden NPP-Planung vor, wobei die Zuarbeit durch nachgeordnete
Gremien oder Organisationseinheiten erfolgt. Teilweise ist die Priorisierung auch Aufgabe des
Antragstellers. Um Probleme aufgrund ständiger Änderungen der Priorisierung durch den
Antragsteller zu vermeiden, werden teilweise NPP-Standardfristen festgelegt, die sich mit jeder
Anpassung verlängern. Für die Priorisierung selbst sind verschiedene Vorgehensweisen mög-
lich, wie z. B.[32]:

- Durchführung einer strategischen und einer kurzfristigen Priorisierung, wobei die kurzfristige
  Priorisierung in Abstimmung mit dem Antragsteller flexibel angepasst werden kann,

---

30 Vgl. Erfahrungsaustausch öffentlicher, privater und genossenschaftlicher Banken zum »Neu-Produkt-Prozess« am 13. Juli
     2007 in Hamburg.
31 Dabei könnte z. B. geklärt werden, inwieweit das neue Produkt von den (Teil-)Lizenzen nach § 1 Abs. 1 Satz 2 KWG bzw.
     § 1 Abs. 1a Satz 2 KWG gedeckt ist.
32 Vgl. Erfahrungsaustausch öffentlicher, privater und genossenschaftlicher Banken zum »Neu-Produkt-Prozess« am 13. Juli
     2007 in Hamburg.

AT 8.1 Neu-Produkt-Prozess

- Gegenüberstellung von Erträgen und Kosten, wobei die Produkte mit der besten Ertrags-Kosten-Relation und ggf. der geringsten Eigenkapitalbelastung am höchsten priorisiert werden (Wirtschaftlichkeitsbetrachtung),
- Vereinbarung einer festen Rangfolge, wonach z.B. Einzeltransaktionen grundsätzlich am höchsten priorisiert werden, oder
- Priorisierung als Kombination aus Wirtschaftlichkeit und Dringlichkeit.

4 Testphase im Kredit- und Handelsgeschäft (Tz. 4)

4 Bei Handelsgeschäften ist vor dem laufenden Handel in neuen Produkten oder auf neuen Märkten grundsätzlich eine Testphase durchzuführen. Während der Testphase dürfen Handelsgeschäfte nur in überschaubarem Umfang durchgeführt werden. Es ist sicherzustellen, dass der laufende Handel erst beginnt, wenn die Testphase erfolgreich abgeschlossen ist und geeignete Risikosteuerungs- und -controllingprozesse vorhanden sind. **46**

4.1 Testphase bei Handelsgeschäften

4.1.1 Zweck und Umfang

Vor allem Industrieunternehmen aus dem Konsumgüterbereich bedienen sich häufig so genannter Markttests, um die Erfolgschancen neuer Produkte besser einschätzen zu können. Der probeweise Verkauf von Erzeugnissen unter kontrollierten Bedingungen in einem begrenzten Markt unter Einsatz ausgewählter oder sämtlicher Marketinginstrumente dient dazu, »allgemeine Erfahrungen bzw. projizierbare Zahlenwerte über die Marktgängigkeit eines neuen Produktes und die Wirksamkeit einzelner Marketing-Maßnahmen oder Marketing-Strategien zu sammeln«.[33] **47**

Die erforderliche Testphase für Handelsgeschäfte verfolgt im Grunde genommen den gleichen Zweck. Aufgrund der Komplexität von Handelsgeschäften oder der Volatilität der Märkte ist nicht auszuschließen, dass im Rahmen der Konzepterstellung (→ AT 8.1 Tz. 1) bestimmte Aspekte nicht vollständig beleuchtet werden. Das Institut soll sich also vor der Aufnahme der laufenden Geschäftätigkeit mit Hilfe eines überschaubaren Umfangs an Testgeschäften einen Eindruck darüber verschaffen, ob die im Konzept verankerten Maßnahmen unter realen Bedingungen tatsächlich wirksam sind. Erst nach erfolgreichem Abschluss der Testphase kann die laufende Geschäftstätigkeit beginnen. **48**

Testgeschäfte sollten in dieser Phase nur in einem überschaubaren Umfang getätigt werden, da eine Ausdehnung den Sinn der Testphase ggf. konterkarieren könnte. Die Interpretation von »überschaubar« liegt dabei im Ermessen des Institutes. Wie bei der Konzepterstellung sind auch bei der Testphase alle später in die Arbeitsabläufe eingebundenen Organisationseinheiten einzuschalten sowie die Risikocontrolling-Funktion, die Compliance-Funktion und die Interne Revision (zumindest) zu beteiligen (→ AT 8.1 Tz. 5). Soweit im Rahmen der Testphase Erkenntnisse gewonnen werden, die einen Anpassungsbedarf erforderlich machen, sind entsprechende Maßnahmen einzuleiten, so dass das Institut möglichst schnell mit der laufenden Geschäftstätigkeit beginnen kann. **49**

---

33 Höfner, Klaus, Der Markttest für Konsumgüter in Deutschland, Stuttgart, 1996, S. 11.

4.1.2   Ausnahmen

50   Das Institut hat bei Handelsgeschäften grundsätzlich eine Testphase durchzuführen. Die Wahl des Begriffes »grundsätzlich« lässt im Hinblick auf die Durchführung der Testphase Ausnahmen zu. So kann darauf verzichtet werden, wenn der Verzicht unter Risikogesichtspunkten vertretbar erscheint und von vornherein mit großer Sicherheit davon auszugehen ist, dass sich aus der Testphase keine neuen Erkenntnisse gewinnen lassen. Auf die Durchführung einer Testphase kann ferner bei Einmalgeschäften verzichtet werden (→ AT 8.1 Tz. 4, Erläuterung). Einmalgeschäfte befreien das Institut allerdings nicht von der Risikoanalyse und der Konzepterstellung.

51   Die Entscheidung, ob im konkreten Fall auf eine Testphase verzichtet werden kann, ist in jedem Fall mit dem NPP-Koordinator bzw. mit der für den Neu-Produkt-Prozess verantwortlichen Stelle abzustimmen. Sofern neue Produkte bereits vor Abschluss des Neu-Produkt-Prozesses eigenmächtig, z. B. mit dem Ziel einer beschleunigten Produkteinführung, gehandelt werden, sollte ein Eskalationsprozess eingeleitet werden. Es empfiehlt sich, entsprechende Sanktionierungen – verbunden mit ausreichenden Ermessensspielräumen – institutsintern festzulegen. Eine wirksame Gegenmaßnahme kann insbesondere die unverzügliche Berichterstattung über derartige Verstöße an die Geschäftsleitung und die Interne Revision mit dem Ziel der Aufnahme in den Revisionsbericht sein (→ AT 4.3.2 Tz. 4, Erläuterung). In schwerwiegenden Fällen könnte sogar die Auflösung der Neuprodukttransaktion gefordert werden.

4.2   Testphase bei Kreditgeschäften

52   Im Unterschied zu den Regelungen für Handelsgeschäfte ist die Testphase bei Kreditgeschäften nur eine Option (→ AT 8.1 Tz. 4, Erläuterung). Dies ist für zahlreiche neue Produkte des Kreditgeschäftes auch angemessen, da sich dort ein Probelauf, wie er im Handel (z. B. beim Handel mit kleinen Volumina oder geringen Stückzahlen) möglich ist, nicht realisieren lässt. So sind viele Finanzierungen im Kreditgeschäft betragsmäßig sehr hoch, so dass die Durchführung einer vorgelagerten Testphase nicht sinnvoll erscheint. Eine wirksame Beschränkung der Nominalbeträge ist z. B. bei Schiffs- oder Flugzeugfinanzierungen nicht möglich. Dennoch kann es in bestimmten Fällen sachgerecht sein, besonders komplexe Kreditprodukte zunächst testweise einzusetzen. Dies kann, von bestimmten Ausnahmefällen abgesehen, grundsätzlich auch im Kreditgeschäft – z. B. durch eine Beschränkung auf bestimmte Märkte bzw. Marktsegmente, auf wenige Kunden bzw. Transaktionen oder auf bestimmte Maximalbeträge – erreicht werden.

4.3 Vorhandensein geeigneter Risikosteuerungs- und -controllingprozesse

Eine weitere Voraussetzung für den Beginn des laufenden Handels ist das Vorhandensein geeig-   **53**
neter Risikosteuerungs- und -controllingprozesse. Diesbezüglich stellt sich die Frage, ab welcher
Entwicklungsstufe diese Prozesse als »geeignet« angesehen werden können. Bei der Beantwortung
dieser Frage sollte mit Augenmaß vorgegangen werden, um den kurzfristigen Abschluss betriebswirtschaftlich sinnvoller Geschäfte nicht durch allzu formale Vorgaben zu gefährden.

So kann z. B. einer notwendigen, aber zeitaufwendigen Systemanpassung auch mit geeigneten   **54**
Zwischenlösungen vorgegriffen werden, sofern diese zu denselben Ergebnissen führen. Beispielsweise erfolgt die Risikobewertung in vielen Instituten so lange mit Hilfe eines Excel-Tools, bis die
Anpassung der Risikomanagement-Software abgeschlossen ist. Ebenso können die Anforderungen des Meldewesens oder anderer Bereiche zunächst behelfsweise erfüllt werden, wie z. B.
mittels Matching-Tabellen, sofern die erforderlichen Informationen auf diese Weise fehlerfrei
generiert und alle notwendigen Berechtigungskonzepte (z. B. Schreibrechte zur Anpassung von
Excel-Tools) eingehalten werden. Entscheidend ist letztlich das Vorhandensein geeigneter Prozesse, die eine Einbeziehung der neuen Produkte in die institutsinterne Risikosteuerung und
-überwachung gewährleisten. Derartige Zwischenlösungen dienen allerdings nur der schnellen
Produkteinführung. Sie sind nicht auf Dauer angelegt und insofern ausdrücklich kein Ersatz, wenn
im Rahmen des Neu-Produkt-Prozesses eine Systemanpassung als notwendig erachtet wurde.

5 Beteiligte am Neu-Produkt-Prozess (Tz. 5)

55 **5** Sowohl in die Erstellung des Konzeptes als auch in die Testphase sind die später in die Arbeitsabläufe eingebundenen Organisationseinheiten einzuschalten. Im Rahmen ihrer Aufgaben sind auch die Risikocontrolling-Funktion, die Compliance-Funktion und die Interne Revision zu beteiligen.

5.1 Einschaltung der eingebundenen Organisationseinheiten

56 Die Anforderungen des Moduls AT 8.1 zielen darauf ab, dass die sich aus Aktivitäten in neuen Produkten oder auf neuen Märkten ergebenden Risiken vom Institut sachgerecht gehandhabt werden können (→ AT 8.1 Tz. 1 und 6). Diese Zielsetzung wird möglicherweise verfehlt, wenn von den neuartigen Aktivitäten betroffene Organisationseinheiten vollständig ausgeklammert werden. Daher sind die später in die Arbeitsabläufe eingebundenen Organisationseinheiten sowohl in die Erstellung des Konzeptes als auch in die ggf. durchzuführende Testphase einzuschalten. Welche Organisationseinheiten dies im Einzelfall sind, hängt von der Art der neuartigen Aktivitäten ab. Soweit im Rahmen neuer Geschäftsaktivitäten unter Risikogesichtspunkten wesentliche Aktivitäten und Prozesse an andere Unternehmen ausgelagert werden, kann auch die Einbeziehung des Auslagerungsbeauftragten bzw. des zentralen Auslagerungsmanagements sinnvoll sein (→ AT 9 Tz. 12). Neben den ausdrücklich genannten besonderen Funktionen (→ AT 4.4) kann es je nach interner Organisation unter Umständen erforderlich sein, weitere Einheiten mit Compliance-Funktion hinzuzuziehen, z. B. die nach § 25 h KWG für die Verhinderung der Geldwäsche, Terrorismusfinanzierung und sonstigen strafbaren Handlungen zuständige Organisationseinheit oder die Compliance-Funktion nach MaComp.

57 Gleichzeitig sollte das Institut darauf achten, dass der Neu-Produkt-Prozess möglichst effizient ausgestaltet wird. Ineffiziente Prozesse führen zu Verzögerungen, die ggf. verspätete Produkteinführungen und damit unter Umständen vergebene Chancen zur Folge haben. Darüber hinaus können mit Ineffizienzen Fehler einhergehen, die auch unter Risikogesichtspunkten von Nachteil sind. Insofern muss das Institut die richtige Balance zwischen der Einbeziehung aller betroffenen Organisationseinheiten und einer möglichst effizienten Ausgestaltung des Neu-Produkt-Prozesses finden.

58 Beschlüsse zur Einführung neuer Produkte werden im Prinzip immer einstimmig getroffen, da ein Produkt nicht eingeführt werden kann, wenn eine Organisationseinheit nicht dazu in der Lage ist, das Produkt sachgerecht zu handhaben. Aufgrund der vorhandenen Interessenlage von Handel und Markt muss die Ablehnung eines nachgelagerten Bereiches i. d. R. gut begründet werden.[34]

---

34 Vgl. Erfahrungsaustausch öffentlicher, privater und genossenschaftlicher Banken zum »Neu-Produkt-Prozess« am 13. Juli 2007 in Hamburg.

5.2 Beteiligung der Internen Revision

Da die Interne Revision als Instrument der Geschäftsleitung für die prozessunabhängige Über- 59
prüfung des Risikomanagements im Allgemeinen und des internen Kontrollsystems im Besonderen zuständig ist, sollte sie nur insoweit eingebunden werden, wie ihre Unabhängigkeit sichergestellt bleibt (→ AT 4.4.3 Tz. 3). Ungeachtet dessen soll die Interne Revision ihre Expertise in den
Prozess der Erstellung des Konzeptes sowie die ggf. erforderliche Testphase einbringen. Dadurch
kann sie frühzeitig auf Schwächen des Konzeptes hinweisen, die umgehend beseitigt werden
können. Die Interne Revision kann auf diese Weise zudem neue Erkenntnisse gewinnen, die sie in
die Lage versetzen, zu einem späteren Zeitpunkt geeignete Prüfungshandlungen im Hinblick auf
die neuartigen Aktivitäten durchzuführen. Vergleichbare Regelungen gelten für die Risikoanalyse
bei Auslagerungen (→ AT 9 Tz. 2) und die Projektbegleitung durch die Interne Revision (→ BT 2.1
Tz. 2). Um diese besondere Situation der Internen Revision zur Wahrung ihrer Unabhängigkeit
auch sprachlich zu verdeutlichen, ist sie nur »im Rahmen ihrer Aufgaben« zu beteiligen.

5.3 Beteiligung der Compliance- und der Risikocontrolling-Funktion

Mit der vierten MaRisk-Novelle wurde die bisherige Formulierung auf Vorschlag des Deutschen 60
Institutes für Interne Revision insoweit angepasst, als zukünftig auch die Compliance- und die
Risikocontrolling-Funktion »im Rahmen ihrer Aufgaben« zu beteiligen sind. Die Deutsche Kredit-
wirtschaft hatte eine Streichung vorgeschlagen, weil die gleichzeitige Nennung anderer Funk-
tionen mit Blick auf obige Ausführungen in diesem Kontext nicht sachgerecht erscheint.[35] In der
Konsequenz ist davon auszugehen, dass die Formulierung »im Rahmen ihrer Aufgaben« für die
Compliance- und die Risikocontrolling-Funktion eine andere Bedeutung hat als bei der Internen
Revision. Hierfür sprechen auch die Vorstellungen der EBA, die der Risikocontrolling-Funktion
und der Compliance-Funktion im Neu-Produkt-Prozess ausdrücklich Zuständigkeiten zuweist,
nicht jedoch der Internen Revision.[36]

Die Risikocontrolling-Funktion und die Compliance-Funktion gehören im Gegensatz zur Internen 61
Revision zum internen Kontrollsystem. Als Teil des internen Kontrollsystems sind sie ein integraler
Bestandteil der zu überwachenden Prozesse, während die Interne Revision zu den prozessunabhängigen Überwachungsmechanismen zählt. Nach dem vom Baseler Ausschuss für Bankenaufsicht und
der EBA verwendeten Modell der drei Verteidigungslinien (»Three-Lines-of-Defence Modell«) sind
die Risikocontrolling-Funktion und die Compliance-Funktion der zweiten Verteidigungslinie und die
Interne Revision der dritten Verteidigungslinie zuzuordnen (→ AT 4.4).

Die Risikocontrolling-Funktion ist für die unabhängige Überwachung und Kommunikation der 62
Risiken verantwortlich (→ AT 4.4.1 Tz. 1). Darüber hinaus weisen die MaRisk der Risikocon-
trolling-Funktion einen expliziten Aufgabenkatalog zu (→ AT 4.4.1 Tz. 2). Im Neu-Produkt-Pro-
zess kommt der Risikocontrolling-Funktion eine tragende Rolle zu. So müssen das Ergebnis der
Analyse des Risikogehaltes der neuen Geschäftsaktivitäten sowie deren Auswirkungen auf das
Gesamtrisikoprofil Grundlage des Konzeptes sein. Im Konzept selbst sind die sich aus der

---

35 Vgl. Deutsche Kreditwirtschaft, Stellungnahme zum Konsultationspapier 01/2012 der Bundesanstalt für Finanzdienst-
    leistungsaufsicht (BaFin) – »Überarbeitung der MaRisk« (Zwischenentwurf vom 2. August 2012), 12. September 2012,
    S. 13.

36 Nach den Vorstellungen der EBA sollte der Beitrag der Risikocontrolling-Funktion und der Compliance-Funktion eine
    vollständige und objektive Beurteilung der Risiken, die sich aus den neuen Tätigkeiten unter Einbeziehung unterschied-
    licher Szenarien ergeben, der potenziellen Unzulänglichkeiten bei deren Einbeziehung in das Risikomanagement und den
    internen Kontrollrahmen des Institutes sowie der Fähigkeit des Institutes, neue Risiken wirksam zu steuern, umfassen.
    Vgl. European Banking Authority, Leitlinien zur internen Governance, EBA/GL/2017/11, 21. März 2018, S. 40.

AT 8.1 Neu-Produkt-Prozess

Aufnahme von Geschäftsaktivitäten in neuen Produkten oder auf neuen Märkten ergebenden wesentlichen Konsequenzen für das Management der Risiken darzustellen (→ AT 8.1 Tz. 1). Was die Testphase anbelangt, so ist sicherzustellen, dass der laufende Handel erst beginnt, wenn diese erfolgreich abgeschlossen ist und geeignete Risikosteuerungs- und -controllingprozesse vorhanden sind (→ AT 8.1 Tz. 4). Schließlich ist die Einbindung des für das Risikocontrolling zuständigen Geschäftsleiters bei der Genehmigung des Konzeptes und der Aufnahme der laufenden Geschäftstätigkeit obligatorisch (→ AT 8.1 Tz. 6). Die hohe Bedeutung der Risikocontrolling-Funktion im Neu-Produkt-Prozess kommt auch darin zum Ausdruck, dass sie nach den Vorgaben der EBA ausdrücklich verlangen kann, dass Änderungen bestehender Produkte den Neu-Produkt-Prozess durchlaufen müssen.[37]

63   Die Compliance-Funktion hat die Aufgabe, alle rechtlichen Regelungen und Vorgaben mit einem wesentlichen Compliance-Risiko zu identifizieren, deren Nichteinhaltung zu einer Gefährdung des Vermögens des Institutes führen kann. Darüber hinaus muss die Compliance-Funktion auf die Implementierung wirksamer Verfahren zur Einhaltung der gesetzlichen Bestimmungen und Vorgaben sowie entsprechender Kontrollen hinwirken (→ AT 4.4.1 Tz. 2). Auch im Neu-Produkt-Prozess kommt der Compliance-Funktion eine herausgehobene Rolle zu. Nach den Vorstellungen der EBA soll die Compliance-Funktion in enger Zusammenarbeit mit der Risikocontrolling-Funktion und der Rechtsabteilung überprüfen, ob neue Produkte und Verfahren mit dem aktuellen Rechtsrahmen und ggf. mit bereits bekannten bevorstehenden Änderungen von rechtlichen Regelungen und Vorgaben in Einklang stehen.[38]

---

37 Vgl. European Banking Authority, Leitlinien zur internen Governance, EBA/GL/2017/11, 21. März 2018, S. 40.
38 Vgl. European Banking Authority, Leitlinien zur internen Governance, EBA/GL/2017/11, 21. März 2018, S. 47.

6 Genehmigung des Konzeptes und der Aufnahme der Geschäftstätigkeit (Tz. 6)

6 Das Konzept und die Aufnahme der laufenden Geschäftstätigkeit sind von den zuständi- **64** gen Geschäftsleitern unter Einbeziehung der für die Überwachung der Geschäfte verantwortlichen Geschäftsleiter zu genehmigen. Diese Genehmigungen können delegiert werden, sofern dafür klare Vorgaben erlassen wurden und die Geschäftsleitung zeitnah über die Entscheidungen informiert wird.

6.1 Genehmigung des Konzeptes

Das Konzept sowie die Aufnahme der laufenden Geschäftstätigkeit sind von den zuständigen **65** Geschäftsleitern unter Einbeziehung der für die Überwachung der Geschäfte verantwortlichen Geschäftsleiter zu genehmigen. Diese Genehmigungserfordernisse waren grundsätzlich bereits Gegenstand der MaH[39] und der MaK[40] und wurden durch die MaRisk ausgeweitet. Durch die Bezugnahme auf die für die Überwachung zuständigen Geschäftsleiter wird klargestellt, dass die Einbindung des für das Risikocontrolling verantwortlichen Geschäftsleiters obligatorisch ist. Daneben sind in Abhängigkeit von der Art der neuartigen Aktivitäten der für den Bereich Markt oder Handel zuständige Geschäftsleiter bzw. der Geschäftsleiter Marktfolge einzubeziehen. Bei kleineren Instituten mit überschaubaren Geschäftsaktivitäten wird daher regelmäßig die gesamte Geschäftsleitung in den Genehmigungsprozess involviert sein.

6.2 Delegation der Genehmigungen

Vor allem bei international tätigen Instituten sind Aktivitäten in neuen Produkten oder auf neuen **66** Märkten kein Einzelfall, sondern eher die Regel. In derartigen Instituten läuft häufig eine Vielzahl von Neu-Produkt-Prozessen gleichzeitig ab, die entsprechende Kapazitäten binden. Vor diesem Hintergrund kann es sinnvoll sein, wenn die Geschäftsleitung die Genehmigungen für das Konzept sowie die Aufnahme der laufenden Geschäftstätigkeit an interne Gremien (z. B. ein NPP-Arbeitsgremium), Mitarbeiter oder Organisationseinheiten delegiert. Für eine derartige Delegation müssen jedoch zwei Bedingungen erfüllt werden:
- Es müssen klare Vorgaben existieren, die sich z. B. auf die Zuständigkeiten, die delegierbaren Geschäftsfelder und Marktsegmente, deren Risikogehalt und die möglichen Eskalationsstufen beziehen können.
- Darüber hinaus ist die Geschäftsleitung zeitnah über die Genehmigung des Konzeptes und die Aufnahme der laufenden Geschäftstätigkeit zu informieren.

---

39 Vgl. Bundesaufsichtsamt für das Kreditwesen, Mindestanforderungen an das Betreiben von Handelsgeschäften der Kreditinstitute (MaH), Verlautbarung vom 23. Oktober 1995, Abschnitt 2.3.

40 Vgl. Bundesanstalt für Finanzdienstleistungsaufsicht, Mindestanforderungen an das Kreditgeschäft der Kreditinstitute (MaK), Rundschreiben 34/2002 (BA) vom 20. Dezember 2002, Tz. 19.

67   Es versteht sich von selbst, dass die jeweils beauftragten internen Gremien, Mitarbeiter oder Organisationseinheiten über die erforderliche Sachkenntnis und Entscheidungskompetenz zur Beurteilung der Aktivitäten in neuen Produkten oder auf neuen Märkten verfügen müssen.

6.3   Vor- und Nachkalkulation

68   Die zuständigen Entscheidungsträger bzw. die durch Delegation für die Genehmigung des Konzeptes bzw. die Aufnahme der laufenden Geschäftätigkeit zuständigen internen Gremien, Mitarbeiter oder Organisationseinheiten benötigen eine fundierte Entscheidungsgrundlage. Dazu dienen insbesondere die Ergebnisse der Risikoanalyse und der Testphase sowie das Konzept zur Geschäftsaufnahme (→ AT 8.1 Tz. 1 und 3).

69   Eine wesentliche Rolle bei der Entscheidungsfindung dürfte die Schätzung der erwarteten Kosten und Erträge des neuen Produktes spielen.[41] Eine derartige Schätzung basiert auf zahlreichen Annahmen und ist daher nicht trivial. Häufig werden die geplanten Erträge den voraussichtlichen Kosten für die Einführung und den laufenden Betrieb des neuen Produktes gegenübergestellt. Die Zuständigkeit für das Abwägen der Erträge und Kosten liegt i. d. R. beim Vertrieb und ist Bestandteil des NPP-Antrages. In der Praxis werden grundsätzlich neben den mit dem neuen Produkt generierten Erträgen auch die Kosten des Neu-Produkt-Prozesses dem Produktnutzer (i. d. R. dem Antragsteller) belastet.[42] Auf dieser Basis muss der Antragsteller letztlich auch entscheiden, ob er den Neu-Produkt-Prozess überhaupt anstoßen bzw. das Produkt einführen möchte. Insbesondere bei strategischen Produkten, bei denen es in erster Linie auf das mit der Produkteinführung verfolgte Ziel ankommt, tritt die wirtschaftliche Betrachtung manchmal in den Hintergrund.[43]

70   Ein nachträglicher Abgleich zwischen den Schätzungen des Antragstellers und den tatsächlichen Ist-Zahlen ist für die Qualitätsverbesserung des Neu-Produkt-Prozesses zwar sinnvoll, findet in der Praxis allerdings bisher nur selten statt. Auch eine detaillierte Kosten-Nutzen-Analyse wird nur in besonderen Einzelfällen vorgenommen. Dies ist vorrangig auf Kapazitäts- und Kostengründe oder die Notwendigkeit des Angebotes von Cross-Selling-Produkten mit einkalkuliertem Verlustpotenzial zurückzuführen. Darüber hinaus hängt die tatsächliche Ergebniswirkung einzelner Produkte stark von der Marktsituation ab und kann sich insofern schnell ändern. Derartige Analysen scheinen zudem weniger für Produkte als eher für Organisationseinheiten geeignet zu sein.[44]

---

41 Vgl. auch European Banking Authority, Leitlinien zur internen Governance, EBA/GL/2017/11, 21. März 2018, S. 40, wonach im NPP auch die Auswirkungen auf die Rentabilität des Institutes behandelt werden sollen. Die Rentabilität des Institutes spielt zudem im SREP eine wichtige Rolle, wenn es um die Analyse des Geschäftsmodelles geht. Vgl. European Banking Authority, Guidelines on common procedures and methodologies for the supervisory review and evaluation process (SREP) and supervisory stress testing, EBA/GL/2014/13, Consolidated version, 19. Juli 2018, S. 41 ff.

42 Vgl. Erfahrungsaustausch öffentlicher, privater und genossenschaftlicher Banken zum »Neu-Produkt-Prozess« am 26. Januar 2007 in Berlin.

43 Vgl. Erfahrungsaustausch öffentlicher, privater und genossenschaftlicher Banken zum »Neu-Produkt-Prozess« am 13. Juli 2007 in Hamburg.

44 Vgl. Erfahrungsaustausch öffentlicher, privater und genossenschaftlicher Banken zum »Neu-Produkt-Prozess« am 18. April 2007 in Berlin.

6.4 Dokumentation

Die Zuständigkeit für die Dokumentation des Neu-Produkt-Prozesses kann zentral beim NPP-Koordinator oder dezentral bei den jeweils für den Neu-Produkt-Prozess verantwortlichen Organisationseinheiten liegen. Nicht unüblich sind auch Mischformen, bei denen sich die zentrale Zuständigkeit z. B. auf die Dokumentation des Ergebnisses beschränkt. **71**

Im Hinblick auf die Dokumentation gelten die allgemeinen Anforderungen des Moduls AT 6. Folgende spezielle Anforderungen an die Dokumentation des Neu-Produkt-Prozesses könnten von den Prüfern u. a. gestellt werden[45]: **72**

- wesentliche Meilensteine (NPP-Antrag, Abstimmungsprozess mit den Fachabteilungen, Planung der Testphase, Durchführung der Testphase, Freigabe des Produktes zur Einführung),
- sämtliche Protokolle der relevanten Sitzungen, aus denen mindestens das Ergebnis hervorgeht,
- wesentlicher E-Mail-Verkehr,
- ggf. Ablauf und Ergebnis des Eskalationsverfahrens,
- Begründung der Entscheidung der einzubindenden Fachabteilungen und
- Einbindung der zuständigen Geschäftsleiter (Kenntnisnahme, Entscheidung als Kompetenzträger).

Es bietet sich an, dass das Institut den Ablauf des Neu-Produkt-Prozesses unter Berücksichtigung der beschriebenen Gestaltungsalternativen (→ AT 8.1 Tz. 1) in den Organisationsrichtlinien verankert. Damit sind z. B. von vornherein die jeweils zuständigen Mitarbeiter aus den einzelnen Organisationseinheiten bekannt, so dass der Prozess zügig angestoßen und in der Folge auch ohne Verzögerungen abgeschlossen werden kann. **73**

6.5 IT-Unterstützung

Die Beauftragung neuer Produkte durch die Markteinheiten erfolgt teilweise noch in Papierform. Als deutlich effizienter erweist sich in der Praxis eine IT-gestützte Antragsbearbeitung. Eine wirkungsvolle IT-Unterstützung mit Wiedervorlage- und Benachrichtigungsfunktion kann für den Workflow den administrativen Aufwand deutlich reduzieren. Neben der Arbeitserleichterung und der damit verbundenen Zeitersparnis, die eine Beschleunigung des Neu-Produkt-Prozesses ermöglicht, zählen die Systematisierung, die Fehlerreduzierung und die revisionssichere Dokumentation zu den weiteren Vorteilen. So kann z. B. problemlos ein Bericht generiert werden, der die Kommentare der beteiligten Bereiche in chronologischer Reihenfolge enthält. Für die Überwachung der Eingaben in das System sollten klare Verantwortlichkeiten definiert werden.[46] **74**

---

45 Vgl. Mahnke, Sven, Erfahrungen aus einer § 44er Prüfung, Vortrag beim Erfahrungsaustausch öffentlicher, privater und genossenschaftlicher Banken zum »Neu-Produkt-Prozess« am 13. Juli 2007 in Hamburg.

46 Vgl. Erfahrungsaustausch öffentlicher, privater und genossenschaftlicher Banken zum »Neu-Produkt-Prozess« am 18. April 2007 in Berlin.

7 Verzicht auf die Konzepterstellung und die Testphase (Tz. 7)

75 **7** **Soweit nach Einschätzung der in die Arbeitsabläufe eingebundenen Organisationseinheiten Aktivitäten in einem neuen Produkt oder auf einem neuen Markt sachgerecht gehandhabt werden können, sind die Ausarbeitung eines Konzeptes nach Tz. 1 und die Durchführung einer Testphase nach Tz. 4 nicht erforderlich.**

7.1 Abgrenzungsfragen

76 In der Praxis ist es nicht immer einfach, Aktivitäten in neuen Produkten oder auf neuen Märkten als solche einwandfrei zu identifizieren (→ AT 8.1 Tz. 2 und 3). So kann z. B. ein zusammengesetztes Produkt (»Compound Instrument«) aus mehreren Standard-Komponenten bestehen. Inwieweit in einem solchen Fall die Initiierung eines Neu-Produkt-Prozesses zweckmäßig erscheint, ist unter Umständen schwer zu beurteilen. Das Vorhandensein einer Kombination von Standard-Komponenten muss nicht automatisch bedeuten, dass auch das zusammengesetzte Produkt ohne Weiteres vom Institut gehandhabt werden kann. Schwer zu beurteilen sind ferner Modifikationen von Produkten oder ggf. auch die Ausdehnung existierender Produkte auf neue Märkte. Auch die BaFin hat sich in der Vergangenheit mit Fragestellungen, die sich im Grenzbereich zwischen »neuartig« und »nicht-neuartig« bewegen, schwergetan.[47]

7.2 Ausnahme von der Ausarbeitung eines Konzeptes und der Durchführung einer Testphase

77 Die Aufsicht hat sich im Hinblick auf die Abgrenzung zwischen »neuartig« und »nicht-neuartig« in den MaRisk für eine pragmatische Verfahrensweise entschieden. Die Anforderungen des Moduls AT 8.1 zielen im Kern darauf ab, dass Ungewissheiten im Zusammenhang mit neuartigen Aktivitäten in abwägbare Risiken transformiert werden, die von den involvierten Organisationseinheiten beherrscht werden können. Daher kann auf die Ausarbeitung eines Konzeptes (→ AT 8.1 Tz. 1) und die Durchführung einer Testphase (→ AT 8.1 Tz. 4) verzichtet werden, soweit nach Einschätzung der in die Arbeitsabläufe eingebundenen Organisationseinheiten Aktivitäten in einem neuen Produkt oder auf einem neuen Markt sachgerecht gehandhabt werden können. Neben den initiierenden Organisationseinheiten (z. B. Handel oder Markt) können dazu – je nach Ausgestaltung der neuartigen Aktivität – z. B. die Risikocontrolling-Funktion, die Compliance-Funktion, die Abwicklung, die Marktfolge, die Rechtsabteilung oder die IT-Abteilung gehören. Damit ist auf breiter Ebene sichergestellt, dass Aktivitäten in neuen Produkten oder auf neuen Märkten für das Institut nicht zu unkalkulierbaren Risiken führen. Welche Organisationseinheiten im Einzelfall einzubeziehen sind, hängt von der jeweiligen Aktivität ab.

---

47 Vgl. Bundesanstalt für Finanzdienstleistungsaufsicht, Mindestanforderungen an das Kreditgeschäft der Kreditinstitute (MaK), Rundschreiben 34/2002 (BA) vom 20. Dezember 2002, Tz. 19.

Bis einschließlich der vierten MaRisk-Novelle konnte das Institut bei Aktivitäten in einem neuen **78** Produkt oder auf einem neuen Markt, die nach Einschätzung der in die Arbeitsabläufe eingebundenen Organisationseinheiten sachgerecht gehandhabt werden können, auf die gesamte Anwendung des Moduls AT 8.1 verzichten. Im Zuge der fünften MaRisk-Novelle erfolgte insoweit eine Einschränkung, dass die Institute in diesen Fällen lediglich auf die Ausarbeitung eines Konzeptes und die Durchführung einer Testphase verzichten können. Diese Anpassung ist auf die neuen Anforderungen an die Erstellung eines Produktkataloges und die anlassbezogene Prüfung des Neu-Produkt-Prozesses zurückzuführen. Demzufolge haben die Institute grundsätzlich auch jene neuen Produkte oder neuen Märkte in den Produktkatalog aufzunehmen, für die kein Konzept erstellt und keine Testphase durchgeführt werden muss (→ AT 8.1 Tz. 2). Da eine anlassbezogene Prüfung des Neu-Produkt-Prozesses z. B. auch dann durchzuführen ist, wenn sich die getroffenen Einschätzungen, dass Aktivitäten in neuen Produkten oder auf neuen Märkten ohne vorheriges Konzept oder Testphase sachgerecht gehandhabt werden können, als unzutreffend erwiesen haben, wäre ein kompletter Verzicht auch nicht angemessen (→ AT 8.1 Tz. 8).

Bei der Entscheidung, ob es sich um Geschäftsaktivitäten in neuen Produkten oder auf neuen **79** Märkten handelt, war auch zuvor schon ein vom Markt bzw. Handel unabhängiger Bereich einzubinden (→ AT 8.1 Tz. 3). Infrage kommen in Abhängigkeit von der Art der neuen Aktivitäten z. B. der Bereich Marktfolge oder das Risikocontrolling. Falls es im Institut einen NPP-Koordinator gibt, könnte dieser ggf. die Koordinierung der Rückmeldungen sowie deren Auswertung übernehmen. In jedem Fall sollte der NPP-Koordinator von den einzubindenden Organisationseinheiten eine schriftliche Bestätigung darüber einholen, dass dem sachgerechten Umgang mit dem neuen Produkt bzw. Markt nichts entgegensteht.

Auch in der Vergangenheit wurde schon darüber diskutiert, ob die Aufnahme der laufenden **80** Geschäftstätigkeit in einem neuen Produkt oder auf einem neuen Markt, die nach Einschätzung der in die Arbeitsabläufe eingebundenen Organisationseinheiten sachgerecht gehandhabt werden können, von den zuständigen Geschäftsleitern unter Einbeziehung des für das Risikocontrolling zuständigen Geschäftsleiters zu genehmigen ist oder nicht (→ AT 8.1 Tz. 6). Dafür spricht, dass die Anwendung dieser Regelung im Gegensatz zur Erstellung des Konzeptes und der Durchführung der Testphase nicht ausdrücklich ausgenommen ist. Anderseits fehlt der Geschäftsleitung mangels Konzept und Testphase eine fundierte Grundlage für eine Entscheidung. Sie könnte lediglich die Einschätzung der in die Arbeitsabläufe involvierten Organisationseinheiten über die sachgerechte Handhabbarkeit bestätigen. Vor diesem Hintergrund erscheint es sinnvoll, diese Einschätzung mit der Genehmigung der Aufnahme der laufenden Geschäftstätigkeit gleichzusetzen und dabei die eingeräumte Möglichkeit des Delegierens dieser Genehmigung zu nutzen. Letztlich kann die Geschäftsleitung selbst bei einem vollständig zu durchlaufenden Neu-Produkt-Prozess oder einem NPP-Light die Genehmigung für das Konzept und die Aufnahme der laufenden Geschäftstätigkeit an ein internes Gremium, Mitarbeiter oder Organisationseinheiten delegieren. Dies gilt erst recht bei Geschäften mit neuen Produkten oder auf neuen Märkten, die im Institut bereits sachgerecht gehandhabt werden können. Die entsprechenden Kompetenzen und Verantwortlichkeiten müssen aus den Organisationsrichtlinien des Institutes ersichtlich sein (→ AT 5 Tz. 3).

AT 8.1 Neu-Produkt-Prozess

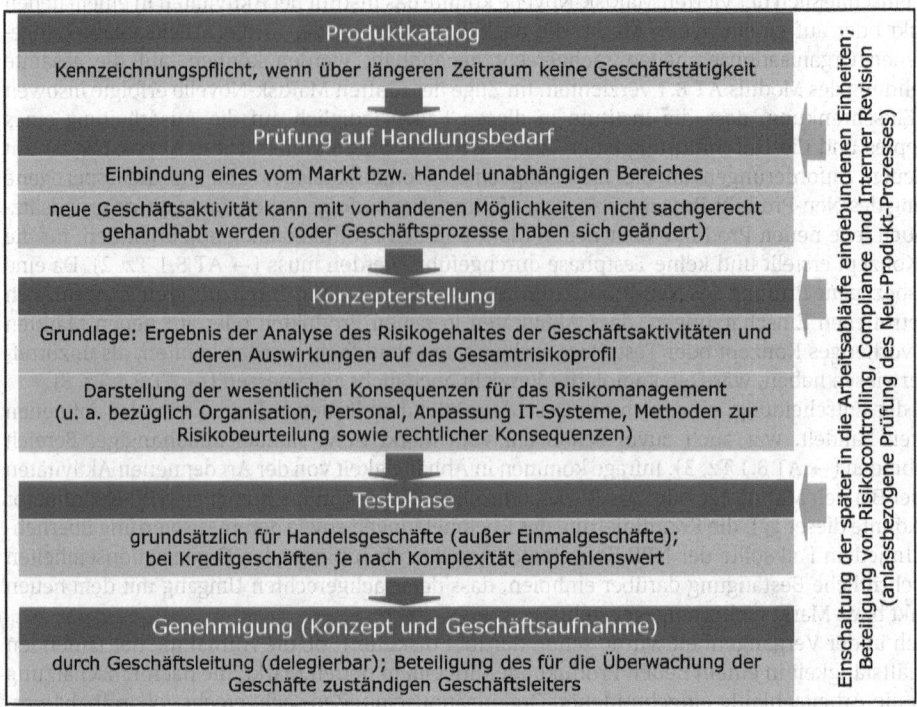

Produktkatalog

Kennzeichnungspflicht, wenn über längeren Zeitraum keine Geschäftätigkeit

Prüfung auf Handlungsbedarf

Einbindung eines vom Markt bzw. Handel unabhängigen Bereiches

neue Geschäftsaktivität kann mit vorhandenen Möglichkeiten nicht sachgerecht gehandhabt werden (oder Geschäftsprozesse haben sich geändert)

Konzepterstellung

Grundlage: Ergebnis der Analyse des Risikogehaltes der Geschäftsaktivitäten und deren Auswirkungen auf das Gesamtrisikoprofil

Darstellung der wesentlichen Konsequenzen für das Risikomanagement (u. a. bezüglich Organisation, Personal, Anpassung IT-Systeme, Methoden zur Risikobeurteilung sowie rechtlicher Konsequenzen)

Testphase

grundsätzlich für Handelsgeschäfte (außer Einmalgeschäfte); bei Kreditgeschäften je nach Komplexität empfehlenswert

Genehmigung (Konzept und Geschäftsaufnahme)

durch Geschäftsleitung (delegierbar); Beteiligung des für die Überwachung der Geschäfte zuständigen Geschäftsleiters

Einschaltung der später in die Arbeitsabläufe eingebundenen Einheiten; Beteiligung von Risikocontrolling, Compliance und Interner Revision (anlassbezogene Prüfung des Neu-Produkt-Prozesses)

Abb. 51: Ablauf des Neu-Produkt-Prozesses

8 Anlassbezogene Prüfung des Neu-Produkt-Prozesses (Tz. 8)

8 Treten im Neu-Produkt-Prozess Häufungen von Fällen auf, bei denen   81

- die in den Konzepten getroffenen Annahmen und die damit verbundenen Analysen des Risikogehalts der Aktivitäten in neuen Produkten oder auf neuen Märkten im Wesentlichen unzutreffend waren oder
- die in den Konzepten und aus den Testphasen gezogenen Konsequenzen im Wesentlichen unzutreffend waren oder
- gemäß Tz. 7 getroffene Einschätzungen, dass Aktivitäten in neuen Produkten oder auf neuen Märkten sachgerecht gehandhabt werden können, sich als unzutreffend erwiesen haben,

ist eine anlassbezogene Prüfung des Neu-Produkt-Prozesses durchzuführen. Bei Mängeln ist der Prozess unverzüglich anzupassen.

8.1 Mängel im Neu-Produkt-Prozess

Im Zuge der fünften MaRisk-Novelle wurde als neue Anforderung aufgenommen, dass bei einem   82
wiederholten Auftreten von Problemen der gesamte Neu-Produkt-Prozess anlassbezogen zu
überprüfen ist. Werden dabei Mängel festgestellt, ist der Prozess unverzüglich anzupassen.

Im ersten Entwurf der fünften MaRisk-Novelle hatte die Aufsicht noch verlangt, dass die   83
Institute mindestens jährlich überprüfen, ob der Neu-Produkt-Prozess zu einem sachgerechten
Umgang mit neuen Produkten oder Märkten geführt hat. Dies hätte bedeutet, dass die Institute
nachträgliche Reviews der einzelnen im Institut durchgeführten Neu-Produkt-Prozesse durchführen müssen. Die Deutsche Kreditwirtschaft (DK) hat darauf hingewiesen, dass es gerade die
Kernaufgabe des Neu-Produkt-Prozesses und der daran beteiligten Bereiche ist, den Risikogehalt
zu analysieren und eine sachgerechte Handhabung des Produktes sicherzustellen. Dies erfolge in
den Instituten mittels klar strukturierter Prozesse und zugehöriger Dokumentationen und sei
entsprechend ressourcenintensiv. Die DK führte weiter an, dass in vielen Fällen zusätzlich bereits
im laufenden Prozess mittels einer Testphase ein Backtesting durchgeführt werde. Zudem würden
die Arbeitsergebnisse nach Freigabe des laufenden Betriebes im Rahmen der Linientätigkeiten der
beteiligten Bereiche überprüft. Vor diesem Hintergrund hat sich die DK dafür ausgesprochen, die
neue Anforderung wieder zu streichen.[48]

Die Aufsicht hat die Argumente der DK insoweit aufgegriffen, als die im ersten Entwurf noch   84
verlangte jährliche Überprüfung des Neu-Produkt-Prozesses in der endgültigen Fassung der
fünften MaRisk-Novelle durch eine anlassbezogene Überprüfung bei grundlegenden Mängeln in
der Durchführung und der Organisation des Neu-Produkt-Prozesses ersetzt wurde. Diese anlassbezogene Überprüfung muss immer dann erfolgen, wenn im Neu-Produkt-Prozess Häufungen von
Fällen auftreten, bei denen die in den Konzepten getroffenen Annahmen und die damit verbundenen Analysen des Risikogehalts der Aktivitäten bzw. die in den Konzepten und aus den Test-

---

48 Vgl. Deutsche Kreditwirtschaft, Stellungnahme zum Entwurf der MaRisk in der Fassung vom 18. Februar 2016 (Konsultation 02/2016) vom 27. April 2016, S. 27.

phasen gezogenen Konsequenzen im Wesentlichen unzutreffend waren oder gemäß Tz. 7 getroffene Einschätzungen, dass die Aktivitäten auch ohne Konzept und Testphase sachgerecht gehandhabt werden können, sich als unzutreffend erwiesen haben. Es muss sich also um strukturelle Mängel im Neu-Produkt-Prozess an sich handeln (»Häufungen von Fällen«), nicht um in der Praxis durchaus auftretende, vereinzelt erforderliche Folgeaktivitäten aus einem Neu-Produkt-Prozess.

85　Mögliche Gründe für derartige grundlegende Mängel des Prozesses könnten z. B. sein, dass bei der Erstellung des Konzeptes, der Risikoanalyse oder der Darstellung der Konsequenzen nicht alle zu beteiligenden Organisationseinheiten eingebunden (→ AT 8.1 Tz. 5) oder bestimmte Risikoarten ausgeblendet wurden (→ AT 8.1 Tz. 1), so dass nicht alle erforderlichen Aspekte beleuchtet werden konnten. Anhaltspunkte für grundlegende Mängel des Neu-Produkt-Prozesses können sich u. a. aus den Erkenntnissen der Risikomodelle des Institutes, aus wiederholten Verlustereignissen beim operationellen Risiko oder aus entsprechenden Feststellungen der Internen Revision ergeben.

8.2　Ursachenanalyse und Anpassung des Neu-Produkt-Prozesses

86　Es empfiehlt sich, im Institut eine Organisationseinheit festzulegen, bei der die grundlegenden Mängel im Neu-Produkt-Prozess im Sinne der geschilderten Fälle gesammelt werden. Dies könnte z. B. der NPP-Koordinator sein, aber auch das Risikocontrolling, die Organisationsabteilung oder eine andere geeignete Organisationseinheit. Kommt es zu einer Häufung derartiger Fälle oder vergleichbarer Mängel, sollte unter Einbeziehung der betroffenen Bereiche zunächst geprüft werden, welche Ursachen zu den wiederholten Fehleinschätzungen geführt haben. Auf dieser Basis kann im Idealfall anschließend gemeinsam festgelegt werden, welche Anpassungen bei der Durchführung oder der Organisation des Neu-Produkt-Prozesses zur Beseitigung der Mängel notwendig sind. Sofern es diesbezüglich zwischen den beteiligten Organisationseinheiten nicht zu einer Einigung kommt, könnte vom NPP-Koordinator oder dem jeweils verantwortlichen Bereich ein Eskalationsprozess eingeleitet werden. Letztlich liegt es im gemeinsamen Interesse der beteiligten Bereiche, dass mit dem Neu-Produkt-Prozess keine unnötigen Risiken verbunden sind.

AT 8.2 Änderungen betrieblicher Prozesse oder Strukturen

1	**Analyse der Auswirkungen geplanter Veränderungen (Tz. 1)**	1
1.1	Wesentliche Veränderungen	2
1.2	Änderung von IT-Systemen..	6
1.3	Prozessbeteiligte	11
1.4	Zusammenhang zum Management operationeller Risiken.......................	15

1 Analyse der Auswirkungen geplanter Veränderungen (Tz. 1)

1

1 Vor wesentlichen Veränderungen in der Aufbau- und Ablauforganisation sowie in den IT-Systemen hat das Institut die Auswirkungen der geplanten Veränderungen auf die Kontrollverfahren und die Kontrollintensität zu analysieren. In diese Analysen sind die später in die Arbeitsabläufe eingebundenen Organisationseinheiten einzuschalten. Im Rahmen ihrer Aufgaben sind auch die Risikocontrolling-Funktion, die Compliance-Funktion und die Interne Revision zu beteiligen.

1.1 Wesentliche Veränderungen

2 Die Institute haben sich bei wesentlichen Veränderungen in der Aufbau- und Ablauforganisation mit deren Auswirkungen auf ihre internen Kontrollverfahren und -prozesse sorgfältig auseinanderzusetzen. Wegen der besonderen Bedeutung für nahezu sämtliche Risikomanagementprozesse erwartet die Aufsicht eine vergleichbare Analyse auch bei wesentlichen Veränderungen in den IT-Systemen. Die BaFin begründet diese Notwendigkeit mit der Bedeutung des reibungslosen Ineinandergreifens von Abläufen für ein effektives Risikomanagement. Den Fokus legt sie auf die frühzeitige Identifizierung und Analyse der durch Veränderungen betrieblicher Abläufe ggf. ausgelösten Kontrollschwächen, wobei die Intensität dieser Prozesse je nach Umfang der Veränderungen variieren kann.[1] Auch nach den Vorstellungen der EBA ist eine Auseinandersetzung mit wesentlichen Änderungen an den Systemen oder am Risikomanagement sowie an der Organisation des Institutes erforderlich.[2]

3 Mit dieser Anforderung zielt die Aufsicht auf Veränderungsprozesse im gesamten Institut, während derartige Analysen in der Vergangenheit eher auf einzelne Geschäftsbereiche beschränkt waren. Es geht im Endeffekt darum, die Wirksamkeit und Angemessenheit der internen Kontrollverfahren inkl. der jeweils festgelegten Kontrollintensität auch in jenen Fällen sicherzustellen, in denen sich für das Institut die gewohnten organisatorischen Rahmenbedingungen ändern. Diese Analyse hat ausdrücklich »vor« Umsetzung der wesentlichen Veränderungen zu erfolgen. Es versteht sich von selbst, dass sich das Institut anschließend mit den Ergebnissen der Analyse auseinandersetzen und insbesondere möglichen Bedenken der Risikocontrolling-Funktion, Compliance-Funktion oder Internen Revision ausreichend Rechnung tragen muss. Der im Institut aufgesetzte Prozess für Änderungen betrieblicher Prozesse oder Strukturen sollte daher entsprechende Eskalationsprozesse vorsehen.

4 Wesentliche Veränderungen in der Aufbau- und Ablauforganisation können z. B. daraus resultieren, dass bestimmte Tätigkeiten zukünftig wegfallen bzw. ausgelagert werden (→ AT 9 Tz. 2) oder im umgekehrten Fall neue Tätigkeiten hinzukommen bzw. die Auslagerung wesentlicher Aktivitäten oder Prozesse beendet wird (→ AT 9 Tz. 6). Auch mit einer Fusion oder Übernahme sind i. d. R. wesentliche organisatorische Änderungen verbunden (→ AT 8.3 Tz. 1). In diesen Fällen kann auf die Erkenntnisse der damit verbundenen Anforderungen zurückgegriffen werden.

---

1 Vgl. Bundesanstalt für Finanzdienstleistungsaufsicht, Übermittlungsschreiben zum ersten Entwurf zur Überarbeitung der Mindestanforderungen an das Risikomanagement vom 26. April 2012, S. 5.

2 Vgl. European Banking Authority, Leitlinien zur internen Governance, EBA/GL/2017/11, 21. März 2018, S. 39.

AT 8.2 Änderungen betrieblicher Prozesse oder Strukturen

Die Analysetätigkeit kann ggf. auch dadurch unterstützt werden, dass im Falle umfangreicher Auslagerungen entsprechende Ausführungen in der Strategie gemacht werden müssen (→ AT 4.2 Tz. 1, Erläuterung). Dasselbe gilt in Abhängigkeit von Art, Umfang, Komplexität und Risikogehalt der Geschäftsaktivitäten für die zukünftig geplante Ausgestaltung der IT-Systeme (→ AT 4.2 Tz. 1, Erläuterung). Insgesamt ist es sicher ratsam, die Erfahrungen aus der Konzepterstellung beim Neu-Produkt-Prozess zu nutzen (→ AT 8.1 Tz. 1).

Die Deutsche Kreditwirtschaft hat darauf hingewiesen, dass eine solche Auswirkungsanalyse   **5** über das gesamte Institut hinweg insbesondere in größeren Häusern ein sehr komplexes Unterfangen darstellt. Insofern sollte die Analyse vor allem unter Kosten-Nutzen-Aspekten nur bei »wirklich wesentlichen« Veränderungen erfolgen.[3] Von einer zunächst geforderten Konkretisierung des Begriffes »wesentlich« wurde mit Blick auf den prinzipienorientierten Charakter der MaRisk später wieder Abstand genommen. Dabei wurde davon ausgegangen, dass die Definition von wesentlichen Veränderungen institutsindividuell festgelegt werden kann.[4] Diese Sichtweise entspricht dem Grundgedanken der qualitativen Bankenaufsicht.

1.2 Änderung von IT-Systemen

Bei wesentlichen Veränderungen in den IT-Systemen sind ergänzend die »Bankaufsichtlichen   **6** Anforderungen an die IT« (BAIT)[5] zu beachten, mit deren Hilfe die MaRisk in den relevanten Bereichen weiter konkretisiert werden. Die Aufsicht erläutert darin auch, was sie unter angemessenen Änderungsprozessen von IT-Systemen versteht (→ AT 7.2 Tz. 3). Die MaRisk und die BAIT sind jeweils in einer Gesamtschau anzuwenden.[6] Nähere Ausführungen dazu finden sich an anderer Stelle (→ AT 7.2 Tz. 3).

Die BaFin erwartet, dass die organisatorischen Grundlagen für IT-Projekte und die Kriterien für   **7** deren Anwendung geregelt werden (Tz. 7.2 BAIT). Dabei sind den Erläuterungen zufolge u. a. folgende Aspekte zu berücksichtigen: Einbindung betroffener Beteiligter (insbesondere des Informationssicherheitsbeauftragten), Projektdokumentation (z. B. Projektantrag, Projektabschlussbericht), quantitative und qualitative Ressourcenausstattung, Steuerung der Projektrisiken, Informationssicherheitsanforderungen, projektunabhängige Qualitätssicherungsmaßnahmen sowie Aufarbeitung der gewonnenen Erkenntnisse (Lessons Learned). Bei der Steuerung von IT-Projekten sind nach Tz. 7.3 BAIT unter Berücksichtigung ihrer Ziele insbesondere die Risiken im Hinblick auf die Dauer, die Ressourcen und die Qualität zu berücksichtigen. Hierfür sind Vorgehensmodelle festzulegen, deren Einhaltung zu überwachen ist. Beispielsweise kann die Entscheidung über den Übergang zwischen den Projektphasen bzw. Projektabschnitten von eindeutigen Qualitätskriterien des jeweiligen Vorgehensmodells abhängen. Das Portfolio der IT-Projekte ist angemessen zu überwachen und zu steuern. Dabei ist zu berücksichtigen, dass auch aus Abhängigkeiten verschiedener Projekte voneinander Risiken resultieren können (Tz. 7.4 BAIT). Über wesentliche IT-Projekte und IT-Projektrisiken ist der Geschäftsleitung regelmäßig und anlassbezogen zu berichten. Wesentliche Projektrisiken sind zudem im Risikomanagement zu

---

3 Vgl. Deutsche Kreditwirtschaft, Stellungnahme zum Konsultationspapier 01/2012 der Bundesanstalt für Finanzdienstleistungsaufsicht (BaFin) – »Überarbeitung der MaRisk«, 5. Juni 2012, S. 13.

4 Vgl. Deutsche Kreditwirtschaft, Stellungnahme zum Konsultationspapier 01/2012 der Bundesanstalt für Finanzdienstleistungsaufsicht (BaFin) – »Überarbeitung der MaRisk« (Zwischenentwurf vom 2. August 2012), 12. September 2012, S. 13.

5 Bundesanstalt für Finanzdienstleistungsaufsicht, Bankaufsichtliche Anforderungen an die IT (BAIT), Rundschreiben 10/2017 (BA) in der Fassung vom 16. August 2021.

6 Vgl. Bundesanstalt für Finanzdienstleistungsaufsicht, Rundschreiben 10/2017 (BA) zu den BAIT, Übermittlungsschreiben vom 3. November 2017, S. 1 f.

berücksichtigen (Tz. 7.5 BAIT). Das Institut hat für die Anwendungsentwicklung angemessene Prozesse festzulegen, die Vorgaben zur Anforderungsermittlung, zum Entwicklungsziel, zur (technischen) Umsetzung (einschließlich Programmierrichtlinien), zur Qualitätssicherung sowie zu Test, Abnahme und Freigabe enthalten (Tz. 7.6 BAIT). Nach den Erläuterungen umfasst die Anwendungsentwicklung u. a. die Erstellung von Software für Geschäfts- und Unterstützungsprozesse (einschließlich individueller Datenverarbeitung).

8   Das Institut muss die Anforderungen an die Funktionalität der Anwendung ebenso erheben, bewerten, dokumentieren und genehmigen wie nichtfunktionale Anforderungen. Zu jeder Anforderung sind entsprechende Akzeptanz- und Testkriterien zu definieren. Die Verantwortung für die Erhebung, Bewertung und Genehmigung der fachlichen Anforderungen (funktional und nichtfunktional) haben die fachlich verantwortlichen Stellen zu tragen (Tz. 7.7 BAIT). Gemäß den Erläuterungen können sich Anforderungsdokumente nach dem Vorgehensmodell unterscheiden und beinhalten z. B. Fachkonzepte (Lastenhefte), technische Fachkonzepte (Pflichtenhefte) oder User-Story bzw. Product Back-Log. Nichtfunktionale Anforderungen an IT-Systeme sind z. B. Anforderungen an die Informationssicherheit, Zugriffsregelungen, Ergonomie, Wartbarkeit, Antwortzeiten und Resilienz. Das Institut hat zudem im Rahmen der Anwendungsentwicklung je nach Schutzbedarf angemessene Vorkehrungen zu treffen, damit auch nach jeder Produktivsetzung einer Anwendung die Vertraulichkeit, Integrität, Verfügbarkeit und Authentizität der zu verarbeitenden Daten nachvollziehbar sichergestellt werden (Tz. 7.8 BAIT). Diese Vorgaben dienen dazu, das Risiko einer versehentlichen Änderung oder einer absichtlichen Manipulation der Anwendung zu reduzieren.[7] Geeignete Vorkehrungen sind gemäß den Erläuterungen z. B. die Prüfung der Eingabedaten, die Systemzugangskontrolle, die Benutzerauthentifizierung, die Transaktionsautorisierung, die Protokollierung der Systemaktivität, die Prüfpfade (Audit Logs), die Verfolgung von sicherheitsrelevanten Ereignissen sowie die Behandlung von Ausnahmen. Die Integrität der Anwendung (insbesondere des Quellcodes) ist angemessen sicherzustellen. Darüber hinaus muss das Institut u. a. Vorkehrungen treffen, die erkennen lassen, ob eine Anwendung versehentlich geändert oder absichtlich manipuliert wurde (Tz. 7.9 BAIT). Nach den Erläuterungen kann eine geeignete Vorkehrung unter Berücksichtigung des Schutzbedarfes die Überprüfung des Quellcodes sein, bei der es sich um eine methodische Untersuchung zur Identifizierung von Risiken handelt. Schließlich ist eine Methodik für das Testen von Anwendungen vor ihrem erstmaligen Einsatz und nach wesentlichen Änderungen zu definieren und einzuführen. Die Tests haben in ihrem Umfang die Funktionalität der Anwendung, die implementierten Maßnahmen zum Schutz der Informationen und bei Relevanz die Systemleistung unter verschiedenen Stressbelastungsszenarien einzubeziehen. Die fachlich zuständigen Stellen haben die Durchführung von Abnahmetests zu verantworten. Testumgebungen zur Durchführung der Abnahmetests haben in für den Test wesentlichen Aspekten der Produktionsumgebung zu entsprechen. Testaktivitäten und Testergebnisse sind zu dokumentieren (Tz. 7.11 BAIT).

9   Die EBA versteht unter dem »IKT-Änderungsrisiko« das Risiko, das sich aus der mangelnden Fähigkeit des Institutes ergibt, IKT-Systemänderungen zeitgerecht und kontrolliert zu steuern, insbesondere was umfangreiche und komplexe Änderungsprogramme angeht.[8] Das Management dieser Risikokategorie zielt auf die Fehlerbehebung oder notwendige Korrekturen der Daten (→ AT 7.2 Tz. 2) und Änderungsprozesse in der IT-Landschaft inklusive der Abgrenzung zwischen Produktions- und Testumgebung ab (→ AT 7.2 Tz. 3).

10   Die zuständigen Behörden sollten im Rahmen des SREP u. a. bewerten, ob dokumentierte Prozesse zur Verwaltung und Kontrolle von Änderungen an IKT-Systemen (z. B. Konfigurations-

---

7   Vgl. Essler, Renate/Gampe, Jens, IT-Sicherheit – Aufsicht konkretisiert Anforderungen an die Kreditwirtschaft, in: BaFinJournal, Ausgabe Januar 2018, S. 20.

8   Vgl. European Banking Authority, Leitlinien für die IKT-Risikobewertung im Rahmen des aufsichtlichen Überprüfungs- und Bewertungsprozesses (SREP), EBA/GL/2017/05, 11. September 2017, S. 4.

und Patch-Management) vorhanden sind, um eine angemessene Einbindung des IKT-Risikomanagements für wichtige IKT-Änderungen zu gewährleisten, die das Risikoprofil oder die Risikoposition des Institutes erheblich beeinträchtigen können. Die EBA erwartet zudem einen unabhängigen Überprüfungs- und Validierungsprozess zur Reduzierung der Risiken in Bezug auf menschliche Fehler bei der Durchführung von Änderungen an den IKT-Systemen, die erhebliche nachteilige Auswirkungen auf die Verfügbarkeit, Kontinuität oder Sicherheit des Institutes (z. B. wichtige Änderungen an der Firewall-Konfiguration) oder auf die Sicherheit des Institutes (z. B. Änderungen an den Firewalls) haben können.[9]

1.3 Prozessbeteiligte

Wie beim Neu-Produkt-Prozess (→ AT 8.1 Tz. 5) sind in die Analysen zu den Auswirkungen der geplanten Veränderungen auf die Kontrollverfahren und die Kontrollintensität die später in die Arbeitsabläufe eingebundenen Organisationseinheiten einzuschalten. Aus Effizienzgründen empfiehlt sich ein vergleichbares Vorgehen wie beim Neu-Produkt-Prozess, indem die zuständigen Fachexperten aus den betroffenen Bereichen ein Arbeitsgremium bilden, das in Abhängigkeit von seiner Besetzung durch ein Steuerungsgremium mit Genehmigungskompetenz und festem Sitzungsturnus ergänzt werden kann. **11**

Die Compliance- und die Risikocontrolling-Funktion sowie die Interne Revision sind »im Rahmen ihrer Aufgaben« zu beteiligen. Diesbezüglich wird auf die Ausführungen zum Neu-Produkt-Prozess verwiesen (→ AT 8.1 Tz. 5), die in vergleichbarer Weise auch für die Änderungsprozesse hinsichtlich der Aufbau- und Ablauforganisation sowie der IT-Systeme gelten. In diesem Fall geht es um eine Analyse der Auswirkungen der geplanten Veränderungen auf die Kontrollverfahren und die Kontrollintensität. Insofern sind alle drei besonderen Funktionen als Bestandteile der internen Kontrollverfahren direkt betroffen. Bei der Änderung der IT-Systeme ist regelmäßig der Informationssicherheitsbeauftragte hinzuzuziehen, zu dessen Aufgaben u. a. die Überwachung und das Hinwirken auf die Einhaltung der Informationssicherheit bei Projekten und Beschaffungen gehört (Tz. 4.4 BAIT, Erläuterung). **12**

---

9 Vgl. European Banking Authority, Leitlinien für die IKT-Risikobewertung im Rahmen des aufsichtlichen Überprüfungs- und Bewertungsprozesses (SREP), EBA/GL/2017/05, 11. September 2017, S. 22 f.

AT 8.2 Änderungen betrieblicher Prozesse oder Strukturen

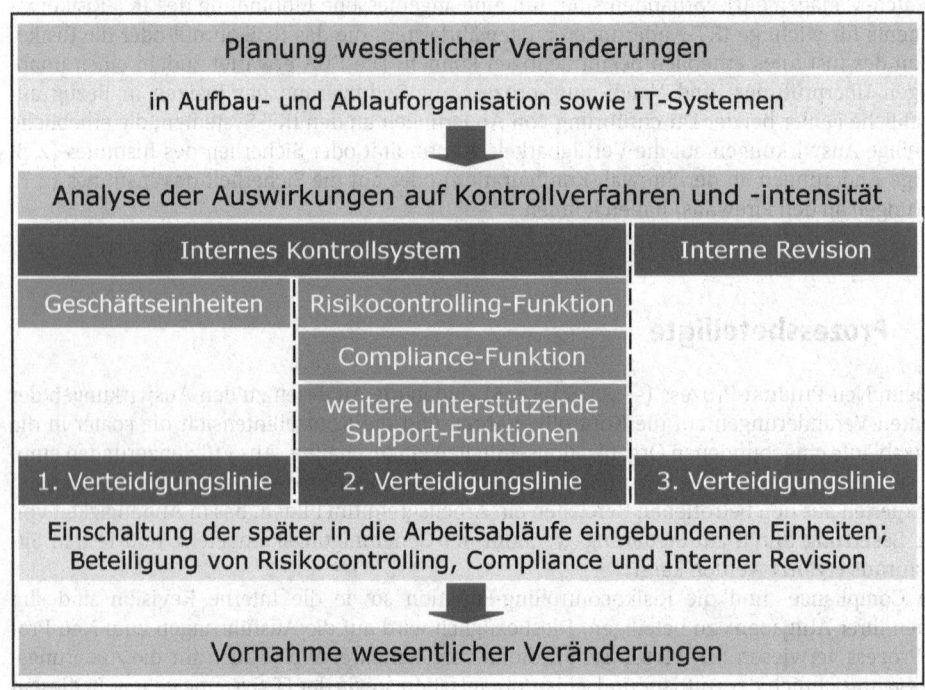

Abb. 52: Umgang mit Veränderungsprozessen

13 Die Interne Revision hat risikoorientiert und prozessunabhängig die Wirksamkeit und Angemessenheit des Risikomanagements – und damit auch der internen Kontrollverfahren – im Allgemeinen und des internen Kontrollsystems im Besonderen zu prüfen und zu beurteilen (→ AT 4.4.3 Tz. 3). Insofern leuchtet ein, dass sie nicht gleichzeitig für die Sicherstellung der Wirksamkeit und Angemessenheit der internen Kontrollverfahren zuständig sein kann. Unter Berücksichtigung der geforderten Unabhängigkeit der Internen Revision ist zu erwarten, dass zumindest die Risikocontrolling-Funktion aufgrund ihrer hauptsächlichen Betroffenheit eine tragende Rolle in diesem Prozess spielen muss. Auch eine Einbindung der Compliance-Funktion könnte – je nach deren organisatorischer Ausgestaltung – erforderlich sein. Insofern passt die Formulierung »im Rahmen ihrer Aufgaben« mit Blick auf ihre ursprüngliche Bedeutung auch in diesem Fall nur zur Rolle der Internen Revision.

14 Die EBA fordert ebenfalls eine Einbeziehung der Risikocontrolling-Funktion bei der Beurteilung der Auswirkungen solcher Veränderungen und außergewöhnlichen Transaktionen auf das Gesamtrisiko des Institutes und der Gruppe, bevor entsprechende Entscheidungen getroffen werden. Konkret sollte die Risikocontrolling-Funktion an der Bewertung der Auswirkungen im Zusammenhang mit Änderungen der Gruppenstruktur beteiligt sein und ihre Ergebnisse direkt an die Geschäftsleitung berichten. Außerdem sollte sie beurteilen, wie die identifizierten wesentlichen Risiken die Fähigkeit des Institutes oder der Gruppe beeinflussen könnten, ihr Risikoprofil, ihre Liquidität und ihre solide Eigenkapitalausstattung unter normalen sowie unter widrigen Umständen zu steuern.[10]

---

10 Vgl. European Banking Authority, Leitlinien zur internen Governance, EBA/GL/2017/11, 21. März 2018, S. 44.

1.4   Zusammenhang zum Management operationeller Risiken

Die EBA fordert von den Instituten, ihre Kapazitäten zum Änderungsmanagement im Rahmen des **15** allgemeinen Managements operationeller Risiken zu nutzen, um potenzielle Auswirkungen auf die Durchführung kritischer Operationen und auf deren Verbindungen und Abhängigkeiten untereinander zu bewerten.[11] Konkret erwartet die EBA von der Geschäftsleitung die Sicherstellung, dass der Änderungsprozess des Institutes umfassend und mit angemessenen Ressourcen ausgestattet wird. Die mit dem Änderungsmanagement im Allgemeinen verbundenen operationellen Risiken sollten im Zeitverlauf, wie z. B. während des gesamten Lebenszyklus eines Produktes, bewertet werden. Ein Institut sollte über Richtlinien und Verfahren verfügen, die den Prozess zur Identifizierung, Steuerung, Infragestellung, Genehmigung und Überwachung von Veränderungen auf der Grundlage vereinbarter objektiver Kriterien definieren. Die Umsetzung von Änderungen sollte durch spezifische Kontrollen überwacht werden. Die Richtlinien und Verfahren für das Änderungsmanagement sollten einer unabhängigen und regelmäßigen Überprüfung und Aktualisierung unterliegen und insbesondere die Rollen und Verantwortlichkeiten gemäß dem Modell der drei Verteidigungslinien klar zuweisen. Demnach sollte die erste Verteidigungslinie die Bewertungen des operationellen Risikos und der Kontrollen von neuen Produkten, Aktivitäten, Prozessen und Systemen durchführen, einschließlich der Identifizierung und Bewertung der erforderlichen Änderung über die Entscheidungs- und Planungsphase bis hin zur Implementierung und Überprüfung nach der Implementierung. Die zweite Verteidigungslinie in Gestalt der »Corporate Operational Risk Management Function« (CORF), wozu neben der unabhängigen OpRisk-Funktion (»Operational Risk Management Function«, ORMF) typischerweise auch die Compliance-Funktion hinzugezogen wird, sollte die Bewertungen des operationellen Risikos und der Kontrollen durch die erste Verteidigungslinie infrage stellen sowie die Implementierung geeigneter Kontrollen oder Abhilfemaßnahmen überwachen. Die CORF sollte alle Phasen dieses Prozesses abdecken und sicherstellen, dass alle relevanten Kontrollgruppen in angemessener Weise einbezogen werden.[12]

Nach den Vorstellungen der EBA sollte ein Institut über Richtlinien und Verfahren für die **16** Überprüfung und Genehmigung neuer Produkte, Aktivitäten, Prozesse und Systeme verfügen. Der Überprüfungs- und Genehmigungsprozess sollte verschiedene Gesichtspunkte berücksichtigen. Dazu gehören die inhärenten Risiken – einschließlich rechtlicher, IKT- und Modellrisiken – bei der Einführung neuer Produkte, Dienstleistungen, Aktivitäten und Geschäfte in unbekannten Märkten sowie bei der Implementierung neuer Prozesse, Mitarbeiter und Systeme, insbesondere dann, wenn diese ausgelagert sind. Ebenso nennt die EBA die Änderungen des operationellen Risikoprofils, des Risikoappetits, einschließlich Änderungen des Risikos bestehender Produkte oder Aktivitäten, die notwendigen Kontrollen, Risikomanagementprozesse und Risikominderungsstrategien, das Restrisiko, die Änderungen der relevanten Risikoschwellenwerte oder -limite sowie die Verfahren und Messgrößen zur Bewertung, Überwachung und Steuerung des Risikos neuer Produkte, Dienstleistungen, Aktivitäten, Märkte, Rechtsordnungen, Prozesse und Systeme. Im Rahmen des Überprüfungs- und Genehmigungsprozesses sollte sichergestellt werden, dass vor der Einführung von Änderungen angemessene Investitionen in Personal und technologische Infrastruktur getätigt wurden. Änderungen sollten während und nach ihrer Einführung überwacht werden, um wesentliche Abweichungen vom erwarteten operationellen Risikoprofil zu erkennen und unerwartete Risiken zu steuern.[13]

---

11 Vgl. Basel Committee on Banking Supervision, Principles for Operational Resilience, BCBS 516, 31. März 2021, S. 5.

12 Vgl. Basel Committee on Banking Supervision, Revisions to the Principles for the Sound Management of Operational Risk, BCBS 515, 31. März 2021, S. 12.

13 Vgl. Basel Committee on Banking Supervision, Revisions to the Principles for the Sound Management of Operational Risk, BCBS 515, 31. März 2021, S. 12f.

AT 8.3 Übernahmen und Fusionen

1	**Konzept für Übernahmen und Fusionen (Tz. 1)**	**1**
1.1	Bedeutung von Fusionen und Übernahmen	2
1.2	Ablauf von Fusionen und Übernahmen	6
1.2.1	Aufnahme von Verhandlungen	6
1.2.2	Due-Diligence-Prüfung	7
1.2.3	Konzepterstellung	11
1.2.4	Abschluss der Vertragsverhandlungen	14
1.2.5	Abschließende Bewertung der Transaktion	15
1.3	Aufsichtlicher Ansatz für Konsolidierungen	16

1 Konzept für Übernahmen und Fusionen (Tz. 1)

1 Vor der Übernahme anderer Unternehmen oder Fusionen mit anderen Unternehmen hat   1
das Institut ein Konzept zu erarbeiten, in dem die wesentlichen strategischen Ziele, die
voraussichtlichen wesentlichen Konsequenzen für das Management der Risiken und die
wesentlichen Auswirkungen auf das Gesamtrisikoprofil des Institutes bzw. der Gruppe
dargestellt werden. Dies umfasst auch die mittelfristig geplante Entwicklung der Vermögens-,
Finanz- und Ertragslage, die voraussichtliche Höhe der Risikopositionen, die notwendigen
Anpassungen der Risikosteuerungs- und -controllingprozesse und der IT-Systeme (inklusive
der Datenaggregationskapazitäten) sowie die Darstellung wesentlicher rechtlicher Konsequenzen (Bilanzrecht, Steuerrecht etc.).

1.1 Bedeutung von Fusionen und Übernahmen

Die Übernahme (»Acquisition«) eines anderen Unternehmens erfolgt i. d. R. durch den Erwerb   2
einer Mehrheit der Anteile an diesem Unternehmen (»Share Deal«), in selteneren Fällen durch den
Erwerb von sämtlichen oder wesentlichen Teilen seiner Vermögensgegenstände (»Asset Deal«).
Bei öffentlichen Angeboten für den Erwerb von Anteilen an Gesellschaften sind grundsätzlich die
Vorgaben des Wertpapiererwerbs- und Übernahmegesetzes (WpÜG) zu beachten. Bei der Fusion
(»Merger«) zweier Unternehmen werden die Anteilseigner der miteinander verschmelzenden
Rechtsträger am übernehmenden oder neu gegründeten Unternehmen beteiligt. Für Fusionen gilt
das Umwandlungsgesetz (UmwG). Fusionen werden auch als Spezialfall einer Übernahme ange-
sehen. Vor diesem Hintergrund wird für Fusionen von Gesellschaften und Übernahmen anderer
Unternehmen sowie Sonderformen wie Auf- bzw. Abspaltungen bzw. Ausgründungen (»Spin-off«
oder »Spin-out«) häufig der Sammelbegriff »Mergers & Acquisitions« verwendet.

Die Anforderungen der MaRisk orientieren sich weitgehend an den Abläufen in der Praxis.   3
Gleichzeitig greifen sie eine Empfehlung von CEBS[1] aus dem Jahr 2010 auf, wonach die Geschäftsleitung prüfen sollte, wie sich Änderungen der Gruppenstruktur auswirken, die für das Risikomanagement eine besondere Herausforderung darstellen können. Beispielhaft werden die Gründung
neuer Tochtergesellschaften, Fusionen und Übernahmen, der Verkauf oder die Auflösung von
Teilen der Gruppe sowie externe Entwicklungen genannt. Die Geschäftsleitung sollte eventuell
erforderliche Anpassungen zügig vornehmen.[2] Auch nach den darauf aufbauenden Leitlinien der
EBA aus dem Jahr 2018 sollte geprüft werden, wie sich die Gründung oder der Verkauf von
Tochterunternehmen oder Zweckgesellschaften sowie Fusionen und Übernahmen auf die Belastbarkeit des organisatorischen Rahmens des Institutes auswirken können.[3] In die gleiche Richtung
gehen Empfehlungen des Baseler Ausschusses für Bankenaufsicht (BCBS).[4]

Mit der Ergänzung dieser Anforderung im Rahmen der dritten MaRisk-Novelle rückt die Analyse   4
der Auswirkungen von Fusionen und Übernahmen auf das Gesamtrisikoprofil sowie auf das

---

1   Der Ausschuss der Europäischen Bankaufsichtsbehörden (»Committee of European Banking Supervisors«, CEBS) war bis
    Ende 2010 die Vorgängerinstitution der European Banking Authority (EBA).
2   Vgl. Committee of European Banking Supervisors, Consultation paper on the Guidebook on Internal Governance (CP 44),
    13. Oktober 2010, S. 9.
3   Sofern Schwachstellen ermittelt werden, sollte das Leitungsorgan etwaige Anpassungen unverzüglich vornehmen. Vgl.
    European Banking Authority, Leitlinien zur internen Governance, EBA/GL/2017/11, 21. März 2018, S. 20.
4   Vgl. Basel Committee on Banking Supervision, Guidelines – Corporate governance principles for banks, BCBS 328, 8. Juli
    2015, S. 29.

Risikomanagement des Institutes bzw. der Gruppe stärker in den Fokus der (bankaufsichtlichen) Prüfprozesse. Nicht zuletzt mit Blick auf die nach der Finanzmarktkrise zunehmenden Diskussionen von Haftungsfragen bei Unternehmensentscheidungen (z. B. im Zusammenhang mit den Übernahmen der irischen Depfa plc. und der Hypo Group Alpe Adria) spielt diese Analyse auch für die Dokumentation und die Berichterstattung an das Aufsichtsorgan eine immer größere Rolle. Eine konsequentere Vorgehensweise der Aufsicht bei Unternehmensübernahmen wird auch vom BCBS als notwendig erachtet.[5]

5   Fusionen oder Übernahmen können sinnvoll sein, wenn ein Institut daraus einen strategischen oder ökonomischen Mehrwert generieren kann. Dieser Mehrwert wird bereits vor Beginn eventueller Verhandlungen grob abgeschätzt, indem der angestrebte Nutzen und die sich bietenden Chancen dem voraussichtlichen Aufwand und den verbundenen Risiken auf Basis öffentlich zugänglicher Informationen gegenübergestellt werden. Fusionen und Übernahmen laufen i. d. R. nach einem relativ einheitlichen Muster ab, das im Folgenden zusammenfassend beschrieben wird.[6]

1.2   Ablauf von Fusionen und Übernahmen

1.2.1   Aufnahme von Verhandlungen

6   Sofern nach Prüfung der öffentlich zugänglichen Informationen weiterhin ein Interesse an einer Fusion oder Übernahme besteht, erfolgt eine erste Kontaktaufnahme mit dem Management des ins Auge gefassten Unternehmens, wobei zunächst Vertraulichkeit über alle im Zusammenhang mit den anstehenden Verhandlungen bekannt werdenden Informationen und Ergebnisse vereinbart wird (»Non-Disclosure-Agreement«). Dieser Vereinbarung unterliegen auch Dritte, die z. B. beratend an der Transaktion mitwirken. Besteht nach den ersten Gesprächen weitgehend Einigkeit über die Ziele der Verhandlungen, so wird von den beteiligten Unternehmen eine entsprechende Absichtserklärung (»Letter of Intent«) unterzeichnet, die dem Institut insbesondere einen Zugang zu den für eine nähere Prüfung erforderlichen Daten sichert (so genannter »Datenraum«). In Abhängigkeit von der Komplexität der Transaktion werden zu diesem Zeitpunkt teilweise bereits die Eckpunkte für einen möglichen Vertrag vereinbart (»Memorandum of Understanding«).

1.2.2   Due-Diligence-Prüfung

7   Anschließend erfolgt mit der »gebotenen Sorgfalt« eine detaillierte Analyse, Prüfung und Bewertung (»Due-Diligence-Prüfung«), ob die Fusion oder Übernahme auch bei genauer Kenntnis der im Datenraum zugänglichen Informationen für das Institut noch von Interesse ist. In diesem Prüfungsprozess geht es also in erster Linie um eine Verbesserung der Informationsbasis, um keine verborgenen Kosten oder Risiken zu übersehen und in der Konsequenz eine relativ fundierte Entscheidung treffen zu können. Insofern müssen insbesondere die Stärken, Schwächen, Chancen und Risiken der Transaktion analysiert werden (»SWOT-Analyse«). Auf diese Weise kann gleich-

---

5   Vgl. Basel Committee on Banking Supervision, Core Principles Methodology, BCBS 130, 5. Oktober 2006, S. 13.

6   Der nachfolgend idealtypisch dargestellte Verlauf ist auch davon abhängig, ob bei einer angestrebten Fusion oder Übernahme zuvor die Geschäftsleitung oder das Aufsichtsorgan des Zielunternehmens ihr grundsätzliches Einverständnis erklärt hat (»freundliche Übernahme«) oder eben nicht (»feindliche Übernahme«). Im zweiten Fall wird das Angebot i. d. R. direkt den Eigentümern unterbreitet, was sich auf den gesamten Prozess auswirkt.

zeitig das Risiko einer Fehlentscheidung erheblich reduziert werden, wofür die Entscheidungsträger eventuell sogar haftbar gemacht werden könnten (»Exkulpationsfunktion«).

Der Prüfungsprozess ist äußerst komplex und erfordert die Mitwirkung entsprechender Experten aus verschiedenen Bereichen (Investmentbanker, Wirtschaftsprüfer, Rechtsanwälte, Steuerberater, Sachverständige etc.), die gemeinsam ein Prüfungsteam bilden. Nach den Vorstellungen der EBA sollte die aktive Einbindung der Risikocontrolling-Funktion in einem möglichst frühen Stadium erfolgen, um relevante Risiken im Zusammenhang mit Änderungen der Gruppenstruktur (inkl. Fusionen und Übernahmen) identifizieren zu können. Die EBA erwartet, dass die entsprechenden Entscheidungen der Geschäftsleitung erst nach Vorliegen der Bewertung durch die Risikocontrolling-Funktion getroffen werden, die insoweit direkt an die Geschäftsleitung berichten soll.[7] Auch der Baseler Ausschuss für Bankenaufsicht weist auf die besonderen Risiken im Zusammenhang mit der Due-Diligence-Prüfung hin und verlangt eine aktive Einbindung der Risikocontrolling-Funktion.[8]   **8**

Häufig orientieren sich die Prüfungsteams im Kern an weitgehend standardisierten Prozessen zur ganzheitlichen Bewertung der Unternehmensqualität, wie z. B. am Bewertungsmodell der »European Foundation for Quality Management« (EFQM-Modell). Dieses Modell berücksichtigt in gewichteter Form sowohl die Voraussetzungen für eine gute Unternehmensqualität (in den fünf Kategorien Führung, Strategie, Mitarbeiter, Partnerschaften und Ressourcen sowie Prozesse, Produkte und Dienstleistungen) als auch die bisherigen Erfolge des Unternehmens (nach den vier Kriterien kunden-, mitarbeiter- und gesellschaftsbezogene Ergebnisse sowie Schlüsselergebnisse).   **9**

In Abhängigkeit vom konkreten Ziel der angestrebten Transaktion können sich die Prüfungsschwerpunkte zwar verschieben. Es kann allerdings davon ausgegangen werden, dass dabei auch die voraussichtlichen wesentlichen Konsequenzen hinsichtlich der Organisation, des Personals, der notwendigen Anpassungen der IT-Systeme, der Methoden zur Beurteilung damit verbundener Risiken sowie rechtlicher Natur (Bilanz- und Steuerrecht etc.) beleuchtet werden. Insofern besteht eine Parallele zur Konzepterstellung im Rahmen des Neu-Produkt-Prozesses, die auf eine Analyse des Risikogehaltes der neuen Geschäftsaktivitäten sowie deren wesentlicher Auswirkungen auf das Gesamtrisikoprofil hinausläuft (→ AT 8.1 Tz. 1 inkl. Erläuterung) und eine entscheidende Voraussetzung für die Aufnahme der laufenden Geschäftstätigkeit ist (→ AT 8.1 Tz. 6). Das Risikocontrolling sollte nach den Vorstellungen der EBA bereits in einem frühen Stadium aktiv in die Identifizierung relevanter Risiken im Zusammenhang mit diesen Aktivitäten eingebunden sein und darüber direkt an die Geschäftsleitung berichten. Dabei geht es auch um mögliche Folgen aus einer unzureichenden »Due-Diligence-Prüfung«, wodurch zukünftige Risiken übersehen werden könnten.[9] Aufgrund der klaren Schwerpunktsetzung, neben den strategischen Zielen vor allem die wesentlichen Konsequenzen für das Risikomanagement und die wesentlichen Auswirkungen auf das Gesamtrisikoprofil des Institutes bzw. der Gruppe zu beleuchten, erscheint eine frühzeitige Beteiligung von (ggf. auch externen) Spezialisten aus dem Risikomanagement mit Detailkenntnissen des instituts- bzw. gruppenspezifischen Risikoprofils sowie der risikobezogenen Methoden, Prozesse und Systeme auch ratsam zu sein.   **10**

---

7   Vgl. European Banking Authority, Leitlinien zur internen Governance, EBA/GL/2017/11, 21. März 2018, S. 44.

8   So können Risiken insbesondere aus einer Due-Diligence-Prüfung erwachsen, bei der Probleme im Anschluss an die Fusion oder Aktivitäten, die nicht mit den strategischen Zielen oder der Risikobereitschaft der Bank im Einklang stehen, nicht erkannt werden. Vgl. Basel Committee on Banking Supervision, Guidelines – Corporate governance principles for banks, BCBS 328, 8. Juli 2015, S. 29.

9   Vgl. European Banking Authority, Leitlinien zur internen Governance, EBA/GL/2017/11, 21. März 2018, S. 44.

1.2.3 Konzepterstellung

11   Im ersten Entwurf zur dritten MaRisk-Novelle vom 9. Juli 2010 wurde zunächst gefordert, die Anforderungen an den Neu-Produkt-Prozess auch bei Übernahmen und Fusionen »sinngemäß« anzuwenden. Mit dieser offenen Formulierung sollte zum Ausdruck gebracht werden, dass sich nicht sämtliche Anforderungen ohne Weiteres auf Fusionen und Übernahmen übertragen lassen. Dies folgt allein aus der Tatsache, dass die Informationsbasis im Rahmen des Due-Diligence-Prozesses nicht vollkommen lückenlos ist.

12   Die Aufsicht hat die Anforderung zur Vermeidung von Missverständnissen weiter konkretisiert. Nunmehr hat das Institut vor der Übernahme anderer Unternehmen oder der Fusion mit anderen Unternehmen ein Konzept zu erarbeiten, in dem die wesentlichen strategischen Ziele, die »voraussichtlichen« wesentlichen Konsequenzen für das Management der Risiken und die (»voraussichtlichen«) wesentlichen Auswirkungen auf das Gesamtrisikoprofil des Institutes bzw. der Gruppe dargestellt werden. Wesentliche Inhalte dieses Konzeptes sind die mittelfristig geplante Entwicklung der Vermögens-, Finanz- und Ertragslage, die voraussichtliche Höhe der Risikopositionen, die notwendigen Anpassungen der Risikosteuerungs- und -controllingprozesse und der IT-Systeme sowie die Darstellung wesentlicher rechtlicher Konsequenzen (Bilanzrecht, Steuerrecht etc.). Letztlich wird damit in erster Linie ein vergleichbares Konzept wie im Rahmen des »gewöhnlichen« Neu-Produkt-Prozesses gefordert (→ AT 8.1 Tz. 1), welches durchaus auch im Rahmen einer Due-Diligence-Prüfung erstellt werden kann.

13   Mit dieser Konkretisierung wird gleichzeitig klargestellt, dass bei Übernahmen und Fusionen keine Testphase durchgeführt werden muss und aufgrund der Vertraulichkeitsvereinbarung und damit im Zusammenhang stehender »Chinese Walls« sowie aus Gründen der Praktikabilität nicht alle später in die Arbeitsabläufe eingebundenen Organisationseinheiten eingeschaltet werden müssen. Im Rahmen der vierten MaRisk-Novelle wurde das Modul AT 8 schließlich neu strukturiert und in einer Weise untergliedert, dass die Prozesse bei Fusionen und Übernahmen vom Neu-Produkt-Prozess klar abgegrenzt sind.

1.2.4 Abschluss der Vertragsverhandlungen

14   Führt die Due-Diligence-Prüfung zu einem positiven Ergebnis, so werden auf Basis einer detaillierten Unternehmensbewertung die Einzelheiten der Transaktion sowie der Kaufpreis und mögliche Anpassungsklauseln vereinbart. Anschließend wird der Vertrag von den beteiligten Unternehmen unterzeichnet (»Signing«). Nach der unter bestimmten Voraussetzungen erforderlichen Anzeige beim Bundeskartellamt oder der Generaldirektion Wettbewerb der Europäischen Kommission sowie der anschließenden Freigabe durch die zuständigen Kartellbehörden, der Zahlung des Kaufpreises und der Eigentumsübertragung gilt der Vertrag schließlich als erfüllt (»Closing«). Im Zeitraum zwischen Vertragsunterzeichnung und Vertragserfüllung wird i. d. R. die Abrechnungsbilanz geprüft, insbesondere im Hinblick auf die Einhaltung der im Kaufvertrag vereinbarten Bewertungs- und Bilanzierungsgrundsätze (»Purchase Audit«). Eventuelle Abweichungen oder das Wirksamwerden der vertraglichen Anpassungsklauseln können in dieser Phase noch zu einer Relativierung des Kaufpreises führen. Erst mit Vertragserfüllung hat das Institut freien Zugang zu sämtlichen Informationen des erworbenen Unternehmens.

1.2.5 Abschließende Bewertung der Transaktion

Zu einem späteren Zeitpunkt erfolgt i.d.R. noch eine Kontrolle des wirtschaftlichen Ergebnisses **15** der Transaktion (»Post Audit«). Es sei allerdings darauf hingewiesen, dass der tatsächliche Erfolg von Fusionen und Übernahmen aus Sicht des Institutes von verschiedenen Aspekten abhängig sein kann, die über eine rein wirtschaftliche Betrachtung hinausgehen, wie z.B. von der Umsetzung seiner strategischen Ziele oder dem Verlauf und Ergebnis des Integrationsprozesses im Hinblick auf so genannte »weiche« Faktoren.

1.3 Aufsichtlicher Ansatz für Konsolidierungen

Die EZB hat im Januar 2021 die endgültige Fassung ihres Leitfadens zum aufsichtlichen Ansatz für **16** Konsolidierungen im Bankensektor[10] veröffentlicht. Der Leitfaden stellt das Ziel und den Prozess der von der EZB vorzunehmenden aufsichtlichen Bewertung von Fusionen oder Übernahmen von Instituten dar. Darüber hinaus beschreibt er die Erwartungshaltung der EZB an Konsolidierungsprojekte (»supervisory expectations regarding consolidation projects«) sowie ihren Ansatz für wichtige aufsichtliche Aspekte bei der Transaktion (»supervisory approach to key prudential aspects of the consolidation transaction«) und der laufenden Überwachung des neuen, konsolidierten Unternehmens (»ongoing supervision of the newly combined entity«).

Mit ihrer aufsichtlichen Bewertung der Konsolidierung verfolgt die EZB das Ziel, dass das **17** konsolidierte Unternehmen nach der Transaktion alle bankaufsichtlichen Anforderungen erfüllt.[11] Die EZB wird ihre Aufsichtsinstrumente so einsetzen, dass nachhaltige Konsolidierungsprojekte gefördert werden. Die Projekte müssen auf glaubwürdigen Geschäfts- und Integrationsplänen beruhen, die Tragfähigkeit des Geschäftsmodells verbessern sowie hohen Standards in Bezug auf Governance und Risikomanagement genügen.[12]

Im Hinblick auf die aufsichtliche Bewertung der beabsichtigten Konsolidierung sieht der **18** Leitfaden grundsätzlich einen dreistufigen Prozess vor:
- Frühzeitige Kommunikation (»early communication«),
- Antragsverfahren (»application phase«),
- Implementierungsphase (»implementation phase«).[13]

Die EZB bewertet die Tragfähigkeit des Geschäftsmodells des neuen Unternehmens sowie die der **19** Konsolidierung zugrunde liegende Strategie auf einer »case-by-case basis«.[14] Im Hinblick auf die Angemessenheit der Governance und die organisatorische Struktur stellt die EZB zusätzlich zu den von ihr veröffentlichten Vorgaben (z.B. SSM supervisory statement on governance and risk appetite[15]) im Wesentlichen auf die Anforderungen der CRD IV und der EBA-Leitlinien zur

---

10 European Central Bank, Guide on the supervisory approach to consolidation in the banking sector, 12. Januar 2021.

11 Vgl. European Central Bank, Guide on the supervisory approach to consolidation in the banking sector, 12. Januar 2021, S. 2.

12 Vgl. Europäische Zentralbank, EZB finalisiert Leitfaden zum aufsichtlichen Ansatz für Konsolidierungen, Presseerklärung vom 12. Januar 2021, S. 1.

13 Vgl. European Central Bank, Guide on the supervisory approach to consolidation in the banking sector, 12. Januar 2021, S. 2ff.

14 »The strategy underlying the consolidation transaction will be assessed on a case-by-case basis, according to its objectives in terms of capital, strategy, business and profitability (including expected efficiency gains) and risk profile (including quality of assets and operational risk) in order to ascertain, to the extent possible, the sustainability of the business model of the combined entity.« European Central Bank, Guide on the supervisory approach to consolidation in the banking sector, 12. Januar 2021, S. 5.

15 European Central Bank, SSM supervisory statement on governance and risk appetite, 21. Juni 2016.

internen Governance ab.[16] Die Planung für die Konsolidierung muss die rechtzeitige Integration des Risikomanagements (»risk management and internal control function«) sicherstellen. Zusätzlich betont die EZB die Bedeutung der Integration der unterschiedlichen IT-Systeme. Die Durchführung der Planung sollte in der Verantwortung der Geschäftsleitung des Institutes liegen, die das Aufsichtsorgan eng einzubinden hat. Auch bei Konsolidierungen gilt der Grundsatz der Proportionalität.[17]

20   Gemäß dem Leitfaden wird die EZB glaubwürdige Konsolidierungspläne nicht durch höhere Säule-2-Kapitalanforderungen (»Pillar 2 capital requirements« und »Pillar 2 guidance«) belasten. Zudem sollen die Institute bereits während des Antragsverfahrens von der EZB vorläufige Angaben zur Höhe der vom konsolidierten Unternehmen einzuhaltenden Kapitalausstattung erhalten.[18] Die Gewinne aus dem so genannten Badwill (der Differenz zwischen dem neu bewerteten Buchwert einer Bank und dem gezahlten Kaufpreis) sollen als Eigenkapital des konsolidierten Unternehmens genutzt werden können. Die Regelung ist für europäische Banken von erheblicher Bedeutung, da bei fast allen Instituten derzeit die Aktien unter dem Buchwert gehandelt werden.[19] Die EZB weist darauf hin, dass die Institute die Gewinne aus dem Badwill so lange nicht in Form von Dividenden ausschütten können, bis sich die Tragfähigkeit des Geschäftsmodells eindeutig erwiesen hat.[20] Die EZB erwartet somit, dass der Käufer einen relativ niedrigen Kaufpreis nutzt, um die Tragfähigkeit des konsolidierten Unternehmens zu erhöhen. Die EZB wird schließlich ohne die Durchführung einer Zulassungsprüfung die vorübergehende Verwendung der vorhandenen internen Modelle für die Eigenmittelberechnung des konsolidierten Unternehmens akzeptieren, sofern ein solider Rollout-Plan vorgelegt wird.[21]

---

16 Vgl. European Central Bank, Guide on the supervisory approach to consolidation in the banking sector, 12. Januar 2021, S. 6.

17 Vgl. European Central Bank, Guide on the supervisory approach to consolidation in the banking sector, 12. Januar 2021, S. 7.

18 Vgl. European Central Bank, Guide on the supervisory approach to consolidation in the banking sector, 12. Januar 2021, S. 8 f.

19 Vgl. Frühauf, Markus, EZB-Aufseher erleichtern Bankenkonsolidierung, in: Frankfurter Allgemeine Zeitung vom 12. Januar 2021.

20 Vgl. European Central Bank, Guide on the supervisory approach to consolidation in the banking sector, 12. Januar 2021, S. 9 f.

21 Vgl. European Central Bank, Guide on the supervisory approach to consolidation in the banking sector, 12. Januar 2021, S. 10.

AT 9 Auslagerung

1	**Einführung und Überblick**	1
1.1	Arten von Auslagerungen	1
1.2	Bedeutung von Auslagerungen für den Bankensektor	3
1.3	Chancen und Risiken von Auslagerungen	8
1.4	Relevanz für die Bankenaufsicht	10
1.5	Zielsetzung der bankaufsichtlichen Anforderungen an Auslagerungen	14
1.6	Überblick über die Entwicklung der Anforderungen an Auslagerungen	15
1.6.1	Anforderungen an Auslagerungen gemäß Rundschreiben 11/2001	23
1.6.2	Überführung der Anforderungen an Auslagerungen in die MaRisk	26
1.6.3	Änderungen des § 25a Abs. 2 KWG a. F. durch das FRUG	31
1.7	§ 25b KWG als zentraler Regelungsrahmen für Auslagerungen	34
1.7.1	Verhältnis von § 25b KWG zu § 25a Abs. 1 KWG	37
1.7.2	Anwendungsbereich von § 25b KWG	40
1.7.3	Anwendbarkeit des § 25b KWG auf Gruppenebene	42
1.7.4	Grundsätzliche Anforderungen an Auslagerungen (§ 25b Abs. 1 und 2 KWG)	46
1.7.5	Auskunfts- und Prüfungsrechte sowie Kontrollmöglichkeiten (§ 25b Abs. 3 KWG)	52
1.7.6	Anordnungsbefugnis der BaFin bei Auslagerungen gegenüber dem Institut (§ 25b Abs. 4 KWG)	56
1.7.7	Anordnungsbefugnis der BaFin gegenüber dem Auslagerungsunternehmen (§ 25b Abs. 4a KWG)	57
1.7.8	Verordnungsermächtigung (§ 25b Abs. 5 KWG)	60
1.8	Anzeigepflichten für Institute	62
1.9	Überblick über die neuen Anforderungen	69
1.9.1	Die »fünfte MaRisk-Novelle«	69
1.9.2	Die »sechste MaRisk-Novelle«	72
1.10	Aufbau der Auslagerungsregelungen in den MaRisk	74
1.11	Anforderungen an Auslagerungen und sonstigen Fremdbezug von IT-Dienstleistungen gemäß BAIT	76
1.12	Entwicklungen auf europäischer Ebene	81
1.12.1	EBA-Leitlinien zu Auslagerungen	82
1.12.2	Auslagerungsrisiken und IKT-Auslagerungsrisiken	85
1.13	Entwicklungen auf globaler Ebene	90
1.14	Ausblick	91
2	**Auslagerung und sonstiger Fremdbezug von Leistungen (Tz. 1)**	95
2.1	Was versteht man unter Auslagerungen?	96
2.2	Anderes Unternehmen (Auslagerungsunternehmen)	101
2.2.1	Anderes Unternehmen gemäß Rundschreiben 11/2001	102
2.2.2	Auslagerungsunternehmen gemäß § 1 Abs. 10 KWG	107
2.2.3	Zivilrechtliche Gestaltungen und Vereinbarungen	111

AT 9 Auslagerung

2.2.4	Leistungen von Leiharbeitnehmern	113
2.3	Bezug zu erlaubnispflichtigen Geschäften oder sonstigen institutstypischen Dienstleistungen	116
2.4	Aktivitäten und Prozesse, die ansonsten vom Institut selbst erbracht würden	122
2.5	Betrieb von Software und zugehörige Unterstützungsleistungen	130
2.6	Allgemeine Service- und Unterstützungsleistungen	137
2.7	Wegfall des Kriteriums der Dauerhaftigkeit	140
2.8	Anforderungen an den sonstigen Fremdbezug nach MaRisk	143
2.9	Anforderungen an Auslagerungen und sonstigen Fremdbezug von IT-Dienstleistungen nach BAIT	144
2.9.1	Auslagerungen an Cloud-Anbieter	145
2.9.2	Sonstiger Fremdbezug von IT-Dienstleistungen nach BAIT	150
3	**Risikoanalyse zur Festlegung wesentlicher Auslagerungen (Tz. 2)**	152
3.1	Was ist wesentlich?	153
3.2	Risikoanalyse	155
3.3	Szenarioanalyse	168
3.4	Einbeziehung in das Risikomanagement	171
3.5	Beteiligte	174
3.6	Proportionalitätsprinzip	180
3.7	Durchführung der Risikoanalyse auf Grundlage institutsweit und gruppenweit einheitlicher Vorgaben	183
3.8	Dokumentation der Risikoanalyse	188
3.9	Risikoanalyse (»Pre-outsourcing analysis«) gemäß den EBA-Leitlinien	189
4	**Umgang mit nicht wesentlichen Auslagerungen (Tz. 3)**	194
4.1	Ordnungsgemäße Geschäftsorganisation bei Auslagerungen	195
4.2	Unter Risikogesichtspunkten nicht wesentliche Auslagerungen	196
4.3	Verzicht auf Beispiele	200
5	**Grenzen der Auslagerbarkeit von Aktivitäten und Prozessen (Tz. 4)**	202
5.1	Über die Grenzen der Auslagerung – was ist auslagerungsfähig?	203
5.2	Kein Übergang der Verantwortung der Geschäftsleitung	208
5.3	Leitungsaufgaben der Geschäftsleitung	210
5.4	Befugnis zur Leistungserbringung des Auslagerungsunternehmens	215
5.5	Auslagerung der besonderen Funktionen nach MaRisk	217
5.6	Auslagerung weiterer besonderer Funktionen	220
5.6.1	Compliance-Funktion nach MaComp	221
5.6.2	Sicherungsmaßnahmen gemäß § 25h KWG bzw. Geldwäschebeauftragter nach GwG	223
5.6.3	Informationssicherheitsbeauftragter nach BAIT	225
5.7	Steuerung des Bausparkollektivs	226
5.8	Deckungsregisterführung und Deckungsrechnung bei Pfandbriefbanken	229
6	**Einschränkungen bei Auslagerungen in Kontroll- und Kernbankbereichen (Tz. 5)**	231
6.1	Grenzen der Auslagerung für Kontrollbereiche und Kernbankbereiche	232
6.2	Auslagerungen von erheblicher Tragweite	238
6.3	Benennung eines Beauftragten bei vollständiger Auslagerung der besonderen Funktionen	240
6.4	Anzeige bei der Aufsicht	244

7	**Vorkehrungen für die Beendigung von Auslagerungsvereinbarungen (Tz. 6)**	246
7.1	Mögliche Gründe für die Beendigung einer Auslagerungsvereinbarung	247
7.2	Art. 14 Abs. 2 lit. g der MiFID-Durchführungsrichtlinie	252
7.3	Beabsichtigte oder erwartete Beendigung einer Auslagerungsvereinbarung	254
7.4	Unvorbereitete Beendigung einer Auslagerungsvereinbarung	259
7.5	Durchführbarkeit etwaiger Handlungsoptionen	266
8	**Bestandteile des Auslagerungsvertrages (Tz. 7)**	271
8.1	Bedeutung des Auslagerungsvertrages	272
8.2	Ausgestaltung des Auslagerungsvertrages	274
8.3	Schriftliche Vereinbarung	276
8.4	»Liste der Vertragselemente« im Überblick	277
8.5	Mehrmandantendienstleister	282
8.6	Aufsichtliche Vorgaben für den Auslagerungsvertrag	284
8.6.1	Spezifizierung und Abgrenzung der zu erbringenden Leistung (lit. a)	285
8.6.2	Beginn und Ende der Auslagerungsvereinbarung (lit. b)	288
8.6.3	Vereinbarung des geltenden Rechts (lit. c)	289
8.6.4	Standorte für Leistungserbringung sowie Datenspeicherung und -verarbeitung (lit. d)	291
8.6.5	Vereinbarte Dienstleistungsgüte (lit. e)	295
8.6.6	Versicherungsnachweis (lit. f)	296
8.6.7	Umsetzung und Überprüfung von Notfallkonzepten (lit. g)	297
8.6.8	Festlegung von Informations- und Prüfungsrechten der Internen Revision (lit. h)	299
8.6.9	Festlegung von Informations- und Prüfungsrechten externer Prüfer (lit. h)	308
8.6.10	Sicherstellung der uneingeschränkten Informations- und Prüfungsrechte sowie der Kontrollmöglichkeiten der zuständigen Aufsichtsbehörden (lit. i)	312
8.6.11	Weisungsrechte (lit. j)	318
8.6.12	Datenschutz (lit. k)	321
8.6.13	Kündigungsrechte und -fristen (lit. l)	325
8.6.14	Regelungen über Weiterverlagerungen einschließlich »Zustimmungsvorbehalte« (lit. m)	332
8.6.15	Informationspflichten des Auslagerungsunternehmens (lit. n)	336
8.7	Anforderungen an die Auslagerungsvereinbarung nach dem Sanierungs- und Abwicklungsgesetz (SAG)	338
8.8	Vorgaben der EBA an die Auslagerungsvereinbarung	339
8.9	Berücksichtigung von Nachhaltigkeitsrisiken	341
9	**Einflussmöglichkeiten bei Weiterverlagerungen (Tz. 8)**	342
9.1	Zustimmungsvorbehalte mit Blick auf Weiterverlagerungen	343
10	**Management der Auslagerungsrisiken (Tz. 9)**	348
10.1	Laufende Steuerung und Überwachung	349
10.2	Steuerung der Risiken	354
10.3	Überwachung der Ausführung	356
10.4	Informelle Mechanismen	361
10.5	Regelmäßige Beurteilung anhand vorzuhaltender Kriterien	362
11	**Verantwortlichkeiten und Beauftragte für besondere Funktionen (Tz. 10)**	366
11.1	Festlegung klarer Verantwortlichkeiten	367
11.2	Beauftragte bei vollständiger Auslagerung der besonderen Funktionen	370
11.3	Vollauslagerung der Internen Revision	372
11.3.1	Gewährleistung einer ordnungsgemäßen Internen Revision	374

11.3.2	Stellung und Aufgaben des Revisionsbeauftragten	376
11.3.3	Ansprechpartner für das Aufsichtsorgan	379
11.3.4	Ausschlussgründe bei Auslagerung auf Wirtschaftsprüfer	380
11.4	Vollauslagerung der Compliance-Funktion	381
11.5	Vollauslagerung der Risikocontrolling-Funktion	383
11.6	Abgrenzung zum zentralen Auslagerungsbeauftragten	384
12	**Anforderungen an Weiterverlagerungen (Tz. 11)**	**385**
12.1	Risiken der Weiterverlagerung	386
12.2	Keine Differenzierung zwischen Erstauslagerung und Weiterverlagerung	389
12.3	Berücksichtigung von Weiterverlagerungen bei der Risikoanalyse	392
12.4	Möglichkeiten und Modalitäten der Weiterverlagerung	398
13	**Aufgaben des Auslagerungsbeauftragten bzw. Auslagerungsmanagements (Tz. 12)**	**400**
13.1	Einrichtung eines zentralen Auslagerungsbeauftragten bzw. zentralen Auslagerungsmanagements	401
13.2	Aufgaben des Auslagerungsbeauftragten bzw. Auslagerungsmanagements	408
13.3	Auslagerungsbeauftragter bzw. Auslagerungsmanagement auf Gruppenebene	414
14	**Berichterstattung über wesentliche Auslagerungen (Tz. 13)**	**417**
14.1	Jährlicher Bericht über wesentliche Auslagerungen	418
14.2	Anlassbezogene Berichterstattung	422
14.3	Adressat der Berichterstattung	423
15	**Auslagerungsregister (Tz. 14)**	**424**
15.1	Auslagerungsregister auf Ebene des Institutes	425
15.2	Auslagerungsregister auf Gruppenebene	433
16	**Erleichterungen für Gruppen und Finanzverbünde (Tz. 15)**	**435**
16.1	Erleichterungen für Auslagerungen innerhalb von Gruppen bzw. Finanzverbünden	436
16.1.1	Risikomindernde Berücksichtigung eines einheitlichen und umfassenden Risikomanagements auf Gruppenebene (lit. a)	444
16.1.2	Zentrales Auslagerungsmanagement auf Gruppen- bzw. Verbundebene (lit. b)	445
16.1.3	Zentrale Vorauswertung bei der Risikoberichterstattung (lit. c)	448
16.1.4	Verzicht auf Ausstiegsprozesse und Handlungsoptionen (lit. d)	450
16.1.5	Zentrales Auslagerungsregister auf Gruppen- bzw. Verbundebene (lit. e)	452
16.1.6	Gemeinsame Notfallkonzepte	454
16.2	Auslagerungen von besonderen Funktionen	456
16.3	Auslagerungen auf Mehrmandantendienstleister	458
16.4	»Waiver« auf Gruppenebene	459

1 Einführung und Überblick

1.1 Arten von Auslagerungen

Adam Smith demonstrierte vor über zweihundert Jahren, dass sich die Produktion von Steck-   **1**
nadeln erheblich steigern lässt, wenn der gesamte Herstellungsprozess in einzelne Abschnitte
unterteilt wird und diese Abschnitte spezialisierten Arbeitern zugewiesen werden.[1] Das viel
beschworene Stecknadelbeispiel von Smith hat später berühmte Nachahmer gefunden (z.B. bei
der Fließfertigung von Henry Ford) und im Prinzip bis heute nichts an Aktualität eingebüßt.
Arbeitsteilung bleibt ein wichtiger Treiber des wirtschaftlichen Wachstums und damit auch des
gesellschaftlichen Wohlstandes. Der an die arbeitsteilige Wirtschaft geknüpfte erhöhte Koordinationsaufwand sowie die vielfach unter dem Stichwort »Entfremdung der Arbeit« geäußerte
Kritik haben daran grundsätzlich nicht viel geändert.

Die Auslagerung von Aktivitäten und Prozessen auf Dritte ist eine besondere (zwischenbetrieb-   **2**
liche) Form der Arbeitsteilung. Sie hat unter der Bezeichnung »Outside Resources Using« (»Nutzung externer Ressourcen«) bzw. der besser bekannten Kurzform »Outsourcing« seit den neunziger Jahren des letzten Jahrhunderts als Mittel zur Optimierung der Wertschöpfungskette immer
mehr an Bedeutung gewonnen. Outsourcing ist grundsätzlich eine »Make-or-Buy-Entscheidung«
zwischen eigenständiger Leistungserbringung und Fremdbezug. Im Verlauf der Zeit haben sich
unterschiedliche Auslagerungsvarianten sowie eine schier grenzenlose Begriffsvielfalt herausgebildet (z.B. Multi Sourcing, selektives Outsourcing, Outtasking).[2] Im Wesentlichen lassen sich
Auslagerungen nach folgenden Ausprägungen unterscheiden:

- Auslagerungen können nach dem Objekt der ausgelagerten Bereiche in »Information Technology Outsourcing« (IT-Outsourcing), »Business Process Outsourcing« (BPO) und »Knowledge Process Outsourcing« (KPO) unterschieden werden.[3] Beim IT-Outsourcing wird die
  Informationstechnologie eines Unternehmens teilweise oder komplett auf einen Dienstleister
  ausgelagert. Ein Beispiel hierfür ist die Auslagerung eines Rechenzentrums oder anderer
  IT-Serviceleistungen. Unter Business Process Outsourcing versteht man die teilweise oder
  vollständige Auslagerung von Geschäftsprozessen oder Unternehmensbereichen auf einen
  Dritten. Gegenstand von BPO sind z.B. klassische Querschnittsaufgaben mit hoher IT-Rele-
  vanz, wie Personal, Einkauf oder Rechnungswesen. Die Auslagerung von komplexen oder
  arbeitsintensiven Bereichen wird als »Knowledge Process Outsourcing« bezeichnet. Bei dem
  KPO steht regelmäßig das besondere Expertenwissen der Mitarbeiter des Auslagerungsunternehmens im Vordergrund.
- Darüber hinaus kann zwischen Auslagerungen innerhalb eines Konzerns und Auslagerungen
  an konzernfremde Unternehmen unterschieden werden. »Shared Service Center« stellen
  selbständige Verantwortungsbereiche innerhalb eines Konzerns dar, in denen Serviceprozesse, die in mehreren dezentralen Geschäftseinheiten in ähnlicher Form auftreten, gebündelt
  werden, um sie für (konzern-)interne Einheiten oder externe Kunden bereitzustellen. Häufig
  handelt es sich um administrative Funktionen, die an einem oder wenigen Standorten der
  Gruppe konzentriert sind (z.B. IT oder Finanzen).[4]

---

1   Vgl. Smith, Adam, Der Wohlstand der Nationen, 8. Auflage, München, 1999, S. 9f.
2   Vgl. Schwarze, Lars/Müller, Peter P., IT-Outsourcing – Erfahrungen, Status und zukünftige Herausforderungen, in: HMD Praxis der Wirtschaftsinformatik, Heft 245/2006, S. 11f.
3   Vgl. Köhler, Matthias/Lang, Gunnar, Trends im Retail-Banking: Outsourcing im deutschen Bankensektor, Zentrum für Europäische Wirtschaftsforschung GmbH, Dokumentation Nr. 08-04, 2008.
4   Vgl. Breuer, Wolfgang/Kreuz, Claudia, Shared Service Center – eine lohnende Investition?, Arbeitspapiere der Betrieb-lichen Finanzwirtschaft (Rheinisch-Westfälische Technische Hochschule Aachen), 10. Mai 2006, S. 3.

– Ein Unternehmen kann schließlich Aktivitäten und Prozesse im Inland oder in das Ausland auslagern. Erfolgt die Auslagerung auf ein im Inland ansässiges Unternehmen, spricht man von »Onshore-Outsourcing« oder »Domestic-Outsourcing«.[5] Die Auslagerung in das Ausland wird in Abhängigkeit von der räumlichen Entfernung entweder »Nearshoring« oder »Off-shoring« genannt. Unter Nearshoring versteht man Auslagerungen in Länder desselben Erdteils, d.h. aus deutscher Sicht z.B. eine Auslagerung von Aktivitäten und Prozessen in europäische Staaten. Bevorzugte Standorte für Offshoring-Auslagerungen sind für deutsche Unternehmen Indien, China, Malaysia und die Philippinen. Insbesondere beim Offshoring sind die länderspezifischen Besonderheiten vor Ort von großer Bedeutung (z.B. Kultur, politisches System).[6]

1.2   Bedeutung von Auslagerungen für den Bankensektor

3   Natürlich spielt die Auslagerung von Aktivitäten und Prozessen auf Dritte auch bei Banken und Finanzdienstleistern eine wichtige Rolle.[7] Auslagerungen fallen im Bankensektor sogar auf besonders fruchtbaren Boden, da die Institute im Vergleich zu Industrieunternehmen immer noch einen recht hohen Anteil der Leistungen in Eigenregie erstellen.[8] Die BaFin hat im Rahmen eines bei großen Instituten durchgeführten Quervergleiches im Jahr 2013 festgestellt, dass die größeren Institute Auslagerungsquoten zwischen 8 Prozent und 46 Prozent aufweisen.[9]

4   Im Hinblick auf die Objekte von Auslagerungen konzentrierten sich die Aktivitäten der Institute zunächst schwerpunktmäßig auf die IT sowie auf ausgewählte Unterstützungsprozesse für Bankgeschäfte, wie z.B. den Zahlungsverkehr, die Wertpapierabwicklung und die Beschaffung.[10] Anschließend wurden verstärkt Geschäftsprozesse auf externe Dienstleister ausgelagert. Ein Beispiel hierfür stellt die Auslagerung der Kreditprozesse auf spezialisierte »Kreditfabriken« dar.[11] Diese übernehmen zum Teil die komplette Prozessverantwortung, ohne dass das auslagernde Institut in die Leistungserstellung einbezogen wird. Die weitaus überwiegende Mehrzahl der Institute hat die Verpflichtung zur Führung einer Datei zum automatischen Abruf von Kontoinformationen gemäß § 24c KWG auf so genannte Kopfstellen ausgelagert.[12] In den letzten Jahren hat

---

5 Vgl. Chrubasik, Bodo/Schütz, Armin, Auslagerungen in der Kreditwirtschaft, Göttingen, 2018, S. 44.

6 Vgl. The Joint Forum, Outsourcing in Financial Services, 15. Februar 2005, S. 7 f. Das »Joint Forum« ist ein gemeinsames Gremium der drei globalen Standardsetzer Baseler Ausschuss für Bankenaufsicht (Basel Committee on Banking Supervision, BCBS), Internationale Vereinigung der Versicherungsaufsichtsbehörden (International Association on Insurance Supervision, IAIS) und Internationale Organisation der Wertpapieraufsichtsbehörden (International Organisation of Securities Commissions, IOSCO). Das Gremium veröffentlicht regelmäßig Prinzipien, Berichte und Empfehlungen, die sich an die Aufsichtsbehörden, die beaufsichtigten Unternehmen sowie generell an die Politik richten.

7 Vgl. European Central Bank, Report on EU banking structure, 24. November 2004, S. 25 f.

8 Die Wertschöpfungstiefe war bei Banken noch vor einigen Jahren im Durchschnitt wesentlich ausgeprägter als bei Industrieunternehmen. Während zu diesem Zeitpunkt z.B. in der Automobilindustrie nur noch etwa ein Viertel der Leistungen in eigener Regie erstellt wurde, waren es bei Banken rund zwei Drittel. Vgl. Deutsche Bank Research, IT-Outsourcing: Zwischen Hungerkur und Nouvelle Cuisine, 6. April 2004, S. 3; Lamberti, Hermann-Josef, Industrialisierung des Bankgeschäfts, in: Die Bank, Heft 6/2004, S. 370.

9 Vgl. Konschalla, Thomas, Outsourcing – BaFin vergleicht Auslagerungen bei Instituten, in: BaFinJournal, Ausgabe August 2013, S. 23.

10 Vgl. Schober, Holger, Dekonstruktion der Wertkette in Banken: Outsourcing oder Kooperation, in: Aschenbach, Wieland/ Moormann, Jürgen/Schober, Holger (Hrsg.), Sourcing in der Bankwirtschaft, Frankfurt a.M., 2004, S. 25 ff. Weitere Beispiele für Unterstützungsprozesse von originären bankbetrieblichen Kerngeschäftsprozessen sind das Facility Management, das Archiv- und Dokumentenmanagement sowie banknahe Servicefunktionen, wie die Buchhaltung und das Personalwesen. Zu den regelmäßig ausgelagerten Back-Office-Prozessen gehören neben der Wertpapierabwicklung und -verwahrung z.B. die Geld- und Devisenabwicklung, das Kreditkartenprocessing und die Kontenverwaltung. Vgl. Chrubasik, Bodo/Schütz, Armin, Auslagerungen in der Kreditwirtschaft, Göttingen, 2018, S. 50.

11 Vgl. Bundesanstalt für Finanzdienstleistungsaufsicht, Schreiben zu »Kreditfabriken« – Aufsichtliche Rahmenbedingungen und Anforderungen, 12. Dezember 2003. Dieses Schreiben wurde mit Inkraftsetzung der zweiten MaRisk-Novelle zum 1. November 2007 aufgehoben.

12 Vgl. Achtelik, Olaf, in: Herzog, Felix (Hrsg.), Geldwäschegesetz, 3. Auflage, München, 2018, § 24c KWG, Tz. 4.

die Auslagerung komplexer Aktivitäten und Prozesse auf spezialisierte Dritte erheblich an Bedeutung gewonnen, oftmals verbunden mit hochwertigen IT-Lösungen. Als Beispiel für ein derartiges Knowledge Process Outsourcing kann die Auslagerung der methodischen Entwicklung und Validierung von internen Ratingmodellen auf spezialisierte Mehrmandantendienstleister angeführt werden.[13]

Die Institute lagern sowohl an externe Dienstleister als auch innerhalb der Gruppe aus. Einer   5 Untersuchung der Europäischen Zentralbank aus dem Jahr 2004 zufolge fallen über 50 Prozent der Auslagerungsaktivitäten von europäischen Banken auf »Intra-Group-Auslagerungen«, wobei die Auslagerung auf Mutter-, Tochter- oder Schwestergesellschaften möglich ist.[14] Häufig werden Serviceprozesse, die in mehreren dezentralen Geschäftseinheiten in ähnlicher Form vorkommen, in einem »Shared Service Center« gebündelt. Diese Center agieren innerhalb eines Konzerns als selbständige Verantwortungsbereiche und bieten ihre Leistungen sowohl internen als auch externen Kunden an.[15] Darüber hinaus bestehen bei Sparkassen und genossenschaftlichen Instituten umfassende Auslagerungslösungen innerhalb des jeweiligen Finanzverbundes. Die Deutsche Kreditwirtschaft hat sich vor diesem Hintergrund bei den Konsultationen zur fünften MaRisk-Novelle im Jahr 2016 und zu den EBA-Leitlinien zu Auslagerungen im Jahr 2018 für eine umfassende Privilegierung von gruppen- bzw. verbundinternen Auslagerungen eingesetzt.[16] Nach Einschätzung der Aufsicht sind gruppeninterne Auslagerungen allerdings nicht notwendigerweise weniger riskant als Auslagerungen an ein Unternehmen außerhalb der Gruppe. Vor diesem Hintergrund sollen gruppeninterne Auslagerungen grundsätzlich den gleichen rechtlichen Rahmenbedingungen wie Auslagerungen an gruppenfremde Dienstleister unterliegen. Die Aufsicht gewährt jedoch bei gruppen- und verbundinternen Auslagerungen Erleichterungen, für die im Zuge der sechsten MaRisk-Novelle eine eigene Textziffer eingeführt wurde (→ AT 9 Tz. 15). Gleichzeitig betont die EBA, dass Auslagerungen innerhalb einer Gruppe oder eines Finanzverbundes auch zu erhöhten Risiken führen können, z.B. wenn zwischen gruppenangehörigen Unternehmen Interessenkonflikte bestehen.[17]

Die BaFin hat im Rahmen des im Jahr 2013 bei großen Instituten durchgeführten Quervergleiches festgestellt, dass in Deutschland nur wenige Institute Aktivitäten und Prozesse auf Schwellenländer (»Offshoring«) auslagern.[18] Unklar ist dabei, ob im Rahmen dieses Quervergleiches auch Weiterverlagerungen der externen Dienstleister an Dritte in Offshore-Ländern berücksichtigt wurden. Allerdings zeigen auch neuere Studien, dass die Institute wieder verstärkt auf Auslagerungslösungen im Inland oder in EU-Mitgliedstaaten wie z.B. Polen zurückgreifen.[19] Ein Grund für die geringe Anzahl der Offshore-Auslagerungen dürfte sein, dass die Institute im Falle einer Auslagerung auf Dienstleistungsunternehmen in Drittländern die Einhaltung der nationalen und europäischen Rechtsvorschriften, z.B. an das Datenmanagement,

13 Als Beispiel kann das Kooperationsprojekt der Landesbanken »Interne Ratings für die Landesbanken« genannt werden, welches zur Gründung der RSU Rating Service Unit GmbH & Co KG geführt hat.

14 Vgl. European Central Bank, Report on EU banking structure, 24. November 2004, S. 26.

15 Vgl. Breuer, Wolfgang/Kreuz, Claudia, Shared Service Center – eine lohnende Investition?, Arbeitspapiere der Betrieblichen Finanzwirtschaft (Rheinisch-Westfälische Technische Hochschule Aachen), 10. Mai 2006, S. 3.

16 Vgl. Deutsche Kreditwirtschaft, Stellungnahme zum Entwurf der MaRisk in der Fassung vom 18. Februar 2016 (Konsultation 02/2016) vom 27. April 2016, S. 28; Deutsche Kreditwirtschaft (German Banking Industry Committee), Comments on EBA Draft Guidelines on Outsourcing arrangements (EBA/CP/2018/11), 24. September 2018, S. 6f.

17 Vgl. European Banking Authority, Leitlinien zu Auslagerungen, EBA/GL/2019/02, 25. Februar 2019, S. 20. Die EBA verwendet für die bei Sparkassen und genossenschaftlichen Instituten bestehenden Finanzverbünde in ihren Leitlinien den Begriff »institutsbezogenes Sicherungssystem«. Vgl. European Banking Authority, Leitlinien zu Auslagerungen, EBA/GL/2019/02, 25. Februar 2019, S. 8.

18 Vgl. Konschalla, Thomas, Outsourcing – BaFin vergleicht Auslagerungen bei Instituten, in: BaFinJournal, Ausgabe August 2013, S. 23. Das Joint Forum hatte im Jahr 2005 noch einen Trend zum »Offshoring« festgestellt. Vgl. The Joint Forum, Outsourcing in Financial Services, 15. Februar 2005, S. 7.

19 Vgl. PricewaterhouseCoopers (PwC), Fit für die Zukunft – Wie sich bankfachliche Dienstleister erfolgreich für den Business Process Outsourcing Markt 2020 aufstellen, Business Process Outsourcing Studie, Frankfurt am Main, Dezember 2016, S. 30.

die Datensicherheit und den Datenschutz, gewährleisten müssen.[20] Darüber hinaus haben die Institute im Auslagerungsvertrag uneingeschränkte Auskunfts- und Prüfungsrechte sowie Kontrollmöglichkeiten der Aufsichtsbehörden sicherzustellen (→ AT 9 Tz. 7 lit. i). In Drittstaaten können diesen Rechten der Aufsichtsbehörden ggf. tatsächliche oder rechtliche Hindernisse entgegenstehen. Die BaFin könnte im Extremfall gemäß § 25b Abs. 4 KWG den Wechsel des Dienstleisters oder die Kündigung der Auslagerungsvereinbarung verlangen. Seit dem Inkrafttreten des Finanzmarktintegritätsstärkungsgesetzes (FISG)[21] aus dem Jahr 2021 müssen Auslagerungsunternehmen mit Sitz in einem Drittstaat bei wesentlichen Auslagerungen einen inländischen Zustellungsbevollmächtigten benennen, an den die Aufsicht Bekanntgaben oder Zustellungen bewirken kann.

7   Es ist davon auszugehen, dass sich vor dem Hintergrund des weiterhin bestehenden hohen Kosten- und Wettbewerbsdrucks im Bankensektor, der Digitalisierung sowie der zunehmenden Bedeutung der Informationstechnologien (IT) und der Finanztechnologien (FinTech) der Trend zu Auslagerungen weiter verstärkt.[22] Darüber hinaus greifen die Institute vermehrt auf Cloud-Lösungen zurück. Vor allem die von der EZB direkt beaufsichtigten bedeutenden Institute gemäß Art. 6 SSM-Verordnung versuchen Cloud-Technologie-Lösungen in ihre Systemlandschaft zu implementieren. Auslagerungen von kritischen Prozessen in öffentliche Clouds finden dagegen nur in einem geringen Umfang statt. Die Gründe hierfür sind insbesondere Cyberrisiken und Fragen des Datenschutzes sowie die Herausforderung, die in die Cloud ausgelagerten Daten wirkungsvoll zu verschlüsseln und sie zugleich barrierearm nutzbar zu machen.[23] Die zunehmende Auslagerung von IT-Dienstleistungen an Mehrmandantendienstleister im Allgemeinen und Cloud-Anbieter im Besonderen führt darüber hinaus zu einer stärkeren Vernetzung der Kreditwirtschaft mit IT-Dienstleistungsunternehmen und zu einer zunehmenden Komplexität des Marktgeschehens.[24]

1.3   Chancen und Risiken von Auslagerungen

8   Ein wesentliches Motiv für die Auslagerung von Aktivitäten und Prozessen auf Dritte ist für die Institute die Möglichkeit der Kostenreduzierung. Spezialisierte Auslagerungsunternehmen können in der Regel Größenvorteile und Mengeneffekte sowie Erfahrungs- und Know-how-Vorteile realisieren. Ein weiterer Effekt mit potenziellen Kostenvorteilen kann die Umwandlung von fixen in variable Kosten sein, wenn nur die tatsächlich erbrachten Dienstleistungen bezahlt werden.[25]

---

20 Vgl. European Banking Authority, Final Report on EBA Guidelines on outsourcing arrangements, EBA/GL/2019/02, 25. Februar 2019, S. 4f. Danach haben die Institute bei einer Auslagerung an Dienstleistungsunternehmen in Drittländer darauf zu achten, dass die Einhaltung der europäischen Rechtsvorschriften und der regulatorischen Anforderungen (z.B. Berufsgeheimnis, Zugang zu Informationen und Daten sowie Datenschutzregelungen) gewährleistet sind.

21 Gesetz zur Stärkung der Finanzmarktintegrität (Finanzmarktintegritätsstärkungsgesetz – FISG) vom 3. Juni 2021 (BGBl. I S. 1534), veröffentlicht am 10. Juni 2021.

22 Nach Auffassung der Bankenaufsicht werden die Institute ihre Geschäftsmodelle, Prozesse und Systeme an die neuen Technologien anpassen. Vgl. European Banking Authority, Final Report on EBA Guidelines on outsourcing arrangements, EBA/GL/2019/02, 25. Februar 2019, S. 6. Von einer zunehmenden Bedeutung der Auslagerungen geht auch die Kreditwirtschaft aus. Vgl. Deutsche Kreditwirtschaft (German Banking Industry Committee), Comments on EBA Draft Guidelines on Outsourcing arrangements (EBA/CP/2018/11), 24. September 2018, S. 2. Zahlreiche Presseberichte belegen diese Einschätzung. So hat z.B. die Deutsche Bank AG Anfang 2016 mit Hewlett-Packard (HP) einen milliardenschweren Auslagerungsvertrag unterzeichnet, in dessen Rahmen HP umfangreiche Rechenzentrumsleistungen bereitstellt. Vgl. Beecken, Grit, Deutsche Bank will mit HP sparen, in: Börsen-Zeitung vom 25. Februar 2016, S. 3.

23 Vgl. Bundesanstalt für Finanzdienstleistungsaufsicht, Jahresbericht 2019, 12. Mai 2020, S. 63.

24 Vgl. Röseler, Raimund/Steinbrecher, Ira, Wenn Banken IT-Dienstleistungen auslagern, in: BaFinPerspektiven, Ausgabe 1/2019, Digitalisierung – Folgen für Finanzmarkt, Aufsicht und Regulierung – Teil II, 28. Februar 2019, S. 50. Vor dem Hintergrund der zunehmenden Auslagerung von IT-Dienstleistungen ist es wenig überraschend, dass IT- und Cyberrisiken einen Aufsichtsschwerpunkt der BaFin im Jahr 2021 dargestellt haben. Die Aufsicht hat 2021 systematisch bei den auslagernden Instituten abgefragt, welche Maßnahmen zur Begrenzung oder Reduzierung von IT- oder Cyberrisiken ergriffen wurden. Vgl. Bundesanstalt für Finanzdienstleistungsaufsicht, Aufsichtsschwerpunkte 2021, 4. Mai 2021, S. 14.

25 Vgl. Chrubasik, Bodo/Schütz, Armin, Auslagerungen in der Kreditwirtschaft, Göttingen, 2018, S. 54f.

Kostenaspekte sind allerdings nicht die einzigen Motive für Auslagerungen.[26] Die Institute erhalten über Auslagerungen auf relativ einfachem Wege Zugang zu neuen Technologien, einer besseren Infrastruktur und einem stets aktuellen Spezialwissen qualifizierter Auslagerungsunternehmen. Durch die Reduzierung der Wertschöpfungstiefe können sich die Institute zudem stärker auf ihre eigentlichen Kernkompetenzen konzentrieren.[27] Damit bekommt die Make-or-Buy-Entscheidung auch eine strategische Dimension, die für ein Institut von erheblicher Tragweite sein kann. Nicht zuletzt vor diesem Hintergrund müssen seit der vierten MaRisk-Novelle im Fall umfangreicher Auslagerungen entsprechende Ausführungen in der Strategie gemacht werden (→ AT 4.2 Tz. 1, Erläuterung). Weitere positive Effekte einer Auslagerungsmaßnahme können z.B. die Optimierung der Prozesse, eine damit verbundene höhere Produktivität und Leistungsfähigkeit, die bessere (Ver-)Sicherung gegen bestimmte Risiken sowie die schnellere Nutzung von Produktinnovationen sein.[28]

Den Chancen von Auslagerungen stehen jedoch vielfältige Risiken gegenüber.[29] Für ein Institut **9** kann die Auslagerung wesentlicher Aktivitäten und Prozesse mit strategischen und operationellen Risiken, Rechtsrisiken, IT-Sicherheitsrisiken, Cyberrisiken, Datenschutzrisiken, Reputationsrisiken, Step-in-Risiken und Konzentrationsrisiken verbunden sein. Bei Auslagerungen in Offshore-Regionen können Länderrisiken bestehen, die sich aus unsicheren politischen, wirtschaftlichen und sozialen Verhältnissen des Landes ergeben.[30] Konzentrationsrisiken sind zu berücksichtigen, wenn ein Institut oder mehrere Institute einer Gruppe bzw. eines Finanzverbundes eine Vielzahl von Aktivitäten und Prozessen auf denselben Dienstleister oder mehrere eng miteinander verbundene Dienstleister auslagern.[31] Im Falle einer Weiterverlagerung des Auslagerungsunternehmens auf Dritte können sich zusätzliche Risiken ergeben, wenn hierdurch die Steuerungs- und Überwachungsmöglichkeiten des Institutes ggf. geschwächt werden oder Konzentrationsrisiken entstehen. Mangelhafte Leistungserbringung, schlecht vorbereitete Auslagerungen, insbesondere in Offshore-Regionen, Kontrollverluste und Abhängigkeiten sowie der irreversible Verlust von eigenem Know-how können die erhofften Vorteile schnell in ihr Gegenteil verkehren. Zur echten Kostenbelastung können Auslagerungen werden, wenn Transaktionskosten (Anbahnungs-, Vereinbarungs-, Kontroll- und Anpassungskosten) sowie ggf. hohe Notfall-, Exit- oder Rückabwicklungskosten falsch eingeschätzt werden oder sogar unberücksichtigt bleiben. Neben Qualitätsgesichtspunkten sind es letztendlich diese »Kosten der Kostensenkung«, die darüber entscheiden, ob eine Auslagerungsmaßnahme zum Erfolg wird oder nicht.

---

26 Vgl. European Central Bank, Report on EU banking structure, 24. November 2004, S. 28; Konschalla, Thomas, Outsourcing – BaFin vergleicht Auslagerungen bei Instituten, in: BaFinJournal, Ausgabe August 2013, S. 24.

27 Vgl. PricewaterhouseCoopers (PwC), Fit für die Zukunft – Wie sich bankfachliche Dienstleister erfolgreich für den Business Process Outsourcing Markt 2020 aufstellen, Business Process Outsourcing Studie, Frankfurt am Main, Dezember 2016, S. 27 f.; Chrubasik, Bodo/Schütz, Armin, Auslagerungen in der Kreditwirtschaft, Göttingen, 2018, S. 57.

28 Vgl. Tölle, Harald, Outsourcing: Auslagerung von Geschäftsbereichen als Alternative zu Fusionen, in: BankPraktiker, Heft 12/2007, S. 601 ff.

29 Die EBA nennt in ihren Leitlinien zu Auslagerungen aus dem Jahr 2019 zahlreiche Risiken, die im Zusammenhang mit Auslagerungen entstehen können. Vgl. European Banking Authority, Leitlinien zu Auslagerungen, EBA/GL/2019/02, 25. Februar 2019, S. 27 ff. Das Joint Forum hat bereits im Jahr 2005 eine umfassende Darstellung der für Institute mit Auslagerungen verbundenen Risiken (»Key Risks of Outsourcing«) veröffentlicht. Vgl. The Joint Forum, Outsourcing in Financial Services, 15. Februar 2005, S. 11 ff. Der Baseler Ausschuss für Bankenaufsicht ordnet die auslagerungsspezifischen Risiken mit seinen einzelnen Komponenten weitgehend dem operationellen Risiko zu, so dass eine entsprechende Eigenkapitalunterlegung in der ersten Säule zu erfolgen hat. Vgl. Basel Committee on Banking Supervision, Principles for the Sound Management of Operational Risk, BCBS 195, 30. Juni 2011, S. 16; Basel Committee on Banking Supervision, Revisions to the Principles for the Sound Management of Operational Risk, BCBS 515, 31. März 2021, S. 12 ff.

30 Vgl. The Joint Forum, Outsourcing in Financial Services, 15. Februar 2005, S. 11.

31 Die EBA differenziert insoweit zwischen Konzentrationsrisiken und aggregierten Risiken. Vgl. European Banking Authority, Leitlinien zu Auslagerungen, EBA/GL/2019/02, 25. Februar 2019, S. 28.

1.4 Relevanz für die Bankenaufsicht

10 Die Risiken von Auslagerungen sind auch für die Bankenaufsicht von Bedeutung. Gesetzgeber und Aufsichtsbehörden können es nicht hinnehmen, wenn Institute die Kontrolle über ihre ausgelagerten Aktivitäten und Prozesse verlieren. Die BaFin hat frühzeitig darauf hingewiesen, dass Auslagerungen nicht zur Beaufsichtigung von »virtuellen Banken« oder »Parabanken« führen dürfen, da solche schwarzen Löcher im Finanzsystem zu einer massiven Steigerung des Systemrisikos beitragen können.[32] Die EBA betont in ihren Leitlinien zu Auslagerungen aus dem Jahr 2019, dass die Auslagerung von Aktivitäten und Prozessen nicht zur Folge haben darf, dass ein Institut zu einer »leeren Hülle« (»empty shell«) wird, der eigentlich die Substanz für eine Bankerlaubnis fehlt.[33] Die deutsche Aufsicht hat im Zuge der sechsten MaRisk-Novelle eine entsprechende Klarstellung aufgenommen (→ AT 9 Tz. 4). Im Zusammenhang mit der im Institut verbleibenden notwendigen internen Organisation (»retained organisation«) verweist die EBA zusätzlich auf nicht zulässige »Briefkastenfirmen« (»letter-box entities«).[34]

11 Darüber hinaus sollen sich die Geschäftsleiter nicht durch eine umfangreiche Auslagerung wesentlicher Bereiche ihrer Verantwortung für das Institut entziehen können. Leitungsaufgaben der Geschäftsleitung, wie z. B. die Unternehmensplanung, -koordination, -kontrolle und die Besetzung der Führungskräfte, sind nicht auslagerbar (→ AT 9 Tz. 4 inkl. Erläuterung). Aus Sicht der Aufsicht muss das Institut für die Einhaltung der rechtlichen Regelungen und Vorgaben verantwortlich bleiben. Eine Auslagerung darf weder die Ordnungsmäßigkeit der Geschäfte und Dienstleistungen auslagernden Institutes noch dessen Geschäftsorganisation gemäß § 25a Abs. 1 KWG beeinträchtigen. Das Institut hat die ausgelagerten Aktivitäten und Prozesse daher in sein Risikomanagement einzubeziehen, d. h. die mit den wesentlichen Auslagerungen verbundenen Risiken angemessen zu steuern und die Ausführung der ausgelagerten Aktivitäten und Prozesse ordnungsgemäß zu überwachen (→ AT 9 Tz. 9).

12 Die Aufsichtsbehörde beurteilt die Einhaltung der bankaufsichtlichen Anforderungen an Auslagerungen im Rahmen des aufsichtlichen Überprüfungs- und Bewertungsprozesses (Supervisory Review and Evaluation Process, SREP). Die Leitlinien der EBA zu Auslagerungen enthalten hierzu detaillierte Vorgaben, welche Aspekte und Risiken die Aufsicht im Rahmen des SREP bewerten soll.[35] Darüber hinaus verfügt die Aufsichtsbehörde zur Durchsetzung der Anforderungen an Auslagerungen gegenüber dem auslagernden Institut über weitgehende Eingriffsbefugnisse und Kontrollmöglichkeiten. Mit dem vierten Finanzmarktförderungsgesetz[36] im Jahr 2002 wurde der Aufsicht bei wesentlichen Auslagerungen ein eigenständiges Prüfungsrecht gegenüber dem Auslagerungsunternehmen eingeräumt. Das Finanzmarktintegritätsstärkungsgesetz aus dem Jahr 2021 hat die Befugnisse der BaFin gegenüber dem Auslagerungsunternehmen noch einmal deutlich erweitert.

13 Neben der mikroprudenziellen Aufsicht über die Institute können Auslagerungen auch die makroprudenzielle Aufsicht beinträchtigen, d. h. die Stabilität des Finanzsystems als Ganzes.[37] Aus makroprudenzieller Sicht kann es zu schwer beherrschbaren Risikokonzentrationen kommen, wenn zahlreiche Institute wichtige Funktionen auf ggf. marktbeherrschende Mehrmandan-

---

32 Vgl. Sanio, Jochen, Outsourcing aus aufsichtsrechtlicher Sicht, Vortrag im Rahmen der Betriebswirtschaftlichen Tagung für Sparkassenvorstände des Rheinischen Sparkassen- und Giroverbandes, Wesel, 17. April 2002.

33 Die EBA spricht von »empty shell that lacks the substance to remain authorised«. Vgl. European Banking Authority, Final Report on EBA Guidelines on outsourcing arrangements, EBA/GL/2019/02, 25. Februar 2019, S. 6.

34 Vgl. European Banking Authority, Leitlinien zu Auslagerungen, EBA/GL/2019/02, 25. Februar 2019, S. 17.

35 Vgl. European Banking Authority, Leitlinien zu Auslagerungen, EBA/GL/2019/02, 25. Februar 2019, S. 42 f.

36 Gesetz zur weiteren Fortentwicklung des Finanzplatzes Deutschland (Viertes Finanzmarktförderungsgesetz) vom 21. Juni 2002 (BGBl. I S. 2010), veröffentlicht am 26. Juni 2002.

37 Zur makroprudenziellen Aufsicht vgl. Neus, Werner/Riepe, Jan, in: Binder, Jens-Hinrich/Glos, Alexander/Riege, Jan (Hrsg.), Handbuch Bankenaufsichtsrecht, Köln, 2018, § 6, Tz. 26 ff.

tendienstleister auslagern.[38] Vor diesem Hintergrund stellt sich die Aufsicht seit einiger Zeit die Frage, ob unmittelbare Anforderungen an Mehrmandantendienstleister sinnvoll und zielführend sind, um deren potenziell systemischer Bedeutung für den Finanzsektor Rechnung tragen zu können. Ein erster Ansatzpunkt könnten dabei Wohlverhaltensregeln bzw. ein Verhaltenskodex sein, wie er z.B. auf dem Gebiet des Datenschutzes für Cloud-Anbieter vorgesehen ist.[39]

1.5 Zielsetzung der bankaufsichtlichen Anforderungen an Auslagerungen

Aufgrund der Bedeutung der Risiken von Auslagerungen sind Vorgaben der Bankenaufsicht unverzichtbar, wenn Institute Aktivitäten und Prozessen auf Dritte auslagern. Das Ziel der bankaufsichtlichen Anforderungen ist es dabei nicht, die mit den Auslagerungen verbundenen Risiken zu verhindern. Die Risiken sind zu einem bestimmten Grad unvermeidbar, z.B. wird bei einer vollständigen Auslagerung eine gewisse Abhängigkeit des Institutes vom Dienstleister bestehen.[40] Die Institute haben daher die Risiken der Auslagerung von Aktivitäten und Prozessen im Rahmen einer Risikoanalyse zu bewerten und anschließend festzulegen, ob diese Auslagerung als wesentlich einzuordnen ist oder nicht. Seit der sechsten MaRisk-Novelle ist die Risikoanalyse durch eine Szenarioanalyse zu ergänzen, soweit dies sinnvoll und verhältnismäßig ist (→ AT 9 Tz. 2 inkl. Erläuterung). Darüber hinaus muss das Institut in der Lage sein, die mit den Auslagerungen verbundenen Risiken (inkl. möglicher Risiken aus Weiterverlagerungen) angemessen zu steuern sowie die Leistungserbringung durch das Auslagerungsunternehmen ordnungsgemäß zu überwachen (→ AT 9 Tz. 9 und 10). Als weitere risikomindernde Maßnahmen verlangt die Bankenaufsicht grundsätzlich einen zentralen Auslagerungsbeauftragten, der ggf. durch ein zentrales Auslagerungsmanagement unterstützt wird (→ AT 9 Tz. 12 und 13), eine adäquate Vertragsgestaltung für wesentliche Auslagerungen (→ AT 9 Tz. 7) und Vorkehrungen für die Beendigung der Auslagerung, wie z.B. Handlungsoptionen und Ausstiegsprozesse (→ AT 9 Tz. 6). Die Institute müssen sich schließlich im Auslagerungsvertrag alle erforderlichen Rechte einräumen lassen, insbesondere uneingeschränkte Informations- und Prüfungsrechte, sowie die Kontrollmöglichkeiten der Aufsichtsbehörden sicherstellen (→ AT 9 Tz. 7). Darüber hinaus gelten für die Auslagerungen der besonderen Funktionen (→ AT 9 Tz. 4 und 5) sowie für Weiterverlagerungen (→ AT 9 Tz. 8 und 11) spezielle Anforderungen. Im Zuge der sechsten MaRisk-Novelle hat die Aufsicht klargestellt, dass eine Auslagerung nur erfolgen darf, wenn das Auslagerungsunternehmen auch zur Erbringung der entsprechenden Leistungen befugt ist, d.h. über die erforderlichen Erlaubnisse und Registrierungen verfügt (→ AT 9 Tz. 4 inkl. Erläuterung). Das Institut hat schließlich ein aktuelles Auslagerungsregister mit Informationen über sämtliche Auslagerungsvereinbarungen vorzuhalten, wobei die MaRisk im Hinblick auf den Inhalt des Auslagerungsregisters auf die Vorgaben der EBA-Leitlinien zu Auslagerungen verweisen (→ AT 9 Tz. 14).

14

---

38 Vgl. European Banking Authority, Final Report on EBA Guidelines on outsourcing arrangements, EBA/GL/2019/02, 25. Februar 2019, S. 14 f.

39 Vgl. Röseler, Raimund/Steinbrecher, Ira, Wenn Banken IT-Dienstleistungen auslagern, in: BaFinPerspektiven, Ausgabe 1/2019, Digitalisierung – Folgen für Finanzmarkt, Aufsicht und Regulierung – Teil II, 28. Februar 2019, S. 50 mit Hinweis auf den Data Protection Code of Conduct for Cloud Service Providers Revised Version 1.0 vom 22. Juni 2016.

40 Vgl. Chrubasik, Bodo/Schütz, Armin, Auslagerungen in der Kreditwirtschaft, Göttingen, 2018, S. 68.

1.6 Überblick über die Entwicklung der Anforderungen an Auslagerungen

15 Der deutsche Gesetzgeber hat erstmals im Rahmen der sechsten KWG-Novelle im Jahr 1998 in § 25a Abs. 2 KWG a. F. für Institute Anforderungen an die Zulässigkeit und Ausgestaltung der Auslagerung von Aktivitäten und Prozessen auf andere Unternehmen festgelegt. Die Aufnahme der Regelung in das KWG stellte zugleich klar, dass die Auslagerung von Aktivitäten und Prozessen auf Dritte grundsätzlich zulässig ist und trug dem Bedürfnis der Institute nach verlässlichen Regelungen für Auslagerungen auf andere Unternehmen Rechnung.[41]

16 Die gesetzliche Regelung wurde in der Folge durch das sehr detaillierte Rundschreiben 11/2001 der deutschen Bankenaufsicht präzisiert, dessen Anwendung sich in der Praxis häufig als schwierig erwies. Die BaFin kündigte daher bereits bei der erstmaligen Veröffentlichung der MaRisk im Dezember 2005 die Modernisierung der Auslagerungsregelungen und deren Integration in die MaRisk an.[42] Ziel der BaFin war die Entwicklung praxisnaher und flexibler Anforderungen, die nahtlos an den prinzipienorientierten Ansatz der MaRisk anknüpfen. Die modernisierten Auslagerungsregelungen wurden nach Diskussion im Fachgremium MaRisk und Konsultationen mit den Verbänden im Zuge der »ersten MaRisk-Novelle« im Jahr 2007 in das Modul AT 9 (»Outsourcing«) überführt, das zuvor lediglich eine »Platzhalter-Funktion« hatte.[43] Das an die Stelle des Rundschreibens 11/2001 getretene Modul konkretisiert seitdem als norminterpretierende Verwaltungsvorschrift den Inhalt der unbestimmten Rechtsbegriffe des KWG. Gleichzeitig mit der ersten MaRisk-Novelle trat das »Finanzmarktrichtlinie-Umsetzungsgesetz« (FRUG)[44] in Kraft, das die europarechtlichen Vorgaben der »MiFID«[45] und der diese begleitende »MiFID-Durchführungsrichtlinie«[46] an Auslagerungen in nationales Recht umsetzte. Bei den weiteren Überarbeitungen der MaRisk in den Jahren 2009 (»zweite MaRisk-Novelle«) und 2010 (»dritte MaRisk-Novelle«) blieben die Auslagerungsregelungen der MaRisk unverändert. Auch die Ergänzungen im Rahmen der »vierten MaRisk-Novelle« aus dem Jahr 2012 um Aspekte für eine »unbeabsichtigte« oder »unerwartete« Beendigung von Auslagerungen (→ AT 9 Tz. 6) stellten nur eine geringfügige Anpassung der Vorgaben an Auslagerungen dar.

17 Mit dem CRD IV-Umsetzungsgesetz wurde § 25a Abs. 2 KWG a. F. zum 1. Januar 2014 ohne inhaltliche Änderung in § 25b KWG überführt. Seitdem ist § 25b KWG der zentrale gesetzliche Regelungsrahmen für die Auslagerungsaktivitäten der Institute. Die Regelung soll sicherstellen, dass eine wesentliche Auslagerung von Aktivitäten oder Prozessen durch Institute auf andere Unternehmen nicht zu einer Einschränkung der Ordnungsmäßigkeit der Leistungserbringung sowie der Steuerungs- und Kontrollmöglichkeiten der Geschäftsleitung führt. Darüber hinaus dürfen die Prüfungs- und Auskunftsrechte sowie Kontrollmöglichkeiten der Aufsichtsbehörden

---

41 Vgl. Wolfgarten, Wilhelm, in: Boos, Karl-Heinz/Fischer, Reinfrid/Schulte-Mattler, Hermann (Hrsg.), Kreditwesengesetz und VO (EU) Nr. 575/2013, Band 1, 5. Auflage, München, 2016, § 25b KWG, Tz. 4.

42 Vgl. Bundesanstalt für Finanzdienstleistungsaufsicht, Übermittlungsschreiben zum Rundschreiben 18/2005 (BA) vom 20. Dezember 2005, S. 6.

43 Vor der Integration der Auslagerungsregelungen befand sich in AT 9 lediglich ein Hinweis auf § 25a Abs. 2 KWG a. F. und die hierzu erlassenen Verwaltungsvorschriften der BaFin (also z. B. das BaFin-Rundschreiben 11/2001).

44 Gesetz zur Umsetzung der Richtlinie über Märkte für Finanzinstrumente und der Durchführungsrichtlinie der Kommission (Finanzmarktrichtlinie-Umsetzungsgesetz) vom 16. Juli 2007 (BGBl. I S. 1330), veröffentlicht am 19. Juli 2007.

45 Richtlinie 2004/39/EG (MiFID) des Europäischen Parlaments und des Rates vom 21. April 2004 über Märkte für Finanzinstrumente, Amtsblatt der Europäischen Union vom 30. April 2004, L 145/1–44. Die MiFID wurde zum 3. Januar 2018 durch die MiFID II ersetzt. Vgl. Richtlinie 2014/65/EU (MiFID II) des Europäischen Parlaments und des Rates vom 15. Mai 2014 über Märkte für Finanzinstrumente sowie zur Änderung der Richtlinien 2002/92/EG und 2011/61/EU, Amtsblatt der Europäischen Union vom 12. Juni 2014, L 173/349–496.

46 Richtlinie 2006/73/EG (MiFID-Durchführungsrichtlinie) der Europäischen Kommission vom 10. August 2006 zur Durchführung der Richtlinie 2004/39/EG des Europäischen Parlaments und des Rates in Bezug auf die organisatorischen Anforderungen an Wertpapierfirmen und die Bedingungen für die Ausübung ihrer Tätigkeit sowie in Bezug auf die Definition bestimmter Begriffe für die Zwecke der genannten Richtlinie, Amtsblatt der Europäischen Union vom 2. September 2006, L 241/26–58.

und externen Prüfer nicht beeinträchtigt werden. Im Rahmen des Abwicklungsmechanismusgesetzes (AbwMechG)[47] aus dem Jahr 2015 wurde in § 25b Abs. 5 KWG eine Rechtsverordnungsermächtigung geschaffen, um die bisher in den MaRisk enthaltenen Auslagerungsanforderungen zukünftig in eine Verordnung überführen zu können. Bisher wurde von dieser Verordnungsermächtigung allerdings kein Gebrauch gemacht.

Die »fünfte MaRisk-Novelle« vom Oktober 2017 brachte neben der Umbenennung des Moduls **18** AT 9 (»Auslagerung«) auch eine umfassende Überarbeitung der Auslagerungsregelungen mit sich, die vor allem auf Erfahrungen aus der Aufsichts- und Prüfungspraxis zurückzuführen waren. Das Modul AT 9 wurde um vier neue Textziffern ergänzt, die zum Teil neue Vorgaben enthielten und zum Teil bereits bestehende Regelungen ergänzten oder konkretisierten. Die Änderungen sollten die Grenzen von Auslagerungslösungen stärker herausarbeiten und die institutsinterne Überwachung der ausgelagerten Aktivitäten und Prozesse stärken.[48] Da die Institute in erheblichem Umfang IT-Dienstleistungen von Dritten beziehen, sind die Anforderungen der fünften MaRisk-Novelle im engen Zusammenhang mit den »Bankaufsichtlichen Anforderungen an die IT« (BAIT) zu sehen.[49] Die BAIT formulieren insbesondere Vorgaben für den sonstigen Fremdbezug von IT-Dienstleistungen, welche die Anforderungen der MaRisk an Auslagerungen konkretisieren.[50] Im November 2018 hat die deutsche Aufsicht zudem eine Orientierungshilfe zu Auslagerungen an Cloud-Anbieter veröffentlicht.[51] Ziel des Merkblattes ist es, für die beaufsichtigten Unternehmen ein Problembewusstsein im Umgang mit Cloud-Diensten und den damit verbundenen bankaufsichtlichen Anforderungen zu schaffen. Die Orientierungshilfe enthält keine neuen Anforderungen, sondern beschreibt die derzeitige Aufsichtspraxis im Hinblick auf Auslagerungen an Cloud-Anbieter.[52]

Die von der EBA im Februar 2019 veröffentlichten Leitlinien zu Auslagerungen[53] haben die **19** CEBS-Leitlinien aus dem Jahr 2006[54] aktualisiert und die Empfehlungen der EBA zum Outsourcing an Cloud-Anbieter[55] integriert, die beide mit Inkrafttreten dieser EBA-Leitlinien aufgehoben wurden. Die EBA verfolgt mit den Leitlinien das Ziel, die Anforderungen an Auslagerungen europaweit zu harmonisieren und dadurch eine einheitliche Aufsichtspraxis in den EU-Mitgliedstaaten sicherzustellen. Der Anwendungsbereich der Leitlinien umfasst Kreditinstitute, Wertpapierfirmen, Zahlungsinstitute und E-Geld-Institute. Die Leitlinien enthalten neben der Definition einer »Auslagerung« und der Unterscheidung zwischen kritischen/wesentlichen und sonstigen Auslagerungen umfassende Anforderungen an die Institute im Hinblick auf den Governance-Rahmen (Risikomanagement, Organisation, Dokumentation etc.), den Auslagerungsprozess (Risikoanalyse, Due Diligence-Prüfung etc.) sowie detaillierte Mindestanforderungen an die Auslagerungsvereinbarungen. Im Fokus der Leitlinien stehen die kritischen/wesentlichen Auslage-

---

47 Gesetz zur Anpassung des nationalen Bankenabwicklungsrechts an den Einheitlichen Abwicklungsmechanismus und die europäischen Vorgaben zur Bankenabgabe (Abwicklungsmechanismusgesetz – AbwMechG) in der Fassung vom 2. November 2015 (BGBl. I S. 1864), veröffentlicht am 5. November 2015.

48 Vgl. Bundesanstalt für Finanzdienstleistungsaufsicht, Erster Entwurf zur Überarbeitung der MaRisk, Übermittlungsschreiben vom 18. Februar 2016, S. 1.

49 Die BaFin hat die erstmals im November 2017 veröffentlichten BAIT im September 2018 um das Modul Kritische Infrastrukturen ergänzt. Die erste Novelle der BAIT wurde parallel zur sechsten MaRisk-Novelle am 16. August 2021 vorgelegt. Vgl. Bundesanstalt für Finanzdienstleistungsaufsicht, Bankaufsichtliche Anforderungen an die IT (BAIT), Rundschreiben 10/2017 (BA) in der Fassung vom 16. August 2021.

50 Die Vorgaben an den sonstigen Fremdbezug von IT-Dienstleistungen waren in den BAIT aus dem Jahr 2017 noch im Modul 8 enthalten und wurden im Zuge der ersten BAIT-Novelle aus dem Jahr 2021 ohne inhaltliche Änderungen in das Modul 9 überführt.

51 Bundesanstalt für Finanzdienstleistungsaufsicht, Merkblatt – Orientierungshilfe zu Auslagerungen an Cloud-Anbieter, 8. November 2018.

52 Vgl. Bundesanstalt für Finanzdienstleistungsaufsicht, Merkblatt – Orientierungshilfe zu Auslagerungen an Cloud-Anbieter, 8. November 2018, S. 3.

53 European Banking Authority, Leitlinien zu Auslagerungen, EBA/GL/2019/02, 25. Februar 2019.

54 Committee of European Banking Supervisors, Guidelines on Outsourcing, 14. Dezember 2006.

55 European Banking Authority, Empfehlungen zur Auslagerung an Cloud-Anbieter, EBA/REC/2017/03, 28. März 2018.

rungen. Zudem wird der Grundsatz der Proportionalität ausdrücklich betont. Angesichts der Bedeutung gruppen- und verbundinterner Auslagerungen enthalten die Leitlinien sowohl Anforderungen auf der konsolidierten Ebene als auch mögliche Erleichterungen für Auslagerungen innerhalb einer Gruppe oder eines Finanzverbundes. Schließlich formulieren die Leitlinien für die Aufsichtsbehörden explizite Anforderungen an die Überwachung der Auslagerungen, insbesondere für den SREP.

20   Die deutsche Aufsicht hat die EBA-Leitlinien zu Auslagerungen für Institute zum großen Teil mit der »sechsten MaRisk-Novelle« vom August 2021 umgesetzt.[56] Die Änderungen betreffen den gesamten Auslagerungszyklus. So wurden im Modul AT 9 neue Anforderungen an die Risikoanalyse zur Bestimmung der Wesentlichkeit, zur Ausgestaltung des Auslagerungsvertrages sowie zur Steuerung und Überwachung der Risiken von Auslagerungsvereinbarungen aufgenommen bzw. bestehende Vorgaben präzisiert.[57] Darüber hinaus hat zukünftig jedes Institut, das Auslagerungen vornimmt, einen zentralen Auslagerungsbeauftragten zu bestimmen, der ggf. durch ein zentrales Auslagerungsmanagement unterstützt wird. Als neue Dokumentationsanforderung ist vorgesehen, dass die Institute ein aktuelles Auslagerungsregister mit Informationen zu allen Auslagerungsvereinbarungen vorzuhalten haben. Die Anforderungen des AT 9 an Auslagerungen sind ausdrücklich auch auf Gruppenebene anzuwenden. Die bei gruppen- und verbundinternen Auslagerungen gewährten Erleichterungen werden in einer eigenen Textziffer zusammengefasst. Neben neuen Anforderungen enthält die sechste MaRisk-Novelle auch zahlreiche Klarstellungen und Anpassungen, die auf die laufende Prüfungspraxis oder Diskussionen im Fachgremium MaRisk zurückzuführen sind. Im Unterschied zu den EBA-Leitlinien sind die in die MaRisk übernommenen Regelungen deutlich prinzipienorientierter formuliert. Insgesamt umfasst das Modul AT 9 nunmehr 15 Textziffern.

21   Das im Juni 2021 veröffentlichte Finanzmarktintegritätsstärkungsgesetz (FISG) ergänzt die sechste MaRisk-Novelle bei der Überführung der EBA-Leitlinien zu Auslagerungen in nationales Recht.[58] Neben der Einführung einer Definition für »Auslagerungsunternehmen« schafft das FISG eine gesetzliche Grundlage für das von den Instituten für alle Auslagerungen grundsätzlich verpflichtend einzurichtende Auslagerungsregister. Die von den EBA-Leitlinien verlangte Unterrichtung der Aufsicht über wesentliche Auslagerungen wird durch die Aufnahme eines Anzeigetatbestandes in § 24 Abs. 1 Nr. 19 KWG umgesetzt. Zudem werden die Prüfungsrechte der Aufsicht gegenüber dem Auslagerungsunternehmen klarer formuliert und um unmittelbare Auskunftsrechte erweitert. Bei wesentlichen Auslagerungen kann die Aufsicht unter bestimmten Voraussetzungen auch direkt gegenüber dem Auslagerungsunternehmen im Einzelfall Anordnungen treffen.

22   Im Folgenden werden die wesentlichen Entwicklungen der bankaufsichtlichen Anforderungen an Auslagerungen auf der nationalen und der europäischen Ebene im Einzelnen dargestellt.

---

56 Die Umsetzung der Anforderungen an Auslagerungen von Zahlungsinstituten und E-Geld-Instituten gemäß § 1 Abs. 3 ZAG erfolgte in § 26 ZAG. Gemäß § 80 Abs. 6 Satz 1 WpHG muss ein Wertpapierdienstleistungsunternehmen bei einer Auslagerung von Aktivitäten und Prozessen sowie von Finanzdienstleistungen die Anforderungen nach § 25b KWG oder, wenn es sich um ein Wertpapierinstitut handelt, nach den §§ 40 und 64 Abs. 1 Nr. 13 WpIG einhalten. Gemäß AT 2.1 Tz. 2 MaRisk haben Finanzdienstleistungsinstitute und große Wertpapierfirmen nach § 2 Abs. 18 des Wertpapierinstitutsgesetzes, welche aufgrund der Vorgabe des § 4 dieses Gesetzes zur Anwendung der §§ 25a und 25b KWG verpflichtet sind, AT 9 der MaRisk nur insoweit zu beachten, wie dies vor dem Hintergrund der Institutsgröße sowie von Art, Umfang, Komplexität und Risikogehalt der Geschäftsaktivitäten geboten erscheint.

57 Vgl. Bundesanstalt für Finanzdienstleistungsaufsicht, Entwurf der Neufassung des Rundschreibens 09/2017 (BA) – Mindestanforderungen an das Risikomanagement – MaRisk, Übermittlungsschreiben vom 26. Oktober 2020, S. 1.

58 Nach Ansicht der Deutschen Kreditwirtschaft (DK) gehen die neuen Anforderungen des FISG hinsichtlich Auslagerungen zum Teil deutlich über die EBA-Leitlinien hinaus. Die DK kritisiert vor allem die Definition für »Auslagerungsunternehmen«, die neuen Anzeigepflichten sowie die erweiterten Befugnisse und direkten Anweisungsrechte der BaFin gegenüber den Auslagerungsunternehmen. Vgl. Deutsche Kreditwirtschaft, Stellungnahme zum Entwurf eines Gesetzes zur Stärkung der Finanzmarktstabilität, 9. November 2020, S. 4 ff.

1.6.1 Anforderungen an Auslagerungen gemäß Rundschreiben 11/2001

Die Auslegung der Anforderungen an die Auslagerung wesentlicher Aktivitäten und Prozesse auf **23**
andere Unternehmen erfolgte zunächst im Wesentlichen durch das Rundschreiben 11/2001 vom
Dezember 2001.[59] Der endgültigen Veröffentlichung dieses Rundschreibens ging eine intensive,
teils kontroverse Debatte auf Basis mehrerer Entwürfe voraus. Es konnte deshalb erst nach einer
ungewöhnlich langen Konsultationsphase veröffentlicht werden. Zu den Kernelementen des
Rundschreibens gehörten:
- Definition der Auslagerung,
- Regelungen zur Zulässigkeit von Auslagerungen,
- Anforderungen an die Auswahl des Auslagerungsunternehmens,
- diverse Anforderungen an den Auslagerungsvertrag (z. B. Vereinbarung von Weisungsrechten
  und Zustimmungsvorbehalten),
- Anforderungen an die Steuerung und Überwachung der Auslagerungsaktivitäten sowie
- diverse Sonderregelungen (z. B. für Auslagerungen auf so genannte »Mehrmandantendienst-
  leister«).

Gleichwohl wies das Rundschreiben 11/2001 aus heutiger Sicht Defizite auf. Insbesondere der **24**
hohe Detaillierungsgrad und einige Inkonsistenzen führten dazu, dass sich die Anwendung der
Regelungen sowohl in der Praxis der Institute als auch bei der Aufsicht als schwierig erwies.

Eine wichtige Rolle spielte darüber hinaus das so genannte »Vertragsprüfungsverfahren«. **25**
Gemäß § 25a Abs. 2 Satz 3 KWG a. F. hatten die Institute sowohl die Absicht als auch den Vollzug
wesentlicher Auslagerungen unverzüglich bei der Aufsicht anzuzeigen. Diesen Anzeigen waren
gemäß § 20 der Anzeigenverordnung (AnzV) a. F. Kopien des Auslagerungsvertrages sowie eine
Erklärung des Auslagerungsunternehmens beizufügen, aus denen hervorging, dass Weisungs-
befugnisse gegenüber dem Auslagerungsunternehmen sowie Prüfungsrechte der Aufsicht vereinbart wurden. Die einzureichenden Unterlagen wurden von der Aufsicht geprüft. Dieses ursprünglich auf die Überprüfung der Weisungs- und Prüfungsrechte ausgerichtete Vertragsprüfungsverfahren ist nach Veröffentlichung des Rundschreibens 11/2001 auf zahlreiche weitere Aspekte
ausgedehnt worden. Das Vertragsprüfungsverfahren hat in der bankaufsichtlichen Praxis jedoch
häufig zu einer unter Risikogesichtspunkten falschen Schwerpunktsetzung geführt. Auch von den
Instituten wurde das Verfahren teilweise als unnötiger, wenig risikoorientierter Bürokratismus
empfunden. Es wurde deshalb zum 31. Dezember 2006 durch eine Änderung der AnzV abgeschafft. Die Anzeigepflichten (Absichts- und Vollzugsanzeige) entfielen mit dem Inkrafttreten des
FRUG zum 1. November 2007 (→ AT 1 Tz. 1).

1.6.2 Überführung der Anforderungen an Auslagerungen in die MaRisk

Die Integration der Anforderungen an die Zulässigkeit und Ausgestaltung der Auslagerung von **26**
Aktivitäten und Prozessen auf Dritte erfolgte im Zuge der ersten MaRisk-Novelle aus dem Jahr
2007. Die in die MaRisk überführten Auslagerungsregelungen hielten und halten unter inhaltlichen Gesichtspunkten an vielen Grundgedanken des Rundschreibens 11/2001 fest. Zentrale
Elemente des Rundschreibens, wie etwa die Unterscheidung zwischen »wesentlichen« und »nicht
wesentlichen« Auslagerungen, wurden im Rahmen der ersten MaRisk-Novelle beibehalten. Die
eigentliche Neuerung gegenüber dem Rundschreiben bestand darin, dass dem Management

---

59 Bundesaufsichtsamt für das Kreditwesen, Auslagerung von Bereichen auf ein anderes Unternehmen gemäß § 25a Abs. 2
KWG, Rundschreiben 11/2001 vom 6. Dezember 2001.

auslagerungsspezifischer Risiken ein deutlich größeres Gewicht eingeräumt wird. Im Kern geht es für die Institute vor allem darum, die ausgelagerten Aktivitäten und Prozesse in eine angemessene »Sourcing-Governance« einzubetten, um auf diese Weise den Anforderungen von § 25b KWG Rechnung zu tragen.

27   So haben die Institute selbst die »Wesentlichkeit« einer Auslagerung auf Basis einer Risikoanalyse zu bestimmen (→ AT 9 Tz. 2). Diese Analyse muss alle Aspekte der Auslagerung umfassen, die für eine angemessene Einbindung der ausgelagerten Aktivitäten und Prozesse in das Risikomanagement maßgeblich sind. Hinsichtlich ihrer Ausgestaltung existieren keine konkreten Vorgaben. Es kann daher durchaus unterschiedliche Lösungen geben, um dem Sinn und Zweck der Anforderung zu entsprechen. Die Auslagerungsregelungen knüpfen insofern nahtlos an die prinzipienorientierte Ausrichtung der MaRisk an. Auf Detailregelungen und Festschreibungen wurde bewusst verzichtet. An deren Stelle treten Öffnungsklauseln, die den Instituten Spielräume für maßgeschneiderte Umsetzungslösungen lassen. Die deutsche Aufsicht hat ausdrücklich darauf hingewiesen, dass sie von den Instituten erwartet, die Gestaltungsspielräume auf sachgerechte Weise mit Leben zu füllen, um somit ihrer Verantwortung gerecht zu werden.[60]

28   Bei der Überarbeitung der Auslagerungsregelungen im Rahmen der ersten MaRisk-Novelle mussten auch Entwicklungen auf EU-Ebene berücksichtigt werden. Von Relevanz waren insbesondere die Vorgaben der »MiFID« und der »MiFID-Durchführungsrichtlinie«. Durch diese Regelwerke sollten die Bedingungen für den Wertpapierhandel in Europa weiter harmonisiert werden. Beide Richtlinien enthalten aber auch Vorgaben, die die Auslagerung betrieblicher Aufgaben auf Dritte betreffen (→ AT 1 Tz. 4).

29   Die relevanten Vorgaben der MiFID selbst sind relativ allgemein formuliert. So haben die Wertpapierfirmen nach Art. 13 Abs. 5 MiFID sicherzustellen, dass beim Rückgriff auf Dritte zur Wahrnehmung betrieblicher Aufgaben angemessene Vorkehrungen zu treffen sind, um unnötige zusätzliche Geschäftsrisiken zu vermeiden. Deutlich konkreter sind die Regelungen der MiFID-Durchführungsrichtlinie. Die dort in den Art. 13 und 14 niedergelegten Anforderungen reichen vom Schutz vertraulicher Informationen bis hin zu Notfallplänen, die von der Wertpapierfirma und dem Dienstleister gemeinsam festzulegen sind. Der von der MiFID und der MiFID-Durchführungsrichtlinie geforderte zusätzliche Grad an Konkretisierung war bei der Entwicklung der neuen MaRisk zu berücksichtigen.

30   Neben den Richtlinienvorgaben spielten bei der Entwicklung der neuen Auslagerungsregelungen auch die von CEBS[61] im Dezember 2006 veröffentlichten Leitlinien zu Auslagerungen[62] eine Rolle. Befürchtungen der Industrie vor einer Doppelregulierung (MiFID, CEBS-Leitlinien) konnten weitgehend ausgeräumt werden. Zum einen sind die Vorgaben der MiFID deutlich verbindlicher als die CEBS-Leitlinien und haben damit Vorrang. Zum anderen stimmen die CEBS-Leitlinien weitgehend mit den korrespondierenden Anforderungen der MiFID überein.[63]

---

60 Vgl. Bundesanstalt für Finanzdienstleistungsaufsicht, Übermittlungsschreiben zum Rundschreiben 5/2007 (BA) vom 30. Oktober 2007, S. 2.

61 Der Ausschuss der Europäischen Bankaufsichtsbehörden (»Committee of European Banking Supervisors«, CEBS) war bis Ende 2010 die Vorgängerinstitution der European Banking Authority (EBA).

62 Committee of European Banking Supervisors, Guidelines on Outsourcing, 14. Dezember 2006. Die CEBS-Leitlinien sind mit Inkrafttreten der im Februar 2019 veröffentlichten EBA-Leitlinien zu Auslagerungen aufgehoben worden.

63 Bemerkenswert ist im Grunde genommen nur eine Abweichung. CEBS hält eine zeitnahe Information der Aufsichtsbehörden durch die Institute bei wesentlichen Auslagerungen für erforderlich. Die (verbindlichen) Vorgaben der MiFID und ihrer Durchführungsrichtlinie sehen hingegen derartige Informationspflichten nicht vor, was den Gesetzgeber dazu bewogen hat, die Anzeigepflichten nach § 25a Abs. 2 Satz 3 KWG a. F. zu streichen. Vgl. Committee of European Banking Supervisors, Guidelines on Outsourcing, 14. Dezember 2006, S. 4.

1.6.3 Änderungen des § 25a Abs. 2 KWG a. F. durch das FRUG

Die aufgrund der MiFID und der MiFID-Durchführungsrichtlinie erforderlichen Anpassungen des 31
§ 25a Abs. 2 KWG a. F. (jetzt § 25b KWG) erfolgten im Wesentlichen durch das »Finanzmarktrichtlinie-Umsetzungsgesetz« (FRUG), das gleichzeitig mit der ersten MaRisk-Novelle am 1.
November 2007 in Kraft trat. Mit dem FRUG wurde der Anwendungsbereich der Regelung über
die erlaubnispflichtigen Geschäfte hinaus auf »sonstige institutstypische Dienstleistungen« erweitert. Darüber hinaus verankerte das FRUG in § 25a Abs. 2 Satz 1 KWG a. F. (jetzt § 25b KWG)
ausdrücklich das Proportionalitätsprinzip und legte somit die Grundlage für den prinzipienorientierten Ansatz der MaRisk bei den Auslagerungsregelungen. Die Institute sind nunmehr dazu
verpflichtet, abhängig von Art, Umfang, Komplexität und Risikogehalt einer Auslagerung von
Aktivitäten und Prozessen auf ein anderes Unternehmen, die für die Durchführung von Bankgeschäften, Finanzdienstleistungen oder sonstigen institutstypischen Dienstleistungen wesentlich
sind, angemessene Vorkehrungen zu treffen, um übermäßige zusätzliche Risiken zu vermeiden.
Gleichzeitig entfielen die bis zu diesem Zeitpunkt bestehenden Anzeigepflichten der Institute nach
§ 25a Abs. 2 Satz 3 KWG a. F. (Absichts- und Vollzugsanzeigen).

Darüber hinaus erweiterte das FRUG die Anordnungsbefugnisse der BaFin bei wesentlichen 32
Auslagerungen. Die BaFin kann nunmehr bei einer Beeinträchtigung ihrer Prüfungsrechte und
Kontrollmöglichkeiten im Einzelfall geeignete und erforderliche Anordnungen zur Beseitigung
dieser Beeinträchtigung treffen. Der im Zuge des FRUG eingefügte § 25a Abs. 3 KWG a. F. ist mit
dem CRD IV-Umsetzungsgesetz zum 1. Januar 2014 ohne inhaltliche Änderung in § 25b Abs. 4
KWG überführt worden.

Die sonstigen gesetzlichen Änderungen durch das FRUG bewegten sich schwerpunktmäßig im 33
redaktionellen Bereich. Vor Inkrafttreten des FRUG wurde z.B. in § 25a Abs. 2 KWG a. F. im
Zusammenhang mit einer Auslagerung der Begriff »Bereiche« verwendet, während im Rundschreiben 11/2001 von der Auslagerung von »Tätigkeiten und Funktionen« die Rede war. Seit
Inkrafttreten des FRUG wird in § 25a Abs. 2 KWG a. F. (jetzt § 25b KWG) und den MaRisk
einheitlich von der Auslagerung von »Aktivitäten und Prozessen« gesprochen. Trotz der nicht
unerheblichen Ausdehnung des Textumfangs wiederholte der geänderte § 25a Abs. 2 KWG a. F.
(jetzt § 25b KWG) im Großen und Ganzen altbekannte Regelungselemente (z. B. Sicherstellung der
Auskunfts- und Prüfungsrechte sowie Kontrollmöglichkeiten der BaFin).

1.7 § 25b KWG als zentraler Regelungsrahmen für Auslagerungen

Nachdem § 25a Abs. 2 und 3 KWG a. F. mit dem CRD IV-Umsetzungsgesetz zum 1. Januar 2014 ohne 34
inhaltliche Änderung in § 25b KWG überführt wurden, ist nunmehr § 25b KWG der zentrale
gesetzliche Regelungsrahmen für die Auslagerungsaktivitäten der Institute. Die Regelung ist -
ebenso wie die Vorgängervorschrift § 25a Abs. 2 und 3 KWG a. F. - gesetzestechnisch ungenau.[64]
So ist insbesondere die Verknüpfung von § 25b KWG mit dem die Vorschrift konkretisierenden
Modul AT 9 nur unzureichend gelungen. Gemäß § 25b Abs. 1 Satz 1 KWG muss ein Institut abhängig
von Art, Umfang, Komplexität und Risikogehalt einer Auslagerung von Aktivitäten und Prozessen
auf ein anderes Unternehmen, die für die Durchführung von Bankgeschäften, Finanzdienstleistungen oder sonstigen institutstypischen Dienstleistungen wesentlich sind, angemessene Vorkehrungen
treffen, um übermäßige zusätzliche Risiken zu vermeiden. Der Begriff »wesentlich« bezieht sich im

---

64 Das Zusammenspiel von KWG und MaRisk wird in der Fachliteratur insgesamt kritisch beurteilt. Vgl. Langen, Markus/
Donner, Kirsten, in: Schwennicke, Andreas/Auerbach, Dirk (Hrsg.), KWG, 4. Auflage, München, 2021, § 25b, Tz. 1.

KWG insofern auf die Bedeutung der von der Auslagerung betroffenen Aktivitäten und Prozesse für die Bankgeschäfte, Finanzdienstleistungen und sonstigen institutstypischen Dienstleistungen.[65] Gemäß AT 9 Tz. 1 liegt eine Auslagerung vor, wenn ein anderes Unternehmen mit der Wahrnehmung solcher Aktivitäten und Prozesse im Zusammenhang mit der Durchführung von Bankgeschäften, Finanzdienstleistungen oder sonstigen institutstypischen Dienstleistungen beauftragt wird, die ansonsten vom Institut selbst erbracht würden (→ AT 9 Tz. 1). Anschließend wird klargestellt, dass die Wesentlichkeit der ausgelagerten Aktivitäten und Prozesse vom Institut auf Basis einer Risikoanalyse unter Risikogesichtspunkten festzulegen ist (→ AT 9 Tz. 2). Somit sind im KWG zentrale Aspekte der damaligen Neuausrichtung der Auslagerungsanforderungen durch die MaRisk, wie die Durchführung einer »Risikoanalyse« zur Bestimmung der Wesentlichkeit (und die Einschränkung auf Aktivitäten und Prozesse, »die ansonsten vom Institut selbst erbracht würden«), nicht enthalten. Da § 25b Abs. 1 Satz 1 KWG durch die MaRisk konkretisiert wird, besteht – unabhängig von der sprachlichen Unschärfe – im Ergebnis Einigkeit, dass auch der Begriff der Wesentlichkeit in § 25b Abs. 1 Satz 1 KWG risikoorientiert zu bestimmen ist.

35   Bis zum Inkrafttreten des Finanzmarktintegritätsstärkungsgesetzes (FISG) im Jahr 2021 bestand weitgehende Einigkeit, dass die Anforderungen des § 25b KWG und die daran geknüpften Konkretisierungen im Modul AT 9 insgesamt nur auf »wesentliche« Auslagerungen anzuwenden waren.[66] Bei unter Risikogesichtspunkten »nicht wesentlichen« Auslagerungen im Sinne der MaRisk hatten die Institute lediglich die allgemeinen Anforderungen an die Ordnungsmäßigkeit der Geschäftsorganisation gemäß § 25a Abs. 1 KWG zu beachten (→ AT 9 Tz. 3). Das FISG ändert diese Systematik, da § 25b KWG nunmehr teilweise auch Vorgaben für nicht wesentliche Auslagerungen formuliert. So muss das von den Instituten gemäß § 25b Abs. 1 Satz 4 KWG ab dem 1. Januar 2022 vorzuhaltende Auslagerungsregister sämtliche Auslagerungen umfassen, d.h. wesentliche und nicht wesentliche Auslagerungen. Zudem wird mit dem FISG u.a. in § 1 Abs. 10 KWG die Definition eines Auslagerungsunternehmens eingeführt, für die es unerheblich ist, ob es sich um wesentliche oder nicht wesentliche Auslagerungen handelt.[67]

36   Diese Änderung der Systematik wird im Zuge der sechsten MaRisk-Novelle nachvollzogen.[68] Wie bisher haben die Institute zentrale Vorgaben des AT 9 zwar ausdrücklich nur bei wesentlichen Auslagerungen einzuhalten.[69] Mit der sechsten MaRisk-Novelle werden jedoch Anforderungen formuliert, die auch für nicht wesentliche Auslagerungen gelten. Dazu gehören (möglichst) die vertragliche Vereinbarung von Informations- und Prüfungsrechten, sofern die Auslagerungen absehbar wesentlich werden könnten (→ AT 9 Tz. 7 lit. h und i), und Regelungen zu sonstigen Sicherheitsanforderungen (→ AT 9 Tz. 7 lit. k). Auch die angemessene Steuerung der Auslagerungsrisiken und die ordnungsgemäße Überwachung der Ausführung der ausgelagerten Aktivitäten und Prozesse (→ AT 9 Tz. 9) wird nicht mehr auf die wesentlichen Auslagerungen eingeschränkt. Sowohl auf nicht wesentliche als auch auf wesentliche Auslagerungen sind die Anfor-

---

65 Dies entspricht dem »wesentlichen Bereich« in Tz. 10 des inzwischen aufgehobenen BaFin-Rundschreibens 11/2001.

66 Vgl. Hannemann, Ralf/Steinbrecher, Ira/Weigl, Thomas, Mindestanforderungen an das Risikomanagement (MaRisk), Kommentar, 5. Auflage, Stuttgart, 2019, S. 887; Langen, Markus/Donner, Kirsten, in: Schwennicke, Andreas/Auerbach, Dirk (Hrsg.), KWG, 4. Auflage, München, 2021, § 25b, Tz. 1; Wolfgarten, Wilhelm, in: Boos, Karl-Heinz/Fischer, Reinfrid/Schulte-Mattler, Hermann (Hrsg.), Kreditwesengesetz und VO (EU) Nr. 575/2013, Band 1, 5. Auflage, München, 2016, § 25b KWG, Tz. 42.

67 In der Gesetzesbegründung wird klargestellt, dass das KWG zukünftig auch in denjenigen Vorschriften von Auslagerungsunternehmen spricht, die sich nicht ausschließlich auf wesentliche Auslagerungen beziehen. Vgl. Gesetzesentwurf der Bundesregierung, Entwurf eines Gesetzes zur Stärkung der Finanzmarktintegrität (Finanzmarktintegritätsstärkungsgesetz – FISG) vom 16. Dezember 2020, S. 104.

68 Bis zur sechsten MaRisk-Novelle bestand im Hinblick auf das Modul AT 9 weitgehende Einigkeit, dass sich die Anforderungen der Tz. 4 bis 13 ausschließlich auf wesentliche Auslagerungen beziehen. Die Tz. 1 enthält lediglich die Definition einer Auslagerung. Die Tz. 2 formuliert die Anforderungen an die Risikoanalyse, welche die Wesentlichkeit bewertet. Die Tz. 3 stellt klar, dass Institute bei unter Risikogesichtspunkten nicht wesentlichen Auslagerungen die allgemeinen Anforderungen an die Ordnungsmäßigkeit der Geschäftsorganisation gemäß § 25a Abs. 1 KWG zu beachten haben. Die Tz. 4 betrifft mit den Auslagerungsverboten zwar grundsätzlich alle Auslagerungen, allerdings kann davon ausgegangen werden, dass die dort genannten Fallgestaltungen alle auf wesentliche Auslagerungen hinauslaufen.

69 Die BaFin verwendet hierfür auch die Formulierung »erweiterte Anforderungen« (→ AT 9 Tz. 11, Erläuterung).

derungen an die Zulässigkeit von Auslagerungen (→ AT 9 Tz. 4), die besonderen Anforderungen an die Auslagerungen der Kontroll- und Kernbankbereiche (→ AT 9 Tz. 5), den zentralen Auslagerungsbeauftragten und ggf. das zentrale Auslagerungsmanagement (→ AT 9 Tz. 12 und 13) sowie das Auslagerungsregister (→ AT 9 Tz. 14) anzuwenden. Bei wesentlichen Auslagerungen sind weitergehende Vorgaben für die Ausgestaltung des Auslagerungsvertrages (→ AT 9 Tz. 7), die Weiterverlagerungen (→ AT 9 Tz. 8 und 11) und für die Dokumentation, Steuerung und Überwachung (→ AT 9 Tz. 10) einzuhalten sowie besondere Aspekte bei der Beendigung von Auslagerungen (→ AT 9 Tz. 6) zu beachten. Zudem gelten die Erleichterungen bei einer anderweitigen Durchführung der Revisionstätigkeit seit der sechsten MaRisk-Novelle für sämtliche Auslagerungen (→ BT 2 Tz. 3). Diese Vorgehensweise entspricht den Vorstellungen der EBA, die in ihren Leitlinien aufsichtliche Anforderungen sowohl an kritische/wesentliche als auch an sonstige Auslagerungen formuliert, wobei für die kritischen/wesentlichen Auslagerungen deutlich strengere Vorgaben gelten.

1.7.1 Verhältnis von § 25b KWG zu § 25a Abs. 1 KWG

Die Anforderungen an die Auslagerung von Aktivitäten und Prozessen nach § 25b KWG sind nicht isoliert zu betrachten. Vielmehr besteht zwischen § 25a Abs. 1 KWG und § 25b KWG ein enger Zusammenhang. Gemäß § 25a Abs. 1 Satz 1 KWG muss ein Institut über eine ordnungsgemäße Geschäftsorganisation verfügen, die die Einhaltung der vom Institut zu beachtenden gesetzlichen Bestimmungen und der betriebswirtschaftlichen Notwendigkeiten gewährleistet. Die Geschäftsleiter sind für die ordnungsgemäße Geschäftsorganisation verantwortlich (§ 25a Abs. 1 Satz 2 KWG). Die nach § 25a Abs. 1 KWG notwendige ordnungsgemäße Geschäftsorganisation umfasst insbesondere ein angemessenes und wirksames Risikomanagement, das u. a. die Festlegung von Strategien, Verfahren zur Ermittlung und Sicherstellung der Risikotragfähigkeit sowie die Einrichtung interner Kontrollverfahren einschließlich einer Internen Revision und eines internen Kontrollsystems einschließt. **37**

Als Spezialregelung für Auslagerungen ergänzt, konkretisiert und überlagert § 25b KWG die allgemeinen Anforderungen an eine ordnungsgemäße Geschäftsorganisation gemäß § 25a Abs. 1 KWG. § 25b KWG stellt für wesentliche Auslagerungen im Zusammenhang mit der Durchführung von Bankgeschäften, Finanzdienstleistungen und sonstigen institutstypischen Dienstleistungen im Hinblick auf die Ordnungsmäßigkeit der Geschäftsorganisation, die Verantwortung der Geschäftsleitung sowie ein angemessenes und wirksames Risikomanagement grundsätzlich dieselben Anforderungen wie § 25a Abs. 1 KWG bei einer institutseigenen Leistungserbringung. Seit dem Inkrafttreten des Finanzmarktintegritätsstärkungsgesetzes ist die Regelung im Hinblick auf das von den Instituten einzurichtende Auslagerungsregister auf sämtliche Auslagerungen anzuwenden (§ 25b Abs. 1 Satz 4 KWG). **38**

Der sonstige Fremdbezug von Leistungen ist nicht als Auslagerung im Sinne der MaRisk zu qualifizieren (→ AT 9 Tz. 1, Erläuterung). Da auch der sonstige Fremdbezug von Leistungen nicht vollkommen risikofrei ist, ist insoweit auf die allgemeinen Anforderungen an die Ordnungsmäßigkeit der Geschäftsorganisation gemäß § 25a Abs. 1 KWG abzustellen.[70] Auf den sonstigen Fremdbezug von Leistungen sind die Anforderungen des § 25b KWG nicht anzuwenden (→ AT 9 Tz. 3). **39**

---

[70] Für den sonstigen Fremdbezug von IT-Dienstleistungen gelten allerdings die besonderen Anforderungen aus dem Modul 9 der BAIT. Wegen der grundlegenden Bedeutung der IT für die Institute haben diese auch für jeden sonstigen Fremdbezug von IT-Dienstleistungen vorab eine Risikobewertung durchzuführen. Darüber hinaus ist der sonstige Fremdbezug von IT-Dienstleistungen im Einklang mit den Strategien unter Berücksichtigung der Risikobewertung des Institutes zu steuern. Die Erbringung der vom Dienstleister geschuldeten Leistung ist entsprechend der Risikobewertung zu überwachen (Tz. 9.2 und 9.3 BAIT). Vgl. Bundesanstalt für Finanzdienstleistungsaufsicht, Bankaufsichtliche Anforderungen an die IT (BAIT), Rundschreiben 10/2017 (BA) in der Fassung vom 16. August 2021.

1.7.2 Anwendungsbereich von § 25b KWG

40 Der Anwendungsbereich des § 25b KWG erstreckt sich auf Institute gemäß § 1 Abs. 1b KWG, d.h. auf Kreditinstitute und Finanzdienstleistungsinstitute. Wertpapierdienstleistungsunternehmen müssen gemäß § 80 Abs. 6 Satz 1 WpHG bei einer Auslagerung von Aktivitäten und Prozessen sowie von Finanzdienstleistungen grundsätzlich ebenfalls die Anforderungen nach § 25b KWG oder, wenn es sich um ein Wertpapierinstitut handelt, nach den §§ 40 und 64 Abs. 1 Nr. 13 WpIG einhalten. Finanzdienstleistungsinstitute und große Wertpapierfirmen gemäß § 2 Abs. 18 WpIG, welche nach § 4 WpIG zur Anwendung des § 25a KWG und § 25b KWG verpflichtet sind, haben das Modul AT 9 nur insoweit zu beachten, wie dies vor dem Hintergrund der Institutsgröße sowie von Art, Umfang, Komplexität und Risikogehalt der Geschäftsaktivitäten geboten erscheint (→ AT 2.1 Tz. 2).[71]

41 Für Zahlungsinstitute und E-Geld-Institute gemäß § 1 Abs. 3 ZAG enthält § 26 ZAG spezielle Anforderungen an Auslagerungen. Die Regelung, die sich sehr stark an § 25b KWG orientiert, wird in zwei Spezialfällen durch § 25 ZAG (Inanspruchnahme von Agenten) und § 32 ZAG (Vertrieb und Rücktausch von E-Geld durch E-Geld-Agenten) ergänzt. § 26 ZAG ist nicht anwendbar auf CRR-Institute, für die § 25b KWG gilt. Allerdings können in Ausnahmefällen § 25b KWG und § 26 ZAG nebeneinander zur Anwendung kommen, z.B. für Zahlungsinstitute, die auch der Beaufsichtigung nach dem KWG unterliegen, z.B. Institute, die Leasing-Leistungen gemäß § 1 Abs. 1a Satz 2 Nr. 10 KWG erbringen.[72]

1.7.3 Anwendbarkeit des § 25b KWG auf Gruppenebene

42 Das KWG regelt nicht ausdrücklich, ob das übergeordnete Unternehmen einer Institutsgruppe, Finanzholding-Gruppe, gemischten Finanzholding-Gruppe oder Unterkonsolidierungsgruppe nach Art. 22 CRR für die Einhaltung des § 25b KWG auf Gruppenebene verantwortlich ist. Dagegen spricht, dass § 25a Abs. 3 Satz 1 KWG nur die in § 25a Abs. 1 und 2 KWG genannten Organisationspflichten für die Gruppe als anwendbar erklärt und ein Verweis auf § 25b KWG fehlt. Die Geschäftsleiter des übergeordneten Unternehmens haben jedoch gemäß § 25c Abs. 4b Satz 2 Nr. 6 KWG dafür Sorge zu tragen, dass bei wesentlichen Auslagerungen von Aktivitäten und Prozessen auf ein anderes Unternehmen mindestens angemessene Verfahren und Konzepte eingerichtet sind, um übermäßige zusätzliche Risiken sowie eine Beeinträchtigung der Ordnungsmäßigkeit der Geschäfte, Dienstleistungen und Geschäftsorganisation im Sinne des § 25a Abs. 1 KWG zu vermeiden. Diese Sicherstellungspflicht der Geschäftsleiter des übergeordneten Unternehmens spricht für eine mittelbare Anwendung des § 25b KWG auf Gruppenebene.[73]

43 Seit der fünften MaRisk-Novelle aus dem Jahr 2017 haben die Institute die Risikoanalyse auch auf der Grundlage von gruppenweit einheitlichen Rahmenvorgaben durchzuführen (→ AT 9 Tz. 2). Mit der sechsten MaRisk-Novelle aus dem Jahr 2021 wird weitergehend verlangt, dass alle Anforderungen des Moduls AT 9 auf Gruppenebene einzuhalten sind. Für die Einhaltung auf Gruppenebene ist das übergeordnete Unternehmen verantwortlich (→ AT 4.5 Tz. 1, Erläuterung). Allerdings dürfte damit keine Eins-zu-eins-Übertragung der Regelungen des AT 9 für das einzelne Institut auf die Gruppe gemeint sein. So können z.B. die Anforderungen an den Auslagerungs-

---

71 Zu der Klassifizierung von Instituten in große, mittlere und kleine Wertpapierinstitute vgl. Deutsche Bundesbank, Ein neuer europäischer Aufsichtsrahmen für Wertpapierfirmen, in: Monatsbericht, März 2021, S. 45 ff.

72 Vgl. Terlau, Matthias, in: Casper, Matthias/Terlau, Matthias (Hrsg.), Zahlungsdiensteaufsichtsgesetz (ZAG) – Das Aufsichtsrecht des Zahlungsverkehrs und des E-Geldes, 2. Auflage, München, 2020, § 26, Tz. 29.

73 So auch Wolfgarten, Wilhelm, in: Boos, Karl-Heinz/Fischer, Reinfrid/Schulte-Mattler, Hermann (Hrsg.), Kreditwesengesetz und VO (EU) Nr. 575/2013, Band 1, 5. Auflage, München, 2016, § 25b KWG, Tz. 15; Benzler, Marc/Krieger, Kai, in: Binder, Jens-Hinrich/Glos, Alexander/Riege, Jan (Hrsg.), Handbuch Bankenaufsichtsrecht, Köln, 2018, § 11, Tz. 186.

vertrag nur schwer auf eine Institutsgruppe oder (gemischte) Finanzholding-Gruppe ohne eigene Rechtspersönlichkeit übertragen werden. Darüber hinaus sind die Einrichtung eines zentralen Auslagerungsmanagements oder die Einrichtung und Führung eines zentralen Auslagerungsregisters auf Gruppenebene nicht verpflichtend, sondern stellen für die gruppenangehörigen Institute Vereinfachungen dar. Eine zentrale Umsetzung dieser Anforderungen kann für die gruppenangehörigen Institute mit signifikanten Kostenersparnissen und Effizienzvorteilen verbunden sein (→ AT 9 Tz. 15). Im Ergebnis dürfte es sich daher lediglich um eine »entsprechende« Anwendung der Anforderungen des AT 9 auf Gruppenebene handeln, d.h. im Wesentlichen um Rahmenvorgaben des übergeordneten Unternehmens für die nachgeordneten Institute (→ AT 4.5 Tz. 1). Im Zuge der endgültigen Fassung der sechsten MaRisk-Novelle wurde von der Aufsicht in den Erläuterungen explizit ergänzt, dass hinsichtlich der Auslagerungsanforderungen auf Gruppenebene »die Anwendung des AT 9 Tz. 15 unbeschadet gilt«.

Das stimmt auch mit den Vorstellungen der EBA in den Leitlinien zu Auslagerungen überein, wonach das Mutterunternehmen sicherstellen sollte, dass die internen Governance-Regelungen, Prozesse und Verfahren in den Tochterunternehmen konsistent, gut integriert und angemessen sind.[74] Das Mutterunternehmen hat in gruppenweiten Auslagerungsrichtlinien Rahmenvorgaben für die Definitionen der Grundsätze, Zuständigkeiten und Prozesse in Bezug auf Auslagerungen festzulegen.[75] Darüber hinaus hat das Mutterunternehmen ggf. ein gruppenweites Auslagerungsregister einzurichten, in dem die Auslagerungsvereinbarungen der gruppenangehörigen Unternehmen erfasst sind.[76] Falls gruppen- bzw. verbundintern ein zentrales Auslagerungsregister eingerichtet und geführt wird, muss sichergestellt sein, dass das einzelne Institut und die zuständige Aufsichtsbehörde das individuelle Auslagerungsregister bei Bedarf ohne größere Verzögerung erhalten (→ AT 9 Tz. 15 lit. e). **44**

Den EBA-Leitlinien zufolge haben diejenigen Institute, denen die Aufsichtsbehörde einen »Waiver« gemäß Art. 7 CRR genehmigt hat, die Anforderungen an Auslagerungen nur auf der Ebene des Mutterunternehmens oder Zentralinstitutes einzuhalten.[77] Die Regelung wurde bisher nicht in nationales Recht umgesetzt, da § 2a Abs. 2 KWG nicht auf § 25b Abs. 1 und 2 KWG verweist. Die Deutsche Kreditwirtschaft (DK) hat im Rahmen der Konsultation sowohl der sechsten MaRisk-Novelle als auch des Finanzmarktintegritätsstärkungsgesetzes die Einführung der Möglichkeit eines Waivers gemäß Art. 7 CRR explizit eingefordert, da dieser über die mit der sechsten MaRisk-Novelle aufgenommenen Erleichterungen im Hinblick auf Gruppen oder Finanzverbünde deutlich hinausgeht (→ AT 9 Tz. 15).[78] Nach Ansicht der Aufsicht sollen demgegenüber gemäß § 25b Abs. 1 Satz 1 KWG übermäßige zusätzliche Risiken infolge von Auslagerungen durch ein angemessenes Risikomanagement vermieden werden. Es handelt sich somit nicht um Risiken, die im Rahmen des Gruppenrisikomanagements adressiert werden können (d.h. über § 2a Abs. 2 KWG, der Ausnahmen für gruppen- und verbundangehörige Institute enthält), sondern um zusätzliche Risiken durch die Auslagerung. Vor diesem Hintergrund würde eine generelle Freistellung von den Anforderungen des § 25b Abs. 1 Satz 1 und 3 KWG aus Sicht der Aufsicht dazu führen, dass diese Auslagerungsrisiken nicht mehr adressiert würden.[79] **45**

---

74 Vgl. European Banking Authority, Leitlinien zu Auslagerungen, EBA/GL/2019/02, 25. Februar 2019, S. 8f.

75 Vgl. European Banking Authority, Leitlinien zu Auslagerungen, EBA/GL/2019/02, 25. Februar 2019, S. 18ff.

76 Vgl. European Banking Authority, Leitlinien zu Auslagerungen, EBA/GL/2019/02, 25. Februar 2019, S. 22f.

77 Vgl. European Banking Authority, Leitlinien zu Auslagerungen, EBA/GL/2019/02, 25. Februar 2019, S. 10.

78 Vgl. Deutsche Kreditwirtschaft, BaFin-Konsultation 14/2020 – Mindestanforderungen an das Risikomanagement, Stellungnahme vom 4. Dezember 2020, S. 23; Deutsche Kreditwirtschaft, Stellungnahme zum Entwurf eines Gesetzes zur Stärkung der Finanzmarktstabilität, 9. November 2020, S. 4.

79 Vgl. Bundesanstalt für Finanzdienstleistungsaufsicht, Protokoll der Sitzung des MaRisk-Fachgremiums am 4. März 2021, S. 15.

1.7.4 Grundsätzliche Anforderungen an Auslagerungen (§ 25b Abs. 1 und 2 KWG)

46   Nach § 25b Abs. 1 Satz 1 KWG muss ein Institut bei einer Auslagerung von Aktivitäten oder Prozessen auf ein anderes Unternehmen, die für die Durchführung von Bankgeschäften, Finanzdienstleistungen oder institutstypischen Dienstleistungen wesentlich sind, angemessene Vorkehrungen treffen, um übermäßige zusätzliche Risiken zu vermeiden. Die alte Regelung des § 25a Abs. 2 KWG a.F. beschränkte sich zunächst auf die Auslagerung von Bereichen im Zusammenhang mit Bankgeschäften und Finanzdienstleistungen. Alle übrigen Geschäfte, die Institute üblicherweise erbringen, fielen nicht unter diese Vorschrift. Mit Inkrafttreten des FRUG zum 1. November 2017 wurde der sachliche Anwendungsbereich der Vorschrift auf »sonstige institutstypische Dienstleistungen« erweitert. Folgerichtig nimmt die Definition der Auslagerung in den MaRisk neben den Bankgeschäften und Finanzdienstleistungen auch auf sonstige institutstypische Dienstleistungen Bezug (→ AT 9 Tz. 1).

47   Die vom Institut zu treffenden Vorkehrungen müssen abhängig von Art, Umfang, Komplexität und Risikogehalt der Auslagerung angemessen sein. Die Regelung ist Ausfluss des Proportionalitätsprinzips, das mit dem FRUG ausdrücklich in § 25a Abs. 2 KWG a.F. (jetzt § 25b Abs. 1 Satz 1 KWG) verankert wurde. Der Grundsatz der Proportionalität ermöglicht die prinzipienorientierte Ausrichtung der Auslagerungsregelungen in den MaRisk, die bewusst auf Detailregelungen und Festschreibungen verzichten. Er findet z.B. bei der Intensität der vom Institut durchzuführenden Risikoanalyse (→ AT 9 Tz. 2), der Implementierung geeigneter Steuerungs- und Überwachungsmechanismen (→ AT 9 Tz. 9), den Grenzen bei der Auslagerung von besonderen Funktionen (→ AT 9 Tz. 5) und der Einrichtung eines zentralen Auslagerungsmanagements (→ AT 9 Tz. 12) Anwendung.

48   Diese Vorgehensweise entspricht den Vorstellungen der EBA, die in ihren Leitlinien zu Auslagerungen den Grundsatz der Proportionalität ausdrücklich betont.[80] Im Hinblick auf die Anwendung des Proportionalitätsprinzips verweist die EBA auf den sehr detaillierten Katalog von Kriterien in ihren Leitlinien zur internen Governance aus dem Jahr 2018. Hierzu gehören u.a. die geografische Präsenz des Institutes, der Umfang seiner Tätigkeiten in den einzelnen Rechtsordnungen, die Rechtsform, eine mögliche Gruppenzugehörigkeit, eine mögliche Börsennotierung, die Nutzung interner Modelle für die Messung der Kapitalanforderungen, die Art der zugelassenen Tätigkeiten und Dienstleistungen, das zugrunde liegende Geschäftsmodell, die Geschäfts- und Risikostrategie, der Risikoappetit und das Risikoprofil, die Refinanzierungsstruktur, die SREP-Ergebnisse, die Organisationsstruktur, die Beteiligungsverhältnisse, die Art der Kunden (z.B. Privat-, Unternehmens-, institutionelle Kunden, Kleinunternehmen, öffentliche Stellen), die Komplexität der Produkte oder Verträge, die ausgelagerten Tätigkeiten und Vertriebskanäle sowie die IT-Systeme, einschließlich der Systeme für einen unterbrechungsfreien Geschäftsbetrieb.[81] Als zusätzliches Kriterium für das Proportionalitätsprinzip ergänzt die EBA in ihrem Bericht zu den überarbeiteten Leitlinien zur internen Governance vom Juli 2021 die Unterscheidung zwischen einem kleinen und nicht komplexen Institut (»small and non complex institution«) und einem großen Institut (»large institution«) im Sinne der CRR (→ AT 1 Tz. 3).[82]

---

80 Die EBA verwendet in der deutschen Übersetzung ihrer Leitlinien regelmäßig den Begriff »Verhältnismäßigkeit. Vgl. z.B. European Banking Authority, Leitlinien zu Auslagerungen, EBA/GL/2019/02, 25. Februar 2019, S. 8; European Banking Authority, Leitlinien zur internen Governance, EBA/GL/2017/11, 21. März 2018, S. 8. Die englischen Originalfassungen mit dem Begriff »Proportionality« machen deutlich, dass damit das »Proportionalitätsprinzip« gemäß MaRisk gemeint ist. In den deutschen Fassungen der EBA-Leitlinien wird der Begriff »Proportionality« zudem uneinheitlich mit Proportionalität, Angemessenheit bzw. Verhältnismäßigkeit übersetzt.

81 Vgl. European Banking Authority, Leitlinien zur internen Governance, EBA/GL/2017/11, 21. März 2018, S. 8f.

82 Gleichzeitig betont sie, dass Größe oder Systemrelevanz eines Institutes für sich genommen allein nicht für das Ausmaß ausschlaggebend sind, in dem ein Institut Risiken ausgesetzt wird. Vgl. European Banking Authority, Final Report on Guidelines on internal governance under Directive 2013/36/EU, EBA/GL/2021/05, 2. Juli 2021, S. 18f.

Der Grundsatz der Proportionalität bedeutet zum einen, dass die konkrete, institutsspezifische **49** Ausgestaltung des Risikomanagements der Größe und Art der betriebenen Geschäfte des Institutes angemessen sein muss (Proportionalität aus Sicht des Institutes). Zum anderen sollte sich auch die Intensität der aufsichtlichen Überprüfung und Bewertung an den institutsbezogenen Gegebenheiten orientieren (Proportionalität aus Sicht der Aufsicht).[83]

Seit der Modernisierung der Auslagerungsregelungen durch die MaRisk haben die Institute bei **50** Auslagerungen einen erheblichen Gestaltungsspielraum. Allerdings enthält § 25b KWG bestimmte Grenzen der Zulässigkeit von Auslagerungsmaßnahmen, die in den MaRisk teilweise wiederholt, ergänzt oder konkretisiert werden. Nach § 25b Abs. 1 Satz 2 KWG darf eine Auslagerung von Aktivitäten oder Prozessen weder die Ordnungsmäßigkeit der von den Auslagerungsmaßnahmen betroffenen Bankgeschäfte, Finanzdienstleistungen oder sonstigen institutstypischen Dienstleistungen noch die Geschäftsorganisation des Institutes im Sinne des § 25a Abs. 1 KWG beeinträchtigen. Das Institut muss insbesondere ein angemessenes und wirksames Risikomanagement gewährleisten, das die ausgelagerten Aktivitäten und Prozesse einbezieht (§ 25b Abs. 1 Satz 3 KWG). Zudem darf nach § 25b Abs. 2 Satz 1 KWG die Auslagerung nicht zu einer Übertragung der Verantwortung der Geschäftsleiter an das Auslagerungsunternehmen führen. Dieses so genannte »Delegationsverbot« wird durch die MaRisk konkretisiert. Es bedeutet einerseits, dass die Geschäftsleiter auch im Fall einer Auslagerung für die ausgelagerten Bereiche verantwortlich bleiben. Darüber hinaus bringt das Delegationsverbot zum Ausdruck, dass die Leitungsaufgaben der Geschäftsleitung nicht auslagerbar sind (→ AT 9 Tz. 4). Zudem stellt § 25b Abs. 2 Satz 2 KWG klar, dass das Institut trotz einer Auslagerung für die Einhaltung der von ihm zu beachtenden gesetzlichen Bestimmungen verantwortlich bleibt. Es muss somit Regelverstöße bei den ausgelagerten Aktivitäten und Prozessen so vertreten, als ob die betroffenen Bereiche nicht ausgelagert worden wären.

Nach dem im Zuge des Finanzmarktintegritätsstärkungsgesetzes im Juni 2021 eingefügten § 25b **51** Abs. 1 Satz 4 KWG haben die Institute ein aktuelles Auslagerungsregister mit Informationen über sämtliche Auslagerungsvereinbarungen vorzuhalten. Hinsichtlich der inhaltlichen Mindestanforderungen an das Auslagerungsregister verweisen die MaRisk auf die EBA-Leitlinien zu Auslagerungen (→ AT 9 Tz. 14).[84]

1.7.5 Auskunfts- und Prüfungsrechte sowie Kontrollmöglichkeiten (§ 25b Abs. 3 KWG)

Die Auslagerung von Aktivitäten oder Prozessen auf andere Unternehmen darf eine effektive **52** Überwachung des Institutes durch die Bankenaufsicht nicht behindern. Zur Durchsetzung des Aufsichtsrechtes ist die BaFin daher mit umfangreichen Auskunfts- und Prüfungsrechten sowie Kontrollmöglichkeiten ausgestattet.[85] § 44 Abs. 1 Satz 1 KWG enthält umfassende Auskunftsrechte gegenüber dem Institut oder dem übergeordneten Unternehmen einer Gruppe sowie den Mit-

---

83 Vgl. z. B. European Banking Authority, Leitlinien zu Auslagerungen, EBA/GL/2019/02, 25. Februar 2019, S. 8; European Banking Authority, Leitlinien zur internen Governance, EBA/GL/2017/11, 21. März 2018, S. 8.

84 Die Dokumentationsanforderungen für sämtliche Auslagerungen sind in Tz. 54 der Leitlinien enthalten, die weitergehenden Anforderungen an wesentliche Auslagerungen in Tz. 55. Vgl. European Banking Authority, Leitlinien zu Auslagerungen, EBA/GL/2019/02, 25. Februar 2019, S. 23 f.

85 Sowohl § 44 KWG als auch die §§ 25a und 25b KWG verwenden im Hinblick auf die Eingriffsbefugnisse den Begriff »Bundesanstalt« statt »Aufsichtsbehörde«. Nach dem Wortlaut würden diese Eingriffsinstrumente somit der für die bedeutenden Institute zuständigen EZB nicht zustehen. Die BaFin hat im Fachgremium MaRisk die Hintergründe hierfür erläutert und klargestellt, dass die Nutzung des Begriffs »Bundesanstalt« für die EZB kein Hindernis darstellt, da sie zur Erfüllung ihrer Aufgaben auch rein national normierte Befugnisse ausüben kann. Die EZB ist für die Kompetenzausübung grundsätzlich zuständig, wenn die Befugnis in den der EZB gemäß Art. 4 und 5 SSM-Verordnung übertragenen Aufgabenbereich fällt und die Aufsichtsfunktion der EZB nach EU-Recht unterstützt. Vgl. Bundesanstalt für Finanzdienstleistungsaufsicht, Protokoll der Sitzung des MaRisk-Fachgremiums am 4. März 2021, S. 10.

gliedern ihrer Organe und ihren Beschäftigten.[86] Nach § 44 Abs. 1 Satz 2 KWG kann die BaFin bei den Instituten und den übergeordneten Unternehmen auch Prüfungen anordnen, wobei neben Routineprüfungen auch anlassbezogene Sonderprüfungen möglich sind.[87] Seit Inkrafttreten des vierten Finanzmarktförderungsgesetzes aus dem Jahr 2002 erstreckt sich dieses Prüfungsrecht bei wesentlichen Auslagerungen auch auf die Auslagerungsunternehmen.

53 Mit dem Finanzmarktintegritätsstärkungsgesetz wird das Prüfungsrecht der BaFin gegenüber dem Auslagerungsunternehmen in § 44 Abs. 1 Satz 1 und 2 KWG klarer gefasst und um ein gesetzliches Auskunftsrecht der Aufsicht erweitert.[88] Die Auskunfts- und Prüfungsrechte sowie die Kontrollmöglichkeiten der Aufsichtsbehörde erstrecken sich nur auf die ausgelagerten Aktivitäten und Prozesse und die damit im Zusammenhang stehenden Kontrollen, nicht hingegen auf den übrigen Geschäftsbetrieb des Auslagerungsunternehmens. Infolge der weiten Definition des Auslagerungsunternehmens gemäß § 1 Abs. 10 KWG bestehen die Auskunfts- und Prüfungsrechte der BaFin bei wesentlichen Weiterverlagerungen auch bei den vom Auslagerungsunternehmen beauftragten Subunternehmen (→ AT 9 Tz. 1).

54 Im Hinblick auf die Prüfungsrechte der BaFin bei Auslagerungsunternehmen ist nach dem jeweiligen Sitz der Unternehmen zu unterscheiden. Nach § 44 Abs. 1 Satz 2 und 3 KWG steht der BaFin bzw. der von ihr beauftragten Deutschen Bundesbank sowie sonstigen Personen, deren sich die BaFin bei der Durchführung der Prüfungen bedient, gegenüber Auslagerungsunternehmen im Inland ein eigenständiges Prüfungsrecht zu.[89] Eine Regelung im Auslagerungsvertrag ist insoweit nur deklaratorischer Art. Bei Auslagerungen wesentlicher Aktivitäten oder Prozesse auf ein Unternehmen mit Sitz im Ausland greift das gesetzliche Prüfungsrecht in § 44 Abs. 1 Satz 2 KWG nach dem Grundsatz der Gebietshoheit nicht.[90] Nach § 25b Abs. 3 Satz 1 KWG müssen daher die Auskunfts- und Prüfungsrechte sowie Kontrollmöglichkeiten der BaFin in Bezug auf die ausgelagerten Aktivitäten und Prozesse bei einer Auslagerung auf ein Unternehmen mit Sitz im Ausland durch geeignete Vorkehrungen gewährleistet werden. Entsprechendes gilt für die Wahrnehmung der Aufgaben des Prüfers des Institutes (§ 25b Abs. 3 Satz 2 KWG). Um § 25b Abs. 3 Satz 1 und 2 KWG zu genügen, bedarf eine Auslagerung nach § 25b Abs. 3 Satz 3 KWG einer schriftlichen Vereinbarung zwischen dem Institut und dem Auslagerungsunternehmen, welche die zur Einhaltung der genannten Auskunfts- und Prüfungsrechte sowie Kontrollmöglichkeiten erforderlichen Rechte des Institutes, einschließlich Weisungs- und Kündigungsrechte, sowie die korrespondierenden Pflichten des Auslagerungsunternehmens festlegt (→ AT 9 Tz. 7).

55 Die Durchsetzung von Anordnungen der Aufsicht kann in der Praxis mit erheblichen Schwierigkeiten sowie mit höheren Kosten und Zeitaufwand verbunden sein, wenn ein Auslagerungsunternehmen seinen Sitz in einem Drittstaat hat.[91] Um die Effektivität der Aufsichtsbefugnisse der BaFin auch in diesen Fällen zu gewährleisten, haben die Institute bei wesentlichen Auslagerungen auf Unternehmen mit Sitz in einem Drittstaat gemäß dem Finanzmarktintegritätsstärkungsgesetz vertraglich sicherzustellen, dass das Auslagerungsunternehmen einen inländi-

---

86 § 44 Abs. 2 KWG enthält eine entsprechende Regelung für die nachgeordneten Unternehmen einer Gruppe, eine (gemischte) Finanzholding-Gesellschaft, eine gemischte Holding-Gesellschaft sowie deren Organmitglieder.

87 § 44 Abs. 1 Satz 3 und 4 sowie Abs. 2 Satz 3 und 4 KWG ergänzen das Prüfungsrecht um das Recht, die Geschäftsräume des Institutes während der üblichen Betriebs- und Geschäftszeiten zu betreten und zu besichtigen, sowie um eine ausdrückliche Duldungspflicht der betroffenen Auslagerungsunternehmen.

88 Nach dem Finanzmarktförderungsgesetz aus dem Jahr 2002 ergab sich das Prüfungsrecht der BaFin gegenüber dem Auslagerungsunternehmen aus § 44 Abs. 1 Satz 2 KWG a. F., zweiter Halbsatz. Zuvor war dies bei Auslagerungsunternehmen, die keine Institute im Sinne des KWG sind, gesetzlich nicht klar geregelt. Dies wurde in der Fachliteratur bemängelt. Vgl. Braun, Ulrich, in: Boos, Karl-Heinz/Fischer, Reinfrid/Schulte-Mattler, Hermann (Hrsg.), Kreditwesengesetz, 4. Auflage, München, 2012, § 44 KWG, Tz. 67.

89 Zusätzlich besteht ein Prüfungsrecht der Aufsicht gemäß § 44 Abs. 2 Satz 2 und 3 KWG gegenüber einem Auslagerungsunternehmen, wenn die Auslagerung durch ein nachgeordnetes Unternehmen, eine (gemischte) Finanzholding-Gesellschaft oder eine gemischte Holding-Gesellschaft erfolgte.

90 Vgl. Söbbing, Thomas/Weinbrenner, Christoph, Die Zulässigkeit der Auslagerung von IT-Dienstleistungen durch Institute in sog. Offshore-Regionen, in: Wertpapier-Mitteilungen, Heft 4/2006, S. 168.

91 Gemäß § 1 Abs. 5a KWG sind Drittstaaten alle Staaten, die nicht vom Europäischen Wirtschaftsraum (EWR) erfasst sind.

schen Zustellungsbevollmächtigten benennt, an den die Aufsicht Bekanntgaben oder Zustellungen bewirken kann (§ 25b Abs. 3 Satz 4 KWG).[92] Das Auslagerungsunternehmen kann die Aufgabe des Zustellungsbevollmächtigten delegieren, z. B. auf einen inländischen Rechtsanwalt oder Notar sowie auf das auslagernde Institut (→ AT 9 Tz. 1).[93]

1.7.6 Anordnungsbefugnis der BaFin bei Auslagerungen gegenüber dem Institut (§ 25b Abs. 4 KWG)

§ 25b Abs. 4 KWG erweitert die nach § 25a Abs. 2 Satz 2 KWG im Hinblick auf die ordnungsgemäße Geschäftsorganisation gemäß § 25a Abs. 1 Satz 3 und 6 KWG bestehende Anordnungsbefugnis der BaFin auf die Auslagerung.[94] Sind bei Auslagerungen die Prüfungsrechte und Kontrollmöglichkeiten der BaFin beeinträchtigt, kann diese die im Einzelfall geeigneten und erforderlichen Maßnahmen zur Beseitigung der Beeinträchtigung treffen. Seit Inkrafttreten des Finanzmarktintegritätsstärkungsgesetzes kann die BaFin auch in Bezug auf das Auslagerungsregister gegenüber dem Institut im Einzelfall Anordnungen treffen. Die Anordnungen können z. B. die Verpflichtung des Institutes zu einer gezielten Vertragsveränderung beinhalten, welche die Prüfungsrechte und Kontrollmöglichkeiten der Aufsicht (wieder) gewährleistet (→ AT 9 Tz. 7). Des Weiteren kann die Aufsicht die Kündigung der Auslagerungsvereinbarung verlangen, falls ihren Prüfungs- und Kontrollrechten rechtliche Beschränkungen gegenüberstehen (z. B. im Ausland) oder das Auslagerungsunternehmen diese nicht duldet. Im Falle einer solchen Anordnung kann das Institut die ausgelagerten Aktivitäten oder Prozesse entweder wieder selbst erbringen oder den Dienstleister wechseln. Die aufsichtsrechtliche Anordnungsbefugnis wird durch die Privatautonomie der Institute begrenzt. So kann die BaFin das Institut nicht zur Übertragung der ausgelagerten Aktivitäten oder Prozesse auf einen bestimmten Dienstleister verpflichten, wenn diese durch einen anderen geeigneten Dritten im Rahmen der gesetzlichen Vorgaben ebenso gut erbracht werden können.[95] Eine Verpflichtung zur Wiedereingliederung eines ausgelagerten Bereiches kann in Betracht kommen, wenn ein Institut nicht auslagerungsfähige Aktivitäten, wie z. B. die der Geschäftsleitung ausdrücklich zugewiesene Unternehmensplanung, -koordination und -kontrolle, ausgelagert hat (→ AT 9 Tz. 4).

56

---

92 Die gesetzliche Verpflichtung zur Bestimmung eines inländischen Zustellungsbevollmächtigten wurde von der Deutschen Kreditwirtschaft (DK) im Rahmen der Konsultation des Finanzmarktintegritätsstärkungsgesetzes kritisiert. Nach Ansicht der DK könnte diese Anforderung insbesondere im Bereich der Informationstechnologie für deutsche Institute regelmäßig zu Wettbewerbsnachteilen gegenüber ausländischen Marktteilnehmern führen. Die Vertragsbedingungen sind nach Auffassung der DK im Bereich der Informationstechnologie aufgrund der bestehenden Monopol- bzw. Oligopolstrukturen regelmäßig nicht verhandelbar. Die DK sieht daher die Gefahr, dass deutsche Institute von der Nutzung von Schlüsseltechnologien und Innovationen ausgeschlossen werden könnten. Zudem sollte eine europaweite Regelung angestrebt werden. Vgl. Deutsche Kreditwirtschaft, Stellungnahme zum Gesetz zur Stärkung der Finanzmarktintegrität, 9. November 2020, S. 7. Die Thematik wurde zwischen der Aufsicht und der Kreditwirtschaft in der Sitzung des Fachgremiums MaRisk am 4. März 2021 umfassend diskutiert. Die Aufsicht betonte im Fachgremium, dass auch aus ihrer Sicht eine europäische Regelung vorzugswürdig wäre, die jedoch nicht zeitnah umsetzbar ist. Standortnachteile für inländische Institute aufgrund der Regelung sieht die Aufsicht demgegenüber nicht. Vgl. Bundesanstalt für Finanzdienstleistungsaufsicht, Protokoll der Sitzung des MaRisk-Fachgremiums am 4. März 2021, S. 12.

93 Vgl. Bundesanstalt für Finanzdienstleistungsaufsicht, Protokoll der Sitzung des MaRisk-Fachgremiums am 4. März 2021, S. 12.

94 Zu der Frage, ob sich auch die EZB auf die Aufsichtsbefugnisse nach § 25b KWG stützen kann, vgl. Bundesanstalt für Finanzdienstleistungsaufsicht, Protokoll der Sitzung des MaRisk-Fachgremiums am 4. März 2021, S. 10; vgl. auch Glos, Alexander/Benzing, Markus, in: Binder, Jens-Hinrich/Glos, Alexander/Riege, Jan (Hrsg.), Handbuch Bankenaufsichtsrecht, Köln, 2018, § 2, Tz. 56.

95 Vgl. Krautheuser, Rüdiger in: Luz, Günther/Neus, Werner/Schaber, Mathias/Schneider, Peter/Wagner, Claus-Peter/Weber, Max (Hrsg.), KWG und CRR, 3. Auflage, Stuttgart, 2015, § 25b KWG, Tz. 31.

1.7.7 Anordnungsbefugnis der BaFin gegenüber dem Auslagerungsunternehmen (§ 25b Abs. 4a KWG)

57 Auch wenn in erster Linie das auslagernde Institut der Adressat bankaufsichtlicher Maßnahmen ist, wurden im Zuge des Finanzmarktintegritätsstärkungsgesetzes (FISG) die Befugnisse der BaFin bei wesentlichen Auslagerungen dahingehend erweitert, dass diese nunmehr unter bestimmten Bedingungen auch unmittelbar gegenüber dem Auslagerungsunternehmen Anordnungen treffen kann.[96] Gemäß § 25b Abs. 4a KWG kann die Aufsicht im Einzelfall geeignete und erforderliche Maßnahmen treffen, um Verstöße gegen aufsichtliche Bestimmungen zu verhindern oder zu unterbinden oder um Missstände bei dem auslagernden Institut zu verhindern oder zu beseitigen, welche die Sicherheit der dem Institut anvertrauten Vermögenswerte gefährden können oder die ordnungsgemäße Durchführung von Bankgeschäften oder Finanzdienstleistungen beeinträchtigen. Die Anordnungsbefugnis besteht sowohl gegenüber Auslagerungsunternehmen im Inland als auch im Ausland. Die Durchsetzbarkeit der Anordnung bei Dienstleistern mit Sitz im Ausland wird über den im Zuge des FISG ebenfalls einzurichtenden inländischen Zustellungsbevollmächtigten gewährleistet. Das Bestehen eines formalen Auslagerungsvertrages ist nicht notwendig. Vielmehr ist es ausreichend, dass die Aktivitäten und Prozesse tatsächlich vom Adressaten der aufsichtlichen Anordnung erbracht werden.[97]

58 Eine direkte Anordnung der BaFin gegenüber dem Auslagerungsunternehmen kommt z. B. in Betracht, wenn dieses bei der Erbringung der Dienstleistung unter Verstoß seiner Pflichten aus dem Auslagerungsvertrag zwingende aufsichtsrechtliche Vorgaben nicht beachtet. Die Aufsicht kann dem Auslagerungsunternehmen zudem z. B. eine regelmäßige Berichterstattung auferlegen, um das Abstellen von identifizierten Mängeln bei der Erbringung der ausgelagerten Dienstleistung an das Institut nachzuhalten.[98] Bei Mängeln der ordnungsgemäßen Geschäftsorganisation kann die BaFin gegenüber dem Auslagerungsunternehmen risikoreduzierende Maßnahmen gemäß § 45b Abs. 3 KWG in Verbindung mit § 45b Abs. 1 Satz 1 Nr. 1 KWG anordnen. Treten bei einem Cloud-Anbieter Störungen auf, kann ebenfalls eine unmittelbare Anordnung beim Auslagerungsunternehmen und nicht beim auslagernden Institut sinnvoll sein.[99]

59 Die Deutsche Kreditwirtschaft kritisierte in der Sitzung des Fachgremiums MaRisk am 4. März 2021, dass das Bankaufsichtsrecht keine unmittelbaren gesetzlichen Anforderungen an das Auslagerungsunternehmen normiert. Die Aufsichtsbehörde sanktioniert somit keinen gesetzlichen Verstoß des Auslagerungsunternehmens, sondern die Schlecht- oder Nichterfüllung der im Auslagerungsvertrag vereinbarten Leistungen. Die BaFin hat erläutert, dass die Auslagerungsverträge der Institute schon bisher Kontrollmöglichkeiten der Aufsichtsbehörden sicherstellen mussten. Dass sich die Durchsetzung dieser vertraglichen Zusicherungen in der Praxis oftmals als problematisch erwiesen hat, spricht für unmittelbare Eingriffsbefugnisse der Aufsicht gegenüber dem Auslagerungsunternehmen, unabhängig von der individuellen Vertragsgestaltung. Die BaFin

---

96 Die Deutsche Kreditwirtschaft (DK) hat im Rahmen der Konsultation des FISG kritisiert, dass die erweiterten Befugnisse und direkten Anweisungsrechte der BaFin gegenüber dem Auslagerungsunternehmen zum Teil vertraglich schwierig bis unmöglich durchzusetzen sind. Vgl. Deutsche Kreditwirtschaft, Stellungnahme zum Entwurf eines Gesetzes zur Stärkung der Finanzmarktstabilität, 9. November 2020, S. 4. Die BaFin hat in der Sondersitzung des Fachgremiums MaRisk im März 2021 darauf hingewiesen, dass die im Versicherungsaufsichtsgesetz bereits bestehende Anordnungsbefugnis nach ihren Erkenntnissen nicht zu Problemen geführt hat. Zudem waren auch im Bankensektor Interventionen der Aufsicht gegenüber den Auslagerungsunternehmen bisher schon vorgesehen, wenn auch ausschließlich mittelbar durch Maßnahmenanordnungen gegenüber dem auslagernden Institut. Dieser Umweg über die Institute kann die Effizienz und/oder Effektivität aufsichtlicher Maßnahmen jedoch beeinträchtigen. Vgl. Bundesanstalt für Finanzdienstleistungsaufsicht, Protokoll der Sitzung des MaRisk-Fachgremiums am 4. März 2021, S. 13 f.

97 Vgl. Gesetzentwurf der Bundesregierung, Entwurf eines Gesetzes zur Stärkung der Finanzmarktintegrität (Finanzmarktintegritätsstärkungsgesetz – FISG) vom 16. Dezember 2020, S. 106.

98 Vgl. Gesetzentwurf der Bundesregierung, Entwurf eines Gesetzes zur Stärkung der Finanzmarktintegrität (Finanzmarktintegritätsstärkungsgesetz – FISG) vom 16. Dezember 2020, S. 106.

99 Nach Einschätzung der Aufsicht ist in derartigen Fällen der Cloud-Anbieter der »Störer«, nicht das auslagernde Institut. Vgl. Bundesanstalt für Finanzdienstleistungsaufsicht, Protokoll der Sitzung des MaRisk-Fachgremiums am 4. März 2021, S. 14.

betonte, dass es in ihrem Ermessen liegt, ob sie Anordnungen direkt gegenüber dem Auslagerungsunternehmen oder gegenüber dem auslagernden Institut trifft.[100]

1.7.8 Verordnungsermächtigung (§ 25b Abs. 5 KWG)

Im Rahmen des Abwicklungsmechanismusgesetzes hat der Gesetzgeber in § 25b Abs. 5 KWG eine Rechtsverordnungsermächtigung geschaffen, um die derzeit in den MaRisk enthaltenen Auslagerungsanforderungen zukünftig in eine Verordnung überführen zu können. Nach § 25b Abs. 5 Satz 1 KWG wird das Bundesministerium der Finanzen ermächtigt, durch Rechtsverordnung, die nicht der Zustimmung des Bundesrates bedarf, im Benehmen mit der Deutschen Bundesbank und nach Anhörung der EZB nähere Bestimmungen zu erlassen über   60
- das Vorliegen einer Auslagerung,
- die bei einer Auslagerung zu treffenden Vorkehrungen zur Vermeidung übermäßiger zusätzlicher Risiken,
- die Grenzen der Auslagerbarkeit,
- die Einbeziehung der ausgelagerten Aktivitäten und Prozesse in das Risikomanagement sowie
- die Ausgestaltung der Auslagerungsverträge.[101]

Gemäß der Gesetzesbegründung wird mit der Verordnungsermächtigung dem Umstand Rechnung getragen, dass Auslagerungstatbestände einen unmittelbaren Zusammenhang mit der Ordnungsmäßigkeit der Geschäftsorganisation und insbesondere mit dem nach § 25a Abs. 1 Satz 3 KWG geforderten angemessenen und wirksamen Risikomanagement aufweisen. Daher ist es aus Sicht des Gesetzgebers folgerichtig, dass die gegenwärtige nähere Konkretisierung der Auslagerungsanforderungen durch die MaRisk zukünftig auf die Basis einer Rechtsverordnung gestellt wird und somit den gleichen Rechtscharakter erhält wie die allgemeinen Anforderungen an das Risikomanagement.[102] Die Verordnungsermächtigung ist aber vor allem auch im Zusammenhang mit der anhaltenden Diskussion zu sehen, ob die direkt von der EZB beaufsichtigten Institute in Deutschland die MaRisk zu beachten haben (→ Teil I, Kapitel 5). Bisher wurde von der Rechtsverordnungsermächtigung kein Gebrauch gemacht. Vielmehr hat die deutsche Aufsicht sowohl die fünfte als auch die sechste MaRisk-Novelle erneut als Rundschreiben veröffentlicht.[103]   61

1.8 Anzeigepflichten für Institute

Nach den Vorstellungen der EBA sollten die Institute die Aufsichtsbehörden rechtzeitig über die geplante Auslagerung von kritischen/wesentlichen Funktionen informieren oder in einen aufsichtlichen Dialog mit den zuständigen Behörden treten und/oder bei kritischen/wesentlichen   62

---

100 Vgl. Bundesanstalt für Finanzdienstleistungsaufsicht, Protokoll der Sitzung des MaRisk-Fachgremiums am 4. März 2021, S. 14.

101 Das Bundesministerium der Finanzen kann die Ermächtigung durch Rechtsverordnung auf die Bundesanstalt für Finanzdienstleistungsaufsicht mit der Maßgabe übertragen, dass die Rechtsverordnung im Einvernehmen mit der Deutschen Bundesbank ergeht. Vor Erlass der Rechtsverordnung sind die Spitzenverbände der Institute zu hören. Vgl. § 25b Abs. 5 Satz 2 und 3 KWG. Die EZB muss aus formalen Gründen angehört werden (→ Teil I).

102 Gesetzentwurf der Bundesregierung zur Anpassung des nationalen Bankenabwicklungsrechts an den Einheitlichen Abwicklungsmechanismus und die europäischen Vorgaben zur Bankenabgabe (Abwicklungsmechanismusgesetz) vom 26. Mai 2015, Bundestags-Drucksache 18/5009 vom 26. Mai 2015.

103 Die Deutsche Kreditwirtschaft (DK) hat die weitere Ausgestaltung der Auslagerungsanforderungen im Rahmen der MaRisk als Rundschreiben begrüßt. Nach Ansicht der DK besteht die Gefahr, dass bei einer Überführung der Anforderungen in eine Rechtsverordnung die bewährten Grundsätze der Prinzipienorientierung und Methodenfreiheit eingeschränkt werden. Vgl. Deutsche Kreditwirtschaft, Stellungnahme zum Entwurf der MaRisk in der Fassung vom 18. Februar 2016 (Konsultation 02/2016) vom 27. April 2016, S. 6.

Auslagerungen mindestens die Angaben bereitstellen, die das Auslagerungsregister für alle Auslagerungen verlangt.[104]

63　Die Vorgabe der EBA wurde für Institute im Zuge des Finanzmarktintegritätsstärkungsgesetzes durch die Aufnahme eines neuen Anzeigetatbestandes in § 24 Abs. 1 Nr. 19 KWG umgesetzt.[105] Danach haben die Institute den Aufsichtsbehörden die Absicht und den Vollzug einer wesentlichen Auslagerung »unverzüglich« anzuzeigen.[106] Unverzüglich bedeutet dabei »ohne schuldhaftes Zögern«.[107] Die Einführung dieser Ad-hoc-Anzeigepflicht ermöglicht es der Aufsicht, Konzentrationsrisiken zeitnah erfassen zu können. Zudem kann sie rechtzeitig auf Missstände im Hinblick auf Auslagerungen reagieren.[108] Die BaFin beabsichtigt, die gesetzlichen Anzeigepflichten noch in der Anzeigenverordnung[109] zu konkretisieren.

64　In der Praxis wird für die Institute vor allem der Zeitpunkt für die Abgabe der »Absichtsanzeige« schwierig zu bestimmen sein. Bloße Vorüberlegungen zu einer möglichen Auslagerung von Aktivitäten und Prozessen oder die Einholung entsprechender Angebote bei Dienstleistern begründen noch keine Absicht einer Auslagerung. Auch die Aufnahme von Verhandlungen wird die Absichtsanzeige regelmäßig nicht auslösen.[110] Die Anzeigepflicht entsteht vielmehr erst, wenn die zuständigen Entscheidungsträger sämtliche relevanten Gremienbeschlüsse zum Abschluss eines Auslagerungsvertrages gefasst haben.[111] Da nur wesentliche Auslagerungen bei der Aufsicht anzuzeigen sind, kann die Abgabe der Absichtsanzeige zudem erst nach der Risikoanalyse erfolgen, da diese die Wesentlichkeit festlegt. Die Absichtsanzeige soll der Aufsichtsbehörde eine Vorab-Prüfung der vom Institut geplanten wesentlichen Auslagerung ermöglichen. Diese kann so mögliche aufsichtliche Bedenken äußern, bevor der rechtlich verbindliche Auslagerungsvertrag abgeschlossen wird. Dies ist grundsätzlich auch im Interesse des Institutes. Die Institute benötigen jedoch Planungssicherheit, ab welchem Zeitpunkt sie ggf. auch ohne eine Rückmeldung der Aufsicht eine wesentliche Auslagerung durchführen können. Eine Klarstellung der Aufsicht z. B. im Rahmen der geplanten Änderung der Anzeigenverordnung wäre daher wünschenswert.

65　Im Hinblick auf den ebenfalls anzuzeigenden »Vollzug« der Auslagerung könnte auf den Abschluss des Auslagerungsvertrages oder den Beginn der Nutzung der Dienstleistung durch das auslagernde Institut abzustellen sein. Die BaFin hat in der Sondersitzung des Fachgremiums MaRisk am 2. September 2021 erklärt, dass eine Klarstellung über das Protokoll der Sitzung erfolgen soll.[112]

104　Vgl. European Banking Authority, Leitlinien zu Auslagerungen, EBA/GL/2019/02, 25. Februar 2019, S. 25.

105　Die Anzeigepflichten von Zahlungsinstituten und E-Geld-Instituten gemäß § 1 Abs. 3 ZAG sind in § 26 ZAG geregelt. § 80 Abs. 6 Satz 1 WpHG verweist bei wesentlichen Auslagerungen von Wertpapierdienstleistungsunternehmen seit dem Inkrafttreten des Finanzmarktintegritätsstärkungsgesetzes auf die Anzeigepflicht gemäß § 24 Abs. 1 Nr. 19 KWG.

106　Ein Verstoß gegen die Anzeigepflicht stellt eine Ordnungswidrigkeit gemäß § 56 Abs. 2 Nr. 1 lit. f KWG dar.

107　Vgl. Bundesanstalt für Finanzdienstleistungsaufsicht, Protokoll der Sitzung des MaRisk-Fachgremiums am 4. März 2021, S. 4.

108　Vgl. Bundesanstalt für Finanzdienstleistungsaufsicht, Protokoll der Sitzung des MaRisk-Fachgremiums am 4. März 2021, S. 7. Die Deutsche Kreditwirtschaft (DK) hatte sich vor dem Hintergrund der offenen Formulierung der EBA-Leitlinien in ihrer Stellungnahme zum FISG kritisch zu dem neuen Anzeigetatbestand in § 24 Abs. 1 Nr. 19 KWG geäußert. Nach Ansicht der DK erscheinen die Einzel-Anzeigepflichten der Institute vor dem Hintergrund der ausführlichen Berichterstattung des Jahresabschlussprüfers zu wesentlichen Auslagerungen gemäß § 9 Abs. 3 PrüfBV entbehrlich. Danach hat der Jahresabschlussprüfer insbesondere eine Aussage darüber zu treffen, ob die Einstufung von Auslagerungen als wesentlich oder unwesentlich unter den Gesichtspunkten des Risikos, der Art, des Umfangs und der Komplexität nachvollziehbar ist. Die wesentlichen Auslagerungen einschließlich etwaiger Weiterverlagerungen sind in einem vorgegebenen Format nachvollziehbar zu spezifizieren und abzugrenzen. Vgl. Deutsche Kreditwirtschaft Stellungnahme zum Gesetz zur Stärkung der Finanzmarktintegrität, 9. November 2020, S. 10 f.

109　Verordnung über die Anzeigen und die Vorlage von Unterlagen nach dem Kreditwesengesetz (Anzeigenverordnung – AnzV) vom 19. Dezember 2006 (BGBl. I S. 3245), die zuletzt durch Artikel 9 Absatz 4 des Gesetzes vom 9. Dezember 2020 (BGBl. I S. 2773) geändert worden ist.

110　Hierfür spricht auch die vergleichbare Regelung im Versicherungsaufsichtsrecht. Gemäß § 47 Nr. 8 VAG haben Versicherungsunternehmen der Aufsichtsbehörde die Absicht einer Ausgliederung von wichtigen Funktionen oder Versicherungstätigkeiten unverzüglich anzuzeigen, wobei der Vertragsentwurf vorzulegen ist. Vgl. Bundesanstalt für Finanzdienstleistungsaufsicht, Protokoll der Sitzung des MaRisk-Fachgremiums am 4. März 2021, S. 6.

111　Vgl. Bundesanstalt für Finanzdienstleistungsaufsicht, Protokoll der Sitzung des MaRisk-Fachgremiums am 4. März 2021, S. 6.

112　Vgl. Sitzung des MaRisk-Fachgremiums am 2. September 2021 (Protokoll lag bei Redaktionsschluss noch nicht vor).

Darüber hinaus besteht eine unverzügliche Anzeigepflicht der Institute bei wesentlichen **66** Änderungen und schwerwiegenden Vorfällen im Rahmen von bestehenden wesentlichen Auslagerungen, die einen wesentlichen Einfluss auf die Geschäftstätigkeit des Institutes haben können.[113] Eine Präzisierung der Begriffe der wesentlichen Änderung und des schwerwiegenden Vorfalls soll in der überarbeiteten Anzeigenverordnung erfolgen. Die Institute haben entsprechende Kriterien festzulegen, welche die Anzeigepflicht auslösen. Die Regelung geht ebenfalls auf die EBA-Leitlinien zu Auslagerungen zurück.[114] Die Deutsche Kreditwirtschaft hat in der Sitzung des Fachgremiums MaRisk am 4. März 2021 darauf hingewiesen, dass derselbe schwerwiegende Vorfall in bestimmten Konstellationen eine Doppelanzeige bei der BaFin auslösen könnte. So wäre z.B. ein schwerwiegender Betriebs- oder Sicherheitsvorfall durch ein Institut, das gleichzeitig als Zahlungsdienstleister einzuordnen ist, sowohl nach § 54 Abs. 1 Satz 1 ZAG zu melden als auch im Falle einer wesentlichen Auslagerung nach § 24 Abs. 1 Nr. 19 KWG anzuzeigen.[115]

Die neuen Anzeigepflichten sind von den Instituten ab dem 1. Januar 2022 einzuhalten.[116] Im **67** Rahmen der Sitzung des Fachgremiums MaRisk am 4. März 2021 hat die Aufsicht angekündigt, das bereits bestehende Portal zur Melde- und Veröffentlichungsplattform (MVP-Portal) für Anzeigen nach § 24 Abs. 1 Nr. 19 KWG zu erweitern, so dass diese elektronisch abgegeben werden können.[117] Die Nutzung des MVP-Portals gewährleistet, dass die Anzeigen der Institute hinsichtlich Struktur und abgefragten Inhalten identisch sind und von der Aufsicht ausgewertet werden können.[118]

Mehrere Institute einer Gruppe oder eines Finanzverbundes können die Abgabe der Anzeigen **68** oder deren Vorbereitung auf ein zentrales Auslagerungsmanagement auf Gruppen- bzw. Verbundebene übertragen (→ AT 9 Tz. 15 lit. b). Wegen des eindeutigen Wortlautes des § 24 Abs. 1 Nr. 19 KWG (»ein Institut hat«) ist allerdings eine Sammelanzeige des zentralen Auslagerungsmanagements für alle gruppen- bzw. verbundangehörigen Institute nicht möglich. Vielmehr müssen die einzelnen anzeigenden Institute für die Aufsicht erkennbar sein. In bestimmten Fällen, z.B. Störfällen bei Mehrmandantendienstleistern, sollte nach Einschätzung der Aufsicht auch eine Abgabe von Anzeigen durch das Auslagerungsunternehmen zulässig sein.[119] Die einzelnen Institute bleiben jedoch für die rechtzeitige, richtige und vollständige Einreichung ihrer Anzeige verantwortlich.

---

113 Die Deutsche Kreditwirtschaft (DK) hatte in einer Sitzung des Fachgremiums MaRisk angeregt, den Wortlaut dahingehend zu ändern, dass nur wesentliche Änderungen und schwerwiegende Vorfälle im Rahmen von bestehenden Auslagerungsvereinbarungen anzuzeigen sind, sofern diese die Geschäftstätigkeit des Institutes »wesentlich beeinträchtigen«. Diese Formulierung würde nach Ansicht der DK verdeutlichen, dass die Institute nur negative wesentliche Änderungen anzuzeigen haben, demgegenüber nicht positive wesentliche Änderungen. Eine Änderung des Wortlautes kann nach Einschätzung der BaFin jedoch nur gemeinsam mit der Versicherungs- und Wertpapieraufsicht erfolgen. Vgl. Bundesanstalt für Finanzdienstleistungsaufsicht, Protokoll der Sitzung des MaRisk-Fachgremiums am 4. März 2021, S. 8.

114 Nach den EBA-Leitlinien sollten die Institute die Aufsichtsbehörden rechtzeitig über wesentliche Änderungen und/oder schwerwiegende Vorfälle bezüglich ihrer Auslagerungsvereinbarungen, die wesentliche Auswirkungen auf die Fortführung von Geschäftstätigkeiten der Institute aufweisen können, in Kenntnis setzen. Vgl. European Banking Authority, Leitlinien zu Auslagerungen, EBA/GL/2019/02, 25. Februar 2019, S. 25.

115 Nach § 54 Abs. 1 ZAG hat ein Zahlungsdienstleister die BaFin unverzüglich über einen schwerwiegenden Betriebs- oder Sicherheitsvorfall zu unterrichten. Die BaFin unterrichtet die EBA und die EZB unverzüglich nach Eingang einer Meldung über die maßgeblichen Einzelheiten des Vorfalls. Sie hat die Relevanz des Vorfalls für andere in ihrer sachlichen Zuständigkeit betroffene inländische Behörden unverzüglich zu prüfen und diese entsprechend zu unterrichten.

116 Gemäß Art. 27 Abs. 2 Nr. 3 FISG sind die Anzeigenpflichten ab 1. Januar 2022 einzuhalten. Sie gelten ab 1. Januar 2022 voraussichtlich zunächst nur für neue wesentliche Auslagerungen. Für bestehende wesentliche Auslagerungen hat die Aufsicht in der Sitzung des Fachgremiums MaRisk am 2. September 2021 eine einjährige Übergangsfrist in Aussicht gestellt. Vgl. Sitzung des MaRisk-Fachgremiums am 2. September 2021 (Protokoll lag bei Redaktionsschluss noch nicht vor).

117 Als erweiterte Information zur MVP und zu den Anzeigen soll zudem eine Ausfüllhilfe erstellt und den Instituten zur Verfügung gestellt werden. Die Institute können bereits heute bestimmte Meldungen bei der Aufsicht über das MVP-Portal elektronisch einreichen, z.B. die Meldung von Zahlungssicherheitsvorfällen gemäß § 54 Abs. 1 Satz 1 ZAG, Meldungen gemäß § 19 SAG, Stimmrechtsmitteilungen gemäß §§ 33 ff. WpHG. Das Portal ist nicht auf Institute begrenzt. Auch Wirtschaftsprüfer können darüber z.B. ihre Prüfungsberichte einreichen. Um für ein Fachverfahren Mitteilungen bzw. Hinterlegungen einreichen zu können, muss man sich zuerst über die Oberfläche des MVP-Portals registrieren und anschließend einen Antrag auf eine Meldeberechtigung elektronisch einreichen.

118 Vgl. Bundesanstalt für Finanzdienstleistungsaufsicht, Protokoll der Sitzung des MaRisk-Fachgremiums am 4. März 2021, S. 4.

119 Vgl. Bundesanstalt für Finanzdienstleistungsaufsicht, Protokoll der Sitzung des MaRisk-Fachgremiums am 4. März 2021, S. 5.

1.9 Überblick über die neuen Anforderungen

1.9.1 Die »fünfte MaRisk-Novelle«

69 Die von der deutschen Aufsicht im Oktober 2017 veröffentlichte finale Fassung der fünften MaRisk-Novelle[120] enthielt neue Anforderungen an Auslagerungen sowie umfassende Ergänzungen und Konkretisierungen der bereits bestehenden Vorgaben, die vor allem auf Erfahrungen aus der Aufsichts- und Prüfungspraxis beruhten. Der Veröffentlichung waren umfangreiche Konsultationen mit der Deutschen Kreditwirtschaft (DK) sowie eine Sitzung des Fachgremiums MaRisk am 24./25. Mai 2016 vorausgegangen, in denen die von der Aufsicht geplanten Änderungen zum Teil kontrovers diskutiert wurden.[121]

70 Die deutsche Aufsicht betonte im Übermittlungsschreiben zur endgültigen Fassung der fünften MaRisk-Novelle, dass die Institute zukünftig das Management von mit Auslagerungen verbundenen Risiken effektiver gestalten und vor allem möglichen Kontrollverlusten entgegenwirken sollen. Im Fokus der Änderungen standen die Aufgaben und Tätigkeiten der Risikocontrolling- und Compliance-Funktion sowie der Internen Revision. Da diese besonderen Funktionen für die Geschäftsleitung wichtige Steuerungsinstrumente darstellen, ist deren vollständige Auslagerung nur noch in bestimmten Ausnahmefällen möglich.[122] Die Institute haben zudem bei einer Auslagerung dieser besonderen Funktionen bzw. von Aktivitäten oder Prozessen in Kernbankbereichen weiterhin über Kenntnisse und Erfahrungen zu verfügen, die eine wirksame Überwachung der vom Auslagerungsunternehmen erbrachten Dienstleistung gewährleisten. Es ist sicherzustellen, dass bei Bedarf – im Fall der Beendigung des Auslagerungsverhältnisses oder der Änderung der Gruppenstruktur – der ordnungsgemäße Betrieb in diesen Bereichen fortgesetzt werden kann (→ AT 9 Tz. 4 und 5).

71 Darüber hinaus hat seit der fünften MaRisk-Novelle die bei Auslagerungen durchzuführende Risikoanalyse auf der Grundlage von institutsweit bzw. gruppenweit einheitlichen Rahmenvorgaben zu erfolgen (→ AT 9 Tz. 2). Die Anforderungen an unbeabsichtigte und unerwartete Beendigungen von Auslagerungen wurden dahingehend ergänzt, dass die Institute über die bisher bereits vorzuhaltenden Handlungsoptionen – soweit sinnvoll und möglich – auch Ausstiegsprozesse festzulegen haben (→ AT 9 Tz. 6). Bereits bei der Vertragsanbahnung haben die Institute intern festzulegen, welchen Grad einer Schlechtleistung sie akzeptieren möchten (→ AT 9 Tz. 7, Erläuterung). Die Institute müssen ferner mit Blick auf Weiterverlagerungen im Auslagerungsvertrag möglichst Zustimmungsvorbehalte vereinbaren oder konkrete Voraussetzungen, wann Weiterverlagerungen einzelner Arbeits- und Prozessschritte möglich sind (→ AT 9 Tz. 8). Schließlich hält die deutsche Aufsicht bei Instituten mit umfangreichen Auslagerungen ein zentrales Auslagerungsmanagement für erforderlich, dem bestimmte Aufgaben zugewiesen werden und das gegenüber der Geschäftsleitung berichtspflichtig ist (→ AT 9 Tz. 12 und 13).

---

120 Bundesanstalt für Finanzdienstleistungsaufsicht, Mindestanforderungen an das Risikomanagement (MaRisk), Rundschreiben 09/2017 (BA) vom 27. Oktober 2017.

121 Der erste Entwurf der fünften MaRisk-Novelle war am 18. Februar 2016 zur Konsultation gestellt worden. In ihrer umfangreichen Stellungnahme kritisierte die DK, dass die vorgesehenen Änderungen bei Auslagerungen in Teilen dem eigentlichen Konzept einer Auslagerung nicht gerecht werden. Der Gesamtumfang der Anmerkungen der DK zu AT 9 betrug über zehn Seiten. Vgl. Deutsche Kreditwirtschaft, Stellungnahme zum Entwurf der MaRisk in der Fassung vom 18. Februar 2016 (Konsultation 02/2016) vom 27. April 2016, S. 2 und S. 18 ff. Nach Auswertung der DK-Stellungnahme und einer Sitzung des Fachgremiums MaRisk am 24./25. Mai 2016 legte die deutsche Aufsicht am 24. Juni 2016 einen inoffiziellen Zwischenentwurf der fünften MaRisk-Novelle vor, der bereits zahlreiche Anmerkungen der DK zum Modul AT 9 berücksichtigte. Die endgültige Veröffentlichung der fünften MaRisk-Novelle erfolgte schließlich am 27. Oktober 2017. Zuvor hatte die DK auch zum inoffiziellen Zwischenentwurf ausführlich Stellung genommen. Vgl. Deutsche Kreditwirtschaft, Stellungnahme zum Konsultationspapier 02/2016 der Bundesanstalt für Finanzdienstleistungsaufsicht (BaFin) zur Überarbeitung der MaRisk (Zwischenentwurf vom 24. Juni 2016), 22. Juli 2016, S. 10 ff.

122 Bundesanstalt für Finanzdienstleistungsaufsicht, Rundschreiben 09/2017 (BA) zur Überarbeitung der MaRisk, Übermittlungsschreiben vom 27. Oktober 2017, S. 5.

1.9.2 Die »sechste MaRisk-Novelle«

Die sechste MaRisk-Novelle[123] vom August 2021 hat für die Institute im Wesentlichen die EBA-Leitlinien zu Auslagerungen in nationales Recht umgesetzt. Sie enthielt wie üblich neben neuen Anforderungen zahlreiche Klarstellungen und Anpassungen, die auf die laufende Aufsichtspraxis zurückzuführen sind. Auch dieser Novellierung war im Vorfeld eine umfangreiche Konsultation mit der Deutschen Kreditwirtschaft (DK) vorausgegangen. Die neuen Anforderungen an Auslagerungen wurden darüber hinaus zwischen den Aufsichtsbehörden und der DK in zwei Sitzungen des Fachgremiums MaRisk umfassend und zum Teil kontrovers diskutiert.[124]

72

Nach dem Übermittlungsschreiben zur sechsten MaRisk-Novelle betreffen die Änderungen den gesamten Auslagerungszyklus.[125] Durch die Aufnahme weiterer Beispiele für den sonstigen Fremdbezug von Leistungen wurde die Definition des Auslagerungstatbestandes geschärft. Darüber hinaus wurde klargestellt, dass der Betrieb von Software durch einen externen Dritten nur dann als Auslagerung einzuordnen ist, wenn diese einen Bezug zum Risikomanagement hat oder für die Durchführung von bankgeschäftlichen Aufgaben von wesentlicher Bedeutung ist. Diese Auslegungsfrage aus der fünften MaRisk-Novelle war bereits in einer Sondersitzung des Fachgremiums MaRisk am 15. März 2018 geklärt worden (→ AT 9 Tz. 1). Ein weiterer Schwerpunkt der Novelle lag auf der Risikoanalyse, in der zukünftig auch politische Risiken, mögliche Interessenkonflikte, Datenschutzaspekte und die Kosten der Auslagerung zu berücksichtigen sind. Darüber hinaus ist die Risikoanalyse – soweit sinnvoll und verhältnismäßig – durch eine Szenarioanalyse zu ergänzen (→ AT 9 Tz. 2). Dass Institute durch sehr weitreichende Auslagerungen nicht nur noch als leere Hülle (empty shell) existieren dürfen, stellt eine Klarstellung der bestehenden Aufsichtspraxis dar. Dasselbe dürfte für die Anforderung gelten, dass Auslagerungsunternehmen zur Ausübung der ausgelagerten Aktivitäten und Prozesse über die hierzu ggf. erforderlichen Erlaubnisse und Registrierungen verfügen müssen (→ AT 9 Tz. 4). Von hoher praktischer Relevanz dürfte die Erleichterung sein, dass unwesentliche Tochterinstitute innerhalb einer Institutsgruppe die besonderen Funktionen (Risikocontrolling- und Compliance-Funktion sowie Interne Revision) nicht nur auf ihre Mutterunternehmen, sondern zukünftig auch auf Schwesterinstitute vollständig auslagern können (→ AT 9 Tz. 5). Die Anforderungen an den Auslagerungsvertrag wurden entsprechend den Vorgaben der EBA-Leitlinien deutlich detaillierter vorgegeben und erstrecken sich nunmehr zum Teil auch auf nicht wesentliche Auslagerungen (→ AT 9 Tz. 7). Bei wesentlichen Auslagerungen hat die laufende Überwachung der Leistung des Auslagerungsunternehmens anhand vorzuhaltender Kriterien (z. B. Key Performance Indicators, Key Risk Indicators) und vertraglich vereinbarter Informationen des Auslagerungsunternehmens zu erfolgen (→ AT 9 Tz. 9). Darüber hinaus hat zukünftig jedes Institut, das Auslagerungen vornimmt, im eigenen Haus einen zentralen Auslagerungsbeauftragten zu bestimmen, der ggf. durch ein zentrales Auslagerungsmanagement unterstützt wird (→ AT 9 Tz. 12). Als neue Dokumentationsanforderung ist vorgesehen, dass die Institute ein aktuelles Auslagerungsregister mit Informationen zu allen Auslagerungsvereinbarungen vorzuhalten haben (→ AT 9 Tz. 14). Die Anforderungen des AT 9 an Auslagerungen sind ausdrücklich auch auf Gruppenebene anzuwenden (→ AT 4.5 Tz. 1). Schließlich werden die im Hinblick auf Gruppen oder Finanzverbünde gewährten Erleichterungen bei Auslagerungen in einer eigenen Textziffer gebündelt (→ AT 9 Tz. 15).

73

---

123 Bundesanstalt für Finanzdienstleistungsaufsicht, Mindestanforderungen an das Risikomanagement (MaRisk), Rundschreiben 10/2021 (BA) vom 16. August 2021.

124 Die neuen Anforderungen an Auslagerungen laut der sechsten MaRisk-Novelle und dem Finanzmarktintegritätsstärkungsgesetz waren Schwerpunkte der Sitzungen des Fachgremiums MaRisk am 12. Februar 2021 und 4. März 2021. Vgl. Bundesanstalt für Finanzdienstleistungsaufsicht, Protokoll der Sitzungen des MaRisk-Fachgremiums am 12. und 19. Februar 2021, S. 5 ff.; Bundesanstalt für Finanzdienstleistungsaufsicht, Protokoll der Sitzung des MaRisk-Fachgremiums am 4. März 2021, S. 3 ff. Weitere Auslegungsfragen wurden nach der endgültigen Veröffentlichung der sechsten MaRisk-Novelle in der Sitzung des MaRisk-Fachgremiums am 2. September 2021 besprochen. Das Protokoll zu dieser Sitzung lag bei Redaktionsschluss noch nicht vor.

125 Vgl. Bundesanstalt für Finanzdienstleistungsaufsicht, Rundschreiben 10/2021 (BA) zur Neufassung der MaRisk, Übermittlungsschreiben vom 16. August 2021, S. 4.

1.10 Aufbau der Auslagerungsregelungen in den MaRisk

74 Seit der sechsten MaRisk-Novelle ist das Modul AT 9 (»Auslagerung«) in 15 Textziffern gegliedert. Im Einzelnen sind insbesondere die folgenden Elemente von Bedeutung:
- Definition des Auslagerungstatbestandes (→ AT 9 Tz. 1),
- Bestimmung der Wesentlichkeit einer Auslagerung und (implizite) Berücksichtigung der Ergebnisse der Risikoanalyse im institutsinternen Risikomanagement (→ AT 9 Tz. 2),
- Umgang mit nicht wesentlichen Auslagerungen (→ AT 9 Tz. 3),
- Zulässigkeit der Auslagerung (→ AT 9 Tz. 4),
- besondere Anforderungen an Auslagerungen der Kontroll- und Kernbankbereiche (→ AT 9 Tz. 5),
- Aspekte bei Beendigung von Auslagerungen (→ AT 9 Tz. 6),
- Anforderungen an den Auslagerungsvertrag (→ AT 9 Tz. 7),
- Anforderungen an Weiterverlagerungen (→ AT 9 Tz. 8 und 11),
- laufende Steuerung und Überwachung sowie Dokumentation (→ AT 9 Tz. 9 und 10),
- Anforderungen an einen zentralen Auslagerungsbeauftragten und ggf. an ein zentrales Auslagerungsmanagement (→ AT 9 Tz. 12 und 13),
- Anforderungen an ein aktuelles Auslagerungsregister für alle Auslagerungen (→ AT 9 Tz. 14),
- Erleichterungen im Hinblick auf gruppen- und verbundinterne Auslagerungen (→ AT 9 Tz. 15).

75 Bedeutende Ergänzungen mit Bezug zu Auslagerungen befinden sich darüber hinaus in anderen Modulen:
- Die Gesamtverantwortung der Geschäftsleitung bezieht sich unter Berücksichtigung ausgelagerter Aktivitäten und Prozesse auf alle wesentlichen Elemente des Risikomanagements (→ AT 3 Tz. 1).
- Im Fall umfangreicher Auslagerungen sind in der Geschäftsstrategie entsprechende Ausführungen erforderlich (→ AT 4.2 Tz. 1, Erläuterung).
- Prozesse sowie die damit verbundenen Aufgaben, Kompetenzen, Verantwortlichkeiten, Kontrollen und Kommunikationswege sind auch bezüglich der Schnittstellen zu wesentlichen Auslagerungen klar zu definieren und aufeinander abzustimmen (→ AT 4.3.1 Tz. 2).
- Wesentliche Auslagerungsrisiken sind von den Risikosteuerungs- und -controllingprozessen des Institutes zu berücksichtigen (→ AT 4.3.2 Tz. 2).
- Die Tätigkeit der Internen Revision bezieht die ausgelagerten Aktivitäten und Prozesse ausdrücklich mit ein (→ AT 4.4.3 Tz. 3).
- Die Anforderungen des Moduls AT 9 sind auch auf Gruppenebene einzuhalten (→ AT 4.5 Tz. 1, Erläuterung).
- Die Organisationsrichtlinien haben auch Regelungen zu Verfahrensweisen bei Auslagerungen und zum Verhaltenskodex bei Auslagerungen zu beinhalten (→ AT 5 Tz. 3 inkl. Erläuterung).
- Im Fall der Auslagerung zeitkritischer Aktivitäten und Prozesse haben das auslagernde Institut und das Auslagerungsunternehmen über aufeinander abgestimmte Notfallkonzepte zu verfügen (→ AT 7.3 Tz. 2).
- Die Interne Revision kann bei Auslagerungen unter bestimmten Voraussetzungen auf eigene Prüfungshandlungen verzichten (→ AT 9 Tz. 7 lit. b und BT 2.1 Tz. 3).

1.11 Anforderungen an Auslagerungen und sonstigen Fremdbezug von IT-Dienstleistungen gemäß BAIT

Unmittelbar im Anschluss an die Veröffentlichung der fünften MaRisk-Novelle hat die deutsche Aufsicht im November 2017 die »Bankaufsichtlichen Anforderungen an die IT« (BAIT) vorgelegt.[126] Dieses Rundschreiben gibt auf der Grundlage des § 25a Abs. 1 KWG einen flexiblen und praxisnahen Rahmen für die technisch-organisatorische Ausstattung der Institute vor, insbesondere für das Management der IT-Ressourcen und für das IT-Risikomanagement. Es konkretisiert die Anforderungen der MaRisk im Hinblick auf die IT-Ressourcen, die technisch-organisatorische Ausstattung der IT-Systeme, unter besonderer Berücksichtigung der Anforderungen an die Informationssicherheit, sowie an ein angemessenes Notfallkonzept. **76**

Da die Institute in erheblichem Umfang IT-Dienstleistungen von Dritten beziehen, enthalten die BAIT auch Anforderungen, mit denen die Auslagerungsregelungen gemäß § 25b KWG i. V. m. AT 9 der MaRisk konkretisiert werden. Die Vorgaben an den sonstigen Fremdbezug von IT-Dienstleistungen waren in den BAIT aus dem Jahr 2017 noch im Modul 8 enthalten und wurden im Zuge der ersten BAIT-Novelle aus dem Jahr 2021 ohne inhaltliche Änderungen in das Modul 9 überführt.[127] Gemäß den BAIT umfassen IT-Dienstleistungen alle Ausprägungen des Bezugs von IT, darunter insbesondere die Bereitstellung von IT-Systemen, Projekte/Gewerke oder Personalgestellung. Die BAIT stellen zunächst klar, dass auch Cloud-Dienstleistungen eine Auslagerung im Sinne des AT 9 darstellen können. Cloud-Dienstleistungen werden in den BAIT allgemein definiert als IT-Dienstleistungen, die dem Institut durch ein Dienstleistungsunternehmen über ein Netz bereitgestellt werden (z. B. Rechenleistung, Speicherplatz, Plattformen oder Software) und deren Angebot, Nutzung und Abrechnung dynamisch und an den Bedarf angepasst über definierte technische Schnittstellen sowie Protokolle erfolgen. Die Orientierungshilfe zu Auslagerungen an Cloud-Dienstleister vom November 2018 konkretisiert diese Definition. Cloud-Dienste sind demnach Dienste, die mit Hilfe von Cloud-Computing erbracht werden, d. h. ein Modell, das ortsunabhängigen, komfortablen und bedarfsgesteuerten Netzwerkzugriff auf einen gemeinsamen Pool konfigurierbarer Rechenressourcen ermöglicht (wie Netzwerke, Server, Speicher, Anwendungen und Services) und sich schnell sowie mit einem Mindestmaß an Verwaltungsaufwand oder Interaktion des Dienstleisters implementieren und freischalten lässt.[128] Sie enthält außerdem umfassende Hinweise im Hinblick auf die strategischen Überlegungen des Institutes zur Nutzung von Cloud-Diensten, die Analyse und Wesentlichkeitsbewertung des Institutes sowie die anschließende Vertragsgestaltung bei (wesentlichen) Auslagerungen[129] (→ AT 9 Tz. 1). **77**

---

126 Bundesanstalt für Finanzdienstleistungsaufsicht, Bankaufsichtliche Anforderungen an die IT (BAIT), Rundschreiben 10/2017 (BA) vom 3. November 2017.

127 Vgl. Bundesanstalt für Finanzdienstleistungsaufsicht, Bankaufsichtliche Anforderungen an die IT (BAIT), Rundschreiben 10/2017 (BA) in der Fassung vom 16. August 2021. Den Entwurf der überarbeiteten Fassung der BAIT hat die BaFin am 26. Oktober 2020 zur Konsultation gestellt. Vgl. Bundesanstalt für Finanzdienstleistungsaufsicht, Öffentliche Konsultation des Rundschreibens »Bankaufsichtliche Anforderungen an die IT« (BAIT), Konsultation 13/2020 26. Oktober 2020. Die Deutsche Kreditwirtschaft (DK) hat zu dem Entwurf im November 2020 Stellung genommen. Vgl. Deutsche Kreditwirtschaft, Stellungnahme zur öffentlichen Konsultation des Rundschreibens »Bankaufsichtliche Anforderungen an die BAIT« (BAIT), Konsultation 13/2020 vom 26. Oktober 2020, 23. November 2020.

128 Die Orientierungshilfe zu Auslagerungen an Cloud-Anbieter übernimmt damit die Definition der EBA: »Cloud services means services provided using cloud computing, that is, a model for enabling ubiquitous, convenient, on-demand network access to a shared pool of configurable computing ressources (e.g. networks, servers, storage, applications and services) that can be rapidly provisioned and released with minimal management effort or service provider interaction.« European Banking Authority, Consultation Paper – EBA Draft Guidelines on Outsourcing arrangements, EBA/CP/2018/11, 22. Juni 2018, S. 19.

129 Vgl. Bundesanstalt für Finanzdienstleistungsaufsicht, Merkblatt – Orientierungshilfe zu Auslagerungen an Cloud-Anbieter, 8. November 2018, S. 5 ff.

78 Wegen der grundlegenden Bedeutung der IT für die Institute verlangen die BAIT auch bei externen IT-Dienstleistungen, die lediglich als sonstiger Fremdbezug – und nicht als Auslagerung – einzustufen sind, explizit eine vorherige Risikobewertung. In der Sondersitzung des Fachgremiums MaRisk zum Thema Auslagerungen am 15. März 2018 hat die Aufsicht erklärt, dass an die Risikobewertung nach BAIT für sonstigen Fremdbezug nicht dieselben Anforderungen wie an die Risikoanalyse bei Auslagerungen zu stellen sind. Dies wird auch unmittelbar aus Tz. 9.2 BAIT deutlich, indem gerade nicht der Begriff »Risikoanalyse«, sondern stattdessen der Begriff »Risikobewertung« verwendet wird. Art und Umfang der Risikobewertung bestimmen sich nach dem Grundsatz der Proportionalität und können vom Institut nach Maßgabe seines Risikomanagements flexibel festgelegt werden. Der sonstige Fremdbezug von IT-Dienstleistungen ist im Einklang mit den Strategien unter Berücksichtigung der Risikobewertung des Institutes zu steuern. Die Erbringung der vom Dienstleister geschuldeten Leistung ist entsprechend der Risikobewertung zu überwachen. Darüber hinaus verlangen die BAIT, dass die aus der Risikobewertung abgeleiteten Maßnahmen angemessen in der Vertragsgestaltung zu berücksichtigen und die Vertragsinhalte im Rahmen der regelmäßig und anlassbezogen zu überprüfenden Risikobewertung ggf. anzupassen sind. Die Aufsicht erwartet grundsätzlich, dass sich die Institute im Rahmen der Risikobewertung in einem strukturierten Prozess mit den Risiken auseinandersetzen (→ AT 9 Tz. 2).

79 Im Rahmen der ersten BAIT-Novelle hat die Aufsicht die für die Institute relevanten Anforderungen aus den Leitlinien der EBA für das Management von IKT- und Sicherheitsrisiken[130] in erster Linie in das Rundschreiben überführt.[131] Das Kürzel IKT steht für Informations- und Kommunikationstechnologien. Die EBA verfolgt mit den Leitlinien das Ziel, europaweit einheitliche Anforderungen an das Management von Informationstechnik und Informationssicherheit für Kreditinstitute, Wertpapierfirmen und Zahlungsdienstleister zu schaffen. Im Zuge der Novellierung wurden drei neue Module in die BAIT eingefügt: die Anforderungen an die operative Informationssicherheit (Modul 5), das IT-Notfallmanagement (Modul 10) und Kundenbeziehungen mit Zahlungsdienstnutzern (Modul 11). Zum Teil wurden die EBA-Leitlinien für das Management von IKT- und Sicherheitsrisiken auch über das im Zuge der sechsten MaRisk-Novelle neu gefasste Modul zum Notfallmanagement umgesetzt (→ AT 7.3).

80 Das Institut hat nunmehr Ziele zum Notfallmanagement zu definieren und daraus abgeleitet einen Notfallmanagementprozess festzulegen. Für Notfälle in zeitkritischen Aktivitäten und Prozessen ist Vorsorge zu treffen. Zeitkritisch sind grundsätzlich jene Aktivitäten und Prozesse, bei deren Beeinträchtigung für definierte Zeiträume ein nicht mehr akzeptabler Schaden für das Institut zu erwarten ist. Die im Notfallkonzept festgelegten Maßnahmen müssen dazu geeignet sein, das Ausmaß möglicher Schäden zu reduzieren. Für alle im Rahmen einer Auswirkungsanalyse identifizierten zeitkritischen Aktivitäten und Prozesse sind vom Institut Risikoanalysen durchzuführen (→ AT 7.3 Tz. 1). Das Notfallkonzept für Notfallszenarien muss Geschäftsfortführungs- sowie Wiederherstellungspläne umfassen. Im Notfallkonzept werden Verantwortlichkeiten, Ziele und Maßnahmen zur Fortführung oder Wiederherstellung von zeitkritischen Aktivitäten und Prozessen bestimmt. Im Notfallkonzept ist darzustellen, welche Ersatzlösungen im Notfall zeitnah zur Verfügung stehen und wie eine Rückkehr zum Normalbetrieb verlaufen soll. Bei Notfällen ist eine angemessene interne und externe Kommunikation sicherzustellen. Im Fall der Auslagerung zeit-

---

130 European Banking Authority, Leitlinien für das Management von IKT- und Sicherheitsrisiken, EBA/GL/2019/04, 28. November 2019.

131 Der Anwendungskreis der BAIT entspricht dem Anwendungskreis der MaRisk, der im Einzelnen in AT 2.1 MaRisk festgelegt ist. Die bankaufsichtlichen IT-Anforderungen für Zahlungs- und E-Geld-Institute ergeben sich demgegenüber aus den parallel zur ersten BAIT-Novelle veröffentlichten Zahlungsdiensteaufsichtlichen Anforderungen an die IT. Vgl. Bundesanstalt für Finanzdienstleistungsaufsicht, Zahlungsdiensteaufsichtliche Anforderungen an die IT von Zahlungs- und E-Geld-Instituten (ZAIT), Rundschreiben 11/2021 (BA) in der Fassung vom 16. August 2021.

kritischer Aktivitäten und Prozesse haben das auslagernde Institut und das Auslagerungsunternehmen über aufeinander abgestimmte Notfallkonzepte zu verfügen (→ AT 7.3 Tz. 2).

1.12 Entwicklungen auf europäischer Ebene

Das Committee of European Banking Supervisors (CEBS), die Vorgängerbehörde der EBA, hatte   81
bereits im Jahr 2006 Leitlinien zu Auslagerungen veröffentlicht, die von den deutschen Aufsichtsbehörden bei der Überführung der Auslagerungsanforderungen in die MaRisk im Jahr 2007
berücksichtigt wurden.[132] Darüber hinaus enthielten die Leitlinien der EBA zur internen Governance allgemeine Vorgaben für Auslagerungen von Aktivitäten und Prozessen auf andere Unternehmen.[133] In den überarbeiteten Leitlinien zur internen Governance aus dem Jahr 2018 weist die
EBA bereits darauf hin, dass sich diese Vorgaben aufgrund der geplanten Leitlinien zu Auslagerungen auf allgemeine »Outsourcing-Richtlinien« beschränken.[134] Im März 2018 hat die EBA
Empfehlungen zur Auslagerung an Cloud-Anbieter veröffentlicht.[135] Nach den im Jahr 2018 überarbeiteten EBA-Leitlinien zum aufsichtlichen Überprüfungs- und Bewertungsprozess (Supervisory
Review and Evaluation Process, SREP) haben die Aufsichtsbehörden die Outsourcing-Policy und
-Strategie im Rahmen des SREP zu bewerten.[136]

1.12.1 EBA-Leitlinien zu Auslagerungen

Die von der EBA im Februar 2019 veröffentlichten Leitlinien zu Auslagerungen[137] aktualisieren die   82
CEBS-Leitlinien aus dem Jahr 2006 und integrieren die Empfehlungen der EBA zu Outsourcing an
Cloud-Anbieter, die beide mit Inkrafttreten der EBA-Leitlinien zu Auslagerungen aufgehoben
wurden. Darüber hinaus konkretisieren sie die Anforderungen an die Überwachung der Auslagerungen im SREP. Ziel der Leitlinien ist es, die Anforderungen an Auslagerungen europaweit zu
harmonisieren und dadurch eine einheitliche Aufsichtspraxis in den EU-Mitgliedstaaten sicherzustellen. Der Veröffentlichung waren umfangreiche Konsultationen mit zahlreichen Interessens-
vertretern aus den EU-Mitgliedstaaten einschließlich der Deutschen Kreditwirtschaft (DK)[138] und

---

132 Committee of European Banking Supervisors, Guidelines on Outsourcing, 14. Dezember 2006.

133 Die EBA hat erstmals im Jahr 2011 Leitlinien zur internen Governance veröffentlicht, die im Jahr 2018 überarbeitet
wurden. European Banking Authority, EBA Guidelines on Internal Governance (GL 44), 27. September 2011; European
Banking Authority, Leitlinien zur internen Governance, EBA/GL/2017/11, 21. März 2018.

134 Vgl. European Banking Authority, Leitlinien zur internen Governance, EBA/GL/2017/11, 21. März 2018, S. 25.

135 European Banking Authority, Empfehlungen zur Auslagerung an Cloud-Anbieter, EBA/REC/2017/03, 28. März 2018.

136 Die EBA hat erstmals im Jahr 2014 Leitlinien zum SREP veröffentlicht, die im Jahr 2018 überarbeitet wurden. Vgl.
European Banking Authority, Guidelines on common procedures and methodologies for the supervisory review and
evaluation process (SREP) and supervisory stress testing, EBA/GL/2014/13, Consolidated version, 19. Juli 2018, S. 53.

137 Die EBA hat am 25. Februar 2019 in englischer Sprache ihren Abschlussbericht zu den Leitlinien für Auslagerungsverein-
barungen veröffentlicht, der sich aus vier Teilen zusammensetzt: Executive summary, Background, Guidelines on Outsourcing,
Accompanying documents. Vgl. European Banking Authority, Final Report on EBA Guidelines on outsourcing arrangements,
EBA/GL/2019/02, 25. Februar 2019. Der dritte Teil des Abschlussberichtes stellt die eigentlichen Leitlinien zu Auslagerungen dar
und liegt auch in deutscher Sprache vor. Der Kommentar stellt in der Regel auf diese deutsche Übersetzung der Leitlinien ab. Vgl.
European Banking Authority, Leitlinien zu Auslagerungen, EBA/GL/2019/02, 25. Februar 2019.

138 Die Deutsche Kreditwirtschaft (DK) hat in ihrer Stellungnahme grundsätzlich die Harmonisierung der Anforderungen an
Auslagerungen befürwortet, da die CEBS-Leitlinien aus dem Jahr 2006 in den Mitgliedstaaten unterschiedlich umgesetzt
worden sind. Sie kritisierte die Leitlinien allerdings als insgesamt zu detailliert und zu weitreichend. Nach Ansicht der DK
schränken die Leitlinien notwendige Entscheidungsspielräume der Institute ein und berücksichtigen das Proportionalitätsprinzip und die Besonderheiten der nationalen Bankensektoren nicht in ausreichendem Maße. Darüber hinaus können zu
umfangreiche Anforderungen Kooperationen der Institute mit kleinen und jungen Dienstleistern, wie z. B. FinTechs, und
somit Innovationen behindern. Vgl. Deutsche Kreditwirtschaft (German Banking Industry Committee), Comments on EBA
Draft Guidelines on Outsourcing arrangements (EBA/CP/2018/11), 24. September 2018, S. 2ff.

der »Banking Stakeholder Group« (BSG)[139] der EBA vorausgegangen.[140] Die EBA hat in der endgültigen Fassung der Leitlinien zahlreiche Anmerkungen der Kreditwirtschaft berücksichtigt und unterscheidet nunmehr deutlich zwischen Auslagerungen von kritischen/wesentlichen Funktionen (»critical or important«) und sonstigen Auslagerungen, z.B. beim Auslagerungsregister oder der »Due Diligence«-Prüfung des Dienstleisters. Die Leitlinien verfolgen einen eher regelbasierten Ansatz und enthalten sehr detaillierte Anforderungen sowohl an die Institute als auch die Aufsichtsbehörden. Die BaFin hat sich im Rahmen des »Comply-or-explain-Prozesses« gegenüber der EBA zur Umsetzung der Leitlinien in die MaRisk verpflichtet.[141]

83   Der Anwendungsbereich der Leitlinien erstreckt sich auf Institute gemäß Art. 4 Abs. 1 Nr. 3 CRR, Zahlungsinstitute und E-Geld-Institute.[142] Die Leitlinien definieren »Auslagerung« als eine Vereinbarung gleich welcher Form zwischen einem Institut, einem Zahlungsinstitut oder einem E-Geld-Institut und einem Dienstleister (»Auslagerungsunternehmen«), in deren Rahmen der Dienstleister einen Prozess durchführt, eine Dienstleistung erbringt oder eine Tätigkeit ausübt, die das Institut, das Zahlungsinstitut oder das E-Geld-Institut ansonsten selbst übernähme.[143]

Die Leitlinien sind in folgende fünf Titel gegliedert[144]:

– Die Leitlinien betonen im Titel I – »Verhältnismäßigkeit; gruppenweite Anwendung und institutsbezogene Sicherungssysteme«[145] den Grundsatz der Proportionalität, der sowohl für die Institute bei der Einhaltung der Anforderungen an Auslagerungen als auch für die Aufsichtsbehörden bei der Überwachung der Erfüllung der Vorgaben durch die Institute gilt.[146] Im Hinblick auf die Anwendung des Proportionalitätsprinzips kann auf die von der EBA im Rahmen der Leitlinien zur internen Governance entwickelten Kriterien zurückgegriffen werden.[147] Die EBA hat in ihrem Bericht zu den überarbeiteten Leitlinien zur internen Governance vom Juli 2021 die Unterscheidung zwischen einem kleinen und nicht komplexen Institut (»small and non complex institution«) und einem großen Institut (»large institution«) als zusätzliches Kriterium für das Proportionalitätsprinzip ergänzt (→ AT 1 Tz. 3).[148] Die EBA-

---

139 Die Banking Stakeholder Group (BSG) wurde eingerichtet, um den Dialog der EBA mit den relevanten Interessengruppen zu fördern. Die BSG setzt sich aus 30 Mitgliedern zusammen, darunter Vertreter von Kreditinstituten und Wertpapierhäusern, Vertreter von Beschäftigten aus dem Finanzsektor, Nutzer von Bankdienstleistungen, Verbraucher, Vertreter kleiner und mittlerer Unternehmen sowie mindestens fünf unabhängige Wissenschaftler. Interessierte Personen können sich nach einem »Aufruf der Interessenbekundung« durch die EBA bewerben. Die Entscheidung über die Zusammensetzung trifft der Rat der Aufseher der EBA. Bei den Leitlinien zu Auslagerungen kritisierte die BSG vor allem die zu weite Definition einer Auslagerung, die nicht ausreichende Unterscheidung zwischen Auslagerungen von kritischen/bedeutenden Funktionen und sonstigen Auslagerungen, die fehlende Privilegierung von gruppeninternen Auslagerungen sowie den Umfang des Auslagerungsregisters. Vgl. EBA's Banking Stakeholder Group, Comments on the Consultation Paper EBA Draft Guidelines on Outsourcing arrangements, EBA/CP/2018/11, London, 24. September 2018.

140 Die EBA hat den ersten Entwurf der Leitlinien zu Auslagerungen im Juni 2018 zur Konsultation gestellt. Vgl. European Banking Authority, Consultation Paper – EBA Draft Guidelines on Outsourcing arrangements, EBA/CP/2018/11, 22. Juni 2018. Zu dem Entwurf gingen bei der EBA insgesamt 49 Stellungnahmen von Interessenvertretern der Banken, einzelnen Instituten, Wirtschaftsprüfungsgesellschaften, Börsen oder sonstigen Unternehmen wie z.B. Microsoft ein. Die Stellungnahmen sind auf der Internetseite der EBA veröffentlicht.

141 Das »Guidelines compliance table« ist auf der Internetseite der EBA abrufbar.

142 Vgl. European Banking Authority, Leitlinien zu Auslagerungen, EBA/GL/2019/02, 25. Februar 2019, S. 3.

143 Vgl. European Banking Authority, Leitlinien zu Auslagerungen, EBA/GL/2019/02, 25. Februar 2019, S. 5.

144 Die Leitlinien zu Auslagerungen bestehen aus drei einleitenden Kapiteln (Einhaltung und Meldepflichten; Gegenstand, Anwendungsbereich und Begriffsbestimmungen; Umsetzung) und dem vierten Kapitel, das die eigentlichen Leitlinien zu Auslagerungen darstellt. Das vierte Kapitel ist wiederum in fünf Titel untergliedert.

145 Vgl. European Banking Authority, Leitlinien zu Auslagerungen, EBA/GL/2019/02, 25. Februar 2019, S. 8ff. Die EBA verwendet für die bei Sparkassen und genossenschaftlichen Instituten bestehenden Finanzverbünde in ihren Leitlinien den Begriff »institutsbezogenes Sicherungssystem«.

146 Die EBA-Leitlinien zu Auslagerungen verwenden in der deutschen Übersetzung den Begriff »Verhältnismäßigkeit«. Vgl. European Banking Authority, Leitlinien zu Auslagerungen, EBA/GL/2019/02, 25. Februar 2019, S. 8. Die englische Originalfassung mit dem Begriff »Proportionality« macht deutlich, dass hiermit das »Proportionalitätsprinzip« gemäß MaRisk gemeint ist. Vgl. European Banking Authority, Final Report on EBA Guidelines on outsourcing arrangements, EBA/GL/2019/02, 25. Februar 2019, S. 23.

147 Vgl. European Banking Authority, Leitlinien zur internen Governance, EBA/GL/2017/11, 21. März 2018, S. 8f.

148 Gleichzeitig betont sie, dass Größe oder Systemrelevanz eines Institutes für sich genommen nicht für das Ausmaß ausschlaggebend sind, in dem ein Institut Risiken ausgesetzt wird. Vgl. European Banking Authority, Final Report on Guidelines on internal governance under Directive 2013/36/EU, EBA/GL/2021/05, 2. Juli 2021, S. 18f.

Leitlinien zu Auslagerungen enthalten sowohl Anforderungen auf der konsolidierten Ebene (konsistente Governance-Regelungen, Verfahren, Mechanismen) als auch mögliche Erleichterungen für zentrale Auslagerungslösungen innerhalb einer Gruppe oder eines Finanzverbundes (Risikoanalyse, gruppenweite Überwachung und Steuerung der Auslagerungen, Auslagerungsregister, Ausstiegspläne auf Gruppenebene etc.).[149] Die EBA betont, dass auch bei einer Inanspruchnahme von Erleichterungen auf Gruppen- oder Verbundebene das einzelne Institut für die Einhaltung der bankaufsichtlichen Anforderungen verantwortlich bleibt, so dass entsprechende Auskunfts- und Informationsrechte sowie Berichtspflichten zu etablieren sind.[150] Die Institute, die von den Aufsichtsbehörden eine Freistellung gemäß Art. 7 CRR oder Art. 10 CRR erhalten haben (»Waiver«), haben die Anforderungen der Leitlinien lediglich auf der Ebene des Mutterunternehmens bzw. der Zentralorganisation einzuhalten (→ AT 9 Tz. 15).[151]

- Der Titel II – »Bewertung von Auslagerungsvereinbarungen«[152] unterscheidet zwischen der Auslagerung von kritischen oder wesentlichen Funktionen (»critical or important functions«) und sonstigen Auslagerungen (»non critical or non important functions«). Die Einstufung als kritische/wesentliche Funktionen erfolgt gemäß einer der Risikoanalyse nach MaRisk vergleichbaren Risikobewertung (»Assessment of the criticality or importance«), für die ein detaillierter Katalog an Beurteilungskriterien vorgegeben wird.[153] Dabei ist es unerheblich, ob das Institut die Funktion in der Vergangenheit ausgeübt hat. Die Auslagerung bestimmter Funktionen (interne Kontrollfunktionen, Kernbankbereiche etc.) ist stets als kritisch/wesentlich einzuordnen oder in der Risikobewertung besonders intensiv zu prüfen. An die Auslagerung von kritischen/wesentlichen Funktionen stellen die Leitlinien – ebenso wie die MaRisk bei wesentlichen Auslagerungen – deutlich höhere Anforderungen. Der Titel enthält zudem einen Negativkatalog von Fallgestaltungen, die nicht als Auslagerung einzustufen sind (Abschlussprüfer, Clearing- und Abwicklungsvereinbarungen, Marktinformationsdienste etc.). Auch der Erwerb von bestimmten Dienstleistungen, Waren oder Versorgungsleistungen (Rechtsberatung, Fuhrpark, Strom, Gas etc.) gilt nach den Leitlinien nicht als Auslagerung, wenn diese normalerweise nicht von Instituten erbracht werden.[154]

- Der Titel III – »Rahmen für die Governance«[155] enthält grundlegende Anforderungen an die Auslagerung von Prozessen, Dienstleistungen oder Tätigkeiten auf ein Auslagerungsunternehmen. Danach führt die Auslagerung von Funktionen nicht zur Delegierung der Verantwortung der Geschäftsleitung, die für die ausgelagerten Bereiche in vollem Umfang verantwortlich und rechenschaftspflichtig bleibt.[156] Die Geschäftsleitung hat darüber hinaus auf der Ebene des einzelnen Institutes und auf Gruppenebene schriftliche Auslagerungsrichtlinien (»Outsourcing Policy«) zu verabschieden und ihre Umsetzung sicherzustellen (→ AT 9 Tz. 4).[157] Die Institute haben eine interne Organisation (»retained organisation«) mit klar zugewiesenen Verantwortlichkeiten und ausreichenden Ressourcen vorzuhalten, die eine angemessene Steuerung und Überwachung der Auslagerungsvereinbarungen gewährleistet. Die Leitlinien verlangen zudem die Einrichtung einer Auslagerungsfunktion (»Outsourcing-Function«) oder alternativ die Benennung einer Führungskraft (z. B. »Key Function Holder«) mit unmittelbarer Anbindung an

---

149 Vgl. European Banking Authority, Leitlinien zu Auslagerungen, EBA/GL/2019/02, 25. Februar 2019, S. 8 ff.
150 Vgl. European Banking Authority, Leitlinien zu Auslagerungen, EBA/GL/2019/02, 25. Februar 2019, S. 9 f.
151 Vgl. European Banking Authority, Leitlinien zu Auslagerungen, EBA/GL/2019/02, 25. Februar 2019, S. 10.
152 Vgl. European Banking Authority, Leitlinien zu Auslagerungen, EBA/GL/2019/02, 25. Februar 2019, S. 11 ff.
153 Vgl. European Banking Authority, Leitlinien zu Auslagerungen, EBA/GL/2019/02, 25. Februar 2019, S. 12 ff.
154 Vgl. European Banking Authority, Leitlinien zu Auslagerungen, EBA/GL/2019/02, 25. Februar 2019, S. 11 f.
155 Vgl. European Banking Authority, Leitlinien zu Auslagerungen, EBA/GL/2019/02, 25. Februar 2019, S. 15 ff.
156 Vgl. European Banking Authority, Leitlinien zu Auslagerungen, EBA/GL/2019/02, 25. Februar 2019, S. 15.
157 Vgl. European Banking Authority, Leitlinien zu Auslagerungen, EBA/GL/2019/02, 25. Februar 2019, S. 18 ff.

die Geschäftsleitung (→ AT 9 Tz. 12).[158] Zudem enthalten die Leitlinien – weitergehend als die MaRisk – umfassende Vorgaben für den Umgang mit Interessenkonflikten, die im Zusammenhang mit der Auslagerung entstehen können. Sofern bei gruppeninternen Auslagerungen wesentliche Interessenkonflikte zwischen den gruppenangehörigen Unternehmen bestehen, sind entsprechende Maßnahmen zum Management dieser Konflikte zu ergreifen (→ AT 9 Tz. 2).[159] Im Fall der Auslagerung der internen Kontrollfunktionen (Risikocontrolling- und Compliance-Funktion sowie Interne Revision) soll das Institut eine angemessene Aufsicht ausüben und in der Lage sein, die Risiken, die durch die Auslagerung kritischer/wesentlicher Funktionen entstehen, angemessen zu steuern (→ AT 9 Tz. 5).[160] Der Titel enthält umfassende Anforderungen an Geschäftsfortführungspläne (»Business Continuity Plans«, BCP) und die Interne Revision des auslagernden Institutes.[161] Die Institute haben ein detailliert vorgegebenes Auslagerungsregister mit sämtlichen Auslagerungsvereinbarungen zu führen. Dieses Auslagerungsregister kann unter bestimmten Voraussetzungen auch zentral auf Gruppenebene vorgehalten werden (→ AT 9 Tz. 14).[162] Schließlich sollten die Institute die Aufsichtsbehörden rechtzeitig über geplante Auslagerungen von kritischen/wesentlichen Funktionen informieren oder in einen aufsichtlichen Dialog mit den zuständigen Behörden treten (»duty to adequately inform supervisors«).[163]

– Im Titel IV – »Auslagerungsprozess«[164] werden detaillierte Anforderungen an die im Vorfeld der Auslagerung durchzuführende Risikoanalyse (»pre-outsourcing analysis«) gestellt, die eine Einstufung der ausgelagerten Prozesse, Dienstleistungen oder Tätigkeiten als kritische/wesentliche Funktion oder als sonstige Auslagerung beinhaltet. Anders als die MaRisk, die im Hinblick auf die Risikoanalyse den Instituten keine konkreten Vorgaben machen, enthalten die Leitlinien einen detaillierten Katalog von Beurteilungskriterien, die von den Instituten bei der Einstufung als kritische/wesentliche Funktion mindestens zu berücksichtigen sind.[165] Die Institute haben sicherzustellen, dass die Auslagerung von Aktivitäten in einem Umfang, der selbst einer Zulassung bedarf (Auslagerung von Bankgeschäften, Wertpapierdienstleistungen, Zahlungsdiensten etc.), nur an entsprechend zugelassene und beaufsichtigte Auslagerungsunternehmen erfolgt (→ AT 9 Tz. 2).[166] Im Rahmen der erforderlichen »Due Diligence«-Prüfung des Auslagerungsunternehmens haben die Institute u. a. zu bewerten, ob der Dienstleister über angemessene und ausreichende Fähigkeiten, Kapazitäten, Ressourcen, Organisationsstrukturen und ggf. über die erforderlichen Genehmigungen verfügt.[167] Weiterhin sollten die Institute vor Abschluss der Auslagerungsvereinbarung alle mit der Auslagerung verbundenen Risiken identifizieren, bewerten, überwachen und kommunizieren (»risk assessment of outsourcing arrangements«), wobei der Grundsatz der Proportionalität anzuwenden ist (→ AT 9 Tz. 2).[168]

– Darüber hinaus enthält der Titel IV umfassende Anforderungen an die Vertragsphase (»contractual phase«).[169] Die Institute haben sich bei kritischen/wesentlichen Auslagerungen im Auslagerungsvertrag die notwendigen Rechte für den Fall der Weiterverlagerung, Kündigungs-

158 Vgl. European Banking Authority, Leitlinien zu Auslagerungen, EBA/GL/2019/02, 25. Februar 2019, S. 16.
159 Vgl. European Banking Authority, Leitlinien zu Auslagerungen, EBA/GL/2019/02, 25. Februar 2019, S. 20. Die EBA-Leitlinien zu Auslagerungen verweisen insoweit auf die EBA-Leitlinien zur internen Governance aus dem Jahr 2017.
160 Vgl. European Banking Authority, Leitlinien zu Auslagerungen, EBA/GL/2019/02, 25. Februar 2019, S. 17.
161 Vgl. European Banking Authority, Leitlinien zu Auslagerungen, EBA/GL/2019/02, 25. Februar 2019, S. 21 f.
162 Vgl. European Banking Authority, Leitlinien zu Auslagerungen, EBA/GL/2019/02, 25. Februar 2019, S. 22 ff.
163 Vgl. European Banking Authority, Leitlinien zu Auslagerungen, EBA/GL/2019/02, 25. Februar 2019, S. 25.
164 Vgl. European Banking Authority, Leitlinien zu Auslagerungen, EBA/GL/2019/02, 25. Februar 2019, S. 25 ff.
165 Vgl. European Banking Authority, Leitlinien zu Auslagerungen, EBA/GL/2019/02, 25. Februar 2019, S. 27 ff.
166 Vgl. European Banking Authority, Leitlinien zu Auslagerungen, EBA/GL/2019/02, 25. Februar 2019, S. 26.
167 Vgl. European Banking Authority, Leitlinien zu Auslagerungen, EBA/GL/2019/02, 25. Februar 2019, S. 30.
168 Vgl. European Banking Authority, Leitlinien zu Auslagerungen, EBA/GL/2019/02, 25. Februar 2019, S. 27 ff.
169 Vgl. European Banking Authority, Leitlinien zu Auslagerungen, EBA/GL/2019/02, 25. Februar 2019, S. 30 ff.

rechte sowie die erforderlichen Zugangs-, Informations- und Prüfungsrechte einräumen zu lassen (→ AT 9 Tz. 7).[170] Der Titel regelt weiter Anforderungen an die Überwachung der ausgelagerten Prozesse, Dienstleistungen oder Tätigkeiten (»oversight of outsourced functions«)[171], wobei unter bestimmten Bedingungen eine Zentralisierung auf Gruppenebene möglich sein soll (→ AT 9 Tz. 9). Zudem sind Vorgaben an die Informationssicherheit, auch im Zusammenhang mit Cloud-Dienstleistungen (»security of data and system«)[172], sowie die Ausstiegsstrategien (»exit strategies«)[173] enthalten (→ AT 9 Tz. 6).

– Der Titel V – »An die zuständigen Behörden gerichtete Leitlinien zu Auslagerungen«[174] richtet sich an die zuständigen Aufsichtsbehörden. Die Aufsicht sollte die Bewertung der mit der Auslagerung verbundenen Risiken mindestens im Rahmen des SREP durchführen. Bei der Bewertung der Risiken sind neben dem operationellen Risiko, dem Reputationsrisiko sowie Konzentrationsrisiken auch das so genannte Step-in-Risiko und mögliche Interessenkonflikte zwischen dem Institut und dem Dienstleister zu berücksichtigen.[175] Die Aufsicht kann hierzu auf das von den Instituten vorzuhaltende Auslagerungsregister zurückgreifen. Nach den Leitlinien kann die Aufsicht zusätzlich über das Register hinausgehende Angaben verlangen (Angaben zu »retained organisation«, Ausstiegsstrategien, Geschäftsfortführungsplänen etc.).[176]

Die Anforderungen der Leitlinien gelten für neue Auslagerungsvorhaben einschließlich der Auslagerungen an Cloud-Dienstleister seit dem 30. September 2019. Für bereits bestehende Auslagerungen können die neuen Dokumentationsanforderungen im Zuge der turnusgemäßen Anpassungen der Auslagerungsvereinbarungen erfolgen. Diese sollten allerdings spätestens zum 31. Dezember 2021 abgeschlossen sein.[177] Die deutsche Aufsicht hat den weniger bedeutenden Instituten im Rahmen der sechsten MaRisk-Novelle allerdings gesonderte Umsetzungsfristen eingeräumt.   **84**

1.12.2   Auslagerungsrisiken und IKT-Auslagerungsrisiken

Im Zusammenhang mit dem Management der operationellen Risiken (→ BTR 4) wird von der EBA eine Reihe von Unterkategorien genannt, die von den Instituten im Risikomanagement und den zuständigen Behörden beim SREP zu berücksichtigen sind. Dazu gehören u. a. auch Auslagerungsrisiken sowie Informations- und Kommunikationstechnologie-Risiken (IKT-Risiken).[178] Das »IKT-Auslagerungsrisiko« ist als Risiko, dass die Beauftragung eines Dritten oder eines anderen Gruppenunternehmens (gruppeninterne Auslagerung) mit der Bereitstellung von IKT-Systemen oder der Erbringung damit zusammenhängender Dienstleistungen das Leistungs- und Risikomanagement des Institutes nachteilig beeinflusst[179], quasi eine Mischform aus diesen Unterkategorien.   **85**

Die im November 2019 veröffentlichten Leitlinien der EBA für das Management von IKT- und Sicherheitsrisiken[180] enthalten Vorgaben für die Institute an das IKT-Auslagerungsrisiko. Jedes   **86**

---

170 Vgl. European Banking Authority, Leitlinien zu Auslagerungen, EBA/GL/2019/02, 25. Februar 2019, S. 31 f.
171 Vgl. European Banking Authority, Leitlinien zu Auslagerungen, EBA/GL/2019/02, 25. Februar 2019, S. 38 f.
172 Vgl. European Banking Authority, Leitlinien zu Auslagerungen, EBA/GL/2019/02, 25. Februar 2019, S. 34.
173 Vgl. European Banking Authority, Leitlinien zu Auslagerungen, EBA/GL/2019/02, 25. Februar 2019, S. 39.
174 Vgl. European Banking Authority, Leitlinien zu Auslagerungen, EBA/GL/2019/02, 25. Februar 2019, S. 41 ff.
175 Vgl. European Banking Authority, Leitlinien zu Auslagerungen, EBA/GL/2019/02, 25. Februar 2019, S. 42.
176 Vgl. European Banking Authority, Leitlinien zu Auslagerungen, EBA/GL/2019/02, 25. Februar 2019, S. 41.
177 Vgl. European Banking Authority, Leitlinien zu Auslagerungen, EBA/GL/2019/02, 25. Februar 2019, S. 7.
178 Vgl. European Banking Authority, Guidelines on common procedures and methodologies for the supervisory review and evaluation process (SREP) and supervisory stress testing, EBA/GL/2014/13, Consolidated version, 19. Juli 2018, S. 104 ff.
179 Vgl. European Banking Authority, Leitlinien für die IKT-Risikobewertung im Rahmen des aufsichtlichen Überprüfungs- und Bewertungsprozesses (SREP), EBA/GL/2017/05, 11. September 2017, S. 4.
180 European Banking Authority, Leitlinien für das Management von IKT- und Sicherheitsrisiken, EBA/GL/2019/04, 28. November 2019.

Institut muss sich künftig die Frage stellen, wie es das Auslagerungsunternehmen in sein IT-Notfallmanagement einbeziehen kann. Die Leitlinien werden ergänzt durch die EBA-Leitlinien für die IKT-Risikobewertung im SREP aus dem Jahr 2017, die sich an die Aufsichtsbehörden richten.[181]

87   Die zuständigen Behörden sollten im Rahmen des SREP bewerten, ob die Auslagerungsstrategie des Institutes ordnungsgemäß auf IKT-Auslagerungen angewendet wird, einschließlich der Auslagerungen zur Erbringung von IKT-Dienstleistungen innerhalb einer Gruppe. Insbesondere sollten die zuständigen Behörden bewerten, ob das Institut über einen wirksamen Rahmen für die Ermittlung, das Verständnis und die Bewertung des IKT-Auslagerungsrisikos und insbesondere über Kontrollen und ein Kontrollumfeld zur Minderung von Risiken in Bezug auf erhebliche IKT-Auslagerungsdienste verfügt, die der Größe, den Geschäftsaktivitäten und dem Risikoprofil des Institutes angemessen sind. Konkret geht es dabei auch um eine angemessene Bewertung der Auswirkungen von IKT-Auslagerungen auf das Risikomanagement des Institutes im Zusammenhang mit der Nutzung von Dienstanbietern (z. B. Cloud-Dienstanbietern) und deren Dienstleistungen während des Beschaffungsprozesses, die dokumentiert und von der Geschäftsleitung bei der Entscheidung für oder gegen die Auslagerung der Dienste berücksichtigt werden soll. Das Institut sollte auch die Vorgaben zum IKT-Risikomanagement sowie die IKT-Kontrollen und das Kontrollumfeld des Dienstanbieters überprüfen, um sicherzustellen, dass sie die internen Ziele im Hinblick auf das Risikomanagement und die Risikobereitschaft erfüllen. Diese Überprüfung sollte während des vertraglichen Auslagerungszeitraumes regelmäßig aktualisiert werden, wobei die Merkmale der ausgelagerten Dienstleistungen zu berücksichtigen sind. Daneben sollte eine Überwachung der IKT-Risiken der ausgelagerten Dienstleistungen während des vertraglichen Auslagerungszeitraumes im Rahmen des Risikomanagements erfolgen, deren Ergebnis in die Berichterstattung einfließt (z. B. Geschäftskontinuitäts-Berichterstattung, Sicherheitsberichterstattung), sowie eine Überwachung und ein Vergleich des Dienstleistungsniveaus mit den vertraglich vereinbarten Vorgaben, die Bestandteil des Auslagerungsvertrages oder der Dienstleistungsvereinbarung (Service Level Agreement) sein sollten. Schließlich sollten die zuständigen Behörden prüfen, ob geeignete Mitarbeiter, Ressourcen und Kompetenzen zur Überwachung und Steuerung der IKT-Risiken vorhanden sind, die von den ausgelagerten Dienstleistungen ausgehen.[182]

88   Tendenziell wird im Zusammenhang mit Auslagerungsrisiken mittlerweile allgemeiner auf »Drittpartei-Risiken« (»Third-Party Risks«) abgestellt. So hat der Baseler Ausschuss für Bankenaufsicht Ende 2018 festgestellt, dass zwar die regulatorischen Rahmenbedingungen für Auslagerungen in allen untersuchten Rechtsordnungen recht gut etabliert sind und sehr viele Gemeinsamkeiten aufweisen. Allerdings existiert noch kein gängiger Ansatz zum Umgang mit Drittpartei-Risiken über ausgelagerte Dienstleistungen hinaus, der einen anderen Umfang an Regulierungs- und Aufsichtsmaßnahmen impliziert. Während Dritte kostengünstige Lösungen zur Erhöhung der Widerstandsfähigkeit bereitstellen können, obliegt es den Instituten, ein angemessenes Verständnis und ein aktives Management der Abhängigkeiten von Dritten und der damit verbundenen Konzentrationen über die gesamte Wertschöpfungskette hinweg nachzuweisen. Es sollte ein ausgewogenes Modell der Verantwortlichkeiten gefunden werden, insbesondere bei Dritten, die nicht der Bankenaufsicht unterliegen.[183]

89   Im Umkehrschluss liegt es nahe, bei der Zusammenarbeit mit Dritten, die selbst beaufsichtigt werden, andere Maßstäbe anzusetzen. Zum Beispiel könnte in diesem Fall auf eine Duplizierung von Steuerungs- und Überwachungsprozessen weitgehend verzichtet werden, wenn den aus-

---

181 Vgl. European Banking Authority, Leitlinien für die IKT-Risikobewertung im Rahmen des aufsichtlichen Überprüfungs- und Bewertungsprozesses (SREP), EBA/GL/2017/05, 11. September 2017, S. 24.

182 Vgl. European Banking Authority, Leitlinien für die IKT-Risikobewertung im Rahmen des aufsichtlichen Überprüfungs- und Bewertungsprozesses (SREP), EBA/GL/2017/05, 11. September 2017, S. 24 f.

183 Vgl. Basel Committee on Banking Supervision, Cyber-resilience: Range of practices, BCBS 454, 4. Dezember 2018, S. 6.

lagernden Instituten hinreichende Mitwirkungsrechte bei Dritten eingeräumt werden. Die Aufsicht hat sich zu dieser Frage bisher nicht geäußert.

1.13 Entwicklungen auf globaler Ebene

Der Finanzstabilitätsrat (Financial Stability Board, FSB) hat im November 2020 ein Diskussionspapier zu Regulierungs- und Aufsichtsfragen im Zusammenhang mit Auslagerungen und Beziehungen zu Drittparteien zur Konsultation gestellt.[184] Das Papier gibt einen Überblick über bestehende und sich entwickelnde Aufsichtsansätze und stellt die Herausforderungen für Aufsichtsbehörden und Standardsetzer im Zusammenhang mit Auslagerungsrisiken dar. Der FSB setzt dabei auf dem im Dezember 2019 veröffentlichten Bericht zu Abhängigkeiten von Drittparteien bei Cloud-Dienstleistungen auf, der sich auf die speziellen Herausforderungen bei der Bereitstellung von Cloud-Dienstleistungen durch wenige Anbieter fokussiert.[185] Darüber hinaus berücksichtigt der FSB die Ergebnisse einer Anfang 2020 von seinem Ständigen Ausschuss für aufsichtliche und regulatorische Zusammenarbeit (Committee on Supervisory and Regulatory Cooperation, SRC) unter den Mitgliedstaaten durchgeführten Umfrage. Die Deutsche Kreditwirtschaft (DK) hat in ihrer Stellungnahme zum FSB-Diskussionspapier vom Januar 2021 darauf hingewiesen, dass neue Aufsichtsansätze die Komplexität und die Kosten für das Auslagerungsmanagement der Institute nochmals erhöhen würden, wenn sie nicht gleichzeitig mit einer Vereinfachung der bestehenden Anforderungen verbunden sind.[186]

90

1.14 Ausblick

Nachdem die Anforderungen an Auslagerungen im Zuge der fünften MaRisk-Novelle aus dem Jahr 2017 umfassend überarbeitet wurden, wurden diese auf der Grundlage der EBA-Leitlinien zu Auslagerungen durch die sechste MaRisk-Novelle im Jahr 2021 nochmals stark erweitert. Positiv ist dabei anzumerken, dass die in die MaRisk übernommenen Regelungen deutlich prinzipienorientierter ausgestaltet sind als ihre europäischen Vorgaben. Zwar betont auch die EBA die Bedeutung des Grundsatzes der Proportionalität sowohl bei der Anwendung der Anforderungen in den Instituten als auch bei der Überprüfung der Einhaltung der Auslagerungsregelungen durch die Aufsichtsbehörden. Die EBA-Leitlinien weisen jedoch mit ihren sehr umfangreichen Vorgaben, wie z. B. für die Risikoanalyse, die Due-Diligence-Prüfung des Dienstleisters, die Auslagerungsvereinbarung, das Auslagerungsregister etc., eine Detaildichte auf, die sich nur schwer mit dem in der Praxis bewährten prinzipienorientierten Ansatz der MaRisk in Einklang bringen lässt.

91

Auch wenn das neue Modul AT 9 in Umfang und Detaillierungsgrad hinter den europäischen Vorgaben zurückbleibt, umfasst es nunmehr insgesamt 15 Textziffern. Es bleibt zu hoffen, dass den Instituten ausreichend Zeit für die Implementierung der erneut sehr umfangreichen neuen Anforderungen an die Auslagerung von Aktivitäten und Prozessen auf andere Unternehmen gegeben wird. Zu berücksichtigen ist zudem, dass Anpassungen der Auslagerungsvereinbarungen

92

---

184 Financial Stability Board, Regulatory and Supervisory Issues Relating to Outsourcing and Third-Party Relationships, Discussion paper, 9. November 2020.

185 Financial Stability Board, Third-party dependencies in cloud services – Considerations on financial stability implications, 9. Dezember 2019.

186 Vgl. Deutsche Kreditwirtschaft (German Banking Industry Committee), Comments on the FSB's Discussion paper on Regulatory and Supervisory Issues Relating to Outsourcing and Third-Party Relationships, 8. Januar 2021, S. 3.

nur im Einvernehmen mit dem Vertragspartner erfolgen können. Vor diesem Hintergrund sollten den Instituten angemessene Übergangsfristen eingeräumt werden.

93   Auch die Auslagerungsunternehmen sind betroffen, da sie sich auf zahlreiche neue Informations- und Prüfungsrechte sowie Überwachungspflichten der Institute einstellen müssen. Darüber hinaus wurden im Zuge des Finanzmarktintegritätsstärkungsgesetzes aus dem Jahr 2021 die Eingriffsbefugnisse der BaFin bei wesentlichen Auslagerungen dahingehend erweitert, dass diese nunmehr unter bestimmten Bedingungen auch unmittelbar gegenüber dem Auslagerungsunternehmen Anordnungen treffen kann. Es bleibt abzuwarten, ob bzw. inwieweit die Aufsicht von dieser direkten Anordnungsbefugnis z.B. gegenüber Mehrmandantendienstleistern Gebrauch machen wird.

94   Das Thema Auslagerung ist für die Institute vor dem Hintergrund des weiterhin bestehenden hohen Kosten- und Wettbewerbsdrucks im Bankensektor, der Digitalisierung sowie der zunehmenden Bedeutung der Informationstechnologien (IT) und der Finanztechnologien (FinTech) von herausragender Bedeutung. Die technische Entwicklung stellt aber auch die Aufsichtsbehörden und Standardsetzer vor erhebliche Herausforderungen bei der Weiterentwicklung der bestehenden Ansätze zur Überprüfung und Bewertung der auslagerungsspezifischen Risiken der Institute. Diese sind eng verbunden mit weiteren Risikoarten (IT-/IKT-Risiken, Cyberrisiken etc.) sowie Themen wie Informationssicherheit und Datenschutz. Darüber hinaus können umfangreiche Auslagerungen an marktbeherrschende und nur schwer ersetzbare Unternehmen im Technologiesektor auch ein potenzielles Risiko für die Stabilität des Finanzsystems als Ganzes darstellen. Vor diesem Hintergrund überraschen die Regulierungsinitiativen zur Fortentwicklung der bankaufsichtlichen Ansätze wie zuletzt durch den Finanzstabilitätsrat (Financial Stability Board, FSB) nicht. Es ist nicht ausgeschlossen, dass sich hieraus in absehbarer Zeit weiterer Anpassungsbedarf für die Anforderungen an die Auslagerungen im Modul AT 9 ergibt.

2 Auslagerung und sonstiger Fremdbezug von Leistungen (Tz. 1)

1 Eine Auslagerung liegt vor, wenn ein anderes Unternehmen mit der Wahrnehmung solcher Aktivitäten und Prozesse im Zusammenhang mit der Durchführung von Bankgeschäften, Finanzdienstleistungen oder sonstigen institutstypischen Dienstleistungen beauftragt wird, die ansonsten vom Institut selbst erbracht würden. Zivilrechtliche Gestaltungen und Vereinbarungen können dabei das Vorliegen einer Auslagerung nicht von vornherein ausschließen.

95

2.1 Was versteht man unter Auslagerungen?

Der Gesetzeswortlaut des § 25b Abs. 1 Satz 1 KWG stellt auf die Auslagerung von Aktivitäten und Prozessen auf andere Unternehmen ab, ohne den Begriff »Auslagerung« zu definieren. Den Tatbestand der Auslagerung sinnvoll abzugrenzen, ist alles andere als einfach. Auf der einen Seite haben weit gefasste Definitionen den Nachteil, dass nahezu jede von Dritten bezogene Leistung unter den Auslagerungtatbestand fallen würde. Beispielsweise würde man den Bezug von Strom, auch wenn dieser ohne Zweifel von erheblicher Bedeutung für jedes Institut ist, schon rein intuitiv nicht als Auslagerung ansehen. Kaum vorstellbar, dass Gesetzgeber und Aufsicht in solchen oder ähnlich gelagerten Fällen z. B. auf die Vereinbarung von Prüfungsrechten gegenüber Energieversorgern drängen würden. Eine allzu enge Eingrenzung des Tatbestandes der Auslagerung kann auf der anderen Seite dazu führen, dass die relevanten Fälle praktisch auf eine Nullmenge reduziert werden. § 25b KWG würde ins Leere laufen. Der Wille des Gesetzgebers wäre im Ergebnis konterkariert.

96

Angesichts dieses Spannungsfeldes ist es nicht verwunderlich, dass sich bei der Integration der Auslagerungsregelungen in die MaRisk im Jahr 2007 die Diskussionen vor allem um das Thema »Definition« drehten. Maßgeblichen Einfluss hatte dabei auch die Novellierung des § 25a Abs. 2 KWG a. F. (jetzt § 25b KWG) im Rahmen des FRUG, dessen Wortlaut selbstverständlich zu berücksichtigen war. Nach intensiver Diskussion im Fachgremium MaRisk entschied sich die deutsche Aufsicht für folgende Formulierung: Eine Auslagerung liegt vor, wenn ein anderes Unternehmen mit der Wahrnehmung solcher Aktivitäten und Prozesse im Zusammenhang mit der Durchführung von Bankgeschäften, Finanzdienstleistungen oder sonstigen institutstypischen Dienstleistungen beauftragt wird, die ansonsten vom Institut selbst erbracht würden. Im Zuge der fünften MaRisk-Novelle wurde ergänzend klargestellt, dass zivilrechtliche Gestaltungen und Vereinbarungen das Vorliegen einer Auslagerung nicht von vorherein ausschließen können.

97

Wie bereits das Rundschreiben 11/2001 konkretisiert die Definition der Auslagerung in den MaRisk die gesetzliche Regelung in § 25b KWG. Vergleicht man die Definitionen in diesem Rundschreiben und in den MaRisk, finden sich sowohl bekannte als auch neue Elemente:

98

- Ein »anderes Unternehmen« (Auslagerungsunternehmen) muss mit der Wahrnehmung von Aktivitäten und Prozessen beauftragt werden. Diese Anforderung entspricht der Definition im Rundschreiben 11/2001.
- Auch die Bezugnahme auf (erlaubnispflichtige) Bankgeschäfte und Finanzdienstleistungen war bereits Gegenstand der Definition im Rundschreiben 11/2001. Mit der Umsetzung des FRUG wurde der Anwendungsbereich über die erlaubnispflichtigen Geschäfte als originär »institutstypische Dienstleistungen« hinaus auf »sonstige institutstypische Dienstleistungen«

erweitert. Ohne diesen Bezug zu erlaubnispflichtigen Geschäften oder sonstigen instituts-typischen Dienstleistungen durchgeführte Aktivitäten und Prozesse sind als sonstiger Fremd-bezug einzustufen.

– Eine Auslagerung liegt vor, wenn ein anderes Unternehmen mit der Wahrnehmung von Aktivitäten und Prozessen beauftragt wird, »die ansonsten vom Institut selbst erbracht würden«. Der Einschub im Nebensatz stellt die wohl bemerkenswerteste Abweichung der Anforderungen an Auslagerungen im Rahmen der ersten MaRisk-Novelle gegenüber dem Rundschreiben 11/2001 dar. Danach sind auch Aktivitäten und Prozesse im Zusammenhang mit Bankgeschäften, Finanzdienstleistungen und sonstigen institutstypischen Dienstleistun-gen nicht als Auslagerung zu qualifizieren, wenn sie aufgrund tatsächlicher Gegebenheiten oder rechtlicher Vorgaben vom Institut regelmäßig nicht selbst erbracht werden können. Derartige Leistungen wie z. B. die Nutzung von Zentralbankfunktionen (innerhalb von Finanz-verbünden) bzw. Clearingstellen im Rahmen des Zahlungsverkehrs und der Wertpapier-abwicklung, die Inanspruchnahme von Liquiditätslinien, die Einschaltung von Korrespon-denzbanken, die Nutzung der Verwahrung von Vermögensgegenständen nach dem Depotge-setz, die Nutzung öffentlich zugänglicher (auch kostenpflichtiger) Daten von Marktinformati-onsdienstleistern (z. B. öffentliche Daten von Ratingfirmen, die nicht zielgerichtet für das Institut generiert/bearbeitet worden sind), die Verwendung von globalen Zahlungsverkehrs-infrastrukturen (z. B. Kartenzahlverfahren), die Nutzung von globalen Nachrichteninfrastruk-turen zur Übermittlung von Zahlungsverkehrsdaten, die der Aufsicht durch zuständige Be-hörden unterliegen, sowie der Erwerb von Dienstleistungen wie die Bereitstellung eines Rechtsgutachtens, die Vertretung vor Gericht und Verwaltungsbehörden als auch Versor-gungsleistungen, sind als sonstiger Fremdbezug einzustufen (→ AT 9 Tz. 1, Erläuterung).

– Für das Vorliegen einer Auslagerung kommt es seit der Überführung der Auslagerungsregelun-gen in die MaRisk – im Unterschied zum Rundschreiben 11/2001 – zudem nicht mehr auf das Kriterium der »Dauerhaftigkeit« an.[187] Der einmalige oder gelegentliche Fremdbezug von Gütern und Dienstleistungen ist allerdings als sonstiger Fremdbezug und nicht als Auslagerung einzustufen (→ AT 9 Tz. 1, Erläuterung).

99 Der in die Erläuterungen eingefügte Begriff »sonstiger Fremdbezug von Leistungen« erleichtert grundsätzlich die Abgrenzung zwischen Auslagerungen und »Nicht-Auslagerungen«.[188] Im Zuge der fünften MaRisk-Novelle wurden an dieser Stelle Kriterien zur Abgrenzung von Auslagerungen und sonstigem Fremdbezug im Hinblick auf Software und die zugehörigen Unterstützungsleis-tungen ergänzt. Demnach werden die Unterstützungsleistungen immer dann als Auslagerung angesehen, wenn die davon betroffene Software für das Risikomanagement verwendet wird oder für die Durchführung von bankgeschäftlichen Aufgaben von wesentlicher Bedeutung ist. Im Zuge der sechsten MaRisk-Novelle hat die Aufsicht klargestellt, dass für den Betrieb der Software durch einen externen Dritten die gleichen Maßstäbe gelten (→ AT 9 Tz. 1, Erläuterung).

100 Die Definition der Auslagerung in den MaRisk entspricht in weiten Teilen den Vorstellungen der EBA. Die im Februar 2019 veröffentlichten EBA-Leitlinien zu Auslagerungen definieren eine Auslagerung als eine Vereinbarung jeder Art zwischen einem Institut, einem Zahlungsinstitut oder einem E-Geld-Institut und einem Dienstleister (»Service Provider«), in deren Rahmen der

---

187 Nach dem Wortlaut des Rundschreibens 11/2001 lag eine Auslagerung vor, wenn ein Institut ein anderes Unternehmen damit beauftragt, auf Dauer oder zumindest auf längere Zeit eine für die Geschäftstätigkeit des Institutes wesentliche Tätigkeit oder Funktion wahrzunehmen. Vgl. Bundesaufsichtsamt für das Kreditwesen, Auslagerung von Bereichen auf ein anderes Unternehmen gemäß § 25a Abs. 2 KWG, Rundschreiben 11/2001 vom 6. Dezember 2001, Tz. 8.

188 Die Verwendung des Begriffes »sonstiger Fremdbezug« ist in der Fachliteratur uneinheitlich. Zum Teil wird zwischen »Auslagerung« und »sonstigem Fremdbezug« als Synonym für »Nicht-Auslagerung« unterschieden, zum Teil auch zwischen »Auslagerung«, »sonstigem Fremdbezug« und sonstiger »Nicht-Auslagerung«. Die BaFin hat im Zuge der sechsten MaRisk-Novelle klargestellt, dass sie der ersten Interpretation folgt und nur zwischen »Auslagerung« und »sonstigem Fremdbezug« unterscheidet.

Dienstleister einen Prozess durchführt, eine Dienstleistung erbringt oder eine Tätigkeit ausführt, die das Institut ansonsten selbst übernähme.[189] Abweichend von den MaRisk fehlt in den EBA-Leitlinien allerdings der Bezug zu Bankgeschäften, Finanzdienstleistungen oder sonstigen institutstypischen Dienstleistungen. Nach den EBA-Leitlinien ist dieser Bezug erst bei der Beurteilung der Wesentlichkeit (»criticality or importance«) der Auslagerung zu prüfen.[190] Auch nach Einschätzung der EBA sind bestimmte Dienstleistungen, Waren und Versorgungsleistungen, die typischerweise nicht von einem Institut bereitgestellt werden, von der Definition einer Auslagerung ausgenommen.[191] Den in den MaRisk verwendeten Begriff des sonstigen Fremdbezuges verwendet die EBA allerdings nicht. Die von der deutschen Aufsicht als sonstigen Fremdbezug eingeordneten Fallgestaltungen betrachtet die EBA als »Nicht-Auslagerung«.

2.2 Anderes Unternehmen (Auslagerungsunternehmen)

Eine Auslagerung setzt zunächst voraus, dass ein »anderes Unternehmen« (Auslagerungsunternehmen) mit der Wahrnehmung von Aktivitäten und Prozessen beauftragt wird.[192] 101

2.2.1 Anderes Unternehmen gemäß Rundschreiben 11/2001

Für die Definition eines anderen Unternehmens im Sinne der MaRisk kann weiterhin auf das 102
Rundschreiben 11/2001 zurückgegriffen werden. Danach ist unter einem anderen Unternehmen jede andere Stelle, Einheit oder Person zu verstehen, die in Bezug auf die ausgelagerte Funktion oder Tätigkeit nicht dem auslagernden Institut zuzurechnen und organisatorisch von ihm abgegrenzt ist, ohne dass es auf die Kaufmannseigenschaft, Rechtsfähigkeit oder Rechtsform ankommt.[193] Neben juristischen Personen können auch natürliche Personen oder Personenvereinigungen, wie z.B. BGB-Gesellschaften, ein Auslagerungsunternehmen sein.[194] Ein Beispiel für ein Auslagerungsunternehmen ohne rechtliche Selbständigkeit oder Kaufmannseigenschaft sind die Landesbausparkassen, die in öffentlich-rechtliche Institute eingegliedert sind.[195]

Nicht als Auslagerungsunternehmen einzustufen sind rechtlich unselbständige inländische 103
Zweigstellen oder Zweigniederlassungen eines inländischen Institutes in anderen EWR-Mitgliedstaaten oder Drittstaaten.[196]

Tochtergesellschaften oder andere konzernangehörige Gesellschaften sind dagegen als anderes 104
Unternehmen im Sinne der MaRisk zu qualifizieren. Dies ergibt sich daraus, dass bei gruppeninternen Auslagerungen ein einheitliches und umfassendes Risikomanagement auf Gruppenebene sowie Durchgriffsrechte bei der Risikoanalyse risikomindernd berücksichtigt werden können

---

189 Vgl. European Banking Authority, Leitlinien zu Auslagerungen, EBA/GL/2019/02, 25. Februar 2019, S. 5.
190 Vgl. European Banking Authority, Leitlinien zu Auslagerungen, EBA/GL/2019/02, 25. Februar 2019, S. 11 und 13.
191 Vgl. European Banking Authority, Leitlinien zu Auslagerungen, EBA/GL/2019/02, 25. Februar 2019, S. 11f.
192 Vgl. European Banking Authority, Leitlinien zu Auslagerungen, EBA/GL/2019/02, 25. Februar 2019, S. 5.
193 Vgl. Bundesaufsichtsamt für das Kreditwesen, Auslagerung von Bereichen auf ein anderes Unternehmen gemäß § 25a Abs. 2 KWG, Rundschreiben 11/2001 vom 6. Dezember 2001, Tz. 9.
194 Vgl. Wolfgarten, Wilhelm, in: Boos, Karl-Heinz/Fischer, Reinfrid/Schulte-Mattler, Hermann (Hrsg.), Kreditwesengesetz und VO (EU) Nr. 575/2013, Band 1, 5. Auflage, München, 2016, § 25b KWG, Tz. 21.
195 Diese Unternehmen sind rechtlich unselbständig, jedoch wirtschaftlich, organisatorisch und personell vom Institut vollständig getrennt und diesem gegenüber auch nicht weisungsgebunden. Vgl. Wolfgarten, Wilhelm, in: Boos, Karl-Heinz/Fischer, Reinfrid/Schulte-Mattler, Hermann (Hrsg.), Kreditwesengesetz und VO (EU) Nr. 575/2013, Band 1, 5. Auflage, München, 2016, § 25b KWG, Tz. 24.
196 Vgl. Wolfgarten, Wilhelm, in: Boos, Karl-Heinz/Fischer, Reinfrid/Schulte-Mattler, Hermann (Hrsg.), Kreditwesengesetz und VO (EU) Nr. 575/2013, Band 1, 5. Auflage, München, 2016, § 25b KWG, Tz. 22f.

(→ AT 9 Tz. 15 lit. a). Darüber hinaus hat die deutsche Aufsicht ausdrücklich die vollständige Auslagerung der besonderen Funktionen für Tochterinstitute innerhalb einer Institutsgruppe zugelassen, sofern das auslagernde Institut sowohl hinsichtlich seiner Größe, Komplexität und des Risikogehaltes seiner Geschäftsaktivitäten für den nationalen Finanzsektor als auch hinsichtlich seiner Bedeutung innerhalb der Gruppe als nicht wesentlich einzustufen ist (→ AT 9 Tz. 5).

105   Auch nach den Vorstellungen der EBA unterliegen konzerninterne Auslagerungen grundsätzlich den gleichen regulatorischen Anforderungen wie Auslagerungen an gruppenfremde Dienstleister.[197] Die Institute haben zudem sicherzustellen, dass die Auslagerung von Aktivitäten in einem Umfang, der selbst einer Zulassung bedarf (Auslagerung von Bankgeschäften, Wertpapierdienstleistungen, Zahlungsdiensten etc.), nur an entsprechend zugelassene und beaufsichtigte Auslagerungsunternehmen erfolgt.[198]

106   Eine räumliche Trennung der ausgelagerten Aktivitäten und Prozesse von den im Institut verbleibenden Funktionseinheiten verlangt der Tatbestand der Auslagerung nicht.[199]

2.2.2   Auslagerungsunternehmen gemäß § 1 Abs. 10 KWG

107   Im Zuge des Finanzmarktintegritätsstärkungsgesetzes (FISG) aus dem Jahr 2021 wurde in § 1 Abs. 10 KWG eine Definition für ein Auslagerungsunternehmen eingefügt.[200] Auslagerungsunternehmen sind danach Unternehmen, auf die ein Institut oder ein übergeordnetes Unternehmen Aktivitäten und Prozesse zur Durchführung von Bankgeschäften, Finanzdienstleistungen oder sonstigen institutstypischen Dienstleistungen ausgelagert hat, sowie deren Subunternehmen bei Weiterverlagerungen von Aktivitäten und Prozessen, die für die Durchführung von Bankgeschäften, Finanzdienstleistungen oder sonstigen institutstypischen Dienstleistungen wesentlich sind.[201]

108   Die Legaldefinition entspricht im Wesentlichen der aus dem Rundschreiben 11/2001 bekannten Definition eines »anderen Unternehmens«. Die Neuregelung erweitert den Begriff des Auslagerungsunternehmens allerdings bei Weiterverlagerungen auf die Subunternehmen, wenn auf diese unter Risikogesichtspunkten wesentliche Aktivitäten und Prozesse ausgelagert sind. Die Ersteinschätzung im Hinblick auf die Wesentlichkeit der weiterverlagerten Aktivitäten und Prozesse hat durch das Institut im Rahmen der Risikoanalyse zu erfolgen (→ AT 9 Tz. 2).[202] Durch die weite Definition soll sichergestellt werden, dass auch Dienstleister als Auslagerungsunternehmen erfasst werden, welche ihre Dienstleistungen nicht unmittelbar gegenüber einem Institut erbringen, sondern gegenüber einem Auslagerungsunternehmen. Darüber hinaus wird in der Gesetzesbegründung klargestellt, dass im KWG zukünftig auch in denjenigen Vorschriften auf Auslagerungsunternehmen Bezug genommen wird, die sich nicht ausschließlich auf wesentliche Auslagerungen beziehen.[203]

109   Die Einbeziehung von »wesentlichen« Subunternehmen in die Legaldefinition eines Auslagerungsunternehmens hat zur Folge, dass sich auch die Auskunfts- und Prüfungsrechte der BaFin

---

197 Vgl. European Banking Authority, Consultation Paper – EBA Draft Guidelines on Outsourcing arrangements, EBA/CP/2018/11, 22. Juni 2018, S. 11.

198 Vgl. European Banking Authority, Leitlinien zu Auslagerungen, EBA/GL/2019/02, 25. Februar 2019, S. 26.

199 So auch Wolfgarten, Wilhelm, in: Boos, Karl-Heinz/Fischer, Reinfrid/Schulte-Mattler, Hermann (Hrsg.), Kreditwesengesetz und VO (EU) Nr. 575/2013, Band 1, 5. Auflage, München, 2016, § 25b KWG, Tz. 21.

200 Die bisherige Legaldefinition in § 44 Abs. 1 Satz 2 KWG wurde durch das FISG nach § 1 Abs. 10 KWG überführt und erweitert. Vgl. Bundesanstalt für Finanzdienstleistungsaufsicht, Protokoll der Sitzung des MaRisk-Fachgremiums am 4. März 2021, S. 3.

201 Eine entsprechende Definition eines Auslagerungsunternehmens für Zahlungsinstitute und E-Geld-Institute im Sinne des § 1 Abs. 3 ZAG ist seit dem Inkrafttreten des Finanzmarktintegritätsstärkungsgesetzes in § 1 Abs. 10a ZAG enthalten.

202 Vgl. Bundesanstalt für Finanzdienstleistungsaufsicht, Protokoll der Sitzung des MaRisk-Fachgremiums am 4. März 2021, S. 3.

203 Vgl. Gesetzentwurf der Bundesregierung, Entwurf eines Gesetzes zur Stärkung der Finanzmarktintegrität (Finanzmarktintegritätsstärkungsgesetz – FISG) vom 16. Dezember 2020, S. 104.

gemäß § 25b Abs. 3 KWG sowie ihre unmittelbaren Anordnungsbefugnisse gegenüber den Auslagerungsunternehmen gemäß § 25b Abs. 4a KWG auf die Subunternehmen erstrecken.[204] Dies gilt
auch für mehrere hintereinandergeschaltete Subunternehmen bei »Weiterverlagerungsketten«,
sofern es sich jeweils um wesentliche Auslagerungen handelt.

Das »wesentliche« Subunternehmen mit Sitz in einem Drittstaat hat zudem einen inländischen 110
Zustellungsbevollmächtigten zu benennen, an den die Bekanntgaben und Zustellungen durch die
BaFin bewirkt werden können. Das Subunternehmen kann die Aufgabe des Zustellungsbevollmächtigten delegieren, z.B. auf das direkte Auslagerungsunternehmen des Institutes oder einen
inländischen Rechtsanwalt oder Notar sowie auf das auslagernde Institut.[205]

2.2.3 Zivilrechtliche Gestaltungen und Vereinbarungen

Eine Auslagerung liegt vor, wenn ein Auslagerungsunternehmen mit der Wahrnehmung bestimm- 111
ter Aktivitäten und Prozesse »beauftragt« wird. Eine Auslagerung von Aktivitäten oder Prozessen
kann neben dem genannten Auftragsverhältnis auch auf der Grundlage anderer vertraglicher
Vereinbarungen erfolgen, z.B. eines Dienst- oder Werkvertrages oder eines Geschäftsbesorgungs-
vertrages mit dienst- oder werkvertraglichem Charakter. Im Zuge der fünften MaRisk-Novelle
wurde die Regelung dahingehend ergänzt, dass zivilrechtliche Gestaltungen und Vereinbarungen
das Vorliegen einer Auslagerung nicht von vornherein ausschließen können. Es handelt sich
lediglich um eine Klarstellung der bestehenden Verwaltungspraxis, um Umgehungstatbestände
zu vermeiden.[206] Die Institute können sich zur Vermeidung einer Auslagerung z.B. nicht darauf
berufen, dass mit dem Auslagerungsunternehmen zivilrechtlich kein Auftragsverhältnis vereinbart ist. Die deutsche Aufsicht hat in der Sondersitzung des Fachgremiums MaRisk am 15. März
2018 darüber hinaus betont, dass bestimmte rechtliche Fallgestaltungen (z.B. Arbeitnehmerüberlassungen) nicht per se vom Anwendungsbereich des § 25b KWG ausgeschlossen werden können,
da es stets auf die konkrete materielle Ausgestaltung und Bedeutung im Einzelfall ankommt.[207]

Diese weite Auslegung entspricht auch den Vorstellungen der EBA, wonach einem Auslage- 112
rungsverhältnis eine »Vereinbarung gleich welcher Art« (»arrangement of any form«) zwischen
einem Institut und einem Dienstleistungserbringer zugrunde liegen kann. Für die EBA ist die
zivilrechtliche Ausgestaltung für eine Einstufung als Auslagerung ebenfalls unerheblich.[208]

2.2.4 Leistungen von Leiharbeitnehmern

Bei Arbeitsüberlassungen, d.h. Leih- oder Zeitarbeitnehmern, handelt es sich um Mitarbeiter, die 113
bei einem Leiharbeitsunternehmen, wie z.B. einer Zeitarbeitsfirma, angestellt und nur für eine

---

204 Die Deutsche Kreditwirtschaft (DK) hat im Rahmen der Konsultation des FISG die Erweiterung der Legaldefinition eines
   Auslagerungsunternehmens auf wesentliche Subunternehmen/Weiterverlagerungen kritisiert. Nach Ansicht der DK sind
   die bereits in den MaRisk geltenden Vorgaben zu Weiterverlagerungen ausreichend, die das Institut dafür verantwortlich
   machen, dass Weiterverlagerungen den aufsichtsrechtlichen Vorgaben einschließlich der Zutritts- und Prüfungsrechte
   der Aufsichtsbehörden gestaltet werden. Vgl. Deutsche Kreditwirtschaft, Stellungnahme zum Finanzmarktintegritätsstärkungsgesetz – FISG, 10. März 2021, S. 3.
205 Vgl. Bundesanstalt für Finanzdienstleistungsaufsicht, Protokoll der Sitzung des MaRisk-Fachgremiums am 4. März 2021, S. 12.
206 Vgl. Bundesanstalt für Finanzdienstleistungsaufsicht, Erster Entwurf zur Überarbeitung der MaRisk, Übermittlungsschreiben vom 18. Februar 2016, S. 4. Eine vergleichbare Regelung ist in den MaComp enthalten. Vgl. Bundesanstalt für
   Finanzdienstleistungsaufsicht, Mindestanforderungen an die Compliance-Funktion und weitere Verhaltens-, Organisati-
   ons- und Transparenzpflichten – MaComp, Rundschreiben 05/2018 (WA) vom 19. April 2018, zuletzt geändert am
   24. März 2021, Modul BT 1.3.4 Tz. 1.
207 Vgl. Bundesanstalt für Finanzdienstleistungsaufsicht, Protokoll der Sitzung des MaRisk-Fachgremiums am 15. März 2018, S. 1 f.
208 Vgl. European Banking Authority, Leitlinien zu Auslagerungen, EBA/GL/2019/02, 25. Februar 2019, S. 5.

begrenzte Zeit aufgrund eines Arbeitnehmerüberlassungsvertrages zwischen dem Institut und dem Leiharbeitsunternehmen im Institut tätig sind. Sie erhalten ihre Vergütung sowie die Sozialleistungen vom Leiharbeitsunternehmen als ihrem Arbeitgeber, verrichten ihre Arbeit allerdings in dem Institut, in dem sie für eine bestimmte Zeit weisungsgebunden eingesetzt werden.

114 Die Deutsche Kreditwirtschaft (DK) hat in ihrer Stellungnahme zur fünften MaRisk-Novelle um Klarstellung gebeten, dass auch zukünftig derartige Personalgestellungen nicht als Auslagerung einzustufen sind. Die DK machte geltend, dass die bei einer Personalgestellung tätigen Personen dem vollständigen Weisungsrecht des Auftrag gebenden Institutes unterliegen und ihre Tätigkeit in den Räumen des Institutes ausführen. Zudem werden die erbrachten Leistungen des Leiharbeitnehmers von der Internen Revision des Institutes vollumfänglich geprüft. Die DK bezieht sich dabei auf das (inzwischen aufgehobene) Rundschreiben 11/2001, wonach der ggf. längerfristige Einsatz von Leiharbeitern nicht als Auslagerung anzusehen ist, wenn diese in vollem Umfang in die Betriebs- und Ablauforganisation des Institutes eingegliedert sind.[209]

115 Auch nach der von der Aufsicht geforderten Einzelfallbetrachtung dürfte der Einsatz von Leiharbeitnehmern dann keine Auslagerung nach § 25b KWG darstellen, wenn sie für die Dauer ihrer Tätigkeit in vollem Umfang in die Betriebs- und Ablauforganisation eingegliedert sind und insoweit dem Direktionsrecht des Institutes unterliegen.[210]

2.3 Bezug zu erlaubnispflichtigen Geschäften oder sonstigen institutstypischen Dienstleistungen

116 In der bis zum 1. November 2007 geltenden Fassung des § 25a Abs. 2 Satz 1 KWG a. F. (jetzt § 25b KWG) wurde der Tatbestand der Auslagerung durch die Bezugnahme auf erlaubnispflichtige Geschäfte (Bankgeschäfte und Finanzdienstleistungen) eingeschränkt.[211] Bankgeschäfte sind in § 1 Abs. 1 Satz 2 KWG, Finanzdienstleistungen in § 1 Abs. 1a Satz 2 KWG legal definiert. Damit wurden Geschäfte, die von einem Institut erbracht werden, aber keiner Erlaubnis bedürfen, vom sachlichen Anwendungsbereich des § 25a Abs. 2 KWG a. F. generell ausgenommen. Dies betraf z. B. die Geschäfte von Finanzunternehmen nach § 1 Abs. 3 KWG, wie u. a. den Erwerb von Beteiligungen. Bestand kein Zusammenhang zu Bankgeschäften und Finanzdienstleistungen, so lag auch keine Auslagerung vor, die sich an den Anforderungen von § 25a Abs. 2 KWG a. F. orientieren musste. Die einschlägige Kommentarliteratur äußerte sich hierzu kritisch: »Hierdurch werden wesentliche Risikobereiche den konkreten Aufsichtsanforderungen des § 25a Abs. 2 KWG und insbesondere auch der direkten Aufsicht der BaFin sowie den unmittelbaren, klar gesetzlich geregelten Prüfungsrechten der Innenrevision sowie des Abschlussprüfers entzogen«.[212]

117 Mit Inkrafttreten des FRUG zum 1. November 2007 wurde der Anwendungsbereich des § 25a Abs. 2 KWG a. F. (jetzt § 25b KWG) über die erlaubnispflichtigen Geschäfte hinaus auf »sonstige institutstypische Dienstleistungen« ausgeweitet. Eine Auslagerung liegt nunmehr vor, wenn ein anderes Unternehmen mit der Wahrnehmung von Aktivitäten und Prozessen im Zusammenhang mit der Durchführung von Bankgeschäften, Finanzdienstleistungen oder sonstigen institutstypischen Dienstleistungen beauftragt wird, die ansonsten vom Institut selbst erbracht würden.

---

209 Vgl. Bundesaufsichtsamt für das Kreditwesen, Auslagerung von Bereichen auf ein anderes Unternehmen gemäß § 25a Abs. 2 KWG, Rundschreiben 11/2001 vom 6. Dezember 2001, Tz. 48.

210 So auch Bitterwolf, Manfred, in: Reischauer, Friedrich/Kleinhans, Joachim, Kreditwesengesetz, Berlin, 2018, Anhang I zu § 25a, Tz. 3a.

211 Vgl. Bundesaufsichtsamt für das Kreditwesen, Auslagerung von Bereichen auf ein anderes Unternehmen gemäß § 25a Abs. 2 KWG, Rundschreiben 11/2001 vom 6. Dezember 2001, Tz. 7 und 8.

212 Braun, Ulrich, in: Boos, Karl-Heinz/Fischer, Reinfrid/Schulte-Mattler, Hermann (Hrsg.), Kreditwesengesetz, 2. Auflage, München, 2004, § 25a KWG, Tz. 562.

Ausweislich der Regierungsbegründung zum FRUG wird durch die Bezugnahme auf sonstige institutstypische Dienstleistungen Art. 13 Abs. 5 Satz 1 MiFID insoweit Rechnung getragen, als dieser sich auf die Auslagerung betrieblicher Aufgaben bezieht, die für die kontinuierliche und ordnungsgemäße Erbringung und Ausübung von Dienstleistungen für Kunden und Anlagetätigkeiten wichtig sind. Zu den sonstigen institutstypischen Dienstleistungen zählen z.B. auch jene Nebendienstleistungen, die in Anhang I Abschnitt B der MiFID[213] aufgelistet sind (→ AT 9 Tz. 1, Erläuterung). Diese Liste umfasst insgesamt sieben Nebendienstleistungen[214]:

- Verwahrung und Verwaltung von Finanzinstrumenten für Rechnung von Kunden, einschließlich der Depotverwahrung und verbundener Dienstleistungen wie Cash-Management oder Sicherheitenverwaltung (Nr. 1),
- Gewährung von Krediten oder Darlehen an Anleger für die Durchführung von Geschäften mit einem oder mehreren Finanzinstrumenten, sofern das kredit- oder darlehensgewährende Unternehmen an diesen Geschäften beteiligt ist (Nr. 2),
- Beratung von Unternehmen hinsichtlich der Kapitalstrukturierung, der branchenspezifischen Strategie und damit zusammenhängender Fragen sowie Beratung und Dienstleistungen bei Unternehmensfusionen und -aufkäufen (Nr. 3),
- Devisengeschäfte, wenn diese im Zusammenhang mit der Erbringung von Wertpapierdienstleistungen stehen (Nr. 4),
- Wertpapier- und Finanzanalyse oder sonstige Formen allgemeiner Empfehlungen, die Geschäfte mit Finanzinstrumenten betreffen (Nr. 5),
- Dienstleistungen im Zusammenhang mit der Übernahme von Emissionen (Nr. 6),
- Wertpapierdienstleistungen und Anlagetätigkeiten sowie Nebendienstleistungen des in Anhang I Abschnitt A[215] oder B enthaltenen Typs, betreffend die Unterlegung der in Abschnitt C Nummern 5, 6, 7 und 10 enthaltenen Derivate[216], wenn diese mit der Bereitstellung der Wertpapier- oder der Nebendienstleistung in Zusammenhang stehen (Nr. 7).

Die genannten sonstigen institutstypischen Dienstleistungen haben einen engen Bezug zu erlaubnispflichtigen Bankgeschäften (z.B. Depot-, Kredit- und Emissionsgeschäft) und Finanzdienstleistungen (z.B. Anlageberatung, Platzierungsgeschäft). Darüber hinaus werden mit der Beratung **118**

---

213 Die MiFID wurde zum 3. Januar 2018 durch die MiFID II ersetzt. Die Übersicht der Nebendienstleistungen findet sich unverändert in Anhang I Abschnitt B der (neuen) Richtlinie. Vgl. Richtlinie 2014/65/EU (MiFID II) des Europäischen Parlaments und des Rates vom 15. Mai 2014 über Märkte für Finanzinstrumente sowie zur Änderung der Richtlinien 2002/92/EG und 2011/61/EU, Amtsblatt der Europäischen Union vom 12. Juni 2014, L 173/481.

214 Die Umsetzung der Definitionen der Wertpapiernebendienstleistungen in nationales Recht ist über § 2 Abs. 9 WpHG erfolgt.

215 Zu den in Abschnitt A genannten Wertpapierdienstleistungen und Anlagetätigkeiten gehören: Annahme und Übermittlung von Aufträgen, die ein oder mehrere Finanzinstrument(e) zum Gegenstand haben (Nr. 1), Ausführung von Aufträgen im Namen von Kunden (Nr. 2), Handel für eigene Rechnung (Nr. 3), Portfolio-Verwaltung (Nr. 4), Anlageberatung (Nr. 5), Übernahme der Emission von Finanzinstrumenten und/oder Platzierung von Finanzinstrumenten mit fester Übernahmeverpflichtung (Nr. 6), Platzierung von Finanzinstrumenten ohne feste Übernahmeverpflichtung (Nr. 7), Betrieb eines multilateralen Handelssystems (MTF/Nr. 8).

216 Zu den in Abschnitt C genannten Finanzinstrumenten gehören: Optionen, Terminkontrakte, Swaps, Termingeschäfte und alle anderen Derivatkontrakte in Bezug auf Waren, die bar abgerechnet werden müssen oder auf Wunsch einer der Parteien (anders als wegen eines zurechenbaren oder anderen Beendigungsgrunds) bar abgerechnet werden können (Nr. 5), Optionen, Terminkontrakte, Swaps und alle anderen Derivatkontrakte in Bezug auf Waren, die effektiv geliefert werden können, vorausgesetzt, sie werden an einem geregelten Markt und/oder über ein MTF gehandelt (Nr. 6), Optionen, Terminkontrakte, Swaps, Termingeschäfte und alle anderen Derivatkontrakte in Bezug auf Waren, die effektiv geliefert werden können, die sonst nicht in Abschnitt C Nummer 6 genannt sind und nicht kommerziellen Zwecken dienen, die die Merkmale anderer derivativer Finanzinstrumente aufweisen, wobei u.a. berücksichtigt wird, ob Clearing und Abrechnung über anerkannte Clearingstellen erfolgen oder ob eine Margin-Einschussforderung besteht (Nr. 7), Optionen, Terminkontrakte, Swaps, Termingeschäfte und alle anderen Derivatkontrakte in Bezug auf Waren, Klimavariablen, Frachtsätze, Emissionsberechtigungen, Inflationsraten und andere offizielle Wirtschaftsstatistiken, die bar abgerechnet werden müssen oder auf Wunsch einer der Parteien (anders als wegen eines zurechenbaren oder anderen Beendigungsgrunds) bar abgerechnet werden können, sowie alle anderen Derivatkontrakte in Bezug auf Vermögenswerte, Rechte, Obligationen, Indizes und Messwerte, die sonst nicht im vorliegenden Abschnitt C genannt sind und die die Merkmale anderer derivativer Finanzinstrumente aufweisen, wobei u.a. berücksichtigt wird, ob sie auf einem geregelten Markt oder einem MTF gehandelt werden, ob Clearing und Abrechnung über anerkannte Clearingstellen erfolgen oder ob eine Margin-Einschussforderung besteht (Nr. 10).

von Unternehmen im Hinblick auf die Kapitalstruktur sowie hinsichtlich Zusammenschlüssen und Übernahmen (Nr. 3) bzw. der Beratung bei der Anlage in Finanzinstrumenten auch Tätigkeiten von Finanzunternehmen nach § 1 Abs. 3 Nr. 6 und 7 KWG erfasst.[217] Zu den sonstigen institutstypischen Dienstleistungen dürften auch die Aktivitäten und Prozesse von Kredit- bzw. Finanzdienstleistungsinstituten im Zusammenhang mit der Durchführung von Zahlungsdiensten gemäß § 1 Abs. 2 ZAG oder E-Geld-Geschäften gemäß § 1a Abs. 2 ZAG fallen, es sei denn, diese unterliegen unmittelbar den aufsichtsrechtlichen Anforderungen des ZAG.[218] Spezielle Anforderungen an Auslagerungen für Zahlungsinstitute und E-Geld-Institute im Sinne des § 1 Abs. 3 ZAG sind in § 26 ZAG enthalten.

119   Keinen ausreichend engen Bezug zu erlaubnispflichtigen Geschäften (Bankgeschäfte oder Finanzdienstleistungen) oder sonstigen institutstypischen Dienstleistungen haben dagegen der An- und Verkauf von Münzen, die Vermietung von Schließ- und Schrankfächern, die Ausgabe von Inhaber- und Orderschuldverschreibungen sowie die Vermittlung von Bausparverträgen, Darlehensverträgen und Kreditkarten. Diese Dienstleistungen werden regelmäßig sowohl von Banken als auch von Nichtbanken erbracht. Sie sind für die Tätigkeit von Banken jedoch nicht institutstypisch, so dass eine Einstufung als sonstiger Fremdbezug und nicht als Auslagerung gerechtfertigt ist.[219]

120   Nicht als Auslagerung einzustufen ist darüber hinaus die Nutzung von Handelssystemen (z. B. Xetra, Eurex) oder die Ausführung von Aufträgen durch Dritte (z. B. Broker oder Depotbank), soweit sich der Ermessensspielraum des ausführenden Dritten auf die Sicherstellung der bestmöglichen Ausführung und die Art und Weise der Ausführung (z. B. Timing der Ausführung oder Ausführungsplatz) im Rahmen der Ausführungsgrundsätze beschränkt und er keinen Einfluss auf die Anlagestrategie hat.[220] Schließlich sind allgemeine Informationsdienste wie Reuters oder Bloomberg oder die von den Instituten im Rahmen des regulatorischen Monitorings genutzten externen Informationsdienste (→ AT 4.4 Tz. 1) als sonstiger Fremdbezug zu qualifizieren.

121   Abweichend von den MaRisk ist nach den Vorstellungen der EBA für den Tatbestand einer Auslagerung kein Bezug zu Bankgeschäften, Finanzdienstleistungen oder sonstigen institutstypischen Dienstleistungen erforderlich. Nach den EBA-Leitlinien ist dieser Bezug erst bei der Beurteilung der Wesentlichkeit (»criticality or importance«) der Auslagerung zu prüfen.[221] Damit wären auch Prozesse, Dienstleistungen oder Aktivitäten, die ein anderes Unternehmen ohne Bezug zu erlaubnispflichtigen Geschäften oder sonstigen institutstypischen Dienstleistungen des Institutes erbringt, als Auslagerung einzustufen. Das Institut hätte im Hinblick auf die Prozesse, Dienstleistungen oder Aktivitäten dann zumindest die Anforderungen der Leitlinien an die Auslagerung von nicht kritischen/nicht wesentlichen Funktionen einzuhalten, z. B. an die Auslagerungsvereinbarungen, das Auslagerungsregister oder die Weiterverlagerung. Die Deutsche Kreditwirtschaft (DK) hat in ihrer Stellungnahme zu den EBA-Leitlinien den aus ihrer Sicht zu weiten Auslagerungsbegriff kritisiert. Nach Auffassung der DK sollte grundsätzlich nur der Bezug von Leistungen im Zusammenhang mit beaufsichtigten Tätigkeiten als Auslagerung im Sinne der Leitlinien gelten.[222] Die EBA hat den Vorschlag der DK in der endgültigen Fassung ihrer Leitlinien jedoch nicht berücksichtigt.

---

217 Vgl. Wolfgarten, Wilhelm, in: Boos, Karl-Heinz/Fischer, Reinfrid/Schulte-Mattler, Hermann (Hrsg.), Kreditwesengesetz und VO (EU) Nr. 575/2013, Band 1, 5. Auflage, München, 2016, § 25b KWG, Tz. 28.

218 Vgl. Wolfgarten, Wilhelm, in: Boos, Karl-Heinz/Fischer, Reinfrid/Schulte-Mattler, Hermann (Hrsg.), Kreditwesengesetz und VO (EU) Nr. 575/2013, Band 1, 5. Auflage, München, 2016, § 25b KWG, Tz. 29.

219 So auch Ferstl, Matthias, Neuregelung des § 25a KWG/MaRisk für das Outsourcing – erste Erfahrungen aus Bankensicht, in: Grieser, Simon/Heemann, Manfred (Hrsg.), Bankaufsichtsrecht, 1. Auflage, Frankfurt, 2010, S. 1042.

220 Vgl. Bundesanstalt für Finanzdienstleistungsaufsicht, Mindestanforderungen an das Risikomanagement von Kapitalverwaltungsgesellschaften (KAMaRisk), Rundschreiben 01/2017 (WA) vom 10. Januar 2017, Abschnitt 9, Tz. 1, Erläuterung; Langen, Markus, in: Schwennicke, Andreas/Auerbach, Dirk (Hrsg.), KWG, 4. Auflage, München, 2021, § 25b KWG, Tz. 11.

221 Vgl. European Banking Authority, Leitlinien zu Auslagerungen, EBA/GL/2019/02, 25. Februar 2019, S. 11 und 13.

222 Vgl. Deutsche Kreditwirtschaft (German Banking Industry Committee), Comments on EBA Draft Guidelines on Outsourcing arrangements (EBA/CP/2018/11), 24. September 2018, S. 4.

2.4   Aktivitäten und Prozesse, die ansonsten vom Institut selbst erbracht würden

Der Auftrag eines Institutes an ein anderes Unternehmen, Aktivitäten und Prozesse im Zusammen- **122** hang mit Bankgeschäften und Finanzdienstleistungen oder sonstigen institutstypischen Dienstleistungen wahrzunehmen, führt nicht zwingend zum Vorliegen einer Auslagerung im Sinne der MaRisk. Zusätzlich ist erforderlich, dass es sich dabei um die Wahrnehmung von Aktivitäten und Prozessen handelt, »die ansonsten vom Institut selbst erbracht würden«. Der Einschub im Nebensatz geht auf Art. 2 Abs. 6 der MiFID-Durchführungsrichtlinie zurück. Danach handelt es sich bei einer Auslagerung um eine Vereinbarung, in deren Rahmen das Auslagerungsunternehmen »ein Verfahren abwickelt, eine Dienstleistung erbringt oder eine Tätigkeit ausführt, das/die die Wertpapierfirma ansonsten selbst übernähme«. Dabei ist es nicht relevant, ob das Institut die ausgelagerten Tätigkeiten in der Vergangenheit selbst ausgeübt hat oder nicht.

Die hinter diesen Passagen stehenden Überlegungen sind durchaus nachvollziehbar. Bei be- **123** stimmten Tätigkeiten, die immer nur von Dritten ausgeführt werden, kann i.d.R. nicht davon ausgegangen werden, dass das Institut diese selbst durchführt. Den Gesetzen der Logik zufolge kann in solchen Fällen grundsätzlich keine Auslagerung vorliegen. Beispielsweise kann ein Institut nicht für sich selbst Korrespondenzbank sein. Bei Konsortialkrediten kann nicht jedes Institut Lead Manager, Arranger oder Agent sein, schon gar nicht in einer Person. Sparkassen können bestimmte Aufgaben, die die Landesbanken (schon immer) für sie erbringen (z.B. Zahlungsverkehr), schon aus Kapazitätsgründen häufig nicht selbst übernehmen. Auch in einem solchen Fall liegt keine Auslagerung vor.[223] Die Anwendung der speziellen Regelungen des § 25b KWG ist aus Sicht der BaFin angesichts der besonderen, mit derartigen Konstellationen einhergehenden Risiken regelmäßig nicht angemessen. Die BaFin hat daher solche Leistungen vom Tatbestand der Auslagerung ausgenommen. Sie folgt damit nicht nur EU-Vorgaben, sondern knüpft auch an Bestandteile von Definitionen an, die im internationalen Kontext von Relevanz sind.[224]

Begriffe wie »ansonsten« oder »normalerweise« sind in hohem Maße interpretationsbedürftig. **124** Die BaFin hat daher bei der Überführung der Auslagerungsregelungen in die MaRisk im Jahr 2007 den Begriff des »sonstigen Fremdbezuges von Leistungen« eingeführt, der die Abgrenzung vom Auslagerungstatbestand erleichtern soll.

Hierzu zählt zunächst der einmalige oder gelegentliche Fremdbezug von Gütern und Dienst- **125** leistungen (→ AT 9 Tz. 1, Erläuterung), wie z.B. die Inanspruchnahme von Rechtsberatung oder Einzelprojekte und -transaktionen, die unter Führung eines Institutes arbeitsteilig mit anderen ausgeführt werden. Insoweit wird die bereits erwähnte Einschaltung von Leadmanagern bei Konsortialkrediten vom einmaligen oder gelegentlichen Fremdbezug von Leistungen erfasst.

Darüber hinaus werden Leistungen erfasst, die typischerweise von einem beaufsichtigten Unter- **126** nehmen bezogen und aufgrund tatsächlicher Gegebenheiten oder rechtlicher Vorgaben regelmäßig weder zum Zeitpunkt des Fremdbezuges noch in der Zukunft vom Institut selbst erbracht werden können. Das betrifft z.B. die Nutzung von Zentralbankfunktionen innerhalb von Finanzverbünden, die Nutzung von Clearingstellen im Rahmen des Zahlungsverkehrs und der Wertpapierabwicklung, die Inanspruchnahme von Liquiditätslinien, die Einschaltung von Korrespondenzbanken und die Nutzung der Verwahrung von Vermögensgegenständen nach dem Depotgesetz.

Die Aufsicht hat die Beispiele für den sonstigen Fremdbezug von Leistungen im Zuge der **127** sechsten MaRisk-Novelle noch einmal erweitert. Als sonstiger Fremdbezug sind danach auch die

---

223 Vgl. Verband der Auslandsbanken, Modernisierung der Outsourcing-Regelungen und Integration in die MaRisk, Stellungnahme vom 8. Mai 2007, S. 8f.

224 Vgl. The Joint Forum, Outsourcing in Financial Services, 15. Februar 2005, S. 4 und 12; Federal Reserve Bank of New York, Outsourcing Financial Services Activities: Industry Practices to Mitigate Risks, 20. Oktober 1999, S. 3; Monetary Authority of Singapore, Guidelines on Outsourcing, 1. Juli 2005, S. 3.

Nutzung öffentlich zugänglicher (auch kostenpflichtiger) Daten von Marktinformationsdienstleistern (z. B. öffentliche Daten von Ratingfirmen, die nicht zielgerichtet für das Institut generiert/ bearbeitet worden sind), die Verwendung von globalen Zahlungsverkehrsinfrastrukturen (z. B. Kartenzahlverfahren wie Visa und Mastercard) sowie die Nutzung von globalen Nachrichteninfrastrukturen zur Übermittlung von Zahlungsverkehrsdaten, die der Aufsicht durch zuständige Behörden unterliegen, einzuordnen (→ AT 9 Tz. 1, Erläuterung). Von allgemeinen Service- und Unterstützungsleistungen (z. B. Versorgungsleistungen) unterscheiden sich diese Leistungen insoweit, als sie noch eine gewisse Nähe zu der Geschäftstätigkeit von Instituten haben.

128   Im Ergebnis spiegelt sich in diesen Passagen der Inhalt der Tz. 47 des Rundschreibens 11/2001 wider. Danach wurde – obwohl tatbestandlich unter § 25b KWG subsumierbar – die Einschaltung anderer Institute oder sonstiger Dritter von der Anwendung der Regelungen ausgenommen, sofern diese aufgrund der Struktur des Ablaufes des jeweiligen Geschäftes für die vollständige Durchführung des Geschäftes unumgänglich oder aufgrund der besonderen Struktur und notwendigen Arbeitsteilung eines Finanzverbundes erforderlich waren. Durch den »sonstigen Fremdbezug von Leistungen« wurden die Anwendungsfälle der Tz. 47 von der »Last der Ausnahme« befreit. Seit der ersten MaRisk-Novelle fallen sie explizit nicht mehr unter den Tatbestand der Auslagerung.[225]

129   Auch die EBA definiert eine Auslagerung als eine Vereinbarung jeder Art zwischen einem Institut und einem Dienstleistungserbringer über die Ausführung eines Prozesses, einer Dienstleistung oder einer Tätigkeit, »die das Institut andernfalls selbst übernähme«.[226] Nach Ansicht der EBA ist es unerheblich, ob das Institut die Funktion in der Vergangenheit ausgeübt hat.[227] Entscheidend ist vielmehr, ob es sich um (teilweise) Funktionen handelt, die »realistischerweise« von Instituten wahrgenommen würden oder wahrgenommen werden könnten. Die von der deutschen Aufsicht oben genannten, dem sonstigen Fremdbezug zugeordneten Leistungen stuft die EBA in der Regel als »Nicht-Auslagerung« ein.[228]

2.5   Betrieb von Software und zugehörige Unterstützungsleistungen

130   Im Zuge der fünften MaRisk-Novelle wurde die Abgrenzung zwischen einer Auslagerung und dem sonstigen Fremdbezug von Leistungen im Bereich der Software und der zugehörigen Unterstützungsleistungen neu geregelt. Die Aufsicht trägt damit der zunehmenden Bedeutung der Informationstechnik (IT) als Basisinfrastruktur für sämtliche fachlichen und nicht-fachlichen Prozesse innerhalb der Institute Rechnung. Der isolierte Bezug von Software (einschließlich Standardsoftware) ist in der Regel als sonstiger Fremdbezug einzustufen. Dies gilt auch für Software, die zur Identifizierung, Beurteilung, Steuerung, Überwachung und Kommunikation der Risiken eingesetzt wird oder für die Durchführung von bankgeschäftlichen Aufgaben von wesentlicher Bedeutung ist. Der Bezug von Software umfasst nach Ansicht der Aufsicht dabei nicht nur deren

---

225 Vgl. Bundesanstalt für Finanzdienstleistungsaufsicht, Übermittlungsschreiben zum zweiten Entwurf zur Modernisierung der Outsourcing-Regelungen und Integration in die MaRisk vom 10. August 2007, S. 2.

226 Vgl. European Banking Authority, Leitlinien zu Auslagerungen, EBA/GL/2019/02, 25. Februar 2019, S. 5. Ähnlich war bereits die Definition der Leitlinien von CEBS aus dem Jahr 2006: »An authorised entity's use of a third party to perform activities that would normally be undertaken by the authorised entity, now or in the future.« Committee of European Banking Supervisors, Guidelines on Outsourcing, 14. Dezember 2006, S. 2.

227 Vgl. European Banking Authority, Consultation Paper – EBA Draft Guidelines on Outsourcing arrangements, EBA/ CP/2018/11, 22. Juni 2018, S. 22.

228 Vgl. European Banking Authority, Leitlinien zu Auslagerungen, EBA/GL/2019/02, 25. Februar 2019, S. 11. Die Einordnung von Leistungen, wie z. B. die Funktionen zentraler Clearingstellen im Zahlungsverkehr oder der Wertpapierabwicklung, die definitiv nicht durch einzelne Institute ausgeübt werden können, als »Nicht-Auslagerung«, war im ersten Entwurf der EBA-Leitlinien zu Auslagerungen noch nicht enthalten. Die Aufnahme in die endgültigen Leitlinien zu Auslagerungen vom 25. Februar 2019 geht auf Anmerkungen der Deutschen Kreditwirtschaft im Rahmen der Konsultation zurück. Vgl. Deutsche Kreditwirtschaft (German Banking Industry Committee), Comments on EBA Draft Guidelines on Outsourcing arrangements (EBA/CP/2018/11), 24. September 2018, S. 8.

Kauf, sondern auch das Vorliegen einer Lizenz zur Nutzung dieser Software.[229] Darüber hinaus sind folgende Unterstützungsleistungen regelmäßig als sonstiger Fremdbezug zu qualifizieren (→ AT 9 Tz. 1, Erläuterung):

- Softwareanpassungen an die Erfordernisse des Institutes,
- die entwicklungstechnische Umsetzung von Änderungswünschen (Programmierung),
- das Testen, die Freigabe und die Implementierung der Software in die Produktionsprozesse beim erstmaligen Einsatz und bei wesentlichen Veränderungen, insbesondere von programm-technischen Vorgaben,
- Fehlerbehebungen und Wartungsleistungen gemäß der Anforderungs-/Fehlerbeschreibung des Auftraggebers oder Herstellers,
- sonstige Unterstützungsleistungen, die über die reine Beratung hinausgehen.[230]

Unter bestimmten Voraussetzungen sind Unterstützungsleistungen allerdings als Auslagerung und nicht als sonstiger Fremdbezug einzustufen (→ AT 9 Tz. 1, Erläuterung). Dies ist immer dann der Fall, wenn diese Unterstützungsleistungen für Software erbracht werden, die **131**

- zur Identifizierung, Beurteilung, Steuerung, Überwachung und Kommunikation der Risiken (d. h. im Risikomanagement) eingesetzt wird oder
- für die Durchführung von bankgeschäftlichen Aufgaben von wesentlicher Bedeutung ist.

Beispiele für Software, die im Risikomanagement eingesetzt wird, sind Systeme und Anwendun-gen, mit denen die Risikotragfähigkeit ermittelt wird, Risikodaten verarbeitet oder ausgewertet oder Risikoberichte erstellt werden. Darüber hinaus können darunter Softwarelösungen fallen, die von den Instituten zur Ermittlung von Compliance-Risiken verwendet werden, z. B. im Bereich der Geldwäscheprävention, »Know your customer« (KYC) und »Market Abuse & Insider Dealing Detection« (MAID). Unterstützungsleistungen für im Risikomanagement eingesetzte Software umfassen demgegenüber keine Zulieferersysteme, in denen lediglich Basisdaten erfasst oder Daten weitergeleitet werden.[231] **132**

Zur Konkretisierung des Begriffes »bankgeschäftliche Aufgaben« kann auf die Definitionen von Bankgeschäften und Finanzdienstleistungen zurückgegriffen werden.[232] Bei einer Bank, die das Kreditgeschäft betreibt, werden z. B. die Unterstützungsleistungen für das Kreditbearbeitungs-system als wesentlich einzustufen sein. Die »wesentliche Bedeutung« für die Durchführung bank-geschäftlicher Aufgaben muss allerdings nicht vollständig mit dem Einsatz der Software in Kern-bankbereichen deckungsgleich sein, die in der Erläuterung zu AT 9 Tz. 2 im Hinblick auf die Risikoanalyse genannt sind. Die wesentliche Bedeutung könnte z. B. an der Schutzbedarfsein-stufung der Software festgemacht werden.[233] **133**

Zwar sind die Unterstützungsleistungen in den beiden genannten Fällen mit Bezug auf ihren Verwendungszweck grundsätzlich als Auslagerung einzustufen. In der Sondersitzung des Fachgre-miums MaRisk im März 2018 wurde allerdings intensiv über die Bedeutung des Begriffes »Wartung« diskutiert. Die Wartung einer Software schließt die Behebung von Fehlern des Programms ein. Wenn das Institut die gelieferten »Patches« vor dem Einspielen in das System selbst testet, handelt es sich nicht zwangsläufig um eine Auslagerung, da das Institut sich eigenständig ein Bild von den erweiter-ten Funktionen oder Fehlerbehebungen macht und eigenständig die Funktionsweise im eigenen **134**

---

229 Vgl. Bundesanstalt für Finanzdienstleistungsaufsicht, Protokoll der Sitzung des MaRisk-Fachgremiums am 15. März 2018, S. 4.
230 Bei den sonstigen Unterstützungsleistungen, die über die reine Beratung hinausgehen, dürfte es sich um einen Auffang-tatbestand handeln für Unterstützungsleistungen, die von den Spiegelstrichen 1 bis 4 nicht erfasst sind.
231 Vgl. Deutscher Sparkassen- und Giroverband, Mindestanforderungen an das Risikomanagement – Interpretationsleitfa-den, Version 6.1, Berlin, Juli 2019, S. 124.
232 Bankgeschäfte sind in § 1 Abs. 1 Satz 2 KWG, Finanzdienstleistungen in § 1 Abs. 1a Satz 2 KWG definiert.
233 Vgl. Deutscher Sparkassen- und Giroverband, Mindestanforderungen an das Risikomanagement – Interpretationsleitfa-den, Version 6.1, Berlin, Juli 2019, S. 124.

System prüft. Wenn ein Dritter die Software wartet, ohne dass die Neuerungen im Rahmen der Wartung vom Institut getestet werden, liegt nach Ansicht der Aufsicht dagegen eine Auslagerung vor.[234] Insofern kann eine entsprechende Mitwirkung des Institutes selbst bei den genannten Verwendungszwecken dazu führen, dass eine Wartung nicht als Auslagerung einzustufen ist.

135 Unterstützungsleistungen für eine Software, die nicht zur Identifizierung, Beurteilung, Steuerung, Überwachung und Kommunikation der Risiken eingesetzt wird und die nicht für die Durchführung von bankgeschäftlichen Aufgaben von wesentlicher Bedeutung ist, sind immer als sonstiger Fremdbezug einzustufen. Darunter fallen z. B. die Software für Personalabrechnungen oder Zeiterfassungsanwendungen.

136 Ferner gilt der Betrieb von Software durch einen externen Dritten als Auslagerung. Dieser ursprünglichen Formulierung zufolge blieb zunächst unklar, ob jedweder Betrieb von Software durch ein anderes Unternehmen, also auch ohne Bezug zum Risikomanagement und ohne wesentliche Bedeutung für die Durchführung von bankgeschäftlichen Aufgaben, als Auslagerung einzustufen ist, oder nur der Betrieb von Software durch einen externen Dritten zu den beiden genannten Zwecken. Nachdem anfangs der weite Anwendungsbereich als maßgeblich galt, wurde diese Interpretation zunehmend infrage gestellt. Ein mögliches Indiz für eine Auslagerung in diesem Bereich war die Sinnhaftigkeit einer Vereinbarung von Informations- und Prüfungsrechten sowie von Weisungsrechten des Institutes (→ AT 9 Tz. 7 lit. h und i). Die Einräumung derartiger Rechte wird beim Betrieb einer Software durch einen externen Dritten, verbunden mit einem regelmäßigen Update der Software, für eine Vielzahl von Instituten regelmäßig nicht notwendig sein. Die Aufsicht hat diese Interpretation zunächst im Fachgremium MaRisk am 18. März 2018 bestätigt und schließlich im Rahmen der sechsten MaRisk-Novelle in das Rundschreiben integriert. Demnach gelten für den Betrieb der Software durch einen externen Dritten die gleichen Maßstäbe wie für die Unterstützungsleistungen (→ AT 9 Tz. 1, Erläuterung).

2.6 Allgemeine Service- und Unterstützungsleistungen

137 Nicht als Auslagerung im aufsichtsrechtlichen Sinne einzustufen sind allgemeine Service- und Unterstützungsleistungen sowie die Nutzung von Infrastruktureinrichtungen, wie z. B. Geldautomatenversorgung, Kantinenbetrieb, Reinigungsdienst, Wachdienst, Fuhrpark, Betriebsarzt, technisches Gebäudemanagement, Strom, Wasser oder Postzustellung.[235] Diese Leistungen ohne einen speziellen Bezug zur Geschäftstätigkeit von Instituten werden in der Fachliteratur nicht einheitlich bezeichnet. Während in einigen Quellen die Formulierung »keine Auslagerung«[236] verwendet wird, nutzen andere Quellen die Passagen »geschäftsneutrale Aktivitäten/Prozesse«[237] oder »unwesentliche Aktivitäten/Prozesse«.[238] Im Zuge der sechsten MaRisk-Novelle hat die BaFin klar-

---

234 Vgl. Bundesanstalt für Finanzdienstleistungsaufsicht, Protokoll der Sitzung des MaRisk-Fachgremiums am 15. März 2018, S. 4.

235 Weitere Beispiele siehe Deutscher Sparkassen- und Giroverband, Mindestanforderungen an das Risikomanagement – Interpretationsleitfaden, Version 6.1, Berlin, Juli 2019, S. 124 f.

236 Vgl. Deutscher Sparkassen- und Giroverband, Mindestanforderungen an das Risikomanagement – Interpretationsleitfaden, Version 6.1, Berlin, Juli 2019, S. 124. Dort werden die aufgeführten Dienstleistungen als »keine Auslagerung im Sinne des § 25b KWG bzw. AT 9 MaRisk« bezeichnet.

237 Vgl. Chrubasik, Bodo/Schütz, Armin, Auslagerungen in der Kreditwirtschaft, Göttingen, 2018, S. 162.

238 Der Begriff »wesentlich« bezieht sich in diesem Fall allerdings auf die von der Auslagerung betroffenen Bankgeschäfte, Finanzdienstleistungen und institutstypischen Dienstleistungen gemäß § 25b Abs. 1 KWG und nicht auf das Ergebnis der Risikoanalyse nach AT 9 Tz. 2 MaRisk. Vgl. Wolfgarten, Wilhelm, in: Boos, Karl-Heinz/Fischer, Reinfrid/Schulte-Mattler, Hermann (Hrsg.), Kreditwesengesetz und VO (EU) Nr. 575/2013, Band 1, 5. Auflage, München, 2016, § 25b KWG, Tz. 49 unter Bezugnahme auf das BaFin-Rundschreiben 11/2001; Langen, Markus, in: Schwennicke, Andreas/Auerbach, Dirk (Hrsg.), KWG, 3. Auflage, München, 2016, § 25b KWG, Tz. 17a; Ferstl, Matthias, Neuregelung des § 25a KWG/MaRisk für das Outsourcing – erste Erfahrungen aus Bankensicht, in: Grieser, Simon/Heemann, Manfred (Hrsg.), Bankaufsichtsrecht, 1. Auflage, Frankfurt, 2010, S. 1046.

gestellt, dass sie auch allgemeine Service- und Unterstützungsleistungen wie z. B. Rechtsgutachten, die Vertretung vor Gericht und Verwaltungsbehörden sowie Versorgungsleistungen dem »sonstigen Fremdbezug« zuordnet (→ AT 9 Tz. 1, Erläuterung).

Unabhängig von der Bezeichnung ist das Ergebnis letztendlich das Gleiche: Für diese Leistungen **138** ist keine Risikoanalyse erforderlich, weil sie nicht in den Anwendungsbereich des AT 9 fallen. In der Praxis werden die allgemeinen Service- und Unterstützungsleistungen sowie die Nutzung von Infrastruktureinrichtungen regelmäßig auf einer »white list« geführt und ohne Durchführung einer Risikoanalyse nach AT 9 Tz. 2 von vornherein ausgesteuert. Unabhängig von ihrer Bezeichnung sind Leistungen ohne speziellen Bezug zur Geschäftstätigkeit einer Bank allerdings nicht per se risikofrei, sondern beinhalten regelmäßig operationelle Risiken. So ist z. B. der Kantinenbetrieb durch ein externes Dienstleistungsunternehmen durchaus mit Risiken für das Institut verbunden. Kommt es durch salmonellenverseuchtes Essen wiederholt zu Ausfällen einer großen Zahl von Mitarbeitern, so stellt dies eine erhebliche Gefahr für den ordnungsgemäßen Betriebsablauf des Institutes dar. Dasselbe gilt für den über einen längeren Zeitraum anhaltenden Stromausfall im Rechenzentrum eines Institutes. Auch derartige Nicht-Auslagerungen unterliegen den Anforderungen an die Ordnungsmäßigkeit der Geschäftsorganisation gemäß § 25a Abs. 1 KWG und sind im Risikomanagement zu berücksichtigen.

Nach den Vorstellungen der EBA sind bestimmte Dienstleistungen, Waren und Versorgungs- **139** leistungen als »Nicht-Auslagerung« zu betrachten, da sie normalerweise nicht von Instituten erbracht werden. Im Einzelnen nennt die EBA den Erwerb von bestimmten Dienstleistungen (Beratung eines Architekten, Rechtsgutachten, Vertretung vor Gericht und Verwaltungsbehörden, Fuhrpark, Gartenarbeiten, Catering, Verpflegungsdienste, medizinische Dienstleistungen, Bürodienstleistungen, Reisedienstleistungen, Poststellendienste, Rezeption, Sekretariatskräfte, Telefonisten etc.) und Waren (Kauf von Büromaterial, Computer oder Möbel etc.) oder Versorgungsleistungen (Strom, Gas, Wasser, Telefon etc.).[239] Die EBA weist darauf hin, dass auch die mit den genannten Dienstleistungen, Waren und Versorgungsleistungen verbundenen Risiken unter Berücksichtigung des Proportionalitätsgrundsatzes zu bewerten sind, wobei die Due Diligence des Dienstleisters sowie das Management der operationellen Risiken im Vordergrund stehen.

2.7 Wegfall des Kriteriums der Dauerhaftigkeit

Nach den Anforderungen des Rundschreibens 11/2001 war der Tatbestand der Auslagerung an **140** das Kriterium der Dauerhaftigkeit geknüpft (»auf Dauer oder zumindest auf längere Zeit«).[240] Im Zeitablauf wurde dieses Kriterium durch die Praxis konkretisiert. »Dauerhaftigkeit« lag vor, wenn der Leistungsbezug sich über einen Zeitraum von über 12 Monaten erstreckte (so genannte »12-Monats-Regel«).[241] Da der Zeitraum einer Auslagerung nicht zwangsläufig mit den Risiken der Auslagerung korrespondiert, hat die BaFin das Kriterium der Dauerhaftigkeit mit der Überführung der Auslagerungsanforderungen in die MaRisk im Jahr 2007 gestrichen. Es ist im Grunde genommen nicht vereinbar mit der für die MaRisk maßgeblichen risikoorientierten Sichtweise. Dies gilt erst recht für die »12-Monats-Regel«. Auch die MiFID, die CEBS-Leitlinien, die EBA-Leitlinien zu Auslagerungen sowie § 25b KWG kennen das Kriterium der Dauerhaftigkeit nicht.

---

239 Vgl. European Banking Authority, Leitlinien zu Auslagerungen, EBA/GL/2019/02, 25. Februar 2019, S. 11 f.

240 Vgl. Bundesaufsichtsamt für das Kreditwesen, Auslagerung von Bereichen auf ein anderes Unternehmen gemäß § 25a Abs. 2 KWG, Rundschreiben 11/2001 vom 6. Dezember 2001, Tz. 8.

241 Vgl. Zentraler Kreditausschuss, Stellungnahme zum ersten Entwurf der neuen Auslagerungsregelungen in den MaRisk, 14. Mai 2007, S. 9.

141   Anstelle des zeitlichen Kriteriums der Dauerhaftigkeit stellen die MaRisk auf die »Häufigkeit« bzw. die »Nachhaltigkeit« des Fremdbezuges ab.[242] Eine Auslagerung im Sinne der MaRisk liegt nur dann vor, wenn der Fremdbezug über eine einmalige oder gelegentliche Inanspruchnahme der Leistung hinausgeht. Die Abgrenzung zum sonstigen Fremdbezug (→ AT 9 Tz. 1, Erläuterung) kann im Einzelfall jedoch schwierig sein und sollte auch unter qualitativen Gesichtspunkten (Art der Tätigkeit, Risikorelevanz etc.) erfolgen. So wird die Beauftragung eines Dritten mit der vollständigen Durchführung der Internen Revision für ein Jahr allein unter Risikogesichtspunkten als Auslagerung nach MaRisk zu qualifizieren sein, auch wenn die Auslagerung nur einmalig erfolgen soll.[243] Ähnlich dürfte es sich bei einem einmaligen Knowledge Process Outsourcing verhalten, d.h. einer komplexen und arbeitsintensiven Auslagerung, bei der z.B. das Expertenwissen des Dienstleisters im Vordergrund steht (→ AT 9, Einführung). Demgegenüber wird die Unterstützung eines Institutes für einen kurzen Zeitraum, z.B. zur Überbrückung von Mutterschutzfristen oder einer Elternzeit nach dem Bundeselterngeld- und Elternzeitgesetz (BEEG) über wenige Monate, in den meisten Fällen einen einmaligen oder gelegentlichen sonstigen Fremdbezug darstellen.[244] Dies bedeutet, dass die Schwellen für die Häufigkeit bzw. die Nachhaltigkeit umso niedriger anzusetzen sein werden, je substanzieller die ausgelagerten Aktivitäten und Prozesse für das Institut sind.

142   Dies entspricht den Vorstellungen der EBA, wonach eine Auslagerung vorliegt, wenn die an den Dienstleister (teilweise) übertragene Funktion von diesem wiederkehrend oder laufend wahrgenommen wird.[245]

2.8   Anforderungen an den sonstigen Fremdbezug nach MaRisk

143   Wenngleich der »sonstige Fremdbezug von Leistungen« nicht als Auslagerung zu qualifizieren ist, hat das Institut auch beim Bezug solcher Leistungen die allgemeinen Anforderungen an die Ordnungsmäßigkeit der Geschäftsorganisation gemäß § 25a Abs. 1 KWG zu beachten (→ AT 9 Tz. 1, Erläuterung). Insofern konstituiert der »sonstige Fremdbezug von Leistungen« keinesfalls einen »rechtsfreien Raum«, aus dem sich Gesetzgeber und Bankenaufsicht komplett zurückziehen. Das Institut hat – wie bei nicht wesentlichen Auslagerungen – insbesondere den externen Dienstleister sorgfältig auszuwählen und die Ordnungsmäßigkeit der Leistungserbringung zu überwachen.[246]

2.9   Anforderungen an Auslagerungen und sonstigen Fremdbezug von IT-Dienstleistungen nach BAIT

144   Die von der deutschen Aufsicht erstmals im November 2017 vorgelegten »Bankaufsichtlichen Anforderungen an die IT« (BAIT)[247] enthalten Anforderungen an Auslagerungen und den sons-

---

242 Vgl. Ferstl, Matthias, Neuregelung des § 25a KWG/MaRisk für das Outsourcing – erste Erfahrungen aus Bankensicht, in: Grieser, Simon/Heemann, Manfred (Hrsg.), Bankaufsichtsrecht, 1. Auflage, Frankfurt, 2010, S. 1041.

243 Vgl. Frank, Wolfgang, Aufsichtsrechtliche Aspekte beim Outsourcing, in: Outsourcing und Insourcing in der Finanzwirtschaft, Köln, 2008, S. 54.

244 Vgl. Chrubasik, Bodo/Schütz, Armin, Auslagerungen in der Kreditwirtschaft, Göttingen, 2018, S. 163.

245 Vgl. European Banking Authority, Leitlinien zu Auslagerungen, EBA/GL/2019/02, 25. Februar 2019, S. 11.

246 Hinsichtlich nicht wesentlicher Auslagerungen vgl. Regierungsbegründung zum Entwurf eines Gesetzes zur Umsetzung der Richtlinie über Märkte für Finanzinstrumente und der Durchführungsrichtlinie der Kommission (Finanzmarktrichtlinie-Umsetzungsgesetz), Bundesrats-Drucksache 833/06, 8. Dezember 2006, S. 225.

247 Bundesanstalt für Finanzdienstleistungsaufsicht, Bankaufsichtliche Anforderungen an die IT (BAIT), Rundschreiben 10/2017 (BA) vom 3. November 2017.

tigen Fremdbezug von IT-Dienstleistungen, welche die MaRisk konkretisieren. Die Vorgaben an den sonstigen Fremdbezug von IT-Dienstleistungen wurden im Zuge der ersten BAIT-Novelle aus dem Jahr 2021 ohne inhaltliche Änderungen vom Modul 8 in das Modul 9 überführt.[248] Gemäß Tz. 9.1 BAIT umfassen IT-Dienstleistungen alle Ausprägungen des Bezugs von IT. Dazu zählen insbesondere die Bereitstellung von IT-Systemen, Projekte/Gewerke oder die Personalgestellung.

2.9.1 Auslagerungen an Cloud-Anbieter

Gemäß Tz. 9.1 BAIT müssen auch Cloud-Dienstleistungen die Anforderungen nach AT 9 erfüllen. **145** »Cloud-Dienstleistungen« sind demnach Auslagerungen von IT-Dienstleistungen, die dem Institut durch ein Dienstleistungsunternehmen über ein Netz bereitgestellt werden (z. B. Rechenleistung, Speicherplatz, Plattformen oder Software) und deren Angebot, Nutzung und Abrechnung dynamisch und an den Bedarf angepasst über definierte technische Schnittstellen sowie Protokolle erfolgen. Die Orientierungshilfe der deutschen Aufsicht zu Auslagerungen an Cloud-Dienstleister vom November 2018 konkretisiert diese Definition.[249] Cloud-Dienste sind demnach Dienste, die mit Hilfe von Cloud-Computing erbracht werden, d. h. ein Modell, das ortsunabhängigen, komfortablen und bedarfsgesteuerten Netzwerkzugriff auf einen gemeinsamen Pool konfigurierbarer Rechenressourcen ermöglicht (wie Netzwerke, Server, Speicher, Anwendungen und Services) und sich schnell sowie mit einem Mindestmaß an Verwaltungsaufwand oder Interaktion des Dienstleisters implementieren und freischalten lässt.[250] Die deutsche Aufsicht übernimmt damit die Definition der EBA.[251]

Die Orientierungshilfe richtet sich nicht nur an Banken, sondern an sämtliche im Finanzsektor **146** beaufsichtigte Unternehmen, so dass die Ausführungen und die verwendeten Begriffe im Kontext der jeweils geltenden aufsichtsrechtlichen Anforderungen zu lesen sind. Mit dem Merkblatt möchte die deutsche Aufsicht bei den beaufsichtigten Unternehmen ein Problembewusstsein im Umgang mit Cloud-Diensten und den damit verbundenen aufsichtsrechtlichen Anforderungen schaffen. Die deutsche Aufsicht hat deutlich gemacht, dass in der Orientierungshilfe keine neuen Anforderungen an die Institute gestellt werden, sondern vielmehr die derzeitige aufsichtliche Praxis in solchen Auslagerungsfällen dargestellt wird. Damit wird transparent, wie die deutsche Aufsicht verschiedene Formulierungen in Vertragsklauseln einschätzt.[252] Ein Institut hat also bei Auslagerungen an Cloud-Anbieter denselben Prozess durchzuführen, wie bei jeder anderen Auslagerung auch. Das Merkblatt verschärft diesen Prozess nicht, sondern gibt Hilfestellung bei der Erfüllung der aufsichtsrechtlichen Anforderungen an Auslagerungen, insbesondere im Hinblick auf die Risikoanalyse und die Vertragsgestaltung (→ AT 9 Tz. 2 und 7).

Bei den Cloud-Diensten unterscheidet die deutsche Aufsicht im Hinblick auf die Dienstleistungs- **147** modelle zwischen der Bereitstellung von Rechenleistungen und Speicherplatz (»Infrastructure as a

---

248 Bundesanstalt für Finanzdienstleistungsaufsicht, Bankaufsichtliche Anforderungen an die IT (BAIT), Rundschreiben 10/2017 (BA) in der Fassung vom 16. August 2021.

249 Da die BaFin die Orientierungshilfe bisher nicht in die MaRisk integriert hat, behält diese weiterhin ihre Gültigkeit. Die EBA hat demgegenüber ihre Empfehlungen für den Bezug von Cloud-Dienstleistungen inzwischen in die EBA-Leitlinien überführt, so dass sie mit Wirkung zum 30. September 2019 aufgehoben wurden. Vgl. European Banking Authority, Leitlinien zu Auslagerungen, EBA/GL/2019/02, 25. Februar 2019, S. 7.

250 Vgl. Bundesanstalt für Finanzdienstleistungsaufsicht, Merkblatt – Orientierungshilfe zu Auslagerungen an Cloud-Anbieter, 8. November 2018, S. 4.

251 Die Definition der EBA von Cloud-Dienstleistungen lautet: »Cloud-Dienste bezeichnen Dienste, die mit Hilfe von Cloud-Computing erbracht werden, d. h. einem Modell, das ortsunabhängigen, komfortablen und bedarfsgesteuerten Netzwerkzugriff auf einen gemeinsamen Pool konfigurierbarer Rechenressourcen ermöglicht (wie Netzwerke, Server, Speicher, Anwendungen und Services) und sich schnell sowie mit minimalem Verwaltungsaufwand und Interaktion des Dienstleisters bereitstellen lässt.« European Banking Authority, Leitlinien zu Auslagerungen, EBA/GL/2019/02, 25. Februar 2019, S. 5.

252 Vgl. Bundesanstalt für Finanzdienstleistungsaufsicht, Merkblatt – Orientierungshilfe zu Auslagerungen an Cloud-Anbieter, 8. November 2018, S. 3.

Service«, IaaS), von Entwicklerplattformen (»Platform as a Service«, PaaS) und von Software-applikationen/Webanwendungen (»Software as a Service«, SaaS).[253] In der Praxis wird zudem zwischen vier Bereitstellungsmodellen von Cloud-Diensten unterschieden:

- »Private Cloud«: Cloud-Infrastruktur, die ausschließlich von einem einzelnen Unternehmen genutzt werden kann,
- »Community Cloud«: Cloud-Infrastruktur, die ausschließlich von einer konkreten Unternehmensgemeinschaft genutzt werden kann, einschließlich mehrerer Unternehmen innerhalb einer Gruppe,
- »Public Cloud«: Cloud-Infrastruktur, die von der Öffentlichkeit frei genutzt werden kann, sowie
- »Hybrid Cloud«: Cloud-Infrastruktur, die sich aus zwei oder mehreren speziellen Cloud-Infrastrukturen zusammensetzen kann.[254]

148 Die Dienstleistungs- und Bereitstellungsmodelle unterscheiden sich hinsichtlich der organisatorischen bzw. technischen Kontrollmöglichkeiten des Nutzers. Das sollte das Institut im Rahmen seiner Risikoanalyse, der vertraglichen Gestaltung seiner Auslagerungsverträge und seines Auslagerungsmanagements berücksichtigen. Die Orientierungshilfe enthält unabhängig vom gewählten Dienstleistungs- und Bereitstellungsmodell detaillierte Hinweise im Hinblick auf die strategischen Überlegungen des Institutes, die Analyse und Wesentlichkeitsbewertung des Institutes sowie die anschließende Vertragsgestaltung bei wesentlichen Auslagerungen.[255] Demnach sollen die Institute die strategischen Überlegungen zur Nutzung von Cloud-Diensten in ihrer IT-Strategie abbilden. Daneben sollten die Institute einen Prozess entwickeln und dokumentieren, der alle für die Auslagerung an den Cloud-Anbieter relevanten Schritte von der Strategie über die Migration in die Cloud bis hin zur Exit-Strategie abdeckt. Nach der strategischen Entscheidung für eine Verlagerung von Sachverhalten an einen Cloud-Anbieter haben die Institute im Rahmen der Analyse und Wesentlichkeitsbewertung unter Berücksichtigung des Proportionalitätsgrundsatzes zu prüfen, ob eine Auslagerung vorliegt und ob diese unter Risikogesichtspunkten als wesentlich einzustufen ist. Nach Einschätzung der deutschen Aufsicht ist in der Regel von einer Auslagerung auszugehen.[256]

149 Bei wesentlichen Auslagerungen sollten die Institute in der Auslagerungsvereinbarung die Hinweise des Merkblattes an den Leistungsgegenstand, die Informations- und Prüfungsrechte des Institutes und der Aufsichtsbehörden, die Weisungsrechte des Institutes, die Datensicherheit/den Datenschutz, die Kündigungsmodalitäten, die Weiterverlagerung, die Informationspflichten und das anwendbare Recht berücksichtigen.[257]

---

253 Bei IaaS hat der Nutzer die volle Kontrolle über das IT-System vom Betriebssystem aufwärts (d. h. die Kontrolle über die physikalische Umgebung liegt immer beim Anbieter), da alles innerhalb seines Verantwortungsbereiches betrieben wird, bei PaaS hat er nur noch die Kontrolle über seine Anwendungen, die auf der Plattform laufen, und bei SaaS übergibt er praktisch die gesamte Kontrolle an den Cloud-Anbieter. Je höher die Komplexität des Dienstleistungsmodells ist, desto geringer sind somit in der Regel die Kontrollmöglichkeiten des Nutzers in der Cloud. Vgl. Bundesanstalt für Finanzdienstleistungsaufsicht, Merkblatt – Orientierungshilfe zu Auslagerungen an Cloud-Anbieter, 8. November 2018, S. 4.

254 Vgl. Bundesanstalt für Finanzdienstleistungsaufsicht, Merkblatt – Orientierungshilfe zu Auslagerungen an Cloud-Anbieter, 8. November 2018, S. 3. Die Begriffe für die Bereitstellungsmodelle gehen zurück auf European Banking Authority, Consultation Paper – EBA Draft Guidelines on Outsourcing arrangements, EBA/CP/2018/11, 22. Juni 2018, S. 19. Sie sind nunmehr auch in den endgültigen EBA-Leitlinien zu Auslagerungen enthalten. Vgl. European Banking Authority, Leitlinien zu Auslagerungen, EBA/GL/2019/02, 25. Februar 2019, S. 5 f.

255 Vgl. Bundesanstalt für Finanzdienstleistungsaufsicht, Merkblatt – Orientierungshilfe zu Auslagerungen an Cloud-Anbieter, 8. November 2018, S. 5 ff.

256 Nach Aussagen der Aufsicht im Fachgremium MaRisk ist der Betrieb von Software in einer Cloud immer dann als Auslagerung einzustufen, wenn die Cloud nicht vom Institut selbst erstellt worden ist, nicht unter eigener Kontrolle des Institutes steht sowie Software betrieben wird, die zur Durchführung von Bankgeschäften, Finanzdienstleistungen oder sonstigen institutstypischen Dienstleistungen genutzt wird. Das ist jedenfalls dann der Fall, wenn sie für die Risikosteuerung eingesetzt wird oder für die Durchführung von bankgeschäftlichen Aufgaben von wesentlicher Bedeutung ist. Insofern gelten beim externen Betrieb die gleichen Abgrenzungskriterien für Software wie bei den zuvor in AT 9 Tz. 1 genannten Unterstützungsleistungen. Wenn diese Kriterien nicht insgesamt erfüllt sind, liegt auch keine Auslagerung vor (z. B. bei einer Software zur Erstellung von Kantinenplänen in der Cloud). Vgl. Bundesanstalt für Finanzdienstleistungsaufsicht, Protokoll der Sitzung des MaRisk-Fachgremiums am 15. März 2018, S. 4.

257 Vgl. Bundesanstalt für Finanzdienstleistungsaufsicht, Merkblatt – Orientierungshilfe zu Auslagerungen an Cloud-Anbieter, 8. November 2018, S. 7 ff.

2.9.2 Sonstiger Fremdbezug von IT-Dienstleistungen nach BAIT

Auch im Hinblick auf den sonstigen Fremdbezug von IT-Dienstleistungen haben die Institute **150** zunächst die allgemeinen Anforderungen an die ordnungsgemäße Geschäftsorganisation gemäß § 25a Abs. 1 KWG zu beachten (→ AT 9 Tz. 1, Erläuterung). Darüber hinaus sind bei jedem Bezug von Software die damit verbundenen Risiken angemessen zu bewerten (→ AT 7.2 Tz. 4 Satz 2). Wegen der grundlegenden Bedeutung der IT für die Institute haben diese auch für jeden sonstigen Fremdbezug von IT-Dienstleistungen vorab eine Risikobewertung durchzuführen (Tz. 9.2 BAIT). Das Erfordernis einer Risikobewertung für einen sonstigen Fremdbezug stellt eine deutliche Verschärfung gegenüber den Anforderungen der MaRisk dar, die nur bei wesentlichen Auslagerungen eine Risikoanalyse verlangen. In einer Sondersitzung des MaRisk-Fachgremiums zur Auslagerung im März 2018 hat die BaFin klargestellt, dass die Risikobewertung gemäß BAIT nicht den hohen Anforderungen an eine Risikoanalyse gemäß MaRisk entsprechen muss. Art und Umfang der Risikobewertung können vom Institut unter Proportionalitätsgesichtspunkten nach Maßgabe seines allgemeinen Risikomanagements flexibel festgelegt werden (Tz. 9.2 BAIT, Erläuterung). In der Sondersitzung wurde von der Aufsicht die Erwartung geäußert, dass sich die Institute mit den Risiken aus dem sonstigen Fremdbezug der IT-Dienstleistungen in einem strukturieren Prozess auseinandersetzen. Auf bestehende Risikobewertungen kann für gleichartige Formen des sonstigen Fremdbezuges zurückgegriffen werden (Tz. 9.2 BAIT, Erläuterung). Einige Institute haben bereits Überlegungen geäußert, hierfür keinen neuen Prozess aufzusetzen, sondern die für Auslagerungen etablierte Risikoanalyse zu nutzen. Da die Risikoanalyse gegenüber der Risikobewertung »höherwertig« ist, dürfte dies den Anforderungen der BAIT nicht widersprechen. Darüber hinaus müssen die für Informationssicherheit und Notfallmanagement verantwortlichen Funktionen in die Risikobewertung eingebunden werden (Tz. 9.2 BAIT, Erläuterung). Nicht erforderlich ist dagegen die Einbindung der besonderen Funktionen (→ AT 4.4). In der Praxis wird regelmäßig das zentrale Auslagerungsmanagement zur Risikobewertung hinzugezogen, vor allem wenn dieses auch für die vollständige strukturierte Vertragsübersicht verantwortlich ist (Tz. 9.3 BAIT, Erläuterung).

Darüber hinaus ist der sonstige Fremdbezug von IT-Dienstleistungen im Einklang mit den **151** Strategien unter Berücksichtigung der Risikobewertung des Institutes zu steuern. Die Erbringung der vom Dienstleister geschuldeten Leistung ist entsprechend der Risikobewertung zu überwachen (Tz. 9.3 BAIT). Die Steuerung kann auf der Basis der vorzuhaltenden Vertragsübersicht durch Bündelung von Verträgen des sonstigen Fremdbezuges von IT-Dienstleistungen (Vertragsportfolio) erfolgen. Zudem kann das Institut dafür bereits bestehende Steuerungsmechanismen nutzen (Tz. 9.3 BAIT, Erläuterung). Bei Relevanz soll auch die Möglichkeit eines Ausfalls eines IT-Dienstleisters berücksichtigt und eine diesbezügliche Exit- bzw. Alternativ-Strategie entwickelt und dokumentiert werden (Tz. 9.4 BAIT, Erläuterung). Die aus der Risikobewertung abgeleiteten Maßnahmen sind angemessen in der Vertragsgestaltung, z. B. im Rahmen von Vereinbarungen zum Informationsrisikomanagement, zum Informationssicherheitsmanagement, zum Notfallmanagement und zum IT-Betrieb, zu berücksichtigen (Tz. 9.4 BAIT inkl. Erläuterung). Als erforderlich erkannte Maßnahmen sind auch im Fall der Einbindung von Subunternehmen des IT-Dienstleisters zu berücksichtigen (Tz. 9.4 BAIT, Erläuterung). Außerdem sind im Managementprozess des operationellen Risikos, vor allem im Bereich der Gesamtrisikobewertung des operationellen Risikos, die Ergebnisse der Risikobewertung einzubeziehen (Tz. 9.4 BAIT). Schließlich ist die Risikobewertung regelmäßig und anlassbezogen zu überprüfen und ggf. inkl. der Vertragsinhalte anzupassen (Tz. 9.5 BAIT).

3 Risikoanalyse zur Festlegung wesentlicher Auslagerungen (Tz. 2)

152 **2** Das Institut muss anhand einer Risikoanalyse bewerten, welche Risiken mit einer Auslagerung verbunden sind. Ausgehend von dieser Risikoanalyse ist eigenverantwortlich festzulegen, welche Auslagerungen von Aktivitäten und Prozessen unter Risikogesichtspunkten wesentlich sind (wesentliche Auslagerungen). Diese ist auf der Grundlage von institutsweit bzw. gruppenweit einheitlichen Rahmenvorgaben sowohl regelmäßig als auch anlassbezogen durchzuführen.

Die Ergebnisse der Risikoanalyse sind in der Auslagerungs- und Risikosteuerung zu beachten. Die maßgeblichen Organisationseinheiten sind bei der Erstellung der Risikoanalyse einzubeziehen. Im Rahmen ihrer Aufgaben ist auch die Interne Revision zu beteiligen.

3.1 Was ist wesentlich?

153 Ist nach Maßgabe der Definition (→ AT 9 Tz. 1) die Frage geklärt, ob überhaupt eine Auslagerung vorliegt, rückt neben der Prüfung der Auslagerungsfähigkeit (→ AT 9 Tz. 4 und 5) der Aspekt der »Wesentlichkeit« in den Vordergrund. Die Institute haben zentrale Vorgaben des AT 9 ausdrücklich nur bei unter Risikogesichtspunkten »wesentlichen« Auslagerungen einzuhalten. Mit der sechsten MaRisk-Novelle werden auch Anforderungen formuliert, die für »nicht wesentliche« Auslagerungen gelten.[258] Das Institut hat die Wesentlichkeit auf Basis einer Risikoanalyse eigenverantwortlich festzulegen. Im Hinblick auf die nicht wesentlichen Auslagerungen verweist die deutsche Aufsicht grundsätzlich auf die allgemeinen Anforderungen an eine ordnungsgemäße Geschäftsorganisation gemäß § 25a Abs. 1 KWG (→ AT 9 Tz. 3).[259] Seit dem Inkrafttreten des Finanzmarktintegritätsstärkungsgesetzes aus dem Jahr 2021 muss das von den Instituten vorzuhaltende Auslagerungsregister gemäß § 25b Abs. 1 Satz 4 KWG zudem sämtliche wesentlichen und nicht wesentlichen Auslagerungen umfassen.

154 Im Zuge der fünften MaRisk-Novelle wurde der Begriff der »Auslagerung von erheblicher Tragweite« eingeführt. Der Begriff stellt neben der »wesentlichen« und der »nicht wesentlichen« Auslagerung allerdings keine dritte Kategorie einer Auslagerung dar. Ziel der Aufsicht ist es, mit der Formulierung das Risikobewusstsein bei den auslagernden Instituten zu erhöhen.[260] Bei

---

258 Bis zur sechsten MaRisk-Novelle bestand im Hinblick auf das Modul AT 9 weitgehend Einigkeit, dass sich die Anforderungen der Tz. 4 bis 13 ausschließlich auf wesentliche Auslagerungen beziehen. Die Tz. 1 enthält lediglich die Definition einer Auslagerung. Die Tz. 2 formuliert die Anforderungen an die Risikoanalyse, mit deren Hilfe die Wesentlichkeit bewertet wird. Die Tz. 3 stellt klar, dass Institute bei unter Risikogesichtspunkten nicht wesentlichen Auslagerungen die allgemeinen Anforderungen an die Ordnungsmäßigkeit der Geschäftsorganisation gemäß § 25a Abs. 1 KWG zu beachten haben.

259 Nicht nur unter Aufsehern wurde während der Entwicklung der Neuregelungen lebhaft darüber diskutiert, ob eine Kategorisierung in »wesentliche« und »nicht-wesentliche« Auslagerungen der Vielfalt der Outsourcing-Konstellationen überhaupt ausreichend gerecht wird. Eine Auslagerung ist entweder wesentlich oder eben nicht. Insoweit besteht wenig Spielraum für angemessene »Zwischenlösungen«. Der daran geknüpfte »ausgesprochen binäre Charakter« korrespondiert demzufolge nicht immer mit dem Proportionalitätsgedanken, der dem prinzipienorientierten Regulierung immanent ist. Er birgt insbesondere die Gefahr, dass sich in der Praxis Fallgruppen herausbilden, die sich gerade wegen der Vielfalt der Konstellationen im Nachhinein als unbrauchbar herausstellen könnten. Die Grundsatzdebatte wurde beendet, nachdem sich während der Beratungen zur Neufassung des § 25a Abs. 2 KWG deutlich abzeichnete, dass der Gesetzgeber an der Differenzierung zwischen »wesentlichen« und »nicht-wesentlichen« Auslagerungen festhalten wird. Zum »binären Charakter« vgl. Verband der Auslandsbanken, Modernisierung der Outsourcing-Regelungen und Integration in die MaRisk, Stellungnahme vom 8. Mai 2007, S. 5.

260 Vgl. Bundesanstalt für Finanzdienstleistungsaufsicht, Protokoll der Sitzung des MaRisk-Fachgremiums am 15. März 2018, S. 4.

Auslagerungen von erheblicher Tragweite, wie z. B. der vollständigen oder teilweisen Auslagerung der besonderen Funktionen oder von Kernbankbereichen, hat das Institut entsprechend intensiv zu prüfen, ob und wie eine Einbeziehung in das Risikomanagement sichergestellt werden kann (→ AT 9 Tz. 2, Erläuterung).

3.2 Risikoanalyse

Die MaRisk enthalten im Hinblick auf die Risikoanalyse keine konkreten Vorgaben. Es gilt der **155** Grundsatz der Proportionalität. Die Intensität der Analyse hängt von Art, Umfang, Komplexität und Risikogehalt der ausgelagerten Aktivitäten und Prozesse ab. Die MaRisk verlangen lediglich, dass die maßgeblichen Organisationseinheiten bei der Erstellung der Risikoanalyse einzubeziehen sind. Im Rahmen der fünften MaRisk-Novelle wurde diese Regelung dahingehend ergänzt, dass die Risikoanalyse auf der Grundlage von institutsweit bzw. gruppenweit einheitlichen Rahmenvorgaben sowohl regelmäßig als auch anlassbezogen durchzuführen ist. Dies entspricht im Grundsatz auch den Vorstellungen der EBA, die im Hinblick auf die Anwendung des Proportionalitätsprinzips auf die von ihr in den EBA-Leitlinien zur internen Governance enthaltenen Kriterien und den detaillierten Katalog zur Konkretisierung dieser Kriterien verweist.[261]

Die deutsche Aufsicht hat allerdings in der im November 2018 veröffentlichten Orientierungs- **156** hilfe zu Auslagerungen an Cloud-Anbieter zumindest Hinweise gegeben, was im Falle von (geplanten) Auslagerungen an Cloud-Anbieter im Rahmen der Risikoanalyse grundsätzlich betrachtet werden sollte.[262]

Bei der Risikoanalyse geht es jedoch um weit mehr als nur um die Frage, ob eine wesentliche **157** Auslagerung vorliegt oder nicht.[263] Die deutsche Aufsicht hat im Zuge der sechsten MaRisk-Novelle klargestellt, dass das Institut im Rahmen der Risikoanalyse die mit der Auslagerung verbundenen Risiken zu bewerten hat. Die Analyse muss dabei alle Aspekte der Auslagerung umfassen, die für eine »angemessene Einbindung der ausgelagerten Aktivitäten und Prozesse in das Risikoma-

---

261 Vgl. European Banking Authority, Leitlinien zur internen Governance, EBA/GL/2017/11, 21. März 2018, S. 8 f. Dies wird von der EBA ausdrücklich gefordert. Vgl. European Banking Authority, Consultation Paper – EBA Draft Guidelines on Outsourcing arrangements, EBA/CP/2018/11, 22. Juni 2018, S. 20.

262 Vgl. Bundesanstalt für Finanzdienstleistungsaufsicht, Merkblatt – Orientierungshilfe zu Auslagerungen an Cloud-Anbieter, 8. November 2018, S. 6. Hier werden folgende Aspekte aufgeführt: die Ausgestaltung des genutzten Cloud-Dienstes, die Kritikalität des auszulagernden Sachverhaltes, d. h. eine Beurteilung, ob der Sachverhalt für die Geschäftsfortführung des beaufsichtigten Unternehmens kritisch ist, eine Bewertung der Risiken, die sich aus dem gewählten Dienstleistungs- sowie Bereitstellungsmodell ergeben, eine Bewertung der finanziellen, operationellen (z. B. Systemausfall, Sabotage) Risiken, einschließlich der rechtlichen Risiken (z. B. Risiken der Rechtsdurchsetzung, datenschutzrechtliche Risiken) sowie Reputationsrisiken; dazu zählen auch Erwägungen zum Standort der Datenspeicherung und der Datenverarbeitung, eine Bewertung der Eignung des Cloud-Anbieters (Fähigkeiten, Infrastruktur, wirtschaftliche Situation, gesellschaftsrechtlicher und regulatorischer Status etc.); soweit sinnvoll können hierfür Nachweise/Zertifikate auf Basis gängiger Standards (z. B. Internationaler Sicherheitsstandard ISO/IEC 2700X der International Organization for Standardization, C 5-Anforderungskatalog des Bundesamtes für Sicherheit in der Informationstechnik), Prüfberichte anerkannter Dritter oder interne Prüfberichte des Cloud-Anbieters herangezogen werden, eine Bewertung der Risiken im Falle der Auslagerung mehrerer Sachverhalte an einen Cloud-Anbieter, eine Bewertung der Risiken, die mit Aufsichtsbeschränkungen in den Ländern einhergehen, in denen die Sachverhalte erbracht oder die Daten gespeichert oder verarbeitet werden, eine Bewertung der geopolitischen Lage (allgemeine Stabilität von Politik und Sicherheit) und der anwendbaren Gesetze (einschließlich Gesetze zum Datenschutz) in den betreffenden Gerichtsbarkeiten, die in diesen Gerichtsbarkeiten geltenden Vorschriften zur Rechtsdurchsetzung, einschließlich insolvenzrechtlicher Vorschriften, die bei einem Ausfall des Cloud-Anbieters greifen würden, eine Bewertung der Risiken für die Integrität, Verfügbarkeit, Vertraulichkeit und Authentizität der Sachverhalte sowie der verarbeiteten oder gespeicherten Daten unter Berücksichtigung von etwaigen Zugriffsmöglichkeiten auf Daten durch andere Jurisdiktionen, Risiken durch unterschiedliche Schnittstellen zwischen eigenen und fremden Systemen, Risiken infolge außerordentlicher Vertragsbeendigung (z. B. Datenverlust, eingeschränkte Übertragbarkeit der Daten auf einen neuen Dienstleister), eine Bewertung der Risiken aus Weiterverlagerungen durch den Cloud-Anbieter.

263 Vgl. Bauer, Helmut/Schneider, Andreas, Outsourcing und Ordnungsmäßigkeit der Geschäftsorganisation, in: Sparkassen Management Praxis, Heft 52/2006, S. 76.

nagement maßgeblich sind«.[264] Die Ergebnisse der Risikoanalyse sind anschließend in der Auslagerungs- und Risikosteuerung zu beachten. Die Risikoanalyse ist das Mittel zum (übergeordneten) Zweck, der im Gesetz verankert ist: Nach § 25b Abs. 1 Satz 3 KWG hat das Institut seine ausgelagerten Aktivitäten in sein eigenes Risikomanagement einzubinden.

158   Dass die wesentlichen Risiken der Auslagerung Gegenstand dieser Analyse sind, ist evident und ergibt sich bereits aus der Bezeichnung »Risikoanalyse«. Besonders betont werden in diesem Zusammenhang auch mögliche Risikokonzentrationen, wie u. a. mehrere Auslagerungsvereinbarungen bzw. Auslagerungsverträge mit demselben Auslagerungsunternehmen, Risiken aus Weiterverlagerungen, politische Risiken, Maßnahmen zur Steuerung und Minderung der Risiken, die Eignung des Auslagerungsunternehmens, mögliche Interessenkonflikte, der Schutzbedarf der an das Auslagerungsunternehmen übermittelten Daten sowie die Kosten. Grundsätzlich muss die Analyse alle für das Institut relevanten Aspekte der Auslagerung umfassen (→ AT 9 Tz. 2, Erläuterung). Welchen Aspekten dabei besondere Bedeutung zukommt, hängt von der konkreten Auslagerungsmaßnahme ab. So unterscheidet sich bspw. eine Auslagerung in Offshore-Regionen grundsätzlich nicht von einer herkömmlichen Auslagerung im Inland (Onshore). Allerdings sind länderspezifische Risiken sowie Besonderheiten aufgrund der räumlichen Entfernungen zwischen auslagerndem Institut und Auslagerungsunternehmen zwingend zu berücksichtigen.[265]

159   Bei der Analyse der Risiken einer Auslagerungsmaßnahme werden insbesondere die folgenden Aspekte eine Rolle spielen[266]:
- die Kosten der Auslagerung (unter Berücksichtigung von Transaktionskosten),
- die Auswirkungen der Auslagerungsmaßnahme auf das auslagernde Institut,
- die Komplexität des Auslagerungsgegenstandes, da mit der Komplexität i. d. R. auch das Risiko der Auslagerungsmaßnahme steigt,
- die möglichen Konsequenzen, sofern das Auslagerungsunternehmen schlecht oder gar nicht leistet,
- der (Zeit-)Aufwand, der bei der Suche geeigneter Ersatzkandidaten bzw. der Re-Integration von Aktivitäten und Prozessen erforderlich wird,
- die Qualität der Dienstleistungen eines potenziellen Kandidaten (inkl. Support-Funktionen), wobei üblicherweise eine Betrachtung über einen längeren Zeitraum angestellt wird, damit sich das auslagernde Institut einen nachhaltigen Eindruck verschaffen kann,
- die wirtschaftliche Situation eines potenziellen Kandidaten sowie sein gesellschaftsrechtlicher und regulatorischer Status, wobei auch von Bedeutung ist, durch wen das Auslagerungsunternehmen beaufsichtigt wird (EWR, Drittstaat mit vergleichbarem Aufsichtsregime, sonstiger Drittstaat),
- die quantitative und qualitative Personalausstattung, wobei insbesondere für komplexe Auslagerungsmaßnahmen vorhandenes Spezial-Know-how eine wichtige Rolle spielt,
- die Kapazitäten und die technische Leistungsfähigkeit eines potenziellen Kandidaten, vorhandene Sicherheitsmaßnahmen sowie die Kompatibilität der IT-Systeme bzw. passende IT-Schnittstellen,
- der Ort der Leistungserbringung und die dortigen Gegebenheiten (z. B. Infrastruktur, Kultur, politisches System),
- die Reputation eines potenziellen Kandidaten, seine Unternehmenskultur und sein Geschäftsmodell sowie mögliche Abhängigkeiten von weiteren Dienstleistern (Subunternehmen),

---

264 Vgl. Bundesanstalt für Finanzdienstleistungsaufsicht, Übermittlungsschreiben zum Rundschreiben 5/2007 (BA) vom 30. Oktober 2007, S. 2.
265 Vgl. Financial Services Authority, Offshore Operations: Industry Feedback, April 2005, S. 9.
266 Vgl. The Joint Forum, Outsourcing in Financial Services, 15. Februar 2005, S. 14 ff.; Weber, Charles A./Current, John R./Desai, Anand, Vendor: A Structured Approach to Vendor Selection and Negotiation, Journal of Business Logistics, Heft 1/2000, S. 140 ff.

– Vorkehrungen, die zu einer Risikominderung der Auslagerungsmaßnahme beitragen können,
wie bspw. die Existenz eines wirksamen gruppenweiten Risikomanagements bei gruppeninternen Auslagerungen (→ AT 9 Tz. 15).

Ob und ggf. inwieweit die aufgezählten Aspekte bei der Risikoanalyse zu berücksichtigen sind, **160**
hängt vom konkreten Auslagerungsgegenstand ab. Weitere relevante Kriterien können z.B.
vereinbarte Haftungsbeschränkungen, ein mit der Auslagerungsmaßnahme verbundener Verzicht
auf Kernkompetenzen, der Grad der Abhängigkeit vom Dienstleister bzw. die Austauschbarkeit
des Dienstleisters, die Qualität des Krisenmanagements beim Dienstleister, die Einbeziehung der
ausgelagerten Aktivitäten und Prozesse in Notfalltests, die Meldung von OpRisk-Ereignissen durch
das Auslagerungsunternehmen und Fragen des Datenschutzes sein.[267] Die Qualität des Notfallmanagements beim Auslagerungsunternehmen wird von der Aufsicht in letzter Zeit stärker
geprüft. Auch wenn die BaFin das Kriterium der Dauerhaftigkeit bei der Überführung der Auslagerungsregelungen in die MaRisk im Jahr 2007 gestrichen hat, da es nicht mit einer risikoorientierten Sichtweise vereinbar ist, kann die Häufigkeit bzw. die Nachhaltigkeit der Inanspruchnahme eines Dienstleisters im Rahmen der Risikoanalyse eine Rolle spielen (→ AT 9 Tz. 1).

Die o.g. Kriterien und insbesondere der explizite Hinweis auf die Eignung des Auslagerungs- **161**
unternehmens (→ AT 9 Tz. 2, Erläuterung) verdeutlichen zwar, dass der »Dienstleister« eine
zentrale Rolle bei der Risikoanalyse spielt. Allerdings kann eine Risikoanalyse grundsätzlich kein
pauschales Ergebnis für ein bestimmtes Auslagerungsunternehmen liefern. Maßgeblich für die
Risikoanalyse sind immer die jeweils ausgelagerten bzw. auszulagernden »Aktivitäten und Prozesse«. Andernfalls müsste auch jede aus Risikosicht noch so unbedeutende Tätigkeit dieses
Dienstleisters als wesentlich eingestuft werden. Insofern besteht eine Parallele zu den prozessualen Anforderungen an das Kreditgeschäft, wo auch bei risikorelevant eingestuftem Gesamtobligo
eines Kunden ein zusätzlicher Kreditantrag über einen relativ geringen Betrag auf Basis vereinfachter Prozesse bearbeitet werden kann (→ BTO 1.1 Tz. 4, Erläuterung).

Für die Risikoanalyse, die in der Praxis tendenziell qualitativ ausgestaltet ist, kommt insbeson- **162**
dere der Einsatz von Self-Assessments und Risikoindikatoren infrage. Ganz allgemein sollte eine
Einstufung als wesentliche Auslagerung immer dann erfolgen, wenn eine Schlechtleistung oder
ein Ausfall der ausgelagerten Aktivitäten oder Prozesse bei dem Institut schwere Schäden
finanzieller Art verursachen oder zu einem erheblichen Reputationsschaden führen können. Zur
Quantifizierung des erwarteten Schadens aus einer wesentlichen Auslagerung werden die erwartete Schadenshöhe und die Eintrittswahrscheinlichkeit regelmäßig im Rahmen eines OpRisk-Self-
Assessments ermittelt. Von zentraler Bedeutung für die Risikoanalyse sind zusätzlich Bonitäts-
und Compliance-Risiken sowie strategische Risiken. Auch IT-Risiken und weitere betriebswirtschaftliche Risiken werden je nach Auslagerungsgegenstand in die Untersuchungen einbezogen.
Bei Auslagerungen in Offshore-Länder sind zudem mögliche Länderrisiken zu berücksichtigen.
Eine Indikation zum Risikogehalt kann darüber hinaus aus der Notfallbetrachtung abgeleitet
werden. Bei »echten« Auslagerungen, d.h. Auslagerungen von Aktivitäten und Prozessen, die
zuvor vom Institut selbst durchgeführt wurden, können die bisher im Institut beobachteten
Risiken eine sinnvolle Grundlage für die Analyse bilden. Die sich durch die Auslagerung ergebenden neuen Risiken können in diesem Fall mit Hilfe zusätzlicher Kriterien geschätzt werden, wie
z.B. die zukünftige Beeinflussbarkeit des Dienstleisters, die Möglichkeiten zur Vertragsbeendigung und Ersatzbeschaffung sowie die Auswirkungen auf das Vermögen des Institutes.[268]

Diese Regelung wurde im Zuge der fünften MaRisk-Novelle dahingehend ergänzt, dass bereits **163**
bei der Risikoanalyse mögliche Risikokonzentrationen und absehbare Risiken aus Weiterverlage-

---

267 Vgl. Erfahrungsaustausch öffentlicher und genossenschaftlicher Banken zum »Outsourcing« am 1. Februar 2009 in Berlin.
268 Vgl. Erfahrungsaustausch öffentlicher und genossenschaftlicher Banken zum »Outsourcing« am 1. Februar 2009 in Berlin.

rungen zu berücksichtigen sind (→ AT 9 Tz. 2, Erläuterung).[269] Hintergrund für diese Ergänzung dürfte sein, dass im Rahmen der Risikoanalyse die Risikobewertung oftmals lediglich auf Basis der einzelnen Leistungsbeziehungen erfolgte und dadurch möglicherweise existierende Konzentrationsrisiken, z.B. infolge einer Vielzahl von Auslagerungen an einen Dienstleister, nicht erfasst wurden. Besteht zwischen dem auslagernden Institut und einem Auslagerungsunternehmen mehr als eine Leistungsbeziehung, ist nunmehr – neben der Risikobewertung der einzelnen Leistungsbewertung – auch das Konzentrationsrisiko zu erfassen. Als Leistungsbeziehungen gelten dabei auch mögliche Weiterverlagerungen.[270]

164   Im Rahmen der sechsten MaRisk-Novelle wurden mit politischen Risiken, Maßnahmen zur Steuerung und Minderung der Risiken, möglichen Interessenkonflikten, dem Schutzbedarf der an das Auslagerungsunternehmen übermittelten Daten und den Kosten weitere Aspekte in das Rundschreiben aufgenommen. Unter »politischen Risiken« versteht die BaFin die Beurteilung der politischen Stabilität im Hinblick auf die Sicherheitslage der betreffenden Rechtsordnung. Von besonderer Bedeutung ist daher die Analyse von politischen Risiken mithin für die mögliche Durchsetzung der vertraglich vereinbarten Rechte in Drittstaaten.[271] Da auch bisher schon in der Risikoanalyse länderspezifische Risiken zwingend zu berücksichtigen waren, sieht die Aufsicht insofern keine erhöhten Anforderungen und rechnet nicht mit einer Änderung der bisherigen Praxis.[272] Nach Ansicht der Deutschen Kreditwirtschaft könnte die Beurteilung politischer Risiken demgegenüber vor allem für kleine Institute eine erhebliche Herausforderung darstellen.[273]

165   Darüber hinaus ist in der Risikoanalyse seit der sechsten MaRisk-Novelle zu berücksichtigen, inwiefern eine auslagernde Aktivität oder ein auszulagernder Prozess innerhalb der Prozesslandschaft des Institutes als wesentlich einzustufen ist (→ AT 9 Tz. 2, Erläuterung).

166   Da Nachhaltigkeitsrisiken nicht als eigene Risikoart betrachtet werden, sondern als Risikotreiber für andere Risikoarten, und sich insofern auf deren Wesentlichkeit auswirken können, sind sie bei der turnusmäßigen Risikoinventur zu berücksichtigen (→ AT 2.2 Tz. 2). Das gilt in vergleichbarer Weise natürlich auch für ausgelagerte Aktivitäten und Prozesse. Deshalb sollten die Nachhaltigkeitsrisiken auch in die Risikoanalyse zur Identifizierung der mit einer Auslagerung verbundenen Risiken und damit insbesondere der wesentlichen Auslagerungen einbezogen werden. Die BaFin verweist beispielhaft darauf, dass eine Auslagerung von Aktivitäten an einen Dienstleister, der regelmäßig gegen arbeitsrechtliche Standards verstößt, für das Institut ein Reputationsrisiko darstellen könnte.[274]

167   Die MaRisk enthalten keine Vorgaben im Hinblick auf den Turnus zur Durchführung einer Risikoanalyse oder ihrer Überprüfung. In der Aufsichtspraxis hat sich als Richtschnur für wesentliche Auslagerungen eine jährliche Risikoanalyse und für unwesentliche Auslagerungen ein Turnus von drei Jahren etabliert. Im Einzelfall kann hiervon jedoch abgewichen werden.[275]

---

269 Kritisch hat sich hierzu die Deutsche Kreditwirtschaft (DK) geäußert, nach deren Ansicht eine Berücksichtigung der Risiken aus Weiterverlagerungen bei der Risikoanalyse voraussetzen würde, dass bereits vor der Auslagerung eine vollständige Transparenz über alle Subauslagerungen des Dienstleisters besteht. Die DK hatte eine Streichung der Regelung angeregt, insbesondere vor dem Hintergrund, dass bei wesentlichen Auslagerungen im Auslagerungsvertrag auch Regelungen über die Möglichkeiten und Modalitäten einer Weiterverlagerung zu vereinbaren sind. Die Aufsicht ist diesem Vorschlag jedoch nicht gefolgt. Vgl. Deutsche Kreditwirtschaft, Stellungnahme zum Entwurf der MaRisk in der Fassung vom 18. Februar 2016 (Konsultation 02/2016) vom 27. April 2016, S. 30.

270 Vgl. Chrubasik, Bodo/Schütz, Armin, Auslagerungen in der Kreditwirtschaft, Göttingen, 2018, S. 185.

271 Gemäß § 1 Abs. 5a KWG sind Drittstaaten alle Staaten, die nicht vom Europäischen Wirtschaftsraum (EWR) erfasst sind.

272 Vgl. Bundesanstalt für Finanzdienstleistungsaufsicht, Rundschreiben 10/2021 (BA) zur Neufassung der MaRisk, Übermittlungsschreiben vom 16. August 2021, S. 7.

273 Vgl. Deutsche Kreditwirtschaft, BaFin-Konsultation 14/2020 – Mindestanforderungen an das Risikomanagement, Stellungnahme vom 4. Dezember 2020, S. 18.

274 Vgl. Bundesanstalt für Finanzdienstleistungsaufsicht, Merkblatt zum Umgang mit Nachhaltigkeitsrisiken, 20. Dezember 2019, geändert am 13. Januar 2020, S. 37.

275 Vgl. Bundesanstalt für Finanzdienstleistungsaufsicht, Protokoll der Sitzung des MaRisk-Fachgremiums am 15. März 2018, S. 5.

3.3   Szenarioanalyse

Seit der sechsten MaRisk-Novelle ist die Risikoanalyse durch eine Szenarioanalyse zu ergänzen,   **168**
soweit dies sinnvoll und verhältnismäßig ist (→ AT 9 Tz. 2, Erläuterung). Im Übermittlungsschreiben zur sechsten MaRisk-Novelle verweist die BaFin in diesem Zusammenhang ausdrücklich auf Tz. 65 der EBA-Leitlinien zu Auslagerungen.[276] Anhand von Szenarien sollten ggf.
unterschiedliche Auswirkungen möglicher Risikoereignisse ermittelt werden, darunter auch operationelle Risikoereignisse mit gravierenden Folgen. Im Rahmen der Szenarioanalyse sollten die
Institute die möglichen Auswirkungen von unterlassenen oder unzureichenden Dienstleistungen
bewerten, darunter die Risiken, die durch Prozesse, Systeme, Menschen oder externe Ereignisse
verursacht werden.[277] Für die Szenarioanalyse sind, sofern verfügbar, interne und externe Verlustdaten zu verwenden. Kleinere, weniger komplexe Institute können qualitative Ansätze für die
Risikoanalyse heranziehen (→ AT 9 Tz. 2, Erläuterung). Dies dürfte im Umkehrschluss bedeuten,
dass die Aufsicht bei größeren und komplexen Instituten zumindest auch quantitative Ansätze
erwartet.[278]

Der Begriff »kleine, weniger komplexe Institute« ist nicht deckungsgleich mit der Definition für   **169**
»kleine und nicht komplexe Institute« gemäß Art. 1 Abs. 145 CRR. Äußerungen der Aufsicht im
Fachgremium MaRisk lassen darauf schließen, dass kleine, nicht komplexe Institute im Sinne der
MaRisk z. B. hinsichtlich ihrer Bilanzsumme deutlich unterhalb dem Schwellenwert des Art. 1
Abs. 145 CRR in Höhe von 5 Milliarden Euro liegen müssen (→ AT 1 Tz. 3).

Die Deutsche Kreditwirtschaft (DK) hat sich in der Konsultation kritisch zu der Ergänzung der   **170**
Risikoanalyse um eine Szenarioanalyse geäußert. Nach Ansicht der DK ist nicht ersichtlich,
welchen konkreten Inhalt eine derartige Szenarioanalyse haben sollte. Vor dem Hintergrund der
zu erstellenden Notfallkonzepte (mit der Betrachtung entsprechender Notfallszenarien), den zu
prüfenden Ausstiegsoptionen und -szenarien sowie den alternativen Anbietern als Handlungs-
option sieht die DK insoweit keinen Mehrwert für die Institute. Zudem erachtet die DK Anforderungen an eine Szenarioanalyse (inkl. Simulationen) unter Einbeziehung von Verlustdaten auch
für große Institute als methodisch nur schwer umsetzbar.[279]

3.4   Einbeziehung in das Risikomanagement

Betrachtet man den gesamten Auslagerungsprozess, der von der strategischen Grundsatzentschei-   **171**
dung über die Anbahnung und Implementierung bis hin zum Regelbetrieb reicht, so nimmt die
»Analyse der Risiken« eine exponierte Stellung ein.[280] Erst durch deren Einbindung in den
Auslagerungsprozess entfaltet die Risikoanalyse ihre volle Wirksamkeit. Zugleich trägt das Institut
auf diese Weise gesetzlichen Anforderungen Rechnung: Gemäß § 25b Abs. 1 Satz 3 KWG sind die

---

276 Vgl. Bundesanstalt für Finanzdienstleistungsaufsicht, Rundschreiben 10/2021 (BA) zur Neufassung der MaRisk, Über-
      mittlungsschreiben vom 16. August 2021, S. 8.

277 Vgl. European Banking Authority, Leitlinien zu Auslagerungen, EBA/GL/2019/02, 25. Februar 2019, S. 27.

278 Die EBA spricht in ihren Leitlinien zu Auslagerungen bei großen und komplexen Instituten von einem »komplexeren
      Ansatz«. Vgl. European Banking Authority, Leitlinien zu Auslagerungen, EBA/GL/2019/02, 25. Februar 2019, S. 28.

279 Vgl. Deutsche Kreditwirtschaft, BaFin-Konsultation 14/2020 – Mindestanforderungen an das Risikomanagement, Stel-
      lungnahme vom 4. Dezember 2020, S. 18.

280 Zu den einzelnen Abschnitten des »Outsourcing-Prozesses« finden sich in der Fachliteratur verschiedene Ansätze, die
      aber im Ergebnis alle in die gleiche Richtung gehen. Sie reichen von drei Ebenen (Plan, Build, Run), über »Vier-Phasen-
      Modelle« (Strategie, Partnersuche, Struktur, Betrieb) bis hin zu fünf Prozessabschnitten (Machbarkeitsprüfung, Planung,
      Entwicklung & Test, Implementierung, Optimierung). Vgl. z. B. Söbbing, Thomas/Wöhlermann, Katharina, Rechtliche
      Fragen im IT-Outsourcing, in: HMD Praxis der Wirtschaftsinformatik, Heft 245/2006, S. 48 f.; Hollekamp, Marco,
      Strategisches Outsourcing von Geschäftsprozessen, München, 2005, S. 50 ff.; Schwarz, Gerd, Shared-Service-Projekte
      managen – ein Fünfphasenmodell, in: Hermes, Heinz-Josef/Schwarz, Gerd, Outsourcing, München, 2005, S. 120 ff.

Institute dazu verpflichtet, ihre ausgelagerten Aktivitäten und Prozesse in das eigene Risikomanagement einzubeziehen. Im Kontext der konkreten Geschäftsbeziehung geht es vor allem darum, mit Hilfe der Risikoanalyse die passende »Governance« zu finden, die den reibungslosen Ablauf des Auslagerungsvorhabens sicherstellt.[281]

172 Der »Analyse der Risiken« kommt in vielerlei Hinsicht eine besondere Bedeutung zu:

- Das Institut hat anhand der Risikoanalyse die mit der Auslagerung verbundenen Risiken zu bewerten. Die Risiken wesentlicher Auslagerungen spielen bei der grundlegenden geschäftspolitischen Entscheidung, ob das Institut Auslagerungsvorhaben überhaupt forciert oder nicht, eine wichtige Rolle. Unkalkulierbare Transaktionskosten, fehlende Kompatibilität mit dem eigenen Geschäftsmodell oder andere Aspekte von übergeordneter Bedeutung können möglicherweise schon in dieser Phase dazu führen, dass sich die Geschäftsleitung gegen die Umsetzung von Outsourcing-Projekten ausspricht.

- In der Phase der Anbahnung einer Auslagerungsmaßnahme verfügt das Institut mit der Risikoanalyse über eine Entscheidungsgrundlage, mit der die (erfolgreiche) Suche nach einem geeigneten Auslagerungsunternehmen erheblich erleichtert werden kann. Bei dieser Suche stellen viele Unternehmen auf einen strukturierten Auswahlprozess ab. Dieser Prozess reicht von der Erstellung von Anforderungsprofilen über die Beurteilung der Eignung verschiedener Kandidaten bis hin zur Auswahlentscheidung. Koordiniert werden die Aktivitäten von so genannten »Vendor Selection Teams«.[282]

- Im Hinblick auf die Implementierung spielt zunächst die Ausgestaltung des Auslagerungsvertrages eine wichtige Rolle. Führt die Risikoanalyse zu dem Ergebnis, dass die Auslagerung nicht wesentlich ist, so sind die besonderen bankaufsichtlichen Vertragspflichten nicht einschlägig (→ AT 9 Tz. 7). Ansonsten werden die gewonnenen Erkenntnisse Auswirkungen auf die Vertragsgestaltung haben. So wird das auslagernde Institut besonders komplexen Auslagerungsrisiken durch entsprechende Vertragsklauseln begegnen, indem bspw. detaillierte Informations- und Mitwirkungsrechte oder besondere »Service-Level-Agreements« vereinbart werden. Auf dieser Basis können der (endgültige) Übergang der jeweiligen Aktivitäten und Prozesse auf das Auslagerungsunternehmen (»Transition«) sowie die Finalisierung der erforderlichen organisatorischen Vorkehrungen (z. B. Schnittstellen, Steuerung und Überwachung, Festlegung von Verantwortlichkeiten) erfolgen.

- Während des Regelbetriebes hat das Institut die mit Auslagerungen verbundenen Risiken angemessen zu steuern und die Ausführung der ausgelagerten Aktivitäten und Prozesse ordnungsgemäß zu überwachen (→ AT 9 Tz. 9). Die konkrete Ausgestaltung der Steuerungs- und Überwachungsmechanismen hängt im Wesentlichen von den Erkenntnissen ab, die bei der Durchführung der Risikoanalyse gewonnen wurden. So müssen bspw. im Rahmen einer Offshore-Operation andere Steuerungs- und Überwachungsmechanismen implementiert werden, als bei der Auslagerung auf ein inländisches Unternehmen. Bei Offshore-Auslagerungen werden häufig auch eigene Mitarbeiter vor Ort positioniert, um die Steuerungs- und Überwachungsmechanismen zu unterstützen.[283] Zwischen der Risikoanalyse und den Steuerungs- und Überwachungsmechanismen bestehen jedoch Interdependenzen. So können bspw. die Ergebnisse der Überwachungstätigkeit zur anlassbezogenen Neubewertung einer laufenden Auslagerungsmaßnahme führen. Die Risikoanalyse ist in diesem Fall entsprechend anzupassen.

173 Die Prozesse bei der Auslagerung stimmen teilweise mit den Vorgängen beim Neu-Produkt-Prozess (NPP) überein. Zumindest können viele Parallelen beobachtet werden. Schon die Initiative für eine

281 Vgl. Behrens, Stefan/Schmitz, Christopher, Ein Bezugsrahmen für die Implementierung von IT-Outsourcing-Governance, in: HMD Praxis der Wirtschaftsinformatik, Heft 245/2006, S. 33.

282 Vgl. Duening, Thomas N./Click, Rick L., Essentials of Business Process Outsourcing, New Jersey, 2005, S. 97 ff.

283 Vgl. Financial Services Authority, Offshore Operations: Industry Feedback, April 2005, S. 9.

Auslagerungsmaßnahme ist häufig betriebswirtschaftlich begründet. Insofern können die Vorgänge beim NPP zum Teil als Schablone für die Prozesse bei einer Auslagerung dienen. In einigen Instituten existiert eine Evidenzstelle zu Auslagerungsmaßnahmen, die u. a. abfragt, ob es neue Planungen gibt oder sich bei bestehenden Auslagerungen etwas geändert hat. Dafür kommen insbesondere die Rechtsabteilung, die Organisationsabteilung oder die OpRisk-Abteilung infrage.[284]

3.5   Beteiligte

Die Risikoanalyse muss grundsätzlich alle relevanten Aspekte umfassen, die für die angemessene Einbindung der ausgelagerten Aktivitäten und Prozesse in das Risikomanagement von Bedeutung sind. Um dies zu gewährleisten, sind die von der Auslagerung maßgeblich betroffenen Organisationseinheiten bei der Risikoanalyse zu beteiligen. Welche Organisationseinheiten bei der Erstellung der Risikoanalyse im Einzelfall einzubeziehen sind, hängt im Wesentlichen von der Organisationsstruktur des Institutes sowie von Art, Umfang, Komplexität und Risikogehalt der Auslagerungen ab. Seit der sechsten MaRisk-Novelle hat ein Institut, das Auslagerungen vornimmt, einen zentralen Auslagerungsbeauftragten im eigenen Haus einzurichten, der abhängig vom Umfang der Auslagerungslösungen durch ein zentrales Auslagerungsmanagement unterstützt wird. Zu den Aufgaben des Auslagerungsbeauftragten (bzw. des Auslagerungsmanagements) gehört die Koordinierung und Überprüfung der durch die zuständigen Bereiche durchgeführten Risikoanalyse (→ AT 9 Tz. 12 lit. d). Der Auslagerungsbeauftragte (bzw. das Auslagerungsmanagement) sollen den Gesamtüberblick über die ausgelagerten Aktivitäten und Prozesse haben und einen möglichst einheitlichen Umgang mit den besonderen Risiken aus Auslagerungen und deren Überwachung sicherstellen.[285] Bei kleinen, wenig komplexen Instituten kann die Funktion des Auslagerungsbeauftragten auch durch ein Mitglied der Geschäftsleitung wahrgenommen werden.   **174**

Neben dem Auslagerungsbeauftragten (bzw. dem Auslagerungsmanagement) sowie dem auslagernden Fachbereich sind bei der Erstellung der Risikoanalyse regelmäßig die Risikocontrolling-Funktion (→ AT 4.4.1), die Compliance-Funktion (→ AT 4.4.2), die OpRisk-Abteilung, das Business Continuity Management (BCM), das Informationssicherheitsmanagement bzw. der Informationssicherheitsbeauftragte (Tz. 18 BAIT)[286], die Rechtsabteilung, die Organisationsabteilung und ggf. weitere von der Auslagerung fachlich betroffene Organisationseinheiten zu beteiligen. Da die Informationstechnik und die dazugehörigen Unterstützungsleistungen für nahezu alle Aktivitäten und Prozesse der Institute die Basis darstellen, werden entsprechend qualifizierte IT-Mitarbeiter mit hoher Wahrscheinlichkeit ebenfalls an der Durchführung der Risikoanalyse mitwirken. In einigen Instituten werden zudem bei Bedarf die Personalabteilung, der Datenschutzbeauftragte und (wegen steuerlicher Aspekte) die Finanzabteilung beteiligt. Zweckmäßig ist sicherlich auch die Beteiligung von Mitarbeitern, die bereits einschlägige Erfahrungen mit der Durchführung von Outsourcing-Projekten gesammelt haben, selbst wenn diese fachfremd sein sollten.   **175**

Die Interne Revision ist »im Rahmen ihrer Aufgaben« einzubinden, d. h. ihre erforderliche Unabhängigkeit ist sicherzustellen, und Interessenkonflikte müssen vermieden werden (→ BT 2.1 Tz. 2). Die Interne Revision sollte daher bei der Analyse der Risiken keine leitende Funktion übernehmen.   **176**

---

284 Vgl. Erfahrungsaustausch öffentlicher und genossenschaftlicher Banken zum »Outsourcing« am 1. Februar 2009 in Berlin.

285 Vgl. Bundesanstalt für Finanzdienstleistungsaufsicht, Erster Entwurf zur Überarbeitung der MaRisk, Übermittlungsschreiben vom 18. Februar 2016, S. 5. Die Aussage der BaFin bezieht sich auf das zentrale Auslagerungsmanagement, da nach der fünften MaRisk-Novelle die Bestimmung eines zentralen Auslagerungsbeauftragten (noch) nicht verlangt wurde.

286 Der Informationssicherheitsbeauftragte hat u. a. den Informationssicherheitsprozess gegenüber dem IT-Dienstleister zu überwachen und bei allen damit zusammenhängenden Aufgaben mitzuwirken (Tz. 4.4 BAIT, Erläuterung).

177   Der Auslagerungsbeauftragte (bzw. das Auslagerungsmanagement) oder die Rechtsabteilung übernehmen i.d.R. auch die Bewertung, ob es sich um eine Auslagerung im Sinne der MaRisk handelt oder nicht. Teilweise sind an dieser Einschätzung zusätzlich die auslagernde Fachabteilung und das Risikocontrolling beteiligt. Die anschließende Einbindung der Internen Revision oder externer Prüfer kann allerdings im Einzelfall dazu führen, dass ursprünglich ausgeschlossene Vertragskonstellationen ebenfalls als Auslagerung eingestuft werden müssen.[287] Die Rechtsabteilung wird darüber hinaus regelmäßig für den Abschluss des Auslagerungsvertrages verantwortlich sein.

178   Die Entscheidung über die Wesentlichkeit einer Auslagerung wird in den Instituten nach unterschiedlichen Modellen getroffen. Dafür können z.B. der Auslagerungsbeauftragte (bzw. das Auslagerungsmanagement), die initiierende Fachabteilung (ggf. gemeinsam mit einer beauftragten Abteilung, wie z.B. dem OpRisk-Management), einer der o.g. Bereiche (unter Einbindung der anderen Bereiche), alle beteiligten Bereiche gemeinsam, ein extra dafür eingerichtetes Gremium oder sogar die Geschäftsleitung zuständig sein. Ob eine zentrale Organisationseinheit trotz oftmals geringerer Kenntnis des betroffenen Sachverhaltes die abschließende Beurteilung der Risikoanalyse vornehmen sollte, ist zumindest umstritten. Allerdings kann im Grunde nur durch eine Prüfung der Risikoanalyse an zentraler Stelle, wie z.B. beim Auslagerungsbeauftragten (bzw. beim Auslagerungsmanagement), eine Betrachtung aus Sicht des Gesamtinstitutes sichergestellt werden. Nach Ansicht der Deutschen Kreditwirtschaft (DK) kann der Auslagerungsbeauftragte (bzw. das Auslagerungsmanagement) die Risikoanalyse fachlich nicht validieren. Allenfalls kann er bzw. es nach Ansicht der DK eine Plausibilisierung vornehmen.[288]

179   Im Rahmen der Risikoanalyse ist es immer möglich, dass ein beteiligter Bereich bestimmte Auflagen macht. In Zweifelsfällen entscheidet grundsätzlich die Geschäftsleitung, die in jedem Fall auch darüber befindet, ob eine Auslagerungsmaßnahme durchgeführt werden kann. Dabei spielen Kosten-Nutzen-Gesichtspunkte eine wichtige Rolle. In Abhängigkeit von der getroffenen Entscheidung und den eventuell gemachten Auflagen werden die Anforderungen an Auslagerungen teilweise gestaffelt.[289]

3.6   Proportionalitätsprinzip

180   Der bei der Risikoanalyse zu betreibende Aufwand orientiert sich am Proportionalitätsprinzip. Die Intensität der Analyse hängt von Art, Umfang, Komplexität und Risikogehalt der ausgelagerten Aktivitäten und Prozesse ab (→ AT 9 Tz. 2, Erläuterung). Diese Vorgehensweise entspricht den Vorstellungen der EBA, die in ihren Leitlinien zu Auslagerungen den Grundsatz der Proportionalität ausdrücklich betont.[290] Im Hinblick auf die Anwendung des Proportionalitätsprinzips verweist die EBA auf den sehr detaillierten Katalog von Kriterien in ihren Leitlinien zur internen Governance aus dem Jahr 2018. Hierzu gehören u.a. die geografische Präsenz des Institutes, der Umfang seiner Tätigkeiten in den einzelnen Rechtsordnungen, die Rechtsform, eine mögliche Gruppenzugehörigkeit, eine mögliche Börsennotierung, die Nutzung interner Modelle für die Messung der Kapitalan-

---

287 Vgl. Erfahrungsaustausch öffentlicher und genossenschaftlicher Banken zum »Outsourcing« am 1. Februar 2009 in Berlin.

288 Vgl. Deutsche Kreditwirtschaft, Stellungnahme zum Entwurf der MaRisk in der Fassung vom 18. Februar 2016 (Konsultation 02/2016) vom 27. April 2016, S. 37. Die Stellungnahme der DK bezieht sich auf das zentrale Auslagerungsmanagement, da nach der fünften MaRisk-Novelle die Bestimmung eines zentralen Auslagerungsbeauftragten (noch) nicht verlangt wurde.

289 Vgl. Erfahrungsaustausch öffentlicher und genossenschaftlicher Banken zum »Outsourcing« am 1. Februar 2009 in Berlin.

290 Die EBA verwendet in der deutschen Übersetzung ihrer Leitlinien regelmäßig den Begriff »Verhältnismäßigkeit«. Vgl. z.B. European Banking Authority, Leitlinien zu Auslagerungen, EBA/GL/2019/02, 25. Februar 2019, S. 8; European Banking Authority, Leitlinien zur internen Governance, EBA/GL/2017/11, 21. März 2018, S. 8. Die englischen Originalfassungen mit dem Begriff »Proportionality« machen deutlich, dass das »Proportionalitätsprinzip« gemäß MaRisk gemeint ist. In den deutschen Fassungen der EBA-Leitlinien wird der Begriff »Proportionality« zudem uneinheitlich mit Proportionalität, Angemessenheit bzw. Verhältnismäßigkeit übersetzt.

forderungen, die Art der zugelassenen Tätigkeiten und Dienstleistungen, das zugrunde liegende Geschäftsmodell, die Geschäfts- und Risikostrategie, der Risikoappetit und das Risikoprofil, die Refinanzierungsstruktur, die SREP-Ergebnisse, die Organisationsstruktur, die Beteiligungsverhältnisse, die Art der Kunden (z. B. Privat-, Unternehmens-, institutionelle Kunden, Kleinunternehmen, öffentliche Stellen), die Komplexität der Produkte oder Verträge, die ausgelagerten Tätigkeiten und Vertriebskanäle sowie die IT-Systeme, einschließlich der Systeme für einen unterbrechungsfreien Geschäftsbetrieb.[291] Als zusätzliches Kriterium für das Proportionalitätsprinzip ergänzt die EBA in ihrem Bericht zu den überarbeiteten Leitlinien zur internen Governance vom Juli 2021 die Unterscheidung zwischen einem kleinen und nicht komplexen Institut (»small and non complex institution«) und einem großen Institut (»large institution«).[292] Bei Auslagerungen von erheblicher Tragweite, wie z. B. der vollständigen oder teilweisen Auslagerung der besonderen Funktionen (Risikocontrolling- und Compliance-Funktion sowie Interne Revision) oder von Kernbankbereichen (→ AT 9 Tz. 4, 5 und 8), haben die Institute daher entsprechend intensiv zu prüfen, ob und wie eine Einbeziehung der ausgelagerten Aktivitäten und Prozesse in das Risikomanagement sichergestellt werden kann (→ AT 9 Tz. 2, Erläuterung). Eine entsprechende Regelung enthalten die MaComp bei einer Auslagerung der Wertpapier-Compliance-Funktion.[293]

Konkrete Anforderungen an die Ausgestaltung der Risikoanalyse stellt die deutsche Aufsicht   181
allerdings nicht. Es kann daher durchaus unterschiedliche Lösungen geben, um dem Sinn und Zweck der Anforderung Genüge zu tun (»Einbeziehung in das Risikomanagement«). Denkbar sind z. B. zweistufige Verfahren. Sollten sich im Rahmen einer Grobanalyse (erste Stufe), die auch als »Quick-Check« bezeichnet wird, Anhaltspunkte dafür ergeben, dass eine wesentliche Auslagerung vorliegt, könnte daran anschließend bei den grundsätzlich als wesentlich eingestuften Auslagerungen eine Detailanalyse (zweite Stufe) durchgeführt werden.[294] In der Praxis erfolgt die Einstufung in wesentliche und nicht wesentliche Auslagerungen in der ersten Stufe anhand vorgegebener Kriterien, die z. B. in Form eines Fragebogens vorliegen können. Diese Vorgaben (z. B. durch das Risikocontrolling) sind erforderlich, um eine vollständige Risikobetrachtung zu gewährleisten.[295]

Im Gegensatz zu den in der Vergangenheit üblichen pauschalen Einstufungen hat sich in der   182
Prüfungspraxis (noch) kein Standard zur Eingruppierung von Auslagerungsmaßnahmen herausgebildet. Dies ist vor dem Hintergrund des Proportionalitätsprinzips auch nur bedingt möglich und sinnvoll.

3.7 Durchführung der Risikoanalyse auf Grundlage institutsweit und gruppenweit einheitlicher Vorgaben

Die Risikoanalyse ist auf der Grundlage von institutsweit bzw. gruppenweit einheitlichen Rah-   183
menvorgaben sowohl regelmäßig als auch anlassbezogen durchzuführen. Die im Rahmen der fünften MaRisk-Novelle eingefügte Anforderung ist mit Blick auf den Turnus im Grunde nicht neu. Auch nach der bisherigen Regelung war die Risikoanalyse anzupassen, soweit sich wesentliche

---

291 Vgl. European Banking Authority, Leitlinien zur internen Governance, EBA/GL/2017/11, 21. März 2018, S. 8f.

292 Gleichzeitig betont sie, dass Größe oder Systemrelevanz eines Institutes für sich genommen nicht für das Ausmaß ausschlaggebend sind, in dem ein Institut Risiken ausgesetzt wird. Vgl. European Banking Authority, Final Report on Guidelines on internal governance under Directive 2013/36/EU, EBA/GL/2021/05, 2. Juli 2021, S. 18f.

293 Vgl. Bundesanstalt für Finanzdienstleistungsaufsicht, Mindestanforderungen an die Compliance-Funktion und weitere Verhaltens-, Organisations- und Transparenzpflichten – MaComp, Rundschreiben 05/2018 (WA) vom 19. April 2018, zuletzt geändert am 24. März 2021, BT 1.3.4 Tz. 3.

294 Vgl. Zentraler Kreditausschuss, Stellungnahme zum ersten Entwurf der neuen Auslagerungsregelungen in den MaRisk, 14. Mai 2007, S. 10.

295 Vgl. Erfahrungsaustausch öffentlicher und genossenschaftlicher Banken zum »Outsourcing« am 1. Februar 2009 in Berlin.

Änderungen der Risikosituation ergeben. Dies setzt voraus, dass die Institute die Risikoanalyse in vorab festgelegten zeitlichen Abständen sowie ggf. anlassbezogen bei Änderung wesentlicher Beurteilungsparameter auf ihre Angemessenheit überprüfen. Eine anlassbezogene Überprüfung der Risikoanalyse ist erforderlich, wenn das Institut selbst gravierende oder anhaltende Leistungsstörungen feststellt oder hiervon Kenntnis erlangt, z.B. durch Prüfungen der Internen Revision bzw. externer Prüfer. Darüber hinaus kann eine erneute Durchführung der Risikoanalyse auch bei einer erheblichen Ausweitung des vereinbarten Leistungsumfangs der ausgelagerten Aktivitäten und Prozesse oder bei einer Weiterverlagerung durch den Dienstleister notwendig sein, da sich die Risikolage geändert haben könnte. Die Entscheidung, ob eine anlassbezogene Anpassung der Risikoanalyse erforderlich ist, obliegt in größeren Instituten regelmäßig dem zentralen Auslagerungsbeauftragten bzw. dem zentralen Auslagerungsmanagement (→ AT 9 Tz. 12).

184   Im Zuge der fünften MaRisk-Novelle wurde die Anforderung eingefügt, dass die Risikoanalyse auf der Grundlage von institutsweit bzw. gruppenweit einheitlichen Rahmenvorgaben durchzuführen ist. Dass ein Institut die Risikoanalyse nach institutseinheitlichen Vorgaben anhand vorab festgelegter Kriterien bzw. Standards (z.B. Self-Assessment, Risikoindikatoren) sowie nach einer einheitlichen Methodik durchführt, ist eigentlich selbstverständlich, so dass es sich insoweit um eine Klarstellung der Aufsicht handeln dürfte. Bei Instituten mit umfangreichen und komplexen Auslagerungsaktivitäten ist für die Implementierung und Weiterentwicklung entsprechender Kontroll- und Überwachungsprozesse der verpflichtend einzurichtende zentrale Auslagerungsbeauftragte verantwortlich, der ggf. von einem zentralen Auslagerungsmanagement unterstützt wird (→ AT 9 Tz. 12).

185   Die Anforderung, dass alle gruppenangehörigen Unternehmen einer Institutsgruppe, Finanzholding-Gruppe oder gemischten Finanzholding-Gruppe ihre Risikoanalysen nach gruppenweit einheitlichen Rahmenvorgaben vorzunehmen haben, stärkt das auf Gruppenebene notwendige wirksame Risikomanagement. Das übergeordnete Unternehmen hat angemessene Risikosteuerungs- und -controllingprozesse aufzusetzen, welche die gruppenangehörigen Unternehmen einbeziehen (→ AT 4.5 Tz. 5). Die vom übergeordneten Unternehmen auf Gruppenebene zu implementierenden Steuerungs- und Überwachungsmaßnahmen können nur auf den Erkenntnissen der Risikoanalysen in den nachgeordneten Instituten aufbauen, wenn diese vergleichbar sind. Grundsätzlich wird unter den gruppenweit einheitlichen Vorgaben ein Rahmenwerk zu verstehen sein, das den gruppenangehörigen Unternehmen die für die jeweiligen Risikoanalysen zu verwendenden Verfahren und Methoden einschließlich der zu berücksichtigenden Risiken und Einflussfaktoren vorgibt. Die Bewertung bzw. Materialität des Risikos kann jedoch vom Geschäftsmodell des jeweiligen Institutes abhängig sein und muss daher individuell betrachtet werden.

186   Seit der sechsten MaRisk-Novelle verlangt die Aufsicht, dass die Anforderungen des Moduls AT 9 sowohl auf Ebene des Einzelinstitutes als auch auf Gruppenebene zu erfüllen sind. Für die Einhaltung auf Gruppenebene ist das übergeordnete Unternehmen verantwortlich (→ AT 4.5 Tz. 1, Erläuterung). Bei einer engen Auslegung könnte die Vorgabe so verstanden werden, dass alle gruppenangehörigen Unternehmen über identische Verfahren und Methoden verfügen müssen, damit sie die vom übergeordneten Unternehmen vorgegebene »Risikoanalyse auf Gruppenebene« zur Bewertung der gruppenweiten Auslagerungsrisiken erfüllen können. Dies würde in der Konsequenz bedeuten, dass die Methodenfreiheit nur für die Gruppe als Ganzes besteht, nicht jedoch für die jeweiligen gruppenangehörigen Unternehmen. Im Ergebnis dürfte es sich jedoch um eine »entsprechende« Anwendung der Anforderungen des AT 9 auf Gruppenebene handeln, so dass gruppenweite Rahmenvorgaben des übergeordneten Unternehmens für die Risikoanalyse weiterhin ausreichend sind.

187   Auch nach den Vorstellungen der EBA sollte das Mutterunternehmen sicherstellen, dass die internen Governance-Regelungen, Prozesse und Verfahren in den Tochterunternehmen konsis-

tent, gut integriert und angemessen sind.[296] Das Mutterunternehmen hat in gruppenweiten Auslagerungsrichtlinien Rahmenvorgaben für die Definitionen der Grundsätze, Zuständigkeiten und Prozesse in Bezug auf Auslagerungen festzulegen.[297]

3.8 Dokumentation der Risikoanalyse

Die Durchführung, der Inhalt und das Ergebnis der Risikoanalyse sind in einem angemessenen Umfang und für Dritte nachvollziehbar zu dokumentieren (→ AT 6 Tz. 1). Auch dafür gilt der Grundsatz der Proportionalität. Liegt bei Leistungen ohne einen speziellen Bezug zur Geschäftstätigkeit eines Institutes überhaupt keine Auslagerung vor (z.B. Kantinenbetrieb, Fuhrpark, Strom, Wasser), sind an die Dokumentation geringere Anforderungen zu stellen. Bei sehr umfangreichen Auslagerungen sollte das Ergebnis der Risikoanalyse besonders in den Fällen ausführlich begründet werden, in denen das Institut eine Einstufung als »nicht wesentlich« vornimmt und damit eine Öffnungsklausel der MaRisk in Anspruch nimmt (→ AT 6 Tz. 2). Darüber hinaus sind auch bei der Risikoanalyse die gesetzlichen Aufbewahrungspflichten zu beachten.

188

3.9 Risikoanalyse (»Pre-outsourcing analysis«) gemäß den EBA-Leitlinien

Die EBA unterscheidet in ihren Leitlinien zu Auslagerungen zwischen der Auslagerung von kritischen oder wesentlichen Funktionen (»critical or important functions«) und sonstigen Auslagerungen.[298] Der Begriff »kritische oder wesentliche« Funktion ist als Einheit zu verstehen, so dass zwischen der Auslagerung von kritischen/wesentlichen Funktionen einerseits und nicht kritischen/nicht wesentlichen Funktionen andererseits zu unterscheiden ist.[299] Diese Vorgehensweise stimmt mit den Vorgaben der MaRisk überein, die zwischen wesentlichen und nicht wesentlichen Auslagerungen differenzieren. Die »Auslagerung kritischer/wesentlicher Funktionen« der EBA-Leitlinien entspricht der »wesentlichen Auslagerung« im Sinne der MaRisk.[300] Wie die MaRisk stellen die EBA-Leitlinien an die Auslagerung der kritischen/wesentlichen Funktionen deutlich höhere Anforderungen als an nicht kritische/nicht wesentliche Funktionen.

189

Die Einstufung als kritische/wesentliche Funktion hat gemäß einer der Risikoanalyse nach MaRisk vergleichbaren Bewertung (»assessment of the criticality or importance«) zu erfolgen.[301]

190

---

296 Vgl. European Banking Authority, Leitlinien zu Auslagerungen, EBA/GL/2019/02, 25. Februar 2019, S. 8f.

297 Vgl. European Banking Authority, Leitlinien zu Auslagerungen, EBA/GL/2019/02, 25. Februar 2019, S. 18ff.

298 Vgl. European Banking Authority, Leitlinien zu Auslagerungen, EBA/GL/2019/02, 25. Februar 2019, S. 12.

299 Das entspricht auch dem Verständnis der Deutschen Kreditwirtschaft. Vgl. Deutsche Kreditwirtschaft (German Banking Industry Committee), Comments on EBA Draft Guidelines on Outsourcing arrangements (EBA/CP/2018/11), 24. September 2018, S. 4. Der Begriff »kritische oder wesentliche« Funktion geht auf die MiFID sowie die Delegierte Verordnung (EU) 2017/565 der EU-Kommission zur Ergänzung der MiFID zurück. Danach wird eine betriebliche Aufgabe als kritisch oder wesentlich betrachtet, wenn deren unzureichende oder unterlassene Wahrnehmung die kontinuierliche Erhaltung der Zulassungsbedingungen und -pflichten oder der anderen Verpflichtungen der Wertpapierfirma gemäß der Richtlinie 2014/65/EU, ihre finanzielle Leistungsfähigkeit oder die Solidität oder Kontinuität ihrer Wertpapierdienstleistungen und Anlagetätigkeiten wesentlich beeinträchtigen würde. Der Begriff ist von der Definition der »kritischen Funktion« gemäß Art. 2 Abs. 1 Nr. 35 BRRD zu unterscheiden. Vgl. European Banking Authority, Consultation Paper – EBA Draft Guidelines on Outsourcing arrangements, EBA/CP/2018/11, 22. Juni 2018, S. 17.

300 Die BaFin hat im Rahmen der Sitzung des Fachgremiums MaRisk im März 2021 klargestellt, dass dieser Gleichlauf der beiden Begrifflichkeiten über ihre Compliance-Erklärung hinsichtlich der EBA-Leitlinien zu Auslagerungen sichergestellt ist. Vgl. Bundesanstalt für Finanzdienstleistungsaufsicht, Protokoll der Sitzung des MaRisk-Fachgremiums am 4. März 2021, S. 11.

301 Vgl. European Banking Authority, Leitlinien zu Auslagerungen, EBA/GL/2019/02, 25. Februar 2019, S. 12ff.

Bestimmte Funktionen sind für die Zwecke der Auslagerung nach Ansicht der EBA stets als kritische/wesentliche Funktionen einzuordnen. Darunter fällt die Auslagerung der operativen Tätigkeiten der internen Kontrollfunktionen, also der Risikocontrolling- und Compliance-Funktion sowie der Internen Revision (→ AT 4.4). Zwingend ist eine Einstufung von Aktivitäten als kritisch/wesentlich zudem, sofern dabei auftretende Mängel die kontinuierliche Einhaltung der Zulassungsvoraussetzungen des Institutes oder der Anforderungen insbesondere der CRD IV, CRR und MiFID, die finanziellen Ergebnisse oder die Solidität und Kontinuität der vom auslagernden Institut erbrachten Bankgeschäfte und Finanzdienstleistungen wesentlich beeinträchtigen würde. Darüber hinaus sollte auch die Auslagerung von Kerngeschäftsbereichen oder von kritischen Funktionen gemäß Art. 2 Abs. 1 Nr. 35 und 36 BRRD regelmäßig als kritisch/wesentlich eingestuft werden.[302] Anders als die deutsche Aufsicht gibt die EBA detaillierte Kriterien vor, die von den Instituten bei der Beurteilung einer Auslagerungsvereinbarung als kritisch/wesentlich zu berücksichtigen sind, u. a.

- direkter Zusammenhang mit der Erbringung zulassungspflichtiger Geschäfte,
- potenzielle Auswirkungen einer Störung, einer Unterbrechung oder eines Ausfalls der ausgelagerten Funktion, u. a. auf die kurz- und langfristige Widerstandsfähigkeit und Tragfähigkeit (Vermögenswerte, Eigenkapital, Liquidität, Refinanzierung, Gewinne und Verluste, Kosten), die Geschäftskontinuität und ihre operationelle Widerstandsfähigkeit, die operationellen Risiken (inkl. Fehlverhaltensrisiken, IKT-Risiken und Rechtsrisiken), Reputationsrisiken sowie ggf. die Sanierungs- und Abwicklungsplanung des Institutes, Abwicklungsfähigkeit und Fortführung des Geschäftsbetriebes bei einer Frühinterventionsmaßnahme, einem Sanierungs- oder einem Abwicklungsfall,
- potenzielle Auswirkungen auf die Fähigkeit des Institutes zur Risikoidentifizierung, -überwachung und -steuerung, zur Erfüllung der gesetzlichen und regulatorischen Anforderungen, zur Durchführung angemessener Prüfungen der ausgelagerten Funktion,
- potenzielle Auswirkungen auf die für die Kunden erbrachten Dienstleistungen,
- Konzentrationsrisiken, d. h. die aggregierte Risikoposition des Institutes gegenüber dem Auslagerungsunternehmen und die potenziellen kumulativen Auswirkungen der Auslagerungsvereinbarungen in dem betreffenden Geschäftsbereich,
- Größe und Komplexität des betroffenen Geschäftsbereiches,
- Möglichkeit einer eventuellen Ausweitung der vorgesehenen Auslagerungsvereinbarung, ohne dass diese ersetzt oder überarbeitet wird,
- Fähigkeit zur Substituierbarkeit des Auslagerungsunternehmens in vertraglicher und praktischer Hinsicht, einschließlich der damit verbundenen geschätzten Risiken, der Hindernisse für die Geschäftsfortführung, der Kosten und des Zeitrahmens,
- Möglichkeit der Re-Integration der ausgelagerten Aktivitäten in das Institut sowie
- Datenschutz und die möglichen Folgen einer Verletzung der Vertraulichkeitspflichten oder des Versäumnisses, die Datenverfügbarkeit und -integrität sicherzustellen, u. a. im Hinblick auf die Datenschutzgrundverordnung.[303]

191 Ferner enthalten die EBA-Leitlinien konkrete Vorgaben zur Bewertung des Auslagerungsunternehmens (»Due Diligence«), die über die prinzipienorientierten Vorgaben der MaRisk hinaus-

---

302 Vgl. European Banking Authority, Leitlinien zu Auslagerungen, EBA/GL/2019/02, 25. Februar 2019, S. 12 f. Der Begriff der kritischen Funktion gemäß BRRD ist in § 2 Abs. 3 Nr. 38 SAG in nationales Recht umgesetzt. Danach sind kritische Funktionen Tätigkeiten, Dienstleistungen und Geschäfte, deren Einstellung zu einer Störung der für die Realwirtschaft unverzichtbaren Dienste oder zu einer Störung der Finanzmarktstabilität in einem oder mehreren Mitgliedstaaten aufgrund der Größe des Institutes oder der Gruppe oder deren Marktanteils, deren externen und internen Verpflichtungen, deren Komplexität oder deren grenzüberschreitenden Tätigkeiten führen kann, und zwar insbesondere im Hinblick auf die Substituierbarkeit.

303 Vgl. European Banking Authority, Leitlinien zu Auslagerungen, EBA/GL/2019/02, 25. Februar 2019, S. 13 f.

gehen.[304] Im Rahmen der Due-Diligence-Prüfung haben die Institute z. B. die geschäftliche Reputation des Dienstleisters zu bewerten sowie, ob dieser über angemessene und ausreichende Fähigkeiten, Fachkenntnisse, Kapazitäten, Ressourcen, eine entsprechende Organisationsstruktur und ggf. über die erforderlichen Genehmigungen oder Registrierungen verfügt. Weitere zu berücksichtigende Kriterien sind u. a. das Geschäftsmodell (Art, Umfang und Komplexität), die Finanzlage sowie die Eigentümer- und Konzernstruktur. Bei der Due-Diligence-Prüfung ferner zu bewerten sind eine ggf. langfristige Geschäftsbeziehung mit dem Dienstleister, seine Zugehörigkeit zu der bankaufsichtlich relevanten Gruppe des Institutes (bzw. zum Finanzverbund) sowie seine Beaufsichtigung durch eine zuständige Behörde. Falls die Auslagerung die Übermittlung, Verarbeitung und Speicherung personenbezogener oder vertraulicher Daten beinhaltet, sollten sich die Institute davon überzeugen, dass das Auslagerungsunternehmen angemessene technische und organisatorische Maßnahmen zum Schutz der Daten implementiert hat. Schließlich sollten die Institute in geeigneter Weise sicherstellen, dass der Dienstleister in Übereinstimmung mit den Werten und dem Verhaltenskodex des Institutes handelt (→ AT 5 Tz. 3 lit. f).[305]

Darüber hinaus sollten die Institute vor Abschluss der Auslagerungsvereinbarung alle mit der Auslagerung verbundenen Risiken identifizieren, bewerten, überwachen und kommunizieren (»risk assessment of outsourcing arrangements«), wobei der Grundsatz der Proportionalität anzuwenden ist.[306] Die Institute sollten u. a. die möglichen Auswirkungen der Auslagerungsvereinbarungen auf ihre operationellen Risiken auch anhand von Szenarien bewerten sowie Konzentrationsrisiken, z. B. aus der Auslagerung an einen marktbeherrschenden, nicht leicht ersetzbaren Dienstleister oder aus einer Vielzahl von Auslagerungen an denselben Dienstleister oder eng miteinander verbundenen Dienstleistern, beurteilen. Bedeutende Institute sollten das Step-in-Risiko bei der Bewertung der Risiken einer Auslagerungsvereinbarung berücksichtigen.[307] Das »Step-in-Risiko« wird vom Baseler Ausschuss für Bankenaufsicht als das Risiko definiert, dass eine Bank ohne vertragliches oder gesetzliches Erfordernis entscheidet, einem notleidenden, nicht konsolidierten Unternehmen finanzielle Unterstützung zukommen zu lassen.[308] Zudem sind bei der Auslagerung kritischer/wesentlicher Funktionen Risiken aus Weiterverlagerungen zu berücksichtigen. Schließlich hat das Institut im Rahmen der Risikoanalyse zahlreiche weitere Kriterien zu beachten, wie z. B. die gesetzlichen Bestimmungen im Sitzland des Dienstleisters (Datenschutz, Insolvenzrecht, Strafrecht) oder das Schutzniveau für die Vertraulichkeit von Daten.[309]

Nach den Vorstellungen der EBA sollten die Institute mögliche Interessenkonflikte identifizieren und bewerten, die im Zusammenhang mit der Auslagerung entstehen können, wobei auf die EBA-Leitlinien zur internen Governance aus dem Jahr 2017 verwiesen wird.[310] Sofern bei gruppeninternen Auslagerungen wesentliche Interessenkonflikte zwischen den gruppenangehörigen Unternehmen bestehen, sind entsprechende Maßnahmen zum Management dieser Konflikte zu ergreifen.[311]

192

193

---

304 Vgl. European Banking Authority, Leitlinien zu Auslagerungen, EBA/GL/2019/02, 25. Februar 2019, S. 29 f.

305 Vgl. European Banking Authority, Leitlinien zu Auslagerungen, EBA/GL/2019/02, 25. Februar 2019, S. 30.

306 Vgl. European Banking Authority, Leitlinien zu Auslagerungen, EBA/GL/2019/02, 25. Februar 2019, S. 27 ff.

307 Dies wird von der Deutschen Kreditwirtschaft kritisch gesehen, da das entsprechende Papier des Baseler Ausschusses zum Step-in-Risiko (BCBS 423) keinen Bezug zu Auslagerungsrisiken aufweist. Vgl. Deutsche Kreditwirtschaft (German Banking Industry Committee), Comments on EBA Draft Guidelines on Outsourcing arrangements (EBA/CP/2018/11), 24. September 2018, S. 16.

308 Eine Motivation dafür könnte gemäß dem Baseler Ausschuss für Bankenaufsicht z. B. die Vermeidung eines Reputationsrisikos sein, das die Bank treffen könnte, falls sie das notleidende Unternehmen nicht stützt. Der Baseler Ausschuss sieht hier einen engen Zusammenhang mit »Schattenbanken«. Vgl. Basel Committee on Banking Supervision, Guidelines – Identification and management of step-in risk, BCBS 423, 25. Oktober 2017, S. 4 f.

309 Vgl. European Banking Authority, Leitlinien zu Auslagerungen, EBA/GL/2019/02, 25. Februar 2019, S. 29 f.

310 Vgl. European Banking Authority, Leitlinien zu Auslagerungen, EBA/GL/2019/02, 25. Februar 2019, 20 f.

311 Vgl. European Banking Authority, Leitlinien zu Auslagerungen, EBA/GL/2019/02, 25. Februar 2019, 20 f.

4 Umgang mit nicht wesentlichen Auslagerungen (Tz. 3)

194 **3** Bei unter Risikogesichtspunkten nicht wesentlichen Auslagerungen sind die allgemeinen Anforderungen an die Ordnungsmäßigkeit der Geschäftsorganisation gemäß § 25a Abs. 1 KWG zu beachten.

4.1 Ordnungsgemäße Geschäftsorganisation bei Auslagerungen

195 Die qualitativen Anforderungen der deutschen Aufsicht basieren im Wesentlichen auf § 25a Abs. 1 KWG, der von den Instituten unter dem Oberbegriff »ordnungsgemäße Geschäftsorganisation« die Einrichtung eines angemessenen und wirksamen Risikomanagements verlangt (→ AT 1 Tz. 1). Die gesetzlichen Grundlagen für Auslagerungen werden hingegen in § 25b KWG adressiert. Zwischen § 25a Abs. 1 KWG und § 25b KWG besteht jedoch ein enger Zusammenhang. So wird bspw. in § 25b Abs. 1 Satz 2 KWG explizit darauf hingewiesen, dass eine Auslagerung die Ordnungsmäßigkeit der Geschäftsorganisation nach § 25a Abs. 1 KWG nicht beeinträchtigen darf. Nach § 25b Abs. 1 Satz 3 KWG sind die ausgelagerten Aktivitäten und Prozesse in das Risikomanagement des auslagernden Institutes einzubeziehen. Im Ergebnis sind die Spezialregelungen des § 25b KWG Ausfluss der allgemeinen Grundsätze ordnungsgemäßer Geschäftsführung und ergänzen, konkretisieren und überlagern für den Fall der Auslagerung die Anforderungen an eine ordnungsgemäße Geschäftsorganisation, die der Gesetzgeber in § 25a Abs. 1 KWG im Kern normiert hat. § 25b KWG ist deshalb nicht isoliert zu betrachten. Anforderungen und Grenzen der Auslagerung sind vielmehr an den allgemeinen Organisationsregeln und den mit ihnen verfolgten aufsichtsrechtlichen Zielen sowie an den mit der Auslagerung verbundenen speziellen Risiken zu messen.[312]

4.2 Unter Risikogesichtspunkten nicht wesentliche Auslagerungen

196 Auch jene Auslagerungen, die auf Basis der Risikoanalyse als »nicht wesentlich« eingestuft werden, sind nicht vollkommen risikofrei. Diesem Umstand wird aus regulatorischer Sicht durch eine allgemeingültige Formulierung entsprochen. Zwar ist bei solchen Auslagerungen die Spezialregelung des § 25b KWG grundsätzlich nicht einschlägig. Seit dem Inkrafttreten des Finanzmarktintegritätsstärkungsgesetzes (FISG) im Jahr 2021 muss das von den Instituten gemäß § 25b Abs. 1 Satz 4 KWG vorzuhaltende Auslagerungsregister jedoch ausdrücklich sämtliche – und damit auch die nicht wesentlichen – Auslagerungen umfassen. Das FISG ändert somit die bisherige Systematik, dass die Anforderungen des § 25b KWG und die daran geknüpften Konkretisierungen im

---

312 Vgl. Bundesaufsichtsamt für das Kreditwesen, Auslagerung von Bereichen auf ein anderes Unternehmen gemäß § 25a Abs. 2 KWG, Rundschreiben 11/2001 vom 6. Dezember 2001, Tz. 2.

Modul AT 9 insgesamt nur auf »wesentliche« Auslagerungen anzuwenden waren (→ AT 9, Einführung und Überblick).[313]

Unter Risikogesichtspunkten nicht wesentliche Auslagerungen werden somit in erster Linie an den Vorgaben der »Lex generalis« des § 25a Abs. 1 KWG gemessen, wonach für derartige Auslagerungsmaßnahmen die allgemeinen Anforderungen an die Ordnungsmäßigkeit der Geschäftsorganisation gelten. Darüber hinaus haben die Institute seit dem Inkrafttreten des FISG bei nicht wesentlichen Auslagerungen – über den Wortlaut der Textziffer hinaus – teilweise auch die »Lex specialis« des § 25b KWG zu beachten.

Diese Änderung der Systematik wird im Zuge der sechsten MaRisk-Novelle nachvollzogen (→ AT 9, Einführung und Überblick). Zwar haben die Institute wie bisher zentrale Vorgaben des AT 9 ausdrücklich nur bei wesentlichen Auslagerungen einzuhalten. Mit der sechsten MaRisk-Novelle werden jedoch Anforderungen formuliert, die auch für nicht wesentliche Auslagerungen gelten.[314] Dazu gehören (möglichst) die vertragliche Vereinbarung von Informations- und Prüfungsrechten, sofern die Auslagerungen absehbar wesentlich werden könnten (→ AT 9 Tz. 7 lit. h und i), und Regelungen zu sonstigen Sicherheitsanforderungen (→ AT 9 Tz. 7 lit. k). Auch die angemessene Steuerung der Auslagerungsrisiken und die ordnungsgemäße Überwachung der Ausführung der ausgelagerten Aktivitäten und Prozesse (→ AT 9 Tz. 9) wird nicht mehr auf die wesentlichen Auslagerungen eingeschränkt. Sowohl auf nicht wesentliche als auch auf wesentliche Auslagerungen sind die Anforderungen an die Zulässigkeit von Auslagerungen (→ AT 9 Tz. 4), die besonderen Anforderungen an die Auslagerungen der Kontroll- und Kernbankbereiche (→ AT 9 Tz. 5), den zentralen Auslagerungsbeauftragten und ggf. das zentrale Auslagerungsmanagement (→ AT 9 Tz. 12 und 13) sowie das Auslagerungsregister (→ AT 9 Tz. 14) anzuwenden.

Weitere Anhaltspunkte für die Anforderungen bei nicht wesentlichen Auslagerungen ergeben sich aus der Regierungsbegründung zu § 25a Abs. 2 KWG a. F. (jetzt § 25b KWG). Danach sind bei Auslagerungen unterhalb der Wesentlichkeitsschwelle eine sorgfältige Auswahl des Dienstleisters sowie die Überwachung der Ordnungsmäßigkeit der Leistungserbringung sicherzustellen.[315]

4.3 Verzicht auf Beispiele

Die BaFin hat – im Unterschied zum Rundschreiben 11/2001 – ebenfalls darauf verzichtet, Beispiele für »nicht wesentliche« Auslagerungen in den Regelungstext der MaRisk aufzunehmen. Als »nicht wesentlich« waren nach dem Rundschreiben 11/2001 u. a. die folgenden Sachverhalte einzuordnen: das Inkassowesen, die Geldautomatenversorgung, die Wartung technischer Geräte (auch der IT) oder allgemeine Service- und Unterstützungsleistungen, wie z. B. Kantinenbetrieb, Reinigungsdienst, Wachschutz, Betriebsarzt, betriebspsychologische Betreuung, Baudienst, Unfallverhütung und Brandschutz.[316] Der Gefahr, dass sich durch derartige Beispiele in der Praxis Fallgruppen

197

198

199

200

---

313 Bis zum Inkrafttreten des Finanzmarktintegritätsstärkungsgesetzes Jahre 2021 bestand weitgehende Einigkeit, dass die Anforderungen des § 25b KWG und die daran geknüpften Konkretisierungen im Modul AT 9 insgesamt nur auf »wesentliche« Auslagerungen anzuwenden waren. Vgl. Hannemann, Ralf/Steinbrecher, Ira/Weigl, Thomas, Mindestanforderungen an das Risikomanagement (MaRisk), Kommentar, 5. Auflage, Stuttgart, 2019, S. 887; Langen, Markus/Donner, Kirsten, in: Schwennicke, Andreas/Auerbach, Dirk (Hrsg.), KWG, 4. Auflage, München, 2021, § 25b, Tz. 1; Wolfgarten, Wilhelm, in: Boos, Karl-Heinz/Fischer, Reinfrid/Schulte-Mattler, Hermann (Hrsg.), Kreditwesengesetz und VO (EU) Nr. 575/2013, Band 1, 5. Auflage, München, 2016, § 25b KWG, Tz. 42.

314 Bis zur sechsten MaRisk-Novelle bestand im Hinblick auf das Modul AT 9 weitgehend Einigkeit, dass sich die Anforderungen der Tz. 4 bis 13 ausschließlich auf wesentliche Auslagerungen beziehen (→ AT 9 Einführung und Überblick).

315 Vgl. Regierungsbegründung zum Entwurf eines Gesetzes zur Umsetzung der Richtlinie über Märkte für Finanzinstrumente und der Durchführungsrichtlinie der Kommission (Finanzmarktrichtlinie-Umsetzungsgesetz), Bundesrats-Drucksache 833/06, 8. Dezember 2006, S. 225.

316 Vgl. Bundesaufsichtsamt für das Kreditwesen, Auslagerung von Bereichen auf ein anderes Unternehmen gemäß § 25a Abs. 2 KWG, Rundschreiben 11/2001 vom 6. Dezember 2001, Tz. 11.

herausbilden, die sich wegen der Vielfalt der möglichen Konstellationen im Nachhinein als unbrauchbar erweisen, sollte dadurch von vornherein ein Riegel vorgeschoben werden. Das »Mehr« an Flexibilität, das die MaRisk insgesamt bieten, ist grundsätzlich nicht kompatibel mit schablonenhaften Katalogen oder sonstigen Festschreibungen.[317] Derartige allgemeine Service- und Unterstützungsleistungen ohne einen speziellen Bezug zur Geschäftstätigkeit von Instituten sind ebenso wie die Nutzung von Infrastruktureinrichtungen (z.B. Strom, Wasser) als »sonstiger Fremdbezug« einzuordnen. Wenngleich der sonstige Fremdbezug von Leistungen nicht als Auslagerung zu qualifizieren ist, hat das Institut auch hier die allgemeinen Anforderungen an die Ordnungsmäßigkeit der Geschäftsorganisation gemäß § 25a Abs. 1 KWG zu beachten (→ AT 9 Tz. 1).

201   Nach den Vorstellungen der EBA sind bestimmte Dienstleistungen, Waren und Versorgungsleistungen ebenfalls nicht als Auslagerungen zu betrachten, da sie normalerweise nicht von Instituten erbracht werden. Im Einzelnen nennt die EBA den Erwerb von bestimmten Dienstleistungen (Beratung eines Architekten, Rechtsberatung, Fuhrpark, Catering etc.), Waren (Kauf von Büromaterial oder Möbeln etc.) oder Versorgungsleistungen (Strom, Gas, Wasser, Telefon etc.). Die EBA weist darauf hin, dass auch die mit den genannten Dienstleistungen, Waren und Versorgungsleistungen verbundenen Risiken unter Berücksichtigung des Proportionalitätsgrundsatzes zu bewerten sind, wobei die Due Diligence des Dienstleisters sowie das Management der operationellen Risiken im Vordergrund stehen[318] (→ AT 9 Tz. 1).

---

317 Vgl. Fischer, Thomas H./Petri, Jens-Holger/Steidle, Roland, Outsourcing im Bankbereich – neue aufsichtsrechtliche Anforderungen nach § 25a KWG und MaRisk, in: Wertpapier-Mitteilungen, Heft 50/2007, S. 2320.

318 Vgl. European Banking Authority, Consultation Paper – EBA Draft Guidelines on Outsourcing arrangements, EBA/CP/2018/11, 22. Juni 2018, S. 23.

5 Grenzen der Auslagerbarkeit von Aktivitäten und Prozessen (Tz. 4)

4 Grundsätzlich sind Aktivitäten und Prozesse auslagerbar, solange dadurch die Ord- **202** nungsmäßigkeit der Geschäftsorganisation gemäß § 25a Abs. 1 KWG nicht beeinträchtigt wird. Die Auslagerung darf nicht zu einer Delegation der Verantwortung der Geschäftsleitung an das Auslagerungsunternehmen führen. Die Leitungsaufgaben der Geschäftsleitung sind nicht auslagerbar. Besondere Maßstäbe für Auslagerungsmaßnahmen ergeben sich bei der vollständigen oder teilweisen Auslagerung der besonderen Funktionen Risikocontrolling-Funktion, Compliance-Funktion und Interne Revision. Besondere Maßstäbe können sich ferner aus spezialgesetzlichen Regelungen ergeben, wie z. B. bei Bausparkassen hinsichtlich der Kollektivsteuerung oder bei Pfandbriefbanken hinsichtlich der Deckungsregisterführung und der Deckungsrechnung. Auslagerungen dürfen nicht dazu führen, dass das Institut nur noch als leere Hülle (»empty shell«) existiert.

5.1 Über die Grenzen der Auslagerung – was ist auslagerungsfähig?

Die deutsche Aufsicht hat den Spielraum für Auslagerungen mit der Überführung des alten **203** Rundschreibens 11/2001 in das Modul AT 9 insgesamt ausgedehnt. So sind grundsätzlich alle Aktivitäten und Prozesse auslagerbar, solange dadurch die Ordnungsmäßigkeit der Geschäftsorganisation nach § 25a Abs. 1 KWG nicht beeinträchtigt wird. Diese grundsätzliche Schranke für die Zulässigkeit von Auslagerungen ergibt sich bereits aus § 25b Abs. 1 Satz 2 KWG und wird in den MaRisk wiederholt.[319] Trotz des insgesamt breiteren Spektrums existieren Grenzen, welche die Menge an möglichen Auslagerungen einschränken.

Die Auslagerung darf nicht zu einer Übertragung der Verantwortung der Geschäftsleitung an das **204** Auslagerungsunternehmen führen (»Delegationsverbot«). Das in § 25b Abs. 2 Satz 1 KWG enthaltene Delegationsverbot wird in den MaRisk wiederholt und weiter konkretisiert. Es bedeutet zunächst, dass die Geschäftsleiter auch im Fall einer Auslagerung für die ausgelagerten Bereiche verantwortlich bleiben. Darüber hinaus sind die Leitungsaufgaben der Geschäftsleitung nicht auslagerbar.

Zudem muss nach § 25b Abs. 1 Satz 3 KWG ein angemessenes und wirksames Risikomanage- **205** ment durch das Institut gewährleistet bleiben, das die ausgelagerten Aktivitäten und Prozesse einbezieht. Das Institut hat die mit Auslagerungen verbundenen Risiken angemessen zu steuern und die Ausführung der ausgelagerten Aktivitäten und Prozesse ordnungsgemäß zu überwachen (→ AT 9 Tz. 9). Vor diesem Hintergrund wurden im Zuge der fünften MaRisk-Novelle besondere Maßstäbe an die Auslagerung der Risikocontrolling-Funktion, der Compliance-Funktion und der Internen Revision aufgenommen, die als Steuerungs- und Kontrollinstrumente für die Geschäftsleitung von entscheidender Bedeutung sind (→ AT 9 Tz. 5). Zudem hat die Aufsicht Vorgaben für die Auslagerungen von weiteren besonderen Funktionen, wie z. B. dem Compliance-Beauftragten nach MaComp, dem Geldwäschebeauftragten nach GwG und dem Informationssicherheitsbeauftragten nach BAIT, formuliert.

---

319 Gemäß § 25b Abs. 1 Satz 2 KWG darf eine Auslagerung von Aktivitäten und Prozessen auf ein anderes Unternehmen mit Bezug zu Bankgeschäften, Finanzdienstleistungen oder sonstigen institutstypischen Dienstleistungen zudem die Ordnungsmäßigkeit dieser Geschäfte und Dienstleistungen nicht beeinträchtigen.

206   Die im Rundschreiben 11/2001 enthaltene Einschränkung, dass Auslagerungslösungen auch unzulässig sein können, wenn die Gesamtheit der in der Einzelbetrachtung zulässigerweise ausgelagerten Bereiche die im Institut verbleibenden Bereiche an Umfang und Bedeutung deutlich übertreffen, wurde bei der Integration der Auslagerungsregelungen in die MaRisk nicht übernommen. Eine Grenze im Hinblick auf den Gesamtumfang der zulässigen Auslagerungen wäre jedoch dann erreicht, wenn aus dem Institut eine reine »Briefkastenfirma« würde.[320] Die EBA betont in ihren Leitlinien zu Auslagerungen aus dem Jahr 2019, dass die Auslagerung von Aktivitäten und Prozessen nicht zur Folge haben darf, dass ein Institut zu einer leeren Hülle (»empty shell«) wird, der eigentlich die Substanz für eine Bankerlaubnis fehlt.[321] Die deutsche Aufsicht hat dies zum Anlass genommen, im Zuge der sechsten MaRisk-Novelle eine entsprechende Klarstellung aufzunehmen. Darüber hinaus wird das Institut in die Pflicht genommen, sicherzustellen, dass das Auslagerungsunternehmen zur Ausübung der ausgelagerten Aktivitäten und Prozesse auch befugt ist und über die dazu ggf. notwendigen Erlaubnisse und Registrierungen verfügt (→ AT 9 Tz. 5, Erläuterung).

207   Besondere Maßstäbe für Auslagerungsmaßnahmen können sich schließlich aus spezialgesetzlichen Regelungen ergeben. Neben den in den MaRisk beispielhaft genannten Bausparkassengesetz und Pfandbriefgesetz bestehen z. B. besondere Anforderungen an Auslagerungen nach dem Geldwäschegesetz, dem Wertpapierhandelsgesetz i. V. m. den MaComp oder den BAIT im Hinblick auf die Funktion des Informationssicherheitsbeauftragten.

5.2   Kein Übergang der Verantwortung der Geschäftsleitung

208   Nach § 25b Abs. 2 Satz 1 KWG darf die Auslagerung nicht zu einer Delegation der Verantwortung der Geschäftsleitung an das Auslagerungsunternehmen führen. Die Geschäftsleitung bleibt somit auch im Fall der Auslagerung in vollem Umfang für die Ordnungsmäßigkeit der Geschäftsorganisation verantwortlich. Das Delegationsverbot wird dementsprechend sowohl in Art. 14 Abs. 1 lit. a MiFID-Durchführungsrichtlinie als auch in den Leitlinien von CEBS besonders hervorgehoben.[322] Aufgrund dieses Delegationsverbotes können bankaufsichtlich relevante Mängel, die Einfluss auf die Ordnungsmäßigkeit der Geschäftsorganisation haben, unmittelbar der Geschäftsleitung des auslagernden Institutes zur Last gelegt werden. Durch die mit dem Trennbankengesetz eingefügten Sicherstellungspflichten in § 25c Abs. 4a Nr. 6 KWG wird die Verantwortung der Geschäftsleitung für die ausgelagerten Bereiche noch einmal konkretisiert. Danach haben die Geschäftsleiter dafür Sorge zu tragen, dass das Institut im Fall einer Auslagerung von Aktivitäten und Prozessen auf ein anderes Unternehmen nach § 25b Abs. 1 Satz 1 KWG mindestens über angemessene Verfahren und Konzepte verfügt, um übermäßige Risiken sowie eine Beeinträchtigung der Ordnungsmäßigkeit der Geschäfte, Dienstleistungen und Geschäftsorganisation im Sinne des § 25a

---

320 Die Existenz einer reinen Briefkastenfirma wurde bereits von der MiFID-Durchführungsrichtlinie kategorisch ausgeschlossen. Vgl. Richtlinie 2006/73/EG (MiFID-Durchführungsrichtlinie) der Europäischen Kommission vom 10. August 2006 zur Durchführung der Richtlinie 2004/39/EG des Europäischen Parlaments und des Rates in Bezug auf die organisatorischen Anforderungen an Wertpapierfirmen und die Bedingungen für die Ausübung ihrer Tätigkeit sowie in Bezug auf die Definition bestimmter Begriffe für die Zwecke der genannten Richtlinie, Amtsblatt der Europäischen Union vom 2. September 2006, L 241/26–58, Erwägungsgrund 19. Auch die EBA verweist im Zusammenhang mit der im Institut verbleibenden notwendigen »retained organisation« auf nicht zulässige »letter-box entities«. Vgl. European Banking Authority, Leitlinien zu Auslagerungen, EBA/GL/2019/02, 25. Februar 2019, S. 17.

321 Die EBA spricht in dem finalen Bericht über die EBA-Leitlinien zu Auslagerungen von »empty shell that lacks the substance to remain authorised«. Vgl. European Banking Authority, Final Report on EBA Guidelines on outsourcing arrangements, EBA/GL/2019/02, 25. Februar 2019, S. 6. Die deutsche Übersetzung der EBA-Leitlinien zu Auslagerungen bringt dies nur sehr verkürzt zum Ausdruck, zumal die ersten Abschnitte der endgültigen Berichte der EBA i. d. R. in ihren Leitlinien selbst nicht mehr enthalten sind. Vgl. European Banking Authority, Leitlinien zu Auslagerungen, EBA/GL/2019/02, 25. Februar 2019, S. 17.

322 Vgl. Committee of European Banking Supervisors, Guidelines on Outsourcing, 14. Dezember 2006, S. 3.

Abs. 1 KWG zu vermeiden. Ein Verstoß gegen die Sicherstellungspflicht ist unter den Voraussetzungen des § 54a Abs. 1 KWG unter Strafe gestellt. Die Erfüllung der Sicherstellungspflichten kann weder delegiert noch auf Einzelressorts übertragen werden.[323] Auslagerungen eröffnen somit nicht die Möglichkeit, dass sich Geschäftsleiter von ihrer Verantwortung freizeichnen können. In den MaRisk wird das in § 25b Abs. 2 Satz 1 KWG verankerte Delegationsverbot nochmals wiederholt. Dadurch soll letztendlich nur die Bedeutung der Norm untermauert werden.

Auch nach den Vorstellungen der EBA führt die Auslagerung von Funktionen nicht zur Delegation der Verantwortung der Geschäftsleitung, die für die ausgelagerten Bereiche in vollem Umfang verantwortlich und rechenschaftspflichtig bleibt.[324] Nach Ansicht der EBA verringern Auslagerungen zudem nicht die Anforderungen an die Zuverlässigkeit und die fachliche Eignung der Geschäftsleiter des auslagernden Institutes oder der im Institut verbleibenden Inhaber von Schlüsselfunktionen (→ AT 4.4, Einführung).[325] **209**

5.3   Leitungsaufgaben der Geschäftsleitung

Die Auslagerung von Leitungsaufgaben, die aufgrund gesellschaftsrechtlicher oder bankaufsichtsrechtlicher Vorgaben der Geschäftsleitung vorbehalten bleiben, ist unzulässig. Unter Leitungsaufgaben versteht man der einschlägigen Fachliteratur zum Aktiengesetz zufolge die »Unternehmensplanung, -koordination, -kontrolle und Besetzung der Führungsstellen« durch den Vorstand.[326] Diese Beschreibung von Leitungsaufgaben findet in den MaRisk fast wortgleich Verwendung (→ AT 9 Tz. 4, Erläuterung). In den »Guidelines on Outsourcing« von CEBS ist in diesem Zusammenhang von »Core Management Functions« die Rede, zu denen z.B. die Festlegung der Strategie und der Risikotoleranzschwelle gehört.[327] **210**

Das Auslagerungsverbot für Leitungsaufgaben der Geschäftsleitung ergab sich im Grunde genommen schon aus dem Rundschreiben 11/2001.[328] Danach war die Auslagerung »zentraler Leitungsfunktionen« unzulässig. In der (Aufsichts-)Praxis bestand allerdings häufig größerer Diskussionsbedarf hinsichtlich der Frage, was im Einzelnen unter solchen Leitungsfunktionen zu verstehen ist. Zum Teil wurde dieser Begriff sehr weit ausgelegt, indem im engeren Sinne nicht zu den zentralen Leitungsfunktionen gehörende Tätigkeiten einbezogen wurden, wie etwa das Risikocontrolling. Daraus ergaben sich Widersprüche zu anderen Passagen des Rundschreibens, nach denen derartige Auslagerungen eigentlich zulässig gewesen wären.[329] **211**

Die Aufsicht hat diese Unschärfen zum Anlass genommen, die Leitungsaufgaben der Geschäftsleiter deutlicher abzugrenzen. Nach den überarbeiteten Auslagerungsregelungen versteht man unter der »Leitungsfunktion« eine direkt ausgeübte Tätigkeit. Ausdrücklich nicht dazu zählen jene Mittel, Instrumente, Funktionen oder Organisationseinheiten, denen sich die Geschäftsleiter bei der Wahrnehmung ihrer Leitungsaufgaben bedienen, wie insbesondere die Risikocontrolling- und Compliance-Funktion sowie die Interne Revision. Diese unterstützenden Funktionen etc. können **212**

---

323 Vgl. Schwennicke, Andreas, in: Schwennicke, Andreas/Auerbach, Dirk (Hrsg.), KWG, 3. Auflage, München, 2016, § 25c KWG, Tz. 71.

324 Vgl. European Banking Authority, Leitlinien zu Auslagerungen, EBA/GL/2019/02, 25. Februar 2019, S. 15.

325 Vgl. European Banking Authority, Leitlinien zu Auslagerungen, EBA/GL/2019/02, 25. Februar 2019, S. 16.

326 Vgl. Hüffer, Uwe, Aktiengesetz, 8. Auflage, München 2008, § 77, Tz. 18.

327 Vgl. Committee of European Banking Supervisors, Guidelines on Outsourcing, 14. Dezember 2006, S. 3.

328 Vgl. Bundesaufsichtsamt für das Kreditwesen, Auslagerung von Bereichen auf ein anderes Unternehmen gemäß § 25a Abs. 2 KWG, Rundschreiben 11/2001 vom 6. Dezember 2001, Tz. 13.

329 So war die Auslagerung wesentlicher Bereiche, die der Erfassung, der Analyse, der Begrenzung, der Überwachung, der Steuerung und der Kontrolle der Risiken aus Bankgeschäften oder Finanzdienstleistungen dienen, grundsätzlich zulässig. Vgl. Bundesaufsichtsamt für das Kreditwesen, Auslagerung von Bereichen auf ein anderes Unternehmen gemäß § 25a Abs. 2 KWG, Rundschreiben 11/2001 vom 6. Dezember 2001, Tz. 10.

sowohl nach innen als auch unter bestimmten Bedingungen (durch Auslagerung) nach außen delegiert werden (→ AT 9 Tz. 4, Erläuterung). Die Geschäftsleitung ist insofern in erster Linie ein Entscheidungsgremium und nicht notwendigerweise selbst das ausführende Organ der von ihr getroffenen Leitungsentscheidungen.[330]

213 Nicht auslagerbar sind damit z. B. die Festlegung der Strategien durch die Geschäftsleitung, aber auch andere, explizit vom Gesetzgeber oder durch andere Regelungen der Geschäftsleitung zugewiesene Aufgaben, wie z. B. die Entscheidung über Großkredite nach § 13 KWG (→ AT 9 Tz. 4, Erläuterung)[331] oder über Organkredite nach § 15 Abs. 1 Satz 1 KWG. Auch die durch das Trennbankengesetz zum 2. Januar 2014 eingefügten Sicherstellungspflichten der Geschäftsleiter in § 25c Abs. 3, 4a und 4b KWG sind nicht auslagerbar.

214 Auch die EBA-Leitlinien weisen der Geschäftsleitung an verschiedenen Stellen explizit Verantwortlichkeiten zu. Im Unterschied zu den MaRisk unterscheidet die EBA dabei nicht konsistent zwischen Leitungsaufgaben und sonstigen Aufgaben der Geschäftsleitung. So enthält der Katalog von Zuständigkeiten, für den das Leitungsorgan nach den Vorstellungen der EBA »stets mindestens und in vollem Umfang« verantwortlich und rechenschaftspflichtig ist, nur zum Teil von der Geschäftsleitung direkt wahrzunehmende, nicht delegierbare Leitungsaufgaben im Sinne der MaRisk, z. B. die Festlegung der Strategien.[332] Andere nach dem Katalog ausdrücklich der Geschäftsleitung zugewiesene Verantwortlichkeiten, wie z. B. die Beaufsichtigung des Tagesgeschäftes des Institutes oder die Ermittlung, die Bewertung und der Umgang mit Interessenkonflikten, stellen demgegenüber keine Leitungsaufgaben im Sinne der MaRisk dar.[333] Nach den EBA-Leitlinien sollte das Leitungsorgan darüber hinaus schriftliche Auslagerungsrichtlinien (»Outsourcing Policy«) genehmigen, regelmäßig überprüfen und aktualisieren sowie ihre Umsetzung sicherstellen. Diese Auslagerungsrichtlinien sollten den gesamten Lebenszyklus von Auslagerungsvereinbarungen umfassen und die Grundsätze, Zuständigkeiten und Prozesse im Hinblick auf die Auslagerungen festlegen.[334] Diese von der EBA unmittelbar der Geschäftsleitung zugewiesenen Verantwortlichkeiten für die Auslagerungsrichtlinien sind überwiegend nicht als Leitungsaufgaben im Sinne der MaRisk einzuordnen. Die Geschäftsleitung ist im Fall umfangreicher Auslagerungen lediglich dafür verantwortlich, dass die Strategien entsprechende Ausführungen hierzu enthalten (→ AT 4.2 Tz. 1, Erläuterung). Die Implementierung und Weiterentwicklung eines angemessenen Auslagerungsmanagements und entsprechender Kontroll- und Überwachungshandlungen fällt demgegenüber grundsätzlich in die Verantwortung des zentralen Auslagerungsbeauftragten, der ggf. von einem zentralen Auslagerungsmanagement unterstützt wird (→ AT 9 Tz. 12).

---

330 Vgl. Turiaux, André/Knigge, Dagmar, Vorstandshaftung ohne Grenzen? – Rechtssichere Vorstands- und Unternehmensorganisation als Instrument der Risikominimierung, in: Der Betrieb, Heft 41/2004, S. 2206.

331 Die Vorschriften des KWG zu Großkrediten finden sich mittlerweile in Art. 392 ff. CRR. In § 13 KWG werden ergänzende Regelungen getroffen.

332 Vgl. European Banking Authority, Leitlinien zu Auslagerungen, EBA/GL/2019/02, 25. Februar 2019, S. 15 f. Die Textziffer 36 der EBA-Leitlinien betrifft allgemein das »Leitungsorgan«, so dass zum Teil die Geschäftsleitung (Leitungsorgan in seiner Leitungsfunktion) und zum Teil das Aufsichtsorgan (Leitungsorgan in seiner Aufsichtsfunktion) gemeint ist.

333 Vgl. European Banking Authority, Leitlinien zu Auslagerungen, EBA/GL/2019/02, 25. Februar 2019, S. 16.

334 Die Auslagerungsrichtlinien sollten differenzieren zwischen der Auslagerung kritischer/wesentlicher Funktionen und sonstigen Auslagerungen, gruppeninterner und -externer Auslagerungen, Auslagerungen innerhalb der EU/EWR und in Drittländer sowie danach, ob der Service-Provider ein beaufsichtigtes Unternehmen ist oder nicht. Vgl. European Banking Authority, Leitlinien zu Auslagerungen, EBA/GL/2019/02, 25. Februar 2019, S. 18 f.

5.4 Befugnis zur Leistungserbringung des Auslagerungsunternehmens

Das Institut hat im Rahmen der Risikoanalyse alle relevanten Aspekte im Zusammenhang mit der Auslagerung zu berücksichtigen, wobei der Bewertung der Eignung des Auslagerungsunternehmens eine besondere Bedeutung zukommt. Diese beinhaltet z. B. die für die Erbringung der Auslagerung erforderlichen Fachkenntnisse, entsprechende Kapazitäten, personelle und finanzielle Ressourcen sowie Zuverlässigkeit und geschäftliche Reputation (→ AT 9 Tz. 2). Soweit die Auslagerung erlaubnispflichtige Bankgeschäfte, Finanzdienstleistungen oder Zahlungsdienste betrifft, müssen bei dem Auslagerungsunternehmen die gesetzlich vorgeschriebenen Erlaubnisse der zuständigen Aufsichtsbehörden vorliegen.[335] Ansonsten würde eine Auslagerung erlaubnispflichtiger Geschäfte in den unregulierten Bereich hinein erfolgen. Darüber hinaus muss das Auslagerungsunternehmen die für seine Geschäftstätigkeit ggf. anderweitig notwendigen Zulassungen, Genehmigungen, Konzessionen, Registrierungen etc. besitzen. Eine Erlaubnis ist z. B. vorstellbar bei der Auslagerung des Portfoliomanagements oder der Inanspruchnahme von Kontoinformations- oder Zahlungsauslösediensten.[336]

In der Praxis kann für die Institute die Überprüfung und der Nachweis der erforderlichen Befugnis des Auslagerungsunternehmens zur Leistungserbringung vor allem bei grenzüberschreitenden Auslagerungen schwierig sein. Seit der sechsten MaRisk-Novelle müssen die Institute ausdrücklich sicherstellen, dass das Auslagerungsunternehmen nach dem Recht seines Sitzlandes zur Ausübung der ausgelagerten Aktivitäten und Prozesse befugt ist und über dazu ggf. erforderliche Erlaubnisse und Registrierungen verfügt. Darüber hinaus hat das Institut bei Auslagerungen an Unternehmen mit Sitz außerhalb des EWR sicherzustellen, dass das Auslagerungsunternehmen von den zuständigen Aufsichtsbehörden in dem Drittstaat beaufsichtigt wird und zwischen dieser Aufsichtsbehörde und der BaFin eine entsprechende Kooperationsvereinbarung besteht, z. B. in Form einer Absichtserklärung (»Memorandum of Understanding«, MoU) oder College-Vereinbarung. Dies gilt jedoch nur, sofern es sich um ausgelagerte Aktivitäten oder Prozesse in Verbindung mit Bankgeschäften in einem Umfang handelt, der im Inland eine Zulassung oder Registrierung durch die zuständigen Aufsichtsbehörden erfordern würde.[337] Die Institute haben somit zu bewerten, ob der Umfang der ausgelagerten Aktivitäten und Prozesse in Deutschland eine Erlaubnispflicht begründen würde bzw. hierfür eine Registrierung erforderlich wäre. Die bestehenden Kooperationsvereinbarungen der BaFin mit den ausländischen Aufsichtsbehörden sind auf ihrer Internetseite unter »Internationales, Bilaterale Zusammenarbeit, Internationale Kooperationsvereinbarungen (MoU)«, unterteilt nach Banken-, Wertpapier- und Versicherungsaufsicht, veröffentlicht.

---

335 Wer im Inland gewerbsmäßig oder in einem Umfang, der einen in kaufmännischer Weise eingerichteten Geschäftsbetrieb erfordert, Bankgeschäfte betreiben oder Finanzdienstleistungen erbringen will, bedarf der Erlaubnis der Aufsichtsbehörde (§ 32 Abs. 1 Satz 1 KWG). Die Erlaubnispflicht für das Erbringen von Zahlungsdiensten ist in § 10 Abs. 1 ZAG geregelt.

336 Vgl. Kunz, Jens H., Aktuelle Entwicklungen zum regulatorischen Rahmen für Auslagerungen, in: Die Bank, Heft 4/2021, S. 44.

337 Im ersten Entwurf der sechsten MaRisk-Novelle hatte die Aufsicht als Benchmark für die Beurteilung einer möglichen Erlaubnis- oder Registrierungspflicht für Auslagerungen an Unternehmen außerhalb des EWR noch auf die entsprechenden Regulierungen im »EWR« abgestellt. Die Deutsche Kreditwirtschaft (DK) hat im Rahmen der Konsultation zur sechsten MaRisk-Novelle darauf hingewiesen, dass das Erfordernis einer Zulassung, Beaufsichtigung oder Registrierung im Inland oder im EWR nicht automatisch auf die Vorgaben in einem Drittstaat übertragen werden kann. Vgl. Deutsche Kreditwirtschaft, BaFin-Konsultation 14/2020 – Mindestanforderungen an das Risikomanagement, Stellungnahme vom 4. Dezember 2020, S. 19. Die Aufsicht ist der DK dahingehend entgegengekommen, als die maßgebliche Benchmark für die Beurteilung einer möglichen Erlaubnis- oder Registrierungspflicht für Auslagerungen an Unternehmen außerhalb des EWR die entsprechende Regulierung im »Inland« ist. Die Änderung von »EWR« zu »Inland« stellt für die Institute eine erhebliche Erleichterung dar.

5.5 Auslagerung der besonderen Funktionen nach MaRisk

217   Im Zuge der fünften MaRisk-Novelle wurden besondere Maßstäbe für Auslagerungsmaßnahmen bei der vollständigen oder teilweisen Auslagerung der besonderen Funktionen (→ AT 4.4) sowohl im Hinblick auf die Auslagerungsfähigkeit als auch den Umfang der Auslagerung aufgenommen. Aus Sicht der Aufsicht sind die Risikocontrolling- und die Compliance-Funktion sowie die Interne Revision als Steuerungs- und Kontrollinstrumente für die Geschäftsleitung besonders wichtig und sollen daher zukünftig möglichst in den Instituten verbleiben.[338] Dies gilt insbesondere für die Risikocontrolling-Funktion. Eine vollständige Auslagerung der Risikocontrolling- und der Compliance-Funktion sowie der Internen Revision ist nur unter bestimmten Voraussetzungen für Tochterunternehmen innerhalb einer Institutsgruppe möglich. Darüber hinaus dürfen kleine Institute die Compliance-Funktion und die Interne Revision vollständig auslagern, sofern deren Einrichtung vor dem Hintergrund der Institutsgröße sowie von Art, Umfang, Komplexität und Risikogehalt der betriebenen Geschäftsaktivitäten nicht angemessen erscheint. Diese Erleichterung für kleine Institute gilt nicht im Hinblick auf die Risikocontrolling-Funktion (→ AT 9 Tz. 5). Bei einer vollständigen Auslagerung einer dieser besonderen Funktionen ist jeweils ein Beauftragter zu benennen, der die ordnungsgemäße Durchführung der jeweiligen Aufgaben gewährleisten muss (→ AT 9 Tz. 10).

218   Weiterhin möglich sind Teilauslagerungen der besonderen Funktionen, da insbesondere kleinen Instituten die Möglichkeit offenstehen soll, Expertise zu gewinnen, wenn diese Expertise in bestimmten Aufgabenfeldern nicht oder nur unter unverhältnismäßigem Aufwand innerhalb des Institutes zur Verfügung steht.[339]

219   Zudem kann seit der fünften MaRisk-Novelle eine Auslagerung von Aktivitäten und Prozessen in Kontrollbereichen und Kernbankbereichen nur in einem Umfang vorgenommen werden, der gewährleistet, dass das Institut hierdurch weiterhin über Kenntnisse und Erfahrungen verfügt, die eine wirksame Überwachung der vom Auslagerungsunternehmen erbrachten Dienstleistungen gewährleisten. Zudem muss sichergestellt sein, dass der ordnungsgemäße Betrieb in diesen Bereichen bei Bedarf – im Fall der Beendigung der Auslagerung oder der Änderung der Gruppenstruktur – fortgesetzt werden kann (→ AT 9 Tz. 5).

5.6 Auslagerung weiterer besonderer Funktionen

220   Neben den besonderen Funktionen nach MaRisk im Sinne des Moduls AT 4.4 bestehen in den Instituten aufgrund anderer Vorgaben regelmäßig weitere besondere Funktionen (→ AT 4.4, Einführung). Die Aufsicht hat für diese besonderen Funktionen in den jeweils maßgeblichen Verwaltungsvorschriften eigene Anforderungen an eine Auslagerung formuliert.

5.6.1 Compliance-Funktion nach MaComp

221   Gemäß § 80 Abs. 6 WpHG muss ein Wertpapierdienstleistungsunternehmen bei einer Auslagerung von Aktivitäten oder Prozessen sowie von Finanzdienstleistungen die Anforderungen des

---

338 Vgl. Steinbrecher, Ira, MaRisk – Neue Mindestanforderungen an das Risikomanagement der Banken, in: BaFinJournal, Ausgabe November 2017, S. 22.

339 Vgl. Bundesanstalt für Finanzdienstleistungsaufsicht, Erster Entwurf zur Überarbeitung der MaRisk, Übermittlungsschreiben vom 18. Februar 2016, S. 4.

§ 25b KWG einhalten. Die Auslagerung darf nicht die Rechtsverhältnisse des Unternehmens zu seinen Kunden sowie die Verhaltens-, Transparenz- und Organisationspflichten des Wertpapier-dienstleistungsunternehmens verändern.[340]

Die MaComp konkretisieren im Modul BT 1.3.4 die Anforderungen an die Auslagerung der Compliance-Funktion oder von einzelnen Compliance-Tätigkeiten, wobei diese zum Teil den aus den MaRisk bekannten Vorgaben entsprechen. Das Wertpapierdienstleistungsunternehmen bleibt unabhängig von der Auslagerung für die Einhaltung der wertpapieraufsichtsrechtlichen Anforderungen verantwortlich. Zivilrechtliche Gestaltungen oder Vereinbarungen können das Vorliegen einer aufsichtsrechtlichen Auslagerung nicht ausschließen. Die Geschäftsleitung ist für die Erfüllung der Anforderungen, insbesondere für eine individuelle, eindeutige und transparente Einrichtung der vollständig oder teilweise ausgelagerten Compliance-Funktion, verantwortlich. Sie kann entweder den Mitarbeiter eines Auslagerungsunternehmens zum Compliance-Beauftragten ernennen oder diese Aufgabe an einen selbständig bzw. freiberuflich tätigen Compliance-Beauftragten übertragen. Darüber hinaus enthalten die MaComp für den Fall der vollständigen Auslagerung der Compliance-Funktion spezielle Anforderungen an die Rechtsstellung des Compliance-Beauftragten (z.B. Unabhängigkeit) und seine Personal- und Sachausstattung. Schließlich bestehen bei der vollständigen oder teilweisen Auslagerung von Compliance-Tätigkeiten besondere Anforderungen an die Risikoanalyse, das Auslagerungsunternehmen und die Überwachung des Dienstleisters. Der Umfang der vor der Auslagerung vom Institut durchzuführenden Prüfung hat sich nach Art, Umfang, Komplexität und Risikogehalt der auszulagernden Aufgaben und Prozesse zu richten.[341] Eine weitgehende oder vollständige Auslagerung der Funktion des Compliance-Beauftragten nach MaComp bzw. von Compliance-Tätigkeiten ist regelmäßig als eine wesentliche Auslagerung im Sinne der MaRisk einzuordnen.

222

5.6.2 Sicherungsmaßnahmen gemäß § 25h KWG bzw. Geldwäschebeauftragter nach GwG

Gemäß § 25h Abs. 4 Satz 1 KWG dürfen Institute interne Sicherungsmaßnahmen zur Verhinderung von Geldwäsche, Terrorismusfinanzierung oder sonstigen strafbaren Handlungen, die zu einer Gefährdung des Vermögens des Institutes führen können, nach vorheriger Anzeige bei der BaFin auslagern.[342] Im Fall der Auslagerung ist das Auslagerungsunternehmen mit der erforderlichen Sorgfalt auszuwählen und im auslagernden Institut ein Auslagerungsbeauftragter zu bestellen. Bei einer weitgehenden oder vollständigen Übertragung der Sicherungsmaßnahmen auf einen Dritten wird es sich regelmäßig um eine wesentliche Auslagerung im Sinne der MaRisk handeln.[343]

223

---

340 Zudem darf die Auslagerung die Voraussetzungen, unter denen dem Wertpapierdienstleistungsunternehmen eine Erlaubnis nach § 32 KWG erteilt worden ist, nicht verändern. Weitere Anforderungen an die Auslagerungen der Compliance-Funktion nach MaComp ergeben sich aus Art. 30 ff. der unmittelbar anzuwendenden MiFID II-Durchführungsverordnung. Vgl. Delegierte Verordnung (EU) 2017/565 (MiFID II-Durchführungsverordnung) der Kommission vom 25. April 2016 zur Ergänzung der Richtlinie 2014/65/EU des Europäischen Parlaments und des Rates in Bezug auf die organisatorischen Anforderungen an Wertpapierfirmen und die Bedingungen für die Ausübung ihrer Tätigkeit sowie in Bezug auf die Definition bestimmter Begriffe für die Zwecke der genannten Richtlinie, Amtsblatt der Europäischen Union vom 31. März 2017, L 87/1–83.

341 Vgl. Bundesanstalt für Finanzdienstleistungsaufsicht, Mindestanforderungen an die Compliance-Funktion und weitere Verhaltens-, Organisations- und Transparenzpflichten – MaComp, Rundschreiben 05/2018 (WA) vom 19. April 2018, zuletzt geändert am 24. März 2021, BT 1.3.4.

342 Die statt der Anzeige zuvor notwendige Zustimmung der Aufsicht wurde durch das Gesetz zur Umsetzung der Vierten EU-Geldwäscherichtlinie, zur Ausführung der EU-Geldtransferverordnung und zur Neuordnung der Zentralstelle für Finanztransaktionsuntersuchungen vom 23. Juni 2017 (BGBl. I S. 1822), veröffentlicht am 24. Juni 2017, gestrichen. Die BaFin kann allerdings nunmehr die Rückübertragung auf das Institut verlangen, wenn der Dritte nicht die Gewähr dafür bietet, dass die Sicherungsmaßnahmen ordnungsgemäß durchgeführt werden, oder die Steuerungsmöglichkeiten der Institute und die Kontrollmöglichkeiten der BaFin beeinträchtigt werden könnten (§ 25h Abs. 4 Satz 2 KWG). Vgl. Achtelik, Olaf, in: Herzog, Felix (Hrsg.), Geldwäschegesetz, 3. Auflage, München, 2018, § 25h KWG, Tz. 27.

343 In der Fachliteratur wird zum Teil davon ausgegangen, dass § 25b KWG i.V.m. AT 9 MaRisk nicht unmittelbar, sondern »zumindest entsprechend« heranzuziehen ist. Vgl. Achtelik, Olaf, in: Herzog, Felix (Hrsg.), Geldwäschegesetz, 3. Auflage, München, 2018, § 25h KWG, Tz. 27.

224 Gemäß § 6 Abs. 1 Satz 1 GwG haben Institute angemessene geschäfts- und kundenbezogene interne Sicherungsmaßnahmen zu schaffen, um die Risiken von Geldwäsche und Terrorismusfinanzierung in Form von Grundsätzen, Verfahren und Kontrollen zu steuern und zu mindern. Zu den internen Sicherungsmaßnahmen gehört auch die Bestellung eines Geldwäschebeauftragten (inkl. Stellvertreter) nach § 6 Abs. 2 Nr. 2 GwG. Die Institute dürfen die internen Sicherungsmaßnahmen einschließlich der Funktion des Geldwäschebeauftragten im Rahmen vertraglicher Vereinbarungen nach vorheriger Anzeige bei der BaFin auslagern (§ 6 Abs. 7 Satz 1 GwG).[344] Die BaFin kann die Übertragung der internen Sicherungsmaßnahmen auf einen Dritten unter den Voraussetzungen des § 6 Abs. 7 Satz 2 KWG untersagen.[345] Auch im Fall der Auslagerung bleiben die Institute für die Erfüllung der Sicherungsmaßnahmen verantwortlich. Die Auslagerung der Funktion des Geldwäschebeauftragten wird regelmäßig eine wesentliche Auslagerung im Sinne der MaRisk darstellen, so dass insbesondere die Anforderungen an die Auslagerungsvereinbarung einzuhalten sind (→ AT 9 Tz. 7). Die Bestellung eines Konzerngeldwäschebeauftragten, der ggf. über eine vertragliche Vereinbarung die rechtliche Befugnis erlangt, unternehmensübergreifend Regelungen im Zusammenhang mit dem GwG zu treffen und Weisungen zu erteilen, stellt aus Sicht der Tochterunternehmen eine Auslagerung nach § 6 Abs. 7 Satz 1 GwG dar.[346]

5.6.3 Informationssicherheitsbeauftragter nach BAIT

225 Zur Einhaltung der Vorgaben an das Informationssicherheitsmanagement haben die Institute die Funktion des Informationssicherheitsbeauftragten einzurichten. Die Funktion umfasst gemäß Tz. 4.4 BAIT die Verantwortung für die Wahrnehmung aller Belange der Informationssicherheit innerhalb des Institutes und gegenüber Dritten (→ AT 7.2 Tz. 2).[347] Jedes Institut hat gemäß Tz. 4.6 BAIT die Funktion des Informationssicherheitsbeauftragten grundsätzlich im eigenen Haus vorzuhalten. Die BAIT sehen jedoch bei regional tätigen (insbesondere verbundangehörigen) Instituten sowie kleinen (insbesondere gruppenangehörigen) Instituten Erleichterungen vor. Diese Institute haben im Hinblick auf die regelmäßig verbund- und gruppenseitig vorhandenen Kontrollmechanismen die Möglichkeit, einen gemeinsamen Informationssicherheitsbeauftragten zu bestellen. Voraussetzung hierfür ist, dass es sich um Institute ohne wesentliche eigenbetriebene IT mit einem gleichgerichteten Geschäftsmodell und gemeinsamen IT-Dienstleistern für die Abwicklung von bankfachlichen Prozessen handelt. Im Fall der Bestellung eines gemeinsamen Informationssicherheitsbeauftragten ist vertraglich sicherzustellen, dass dieser Informationssicherheitsbeauftragte die Wahrnehmung der einschlägigen Aufgaben der Funktion in allen betreffenden Instituten wahrnehmen kann. Zudem ist in diesem Fall in jedem Institut eine zuständige Ansprechperson für den Informationssicherheitsbeauftragten zu benennen. Unabhängig davon haben die Institute die Möglichkeit, sich externer Unterstützung per Servicevertrag zu bedienen (Tz. 4.6 BAIT, Erläuterung).

---

344 Rechtzeitig ist die Anzeige, sofern sie mindestens zwei Wochen vor Beginn der geplanten Auslagerung abgegeben wird. In der Anzeige ist das Datum der Auslagerung sowie die vollständige Bezeichnung des Auslagerungsunternehmens anzugeben. Vgl. Bundesanstalt für Finanzdienstleistungsaufsicht, Auslegungs- und Anwendungshinweise zum Geldwäschegesetz (GwG) vom 18. Mai 2020, S. 25.

345 Die BaFin darf die Übertragung untersagen, wenn der Dritte nicht die Gewähr dafür bietet, dass die Sicherungsmaßnahmen ordnungsgemäß durchgeführt werden, die Steuerungsmöglichkeiten der Verpflichteten oder ihre Kontrollmöglichkeiten beeinträchtigt werden. Vgl. Bundesanstalt für Finanzdienstleistungsaufsicht, Auslegungs- und Anwendungshinweise zum Geldwäschegesetz (GwG) vom 18. Mai 2020, S. 25.

346 Vgl. Achtelik, Olaf, in: Herzog, Felix (Hrsg.), Geldwäschegesetz, 3. Auflage, München, 2018, § 6 GwG, Tz. 25.

347 Die Vorgaben an den Informationssicherheitsbeauftragten wurden mit der Erstveröffentlichung der BAIT im Jahr 2017 aufgenommen. Die erste BAIT-Novelle aus dem Jahr 2021 hat die Regelungen inhaltlich nicht geändert, allerdings wurden die Nummerierungen innerhalb der Module angepasst. Vgl. Bundesanstalt für Finanzdienstleistungsaufsicht, Bankaufsichtliche Anforderungen an die IT (BAIT), Rundschreiben 10/2017 (BA) in der Fassung vom 16. August 2021.

5.7 Steuerung des Bausparkollektivs

Unter »Zwecksparen« versteht man die Annahme von Geldbeträgen, bei denen der überwiegende 226 Teil der Geldgeber einen Rechtsanspruch darauf hat, dass ihm aus diesen Geldbeträgen Darlehen gewährt oder Gegenstände auf Kredit verschafft werden. Die Tätigkeit von »Zwecksparunternehmen« ist nach § 3 Abs. 1 Nr. 2 KWG verboten. Da die Darlehen i. d. R. erheblich höher sind als die eingezahlten Einlagen, können bis zur Auszahlung des Darlehens unvertretbar lange Wartezeiten erforderlich sein. Die Länge der Wartezeit richtet sich dabei nach dem Zugang neuer Einlagen und der Rückführung der Darlehen. Weil die Sicherheit der Einlagen bei solchen Geschäftsmodellen gefährdet ist, wurde das Zwecksparen bereits in den dreißiger Jahren des letzten Jahrhunderts in Deutschland untersagt. »Zwecksparen« wird jedoch auch von Bausparkassen betrieben[348], die der Gesetzgeber gemäß § 3 Abs. 1 Nr. 2 Halbsatz 2 KWG explizit von diesem Verbot ausgenommen hat. Aus Sicht des Gesetzgebers ist die Gefahr von Missständen bei Bausparkassen weniger ausgeprägt.[349] Darüber hinaus haben übergeordnete gesellschaftspolitische Interessen (Förderung des Wohneigentums) den Gesetzgeber dazu bewogen, bei Bausparkassen eine Ausnahme zu machen.

Bausparkassen sind zwar Kreditinstitute, so dass die Regelungen des KWG einschlägig sind. Jedoch 227 gelten für Bausparkassen darüber hinaus zahlreiche Spezialregelungen (z. B. Bausparkassengesetz, Bausparkassenverordnung), durch die dem besonderen Schutzbedürfnis der Bausparer Rechnung getragen werden soll. Nach § 1 Abs. 1 Bausparkassengesetz (BauSpkG) darf das Bauspargeschäft nur von Bausparkassen betrieben werden (so genanntes »Spezialinstitutsprinzip«). Im Lichte dieser Besonderheiten wurde während der Entwicklung der Auslagerungsregelungen darüber diskutiert, ob eine Auslagerung der Steuerung des Bausparkollektivs zulässig sei oder nicht. Das Bausparkollektiv ist das Herzstück einer Bausparkasse. Es entspricht der Zuteilungsmasse, der im Wesentlichen die Spargelder sowie Tilgungen aus vergebenen Bauspardarlehen zufließen. Zu den wesentlichen Abflüssen zählen Guthaben nach Zuteilung von Bausparkrediten und vergebene Darlehen.

Die Verbände der Bausparkassen sprachen sich gegen die Möglichkeit aus, die Steuerung des 228 Bausparkollektivs auszulagern. Sie wiesen darauf hin, dass es mit dem Spezialinstitutsprinzip nicht vereinbar sei, wenn der für die ordnungsgemäße Geschäftsorganisation elementare Kernbereich einer Bausparkasse von einem Dritten gesteuert werde.[350] Vor allem wegen des besonderen Schutzbedürfnisses der Bausparer untermauerte die deutsche Aufsicht die Position der Bausparkassenverbände. So können sich aufgrund spezialgesetzlicher Regelungen insbesondere im Hinblick auf die Steuerung des Bausparkollektivs besondere Maßstäbe bei Auslagerungsmaßnahmen ergeben. Im Kern bedeutet dies, dass eine Auslagerung der Kollektivsteuerung bei Bausparkassen nicht zulässig ist. Regulatorisch ist also für Bausparkassen alles beim Alten geblieben, da eine entsprechende Klausel mit gleicher Bedeutung bereits Gegenstand des Rundschreibens 11/2001 war.[351] Verwaltungsvorschriften der Aufsicht, die für Bausparkassen auch unter Outsourcing-Gesichtspunkten von Relevanz sind, blieben ebenfalls von der Modernisierung der Auslagerungsregelungen im Jahr 2007 unberührt.[352]

---

348 Vgl. Schäfer, Frank A., in: Boos, Karl-Heinz/Fischer, Reinfrid/Schulte-Mattler, Hermann (Hrsg.), Kreditwesengesetz, 4. Auflage, München, 2012, § 3 KWG, Tz. 12 ff.

349 Vgl. Reischauer, Friedrich/Kleinhans, Joachim, Loseblattkommentar zum Kreditwesengesetz (KWG), Berlin, 2004, § 3, Tz. 11.

350 Vgl. Verband der Privaten Bausparkassen/Bundesgeschäftsstelle der Landesbausparkassen, Modernisierung der Outsourcing-Regelungen und Integration in die MaRisk, Stellungnahme vom 3. September 2007, S. 1.

351 Vgl. Bundesaufsichtsamt für das Kreditwesen, Auslagerung von Bereichen auf ein anderes Unternehmen gemäß § 25a Abs. 2 KWG, Rundschreiben 11/2001 vom 6. Dezember 2001, Tz. 16.

352 Hierzu zählt ein Rundschreiben der BaFin aus dem Jahr 2005. Vgl. Bundesanstalt für Finanzdienstleistungsaufsicht, Finanzierung aus einer Hand, Rundschreiben 17/2005 (BA) vom 15. November 2005.

5.8 Deckungsregisterführung und Deckungsrechnung bei Pfandbriefbanken

229 Gemäß § 5 Abs. 1 PfandBG sind die zur Deckung der Pfandbriefe sowie der Ansprüche aus Derivategeschäften nach § 4 Abs. 3 PfandBG verwendeten Deckungswerte von einer Pfandbriefbank einzeln in das für die jeweilige Pfandbriefgattung geführte Register (Deckungsregister) einzutragen. Pfandbriefbanken sind insofern registerführende Unternehmen und unterliegen folglich den entsprechenden Regelungen des KWG. Gemäß § 22a Abs. 3 KWG ist eine Auslagerung der Registerführung für das Refinanzierungsregister ausdrücklich nicht statthaft. Grund hierfür ist, dass die Registerführung eine besondere Zuverlässigkeit und Überwachung benötigt, die bei einer Auslagerung aus Sicht des Gesetzgebers gefährdet wäre.[353]

230 Dieses vom Gesetzgeber statuierte Auslagerungsverbot bezieht sich allerdings auf eine Auslagerung der Registerführung für das Refinanzierungsregister und nicht auf das Deckungsregister. Der Hinweis der BaFin auf besondere Maßstäbe für Auslagerungsmaßnahmen bei Pfandbriefbanken hinsichtlich der Deckungsregisterführung und der Deckungsrechnung legt die Vermutung nahe, dass dieses gesetzliche Auslagerungsverbot für die Refinanzierungsregisterführung in der Prüfungspraxis auch auf die Deckungsregisterführung und die Deckungsrechnung ausstrahlt.

---

353 Vgl. Tollmann, Claus, in: Boos, Karl-Heinz/Fischer, Reinfrid/Schulte-Mattler, Hermann (Hrsg.), Kreditwesengesetz, 4. Auflage, München, 2012, § 22a KWG, Tz. 44.

6 Einschränkungen bei Auslagerungen in Kontroll- und Kernbankbereichen (Tz. 5)

5 Eine Auslagerung von Aktivitäten und Prozessen in Kontrollbereichen und Kernbank-   231
bereichen kann unter Beachtung der in Tz. 4 genannten Anforderungen in einem
Umfang vorgenommen werden, der gewährleistet, dass hierdurch das Institut weiterhin über
Kenntnisse und Erfahrungen verfügt, die eine wirksame Überwachung der vom Auslage-
rungsunternehmen erbrachten Dienstleistungen gewährleistet. Es ist sicherzustellen, dass
bei Bedarf – im Falle der Beendigung des Auslagerungsverhältnisses oder der Änderung der
Gruppenstruktur – der ordnungsmäßige Betrieb in diesen Bereichen fortgesetzt werden kann.
Eine vollständige Auslagerung der besonderen Funktionen Risikocontrolling-Funktion, Compliance-Funktion oder Interne Revision ist lediglich für Tochterinstitute innerhalb einer
Institutsgruppe zulässig, sofern das auslagernde Institut sowohl hinsichtlich seiner Größe,
Komplexität und dem Risikogehalt der Geschäftsaktivitäten für den nationalen Finanzsektor
als auch hinsichtlich seiner Bedeutung innerhalb der Gruppe als nicht wesentlich einzustufen
ist. Gleiches gilt für Gruppen, wenn das Mutterunternehmen kein Institut und im Inland
ansässig ist. Eine vollständige Auslagerung der Compliance-Funktion oder der Internen
Revision ist ferner nur bei kleinen Instituten möglich, sofern deren Einrichtung vor dem
Hintergrund der Institutsgröße sowie der Art, des Umfangs, der Komplexität und des Risikogehalts der betriebenen Geschäftsaktivitäten nicht angemessen erscheint.

6.1 Grenzen der Auslagerung für Kontrollbereiche und Kernbankbereiche

Grundsätzlich können alle Aktivitäten und Prozesse ausgelagert werden, solange die Ordnungs-   232
mäßigkeit der Geschäftsorganisation gemäß § 25a Abs. 1 KWG nicht beeinträchtigt wird (→ AT 9
Tz. 4). Im Zuge der fünften MaRisk-Novelle hat die BaFin die Anforderungen an die Auslagerung
der Risikocontrolling-Funktion, der Compliance-Funktion und der Internen Revision aufgrund der
besonderen Bedeutung dieser Funktionen als Steuerungs- und Kontrollinstrumente für die Geschäftsleitung sowohl im Hinblick auf den Umfang der Auslagerung als auch die Auslagerungsfähigkeit neu geregelt.

    Seitdem kann eine Auslagerung von Aktivitäten und Prozessen in Kontrollbereichen und Kern-   233
bankbereichen nur in einem Umfang vorgenommen werden, der gewährleistet, dass das Institut
weiterhin über Kenntnisse und Erfahrungen verfügt, die eine wirksame Überwachung der
erbrachten Dienstleistungen gewährleistet. Der Begriff »Kontrollbereich« im Sinne dieser Textziffer meint die besonderen Funktionen Risikocontrolling-Funktion, Compliance-Funktion und
Interne Revision.[354] Im Institut muss somit die für eine wirksame Steuerung und Überwachung der
mit den Auslagerungen verbundenen Risiken erforderliche Expertise in den genannten Bereichen
verbleiben. Zudem ist sicherzustellen, dass bei Bedarf – im Fall der Beendigung des Auslagerungsverhältnisses oder der Änderung der Gruppenstruktur – der ordnungsgemäße Betrieb in diesen

---

354 Dies ergibt sich aus AT 9 Tz. 4, der auf AT 9 Tz. 5 verweist und ausdrücklich die Risikocontrolling-Funktion, die
    Compliance-Funktion und die Interne Revision nennt. Der Begriff »Kontrollbereich« wird in den MaRisk nicht einheitlich
    verwendet. In dem Modul AT 4.3.1 Tz. 1 umfasst der Begriff z.B. abweichend von AT 9 Tz. 5 nur die Risikocontrolling-
    und die Compliance-Funktion, nicht jedoch die Interne Revision.

Bereichen fortgesetzt werden kann. Die Anforderung an die Sicherstellung der ordnungsgemäßen Fortsetzung des Betriebes in Kontrollbereichen und Kernbankbereichen ist im Zusammenhang mit den von den Instituten für den Fall der Beendigung einer Auslagerung zu treffenden Vorkehrungen zu sehen (→ AT 9 Tz. 6). Die Anforderung ist nicht so zu verstehen, dass die Institute trotz einer entsprechenden Auslagerung jederzeit in der Lage sein müssen, die Leistungen selbst vollumfänglich erbringen zu können (»Re-Integration«, »Re-Insourcing« oder »Backsourcing«). Die Institute haben keinen »Schattenbereich« vorzuhalten, der im Fall der Beendigung des Auslagerungsverhältnisses oder der Änderung der Gruppenstruktur den ordnungsgemäßen Betrieb in den Bereichen fortführen können muss. Andernfalls wären Auslagerungen wirtschaftlich kaum mehr sinnvoll und die Regelung würde auf ein faktisches Verbot von Auslagerungen hinauslaufen.[355]

234 Die MaRisk enthalten keine Definition des Begriffes »Kernbankbereich«. In der Sondersitzung des Fachgremiums MaRisk im März 2018 hat die deutsche Aufsicht klargestellt, dass es insoweit keine pauschale Definition geben kann, da der Kernbankbereich einer Bank vom Geschäftsmodell des jeweiligen Institutes abhängt. Die Relevanz kann sich z. B. im Hinblick auf den Anteil des Gesamtertrages oder des Gesamtrisikos ergeben. Bei Universalbanken, Sparkassen und Genossenschaftsbanken wird z. B. die Kreditbearbeitung als Kernbankbereich angesehen. Da die dazugehörigen IT-Prozesse oft nicht von der Geschäftsseite getrennt gesehen werden können, ist grundsätzlich auch die IT-Unterstützung derartiger Aktivitäten und Prozesse als Bestandteil des Kernbankbereiches anzusehen. Nach Ansicht der Aufsicht ist jedoch nicht jeder noch so kleine Teil eines erlaubnispflichtigen Geschäftes als Kernbankbereich einzustufen, da es stets auf das Geschäftsmodell des Institutes ankommt.[356]

235 Darüber hinaus bestehen Erleichterungen für Auslagerungen der besonderen Funktionen innerhalb einer Institutsgruppe sowie für kleinere Institute, die unter bestimmten Voraussetzungen die Compliance-Funktion und die Interne Revision vollständig auslagern können. Eine vollständige Auslagerung der Risikocontrolling-Funktion, Compliance-Funktion oder Internen Revision ist bei unwesentlichen Tochterunternehmen innerhalb einer Institutsgruppe zulässig, sofern das auslagernde Institut sowohl hinsichtlich seiner Größe, Komplexität und des Risikogehaltes seiner Geschäftsaktivitäten für den Finanzsektor als auch hinsichtlich seiner Bedeutung innerhalb der Gruppe als nicht wesentlich einzustufen ist. Die zwischenzeitliche Einschränkung, wonach die Auslagerung nur auf das übergeordnete Institut, also in der Regel das Mutterunternehmen, erfolgen darf, wurde im Rahmen der sechsten MaRisk-Novelle gestrichen. Folglich ist nunmehr z. B. auch eine Auslagerung von einem Tochterunternehmen in der Gruppe auf ein Schwesterunternehmen innerhalb der Institutsgruppe möglich.[357] Gleiches gilt für Gruppen, wenn das Mutterunternehmen kein Institut und im Inland ansässig ist. Da die Privilegierung nur für Auslagerungen innerhalb einer bankaufsichtlich relevanten Gruppe (→ AT 4.5 Tz. 1) gilt, kann sie nicht in analoger Weise auf Institute innerhalb eines Finanzverbundes angewandt werden.[358]

236 Des Weiteren ist bei kleinen Instituten die vollständige Auslagerung der Compliance-Funktion und der Internen Revision auf gruppenangehörige oder gruppenfremde Unternehmen zulässig, sofern eine eigene Compliance-Funktion oder Interne Revision vor dem Hintergrund der Instituts-

---

355 In diese Richtung ging auch die Kritik der Deutschen Kreditwirtschaft am ersten Entwurf der fünften MaRisk-Novelle, der insoweit noch »fundierte« Kenntnisse und Erfahrungen in den auslagernden Instituten verlangte. Vgl. Deutsche Kreditwirtschaft, Stellungnahme zum Entwurf der MaRisk in der Fassung vom 18. Februar 2016 (Konsultation 02/2016) vom 27. April 2016, S. 31.

356 Vgl. Bundesanstalt für Finanzdienstleistungsaufsicht, Protokoll der Sitzung des MaRisk-Fachgremiums am 15. März 2018, S. 3.

357 Die Änderung geht auf einen Vorschlag der Deutschen Kreditwirtschaft (DK) im MaRisk-Fachgremium am 15. März 2018 zurück. Der weitere DK-Vorschlag, die Möglichkeit der vollständigen Auslagerung von besonderen Funktionen nicht auf unwesentliche Tochterunternehmen zu beschränken, wurde von der Aufsicht dagegen nicht aufgegriffen. Die DK hatte sich in der Sondersitzung des Fachgremiums insbesondere dafür eingesetzt, dass auch mittelgroße Verbundinstitute die Compliance-Funktion auf ein anderes Unternehmen auslagern können. Vgl. Bundesanstalt für Finanzdienstleistungsaufsicht, Protokoll der Sitzung des MaRisk-Fachgremiums am 15. März 2018, S. 3.

358 Vgl. auch Deutscher Sparkassen- und Giroverband, Mindestanforderungen an das Risikomanagement – Interpretationsleitfaden, Version 6.1, Berlin, Juli 2019, S. 129.

größe sowie von Art, Umfang, Komplexität und Risikogehalt der betriebenen Geschäftsaktivitäten nicht angemessen erscheint. Diese Erleichterung für kleine Institute gilt nicht im Hinblick auf die Risikocontrolling-Funktion. In der Sondersitzung des Fachgremiums MaRisk am 15. März 2018 hat die Aufsicht klargestellt, dass es auch zukünftig keine starre – quantitative – Definition des Begriffes »kleines Institut« geben wird, die z. B. an die Bilanzsumme anknüpft.[359] Der Begriff ist zudem nicht deckungsgleich mit der im Rahmen des Bankenpaketes eingeführten Definition für »kleine und nicht komplexe Institute«, die an eine Bilanzsumme von maximal 5 Milliarden Euro sowie eine Reihe qualitativer Kriterien anknüpft (→ AT 1 Tz. 3).

Teilauslagerungen der besonderen Funktionen sind grundsätzlich weiterhin zulässig. Die Funktion verbleibt dann im Institut und wird von einem Dienstleister unterstützt.   237

6.2   Auslagerungen von erheblicher Tragweite

Das Institut hat auf der Grundlage einer Risikoanalyse eigenverantwortlich festzustellen, ob die   238
Auslagerung unter Risikogesichtspunkten wesentlich ist. Im Zuge der fünften MaRisk-Novelle wurde der Begriff »Auslagerung von erheblicher Tragweite« eingeführt. Der Begriff stellt neben der »wesentlichen« und der »unwesentlichen Auslagerung« keine dritte Kategorie einer Auslagerung dar. Ziel der Aufsicht ist es, mit der Formulierung das Risikobewusstsein bei den auslagernden Instituten zu erhöhen.[360] Bei Auslagerungen von erheblicher Tragweite, wie z. B. der vollständigen oder teilweisen Auslagerung der besonderen Funktionen oder von Kernbankbereichen, hat das Institut entsprechend intensiv zu prüfen, ob und wie eine Einbeziehung in das Risikomanagement sichergestellt werden kann. Im Vorfeld entsprechender Auslagerungsmaßnahmen sollte z. B. über Überwachungsmechanismen, die Komplexität einer eventuellen Zurückholung der ausgelagerten Funktion und die Abhängigkeit des Institutes mit Blick auf das Kernbankgeschäft nachgedacht werden. Aufgrund der hervorgehobenen Stellung der Risikocontrolling- und Compliance-Funktion sowie der Internen Revision als zentrale Steuerungs- und Kontrollinstrumente der Geschäftsleitung wird die Wesentlichkeit bei einer weitgehenden oder vollständigen Auslagerung der besonderen Funktionen regelmäßig zu bejahen sein.[361]

Dies entspricht auch dem Verständnis der EBA, wonach die operativen Tätigkeiten der internen   239
Kontrollfunktionen (Risikocontrolling- und Compliance-Funktion sowie Interne Revision) für die Zwecke der Auslagerung stets als kritische/wesentliche Funktionen einzuordnen sind.[362] Auch im Fall der Auslagerung der internen Kontrollfunktionen innerhalb einer Gruppe sollte sich das Institut davon überzeugen, dass die operativen Tätigkeiten wirksam ausgeübt werden. Dies beinhaltet die Implementierung eines angemessenen Berichtswesens.[363]

---

359 Vgl. Bundesanstalt für Finanzdienstleistungsaufsicht, Protokoll der Sitzung des MaRisk-Fachgremiums am 15. März 2018, S. 3.
360 Vgl. Bundesanstalt für Finanzdienstleistungsaufsicht, Protokoll der Sitzung des MaRisk-Fachgremiums am 15. März 2018, S. 4.
361 Dies ist jedoch im Rahmen der Risikoanalyse nicht zwingend. Bei teilweisen Auslagerungen der besonderen Funktionen oder von Kernbankbereichen in geringem Umfang kann das Institut ggf. auch zu dem Ergebnis einer unwesentlichen Auslagerung kommen. Vgl. Bundesanstalt für Finanzdienstleistungsaufsicht, Protokoll der Sitzung des MaRisk-Fachgremiums am 15. März 2018, S. 4.
362 Vgl. European Banking Authority, Leitlinien zu Auslagerungen, EBA/GL/2019/02, 25. Februar 2019, S. 12.
363 Vgl. European Banking Authority, Leitlinien zu Auslagerungen, EBA/GL/2019/02, 25. Februar 2019, S. 9.

6.3 Benennung eines Beauftragten bei vollständiger Auslagerung der besonderen Funktionen

240 Das Institut hat für die Dokumentation, Steuerung und Überwachung wesentlicher Auslagerungen grundsätzlich klare Verantwortlichkeiten festzulegen. Erfolgt eine vollständige Auslagerung der Risikocontrolling-Funktion, der Compliance-Funktion oder der Internen Revision, hat die Geschäftsleitung einen Beauftragten zu benennen, der eine ordnungsgemäße Durchführung der jeweiligen Aufgaben gewährleisten muss (→ AT 9 Tz. 10).

241   In der Praxis ist bei Institutsgruppen mit einer hohen Integrationsdichte, die vom Konzernvorstand zentral gesteuert werden, eine vollständige bzw. sehr weitgehende Auslagerung der Internen Revisionen der nachgeordneten Unternehmen auf die Konzernrevision nicht unüblich. Der Revisionsbeauftragte übernimmt dann auch konkrete Revisionstätigkeiten. So hat er den Prüfungsplan gemeinsam mit dem Auslagerungsunternehmen zu erstellen. Der Revisionsbeauftragte hat ferner, ggf. gemeinsam mit dem beauftragten Dritten, den jährlichen Gesamtbericht zu verfassen (→ BT 2.4 Tz. 4) und zu prüfen, ob die festgestellten Mängel beseitigt wurden (→ BT 2.5 Tz. 1). Im Zuge der sechsten MaRisk-Novelle hat die Aufsicht klargestellt, dass der Revisionsbeauftragte grundsätzlich unmittelbar der Geschäftsleitung zu unterstellen ist. Die Aufgaben des Revisionsbeauftragten sind in Abhängigkeit von Art, Umfang, Komplexität und Risikogehalt der Geschäftsaktivitäten des Institutes von einer Organisationseinheit, einem Mitarbeiter oder einem Geschäftsleiter wahrzunehmen. Ausreichende Kenntnisse und die erforderliche Unabhängigkeit sind jeweils sicherzustellen (→ AT 9 Tz. 10, Erläuterung). Sofern die Konzernrevision für bestimmte Prüfungsfelder oder sogar für die gesamte Revisionstätigkeit eines gruppenangehörigen Unternehmens ausschließlich verantwortlich ist, muss sichergestellt sein, dass die an das Institut im Hinblick auf die Ausgestaltung der Internen Revision gestellten Anforderungen auch für die Konzernrevision Gültigkeit besitzen. Die entsprechenden Anforderungen sind in den Modulen AT 4.4.3 bzw. BT 2 niedergelegt und im Fall der Auslagerung auf die Konzernrevision entsprechend zu beachten. Damit sind die Revisionsgrundsätze sowie die Regelungen zur Prüfungsplanung und -durchführung und zur Berichtpflicht analog auf die Konzernrevision anzuwenden.

242   Bei einer vollständigen Auslagerung der Compliance-Funktion hat im Institut ein Compliance-Beauftragter zu verbleiben, der insbesondere den Prozess zur Identifizierung der wesentlichen rechtlichen Regelungen und Vorgaben steuert und für die Berichterstattung zuständig ist. Die konkreten Aufgaben des Compliance-Beauftragten sind abhängig von Art, Umfang, Komplexität und Risikogehalt der Geschäftsaktivitäten des Institutes. Die Möglichkeit der Auslagerung der Compliance-Funktion kann insbesondere für kleinere Institute aus dem Sparkassen- und Genossenschaftssektor von Bedeutung sein, die von den jeweils zuständigen Sparkassen- bzw. Genossenschaftsverbänden bei der Erfüllung der rechtlichen Regelungen und Vorgaben umfassend beraten werden.

243   Eine vollständige Auslagerung der Risikocontrolling-Funktion darf nur unter den engen Voraussetzungen der Tz. 5 innerhalb einer Institutsgruppe erfolgen.

6.4 Anzeige bei der Aufsicht

244 Die Anzeige einer Auslagerung der Risikocontrolling- und Compliance-Funktion sowie der Internen Revision bei der Aufsicht war seit der Streichung des § 25a Abs. 2 Satz 3 KWG a. F. durch das Finanzmarktrichtlinie-Umsetzungsgesetz (FRUG) zum 1. November 2007 nicht mehr erforderlich. Anders als bei der Auslagerung von internen Sicherungsmaßnahmen zur Verhinderung von

Geldwäsche, Terrorismusfinanzierung oder sonstiger strafbarer Handlungen, die zu einer Gefährdung des Vermögens des Institutes führen können (§ 25h Abs. 4 KWG), fehlte seitdem eine entsprechende Anzeigepflicht.[364] In der Praxis stimmten allerdings vor allem größere Institute eine sehr weitgehende oder vollständige Auslagerung der Compliance-Funktion und der Internen Revision regelmäßig mit der Aufsicht ab.

Mit dem Finanzmarktintegritätsstärkungsgesetz aus dem Jahr 2021 wird wieder eine gesetzliche Anzeigepflicht für wesentliche Auslagerungen eingeführt.[365] Nach § 24 Abs. 1 Nr. 19 KWG hat ein Institut die Absicht und den Vollzug einer wesentlichen Auslagerung unverzüglich bei der Aufsicht anzuzeigen. Darüber hinaus besteht eine unverzügliche Anzeigepflicht bei wesentlichen Änderungen und schwerwiegenden Vorfällen im Rahmen von bestehenden wesentlichen Auslagerungen, die einen wesentlichen Einfluss auf die Geschäftstätigkeit des Institutes haben können. Da die weitgehende oder vollständige Auslagerung der besonderen Funktionen regelmäßig als wesentliche Auslagerung einzuordnen ist, haben die Institute entsprechende Anzeigen (Absicht und Vollzug) bei der Aufsicht einzureichen. Die Anzeigepflicht für die »Absichtsanzeige« entsteht, wenn die zuständigen Entscheidungsträger, in der Regel die Geschäftsleitung, sämtliche relevanten Beschlüsse zur Auslagerung gefasst haben. Bloße Vorüberlegungen zu einer möglichen Auslagerung oder die Einholung entsprechender Angebote bei Dienstleistern begründen noch keine »Absicht« einer Auslagerung.

245

---

364 Auch eine Auslagerung des Geldwäschebeauftragten darf nur nach vorheriger Anzeige bei der BaFin erfolgen (§ 6 Abs. 7 Satz 1 GwG).

365 Die Regelung gilt ab dem 1. Januar 2022. Sie geht zurück auf die EBA-Leitlinien zu Auslagerungen aus dem Jahr 2019. Vgl. European Banking Authority, Leitlinien zu Auslagerungen, EBA/GL/2019/02, 25. Februar 2019, S. 25.

7 Vorkehrungen für die Beendigung von Auslagerungsvereinbarungen (Tz. 6)

246 6 Das Institut hat bei wesentlichen Auslagerungen im Fall der beabsichtigten oder erwarteten Beendigung der Auslagerungsvereinbarung Vorkehrungen zu treffen, um die Kontinuität und Qualität der ausgelagerten Aktivitäten und Prozesse auch nach Beendigung zu gewährleisten. Für Fälle unbeabsichtigter oder unerwarteter Beendigung dieser Auslagerungen, die mit einer erheblichen Beeinträchtigung der Geschäftstätigkeit verbunden sein können, hat das Institut etwaige Handlungsoptionen auf ihre Durchführbarkeit zu prüfen und zu verabschieden. Dies beinhaltet auch, soweit sinnvoll und möglich, die Festlegung entsprechender Ausstiegsprozesse. Die Handlungsoptionen sind regelmäßig und anlassbezogen zu überprüfen.

7.1 Mögliche Gründe für die Beendigung einer Auslagerungsvereinbarung

247 Die »beabsichtigte« Beendigung einer Auslagerungsvereinbarung durch das auslagernde Institut kann auf verschiedene Gründe zurückzuführen sein. Zum überwiegenden Teil werden schlecht bzw. überhaupt nicht erbrachte Leistungen des Auslagerungsunternehmens oder günstigere Angebote von Wettbewerbern das maßgebliche Motiv sein. Ebenso kann z. B. von Seiten des auslagernden Institutes aufgrund einer strategischen Neuausrichtung kein Interesse mehr an einer Weiterführung des Auslagerungsverhältnisses bzw. der ausgelagerten Aktivitäten und Prozesse bestehen.

248 Bei der Beendigung eines Auslagerungsverhältnisses muss die Initiative nicht immer vom auslagernden Institut ausgehen. Es sind auch Konstellationen denkbar, bei denen die Gründe der Beendigung in der Sphäre des Auslagerungsunternehmens liegen. Die Beendigung einer Auslagerungsvereinbarung durch das Auslagerungsunternehmen ist insbesondere dann vom auslagernden Institut zu »erwarten«, wenn das Auslagerungsunternehmen in der Vergangenheit bereits erkennen lassen hat, die für das auslagernde Institut übernommenen Tätigkeiten nicht zu seinem Kerngeschäft zu zählen oder aus anderen Gründen mit der Auslagerungsvereinbarung Probleme zu haben (z. B. geänderte Kostenstrukturen, Zahlungsstörungen beim auslagernden Institut oder mangelnde Beachtung von Mitwirkungspflichten). In einigen Fällen – wie z. B. bei der Preisgestaltung – kann es ggf. zwar möglich sein, diese Probleme auf andere Weise zu lösen, als die Vereinbarung zu beenden. Allerdings ist die Kündigung durch das Auslagerungsunternehmen zumindest nicht auszuschließen.

249 Eine »unbeabsichtigte« Beendigung der Auslagerungsvereinbarung kann z. B. erforderlich werden, wenn die Auslagerung bestimmter Tätigkeiten an einen speziellen Dienstleister aufgrund neuer Erkenntnisse von der Aufsicht untersagt wird. Schließlich kann eine »unerwartete« Beendigung der Auslagerungsvereinbarung z. B. darauf zurückzuführen sein, dass das Auslagerungsunternehmen die Erbringung seiner Dienstleistungen wegen technischer Störungen, Katastrophen, einer Insolvenz oder vergleichbarer Gründe plötzlich einstellen muss.

250 Die Vorgaben der MaRisk für die beabsichtigte/erwartete oder unbeabsichtigte/unerwartete Beendigung von Auslagerungsvereinbarungen sind nur bei unter Risikogesichtspunkten wesentlichen Auslagerungen einzuhalten. Für nicht wesentliche Auslagerungen gelten die allgemeinen Anforderungen an die Ordnungsmäßigkeit der Geschäftsorganisation (→ AT 9 Tz. 3).

Auch nach den Vorstellungen der EBA sollten die Institute über klar definierte Exit-Strategien für die Auslagerungen kritischer/wesentlicher Funktionen verfügen, insbesondere für die Möglichkeit der Kündigung der Auslagerungsvereinbarung, den Ausfall des Dienstleisters, eine wesentliche Verschlechterung der Leistungserbringung oder das Entstehen wesentlicher Risiken für die weitere Auslagerung. Die Institute sollten sicherstellen, dass sie die Auslagerungsvereinbarung beenden können, ohne dass eine unverhältnismäßige Störung ihrer Geschäftstätigkeit auftritt, die aufsichtlichen Anforderungen nicht erfüllt werden können oder die Dienstleistungen des Institutes für die Kunden beeinträchtigt werden. Sie sollten hierfür Ausstiegs- und Übergangspläne entwickeln sowie Alternativlösungen überlegen. Die Leitlinien enthalten zudem detaillierte Vorgaben für die Ausarbeitung von Exit-Strategien.[366] **251**

7.2   Art. 14 Abs. 2 lit. g der MiFID-Durchführungsrichtlinie

Die Kontinuität und Qualität der ausgelagerten Aktivitäten und Prozesse im Fall der vom Institut beabsichtigten Beendigung der Auslagerung sicherzustellen, klingt zunächst nach einer Selbstverständlichkeit. Jedes Institut wird schon aus wohlverstandenem Eigeninteresse darauf achten, dass der Wechsel oder die Abwicklung einer Auslagerungsmaßnahme insbesondere mit Blick auf die eigenen Kunden geräuschlos verlaufen. Durch diese Anforderung wird Art. 14 Abs. 2 lit. g der MiFID-Durchführungsrichtlinie entsprochen. Danach muss die Wertpapierfirma »in der Lage sein, die Auslagerungsvereinbarung erforderlichenfalls zu kündigen, ohne dass dies die Kontinuität und Qualität der für ihre Kunden erbrachten Dienstleistungen beeinträchtigt«. Der Wortlaut der Richtlinie lässt breiten Spielraum für unterschiedliche Interpretationen, so dass nicht nur während der Beratungen im MaRisk-Fachgremium zum Teil leidenschaftliche Diskussionen über Sinn und Zweck der Richtlinienvorgabe geführt wurden. **252**

Wie immer man den Wortlaut auch interpretiert: Vom Regelungszweck der Richtlinie wird es kaum intendiert sein, dass die Institute jeweils nur den zweit- oder drittbesten Anbieter wählen. Denn nur so wären sie – bei strenger Auslegung des Richtlinientextes – dazu in der Lage, die Kontinuität und Qualität der für ihre Kunden erbrachten Dienstleistungen auch im Fall der Kündigung auf mindestens demselben Niveau sicherzustellen. Ebenso wenig kann gemeint sein, dass die Institute permanent gleichwertige organisatorische Strukturen und Kapazitäten (z.B. Personal) vorhalten müssen. Die betriebswirtschaftlichen Vorteile einer Auslagerung wären bei einer solchen Interpretation von vornherein zunichte gemacht. Der eigentliche Regelungszweck der Richtlinienvorgabe zielt also offensichtlich darauf ab, dass sich die Institute für den Fall der beabsichtigten Beendigung der Auslagerung rechtzeitig über Ausweichlösungen Gedanken machen. **253**

7.3   Beabsichtigte oder erwartete Beendigung einer Auslagerungsvereinbarung

Im Kontext der Richtlinienvorgaben spielen die Regelungen der MaRisk allerdings nicht nur für den Fall der »beabsichtigten« Beendigung der Auslagerungsvereinbarung eine wichtige Rolle. Auch bei **254**

---

366 Vgl. European Banking Authority, Leitlinien zu Auslagerungen, EBA/GL/2019/02, 25. Februar 2019, S. 39 ff.

einer Beendigung der Vereinbarung aus anderen Gründen, die nicht zwingend auf die Initiative des auslagernden Institutes zurückgehen, sind entsprechende Vorkehrungen zu treffen. Deshalb wurde mit der vierten MaRisk-Novelle ergänzt, dass dieselben Maßstäbe bei einer »erwarteten« Beendigung der Auslagerungsvereinbarung durch das Auslagerungsunternehmen anzulegen sind.

255   Bei der beabsichtigten Beendigung einer Auslagerungsvereinbarung wird das auslagernde Institut schon im Eigeninteresse frühzeitig nach Ersatzlösungen suchen. Voraussetzung hierfür ist die Existenz entsprechender Kündigungsrechte, die nach § 25b Abs. 3 Satz 3 KWG im Auslagerungsvertrag zu vereinbaren sind. Die Anforderung wird durch die MaRisk konkretisiert, die über die Vereinbarung von Kündigungsrechten hinaus angemessene Kündigungsfristen verlangen (→ AT 9 Tz. 7 lit. l). Der Fixierung angemessener Kündigungsfristen müssen dabei grundsätzliche Überlegungen hinsichtlich des Aufwandes für die Suche nach Ersatzlösungen oder die Re-Integration der Aktivitäten und Prozesse vorausgehen. Im Rahmen der fünften MaRisk-Novelle wurde die Regelung dahingehend erweitert, dass Institute bereits bei der Vertragsanbahnung festzulegen haben, welchen Grad einer Schlechtleistung sie akzeptieren möchten. Für den Fall einer dauerhaften Unterschreitung dieser Grenze wird das Institut eine Kündigung des Vertragsverhältnisses zu prüfen haben.

256   Wenn die betroffenen Tätigkeiten weiterhin ausgelagert werden sollen, unterscheidet sich die Suche nach einer Ersatzlösung von der erstmaligen Suche nach einem geeigneten Auslagerungsunternehmen nur insoweit, als dass auf die Risikoanalyse zur Feststellung der Wesentlichkeit dieser Auslagerung i.d.R. verzichtet werden kann, sofern sich zwischenzeitlich keine wesentlichen Änderungen der Risikosituation ergeben haben (→ AT 9 Tz. 2). Ähnlich verhält es sich bei der erwarteten Beendigung einer Auslagerungsvereinbarung durch das Auslagerungsunternehmen. Insoweit werden sich die zu treffenden Vorkehrungen zwischen einer beabsichtigten und einer erwarteten Beendigung der Auslagerungsvereinbarung grundsätzlich nicht unterscheiden.

257   Sofern hingegen von Seiten des auslagernden Institutes aufgrund einer strategischen Neuausrichtung kein Interesse an einer Weiterführung des Auslagerungsverhältnisses besteht, spielen Überlegungen hinsichtlich einer Ausweichlösung natürlich keine Rolle. In diesem Fall geht es in erster Linie darum, die Re-Integration der betroffenen Aktivitäten und Prozesse angemessen vorzubereiten und insbesondere die dafür notwendigen Ressourcen rechtzeitig zu beschaffen.

258   Im Fall einer Kündigung wird das Institut ggf. noch für einen Übergangszeitraum auf die Mithilfe des Auslagerungsunternehmens angewiesen sein. Um das Risiko von Unterbrechungen zu verringern, sollte der Auslagerungsvertrag das Auslagerungsunternehmen für den Fall einer Kündigung verpflichten, das Institut bei der Übertragung der ausgelagerten Aktivitäten und Prozesse an ein anderes Auslagerungsunternehmen bzw. bei der Re-Integration in das Institut zu unterstützen. Die Regelung, die im Zuge der sechsten MaRisk-Novelle neu aufgenommen wird, geht auf die EBA-Leitlinien zu Auslagerungen zurück (→ AT 9 Tz. 7, Erläuterung).[367]

7.4   Unvorbereitete Beendigung einer Auslagerungsvereinbarung

259   In den beiden geschilderten Varianten hat das auslagernde Institut i.d.R. die Möglichkeit, sich rechtzeitig auf die Beendigung der Auslagerungsvereinbarung einzustellen und insofern in geeigneter Weise darauf zu reagieren. Anders verhält es sich hingegen, wenn eine wesentliche Auslagerung aus Sicht des auslagernden Institutes »unbeabsichtigt« bzw. »unerwartet« beendet wird. Im Einzelfall kann es vorkommen, dass selbst die Verpflichtung des Auslagerungsunternehmens, das Institut über Entwicklungen zu informieren, die die ordnungsgemäße Erledigung der aus-

---

367 Vgl. European Banking Authority, Leitlinien zu Auslagerungen, EBA/GL/2019/02, 25. Februar 2019, S. 38.

gelagerten Aktivitäten und Prozesse beeinträchtigen können (→ AT 9 Tz. 7 lit. n), für die Beschaffung einer adäquaten Ersatzlösung zu spät greift.

Bei derartigen Konstellationen werden die zuvor vereinbarten Kündigungsfristen wenig helfen. **260** Es kommt dann zunächst auf das Notfallmanagement und die Notfallkonzepte des auslagernden Institutes und des Auslagerungsunternehmens an. Das Institut hat Ziele zum Notfallmanagement zu definieren und hieraus abgeleitet einen Notfallmanagementprozess festzulegen. Das für Notfälle in »zeitkritischen Aktivitäten und Prozessen« erforderliche Notfallkonzept muss geeignete Maßnahmen zur Reduzierung möglicher Schäden enthalten. Zeitkritisch sind grundsätzlich jene Aktivitäten und Prozesse, bei deren Beeinträchtigung für definierte Zeiträume ein nicht mehr akzeptierter Schaden für das Institut zu erwarten ist (→ AT 7.3 Tz. 1 inkl. Erläuterung). Im Notfallkonzept des Institutes werden Verantwortlichkeiten, Ziele und Maßnahmen zur Fortführung bzw. Wiederherstellung von zeitkritischen Aktivitäten und Prozessen bestimmt und Kriterien für die Einstufung sowie das Auslösen der Pläne definiert. Für zeitkritische Aktivitäten und Prozesse muss das Notfallkonzept Geschäftsfortführungs- und Wiederherstellungspläne umfassen. Die Geschäftsfortführungspläne müssen gewährleisten, dass im Notfall zeitnah Ersatzlösungen zur Verfügung stehen. Wiederherstellungspläne müssen innerhalb eines angemessenen Zeitraumes die Rückkehr zum Normalbetrieb ermöglichen. Zudem ist bei Notfällen eine angemessene interne und externe Kommunikation sicherzustellen (→ AT 7.3 Tz. 2 inkl. Erläuterung).

In der Praxis wird regelmäßig auch das Auslagerungsunternehmen über entsprechende Konzepte und Pläne verfügen. Im Zuge der sechsten MaRisk-Novelle wird explizit festgelegt, dass bei **261** wesentlichen Auslagerungen im Auslagerungsvertrag zwischen dem Institut und dem Dienstleister Anforderungen für die Umsetzung und Überprüfung von Notfallkonzepten zu vereinbaren sind (→ AT 9 Tz. 7 lit. g).[368] Ob mit Hilfe der im Institut und im Auslagerungsunternehmen vorhandenen Notfallkonzepte in jedem Fall die Kontinuität und Qualität der Dienstleitungen nach Beendigung des Auslagerungsverhältnisses umgehend sichergestellt werden kann, ist allerdings nicht sicher. So müssen das auslagernde Institut und das Auslagerungsunternehmen nur im Fall der Auslagerung von zeitkritischen Aktivitäten und Prozessen über aufeinander abgestimmte Notfallkonzepte verfügen (→ AT 7.3 Tz. 2). Aus der Formulierung »aufeinander abgestimmte Notfallkonzepte« ist ersichtlich, dass das auslagernde Institut bei zeitkritischen Prozessen und Aktivitäten stets ein eigenes Notfallkonzept vorhalten muss, d.h. Geschäftsfortführungs- und Wiederherstellungspläne, die gewährleisten, dass im Notfall zeitnah Ersatzlösungen zur Verfügung stehen bzw. innerhalb eines angemessenen Zeitraumes die Rückkehr zum Normalbetrieb ermöglicht wird.

Bei Auslagerungen auf einen Mehrmandantendienstleister kann dessen Notfallkonzept nicht **262** das Notfallkonzept des Institutes ersetzen. Allerdings kann das auslagernde Institut wichtige Erkenntnisse aus dem Notfallkonzept des Auslagerungsunternehmens ziehen und auch Bausteine aus diesem Konzept übernehmen.[369]

Da sich Auslagerungsvereinbarungen keineswegs nur auf »zeitkritische« Aktivitäten und Prozesse beschränken, wird es im Fall einer unbeabsichtigten oder unerwarteten Beendigung der **263** Auslagerungsvereinbarung nicht immer möglich sein, die Kontinuität und Qualität der ausgelagerten Aktivitäten und Prozesse in gleichem Maße (sofort) zu gewährleisten. Die Aufsicht trägt dieser besonderen Situation Rechnung, indem die Anforderungen an das Institut in diesem Fall deutlich offener formuliert sind. So hat das Institut für Fälle unbeabsichtigter oder unerwarteter Beendigung von Auslagerungen, die mit einer erheblichen Beeinträchtigung der Geschäftstätigkeit verbunden sein können, »etwaige Handlungsoptionen auf ihre Durchführbarkeit zu prüfen und zu verabschieden«. Dies beinhaltet auch, soweit sinnvoll und möglich, die Festlegung entsprechender

---

368 Die Anforderung geht zurück auf die EBA-Leitlinien zu Auslagerungen. Vgl. European Banking Authority, Leitlinien zu Auslagerungen, EBA/GL/2019/02, 25. Februar 2019, S. 32.
369 Vgl. Kelp, Torsten, Einer für viele, in: BaFinJournal, Ausgabe Juli 2019, S. 14.

Ausstiegsprozesse. Darüber hinaus sind die Handlungsoptionen regelmäßig und anlassbezogen zu überprüfen. Ausstiegsprozesse sind mit dem Ziel festzulegen, die notwendige Kontinuität und Qualität der ausgelagerten Aktivitäten und Prozesse aufrechtzuerhalten bzw. in angemessener Zeit wiederherstellen zu können. Ist die Festlegung von Ausstiegsstrategien nicht möglich, ist zumindest eine angemessene Berücksichtigung in der Notfallplanung erforderlich (→ AT 9 Tz. 6, Erläuterung). Bei gruppen- und verbundinternen Auslagerungen kann auf die Erstellung von Ausstiegsprozessen und Handlungsoptionen vollständig verzichtet werden. Die bisher in der Erläuterung zu Tz. 6 enthaltene Regelung wird mit der sechsten MaRisk-Novelle in die neue Tz. 15 überführt, die alle Erleichterungen im Hinblick auf Gruppen und Finanzverbünde zusammenfasst (→ AT 9 Tz. 15 lit. d).

264   Wenngleich von einer erheblichen Beeinträchtigung der Geschäftätigkeit im Wesentlichen bei zeitkritischen Aktivitäten und Prozessen auszugehen ist, erwartet die Aufsicht von den Instituten, auch für die übrigen Aktivitäten und Prozesse einen »Plan B« vorzuhalten. Nicht zuletzt vor diesem Hintergrund sollte das auslagernde Institut die Qualität des Notfallmanagements des Auslagerungsunternehmens bereits in der Risikoanalyse angemessen berücksichtigen (→ AT 9 Tz. 2).[370]

265   Die Formulierung »erhebliche Beeinträchtigung« steht im Zusammenhang mit dem in den MaRisk verankerten Wesentlichkeitsprinzip. Sie wurde auf Anregung der Kreditwirtschaft in Abgrenzung zu den »wesentlichen Auslagerungen« gewählt, um für die Klassifizierung der Auslagerung und die mögliche Beeinträchtigung der Geschäftätigkeit durch deren Beendigung nicht den gleichen Wertungsmaßstab anzulegen und eine inhaltliche Vermengung beider Begrifflichkeiten zu vermeiden.[371]

7.5   Durchführbarkeit etwaiger Handlungsoptionen

266   Im MaRisk-Fachgremium wurde lange darüber diskutiert, wie z.B. Verbundinstitute mit einem einzigen Rechenzentrum und keiner kurzfristig greifenden Alternativlösung mit dieser Anforderung umgehen sollen. Seitens der Institute wurde darauf verwiesen, dass durch eine Beteiligung in den maßgeblichen Aufsichtsorganen der Dienstleister eine gewisse Einflussnahme auf diese Anbieter bestehe. In derartigen Fällen können dem Aufsichtsorgan natürlich nie alle Institute angehören. Häufig sitzen dort leitende Mitarbeiter aus den (regionalen) kreditwirtschaftlichen Verbänden, von denen die Interessen aller angeschlossenen Institute vertreten werden. Die deutsche Aufsicht hat in der Sondersitzung des Fachgremiums MaRisk im März 2018 nochmals betont, dass die Geschäftsleitung des Institutes auch bei Auslagerungen an Mehrmandanten-dienstleister für die ausgelagerten Aktivitäten und Prozesse verantwortlich bleibt.[372] Folglich ist das Institut in der Pflicht, mögliche Mängel bei der Leistungserbringung unter Einbeziehung des Mehrmandantendienstleisters zu beheben bzw. darauf hinzuwirken, dass die Mängel vom Dienstleister beseitigt werden. Die Aufsicht verlangt daher auch bei Auslagerungen an Mehrmandanten-dienstleister entsprechende Überwachungshandlungen zur Leistungserbringung und zur Einhaltung rechtlicher Vorgaben. Sie ist sich jedoch bewusst, dass dies in einzelnen Fällen die Institute vor besondere Herausforderungen stellt, vor allem dann, wenn der Einfluss des einzelnen Institutes auf den Mehrmandantendienstleister gering ist. Die Aufsicht empfiehlt Verbundinstitu-

370 Vgl. Kelp, Torsten, Einer für viele, in: BaFinJournal, Ausgabe Juli 2019, S. 14.

371 Vgl. Deutsche Kreditwirtschaft, Stellungnahme zum Konsultationspapier 01/2012 der Bundesanstalt für Finanzdienst-leistungsaufsicht (BaFin) – »Überarbeitung der MaRisk« (Zwischenentwurf vom 2. August 2012), 12. September 2012, S. 13f.

372 Vgl. hierzu auch Kelp, Torsten, Einer für viele, in: BaFinJournal, Ausgabe Juli 2019, S. 13.

ten bei Auslagerungen innerhalb des Haftungsverbundes, dass das einzelne Institut über den Verbund etwaige Mängel an den Mehrmandantendienstleister heranträgt.[373]

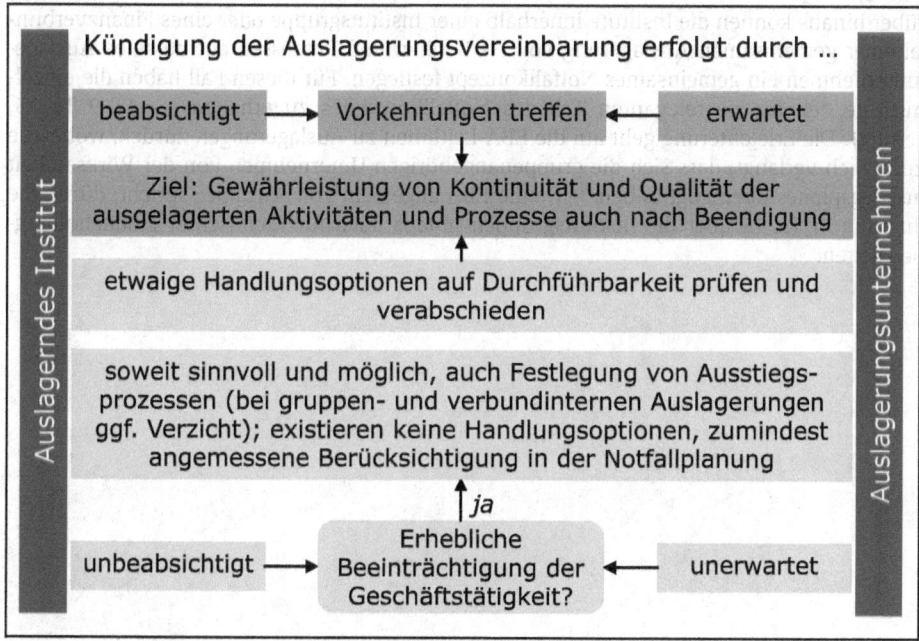

Abb. 53: Beendigung von Auslagerungsvereinbarungen

Unabhängig davon finden sich in den MaRisk weitere Anforderungen, die auf eine Vermeidung negativer Entwicklungen hinauslaufen. So müssen die Risikosteuerungs- und -controllingprozesse gewährleisten, dass die wesentlichen Risiken – auch aus ausgelagerten Aktivitäten und Prozessen – frühzeitig erkannt werden (→ AT 4.3.2 Tz. 2). Dies schließt im Grunde auch das frühzeitige Erkennen der Gefahr einer unbeabsichtigten oder unerwarteten Beendigung der Auslagerung, z. B. aufgrund der möglichen Insolvenz des Dienstleisters infolge einer Verschlechterung der wirtschaftlichen Lage, ein. **267**

Wie bereits im Zusammenhang mit den Anforderungen des Art. 14 Abs. 2 lit. g der MiFID-Durchführungsrichtlinie ausgeführt, ist von der Aufsicht auch in diesen Fällen schon aus betriebswirtschaftlichen Gründen nicht intendiert, dass die Institute permanent gleichwertige interne Strukturen und Kapazitäten oder gar einen gleichwertigen externen Vertragspartner vorhalten müssen. So erwartet die BaFin z. B. ausdrücklich nicht, dass ein Institut, welches seine IT vollständig an einen Dienstleister ausgelagert hat, bei dessen Ausfall unverzüglich sämtliche IT-Funktionalitäten wieder übernehmen kann.[374] **268**

Wenngleich die Aufsicht keine entsprechende Erläuterung aufgenommen hat, ist davon auszugehen, dass sich die entsprechenden Anforderungen an Auslagerungen innerhalb von Gruppen oder Finanzverbünden – in Abhängigkeit von den damit jeweils verbundenen besseren Einflussmöglichkeiten – gegenüber Auslagerungen an einen Dritten in der Prüfungspraxis unterscheiden **269**

---

373 Dies entspricht nach dem Kenntnisstand der Aufsicht der Praxis. Vgl. Bundesanstalt für Finanzdienstleistungsaufsicht, Protokoll der Sitzung des MaRisk-Fachgremiums am 15. März 2018, S. 2.

374 Vgl. Kelp, Torsten, Einer für viele, in: BaFinJournal, Ausgabe Juli 2019, S. 14.

werden. Dafür spricht insbesondere, dass bei gruppen- und verbundinternen Auslagerungen auf die Erstellung von Ausstiegsprozessen und Handlungsoptionen verzichtet werden kann (→ AT 9 Tz. 15 lit. d).

270   Darüber hinaus können die Institute innerhalb einer Institutsgruppe oder eines Finanzverbundes bei einer gemeinsamen Auslagerung von Aktivitäten und Prozessen auf dasselbe Auslagerungsunternehmen ein gemeinsames Notfallkonzept festlegen. Für diesen Fall haben die einzelnen Institute den für sie relevanten Teil des Notfallkonzeptes zu erhalten (→ AT 9 Tz. 15, Erläuterung). Die Erleichterung geht auf die EBA-Leitlinien zu Auslagerungen zurück, wobei die EBA zusätzlich verlangt, dass sich die gruppenangehörigen Unternehmen von der Wirksamkeit des Ausstiegsplanes überzeugt haben.[375] Da die EBA allgemein von »Gruppe« spricht, dürfte die Erleichterung in Tz. 15 über die Institutsgruppen hinaus auch für (gemischte) Finanzholding-Gruppen gelten.

---

375 Vgl. European Banking Authority, Leitlinien zu Auslagerungen, EBA/GL/2019/02, 25. Februar 2019, S. 10 und 21.

8 Bestandteile des Auslagerungsvertrages (Tz. 7)

7 Bei wesentlichen Auslagerungen ist im in Textform dokumentierten Auslagerungsver- 271
trag insbesondere Folgendes zu vereinbaren:

a) Spezifizierung und ggf. Abgrenzung der vom Auslagerungsunternehmen zu erbringenden Leistung,

b) Datum des Beginns und ggf. des Endes der Auslagerungsvereinbarung,

c) sofern von deutschem Recht abweichend, das geltende Recht für die Auslagerungsvereinbarung,

d) Standorte (d. h. Regionen oder Länder), in denen die Durchführung der Dienstleistung erfolgt und/oder maßgebliche Daten gespeichert und verarbeitet werden, sowie die Regelung, dass das Institut benachrichtigt wird, wenn das Auslagerungsunternehmen den Standort wechselt,

e) vereinbarte Dienstleistungsgüte mit eindeutig festgelegten Leistungszielen,

f) soweit zutreffend, dass das Auslagerungsunternehmen für bestimmte Risiken einen Versicherungsnachweis vorzulegen hat,

g) Anforderungen für die Umsetzung und Überprüfung von Notfallkonzepten,

h) Festlegung angemessener Informations- und Prüfungsrechte der Internen Revision sowie externer Prüfer,

i) Sicherstellung der uneingeschränkten Informations- und Prüfungsrechte sowie der Kontrollmöglichkeiten der gemäß § 25b Absatz 3 KWG zuständigen Behörden bezüglich der ausgelagerten Aktivitäten und Prozesse,

j) soweit erforderlich Weisungsrechte,

k) Regelungen, die sicherstellen, dass datenschutzrechtliche Bestimmungen und sonstige Sicherheitsanforderungen beachtet werden,

l) Kündigungsrechte und angemessene Kündigungsfristen,

m) Regelungen über die Möglichkeit und über die Modalitäten einer Weiterverlagerung, die sicherstellen, dass das Institut die bankaufsichtsrechtlichen Anforderungen weiterhin einhält,

n) Verpflichtung des Auslagerungsunternehmens, das Institut über Entwicklungen zu informieren, die die ordnungsgemäße Erledigung der ausgelagerten Aktivitäten und Prozesse beeinträchtigen können.

8.1 Bedeutung des Auslagerungsvertrages

Die Vertragsausgestaltung ist für das Management auslagerungsspezifischer Risiken von zentraler 272
Bedeutung und darf unter keinen Umständen unterschätzt werden. Durch die Auslagerung von
Aktivitäten und Prozessen auf andere Unternehmen tritt die interne Hierarchie des auslagernden
Unternehmens in den Hintergrund. Interne Kompetenzen, Verantwortlichkeiten, Kontrollen oder
Kommunikationswege, die üblicherweise Gegenstand der (internen) Organisationsrichtlinien
sind, verlieren für die ausgelagerten Aktivitäten und Prozesse an Bedeutung. An ihre Stelle tritt
der Auslagerungsvertrag. Die über den Vertrag geschlossene Übereinkunft mit dem Auslagerungs-
unternehmen und die darin fixierten Rechte und Pflichten sind das Fundament, welches das
Zusammenspiel zwischen den Vertragsparteien regelt.

273 Gemäß § 25b Abs. 3 Satz 1 KWG darf die BaFin durch die Auslagerung nicht an der Wahrnehmung ihrer Aufgaben gehindert werden. § 25b Abs. 3 Satz 3 KWG regelt anschließend lediglich einen (wichtigen) Teilaspekt der zwischen dem Institut und dem Auslagerungsunternehmen abzuschließenden Auslagerungsvereinbarung. Danach müssen die für die Auskunfts- und Prüfungsrechte der Bankenaufsicht und der Prüfer erforderlichen Rechte des Institutes, einschließlich der Weisungs- und Kündigungsrechte, sowie die korrespondierenden Pflichten des Auslagerungsunternehmens im Auslagerungsvertrag festgeschrieben sein. Die MaRisk wiederholen die Anforderung aus § 25b Abs. 3 Satz 3 KWG und formulieren darüber hinaus für wesentliche Auslagerungen grundsätzliche Anforderungen an die Auslagerungsvereinbarung nach § 25b KWG.

8.2 Ausgestaltung des Auslagerungsvertrages

274 Die konkrete Ausgestaltung des Vertrages ist insbesondere bei komplexen Auslagerungsmaßnahmen alles andere als ein leichtes Unterfangen. Abstrakt gehaltene Formulierungen können sich dabei im Nachhinein als genauso problematisch erweisen wie ein zu hoher Detaillierungsgrad. Auslagerungsverträge haben typischerweise eine mehrjährige Laufzeit, so dass Anpassungen, die zum Zeitpunkt des Vertragsabschlusses noch nicht absehbar waren, nicht ausgeschlossen werden können (z. B. Kundenwünsche aufgrund von Änderungen der Marktsituation oder Änderungen rechtlicher Rahmenbedingungen). Da es ein realitätsfernes Unterfangen wäre, alle potenziellen Entwicklungen vertraglich vorwegzunehmen, ist eine gewisse Flexibilität erforderlich.[376] Andererseits ist es insbesondere mit Blick auf mögliche Unstimmigkeiten zwischen dem auslagernden Unternehmen und dem Dienstleister von erheblicher Bedeutung, dass die Verträge hinreichend klar formuliert sind. Aufgrund nicht ausreichend konkretisierter Vertragsbestandteile waren teilweise schon Rückabwicklungen von Auslagerungsmaßnahmen erforderlich.[377] Bei der Fixierung des Auslagerungsvertrages muss daher letztendlich eine vernünftige Balance zwischen Flexibilität und Bestimmtheit gefunden werden.

275 In der Praxis wird häufig versucht, das Spannungsfeld zwischen Flexibilität und Bestimmtheit durch einen Rahmenvertrag zu überbrücken, der die grundlegenden Rechte und Pflichten der Parteien und allgemeingültige Bedingungen für die vom Auslagerungsunternehmen zu erbringenden Leistungen enthält. Basierend auf diesem Rahmenvertrag werden sodann konkrete Einzelvereinbarungen über die Erbringung spezifischer Dienstleistungen abgeschlossen. Durch solche modularen Vertragskonstruktionen können konkrete Leistungsinhalte über die Vertragslaufzeit angepasst werden, ohne dass die allgemeinen Regelungen des Rahmenvertrages davon grundsätzlich tangiert werden.[378] Einen Beitrag zur Flexibilisierung leistet auch das so genannte »Change-Request-Verfahren«. Durch die Vereinbarung von »Vertragsanpassungsklauseln« können besondere Wünsche des Kunden oder des Auslagerungsunternehmens, die zu einer Änderung schon abgestimmter Vereinbarungen während der Vertragslaufzeit führen, angemessen berücksichtigt werden. Abhängig vom konkreten Änderungswunsch werden sich allerdings Nachkalkulationen und somit auch höhere Kosten möglicherweise nicht vermeiden lassen. Natürlich sollten die Änderungswünsche auch nicht die Grenze des Zumutbaren übersteigen.[379]

---

376 Vgl. Bundesverband Informationswirtschaft, Telekommunikation und neue Medien e.V. (BITKOM), Compliance in IT-Outsourcing-Projekten – Leitfaden zur Umsetzung rechtlicher Rahmenbedingungen, 3. August 2006, S. 12.

377 Vgl. Gross, Jürgen/Bordt, Jörg/Musmacher, Matias, Business Process Outsourcing, Wiesbaden, 2006, S. 181.

378 Vgl. von Voigt, Eckhard/Keienburg, Carsten, Vertragsgestaltung und arbeitsrechtliche Aspekte bei Outsourcing, in: Hermes, Heinz-Josef/Schwarz, Gerd, Outsourcing, München, 2005, S. 237f.; Lamberti, Hermann-Josef, Industrialisierung des Bankgeschäfts, in: Die Bank, Heft 6/2004, S. 374.

379 Vgl. Söbbing, Thomas/Wöhlermann, Katharina, Rechtliche Fragen im IT-Outsourcing, in: HMD Praxis der Wirtschaftsinformatik, Heft 245/2006, S. 55.

8.3   Schriftliche Vereinbarung

Damit ein Institut im Fall einer Auslagerung jederzeit in der Lage bleibt, seiner Verantwortung   **276**
auch über die ausgelagerten Aktivitäten und Prozesse gerecht zu werden und die Einbeziehung in
das Risikomanagement gewährleistet ist, bedarf eine Auslagerung gemäß § 25b Abs. 3 Satz 3 KWG
einer schriftlichen Vereinbarung, welche die erforderlichen Rechte des Institutes (einschließlich
Weisungs- und Kündigungsrechte) und die korrespondierenden Pflichten des Auslagerungsunternehmens festlegt. Die MaRisk konkretisieren und erweitern die Anforderungen an die Schriftform
und den Inhalt von Auslagerungsverträgen für wesentliche Auslagerungen. Zunächst wird im
Zuge der sechsten MaRisk-Novelle klargestellt, dass eine »Dokumentation in Textform« im Sinne
des § 126b BGB ausreicht.[380] Darüber hinaus wird das Textformerfordernis auf die gesamte Liste
der Vertragselemente ausgeweitet.

8.4   »Liste der Vertragselemente« im Überblick

Aufgrund der Bedeutung des Auslagerungsvertrages für das Management auslagerungsspezi-   **277**
fischer Risiken (→ BTR 4) ist es nicht überraschend, dass diverse Vertragselemente aufgezählt
werden, die das auslagernde Institut mit dem Auslagerungsunternehmen im Auslagerungsvertrag
zu vereinbaren hat. Die Anforderungen sind eher allgemeiner Natur und berücksichtigen natürlich
in besonderem Maße bankaufsichtliche Aspekte (z.B. Vereinbarung von Prüfungsrechten). Im
Zuge der sechsten MaRisk-Novelle wurden die Vorgaben an den Auslagerungsvertrag erheblich
ausgeweitet.[381] Die Änderungen gehen auf die EBA-Leitlinien zu Auslagerungen aus dem Jahr 2019
zurück, die sehr detaillierte Anforderungen an Auslagerungsvereinbarungen enthalten.[382] Im
Einzelnen fordern die MaRisk für den Auslagerungsvertrag folgende Vertragselemente:
- Spezifizierung und ggf. Abgrenzung der vom Auslagerungsunternehmen zu erbringenden
  Leistung (lit. a),
- Datum des Beginns und ggf. des Endes der Auslagerungsvereinbarung (lit. b),
- sofern von deutschem Recht abweichend, das geltende Recht für die Auslagerungsvereinbarung (lit. c),
- Standorte (d.h. Regionen oder Länder), in denen die Durchführung der Dienstleistung erfolgt
  und/oder maßgebliche Daten gespeichert und verarbeitet werden, sowie die Regelung, dass
  das Institut benachrichtigt wird, wenn das Auslagerungsunternehmen den Standort wechselt
  (lit. d),
- vereinbarte Dienstleistungsgüte mit eindeutig festgelegten Leistungszielen (lit. e),
- soweit zutreffend, dass das Auslagerungsunternehmen für bestimmte Risiken einen Versicherungsnachweis vorzulegen hat (lit. f),
- Anforderungen für die Umsetzung und Überprüfung von Notfallkonzepten (lit. g),
- Festlegung angemessener Informations- und Prüfungsrechte der Internen Revision sowie
  externer Prüfer (lit. h),

---

380 Ist durch Gesetz Textform vorgeschrieben, so muss nach § 126b Satz 1 BGB eine lesbare Erklärung, in der die Person des
     Erklärenden genannt ist, auf einem dauerhaften Datenträger abgegeben werden. Nach § 126b Satz 2 BGB ist ein dauer-
     hafter Datenträger jedes Medium, das es dem Empfänger ermöglicht, eine auf dem Datenträger befindliche, an ihn
     persönlich gerichtete Erklärung so aufzubewahren oder zu speichern, dass sie ihm während eines für ihren Zweck
     angemessenen Zeitraumes zugänglich ist, und geeignet ist, die Erklärung unverändert wiederzugeben.
381 Bis zur sechsten MaRisk-Novelle entsprach die »Liste der Vertragselemente« weitgehend den alten Regelungen aus dem
     Rundschreiben 11/2001. Die BaFin hatte in der Folgezeit lediglich einige Vertragspflichten flexibilisiert. Diese Flexibili-
     sierungen waren vor allem bei Auslagerungen auf so genannte »Mehrmandantendienstleister« von Relevanz.
382 Vgl. European Banking Authority, Leitlinien zu Auslagerungen, EBA/GL/2019/02, 25. Februar 2019, S. 31 f.

– Sicherstellung der uneingeschränkten Informations- und Prüfungsrechte sowie der Kontroll-möglichkeiten der gemäß § 25b Abs. 3 KWG zuständigen Behörden bezüglich der ausgelager-ten Aktivitäten und Prozesse (lit. i),

– soweit erforderlich Weisungsrechte (lit. j),

– Regelungen, die sicherstellen, dass datenschutzrechtliche Bestimmungen und sonstige Sicher-heitsanforderungen beachtet werden (lit. k),

– Kündigungsrechte und angemessene Kündigungsfristen (lit. l),

– Regelungen über die Möglichkeit und über die Modalitäten einer Weiterverlagerung, die sicherstellen, dass das Institut die bankaufsichtsrechtlichen Anforderungen weiterhin einhält (lit. m),

– Verpflichtung des Auslagerungsunternehmens, das Institut über Entwicklungen zu informie-ren, die die ordnungsgemäße Erledigung der ausgelagerten Aktivitäten und Prozesse beein-trächtigen können (lit. n).

278 Nach dem Übermittlungsschreiben zur sechsten MaRisk-Novelle gilt für die Anpassung von bereits bestehenden oder in Verhandlung befindlichen Auslagerungsverträgen eine gesonderte Umset-zungsfrist bis zum 31. Dezember 2021. Eine Änderung von Vertragsverhältnissen, die auf der Grundlage eines öffentlichen Vergabeverfahrens abgeschlossen wurden, kann wegen der beson-deren rechtlichen Probleme unterbleiben, soweit diese Verträge befristet sind und innerhalb der nächsten fünf Jahre neu vergeben werden müssen. Bei Vergabeverfahren, die ab dem 1. Januar 2022 initiiert werden, sind die neuen Anforderungen demgegenüber ausreichend zu berück-sichtigen.[383]

279 Die im November 2018 veröffentlichte Orientierungshilfe zu Auslagerungen an Cloud-Anbieter enthält zu verschiedenen Vertragselementen Hinweise bezüglich der Inanspruchnahme von Cloud-Diensten.[384] Da die BaFin die Orientierungshilfe im Zuge der sechsten MaRisk-Novelle nicht in die MaRisk integriert hat, ist diese weiterhin anzuwenden.[385]

280 Die Anforderungen an die Vertragsgestaltung sind bei »wesentlichen« Auslagerungen zu beach-ten. Insoweit hat das Ergebnis der Risikoanalyse einen nicht unerheblichen Einfluss auf die Vertragsgestaltung (→ AT 9 Tz. 2). Nach den Vorstellungen der Aufsicht sollten bestimmte Vertragselemente allerdings auch in den Auslagerungsverträgen über unter Risikogesichtspunkten »nicht wesentliche« Aktivitäten und Prozesse enthalten sein. So sollten die Informations- und Prüfungsrechte der Internen Revision und der externen Prüfer sowie der Aufsichtsbehörden möglichst auch für nicht wesentliche Auslagerungen vereinbart werden, sofern abzusehen ist, dass die Auslagerung in naher oder mittlerer Zukunft wesentlich werden könnte.[386] Auch die Regelungen zu sonstigen Sicherheitsanforderungen sollten für alle Auslagerungen vertraglich vereinbart werden (→ AT 9 Tz. 7, Erläuterung).

281 Die Praxis des Auslagerungsvertragsrechtes geht i. d. R. weit über die von der deutschen Aufsicht geforderten Mindestinhalte hinaus. In Auslagerungsvereinbarungen können regelmäßig folgende weitere Vertragselemente enthalten sein:

– Mitwirkungs- oder Beistellungsleistungen des auslagernden Institutes,

– Regelungen bezüglich des Überganges der Aktivitäten und Prozesse und zur Überprüfung dieses Überganges (»Joint Verification«),

---

383 Vgl. Bundesanstalt für Finanzdienstleistungsaufsicht, Rundschreiben 10/2021 (BA) zur Neufassung der MaRisk, Über-mittlungsschreiben vom 16. August 2021, S. 10.

384 Vgl. Bundesanstalt für Finanzdienstleistungsaufsicht, Merkblatt – Orientierungshilfe zu Auslagerungen an Cloud-Anbie-ter, 8. November 2018, S. 7 ff.

385 Die EBA hat demgegenüber ihre Empfehlungen für den Bezug von Cloud-Dienstleistungen in die EBA-Leitlinien zu Auslagerungen überführt. Diese wurden daher mit Wirkung zum 30. September 2019 aufgehoben. Vgl. European Banking Authority, Leitlinien zu Auslagerungen, EBA/GL/2019/02, 25. Februar 2019, S. 7.

386 Vgl. Deutsche Kreditwirtschaft, BaFin-Konsultation 14/2020 – Mindestanforderungen an das Risikomanagement, Stel-lungnahme vom 4. Dezember 2020, S. 23.

- Vertragsanpassungsklauseln (»Change Request«-Klauseln),
- Zustimmungsvorbehalte bei Weiterverlagerungen, die allerdings auch von der Aufsicht empfohlen werden (→ AT 9 Tz. 8),
- Vergütungsregelungen (inkl. deren umsatzsteuerlicher Behandlung),
- Eskalationsregelungen,
- Gewährleistungs- und Haftungsregelungen,
- Geheimhaltungsklauseln,
- gewerbliche Schutzrechte (z. B. Patente, Urheberrechte),
- ggf. Regelungen zum Betriebsübergang eigener Mitarbeiter,
- Regelungen bezüglich des Procedere im Fall einer Rückabwicklung, auf die von der Aufsicht erläuternd zu den Kündigungsrechten eingegangen wird.[387]

8.5   Mehrmandantendienstleister

Einige Anforderungen an die Vertragsgestaltung haben in der Vergangenheit bei Auslagerungen auf so genannte »Mehrmandantendienstleister« zu Schwierigkeiten geführt. Solche Auslagerungsunternehmen, die für eine Vielzahl von Mandanten Dienstleistungen erbringen, haben in den letzten Jahren nicht zuletzt wegen zunehmender Konzentrationstendenzen aufgrund von Fusionen erheblich an Bedeutung gewonnen.[388] In der Regel erbringen sie standardisierte Dienstleistungen für ihre Mandanten, wie etwa die Wertpapierabwicklung oder die Abwicklung des Zahlungsverkehrs. In den Verbundorganisationen geht die Zahl der Sparkassen und Genossenschaftsbanken, welche die Leistungen einzelner Mehrmandantendienstleister (z. B. Rechenzentren) in Anspruch nehmen, leicht in die Hunderte. Große Mehrmandantendienstleister haben sich aber auch außerhalb der Verbundorganisationen fest etabliert (z. B. Deutsche WertpapierService Bank AG oder Deutsche Postbank AG). Darüber hinaus führen Digitalisierung sowie die zunehmende Bedeutung der Informationstechnologien (IT) und der Finanztechnologien (FinTech) zu einer verstärkten Auslagerung von IT-Dienstleistungen an Mehrmandantendienstleister im Allgemeinen und Cloud-Anbieter im Besonderen.[389] | **282**

Da Probleme beim Mehrmandantendienstleister auf alle auslagernden Institute durchschlagen können, gewinnen solche Dienstleister auch aus bankaufsichtlicher Perspektive immer mehr an Bedeutung. Insoweit besteht von Seiten der Aufsicht ein nachvollziehbares Interesse daran, dass die Spezialregelungen des § 25b KWG auch bei Auslagerungen auf Mehrmandantendienstleister beachtet werden. Auf der anderen Seite existieren (ebenfalls) nachvollziehbare praktische Gründe, die dafürsprechen, die Regelungen nicht eins zu eins zur Anwendung kommen zu lassen. Beispielsweise können flächendeckende Prüfungen durch die Revisionen der auslagernden Institute beim Mehrmandantendienstleister unter Umständen gravierende Auswirkungen auf die Erbringung der Dienstleistungen haben. Auch die Durchführung einheitlicher Prüfungen nach einem mit allen Instituten abgestimmten Prüfungsplan kann in der Praxis bei einer sehr großen Anzahl von auslagernden Instituten zu Problemen führen. Schon das Rundschreiben 11/2001 räumte daher bestimmte Erleichterungen ein, die dazu beitragen sollten, die Probleme bei | **283**

---

387 Vgl. Gross, Jürgen/Bordt, Jörg/Musmacher, Matias, Business Process Outsourcing, Wiesbaden, 2006, S. 154 ff.; Chrubasik, Bodo/Schütz, Armin, Auslagerungen in der Kreditwirtschaft, Göttingen, 2018, S. 262 f.; Eichler, Alexander, Vertragsgestaltung und -verhandlungen, Vortrag an der Universität Jena am 19. November 2004.

388 Mit der Fusion der FinanzIT und der Sparkassen Informatik (SI) zur Finanz Informatik GmbH & Co. KG im Januar 2008 ist der größte IT-Dienstleister Europas entstanden. Kunden der Finanz Informatik sind 376 deutsche Sparkassen, 8 Landesbausparkassen, 6 Landesbanken, die DekaBank, öffentliche Versicherer sowie weitere Unternehmen der Sparkassen-Finanzgruppe und der Finanzbranche (Stand September 2021).

389 Vgl. Röseler, Raimund/Steinbrecher, Ira, Wenn Banken IT-Dienstleistungen auslagern, in: BaFinPerspektiven, Ausgabe 1/2019, Digitalisierung – Folgen für Finanzmarkt, Aufsicht und Regulierung – Teil II, 28. Februar 2019, S. 50.

Auslagerungen auf Mehrmandantendienstleister zumindest abzuschwächen.[390] Im Rahmen der ersten MaRisk-Novelle wurden diese Erleichterungen aufgegriffen und seitdem weiter ausgebaut.[391] Im Einzelnen geht es um

- die Ausübung der vertraglich zu fixierenden Prüfungsrechte der Internen Revision des auslagernden Institutes (lit. h),
- die Vereinbarung von Weisungsrechten (lit. f) und
- »Zustimmungsvorbehalte« bei Weiterverlagerungen (lit. m).

Im Unterschied zum Rundschreiben 11/2001 können die Erleichterungen bei allen Auslagerungen in Anspruch genommen werden. Es kommt mithin nicht mehr auf die Eigenschaft des »Mehrmandantendienstleisters« an.[392]

8.6 Aufsichtliche Vorgaben für den Auslagerungsvertrag

284   Im Folgenden werden die aufsichtlichen Anforderungen an den Auslagerungsvertrag bei wesentlichen Auslagerungen näher erläutert. Dabei wird auch auf die oben genannten Erleichterungen bei Auslagerungen auf Mehrmandantendienstleister eingegangen.

8.6.1   Spezifizierung und Abgrenzung der zu erbringenden Leistung (lit. a)

285   Die Spezifizierung der vom Auslagerungsunternehmen zu erbringenden Leistung ist ein zentraler Bestandteil des Auslagerungsvertrages, dessen Bedeutung allerdings in der Praxis häufig unterschätzt wird.[393] Die zu erbringende Leistung sollte so exakt wie möglich mit dem Auslagerungsunternehmen abgestimmt und in einer Leistungsbeschreibung fixiert werden. Um nachträgliche Unstimmigkeiten zu vermeiden, werden die Leistungsbeschreibungen häufig um Definitionen ergänzt, die zusätzlich Klarheit schaffen sollen. Es ist sinnvoll, dass die Leistungsbeschreibung zwischen den jeweils betroffenen Organisationseinheiten der Vertragsparteien intensiv abgestimmt wird (bspw. zwischen den IT-Abteilungen). Auf diese Weise lässt sich das Risiko kostspieliger Meinungsverschiedenheiten zwischen den Vertragsparteien weiter reduzieren.

286   Eine klare Abgrenzung der Verantwortlichkeiten ist vor allem dann erforderlich, wenn Mitwirkungs- oder Beistellungsleistungen des auslagernden Institutes Gegenstand der Auslagerungsvereinbarung sind. Sollten von Seiten des auslagernden Institutes keine derartigen Vertragspflichten bestehen, ist aus bankaufsichtlicher Perspektive keine Abgrenzung der Verantwortlichkeiten erforderlich.

287   Die deutsche Aufsicht empfiehlt bei Auslagerungen an Cloud-Anbieter, die Spezifizierung und ggf. Abgrenzung der vom Cloud-Anbieter zu erbringenden Leistung in Service-Level-Agreements zu fixieren. Dabei sollten grundsätzlich die ausgelagerten Prozesse und Aktivitäten und deren

---

390   Vgl. Bundesaufsichtsamt für das Kreditwesen, Auslagerung von Bereichen auf ein anderes Unternehmen gemäß § 25a Abs. 2 KWG, Rundschreiben 11/2001 vom 6. Dezember 2001, Tz. 49.

391   Einen Überblick über die von der Aufsicht eingeräumten Erleichterungen für die Geschäftsbeziehung zwischen Mehrmandantendienstleister und auslagerndem Institut gibt Kelp, Torsten, Einer für viele, in: BaFinJournal, Ausgabe Juli 2019, S. 13 ff.

392   Im Gegensatz zum Rundschreiben 11/2001 kann dadurch auch auf eine Definition für den »Mehrmandantendienstleister« verzichtet werden. Vgl. Bundesaufsichtsamt für das Kreditwesen, Auslagerung von Bereichen auf ein anderes Unternehmen gemäß § 25a Abs. 2 KWG, Rundschreiben 11/2001 vom 6. Dezember 2001, Tz. 49.

393   Vgl. Bundesverband Informationswirtschaft, Telekommunikation und neue Medien e.V. (BITKOM), Compliance in IT-Outsourcing-Projekten – Leitfaden zur Umsetzung rechtlicher Rahmenbedingungen, 3. August 2006, S. 45 f.

Umsetzung (z. B. Art des Dienstleistungs- und Bereitstellungsmodells, Umfang der angebotenen Dienste, wie etwa Rechenleistung oder zur Verfügung stehender Speicherplatz, Verfügbarkeitsanforderungen, Reaktionszeiten), die Unterstützungsleistungen (Support), die Zuständigkeiten, Mitwirkungs- und Bereitstellungspflichten (z. B. bei Updates), der Ort der Leistungserbringung (z. B. Standort der Rechenzentren), Beginn und Ende des Auslagerungsvertrages, Kennzahlen zur fortlaufenden Überprüfung des Dienstleistungsniveaus sowie Indikatoren zur Erkennung eines unannehmbaren Dienstleistungsniveaus festgelegt werden.[394]

8.6.2 Beginn und Ende der Auslagerungsvereinbarung (lit. b)

Bei wesentlichen Auslagerungen ist seit der sechsten MaRisk-Novelle das Datum des Beginns und ggf. des Endes der Auslagerungsvereinbarung explizit im Auslagerungsvertrag zu vereinbaren. Im Hinblick auf den »Beginn« der Auslagerungsvereinbarung dürfte der Zeitpunkt der erstmaligen Leistungserbringung durch das Auslagerungsunternehmen maßgeblich sein. Ab diesem Zeitpunkt hat das Institut über die Anforderungen an eine ordnungsgemäße Geschäftsorganisation gemäß § 25a Abs. 1 KWG hinaus die speziellen Regelungen des § 25b KWG zu erfüllen, welche durch das Modul AT 9 konkretisiert wird. Das »Ende« der Auslagerungsvereinbarung kann bei Vertragsschluss naturgemäß nur bei einer zeitlich befristeten Auslagerung geregelt werden.

288

8.6.3 Vereinbarung des geltenden Rechts (lit. c)

Bei wesentlichen Auslagerungen mit Auslandsbezug ist im Auslagerungsvertrag explizit das geltende Recht zu vereinbaren, sofern dieser nicht dem deutschen Recht unterliegt. Das auslagernde Institut und das Auslagerungsunternehmen müssen in diesem Fall durch eine »Rechtswahlklausel« festlegen, welcher Rechtsordnung die vertraglichen Rechte und Pflichten der Vertragsparteien unterworfen sein sollen. Das vertraglich vereinbarte materielle Recht wird dabei regelmäßig mit dem Gerichtsstand (der Ort, an dem ein streitiges Verfahren durchgeführt werden soll) korrespondieren. Weitergehend als die im Hinblick auf die Rechtsordnung neutral formulierten MaRisk enthält die Orientierungshilfe zu Cloud-Dienstleistungen den Hinweis, dass insbesondere aus Gründen der Rechtssicherheit bei der Vereinbarung einer Rechtswahlklausel darauf geachtet werden sollte, dass – soweit nicht das deutsche Recht vereinbart wird – jedenfalls das Recht eines Staates der Europäischen Union bzw. des Europäischen Wirtschaftsraumes auf den Vertrag Anwendung findet.[395]

289

Falls die Auslagerungsvereinbarung dem Recht eines Drittstaates unterliegt, hat das auslagernde Institut mögliche Risiken hieraus im Rahmen der Risikoanalyse zu bewerten. Bei Bedarf sind entsprechende Rechtsgutachten zum ausländischen Recht hinzuzuziehen (→ AT 9 Tz. 2).

290

---

394 Vgl. Bundesanstalt für Finanzdienstleistungsaufsicht, Merkblatt – Orientierungshilfe zu Auslagerungen an Cloud-Anbieter, 8. November 2018, S. 7.

395 Vgl. Bundesanstalt für Finanzdienstleistungsaufsicht, Merkblatt – Orientierungshilfe zu Auslagerungen an Cloud-Anbieter, 8. November 2018, S. 13.

8.6.4 Standorte für Leistungserbringung sowie Datenspeicherung und -verarbeitung (lit. d)

291 Seit der sechsten MaRisk-Novelle haben die Vertragsparteien bei wesentlichen Auslagerungen mit Auslandsbezug im Auslagerungsvertrag die Standorte (d.h. Regionen oder Länder) festzulegen, in denen die Durchführung der Dienstleistung erfolgt und/oder maßgebliche Daten gespeichert und verarbeitet werden. Darüber hinaus ist vertraglich zu vereinbaren, dass das Institut benachrichtigt wird, wenn das Auslagerungsunternehmen den Standort wechselt.[396] Der Ort der Leistungserbringung (Stadt oder, sofern notwendig, die genaue Anschrift) muss dem Institut jederzeit bekannt sein (→ AT 9 Tz. 7, Erläuterung).

292 Institute sollten einen risikobasierten Ansatz betreffend den Standort der Datenspeicherung und Datenverarbeitung sowie hinsichtlich der Informationssicherheit wählen (→ AT 9 Tz. 7, Erläuterung). Es ist sicherzustellen, dass auf die sich im Besitz des Institutes befindlichen Daten im Fall einer Insolvenz, Abwicklung oder der Einstellung der Geschäftstätigkeit des Auslagerungsunternehmens zugegriffen werden kann (→ AT 9 Tz. 7, Erläuterung).

293 Von besonderer Bedeutung ist in diesem Zusammenhang, wohin die Daten übertragen bzw. wo sie verarbeitet werden. So sind bspw. der Datentransfer und die Verarbeitung innerhalb des EWR aufgrund richtlinienbedingter Harmonisierung der nationalen Datenschutzregelungen weitgehend unproblematisch.[397] Probleme können sich jedoch insbesondere außerhalb des EWR ergeben. Gegebenenfalls sind in solchen Fällen der Transfer und die Verarbeitung nur dann zulässig, wenn die Einwilligung der Betroffenen eingeholt wird. Institute sollten daher vor allem bei Auslagerungen auf Unternehmen in Staaten ohne angemessenes Datenschutzniveau besonders sorgfältig vorgehen, um Verstöße gegen den Datenschutz zu vermeiden. Verstöße gegen den Datenschutz können Ordnungswidrigkeiten oder auch Straftaten darstellen.[398]

294 Nach den Vorstellungen der EBA sollte die Auslagerungsvereinbarung darüber hinaus ggf. Bestimmungen im Hinblick auf die Zugänglichkeit, Verfügbarkeit, Integrität, den Datenschutz und die Sicherheit entsprechender Daten enthalten, z.B. geeignete IT-Sicherheitsstandards und Anforderungen an die Daten- und Systemsicherheit. Zudem sollten die Institute sicherstellen, dass in der Auslagerungsvereinbarung die Verpflichtung des Dienstleisters enthalten ist, vertrauliche, personenbezogene und anderweitig sensible Informationen zu schützen und alle rechtlichen Anforderungen in Bezug auf den Datenschutz zu erfüllen (z.B. Schutz personenbezogener Daten, Einhaltung des Bankgeheimnisses oder vergleichbarer Geheimhaltungspflichten hinsichtlich der Informationen der Kunden).[399]

---

396 Vgl. European Banking Authority, Leitlinien zu Auslagerungen, EBA/GL/2019/02, 25. Februar 2019, S. 31.

397 Es existieren darüber hinaus noch einige weitere Konstellationen, bei denen (auch außerhalb des EWR) von einem »angemessenen Datenschutzniveau« ausgegangen wird: Die EU-Kommission hat auf Einzelbasis entschieden, in welchen sonstigen Staaten ein angemessenes Datenschutzniveau existiert (z.B. Schweiz, Argentinien oder die Kanalinsel Guernsey). Nach dem »Safe Harbor«-Übereinkommen, das zwischen den USA und der EU-Kommission ausgehandelt wurde, können sich Unternehmen verpflichten, sich den europäischen Datenschutzstandards zu unterwerfen. Ausländische Anbieter können sich auf der Grundlage von EU-Standardvertragsklauseln dazu verpflichten, die europäischen Datenschutzstandards zu beachten. Das (europäische) Datenschutzniveau kann auch auf der Grundlage verbindlicher Unternehmensregelungen sichergestellt werden (»Data Protection Code of Conduct«). Hierfür ist allerdings die Genehmigung der Datenschutzbehörden der EU-Staaten erforderlich. Vgl. Bundesverband Informationswirtschaft, Telekommunikation und neue Medien e.V. (BITKOM), Compliance in IT-Outsourcing-Projekten – Leitfaden zur Umsetzung rechtlicher Rahmenbedingungen, 3. August 2006, S. 63 ff.

398 Vgl. Söbbing, Thomas/Weinbrenner, Christoph, Die Zulässigkeit der Auslagerung von IT-Dienstleistungen durch Institute in sog. Offshore-Regionen, in: Wertpapier-Mitteilungen, Heft 4/2006, S. 165.

399 Vgl. European Banking Authority, Leitlinien zu Auslagerungen, EBA/GL/2019/02, 25. Februar 2019, S. 34.

8.6.5 Vereinbarte Dienstleistungsgüte (lit. e)

Seit der sechsten MaRisk-Novelle ist in den Auslagerungsvereinbarungen die vereinbarte Dienstleistungsgüte mit eindeutig festgelegten Leistungszielen festzulegen. Zudem haben die Institute
bei wesentlichen Auslagerungen die Leistungserbringung des Auslagerungsunternehmens anhand vorzuhaltender Kriterien (z.B. Key Performance Indicators, Key Risk Indicators) und vertraglich vereinbarter Informationen des Dienstleisters laufend zu überwachen und die Qualität
regelmäßig zu bewerten. Hierzu werden vor allem im Bereich der IT-Auslagerungen regelmäßig so
genannte »Service-Level-Agreements« (SLA) bzw. »Dienstgütevereinbarungen« (DGV) geschlossen, in denen hinsichtlich der für die Leistungserbringung relevanten Parameter unterschiedliche
Qualitätsstandards (»Service-Level«) beschrieben werden. Diese Qualitätsstandards können sich
z.B. auf die erforderliche Rechenleistung, die maximale Bearbeitungszeit oder die Erreichbarkeit
von Hotlines beziehen. Im Gegensatz zu einem klassischen Dienstleistungsvertrag muss der
Dienstleister also verschiedene Leistungsstufen anbieten, aus denen das Institut die auf seine
Bedürfnisse zugeschnittenen auswählen kann. Ergeben sich Abweichungen von der vereinbarten
Leistungsgüte, kann sich das auslagernde Unternehmen beim Dienstleister – abhängig von den
jeweils vereinbarten Vertragsstrafen – schadlos halten. Ob die Vereinbarung von Service-Level-
Agreements im Einzelfall sinnvoll ist oder nicht, hängt somit stark von der Art der Dienstleistung
ab. Service-Level-Agreements bieten sich in erster Linie für Dienstleistungen an, deren Qualität
hinreichend exakt bestimmbar ist und somit leicht überprüft werden kann.

295

8.6.6 Versicherungsnachweis (lit. f)

Im Rahmen von Auslagerungen von Aktivitäten und Prozessen kann es sinnvoll sein, dass das
auslagernde Institut vom Auslagerungsunternehmen zur Absicherung bestimmter Risiken den
Abschluss einer Versicherung verlangt. Seit der sechsten MaRisk-Novelle ist in diesen Fällen im
Auslagerungsvertrag zu vereinbaren, dass das Auslagerungsunternehmen für diese (genau bezeichneten) Risiken den Versicherungsnachweis vorzulegen hat.

296

8.6.7 Umsetzung und Überprüfung von Notfallkonzepten (lit. g)

Seit der sechsten MaRisk-Novelle haben bei wesentlichen Auslagerungen das auslagernde Institut und
das Auslagerungsunternehmen die Anforderungen für die Umsetzung und Überprüfung von Notfallkonzepten vertraglich zu vereinbaren. Im Fall der Auslagerung von zeitkritischen Aktivitäten und
Prozessen haben sie über aufeinander abgestimmte Notfallkonzepte zu verfügen (→ AT 7.3 Tz. 2).

297

Das Institut hat selbst Ziele zum Notfallmanagement zu definieren und hieraus abgeleitet einen
Notfallmanagementprozess festzulegen. Das für Notfälle in »zeitkritischen Aktivitäten und Prozessen« erforderliche Notfallkonzept muss geeignete Maßnahmen zur Reduzierung möglicher
Schäden enthalten. Zeitkritisch sind grundsätzlich jene Aktivitäten und Prozesse, bei deren
Beeinträchtigung für definierte Zeiträume ein nicht mehr akzeptierter Schaden für das Institut zu
erwarten ist (→ AT 7.3 Tz. 1 inkl. Erläuterung). Hinsichtlich der mit dem Auslagerungsunterneh-
men zu vereinbarenden Anforderungen kann auf die Vorgaben der MaRisk an das Notfallkonzept
des Institutes zurückgegriffen werden. Danach werden im Notfallkonzept Verantwortlichkeiten,
Ziele und Maßnahmen zur Fortführung bzw. Wiederherstellung von zeitkritischen Aktivitäten
und Prozessen bestimmt und Kriterien für die Einstufung sowie das Auslösen der Pläne definiert.
Für zeitkritische Aktivitäten und Prozesse muss das Notfallkonzept Geschäftsfortführungs- und
Wiederherstellungspläne umfassen. Die Geschäftsfortführungspläne müssen gewährleisten, dass

298

im Notfall zeitnah Ersatzlösungen zur Verfügung stehen. Wiederherstellungspläne müssen innerhalb eines angemessenen Zeitraumes die Rückkehr zum Normalbetrieb ermöglichen. Zudem ist bei Notfällen eine angemessene interne und externe Kommunikation sicherzustellen ($\rightarrow$ AT 7.3 Tz. 2 inkl. Erläuterung).

8.6.8 Festlegung von Informations- und Prüfungsrechten der Internen Revision (lit. h)

299 Um eine ordnungsgemäße Interne Revision auch im Fall der Auslagerung sicherzustellen, sind im Auslagerungsvertrag Informations- und Prüfungsrechte zugunsten der Internen Revision des auslagernden Institutes zu vereinbaren. Die Interne Revision prüft und beurteilt die Ordnungsmäßigkeit grundsätzlich aller Aktivitäten und Prozesse eines Institutes, unabhängig davon, ob diese ausgelagert sind oder nicht[400] ($\rightarrow$ AT 4.4.3 Tz. 3). Da umfangreiche Prüfungshandlungen der Revisionen der auslagernden Institute insbesondere bei Auslagerungen auf Mehrmandantendienstleister zu den schon erwähnten praktischen Problemen führen können, hat die deutsche Aufsicht bereits im Rundschreiben 11/2001 bestehende Erleichterungen[401] aufgegriffen und weiter ausgebaut. Auf diese Erleichterungen weist auch die Orientierungshilfe zu Auslagerungen an Cloud-Anbieter explizit hin.[402] Die Interne Revision des auslagernden Institutes kann auf eigene Prüfungshandlungen verzichten, soweit im Hinblick auf die »anderweitig durchgeführte Revisionstätigkeit« bestimmte Voraussetzungen erfüllt sind ($\rightarrow$ AT 9 Tz. 7, Erläuterung). Die Revisionstätigkeit für die ausgelagerten Aktivitäten oder Prozesse verbleibt in diesem Fall grundsätzlich beim auslagernden Institut. Insofern beziehen sich der Auslagerungsvertrag und die mit dem Auslagerungsvorhaben verbundenen Tätigkeiten gemäß AT 9 allein auf die auszulagernden operativen Aktivitäten und Prozesse. Auf die Vereinbarung angemessener Informations- und Prüfungsrechte für die Interne Revision im Auslagerungsvertrag kann daher auch nicht verzichtet werden. Lediglich der Verzicht auf die Ausübung dieser Rechte ist möglich, wenn eine anforderungsgerechte anderweitig durchgeführte Revisionstätigkeit vorliegt. An die Stelle der Prüfungstätigkeit vor Ort tritt dann die Auswertung der vom Auslagerungsunternehmen zu Verfügung gestellten Berichte in Verbindung mit der Prüfung der Auslagerungssteuerung im Institut. Die Interne Revision muss sich von der Einhaltung dieser Voraussetzung regelmäßig überzeugen. Ergänzende Prüfungshandlungen sind also grundsätzlich möglich ($\rightarrow$ BT 2.1 Tz. 3).

300 Im Fall des Verzichtes auf eigene Prüfungshandlungen kommen verschiedene Alternativen in Betracht. Die Revisionstätigkeit kann übernommen werden durch ($\rightarrow$ BT 2.1 Tz. 3, Erläuterung):
- die Interne Revision des Auslagerungsunternehmens,
- die Interne Revision eines oder mehrerer der auslagernden Institute im Auftrag der auslagernden Institute,
- einen vom Auslagerungsunternehmen beauftragten Dritten oder
- einen von den auslagernden Instituten beauftragten Dritten.

---

400 Vor diesem Hintergrund enthalten die MaRisk keine konkreten Vorgaben an die Prüfungshandlungen der Internen Revision im Hinblick auf die ausgelagerten Prozesse und Aktivitäten. Die EBA formuliert demgegenüber in ihren Leitlinien zu Auslagerungen für die Interne Revision bestimmte Prüfungsschwerpunkte, insbesondere die korrekte und wirksame Umsetzung des Rahmenwerks für Auslagerungen (outsourcing framework), einschließlich der Auslagerungsrichtlinien, im Einklang mit den gesetzlichen Vorgaben, der Risikostrategie und den Entscheidungen der Geschäftsleitung. Weitere Prüfungsschwerpunkte sind die Angemessenheit, Qualität und Wirksamkeit der Festlegung der Wesentlichkeit (critical/important) und der Risikobewertung der Auslagerungsvereinbarungen sowie die Sicherstellung, dass die Risiken weiterhin mit der Risikostrategie des Institutes in Einklang stehen. Darüber hinaus sind die angemessene Einbeziehung der Geschäftsleitung und die angemessene Überwachung und das Management der Auslagerungsvereinbarungen zu prüfen. Vgl. European Banking Authority, Leitlinien zu Auslagerungen, EBA/GL/2019/02, 25. Februar 2019, S. 23.

401 Vgl. Bundesaufsichtsamt für das Kreditwesen, Auslagerung von Bereichen auf ein anderes Unternehmen gemäß § 25a Abs. 2 KWG, Rundschreiben 11/2001 vom 6. Dezember 2001, Tz. 50.

402 Vgl. Bundesanstalt für Finanzdienstleistungsaufsicht, Merkblatt – Orientierungshilfe zu Auslagerungen an Cloud-Anbieter, 8. November 2018, S. 9.

Die »anderweitig durchgeführte Revisionstätigkeit« hat den einschlägigen Anforderungen der **301** MaRisk zu genügen (→ AT 4.4.3 und BT 2). Die Interne Revision des auslagernden Institutes hat sich davon regelmäßig zu überzeugen. Es ist ferner sicherzustellen, dass alle für das auslagernde Institut relevanten Prüfungsergebnisse vom Auslagerungsunternehmen an die Revision des auslagernden Institutes weitergeleitet werden (→ BT 2.1 Tz. 3).

Mehrmandantendienstleister verfügen häufig über große Revisionsabteilungen, von denen die **302** Voraussetzungen ohne Weiteres erfüllt werden können. Ist dies nicht der Fall, wird vom Auslagerungsunternehmen regelmäßig ein externer Dritter beauftragt (z. B. eine Wirtschaftsprüfungsgesellschaft). Mehrere auslagernde Institute mit den gleichen oder ähnlichen ausgelagerten Aktivitäten und Prozessen können zudem Sammelprüfungen (»Pooled Audits«) durchführen.[403] Die Institute können den Auftrag hierfür an eines oder mehrere der auslagernden Institute oder an einen externen Dritten erteilen.

Die Aufsicht hat im Zuge der sechsten MaRisk-Novelle klargestellt, dass die Interne Revision im **303** Rahmen ihrer Revisionshandlungen auch auf Nachweise bzw. Zertifikate auf Basis gängiger Standards zurückgreifen kann. Hierbei sind sowohl die Detailtiefe, Aktualität und Eignung der Nachweise bzw. Zertifikate und der zugehörigen Prüfberichte als auch die Eignung des Zertifizierers oder Prüfers zu berücksichtigen. Allerdings darf sich das Institut bei der Ausübung seiner Revisionstätigkeit nicht allein hierauf stützen (→ BT 2.1 Tz. 3, Erläuterung).

In der Praxis werden die in den MaRisk genannten Erleichterungen von der Aufsicht, insbesondere der **304** EZB, allerdings zunehmend infrage gestellt. Insbesondere in jenen Fällen, in denen die Interne Revision des Auslagerungsunternehmens selbst für die anderweitige Durchführung der Revisionstätigkeit zuständig ist, verlangt die Aufsicht von der Internen Revision des auslagernden Institutes vermehrt auch eigene Prozessprüfungen. Im Falle von Mehrmandantendienstleistern kommt erschwerend hinzu, dass somit gleich mehrere Institute eigene Prüfungen vornehmen müssten, was auch den Dienstleister vor Ressourcen-Probleme stellt. Die betroffenen Institute vereinbaren in der Praxis daher zunehmend gemeinsame Prüfungshandlungen, um den Aufwand für alle Beteiligten zu minimieren.

Die EBA-Leitlinien zu Auslagerungen aus dem Jahr 2019 räumen die Möglichkeit von »Pooled **305** Audits« ausdrücklich ein.[404] Darüber hinaus konkretisiert die EBA in den Leitlinien die Möglichkeiten der Nutzung von Zertifizierungen durch Dritte und vom Auslagerungsunternehmen zur Verfügung gestellte externe oder interne Revisionsberichte (→ BT 2.1 Tz. 3).[405]

Im Zuge der sechsten MaRisk-Novelle hat die Aufsicht klargestellt, dass die der Internen **306** Revision vertraglich eingeräumten Informations- und Prüfungsrechte auch die für den Zutritt, Zugang oder Zugriff erforderlichen Rechte umfassen (→ AT 9 Tz. 7, Erläuterung). Darüber hinaus sollten die Informations- und Prüfungsrechte möglichst auch für nicht wesentliche Auslagerungen vereinbart werden, sofern das Institut bereits absehen kann, dass diese Auslagerungen in naher oder mittlerer Zukunft wesentlich werden könnten (→ AT 9 Tz. 7, Erläuterung).

In der Orientierungshilfe für Cloud-Dienstleistungen gibt die deutsche Aufsicht bei Auslagerun- **307** gen an Cloud-Anbieter Hinweise dazu, was zur Gewährleistung der Informations- und Prüfungsrechte der Internen Revision vertraglich insbesondere vereinbart werden sollte, nämlich die Gewährung uneingeschränkten Zugriffs auf Informationen und Daten sowie Zugangs zu den Geschäftsräumen des Cloud-Anbieters, einschließlich aller Rechenzentren, Geräte, Systeme, Netzwerke, die zur Erbringung der ausgelagerten Sachverhalte eingesetzt werden. Hierzu gehören die

---

403 Zum Teil wird anstelle des Begriffs »Pooled Audits« auch die Formulierung »Joint Audits« verwendet.
404 Vgl. European Banking Authority, Leitlinien zu Auslagerungen, EBA/GL/2019/02, 25. Februar 2019, S. 35f.
405 Die Konkretisierung wurde erst im Laufe der Konsultation der EBA-Leitlinien zu Auslagerungen aufgenommen. Sie geht auf die Stellungnahme der Deutschen Kreditwirtschaft (DK) zum Entwurf der EBA-Leitlinien zu Auslagerungen zurück. Nach Ansicht der DK soll sich die Interne Revision eines Institutes auch zukünftig unter bestimmten Voraussetzungen auf anderweitig durchgeführte Revisionstätigkeiten (z.B. des Auslagerungsunternehmens) verlassen können, sofern deren Funktionsfähigkeit nachweislich gegeben ist. Vgl. Deutsche Kreditwirtschaft (German Banking Industry Committee), Comments on EBA Draft Guidelines on Outsourcing arrangements (EBA/CP/2018/11), 24. September 2018, S. 13.

damit im Zusammenhang stehenden Prozesse und Kontrollen, die Möglichkeit der Durchführung von Vor-Ort-Prüfungen beim Cloud-Anbieter (sowie ggf. bei Weiterverlagerungsunternehmen) sowie effektive Kontroll- und Prüfungsmöglichkeiten der gesamten Auslagerungskette. In diesem Merkblatt hat die deutsche Aufsicht zudem darauf hingewiesen, dass die wirksame Ausübung der Informations- und Prüfungsrechte nicht durch Vertragsvereinbarungen eingeschränkt werden darf. Vereinbarungen, die diese Rechte nur unter bestimmten Voraussetzungen gewähren, sieht die deutsche Aufsicht als unzulässige Beschränkung an.[406]

8.6.9 Festlegung von Informations- und Prüfungsrechten externer Prüfer (lit. h)

308   Die zunehmende Bedeutung von Auslagerungen hat natürlich auch Einfluss auf die Prüfer. Bei Kredit- und Finanzdienstleistungsinstituten ist der Abschlussprüfer aufgrund gesetzlicher Regelungen dazu verpflichtet, sich mit dem Thema Auslagerung zu befassen. Der in § 29 Abs. 1 KWG adressierte (besondere) Pflichtenkatalog des Abschlussprüfers umfasst auch § 25b KWG. Grundlage für diese Prüfungshandlungen sind in erster Linie die Auslagerungsanforderungen der MaRisk.

309   Prüfungshandlungen müssen nicht zwingend vor Ort im Auslagerungsunternehmen durchgeführt werden. Gegebenenfalls ist es ausreichend, im auslagernden Institut zu prüfen und ergänzend auf Erkenntnisse Dritter zurückzugreifen. In diesem Zusammenhang können Bestätigungen bzw. Bescheinigungen nach den einschlägigen berufsständischen Standards (z. B. ISO/IEC 270XX, IDW PS 951) eine wichtige Informationsquelle für den Abschlussprüfer darstellen (→ AT 1 Tz. 7). Im Einzelfall können jedoch auch Prüfungshandlungen vor Ort im Auslagerungsunternehmen erforderlich sein. Für diese Zwecke hat das Institut mit dem Auslagerungsunternehmen gemäß § 25b Abs. 3 Satz 2 KWG Prüfungsrechte zu vereinbaren.

310   Es versteht sich von selbst, dass der Abschlussprüfer die Möglichkeit besitzen muss, diese Rechte effektiv wahrzunehmen. Die Aufsicht hat im Zuge der sechsten MaRisk-Novelle daher klargestellt, dass die dem externen Prüfer eingeräumten Informations- und Prüfungsrechte auch die für den Zutritt, Zugang oder Zugriff erforderlichen Rechte umfassen (→ AT 9 Tz. 7, Erläuterung). Darüber hinaus sollten die Informations- und Prüfungsrechte möglichst auch für nicht wesentliche Auslagerungen vereinbart werden, sofern das Institut bereits absehen kann, dass diese Auslagerungen in naher oder mittlerer Zukunft wesentlich werden könnten (→ AT 9 Tz. 7, Erläuterung). Das Institut wird in den Fällen, in denen bei Vertragsabschluss die zukünftige Einordnung als wesentliche Auslagerung bereits absehbar ist, die Auslagerung jedoch von vornherein als wesentlich einstufen.[407]

311   In der Orientierungshilfe zu Auslagerungen an Cloud-Anbieter wird zudem klargestellt, dass ein Institut grundsätzlich Nachweise/Zertifikate auf Basis gängiger Standards (z. B. Internationaler Sicherheitsstandard ISO/IEC 2700X der International Organization for Standardization, C 5-An-

---

406 Vgl. Bundesanstalt für Finanzdienstleistungsaufsicht, Merkblatt – Orientierungshilfe zu Auslagerungen an Cloud-Anbieter, 8. November 2018, S. 8 f. Als unzulässige Vereinbarungen werden beispielhaft genannt: die Vereinbarung gestufter Informations- und Prüfungsverfahren, z. B. die Verpflichtung, zunächst auf die Prüfungsberichte, Zertifikate oder sonstigen Nachweise der Einhaltung anerkannter Standards durch den Cloud-Anbieter zurückzugreifen, bevor das Institut eigene Prüfungshandlungen durchführen kann, eine Beschränkung der Erfüllung der Informations- und Prüfungsrechte auf die Vorlage von Prüfungsberichten, Zertifikaten oder sonstigen Nachweisen der Einhaltung anerkannter Standards durch den Cloud-Anbieter, eine Verknüpfung des Zugangs zu Informationen an die vorherige Teilnahme an speziellen Schulungsprogrammen, die Formulierung einer Klausel, in der die Durchführung einer Prüfung von der wirtschaftlichen Zumutbarkeit (commercially reasonable) abhängig gemacht wird, eine zeitliche und personelle Beschränkung der Durchführung von Prüfungen, wobei eine Beschränkung des Zugangs auf die üblichen Geschäftszeiten nach vorheriger Anmeldung in der Regel vertretbar ist, ein Verweis auf die alleinige Nutzung etwa von Managementkonsolen zur Ausübung der Informations- und Prüfungsrechte des Unternehmens, eine Vorgabe des Ablaufs sowie des Umfangs der Ausübung der Informations- und Prüfungsrechte durch den Cloud-Anbieter.

407 Vgl. Deutsche Kreditwirtschaft, BaFin-Konsultation 14/2020 – Mindestanforderungen an das Risikomanagement, Stellungnahme vom 4. Dezember 2020, S. 21.

forderungskatalog des Bundesamtes für Sicherheit in der Informationstechnik), Prüfberichte anerkannter Dritter oder interne Prüfberichte des Cloud-Anbieters heranziehen darf. Das Institut sollte hierbei Umfang, Detailtiefe, Aktualität und Eignung des Zertifizierers oder Prüfers dieser Nachweise/Zertifikate und Prüfberichte berücksigen. Allerdings sollte sich ein Institut bei der Ausübung seiner Revisionstätigkeit nicht allein hierauf stützen. Soweit die Interne Revision im Rahmen ihrer Tätigkeit solche Nachweise/Zertifikate bzw. Prüfberichte heranzieht, sollte sie die diesen zugrunde liegenden Evidenzen prüfen können.[408]

8.6.10 Sicherstellung der uneingeschränkten Informations- und Prüfungsrechte sowie der Kontrollmöglichkeiten der zuständigen Aufsichtsbehörden (lit. i)

Der Gesetzgeber hat der BaFin, von ihr beauftragten Personen oder Einrichtungen (z. B. Wirtschaftsprüfern) sowie der Deutschen Bundesbank die Möglichkeit eingeräumt, umfassende Sachverhaltsermittlungen bei den Instituten zu betreiben. Nach § 44 Abs. 1 Satz 1 KWG haben ein Institut und die Mitglieder seiner Organe sowie seine Beschäftigten auf Verlangen Auskünfte über alle Geschäftsangelegenheiten zu erteilen und Unterlagen vorzulegen. Dieses umfassende Informationsrecht wird um ein Prüfungsrecht ergänzt (§ 44 Abs. 1 Satz 2 KWG). Die BaFin kann auch ohne besonderen Anlass Prüfungen bei den Instituten vornehmen. Sie beauftragt mit diesen Sonderprüfungen allerdings regelmäßig Dritte, wie Wirtschaftsprüfungsgesellschaften, Prüfungsverbände oder die Deutsche Bundesbank. Die Prüfer der BaFin oder von ihr beauftragte Personen können hierzu die Geschäftsräume des Institutes oder Auslagerungsunternehmens innerhalb der üblichen Betriebs- und Geschäftszeiten betreten und besichtigen. **312**

Damit die BaFin ihre Informations- und Prüfungsrechte auch im Fall der Auslagerung von Aktivitäten und Prozessen effektiv wahrnehmen kann, sind im Auslagerungsvertrag entsprechende Rechte zu vereinbaren. Dieses Erfordernis leitet sich unmittelbar aus § 25b Abs. 3 Satz 1 KWG ab. Im Zuge der sechsten MaRisk-Novelle hat die Aufsicht klargestellt, dass die ihr vertraglich eingeräumten Auskunfts- und Prüfungsrechte auch die für den Zutritt, Zugang oder Zugriff erforderlichen Rechte umfassen (→ AT 9 Tz. 7, Erläuterung). Im Hinblick auf die Zutritts- und Zugangsrechte handelt es sich insoweit lediglich um eine Wiederholung des § 44 Abs. 1 Satz 3 KWG. **313**

Darüber hinaus sollten die Informations- und Prüfungsrechte der Aufsichtsbehörden möglichst auch für nicht wesentliche Auslagerungen vereinbart werden, sofern das Institut bereits absehen kann, dass diese Auslagerungen in naher oder mittlerer Zukunft wesentlich werden könnten (→ AT 9 Tz. 7, Erläuterung). **314**

Seit Inkrafttreten des vierten Finanzmarktförderungsgesetzes aus dem Jahr 2002 hat die BaFin bei wesentlichen Auslagerungen auch ein Prüfungsrecht beim Auslagerungsunternehmen. Mit dem Finanzmarktintegritätsstärkungsgesetz aus dem Jahr 2021 wurde dieses Prüfungsrecht gegenüber dem Auslagerungsunternehmen in § 44 Abs. 1 Satz 1 und 2 KWG klarer gefasst und um ein gesetzliches Auskunftsrecht der Aufsicht erweitert. Die Auskunfts- und Prüfungsrechte sowie die Kontrollmöglichkeiten erstrecken sich nur auf die ausgelagerten Aktivitäten und Prozesse und die damit im Zusammenhang stehenden Kontrollen, nicht hingegen auf den übrigen Geschäftsbetrieb des Auslagerungsunternehmens (→ AT 9, Einführung und Überblick). **315**

Von besonderer Bedeutung ist die Fixierung von Informations- und Prüfungsrechten bei Auslagerungen in das Ausland. Die BaFin kann im Ausland nicht hoheitlich tätig werden, so dass sie in besonderem Maße auf die Vereinbarung solcher Rechte angewiesen ist. Dies gilt insbesondere bei **316**

---

408 Vgl. Bundesanstalt für Finanzdienstleistungsaufsicht, Merkblatt – Orientierungshilfe zu Auslagerungen an Cloud-Anbieter, 8. November 2018, S. 9 f.

Auslagerungen in Staaten außerhalb des EWR, mit denen noch keine bilateralen Vereinbarungen (wie z. B. »Memoranda of Understanding« mit Staaten aus Offshore-Regionen) getroffen wurden. Das auslagernde Institut hat daher bei der Ausgestaltung des Vertrages sehr sorgfältig darauf zu achten, dass die BaFin ihre Informations- und Prüfungsrechte im Ausland auch tatsächlich wahrnehmen kann. Dafür kommt z. B. die Abgabe einer Duldungserklärung durch das Auslagerungsunternehmen infrage.[409] Bei wesentlichen Auslagerungen auf ein Unternehmen mit Sitz in einem Drittstaat hat das Institut gemäß dem Finanzmarktintegritätsstärkungsgesetz aus dem Jahr 2021 vertraglich sicherzustellen, dass das Auslagerungsunternehmen einen inländischen Zustellungsbevollmächtigten benennt, an den die Aufsicht Bekanntgaben oder Zustellungen bewirken kann (§ 25b Abs. 3 Satz 4 KWG). Das Auslagerungsunternehmen kann die Aufgabe des Zustellungsbevollmächtigten delegieren, z. B. auf einen inländischen Rechtsanwalt oder Notar (→ AT 9 Tz. 1). Sollten sich bei der Wahrnehmung der Prüfungsrechte durch die BaFin Schwierigkeiten ergeben, wird sich das auslagernde Institut kaum der Verantwortung dafür entziehen können.[410] Sind die Prüfungsrechte beeinträchtigt, kann die BaFin nach § 25b Abs. 4 KWG im Einzelfall Anordnungen treffen, die zur Beseitigung der Beeinträchtigung geeignet und erforderlich sind (→ AT 9, Einführung).

317 In der Orientierungshilfe zu Auslagerungen an Cloud-Anbieter wird klargestellt, dass Informations- und Prüfungsrechte sowie Kontrollmöglichkeiten der Aufsicht vertraglich nicht eingeschränkt werden dürfen. Die Aufsicht muss die Cloud-Anbieter genauso kontrollieren können, wie dies das jeweils einschlägige Gesetz gegenüber dem beaufsichtigten Unternehmen vorsieht. Die Orientierungshilfe gibt auch hier Hinweise dazu, was zur Gewährleistung dieser Rechte vertraglich insbesondere vereinbart werden sollte: die Verpflichtung des Cloud-Anbieters zur uneingeschränkten Zusammenarbeit mit der Aufsicht, die Gewährung uneingeschränkten Zugriffs auf Informationen und Daten sowie Zugangs zu den Geschäftsräumen des Cloud-Anbieters, einschließlich aller Rechenzentren, Geräte, Systeme, Netzwerke, die zur Erbringung der ausgelagerten Sachverhalte eingesetzt werden. Hierzu gehören die damit im Zusammenhang stehenden Prozesse und Kontrollen sowie die Möglichkeit der Durchführung von Vor-Ort-Prüfungen beim Cloud-Anbieter (sowie ggf. bei Weiterverlagerungsunternehmen), effektive Kontroll- und Prüfungsmöglichkeiten der gesamten Auslagerungskette. Auch hier werden Regelungen, die diese Rechte nur unter bestimmten Voraussetzungen einräumen, als unzulässige Beschränkung angesehen.[411] Diese Vereinbarungen sind insofern mit den Informations- und Prüfungsrechten der Internen Revision vergleichbar.

8.6.11 Weisungsrechte (lit. j)

318 Das auslagernde Institut hat dafür Sorge zu tragen, dass im Auslagerungsvertrag Weisungsrechte gegenüber dem Auslagerungsunternehmen vereinbart werden. Eine entsprechende Verpflichtung ergibt sich unmittelbar aus § 25b Abs. 3 Satz 3 KWG. Über die tiefere Bedeutung der Weisungsrechte und ihre Reichweite wurde in der Vergangenheit zum Teil kontrovers diskutiert. Bei Mehrmandantendienstleistern könnte zudem die standardisierte Erbringung von Dienstleistungen für viele Mandanten durch spezielle Weisungen einzelner Mandanten unter Umständen erheblich beeinträchtigt werden.

---

409 Vgl. Söbbing, Thomas/Weinbrenner, Christoph, Die Zulässigkeit der Auslagerung von IT-Dienstleistungen durch Institute in sog. Offshore-Regionen, in: Wertpapier-Mitteilungen, Heft 4/2006, S. 172.

410 Im Hinblick auf mögliche Konsequenzen hat sich auch nach der Modernisierung der Outsourcing-Regelungen materiell nicht viel an der deutlichen Formulierung im aufgehobenen Rundschreiben 11/2001 geändert: »Bei Auslagerungen ins Ausland trägt das auslagernde Institut die Verantwortung, dass das Bundesaufsichtsamt für das Kreditwesen gemäß § 44 KWG seine Auskunftsrechte, einschließlich der Befugnis, die Vorlage von Unterlagen zu fordern, und seine Prüfungsrechte wahrnehmen kann. Sollte sich die Ausübung bzw. Durchsetzung dieser Rechte als nicht möglich erweisen, ist die Auslagerung rückgängig zu machen.« Bundesaufsichtsamt für das Kreditwesen, Auslagerung von Bereichen auf ein anderes Unternehmen gemäß § 25a Abs. 2 KWG, Rundschreiben 11/2001 vom 6. Dezember 2001, Tz. 46.

411 Vgl. Bundesanstalt für Finanzdienstleistungsaufsicht, Merkblatt – Orientierungshilfe zu Auslagerungen an Cloud-Anbieter, 8. November 2018, S. 10.

Die deutsche Aufsicht geht nunmehr davon aus, dass das Weisungsrecht des auslagernden 319 Institutes gegenüber dem Auslagerungsunternehmen bereits konkludent im Auslagerungsvertrag enthalten sein kann. Im Ergebnis wird der Spielraum für Weisungen durch den Vertrag abgesteckt, in dem die Rechte und Pflichten der Vertragsparteien fixiert werden. Ist die vom Auslagerungsunternehmen zu erbringende Leistung hinreichend klar im Auslagerungsvertrag spezifiziert, besteht grundsätzlich kein darüberhinausgehender Spielraum für Weisungen des auslagernden Institutes (→ AT 9 Tz. 7, Erläuterung). Ob eine hinreichend konkrete Spezifizierung im Einzelfall möglich ist, hängt vom Auslagerungsgegenstand ab.

Die deutsche Aufsicht weist ergänzend darauf hin, dass durch die Weisungsrechte bei Aus 320 lagerungen an Cloud-Anbieter sichergestellt werden soll, dass alle erforderlichen und zur Erfüllung der vereinbarten Dienstleistung notwendigen Weisungen erteilt werden können, d.h. es bedarf einer Einflussnahme- und Steuerungsmöglichkeit auf den ausgelagerten Sachverhalt. Die technische Umsetzung kann unternehmensindividuell ausgestaltet werden.[412]

8.6.12 Datenschutz (lit. k)

Im Auslagerungsvertrag sind Regelungen zu treffen, die sicherstellen, dass datenschutzrechtliche 321 Bestimmungen, wie sie sich in Deutschland aus dem Bundesdatenschutzgesetz (BDSG) und seit Mai 2018 aus der unmittelbar anwendbaren europäischen Datenschutz-Grundverordnung (DSGVO) ergeben, beachtet werden. Diese Anforderung ist Gegenstand von Art. 14 Abs. 2 lit. j MiFID-Durchführungsrichtlinie. In die gleiche Richtung gehende Anforderungen befanden sich schon im Rundschreiben 11/2001.[413] Vor diesem Hintergrund kann es sinnvoll sein, den Datenschutzbeauftragten des Institutes zur Risikoanalyse hinzuzuziehen (→ AT 9 Tz. 2).

Im Zuge der fünften MaRisk-Novelle wurde die Regelung dahingehend ergänzt, dass der 322 Auslagerungsvertrag auch Regelungen zu enthalten hat, die sicherstellen, dass die sonstigen Sicherheitsanforderungen beachtet werden. Zu den sonstigen Sicherheitsanforderungen zählen vor allem Zugangsbestimmungen zu Räumen und Gebäuden (z.B. bei Rechenzentren) sowie Zugriffsberechtigungen auf Softwarelösungen zum Schutz wesentlicher Daten und Informationen. Die Einhaltung dieser Anforderungen ist seit der sechsten MaRisk-Novelle laufend zu überwachen (→ AT 9 Tz. 7, Erläuterung).

Darüber hinaus sollten Regelungen zu sonstigen Sicherheitsanforderungen für alle, also auch 323 nicht wesentliche Auslagerungen, vertraglich vereinbart werden (→ AT 9 Tz. 7, Erläuterung).

Für die Inanspruchnahme von Cloud-Diensten gibt die Orientierungshilfe zu Auslagerungen an 324 Cloud-Anbieter weitergehende Hinweise. So sollte die Redundanz der Daten und Systeme sichergestellt sein, damit im Falle des Ausfalls eines Rechenzentrums die Aufrechterhaltung der Dienste gewährleistet ist. Die Sicherheit der Daten und Systeme ist auch innerhalb der Auslagerungskette zu gewährleisten. Dem Institut muss es jederzeit schnell und uneingeschränkt möglich sein, auf seine beim Cloud-Anbieter gespeicherten Daten zugreifen und diese, soweit erforderlich, rück-

---

412 Vgl. Bundesanstalt für Finanzdienstleistungsaufsicht, Merkblatt – Orientierungshilfe zu Auslagerungen an Cloud-Anbieter, 8. November 2018, S. 11. Für Auslagerungen an Cloud-Anbieter wird darauf hingewiesen, dass das Institut im Falle des Heranziehens von Nachweisen/Zertifizierungen oder Prüfberichten auch die Möglichkeit haben sollte, Einfluss auf den Umfang der Nachweise/Zertifizierungen oder Prüfberichte zu nehmen, so dass dieser auf relevante Systeme und Kontrollen erweitert werden kann. Die Anzahl und Häufigkeit entsprechender Weisungen sollte verhältnismäßig sein. Außerdem sollte das Institut jederzeit zur Erteilung von Weisungen an den Cloud-Anbieter im Hinblick auf die Berichtigung, Löschung und Sperrung von Daten befugt sein und der Cloud-Anbieter die Daten nur im Rahmen der erteilten Weisungen des beaufsichtigten Unternehmens erheben, verarbeiten oder nutzen dürfen. Davon umfasst sein sollte auch die Möglichkeit zur jederzeitigen Erteilung einer Weisung zur unverzüglichen und unbeschränkten Rücküberführung der vom Cloud-Anbieter verarbeiteten Daten an das beaufsichtigte Unternehmen. Sofern auf die explizite Vereinbarung von Weisungsrechten zugunsten des Institutes verzichtet werden kann, ist die vom Auslagerungsunternehmen zu erbringende Leistung hinreichend klar im Auslagerungsvertrag zu spezifizieren.

413 Vgl. Bundesaufsichtsamt für das Kreditwesen, Auslagerung von Bereichen auf ein anderes Unternehmen gemäß § 25a Abs. 2 KWG, Rundschreiben 11/2001 vom 6. Dezember 2001, Tz. 41 ff.

überführen zu können. Dabei sollte sichergestellt werden, dass die gewählte Form der Rücküberführung nicht die Verwendung der Daten einschränkt oder unmöglich macht. Daher sollten, wenn möglich, plattformunabhängige Standarddatenformate vereinbart werden. Die Kompatibilität der unterschiedlichen Systeme ist zu berücksichtigen.[414] Die Einhaltung dieser Anforderungen ist fortlaufend zu überwachen (→ AT 9 Tz. 7, Erläuterung).

8.6.13 Kündigungsrechte und -fristen (lit. I)

325   Die Kündigung ist immer eine Option, mit der das auslagernde Institut und das Auslagerungsunternehmen rechnen müssen. Die einseitige, in die Zukunft wirkende Beendigung des Dauerschuldverhältnisses »Auslagerung« kann auf unterschiedliche Ursachen zurückzuführen sein (→ AT 9 Tz. 6). Für das auslagernde Institut können schlecht oder sogar nicht erbrachte Leistungen des Auslagerungsunternehmens oder günstigere Angebote von Wettbewerbern die auslösenden Faktoren sein. Möglicherweise will es die (ausgelagerten) Aktivitäten und Prozesse aber auch überhaupt nicht mehr weiterführen (z.B. aufgrund einer strategischen Neupositionierung). Umgekehrt können natürlich auch von Seiten des Auslagerungsunternehmens Gründe vorliegen, die für eine Kündigung sprechen (z.B. Zahlungsstörungen beim auslagernden Institut oder mangelnde Beachtung von Mitwirkungspflichten).

326   Die einseitige Beendigung des Auslagerungsverhältnisses setzt zunächst die Existenz von Kündigungsrechten voraus, die das auslagernde Institut mit dem Auslagerungsunternehmen nach § 25b Abs. 3 Satz 3 KWG zu vereinbaren hat. Neben einem ordentlichen ist auch ein außerordentliches Kündigungsrecht zu vereinbaren (z.B. bei Verstoß gegen gesetzliche Regelungen oder regulatorische Vorgaben, schwerwiegenden Leistungsstörungen oder fehlender Einigung über erforderliche Anpassungen des Vertrages). Die EBA nennt in ihren Leitlinien zu Auslagerungen weitere Gründe für eine Kündigung, die das Institut in den Auslagerungsvertrag aufnehmen sollte, z.B. wesentliche Änderungen der Vereinbarung (Weiterverlagerung, Änderung von Subunternehmern etc.) sowie Schwachstellen im Hinblick auf die Verwaltung und Sicherheit vertraulicher oder personenbezogener Daten.[415]

327   Im Zuge der fünften MaRisk-Novelle wurde in die Erläuterungen aufgenommen, dass das Institut bereits bei der Vertragsanbahnung intern festzulegen hat, welchen Grad einer Schlechtleistung es akzeptieren möchte (→ AT 9 Tz. 7, Erläuterung). Ein derartiger Grad der Schlechtleistung kann z.B. auf der Grundlage von Key Performance Indicators (KPI) und Akzeptanzschwellen für die einzelnen Service Levels vereinbart, gemessen und überprüft werden.[416] Im Rahmen der Sondersitzung des Fachgremiums MaRisk zum Thema Auslagerung im März 2018 hat sich die deutsche Aufsicht dahingehend geäußert, dass der vom Institut intern festgelegte Grad der Schlechtleistung nicht zwingend im Auslagerungsvertrag zu definieren ist.[417]

328   Nicht trivial ist die Bemessung der ebenfalls zu vereinbarenden Kündigungsfristen. Beabsichtigt das auslagernde Institut, die (ausgelagerten) Aktivitäten und Prozesse fortzuführen, sind angemessene Fristen von erheblicher Bedeutung. Die Re-Integration der ausgelagerten Aktivitäten und Prozesse bzw. der Rückgriff auf ein anderes Auslagerungsunternehmen nehmen erfahrungs-

---

414 Vgl. Bundesanstalt für Finanzdienstleistungsaufsicht, Merkblatt – Orientierungshilfe zu Auslagerungen an Cloud-Anbieter, 8. November 2018, S. 11 f.

415 Die Anforderung der EBA betrifft alle Auslagerungsvereinbarungen, d.h. Auslagerungen von kritischen/wesentlichen Funktionen und sonstige Auslagerungen. Vgl. European Banking Authority, Leitlinien zu Auslagerungen, EBA/GL/2019/02, 25. Februar 2019, S. 37 f.

416 Vgl. Chrubasik, Bodo/Schütz, Armin, Auslagerungen in der Kreditwirtschaft, Göttingen, 2018, S. 255.

417 Es werden seitens der Aufsicht auch keine Vorgaben dahingehend gemacht, wann der Dienstleister wegen einer Schlechtleistung zu wechseln ist. Sowohl die Entscheidung über einen Anbieterwechsel als auch die Aufstellung eines Maßnahmenkataloges für Schlechtleistungen obliegen dem Institut. Vgl. Bundesanstalt für Finanzdienstleistungsaufsicht, Protokoll der Sitzung des MaRisk-Fachgremiums am 15. März 2018, S. 5.

gemäß viel Zeit in Anspruch, so dass sich vor allem zu kurze Kündigungsfristen nachteilig auf die gesamte Leistungserstellung des auslagernden Institutes auswirken können. Die Vereinbarung angemessener Kündigungsfristen setzt daher bestimmte Vorüberlegungen voraus, mit denen sich das Institut bei der Durchführung der Risikoanalyse (→ AT 9 Tz. 2) auseinandersetzen muss. Das betrifft insbesondere eine Einschätzung, welcher (Zeit-)Aufwand:

– an die Re-Integration der Aktivitäten und Prozesse geknüpft ist und/oder
– für die Suche nach einem geeigneten Ersatzkandidaten in Anspruch genommen wird.

Erst auf Basis dieser Vorüberlegungen, die den Charakter einer »Exit-Strategie« besitzen, ist die Fixierung angemessener Kündigungsfristen möglich.[418] Die Verpflichtung zur Vereinbarung angemessener Kündigungsfristen im Auslagerungsvertrag stellt im Übrigen keine Neuerung für die Institute dar, da sie bereits Gegenstand des Rundschreibens 11/2001 war.[419] Im Kontext der Kündigungsrechte und -fristen sind auch andere Anforderungen der MaRisk von Relevanz, die sich auf die verschiedenen Varianten der Beendigung des Auslagerungsverhältnisses beziehen (→ AT 9 Tz. 6).   **329**

Diese Vorgehensweise entspricht auch den Vorstellungen der EBA. Da das Institut im Fall einer Kündigung ggf. noch für einen Übergangszeitraum auf die Mithilfe des Auslagerungsunternehmens angewiesen sein wird, verlangt die EBA in ihren Leitlinien zu Auslagerungen neben einer angemessenen Übergangsfrist zusätzlich, dass der Dienstleister in der Auslagerungsvereinbarung verpflichtet wird, das Institut im Fall der Vertragsbeendigung bei der Re-Integration der Aktivitäten oder Prozesse oder der ordnungsgemäßen Übertragung auf einen anderen Dienstleister zu unterstützen.[420] Die deutsche Aufsicht hat eine entsprechende Regelung im Zuge der sechsten MaRisk-Novelle aufgenommen (→ AT 9 Tz. 7, Erläuterung)   **330**

Im Zusammenhang mit Auslagerungen an Cloud-Anbieter weist die deutsche Aufsicht darauf hin, dass die an den Cloud-Anbieter ausgelagerten Sachverhalte im Falle der Kündigung so lange erbracht werden müssen, bis eine vollständige Übertragung des ausgelagerten Sachverhaltes auf einen anderen Cloud-Anbieter oder auf das beaufsichtigte Unternehmen erfolgt ist. Dabei ist insbesondere zu gewährleisten, dass der Cloud-Anbieter das Institut bei der Übertragung der ausgelagerten Prozesse und Aktivitäten an einen anderen Cloud-Anbieter oder im Falle der Wiedereinlagerung angemessen unterstützt. Darüber hinaus sollten die Art, Form und Qualität der Übergabe des ausgelagerten Sachverhaltes und der Daten festgelegt werden. Soweit Datenformate auf die individuellen Bedürfnisse des beaufsichtigten Unternehmens angepasst sind, sollte der Cloud-Anbieter eine Dokumentation dieser Anpassungen bei der Beendigung des Auslagerungsverhältnisses übergeben. Es sollte ferner vereinbart werden, dass die Daten nach Rückübertragung an das Institut vollständig und unwiderruflich auf Seiten des Cloud-Anbieters gelöscht werden.[421]   **331**

8.6.14 Regelungen über Weiterverlagerungen einschließlich »Zustimmungsvorbehalte« (lit. m)

Dem Rundschreiben 11/2001 zufolge war die Einhaltung der bankaufsichtlichen Anforderungen für den Fall der Weiterverlagerung auf Dritte (Subunternehmen) durch Zustimmungsvorbehalte   **332**

---

418 Das Vorhalten einer Exit-Strategie empfiehlt in diesem Zusammenhang auch die deutsche Aufsicht: Damit im Falle der geplanten bzw. ungeplanten Beendigung des Vertrages die Aufrechterhaltung der ausgelagerten Bereiche gewährleistet wird, soll das beaufsichtigte Unternehmen eine Exit-Strategie vorhalten und ihre Durchführbarkeit prüfen. Vgl. Bundesanstalt für Finanzdienstleistungsaufsicht, Merkblatt – Orientierungshilfe zu Auslagerungen an Cloud-Anbieter, 8. November 2018, S. 11 f.

419 Vgl. Bundesaufsichtsamt für das Kreditwesen, Auslagerung von Bereichen auf ein anderes Unternehmen gemäß § 25a Abs. 2 KWG, Rundschreiben 11/2001 vom 6. Dezember 2001, Tz. 31.

420 Vgl. European Banking Authority, Leitlinien zu Auslagerungen, EBA/GL/2019/02, 25. Februar 2019, S. 38.

421 Vgl. Bundesanstalt für Finanzdienstleistungsaufsicht, Merkblatt – Orientierungshilfe zu Auslagerungen an Cloud-Anbieter, 8. November 2018, S. 12.

abzusichern (→ AT 9 Tz. 8).[422] Zustimmungsvorbehalte können jedoch insbesondere bei Auslagerungen auf Mehrmandantendienstleister zu Komplikationen führen. Der Mehrmandantendienstleister muss bei jeder beabsichtigten Weiterverlagerung auf Dritte sämtliche Mandanten anschreiben und deren Zustimmung einholen, so dass sich in Abhängigkeit von der Zahl der Mandanten ein nicht unerheblicher (Zeit-)Aufwand ergeben kann. Zustimmungsvorbehalte sind daher nicht immer ausreichend flexibel, um allen möglichen Auslagerungskonstellationen in der Praxis entsprechen zu können. Wegen dieser praktischen Schwierigkeiten wurden die Regelungen im Rahmen der ersten MaRisk-Novelle etwas offener gestaltet.

333   Im Auslagerungsvertrag sind nunmehr Vereinbarungen über die Möglichkeit und ggf. die Modalitäten einer Weiterverlagerung zu treffen, die dem Institut erlauben, die bankaufsichtsrechtlichen Anforderungen weiterhin einzuhalten. Insoweit ist die Vereinbarung von Zustimmungsvorbehalten nicht mehr zwingend erforderlich. Solange bankaufsichtlichen Anforderungen Rechnung getragen wird, kann z. B. schon zum Zeitpunkt des Vertragsabschlusses zwischen dem auslagernden Institut und dem Auslagerungsunternehmen vereinbart werden, dass bestimmte Aktivitäten und Prozesse ohne explizite Zustimmung auf einen Dritten ausgelagert werden dürfen. Die »Zustimmung«, also das Einverständnis, liegt in solchen Fällen automatisch vor. Vor allem bei Auslagerungen auf Mehrmandantendienstleister kann somit das gesamte Verfahren schlanker gestaltet werden.

334   Im Zuge der fünften MaRisk-Novelle wurde diese Regelung allerdings wieder dahingehend geändert, dass das auslagernde Institut mit Blick auf Weiterverlagerungen im Auslagerungsvertrag möglichst Zustimmungsvorbehalte gegenüber dem Auslagerungsunternehmen zu vereinbaren hat oder konkrete Voraussetzungen, wann Weiterverlagerungen einzelner Arbeits- und Prozessschritte möglich sind. Zwar ist somit auch weiterhin die vertragliche Vereinbarung eines Zustimmungsvorbehaltes nicht zwingend erforderlich. Allerdings ist vertraglich sicherzustellen, dass die Vereinbarungen des Auslagerungsunternehmens mit Subunternehmen im Einklang mit den vertraglichen Vereinbarungen des originären Auslagerungsvertrages stehen. Der Auslagerungsvertrag muss zudem bei Weiterverlagerungen eine entsprechende Informationspflicht des Auslagerungsunternehmens an das auslagernde Institut enthalten. Schließlich muss die Auslagerungsvereinbarung den ursprünglichen Dienstleister verpflichten, auch im Falle der Weiterverlagerung auf ein Subunternehmen seiner Berichtspflicht gegenüber dem Institut nachzukommen (→ AT 9 Tz. 8).

335   Nach den Vorstellungen der EBA sollte in der Auslagerungsvereinbarung festgelegt werden, ob eine Weiterverlagerung kritischer/wesentlicher Funktionen bzw. von wesentlichen Teilen derselben zulässig oder ausdrücklich nicht zulässig ist. Im Fall der Zulässigkeit hat die Auslagerungsvereinbarung insbesondere folgende Vertragselemente zu enthalten[423]:

- Angabe etwaiger Arten von Tätigkeiten, bei denen eine Weiterverlagerung ausgeschlossen ist,
- Bedingungen des Institutes für Weiterverlagerungen,
- Verpflichtung des ursprünglichen Auslagerungsunternehmens, die von ihm weiterverlagerte Dienstleistung zu überwachen, um sicherzustellen, dass alle vertraglichen Verpflichtungen zwischen dem Auslagerungsunternehmen und dem Institut fortlaufend erfüllt werden,
- spezifischer oder allgemeiner schriftlicher Zustimmungsvorbehalt des Institutes vor einer Weiterverlagerung im Zusammenhang mit Daten,

---

422 Vgl. Bundesaufsichtsamt für das Kreditwesen, Auslagerung von Bereichen auf ein anderes Unternehmen gemäß § 25a Abs. 2 KWG, Rundschreiben 11/2001 vom 6. Dezember 2001, Tz. 32.

423 Vgl. European Banking Authority, Leitlinien zu Auslagerungen, EBA/GL/2019/02, 25. Februar 2019, S. 32 f. Die Deutsche Kreditwirtschaft hat in ihrer Stellungnahme die in den EBA-Leitlinien vorgesehene Vorgehensweise als nicht praxisgerecht kritisiert. Vgl. Deutsche Kreditwirtschaft (German Banking Industry Committee), Comments on EBA Draft Guidelines on Outsourcing arrangements (EBA/CP/2018/11), 24. September 2018, S. 18. Vergleichbare, wenngleich weniger umfangreiche Hinweise gibt auch die deutsche Aufsicht bei Weiterverlagerungen von Cloud-Diensten. Vgl. Bundesanstalt für Finanzdienstleistungsaufsicht, Merkblatt – Orientierungshilfe zu Auslagerungen an Cloud-Anbieter, 8. November 2018, S. 12 f.

- Verpflichtung des ursprünglichen Auslagerungsunternehmens, das Institut über die geplante Weiterverlagerung (bzw. wesentliche geplante Änderungen derselben) zu unterrichten, insbesondere wenn sie die Fähigkeit des Dienstleistungserbringers zur Erfüllung des ursprünglichen Auslagerungsvertrages beeinträchtigen könnte; dies beinhaltet auch geplante wesentliche Änderungen bei den Subunternehmen und eine entsprechende Anzeigefrist (»notification period«), die dem Institut eine Risikobewertung der geplanten Änderungen ermöglicht; das Institut muss zudem die Möglichkeit haben, innerhalb der Frist den Änderungen zu widersprechen, bevor die geplante Weiterverlagerung oder wesentliche Änderungen derselben in Kraft treten,
- gegebenenfalls Sicherstellung, dass das Institut eine beabsichtigte Weiterverlagerung oder wesentliche Änderung derselben ablehnen kann, oder Erfordernis einer speziellen Genehmigung sowie
- Sicherstellung, dass das Institut bei einer unzulässigen Weiterverlagerung ein vertragliches Kündigungsrecht hat, z. B. wenn sich durch die Weiterverlagerung die Risiken für das Institut wesentlich erhöhen oder der Dienstleister eine Weiterverlagerung vornimmt, ohne das Institut zu benachrichtigen.

Nach den Vorstellungen der EBA sollten die Institute einer Weiterverlagerung nur zustimmen, wenn sich das Subunternehmen verpflichtet, die gesetzlichen Regelungen und Vorgaben sowie die vertraglichen Pflichten einzuhalten. Ferner muss es dem Institut und der Aufsicht dieselben vertraglichen Zugangs- und Prüfungsrechte einräumen, die das Institut mit dem ursprünglichen Auslagerungsunternehmen vereinbart hat.[424]

8.6.15 Informationspflichten des Auslagerungsunternehmens (lit. n)

Das Auslagerungsunternehmen muss im Auslagerungsvertrag verpflichtet werden, das Institut über Entwicklungen zu informieren, die die ordnungsgemäße Erledigung der ausgelagerten Aktivitäten und Prozesse beeinträchtigen können. Durch diese Informationspflicht des Auslagerungsunternehmens wird Art. 14 Abs. 2 lit. f MiFID-Durchführungsrichtlinie entsprochen. Danach hat der Dienstleister der Wertpapierfirma »jede Entwicklung zur Kenntnis zu bringen, die seine Fähigkeit, die ausgelagerten Aufgaben wirkungsvoll und unter Einhaltung aller geltenden Rechts- und Verwaltungsvorschriften auszuführen, wesentlich beeinträchtigen können«. Eine vergleichbare Regelung war bereits Gegenstand des Rundschreibens 11/2001.[425]

336

Weitergehende Hinweise sind der Orientierungshilfe zu Auslagerungen an Cloud-Anbieter zu entnehmen. So sollten die Informationspflichten beispielsweise die Meldung von eingetretenen Störungen im Rahmen der Erbringung des Cloud-Dienstes beinhalten. Der Cloud-Anbieter soll ein Institut außerdem unverzüglich über Umstände informieren, die eine Gefahr für die Sicherheit der vom Cloud-Anbieter zu verarbeitenden Daten des beaufsichtigten Unternehmens zur Folge haben können, z. B. durch Maßnahmen Dritter (z. B. Pfändung oder Beschlagnahme), durch ein Insolvenz- oder Vergleichsverfahren oder durch sonstige Ereignisse. Darüber hinaus sollte sichergestellt werden, dass das Institut bei relevanten Änderungen des zu erbringenden Cloud-Dienstes durch den Cloud-Anbieter vorab angemessen informiert wird. Service-Beschreibungen und deren etwaige Änderungen sollten dem Institut in Textform überlassen bzw. mitgeteilt werden. Es sollte sichergestellt werden,

337

---

424 Vgl. European Banking Authority, Leitlinien zu Auslagerungen, EBA/GL/2019/02, 25. Februar 2019, S. 33.
425 Das Auslagerungsunternehmen ist danach im Auslagerungsvertrag nicht nur zu einer regelmäßigen Berichterstattung, sondern auch zu einer unverzüglichen Abgabe von Fehlermeldungen zu verpflichten. Vgl. Bundesaufsichtsamt für das Kreditwesen, Auslagerung von Bereichen auf ein anderes Unternehmen gemäß § 25a Abs. 2 KWG, Rundschreiben 11/2001 vom 6. Dezember 2001, Tz. 28.

dass das beaufsichtigte Unternehmen bei Anfragen/Aufforderungen Dritter zur Herausgabe von Daten des beaufsichtigten Unternehmens informiert wird, soweit rechtlich zulässig.[426]

8.7 Anforderungen an die Auslagerungsvereinbarung nach dem Sanierungs- und Abwicklungsgesetz (SAG)

338 Zusätzliche Anforderungen an den Auslagerungsvertrag zwischen dem auslagernden Institut und dem Dienstleister über § 25b KWG in Verbindung mit AT 9 MaRisk hinaus ergeben sich nach § 80 Abs. 3 SAG. Danach sind in wesentlichen Auslagerungsvereinbarungen Regelungen zu treffen, die den Anordnungsbefugnissen der Abwicklungsbehörde (→ Teil I, Kapitel 3.6) nach § 80 Abs. 1 und 2 SAG Rechnung tragen. Gemäß § 80 Abs. 1 SAG kann die Abwicklungsbehörde bei Vorliegen der Abwicklungsvoraussetzungen gegenüber dem in Abwicklung befindlichen Institut oder gruppenangehörigen Unternehmen anordnen, Informationen, Dienstleistungen, Einrichtungen sowie Mitarbeiter bereitzustellen, die ein übernehmender Rechtsträger (z. B. eine andere Bank) für den effektiven Betrieb des auf ihn übertragenen Geschäftes benötigt.[427] § 80 Abs. 2 SAG regelt den Sonderfall, dass die inländische Abwicklungsbehörde eine entsprechende Anordnung auf Ersuchen einer Abwicklungsbehörde eines anderen EU-Mitgliedstaates gegenüber einem gruppenangehörigen Unternehmen in Deutschland trifft. Um die Ziele einer Abwicklung nicht zu gefährden, dürfen die Dienstleister des in Abwicklung befindlichen Institutes oder gruppenangehörigen Unternehmens im Hinblick auf die ausgelagerten Aktivitäten und Prozesse nicht über ein Leistungsverweigerungsrecht z. B. gegenüber einer übernehmenden Bank oder Kündigungsrechte für den Fall einer (drohenden) Abwicklung verfügen.[428] Ein Institut, das wesentliche Aktivitäten oder Prozesse auslagert, hat dies durch eine Regelung im Auslagerungsvertrag sicherzustellen. Die Anforderung gemäß § 80 Abs. 3 SAG kann in der Praxis durchaus zu Problemen führen, da sich die Auslagerungsunternehmen vertraglich verpflichten müssen, ihre Leistung nicht nur gegenüber dem Institut als dem gegenwärtigen Vertragspartner zu erbringen, sondern im Falle einer Abwicklung auch gegenüber einem derzeit noch nicht bekannten Vertragspartner.

8.8 Vorgaben der EBA an die Auslagerungsvereinbarung

339 Aufgrund der zentralen Bedeutung der Auslagerungsvereinbarung enthalten auch die von der EBA im Februar 2019 veröffentlichten Leitlinien zu Auslagerungen einen detaillierten Katalog an

---

426 Vgl. Bundesanstalt für Finanzdienstleistungsaufsicht, Merkblatt – Orientierungshilfe zu Auslagerungen an Cloud-Anbieter, 8. November 2018, S. 13.

427 Die Anordnungsbefugnis gemäß § 80 Abs. 1 SAG besteht nicht nur gegenüber dem in Abwicklung befindlichen Institut oder gruppenangehörigen Unternehmen, sondern auch gegenüber einem anderen Unternehmen der Gruppe, dem das in Abwicklung befindliche Institut oder gruppenangehörige Unternehmen angehören.

428 Die Abwicklungsziele sind in § 67 SAG geregelt. Darunter fallen insbesondere die Sicherstellung der Kontinuität sog. kritischer Funktionen, die Vermeidung negativer Auswirkungen auf die Finanzstabilität durch Ansteckungseffekte, der Schutz der Einlagen sowie generell der Schutz der Gelder und Vermögenswerte der Kunden der Institute. Ein weiteres Ziel ist es, dass zukünftig keine öffentlichen Mittel, d.h. Steuergelder, mehr für Bankenrettungen eingesetzt werden.

Vertragselementen, die das auslagernde Institut und das Auslagerungsunternehmen schriftlich vereinbaren sollten (»contractual phase«). Die endgültige Fassung der Leitlinien formuliert nur noch Anforderungen an die Verträge über kritische/wesentliche Auslagerungen (»critical or important«).[429] Nach den Vorstellungen der EBA sollten Auslagerungsverträge zumindest folgende Vertragselemente beinhalten[430]:

- Beschreibung der zu erbringenden ausgelagerten Leistung (lit. a),
- Datum des Beginns und ggf. Endes der Vereinbarung zur Auslagerung sowie Kündigungsfristen für das Institut und das Auslagerungsunternehmen (lit. b),
- auf die Auslagerungsvereinbarung anzuwendendes Recht (lit. c),
- die finanziellen Pflichten der Parteien (lit. d),
- Angaben über die Zulässigkeit einer Weiterverlagerung bzw. Teile derselben; falls eine Weiterverlagerung zulässig ist, ist sicherstellen, dass diese den Anforderungen der EBA-Leitlinien an Weiterverlagerungen unterliegt[431] (lit. e),
- Standorte (d.h. Regionen oder Länder), in denen die Leistungserbringung erfolgt und/oder maßgebliche Daten gespeichert und verarbeitet werden, einschließlich des möglichen Speicherortes; Verpflichtung des Dienstleisters, das Institut bei einem Wechsel des Standortes zu informieren (lit. f),
- ggf. Regelungen in Bezug auf Zugang, Verfügbarkeit, Integrität, den Datenschutz und Sicherheit relevanter Daten gemäß den Informationssicherheitsstandards der EBA-Leitlinien[432] (lit. g),
- Überwachungsrechte des auslagernden Institutes gegenüber dem Dienstleister (lit. h),
- die vereinbarte Dienstleistungsgüte, die genaue quantitative und qualitative Leistungsziele für die ausgelagerte Funktion beinhalten sollten, um eine termingerechte Überwachung zu ermöglichen; bei Nichterfüllung der Dienstleistungsgüte kann so ohne größere Verzögerung eine geeignete Korrekturmaßnahme ergriffen werden (lit. i),
- Berichtspflichten des Auslagerungsunternehmens einschließlich der Verpflichtung, das Institut über Entwicklungen mit möglicherweise nachteiligen Auswirkungen auf die Fähigkeit des Dienstleisters zur wirksamen Durchführung der Funktion zu informieren, welche die vereinbarte Dienstleistungsgüte oder die Einhaltung von Gesetzen oder regulatorischen Vorgaben betreffen; ggf. Verpflichtung zur Vorlage der Berichte der Internen Revision des Dienstleisters (lit. j),
- ggf. vom Dienstleister für bestimmte Risiken verpflichtend abzuschließende Versicherungen, sowie ggf. die Höhe der geforderten Versicherungsdeckung (lit. k),
- Anforderungen an die Umsetzung und Überprüfung von Notfallplänen (lit. l),
- Regelungen, mit denen sichergestellt ist, dass auf die im Besitz des Institutes befindlichen Daten im Fall der Insolvenz des Dienstleisters zugegriffen werden kann, ebenso im Fall der Abwicklung oder Einstellung des Geschäftsbetriebes des Dienstleisters (lit. m),
- Verpflichtung des Dienstleisters zur Zusammenarbeit mit den zuständigen Aufsichtsbehörden einschließlich der von der Aufsicht beauftragten Personen (lit. n),
- ein ausdrücklicher Verweis auf die Befugnisse der nationalen Abwicklungsbehörden gemäß Art. 68 und Art. 71 BRRD sowie die »materiellen Verpflichtungen« der Auslagerungsvereinbarung gemäß Art. 68 BRRD (lit. o),

---

429 Der Entwurf der EBA-Leitlinien zu Auslagerungen enthielt noch zahlreiche allgemeine Anforderungen an die Verträge über nicht kritische/nicht wesentliche Auslagerungen (»non critical or non important«). Vgl. European Banking Authority, Consultation Paper – EBA Draft Guidelines on Outsourcing arrangements, EBA/CP/2018/11, 22. Juni 2018, S. 37 f. Mit der Einschränkung der Anforderungen auf kritische/wesentliche Auslagerungen ist die EBA auch einer Forderung der Deutschen Kreditwirtschaft (DK) entgegengekommen, die in ihrer Stellungnahme Anforderungen für Auslagerungen von nicht kritischen/nicht wesentlichen Funktionen als nicht praxisgerecht kritisiert hatte. Vgl. Deutsche Kreditwirtschaft (German Banking Industry Committee), Comments on EBA Draft Guidelines on Outsourcing arrangements (EBA/CP/2018/11), 24. September 2018, S. 17.

430 Vgl. European Banking Authority, Leitlinien zu Auslagerungen, EBA/GL/2019/02, 25. Februar 2019, S. 31 f.

431 Vgl. European Banking Authority, Leitlinien zu Auslagerungen, EBA/GL/2019/02, 25. Februar 2019, S. 32 ff.

432 Vgl. European Banking Authority, Leitlinien zu Auslagerungen, EBA/GL/2019/02, 25. Februar 2019, S. 34.

– uneingeschränkte Zugangs-, Informations- und Prüfungsrechte des auslagernden Institutes und der Aufsichtsbehörden gemäß den Vorgaben der EBA-Leitlinien[433] (lit. p),
– Kündigungsrechte gemäß den Vorgaben der EBA-Leitlinien[434] (lit. q).

340 Gemäß den Vorstellungen der EBA gelten die Anforderungen der Leitlinien seit dem 30. September 2019 für sämtliche Auslagerungsverträge, die seit diesem Zeitpunkt neu abgeschlossen, überprüft oder geändert wurden bzw. werden. Für bereits bestehende Auslagerungen können die neuen Dokumentationsanforderungen im Zuge der turnusgemäßen Anpassungen der Auslagerungsvereinbarungen erfolgen. Sie sollten allerdings spätestens zum 31. Dezember 2021 abgeschlossen sein.[435] Die deutsche Aufsicht hat den weniger bedeutenden Instituten im Rahmen der sechsten MaRisk-Novelle allerdings gesonderte Umsetzungsfristen bis zum 31. Dezember 2022 eingeräumt.[436]

8.9 Berücksichtigung von Nachhaltigkeitsrisiken

341 Der angemessene Umgang mit Nachhaltigkeitsrisiken sollte auch bei ausgelagerten Aktivitäten und Prozessen sichergestellt werden. Insbesondere erwartet die BaFin, dass bei der Auslagerung von Risikomanagementaufgaben gegenüber dem Auslagerungsunternehmen entsprechende Vorgaben zur Identifizierung, Beurteilung, Steuerung, Überwachung und Kommunikation von Nachhaltigkeitsrisiken vertraglich geregelt werden. Außerdem könnte es erforderlich sein, bei der Vertragsgestaltung eine Verpflichtung des Auslagerungsunternehmens zur Einhaltung bestimmter Nachhaltigkeitsstandards zu ergänzen, zu denen sich das Institut bekannt hat. In jedem Fall müssten dem Institut vom Auslagerungsunternehmen die für Prüfungs- und Berichterstattungszwecke erforderlichen Informationen im Einklang mit diesen Standards zur Verfügung gestellt werden. Gegebenenfalls genügt es jedoch, die diesbezüglichen Vorgaben in den Organisationsrichtlinien zu verankern (→ AT 5 Tz. 3).[437]

---

433 Vgl. European Banking Authority, Leitlinien zu Auslagerungen, EBA/GL/2019/02, 25. Februar 2019, S. 34 ff.
434 Vgl. European Banking Authority, Leitlinien zu Auslagerungen, EBA/GL/2019/02, 25. Februar 2019, S. 37 f.
435 Vgl. European Banking Authority, Leitlinien zu Auslagerungen, EBA/GL/2019/02, 25. Februar 2019, S. 7.
436 Vgl. Bundesanstalt für Finanzdienstleistungsaufsicht, Rundschreiben 10/2021 (BA) zur Neufassung der MaRisk, Übermittlungsschreiben vom 16. August 2021, S. 10.
437 Vgl. Bundesanstalt für Finanzdienstleistungsaufsicht, Merkblatt zum Umgang mit Nachhaltigkeitsrisiken, 20. Dezember 2019, geändert am 13. Januar 2020, S. 37.

9 Einflussmöglichkeiten bei Weiterverlagerungen (Tz. 8)

8 Mit Blick auf Weiterverlagerungen sind möglichst Zustimmungsvorbehalte des aus- 342
lagernden Institutes oder konkrete Voraussetzungen, wann Weiterverlagerungen einzelner Arbeits- und Prozessschritte möglich sind, im Auslagerungsvertrag zu vereinbaren.
Zumindest ist vertraglich sicherzustellen, dass die Vereinbarungen des Auslagerungsunternehmens mit Subunternehmen im Einklang mit den vertraglichen Vereinbarungen des
originären Auslagerungsvertrags stehen. Ferner haben die vertraglichen Anforderungen bei
Weiterverlagerungen auch eine Informationspflicht des Auslagerungsunternehmens an das
auslagernde Institut zu umfassen. Es muss sichergestellt sein, dass das Auslagerungsunternehmen im Falle einer Weiterverlagerung auf ein Subunternehmen weiterhin gegenüber dem
auslagernden Institut berichtspflichtig bleibt.

9.1 Zustimmungsvorbehalte mit Blick auf Weiterverlagerungen

Das auslagernde Institut und der Dienstleister haben bei wesentlichen Auslagerungen im Aus- 343
lagerungsvertrag eine Regelung über die Möglichkeit und die Modalitäten einer Weiterverlagerung
zu vereinbaren, die sicherstellt, dass das Institut die bankaufsichtsrechtlichen Anforderungen
weiterhin einhält (→ AT 9 Tz. 7 lit. m). Seit der fünften MaRisk-Novelle aus dem Jahr 2017 sind
mit Blick auf Weiterverlagerungen im Auslagerungsvertrag darüber hinaus möglichst Zustimmungsvorbehalte des auslagernden Institutes zu vereinbaren oder konkrete Voraussetzungen,
wann Weiterverlagerungen einzelner Arbeits- und Prozessschritte möglich sind. Auch weiterhin
ist somit die vertragliche Vereinbarung eines Zustimmungsvorbehaltes, wie es nach dem Rundschreiben 11/2001 noch erforderlich war, nicht zwingend. Allerdings ist vertraglich sicherzustellen, dass die Vereinbarungen des Auslagerungsunternehmens mit Subunternehmen im Einklang
mit den vertraglichen Vereinbarungen des ursprünglichen Auslagerungsvertrages stehen. Der
Auslagerungsvertrag muss zudem bei Weiterverlagerungen eine entsprechende Informationspflicht des Auslagerungsunternehmens an das auslagernde Institut beinhalten. Schließlich muss
sichergestellt sein, dass das Auslagerungsunternehmen im Falle einer Weiterverlagerung auf ein
Subunternehmen weiterhin gegenüber dem auslagernden Institut berichtspflichtig bleibt.

Auch wenn der Wortlaut allgemein von »Weiterverlagerungen« spricht, betrifft die vertragliche 344
Sicherstellung, dass die Vereinbarungen des Auslagerungsunternehmens mit Subunternehmen im
Einklang mit den vertraglichen Vereinbarungen des originären Auslagerungsvertrages stehen,
lediglich Weiterverlagerungen, die unter Risikogesichtspunkten »wesentlich« sind. Hierfür spricht
insbesondere, dass die Regelung den Auslagerungsvertrag betrifft, für den grundsätzlich nur bei
wesentlichen Auslagerungen Vorgaben formuliert werden (→ AT 9 Tz. 7).

Diese Regelung wurde in der Konsultation der fünften MaRisk-Novelle zwischen Aufsicht und 345
Deutscher Kreditwirtschaft (DK) kontrovers diskutiert. Die DK hat kritisiert, dass Zustimmungs-
erfordernisse insbesondere in einer Kette von Auslagerungsvereinbarungen für die Institute mit
einem sehr hohen bürokratischen Aufwand verbunden und ohne erkennbaren Nutzen sind. Nach
Meinung der DK ist auch die Vereinbarung konkreter Voraussetzungen in Auslagerungsverträgen,

unter denen eine Weiterverlagerung möglich ist, praktisch nicht umsetzbar, da jede Auslagerung einen spezifischen Charakter hat und auf unterschiedlichen Motiven beruht.[438]

346 Die Aufsicht ist der DK in der endgültigen Fassung der fünften MaRisk-Novelle dahingehend entgegengekommen, dass Zustimmungsvorbehalte oder konkrete Voraussetzungen, wann Weiterverlagerungen einzelner Arbeits- und Prozessschritte möglich sind, »möglichst« zu vereinbaren sind. Diese im ersten Entwurf der Novelle noch nicht enthaltene Einschränkung gibt den Instituten die notwendige Flexibilität bei der Vertragsgestaltung. In vielen Fällen ist es nach wie vor geübte Praxis, dass sich die Institute für den Fall der beabsichtigten Weiterverlagerung von Auslagerungsmaßnahmen grundsätzlich Zustimmungsvorbehalte sowie Anzeigepflichten und außerordentliche Kündigungsrechte etc. einräumen lassen.[439] Die Aufnahme eines Zustimmungsvorbehaltes im Falle von Weiterverlagerungen ist für die Institute insbesondere dann vorteilhaft, wenn originäre Interessen des Institutes berührt sein können, weil z.B. eine Weiterverlagerung an einen möglichen Konkurrenten erfolgen könnte. Zudem kann auch die im Zuge der fünften MaRisk-Novelle aufgenommene Informationspflicht des Auslagerungsunternehmens an das auslagernde Institut ggf. ausreichen, wenn das Institut über eine entsprechende außerordentliche Kündigungsmöglichkeit verfügt.[440] Schließlich ist auch denkbar, dass ein Institut eine Weiterverlagerung auf einen Sub-Dienstleister in der Auslagerungsvereinbarung von vornherein ausschließt.[441]

347 Die EBA formuliert in ihren Leitlinien zu Auslagerungen für den Fall der Weiterverlagerung von kritischen/wesentlichen Funktionen detaillierte Anforderungen an den Auslagerungsvertrag, der ausreichende Einflussmöglichkeiten des Institutes sicherstellen soll. Darunter befinden sich auch Zustimmungsvorbehalte und Widerspruchsmöglichkeiten des Institutes sowie Informationspflichten des Dienstleisters (→ AT 9 Tz. 7 lit. m).[442]

438 Vgl. Deutsche Kreditwirtschaft, Stellungnahme zum Entwurf der MaRisk in der Fassung vom 18. Februar 2016 (Konsultation 02/2016) vom 27. April 2016, S. 34 f.

439 Vgl. Erfahrungsaustausch öffentlicher und genossenschaftlicher Banken zum »Outsourcing« am 1. Februar 2009 in Berlin.

440 Vgl. Deutsche Kreditwirtschaft, Stellungnahme zum Entwurf der MaRisk in der Fassung vom 18. Februar 2016 (Konsultation 02/2016) vom 27. April 2016, S. 35.

441 Vgl. Chrubasik, Bodo/Schütz, Armin, Auslagerungen in der Kreditwirtschaft, Göttingen, 2018, S. 261.

442 Vgl. European Banking Authority, Leitlinien zu Auslagerungen, EBA/GL/2019/02, 25. Februar 2019, S. 32 f.

10 Management der Auslagerungsrisiken (Tz. 9)

9 Das Institut hat die mit Auslagerungen verbundenen Risiken angemessen zu steuern und **348** die Ausführung der ausgelagerten Aktivitäten und Prozesse ordnungsgemäß zu überwachen. Dies umfasst bei wesentlichen Auslagerungen auch die laufende Überwachung der Leistung des Auslagerungsunternehmens anhand vorzuhaltender Kriterien (z.B. Key Performance Indicators, Key Risk Indicators) und vertraglich vereinbarter Informationen des Auslagerungsunternehmens; die Qualität der erbrachten Leistungen ist regelmäßig zu beurteilen.

10.1 Laufende Steuerung und Überwachung

Der Implementierung geeigneter Steuerungs- und Überwachungsmechanismen kommt bei Dienst- **349** leistungen eine besonders wichtige Rolle zu. Während sich Sachleistungen i.d.R. exakt durch entsprechende Spezifikationen im Auslagerungsvertrag umschreiben lassen, erweist sich dies bei Dienstleistungen häufig als schwieriger. Entwickeln die Geschäftspartner bezüglich des Inhaltes der Leistungsbeschreibung unterschiedliche Vorstellungen, so sind Missverständnisse oder Unstimmigkeiten vorprogrammiert. Gegebenenfalls werden getroffene Vereinbarungen im Nachhinein sogar bewusst umgedeutet, so dass sich ein Geschäftspartner einen Vorteil auf Kosten des anderen verschaffen kann.[443] Vor diesem Hintergrund hat das Institut die mit Auslagerungen verbundenen Risiken angemessen zu steuern und die Ausführung der ausgelagerten Aktivitäten und Prozesse ordnungsgemäß zu überwachen. Diese Anforderung korrespondiert mit Art. 14 Abs. 2 lit. c MiFID-Durchführungsrichtlinie und war auch schon Gegenstand des Rundschreibens 11/2001.[444]

Die Implementierung geeigneter Steuerungs- und Überwachungsmechanismen ist daher von **350** erheblicher Bedeutung. Der dabei anfallende Aufwand sollte von den Instituten nicht unterschätzt werden. Gegenüber der internen Leistungserbringung stellt die Koordination und Kontrolle der Leistung des Auslagerungsunternehmens grundlegend andere Anforderungen an das auslagernde Unternehmen. Vor allem bei Unternehmen mit komplexem »Auslagerungs-Portfolio« muss es darum gehen, entsprechendes Know-how und passende Strukturen zu entwickeln, um auf diese Weise den reibungslosen Ablauf der ausgelagerten Aktivitäten und Prozesse und den langfristigen Erfolg der Geschäftsbeziehungen mit unterschiedlichen Auslagerungsunternehmen zu sichern.[445] Seit der sechsten MaRisk-Novelle haben grundsätzlich alle Institute einen zentralen Auslagerungsbeauftragten einzurichten, der u.a. für die Implementierung und Weiterentwicklung eines angemessenen Auslagerungsmanagements und entsprechender Kontroll- und Überwachungsprozesse zuständig ist (→ AT 9 Tz. 12 lit. a). Bei Instituten mit umfangreichen Auslagerungslösungen wird der Auslagerungsbeauftragte vom zentralen Auslagerungsmanagement unterstützt.

Das Proportionalitätsprinzip kommt auch bei der Steuerung und Überwachung der ausgelagerten **351** Aktivitäten und Prozesse zum Tragen. Die konkrete Ausgestaltung der Steuerungs- und Überwachungsmechanismen hängt damit von Art, Umfang, Komplexität und Risikogehalt der Auslagerungsmaßnahme ab. Das sind alles Aspekte, die bereits vorab im Rahmen der Risikoanalyse berück-

---

443 Vgl. Behrens, Stefan/Schmitz, Christopher, Ein Bezugsrahmen für die Implementierung von IT-Outsourcing-Governance, in: HMD Praxis der Wirtschaftsinformatik, Heft 245/2006, S. 28f.

444 Vgl. Bundesaufsichtsamt für das Kreditwesen, Auslagerung von Bereichen auf ein anderes Unternehmen gemäß § 25a Abs. 2 KWG, Rundschreiben 11/2001 vom 6. Dezember 2001, Tz. 25.

445 Vgl. Lamberti, Hermann-Josef, Industrialisierung des Bankgeschäfts, in: Die Bank, Heft 6/2004, S. 372.

sichtigt wurden (→ AT 9 Tz. 2), so dass die dabei gewonnenen Erkenntnisse für die konkrete Ausgestaltung der Steuerungs- und Überwachungsmechanismen genutzt werden können.[446]

352   Im Zuge der sechsten MaRisk-Novelle wurde die Anforderung an die angemessene Steuerung der mit den Auslagerungen verbundenen Risiken und die Überwachung der ordnungsgemäßen Ausführung der ausgelagerten Aktivitäten und Prozesse auf sämtliche Auslagerungen erweitert. Die Institute müssen nicht nur wie bisher für wesentliche, sondern zukünftig auch für nicht wesentliche Auslagerungen geeignete Steuerungs- und Überwachungsmechanismen einrichten. Die Basis hierfür ist die Risikoanalyse, deren Ergebnisse in der Auslagerungs- und Risikosteuerung zu beachten sind (→ AT 9 Tz. 2). Bei wesentlichen Auslagerungen hat das Institut zusätzlich die Leistung des Auslagerungsunternehmens anhand vorzuhaltender Kriterien (z. B. »Key Performance Indicators«, »Key Risk Indicators«) und vertraglich vereinbarter Informationen des Auslagerungsunternehmens laufend zu überwachen. Zudem ist vom Institut die Qualität der erbrachten Leistungen regelmäßig zu beurteilen.

353   Auch nach den Vorstellungen der EBA haben die Institute die mit sämtlichen Auslagerungen verbundenen Risiken nicht nur vor Abschluss der Auslagerungsvereinbarung zu identifizieren und zu bewerten (»pre-outsourcing analysis«), sondern die Leistung des Dienstleisters anschließend laufend nach einem risikobasierten Ansatz zu steuern und zu überwachen (»oversight of outsourced functions«), wobei der Schwerpunkt auf den kritischen/wesentlichen Funktionen liegt. Die im Rahmen der Risikoanalyse durchgeführte Risikobewertung der geplanten Auslagerung (»risk assessment of outsourcing arrangements«) sollte von den Instituten regelmäßig aktualisiert werden. Die im Zusammenhang mit kritischen/wesentlichen Auslagerungen bestehenden Risiken sollten der Geschäftsleitung berichtet werden.[447]

10.2   Steuerung der Risiken

354   Im Hinblick auf die Steuerung der auslagerungsspezifischen Risiken sind unterschiedliche Maßnahmen denkbar, deren Eignung nicht unwesentlich von der konkreten Ausgestaltung des Auslagerungsvertrages abhängt. Insbesondere die folgenden Maßnahmen können einen effektiven Beitrag zur Steuerung der Risiken leisten:
- Die Leistungsbeziehung zwischen auslagerndem Institut und Auslagerungsunternehmen könnte geändert werden. Zum Beispiel können im Rahmen eines »Change-Request-Verfahrens« aktiv Änderungswünsche eingebracht werden, die die Risikosituation aus Sicht des auslagernden Unternehmens positiv beeinflussen (→ AT 9 Tz. 7).
- Bei schlecht oder überhaupt nicht erbrachter Leistung ist die vertraglich geschuldete Leistung einzufordern. Gegebenenfalls greifen dabei auch vorab vereinbarte Eskalations- oder Schlichtungsmechanismen. Soweit Weisungsrechte explizit vereinbart wurden, sind diese wahrzunehmen (→ AT 9 Tz. 7 lit. j). Zur Schlichtung tragen auch Besprechungen in zwischenbetrieblichen Gremien mit Mitarbeitern des Auslagerungsunternehmens bei (z. B. Sitzungen von Lenkungsausschüssen). Soweit Service-Level-Agreements vereinbart wurden, kann sich das auslagernde Institut bei Verletzung von Schwellenwerten durch Strafzahlungen schadlos halten. Zur Disziplinierung können auch vertraglich vereinbarte Bonus- oder Malus-Regelungen beitragen.

---

446 Dies umfasst mögliche Risikokonzentrationen und Risiken aus Weiterverlagerungen, die seit der fünften MaRisk-Novelle im Rahmen der Risikoanalyse zu berücksichtigen sind (→ AT 9 Tz. 2, Erläuterung). Auch nach Ansicht der EBA sollten die Institute ihre Konzentrationsrisiken aufgrund von Auslagerungsvereinbarungen unter Berücksichtigung der Risikobewertung (»Risk assessment of outsourcing arrangements«) überwachen und steuern. Vgl. European Banking Authority, Consultation Paper – EBA Draft Guidelines on Outsourcing arrangements, EBA/CP/2018/11, 22. Juni 2018, S. 43.

447 Vgl. European Banking Authority, Leitlinien zu Auslagerungen, EBA/GL/2019/02, 25. Februar 2019, S. 38 f.

- Das Auslagerungsverhältnis könnte gekündigt werden. Zu berücksichtigen sind dabei vor allem die im Auslagerungsvertrag vereinbarten Kündigungsrechte und -fristen (→ AT 9 Tz. 7 lit. l).[448] Soweit die (ausgelagerten) Aktivitäten und Prozesse weitergeführt werden sollen, kann in diesem Zusammenhang auf die während der Durchführung der Risikoanalyse gewonnenen Erkenntnisse zurückgegriffen werden (bspw. Informationen zum Aufwand für die Re-Integration der Aktivitäten und Prozesse oder die Suche nach potenziellen Ersatzkandidaten).
- Bei Auslagerung zeitkritischer Aktivitäten und Prozesse sind die Notfallkonzepte des auslagernden Institutes und des Auslagerungsunternehmens miteinander abzustimmen (→ AT 7.3 Tz. 2).

Die Risiken beim Eingehen einer Auslagerungsbeziehung können im Vorfeld der Vertragsunterzeichnung mit Hilfe von Haftungsklauseln wirksam begrenzt werden. In der praktischen Umsetzung hat sich eine Beschränkung der Haftungssumme, insbesondere wegen der mit einer vollumfänglichen Haftung schnell ansteigenden Kosten, bewährt. Im Nachhinein besteht zwar theoretisch noch die Möglichkeit, Versicherungsverträge abzuschließen. Allerdings sind die Kosten für derartige Verträge in den relevanten Fällen betriebswirtschaftlich häufig nicht vertretbar.[449]   **355**

10.3   Überwachung der Ausführung

Das Institut hat die Ausführung der ausgelagerten Aktivitäten und Prozesse durch den Dienst-   **356**
leister ordnungsgemäß zu überwachen. Die Überwachung erstreckt sich in erster Linie auf die Ergebniskontrolle und die für diese Zwecke eingerichteten Prozesse und Strukturen. Folgende Aufgaben spielen im Rahmen der Überwachung eine wichtige Rolle[450]:
- Soll-Ist-Vergleiche auf Basis der Leistungsbeschreibung im Auslagerungsvertrag, wobei sich die Leistung des Auslagerungsunternehmens bei Nutzung von Service-Level-Agreements anhand bestimmter Kennzahlen überwachen lässt,
- Auswertung regelmäßig eingereichter Reports des Auslagerungsunternehmens,
- Auswertung von Berichten des Abschlussprüfers des Auslagerungsunternehmens,
- Analyse von externen Bescheinigungen oder Bestätigungen (z. B. ISO 2700X, IDW PS 951) oder vergleichbaren Berichten (→ AT 1 Tz. 7), die von einigen Dienstleistern sogar monatlich oder quartalsweise in Auftrag gegeben werden, sowie
- Rückgriff auf Ergebnisse von Prüfungen durch die Interne Revision (→ BT 2.1 Tz. 3).[451]

Auch nach den Vorstellungen der EBA sollten die Institute insbesondere bei kritischen/wesentli-   **357**
chen Auslagerungen fortlaufend sicherstellen, dass diese angemessenen Leistungs- und Qualitätsstandards entsprechen. Als geeignete Maßnahmen kommen hierfür angemessene Berichte der Auslagerungsunternehmen in Betracht sowie die Bewertung der Dienstleister mit Hilfe von zentralen Leistungsindikatoren, zentralen Kontrollindikatoren, Berichten über die Dienstleis-

---

448 Auch nach den Vorstellungen der EBA sollten die Institute bei einer schlecht oder überhaupt nicht erbrachten Leistung des Auslagerungsunternehmens geeignete Korrektur- oder Abhilfemaßnahmen ergreifen. Hierzu kann auch die (ggf. fristlose) Kündigung der Auslagerungsvereinbarung gehören. Vgl. European Banking Authority, Consultation Paper – EBA Draft Guidelines on Outsourcing arrangements, EBA/CP/2018/11, 22. Juni 2018, S. 44.

449 Vgl. Erfahrungsaustausch öffentlicher und genossenschaftlicher Banken zum »Outsourcing« am 1. Februar 2009 in Berlin.

450 Vgl. Joint Technical Committee, Australian/New Zealand Standard: Guidelines for Managing Risk in Outsourcing, AS/NZS HB 240-2004, Wellington, 2001, 47f.

451 Die EBA stellt bei der Bewertung der Leistung des Auslagerungsunternehmens neben den Berichten des Auslagerungsunternehmens auf Kennzahlen bzw. Indikatoren, wie Key Performance Indicators (KPI) und Key Control Indicators (KCI), Delivery Service Reports, Selbstzertifizierung, unabhängige Überprüfungen sowie sonstige Informationen einschließlich der Berichte des Betriebskontinuitätsmanagements (BKM) ab. Vgl. European Banking Authority, Consultation Paper – EBA Draft Guidelines on Outsourcing arrangements, EBA/CP/2018/11, 22. Juni 2018, S. 43.

tungserbringung, Selbstzertifizierung und unabhängige Überprüfungen. Darüber hinaus können angemessene Leistungs- und Qualitätsstandards durch die Überprüfung aller weiteren relevanten Informationen, die vom Dienstleister übermittelt werden, einschließlich Berichten über die Geschäftsfortführung und Tests, sichergestellt werden.[452]

358   Die Institute sollten nach den EBA-Leitlinien geeignete Maßnahmen treffen, um Mängel bei der Ausführung der ausgelagerten Aktivitäten und Prozesse zu beseitigen. Weitergehend als die MaRisk erwartet die EBA, dass die Institute bereits etwaigen Hinweisen nachgehen, dass der Dienstleister möglicherweise die ausgelagerte kritische/wesentliche Funktion nicht wirksam oder in Einklang mit den geltenden rechtlichen Regelungen und Vorgaben erfüllen kann.[453]

359   Die deutsche Aufsicht hat bezüglich der Überwachung weder einen konkreten Mechanismus noch einen festen Turnus vorgegeben. Es versteht sich von selbst, dass jedes Institut Lösungen entwickeln muss, die abhängig von Art, Umfang, Komplexität und Risikogehalt der jeweiligen Aktivitäten und Prozesse angemessen sind. Seit der sechsten MaRisk-Novelle haben die Institute bei wesentlichen Auslagerungen allerdings die Leistungserbringung des Auslagerungsunternehmens anhand vorzuhaltender Kriterien (z.B. Key Performance Indicators, Key Risk Indicators) und vertraglich vereinbarter Informationen des Dienstleisters laufend zu überwachen und die Qualität regelmäßig zu bewerten. Der zentrale Auslagerungsbeauftragte, der in Instituten mit umfangreichen Auslagerungslösungen vom zentralen Auslagerungsmanagement unterstützt wird, hat den Gesamtüberblick über die ausgelagerten Aktivitäten und Prozesse und stellt einen möglichst einheitlichen Umgang mit den besonderen Risiken aus Auslagerungen und deren Überwachung sicher.

360   Die Notwendigkeit zur Überwachung von Auslagerungsaktivitäten ergibt sich allein daraus, dass die eigentliche Vertragsgestaltung in Bereichen mit hohem Spezialisierungsgrad häufig nicht ausreicht, um die Risiken angemessen zu überblicken. So werden z.B. die Service-Level-Agreements im IT-Bereich häufig so vereinbart, dass die Meldepflichten des Dienstleisters nur greifen, wenn tatsächlich Schäden eingetreten sind. Um die Auslagerungsmaßnahme angemessen bewerten zu können, ist jedoch auch eine Kenntnis über die Risiken erforderlich, die vor Schadenseintritt vom Dienstleister noch beseitigt werden können. Davon unabhängig sind die Service-Level-Agreements häufig auf den Jahreshorizont ausgelegt, so dass darauf aufbauend unterjährig keine wirksame Kontrolle erfolgen kann. Im IT-Bereich ist es i.d.R. möglich, relevante Messpunkte festzulegen (teilweise sowohl auf Seiten des Institutes als auch des Dienstleisters) und z.B. monatlich den jeweiligen Erfüllungsgrad in Prozent zu messen. Treten beim Dienstleister Probleme auf, muss er dem Institut gegenüber erklären, wie er damit umzugehen gedenkt. In anderen Bereichen, wie z.B. bei der Wertpapierabwicklung, ist die Überwachung deutlich schwieriger, weil keine echten Messpunkte existieren. Inwieweit der Dienstleister selbst die Messung vornehmen kann, hängt von den jeweiligen Gegebenheiten und insbesondere von der Überprüfbarkeit seiner Angaben ab. Grundsätzlich sollte jedoch ein aussagefähiges Service-Level-Reporting zum Leistungsumfang des Dienstleisters gehören.[454]

---

452 Vgl. European Banking Authority, Leitlinien zu Auslagerungen, EBA/GL/2019/02, 25. Februar 2019, S. 39.
453 Vgl. European Banking Authority, Leitlinien zu Auslagerungen, EBA/GL/2019/02, 25. Februar 2019, S. 39.
454 Vgl. Erfahrungsaustausch öffentlicher und genossenschaftlicher Banken zum »Outsourcing« am 1. Februar 2009 in Berlin.

10.4 Informelle Mechanismen

In der Fachliteratur unterscheidet man grundsätzlich zwischen formellen und informellen Steue- **361**
rungs- und Überwachungsmechanismen.[455] Formelle Mechanismen beruhen im Wesentlichen auf
schriftlich fixierten Regeln und Anweisungen, die z. B. im Auslagerungsvertrag oder den Organisationsrichtlinien des auslagernden Institutes verankert werden. Informelle Mechanismen können
hingegen i. d. R. nicht schriftlich fixiert werden. Stattdessen steht die Etablierung von gemeinsamen Zielen, Werten, Erwartungen und Verhaltensnormen zwischen den Vertragspartnern im
Vordergrund. Informelle Steuerungs- und Überwachungsmechanismen werden zunächst auf
Basis persönlicher Beziehungen zwischen einzelnen Mitarbeitern und Teams entwickelt und
getragen. Im Zeitablauf wirkt sich ihre Existenz jedoch auf der institutionellen Ebene der
Geschäftsbeziehung aus. Reziprozität im Verhalten der Geschäftspartner reguliert dabei die
Beachtung der impliziten Regeln. Zeigt sich bspw. einer der Geschäftspartner wegen einer
Angelegenheit besonders unfair, so wird der andere dies bei zukünftigen Verhandlungssituationen
berücksichtigen und sich revanchieren. Die Erwartung reziproken Verhaltens fördert somit grundsätzlich die Neigung zu fairem Verhalten in der Geschäftsbeziehung. Änderungen der Geschäftsbeziehung lassen sich i. d. R. gütlich durchsetzen. Ebenso lassen sich Unstimmigkeiten schneller
klären. Insgesamt wird damit die Flexibilität der Geschäftsbeziehung in einem sich ändernden
Umfeld gestärkt. Vor allem bei komplexen Auslagerungsaktivitäten sollte die Bedeutung informel-
ler Steuerungs- und Überwachungsmechanismen nicht unterschätzt werden. Die Nähe zwischen
den jeweils Beteiligten sollte dabei allerdings nicht zu groß werden, da ansonsten eine »Vettern-
wirtschaft« nicht ausgeschlossen werden kann.[456]

10.5 Regelmäßige Beurteilung anhand vorzuhaltender Kriterien

Bei wesentlichen Auslagerungen ist die Leistung des Auslagerungsunternehmens laufend anhand **362**
vorzuhaltender Kriterien (z. B. »Key Performance Indicators«, »Key Risk Indicators«) und vertraglich vereinbarter Informationen des Auslagerungsunternehmens zu überwachen. Die Qualität der
erbrachten Leistungen ist regelmäßig zu beurteilen. Durch diese Anforderung wird zunächst
Art. 14 Abs. 2 lit. b MiFID-Durchführungsrichtlinie entsprochen. Danach hat die Wertpapierfirma
Methoden für die Bewertung der Leistungen des Dienstleiters festzulegen. Im Grunde genommen
hat diese Passage keine eigenständige (regulatorische) Bedeutung, da die Implementierung geeigneter Steuerungs- und Überwachungsmechanismen zwingend die Beurteilung der Leistung des
Dienstleiters voraussetzt. Angesichts dessen wird die Umsetzung dieser Anforderung die Institute
nicht vor unlösbare Probleme stellen. Seit der sechsten MaRisk-Novelle werden bei wesentlichen
Auslagerungen ausdrücklich Kriterien wie z. B. Key Performance Indicators und Key Risk Indicators verlangt, auf deren Grundlage die Beurteilung der Leistung des Auslagerungsunternehmens
durchzuführen ist. Die Dienstleistungsgüte mit eindeutig festgelegten Leistungszielen sowie die
Kriterien für die Leistungsbeurteilung sind daher im Auslagerungsvertrag bzw. der Leistungsbeschreibung zu vereinbaren (→ AT 9 Tz. 7 lit. e). Eine Beurteilung der Leistung des Dienstleisters
ist bei »Service-Level-Agreements« relativ einfach auf Basis festgelegter Kennzahlen und damit
verbundener Messzeiträume möglich. Schwieriger gestaltet sich hingegen die Beurteilung bei

---

455 Vgl. Behrens, Stefan/Schmitz, Christopher, Ein Bezugsrahmen für die Implementierung von IT-Outsourcing-Governance,
    in: HMD Praxis der Wirtschaftsinformatik, Heft 245/2006, S. 30 ff.; Hollekamp, Marco, Strategisches Outsourcing von
    Geschäftsprozessen, München, 2005, S. 71 ff.

456 Vgl. Behrens, Stefan/Schmitz, Christopher, Ein Bezugsrahmen für die Implementierung von IT-Outsourcing-Governance,
    in: HMD Praxis der Wirtschaftsinformatik, Heft 245/2006, S. 32 f.

Aktivitäten und Prozessen, die sich aufgrund ihrer Eigenart eindeutigen quantitativen Leistungszielen entziehen. Dennoch kommen die Institute auch bei solchen komplexen Auslagerungsdienstleistungen letztlich nicht um eine Beurteilung herum.

363 Die Deutsche Kreditwirtschaft (DK) hat im Rahmen der Konsultation zur sechsten MaRisk-Novelle darauf hingewiesen, dass sich die Qualität von Auslagerungsdienstleistungen nicht in allen Fällen über Key-Performance-Indikatoren eindeutig beschreiben und abgrenzen lässt. Insbesondere bei komplexen Auslagerungsdienstleistungen, wie z. B. den Beauftragten-Funktionen oder der Internen Revision, würden die Institute mangels sinnvoller quantitativer Leistungsziele zur Festlegung qualitativer Leistungsziele gezwungen. Prinzipiell benötigt das Institut bei derartigen Auslagerungen jedoch immer »höchstmögliche Qualität«, was allerdings keine objektiv überprüfbare Zielgröße wäre. Die Formulierung eines eindeutigen qualitativen Leistungszieles bringt nach Ansicht der DK die Gefahr mit sich, dass das Institut gegenüber dem Auslagerungsunternehmen konkrete Toleranzgrenzen für Qualitätsmängel offenbaren müsste. Eine »Übererfüllung« des vertraglich vereinbarten Leistungszieles wäre aus Sicht des Auslagerungsunternehmens ineffizientes und unwirtschaftliches Verhalten. Nach Auffassung der DK kann die Festlegung eindeutiger qualitativer Leistungsziele dazu führen, dass von Seiten des Auslagerungsunternehmens die Qualität der Dienstleistung ausschließlich auf die vereinbarten Leistungsziele kalibriert und somit möglicherweise auch abgesenkt wird.[457]

364 Die operative Kontrolle der Leistungserbringung durch das Auslagerungsunternehmen sollte sich in erster Linie auf die besonders relevanten Prozessschritte beziehen. Manche Auslagerungsverträge sind äußerst komplex. So können z. B. im IT-Bereich diverse Service-Level-Agreements mit jeweils mehreren Leistungsstufen vereinbart werden. Die Prüfungskriterien können sich z. B. auf die Bearbeitungszeit, die Vollständigkeit der Leistungserbringung und die Qualität der Leistung beziehen. Wie schon bei der Risikoanalyse, kann auch bei der Überwachung der Leistungserbringung im Fall »echter« Auslagerungsmaßnahmen eine Orientierung an den eigenen (hausinternen) Kriterien erfolgen, ergänzt um eine gezielte Suche nach möglichen Schnittstellenproblemen zum Dienstleister.[458]

365 Die laufende Überwachung der Leistung des Auslagerungsunternehmens und regelmäßige Beurteilung ihrer Qualität korrespondiert mit den Anforderungen an die Berichterstattung. Seit der sechsten MaRisk-Novelle hat der zentrale Auslagerungsbeauftragte bzw. das zentrale Auslagerungsmanagement neben dem jährlichen Bericht über die wesentlichen Auslagerungen zukünftig auch anlassbezogen (»ad-hoc«) zu berichten. Das Institut hat interne Kriterien festzulegen, die eine Ad-hoc-Berichterstattung auslösen (→ AT 9 Tz. 13).

---

457 Vgl. Deutsche Kreditwirtschaft, BaFin-Konsultation 14/2020 – Mindestanforderungen an das Risikomanagement, Stellungnahme vom 4. Dezember 2020, S. 20.
458 Vgl. Erfahrungsaustausch öffentlicher und genossenschaftlicher Banken zum »Outsourcing« am 1. Februar 2009 in Berlin.

11   Verantwortlichkeiten und Beauftragte für besondere Funktionen (Tz. 10)

10 Für die Dokumentation, Steuerung und Überwachung wesentlicher Auslagerungen   366
hat das Institut klare Verantwortlichkeiten festzulegen. Soweit besondere Funktionen
nach Maßgabe von Tz. 5 vollständig ausgelagert werden, hat die Geschäftsleitung jeweils
einen Beauftragten zu benennen, der eine ordnungsgemäße Durchführung der jeweiligen
Aufgaben gewährleisten muss. Die Anforderungen des AT 4.4.3 und BT 2 sind entsprechend
zu beachten.

11.1   Festlegung klarer Verantwortlichkeiten

Das Institut hat für die Dokumentation, Steuerung und Überwachung wesentlicher Auslagerungen   367
klare Verantwortlichkeiten festzulegen. Die Vorgabe betrifft die Governance und bezieht sich auf
die im auslagernden Institut verbleibende so genannte »Retained Organisation«, welche die
Schnittstelle des Institutes zum Auslagerungsunternehmen darstellt. In diesem Zusammenhang
sind grundsätzlich unterschiedliche Lösungen denkbar, die von der Art, dem Umfang und der
Komplexität der Auslagerungsaktivitäten des Institutes abhängen. Seit der sechsten MaRisk-Novelle hat grundsätzlich jedes Institut, das Auslagerungen vornimmt, einen zentralen »Auslagerungsbeauftragten« im Haus einzurichten, dem bestimmte Aufgaben und Berichtspflichten zugewiesen werden. Der zentrale Auslagerungsbeauftragte hat einer Organisationseinheit anzugehören, die der Geschäftsleitung unmittelbar unterstellt ist. Kleinere, weniger komplexe Institute
können diese Funktion auch einem Mitglied der Geschäftsleitung übertragen. Abhängig von der
Art, dem Umfang und der Komplexität der Auslagerungsaktivitäten hat das Institut zusätzlich ein
zentrales Auslagerungsmanagement einzurichten, das den zentralen Auslagerungsbeauftragten
unterstützt. Soweit besondere Funktionen vollständig ausgelagert werden, hat die Geschäftsleitung jeweils einen Beauftragten zu benennen, der eine ordnungsgemäße Durchführung der
jeweiligen Aufgaben gewährleisten muss.

In kleineren Instituten sind Lösungen möglich, die eher dezentral organisiert werden und die   368
fachliche Ebene einbinden. So können Verantwortlichkeiten für bestimmte Auslagerungsverhält-
nisse auf die jeweils fachlich zuständigen Mitarbeiter übertragen werden, die wiederum an den
zentralen Auslagerungsbeauftragten berichten. Bei solchen Konstellationen wird die laufende
Kontrolle des Tagesgeschäftes (z.B. Überwachung der vereinbarten Service-Level-Agreements)
regelmäßig in den Fachbereichen durchgeführt (»Business Controlling«). Das zentral angesiedelte
»IKS-Controlling« könnte schwerpunktmäßig für die Auswertung diverser Informationen (z.B.
Revisionsberichte, SAS 70-Reports) zuständig sein. Selbstverständlich existieren Berichtslinien
zwischen den operativen Fachbereichen, dem IKS-Controlling und dem zentralen Auslagerungsbeauftragten, so dass eine abgestimmte und umfassende Überwachung sichergestellt ist. Häufig
werden die betroffenen Fachbereiche direkt von dem zentralen Auslagerungsbeauftragten zur
Qualität der Leistung des Auslagerungsunternehmens befragt.

Neben den genannten Beispielen sind sicherlich noch andere organisatorische Lösungen   369
möglich, um dem Sinn und Zweck der Anforderung zu entsprechen. Dabei ist zu berücksichtigen,
dass die für die Dokumentation, Steuerung und Überwachung verantwortlichen Mitarbeiter oder

Organisationseinheiten über die entsprechende Expertise verfügen müssen. Vor allem für die Betreuung komplexer Auslagerungsaktivitäten sind spezielle Kenntnisse erforderlich.

11.2 Beauftragte bei vollständiger Auslagerung der besonderen Funktionen

370 Im Zuge der fünften MaRisk-Novelle wurden die Grenzen für die vollständige Auslagerung der Risikocontrolling- und der Compliance-Funktion sowie der Internen Revision konkretisiert. Aus Sicht der Aufsicht sind diese besonderen Funktionen (→ AT 4.4) als Steuerungs- und Kontroll-instrumente für die Geschäftsleitung besonders wichtig und sollen daher zukünftig möglichst in den Instituten verbleiben.[459] Eine vollständige Auslagerung der Risikocontrolling- und der Com-pliance-Funktion sowie der Internen Revision ist nur unter bestimmten Voraussetzungen für Tochterunternehmen innerhalb einer Institutsgruppe möglich. Darüber hinaus dürfen kleine Institute die Compliance-Funktion und die Interne Revision an ein gruppeninternes oder gruppen-externes Unternehmen vollständig auslagern, sofern deren Einrichtung vor dem Hintergrund der Institutsgröße sowie von Art, Umfang, Komplexität und Risikogehalt der betriebenen Geschäfts-aktivitäten nicht angemessen erscheint. Diese Erleichterung für kleine Institute gilt nicht im Hinblick auf die Risikocontrolling-Funktion (→ AT 9 Tz. 5).

371 Wie bereits seit der ersten MaRisk-Novelle im Fall der Vollauslagerung der Internen Revision, ist nunmehr auch bei einer vollständigen Auslagerung der Risikocontrolling-Funktion oder der Compliance-Funktion im Institut ein Beauftragter zu benennen, der die ordnungsgemäße Durch-führung der jeweiligen Aufgaben gewährleisten muss. Auch wenn ein Institut die Risikocon-trolling-Funktion, die Compliance-Funktion oder die Interne Revision »vollständig« auslagern sollte, bleibt somit durch den jeweiligen Beauftragten ein bestimmtes Niveau an Spezialwissen im Institut erhalten. Die Benennung eines Beauftragten hat zudem den Vorteil, dass für den Dienstleister ein kompetenter Ansprechpartner bzw. für den Fall einer möglichen Re-Integration der besonderen Funktion ein Spezialist im Institut zur Verfügung steht. Es ist im Übrigen auch im Rahmen einer teilweisen Auslagerung der besonderen Funktionen sinnvoll, eine Koordinations-stelle im Institut einzurichten, um eine bessere Abstimmung mit dem Dienstleister zu ermögli-chen. Konkrete Vorgaben im Hinblick auf die Aufgaben des im Institut verbleibenden Beauftragten enthalten die MaRisk lediglich für eine vollständige Auslagerung der Internen Revision (→ AT 9 Tz. 10, Erläuterung).

11.3 Vollauslagerung der Internen Revision

372 Den Funktionstrennungsprinzipien zufolge dürfen Mitarbeiter, die in anderen Organisationsein-heiten des Institutes beschäftigt sind, in begründeten Einzelfällen aufgrund ihres Spezialwissens zeitweise für die Interne Revision tätig werden (→ BT 2.2 Tz. 3). Für die Einschaltung unter-nehmensinterner Personen, die nicht zur Internen Revision gehören, existieren also klare Vor-gaben. An dieser Stelle geht es vor allem um die Frage, unter welchen Voraussetzungen eine vollständige Übertragung von Tätigkeiten der Internen Revision auf unternehmensfremde Per-sonen zulässig ist.

---

459 Vgl. Steinbrecher, Ira, MaRisk – Neue Mindestanforderungen an das Risikomanagement der Banken, in: BaFinJournal, Ausgabe November 2017, S. 22.

In der Vergangenheit war die »Vollauslagerung« der Internen Revision auf Dritte (z. B. Gemein- 373
schaftseinrichtungen oder Prüfer) lediglich bei kleinen Instituten zulässig.[460] Diese Einschränkung
wurde mit der ersten MaRisk-Novelle im Jahr 2007 aufgehoben. Seitdem ist die Auslagerung
grundsätzlich aller Aktivitäten und Prozesse zulässig, solange dadurch die Ordnungsmäßigkeit der
Geschäftsorganisation nicht beeinträchtigt wird. Auch die Vollauslagerung der Internen Revision
ist damit, unabhängig von der Größe des Institutes, unter Berücksichtigung bestimmter Voraussetzungen grundsätzlich möglich (→ AT 9 Tz. 4).

11.3.1 Gewährleistung einer ordnungsgemäßen Internen Revision

Bei der Vollauslagerung der Internen Revision handelt es sich aufgrund der besonderen Stellung, 374
die der Revision in den Instituten zukommt (→ AT 4.4.3 Tz. 2), um ein sensibles Thema, dass
während der Integration der Auslagerungsregelungen in die MaRisk intensiv diskutiert wurde. Das
Deutsche Institut für Interne Revision (DIIR) befürchtete, dass sich die Öffnung der Regelungen
negativ auf die Qualität der Revisionsleistungen auswirken könnte.[461] An die Vollauslagerung der
Internen Revision sind jedoch Voraussetzungen geknüpft, die genau dieses Problem vermeiden
sollen. Die deutsche Aufsicht hat zudem darauf hingewiesen, dass sie von der Internen Revision
die Erbringung qualitativ hochwertiger Revisionsleistungen erwartet – unabhängig davon, ob die
Leistungen intern oder extern erbracht werden. Sie achtet seither verstärkt darauf, ob dies bei
Auslagerungen der Internen Revision tatsächlich der Fall ist.[462] Bis heute ist nicht erkennbar, dass
die im Jahr 2007 eingeführte Regelung zu einer größeren Anzahl von Vollauslagerungen der
Internen Revision geführt hat.

Im Fall der beabsichtigten Vollauslagerung der Internen Revision erwartet die deutsche Auf- 375
sicht, dass die Institute bei der Risikoanalyse entsprechend intensiv prüfen, ob und wie eine
Einbeziehung der ausgelagerten Aktivitäten und Prozesse in das Risikomanagement sichergestellt
werden kann (→ AT 9 Tz. 2, Erläuterung). Bei der Durchführung der Analyse müssen verschiedene Fragen beantwortet werden. Zum Beispiel muss sich das Institut Klarheit darüber verschaffen,
ob der »externe« Revisor überhaupt über ausreichende personelle und technisch-organisatorische
Ressourcen verfügt, um die Ordnungsmäßigkeit der (bisher) »internen« Revision sicherzustellen.
Klärungsbedarf besteht darüber hinaus im Hinblick auf das Zusammenspiel zwischen auslagerndem Institut und externem Revisor. Dabei sind auch die Anforderungen der MaRisk an die
Ausgestaltung der Internen Revision zu berücksichtigen, die im Fall der Vollauslagerung weiterhin
beachtet werden müssen. Vor allem größere Institute, bei denen an die Revisionstätigkeit aufgrund
der Geschäftsausrichtung und Komplexität der internen Strukturen regelmäßig hohe Anforderungen zu stellen sind, werden sich insoweit die Frage stellen müssen, ob eine Auslagerung der
Internen Revision überhaupt sinnvoll sein kann.

11.3.2 Stellung und Aufgaben des Revisionsbeauftragten

Da das Thema »Vollauslagerung der Internen Revision« einen sensiblen Bereich im Institut 376
berührt, hat die BaFin daran weitere Anforderungen geknüpft. So hat die Geschäftsleitung in

---

460 Vgl. Bundesanstalt für Finanzdienstleistungsaufsicht, Mindestanforderungen an das Risikomanagement (MaRisk), Rundschreiben 18/2005 (BA) vom 20. Dezember 2005, BT 2.4 Tz. 2.

461 Vgl. Deutsches Institut für Interne Revision e. V., Anmerkungen zur Modernisierung der Outsourcing-Regelungen und
Integration in die MaRisk in der Version vom 13. August 2007, Stellungnahme vom 31. August 2007, S. 2 ff.

462 Vgl. Bundesanstalt für Finanzdienstleistungsaufsicht, Übermittlungsschreiben zum zweiten Entwurf zur Modernisierung
der Outsourcing-Regelungen und Integration in die MaRisk vom 10. August 2007, S. 3.

diesem Fall z.B. einen Revisionsbeauftragten zu benennen, der die Ordnungsmäßigkeit der Revision unter Berücksichtigung der einschlägigen Anforderungen der MaRisk gewährleisten muss (→ AT 4.4.3 und BT 2). Mit der sechsten MaRisk-Novelle hat die Aufsicht klargestellt, dass der Revisionsbeauftragte unmittelbar der Geschäftsleitung zu unterstellen ist (→ AT 9 Tz. 10, Erläuterung). In entsprechender Anwendung der Regelung im Modul AT 4.4.3 dürfte es dabei ausreichend sein, wenn der Revisionsbeauftragte einem Mitglied der Geschäftsleitung, nach Möglichkeit dem Vorsitzenden, unterstellt ist. Folgende Aufgaben des Revisionsbeauftragten werden in den Erläuterungen hervorgehoben (→ AT 9 Tz. 10, Erläuterung):

- Der Revisionsbeauftragte hat gemeinsam mit dem beauftragten Dritten den (risikoorientierten) Prüfungsplan zu erstellen (→ BT 2.3 Tz. 1). Er kann wegen seiner besseren Kenntnis der internen Abläufe und der Organisation des Institutes dem Dienstleister, insbesondere zu Beginn der Vertragsbeziehung, wichtige Hinweise geben. Die Planung sowie wesentliche Anpassungen hat er der Geschäftsleitung des auslagernden Institutes zur Genehmigung vorzulegen (→ BT 2.3 Tz. 5).
- Der Revisionsbeauftragte hat, ggf. gemeinsam mit dem beauftragten Dritten, den jährlichen Gesamtbericht zu verfassen (→ BT 2.4 Tz. 4). Für die Erstellung des Gesamtberichtes über die vom Dienstleister im Laufe des Geschäftsjahres durchgeführten Prüfungen, der über die wesentlichen Mängel und die diesbezüglich ergriffenen Maßnahmen sowie die Einhaltung der Vorgaben des Prüfungsplanes informieren muss (→ BT 2.4 Tz. 4), ist der Revisionsbeauftragte hauptverantwortlich. Die Mitwirkung des externen Dienstleisters wird lediglich als Option eingeräumt. Zur Umsetzung dieser Aufgabe muss der Revisionsbeauftragte allerdings immer wieder auf die Prüfungsfeststellungen des Dienstleisters zurückgreifen. Zudem kann es im Rahmen der Berichterstellung ggf. notwendig sein, über die Angaben in den Revisionsberichten hinaus weitere Informationen vom Dienstleister einzuholen. Aus praktischen Gründen bietet sich daher eine gemeinsame Ausarbeitung des Berichtes an.
- Im Bereich der Mängelverfolgung hat der Revisionsbeauftragte zu prüfen, ob die vom beauftragten Dritten festgestellten Mängel beseitigt wurden (→ BT 2.5 Tz. 1). Auch in diesen Prozess kann der Dienstleister optional einbezogen werden. Je geringer die Beteiligung des Dienstleisters an der Überprüfung der Mängelbeseitigung ausfällt, desto größer ist die Notwendigkeit, den Revisionsbeauftragten bereits in die Maßnahmenvereinbarung einzubeziehen. Allerdings ist es auch denkbar, dass der Dienstleister die Mängelbeseitigung selbst überwacht und den Revisionsbeauftragten über die Ergebnisse informiert. In diesem Fall sollte der Revisionsbeauftragte die Angaben des Dienstleisters aufgrund seiner originären Zuständigkeit auf geeignete Weise plausibilisieren. Werden die wesentlichen Mängel nicht in einer angemessenen Zeit beseitigt, hat der Revisionsbeauftragte den fachlich zuständigen Geschäftsleiter zu informieren (→ BT 2.5 Tz. 2).[463]

377 Der Revisionsbeauftragte bleibt daher in mehrerer Hinsicht in die konkrete Revisionstätigkeit eingebunden. Damit er seine Aufgaben sachgerecht ausüben kann, sind ausreichende Kenntnisse und die erforderliche Unabhängigkeit des Revisionsbeauftragten durch das Institut sicherzustellen. Angesichts dessen ist zu erwarten, dass die Aufgaben des Revisionsbeauftragten regelmäßig von einem »echten« Revisor wahrgenommen werden.

378 Das breite Aufgabenspektrum des Revisionsbeauftragten untermauert, dass die Bankenaufsicht der Internen Revision nach wie vor eine Sonderstellung einräumt (→ AT 9 Tz. 4). Die Aufgaben des Revisionsbeauftragten sind in Abhängigkeit von Art, Umfang, Komplexität und Risikogehalt der Geschäftsaktivitäten des Institutes von einer Organisationseinheit, einem Mitarbeiter oder einem Geschäftsleiter wahrzunehmen (→ AT 9 Tz. 10, Erläuterung).

---

463 Vgl. Deutsches Institut für Interne Revision e.V., Online-Revisionshandbuch für die Interne Revision in Kreditinstituten vom DIIR Arbeitskreis MaRisk, Stand Dezember 2019, S. 105.

11.3.3 Ansprechpartner für das Aufsichtsorgan

Bei einer Vollauslagerung der Internen Revision übernimmt der im Institut verbleibende Revisi- **379** onsbeauftragte auch die Funktion des Adressaten für die Einholung von Auskünften durch den Vorsitzenden des Aufsichtsorgans bzw. der gebildeten Ausschüsse (→ AT 4.4.3 Tz. 2).[464] Vor diesem Hintergrund ist das Aufsichtsorgan bei einem Wechsel des Revisionsbeauftragten rechtzeitig vorab unter Angabe der Gründe für den Wechsel zu informieren (→ AT 4.4.3 Tz. 6).[465]

11.3.4 Ausschlussgründe bei Auslagerung auf Wirtschaftsprüfer

Bei der Auslagerung der Internen Revision auf Wirtschaftsprüfer sind die Ausschlussgründe des **380** § 319 Abs. 2 i.V.m. Abs. 3 Satz 1 Nr. 3b HGB zu berücksichtigen. So sind Wirtschaftsprüfer oder vereidigte Buchprüfer als Abschlussprüfer gemäß § 319 Abs. 2 HGB ausgeschlossen, wenn Gründe, insbesondere Beziehungen geschäftlicher, finanzieller oder persönlicher Art, vorliegen, nach denen die Besorgnis der Befangenheit besteht. Derartige Gründe liegen gemäß § 319 Abs. 3 Satz 1 Nr. 3b HGB insbesondere dann vor, wenn der Prüfer oder eine Person, mit der er seinen Beruf gemeinsam ausübt, über die Prüfungstätigkeit hinaus bei der zu prüfenden oder für die zu prüfende Kapitalgesellschaft in dem zu prüfenden Geschäftsjahr oder bis zur Erteilung des Bestätigungsvermerkes bei der Durchführung der Internen Revision in verantwortlicher Position mitgewirkt hat.

11.4 Vollauslagerung der Compliance-Funktion

Bei einer vollständigen Auslagerung der Compliance-Funktion hat im Institut ein Beauftragter für **381** die Compliance-Funktion zu verbleiben. Anders als für den Revisionsbeauftragten enthalten die MaRisk keine ausdrücklichen Anforderungen an den Beauftragten für die Compliance-Funktion. Für den im Institut verbleibenden Compliance-Beauftragten dürften jedoch die aufbauorganisatorischen Anforderungen an den Leiter der Compliance-Funktion entsprechend gelten, da diese Regelungen die Unabhängigkeit der Compliance-Funktion sicherstellen und Interessenkonflikte vermeiden sollen. Der Beauftragte für die Compliance-Funktion sollte daher unmittelbar der Geschäftsleitung unterstellt und berichtspflichtig sein. Wie die Compliance-Funktion kann er – sofern eine direkte Berichtslinie zur Geschäftsleitung besteht – an andere Kontrolleinheiten, wie z. B. das Risikocontrolling oder den Geldwäschebeauftragten, angebunden werden. Eine Kombination des Beauftragten für die Compliance-Funktion mit der Internen Revision ist jedoch nicht zulässig. Er ist abhängig von der Größe des Institutes sowie der Art, des Umfangs, der Komplexität und dem Risikogehalt der Geschäftsaktivitäten in einem vom Bereich Markt und Handel unabhängigen Bereich anzusiedeln (→ AT 4.4.2 Tz. 3 inkl. Erläuterung).

---

464 Das DIIR nennt in seinem Online-Revisionshandbuch für Kreditinstitute ausdrücklich den Vorsitzenden des Aufsichtsrates und des Prüfungsausschusses gemäß § 25d Abs. 9 Satz 4 KWG i.V.m. AT 4.4.3 Tz. 2. Vgl. Deutsches Institut für Interne Revision e.V., Online-Revisionshandbuch für die Interne Revision in Kreditinstituten vom DIIR Arbeitskreis MaRisk, Stand Dezember 2019, S. 105. Der Revisionsbeauftragte wird im Falle einer vollständigen Auslagerung der Revision zusätzlich der Ansprechpartner für Auskünfte für die Vorsitzenden des Risikoausschusses gemäß § 25d Abs. 8 Satz 7 KWG und des Vergütungskontrollausschusses gemäß § 25d Abs. 12 Satz 7 KWG sein, sofern diese Ausschüsse bestehen.

465 Vgl. Deutsches Institut für Interne Revision e.V., Online-Revisionshandbuch für die Interne Revision in Kreditinstituten vom DIIR Arbeitskreis MaRisk, Stand Dezember 2019, S. 105.

382   Der im Institut verbleibende Beauftragte muss letztlich eine ordnungsgemäße Durchführung der Aufgaben der Compliance-Funktion gewährleisten und hat dabei die Anforderungen des Moduls AT 4.4.2 zu beachten. Die MaRisk machen im Hinblick auf die Aufgaben des Beauftragten für die Compliance-Funktion keine expliziten Vorgaben. Er sollte in den Prozess zur Identifizierung der wesentlichen rechtlichen Regelungen und Vorgaben und in die Bewertung der Angemessenheit und Wirksamkeit der im Institut zur Einhaltung dieser Regelungen und Vorgaben bestehenden Verfahren und Sicherungsmaßnahmen (Arbeitsanweisungen, Prozessbeschreibungen, prozessintegrierte Kontrollen etc.) eingebunden sein (→ AT 4.4.2 Tz. 2). Analog zu den bankaufsichtlichen Vorgaben bei der Internen Revision wird er regelmäßig – ggf. gemeinsam mit dem beauftragten Dienstleister – auch den jährlichen Compliance-Bericht erstellen (→ AT 4.4.2 Tz. 7). Grundlage des Compliance-Berichtes werden dabei allerdings die Ergebnisse des Dienstleisters bei der Identifizierung der rechtlichen Regelungen und Vorhaben sowie der Bewertung der Angemessenheit und Wirksamkeit der im Institut zur Einhaltung dieser Regelungen und Vorgaben bestehenden Verfahren und Sicherungsmaßnahmen sein.

11.5   Vollauslagerung der Risikocontrolling-Funktion

383   Die Vollauslagerung der Risikocontrolling-Funktion ist nur in einem sehr engen Rahmen unter bestimmten Bedingungen innerhalb einer Institutsgruppe möglich (→ AT 9 Tz. 5). Die konkreten Aufgaben des im Institut verbleibenden Risikocontrolling-Beauftragten ergeben sich aus den Vereinbarungen im Auslagerungsvertrag. Der Risikocontrolling-Beauftragte muss letztlich eine ordnungsgemäße Durchführung der Aufgaben der Risikocontrolling-Funktion gewährleisten und hat dabei die Anforderungen des Moduls AT 4.4.1 zu beachten.

11.6   Abgrenzung zum zentralen Auslagerungsbeauftragten

384   Der Revisionsbeauftragte bzw. die Beauftragten, die von der Geschäftsleitung im Fall einer vollständigen Auslagerung der Risikocontrolling- oder Compliance-Funktion zu benennen sind und eine ordnungsgemäße Durchführung der jeweiligen Aufgaben gewährleisten müssen, sind vom zentralen Auslagerungsbeauftragten zu unterscheiden. Die Aufgaben des Auslagerungsbeauftragten, den jedes Institut mit Auslagerungen einzurichten hat, und des ggf. einzurichtenden Auslagerungsmanagements ergeben sich im Einzelnen aus dem Modul AT 9 (→ AT 9 Tz. 12).

12 Anforderungen an Weiterverlagerungen (Tz. 11)

11 Die Anforderungen an die Auslagerung von Aktivitäten und Prozessen sind auch bei   385
der Weiterverlagerung ausgelagerter Aktivitäten und Prozesse zu beachten.

12.1 Risiken der Weiterverlagerung

Weiterverlagerungen (auch »Sub-Outsourcing«[466] oder »Chain-Outsourcing«) sind in der Praxis   386
weiter verbreitet, als man auf den ersten Blick erwarten würde. Nach Untersuchungen der
Europäischen Zentralbank war bereits Ende 2004 etwa 50 Prozent der auslagernden Institute in
Europa bekannt, dass ihre Dienstleister bestimmte Aktivitäten und Prozesse an Dritte (Subunternehmen) weiterverlagern. Zum Großteil handelt es sich dabei um IT-Funktionen. Von Bedeutung
sind aber auch Weiterverlagerungen im Bereich des Zahlungsverkehrs oder sonstiger Unterstützungsfunktionen.[467]

Weiterverlagerungen sind an sich die logische Konsequenz einer stark arbeitsteilig ausgerichte-   387
ten Wirtschaft. Für das auslagernde Institut (und das Auslagerungsunternehmen) bedeutet die
Weiterverlagerung auf Subunternehmen jedoch regelmäßig eine Erhöhung des Risikos, das auch
unter bankaufsichtlichen Gesichtspunkten von Relevanz sein kann. Bei Weiterverlagerungen auf
Subunternehmen kann es passieren, dass die Steuerungs- und Überwachungsfunktionen des
auslagernden Institutes ausgehöhlt werden und das auslagernde Institut damit ggf. seinen bankaufsichtlichen Pflichten aus § 25b KWG nicht mehr ordnungsgemäß nachkommen kann. Je länger
die Kette der zwischengeschalteten Unternehmen, desto größer ist das Risiko, dass das auslagernde Institut seine gesetzlich fixierten Pflichten nicht mehr erfüllen kann. Darüber hinaus ist in
diesen Fällen auch schwieriger sicherzustellen, dass Weiterverlagerungen die Auskunfts- und
Prüfungsrechte sowie Kontrollmöglichkeiten der Aufsichtsbehörden und der externen Prüfer nicht
beeinträchtigen.

Die EBA betont zudem, dass das »Cloud Outsourcing« in dieser Hinsicht eine besonders starke   388
Dynamik entwickelt. Vor diesem Hintergrund besteht beim Cloud Outsourcing ein höheres Sicher-
heitsbedürfnis im Hinblick auf die Bedingungen für eine Weiterverlagerung.[468]

12.2 Keine Differenzierung zwischen Erstauslagerung und Weiterverlagerung

Die Weiterverlagerung ist regulatorisch grundsätzlich wie eine Erstauslagerung zu behandeln.   389
Mithin existiert aus bankaufsichtlicher Sicht kein sachlicher Grund, zwischen Erstauslagerung und
Weiterverlagerung zu differenzieren. Bereits nach dem Rundschreiben 11/2001 und den Leitlinien

---

466 »Sub-Outsourcing means a situation where the service provider under an outsourcing arrangement further transfers a
   process, a service or an activity, or parts thereof, to another service provider.« European Banking Authority, Consultation
   Paper – EBA Draft Guidelines on Outsourcing arrangements, EBA/CP/2018/11, 22. Juni 2018, S. 19.

467 Vgl. European Central Bank, Report on EU banking structure, 24. November 2004, S. 28.

468 Vgl. European Banking Authority, Final Report on EBA Guidelines on outsourcing arrangements, EBA/GL/2019/02,
   25. Februar 2019, S. 14.

von CEBS aus dem Jahr 2006 war eine Weiterverlagerung auf Dritte (»sub-contractor«) von Seiten des auslagernden Institutes grundsätzlich wie eine Erstauslagerung zu behandeln.[469]

390 Die im Zuge des Finanzmarktintegritätsstärkungsgesetzes aus dem Jahr 2021 in § 1 Abs. 10 KWG eingefügte Definition für ein »Auslagerungsunternehmen« umfasst bei Weiterverlagerungen auch die Subunternehmen, wenn auf diese unter Risikogesichtspunkten wesentliche Aktivitäten und Prozesse ausgelagert sind (→ AT 9 Tz. 1).[470]

391 Die Einbeziehung der »wesentlichen« Subunternehmen in die Legaldefinition eines Auslagerungsunternehmens hat zur Folge, dass sich auch die Auskunfts- und Prüfungsrechte der BaFin gemäß § 25b Abs. 3 KWG sowie ihre unmittelbaren Anordnungsbefugnisse gegenüber den Auslagerungsunternehmen gemäß § 25b Abs. 4a KWG auf diese Subunternehmen erstrecken. Dies gilt auch im Fall einer »Kette von Weiterverlagerungen« für hintereinandergeschaltete Subunternehmen, sofern es sich jeweils um wesentliche Auslagerungen handelt. Das »wesentliche« Subunternehmen mit Sitz in einem Drittstaat hat zudem einen inländischen Zustellungsbevollmächtigten zu benennen, an den die Bekanntgaben und Zustellungen durch die BaFin bewirkt werden können. Bei einer formalen Betrachtung des § 25b Abs. 3 Satz 4 KWG würde diese Anforderung auch für die gesamte Kette der Auslagerungsvereinbarungen gelten.

12.3 Berücksichtigung von Weiterverlagerungen bei der Risikoanalyse

392 Seit der fünften MaRisk-Novelle hat das Institut bereits bei der Risikoanalyse mögliche Risikokonzentrationen und Risiken aus Weiterverlagerungen zu berücksichtigen (→ AT 9 Tz. 2, Erläuterung). Hintergrund dieser Regelung dürfte sein, dass im Rahmen der Risikoanalyse die Risikobewertung oftmals lediglich auf Basis von einzelnen Leistungsbeziehungen erfolgte und dadurch möglicherweise existierende Konzentrationsrisiken, z. B. infolge einer Vielzahl von Auslagerungen an einen Dienstleister, nicht erfasst wurden. Besteht zwischen dem auslagernden Institut und einem Auslagerungsunternehmen mehr als eine Leistungsbeziehung, ist nunmehr – neben der Risikobewertung der einzelnen Leistungsbewertung – auch das Konzentrationsrisiko zu erfassen. Als Leistungsbeziehungen gelten dabei auch mögliche Weiterverlagerungen.[471]

393 Die Deutsche Kreditwirtschaft (DK) hat im Rahmen der Konsultation zur fünften MaRisk-Novelle darauf hingewiesen, dass eine Berücksichtigung von Risiken aus Weiterverlagerungen bei der Risikoanalyse voraussetzen würde, dass die Institute bereits vor der Auslagerung eine vollständige Transparenz über alle Subauslagerungen des Dienstleisters hätten. Die DK hat daher eine Streichung der Regelung angeregt, insbesondere auch vor dem Hintergrund, dass bei wesentlichen Auslagerungen im Auslagerungsvertrag Regelungen über die Modalitäten einer Weiterverlagerung zu vereinbaren sind und die Risikoanalyse anlassbezogen zu überprüfen ist.[472] Die deutsche Aufsicht ist der Anregung der DK jedoch nicht gefolgt.

---

469 Vgl. Bundesaufsichtsamt für das Kreditwesen, Auslagerung von Bereichen auf ein anderes Unternehmen gemäß § 25a Abs. 2 KWG, Rundschreiben 11/2001 vom 6. Dezember 2001, Tz. 32; Committee of European Banking Supervisors, Guidelines on Outsourcing, 14. Dezember 2006, S. 9.

470 Die Deutsche Kreditwirtschaft (DK) hat im Rahmen der Konsultation des Finanzmarktintegritätsstärkungsgesetzes die Erweiterung der Legaldefinition eines Auslagerungsunternehmens auf wesentliche Subunternehmen/Weiterverlagerungen kritisiert. Nach Ansicht der DK sind die bereits in den MaRisk geltenden Vorgaben zu Weiterverlagerungen ausreichend, die das Institut dafür verantwortlich machen, dass Weiterverlagerungen den aufsichtsrechtlichen Vorgaben, einschließlich der Zutritts- und Prüfungsrechte der Aufsichtsbehörden, entsprechend gestaltet werden. Vgl. Deutsche Kreditwirtschaft, Stellungnahme zum Finanzmarktintegritätsstärkungsgesetz – FISG, 10. März 2021, S. 3.

471 Vgl. Chrubasik, Bodo/Schütz, Armin, Auslagerungen in der Kreditwirtschaft, Göttingen, 2018, S. 185.

472 Vgl. Deutsche Kreditwirtschaft, Stellungnahme zum Entwurf der MaRisk in der Fassung vom 18. Februar 2016 (Konsultation 02/2016) vom 27. April 2016, S. 30.

Im Zuge der sechsten MaRisk-Novelle hat die Aufsicht die Anforderungen an die Risikoanalyse   **394**
im Fall von Weiterverlagerungen nochmals erweitert. Die Institute haben im Rahmen der Risikoanalyse explizit zu bewerten, ob eine zu diesem Zeitpunkt bestehende Weiterverlagerung unter
Risikogesichtspunkten als wesentlich einzuordnen ist. Die erweiterten Anforderungen für wesentliche Auslagerungen sind nur auf die als wesentlich eingestuften Weiterverlagerungen anzuwenden (→ AT 9 Tz. 11, Erläuterung).

Die Deutsche Kreditwirtschaft (DK) hat in der Konsultation darauf hingewiesen, dass eine   **395**
eigenständige Risikobewertung der Weiterverlagerung durch das Institut praktisch nicht umsetzbar ist, da die Beurteilung der Risiken aus Weiterverlagerungen mangels direkter Vertragsbeziehung zwischen dem Institut und dem Subunternehmen in der Regel auf Informationen bzw.
Zusicherungen des Auslagerungsunternehmens beruhen. Nach Ansicht der DK ist sie auch nicht
notwendig, weil das Auslagerungsunternehmen im Fall von Weiterverlagerungen letztlich für die
gesamte gegenüber dem Institut geschuldete Leistung verantwortlich ist.[473] In ihrer Stellungnahme
geht die DK davon aus, dass ein Institut aus Vereinfachungsgründen sämtliche Weiterverlagerungen im Zusammenhang mit wesentlichen Auslagerungen pauschal als »wesentlich« einstufen
könnte. Zudem kann nach Ansicht der DK insbesondere bei Mehrmandantendienstleistern die
Einstufung der Wesentlichkeit initial nur durch das Auslagerungsunternehmen sinnvoll selbst
erfolgen, wobei die Sicht des auslagernden Institutes zugrunde zu legen ist. In solchen Fällen
reicht nach Auffassung der DK eine Plausibilisierung der Einordnung durch das auslagernde
Institut aus.[474]

Auch nach den Vorstellungen der EBA sollten die Institute im Rahmen der Risikoanalyse die mit   **396**
der Weiterverlagerung verbundenen Risiken berücksichtigen, wenn der Auslagerungsvertrag eine
Weiterverlagerung von kritischen/wesentlichen Funktionen vorsieht. Zusätzliche Risiken sieht
die EBA u. a., wenn das Subunternehmen seinen Sitz in einem Drittstaat oder in einem anderen
Land als das Auslagerungsunternehmen hat.[475] Darüber hinaus gehören für die EBA zu den zu
berücksichtigenden Konzentrationsrisiken nicht nur mehrere Leistungsbeziehungen eines Institutes mit einem Dienstleister bzw. Subunternehmen, sondern auch mehrere Auslagerungsvereinbarungen mit eng miteinander verbundenen Dienstleistern.[476] Bei Auslagerungen an einen marktbeherrschenden Dienstleister, der nicht leicht zu ersetzen ist, sind Risikokonzentrationen nach
Auffassung der EBA wegen möglicher Auswirkungen der Auslagerung auf die Finanzmarktstabilität ggf. für die makroprudenzielle Aufsicht relevant.[477] Die EBA verlangt zudem, dass in der
Auslagerungsvereinbarung festgelegt werden sollte, ob eine Weiterverlagerung kritischer/wesent-
licher Funktionen zulässig oder ausdrücklich nicht zulässig ist.[478] Im Fall der Zulässigkeit hat die
Auslagerungsvereinbarung detailliert vorgegebene Vertragselemente zu enthalten[479] (→ AT 9
Tz. 7 lit. j).

Zudem sollten die Institute das Risiko berücksichtigen, dass ihre Fähigkeit zur Überwachung der   **397**
ausgelagerten Aktivitäten und Prozesse aufgrund langer und komplexer Auslagerungsketten
eingeschränkt sein kann. Je mehr (Sub-)Unternehmen an der Auslagerung beteiligt sind, desto
komplexer gestaltet sich dieser Prozess natürlich. Es erscheint insofern nachvollziehbar, dass

---

473 Vgl. Deutsche Kreditwirtschaft, BaFin-Konsultation 14/2020 – Mindestanforderungen an das Risikomanagement, Stel-
     lungnahme vom 4. Dezember 2020, S. 22.
474 Vgl. Deutsche Kreditwirtschaft, BaFin-Konsultation 14/2020 – Mindestanforderungen an das Risikomanagement, Stel-
     lungnahme vom 4. Dezember 2020, S. 22.
475 Gemäß § 1 Abs. 5a KWG sind Drittstaaten alle Staaten, die nicht vom Europäischen Wirtschaftsraum (EWR) erfasst sind.
476 Vgl. European Banking Authority, Leitlinien zu Auslagerungen, EBA/GL/2019/02, 25. Februar 2019, S. 28.
477 Vgl. European Banking Authority, Final Report on EBA Guidelines on outsourcing arrangements, EBA/GL/2019/02,
     25. Februar 2019, S. 11.
478 Vgl. European Banking Authority, Leitlinien zu Auslagerungen, EBA/GL/2019/02, 25. Februar 2019, S. 31.
479 Vgl. European Banking Authority, Leitlinien zu Auslagerungen, EBA/GL/2019/02, 25. Februar 2019, S. 32 f.

damit die Überwachungsmöglichkeiten für das Institut nicht gerade erleichtert werden. Diese Vorgabe ist ebenfalls auf die EBA-Leitlinien zu Auslagerungen zurückzuführen.[480]

12.4 Möglichkeiten und Modalitäten der Weiterverlagerung

398 Adressat der Anforderung ist das auslagernde Institut. Da aber das auslagernde Institut nicht Partei des Vertrages zwischen dem Auslagerungsunternehmen und dem Subunternehmen ist, kann es auf das Subunternehmen nicht direkt einwirken. Es kann letztlich nur das Auslagerungsunternehmen (als seinen direkten Vertragspartner) dazu verpflichten, Vereinbarungen mit dem Subunternehmen zu treffen, die insbesondere auch der Beachtung einschlägiger bankaufsichtlicher Regelungen dienen. Um dies sicherzustellen, sind im Auslagerungsvertrag Regelungen über die Möglichkeit und ggf. die Modalitäten einer Weiterverlagerung zu vereinbaren, die dem Institut erlauben, die bankaufsichtsrechtlichen Anforderungen weiterhin einzuhalten (→ AT 9 Tz. 7 lit. m). Um dieser Anforderung gerecht zu werden, ist die Vereinbarung von Zustimmungsvorbehalten im Unterschied zum Rundschreiben 11/2001[481] nicht mehr zwingend erforderlich (→ AT 9 Tz. 7 lit. m). Im Zuge der fünften MaRisk-Novelle wurde diese Erleichterung allerdings wieder dahingehend eingeschränkt, dass die auslagernden Institute mit Blick auf Weiterverlagerungen möglichst Zustimmungsvorbehalte gegenüber dem Auslagerungsunternehmen zu vereinbaren haben oder konkrete Voraussetzungen, wann Weiterverlagerungen einzelner Arbeits- und Prozessschritte möglich sind (→ AT 9 Tz. 8).

399 Für das Auslagerungsunternehmen sind vorrangig die diesbezüglichen vertraglichen Bedingungen mit dem auslagernden Institut maßgeblich. Allerdings ist die Weiterverlagerung aus Sicht des Auslagerungsunternehmens im Grunde mit einer Auslagerung im Sinne der MaRisk vergleichbar, für die die entsprechenden Regeln gelten. Letztlich ist in den MaRisk nur von einer Auslagerung von Aktivitäten und Prozessen die Rede, unabhängig davon, ob diese zuvor von einem anderen Unternehmen ausgelagert wurden. Die Weiterverlagerung ist daher regulatorisch grundsätzlich wie eine Erstauslagerung zu behandeln.

---

480 Vgl. European Banking Authority, Leitlinien zu Auslagerungen, EBA/GL/2019/02, 25. Februar 2019, S. 28.

481 Vgl. Bundesaufsichtsamt für das Kreditwesen, Auslagerung von Bereichen auf ein anderes Unternehmen gemäß § 25a Abs. 2 KWG, Rundschreiben 11/2001 vom 6. Dezember 2001, Tz. 32.

13 Aufgaben des Auslagerungsbeauftragten bzw. Auslagerungsmanagements (Tz. 12)

12 Jedes Institut, das Auslagerungen vornimmt, hat einen zentralen Auslagerungsbeauf- 400
tragten im Institut selbst einzurichten. Zusätzlich hat das Institut abhängig von der
Art, dem Umfang und der Komplexität der Auslagerungsaktivitäten ein zentrales Auslagerungsmanagement zur Unterstützung des zentralen Auslagerungsbeauftragten einzurichten.
Zu den Aufgaben zählen insbesondere:
a) Implementierung und Weiterentwicklung eines angemessenen Auslagerungsmanagements und entsprechender Kontroll- und Überwachungsprozesse,
b) Erstellung und Pflege einer vollständigen Dokumentation der Auslagerungen (einschließlich Weiterverlagerungen),
c) Unterstützung der Fachbereiche bezüglich der institutsinternen und gesetzlichen Anforderungen bei Auslagerungen,
d) Koordination und Überprüfung der durch die zuständigen Bereiche durchgeführten
Risikoanalyse gemäß Tz. 2.

13.1 Einrichtung eines zentralen Auslagerungsbeauftragten bzw. zentralen Auslagerungsmanagements

Die Institute haben für die Dokumentation, Steuerung und die Überwachung wesentlicher Aus- 401
lagerungen klare Verantwortlichkeiten festzulegen (→ AT 9 Tz. 10). Dabei sind im Hinblick auf die
organisatorische Ausgestaltung der Auslagerungsüberwachung grundsätzlich sowohl zentrale als
auch dezentrale Lösungen denkbar. Die Institute mit einem zentralen Ansatz weisen dem Auslagerungsbeauftragten (»Outsourcing-Beauftragter«) und ggf. dem Auslagerungsmanagement
weitreichende Verantwortlichkeiten zu. In einer überwiegend dezentralen Organisation wird die
Verantwortlichkeit für die Dokumentation, die Steuerung und die Überwachung demgegenüber
vorwiegend bei den fachlich-inhaltlich zuständigen Fachbereichen liegen, die wiederum an den
zentralen Auslagerungsbeauftragten berichten.

Seit der sechsten MaRisk-Novelle hat jedes Institut, das Auslagerungen vornimmt, einen 402
Mitarbeiter als zentralen Auslagerungsbeauftragten im Institut selbst einzurichten. Zusätzlich ist
ein Stellvertreter zu bestimmen, auch wenn die MaRisk dies nicht ausdrücklich verlangen. Die
Anforderung ergibt sich aus der Notwendigkeit angemessener Vertretungsregeln. Danach hat das
Institut sicherzustellen, dass die Abwesenheit oder das Ausscheiden von Mitarbeitern nicht zu
nachhaltigen Störungen der Betriebsabläufe führen (→ AT 7.1 Tz. 3). Eine besondere Form ist für
die Ernennung des Auslagerungsbeauftragten nicht vorgesehen. Sie erfolgt jedoch in der Praxis
schon aus Dokumentations- und Nachweisgründen schriftlich. Es handelt sich rechtlich um einen
einseitig vorzunehmenden, empfangsbedürftigen Akt, der von dem zwischen dem Institut und
dem Auslagerungsbeauftragten bestehenden Arbeitsverhältnis zu unterscheiden ist. Der Auslagerungsbeauftragte hat über die für seine Tätigkeit erforderlichen Fachkenntnisse und Erfahrungen
zu verfügen, spätestens nach Ablauf einer angemessenen Einarbeitungszeit (→ AT 7.1 Tz. 2).

Der Auslagerungsbeauftragte hat einer Organisationseinheit anzugehören, die der Geschäfts- 403
leitung unmittelbar unterstellt ist. Eine direkte Anbindung des Auslagerungsbeauftragten selbst an

die Geschäftsleitung ist nicht notwendig, falls er über eine direkte Berichtslinie zur Geschäftsleitung verfügt. Die herausgehobene Stellung und direkte Berichtslinie an die Geschäftsleitung ermöglichen es dem Auslagerungsbeauftragten, seine Aufgaben effektiv auszuüben. Er kann die mit Auslagerungen verbundenen Risiken jederzeit und ungefiltert bei der Geschäftsleitung adressieren. Kleine, weniger komplexe Institute können die Funktion des Auslagerungsbeauftragten auch einem Mitglied der Geschäftsleitung übertragen (→ AT 9 Tz. 12, Erläuterung). Die Regelung ist Ausdruck des Proportionalitätsprinzips.

404　Der Auslagerungsbeauftragte ist zu unterscheiden von dem Revisionsbeauftragten bzw. den Beauftragten, die von der Geschäftsleitung im Fall einer vollständigen Auslagerung der Risikocontrolling- oder Compliance-Funktion zu benennen sind, und die eine ordnungsgemäße Durchführung der jeweiligen Aufgaben zu gewährleisten haben (→ AT 9 Tz. 10).

405　Bereits seit der fünften MaRisk-Novelle haben größere Institute, abhängig von der Art, dem Umfang und der Komplexität ihrer Auslagerungsaktivitäten ein zentrales Auslagerungsmanagement einzurichten. Die Regelung betont den Grundsatz der Proportionalität und belässt somit kleineren Instituten mit wenigen und nicht komplexen Auslagerungen die notwendige Flexibilität im Hinblick auf ihre organisatorische Aufstellung.[482] Das zentrale Auslagerungsmanagement unterstützt den Auslagerungsbeauftragten, der in der Regel der Leiter des Auslagerungsmanagements sein wird. Allerdings sind auch andere Ausgestaltungen möglich (→ AT 9 Tz. 12, Erläuterung). Der Auslagerungsbeauftragte bzw. das Auslagerungsmanagement gewährleisten, dass eine Stelle im Institut den Gesamtüberblick über die ausgelagerten Aktivitäten und Prozesse hat. Darüber hinaus stellen sie einen einheitlichen Umgang mit den besonderen Risiken aus Auslagerungen und deren Überwachung sicher.[483]

406　Die MaRisk enthalten keine Vorgaben im Hinblick auf die organisatorische Ansiedlung des Auslagerungsbeauftragten und des Auslagerungsmanagements. Die Institute können eine eigenständige Organisationseinheit einrichten oder das Auslagerungsmanagement an andere Organisationseinheiten anbinden, sofern keine Interessenkonflikte bestehen. Im Modell der drei Verteidigungslinien ist der Auslagerungsbeauftragte (bzw. das Auslagerungsmanagement) der zweiten Verteidigungslinie zuzuordnen (→ AT 4.4, Einführung). Eine Kombination des Auslagerungsbeauftragten (bzw. Auslagerungsmanagements) mit der Internen Revision ist nicht möglich.

407　Die Verpflichtung zur Einrichtung des Auslagerungsbeauftragten bzw. des Auslagerungsmanagements geht auf die EBA-Leitlinien zu Auslagerungen zurück. Darin verlangt die EBA die Einrichtung einer Auslagerungsfunktion (»Outsourcing-Function«) oder die Benennung einer Führungskraft (z.B. Key Function Holder) mit klar festgelegten Verantwortlichkeiten sowie unmittelbarer Anbindung an die Geschäftsleitung, wobei das Proportionalitätsprinzip zu berücksichtigen ist. Die EBA weist explizit darauf hin, dass das Institut für das Auslagerungsmanagement ausreichende Ressourcen vorzuhalten hat.[484]

---

482 Nach Ansicht der Aufsicht ist die Einrichtung eines zentralen Auslagerungsmanagements davon abhängig, ob Institute eine hohe Anzahl von Auslagerungen, eine hohe Komplexität der Auslagerungen und einen hohen Abstimmungsaufwand aufweisen. Es gibt diesbezüglich keine festen Grenzen, vielmehr müssen die Kriterien institutsindividuell definiert und bewertet werden. Vgl. Bundesanstalt für Finanzdienstleistungsaufsicht, Protokoll der Sitzung des MaRisk-Fachgremiums am 15. März 2018, S. 5.

483 Vgl. Bundesanstalt für Finanzdienstleistungsaufsicht, Erster Entwurf zur Überarbeitung der MaRisk, Übermittlungsschreiben vom 18. Februar 2016, S. 5.

484 Vgl. European Banking Authority, Leitlinien zu Auslagerungen, EBA/GL/2019/02, 25. Februar 2019, S. 16.

13.2 Aufgaben des Auslagerungsbeauftragten bzw. Auslagerungsmanagements

Die Regelung, die nicht zwischen »wesentlichen« und »nicht wesentlichen« Auslagerungen   408
unterscheidet, weist dem zentralen Auslagerungsbeauftragten bzw. dem zentralen Auslagerungs-
management im Einzelnen folgende Aufgaben zu:
- Implementierung und Weiterentwicklung eines angemessenen Auslagerungsmanagements
  und entsprechender Kontroll- und Überwachungsprozesse,
- Erstellung und Pflege einer vollständigen Dokumentation der Auslagerungen (einschließlich
  Weiterverlagerungen),
- Unterstützung der Fachbereiche bezüglich der institutsinternen und gesetzlichen Anforderungen bei Auslagerungen,
- Koordination und Überprüfung der durch die zuständigen Bereiche durchgeführten Risiko-
  analyse.

Darüber hinaus werden dem Auslagerungsbeauftragten (bzw. Auslagerungsmanagement) kon-   409
krete Berichtspflichten gegenüber der Geschäftsleitung des Institutes zugewiesen (→ AT 9 Tz. 13).

Gemäß den genannten Aufgaben hat der Auslagerungsbeauftragte (bzw. das Auslagerungs-   410
management) eine eher koordinierende, überwachende und unterstützende Funktion. Er ist für
die Implementierung und Weiterentwicklung angemessener Überwachungs- und Kontrollprozesse und damit für die Vorgabe von Verfahren, Methoden, Berichts- und Entscheidungsformaten für
die Risikoanalyse sowie die Auslagerungssteuerung und -überwachung zuständig. In der Praxis
beschränken sich die Aufgaben des Auslagerungsbeauftragten (bzw. des Auslagerungsmanagements) neben der Implementierung und Weiterentwicklung von Kontroll- und Überwachungsprozessen, der Koordinierung und Überprüfung der Risikoanalyse sowie der Erfüllung der Dokumentationspflichten vor allem auf die Unterstützung der Fachbereiche im Hinblick auf die
Einhaltung der gesetzlichen Anforderungen und internen Vorgaben zu Auslagerungen.[485] Insbesondere bei größeren Instituten mit umfangreichen Auslagerungslösungen wird die fachlich-
inhaltliche Überwachung der Leistungserbringung für die einzelnen ausgelagerten Aktivitäten und
Prozesse bei den auslagernden Fachbereichen liegen, die über die zur Überwachung notwendigen
Spezialkenntnisse und Erfahrungen verfügen.

Der Auslagerungsbeauftragte (bzw. das Auslagerungsmanagement) ist für die Koordinierung   411
und Überwachung der durch die zuständigen Bereiche durchgeführten Risikoanalyse zuständig.
Er hat zudem sicherzustellen, dass die Risikoanalysen auf der Grundlage von einheitlichen
Methoden und Verfahren sowie regelmäßig und anlassbezogen durchgeführt werden. Der Auslagerungsbeauftragte (bzw. das Auslagerungsmanagement) führt allerdings keine fachliche Validierung der Risikoanalysen durch, sondern könnte allenfalls eine Plausibilisierung vornehmen.[486]
Im Rahmen der Risikoanalyse übernehmen der Auslagerungsbeauftragte (bzw. das Auslagerungsmanagement) oder die Rechtsabteilung i.d.R. auch die Bewertung, ob es sich um eine Auslagerung im Sinne der MaRisk handelt oder nicht. Zudem obliegt die Entscheidung, ob eine anlass-

---

485 Im ersten Entwurf zur fünften MaRisk-Novelle war das zentrale Auslagerungsmanagement noch für die »Überwachung« der
     Einhaltung der institutsinternen und gesetzlichen Anforderungen bei Auslagerungen verantwortlich. Um den Instituten im
     Hinblick auf die organisatorische Ausgestaltung der Auslagerungsüberwachung auch dezentrale Lösungen zu ermöglichen,
     hat die Aufsicht in der endgültigen Fassung zur fünften MaRisk-Novelle den Wortlaut entsprechend angepasst und weist
     dem zentralen Auslagerungsmanagement nunmehr lediglich die Aufgabe zu, die Fachbereiche bezüglich der instituts-
     internen und gesetzlichen Anforderungen bei Auslagerungen zu unterstützen. Die Verpflichtung, einen zentralen Aus-
     lagerungsbeauftragten einzurichten, erfolgte erst mit der sechsten MaRisk-Novelle aus dem Jahr 2021.
486 Vgl. Deutsche Kreditwirtschaft, Stellungnahme zum Entwurf der MaRisk in der Fassung vom 18. Februar 2016 (Kon-
     sultation 02/2016) vom 27. April 2016, S. 37.

bezogene Anpassung der Risikoanalyse erforderlich ist, in größeren Instituten regelmäßig dem Auslagerungsbeauftragten bzw. dem Auslagerungsmanagement (→ AT 9 Tz. 2).

412 Der Auslagerungsbeauftragte (bzw. das Auslagerungsmanagement) ist für die Erstellung und Pflege einer vollständigen Dokumentation der Auslagerungen einschließlich der Weiterverlagerungen verantwortlich. Es versteht sich von selbst, dass die Institute z. B. das Ergebnis der Risikoanalyse in angemessenem Umfang und für Dritte nachvollziehbar zu dokumentieren haben. Dies gilt insbesondere für den Fall, dass die Risikoanalyse zum Ergebnis kommt, eine Auslagerung als nicht wesentlich einzustufen.[487] Die Dokumentation bezieht sich darüber hinaus auf das Vertrags- und Regelwerk (Rahmenverträge, Leistungsbeschreibungen, Service Level Agreements etc.) sowie Informationen über Weiterverlagerungen. Darüber hinaus wird der Auslagerungsbeauftragte (bzw. das Auslagerungsmanagement) regelmäßig für das seit der sechsten MaRisk-Novelle verpflichtend einzurichtende aktuelle Auslagerungsregister zuständig sein, das Informationen zu sämtlichen Auslagerungen enthalten muss. Im Hinblick auf den Mindestinhalt des Auslagerungsregisters verweisen die MaRisk auf die EBA-Leitlinien zu Auslagerungen (→ AT 9 Tz. 14). Der Auslagerungsbeauftragte (bzw. das Auslagerungsmanagement) verantwortet regelmäßig auch die Organisationsrichtlinien, die Regelungen zu Verfahrensweisen bei Auslagerungen zu enthalten haben. Diese müssen für sämtliche Auslagerungen die zentralen Phasen des Auslagerungszyklus umfassen sowie Definitionen der Grundsätze, Zuständigkeiten und Prozesse enthalten. Soweit vorhanden, sollten in die Organisationsrichtlinien für das zentrale Auslagerungsmanagement auch Nachhaltigkeitsrisiken aufgenommen werden.[488] Zudem sollen die Regelungen zum Verhaltenskodex sicherstellen, dass das Auslagerungsunternehmen in einer mit den Werten und dem Verhaltenskodex des auslagernden Institutes im Einklang stehenden Weise handelt (→ AT 5 Tz. 3 inkl. Erläuterung).

413 Der Auslagerungsbeauftragte ist der erste Ansprechpartner für alle auslagerungsrelevanten Themen innerhalb des Institutes sowie gegenüber der Aufsichtsbehörde und den externen Prüfern. In der Regel halten der Auslagerungsbeauftragte (bzw. das Auslagerungsmanagement) in der Praxis nach, ob neue Auslagerungen geplant oder bei bestehenden Auslagerungen Änderungen eingetreten sind. Vor diesem Hintergrund wird er auch für die Erfüllung der Anzeigepflichten des Institutes im Zusammenhang mit wesentlichen Auslagerungen gemäß § 24 Abs. 1 Nr. 19 KWG bzw. zumindest für die Vorbereitung der bei der Aufsicht ab dem 1. Januar 2022 einzureichenden Anzeigen verantwortlich sein (→ AT 9, Einführung und Überblick).

13.3 Auslagerungsbeauftragter bzw. Auslagerungsmanagement auf Gruppenebene

414 Im Rahmen der sechsten MaRisk-Novelle ist darauf verzichtet worden, den Instituten die Einrichtung eines zentralen Auslagerungsbeauftragten und Auslagerungsmanagements auf Gruppenebene vorzugeben. Als Erleichterung wurde lediglich für Auslagerungen mehrerer Institute einer Gruppe bzw. eines Verbundes an ein bzw. mehrere gemeinsame Auslagerungsunternehmen die Möglichkeit eingeführt, ein zentrales Auslagerungsmanagement auf Gruppen- bzw. Verbundebene einzurichten. Dieses muss explizit den Anforderungen des Moduls AT 9 bzw. den EBA-Leitlinien zu Auslagerungen aus dem Jahr 2019 genügen (→ AT 9 Tz. 15 lit. b).

---

487 Vgl. Wolfgarten, Wilhelm, in: Boos, Karl-Heinz/Fischer, Reinfrid/Schulte-Mattler, Hermann (Hrsg.), Kreditwesengesetz und VO (EU) Nr. 575/2013, Band 1, 5. Auflage, München, 2016, § 25b KWG, Tz. 50.

488 Vgl. Bundesanstalt für Finanzdienstleistungsaufsicht, Merkblatt zum Umgang mit Nachhaltigkeitsrisiken, 20. Dezember 2019, geändert am 13. Januar 2020, S. 37.

Allerdings sind seit der sechsten MaRisk-Novelle die Anforderungen des Moduls AT 9 (und **415** damit u. a. die Textziffern 12 und 13) auch auf Gruppenebene einzuhalten. Für die Einhaltung der Anforderungen auf Gruppenebene ist das übergeordnete Unternehmen verantwortlich (→ AT 4.5 Tz. 1). Der Auslagerungsbeauftragte auf Gruppenebene hat z. B. in gruppenweiten Auslagerungs-richtlinien Rahmenvorgaben für die Definitionen der Grundsätze, Zuständigkeiten und Prozesse in Bezug auf Auslagerungen festzulegen.[489] Dies beinhaltet z. B. die Verantwortung für die erforder-lichen gruppenweiten Vorgaben für die Risikoanalyse (→ AT 9 Tz. 2) Vor diesem Hintergrund kann es sinnvoll sein, dass Institutsgruppen und (gemischte) Finanzholding-Gruppen einen zentralen Auslagerungsbeauftragten auf Gruppenebene einrichten, der ggf. durch ein gruppen-weites Auslagerungsmanagement unterstützt wird. In der Regel wird der Auslagerungsbeauftragte des übergeordneten Unternehmens diese Funktion wahrnehmen. Im Zuge der endgültigen Fas-sung der sechsten MaRisk-Novelle wurde von der Aufsicht in den Erläuterungen explizit ergänzt, dass hinsichtlich der Auslagerungsanforderungen auf Gruppenebene »die Anwendung des AT 9 Tz. 15 unbeschadet gilt«.

Der Auslagerungsbeauftragte (bzw. das Auslagerungsmanagement) auf Gruppenebene werden **416** regelmäßig die Inanspruchnahme von möglichen Erleichterungen im Hinblick auf die Gruppe sowie deren angemessene und nachvollziehbare Dokumentation verantworten (→ AT 9 Tz. 15), insbesondere:

- die Einrichtung eines zentralen Auslagerungsmanagements auf Gruppenebene für Auslage-rungen mehrerer Institute einer Gruppe bzw. eines Verbundes an ein bzw. mehrere gemein-same Auslagerungsunternehmen (→ AT 9 Tz. 15 lit. b),
- die zentrale Vorauswertung bei der Berichterstattung von Auslagerungsunternehmen, die innerhalb einer Gruppe genutzt werden, welche den auslagernden gruppenangehörigen Instituten die Verwendung erleichtert (→ AT 9 Tz. 15 lit. c),
- das Einrichten und Führen eines gruppenweiten zentralen Auslagerungsregisters, sofern sichergestellt ist, dass die einzelnen gruppenangehörigen Unternehmen und die zuständigen Aufsichtsbehörden das individuelle Auslagerungsregister ohne größere Verzögerung erhalten (→ AT 9 Tz. 15 lit. e),
- das Erstellen gemeinsamer Notfallkonzepte für wesentliche Auslagerungen, wobei die einzel-nen gruppenangehörigen Institute den für sie relevanten Teil der jeweiligen Notfallkonzepte zu erhalten haben (→ AT 9 Tz. 15, Erläuterung).

---

489 Vgl. European Banking Authority, Leitlinien zu Auslagerungen, EBA/GL/2019/02, 25. Februar 2019, S. 18 ff.

14 Berichterstattung über wesentliche Auslagerungen (Tz. 13)

417 **13** Der Auslagerungsbeauftragte bzw. das zentrale Auslagerungsmanagement haben mindestens jährlich einen Bericht über die wesentlichen Auslagerungen zu erstellen und der Geschäftsleitung zur Verfügung zu stellen. Zudem ist anlassbezogen zu berichten. Der Bericht hat unter Berücksichtigung der dem Institut vorliegenden Informationen bzw. der institutsinternen Bewertung der Dienstleistungsqualität der Auslagerungsunternehmen eine Aussage darüber zu treffen, ob die erbrachten Dienstleistungen der Auslagerungsunternehmen den vertraglichen Vereinbarungen entsprechen, die ausgelagerten Aktivitäten und Prozesse angemessen gesteuert und überwacht werden können und ob weitere risikomindernde Maßnahmen ergriffen werden sollen.

14.1 Jährlicher Bericht über wesentliche Auslagerungen

418 Der zentrale Auslagerungsbeauftragte bzw. das zentrale Auslagerungsmanagement haben mindestens jährlich einen Bericht über die wesentlichen Auslagerungen zu erstellen und der Geschäftsleitung zur Verfügung zu stellen. Der Bericht soll eine Aussage darüber treffen, ob
- die erbrachten Dienstleistungen der Auslagerungsunternehmen den vertraglichen Vereinbarungen entsprechen,
- die ausgelagerten Aktivitäten und Prozesse angemessen gesteuert und überwacht werden können und
- weitere risikomindernde Maßnahmen ergriffen werden sollen.

419 Der Auslagerungsbeauftragte bzw. das Auslagerungsmanagement sollen den Bericht auf der Grundlage der dem Institut vorliegenden Informationen erstellen, d. h. unter Berücksichtigung der eigenen Erkenntnisse (z. B. Ergebnisse der Risikoanalysen, Auswertung der von den Auslagerungsunternehmen eingereichten Berichte). Darüber hinaus kann ggf. auf Prüfungsergebnisse der Internen Revision oder sonstiger externer Prüfer zurückgegriffen werden. Außerdem sollen in den Bericht an die Geschäftsleitung die Erkenntnisse der institutsinternen Beurteilung der Leistungen der Auslagerungsunternehmen anhand der vom Institut definierten Kriterien einfließen (→ AT 9 Tz. 9). Sofern sich aus der Steuerung und Überwachung der Auslagerungen wesentliche Erkenntnisse oder Maßnahmen ergeben, sollten diese in den Bericht über die operationellen Risiken aufgenommen werden.[490]

420 Bei kleinen, weniger komplexen Instituten ist eine Berichterstattung im Rahmen einer Vorstandssitzung ausreichend (→ AT 9 Tz. 13, Erläuterung). Die im Laufe der Konsultation der sechsten MaRisk-Novelle nachträglich aufgenommene Regelung ist Ausdruck des Grundsatzes der Proportionalität. Die Berichterstattung in einer Vorstandssitzung wird insbesondere in den Fällen in Betracht kommen, in denen ein Mitglied der Geschäftsleitung die Funktion des Auslagerungsbeauftragten übernimmt (→ AT 9 Tz. 12, Erläuterung).[491] Die Institute sollten bei einer

---

490 Vgl. Deutscher Sparkassen- und Giroverband, Mindestanforderungen an das Risikomanagement – Interpretationsleitfaden, Version 6.1, Berlin, Juli 2019, S. 149.

491 Vgl. Deutsche Kreditwirtschaft, BaFin-Konsultation 14/2020 – Mindestanforderungen an das Risikomanagement, Stellungnahme vom 4. Dezember 2020, S. 23.

Inanspruchnahme der Erleichterung auf eine angemessene und nachvollziehbare Dokumentation der Berichterstattung achten.

Der Begriff »kleine, weniger komplexe Institute« ist nicht deckungsgleich mit der Definition »kleine und nicht komplexe Institute« gemäß Art. 1 Abs. 145 CRR. Äußerungen der Aufsicht im Fachgremium MaRisk lassen darauf schließen, dass kleine, nicht komplexe Institute im Sinne der MaRisk z.B. hinsichtlich ihrer Bilanzsumme deutlich unterhalb dem Schwellenwert des Art. 1 Abs. 145 CRR in Höhe von 5 Milliarden Euro liegen müssen (→ AT 1 Tz. 3). **421**

14.2 Anlassbezogene Berichterstattung

Seit der sechsten MaRisk-Novelle haben der Auslagerungsbeauftragte bzw. das Auslagerungs- **422** management der Geschäftsleitung bei Bedarf auch anlassbezogen (»Ad-hoc-Reporting«) über wesentliche Auslagerungen zu berichten. Die Institute haben daher Kriterien für ein derartiges Ad-hoc-Reporting zu entwickeln. Die interne Berichtspflicht ist im engen Zusammenhang zu sehen mit der Verpflichtung des Dienstleisters, das Institut über Entwicklungen zu informieren, die die ordnungsgemäße Erledigung der ausgelagerten Aktivitäten und Prozesse beeinträchtigen können (→ AT 9 Tz. 7 lit. n).

14.3 Adressat der Berichterstattung

Der Adressat der jährlichen bzw. anlassbezogenen Berichte des Auslagerungsbeauftragten bzw. **423** des Auslagerungsmanagements ist ausschließlich die Geschäftsleitung des Institutes. Anders als z.B. bei den Berichten der Compliance-Funktion (→ AT 4.4.2 Tz. 7) oder den Berichten der Internen Revision (→ BT 2.4 Tz. 4) sind die Berichte über wesentlichen Auslagerungen nicht automatisch an das Aufsichtsorgan weiterzuleiten oder diesem vorzulegen.

15   Auslagerungsregister (Tz. 14)

424   **14** Grundsätzlich hat das Institut ein aktuelles Auslagerungsregister mit Informationen über alle Auslagerungsvereinbarungen vorzuhalten. Die inhaltlichen Mindestanforderungen an das Auslagerungsregister finden sich für alle Auslagerungen in Tz. 54 und für wesentliche Auslagerungen in Tz. 55 der EBA-Leitlinien zu Auslagerungen (EBA/GL/2019/02). Das Auslagerungsregister umfasst alle Auslagerungsvereinbarungen, einschließlich der Auslagerungsvereinbarungen mit Auslagerungsunternehmen innerhalb einer Institutsgruppe oder eines Finanzverbundes. Ferner ist bei der Weiterverlagerung von wesentlichen Auslagerungen von dem auslagernden Institut festzulegen, ob der weiter zu verlagernde Teil wesentlich und dieser wesentliche Teil im Auslagerungsregister zu erfassen ist.

15.1   Auslagerungsregister auf Ebene des Institutes

425   Das Modul AT 9 enthielt bis zur sechsten MaRisk-Novelle keine speziellen Anforderungen an die Dokumentation im Hinblick auf die Auslagerungen von Aktivitäten und Prozessen auf andere Unternehmen. Es galten lediglich die allgemeinen Anforderungen an die Dokumentation, wonach die für die Einhaltung der MaRisk wesentlichen Handlungen und Festlegungen nachvollziehbar zu dokumentieren sind, insbesondere im Hinblick auf die Inanspruchnahme wesentlicher Öffnungsklauseln (→ AT 6 Tz. 2). Allerdings fordert die Prüfungsberichtsverordnung, dass ein Institut ein Register vorhält, in dem Angaben zum Auslagerungsunternehmen inklusive Adresse, KN-Ident-Nummer, zu den ausgelagerten Aktivitäten und Prozessen, dem Status und dem Datum der Auslagerung sowie Anmerkungen (insbesondere zu Weiterverlagerungen) zu machen sind.[492]

426   Im Zuge der sechsten MaRisk-Novelle wurden die Vorgaben der EBA-Leitlinien aus dem Jahr 2019 umgesetzt, die detaillierte Anforderungen an die Dokumentation von Auslagerungen auf der Ebene des einzelnen Institutes formulieren.[493] Die Institute haben grundsätzlich ein aktuelles Auslagerungsregister mit Informationen über sämtliche bestehenden Auslagerungen vorzuhalten, d.h. wesentliche und nicht wesentliche Auslagerungen. Die mit dem Finanzmarktintegritäts-stärkungsgesetz aus dem Jahr 2021 eingefügte Regelung des § 25b Abs. 1 Satz 4 KWG stellt die Anforderung auf eine gesetzliche Grundlage. Im Auslagerungsregister sind wesentliche Auslagerungen als solche besonders zu kennzeichnen. Auch beendete Auslagerungen sollten noch für einen angemessenen Zeitraum im Register weiterhin geführt werden.[494] Das Auslagerungsregister

---

492 Vgl. Anlage 4 zu § 70 der Verordnung über die Prüfung der Jahresabschlüsse der Kreditinstitute und Finanzdienstleistungsinstitute sowie über die darüber zu erstellenden Berichte (Prüfungsberichtsverordnung – PrüfbV) vom 11. Juni 2015 (BGBl. I S. 930), die zuletzt durch Artikel 28 des Gesetzes vom 3. Juni 2021 (BGBl. I S. 1568) geändert worden ist. Dieses Register hat der Abschlussprüfer im Rahmen seiner Prüfung gemäß § 9 Abs. 3 PrüfbV heranzuziehen. Hiernach hat der Abschlussprüfer über Auslagerungen von wesentlichen Aktivitäten und Prozessen unter Berücksichtigung der in § 25b KWG genannten Anforderungen gesondert zu berichten. Dabei ist eine Aussage darüber zu treffen, ob die Einstufung von Auslagerungen als wesentlich oder unwesentlich unter Gesichtspunkten des Risikos, der Art, des Umfangs und der Komplexität nachvollziehbar ist. Ausgelagerte wesentliche Aktivitäten und Prozesse sind, auch in Verbindung mit den vorgenommenen Bezeichnungen in der Anlage 4, nachvollziehbar zu spezifizieren und abzugrenzen. Die deutsche Aufsicht kann das Register aufgrund ihres Auskunftsrechtes gemäß § 44 Abs. 1 KWG jederzeit vom Institut anfordern.

493 Vgl. European Banking Authority, Leitlinien zu Auslagerungen, EBA/GL/2019/02, 25. Februar 2019, S. 22 ff. Die Deutsche Kreditwirtschaft (DK) hat im Konsultationsverfahren zum Entwurf der Leitlinien zu Auslagerungen die Vorgaben der EBA an das Auslagerungsregister als äußerst umfangreich und detailliert kritisiert. Nach Ansicht der DK ist bei zahlreichen Anforderungen ein bankaufsichtlicher Nutzen nicht ersichtlich und/oder die Erfüllung der Anforderung für die Institute mit hohem bürokratischem Aufwand verbunden. Vgl. Deutsche Kreditwirtschaft (German Banking Industry Committee), Comments on EBA Draft Guidelines on Outsourcing arrangements (EBA/CP/2018/11), 24. September 2018, S. 17.

494 Vgl. European Banking Authority, Leitlinien zu Auslagerungen, EBA/GL/2019/02, 25. Februar 2019, S. 23.

hat zudem alle Auslagerungen innerhalb einer Institutsgruppe bzw. eines Finanzverbundes sowie die gruppenfremden Auslagerungen zu enthalten. Darüber hinaus ist bei der (teilweisen) Weiterverlagerung von wesentlichen Auslagerungen vom auslagernden Institut festzulegen und im Auslagerungsregister zu dokumentieren, ob die Weiterverlagerung wesentlich ist.

Hinsichtlich der inhaltlichen Mindestanforderungen an das Auslagerungsregister verweisen die **427** MaRisk auf die EBA-Leitlinien zu Auslagerungen, wobei die Anforderungen an sämtliche Auslagerungen in Tz. 54 der Leitlinien und die weitergehenden Anforderungen an wesentliche Auslagerungen in Tz. 55 der Leitlinien enthalten sind (→ AT 9 Tz. 14, Erläuterung).[495] Die Aufsicht hat in der Sitzung des Fachgremiums MaRisk am 4. März 2021 ihre Erwartung geäußert, dass das Auslagerungsregister aus sich heraus einen vollständigen Überblick über die Auslagerungsvereinbarungen des Institutes gibt. Zwar müssen die Ergebnisse der Einstufung einer Auslagerung als wesentlich oder nicht wesentlich bzw. die Zusammenfassung der wesentlichen Ergebnisse der letzten Risikoanalyse nicht explizit im Register eingetragen sein. Für interne Zwecke ist eine nachvollziehbare Verlinkung zu anderen Dokumenten (z.B. zur Risikoanalyse) möglich. Die Aufsicht erwartet allerdings eine Zusammenfassung der Ergebnisse der letzten Risikoanalyse in einem Dokument. Zudem hat sie klargestellt, dass das Auslagerungsregister von ihr im Rahmen eines Auskunftsersuchens angefordert werden kann. Spätestens zu diesem Zeitpunkt müsste das Auslagerungsregister vollständig ausgefüllt werden, und ein Verweis im Rahmen des Registers würde nicht mehr ausreichen.[496]

Im Hinblick auf sämtliche Auslagerungen haben die Institute nach Tz. 54 der EBA-Leitlinien zu **428** Auslagerungen in das Register aufzunehmen:

a) eine Referenznummer für jede Auslagerungsvereinbarung,

b) das Datum des Beginns und ggf. das Datum der nächsten Vertragsverlängerung, das Datum des Endes und/oder Kündigungsfristen für den Dienstleister und das Institut,

c) eine kurze Beschreibung der ausgelagerten Funktion, einschließlich der ausgelagerten Daten, sowie Angabe, ob personenbezogene Daten (z.B. durch Angabe von ja oder nein in einem gesonderten Datenfeld) übertragen werden oder ob ihre Verarbeitung an einen Dienstleister ausgelagert wird,

d) eine vom Institut zugewiesene Kategorie, die die Art der Funktion entsprechend der Beschreibung unter Buchstabe c) widerspiegelt (z.B. Informationstechnologie (IT), Kontrollfunktion) und die die Ermittlung verschiedener Arten von Vereinbarungen ermöglicht,

e) den Namen des Dienstleisters, die Handelsregisternummer des Unternehmens, (sofern verfügbar) die Rechtsträgerkennung (LEI)[497], die eigetragene Adresse und sonstige einschlägige Kontaktangaben sowie (ggf.) den Namen des Mutterunternehmens,

f) das Land bzw. die Länder, in dem/denen der Dienst erbracht werden soll, einschließlich des Standortes (d.h. Land oder Region), an dem sich die Daten befinden,

g) die Angabe, ob die ausgelagerte Funktion als kritisch oder wesentlich eingestuft wird (ja/nein), ggf. einschließlich einer kurzen Zusammenfassung der Gründe, aus denen die ausgelagerte Funktion als kritisch oder wesentlich betrachtet wird,

h) bei der Auslagerung zu einem Cloud-Anbieter das Cloud-Dienstmodell und das Cloud-Bereitstellungsmodell, d.h. öffentliche, private, Hybrid- oder Community-Cloud, und die spezifische

---

495 Vgl. European Banking Authority, Leitlinien zu Auslagerungen, EBA/GL/2019/02, 25. Februar 2019, S. 23 f. Die Deutsche Kreditwirtschaft (DK) hat sich kritisch zu dem Verweis des AT 9 Tz. 14 MaRisk auf die EBA-Leitlinien geäußert. Nach Ansicht der DK sind einige Anforderungen der EBA an das Auslagerungsregister unklar oder würden einen hohen, nicht sinnvollen Zeitaufwand für die Institute und redundante Dokumentationspflichten auslösen. Vgl. Deutsche Kreditwirtschaft, 6. MaRisk-Novelle – Ergänzende Formulierungsvorschläge der DK, Schreiben vom 26. Februar 2021, S. 4.

496 Vgl. Bundesanstalt für Finanzdienstleistungsaufsicht, Protokoll der Sitzung des MaRisk-Fachgremiums am 4. März 2021, S. 10.

497 Der LEI ist eine Rechtsträgerkennung, die bei einer vom Legal Entity Identifier Regulatory Oversight Committee (LEI ROC) anerkannten Vergabestelle (Local Operating Unit, LOU) beantragt werden kann. Die Antragstellung obliegt dabei dem Rechtsträger, der durch den LEI identifiziert werden soll. Die aktuelle Liste der anerkannten Vergabestellen (englisch: »endorsed pre-LOUs«) ist auf der Internetseite des LEI ROC abrufbar.

Art der betreffenden Daten sowie die Standorte (d.h. Länder oder Regionen), an denen diese Daten gespeichert werden,

i) das Datum der letzten Bewertung der Kritikalität oder Wesentlichkeit der ausgelagerten Funktion.

Bei wesentlichen Auslagerungen von Aktivitäten und Prozessen (kritische/wesentliche Funktionen) sollte das Register nach Tz. 55 der EBA-Leitlinien zu Auslagerungen mindestens folgende zusätzliche Informationen enthalten:

a) die Institute, Zahlungsinstitute und sonstigen Unternehmen im aufsichtlichen Konsolidierungskreis bzw. Anwendungsbereich des institutsbezogenen Sicherungssystems (Finanzverbund), die von der Auslagerung Gebrauch machen,

b) die Angabe, ob der Dienstleister oder ein Subdienstleister Teil der Gruppe oder Mitglied des institutsbezogenen Sicherungssystems (Finanzverbund) ist oder sich im Eigentum von Instituten oder Zahlungsinstituten innerhalb der Gruppe bzw. von Mitgliedern eines institutsbezogenen Sicherungssystems (Finanzverbund) befindet oder nicht,

c) das Datum der letzten Risikobewertung und eine kurze Zusammenfassung der wesentlichen Ergebnisse,

d) die Person oder das Entscheidungsgremium (z.B. das Leitungsorgan) im Institut, die bzw. das die Auslagerungsvereinbarung genehmigt hat,

e) das für die Auslagerungsvereinbarung geltende Recht,

f) ggf. das Datum der letzten und der nächsten geplanten Prüfung,

g) ggf. die Namen von Subunternehmen, an die wesentliche Teile einer kritischen/wesentlichen Funktion weiter ausgelagert werden, einschließlich des Landes, in dem die Subunternehmer registriert sind, des Ortes, an dem die Dienstleistung erbracht wird und ggf. des Ortes (d.h. Land oder Region), an dem die Daten gespeichert werden,

h) das Ergebnis der Bewertung der Ersetzbarkeit des Dienstleisters (leicht, schwierig oder unmöglich), der Möglichkeit einer Wiedereingliederung einer kritischen/wesentlichen Funktion in das Institut oder der Auswirkungen einer Einstellung der kritischen/wesentlichen Funktion,

i) die Feststellung von alternativen Dienstleistern, die den Dienstleister gemäß lit. h) ggf. ersetzen könnten,

j) die Angabe, ob die ausgelagerte kritische/wesentliche Funktion Geschäftsvorgänge unterstützt, die zeitkritisch sind,

k) das veranschlagte jährliche Budget bzw. die Kosten.

429 Gemäß Tz. 55 lit. a) der EBA-Leitlinien zu Auslagerungen hat das auslagernde Institut die weiteren Vertragspartner des Auslagerungsunternehmens innerhalb einer Gruppe oder eines Finanzverbundes in das Auslagerungsregister aufzunehmen. Die Regelung ist insbesondere im Hinblick auf mögliche Konzentrationsrisiken relevant. Im Fall der Einrichtung eines zentralen Auslagerungsmanagements auf Gruppen- oder Verbundebene erscheint es der Aufsicht möglich, dass das zentrale Auslagerungsmanagement sämtliche Institute, Zahlungsinstitute und sonstigen Unternehmen erfassen und nachhalten kann, die von der Auslagerung Gebrauch machen.[498] Bei Instituten, die zentralen Sicherungseinrichtungen angeschlossen sind, kann dies nur dann als verhältnismäßig gelten, wenn eine solche Erfassung vorausgesetzt werden kann, insbesondere bei Einrichtung eines zentralen Auslagerungsmanagements auf Verbundebene.[499]

---

498 Vgl. Bundesanstalt für Finanzdienstleistungsaufsicht, Protokoll der Sitzung des MaRisk-Fachgremiums am 4. März 2021, S. 11.

499 Vgl. Bundesanstalt für Finanzdienstleistungsaufsicht, Rundschreiben 10/2021 (BA) zur Neufassung der MaRisk, Übermittlungsschreiben vom 16. August 2021, S. 8.

Bei der in Tz. 55 lit. f der EBA-Leitlinien zu Auslagerungen aufgeführten Prüfung handelt es sich **430** um die Prüfung der Internen Revision. Es geht bei dieser Anforderung des Auslagerungsregisters allerdings lediglich um den Termin der Prüfung. Wenn der Termin der Prüfung z. B. aus dem Prüfungsplan heraus nicht bekannt ist, ist dazu im Register kein Eintrag notwendig.[500]

Im Hinblick auf die in das Auslagerungsregister nach Tz. 55 lit. k) aufzunehmenden Kosten der **431** Auslagerung ist nach Meinung der Aufsicht ein jährlicher Eintrag hinsichtlich der veranschlagten Kosten bzw. des Budgets einzutragen. Auslagerungen können schwerlich verglichen werden, wenn kein Kostenrahmen vorliegt. Eine unterjährige Erfassung von Kostenanpassungen ist nicht erforderlich.[501] Die Kosten sollten zudem grundsätzlich auch in der Risikoanalyse erfasst sein.[502]

Die Institute haben das Auslagerungsregister den Aufsichtsbehörden auf Verlangen zur Ver- **432** fügung zu stellen, z. B. im Rahmen des aufsichtlichen Überprüfungs- und Bewertungsprozesses (Supervisory Review and Evaluation Process, SREP). Voraussetzung hierfür ist ein entsprechendes Auskunftsverlangen der Aufsicht gemäß § 44 Abs. 1 Satz 1 KWG.[503] Die Informationen sollten dabei so aufbereitet sein, dass sie der Aufsicht in einem elektronischen Format (z. B. in einem allgemein verwendeten Datenbankformat oder ZSV-Format) bereitgestellt werden können.[504]

15.2 Auslagerungsregister auf Gruppenebene

Seit der sechsten MaRisk-Novelle sind die Anforderungen des Moduls AT 9 (und damit u. a. die **433** Textziffer 14) auch auf Gruppenebene einzuhalten. Für die Einhaltung auf Gruppenebene ist das übergeordnete Unternehmen verantwortlich (→ AT 4.5). Bei einer engen Auslegung könnte dies so zu verstehen sein, dass das übergeordnete Unternehmen einer Institutsgruppe oder einer (gemischten) Finanzholding-Gruppe verpflichtend ein Auslagerungsregister auf Gruppenebene einzurichten hat.

Gegen eine verpflichtende Einrichtung eines Auslagerungsregisters auf Gruppenebene spricht **434** jedoch die ebenfalls im Zuge der sechsten MaRisk-Novelle eingeführte Erleichterung, wonach das Auslagerungsregister innerhalb einer Gruppe bzw. eines Verbundes gegebenenfalls auch zentral geführt werden kann, sofern sichergestellt ist, dass das einzelne Institut und die zuständige Aufsichtsbehörde das individuelle Auslagerungsregister bei Bedarf ohne größere Verzögerung erhalten (→ AT 9 Tz. 15 lit. d). Das zentrale Auslagerungsregister auf Gruppenebene soll den gruppenangehörigen Unternehmen Kostenersparnisse und Effizienzvorteile ermöglichen. Auch die Formulierung »gegebenenfalls« spricht dafür, dass ein Auslagerungsregister auf Gruppenebene nicht verpflichtend vorzuhalten ist.[505]

---

500 Vgl. Bundesanstalt für Finanzdienstleistungsaufsicht, Protokoll der Sitzung des MaRisk-Fachgremiums am 4. März 2021, S. 11.

501 Vgl. Bundesanstalt für Finanzdienstleistungsaufsicht, Rundschreiben 10/2021 (BA) zur Neufassung der MaRisk, Übermittlungsschreiben vom 16. August 2021, S. 9.

502 Vgl. Bundesanstalt für Finanzdienstleistungsaufsicht, Protokoll der Sitzung des MaRisk-Fachgremiums am 4. März 2021, S. 11.

503 Die Institute haben das Auslagerungsregister für sämtliche Auslagerungsvereinbarungen nur auf Verlangen und nicht automatisch im Rahmen des SREP an die Aufsicht zu übermitteln. Diese noch im Entwurf der EBA-Leitlinien zu Auslagerungen enthaltene Anforderung wurde nach der Kritik der Kreditwirtschaft in der endgültigen Fassung der EBA-Leitlinien gestrichen. Vgl. Deutsche Kreditwirtschaft (German Banking Industry Committee), Comments on EBA Draft Guidelines on Outsourcing arrangements (EBA/CP/2018/11), 24. September 2018, S. 22.

504 Vgl. European Banking Authority, Leitlinien zu Auslagerungen, EBA/GL/2019/02, 25. Februar 2019, S. 25.

505 Auch die EBA verwendet in ihren Leitlinien aus dem Jahr 2019 die Formulierung »gegebenenfalls«. Vgl. European Banking Authority, Leitlinien zu Auslagerungen, EBA/GL/2019/02, 25. Februar 2019, S. 22.

16 Erleichterungen für Gruppen und Finanzverbünde (Tz. 15)

435 **15** Im Hinblick auf Gruppen gemäß AT 4.5 oder Finanzverbünde ergeben sich die folgenden Erleichterungen:

a) Bei gruppen- und verbundinternen Auslagerungen können im Rahmen der Risikoanalyse gem. Tz. 2 wirksame Vorkehrungen auf Gruppen- bzw. Verbundebene, insbesondere ein einheitliches und umfassendes Risikomanagement sowie Durchgriffsrechte, bei der Erstellung und Anpassung der Risikoanalyse risikomindernd berücksichtigt werden.

b) Für Auslagerungen mehrerer Institute einer Gruppe bzw. eines Verbundes an ein bzw. mehrere gemeinsame Auslagerungsunternehmen, besteht die Möglichkeit, ein zentrales Auslagerungsmanagement auf Gruppen- bzw. Verbundebene einzurichten, sofern das zentrale Auslagerungsmanagement den Anforderungen des Moduls AT 9 bzw., sofern nicht einschlägig, den Anforderungen der EBA/GL/2019/02 genügt.

c) Bei der Risikoberichterstattung von Auslagerungsunternehmen, die innerhalb einer Gruppe/eines Verbundes genutzt werden, besteht die Möglichkeit einer zentralen Vorauswertung, welche den auslagernden Instituten die weitere Verwendung erleichtert.

d) Bei gruppen- und verbundinternen Auslagerungen kann auf die Erstellung von Ausstiegsprozessen und Handlungsoptionen verzichtet werden.

e) Wird gruppen- oder verbundintern ein zentrales Auslagerungsregister eingerichtet und geführt, so muss sichergestellt sein, dass das einzelne Institut und die zuständige Behörde das individuelle Auslagerungsregister bei Bedarf ohne größere Verzögerung erhalten.

Auch für Auslagerungen innerhalb einer Institutsgruppe oder eines Finanzverbundes an ein zentrales Auslagerungsunternehmen innerhalb der Gruppe bzw. des Verbundes sind die Bedingungen, einschließlich der finanziellen Bedingungen, festzulegen.

16.1 Erleichterungen für Auslagerungen innerhalb von Gruppen bzw. Finanzverbünden

436 Die Institute lagern zu einem erheblichen Anteil Aktivitäten und Prozesse innerhalb ihrer Gruppe aus. Einer Untersuchung der EZB zufolge entfallen über 50 Prozent der Auslagerungsaktivitäten von europäischen Banken auf »Intra-Group-Outsourcing«, wobei die Auslagerungen auf Mutter-, Tochter- oder Schwestergesellschaften möglich sind.[506] Häufig werden Serviceprozesse, die in mehreren dezentralen Geschäftseinheiten in ähnlicher Form vorkommen, in einem »Shared Service Center« gebündelt. Diese Center agieren innerhalb einer Gruppe als selbständige Verantwortungsbereiche und bieten ihre Leistungen sowohl internen als auch externen Kunden an.[507]

---

506 Vgl. European Central Bank, Report on EU banking structure, 24. November 2004, S. 26.

507 Vgl. Breuer, Wolfgang/Kreuz, Claudia, Shared Service Center – eine lohnende Investition?, Arbeitspapiere der Betrieblichen Finanzwirtschaft (Rheinisch-Westfälische Technische Hochschule Aachen), 10. Mai 2006, S. 3.

Darüber hinaus bestehen bei Sparkassen und genossenschaftlichen Instituten umfassende Auslagerungslösungen innerhalb des jeweiligen Finanzverbundes.[508]

Vor diesem Hintergrund setzt sich die Deutsche Kreditwirtschaft (DK) seit der erstmaligen Veröffentlichung der MaRisk im Jahr 2005 beständig für eine umfassende Privilegierung für gruppen- und verbundinterne Auslagerungen ein, zuletzt bei den Konsultationen zur fünften MaRisk-Novelle im Jahr 2016 und zu den EBA-Leitlinien zu Auslagerungen im Jahr 2018.[509] Nach Ansicht der DK sollten bestimmte Zentralfunktionen, die bei Institutsgruppen typischerweise auf Ebene der Muttergesellschaft wahrgenommen werden (z.B. die Personalabteilung), nicht unter den Auslagerungstatbestand nach § 25b KWG fallen.[510] Darüber hinaus soll nach Ansicht der DK jedes Institut – unabhängig von seiner Größe – die Risikocontrolling-Funktion, die Compliance-Funktion und die Interne Revision gruppenintern vollständig auslagern können. Durch gruppen- bzw. verbundweite Standards und Prozesse kann nach Auffassung der DK sogar ein wirksameres Risikomanagement erfolgen, als bei der Belassung der Verantwortung in den jeweiligen Gruppenunternehmen oder bei einer Auslagerung an Dritte. Die Umsetzung und Anwendung solcher Standards wird in den meisten Fällen das Hauptmotiv für eine gruppeninterne Auslagerung sein und ermöglicht einen besseren Gesamtüberblick über die Risiken in der Gruppe. Darüber hinaus sprechen auch die Regelungen zum Risikomanagement auf Gruppenebene für die Möglichkeit einer gruppeninternen Auslagerung. Nach Meinung der DK liegt es im Interesse einer zentralen Risikosteuerung innerhalb der Gruppe, wenn die besonderen Funktionen auf der Ebene der Muttergesellschaft konzentriert werden könnten.[511]

437

Nach Ansicht der Aufsicht sind gruppen- oder verbundinterne Auslagerungen allerdings nicht notwendigerweise weniger riskant als Auslagerungen an ein Unternehmen außerhalb der Gruppe. Die Existenz einer Gruppe oder eines Finanzverbundes bedeutet für sich allein genommen noch nicht, dass geeignete Vorkehrungen existieren, mit denen die Beachtung der Anforderungen obsolet wird. Gruppen- bzw. verbundinterne Auslagerungen sollten daher grundsätzlich den gleichen rechtlichen Rahmenbedingungen wie Auslagerungen an gruppenfremde Dienstleister unterliegen.

438

Nach Ansicht der EBA können Auslagerungen innerhalb einer Gruppe oder eines Finanzverbundes sogar zu erhöhten Risiken führen, z.B. wenn zwischen gruppenangehörigen Unternehmen Interessenkonflikte bestehen.[512] Für die Deutsche Kreditwirtschaft sind Interessenkonflikte bei einer Auslagerung eines Tochterunternehmens auf die Muttergesellschaft demgegenüber nicht oder nur eingeschränkt gegeben, da die Muttergesellschaft auf Gruppenebene für die Einhaltung der bankaufsichtlichen Anforderungen verantwortlich ist und in diesem Zusammenhang gesetzlich verpflichtet ist, auf Gruppenebene angemessene Risikosteuerungs- und -controllingprozesse unter Einbeziehung der Tochterunternehmen einzurichten.[513]

439

Unabhängig von derartigen Diskussionen zwischen den Aufsichtsbehörden und der Kreditwirtschaft bestand für umfassende Erleichterungen für Auslagerungen innerhalb einer Gruppe bzw. eines Finanzverbundes lange Zeit auch keine Rechtsgrundlage. Weder der deutsche Gesetzgeber noch die europäischen Regelungen differenzierten grundsätzlich zwischen gruppen- bzw. verbundinternen Auslagerungen und Auslagerungen auf sonstige Dritte. Allerdings wurde durch-

440

---

508 Die EBA verwendet für die bei Sparkassen und genossenschaftlichen Instituten bestehenden Finanzverbünde in ihren Leitlinien den Begriff »institutsbezogenes Sicherungssystem«. Vgl. European Banking Authority, Leitlinien zu Auslagerungen, EBA/GL/2019/02, 25. Februar 2019, S. 8.

509 Vgl. Deutsche Kreditwirtschaft, Stellungnahme zum Entwurf der MaRisk in der Fassung vom 18. Februar 2016 (Konsultation 02/2016) vom 27. April 2016, S. 28; Deutsche Kreditwirtschaft (German Banking Industry Committee), Comments on EBA Draft Guidelines on Outsourcing arrangements (EBA/CP/2018/11), 24. September 2018, S. 6f.

510 Vgl. Deutsche Kreditwirtschaft, Stellungnahme zum Entwurf der MaRisk in der Fassung vom 18. Februar 2016 (Konsultation 02/2016) vom 27. April 2016, S. 28.

511 Vgl. Deutsche Kreditwirtschaft, Stellungnahme zum Entwurf der MaRisk in der Fassung vom 18. Februar 2016 (Konsultation 02/2016) vom 27. April 2016, S. 32.

512 Sofern bei gruppeninternen Auslagerungen wesentliche Interessenkonflikte zwischen den gruppenangehörigen Unternehmen bestehen, sind entsprechende Maßnahmen zum Management dieser Interessenkonflikte zu ergreifen. Vgl. European Banking Authority, Leitlinien zu Auslagerungen, EBA/GL/2019/02, 25. Februar 2019, S. 20.

513 Vgl. Deutsche Kreditwirtschaft (German Banking Industry Committee), Comments on EBA Draft Guidelines on Outsourcing arrangements (EBA/CP/2018/11), 24. September 2018, S. 6

aus anerkannt, dass eine besondere Behandlung bei Auslagerungen ggf. gerechtfertigt sein kann.[514] BaFin und Bundesbank entschieden sich für eine pragmatische Lösung: Bei gruppeninternen Auslagerungen können wirksame Vorkehrungen, insbesondere ein Risikomanagement auf Gruppenebene sowie die Vereinbarung von Durchgriffsrechten, im Rahmen der Erstellung und Anpassung der Risikoanalyse quasi »risikomindernd« berücksichtigt werden. Werden die genannten Voraussetzungen erfüllt, können gruppeninterne Auslagerungen als »nicht wesentlich« eingestuft werden.[515] Im Zuge der fünften MaRisk-Novelle aus dem Jahr 2017 wurde die Formulierung dahingehend geschärft, dass nunmehr ein »einheitliches und umfassendes« Risikomanagement auf Gruppenebene für die Inanspruchnahme der risikomindernden Wirkung notwendig ist.

441 Mit der sechsten MaRisk-Novelle werden erstmals Erleichterungen im Hinblick auf Institutsgruppen und (gemischte) Finanzholding-Gruppen sowie Finanzverbünde in einer eigenen Textziffer zusammengefasst. Neben der bereits bekannten Aufsichtspraxis, dass bei gruppeninternen Auslagerungen im Rahmen der Risikoanalyse ein einheitliches und umfassendes Risikomanagement sowie Durchgriffsrechte risikomindernd berücksichtigt werden können und bei gruppen- bzw. verbundinternen Auslagerungen auf die Erstellung von Ausstiegsprozessen verzichtet werden kann, enthält die neue Textziffer neue Erleichterungen im Hinblick auf Gruppen und Finanzverbünde, die im Wesentlichen auf die EBA-Leitlinien zu Auslagerungen aus dem Jahr 2019 zurückgehen.[516]

442 Auch bei einer Inanspruchnahme der Erleichterungen auf Gruppen- bzw. Verbundebene bleibt das einzelne Institut für die Einhaltung der ausgelagerten bankaufsichtlichen Anforderungen verantwortlich. Vor diesem Hintergrund sollten sich die gruppen- bzw. verbundangehörigen Institute entsprechende Auskunfts- und Informationsrechte einräumen lassen sowie Berichtspflichten etablieren.[517]

443 Gemäß dem Übermittlungsschreiben zur sechsten MaRisk-Novelle gelten die neu eingefügten Vereinfachungen auf Gruppenebene vollumfänglich nur für solche Gruppen, bei denen die Gruppe und die Institute, bei denen die Funktionen zentralisiert werden sollen, unter den Anwendungsbereich der CRR und damit auch der Leitlinien zu Auslagerungen fallen.[518] Bei den Unternehmen, bei denen die Funktionen gebündelt werden, muss es sich somit um Institute gemäß § 1 Abs. 1b KWG handeln. Eine Zentralisierung auf Unternehmen ohne Bankzulassung (z. B. Finanzunternehmen) ist nicht möglich. Darüber hinaus könnte ein deutsches Institut die Erleichterungen nicht in Anspruch nehmen, wenn die Funktionen bei der Muttergesellschaft mit Sitz außerhalb des Europäischen Wirtschaftsraumes (z. B. in Großbritannien) zentral eingerichtet werden. Die im Zuge der Änderung der CRD V vom Anwendungsbereich der CRR ausgenommenen rechtlich selbständigen deutschen Förderbanken können die Vereinfachungen demgegenüber grundsätzlich in Anspruch nehmen. Sie sind zwar seitdem keine CRR-Institute mehr. Gemäß § 1a KWG sind die Regelungen der CRR für die Förderbanken allerdings grundsätzlich anzuwenden (→ Teil I, Kapitel 3).

16.1.1 Risikomindernde Berücksichtigung eines einheitlichen und umfassenden Risikomanagements auf Gruppenebene (lit. a)

444 Bei gruppen- und verbundinternen Auslagerungen können im Rahmen der Risikoanalyse wirksame Vorkehrungen auf Gruppen- bzw. Verbundebene, insbesondere ein einheitliches und umfassendes

---

514 Vgl. Committee of European Banking Supervisors, Guidelines on Outsourcing, 14. Dezember 2006, S. 5.

515 Vgl. Bundesanstalt für Finanzdienstleistungsaufsicht, Übermittlungsschreiben zum zweiten Entwurf zur Modernisierung der Outsourcing-Regelungen und Integration in die MaRisk vom 10. August 2007, S. 2.

516 Vgl. European Banking Authority, Leitlinien zu Auslagerungen, EBA/GL/2019/02, 25. Februar 2019, S. 9 f.

517 Vgl. European Banking Authority, Leitlinien zu Auslagerungen, EBA/GL/2019/02, 25. Februar 2019, S. 9 f.

518 Vgl. Bundesanstalt für Finanzdienstleistungsaufsicht, Rundschreiben 10/2021 (BA) zur Neufassung der MaRisk, Übermittlungsschreiben vom 16. August 2021, S. 4.

Risikomanagement sowie Durchgriffsrechte, bei der Erstellung und Anpassung der Risikoanalyse risikomindernd berücksichtigt werden. Bei Institutsgruppen und (gemischten) Finanzholding-Gruppen erfordert dies eine engere Einbindung der nachgeordneten Unternehmen in das Gruppenrisikomanagement als im»Normalfall« des § 25a Abs. 3 KWG, der aufgrund des (gruppenbezogenen) Proportionalitätsprinzips Spielräume eröffnet. Danach hängt die konkrete Ausgestaltung des Risikomanagements auf Gruppenebene insbesondere von Art, Umfang, Komplexität und Risikogehalt der von der Gruppe betriebenen Geschäftsaktivitäten und den gesellschaftsrechtlichen Möglichkeiten ab (→ AT 4.5 Tz. 1, Erläuterung). Die strengen Anforderungen der Waiver-Regelung nach § 2a KWG i. V. m. Art. 7 und 10 CRR (beherrschender Einfluss, straffe gruppenweite Risikosteuerungs- und -controllingprozesse etc.) müssen für die Inanspruchnahme der risikomindernden Wirkung jedoch nicht erfüllt sein. Ein einheitliches Risikomanagement auf Gruppenebene erfordert die Vorgabe von (weitgehend) einheitlichen Methoden und Verfahren. Das gruppenweite Risikomanagement muss darüber hinaus umfassend sein, d. h. es darf sich nicht auf Teilaspekte beschränken. Ein wirksames Risikomanagement auf Gruppenebene setzt schließlich voraus, dass das für die Einrichtung verantwortliche übergeordnete Unternehmen auf die nachgeordneten Unternehmen einwirken kann. Hierfür sind effektive gruppeninterne Durchgriffsrechte des übergeordneten Unternehmens erforderlich (→ AT 4.5 Tz. 1). Vor diesem Hintergrund wird zum Teil die Auffassung vertreten, dass eine risikoreduzierende Wirkung eines Gruppenrisikomanagements eher bei der Auslagerung von einem Mutterunternehmen auf eine Tochtergesellschaft als bei der Auslagerung von einem Tochterunternehmen auf die Muttergesellschaft festgestellt werden kann.[519]

16.1.2 Zentrales Auslagerungsmanagement auf Gruppen- bzw. Verbundebene (lit. b)

Mehrere Institute einer Gruppe bzw. eines Finanzverbundes können für Auslagerungen an eines oder mehrere gemeinsame Auslagerungsunternehmen auf Gruppen- bzw. Verbundebene ein zentrales Auslagerungsmanagement einrichten, wobei dieses explizit den Anforderungen des AT 9 MaRisk bzw. den Anforderungen der EBA-Leitlinien zu Auslagerungen aus dem Jahr 2019 entsprechen muss. Auch wenn allgemein auf das Modul AT 9 und die EBA-Leitlinien verwiesen wird, dürften dabei in erster Linie die Vorgaben an das Auslagerungsmanagement auf der Ebene des einzelnen Institutes im Fokus stehen. Die für das zentrale Auslagerungsmanagement des einzelnen Institutes formulierten Aufgaben und Berichtspflichten gelten für das zentrale Auslagerungsmanagement auf Gruppen- bzw. Verbundebene entsprechend (→ AT 9 Tz. 12 und 13). **445**

Die gruppen- bzw. verbundangehörigen Institute können die Abgabe der nach § 24 Abs. 1 Nr. 19 KWG erforderlichen Anzeigen (bzw. deren Vorbereitung) an das zentrale Auslagerungsmanagement auf Gruppen- bzw. Verbundebene übertragen. Wegen des eindeutigen Wortlautes (»ein Institut hat«) ist allerdings eine Sammelanzeige des zentralen Auslagerungsmanagements für alle gruppen- bzw. verbundangehörigen Institute nicht möglich. Vielmehr müssen die einzelnen anzeigenden Institute für die Aufsicht erkennbar sein. In bestimmten Fällen, z. B. Störfällen bei Mehrmandantendienstleistern, sollte nach Einschätzung der Aufsicht auch eine Abgabe von Anzeigen durch das Auslagerungsunternehmen zulässig sein.[520] Die einzelnen Institute bleiben jedoch für die rechtzeitige, richtige und vollständige Einreichung ihrer Anzeige verantwortlich. **446**

---

519 Allerdings kann z. B. die Rechtsform eines Auslagerungsunternehmens der Vereinbarung von Durchgriffsrechten entgegenstehen. Der Vorstand einer AG ist – anders als die Geschäftsführung einer GmbH – an Weisungen der Muttergesellschaft grundsätzlich nicht gebunden. Darüber hinaus können Durchgriffsrechte bei Jurisdiktionen im Ausland an ihre Grenzen stoßen. Vgl. Frank, Wolfgang, Aufsichtsrechtliche Aspekte beim Outsourcing, in: Outsourcing und Insourcing in der Finanzwirtschaft, Köln, 2008, S. 55.

520 Vgl. Bundesanstalt für Finanzdienstleistungsaufsicht, Protokoll der Sitzung des MaRisk-Fachgremiums am 4. März 2021, S. 5.

447 Im Rahmen der sechsten MaRisk-Novelle ist darauf verzichtet worden, den Instituten die Einrichtung eines zentralen Auslagerungsmanagements auf Gruppenebene vorzugeben. Da die Anforderungen des Moduls AT 9 seitdem allerdings auch auf Gruppenebene zu erfüllen sind, kann die Etablierung eines gruppenweiten zentralen Auslagerungsmanagements sinnvoll sein. Das Auslagerungsmanagement auf Gruppenebene hat z. B. in gruppenweiten Auslagerungsrichtlinien Rahmenvorgaben für die Definitionen der Grundsätze, Zuständigkeiten und Prozesse in Bezug auf Auslagerungen festzulegen.[521] Dies beinhaltet auch die Verantwortung für die notwendigen gruppenweiten Vorgaben für die Risikoanalyse (→ AT 9 Tz. 2). Vor diesem Hintergrund könnte das zentrale Auslagerungsmanagement auf Gruppenebene beim übergeordneten Unternehmen angeordnet werden. Denkbar ist zudem, den zentralen Auslagerungsbeauftragten des übergeordneten Unternehmens gleichzeitig zum Auslagerungsbeauftragten auf Gruppenebene zu benennen.

16.1.3 Zentrale Vorauswertung bei der Risikoberichterstattung (lit. c)

448 Das Auslagerungsunternehmen ist vertraglich verpflichtet, das auslagernde Institut über Entwicklungen zu informieren, die die ordnungsgemäße Erledigung der ausgelagerten Aktivitäten und Prozesse beeinträchtigen können (→ AT 9 Tz. 7 lit. n). Diese Berichte des Auslagerungsunternehmens über Risiken im Zusammenhang mit der Auslagerung fließen in die jährliche oder anlassbezogene Berichterstattung des zentralen Auslagerungsbeauftragten bzw. zentralen Auslagerungsmanagements des Institutes ein (→ AT 9 Tz. 13).

449 Im Zuge der sechsten MaRisk-Novelle wird den gruppen- und verbundangehörigen Unternehmen die Erleichterung zugestanden, dass die Risikoberichte der Auslagerungsunternehmen, die innerhalb der Gruppe bzw. des Verbundes gemeinsam genutzt werden, zentral auf Gruppen- bzw. Verbundebene vorausgewertet und anschließend den auslagernden Instituten zur weiteren Verwendung zur Verfügung gestellt werden. Die Formulierungen »zentrale Vorauswertung« und »zur weiteren Verwendung« machen deutlich, dass die Verantwortung für die finale Auswertung der Risikoberichte des Auslagerungsunternehmens bei den jeweiligen gruppen- bzw. verbundangehörigen Instituten verbleibt.

16.1.4 Verzicht auf Ausstiegsprozesse und Handlungsoptionen (lit. d)

450 Das Institut hat für die Fälle unbeabsichtigter oder unerwarteter Beendigung von Auslagerungen, die mit einer erheblichen Beeinträchtigung der Geschäftstätigkeit verbunden sein können, etwaige Handlungsoptionen auf ihre Durchführbarkeit zu prüfen und zu verabschieden. Dies beinhaltet auch, soweit möglich und sinnvoll, die Festlegung entsprechender Ausstiegsprozesse (→ AT 9 Tz. 6).

451 Bei gruppen- und verbundinternen Auslagerungen kann auf die Erstellung von Ausstiegsprozessen und Handlungsoptionen verzichtet werden. Diese Erleichterung wurde im Zuge der sechsten MaRisk-Novelle ohne inhaltliche Änderung von den Erläuterungen der Tz. 6 in die neue Tz. 15 verschoben.

16.1.5 Zentrales Auslagerungsregister auf Gruppen- bzw. Verbundebene (lit. e)

452 Die gruppen- bzw. verbundangehörigen Unternehmen können ein zentrales Auslagerungsregister einrichten und führen, sofern sichergestellt ist, dass die einzelnen Institute und die zuständige Aufsichtsbehörde das individuelle Auslagerungsregister bei Bedarf ohne größere Verzögerung erhal-

---

521 Vgl. European Banking Authority, Leitlinien zu Auslagerungen, EBA/GL/2019/02, 25. Februar 2019, S. 18 ff.

ten. Bei Institutsgruppen und (gemischten) Finanzholding-Gruppen kann das Auslagerungsregister beim Auslagerungsmanagement des übergeordneten Unternehmens angesiedelt werden, das regelmäßig die Muttergesellschaft ist. Aufgrund der offenen Formulierung sind jedoch auch andere Lösungen denkbar, z. B. die zentrale Ansiedlung bei einem hierauf spezialisierten Tochterunternehmen.

Die Anforderungen und der Inhalt des Auslagerungsregisters auf Gruppen- bzw. Verbundebene **453** orientieren sich an den Vorgaben für das Auslagerungsregister auf der Ebene des einzelnen Institutes. Diese sind entsprechend anzuwenden (→ AT 9 Tz. 15).

16.1.6 Gemeinsame Notfallkonzepte

Das Institut hat mit dem Auslagerungsunternehmen im Auslagerungsvertrag Anforderungen über die **454** Umsetzung und Überprüfung von Notfallkonzepten zu vereinbaren (→ AT 9 Tz. 7 lit. g). Im Fall der Auslagerung von zeitkritischen Aktivitäten und Prozessen haben das auslagernde Institut und das Auslagerungsunternehmen über aufeinander abgestimmte Notfallkonzepte zu verfügen (→ AT 7.3 Tz. 2).

Die Institute innerhalb einer Institutsgruppe oder eines Finanzverbundes können sich auf ein **455** gemeinsames Notfallkonzept für eine wesentliche Auslagerung einigen. Dies steht unter der Bedingung, dass die Institute den für sie relevanten Teil des Notfallkonzeptes zu erhalten haben (→ AT 9 Tz. 15, Erläuterung).

16.2 Auslagerungen von besonderen Funktionen

Die im Zuge der sechsten MaRisk-Novelle eingefügten Erleichterungen für gruppeninterne Auslage- **456** rungen sind in Tz. 15 nicht abschließend geregelt. Seit der fünften MaRisk-Novelle können die Institute bereits Erleichterungen für Auslagerungen der besonderen Funktionen innerhalb einer Institutsgruppe in Anspruch nehmen. Eine vollständige Auslagerung der Risikocontrolling-Funktion, Compliance-Funktion oder Internen Revision ist bei unwesentlichen Tochterunternehmen innerhalb einer Institutsgruppe zulässig, sofern das auslagernde Institut sowohl hinsichtlich seiner Größe, Komplexität und des Risikogehaltes seiner Geschäftsaktivitäten für den Finanzsektor als auch hinsichtlich seiner Bedeutung innerhalb der Gruppe als nicht wesentlich einzustufen ist. Gleiches gilt für Gruppen, wenn das Mutterunternehmen kein Institut und im Inland ansässig ist (→ AT 9 Tz. 5).[522]

Die zwischenzeitliche Einschränkung, wonach die Auslagerung nur auf das übergeordnete **457** Institut, also in der Regel das Mutterunternehmen, erfolgen darf, wurde im Rahmen der sechsten MaRisk-Novelle gestrichen. Folglich ist nunmehr z. B. auch eine Auslagerung von einem Tochterunternehmen in der Gruppe auf ein Schwesterunternehmen möglich.[523] Gleiches gilt für Gruppen, wenn das Mutterunternehmen kein Institut und im Inland ansässig ist. Da die Privilegierung nur für Auslagerungen innerhalb einer bankaufsichtlich relevanten Gruppe (→ AT 4.5 Tz. 1) gilt, kann sie nicht in analoger Weise auf Institute innerhalb eines Finanzverbundes angewandt werden.[524]

---

522 Darüber hinaus dürfen kleine Institute die Compliance-Funktion und die Interne Revision auf gruppeninterne oder gruppenexterne Unternehmen vollständig auslagern, sofern deren Einrichtung vor dem Hintergrund der Institutsgröße sowie von Art, Umfang, Komplexität und Risikogehalt der betriebenen Geschäftsaktivitäten nicht angemessen erscheint. Diese Erleichterung für kleine Institute gilt nicht im Hinblick auf die Risikocontrolling-Funktion (→ AT 9 Tz. 5).

523 Die Änderung geht auf entsprechende Diskussionen im MaRisk-Fachgremium am 15. März 2018 zurück. Vgl. Bundesanstalt für Finanzdienstleistungsaufsicht, Entwurf der Neufassung des Rundschreibens 09/2017 (BA) – Mindestanforderungen an das Risikomanagement – MaRisk, Übermittlungsschreiben vom 26. Oktober 2020, S. 2.

524 Vgl. auch Deutscher Sparkassen- und Giroverband, Mindestanforderungen an das Risikomanagement – Interpretationsleitfaden, Version 6.1, Berlin, Juli 2019, S. 129.

16.3   Auslagerungen auf Mehrmandantendienstleister

458   Vor dem Hintergrund, dass Auslagerungen auf spezialisierte Mehrmandantendienstleister für die Institute oftmals mit Effizienzverbesserungen, einer höheren Qualität der Leitungserbringung und Innovationschancen verbunden sind, wäre es vermutlich sinnvoll – neben gruppeninternen Auslagerungen – auch Auslagerungen auf regulierte Mehrmandantendienstleister aufsichtsrechtlich zu privilegieren.[525] Die Aufsicht könnte durch eine entsprechende Überwachung sowie Prüfungen der Mehrmandantendienstleister, die oftmals Infrastrukturdienstleistungen für Institute oder komplexe Aktivitäten im Sinne eines Knowledge Process Outsourcing (→ AT 9, Einführung) anbieten, die bankaufsichtlich gebotenen Standards sicherstellen. Die Steuerungs- und Kontrollmaßnahmen des beaufsichtigten Insourcers könnten zu entsprechenden Erleichterungen beim auslagernden Institut führen, das sich oftmals auf eine rein formale Umsetzung der Auslagerungsüberwachung beschränkt.

16.4   »Waiver« auf Gruppenebene

459   Die Diskussion der Kreditwirtschaft mit der deutschen Aufsicht über mögliche Erleichterungen gruppeninterner und ggf. gruppenexterner Auslagerungen ist gegenwärtig noch nicht beendet und wird parallel auch auf europäischer Ebene geführt. Den EBA-Leitlinien zufolge haben diejenigen gruppenangehörigen Institute, denen die Aufsichtsbehörde einen »Waiver« gemäß Art. 7 CRR erteilt hat, die Anforderungen an Auslagerungen nur auf der Ebene des Mutterunternehmens oder Zentralinstitutes einzuhalten.[526] Die Regelung wurde bisher nicht in nationales Recht umgesetzt, da § 2a Abs. 2 KWG nicht auf § 25b Abs. 1 und 2 KWG verweist. Die Deutsche Kreditwirtschaft (DK) hat im Rahmen der Konsultation sowohl der sechsten MaRisk-Novelle als auch des Finanzmarktintegritätsstärkungsgesetzes die Einführung der Möglichkeit eines »Waivers« gemäß Art. 7 CRR explizit eingefordert, da dieser über die mit der sechsten MaRisk-Novelle aufgenommenen Erleichterungen im Hinblick auf Gruppen oder Finanzverbünde deutlich hinausgeht.[527] Nach Meinung der Aufsicht sollen allerdings gemäß § 25b Abs. 1 Satz 1 KWG übermäßige zusätzliche Risiken durch die Auslagerung durch ein angemessenes Risikomanagement vermieden werden. Es handelt sich somit nicht um Risiken, die im Rahmen des Gruppenrisikomanagements adressiert werden können (d.h. über § 2a Abs. 2 KWG, der Ausnahmen für gruppen- und verbundangehörige Institute enthält), sondern um zusätzliche Risiken durch die Auslagerung. Vor diesem Hintergrund würde eine generelle Freistellung von den Anforderungen des § 25b Abs. 1 Satz 1 und 3 KWG aus Sicht der Aufsicht dazu führen, dass diese Auslagerungsrisiken nicht mehr adressiert würden.[528]

---

525 Große regulierte Mehrmandantendienstleister, die sich außerhalb der Verbundorganisationen etabliert haben, sind z.B. die Deutsche WertpapierService Bank AG oder die Deutsche Postbank AG.

526 Vgl. European Banking Authority, Leitlinien zu Auslagerungen, EBA/GL/2019/02, 25. Februar 2019, S. 10.

527 Vgl. Deutsche Kreditwirtschaft, BaFin-Konsultation 14/2020 – Mindestanforderungen an das Risikomanagement, Stellungnahme vom 4. Dezember 2020, S. 23; Deutsche Kreditwirtschaft, Stellungnahme zum Entwurf eines Gesetzes zur Stärkung der Finanzmarktstabilität, 9. November 2020, S. 4.

528 Vgl. Bundesanstalt für Finanzdienstleistungsaufsicht, Protokoll der Sitzung des MaRisk-Fachgremiums am 4. März 2021, S. 15.